KODEX

DES ÖSTERREICHISCHEN RECHTS

Herausgeber: em. o. Univ. Prof. Dr. Werner Doralt
Redaktion: Dr. Veronika Doralt

STRAFRECHT

bearbeitet von

Mag. Clemens Burianek
Bundesministerium für Justiz
Staatsanwalt und Referent in der Strafrechtssektion

Rubbeln Sie Ihren persönlichen Code frei und laden
Sie diesen Kodexband kostenlos in die Kodex App!

1207651

HIER

RUBBELN!

Der Code kann bis zum Erscheinen der Neuauflage eingelöst werden.
Beachten Sie bitte, dass das Aufrubbeln des Feldes
zum Kauf des Buches verpflichtet!

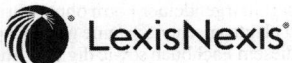

Benützungsanleitung: Die Novellen sind nach dem Muster der Wiederverlautbarung in Kursivdruck jeweils am Ende eines Paragraphen, eines Absatzes oder einer Ziffer durch Angabe des Bundesgesetzblattes in Klammer ausgewiesen. Soweit nach Meinung des Bearbeiters ein Bedarf nach einem genauen Novellenausweis besteht, ist der geänderte Text zusätzlich durch Anführungszeichen hervorgehoben.

KODEX

DES ÖSTERREICHISCHEN RECHTS

ISBN: 978-3-7007-8349-7

LexisNexis Verlag ARD Orac GmbH & CoKG, 1020 Wien, Trabrennstraße 2A
Druck: CZECH PRINT CENTER a.s

Alle Rechte, insbesondere das Recht der Vervielfältigung und Verbreitung sowie der Übersetzung, vorbehalten. Kein Teil des Werkes darf in irgendeiner Form ohne schriftliche Genehmigung des Verlags reproduziert oder unter Verwendung elektronischer Systeme gespeichert, verarbeitet, vervielfältigt oder verbreitet werden. Alle Angaben in diesem Fachbuch sowie digitale Ausgabemedien (wie Apps, E-Books udgl.), die diesen Inhalt enthalten, erfolgen trotz sorgfältiger Bearbeitung ohne Gewähr; eine Haftung des Verlags, des Herausgebers, der Bearbeiter sowie der Software-Entwickler ist ausgeschlossen.

Vorwort zur 58. Auflage

Seit der letzten Auflage erfolgten Änderungen im StGB durch das Bundesgesetz, mit dem das Strafgesetzbuch geändert wird, BGBl. I 2023/40, das Bundesgesetz, mit dem das Strafgesetzbuch und das Bundesgesetz gegen den unlauteren Wettbewerb 1984 – UWG geändert werden, BGBl. 2023/99 und das Korruptionsstrafrechtsänderungsgesetz 2023, BGBl. I 2023/100. Letzteres änderte auch das VbVG.

Das Bundesgesetz, mit dem das Jugendgerichtsgesetz 1988 geändert wird, BGBl. I 2023/98, brachte Anpassungen im JGG mit sich.

Das CESOP-Umsetzungsgesetz 2023, BGBl. I 2023/106, und das Abgabenänderungsgesetz 2023 – AbgÄG 2023, BGBl. I 2023/110, führten zu Änderungen im FinStG.

Im BAK-G wurden kleinere Anpassungen durch BGBl. I 2023/6 bewirkt, umfangreichere Änderungen folgten aus dem Bundesgesetz, mit dem das Gesetz über das Bundesamt zur Korruptionsprävention und Korruptionsbekämpfung geändert wird, BGBl. I 2023/107.

Ebenfalls kleinere Anpassungen brachten BGBl. I 2023/8 im SNG, BGBl. I 2023/44 im MedienG und BGBl. I 2023/70 im SMG mit sich.

Wien, im August 2023

Clemens Burianek

Eine kleine Stilkunde

„Einer plagt sich immer – der Autor oder der Leser"

Nicht nur die Grammatik und die Rechtschreibung sollen stimmen. Die Texte, die wir schreiben, sollen auch verständlich sein und sie sollen beim Leser, bei der Leserin keinen Widerwillen und keinen Ärger hervorrufen.

Ein Richter meinte zwar einmal, es sei ihm keine Vorschrift bekannt, die ihm Verständlichkeit vorschreibe (was – nebenbei bemerkt – nicht stimmt). Ein anderer, auch als Fachautor bekannter Jurist meinte, lange Sätze und Schachtelsätze seien „Geschmacksache". Von einem früheren Legisten im BMF ist bekannt, dass er sich in Schachtelsätzen „baden" konnte.

Es geht aber nicht darum, welcher Stil dem Verfasser eines Textes gefällt, entscheidend ist vielmehr, dass der Text möglichst gut zu verstehen ist – sei er ein Fachbeitrag, ein Schriftsatz an eine Behörde, ein Urteil oder ein Gesetz.

Gut verständliche Texte werden gelesen, schwer verständliche nicht. Schwer verständliche Gesetze können nicht leicht befolgt werden, sie werfen unnötige Streitfragen auf und verursachen unnötige Prozesse. Aufsätze mit schlechtem Stil verfehlen ihr Ziel, denn ihre Gedanken bleiben jedem verborgen, der die Mühe scheut, den schwer verständlichen Text zu lesen.

Nicht nur Journalisten wissen: Wenn sich der Schreiber beim Schreiben nicht anstrengt, müsste sich der Leser beim Lesen anstrengen; doch die meisten Menschen legen den Text weg anstatt sich zu plagen.

Schlechte Texte sind eine Plage.

Zwei Seiten der Medaille

So wie es zahllose Dialekte gibt, hat auch jede wissenschaftliche Disziplin ihre eigene Sprache, weil sie eigene Bedürfnisse und eigene Ziele hat. Daher unterscheidet sich jede Fachsprache von der Umgangssprache, auch jene der Juristen.

Gerichtliche Entscheidungen sollen die nötige Distanz zu den Prozessparteien und zum Sachverhalt erkennen lassen. Wissenschaftliche Abhandlungen schließen vom Sachverhalt auf Allgemeingültiges. Normen müssen so abstrakt formuliert sein, dass keine Schlupflöcher bleiben.

Das ist jedoch nur die eine Seite der Medaille. Auf der anderen Seite müssen gerichtliche Entscheidungen die betroffenen Personen auch erreichen; wissenschaftliche Abhandlungen wollen überzeugen; und Normen wollen beachtet sein.

Wir wollen hier besonders auf einige Umstände hinweisen und Tipps geben, die diese Gratwanderung erleichtern.

Den Stil verbessern – das heißt den Gedanken verbessern. *(Friedrich Nietzsche)*

Werner Doralt
Reinhard Hinger

1. Regel: Vermeiden Sie Schachtelsätze

Verschachtelungen machen einen Satz dann besonders unverständlich, wenn der Satz lang ist und wenn mehrere Schachteln ineinander gepackt sind. Zum Überdruss schieben sich dann zwischen Subjekt und Prädikat lange Nebensätze.

Dazu ein erfundenes Beispiel:

Schachtelsätze, die noch dazu lang sind und, wozu man wegen der deutschen Grammatik oft verleitet wird, das Subjekt und das Prädikat, das besonders bei Verben mit Präfix, zum Beispiel „an-binden" oder „dar-stellen", noch dazu in sich geteilt werden kann, voneinander trennt, machen das Lesen schwer.

Und hier ein Beispiel aus dem realen Leben:

Schließlich ist noch die im Schrifttum vertretene Kritik an einer Entscheidung des erkennenden Senats zu erörtern, die sich mit der auch hier – wenngleich in anderem Sachzusammenhang – aufgeworfenen Frage befasst, ob und bejahendenfalls, inwieweit die Rechtsstellung eines (selbständigen) Gehilfen mit eigenem Verantwortungsbereich, um dessen Verschulden dem Schuldner einer Vertragsverbindlichkeit zurechnen zu können, voraussetzt, dass der Schuldner diesem Gehilfen, den er zur Erfüllung seiner Vertragspflicht heranzog, (fachliche) Weisungen erteilen kann.

Noch ein Beispiel, diesmal ein Gesetzestext (§ 12 Abs 1 Z 1 UStG – Vorsteuerabzug):

... Besteuert der Unternehmer nach vereinnahmten Entgelten (§ 17) – ausgenommen Unternehmen iS des § 17 Abs 1 zweiter Satz – und übersteigen die Umsätze nach § 1 Z 1 und 2 – hierbei bleiben die Umsätze aus Hilfsgeschäften einschließlich der Geschäftsveräußerung außer Ansatz – im vorangegangenen Veranlagungszeitraum 2,000.000 Euro nicht, ist zusätzliche Voraussetzung, dass die Zahlung geleistet worden ist ...

Alternative:

... Versteuert der Unternehmer nach vereinnahmten Entgelten, muss außerdem die Zahlung geleistet sein; dies gilt nicht für Unternehmen, deren Umsätze im vorangegangenen Veranlagungsjahr 2,000.000 Euro überstiegen haben (wobei Umsätze von Hilfsgeschäften einschließlich der Geschäftsveräußerung außer Betracht bleiben) und für Unternehmungen iS des § 17 Abs 1 zweiter Satz ...

Richtig wäre überdies „**ver**steuert der Unternehmer ..." und nicht „**be**steuert ...".

Eine naheliegende Überlegung hat diesen Satz entwirrt: Die Hauptaussage wurde an den Anfang gestellt, die Ausnahmen folgen ihr nach; vorher war die Reihenfolge umgekehrt. Als Ausnahmen gehören die „Unternehmen mit hohen Umsätzen" den „Versorgungsunternehmungen (§ 17 Abs 1 zweiter Satz)" vorangereiht, weil sie für den Normadressaten die wichtigere Ausnahme sind.

Ein weiteres bemerkenswertes Beispiel (§ 28a FinStrG) zeigt, dass selbst ein Satz mit „nur" rund 40 Wörtern absolut unverständlich sein kann:

Die Verbandsgeldbuße ist, sofern in den Tatbeständen nichts anderes bestimmt wird, jedoch nach der für die Finanzvergehen, für die der Verband verantwortlich ist, angedrohten Geldstrafe, unter den Voraussetzungen des § 15 Abs 2 jedoch nach dem 1,5-fachen dieser angedrohten Geldstrafe, zu bemessen.

Alternative:

Sofern in den Tatbeständen nichts anderes bestimmt wird, ist die Verbandsgeldbuße nach der Geldstrafe zu bemessen, die für die Finanzvergehen angedroht ist, für die der Verband verantwortlich ist. Unter den Voraussetzungen des § 15 Abs 2 erhöht sich die Geldstrafe um 50 %.

Oder noch einfacher:

... ist die Verbandsgeldbuße nach der Geldstrafe zu bemessen, die für den Täter angedroht ist.

(Zu weiteren Beispielen aus der FinStrG-Novelle 2010 siehe *Doralt*, RdW 2011, 506.)

2. Regel: Vermeiden Sie zu lange Sätze

Um verständlich zu schreiben, ist am einfachsten: lange Sätze vermeiden.

Als Beispiel hier ein Satz mit 133 Wörtern (aus einem OGH-Urteil):

Auch wenn es im dort entschiedenen Anlassfall darum ging, dass der Hilfe leistende Dritte vom „Täter" selbst (der seinen Pkw nach Verursachung eines Parkschadens am Kfz der Kl schuldhaft gegen das Abrollen auf einer abschüssigen Straße nicht ausreichend abgesichert hatte, sodass sein Gegner nach Bemerken, dass das Fahrzeug zu rollen begann, hinterherlief, um es zum Stehen zu bringen, und hiebei sturzbedingt überrollt wurde) den Ersatz des bei seiner Eingriffshandlung erlittenen Schadens begehrte (und auch zugesprochen erhielt), während im vorliegenden Fall nicht der in der Gruppe der Hilfe Leistenden hineinfahrende und diese verletzende Lenker, sondern die den Hilfseinsatz auslösende Lenkerin (bzw für diese der Verband) in Anspruch genommen wird, so kann doch auch bei dieser Fallkonstellation die adäquate Verursachung dieses weiteren Folgeunfalls durch die Verursacherin des ersten Unfalls nicht ernsthaft in Zweifel gezogen werden.

Zählen Sie die Wörter in Ihren Sätzen: Ab 20 Wörtern sollten Sie ans Beenden des Satzes denken. Lösen Sie Nebensätze in selbständige Sätze auf. Statt einen Nebensatz mit *weil* ... anzufangen, können Sie einen neuen Hauptsatz mit *Denn* ... einleiten.

Oft aber ist nicht allein die Länge das Problem, sondern es geht auch die sinnvolle Reihenfolge der Gedanken verloren. Zu viele eigenständige Informationen drängen sich in einen einzigen Satz und buhlen gleichsam um die Aufmerksamkeit der Leser, der dem Gedankengang des Schreibers nicht mehr folgen kann.

3. Regel: Nicht zu viele Hauptwörter verwenden

Das Hauptwort ist gegenüber dem Zeitwort trotz seines Namens schwach.

Der **Nominalstil** ist ein großer Feind des guten Stils. Er verlängert die Sätze unnötig, klingt oft seltsam und wirkt manchmal unfreiwillig komisch. Man kann auf Hauptwörter zwar nicht verzichten, denn formelhafte Begriffe sind gerade in juristischen Texten wichtig. Viele Substantivierungen sind jedoch **überflüssig**.

Wenn es regnet, dann regnet es; es „findet kein Regen statt". Wer einen Vertrag schließt, schließt einen Vertrag; es muss deshalb kein „Vertragsabschluss stattfinden".

Etwas übertrieben lässt sich behaupten, dass die Zeitwörter *erfolgen, durchführen, stattfinden* und *vornehmen* alle anderen Zeitwörter ersetzen könnten; man muss nur die passenden Hauptwörter daneben setzen (und Hauptwörter sind im Deutschen schnell gebildet – die richtige Endung genügt).

In der Theorie und mit Hilfe krasser Beispiele leuchtet das sofort ein:

Die Verliebung von Romeo und Julia erfolgte in Verona.

In der Praxis schleicht sich der Nominalstil jedoch oft ganz unbemerkt ein:

*Mit Beziehung auf den Bericht vom ***** wird mitgeteilt, dass sich im Rahmen der Prüfung der Regressfrage nach § 3 Abs 1 AHG in dieser Sache die Notwendigkeit der Vornahme ergänzender Erhebungen in Form der Einholung einer ergänzenden Stellungnahme des ***** ergeben hat.*

Als Warnsignal können Sie die Endsilbe *–ung* nehmen. Wenn sich in einem Text Wörter mit dieser Endung (!) häufen, sollten Sie versuchen, viele dieser Hauptwörter durch Zeitwörter zu ersetzen. Der gerade vorgestellte Satz könnte zum Beispiel lauten:

*Zum Bericht vom ***** wird mitgeteilt, dass zur Beurteilung der Regressfrage nach § 3 Abs 1 AHG eine ergänzende Stellungnahme des ***** einzuholen ist.*

Ein weiteres Beispiel:

Ich stelle den Antrag auf Einvernahme des N.N. als Zeugen.

Alternative:

Ich beantrage, N.N. als Zeugen zu vernehmen.

Ein krasses Beispiel, bei dem sogar für einen einzigen Vorgang zwei Hauptwörter verwendet wurden:

Die Durchführung der Durchsuchung der Wohnung erfolgte am ... auf Anordnung der Staatsanwaltschaft.

Alternative:

Die Wohnung wurde am ... auf Anordnung der Staatsanwaltschaft durchsucht.

Der Nominalstil stellt das Abstrakte in den Vordergrund und verstellt den Blick auf das, worauf es ankommt. Zwar muss der „Hauptdarsteller" einer Aussage nicht immer das grammatikalische Subjekt sein, doch wenn die Abweichung zu groß ist, wird ein Satz unverständlich und unnötig lang.

Beispiel:

Durch den in der Verfassung vorgegebenen Grundsatz der Trennung von Gerichtsbarkeit und Verwaltung sind organisatorische Berührungspunkte von vornherein ausgeschlossen, durch den völlig anderen inneren Aufbau ist auch eine Vergleichbarkeit der Strukturen nicht gegeben.

Subjekte dieses Satzes sind weder die Gerichtsbarkeit noch die Verwaltung noch die Bundesverfassung noch die Trennung der Gewalten. Die beiden Subjekte sind die „Berührungspunkte" und die „Vergleichbarkeit". Eine Umstellung des Satzes macht deutlich, wie der Gedanke klarer präsentiert werden kann:

Die Verfassung trennt die Gerichtsbarkeit von der Verwaltung und schließt organisatorische Berührungspunkte aus. Ihre Strukturen sind wegen des völlig anderen inneren Aufbaus auch nicht vergleichbar.

Hilfreich dazu wäre die

4. Regel: Entfernen Sie sich nicht zu weit vom allgemeinen Sprachgebrauch

Wenn Sie beim Schreiben stets wissen, was Sie sagen wollen – und zwar bevor Sie einen Satz beginnen – werden Sie sich viel verständlicher ausdrücken, als wenn Sie während des Schreibens erst die Gedanken sammeln und die Argumente suchen.

Wer nachträglich noch Gedanken in einen Satz einfügt, der schon begonnen hat, schafft mitunter Stilblüten, zum Beispiel:

Den gemeinsamen Kindern zuliebe zogen die Beklagten in dieses Haus, wobei die Tochter der Beklagten im Jahr 1979 geboren wurde.

Oder:

Am 17.8.2012 verletzte sich das Pferd, wodurch es zu einer Verletzung am linken Hinterbein im Bereich der Fessel kam.

Gemeint ist einfach, dass sich das Pferd am linken Hinterbein im Bereich der Fessel verletzte. So könnte man es auch schreiben:

Am 17.8.2012 verletzte sich das Pferd am linken Hinterbein im Bereich der Fessel.

Sie merken: Fast immer wird ein Text, den man verbessert, auch kürzer.

Ein weiteres Beispiel:

Die Feststellungen zur derzeitigen Wohnsituation der Mutter und zu ihren Umzugsplänen in die Steiermark beruhen auf deren glaubwürdigen und schlüssigen Angaben.

Hier ist nur ein kleiner Lapsus passiert, und zwar meinte der Autor, das gewöhnliche besitzanzeigende Fürwort *ihren* (statt *deren*) genüge nicht. Entstanden ist eine Stilblüte, denn die Steiermark hat keine Angaben gemacht, weder glaubwürdige noch schlüssige.

Hätte der Satz so gelautet, wäre er genauso verständlich gewesen:

Die Feststellungen zur derzeitigen Wohnsituation der Mutter und zu ihren Umzugsplänen in die Steiermark beruhen auf ihren glaubwürdigen und schlüssigen Angaben.

Leider sehr beliebt und im Juristendeutsch tief verwurzelt sind auch seltsame Sprachwendungen wie

zog sich eine Verletzung am Bein zu (statt *verletzte sich am Bein*)

oder

versetzte einen Faustschlag gegen das Gesicht (statt *schlug mit der Faust gegen das Gesicht*)

5. Regel: Seien Sie sparsam mit dem Passiv

Dafür genügt ein kurzes Beispiel:

Seitens der klagenden Partei wurde vorgebracht, …

Viel besser wäre hier:

Die klagende Partei brachte vor, …

Das **Passiv** drückt manchmal mit Recht die nötige Distanz des Autors zum Geschehen aus. Viel öfter hingegen – das heißt fast immer – entspringt es der Gedankenlosigkeit und macht einen Text langweilig, sperrig, holprig und zu lang.

Das Passiv („Leideform") führt auch zu Missverständnissen und Doppeldeutigkeiten, zum Beispiel:

Die Ware wird auf Abruf durch die XY Gmbh von der Beklagten ins Produktionswerk befördert.

Gemeint kann sein:

a) Die XY GmbH befördert die Ware auf Abruf von der Beklagten ins Produktionswerk.

oder

b) Die Beklagte befördert die Ware auf Abruf durch die XY GmbH ins Produktionswerk.

6. Regel: Sparen Sie mit „dass"-Sätzen

Unnötige „dass"-Sätze machen den Text holprig und stören den Lesefluss. Noch schlimmer sind Treppensätze mit mehreren „dass". Oft ist der Satz vor dem „dass" nur kurz, hat keine relevante Aussage und verstellt den Blick auf das Wesentliche; erst der folgende lange Nebensatz enthält die Hauptaussage.

Beispiele:

§ 20 EStG normiert, dass ... (Alternative: *Nach § 20 EStG ...*)
Der Autor vertritt die Auffassung, dass ... (Alternativen: *Wie der Autor erklärt ...; Der Autor kommt zu folgendem Ergebnis: ...*)
Voraussetzung ist, dass ... (Alternativen: *Das gilt nur, wenn ...; Die Voraussetzungen sind: ...*)
Es ist bekannt, dass es unzulässig ist, dass in öffentlichen Räumen geraucht wird. (Alternativen: *Es ist bekannt, dass in öffentlichen Räumen nicht ...; Wie bekannt ist, darf in öffentlichen Räumen nicht ...*)
Bemerkenswert ist, dass sich auch das Bezirksgericht für unzuständig erklärt hat. (Alternativen: *Bemerkenswerter Weise hat sich auch ...; Im Übrigen hat sich auch das Bezirksgericht ...*)
Die Rechtslage sieht nunmehr vor, dass ... (Alternative: *Nach der neuen Rechtslage ...*)
Der VwGH vertritt die Auffassung, dass ... (1. Alternative: *Nach Auffassung des VwGH ...;* 2. Alternative: *Wie der VwGH entschieden hat, ...;* 3. Alternative: *Der VwGH kam zu folgendem Ergebnis: ...*)

Besonders hässlich sind „dass, wenn"-Sätze, zum Beispiel:

Es gibt den Grundsatz, dass, wenn der Gesetzgeber unterschiedliche Begriffe verwendet, er auch Unterschiedliches meint.

Alternative:

Wenn der Gesetzgeber unterschiedliche Begriffe verwendet, meint er grundsätzlich auch Unterschiedliches.

Notwendig ist ein „dass"-Satz, wenn er eine wichtige Aussage enthält; dann wirkt er auch nicht holprig.

Beispiel:

Der Kläger konnte nicht beweisen, dass ...
Die Zeit verging so schnell, dass ...

7. Regel: Verwenden Sie „da" und „weil" richtig

Der Begründungssatz wird grundsätzlich mit *da* eingeleitet, wenn er dem Satz mit der Folgeaussage vorangeht. Dagegen wird der Begründungssatz grundsätzlich mit *weil* eingeleitet, wenn er dem Satz mit der Folgeaussage nachgereiht ist. Diese Faustregel ergibt sich aus einer noch etwas subtileren

Unterscheidung: Wenn der Umstand, der als Grund genannt wird, bekannt ist, passt *da*; wenn der Grund dem Leser oder Zuhörer neu ist, passt *weil*.

Beispiele:

Zwei Freunde stehen im Regen und einer sagt: **Da** *es heute regnet, nahm ich den Schirm.*

Der Beklagte sagt vor Gericht: *Ich habe die Urkunden zwar unterschrieben, habe sie aber nicht verstanden,* **weil** *ich nicht lesen kann.*

8. Regel: Achtung bei Verstärkerwörtern

Verstärkerwörter können auch abschwächen. Oft ist man versucht, eine Aussage mit einem Verstärkerwort zu betonen (zum Beispiel *sicher, sehr, genau, exakt, völlig* ...). Die beabsichtigte Verstärkung ist meist unnötig, weicht die Aussage auf und kann gegenteilig wirken.

Bekanntes Beispiel aus einer Stilfibel für eine Liebeserklärung:

Ich liebe dich sehr. (Kommentar überflüssig)

In Prozessbehauptungen kann ein *sicher* sogar gefährlich sein, weil es die Frage provoziert: **Wie sicher?**

Superlative Füllwörter könnten in Entscheidungen verletzen und weisen auf Emotionen hin. Dadurch erwecken sie den Verdacht, der Autor hätte fehlende Argumente durch eine drastische Wortwahl ersetzt; in diesem Fall haben Sie nichts verstärkt, sondern vieles abgeschwächt.

9. Regel: Verwenden Sie Tendenzwörter – aber richtig!

Tendenzwörter lassen das Positive oder Negative einer (bevorstehenden) Aussage erkennen und erleichtern das Lesen. Falsch angewendet erschweren sie aber das Verständnis.

Beispiele:

Die Wahrscheinlichkeit, in einer Lawine umzukommen, ist groß.
Besser: *Die Gefahr, in einer Lawine umzukommen, ist groß.*
Falsch: *Die Chance, in einer Lawine umzukommen, ist groß.*
Kosten höher als erhofft. – Die Aussage irritiert, hohe Kosten waren wohl nicht „erhofft"; gemeint ist: *Kosten höher als erwartet.*
Insolvenzen: Österreich unter den Erwartungen. – Gemeint ist wohl: *Österreich unter den Befürchtungen; oder: Österreich besser als erwartet.)*

Das leitet über zur

10. Regel: Verwenden Sie Vokabel richtig

In der Muttersprache muss man zwar normalerweise keine „Vokabel lernen", dennoch sollte man achtsam sein. Zum Beispiel ist *gehörig* etwas anderes als *gehörend*. Das Wort *zahlen* ist kein Synonym von *bezahlen*. Die Wörter *morgens, mittags,* und *montags* heißen nicht das selbe wie *in der Früh (am Morgen), zu Mittag* und *am Montag.*

Ein Beispiel:

Es besteht nämlich ein öffentliches Interesse an einer Verschwiegenheit derartiger Informationen.

Nicht die Information soll *verschwiegen* sein, sondern der Mensch, der sie nicht preisgibt. Die Information ist *geheim*.

11. Regel: Hauptaussagen voranstellen (im Hauptsatz), Spezifizierungen oder Ausnahmen nachstellen (in Nebensätzen)

Beispiele (§ 6 Z 5 EStG)

Einlagen sind wie folgt zu bewerten:
a) Wirtschaftsgüter und Derivate ... sind mit den Anschaffungskosten anzusetzen ...
b) Grundstücke ... sind mit den Anschaffungs- oder Herstellungskosten anzusetzen ...
c) Abweichend von lit b sind Gebäude ...
d) In allen übrigen Fällen ist der Teilwert im Zeitpunkt der Zuführung anzusetzen.

Alternative (die allgemeine Regel gehört vorangestellt):

Einlagen sind mit dem Teilwert im Zeitpunkt der Zuführung anzusetzen; davon bestehen folgende Ausnahmen:
a) ... b) ... c) ...

Beispiel:

§ 8 Abs 4 Z 2 KStG (Mantelkauf): Der Verlustabzug steht ab jenem Zeitpunkt nicht mehr zu, ab dem die Identität des Steuerpflichtigen infolge einer wesentlichen Änderung der organisatorischen und wirtschaftlichen Struktur im Zusammenhang mit einer wesentlichen Änderung der Gesellschafterstruktur auf entgeltlicher Grundlage nach dem Gesamtbild der Verhältnisse wirtschaftlich nicht mehr gegeben ist (Mantelkauf) ...

Der Satz hat mit 45 Wörtern bereits eine Überlänge und lässt sich übersichtlicher formulieren:

Der Verlustabzug steht ab jenem Zeitpunkt nicht mehr zu, ab dem die wirtschaftliche Identität des Steuerpflichtigen nicht mehr gegeben ist; das ist dann der Fall, wenn sich im Zusammenhang mit einer wesentlichen Änderung der Gesellschafterstruktur auf entgeltlicher Grundlage die organisatorische und wirtschaftliche Struktur nach dem Gesamtbild der Verhältnisse wesentlich geändert hat.

Die Hauptaussage ist vorangestellt, die Spezifizierungen sind nachgestellt.

12. Regel: Vermeiden Sie „ich" in wissenschaftlichen Arbeiten

Anstatt „ich" zu schreiben, ist es besser, unpersönliche Formulierungen zu verwenden. Das „ich" wirkt meist eitel, es schwächt ab und lenkt von der Sache ab.

Beispiele:

Ich habe in keinem Kommentar gefunden ... (Alternative: *... In keinem Kommentar findet sich ...*)
Freilich räume ich durchaus ein ... (Alternative: *... Freilich ist einzuräumen ...*)
... glaube ich, sagen zu können ... (Alternative: *... lässt sich wohl sagen ... oder ... kann man wohl sagen ...*)
Ich halte es für unnötig ... (Alternative: *Es ist unnötig ...*)
Ungeachtet der Rechtsprechung lehne ich die Auffassung ab ... (Alternative: *... Ungeachtet der Rechtsprechung ist die Auffassung abzulehnen ...*)

Stellen Sie nicht Ihre Person in den Vordergrund, sondern die Sache. Das „ich" benötigen Sie nur, wenn Sie den Leser direkt ansprechen wollen (zum Beispiel *Für Anregungen bin ich dankbar.*).

13. Regel: Machen Sie sich in Fachbeiträgen (wissenschaftlichen Auseinandersetzungen) nicht zum Richter

Mit Wörtern wie *unzutreffend* und *unrichtig* machen wir uns zum Richter über andere. Das steht uns nicht zu, wirkt überheblich und verletzend. Das Gleiche gilt für die Zustimmung, für das „Lob". Auch wenn es freundlich klingt: Auch mit *zutreffend* und *richtig* maßen wir uns die Position des Richters an.

Seltsam wäre in der Seminararbeit eines Studenten: Anders als das OLG geht der OGH zutreffend davon aus ...

Was richtig oder falsch ist, überzeugt oder nicht überzeugt, soll der Leser anhand der Argumente entscheiden; für die Zustimmung genügt *ebenso* oder *ebenso bereits*. Für die gegenteilige Meinung genügt *anders*; dass Sie die andere Meinung nicht für richtig halten, ergibt sich bereits daraus, dass Sie sie nicht teilen.

Ebenso verletzend wie unnötig ist etwa die Bemerkung, ein Autor habe *übersehen* oder er *ignoriere* etwas. Inhaltsgleich aber nicht verletzend wäre der Hinweis: Der Autor *lässt außer Betracht* (oder noch besser ohne Namen zu nennen etwa: *Diese Auslegung lässt außer Betracht ...*)

Die Regel, wie man mit einer anderen Meinung umgehen soll, ohne den anderen zu verletzen, ist einfach und alt: „Was du nicht willst, das man dir tu', das füg' auch keinem ander'n zu."

14. Regel: Vermeiden Sie hässliche Wörter (Unwörter)

Es gibt viele hässliche Wörter, zum Beispiel *obig*, *oberstgerichtliche* und *seitens*.

Obig ist nicht nur hässlich, sondern dient meist nicht einmal der beabsichtigen Präzisierung. Wenn Sie *obig* verwenden (zum Beispiel *Wie obig erwähnt ...*), weiß der Leser genauso viel und genauso wenig, wie wenn Sie sich auf *wie erwähnt* beschränken.

Der Oberste Gerichtshof ist ein „Höchstgericht" und kein „Oberstgericht". Daher gibt es auch keine *oberstgerichtliche Entscheidung*. Besser wäre *höchstgerichtliche Entscheidung*. In der Regel ergibt sich aus dem Text, welches Gericht gemeint ist; wenn nicht, dann müssen wir das Gericht beim Namen nennen.

Das Wort *seitens* funktioniert wie eine Warnleuchte, denn es lässt sich nur in Passivkonstruktionen verwenden.

Sehr sparsam sollten Sie mit *diesbezüglich*, *hinsichtlich* und ähnlichen Wörtern umgehen. Bei jedem *beziehungsweise* (kommt praktisch nur abgekürzt vor: *bzw*) sollten Sie überlegen, ob nicht in Wahrheit das Wort *und* oder das Wort *oder* besser passt.

Viele aufgeblasene Wörter, wie zum Beispiel *lediglich* und *anlässlich*, und abgegriffene Wendungen wie im *Zuge* ..., *im Rahmen* ..., lassen sich viel einfacher ausdrücken: *nur*, *bei*, *während*.

15. Regel: Wohin mit Paragraphen, Geschäftszahlen und BGBl-Zahlen?

Paragraphen und Geschäftszahlen sind meist nur als Zusatzinformation wichtig. Wenn sie mitten im Satz stehen, muss der Leser sie trotzdem mitlesen; setzt man sie dagegen ans Ende und in Klammer, kann sie der Leser überspringen und der Text ist flüssiger zu lesen.

Beispiele:

Der VwGH hat in seiner Entscheidung vom 1.3.2002, 13/14/2001, Slg 2193, erklärt, dass Aufwendungen für ein Arbeitszimmer, das den Mittelpunkt der Tätigkeit bildet, als Betriebsausgaben abzugsfähig sind.

Alternative:

Aufwendungen für ein Arbeitszimmer sind als Betriebsausgaben abzugsfähig, wenn es den Mittelpunkt der Tätigkeit bildet (VwGH 1.3.2002, 13/14/2001, Slg 2193).

Beispiel:

Nach § 1 EStG sind natürliche Personen mit Wohnsitz im Inland unbeschränkt steuerpflichtig.

Alternative:

Natürliche Personen mit Wohnsitz im Inland sind unbeschränkt steuerpflichtig (§ 1 EStG).

16. Regel: Wortwiederholungen vermeiden?

In der Schule haben wir gelernt, Wortwiederholungen zu vermeiden.

In der Fachsprache ist dieser Grundsatz problematisch. Wortwiederholungen dienen oft der Präzisierung: Wenn man die Begriffe wechselt, wird die Aussage oft unpräzise und unklar. Der Kläger bleibt der Kläger. Eine andere Bezeichnung oder etwa der Name lockt den Leser auf eine falsche Fährte, weil er glaubt, es sei von einer anderen Person die Rede.

Einen *terminus technicus* mit einer abgegrenzter Bedeutung sollten Sie nicht abwandeln.

17. Regel: Achten Sie auf die Stellung der Informationen im Satz

Aus einer Presseaussendung:

Die Staatsanwaltschaft darf einzig und alleine in Österreich entscheiden, ob jemand angeklagt wird oder nicht.

Was ist hier gemeint? **Nur in Österreich** darf die Staatsanwaltschaft alleine entscheiden, ob …?

Exkurs: „Gendern" mit Blähsätzen

Dass dem Gesetzgeber vollkommen gleichgültig ist, ob ein Gesetz verständlich formuliert ist, zeigt § 41 Abs 1 ZahnärzteG:

Wenn eine Person … eine Schadenersatzforderung erhoben hat, so ist der Fortlauf der Verjährungsfrist von dem Tag an, an welchem der/die Schädiger/Schädigerin, sein/seine bzw. ihr/ihre bevollmächtigter/bevollmächtigte Vertreter/Vertreterin oder sein/ihr Haftpflichtversicherer oder der Rechtsträger jener Krankenanstalt, in welcher der/die genannte Angehörige des zahnärztlichen Berufs tätig war, schriftlich erklärt hat, zur Verhandlung über eine außergerichtliche Regelung der Angelegenheit bereit zu sein, gehemmt.

Das Thema „Gendern" würde den Rahmen dieser Anmerkungen zum Stil aber sprengen. Das erwähnte Extrembeispiel ist auch kein Argument gegen eine gendergerechte Sprache.

Schlussbemerkung

Die Auswahl und die Reihenfolge dieser Vorschläge sind einigermaßen willkürlich und können auch selbst wieder kritisch hinterfragt werden. An Stilregeln muss man sich nicht sklavisch halten. Wichtig ist jedoch, ein Gefühl dafür zu entwickeln, ob ein Text gut verständlich ist.

Es wäre schon ein Erfolg, wenn im einen oder der anderen der Wunsch entstünde, künftig das wichtigste Werkzeug der Jurisprudenz noch sorgfältiger zu behandeln: die Sprache. Es mag Zeit kosten, es macht aber auch kreative Freude!

Inhaltsverzeichnis

A. Materielles Strafrecht

C. Strafvollzug

1. Strafgesetzbuch

BGBl 1974/60 idF

GLIEDERUNG

STICHWORTVERZEICHNIS
zum StGB
(Die Zahlen bezeichnen Paragraphen und geben die wichtigsten Fundstellen an)

Stichwortverzeichnis

Stichwortverzeichnis

Bundesgesetz vom 23. Jänner 1974 über die mit gerichtlicher Strafe bedrohten Handlungen (Strafgesetzbuch – StGB)

Der Nationalrat hat beschlossen:

Allgemeiner Teil

Art. 7
EMRK

61

ERSTER ABSCHNITT

Allgemeine Bestimmungen

Keine Strafe ohne Gesetz

§ 1. (1) Eine Strafe oder eine vorbeugende Maßnahme darf nur wegen einer Tat verhängt werden, die unter eine ausdrückliche gesetzliche Strafdrohung fällt und schon zur Zeit ihrer Begehung mit Strafe bedroht war.

(2) ¹Eine schwerere als die zur Zeit der Begehung angedrohte Strafe darf nicht verhängt werden. ²Eine vorbeugende Maßnahme darf nur angeordnet werden, wenn zur Zeit der Begehung diese vorbeugende Maßnahme oder eine der Art nach vergleichbare Strafe oder vorbeugende Maßnahme vorgesehen war. ³Durch die Anordnung einer bloß der Art nach vergleichbaren vorbeugenden Maßnahme darf der Täter keiner ungünstigeren Behandlung unterworfen werden, als sie nach dem zur Zeit der Tat geltenden Gesetz zulässig war.

Begehung durch Unterlassung

§ 2. Bedroht das Gesetz die Herbeiführung eines Erfolges mit Strafe, so ist auch strafbar, wer es unterläßt, ihn abzuwenden, obwohl er zufolge einer ihn im besonderen treffenden Verpflichtung durch die Rechtsordnung dazu verhalten ist und die Unterlassung der Erfolgsabwendung einer Verwirklichung des gesetzlichen Tatbildes durch ein Tun gleichzuhalten ist.

Notwehr

§ 3. (1) ¹Nicht rechtswidrig handelt, wer sich nur der Verteidigung bedient, die notwendig ist, um einen gegenwärtigen oder unmittelbar drohenden rechtswidrigen Angriff auf Leben, Gesundheit, körperliche Unversehrtheit, sexuelle Integrität und Selbstbestimmung, Freiheit oder Vermögen von sich oder einem anderen abzuwehren. ²Die Handlung ist jedoch nicht gerechtfertigt, wenn es offensichtlich ist, daß dem Angegriffenen bloß ein geringer Nachteil droht und die Verteidigung, insbesondere wegen der Schwere der zur Abwehr nötigen Beeinträchtigung des Angreifers, unangemessen ist. *(BGBl I 2017/117)*

(2) Wer das gerechtfertigte Maß der Verteidigung überschreitet oder sich einer offensichtlich unangemessenen Verteidigung (Abs. 1) bedient, ist, wenn dies lediglich aus Bestürzung, Furcht oder Schrecken geschieht, nur strafbar, wenn die

Überschreitung auf Fahrlässigkeit beruht und die fahrlässige Handlung mit Strafe bedroht ist.

Keine Strafe ohne Schuld

§ 4. Strafbar ist nur, wer schuldhaft handelt.

Vorsatz

§ 5. (1) Vorsätzlich handelt, wer einen Sachverhalt verwirklichen will, der einem gesetzlichen Tatbild entspricht; dazu genügt es, daß der Täter diese Verwirklichung ernstlich für möglich hält und sich mit ihr abfindet.

(2) Der Täter handelt absichtlich, wenn es ihm darauf ankommt, den Umstand oder Erfolg zu verwirklichen, für den das Gesetz absichtliches Handeln voraussetzt.

(3) Der Täter handelt wissentlich, wenn er den Umstand oder Erfolg, für den das Gesetz Wissentlichkeit voraussetzt, nicht bloß für möglich hält, sondern sein Vorliegen oder Eintreten für gewiß hält.

Fahrlässigkeit

§ 6. (1) Fahrlässig handelt, wer die Sorgfalt außer acht läßt, zu der er nach den Umständen verpflichtet und nach seinen geistigen und körperlichen Verhältnissen befähigt ist und die ihm zuzumuten ist, und deshalb nicht erkennt, daß er einen Sachverhalt verwirklichen könne, der einem gesetzlichen Tatbild entspricht.

(2) Fahrlässig handelt auch, wer es für möglich hält, daß er einen solchen Sachverhalt verwirkliche, ihn aber nicht herbeiführen will.

(3) Grob fahrlässig handelt, wer ungewöhnlich und auffallend sorgfaltswidrig handelt, sodass der Eintritt eines dem gesetzlichen Tatbild entsprechenden Sachverhaltes als geradezu wahrscheinlich vorhersehbar war. *(BGBl I 2015/112)*

Strafbarkeit vorsätzlichen und fahrlässigen Handelns

§ 7. (1) Wenn das Gesetz nichts anderes bestimmt, ist nur vorsätzliches Handeln strafbar.

(2) Eine schwerere Strafe, die an eine besondere Folge der Tat geknüpft ist, trifft den Täter nur, wenn er diese Folge wenigstens fahrlässig herbeigeführt hat.

Irrtümliche Annahme eines rechtfertigenden Sachverhaltes

§ 8. ¹Wer irrtümlich einen Sachverhalt annimmt, der die Rechtswidrigkeit der Tat ausschließen würde, kann wegen vorsätzlicher Begehung nicht bestraft werden. ²Er ist wegen fahrlässiger Begehung zu bestrafen, wenn der Irrtum auf Fahrlässigkeit beruht und die fahrlässige Begehung mit Strafe bedroht ist.

Rechtsirrtum

§ 9. (1) Wer das Unrecht der Tat wegen eines Rechtsirrtums nicht erkennt, handelt nicht schuldhaft, wenn ihm der Irrtum nicht vorzuwerfen ist.

(2) Der Rechtsirrtum ist dann vorzuwerfen, wenn das Unrecht für den Täter wie für jedermann leicht erkennbar war oder wenn sich der Täter mit den einschlägigen Vorschriften nicht bekannt gemacht hat, obwohl er seinem Beruf, seiner Beschäftigung oder sonst den Umständen nach dazu verpflichtet gewesen wäre.

(3) Ist der Irrtum vorzuwerfen, so ist, wenn der Täter vorsätzlich handelt, die für die vorsätzliche Tat vorgesehene Strafdrohung anzuwenden, wenn er fahrlässig handelt, die für die fahrlässige Tat.

Entschuldigender Notstand

§ 10. (1) Wer eine mit Strafe bedrohte Tat begeht, um einen unmittelbar drohenden bedeutenden Nachteil von sich oder einem anderen abzuwenden, ist entschuldigt, wenn der aus der Tat drohende Schaden nicht unverhältnismäßig schwerer wiegt als der Nachteil, den sie abwenden soll, und in der Lage des Täters von einem mit den rechtlich geschützten Werten verbundenen Menschen kein anderes Verhalten zu erwarten war.

(2) ¹Der Täter ist nicht entschuldigt, wenn er sich der Gefahr ohne einen von der Rechtsordnung anerkannten Grund bewußt ausgesetzt hat. ²Der Täter ist wegen fahrlässiger Begehung zu bestrafen, wenn er die Voraussetzungen, unter denen seine Handlung entschuldigt wäre, in einem Irrtum angenommen hat, der auf Fahrlässigkeit beruhte, und die fahrlässige Begehung mit Strafe bedroht ist.

Zurechnungsunfähigkeit

§ 11. Wer zur Zeit der Tat wegen einer Geisteskrankheit, wegen einer geistigen Behinderung, wegen einer tiefgreifenden Bewußtseinsstörung oder wegen einer anderen schweren, einem dieser Zustände gleichwertigen seelischen Störung unfähig ist, das Unrecht seiner Tat einzusehen oder nach dieser Einsicht zu handeln, handelt nicht schuldhaft. *(BGBl I 2009/40)*

Behandlung aller Beteiligten als Täter

§ 12. Nicht nur der unmittelbare Täter begeht die strafbare Handlung, sondern auch jeder, der einen anderen dazu bestimmt, sie auszuführen, oder der sonst zu ihrer Ausführung beiträgt.

Selbständige Strafbarkeit der Beteiligten

§ 13. Waren an der Tat mehrere beteiligt, so ist jeder von ihnen nach seiner Schuld zu bestrafen.

Eigenschaften und Verhältnisse des Täters

§ 14. (1) ¹Macht das Gesetz die Strafbarkeit oder die Höhe der Strafe von besonderen persönlichen Eigenschaften oder Verhältnissen des Täters abhängig, die das Unrecht der Tat betreffen, so ist das Gesetz auf alle Beteiligten anzuwenden, wenn diese Eigenschaften oder Verhältnisse auch nur bei einem von ihnen vorliegen. ²Hängt das Unrecht der Tat jedoch davon ab, daß der Träger der besonderen persönlichen Eigenschaften oder Verhältnisse die Tat unmittelbar ausführt oder sonst in bestimmter Weise an ihr mitwirkt, so muß auch diese Voraussetzung erfüllt sein.

(2) Betreffen die besonderen persönlichen Eigenschaften oder Verhältnisse hingegen ausschließlich die Schuld, so ist das Gesetz nur auf die Beteiligten anzuwenden, bei denen diese Eigenschaften oder Verhältnisse vorliegen.

Strafbarkeit des Versuches

§ 15. (1) Die Strafdrohungen gegen vorsätzliches Handeln gelten nicht nur für die vollendete Tat, sondern auch für den Versuch und für jede Beteiligung an einem Versuch.

(2) Die Tat ist versucht, sobald der Täter seinen Entschluß, sie auszuführen oder einen anderen dazu zu bestimmen (§ 12), durch eine der Ausführung unmittelbar vorangehende Handlung betätigt.

(3) Der Versuch und die Beteiligung daran sind nicht strafbar, wenn die Vollendung der Tat mangels persönlicher Eigenschaften oder Verhältnisse, die das Gesetz beim Handelnden voraussetzt, oder nach der Art der Handlung oder des Gegenstands, an dem die Tat begangen wurde, unter keinen Umständen möglich war.

Rücktritt vom Versuch

§ 16. (1) Der Täter wird wegen des Versuches oder der Beteiligung daran nicht bestraft, wenn er freiwillig die Ausführung aufgibt oder, falls mehrere daran beteiligt sind, verhindert oder wenn er freiwillig den Erfolg abwendet.

(2) Der Täter wird auch straflos, wenn die Ausführung oder der Erfolg ohne sein Zutun unterbleibt, er sich jedoch in Unkenntnis dessen freiwillig und ernstlich bemüht, die Ausführung zu verhindern oder den Erfolg abzuwenden.

ZWEITER ABSCHNITT

Einteilung der strafbaren Handlungen

Einteilung der strafbaren Handlungen

§ 17. (1) Verbrechen sind vorsätzliche Handlungen, die mit lebenslanger oder mit mehr als dreijähriger Freiheitsstrafe bedroht sind.

(2) Alle anderen strafbaren Handlungen sind Vergehen.

DRITTER ABSCHNITT
Strafen, Verfall und vorbeugende Maßnahmen

Freiheitsstrafen

§ 18. (1) Freiheitsstrafen werden auf Lebensdauer oder auf bestimmte Zeit verhängt.

(2) Die zeitliche Freiheitsstrafe beträgt mindestens einen Tag und höchstens zwanzig Jahre.

Geldstrafen

§ 19. (1) Die Geldstrafe ist in Tagessätzen zu bemessen. Sie beträgt mindestens zwei Tagessätze.

(2) [1]Der Tagessatz ist nach den persönlichen Verhältnissen und der wirtschaftlichen Leistungsfähigkeit des Rechtsbrechers im Zeitpunkt des Urteils erster Instanz zu bemessen. [2]Der Tagessatz ist jedoch mindestens mit 4 Euro und höchstens mit 5 000 Euro festzusetzen. *(BGBl I 2009/52)*

(3) [1]Für den Fall der Uneinbringlichkeit der Geldstrafe ist eine Ersatzfreiheitsstrafe festzusetzen. [2]Ein Tag Ersatzfreiheitsstrafe entspricht dabei zwei Tagessätzen.

Konfiskation

§ 19a. (1) Gegenstände, die der Täter zur Begehung einer vorsätzlichen Straftat verwendet hat, die von ihm dazu bestimmt waren, bei der Begehung dieser Straftat verwendet zu werden, oder die durch diese Handlung hervorgebracht worden sind, sind zu konfiszieren, wenn sie zur Zeit der Entscheidung erster Instanz im Eigentum des Täters stehen. *(BGBl I 2015/112)*

(1a) Die Konfiskation erstreckt sich auch auf die zur Zeit der Entscheidung erster Instanz im Eigentum des Täters stehenden Ersatzwerte der in Abs. 1 bezeichneten Gegenstände. *(BGBl I 2015/112)*

(2) Von der Konfiskation ist abzusehen, soweit sie zur Bedeutung der Tat oder zu dem den Täter treffenden Vorwurf außer Verhältnis steht.

(BGBl I 2010/108)

Verfall

§ 20. (1) Das Gericht hat Vermögenswerte, die für die Begehung einer mit Strafe bedrohten Handlung oder durch sie erlangt wurden, für verfallen zu erklären.

(2) Der Verfall erstreckt sich auch auf Nutzungen und Ersatzwerte der nach Abs. 1 für verfallen zu erklärenden Vermögenswerte.

(3) Soweit die dem Verfall nach Abs. 1 oder 2 unterliegenden Vermögenswerte nicht sichergestellt oder beschlagnahmt sind (§§ 110 Abs. 1 Z 3, 115 Abs. 1 Z 3 StPO), hat das Gericht einen Geldbetrag für verfallen zu erklären, der den nach

Abs. 1 und Abs. 2 erlangten Vermögenswerten entspricht.

(4) Soweit der Umfang der für verfallen zu erklärenden Vermögenswerte nicht oder nur mit unverhältnismäßigem Aufwand ermittelt werden kann, hat das Gericht ihn nach seiner Überzeugung festzusetzen.

(BGBl I 2010/108)

Unterbleiben des Verfalls

§ 20a. (1) Der Verfall gegenüber einem Dritten nach § 20 Abs. 2 und 3 ist ausgeschlossen, soweit dieser die Vermögenswerte in Unkenntnis der mit Strafe bedrohten Handlung erworben hat.

(2) Der Verfall ist überdies ausgeschlossen:

1. gegenüber einem Dritten, soweit dieser die Vermögenswerte in Unkenntnis der mit Strafe bedrohten Handlung entgeltlich erworben hat,

2. soweit der Betroffene zivilrechtliche Ansprüche aus der Tat befriedigt oder für sie Sicherheit geleistet hat, oder

3. soweit seine Wirkung durch andere rechtliche Maßnahmen erreicht wird.

(3) Vom Verfall ist abzusehen, soweit der für verfallen zu erklärende Vermögenswert oder die Aussicht auf dessen Einbringung außer Verhältnis zum Verfahrensaufwand steht, den der Verfall oder die Einbringung erfordern würde.

(BGBl I 2010/108)

Erweiterter Verfall

§ 20b. (1) Vermögenswerte, die der Verfügungsmacht einer kriminellen Organisation (§ 278a) oder einer terroristischen Vereinigung (§ 278b) unterliegen oder als Mittel der Terrorismusfinanzierung (§ 278d) bereitgestellt oder gesammelt wurden, sind für verfallen zu erklären.

(2) Ist eine rechtswidrige Tat nach den §§ 278 oder 278c, für deren Begehung oder durch die Vermögenswerte erlangt wurden, oder ein solches Verbrechen begangen worden, sind auch jene Vermögenswerte für verfallen zu erklären, die in einem zeitlichen Zusammenhang mit dieser Tat erlangt wurden, sofern die Annahme naheliegt, dass sie aus einer rechtswidrigen Tat stammen und ihre rechtmäßige Herkunft nicht glaubhaft gemacht werden kann. *(BGBl I 2021/159)*

(2a) [1]Darüber hinaus sind auch Vermögenswerte, die aus einer mit Strafe bedrohten Handlung stammen und in einem Verfahren wegen einer Straftat nach §§ 104, 104a, 165, 207a, 215a Abs. 1 oder 2, 216, 217, 246, 277 bis 280, 302, 304 bis 309 oder nach dem fünfundzwanzigsten Abschnitt, nach § 28a des Suchtmittelgesetzes – SMG, BGBl. I Nr. 112/1997, nach den §§ 39 oder 40 des Finanzstrafgesetzes – FinStrG, BGBl. Nr. 129/1958, oder nach § 114 des Fremdenpolizeigesetzes – FPG, BGBl. I Nr. 100/2005, sichergestellt oder beschlagnahmt wurden, für verfallen zu erklären, wenn der Betroffene nicht wegen dieser Straftat verfolgt oder verurteilt werden kann. [2]Bei der Entscheidung über den Verfall kann das Gericht seine Überzeugung davon, dass der Vermögenswert aus einer mit Strafe bedrohten Handlung stammt, insbesondere auf einen auffallenden Widerspruch zwischen dem Vermögenswert und den rechtmäßigen Einkünften des Betroffenen stützen, wobei insbesondere auch die Umstände des Auffindens des Vermögenswertes, die sonstigen persönlichen und wirtschaftlichen Verhältnisse des Betroffenen sowie die Ermittlungsergebnisse zu der Tat, die Anlass für das Verfahren war, berücksichtigt werden können. *(BGBl I 2021/159)*

(3) § 20 Abs. 2 bis Abs. 4 StGB gilt entsprechend.

(BGBl I 2010/108)

Unterbleiben des erweiterten Verfalls

§ 20c. (1) Der erweiterte Verfall nach § 20b Abs. 1 StGB ist ausgeschlossen, soweit an den betroffenen Vermögenswerten Rechtsansprüche von Personen bestehen, die an der kriminellen Organisation oder terroristischen Vereinigung oder Terrorismusfinanzierung nicht beteiligt sind.

(2) § 20a StGB gilt entsprechend.

(BGBl I 2010/108)

Strafrechtliche Unterbringung in einem forensisch-therapeutischen Zentrum

§ 21. (1) Wer eine Tat nach Abs. 3 unter dem maßgeblichen Einfluss einer schwerwiegenden und nachhaltigen psychischen Störung begangen hat und nur deshalb nicht bestraft werden kann, weil er im Zeitpunkt der Tat wegen dieser Störung zurechnungsunfähig (§ 11) war, ist in einem forensisch-therapeutischen Zentrum unterzubringen, wenn nach seiner Person, nach seinem Zustand und nach der Art der Tat mit hoher Wahrscheinlichkeit zu befürchten ist, dass er sonst in absehbarer Zukunft unter dem maßgeblichen Einfluss seiner psychischen Störung eine mit Strafe bedrohte Handlung mit schweren Folgen begehen werde.

(2) [1]Besteht eine solche Befürchtung, so ist in einem forensisch-therapeutischen Zentrum auch unterzubringen, wer, ohne zurechnungsunfähig zu sein, unter dem maßgeblichen Einfluss einer schwerwiegenden und nachhaltigen psychischen Störung eine Tat nach Abs. 3 begangen hat. [2]In diesem Fall ist die Unterbringung zugleich mit der Verhängung der Strafe anzuordnen.

(3) [1]Anlass einer strafrechtlichen Unterbringung können nur Taten sein, die mit mehr als einem Jahr Freiheitsstrafe bedroht sind. [2]Wenn die angedrohte Freiheitsstrafe dieser Tat drei Jahre nicht übersteigt, muss sich die Befürchtung nach Abs. 1 auf eine gegen Leib und Leben gerichtete

mit mehr als zwei Jahren Freiheitsstrafe bedrohte Handlung oder auf eine gegen die sexuelle Integrität und Selbstbestimmung gerichtete mit mehr als ein Jahr Freiheitsstrafe bedrohte Handlung beziehen. [3]Als Anlasstaten kommen mit Strafe bedrohte Handlungen gegen fremdes Vermögen nicht in Betracht, es sei denn, sie wurden unter Anwendung von Gewalt gegen eine Person oder unter Drohung mit einer gegenwärtigen Gefahr für Leib oder Leben (§ 89) begangen.

(BGBl I 2022/223)

Unterbringung in einer Anstalt für entwöhnungsbedürftige Rechtsbrecher

§ 22. (1) Wer dem Mißbrauch eines berauschenden Mittels oder Suchtmittels ergeben ist und wegen einer im Rausch oder sonst im Zusammenhang mit seiner Gewöhnung begangenen strafbaren Handlung oder wegen Begehung einer mit Strafe bedrohten Handlung im Zustand voller Berauschung (§ 287) verurteilt wird, ist vom Gericht in eine Anstalt für entwöhnungsbedürftige Rechtsbrecher einzuweisen, wenn nach seiner Person und nach der Art der Tat zu befürchten ist, daß er sonst im Zusammenhang mit seiner Gewöhnung an berauschende Mittel oder Suchtmittel eine mit Strafe bedrohte Handlung mit schweren Folgen oder doch mit Strafe bedrohte Handlungen mit nicht bloß leichten Folgen begehen werde.

(2) Von der Unterbringung ist abzusehen, wenn der Rechtsbrecher mehr als zwei Jahre in Strafhaft zu verbüßen hat, die Voraussetzungen für seine strafrechtliche Unterbringung in einem forensisch-therapeutischen Zentrum vorliegen oder der Versuch einer Entwöhnung von vornherein aussichtslos scheint. *(BGBl I 2022/223)*

Unterbringung von gefährlichen Rückfalltätern und gefährlichen terroristischen Straftätern in einer Anstalt für gefährliche Rückfalltäter

§ 23. (1) Wird jemand nach Vollendung des vierundzwanzigsten Lebensjahres zu einer mindestens zweijährigen Freiheitsstrafe verurteilt, so hat das Gericht zugleich seine Unterbringung in einer Anstalt für gefährliche Rückfalltäter anzuordnen,

1. wenn die Verurteilung ausschließlich oder überwiegend wegen einer oder mehrerer vorsätzlicher strafbarer Handlungen gegen Leib und Leben, gegen die Freiheit, gegen fremdes Vermögen unter Anwendung oder Androhung von Gewalt gegen eine Person, gegen die sexuelle Integrität und Selbstbestimmung, nach § 28a des Suchtmittelgesetzes oder wegen einer oder mehrerer vorsätzlicher gemeingefährlicher strafbarer Handlungen erfolgt, *(BGBl I 2007/109)*

2. wenn er bereits zweimal ausschließlich oder überwiegend wegen Handlungen der in Z. 1 genannten Art zu Freiheitsstrafen in der Dauer von jeweils mehr als sechs Monaten verurteilt worden ist und deshalb vor Begehung der nunmehr abgeurteilten Handlungen, jedoch nach Vollendung des neunzehnten Lebensjahres mindestens achtzehn Monate in Strafhaft zugebracht hat und

3. wenn zu befürchten ist, daß er wegen seines Hanges zu strafbaren Handlungen der in Z 1 genannten Art oder weil er seinen Lebensunterhalt überwiegend durch solche strafbare Handlungen zu gewinnen pflegt, sonst weiterhin solche strafbare Handlungen mit schweren Folgen begehen werde.

(1a) ¹Wird jemand nach Vollendung des achtzehnten Lebensjahres zu einer mindestens achtzehnmonatigen Freiheitsstrafe verurteilt, so hat das Gericht zugleich seine Unterbringung in einer Anstalt für gefährliche Rückfalltäter anzuordnen,

1. wenn die Verurteilung ausschließlich oder überwiegend wegen einer oder mehrerer vorsätzlicher strafbarer Handlungen nach den §§ 278b bis 278f erfolgt,

2. wenn er bereits einmal ausschließlich oder überwiegend wegen Handlungen der in Z 1 genannten Art, einer strafbaren Handlung nach den §§ 75, 76, 84 Abs. 4 oder Abs. 5 Z 1 oder 3, 85 Abs. 2, 86 Abs. 2 oder 87 oder wegen einer vorsätzlichen gemeingefährlichen strafbaren Handlung nach Vollendung des 16. Lebensjahres zu einer unbedingten Freiheitsstrafe in der Dauer von mehr als einem Jahr verurteilt worden ist und

3. wenn zu befürchten ist, dass er wegen seines Hanges zu strafbaren Handlungen der in Z 1 genannten Art sonst weiterhin solche strafbare Handlungen mit schweren Folgen begehen werde. *(BGBl I 2022/223)*

(2) Von der Unterbringung ist abzusehen, wenn die Voraussetzungen für die strafrechtliche Unterbringung in einem forensisch-therapeutischen Zentrum vorliegen. *(BGBl I 2022/223)*

(3) Die Anhaltung in einem forensisch-therapeutischen Zentrum nach § 21 Abs. 2 oder in einer Anstalt für entwöhnungsbedürftige Rechtsbrecher steht der Strafhaft (Abs. 1 Z 2) insoweit gleich, als die Zeit der Anhaltung auf die Strafe anzurechnen ist. *(BGBl I 2022/223)*

(4) ¹Eine frühere Strafe bleibt außer Betracht, wenn seit ihrer Verbüßung bis zur folgenden Tat mehr als fünf Jahre vergangen sind. ²In diese Frist werden Zeiten, in denen der Verurteilte auf behördliche Anordnung angehalten worden ist, nicht eingerechnet. ³Ist die Strafe nur durch Anrechnung einer Vorhaft verbüßt worden, so beginnt die Frist erst mit Rechtskraft des Urteils.

(5) Ausländische Verurteilungen sind zu berücksichtigen, wenn die Voraussetzungen des § 73 vorliegen und anzunehmen ist, dass der Täter auch von einem inländischen Gericht zu einer Freiheitsstrafe von mehr als sechs Monaten (Abs. 1) beziehungsweise einem Jahr (Abs. 1a) verurteilt worden wäre und im Fall des Abs. 1 die zur Erfüllung der Voraussetzungen des Abs. 1 Z 2 erforderliche Zeit in Strafhaft zugebracht hätte. *(BGBl I 2022/223)*

(BGBl 1987/605; BGBl 1988/599; BGBl I 1997/112)

Reihenfolge des Vollzugs von Freiheitsstrafen und mit Freiheitsentziehung verbundenen vorbeugenden Maßnahmen

§ 24. (1) ¹Die Unterbringung in einem forensisch-therapeutischen Zentrum oder in einer Anstalt für entwöhnungsbedürftige Rechtsbrecher ist vor einer Freiheitsstrafe zu vollziehen. ²Die Zeit der Anhaltung ist auf die Strafe anzurechnen. ³Dies gilt auch dann, wenn die Freiheitsstrafe nicht zugleich mit der Anordnung der Unterbringung verhängt wurde. ⁴Wird die Unterbringung vor dem Ablauf der Strafzeit aufgehoben, so ist der Rechtsbrecher in den Strafvollzug zu überstellen, es sei denn, dass ihm der Rest der Strafe bedingt oder unbedingt erlassen wird. *(BGBl I 2022/223)*

(2) ¹Die Unterbringung in einer Anstalt für gefährliche Rückfalltäter ist nach der Freiheitsstrafe zu vollziehen. ²Vor der Überstellung des Rechtsbrechers in die Anstalt für gefährliche Rückfalltäter hat das Gericht von Amts wegen zu prüfen, ob die Unterbringung noch notwendig ist.

Dauer der mit Freiheitsentziehung verbundenen vorbeugenden Maßnahmen

§ 25. (1) ¹Vorbeugende Maßnahmen sind auf unbestimmte Zeit anzuordnen. ²Sie sind so lange zu vollziehen, wie es ihr Zweck erfordert. ³Die Unterbringung in einer Anstalt für entwöhnungsbedürftige Rechtsbrecher darf jedoch nicht länger als zwei Jahre dauern, die Unterbringung in einer Anstalt für gefährliche Rückfalltäter nicht länger als zehn Jahre.

(2) Über die Aufhebung der vorbeugenden Maßnahme entscheidet das Gericht.

(3) Ob die Unterbringung in einem forensisch-therapeutischen Zentrum oder in einer Anstalt für gefährliche Rückfalltäter noch notwendig ist, hat das Gericht von Amts wegen mindestens alljährlich zu entscheiden. *(BGBl I 2022/223)*

(4) Ob die Unterbringung in einer Anstalt für entwöhnungsbedürftige Rechtsbrecher aufrechtzuerhalten ist, hat das Gericht von Amts wegen mindestens alle sechs Monate zu entscheiden. *(BGBl I 2022/223)*

(5) Die Fristen nach Abs. 3 und 4 beginnen mit der letzten Entscheidung erster Instanz. *(BGBl I 2022/223)*

Einziehung

§ 26. (1) Gegenstände, die der Täter zur Begehung der mit Strafe bedrohten Handlung verwendet hat, die von ihm dazu bestimmt worden waren, bei Begehung dieser Handlung verwendet zu werden, oder die durch diese Handlung hervorgebracht worden sind, sind einzuziehen, wenn dies nach der besonderen Beschaffenheit der Gegenstände geboten erscheint, um der Begehung mit Strafe bedrohter Handlungen entgegenzuwirken.

(2) ¹Von der Einziehung ist abzusehen, wenn der Berechtigte die besondere Beschaffenheit der Gegenstände beseitigt, insbesondere indem er Vorrichtungen oder Kennzeichnungen entfernt oder unbrauchbar macht, die die Begehung mit Strafe bedrohter Handlungen erleichtern. ²Gegenstände, auf die eine an der strafbaren Handlung nicht beteiligte Person Rechtsansprüche hat, dürfen nur eingezogen werden, wenn die betreffende Person keine Gewähr dafür bietet, daß die Gegenstände nicht zur Begehung strafbarer Handlungen verwendet werden.

(3) Liegen die Voraussetzungen der Einziehung vor, so sind die Gegenstände auch dann einzuziehen, wenn keine bestimmte Person wegen der mit Strafe bedrohten Handlung verfolgt oder verurteilt werden kann.

(BGBl 1996/762)

Amtsverlust und andere Rechtsfolgen der Verurteilung

§ 27. (1) Mit der Verurteilung durch ein inländisches Gericht wegen einer oder mehrerer mit Vorsatz begangener strafbarer Handlungen zu einer Freiheitsstrafe ist bei einem Beamten der Verlust des Amtes verbunden, wenn

1. die verhängte Freiheitsstrafe ein Jahr übersteigt,

2. die nicht bedingt nachgesehene Freiheitsstrafe sechs Monate übersteigt oder

3. die Verurteilung auch oder ausschließlich wegen des Vergehens des Missbrauchs eines Autoritätsverhältnisses (§ 212 StGB) erfolgt ist.

(2) ¹Zieht eine strafgerichtliche Verurteilung nach einem Bundesgesetz eine andere als die im Abs. 1 genannte Rechtsfolge nach sich, so endet die Rechtsfolge, wenn nichts anderes bestimmt ist, soweit sie nicht im Verlust besonderer auf Wahl, Verleihung oder Ernennung beruhender Rechte besteht, nach fünf Jahren. ²Die Frist beginnt, sobald die Strafe vollstreckt ist und vorbeugende Maßnahmen vollzogen oder weggefallen sind; ist die Strafe nur durch Anrechnung einer Vorhaft verbüßt worden, so beginnt die Frist mit Rechtskraft des Urteils.

(BGBl I 2001/130)

Zusammentreffen strafbarer Handlungen

§ 28. (1) ¹Hat jemand durch eine Tat oder durch mehrere selbständige Taten mehrere strafbare Handlungen derselben oder verschiedener Art begangen und wird über diese strafbaren Handlungen gleichzeitig erkannt, so ist, wenn die zusammentreffenden Gesetze nur Freiheitsstrafen oder nur Geldstrafen vorsehen, auf eine einzige Freiheitsstrafe oder Geldstrafe zu erkennen. ²Diese Strafe ist nach dem Gesetz zu bestimmen, das die höchste Strafe androht. ³Von der außerordentlichen Strafmilderung abgesehen, darf jedoch keine geringere Strafe als die höchste der in den zusammentreffenden Gesetzen vorgesehenen Mindeststrafen verhängt werden.

(2) ¹Ist in einem der zusammentreffenden Gesetze Freiheitsstrafe, in einem anderen Geldstrafe oder sind auch nur in einem von ihnen Freiheits- und Geldstrafen nebeneinander angedroht, so ist, wenn beide Strafen zwingend vorgeschrieben sind, auf eine Freiheitsstrafe und auf eine Geldstrafe zu erkennen. ²Ist eine von ihnen nicht zwingend angedroht, so kann sie verhängt werden. ³Das gleiche gilt für Strafen anderer Art, die neben Freiheits- oder einer Geldstrafe angedroht sind. ⁴Für die Bestimmung der Freiheitsstrafe und der Geldstrafe gilt Abs. 1.

(3) Wäre nach Abs. 2 auf eine Freiheitsstrafe und auf eine Geldstrafe zu erkennen, so ist, wenn statt der Freiheitsstrafe eine Geldstrafe zu verhängen ist (§ 37), gemäß Abs. 1 nur auf eine Geldstrafe zu erkennen.

(4) Vorbeugende Maßnahmen sind anzuordnen, wenn die Voraussetzungen hiefür auf Grund einer oder mehrerer der mit Strafe bedrohten Handlungen, über die gleichzeitig geurteilt wird, gegeben sind.

Zusammenrechnung der Werte und Schadensbeträge

§ 29. Hängt die Höhe der Strafdrohung von dem ziffernmäßig bestimmten Wert einer Sache, gegen die sich die Handlung richtet, oder von der ziffernmäßig bestimmten Höhe des Schadens ab, den sie verursacht oder auf den sich der Vorsatz des Täters erstreckt, so ist, wenn der Täter mehrere Taten derselben Art begangen hat, die Summe der Werte oder Schadensbeträge maßgebend.

Unzulässigkeit mehrfacher Erhöhung der im Gesetz bestimmten Obergrenze

§ 30. Eine Überschreitung der im Gesetz bestimmten Obergrenze einer Strafdrohung um die Hälfte ist immer nur einmal zulässig, mögen auch verschiedene Gründe, aus denen eine solche Überschreitung zulässig ist (§§ 39, 313), zusammentreffen.

40

Strafe bei nachträglicher Verurteilung

§ 31. (1) [1]Wird jemand, der bereits zu einer Strafe verurteilt worden ist, wegen einer anderen Tat verurteilt, die nach der Zeit ihrer Begehung schon in dem früheren Verfahren hätte abgeurteilt werden können, so ist eine Zusatzstrafe zu verhängen. [2]Diese darf das Höchstmaß der Strafe nicht übersteigen, die für die nun abzuurteilende Tat angedroht ist. [3]Die Summe der Strafen darf die Strafe nicht übersteigen, die nach den Regeln über die Strafbemessung beim Zusammentreffen strafbarer Handlungen und über die Zusammenrechnung der Werte und Schadensbeträge zulässig wäre.

(2) Einer früheren inländischen Verurteilung steht eine frühere ausländische auch dann gleich, wenn die Voraussetzungen nach § 73 nicht vorliegen.

Nachträgliche Milderung der Strafe und des Verfalls

410 StPO

§ 31a. (1) Wenn nachträglich Umstände eintreten oder bekannt werden, die zu einer milderen Bemessung der Strafe geführt hätten, hat das Gericht die Strafe angemessen zu mildern.

(2) Verschlechtern sich nachträglich die persönlichen Verhältnisse oder die wirtschaftliche Leistungsfähigkeit eines zu einer Geldstrafe Verurteilten nicht bloß unerheblich, so hat das Gericht für die noch aushaftende Geldstrafe die Höhe des Tagessatzes innerhalb der Grenzen des § 19 Abs. 2 neu zu bemessen, es sei denn, daß der Verurteilte die Verschlechterung vorsätzlich, und sei es auch nur durch Unterlassung einer zumutbaren Erwerbstätigkeit, herbeigeführt hat.

(3) Wenn nachträglich Umstände eintreten oder bekannt werden, bei deren Vorliegen im Zeitpunkt des Urteils nicht auf Verfall oder nur auf Verfall geringerer Vermögenswerte zu erkennen gewesen wäre, hat das Gericht die Entscheidung entsprechend zu ändern. *(BGBl I 2010/108)*

(BGBl 1996/762)

VIERTER ABSCHNITT

Strafbemessung

Allgemeine Grundsätze

§ 32. (1) Grundlage für die Bemessung der Strafe ist die Schuld des Täters.

(2) [1]Bei Bemessung der Strafe hat das Gericht die Erschwerungs- und die Milderungsgründe, soweit sie nicht schon die Strafdrohung bestimmen, gegeneinander abzuwägen und auch auf die Auswirkungen der Strafe und anderer zu erwartender Folgen der Tat auf das künftige Leben des Täters in der Gesellschaft Bedacht zu nehmen. [2]Dabei ist vor allem zu berücksichtigen, inwieweit die Tat auf eine gegenüber rechtlich geschützten Werten ablehnende oder gleichgültige Einstellung des Täters und inwieweit sie auf äußere Umstände oder Beweggründe zurückzuführen ist, durch die sie auch einem mit den rechtlich geschützten Werten verbundenen Menschen naheliegen könnte.

(3) Im allgemeinen ist die Strafe um so strenger zu bemessen, je größer die Schädigung oder Gefährdung ist, die der Täter verschuldet hat oder die er zwar nicht herbeigeführt, aber auf die sich sein Verschulden erstreckt hat, je mehr Pflichten er durch seine Handlung verletzt, je reiflicher er seine Tat überlegt, je sorgfältiger er sie vorbereitet oder je rücksichtsloser er sie ausgeführt hat und je weniger Vorsicht gegen die Tat hat gebraucht werden können.

(BGBl 1996/762)

Besondere Erschwerungsgründe

§ 33. (1) Ein Erschwerungsgrund ist es insbesondere, wenn der Täter

1. mehrere strafbare Handlungen derselben oder verschiedener Art begangen oder die strafbare Handlung durch längere Zeit fortgesetzt hat;

2. schon wegen einer auf der gleichen schädlichen Neigung beruhenden Tat verurteilt worden ist;

3. einen anderen zur strafbaren Handlung verführt hat;

4. der Urheber oder Anstifter einer von mehreren begangenen strafbaren Handlung oder an einer solchen Tat führend beteiligt gewesen ist;

5. aus rassistischen, fremdenfeindlichen oder anderen besonders verwerflichen Beweggründen, insbesondere solchen, die sich gegen eine der in § 283 Abs. 1 Z 1 genannten Gruppen von Personen oder ein Mitglied einer solchen Gruppe ausdrücklich wegen der Zugehörigkeit zu dieser Gruppe richten, gehandelt hat; *(BGBl I 2015/112; BGBl I 2015/154)*

5a. aus religiös motivierten extremistischen Beweggründen gehandelt hat; *(BGBl I 2021/159)*

6. heimtückisch, grausam oder in einer für das Opfer qualvollen Weise gehandelt hat;

7. bei Begehung der Tat die Wehr- oder Hilflosigkeit eines anderen ausgenützt hat; *(BGBl I 2015/112)*

8. die Tat unter Missbrauch der personenbezogenen Daten einer anderen Person begangen hat, um das Vertrauen eines Dritten zu gewinnen, wodurch dem rechtmäßigen Identitätseigentümer ein Schaden zugefügt wird. *(BGBl I 2015/112)*

(2) Ein Erschwerungsgrund ist es auch, wenn der Täter eine vorsätzliche strafbare Handlung nach dem ersten bis dritten oder zehnten Abschnitt des Besonderen Teils oder eine sonstige strafbare Handlung unter Anwendung von Gewalt oder gefährlicher Drohung

1. als Volljähriger gegen eine minderjährige Person oder für diese wahrnehmbar gegen eine ihr nahestehende Person

2. gegen eine Angehörige oder einen Angehörigen (§ 72), einschließlich einer früheren Ehefrau, eingetragenen Partnerin oder Lebensgefährtin oder eines früheren Ehemanns, eingetragenen Partners oder Lebensgefährten oder als mit dem Opfer zusammenlebende Person;

3. unter Missbrauch einer Autoritätsstellung;

4. gegen eine aufgrund besonderer Umstände schutzbedürftige Person unter Ausnützung deren besonderer Schutzbedürftigkeit;

5. unter Einsatz eines außergewöhnlich hohen Ausmaßes an Gewalt oder nachdem der Tat eine solche Gewaltanwendung vorausgegangen ist;

6. unter Einsatz oder Drohung mit einer Waffe begangen hat. *(BGBl I 2015/112; BGBl I 2019/105)*

(3) Ein Erschwerungsgrund ist es ferner auch, wenn der Täter einer strafbaren Handlung nach § 165 ein Verpflichteter im Sinne des Art. 2 der Richtlinie (EU) 2015/849 zur Verhinderung der Nutzung des Finanzsystems zum Zwecke der Geldwäsche und der Terrorismusfinanzierung, ABl. Nr. L 141 vom 05.06.2015 S 73, in der Fassung der Richtlinie (EU) 2018/843, ABl. Nr. L 156 vom 19.06.2018 S 43, ist und die Straftat in Ausübung seiner beruflichen Tätigkeit, die unter diese Richtlinie fällt, begangen hat. *(BGBl I 2015/112; BGBl I 2019/105; BGBl I 2021/159)*

(BGBl 1996/762; BGBl I 2011/130)

Besondere Milderungsgründe

§ 34. (1) Ein Milderungsgrund ist es insbesondere, wenn der Täter

1. die Tat nach Vollendung des achtzehnten, jedoch vor Vollendung des einundzwanzigsten Lebensjahres oder wenn er sie unter dem Einfluß eines abnormen Geisteszustands begangen hat, wenn er schwach an Verstand ist oder wenn seine Erziehung sehr vernachlässigt worden ist;

2. bisher einen ordentlichen Lebenswandel geführt hat und die Tat mit seinem sonstigen Verhalten in auffallendem Widerspruch steht;

3. die Tat aus achtenswerten Beweggründen begangen hat;

4. die Tat unter der Einwirkung eines Dritten oder aus Furcht oder Gehorsam verübt hat;

5. sich lediglich dadurch strafbar gemacht hat, daß er es in einem Fall, in dem das Gesetz die Herbeiführung eines Erfolges mit Strafe bedroht, unterlassen hat, den Erfolg abzuwenden;

6. an einer von mehreren begangenen strafbaren Handlung nur in untergeordneter Weise beteiligt war;

7. die Tat nur aus Unbesonnenheit begangen hat;

8. sich in einer allgemein begreiflichen heftigen Gemütsbewegung zur Tat hat hinreißen lassen;

9. die Tat mehr durch eine besonders verlockende Gelegenheit verleitet als mit vorgefaßter Absicht begangen hat;

10. durch eine nicht auf Arbeitsscheu zurückzuführende drückende Notlage zur Tat bestimmt worden ist;

11. die Tat unter Umständen begangen hat, die einem Schuldausschließungs- oder Rechtfertigungsgrund nahekommen;

12. die Tat in einem die Schuld nicht ausschließenden Rechtsirrtum (§ 9) begangen hat, insbesondere wenn er wegen vorsätzlicher Begehung bestraft wird;

13. trotz Vollendung der Tat keinen Schaden herbeigeführt hat oder es beim Versuch geblieben ist;

14. sich der Zufügung eines größeren Schadens, obwohl ihm dazu die Gelegenheit offenstand, freiwillig enthalten hat oder wenn der Schaden vom Täter oder von einem Dritten für ihn gutgemacht worden ist;

15. sich ernstlich bemüht hat, den verursachten Schaden gutzumachen oder weitere nachteilige Folgen zu verhindern;

16. sich selbst gestellt hat, obwohl er leicht hätte entfliehen können oder es wahrscheinlich war, daß er unentdeckt bleiben werde;

17. ein reumütiges Geständnis abgelegt oder durch seine Aussage wesentlich zur Wahrheitsfindung beigetragen hat;

18. die Tat schon vor längerer Zeit begangen und sich seither wohlverhalten hat;

19. dadurch betroffen ist, daß er oder eine ihm persönlich nahestehende Person durch die Tat oder als deren Folge eine beträchtliche Körperverletzung oder Gesundheitsschädigung oder sonstige gewichtige tatsächliche oder rechtliche Nachteile erlitten hat.

(2) Ein Milderungsgrund ist es auch, wenn das gegen den Täter geführte Verfahren aus einem nicht von ihm oder seinem Verteidiger zu vertretenden Grund unverhältnismäßig lange gedauert hat.

(BGBl 1988/599; BGBl 1996/762; BGBl I 2001/19)

Berauschung

§ 35. Hat der Täter in einem die Zurechnungsfähigkeit nicht ausschließenden Rauschzustand gehandelt, so ist dies nur insoweit mildernd, als die dadurch bedingte Herabsetzung der Zurechnungsfähigkeit nicht durch den Vorwurf aufgewogen wird, den der Genuß oder Gebrauch des berauschenden Mittels den Umständen nach begründet.

Verhängung von Freiheitsstrafen über Personen unter einundzwanzig Jahren

§ 36. Für eine Person, die zur Zeit der Tat das einundzwanzigste Lebensjahr noch nicht vollendet hat, gelten die in § 19 JGG vorgesehenen Strafdrohungen.

(BGBl I 2015/154)

Verhängung von Geldstrafen an Stelle von Freiheitsstrafen

§ 37. (1) Ist für eine Tat keine strengere Strafe als Freiheitsstrafe bis zu fünf Jahren angedroht, so ist statt auf eine Freiheitsstrafe von nicht mehr als einem Jahr gleichwohl auf eine Geldstrafe von nicht mehr als 720 Tagessätzen zu erkennen, wenn es nicht der Verurteilung zu einer Freiheitsstrafe bedarf, um den Täter von weiteren strafbaren Handlungen abzuhalten. *(BGBl I 2015/112; BGBl I 2015/154)* ⟶ 42.855

(2) Ist für eine Tat eine strengere Freiheitsstrafe als nach Abs. 1, aber keine strengere als eine zehnjährige Freiheitsstrafe, angedroht, so ist die Verhängung einer Geldstrafe von nicht mehr als 720 Tagessätzen an Stelle einer Freiheitsstrafe von nicht mehr als einem Jahr zulässig, wenn es nicht der Verurteilung zu einer Freiheitsstrafe bedarf, um den Täter von weiteren strafbaren Handlungen abzuhalten, und die Verhängung einer Geldstrafe genügt, um der Begehung strafbarer Handlungen durch andere entgegenzuwirken. *(BGBl I 2015/112)*

Anrechnung der Vorhaft

§ 38. (1) Die verwaltungsbehördliche und die gerichtliche Verwahrungshaft und die Untersuchungshaft sind auf Freiheitsstrafen und Geldstrafen anzurechnen, wenn der Täter die Haft

1. in einem Verfahren wegen der Tat, für die er bestraft wird, oder

2. sonst nach der Begehung dieser Tat wegen des Verdachtes einer mit Strafe bedrohten Handlung

erlitten hat, und zwar in beiden Fällen nur soweit die Haft nicht bereits auf eine andere Strafe angerechnet oder der Verhaftete dafür entschädigt worden ist.

(2) Für die Anrechnung der Vorhaft auf eine Geldstrafe ist die Ersatzfreiheitsstrafe maßgebend.

Strafschärfung bei Rückfall

§ 39. (1) ¹Ist der Täter schon zweimal wegen Taten, die auf der gleichen schädlichen Neigung beruhen, zu einer Freiheitsstrafe verurteilt worden und hat er diese Strafen wenigstens zum Teil, wenn auch nur durch Anrechnung einer Vorhaft

oder der mit dem Vollzug einer vorbeugenden Maßnahme verbundenen Freiheitsentziehung, verbüßt, so erhöht sich, wenn er nach Vollendung des neunzehnten Lebensjahres neuerlich aus der gleichen schädlichen Neigung eine strafbare Handlung begeht, das Höchstmaß der angedrohten Freiheitsstrafe oder Geldstrafe um die Hälfte. ²Doch darf die zeitliche Freiheitsstrafe die Dauer von zwanzig Jahren nicht überschreiten. *(BGBl I 2019/105)*

(1a) Ist der Täter schon zweimal wegen vorsätzlicher strafbarer Handlungen gegen Leib und Leben, gegen die Freiheit oder gegen die sexuelle Integrität und Selbstbestimmung zu einer Freiheitsstrafe verurteilt worden, so erhöht sich, wenn er nach Vollendung des neunzehnten Lebensjahres neuerlich eine vorsätzliche strafbare Handlung gegen eines dieser Rechtsgüter begeht, das Höchstmaß der angedrohten Freiheitsstrafe oder Geldstrafe um die Hälfte, höchstens jedoch auf zwanzig Jahre. *(BGBl I 2019/105)*

(2) ¹Eine frühere Strafe bleibt außer Betracht, wenn seit ihrer Verbüßung bis zur folgenden Tat mehr als fünf Jahre, bei einer Verurteilung wegen einer mit zehn oder mehr Jahren Freiheitsstrafe bedrohten strafbaren Handlung mehr als zehn Jahre, vergangen sind. ²In diese Frist werden Zeiten, in denen der Verurteilte auf behördliche Anordnung angehalten worden ist, nicht eingerechnet. ³Ist die Strafe bedingt nachgesehen oder nur durch Anrechnung einer Vorhaft verbüßt worden, so beginnt die Frist erst mit Rechtskraft des Urteils. *(BGBl I 2019/105)*

(BGBl 1988/599)

Änderung der Strafdrohung bei bestimmten Gewalttaten

§ 39a. (1) Hat ein Täter eine vorsätzliche strafbare Handlung unter Anwendung von Gewalt oder gefährlicher Drohung

1. als volljährige gegen eine unmündige Person,

2. gegen eine aufgrund besonderer Umstände schutzbedürftige Person unter Ausnützung deren besonderer Schutzbedürftigkeit,

3. unter Einsatz eines außergewöhnlich hohen Ausmaßes an Gewalt oder nachdem der Tat eine solche Gewaltanwendung vorausgegangen ist oder

4. unter Einsatz oder Drohung mit einer Waffe oder

5. mit mindestens einer weiteren Person in verabredeter Verbindung begangen,

so treten die in Abs. 2 genannten Änderungen der Strafdrohung ein, wenn der jeweilige Umstand nicht schon die Strafdrohung bestimmt.

(2) Demnach tritt an die Stelle der Androhung

1. einer Freiheitsstrafe bis zu einem Jahr oder der Androhung einer solchen Freiheitsstrafe oder einer Geldstrafe bis zu 720 Tagessätzen die Androhung einer Freiheitsstrafe von zwei Monaten bis zu einem Jahr,

2. einer Freiheitsstrafe, die kein Mindestmaß vorsieht und deren Höchstmaß ein Jahr übersteigt, die Androhung eines Mindestmaßes von drei Monaten Freiheitsstrafe,

3. einer Freiheitsstrafe, deren Mindestmaß sechs Monate beträgt, die Androhung eines Mindestmaßes von einem Jahr Freiheitsstrafe,

4. einer Freiheitsstrafe, deren Mindestmaß ein Jahr beträgt, die Androhung eines Mindestmaßes von zwei Jahren Freiheitsstrafe.

(3) ¹Die Anwendung des § 39 bleibt hievon unberührt. ²Bei der Anwendung des § 41 ist von den nach Abs. 2 geänderten Strafdrohungen auszugehen.

(BGBl I 2019/105)

Strafbemessung bei nachträglicher Verurteilung

§ 40. ¹Bei nachträglicher Verurteilung ist die Zusatzstrafe innerhalb der im § 31 bestimmten Grenzen so zu bemessen, daß die Summe der Strafen jener Strafe entspricht, die bei gemeinsamer Aburteilung zu verhängen wäre. ²Wäre bei gemeinsamer Aburteilung keine höhere Strafe als die im früheren Urteil verhängte auszusprechen, so ist von einer Zusatzstrafe abzusehen.

Außerordentliche Strafmilderung bei Überwiegen der Milderungsgründe

§ 41. (1) Überwiegen die Milderungsgründe die Erschwerungsgründe beträchtlich, und besteht begründete Aussicht, daß der Täter auch bei Verhängung einer das gesetzliche Mindestmaß unterschreitenden Freiheitsstrafe keine weiteren strafbaren Handlungen begehen werde, so kann erkannt werden:

1. wenn die Tat mit lebenslanger Freiheitsstrafe bedroht ist oder wenn sie mit Freiheitsstrafe von zehn bis zu zwanzig Jahren oder mit lebenslanger Freiheitsstrafe bedroht ist, auf Freiheitsstrafe nicht unter einem Jahr;

2. wenn die Tat zwar nicht mit lebenslanger Freiheitsstrafe, aber mit Freiheitsstrafe von mindestens zehn Jahren bedroht ist, auf Freiheitsstrafe nicht unter sechs Monaten;

3. wenn die Tat mit Freiheitsstrafe von mindestens fünf Jahren bedroht ist, auf Freiheitsstrafe nicht unter drei Monaten;

4. wenn die Tat mit Freiheitsstrafe von mindestens einem Jahr bedroht ist, auf Freiheitsstrafe nicht unter einem Monat;

5. wenn die Tat mit geringerer Freiheitsstrafe bedroht ist, auf Freiheitsstrafe von mindestens einem Tag.

(2) Unter den Voraussetzungen des Abs. 1 Z. 3 und 4 muß jedoch auf Freiheitsstrafe von mindestens sechs Monaten erkannt werden, wenn die Tat den Tod eines Menschen zur Folge gehabt hat (§ 7 Abs. 2), mag dieser Umstand auch schon die Strafdrohung bestimmen.

(3) Die §§ 43 und 43a können auch angewendet werden, wenn auf eine Freiheitsstrafe von mehr als zwei beziehungsweise drei, aber nicht als fünf Jahren erkannt wird oder zu erkennen wäre, sofern die Milderungsgründe die Erschwerungsgründe beträchtlich überwiegen und begründete Aussicht besteht, dass der Täter auch bei Verhängung einer solchen Strafe keine weiteren strafbaren Handlungen begehen werde.

(BGBl I 2001/19)

Außerordentliche Strafmilderung bei Zusammenarbeit mit den Strafverfolgungsbehörden

§ 41a. (1) Offenbart der Täter einer nach den §§ 277, 278, 278a oder 278b strafbaren Handlung oder einer strafbaren Handlung, die mit einer solchen Verabredung, Vereinigung oder Organisation im Zusammenhang steht, einer Strafverfolgungsbehörde sein Wissen über Tatsachen, deren Kenntnis wesentlich dazu beiträgt,

1. die aus der Verabredung, Vereinigung oder Organisation entstandene Gefahr zu beseitigen oder erheblich zu vermindern,

2. die Aufklärung einer solchen strafbaren Handlung über seinen eigenen Tatbeitrag hinaus zu fördern oder

3. eine Person auszuforschen, die an einer solchen Verabredung führend teilgenommen hat oder in einer solchen Vereinigung oder Organisation führend tätig war,

so kann ein gesetzliches Mindestmaß der Strafe nach Maßgabe des § 41 unterschritten werden, wenn dies der Bedeutung der geoffenbarten Tatsachen im Verhältnis zur Schuld des Täters entspricht. § 41 Abs. 3 gilt entsprechend.

(2) Abs. 1 gilt für die Beteiligten einer Verabredung, Verbindung oder Organisation, die nach dem Verbotsgesetz strafbar ist, und für den Täter einer strafbaren Handlung, die mit einer solchen Verabredung, Verbindung oder Organisation im Zusammenhang steht, entsprechend.

(3) Bezieht sich das Wissen des Täters auf strafbare Handlungen, für die die österreichischen Strafgesetze nicht gelten, so ist Abs. 1 gleichwohl anzuwenden, soweit die Leistung von Rechtshilfe zulässig wäre.

(BGBl I 1997/105; BGBl I 2002/134)

§ 42. *(aufgehoben, BGBl I 2007/93)*

FÜNFTER ABSCHNITT

Bedingte Strafnachsicht und bedingte Entlassung, Weisungen und Bewährungshilfe

Bedingte Strafnachsicht

§ 43. (1) [1]Wird ein Rechtsbrecher zu einer zwei Jahre nicht übersteigenden Freiheitsstrafe verurteilt, so hat ihm das Gericht die Strafe unter Bestimmung einer Probezeit von mindestens einem und höchstens drei Jahren bedingt nachzusehen, wenn anzunehmen ist, daß die bloße Androhung der Vollziehung allein oder in Verbindung mit anderen Maßnahmen genügen werde, um ihn von weiteren strafbaren Handlungen abzuhalten, und es nicht der Vollstreckung der Strafe bedarf, um der Begehung strafbarer Handlungen durch andere entgegenzuwirken. [2]Dabei sind insbesondere die Art der Tat, die Person des Rechtsbrechers, der Grad seiner Schuld, sein Vorleben und sein Verhalten nach der Tat zu berücksichtigen. *(BGBl I 2010/111)*

(2) [1]Wird die Nachsicht nicht widerrufen, so ist die Strafe endgültig nachzusehen. [2]Fristen, deren Lauf beginnt, sobald die Strafe vollstreckt ist, sind in einem solchen Fall ab Rechtskraft des Urteils zu berechnen.

(3) Die bedingte Nachsicht (Abs. 1) einer wegen Vergewaltigung (§ 201) verhängten Strafe ist ausgeschlossen. *(BGBl I 2019/105)*

(BGBl 1987/605; BGBl I 1997/105)

Bedingte Nachsicht eines Teiles der Strafe

§ 43a. (1) Wird auf eine Geldstrafe erkannt und treffen die Voraussetzungen des § 43 Abs. 1 auf einen Teil der Strafe zu, so hat das Gericht diesen Teil, höchstens jedoch drei Viertel davon, bedingt nachzusehen. *(BGBl I 2010/111; BGBl I 2015/112; BGBl I 2019/105)*

(2) Wäre auf eine Freiheitsstrafe von mehr als sechs Monaten, aber nicht mehr als zwei Jahren zu erkennen und liegen nicht die Voraussetzungen für eine bedingte Nachsicht der ganzen Strafe vor, so ist an Stelle eines Teiles der Freiheitsstrafe auf eine Geldstrafe bis zu 720 Tagessätzen zu erkennen, wenn im Hinblick darauf der verbleibende Teil der Freiheitsstrafe nach § 43 Abs. 1 bedingt nachgesehen werden kann. *(BGBl I 2015/112; BGBl I 2019/105)*

(3) [1]Wird auf eine Freiheitsstrafe von mehr als sechs Monaten, aber nicht mehr als zwei Jahren erkannt und kann, insbesondere im Hinblick auf frühere Verurteilungen des Rechtsbrechers, weder die ganze Strafe bedingt nachgesehen noch nach Abs. 2 vorgegangen werden, so ist unter den Voraussetzungen des § 43 Abs. 1 ein Teil der Strafe bedingt nachzusehen. [2]Der nicht bedingt nachgesehene Teil der Strafe muß mindestens einen Monat und darf nicht mehr als ein Drittel der Strafe betragen. *(BGBl I 2019/105)*

(4) Wird auf eine Freiheitsstrafe von mehr als zwei, aber nicht mehr als drei Jahren erkannt und besteht eine hohe Wahrscheinlichkeit, daß der Rechtsbrecher keine weiteren strafbaren Handlungen begehen werde, so ist unter den Voraussetzungen des § 43 Abs. 1 ein Teil der Strafe bedingt nachzusehen. Abs. 3 letzter Satz ist anzuwenden. *(BGBl I 2019/105)*

(BGBl 1987/605; BGBl I 1997/105)

Bedingte Nachsicht bei Zusammentreffen mehrerer Strafen

§ 44. (1) Werden eine Freiheitsstrafe und eine Geldstrafe nebeneinander verhängt, so sind, wenn die Voraussetzungen dafür zutreffen, beide Strafen bedingt nachzusehen. Ist anzunehmen, daß der Vollzug einer dieser Strafen oder eines Teiles einer Strafe genügen werde, so können die §§ 43 und 43a auf jede der beiden Strafen angewendet werden.

(2) Nebenstrafen und Rechtsfolgen der Verurteilung können unabhängig von der Hauptstrafe bedingt nachgesehen werden.

(BGBl 1987/605; BGBl 1996/762)

Bedingte Nachsicht von vorbeugenden Maßnahmen

§ 45. (1) *(entfällt, BGBl I 2022/223)*

(2) [1]Die Unterbringung in einer Anstalt für entwöhnungsbedürftige Rechtsbrecher darf nur zugleich mit der Strafe und nur dann bedingt nachgesehen werden, wenn anzunehmen ist, dass die bloße Androhung der Unterbringung in Verbindung mit einer oder mehreren der in den §§ 50 bis 52 vorgesehenen Maßnahmen genügen werde, um die Gewöhnung des Rechtsbrechers an berauschende Mittel oder Suchtmittel zu überwinden. [2]Die für die bedingte Strafnachsicht bestimmte Probezeit gilt auch für die bedingte Nachsicht der Unterbringung in einer Anstalt für entwöhnungsbedürftige Rechtsbrecher.

(3) § 43 Abs. 2 gilt dem Sinne nach.

(4) Die bedingte Nachsicht anderer vorbeugender Maßnahmen ist unzulässig.

(BGBl I 2001/130)

Bedingte Entlassung aus einer Freiheitsstrafe

§ 46. (1) Hat ein Verurteilter die Hälfte der im Urteil verhängten oder im Gnadenweg festgesetzten zeitlichen Freiheitsstrafe oder des nicht bedingt nachgesehenen Teils einer solchen Strafe, mindestens aber drei Monate verbüßt, so ist ihm der Rest der Strafe unter Bestimmung einer Probezeit bedingt nachzusehen, sobald unter Berücksichtigung der Wirkung von Maßnahmen gemäß §§ 50 bis 52 anzunehmen ist, dass der Verurteilte durch die bedingte Entlassung nicht weniger als durch die weitere Verbüßung der Strafe von der Begehung strafbarer Handlungen abgehalten wird.

(2) Hat ein Verurteilter die Hälfte, aber noch nicht zwei Drittel einer Freiheitsstrafe verbüßt, so ist er trotz Vorliegens der Voraussetzungen nach Abs. 1 solange nicht bedingt zu entlassen, als es im Hinblick auf die Schwere der Tat ausnahmsweise des weiteren Vollzuges der Strafe bedarf, um der Begehung strafbarer Handlungen durch andere entgegenzuwirken.

(3) *(aufgehoben, BGBl I 2015/154)*

(4) Bei Entscheidungen nach Abs. 1 ist auf den Umstand Bedacht zu nehmen, inwieweit durch den bisherigen Vollzug der Strafe, insbesondere auch durch eine während des Vollzugs begonnene freiwillige Behandlung im Sinne von § 51 Abs. 3, die der Verurteilte in Freiheit fortzusetzen bereit ist, eine Änderung der Verhältnisse, unter denen die Tat begangen wurde, eingetreten ist, oder durch Maßnahmen gemäß §§ 50 bis 52 erreicht werden kann.

(5) [1]Verbüßt ein Verurteilter mehrere Freiheitsstrafen, Strafteile oder Strafreste, so ist ihre Gesamtdauer maßgebend, sofern sie unmittelbar nacheinander verbüßt oder lediglich durch Zeiten unterbrochen werden, in denen er sonst auf behördliche Anordnung angehalten wird. [2]Nach spätestens fünfzehn Jahren ist jedoch in jedem Fall über die bedingte Entlassung zu entscheiden. [3]Wurde auf eine Zusatzstrafe erkannt (§§ 31, 40), so sind auch bei unterbrochenem Vollzug alle Strafen maßgebend, auf die beim Ausspruch der Zusatzstrafe Bedacht zu nehmen war; wurde der Verurteilte aus einer dieser Strafen bedingt entlassen, so ist bei Berechnung des Stichtages (§ 46 Abs. 1 und 2) sowie der noch zu verbüßenden Strafzeit die tatsächlich in Haft zugebrachte Zeit in Abzug zu bringen. [4]Eine frühere Strafe, zu der eine Zusatzstrafe verhängt wurde, hat jedoch außer Betracht zu bleiben, soweit der Verurteilte daraus vor Verbüßung der Hälfte der Strafzeit entlassen wurde. *(BGBl I 2009/142)*

(6) Ein zu einer lebenslangen Freiheitsstrafe Verurteilter darf nur bedingt entlassen werden, wenn er mindestens fünfzehn Jahre verbüßt hat und anzunehmen ist, dass er keine weiteren strafbaren Handlungen begehen werde.

(BGBl I 2007/109)

Entlassung aus einer mit Freiheitsentziehung verbundenen vorbeugenden Maßnahme

§ 47. (1) [1]Aus einem forensisch-therapeutischen Zentrum sind die Eingewiesenen stets nur unter Bestimmung einer Probezeit bedingt zu entlassen. [2]Aus einer Anstalt für entwöhnungsbedürftige Rechtsbrecher und aus einer Anstalt für gefährliche Rückfallstäter sind die Eingewiesenen unbedingt zu entlassen, wenn die Anhaltezeit (§ 25 Abs. 1) abgelaufen ist oder im Fall der Anhaltung in einer Anstalt für entwöhnungsbedürftige Rechtsbrecher eine Fortsetzung oder Ergänzung der Entwöhnungsbehandlung keinen Erfolg verspräche, sonst unter Bestimmung einer Probezeit nur bedingt. *(BGBl I 2022/223)*

(2) Die bedingte Entlassung aus einer mit Freiheitsentziehung verbundenen vorbeugenden Maßnahme ist zu verfügen, wenn nach der Aufführung und der Entwicklung des Angehaltenen in der Anstalt, nach seiner Person, seinem Gesundheitszustand, seinem Vorleben und nach seinen Aussichten auf ein redliches Fortkommen anzunehmen ist, daß die Gefährlichkeit, gegen die sich die vorbeugende Maßnahme richtet, nicht mehr besteht.

(3) Wird der Rechtsbrecher aus einem forensisch-therapeutischen Zentrum oder aus einer Anstalt für entwöhnungsbedürftige Rechtsbrecher vor Ablauf der Strafzeit bedingt oder unbedingt entlassen, so ist nach § 24 Abs. 1 letzter Satz vorzugehen. *(BGBl I 2022/223)*

(4) Die Entscheidung, daß die Überstellung des Rechtsbrechers in die Anstalt für gefährliche Rückfallstäter nicht mehr notwendig ist (§ 24 Abs. 2), steht einer bedingten Entlassung aus der Anstalt für gefährliche Rückfallstäter gleich.

Probezeiten

§ 48. (1) [1]Die Probezeit bei der bedingten Entlassung aus einer Freiheitsstrafe ist mit mindestens einem Jahr und höchstens drei Jahren zu bemessen. [2]Erweist sich die Fortsetzung einer Behandlung im Sinne von § 51 Abs. 3, zu der sich der Verurteilte bereit erklärt hat, als notwendig, um eine bedingte Entlassung rechtfertigen zu können (§ 46 Abs. 4), so ist die Probezeit mit mindestens einem und höchstens fünf Jahren zu bemessen. [3]Übersteigt der bedingt erlassene Strafrest drei Jahre oder erfolgt die bedingte Entlassung aus einer Freiheitsstrafe wegen einer strafbaren Handlung gegen die sexuelle Integrität und Selbstbestimmung von mehr als einem Jahr, so beträgt die Probezeit fünf Jahre. [4]Bei der bedingten Entlassung aus einer lebenslangen Freiheitsstrafe beträgt die Probezeit 10 Jahre. *(BGBl I 2009/40; BGBl I 2009/98)*

(2) [1]Die Probezeit bei der Entlassung aus einem forensisch-therapeutischen Zentrum und aus einer Anstalt für gefährliche Rückfallstäter beträgt zehn Jahre, ist die der Unterbringung zugrunde liegende strafbare Handlung aber mit keiner strengeren Strafe als einer Freiheitsstrafe von zehn Jahren bedroht, nur fünf Jahre. [2]Bei der Entlassung aus einer Anstalt für entwöhnungsbedürftige Rechtsbrecher ist die Probezeit mindestens mit einem und höchstens mit fünf Jahren zu bestimmen. *(BGBl I 2022/223)*

(3) [1]Wird die bedingte Nachsicht des Strafrestes oder die bedingte Entlassung aus einer mit Freiheitsentziehung verbundenen vorbeugenden

Maßnahme nicht widerrufen, so ist sie für endgültig zu erklären. ²Fristen, deren Lauf beginnt, sobald die Strafe vollstreckt oder die vorbeugende Maßnahme vollzogen ist, sind in einem solchen Fall ab der bedingten Entlassung aus der Strafe oder aus der vorbeugenden Maßnahme zu berechnen.

(BGBl 1987/605)

Berechnung der Probezeiten

§ 49. ¹Die Probezeit beginnt mit der Rechtskraft der Entscheidung, mit der die bedingte Nachsicht (§§ 43 bis 45) oder die bedingte Entlassung (§§ 46 und 47) ausgesprochen worden ist. ²Zeiten, in denen der Verurteilte auf behördliche Anordnung angehalten worden ist, werden in die Probezeit nicht eingerechnet. ³Wird ein Verurteilter aus dem nicht bedingt nachgesehenen Teil einer Freiheitsstrafe vor Ablauf der für den bedingt nachgesehenen Strafteil bestimmten Probezeit bedingt entlassen, so laufen beide Probezeiten nur gemeinsam ab. *(BGBl I 2007/109)*

Erteilung von Weisungen und Anordnung der Bewährungshilfe

§ 50. (1) ¹Wird einem Rechtsbrecher die Strafe oder die mit Freiheitsentziehung verbundene vorbeugende Maßnahme bedingt nachgesehen oder wird er aus einer Freiheitsstrafe oder einer mit Freiheitsentziehung verbundenen vorbeugenden Maßnahme bedingt entlassen, so hat das Gericht ihm Weisungen zu erteilen oder Bewährungshilfe anzuordnen, soweit das notwendig oder zweckmäßig ist, um den Rechtsbrecher von weiteren mit Strafe bedrohten Handlungen abzuhalten. ²Dasselbe gilt, wenn der Ausspruch der Strafe für eine Probezeit vorbehalten wird (§ 13 des Jugendgerichtsgesetzes 1988) oder die Einleitung des Vollzuges einer Freiheitsstrafe, die wegen einer vor Vollendung des einundzwanzigsten Lebensjahres begangenen Tat verhängt worden ist, nach § 6 Abs. 1 Z 2 lit. a des Strafvollzugsgesetzes oder nach § 52 des Jugendgerichtsgesetzes 1988 für die Dauer von mehr als drei Monaten aufgeschoben wird.

(2) ¹Bewährungshilfe ist stets anzuordnen, wenn ein Verurteilter

1. vor Verbüßung von zwei Dritteln einer Freiheitsstrafe (§ 46 Abs. 1),

2. aus einer Freiheitsstrafe wegen einer vor Vollendung des einundzwanzigsten Lebensjahres begangenen Tat,

2a. aus einer Freiheitsstrafe wegen einer strafbaren Handlung gegen die sexuelle Integrität und Selbstbestimmung, *(BGBl I 2009/40)*

3. aus einer mehr als fünfjährigen Freiheitsstrafe oder

4. aus lebenslanger Freiheitsstrafe

bedingt entlassen wird. ²In den Fällen der Z 1 bis 2 ist von der Anordnung der Bewährungshilfe nur abzusehen, wenn nach der Art der Tat, der Person des Rechtsbrechers und seiner Entwicklung angenommen werden kann, dass er auch ohne eine solche Anordnung keine weiteren strafbaren Handlungen begehen werde.

(3) Weisungen sowie die Anordnung der Bewährungshilfe gelten für die Dauer des vom Gericht bestimmten Zeitraums, höchstens jedoch bis zum Ende der Probezeit, soweit sie nicht vorher aufgehoben oder gegenstandslos werden. Im Fall des Abs. 2 Z 3 ist Bewährungshilfe zumindest für das erste Jahr und im Fall der Abs. 2 Z 4 zumindest für die ersten drei Jahre nach der Entlassung anzuordnen.

(BGBl I 2007/109)

Weisungen

§ 51. (1) ¹Als Weisungen kommen Gebote und Verbote in Betracht, deren Beachtung geeignet scheint, den Rechtsbrecher von weiteren mit Strafe bedrohten Handlungen abzuhalten. ²Weisungen, die einen unzumutbaren Eingriff in die Persönlichkeitsrechte oder in die Lebensführung des Rechtsbrechers darstellen würden, sind unzulässig.

(2) ¹Dem Rechtsbrecher kann insbesondere aufgetragen werden, an einem bestimmten Ort, bei einer bestimmten Familie oder in einem bestimmten Heim zu wohnen, eine bestimmte Wohnung, bestimmte Orte oder einen bestimmten Umgang zu meiden, sich alkoholischer Getränke zu enthalten, einen geeigneten, seinen Kenntnissen, Fähigkeiten und Neigungen tunlichst entsprechenden Beruf zu erlernen oder auszuüben, jeden Wechsel seines Aufenthaltsortes oder Arbeitsplatzes anzuzeigen und sich in bestimmten Zeitabständen bei Gericht oder einer anderen Stelle zu melden. ²Den aus seiner Tat entstandenen Schaden nach Kräften gutzumachen, kann dem Rechtsbrecher auch dann aufgetragen werden, wenn das von Einfluß darauf ist, ob es der Vollstreckung der Strafe bedarf, um der Begehung strafbarer Handlungen durch andere entgegenzuwirken.

(3) ¹Mit seiner Zustimmung kann dem Rechtsbrecher unter den Voraussetzungen des Abs. 1 auch die Weisung erteilt werden, sich einer Entwöhnungsbehandlung oder einer psychotherapeutischen oder einer medizinischen Behandlung zu unterziehen. ²Die Weisung, sich einer medizinischen Behandlung zu unterziehen, die einen operativen Eingriff umfaßt, darf jedoch auch mit Zustimmung des Rechtsbrechers nicht erteilt werden.

(4) Das Gericht hat während der Probezeit Weisungen auch nachträglich zu erteilen oder erteilte Weisungen zu ändern oder aufzuheben, soweit dies nach § 50 geboten scheint.

(5) Für Weisungen im Zusammenhang mit der bedingten Nachsicht einer Unterbringung in einer Anstalt für entwöhnungsbedürftige Rechtsbrecher nach § 45 gilt § 179a des Strafvollzugsgesetzes (StVG), BGBl. Nr.144/1969, sinngemäß. *(BGBl I 2009/40; BGBl I 2022/223)*

(BGBl 1996/762)

Bewährungshilfe

§ 52. (1) [1]Ordnet das Gericht die Bewährungshilfe an, so hat der Leiter der zuständigen Geschäftsstelle für Bewährungshilfe dem Rechtsbrecher einen Bewährungshelfer zu bestellen und diesen dem Gericht bekanntzugeben. [2]Der Bewährungshelfer hat sich mit Rat und Tat darum zu bemühen, dem Rechtsbrecher zu einer Lebensführung und Einstellung zu verhelfen, die diesen in Zukunft von der Begehung mit Strafe bedrohter Handlungen abzuhalten vermag. [3]Soweit es dazu nötig ist, hat er ihn auf geeignete Weise bei seinen Bemühungen zu unterstützen, wesentliche Lebensbedürfnisse zu decken, insbesondere Unterkunft und Arbeit zu finden. *(BGBl I 2007/109)*

(2) Der Bewährungshelfer hat dem Gericht über seine Tätigkeit und seine Wahrnehmungen zu berichten,

1. soweit dies das Gericht verlangt oder es erforderlich oder zweckmäßig ist, um den Zweck der Bewährungshilfe zu erreichen,

2. wenn Anlaß besteht, die Bewährungshilfe aufzuheben,

3. in jedem Fall aber sechs Monate nach Anordnung der Bewährungshilfe sowie bei deren Beendigung, *(BGBl I 2009/40)*

4. während der gerichtlichen Aufsicht (§ 52a Abs. 2). *(BGBl I 2009/40)*

(3) [1]Das Gericht hat während der Probezeit die Bewährungshilfe auch nachträglich anzuordnen oder sie aufzuheben, soweit dies nach § 50 geboten erscheint. [2]In den Fällen des § 50 Abs. 2 Z 1 bis 3 ist jedenfalls nach Ablauf eines Jahres seit der Entlassung nach Einholung eines Berichtes des Bewährungshelfers und einer Stellungnahme des Leiters der zuständigen Geschäftsstelle für Bewährungshilfe zu entscheiden, ob die Anordnung der Bewährungshilfe weiterhin notwendig oder zweckmäßig ist. *(BGBl I 2007/109)*

(BGBl 1996/762)

Gerichtliche Aufsicht bei Sexualstraftätern und sexuell motivierten Gewalttätern

§ 52a. (1) Wird ein Rechtsbrecher, der wegen einer strafbaren Handlung

1. gegen die sexuelle Integrität und Selbstbestimmung oder

2. gegen Leib und Leben oder die Freiheit, wenn diese Handlung begangen wurde, um sich geschlechtlich zu erregen oder zu befriedigen,

zu einer Freiheitsstrafe verurteilt oder gegen den wegen einer solchen Handlung eine mit Freiheitsentziehung verbundene vorbeugende Maßnahme angeordnet worden ist, bedingt entlassen, so ist er für die Dauer der Probezeit unter gerichtliche Aufsicht zu stellen, soweit die Überwachung des Verhaltens des Rechtsbrechers (Abs. 2), insbesondere hinsichtlich der Befolgung einer Weisung gemäß § 51 Abs. 3 oder einer Weisung, bestimmte Tätigkeiten nicht auszuüben, notwendig oder zweckmäßig ist, ihn von weiteren solchen mit Strafe bedrohten Handlungen abzuhalten.

(2) [1]Das Gericht hat während der gerichtlichen Aufsicht das Verhalten des Rechtsbrechers und die Erfüllung der Weisungen mit Unterstützung der Bewährungshilfe, in geeigneten Fällen unter Betrauung der Sicherheitsbehörden oder anderer geeigneter Einrichtungen, zu überwachen. [2]Die mit der Überwachung betrauten Stellen haben dem Gericht über die von ihnen gesetzten Maßnahmen und ihre Wahrnehmungen zu berichten. [3]Der Bewährungshelfer hat dem Gericht bei Anordnung der gerichtlichen Aufsicht, soweit dies das Gericht verlangt oder es erforderlich oder zweckmäßig ist, in jedem Fall aber in der ersten Hälfte der gerichtlichen Aufsicht mindestens alle drei, in der zweiten Hälfte mindestens alle sechs Monate zu berichten. *(BGBl I 2021/159)*

(3) Die Organe des öffentlichen Sicherheitsdienstes sind zur Erfüllung der den Sicherheitsbehörden gemäß Abs. 2 übertragenen Aufgaben zur Feststellung der Identität einer Person nach den Vorschriften des Sicherheitspolizeigesetzes ermächtigt, wenn aufgrund bestimmter Tatsachen anzunehmen ist, sie stehe unter gerichtlicher Aufsicht und habe die ihr erteilten Weisungen nicht befolgt oder sonst ein Verhalten gesetzt, das mit den Zwecken der gerichtlichen Aufsicht nicht vereinbar ist.

(BGBl I 2009/40)

Gerichtliche Aufsicht bei staatsfeindlichen und terroristischen Strafsachen sowie Völkermord, Verbrechen gegen die Menschlichkeit, Kriegsverbrechen

§ 52b. (1) Wird ein Rechtsbrecher, der

1. wegen einer strafbaren Handlung nach dem Verbotsgesetz oder wegen staatsfeindlicher Verbindung (§ 246), staatsfeindlicher Bewegung (247a) oder religiös motivierter extremistischer Verbindung (§ 247b),

2. wegen terroristischer Vereinigung (§ 278b), terroristischer Straftaten (§ 278c), Terrorismusfinanzierung (§ 278d), Ausbildung für terroristische Zwecke (§ 278e), Anleitung zur Begehung einer terroristischen Straftat (§ 278f), Reisen für terroristische Zwecke (§ 278g) oder Aufforderung zu terroristischen Straftaten und Gutheißung terroris-

tischer Straftaten (§ 282a) („terroristische Strafsachen") oder

3. wegen einer strafbaren Handlung nach dem fünfundzwanzigsten Abschnitt

zu einer Freiheitsstrafe verurteilt oder gegen den wegen einer solchen Handlung eine mit Freiheitsentziehung verbundene vorbeugende Maßnahme angeordnet worden ist, bedingt entlassen, so hat das Gericht für die Dauer der Probezeit gerichtliche Aufsicht anzuordnen, soweit die Überwachung des Verhaltens des Rechtsbrechers, insbesondere hinsichtlich der Befolgung einer Weisung gemäß § 51 Abs. 2 erster Satz oder Abs. 3 oder einer Weisung, bestimmte Tätigkeiten nicht auszuüben, notwendig oder zweckmäßig ist, ihn von weiteren solchen mit Strafe bedrohten Handlungen abzuhalten.

(2) § 52a Abs. 2 und 3 sind sinngemäß anzuwenden.

(3) [1]Vor Ablauf der ersten Hälfte der gerichtlichen Aufsicht hat das Gericht eine Fallkonferenz einzuberufen, um das Verhalten des Rechtsbrechers während gerichtlicher Aufsicht zu beurteilen und jene Maßnahmen festzulegen, die dazu dienen, die Einhaltung von Weisungen sicherzustellen sowie den Verurteilten von der Begehung strafbarer Handlungen abzuhalten. [2]Die Organisationseinheiten gemäß § 1 Abs. 3 Bundesgesetz über die Organisation, Aufgaben und Befugnisse des Verfassungsschutzes (Staatsschutz- und Nachrichtendienst- Gesetz – SNG), BGBl. I Nr. 5/2016, die Koordinationsstelle für Extremismusprävention und Deradikalisierung im Straf- und Maßnahmenvollzug sowie die Bewährungshilfe und gegebenenfalls sonstige Einrichtungen, die in die gerichtliche Aufsicht eingebunden sind, sind daran zu beteiligen. [3]Eine solche Konferenz kann auch zu einem früheren Zeitpunkt oder wiederholt von Amts wegen oder auf Anregung der zur Mitwirkung berechtigten Stellen angeordnet werden und ist jedenfalls drei Monate vor Ablauf der gerichtlichen Aufsicht durchzuführen. [4]Die Teilnehmer einer Fallkonferenz sind ermächtigt, einander personenbezogene Daten zu übermitteln, soweit dies für die Zwecke der Fallkonferenz erforderlich ist. [5]Die Teilnehmer sind – sofern sie nicht ohnehin dem Amtsverschwiegenheit unterliegen – zur vertraulichen Behandlung der Daten verpflichtet; darüber sind sie zu informieren. *(BGBl I 2022/223)*

(4) [1]Dem Rechtsbrecher, der aufgrund einer strafbaren Handlung nach Abs. 1 zu einer mindestens achtzehnmonatigen Freiheitsstrafe verurteilt wurde, kann ferner die Weisung erteilt werden, während gerichtlicher Aufsicht die für eine elektronische Überwachung der Befolgung von Weisungen, die Gebote oder Verbote zum örtlichen Aufenthalt beinhalten, angemessenen, technisch geeigneten Mittel – mit Ausnahme der Dauer des Aufenthaltes in der eigenen Wohnung – ständig am Körper in betriebsbereitem Zustand bei sich zu führen und deren Funktionsfähigkeit nicht zu beeinträchtigen, soweit die elektronische Überwachung unbedingt notwendig ist, um durch die Möglichkeit der Datenverwendung nach Abs. 6 ein weisungsgemäßes Verhalten sicherzustellen und der Rechtsbrecher seine Zustimmung erteilt hat. [2]Das Gericht hat dabei insbesondere die Tatumstände sowie das Umfeld des Rechtsbrechers, die bereits gesetzten Deradikalisierungmaßnahmen sowie sein Verhalten während der Haft oder Maßnahme zu berücksichtigen. [3]Mit der Durchführung der Überwachung hat das Gericht die Überwachungszentrale für den elektronisch überwachten Hausarrest zu beauftragen.

(5) [1]Das Gericht hat die unbedingte Notwendigkeit der elektronischen Überwachung unbeschadet des Abs. 3 zumindest jährlich zu überprüfen. [2]Dabei hat das Gericht die nach Abs. 2 in Verbindung mit § 52a Abs. 2 gewonnen Informationen zu berücksichtigen. [3]Wurde dem Rechtsbrecher eine Weisung zu Deradikalisierungsmaßnahmen erteilt, so ist auch die damit befasste Person oder Stelle im Überprüfungsverfahren beizuziehen. [4]Bei Wegfall der unbedingten Notwendigkeit ist die elektronische Überwachung unverzüglich zu beenden.

(6) [1]Bei einer Weisung nach Abs. 4 werden mit Hilfe der vom Betroffenen mitgeführten technischen Mittel automatisiert Daten über dessen Aufenthaltsort sowie über etwaige Beeinträchtigungen der Datenerhebung erhoben und gespeichert. [2]Unbeschadet des § 76 Abs. 2 StPO dürfen die Daten nur verwendet werden, soweit dies für die folgenden Zwecke erforderlich ist:

1. zur Feststellung eines Verstoßes gegen ein in einer Weisung nach § 51 Abs. 2 oder 3 enthaltenes Gebot oder Verbot zum örtlichen Aufenthalt oder

2. zur Ergreifung von Maßnahmen, die sich an einen Verstoß gegen eine Weisung anschließen können.

(7) [1]Zur Einhaltung der Zweckbindung nach Abs. 6 zweiter Satz hat die Verarbeitung der Daten zur Feststellung von Verstößen nach Abs. 6 Z 1 automatisiert zu erfolgen und sind die Daten gegen unbefugte Kenntnisnahme besonders zu sichern. [2]Diese Daten sind spätestens zwei Wochen nach ihrer Erhebung zu löschen, soweit sie nicht für die in Abs. 6 Z 2 genannten Zwecke verwendet werden. [3]Bei jedem Abruf der Daten sind zumindest der Zeitpunkt, die abgerufenen Daten und der Bearbeiter zu protokollieren. [4]Die überwachte Person ist über jeden Zugriff auf ihre Daten zu informieren. [5]Die Protokolldaten dürfen nur für die Kontrolle der Zulässigkeit der Abrufe verwendet werden und sind nach zwölf Monaten zu löschen.

(8) Die Kosten der elektronischen Überwachung trägt der Bund.

(9) Die Bundesministerin für Justiz ist ermächtigt, durch Verordnung Richtlinien über die Art und die Durchführung der elektronischen Überwachung zu erlassen.

(BGBl I 2021/159)

Widerruf der bedingten Strafnachsicht und der bedingten Entlassung aus einer Freiheitsstrafe

§ 53. (1) [1]Wird der Rechtsbrecher wegen einer während der Probezeit begangenen strafbaren Handlung verurteilt, so hat das Gericht die bedingte Strafnachsicht oder die bedingte Entlassung aus einer Freiheitsstrafe zu widerrufen und die Strafe, den Strafteil oder den Strafrest vollziehen zu lassen, wenn dies in Anbetracht der neuerlichen Verurteilung zusätzlich zu dieser geboten erscheint, um den Rechtsbrecher von weiteren strafbaren Handlungen abzuhalten. [2]Im Fall des Widerrufs der bedingten Entlassung aus einer lebenslangen Freiheitsstrafe steht der Strafrest hinsichtlich der zeitlichen Voraussetzungen für eine abermalige bedingte Entlassung einer Freiheitsstrafe von zehn Jahren gleich. [3]Eine strafbare Handlung, die der Rechtsbrecher in der Zeit zwischen der Entscheidung erster Instanz und der Rechtskraft der Entscheidung über die Gewährung der bedingten Strafnachsicht oder der bedingten Entlassung oder während einer behördlichen Anhaltung, die in die Probezeit nicht einzurechnen ist (§ 49), begangen hat, steht einer in der Probezeit verübten strafbaren Handlung gleich. *(BGBl I 2007/109; BGBl I 2013/116)*

(2) [1]Wenn der Rechtsbrecher während des vom Gericht bestimmten Zeitraumes eine Weisung trotz förmlicher Mahnung mutwillig nicht befolgt oder sich beharrlich dem Einfluß des Bewährungshelfers entzieht, hat das Gericht die bedingte Strafnachsicht oder die bedingte Entlassung zu widerrufen und die Strafe oder den Strafrest vollziehen zu lassen, wenn dies nach den Umständen geboten erscheint, um den Rechtsbrecher von der Begehung strafbarer Handlungen abzuhalten. [2]Abs. 1 Satz 2 gilt entsprechend. *(BGBl I 2013/116)*

(3) [1]Wird in den Fällen der Abs. 1 und 2 die bedingte Strafnachsicht oder Entlassung nicht widerrufen, so kann das Gericht die Probezeit, falls sie kürzer bestimmt war, bis auf höchstens fünf Jahre verlängern; im Falle der bedingten Entlassung aus einer lebenslangen Freiheitsstrafe kann das Gericht die Probezeit bis auf höchstens fünfzehn Jahre verlängern. [2]Zugleich hat es zu prüfen, ob und welche Weisungen neu zu erteilen sind und ob, falls das noch nicht geschehen sein sollte, Bewährungshilfe anzuordnen ist.

(4) [1]Bestehen gegen Ende der ursprünglichen oder verlängerten Probezeit nach bedingter Entlassung aus einer lebenslangen Freiheitsstrafe oder aus einer Freiheitsstrafe wegen einer strafbaren Handlung gegen die sexuelle Integrität und Selbstbestimmung von mehr als fünf Jahren sonst besondere Gründe zur Annahme, dass es einer weiteren Erprobung des Rechtsbrechers bedarf, so kann das Gericht die Probezeit um höchstens drei Jahre verlängern. [2]Eine wiederholte Verlängerung ist zulässig. *(BGBl I 2009/40)*

(5) [1]Nach Abs. 4 kann auch in den Fällen vorgegangen werden, in denen nach § 52b gerichtliche Aufsicht nach bedingter Entlassung aus einer Freiheitsstrafe von mehr als achtzehn Monaten angeordnet wurde. [2]Vor einer solchen Anordnung ist eine gerichtliche Fallkonferenz nach § 52b Abs. 3 StGB abzuhalten. [3]Die Weisung einer elektronischen Überwachung darf höchstens zehn Jahre aufrechterhalten werden. *(BGBl I 2021/159)*

(BGBl 1987/605; BGBl 1996/762; BGBl I 2001/130)

Widerruf der bedingten Nachsicht und der bedingten Entlassung bei einer vorbeugenden Maßnahme

§ 54. (1) Die bedingte Nachsicht der Unterbringung in einer Anstalt für entwöhnungsbedürftige Rechtsbrecher und die bedingte Entlassung aus einer der in den §§ 21 bis 23 bezeichneten Anstalten sind unter den im § 53 genannten Voraussetzungen zu widerrufen, wenn sich aus den dort genannten Umständen ergibt, dass die Gefährlichkeit, gegen die sich die vorbeugende Maßnahme richtet, noch besteht. *(BGBl I 2022/223)*

(2) [1]Wird im Falle des Abs. 1 die bedingte Entlassung aus einer im § 21 bezeichneten Anstalt nicht widerrufen, so kann das Gericht die Probezeit bis auf höchstens fünfzehn Jahre verlängern. [2]Beträgt die Probezeit nur fünf Jahre, so kann sie das Gericht bis auf höchstens zehn Jahre verlängern. [3]Zugleich hat es zu prüfen, ob und welche Weisungen neu zu erteilen sind und ob, falls das noch nicht geschehen sollte, Bewährungshilfe anzuordnen ist. *(BGBl I 2022/223)*

(3) [1]Bestehen gegen Ende der ursprünglichen oder verlängerten Probezeit besondere Gründe zur Annahme, dass es weiterhin der Androhung der Unterbringung bedarf, um die Gefährlichkeit, gegen die sich die vorbeugende Maßnahme richtet, hintanzuhalten, so kann das Gericht die Probezeit um höchstens drei Jahre verlängern. [2]Eine wiederholte Verlängerung ist zulässig.

(4) [1]Ist im Falle der bedingten Entlassung aus einer Anstalt nach § 21 Abs. 1 dem Rechtsbrecher die Weisung erteilt worden, sich einer medizinischen Behandlung zu unterziehen und besteht Grund zur Annahme, dass der Rechtsbrecher die Weisung nicht befolgt und es deshalb einer stationären Behandlung bedarf, um die Gefährlichkeit, gegen die sich die vorbeugende Maßnahme gerichtet hat, hintanzuhalten, so hat das Gericht die Sicherheitsbehörde zu verständigen, die nach § 9 des Unterbringungsgesetzes vorzugehen hat. [2]Das

Gericht ist von den in der Folge getroffenen Maßnahmen zu unterrichten. *(BGBl I 2022/223)*

(5) Wird jedoch im Falle einer bedingten Entlassung aus einer der in den §§ 21 bis 23 bezeichneten Anstalten wegen einer während der Probezeit (§ 53 Abs. 1) begangenen mit Strafe bedrohten Handlung die vorbeugende Maßnahme neuerlich angeordnet, so wird damit die frühere Anordnung dieser Maßnahme gegenstandslos.

(6) Die bedingte Entlassung aus einer Anstalt für entwöhnungsbedürftige Rechtsbrecher ist nicht zu widerrufen, wenn die Fortsetzung der Behandlung von vornherein aussichtslos scheint.

(BGBl I 2001/130)

Widerruf bei nachträglicher Verurteilung

§ 55. (1) Die bedingte Nachsicht einer Strafe, eines Strafteiles und der Unterbringung in einer Anstalt für entwöhnungsbedürftige Rechtsbrecher ist zu widerrufen, wenn eine nachträgliche Verurteilung gemäß § 31 erfolgt und die bedingte Nachsicht bei gemeinsamer Aburteilung nicht gewährt worden wäre.

(2) Wurde die Strafe, ein Strafteil oder die Unterbringung in einer Anstalt für entwöhnungsbedürftige Rechtsbrecher bei der nachträglichen Verurteilung bedingt nachgesehen, so ist diese Nachsicht zu widerrufen, wenn sie bei gleichzeitiger Aburteilung nicht gewährt worden wäre und die Verurteilung, auf die gemäß § 31 Bedacht zu nehmen gewesen wäre, nicht aktenkundig war.

(3) Wird die bedingte Nachsicht nicht widerrufen, so dauert jede der zusammentreffenden Probezeiten bis zum Ablauf der Probezeit, die zuletzt endet, jedoch nicht länger als fünf Jahre.

(BGBl 1987/605)

Widerrufsfristen

§ 56. Die in den §§ 53 bis 55 vorgesehenen Verfügungen kann das Gericht nur in der Probezeit, wegen einer während dieser Zeit begangenen strafbaren Handlung jedoch auch innerhalb von sechs Monaten nach Ablauf der Probezeit oder nach Beendigung eines bei deren Ablauf gegen den Rechtsbrecher anhängigen Strafverfahrens treffen.

SECHSTER ABSCHNITT

Verjährung

Verjährung der Strafbarkeit[1]

[1] *Für Taten, derentwegen am 31. 12. 2015 bereits ein Ermittlungsverfahren anhängig ist, ist die Verjährungsfrist nach der an diesem Tag geltenden Strafdrohung zu berechnen (Art 12 § 2 BGBl I 2015/112).*

§ 57. (1) [1]Strafbare Handlungen, die mit Freiheitsstrafe von zehn bis zu zwanzig Jahren oder mit lebenslanger Freiheitsstrafe bedroht sind, sowie strafbare Handlungen nach dem fünfundzwan-

zigsten Abschnitt verjähren nicht.[2]Nach Ablauf einer Frist von zwanzig Jahren tritt jedoch an die Stelle der angedrohten lebenslangen Freiheitsstrafe eine Freiheitsstrafe von zehn bis zu zwanzig Jahren. [3]Für die Frist gelten Abs. 2 und § 58 entsprechend. *(BGBl I 2014/106)*

(2) [1]Die Strafbarkeit anderer Taten erlischt durch Verjährung. [2]Die Verjährungsfrist beginnt, sobald die mit Strafe bedrohte Tätigkeit abgeschlossen ist oder das mit Strafe bedrohte Verhalten aufhört.

(3) Die Verjährungsfrist beträgt
zwanzig Jahre,
    wenn die Handlung zwar nicht mit lebenslanger Freiheitsstrafe, aber mit mehr als zehnjähriger Freiheitsstrafe bedroht ist;
zehn Jahre,
    wenn die Handlung mit mehr als fünfjähriger, aber höchstens zehnjähriger Freiheitsstrafe bedroht ist;
fünf Jahre,
    wenn die Handlung mit mehr als einjähriger, aber höchstens fünfjähriger Freiheitsstrafe bedroht ist;
drei Jahre,
    wenn die Handlung mit mehr als sechsmonatiger, aber höchstens einjähriger Freiheitsstrafe bedroht ist;
ein Jahr,
    wenn die Handlung mit nicht mehr als sechsmonatiger Freiheitsstrafe oder nur mit Geldstrafe bedroht ist.

(4) Mit dem Eintritt der Verjährung werden auch der Verfall und vorbeugende Maßnahmen unzulässig. *(BGBl I 2010/108)*

(BGBl 1996/762)

Verlängerung der Verjährungsfrist[1]

[1] *Für Taten, derentwegen am 31. 12. 2015 bereits ein Ermittlungsverfahren anhängig ist, ist die Verjährungsfrist nach der an diesem Tag geltenden Strafdrohung zu berechnen (Art 12 § 2 BGBl I 2015/112).*

§ 58. (1) Tritt ein zum Tatbild gehörender Erfolg erst ein, nachdem die mit Strafe bedrohte Tätigkeit abgeschlossen worden ist oder das mit Strafe bedrohte Verhalten aufgehört hat, so endet die Verjährungsfrist nicht, bevor sie entweder auch vom Eintritt des Erfolges an verstrichen ist oder seit dem im § 57 Abs. 2 bezeichneten Zeitpunkt ihr Eineinhalbfaches, mindestens aber drei Jahre abgelaufen sind.

(2) Begeht der Täter während der Verjährungsfrist neuerlich eine mit Strafe bedrohte Handlung, die auf der gleichen schädlichen Neigung beruht, so tritt die Verjährung nicht ein, bevor auch für diese Tat die Verjährungsfrist abgelaufen ist.

(3) In die Verjährungsfrist werden nicht eingerechnet:
1. die Zeit, während der nach einer gesetzlichen Vorschrift die Verfolgung nicht eingeleitet oder

fortgesetzt werden kann, soweit das Bundes-Verfassungsgesetz, BGBl. Nr. 1/1930, und Abs. 4 nichts anderes bestimmen; *(BGBl I 2014/101)*

2. die Zeit zwischen der erstmaligen Vernehmung als Beschuldigter, der erstmaligen Androhung oder Ausübung von Zwang gegen den Täter wegen der Tat (§§ 93 Abs. 1, 105 Abs. 1 StPO), der ersten staatsanwaltlichen Anordnung oder Antragstellung auf Durchführung oder Bewilligung von im 8. Hauptstück der StPO geregelten Ermittlungsmaßnahmen und Beweisaufnahmen zur Aufklärung des gegen den Täter gerichteten Verdachts, der Anordnung der Fahndung oder Festnahme, des Antrags auf Verhängung der Untersuchungshaft oder der Einbringung der Anklage, einschließlich vergleichbarer Maßnahmen der Europäischen Staatsanwaltschaft, und der rechtskräftigen Beendigung des Verfahrens;[1] *(BGBl I 2007/93; BGBl I 2009/40; BGBl I 2021/94)*

3. die Zeit bis zur Vollendung des 28. Lebensjahres des Opfers einer strafbaren Handlung gegen Leib und Leben, gegen die Freiheit oder gegen die sexuelle Integrität und Selbstbestimmung, wenn das Opfer zur Zeit der Tatbegehung minderjährig war;[1] *(BGBl I 2009/40; BGBl I 2009/142)*

4. die Probezeit nach § 203 Abs. 1 StPO, die Fristen zur Zahlung eines Geldbetrages samt allfälliger Schadensgutmachung und zur Erbringung gemeinnütziger Leistungen samt allfälligem Tatfolgenausgleich (§§ 200 Abs. 2 und 3, 201 Abs. 1 und 3 StPO), sowie die Zeit von der Stellung eines Ersuchens der Staatsanwaltschaft gemäß § 204 Abs. 3 StPO bis zur Mitteilung des Konfliktreglers über die Ausgleichsvereinbarungen und ihre Erfüllung (§ 204 Abs. 4 StPO). *(BGBl I 2007/93)*

(3a) Eine nach den vorstehenden Absätzen eingetretene Hemmung der Verjährung bleibt wirksam, auch wenn durch eine spätere Änderung des Gesetzes die Tat im Zeitpunkt der Hemmung nach dem neuen Recht bereits verjährt gewesen wäre. *(BGBl I 2015/112)*

(4) Wird die Tat nur auf Verlangen oder mit Ermächtigung eines dazu Berechtigten verfolgt, so wird der Lauf der Verjährung nicht dadurch gehemmt, daß die Verfolgung nicht verlangt oder die Ermächtigung nicht erteilt wird. *(BGBl I 2007/93; BGBl I 2017/117)*

(BGBl I 1998/153; BGBl I 2004/15)

---

[1] § 58 Abs 3 Z 2 und 3 idF des 2. GeSchG, BGBl I 2009/40, ist auch auf vor dessen Inkrafttreten (= 1. 6. 2009) begangene Taten anzuwenden, sofern die Strafbarkeit zu diesem Zeitpunkt noch nicht erloschen ist (Art XIV Abs 2 BGBl I 2009/40).

Verjährung der Vollstreckbarkeit

§ 59. (1) Die Vollstreckbarkeit einer lebenslangen Freiheitsstrafe, einer Freiheitsstrafe von mehr als zehn Jahren, einer wegen einer strafbaren Handlung nach dem fünfundzwanzigsten Ab-

schnitt verhängten Strafe und einer Unterbringung in einem forensisch-therapeutischen Zentrum oder in einer Anstalt für gefährliche Rückfallstäter verjährt nicht. *(BGBl I 2014/106; BGBl I 2022/223)*

(2) [1]Die Vollstreckbarkeit anderer Strafen,[1] eines Verfalls und vorbeugender Maßnahmen erlischt durch Verjährung. [2]Die Frist für die Verjährung beginnt mit der Rechtskraft der Entscheidung, in der auf die Strafe, den Verfall oder die vorbeugende Maßnahme erkannt worden ist. *(BGBl I 2010/108)*

(3) Die Frist beträgt
fünfzehn Jahre,
    wenn auf Freiheitsstrafe von mehr als einem Jahr, aber nicht mehr als zehn Jahren erkannt worden ist;
zehn Jahre,
    wenn auf Freiheitsstrafe von mehr als drei Monaten, aber nicht mehr als einem Jahr oder auf eine Geldstrafe unter Festsetzung einer Ersatzfreiheitsstrafe von mehr als drei Monaten erkannt worden ist;
fünf Jahre
    in allen übrigen Fällen.

(4) [1]Ist gleichzeitig auf mehrere Strafen oder vorbeugende Maßnahmen erkannt worden, so richtet sich die Verjährung der Vollstreckbarkeit aller dieser Strafen oder Maßnahmen nach der Strafe oder Maßnahme, für die die längste Verjährungsfrist vorgesehen ist. [2]Sind eine Freiheitsstrafe und eine Geldstrafe gleichzeitig verhängt worden, so ist zur Berechnung der Verjährungsfrist die Ersatzfreiheitsstrafe zur Freiheitsstrafe hinzuzurechnen. *(BGBl I 2010/108)*

(BGBl 1996/762)

---

[1] Art 1 Z 7 BGBl I 2010/108 enthält eine falsche Novellierungsanweisung (Redaktionsfehler; hier richtiggestellt).

Verlängerung der Frist für die Vollstreckungsverjährung

§ 60. (1) Wird gegen den Verurteilten in der Verjährungsfrist auf eine neue Strafe oder vorbeugende Maßnahme erkannt, so tritt die Verjährung der Vollstreckbarkeit nicht ein, bevor nicht auch die Vollstreckbarkeit dieser Strafe oder vorbeugenden Maßnahme erloschen ist.

(2) In die Verjährungsfrist werden nicht eingerechnet:

1. die Probezeit im Fall einer bedingten Nachsicht der Strafe oder der Unterbringung in einer Anstalt für entwöhnungsbedürftige Rechtsbrecher oder im Fall einer bedingten Entlassung;

2. Zeiten, für die dem Verurteilten ein Aufschub des Vollzuges einer Freiheitsstrafe, es sei denn wegen Vollzugsuntauglichkeit, oder der Zahlung einer Geldstrafe gewährt worden ist;

3. Zeiten, in denen der Verurteilte auf behördliche Anordnung angehalten worden ist;

4. Zeiten, in denen sich der Verurteilte im Ausland aufgehalten hat.

(3) [1]Der Vollzug der Freiheitsstrafe oder der mit Freiheitsentziehung verbundenen vorbeugenden Maßnahme unterbricht die Verjährung. [2]Hört die Unterbrechung auf, ohne daß der Verurteilte endgültig entlassen wird, so beginnt die Verjährungsfrist unbeschadet der Bestimmungen des Abs. 2 von neuem zu laufen.

SIEBENTER ABSCHNITT

Geltungsbereich

67 ↑

Zeitliche Geltung → Art. 7/2 MRK

§ 61. [1]Die Strafgesetze sind auf Taten anzuwenden, die nach dem Inkrafttreten begangen worden sind. [2]Auf früher begangene Taten sind sie dann anzuwenden, wenn die Gesetze, die zur Zeit der Tat gegolten haben, für den Täter in ihrer Gesamtauswirkung nicht günstiger waren.

Strafbare Handlungen im Inland

§ 62. Die österreichischen Strafgesetze gelten für alle Taten, die im Inland begangen worden sind.

Strafbare Handlungen an Bord österreichischer Schiffe oder Luftfahrzeuge

§ 63. Die österreichischen Strafgesetze gelten auch für Taten, die auf einem österreichischen Schiff oder Luftfahrzeug begangen worden sind, unabhängig davon, wo sich dieses befindet.

Strafbare Handlungen im Ausland, die ohne Rücksicht auf die Gesetze des Tatorts bestraft werden

§ 64. (1) Die österreichischen Strafgesetze gelten unabhängig von den Strafgesetzen des Tatorts für folgende im Ausland begangene Taten:

1. Auskundschaftung eines Geschäfts- oder Betriebsgeheimnisses zugunsten des Auslands (§ 124), Hochverrat (§ 242), Vorbereitung eines Hochverrats (§ 244), staatsfeindliche Verbindungen (§ 246), Angriffe auf oberste Staatsorgane (§§ 249 bis 251), Landesverrat (§§ 252 bis 258) und strafbare Handlungen gegen das Bundesheer (§§ 259 und 260);

2. strafbare Handlungen, die jemand gegen einen österreichischen Beamten (§ 74 Abs. 1 Z 4), einen österreichischen Amtsträger (§ 74 Abs. 1 Z 4a) oder einen österreichischen Schiedsrichter (§ 74 Abs. 1 Z 4c) während oder wegen der Vollziehung seiner Aufgaben und die jemand als österreichischer Beamter, österreichischer Amtsträger oder österreichischer Schiedsrichter begeht; *(BGBl I 2009/98; BGBl I 2012/61)*

2a. außer dem Fall der Z 2 strafbare Verletzungen der Amtspflicht, Korruption und verwandte strafbare Handlungen (§§ 302 bis 309), wenn

a) der Täter zur Zeit der Tat Österreicher war oder

b) die Tat zugunsten eines österreichischen Amtsträgers oder österreichischen Schiedsrichters begangen wurde; *(BGBl I 2012/61)*

3. falsche Beweisaussage (§ 288) und unter Eid abgelegte oder mit einem Eid bekräftigte falsche Beweisaussage vor einer Verwaltungsbehörde (§ 289) in einem Ermittlungsverfahren nach der Strafprozessordnung oder nach der Verordnung (EU) 2017/1939 zur Durchführung einer Verstärkten Zusammenarbeit zur Errichtung der Europäischen Staatsanwaltschaft (EUStA), ABl. Nr. L 283 vom 31.10.2017 S. 1, sowie in einem Verfahren, das bei einem österreichischen Gericht oder einer österreichischen Verwaltungsbehörde anhängig ist; *(BGBl I 2007/93; BGBl I 2021/94)*

4. Geldfälschung (§ 232), Weitergabe und Besitz nachgemachten oder verfälschten Geldes (§ 233), die nach § 232 strafbare Fälschung besonders geschützter Wertpapiere (§ 237), kriminelle Organisation (§ 278a) und die nach den §§ 28a, 31a sowie 32 Abs. 3 des Suchtmittelgesetzes strafbaren Handlungen, wenn durch die Tat österreichische Interessen verletzt worden sind oder der Täter nicht ausgeliefert werden kann; *(BGBl I 2011/130; BGBl I 2014/106; BGBl I 2015/112)*

4a. Genitalverstümmelung (§ 85 Abs. 1 Z 2a), erpresserische Entführung (§ 102), Überlieferung an eine ausländische Macht (§ 103), Sklavenhandel (§ 104), Menschenhandel (§ 104a), schwere Nötigung nach § 106 Abs. 1 Z 3, Zwangsheirat (§ 106a), verbotene Adoptionsvermittlung (§ 194), Vergewaltigung (§ 201), geschlechtliche Nötigung (§ 202), sexueller Missbrauch einer wehrlosen oder psychisch beeinträchtigten Person (§ 205), schwerer sexueller Missbrauch von Unmündigen (§ 206), sexueller Missbrauch von Unmündigen (§ 207), pornographische Darstellungen Minderjähriger nach § 207a Abs. 1 und 2, sexueller Missbrauch von Jugendlichen (§ 207b), Missbrauch eines Autoritätsverhältnisses nach § 212 Abs. 1, Förderung der Prostitution und pornographischer Darbietungen Minderjähriger (§ 215a), grenzüberschreitender Prostitutionshandel (§ 217), wenn *(BGBl I 2013/116; I 2015/112; BGBl I 2019/105)*

a) der Täter oder das Opfer Österreicher ist oder seinen gewöhnlichen Aufenthalt im Inland hat, → 66/2 JN

b) durch die Tat sonstige österreichische Interessen verletzt worden sind oder

c) der Täter zur Zeit der Tat Ausländer war, sich in Österreich aufhält und nicht ausgeliefert werden kann;

(BGBl I 2011/130)

4b. Herstellung und Verbreitung von Massenvernichtungswaffen (§ 177a), wenn der Täter Österreicher ist, in bezug auf die Entwicklung nuklearer oder radiologischer Kampfmittel jedoch nur, soweit die Tat nicht im Auftrag oder unter der Verantwortung einer Vertragspartei des Vertrages über die Nichtweiterverbreitung von Atomwaffen, BGBl. Nr. 258/1970, die Atomwaffenstaat ist, begangen worden ist; *(BGBl I 2018/70)*

4c. Folter (§ 312a), Verschwindenlassen einer Person (§ 312b) und strafbare Handlungen nach dem fünfundzwanzigsten Abschnitt, wenn

a) der Täter oder das Opfer Österreicher ist,

b) durch die Tat sonstige österreichische Interessen verletzt worden sind oder

c) der Täter zur Zeit der Tat Ausländer war und entweder seinen gewöhnlichen Aufenthalt im Inland hat oder sich in Österreich aufhält und nicht ausgeliefert werden kann.
(BGBl I 2014/106)

5. Luftpiraterie (§ 185), damit im Zusammenhang begangene strafbare Handlungen gegen Leib und Leben oder gegen die Freiheit und vorsätzliche Gefährdung der Sicherheit der Luftfahrt (§ 186), wenn

a) die strafbare Handlung gegen ein österreichisches Luftfahrzeug gerichtet ist,

b) das Luftfahrzeug in Österreich landet und der Täter sich noch an Bord befindet,

c) das Luftfahrzeug ohne Besatzung an jemanden vermietet ist, der seinen Geschäftssitz oder in Ermangelung eines solchen Sitzes seinen ständigen Aufenthalt in Österreich hat, oder

d) sich der Täter in Österreich aufhält und nicht ausgeliefert werden kann;

6. sonstige strafbare Handlungen, zu deren Verfolgung Österreich, auch wenn sie im Ausland begangen worden sind, unabhängig von den Strafgesetzen des Tatorts verpflichtet ist;

7. strafbare Handlungen, die ein Österreicher gegen einen Österreicher begeht, wenn beide ihren Wohnsitz oder gewöhnlichen Aufenthalt im Inland haben;

8. Beteiligung (§ 12) an einer strafbaren Handlung, die der unmittelbare Täter im Inland begangen hat, sowie Hehlerei (§ 164) und Geldwäscherei (§ 165) in bezug auf eine im Inland begangene Tat;

9. terroristische Vereinigung (§ 278b) und terroristische Straftaten (§ 278c) sowie damit im Zusammenhang begangene strafbare Handlungen nach den §§ 128 bis 131, 144 und 145 sowie 223 und 224, ferner Terrorismusfinanzierung (§ 278d), Ausbildung für terroristische Zwecke (§ 278e), Anleitung zur Begehung einer terroristischen Straftat (§ 278f), Reisen für terroristische Zwecke (§ 278g) und damit im Zusammenhang begangene strafbare Handlungen nach den §§ 223 und 224 sowie Aufforderung zu terroristischen Straftaten und Gutheißung terroristischer Straftaten (§ 282a), wenn *(BGBl I 2010/108; BGBl I 2011/103; BGBl I 2018/70)*

a) der Täter zur Zeit der Tat Österreicher war oder wenn er die österreichische Staatsbürgerschaft später erworben hat und zur Zeit der Einleitung des Strafverfahrens noch besitzt,

b) der Täter zur Zeit der Tat oder der Einleitung des Strafverfahrens seinen Wohnsitz oder gewöhnlichen Aufenthalt im Inland hatte oder hat, *(BGBl I 2018/70)*

c) die Tat zugunsten einer juristischen Person mit Sitz in Österreich begangen wurde,

d) die Tat gegen den Nationalrat, den Bundesrat, die Bundesversammlung, die Bundesregierung, einen Landtag, eine Landesregierung, den Verfassungsgerichtshof, den Verwaltungsgerichtshof, den Obersten Gerichtshof, sonst ein Gericht oder eine Behörde oder gegen die Bevölkerung der Republik Österreich begangen wurde,

e) die Tat gegen ein Organ der Europäischen Union oder eine gemäß den Verträgen zur Gründung der Europäischen Gemeinschaften oder dem Vertrag über die Europäische Union geschaffene Einrichtung mit Sitz in der Republik Österreich begangen wurde oder

f) der Täter zur Zeit der Tat Ausländer war, sich in Österreich aufhält und nicht ausgeliefert werden kann;

10. *(aufgehoben, BGBl I 2018/70)*

11. Unvertretbare Darstellung wesentlicher Informationen über bestimmte Verbände (§ 163a) und Unvertretbare Berichte von Prüfern bestimmter Verbände (§ 163b), wenn die Hauptniederlassung oder der Sitz des Verbandes im Inland liegt. *(BGBl I 2015/112)*

(2) Können die im Abs. 1 genannten Strafgesetze bloß deshalb nicht angewendet werden, weil sich die Tat als eine mit strengerer Strafe bedrohte Handlung darstellt, so ist die im Ausland begangene Tat gleichwohl unabhängig von den Strafgesetzen des Tatorts nach den österreichischen Strafgesetzen zu bestrafen.

(BGBl 1987/605; BGBl 1996/762; BGBl I 1997/112; BGBl I 1998/153; BGBl I 2000/34; BGBl I 2002/134; BGBl I 2004/15)

Strafbare Handlungen im Ausland, die nur bestraft werden, wenn sie nach den Gesetzen des Tatorts mit Strafe bedroht sind

§ 65. (1) Für andere als die in den §§ 63 und 64 bezeichneten Taten, die im Ausland begangen worden sind, gelten, sofern die Taten auch durch die Gesetze des Tatorts mit Strafe bedroht sind, die österreichischen Strafgesetze:

1. wenn der Täter zur Zeit der Tat Österreicher war oder wenn er die österreichische Staatsbürgerschaft später erworben hat und zur Zeit der Einleitung des Strafverfahrens noch besitzt;

2. wenn der Täter zur Zeit der Tat Ausländer war, im Inland betreten wird und aus einem anderen Grund als wegen der Art oder Eigenschaft seiner Tat nicht an das Ausland ausgeliefert werden kann.

(2) Die Strafe ist so zu bestimmen, daß der Täter in der Gesamtauswirkung nicht ungünstiger gestellt ist als nach dem Gesetz des Tatorts.

(3) Besteht am Ort der Tat keine Strafgewalt, so genügt es, wenn die Tat nach den österreichischen Gesetzen strafbar ist.

(4) Die Strafbarkeit entfällt jedoch:

1. wenn die Strafbarkeit der Tat nach den Gesetzen des Tatorts erloschen ist;

2. wenn der Täter von einem Gericht des Staates, in dem die Tat begangen worden ist, rechtskräftig freigesprochen oder sonst außer Verfolgung gesetzt worden ist;

3. wenn der Täter von einem ausländischen Gericht rechtskräftig verurteilt und die Strafe ganz vollstreckt oder, soweit sie nicht vollstreckt wurde, erlassen worden oder ihre Vollstreckbarkeit nach dem ausländischen Recht verjährt ist;

4. solange die Vollstreckung der vom ausländischen Gericht verhängten Strafe ganz oder teilweise ausgesetzt ist.

(5) Nach den österreichischen Gesetzen vorgesehene vorbeugende Maßnahmen sind, wenn die Voraussetzungen hiefür zutreffen, gegen einen Österreicher auch dann anzuordnen, wenn er aus einem der Gründe des vorhergehenden Absatzes im Inland nicht bestraft werden kann.

(BGBl 1987/605)

Erweiterter Geltungsbereich des Verfalls und der Einziehung bei Auslandstaten

§ 65a. Der Verfall und die Einziehung treffen auch im Inland befindliche Vermögenswerte und Gegenstände in Bezug auf Taten, die auch durch die Gesetze des Tatorts mit Strafe bedroht sind, aber nach den §§ 62 bis 65 nicht den österreichischen Strafgesetzen unterliegen.

(BGBl I 2013/116)

Anrechnung im Ausland erlittener Strafen

§ 66. Hat der Täter für die Tat, derentwegen er im Inland bestraft wird, schon im Ausland eine Strafe verbüßt, so ist sie auf die im Inland verhängte Strafe anzurechnen.

Zeit und Ort der Tat

§ 67. (1) Eine mit Strafe bedrohte Handlung hat der Täter zu der Zeit begangen, da er gehandelt hat oder hätte handeln sollen; wann der Erfolg eintritt, ist nicht maßgebend.

(2) Eine mit Strafe bedrohte Handlung hat der Täter an jedem Ort begangen, an dem er gehandelt hat oder hätte handeln sollen oder ein dem Tatbild entsprechender Erfolg ganz oder zum Teil eingetreten ist oder nach der Vorstellung des Täters hätte eintreten sollen.

ACHTER ABSCHNITT
Begriffsbestimmungen

Zeitberechnung

§ 68. [1]Jahre und Monate sind nach dem Kalender zu berechnen. [2]Zeiträume werden so berechnet, daß der Tag, auf den das Ereignis fällt, mit dem der Zeitraum beginnt, nicht mitgezählt wird. [3]Sie enden mit dem Ablauf des letzten Tages.

Öffentliche Begehung

§ 69. Eine Handlung wird nur dann öffentlich begangen, wenn sie unmittelbar von einem größeren Personenkreis wahrgenommen werden kann.

Gewerbsmäßige Begehung

§ 70. (1) Gewerbsmäßig begeht eine Tat, wer sie in der Absicht ausführt, sich durch ihre wiederkehrende Begehung längere Zeit hindurch ein nicht bloß geringfügiges fortlaufendes Einkommen zu verschaffen, und

1. unter Einsatz besonderer Fähigkeiten oder Mittel handelt, die eine wiederkehrende Begehung nahelegen, oder

2. zwei weitere solche Taten schon im Einzelnen geplant hat oder

3. bereits zwei solche Taten begangen hat oder einmal wegen einer solchen Tat verurteilt worden ist.

(2) Ein nicht bloß geringfügiges fortlaufendes Einkommen ist ein solches, das nach einer jährlichen Durchschnittsbetrachtung monatlich den Betrag von 400 Euro übersteigt.

(3) Eine frühere Tat oder Verurteilung bleibt außer Betracht, wenn seit ihrer Begehung oder Rechtskraft bis zur folgenden Tat mehr als ein Jahr vergangen ist. In diese Frist werden Zeiten, in denen der Täter auf behördliche Anordnung angehalten worden ist, nicht eingerechnet.

(BGBl I 2015/112)

Schädliche Neigung

§ 71. Auf der gleichen schädlichen Neigung beruhen mit Strafe bedrohte Handlungen, wenn sie gegen dasselbe Rechtsgut gerichtet oder auf gleichartige verwerfliche Bewegründe oder auf den gleichen Charaktermangel zurückzuführen sind.

Angehörige

§ 72. (1) Unter Angehörigen einer Person sind ihre Verwandten und Verschwägerten in gerader Linie, ihr Ehegatte oder eingetragener Partner und die Geschwister des Ehegatten oder eingetragenen Partners, ihre Geschwister und deren Ehegatten oder eingetragene Partner, Kinder und Enkel, die Geschwister ihrer Eltern und Großeltern, ihre Vettern und Basen, der Vater oder die Mutter ihres Kindes, ihre Wahl- und Pflegeeltern, ihre Wahl- und Pflegekinder, sowie Personen, über die ihnen die Obsorge zusteht oder unter deren Obsorge sie stehen, zu verstehen. *(BGBl I 2009/135; BGBl I 2013/25 (VfGH))*

(2) Personen, die miteinander in Lebensgemeinschaft leben, werden wie Angehörige behandelt, Kinder und Enkel einer von ihnen werden wie Angehörige auch der anderen behandelt.

(BGBl I 1998/153)

Ausländische Verurteilungen

§ 73. Sofern das Gesetz nicht ausdrücklich auf die Verurteilung durch ein inländisches Gericht abstellt, stehen ausländische Verurteilungen inländischen gleich, wenn sie den Rechtsbrecher wegen einer Tat schuldig sprechen, die auch nach österreichischem Recht gerichtlich strafbar ist, und in einem den Grundsätzen des Art. 6 der europäischen Konvention zum Schutze der Menschenrechte und Grundfreiheiten, BGBl. Nr. 210/1958, entsprechenden Verfahren ergangen sind.

Andere Begriffsbestimmungen

§ 74. (1) Im Sinn dieses Bundesgesetzes ist

1. unmündig: wer das vierzehnte Lebensjahr noch nicht vollendet hat;

2. *(aufgehoben, BGBl I 2001/19)*

3. minderjährig: wer das achtzehnte Lebensjahr noch nicht vollendet hat;

4. Beamter: jeder, der bestellt ist, im Namen des Bundes, eines Landes, eines Gemeindeverbandes, einer Gemeinde oder einer anderen Person des öffentlichen Rechtes, ausgenommen einer Kirche oder Religionsgesellschaft, als deren Organ allein oder gemeinsam mit einem anderen Rechtshandlungen vorzunehmen, oder sonst mit Aufgaben der Bundes-, Landes- oder Gemeindeverwaltung betraut ist; als Beamter gilt auch, wer nach einem anderen Bundesgesetz oder auf Grund einer zwischenstaatlichen Vereinbarung bei einem Einsatz im Inland einem österreichischen Beamten gleichgestellt ist;

4a. Amtsträger: jeder, der

a) *(aufgehoben, BGBl I 2012/61)*

b) für den Bund, ein Land, einen Gemeindeverband, eine Gemeinde, für eine andere Person des öffentlichen Rechts, ausgenommen eine Kirche oder Religionsgesellschaft, für einen anderen Staat oder für eine internationale Organisation Aufgaben der Gesetzgebung, Verwaltung oder Justiz als deren Organ oder Dienstnehmer wahrnimmt, Unionsbeamter (Z 4b) ist oder - für die Zwecke der §§ 168g, 304, 305, 307 und 307a - der öffentliche Aufgaben im Zusammenhang mit der Verwaltung der oder Entscheidungen über die finanziellen Interessen der Europäischen Union in Mitgliedstaaten oder Drittstaaten übertragen bekommen hat und diese Aufgaben wahrnimmt, *(BGBl I 2012/61; BGBl I 2019/111; BGBl I 2023/100)*

c) sonst im Namen der in lit. b genannten Körperschaften befugt ist, in Vollziehung der Gesetze Amtsgeschäfte vorzunehmen, oder

d) als Organ oder Bediensteter eines Unternehmens tätig ist, an dem eine oder mehrere inländische oder ausländische Gebietskörperschaften unmittelbar oder mittelbar mit mindestens 50 vH des Stamm-, Grund- oder Eigenkapitals beteiligt sind, das eine solche Gebietskörperschaft allein oder gemeinsam mit anderen solchen Gebietskörperschaften betreibt oder durch finanzielle oder sonstige wirtschaftliche oder organisatorische Maßnahmen tatsächlich beherrscht, jedenfalls aber jedes Unternehmens, dessen Gebarung der Überprüfung durch den Rechnungshof, dem Rechnungshof gleichartige Einrichtungen der Länder oder einer vergleichbaren internationalen oder ausländischen Kontrolleinrichtung unterliegt. *(BGBl I 2012/61)*

(BGBl I 2007/109; BGBl I 2009/98)

4b. Unionsbeamter: jeder, der Beamter oder sonstiger Bediensteter im Sinne des Statuts der Beamten der Europäischen Union oder der Beschäftigungsbedingungen für die sonstigen Bediensteten der Europäischen Union ist oder der Europäischen Union von den Mitgliedstaaten oder von öffentlichen oder privaten Einrichtungen zur Verfügung gestellt wird und dort mit Aufgaben betraut ist, die den Aufgaben der Beamten oder sonstigen Bediensteten der Europäischen Union entsprechen; Unionsbeamte sind auch, soweit das Statut nicht gilt, die Mitglieder der Organe, Einrichtungen und sonstigen Stellen der Europäischen Union, die nach dem Vertrag über die Arbeitsweise der Europäischen Union oder dem Vertrag über die Europäische Union errichtet wurden, und die Bediensteten dieser Einrichtungen; *(BGBl I 2007/109; BGBl I 2019/111)*

4c. Schiedsrichter: jeder Entscheidungsträger eines Schiedsgerichtes im Sinne der §§ 577 ff ZPO mit Sitz im Inland oder noch nicht bestimmtem Sitz (österreichischer Schiedsrichter) oder mit Sitz im Ausland; *(BGBl I 2007/109)*

4d. Kandidat für ein Amt: jeder, der sich in einem Wahlkampf, einem Bewerbungs- oder Auswahlverfahren zu einer Funktion als Amtsträger (Z 4a) oder in einer vergleichbaren Position zur

Erlangung einer von ihm angestrebten Funktion als oberstes Vollzugsorgan des Bundes oder eines Bundeslandes oder als Organ zur Kontrolle der Gesetzmäßigkeit der Vollziehung befindet, sofern die Erlangung der Funktion nicht gänzlich unwahrscheinlich ist; *(BGBl I 2023/100)*

5. gefährliche Drohung: eine Drohung mit einer Verletzung an Körper, Freiheit, Ehre, Vermögen oder des höchstpersönlichen Lebensbereiches durch Zugänglichmachen, Bekanntgeben oder Veröffentlichen von Tatsachen oder Bildaufnahmen, die geeignet ist, dem Bedrohten mit Rücksicht auf die Verhältnisse und seine persönliche Beschaffenheit oder die Wichtigkeit des angedrohten Übels begründete Besorgnisse einzuflößen, ohne Unterschied, ob das angedrohte Übel gegen den Bedrohten selbst, gegen dessen Angehörige oder gegen andere unter seinen Schutz gestellte oder ihm persönlich nahestehende Personen gerichtet ist; *(BGBl I 2015/112)*

6. Entgelt: jede einer Bewertung in Geld zugängliche Gegenleistung, auch wenn sie einer anderen Person zugute kommen soll als der, der sie angeboten oder gegeben wird;

7. Urkunde: eine Schrift, die errichtet worden ist, um ein Recht oder ein Rechtsverhältnis zu begründen, abzuändern oder aufzuheben oder eine Tatsache von rechtlicher Bedeutung zu beweisen;

8. Computersystem: sowohl einzelne als auch verbundene Vorrichtungen, die der automationsunterstützten Datenverarbeitung dienen;

9. Prostitution: die Vornahme geschlechtlicher Handlungen oder die Duldung geschlechtlicher Handlungen am eigenen Körper gegen Entgelt durch

a) eine minderjährige Person oder

b) eine volljährige Person in der Absicht, sich oder einem Dritten durch die wiederkehrende Vornahme oder Duldung eine fortlaufende Einnahme zu verschaffen; *(BGBl I 2013/116)*

10. unbares Zahlungsmittel: nichtkörperliche oder körperliche Vorrichtungen, Gegenstände oder Aufzeichnungen oder deren Kombination, ausgenommen gesetzliche Zahlungsmittel, die vor Fälschung oder missbräuchlicher Verwendung geschützt sind und die für sich oder in Verbindung mit einem oder mehreren Verfahren dem Inhaber oder Nutzer ermöglichen, Geld oder monetäre Werte zu übertragen, auch mittels digitaler Tauschmittel; *(BGBl I 2021/201)*

11. kritische Infrastruktur: Einrichtungen, Anlagen, Systeme oder Teile davon, die eine wesentliche Bedeutung für die Aufrechterhaltung der öffentlichen Sicherheit, die Landesverteidigung oder den Schutz der Zivilbevölkerung gegen Kriegsgefahren, die Funktionsfähigkeit öffentlicher Informations- und Kommunikationstechnologie, die Verhütung oder Bekämpfung von Kata-

strophen, den öffentlichen Gesundheitsdienst, die öffentliche Versorgung mit Wasser, Energie sowie lebenswichtigen Gütern, das öffentliche Abfallentsorgungs- und Kanalwesen oder den öffentlichen Verkehr haben. *(BGBl I 2015/154)*

(2) Im Sinne dieses Bundesgesetzes sind Daten sowohl personenbezogene und nicht personenbezogene Daten als auch Programme.

(3) [1]Unter leitenden Angestellten sind Angestellte eines Unternehmens, auf dessen Geschäftsführung ihnen ein maßgeblicher Einfluss zusteht, zu verstehen. [2]Ihnen stehen Geschäftsführer, Mitglieder des Vorstands oder Aufsichtsrats und Prokuristen ohne Angestelltenverhältnis gleich. *(BGBl I 2009/98)*

(BGBl 1988/599; BGBl I 1998/153; BGBl I 2001/19; BGBl I 2002/134; BGBl I 2004/15)

Besonderer Teil

ERSTER ABSCHNITT

Strafbare Handlungen gegen Leib und Leben

Mord

§ 75. Wer einen anderen tötet, ist mit Freiheitsstrafe von zehn bis zu zwanzig Jahren oder mit lebenslanger Freiheitsstrafe zu bestrafen.

Totschlag

§ 76. Wer sich in einer allgemein begreiflichen heftigen Gemütsbewegung dazu hinreißen läßt, einen anderen zu töten, ist mit Freiheitsstrafe von fünf bis zu zehn Jahren zu bestrafen.

Tötung auf Verlangen

§ 77. Wer einen anderen auf dessen ernstliches und eindringliches Verlangen tötet, ist mit Freiheitsstrafe von sechs Monaten bis zu fünf Jahren zu bestrafen.

Mitwirkung an der Selbsttötung

§ 78. (1) Wer eine andere Person dazu verleitet, sich selbst zu töten, ist mit Freiheitsstrafe von sechs Monaten bis zu fünf Jahren zu bestrafen.

(2) Ebenso ist zu bestrafen, wer

1. einer minderjährigen Person,

2. einer Person aus einem verwerflichen Beweggrund oder

3. einer Person, die nicht an einer Krankheit im Sinne des § 6 Abs. 3 des Sterbeverfügungsgesetzes (StVfG), BGBl. I Nr. 242/2021, leidet oder die nicht gemäß § 7 StVfG ärztlich aufgeklärt wurde,

dazu physisch Hilfe leistet, sich selbst zu töten.

(BGBl I 2021/242)

Tötung eines Kindes bei der Geburt

§ 79. Eine Mutter, die das Kind während der Geburt oder solange sie noch unter der Einwirkung des Geburtsvorgangs steht, tötet, ist mit Freiheitsstrafe von sechs Monaten bis zu fünf Jahren zu bestrafen. *(BGBl I 2015/112)*

Fahrlässige Tötung

§ 80. (1) Wer fahrlässig den Tod eines anderen herbeiführt, ist mit Freiheitsstrafe bis zu einem Jahr oder mit Geldstrafe bis zu 720 Tagessätzen zu bestrafen. *(BGBl I 2015/112)*

(2) Hat die Tat den Tod mehrerer Menschen zur Folge, so ist der Täter mit Freiheitsstrafe bis zu zwei Jahren zu bestrafen. *(BGBl I 2015/112)*

Grob fahrlässige Tötung

§ 81. (1) Wer grob fahrlässig (§ 6 Abs. 3) den Tod eines anderen herbeiführt, ist mit Freiheitsstrafe bis zu drei Jahren zu bestrafen.

(2) Ebenso ist zu bestrafen, wer den Tod eines Menschen fahrlässig herbeiführt, nachdem er sich vor der Tat, wenn auch nur fahrlässig, durch Genuss von Alkohol oder den Gebrauch eines anderen berauschenden Mittels in einen die Zurechnungsfähigkeit nicht ausschließenden Rauschzustand versetzt hat, obwohl er vorhergesehen hat oder hätte vorhersehen können, dass ihm eine Tätigkeit bevorstehe, deren Vornahme in diesem Zustand eine Gefahr für das Leben, die Gesundheit oder die körperliche Sicherheit eines anderen herbeizuführen oder zu vergrößern geeignet sei.[1)]

(3) Mit Freiheitsstrafe von sechs Monaten bis zu fünf Jahren ist zu bestrafen, wer grob fahrlässig (§ 6 Abs. 3) oder in dem im Abs. 2 bezeichneten Fall den Tod einer größeren Zahl von Menschen herbeiführt.

(BGBl I 2015/112)

[1)] *Siehe dazu § 5 StVO, abgedruckt unter 6/31.*

Aussetzung

§ 82. (1) Wer das Leben eines anderen dadurch gefährdet, daß er ihn in eine hilflose Lage bringt und in dieser Lage im Stich läßt, ist mit Freiheitsstrafe von sechs Monaten bis zu fünf Jahren zu bestrafen.

(2) Ebenso ist zu bestrafen, wer das Leben eines anderen, der unter seiner Obhut steht oder dem er sonst beizustehen verpflichtet ist (§ 2), dadurch gefährdet, daß er ihn in einer hilflosen Lage im Stich läßt.

(3) Hat die Tat den Tod des Gefährdeten zur Folge, so ist der Täter mit Freiheitsstrafe von einem bis zu zehn Jahren zu bestrafen.

Körperverletzung

§ 83. (1) Wer einen anderen am Körper verletzt oder an der Gesundheit schädigt, ist mit Freiheitsstrafe bis zu einem Jahr oder mit Geldstrafe bis zu 720 Tagessätzen zu bestrafen. *(BGBl I 2015/112; BGBl I 2015/154)*

(2) Ebenso ist zu bestrafen, wer einen anderen am Körper mißhandelt und dadurch fahrlässig verletzt oder an der Gesundheit schädigt.

(3) Wer eine Körperverletzung nach Abs. 1 oder 2 an einer Person, die

1. mit der Kontrolle der Einhaltung der Beförderungsbedingungen oder der Lenkung eines Beförderungsmittels einer dem öffentlichen Verkehr dienenden Anstalt betraut ist,

2. in einem gesetzlich geregelten Gesundheitsberuf, in einer anerkannten Rettungsorganisation oder in der Verwaltung im Bereich eines solchen Berufes, insbesondere einer öffentlichen Krankenanstalt, oder als Organ der Feuerwehr tätig ist,

während oder wegen der Ausübung ihrer Tätigkeit begeht, ist mit Freiheitsstrafe bis zu zwei Jahren zu bestrafen. *(BGBl I 2017/117; BGBl I 2019/105)*

(BGBl 1996/762)

Schwere Körperverletzung

§ 84. (1) Wer einen anderen am Körper misshandelt und dadurch fahrlässig eine länger als vierundzwanzig Tage dauernde Gesundheitsschädigung oder Berufsunfähigkeit oder eine an sich schwere Verletzung oder Gesundheitsschädigung zufügt, ist mit Freiheitsstrafe bis zu drei Jahren zu bestrafen.

(2) Ebenso ist zu bestrafen, wer eine Körperverletzung (§ 83 Abs. 1 oder Abs. 2) an einem Beamten, Zeugen oder Sachverständigen während oder wegen der Vollziehung seiner Aufgaben oder der Erfüllung seiner Pflichten begeht.

(3) Ebenso ist der Täter zu bestrafen, wenn er mindestens drei selbstständige Taten (§ 83 Abs. 1 oder Abs. 2) ohne begreiflichen Anlass und unter Anwendung erheblicher Gewalt begangen hat.

(4) Mit Freiheitsstrafe von sechs Monaten bis zu fünf Jahren ist zu bestrafen, wer einen anderen am Körper verletzt oder an der Gesundheit schädigt und dadurch, wenn auch nur fahrlässig, eine schwere Körperverletzung oder Gesundheitsschädigung (Abs. 1) des anderen herbeiführt.

(5) Ebenso ist zu bestrafen, wer eine Körperverletzung (§ 83 Abs. 1 oder Abs. 2) begeht

1. auf eine Weise, mit der Lebensgefahr verbunden ist, *(BGBl I 2015/154)*

2. mit mindestens zwei Personen in verabredeter Verbindung oder *(BGBl I 2015/154)*

3. unter Zufügung besonderer Qualen.

(BGBl 1987/605; BGBl I 2015/112)

Körperverletzung mit schweren Dauerfolgen

§ 85. (1) Wer einen anderen am Körper misshandelt und dadurch fahrlässig für immer oder für lange Zeit *(BGBl I 2015/154)*

1. den Verlust oder eine schwere Schädigung der Sprache, des Sehvermögens, des Gehörs oder der Fortpflanzungsfähigkeit,

2. eine erhebliche Verstümmelung oder eine auffallende Verunstaltung, *(BGBl I 2019/105)*

2a. eine Verstümmelung oder sonstige Verletzung der Genitalien, die geeignet ist, eine nachhaltige Beeinträchtigung des sexuellen Empfindens herbeizuführen, oder *(BGBl I 2019/105)*

3. ein schweres Leiden, Siechtum oder Berufsunfähigkeit des Geschädigten,

herbeiführt, ist mit Freiheitsstrafe von sechs Monaten bis zu fünf Jahren zu bestrafen.

(2) Mit Freiheitsstrafe von einem bis zu zehn Jahren ist zu bestrafen, wer einen anderen am Körper verletzt oder an der Gesundheit schädigt und dadurch, wenn auch nur fahrlässig, eine schwere Dauerfolge (Abs. 1) beim Verletzten herbeiführt. *(BGBl I 2015/154; BGBl I 2017/117)*

(BGBl I 2015/112)

Körperverletzung mit tödlichem Ausgang

§ 86. (1) Wer einen anderen am Körper misshandelt und dadurch fahrlässig dessen Tod herbeiführt, ist mit Freiheitsstrafe von einem bis zu zehn Jahren zu bestrafen.

(2) Wer einen anderen am Körper verletzt oder an der Gesundheit schädigt und dadurch fahrlässig dessen Tod herbeiführt, ist mit Freiheitsstrafe von einem bis zu fünfzehn Jahren zu bestrafen.

(BGBl I 2015/112)

Absichtliche schwere Körperverletzung

§ 87. (1) Wer einem anderen eine schwere Körperverletzung (§ 84 Abs. 1) absichtlich zufügt, ist mit Freiheitsstrafe von einem bis zu zehn Jahren zu bestrafen. *(BGBl I 2015/112)*

(1a) Wer die Tat an einem Beamten, Zeugen oder Sachverständigen während oder wegen der Vollziehung seiner Aufgaben oder der Erfüllung seiner Pflichten begeht, ist mit Freiheitsstrafe von zwei bis zu zehn Jahren zu bestrafen. *(BGBl I 2019/105)*

(2) Zieht die Tat nach Abs. 1 eine schwere Dauerfolge (§ 85) nach sich, so ist der Täter mit Freiheitsstrafe von einem bis zu fünfzehn Jahren, im Falle des Abs. 1a mit Freiheitsstrafe von zwei bis zu fünfzehn Jahren, hat die Tat den Tod des Geschädigten zur Folge, mit Freiheitsstrafe von fünf bis zu fünfzehn Jahren zu bestrafen. *(BGBl I 2015/112; BGBl I 2019/105)*

Fahrlässige Körperverletzung

§ 88. (1) Wer fahrlässig einen anderen am Körper verletzt oder an der Gesundheit schädigt, ist mit Freiheitsstrafe bis zu drei Monaten oder mit Geldstrafe bis zu 180 Tagessätzen zu bestrafen.

(2) Handelt der Täter nicht grob fahrlässig (§ 6 Abs. 3) und ist

1. die verletzte Person mit dem Täter in auf- oder absteigender Linie verwandt oder verschwägert oder sein Ehegatte, sein eingetragener Partner, sein Bruder oder seine Schwester oder nach § 72 Abs. 2 wie ein Angehöriger des Täters zu behandeln,

2. aus der Tat keine Gesundheitsschädigung oder Berufsunfähigkeit einer anderen Person von mehr als vierzehntägiger Dauer erfolgt oder

3. der Täter ein Angehöriger eines gesetzlich geregelten Gesundheitsberufes und die Körperverletzung in Ausübung seines Berufes zugefügt worden,

so ist der Täter nach Abs. 1 nicht zu bestrafen. *(BGBl I 2015/112; BGBl I 2015/154)*

(3) Wer grob fahrlässig (§ 6 Abs. 3) oder in dem § 81 Abs. 2 bezeichneten Fall einen anderen am Körper verletzt oder an der Gesundheit schädigt, ist mit Freiheitsstrafe bis zu sechs Monaten oder mit Geldstrafe bis zu 360 Tagessätzen zu bestrafen. *(BGBl I 2015/112)*

(4) Hat die Tat nach Abs. 1 eine schwere Körperverletzung (§ 84 Abs. 1) zur Folge, so ist der Täter mit Freiheitsstrafe bis zu sechs Monaten oder mit Geldstrafe bis zu 360 Tagessätzen zu bestrafen. Hat die Tat nach Abs. 3 eine schwere Körperverletzung (§ 84 Abs. 1) zur Folge, ist der Täter mit Freiheitsstrafe bis zu zwei Jahren, hat sie jedoch eine schwere Körperverletzung (§ 84 Abs. 1) einer größeren Zahl von Menschen zur Folge, mit Freiheitsstrafe bis zu drei Jahren zu bestrafen. *(BGBl I 2015/112)*

(BGBl I 2001/130)

Gefährdung der körperlichen Sicherheit

§ 89. Wer vorsätzlich, grob fahrlässig (§ 6 Abs. 3) oder fahrlässig unter den in § 81 Abs. 2 umschriebenen Umständen eine Gefahr für das Leben, die Gesundheit oder die körperliche Sicherheit eines anderen herbeiführt, ist mit Freiheitsstrafe bis zu drei Monaten oder mit Geldstrafe bis zu 180 Tagessätzen zu bestrafen. *(BGBl I 2015/112)*

(BGBl I 2001/130)

Einwilligung des Verletzten

§ 90. (1) Eine Körperverletzung oder Gefährdung der körperlichen Sicherheit ist nicht rechtswidrig, wenn der Verletzte oder Gefährdete in sie einwilligt und die Verletzung oder Gefährdung als solche nicht gegen die guten Sitten verstößt.

(2) Die von einem Arzt an einer Person mit deren Einwilligung vorgenommene Sterilisation ist nicht rechtswidrig, wenn entweder die Person bereits das fünfundzwanzigste Lebensjahr vollendet hat oder der Eingriff aus anderen Gründen nicht gegen die guten Sitten verstößt.

(3) In eine Genitalverstümmelung (§ 85 Abs. 1 Z 2a) kann nicht eingewilligt werden. *(BGBl I 2019/105)*

(BGBl I 2001/130)

Raufhandel

§ 91. (1) Wer an einer Schlägerei tätlich teilnimmt, ist schon wegen dieser Teilnahme mit Freiheitsstrafe bis zu einem Jahr oder mit Geldstrafe bis zu 720 Tagessätzen zu bestrafen, wenn die Schlägerei eine schwere Körperverletzung (§ 84 Abs. 1) eines anderen verursacht, wenn sie aber den Tod eines anderen verursacht, mit Freiheitsstrafe bis zu zwei Jahren. *(BGBl I 2015/112)*

(2) Wer an einem Angriff mehrerer tätlich teilnimmt, ist schon wegen dieser Teilnahme mit Freiheitsstrafe bis zu sechs Monaten oder mit Geldstrafe bis zu 360 Tagessätzen zu bestrafen, wenn der Angriff eine Körperverletzung eines anderen verursacht, wenn er aber eine schwere Körperverletzung eines anderen verursacht, mit Freiheitsstrafe bis zu einem Jahr oder mit Geldstrafe bis zu 720 Tagessätzen, wenn er den Tod eines anderen verursacht, mit Freiheitsstrafe bis zu zwei Jahren. *(BGBl I 2015/112)*

(2a) Wer an einer Schlägerei oder einem Angriff mehrerer in einem Sicherheitsbereich bei einer Sportgroßveranstaltung (§ 49a SPG) tätlich teilnimmt, ist schon wegen dieser Teilnahme mit Freiheitsstrafe bis zu einem Jahr oder mit Geldstrafe bis zu 720 Tagessätzen zu bestrafen. *(BGBl I 2009/40; BGBl I 2015/112)*

(3) Der Täter, dem aus der Teilnahme kein Vorwurf gemacht werden kann, ist nicht zu bestrafen.

(BGBl 1996/762)

Tätlicher Angriff auf mit bestimmten Aufgaben betraute Bedienstete einer dem öffentlichen Verkehr dienenden Anstalt oder Angehörige des Gesundheits- oder Rettungswesens oder Organe der Feuerwehr

§ 91a. Wer eine Person,

1. die mit der Kontrolle der Einhaltung der Beförderungsbedingungen oder der Lenkung eines Beförderungsmittels einer dem öffentlichen Verkehr dienenden Anstalt betraut ist,

2. in einem gesetzlich geregelten Gesundheitsberuf, für eine anerkannte Rettungsorganisation oder in der Verwaltung im Bereich eines solchen Berufs, insbesondere einer Krankenanstalt, oder als Organ der Feuerwehr tätig ist,

während der Ausübung ihrer Tätigkeit tätlich angreift, ist mit Freiheitsstrafe bis zu sechs Monaten oder mit Geldstrafe bis zu 360 Tagessätzen zu bestrafen.

(BGBl I 2019/105)

Quälen oder Vernachlässigen unmündiger, jüngerer oder wehrloser Personen

§ 92. (1) Wer einem anderen, der seiner Fürsorge oder Obhut untersteht und das achtzehnte Lebensjahr noch nicht vollendet hat oder wegen Gebrechlichkeit, Krankheit oder einer geistigen Behinderung wehrlos ist, körperliche oder seelische Qualen zufügt, ist mit Freiheitsstrafe bis zu drei Jahren zu bestrafen. *(BGBl I 2009/40)*

(2) Ebenso ist zu bestrafen, wer seine Verpflichtung zur Fürsorge oder Obhut einem solchen Menschen gegenüber gröblich vernachlässigt und dadurch, wenn auch nur fahrlässig, dessen Gesundheit oder dessen körperliche oder geistige Entwicklung beträchtlich schädigt.

(3) Hat die Tat eine Körperverletzung mit schweren Dauerfolgen (§ 85) zur Folge, so ist der Täter mit Freiheitsstrafe von sechs Monaten bis zu fünf Jahren, hat sie den Tod des Geschädigten zur Folge, mit Freiheitsstrafe von einem bis zu zehn Jahren zu bestrafen.

(BGBl 1987/605; BGBl 1988/599)

Überanstrengung unmündiger, jüngerer oder schonungsbedürftiger Personen

§ 93. (1) Wer einen anderen, der von ihm abhängig ist oder seiner Fürsorge oder Obhut untersteht und der das achtzehnte Lebensjahr noch nicht vollendet hat oder wegen seines Gesundheitszustandes offensichtlich schonungsbedürftig ist, aus Bosheit oder rücksichtslos überanstrengt und dadurch, wenn auch nur fahrlässig, die Gefahr des Todes oder einer beträchtlichen Körperverletzung oder Gesundheitsschädigung des Überanstrengten herbeiführt, ist mit Freiheitsstrafe bis zu zwei Jahren zu bestrafen.

(2) Hat die Tat eine der im § 92 Abs. 3 genannten Folgen, so sind die dort angedrohten Strafen zu verhängen.

(BGBl 1988/599)

Imstichlassen eines Verletzten

§ 94. (1) Wer es unterläßt, einem anderen, dessen Verletzung am Körper (§ 83) er, wenn auch nicht widerrechtlich, verursacht hat, die erforderliche Hilfe zu leisten, ist mit Freiheitsstrafe bis zu einem Jahr oder mit Geldstrafe bis zu 720 Tagessätzen zu bestrafen. *(BGBl I 2015/112)*

(2) Hat das Imstichlassen eine schwere Körperverletzung (§ 84 Abs. 1) des Verletzten zur Folge,

so ist der Täter mit Freiheitsstrafe bis zu zwei Jahren, hat es seinen Tod zur Folge, mit Freiheitsstrafe bis zu drei Jahren zu bestrafen.

(3) [1]Der Täter ist entschuldigt, wenn ihm die Hilfeleistung nicht zuzumuten ist. [2]Die Hilfeleistung ist insbesondere dann nicht zuzumuten, wenn sie nur unter der Gefahr des Todes oder einer beträchtlichen Körperverletzung oder Gesundheitsschädigung oder unter Verletzung anderer überwiegender Interessen möglich wäre.

(4) Der Täter ist nach Abs. 1 und 2 nicht zu bestrafen, wenn er schon wegen der Verletzung mit der gleichen oder einer strengeren Strafe bedroht ist.

Unterlassung der Hilfeleistung

§ 95. (1) Wer es bei einem Unglücksfall oder einer Gemeingefahr (§ 176) unterläßt, die zur Rettung eines Menschen aus der Gefahr des Todes oder einer beträchtlichen Körperverletzung oder Gesundheitsschädigung offensichtlich erforderliche Hilfe zu leisten, ist mit Freiheitsstrafe bis zu sechs Monaten oder mit Geldstrafe bis zu 360 Tagessätzen, wenn die Unterlassung der Hilfeleistung jedoch den Tod eines Menschen zur Folge hat, mit Freiheitsstrafe bis zu einem Jahr oder mit Geldstrafe bis zu 720 Tagessätzen zu bestrafen, es sei denn, daß die Hilfeleistung dem Täter nicht zuzumuten ist. *(BGBl I 2015/112)*

(2) Die Hilfeleistung ist insbesondere dann nicht zuzumuten, wenn sie nur unter Gefahr für Leib oder Leben oder unter Verletzung anderer ins Gewicht fallender Interessen möglich wäre.

ZWEITER ABSCHNITT
Schwangerschaftsabbruch

Schwangerschaftsabbruch

§ 96. (1) Wer mit Einwilligung der Schwangeren deren Schwangerschaft abbricht, ist mit Freiheitsstrafe bis zu einem Jahr oder mit Geldstrafe bis zu 720 Tagessätzen, begeht er die Tat gewerbsmäßig, mit Freiheitsstrafe bis zu drei Jahren zu bestrafen. *(BGBl I 2015/112)*

(2) Ist der unmittelbare Täter kein Arzt, so ist er mit Freiheitsstrafe bis zu drei Jahren, begeht er die Tat gewerbsmäßig oder hat sie den Tod der Schwangeren zur Folge, mit Freiheitsstrafe von sechs Monaten bis zu fünf Jahren zu bestrafen.

(3) Eine Frau, die den Abbruch ihrer Schwangerschaft selbst vornimmt oder durch einen anderen zuläßt, ist mit Freiheitsstrafe bis zu einem Jahr oder mit Geldstrafe bis zu 720 Tagessätzen zu bestrafen. *(BGBl I 2015/112)*

Straflosigkeit des Schwangerschaftsabbruchs

§ 97. (1) Die Tat ist nach § 96 nicht strafbar,

1. wenn der Schwangerschaftsabbruch innerhalb der ersten drei Monate nach Beginn der Schwangerschaft nach vorhergehender ärztlicher Beratung von einem Arzt vorgenommen wird; oder

2. wenn der Schwangerschaftsabbruch zur Abwendung einer nicht anders abwendbaren ernsten Gefahr für das Leben oder eines schweren Schadens für die körperliche oder seelische Gesundheit der Schwangeren erforderlich ist oder eine ernste Gefahr besteht, daß das Kind geistig oder körperlich schwer geschädigt sein werde, oder die Schwangere zur Zeit der Schwängerung unmündig gewesen ist und in allen diesen Fällen der Abbruch von einem Arzt vorgenommen wird; oder

3. wenn der Schwangerschaftsabbruch zur Rettung der Schwangeren aus einer unmittelbaren, nicht anders abwendbaren Lebensgefahr unter Umständen vorgenommen wird, unter denen ärztliche Hilfe nicht rechtzeitig zu erlangen ist.

(2) [1]Kein Arzt ist verpflichtet, einen Schwangerschaftsabbruch durchzuführen oder an ihm mitzuwirken, es sei denn, daß der Abbruch ohne Aufschub notwendig ist, um die Schwangere aus einer unmittelbar drohenden, nicht anders abwendbaren Lebensgefahr zu retten. [2]Dies gilt auch für die in gesetzlich geregelten Gesundheitsberufen tätigen Personen.

(3) Niemand darf wegen der Durchführung eines straflosen Schwangerschaftsabbruchs oder der Mitwirkung daran oder wegen der Weigerung, einen solchen Schwangerschaftsabbruch durchzuführen oder daran mitzuwirken, in welcher Art immer benachteiligt werden.

Schwangerschaftsabbruch ohne Einwilligung der Schwangeren

§ 98. (1) Wer ohne Einwilligung der Schwangeren deren Schwangerschaft abbricht, ist mit Freiheitsstrafe bis zu drei Jahren, hat die Tat den Tod der Schwangeren zur Folge, mit Freiheitsstrafe von sechs Monaten bis zu fünf Jahren zu bestrafen.

(2) Der Täter ist nach Abs. 1 nicht zu bestrafen, wenn der Schwangerschaftsabbruch zur Rettung der Schwangeren aus einer unmittelbaren, nicht anders abwendbaren Lebensgefahr unter Umständen vorgenommen wird, unter denen die Einwilligung der Schwangeren nicht rechtzeitig zu erlangen ist.

DRITTER ABSCHNITT
Strafbare Handlungen gegen die Freiheit

Freiheitsentziehung

§ 99. (1) Wer einen anderen widerrechtlich gefangen hält oder ihm auf andere Weise die persönliche Freiheit entzieht, ist mit Freiheitsstrafe bis zu drei Jahren zu bestrafen.

(2) Wer die Freiheitsentziehung länger als einen Monat aufrecht erhält oder sie auf solche Weise, daß sie dem Festgehaltenen besondere Qualen bereitet, oder unter solchen Umständen begeht, daß sie für ihn mit besonders schweren Nachteilen verbunden ist, ist mit Freiheitsstrafe von einem bis zu zehn Jahren zu bestrafen.

Entführung einer geisteskranken oder wehrlosen Person

§ 100. Wer eine geisteskranke oder wehrlose Person in der Absicht entführt, dass sie von ihm oder einem Dritten sexuell missbraucht werde, ist mit Freiheitsstrafe von sechs Monaten bis zu fünf Jahren zu bestrafen.

(BGBl I 2004/15)

Entführung einer unmündigen Person

§ 101. Wer eine unmündige Person in der Absicht entführt, dass sie von ihm oder einem Dritten sexuell missbraucht werde, ist mit Freiheitsstrafe von sechs Monaten bis zu fünf Jahren zu bestrafen.

(BGBl I 2004/15)

Erpresserische Entführung

§ 102. (1) Wer einen anderen ohne dessen Einwilligung mit Gewalt oder nachdem er die Einwilligung durch gefährliche Drohung oder List erlangt hat, entführt oder sich seiner sonst bemächtigt, um einen Dritten zu einer Handlung, Duldung oder Unterlassung zu nötigen, ist mit Freiheitsstrafe von zehn bis zu zwanzig Jahren zu bestrafen.

(2) Ebenso ist zu bestrafen, wer

1. in der im Abs. 1 genannten Absicht eine unmündige, geisteskranke oder wegen ihres Zustands zum Widerstand unfähige Person entführt oder sich ihrer sonst bemächtigt oder

2. unter Ausnützung einer ohne Nötigungsabsicht vorgenommenen Entführung oder sonstigen Bemächtigung einer Person einen Dritten zu einer Handlung, Duldung oder Unterlassung nötigt.

(3) Hat die Tat den Tod der Person zur Folge, die entführt worden ist oder deren sich der Täter sonst bemächtigt hat, so ist der Täter mit Freiheitsstrafe von zehn bis zu zwanzig Jahren oder mit lebenslanger Freiheitsstrafe zu bestrafen.

(4) Läßt der Täter freiwillig unter Verzicht auf die begehrte Leistung die Person, die entführt worden ist oder deren sich der Täter sonst bemächtigt hat, ohne ernstlichen Schaden in ihren Lebenskreis zurückgelangen, so ist er mit Freiheitsstrafe von sechs Monaten bis zu fünf Jahren zu bestrafen.

Überlieferung an eine ausländische Macht

§ 103. (1) Wer einen anderen ohne dessen Einwilligung mit Gewalt oder nachdem er seine Einwilligung durch gefährliche Drohung oder List erlangt hat, ebenso wer eine unmündige, geisteskranke oder wegen ihres Zustands zum Widerstand unfähige Person einer ausländischen Macht überliefert, ist, wenn der Täter oder der Überlieferte ein Österreicher ist oder sich der Überlieferte zur Zeit der Tat im Inland aufgehalten hat, mit Freiheitsstrafe von zehn bis zu zwanzig Jahren zu bestrafen.

(2) Wird das Opfer durch die Tat keiner erheblichen Gefahr ausgesetzt, so ist der Täter mit Freiheitsstrafe von fünf bis zu zehn Jahren zu bestrafen.

Sklaverei

§ 104. (1) Wer Sklavenhandel treibt oder sonst einer anderen Person in Form von Sklaverei oder einer sklavereiähnlichen Lage die persönliche Freiheit entzieht, ist mit Freiheitsstrafe von zehn bis zu zwanzig Jahren zu bestrafen. *(BGBl I 2009/40)*

(2) Ebenso ist zu bestrafen, wer bewirkt, daß ein anderer versklavt oder in eine sklavereiähnliche Lage gebracht wird oder daß sich ein anderer in Sklaverei oder eine sklavereiähnliche Lage begibt.

Menschenhandel

§ 104a. (1) Wer eine volljährige Person mit dem Vorsatz, dass sie ausgebeutet werde (Abs. 3), unter Einsatz unlauterer Mittel (Abs. 2) gegen diese Person anwirbt, beherbergt oder sonst aufnimmt, befördert oder einem anderen anbietet oder weitergibt, ist mit Freiheitsstrafe von sechs Monaten bis zu fünf Jahren zu bestrafen.

(2) Unlautere Mittel sind der Einsatz von Gewalt oder gefährlicher Drohung, die Täuschung über Tatsachen, die Ausnützung einer Autoritätsstellung, einer Zwangslage, einer Geisteskrankheit oder eines Zustands, der die Person wehrlos macht, die Einschüchterung und die Gewährung oder Annahme eines Vorteils für die Übergabe der Herrschaft über die Person.

(3) Ausbeutung umfasst die sexuelle Ausbeutung, die Ausbeutung durch Organentnahme, die Ausbeutung der Arbeitskraft, die Ausbeutung zur Bettelei sowie die Ausbeutung zur Begehung mit Strafe bedrohter Handlungen.

(4) Wer die Tat im Rahmen einer kriminellen Vereinigung, unter Anwendung schwerer Gewalt oder so begeht, dass durch die Tat das Leben der Person vorsätzlich oder grob fahrlässig (§ 6 Abs. 3) gefährdet wird oder die Tat einen besonders schweren Nachteil für die Person zur Folge hat, ist mit Freiheitsstrafe von einem bis zu zehn Jahren zu bestrafen. *(BGBl I 2015/112)*

(5) Mit Freiheitsstrafe von einem bis zu zehn Jahren ist auch zu bestrafen, wer eine minderjährige Person mit dem Vorsatz, dass sie ausgebeutet werde (Abs. 3), anwirbt, beherbergt oder sonst aufnimmt, befördert oder einem anderen anbietet oder weitergibt.

(BGBl I 2004/15; BGBl I 2013/116)

Nötigung

§ 105. (1) Wer einen anderen mit Gewalt oder durch gefährliche Drohung zu einer Handlung, Duldung oder Unterlassung nötigt, ist mit Freiheitsstrafe bis zu einem Jahr oder mit Geldstrafe bis zu 720 Tagessätzen zu bestrafen. *(BGBl I 2015/112)*

(2) Die Tat ist nicht rechtswidrig, wenn die Anwendung der Gewalt oder Drohung als Mittel zu dem angestrebten Zweck nicht den guten Sitten widerstreitet.

Schwere Nötigung

§ 106. (1) Wer eine Nötigung begeht, indem er

1. mit dem Tod, mit einer erheblichen Verstümmelung oder einer auffallenden Verunstaltung, mit einer Entführung, mit einer Brandstiftung, mit einer Gefährdung durch Kernenergie, ionisierende Strahlen oder Sprengmittel oder mit der Vernichtung der wirtschaftlichen Existenz oder gesellschaftlichen Stellung droht,

2. die genötigte oder eine andere Person, gegen die sich die Gewalt oder gefährliche Drohung richtet, durch diese Mittel längere Zeit hindurch in einen qualvollen Zustand versetzt oder

3. die genötigte Person zur Prostitution oder zur Mitwirkung an einer pornographischen Darbietung (§ 215a Abs. 3) oder sonst zu einer Handlung, Duldung oder Unterlassung veranlasst, die besonders wichtige Interessen der genötigten oder einer dritten Person verletzt, *(BGBl I 2009/135; BGBl I 2015/112)*

ist mit Freiheitsstrafe von sechs Monaten bis zu fünf Jahren zu bestrafen.

(2) Hat die Tat den Selbstmord oder einen Selbstmordversuch der genötigten oder einer anderen Person, gegen die sich die Gewalt oder gefährliche Drohung richtet, zur Folge, so ist der Täter mit Freiheitsstrafe von einem bis zu zehn Jahren zu bestrafen.

(3) Ebenso ist zu bestrafen, wer eine Nötigung zur Prostitution oder zur Mitwirkung an einer pornographischen Darbietung gegen eine unmündige Person, im Rahmen einer kriminellen Vereinigung, unter Anwendung schwerer Gewalt oder so begeht, dass durch die Tat das Leben der Person vorsätzlich oder grob fahrlässig (§ 6 Abs. 3) gefährdet wird oder die Tat einen besonders

schweren Nachteil für die Person zur Folge hat. *(BGBl I 2015/112)*

(BGBl I 2004/15)

Zwangsheirat

§ 106a. (1) Wer eine Person mit Gewalt oder durch gefährliche Drohung oder Drohung mit dem Abbruch oder Entzug der familiären Kontakte zur Eheschließung oder zur Begründung einer eingetragenen Partnerschaft nötigt, ist mit Freiheitsstrafe von sechs Monaten bis zu fünf Jahren zu bestrafen.

(2) Ebenso ist zu bestrafen, wer eine Person in der Absicht, dass sie in einem anderen Staat als in dem, dessen Staatsangehörigkeit sie besitzt oder in dem sie ihren gewöhnlichen Aufenthalt hat, zur Eheschließung oder zur Begründung einer eingetragenen Partnerschaft gezwungen werde (Abs. 1), durch Täuschung über dieses Vorhaben verleitet oder mit Gewalt oder durch gefährliche Drohung oder Drohung mit dem Abbruch oder Entzug der familiären Kontakte nötigt, sich in einen anderen Staat zu begeben, oder sie unter Gewalt oder unter Ausnützung ihres Irrtums über dieses Vorhaben in einen anderen Staat befördert.

(3) § 106 Abs. 2 gilt sinngemäß.

(BGBl I 2015/112)

Gefährliche Drohung

§ 107. (1) Wer einen anderen gefährlich bedroht, um ihn in Furcht und Unruhe zu versetzen, ist mit Freiheitsstrafe bis zu einem Jahr oder mit Geldstrafe bis zu 720 Tagessätzen zu bestrafen. *(BGBl I 2015/112)*

(2) Wer eine gefährliche Drohung begeht, indem er mit dem Tod, mit einer erheblichen Verstümmelung oder einer auffallenden Verunstaltung, mit einer Entführung, mit einer Brandstiftung, mit einer Gefährdung durch Kernenergie, ionisierende Strahlen oder Sprengmittel oder mit der Vernichtung der wirtschaftlichen Existenz oder gesellschaftlichen Stellung droht oder den Bedrohten oder einen anderen, gegen den sich die Gewalt oder gefährliche Drohung richtet, durch diese Mittel längere Zeit hindurch in einen qualvollen Zustand versetzt, ist mit Freiheitsstrafe bis zu drei Jahren zu bestrafen.

(3) In den im § 106 Abs. 2 genannten Fällen ist die dort vorgesehene Strafe zu verhängen.

(4) *(entfällt, BGBl I 2006/56)*

Beharrliche Verfolgung

§ 107a. (1) Wer eine Person widerrechtlich beharrlich verfolgt (Abs. 2), ist mit Freiheitsstrafe bis zu einem Jahr oder mit Geldstrafe bis zu 720 Tagessätzen zu bestrafen. *(BGBl I 2015/112)*

(2) Beharrlich verfolgt eine Person, wer in einer Weise, die geeignet ist, sie in ihrer Lebensfüh-

rung unzumutbar zu beeinträchtigen, eine längere Zeit hindurch fortgesetzt

1. ihre räumliche Nähe aufsucht,

2. im Wege einer Telekommunikation oder unter Verwendung eines sonstigen Kommunikationsmittels oder über Dritte Kontakt zu ihr herstellt,

3. unter Verwendung ihrer personenbezogenen Daten Waren oder Dienstleistungen für sie bestellt, *(BGBl I 2019/105)*

4. unter Verwendung ihrer personenbezogenen Daten Dritte veranlasst, mit ihr Kontakt aufzunehmen oder *(BGBl I 2019/105)*

5. Tatsachen oder Bildaufnahmen des höchstpersönlichen Lebensbereiches dieser Person ohne deren Zustimmung veröffentlicht. *(BGBl I 2019/105)*

(3) Übersteigt der Tatzeitraum nach Abs. 1 ein Jahr oder hat die Tat den Selbstmord oder einen Selbstmordversuch der im Sinne des Abs. 2 verfolgten Person zur Folge, so ist der Täter mit Freiheitsstrafe bis zu drei Jahren zu bestrafen. *(BGBl I 2007/93; BGBl I 2015/112; BGBl I 2019/105)*

(BGBl I 2006/56)

Fortgesetzte Gewaltausübung

§ 107b. (1) Wer gegen eine andere Person eine längere Zeit hindurch fortgesetzt Gewalt ausübt, ist mit Freiheitsstrafe bis zu drei Jahren zu bestrafen.

(2) Gewalt im Sinne von Abs. 1 übt aus, wer eine andere Person am Körper misshandelt oder vorsätzlich mit Strafe bedrohte Handlungen gegen Leib und Leben oder gegen die Freiheit mit Ausnahme der strafbaren Handlungen nach §§ 107a, 108 und 110 begeht.

(3) Mit Freiheitsstrafe von sechs Monaten bis zu fünf Jahren ist zu bestrafen, wer durch die Tat eine umfassende Kontrolle des Verhaltens der verletzten Person herstellt oder eine erhebliche Einschränkung der autonomen Lebensführung der verletzten Person bewirkt. *(BGBl I 2019/105)*

(3a) Mit Freiheitsstrafe von einem bis zu zehn Jahren ist zu bestrafen, wer

1. die Tat gegen eine unmündige oder wegen Gebrechlichkeit, Krankheit oder einer geistigen Behinderung wehrlose Person begeht,

2. eine Tat nach Abs. 3 auf qualvolle Weise begeht oder

3. im Rahmen einer fortgesetzten Gewaltausübung nach Abs. 3 wiederholt Straftaten gegen die sexuelle Selbstbestimmung und Integrität begeht.

(BGBl I 2019/105)

(4) Hat eine Tat nach Abs. 3 oder Abs. 3a Z 1 eine Körperverletzung mit schweren Dauerfolgen (§ 85) zur Folge oder wird die Gewalt nach Abs. 3 oder Abs. 3a Z 1 länger als ein Jahr ausgeübt, so ist der Täter mit Freiheitsstrafe von fünf bis zu fünfzehn Jahren, hat sie aber den Tod der verletzten Person zur Folge, mit Freiheitsstrafe von zehn bis zu zwanzig Jahren zu bestrafen. *(BGBl I 2019/105)*

(5) Der Täter ist nicht nach den vorstehenden Bestimmungen zu bestrafen, wenn die Tat nach einer anderen Bestimmung mit strengerer Strafe bedroht ist.

(BGBl I 2009/40)

Fortdauernde Belästigung im Wege einer Telekommunikation oder eines Computersystems

§ 107c. (1) Wer im Wege einer Telekommunikation oder unter Verwendung eines Computersystems in einer Weise, die geeignet ist, eine Person in ihrer Lebensführung unzumutbar zu beeinträchtigen,

1. eine strafbare Handlung gegen die Ehre einer Person für eine größere Zahl von Menschen für eine längere Zeit wahrnehmbar begeht oder

2. eine Tatsache oder Bildaufnahme des höchstpersönlichen Lebensbereiches einer Person ohne deren Zustimmung für eine größere Zahl von Menschen für eine längere Zeit wahrnehmbar macht,

ist mit Freiheitsstrafe bis zu einem Jahr oder mit Geldstrafe bis zu 720 Tagessätzen zu bestrafen.

(2) Hat die Tat den Selbstmord oder einen Selbstmordversuch der im Sinn des Abs. 1 verletzten Person zur Folge, begeht der Täter innerhalb eines ein Jahr übersteigenden Zeitraums fortgesetzt gegen die verletzte Person gerichtete Tathandlungen im Sinne des Abs. 1 oder übersteigt die Dauer der Wahrnehmbarkeit nach Abs. 1 ein Jahr, so ist der Täter mit Freiheitsstrafe bis zu drei Jahren zu bestrafen.

(BGBl I 2020/148)

Täuschung

§ 108. (1) Wer einem anderen in seinen Rechten dadurch absichtlich einen Schaden zufügt, daß er ihn oder einen Dritten durch Täuschung über Tatsachen zu einer Handlung, Duldung oder Unterlassung verleitet, die den Schaden herbeiführt, ist mit Freiheitsstrafe bis zu einem Jahr oder mit Geldstrafe bis zu 720 Tagessätzen zu bestrafen. *(BGBl I 2015/112)*

(2) Hoheitsrechte gelten nicht als Rechte im Sinn des Abs. 1.

(3) Der Täter ist nur mit Ermächtigung des in seinen Rechten Verletzten zu verfolgen.

(BGBl 1987/605)

Hausfriedensbruch

§ 109. (1) Wer den Eintritt in die Wohnstätte eines anderen mit Gewalt oder durch Drohung mit Gewalt erzwingt, ist mit Freiheitsstrafe bis zu einem Jahr oder mit Geldstrafe bis zu 720 Tagessätzen zu bestrafen. *(BGBl I 2015/112)*

(2) Der Täter ist nur mit Ermächtigung des in seinen Rechten Verletzten zu verfolgen.

(3) Wer auf die im Abs. 1 geschilderte Weise in ein Haus, eine Wohnstätte, einen abgeschlossenen Raum, der zum öffentlichen Dienst bestimmt ist oder zur Ausübung eines Berufes oder Gewerbes dient, oder in einen unmittelbar zu einem Haus gehörenden umfriedeten Raum eindringt, wobei

1. er gegen eine dort befindliche Person oder Sache Gewalt zu üben beabsichtigt,

2. er oder mit seinem Wissen ein anderer Beteiligter (§ 12) eine Waffe oder ein anderes Mittel bei sich führt, um den Widerstand einer Person zu überwinden oder zu verhindern, oder

3. das Eindringen mehrerer Personen erzwungen wird,

ist mit Freiheitsstrafe bis zu drei Jahren zu bestrafen.

Eigenmächtige Heilbehandlung

§ 110. (1) Wer einen anderen ohne dessen Einwilligung, wenn auch nach den Regeln der medizinischen Wissenschaft, behandelt, ist mit Freiheitsstrafe bis zu sechs Monaten oder mit Geldstrafe bis zu 360 Tagessätzen zu bestrafen.

(2) Hat der Täter die Einwilligung des Behandelten in der Annahme nicht eingeholt, daß durch den Aufschub der Behandlung das Leben oder die Gesundheit des Behandelten ernstlich gefährdet wäre, so ist er nach Abs. 1 nur zu bestrafen, wenn die vermeintliche Gefahr nicht bestanden hat und er sich dessen bei Aufwendung der nötigen Sorgfalt (§ 6) hätte bewußt sein können.

(3) Der Täter ist nur auf Verlangen des eigenmächtig Behandelten zu verfolgen.

VIERTER ABSCHNITT

Strafbare Handlungen gegen die Ehre

Üble Nachrede

§ 111. (1) Wer einen anderen in einer für einen Dritten wahrnehmbaren Weise einer verächtlichen Eigenschaft oder Gesinnung zeiht oder eines unehrenhaften Verhaltens oder eines gegen die guten Sitten verstoßenden Verhaltens beschuldigt, das geeignet ist, ihn in der öffentlichen Meinung verächtlich zu machen oder herabzusetzen, ist mit Freiheitsstrafe bis zu sechs Monaten oder mit Geldstrafe bis zu 360 Tagessätzen zu bestrafen.

(2) Wer die Tat in einem Druckwerk, im Rundfunk oder sonst auf eine Weise begeht, wo-durch die üble Nachrede einer breiten Öffentlichkeit zugänglich wird, ist mit Freiheitsstrafe bis zu einem Jahr oder mit Geldstrafe bis zu 720 Tagessätzen zu bestrafen. *(BGBl I 2015/112)*

(3) [1]Der Täter ist nicht zu bestrafen, wenn die Behauptung als wahr erwiesen wird. [2]Im Fall des Abs. 1 ist der Täter auch dann nicht zu bestrafen, wenn Umstände erwiesen werden, aus denen sich für den Täter hinreichende Gründe ergeben haben, die Behauptung für wahr zu halten.

Wahrheitsbeweis und Beweis des guten Glaubens

§ 112. [1]Der Wahrheitsbeweis und der Beweis des guten Glaubens sind nur aufzunehmen, wenn sich der Täter auf die Richtigkeit der Behauptung oder auf seinen guten Glauben beruft. [2]Über Tatsachen des Privat- oder Familienlebens und über strafbare Handlungen, die nur auf Verlangen eines Dritten verfolgt werden, sind der Wahrheitsbeweis und der Beweis des guten Glaubens nicht zuzulassen.

Vorwurf einer schon abgetanen gerichtlich strafbaren Handlung

§ 113. Wer einem anderen in einer für einen Dritten wahrnehmbaren Weise eine strafbare Handlung vorwirft, für die die Strafe schon vollzogen oder auch nur bedingt nachgesehen oder nachgelassen oder für die der Ausspruch der Strafe vorläufig aufgeschoben worden ist, ist mit Freiheitsstrafe bis zu drei Monaten oder mit Geldstrafe bis zu 180 Tagessätzen zu bestrafen.

Straflosigkeit wegen Ausübung eines Rechtes oder Nötigung durch besondere Umstände

§ 114. (1) Wird durch eine im § 111 oder im § 113 genannte Handlung eine Rechtspflicht erfüllt oder ein Recht ausgeübt, so ist die Tat gerechtfertigt.

(2) Wer durch besondere Umstände genötigt ist, eine dem § 111 oder dem § 113 entsprechende Behauptung in der Form und auf die Weise vorzubringen, wie es geschieht, ist nicht zu bestrafen, es sei denn, daß die Behauptung unrichtig ist und der Täter sich dessen bei Aufwendung der nötigen Sorgfalt (§ 6) hätte bewußt sein können.

Beleidigung

§ 115. (1) Wer öffentlich oder vor mehreren Leuten einen anderen beschimpft, verspottet, am Körper mißhandelt oder mit einer körperlichen Mißhandlung bedroht, ist, wenn er deswegen nicht nach einer anderen Bestimmung mit strengerer Strafe bedroht ist, mit Freiheitsstrafe bis zu drei Monaten oder mit Geldstrafe bis zu 180 Tagessätzen zu bestrafen.

(2) Eine Handlung wird vor mehreren Leuten begangen, wenn sie in Gegenwart von mehr als

zwei vom Täter und vom Angegriffenen verschiedenen Personen begangen wird und diese sie wahrnehmen können.

(3) Wer sich nur durch Entrüstung über das Verhalten eines anderen dazu hinreißen läßt, ihn in einer den Umständen nach entschuldbaren Weise zu beschimpfen, zu verspotten, zu mißhandeln oder mit Mißhandlungen zu bedrohen, ist entschuldigt, wenn seine Entrüstung, insbesondere auch im Hinblick auf die seit ihrem Anlaß verstrichene Zeit, allgemein begreiflich ist. *(BGBl I 2017/117)*

Öffentliche Beleidigung eines verfassungsmäßigen Vertretungskörpers, des Bundesheeres oder einer Behörde

§ 116. [1]Handlungen nach dem § 111 oder dem § 115 sind auch strafbar, wenn sie gegen den Nationalrat, den Bundesrat, die Bundesversammlung oder einen Landtag, gegen das Bundesheer, eine selbständige Abteilung des Bundesheeres oder gegen eine Behörde gerichtet sind und öffentlich begangen werden. [2]Die Bestimmungen der §§ 111 Abs. 3, 112 und 114 gelten auch für solche strafbare Handlungen.

Berechtigung zur Anklage

§ 117. (1) [1]Die strafbaren Handlungen gegen die Ehre sind nur auf Verlangen des in seiner Ehre Verletzten zu verfolgen. [2]Sie sind jedoch von Amts wegen zu verfolgen, wenn sie gegen den Bundespräsidenten, gegen den Nationalrat, den Bundesrat, die Bundesversammlung oder einen Landtag, gegen das Bundesheer, eine selbständige Abteilung des Bundesheeres oder gegen eine Behörde gerichtet sind. [3]Zur Verfolgung ist die Ermächtigung der beleidigten Person, des beleidigten Vertretungskörpers oder der beleidigten Behörde, zur Verfolgung wegen einer Beleidigung des Bundesheeres oder einer selbständigen Abteilung des Bundesheeres die Ermächtigung des Bundesministers für Landesverteidigung einzuholen.

(2) [1]Wird eine strafbare Handlung gegen die Ehre wider einen Beamten oder wider einen Seelsorger einer im Inland bestehenden Kirche oder Religionsgesellschaft während der Ausübung seines Amtes oder Dienstes begangen, so hat die Staatsanwaltschaft den Täter mit Ermächtigung des Verletzten und der diesem vorgesetzten Stelle zu verfolgen. [2]Das gleiche gilt, wenn eine solche Handlung gegen eine der genannten Personen in Beziehung auf eine ihrer Berufshandlungen in einem Druckwerk, im Rundfunk oder sonst auf eine Weise begangen wird, daß sie einer breiten Öffentlichkeit zugänglich wird. *(BGBl I 2007/93; BGBl I 2017/117)*

(3) Der Täter ist wegen einer im § 115 mit Strafe bedrohten Handlung mit Ermächtigung des Verletzten von der Staatsanwaltschaft zu verfol-

gen, wenn sich die Tat gegen den Verletzten wegen seiner Zugehörigkeit zu einer der im § 283 Abs. 1 bezeichneten Gruppen richtet und entweder in einer Mißhandlung oder Bedrohung mit einer Mißhandlung oder in einer Beschimpfung oder Verspottung besteht, die geeignet ist, den Verletzten in der öffentlichen Meinung verächtlich zu machen oder herabzusetzen. *(BGBl I 2007/93; BGBl I 2015/112)*

(4) [1]In den Fällen der Abs. 2 und 3 ist der Verletzte jederzeit berechtigt, sich der Anklage anzuschließen. [2]Verfolgt die Staatsanwaltschaft eine solche strafbare Handlung nicht oder tritt sie von der Verfolgung zurück, so ist der Verletzte selbst zur Anklage berechtigt. *(BGBl I 2007/93; BGBl I 2017/117)*

(5) *(aufgehoben, BGBl I 2009/98)*

(BGBl 1987/605)

FÜNFTER ABSCHNITT
Verletzungen der Privatsphäre und bestimmter Berufsgeheimnisse

Verletzung des Briefgeheimnisses und Unterdrückung von Briefen

§ 118. (1) Wer einen nicht zu seiner Kenntnisnahme bestimmten verschlossenen Brief oder ein anderes solches Schriftstück öffnet, ist mit Freiheitsstrafe bis zu drei Monaten oder mit Geldstrafe bis zu 180 Tagessätzen zu bestrafen.

(2) Ebenso ist zu bestrafen, wer, um sich oder einem anderen Unbefugten Kenntnis vom Inhalt eines nicht zu seiner Kenntnisnahme bestimmten Schriftstücks zu verschaffen,

1. ein verschlossenes Behältnis, in dem sich ein solches Schriftstück befindet, öffnet oder

2. ein technisches Mittel anwendet, um seinen Zweck ohne Öffnen des Verschlusses des Schriftstücks oder des Behältnisses (Z. 1) zu erreichen.

(3) Ebenso ist zu bestrafen, wer einen Brief oder ein anderes Schriftstück (Abs. 1) vor Kenntnisnahme durch den Empfänger unterschlägt oder sonst unterdrückt.

(4) [1]Der Täter ist nur auf Verlangen des Verletzten zu verfolgen. [2]Wird die Tat jedoch von einem Beamten in Ausübung seines Amtes oder unter Ausnützung der ihm durch seine Amtstätigkeit gebotenen Gelegenheit begangen, so hat die Staatsanwaltschaft den Täter mit Ermächtigung des Verletzten zu verfolgen. *(BGBl I 2007/93)*

Widerrechtlicher Zugriff auf ein Computersystem

§ 118a. (1) Wer sich zu einem Computersystem, über das er nicht oder nicht allein verfügen darf, oder zu einem Teil eines solchen durch Überwindung einer spezifischen Sicherheitsvorkehrung im Computersystem in der Absicht Zugang verschafft,

1. sich oder einem anderen Unbefugten Kenntnis von personenbezogenen Daten zu verschaffen, deren Kenntnis schutzwürdige Geheimhaltungsinteressen des Betroffenen verletzt, oder

2. einem anderen durch die Verwendung von im System gespeicherten und nicht für ihn bestimmten Daten, deren Kenntnis er sich verschafft, oder durch die Verwendung des Computersystems einen Nachteil zuzufügen,

ist mit Freiheitsstrafe bis zu zwei Jahren zu bestrafen. *(BGBl I 2023/99)*

(2) Wer die Tat in Bezug auf ein Computersystem, das ein wesentlicher Bestandteil der kritischen Infrastruktur (§ 74 Abs. 1 Z 11) ist, begeht, ist mit Freiheitsstrafe bis zu drei Jahren zu bestrafen. *(BGBl I 2023/99)*

(3) Der Täter ist nur mit Ermächtigung des Verletzten zu verfolgen.

(4) Wer die Tat nach Abs. 1 im Rahmen einer kriminellen Vereinigung begeht, ist mit Freiheitsstrafe bis zu drei Jahren, wer die Tat nach Abs. 2 im Rahmen einer kriminellen Vereinigung begeht, mit Freiheitsstrafe von sechs Monaten bis zu fünf Jahren zu bestrafen. *(BGBl I 2023/99)*

(BGBl I 2002/134; BGBl I 2015/112)

Verletzung des Telekommunikationsgeheimnisses

§ 119. (1) Wer in der Absicht, sich oder einem anderen Unbefugten vom Inhalt einer im Wege einer Telekommunikation oder eines Computersystems übermittelten und nicht für ihn bestimmten Nachricht Kenntnis zu verschaffen, eine Vorrichtung, die an der Telekommunikationsanlage oder an dem Computersystem angebracht oder sonst empfangsbereit gemacht wurde, benützt, ist mit Freiheitsstrafe bis zu zwei Jahren zu bestrafen. *(BGBl I 2006/56; BGBl I 2023/99)*

(2) Der Täter ist nur mit Ermächtigung des Verletzten zu verfolgen.

(BGBl I 2002/134)

Missbräuchliches Abfangen von Daten

§ 119a. (1) Wer in der Absicht, sich oder einem anderen Unbefugten von im Wege eines Computersystems übermittelten und nicht für ihn bestimmten Daten Kenntnis zu verschaffen und dadurch, dass er die Daten selbst benützt, einem anderen, für den sie nicht bestimmt sind, zugänglich macht oder veröffentlicht oder sich oder einem anderen einen Vermögensvorteil zuzuwenden oder einem anderen einen Nachteil zuzufügen, eine Vorrichtung, die an dem Computersystem angebracht oder sonst empfangsbereit gemacht wurde, benützt oder die elektromagnetische Abstrahlung eines Computersystems auffängt, ist,

wenn die Tat nicht nach § 119 mit Strafe bedroht ist, mit Freiheitsstrafe bis zu zwei Jahren zu bestrafen. *(BGBl I 2023/99)*

(2) Der Täter ist nur mit Ermächtigung des Verletzten zu verfolgen.

(BGBl I 2002/134)

Mißbrauch von Tonaufnahme- oder Abhörgeräten

§ 120. (1) Wer ein Tonaufnahmegerät oder ein Abhörgerät benützt, um sich oder einem anderen Unbefugten von einer nicht öffentlichen und nicht zu seiner Kenntnisnahme bestimmten Äußerung eines anderen Kenntnis zu verschaffen, ist mit Freiheitsstrafe bis zu einem Jahr oder mit Geldstrafe bis zu 720 Tagessätzen zu bestrafen. *(BGBl I 2015/112)*

(2) Ebenso ist zu bestrafen, wer ohne Einverständnis des Sprechenden die Tonaufnahme einer nicht öffentlichen Äußerung eines anderen einem Dritten, für den sie nicht bestimmt ist, zugänglich macht oder eine solche Aufnahme veröffentlicht.

(2a) Wer eine im Wege einer Telekommunikation übermittelte und nicht für ihn bestimmte Nachricht in der Absicht, sich oder einem anderen Unbefugten vom Inhalt dieser Nachricht Kenntnis zu verschaffen, aufzeichnet, einem anderen Unbefugten zugänglich macht oder veröffentlicht, ist, wenn die Tat nicht nach den vorstehenden Bestimmungen oder nach einer anderen Bestimmung mit strengerer Strafe bedroht ist, mit Freiheitsstrafe bis zu drei Monaten oder mit Geldstrafe bis zu 180 Tagessätzen zu bestrafen. *(BGBl I 2006/56)*

(3) Der Täter ist nur mit Ermächtigung des Verletzten zu verfolgen.

(BGBl I 1997/105; BGBl I 2002/134)

Unbefugte Bildaufnahmen

§ 120a. (1) Wer absichtlich eine Bildaufnahme der Genitalien, der Schamgegend, des Gesäßes, der weiblichen Brust oder der diese Körperstellen bedeckenden Unterwäsche einer anderen Person, die diese Bereiche gegen Anblick geschützt hat oder sich in einer Wohnstätte oder in einem gegen Einblick besonders geschützten Raum befindet, ohne deren Einwilligung herstellt, ist mit Freiheitsstrafe bis zu sechs Monaten oder mit Geldstrafe bis zu 360 Tagessätzen zu bestrafen.

(2) Wer eine Bildaufnahme nach Abs. 1 ohne Einwilligung der abgebildeten Person einem Dritten zugänglich macht oder veröffentlicht, ist, wenn die Tat nicht nach einer anderen Bestimmung mit gleicher oder strengerer Strafe bedroht ist, mit Freiheitsstrafe bis zu zwölf Monaten oder mit Geldstrafe bis zu 720 Tagessätzen zu bestrafen.

(3) Der Täter ist nur mit Ermächtigung der verletzten Person zu verfolgen.

(BGBl I 2020/148)

Verletzung von Berufsgeheimnissen

§ 121. (1) Wer ein Geheimnis offenbart oder verwertet, das den Gesundheitszustand einer Person betrifft und das ihm bei berufsmäßiger Ausübung eines gesetzlich geregelten Gesundheitsberufes oder bei berufsmäßiger Beschäftigung mit Aufgaben der Verwaltung einer Krankenanstalt oder eines anderen Gesundheitsdiensteanbieters (§ 2 Z 2 des Gesundheitstelematikgesetzes 2012, BGBl. I Nr. 111/2012) oder bei Aufgaben der Kranken-, der Unfall-, der Lebens- oder der Sozialversicherung ausschließlich kraft seines Berufes anvertraut worden oder zugänglich geworden ist und dessen Offenbarung oder Verwertung geeignet ist, ein berechtigtes Interesse der Person zu verletzen, die seine Tätigkeit in Anspruch genommen hat oder für die sie in Anspruch genommen worden ist, ist mit Freiheitsstrafe bis zu zwei Jahren zu bestrafen. *(BGBl I 2004/152; BGBl I 2012/111; BGBl I 2023/99)*

(1a) Ebenso ist zu bestrafen, wer widerrechtlich von einer Person die Offenbarung (Einsichtnahme oder Verwertung) von Geheimnissen ihres Gesundheitszustandes in der Absicht verlangt, den Erwerb oder das berufliche Fortkommen dieser oder einer anderen Person für den Fall der Weigerung zu schädigen oder zu gefährden. *(BGBl I 2012/111)*

(2) Wer die Tat begeht, um sich oder einem anderen einen Vermögensvorteil zuzuwenden oder einem anderen einen Nachteil zuzufügen, ist mit Freiheitsstrafe bis zu drei Jahren zu bestrafen. *(BGBl I 2023/99)*

(3) Ebenso ist ein von einem Gericht oder einer anderen Behörde für ein bestimmtes Verfahren bestellter Sachverständiger zu bestrafen, der ein Geheimnis offenbart oder verwertet, das ihm ausschließlich kraft seiner Sachverständigentätigkeit anvertraut worden oder zugänglich geworden ist und dessen Offenbarung oder Verwertung geeignet ist, ein berechtigtes Interesse der Person zu verletzen, die seine Tätigkeit in Anspruch genommen hat oder für die sie in Anspruch genommen worden ist.

(4) Den Personen, die eine der in den Abs. 1 und 3 bezeichneten Tätigkeiten ausüben, stehen ihre Hilfskräfte, auch wenn sie nicht berufsmäßig tätig sind, sowie die Personen gleich, die an der Tätigkeit zu Ausbildungszwecken teilnehmen.

(5) Der Täter ist nicht zu bestrafen, wenn die Offenbarung oder Verwertung nach Inhalt und Form durch ein öffentliches oder ein berechtigtes privates Interesse gerechtfertigt ist.

(6) Der Täter ist nur mit Ermächtigung des in seinem Interesse an der Geheimhaltung Verletzten (Abs. 1 und 3) zu verfolgen. *(BGBl I 2023/99)*

Verletzung eines Geschäfts- oder Betriebsgeheimnisses

§ 122. (1) Wer ein Geschäfts- oder Betriebsgeheimnis (Abs. 3) offenbart oder verwertet, das ihm bei seiner Tätigkeit in Durchführung einer durch Gesetz oder behördlichen Auftrag vorgeschriebenen Aufsicht, Überprüfung oder Erhebung anvertraut oder zugänglich geworden ist, ist mit Freiheitsstrafe bis zu zwei Jahren zu bestrafen. *(BGBl I 2023/99)*

(2) Wer die Tat begeht, um sich oder einem anderen einen Vermögensvorteil zuzuwenden oder einem anderen einen Nachteil zuzufügen, ist mit Freiheitsstrafe bis zu drei Jahren zu bestrafen. *(BGBl I 2023/99)*

(3) Unter Abs. 1 fällt nur ein Geschäfts- oder Betriebsgeheimnis, das der Täter kraft Gesetzes zu wahren verpflichtet ist und dessen Offenbarung oder Verwertung geeignet ist, ein berechtigtes Interesse des von der Aufsicht, Überprüfung oder Erhebung Betroffenen zu verletzen.

(4) Der Täter ist nicht zu bestrafen, wenn die Offenbarung oder Verwertung nach Inhalt und Form durch ein öffentliches oder ein berechtigtes privates Interesse gerechtfertigt ist.

(5) Der Täter ist nur mit Ermächtigung des in seinem Interesse an der Geheimhaltung Verletzten (Abs. 3) zu verfolgen. *(BGBl I 2023/99)*

Auskundschaftung eines Geschäfts- oder Betriebsgeheimnisses

§ 123. (1) Wer ein Geschäfts- oder Betriebsgeheimnis mit dem Vorsatz auskundschaftet, es zu verwerten, einem anderen zur Verwertung zu überlassen oder der Öffentlichkeit preiszugeben, ist mit Freiheitsstrafe bis zu drei Jahren zu bestrafen. *(BGBl I 2015/112; BGBl I 2023/99)*

(2) Der Täter ist nur mit Ermächtigung des Verletzten zu verfolgen. *(BGBl I 2023/99)*

Auskundschaftung eines Geschäfts- oder Betriebsgeheimnisses zugunsten des Auslands

§ 124. (1) Wer ein Geschäfts- oder Betriebsgeheimnis mit dem Vorsatz auskundschaftet, daß es im Ausland verwertet werde, oder sonst ausgewertet werde, ist mit Freiheitsstrafe von sechs Monaten bis zu fünf Jahren zu bestrafen. *(BGBl I 2015/112; BGBl I 2023/99)*

(2) Ebenso ist zu bestrafen, wer ein Geschäfts- oder Betriebsgeheimnis, zu dessen Wahrung er verpflichtet ist, der Verwertung, Verwendung oder sonstigen Auswertung im Ausland preisgibt.

SECHSTER ABSCHNITT
Strafbare Handlungen gegen fremdes Vermögen

Sachbeschädigung

§ 125. Wer eine fremde Sache zerstört, beschädigt, verunstaltet oder unbrauchbar macht, ist mit Freiheitsstrafe bis zu sechs Monaten oder mit Geldstrafe bis zu 360 Tagessätzen zu bestrafen.

Schwere Sachbeschädigung

§ 126. (1) Mit Freiheitsstrafe bis zu zwei Jahren ist zu bestrafen, wer eine Sachbeschädigung begeht *(BGBl I 2015/112)*

1. an einer Sache, die dem Gottesdienst oder der Verehrung durch eine im Inland bestehende Kirche oder Religionsgesellschaft gewidmet ist,

2. an einem Grab, einer anderen Beisetzungsstätte, einem Grabmal oder an einer Totengedenkstätte, die sich in einem Friedhof oder einem der Religionsübung dienenden Raum befindet,

3. an einem öffentlichen Denkmal oder an einem Gegenstand, der unter Denkmalschutz steht,

4. an einer Sache von allgemein anerkanntem wissenschaftlichem, volkskundlichem, künstlerischem oder geschichtlichem Wert, die sich in einer allgemein zugänglichen Sammlung oder sonst an einem solchen Ort oder in einem öffentlichen Gebäude befindet,

5. an einem wesentlichen Bestandteil der kritischen Infrastruktur (§ 74 Abs. 1 Z 11) oder *(BGBl I 2015/112; BGBl I 2015/154)*

6. *(aufgehoben, BGBl I 2015/154)*

7. durch die der Täter an der Sache einen 5 000 Euro übersteigenden Schaden herbeiführt. *(BGBl I 2004/136; BGBl I 2015/112)*

(2) Wer durch die Tat an der Sache einen 300 000 Euro übersteigenden Schaden herbeiführt, ist mit Freiheitsstrafe von sechs Monaten bis zu fünf Jahren zu bestrafen *(BGBl I 2004/136; BGBl I 2015/112)*

(BGBl I 2001/130)

Datenbeschädigung

§ 126a. (1) Wer einen anderen dadurch schädigt, daß er automationsunterstützt verarbeitete, übermittelte oder überlassene Daten, über die er nicht oder nicht allein verfügen darf, verändert, löscht oder sonst unbrauchbar macht oder unterdrückt, ist mit Freiheitsstrafe bis zu sechs Monaten oder mit Geldstrafe bis zu 360 Tagessätzen zu bestrafen.

(2) Wer durch die Tat an den Daten einen 5 000 Euro übersteigenden Schaden herbeiführt, ist mit Freiheitsstrafe bis zu zwei Jahren zu bestrafen. *(BGBl I 2015/112)*

(3) Wer durch die Tat viele Computersysteme unter Verwendung eines Computerprogramms, eines Computerpasswortes, Zugangscodes oder vergleichbarer Daten, die den Zugriff auf ein Computersystem oder einen Teil davon ermöglichen, sofern diese Mittel nach ihrer besonderen Beschaffenheit ersichtlich dafür geschaffen oder adaptiert wurden, beeinträchtigt, ist mit Freiheitsstrafe bis zu drei Jahren zu bestrafen. *(BGBl I 2015/112)*

(4) Mit Freiheitsstrafe von sechs Monaten bis zu fünf Jahren ist zu bestrafen, wer

1. durch die Tat einen 300 000 Euro übersteigenden Schaden herbeiführt,

2. durch die Tat wesentliche Bestandteile der kritischen Infrastruktur (§ 74 Abs. 1 Z 11) beeinträchtigt oder *(BGBl I 2015/154)*

3. die Tat als Mitglied einer kriminellen Vereinigung begeht.
(BGBl I 2015/112)

(BGBl 1987/605; BGBl I 2001/130; BGBl I 2002/134)

Störung der Funktionsfähigkeit eines Computersystems

§ 126b. (1) Wer die Funktionsfähigkeit eines Computersystems, über das er nicht oder nicht allein verfügen darf, dadurch schwer stört, dass er Daten eingibt oder übermittelt, ist, wenn die Tat nicht mit § 126a mit Strafe bedroht ist, mit Freiheitsstrafe bis zu sechs Monaten oder mit Geldstrafe bis zu 360 Tagessätzen zu bestrafen. *(BGBl I 2007/109)*

(2) Wer durch die Tat eine längere Zeit andauernde Störung der Funktionsfähigkeit eines Computersystems herbeiführt, ist mit Freiheitsstrafe bis zu zwei Jahren zu bestrafen. *(BGBl I 2007/109; BGBl I 2015/112)*

(3) Wer durch die Tat viele Computersysteme unter Verwendung eines Computerprogramms, eines Computerpasswortes, eines Zugangscodes oder vergleichbarer Daten, die den Zugriff auf ein Computersystem oder einen Teil davon ermöglichen, sofern diese Mittel nach ihrer besonderen Beschaffenheit ersichtlich dafür geschaffen oder adaptiert wurden, schwer stört, ist mit Freiheitsstrafe bis zu drei Jahren zu bestrafen. *(BGBl I 2015/112)*

(4) Mit Freiheitsstrafe von sechs Monaten bis zu fünf Jahren ist zu bestrafen, wer

1. durch die Tat einen 300 000 Euro übersteigenden Schaden herbeiführt,

2. die Tat gegen ein Computersystem verübt, das ein wesentlicher Bestandteil der kritischen Infrastruktur (§ 74 Abs. 1 Z 11) ist, oder

3. die Tat als Mitglied einer kriminellen Vereinigung begeht.

(BGBl I 2015/112)

(BGBl I 2002/134)

Missbrauch von Computerprogrammen oder Zugangsdaten

§ 126c. (1) Wer

1. ein Computerprogramm, das nach seiner besonderen Beschaffenheit ersichtlich zur Begehung einer Datenbeschädigung (§ 126a), einer Störung der Funktionsfähigkeit eines Computersystems (§ 126b) oder eines betrügerischen Datenverarbeitungsmissbrauchs (§ 148a) geschaffen oder adaptiert worden ist, oder eine vergleichbare solche Vorrichtung oder *(BGBl I 2021/201; BGBl I 2023/99)*

2. ein Computerpasswort, einen Zugangscode oder vergleichbare Daten, die den Zugriff auf ein Computersystem oder einen Teil davon ermöglichen,

mit dem Vorsatz herstellt, einführt, vertreibt, veräußert, sonst zugänglich macht, sich verschafft oder besitzt, dass sie zur Begehung einer der in Z 1 genannten strafbaren Handlungen gebraucht werden, ist mit Freiheitsstrafe bis zu sechs Monaten oder mit Geldstrafe bis zu 360 Tagessätzen zu bestrafen.

(1a) [1]Wer die Tat nach Abs. 1 in Bezug auf einen widerrechtlichen Zugriff auf ein Computersystem (§ 118a), eine Verletzung des Telekommunikationsgeheimnisses (§ 119) oder ein missbräuchliches Abfangen von Daten (§ 119a) begeht, ist mit Freiheitsstrafe bis zu zwei Jahren zu bestrafen. [2]Ebenso ist zu bestrafen, wer die Tat nach Abs. 1 in Bezug auf eine Datenbeschädigung nach § 126a Abs. 2 bis Abs. 4, die Störung der Funktionsfähigkeit eines Computersystems nach § 126b Abs. 2 bis Abs. 4 oder einen betrügerischen Datenverarbeitungsmissbrauch nach § 148a Abs. 2 bis Abs. 4 begeht. *(BGBl I 2021/201; BGBl I 2023/99)*

(2) [1]Nach Abs. 1 oder Abs. 1a ist nicht zu bestrafen, wer freiwillig verhindert, dass das in Abs. 1 genannte Computerprogramm oder die damit vergleichbare Vorrichtung oder das Passwort, der Zugangscode oder die damit vergleichbaren Daten in der in den §§ 118a, 119, 119a, 126a, 126b oder 148a bezeichneten Weise gebraucht werden. [2]Besteht die Gefahr eines solchen Gebrauches nicht oder ist sie ohne Zutun des Täters beseitigt worden, so ist er nicht zu bestrafen, wenn er sich in Unkenntnis dessen freiwillig und ernstlich bemüht, sie zu beseitigen. *(BGBl I 2021/201)*

(3) Mit Freiheitsstrafe bis zu drei Jahren ist zu bestrafen, wer die Tat nach Abs. 1 oder Abs. 1a in Bezug auf ein Computerprogramm oder eine damit vergleichbare Vorrichtung oder ein Computerpasswort, einen Zugangscode oder damit vergleichbare Daten begeht, die geeignet sind, eine Beeinträchtigung wesentlicher Bestandteile der kritischen Infrastruktur (§ 74 Abs. 1 Z 11) zu verursachen *(BGBl I 2023/99)*

(BGBl I 2002/134; BGBl I 2004/15)

Diebstahl

§ 127. Wer eine fremde bewegliche Sache einem anderen mit dem Vorsatz wegnimmt, sich oder einen Dritten durch deren Zueignung unrechtmäßig zu bereichern, ist mit Freiheitsstrafe bis zu sechs Monaten oder mit Geldstrafe bis zu 360 Tagessätzen zu bestrafen.

(BGBl 1987/605)

Schwerer Diebstahl

§ 128. (1) Mit Freiheitsstrafe bis zu drei Jahren ist zu bestrafen, wer einen Diebstahl begeht

1. während einer Feuersbrunst, einer Überschwemmung oder einer allgemeinen oder doch dem Bestohlenen zugestoßenen Bedrängnis oder unter Ausnützung eines Zustands des Bestohlenen, der ihn hilflos macht,

2. in einem der Religionsübung dienenden Raum oder an einer Sache, die dem Gottesdienst oder der Verehrung durch eine im Inland bestehende Kirche oder Religionsgesellschaft gewidmet ist,

3. an einer Sache von allgemein anerkanntem wissenschaftlichem, volkskundlichem, künstlerischem oder geschichtlichem Wert, die sich in einer allgemein zugänglichen Sammlung oder sonst an einem solchen Ort oder in einem öffentlichen Gebäude befindet, *(BGBl I 2015/154)*

4. an einem wesentlichen Bestandteil der kritischen Infrastruktur (§ 74 Abs. 1 Z 11) oder *(BGBl I 2015/112; BGBl I 2015/154)*

5. an einer Sache, deren Wert 5 000 Euro übersteigt. *(BGBl I 2015/112)*

(2) Wer eine Sache stiehlt, deren Wert 300 000 Euro übersteigt, ist mit Freiheitsstrafe von einem bis zu zehn Jahren zu bestrafen. *(BGBl I 2004/136; BGBl I 2015/112)*

(BGBl I 2001/130)

Diebstahl durch Einbruch oder mit Waffen

§ 129. (1) Mit Freiheitsstrafe bis zu drei Jahren ist zu bestrafen, wer einen Diebstahl begeht, indem er zur Ausführung der Tat

1. in ein Gebäude, in ein Transportmittel, einen Lagerplatz oder sonst in einen anderen umschlossenen Raum einbricht, einsteigt, mit einem nachgemachten oder widerrechtlich erlangten Schlüssel, einem anderen nicht zur ordnungsmäßigen Öffnung bestimmten Werkzeug oder einem widerrechtlich erlangten Zugangscode eindringt,

2. ein Behältnis aufbricht oder mit einem der in Z 1 genannten Mittel öffnet,

3. eine Sperrvorrichtung aufbricht oder mit einem der in Z 1 genannten Mittel öffnet oder *(BGBl I 2015/154)*

4. eine Zugangssperre elektronisch außer Kraft setzt.

(2) Mit Freiheitsstrafe von sechs Monaten bis zu fünf Jahren ist zu bestrafen, wer einen Diebstahl begeht,

1. indem er in eine Wohnstätte auf die in Abs. 1 Z 1 oder 4 genannte Art gelangt oder *(BGBl I 2015/154)*

2. bei dem er oder mit seinem Wissen ein anderer Beteiligter (§ 12) eine Waffe oder ein anderes Mittel bei sich führt, um den Widerstand einer Person zu überwinden oder zu verhindern.

(BGBl I 2015/112)

Gewerbsmäßiger Diebstahl und Diebstahl im Rahmen einer kriminellen Vereinigung

§ 130. (1) Wer einen Diebstahl gewerbsmäßig oder als Mitglied einer kriminellen Vereinigung unter Mitwirkung (§ 12) eines anderen Mitglieds dieser Vereinigung begeht, ist mit Freiheitsstrafe bis zu drei Jahren zu bestrafen.

(2) Wer auf die in Abs. 1 bezeichnete Weise einen schweren Diebstahl nach § 128 Abs. 1 oder einen Diebstahl nach § 129 Abs. 1 begeht, ist mit Freiheitsstrafe von sechs Monaten bis zu fünf Jahren zu bestrafen.

(3) Wer auf die in Abs. 1 bezeichnete Weise einen Diebstahl nach § 129 Abs. 2 begeht, ist mit Freiheitsstrafe von einem bis zu zehn Jahren zu bestrafen.

(BGBl I 2002/134; BGBl I 2015/112)

Räuberischer Diebstahl

§ 131. Wer, bei einem Diebstahl auf frischer Tat betreten, Gewalt gegen eine Person anwendet oder sie mit einer gegenwärtigen Gefahr für Leib oder Leben (§ 89) bedroht, um sich oder einem Dritten die weggenommene Sache zu erhalten, ist mit Freiheitsstrafe von sechs Monaten bis zu fünf Jahren, wenn die Gewaltanwendung jedoch eine Körperverletzung mit schweren Dauerfolgen (§ 85) oder den Tod eines Menschen zur Folge hat, mit Freiheitsstrafe von fünf bis zu fünfzehn Jahren zu bestrafen.

Entziehung von Energie

§ 132. (1) Wer mit dem Vorsatz, sich oder einen Dritten unrechtmäßig zu bereichern, aus einer Anlage, die der Gewinnung, Umformung, Zuführung oder Speicherung von Energie dient, Energie entzieht, ist mit Freiheitsstrafe bis zu sechs Monaten oder mit Geldstrafe bis zu 360 Tagessätzen zu bestrafen.

(2) Wer Energie entzieht, deren Wert 5 000 Euro übersteigt, ist mit Freiheitsstrafe bis zu drei Jahren, wer Energie im Wert von mehr als 300 000 Euro entzieht, mit Freiheitsstrafe von einem bis zu zehn Jahren zu bestrafen. *(BGBl I 2004/136; BGBl I 2015/112)*

(BGBl I 2001/130)

Veruntreuung

§ 133. (1) Wer ein Gut, das ihm anvertraut worden ist, sich oder einem Dritten mit dem Vorsatz zueignet, sich oder den Dritten dadurch unrechtmäßig zu bereichern, ist mit Freiheitsstrafe bis zu sechs Monaten oder mit Geldstrafe bis zu 360 Tagessätzen zu bestrafen.

(2) Wer ein Gut veruntreut, dessen Wert 5 000 Euro übersteigt, ist mit Freiheitsstrafe bis zu drei Jahren, wer ein Gut im Wert von mehr als 300 000 Euro veruntreut, mit Freiheitsstrafe von einem bis zu zehn Jahren zu bestrafen. *(BGBl I 2004/136; BGBl I 2015/112)*

(BGBl I 2001/130)

Unterschlagung

§ 134. (1) Wer ein fremdes Gut, das er gefunden hat oder das durch Irrtum oder sonst ohne sein Zutun in seinen Gewahrsam geraten ist, sich oder einem Dritten mit dem Vorsatz zueignet, sich oder den Dritten dadurch unrechtmäßig zu bereichern, ist mit Freiheitsstrafe bis zu sechs Monaten oder mit Geldstrafe bis zu 360 Tagessätzen zu bestrafen.

(2) Ebenso ist zu bestrafen, wer ein fremdes Gut, das er ohne Zueignungsvorsatz in seinen Gewahrsam gebracht hat, unterschlägt.

(3) Wer ein fremdes Gut unterschlägt, dessen Wert 5 000 Euro übersteigt, ist mit Freiheitsstrafe bis zu zwei Jahren, wer ein fremdes Gut im Wert von mehr als 300 000 Euro unterschlägt, mit Freiheitsstrafe von sechs Monaten bis zu fünf Jahren zu bestrafen. *(BGBl I 2004/136; BGBl I 2015/112)*

(BGBl I 2001/130)

Dauernde Sachentziehung

§ 135. (1) Wer einen anderen dadurch schädigt, daß er eine fremde bewegliche Sache aus dessen Gewahrsam dauernd entzieht, ohne die Sache sich oder einem Dritten zuzueignen, ist mit Freiheitsstrafe bis zu sechs Monaten oder mit Geldstrafe bis zu 360 Tagessätzen zu bestrafen.

(2) Wer die Tat an einer der im § 126 Abs. 1 Z. 1 bis 6 genannten Sachen oder an einer Sache begeht, deren Wert 5 000 Euro übersteigt, ist mit Freiheitsstrafe bis zu zwei Jahren, wer die Tat an einer Sache begeht, deren Wert 300 000 Euro übersteigt, mit Freiheitsstrafe von sechs Monaten bis zu fünf Jahren zu bestrafen. *(BGBl I 2004/136; BGBl I 2015/112)*

(BGBl I 2001/130)

Unbefugter Gebrauch von Fahrzeugen

§ 136. (1) Wer ein Fahrzeug, das zum Antrieb mit Maschinenkraft eingerichtet ist, ohne Einwilligung des Berechtigten in Gebrauch nimmt, ist mit Freiheitsstrafe bis zu sechs Monaten oder mit Geldstrafe bis zu 360 Tagessätzen zu bestrafen.

(2) Wer die Tat begeht, indem er sich die Gewalt über das Fahrzeug durch eine der in den §§ 129 bis 131 geschilderten Handlungen verschafft, ist mit Freiheitsstrafe bis zu zwei Jahren zu bestrafen.

7/2 ← (3) Mit Freiheitsstrafe bis zu zwei Jahren ist der Täter zu bestrafen, wenn der durch die Tat verursachte Schaden am Fahrzeug, an der Ladung oder durch den Verbrauch von Betriebsmitteln insgesamt 5 000 Euro übersteigt; wenn jedoch der Schaden 300 000 Euro übersteigt, ist der Täter mit Freiheitsstrafe bis zu drei Jahren zu bestrafen. *(BGBl I 2004/136; BGBl I 2015/112)*

(4) ¹Der Täter ist nicht zu bestrafen, wenn die Berechtigung, über das Fahrzeug zu verfügen, seinem Ehegatten, seinem eingetragenen Partner, einem Verwandten in gerader Linie, seinem Bruder oder seiner Schwester oder einem anderen Angehörigen zusteht, sofern er mit diesem in Hausgemeinschaft lebt, oder wenn ihm das Fahrzeug von seinem dazu berechtigten Dienstgeber anvertraut war. ²Eine bloß vorübergehende Berechtigung kommt nicht in Betracht. An einer solchen Tat Beteiligte (§ 12) sind ebenfalls nicht zu bestrafen. *(BGBl I 2009/135)*

(BGBl I 2001/130)

Eingriff in fremdes Jagd- oder Fischereirecht

§ 137. Wer unter Verletzung fremden Jagd- oder Fischereirechts dem Wild nachstellt, fischt, Wild oder Fische tötet, verletzt oder sich oder einem Dritten zueignet oder sonst eine Sache, die dem Jagd- oder Fischereirecht eines anderen unterliegt, zerstört, beschädigt oder sich oder einem Dritten zueignet, ist mit Freiheitsstrafe bis zu sechs Monaten oder mit Geldstrafe bis zu 360 Tagessätzen zu bestrafen.

Schwerer Eingriff in fremdes Jagd- oder Fischereirecht

§ 138. Mit Freiheitsstrafe bis zu drei Jahren ist zu bestrafen, wer die Tat

1. an Wild, an Fischen oder an anderen dem fremden Jagd- oder Fischereirecht unterliegenden Sachen in einem 5 000 Euro übersteigenden Wert, *(BGBl I 2004/136; BGBl I 2015/112)*

2. in der Schonzeit oder unter Anwendung von Eisen, von Giftködern, einer elektrischen Fanganlage, eines Sprengstoffs, in einer den Wild- oder Fischbestand gefährdenden Weise oder an Wild unter Anwendung von Schlingen,

3. in Begleitung eines Beteiligten (§ 12) begeht und dabei entweder selbst eine Schußwaffe bei sich führt oder weiß, daß der Beteiligte eine Schußwaffe bei sich führt oder

4. gewerbsmäßig begeht.

(BGBl I 2001/130)

Verfolgungsvoraussetzung

§ 139. Begeht der Täter den Eingriff in fremdes Jagdrecht an einem Ort, wo er die Jagd, oder den Eingriff in fremdes Fischereirecht an einem Ort, wo er die Fischerei in beschränktem Umfang ausüben darf, so ist er wegen der nach den §§ 137 und 138 strafbaren Handlungen nur mit Ermächtigung des Jagd- oder Fischereiberechtigten zu verfolgen.

Gewaltanwendung eines Wilderers

§ 140. Wer, bei einem Eingriff in fremdes Jagd- oder Fischereirecht auf frischer Tat betreten, Gewalt gegen eine Person anwendet oder sie mit einer gegenwärtigen Gefahr für Leib oder Leben (§ 89) bedroht, um sich oder einem Dritten die Beute zu erhalten, ist mit Freiheitsstrafe von sechs Monaten bis zu fünf Jahren, wenn die Gewaltanwendung jedoch eine Körperverletzung mit schweren Dauerfolgen (§ 85) oder den Tod eines Menschen zur Folge hat, mit Freiheitsstrafe von fünf bis zu fünfzehn Jahren zu bestrafen.

Entwendung

§ 141. (1) Wer aus Not, aus Unbesonnenheit oder zur Befriedigung eines Gelüstes eine Sache geringen Wertes einem anderen entzieht oder sich oder einem Dritten zueignet, ist, wenn die Tat sonst als Diebstahl, Entziehung von Energie, Veruntreuung, Unterschlagung, dauernde Sachentziehung oder Eingriff in fremdes Jagdrecht oder Fischereirecht strafbar wäre und es sich nicht um einen der Fälle der §§ 129, 131, 138 Z. 2 und 3 und 140 handelt, mit Freiheitsstrafe bis zu einem Monat oder mit Geldstrafe bis zu 60 Tagessätzen zu bestrafen.

(2) Der Täter ist nur mit Ermächtigung des Verletzten zu verfolgen.

(3) Wer die Tat zum Nachteil seines Ehegatten, seines eingetragenen Partners, eines Verwandten in gerader Linie, seines Bruders oder seiner Schwester oder zum Nachteil eines anderen Angehörigen begeht, sofern er mit diesem in Hausgemeinschaft lebt, ist nicht zu bestrafen. *(BGBl I 2009/135)*

(4) Die rechtswidrige Aneignung von Bodenerzeugnissen oder Bodenbestandteilen (wie Baumfrüchte, Waldprodukte, Klaubholz) geringen Wertes ist gerichtlich nicht strafbar.

Raub

§ 142. (1) Wer mit Gewalt gegen eine Person oder durch Drohung mit gegenwärtiger Gefahr für Leib oder Leben (§ 89) einem anderen eine fremde bewegliche Sache mit dem Vorsatz wegnimmt oder abnötigt, durch deren Zueignung sich oder einen Dritten unrechtmäßig zu bereichern, ist mit Freiheitsstrafe von einem bis zu zehn Jahren zu bestrafen.

(2) Wer einen Raub ohne Anwendung erheblicher Gewalt an einer Sache geringen Wertes begeht, ist, wenn die Tat nur unbedeutende Folgen nach sich gezogen hat und es sich um keinen schweren Raub (§ 143) handelt, mit Freiheitsstrafe von sechs Monaten bis zu fünf Jahren zu bestrafen.

Schwerer Raub

§ 143. (1) Wer einen Raub als Mitglied einer kriminellen Vereinigung unter Mitwirkung (§ 12) eines anderen Mitglieds dieser Vereinigung begeht oder wer einen Raub unter Verwendung einer Waffe verübt, ist mit Freiheitsstrafe von einem bis zu fünfzehn Jahren zu bestrafen. *(BGBl I 2015/154)*

(2) Wird durch die ausgeübte Gewalt jemand schwer verletzt (§ 84 Abs. 1), so ist der Täter mit Freiheitsstrafe von fünf bis zu fünfzehn Jahren zu bestrafen. Hat die Gewaltanwendung jedoch eine Körperverletzung mit schweren Dauerfolgen (§ 85 Abs. 1) zur Folge, so ist der Täter mit Freiheitsstrafe von zehn bis zu zwanzig Jahren, hat sie aber den Tod eines Menschen zur Folge, mit Freiheitsstrafe von zehn bis zu zwanzig Jahren oder mit lebenslanger Freiheitsstrafe zu bestrafen.

(BGBl 1987/605; BGBl I 2002/134; BGBl I 2015/112)

Erpressung

§ 144. (1) Wer jemanden mit Gewalt oder durch gefährliche Drohung zu einer Handlung, Duldung oder Unterlassung nötigt, die diesen oder einen anderen am Vermögen schädigt, ist, wenn er mit dem Vorsatz gehandelt hat, durch das Verhalten des Genötigten sich oder einen Dritten unrechtmäßig zu bereichern, mit Freiheitsstrafe von sechs Monaten bis zu fünf Jahren zu bestrafen.

(2) Die Tat ist nicht rechtswidrig, wenn die Anwendung der Gewalt oder Drohung als Mittel zu dem angestrebten Zweck nicht den guten Sitten widerstreitet.

Schwere Erpressung

§ 145. (1) Wer eine Erpressung begeht, indem er

1. mit dem Tod, mit einer erheblichen Verstümmelung oder einer auffallenden Verunstaltung,

mit einer Entführung, mit einer Brandstiftung, mit einer Gefährdung durch Kernenergie, ionisierende Strahlen oder Sprengmittel oder mit der Vernichtung der wirtschaftlichen Existenz oder gesellschaftlichen Stellung droht oder

2. den Genötigten oder einen anderen, gegen den sich die Gewalt oder gefährliche Drohung richtet, durch diese Mittel längere Zeit hindurch in einen qualvollen Zustand versetzt,

ist mit Freiheitsstrafe von einem bis zu zehn Jahren zu bestrafen.

(2) Ebenso ist zu bestrafen, wer eine Erpressung

1. gewerbsmäßig begeht oder

2. gegen dieselbe Person längere Zeit hindurch fortsetzt.

(3) Ebenso ist der Täter zu bestrafen, wenn die Tat einen Selbstmord oder Selbstmordversuch des Genötigten oder eines anderen zur Folge hat, gegen den sich die Gewalt oder gefährliche Drohung richtet.

Betrug

§ 146. Wer mit dem Vorsatz, durch das Verhalten des Getäuschten sich oder einen Dritten unrechtmäßig zu bereichern, jemanden durch Täuschung über Tatsachen zu einer Handlung, Duldung oder Unterlassung verleitet, die diesen oder einen anderen am Vermögen schädigt, ist mit Freiheitsstrafe bis zu sechs Monaten oder mit Geldstrafe bis zu 360 Tagessätzen zu bestrafen.

Schwerer Betrug

§ 147. (1) Wer einen Betrug begeht, indem er zur Täuschung

1. eine falsche oder verfälschte Urkunde, ein falsches, verfälschtes oder entfremdetes unbares Zahlungsmittel, ausgespähte Daten eines unbaren Zahlungsmittels, falsche oder verfälschte Daten, ein anderes solches Beweismittel oder ein unrichtiges Meßgerät benützt oder *(BGBl I 2015/112; BGBl I 2015/154)*

2. *(aufgehoben, BGBl I 2015/112)*

3. sich fälschlich für einen Beamten ausgibt,

ist mit Freiheitsstrafe bis zu drei Jahren zu bestrafen.

(1a) Ebenso ist zu bestrafen, wer einen Betrug mit mehr als geringem Schaden begeht, indem er über die Anwendung eines Wirkstoffs oder einer verbotenen Methode nach der Anlage der Anti-Doping-Konvention, BGBl. Nr. 451/1991, zu Zwecken des Dopings im Sport täuscht. *(BGBl I 2009/142)*

(2) Ebenso ist zu bestrafen, wer einen Betrug mit 5 000 Euro übersteigendem Schaden begeht. *(BGBl I 2004/136; BGBl I 2015/112)*

(2a) Wer die Tat nach Abs. 1 Z 1 als Mitglied einer kriminellen Vereinigung begeht, ist mit

Freiheitsstrafe von sechs Monaten bis zu fünf Jahren zu bestrafen. *(BGBl I 2021/201)*

(3) Wer durch die Tat einen 300 000 Euro übersteigenden Schaden herbeiführt, ist mit Freiheitsstrafe von einem bis zu zehn Jahren zu bestrafen. *(BGBl I 2004/136; BGBl I 2015/112)*

(BGBl I 2001/130; BGBl I 2002/134; BGBl I 2004/15)

Gewerbsmäßiger Betrug

§ 148. Wer einen Betrug gewerbsmäßig begeht, ist mit Freiheitsstrafe bis zu drei Jahren, wer jedoch einen schweren Betrug nach § 147 Abs. 1 bis 2 gewerbsmäßig begeht, ist mit Freiheitsstrafe von sechs Monaten bis zu fünf Jahren zu bestrafen.

(BGBl I 2015/112)

Betrügerischer Datenverarbeitungsmißbrauch

§ 148a. (1) Wer mit dem Vorsatz, sich oder einen Dritten unrechtmäßig zu bereichern, einen anderen dadurch am Vermögen schädigt, dass er das Ergebnis einer automationsunterstützten Datenverarbeitung durch Gestaltung des Programms, durch Eingabe, Veränderung, Löschung, Unterdrückung oder Übertragung von Daten oder sonst durch Einwirkung auf den Ablauf des Verarbeitungsvorgangs beeinflusst, ist mit Freiheitsstrafe bis zu sechs Monaten oder mit Geldstrafe bis zu 360 Tagessätzen zu bestrafen.

(2) Wer die Tat gewerbsmäßig begeht oder durch die Tat einen 5 000 Euro übersteigenden Schaden herbeiführt, ist mit Freiheitsstrafe bis zu drei Jahren, wer die Tat einen 300 000 Euro übersteigenden Schaden herbeiführt, mit Freiheitsstrafe von einem bis zu zehn Jahren zu bestrafen.

(3) Wer die Tat begeht, indem er Daten unrechtmäßig eingibt, verändert, löscht, unterdrückt oder überträgt oder die Funktionsfähigkeit eines Computersystems unrechtmäßig behindert oder stört, ist mit Freiheitsstrafe bis zu drei Jahren zu bestrafen.

(4) Wer die Tat als Mitglied einer kriminellen Vereinigung begeht, ist mit Freiheitsstrafe von sechs Monaten bis zu fünf Jahren zu bestrafen.

(BGBl 1987/605; BGBl I 2001/130; BGBl I 2002/134; BGBl I 2004/15; BGBl I 2021/201)

Erschleichung einer Leistung

§ 149. (1) Wer die Beförderung durch eine dem öffentlichen Verkehr dienende Anstalt oder den Zutritt zu einer Aufführung, Ausstellung oder einer anderen Veranstaltung oder zu einer Einrichtung durch Täuschung über Tatsachen erschleicht, ohne das festgesetzte Entgelt zu entrichten, ist, wenn das Entgelt nur gering ist, mit Freiheitsstrafe bis zu einem Monat oder mit Geldstrafe bis zu 60 Tagessätzen zu bestrafen.

(2) Wer sich oder einem anderen die nicht in einer Ware bestehende Leistung eines Automaten verschafft, ohne das Entgelt dafür zu entrichten, ist mit Freiheitsstrafe bis zu sechs Monaten oder mit Geldstrafe bis zu 360 Tagessätzen zu bestrafen.

(3) Ist im Falle des Abs. 2 das Entgelt nur gering, so ist der Täter mit Freiheitsstrafe bis zu einem Monat oder mit Geldstrafe bis zu 60 Tagessätzen zu bestrafen.

(4) Der Täter ist nur mit Ermächtigung des Verletzten zu verfolgen.

Notbetrug

§ 150. (1) Wer einen Betrug mit nur geringem Schaden aus Not begeht, ist, wenn es sich nicht um einen der Fälle der §§ 147 und 148 handelt, mit Freiheitsstrafe bis zu einem Monat oder mit Geldstrafe bis zu 60 Tagessätzen zu bestrafen.

(2) Der Täter ist nur mit Ermächtigung des Verletzten zu verfolgen.

(3) Wer die Tat zum Nachteil seines Ehegatten, seines eingetragenen Partners, eines Verwandten in gerader Linie, seines Bruders oder seiner Schwester oder zum Nachteil eines anderen Angehörigen, sofern er mit diesem in Hausgemeinschaft lebt, begeht, ist nicht zu bestrafen. *(BGBl I 2009/135)*

Versicherungsmißbrauch

§ 151. (1) Wer mit dem Vorsatz, sich oder einem anderen eine Versicherungsleistung zu verschaffen,

1. eine gegen Zerstörung, Beschädigung, Verlust oder Diebstahl versicherte Sache zerstört, beschädigt oder beiseite schafft oder

2. sich oder einen anderen am Körper verletzt oder an der Gesundheit schädigt oder verletzen oder schädigen läßt,

ist, wenn die Tat nicht nach den §§ 146, 147 und 148 mit Strafe bedroht ist, mit Freiheitsstrafe bis zu sechs Monaten oder mit Geldstrafe bis zu 360 Tagessätzen zu bestrafen.

(2) Nach Abs. 1 ist nicht zu bestrafen, wer, bevor die Versicherungsleistung erbracht worden ist und bevor eine Behörde (Abs. 3) von seinem Verschulden erfahren hat, freiwillig von der weiteren Verfolgung seines Vorhabens Abstand nimmt.

(3) [1]Unter einer Behörde im Sinn des Abs. 2 ist eine zur Strafverfolgung berufene Behörde in dieser ihrer Eigenschaft zu verstehen. [2]Ihr stehen zur Strafverfolgung berufene öffentliche Sicherheitsorgane in dieser ihrer Eigenschaft gleich.

Kreditschädigung

§ 152. (1) Wer unrichtige Tatsachen behauptet und dadurch den Kredit, den Erwerb oder das berufliche Fortkommen eines anderen schädigt oder gefährdet, ist mit Freiheitsstrafe bis zu sechs Monaten oder mit Geldstrafe bis zu 360 Tagessätzen zu bestrafen. *(BGBl I 2015/112)*

(2) Der Täter ist nur auf Verlangen des Verletzten zu verfolgen.

Untreue

§ 153. (1) Wer seine Befugnis, über fremdes Vermögen zu verfügen oder einen anderen zu verpflichten, wissentlich missbraucht und dadurch den anderen am Vermögen schädigt, ist mit Freiheitsstrafe bis zu sechs Monaten oder mit Geldstrafe bis zu 360 Tagessätzen zu bestrafen.

(2) Seine Befugnis missbraucht, wer in unvertretbarer Weise gegen solche Regeln verstößt, die dem Vermögensschutz des wirtschaftlich Berechtigten dienen.

(3) Wer durch die Tat einen 5 000 Euro übersteigenden Schaden herbeiführt, ist mit Freiheitsstrafe bis zu drei Jahren, wer einen 300 000 Euro übersteigenden Schaden herbeiführt, mit Freiheitsstrafe von einem bis zu zehn Jahren zu bestrafen. *(BGBl I 2015/154)*

(BGBl I 2015/112)

Geschenkannahme durch Machthaber

§ 153a. Wer für die Ausübung der ihm durch Gesetz, behördlichen Auftrag oder Rechtsgeschäft eingeräumten Befugnis, über fremdes Vermögen zu verfügen oder einen anderen zu verpflichten, einen nicht bloß geringfügigen Vermögensvorteil angenommen hat und pflichtwidrig nicht abführt, ist mit Freiheitsstrafe bis zu einem Jahr oder mit Geldstrafe bis zu 720 Tagessätzen zu bestrafen. *(BGBl I 2015/112)*

(BGBl 1987/605)

Förderungsmißbrauch

§ 153b. (1) Wer eine ihm gewährte Förderung mißbräuchlich zu anderen Zwecken als zu jenen verwendet, zu denen sie gewährt wurde, ist mit Freiheitsstrafe bis zu sechs Monaten oder mit Geldstrafe bis zu 360 Tagessätzen zu bestrafen.

(2) Nach Abs. 1 ist auch zu bestrafen, wer die Tat als leitender Angestellter (§ 74 Abs. 3) einer juristischen Person oder einer Personengemeinschaft ohne Rechtspersönlichkeit, der die Förderung gewährt wurde, oder zwar eine Einverständnis mit demjenigen, dem die Förderung gewährt wurde, aber als dessen leitender Angestellter (§ 74 Abs. 3) begeht. *(BGBl I 2009/98)*

(3) Wer die Tat in bezug auf einen 5 000 Euro übersteigenden Betrag begeht, ist mit Freiheitsstrafe bis zu zwei Jahren zu bestrafen. *(BGBl I 2004/136; BGBl I 2015/112)*

(4) Wer die Tat in bezug auf einen 300 000 Euro übersteigenden Betrag begeht, ist mit Freiheitsstrafe von sechs Monaten bis zu fünf Jahren zu bestrafen. *(BGBl I 2004/136; BGBl I 2015/112)*

(5) [1]Eine Förderung ist eine Zuwendung, die zur Verfolgung öffentlicher Interessen aus öffentlichen Haushalten gewährt wird und für die keine angemessene geldwerte Gegenleistung erbracht wird; ausgenommen sind Zuwendungen mit Sozialleistungscharakter und Zuschüsse nach § 12 des Finanz-Verfassungsgesetzes 1948. [2]Öffentliche Haushalte sind die Haushalte der Gebietskörperschaften sowie anderer Personen des öffentlichen Rechts, mit Ausnahme der Kirchen und Religionsgesellschaften. *(BGBl I 2019/111)*

(BGBl I 1998/153; BGBl I 2001/130)

Vorenthalten von Dienstnehmerbeiträgen zur Sozialversicherung

§ 153c. (1) Wer als Dienstgeber Beiträge eines Dienstnehmers zur Sozialversicherung dem berechtigten Versicherungsträger vorenthält, ist mit Freiheitsstrafe bis zu einem Jahr oder mit Geldstrafe bis zu 720 Tagessätzen zu bestrafen. *(BGBl I 2015/112)*

(2) [1]Trifft die Pflicht zur Einzahlung der Beiträge eines Dienstnehmers zur Sozialversicherung eine juristische Person oder eine Personengemeinschaft ohne Rechtspersönlichkeit, so ist Abs. 1 auf alle natürlichen Personen anzuwenden, die dem zur Vertretung befugten Organ angehören.[2]Dieses Organ ist berechtigt, die Verantwortung für die Einzahlung dieser Beiträge einzelnen oder mehreren Organmitgliedern aufzuerlegen; ist dies der Fall, findet Abs. 1 nur auf sie Anwendung.

(3) Der Täter ist nicht zu bestrafen, wenn er bis zum Schluss der Verhandlung

1. die ausstehenden Beiträge zur Gänze einzahlt oder

2. sich dem berechtigten Sozialversicherungsträger gegenüber vertraglich zur Nachentrichtung der ausstehenden Beiträge binnen einer bestimmten Zeit verpflichtet.

(4) Die Strafbarkeit lebt wieder auf, wenn der Täter seine nach Abs. 3 Z 2 eingegangene Verpflichtung nicht einhält.

(BGBl I 2004/152)

Betrügerisches Anmelden zur Sozialversicherung oder Bauarbeiter-Urlaubs- und Abfertigungskasse

§ 153d. (1) Wer die Anmeldung einer Person zur Sozialversicherung in dem Wissen, dass die in Folge der Anmeldung auflaufenden Sozialversicherungsbeiträge nicht vollständig geleistet werden sollen, vornimmt, vermittelt oder in Auftrag gibt, ist mit Freiheitsstrafe bis zu drei Jahren zu bestrafen, wenn die in Folge der Anmeldung auflaufenden Sozialversicherungsbeiträge nicht vollständig geleistet werden.

(2) Ebenso ist zu bestrafen, wer die Meldung einer Person zur Bauarbeiter-Urlaubs- und Abfertigungskasse in dem Wissen, dass die in Folge der Meldung auflaufenden Zuschläge nach dem Bauarbeiter-Urlaubs- und Abfertigungsgesetz nicht vollständig geleistet werden sollen, vornimmt, vermittelt oder in Auftrag gibt, wenn die in Folge der Meldung auflaufenden Zuschläge nicht vollständig geleistet werden.

(3) Wer die Tat nach Abs. 1 oder Abs. 2 gewerbsmäßig oder in Bezug auf eine größere Zahl von Personen begeht, ist mit Freiheitsstrafe von sechs Monaten bis zu fünf Jahren zu bestrafen.

(BGBl I 2015/112)

Organisierte Schwarzarbeit

§ 153e. (1) Wer gewerbsmäßig

1. Personen zur selbstständigen oder unselbstständigen Erwerbstätigkeit ohne die erforderliche Anmeldung zur Sozialversicherung oder ohne die erforderliche Gewerbeberechtigung anwirbt, vermittelt oder überlässt,

2. eine größere Zahl illegal erwerbstätiger Personen (Z 1) beschäftigt oder mit der selbstständigen Durchführung von Arbeiten beauftragt oder

3. in einer Verbindung einer größeren Zahl illegal erwerbstätiger Personen (Z 1) führend tätig ist,

ist mit Freiheitsstrafe bis zu zwei Jahren zu bestrafen.

(2) Nach Abs. 1 ist auch zu bestrafen, wer eine der dort genannten Handlungen als leitender Angestellter (§ 74 Abs. 3 StGB) einer juristischen Person oder einer Personengemeinschaft ohne Rechtspersönlichkeit begeht. *(BGBl I 2009/98)*

(BGBl I 2004/152)

Geldwucher

§ 154. (1) Wer die Zwangslage, den Leichtsinn, die Unerfahrenheit oder den Mangel an Urteilsvermögen eines anderen dadurch ausbeutet, daß er sich oder einem Dritten für eine Leistung, die der Befriedigung eines Geldbedürfnisses dient, insbesondere für die Gewährung oder Vermittlung eines Darlehens oder für die Stundung einer Geldforderung oder die Vermittlung einer solchen Stundung einen Vermögensvorteil versprechen oder gewähren läßt, der in auffallendem Mißverhältnis zum Wert der eigenen Leistung steht, ist mit Freiheitsstrafe bis zu drei Jahren zu bestrafen.

(2) Ebenso ist zu bestrafen, wer eine solche Forderung, die auf ihn übergegangen ist, wucherisch verwertet.

(3) Wer Geldwucher gewerbsmäßig begeht, ist mit Freiheitsstrafe von sechs Monaten bis zu fünf Jahren zu bestrafen.

(4) *(aufgehoben, BGBl I 2015/112)*

Sachwucher

§ 155. (1) Wer außer den Fällen des § 154 gewerbsmäßig die Zwangslage, den Leichtsinn, die Unerfahrenheit oder den Mangel an Urteilsvermögen eines anderen dadurch ausbeutet, daß er sich oder einem Dritten für eine Ware oder eine andere Leistung einen Vermögensvorteil versprechen oder gewähren läßt, der in auffallendem Mißverhältnis zum Wert der eigenen Leistung steht, ist mit Freiheitsstrafe bis zu drei Jahren, wenn er jedoch durch die Tat eine größere Zahl von Menschen schwer geschädigt hat, mit Freiheitsstrafe von sechs Monaten bis zu fünf Jahren zu bestrafen.

(2) Ebenso ist zu bestrafen, wer eine solche Forderung, die auf ihn übergegangen ist, gewerbsmäßig wucherisch verwertet.

(3) *(aufgehoben, BGBl I 2015/112)*

Betrügerische Krida

§ 156. (1) Wer einen Bestandteil seines Vermögens verheimlicht, beiseite schafft, veräußert oder beschädigt, eine nicht bestehende Verbindlichkeit vorschützt oder anerkennt oder sonst sein Vermögen wirklich oder zum Schein verringert und dadurch die Befriedigung seiner Gläubiger oder wenigstens eines von ihnen vereitelt oder schmälert, ist mit Freiheitsstrafe von sechs Monaten bis zu fünf Jahren zu bestrafen.

(2) Wer durch die Tat einen 300 000 Euro übersteigenden Schaden herbeiführt, ist mit Freiheitsstrafe von einem bis zu zehn Jahren zu bestrafen. *(BGBl I 2004/136; BGBl I 2015/112)*

(BGBl I 2001/130)

Schädigung fremder Gläubiger

§ 157. Ebenso ist zu bestrafen, wer ohne Einverständnis mit dem Schuldner einen Bestandteil des Vermögens des Schuldners verheimlicht, beiseite schafft, veräußert oder beschädigt oder ein nicht bestehendes Recht gegen das Vermögen des Schuldners geltend macht und dadurch die Befriedigung der Gläubiger oder wenigstens eines von ihnen vereitelt oder schmälert.

Begünstigung eines Gläubigers

§ 158. (1) Wer nach Eintritt seiner Zahlungsunfähigkeit einen Gläubiger begünstigt und dadurch die anderen Gläubiger oder wenigstens einen von ihnen benachteiligt, ist mit Freiheitsstrafe bis zu zwei Jahren zu bestrafen.

(2) Der Gläubiger, der den Schuldner zur Sicherstellung oder Zahlung einer ihm zustehenden Forderung verleitet oder die Sicherstellung oder Zahlung annimmt, ist nach Abs. 1 nicht zu bestrafen.

Grob fahrlässige Beeinträchtigung von Gläubigerinteressen

§ 159. (1) Wer grob fahrlässig (§ 6 Abs. 3) seine Zahlungsunfähigkeit dadurch herbeiführt, dass er kridaträchtig handelt (Abs. 5), ist mit Freiheitsstrafe bis zu einem Jahr oder mit Geldstrafe bis zu 720 Tagessätzen zu bestrafen. *(BGBl I 2015/112)*

(2) Ebenso ist zu bestrafen, wer in Kenntnis oder fahrlässiger Unkenntnis seiner Zahlungsunfähigkeit grob fahrlässig (§ 6 Abs. 3) die Befriedigung wenigstens eines seiner Gläubiger dadurch vereitelt oder schmälert, dass er nach Abs. 5 kridaträchtig handelt. *(BGBl I 2015/112)*

(3) Ebenso ist zu bestrafen, wer grob fahrlässig (§ 6 Abs. 3) seine wirtschaftliche Lage durch kridaträchtiges Handeln (Abs. 5) derart beeinträchtigt, dass Zahlungsunfähigkeit eingetreten wäre, wenn nicht von einer oder mehreren Gebietskörperschaften ohne Verpflichtung hiezu unmittelbar oder mittelbar Zuwendungen erbracht, vergleichbare Maßnahmen getroffen oder Zuwendungen oder vergleichbare Maßnahmen anderer veranlasst worden wären. *(BGBl I 2015/112)*

(4) Mit Freiheitsstrafe bis zu zwei Jahren ist zu bestrafen, wer

1. im Fall des Abs. 1 einen 1 000 000 Euro übersteigenden Befriedigungsausfall seiner Gläubiger oder wenigstens von ihnen bewirkt, *(BGBl I 2015/112)*

2. im Fall des Abs. 2 einen 1 000 000 Euro übersteigenden zusätzlichen Befriedigungsausfall seiner Gläubiger oder wenigstens eines von ihnen bewirkt oder *(BGBl I 2015/112)*

3. durch eine der in den Abs. 1 oder 2 mit Strafe bedrohten Handlungen die wirtschaftliche Existenz vieler Menschen schädigt oder im Fall des Abs. 3 geschädigt hätte.

(5) Kridaträchtig handelt, wer entgegen Grundsätzen ordentlichen Wirtschaftens

1. einen bedeutenden Bestandteil seines Vermögens zerstört, beschädigt, unbrauchbar macht, verschleudert oder verschenkt,

2. durch ein außergewöhnlich gewagtes Geschäft, das nicht zu seinem gewöhnlichen Wirtschaftsbetrieb gehört, durch Spiel oder Wette übermäßig hohe Beträge ausgibt,

3. übermäßigen, mit seinen Vermögensverhältnissen oder seiner wirtschaftlichen Leistungsfähigkeit in auffallendem Widerspruch stehenden Aufwand treibt,

4. Geschäftsbücher oder geschäftliche Aufzeichnungen zu führen unterlässt oder so führt, dass ein zeitnaher Überblick über seine wahre Vermögens-, Finanz- und Ertragslage erheblich erschwert wird, oder sonstige geeignete und erforderliche Kontrollmaßnahmen, die ihm einen solchen Überblick verschaffen, unterlässt oder

5. Jahresabschlüsse, zu deren Erstellung er verpflichtet ist, zu erstellen unterlässt oder auf eine solche Weise oder so spät erstellt, dass ein zeitnaher Überblick über seine wahre Vermögens-, Finanz- und Ertragslage erheblich erschwert wird.

(BGBl I 2000/58; BGBl I 2001/130)

Umtriebe während einer Geschäftsaufsicht oder im Insolvenzverfahren

§ 160. (1) Mit Freiheitsstrafe bis zu einem Jahr oder mit Geldstrafe bis zu 720 Tagessätzen ist zu bestrafen:

1. wer eine nicht zu Recht bestehende Forderung oder eine Forderung in einem nicht zu Recht bestehenden Umfang oder Rang geltend macht, um dadurch einen ihm nicht zustehenden Einfluß im Insolvenzverfahren zu erlangen; *(BGBl I 2010/58)*

2. ein Gläubiger, der für die Ausübung seines Stimmrechts in einem bestimmten Sinn oder für das Unterlassen der Ausübung seines Stimmrechts für sich oder einen Dritten einen Vermögensvorteil annimmt oder sich versprechen läßt, und auch wer einem Gläubiger zu diesem Zweck einen Vermögensvorteil gewährt oder verspricht;

3. ein Gläubiger, der für die Zustimmung zum Abschluss eines Sanierungsplans ohne Zustimmung der übrigen Gläubiger für sich oder einen Dritten einen Sondervorteil annimmt oder sich versprechen läßt, und auch wer einem Gläubiger zu diesem Zweck einen Sondervorteil gewährt oder verspricht. *(BGBl I 2010/58)* *(BGBl I 2015/112)*

(2) Ebenso sind eine zur Geschäftsaufsicht bestellte Person, der Insolvenzverwalter und ein Mitglied des Gläubigerausschusses im Insolvenzverfahren zu bestrafen, die für sich oder einen Dritten zum Nachteil der Gläubiger einen ihnen nicht gebührenden Vermögensvorteil annehmen oder sich versprechen lassen. *(BGBl I 2010/58)*

Gemeinsame Bestimmungen über die Verantwortlichkeit leitender Angestellter

§ 161. (1) [1]Nach den §§ 156, 158, 159 und 162 ist gleich einem Schuldner, nach § 160 gleich einem Gläubiger zu bestrafen, wer der dort genannten Handlungen als leitender Angestellter (§ 74 Abs. 3) einer juristischen Person oder einer Personengemeinschaft ohne Rechtspersönlichkeit begeht. [2]Ebenso ist nach den genannten Bestimmungen zu bestrafen, wer zwar ohne Einverständnis mit dem Schuldner oder Gläubiger, aber als dessen leitender Angestellter (§ 74 Abs. 3) handelt. *(BGBl I 2009/98)*

(2) Nach § 160 Abs. 2 ist auch zu bestrafen, wer eine der dort genannten Handlungen als leitender Angestellter (§ 74 Abs. 3) einer juristischen Person oder einer Personengemeinschaft ohne

Rechtspersönlichkeit begeht, der eine der dort bezeichneten Aufgaben übertragen worden ist. *(BGBl I 2009/98)*

Vollstreckungsvereitelung

§ 162. (1) Ein Schuldner, der einen Bestandteil seines Vermögens verheimlicht, beiseite schafft, veräußert oder beschädigt, eine nicht bestehende Verbindlichkeit vorschützt oder anerkennt oder sonst sein Vermögen wirklich oder zum Schein verringert und dadurch die Befriedigung eines Gläubigers durch Zwangsvollstreckung oder in einem anhängigen Zwangsvollstreckungsverfahren vereitelt oder schmälert, ist mit Freiheitsstrafe bis zu sechs Monaten oder mit Geldstrafe bis zu 360 Tagessätzen zu bestrafen.

(2) Wer durch die Tat einen 5 000 Euro übersteigenden Schaden herbeiführt, ist mit Freiheitsstrafe bis zu drei Jahren zu bestrafen. *(BGBl I 2004/136; BGBl I 2015/112)*

(BGBl I 2001/130)

Vollstreckungsvereitelung zugunsten eines anderen

§ 163. Ebenso ist zu bestrafen, wer ohne Einverständnis mit dem Schuldner einen Bestandteil des Vermögens des Schuldners verheimlicht, beiseite schafft, veräußert oder beschädigt oder ein nicht bestehendes Recht gegen das Vermögen des Schuldners geltend macht und dadurch die Befriedigung eines Gläubigers durch Zwangsvollstreckung oder in einem anhängigen Zwangsvollstreckungsverfahren vereitelt oder schmälert.

Unvertretbare Darstellung wesentlicher Informationen über bestimmte Verbände

§ 163a. (1) Wer als Entscheidungsträger (§ 2 Abs. 1 Verbandsverantwortlichkeitsgesetz – VbVG, BGBl. I Nr. 151/2005) eines in § 163c angeführten Verbandes oder sonst als von einem Entscheidungsträger mit der Informationsdarstellung Beauftragter in

1. einem Jahres- oder Konzernabschluss, einem Lage- oder Konzernlagebericht oder einem anderen an die Öffentlichkeit, an die Gesellschafter oder die Mitglieder, an ein aufsichtsberechtigtes Organ oder dessen Vorsitzenden gerichteten Bericht,

2. einer öffentlichen Aufforderung zur Beteiligung an dem Verband,

3. einem Vortrag oder einer Auskunft in der Haupt-, General- oder Mitgliederversammlung oder sonst einer Versammlung der Gesellschafter oder Mitglieder des Verbandes,

4. Aufklärungen und Nachweisen (§ 272 Abs. 2 UGB) oder sonstigen Auskünften, die einem Prüfer (§ 163b Abs. 1) zu geben sind, oder

5. einer Anmeldung zum Firmenbuch, die die Leistung von Einlagen auf das Gesellschaftskapital betrifft,

eine die Vermögens-, Finanz- oder Ertragslage des Verbandes betreffende oder für die Beurteilung der künftigen Entwicklung der Vermögens-, Finanz- oder Ertragslage bedeutsame wesentliche Information (§ 189a Z 10 Unternehmensgesetzbuch – UGB, dRGBl. S. 219/1897), einschließlich solcher Umstände, die die Beziehung des Verbandes zu mit ihm verbundenen Unternehmen betreffen, in unvertretbarer Weise falsch oder unvollständig darstellt, ist, wenn dies geeignet ist, einen erheblichen Schaden für den Verband, dessen Gesellschafter, Mitglieder oder Gläubiger oder für Anleger herbeizuführen, mit Freiheitsstrafe bis zu zwei Jahren zu bestrafen.

(2) Ebenso ist zu bestrafen, wer als Entscheidungsträger einen Sonderbericht nicht erstattet, der angesichts der drohenden Gefährdung der Liquidität des Verbandes gesetzlich geboten ist.

(3) Mit Freiheitsstrafe bis zu drei Jahren ist zu bestrafen, wer die Tat nach Abs. 1 oder 2 in Bezug auf einen Verband begeht, dessen übertragbare Wertpapiere zum Handel an einem geregelten Markt eines Mitgliedstaats der Europäischen Union oder eines Vertragsstaats des Abkommens über den Europäischen Wirtschaftsraum im Sinn des Art. 4 Abs. 1 Nr. 21 der Richtlinie 2014/65/EU über Märkte für Finanzinstrumente sowie zur Änderung der Richtlinien 2002/92/EG und 2011/61/EU, ABl. Nr. L 173 vom 12. 6. 2014 S. 349, zugelassen sind.

(4) Wegen Beteiligung (§§ 12, 14) ist nicht zu bestrafen, wer schon nach § 163b mit Strafe bedroht ist.

(BGBl I 2015/112)

Unvertretbare Berichte von Prüfern bestimmter Verbände

§ 163b. (1) Wer als Abschlussprüfer, Gründungsprüfer, Sonderprüfer, Verschmelzungsprüfer, Spaltungsprüfer, Revisor, Stiftungsprüfer, Mitglied der Prüfungskommission (§ 40 ORF-Gesetz, BGBl. Nr. 379/1984) oder sonst als aufgrund verbandsrechtlicher Bestimmungen bestellter Prüfer mit vergleichbaren Funktionen eines in § 163c angeführten Verbandes in

1. seinem Prüfungsbericht oder

2. einem Vortrag oder einer Auskunft in der Haupt-, General- oder Mitgliederversammlung oder sonst einer Versammlung der Gesellschafter oder Mitglieder des Verbandes

in unvertretbarer Weise wesentliche Informationen (§ 163a Abs. 1) falsch oder unvollständig darstellt oder verschweigt, dass der Jahres- oder Konzernabschluss, der Lage- oder Konzernlagebericht oder sonst der geprüfte Abschluss, Vertrag oder Bericht wesentliche Informationen (§ 163a

Abs. 1) in unvertretbarer Weise falsch oder unvollständig darstellt, ist, wenn dies geeignet ist, einen erheblichen Schaden für den Verband, dessen Gesellschafter, Mitglieder oder Gläubiger oder für Anleger herbeizuführen, mit Freiheitsstrafe bis zu zwei Jahren zu bestrafen.

(2) Ebenso ist zu bestrafen, wer als Prüfer (Abs. 1)

1. in unvertretbarer Weise einen inhaltlich unrichtigen Bestätigungsvermerk erteilt, wenn dies geeignet ist, einen erheblichen Schaden für den Verband, dessen Gesellschafter, Mitglieder oder Gläubiger oder für Anleger herbeizuführen, oder

2. einen Bericht nicht erstattet, der angesichts der drohenden Bestandsgefährdung des Verbandes gesetzlich geboten ist.

(3) Nach Abs. 2 Z 1 ist nicht zu bestrafen, wer schon wegen der falschen oder unvollständigen Darstellung nach Abs. 1 mit Strafe bedroht ist. Nach Abs. 1 ist nicht zu bestrafen, wer schon wegen der Nichterstattung des Berichtes nach Abs. 2 Z 2 mit Strafe bedroht ist.

(4) Wer eine Tat nach Abs. 1 oder 2 als Prüfer eines in § 163a Abs. 3 angeführten Verbandes begeht, ist mit Freiheitsstrafe bis zu drei Jahren zu bestrafen.

(5) Wegen Beteiligung (§§ 12, 14) ist nicht zu bestrafen, wer schon nach § 163a mit Strafe bedroht ist.

(BGBl I 2015/112)

Verbände

§ 163c. Die §§ 163a und 163b sind auf folgende Verbände anzuwenden:

1. Gesellschaften mit beschränkter Haftung,

2. Aktiengesellschaften,

3. Europäische Gesellschaften (SE),

4. Genossenschaften,

5. Europäische Genossenschaften (SCE),

6. Versicherungsvereine auf Gegenseitigkeit,

7. große Vereine im Sinne des § 22 Abs. 2 des Vereinsgesetzes 2002, BGBl. I Nr. 66/2002,

8. offene Gesellschaften und Kommanditgesellschaften im Sinne des § 189 Abs. 1 Z 2 lit. a UGB,

9. Sparkassen,

10. Privatstiftungen,

11. die Stiftung nach dem ORF-Gesetz und

12. den in Z 1 bis 11 genannten Verbänden vergleichbare ausländische Verbände, deren übertragbare Wertpapiere zum Handel an einem geregelten Markt im Inland zugelassen sind oder die im Hinblick auf eine Zweigniederlassung im Inland im Firmenbuch eingetragen sind (§ 12 UGB).

(BGBl I 2015/112)

Tätige Reue

§ 163d. (1) Nach § 163a ist nicht zu bestrafen, wer freiwillig die falschen Angaben richtig stellt oder die fehlenden Angaben nachträgt,

1. im Fall eines Berichts an ein aufsichtsberechtigtes Organ (Abs. 1 Z 1), bevor die Sitzung des Organs beendet ist,

2. in den Fällen des Abs. 1 Z 2, bevor sich jemand an dem Verband beteiligt hat,

3. in den Fällen des Abs. 1 Z 3, bevor die Haupt-, General- oder Mitgliederversammlung oder sonst die Versammlung der Gesellschafter oder Mitglieder des Verbandes beendet ist,

4. in den Fällen des Abs. 1 Z 4, bevor der betreffende Prüfer seinen Bericht vorgelegt hat, sowie

5. in den Fällen des Abs. 1 Z 5, bevor die Eintragung im Firmenbuch angeordnet worden ist.

(2) Nach § 163b Abs. 1 Z 2 ist nicht zu bestrafen, wer freiwillig die verschwiegenen Angaben nachträgt, bevor die Haupt-, General- oder Mitgliederversammlung oder sonst die Versammlung der Gesellschafter oder Mitglieder des Verbandes beendet ist.

(BGBl I 2015/112)

Hehlerei

§ 164. (1) Wer den Täter einer mit Strafe bedrohten Handlung gegen fremdes Vermögen nach der Tat dabei unterstützt, eine Sache, die dieser durch sie erlangt hat, zu verheimlichen oder zu verwerten, ist mit Freiheitsstrafe bis zu sechs Monaten oder mit Geldstrafe bis zu 360 Tagessätzen zu bestrafen.

(2) Ebenso ist zu bestrafen, wer eine solche Sache kauft, sonst an sich bringt oder einem Dritten verschafft.

(3) Wer eine Sache im Wert von mehr als 5 000 Euro verhehlt, ist mit Freiheitsstrafe bis zu zwei Jahren zu bestrafen. *(BGBl I 2004/136; BGBl I 2015/112)*

(4) [1]Wer eine Sache im Wert von mehr als 300 000 Euro verhehlt oder wer die Hehlerei gewerbsmäßig betreibt, ist mit Freiheitsstrafe von sechs Monaten bis zu fünf Jahren zu bestrafen. [2]Ebenso ist der Hehler zu bestrafen, wenn die mit Strafe bedrohte Handlung, durch die die Sache erlangt worden ist, aus einem anderen Grund als wegen gewerbsmäßiger Begehung mit einer Freiheitsstrafe bedroht ist, die fünf Jahre erreicht oder übersteigt, und der Hehler die Umstände kennt, die diese Strafdrohung begründen. *(BGBl I 2004/136; BGBl I 2015/112)*

(5) Wer eine Tat nach Abs. 1 oder Abs. 2 aus Not, aus Unbesonnenheit oder zur Befriedigung eines Gelüstes in Bezug auf eine Sache geringen Wertes begeht, ist mit Freiheitsstrafe bis zu einem Monat oder mit Geldstrafe bis zu 60 Tagessätzen

zu bestrafen, sofern es sich bei der Vortat nicht um einen Diebstahl durch Einbruch oder mit Waffen nach § 129 Abs. 2, einen räuberischen Diebstahl nach § 131, einen schweren Eingriff in fremdes Jagd- oder Fischereirecht nach § 138 Z 2, einen Raub nach § 142, einen schweren Raub nach § 143, eine Erpressung nach § 144 oder eine schwere Erpressung nach § 145 handelt. *(BGBl I 2015/112)*

(6) Wer eine Tat nach Abs. 5 begeht, ist nur mit Ermächtigung des durch die Vortat Verletzten zu verfolgen. *(BGBl I 2015/112)*

(7) Wer eine Tat nach Abs. 5 begeht, ist nicht zu bestrafen, wenn die Vortat zum Nachteil seines Ehegatten, seines eingetragenen Partners, eines Verwandten in gerader Linie, seines Bruders oder seiner Schwester oder zum Nachteil eines anderen Angehörigen, sofern er mit diesem in Hausgemeinschaft lebt, begangen wurde. *(BGBl I 2015/112)*

(BGBl 1993/527; BGBl I 2001/130)

Geldwäscherei

§ 165. (1) Wer

1. Vermögensbestandteile, die aus einer kriminellen Tätigkeit (Abs. 5) herrühren, mit dem Vorsatz, ihren illegalen Ursprung zu verheimlichen oder zu verschleiern oder eine andere Person, die an einer solchen kriminellen Tätigkeit beteiligt ist, zu unterstützen, damit diese den Rechtsfolgen ihrer Tat entgeht, umwandelt oder einem anderen überträgt, oder

2. die wahre Natur, Herkunft, Lage, Verfügung oder Bewegung von Vermögensbestandteilen, die aus einer kriminellen Tätigkeit (Abs. 5) herrühren, verheimlicht oder verschleiert,

ist mit Freiheitsstrafe von sechs Monaten bis zu fünf Jahren zu bestrafen.

(2) Ebenso ist zu bestrafen, wer Vermögensbestandteile erwirbt, sonst an sich bringt, besitzt, umwandelt, einem anderen überträgt oder sonst verwendet, wenn er zur Zeit des Erlangens weiß, dass sie aus einer kriminellen Tätigkeit (Abs. 5) eines anderen herrühren.

(3) Ebenso ist zu bestrafen, wer Vermögensbestandteile, die der Verfügungsmacht einer kriminellen Organisation (§ 278a) oder einer terroristischen Vereinigung (§ 278b) unterliegen, in deren Auftrag oder Interesse erwirbt, sonst an sich bringt, besitzt, umwandelt, einem anderen überträgt oder sonst verwendet, wenn er zur Zeit des Erlangens von dieser Verfügungsmacht weiß.

(4) Wer die Tat in Bezug auf einen Vermögensbestandteil, dessen Wert 50 000 Euro übersteigt, oder als Mitglied einer kriminellen Vereinigung begeht, die sich zur fortgesetzten Geldwäscherei verbunden hat, ist mit Freiheitsstrafe von einem bis zu zehn Jahren zu bestrafen.

(5) [1]Kriminelle Tätigkeiten sind mit mehr als einjähriger Freiheitsstrafe oder nach den §§ 223, 229, 289, 293, 295 oder den §§ 27 oder 30 des Suchtmittelgesetzes mit Strafe bedrohte Handlungen, wenn sie

1. den österreichischen Strafgesetzen unterliegen und rechtswidrig begangen wurden oder

2. im Ausland begangen wurden, ohne den österreichischen Strafgesetzen zu unterliegen, aber sowohl nach den österreichischen Strafgesetzen als auch – sofern es sich um Taten nach Art. 2 Z 1 lit. a bis e und h der Richtlinie (EU) 2018/1673 über die strafrechtliche Bekämpfung der Geldwäsche, ABl. Nr. L 284 vom 12.11.2018 S 22, und geltendem Unionsrecht handelt – nach den Gesetzen des Tatorts den Tatbestand einer mit gerichtlicher Strafe bedrohten Handlung erfüllen und rechtswidrig begangen wurden. [2]Es ist weder erforderlich, dass der Täter wegen der kriminellen Tätigkeit verurteilt werden kann, noch dass alle Sachverhaltselemente oder alle Umstände im Zusammenhang mit dieser Tätigkeit, wie etwa die Identität des Täters, feststehen.

(6) Vermögensbestandteile sind Vermögenswerte aller Art, ob körperlich oder unkörperlich, beweglich oder unbeweglich, materiell oder immateriell, und Rechtstitel oder Urkunden in jeder – einschließlich elektronischer oder digitaler – Form, die das Eigentumsrecht oder Rechte an solchen Vermögenswerten belegen, weiters Einheiten virtueller Währungen und die auf diese entfallenden Wertzuwächse oder durch diese belegte Rechte, nicht aber bloße Ersparnisse wie etwa nicht eingetretene Wertverluste, Forderungsverzichte oder ersparte Aus- und Abgaben.

(7) Ein Vermögensbestandteil rührt aus einer kriminellen Tätigkeit (Abs. 5) her, wenn ihn der Täter der kriminellen Tätigkeit durch die Tat erlangt oder für ihre Begehung empfangen hat oder wenn sich in ihm der Wert des ursprünglich erlangten oder empfangenen Vermögensbestandteils verkörpert.

(BGBl 1993/527; BGBl I 2010/38; BGBl I 2021/159)

Tätige Reue

§ 165a. (1) Wegen Geldwäscherei ist nicht zu bestrafen, wer freiwillig und bevor die Behörde (§ 151 Abs. 3) von seinem Verschulden erfahren hat, durch Mitteilung an die Behörde oder auf andere Weise die Sicherstellung wesentlicher Vermögensbestandteile, auf die sich die Geldwäscherei bezogen hat, bewirkt.

(2) Wenn ohne Zutun des Täters wesentliche Vermögensbestandteile, auf die sich die Geldwäscherei bezogen hat, sichergestellt werden, ist der Täter nicht zu bestrafen, wenn er sich in Unkenntnis dessen freiwillig und ernstlich um die Sicherstellung bemüht hat.

(BGBl 1993/527)

Begehung im Familienkreis

§ 166. (1) [1]Wer eine Sachbeschädigung, eine Datenbeschädigung, eine Störung der Funktionsfähigkeit eines Computersystems, einen Diebstahl mit Ausnahme der in den §§ 129 Abs. 2 Z 2, 131 genannten Fälle, eine Entziehung von Energie, eine Veruntreuung, eine Unterschlagung, eine dauernde Sachentziehung, einen Eingriff in fremdes Jagd- oder Fischereirecht mit Ausnahme der in den §§ 138 Z 2 und 3, 140 genannten Fälle, einen Betrug, einen betrügerischen Datenverarbeitungsmißbrauch, eine Untreue, eine Geschenkannahme durch Machthaber, eine Hehlerei nach § 164 Abs. 1 bis 4, eine Fälschung unbarer Zahlungsmittel, eine Annahme, eine Weitergabe oder einen Besitz falscher oder verfälschter unbarer Zahlungsmittel, eine Vorbereitung der Fälschung unbarer Zahlungsmittel, eine Entfremdung unbarer Zahlungsmittel, eine Annahme, eine Weitergabe oder einen Besitz entfremdeter unbarer Zahlungsmittel oder ein Ausspähen von Daten eines unbaren Zahlungsmittels zum Nachteil seines Ehegatten, seines eingetragenen Partners, eines Verwandten in gerader Linie, seines Bruders oder seiner Schwester oder zum Nachteil eines anderen Angehörigen begeht, sofern er mit diesem in Hausgemeinschaft lebt, ist mit Freiheitsstrafe bis zu drei Monaten oder mit Geldstrafe bis zu 180 Tagessätzen, wenn die Tat jedoch sonst mit einer Freiheitsstrafe bedroht wäre, die drei Jahre erreicht oder übersteigt, mit Freiheitsstrafe bis zu sechs Monaten oder mit Geldstrafe bis zu 360 Tagessätzen zu bestrafen. [2]Ein Vormund, Kurator oder Sachwalter, der zum Nachteil desjenigen handelt, für den er bestellt worden ist, wird jedoch nicht begünstigt. *(BGBl I 2015/154)*

(2) Ebenso ist zu bestrafen, wer sich an der Tat bloß zum Vorteil eines anderen beteiligt (§ 12), der zum Verletzten in einer der genannten Beziehungen steht.

(3) Der Täter ist nur auf Verlangen des Verletzten zu verfolgen.

(BGBl 1987/605; BGBl I 2002/134)

Tätige Reue

§ 167. (1) Die Strafbarkeit wegen Sachbeschädigung, Datenbeschädigung, Störung der Funktionsfähigkeit eines Computersystems, Diebstahls, Entziehung von Energie, Veruntreuung, Unterschlagung, dauernder Sachentziehung, Eingriffs in fremdes Jagd- oder Fischereirecht, Entwendung, Betrugs, betrügerischen Datenverarbeitungsmißbrauchs, Erschleichung einer Leistung, Notbetrugs, Untreue, Geschenkannahme durch Machthaber, Förderungsmißbrauchs, betrügerischen Anmeldens zur Sozialversicherung oder Bauarbeiter- Urlaubs- und Abfertigungskasse, Wuchers, betrügerischer Krida, Schädigung fremder Gläubiger, Begünstigung eines Gläubi-

gers, grob fahrlässiger Beeinträchtigung von Gläubigerinteressen, Vollstreckungsvereitelung und Hehlerei wird durch tätige Reue aufgehoben. *(BGBl I 2015/154)*

(2) [1]Dem Täter kommt tätige Reue zustatten, wenn er, bevor die Behörde (§ 151 Abs. 3) von seinem Verschulden erfahren hat, wenngleich auf Andringen des Verletzten, so doch ohne hiezu gezwungen zu sein,

1. den ganzen aus seiner Tat entstandenen Schaden gutmacht oder

2. sich vertraglich verpflichtet, dem Verletzten binnen einer bestimmten Zeit solche Schadensgutmachung zu leisten. [1]In letzterem Fall lebt die Strafbarkeit wieder auf, wenn der Täter seine Verpflichtung nicht einhält.

(3) Der Täter ist auch nicht zu bestrafen, wenn er den ganzen aus seiner Tat entstandenen Schaden im Zug einer Selbstanzeige, die der Behörde (§ 151 Abs. 3) sein Verschulden offenbart, durch Erlag bei dieser Behörde gutmacht.

(4) Der Täter, der sich um die Schadensgutmachung ernstlich bemüht hat, ist auch dann nicht zu bestrafen, wenn ein Dritter in seinem Namen oder wenn ein anderer an der Tat Mitwirkender den ganzen aus der Tat entstandenen Schaden unter den im Abs. 2 genannten Voraussetzungen gutmacht.

(BGBl 1987/605; BGBl 1993/527; BGBl I 1998/153; BGBl I 2000/58; BGBl I 2002/134)

Glücksspiel

§ 168. (1) Wer ein Spiel, bei dem Gewinn und Verlust ausschließlich oder vorwiegend vom Zufall abhängen oder das ausdrücklich verboten ist, veranstaltet oder zur Abhaltung eines solchen Spieles veranstaltete Zusammenkunft fördert, um aus dieser Veranstaltung oder Zusammenkunft sich oder einem anderen einen Vermögensvorteil zuzuwenden, ist mit Freiheitsstrafe bis zu sechs Monaten oder mit Geldstrafe bis zu 360 Tagessätzen zu bestrafen, es sei denn, daß bloß zur gemeinnützigen Zwecken oder bloß zum Zeitvertreib und um geringe Beträge gespielt wird.

(2) Wer sich gewerbsmäßig an einem solchen Spiel beteiligt, ist mit Freiheitsstrafe bis zu sechs Monaten oder mit Geldstrafe bis zu 360 Tagessätzen zu bestrafen.

Ketten- oder Pyramidenspiele

§ 168a. (1) Wer ein Gewinnerwartungssystem, dessen Teilnehmern gegen Einsatz ein Vermögensvorteil unter der Bedingung in Aussicht gestellt wird, daß diesem oder einem damit im Zusammenhang stehenden System unter den gleichen Bedingungen weitere Teilnehmer zugeführt werden, und bei dem die Erlangung des Vermögensvorteils ganz oder teilweise vom bedingungsgemäßen

Verhalten jeweils weiterer Teilnehmer abhängt (Ketten- oder Pyramidenspiel),

1. in Gang setzt oder veranstaltet oder

2. durch Zusammenkünfte, Prospekte oder auf eine andere zur Anwerbung vieler Teilnehmer geeignete Weise verbreitet oder

3. sonst die Verbreitung eines solchen Systems gewerbsmäßig fördert,

ist mit Freiheitsstrafe bis zu sechs Monaten oder mit Geldstrafe bis zu 360 Tagessätzen zu bestrafen, es sei denn, daß das System bloß zu gemeinnützigen Zwecken veranstaltet wird oder bloß Einsätze geringen Wertes verlangt werden.

(2) Wer durch die Tat eine größere Zahl von Menschen schwer geschädigt hat, ist mit Freiheitsstrafe bis zu drei Jahren zu bestrafen.

(BGBl 1996/762)

Wettbewerbsbeschränkende Absprachen bei Vergabeverfahren

§ 168b. (1) Wer bei einem Vergabeverfahren einen Teilnahmeantrag stellt, ein Angebot legt oder Verhandlungen führt, die auf einer rechtswidrigen Absprache beruhen, die darauf abzielt, den Auftraggeber zur Annahme eines bestimmten Angebots zu veranlassen, ist mit Freiheitsstrafe bis zu drei Jahren zu bestrafen.

(2) ¹Nach Abs. 1 ist nicht zu bestrafen, wer freiwillig verhindert, dass der Auftraggeber das Angebot annimmt oder dieser seine Leistung erbringt. ²Wird ohne Zutun des Täters das Angebot nicht angenommen oder die Leistung des Auftraggebers nicht erbracht, so wird er straflos, wenn er sich freiwillig und ernsthaft bemüht, die Annahme des Angebots oder das Erbringen der Leistung zu verhindern.

(BGBl I 2002/62)

§ 168c. *(aufgehoben samt Überschrift, BGBl I 2021/94)*

§ 168d. *(aufgehoben samt Überschrift, BGBl I 2021/94)*

§ 168e. *(aufgehoben samt Überschrift, BGBl I 2012/61)*

Ausgabenseitiger Betrug zum Nachteil der finanziellen Interessen der Europäischen Union

§ 168f. (1) Wer in Bezug auf Ausgaben, die nicht in Zusammenhang mit einer Auftragsvergabe (Abs. 5) stehen, Mittel oder Vermögenswerte aus dem Gesamthaushalt der Europäischen Union oder aus den Haushalten, die von der Europäischen Union oder in deren Auftrag verwaltet werden,

1. unter Verwendung oder Vorlage falscher, unrichtiger oder unvollständiger Erklärungen oder Unterlagen oder unter Verletzung einer spezifi-

schen Informationspflicht unrechtmäßig erlangt oder zurückbehält, oder

2. zu anderen Zwecken als jenen, für die sie ursprünglich gewährt wurden, missbräuchlich verwendet,

ist mit Freiheitsstrafe bis zu sechs Monaten oder mit Geldstrafe bis zu 360 Tagessätzen zu bestrafen.

(2) Ebenso ist zu bestrafen, wer einen Betrug zum Nachteil der finanziellen Interessen der Europäischen Union (Abs. 1) in Bezug auf Ausgaben, die in Zusammenhang mit einer Auftragsvergabe (Abs. 5) stehen, mit dem Vorsatz begeht, sich oder einen Dritten unrechtmäßig zu bereichern.

(3) Wer durch die Tat (Abs. 1 oder 2) einen 5 000 Euro übersteigenden Schaden herbeiführt oder die Tat im Rahmen einer kriminellen Vereinigung begeht, ist mit Freiheitsstrafe bis zu drei Jahren zu bestrafen.

(4) Wer durch die Tat (Abs. 1 oder 2) einen 100 000 Euro übersteigenden Schaden herbeiführt, ist mit Freiheitsstrafe von sechs Monaten bis zu fünf Jahren, wer durch die Tat einen 300 000 Euro übersteigenden Schaden herbeiführt, mit Freiheitsstrafe von einem Jahr zu zehn Jahren zu bestrafen.

(5) Ausgaben im Zusammenhang mit der Vergabe öffentlicher Aufträge sind alle Ausgaben in Verbindung mit öffentlichen Aufträgen im Sinne des Art. 101 Abs. 1 der Verordnung (EU, Euratom) Nr. 966/2012 über die Haushaltsordnung für den Gesamthaushaltsplan der Union und zur Aufhebung der Verordnung (EG, Euratom) Nr. 1605/2002 des Rates, ABl. L 298 vom 26.10.2012, S. 1.

(BGBl I 2019/111; BGBl I 2021/94)

Missbräuchliche Verwendung von Mitteln und Vermögenswerten zum Nachteil der finanziellen Interessen der Europäischen Union

§ 168g. (1) Wer als Amtsträger unmittelbar oder mittelbar Mittel oder Vermögenswerte verwaltet und diese Mittel entgegen ihrer Zweckbestimmung bindet oder ausbezahlt oder sonstige Vermögenswerte entgegen ihrer Zweckbestimmung zuweist oder verwendet und dadurch die finanziellen Interessen der Union schädigt, ist mit Freiheitsstrafe bis zu sechs Monaten oder mit Geldstrafe bis zu 360 Tagessätzen zu bestrafen.

(2) Wer durch die Tat einen 5 000 Euro übersteigenden Schaden herbeiführt oder die Tat im Rahmen einer kriminellen Vereinigung begeht, ist mit Freiheitsstrafe bis zu drei Jahren zu bestrafen.

(3) Wer durch die Tat einen 100 000 Euro übersteigenden Schaden herbeiführt, ist mit Freiheitsstrafe von sechs Monaten bis zu fünf Jahren, wer durch die Tat einen 300 000 Euro übersteigen-

genden Schaden herbeiführt, mit Freiheitsstrafe von einem bis zu zehn Jahren zu bestrafen.

(BGBl I 2019/111; BGBl I 2021/94)

SIEBENTER ABSCHNITT

Gemeingefährliche strafbare Handlungen und strafbare Handlungen gegen die Umwelt

Brandstiftung

§ 169. (1) Wer an einer fremden Sache ohne Einwilligung des Eigentümers eine Feuersbrunst verursacht, ist mit Freiheitsstrafe von einem bis zu zehn Jahren zu bestrafen.

(2) Ebenso ist zu bestrafen, wer an einer eigenen Sache oder an der Sache eines anderen mit dessen Einwilligung eine Feuersbrunst verursacht und dadurch eine Gefahr für Leib oder Leben (§ 89) des anderen oder eines Dritten oder für das Eigentum eines Dritten in großem Ausmaß herbeiführt.

(3) Hat die Tat den Tod eines Menschen oder schwere Körperverletzungen (§ 84 Abs. 1) einer größeren Zahl von Menschen zur Folge oder sind durch die Tat viele Menschen in Not versetzt worden, so ist der Täter mit Freiheitsstrafe von fünf bis zu fünfzehn Jahren, hat sie aber den Tod einer größeren Zahl von Menschen nach sich gezogen, mit Freiheitsstrafe von zehn bis zu zwanzig Jahren zu bestrafen. *(BGBl I 2015/112)*

Fahrlässige Herbeiführung einer Feuersbrunst

§ 170. (1) Wer eine der im § 169 mit Strafe bedrohten Taten fahrlässig begeht, ist mit Freiheitsstrafe bis zu einem Jahr oder mit Geldstrafe bis zu 720 Tagessätzen zu bestrafen. *(BGBl I 2015/112)*

(2) Hat die Tat den Tod eines Menschen oder schwere Körperverletzungen (§ 84 Abs. 1) einer größeren Zahl von Menschen zur Folge oder sind durch die Tat viele Menschen in Not versetzt worden, so ist der Täter mit Freiheitsstrafe bis zu drei Jahren, hat sie aber den Tod einer größeren Zahl von Menschen nach sich gezogen, mit Freiheitsstrafe von sechs Monaten bis zu fünf Jahren zu bestrafen.

Vorsätzliche Gefährdung durch Kernenergie oder ionisierende Strahlen

§ 171. (1) Wer bewirkt, daß durch freiwerdende Kernenergie oder sonst durch ionisierende Strahlen eine Gefahr für Leib oder Leben (§ 89) eines anderen oder für fremdes Eigentum in großem Ausmaß entsteht, ist mit Freiheitsstrafe von einem bis zu zehn Jahren zu bestrafen.

(2) Hat die Tat eine der im § 169 Abs. 3 genannten Folgen, so sind die dort angedrohten Strafen zu verhängen.

Fahrlässige Gefährdung durch Kernenergie oder ionisierende Strahlen

§ 172. (1) Wer die im § 171 mit Strafe bedrohte Handlung fahrlässig begeht, ist mit Freiheitsstrafe bis zu einem Jahr oder mit Geldstrafe bis zu 720 Tagessätzen zu bestrafen. *(BGBl I 2015/112)*

(2) Hat die Tat eine der im § 170 Abs. 2 genannten Folgen, so sind die dort angedrohten Strafen zu verhängen.

Vorsätzliche Gefährdung durch Sprengmittel

§ 173. (1) Wer einen Sprengstoff als Sprengmittel zur Explosion bringt und dadurch eine Gefahr für Leib oder Leben (§ 89) eines anderen oder für fremdes Eigentum in großem Ausmaß herbeiführt, ist mit Freiheitsstrafe von einem bis zu zehn Jahren zu bestrafen.

(2) Hat die Tat eine der im § 169 Abs. 3 genannten Folgen, so sind die dort angedrohten Strafen zu verhängen.

Fahrlässige Gefährdung durch Sprengmittel

§ 174. (1) Wer die im § 173 mit Strafe bedrohte Handlung fahrlässig begeht, ist mit Freiheitsstrafe bis zu einem Jahr oder mit Geldstrafe bis zu 720 Tagessätzen zu bestrafen. *(BGBl I 2015/112)*

(2) Hat die Tat eine der im § 170 Abs. 2 genannten Folgen, so sind die dort angedrohten Strafen zu verhängen.

Vorbereitung eines Verbrechens durch Kernenergie, ionisierende Strahlen oder Sprengmittel

§ 175. (1) Wer in der Absicht, sich oder einem anderen die Begehung einer nach § 171 oder § 173 mit Strafe bedrohten, wenn auch noch nicht bestimmten Handlung zu ermöglichen, einen Kernbrennstoff, einen radioaktiven Stoff, einen Sprengstoff, einen Bestandteil eines Sprengstoffs oder eine zur Herstellung oder Benutzung dieser Stoffe erforderliche Vorrichtung anfertigt, erwirbt oder besitzt, oder einen solchen Stoff einem anderen überläßt, von dem er weiß (§ 5 Abs. 3), daß er ihn zur Vorbereitung einer der genannten mit Strafe bedrohten Handlungen erwirbt, ist mit Freiheitsstrafe von sechs Monaten bis zu fünf Jahren zu bestrafen.

(2) Der Täter ist nicht zu bestrafen, wenn er freiwillig, bevor die Behörde (§ 151 Abs. 3) von seinem Verschulden erfahren hat, den Gegenstand der Behörde übergibt, es ihr ermöglicht, des Gegenstands habhaft zu werden, oder sonst die Gefahr beseitigt, daß von dem Gegenstand zur Begehung einer nach § 171 oder § 173 mit Strafe bedrohten Handlung Gebrauch gemacht wird.

Vorsätzliche Gemeingefährdung

§ 176. (1) Wer anders als durch eine der in den §§ 169, 171 und 173 mit Strafe bedrohten Handlungen eine Gefahr für Leib oder Leben (§ 89) einer größeren Zahl von Menschen oder für fremdes Eigentum in großem Ausmaß herbeiführt, ist mit Freiheitsstrafe von einem bis zu zehn Jahren zu bestrafen.

(2) Hat die Tat eine der im § 169 Abs. 3 genannten Folgen, so sind die dort angedrohten Strafen zu verhängen.

Fahrlässige Gemeingefährdung

§ 177. (1) Wer anders als durch eine der in den §§ 170, 172 und 174 mit Strafe bedrohten Handlungen fahrlässig eine Gefahr für Leib oder Leben (§ 89) einer größeren Zahl von Menschen oder für fremdes Eigentum in großem Ausmaß herbeiführt, ist mit Freiheitsstrafe bis zu einem Jahr oder mit Geldstrafe bis zu 720 Tagessätzen zu bestrafen. *(BGBl I 2015/112)*

(2) Hat die Tat eine der im § 170 Abs. 2 genannten Folgen, so sind die dort angedrohten Strafen zu verhängen.

Herstellung und Verbreitung von Massenvernichtungswaffen

§ 177a. (1) Wer zur Massenvernichtung bestimmte und geeignete nukleare, radiologische, biologische oder chemische Kampfmittel *(BGBl I 2018/70)*

1. herstellt, verarbeitet oder zum Zweck der Herstellung entwickelt,

2. in das Inland einführt, aus dem Inland ausführt oder durch das Inland durchführt oder

3. erwirbt, besitzt oder einem anderen überläßt oder verschafft,

ist mit Freiheitsstrafe von einem bis zu zehn Jahren zu bestrafen.

(2) Weiß der Täter, daß die Kampfmittel in ein Gebiet gelangen sollen, in dem ein Krieg oder ein bewaffneter Konflikt ausgebrochen ist oder unmittelbar auszubrechen droht, so ist er mit Freiheitsstrafe von fünf bis zu fünfzehn Jahren, weiß er aber, daß die Kampfmittel zum Einsatz gelangen sollen, mit Freiheitsstrafe von zehn bis zu zwanzig Jahren oder mit lebenslanger Freiheitsstrafe zu bestrafen.

(BGBl 1996/762)

Unerlaubter Umgang mit Kernmaterial, radioaktiven Stoffen oder Strahleneinrichtungen

§ 177b. (1) Wer entgegen einer Rechtsvorschrift oder einem behördlichen Auftrag Kernmaterial herstellt, bearbeitet, verarbeitet, verwendet, besitzt, beseitigt, befördert, in das Inland einführt, aus dem Inland ausführt oder durch das Inland durchführt, ist mit Freiheitsstrafe bis zu drei Jahren zu bestrafen. *(BGBl I 2011/103)*

(2) Ebenso ist zu bestrafen, wer entgegen einer Rechtsvorschrift oder einem behördlichen Auftrag radioaktive Stoffe oder Strahleneinrichtungen so herstellt, bearbeitet, verarbeitet, verwendet, besitzt, beseitigt, befördert, in das Inland einführt, aus dem Inland ausführt oder durch das Inland durchführt, dass dadurch

1. eine Gefahr für das Leben oder einer schweren Körperverletzung (§ 84 Abs. 1) eines anderen oder sonst für die Gesundheit oder körperliche Sicherheit einer größeren Zahl von Menschen,

2. eine Gefahr für den Tier- oder Pflanzenbestand in erheblichem Ausmaß,

3. eine lange Zeit andauernde Verschlechterung des Zustands eines Gewässers, des Bodens oder der Luft oder

4. ein Beseitigungsaufwand, der 50 000 Euro übersteigt,

entstehen kann. *(BGBl I 2011/103)*

(3) Wer entgegen einer Rechtsvorschrift oder einem behördlichen Auftrag Kernmaterial oder radioaktive Stoffe herstellt, bearbeitet, verarbeitet, verwendet, besitzt, beseitigt, befördert, in das Inland einführt, aus dem Inland ausführt oder durch das Inland durchführt und dadurch die Gefahr herbeiführt, dass Kernmaterial oder radioaktive Stoffe der Herstellung oder Verarbeitung von zur Massenvernichtung geeigneten nuklearen oder radiologischen Kampfmitteln zugänglich werden, ist mit Freiheitsstrafe von sechs Monaten bis zu fünf Jahren zu bestrafen. Ebenso ist zu bestrafen, wer eine der in Abs. 1 oder Abs. 2 erwähnten Handlungen gewerbsmäßig begeht. *(BGBl I 2011/103; BGBl I 2018/70)*

(4) [1]Wird durch eine der im Abs. 1 oder Abs. 2 erwähnten Handlungen die im § 171 Abs. 1 genannte Gefahr herbeigeführt, der Tier- oder Pflanzenbestand erheblich geschädigt oder eine lange Zeit andauernde Verschlechterung des Zustands eines Gewässers, des Bodens oder der Luft bewirkt, so ist der Täter mit Freiheitsstrafe von einem bis zu zehn Jahren zu bestrafen. [2]Hat die Tat eine der im § 169 Abs. 3 genannten Folgen, so sind die dort angedrohten Strafen zu verhängen.

(5) [1]Der Begriff Kernmaterial bezeichnet Ausgangsmaterial und besonderes spaltbares Material sowie Ausrüstung, Technologie und Material, die dem Sicherheitskontrollsystem nach dem Sicherheitskontrollgesetz 1991, BGBl. Nr. 415/1992, unterliegen. [2]Der Begriff radioaktive Stoffe bezeichnet Stoffe, die ein oder mehrere Radionuklide enthalten, sofern deren Aktivität oder Konzentration nach dem Stand der Technik im Zusammenhang mit dem Strahlenschutz nicht außer Acht

gelassen werden kann; Gegenstände, die radioaktive Stoffe enthalten oder an deren Oberfläche sich solche Stoffe befinden, stehen radioaktiven Stoffen gleich. ³Unter Strahleneinrichtungen sind solche Geräte oder Anlagen zu verstehen, die, ohne radioaktive Stoffe zu enthalten, imstande sind, ionisierende Strahlung auszusenden, und deren Betrieb einer Bewilligungspflicht nach dem Strahlenschutzgesetz, BGBl. Nr.227/1969 in der jeweils geltenden Fassung, unterliegt.

(BGBl 1996/762; BGBl I 2006/56)

Fahrlässiger unerlaubter Umgang mit Kernmaterial, radioaktiven Stoffen oder Strahleneinrichtungen

§ 177c. (1) Wer fahrlässig entgegen einer Rechtsvorschrift oder einem behördlichen Auftrag eine der im § 177b Abs. 1, 2 oder 3 mit Strafe bedrohten Handlungen begeht, ist mit Freiheitsstrafe bis zu einem Jahr oder mit Geldstrafe bis zu 720 Tagessätzen zu bestrafen. *(BGBl I 2015/112)*

(2) ¹Wird durch die Tat die im § 171 Abs. 1 genannte Gefahr herbeigeführt, der Tier- oder Pflanzenbestand erheblich geschädigt oder eine lange Zeit andauernde Verschlechterung des Zustands eines Gewässers, des Bodens oder der Luft bewirkt, so ist der Täter mit Freiheitsstrafe bis zu zwei Jahren zu bestrafen. ²Hat die Tat eine der im § 170 Abs. 2 genannten Folgen, so sind die dort angedrohten Strafen zu verhängen. *(BGBl I 2015/112)*

(BGBl I 2006/56)

Vorsätzlicher unerlaubter Umgang mit Stoffen, die zum Abbau der Ozonschicht beitragen

§ 177d. Wer Stoffe, die zum Abbau der Ozonschicht beitragen, entgegen einer Rechtsvorschrift oder einem behördlichen Auftrag herstellt, einführt, ausführt, in Verkehr setzt oder verwendet, ist mit Freiheitsstrafe bis zu einem Jahr oder mit Geldstrafe bis zu 720 Tagessätzen zu bestrafen. *(BGBl I 2015/112)*

(BGBl I 2011/103)

Grob fahrlässiger unerlaubter Umgang mit Stoffen, die zum Abbau der Ozonschicht beitragen

§ 177e. Wer grob fahrlässig (§ 6 Abs. 3) entgegen einer Rechtsvorschrift oder einem behördlichen Auftrag eine der im § 177d mit Strafe bedrohten Handlungen begeht, ist mit Freiheitsstrafe bis zu sechs Monaten oder mit Geldstrafe bis zu 360 Tagessätzen zu bestrafen. *(BGBl I 2015/112)*

(BGBl I 2011/103)

Vorsätzliche Gefährdung von Menschen durch übertragbare Krankheiten

§ 178. Wer eine Handlung begeht, die geeignet ist, die Gefahr der Verbreitung einer übertragbaren Krankheit unter Menschen herbeizuführen, ist mit Freiheitsstrafe bis zu drei Jahren zu bestrafen, wenn die Krankheit ihrer Art nach zu den wenn auch nur beschränkt anzeige- oder meldepflichtigen Krankheiten gehört. *(BGBl I 2015/112)*

Fahrlässige Gefährdung von Menschen durch übertragbare Krankheiten

§ 179. Wer die im § 178 mit Strafe bedrohte Handlung fahrlässig begeht, ist mit Freiheitsstrafe bis zu einem Jahr oder mit Geldstrafe bis zu 720 Tagessätzen zu bestrafen. *(BGBl I 2015/112)*

Vorsätzliche Beeinträchtigung der Umwelt

§ 180. (1) Wer entgegen einer Rechtsvorschrift oder einem behördlichen Auftrag ein Gewässer, den Boden oder die Luft so verunreinigt oder sonst beeinträchtigt, dass dadurch

1. eine Gefahr für das Leben oder einer schweren Körperverletzung (§ 84 Abs. 1) eines anderen oder sonst für die Gesundheit oder körperliche Sicherheit einer größeren Zahl von Menschen,

2. eine Gefahr für den Tier- oder Pflanzenbestand in erheblichem Ausmaß,

3. eine lange Zeit andauernde Verschlechterung des Zustands eines Gewässers, des Bodens oder der Luft oder

4. ein Beseitigungsaufwand oder sonst ein Schaden an einer fremden Sache, an einem unter Denkmalschutz stehenden Gegenstand oder an einem Naturdenkmal, der 50 000 Euro übersteigt,

entstehen kann, ist mit Freiheitsstrafe bis zu drei Jahren zu bestrafen.

(2) ¹Wird durch die Tat der Tier- oder Pflanzenbestand erheblich geschädigt, eine lange Zeit andauernde Verschlechterung des Zustands eines Gewässers, des Bodens oder der Luft bewirkt oder ein Beseitigungsaufwand oder sonst ein Schaden an einer fremden Sache, an einem unter Denkmalschutz stehenden Gegenstand oder an einem Naturdenkmal, der 50 000 Euro übersteigt, herbeigeführt, so ist der Täter mit Freiheitsstrafe von sechs Monaten bis zu fünf Jahren zu bestrafen. ²Hat die Tat eine der im § 169 Abs. 3 genannten Folgen, so sind die dort angedrohten Strafen zu verhängen.

(BGBl 1987/605; BGBl I 2001/130; BGBl I 2006/56)

Fahrlässige Beeinträchtigung der Umwelt

§ 181. (1) Wer fahrlässig entgegen einer Rechtsvorschrift oder einem behördlichen Auftrag eine der im § 180 mit Strafe bedrohten Handlungen begeht, ist mit Freiheitsstrafe bis zu einem Jahr oder mit Geldstrafe bis zu 720 Tagessätzen zu bestrafen. *(BGBl I 2015/112)*

(2) ¹Wird durch die Tat der Tier- oder Pflanzenbestand erheblich geschädigt, eine lange Zeit andauernde Verschlechterung des Zustands eines Gewässers, des Bodens oder der Luft bewirkt oder ein Beseitigungsaufwand oder sonst ein Schaden an einer fremden Sache, an einem unter Denkmalschutz stehenden Gegenstand oder an einem Naturdenkmal, der 50 000 Euro übersteigt, herbeigeführt, so ist der Täter mit Freiheitsstrafe bis zu zwei Jahren zu bestrafen. ²Hat die Tat eine der im § 170 Abs. 2 genannten Folgen, so sind die dort angedrohten Strafen zu verhängen. *(BGBl I 2015/112)*

(BGBl I 2006/56)

Schwere Beeinträchtigung durch Lärm

§ 181a. Wer entgegen einer Rechtsvorschrift oder einem behördlichen Auftrag Lärm in einem solchen Ausmaß oder unter solchen Umständen erzeugt, daß die Tat eine nachhaltige und schwere Beeinträchtigung des körperlichen Befindens vieler Menschen nach sich zieht, ist mit Freiheitsstrafe bis zu sechs Monaten oder mit Geldstrafe bis zu 360 Tagessätzen zu bestrafen.

(BGBl 1987/605)

Vorsätzliches umweltgefährdendes Behandeln und Verbringen von Abfällen

§ 181b. (1) Wer entgegen einer Rechtsvorschrift oder einem behördlichen Auftrag Abfälle so sammelt, befördert, verwertet, beseitigt, diese Tätigkeiten betrieblich überwacht oder so kontrolliert, dass dadurch *(BGBl I 2011/103)*

1. eine Gefahr für das Leben oder einer schweren Körperverletzung (§ 84 Abs. 1) eines anderen oder sonst für die Gesundheit oder körperliche Sicherheit einer größeren Zahl von Menschen,

2. eine Gefahr für den Tier- oder Pflanzenbestand in erheblichem Ausmaß,

3. eine lange Zeit andauernde Verschlechterung des Zustands eines Gewässers, des Bodens oder der Luft oder

4. ein Beseitigungsaufwand, der 50 000 Euro übersteigt,

entstehen kann, ist mit Freiheitsstrafe bis zu zwei Jahren zu bestrafen. *(BGBl I 2015/112)*

(2) ¹Wird durch die Tat der Tier- oder Pflanzenbestand erheblich geschädigt, eine lange Zeit andauernde Verschlechterung des Zustands eines Gewässers, des Bodens oder der Luft oder einen Beseitigungsaufwand, der 50 000 Euro übersteigt, bewirkt, so ist der Täter mit Freiheitsstrafe bis zu drei Jahren zu bestrafen. ²Hat die Tat eine der im

§ 169 Abs. 3 genannten Folgen, so sind die dort angedrohten Strafen zu verhängen.

(3) Wer außer dem Fall des Abs. 2 Abfälle entgegen Art. 2 Nummer 35 der Verordnung 1013/2006/EG über die Verbringung von Abfällen in nicht unerheblicher Menge verbringt, ist mit Freiheitsstrafe bis zu einem Jahr oder mit Geldstrafe bis zu 720 Tagessätzen zu bestrafen. *(BGBl I 2011/103; BGBl I 2015/112)*

(BGBl 1987/605; BGBl 1996/762; BGBl I 2006/56)

Fahrlässiges umweltgefährdendes Behandeln und Verbringen von Abfällen

§ 181c. (1) Wer fahrlässig entgegen einer Rechtsvorschrift oder einem behördlichen Auftrag eine der im § 181b mit Strafe bedrohten Handlungen begeht, ist mit Freiheitsstrafe bis zu sechs Monaten oder mit Geldstrafe bis zu 360 Tagessätzen zu bestrafen.

(2) ¹Wird durch die Tat der Tier- oder Pflanzenbestand erheblich geschädigt, eine lange Zeit andauernde Verschlechterung des Zustands eines Gewässers, des Bodens oder der Luft oder ein Beseitigungsaufwand, der 50 000 Euro übersteigt, bewirkt, so ist der Täter mit Freiheitsstrafe bis zu einem Jahr oder mit Geldstrafe bis zu 720 Tagessätzen zu bestrafen. ²Hat die Tat eine der im § 170 Abs. 2 genannten Folgen, so sind die dort angedrohten Strafen zu verhängen. *(BGBl I 2015/112)*

(3) Wer außer den Fällen der Abs. 1 und 2 grob fahrlässig (§ 6 Abs. 3) Abfälle entgegen Art. 2 Nummer 35 der Verordnung 1013/2006/EG über die Verbringung von Abfällen in nicht unerheblicher Menge verbringt, ist mit Freiheitsstrafe bis zu sechs Monaten oder mit Geldstrafe bis zu 360 Tagessätzen zu bestrafen. *(BGBl I 2011/103; BGBl I 2015/112)*

(BGBl 1996/762; BGBl I 2006/56)

Vorsätzliches umweltgefährdendes Betreiben von Anlagen

§ 181d. (1) Wer entgegen einer Rechtsvorschrift oder einem behördlichen Auftrag eine Anlage, in der eine gefährliche Tätigkeit durchgeführt wird, so betreibt, dass dadurch

1. eine Gefahr für das Leben oder einer schweren Körperverletzung (§ 84 Abs. 1) eines anderen oder sonst für die Gesundheit oder körperliche Sicherheit einer größeren Zahl von Menschen,

2. eine Gefahr für den Tier- oder Pflanzenbestand in erheblichem Ausmaß,

3. eine lange Zeit andauernde Verschlechterung des Zustands eines Gewässers, des Bodens oder der Luft oder

4. ein Beseitigungsaufwand, der 50 000 Euro übersteigt,

entstehen kann, ist mit Freiheitsstrafe bis zu zwei Jahren zu bestrafen. *(BGBl I 2015/112)*

(2) ¹Wird durch die Tat der Tier- oder Pflanzenbestand erheblich geschädigt, eine lange Zeit andauernde Verschlechterung des Zustands eines Gewässers, des Bodens oder der Luft oder ein Beseitigungsaufwand, der 50 000 Euro übersteigt, bewirkt, so ist der Täter mit Freiheitsstrafe bis zu drei Jahren zu bestrafen. ²Hat die Tat eine der im § 169 Abs. 3 genannten Folgen, so sind die dort angedrohten Strafen zu verhängen. *(BGBl I 2015/112)*

(BGBl 1996/762; BGBl I 2006/56)

Grob fahrlässiges umweltgefährdendes Betreiben von Anlagen

§ 181e. (1) Wer grob fahrlässig (§ 6 Abs. 3) entgegen einer Rechtsvorschrift oder einem behördlichen Auftrag die im § 181d Abs. 1 mit Strafe bedrohte Handlung begeht, ist mit Freiheitsstrafe bis zu sechs Monaten oder mit Geldstrafe bis zu 360 Tagessätzen zu bestrafen. *(BGBl I 2015/112)*

(2) ¹Wird durch die Tat der Tier- oder Pflanzenbestand erheblich geschädigt, eine lange Zeit andauernde Verschlechterung des Zustands eines Gewässers, des Bodens oder der Luft oder ein Beseitigungsaufwand, der 50 000 Euro übersteigt, bewirkt, so ist der Täter mit Freiheitsstrafe bis zu einem Jahr oder mit Geldstrafe bis zu 720 Tagessätzen zu bestrafen. ²Hat die Tat eine der im § 170 Abs. 2 genannten Folgen, so sind die dort angedrohten Strafen zu verhängen. *(BGBl I 2015/112)*

(BGBl I 2006/56)

Vorsätzliche Schädigung des Tier- oder Pflanzenbestandes

§ 181f. (1) Wer Exemplare einer geschützten wildlebenden Tierart entgegen einer Rechtsvorschrift oder einem behördlichen Auftrag tötet, besitzt oder deren Entwicklungsformen zerstört oder aus der Natur entnimmt oder Exemplare einer geschützten wildlebenden Pflanzenart zerstört, besitzt oder aus der Natur entnimmt, ist mit Freiheitsstrafe bis zu zwei Jahren zu betrafen, es sei denn, dass die Handlung eine nur unerhebliche Menge der Exemplare betrifft und auf den Erhaltungszustand der Art nur unerhebliche Auswirkungen hat. *(BGBl I 2014/106; BGBl I 2015/112)*

(2) Geschützte wildlebende Tierarten sind die in Anhang IV lit. a) der Richtlinie 92/43/EWG zur Erhaltung der natürlichen Lebensräume sowie der wildlebenden Tiere und Pflanzen oder des Anhangs I der Richtlinie 2009/147/EG über die Erhaltung der wildlebenden Vogelarten aufgezählten Arten; geschützte wildlebende Pflanzenarten sind die in Anhang IV lit. b) der Richtlinie 92/43/EWG zur Erhaltung der natürlichen Lebens-

räume sowie der wildlebenden Tiere und Pflanzen aufgezählten Arten.

(BGBl I 2011/103)

Grob fahrlässige Schädigung des Tier- oder Pflanzenbestandes

§ 181g. Wer grob fahrlässig (§ 6 Abs. 3) entgegen einer Rechtsvorschrift oder einem behördlichen Auftrag eine der im § 181f mit Strafe bedrohten Handlungen begeht, ist mit Freiheitsstrafe bis zu einem Jahr oder mit Geldstrafe bis zu 720 Tagessätzen zu bestrafen. *(BGBl I 2015/112)*

(BGBl I 2011/103)

Vorsätzliche Schädigung von Lebensräumen in geschützten Gebieten

§ 181h. (1) Wer entgegen einer Rechtsvorschrift oder einem behördlichen Auftrag einen Lebensraum innerhalb eines geschützten Gebiets erheblich schädigt, ist mit Freiheitsstrafe bis zu zwei Jahren zu bestrafen. *(BGBl I 2015/112)*

(2) Lebensraum innerhalb eines geschützten Gebiets ist jeder Lebensraum einer Art, für die ein Gebiet durch Gesetz oder Verordnung zu einem Schutzgebiet gemäß Art. 4 Abs. 2 oder Anhang II der Richtlinie 2009/147/EG über die Erhaltung der wildlebenden Vogelarten erklärt wurde oder jeder natürliche Lebensraum oder Lebensraum einer Art, für die ein Gebiet durch Gesetz oder Verordnung zu einem besonderen Schutzgebiet gemäß Art. 4 Abs. 4 der Richtlinie 92/43/EWG zur Erhaltung der natürlichen Lebensräume sowie der wildlebenden Tiere und Pflanzen erklärt wurde.

(BGBl I 2011/103)

Grob fahrlässige Schädigung von Lebensräumen in geschützten Gebieten

§ 181i. Wer grob fahrlässig (§ 6 Abs. 3) entgegen einer Rechtsvorschrift oder einem behördlichen Auftrag die im § 181h mit Strafe bedrohte Handlung begeht, ist mit Freiheitsstrafe bis zu einem Jahr oder mit Geldstrafe bis zu 720 Tagessätzen zu bestrafen. *(BGBl I 2015/112)*

(BGBl I 2011/103)

Andere Gefährdungen des Tier- oder Pflanzenbestandes

§ 182. (1) Wer eine Handlung begeht, die geeignet ist,

1. die Gefahr der Verbreitung einer Seuche unter Tieren herbeizuführen oder

2. die Gefahr der Verbreitung eines für den Tier- oder Pflanzenbestand gefährlichen Krankheitserregers oder Schädlings herbeizuführen,

ist mit Freiheitsstrafe bis zu zwei Jahren zu bestrafen. *(BGBl I 2015/112)*

(2) Ebenso ist zu bestrafen, wer entgegen einer Rechtsvorschrift oder einem behördlichen Auftrag auf andere als die im § 180 bezeichnete Weise eine Gefahr für den Tier- oder Pflanzenbestand in erheblichem Ausmaß herbeiführt. *(BGBl I 2006/56)*

(BGBl 1987/605)

Fahrlässige Gefährdung des Tier- oder Pflanzenbestandes

§ 183. Wer eine der im § 182 mit Strafe bedrohten Handlungen fahrlässig begeht, ist mit Freiheitsstrafe bis zu sechs Monaten oder mit Geldstrafe bis zu 360 Tagessätzen zu bestrafen.

Irrtum über Rechtsvorschriften und behördliche Aufträge

§ 183a. (1) Hat sich der Täter in den Fällen der §§ 180, 181a, 181b, 181d, 181f, 181h und 182 mit einer Rechtsvorschrift oder einem behördlichen Auftrag nicht bekannt gemacht, obwohl er seinem Beruf, seiner Beschäftigung oder sonst den Umständen nach dazu verpflichtet gewesen wäre, oder ist ihm ein Irrtum über die Rechtsvorschrift oder den behördlichen Auftrag sonst vorzuwerfen, so ist er, wenn er im übrigen vorsätzlich handelt, gleichwohl nach diesen Bestimmungen zu bestrafen. *(BGBl I 2011/103)*

(2) Abs. 1 gilt in den Fällen der §§ 181, 181c Abs. 1 und 2 und 183 entsprechend, wenn der Täter fahrlässig handelt, in den Fällen der §§ 181c Abs. 3, 181e, 181g und 181i, wenn er grob fahrlässig (§ 6 Abs. 3) handelt. *(BGBl I 2006/56; BGBl I 2011/103; BGBl I 2015/112)*

(BGBl 1987/605; BGBl 1996/762)

Tätige Reue

§ 183b. (1) Wegen einer der in den §§ 180, 181 und 181b bis 183 mit Strafe bedrohten Handlungen ist nicht zu bestrafen, wer freiwillig und bevor die Behörde (§ 151 Abs. 3) von seinem Verschulden erfahren hat, die von ihm herbeigeführten Gefahren, Verunreinigungen und sonstigen Beeinträchtigungen beseitigt, sofern es nicht schon zu einer Schädigung eines Menschen oder des Tier- oder Pflanzenbestandes gekommen ist.

(2) § 167 Abs. 4 ist dem Sinne nach anzuwenden.

(BGBl 1987/605)

Kurpfuscherei

§ 184. Wer, ohne die zur Ausübung des ärztlichen Berufes erforderliche Ausbildung erhalten zu haben, eine Tätigkeit, die den Ärzten vorbehalten ist, in bezug auf eine größere Zahl von Menschen gewerbsmäßig ausübt, ist mit Freiheitsstrafe bis zu drei Monaten oder mit Geldstrafe bis zu 180 Tagessätzen zu bestrafen.

Luftpiraterie

§ 185. (1) Wer unter Ausnutzung der besonderen Verhältnisse des Luftverkehrs mit Gewalt oder durch gefährliche Drohung gegen eine an Bord des Luftfahrzeuges befindliche Person oder gegen eine Person, die auf den Kurs des Luftfahrzeuges oder auf die Sicherheit an Bord Einfluß nehmen kann, ein Luftfahrzeug in seine Gewalt oder unter seine Kontrolle bringt oder die Herrschaft darüber ausübt, ist mit Freiheitsstrafe von einem bis zu zehn Jahren zu bestrafen.

(2) Hat die Tat den Tod eines Menschen oder schwere Körperverletzungen (§ 84 Abs. 1) einer größeren Zahl von Menschen zur Folge, so ist der Täter mit Freiheitsstrafe von fünf bis zu fünfzehn Jahren, hat sie aber den Tod einer größeren Zahl von Menschen nach sich gezogen, mit Freiheitsstrafe von zehn bis zu zwanzig Jahren oder mit lebenslanger Freiheitsstrafe zu bestrafen.

Vorsätzliche Gefährdung der Sicherheit der Luftfahrt

§ 186. (1) Wer auf solche Weise, daß dadurch die Sicherheit eines Luftfahrzeuges im Flug gefährdet werden kann,

1. gegen eine an Bord des Luftfahrzeuges befindliche Person Gewalt übt oder ihr mit Gewalt droht,

2. das im Einsatz befindliche Luftfahrzeug beschädigt oder

3. Einrichtungen der Luftfahrt zerstört, beschädigt oder in ihrem Betrieb beeinträchtigt,

ist, wenn die Tat nicht nach einer anderen Bestimmung mit strengerer Strafe bedroht ist, mit Freiheitsstrafe von einem bis zu zehn Jahren zu bestrafen.

(2) Ebenso ist zu bestrafen,

1. wer ein im Einsatz befindliches Luftfahrzeug zerstört oder derart beschädigt, daß es flugunfähig wird oder

2. wer durch eine wissentlich unrichtige Mitteilung eine Gefahr für die Sicherheit eines Luftfahrzeuges im Flug herbeiführt.

(3) Hat die Tat den Tod eines Menschen oder schwere Körperverletzungen (§ 84 Abs. 1) einer größeren Zahl von Menschen zur Folge, so ist der Täter mit Freiheitsstrafe von fünf bis zu fünfzehn Jahren, hat sie aber den Tod einer größeren Zahl von Menschen nach sich gezogen, mit Freiheitsstrafe von zehn bis zu zwanzig Jahren oder mit lebenslanger Freiheitsstrafe zu bestrafen.

Hinderung der Bekämpfung einer Gemeingefahr

§ 187. Wer eine Maßnahme, die zur Abwendung einer gegenwärtigen Gefahr für Leib oder Leben (§ 89) einer größeren Zahl von Menschen oder für fremdes Eigentum in großem Ausmaß notwendig ist, vereitelt oder erschwert, ist mit Freiheitsstrafe bis zu drei Jahren zu bestrafen.

ACHTER ABSCHNITT

Strafbare Handlungen gegen den religiösen Frieden und die Ruhe der Toten

Herabwürdigung religiöser Lehren

§ 188. Wer öffentlich eine Person oder eine Sache, die den Gegenstand der Verehrung einer im Inland bestehenden Kirche oder Religionsgesellschaft bildet, oder eine Glaubenslehre, einen gesetzlich zulässigen Brauch oder eine gesetzlich zulässige Einrichtung einer solchen Kirche oder Religionsgesellschaft unter Umständen herabwürdigt oder verspottet, unter denen sein Verhalten geeignet ist, berechtigtes Ärgernis zu erregen, ist mit Freiheitsstrafe bis zu sechs Monaten oder mit Geldstrafe bis zu 360 Tagessätzen zu bestrafen.

Störung einer Religionsübung

§ 189. (1) Wer mit Gewalt oder durch Drohung mit Gewalt den gesetzlich zulässigen Gottesdienst oder einzelne solche gottesdienstliche Handlungen einer im Inland bestehenden Kirche oder Religionsgesellschaft hindert oder stört, ist mit Freiheitsstrafe bis zu zwei Jahren zu bestrafen.

(2) Wer

1. an einem Ort, der der gesetzlich zulässigen Religionsübung einer im Inland bestehenden Kirche oder Religionsgesellschaft gewidmet ist,

2. bei dem gesetzlich zulässigen öffentlichen Gottesdienst oder einzelnen gesetzlich zulässigen öffentlichen gottesdienstlichen Handlungen einer im Inland bestehenden Kirche oder Religionsgesellschaft oder

3. mit einem dem gesetzlich zulässigen Gottesdienst einer im Inland bestehenden Kirche oder Religionsgesellschaft unmittelbar gewidmeten Gegenstand

auf eine Weise Unfug treibt, die geeignet ist, berechtigtes Ärgernis zu erregen, ist mit Freiheitsstrafe bis zu sechs Monaten oder mit Geldstrafe bis zu 360 Tagessätzen zu bestrafen.

Störung der Totenruhe

§ 190. (1) Wer einen Leichnam oder Teile eines Leichnams oder die Asche eines Toten einem Verfügungsberechtigten entzieht oder aus einer Beisetzungs- oder Aufbahrungsstätte wegschafft, ferner wer einen Leichnam mißhandelt oder einen Leichnam, die Asche eines Toten oder eine Beisetzungs-, Aufbahrungs- oder Totengedenkstätte verunehrt, ist mit Freiheitsstrafe bis zu sechs Monaten oder mit Geldstrafe bis zu 360 Tagessätzen zu bestrafen.

(2) Wer Schmuck von einer Beisetzungs-, Aufbahrungs- oder Totengedenkstätte entfernt, ist mit Freiheitsstrafe bis zu drei Monaten oder mit Geldstrafe bis zu 180 Tagessätzen zu bestrafen.

Störung einer Bestattungsfeier

§ 191. Wer wissentlich eine Bestattungsfeier durch einen Lärm, der geeignet ist, berechtigtes Ärgernis zu erregen, oder durch ein anderes solches Verhalten stört, ist mit Freiheitsstrafe bis zu drei Monaten oder mit Geldstrafe bis zu 180 Tagessätzen zu bestrafen.

NEUNTER ABSCHNITT

Strafbare Handlungen gegen Ehe und Familie

Mehrfache Ehe oder eingetragene Partnerschaft

§ 192. Wer eine neue Ehe schließt oder eine eingetragene Partnerschaft begründet, obwohl er verheiratet ist oder eine eingetragene Partnerschaft führt, oder wer mit einer verheirateten Person oder einer Person, die eine eingetragene Partnerschaft führt, eine Ehe schließt oder eine eingetragene Partnerschaft begründet, ist mit Freiheitsstrafe bis zu drei Jahren zu bestrafen.

(BGBl I 2009/135)

Ehetäuschung

§ 193. (1) Wer bei Eingehung einer Ehe dem anderen Teil eine Tatsache verschweigt, die die Ehe nichtig macht, ist mit Freiheitsstrafe bis zu einem Jahr oder mit Geldstrafe bis zu 720 Tagessätzen zu bestrafen. *(BGBl I 2015/112)*

(2) Ebenso ist zu bestrafen, wer einen anderen durch Täuschung über Tatsachen, derentwegen die Aufhebung der Ehe begehrt werden kann, verleitet, mit ihm die Ehe zu schließen. *(BGBl I 2006/56)*

(3) ¹Der Täter ist nur dann zu bestrafen, wenn die Ehe wegen der verschwiegenen Tatsache für nichtig erklärt oder wegen der Täuschung aufgehoben worden ist. ²Auch ist er nur auf Verlangen des Verletzten zu verfolgen. *(BGBl I 2006/56)*

Partnerschaftstäuschung

§ 193a. (1) Wer einen anderen durch Täuschung über Tatsachen, derentwegen die Auflösung der eingetragenen Partnerschaft begehrt werden kann, verleitet, mit ihm die eingetragene Partnerschaft zu begründen, ist mit Freiheitsstrafe bis zu einem Jahr oder mit Geldstrafe bis zu 720 Tagessätzen zu bestrafen. *(BGBl I 2015/112)*

(2) Der Täter ist nur dann zu bestrafen, wenn die eingetragene Partnerschaft wegen der Täuschung erfolgreich aufgelöst worden ist. Auch ist er nur auf Verlangen des Verletzten zu verfolgen.

(BGBl I 2009/135)

Verbotene Adoptionsvermittlung

§ 194. (1) Wer

1. bewirkt, dass eine zustimmungsberechtigte Person gegen Gewährung eines Vorteils für sich oder einen Dritten der Adoption einer minderjährigen Person durch eine andere Person zustimmt, oder

2. sonst als Vermittler die Zustimmung einer zustimmungsberechtigten Person zur Adoption einer minderjährigen Person entgegen Art. 4 des Haager Übereinkommens über den Schutz von Kindern und die Zusammenarbeit auf dem Gebiet der internationalen Adoption, BGBl. III Nr. 145/1999, herbeiführt,

ist mit Freiheitsstrafe bis zu zwei Jahren zu bestrafen. *(BGBl I 2013/116)*

(2) Handelt der Täter, um sich oder einem Dritten einen Vermögensvorteil zu verschaffen, so ist er mit Freiheitsstrafe bis zu drei Jahren zu bestrafen.

(3) Annehmende und Wahlkinder, zwischen denen die Adoption vermittelt wird, sind nicht als Beteiligte (§ 12 StGB) zu bestrafen.

(BGBl I 2004/15)

Kindesentziehung

§ 195. (1) Wer eine Person unter sechzehn Jahren dem Erziehungsberechtigten entzieht, sie vor ihm verborgen hält, sie verleitet, sich ihm zu entziehen oder sich vor ihm verborgen zu halten, oder ihr dazu Hilfe leistet, ist mit Freiheitsstrafe bis zu einem Jahr oder mit Geldstrafe bis zu 720 Tagessätzen zu bestrafen. *(BGBl I 2015/112)*

(2) Wer die Tat in Beziehung auf eine unmündige Person begeht, ist mit Freiheitsstrafe bis zu drei Jahren zu bestrafen.

(3) [1]Der Täter ist nur mit Ermächtigung des Erziehungsberechtigten zu verfolgen. [2]Entzieht er diesem eine Person, die das vierzehnte Lebensjahr vollendet hat, so bedarf die Verfolgung überdies der Ermächtigung des Jugendwohlfahrtsträgers. *(BGBl I 2007/93)*

(4) Der Täter ist nicht zu bestrafen, wenn er Grund zur Annahme hatte, daß ohne sein Handeln das körperliche oder seelische Wohl der Person unter sechzehn Jahren ernstlich gefährdet wäre, und er – soweit erforderlich – deren Aufenthalt dem Erziehungsberechtigten, dem Jugendwohlfahrtsträger oder einer Sicherheitsbehörde ohne unnötigen Aufschub bekanntgegeben hat.

(5) Eine Person unter sechzehn Jahren, die einen anderen dazu verleitet, sie dem Erziehungsberechtigten zu entziehen oder ihr Hilfe zu leisten, sich selbst dem Erziehungsberechtigten zu entziehen, ist nicht zu bestrafen.

(BGBl 1996/762)

Vereitelung behördlich angeordneter Erziehungshilfen

§ 196. (1) Wer eine minderjährige Person einer behördlich angeordneten Erziehungshilfe entzieht, sie verleitet, sich einer solchen zu entziehen, oder ihr dazu Hilfe leistet, ist mit Freiheitsstrafe bis zu sechs Monaten oder mit Geldstrafe bis zu 360 Tagessätzen zu bestrafen.

(2) Der Täter ist nur mit Ermächtigung der Behörde zu verfolgen, die über die Fortsetzung der Erziehungshilfe zu entscheiden hat.

(3) § 195 Abs. 5 gilt entsprechend.

(BGBl I 2017/117)

§ 197. *(aufgehoben, BGBl I 2001/19)*

Verletzung der Unterhaltspflicht

§ 198. (1) [1]Wer seine im Familienrecht begründete Unterhaltspflicht gröblich verletzt und dadurch bewirkt, daß der Unterhalt oder die Erziehung des Unterhaltsberechtigten gefährdet wird oder ohne Hilfe von anderer Seite gefährdet wäre, ist mit Freiheitsstrafe bis zu sechs Monaten oder mit Geldstrafe bis zu 360 Tagessätzen zu bestrafen. [2]Seine Unterhaltspflicht verletzt insbesondere auch, wer es unterläßt, einem Erwerb nachzugehen, der ihm die Erfüllung dieser Pflicht ermöglichen würde. *(BGBl I 2015/112)*

(2) Ist der Täter rückfällig (§ 39) oder hat die Tat die Verwahrlosung oder eine beträchtliche Schädigung der Gesundheit oder der körperlichen oder geistigen Entwicklung des Unterhaltsberechtigten zur Folge, so ist der Täter mit Freiheitsstrafe bis zu zwei Jahren, hat die Tat aber den Tod des Unterhaltsberechtigten zur Folge, mit Freiheitsstrafe bis zu drei Jahren zu bestrafen.

(3) Der Täter ist nicht nach Abs. 1 zu bestrafen, wenn er bis zum Schluss der Verhandlung die vom Verfolgungsantrag umfassten Unterhaltsbeträge zur Gänze bezahlt. *(BGBl I 2010/111)*

Vernachlässigung der Pflege, Erziehung oder Beaufsichtigung

§ 199. Wer die ihm auf Grund eines Gesetzes obliegende Pflege, Erziehung oder Beaufsichtigung einer minderjährigen Person gröblich vernachlässigt und dadurch, wenn auch nur fahrlässig, deren Verwahrlosung bewirkt, ist mit Freiheitsstrafe bis zu sechs Monaten oder mit Geldstrafe bis zu 360 Tagessätzen zu bestrafen.

Unterschiebung eines Kindes

§ 200. Wer ein Kind unterschiebt, ist mit Freiheitsstrafe bis zu einem Jahr oder mit Geldstrafe bis zu 720 Tagessätzen zu bestrafen. *(BGBl I 2015/112)*

ZEHNTER ABSCHNITT
Strafbare Handlungen gegen die sexuelle Integrität und Selbstbestimmung

Vergewaltigung

§ 201. (1) Wer eine Person mit Gewalt, durch Entziehung der persönlichen Freiheit oder durch Drohung mit gegenwärtiger Gefahr für Leib oder Leben (§ 89) zur Vornahme oder Duldung des Beischlafes oder einer dem Beischlaf gleichzusetzenden geschlechtlichen Handlung nötigt, ist mit Freiheitsstrafe von zwei bis zu zehn Jahren zu bestrafen. *(BGBl I 2019/105)*

(2) Hat die Tat eine schwere Körperverletzung (§ 84 Abs. 1) oder eine Schwangerschaft der vergewaltigten Person zur Folge oder wird die vergewaltigte Person durch die Tat längere Zeit hindurch in einen qualvollen Zustand versetzt oder in besonderer Weise erniedrigt, so ist der Täter mit Freiheitsstrafe von fünf bis zu fünfzehn Jahren, hat die Tat aber den Tod der vergewaltigten Person zur Folge, mit Freiheitsstrafe von zehn bis zu zwanzig Jahren oder mit lebenslanger Freiheitsstrafe zu bestrafen.

(BGBl I 2004/15)

Geschlechtliche Nötigung

§ 202. (1) Wer außer den Fällen des § 201 eine Person mit Gewalt oder durch gefährliche Drohung zur Vornahme oder Duldung einer geschlechtlichen Handlung nötigt, ist mit Freiheitsstrafe von sechs Monaten bis zu fünf Jahren zu bestrafen. *(BGBl I 2009/40)*

(2) Hat die Tat eine schwere Körperverletzung (§ 84 Abs. 1) oder eine Schwangerschaft der genötigten Person zur Folge oder wird die genötigte Person durch die Tat längere Zeit hindurch in einen qualvollen Zustand versetzt oder in besonderer Weise erniedrigt, so ist der Täter mit Freiheitsstrafe von fünf bis zu fünfzehn Jahren, hat die Tat aber den Tod der genötigten Person zur Folge, mit Freiheitsstrafe von zehn bis zu zwanzig Jahren oder mit lebenslanger Freiheitsstrafe zu bestrafen. *(BGBl I 2013/116)*

§ 203. *(entfällt, BGBl I 2004/15)*

§ 204. *(entfällt, BGBl 1989/242)*

Sexueller Missbrauch einer wehrlosen oder psychisch beeinträchtigten Person

§ 205. (1) Wer eine wehrlose Person oder eine Person, die wegen einer Geisteskrankheit, wegen einer geistigen Behinderung, wegen einer tiefgreifenden Bewusstseinsstörung oder wegen einer anderen schweren, einem dieser Zustände gleichwertigen seelischen Störung unfähig ist, die Bedeutung des Vorgangs einzusehen oder nach dieser Einsicht zu handeln, unter Ausnützung dieses Zustands dadurch missbraucht, dass er mit ihr den Beischlaf oder eine Beischlaf gleichzusetzende Handlung vornimmt oder sie zur Vornahme oder Duldung des Beischlafes oder einer dem Beischlaf gleichzusetzenden geschlechtlichen Handlung mit einer anderen Person oder, um sich oder einen Dritten geschlechtlich zu erregen oder zu befriedigen, dazu verleitet, eine dem Beischlaf gleichzusetzende geschlechtliche Handlung an sich selbst vorzunehmen, ist mit Freiheitsstrafe von einem bis zu zehn Jahren zu bestrafen.

(2) Wer außer dem Fall des Abs. 1 eine wehrlose oder psychisch beeinträchtigte Person (Abs. 1) unter Ausnützung dieses Zustands dadurch missbraucht, dass er an ihr eine geschlechtliche Handlung vornimmt oder von ihr an sich vornehmen lässt oder sie zu einer geschlechtlichen Handlung mit einer anderen Person oder, um sich oder einen Dritten geschlechtlich zu erregen oder zu befriedigen, dazu verleitet, eine geschlechtliche Handlung an sich selbst vorzunehmen, ist mit Freiheitsstrafe von sechs Monaten bis zu fünf Jahren zu bestrafen.

(3) Hat die Tat eine schwere Körperverletzung (§ 84 Abs. 1) oder eine Schwangerschaft der missbrauchten Person zur Folge oder wird die missbrauchte Person durch die Tat längere Zeit hindurch in einen qualvollen Zustand versetzt oder in besonderer Weise erniedrigt, so ist der Täter mit Freiheitsstrafe von fünf bis zu fünfzehn Jahren, hat die Tat aber den Tod der missbrauchten Person zur Folge, mit Freiheitsstrafe von zehn bis zu zwanzig Jahren oder mit lebenslanger Freiheitsstrafe zu bestrafen.

(BGBl I 2013/116)

Verletzung der sexuellen Selbstbestimmung

§ 205a. (1) Wer mit einer Person gegen deren Willen, unter Ausnützung einer Zwangslage oder nach vorangegangener Einschüchterung den Beischlaf oder eine dem Beischlaf gleichzusetzende geschlechtliche Handlung vornimmt, ist, wenn die Tat nicht nach einer anderen Bestimmung mit strengerer Strafe bedroht ist, mit Freiheitsstrafe bis zu zwei Jahren zu bestrafen.

(2) Ebenso ist zu bestrafen, wer eine Person auf die im Abs. 1 beschriebene Weise zur Vornahme oder Duldung des Beischlafes oder einer dem Beischlaf gleichzusetzenden geschlechtlichen Handlung mit einer anderen Person oder, um sich oder einen Dritten geschlechtlich zu erregen oder zu befriedigen, dazu veranlasst, eine dem Beischlaf gleichzusetzende geschlechtliche Handlung unfreiwillig an sich selbst vorzunehmen.

(BGBl I 2015/112)

Schwerer sexueller Mißbrauch von Unmündigen

§ 206. (1) Wer mit einer unmündigen Person den Beischlaf oder eine dem Beischlaf gleichzusetzende geschlechtliche Handlung unternimmt, ist mit Freiheitsstrafe von einem bis zu zehn Jahren zu bestrafen.

(2) Ebenso ist zu bestrafen, wer eine unmündige Person zur Vornahme oder Duldung des Beischlafes oder einer dem Beischlaf gleichzusetzenden geschlechtlichen Handlung mit einer anderen Person oder, um sich oder einen Dritten geschlechtlich zu erregen oder zu befriedigen, dazu verleitet, eine dem Beischlaf gleichzusetzende geschlechtliche Handlung an sich selbst vorzunehmen.

(3) Hat die Tat eine schwere Körperverletzung (§ 84 Abs. 1) oder eine Schwangerschaft der unmündigen Person zur Folge oder wird die unmündige Person durch die Tat längere Zeit hindurch in einen qualvollen Zustand versetzt oder in besonderer Weise erniedrigt, so ist der Täter mit Freiheitsstrafe von fünf bis zu fünfzehn Jahren, hat sie aber den Tod der unmündigen Person zur Folge, mit Freiheitsstrafe von zehn bis zu zwanzig Jahren oder mit lebenslanger Freiheitsstrafe zu bestrafen. *(BGBl I 2013/116)*

(4) Übersteigt das Alter des Täters das Alter der unmündigen Person nicht um mehr als drei Jahre, wird die unmündige Person durch die Tat weder längere Zeit hindurch in einen qualvollen Zustand versetzt noch in besonderer Weise erniedrigt und hat die Tat eine schwere Körperverletzung (§ 84 Abs. 1) noch den Tod der unmündigen Person zur Folge, so ist der Täter nach Abs. 1 und 2 nicht zu bestrafen, es sei denn, die unmündige Person hätte das 13. Lebensjahr noch nicht vollendet. *(BGBl I 2013/116)*

(BGBl I 1998/153; BGBl I 2001/130)

Sexueller Mißbrauch von Unmündigen

§ 207. (1) Wer außer dem Fall des § 206 eine geschlechtliche Handlung an einer unmündigen Person vornimmt oder von einer unmündigen Person an sich vornehmen läßt, ist mit Freiheitsstrafe von sechs Monaten bis zu fünf Jahren zu bestrafen.

(2) Ebenso ist zu bestrafen, wer eine unmündige Person zu einer geschlechtlichen Handlung (Abs. 1) mit einer anderen Person oder, um sich oder einen Dritten geschlechtlich zu erregen oder zu befriedigen, dazu verleitet, eine geschlechtliche Handlung an sich selbst vorzunehmen.

(3) Hat die Tat eine schwere Körperverletzung (§ 84 Abs. 1) zur Folge oder wird die unmündige Person durch die Tat längere Zeit hindurch in einen qualvollen Zustand versetzt oder in besonderer Weise erniedrigt, so ist der Täter mit Freiheitsstrafe von fünf bis zu fünfzehn Jahren, hat

sie aber den Tod der unmündigen Person zur Folge, mit Freiheitsstrafe von zehn bis zu zwanzig Jahren oder mit lebenslanger Freiheitsstrafe zu bestrafen. *(BGBl I 2013/116)*

(4) Übersteigt das Alter des Täters das Alter der unmündigen Person nicht um mehr als vier Jahre, wird die unmündige Person durch die Tat weder längere Zeit hindurch in einen qualvollen Zustand versetzt noch in besonderer Weise erniedrigt und ist keine der Folgen des Abs. 3 eingetreten, so ist der Täter nach Abs. 1 und 2 nicht zu bestrafen, es sei denn, die unmündige Person hätte das zwölfte Lebensjahr noch nicht vollendet. *(BGBl I 2013/116)*

(BGBl I 1998/153)

Pornographische Darstellungen Minderjähriger

§ 207a. (1) Wer eine pornographische Darstellung einer minderjährigen Person (Abs. 4)

1. herstellt oder

2. einem anderen anbietet, verschafft, überlässt, vorführt oder sonst zugänglich macht,

ist mit Freiheitsstrafe bis zu drei Jahren zu bestrafen. *(BGBl I 2009/40)*

(2) ¹Mit Freiheitsstrafe von sechs Monaten bis zu fünf Jahren ist zu bestrafen, wer eine pornographische Darstellung einer minderjährigen Person (Abs. 4) zum Zweck der Verbreitung herstellt, einführt, befördert oder ausführt oder eine Tat nach Abs. 1 gewerbsmäßig begeht. ²Mit Freiheitsstrafe von einem bis zu zehn Jahren ist zu bestrafen, wer die Tat als Mitglied einer kriminellen Vereinigung oder so begeht, dass sie einen besonders schweren Nachteil der minderjährigen Person zur Folge hat; ebenso ist zu bestrafen, wer eine pornographische Darstellung einer minderjährigen Person (Abs. 4) unter Anwendung schwerer Gewalt herstellt oder bei der Herstellung das Leben der dargestellten minderjährigen Person vorsätzlich oder grob fahrlässig (§ 6 Abs. 3) gefährdet. *(BGBl I 2009/40; BGBl I 2015/112)*

(3) ¹Wer sich eine pornographische Darstellung einer mündigen minderjährigen Person (Abs. 4 Z 3 und 4) verschafft oder eine solche besitzt, ist mit Freiheitsstrafe bis zu einem Jahr oder mit Geldstrafe bis zu 720 Tagessätzen zu bestrafen. ²Mit Freiheitsstrafe bis zu zwei Jahren ist zu bestrafen, wer sich eine pornographische Darstellung einer unmündigen Person (Abs. 4) verschafft oder eine solche besitzt. *(BGBl I 2015/112)*

(3a) Nach Abs. 3 wird auch bestraft, wer im Internet wissentlich auf eine pornographische Darstellung Minderjähriger zugreift. *(BGBl I 2009/40)*

(4) Pornographische Darstellungen Minderjähriger sind

1. wirklichkeitsnahe Abbildungen einer geschlechtlichen Handlung an einer unmündigen

Person oder einer unmündigen Person an sich selbst, an einer anderen Person oder mit einem Tier,

2. wirklichkeitsnahe Abbildungen eines Geschehens mit einer unmündigen Person, dessen Betrachtung nach den Umständen den Eindruck vermittelt, dass es sich dabei um eine geschlechtliche Handlung an der unmündigen Person oder der unmündigen Person an sich selbst, an einer anderen Person oder mit einem Tier handelt,

3. wirklichkeitsnahe Abbildungen

a) einer geschlechtlichen Handlung im Sinne der Z 1 oder eines Geschehens im Sinne der Z 2, jedoch mit mündigen Minderjährigen, oder

b) der Genitalien oder der Schamgegend Minderjähriger,

soweit es sich um reißerisch verzerrte, auf sich selbst reduzierte und von anderen Lebensäußerungen losgelöste Abbildungen handelt, die der sexuellen Erregung des Betrachters dienen;

4. bildliche Darstellungen, deren Betrachtung – zufolge Veränderung einer Abbildung oder ohne Verwendung einer solchen – nach den Umständen den Eindruck vermittelt, es handle sich um eine Abbildung nach den Z 1 bis 3.

(5) Nach Abs. 1 und Abs. 3 ist nicht zu bestrafen, wer *(BGBl I 2015/112)*

1. eine pornographische Darstellung einer mündigen minderjährigen Person mit deren Einwilligung und zu deren oder seinem eigenen Gebrauch herstellt oder besitzt oder *(BGBl I 2015/112; BGBl I 2017/117)*

1a. *(entfällt, BGBl I 2017/117)*

2. eine pornographische Darstellung einer mündigen minderjährigen Person nach Abs. 4 Z 4 zu seinem eigenen Gebrauch herstellt oder besitzt, sofern mit der Tat keine Gefahr der Verbreitung der Darstellung verbunden ist.

(6) Nicht zu bestrafen ist ferner, wer

1. in den Fällen des Abs. 1, Abs. 2 erster Fall und Abs. 3 eine pornographische Darstellung einer mündigen minderjährigen Person von sich selbst herstellt, besitzt, oder anderen zu deren eigenem Gebrauch anbietet, verschafft, überlässt, vorführt oder sonst zugänglich macht oder

2. eine pornographische Darstellung einer unmündigen minderjährigen Person von sich selbst besitzt.
(BGBl I 2017/117)

(BGBl 1994/622; BGBl I 2004/15)

Sexueller Missbrauch von Jugendlichen

§ 207b. (1) Wer an einer Person, die das 16. Lebensjahr noch nicht vollendet hat und aus bestimmten Gründen noch nicht reif genug ist, die Bedeutung des Vorgangs einzusehen oder nach dieser Einsicht zu handeln, unter Ausnützung dieser mangelnden Reife sowie seiner altersbe-

dingten Überlegenheit eine geschlechtliche Handlung vornimmt, von einer solchen Person an sich vornehmen lässt oder eine solche Person dazu verleitet, eine geschlechtliche Handlung an einem Dritten vorzunehmen oder von einem Dritten an sich vornehmen zu lassen, ist mit Freiheitsstrafe bis zu einem Jahr oder mit Geldstrafe bis zu 720 Tagessätzen zu bestrafen. *(BGBl I 2015/112)*

(2) Wer an einer Person, die das 18. Lebensjahr noch nicht vollendet hat, unter Ausnützung einer Zwangslage dieser Person eine geschlechtliche Handlung vornimmt, von einer solchen Person an sich vornehmen lässt oder eine solche Person dazu verleitet, eine geschlechtliche Handlung an einem Dritten vorzunehmen oder von einem Dritten an sich vornehmen zu lassen, ist mit Freiheitsstrafe bis zu drei Jahren zu bestrafen. *(BGBl I 2013/116)*

(3) Wer eine Person, die das 18. Lebensjahr noch nicht vollendet hat, unmittelbar durch ein Entgelt dazu verleitet, eine geschlechtliche Handlung an ihm oder einem Dritten vorzunehmen oder von ihm oder einem Dritten an sich vornehmen zu lassen, ist mit Freiheitsstrafe bis zu drei Jahren zu bestrafen.

(BGBl I 2002/134)

Sittliche Gefährdung von Personen unter sechzehn Jahren

§ 208. (1) Wer eine Handlung, die geeignet ist, die sittliche, seelische oder gesundheitliche Entwicklung von Personen unter sechzehn Jahren zu gefährden, vor einer unmündigen Person oder einer seiner Erziehung, Ausbildung oder Aufsicht unterstehenden Person unter sechzehn Jahren vornimmt, um dadurch sich oder einen Dritten geschlechtlich zu erregen oder zu befriedigen, ist mit Freiheitsstrafe bis zu einem Jahr oder mit Geldstrafe bis zu 720 Tagessätzen zu bestrafen, es sei denn, daß nach den Umständen des Falles eine Gefährdung der unmündigen oder der Person unter sechzehn Jahren ausgeschlossen ist. *(BGBl I 2015/112)*

(2) Ebenso ist zu bestrafen, wer, außer dem Fall des Abs. 1, um sich oder einen Dritten geschlechtlich zu erregen oder zu befriedigen, bewirkt, dass eine unmündige Person eine geschlechtliche Handlung wahrnimmt. *(BGBl I 2013/116)*

(3) Wer, um sich oder einen Dritten geschlechtlich zu erregen oder zu befriedigen, bewirkt, dass eine unmündige Person eine strafbare Handlung nach den §§ 201 bis 207 oder 207b wahrnimmt, ist mit Freiheitsstrafe bis zu zwei Jahren zu bestrafen. *(BGBl I 2013/116)*

(4) Übersteigt das Alter des Täters im ersten Fall des Abs. 1 und im Abs. 2 das Alter der unmündigen Person nicht um mehr als vier Jahre,

so ist der Täter nach Abs. 1 und 2 nicht zu bestrafen, es sei denn, die unmündige Person hätte das zwölfte Lebensjahr noch nicht vollendet. *(BGBl I 2013/116)*

(BGBl 1988/599; BGBl I 2004/15)

Anbahnung von Sexualkontakten zu Unmündigen

§ 208a. (1) Wer einer unmündigen Person in der Absicht, an ihr eine strafbare Handlung nach den §§ 201 bis 207a Abs. 1 Z 1 zu begehen,

1. im Wege einer Telekommunikation, unter Verwendung eines Computersystems oder

2. auf sonstige Art unter Täuschung über seine Absicht

ein persönliches Treffen vorschlägt oder ein solches mit ihr vereinbart und eine konkrete Vorbereitungshandlung zur Durchführung des persönlichen Treffens mit dieser Person setzt, ist mit Freiheitsstrafe bis zu zwei Jahren zu bestrafen.

(1a) Wer zu einer unmündigen Person in der Absicht, eine strafbare Handlung nach § 207a Abs. 3 oder 3a in Bezug auf eine pornographische Darstellung (§ 207a Abs. 4) dieser Person zu begehen, im Wege einer Telekommunikation oder unter Verwendung eines Computersystems Kontakt herstellt, ist mit Freiheitsstrafe bis zu einem Jahr oder Geldstrafe bis zu 720 Tagessätzen zu bestrafen. *(BGBl I 2013/116; BGBl I 2015/112)*

(2) Nach Abs. 1 und 1a ist nicht zu bestrafen, wer freiwillig und bevor die Behörde (§ 151 Abs. 3) von seinem Verschulden erfahren hat, sein Vorhaben aufgibt und der Behörde sein Verschulden offenbart. *(BGBl I 2013/116)*

(BGBl I 2011/130)

§ 209. *(aufgehoben, BGBl I 2002/134)*

§ 210. *(aufgehoben, BGBl 1989/243)*

Blutschande

§ 211. (1) Wer mit einer Person, die mit ihm in gerader Linie verwandt ist, den Beischlaf vollzieht, ist mit Freiheitsstrafe bis zu einem Jahr oder mit Geldstrafe bis zu 720 Tagessätzen zu bestrafen. *(BGBl I 2015/112)*

(2) Wer eine Person, mit der er in absteigender Linie verwandt ist, zum Beischlaf verführt, ist mit Freiheitsstrafe bis zu drei Jahren zu bestrafen.

(3) Wer mit seinem Bruder oder seiner Schwester den Beischlaf vollzieht, ist mit Freiheitsstrafe bis zu sechs Monaten oder mit Geldstrafe bis zu 360 Tagessätzen zu bestrafen. *(BGBl I 2015/112)*

(4) Wer zur Zeit der Tat das neunzehnte Lebensjahr noch nicht vollendet hat, ist wegen Blutschande nicht zu bestrafen, wenn er zur Tat verführt worden ist.

(BGBl 1988/599)

Mißbrauch eines Autoritätsverhältnisses

§ 212. (1) Wer

1. mit einer mit ihm in absteigender Linie verwandten minderjährigen Person, seinem minderjährigen Wahlkind, Stiefkind oder Mündel oder

2. mit einer minderjährigen Person, die seiner Erziehung, Ausbildung oder Aufsicht untersteht,

unter Ausnützung seiner Stellung gegenüber dieser Person

eine geschlechtliche Handlung vornimmt oder von einer solchen Person an sich vornehmen lässt oder, um sich oder einen Dritten geschlechtlich zu erregen oder zu befriedigen, dazu verleitet, eine geschlechtliche Handlung an sich selbst vorzunehmen, ist mit Freiheitsstrafe bis zu drei Jahren zu bestrafen.

(2) Ebenso ist zu bestrafen, wer

1. als Angehöriger eines gesetzlich geregelten Gesundheitsberufes oder Seelsorger mit einer berufsmäßig betreuten Person, *(BGBl I 2006/56; BGBl I 2017/117)*

2. als Angestellter einer Erziehungsanstalt oder sonst als in einer Erziehungsanstalt Beschäftigter mit einer in der Anstalt betreuten Person oder

3. als Beamter mit einer Person, die seiner amtlichen Obhut anvertraut ist,

unter Ausnützung seiner Stellung dieser Person gegenüber eine geschlechtliche Handlung vornimmt oder von einer solchen Person an sich vornehmen lässt oder, um sich oder einen Dritten geschlechtlich zu erregen oder zu befriedigen, dazu verleitet, eine geschlechtliche Handlung an sich selbst vorzunehmen.

(3) Wer eine sexuelle Belästigung nach § 218 Abs. 1a unter den Umständen des Abs. 1 oder 2 begeht, ist mit Freiheitsstrafe bis zu einem Jahr oder mit Geldstrafe bis zu 720 Tagessätzen zu bestrafen. *(BGBl I 2017/117)*

(BGBl I 2004/15)

Kuppelei

§ 213. (1) Wer eine Person, zu der er in einem der im § 212 bezeichneten Verhältnisse steht, unter den dort genannten Voraussetzungen zu einer geschlechtlichen Handlung mit einer anderen Person verleitet oder die persönliche Annäherung der beiden Personen zur Vornahme einer geschlechtlichen Handlung herbeiführt, ist mit Freiheitsstrafe bis zu drei Jahren zu bestrafen.

(2) Handelt der Täter, um sich oder einem anderen einen Vermögensvorteil zu verschaffen, so ist er mit Freiheitsstrafe von sechs Monaten bis zu fünf Jahren zu bestrafen.

(BGBl I 2004/15)

Entgeltliche Vermittlung von Sexualkontakten mit Minderjährigen

§ 214. (1) Wer die persönliche Annäherung einer unmündigen mit einer anderen Person zur Vornahme einer geschlechtlichen Handlung herbeiführt, um sich oder einem anderen einen Vermögensvorteil zu verschaffen, ist mit Freiheitsstrafe von sechs Monaten bis zu fünf Jahren zu bestrafen.

(2) Wer außer dem Fall des Abs. 1 die persönliche Annäherung einer minderjährigen mit einer anderen Person zur Vornahme einer geschlechtlichen Handlung herbeiführt, um sich oder einem anderen einen Vermögensvorteil zu verschaffen, ist mit Freiheitsstrafe von sechs Monaten bis zu zwei Jahren zu bestrafen. *(BGBl I 2009/40)*

(BGBl I 2004/15)

Zuführen zur Prostitution

§ 215. Wer eine Person der Prostitution zuführt, ist mit Freiheitsstrafe bis zu zwei Jahren zu bestrafen.

(BGBl I 2004/15)

Förderung der Prostitution und pornographischer Darbietungen Minderjähriger

§ 215a. (1) ¹Wer eine minderjährige Person, mag sie auch bereits der Prostitution nachgehen, zur Ausübung der Prostitution oder zur Mitwirkung an einer pornographischen Darbietung anwirbt oder einem anderen zu einem solchen Zweck anbietet oder vermittelt, ist mit Freiheitsstrafe von sechs Monaten bis zu fünf Jahren zu bestrafen. ²Ebenso ist zu bestrafen, wer eine minderjährige Person, die der Prostitution nachgeht oder an einer pornographischen Darbietung mitwirkt, ausnützt, um sich oder einem anderen einen Vermögensvorteil zuzuwenden. *(BGBl I 2013/116)*

(2) Wer die Tat gegen eine unmündige Person, im Rahmen einer kriminellen Vereinigung, unter Anwendung schwerer Gewalt oder so begeht, dass durch die Tat das Leben der Person vorsätzlich oder grob fahrlässig (§ 6 Abs. 3) gefährdet wird oder die Tat einen besonders schweren Nachteil für die Person zur Folge hat, ist mit Freiheitsstrafe von einem bis zu zehn Jahren zu bestrafen. *(BGBl I 2013/116; BGBl I 2015/112)*

(2a) ¹Wer wissentlich eine pornographische Darbietung, an der eine mündige minderjährige Person mitwirkt, betrachtet, ist mit Freiheitsstrafe bis zu einem Jahr oder mit Geldstrafe bis zu 720 Tagessätzen zu bestrafen. ²Mit Freiheitsstrafe bis zu zwei Jahren ist zu bestrafen, wer wissentlich eine pornographische Darbietung, an der eine unmündige Person mitwirkt, betrachtet. *(BGBl I 2011/130; BGBl I 2015/112)*

(3) An einer pornographischen Darbietung wirkt mit, wer dabei eine auf sich selbst reduzierte, von anderen Lebensäußerungen losgelöste und der sexuellen Erregung eines Betrachters dienende geschlechtliche Handlung an sich selbst, an einer anderen Person oder mit einem Tier vornimmt, eine solche geschlechtliche Handlung an sich vornehmen lässt oder auf solche Weise seine Genitalien oder seine Schamgegend zur Schau stellt.

(BGBl I 2004/15)

Zuhälterei

§ 216. (1) Wer mit dem Vorsatz, sich aus der Prostitution einer anderen Person eine fortlaufende Einnahme zu verschaffen, diese Person ausnützt, ist mit Freiheitsstrafe bis zu zwei Jahren zu bestrafen. *(BGBl I 2013/116)*

(2) Wer mit dem Vorsatz, sich aus der Prostitution einer anderen Person eine fortlaufende Einnahme zu verschaffen, diese Person ausbeutet, sie einschüchtert, ihr die Bedingungen der Ausübung der Prostitution vorschreibt oder mehrere solche Personen zugleich ausnützt, ist mit Freiheitsstrafe bis zu drei Jahren zu bestrafen. *(BGBl I 2013/116)*

(3) Wer die Tat (Abs. 1 und 2) als Mitglied einer kriminellen Vereinigung begeht, ist mit Freiheitsstrafe von sechs Monaten bis zu fünf Jahren zu bestrafen. *(BGBl I 2013/116)*

(4) Mit Freiheitsstrafe von sechs Monaten bis zu fünf Jahren ist auch zu bestrafen, wer durch Einschüchterung eine Person davon abhält, die Prostitution aufzugeben. *(BGBl I 2013/116)*

(BGBl 1984/295; BGBl I 2002/134; BGBl I 2004/15)

Grenzüberschreitender Prostitutionshandel

§ 217. (1) Wer eine Person, mag sie auch bereits der Prostitution nachgehen, der Prostitution in einem anderen Staat als in dem, dessen Staatsangehörigkeit sie besitzt oder in dem sie ihren gewöhnlichen Aufenthalt hat, zuführt oder sie hiefür anwirbt, ist mit Freiheitsstrafe von sechs Monaten bis zu fünf Jahren, wenn er die Tat jedoch gewerbsmäßig begeht, mit Freiheitsstrafe von einem bis zu zehn Jahren zu bestrafen.

(2) Wer eine Person (Abs. 1) mit dem Vorsatz, daß sie in einem anderen Staat als in dem, dessen Staatsangehörigkeit sie besitzt oder in dem sie ihren gewöhnlichen Aufenthalt hat, der Prostitution nachgehe, durch Täuschung über dieses Vorhaben verleitet oder mit Gewalt oder durch gefährliche Drohung nötigt, sich in einen anderen Staat zu begeben, oder sie mit Gewalt oder unter Ausnützung ihres Irrtums über dieses Vorhaben in einen anderen Staat befördert, ist mit Freiheitsstrafe von einem bis zu zehn Jahren zu bestrafen.

(BGBl I 2004/15)

Sexuelle Belästigung und öffentliche geschlechtliche Handlungen

§ 218. (1) Wer eine Person durch eine geschlechtliche Handlung

1. an ihr oder

2. vor ihr unter Umständen, unter denen dies geeignet ist, berechtigtes Ärgernis zu erregen,

belästigt, ist, wenn die Tat nicht nach einer anderen Bestimmung mit strengerer Strafe bedroht ist, mit Freiheitsstrafe bis zu sechs Monaten oder mit Geldstrafe bis zu 360 Tagessätzen zu bestrafen.

(1a) Nach Abs. 1 ist auch zu bestrafen, wer eine andere Person durch eine intensive Berührung einer der Geschlechtssphäre zuzuordnenden Körperstelle in ihrer Würde verletzt. *(BGBl I 2015/112)*

(2) Ebenso ist zu bestrafen, wer öffentlich und unter Umständen, unter denen sein Verhalten geeignet ist, durch unmittelbare Wahrnehmung berechtigtes Ärgernis zu erregen, eine geschlechtliche Handlung vornimmt.

(2a) Wer wissentlich an einer Zusammenkunft mehrerer Menschen teilnimmt, die darauf abzielt, dass eine sexuelle Belästigung nach Abs. 1 Z 1 oder Abs. 1a begangen werde, ist, wenn es zu einer solchen Tat gekommen ist, mit Freiheitsstrafe bis zu einem Jahr oder mit Geldstrafe bis zu 720 Tagessätzen zu bestrafen. *(BGBl I 2017/117)*

(2b) Wer eine sexuelle Belästigung nach Abs. 1 Z 1 oder Abs. 1a mit mindestens einer weiteren Person in verabredeter Verbindung begeht, ist mit Freiheitsstrafe bis zu zwei Jahren zu bestrafen. *(BGBl I 2017/117)*

(3) Im Falle der Abs. 1 und 1a ist der Täter nur mit Ermächtigung der verletzten Person zu verfolgen. *(BGBl I 2007/93; BGBl I 2015/112)*

(BGBl I 2004/15)

Ankündigung zur Herbeiführung unzüchtigen Verkehrs

§ 219. Wer öffentlich eine Ankündigung erlässt, die bestimmt ist, unzüchtigen Verkehr herbeizuführen, und die nach ihrem Inhalt geeignet ist, berechtigtes Ärgernis zu erregen, ist mit Freiheitsstrafe bis zu sechs Monaten oder mit Geldstrafe bis zu 360 Tagessätzen zu bestrafen.

§ 220. *(entfällt, BGBl 1996/762)*

Werbung für Unzucht mit Tieren

§ 220a. *(aufgehoben, BGBl I 2015/112)*

Tätigkeitsverbot

410 StPO

§ 220b. (1) Hat der Täter eine vorsätzlich begangene, mit mehr als einjähriger Freiheitsstrafe bedrohte strafbare Handlung gegen Leib und Leben oder die Freiheit oder eine strafbare Handlung gegen die sexuelle Integrität und Selbstbestimmung einer minderjährigen Person begangen und im Tatzeitpunkt eine Erwerbstätigkeit oder sonstige Tätigkeit in einem Verein oder einer anderen Einrichtung ausgeübt oder auszuüben beabsichtigt, welche die Erziehung, Ausbildung oder Beaufsichtigung Minderjähriger oder sonst intensive Kontakte mit Minderjährigen einschließt, so ist ihm für unbestimmte Zeit die Ausübung dieser und vergleichbarer Tätigkeiten zu untersagen, sofern die Gefahr besteht, dass er sonst unter Ausnützung einer ihm durch eine solche Tätigkeit gebotenen Gelegenheit eine weitere derartige strafbare Handlung mit nicht bloß leichten Folgen begehen werde.

(2) Hat der Täter eine strafbare Handlung nach Abs. 1 zum Nachteil einer wegen Gebrechlichkeit, Krankheit oder einer geistigen Behinderung wehrlosen Person begangen und im Tatzeitpunkt eine Erwerbstätigkeit oder sonstige Tätigkeit in einem Verein oder einer anderen Einrichtung ausgeübt oder auszuüben beabsichtigt, welche die Betreuung solcher wehrlosen Personen oder sonst intensive Kontakte mit solchen wehrlosen Personen einschließt, so ist ihm für unbestimmte Zeit die Ausübung dieser und vergleichbarer Tätigkeiten zu untersagen, sofern die Gefahr besteht, dass er sonst unter Ausnützung einer ihm durch eine solche Tätigkeit gebotenen Gelegenheit eine weitere derartige strafbare Handlung mit nicht bloß leichten Folgen begehen werde.

(3) [1]Das Tätigkeitsverbot beginnt mit Rechtskraft der Entscheidung, mit der das Verbot ausgesprochen wird. [2]Das Gericht hat mindestens alle fünf Jahre zu überprüfen, ob die Gefahr, wegen der das Tätigkeitsverbot verhängt wurde, noch besteht. [3]Wenn nachträglich Umstände eintreten oder bekannt werden, bei deren Vorliegen im Zeitpunkt des Urteils kein Tätigkeitsverbot ausgesprochen worden wäre, hat das Gericht das Tätigkeitsverbot aufzuheben.

(4) Wer einer Tätigkeit nachgeht, obwohl ihm deren Ausübung nach den vorstehenden Bestimmungen untersagt wurde, ist mit Freiheitsstrafe bis zu sechs Monaten oder mit Geldstrafe bis zu 360 Tagessätzen zu bestrafen.

(BGBl I 2009/40; BGBl I 2019/105)

§ 221. *(entfällt, BGBl 1996/762)*

ELFTER ABSCHNITT

Tierquälerei

Tierquälerei

§ 222. (1) Wer ein Tier

1. roh misshandelt oder ihm unnötige Qualen zufügt,

2. aussetzt, obwohl es in der Freiheit zu leben unfähig ist, oder

3. mit dem Vorsatz, dass ein Tier Qualen erleide, auf ein anderes Tier hetzt,

ist mit Freiheitsstrafe bis zu zwei Jahre zu bestrafen. *(BGBl I 2015/112)*

(2) Ebenso ist zu bestrafen, wer, wenn auch nur fahrlässig, im Zusammenhang mit der Beförderung mehrerer Tiere diese dadurch, dass er Fütterung oder Tränke unterlässt, oder auf andere Weise längere Zeit hindurch einem qualvollen Zustand aussetzt.

(3) Ebenso ist zu bestrafen, wer ein Wirbeltier mutwillig tötet.

(BGBl I 2002/134)

ZWÖLFTER ABSCHNITT

Strafbare Handlungen gegen die Zuverlässigkeit von Urkunden und Beweiszeichen

Urkundenfälschung

§ 223. (1) Wer eine falsche Urkunde mit dem Vorsatz herstellt oder eine echte Urkunde mit dem Vorsatz verfälscht, daß sie im Rechtsverkehr zum Beweis eines Rechtes, eines Rechtsverhältnisses oder einer Tatsache gebraucht werde, ist mit Freiheitsstrafe bis zu einem Jahr oder mit Geldstrafe bis zu 720 Tagessätzen zu bestrafen. *(BGBl I 2015/112)*

(2) Ebenso ist zu bestrafen, wer eine falsche oder verfälschte Urkunde im Rechtsverkehr zum Beweis eines Rechtes, eines Rechtsverhältnisses oder einer Tatsache gebraucht.

Fälschung besonders geschützter Urkunden

§ 224. Wer eine der im § 223 mit Strafe bedrohten Handlungen in Beziehung auf eine inländische öffentliche Urkunde, eine ausländische öffentliche Urkunde, wenn sie durch Gesetz oder zwischenstaatlichen Vertrag inländischen öffentlichen Urkunden gleichgestellt ist, eine letztwillige Verfügung oder ein nicht im § 237 genanntes Wertpapier begeht, ist mit Freiheitsstrafe bis zu zwei Jahren zu bestrafen.

Annahme, Weitergabe oder Besitz falscher oder verfälschter besonders geschützter Urkunden

§ 224a. Wer eine falsche oder verfälschte besonders geschützte Urkunde (§ 224) mit dem Vorsatz, dass sie im Rechtsverkehr zum Beweis eines Rechtes, eines Rechtsverhältnisses oder einer Tatsache gebraucht werde, von einem anderen übernimmt, sich oder einem anderen verschafft, befördert, einem anderen überlässt oder sonst besitzt, ist mit Freiheitsstrafe bis zu einem Jahr oder mit Geldstrafe bis zu 720 Tagessätzen zu bestrafen. *(BGBl I 2015/112)*

(BGBl I 2004/15)

Fälschung öffentlicher Beglaubigungszeichen

§ 225. (1) Wer an einer Sache ein öffentliches Beglaubigungszeichen nachmacht oder verfälscht, einem öffentlichen Beglaubigungszeichen eine andere Sache unterschiebt oder eine mit einem solchen Zeichen versehene Sache wesentlich verändert, ist, wenn er mit dem Vorsatz handelt, daß die Sache im Rechtsverkehr gebraucht werde, mit Freiheitsstrafe bis zu zwei Jahren zu bestrafen.

(2) Ebenso ist zu bestrafen, wer eine mit einem nachgemachten oder verfälschten öffentlichen Beglaubigungszeichen versehene, eine einem öffentlichen Beglaubigungszeichen unterschobene oder eine nach der Anbringung eines solchen Zeichens wesentlich veränderte Sache im Rechtsverkehr gebraucht.

(3) Als öffentliches Beglaubigungszeichen gilt jedes Zeichen, das ein Beamter innerhalb seiner Amtsbefugnisse oder eine mit öffentlichem Glauben versehene Person innerhalb des ihr zugewiesenen Geschäftskreises an einer Sache in der vorgeschriebenen Form angebracht hat, um eine auf die Sache bezügliche Tatsache zu bestätigen.

Datenfälschung

§ 225a. Wer durch Eingabe, Veränderung, Löschung oder Unterdrückung von Daten falsche Daten mit dem Vorsatz herstellt oder echte Daten mit dem Vorsatz verfälscht, dass sie im Rechtsverkehr zum Beweis eines Rechtes, eines Rechtsverhältnisses oder einer Tatsache gebraucht werden, ist mit Freiheitsstrafe bis zu einem Jahr oder mit Geldstrafe bis zu 720 Tagessätzen zu bestrafen. *(BGBl I 2015/112)*

(BGBl I 2002/134)

Tätige Reue

§ 226. (1) Nach den §§ 223 bis 225a ist nicht zu bestrafen, wer freiwillig, bevor die falsche oder verfälschte Urkunde, die mit dem nachgemachten oder verfälschten öffentlichen Beglaubigungszeichen versehene oder die einem öffentlichen Beglaubigungszeichen unterschobene oder die nach Anbringung eines solchen Zeichens wesentlich veränderte Sache oder die falschen oder verfälschten Daten im Rechtsverkehr gebraucht worden sind, durch Vernichtung der Urkunde, des Beglaubigungszeichens oder der Daten oder auf andere Art die Gefahr beseitigt, dass die Urkunde, die Sache oder die Daten in der in den §§ 223 bis 225a bezeichneten Weise gebraucht werden.

(2) Besteht die Gefahr eines solchen Gebrauches nicht oder ist sie ohne Zutun des Täters beseitigt worden, so ist er nicht zu bestrafen, wenn er sich in Unkenntnis dessen freiwillig und ernstlich bemüht, sie zu beseitigen.

(BGBl I 2002/134)

Vorbereitung der Fälschung öffentlicher Urkunden oder Beglaubigungszeichen

§ 227. (1) Wer mit dem Vorsatz, sich oder einem anderen eine Urkundenfälschung in Beziehung auf eine inländische öffentliche Urkunde oder eine ausländische öffentliche Urkunde, wenn sie durch Gesetz oder zwischenstaatlichen Vertrag inländischen öffentlichen Urkunden gleichgestellt ist (§ 224), oder eine Fälschung öffentlicher Beglaubigungszeichen (§ 225) zu ermöglichen, ein Mittel oder Werkzeug, das nach seiner besonderen Beschaffenheit ersichtlich zu einem solchen Zweck bestimmt ist, anfertigt, von einem anderen übernimmt, sich oder einem anderen verschafft, einem anderen überlässt oder sonst besitzt, ist mit Freiheitsstrafe bis zu einem Jahr oder mit Geldstrafe bis zu 720 Tagessätzen zu bestrafen. *(BGBl I 2015/112)*

(2) [1]Nach Abs. 1 ist nicht zu bestrafen, wer freiwillig, bevor das Mittel oder Werkzeug zur Begehung einer der dort genannten strafbaren Handlungen gebraucht worden ist, durch dessen Vernichtung oder auf andere Art die Gefahr eines solchen Gebrauches beseitigt. [2]§ 226 Abs. 2 gilt entsprechend.

(BGBl I 2004/15)

Mittelbare unrichtige Beurkundung oder Beglaubigung

§ 228. (1) Wer bewirkt, daß gutgläubig ein Recht, ein Rechtsverhältnis oder eine Tatsache in einer inländischen öffentlichen Urkunde unrichtig beurkundet oder an einer Sache ein unrichtiges öffentliches Beglaubigungszeichen angebracht wird, ist, wenn er mit dem Vorsatz handelt, daß die Urkunde im Rechtsverkehr zum Beweis des Rechtes, des Rechtsverhältnisses oder der Tatsache gebraucht werde oder die Sache im Rechtsverkehr gebraucht werde, mit Freiheitsstrafe bis zu einem Jahr oder mit Geldstrafe bis zu 720 Tagessätzen zu bestrafen. *(BGBl I 2015/112)*

(2) Ebenso ist zu bestrafen, wer eine gutgläubig hergestellte unrichtige inländische öffentliche Urkunde, deren Unrichtigkeit von ihm oder einem Dritten vorsätzlich bewirkt wurde, im Rechtsverkehr zum Beweis des Rechtes, des Rechtsverhältnisses oder der Tatsache gebraucht, oder wer eine Sache, die gutgläubig mit einem unrichtigen öffentlichen Beglaubigungszeichen versehen wurde, dessen unrichtige Anbringung von ihm oder einem Dritten vorsätzlich bewirkt wurde, im Rechtsverkehr gebraucht.

(3) § 226 gilt entsprechend.

Urkundenunterdrückung

§ 229. (1) Wer eine Urkunde, über die er nicht oder nicht allein verfügen darf, vernichtet, beschädigt oder unterdrückt, ist, wenn er mit dem Vorsatz handelt, zu verhindern, daß sie im Rechtsver-

kehr zum Beweis eines Rechtes, eines Rechtsverhältnisses oder einer Tatsache gebraucht werde, mit Freiheitsstrafe bis zu einem Jahr oder mit Geldstrafe bis zu 720 Tagessätzen zu bestrafen. *(BGBl I 2015/112)*

(2) Nach Abs. 1 ist nicht zu bestrafen, wer freiwillig die Unterdrückung der Urkunde, bevor diese im Rechtsverkehr gebraucht werden sollte, rückgängig macht oder auf andere Art bewirkt, daß die Tat den Beweis, dem die Urkunde dienen sollte, nicht behindert.

Versetzung von Grenzzeichen

§ 230. (1) Wer ein zur Bezeichnung der Grenze oder des Wasserstands bestimmtes Zeichen mit dem Vorsatz, ein Beweismittel für eine Tatsache von rechtlicher Bedeutung zu schaffen oder zu unterdrücken, unrichtig setzt, verrückt, beseitigt oder unkenntlich macht, ist mit Freiheitsstrafe bis zu zwei Jahren zu bestrafen.

(2) Nach Abs. 1 ist nicht zu bestrafen, wer freiwillig das Zeichen, bevor es als Beweismittel herangezogen werden sollte oder herangezogen worden ist, berichtigt oder wiederherstellt oder auf andere Art bewirkt, daß die Tat den Beweis, dem das Zeichen dienen sollte, nicht behindert.

Gebrauch fremder Ausweise

§ 231. (1) Wer einen amtlichen Ausweis, der für einen anderen ausgestellt ist, im Rechtsverkehr gebraucht, als wäre er für ihn ausgestellt, ist mit Freiheitsstrafe bis zu sechs Monaten oder mit Geldstrafe bis zu 360 Tagessätzen zu bestrafen.

(2) Ebenso ist zu bestrafen, wer einem anderen einen amtlichen Ausweis mit dem Vorsatz überläßt, daß er von einem Nichtberechtigten im Rechtsverkehr gebraucht werde, als wäre er für ihn ausgestellt.

(3) Nach Abs. 2 ist nicht zu bestrafen, wer freiwillig den Ausweis, bevor ihn ein Nichtberechtigter im Rechtsverkehr gebraucht hat, zurücknimmt oder auf andere Art die Gefahr beseitigt, daß der amtliche Ausweis in der im Abs. 2 bezeichneten Weise gebraucht werde.

DREIZEHNTER ABSCHNITT

Strafbare Handlungen gegen die Sicherheit des Verkehrs mit Geld, Wertpapieren, Wertzeichen und unbaren Zahlungsmitteln

Geldfälschung

§ 232. (1) Wer Geld mit dem Vorsatz nachmacht oder verfälscht, daß es als echt und unverfälscht in Verkehr gebracht werde, ist mit Freiheitsstrafe von einem bis zu zehn Jahren zu bestrafen.

(2) Ebenso ist zu bestrafen, wer solches nachgemachtes oder verfälschtes Geld im Einverständnis mit einem an der Fälschung Beteiligten (§ 12)

oder einem Mittelsmann mit dem Vorsatz übernimmt, es als echt und unverfälscht in Verkehr zu bringen.

(3) Als Nachmachen von Geld gilt auch die Herstellung unter Nutzung der zur rechtmäßigen Herstellung bestimmten Einrichtungen oder Materialien, jedoch unter Missachtung der Rechte oder der Bedingungen, nach denen die zuständigen Stellen zur Geldausgabe befugt sind, und ohne die Zustimmung dieser Stellen. *(BGBl I 2001/19)*

Weitergabe und Besitz nachgemachten oder verfälschten Geldes

§ 233. (1) Wer nachgemachtes oder verfälschtes Geld

1. mit dem Vorsatz, dass es als echt und unverfälscht ausgegeben werde, einführt, ausführt, befördert, außer dem im § 232 Abs. 2 genannten Fall von einem anderen übernimmt, sich sonst verschafft oder besitzt oder

2. als echt und unverfälscht ausgibt,

ist mit Freiheitsstrafe bis zu fünf Jahren zu bestrafen. *(BGBl I 2015/112)*

(2) Wer die Tat an nachgemachtem oder verfälschtem Geld im Nennwert von mehr als 300 000 Euro begeht, ist mit Freiheitsstrafe von einem bis zu zehn Jahren zu bestrafen. *(BGBl I 2004/136; BGBl I 2015/112)*

(BGBl I 2001/19; BGBl I 2001/130; BGBl I 2004/15)

Verringerung von Geldmünzen und Weitergabe verringerter Geldmünzen

§ 234. (1) Wer eine Geldmünze mit dem Vorsatz verringert, daß sie als vollwertig ausgegeben werde, ist mit Freiheitsstrafe von sechs Monaten bis zu fünf Jahren zu bestrafen.

(2) [1]Wer eine verringerte Geldmünze

1. mit dem Vorsatz, daß sie als vollwertig ausgegeben werde, von einem anderen übernimmt oder sich auf andere Weise verschafft oder

2. als vollwertig ausgibt,

ist mit Freiheitsstrafe bis zu drei Jahren zu bestrafen. [2]Wer die Tat an verringerten Geldmünzen begeht, deren Nennwert 300 000 Euro übersteigt, ist mit Freiheitsstrafe von sechs Monaten bis zu fünf Jahren zu bestrafen. *(BGBl I 2004/136; BGBl I 2015/112)*

(BGBl I 2001/130)

Ansichbringen, Verheimlichen oder Verhandeln des Münzabfalls

§ 235. Wer das von einem anderen durch die Verringerung von Geldmünzen (§ 234 Abs. 1) gewonnene Metall kauft, zum Pfand nimmt oder sonst an sich bringt, verheimlicht oder verhandelt,

ist mit Freiheitsstrafe bis zu einem Jahr oder mit Geldstrafe bis zu 720 Tagessätzen zu bestrafen. *(BGBl I 2015/112)*

Weitergabe von Falschgeld oder verringerten Geldmünzen

§ 236. (1) Wer nachgemachtes oder verfälschtes Geld oder eine verringerte Geldmünze als echt und unverfälscht oder als vollwertig weitergibt, ist, wenn er oder ein anderer für ihn das Geld oder die Münze gutgläubig als echt und unverfälscht oder als vollwertig empfangen hat, ohne sich dadurch strafbar zu machen, mit Freiheitsstrafe zu einem Jahr oder mit Geldstrafe bis zu 720 Tagessätzen zu bestrafen. *(BGBl I 2015/112)*

(2) Ebenso ist zu bestrafen, wer eine der im Abs. 1 genannten Handlungen für einen anderen begeht, der, ohne sich dadurch strafbar zu machen, das Geld oder die Münze gutgläubig als echt und unverfälscht oder als vollwertig empfangen hat.

Fälschung besonders geschützter Wertpapiere

§ 237. Nach den §§ 232, 233 oder 236 ist auch zu bestrafen, wer eine der dort mit Strafe bedrohten Handlungen in Beziehung auf Banknoten oder Geldmünzen, die nicht gesetzliche Zahlungsmittel sind, Pfandbriefe, Teilschuldverschreibungen, Aktien oder sonstige Anteilscheine, Zins-, Genuß-, Gewinnanteil- oder Erneuerungsscheine begeht, sofern diese Wertpapiere auf Inhaber lauten.

(BGBl I 2001/19)

Wertzeichenfälschung

§ 238. (1) Wer ein amtliches Wertzeichen mit dem Vorsatz nachmacht oder verfälscht, daß es als echt und unverfälscht verwertet werde, ist mit Freiheitsstrafe bis zu drei Jahren zu bestrafen.

(2) Wer ein solches nachgemachtes oder verfälschtes Wertzeichen

1. mit dem Vorsatz, daß es als echt und unverfälscht verwertet werde, von einem anderen übernimmt oder sich auf andere Weise verschafft oder

2. als echt und unverfälscht verwertet,

ist mit Freiheitsstrafe bis zu zwei Jahren zu bestrafen.

(3) Als amtliche Wertzeichen gelten auch amtliche Stempelabdrücke, durch die die Entrichtung einer Gebühr oder sonst einer Abgabe bescheinigt wird.

(4) Die Wiederverwendung eines schon verwendeten amtlichen Wertzeichens und die Entfernung des Entwertungsstempels von einem schon verwendeten amtlichen Wertzeichen sind gerichtlich nicht strafbar.

Vorbereitung einer Geld-, Wertpapier- oder Wertzeichenfälschung

§ 239. Wer mit dem Vorsatz, sich oder einem anderen die Begehung einer der nach den §§ 232, 234, 237 oder 238 mit Strafe bedrohten Handlungen zu ermöglichen, ein Mittel oder Werkzeug, das nach seiner besonderen Beschaffenheit ersichtlich zu einem solchen Zweck bestimmt ist, ein Hologramm oder einen anderen der Sicherung gegen Fälschung dienenden Bestandteil von Geld, eines besonders geschützten Wertpapieres oder eines amtlichen Wertzeichens anfertigt, von einem anderen übernimmt, sich oder einem anderen verschafft, einem anderen überlässt oder sonst besitzt, ist mit Freiheitsstrafe bis zu zwei Jahren zu bestrafen.

(BGBl I 2001/19)

Tätige Reue

§ 240. (1) Wegen einer der in den §§ 232 bis 234 und 237 bis 239 mit Strafe bedrohten Handlungen ist nicht zu bestrafen, wer freiwillig

1. seine dort bezeichnete Tätigkeit vor deren Abschluß aufgibt,

2. das nachgemachte oder verfälschte Geld, solche Wertpapiere oder Wertzeichen oder die verringerten Geldmünzen sowie die Fälschungsgeräte (§ 239) vernichtet oder der Behörde (§ 151 Abs. 3) übergibt, soweit er diese Gegenstände noch besitzt, und

3. durch Mitteilung an diese Behörde oder auf andere Art die Gefahr beseitigt, daß infolge seiner Tätigkeit oder der Tätigkeit anderer an dem Unternehmen Beteiligter nachgemachtes oder verfälschtes Geld oder solche Wertpapier als echt und unverfälscht oder eine verringerte Geldmünze als vollwertig in Verkehr gebracht oder ausgegeben oder ein nachgemachtes oder verfälschtes Wertzeichen als echt und unverfälscht verwertet wird, solange noch nicht versucht worden ist, einen dieser Erfolge herbeizuführen.

(2) Der Täter ist auch nicht zu bestrafen, wenn die im Abs. 1 bezeichneten Gefahren nicht bestehen oder ohne sein Zutun beseitigt werden, er sich jedoch in Unkenntnis dessen freiwillig und ernstlich darum bemüht, sie zu beseitigen.

Geld, Wertpapiere und Wertzeichen des Auslands

§ 241. Die Bestimmungen dieses Abschnitts gelten auch für Geld, Wertpapiere, Wertzeichen sowie zur Ausgabe als gesetzliches Zahlungsmittel bestimmte Banknoten und Geldmünzen des Auslands.

(BGBl I 2001/19)

Fälschung unbarer Zahlungsmittel

§ 241a. (1) Wer ein falsches unbares Zahlungsmittel mit dem Vorsatz herstellt oder ein echtes unbares Zahlungsmittel mit dem Vorsatz verfälscht, dass es im Rechtsverkehr wie ein echtes verwendet werde, ist mit Freiheitsstrafe bis zu drei Jahren zu bestrafen.

(2) Wer die Tat gewerbsmäßig oder als Mitglied einer kriminellen Vereinigung begeht, ist mit Freiheitsstrafe von sechs Monaten bis zu fünf Jahren zu bestrafen.

(BGBl I 2004/15)

Annahme, Weitergabe oder Besitz falscher oder verfälschter unbarer Zahlungsmittel

§ 241b. (1) Wer ein falsches oder verfälschtes unbares Zahlungsmittel mit dem Vorsatz, dass es im Rechtsverkehr wie ein echtes verwendet werde, von einem anderen übernimmt, sich oder einem anderen verschafft, befördert, einem anderen überlässt, einführt, ausführt, verbreitet, bereitstellt oder sonst besitzt, ist mit Freiheitsstrafe bis zu einem Jahr oder mit Geldstrafe bis zu 720 Tagessätzen zu bestrafen.

(2) Wer die Tat als Mitglied einer kriminellen Vereinigung begeht, ist mit Freiheitsstrafe von sechs Monaten bis zu fünf Jahren zu bestrafen.

(BGBl I 2004/15; BGBl I 2021/201)

Vorbereitung der Fälschung oder Entfremdung unbarer Zahlungsmittel

§ 241c. Wer mit dem Vorsatz, sich oder einem anderen eine Fälschung unbarer Zahlungsmittel (§ 241a) oder eine Entfremdung unbarer Zahlungsmittel nach § 241e Abs. 1 zu ermöglichen, ein Mittel oder Werkzeug, das nach seiner besonderen Beschaffenheit ersichtlich zu einem solchen Zweck bestimmt ist, anfertigt, von einem anderen übernimmt, sich oder einem anderen verschafft, einem anderen überlässt oder sonst besitzt, ist mit Freiheitsstrafe bis zu zwei Jahren zu bestrafen.
(BGBl I 2021/201)

(BGBl I 2004/15)

Tätige Reue

§ 241d. (1) Wegen einer der in den §§ 241a bis 241c mit Strafe bedrohten Handlungen ist nicht zu bestrafen, wer freiwillig, bevor das falsche oder verfälschte unbare Zahlungsmittel im Rechtsverkehr verwendet worden ist, durch Vernichtung des unbaren Zahlungsmittels, oder, bevor das Mittel oder Werkzeug zur Fälschung eines unbaren Zahlungsmittels verwendet worden ist, durch Vernichtung des Mittels oder Werkzeuges, oder auf andere Art die Gefahr einer solchen Verwendung beseitigt.

(2) Besteht die Gefahr einer solchen Verwendung nicht oder ist sie ohne Zutun des Täters be-

seitigt worden, so ist er nicht zu bestrafen, wenn er sich in Unkenntnis dessen freiwillig und ernstlich bemüht, sie zu beseitigen.

(BGBl I 2004/15)

Entfremdung unbarer Zahlungsmittel

§ 241e. (1) [1]Wer sich ein unbares Zahlungsmittel, über das er nicht oder nicht allein verfügen darf, mit dem Vorsatz verschafft, dass er oder ein Dritter durch dessen Verwendung im Rechtsverkehr unrechtmäßig bereichert werde, ist mit Freiheitsstrafe bis zu zwei Jahren zu bestrafen. [2]Ebenso ist zu bestrafen, wer sich ein unbares Zahlungsmittel, über das er nicht oder nicht allein verfügen darf, mit dem Vorsatz verschafft, sich oder einem anderen eine Fälschung unbarer Zahlungsmittel (§ 241a) zu ermöglichen.

(2) Wer die Tat gewerbsmäßig oder als Mitglied einer kriminellen Vereinigung begeht, ist mit Freiheitsstrafe von sechs Monaten bis zu fünf Jahren zu bestrafen.

(3) Wer ein unbares Zahlungsmittel, über das er nicht oder nicht allein verfügen darf, mit dem Vorsatz, dessen Verwendung im Rechtsverkehr zu verhindern, vernichtet, beschädigt oder unterdrückt, ist mit Freiheitsstrafe bis zu einem Jahr oder mit Geldstrafe bis zu 720 Tagessätzen zu bestrafen. *(BGBl I 2015/112)*

(BGBl I 2004/15)

Annahme, Weitergabe oder Besitz entfremdeter unbarer Zahlungsmittel

§ 241f. (1) Wer ein entfremdetes unbares Zahlungsmittel mit dem Vorsatz, dass er oder ein Dritter durch dessen Verwendung unrechtmäßig bereichert werde, oder mit dem Vorsatz, sich oder einem anderen eine Fälschung unbarer Zahlungsmittel (§ 241a) zu ermöglichen, von einem anderen übernimmt, sich oder einem anderen verschafft, befördert, einem anderen überlässt, einführt, ausführt, verbreitet, bereitstellt oder sonst besitzt, ist mit Freiheitsstrafe bis zu einem Jahr oder mit Geldstrafe bis zu 720 Tagessätzen zu bestrafen.

(2) Wer die Tat als Mitglied einer kriminellen Vereinigung begeht, ist mit Freiheitsstrafe von sechs Monaten bis zu fünf Jahren zu bestrafen.

(BGBl I 2004/15; BGBl I 2021/201)

Tätige Reue

§ 241g. (1) Nach den §§ 241e und 241f ist nicht zu bestrafen, wer freiwillig, bevor das entfremdete unbare Zahlungsmittel im Rechtsverkehr oder zur Fälschung eines unbaren Zahlungsmittels verwendet worden ist, durch Übergabe an die Behörde (§ 151 Abs. 3) oder auf andere Art die Gefahr einer solchen Verwendung beseitigt.

(2) Besteht die Gefahr einer solchen Verwendung nicht oder ist sie ohne Zutun des Täters beseitigt worden, so ist er nicht zu bestrafen, wenn er sich in Unkenntnis dessen freiwillig und ernstlich bemüht, sie zu beseitigen.

(BGBl I 2004/15)

Ausspähen von Daten eines unbaren Zahlungsmittels

§ 241h. (1) Wer Daten eines unbaren Zahlungsmittels mit dem Vorsatz ausspäht,

1. dass er oder ein Dritter durch deren Verwendung im Rechtsverkehr unrechtmäßig bereichert werde oder

2. sich oder einem anderen eine Fälschung unbarer Zahlungsmittel (§ 241a) zu ermöglichen,

ist mit Freiheitsstrafe bis zu einem Jahr oder mit Geldstrafe bis zu 720 Tagessätzen zu bestrafen.

(2) Wer die Tat gewerbsmäßig begeht, ist mit Freiheitsstrafe bis zu drei Jahren, wer die Tat als Mitglied einer kriminellen Vereinigung begeht, ist mit Freiheitsstrafe von sechs Monaten bis zu fünf Jahren zu bestrafen. *(BGBl I 2021/201)*

(3) Der Täter ist nicht zu bestrafen, wenn er freiwillig, bevor die ausgespähten Daten im Sinne des Abs. 1 Z 1 oder 2 verwendet wurden, die Gefahr ihrer Verwendung durch Verständigung der Behörde, des Berechtigten oder auf andere Weise beseitigt. Besteht die Gefahr einer solchen Verwendung nicht oder ist sie ohne Zutun des Täters beseitigt worden, so ist er nicht zu bestrafen, wenn er sich in Unkenntnis dessen freiwillig und ernstlich bemüht, sie zu beseitigen. *(BGBl I 2015/154)*

(BGBl I 2015/112)

VIERZEHNTER ABSCHNITT

Hochverrat und andere Angriffe gegen den Staat

Hochverrat

§ 242. (1) Wer es unternimmt, mit Gewalt oder durch Drohung mit Gewalt die Verfassung der Republik Österreich oder eines ihrer Bundesländer zu ändern oder ein zur Republik Österreich gehörendes Gebiet abzutrennen, ist mit Freiheitsstrafe von zehn bis zu zwanzig Jahren zu bestrafen.

(2) Ein Unternehmen im Sinn des Abs. 1 liegt auch schon bei einem Versuch vor.

Tätige Reue

§ 243. (1) Der Täter ist wegen Hochverrats nicht zu bestrafen, wenn er freiwillig die Ausführung aufgibt oder diese, falls mehrere an dem Vorhaben beteiligt sind, verhindert oder wenn er freiwillig den Erfolg abwendet.

(2) Der Täter ist auch dann nicht zu bestrafen, wenn die Ausführung oder der Erfolg ohne sein Zutun unterbleibt, er sich jedoch in Unkenntnis dessen freiwillig und ernstlich bemüht, die Ausführung zu verhindern oder den Erfolg abzuwenden.

Vorbereitung eines Hochverrats

§ 244. (1) Wer mit einem anderen die gemeinsame Begehung eines Hochverrats verabredet, ist mit Freiheitsstrafe von einem bis zu zehn Jahren zu bestrafen.

(2) Ebenso ist zu bestrafen, wer einen Hochverrat in anderer Weise vorbereitet und dadurch die Gefahr eines hochverräterischen Unternehmens herbeiführt oder erheblich vergrößert oder wer einen Hochverrat im Zusammenwirken mit einer ausländischen Macht vorbereitet.

Tätige Reue

§ 245. (1) Der Täter ist wegen Vorbereitung eines Hochverrats nicht zu bestrafen, wenn er freiwillig seine Tätigkeit aufgibt oder, falls mehrere an der Vorbereitung beteiligt sind, den Hochverrat verhindert.

(2) § 243 Abs. 2 gilt entsprechend.

Staatsfeindliche Verbindungen

§ 246. (1) Wer eine Verbindung gründet, deren wenn auch nicht ausschließlicher Zweck es ist, auf gesetzwidrige Weise die Unabhängigkeit, die in der Verfassung festgelegte Staatsform oder eine verfassungsmäßige Einrichtung der Republik Österreich oder eines ihrer Bundesländer zu erschüttern, ist mit Freiheitsstrafe von sechs Monaten bis zu fünf Jahren zu bestrafen.

(2) Ebenso ist zu bestrafen, wer sich in einer solchen Verbindung führend betätigt, für sie Mitglieder wirbt oder sie mit Geldmitteln oder sonst in erheblicher Weise unterstützt.

(3) Wer an einer solchen Verbindung sonst teilnimmt oder sie auf eine andere als die im Abs. 2 bezeichnete Weise unterstützt, ist mit Freiheitsstrafe bis zu einem Jahr oder mit Geldstrafe bis zu 720 Tagessätzen zu bestrafen. *(BGBl I 2015/112)*

Tätige Reue

§ 247. Nach § 246 ist nicht zu bestrafen, wer freiwillig, bevor die Behörde (§ 151 Abs. 3) von seinem Verschulden erfahren hat, alles, was ihm von der Verbindung und ihren Plänen bekannt ist, zu einer Zeit, da es noch geheim ist, einer solchen Behörde aufdeckt.

Staatsfeindliche Bewegung

§ 247a. (1) Wer eine staatsfeindliche Bewegung gründet oder sich in einer solchen führend betätigt, ist, wenn er oder ein anderer Teilnehmer eine ernstzunehmende Handlung ausgeführt oder zu ihr beigetragen hat, in der sich die staatsfeindliche Ausrichtung eindeutig manifestiert, mit Freiheitsstrafe bis zu zwei Jahren zu bestrafen.

(2) Wer an einer solchen Bewegung mit dem Vorsatz teilnimmt, dadurch die Begehung von staatsfeindlichen Handlungen zu fördern, oder sie mit erheblichen Geldmitteln oder sonst in erheblicher Weise unterstützt, ist unter der Bedingung des Abs. 1 mit Freiheitsstrafe bis zu einem Jahr oder mit Geldstrafe bis zu 720 Tagessätzen zu bestrafen.

(3) Eine staatsfeindliche Bewegung ist eine Gruppe vieler Menschen, die darauf ausgerichtet ist, die Hoheitsrechte der Republik Österreich (Bund, Länder, Gemeinden oder sonstige Selbstverwaltung) rundweg abzulehnen oder sich fortgesetzt die Ausübung solcher oder behaupteter Hoheitsrechte selbst anzumaßen, und deren Zweck es ist, fortgesetzt auf eine Weise, durch die sich die staatsfeindliche Ausrichtung eindeutig manifestiert, gesetzwidrig die Vollziehung von Gesetzen, Verordnungen oder sonstigen hoheitlichen Entscheidungen der Behörden zu verhindern oder die angemaßten oder behaupteten Hoheitsrechte durchzusetzen.

(4) Der Täter ist nach Abs. 1 und 2 nicht zu bestrafen, wenn die Tat nach einer anderen Bestimmung mit strengerer Strafe bedroht ist.

(5) Nach Abs. 1 und 2 ist nicht zu bestrafen, wer sich freiwillig und bevor die Behörde von seinem Verschulden erfahren hat, aus der Bewegung in einer Weise zurückzieht, die eindeutig zu erkennen gibt, dass die staatsfeindliche Ausrichtung nicht mehr unterstützt wird.

(BGBl I 2017/117)

Religiös motivierte extremistische Verbindung

§ 247b. (1) Wer eine religiös motivierte extremistische Verbindung gründet oder sich in einer solchen führend betätigt, ist, wenn er oder ein anderer Teilnehmer eine ernstzunehmende gesetzwidrige Handlung ausgeführt oder zu ihr beigetragen hat, in der sich die religiös motivierte extremistische Ausrichtung eindeutig manifestiert, mit Freiheitsstrafe bis zu zwei Jahren zu bestrafen.

(2) Wer an einer solchen Verbindung mit dem Vorsatz teilnimmt, dadurch die Begehung von religiös motivierten extremistischen Handlungen zu fördern, oder sie mit erheblichen Geldmitteln oder sonst in erheblicher Weise unterstützt, ist unter der Bedingung des Abs. 1 mit Freiheitsstrafe bis zu einem Jahr oder mit Geldstrafe bis zu 720 Tagessätzen zu bestrafen.

(3) Eine religiös motivierte extremistische Verbindung ist eine solche, die fortgesetzt auf gesetzwidrige Art und Weise die wesentlichen Elemente der demokratischen rechtsstaatlichen Grundordnung der Republik durch eine ausschließ-

lich religiös begründete Gesellschafts- und Staatsordnung zu ersetzen versucht, indem sie die Vollziehung von Gesetzen, Verordnungen oder sonstigen hoheitlichen Entscheidungen zu verhindern oder sich religiös begründete Hoheitsrechte anzumaßen oder solche Rechte durchzusetzen versucht.

(4) Der Täter ist nach Abs. 1 und 2 nicht zu bestrafen, wenn die Tat nach einer anderen Bestimmung mit strengerer Strafe bedroht ist.

(5) Nach Abs. 1 und 2 ist nicht zu bestrafen, wer sich freiwillig und bevor die Behörde von seinem Verschulden erfahren hat, aus der Verbindung in einer Weise zurückzieht, die eindeutig zu erkennen gibt, dass die religiös motivierte extremistische Ausrichtung nicht mehr unterstützt wird. *(BGBl I 2021/159)*

Herabwürdigung des Staates und seiner Symbole

§ 248. (1) Wer auf eine Art, daß die Tat einer breiten Öffentlichkeit bekannt wird, in gehässiger Weise die Republik Österreich oder eines ihrer Bundesländer beschimpft oder verächtlich macht, ist mit Freiheitsstrafe bis zu einem Jahr oder mit Geldstrafe bis zu 720 Tagessätzen zu bestrafen. *(BGBl I 2015/112)*

(2) Wer in der im Abs. 1 bezeichneten Art in gehässiger Weise eine aus einem öffentlichen Anlaß oder bei einer allgemein zugänglichen Veranstaltung gezeigte Fahne der Republik Österreich oder eines ihrer Bundesländer, ein von einer österreichischen Behörde angebrachtes Hoheitszeichen, die Bundeshymne oder eine Landeshymne beschimpft, verächtlich macht oder sonst herabwürdigt, ist mit Freiheitsstrafe bis zu sechs Monaten oder mit Geldstrafe bis zu 360 Tagessätzen zu bestrafen.

FÜNFZEHNTER ABSCHNITT

Angriffe auf oberste Staatsorgane

Gewalt und gefährliche Drohung gegen den Bundespräsidenten

§ 249. Wer es unternimmt (§ 242 Abs. 2), mit Gewalt oder durch gefährliche Drohung den Bundespräsidenten abzusetzen oder durch eines dieser Mittel zu nötigen oder zu hindern, seine Befugnisse überhaupt oder in einem bestimmten Sinn auszuüben, ist mit Freiheitsstrafe von einem bis zu zehn Jahren zu bestrafen.

Nötigung eines verfassungsmäßigen Vertretungskörpers, einer Regierung, des Verfassungsgerichtshofs, des Verwaltungsgerichtshofs oder des Obersten Gerichtshofs

§ 250. Wer es unternimmt (§ 242 Abs. 2), den Nationalrat, den Bundesrat, die Bundesversammlung, die Bundesregierung, einen Landtag, eine Landesregierung, den Verfassungsgerichtshof, den Verwaltungsgerichtshof oder den Obersten Gerichtshof mit Gewalt oder durch Drohung mit Gewalt zu nötigen oder zu hindern, ihre Befugnisse überhaupt oder in einem bestimmten Sinn auszuüben, ist mit Freiheitsstrafe von einem bis zu zehn Jahren zu bestrafen.

Nötigung von Mitgliedern eines verfassungsmäßigen Vertretungskörpers, einer Regierung, des Verfassungsgerichtshofs, des Verwaltungsgerichtshofs oder des Obersten Gerichtshofs oder des Präsidenten des Rechnungshofs oder des Leiters eines Landesrechnungshofs

§ 251. Wer ein Mitglied des Nationalrats, des Bundesrats, der Bundesversammlung, der Bundesregierung, eines Landtags, einer Landesregierung, des Verfassungsgerichtshofs, des Verwaltungsgerichtshofs oder des Obersten Gerichtshofs oder den Präsidenten des Rechnungshofs, den Leiter eines Landesrechnungshofs oder deren Stellvertreter mit Gewalt oder durch gefährliche Drohung nötigt oder hindert, seine Befugnisse überhaupt oder in einem bestimmten Sinn auszuüben, ist mit Freiheitsstrafe von sechs Monaten bis zu fünf Jahren und im Fall einer schweren Nötigung (§ 106) mit Freiheitsstrafe von einem bis zu zehn Jahren zu bestrafen. *(BGBl I 2007/109)*

SECHZEHNTER ABSCHNITT

Landesverrat

Verrat von Staatsgeheimnissen

§ 252. (1) Wer einer fremden Macht oder einer über- oder zwischenstaatlichen Einrichtung ein Staatsgeheimnis bekannt oder zugänglich macht, ist mit Freiheitsstrafe von einem bis zu zehn Jahren zu bestrafen.

(2) [1]Wer der Öffentlichkeit ein Staatsgeheimnis bekannt oder zugänglich macht, ist mit Freiheitsstrafe von sechs Monaten bis zu fünf Jahren zu bestrafen. [2]Betrifft das Staatsgeheimnis verfassungsgefährdende Tatsachen (Abs. 3), so ist der Täter jedoch nur zu bestrafen, wenn er in der Absicht handelt, der Republik Österreich einen Nachteil zuzufügen. [3]Die irrtümliche Annahme verfassungsgefährdender Tatsachen befreit den Täter nicht von Strafe.

(3) Verfassungsgefährdende Tatsachen sind solche, die Bestrebungen offenbaren, in verfassungswidriger Weise den demokratischen, bundesstaatlichen oder rechtsstaatlichen Aufbau der Republik Österreich zu beseitigen, deren dauernde Neutralität aufzuheben oder ein verfassungsgesetzlich gewährleistetes Recht abzuschaffen oder einzuschränken oder wiederholt gegen ein solches Recht zu verstoßen.

Preisgabe von Staatsgeheimnissen

§ 253. (1) Wer zufolge einer ihn im besonderen treffenden rechtlichen Verpflichtung dazu verhalten ist, ein Geheimnis zu wahren, von dem er weiß, daß es ein Staatsgeheimnis ist, und diese Verpflichtung unter Umständen verletzt, unter denen das Geheimnis einer fremden Macht, einer über- oder zwischenstaatlichen Einrichtung oder der Öffentlichkeit bekannt oder zugänglich werden kann, ist mit Freiheitsstrafe bis zu drei Jahren zu bestrafen.

(2) ¹Betrifft das Staatsgeheimnis verfassungsgefährdende Tatsachen (§ 252 Abs. 3), so ist der Täter jedoch nur zu bestrafen, wenn er in der Absicht handelt, der Republik Österreich einen Nachteil zuzufügen. ²Die irrtümliche Annahme verfassungsgefährdender Tatsachen befreit den Täter nicht von Strafe.

Ausspähung von Staatsgeheimnissen

§ 254. (1) Wer ein Staatsgeheimnis mit dem Vorsatz zurückhält oder sich verschafft, es einer fremden Macht, einer über- oder zwischenstaatlichen Einrichtung oder der Öffentlichkeit bekannt oder zugänglich zu machen und dadurch die Gefahr eines schweren Nachteils für die Landesverteidigung der Republik Österreich oder für die Beziehungen der Republik Österreich zu einer fremden Macht oder einer über- oder zwischenstaatlichen Einrichtung herbeizuführen, ist mit Freiheitsstrafe von sechs Monaten bis zu fünf Jahren zu bestrafen.

(2) § 253 Abs. 2 gilt entsprechend.

Begriff des Staatsgeheimnisses

§ 255. Staatsgeheimnisse im Sinn dieses Abschnitts sind Tatsachen, Gegenstände oder Erkenntnisse, insbesondere Schriften, Zeichnungen, Modelle und Formeln, und Nachrichten darüber, die nur einem begrenzten Personenkreis zugänglich sind und vor einer fremden Macht oder einer über- oder zwischenstaatlichen Einrichtung geheimgehalten werden müssen, um die Gefahr eines schweren Nachteils für die Landesverteidigung der Republik Österreich oder für die Beziehungen der Republik Österreich zu einer fremden Macht oder einer über- oder zwischenstaatlichen Einrichtung hintanzuhalten.

Geheimer Nachrichtendienst zum Nachteil Österreichs

§ 256. Wer zum Nachteil der Republik Österreich einen geheimen Nachrichtendienst einrichtet oder betreibt oder einen solchen Nachrichtendienst wie immer unterstützt, ist mit Freiheitsstrafe von sechs Monaten bis zu fünf Jahren zu bestrafen. *(BGBl I 2021/148)*

Begünstigung feindlicher Streitkräfte

§ 257. (1) Ein Österreicher, der während eines Krieges oder eines bewaffneten Konfliktes, an denen die Republik Österreich beteiligt ist, in den Dienst der feindlichen Streitkräfte tritt oder gegen die Republik Österreich Waffen trägt, ist mit Freiheitsstrafe von einem bis zu zehn Jahren zu bestrafen.

(2) ¹Ebenso ist zu bestrafen, wer während eines Krieges oder eines bewaffneten Konfliktes, an denen die Republik Österreich beteiligt ist, oder bei unmittelbar drohender Gefahr eines solchen Krieges oder bewaffneten Konfliktes den feindlichen Streitkräften einen Vorteil verschafft oder dem österreichischen Bundesheer einen Nachteil zufügt. ²Ausländer sind nach dieser Bestimmung nur zu bestrafen, wenn sie die Tat begehen, während sie sich im Inland befinden.

Landesverräterische Fälschung und Vernichtung von Beweisen

§ 258. (1) Wer

1. über ein Rechtsverhältnis zwischen der Republik Österreich oder einem ihrer Bundesländer und einer fremden Macht oder einer über- oder zwischenstaatlichen Einrichtung oder

2. über eine Tatsache, die für die Beziehungen zwischen der Republik Österreich oder einem ihrer Bundesländer und einer fremden Macht oder einer über- oder zwischenstaatlichen Einrichtung von Bedeutung ist,

ein falsches Beweismittel herstellt oder ein echtes verfälscht, vernichtet, beschädigt oder beseitigt und dadurch die Interessen der Republik Österreich oder eines ihrer Bundesländer gefährdet, ist mit Freiheitsstrafe von sechs Monaten bis zu fünf Jahren zu bestrafen.

(2) Ebenso ist zu bestrafen, wer von einem solchen falschen oder verfälschten Beweismittel Gebrauch macht und dadurch die Interessen der Republik Österreich oder eines ihrer Bundesländer gefährdet.

SIEBZEHNTER ABSCHNITT

Strafbare Handlungen gegen das Bundesheer

Beteiligung an militärischen strafbaren Handlungen

§ 259. Wer, ohne Soldat zu sein, einen anderen bestimmt, eine ausschließlich im Militärstrafgesetz mit einer drei Jahre übersteigenden Freiheitsstrafe bedrohte Handlung oder eine der in den §§ 16, 19 und 21 des Militärstrafgesetzes mit Strafe bedrohten Handlungen auszuführen oder sonst zur Ausführung einer solchen Handlung beiträgt, ist mit Freiheitsstrafe bis zu zwei Jahren, wer die Tat aber mit Beziehung auf die im § 18 des Militärstrafgesetzes mit Strafe bedrohte Handlung begeht, mit Freiheitsstrafe von sechs Monaten bis zu fünf Jahren zu bestrafen.

Wehrmittelsabotage

§ 260. Wer ein Wehrmittel oder eine Einrichtung oder Anlage, die ausschließlich oder vorwiegend der Landesverteidigung oder dem Schutz der Zivilbevölkerung gegen Kriegsgefahren dient, oder einen dafür bestimmten Werkstoff entgegen einer übernommenen Verpflichtung nicht oder fehlerhaft herstellt oder liefert und dadurch wissentlich die Landesverteidigung, die Schlagkraft des Bundesheeres oder eines Teiles des Bundesheeres oder den Schutz der Zivilbevölkerung gefährdet, ist, wenn die Tat nicht nach einer anderen Bestimmung mit strengerer Strafe bedroht ist, mit Freiheitsstrafe von sechs Monaten bis zu fünf Jahren zu bestrafen.

ACHTZEHNTER ABSCHNITT

Strafbare Handlungen bei Wahlen und Volksabstimmungen; Mandatskauf

Geltungsbereich

§ 261. (1) Die Bestimmungen dieses Abschnitts gelten, soweit im Folgenden nichts anderes bestimmt ist, für die Wahl des Bundespräsidenten, für die Wahlen zu den allgemeinen Vertretungskörpern und zu den satzungsgebenden Organen (Vertretungskörpern) der gesetzlichen beruflichen Vertretungen, für die allgemeinen und unmittelbaren Wahlen in die mit der Vollziehung betrauten Organe einer Gemeinde, für die Wahl zum Europäischen Parlament sowie für Volksabstimmungen.

(2) Einer Wahl oder Volksabstimmung steht eine Volksbefragung, das Unterschreiben eines Wahlvorschlags oder einer Unterstützungserklärung für einen Wahlvorschlag, das Verfahren für ein Volksbegehren und die Abgabe einer Unterstützungsbekundung für eine Europäische Bürgerinitiative gleich.

(BGBl I 1998/153; BGBl I 2023/100)

Wahlbehinderung

§ 262. (1) Wer einen anderen mit Gewalt oder durch gefährliche Drohung nötigt oder hindert, überhaupt oder in einem bestimmten Sinn zu wählen oder zu stimmen, ist mit Freiheitsstrafe bis zu einem Jahr oder mit Geldstrafe bis zu 720 Tagessätzen, unter den Voraussetzungen des § 106 jedoch mit den dort bezeichneten Strafen zu bestrafen. *(BGBl I 2015/112)*

(2) Wer einen anderen auf andere Weise als durch Nötigung an der Ausübung seines Wahl- oder Stimmrechts hindert, ist mit Freiheitsstrafe bis zu sechs Monaten oder mit Geldstrafe bis zu 360 Tagessätzen zu bestrafen.

Täuschung bei einer Wahl oder Volksabstimmung

§ 263. (1) Wer durch Täuschung über Tatsachen bewirkt oder zu bewirken versucht, daß ein anderer bei der Stimmabgabe über den Inhalt seiner Erklärung irrt oder gegen seinen Willen eine ungültige Stimme abgibt, ist mit Freiheitsstrafe bis zu sechs Monaten oder mit Geldstrafe bis zu 360 Tagessätzen zu bestrafen.

(2) Ebenso ist zu bestrafen, wer durch Täuschung über einen die Durchführung der Wahl oder Volksabstimmung betreffenden Umstand bewirkt oder zu bewirken versucht, daß ein anderer die Stimmabgabe unterläßt.

Verbreitung falscher Nachrichten bei einer Wahl oder Volksabstimmung

§ 264. (1) Wer öffentlich eine falsche Nachricht über einen Umstand, der geeignet ist, Wahl- oder Stimmberechtigte von der Stimmabgabe abzuhalten oder zur Ausübung des Wahl- oder Stimmrechts in einem bestimmten Sinn zu veranlassen, zu einer Zeit verbreitet, da eine Gegenäußerung nicht mehr wirksam verbreitet werden kann, ist mit Freiheitsstrafe bis zu sechs Monaten oder mit Geldstrafe bis zu 360 Tagessätzen zu bestrafen.

(2) Wer sich dabei einer falschen oder verfälschten Urkunde bedient, um die falsche Nachricht glaubwürdig erscheinen zu lassen, ist mit Freiheitsstrafe bis zu drei Jahren zu bestrafen.

Bestechung bei einer Wahl oder Volksabstimmung

§ 265. (1) Wer einem Wahl- oder Stimmberechtigten ein Entgelt anbietet, verspricht oder gewährt, damit er in einem bestimmten Sinn oder damit er nicht oder nicht in einem bestimmten Sinn wähle oder stimme, ist mit Freiheitsstrafe bis zu einem Jahr oder mit Geldstrafe bis zu 720 Tagessätzen zu bestrafen. *(BGBl I 2015/112)*

(2) Ebenso ist ein Wahl- oder Stimmberechtigter zu bestrafen, der dafür, daß er in einem bestimmten Sinn, oder dafür, daß er nicht oder nicht

in einem bestimmten Sinn wähle oder stimme, ein Entgelt fordert, annimmt oder sich versprechen läßt.

Mandatskauf

§ 265a. (1) Wer im Zusammenhang mit einer Wahl zum Nationalrat, zu einem Landtag oder zum Europäischen Parlament als Verantwortlicher einer wahlwerbenden Partei für die Einflussnahme auf die Zuteilung eines Mandats an einen Bewerber für sich oder einen Dritten ein Entgelt fordert, annimmt oder sich versprechen lässt, ist, sofern es tatsächlich zur Angelobung des Bewerbers oder zur Einnahme des Sitzes durch diesen gekommen ist, mit Freiheitsstrafe bis zu zwei Jahren zu bestrafen.

(2) Ebenso ist zu bestrafen, wer im Zusammenhang mit einer Wahl nach Abs. 1 einem Verantwortlichen einer wahlwerbenden Partei für die Einflussnahme auf die Zuteilung eines Mandats an einen Bewerber ein Entgelt für ihn oder einen Dritten anbietet, verspricht oder gewährt, sofern es tatsächlich zur Angelobung des Bewerbers oder zur Einnahme des Sitzes durch diesen gekommen ist.

(3) Wer die Tat in Bezug auf einen 50 000 Euro übersteigenden Wert des Entgelts begeht, ist mit Freiheitsstrafe von sechs Monaten bis zu fünf Jahren zu bestrafen.

(4) Zusagen, Vereinbarungen oder Leistungen betreffend zulässige Parteispenden nach den bundes- und landesgesetzlich normierten Spendenregelungen, die Übernahme von Wahlwerbungsaufwendungen für die eigene Person, Parteiabgaben, aussichtsreichere Listenplätze für unterlegene Bewerber und vergleichbare Zusagen, Vereinbarungen oder Leistungen sind nicht rechtswidrig.

(5) Der Täter ist nach den vorstehenden Absätzen nur dann zu bestrafen, wenn die Tat nicht nach einer anderen Bestimmung mit strengerer Strafe bedroht ist.

(BGBl I 2023/100)

Fälschung bei einer Wahl oder Volksabstimmung

§ 266. (1) Wer, ohne wahl- oder stimmberechtigt zu sein, oder namens eines anderen ohne oder gegen dessen Auftrag unzulässigerweise wählt oder stimmt, ist mit Freiheitsstrafe bis zu sechs Monaten oder mit Geldstrafe bis zu 360 Tagessätzen zu bestrafen. *(BGBl I 2012/12)*

(2) Wer das Ergebnis einer Wahl oder Volksabstimmung fälscht, ist mit Freiheitsstrafe bis zu drei Jahren zu bestrafen.

Verhinderung einer Wahl oder Volksabstimmung

§ 267. Wer mit Gewalt oder durch gefährliche Drohung eine Wahl, eine Volksabstimmung oder die Feststellung oder Verkündung ihrer Ergebnisse verhindert oder absichtlich stört, ist mit Freiheitsstrafe bis zu drei Jahren zu bestrafen.

Verletzung des Wahl- oder Volksabstimmungsgeheimnisses

§ 268. Wer einer dem Schutz des Wahl- oder Abstimmungsgeheimnisses dienenden Vorschrift in der Absicht zuwiderhandelt, sich oder einem anderen Kenntnis davon zu verschaffen, wie jemand gewählt oder gestimmt hat, ist mit Freiheitsstrafe bis zu sechs Monaten oder mit Geldstrafe bis zu 360 Tagessätzen zu bestrafen.

NEUNZEHNTER ABSCHNITT
Strafbare Handlungen gegen die Staatsgewalt

Widerstand gegen die Staatsgewalt

§ 269. (1) Wer eine Behörde mit Gewalt oder durch Drohung mit Gewalt und wer einen Beamten mit Gewalt oder durch gefährliche Drohung an einer Amtshandlung hindert, ist mit Freiheitsstrafe bis zu drei Jahren, im Fall einer schweren Nötigung (§ 106) jedoch mit Freiheitsstrafe von sechs Monaten bis zu fünf Jahren zu bestrafen.

(2) Ebenso ist zu bestrafen, wer eine Behörde mit Gewalt oder durch Drohung mit Gewalt oder einen Beamten mit Gewalt oder durch gefährliche Drohung zu einer Amtshandlung nötigt.

(3) Als Amtshandlung im Sinn der Abs. 1 und 2 gilt nur eine Handlung, durch die der Beamte als Organ der Hoheitsverwaltung oder der Gerichtsbarkeit eine Befehls- oder Zwangsgewalt ausübt.

(4) Der Täter ist nach Abs. 1 nicht zu bestrafen, wenn die Behörde oder der Beamte zu der Amtshandlung ihrer Art nach nicht berechtigt ist oder die Amtshandlung gegen strafgesetzliche Vorschriften verstößt.

Tätlicher Angriff auf einen Beamten

§ 270. (1) Wer einen Beamten während einer Amtshandlung (§ 269 Abs. 3) tätlich angreift, ist mit Freiheitsstrafe bis zu zwei Jahren zu bestrafen. *(BGBl I 2017/117)*

(2) § 269 Abs. 4 gilt entsprechend.

Verstrickungsbruch

§ 271. (1) Wer eine Sache, die behördlich gepfändet oder in Beschlag genommen worden ist, zerstört, beschädigt, verunstaltet, unbrauchbar macht oder ganz oder zum Teil der Verstrickung entzieht, ist mit Freiheitsstrafe bis zu sechs Monaten oder mit Geldstrafe bis zu 360 Tagessätzen zu bestrafen.

(2) § 269 Abs. 4 gilt entsprechend.

(3) Nach Abs. 1 ist nicht zu bestrafen, wer freiwillig, bevor die Behörde (§ 151 Abs. 3) von seinem Verschulden erfahren hat, die der Verstrickung entzogene Sache zurückstellt.

Siegelbruch

§ 272. (1) Wer ein Siegel beschädigt oder ablöst, das ein Beamter in Ausübung seines Amtes angelegt hat, um eine Sache unter Verschluß oder in Beschlag zu nehmen oder zu bezeichnen, und wer einen durch ein solches Siegel bewirkten Verschluß ganz oder zum Teil unwirksam macht, ist mit Freiheitsstrafe bis zu sechs Monaten oder mit Geldstrafe bis zu 360 Tagessätzen zu bestrafen.

(2) § 269 Abs. 4 gilt entsprechend.

(3) Nach Abs. 1 ist nicht zu bestrafen, wer freiwillig, bevor die Behörde (§ 151 Abs. 3) von seinem Verschulden erfahren hat, bewirkt, daß die Sache ohne wesentliche Beeinträchtigung des Zweckes wieder unter Verschluß oder in Beschlag genommen wird.

Verletzung behördlicher Bekanntmachungen

§ 273. (1) Wer ein Schriftstück, von dem er weiß (§ 5 Abs. 3), daß es von einer Behörde zur Bekanntmachung öffentlich angeschlagen oder ausgelegt worden ist, zerstört, beschädigt, beseitigt, verändert oder den Inhalt des Schriftstücks ganz oder zum Teil unkenntlich macht und dadurch den Zweck der Bekanntmachung dieses Schriftstücks vereitelt oder beeinträchtigt, ist mit Freiheitsstrafe bis zu sechs Monaten oder mit Geldstrafe bis zu 360 Tagessätzen zu bestrafen.

(2) § 269 Abs. 4 gilt entsprechend.

(3) Nach Abs. 1 ist nicht zu bestrafen, wer freiwillig, bevor die Behörde (§ 151 Abs. 3) von seinem Verschulden erfahren hat, bewirkt, daß der Zweck der Bekanntmachung ohne wesentliche Beeinträchtigung erreicht wird.

ZWANZIGSTER ABSCHNITT

Strafbare Handlungen gegen den öffentlichen Frieden

Schwere gemeinschaftliche Gewalt

§ 274. (1) Wer wissentlich an einer Zusammenkunft vieler Menschen teilnimmt, die darauf abzielt, dass durch ihre vereinten Kräfte ein Mord (§ 75), ein Totschlag (§ 76), eine Körperverletzung (§§ 84 bis 87) oder eine schwere Sachbeschädigung nach § 126 Abs. 1 Z 5 oder Abs. 2 begangen werde, ist, wenn es zu einer solchen Gewalttat gekommen ist, mit Freiheitsstrafe bis zu zwei Jahren zu bestrafen. *(BGBl I 2015/154)*

(2) Wer an einer solchen Zusammenkunft führend oder dadurch teilnimmt, dass er zur Begehung einer der im Abs. 1 angeführten strafbaren Handlungen aufstachelt, oder als Teilnehmer eine solche strafbare Handlung ausführt oder zu ihrer Ausführung beiträgt (§ 12), ist mit Freiheitsstrafe bis zu drei Jahren zu bestrafen. *(BGBl I 2015/154)*

(3) Nach Abs. 1 ist nicht zu bestrafen, wer sich freiwillig aus der Zusammenkunft zurückzieht oder ernstlich zurückzuziehen sucht, bevor sie zu einer Gewaltanwendung geführt hat, es sei denn, dass er an der Zusammenkunft in der in Abs. 2 umschriebenen Weise teilgenommen hat.

(BGBl I 2015/112)

Landzwang

§ 275. (1) Wer die Bevölkerung oder einen großen Personenkreis durch eine Drohung mit einem Angriff auf Leben, Gesundheit, körperliche Unversehrtheit, Freiheit oder Vermögen in Furcht und Unruhe versetzt, ist mit Freiheitsstrafe bis zu drei Jahren zu bestrafen.

(2) Hat die Tat

1. eine schwere oder längere Zeit anhaltende Störung des öffentlichen Lebens,

2. eine schwere Schädigung des Wirtschaftslebens oder

3. den Tod eines Menschen oder die schwere Körperverletzung (§ 84 Abs. 1) einer größeren Zahl von Menschen zur Folge oder sind durch die Tat viele Menschen in Not versetzt worden,

so ist der Täter mit Freiheitsstrafe von sechs Monaten bis zu fünf Jahren zu bestrafen.

(3) Hat die Tat aber den Tod einer größeren Zahl von Menschen nach sich gezogen, so ist der Täter mit Freiheitsstrafe von einem bis zu zehn Jahren zu bestrafen.

(BGBl I 2001/130)

Verbreitung falscher, beunruhigender Gerüchte

§ 276. *(aufgehoben, BGBl I 2015/112)*

Verbrecherisches Komplott

§ 277. (1) Wer mit einem anderen die gemeinsame Ausführung eines Mordes (§ 75), einer erpresserischen Entführung (§ 102), einer Überlieferung an eine ausländische Macht (§ 103), eines Sklavenhandels (§ 104), eines Raubes (§ 142), einer gemeingefährlichen strafbaren Handlung nach den §§ 169, 171, 173, 176, 185 oder 186, eines grenzüberschreitenden Prostitutionshandels (§ 217) oder einer nach den §§ 28a oder 31a des Suchtmittelgesetzes strafbaren Handlung verabredet, ist mit Freiheitsstrafe von sechs Monaten bis zu fünf Jahren zu bestrafen. *(BGBl I 2007/109)*

(2) ¹Nach Abs. 1 ist nicht zu bestrafen, wer freiwillig durch eine Mitteilung an die Behörde

(§ 151 Abs. 3) oder an den Bedrohten oder auf andere Art die beabsichtigte strafbare Handlung verhindert. ²Unterbleibt die strafbare Handlung ohne Zutun des Täters, so ist er nicht zu bestrafen, wenn er sich in Unkenntnis dessen freiwillig und ernstlich bemüht, die strafbare Handlung zu verhindern.

(BGBl I 1997/112; BGBl I 2004/15)

Kriminelle Vereinigung

§ 278. (1) Wer eine kriminelle Vereinigung gründet oder sich an einer solchen als Mitglied beteiligt, ist mit Freiheitsstrafe bis zu drei Jahren zu bestrafen.

(2) Eine kriminelle Vereinigung ist ein auf längere Zeit angelegter Zusammenschluss von mehr als zwei Personen, der darauf ausgerichtet ist, dass von einem oder mehreren Mitgliedern der Vereinigung ein oder mehrere Verbrechen, andere erhebliche Gewalttaten gegen Leib und Leben, nicht nur geringfügige Sachbeschädigungen, Diebstähle oder Betrügereien, Vergehen nach den §§ 177b, 233 bis 239, 241a bis 241c, 241e, 241f, 283, 304 oder 307, in § 278d Abs. 1 genannte andere Vergehen oder Vergehen nach den §§ 114 Abs. 1 oder 116 des Fremdenpolizeigesetzes ausgeführt werden. *(BGBl I 2010/38; BGBl I 2015/112; BGBl I 2021/159)*

(3) Als Mitglied beteiligt sich an einer kriminellen Vereinigung, wer im Rahmen ihrer kriminellen Ausrichtung eine strafbare Handlung begeht oder sich an ihren Aktivitäten durch die Bereitstellung von Informationen oder Vermögenswerten oder auf andere Weise in dem Wissen beteiligt, dass er dadurch die Vereinigung oder deren strafbare Handlungen fördert.

(4) ¹Hat die Vereinigung zu keiner strafbaren Handlung der geplanten Art geführt, so ist kein Mitglied zu bestrafen, wenn sich die Vereinigung freiwillig auflöst oder sich sonst aus ihrem Verhalten ergibt, dass sie ihr Vorhaben freiwillig aufgegeben hat. ²Ferner ist wegen krimineller Vereinigung nicht zu bestrafen, wer freiwillig von der Vereinigung zurücktritt, bevor eine Tat der geplanten Art ausgeführt oder versucht worden ist; wer an der Vereinigung führend teilgenommen hat, jedoch nur dann, wenn er freiwillig durch Mitteilung an die Behörde (§ 151 Abs. 3) oder auf andere Art bewirkt, dass die aus der Vereinigung entstandene Gefahr beseitigt wird.

(BGBl I 2002/134; BGBl I 2004/15)

Kriminelle Organisation

§ 278a. ¹Wer eine auf längere Zeit angelegte unternehmensähnliche Verbindung einer größeren Zahl von Personen gründet oder sich an einer solchen Verbindung als Mitglied beteiligt (§ 278 Abs. 3),

1. die, wenn auch nicht ausschließlich, auf die wiederkehrende und geplante Begehung schwerwiegender strafbarer Handlungen, die das Leben, die körperliche Unversehrtheit, die Freiheit oder das Vermögen bedrohen, oder schwerwiegender strafbarer Handlungen im Bereich der sexuellen Ausbeutung von Menschen, der Schlepperei oder des unerlaubten Verkehrs mit Kampfmitteln, Kernmaterial und radioaktiven Stoffen, gefährlichen Abfällen, Falschgeld oder Suchtmitteln ausgerichtet ist,

2. die dadurch eine Bereicherung in großem Umfang anstrebt und *(BGBl I 2013/134)*

3. die andere zu korrumpieren oder einzuschüchtern oder sich auf besondere Weise gegen Strafverfolgungsmaßnahmen abzuschirmen sucht,

ist mit Freiheitsstrafe von sechs Monaten bis zu fünf Jahren zu bestrafen. ²§ 278 Abs. 4 gilt entsprechend.

(BGBl 1993/527; BGBl 1996/762; BGBl I 2002/134)

Terroristische Vereinigung

§ 278b. (1) Wer eine terroristische Vereinigung (Abs. 3) anführt, ist mit Freiheitsstrafe von fünf bis zu fünfzehn Jahren zu bestrafen. *(BGBl I 2018/70)*

(2) Wer sich als Mitglied (§ 278 Abs. 3) an einer terroristischen Vereinigung beteiligt, ist mit Freiheitsstrafe von einem bis zu zehn Jahren zu bestrafen.

(3) Eine terroristische Vereinigung ist ein auf längere Zeit angelegter Zusammenschluss von mehr als zwei Personen, der darauf ausgerichtet ist, dass von einem oder mehreren Mitgliedern dieser Vereinigung eine oder mehrere terroristische Straftaten (§ 278c) ausgeführt werden oder Terrorismusfinanzierung (§ 278d) betrieben wird. *(BGBl I 2010/38)*

(BGBl I 2002/134)

Terroristische Straftaten

§ 278c. (1) Terroristische Straftaten sind

1. Mord (§ 75),

2. Körperverletzungen nach den §§ 83 bis 87, *(BGBl I 2017/117)*

3. erpresserische Entführung (§ 102),

4. schwere Nötigung (§ 106),

5. *(entfällt, BGBl I 2023/40)*

6. schwere Sachbeschädigung (§ 126), Datenbeschädigung (§ 126a) und Störung der Funktionsfähigkeit eines Computersystems (§ 126b), wenn dadurch eine Gefahr für das Leben eines anderen oder für fremdes Eigentum in großem Ausmaß entstehen kann oder viele Computersysteme (§§ 126a Abs. 3, 126b Abs. 3) oder wesentliche Bestandteile der kritischen Infrastruktur

(§§ 126a Abs. 4 Z 2, 126b Abs. 4 Z 2) beeinträchtigt werden, *(BGBl I 2018/70)*

7. vorsätzliche Gemeingefährdungsdelikte (§§ 169, 171, 173, 175, 176, 177a, 177b, 178) oder vorsätzliche Beeinträchtigung der Umwelt (§ 180),

8. Luftpiraterie (§ 185),

9. vorsätzliche Gefährdung der Sicherheit der Luftfahrt (§ 186), *(BGBl I 2011/103)*

9a. Aufforderung zu terroristischen Straftaten und Gutheißung terroristischer Straftaten (§ 282a) oder *(BGBl I 2011/103)*

10. eine nach § 50 des Waffengesetzes 1996, § 43 des Sprengmittelgesetzes 2010 oder § 7 des Kriegsmaterialgesetzes vorsätzliche strafbare Handlung, *(BGBl I 2023/40)*

wenn die Tat geeignet ist, eine schwere oder längere Zeit anhaltende Störung des öffentlichen Lebens oder eine schwere Schädigung des Wirtschaftslebens herbeizuführen, und mit dem Vorsatz begangen wird, die Bevölkerung auf schwerwiegende Weise einzuschüchtern, öffentliche Stellen oder eine internationale Organisation zu einer Handlung, Duldung oder Unterlassung zu nötigen oder die politischen, verfassungsrechtlichen, wirtschaftlichen oder sozialen Grundstrukturen eines Staates oder einer internationalen Organisation ernsthaft zu erschüttern oder zu zerstören.

(2) Wer eine terroristische Straftat im Sinn des Abs. 1 begeht, ist nach dem auf die dort genannte Tat anwendbaren Gesetz zu bestrafen, wobei das Höchstmaß der jeweils angedrohten Strafe um die Hälfte, höchstens jedoch auf zwanzig Jahre, hinaufgesetzt wird.

(2a) Wer mit einer der in Abs. 1 Z 1 bis 10 bezeichneten Straftaten droht, ist, wenn er diese Drohung mit der in Abs. 1 genannten terroristischen Eignung begeht und dort bezeichneten Vorsatz begeht, mit Freiheitsstrafe von sechs Monaten bis zu fünf Jahren zu bestrafen. *(BGBl I 2023/40)*

(3) Eine Tat nach Abs. 1 oder Abs. 2a gilt nicht als terroristische Straftat, wenn sie auf die Herstellung oder Wiederherstellung demokratischer und rechtsstaatlicher Verhältnisse oder die Ausübung oder Wahrung von Menschenrechten ausgerichtet ist. *(BGBl I 2023/40)*

(BGBl I 2002/134)

Terrorismusfinanzierung

§ 278d. (1) Wer Vermögenswerte mit dem Vorsatz bereitstellt oder sammelt, dass sie, wenn auch nur zum Teil, zur Ausführung

1. einer Luftpiraterie (§ 185) oder einer vorsätzlichen Gefährdung der Sicherheit der Luftfahrt (§ 186),

2. einer erpresserischen Entführung (§ 102) oder einer Drohung damit,

3. eines Angriffs auf Leib, Leben oder Freiheit einer völkerrechtlich geschützten Person oder eines gewaltsamen Angriffs auf eine Wohnung, einen Dienstraum oder ein Beförderungsmittel einer solchen Person, der geeignet ist, Leib, Leben oder Freiheit dieser Person zu gefährden, oder einer Drohung damit,

4. einer vorsätzlichen Gefährdung durch Kernenergie oder ionisierende Strahlen (§ 171), einer Drohung damit, eines unerlaubten Umgangs mit Kernmaterial oder radioaktiven Stoffen (§ 177b), einer sonstigen strafbaren Handlung zur Erlangung von Kernmaterial oder radioaktiven Stoffen oder einer Drohung mit der Begehung eines Diebstahls oder Raubes von Kernmaterial oder radioaktiven Stoffen, um einen anderen zu einer Handlung, Duldung oder Unterlassung zu nötigen,

5. eines erheblichen Angriffs auf Leib oder Leben eines anderen auf einem Flughafen, der der internationalen Zivilluftfahrt dient, einer Zerstörung oder erheblichen Beschädigung eines solchen Flughafens oder eines darauf befindlichen Luftfahrzeugs oder einer Unterbrechung der Dienste des Flughafens, sofern die Tat unter Verwendung einer Waffe oder sonstigen Vorrichtung begangen wird und geeignet ist, die Sicherheit auf dem Flughafen zu gefährden,

6. einer strafbaren Handlung, die auf eine in den §§ 185 oder 186 geschilderte Weise gegen ein Schiff oder eine feste Plattform, gegen eine Person, die sich an Bord eines Schiffes oder auf einer festen Plattform befindet, gegen die Ladung eines Schiffes oder eine Schifffahrtseinrichtung begangen wird,

7. der Beförderung eines Sprengsatzes oder einer anderen tödlichen Vorrichtung an einen öffentlichen Ort, zu einer staatlichen oder öffentlichen Einrichtung, einem öffentlichen Verkehrssystem oder einer Versorgungseinrichtung oder des Einsatzes solcher Mittel mit dem Ziel, den Tod oder eine schwere Körperverletzung eines anderen oder eine weitgehende Zerstörung des Ortes, der Einrichtung oder des Systems zu verursachen, sofern die Zerstörung geeignet ist, einen erheblichen wirtschaftlichen Schaden herbeizuführen,

8. einer strafbaren Handlung, die den Tod oder eine schwere Körperverletzung einer Zivilperson oder einer anderen Person, die in einem bewaffneten Konflikt nicht aktiv an den Feindseligkeiten teilnimmt, herbeiführen soll, wenn diese Handlung auf Grund ihres Wesens oder der Umstände darauf abzielt, eine Bevölkerungsgruppe einzuschüchtern oder eine Regierung oder eine internationale Organisation zu einem Tun oder Unterlassen zu nötigen,

9. einer sonstigen strafbaren Handlung nach § 278c Abs. 1, einer strafbaren Handlung nach den §§ 278e, 278f oder 278g oder der Anwerbung

eines anderen zur Begehung einer terroristischen Straftat nach § 278c Abs. 1 Z 1 bis 9 oder 10, *(BGBl I 2018/70)* verwendet werden, ist mit Freiheitsstrafe von einem bis zu zehn Jahren zu bestrafen. *(BGBl I 2013/134)*

(1a) Ebenso ist zu bestrafen, wer Vermögenswerte für

1. eine andere Person, von der er weiß, dass sie Handlungen nach Abs. 1 begeht, oder

2. ein Mitglied einer terroristischen Vereinigung, von der er weiß, dass sie darauf ausgerichtet ist, Handlungen nach Abs. 1 zu begehen,

bereitstellt oder sammelt. *(BGBl I 2013/134)*

(2) Der Täter ist nach Abs. 1 oder Abs. 1a nicht zu bestrafen, wenn die Tat nach einer anderen Bestimmung mit strengerer Strafe bedroht ist. *(BGBl I 2013/134)*

(BGBl I 2002/134)

Ausbildung für terroristische Zwecke

§ 278e. (1) Wer eine andere Person in der Herstellung oder im Gebrauch von Sprengstoff, Schuss- oder sonstigen Waffen oder schädlichen oder gefährlichen Stoffen oder in einer anderen ebenso schädlichen oder gefährlichen spezifisch zur Begehung einer terroristischen Straftat nach § 278c Abs. 1 Z 1 bis 9 oder 10 geeigneten Methode oder einem solchen Verfahren zum Zweck der Begehung einer solchen terroristischen Straftat unterweist, ist mit Freiheitsstrafe von einem bis zu zehn Jahren zu bestrafen, wenn er weiß, dass die vermittelten Fähigkeiten für diesen Zweck eingesetzt werden sollen.

(2) ¹Wer sich in der Herstellung oder im Gebrauch von Sprengstoff, Schuss- oder sonstigen Waffen oder schädlichen oder gefährlichen Stoffen oder in einer anderen ebenso schädlichen oder gefährlichen spezifisch zur Begehung einer terroristischen Straftat nach § 278c Abs. 1 Z 1 bis 9 oder 10 geeigneten Methode oder einem solchen Verfahren unterweisen lässt, eine solche terroristische Straftat unter Einsatz der erworbenen Fähigkeiten zu begehen, ist mit Freiheitsstrafe von sechs Monaten bis zu fünf Jahren zu bestrafen. ²Die Strafe darf jedoch nach Art und Maß nicht strenger sein, als sie das Gesetz für die beabsichtigte Tat androht.

(BGBl I 2010/108)

Anleitung zur Begehung einer terroristischen Straftat

§ 278f. (1) Wer ein Medienwerk, das nach seinem Inhalt dazu bestimmt ist, zur Begehung einer terroristischen Straftat (§ 278c Abs. 1 Z 1 bis 9 oder 10) mit den im § 278e genannten Mitteln anzuleiten, oder solche Informationen im Internet in einer Art anbietet oder einer anderen

Person zugänglich macht, um zur Begehung einer terroristischen Straftat aufzureizen, ist mit Freiheitsstrafe bis zu zwei Jahren zu bestrafen.

(2) Ebenso ist zu bestrafen, wer sich ein Medienwerk im Sinne des Abs. 1 oder solche Informationen aus dem Internet verschafft, um eine terroristische Straftat (§ 278c Abs. 1 Z 1 bis 9 oder 10) zu begehen.

(BGBl I 2011/103)

Reisen für terroristische Zwecke

§ 278g. Wer in einen anderen Staat reist, um eine strafbare Handlung nach den §§ 278b, 278c, 278e oder 278f zu begehen, ist mit Freiheitsstrafe von sechs Monaten bis zu fünf Jahren zu bestrafen. Die Strafe darf jedoch nach Art und Maß nicht strenger sein, als sie das Gesetz für die beabsichtigte Tat androht.

(BGBl I 2018/70)

Bewaffnete Verbindungen

§ 279. (1) Wer unbefugt eine bewaffnete oder zur Bewaffnung bestimmte Verbindung aufstellt oder eine bestehende Verbindung bewaffnet, sich in dieser Verbindung führend betätigt, für sie Mitglieder wirbt, aushebt oder militärisch oder sonst zum Kampf ausbildet oder die Verbindung mit Kampfmitteln, Verkehrsmitteln oder Einrichtungen zur Nachrichtenübermittlung ausrüstet oder mit Geldmitteln oder sonst in erheblicher Weise unterstützt, ist mit Freiheitsstrafe bis zu drei Jahren zu bestrafen.

(2) Nach Abs. 1 ist nicht zu bestrafen, wer freiwillig, bevor die Behörde (§ 151 Abs. 3) von seinem Verschulden erfahren hat, alles, was ihm von der Verbindung und ihren Plänen bekannt ist, zu einer Zeit, da es noch geheim ist, einer solchen Behörde aufdeckt.

Ansammeln von Kampfmitteln

§ 280. (1) Wer Waffen, Munition oder andere Kampfmittel an sich bringt, besitzt oder einem anderen verschafft, um eine größere Zahl von Menschen zum Kampf auszurüsten, ist mit Freiheitsstrafe bis zu drei Jahren zu bestrafen.

(2) Nach Abs. 1 ist nicht zu bestrafen, wer freiwillig, bevor die Behörde (§ 151 Abs. 3) von seinem Verschulden erfahren hat, die Kampfmittel auf Dauer unbrauchbar macht, einer solchen Behörde übergibt oder es ihr ermöglicht, der Kampfmittel habhaft zu werden.

(BGBl I 1997/12)

Aufforderung zum Ungehorsam gegen Gesetze

§ 281. *(aufgehoben, BGBl I 2015/112)*

Aufforderung zu mit Strafe bedrohten Handlungen und Gutheißung mit Strafe bedrohter Handlungen

§ 282. (1) Wer in einem Druckwerk, im Rundfunk oder sonst auf eine Weise, daß es einer breiten Öffentlichkeit zugänglich wird, zu einer mit Strafe bedrohten Handlung auffordert, ist, wenn er nicht als an dieser Handlung Beteiligter (§ 12) mit strengerer Strafe bedroht ist, mit Freiheitsstrafe bis zu zwei Jahren zu bestrafen.

(2) Ebenso ist zu bestrafen, wer auf die im Abs. 1 bezeichnete Weise eine vorsätzlich begangene, mit einer ein Jahr übersteigenden Freiheitsstrafe bedrohte Handlung in einer Art gutheißt, die geeignet ist, das allgemeine Rechtsempfinden zu empören oder zur Begehung einer solchen Handlung aufzureizen.

Aufforderung zu terroristischen Straftaten und Gutheißung terroristischer Straftaten

§ 282a. (1) Wer in einem Druckwerk, im Rundfunk oder in einem anderen Medium oder sonst öffentlich auf eine Weise, dass es vielen Menschen zugänglich wird, zur Begehung einer terroristischen Straftat (§ 278c Abs. 1 Z 1 bis 9 oder 10) auffordert, ist, wenn er nicht als an dieser Handlung Beteiligter (§ 12) mit strengerer Strafe bedroht ist, mit Freiheitsstrafe bis zu zwei Jahren zu bestrafen.

(2) Ebenso ist zu bestrafen, wer auf die im Abs. 1 bezeichnete Weise eine terroristische Straftat (§ 278c Abs. 1 Z 1 bis 9 oder 10) in einer Art gutheißt, die geeignet ist, die Gefahr der Begehung einer oder mehrerer solcher Straftaten herbeizuführen.

(BGBl I 2011/103)

Verhetzung

§ 283. (1) Wer öffentlich auf eine Weise, dass es vielen Menschen zugänglich wird,

1. zu Gewalt gegen eine Kirche oder Religionsgesellschaft oder eine andere nach den vorhandenen oder fehlenden Kriterien der Rasse, der Hautfarbe, der Sprache, der Religion oder Weltanschauung, der Staatsangehörigkeit, der Abstammung oder nationalen oder ethnischen Herkunft, des Geschlechts, einer Behinderung, des Alters oder der sexuellen Ausrichtung definierte Gruppe von Personen oder gegen ein Mitglied einer solchen Gruppe ausdrücklich wegen der Zugehörigkeit zu dieser Gruppe auffordert oder zu Hass gegen sie aufstachelt, *(BGBl I 2015/154; BGBl I 2020/148)*

2. eine der in Z 1 bezeichneten Gruppen oder eine Person wegen der Zugehörigkeit zu einer solchen Gruppe in der Absicht, die Menschenwürde der Mitglieder der Gruppe oder der Person zu verletzen, in einer Weise beschimpft, die geeignet ist, die Gruppe oder Person in der öffentlichen Meinung verächtlich zu machen oder herabzusetzen, oder *(BGBl I 2020/148)*

3. Verbrechen im Sinne der §§ 321 bis 321f sowie § 321k, die von einem inländischen oder einem internationalen Gericht rechtskräftig festgestellt wurden, billigt, leugnet, gröblich verharmlost oder rechtfertigt, wobei die Handlung gegen eine der in Z 1 bezeichneten Gruppen oder gegen ein Mitglied einer solchen Gruppe ausdrücklich wegen der Zugehörigkeit zu dieser Gruppe gerichtet ist und in einer Weise begangen wird, die geeignet ist, zu Gewalt oder Hass gegen solch eine Gruppe oder gegen ein Mitglied einer solchen Gruppe aufzustacheln, *(BGBl I 2015/154)*

ist mit Freiheitsstrafe bis zu zwei Jahren zu bestrafen.

(2) Wer die Tat nach Abs. 1 in einem Druckwerk, im Rundfunk oder sonst auf eine Weise begeht, wodurch die in Abs. 1 bezeichneten Handlungen einer breiten Öffentlichkeit zugänglich werden, ist mit Freiheitsstrafe bis zu drei Jahren zu bestrafen.

(3) Wer durch eine Tat nach Abs. 1 oder 2 bewirkt, dass andere Personen gegen eine in Abs. 1 Z 1 bezeichnete Gruppe oder gegen ein Mitglied einer solchen Gruppe wegen dessen Zugehörigkeit zu dieser Gruppe Gewalt ausüben, ist mit Freiheitsstrafe von sechs Monaten bis zu fünf Jahren zu bestrafen.

(4) Wer, wenn er nicht als an einer Handlung nach den Abs. 1 bis 3 Beteiligter (§ 12) mit strengerer Strafe bedroht ist, schriftliches Material, Bilder oder andere Darstellungen von Ideen oder Theorien, die Hass oder Gewalt gegen eine in Abs. 1 Z 1 bezeichnete Gruppe oder gegen ein Mitglied einer solchen Gruppe wegen dessen Zugehörigkeit zu dieser Gruppe befürworten, fördern oder dazu aufstacheln, in einem Druckwerk, im Rundfunk oder sonst auf eine Weise, wodurch diese einer breiten Öffentlichkeit zugänglich werden, in gutheißender oder rechtfertigender Weise oder anderweitig öffentlich verfügbar macht, ist mit Freiheitsstrafe bis zu einem Jahr oder mit Geldstrafe bis zu 720 Tagessätzen zu bestrafen.

(BGBl 1987/605; BGBl 1996/762; BGBl I 2015/112)

Sprengung einer Versammlung

§ 284. Wer eine Versammlung, einen Aufmarsch oder eine ähnliche Kundgebung, die nicht verboten sind, mit Gewalt oder durch Drohung mit Gewalt verhindert oder sprengt, ist mit Freiheitsstrafe bis zu einem Jahr oder mit Geldstrafe bis zu 720 Tagessätzen zu bestrafen. *(BGBl I 2015/112)*

Verhinderung oder Störung einer Versammlung

§ 285. Wer eine nicht verbotene Versammlung dadurch verhindert oder erheblich stört, daß er

1. den Versammlungsraum unzugänglich macht,

2. eine zur Teilnahme berechtigte Person am Zutritt hindert oder ihr den Zutritt erschwert oder ihr die Teilnahme an der Versammlung durch schwere Belästigungen unmöglich macht oder erschwert,

3. in die Versammlung unbefugt eindringt oder

4. eine zur Leitung oder Aufrechterhaltung der Ordnung berufene Person verdrängt oder sich einer ihrer auf den Verlauf der Versammlung bezüglichen Anordnungen tätlich widersetzt,

ist mit Freiheitsstrafe bis zu sechs Monaten oder mit Geldstrafe bis zu 360 Tagessätzen zu bestrafen.

Unterlassung der Verhinderung einer mit Strafe bedrohten Handlung

§ 286. (1) ¹Wer es mit dem Vorsatz, daß vorsätzlich eine mit Strafe bedrohte Handlung begangen werde, unterläßt, ihre unmittelbar bevorstehende oder schon begonnene Ausführung zu verhindern oder in den Fällen, in denen eine Benachrichtigung die Verhinderung ermöglicht, der Behörde (§ 151 Abs. 3) oder dem Bedrohten mitzuteilen, ist, wenn die strafbare Handlung zumindest versucht worden und mit einer ein Jahr übersteigenden Freiheitsstrafe bedroht ist, mit Freiheitsstrafe bis zu zwei Jahren zu bestrafen. ²Die Strafe darf jedoch nach Art und Maß nicht strenger sein, als sie das Gesetz für die nicht verhinderte Tat androht.

(2) Der Täter ist nach Abs. 1 nicht zu bestrafen, wenn er

1. die Verhinderung oder Benachrichtigung nicht leicht und ohne sich oder einen Angehörigen der Gefahr eines beträchtlichen Nachteils auszusetzen, bewirken konnte,

2. von der mit Strafe bedrohten Handlung ausschließlich durch eine Mitteilung Kenntnis erhalten hat, die ihm in seiner Eigenschaft als Seelsorger anvertraut worden ist oder

3. durch die Verhinderung oder Benachrichtigung eine andere rechtlich anerkannte Verschwiegenheitspflicht verletzen würde und die aus der Verletzung dieser Pflicht drohenden Folgen schwerer gewogen hätten als die nachteiligen Folgen aus der Unterlassung der Verhinderung oder Bekanntmachung.

Begehung einer mit Strafe bedrohten Handlung im Zustand voller Berauschung

§ 287. (1) ¹Wer sich, wenn auch nur fahrlässig, durch den Genuß von Alkohol oder den Gebrauch eines anderen berauschenden Mittels in einen die Zurechnungsfähigkeit ausschließenden Rausch versetzt, ist, wenn er im Rausch eine Handlung begeht, die ihm außer diesem Zustand als Verbrechen oder Vergehen zugerechnet würde, mit Freiheitsstrafe bis zu drei Jahren zu bestrafen. ²Die Strafe darf jedoch nach Art und Maß nicht strenger sein, als sie das Gesetz für die im Rausch begangene Tat androht. *(BGBl I 2015/112)*

(2) Der Täter ist nur auf Verlangen oder mit Ermächtigung zu verfolgen, wenn die im Rausch begangene mit Strafe bedrohte Handlung nur auf Verlangen oder mit Ermächtigung zu verfolgen ist. *(BGBl I 2007/93)*

EINUNDZWANZIGSTER ABSCHNITT

Strafbare Handlungen gegen die Rechtspflege

Falsche Beweisaussage

§ 288. (1) Wer vor Gericht als Zeuge oder, soweit er nicht zugleich Partei ist, als Auskunftsperson bei seiner förmlichen Vernehmung zur Sache falsch aussagt oder als Sachverständiger einen falschen Befund oder ein falsches Gutachten erstattet, ist mit Freiheitsstrafe bis zu drei Jahren zu bestrafen.

(2) ¹Wer vor Gericht eine falsche Beweisaussage (Abs. 1) unter Eid ablegt oder mit einem Eid bekräftigt oder sonst einen in den Gesetzen vorgesehenen Eid vor Gericht falsch schwört, ist mit Freiheitsstrafe von sechs Monaten bis zu fünf Jahren zu bestrafen. ²Einem Eid steht die Berufung auf einen früher abgelegten Eid und bei Personen, die von der Pflicht zur Eidesleistung befreit sind, die anstelle des Eides vorgesehene Beteuerung gleich.

(3) Nach den Abs. 1 und 2 ist auch zu bestrafen, wer eine der dort genannten Handlungen im Verfahren vor einem Untersuchungsausschuss des Nationalrates oder einer Disziplinarbehörde des Bundes, eines Landes oder einer Gemeinde begeht. *(BGBl I 2014/101)*

(4) Nach Abs. 1 ist auch zu bestrafen, wer als Zeuge oder Sachverständiger eine der dort genannten Handlungen in einem Ermittlungsverfahren nach der Strafprozessordnung vor Kriminalpolizei, Staatsanwaltschaft oder Europäischer Staatsanwaltschaft begeht. *(BGBl I 2007/93; BGBl I 2021/94)*

Falsche Beweisaussage vor einer Verwaltungsbehörde

§ 289. Wer außer in den Fällen des § 288 Abs. 3 und 4 vor einer Verwaltungsbehörde als Zeuge bei seiner förmlichen Vernehmung zur Sache falsch aussagt oder als Sachverständiger einen falschen Befund oder ein falsches Gutachten erstattet, ist mit Freiheitsstrafe bis zu einem Jahr oder mit Geldstrafe bis zu 720 Tagessätzen zu bestrafen. *(BGBl I 2007/93; BGBl I 2015/112)*

Aussagenotstand

§ 290. (1) Wer eine falsche Beweisaussage (§§ 288, 289) ablegt, um von sich oder einem Angehörigen Schande oder die Gefahr strafrechtlicher Verfolgung oder eines unmittelbaren und bedeutenden vermögensrechtlichen Nachteils abzuwenden, ist nicht zu bestrafen, wenn er von der Verbindlichkeit zur Ablegung eines Zeugnisses befreit war oder hätte befreit werden können und wenn er

1. nicht wußte, daß dies der Fall war,

2. den Befreiungsgrund nicht geoffenbart hat, um die schon aus der Offenbarung drohenden Folgen der bezeichneten Art abzuwenden, oder

3. zur Ablegung der Aussage zu Unrecht verhalten worden ist.
(BGBl I 2007/93)

(1a) Der Täter ist nach § 288 Abs. 3 ferner nicht zu bestrafen, wenn sich die Untersuchung des Ausschusses gemäß Art. 53 B-VG gegen ihn gerichtet und er eine falsche Beweisaussage abgelegt hat, um die Gefahr strafrechtlicher Verfolgung von sich abzuwenden. *(BGBl I 2007/93)*

(2) Die durch eine Ehe oder eingetragene Partnerschaft begründete Eigenschaft einer Person als Angehöriger bleibt aufrecht, auch wenn die Ehe oder eingetragene Partnerschaft nicht mehr besteht. *(BGBl I 2009/135)*

(3) Der Täter ist jedoch auch bei Vorliegen der Voraussetzungen des Abs. 1 zu bestrafen, wenn es ihm insbesondere im Hinblick auf den aus der falschen Aussage einem anderen drohenden Nachteil dennoch zuzumuten ist, wahrheitsgemäß auszusagen.

(BGBl I 1997/131)

Tätige Reue

§ 291. Wegen einer nach den §§ 288 oder 289 mit Strafe bedrohten Handlung ist der Täter nicht zu bestrafen, wenn er die unwahre Erklärung vor Beendigung seiner Vernehmung richtigstellt.

Herbeiführung einer unrichtigen Beweisaussage

§ 292. (1) Wer einen anderen durch Täuschung über Tatsachen dazu verleitet, gutgläubig eine unrichtige Beweisaussage abzulegen (§ 288), ist mit Freiheitsstrafe bis zu drei Jahren zu bestrafen. *(BGBl I 2007/93)*

(2) Wer auf die im Abs. 1 bezeichnete Weise bewirkt, daß jemand gutgläubig eine unrichtige Beweisaussage vor einer Verwaltungsbehörde ablegt (§ 289), ist mit Freiheitsstrafe bis zu einem Jahr oder mit Geldstrafe bis zu 720 Tagessätzen zu bestrafen. *(BGBl I 2015/112)*

Falsches Vermögensverzeichnis

§ 292a. Wer im Zuge eines Exekutions- oder Insolvenzverfahrens vor Gericht oder vor einem Vollstreckungsorgan ein falsches oder unvollständiges Vermögensverzeichnis abgibt und dadurch die Befriedigung eines Gläubigers gefährdet, ist mit Freiheitsstrafe bis zu sechs Monaten oder mit Geldstrafe bis zu 360 Tagessätzen zu bestrafen.

(BGBl I 2005/68)

Tätige Reue

§ 292b. Wegen falschen Vermögensverzeichnisses (§ 292a) ist nicht zu bestrafen, wer freiwillig und bevor die Behörde (§ 151 Abs. 3) von seinem Verschulden erfahren hat, die falschen Angaben richtigstellt oder die unvollständigen ergänzt, sofern nicht bereits die Befriedigung eines Gläubigers vereitelt oder geschmälert wurde.

(BGBl 1991/628)

Unzulässige Bieterabsprachen in exekutiven Versteigerungsverfahren

§ 292c. (1) Wer für sich oder einen Dritten für die Zusage, im Zuge einer Versteigerung in einem Exekutionsverfahren als Mitbieter nicht zu erscheinen oder nur bis zu einem bestimmten Preis oder sonst nur nach einem gegebenen Maßstab oder gar nicht mitzubieten, einen Vorteil fordert, annimmt oder sich versprechen lässt, ist mit Freiheitsstrafe bis zu zwei Jahren zu bestrafen.

(2) Ebenso ist zu bestrafen, wer einem Mitbieter ohne dessen Andringen für eine Zusage im Sinne des Abs. 1 für ihn oder einen Dritten einen Vorteil anbietet, verspricht oder gewährt.

(BGBl I 2015/112)

Fälschung eines Beweismittels

§ 293. (1) Wer ein falsches Beweismittel herstellt oder ein echtes Beweismittel verfälscht, ist, wenn er mit dem Vorsatz handelt, daß das Beweismittel in einem gerichtlichen oder verwaltungsbehördlichen Verfahren , in einem Ermittlungsverfahren nach der Strafprozessordnung, nach der Verordnung (EU) 2017/1939 oder im Verfahren vor einem Untersuchungsausschuss des Nationalrates gebraucht werde, mit Freiheitsstrafe bis zu einem Jahr oder mit Geldstrafe bis zu 720 Tagessätzen zu bestrafen, wenn die Tat nicht nach den §§ 223, 224, 225 oder 230 mit Strafe bedroht ist. *(BGBl I 2007/93; BGBl I 2014/101; BGBl I 2015/112; BGBl I 2021/94)*

(2) Ebenso ist zu bestrafen, wer ein falsches oder verfälschtes Beweismittel in einem gerichtlichen oder verwaltungsbehördlichen Verfahren , in einem Ermittlungsverfahren nach der Strafprozessordnung, nach der Verordnung (EU) 2017/1939 oder im Verfahren vor einem Untersuchungsausschuss des Nationalrates gebraucht.

(BGBl I 2009/142; BGBl I 2014/101; BGBl I 2021/94)

Tätige Reue

§ 294. (1) Wegen Fälschung eines Beweismittels (§ 293) ist nicht zu bestrafen, wer freiwillig den Gebrauch des falschen oder verfälschten Beweismittels im Verfahren unterläßt oder verhindert oder die zur Irreführung geeignete Veränderung am Beweismittel vor dessen Verwendung im Verfahren beseitigt.

(2) Besteht die Gefahr eines solchen Gebrauches nicht oder ist sie ohne Zutun des Täters beseitigt worden, so ist er nicht zu bestrafen, wenn er sich in Unkenntnis dessen freiwillig und ernstlich bemüht, sie zu beseitigen.

Unterdrückung eines Beweismittels

§ 295. Wer ein Beweismittel, das zur Verwendung in einem gerichtlichen oder verwaltungsbehördlichen Verfahren oder in einem Ermittlungsverfahren nach der Strafprozeßordnung oder nach der Verordnung (EU) 2017/1939 bestimmt ist und über das er nicht allein verfügen darf, vernichtet, beschädigt oder unterdrückt, ist, wenn er mit dem Vorsatz handelt, zu verhindern, daß das Beweismittel im Verfahren gebraucht werde, mit Freiheitsstrafe bis zu einem Jahr oder mit Geldstrafe bis zu 720 Tagessätzen zu bestrafen, wenn die Tat nicht nach den §§ 229 oder 230 mit Strafe bedroht ist. *(BGBl I 2007/93; BGBl I 2015/112; BGBl I 2021/94)*

Tätige Reue

§ 296. Wegen Unterdrückung eines Beweismittels (§ 295) ist nicht zu bestrafen, wer freiwillig das Beweismittel dem Gericht, der Staatsanwaltschaft, der Europäischen Staatsanwaltschaft, der Verwaltungsbehörde oder der Kriminalpolizei (§ 18 StPO) zu einer Zeit vorlegt, da es bei der zu treffenden Entscheidung oder Verfügung noch berücksichtigt werden kann. *(BGBl I 2007/93; BGBl I 2021/94)*

Verleumdung

§ 297. (1) Wer einen anderen dadurch der Gefahr einer behördlichen Verfolgung aussetzt, daß er ihn einer von Amts wegen zu verfolgenden mit Strafe bedrohten Handlung oder der Verletzung einer Amts- oder Standespflicht falsch verdächtigt, ist, wenn er weiß (§ 5 Abs. 3), daß die Verdächtigung falsch ist, mit Freiheitsstrafe bis zu einem Jahr oder mit Geldstrafe bis zu 720 Tagessätzen, wenn die fälschlich angelastete Handlung aber mit einer ein Jahr übersteigenden Freiheitsstrafe bedroht ist, mit Freiheitsstrafe von sechs Monaten bis zu fünf Jahren zu bestrafen. *(BGBl I 2015/112)*

(2) Nach Abs. 1 ist nicht zu bestrafen, wer freiwillig die Gefahr einer behördlichen Verfolgung beseitigt, bevor eine Behörde etwas zur Verfolgung des Verdächtigten unternommen hat.

Vortäuschung einer mit Strafe bedrohten Handlung

§ 298. (1) Wer einer Behörde (§ 151 Abs. 3) oder einem zur Entgegennahme von Anzeigen zuständigen Beamten die Begehung einer mit Strafe bedrohten Handlung wissentlich vortäuscht, ist, wenn er nicht nach dem § 297 Abs. 1 mit Strafe bedroht ist, mit Freiheitsstrafe bis zu sechs Monaten oder mit Geldstrafe bis zu 360 Tagessätzen zu bestrafen.

(2) Nach Abs. 1 ist nicht zu bestrafen, wer freiwillig bewirkt, daß die Tat keine behördliche Ermittlung zur Folge hat.

Begünstigung

§ 299. (1) Wer einen anderen, der eine mit Strafe bedrohte Handlung begangen hat, der Verfolgung oder der Vollstreckung der Strafe oder vorbeugenden Maßnahme absichtlich ganz oder zum Teil entzieht, ist mit Freiheitsstrafe bis zu zwei Jahren zu bestrafen. *(BGBl I 2015/112)*

(2) Wer einen anderen dazu verleitet, ihn zu begünstigen, ist nach Abs. 1 nicht zu bestrafen.

(3) Nach Abs. 1 ist ferner nicht zu bestrafen, wer die Tat in der Absicht begeht, einen Angehörigen zu begünstigen oder zu verhindern, daß er selbst wegen Beteiligung an der strafbaren Handlung, derentwegen der Begünstigte verfolgt wird oder eine Strafe oder vorbeugende Maßnahme an ihm vollstreckt werden soll, bestraft oder einer vorbeugenden Maßnahme unterworfen werde.

(4) Wer eine der im Abs. 1 mit Strafe bedrohten Handlungen begeht, um von sich oder einem Angehörigen Schande oder die Gefahr strafrechtlicher Verfolgung oder eines unmittelbaren und bedeutenden vermögensrechtlichen Nachteils abzuwenden, ist nicht zu bestrafen, wenn die Folgen, die durch die Tat abgewendet werden sollten, auch unter Berücksichtigung der Gefährlichkeit des Begünstigten und der Schwere der Tat, die der Begünstigte begangen hat oder derentwegen er verurteilt worden ist, schwerer gewogen hätten als die nachteiligen Folgen, die aus der Tat entstanden sind oder hätten entstehen können. *(BGBl I 2007/93)*

Befreiung von Gefangenen

§ 300. (1) Wer einen Gefangenen, der auf Grund einer Entscheidung oder Verfügung eines Gerichtes oder einer Verwaltungsbehörde festgehalten wird, befreit, zum Entweichen verleitet oder ihm dazu Hilfe leistet, ist, sofern der Täter nicht nach den §§ 196 oder 299 mit Strafe bedroht ist, mit Freiheitsstrafe bis zu zwei Jahren zu bestrafen. *(BGBl I 2015/112)*

(2) Ein Gefangener, der einen anderen dazu verleitet, ihn zu befreien oder beim Entweichen zu unterstützen, ist nach Abs. 1 nicht zu bestrafen.

Verbotene Veröffentlichung

§ 301. (1) Wer einem gesetzlichen Verbot zuwider eine Mitteilung über den Inhalt einer Verhandlung vor einem Gericht oder einer Verwaltungsbehörde, in der die Öffentlichkeit ausgeschlossen war, in einem Druckwerk, im Rundfunk oder sonst auf eine Weise veröffentlicht, daß die Mitteilung einer breiten Öffentlichkeit zugänglich wird, ist mit Freiheitsstrafe bis zu sechs Monaten oder mit Geldstrafe bis zu 360 Tagessätzen zu bestrafen.

(2) Ebenso ist zu bestrafen, wer auf eine im Abs. 1 bezeichnete Weise eine Mitteilung über die Beratung in einem Verfahren vor einem Gericht oder einer Verwaltungsbehörde, über eine solche Abstimmung oder deren Ergebnis veröffentlicht und wer die ihm in einem solchen Verfahren auf Grund einer gesetzlichen Bestimmung vom Gericht oder von der Verwaltungsbehörde auferlegte Pflicht zur Geheimhaltung verletzt.

(3) Wer auf eine im Abs. 1 bezeichnete Weise eine Mitteilung über den Inhalt von Ergebnissen aus einer Auskunft über Vorratsdaten oder Daten einer Nachrichtenübermittlung oder einer Überwachung von Nachrichten oder aus einer optischen oder akustischen Überwachung von Personen unter Verwendung technischer Mittel (§ 134 Z 5 StPO) veröffentlicht, wenn diese Ergebnisse nicht zuvor zum Akt genommen wurden (§ 145 Abs. 2 StPO), mit Freiheitsstrafe bis zu einem Jahr oder mit Geldstrafe bis zu 720 Tagessätzen zu bestrafen. *(BGBl I 2011/66; BGBl I 2015/112)*

(BGBl I 1997/105; BGBl I 2002/134)

ZWEIUNDZWANZIGSTER ABSCHNITT

Strafbare Verletzungen der Amtspflicht, Korruption und verwandte strafbare Handlungen

Mißbrauch der Amtsgewalt

§ 302. (1) Ein Beamter, der mit dem Vorsatz, dadurch einen anderen an seinen Rechten zu schädigen, seine Befugnis, im Namen des Bundes, eines Landes, eines Gemeindeverbandes, einer Gemeinde oder einer anderen Person des öffentlichen Rechtes als deren Organ in Vollziehung der Gesetze Amtsgeschäfte vorzunehmen, wissentlich mißbraucht, ist mit Freiheitsstrafe von sechs Monaten bis zu fünf Jahren zu bestrafen.

(2) [1]Wer die Tat bei der Führung eines Amtsgeschäfts mit einer fremden Macht oder einer über- oder zwischenstaatlichen Einrichtung begeht, ist mit Freiheitsstrafe von einem bis zu zehn Jahren zu bestrafen. [2]Ebenso ist zu bestrafen, wer durch die Tat einen 50 000 Euro übersteigenden Schaden herbeiführt. *(BGBl I 2004/136)*

(BGBl I 2001/130)

Fahrlässige Verletzung der Freiheit der Person oder des Hausrechts

§ 303. Ein Beamter, der grob fahrlässig (§ 6 Abs. 3) durch eine gesetzwidrige Beeinträchtigung oder Entziehung der persönlichen Freiheit oder durch eine gesetzwidrige Hausdurchsuchung einen anderen an seinen Rechten schädigt, ist mit Freiheitsstrafe bis zu drei Monaten oder mit Geldstrafe bis zu 180 Tagessätzen zu bestrafen. *(BGBl I 2015/112)*

Bestechlichkeit

§ 304. (1) [1]Ein Amtsträger oder Schiedsrichter, der für die pflichtwidrige Vornahme oder Unterlassung eines Amtsgeschäfts einen Vorteil für sich oder einen Dritten fordert, annimmt oder sich versprechen lässt, ist mit Freiheitsstrafe bis zu drei Jahren zu bestrafen. [2]Ebenso ist zu bestrafen, wer als von einem Gericht oder einer anderen Behörde für ein bestimmtes Verfahren bestellter Sachverständiger für die Erstattung eines unrichtigen Befundes oder Gutachtens einen Vorteil für sich oder einen Dritten fordert, annimmt oder sich versprechen lässt.

(1a) [1]Ebenso ist zu bestrafen, wer als Kandidat für ein Amt für den Fall, dass er künftig Amtsträger sein würde, einen Vorteil für die pflichtwidrige Vornahme oder Unterlassung eines Amtsgeschäfts in dieser Eigenschaft für sich oder einen Dritten fordert, annimmt oder sich versprechen lässt. [2]Der Täter, der einen Vorteil fordert oder sich einen solchen versprechen lässt, ist nach diesem Absatz nur dann zu bestrafen, wenn er die Stellung als Amtsträger tatsächlich erlangt hat. *(BGBl I 2023/100)*

(2) [1]Wer die Tat in Bezug auf einen 3.000 Euro übersteigenden Wert des Vorteils begeht, ist mit Freiheitsstrafe von sechs Monaten bis zu fünf Jahren zu bestrafen, wer jedoch die Tat in Bezug auf einen 50.000 Euro übersteigenden Wert des Vorteils begeht, ist mit Freiheitsstrafe von einem bis zu zehn Jahren zu bestrafen. [2]Übersteigt der Wert des Vorteils 300 000 Euro, so ist der Täter mit Freiheitsstrafe von einem bis zu fünfzehn Jahren zu bestrafen. *(BGBl I 2023/100)*

(3) Wer ausschließlich nach § 74 Abs. 1 Z 4a lit. b letzte Alternative Amtsträger ist, ist nach dieser Bestimmung strafbar, wenn er mit dem Vorsatz handelt, dass durch die Vornahme oder Unterlassung des Amtsgeschäftes die finanziellen Interessen der Union geschädigt oder wahrscheinlich geschädigt werden.

(BGBl I 2009/98)

§ 304a. *(aufgehoben samt Überschrift, BGBl I 2009/98)*

Vorteilsannahme

§ 305. (1) Ein Amtsträger oder Schiedsrichter, der für die pflichtgemäße Vornahme oder Unterlassung eines Amtsgeschäfts für sich oder einen Dritten einen Vorteil fordert oder einen ungebührlichen Vorteil (Abs. 4) annimmt oder sich versprechen lässt, ist mit Freiheitsstrafe bis zu zwei Jahren zu bestrafen. *(BGBl I 2012/61)*

(2) *(aufgehoben, BGBl I 2012/61)*

(3) ¹Wer die Tat in Bezug auf einen 3.000 Euro übersteigenden Wert des Vorteils begeht, ist mit Freiheitsstrafe bis zu drei Jahren zu bestrafen, wer jedoch die Tat in Bezug auf einen 50.000 Euro übersteigenden Wert des Vorteils begeht, ist mit Freiheitsstrafe von sechs Monaten bis zu fünf Jahren zu bestrafen. ²Übersteigt der Wert des Vorteils 300 000 Euro, so ist der Täter mit Freiheitsstrafe von einem bis zu zehn Jahren zu bestrafen. *(BGBl I 2023/100)*

(4) Keine ungebührlichen Vorteile sind

1. Vorteile, deren Annahme gesetzlich erlaubt ist, oder die im Rahmen von Veranstaltungen gewährt werden, an deren Teilnahme ein amtlich oder sachlich gerechtfertigtes Interesse besteht,

2. Vorteile für gemeinnützige Zwecke (§ 35 BAO), auf deren Verwendung der Amtsträger, Schiedsrichter oder eine Person aus dem Familienkreis (§ 166 Abs. 1) des Amtsträgers oder Schiedsrichters keinen bestimmenden Einfluss ausübt, sowie *(BGBl I 2023/100)*

3. in Ermangelung von Erlaubnisnormen im Sinne der Z 1 orts- oder landesübliche Aufmerksamkeiten geringen Werts, es sei denn, dass die Tat gewerbsmäßig begangen wird. *(BGBl I 2012/61)*

(5) § 304 Abs. 3 gilt sinngemäß. *(BGBl I 2019/111)*

(BGBl I 2009/98)

Vorteilsannahme zur Beeinflussung

§ 306. (1) Ein Amtsträger oder Schiedsrichter, der außer in den Fällen der §§ 304 und 305 mit dem Vorsatz, sich dadurch in seiner Tätigkeit als Amtsträger oder Schiedsrichter beeinflussen zu lassen, für sich oder einen Dritten einen Vorteil fordert oder einen ungebührlichen Vorteil (§ 305 Abs. 4) annimmt oder sich versprechen lässt, ist mit Freiheitsstrafe bis zu zwei Jahren zu bestrafen. *(BGBl I 2023/100)*

(2) ¹Wer die Tat in Bezug auf einen 3 000 Euro übersteigenden Wert des Vorteils begeht, ist mit Freiheitsstrafe bis zu drei Jahren, wer die Tat in Bezug auf einen 50 000 Euro übersteigenden Wert des Vorteils begeht, ist mit Freiheitsstrafe von sechs Monaten bis zu fünf Jahren zu bestrafen. ²Übersteigt der Wert des Vorteils 300 000 Euro, so ist der Täter mit Freiheitsstrafe von einem bis zu zehn Jahren zu bestrafen. *(BGBl I 2023/100)*

(3) Wer lediglich einen geringfügigen Vorteil annimmt oder sich versprechen lässt, ist nach Abs. 1 nicht zu bestrafen, es sei denn, dass die Tat gewerbsmäßig begangen wird.

(BGBl I 2012/61)

Geschenkannahme durch Mitarbeiter und sachverständige Berater

§ 306a. *(aufgehoben, BGBl I 2009/98)*

Bestechung

§ 307. (1) Wer einem Amtsträger oder Schiedsrichter für die pflichtwidrige Vornahme oder Unterlassung eines Amtsgeschäfts einen Vorteil für ihn oder einen Dritten anbietet, verspricht oder gewährt, ist mit Freiheitsstrafe bis zu drei Jahren zu bestrafen. Ebenso ist zu bestrafen, wer einem Sachverständigen (§ 304 Abs. 1) für die Erstattung eines unrichtigen Befundes oder Gutachtens einen Vorteil für ihn oder einen Dritten anbietet, verspricht oder gewährt.

(1a) ¹Ebenso ist zu bestrafen, wer einem Kandidaten für ein Amt für den Fall, dass dieser Amtsträger würde, für die pflichtwidrige Vornahme oder Unterlassung eines Amtsgeschäfts in dieser Eigenschaft einen Vorteil für ihn oder einen Dritten anbietet, verspricht oder gewährt. ²Der Täter, der einen Vorteil anbietet oder verspricht, ist nach diesem Absatz nur dann zu bestrafen, wenn der Kandidat für ein Amt die Stellung als Amtsträger tatsächlich erlangt hat. *(BGBl I 2023/100)*

(2) ¹Wer die Tat in Bezug auf einen 3.000 Euro übersteigenden Wert des Vorteils begeht, ist mit Freiheitsstrafe von sechs Monaten bis zu fünf Jahren zu bestrafen, wer jedoch die Tat in Bezug auf einen 50.000 Euro übersteigenden Wert des Vorteils begeht, ist mit Freiheitsstrafe von einem bis zu zehn Jahren zu bestrafen. ²Übersteigt der Wert des Vorteils 300 000 Euro, so ist der Täter mit Freiheitsstrafe von einem bis zu fünfzehn Jahren zu bestrafen. *(BGBl I 2023/100)*

(3) Wer die Tat in Bezug auf eine Person begeht, die ausschließlich nach § 74 Abs. 1 Z 4a lit. b letzte Alternative Amtsträger ist, ist nach dieser Bestimmung strafbar, wenn er mit dem Vorsatz handelt, dass durch die Vornahme oder Unterlassung des Amtsgeschäftes die finanziellen Interessen der Union geschädigt oder wahrscheinlich geschädigt werden. *(BGBl I 2019/111)*

(BGBl I 2009/98)

Vorteilszuwendung

§ 307a. (1) Wer einem Amtsträger oder Schiedsrichter für die pflichtgemäße Vornahme oder Unterlassung eines Amtsgeschäfts einen ungebührlichen Vorteil (§ 305 Abs. 4) für ihn oder einen Dritten anbietet, verspricht oder gewährt, ist mit Freiheitsstrafe bis zu zwei Jahren zu bestrafen. *(BGBl I 2012/61)*

(2) ¹Wer die Tat in Bezug auf einen 3.000 Euro übersteigenden Wert des Vorteils begeht, ist mit Freiheitsstrafe bis zu drei Jahren zu bestrafen, wer jedoch die Tat in Bezug auf einen 50.000 Euro übersteigenden Wert des Vorteils begeht, ist mit Freiheitsstrafe von sechs Monaten bis zu fünf Jahren zu bestrafen. ²Übersteigt der Wert des Vorteils 300 000 Euro, so ist der Täter mit Freiheitsstrafe von einem bis zu zehn Jahren zu bestrafen. *(BGBl I 2023/100)*

(3) § 307 Abs. 3 gilt sinngemäß. *(BGBl I 2019/111)*

(BGBl I 2009/98)

Vorteilszuwendung zur Beeinflussung

§ 307b. (1) Wer außer in den Fällen der §§ 307 und 307a einem Amtsträger oder Schiedsrichter einen ungebührlichen Vorteil (§ 305 Abs. 4) für ihn oder einen Dritten mit dem Vorsatz anbietet, verspricht oder gewährt, ihn dadurch in seiner Tätigkeit als Amtsträger oder Schiedsrichter zu beeinflussen, ist mit Freiheitsstrafe bis zu zwei Jahren zu bestrafen. *(BGBl I 2023/100)*

(2) ¹Wer die Tat in Bezug auf einen 3 000 Euro übersteigenden Wert des Vorteils begeht, ist mit Freiheitsstrafe bis zu drei Jahren zu bestrafen, wer jedoch die Tat in Bezug auf einen 50 000 Euro übersteigenden Wert des Vorteils begeht, ist mit Freiheitsstrafe von sechs Monaten bis zu fünf Jahren zu bestrafen. ²Übersteigt der Wert des Vorteils 300 000 Euro, so ist der Täter mit Freiheitsstrafe von einem bis zu zehn Jahren zu bestrafen. *(BGBl I 2023/100)*

(BGBl I 2012/61)

§ 307c. *(aufgehoben samt Überschrift, BGBl I 2012/61)*

Verbotene Intervention

§ 308. (1) Wer für sich oder einen Dritten dafür einen Vorteil fordert, annimmt oder sich versprechen lässt, dass er einen ungebührlichen Einfluss auf die Entscheidungsfindung eines Amtsträgers oder eines Schiedsrichters nehme, ist mit Freiheitsstrafe bis zu zwei Jahren zu bestrafen.

(2) Ebenso ist zu bestrafen, wer einem anderen dafür einen Vorteil anbietet, verspricht oder gewährt, dass dieser einen ungebührlichen Einfluss auf die Entscheidungsfindung eines Amtsträgers oder eines Schiedsrichters nehme.

(3) Wer die Tat in Bezug auf einen 3 000 Euro übersteigenden Wert des Vorteils begeht, ist mit Freiheitsstrafe bis zu drei Jahren zu bestrafen. Wer die Tat in Bezug auf einen 50 000 Euro übersteigenden Wert des Vorteils begeht, ist mit

Freiheitsstrafe von sechs Monaten bis zu fünf Jahren zu bestrafen.

(4) Eine Einflussnahme auf die Entscheidungsfindung eines Amtsträgers oder Schiedsrichters ist dann ungebührlich, wenn sie auf die pflichtwidrige Vornahme oder Unterlassung eines Amtsgeschäfts abzielt oder mit dem Anbieten, Versprechen oder Gewähren eines ungebührlichen Vorteils (§ 305 Abs. 4) für den Amtsträger oder Schiedsrichter oder für ihn an einen Dritten verbunden ist. *(BGBl I 2023/100)*

(5) Der Täter ist nicht nach den vorstehenden Absätzen zu bestrafen, wenn die Tat nach einer anderen Bestimmung mit strengerer Strafe bedroht ist.

(BGBl I 2009/98; BGBl I 2012/61)

Geschenkannahme und Bestechung von Bediensteten oder Beauftragten

§ 309. (1) Ein Bediensteter oder Beauftragter eines Unternehmens, der im geschäftlichen Verkehr für die pflichtwidrige Vornahme oder Unterlassung einer Rechtshandlung von einem anderen für sich oder einen Dritten einen Vorteil fordert, annimmt oder sich versprechen lässt, ist mit Freiheitsstrafe bis zu zwei Jahren zu bestrafen.

(2) Ebenso ist zu bestrafen, wer einem Bediensteten oder Beauftragten eines Unternehmens im geschäftlichen Verkehr für die pflichtwidrige Vornahme oder Unterlassung einer Rechtshandlung für ihn oder einen Dritten einen Vorteil anbietet, verspricht oder gewährt.

(3) Wer die Tat in Bezug auf einen 3 000 Euro übersteigenden Vorteil begeht, ist mit Freiheitsstrafe bis zu drei Jahren, übersteigt der Vorteil jedoch 50 000 Euro mit Freiheitsstrafe von sechs Monaten bis zu fünf Jahren zu bestrafen.

(BGBl I 2012/61)

Verletzung des Amtsgeheimnisses

§ 310. (1) Ein Beamter oder ehemaliger Beamter, der ein ihm ausschließlich kraft seines Amtes anvertrautes oder zugänglich gewordenes Geheimnis offenbart oder verwertet, dessen Offenbarung oder Verwertung geeignet ist, ein öffentliches oder ein berechtigtes privates Interesse zu verletzen, ist, wenn die Tat nicht nach einer anderen Bestimmung mit strengerer Strafe bedroht ist, mit Freiheitsstrafe bis zu drei Jahren zu bestrafen.

(2) *(aufgehoben, BGBl I 2014/101)*

(2a) Ebenso ist zu bestrafen, wer – sei es auch nach seinem Ausscheiden aus dem Amt oder Dienstverhältnis – als Organwalter oder Bediensteter des Europäischen Polizeiamtes (Europol), als Verbindungsbeamter oder als zur Geheimhaltung besonders Verpflichteter (Art. 32 Abs. 2 des Europol-Übereinkommens, BGBl. III Nr. 123/1998) eine Tatsache oder Angelegenheit offenbart oder verwertet, die ihm ausschließlich kraft seines Amtes oder seiner Tätigkeit zugänglich geworden ist und deren Offenbarung oder Verwertung geeignet ist, ein öffentliches oder ein berechtigtes privates Interesse zu verletzen.

(3) ¹Offenbart der Täter ein Amtsgeheimnis, das verfassungsgefährdende Tatsachen (§ 252 Abs. 3) betrifft, so ist er nur zu bestrafen, wenn er in der Absicht handelt, private Interessen zu verletzen oder der Republik Österreich einen Nachteil zuzufügen. ²Die irrtümliche Annahme verfassungsgefährdender Tatsachen befreit den Täter nicht von Strafe.

(BGBl 1993/570; BGBl I 1997/112; BGBl I 1998/153)

Falsche Beurkundung und Beglaubigung im Amt

§ 311. Ein Beamter, der in einer öffentlichen Urkunde, deren Ausstellung in den Bereich seines Amtes fällt, ein Recht, ein Rechtsverhältnis oder eine Tatsache fälschlich beurkundet oder der an einer Sache ein öffentliches Beglaubigungszeichen, dessen Anbringung in den Bereich seines Amtes fällt, fälschlich anbringt, ist, wenn er mit dem Vorsatz handelt, daß die Urkunde im Rechtsverkehr zum Beweis des Rechtes, des Rechtsverhältnisses oder der Tatsache gebraucht oder die Sache im Rechtsverkehr gebraucht werde, wenn die Tat nicht nach § 302 mit Strafe bedroht ist, mit Freiheitsstrafe bis zu drei Jahren zu bestrafen.

Quälen oder Vernachlässigen eines Gefangenen

§ 312. (1) Ein Beamter, der einem Gefangenen oder einem sonst auf behördliche Anordnung Verwahrten, der seiner Gewalt unterworfen ist oder zu dem er dienstlich Zugang hat, körperliche oder seelische Qualen zufügt, ist mit Freiheitsstrafe bis zu zwei Jahren zu bestrafen.

(2) Ebenso ist ein Beamter zu bestrafen, der seine Verpflichtung zur Fürsorge oder Obhut einem solchen Menschen gegenüber gröblich vernachlässigt und dadurch, wenn auch nur fahrlässig, dessen Gesundheit oder dessen körperliche oder geistige Entwicklung beträchtlich schädigt.

(3) Hat die Tat eine schwere Körperverletzung (§ 84 Abs. 1) zur Folge, so ist der Täter mit Freiheitsstrafe bis zu drei Jahren zu bestrafen, hat sie eine Körperverletzung mit schweren Dauerfolgen (§ 85) zur Folge, mit Freiheitsstrafe bis zu fünf Jahren, hat sie den Tod des Geschädigten zur Folge, mit Freiheitsstrafe von einem bis zu zehn Jahren zu bestrafen.

Folter

§ 312a. (1) Wer als Amtsträger nach § 74 Abs. 1 Z 4a lit. b oder c, auf Veranlassung eines solchen Amtsträgers oder mit ausdrücklichem oder stillschweigendem Einverständnis eines solchen Amtsträgers einer anderen Person, insbesondere um von ihr oder einem Dritten eine Aussage oder ein Geständnis zu erlangen, um sie für eine tatsächlich oder mutmaßlich von ihr oder einem Dritten begangene Tat zu bestrafen, um sie oder einen Dritten einzuschüchtern oder zu nötigen, oder aus einem auf Diskriminierung beruhenden Grund große körperliche oder seelische Schmerzen oder Leiden zufügt, ist mit Freiheitsstrafe von einem bis zu zehn Jahren zu bestrafen.

(2) Hat die Tat eine Körperverletzung mit schweren Dauerfolgen (§ 85) zur Folge, so ist der Täter mit Freiheitsstrafe von fünf bis zu fünfzehn Jahren, hat die Tat den Tod des Geschädigten zur Folge, mit Freiheitsstrafe von zehn bis zu zwanzig Jahren oder mit lebenslanger Freiheitsstrafe zu bestrafen.

(3) Amtsträger im Sinne dieser Bestimmung ist auch, wer im Falle der Abwesenheit oder des Ausfalls der staatlichen Stellen faktisch als Amtsträger handelt.

(BGBl I 2012/120)

Verschwindenlassen einer Person

§ 312b. Wer eine Person im Auftrag oder mit Billigung eines Staates oder einer politischen Organisation entführt oder ihr sonst die persönliche Freiheit entzieht und das Schicksal oder den Verbleib der verschwundenen Person verschleiert, ist mit Freiheitsstrafe von einem bis zu zehn Jahren zu bestrafen.

(BGBl I 2014/106)

Strafbare Handlungen unter Ausnützung einer Amtsstellung

§ 313. ¹Wird eine auch sonst mit Strafe bedrohte vorsätzliche Handlung von einem Beamten unter Ausnützung der ihm durch seine Amtstätigkeit gebotenen Gelegenheit begangen, so kann bei ihm das Höchstmaß der angedrohten Freiheitsstrafe oder Geldstrafe um die Hälfte überschritten werden. ²Doch darf die zeitliche Freiheitsstrafe die Dauer von zwanzig Jahren nicht überschreiten.

DREIUNDZWANZIGSTER ABSCHNITT

Amtsanmaßung und Erschleichung eines Amtes

Amtsanmaßung

§ 314. Wer sich die Ausübung eines öffentlichen Amtes anmaßt oder, ohne dazu befugt zu sein, eine Handlung vornimmt, die nur kraft eines öffentlichen Amtes vorgenommen werden darf, ist mit Freiheitsstrafe bis zu sechs Monaten oder mit Geldstrafe bis zu 360 Tagessätzen zu bestrafen.

Erschleichung eines Amtes

§ 315. Wer wissentlich eine zur Übertragung eines öffentlichen Amtes berufene Stelle über eine Tatsache täuscht, die nach einem Gesetz oder einer Rechtsverordnung die Übertragung eines bestimmten öffentlichen Amtes ausschließen würde, und dadurch bewirkt, daß ihm dieses Amt übertragen wird, ist mit Freiheitsstrafe bis zu einem Jahr oder mit Geldstrafe bis zu 720 Tagessätzen zu bestrafen. *(BGBl I 2015/112)*

VIERUNDZWANZIGSTER ABSCHNITT

Störung der Beziehungen zum Ausland

Hochverräterische Angriffe gegen einen fremden Staat

§ 316. (1) Wer es im Inland unternimmt (§ 242 Abs. 2), mit Gewalt oder durch Drohung mit Gewalt die Verfassung eines fremden Staates zu ändern oder ein zu einem fremden Staat gehörendes Gebiet abzutrennen, ist mit Freiheitsstrafe von sechs Monaten bis zu fünf Jahren zu bestrafen.

(2) § 243 gilt entsprechend.

Herabwürdigung fremder Symbole

§ 317. Wer auf eine Art, daß die Tat einer breiten Öffentlichkeit bekannt wird, in gehässiger Weise eine Fahne oder ein Hoheitszeichen eines fremden Staates oder einer zwischenstaatlichen Einrichtung, die von einer inländischen Behörde oder von einer Vertretung des fremden Staates oder der zwischenstaatlichen Einrichtung nach den allgemeinen Regeln des Völkerrechts oder nach zwischenstaatlichen Vereinbarungen angebracht worden ist, oder die bei einem öffentlichen Anlaß vorgetragene Hymne eines fremden Staates beschimpft, verächtlich macht oder sonst herabwürdigt, ist mit Freiheitsstrafe bis zu sechs Monaten oder mit Geldstrafe bis zu 360 Tagessätzen zu bestrafen.

Voraussetzungen der Bestrafung

§ 318. (1) Der Täter ist in den Fällen der §§ 316 und 317 nur mit Ermächtigung der Bundesregierung zu verfolgen. *(BGBl I 2007/93)*

(2) Die Bestimmungen der §§ 316 und 317 sind nur anzuwenden, wenn die Republik Österreich zu dem verletzten Staat diplomatische Beziehungen unterhält und die Gegenseitigkeit nach Mitteilung des Bundesministeriums für Auswärtige Angelegenheiten verbürgt ist.

(3) Wegen der im § 317 mit Strafe bedrohten Handlungen gegen eine zwischenstaatliche Einrichtung ist der Täter nur zu bestrafen, wenn die Republik Österreich dieser Einrichtung angehört.

Militärischer Nachrichtendienst für einen fremden Staat

§ 319. Wer im Inland für eine fremde Macht oder eine über- oder zwischenstaatliche Einrichtung einen militärischen Nachrichtendienst einrichtet oder betreibt oder einen solchen Nachrichtendienst wie immer unterstützt, ist mit Freiheitsstrafe bis zu zwei Jahren zu bestrafen.

Verbotene Unterstützung von Parteien bewaffneter Konflikte

§ 320. (1) Wer wissentlich im Inland während eines Krieges oder eines bewaffneten Konfliktes, an denen die Republik Österreich nicht beteiligt ist, oder bei unmittelbar drohender Gefahr eines solchen Krieges oder Konfliktes für eine der Parteien

1. eine militärische Formation oder ein Wasser-, ein Land- oder ein Luftfahrzeug einer der Parteien zur Teilnahme an den kriegerischen Unternehmungen ausrüstet oder bewaffnet,

2. ein Freiwilligenkorps bildet oder unterhält oder eine Werbestelle hiefür oder für den Wehrdienst einer der Parteien errichtet oder betreibt,

3. Kampfmittel entgegen den bestehenden Vorschriften aus dem Inland ausführt oder durch das Inland durchführt,

4. für militärische Zwecke einen Finanzkredit gewährt oder eine öffentliche Sammlung veranstaltet oder

5. unbefugt eine militärische Nachricht übermittelt oder zu diesem Zweck eine Fernmeldeanlage errichtet oder gebraucht,

ist mit Freiheitsstrafe von sechs Monaten bis zu fünf Jahren zu bestrafen.

(2) Abs. 1 ist in den Fällen nicht anzuwenden, in denen

1. ein Beschluss des Sicherheitsrates der Vereinten Nationen,

2. ein Beschluss auf Grund des Titels V des Vertrages über die Europäische Union,

3. ein Beschluss im Rahmen der Organisation für Sicherheit und Zusammenarbeit in Europa (OSZE) oder

4. eine sonstige Friedensoperation entsprechend den Grundsätzen der Satzung der Vereinten Nationen, wie etwa Maßnahmen zur Abwendung einer humanitären Katastrophe oder zur Unterbindung schwerer und systematischer Menschenrechtsverletzungen, im Rahmen einer internationalen Organisation

durchgeführt wird.

(BGBl 1991/30a; BGBl I 1998/153; BGBl I 2002/134)

FÜNFUNDZWANZIGSTER ABSCHNITT

Völkermord, Verbrechen gegen die Menschlichkeit, Kriegsverbrechen

Völkermord

§ 321. (1) Wer in der Absicht, eine durch ihre Zugehörigkeit zu einer Kirche oder Religionsgesellschaft, zu einer Rasse, einem Volk, einem Volksstamm oder einem Staat bestimmte Gruppe als solche ganz oder teilweise zu vernichten, Mitglieder der Gruppe tötet, ihnen schwere körperliche (§ 84 Abs. 1) oder seelische Schäden zufügt, die Gruppe Lebensbedingungen unterwirft, die geeignet sind, den Tod aller Mitglieder oder eines Teiles der Gruppe herbeizuführen, Maßnahmen verhängt, die auf die Geburtenverhinderung innerhalb der Gruppe gerichtet sind, oder Kinder der Gruppe mit Gewalt oder durch Drohung mit Gewalt in eine andere Gruppe überführt, ist mit lebenslanger Freiheitsstrafe zu bestrafen.

(2) Wer mit einem anderen die gemeinsame Ausführung einer der im Abs. 1 bezeichneten strafbaren Handlungen verabredet, ist mit Freiheitsstrafe von einem bis zu zehn Jahren zu bestrafen.

Verbrechen gegen die Menschlichkeit

§ 321a. (1) Wer im Rahmen eines ausgedehnten oder systematischen Angriffs gegen eine Zivilbevölkerung

1. eine Person tötet (§ 75) oder

2. in der Absicht, eine Bevölkerung ganz oder teilweise zu vernichten, diese oder Teile hiervon unter Lebensbedingungen stellt, die geeignet sind, deren Vernichtung ganz oder teilweise herbeizuführen,

ist mit lebenslanger Freiheitsstrafe zu bestrafen.

(2) Wer im Rahmen eines in Abs. 1 bezeichneten Angriffs Sklaverei (§ 104) treibt, ist mit Freiheitsstrafe von zehn bis zu zwanzig Jahren oder mit lebenslanger Freiheitsstrafe, hat die Tat den Tod einer Person zur Folge, mit lebenslanger Freiheitsstrafe zu bestrafen.

(3) Wer im Rahmen eines in Abs.1 bezeichneten Angriffs

1. Menschenhandel (§ 104a) ausübt,

2. die Bevölkerung unter Verstoß gegen das Völkerrecht aus dem Gebiet, in dem sie sich rechtmäßig aufhält, vertreibt oder zwangsweise in ein anderes Gebiet überführt,

3. einer Person, die sich in seinem Gewahrsam oder in sonstiger Weise unter seiner Kontrolle befindet, große körperliche oder seelische Schmerzen oder Leiden zufügt, sofern sich diese nicht lediglich aus einer rechtlich zulässigen Sanktion ergeben, dazu gehören oder damit verbunden sind,

4. eine Person vergewaltigt (§ 201) oder geschlechtlich nötigt (§ 202), sie zur Prostitution nötigt (§ 106 Abs. 3), der Fortpflanzungsfähigkeit beraubt (§ 85 Z 1) oder in der Absicht, die ethnische Zusammensetzung einer Bevölkerung zu beeinflussen oder andere schwere Verstöße gegen das Völkerrecht zu begehen, eine unter Anwendung von Zwang geschwängerte Frau gefangen hält oder

5. eine Person verschwinden lässt (§ 312b)

ist mit Freiheitsstrafe von fünf bis zu fünfzehn Jahren, hat die Tat den Tod einer Person zur Folge, mit Freiheitsstrafe von zehn bis zu zwanzig Jahren oder mit lebenslanger Freiheitsstrafe zu bestrafen.

(4) Wer im Rahmen eines in Abs. 1 bezeichneten Angriffs

1. einer Person eine schwere Körperverletzung (§ 84 Abs. 1) zufügt,

2. einer Person unter Verstoß gegen das Völkerrecht in schwerwiegender Weise die persönliche Freiheit entzieht oder

3. eine identifizierbare Gruppe oder Gemeinschaft verfolgt, indem er ihr aus politischen, rassischen, nationalen, ethnischen, kulturellen oder religiösen Gründen, aus Gründen des Geschlechts oder aus anderen nach dem Völkerrecht als unzulässig anerkannten Gründen grundlegende Menschenrechte entzieht oder diese wesentlich einschränkt,

ist mit Freiheitsstrafe von einem bis zu zehn Jahren, hat die Tat den Tod einer Person zur Folge oder wird sie in der Absicht begangen, ein institutionalisiertes Regime der systematischen Unterdrückung und Beherrschung einer rassischen Gruppe durch eine andere aufrechtzuerhalten, mit Freiheitsstrafe von fünf bis zu fünfzehn Jahren zu bestrafen.

(BGBl I 2014/106)

Kriegsverbrechen gegen Personen

§ 321b. (1) Wer im Zusammenhang mit einem bewaffneten Konflikt eine nach dem humanitären Völkerrecht zu schützende Person tötet (§ 75), ist mit lebenslanger Freiheitsstrafe zu bestrafen.

(2) Wer im Zusammenhang mit einem bewaffneten Konflikt eine nach dem humanitären Völkerrecht zu schützende Person als Geisel nimmt, ist mit Freiheitsstrafe von zehn bis zu zwanzig Jahren zu bestrafen, hat die Tat den Tod des Opfers zur Folge, mit Freiheitsstrafe von zehn bis zu zwanzig Jahren oder mit lebenslanger Freiheitsstrafe.

(3) Wer im Zusammenhang mit einem bewaffneten Konflikt

1. einer nach dem humanitären Völkerrecht zu schützenden Person, die sich in seinem Gewahrsam oder in sonstiger Weise unter seiner Kontrol-

le befindet, große körperliche oder seelische Schmerzen oder Leiden zufügt, sofern sich diese nicht lediglich aus einer rechtlich zulässigen Sanktion ergeben, dazu gehören oder damit verbunden sind, oder

2. eine nach dem humanitären Völkerrecht zu schützende Person vergewaltigt (§ 201) oder geschlechtlich nötigt (§ 202), sie zur Prostitution nötigt (§ 106 Abs. 3), der Fortpflanzungsfähigkeit beraubt (§ 85 Z 1) oder in der Absicht, die ethnische Zusammensetzung einer Bevölkerung zu beeinflussen, eine unter Anwendung von Zwang geschwängerte Frau gefangen hält,

ist mit Freiheitsstrafe von fünf bis zu fünfzehn Jahren, hat die Tat den Tod des Opfers zur Folge, mit Freiheitsstrafe von zehn bis zu zwanzig Jahren oder mit lebenslanger Freiheitsstrafe zu bestrafen.

(4) Wer im Zusammenhang mit einem bewaffneten Konflikt

1. einer nach dem humanitären Völkerrecht zu schützenden Person große körperliche oder seelische Qualen oder eine schwere Körperverletzung (§ 84 Abs. 1) zufügt,

2. Personen unter 15 Jahren für Streitkräfte zwangsverpflichtet oder in diese eingliedert oder Personen unter 18 Jahren für bewaffnete Gruppen zwangsverpflichtet oder in diese eingliedert oder Personen unter 18 Jahren zur aktiven Teilnahme an Feindseligkeiten verwendet,

3. die Gesamtheit oder einen Teil der Zivilbevölkerung vertreibt oder zwangsweise in ein anderes Gebiet überführt oder diese Vertreibung oder Überführung anordnet, sofern es sich nicht um eine vorübergehende Verlegung handelt, die im Hinblick auf die Sicherheit der betreffenden Zivilpersonen oder aus zwingenden militärischen Gründen geboten ist,

4. gegen eine nach dem humanitären Völkerrecht zu schützende Person eine erhebliche Strafe verhängt oder vollstreckt, ohne dass diese Person in einem unparteiischen ordentlichen Gerichtsverfahren, das die völkerrechtlich erforderlichen Rechtsgarantien bietet, abgeurteilt worden ist,

5. eine nach dem humanitären Völkerrecht zu schützende Person, die sich in der Gewalt einer anderen Konfliktpartei befindet, in die Gefahr des Todes oder einer schweren Gesundheitsschädigung bringt, indem er selbst mit deren Einwilligung

a) an einer solchen Person Versuche vornimmt, die weder medizinisch notwendig sind noch in ihrem Interesse durchgeführt werden,

b) einer solchen Person Gewebe oder Organe für Übertragungszwecke entnimmt, sofern es sich nicht um die Entnahme von Blut oder Haut zu therapeutischen Zwecken im Einklang mit den allgemein anerkannten medizinischen Grundsätzen handelt, in welche die Person zuvor freiwillig und ausdrücklich eingewilligt hat, oder

c) eine solche Person auf sonstige Weise einem medizinischen Verfahren unterzieht, das nicht durch ihren Gesundheitszustand geboten ist und das nicht mit den allgemein anerkannten medizinischen Grundsätzen im Einklang steht, oder

6. eine nach dem humanitären Völkerrecht zu schützende Person in schwerwiegender Weise entwürdigend oder erniedrigend behandelt,

ist mit Freiheitsstrafe von einem bis zu zehn Jahren, hat die Tat den Tod des Opfers zur Folge, mit Freiheitsstrafe von fünf bis zu fünfzehn Jahren zu bestrafen.

(5) Wer im Zusammenhang mit einem internationalen bewaffneten Konflikt

1. eine nach dem humanitären Völkerrecht zu schützende Person widerrechtlich verschleppt oder gefangenhält (§ 99) oder ihre Heimschaffung ungerechtfertigt verzögert,

2. als Angehöriger einer Besatzungsmacht einen Teil der eigenen Zivilbevölkerung in das besetzte Gebiet überführt oder die Gesamtheit oder einen Teil der Bevölkerung des besetzten Gebiets innerhalb desselben oder aus diesem Gebiet vertreibt oder überführt,

3. eine nach dem humanitären Völkerrecht zu schützende Person zum Dienst in den Streitkräften einer feindlichen Macht nötigt (§ 105) oder

4. einen Angehörigen der gegnerischen Partei nötigt (§ 105), an Kriegshandlungen gegen sein eigenes Land teilzunehmen,

ist mit Freiheitsstrafe von einem bis zu zehn Jahren zu bestrafen.

(6) Nach dem humanitären Völkerrecht zu schützende Personen sind geschützte Personen im Sinne der Genfer Abkommen zum Schutze der Opfer des Krieges, BGBl. Nr. 155/1953, und deren Zusatzprotokolle I und II (Zusatzprotokoll zu den Genfer Abkommen über den Schutz der Opfer internationaler bewaffneter Konflikte (Protokoll I) samt Anhängen und Zusatzprotokoll zu den Genfer Abkommen über den Schutz der Opfer nicht internationaler bewaffneter Konflikte (Protokoll II) samt Erklärung und Vorbehalten, BGBl. Nr. 527/1982) insbesondere Verwundete, Kranke, Schiffbrüchige, Angehörige der Streitkräfte und Kämpfer der gegnerischen Partei, die sich bedingungslos ergeben haben oder sonst außer Gefecht sind, Kriegsgefangene und Zivilpersonen, sofern und solange letztere nicht unmittelbar an Feindseligkeiten teilnehmen.

(BGBl I 2014/106)

Kriegsverbrechen gegen Eigentum und sonstige Rechte

§ 321c. Wer im Zusammenhang mit einem bewaffneten Konflikt

1. plündert oder, ohne dass dies durch die Erfordernisse des bewaffneten Konflikts geboten

ist, sonst in erheblichem Umfang völkerrechtswidrig Sachen der gegnerischen Partei oder von deren Angehörigen zerstört, sich aneignet oder beschlagnahmt,

2. Kulturgut im Sinne der Konvention zum Schutz von Kulturgut bei bewaffneten Konflikten, BGBl. Nr. 58/1964, in großem Ausmaß zerstört oder sich aneignet, oder

3. völkerrechtswidrig anordnet, dass Rechte und Forderungen aller oder eines Teils der Angehörigen der gegnerischen Partei aufgehoben oder ausgesetzt werden oder vor Gericht nicht einklagbar sind,

ist mit Freiheitsstrafe von einem bis zu zehn Jahren zu bestrafen.

(BGBl I 2014/106)

Kriegsverbrechen gegen internationale Missionen und Missbrauch von Schutz- und Nationalitätszeichen

§ 321d. (1) Wer im Zusammenhang mit einem bewaffneten Konflikt

1. einen Angriff gegen Personen, Einrichtungen, Material, Einheiten oder Fahrzeuge richtet, die an einer humanitären Hilfsmission oder an einer friedenssichernden Mission in Übereinstimmung mit der Satzung der Vereinten Nationen beteiligt sind, solange sie Anspruch auf den Schutz haben, der Zivilpersonen oder zivilen Objekten nach dem humanitären Völkerrecht gewährt wird, oder

2. einen Angriff gegen Personen, Gebäude, Material, Sanitätseinheiten oder Sanitätstransportmittel richtet, die in Übereinstimmung mit dem humanitären Völkerrecht mit den Schutzzeichen der Genfer Abkommen zum Schutze der Opfer des Krieges oder deren Zusatzprotokolle I und II (Zusatzprotokoll zu den Genfer Abkommen über den Schutz der Opfer internationaler bewaffneter Konflikte - Protokoll I samt Anhängen und Zusatzprotokoll zu den Genfer Abkommen über den Schutz der Opfer nicht internationaler bewaffneter Konflikte - Protokoll II samt Erklärung und Vorbehalten) sowie des Zusatzprotokolls zu den Genfer Abkommen vom 12. August 1949 über die Annahme eines zusätzlichen Schutzzeichens (Protokoll III), BGBl. III Nr. 137/2009, gekennzeichnet sind,

ist mit Freiheitsstrafe von einem bis zu zehn Jahren zu bestrafen.

(2) Wer im Zusammenhang mit einem bewaffneten Konflikt die durch die Genfer Abkommen zum Schutze der Opfer des Krieges oder deren Protokoll III anerkannten Schutzzeichen, die Parlamentärflagge oder die Flagge, die militärischen Abzeichen oder die Uniform des Feindes, neutraler oder anderer nicht am Konflikt beteiligter Staaten, oder der Vereinten Nationen missbraucht und dadurch die schwere Verletzung einer Person (§ 84 Abs. 1) verursacht, ist mit Freiheitsstrafe von fünf bis zu fünfzehn Jahren, hat die Tat den Tod einer Person zur Folge, mit Freiheitsstrafe von zehn bis zu zwanzig Jahren zu bestrafen.

(BGBl I 2014/106)

Kriegsverbrechen des Einsatzes verbotener Methoden der Kriegsführung

§ 321e. (1) Wer im Zusammenhang mit einem bewaffneten Konflikt

1. einen Angriff gegen die Zivilbevölkerung als solche oder gegen einzelne Zivilpersonen richtet, die an den Feindseligkeiten nicht unmittelbar teilnehmen,

2. einen Angriff gegen zivile Objekte, einschließlich Kulturgut, richtet, solange sie durch das humanitäre Völkerrecht als solche geschützt sind,

3. einen Angriff auf unverteidigte Orte oder entmilitarisierte Zonen durchführt,

4. Kulturgut unter verstärktem Schutz oder dessen unmittelbare Umgebung zur Unterstützung militärischer Handlungen verwendet,

5. einen Angriff durchführt, wobei er weiß (§ 5 Abs. 3), dass der Angriff die Tötung oder Verletzung von Zivilpersonen oder die Beschädigung ziviler Objekte in einem Ausmaß verursachen wird, das in keinem Verhältnis zu dem insgesamt erwarteten konkreten und unmittelbaren militärischen Vorteil steht,

6. einen Angriff gegen Staudämme, Deiche und Kernkraftwerke richtet, sofern sie nicht zivile Objekte im Sinne der Z 2 sind, in Kenntnis davon, dass der Angriff die Tötung oder Verletzung von Zivilpersonen oder die Beschädigung ziviler Objekte in einem Ausmaß verursachen wird, das in keinem Verhältnis zu dem insgesamt erwarteten konkreten und unmittelbaren militärischen Vorteil steht,

7. einen Angriff durchführt, in Kenntnis davon, dass der Angriff weitreichende, langfristige und schwere Schäden an der natürlichen Umwelt verursachen wird,

8. eine nach dem humanitären Völkerrecht zu schützende Person (§ 21b Abs. 6) als Schutzschild benutzt, um den Gegner von Kriegshandlungen gegen bestimmte Ziele abzuhalten,

9. das Aushungern von Zivilpersonen als Methode der Kriegsführung einsetzt, indem er ihnen die für sie lebensnotwendigen Gegenstände vorenthält oder Hilfslieferungen unter Verstoß gegen das humanitäre Völkerrecht behindert,

10. als Vorgesetzter (§ 321g Abs. 2) einem Untergebenen, der seiner tatsächlichen Befehls- oder Führungsgewalt und Kontrolle untersteht, anordnet oder erklärt, dass kein Pardon gegeben wird, oder

11. einen Angehörigen der gegnerischen Streitkräfte oder einen Kämpfer der gegnerischen Partei heimtückisch tötet oder verwundet,

ist in den Fällen der Z 1 bis 10 mit Freiheitsstrafe von einem bis zu zehn Jahren und im Fall der Z 11 mit Freiheitsstrafe von fünf bis zu fünfzehn Jahren zu bestrafen.

(2) Hat eine Tat nach Abs. 1 Z 1 bis 10 die schwere Verletzung (§ 84 Abs. 1) einer nach dem humanitären Völkerrecht zu schützenden Person (§ 321b Abs. 6) zur Folge, so ist der Täter mit Freiheitsstrafe von fünf bis zu fünfzehn Jahren, hat sie den Tod einer solchen Person zur Folge, mit Freiheitsstrafe von zehn bis zu zwanzig Jahren zu bestrafen.

(BGBl I 2014/106)

Kriegsverbrechen des Einsatzes verbotener Mittel der Kriegsführung

§ 321f. (1) Wer im Zusammenhang mit einem bewaffneten Konflikt

1. Gift oder vergiftete Kampfmittel verwendet,

2. biologische oder chemische Kampfmittel verwendet oder

3. Geschosse verwendet, die sich leicht im Körper des Menschen ausdehnen oder flachdrücken, insbesondere Geschosse mit einem harten Mantel, der den Kern nicht ganz umschließt oder mit Einschnitten versehen ist,

ist mit Freiheitsstrafe von einem bis zu zehn Jahren zu bestrafen.

(2) Hat die Tat die schwere Körperverletzung einer Person (§ 84 Abs. 1) zur Folge, so ist der Täter mit Freiheitsstrafe von fünf bis zu fünfzehn Jahren, hat sie den Tod einer Person zur Folge oder sind die verwendeten Mittel (Abs. 1) zur Massenvernichtung bestimmt und geeignet, mit Freiheitsstrafe von zehn bis zu zwanzig Jahren zu bestrafen.

(BGBl I 2014/106)

Verantwortlichkeit als Vorgesetzter

§ 321g. (1) Wer es als Vorgesetzter (Abs. 2) unterlässt, einen Untergebenen, der seiner tatsächlichen Befehls- oder Führungsgewalt und Kontrolle untersteht, daran zu hindern, eine Tat nach diesem Abschnitt zu begehen, ist wie ein Täter der von dem Untergebenen begangenen Tat zu bestrafen.

(2) Vorgesetzte sind militärische oder zivile Vorgesetzte sowie Personen, die ohne militärischer oder ziviler Vorgesetzter zu sein, in einer Truppe, in einer zivilen Organisation oder in einem Unternehmen tatsächliche Führungsgewalt und Kontrolle ausüben.

(BGBl I 2014/106)

Verletzung der Aufsichtspflicht

§ 321h. (1) Ein Vorgesetzter (§ 321g Abs. 2), der es unterlässt, einen Untergebenen, der seiner tatsächlichen Befehls- oder Führungsgewalt und Kontrolle untersteht, gehörig zu beaufsichtigen, ist mit Freiheitsstrafe von sechs Monaten bis zu fünf Jahren zu bestrafen, wenn der Untergebene eine Tat nach diesem Abschnitt begeht, deren Bevorstehen dem Vorgesetzten erkennbar war und die er hätte verhindern können.

(2) Wer als Vorgesetzter (§ 321g Abs. 2) eine im Abs. 1 mit Strafe bedrohte Handlung fahrlässig begeht, ist mit Freiheitsstrafe bis zu drei Jahren zu bestrafen.

(BGBl I 2014/106)

Unterlassen der Meldung einer Straftat

§ 321i. Ein Vorgesetzter (§ 321g Abs. 2), der es unterlässt, eine Tat nach diesem Abschnitt, die ein Untergebener begangen hat, unverzüglich den für die Untersuchung oder Verfolgung solcher Taten zuständigen Stellen zur Kenntnis zu bringen, ist mit Freiheitsstrafe von sechs Monaten bis zu fünf Jahren zu bestrafen.

(BGBl I 2014/106)

Handeln auf Befehl oder sonstige Anordnung

§ 321j. Der Täter ist wegen einer Tat nach den §§ 321b bis 321i nicht zu bestrafen, wenn er die Tat in Ausführung eines militärischen Befehls oder einer sonstigen Anordnung von vergleichbarer Bindungswirkung begeht, sofern der Täter nicht erkennt, dass der Befehl oder die Anordnung rechtswidrig ist und deren Rechtswidrigkeit auch nicht offensichtlich ist.

(BGBl I 2014/106)

Verbrechen der Aggression

§ 321k. (1) Wer tatsächlich in der Lage ist, das politische oder militärische Handeln eines Staates zu kontrollieren oder zu lenken, und eine Angriffshandlung, die ihrer Art, ihrer Schwere und ihrem Umfang nach eine offenkundige Verletzung der Satzung der Vereinten Nationen darstellt, einleitet oder ausführt, ist mit Freiheitsstrafe von zehn bis zu zwanzig Jahren zu bestrafen.

(2) Wer unter den in Abs. 1 bezeichneten Voraussetzungen eine solche Angriffshandlung plant oder vorbereitet, ist mit Freiheitsstrafe von fünf bis zu zehn Jahren zu bestrafen.

(3) Im Sinne des Abs. 1 bedeutet „Angriffshandlung" eine gegen die Souveränität, die territoriale Unversehrtheit oder die politische Unabhängigkeit eines Staates gerichtete oder sonst mit der Satzung der Vereinten Nationen unvereinbare Anwendung von Waffengewalt durch einen anderen Staat.

(BGBl I 2015/112)

Schlußteil

Inkrafttreten

§ 322. (1) Dieses Bundesgesetz tritt mit dem 1. Jänner 1975 in Kraft.

(2) § 23 und die damit zusammenhängenden Bestimmungen über die Unterbringung in einer Anstalt für gefährliche Rückfallstäter sind auf Taten (§ 23 Abs. 1 Z. 1), die vor dem Inkrafttreten dieses Bundesgesetzes begangen worden sind, mit folgender Maßgabe anzuwenden:

1. Die Unterbringung in einer Anstalt für gefährliche Rückfallstäter ist nur anzuordnen, wenn zugleich mit den Voraussetzungen nach § 23 auch die Voraussetzungen für die Unterbringung in einem Arbeitshaus nach § 1 Abs. 2 des Arbeitshausgesetzes 1951, BGBl. Nr. 211, vorliegen.

2. Die Unterbringung darf nicht länger als fünf Jahre dauern.

(3) [1]Die §§ 50 und 52 Abs. 3 sind bis zum 31. Dezember 1978 auf Personen, die zur Tatzeit zwar das einundzwanzigste, nicht aber das achtundzwanzigste Lebensjahr vollendet haben, mit der Maßgabe anzuwenden, daß diesen Personen ein Bewährungshelfer nur zu bestellen ist, wenn dies aus besonderen Gründen geboten ist, um den Rechtsbrecher von weiteren mit Strafe bedrohten Handlungen abzuhalten. [2]Das Entsprechende gilt bis zum 31. Dezember 1982 für Personen, die zur Tatzeit bereits das achtundzwanzigste Lebensjahr vollendet haben.

(4) Welche Bundesgesetze mit dem Tag des Inkrafttretens dieses Bundesgesetzes aufgehoben oder an die Bestimmungen dieses Bundesgesetzes angepaßt werden, bestimmen besondere Bundesgesetze.

Übergangsbestimmungen

§ 323. (1) Die §§ 27, 28, 31 bis 38 und 40 bis 56 sind auch auf Taten anzuwenden, auf die im übrigen die Gesetze anzuwenden sind, die vor dem Inkrafttreten dieses Bundesgesetzes gegolten haben.

(2) [1]Dieses Bundesgesetz ist in Strafsachen nicht anzuwenden, in denen vor seinem Inkrafttreten das Urteil in erster Instanz gefällt worden ist. [2]Nach Aufhebung eines solchen Urteiles infolge einer Nichtigkeitsbeschwerde, Berufung oder Wiederaufnahme des Strafverfahrens oder eines Einspruches ist jedoch im Sinne der §§ 1 und 61 in Verbindung mit Abs. 1 vorzugehen.

(3) Die Bestimmungen dieses Bundesgesetzes darüber, daß der Täter einer strafbaren Handlung nur auf Verlangen, auf Antrag oder mit Ermächtigung einer Person zu verfolgen ist, gelten auch für strafbare Handlungen, die vor dem Inkrafttreten dieses Bundesgesetzes begangen worden sind, es sei denn, daß im Zeitpunkt des Inkrafttretens bereits die Anklageschrift oder der Antrag auf Bestrafung eingebracht sind.

(4) Bei einer Tat, wegen der zum Zeitpunkt des In-Kraft-Tretens des Strafprozessreformgesetzes, BGBl. I Nr. 19/2004, bereits gerichtliche Fahndungsmaßnahmen gegen den Beschuldigten eingeleitet waren oder Anklage eingebracht worden ist, wird die Zeit, während der wegen dieser Tat Fahndungsmaßnahmen aufrecht sind oder ein Hauptverfahren anhängig ist, nicht in die Verjährungsfrist eingerechnet. *(BGBl I 2009/40)*

Vollzugsklausel

§ 324. Mit der Vollziehung dieses Bundesgesetzes ist der Bundesminister für Justiz betraut.

Kreisky

Jonas

Broda

1/1. Strafrechtsanpassungsgesetz

BGBl 1974/422

Bundesgesetz vom 11. Juli 1974 über die Anpassung von Bundesgesetzen an das Strafgesetzbuch (Strafrechtsanpassungsgesetz)

Der Nationalrat hat beschlossen:

Artikel I

(1) Der Allgemeine Teil des Strafgesetzbuches ist auch auf Taten anzuwenden, die in anderen auf Gesetzesstufe stehenden, als Bundesrecht geltenden Rechtsvorschriften, im folgenden als Bundesgesetze bezeichnet, mit gerichtlicher Strafe bedroht werden, soweit diese Gesetze nichts anderes bestimmen.

(2) § 7 Abs. 1 des Strafgesetzbuches ist auf eine Bestimmung in einem Bundesgesetz, wonach eine Tat vor dem Inkrafttreten des Strafgesetzbuches als Vergehen oder Übertretung mit Strafe bedroht war, nur anzuwenden, wenn diese Bestimmung mit oder nach dem Inkrafttreten des Strafgesetzbuches ausdrücklich geändert worden ist.

Artikel II

Die Bestimmungen in Bundesgesetzen, wonach die mit gerichtlicher Strafe bedrohten Handlungen Verbrechen, Vergehen oder Übertretungen sind, werden aufgehoben. Ob eine Handlung ein Verbrechen oder ein Vergehen ist, wird durch § 17 des Strafgesetzbuches bestimmt.

Artikel III

An die Stelle der gerichtlichen Strafarten schwerer Kerker, Kerker, strenger Arrest und Arrest tritt in Bundesgesetzen die Strafart Freiheitsstrafe.

Artikel IV

Ist in Bundesgesetzen in einer gerichtlichen Strafbestimmung eine drei Jahre nicht übersteigende Freiheitsstrafe mit einer Untergrenze angedroht, so entfällt die Untergrenze dieser Strafdrohung.

Artikel V

(1) Ist in Bundesgesetzen in einer gerichtlichen Strafbestimmung ausschließlich eine Freiheitsstrafe oder eine Freiheitsstrafe wahlweise mit einer Geldstrafe angedroht, so tritt neben eine Freiheitsstrafe, deren Obergrenze

1. mit nicht mehr als 14 Tagen bestimmt ist, wahlweise eine Geldstrafe bis zu 30 Tagessätzen;

2. mit mehr als 14 Tagen, jedoch nicht mehr als einem Monat bestimmt ist, wahlweise eine Geldstrafe bis zu 60 Tagessätzen;

3. mit mehr als einem Monat, jedoch nicht mehr als drei Monaten bestimmt ist, wahlweise eine Geldstrafe bis zu 180 Tagessätzen, und

4. mit mehr als drei Monaten, jedoch nicht mehr als sechs Monaten bestimmt ist, wahlweise eine Geldstrafe bis zu 360 Tagessätzen.

(2) Ist in Bundesgesetzen in einer gerichtlichen Strafbestimmung neben einer Freiheitsstrafe von mehr als sechs Monaten wahlweise eine Geldstrafe angedroht, so beträgt deren Obergrenze 360 Tagessätze.

(3) Ist in Bundesgesetzen in einer gerichtlichen Strafbestimmung neben einer Freiheitsstrafe von nicht mehr als sechs Monaten eine Geldstrafe angedroht, so tritt an die Stelle der zusätzlich angedrohten Geldstrafe eine wahlweise. Für diese Geldstrafe und die Geldstrafen, die sonst neben einer Freiheitsstrafe angedroht sind, gelten künftig die Strafnormen nach den Abs. 1 und 2.

(4) Ist in Bundesgesetzen in einer gerichtlichen Strafbestimmung neben einer Freiheitsstrafe von mehr als sechs Monaten eine Geldstrafe zwingend angedroht, so tritt an die Stelle dieser zwingenden Vorschrift die Bestimmung, daß die Geldstrafe neben der Freiheitsstrafe verhängt werden kann.

Artikel VI

Ist in den Bundesgesetzen in einer gerichtlichen Strafbestimmung ausschließlich eine Geldstrafe angedroht, so beträgt deren Obergrenze einen Tagsatz für je 1000 S der bisher angedrohten Geldstrafe, jedoch mindestens zwei Tagessätze und höchstens 360 Tagessätze.

Artikel VII

In Bundesgesetzen enthaltene Bestimmungen über gerichtliche Verfallsersatz- und Wertersatzstrafen sowie über Geldstrafen, deren Betrag oder Höchstbetrag sich jeweils für den einzelnen Fall durch das Verhältnis zur Höhe eines Wertes, Nutzens oder Schadens ergibt, bleiben unberührt; ebenso die Bestimmungen über das Ausmaß der an die Stelle der genannten Strafen tretenden Ersatzfreiheitsstrafen.

Artikel VIII

(1) Wird in Bundesgesetzen auf strafrechtliche Bestimmungen hingewiesen, an deren Stelle mit dem Inkrafttreten des Strafgesetzbuches neue Bestimmungen wirksam werden, so sind diese Hinweise auf die entsprechenden neuen Bestimmungen zu beziehen.

(2) Wird in Bundesgesetzen auf Verurteilungen wegen eines Verbrechens hingewiesen, so ist dieser Hinweis durch einen solchen auf Verurteilungen wegen einer oder mehrerer mit Vorsatz begangener strafbarer Handlungen zu einer mehr als einjährigen Freiheitsstrafe zu ersetzen.

(3) Wird in Bundesgesetzen auf Verurteilungen wegen eines Vergehens hingewiesen, so ist dieser Hinweis durch einen solchen auf Verurteilungen wegen einer oder mehrerer strafbarer Handlungen zu einer mehr als sechsmonatigen, wegen einer oder mehrerer mit Vorsatz begangener strafbarer Handlungen aber zu einer nicht mehr als einjährigen Freiheitsstrafe zu ersetzen.

(4) Wird in Bundesgesetzen auf Verurteilungen wegen einer Übertretung hingewiesen, so ist dieser Hinweis durch einen solchen auf Verurteilungen wegen einer oder mehrerer strafbarer Handlungen zu einer Freiheitsstrafe bis einschließlich sechs Monaten oder zu einer Geldstrafe zu ersetzen.

(5) Wird sonst in Bundesgesetzen auf gerichtlich strafbare Handlungen hingewiesen, hat es zu lauten:

1. statt bisher „Verbrechen, Vergehen und Übertretungen" künftig „gerichtlich strafbare Handlungen";

2. statt bisher „Verbrechen und Vergehen" künftig „gerichtlich strafbare Handlungen, die mit mehr als sechs Monaten Freiheitsstrafe bedroht sind";

3. statt bisher „Verbrechen" künftig „gerichtlich strafbare Handlungen, die nur vorsätzlich begangen werden können und mit mehr als einjähriger Freiheitsstrafe bedroht sind";

4. statt bisher „Vergehen und Übertretungen" künftig „gerichtlich strafbare Handlungen mit Ausnahme jener, die nur vorsätzlich begangen werden können und mit mehr als einjähriger Freiheitsstrafe bedroht sind";

5. statt bisher „Vergehen" künftig „gerichtlich strafbare Handlungen, die mit mehr als sechsmonatiger Freiheitsstrafe bedroht sind, mit Ausnahme jener strafbaren Handlungen, die nur vorsätzlich begangen werden können und mit mehr als einjähriger Freiheitsstrafe bedroht sind";

6. statt bisher „Übertretungen" künftig „gerichtlich strafbare Handlungen, die mit keiner strengeren Strafe als einer sechsmonatigen Freiheitsstrafe bedroht sind".

(6) Die Bestimmungen der vorhergehenden Absätze sind auch auf Auslieferungsverträge anzuwenden.

Artikel IX

(1) In Bundesgesetzen enthaltene Bestimmungen über Landesverweisung und Abschaffung, über Polizeiaufsicht, über Einweisung in ein Arbeitshaus und über die Aberkennung des Rechtes zur Ausübung eines Gewerbes durch Strafurteil werden aufgehoben.

(2) Verschärfungen einer Kerker- oder Arreststrafe im Sinne des Österreichischen Strafgesetzes 1945, A. Slg. Nr. 2, die Landesverweisung, die Abschaffung und die Zulässigkeit der Stellung unter Polizeiaufsicht sowie die Aberkennung des Rechtes zur Ausübung eines Gewerbes sind in Strafurteilen nicht mehr auszusprechen.

(3) Die bereits ausgesprochene Landesverweisung oder Abschaffung einer Person, die nicht die österreichische Staatsbürgerschaft besitzt, gilt als Aufenthaltsverbot nach den Bestimmungen des Fremdenpolizeigesetzes, BGBl. Nr. 75/1954.

Artikel X (Verfassungsbestimmung)

Die Art. I, II, III, IV, V und VIII Abs. 1 sind auch auf gerichtliche Strafbestimmungen in Bundesverfassungsgesetzen anzuwenden.

Artikel XI

(1) Dieses Bundesgesetz tritt mit 1. Jänner 1975 in Kraft.

(2) Mit Ablauf des 31. Dezember 1974 verlieren insbesondere ihre Wirksamkeit, soweit sie noch in Geltung stehen:

1. Das Österreichische Strafgesetz 1945, A. Slg. Nr. 2, samt Kundmachungspatent;

2. die Verordnung des Justizministeriums RGBl Nr. 89/1860, über die Bestrafung jener, nicht mit der Todesstrafe bedrohten Verbrechen, welche von, zu lebenslangem Kerker verurtheilten Personen begangen werden:

3. die Art. I bis IV und IX des Gesetzes betreffend einige Ergänzungen des allgemeinen Strafgesetzes, RGBl. Nr. 8/1863;

4. das Gesetz, wodurch mehrere Bestimmungen des allgemeinen Strafgesetzes und anderer damit im Zusammenhange stehenden Anordnungen abgeändert werden, RGBl. Nr. 131/1867;

5. das Gesetz zum Schutze des Brief- und Schriftengeheimnisses, RGBl. Nr. 42/1870;

6. das Gesetz, womit polizeistrafrechtliche Bestimmungen wider Arbeitsscheue und Landstreicher erlassen werden. RGBl. Nr. 108/1873;

7. das Gesetz über strafrechtliche Bestimmungen gegen Vereitelung von Zwangsvollstreckungen, RGBl. Nr. 78/1883;

8. das Gesetz, womit strafrechtliche Bestimmungen in Betreff der Zulässigkeit der Anhaltung in Zwangsarbeits- oder Besserungsanstalten getroffen werden, RGBl. Nr. 89/1885;

9. das Gesetz betreffend Anordnungen gegen den gemeingefährlichen Gebrauch von Sprengstoffen und die gemeingefährliche Gebarung mit denselben, RGBl. Nr. 134/1885;

10. § 126 des Gesetzes über Gesellschaften mit beschränkter Haftung, RGBl. Nr. 58/1906;

11. das Gesetz betreffend strafrechtlicher Bestimmungen zum Schutze der Wahl- und Versammlungsfreiheit, RGBl. Nr. 18/1907;

12. die §§ 66 und 67 des Gesetzes betreffend die Abwehr und Tilgung von Tierseuchen, RGBl. Nr. 177/1909;

13. § 59 des Elektrizitätsgesetzes, BGBl. Nr. 205/1929;

14. die Art. V und VII der Strafgesetznovelle 1929, BGBl. Nr. 440;

15. § 5 des Bundesgesetzes zum Schutz der Arbeits- und der Versammlungsfreiheit, BGBl. Nr. 113/1930;

16. das Bundesgesetz zur Bekämpfung staatsfeindlicher Druckwerke, BGBl. Nr. 33/1935;

17. das Staatsschutzgesetz, BGBl. Nr. 223/1936;

18. § 48 des Gesetzes über das Auswanderungswesen, DRGBl. S. 463/1897 (GBlÖ. Nr. 3/1940);

19. die §§ 100 Abs. 2 bis 6, 101 bis 103, 115, 116, 129 bis 131 des Branntweinmonopolgesetzes, DRGBl. I S. 405/1922;

20. die Verordnung zur Wahrung der Bekenntnisfreiheit, Verordnungs- und Amtsblatt für den Reichsgau Wien Nr. 9/1941;

21. die Verordnung zur Wahrung der Bekenntnisfreiheit, Verordnungs- und Amtsblatt für den Reichsgau Salzburg Nr. 3/1941;

22. die Verordnung zur Wahrung der Bekenntnisfreiheit, Verordnungs- und Amtsblatt für den Reichsgau Kärnten Nr. 9/1941;

23. die Verordnung zur Wahrung der Bekenntnisfreiheit, Verordnungs- und Amtsblatt für den Reichsgau Steiermark Nr. 31/1941;

24. die Verordnung zur Wahrung der Bekenntnisfreiheit, Verordnungs- und Amtsblatt für den Reichsgau Oberdonau Nr. 3/1941;

25. die Verordnung zur Wahrung der Bekenntnisfreiheit, Verordnungs- und Amtsblatt für den Reichsgau Niederdonau Nr. 72/1941;

26. die Verordnung zur Wahrung der Bekenntnisfreiheit, Verordnungs- und Amtsblatt für den Reichsgau Tirol und Vorarlberg Nr. 3/1941;

27. die §§ 2 bis 6 des Wuchergesetzes 1949, BGBl. Nr. 271;

28. das Gesetz über die bedingte Verurteilung 1949, BGBl. Nr. 277;

29. der Art IX des Einführungsgesetzes zu den Verwaltungsverfahrengesetzen 1950, BGBl. Nr. 172;

30. das Arbeitshausgesetz 1951, BGBl. Nr. 211;

31. § 36 des Jugendwohlfahrtsgesetzes, BGBl. Nr. 99/1954;

32. § 42 des Wehrgesetzes, BGBl. Nr. 181/1955;

33. die §§ 1 bis 3 und § 6 Abs. 4 des Unterhaltsschutzgesetzes, BGBl. Nr. 59/1960;

34. das Antikorruptionsgesetz, BGBl. Nr. 116/1964;

35. § 257 des Aktiengesetzes 1965, BGBl. Nr. 98;

36. § 106 des Kartellgesetzes, BGBl. Nr. 460/1972.

Artikel XII

(Vollzugsklausel) nicht abgedruckt

1/2. Verbandsverantwortlichkeitsgesetz

BGBl I 2005/151 idF

1 BGBl I 2007/112 (Strafprozessreformbegleitgesetz II)

2 BGBl I 2016/26 (Strafprozessrechtsänderungsgesetz I 2016)
3 BGBl I 2023/100 (KorrStrÄG 2023)

Artikel 1

Bundesgesetz über die Verantwortlichkeit von Verbänden für Straftaten (Verbandsverantwortlichkeitsgesetz – VbVG)

1. Abschnitt

Anwendungsbereich und Begriffsbestimmungen

Verbände

§ 1. (1) Dieses Bundesgesetz regelt, unter welchen Voraussetzungen Verbände für Straftaten verantwortlich sind und wie sie sanktioniert werden, sowie das Verfahren, nach dem die Verantwortlichkeit festgestellt und Sanktionen auferlegt werden. Straftat im Sinne dieses Gesetzes ist eine nach einem Bundes- oder Landesgesetz mit gerichtlicher Strafe bedrohte Handlung; auf Finanzvergehen ist dieses Bundesgesetz jedoch nur insoweit anzuwenden, als dies im Finanzstrafgesetz, BGBl. Nr. 129/1958, vorgesehen ist.

(2) Verbände im Sinne dieses Gesetzes sind juristische Personen sowie eingetragene Personengesellschaften und Europäische wirtschaftliche Interessenvereinigungen. *(BGBl I 2007/112)*

(3) Keine Verbände im Sinne dieses Gesetzes sind

1. die Verlassenschaft;

2. Bund, Länder, Gemeinden und andere juristische Personen, soweit sie in Vollziehung der Gesetze handeln;

3. anerkannte Kirchen, Religionsgesellschaften und religiöse Bekenntnisgemeinschaften, soweit sie seelsorgerisch tätig sind.

Entscheidungsträger und Mitarbeiter

§ 2. (1) Entscheidungsträger im Sinne dieses Gesetzes ist, wer

1. Geschäftsführer, Vorstandsmitglied oder Prokurist ist oder aufgrund organschaftlicher oder rechtsgeschäftlicher Vertretungsmacht in vergleichbarer Weise dazu befugt ist, den Verband nach außen zu vertreten,

2. Mitglied des Aufsichtsrates oder des Verwaltungsrates ist oder sonst Kontrollbefugnisse in leitender Stellung ausübt, oder

3. sonst maßgeblichen Einfluss auf die Geschäftsführung des Verbandes ausübt.

(2) Mitarbeiter im Sinne dieses Gesetzes ist, wer

1. auf Grund eines Arbeits-, Lehr- oder anderen Ausbildungsverhältnisses,

2. auf Grund eines dem Heimarbeitsgesetz 1960, BGBl. Nr. 105/1961, unterliegenden oder eines arbeitnehmerähnlichen Verhältnisses,

3. als überlassene Arbeitskraft (§ 3 Abs. 4 des Arbeitskräfteüberlassungsgesetzes – AÜG, BGBl. Nr. 196/1988) oder

4. auf Grund eines Dienst- oder sonst eines besonderen öffentlichrechtlichen Rechtsverhältnisses

Arbeitsleistungen für den Verband erbringt.

2. Abschnitt

Verbandsverantwortlichkeit – Materiellrechtliche Bestimmungen

Verantwortlichkeit

§ 3. (1) Ein Verband ist unter den weiteren Voraussetzungen des Abs. 2 oder des Abs. 3 für eine Straftat verantwortlich, wenn

1. die Tat zu seinen Gunsten begangen worden ist oder

2. durch die Tat Pflichten verletzt worden sind, die den Verband treffen.

(2) Für Straftaten eines Entscheidungsträgers ist der Verband verantwortlich, wenn der Entscheidungsträger als solcher die Tat rechtswidrig und schuldhaft begangen hat.

(3) Für Straftaten von Mitarbeitern ist der Verband verantwortlich, wenn

1. Mitarbeiter den Sachverhalt, der dem gesetzlichen Tatbild entspricht, rechtswidrig verwirklicht haben; der Verband ist für eine Straftat, die vorsätzliches Handeln voraussetzt, nur verantwortlich, wenn ein Mitarbeiter vorsätzlich gehandelt hat; für eine Straftat, die fahrlässiges Handeln voraussetzt, nur, wenn Mitarbeiter die nach den Umständen gebotene Sorgfalt außer acht gelassen haben; und

2. die Begehung der Tat dadurch ermöglicht oder wesentlich erleichtert wurde, dass Entscheidungsträger die nach den Umständen gebotene und zumutbare Sorgfalt außer acht gelassen ha-

ben, insbesondere indem sie wesentliche technische, organisatorische oder personelle Maßnahmen zur Verhinderung solcher Taten unterlassen haben.

(4) Die Verantwortlichkeit eines Verbandes für eine Tat und die Strafbarkeit von Entscheidungsträgern oder Mitarbeitern wegen derselben Tat schließen einander nicht aus.

Verbandsgeldbuße

§ 4. (1) Ist ein Verband für eine Straftat verantwortlich, so ist über ihn eine Verbandsgeldbuße zu verhängen.

(2) Die Verbandsgeldbuße ist in Tagessätzen zu bemessen. Sie beträgt mindestens einen Tagessatz.

(3) Die Anzahl der Tagessätze beträgt bis zu 180,
– wenn die Tat mit lebenslanger oder Freiheitsstrafe bis zu zwanzig Jahren bedroht ist,
155,
– wenn die Tat mit Freiheitsstrafe bis zu fünfzehn Jahren bedroht ist,
130,
– wenn die Tat mit Freiheitsstrafe bis zu zehn Jahren bedroht ist,
100,
– wenn die Tat mit Freiheitsstrafe bis zu fünf Jahren bedroht ist,
85,
– wenn die Tat mit Freiheitsstrafe bis zu drei Jahren bedroht ist,
70,
– wenn die Tat mit Freiheitsstrafe bis zu zwei Jahren bedroht ist,
55,
– wenn die Tat mit Freiheitsstrafe bis zu einem Jahr bedroht ist,
40
– in allen übrigen Fällen.

(4) Der Tagessatz ist nach der Ertragslage des Verbandes unter Berücksichtigung von dessen sonstiger wirtschaftlicher Leistungsfähigkeit zu bemessen. Er ist mit einem Betrag festzusetzen, der dem 360. Teil des Jahresertrages entspricht oder diesen um höchstens ein Drittel über- oder unterschreitet, mindestens jedoch mit 50 und höchstens mit 30 000 Euro. Dient der Verband gemeinnützigen, humanitären oder kirchlichen Zwecken (§§ 34 bis 47 der Bundesabgabenordnung, BGBl. Nr. 194/1961) oder ist er sonst nicht auf Gewinn gerichtet, so ist der Tagessatz mit mindestens 2 und höchstens 1 500 Euro festzusetzen. *(BGBl I 2023/100)*

Bemessung der Verbandsgeldbuße

§ 5. (1) Bei der Bemessung der Anzahl der Tagessätze hat das Gericht Erschwerungs- und Milderungsgründe, soweit sie nicht schon die Höhe der angedrohten Geldbuße bestimmen, gegeneinander abzuwägen.

(2) Die Anzahl ist insbesondere umso höher zu bemessen,

1. je größer die Schädigung oder Gefährdung ist, für die der Verband verantwortlich ist;

2. je höher der aus der Straftat vom Verband erlangte Vorteil ist;

3. je mehr gesetzwidriges Verhalten von Mitarbeitern geduldet oder begünstigt wurde.

(3) Die Anzahl ist insbesondere geringer zu bemessen, wenn

1. der Verband schon vor der Tat Vorkehrungen zur Verhinderung solcher Taten getroffen oder Mitarbeiter zu rechtstreuem Verhalten angehalten hat;

2. der Verband lediglich für Straftaten von Mitarbeitern verantwortlich ist (§ 3 Abs. 3);

3. er nach der Tat erheblich zur Wahrheitsfindung beigetragen hat;

4. er die Folgen der Tat gutgemacht hat;

5. er wesentliche Schritte zur zukünftigen Verhinderung ähnlicher Taten unternommen hat;

6. die Tat bereits gewichtige rechtliche Nachteile für den Verband oder seine Eigentümer nach sich gezogen hat.

Bedingte Nachsicht der Verbandsgeldbuße

§ 6. (1) Wird ein Verband zu einer Verbandsgeldbuße von nicht mehr als 70 Tagessätzen verurteilt, so ist die Buße unter Bestimmung einer Probezeit von mindestens einem und höchstens drei Jahren, gegebenenfalls unter Erteilung von Weisungen (§ 8), bedingt nachzusehen, wenn anzunehmen ist, dass die genügen werde, um von der Begehung weiterer Taten, für die der Verband verantwortlich ist (§ 3), abzuhalten, und es nicht der Vollstreckung der Geldbuße bedarf, um der Begehung von Taten im Rahmen der Tätigkeit anderer Verbände entgegenzuwirken. Dabei sind insbesondere die Art der Tat, das Gewicht der Pflichtverletzung oder des Sorgfaltsverstoßes, frühere Verurteilungen des Verbandes, die Verlässlichkeit der Entscheidungsträger und die nach der Tat von dem Verband gesetzten Maßnahmen zu berücksichtigen.

(2) Wird die Nachsicht nicht widerrufen, so ist die Geldbuße endgültig nachzusehen. Fristen, deren Lauf beginnt, sobald die Geldbuße vollstreckt ist, sind in einem solchen Fall ab Rechtskraft des Urteils zu berechnen.

Bedingte Nachsicht eines Teiles der Verbandsgeldbuße

§ 7. Wird ein Verband zu einer Verbandsgeldbuße verurteilt und treffen die Voraussetzungen des § 6 auf einen Teil der Buße zu, so ist dieser Teil, mindestens aber ein Drittel und höchstens fünf Sechstel, unter Bestimmung einer Probezeit von mindestens einem und höchstens drei Jahren, gegebenenfalls unter Erteilung von Weisungen (§ 8), bedingt nachzusehen.

Weisungen

§ 8. (1) Wird einem Verband die Verbandsgeldbuße ganz oder zum Teil bedingt nachgesehen, so kann ihm das Gericht Weisungen erteilen.

(2) Dem Verband ist als Weisung aufzutragen, den aus der Tat entstandenen Schaden nach Kräften gutzumachen, soweit dies noch nicht erfolgt ist.

(3) Im Übrigen können dem Verband mit dessen Zustimmung als Weisungen technische, organisatorische oder personelle Maßnahmen aufgetragen werden, um der Begehung weiterer Taten, für die der Verband verantwortlich ist (§ 3), entgegenzuwirken.

Widerruf der bedingten Nachsicht der Verbandsgeldbuße

§ 9. (1) Wird der Verband wegen der Verantwortlichkeit für eine während der Probezeit begangene Tat verurteilt, so hat das Gericht die bedingte Nachsicht der Buße zu widerrufen und die Buße oder den Teil der Buße vollziehen zu lassen, wenn dies in Anbetracht der neuerlichen Verurteilung zusätzlich zu dieser geboten erscheint, um die Begehung weiterer Taten, für die der Verband verantwortlich ist (§ 3), zu verhindern. Eine Tat, die in der Zeit zwischen der Entscheidung erster Instanz und der Rechtskraft der Entscheidung über die Gewährung der bedingten Nachsicht begangen worden ist, steht einer in der Probezeit begangenen Tat gleich.

(2) Befolgt der Verband eine Weisung trotz förmlicher Mahnung nicht, so hat das Gericht die bedingte Nachsicht zu widerrufen und die Buße oder den Teil der Buße vollziehen zu lassen, wenn dies nach den Umständen geboten erscheint, um die Begehung weiterer Taten, für die der Verband verantwortlich ist (§ 3), zu verhindern.

(3) Wird in den Fällen der Abs. 1 und 2 die bedingte Nachsicht nicht widerrufen, so kann das Gericht die Probezeit bis auf höchstens fünf Jahre verlängern und neue Weisungen erteilen.

(4) Wird der Verband in Anwendung von § 31 StGB nachträglich zu einer Zusatzgeldbuße verurteilt, so kann das Gericht die bedingte Nachsicht der Buße zur Gänze oder zum Teil widerrufen und die Buße oder den Teil der Buße vollziehen lassen, soweit die Geldbußen bei gemeinsamer Aburteilung nicht bedingt nachgesehen worden wären. Wird die bedingte Nachsicht nicht widerrufen, so dauert jede der zusammentreffenden Probezeiten bis zum Ablauf der Probezeit, die zuletzt endet, jedoch nicht länger als fünf Jahre.

Rechtsnachfolge

§ 10. (1) Werden die Rechte und Verbindlichkeiten des Verbandes im Wege der Gesamtrechtsnachfolge auf einen anderen Verband übertragen, so treffen die in diesem Bundesgesetz vorgesehenen Rechtsfolgen den Rechtsnachfolger. Über den Rechtsvorgänger verhängte Rechtsfolgen wirken auch für den Rechtsnachfolger.

(2) Der Gesamtrechtsnachfolge ist Einzelrechtsnachfolge gleichzuhalten, wenn im Wesentlichen die selben Eigentumsverhältnisse am Verband bestehen und der Betrieb oder die Tätigkeit im Wesentlichen fortgeführt wird.

(3) Besteht mehr als ein Rechtsnachfolger, so kann eine über den Rechtsvorgänger verhängte Geldbuße gegen jeden Rechtsnachfolger vollstreckt werden. Andere Rechtsfolgen können einzelnen Rechtsnachfolgern zugeordnet werden, soweit dies deren Tätigkeitsbereich entspricht.

Ausschluss eines Rückgriffs

§ 11. Für Sanktionen und Rechtsfolgen, die den Verband auf Grund dieses Bundesgesetzes treffen, ist ein Rückgriff auf Entscheidungsträger oder Mitarbeiter ausgeschlossen.

Anwendung der allgemeinen Strafgesetze

§ 12. (1) Im Übrigen gelten die allgemeinen Strafgesetze auch für Verbände, soweit sie nicht ausschließlich auf natürliche Personen anwendbar sind.

(2) Macht das Gesetz die Geltung österreichischer Strafgesetze für im Ausland begangene Taten vom Wohnsitz oder Aufenthalt des Täters im Inland oder von dessen österreichischer Staatsbürgerschaft abhängig, so ist für Verbände der Sitz des Verbandes oder der Ort des Betriebes oder der Niederlassung maßgebend.

(3) Die Frist für die Verjährung der Vollstreckbarkeit beträgt
fünfzehn Jahre,
– wenn auf Geldbuße von mehr als 100 Tagessätzen erkannt worden ist,
zehn Jahre,
– wenn auf Geldbuße von mehr als 50, aber nicht mehr als 100 Tagessätzen erkannt worden ist,
fünf Jahre
– in allen übrigen Fällen.

3. Abschnitt

Verfahren gegen Verbände

Einleitung des Verfahrens

§ 13. (1) Sobald sich auf Grund bestimmter Tatsachen der Verdacht ergibt, dass ein Verband für eine von Amts wegen zu verfolgende Straftat verantwortlich sein könnte (§ 3), hat die Staatsanwaltschaft Ermittlungen zur Feststellung dieser Verantwortlichkeit einzuleiten oder einen Antrag auf Verhängung einer Verbandsgeldbuße bei Gericht einzubringen. Der Verband hat im Verfahren die Rechte des Beschuldigten (belangter Verband).

(2) Ist eine Straftat nur auf Verlangen des Opfers zu verfolgen, so ist § 71 der Strafprozessordnung 1975 (StPO), BGBl. Nr. 631/1975, anzuwenden. *(BGBl I 2007/112)*

Anwendung der Bestimmungen über das Strafverfahren

§ 14. (1) Für Verfahren auf Grund dieses Bundesgesetzes gelten die allgemeinen Vorschriften über das Strafverfahren, soweit sie nicht ausschließlich auf natürliche Personen anwendbar sind und sich aus den folgenden Bestimmungen nichts anderes ergibt.

(2) Verfahren gegen Verbände gelten im Sinne der Bestimmungen des Gerichtsorganisationsgesetzes, des Staatsanwaltschaftsgesetzes und der Geschäftsordnung für die Gerichte I. und II. Instanz als Strafsachen.

(3) Die Begriffe "strafbare Handlung", "Vergehen" und "Verbrechen" in den in Abs. 1 und 2 genannten Bestimmungen sind als Straftaten auf Straftaten zu verstehen, für die der Verband verantwortlich sein könnte (§ 3); die Begriffe "Beschuldigter" und "Angeklagter" als Bezugnahme auf den belangten Verband (§ 13); der Begriff "Strafe" als Bezugnahme auf die Verbandsgeldbuße. *(BGBl I 2007/112)*

Zuständigkeit

§ 15. (1) Die Zuständigkeit der Staatsanwaltschaft oder des Gerichts für die der Straftat verdächtige natürliche Person begründet auch die Zuständigkeit für das Verfahren gegen den belangten Verband, wobei die Ermittlungsverfahren von derselben Staatsanwaltschaft und das Hauptverfahren vom selben Gericht gemeinsam zu führen sind (§§ 26, 37 StPO). Dem Verband kommen auch im Verfahren gegen die natürliche Person die Rechte des Beschuldigten zu. *(BGBl I 2007/112)*

(2) Unter den Voraussetzungen des § 27 StPO ist auch eine getrennte Führung der Verfahren zulässig. Ist dies der Fall, sind die §§ 25 Abs. 2 und 36 Abs. 3 StPO mit der Maßgabe anzuwenden, dass sich die Zuständigkeit nach dem Sitz des belangten Verbandes, besteht ein solcher im Inland nicht, nach dem Ort des Betriebes oder der Niederlassung richtet. Kann auf diese Weise eine inländische Zuständigkeit nicht begründet werden, so ist für das Ermittlungsverfahren die Staatsanwaltschaft Wien und für das Hauptverfahren das Landesgericht für Strafsachen Wien oder das Bezirksgericht Innere Stadt Wien zuständig. *(BGBl I 2007/112)*

Zustellung und notwendige Verteidigung

§ 16. (1) Die Verständigung darüber, dass ein Ermittlungsverfahren geführt wird (§ 50 StPO), der Antrag auf Verhängung einer Geldbuße, die Ladung zur Hauptverhandlung in erster Instanz, das Abwesenheitsurteil sowie Verständigungen und Mitteilungen nach den §§ 200 Abs. 4, 201 Abs. 1 und 4 sowie 203 Abs. 1 und 3 StPO sind dem belangten Verband selbst zu eigenen Handen eines Mitglieds des zur Vertretung nach außen berufenen Organs zuzustellen. *(BGBl I 2007/112)*

(2) Stehen sämtliche Mitglieder des zur Vertretung nach außen befugten Organs selbst im Verdacht, die Straftat begangen zu haben, so hat das Gericht dem belangten Verband von Amts wegen einen Verteidiger beizugeben. Dieser hat auch die nach der Art des Verbandes erforderlichen Schritte zur Bewirkung einer ordnungsgemäßen Vertretung des Verbandes zu setzen, wie die Verständigung oder Einberufung von geeigneten Organen, Eigentümern oder Mitgliedern. Die Bestellung endet mit dem Einschreiten eines Vertreters oder eines gewählten Verteidigers.

(3) Wurde einem belangten Verband wirksam zugestellt, so gilt im Anwendungsbereich von § 10 auch die Bekanntgabe an den Rechtsnachfolger als erfolgt.

Vernehmung als Beschuldigter

§ 17. (1) Die Entscheidungsträger des Verbandes sowie jene Mitarbeiter, die im Verdacht stehen, die Straftat begangen zu haben, wegen der Straftat bereits verurteilt sind, sind als Beschuldigte zu laden und zu vernehmen. § 455 Abs. 2 und 3 StPO ist anzuwenden. *(BGBl I 2007/112)*

(2) Dem Entscheidungsträger oder Mitarbeiter ist vor Beginn der Vernehmung mitzuteilen, welche Straftat dem Verband zur Last gelegt wird. Sodann ist er darüber zu belehren, dass er berechtigt sei, sich zur Sache zu äußern oder nicht auszusagen und sich zuvor mit einem Verteidiger zu beraten. Er ist auch darauf aufmerksam zu machen, dass seine Aussage seiner Verteidigung und jener des belangten Verbandes dienen, aber auch als Beweis gegen ihn und gegen den Verband Verwendung finden könne.

Verfolgungsermessen

§ 18. (1) Die Staatsanwaltschaft kann von der Verfolgung eines Verbandes absehen oder zurücktreten, wenn in Abwägung der Schwere der Tat, des Gewichts der Pflichtverletzung oder des Sorgfaltsverstoßes, der Folgen der Tat, des Verhaltens des Verbandes nach der Tat, der zu erwartenden Höhe einer über den Verband zu verhängenden Geldbuße sowie allfälliger bereits eingetretener oder unmittelbar absehbarer rechtlicher Nachteile des Verbandes oder seiner Eigentümer aus der Tat eine Verfolgung und Sanktionierung verzichtbar erscheint. Dies ist insbesondere der Fall, wenn Ermittlungen oder Verfolgungsanträge mit einem beträchtlichen Aufwand verbunden wären, der offenkundig außer Verhältnis zur Bedeutung der Sache oder zu den im Fall einer Verurteilung zu erwartenden Sanktionen stünde.

(2) Von der Verfolgung darf jedoch nicht abgesehen oder zurückgetreten werden, wenn diese

1. wegen einer vom Verband ausgehenden Gefahr der Begehung einer Tat mit schweren Folgen, für die der Verband verantwortlich sein könnte,

2. um der Begehung von Taten im Rahmen der Tätigkeit anderer Verbände entgegenzuwirken, oder

3. sonst wegen besonderen öffentlichen Interesses

geboten erscheint.

Rücktritt von der Verfolgung (Diversion)

§ 19. (1) Steht auf Grund hinreichend geklärten Sachverhalts fest, dass eine Einstellung des Verfahrens nach den §§ 190 bis 192 StPO oder ein Vorgehen nach § 18 nicht in Betracht kommt, und liegen die in § 198 Abs. 2 Z 1 und 3 StPO genannten Voraussetzungen vor, so hat die Staatsanwaltschaft von der Verfolgung eines belangten Verbandes wegen der Verantwortlichkeit für eine Straftat zurückzutreten, wenn der Verband aus der ihm entstandenen Schaden gut macht sowie andere Tatfolgen beseitigt und dies unverzüglich nachweist und wenn die Verhängung einer Verbandsgeldbuße im Hinblick auf

1. die Zahlung eines Geldbetrages, der in Höhe von bis zu 50 Tagessätzen zuzüglich der im Fall einer Verurteilung zu ersetzenden Kosten des Verfahrens festzusetzen ist (§ 200 StPO), *(BGBl I 2007/112)*

2. eine zu bestimmende Probezeit von bis zu drei Jahren, soweit möglich und zweckmäßig in Verbindung mit der ausdrücklich erklärten Bereitschaft des Verbandes, eine oder mehrere der in § 8 Abs. 3 genannten Maßnahmen zu ergreifen (§ 203 StPO), oder *(BGBl I 2007/112)*

3. die ausdrückliche Erklärung des Verbandes, innerhalb einer zu bestimmenden Frist von höchstens sechs Monaten unentgeltlich bestimmte gemeinnützige Leistungen zu erbringen (§ 202 StPO), *(BGBl I 2007/112)*

nicht geboten erscheint, um der Begehung von Straftaten, für die der Verband verantwortlich gemacht werden kann (§ 3), und der Begehung von Straftaten im Rahmen der Tätigkeit anderer Verbände entgegenzuwirken. § 202 Abs. 1 StPO ist nicht anzuwenden. *(BGBl I 2007/112)*

(2) Nach Einbringung des Antrags auf Verhängung einer Verbandsgeldbuße wegen Begehung einer strafbaren Handlung, die von Amts wegen zu verfolgen ist, hat das Gericht Abs. 1 sinngemäß anzuwenden und das Verfahren gegen den Verband unter den für die Staatsanwaltschaft geltenden Voraussetzungen bis zum Schluss der Hauptverhandlung mit Beschluss einzustellen (§ 199 StPO). *(BGBl I 2007/112)*

Einstweilige Verfügungen

§ 20. Ist ein belangter Verband dringend verdächtig, für eine bestimmte Straftat verantwortlich zu sein, und ist anzunehmen, dass über ihn eine Verbandsgeldbuße verhängt werden wird, so hat das Gericht auf Antrag der Staatsanwaltschaft zur Sicherung der Geldbuße eine Beschlagnahme gemäß §§ 109 Z 2 und 115 Abs. 1 Z 3 StPO anzuordnen, wenn und soweit auf Grund bestimmter Tatsachen zu befürchten ist, dass andernfalls die Einbringung gefährdet oder wesentlich erschwert würde. Im Übrigen ist § 115 Abs. 4 bis 6 StPO anzuwenden.

(BGBl I 2007/112)

Antrag auf Verhängung einer Verbandsgeldbuße

§ 21. (1) Das Hauptverfahren wird durch den Antrag auf Verhängung einer Verbandsgeldbuße eingeleitet, auf den im Verfahren vor dem Landesgericht als Geschworenen- oder Schöffengericht die Bestimmungen über die Anklageschrift, im Verfahren vor dem Landesgericht als Einzelrichter oder dem Bezirksgericht jedoch die Bestimmungen über den Strafantrag anzuwenden sind. In jedem Fall ist jedoch der Sachverhalt zusammenzufassen und zu beurteilen, aus dem sich die Verantwortlichkeit des Verbandes (§ 3) ergibt.

(2) Der Antrag auf Verhängung einer Verbandsgeldbuße ist mit der Anklageschrift oder dem Strafantrag gegen natürliche Personen zu verbinden, wenn die Verfahren gemeinsam geführt werden können (§ 15 Abs. 1). *(BGBl I 2007/112)*

(3) Kann das Verfahren gegen den belangten Verband nicht gemeinsam mit jenem gegen die natürliche Person geführt werden, so hat der Ankläger einen selbstständigen Antrag auf Verhängung einer Verbandsgeldbuße zu stellen. Über einen solchen Antrag hat das Gericht in einem

selbstständigen Verfahren nach öffentlicher mündlicher Verhandlung durch Urteil zu entscheiden.

Hauptverhandlung und Urteil

§ 22. (1) Wird die Hauptverhandlung gegen den belangten Verband und eine natürliche Person gemeinsam geführt (§ 15 Abs. 1), so hat das Gericht im Anschluss an das Beweisverfahren, das für beide Verfahren gemeinsam durchgeführt wird, zunächst nur die Schlussvorträge betreffend die natürliche Person zuzulassen und dann das Urteil über die natürliche Person zu verkünden.

(2) Im Fall eines Schuldspruches sind in fortgesetzter Hauptverhandlung Schlussvorträge zu den Voraussetzungen einer Verantwortlichkeit des Verbandes sowie den für die Bemessung einer Geldbuße und die Festsetzung anderer Sanktionen maßgeblichen Umständen zu halten. Danach verkündet das Gericht das Urteil über den Verband. *(BGBl I 2007/112)*

(3) Im Fall des Freispruchs muss der Ankläger binnen drei Tagen bei Verlust des Verfolgungsrechts erklären, ob in einem selbstständigen Verfahren über die Verhängung einer Verbandsgeldbuße entschieden werden soll. Stellt der Ankläger diesen Antrag, so hat das Gericht nach Abs. 2 vorzugehen.

(4) Das Urteil über den Verband hat im Fall einer Verurteilung bei sonstiger Nichtigkeit auszusprechen, für welche Straftat der Verband auf Grund welcher Umstände für verantwortlich befunden wird; im Übrigen ist § 260 Abs. 1 Z 3 bis 5 StPO anzuwenden.

(5) Die Urteilsausfertigung muss die in § 270 Abs. 2 StPO sowie in Abs. 4 angeführten Inhalte haben.

Hauptverhandlung und Urteil in Abwesenheit

§ 23. Ist der belangte Verband in der Hauptverhandlung nicht vertreten, so kann das Gericht die Hauptverhandlung durchführen, die Beweise aufnehmen und das Urteil fällen, jedoch bei sonstiger Nichtigkeit nur dann, wenn die Ladung zur Hauptverhandlung wirksam zugestellt wurde und in der Ladung diese Rechtsfolgen angedroht wurden. Das Urteil ist in diesem Fall dem Verband in seiner schriftlichen Ausfertigung zuzustellen. *(BGBl I 2007/112)*

Rechtsmittel

§ 24. Gegen Urteile, die über einen Verband ergangen sind, stehen – auch im Falle des selbstständigen Verfahrens – die in der StPO gegen Urteile vorgesehenen Rechtsmittel und Rechtsbehelfe offen.

Verfahren bei Widerruf einer bedingten Nachsicht

§ 25. Für einen Widerruf der bedingten Nachsicht nach § 9 Abs. 1 ist § 494a StPO mit der Maßgabe anzuwenden, dass das Bezirksgericht als erkennendes Gericht nur zuständig ist, wenn die Buße oder deren Teil 55 Tagessätze nicht übersteigt; der Einzelrichter beim Landesgericht nur, wenn die Buße oder deren Teil 100 Tagessätze nicht übersteigt. *(BGBl I 2007/112)*

Verständigung der zuständigen Verwaltungs- oder Aufsichtsbehörde

§ 26. (1) Die Staatsanwaltschaft hat die für den betroffenen Tätigkeitsbereich eines Verbandes zuständige Verwaltungs- oder Aufsichtsbehörde von einem Ermittlungsverfahren gegen einen Verband und dessen Beendigung durch Einstellung oder Rücktritt von der Verfolgung zu verständigen (§§ 194 und 208 Abs. 4 StPO); im Übrigen hat das Gericht die Behörde über die Beendigung des Strafverfahrens zu verständigen und eine Ausfertigung des Beschlusses, mit dem das Verfahren eingestellt wird, oder des Urteils zu übermitteln. *(BGBl I 2007/112)*

(2) Die Staatsanwaltschaft oder das Gericht kann die Behörde (Abs. 1) ersuchen, an der Überwachung der Einhaltung einer Weisung oder einer Maßnahme nach § 19 Abs. 1 Z 2 mitzuwirken. *(BGBl I 2007/112)*

(3) *(aufgehoben, BGBl I 2007/112)*

Vollstreckung von Verbandsgeldbußen

§ 27. (1) Nach Eintritt der Rechtskraft der Entscheidung hat das Gericht den Verband schriftlich aufzufordern, die Verbandsgeldbuße binnen 14 Tagen zu zahlen, widrigenfalls sie zwangsweise eingetrieben würde. Kommt der Verband dieser Aufforderung nicht nach, so ist die gerichtliche Einbringung nach dem Gerichtlichen Einbringungsgesetz zu veranlassen. § 409 Abs. 2 zweiter Satz StPO ist sinngemäß anzuwenden. *(BGBl I 2016/26)*

(2) Ist absehbar, dass der Verband die Folgen der Tat gutmachen werde und dass dadurch die Voraussetzungen einer nachträglichen Milderung der Geldbuße erfüllt sein werden, so kann der Vorsitzende auf Antrag die Zahlung der Geldbuße zur Gänze oder zum Teil für höchstens sechs Monate aufschieben.

(3) Träfe die unverzügliche Zahlung der Verbandsgeldbuße den Verband unbillig hart, so kann der Vorsitzende auf Antrag mit Beschluss angemessenen Aufschub durch Raten gewähren, wobei die letzte Rate spätestens nach zwei Jahren zu zahlen ist und alle noch offenen Teilbeträge fällig

werden, wenn der Verband mit zwei Raten im Verzug ist.

4. Abschnitt

Schlussbestimmungen

In-Kraft-Treten

§ 28. (1) Dieses Bundesgesetz tritt mit 1. Jänner 2006 in Kraft. *(BGBl I 2007/112)*

(2) Die Bestimmungen der §§ 1 Abs. 2, 13 Abs. 2, 14 Abs. 3, 15 Abs. 1 und 2, 16 Abs. 1, 17 Abs. 1, 19 Abs. 1 und 2, 20, 21 Abs. 2, 23, 25 und 26 Abs. 1 und 2 in der Fassung des Bundesgesetzes BGBl. I Nr. 112/2007 treten mit 1. Jänner 2008 in Kraft. *(BGBl I 2007/112)*

(3) § 27 Abs. 1 in der Fassung des Bundesgesetzes BGBl. I Nr. 26/2016 tritt mit 1. August 2016 in Kraft. *(BGBl I 2016/26)*

(4) § 4 Abs. 4 in der Fassung des Bundesgesetzes BGBl. I Nr. 100/2023 tritt mit 1. September 2023 in Kraft. *(BGBl I 2023/100)*

Verweisungen

§ 29. (1) Verweisungen in diesem Gesetz auf andere Rechtsvorschriften des Bundes sind als Verweisungen auf die jeweils geltende Fassung zu verstehen.

(2) Soweit in diesem Gesetz personenbezogene Bezeichnungen nur in männlicher Form angeführt sind, beziehen sie sich auf Frauen und Männer in gleicher Weise. Bei der Anwendung auf bestimmte Personen ist die jeweils geschlechtsspezifische Form zu verwenden.

Vollziehung

§ 30. Mit der Vollziehung dieses Bundesgesetzes ist die Bundesministerin für Justiz betraut.

2. Jugendgerichtsgesetz 1988

BGBl 1988/599 idF

1 BGBl 1993/526
2 BGBl 1993/799
3 BGBl 1994/522
4 BGBl I 1999/55
5 BGBl I 2001/19
6 BGBl I 2003/30
7 BGBl I 2003/116
8 BGBl I 2004/60
9 BGBl I 2004/164 (StPNov 2005)
10 BGBl I 2006/102
11 BGBl I 2007/93
12 BGBl I 2007/109
13 BGBl I 2009/52 (BudgetbegleitG 2009)

14 BGBl I 2009/142
15 BGBl I 2010/111 (BudgetbegleitG 2011)
16 BGBl I 2013/2
17 BGBl I 2014/71 (Strafprozessrechtsände-
rungsG 2014)
18 BGBl I 2015/13
19 BGBl I 2015/154 (JGG-ÄndG 2015)
20 BGBl I 2019/105 (Gewaltschutzgesetz
2019)
21 BGBl I 2020/20 (StrEU-AG 2020)
22 BGBl I 2022/223 (Maßnahmenvollzugs-
anpassungsgesetz 2022)
23 BGBl I 2023/98

GLIEDERUNG

STICHWORTVERZEICHNIS
zum JGG

Bundesgesetz vom 20. Oktober 1988 über die Rechtspflege bei Straftaten Jugendlicher und junger Erwachsener (Jugendgerichtsgesetz 1988 – JGG)

(BGBl I 2015/154)

ERSTER ABSCHNITT
Begriffsbestimmungen

§ 1. (1) Im Sinne dieses Bundesgesetzes ist

1. Unmündiger: wer das vierzehnte Lebensjahr noch nicht vollendet hat;

2. Jugendlicher: wer das vierzehnte, aber noch nicht das achtzehnte Lebensjahr vollendet hat;

3. Jugendstraftat: eine mit gerichtlicher Strafe bedrohte Handlung, die von einem Jugendlichen begangen wird;

4. Jugendstrafsache: ein Strafverfahren wegen einer Jugendstraftat; *(BGBl I 2015/154)*

5. Junger Erwachsener: wer das achtzehnte, aber noch nicht das einundzwanzigste Lebensjahr vollendet hat. *(BGBl I 2015/154)* *(BGBl I 2020/20)*

(2) Ist zweifelhaft, ob ein Beschuldigter zur Zeit der Tat oder im Zeitpunkt der Verfahrenshandlung das achtzehnte Lebensjahr vollendet hat, so sind die für Jugendliche geltenden Verfahrensbestimmungen anzuwenden. *(BGBl I 2020/20)*

(BGBl I 2001/19)

Allgemeines

§ 2. *(aufgehoben, BGBl I 2007/93)*

Verfahren

§ 3. *(aufgehoben, BGBl I 2007/93)*

DRITTER ABSCHNITT
Jugendstrafrecht

Straflosigkeit von Unmündigen und Jugendlichen

§ 4. (1) Unmündige, die eine mit Strafe bedrohte Handlung begehen, sind nicht strafbar.

(2) Ein Jugendlicher, der eine mit Strafe bedrohte Handlung begeht, ist nicht strafbar, wenn

1. er aus bestimmten Gründen noch nicht reif genug ist, das Unrecht der Tat einzusehen oder nach dieser Einsicht zu handeln, oder *(BGBl I 2007/93)*

2. er vor Vollendung des sechzehnten Lebensjahres ein Vergehen begeht, ihn kein schweres Verschulden trifft und nicht aus besonderen Gründen die Anwendung des Jugendstrafrechts geboten ist, um den Jugendlichen von strafbaren Handlungen abzuhalten. *(BGBl I 2007/93)*

3. *(aufgehoben, BGBl I 2007/93)*

Besonderheiten der Ahndung von Jugendstraftaten

§ 5. Für die Ahndung von Jugendstraftaten gelten die allgemeinen Strafgesetze, soweit im folgenden nichts anderes bestimmt ist:

1.[1] Die Anwendung des Jugendstrafrechts hat vor allem den Zweck, den Täter von strafbaren Handlungen abzuhalten.

2. An die Stelle der Androhung einer lebenslangen Freiheitsstrafe und der Androhung einer Freiheitsstrafe von zehn bis zu zwanzig Jahren oder lebenslanger Freiheitsstrafe tritt,

a) wenn ein Jugendlicher die Tat nach Vollendung des sechzehnten Lebensjahres begangen hat, die Androhung einer Freiheitsstrafe von einem bis zu fünfzehn Jahren,

b) sonst die Androhung einer Freiheitsstrafe von einem bis zu zehn Jahren.

3. An die Stelle der Androhung einer Freiheitsstrafe von zehn bis zu zwanzig Jahren tritt die Androhung einer Freiheitsstrafe von sechs Monaten bis zu zehn Jahren.

4. Das Höchstmaß aller sonst angedrohten zeitlichen Freiheitsstrafen wird auf die Hälfte herabgesetzt; ein Mindestmaß entfällt.

5. Das nach Tagessätzen bestimmte Höchstmaß von Geldstrafen wird auf die Hälfte herabgesetzt.

6. Geldstrafen, deren Bemessung sich nach der Höhe eines Wertes, Nutzens oder Schadens richtet, einschließlich Verfallsersatz- und Wertersatzstrafen, sind nur zu verhängen, soweit sie das Fortkommen des Beschuldigten nicht gefährden.

6a.[1] Von der Entscheidung, dass ein Geldbetrag gemäß § 20 Abs. 3 StGB für verfallen zu erklären ist, kann ganz oder zum Teil abgesehen werden, soweit dies den Täter unbillig hart träfe. *(BGBl I 2015/154)*

6b.[1] Anlass einer strafrechtlichen Unterbringung nach § 21 StGB kann nur eine Tat sein, für die nach den allgemeinen Strafgesetzen lebenslange Freiheitsstrafe oder eine Freiheitsstrafe im Höchstmaß von mindestens zehn Jahren angedroht ist. *(BGBl I 2022/223)*

7. Für die Einteilung der strafbaren Handlungen nach § 17 StGB und die Anwendung des § 191 StPO ist nicht von den durch die Z 4 geänderten Strafdrohungen auszugehen. *(BGBl I 2007/93)*

8. Die §§ 37 Abs. 2 und 41 Abs. 2 StGB gelten nicht für Jugendstraftaten.

9.[1] Die §§ 43 und 43a StGB können auch angewendet werden, wenn auf eine Freiheitsstrafe von mehr als zwei bzw. drei Jahren erkannt wird oder zu erkennen wäre.

10. In gesetzlichen Bestimmungen vorgesehene Rechtsfolgen treten nicht ein.

11. Sind Werte oder Schadensbeträge einer Jugendstraftat mit jenen einer Straftat, die nach Vollendung des achtzehnten Lebensjahres begangen wurde, zusammenzurechnen (§ 29 StGB), so richten sich die Strafdrohungen nach den Z 2 bis 5; begründet jedoch allein die Summe der Werte oder Schadensbeträge der nach dem genannten Zeitpunkt begangenen Straftaten eine höhere Strafdrohung, so ist diese maßgeblich. *(BGBl I 2015/154)*

12. Eine Freiheitsstrafe oder freiheitsentziehende Maßnahme darf über einen Jugendlichen nur verhängt werden, wenn der Angeklagte während der Hauptverhandlung durch einen Verteidiger vertreten war (§ 39 Abs. 1 Z 4). *(BGBl I 2020/20)*

---

1) Beachte § 19 Abs 2 bei jungen Erwachsenen.

Absehen von der Verfolgung

§ 6. (1) Von der Verfolgung einer Jugendstraftat, die nur mit Geldstrafe oder mit einer Freiheitsstrafe bedroht ist, deren Höchstmaß fünf Jahre nicht übersteigt, hat die Staatsanwaltschaft abzusehen und das Ermittlungsverfahren einzustellen, wenn ein Vorgehen gemäß den §§ 190 bis 192 StPO nicht in Betracht kommt und weitere Maßnahmen, insbesondere solche nach dem 11. Hauptstück der StPO in Verbindung mit § 7, nicht geboten erscheinen, um den Beschuldigten von der Begehung strafbarer Handlungen abzuhalten. Ein solches Vorgehen ist jedenfalls ausgeschlossen, wenn die Tat den Tod eines Menschen zur Folge gehabt hat.

(2) Auf Antrag der Staatsanwaltschaft hat das Pflegschaftsgericht den Beschuldigten über das Unrecht von Taten wie der verfolgten und deren mögliche Folgen förmlich zu belehren und danach zu verständigen, dass von der Verfolgung abgesehen worden ist. Unterbleibt ein solcher Antrag, so hat die Staatsanwaltschaft den Beschuldigten unter sinngemäßer Anwendung des § 194 StPO zu verständigen, dass von der Verfolgung abgesehen worden ist.

(3) Unter denselben Voraussetzungen hat das Gericht nach Erhebung der Anklage bis zum Schluss der Hauptverhandlung ein Verfahren wegen einer von Amts wegen zu verfolgenden strafbaren Handlung mit Beschluss einzustellen. Die Bestimmungen über die Einstellung des Ermittlungsverfahrens auf Antrag des Beschuldigten (§ 108 StPO) bleiben davon unberührt.

(BGBl I 1999/55; BGBl I 2007/93)

Rücktritt von der Verfolgung (Diversion)

§ 7. 1) (1) Die Staatsanwaltschaft hat nach dem 11. Hauptstück der StPO vorzugehen und von der Verfolgung einer Jugendstraftat zurückzutreten, wenn auf Grund hinreichend geklärten Sachverhalts feststeht, dass eine Einstellung des Verfahrens nach den §§ 190 bis 192 StPO nicht in Betracht kommt, eine Bestrafung jedoch im Hinblick auf

1. die Zahlung eines Geldbetrages (§ 200 StPO) oder

2. die Erbringung gemeinnütziger Leistungen (§ 201 StPO) oder

3. die Bestimmung einer Probezeit, in Verbindung mit Bewährungshilfe und der Erfüllung von Pflichten (§ 203 StPO), oder

4. einen Tatausgleich (§ 204 StPO)

nicht geboten erscheint, um den Beschuldigten von der Begehung strafbarer Handlungen abzuhalten.

(2) Ein Vorgehen gemäß Abs. 1 ist jedoch nur zulässig, wenn

1. die Schuld des Beschuldigten nicht als schwer (§ 32 StGB) anzusehen wäre, und

2. die Tat nicht den Tod eines Menschen zur Folge gehabt hat, es sei denn, dass ein Angehöriger des Beschuldigten fahrlässig getötet worden ist und eine Bestrafung im Hinblick auf die durch den Tod des Angehörigen beim Beschuldigten verursachte schwere psychische Belastung nicht geboten erscheint.

(3) Nach Einbringung der Anklage wegen Begehung einer strafbaren Handlung, die von Amts wegen zu verfolgen ist, hat das Gericht die für die Staatsanwaltschaft geltenden Bestimmungen der Abs. 1 und 2, sowie die § 8 sowie die §§ 198 und 200 bis 209 StPO sinngemäß anzuwenden und das Verfahren unter den für die Staatsanwaltschaft geltenden Voraussetzungen bis zum Schluss der Hauptverhandlung mit Beschluss einzustellen. *(BGBl I 2015/154)*

(BGBl I 2007/93)

---

1) Beachte § 19 Abs 2 bei jungen Erwachsenen.

Besonderheiten der Anwendung der Diversion

§ 8. (1) 1) Die Zahlung eines Geldbetrages (§ 200 StPO) soll nur vorgeschlagen werden, wenn anzunehmen ist, dass der Geldbetrag aus Mitteln gezahlt wird, über die der jugendliche Beschuldigte selbständig verfügen darf und ohne Beeinträchtigung seines Fortkommens verfügen kann. *(BGBl I 2015/154)*

(2) Gemeinnützige Leistungen (§ 202 Abs. 1 StPO), zu denen sich ein Jugendlicher bereit erklärt hat, dürfen täglich nicht mehr als sechs Stunden, wöchentlich nicht mehr als 20 Stunden

und insgesamt nicht mehr als 120 Stunden in Anspruch nehmen. *(BGBl I 2015/154)*

(3)[1] Das Zustandekommen eines Tatausgleichs setzt die Zustimmung des Opfers nicht voraus (§ 204 Abs. 2 StPO).

(4)[1] Bei der Schadensgutmachung und einem sonstigen Tatfolgenausgleich (§§ 200 Abs. 3, 201 Abs. 3, 203 Abs. 2 und 204 Abs. 1 StPO) ist in angemessener Weise auf die Leistungsfähigkeit des Jugendlichen und darauf zu achten, dass sein Fortkommen nicht unbillig erschwert wird. *(BGBl I 2015/154)*

(BGBl I 2007/93)

---

[1] *Beachte § 19 Abs 2 bei jungen Erwachsenen.*

§ § 9 – 11. *(aufgehoben, BGBl I 1999/55)*

Schuldspruch ohne Strafe

§ 12.[1] (1) Wäre wegen einer Jugendstraftat nur eine geringe Strafe zu verhängen, so hat das Gericht von einem Strafausspruch abzusehen, wenn anzunehmen ist, daß der Schuldspruch allein genügen werde, um den Rechtsbrecher von weiteren strafbaren Handlungen abzuhalten.

(2) Das Absehen vom Ausspruch einer Strafe ist im Urteil zu begründen und vertritt den Ausspruch über die Strafe (§ 260 Abs. 1 Z 3 StPO).

---

[1] *Beachte § 19 Abs 2 bei jungen Erwachsenen.*

Schuldspruch unter Vorbehalt der Strafe

§ 13.[1] (1) Der Ausspruch der wegen einer Jugendstraftat zu verhängenden Strafe ist für eine Probezeit von einem bis zu drei Jahren vorzubehalten, wenn anzunehmen ist, daß der Schuldspruch und die Androhung des Strafausspruchs allein oder in Verbindung mit anderen Maßnahmen genügen werden, um den Rechtsbrecher von weiteren strafbaren Handlungen abzuhalten. Die Probezeit beginnt mit Eintritt der Rechtskraft des Urteils.

(2) Die Entscheidung, daß der Ausspruch der Strafe vorbehalten und eine Probezeit bestimmt wird, ist in das Urteil aufzunehmen und zu begründen. Sie vertritt den Ausspruch über die Strafe (§ 260 Abs. 1 Z 3 StPO).

(3) Das Gericht hat den Verurteilten über den Sinn des Schuldspruchs unter Vorbehalt der Strafe zu belehren und ihm, sobald die Entscheidung darüber rechtskräftig geworden ist, eine Urkunde zuzustellen, die in einfachen Worten den wesentlichen Inhalt der Entscheidung, die ihm auferlegten Verpflichtungen und die Gründe angibt, derentwegen eine Strafe nachträglich ausgesprochen werden kann.

---

[1] *Beachte § 19 Abs 2 bei jungen Erwachsenen.*

Berücksichtigung besonderer Gründe

§ 14.[1] Bei der Anwendung der §§ 6, 12 und 13 ist auch zu berücksichtigen, ob aus besonderen Gründen die Durchführung des Strafverfahrens oder der Ausspruch einer Strafe unerläßlich erscheint, um der Begehung strafbarer Handlungen durch andere entgegenzuwirken.

(BGBl I 1999/55)

---

[1] *Beachte § 19 Abs 2 bei jungen Erwachsenen.*

Nachträglicher Strafausspruch

§ 15.[1] (1) Wird der Rechtsbrecher wegen einer vor Ablauf der Probezeit begangenen strafbaren Handlung neuerlich verurteilt, so ist die Strafe auszusprechen, wenn dies in Anbetracht der Verurteilung zusätzlich zu dieser geboten erscheint, um den Rechtsbrecher von weiteren strafbaren Handlungen abzuhalten. Die Strafe kann auch ausgesprochen werden, wenn der Rechtsbrecher während der Probezeit eine Weisung des Gerichtes trotz förmlicher Mahnung aus bösem Willen nicht befolgt oder sich beharrlich dem Einfluß des Bewährungshelfers entzieht und dies nach den Umständen geboten erscheint, um den Rechtsbrecher von der Begehung strafbarer Handlungen abzuhalten. *(BGBl I 2015/154)*

(2) Wird im Falle des Abs. 1 keine Strafe ausgesprochen, so hat das Gericht zu prüfen, ob bereits verfügte Maßnahmen beizubehalten oder andere Maßnahmen zu treffen sind.

(3) Ein nachträglicher Strafausspruch muß spätestens innerhalb von sechs Monaten nach Ablauf der Probezeit oder nach Beendigung eines bei deren Ablauf gegen den Rechtsbrecher anhängigen Strafverfahrens erfolgen. Daß von der Verhängung einer Strafe endgültig abgesehen wird, hat das Gericht mit Beschluß auszusprechen.

---

[1] *Beachte § 19 Abs 2 bei jungen Erwachsenen.*

§ 16.[1] (1) Der nachträgliche Ausspruch der Strafe bedarf eines Antrages der Staatsanwaltschaft. Über diesen Antrag entscheidet in den Fällen einer neuerlichen Verurteilung das in diesem Verfahren erkennende Gericht (§ 494a StPO), sonst das Gericht, das in erster Instanz erkannt hat, nach mündlicher Verhandlung durch Urteil. Die Verhandlung und das Urteil haben sich soweit auf die Frage der Strafe und die Gründe für ihren nachträglichen Ausspruch oder dessen Unterbleiben zu beschränken.

(2) Gegen die Abweisung des Antrages, die Strafe nachträglich auszusprechen, stehen der Staatsanwaltschaft dieselben Rechtsmittel zu wie gegen den Ausspruch der Strafe.

---

[1] *Beachte § 19 Abs 2 bei jungen Erwachsenen.*

Bedingte Entlassung aus einer Freiheitsstrafe

§ 17.[1] Für die bedingte Entlassung aus einer wegen einer Jugendstraftat verhängten Freiheitsstrafe gilt § 46 Abs. 1 bis 5 StGB mit der Maßgabe, daß die mindestens zu verbüßende Strafzeit jeweils einen Monat beträgt und daß außer Betracht bleibt, ob es der Vollstreckung der Strafe bedarf, um der Begehung strafbarer Handlungen durch andere entgegenzuwirken. *(BGBl I 2007/109)*

_____

[1] *Beachte § 19 Abs 2 bei jungen Erwachsenen.*

Entlassungskonferenz

§ 17a.[1] (1) Verbüßt ein wegen einer Jugendstraftat Verurteilter die Freiheitsstrafe, so kann im Rahmen der Vorbereitung der bedingten Entlassung (§§ 144, 145 Abs. 2 StVG) der Anstaltsleiter einen Leiter einer Geschäftsstelle für Bewährungshilfe mit der Ausrichtung einer Sozialnetzkonferenz (§ 29e BewHG) betrauen, um die Voraussetzungen einer bedingten Entlassung (§ 17, § 46 StGB) zu beurteilen und jene Maßnahmen festzulegen, die dazu dienen, den Verurteilten von der Begehung strafbarer Handlungen abzuhalten. Dem Kinder- und Jugendhilfeträger ist Gelegenheit zur Mitwirkung im Rahmen seiner gesetzlichen Aufgaben zu geben.

(2) Eine Entlassungskonferenz ist von den Stellen, die auch einen Antrag auf bedingte Entlassung stellen können (§ 152 Abs. 1 StVG), so rechtzeitig anzuregen, dass eine Entlassung nach Verbüßung der Hälfte der Freiheitsstrafe, spätestens aber nach zwei Dritteln, möglich wird.

(3) Entlassungskonferenzen bedürfen der Zustimmung des Verurteilten.

(BGBl I 2015/154)

_____

[1] *Beachte § 19 Abs 2 bei jungen Erwachsenen.*

Prüfung der mit Freiheitsentziehung verbundenen vorbeugenden Maßnahmen

§ 17b. Der Prüfung, ob die strafrechtliche Unterbringung nach § 21 StGB aufrechtzuerhalten ist, muss jedenfalls ein Gutachten eines kinder- und jugendpsychiatrischen Sachverständigen, vorzugsweise eines solchen, der auch für das Fachgebiet psychiatrische Kriminalprognostik eingetragen ist, zugrunde liegen. Steht ein Sachverständiger der Kinder- und Jugendpsychiatrie nicht oder nicht rechtzeitig zur Verfügung, so kann ein Sachverständiger der klinischen Psychologie des Kindes- und Jugendalters bestellt werden.

(BGBl I 2023/98)

Fallkonferenz bei Langzeitunterbringung nach § 21 StGB

§ 17c. (1) Dauert die strafrechtliche Unterbringung nach § 21 StGB wegen einer Jugendstraftat bereits zehn Jahre, hat der Anstaltsleiter, im Fall der Unterbringung in einer öffentlichen Krankenanstalt (§ 158 Abs. 4, § 167a Abs. 1 StVG) deren Leiter, eine Fallkonferenz einzuberufen und zu dieser jedenfalls den behandelnden Psychiater oder betreuenden Psychologen, den Leiter oder einen von diesem namhaft gemachten Vertreter einer Geschäftsstelle für Bewährungshilfe sowie Vertreter einer oder mehrerer für die Nachbetreuung in Betracht kommender Einrichtungen beizuziehen. Mit Zustimmung des Untergebrachten können ferner Angehörige (§ 72 StGB) beigezogen werden. In der Fallkonferenz ist abzuklären, welche konkreten Maßnahmen festgelegt werden können, die jene Gefahr, der die strafrechtliche Unterbringung entgegenwirken soll (§ 21 StGB), soweit hintanhalten oder verringern, dass eine künftige bedingte Entlassung möglich wird. Die Teilnehmer einer Fallkonferenz sind ermächtigt, einander personenbezogene Daten zu übermitteln, soweit dies für die Zwecke der Fallkonferenz erforderlich ist. Die Teilnehmer sind – sofern sie nicht ohnehin der Amtsverschwiegenheit unterliegen – zur vertraulichen Behandlung der Daten verpflichtet; darüber sind sie zu informieren. Der Anstaltsleiter oder der Leiter der Krankenanstalt hat dem Vollzugsgericht über das Ergebnis der Fallkonferenz zu berichten.

(2) So lange der Untergebrachte noch nicht entlassen wurde, ist eine solche Fallkonferenz in der Folge jedenfalls alle drei Jahre einzuberufen.

(BGBl I 2023/98)

Vorzeitige Beendigung der Probezeit

§ 18.[1] Das Gericht kann die Probezeit nach einem Schuldspruch unter Vorbehalt der Strafe, nach einer bedingten Strafnachsicht oder einer bedingten Entlassung aus einer wegen einer Jugendstraftat verhängten Freiheitsstrafe nach Ablauf von mindestens einem Jahr vorzeitig beenden und das Absehen vom Strafausspruch, die bedingte Strafnachsicht oder die bedingte Entlassung für endgültig erklären, wenn neue Tatsachen bekräftigen, daß der Verurteilte keine weiteren strafbaren Handlungen begehen werde. Vor der Beschlußfassung ist der Bewährungshelfer zu hören.

_____

[1] *Beachte § 19 Abs 2 bei jungen Erwachsenen.*

Sonderbestimmungen für Straftaten junger Erwachsener

§ 19. (1) Gegen eine Person, die zur Zeit der Tat das einundzwanzigste Lebensjahr noch nicht vollendet hat, darf auf keine strengere als eine Freiheitsstrafe von fünfzehn Jahren erkannt werden. Das Mindestmaß aller angedrohten zeitlichen Freiheitsstrafen richtet sich nach jenem bei Jugendlichen (§ 5 Z 2 lit. a, 3 und 4).

(2) § 5 Z 1, 6a, 6b und 9, die §§ 7, 8 Abs. 1, 3 und 4, die §§ 12, 13, 14 (soweit er auf §§ 12 und 13 verweist), 15, 16, 17, 17a, 17b, 17c und 18 gelten in allen Fällen, in denen die Tat vor Vollendung des einundzwanzigsten Lebensjahres begangen wurde, entsprechend. *(BGBl I 2022/223; BGBl I 2023/98)*

(3) Sind Werte oder Schadensbeträge einer Straftat, die vor Vollendung des einundzwanzigsten Lebensjahres begangen wurde, mit jenen einer Straftat, die nach diesem Zeitpunkt begangen wurde, zusammenzurechnen (§ 29 StGB), so richten sich die Strafdrohungen nach § 19 Abs. 1; begründet jedoch allein die Summe der Werte oder Schadensbeträge der nach dem genannten Zeitpunkt begangenen Straftaten eine höhere Strafdrohung, so ist diese maßgeblich.

(4) Abweichend von Abs. 1 bleibt es bei den Strafandrohungen der allgemeinen Strafgesetze, wenn der Täter eine der folgenden Taten begangen hat und diese mit Freiheitsstrafe im Höchstmaß von mindestens fünf Jahren bedroht ist, wobei auf keine strengere Freiheitsstrafe als von zwanzig Jahren erkannt werden darf:

1. eine strafbare Handlung gegen Leib und Leben,

2. eine strafbare Handlung gegen die sexuelle Integrität und Selbstbestimmung,

3. eine strafbare Handlung nach dem fünfundzwanzigsten Abschnitt des Besonderen Teils des Strafgesetzbuches,

4. eine strafbare Handlung als Mitglied einer kriminellen Vereinigung oder

5. das Anführen einer und die Beteiligung an einer terroristischen Vereinigung (§ 278b StGB). *(BGBl I 2019/105)*

(BGBl I 2015/154)

§§ 20 und 21. *(aufgehoben, BGBl I 1999/55)*

§ 22. *(aufgehoben, BGBl I 2001/19)*

VIERTER ABSCHNITT
Zuständigkeit und Geschäftsverteilung

§ 23. *(aufgehoben, BGBl I 2003/30)*

Jugendgerichtsbarkeit in Graz und Linz[1]
[1] § 24 tritt mit 1. 1. 2005 außer Kraft (BGBl I 2004/60; siehe auch Art VIII Abs 4 bis 8)

§ 24. *(aufgehoben, BGBl I 2004/60)*

§ 25. *(aufgehoben, BGBl I 2010/111)*

§ 26. *(aufgehoben, BGBl I 2001/19)*

Sachliche Zuständigkeit

§ 27. (1) Dem Landesgericht als Geschworenengericht obliegt die Hauptverhandlung und Urteilsfällung

1. in Jugendstrafsachen und in Strafsachen wegen Straftaten, die vor Vollendung des einundzwanzigsten Lebensjahres begangen worden sind, wegen der im § 31 Abs. 2 Z 2 bis 12 StPO angeführten strafbaren Handlungen,

2. in Jugendstrafsachen überdies wegen Straftaten, die ein Jugendlicher nach Vollendung des sechzehnten Lebensjahres begangen hat und die mit Freiheitsstrafe von einem bis zu fünfzehn Jahren bedroht sind (§ 5 Z 2 lit. a),

3. in Strafsachen wegen Straftaten, die vor Vollendung des einundzwanzigsten Lebensjahres begangen worden sind, überdies wegen Straftaten, die mit Freiheitsstrafe von einem bis zu fünfzehn Jahren bedroht sind (§ 19 Abs. 1 in Verbindung mit § 5 Z 2 lit. a). *(BGBl I 2015/154)*

(2) Für die Abgrenzung der Zuständigkeit zwischen dem Landesgericht als Einzelrichter und dem Landesgericht als Schöffengericht sowie zwischen Bezirksgericht und Landesgericht bleibt die Herabsetzung der Strafdrohungen nach § 5 Z 4 außer Betracht. *(BGBl I 2007/93)*

Besetzung der Geschworenenbank und des Schöffengerichtes in Jugendstrafsachen

§ 28.[1] (1) Jedem Geschworenengericht müssen vier im Lehrberuf, als Erzieher oder in der öffentlichen oder privaten Kinder- und Jugendhilfeträger oder Jugendbetreuung tätige oder tätig gewesene Personen als Geschworene angehören. Jedem Schöffengericht muß eine solche Person angehören. *(BGBl I 2015/154)*

(2) Dem Geschworenengericht müssen mindestens zwei Geschworene, dem Schöffengericht muß mindestens ein Schöffe des Geschlechtes des Angeklagten angehören.

(BGBl I 1999/55)

---

[1] Beachte § 46a Abs 1 bei jungen Erwachsenen.

Örtliche Zuständigkeit

§ 29. Für Jugendstrafsachen ist die Staatsanwaltschaft (§ 25 StPO) oder das Gericht (§ 36 StPO) örtlich zuständig, in dessen Sprengel der Beschuldigte zur Zeit des Beginns des Strafverfahrens (§ 1 Abs. 2 StPO) seinen gewöhnlichen Aufenthalt hat oder hatte.

(BGBl I 2007/93)

Besondere Eignung für Jugendstrafsachen

§ 30. Die mit Jugendstrafsachen zu betrauenden Richter und Staatsanwälte in allen Instanzen sowie Bezirksanwälte haben über das erforderliche pädagogische Verständnis zu verfügen und entsprechende Kenntnisse auf den Gebieten der Sozialarbeit, Psychologie, Psychiatrie und Kriminologie aufzuweisen. Die Bundesministerin für Justiz hat sicherzustellen, dass eine diesen Kriterien entsprechende Fortbildung angeboten wird.

(BGBl I 2020/20)

FÜNFTER ABSCHNITT

Verfahrensbestimmungen für Jugendstrafsachen

Anwendung der allgemeinen Bestimmungen

§ 31.[1] Soweit sich aus den Bestimmungen dieses Bundesgesetzes nichts anderes ergibt, gelten für Jugendstrafsachen die allgemeinen Vorschriften für das Strafverfahren.

---

[1] Beachte § 46a Abs 2 bei jungen Erwachsenen.

Besonderes Beschleunigungsgebot

§ 31a. Jugendstrafsachen sind mit besonderer Beschleunigung zu führen.

(BGBl I 2020/20)

Besondere Verfahrensbestimmungen

§ 32.[1] (1) Die Bestimmungen über das Abwesenheitsverfahren sind bei jugendlichen Angeklagten bei sonstiger Nichtigkeit nicht anzuwenden. Ist der Angeklagte zur Hauptverhandlung nicht erschienen, so ist diese zu vertagen und gegebenenfalls die Vorführung des Angeklagten anzuordnen. Ist der Angeklagte jedoch flüchtig oder unbekannten Aufenthalts, so ist gemäß § 197 Abs. 1 StPO vorzugehen. *(BGBl I 2007/93)*

(2) Ein Protokollsvermerk (§§ 271 Abs. 1a, 271a Abs. 3 StPO) ist im Falle eines Schuldspruchs unter Vorbehalt der Strafe nicht zulässig. *(BGBl I 2013/2)*

(3) Die Kriminalpolizei hat der Staatsanwaltschaft auch zu berichten (§ 100 StPO), wenn ein Unmündiger im Verdacht steht, eine strafbare Handlung begangen zu haben. *(BGBl I 2007/93)*

(4) Die Bestimmungen über das Mandatsverfahren (§ 491 StPO) sind bei jugendlichen Angeklagten nicht anzuwenden. *(BGBl I 2014/71)*

(5) Die §§ 429 bis 434g StPO gelten mit der Maßgabe, dass

1. an Stelle eines psychiatrischen Gutachtens ein Gutachten eines kinder- und jugendpsychiatrischen Sachverständigen, vorzugsweise eines solchen, der auch für das Fachgebiet psychiatrische Kriminalprognostik eingetragen ist, einzuholen ist (§ 430 Abs. 1 Z 2 StPO);

2. der Hauptverhandlung an Stelle eines Sachverständigen für Psychiatrie ein Sachverständiger für Kinder- und Jugendpsychiatrie, vorzugsweise ein solcher, der auch für das Fachgebiet psychiatrische Kriminalprognostik eingetragen ist, beizuziehen ist (§ 434d Abs. 2 StPO).

Steht ein Sachverständiger der Kinder- und Jugendpsychiatrie nicht oder nicht rechtzeitig zur Verfügung, so kann ein Sachverständiger der klinischen Psychologie des Kindes- und Jugendalters bestellt werden. *(BGBl I 2022/223; BGBl I 2023/98)*

(BGBl I 1999/55)

---

[1] Beachte § 46a Abs. 2 bei jungen Erwachsenen.

Rechtsbelehrung

§ 32a. (1) Jeder jugendliche Beschuldigte ist durch die Kriminalpolizei oder die Staatsanwaltschaft nach § 49 StPO und darüber hinaus über folgende Rechte zu informieren:

1. das Recht auf Benachrichtigung des gesetzlichen Vertreters und auf Begleitung durch den gesetzlichen Vertreter zu gerichtlichen Verhandlungen (§ 38),

2. das Recht auf notwendige Verteidigung und auf Verfahrenshilfe (§ 39),

3. das Recht auf möglichen Ausschluss der Öffentlichkeit in der Hauptverhandlung (§ 42) sowie auf Beschränkungen der Verbreitung von Ton- und Bildaufnahmen;

4. das Recht auf obligatorische Durchführung von Jugenderhebungen (§§ 43, 48 Z 1),

5. das Recht auf medizinische Untersuchung (§ 37a Abs. 2),

6. das Recht auf Begrenzung des Freiheitsentzugs und auf Anwendung gelinderer Mittel (§§ 35, 35a, § 173 Abs. 5 StPO),

7. das Recht auf Anwesenheit in der Hauptverhandlung (§ 32 Abs. 1),

8. das Recht auf besondere Behandlung in Haft (§§ 36, 58).

(2) Die Informationen nach Abs. 1 Z 1 bis 3 sind zu erteilen, sobald der Jugendliche in Kenntnis gesetzt wird, dass gegen ihn ein Strafverfahren geführt wird (§ 50 Abs. 1 StPO), jene nach Abs. 1 Z 4 bis 8, soweit und sobald deren Ausübung in Betracht kommt (§ 171 Abs. 4 StPO).

(3) Gerichte haben ab der ersten Amtshandlung zu prüfen, ob die Informationen nach Abs. 1 tatsächlich erteilt wurden und gegebenenfalls Ergänzungen vorzunehmen.

(BGBl I 2020/20)

Verständigungen

§ 33. (1) Die Staatsanwaltschaft hat den Kinder- und Jugendhilfeträger und das Pflegschaftsgericht von der Einleitung eines Strafverfahrens gegen einen Jugendlichen zu verständigen. *(BGBl I 2007/93; BGBl I 2015/154)*

(2) Von der Beendigung des Strafverfahrens gegen einen Jugendlichen oder einen Unmündigen hat den Kinder- und Jugendhilfeträger und das Pflegschaftsgericht im Fall der Einstellung oder des Rücktritts von der Verfolgung (§§ 194 und 208 Abs. 4 StPO) die Staatsanwaltschaft, in den übrigen Fällen das Gericht zu verständigen. *(BGBl I 2007/93; BGBl I 2015/154)*

(3) Erfahren der Kinder- und Jugendhilfeträger oder das Pflegschaftsgericht, dass gegen den Beschuldigten bei verschiedenen Staatsanwaltschaften oder Gerichten Strafverfahren anhängig sind, so haben sie die beteiligten Behörden davon zu verständigen. *(BGBl I 2007/93; BGBl I 2015/154)*

(4) Wird ein Schüler einer öffentlichen oder mit Öffentlichkeitsrecht ausgestatteten Schule zu einer mehr als sechsmonatigen Freiheitsstrafe verurteilt oder wird seine Unterbringung in einer mit Freiheitsentziehung verbundenen vorbeugenden Maßnahme angeordnet, so ist davon die zuständige Schulbehörde erster Instanz zu verständigen.

(5) Weitere in der Strafprozeßordnung 1975 oder in anderen Bundesgesetzen vorgesehene Verständigungen sind nur unter folgenden Voraussetzungen vorzunehmen:

1. soweit sie Zwecken der Strafrechtspflege dienen,

2. daß das Verfahren eingestellt oder der Beschuldigte freigesprochen worden ist, gegenüber einer Stelle, die vom Strafverfahren Kenntnis erlangt hat, oder

3. daß der Beschuldigte verurteilt worden ist und entweder

a) die Verurteilung nicht der beschränkten Auskunft aus dem Strafregister unterliegt oder

b) der Verurteilte Angehöriger eines Wachkörpers des Bundes oder Vertragsbediensteter des Bundes ist, der zur Aufnahme in einen solchen Wachkörper ausgebildet wird.

(6) Die §§ 407, 503 Abs. 1 und 4 StPO, die §§ 3 bis 5 des Strafregistergesetzes 1968, Art. III Abs. 4 des Einführungsgesetzes zu den Verwaltungsverfahrensgesetzen 2008 (EGVG), BGBl. I Nr. 87/2008, und Art. IV des Verkehrsrecht-Anpassungsgesetzes 1971 bleiben unberührt. *(BGBl I 2022/223)*

(BGBl I 1999/55)

Verbindung von Jugendstrafsachen mit Strafsachen gegen Erwachsene

§ 27 StPO

§ 34. (1) Beziehen sich eine Jugendstrafsache und eine Strafsache gegen einen Erwachsenen auf die Beteiligung an derselben Straftat, sind die Ermittlungsverfahren von der für die Jugendstrafsache zuständigen Staatsanwaltschaft und die Hauptverfahren von dem für die Jugendstrafsache zuständigen Gericht gemeinsam zu führen. *(BGBl I 2007/93)*

(2) Wenn aber

1. beide Strafsachen nicht ausschließlich oder überwiegend die Beteiligung an derselben Straftat betreffen oder *(BGBl I 2007/93)*

2. die Strafsache gegen den Erwachsenen vor ein Gericht höherer Ordnung gehört, kann die Strafsache gegen den Erwachsenen abgesondert geführt werden.

(BGBl I 2001/19)

Festnahme und Untersuchungshaft bei jugendlichen Beschuldigten

§ 35.[1]) (1) Wenn und sobald der Zweck der Festnahme (§§ 170 bis 172 StPO) oder der Untersuchungshaft (§ 173 StPO) durch familienrechtliche Verfügungen, allenfalls in Verbindung mit einem gelinderen Mittel (§§ 172 Abs. 2 und 173 Abs. 5 StPO), erreicht werden kann oder bereits erreicht ist, ist der Jugendliche freizulassen. Überdies darf die Untersuchungshaft nur dann verhängt werden, wenn die mit ihr verbundenen Nachteile für die Persönlichkeitsentwicklung und für das Fortkommen des Jugendlichen nicht außer Verhältnis zur Bedeutung der Tat und zu der zu erwartenden Strafe stehen. *(BGBl I 2007/93)*

(1a)[1]) Sofern für das Hauptverfahren das Bezirksgericht zuständig wäre, ist die Verhängung der Untersuchungshaft über einen jugendlichen Beschuldigten unzulässig. *(BGBl I 2015/154)*

(1b) Ist der Beschuldigte einer Jugendstraftat verdächtig, so ist § 170 Abs. 2 StPO nicht anzuwenden. *(BGBl I 2015/154; BGBl I 2023/98)*

(2) Die Ermittlung der für die Entscheidung über die Untersuchungshaft maßgeblichen Umstände kann insbesondere auch durch Organe der Jugendgerichtshilfe erfolgen; diese sind den Haftverhandlungen nach Möglichkeit beizuziehen.

(3) Ein jugendlicher Beschuldigter ist jedenfalls zu enthaften, wenn er sich schon drei Monate, handelt es sich jedoch um ein Verbrechen, das in die Zuständigkeit des Landesgerichts als Schöffen- oder Geschworenengericht fällt, schon ein Jahr in Untersuchungshaft befindet, ohne daß die

Hauptverhandlung begonnen hat. Im zuletzt genannten Fall darf die Untersuchungshaft über sechs Monate hinaus nur dann aufrechterhalten oder fortgesetzt werden, wenn dies wegen besonderer Schwierigkeiten oder besonderen Umfangs der Untersuchung im Hinblick auf das Gewicht des Haftgrundes unvermeidbar ist. *(BGBl I 2007/93)*

(3a) Bei jugendlichen Angeklagten sind die §§ 174 Abs. 4 und 175 Abs. 5 StPO nicht anzuwenden. Mit Einbringen der Anklage verlängert sich die jeweilige Haftfrist (§ 175 Abs. 2 StPO) um eine Woche. Die Rechtswirksamkeit der Anklageschrift (§§ 213 Abs. 4, 215 Abs. 6 StPO) oder die Anordnung der Hauptverhandlung nach § 485 Abs. 1 Z 4 StPO löst sodann eine Haftfrist von einem Monat aus; ab weiterer Fortsetzung der Untersuchungshaft beträgt die Haftfrist zwei Monate. Würde die Haftfrist vor Beginn der Hauptverhandlung ablaufen und kann der Angeklagte nicht enthaftet werden, so hat das Gericht eine Haftverhandlung durchzuführen. Gleiches gilt, wenn der Angeklagte seine Enthaftung beantragt und darüber nicht ohne Verzug in einer Hauptverhandlung entschieden werden kann. Nach Zustellung der Urteilsausfertigung ist die Wirksamkeit eines Beschlusses auf Verhängung oder Fortsetzung der Untersuchungshaft durch die Haftfrist nicht mehr begrenzt. *(BGBl I 2015/154)*

(4) Von der Festnahme eines Jugendlichen, der nicht sogleich wieder freigelassen werden kann, sind ohne unnötigen Aufschub jedenfalls ein Erziehungsberechtigter oder ein mit dem Jugendlichen in Hausgemeinschaft lebender Angehöriger sowie die Jugendgerichtshilfe, ein für den Jugendlichen allenfalls bereits bestellter Bewährungshelfer und der Kinder- und Jugendhilfeträger zu verständigen, es sei denn, daß der Jugendliche dem aus einem triftigen Grund widerspricht. *(BGBl I 2007/93; BGBl I 2015/154)*

(BGBl 1993/526)

---

[1] *Beachte § 46a Abs 2 bei jungen Erwachsenen.*

Untersuchungshaftkonferenz

§ 35a.[1] (1) Wurde über den Beschuldigten in einer Jugendstrafsache die Untersuchungshaft verhängt, so kann das Gericht einen Leiter einer Geschäftsstelle für Bewährungshilfe mit der Ausrichtung einer Sozialnetzkonferenz (§ 29e BewHG) beauftragen. Andernfalls ist eine Äußerung der Jugendgerichtshilfe über die Zweckmäßigkeit einer Sozialnetzkonferenz einzuholen (§ 48 Z 4).

(2) Der Leiter der Geschäftsstelle für Bewährungshilfe hat in diesem Fall unter Mitwirkung der Jugendgerichtshilfe Entscheidungsgrundlagen für die Subsidiaritäts- und Verhältnismäßigkeits-

prüfung (§ 35 Abs. 1) zu schaffen und aktiv darauf hinzuwirken, dass die Untersuchungshaft unter Anwendung gelinderer Mittel (§ 173 Abs. 5 StPO) aufgehoben werden kann. Dem Kinder- und Jugendhilfeträger ist Gelegenheit zur Mitwirkung im Rahmen seiner gesetzlichen Aufgaben zu geben.

(3) Untersuchungshaftkonferenzen bedürfen der Zustimmung des Beschuldigten.

(BGBl I 2015/154)

---

[1] *Beachte § 46a Abs 2 bei jungen Erwachsenen.*

Vollzug der Untersuchungshaft

§ 36.[1] (1) Muß die Haft verhängt werden, so ist sie womöglich in einer besonderen Abteilung der Justizanstalt zu vollziehen. Für die Festnahme gelten, soweit im folgenden nichts anderes bestimmt ist, die allgemeinen Vorschriften. *(BGBl I 2007/93)*

(2) Eine Änderung des Haftortes (§ 183 Abs. 3 StPO) ist nur insofern zulässig, als die Zuständigkeit einer Sonderanstalt für Jugendliche angeordnet wird. *(BGBl I 2007/93; BGBl I 2013/2)*

(3) Jugendliche Häftlinge sind, soweit nicht wegen ihres körperlichen, geistigen oder seelischen Zustandes eine Ausnahme geboten ist, von erwachsenen Häftlingen abzusondern und jedenfalls von solchen Gefangenen zu trennen, von denen ein schädlicher Einfluß zu befürchten ist. Von der Verwahrung in Einzelhaft ist abzusehen, wenn davon ein Nachteil für den Verhafteten zu besorgen wäre und er ohne Gefahr für seine Mitgefangenen mit anderen gemeinsam verwahrt werden kann.

(4) Jugendliche Häftlinge sind zu beschäftigen und, soweit es möglich und tunlich ist, zu unterrichten.

---

[1] *Beachte § 46a Abs 2 bei jungen Erwachsenen.*

Vernehmung

§ 36a. (1) Die Vernehmung eines jugendlichen Beschuldigten ist in einer Art und Weise durchzuführen, die seinem Alter und seinem Entwicklungs- und Bildungsstand Rechnung trägt.

(2) Von der Vernehmung eines jugendlichen Beschuldigten durch Kriminalpolizei oder Staatsanwaltschaft ist neben einem Protokoll (§ 96 StPO) auch eine Ton- und Bildaufnahme anzufertigen, soweit der jugendliche Beschuldigte keinen Verteidiger beizieht und auch kein gesetzlicher Vertreter oder eine andere Person des Vertrauens anwesend ist.

(3) Ist eine Ton- und Bildaufnahme aufgrund eines unüberwindbaren technischen Problems nicht möglich, so kann die Vernehmung ausschließlich in einem Protokoll dokumentiert (§ 96

StPO) werden, sofern angemessene Anstrengungen zur Behebung des Problems unternommen wurden und eine Verschiebung der Befragung wegen der Dringlichkeit der Ermittlungen untunlich wäre.

(4) Die Daten einer Ton- und Bildaufnahme sind nur so lange aufzubewahren, als dies für die Zwecke des Strafverfahrens erforderlich ist. Sie sind unmittelbar nachdem das Verfahren nicht bloß vorläufig eingestellt wurde oder nach Rechtskraft des Urteils zu löschen, jedenfalls aber fünf Jahre nach dem Tag der Aufnahme. Hat die Kriminalpolizei die Aufnahmen angefertigt, so sind die Daten nach ihrer Übermittlung an die Staatsanwaltschaft bei der Kriminalpolizei zu löschen.

(BGBl I 2020/20)

Beiziehung eines Verteidigers oder einer Person des Vertrauens

§ 37.[1]) (1) Ein Jugendlicher muss bei seiner Vernehmung (§ 164 StPO) im Fall der Festnahme oder Vorführung zur sofortigen Vernehmung (§ 153 Abs. 3 StPO), bei einer Tatrekonstruktion (§ 149 Abs. 1 Z 2 StPO) und bei einer Gegenüberstellung (§ 163 StPO) durch einen Verteidiger vertreten sein. In den übrigen Fällen einer Vernehmung ist, soweit der Jugendliche nicht durch einen Verteidiger vertreten ist, eine Person seines Vertrauens beizuziehen oder, wenn eine solche Beiziehung mangels Verfügbarkeit einer geeigneten Person binnen angemessener Frist nicht möglich ist, die Vernehmung in Bild und Ton aufzuzeichnen (§ 36a Abs. 2 bis 4). Über diese Rechte ist der Jugendliche in der Rechtsbelehrung (§ 50 StPO) und in der Ladung (§ 153 Abs. 2 StPO), spätestens jedoch vor Beginn der Vernehmung (§ 164 Abs. 1 und 2 StPO) zu informieren. § 164 Abs. 2 fünfter Satz StPO gilt nicht. *(BGBl I 2007/93; BGBl I 2020/20)*

(2) Als Vertrauensperson des Jugendlichen kommen ein gesetzlicher Vertreter, ein Erziehungsberechtigter, ein Angehöriger, ein Lehrer, ein Erzieher oder ein Vertreter des Kinder- und Jugendhilfeträgers, der Jugendgerichtshilfe oder der Bewährungshilfe in Betracht. *(BGBl I 2015/154)*

(3) § 160 Abs. 2 dritter und vierter Satz StPO gilt sinngemäß. *(BGBl I 2007/93)*

(BGBl I 2001/19)

---

[1]) *Beachte § 46a Abs 2 bei jungen Erwachsenen.*

Medizinische Untersuchung

§ 37a. (1) Zur Bestimmung des Alters des Beschuldigten ist eine körperliche Untersuchung (§ 117 Z 4 StPO) zulässig, wenn die Altersbestim-

mung auf andere Weise erheblich weniger Erfolg versprechend oder wesentlich aufwändiger wäre. Die körperliche Untersuchung darf nicht außer Verhältnis zur Bedeutung der Sache oder zu der im Fall einer Verurteilung zu erwartenden Strafe stehen.

(2) Wurde ein Jugendlicher festgenommen oder in Untersuchungshaft genommen, so ist er unbeschadet der §§ 132 Abs. 5 und 153 StVG sowie § 182 Abs. 4 StPO auf sein Verlangen, das Verlangen seines gesetzlichen Vertreters oder seines Verteidigers unverzüglich von einem Arzt zu untersuchen, ob er auf Grund seiner allgemeinen geistigen und körperlichen Verfassung der Vernehmung, anderen Ermittlungshandlungen oder den zu seinen Lasten ergriffenen oder beabsichtigten Maßnahmen gewachsen ist.

(3) § 123 Abs. 3 und 5 bis 7 StPO sind anzuwenden. Die Ergebnisse der medizinischen Untersuchung sind schriftlich festzuhalten.

(BGBl I 2020/20)

Mitwirkung des gesetzlichen Vertreters

§ 38. (1) Soweit der Beschuldigte das Recht hat, gehört zu werden oder bei Ermittlungen oder Beweisaufnahmen anwesend zu sein, steht dieses Recht auch dem gesetzlichen Vertreter eines jugendlichen Beschuldigten zu. Gleiches gilt für das Recht auf Akteneinsicht, es sei denn, dass der gesetzliche Vertreter verdächtig ist, sich an der Straftat beteiligt zu haben. *(BGBl I 2007/93)*

(1a) Die Belehrungen, die der Jugendliche nach § 32a erhalten hat, sind so bald wie möglich auch dem gesetzlichen Vertreter zur Kenntnis zu bringen. *(BGBl I 2020/20)*

(2) Ladungen zur Vernehmung als Beschuldigter, Mitteilungen nach den §§ 200 Abs. 4, 201 Abs. 4 und 203 Abs. 3 StPO und nach § 35 des Suchtmittelgesetzes sowie der vorläufige Rücktritt von der Verfolgung und die vorläufige Einstellung des Strafverfahrens nach den §§ 201 Abs. 1, 203 Abs. 1 StPO sowie §§ 35 und 37 des Suchtmittelgesetzes, die Anklageschrift, der Strafantrag, der Antrag auf Unterbringung und gerichtliche Entscheidungen, mit denen der Jugendliche einer strafbaren Handlung schuldig gesprochen, die Strafe bestimmt, die Haft verhängt, fortgesetzt oder aufgehoben oder eine bedingte Strafnachsicht oder bedingte Entlassung widerrufen wird, sind auch dem gesetzlichen Vertreter bekanntzumachen, wenn dessen Aufenthalt bekannt und im Inland gelegen ist. Unter diesen Voraussetzungen ist der gesetzliche Vertreter gegebenenfalls von der Anordnung einer mündlichen Verhandlung mit dem Beifügen zu benachrichtigen, dass seine Teilnahme empfohlen werde. *(BGBl I 2007/93; BGBl I 2020/20)*

(3) Der gesetzliche Vertreter ist berechtigt, für den Jugendlichen auch gegen dessen Willen Ein-

spruch gegen die Anklageschrift oder den Antrag auf Unterbringung zu erheben und alle Rechtsmittel und sonstigen Rechtsbehelfe zu ergreifen, die das Gesetz dem Jugendlichen gewährt. Die Frist zur Erhebung von Rechtsmitteln und Rechtsbehelfen läuft für den gesetzlichen Vertreter von dem Tag, an dem die Frist für den Jugendlichen beginnt. Ist dem gesetzlichen Vertreter die Entscheidung bekanntzumachen, so läuft sie von dem Tag, an dem sie ihm eröffnet wird, es sei denn, daß die Entscheidung in einer mündlichen Verhandlung ergangen ist, an welcher der gesetzliche Vertreter trotz ordnungsgemäßer Benachrichtigung nicht teilgenommen hat. *(BGBl I 2020/20)*

(4) Ist dem Gericht bekannt, daß Pflege und Erziehung des jugendlichen Beschuldigten jemand anderem als dem gesetzlichen Vertreter zukommen, so stehen die in den Abs. 1 bis 3 angeführten Rechte auch diesem zu.

(5) Die Rechte des gesetzlichen Vertreters mit Ausnahme des Rechtes, auf die Ergreifung von Rechtsmitteln gegen ein Urteil zu verzichten, stehen dem Verteidiger zu,

1. solange ein gesetzlicher Vertreter der Beteiligung an der strafbaren Handlung des Jugendlichen verdächtig oder überwiesen ist oder solange kein gesetzlicher Vertreter dem Jugendlichen im Strafverfahren beistehen kann; *(BGBl I 2020/20)*

2. solange trotz ordnungsgemäßer Benachrichtigung zu einer Beweisaufnahme oder Verhandlung in Anwesenheit des Beschuldigten kein gesetzlicher Vertreter erschienen ist. *(BGBl I 2020/20)*

(6) Sind beide Elternteile gesetzliche Vertreter, ist aber trotz ordnungsgemäßer Benachrichtigung nur einer von ihnen zu einer Beweisaufnahme und Verhandlung erschienen, so ist anzunehmen, daß der Nichterschienene in Zukunft auf Zustellungen und Verständigungen verzichtet, es sei denn, daß sich aus seinem Verhalten offenbar etwas anderes ergibt. Anträge, Rechtsmittel und Rechtsbehelfe kann der nach den vorstehenden Bestimmungen nicht mehr zu verständigende Elternteil nur innerhalb der Frist einbringen, die dem verständigten Elternteil offensteht. *(BGBl I 2007/93; BGBl I 2020/20)*

(BGBl 1993/526; BGBl I 1999/55)

Notwendige Verteidigung

§ 39. (1) In folgenden Fällen muss ein jugendlicher Beschuldigter durch einen Verteidiger vertreten sein:

1. im gesamten Verfahren wegen eines Verbrechens (§ 17 Abs. 1 StGB) ab dem Zeitpunkt, zu dem er über das gegen ihn geführte Ermittlungsverfahren, den Tatverdacht und seine Rechte zu informieren ist (§ 50 Abs. 1 StPO),

2. in Verfahren wegen eines Vergehens, wenn in einem Ermittlungsverfahren nach Einlangen eines Berichts (§ 100 StPO) weitere Ermittlungen in Auftrag gegeben oder durchgeführt werden,

3. bei einer Gegenüberstellung (§ 163 StPO),

4. in der Hauptverhandlung bei sonstiger Nichtigkeit,

5. für das Rechtsmittelverfahren auf Grund einer Anmeldung einer Berufung oder einer Nichtigkeitsbeschwerde.

(2) Wenn für seine Verteidigung in den Fällen des Abs. 1 nicht anderweitig gesorgt ist, ist dem jugendlichen Beschuldigten von Amts wegen ein Verteidiger beizugeben, dessen Kosten er zu tragen hat (Amtsverteidiger – § 61 Abs. 3 zweiter Satz StPO); würde die Verpflichtung zur Zahlung der Verteidigungskosten sein Fortkommen erschweren oder liegen die Voraussetzungen des § 61 Abs. 2 erster Satz StPO vor, muss dem jugendlichen Beschuldigten von Amts wegen ein Verfahrenshilfeverteidiger beigegeben werden.

(3) Sofern der jugendliche Beschuldigte nach der Festnahme oder nach der Vorführung zur sofortigen Vernehmung nicht einen frei gewählten Verteidiger beizieht, ist ihm unverzüglich die Beiziehung eines Verteidigers in Bereitschaft (§ 59 Abs. 4 StPO) zu ermöglichen, auf welches Recht er nicht verzichten kann. Verweigert der jugendliche Beschuldigte diese Beiziehung, so hat die Kriminalpolizei den Verteidiger in Bereitschaft beizuziehen. Die Kosten der Beiziehung und der Beiziehung zu der nach § 174 Abs. 1 StPO durchzuführenden Vernehmung hat der jugendliche Beschuldigte unter den Voraussetzungen des Abs. 2 nicht zu tragen.

(4) Liegen in einem Ermittlungsverfahren die Voraussetzungen für eine notwendige Verteidigung vor, so hat die Kriminalpolizei oder die Staatsanwaltschaft den jugendlichen Beschuldigten und dessen gesetzlichen Vertreter mit der Aufforderung zur Vernehmung zu laden, binnen angemessener Frist einen Verteidiger zu bevollmächtigen oder die Beigebung eines Verfahrenshilfeverteidigers zu beantragen. Wird kein Verteidiger bevollmächtigt, so hat die Kriminalpolizei der Staatsanwaltschaft darüber zu berichten (§ 100 StPO). Die Staatsanwaltschaft hat die Akten dem Gericht zu übermitteln, das nach Abs. 2 vorzugehen hat.

(5) Überschreitet der Jugendliche im Laufe des Verfahrens das achtzehnte Lebensjahr, bleibt die Beigebung eines Verteidigers aufrecht.

(BGBl 1993/526; BGBl I 1999/55; BGBl I 2020/20)

Mitwirkung des Bewährungshelfers

§ 40.[1] Ist dem Beschuldigten bereits ein Bewährungshelfer bestellt, so hat dieser das Recht, an den in § 49 Z 10 StPO genannten Beweisaufnahmen und Verhandlungen teilzunehmen und dort gehört zu werden. *(BGBl I 2007/93)*

---

1) Beachte § 46a Abs 2 bei jungen Erwachsenen.

Verhandlung in vorübergehender Abwesenheit des Jugendlichen

§ 41. (1) Das Gericht kann anordnen, daß ein jugendlicher Beschuldigter während einzelner Erörterungen in der Hauptverhandlung, von denen ein nachteiliger Einfluß auf ihn zu befürchten ist, den Verhandlungssaal zu verlassen hat.

(2) Haben sich während der Abwesenheit des Beschuldigten neue Verdachtsgründe gegen ihn ergeben, so ist er darüber nach seiner Rückkehr, jedenfalls aber vor Schluß des Beweisverfahrens, bei sonstiger Nichtigkeit zu vernehmen. Die übrigen in seiner Abwesenheit gepflogenen Erörterungen sind ihm nur mitzuteilen, soweit es zur Wahrung seiner Interessen im Strafverfahren erforderlich ist.

Öffentlichkeit der Hauptverhandlung

§ 42.[1] (1) Die Öffentlichkeit der Hauptverhandlung ist von Amts wegen oder auf Antrag auch auszuschließen, wenn das im Interesse des Jugendlichen geboten ist.

(2) Neben den im § 230 StPO genannten Personen können im Falle eines Ausschlusses der Öffentlichkeit auch der gesetzliche Vertreter des Jugendlichen, die Erziehungsberechtigten, ein dem Jugendlichen bestellter Bewährungshelfer sowie Vertreter des Kinder- und Jugendhilfeträgers, der Jugendgerichtshilfe und der Bewährungshilfe der Hauptverhandlung beiwohnen. *(BGBl I 2015/154)*

(BGBl I 2001/19)

---

1) Beachte § 46a Abs 2 bei jungen Erwachsenen.

Jugenderhebungen

§ 43. (1) Die Jugenderhebungen (§ 48 Z 1) sind von der Staatsanwaltschaft oder dem Gericht ehestmöglich bei der Jugendgerichtshilfe in Auftrag zu geben. Sie können ausnahmsweise unterbleiben, soweit wegen eines in Aussicht genommenen Vorgehens nach dem 11. Hauptstück der Strafprozeßordnung ein näheres Eingehen auf die Person des Beschuldigten entbehrlich erscheint. *(BGBl I 2015/154; BGBl I 2020/20)*

(1a) Die Jugenderhebungen sind von qualifiziertem Personal aus den Bereichen der Sozialarbeit, Psychologie und Pädagogik im Rahmen eines multidisziplinären Vorgehens sowie soweit möglich unter Einbeziehung des Beschuldigten, seines gesetzlichen Vertreters sowie etwa seines

Lehrers oder Ausbildenden durchzuführen. In Zweifelsfällen ist die Untersuchung des Beschuldigten durch einen Arzt, klinischen Psychologen oder Psychotherapeuten anzuordnen. *(BGBl I 2020/20)*

(1b) Liegen zum Zeitpunkt der Anklageeinbringung noch keine Jugenderhebungen vor, so kann die Anklage ausnahmsweise dennoch eingebracht werden, wenn damit keine Nachteile für die Persönlichkeitsentwicklung des Jugendlichen verbunden sind. In jedem Fall darf die Hauptverhandlung erst dann durchgeführt werden, wenn die Jugenderhebungen zur Verfügung stehen. *(BGBl I 2020/20)*

(2) Von der Verlesung der Schriftstücke über diese Erhebungen in der Hauptverhandlung ist im Interesse des Angeklagten ganz oder teilweise abzusehen, soweit dieser, sein gesetzlicher Vertreter, die Staatsanwaltschaft und der Verteidiger auf die Verlesung verzichten. In diesem Umfang dürfen die Schriftstücke bei der Urteilsfällung berücksichtigt werden. Im übrigen ist die Verlesung, soweit davon ein nachteiliger Einfluß auf den jugendlichen Angeklagten zu befürchten ist, in seiner Abwesenheit vorzunehmen (§ 41). *(BGBl I 2007/93; BGBl I 2020/20)*

(3) Kommt es zu wesentlichen Änderungen der Umstände, die den Jugenderhebungen zugrunde liegen, so sind diese von Amts wegen zu ergänzen. *(BGBl I 2020/20)*

Unzulässigkeit einer Privat- oder Subsidiaranklage

§ 44. (1) Privatanklagen wegen Jugendstraftaten sind unzulässig. Straftaten, die sonst nur auf Verlangen des Opfers verfolgt werden können, hat mit dessen Ermächtigung die Staatsanwaltschaft zu verfolgen, jedoch nur, wenn dies aus pädagogischen Gründen oder um berechtigter, über das Vergeltungsbedürfnis hinausgehender Interessen des Opfers willen geboten ist.

(2) Die Rechte gemäß §§ 72, 195 und 282 Abs. 2 StPO stehen Privatbeteiligten in Verfahren wegen einer Jugendstraftat nicht zu. *(BGBl I 2015/154)*

(BGBl I 2007/93)

Kosten des Strafverfahrens

§ 45.[1] (1) Das Gericht hat die vom Verurteilten zu ersetzenden Kosten des Strafverfahrens ganz oder teilweise auch dann für uneinbringlich zu erklären, wenn die Verpflichtung zum Kostenersatz das Fortkommen des Verurteilten erschweren würde.

(2) Von einem Pauschalkostenbeitrag gemäß § 388 StPO ist abzusehen, wenn die Zahlung

dieses Beitrags das Fortkommen des Jugendlichen erschweren würde. *(BGBl I 2007/93)*

(BGBl I 1999/55)

---

1) Beachte § 46a Abs 2 bei jungen Erwachsenen.

§ 46.[1] (1) Ist einem Rechtsbrecher oder einem Beschuldigten die Weisung erteilt worden, sich einer Entwöhnungsbehandlung, einer psychotherapeutischen oder einer medizinischen Behandlung zu unterziehen (§ 51 Abs. 3 StGB, § 173 Abs. 5 Z 9 StPO) oder in einer sozialtherapeutischen Wohneinrichtung, mit der der Bundesminister für Justiz Verträge abgeschlossen hat, Aufenthalt zu nehmen (§ 51 Abs. 2 StGB, § 173 Abs. 5 Z 4 StPO), oder hat sich ein Rechtsbrecher oder Beschuldigter ausdrücklich bereit erklärt, während der Probezeit entsprechende Pflichten zu erfüllen (§ 203 Abs. 2 StPO) und hat weder er noch ein anderer für ihn Anspruch auf entsprechende Leistungen aus einer gesetzlichen Krankenversicherung oder einer Krankenfürsorgeeinrichtung eines öffentlichrechtlichen Dienstgebers, so hat die Kosten der Behandlung oder des Aufenthaltes der Bund zu übernehmen. Der Höhe nach übernimmt der Bund die Kosten jedoch grundsätzlich nur bis zu dem Ausmaß, in dem die Versicherungsanstalt öffentlicher Bediensteter für die Kosten aufkäme, wenn der Beschuldigte in der Krankenversicherung öffentlich Bediensteter versichert wäre; einen Behandlungsbeitrag (§ 63 Abs. 4 des Beamten-Kranken- und Unfallversicherungsgesetzes, BGBl. Nr. 200/1967) hat er nicht zu erbringen. Die vom Bund zu übernehmenden Kosten hat das Gericht mit Beschluss zu bestimmen und anzuweisen, das die Weisung erteilt oder das Verfahren vorläufig eingestellt hat, oder – im Fall eines vorläufigen Rücktritts der Staatsanwaltschaft von der Verfolgung – das Gericht, das für das Ermittlungsverfahren zuständig gewesen wäre. Eine Kostenübernahme zumindest dem Grunde nach kann bereits bei der Entscheidung über die kostenauslösende Maßnahme getroffen werden. *(BGBl I 2007/93; BGBl I 2015/154)*

(2) Der Bundesminister für Justiz kann mit gemeinnützigen therapeutischen Einrichtungen oder Vereinigungen über die Höhe der nach Abs. 1 vom Bund zu übernehmenden Kosten Verträge nach bürgerlichem Recht abschließen. Die Vereinbarung von verbindlichen Pauschalbeträgen ist zulässig. Der Bundesminister für Justiz kann die Grundsätze der Pauschalierung mit Verordnung festlegen. Dabei ist insbesondere das Betreuungsangebot der Einrichtung oder Vereinigung zu berücksichtigen. *(BGBl I 2015/154)*

(BGBl I 2001/19)

---

1) Beachte § 46a Abs 2 bei jungen Erwachsenen.

Verfahrensbestimmungen für Strafsachen junger Erwachsener

§ 46a. (1) Das Strafverfahren wegen einer vor Vollendung des 21. Lebensjahres begangenen Tat obliegt dem die Gerichtsbarkeit in Jugendstrafsachen ausübenden Gericht. Die §§ 28 und 30 sind anzuwenden.[1] *(BGBl I 2015/154)*

(2) Die §§ 31, 32 Abs. 1 bis 4, 35 Abs. 1 zweiter Satz und 1b, 35a, 36, 37 Abs. 2 und 3, 40, 42, 43 Abs. 1, 45, 46, § 48 Z 1 und 4, 49 sowie 50 gelten in allen Fällen, in denen die Tat vor Vollendung des einundzwanzigsten Lebensjahres begangen wurde beziehungsweise der Beschuldigte im Zeitpunkt der Verfahrenshandlung das einundzwanzigste Lebensjahr noch nicht vollendet hat, entsprechend. *(BGBl I 2015/154; BGBl I 2022/223; BGBl I 2023/98)*

(3) Der Vernehmung eines jungen Erwachsenen (§§ 164 und 165 StPO) ist, soweit er nicht durch einen Verteidiger vertreten ist, auf sein Verlangen eine Person seines Vertrauens beizuziehen. Über dieses Recht ist der junge Erwachsene in der Rechtsbelehrung (§ 50 StPO) und in der Ladung (§ 153 Abs. 2 StPO), spätestens jedoch vor Beginn der Vernehmung (§ 164 Abs. 1 und 2 StPO) zu informieren. Erforderlichenfalls ist die Vernehmung bis zum Eintreffen des Verteidigers oder der Vertrauensperson aufzuschieben, so lange das mit dem Zweck der Vernehmung vereinbar ist, es sei denn, dass damit eine unangemessene Verlängerung einer Anhaltung verbunden wäre. § 164 Abs. 2 fünfter Satz StPO gilt nicht. *(BGBl I 2022/223)*

(BGBl I 2001/19)

---

1) Beachte:
§ 26 Abs 7 GOG (Geschäftsverteilung der Bezirksgerichte): Die Jugendstrafsachen und die Strafsachen junger Erwachsener (§ 46a Abs. 1 JGG) sind demselben Gerichtsabteilungen zuzuweisen. Eine weitere derartige Gerichtsabteilung darf nur dann eröffnet werden, wenn in den schon bestehenden Gerichtsabteilungen eine Auslastung von zumindest 50 vH in diesen Geschäftssparten verbleibt.
§ 32 Abs 6 GOG (Geschäftsverteilung der Landesgerichte): Die Jugendstrafsachen und die Strafsachen junger Erwachsener (§ 46a Abs. 1 JGG) sind derselben Gerichtsabteilung zuzuweisen. Eine weitere derartige Gerichtsabteilung darf nur dann eröffnet werden, wenn in den schon bestehenden Gerichtsabteilungen eine Auslastung von zumindest 50 vH in diesen Geschäftssparten verbleibt.

SECHSTER ABSCHNITT

Jugendgerichtshilfe

Wesen der Jugendgerichtshilfe

§ 47. (1) Die Jugendgerichtshilfe unterstützt nach Maßgabe dieses Abschnittes die Gerichte und Staatsanwaltschaften bei Erfüllung der ihnen durch dieses Bundesgesetz übertragenen Aufgaben.

(2) Die in der Jugendgerichtshilfe tätigen Personen erstatten dem Gericht oder der Staatsanwaltschaft mündlich oder schriftlich Bericht. Im Strafverfahren sind sie, wenn sie mündlich berichten, über ihre Wahrnehmungen als Zeugen zu vernehmen.

(3) Soweit es möglich und erforderlich ist, sind der Jugendgerichtshilfe im Gerichtsgebäude die nötigen Räume und Telekommunikationseinrichtungen unentgeltlich zur Verfügung zu stellen. *(BGBl I 2015/154)*

(4) Den in der Jugendgerichtshilfe tätigen Personen hat das Gericht auf Verlangen einen Ausweis auszustellen. *(BGBl I 2015/154)*

Aufgaben der Jugendgerichtshilfe

§ 48. Die Gerichte und Staatsanwaltschaften können die Organe der Jugendgerichtshilfe insbesondere damit betrauen,

1. die Lebens- und Familienverhältnisse eines Unmündigen oder Jugendlichen samt dem wirtschaftlichen und sozialen Hintergrund, seine Entwicklung und seinen Reifegrad sowie alle anderen Umstände zu erheben, die zur Beurteilung der Person und seiner körperlichen, geistigen und seelischen Eigenart dienen können (Jugenderhebungen); *(BGBl I 2015/154; BGBl I 2020/20)*

2. an einem Tatausgleich oder an der Vermittlung und Durchführung von gemeinnützigen Leistungen, Schulungen und Kursen mitzuwirken; *(BGBl I 2007/93)*

3. über die Beseitigung bestehender Schäden oder Gefahren für die Erziehung oder Gesundheit eines Unmündigen oder Jugendlichen Vorschläge an das Pflegschaftsgericht oder den Kinder- und Jugendhilfeträger zu erstatten und bei Gefahr im Verzug unmittelbar erforderliche Maßnahmen zu treffen (Krisenintervention); *(BGBl I 2007/93; BGBl I 2015/154)*

4. die für die Entscheidung über die Freilassung des Beschuldigten gemäß § 35 Abs. 1 maßgeblichen Umstände zu erheben (Haftentscheidungshilfe). *(BGBl I 2007/93; BGBl I 2015/154; BGBl I 2020/20)*

5. *(entfällt, BGBl I 2020/20)*

(BGBl I 1999/55)

Organe der Jugendgerichtshilfe

§ 49.[1]) (1) Für das Bundesland Wien besteht die Wiener Jugendgerichtshilfe. Sie kann neben den in § 48 angeführten Aufgaben auch mit der Betreuung von Untersuchungshäftlingen und Strafgefangenen betraut werden.

(2) Für die anderen Bundesländer wird der Bundesminister für Justiz ermächtigt, nach Maßgabe der budgetären, organisatorischen, technischen und personellen Möglichkeiten sowie unter Bedachtnahme auf die wirtschaftliche Vertretbarkeit mit Verordnung anzuordnen, für welche Gerichte eine Jugendgerichtshilfe eingerichtet wird.

(BGBl I 2015/154)

---

[1]) *Beachte § 46a Abs 2 bei jungen Erwachsenen.*

Stellung der Jugendgerichtshilfe

§ 50. (1) Die Jugendgerichtshilfe ist berechtigt, Personen, die über die Lebensumstände eines Jugendlichen Auskünfte erteilen könnten, zu laden und zu befragen, sowie unmittelbaren Kontakt mit dem Jugendlichen herzustellen. Personen, in deren Obhut der Jugendliche steht, sind verpflichtet, einen solchen Kontakt zu dulden. Gegen Personen, die ihre Pflicht zur Mitwirkung an Erhebungen der Jugendgerichtshilfe verletzen, kann das Gericht die zwangsweise Vorführung oder sonst angemessene Zwangsgewalt und Beugemittel (§§ 93f StPO) anordnen. *(BGBl I 2015/154)*

(2) Kriminalpolizei, Staatsanwaltschaften, Gerichte sowie Einrichtungen zur Unterrichtung, Betreuung und Behandlung von Jugendlichen und in diesen Einrichtungen tätige Personen haben den bei der Jugendgerichtshilfe tätigen Personen die erforderlichen Auskünfte zu erteilen und Einsicht in die Akten und Aufzeichnungen zu gewähren; den Kinder- und Jugendhilfeträger trifft nur die Pflicht zur Auskunftserteilung." *(BGBl I 2015/154)*

(3) Bei Wahrnehmung ihrer Aufgaben stehen die in der Jugendgerichtshilfe tätigen Personen den Beamten im Sinne des § 74 Abs. 1 Z 4 StGB gleich. Die Jugendgerichtshilfe darf erhobene personenbezogene Daten den Pflegschaftsgerichten, der Familiengerichtshilfe, dem Leiter einer Geschäftsstelle für Bewährungshilfe, dem Kinder- und Jugendhilfeträger, den Sicherheitsbehörden sowie den Behörden des Strafvollzuges übermitteln, soweit die Daten im Einzelfall eine wesentliche Voraussetzung dafür bilden, dass diese Einrichtungen die ihnen übertragenen Aufgaben wahrnehmen können. Im Übrigen sind sie jedermann gegenüber zur Verschwiegenheit über die in Ausübung ihrer Tätigkeit gemachten, im Interesse eines Beteiligten geheimzuhaltenden Wahrnehmungen verpflichtet. Die Verletzung dieser Pflicht ist als verbotene Veröffentlichung nach § 301 StGB zu ahnden. *(BGBl I 2007/93; BGBl I 2020/20)*

SIEBENTER ABSCHNITT

Bestimmungen über den Jugendstrafvollzug

Anwendung der allgemeinen Bestimmungen

§ 51. Soweit sich aus den Bestimmungen dieses Bundesgesetzes nichts anderes ergibt, gelten für den Vollzug von Freiheitsstrafen an Jugendlichen die allgemeinen Vorschriften für den Strafvollzug.

Aufschub des Strafvollzuges, um den Abschluß einer Berufsausbildung zu ermöglichen

§ 52. Einem Jugendlichen oder einem Erwachsenen vor Vollendung des einundzwanzigsten Lebensjahres ist unter den allgemeinen Voraussetzungen des § 6 des Strafvollzugsgesetzes - StVG, BGBl. Nr. 144/1969, ein Aufschub des Vollzuges einer Freiheitsstrafe, deren Ausmaß drei Jahre nicht übersteigt, zur Förderung des späteren Fortkommens (§ 6 Abs. 1 Z 2 lit. a StVG) auch für die Dauer von mehr als einem Jahr zu gestatten, wenn dies notwendig ist, um dem Verurteilten den Abschluss seiner Berufsausbildung zu ermöglichen. Für die Dauer des Aufschubes kann Bewährungshilfe angeordnet werden. *(BGBl I 2015/154; BGBl I 2022/223)*

(BGBl I 2001/19)

Aufgaben des Jugendstrafvollzuges

§ 53. Im Jugendstrafvollzug sollen die Gefangenen zu einem den Gesetzen und den Erfordernissen des Gemeinschaftslebens entsprechenden Verhalten erzogen werden. Wenn es die Dauer der Strafe zuläßt, sollen sie in einem ihren Kenntnissen, Fähigkeiten und tunlichst auch ihrer bisherigen Tätigkeit und ihren Neigungen entsprechenden Beruf ausgebildet werden.

Besondere Eignung für den Jugendstrafvollzug

§ 54. Die mit der Behandlung von jugendlichen Gefangenen betrauten Personen haben über pädagogisches Verständnis zu verfügen und über die wichtigsten für ihre Tätigkeit in Betracht kommenden Erkenntnisse der Pädagogik, Psychologie und Psychiatrie unterrichtet zu sein. Die Bundesministerin für Justiz hat ein diesen Kriterien entsprechendes Fortbildungsangebot sicherzustellen, an der die mit jugendlichen Gefangenen betrauten Personen regelmäßig teilzunehmen haben.

(BGBl I 2020/20)

Anstalten für den Jugendstrafvollzug

§ 55. (1) Freiheitsstrafen an Jugendlichen sind in den dafür bestimmten Sonderanstalten, in anderen Anstalten zum Vollzug von Freiheitsstrafen womöglich in besonderen Abteilungen, zu vollziehen.

(2) Jugendliche Strafgefangene sind von erwachsenen Strafgefangenen, die nicht dem Jugendstrafvollzug unterstellt sind, zu trennen. Von der Trennung kann jedoch abgesehen werden, soweit den Umständen nach weder eine schädliche Beeinflussung noch eine sonstige Benachteiligung

der jugendlichen Strafgefangenen zu besorgen ist.

(3) Dem Vollzug an jugendlichen Strafgefangenen in dafür bestimmten Sonderanstalten oder besonderen Abteilungen anderer Anstalten zum Vollzug von Freiheitsstrafen dürfen, soweit davon weder eine schädliche Beeinflussung noch eine sonstige Benachteiligung der jugendlichen Strafgefangenen zu besorgen ist,

1. erwachsene Strafgefangene unter zweiundzwanzig Jahren unterstellt werden und

2. Strafgefangene, die im Jugendstrafvollzug anzuhalten sind, bis zur Vollendung des vierundzwanzigsten Lebensjahres unterstellt bleiben. Ist im Zeitpunkt der Vollendung des vierundzwanzigsten Lebensjahres voraussichtlich nur noch ein Strafrest von nicht mehr als einem Jahr zu vollstrecken oder wäre die Überstellung in eine für den Vollzug von Freiheitsstrafen an Erwachsenen bestimmte Anstalt den Umständen nach mit besonderen Nachteilen für den Strafgefangenen verbunden, so kann der Strafgefangene auch noch zur Vollstreckung des Strafrestes dem Jugendstrafvollzug unterstellt bleiben. In keinem Fall darf ein Strafgefangener, der das siebenundzwanzigste Lebensjahr vollendet hat, dem Jugendstrafvollzug unterstellt bleiben.

(4) Die Entscheidung darüber, ob erwachsene Strafgefangene dem Jugendstrafvollzug unterstellt werden sollen, steht dem Bundesministerium für Justiz zu, das von Amts wegen oder auf Antrag des Verurteilten, eines seiner Angehörigen oder des Leiters der Anstalt zum Vollzug von Freiheitsstrafen, in der der Verurteilte angehalten wird, zu entscheiden hat. Der Leiter dieser Anstalt ist, wenn der Antrag nicht von ihm gestellt wurde, zu hören. *(BGBl I 2020/20)*

(5) Die Entscheidung darüber, ob ein erwachsener Strafgefangener dem Jugendstrafvollzug unterstellt bleiben soll, steht dem Anstaltsleiter zu, wenn der Strafgefangene die Freiheitsstrafe voraussichtlich noch vor Vollendung des zweiundzwanzigsten Lebensjahres verbüßt haben wird, sonst dem Bundesministerium für Justiz. *(BGBl I 2006/102; BGBl I 2015/13)*

(6) Alle für jugendliche Strafgefangene geltenden Bestimmungen sind auf die dem Jugendstrafvollzug unterstellten älteren Strafgefangenen anzuwenden. Diese sind jedoch auf ihr Ansuchen durch den Anstaltsleiter vom Schulunterricht zu befreien.

Zuständigkeit

§ 56. (1) Freiheitsstrafen, deren Strafzeit sechs Monate übersteigt, sind in Sonderanstalten zu vollziehen, es sei denn, daß die Aufgaben des Jugendstrafvollzuges in einer anderen Anstalt besser wahrgenommen werden können. Hat jedoch der Verurteilte im Zeitpunkt des Strafantrittes das achtzehnte Lebensjahr vollendet, so kann die Freiheitsstrafe auch in einer allgemeinen Strafvollzugsanstalt oder in einem gerichtlichen Gefangenenhaus vollzogen werden. Die Bestimmung der Anstalt, in der die Strafe zu vollziehen ist, obliegt dem Bundesministerium für Justiz (§§ 10, 134 des Strafvollzugsgesetzes). Im übrigen richtet sich die Zuständigkeit für den Vollzug von Freiheitsstrafen, die wegen einer Jugendstraftat ausgesprochen werden, nach den allgemeinen Vorschriften. *(BGBl I 2006/102; BGBl I 2015/13)*

(2) Soweit Sonderanstalten oder besondere Abteilungen für jugendliche Strafgefangene weiblichen Geschlechtes nicht bestehen, sind Freiheitsstrafen an solchen Jugendlichen in den allgemeinen Strafvollzugsanstalten und gerichtlichen Gefangenenhäusern zu vollziehen.

(3) Der Entlassungsvollzug an Jugendlichen und an erwachsenen Strafgefangenen, die dem Jugendstrafvollzug unterstellt sind, kann auch in gerichtlichen Gefangenenhäusern erfolgen (§ 10 Abs. 1 Z 2 des Strafvollzugsgesetzes).

Vollzug mit Freiheitsentziehung verbundener vorbeugender Maßnahmen
Vollzug der Unterbringung in einer Anstalt für entwöhnungsbedürftige Rechtsbrecher

§ 57. Der Vollzug der Unterbringung in einer Anstalt für entwöhnungsbedürftige Rechtsbrecher an Jugendlichen hat in den nach § 159 StVG für den Vollzug dieser Maßnahme an Erwachsenen bestimmten Anstalten oder in den für den Strafvollzug an Jugendlichen bestimmten Anstalten oder Abteilungen zu erfolgen. Die Bestimmung der Anstalt obliegt der Bundesministerin für Justiz (§ 161 StVG). § 55 Abs. 2 bis 6 gilt sinngemäß hinsichtlich der Trennung der im Vollzug dieser vorbeugenden Maßnahme untergebrachten Jugendlichen von Erwachsenen und von jugendlichen Strafgefangenen.

(BGBl I 2022/223)

Vollzug der strafrechtlichen Unterbringung nach § 21 StGB

§ 57a. (1) Der Vollzug der strafrechtlichen Unterbringung nach § 21 StGB an Jugendlichen kann auch in gesonderten Bereichen der für den Strafvollzug an Jugendlichen bestimmten Anstalten oder Abteilungen erfolgen, wenn sie dort angemessen behandelt und betreut werden können. Die Bestimmung der Anstalt obliegt der Bundesministerin für Justiz (§ 161 StVG).

(2) Bei der strafrechtlichen Unterbringung in den für den Strafvollzug an Jugendlichen bestimmten Anstalten oder Abteilungen darf vorgesehen werden, dass die Untergebrachten Einrichtungen des Strafvollzugs (insbesondere Werkstätten, Schul- und Ausbildungskurse, Freizeiteinrichtun-

gen) gemeinsam mit Strafgefangenen benützen, wenn dadurch kein Nachteil für die Untergebrachten oder für die Strafgefangenen zu befürchten ist. Im Bereich der Haft- und Wohnräume sowie bei der Therapie sind die Untergebrachten jedoch stets von Strafgefangenen zu trennen.

(3) Jugendliche sind ihrem Alter und ihrem Reifezustand entsprechend besonders und intensiv zu betreuen und zu behandeln. Ein Facharzt für Kinder- und Jugendpsychiatrie ist beizuziehen.

(4) § 55 Abs. 2 bis 6 gilt sinngemäß hinsichtlich der Trennung der im Vollzug dieser vorbeugenden Maßnahme untergebrachten Jugendlichen von Erwachsenen.

(BGBl I 2022/223)

Behandlung jugendlicher Strafgefangener

§ 58. (1) Bei Ausführungen und Überstellungen ist darauf Bedacht zu nehmen, daß der Strafgefangene möglichst nicht vor der Öffentlichkeit bloßgestellt wird. Wenn nicht im einzelnen Fall Bedenken bestehen, sind Ausführungen und Überstellungen von Beamten in Zivilkleidung durchzuführen. Weibliche Gefangene sind nach Möglichkeit von Beamtinnen zu begleiten.

(2) Jugendliche Strafgefangene sind ihrer körperlichen Entwicklung entsprechend reichlicher zu verpflegen.

(3) Jugendliche Strafgefangene, die nicht im Freien arbeiten, haben täglich, andere jugendliche Strafgefangene an arbeitsfreien Tagen das Recht, sich unter Rücksichtnahme auf ihren Gesundheitszustand zwei Stunden im Freien aufzuhalten, wobei diese Zeit womöglich zur körperlichen Entwicklung durch Leibesübungen, Sport und Spiel zu verwenden ist. Ist eine Bewegung im Freien auf Grund der Witterung ohne Gefahr für die Gesundheit nicht möglich, so ist an ihrer Stelle die Bewegung in den zur Sportausübung geeigneten Räumlichkeiten innerhalb der Anstalt zu ermöglichen. *(BGBl I 2009/52)*

(4) Jugendliche Strafgefangene sind nur mit Arbeiten zu beschäftigen, die auch erzieherisch nützlich sind. Sie sind insbesondere auch zu Arbeiten im Freien heranzuziehen. Zu Arbeiten außerhalb der Anstalt dürfen jugendliche Strafgefangene nur verwendet werden, wenn sie dabei der Öffentlichkeit nicht in einer Weise ausgesetzt sind, die geeignet ist, ihr Ehrgefühl abzustumpfen. Die tägliche Arbeitszeit ist durch mindestens zwei längere Erholungspausen zu unterbrechen.

(5) In den Sonderanstalten haben die Strafgefangenen regelmäßigen Unterricht zu erhalten. In anderen Anstalten zum Vollzug von Freiheitsstrafen ist im Jugendstrafvollzug Unterricht zu erteilen, soweit dies möglich und tunlich ist. Der Unterricht hat die Beseitigung von Mängeln der Pflichtschulbildung der Strafgefangenen anzustreben und darüber hinaus ihre Allgemeinbildung

zu fördern. Die Erfolge des Unterrichtes sind in geeigneter Weise festzustellen. Die Zeit des Unterrichtes ist in die Arbeitszeit einzurechnen.

(6) § 91 StVG ist auf jugendliche Strafgefangene mit der Maßgabe anzuwenden, dass sie einmal im Vierteljahr eine Sendung von Nahrungs- und Genussmitteln im Gewicht von drei Kilogramm oder mehrere solche Sendungen erhalten dürfen, die dieses Gesamtgewicht nicht übersteigen. Die Sendungen dürfen keine Gegenstände enthalten, von denen eine Gefahr für die Gesundheit des jugendlichen Strafgefangenen oder sonst für die Sicherheit und Ordnung in der Anstalt zu befürchten wäre. Diese Sendungen dürfen auch in Abwesenheit des jugendlichen Strafgefangenen geöffnet und geprüft werden. Der zulässige Inhalt solcher Sendungen ist in der Hausordnung (§ 25 StVG) festzulegen. Der Anstaltsleiter kann den betroffenen jugendlichen Strafgefangenen vom Empfang dieser Sendungen im Fall des Missbrauchs ausschließen. In diesem Fall ist § 91 Abs. 2 zweiter Satz StVG sinngemäß anzuwenden. *(BGBl I 2009/142)*

(7) Jugendliche Strafgefangene dürfen wenigstens jede Woche einen Besuch in der Dauer von einer Stunde empfangen. Einem jugendlichen Strafgefangenen ist, soweit die zum Zeitpunkt des Strafantrittes zu verbüßende Strafzeit vier Wochen übersteigt, bei Bedarf zum Zweck des Besuchsempfangs Gelegenheit zum Aufenthalt in einer seinem Wohnsitz nahe gelegenen, zur Anhaltung jugendlicher Strafgefangener geeigneten Justizanstalt in angemessener Dauer zu gewähren, wenn eine Transportmöglichkeit und ein Haftplatz in der gewünschten Vollzugseinrichtung zur Verfügung steht; ein derartiger Besuchsempfang ist bei Strafzeiten bis sechs Monate mindestens einmal, bei längeren Strafzeiten mindestens halbjährlich zu gewähren. Von der besonderen Anstaltseignung kann im Hinblick auf das Alter und den Reifezustand des jugendlichen Strafgefangenen abgesehen werden. § 98 Abs. 2 zweiter bis vierter Satz StVG sind im Falle eines Einzeltransportes sinngemäß anzuwenden. *(BGBl I 2013/2)*

(8) Jedem in Einzelhaft angehaltenen jugendlichen Strafgefangenen ist täglich mindestens zweimal Gelegenheit zu einem Gespräch zu geben.

(9) Die Ordnungsstrafe des Hausarrestes darf nur für die Dauer von höchstens einer Woche verhängt werden. *(BGBl I 2015/154)*

(10) Für die Behandlung Jugendlicher, an denen eine mit Freiheitsentziehung verbundene vorbeugende Maßnahme vollzogen wird, gelten die Abs. 1 bis 9 dem Sinne nach.

(BGBl 1993/799)

Abweichen vom regelmäßigen Jugendstrafvollzug

§ 59. Erfordert die Eigenart eines jugendlichen Strafgefangenen ein Abweichen vom regelmäßigen Strafvollzug, so hat der Anstaltsleiter die notwendigen Abweichungen von den Vorschriften des Strafvollzugsgesetzes und dieses Abschnittes anzuordnen. Dabei dürfen jedoch die dem Strafgefangenen eingeräumten Rechte nicht beeinträchtigt werden.

Kosten des Strafvollzuges

§ 60. Jugendliche und erwachsene Strafgefangene, die dem Jugendstrafvollzug unterstellt sind, sind zur Leistung eines Beitrages zu den Kosten des Strafvollzuges nach § 32 Abs. 2 zweiter Fall StVG nicht verpflichtet.

(BGBl I 2013/2)

ACHTER ABSCHNITT
Schluss-, Inkrafttretens- und Übergangsbestimmungen

Verweisungen

§ 61. Verweisungen in diesem Bundesgesetz auf andere Rechtsvorschriften des Bundes sind als Verweisungen auf die jeweils geltende Fassung zu verstehen. Wird in anderen Bundesgesetzen auf Bestimmungen verwiesen, an deren Stelle mit dem Inkrafttreten dieses Bundesgesetzes neue Bestimmungen wirksam werden, so sind diese Verweisungen auf die entsprechenden neuen Bestimmungen zu beziehen.

(BGBl I 2015/154)

Inkrafttretens- und Übergangsbestimmungen zur Stammfassung

§ 62. (1) Dieses Bundesgesetz tritt mit 1. Jänner 1989 in Kraft, soweit im folgenden nichts anderes bestimmt wird. *(BGBl I 2015/154)*

(2) Art. III tritt mit 1. Jänner 1990 in Kraft. *(BGBl I 2015/154)*

(3) Mit Ablauf des 31. Dezember 1988 tritt mit den sich aus Abs. 4 bis 8 und § 64 ergebenden Einschränkungen das Bundesgesetz vom 26. Oktober 1961, BGBl. Nr. 278, über die Behandlung junger Rechtsbrecher (Jugendgerichtsgesetz 1961 – JGG 1961) in seiner geltenden Fassung außer Kraft. Mit diesem Zeitpunkt tritt auch, soweit diese Rechtsvorschrift noch als Bundesgesetz in Geltung steht, die Verordnung vom 27. Februar 1855, RGBl. Nr. 39, außer Kraft. *(BGBl I 2015/154)*

(4) Der dritte und vierte Abschnitt dieses Bundesgesetzes, die durch den Art. II geänderten

Bestimmungen des Strafgesetzbuches und die durch Art. V Z 1 bis 4 geänderten Bestimmungen des Finanzstrafgesetzes sind in Strafsachen nicht anzuwenden, in denen vor ihrem Inkrafttreten das Urteil oder Erkenntnis in erster Instanz gefällt worden ist. Nach Aufhebung eines Urteils oder Erkenntnisses infolge Nichtigkeitsbeschwerde, Berufung oder Wiederaufnahme des Strafverfahrens ist jedoch im Sinne der §§ 1, 61 StGB vorzugehen. *(BGBl I 2015/154)*

(5) Die nachträgliche Straffestsetzung zu einer bedingten Verurteilung richtet sich nach den §§ 15 und 16 dieses Bundesgesetzes. *(BGBl I 2015/154)*

(6) Soweit in einem Strafverfahren vor Inkrafttreten dieses Bundesgesetzes vormundschafts- oder pflegschaftsbehördliche oder jugendwohlfahrtsrechtliche Verfügungen getroffen werden, gelten für die Erhebung eines Rechtsmittels und das Verfahren hierüber die bisherigen Bestimmungen. *(BGBl I 2015/154)*

(7) Die durch Art. III geänderten Bestimmungen des Tilgungsgesetzes 1972 sind auf Verurteilungen nicht anzuwenden, die vor dem 1. Jänner 1990 rechtskräftig werden. *(BGBl I 2015/154)*

(8) Im Strafregister sind Verurteilungen nach den §§ 12 und 13 dieses Bundesgesetzes sowie alle sich auf solche Verurteilungen beziehenden Entschließungen, Entscheidungen und Mitteilungen bis zum 31. Dezember 1989 unter den Bezeichnungen der §§ 12 und 13 des Jugendgerichtsgesetzes 1961 ersichtlich zu machen. Mit 1. Jänner 1990 sind alle Verurteilungen nach den §§ 12 und 13 des Jugendgerichtsgesetzes 1961 und den §§ 12 und 13 dieses Bundesgesetzes sowie alle sich auf solche Verurteilungen beziehenden Entschließungen, Entscheidungen und Mitteilungen unter den neuen Bezeichnungen der §§ 12 und 13 dieses Bundesgesetzes ersichtlich zu machen. *(BGBl I 2015/154)*

(BGBl I 2015/154)

Inkrafttretens- und Übergangsbestimmungen zu Novellen ab dem Jahr 2004

§ 63. (1) § 24 und seine Überschrift treten mit Ablauf des 31. Dezember 2004 außer Kraft. *(BGBl I 2015/154)*

(2) Die §§ 32 Abs. 2 und 60 in der Fassung des Bundesgesetzes BGBl. I Nr. 164/2004, treten mit 1. März 2005 in Kraft. *(BGBl I 2015/154)*

(3) Die §§ 55 Abs. 5, 56 Abs. 1 und 57 in der Fassung des Bundesgesetzes BGBl. I Nr. 102/2006 treten mit 1. Jänner 2007 in Kraft. *(BGBl I 2015/154)*

(4) Die §§ 2 Abs. 2, 3, 4 Abs. 2, 5 Z 7, 6 bis 8, 27, 29, 32 bis 40, 43, 44, 45 Abs. 2, 48, 49 Abs. 2 und 50 in der Fassung des Bundesgesetzes

BGBl. I Nr. 93/2007, treten mit 1. Jänner 2008 in Kraft. *(BGBl I 2015/154)*

(5) Die Bestimmungen des §§ 27 Abs. 1 Z 2 und 58 Abs. 3 in der Fassung des Bundesgesetzes BGBl. I Nr. 52/2009, treten mit 1. Juni 2009 in Kraft. Die Bestimmung des Art. I § 27 Abs. 1 Z 2 in der Fassung des Bundesgesetzes BGBl. I Nr. 52/2009, ist auf Verfahren anzuwenden, in denen nach dem 1. Juni 2009 die Anklage eingebracht wurde. *(BGBl I 2015/154)*

(6) Die Bestimmung des § 58 Abs. 6 in der Fassung des Bundesgesetzes BGBl. I Nr. 142/2009, tritt mit 1. Jänner 2010 in Kraft. *(BGBl I 2015/154)*

(7) Die Aufhebung des § 25 durch das Budgetbegleitgesetz 2011, BGBl. I Nr. 111/2010, wird mit 1. Jänner 2011 wirksam; Verfahren, die bis zum Ablauf des 31. Dezember 2010 bei Gericht anhängig wurden, sind auf Grund der aufgehobenen Bestimmung bei diesem Gericht weiter zu führen. Wenn nach Inkrafttreten dieses Bundesgesetzes ein Urteil auf Grund einer Nichtigkeitsbeschwerde, Berufung, Wiederaufnahme oder Erneuerung des Strafverfahrens aufgehoben wird, so ist das Verfahren vor dem nunmehr zuständigen Gericht durchzuführen. *(BGBl I 2015/154)*

(8) Die Bestimmungen des §§ 32 Abs. 2, 36 Abs. 2, 58 Abs. 7 und 60 in der Fassung des Bundesgesetzes BGBl. I Nr. 2/2013 treten mit 1. Jänner 2013 in Kraft. *(BGBl I 2015/154)*

(9) § 32 Abs. 4 in der Fassung des Bundesgesetzes BGBl. I Nr. 71/2014 tritt mit 1. Jänner 2015 in Kraft. *(BGBl I 2015/154)*

(10) §§ 55 Abs. 5, 56 Abs. 1 und 57 in der Fassung des Bundesgesetzes BGBl. I Nr. 13/2015 treten mit 1. Juli 2015 in Kraft. *(BGBl I 2015/154)*

(11) § 46 Abs. 1 und 2 in der Fassung des Bundesgesetzes BGBl. I Nr. 154/2015 tritt mit 1. Juli 2012, die §§ 1 Z 5, 5 Z 6a und 11, § 7 Abs. 3, § 8 Abs. 1, 2 und 4, § 15 Abs. 1, die §§ 17a, 19, 27 Abs. 1, 28 Abs. 1, 33 Abs. 1, 2 und 3, § 35 Abs. 1a, 1b, 3a und 4, die §§ 35a, 37 Abs. 2, 42 Abs. 2, 43 Abs. 1, 44 Abs. 2, 46a Abs. 1 und 2, 47 Abs. 3 und 4, § 48 Z 1, 3 und 4, die §§ 49, 50 Abs. 1 und 2, § 52 und § 58 Abs. 9 in der Fassung des Bundesgesetzes BGBl. I Nr. 154/2015 treten mit 1. Jänner 2016 in Kraft. *(BGBl I 2015/154)*

(12) § 19 Abs. 4 in der Fassung des Gewaltschutzgesetzes 2019, BGBl. I Nr. 105/2019, tritt mit 01.01.2020 in Kraft. *(BGBl I 2019/105)*

(13) § 1 Abs. 2, § 5 Z 12, §§ 30, 31a, 32a, die Überschrift zu § 36, § 36a samt Überschrift, § 37 Abs. 1, §§ 37a, 38 Abs. 1a, 2, 3 und 5 Z 1 und 2, Abs. 6, §§ 39, 43, 48 Z 1, 4 und 5, § 50 Abs. 3, §§ 54 und 55 Abs. 4 in der Fassung des Bundesgesetzes BGBl. I Nr. 20/2020 treten mit 1. Juni 2020 in Kraft. *(BGBl I 2020/20; BGBl I 2023/98)*

(14) § 33 Abs. 6 und § 46a Abs. 2 und 3 in der Fassung des Bundesgesetzes BGBl. I Nr. 223/2022, treten mit 1. Jänner 2023, § 5 Z 6b, § 17b, § 19 Abs. 2, § 32 Abs. 5, § 52, § 57 und § 57a in der Fassung des Bundesgesetzes BGBl. I Nr. 223/2022, treten mit 1. September 2023 in Kraft. *(BGBl I 2022/223; BGBl I 2023/98)*

(15) § 17b, § 17c, § 19 Abs. 2, § 32 Abs. 5, § 35 Abs. 1b und § 46a Abs. 2 in der Fassung des Bundesgesetzes BGBl. I Nr. 98/2023 treten mit 1. September 2023 in Kraft. § 17b und § 32 Abs. 5 in der Fassung des Bundesgesetzes BGBl. I Nr. 223/2022 treten nicht in Kraft. *(BGBl I 2023/98)*

(16) Für im Zeitpunkt des Inkrafttretens des Bundesgesetzes BGBl. I Nr. 98/2023 strafrechtlich Untergebrachte, bei denen nach § 5 Z 6b keine Anlasstat vorliegen würde, hat der Anstaltsleiter, im Fall der Unterbringung in einer öffentlichen Krankenanstalt (§ 158 Abs. 4, § 167a Abs. 1 StVG) deren Leiter – sofern die bedingte Entlassung nicht ohnehin schon zuvor erfolgt – bis zum 31. Dezember 2023 eine Fallkonferenz einzuberufen, für die im Übrigen § 17c sinngemäß gilt. Sofern in der Folge die Voraussetzungen hierfür vorliegen, sind die betroffenen Untergebrachten bedingt zu entlassen. *(BGBl I 2023/98)*

(17) Beschlüsse, die bis Ablauf des 31. August 2023 gefasst wurden und mit denen – gestützt auf § 5 Z 6b oder § 17b in der Fassung des Bundesgesetzes BGBl. I Nr. 223/2022 – eine Entlassung ausgesprochen wurde, sind ohne Wirkung. *(BGBl I 2023/98)*

(BGBl I 2015/154)

Übergangsbestimmungen zu Änderungen der sachlichen Zuständigkeit und der Gerichtszusammensetzung

§ 64. Änderungen der sachlichen Zuständigkeit und der Zusammensetzung der Gerichte durch dieses Bundesgesetz haben auf anhängige Strafverfahren keinen Einfluß. Ist jedoch im Zeitpunkt des Inkrafttretens dieses Bundesgesetzes eine Anklageschrift oder ein Strafantrag noch nicht eingebracht worden, so sind diese beim nunmehr zuständigen Gericht einzubringen. Dieses Gericht ist auch zuständig, wenn nach Inkrafttreten dieses Bundesgesetzes ein Urteil infolge einer Nichtigkeitsbeschwerde, Berufung oder Wiederaufnahme des Strafverfahrens aufgehoben wird.

(BGBl I 2015/154)

Umsetzung von Richtlinien der Europäischen Union

§ 65. Dieses Bundesgesetz dient der Umsetzung der Richtlinie (EU) 2016/800 über Verfahrensgarantien in Strafverfahren für Kinder, die Verdächtige oder beschuldigte Personen in Strafverfahren sind, ABl. Nr. L 132 vom 21.5.2016 S. 1.

(BGBl I 2020/20)

Vollziehung

§ 66. Mit der Vollziehung dieses Bundesgesetzes ist der Bundesminister für Justiz betraut.

(BGBl I 2015/154)

3. Militärstrafgesetz

BGBl 1970/344 idF

1 BGBl 1974/511
2 BGBl 1987/605
3 BGBl I 1998/30
4 BGBl I 2000/86

5 BGBl I 2001/130
6 BGBl I 2007/112 (Strafprozessreformbegleitgesetz II)

GLIEDERUNG

STICHWORTVERZEICHNIS
zum MilStG

Abwesenheit, unerlaubte 8
Alkoholisierung im Dienst 23
Angriff auf Vorgesetzte 20 ff
Angriff gegen einen Soldaten 36

Befehl 2
– Nichtbefolgung 12 ff
– strafgesetzwidriger 3
– übermittlung 29 f
Beförderungsunfähigkeit 6
Behandlung, entwürdigende 35
Berauschung im Dienst 23
Beschädigung von Heeresgut 32
Beschwerde, Unterdrückung 37
Beweggrund, verwerflicher 38

Degradierung 6
Desertion 9
Diebstahl 31
Dienstentziehung durch Täuschung 11
Dienstpflichtverletzung im Einsatz 38
Dienstuntauglichkeit, Herbeiführung 10

Einberufungsbefehl, Nichtbefolgung 7
Einsatz 2, 38
Einsatzbereitschaft, Beeinträchtigung 38
Entlassung 6
Entwürdigende Behandlung 35
Erheblicher Nachteil 2
Erziehungsmaßnahmen 5

Furcht 4, 38

Gefahr persönliche 4, 38
Geheimnis 26 ff
– militärisches 2

Gesundheitsschädigung
– eines Soldaten 33, 36
– eines Vorgesetzten 22

Körperverletzung
– eines Soldaten 33, 36
– eines Vorgesetzten 22

Meldepflicht 29 f
Meldung, wichtige 2
Menschenwürde 17, 35
Meuterei 18 f
Mißbrauch der Dienststellung 34

Nachteil, erheblicher 2

Obsorgepflicht, Vernachlässigung 33

Pflicht, soldatische 4
Preisgabe eines Geheimnisses 26 ff

Quälen 35

Sachbeschädigung 32
Soldat 2
Strafbare Handlungen 3, 6, 17

Ungehorsam 12 ff
Unterdrückung von Eingaben 37

Vernachlässigung der Obsorgepflicht 33
Verurteilungen 6
Verwerflicher Beweggrund 38

Wache 2
Wachverfehlung 24 f
Waffengebrauch 577 StG
Weisungen 5

Bundesgesetz vom 30. Oktober 1970 über besondere strafrechtliche Bestimmungen für Soldaten (Militärstrafgesetz – MilStG.)

Inhaltsverzeichnis

I. HAUPTSTÜCK

Allgemeiner Teil

Geltungsbereich

§ 1. Dieses Bundesgesetz gilt, soweit darin nichts anderes bestimmt wird, nur für Soldaten. Die allgemeinen Strafgesetze finden auf Soldaten insoweit Anwendung, als dieses Bundesgesetz keine besonderen Bestimmungen enthält.

Begriffsbestimmungen

§ 2. Im Sinne dieses Bundesgesetzes ist

1. *Soldat:* jeder Angehörige des Präsenzstandes des Bundesheeres (§ 1 des Wehrgesetzes 1990-WG, BGBl Nr. 305); *(BGBl I 1998/30)*

2. *Einsatz:* das Einschreiten des Bundesheeres oder eines Teiles des Bundesheeres zu einem der im § 2 Abs. 1 des WG genannten Zwecke, einschließlich der Bereitstellung und des Anmarsches zu diesem Einschreiten; *(BGBl I 1998/30)*

3. *Wache:* ein Soldat, der als Posten, Streife, Bedeckung oder Wachbereitschaft im Dienst steht;

4. *erheblicher Nachteil:* eine Minderung der Einsatzbereitschaft des Bundesheeres, ein den Zweck eines Einsatzes gefährdender Mangel an Menschen oder Material oder ein 40 000 Euro übersteigender Vermögensschaden; *(BGBl 1987/605; BGBl I 2001/130)*

5. *Befehl:* eine von einem militärischen Vorgesetzten an Untergebene gerichtete, für einen Ein-

zelfall geltende Anordnung zu einem bestimmten Verhalten;

6. *militärisches Geheimnis:* alles, was an militärisch bedeutsamen Tatsachen, Gegenständen, Erkenntnissen, Nachrichten und Vorhaben dem Soldaten ausdrücklich als geheim bezeichnet worden ist oder seiner Art nach offenbar nicht ohne Gefahr für die Erfüllung einer Aufgabe des Bundesheeres preisgegeben werden kann;

7. *wichtige Meldung:* eine dienstliche Mitteilung eines Soldaten, die militärisch bedeutsame Tatsachen, Nachrichten und Vorhaben betrifft und ihrer Art nach offenbar nicht ohne Gefahr für die Erfüllung einer Aufgabe des Bundesheeres unterbleiben oder falsch oder verspätet erstattet werden kann;

8. *wichtiger Befehl:* ein Befehl, der militärisch bedeutsame Tatsachen, Nachrichten und Vorhaben betrifft und dessen rechtzeitige und richtige Befolgung der Art des Befehles nach offenbar nicht ohne Gefahr für die Erfüllung einer Aufgabe des Bundesheeres unterbleiben kann.

(BGBl I 1998/30; BGBl I 2001/130)

Befolgung strafgesetzwidriger Befehle

§ 3. (1) Einem Soldaten sind gerichtlich strafbare Handlungen auch dann zuzurechnen, wenn er sie auf Befehl begangen hat.

(2) „Die Staatsanwaltschaft" kann jedoch von der Verfolgung eines Soldaten, der eine Straftat auf Befehl eines Vorgesetzten begangen hat, absehen oder zurücktreten, wenn die Tat keine oder nur unbedeutende Folgen nach sich gezogen hat und die Bestrafung nicht geboten ist, um den Täter von weiteren strafbaren Handlungen abzuhalten. Unter diesen Voraussetzungen kann auch das Gericht das Verfahren jederzeit mit Beschluß einstellen. *(BGBl I 2007/112)*

(BGBl 1974/511)

Furcht vor persönlicher Gefahr

§ 4. Furcht vor persönlicher Gefahr entschuldigt eine Tat nicht, wenn es die soldatische Pflicht verlangt, die Gefahr zu bestehen.

Weisungen und Erziehungsmaßnahmen

§ 5. Während des Präsenz- oder Ausbildungsdienstes sind Weisungen „(§ 51 StGB)", soweit ihre Durchführung oder Einhaltung mit dem Dienst vereinbar ist, ohne Rücksicht darauf, ob sie vor oder während des Präsenzdienstes ausgesprochen worden sind, außer Wirksamkeit gesetzt. *(BGBl I 2007/112)*

(BGBl 1974/511; BGBl I 1998/30)

Gesetzliche Wirkungen von Verurteilungen

§ 6. (1) Mit jeder Verurteilung wegen einer oder mehrerer mit Vorsatz begangener strafbarer Handlungen zu einer mehr als einjährigen Freiheitsstrafe „oder einer nicht bedingt nachgesehenen sechs Monate übersteigenden Freiheitsstrafe oder einer Verurteilung auch oder ausschließlich wegen des Vergehens des Missbrauchs eines Autoritätsverhältnisses (§ 212 StGB)" sind außer den sonst eintretenden nachteiligen Folgen noch folgende Wirkungen kraft Gesetzes verbunden: *(BGBl I 2007/112)*

1. bei Soldaten, die in einem Dienstverhältnis zum Bund stehen, die Entlassung aus dem Dienstverhältnis,

2. bei allen Offizieren, Unteroffizieren und Chargen die Zurücksetzung zum „Rekrut" (Degradierung), *(BGBl I 1998/30)*

3. die Unfähigkeit zur Beförderung im Bundesheer.

(2) Die Unfähigkeit zur Beförderung im Bundesheer tritt auch dann ein, wenn der Verurteilte weder Soldat ist noch dem Ruhe- oder Reservestand des Bundesheeres angehört.

(BGBl 1974/511; BGBl I 1998/30)

II. HAUPTSTÜCK

Besonderer Teil

I. Straftaten gegen die Wehrpflicht

Nichtbefolgung des Einberufungsbefehles

§ 7. (1) Wer der Einberufung

1. zum Grundwehrdienst oder

2. *(aufgehoben, BGBl I 2007/112)*

3. zu einer „Milizübung" oder *(BGBl I 2007/112)*

4. zu einem Einsatzpräsenzdienst oder

5. zu einer außerordentlichen Übung oder

6. zu einem Aufschubpräsenzdienst

nicht Folge leistet, ist mit Freiheitsstrafe bis zu drei Monaten oder mit Geldstrafe bis zu 180 Tagessätzen zu bestrafen.

(2) Wer der Einberufung zum Grundwehrdienst länger als 30 Tage nicht Folge leistet, ist mit Freiheitsstrafe bis zu einem Jahr zu bestrafen. *(BGBl I 2007/112)*

(3) Wer der Einberufung

1. zu einer „Milizübung" oder *(BGBl I 2007/112)*

2. zu einem Einsatzpräsenzdienst oder

3. zu einer außerordentlichen Übung oder

4. zu einem Aufschubpräsenzdienst

länger als acht Tage nicht Folge leistet, ist mit Freiheitsstrafe bis zu einem Jahr zu bestrafen.

(BGBl I 1998/30)

Unerlaubte Abwesenheit

§ 8. Wer seine Truppe, militärische Dienststelle oder den ihm sonst zugewiesenen Aufenthaltsort verläßt oder ihnen fernbleibt und sich dadurch, wenn auch nur fahrlässig, dem Dienst für länger als vierundzwanzig Stunden entzieht, ist mit Freiheitsstrafe bis zu sechs Monaten oder mit Geldstrafe bis zu 360 Tagessätzen, entzieht er sich aber dem Dienst für länger als acht Tage, mit Freiheitsstrafe bis zu einem Jahr zu bestrafen.

(BGBl 1974/511)

Desertion

§ 9. (1) Wer sich auf die im § 8 angeführte Weise dem Dienst im Bundesheer für immer oder dem Dienst im Einsatz nach § 2 Abs. 1 lit. a oder b WG, zu entziehen sucht, ist mit Freiheitsstrafe von sechs Monaten bis zu fünf Jahren zu bestrafen. *(BGBl I 1998/30)*

(2) Wer jedoch ohne Beziehung auf einen Einsatz nach § 2 Abs. 1 lit. a WG, das erste Mal desertiert ist, sich binnen sechs Wochen aus freien Stücken stellt und bereit ist, seine Dienstpflicht zu erfüllen, ist nicht wegen Desertion, sondern wegen unerlaubter Abwesenheit nach § 8 zu bestrafen. *(BGBl I 1998/30)*

(BGBl 1974/511)

Herbeiführung der Dienstuntauglichkeit

§ 10. (1) Wer in der Absicht, sich seinem Dienst zu entziehen, seine gänzliche oder teilweise Dienstuntauglichkeit herbeiführt, ist, wenn er sich dadurch, wenn auch nur fahrlässig, seinem Dienst für länger als vierundzwanzig Stunden entzieht, mit Freiheitsstrafe bis zu sechs Monaten oder mit Geldstrafe bis zu 360 Tagessätzen, entzieht er sich aber seinem Dienst für länger als acht Tage, mit Freiheitsstrafe bis zu einem Jahr zu bestrafen.

(2) Wer sich aber durch Herbeiführung seiner gänzlichen oder teilweisen Dienstuntauglichkeit dem Dienst im Bundesheer für immer oder dem Dienst im Einsatz nach § 2 Abs. 1 lit. a oder b WG, zu entziehen sucht, ist mit Freiheitsstrafe von sechs Monaten bis zu fünf Jahren zu bestrafen. *(BGBl I 1998/30)*

(3) Wer, bevor er Soldat geworden ist, eine der im Abs. 1 bezeichneten Taten begeht, ist mit Freiheitsstrafe bis zu sechs Monaten oder mit Geldstrafe bis zu 360 Tagessätzen und wer, bevor er Soldat geworden ist, die im Abs. 2 bezeichnete Tat begeht, ist mit Freiheitsstrafe bis zu drei Jahren zu bestrafen.

(BGBl 1974/511)

Dienstentziehung durch Täuschung

§ 11. (1) Wer sich durch grobe Täuschung über Tatsachen, insbesondere durch Vortäuschung gänzlicher oder teilweiser Dienstuntauglichkeit, wenn auch nur fahrlässig, seinem Dienst für länger als acht Tage entzieht, ist mit Freiheitsstrafe bis zu einem Jahr zu bestrafen.

(2) Wer sich aber auf die im Abs. 1 bezeichnete Weise dem Dienst im Bundesheer für immer oder dem Dienst im Einsatz nach § 2 Abs. 1 lit. a oder b WG, zu entziehen sucht, ist mit Freiheitsstrafe von sechs Monaten bis zu fünf Jahren zu bestrafen.

(3) Wer, bevor er Soldat geworden ist, die im Abs. 1 bezeichnete Tat begeht, ist mit Freiheitsstrafe bis zu sechs Monaten oder mit Geldstrafe bis zu 360 Tagessätzen und wer, bevor er Soldat geworden ist, die im Abs. 2 bezeichnete Tat begeht, ist mit Freiheitsstrafe bis zu drei Jahren zu bestrafen.

(BGBl 1974/511)

II. Straftaten gegen die militärische Ordnung

Ungehorsam

§ 12. (1) Wer einen Befehl nicht befolgt, indem er

1. sich gegen den Befehl durch Tätlichkeiten oder mit beleidigenden Worten oder solchen Gebärden auflehnt oder

2. trotz Abmahnung im Ungehorsam verharrt, ist mit Freiheitsstrafe bis zu zwei Jahren zu bestrafen.

(2) In gleicher Weise ist zu bestrafen, wer sonst einen Befehl nicht befolgt und dadurch, wenn auch nur fahrlässig, eine Gefahr für das Leben, die Gesundheit oder die körperliche Sicherheit von Menschen oder die Gefahr eines erheblichen Nachteils (§ 2 Z. 4) herbeiführt.

(BGBl 1974/511)

Fahrlässige Nichtbefolgung von Befehlen

§ 13. Wer fahrlässig einen Befehl nicht befolgt und dadurch eine Gefahr für das Leben, die Gesundheit oder die körperliche Sicherheit von Menschen oder die Gefahr eines erheblichen Nachteils (§ 2 Z. 4) herbeiführt, ist, wenn die Tat nicht nach anderen Bestimmungen mit strengerer Strafe bedroht ist, mit Freiheitsstrafe bis zu einem Jahr zu bestrafen.

(BGBl 1974/511)

Schwerer Ungehorsam

§ 14. Wer sich eines Ungehorsams nach § 12 in Gemeinschaft mit mehreren anderen Soldaten oder im Einsatz schuldig macht, ist mit Freiheitsstrafe von sechs Monaten bis zu fünf Jahren zu bestrafen.

(BGBl 1974/511)

Gemeinsame Bestimmung

§ 15. Dem Ungehorsam und der Nichtbefolgung eines Befehles steht die den Zweck des Befehles beeinträchtigende verspätete oder mangelhafte Befolgung des Befehles gleich.

Verabredung zum gemeinschaftlichen Ungehorsam

§ 16. (1) Wer sich mit mehreren anderen Soldaten zum gemeinschaftlichen Ungehorsam nach § 14 verabredet, ist mit Freiheitsstrafe bis zu zwei Jahren zu bestrafen.

(2) Nach Abs. 1 ist nicht zu bestrafen, wer freiwillig die Ausführung aufgibt oder durch eine Mitteilung an einen Vorgesetzten oder auf andere Art den beabsichtigten Ungehorsam verhindert. Unterbleibt der Ungehorsam ohne Zutun des Täters, so ist er nicht zu bestrafen, wenn er sich in Unkenntnis dessen freiwillig und ernstlich bemüht, den Ungehorsam zu verhindern.

(BGBl 1974/511)

Straflosigkeit der Nichtbefolgung von Befehlen

§ 17. Eine Handlung nach den §§ 12 bis 16 bleibt straflos, wenn der Befehl

1. die Menschenwürde verletzt,

2. von einer unzuständigen Person oder Stelle ausgegangen ist,

3. durch einen anderen Befehl unwirksam geworden ist,

4. durch eine Änderung der Verhältnisse überholt ist und deshalb seine Befolgung die Gefahr eines erheblichen Nachteils (§ 2 Z. 4) herbeiführen würde,

5. in keiner Beziehung zum militärischen Dienst steht oder

6. die Begehung einer gerichtlich strafbaren Handlung anordnet.

Meuterei

§ 18. Wer in Gemeinschaft mit einem oder mehreren Soldaten durch Anwendung von Gewalt oder gefährlicher Drohung

1. einen militärischen Vorgesetzten, Ranghöheren oder eine Wache an der Ausübung des Dienstes zu hindern oder zur Ausübung des Dienstes in einem bestimmten Sinn zu zwingen sucht oder

2. sich Befehlsbefugnis anmaßt,

ist mit Freiheitsstrafe von fünf bis zu zehn Jahren zu bestrafen.

(BGBl 1974/511)

Verabredung zur Meuterei

§ 19. (1) Wer sich mit einem oder mehreren anderen Soldaten zu einer Meuterei verabredet, ist mit Freiheitsstrafe bis zu drei Jahren zu bestrafen.

(2) Nach Abs. 1 ist nicht zu bestrafen, wer freiwillig die Ausführung aufgibt oder durch Mitteilung an einen Vorgesetzten oder auf andere Art die Meuterei verhindert. Unterbleibt die Meuterei ohne Zutun des Täters, so ist er nicht zu bestrafen, wenn er sich in Unkenntnis dessen freiwillig und ernstlich bemüht, die Meuterei zu verhindern.

(BGBl 1974/511)

Gemeinschaftlicher Angriff auf militärische Vorgesetzte

§ 20. Wer sich mit mehreren anderen Soldaten zusammenrottet und mit vereinten Kräften im Dienst oder mit Beziehung auf den Dienst gegen einen militärischen Vorgesetzten, Ranghöheren oder eine Wache eine gerichtlich strafbare Handlung gegen Leib und Leben oder gegen die Freiheit, die nur vorsätzlich begangen werden kann und mit mehr als einjähriger Freiheitsstrafe bedroht ist, begeht, ist mit Freiheitsstrafe von einem bis zu zehn Jahren zu bestrafen.

(BGBl 1974/511)

Verabredung zum gemeinschaftlichen Angriff auf militärische Vorgesetzte

§ 21. (1) Wer sich mit mehreren anderen Soldaten zu einem gemeinschaftlichen Angriff auf einen militärischen Vorgesetzten, Ranghöheren oder eine Wache verabredet, ist mit Freiheitsstrafe bis zu zwei Jahren zu bestrafen.

(2) Nach Abs. 1 ist nicht zu bestrafen, wer freiwillig die Ausführung aufgibt oder durch Mitteilung an einen Vorgesetzten oder auf andere Art den gemeinschaftlichen Angriff verhindert. Unterbleibt der gemeinschaftliche Angriff ohne Zutun des Täters, so ist er nicht zu bestrafen, wenn er sich in Unkenntnis dessen freiwillig und ernstlich bemüht, den gemeinschaftlichen Angriff zu verhindern.

(BGBl 1974/511)

Körperverletzung eines Vorgesetzten und tätlicher Angriff auf einen Vorgesetzten

§ 22. Wer im Dienst, mit Beziehung auf den Dienst oder wegen der dienstlichen Stellung des Angegriffenen einen militärischen Vorgesetzten, Ranghöheren oder eine Wache

1. am Körper verletzt oder an der Gesundheit schädigt,

2. am Körper mißhandelt und dadurch fahrlässig verletzt oder an der Gesundheit schädigt oder

3. tätlich angreift,

ist, wenn die Tat nicht nach anderen Bestimmungen mit strengerer Strafe bedroht ist, mit Freiheitsstrafe bis zu einem Jahr zu bestrafen.

(BGBl 1974/511)

Berauschung im Dienst

§ 23. Wer sich, nachdem über ihn schon mehr als einmal wegen eines Verhaltens derselben Art eine Disziplinarstrafe verhängt worden ist, wenn auch nur fahrlässig, im Dienst durch den Genuß von Alkohol oder den Gebrauch eines anderen berauschenden Mittels in einen Zustand versetzt, der ihn zu seinem Dienst ganz oder teilweise untauglich macht, ist, wenn die Tat nicht nach § 10 mit Strafe bedroht ist, mit Freiheitsstrafe bis zu sechs Monaten oder mit Geldstrafe bis zu 360 Tagessätzen zu bestrafen.

(BGBl 1974/511)

III. Straftaten gegen die Pflichten von Wachen

Vorsätzliche Wachverfehlung

§ 24. (1) Wer

1. sich außerstande setzt, den ihm befohlenen Wachdienst zu versehen,

2. als Wache, wenn auch nur zeitweilig, den ihm zugewiesenen Bereich verläßt oder ihm fernbleibt,

3. als Wache sonst, wenn auch nur zeitweilig, seinen Dienst nicht oder mangelhaft versieht,

ist mit Freiheitsstrafe bis zu einem Jahr zu bestrafen.

(2) Wer durch die Tat nach Abs. 1, wenn auch nur fahrlässig, eine Gefahr für das Leben, die Gesundheit oder die körperliche Sicherheit von Menschen oder die Gefahr eines erheblichen Nachteils (§ 2 Z. 4) herbeiführt, ist mit Freiheitsstrafe bis zu zwei Jahren, wenn er aber überdies die Tat im Einsatz begeht, mit Freiheitsstrafe von sechs Monaten bis zu fünf Jahren zu bestrafen.

(BGBl 1974/511)

Fahrlässige Wachverfehlung

§ 25. Wer die im § 24 angeführte Tat fahrlässig begeht und dadurch eine Gefahr für das Leben, die Gesundheit oder die körperliche Sicherheit von Menschen oder die Gefahr eines erheblichen Nachteils (§ 2 Z. 4) herbeiführt, ist mit Freiheitsstrafe bis zu einem Jahr zu bestrafen.

(BGBl 1974/511)

IV. Straftaten gegen andere Pflichten

Vorsätzliche Preisgabe eines militärischen Geheimnisses

§ 26. (1) Wer ein militärisches Geheimnis preisgibt, ist mit Freiheitsstrafe bis zu zwei Jahren zu bestrafen. *(BGBl 1974/511)*

(2) Führt der Täter dadurch, wenn auch nur fahrlässig, eine Gefahr für das Leben, die Gesundheit oder die körperliche Sicherheit von Menschen oder die Gefahr eines erheblichen Nachteils (§ 2 Z. 4) herbei, so ist er mit Freiheitsstrafe von einem bis zu zehn Jahren zu bestrafen. *(BGBl 1974/511)*

(3) Die vorstehenden Bestimmungen sind nicht anzuwenden, wenn die Tat nach anderen Bestimmungen mit strengerer Strafe bedroht ist.

Fahrlässige Preisgabe eines militärischen Geheimnisses

§ 27. Wer die im § 26 Abs. 1 angeführte Tat fahrlässig begeht, ist mit Freiheitsstrafe bis zu sechs Monaten oder mit Geldstrafe bis zu 360 Tagessätzen, führt der Täter durch die Tat aber eine Gefahr für das Leben, die Gesundheit oder die körperliche Sicherheit von Menschen oder die Gefahr eines erheblichen Nachteils (§ 2 Z. 4) herbei, mit Freiheitsstrafe bis zu einem Jahr zu bestrafen.

(BGBl 1974/511)

Gemeinsame Bestimmung

§ 28. Wegen vorsätzlicher oder fahrlässiger Preisgabe eines militärischen Geheimnisses ist auch zu bestrafen, wer das militärische Geheimnis zwar als Soldat erfahren hat, aber erst nach Beendigung seiner Dienstzeit preisgibt.

(BGBl 1974/511)

Verstöße gegen die Pflichten zur Meldung und zur Befehlsübermittlung

§ 29. Wer

1. eine wichtige Meldung unrichtig erstattet,

2. eine wichtige Meldung nicht oder verspätet erstattet oder eine wichtige Meldung oder einen

wichtigen Befehl nicht oder unrichtig oder verspätet weitergibt oder

3. eine wichtige Meldung oder einen wichtigen Befehl weitergibt, ohne auf eine ihm bekannte Unrichtigkeit aufmerksam zu machen,

und dadurch, wenn auch nur fahrlässig, eine Gefahr für das Leben, die Gesundheit oder die körperliche Sicherheit von Menschen oder die Gefahr eines erheblichen Nachteils (§ 2 Z. 4) herbeiführt, ist mit Freiheitsstrafe bis zu zwei Jahren, wenn er aber die Tat im Einsatz begeht, mit Freiheitsstrafe von sechs Monaten bis zu fünf Jahren zu bestrafen.

(BGBl 1974/511)

Fahrlässige Verstöße

§ 30. Wer die im § 29 angeführte Tat fahrlässig begeht, ist mit Freiheitsstrafe bis zu einem Jahr zu bestrafen.

(BGBl 1974/511)

Militärischer Diebstahl

§ 31. (1) Mit Freiheitsstrafe bis zu drei Jahren ist zu bestrafen, wer einen Diebstahl begeht

1. unter Ausnützung einer durch den Einsatz geschaffenen außerordentlichen Lage,

2. unter wenn auch nur fahrlässiger Herbeiführung einer Gefahr für das Leben, die Gesundheit oder die körperliche Sicherheit von Menschen oder einer Gefahr eines erheblichen Nachteils (§ 2 Z. 4) oder

3. an einer Sache, deren Bewachung ihm obliegt.

(2) Mit Freiheitsstrafe bis zu einem Jahr ist zu bestrafen, wer einen anderen Soldaten bestiehlt.

(BGBl 1974/511)

Beschädigung von Heeresgut

§ 32. Wer grob fahrlässig eine Sache, die dem Bundesheer gehört oder für dieses oder für den Einsatz bestimmt ist, zerstört, beschädigt, unbrauchbar macht oder preisgibt und dadurch fahrlässig an der Sache einen 2 000 Euro übersteigenden Schaden verursacht und eine Gefahr für das Leben, die Gesundheit oder die körperliche Sicherheit einer größeren Zahl von Menschen oder die Gefahr eines erheblichen Nachteils (§ 2 Z. 4) herbeiführt, ist mit Freiheitsstrafe bis zu einem Jahr zu bestrafen.

(BGBl 1974/511; BGBl 1987/605; BGBl I 2001/130)

V. Straftaten gegen die Pflichten von Vorgesetzten und Ranghöheren

Vernachlässigung der Obsorgepflicht

§ 33. (1) Wer als militärischer Vorgesetzter, wenn auch nur fahrlässig, die ihm obliegende Sorge für die Erhaltung und Schonung der ihm unterstellten Soldaten gröblich vernachlässigt und dadurch fahrlässig eine schwere Körperverletzung oder eine Körperverletzung mit Dauerfolgen eines Soldaten herbeiführt, ist mit Freiheitsstrafe bis zu einem Jahr, wer aber dadurch fahrlässig den Tod eines Soldaten herbeiführt, mit Freiheitsstrafe bis zu drei Jahren zu bestrafen. *(BGBl 1974/511)*

(2) Abs. 1 ist nicht anzuwenden, wenn die Tat nach anderen Bestimmungen mit strengerer Strafe bedroht ist.

Mißbrauch der Dienststellung

§ 34. Wer seine Dienststellung zu Befehlen, Forderungen oder Zumutungen, die in keiner Beziehung zum militärischen Dienst stehen, einem Untergebenen, Rangniedereren oder einem Angehörigen von ihnen (§ 72 StGB) gegenüber gröblich mißbraucht, ist, wenn die Tat nicht nach anderen Bestimmungen mit strengerer Strafe bedroht ist, mit Freiheitsstrafe bis zu zwei Jahren zu bestrafen.

(BGBl 1974/511)

Entwürdigende Behandlung

§ 35. Wer

1. einen Untergebenen oder Rangniedereren in einer die Menschenwürde verletzenden Weise behandelt oder

2. aus Bosheit einem Untergebenen den Dienst erschwert und ihn dadurch in einen qualvollen Zustand versetzt,

ist, wenn die Tat nicht nach anderen Bestimmungen mit strengerer Strafe bedroht ist, mit Freiheitsstrafe bis zu zwei Jahren zu bestrafen.

(BGBl 1974/511)

Körperverletzung von Untergebenen und tätlicher Angriff auf Untergebene

§ 36. Wer im Dienst oder mit Beziehung auf den Dienst einen Untergebenen oder Rangniedereren

1. am Körper verletzt oder an der Gesundheit schädigt,

2. am Körper mißhandelt und dadurch fahrlässig verletzt oder an der Gesundheit schädigt oder

3. tätlich angreift,

ist, wenn die Tat nicht nach anderen Bestimmungen mit strengerer Strafe bedroht ist, mit Freiheitsstrafe bis zu einem Jahr zu bestrafen.

(BGBl 1974/511)

Unterdrückung von Eingaben

§ 37. (1) Wer einen Untergebenen oder Rangniedereren durch Befehle, Zuwendung oder Versprechen von Geschenken oder anderen Vorteilen oder durch Drohungen zu bewegen sucht, eine Anzeige, Meldung, Beschwerde oder andere Eingabe zu unterlassen oder zurückzuziehen, ist, wenn die Tat nicht nach anderen Bestimmungen mit strengerer Strafe bedroht ist, mit Freiheitsstrafe bis zu sechs Monaten oder mit Geldstrafe bis zu 360 Tagessätzen zu bestrafen.

(2) Ebenso ist zu bestrafen, wer eine solche Eingabe eines Untergebenen oder Rangniedereren, die er weiterzuleiten oder selbst zu erledigen hätte, unterdrückt.

(BGBl 1974/511)

VI. Straftaten gegen die Pflichten im Einsatz

Besondere Dienstpflichtverletzung im Einsatz

§ 38. (1) Wer im Einsatz nach § 2 Abs. 1 lit. a WG, eine der in den §§ 9 Abs. 1, 10 Abs. 2 und Abs. 3 zweiter Fall, 11 Abs. 2 und Abs. 3 zweiter Fall, 14, 16, 19, 21, 24 Abs. 2 zweiter Fall, 29 zweiter Fall und 14 dieses Bundesgesetzes mit Strafe bedrohten Handlungen begeht und dadurch, wenn auch nur fahrlässig,

1. eine Gefahr für das Leben, die Gesundheit oder die körperliche Sicherheit von Menschen oder die Gefahr eines erheblichen Nachteils (§ 2 Z. 4) herbeiführt oder

2. in seiner Truppe die Ordnung oder persönliche Einsatzbereitschaft erheblich beeinträchtigt,

ist mit Freiheitsstrafe von einem bis zu zehn Jahren zu bestrafen. *(BGBl 1974/511; BGBl I 1998/30)*

(2) Wer aus einem verwerflichen Beweggrund

1. im Einsatz nach § 2 Abs. 1 lit. a WG, eine der im Abs. 1 angeführten nach diesem Bundesgesetz strafbaren Handlungen begeht oder *(BGBl I 1998/30)*

2. im Einsatz seine Dienstpflicht verletzt und dadurch, wenn auch nur fahrlässig, eine der im Abs. 1 unter Z. 1 und 2 bezeichneten Folgen herbeiführt,

ist mit Freiheitsstrafe von einem bis zu fünf Jahren zu bestrafen. *(BGBl 1974/511)*

(3) Wer im Einsatz nach § 2 Abs. 1 lit. a WG, eine der in den §§ 7 Abs. 2 und 3, 8 zweiter Fall, 10 Abs. 1 zweiter Fall, 11 Abs. 1, 12, 13, 22, 24 Abs. 1 und Abs. 2 erster Fall, 25, 26 Abs. 1, 27

zweiter Fall, 29 erster Fall, 30, 32 bis 36 dieses Bundesgesetzes mit Strafe bedrohten Handlungen aus einem verwerflichen Beweggrund begeht oder durch eine solche strafbare Handlung, wenn auch nur fahrlässig, eine der im Abs. 1 unter Z. 1 oder 2 bezeichneten Folgen herbeiführt, ist mit Freiheitsstrafe bis zu drei Jahren zu bestrafen. *(BGBl 1974/511; BGBl I 1998/30)*

(4) Wer im Einsatz nach § 2 Abs. 1 lit. a WG, eine der in den §§ 7 Abs. 1, 8 erster Fall, 10 Abs. 1 erster Fall und Abs. 3 erster Fall, 11 Abs. 3 erster Fall, 23, 27 erster Fall und 37 dieses Bundesgesetzes mit Strafe bedrohten Handlungen aus einem verwerflichen Beweggrund begeht oder durch eine solche strafbare Handlung, wenn auch nur fahrlässig, eine der im Abs. 1 Z. 1 oder 2 bezeichneten Folgen herbeiführt, ist mit Freiheitsstrafe bis zu einem Jahr zu bestrafen. *(BGBl 1974/511; BGBl I 1998/30)*

(5) Die vorstehenden Absätze sind nicht anzuwenden, wenn die Tat nach anderen Bestimmungen mit strengerer Strafe bedroht ist; sind die vorstehenden Bestimmungen anzuwenden, so ist die gleichzeitige Anwendung einer anderen Strafbestimmung dieses Bundesgesetzes ausgeschlossen.

(6) Einem verwerflichen Beweggrund steht es gleich, wenn der Täter aus Furcht vor persönlicher Gefahr handelt, obwohl er nach seinen soldatischen Pflichten dazu verhalten ist, sich der Gefahr auszusetzen.

III. HAUPTSTÜCK
Schluß- und Übergangsbestimmungen

Inkrafttreten

§ 39. „(1)" § 2 Z 1 und 2, § 5, § 6 Abs. 1, § 7, § 9, § 10 Abs. 2, § 11 Abs. 2 und § 38 Abs. 1 bis 4 in der Fassung des Bundesgesetzes BGBl. I Nr. 30/1998 treten mit 1. Jänner 1998 in Kraft. *(BGBl I 1998/30; BGBl I 2007/112)*

(2) Die Bestimmungen der §§ 3 Abs. 2 und Abs. 5, 6 Abs. 1, und 7 in der Fassung des BGBl. I Nr. 112/2007 treten mit 1. Jänner 2008 in Kraft. *(BGBl I 2007/112)*

Artikel I.

Das Österreichische Strafgesetz 1945, A.Slg. NR. 2, wird geändert wie folgt:

1 – 7. gegenstandslos

8. (aufgehoben, BGBl I 2000/86)

Artikel II.

Die Strafprozeßordnung 1960, BGBl. Nr. 98, wird geändert wie folgt:

(gegenstandslos)

Artikel III.

(1) Wo in anderen Bundesgesetzen der Anhang zum Allgemeinen Strafgesetz oder einer der §§ 533 bis 684 dieses Anhanges angeführt ist, tritt an die Stelle dieser Anführung die Anführung der entsprechenden Bestimmungen des Militärstrafgesetzes.

(2) Das Militärstrafgesetz findet auf Straftaten, die vor dem Beginn seiner Wirksamkeit begangen worden sind, nur insoweit Anwendung, als dem Schuldigen dadurch keine strengere Behandlung zuteil würde als nach dem früheren Rechte und nur dann, wenn eine Strafverfügung noch nicht erlassen oder das Urteil erster Instanz noch nicht gefällt worden ist oder die gerichtliche Entscheidung später beseitigt wird.

Artikel VI.

Die Bestimmungen dieses Bundesgesetzes gelten für Teilnehmer an Inspektionen und Instruktionen (§ 33a des Wehrgesetzes, BGBl. Nr. 181/1955, in der Fassung der Bundesgesetze BGBl. Nr. 221/1962, 185/1966 und 96/1969) dem Sinne nach.

Artikel VII.

Dieses Bundesgesetz tritt am 1. Jänner 1971 in Kraft.

Artikel VIII.

Mit der Vollziehung dieses Bundesgesetzes ist der Bundesminister für Justiz im Einvernehmen mit dem Bundesminister für Landesverteidigung, bei der Vollziehung des § 5 auch im Einvernehmen mit dem Bundesminister für Inneres betraut.

4. Finanzstrafgesetz

BGBl 1958/129 idF

FinStrG

1 BGBl 1959/21
2 BGBl 1959/92
3 BGBl 1960/111
4 BGBl 1961/194
5 BGBl 1969/145
6 BGBl 1972/224
7 BGBl 1974/223
8 BGBl 1975/335
9 BGBl 1975/381
10 BGBl 1976/259
11 BGBl 1979/168
12 BGBl 1982/201
13 BGBl 1984/113
14 BGBl 1984/530
15 BGBl 1984/532
16 BGBl 1985/517
17 BGBl 1985/571
18 BGBl 1986/325
19 BGBl 1987/312
20 BGBl 1987/579
21 BGBl 1988/109
22 BGBl 1988/233
23 BGBl 1988/414
24 BGBl 1988/599
25 BGBl 1988/677
26 BGBl 1989/375
27 BGBl 1990/465
28 BGBl 1991/699
29 BGBl 1992/449
30 BGBl 1993/91
31 BGBl 1993/526
32 BGBl 1993/532
33 BGBl 1993/799
34 BGBl 1994/681
35 BGBl 1994/1045
36 BGBl 1996/201
37 BGBl 1996/421
38 BGBl 1996/757
39 BGBl I 1998/30
40 BGBl I 1999/28
41 BGBl I 1999/55
42 BGBl I 1999/164
43 BGBl I 2000/26
44 BGBl I 2000/138
45 BGBl I 2001/59
46 BGBl I 2001/144
47 BGBl I 2002/97
48 BGBl I 2003/124
49 BGBl I 2004/26
50 BGBl I 2004/57

51 BGBl I 2004/180 (AbgÄG 2004)
52 BGBl I 2005/103
53 BGBl I 2005/161 (AbgÄG 2005)
54 BGBl I 2006/99
55 BGBl I 2007/44
56 BGBl I 2007/93
57 BGBl I 2007/99
58 BGBl I 2008/2
59 BGBl I 2008/85
60 BGBl I 2009/20
61 BGBl I 2010/9
62 BGBl I 2010/54 (GSpG-Novelle 2008)
63 BGBl I 2010/104 (FinStrG-Novelle 2010)
64 BGBl I 2012/51
65 BGBl I 2012/112 (AbgÄG 2012)
66 BGBl I 2013/14 (FVwGG 2012)
67 BGBl I 2013/33 (Verwg-AusfG 2013)
68 BGBl I 2013/70
69 BGBl I 2013/155 (FinStrG-Novelle 2013)
70 BGBl I 2014/13 (AbgÄG 2014)
71 BGBl I 2014/65 (FinStrG-Novelle 2014)
72 BGBl I 2014/105 (2. AbgÄG 2014)
73 BGBl I 2015/118 (StRefG 2015/2016)
74 BGBl I 2015/163 (AbgÄG 2015)
75 BGBl I 2016/77 (EU-AbgÄG 2016)
76 BGBl I 2017/136
77 BGBl I 2017/163 (VfGH)
78 BGBl I 2018/32 (Materien-Datenschutz-Anpassungsgesetz 2018)
79 BGBl I 2018/62 (Jahressteuergesetz 2018 – JStG 2018)
80 BGBl I 2019/62 (EU-FinAnpG 2019)
81 BGBl I 2019/91 (AbgÄG 2020)
82 BGBl I 2019/104 (Finanz-Organisationsreformgesetz – FORG)
83 BGBl I 2020/16 (2. COVID-19-Gesetz)
84 BGBl I 2020/23 (3. COVID-19-Gesetz)
85 BGBl I 2020/96 (KonStG 2020)
86 BGBl I 2020/99 (2. FORG)
87 BGBl I 2021/3 (COVID-19-StMG)
88 BGBl I 2021/52 (2. COVID-19-StMG)
89 BGBl I 2021/94 (StrEU-AG 2021)
90 BGBl I 2021/227
91 BGBl I 2022/108 (AbgÄG 2022)
92 BGBl I 2023/106 (CESOP-Umsetzungsgesetz 2023)
93 BGBl I 2023/110 (AbgÄG 2023)

GLIEDERUNG

ARTIKEL I. Strafrecht und Strafverfahrensrecht in Angelegenheiten der bundesrechtlich oder durch Rechtsvorschriften der Europäi-

FinStrG

STICHWORTVERZEICHNIS
zum FinStrG

4. FinStrG

Stichwortverzeichnis

FinStrG

Bundesgesetz vom 26. Juni 1958, betreffend das Finanzstrafrecht und das Finanzstrafverfahrensrecht (Finanzstrafgesetz – FinStrG.)

ARTIKEL I

Strafrecht und Strafverfahrensrecht in Angelegenheiten der bundesrechtlich oder durch Rechtsvorschriften der Europäischen Union geregelten Abgaben und der Monopole

ERSTER ABSCHNITT

Finanzstrafrecht

I. Hauptstück

Allgemeiner Teil

Allgemeine Bestimmungen

§ 1. (1) Finanzvergehen sind die in den §§ 33 bis 52 mit Strafe bedrohten Taten (Handlungen oder Unterlassungen) natürlicher Personen. Finanzvergehen sind auch andere ausdrücklich mit Strafe bedrohte Taten, wenn sie in einem Bundesgesetz als Finanzvergehen oder als Finanzordnungswidrigkeiten bezeichnet sind. *(BGBl I 2005/161)*

(2) Nach Maßgabe des § 28a sind auch Verbände im Sinne des Verbandsverantwortlichkeitsgesetzes für Finanzvergehen verantwortlich. *(BGBl I 2005/161)*

(3) Vorsätzliche Finanzvergehen, die mit einer zwingend zu verhängenden Freiheitsstrafe von mehr als drei Jahren bedroht sind, sind Verbrechen im Sinne des § 17 Abs. 1 StGB. *(BGBl I 2010/104)*

(BGBl 1975/335)

§ 2. (1) Abgaben im Sinne dieses Artikels sind:

a) die bundesrechtlich geregelten und die durch unmittelbar wirksame Rechtsvorschriften der Europäischen Union geregelten öffentlichen Abgaben sowie die bundesrechtlich geregelten Beiträge an öffentliche Fonds und an Körperschaften des öffentlichen Rechts, die nicht Gebietskörperschaften sind, soweit diese Abgaben und Beiträge bei Erhebung im Inland von Abgabenbehörden des Bundes zu erheben sind;

b) die Grundsteuer und die Lohnsummensteuer;

c) die in einem anderen Mitgliedstaat der Europäischen Union zu erhebende Einfuhrumsatzsteuer oder durch Rechtsvorschriften der Europäischen Union harmonisierte Verbrauchsteuern, sofern der Abgabenanspruch in Zusammenhang mit einem in diesem Staat begangenen Finanzver-

gehen, das im Inland verfolgt wird, entstanden ist; *(BGBl I 2010/104; BGBl I 2019/62)*

d) Umsatzsteuer, die in einem anderen Mitgliedstaat der Europäischen Union in Zusammenhang mit einem grenzüberschreitenden Umsatzsteuerbetrug (§ 40) entstanden ist, wenn die Tat im Inland verfolgt wird. *(BGBl I 2019/62)*

(2) Die Stempel- und Rechtsgebühren und die Konsulargebühren sind – mit Ausnahme der Wettgebühren nach § 33 TP 17 Abs. 1 Z 1 GebG 1957 – keine Abgaben im Sinne des Abs. 1. *(BGBl I 2010/54)*

(3) Monopol im Sinne dieses Artikels ist das Tabakmonopol. *(BGBl I 2010/104)*

(BGBl 1975/335; BGBl 1992/449; BGBl 1994/681)

§ 3. (1) Die Bestimmungen dieses Hauptstückes sind, soweit sich aus ihnen nicht anderes ergibt, unabhängig davon anzuwenden, ob das Finanzvergehen vom Gericht oder von der Finanzstrafbehörde zu ahnden ist. *(BGBl I 2013/14)*

(2) Wo in diesem Bundesgesetz von Gerichten die Rede ist, sind darunter die ordentlichen Gerichte zu verstehen. *(BGBl I 2013/14)*

(BGBl 1975/335)

Allgemeine Voraussetzungen der Strafbarkeit

§ 4. (1) Eine Strafe wegen eines Finanzvergehens darf nur verhängt werden, wenn die Tat schon zur Zeit ihrer Begehung mit Strafe bedroht war.

(2) Die Strafe richtet sich nach dem zur Zeit der Tat geltenden Recht, es sei denn, dass das zur Zeit der Entscheidung des Gerichtes erster Instanz oder der Finanzstrafbehörde geltende Recht in seiner Gesamtauswirkung für den Täter günstiger wäre. *(BGBl I 2013/14)*

(BGBl 1975/335)

§ 5. (1) Ein Finanzvergehen ist nur strafbar, wenn es im Inland begangen worden ist.

(2) Ein Finanzvergehen ist im Inland begangen, wenn der Täter im Inland gehandelt hat oder hätte handeln sollen oder wenn der dem Tatbild entsprechende Erfolg im Inland eingetreten ist oder nach der Vorstellung des Täters hätte eintreten sollen. Wird das Finanzvergehen nicht im Inland, aber im Zollgebiet der Europäischen Union, begangen und im Inland entdeckt oder wird es von einem österreichischen Staatsangehörigen im Ausland begangen oder wird es gegenüber einem auf Grund eines zwischenstaatlichen Vertrages im Ausland errichteten Organ einer Abgabenbehörde begangen, so gilt es als im Inland begangen.

(3) Niemand darf wegen eines Finanzvergehens an einen fremden Staat ausgeliefert werden, und

eine von einer ausländischen Behörde wegen eines solchen Vergehens verhängte Strafe darf im Inland nicht vollstreckt werden, es sei denn, dass in zwischenstaatlichen Verträgen oder in Bundesgesetzen anderes vorgesehen ist. *(BGBl I 2007/44)*

(BGBl 1975/335; BGBl 1994/681; BGBl I 1999/28; BGBl I 2003/124)

Keine Strafe ohne Schuld

§ 6. Strafbar ist nur, wer schuldhaft handelt. *(BGBl I 2007/44)*

(2) *(aufgehoben, BGBl I 2007/44)*

(BGBl 1975/335; BGBl 1985/571)

Zurechnungsunfähigkeit

§ 7. (1) Wer zur Zeit der Tat wegen einer Geisteskrankheit, wegen einer geistigen Behinderung, wegen einer tiefgreifenden Bewußtseinsstörung oder wegen einer anderen schweren, einem dieser Zustände gleichwertigen seelischen Störung unfähig ist, das Unrecht seiner Tat einzusehen oder nach dieser Einsicht zu handeln, handelt nicht schuldhaft. *(BGBl I 2023/110)*

(2) Nicht strafbar ist, wer zur Zeit der Tat das 14. Lebensjahr noch nicht vollendet hat.

(3) Ist der Täter zur Zeit der Tat zwar 14, aber noch nicht 18 Jahre alt, so ist er nicht strafbar, wenn er aus bestimmten Gründen noch nicht reif genug ist, das Unrecht der Tat einzusehen oder nach dieser Einsicht zu handeln.

(BGBl 1975/335; BGBl 1988/599; BGBl I 2002/97)

Vorsatz, Fahrlässigkeit

§ 8. (1) Vorsätzlich handelt, wer einen Sachverhalt verwirklichen will, der einem gesetzlichen Tatbild entspricht; dazu genügt es, daß der Täter diese Verwirklichung ernstlich für möglich hält und sich mit ihr abfindet.

(2) Fahrlässig handelt, wer die Sorgfalt außer acht läßt, zu der er nach den Umständen verpflichtet und nach seinen geistigen und körperlichen Verhältnissen befähigt ist und die ihm zuzumuten ist, und deshalb nicht erkennt, daß er einen Sachverhalt verwirklichen könne, der einem gesetzlichen Tatbild entspricht. Fahrlässig handelt auch, wer es für möglich hält, daß er einen solchen Sachverhalt verwirkliche, ihn aber nicht herbeiführen will.

(3) Grob fahrlässig handelt, wer ungewöhnlich und auffallend sorgfaltswidrig handelt, sodass der Eintritt eines dem gesetzlichen Tatbild entsprechenden Sachverhaltes als geradezu wahrscheinlich vorhersehbar war. *(BGBl I 2015/118)*

(BGBl 1975/335)

Schuldausschließungsgründe und Rechtfertigungsgründe

§ 9. Dem Täter wird weder Vorsatz noch Fahrlässigkeit zugerechnet, wenn ihm bei einer Tat ein entschuldbarer Irrtum unterlief, der ihn das Vergehen oder das darin liegende Unrecht nicht erkennen ließ; ist der Irrtum unentschuldbar, so ist dem Täter grobe Fahrlässigkeit zuzurechnen. Dem Täter wird Fahrlässigkeit auch dann nicht zugerechnet, wenn ihm bei der Tat eine entschuldbare Fehlleistung unterlief. *(BGBl I 2015/118)*

(BGBl 1975/335; BGBl 1985/571)

§ 10. Eine Tat ist nicht strafbar, wenn sie durch Notstand (§ 10 StGB) entschuldigt oder, obgleich sie dem Tatbild eines Finanzvergehens entspricht, vom Gesetz geboten oder erlaubt ist.

Behandlung aller Beteiligten als Täter

§ 11. Nicht nur der unmittelbare Täter begeht das Finanzvergehen, sondern auch jeder, der einen anderen dazu bestimmt, es auszuführen, oder der sonst zu seiner Ausführung beiträgt.

(BGBl 1975/335)

§ 12. Waren an der Tat mehrere beteiligt, so ist jeder von ihnen nach seiner Schuld zu bestrafen.

(BGBl 1975/335)

Strafbarkeit des Versuches

§ 13. (1) Die Strafdrohungen für vorsätzliche Finanzvergehen gelten nicht nur für die vollendete Tat, sondern auch für den Versuch und für jede Beteiligung an einem Versuch.

(2) Die Tat ist versucht, sobald der Täter seinen Entschluß, sie auszuführen oder einen anderen dazu zu bestimmen (§ 11), durch eine der Ausführung unmittelbar vorangehende Handlung betätigt.

(3) Der Versuch und die Beteiligung daran sind nicht strafbar, wenn die Vollendung der Tat nach der Art der Handlung oder des Gegenstands, an dem die Tat begangen wurde, unter keinen Umständen möglich war.

(BGBl 1975/335)

Rücktritt vom Versuch

§ 14. (1) Der Täter wird wegen des Versuches oder der Beteiligung daran nicht bestraft, wenn er die Ausführung aufgibt oder, falls mehrere daran beteiligt sind, verhindert oder wenn er den Erfolg abwendet. Ein Rücktritt vom Versuch ist bei Betretung auf frischer Tat ausgeschlossen.

(2) Straffreiheit tritt nicht ein, wenn zum Zeitpunkt des Rücktritts vom Versuch

a) Verfolgungshandlungen (Abs. 3) gesetzt waren und dies dem Täter, einem anderen an der Tat Beteiligten oder einem Hehler bekannt war oder

b) anläßlich der Durchführung eines Zollverfahrens bereits eine Erklärung über ein- oder auszuführende Waren abgegeben wurde.

(3) Verfolgungshandlung ist jede nach außen erkennbare Amtshandlung eines Gerichtes, einer Staatsanwaltschaft, einer Finanzstrafbehörde, des Bundesfinanzgerichtes oder eines im § 89 Abs. 2 genannten Organs, die sich gegen eine bestimmte Person als den eines Finanzvergehens Verdächtigen, Beschuldigten oder Angeklagten richtet, und zwar auch dann, wenn das Gericht, die Staatsanwaltschaft, die Finanzstrafbehörde , das Bundesfinanzgericht oder das Organ zu dieser Amtshandlung nicht zuständig war, die Amtshandlung ihr Ziel nicht erreicht oder die Person, gegen die sie gerichtet war, davon keine Kenntnis erlangt hat. *(BGBl I 2010/104; BGBl I 2013/14)*

(BGBl 1975/335; BGBl 1985/571)

Freiheitsstrafen

§ 15. (1) Die Freiheitsstrafe beträgt mindestens einen Tag. Über Jugendliche (§ 7 Abs. 3) darf eine Freiheitsstrafe nicht verhängt werden.

(2) Bei Finanzvergehen, die nicht mit einer zwingend zu verhängenden Freiheitsstrafe bedroht sind, darf auf eine solche nur erkannt werden, wenn es ihrer bedarf, um den Täter von weiteren Finanzvergehen abzuhalten oder der Begehung von Finanzvergehen durch andere entgegenzuwirken. *(BGBl I 2010/104)*

(3) Bei Finanzvergehen, deren Ahndung nicht dem Gericht vorbehalten ist, darf eine Freiheitsstrafe nur in den Fällen des § 58 Abs. 2 lit. a verhängt werden; sie darf das Höchstmaß von drei Monaten nicht übersteigen.

(4) Bei Finanzvergehen, die mit einer zwingend zu verhängenden Freiheitsstrafe bedroht sind, sind die §§ 37 und 41 StGB sinngemäß mit der Maßgabe anzuwenden, dass die an Stelle der Freiheitsstrafe zu verhängende Geldstrafe mit bis zu 500 000 Euro zu bemessen ist. *(BGBl I 2010/104)*

(BGBl 1975/335; BGBl 1985/571)

Geldstrafen

§ 16. Die Mindestgeldstrafe beträgt 20 Euro. Die Geldstrafen fließen dem Bund zu. *(BGBl I 2007/99)*

(BGBl 1975/335; BGBl 1985/571; BGBl I 2001/144; BGBl I 2004/57)

Strafe des Verfalls

§ 17. (1) Auf die Strafe des Verfalls darf nur in den im II. Hauptstück dieses Abschnittes vorgesehenen Fällen erkannt werden.

(2) Dem Verfall unterliegen:

a) die Sachen, hinsichtlich derer das Finanzvergehen begangen wurde, samt Umschließungen;

b) die zur Begehung des Finanzvergehens benützten Beförderungsmittel und Behältnisse, wie Koffer, Taschen u. dgl., wenn diese Gegenstände mit besonderen Vorrichtungen versehen waren, welche die Begehung des Finanzvergehens erleichtert haben;

c) soweit dies im II. Hauptstück dieses Abschnittes besonders vorgesehen ist,

1. die Geräte und Vorrichtungen, die zur Erzeugung der in lit. a erwähnten Sachen bestimmt gewesen oder benützt worden sind,

2. die Rohstoffe, Hilfsstoffe und Halbfabrikate, die zur Erzeugung der in lit. a erwähnten Sachen bestimmt gewesen sind, samt Umschließungen,

3. die zur Begehung des Finanzvergehens benützten Beförderungsmittel, wenn in ihnen Gegenstände des Finanzvergehens an Stellen verborgen waren, die für die Verwahrung üblicherweise nicht bestimmt sind, oder wenn das betreffende Finanzvergehen wegen der Beschaffenheit der beförderten Sachen ohne Benützung von Beförderungsmitteln nicht hätte begangen werden können. Beförderungsmittel, die dem allgemeinen Verkehr dienen und unabhängig von den Weisungen des Fahrgastes oder Benützers verkehren, unterliegen nicht dem Verfall.

(3) Die im Abs. 2 genannten Gegenstände sind für verfallen zu erklären, wenn sie zur Zeit der Entscheidung im Eigentum oder Miteigentum des Täters oder eines anderen an der Tat Beteiligten stehen. Weisen andere Personen ihr Eigentum an den Gegenständen nach, so ist auf Verfall nur dann zu erkennen, wenn diesen Personen vorzuwerfen ist, daß sie

a) zumindest in auffallender Sorglosigkeit dazu beigetragen haben, daß mit diesen Gegenständen das Finanzvergehen begangen wurde, oder

b) beim Erwerb der Gegenstände die deren Verfall begründenden Umstände kannten oder aus auffallender Sorglosigkeit nicht kannten.

Hiebei genügt es, wenn der Vorwurf zwar nicht den Eigentümer des Gegenstands, aber eine Person trifft, die für den Eigentümer über den Gegenstand verfügen kann.

(4) Monopolgegenstände unterliegen dem Verfall ohne Rücksicht darauf, wem sie gehören. Dies gilt auch für Behältnisse und Beförderungsmittel der im Abs. 2 lit. b bezeichneten Art, es sei denn, daß deren Eigentümer nicht an der Tat beteiligt war, ihn auch sonst kein Vorwurf im Sinne des Abs. 3 trifft und die besonderen Vorrichtun-

gen vor der Entscheidung entfernt werden können; die Kosten haben der Täter und die anderen an der Tat Beteiligten zu ersetzen. *(BGBl I 2010/104)*

(5) Wird auf Verfall erkannt, so sind nachgewiesene Pfandrechte oder Zurückbehaltungsrechte dritter Personen an den für verfallen erklärten Gegenständen anzuerkennen, wenn diese Personen kein Vorwurf im Sinne des Abs. 3 trifft.

(6) Stünde der Verfall zur Bedeutung der Tat oder zu dem den Täter treffenden Vorwurf außer Verhältnis, so tritt an die Stelle des Verfalls nach Maßgabe des § 19 die Strafe des Wertersatzes. Dies gilt nicht für Beförderungsmittel und Behältnisse der im Abs. 2 lit. b bezeichneten Art, deren besondere Vorrichtungen nicht entfernt werden können, und für Monopolgegenstände, bei welchen auf Grund ihrer Beschaffenheit oder sonst auf Grund bestimmter Tatsachen zu besorgen ist, dass mit ihnen gegen Monopolvorschriften verstoßen wird. *(BGBl I 2010/104)*

(7) Das Eigentum an den für verfallen erklärten Gegenständen geht mit der Rechtskraft der Entscheidung auf den Bund über; Rechte dritter Personen erlöschen, sofern sie nicht gemäß Abs. 5 anerkannt wurden.

(BGBl 1975/335; BGBl 1988/414; BGBl 1994/681)

§ 18. Ist der Verfall angedroht, so ist nach Maßgabe der Bestimmungen des § 17 im selbständigen Verfahren (§§ 148, 243) auf Verfall zu erkennen,

a) wenn sowohl der Täter als auch andere an der Tat Beteiligte unbekannt sind,

b) wenn der Täter oder andere an der Tat Beteiligte zwar bekannt, aber unbekannten Aufenthalts sind und im übrigen die Voraussetzungen des § 147 für die Durchführung einer mündlichen Verhandlung oder des § 427 StPO für die Durchführung einer Hauptverhandlung nicht gegeben sind.

(BGBl 1975/335)

Strafe des Wertersatzes

§ 19. (1) Statt auf Verfall ist auf die Strafe des Wertersatzes zu erkennen,

a) wenn im Zeitpunkt der Entscheidung feststeht, daß der Verfall unvollziehbar wäre,

b) wenn auf Verfall nur deshalb nicht erkannt wird, weil das Eigentumsrecht einer anderen Person berücksichtigt wird,

c) in den Fällen des § 17 Abs. 6 erster Satz.

(2) Neben dem Verfall ist auf Wertersatz zu erkennen, wenn im Zeitpunkt der Entscheidung noch nicht feststeht, ob der Verfall vollziehbar sein wird, oder wenn Rechte dritter Personen (§ 17 Abs. 5) anerkannt werden.

(3) Die Höhe des Wertersatzes entspricht dem gemeinen Wert, den die dem Verfall unterliegenden Gegenstände im Zeitpunkt der Begehung des Finanzvergehens hatten; ist dieser Zeitpunkt nicht feststellbar, so ist der Zeitpunkt der Aufdeckung des Finanzvergehens maßgebend. Soweit der Wert nicht ermittelt werden kann, ist auf Zahlung eines dem vermutlichen Wert entsprechenden Wertersatzes zu erkennen. Werden Rechte dritter Personen im Sinne des § 17 Abs. 5 anerkannt, so ist der Wertersatz in der Höhe der anerkannten Forderung auszusprechen; er darf aber nur mit dem Betrag eingefordert werden, der zur Befriedigung der anerkannten Forderung aus dem Verwertungserlös aufgewendet wird.

(4) Der Wertersatz ist allen Personen, die als Täter, andere an der Tat Beteiligte oder Hehler vorsätzlich Finanzvergehen hinsichtlich der dem Verfall unterliegenden Gegenstände begangen haben, anteilsmäßig aufzuerlegen.

(5) Stünde der Wertersatz (Abs. 3) oder der Wertersatzanteil (Abs. 4) zur Bedeutung der Tat oder zu dem den Täter treffenden Vorwurf außer Verhältnis, so ist von seiner Auferlegung ganz oder teilweise abzusehen.

(6) Ist der Wertersatz aufzuteilen (Abs. 4) oder ist vom Wertersatz ganz oder teilweise abzusehen (Abs. 5), so sind hiefür die Grundsätze der Strafbemessung (§ 23) anzuwenden.

(7) Der Wertersatz fließt dem Bund zu.

(BGBl 1975/335; BGBl 1988/414)

Ersatzfreiheitsstrafen

§ 20. (1) Wird auf eine Geldstrafe oder auf Wertersatz erkannt, so ist zugleich die für den Fall der Uneinbringlichkeit an deren Stelle tretende Ersatzfreiheitsstrafe festzusetzen.

(2) Die gemäß Abs. 1 anstelle einer Geldstrafe und eines Wertersatzes festzusetzenden Ersatzfreiheitsstrafen dürfen bei Finanzvergehen, deren Ahndung dem Gericht vorbehalten ist, das Höchstmaß von je einem Jahr, wenn jedoch die Geldstrafdrohung das Zweifache des Betrages, nach dem sich sonst die Strafdrohung richtet, übersteigt, das Höchstmaß von je eineinhalb Jahren und wenn dieser Betrag 500 000 Euro übersteigt, das Höchstmaß von je zwei Jahren nicht übersteigen; bei Finanzvergehen, deren Ahndung in den Fällen des § 58 Abs. 2 lit. a dem Spruchsenat vorbehalten ist, dürfen die Ersatzfreiheitsstrafen das Höchstmaß von je drei Monaten und bei den übrigen Finanzvergehen das Höchstmaß von je sechs Wochen nicht übersteigen.

(BGBl 1975/335; BGBl 1990/465; BGBl I 1999/28; BGBl I 1999/55; BGBl I 2004/57)

Zusammentreffen strafbarer Handlungen

§ 21. (1) Hat jemand durch eine Tat oder durch mehrere selbständige Taten mehrere Finanzvergehen derselben oder verschiedener Art begangen und wird über diese Finanzvergehen gleichzeitig erkannt, so ist auf eine einzige Geldstrafe, Freiheitsstrafe oder Geld- und Freiheitsstrafe zu erkennen. Neben diesen Strafen ist auf Verfall oder Wertersatz zu erkennen, wenn eine solche Strafe auch nur für eines der zusammentreffenden Finanzvergehen angedroht ist. *(BGBl I 2010/104)*

(2) Die einheitliche Geld- oder Freiheitsstrafe ist jeweils nach der Strafdrohung zu bestimmen, welche die höchste Strafe androht. Es darf jedoch keine geringere Strafe als die höchste der in den zusammentreffenden Strafdrohungen vorgesehenen Mindeststrafen verhängt werden. Hängen die zusammentreffenden Strafdrohungen von Wertbeträgen ab, so ist für die einheitliche Geldstrafe die Summe dieser Strafdrohungen maßgebend. Ist in einer der zusammentreffenden Strafdrohungen Geldstrafe, in einer anderen Freiheitsstrafe oder sind auch nur in einer von ihnen Geld- und Freiheitsstrafen nebeneinander angedroht, so ist, wenn beide Strafen zwingend vorgeschrieben sind, auf eine Geldstrafe und auf eine Freiheitsstrafe zu erkennen. Ist eine von ihnen nicht zwingend angedroht, so kann sie verhängt werden. *(BGBl I 2010/104)*

(3) Wird jemand, der bereits wegen eines Finanzvergehens bestraft worden ist, wegen eines anderen Finanzvergehens bestraft, für das er nach der Zeit der Begehung schon in dem früheren Verfahren hätte bestraft werden können, so ist eine Zusatzstrafe zu verhängen. Diese darf das Höchstmaß der Strafe nicht übersteigen, die für die nun zu bestrafende Tat angedroht ist. Die Summe der Strafen darf jeweils die Strafen nicht übersteigen, die nach den Abs. 1 und 2 zulässig und bei gemeinsamer Bestrafung zu verhängen wären. Wäre bei gemeinsamer Bestrafung keine höhere als die in der früheren Entscheidung ausgesprochene Strafe zu verhängen, so ist von einer Zusatzstrafe abzusehen. *(BGBl I 2010/104)*

(4) Ist die Zusatzstrafe (Abs. 3) im verwaltungsbehördlichen Finanzstrafverfahren zu verhängen, so ist es ohne Einfluß, ob die vorangegangene Bestrafung durch eine Finanzstrafbehörde oder sachlicher oder örtlicher Zuständigkeit oder durch das Gericht erfolgt ist. Wird die Zusatzstrafe durch ein Gericht verhängt, so hat dieses auch die vorangegangene Bestrafung durch eine Finanzstrafbehörde zu berücksichtigen.

(BGBl 1975/335)

§ 22. (1) Hat jemand durch eine Tat oder durch mehrere selbständige Taten Finanzvergehen und strafbare Handlungen anderer Art begangen und wird über diese vom Gericht gleichzeitig erkannt,

so sind die Strafen für die Finanzvergehen nach Maßgabe des § 21 gesondert von den Strafen für die anderen strafbaren Handlungen zu verhängen.

(2) Ist ein Finanzvergehen auf betrügerische Weise oder durch Täuschung begangen worden, so ist die Tat ausschließlich nach diesem Bundesgesetz zu ahnden. *(BGBl I 2010/104)*

(3) Sind von einem Täter Finanzvergehen und im Zusammenhang damit strafbare Handlungen nach § 223 StGB oder § 293 StGB begangen worden, so sind ausschließlich die Finanzvergehen zu ahnden.

(4) Hat jemand strafbare Handlungen nach §§ 163a oder 163b StGB ausschließlich im Zusammenhang mit einer Abgabenhinterziehung (§ 33) begangen, indem er eine wesentliche Information wirtschaftlich nachteilig falsch oder unvollständig darstellt, so ist nur das Finanzvergehen zu bestrafen. *(BGBl I 2015/163)*

(BGBl 1975/335; BGBl I 2004/57)

Strafbemessung; Anrechnung der Vorhaft

§ 23. (1) Grundlage für die Bemessung der Strafe ist die Schuld des Täters.

(2) Bei der Bemessung der Strafe sind die Erschwerungs- und die Milderungsgründe, soweit sie nicht schon die Strafdrohung bestimmen, gegeneinander abzuwägen. Dabei ist darauf Bedacht zu nehmen, ob es dem Täter darauf angekommen ist, sich oder einem Verband, als dessen Entscheidungsträger er gehandelt hat, durch die wiederkehrende Begehung der Tat eine nicht nur geringfügige fortlaufende Einnahme zu verschaffen. Eine wiederkehrende Begehung liegt vor, wenn der Täter bereits zwei solche Taten begangen hat oder einmal wegen einer solchen Tat bestraft worden ist. Ebenso ist bei der Bemessung der Strafe darauf Bedacht zu nehmen, ob die Verkürzung oder der Abgabenausfall endgültig oder nur vorübergehend hätte eintreten sollen. Im Übrigen gelten die §§ 32 bis 35 StGB sinngemäß. *(BGBl I 2010/104; BGBl I 2019/62)*

(3) Bei Bemessung der Geldstrafe sind auch die persönlichen Verhältnisse und die wirtschaftliche Leistungsfähigkeit des Täters zu berücksichtigen.

(4) Bei Finanzvergehen, deren Strafdrohung sich nach einem Wertbetrag richtet, hat die Bemessung der Geldstrafe mit mindestens einem Zehntel des Höchstmaßes der angedrohten Geldstrafe zu erfolgen. Die Bemessung einer diesen Betrag unterschreitenden Geldstrafe aus besonderen Gründen ist zulässig, wenn die Ahndung der Finanzvergehen nicht dem Gericht obliegt. *(BGBl I 2010/104)*

(5) Die verwaltungsbehördliche und die gerichtliche Verwahrung sowie die verwaltungsbehördliche und die gerichtliche Untersuchungshaft sind

auf die Strafe anzurechnen, wenn der Täter die Haft

a) in dem Verfahren wegen des Finanzvergehens, für das er bestraft wird, oder

b) sonst nach der Begehung dieser Tat wegen des Verdachts eines Finanzvergehens oder, bei Anrechnung durch das Gericht, wegen des Verdachts einer anderen mit Strafe bedrohten Handlung

erlitten hat, jedoch in beiden Fällen nur, soweit die Haft nicht bereits auf eine andere Strafe angerechnet oder der Verhaftete dafür entschädigt worden ist. Wird auf mehrere Strafen erkannt, so hat die Anrechnung zunächst auf diejenigen Strafen zu erfolgen, die nicht bedingt nachgesehen werden, im übrigen zunächst auf die Freiheitsstrafe, sodann auf die Geldstrafe und schließlich auf den Wertersatz.

(6) Für die Anrechnung der Vorhaft auf die Geldstrafe und den Wertersatz sind die an deren Stelle tretenden Ersatzfreiheitsstrafen maßgebend.

(7) Hat der Täter für die Tat, derentwegen er im Inland bestraft wird, schon im Ausland eine Strafe verbüßt, so ist sie auf die im Inland verhängte Strafe anzurechnen.

(BGBl 1975/335; BGBl 1994/681; BGBl I 2004/57)

Sonderbestimmungen für Jugendstraftaten

§ 24. (1) Für Jugendstraftaten (§ 1 Abs. 1 Z 3 Jugendgerichtsgesetz 1988 – JGG, BGBl. Nr. 599/1988), die vom Gericht zu ahnden sind, gelten neben den Bestimmungen dieses Hauptstückes die §§ 5 Z 6, 7, 8 Abs. 1 und 2, und §§ 12 bis 16 des Jugendgerichtsgesetzes 1988 mit der Maßgabe, dass § 204 StPO nicht anzuwenden ist. *(BGBl I 2010/104; BGBl I 2022/108)*

(2) Für Jugendstraftaten, die von der Finanzstrafbehörde zu ahnden sind, gelten die §§ 5 Z 6 und 13 bis 15 des Jugendgerichtsgesetzes 1988 sinngemäß.

(BGBl 1988/599; BGBl I 1999/55)

Absehen von der Strafe; Verwarnung

§ 25. (1) Die Finanzstrafbehörde hat von der Einleitung oder von der weiteren Durchführung eines Finanzstrafverfahrens und von der Verhängung einer Strafe abzusehen, wenn das Verschulden des Täters geringfügig ist und die Tat keine oder nur unbedeutende Folgen nach sich gezogen hat. Sie hat jedoch dem Täter mit Bescheid eine Verwarnung zu erteilen, wenn dies geboten ist, um ihn von weiteren Finanzvergehen abzuhalten.

(2) Unter den im Abs. 1 angeführten Voraussetzungen können die Behörden und Ämter der Bundesfinanzverwaltung von der Erstattung einer Anzeige (§ 80) absehen.

(3) *(aufgehoben, BGBl I 2007/44)*

(BGBl 1975/335)

Bedingte Strafnachsicht; bedingte Entlassung; nachträgliche Milderung der Strafe

§ 26. (1) Für die bedingte Nachsicht der durch die Gerichte für Finanzvergehen verhängten Geldstrafen, Wertersätze und Freiheitsstrafen sowie für die bedingte Entlassung aus einer solchen Freiheitsstrafe gelten die §§ 43, 43a, 44 Abs. 1, 46, 48 bis 53, 55 und 56 StGB sinngemäß. Die Strafe des Verfalls darf nicht bedingt nachgesehen werden. Eine Geldstrafe darf nur bis zur Hälfte bedingt nachgesehen werden. Der nicht bedingt nachgesehene Teil der Geldstrafe muss jedoch mindestens 10% des strafbestimmenden Wertbetrages betragen.[1] *(BGBl I 2010/104)*

(2) War mit dem Finanzvergehen eine Abgabenverkürzung oder ein sonstiger Einnahmenausfall verbunden, so hat das Gericht dem Verurteilten die Weisung zu erteilen, den Betrag, den er schuldet oder für den er zur Haftung herangezogen werden kann, zu entrichten. Wäre die unverzügliche Entrichtung für den Verurteilten unmöglich oder mit besonderen Härten verbunden, so ist ihm hiefür eine angemessene Frist zu setzen, die ein Jahr nicht übersteigen darf.

(3) Für die nachträgliche Milderung der durch die Gerichte für Finanzvergehen verhängten Strafen gilt § 31a StGB sinngemäß. *(BGBl I 2018/62)*

(BGBl 1975/335; BGBl 1988/599; BGBl I 1999/28)

---

[1] *Art 1 Z 11 BGBl I 2010/104 meint wohl: „In § 26 Abs 1 wird folgender Satz angefügt" (Redaktionsfehler).*

Entzug von Berechtigungen

§ 27. Wird wegen eines Finanzvergehens vom Gericht eine Freiheitsstrafe verhängt, so kann dem Bestraften eine auf Grund eines Bundesgesetzes erlangte Berechtigung zur Ausübung einer wirtschaftlichen Tätigkeit von der auch sonst für die Entziehung einer solchen Berechtigung zuständigen Behörde für eine bestimmte Zeit oder auf Dauer entzogen werden, wenn die Berechtigung zur Begehung der Tat mißbraucht worden ist. Der in anderen Bundesgesetzen auf Grund einer Bestrafung wegen eines Finanzvergehens vorgesehene Entzug von Berechtigungen wird hiedurch nicht berührt.

(BGBl 1975/335)

Haftung

§ 28. (1) *(aufgehoben, BGBl I 2005/161)*

(2) Wurde in Vertretungsfällen von einem gesetzlichen oder von einem behördlich oder

rechtsgeschäftlich bestellten Vertreter im Rahmen seiner Tätigkeit für den Vertretenen ein Finanzvergehen begangen, so haftet der Vertretene für die über den Vertreter verhängte Geldstrafe und den ihm auferlegten Wertersatz nur dann, wenn ihn ein Verschulden im Sinne des Abs. 4 trifft.

(3) Dienstgeber haften für Geldstrafen und Wertersätze, die einem ihrer Dienstnehmer wegen eines Finanzvergehens auferlegt werden, wenn der Dienstnehmer das Vergehen im Rahmen seiner dienstlichen Obliegenheiten begangen hat und den Dienstgeber hieran ein Verschulden (Abs. 4) trifft.

(4) Ein Verschulden nach Abs. 2 und 3 liegt vor, wenn der Vertretene oder der Dienstgeber

a) sich bei der Auswahl oder Beaufsichtigung des Vertreters oder Dienstnehmers auffallender Sorglosigkeit schuldig machte,

b) vom Finanzvergehen des Vertreters oder Dienstnehmers wußte und es nicht verhinderte, obwohl ihm die Verhinderung zuzumuten war, oder

c) vom Finanzvergehen, dessen Verhinderung ihm zuzumuten gewesen wäre, aus auffallender Sorglosigkeit nicht wußte.

(5) Die Haftung gemäß Abs. 2 und 3 wird bei juristischen Personen und Vermögensmassen, die keine eigene Rechtspersönlichkeit besitzen, aber abgabepflichtig sind, durch das Verschulden (Abs. 4) auch nur einer Person begründet, die einem mit der Geschäftsführung oder mit der Überwachung der Geschäftsführung betrauten Organ angehört; bei Personenvereinigungen genügt das Verschulden eines Mitglieds der Vereinigung, das durch Gesetz oder Vertrag zur Führung der Geschäfte berufen ist. Die Haftung tritt auch dann ein, wenn das Verschulden jemanden trifft, der nicht dem vorgenannten Personenkreis angehört, dem aber für den Gesamtbetrieb oder für das betreffende Sachgebiet die Verantwortung übertragen ist. *(BGBl I 2005/161)*

(6) Die Personenvereinigung haftet gemäß Abs. 2 und 3 mit ihrem Vermögen. Soweit Wertersätze in diesem Vermögen nicht Deckung finden, haftet darüber hinaus jedes Mitglied der Personenvereinigung mit seinem privaten Vermögen für den Teil des Wertersatzes, der seiner Beteiligung an der Personenvereinigung anteilsmäßig entspricht. *(BGBl I 2005/161)*

(7) Die Haftung nach den Abs. 2 und 3 darf nur in Anspruch genommen werden, wenn die Geldstrafen oder Wertersätze aus dem beweglichen Vermögen des Bestraften nicht eingebracht werden können. Der Einbringungsversuch kann unterbleiben, wenn Einbringungsmaßnahmen offenkundig aussichtslos sind. Insoweit Einbringungsmaßnahmen beim Haftenden erfolglos blieben, sind die entsprechenden Ersatzfreiheitsstrafen am Bestraften zu vollziehen.

(8) Bei Gesamtrechtsnachfolge geht die Haftung nach Abs. 2 und 3 und die sich daraus ergebenden Rechte und Pflichten auf den Rechtsnachfolger über. Ein solcher Haftungsübergang tritt auch bei den keine Gesamtrechtsnachfolge begründenden Umgründungen nach dem Umgründungssteuergesetz ein. *(BGBl I 2005/161)*

(9) Die Haftung nach Abs. 2 und 3 darf nur in Anspruch genommen werden, wenn keine Verbandsgeldbuße nach § 28a zu verhängen ist. *(BGBl I 2005/161)*

(BGBl 1975/335; BGBl 1991/699)

Verantwortlichkeit von Verbänden

§ 28a. (1) Für vom Gericht zu ahndende Finanzvergehen von Verbänden (§ 1 Abs. 2) gelten die Bestimmungen des 1. und 2. Abschnittes des Verbandsverantwortlichkeitsgesetzes; die Verbandsgeldbuße ist, sofern in den Tatbeständen nicht anderes bestimmt wird, jedoch nach der für die Finanzvergehen, für die der Verband verantwortlich ist, angedrohten Geldstrafe, unter den Voraussetzungen des § 15 Abs. 2 jedoch nach dem 1,5-fachen dieser angedrohten Geldstrafe, zu bemessen. Im Übrigen gelten die Bestimmungen dieses Abschnittes, soweit sie nicht ausschließlich auf natürliche Personen anwendbar sind. *(BGBl I 2010/104)*

(2) Für von der Finanzstrafbehörde zu ahndende Finanzvergehen von Verbänden sind die §§ 2, 3, 4 Abs. 1, 5, 10, 11 und 12 Abs. 2 des Verbandsverantwortlichkeitsgesetzes sinngemäß anzuwenden. Die Verbandsgeldbuße ist nach der für das Finanzvergehen, für das der Verband verantwortlich ist, angedrohten Geldstrafe zu bemessen. Im Übrigen gelten die Bestimmungen dieses Abschnittes, soweit sie nicht ausschließlich auf natürliche Personen anwendbar sind.

(BGBl I 2005/161)

Selbstanzeige

§ 29. (1) Wer sich eines Finanzvergehens schuldig gemacht hat, wird insoweit straffrei, als er seine Verfehlung darlegt (Selbstanzeige). Die Darlegung hat, wenn die Handhabung der verletzten Abgaben- oder Monopolvorschriften dem Zollamt Österreich obliegt, gegenüber diesem, sonst gegenüber einem Finanzamt oder dem Amt für Betrugsbekämpfung zu erfolgen. Sie ist bei Betretung auf frischer Tat ausgeschlossen. *(BGBl I 2010/104; BGBl I 2019/104)*

(2) War mit einer Verfehlung eine Abgabenverkürzung oder ein sonstiger Einnahmenausfall verbunden, so tritt die Straffreiheit nur insoweit ein, als der Behörde ohne Verzug die für die Feststellung der Verkürzung oder des Ausfalls bedeutsamen Umstände offen gelegt werden, und binnen einer Frist von einem Monat die sich dar-

aus ergebenden Beträge, die vom Anzeiger geschuldet werden, oder für die er zur Haftung herangezogen werden kann, tatsächlich mit schuldbefreiender Wirkung entrichtet werden. Die Monatsfrist beginnt bei selbst zu berechnenden Abgaben (§§ 201 und 202 BAO) mit der Selbstanzeige, in allen übrigen Fällen mit der Bekanntgabe des Abgaben- oder Haftungsbescheides zu laufen und kann durch Gewährung von Zahlungserleichterungen (§ 212 BAO) auf höchstens zwei Jahre verlängert werden. Lebt die Schuld nach Entrichtung ganz oder teilweise wieder auf, so bewirkt dies unbeschadet der Bestimmungen des § 31 insoweit auch das Wiederaufleben der Strafbarkeit. *(BGBl I 2010/104; BGBl I 2012/112)*

(3) Straffreiheit tritt nicht ein,

a) wenn zum Zeitpunkt der Selbstanzeige Verfolgungshandlungen (§ 14 Abs. 3) gegen den Anzeiger, gegen andere an der Tat Beteiligte oder gegen Hehler gesetzt waren,

b) wenn zum Zeitpunkt der Selbstanzeige die Tat hinsichtlich ihrer objektiven Tatbestandsmerkmale bereits ganz oder zum Teil entdeckt und dies dem Anzeiger bekannt war oder die Entdeckung der Verletzung einer zollrechtlichen Verpflichtung hinsichtlich ihrer objektiven Tatbestandsmerkmale unmittelbar bevorstand und dies dem Anzeiger bekannt war, oder *(BGBl I 2010/104)*

c) wenn bei einem vorsätzlich begangenen Finanzvergehen die Selbstanzeige anläßlich einer finanzbehördlichen Nachschau, Beschau, Abfertigung oder Prüfung von Büchern oder Aufzeichnungen nicht schon bei Beginn der Amtshandlung erstattet wird, oder *(BGBl I 2014/65, FinStrG-Nov 2014, ab 1. 10. 2014)*

d) bereits einmal hinsichtlich desselben Abgabenanspruches, ausgenommen Vorauszahlungen, eine Selbstanzeige erstattet worden ist. *(BGBl I 2014/65, FinStrG-Nov 2014, ab 1. 10. 2014)*

(4) Ungeachtet der Straffreiheit ist auf Verfall von Monopolgegenständen zu erkennen. Dies gilt auch für Behältnisse und Beförderungsmittel der im § 17 Abs. 2 lit. b bezeichneten Art, es sei denn, daß die besonderen Vorrichtungen entfernt werden können; die Kosten hat der Anzeiger zu ersetzen. Ein Wertersatz ist nicht aufzuerlegen. *(BGBl I 2010/104)*

(5) Die Selbstanzeige wirkt nur für den Anzeiger und für die Personen, für die sie erstattet wird. *(BGBl I 2010/104)*

(6) Werden Selbstanzeigen anläßlich einer finanzbehördlichen Nachschau, Beschau, Abfertigung oder Prüfung von Büchern oder Aufzeichnungen nach deren Anmeldung oder sonstigen Bekanntgabe erstattet, tritt strafbefreiende Wirkung hinsichtlich vorsätzlich oder grob fahrlässig begangener Finanzvergehen nur unter der weiteren Voraussetzung insoweit ein, als auch eine mit einem Bescheid der Abgabenbehörde festzusetzende Abgabenerhöhung unter sinngemäßer Anwendung des Abs. 2 entrichtet wird. Die Abgabenerhöhung beträgt 5 % der Summe der sich aus den Selbstanzeigen ergebenden Mehrbeträgen. Übersteigt die Summe der Mehrbeträge 33 000 Euro, ist die Abgabenerhöhung mit 15 %, übersteigt die Summe der Mehrbeträge 100 000 Euro, mit 20 % und übersteigt die Summe der Mehrbeträge 250 000 Euro, mit 30 % zu bemessen. Insoweit Straffreiheit nicht eintritt, entfällt die Verpflichtung zur Entrichtung der Abgabenerhöhung, dennoch entrichtete Beträge sind gutzuschreiben. Die Abgabenerhöhung gilt als Nebenanspruch im Sinne des § 3 Abs. 2 lit. a BAO. *(BGBl I 2014/65)*

(7) Wird eine Selbstanzeige betreffend Vorauszahlungen an Umsatzsteuer im Zuge der Umsatzsteuerjahreserklärung erstattet, bedarf es keiner Zuordnung der Verkürzungsbeträge zu den einzelnen davon betroffenen Voranmeldungszeiträumen. *(BGBl I 2012/112)*

(BGBl 1975/335; BGBl 1985/571; BGBl 1994/681)

§ 30. (1) Zeigen vom Täter oder von anderen an der Tat Beteiligten verschiedene Personen, denen das Eigentumsrecht oder ein Pfand- oder Zurückbehaltungsrecht an einem verfallsbedrohten Gegenstand zusteht, die Straftat spätestens zu dem Zeitpunkt, bis zu dem auch noch eine Selbstanzeige mit strafbefreiender Wirkung möglich wäre, bei der zuständigen Behörde an (§ 29), so ist ungeachtet des Umstandes, daß diese Personen ein Vorwurf im Sinne des § 17 Abs. 3 trifft, ihr Eigentumsrecht zu berücksichtigen oder ihr Pfand- oder Zurückbehaltungsrecht anzuerkennen. § 29 Abs. 4 gilt sinngemäß.

(2) Eine Haftung nach § 28 tritt dann nicht ein, wenn die Straftat spätestens zu dem Zeitpunkt, bis zu dem auch noch eine Selbstanzeige mit strafbefreiender Wirkung möglich wäre (§ 29), vom Vertretenen oder Dienstgeber bei der zuständigen Behörde (§ 29 Abs. 1) angezeigt wird. Bei Personenvereinigungen genügt es, wenn diese Anzeige von einem Mitglied der Personenvereinigung erstattet wird.

(3) Wird die im § 15 BAO vorgeschriebene Anzeige innerhalb der dort vorgeschriebenen Frist ordnungsgemäß erstattet, so ist sie einer Selbstanzeige derjenigen, welche die im § 15 BAO bezeichnete Erklärung abzugeben unterlassen oder unrichtig oder unvollständig abgegeben haben, gleichzuhalten; die Bestimmungen des § 29 gelten sinngemäß.

(BGBl 1975/335)

Strafaufhebung in besonderen Fällen (Verkürzungszuschlag)

§ 30a. (1) Die Abgabenbehörden sind berechtigt, eine Abgabenerhöhung von 10 % der im Zuge einer abgabenrechtlichen Überprüfungsmaßnahme festgestellten Nachforderungen, soweit hinsichtlich der diese begründenden Unrichtigkeiten der Verdacht eines Finanzvergehens besteht, festzusetzen, sofern dieser Betrag für ein Jahr (einen Veranlagungszeitraum) insgesamt 10 000 Euro, in Summe jedoch 33 000 Euro nicht übersteigt, sich der Abgabe- oder Abfuhrpflichtige spätestens 14 Tage nach Festsetzung der Abgabennachforderung mit dem Verkürzungszuschlag einverstanden erklärt oder diesen beantragt und er auf die Erhebung eines Rechtsmittels gegen die Festsetzung der Abgabenerhöhung wirksam verzichtet. Werden die Abgabenerhöhung und die dieser zugrunde liegenden Abgabennachforderungen innerhalb eines Monats nach deren Festsetzung tatsächlich mit schuldbefreiender Wirkung zur Gänze entrichtet, so tritt Straffreiheit hinsichtlich der im Zusammenhang mit diesen Abgabennachforderungen begangenen Finanzvergehen ein. Ein Zahlungsaufschub darf nicht gewährt werden.

(2) Werden mehrere Überprüfungsmaßnahmen gleichzeitig oder in unmittelbarer Folge durchgeführt, so ist die Summe aller Verkürzungsbeträge für die Zulässigkeit der Festsetzung einer Abgabenerhöhung nach Abs. 1 maßgeblich.

(3) Tritt wegen Nichteinhaltung der Erfordernisse des Abs. 1 Straffreiheit nicht ein, so entfällt ab diesem Zeitpunkt die Verpflichtung zur Entrichtung der Abgabenerhöhung. Allenfalls bis dahin entrichtete Beträge sind gutzuschreiben.

(4) Im Falle einer nachträglichen Herabsetzung der Abgabenschuld hat die Berechnung der Abgabenerhöhung unter rückwirkender Berücksichtigung des Herabsetzungsbetrages zu erfolgen.

(5) Die Festsetzung einer Abgabenerhöhung nach Abs. 1 ist im Zusammenhang mit Eingangs- und Ausgangsabgaben sowie mit Finanzvergehen, die mit einer Mindestgeldstrafe bedroht sind, unzulässig. (BGBl I 2014/105)

(6) Die Festsetzung einer Abgabenerhöhung ist weiters ausgeschlossen, wenn hinsichtlich der betroffenen Abgaben bereits ein Finanzstrafverfahren anhängig ist, eine Selbstanzeige vorliegt oder es einer Bestrafung bedarf, um den Täter von der Begehung weiterer Finanzvergehen abzuhalten.

(7) Die Festsetzung der Abgabenerhöhung stellt keine Verfolgungshandlung dar. Die strafrechtliche Verfolgung einer weiteren, hinsichtlich derselben Abgabenart und desselben Erhebungszeitraumes bewirkten Abgabenverkürzung oder einer Nichtentrichtung (Nichtabfuhr) von Selbstbemessungsabgaben wird dadurch nicht gehindert.

(8) Die Abgabenerhöhung gilt als Nebenanspruch im Sinne des § 3 BAO.

(9) Ungeachtet der Straffreiheit ist auf Verfall von Monopolgegenständen zu erkennen. Dies gilt auch für Behältnisse und Beförderungsmittel der im § 17 Abs. 2 lit. b bezeichneten Art, es sei denn, dass die besonderen Vorrichtungen entfernt werden können; die Kosten hat der Abgabepflichtige zu ersetzen. Ein Wertersatz ist nicht aufzuerlegen. (BGBl I 2014/105)

(BGBl I 2010/104)

Verjährung der Strafbarkeit

§ 31. (1) Die Strafbarkeit eines Finanzvergehens erlischt durch Verjährung. Die Verjährungsfrist beginnt, sobald die mit Strafe bedrohte Tätigkeit abgeschlossen ist oder das mit Strafe bedrohte Verhalten aufhört. Gehört zum Tatbestand ein Erfolg, so beginnt die Verjährungsfrist erst mit dessen Eintritt zu laufen. Sie beginnt aber nie früher zu laufen als die Verjährungsfrist für die Festsetzung der Abgabe, gegen die sich die Straftat richtet.

(2) Die Verjährungsfrist beträgt für den Abgabenbetrug (§ 39) mit einem 500 000 Euro übersteigenden strafbestimmenden Wertbetrag und für den grenzüberschreitenden Umsatzsteuerbetrug (§ 40) zehn Jahre, für Finanzordnungswidrigkeiten nach §§ 49 bis 49e drei Jahre, für andere Finanzordnungswidrigkeiten ein Jahr und für die übrigen Finanzvergehen fünf Jahre. (BGBl I 2008/85; BGBl I 2023/110)

(3) Begeht der Täter während der Verjährungsfrist ein vorsätzliches Finanzvergehen, auf das § 25 oder § 191 StPO nicht anzuwenden ist, so tritt die Verjährung nicht ein, bevor auch für diese Tat die Verjährungsfrist abgelaufen ist. (BGBl I 2007/44)

(4) In die Verjährungsfrist werden nicht eingerechnet:

a) die Zeit, während der nach einer gesetzlichen Vorschrift die Verfolgung nicht eingeleitet oder fortgesetzt werden kann;

b) die Zeit, während der wegen der Tat gegen den Täter ein Strafverfahren bei der Staatsanwaltschaft, bei Gericht, bei einer Finanzstrafbehörde oder beim Bundesfinanzgericht geführt wird; (BGBl I 2007/44; BGBl I 2013/14)

c) die Zeit von der Einbringung einer Beschwerde an den Verfassungsgerichtshof oder einer Revision an den Verwaltungsgerichtshof bezüglich des Finanzstrafverfahrens oder der mit diesem im Zusammenhang stehenden Abgaben- oder Monopolverfahren bis zur deren Erledigung; (BGBl I 2014/13)

d) die Probezeit nach § 203 Abs. 1 StPO sowie die Fristen zur Zahlung eines Geldbetrages samt allfälliger Schadensgutmachung und zur Erbringung gemeinnütziger Leistungen samt allfälligem Tatfolgenausgleich (§§ 200 Abs. 2 und 3, 201 Abs. 1 und 3 StPO). (BGBl I 2007/44)

(5) Bei Finanzvergehen, für deren Verfolgung die Finanzstrafbehörde zuständig ist, erlischt die Strafbarkeit jedenfalls, wenn seit dem Beginn der

Verjährungsfrist zehn Jahre und gegebenenfalls die in Abs. 4 lit. c genannte Zeit verstrichen sind. Bei Finanzvergehen nach § 49a FinStrG erlischt die Strafbarkeit jedenfalls, wenn dieser Zeitraum ab dem Ende der Anzeigefrist gemäß § 121a Abs. 4 BAO oder der Mitteilungsfrist nach § 109b Abs. 6 EStG 1988 verstrichen ist. *(BGBl I 2012/112)*

(6) Die Bestimmungen der Abs. 1 bis 5 gelten dem Sinne nach auch für die Nebenbeteiligten (§ 76) und für das selbständige Verfahren (§§ 148 und 243).

(BGBl 1975/335; BGBl 1985/571; BGBl I 1999/28; BGBl I 1999/55; BGBl I 2004/57)

Verjährung der Vollstreckbarkeit

§ 32. (1) Die Vollstreckbarkeit von Strafen wegen Finanzvergehen erlischt durch Verjährung. Die Frist für die Verjährung beginnt mit der Rechtskraft der Entscheidung, in der auf die zu vollstreckende Strafe erkannt worden ist. Sie beträgt fünf Jahre.

(2) Wird gegen den Bestraften in der Verjährungsfrist auf eine neue Strafe wegen eines Finanzvergehens erkannt, so tritt die Verjährung der Vollstreckbarkeit nicht ein, bevor nicht auch die Vollstreckbarkeit dieser Strafe erloschen ist.

(3) In die Verjährungsfrist werden nicht eingerechnet:

a) die Probezeit im Fall einer bedingten Nachsicht der Strafe oder im Fall einer bedingten Entlassung;

b) Zeiten, für die dem Bestraften ein Aufschub des Vollzuges einer Freiheitsstrafe, es sei denn wegen Vollzugsuntauglichkeit, oder der Zahlung einer Geldstrafe oder eines Wertersatzes gewährt worden ist;

c) Zeiten, in denen der Bestrafte auf behördliche Anordnung angehalten worden ist;

d) Zeiten, in denen sich der Bestrafte im Ausland aufgehalten hat.

e) Zeiten von der Einbringung einer Beschwerde an den Verfassungsgerichtshof oder einer Revision an den Verwaltungsgerichtshof bezüglich des Strafverfahrens bis zu deren Erledigung. *(BGBl I 2014/13)*

(4) Der Vollzug der Freiheitsstrafe unterbricht die Verjährung. Hört die Unterbrechung auf, ohne daß der Bestrafte endgültig entlassen wird, so beginnt die Verjährungsfrist unbeschadet der Bestimmungen des Abs. 3 von neuem zu laufen.

(5) Die Bestimmungen der Abs. 1 und 3 gelten dem Sinne nach auch für den Haftungsbeteiligten (§ 76 lit. b).

(BGBl 1975/335)

II. Hauptstück

Besonderer Teil

Abgabenhinterziehung

§ 33. (1) Der Abgabenhinterziehung macht sich schuldig, wer vorsätzlich unter Verletzung einer abgabenrechtlichen Anzeige-, Offenlegungs- oder Wahrheitspflicht eine Abgabenverkürzung bewirkt.

(2) Der Abgabenhinterziehung macht sich weiters schuldig, wer vorsätzlich

a) unter Verletzung der Verpflichtung zur Abgabe von dem § 21 des Umsatzsteuergesetzes 1994 entsprechenden Voranmeldungen eine Verkürzung von Umsatzsteuer (Vorauszahlung oder Gutschriften) oder *(BGBl I 2010/104)*

b) unter Verletzung der Verpflichtung zur Führung von dem § 76 des Einkommensteuergesetzes 1988 sowie dazu ergangener Verordnungen entsprechenden Lohnkonten eine Verkürzung von Lohnsteuer, Dienstgeberbeiträgen zum Ausgleichsfonds für Familienbeihilfen oder Zuschlägen zum Dienstgeberbeitrag *(BGBl I 2010/104)*

bewirkt und dies nicht nur für möglich, sondern für gewiß hält.

(3) Eine Abgabenverkürzung nach Abs. 1 oder 2 ist bewirkt,

a) mit Bekanntgabe des Bescheides oder Erkenntnisses, mit dem bescheidmäßig festzusetzende Abgaben zu niedrig festgesetzt wurden oder wenn diese infolge Unkenntnis der Abgabenbehörde von der Entstehung des Abgabenanspruches mit dem Ablauf der gesetzlichen Erklärungsfrist (Anmeldefrist, Anzeigefrist) nicht festgesetzt werden konnten, *(BGBl I 2013/14; BGBl I 2018/62)*

b) wenn Abgaben, die selbst zu berechnen sind, ganz oder teilweise nicht entrichtet (abgeführt) wurden,

c) mit Bekanntgabe des Bescheides oder Erkenntnisses, mit dem Abgabengutschriften, die bescheidmäßig festzusetzen sind, zu Unrecht oder zu hoch festgesetzt wurden, *(BGBl I 2013/14; BGBl I 2018/62)*

d) wenn Abgabengutschriften, die nicht bescheidmäßig festzusetzen sind, zu Unrecht oder zu hoch geltend gemacht wurden,

e) wenn eine Abgabe zu Unrecht erstattet oder vergütet oder eine außergewöhnliche Belastung zu Unrecht abgegolten wurde, oder

f) wenn auf einen Abgabenanspruch zu Unrecht ganz oder teilweise verzichtet oder eine Abgabenschuldigkeit zu Unrecht ganz oder teilweise nachgesehen wurde.

(4) Der Abgabenhinterziehung macht sich ferner schuldig, wer vorsätzlich eine Abgabenverkürzung dadurch bewirkt, daß er Sachen, für die eine

Abgabenbegünstigung gewährt wurde, zu einem anderen als jenem Zweck verwendet, der für die Abgabenbegünstigung zur Bedingung gemacht war, und es unterläßt, dies der Abgabenbehörde vor der anderweitigen Verwendung anzuzeigen.

(5) Die Abgabenhinterziehung wird mit einer Geldstrafe bis zum Zweifachen des für den Strafrahmen maßgeblichen Verkürzungsbetrages (der ungerechtfertigten Abgabengutschrift) geahndet. Dieser umfasst nur jene Abgabenbeträge (ungerechtfertigte Gutschriften), deren Verkürzung im Zusammenhang mit den Unrichtigkeiten bewirkt wurde, auf die sich der Vorsatz des Täters bezieht. Neben der Geldstrafe ist nach Maßgabe des § 15 auf Freiheitsstrafe bis zu vier Jahren zu erkennen. *(BGBl I 2010/104; BGBl I 2019/62)*

(6) Betrifft die Abgabenhinterziehung eine Verbrauchsteuer, so ist auf Verfall nach Maßgabe des § 17 zu erkennen. Der Verfall umfaßt auch die Rohstoffe, Hilfsstoffe, Halbfabrikate, Geräte und Vorrichtungen.

(BGBl 1975/335; BGBl 1985/571; BGBl 1989/375; BGBl 1994/681; BGBl 1996/421; BGBl I 1999/28)

Grob fahrlässige Abgabenverkürzung

§ 34. (1) Der grob fahrlässigen Abgabenverkürzung macht sich schuldig, wer die im § 33 Abs. 1 bezeichnete Tat grob fahrlässig begeht; § 33 Abs. 3 gilt entsprechend.

(2) Der grob fahrlässigen Abgabenverkürzung macht sich auch schuldig, wer die im § 33 Abs. 4 bezeichnete Tat grob fahrlässig begeht.

(3) Die grob fahrlässige Abgabenverkürzung wird mit einer Geldstrafe bis zum Einfachen des maßgeblichen Verkürzungsbetrages (der ungerechtfertigten Abgabengutschrift) geahndet. § 33 Abs. 5 zweiter Satz ist sinngemäß anzuwenden.

(BGBl I 2015/118)

Schmuggel und Hinterziehung von Eingangs- oder Ausgangsabgaben

§ 35. (1) Des Schmuggels macht sich schuldig, wer

a) eingangsabgabepflichtige Waren vorsätzlich vorschriftswidrig in das Zollgebiet der Union verbringt oder der zollamtlichen Überwachung entzieht oder

b) ausgangsabgabepflichtige Waren vorsätzlich vorschriftswidrig aus dem Zollgebiet der Union verbringt.
(BGBl I 2015/163)

(2) Der Hinterziehung von Eingangs- oder Ausgangsabgaben macht sich schuldig, wer, ohne den Tatbestand des Abs. 1 zu erfüllen, vorsätzlich unter Verletzung einer zollrechtlichen Anzeige-, Offenlegungs- oder Wahrheitspflicht eine Verkür-

zung von Eingangs- oder Ausgangsabgaben bewirkt. Die Abgabenverkürzung ist bewirkt, wenn eine entstandene Eingangs- oder Ausgangsabgabenschuld bei ihrer Entstehung nicht oder zu niedrig festgesetzt wird und in den Fällen des § 33 Abs. 3 lit. b bis f.

(3) Der Hinterziehung von Eingangs- oder Ausgangsabgaben macht sich ferner schuldig, wer vorsätzlich eine Verkürzung einer solchen Abgabe dadurch bewirkt, daß er eingangs- oder ausgangsabgabepflichtige Waren vorschriftswidrig im Zollgebiet der Union befördert, veredelt, lagert, vorübergehend verwahrt, verwendet oder verwertet, und es unterläßt, dies dem Zollamt vorher anzuzeigen. *(BGBl I 2015/163)*

(4) Der Schmuggel wird mit einer Geldstrafe bis zum Zweifachen des auf die Waren entfallenden Abgabenbetrages, die Hinterziehung von Eingangs- oder Ausgangsabgaben mit einer Geldstrafe bis zum Zweifachen des Verkürzungsbetrages geahndet. Der Geldstrafe ist an Stelle des Regelzollsatzes der Präferenzzollsatz zugrunde zu legen, wenn der Beschuldigte nachweist, daß die Voraussetzungen für dessen Inanspruchnahme gegeben waren. Neben der Geldstrafe ist nach Maßgabe des § 15 auf Freiheitsstrafe bis zu zwei Jahren, übersteigt der strafbestimmende Wertbetrag 100 000 Euro, auf Freiheitsstrafe bis zu vier Jahren zu erkennen. Auf Verfall ist nach Maßgabe des § 17 zu erkennen. *(BGBl I 2019/62)*

(5) Umsatz- und Verbrauchsteuern sind mit jenen Beträgen dem strafbestimmenden Wertbetrag zugrunde zu legen, die bei Entstehung der Steuerschuld im Inland anzusetzen wären, es sei denn, der Beschuldigte weist deren Höhe durch einen rechtskräftigen Bescheid des zur Abgabenerhebung zuständigen anderen Mitgliedstaates der Europäischen Union nach. *(BGBl I 2010/104)*

(BGBl 1994/681; BGBl 1996/421; BGBl I 1999/28)

Verzollungsumgehung; grob fahrlässige Verkürzung von Eingangs- oder Ausgangsabgaben

§ 36. (1) Der Verzollungsumgehung macht sich schuldig, wer die im § 35 Abs. 1 bezeichnete Tat grob fahrlässig begeht. *(BGBl I 2015/118)*

(2) Der grob fahrlässigen Verkürzung von Eingangs- oder Ausgangsabgaben macht sich schuldig, wer die im § 35 Abs. 2 und 3 bezeichneten Taten grob fahrlässig begeht. *(BGBl I 2015/118)*

(3) Die Verzollungsumgehung wird mit einer Geldstrafe bis zum Einfachen des auf die Ware entfallenden Abgabenbetrages, die grob fahrlässige Verkürzung von Eingangs- oder Ausgangsabgaben mit einer Geldstrafe bis zum Einfachen des Verkürzungsbetrages geahndet. § 35 Abs. 4

zweiter Satz und § 35 Abs. 5 sind anzuwenden. *(BGBl I 2010/104; BGBl I 2015/118)*

(BGBl 1975/335; BGBl 1994/681)

Abgabenhehlerei

§ 37. (1) Der Abgabenhehlerei macht sich schuldig, wer vorsätzlich

a) eine Sache oder Erzeugnisse aus einer Sache, hinsichtlich welcher ein Schmuggel, eine Verzollungsumgehung, eine Verkürzung von Verbrauchsteuern oder von Eingangs- oder Ausgangsabgaben begangen wurde, kauft, zum Pfand nimmt oder sonst an sich bringt, verheimlicht oder verhandelt;

b) den Täter eines in lit. a bezeichneten Finanzvergehens nach der Tat dabei unterstützt, um eine Sache oder Erzeugnisse aus einer Sache, hinsichtlich welcher das Finanzvergehen begangen wurde, zu verheimlichen oder zu verhandeln.

(2) Die Abgabenhehlerei wird mit einer Geldstrafe bis zum Zweifachen des Verkürzungsbetrages an Verbrauchsteuern oder an Eingangs- oder Ausgangsabgaben geahndet, die auf die verhehlten Sachen oder die Sachen, die in den verhehlten Erzeugnissen enthalten sind, entfallen. Neben der Geldstrafe ist nach Maßgabe des § 15 auf Freiheitsstrafe bis zu zwei Jahren, übersteigt der strafbestimmende Wertbetrag 100 000 Euro, auf Freiheitsstrafe bis zu vier Jahren zu erkennen. Auf Verfall ist nach Maßgabe des § 17 zu erkennen. *(BGBl I 2019/62)*

(3) Wer eine der im Abs. 1 bezeichneten Taten grob fahrlässig begeht, ist nur mit Geldstrafe bis zum Einfachen des Verkürzungsbetrages (Abs. 2) zu bestrafen. *(BGBl I 2019/62)*

(4) § 35 Abs. 4 zweiter Satz und § 35 Abs. 5 sind anzuwenden. *(BGBl I 2010/104)*

(5) Die Abgabenhehlerei ist auch dann strafbar, wenn die Person, die den Schmuggel, die Verzollungsumgehung oder die Verkürzung von Verbrauchsteuern oder von Eingangs- oder Ausgangsabgaben begangen hat, nicht bestraft werden kann.

(BGBl 1975/335; BGBl 1994/681; BGBl I 1999/28)

§ 38. *(entfällt samt Überschrift, BGBl I 2019/62)*

Strafe bei Begehung als Mitglied einer Bande oder unter Gewaltanwendung

§ 38a. (1) Wer, ohne den Tatbestand des § 39 zu erfüllen,

a) die Abgabenhinterziehung, den Schmuggel, die Hinterziehung von Eingangs- oder Ausgangsabgaben oder die Abgabenhehlerei nach § 37 Abs. 1 als Mitglied einer Bande von mindestens drei Personen, die sich zur Tatbegehung verbunden haben, unter Mitwirkung (§ 11) eines anderen Bandenmitglieds begeht; *(BGBl I 2012/112)*

b) einen Schmuggel begeht, bei dem er oder mit seinem Wissen ein anderer an der Tat Beteiligter eine Waffe oder ein anderes Mittel bei sich führt, wobei es ihm darauf ankommt, damit den Widerstand einer Person zu überwinden oder zu verhindern,

ist nach Abs. 2 zu bestrafen.

(2) Ist die Ahndung der in Abs. 1 genannten Finanzvergehen

a) ausschließlich dem Gericht vorbehalten, ist auf Freiheitsstrafe bis zu fünf Jahren zu erkennen. Neben einer Freiheitsstrafe von bis zu vier Jahren kann eine Geldstrafe bis zu 1,5 Millionen Euro verhängt werden. Verbände sind mit einer Verbandsgeldbuße bis zum Dreifachen des strafbestimmenden Wertbetrages zu bestrafen;

b) nicht dem Gericht vorbehalten, ist auf Geldstrafe bis zum Dreifachen des Betrages, nach dem sich sonst die Strafdrohung richtet, zu erkennen. Daneben ist nach Maßgabe des § 15 auf Freiheitsstrafe bis zu drei Monaten zu erkennen. Außerdem sind die Bestimmungen der §§ 33, 35 und 37 über den Verfall anzuwenden; der Verfall umfasst auch die Beförderungsmittel im Sinne des § 17 Abs. 2 lit. c Z 3.

(3) Die Strafdrohung gilt nur für diejenigen Beteiligten, deren Vorsatz die im Abs. 1 bezeichneten erschwerenden Umstände umfasst.

(BGBl I 2010/104)

Abgabenbetrug

§ 39. (1) Des Abgabenbetruges macht sich schuldig, wer ausschließlich durch das Gericht zu ahndende Finanzvergehen der Abgabenhinterziehung, des Schmuggels, der Hinterziehung von Eingangs- oder Ausgangsabgaben oder der Abgabenhehlerei nach § 37 Abs. 1

a) unter Verwendung falscher oder verfälschter Urkunden, falscher oder verfälschter Daten oder anderer solcher Beweismittel mit Ausnahme unrichtiger nach abgaben-, monopol- oder zollrechtlichen Vorschriften zu erstellenden Abgabenerklärungen, Anmeldungen, Anzeigen, Aufzeichnungen und Gewinnermittlungen oder

b) unter Verwendung von Scheingeschäften oder anderen Scheinhandlungen (§ 23 BAO) *(BGBl I 2012/112; BGBl I 2015/118)*

c) unter Verwendung automatisationsunterstützt erstellter, aufgrund abgaben- oder monopolrechtlicher Vorschriften zu führender Bücher oder Aufzeichnungen, welche durch Gestaltung oder Einsatz eines Programms, mit dessen Hilfe Daten verändert, gelöscht oder unterdrückt werden können, beeinflusst wurden *(BGBl I 2015/118)* begeht.

(2) Eines Abgabenbetruges macht sich auch schuldig, wer ohne den Tatbestand des Abs. 1 zu erfüllen, durch das Gericht zu ahndende Finanzvergehen der Abgabenhinterziehung dadurch begeht, dass er Vorsteuerbeträge geltend macht, denen keine Lieferungen oder sonstigen Leistungen zugrunde liegen, um dadurch eine Abgabenverkürzung zu bewirken. *(BGBl I 2012/112)*

(3) a) Wer einen Abgabenbetrug begeht, ist mit Freiheitsstrafe bis zu fünf Jahren zu bestrafen. Neben einer vier Jahre nicht übersteigenden Freiheitsstrafe kann eine Geldstrafe bis zu 1,5 Millionen Euro verhängt werden. Verbände sind mit einer Verbandsgeldbuße bis zu fünf Millionen Euro zu bestrafen.

b) Wer einen Abgabenbetrug mit einem 500 000 Euro übersteigenden strafbestimmenden Wertbetrag begeht, ist mit Freiheitsstrafe von einem bis zu zehn Jahren zu bestrafen. Neben einer acht Jahre nicht übersteigenden Freiheitsstrafe kann eine Geldstrafe bis zu 2,5 Millionen Euro verhängt werden. Verbände sind mit einer Verbandsgeldbuße bis zu acht Millionen Euro zu bestrafen.

Außerdem sind die Bestimmungen der §§ 33, 35 und 37 über den Verfall anzuwenden; der Verfall umfasst auch die Beförderungsmittel im Sinne des § 17 Abs. 2 lit. c Z 3. *(BGBl I 2019/62)*

(BGBl I 2010/104)

Grenzüberschreitender Umsatzsteuerbetrug

§ 40. (1) Eines grenzüberschreitenden Umsatzsteuerbetrugs macht sich schuldig, wer vorsätzlich ein grenzüberschreitendes Betrugssystem, in welchem Lieferungen oder sonstige Leistungen ganz oder zum Teil ausgeführt oder vorgetäuscht werden, schafft oder sich daran beteiligt, indem er

a) falsche, unrichtige oder unvollständige Umsatzsteuererklärungen oder Unterlagen verwendet oder vorlegt, oder

b) umsatzsteuerrelevante Informationen unter Verletzung einer gesetzlichen Verpflichtung verschweigt, oder

c) unter Einreichung von richtigen Umsatzsteuererklärungen betrügerisch einen Einnahmenausfall an Umsatzsteuer herbeiführt, wobei geschuldete Umsatzsteuer nicht spätestens am Fälligkeitstag entrichtet wird oder unrechtmäßig Umsatzsteuergutschriften geltend gemacht werden,

und der Einnahmenausfall an Umsatzsteuer im Gemeinschaftsgebiet (§ 1 Abs. 3 Umsatzsteuergesetz 1994) insgesamt mindestens zehn Millionen Euro beträgt.

(2) Der grenzüberschreitende Umsatzsteuerbetrug ist mit Freiheitsstrafe von einem bis zu zehn Jahren zu ahnden. Neben einer acht Jahre nicht übersteigenden Freiheitsstrafe kann eine Geldstra-

fe bis zu 2,5 Millionen Euro verhängt werden. Verbände sind mit einer Verbandsgeldbuße bis zu acht Millionen Euro zu bestrafen.

(3) Umsatzsteuern sind der Berechnung des Einnahmenausfalls mit jenen Beträgen zugrunde zu legen, die bei Entstehung der Steuerschuld im Inland anzusetzen wären, es sei denn, der Beschuldigte weist deren Höhe durch einen rechtskräftigen Bescheid des zur Abgabenerhebung zuständigen anderen Mitgliedstaates der Europäischen Union nach.

(BGBl I 2019/62)

Strafschärfung bei Rückfall

§ 41. (1) Ist der Täter schon zweimal wegen eines der in den §§ 33, 35 oder 37 Abs. 1 bezeichneten Finanzvergehen bestraft worden und wurden die Strafen wenigstens zum Teil, wenn auch nur durch Anrechnung einer Vorhaft, vollzogen, so kann, wenn er nach Vollendung des neunzehnten Lebensjahres neuerlich ein solches Finanzvergehen begeht, das Höchstmaß der angedrohten Freiheitsstrafe, bei Finanzvergehen, für deren Verfolgung die Finanzstrafbehörde zuständig ist, das der angedrohten Geldstrafe um die Hälfte überschritten werden.

(2) Eine frühere Strafe bleibt außer Betracht, wenn seit ihrem Vollzug bis zur folgenden Tat mehr als fünf Jahre vergangen sind. In diese Frist werden Zeiten, in denen der Bestrafte auf behördliche Anordnung angehalten worden ist, nicht eingerechnet. Ist die Strafe nur durch Anrechnung einer Vorhaft vollzogen worden, so beginnt die Frist erst mit Rechtskraft der Entscheidung.

(3) Die Strafschärfung gilt nur für diejenigen Beteiligten, bei denen die Voraussetzungen des Abs. 1 vorliegen.

(BGBl 1975/335; BGBl 1988/599; BGBl I 1999/28)

§ 42. *(aufgehoben, BGBl 1994/681)*

Verbotene Herstellung von Tabakwaren

§ 43. (1) Der verbotenen Herstellung von Tabakwaren (§§ 2 f. Tabaksteuergesetz 1995) macht sich schuldig, wer vorsätzlich ohne die nach dem Tabaksteuergesetz 1995 erforderliche Bewilligung gewerblich im Steuergebiet Tabakwaren herstellt.

(2) Der verbotenen Herstellung von Tabakwaren macht sich auch schuldig, wer mit dem Vorsatz, sich oder einem anderen die Begehung der in Abs. 1 mit Strafe bedrohten Handlung zu ermöglichen, Räumlichkeiten, Anlagen, Geräte und Vorrichtungen, Rohstoffe, Hilfsstoffe, Halbfabrikate oder Verpackungen, die nach ihrer besonderen Beschaffenheit dazu bestimmt sind, Tabakwaren zu erzeugen, zu bearbeiten oder zu verarbei-

ten, errichtet, anfertigt, von einem anderen übernimmt, sich oder einem anderen verschafft, einem anderen überlässt oder sonst besitzt.

(3) Die verbotene Herstellung von Tabakwaren wird mit einer Geldstrafe bis zu 100 000 Euro geahndet. Auf Verfall ist nach Maßgabe des § 17 zu erkennen; er umfasst auch die Geräte, Vorrichtungen, Rohstoffe, Hilfsstoffe, Halbfabrikate und Verpackungen.

(4) Wer die im Abs. 1 bezeichnete Tat fahrlässig begeht, ist mit Geldstrafe bis zu 50 000 Euro zu bestrafen.

(BGBl I 2010/104)

Vorsätzliche Eingriffe in Monopolrechte

§ 44. (1) Des vorsätzlichen Eingriffes in Monopolrechte macht sich schuldig, wer zu seinem oder eines anderen Vorteil vorsätzlich die in den Vorschriften über das Tabakmonopol enthaltenen Gebote oder Verbote hinsichtlich des Handels mit Monopolgegenständen verletzt; hievon ausgenommen ist der Handel mit Tabakerzeugnissen, für die Tabaksteuer entrichtet wurde oder die von der Tabaksteuer befreit sind.

(2) Der vorsätzliche Eingriff in Monopolrechte wird mit einer Geldstrafe bis zum Einfachen der Bemessungsgrundlage geahndet. Die Bemessungsgrundlage ist für Monopolgegenstände, für die ein Kleinverkaufspreis festgesetzt ist, nach diesem, für andere Monopolgegenstände nach dem Kleinverkaufspreis der nach Beschaffenheit und Qualität am nächsten kommenden Monopolgegenstände und, wenn ein solcher Vergleich nicht möglich ist, nach dem gemeinen Wert zu berechnen.

(3) Auf Verfall ist nach Maßgabe des § 17 zu erkennen; er umfasst auch die Rohstoffe, Hilfsstoffe, Halbfabrikate, Geräte und Vorrichtungen.

(BGBl I 2010/104)

Grob fahrlässige Eingriffe in Monopolrechte

§ 45. (1) Des grob fahrlässigen Eingriffes in Monopolrechte macht sich schuldig, wer die im § 44 bezeichneten Handlungen und Unterlassungen grob fahrlässig begeht. *(BGBl I 2019/62)*

(2) Der grob fahrlässige Eingriff in Monopolrechte wird mit einer Geldstrafe bis zur Hälfte der Bemessungsgrundlage nach § 44 Abs. 2 geahndet. *(BGBl I 2019/62)*

(BGBl 1994/681)

Monopolhehlerei

§ 46. (1) Der Monopolhehlerei macht sich schuldig, wer vorsätzlich

a) Monopolgegenstände oder Erzeugnisse aus Monopolgegenständen, hinsichtlich welcher in Monopolrechte eingegriffen wurde, kauft, zum Pfand nimmt oder sonst an sich bringt, verheimlicht oder verhandelt, *(BGBl I 2013/14)*

b) den Täter eines in lit. a bezeichneten Finanzvergehens nach der Tat dabei unterstützt, eine Sache oder Erzeugnisse aus einer Sache, hinsichtlich welcher das Finanzvergehen begangen wurde, zu verheimlichen oder zu verhandeln.

(2) Die Monopolhehlerei wird mit einer Geldstrafe bis zum Einfachen der Bemessungsgrundlage (§ 44 Abs. 2) geahndet. Auf Verfall ist nach Maßgabe des § 17 zu erkennen.

(3) Wer eine der im Abs. 1 bezeichneten Taten grob fahrlässig begeht, ist mit einer Geldstrafe bis zur Hälfte der Bemessungsgrundlage (§ 44 Abs. 2) zu bestrafen. *(BGBl I 2019/62)*

(4) Die Monopolhehlerei ist ohne Rücksicht darauf strafbar, ob der Eingriff in Monopolrechte geahndet werden kann.

(BGBl 1994/681)

Strafschärfung bei Rückfall

§ 47. (1) Ist der Täter schon zweimal wegen eines der in den §§ 44 oder 46 Abs. 1 bezeichneten Finanzvergehen bestraft worden und wurden die Strafen wenigstens zum Teil, wenn auch nur durch Anrechnung einer Vorhaft, vollzogen, so kann, wenn er nach Vollendung des neunzehnten Lebensjahres neuerlich ein solches Finanzvergehen begeht, das Höchstmaß der angedrohten Geldstrafe um die Hälfte überschritten werden. *(BGBl I 2015/163)*

(2) Eine frühere Strafe bleibt außer Betracht, wenn seit ihrem Vollzug bis zur folgenden Tat mehr als fünf Jahre vergangen sind. In diese Frist werden Zeiten, in denen der Bestrafte auf behördliche Anordnung angehalten worden ist, nicht eingerechnet. Ist die Strafe nur durch Anrechnung einer Vorhaft vollzogen worden, so beginnt die Frist erst mit Rechtskraft der Entscheidung.

(3) Die Strafschärfung gilt nur für diejenigen Beteiligten, bei denen die Voraussetzungen des Abs. 1 vorliegen.

(BGBl 1975/335; BGBl 1988/599; BGBl 1994/681)

Verletzung der Verschlußsicherheit

§ 48. (1) Der Verletzung der Verschlußsicherheit macht sich schuldig, wer vorsätzlich oder fahrlässig

a) Verschlußmittel oder Nämlichkeitszeichen, die in einem Abgaben- oder Monopolverfahren oder in einem verwaltungsbehördlichen Finanzstrafverfahren angelegt oder anerkannt wurden, beschädigt, ablöst oder unwirksam macht;

b) Räume, Anlagen, Umschließungen oder Vorrichtungen, die durch Verschlußmittel gesichert sind, die in einem Abgaben- oder Monopol-verfahren oder in einem verwaltungsbehördlichen Finanzstrafverfahren angelegt oder anerkannt wurden, so verändert, daß die Verschlußsicherheit nicht mehr gegeben ist;

c) Beförderungsmittel, die nach den zollrecht-lichen Vorschriften zur Beförderung von Waren unter Zollverschluß zugelassen wurden, so verän-dert, daß die Voraussetzungen für eine solche Zulassung nicht mehr gegeben sind;

d) Beförderungsmittel, die mit geheimen oder schwer zu entdeckenden, zur Aufnahme von Waren geeigneten Räumen oder mit geheimen oder schwer zu entdeckenden Zugängen versehen sind, entgegen den zollrechtlichen Vorschriften verwendet.

(2) Die Tat wird mit einer Geldstrafe geahndet, deren Höchstmaß bei vorsätzlicher Begehung 20 000 Euro, bei fahrlässiger Begehung 5 000 Euro beträgt. Die Tat unterliegt nicht der geson-derten Verfolgung nach § 272 StGB. *(BGBl I 2007/99)*

(BGBl 1975/335; BGBl I 2001/144)

Herbeiführung unrichtiger Präferenznachweise

§ 48a. (1) Der Herbeiführung unrichtiger Prä-ferenznachweise macht sich schuldig, wer

1. in einem Verfahren zur Erteilung eines Prä-ferenznachweises oder

2. bei Ausstellung eines Präferenznachweises oder einer Lieferantenerklärung oder

3. in einem Nachprüfungsverfahren

vorsätzlich oder fahrlässig unrichtige oder unvoll-ständige Angaben macht oder unrichtige oder unvollständige Unterlagen vorlegt.

(2) Die Tat wird mit einer Geldstrafe geahndet, deren Höchstmaß bei vorsätzlicher Begehung 40 000 Euro, bei fahrlässiger Begehung 4 000 Euro beträgt. Die Tat unterliegt nicht der geson-derten Verfolgung nach § 228 StGB. *(BGBl I 2007/99)*

(BGBl 1994/681; BGBl I 2001/144)

Verletzung von Verpflichtungen im Barmittelverkehr

§ 48b. (1) Der Verletzung von Verpflichtungen im Barmittelverkehr macht sich schuldig, wer vorsätzlich oder fahrlässig

1. entgegen Artikel 3 der Verordnung (EU) 2018/1672 des Europäischen Parlaments und des Rates vom 23. Oktober 2018 über die Überwa-chung von Barmitteln, die in die Union oder aus der Union verbracht werden, und zur Aufhebung der Verordnung (EG) Nr. 1889/2005 (ABl. Nr. L 284 vom 12.11.2018 S 6-21) Barmittel, nicht, nicht

richtig oder nicht vollständig anmeldet oder nicht für eine Kontrolle zur Verfügung stellt oder

2. entgegen Artikel 4 der Verordnung (EU) 2018/1672 eine Offenlegungserklärung nicht, nicht richtig, nicht vollständig oder nicht rechtzei-tig abgibt oder

3. den Pflichten nach § 17b Abs. 1 oder Abs. 2 Zollrechts-Durchführungsgesetz (ZollR-DG), BGBl. Nr. 659/1994, nicht, nicht richtig, nicht vollständig oder nicht fristgerecht nachkommt. *(BGBl I 2007/99; BGBl I 2021/227)*

(2) Die Tat wird mit Geldstrafe geahndet, deren Höchstmaß bei vorsätzlicher Begehung 100 000 Euro, bei fahrlässiger Begehung 10 000 Euro be-trägt. *(BGBl I 2007/99; BGBl I 2012/112)*

(BGBl I 2004/26)

Finanzordnungswidrigkeiten

§ 49. (1) Einer Finanzordnungswidrigkeit macht sich schuldig, wer vorsätzlich

a) Abgaben, die selbst zu berechnen sind, ins-besondere Vorauszahlungen an Umsatzsteuer, nicht spätestens am fünften Tag nach Fälligkeit entrichtet oder abführt, es sei denn, daß der zustän-digen Abgabenbehörde bis zu diesem Zeitpunkt die Höhe des geschuldeten Betrages bekanntgege-ben wird; im übrigen ist die Versäumung eines Zahlungstermines für sich allein nicht strafbar; *(BGBl I 2010/104)*

b) durch Abgabe unrichtiger Voranmeldungen (§ 21 des Umsatzsteuergesetzes 1994) ungerecht-fertigte Abgabengutschriften geltend macht. *(BGBl I 2010/104)*

(2) Die Finanzordnungswidrigkeit wird mit ei-ner Geldstrafe geahndet, deren Höchstmaß die Hälfte des nicht oder verspätet entrichteten oder abgeführten Abgabenbetrages oder der geltend gemachten Abgabengutschrift beträgt.

(BGBl 1975/335)

§ 49a. (1) Einer Finanzordnungswidrigkeit macht sich schuldig, wer es vorsätzlich unterlässt, die gemäß § 121a BAO anzeigepflichtigen Vor-gänge anzuzeigen. Die Finanzordnungswidrigkeit wird mit einer Geldstrafe bis zu 10% des gemei-nen Wertes des durch die nicht angezeigten Vor-gänge übertragenen Vermögens geahndet.

(2) Straffreiheit einer Selbstanzeige tritt unbe-schadet der in § 29 Abs. 3 genannten Gründe auch dann nicht mehr ein, wenn eine solche erst mehr als ein Jahr ab dem Ende der Anzeigefrist des § 121a Abs. 4 BAO erstattet wird.

(3) Ebenso macht sich einer Finanzordnungs-widrigkeit schuldig, wer, ohne hiedurch den Tat-bestand eines mit strengerer Strafe bedrohten Fi-nanzvergehens zu erfüllen, es vorsätzlich unter-lässt, eine dem § 109b EStG 1988 entsprechende Mitteilung zu erstatten. Die Finanzordnungswid-

rigkeit wird mit einer Geldstrafe bis zu 10 % des mitzuteilenden Betrages, höchstens jedoch bis zu 20 000 Euro, geahndet. *(BGBl I 2010/104)*

(BGBl I 2008/85)

§ 49b. (1) Einer Finanzordnungswidrigkeit macht sich schuldig, wer vorsätzlich die Verpflichtung zur Übermittlung des länderbezogenen Berichts gemäß § 8 Abs. 1 des Bundesgesetzes über die standardisierte Verrechnungspreisdokumentation (VPDG), BGBl. I Nr. 77/2016, dadurch verletzt, dass

1. die Übermittlung nicht fristgerecht erfolgt oder

2. meldepflichtige Punkte der **Anlage 1**, **Anlage 2** oder **Anlage 3** zum VPDG nicht oder unrichtig übermittelt werden,

und ist mit Geldstrafe bis zu 50 000 Euro zu bestrafen.

(2) Wer die Tat nach Abs. 1 grob fahrlässig begeht, ist mit Geldstrafe bis zu 25 000 Euro zu bestrafen. Die fahrlässige Übermittlung unrichtiger Daten ist nach dieser Bestimmung nicht strafbar.

(3) § 29 ist nicht anzuwenden.

(BGBl I 2016/77)

§ 49c. (1) Einer Finanzordnungswidrigkeit macht sich schuldig, wer vorsätzlich eine Pflicht nach den Bestimmungen des 2. Teils des EU-Meldepflichtgesetzes (EU-MPfG), BGBl. Nr. 91/2019, dadurch verletzt, dass

1. eine Meldung nicht oder nicht vollständig erstattet wird, oder

2. die Meldepflicht nicht fristgerecht erfüllt wird, oder

3. unrichtige Informationen (§§ 16 und 17 EU-MPfG) gemeldet werden, oder

4. den Pflichten nach § 11 EU-MPfG nicht oder nicht vollständig nachgekommen wird.

(2) Die Finanzordnungswidrigkeit wird mit einer Geldstrafe bis zu 50 000 Euro geahndet.

(3) Wer die Tat nach Abs. 1 grob fahrlässig begeht, ist mit Geldstrafe bis zu 25 000 Euro zu bestrafen.

(4) § 29 ist nicht anzuwenden.

(BGBl I 2019/91)

§ 49d. (1) Einer Finanzordnungswidrigkeit macht sich schuldig, wer vorsätzlich die Pflicht zur Führung, Aufbewahrung oder Übermittlung von Aufzeichnungen nach § 18 Abs. 11 oder 12 Umsatzsteuergesetz 1994 verletzt.

Die Finanzordnungswidrigkeit wird mit einer Geldstrafe bis zu 50 000 Euro geahndet.

(2) Wer die Tat nach Abs. 1 grob fahrlässig begeht, ist mit Geldstrafe bis zu 25 000 Euro zu bestrafen.

(BGBl I 2019/91)

§ 49e. (1) Einer Finanzordnungswidrigkeit macht sich schuldig, wer vorsätzlich

1. die Pflicht zur Führung von Aufzeichnungen nach § 18a Abs. 1 des Umsatzsteuergesetzes 1994 verletzt, oder

2. entgegen § 18a Abs. 8 Z 2 des Umsatzsteuergesetzes 1994 Informationen nicht, nicht richtig, nicht vollständig oder nicht rechtzeitig übermittelt, oder

3. entgegen § 18a Abs. 8 Z 3 des Umsatzsteuergesetzes 1994 übermittelte Informationen nicht oder nicht rechtzeitig berichtigt beziehungsweise vervollständigt, oder

4. entgegen § 18a Abs. 8 Z 4 des Umsatzsteuergesetzes 1994 der Aufbewahrungspflicht nicht entsprechend nachkommt.

(2) Die Finanzordnungswidrigkeit wird mit einer Geldstrafe bis zu 50 000 Euro geahndet.

(3) Wer die Tat nach Abs. 1 grob fahrlässig begeht, ist mit Geldstrafe bis zu 25 000 Euro zu bestrafen.

(4) Hinsichtlich der Finanzordnungswidrigkeiten nach Abs. 1 Z 2 und 3 tritt Straffreiheit einer Selbstanzeige unbeschadet der in § 29 Abs. 3 genannten Gründe auch dann nicht mehr ein, wenn eine solche erst mehr als ein Jahr ab dem Ende der Frist in § 18a Abs. 8 Z 2 oder 3 des Umsatzsteuergesetzes 1994 erstattet wird.

(BGBl I 2023/106)

Fassung ab 1. 1. 2024 (BGBl I 2023/106):
§ 49e. (1) Einer Finanzordnungswidrigkeit macht sich schuldig, wer vorsätzlich

1. die Pflicht zur Führung von Aufzeichnungen nach § 18a Abs. 1 des Umsatzsteuergesetzes 1994 verletzt, oder

2. entgegen § 18a Abs. 8 Z 2 des Umsatzsteuergesetzes 1994 Informationen nicht, nicht richtig, nicht vollständig oder nicht rechtzeitig übermittelt, oder

3. entgegen § 18a Abs. 8 Z 3 des Umsatzsteuergesetzes 1994 übermittelte Informationen nicht oder nicht rechtzeitig berichtigt beziehungsweise vervollständigt, oder

4. entgegen § 18a Abs. 8 Z 4 des Umsatzsteuergesetzes 1994 der Aufbewahrungspflicht nicht entsprechend nachkommt.

(2) Die Finanzordnungswidrigkeit wird mit einer Geldstrafe bis zu 50 000 Euro geahndet.

(3) Wer die Tat nach Abs. 1 grob fahrlässig begeht, ist mit Geldstrafe bis zu 25 000 Euro zu bestrafen.

(4) Hinsichtlich der Finanzordnungswidrigkeiten nach Abs. 1 Z 2 und 3 tritt Straffreiheit einer Selbstanzeige unbeschadet der in § 29 Abs. 3 genannten Gründe auch dann nicht mehr ein, wenn eine solche erst mehr als ein Jahr ab dem Ende der Frist in § 18a Abs. 8 Z 2 oder 3 des Umsatzsteuergesetzes 1994 erstattet wird.

(BGBl I 2023/106)

§ 50. (1) Einer Finanzordnungswidrigkeit macht sich schuldig, wer vorsätzlich unter Verletzung der abgabenrechtlichen Offenlegungs- oder Wahrheitspflicht für die Entrichtung von Abgabenschuldigkeiten ungerechtfertigt Zahlungserleichterungen erwirkt.

(2) Die Finanzordnungswidrigkeit wird mit einer Geldstrafe bis zu 5 000 Euro geahndet. *(BGBl I 2007/99)*

(BGBl 1975/335; BGBl I 2001/144)

§ 51. (1) Einer Finanzordnungswidrigkeit macht sich schuldig, wer, ohne hiedurch den Tatbestand eines anderen Finanzvergehens zu erfüllen, vorsätzlich

a) eine abgaben- oder monopolrechtliche Anzeige-, Offenlegungs- oder Wahrheitspflicht verletzt,

b) eine abgaben- oder monopolrechtliche Verwendungspflicht verletzt,

c) eine abgaben- oder monopolrechtliche Pflicht zur Führung oder Aufbewahrung von Büchern oder sonstigen Aufzeichnungen oder zur Einrichtung technischer Sicherheitsvorkehrungen verletzt, *(BGBl I 2015/118)*

d) eine abgaben- oder monopolrechtliche Pflicht zur Ausstellung oder Aufbewahrung von Belegen verletzt,

e) Maßnahmen der in den Abgaben- oder Monopolvorschriften vorgesehenen Zollaufsicht oder sonstigen amtlichen oder abgabenbehördlichen Aufsicht und Kontrolle erschwert oder verhindert oder die Pflicht, an solchen Maßnahmen mitzuwirken, verletzt, *(BGBl I 2012/112)*

f) eine zollrechtliche Gestellungspflicht verletzt oder *(BGBl I 2015/118)*

g) wer ein abgabenrechtliches Verbot zur Leistung oder Entgegennahme von Barzahlungen verletzt. *(BGBl I 2015/118)*

(2) Die Finanzordnungswidrigkeit wird mit einer Geldstrafe bis zu 5 000 Euro geahndet. *(BGBl I 2007/99)*

(BGBl 1975/335; BGBl 1994/681; BGBl I 2001/144)

§ 51a. (1) Einer Finanzordnungswidrigkeit macht sich schuldig, wer, ohne hiedurch den Tatbestand eines anderen Finanzvergehens zu erfüllen, vorsätzlich abgaben- oder monopolrechtlich zu führende Bücher, Aufzeichnungen oder Aufzeichnungssysteme, die automationsunterstützt geführt werden, durch Gestaltung oder Einsatz eines Programms, mit dessen Hilfe Daten verändert, gelöscht oder unterdrückt werden können, verfälscht.

(2) Die Finanzordnungswidrigkeit wird mit einer Geldstrafe bis zu 25 000 Euro geahndet.

(BGBl I 2015/118)

Selbstverschuldete Berauschung

§ 52. (1) Der selbstverschuldeten Berauschung macht sich schuldig, wer sich vorsätzlich oder fahrlässig durch den Genuß von Alkohol oder den Gebrauch eines anderen berauschenden Mittels in einen die Zurechnungsfähigkeit ausschließenden Rausch versetzt und im Rausch eine Handlung begeht, die ihm außer diesem Zustand als Finanzvergehen zugerechnet würde.

(2) Die selbstverschuldete Berauschung wird mit einer Geldstrafe bis zu 2 000 Euro geahndet; die Geldstrafe darf jedoch nicht höher bemessen werden, als sie das Gesetz für das im Rausch begangene Finanzvergehen androht. Daneben ist nach Maßgabe des § 17 auf Verfall zu erkennen; der Umfang des Verfalls richtet sich nach den Strafbestimmungen des Finanzvergehens, das dem Berauschten nicht zugerechnet werden kann. *(BGBl I 2007/99)*

(BGBl 1975/335; BGBl I 2001/144)

ZWEITER ABSCHNITT

Finanzstrafverfahren

ERSTER UNTERABSCHNITT

Gemeinsame Bestimmungen

Abgrenzung der gerichtlichen von der finanzstrafbehördlichen Zuständigkeit

§ 53. (1) Das Gericht ist zur Ahndung von Finanzvergehen zuständig, wenn das Finanzvergehen vorsätzlich begangen wurde und der maßgebliche Wertbetrag, nach dem sich die Strafdrohung richtet (strafbestimmender Wertbetrag) 150 000 Euro übersteigt oder wenn die Summe der maßgeblichen strafbestimmenden Wertbeträge aus mehreren zusammentreffenden vorsätzlich begangenen Finanzvergehen 150 000 Euro übersteigt und alle diese Vergehen in die sachliche Zuständigkeit derselben Finanzstrafbehörde fielen. Zusammentreffen können nur Finanzvergehen, über die noch nicht rechtskräftig entschieden wurde. *(BGBl I 2010/104; BGBl I 2019/104; BGBl I 2023/110)*

(1a) Zur Ahndung des grenzüberschreitenden Umsatzsteuerbetrugs (§ 40) ist stets das Gericht zuständig. *(BGBl I 2019/62)*

(2) Im Abs. 1 tritt an die Stelle des Wertbetrages von 150 000 Euro der Wertbetrag von 75 000 Euro in den Fällen *(BGBl I 2010/104; BGBl I 2023/110)*

a) des Schmuggels und der Hinterziehung von Eingangs- oder Ausgangsabgaben (§ 35),

b) der Abgabenhehlerei nach § 37 Abs. 1 mit Sachen oder mit Erzeugnissen aus Sachen, hinsichtlich derer ein Schmuggel, eine Verzollungsumgehung oder eine Verkürzung von Eingangs- oder Ausgangsabgaben begangen wurde.

(3) Ist das Gericht nach den Abs. 1, 1a oder 2 zur Ahndung von Finanzvergehen zuständig, so ist es auch zur Ahndung von mit diesen zusammentreffenden anderen Finanzvergehen zuständig, wenn alle diese Vergehen in die sachliche Zuständigkeit derselben Finanzstrafbehörde fielen. *(BGBl I 2020/99)*

(4) Die Zuständigkeit des Gerichts zur Ahndung von Finanzvergehen des Täters begründet auch dessen Zuständigkeit zur Ahndung von Finanzvergehen der anderen vorsätzlich an der Tat Beteiligten. Wird jemand nach dieser Bestimmung ausschließlich wegen eines sonst in die Zuständigkeit der Finanzstrafbehörde fallenden Finanzvergehens rechtskräftig verurteilt, so sind mit dieser Verurteilung nicht die Folgen einer gerichtlichen Verurteilung, sondern nur die einer Ahndung durch die Finanzstrafbehörde verbunden; dies ist im Urteil festzustellen. *(BGBl I 2007/44)*

(5) Finanzordnungswidrigkeiten und die selbstverschuldete Berauschung (§ 52) hat das Gericht niemals zu ahnden.

(6) Finanzvergehen, deren Ahndung nicht dem Gericht zukommt, sind von den Finanzstrafbehörden zu ahnden.

(7) Hat sich jemand durch dieselbe Tat einer strafbaren Handlung schuldig gemacht, die dem Gericht, und eines Finanzvergehens, das der Finanzstrafbehörde zufällt, so hat das Gericht die gerichtlich strafbare Handlung, die Finanzstrafbehörde das Finanzvergehen gesondert zu ahnden; die Bestimmungen des Abs. 3 und des § 22 Abs. 2 und 3 werden hievon nicht berührt. Die vorangegangene rechtskräftige Bestrafung ist bei der Bemessung der Geldstrafe und der Freiheitsstrafe angemessen zu berücksichtigen. *(BGBl I 2010/104)*

(8) Kann eine Prüfung, ob das Gericht nach den Abs. 1 bis 4 zur Ahndung des Finanzvergehens zuständig sei, noch nicht vorgenommen werden, so hat die Finanzstrafbehörde alle zur Sicherung der Beweise erforderlichen Maßnahmen zu treffen. Solche Maßnahmen der Finanzstrafbehörde sind wegen Unzuständigkeit nicht anfechtbar, wenn sich später die gerichtliche Zuständigkeit herausstellt.

(BGBl 1975/335; BGBl 1985/571; BGBl 1994/681; BGBl I 1999/28; BGBl I 2001/59)

Ab 1. 1. 2002 geltende Eurobeträge gelten jedoch nicht für bei Gericht oder einer StA zu diesem Zeitpunkt bereits anhängige Strafverfahren Art XVIII Z 2 BGBl I 2001/59.

§ 54. (1) Findet die Finanzstrafbehörde nach Einleitung des Finanzstrafverfahrens, dass für die Ahndung des Finanzvergehens das Gericht zuständig ist, so hat sie das Strafverfahren nach den Bestimmungen des Dritten Unterabschnittes weiter zu führen und hievon den Beschuldigten und die gemäß § 122 dem Verfahren zugezogenen Nebenbeteiligten zu verständigen; Personen, die sich in vorläufiger Verwahrung oder in Untersuchungshaft der Finanzstrafbehörde befinden, sind dem Gericht zu übergeben. Zugleich ist das verwaltungsbehördliche Finanzstrafverfahren vorläufig einzustellen. *(BGBl I 2007/44)*

(2) Über die Beschlagnahme von Gegenständen und über Sicherstellungsmaßnahmen ist der Staatsanwaltschaft unverzüglich zu berichten (§ 100 Abs. 2 Z 2 StPO). Sie gelten als gemäß § 110 StPO sichergestellt. *(BGBl I 2007/44; BGBl I 2013/14)*

(3) *(aufgehoben, BGBl I 2007/44)*

(4) Wird ein Strafverfahren wegen eines Finanzvergehens ohne Berichte der Finanzstrafbehörde (§ 100 Abs. 2 StPO) sowohl bei der Staatsanwaltschaft oder bei Gericht als auch bei der Finanzstrafbehörde geführt, so hat die Finanzstrafbehörde, sobald sie davon Kenntnis erlangt, nach den Abs. 1 und 2 vorzugehen. *(BGBl I 2007/44; BGBl I 2018/62)*

(5) Wird durch die Staatsanwaltschaft das Ermittlungsverfahren gemäß § 202 Abs. 1 eingestellt oder wird das gerichtliche Verfahren rechtskräftig durch eine Entscheidung, die auf der Ablehnung der Zuständigkeit beruht (Unzuständigkeitsentscheidung), beendet, so hat die Finanzstrafbehörde das Finanzstrafverfahren fortzusetzen; einer Bestrafung darf aber kein höherer strafbestimmender Wertbetrag zugrunde gelegt werden, als er der finanzstrafbehördlichen Zuständigkeit entspricht. *(BGBl I 2010/104; BGBl I 2018/62)*

(6) Wird das gerichtliche Verfahren anders als durch Unzuständigkeitsentscheidung rechtskräftig beendet, so hat die Finanzstrafbehörde ihr Verfahren endgültig einzustellen. *(BGBl I 2018/62)*

(BGBl 1975/335)

§ 55. *(aufgehoben, BGBl 1996/421)*

ZWEITER UNTERABSCHNITT
Verwaltungsbehördliches
Finanzstrafverfahren

I. Hauptstück

A. Allgemeine Bestimmungen

§ 56. (1) Eine Bestrafung wegen eines Finanzvergehens, ein Verfall im selbständigen Verfahren (§ 18), eine Inanspruchnahme aus der Haftung gemäß § 28 und eine Verhängung einer Verbandsgeldbuße gemäß § 28a dürfen nur auf Grund eines nach den folgenden Vorschriften durchgeführten Verfahrens erfolgen. *(BGBl I 2005/161)*

(2) Für Anbringen, Niederschriften, Aktenvermerke, Vorladungen, Erledigungen, Fristen sowie Zwangs- und Ordnungsstrafen gelten, soweit dieses Bundesgesetz nicht anderes bestimmt, die Bestimmungen des 3. Abschnittes sowie § 114 Abs. 3 der Bundesabgabenordnung sinngemäß. Eine automationsunterstützte Übermittlung von Anbringen an die Finanzstrafbehörde ist nur insoweit zulässig, als dies in einer Verordnung des Bundesministers für Finanzen unter Bestimmung der Übermittlungsmodalität ausdrücklich zugelassen wird. *(BGBl I 2012/112; BGBl I 2015/163)*

(3) Für Zustellungen gelten das Zustellgesetz, BGBl. Nr. 200/1982, und sinngemäß die Bestimmungen des 3. Abschnittes der Bundesabgabenordnung. Zustellungen in Verfahren nach den §§ 147 und 148 können auch durch öffentliche Bekanntmachung nach § 25 des Zustellgesetzes erfolgen.

(4) Zwangs- und Ordnungsstrafen fließen dem Bund zu.

(5) Für Verfahren wegen Finanzvergehen gegen Verbände gelten die Bestimmungen über das verwaltungsbehördliche Finanzstrafverfahren, soweit sie nicht ausschließlich auf natürliche Personen anwendbar sind, mit folgender Maßgabe:

1. Der Verband hat in dem gegen ihn und auch in dem gegen den beschuldigten Entscheidungsträger oder Mitarbeiter geführten Verfahren die Rechte eines Beschuldigten (belangter Verband); auch die der Tat verdächtigen Entscheidungsträger und Mitarbeiter haben in beiden Verfahren die Rechtsstellung eines Beschuldigten.

2. Soweit sich die im ersten Satz dieses Absatzes genannten Verfahrensvorschriften auf Verdächtige, Beschuldigte oder Strafen beziehen, sind darunter der belangte Verband oder die Verbandsgeldbuße zu verstehen.

3. Verfahren gegen den Beschuldigten und den belangten Verband sind in der Regel gemeinsam zu führen. *(BGBl I 2019/104)*

4. Die Finanzstrafbehörde kann von der Verfolgung eines Verbandes absehen, wenn in Abwä-

gung der Schwere der Tat, des Gewichts der Pflichtverletzung oder des Sorgfaltsverstoßes, der Folgen der Tat und der zu erwartenden Höhe der Verbandsgeldbuße eine Verfolgung und Sanktionierung verzichtbar erscheint, es sei denn, dass die Verfolgung geboten ist, um der Begehung von Taten im Rahmen der Tätigkeit anderer Verbände entgegenzuwirken oder wegen eines sonstigen besonderen öffentlichen Interesses. *(BGBl I 2005/161)*

(BGBl 1975/335; BGBl 1982/201)

Ton- und Bildaufnahme

§ 56a. (1) Eine Tonaufnahme oder eine Bild- und Tonaufnahme einer Vernehmung ist zulässig, wenn die vernommene Person ausdrücklich darüber informiert worden ist und die Vernehmung zur Gänze aufgenommen wird. Die Aufnahme ist auf einem geeigneten Medium zu speichern und zum Akt zu nehmen.

(2) Im Falle einer Aufnahme nach Abs. 1 ist eine Niederschrift zu erstellen. Dies kann auch vereinfacht in Form einer schriftlichen Zusammenfassung des Inhalts der Vernehmung erfolgen. Die Zusammenfassung hat zumindest zu enthalten: *(BGBl I 2022/108)*

1. die Bezeichnung der Behörde und der an der Amtshandlung beteiligten Personen,

2. Ort, Zeit und Gegenstand der Amtshandlung,

3. Zusammenfassung des Inhalts von Aussagen,

4. andere wesentliche Vorgänge während der Amtshandlung,

5. allenfalls gestellte Anträge,

6. die Unterschriften der vernommenen Personen. Wird eine Unterschrift verweigert oder unterbleibt sie aus anderen Gründen, so sind die hiefür maßgebenden Umstände zu vermerken.

Gestellte Fragen sind nur soweit aufzunehmen, als dies für das Verständnis der Antworten erforderlich ist.

(3) Soweit dies für die Beurteilung der Sache und der Ergebnisse der Amtshandlung erforderlich ist oder eine vernommene Person es verlangt, ist ihre Aussage wörtlich wieder zu geben. Über dieses Recht ist die vernommene Person zu belehren.

(BGBl I 2018/62)

Vernehmung mittels technischer Einrichtung zur Ton- und Bildübertragung

§ 56b. (1) Eine Vernehmung kann aus verfahrensökonomischen Gründen unter Verwendung einer technischen Einrichtung zur Tonübertragung oder Ton- und Bildübertragung erfolgen. Die zu vernehmende Person ist in die Amtsräumlichkeit zu laden, in welcher die Tonübertragung oder

Ton- und Bildübertragung vorgenommen werden soll. *(BGBl I 2020/99)*

(1a) Ist die zu vernehmende Person wegen Krankheit, Gebrechlichkeit oder wegen eines sonstigen begründeten Hindernisses nicht in der Lage, der Ladung nachzukommen, kann die Vernehmung unter Verwendung einer technischen Einrichtung zur Tonübertragung oder Ton- und Bildübertragung jeweils in Anwesenheit eines Organs der Finanzstrafbehörde auch außerhalb einer Amtsräumlichkeit erfolgen. *(BGBl I 2020/99)*

(2) Hält sich die einzuvernehmende Person im Ausland auf, ist eine Vernehmung unter Verwendung einer technischen Einrichtung zur Tonübertragung oder Ton- und Bildübertragung nur zulässig, wenn die zuständige ausländische Behörde Amts- oder Rechtshilfe leistet. *(BGBl I 2020/99)*

(3) Wird von der Vernehmung auch eine Tonaufnahme oder eine Ton- und Bildaufnahme angefertigt, gilt § 56a sinngemäß. In Fällen des Abs. 1a kann die Unterschrift der vernommenen Person entfallen und ist dieser eine Abschrift der Niederschrift zuzustellen. Diesfalls kann die vernommene Person innerhalb von zwei Wochen ab Zustellung Einwendungen zur Niederschrift erheben. *(BGBl I 2020/99)*

(BGBl I 2018/62)

§ 57. (1) Finanzvergehen sind von Amts wegen zu verfolgen.

(2) Die Finanzstrafbehörde und ihre Organe haben ihr Amt unparteilich und unvoreingenommen auszuüben und jeden Anschein der Befangenheit zu vermeiden. Sie haben die zur Belastung und die zur Verteidigung des Beschuldigten dienenden Umstände mit der gleichen Sorgfalt zu ermitteln.

(3) Jeder Beschuldigte ist durch die Finanzstrafbehörde sobald wie möglich über das gegen ihn geführte Ermittlungsverfahren und den gegen ihn bestehenden Tatverdacht sowie über seine wesentlichen Rechte im Verfahren (§§ 77, 79, 83, 84, 113, 114, 125, 151 und 152) zu informieren. Dies darf nur so lange unterbleiben, als besondere Umstände befürchten lassen, dass ansonsten der Zweck der Ermittlungen gefährdet wäre, insbesondere weil Ermittlungen oder Beweisaufnahmen durchzuführen sind, deren Erfolg voraussetzt, dass der Beschuldigte keine Kenntnis von den gegen ihn geführten Ermittlungen hat. Das gleiche gilt, wenn sich durch im Zuge des Ermittlungsverfahrens hervortretende Umstände eine Änderung des Tatverdachtes ergibt. Auch alle anderen vom Finanzstrafverfahren betroffenen Personen sind über ihre wesentlichen Rechte zu belehren. Die Informationen und Belehrungen können auch mündlich erteilt werden, worüber erforderlichenfalls ein Aktenvermerk aufzunehmen ist. *(BGBl I 2013/155)*

(4) Soweit es im Interesse eines fairen Verfahrens und der Wahrung der Verteidigungsrechte eines Beschuldigten, der sich in der Verfahrenssprache nicht hinreichend verständigen kann, erforderlich ist, ist ihm mündliche Übersetzungshilfe durch Beistellung eines Dolmetschers zu leisten; dies gilt insbesondere für die Rechtsbelehrung, für Beweisaufnahmen, an denen der Beschuldigte teilnimmt, und für Verhandlungen. Ist der Beschuldigte gehörlos, hochgradig hörbehindert oder stumm, so ist ein Dolmetscher für die Gebärdensprache beizuziehen, sofern sich der Beschuldigte in dieser verständigen kann. Über die Erforderlichkeit einer Übersetzungshilfe entscheidet der Leiter der Amtshandlung. Gegen die Nichtgewährung von Übersetzungshilfe ist ein abgesondertes Rechtsmittel nicht zulässig. Im Rechtsmittel gegen die Strafentscheidung können auch die Verteidigungsrechte beeinträchtigende Mängel in der Qualität der Übersetzungshilfe geltend gemacht werden, sofern im Verfahren nicht ohnedies Abhilfe geschaffen worden ist. *(BGBl I 2013/155)*

(4a) Ist Übersetzungshilfe gemäß Abs. 4 zu leisten, gilt in Verfahren, in denen die Durchführung der mündlichen Verhandlung und die Fällung des Erkenntnisses gemäß § 58 Abs. 2 einem Spruchsenat obliegt, sowie im Rechtsmittelverfahren darüber hinaus Folgendes:

a) Mündliche Übersetzungshilfe ist auch für den Kontakt des Beschuldigten mit seinem Verteidiger zu leisten, sofern dies im Interesse einer zweckentsprechenden Verteidigung erforderlich ist. Dazu ist auf Antrag in unmittelbarem Zusammenhang mit einer mündlichen Verhandlung oder sonstigen Amtshandlung, an der der Beschuldigte teilnimmt, ein Dolmetscher am Ort der Amtshandlung zur Verfügung zu stellen. Ein diesbezüglicher Antrag ist spätestens eine Woche vor Beginn der Amtshandlung einzubringen.

b) Für die Verteidigung wesentliche Aktenstücke sind innerhalb einer angemessenen Frist schriftlich zu übersetzen. Als für die Verteidigung wesentlich gelten jedenfalls die Festnahmeanordnung, die Verhängung der Untersuchungshaft, die Stellungnahme des Amtsbeauftragten, die schriftliche Ausfertigung des noch nicht rechtskräftigen Erkenntnisses und ein gegen das Erkenntnis vom Amtsbeauftragen erhobenes Rechtsmittel. Sofern es den in Abs. 4 genannten Interessen nicht widerspricht, darf die schriftliche Übersetzung durch eine bloß auszugsweise Darstellung, durch mündliche Übersetzung oder, wenn der Beschuldigte durch einen Verteidiger vertreten ist, auch durch mündliche Zusammenfassung ersetzt werden. Auf Antrag des Beschuldigten sind ihm weitere konkret zu bezeichnende Aktenstücke schriftlich zu übersetzen, soweit die Erforderlichkeit einer Übersetzung im Sinne des Abs. 4 begründet wird oder offenkundig ist. Ein Verzicht des Beschuldigten auf schriftliche Übersetzung ist nur zulässig, wenn er zuvor über sein Recht und die Folgen des Verzichts belehrt wurde. Belehrung und Verzicht sind schriftlich festzuhalten. *(BGBl I 2013/155)*

(5) Die Finanzstrafbehörde darf bei der Ausübung von Befugnissen und bei der Aufnahme von Beweisen nur soweit in Rechte von Personen eingreifen, als dies gesetzlich ausdrücklich vorgesehen und zur Aufgabenerfüllung erforderlich ist. Jede dadurch bewirkte Rechtsgutbeeinträchtigung muss in einem angemessenen Verhältnis zum Gewicht des Finanzvergehens, zum Grad des Verdachts und zum angestrebten Erfolg stehen. Unter mehreren zielführenden Ermittlungshandlungen und Zwangsmaßnahmen hat die Finanzstrafbehörde jene zu ergreifen, welche die Rechte der Betroffenen am Geringsten beeinträchtigen. Gesetzlich eingeräumte Befugnisse sind in jeder Lage des Verfahrens in einer Art und Weise auszuüben, die unnötiges Aufsehen vermeidet, die Würde der betroffenen Personen achtet und deren Rechte und schutzwürdigen Interessen wahrt.

(6) Das Finanzstrafverfahren ist stets zügig und ohne unnötige Verzögerung durchzuführen und innerhalb angemessener Frist zu beenden. Verfahren, in denen ein Beschuldigter in Haft gehalten wird, sind mit besonderer Beschleunigung zu führen. Ist eine Finanzstrafbehörde mit der Vornahme einer Verfahrenshandlung säumig, so kann der Beschuldigte bei dieser Finanzstrafbehörde den an das Bundesministerium für Finanzen gerichteten Antrag stellen, es möge der Finanzstrafbehörde für die Vornahme der Verfahrenshandlung eine angemessene Frist setzen. Hat die Finanzstrafbehörde die versäumte Verfahrenshandlung bis zur Entscheidung über den Antrag durchgeführt, so gilt der Antrag als zurückgezogen. Der Antrag ist innerhalb von zwei Jahren ab Eintritt der Verpflichtung der Behörde zur Vornahme der Verfahrenshandlung zu stellen. Wegen der Säumigkeit eines Spruchsenates oder eines Vorsitzenden des Spruchsenates ist ein Fristsetzungsantrag nicht zulässig. *(BGBl I 2013/14; BGBl I 2014/105)*

(7) Bis zum gesetzlichen Nachweis seiner Schuld gilt der eines Finanzvergehens Verdächtige als unschuldig.

(8) Nach rechtswirksamer Beendigung eines Finanzstrafverfahrens ist die neuerliche Verfolgung desselben Verdächtigen wegen derselben Tat unzulässig. Die Bestimmungen über die Wiederaufnahme des Verfahrens und die Wiedereinsetzung in den vorigen Stand sowie die Fortführung des Verfahrens nach § 170 bleiben hievon unberührt.

(BGBl I 2007/44)

B. Datenschutz

Grundsätze

§ 57a. (1) Für die Verarbeitung personenbezogener Daten zum Zweck der Verhütung, Ermittlung, Aufdeckung oder Verfolgung von Finanzvergehen sowie des Vollzuges von nach diesem Bundesgesetz verhängten Strafen gelten die Bestimmungen dieses Bundesgesetzes. Die Bestimmungen des dritten Hauptstückes des Datenschutzgesetzes (DSG), BGBl. Nr. 165/1999, sind nur dann anzuwenden, wenn in diesem Bundesgesetz ausdrücklich darauf verwiesen wird. Die §§ 36 Abs. 2, 46 bis 49, 50 Abs. 1, 2, 4 und 5 sowie 51 bis 59 DSG sind anzuwenden. Auf die Übermittlung personenbezogener Daten auf Grundlage völkerrechtlicher Übereinkommen, die vor dem 6. Mai 2016 abgeschlossen wurden und zu diesem Zeitpunkt mit dem Recht der Europäischen Union vereinbar waren, sind die §§ 58 und 59 DSG nicht anzuwenden.

(2) Die ganz oder teilweise automatisierte sowie die nichtautomatisierte Verarbeitung personenbezogener Daten durch die Finanzstrafbehörden, die für sie tätigen Organe oder durch den Bundesminister für Finanzen ist zulässig, wenn sie für Zwecke der Finanzstrafrechtspflege oder sonst zur Erfüllung ihrer Aufgaben erforderlich ist.

(3) Die Verarbeitung personenbezogener Daten zu einem anderen Zweck als zu demjenigen, zu dem sie erhoben oder erfasst wurden, ist nur zulässig, wenn dies für die in Abs. 2 genannten Zwecke, insbesondere auch für Zwecke der Abgabenerhebung, der Betrugsbekämpfung oder der Aufsicht oder für statistische Zwecke oder das Risikomanagement, erforderlich ist.

(4) Soweit möglich ist zwischen faktenbasierten und auf persönlichen Einschätzungen beruhenden personenbezogenen Daten zu unterscheiden.

(5) Besondere Kategorien personenbezogener Daten im Sinne des § 39 DSG dürfen insoweit verarbeitet werden, als dies für finanzstrafrechtliche Zwecke unbedingt erforderlich ist.

(6) Die §§ 31 bis 35 DSG gelten sinngemäß. Die von den Spruchsenaten oder deren Vorsitzenden und die vom Bundesfinanzgericht im Rahmen der richterlichen Tätigkeit vorgenommenen Datenverarbeitungen unterliegen nicht der Aufsicht der Datenschutzbehörde.

(7) Für die Verarbeitung personenbezogener Daten, die in den Anwendungsbereich der Verordnung (EU) 2016/679 zum Schutz natürlicher Personen bei der Verarbeitung personenbezogener Daten, zum freien Datenverkehr und zur Aufhebung der Richtlinie 95/46/EG (Datenschutz-Grundverordnung), ABl. Nr. L 119 vom 4.5.2016

4. FinStrG

§§ 57a – 58

S. 1, fällt, sind die §§ 48d bis 48g BAO sinngemäß anzuwenden.

(BGBl I 2018/32)

Informationspflicht und Auskunftsrecht

§ 57b. (1) Die zu erteilende Information hat zu enthalten:

1. den Namen und die Kontaktdaten des Verantwortlichen,

2. die Kontaktdaten des Datenschutzbeauftragten,

3. die Zwecke, für die die personenbezogenen Daten verarbeitet werden,

4. das Bestehen eines Beschwerderechts bei der Datenschutzbehörde sowie deren Kontaktdaten,

5. das Bestehen eines Rechts auf Auskunft und Berichtigung oder Löschung personenbezogener Daten sowie

6. die Rechtsgrundlage der Verarbeitung.

Diese Information ist auf der Homepage des Bundesministeriums für Finanzen zu veröffentlichen.

(2) Soweit in diesem Bundesgesetz nicht anderes bestimmt ist, ist das Recht auf Auskunft nur unter den Voraussetzungen des § 79 zu gewähren.

(BGBl I 2018/32)

Berichtigung personenbezogener Daten

§ 57c. (1) Das Recht auf Berichtigung, Aktualisierung oder Vervollständigung personenbezogener Daten, die in einer behördlichen Erledigung oder einer Niederschrift enthalten sind, besteht nur insoweit, als dies in diesem Bundesgesetz vorgesehen ist.

(2) Mit Ausnahme des Inhalts von Beweismitteln sind in den nicht von Abs. 1 erfassten Fällen unrichtige, unrichtig gewordene oder unvollständige personenbezogene Daten von Amts wegen oder auf Antrag der betroffenen Person unverzüglich richtig zu stellen oder zu vervollständigen. Ist eine nachträgliche Änderung mit dem Dokumentationszweck unvereinbar, hat eine Berichtigung, Aktualisierung oder Vervollständigung mittels eines ergänzenden Vermerks zu erfolgen, soweit in diesem Bundesgesetz nicht anderes bestimmt ist. Ist die Berichtigung, Aktualisierung oder Vervollständigung nicht möglich, ist dies zu vermerken.

(BGBl I 2018/32)

Fristen für die Aufbewahrung und Löschung personenbezogener Daten

§ 57d. (1) Soweit in diesem Bundesgesetz nicht anderes bestimmt ist, ist zehn Jahre nach Absehen von der Einleitung, rechtskräftiger Einstellung des Strafverfahrens oder nach Eintritt der Tilgung zu prüfen, ob die Aufbewahrung personenbezogener Daten weiterhin erforderlich ist. Ergibt diese Prüfung, dass die Aufbewahrung der personenbezogenen Daten weiterhin erforderlich ist, so sind sie nach Wegfall des Aufbewahrungsgrundes, längstens jedoch nach Ablauf von sechzig Jahren ab Erfassung zu löschen. Ist die weitere Aufbewahrung der personenbezogenen Daten nicht erforderlich, sind sie zu löschen. Ist die Löschung nicht möglich oder mit den Dokumentationszwecken unvereinbar, so ist an geeigneter Stelle ein ergänzender Vermerk aufzunehmen.

(2) Sofern gesetzlich nicht ausdrücklich anderes angeordnet ist, sind die Protokolldaten (§ 50 DSG) drei Jahre lang aufzubewahren. Davon darf in jenem Ausmaß abgewichen werden, als der von der Protokollierung betroffene Datenbestand zulässigerweise früher gelöscht oder länger aufbewahrt wird.

(BGBl I 2018/32)

Datenschutzbeschwerde

§ 57e. (1) Wer behauptet, durch ein Mitglied des Spruchsenates in Ausübung dessen richterlicher Tätigkeit in seinem Recht auf Datenschutz verletzt zu sein, kann die Feststellung dieser Verletzung durch das Bundesfinanzgericht begehren (Datenschutzbeschwerde).

(2) Auf den erforderlichen Inhalt der Beschwerde und das Verfahren sind § 24a Abs. 2 bis 4 Bundesfinanzgerichtsgesetz (BFGG) sowie die §§ 62 Abs. 2 zweiter und dritter Satz, 150 Abs. 3, 155, 156 Abs. 1 bis 4, 157, 158 erster Satz, 160, 161 Abs. 1 erster Satz, 162 und 163 sinngemäß anzuwenden.

(BGBl I 2019/91)

II. Hauptstück

Behörden des verwaltungsbehördlichen Finanzstrafverfahrens und organisatorische Bestimmungen zum Beschwerdeverfahren.

A. Zuständigkeit

§ 58. (1) Zur Durchführung des Finanzstrafverfahrens sind zuständig:

a) für Finanzvergehen, die bei oder im Zusammenhang mit der Ein-, Aus- oder Durchfuhr von Waren begangen werden sowie für Abgabenhehlerei und Monopolhehlerei, und für Finanzvergehen, durch welche sonst Abgaben- oder Monopolvorschriften oder andere Rechtsvorschriften, deren Handhabung der Zollverwaltung oder ihren Organen obliegt, verletzt werden, das Zollamt Österreich als Finanzstrafbehörde;

b) für alle übrigen Finanzvergehen das Amt für Betrugsbekämpfung als Finanzstrafbehörde;

c) in den Fällen des § 52 jene Finanzstrafbehörde, die für die Verfolgung des dem Berauschten nicht zurechenbaren Finanzvergehens zuständig wäre.

Dem Vorstand der Finanzstrafbehörde obliegt die Erstellung der jeweiligen Geschäftsverteilung. Diese ist auf der Internet-Seite des Bundesministeriums für Finanzen zu veröffentlichen. *(BGBl I 2019/104)*

(2) Die Durchführung der mündlichen Verhandlung und die Fällung des Erkenntnisses obliegt, soweit nicht gerichtliche Zuständigkeit gemäß § 53 gegeben ist, einem Spruchsenat (§ 65) als Organ der Finanzstrafbehörde,

a) wenn der strafbestimmende Wertbetrag bei den im § 53 Abs. 2 bezeichneten Finanzvergehen 10 000 Euro, bei allen übrigen Finanzvergehen 33 000 Euro übersteigt, *(BGBl I 2010/104; BGBl I 2019/62)*

b) wenn der Beschuldigte oder ein Nebenbeteiligter die Fällung des Erkenntnisses durch einen Spruchsenat beantragt. Im Fall eines vorausgegangenen vereinfachten Verfahrens (§ 143) ist ein solcher Antrag im Einspruch gegen die Strafverfügung, in den übrigen Fällen bis zum Beginn der mündlichen Verhandlung oder, wenn eine solche gemäß § 125 Abs. 3 nicht stattfindet, bis zur Abgabe der Verzichtserklärung zu stellen. *(BGBl I 2013/14)*

(3) Die Finanzstrafbehörden sind im Rahmen ihrer sachlichen Zuständigkeit auch zur Leistung von Amts- und Rechtshilfe zuständig, wenn die Amts- oder Rechtshilfehandlung in ihrem Amtsbereich vorzunehmen ist. *(BGBl I 2013/14; BGBl I 2018/62)*

(BGBl 1975/335; BGBl 1985/571; BGBl 1994/681; BGBl I 1999/28; BGBl I 2001/59; BGBl I 2003/124)

Ab 1. 1. 2002 geltende Eurobeträge gelten jedoch nicht für bei einem Spruch- oder Berufungssenat zu diesem Zeitpunkt bereits anhängige Strafverfahren Art XVIII Z 2 BGBl I 2001/59.

§ 59. Zur Durchführung der mündlichen Verhandlung und zur Fällung des Erkenntnisses ist hinsichtlich des Täters und anderer an der Tat Beteiligten sowie jener Personen, welche sich einer Hehlerei mit Beziehung auf das Finanzvergehen schuldig gemacht haben, mit Ausnahme jener, die keinen Einspruch gegen die Strafverfügung erhoben haben, ein Spruchsenat berufen, wenn die Voraussetzungen des § 58 Abs. 2 auch nur hinsichtlich einer dieser Personen zutreffen.

(BGBl 1975/335; BGBl 1985/571; BGBl I 2019/104)

§ 60. *(entfällt, BGBl I 2019/104)*

§ 61. (1) Liegen einem Täter mehrere Taten zur Last oder haben sich an derselben Tat mehrere Personen beteiligt oder stehen die Taten mehrerer Personen sonst in einem engen Zusammenhang und ist in allen diesen Fällen dieselbe Finanzstrafbehörde zur Durchführung des Strafverfahrens zuständig, so hat die Finanzstrafbehörde die Strafverfahren wegen aller Taten zu verbinden. *(BGBl I 2013/14)*

(2) Von einer Verbindung nach Abs. 1 kann abgesehen werden, wenn dies zur Vermeidung von Verzögerungen oder Erschwerungen des Verfahrens oder zur Verkürzung der Verwahrung oder der Untersuchungshaft eines Beschuldigten dienlich scheint.

(BGBl 1975/335)

§ 62. (1) Über Beschwerden entscheidet das Bundesfinanzgericht.

(2) Die Durchführung der mündlichen Verhandlung und die Entscheidung über die Beschwerde obliegt einem Senat des Bundesfinanzgerichtes,

a) wenn die Beschwerde sich gegen ein Erkenntnis oder einen sonstigen Bescheid eines Spruchsenates richtet,

b) wenn der Beschuldigte oder ein Nebenbeteiligter dies in der Beschwerde gegen ein Erkenntnis oder in der Beschwerde gegen einen Bescheid gemäß § 149 Abs. 4 begehrt.

Die Durchführung des Beschwerdeverfahrens vor der mündlichen Verhandlung obliegt dem Senatsvorsitzenden. Diesem obliegt auch die Entscheidung über die Beschwerde, wenn eine mündliche Verhandlung aus den Gründen des § 160 Abs. 1 nicht stattfindet und die Parteien des Beschwerdeverfahrens Gelegenheit hatten, dazu Stellung zu nehmen. *(BGBl I 2015/163)*

(3) Die Entscheidung über alle anderen Rechtsmittel obliegt einem Richter eines Senates für Finanzstrafrecht beim Bundesfinanzgericht als Einzelrichter.

(BGBl 1975/335; BGBl 1989/375; BGBl 1990/465; BGBl I 2002/97; BGBl I 2013/14)

§ 63. *(entfällt, BGBl I 2013/14)*

§ 64. (1) Die Finanzstrafbehörden haben ihre Zuständigkeit von Amts wegen wahrzunehmen. Untersuchungshandlungen sind nicht deswegen anfechtbar, weil sie von einer unzuständigen Behörde vorgenommen wurden. *(BGBl I 2019/104)*

(2) Der Spruchsenat hat auch dann das Verfahren zu Ende zu führen, wenn sich im Zuge der mündlichen Verhandlung ergibt, daß die im § 58 Abs. 2 umschriebenen Voraussetzungen für seine Entscheidungsbefugnis nicht gegeben sind. Ergibt

sich jedoch, daß das Gericht oder ein anderer Senat zuständig wäre, so hat der Senat seine Nichtzuständigkeit auszusprechen.

(3) Wenn zwei Spruchsenate die Zuständigkeit zur Durchführung der mündlichen Verhandlung und zur Entscheidung in demselben Strafverfahren in Anspruch nehmen oder ablehnen, so hat jener Senat das Verfahren weiterzuführen, der zuerst mit der Sache befasst wurde. *(BGBl I 2013/14)*

(BGBl 1975/335)

B. Spruchsenate und Senate für Finanzstrafrecht beim Bundesfinanzgericht.

1. Spruchsenate

§ 65. (1) Spruchsenate haben als Organe des Amtes für Betrugsbekämpfung und des Zollamtes Österreich in Feldkirch, Graz, Innsbruck, Klagenfurt, Linz, Salzburg und Wien zu bestehen.

(2) Zur organisatorischen Abwicklung der Spruchsenatsverfahren sind jeweils Geschäftsstellen einzurichten.

(BGBl 1975/335; BGBl I 2002/97; BGBl I 2003/124; BGBl I 2019/104)

§ 66. (1) **(Verfassungsbestimmung)** Die Mitglieder der Spruchsenate sind in Ausübung ihres Amtes an keine Weisungen gebunden. *(BGBl I 2012/51)*

(2) Die Spruchsenate bestehen aus drei Mitgliedern. Den Vorsitz im Spruchsenat führt ein Richter des Dienststandes, die weiteren Mitglieder sind ein Finanzbeamter der Verwendungsgruppe A oder A1 oder ein Finanzbediensteter der Entlohnungsgruppe a oder v1 als Behördenbeisitzer und ein Laienbeisitzer. *(BGBl I 2013/14)*

(BGBl 1975/335; BGBl I 2002/97)

§ 67. (1) Die Personen, die als Mitglieder der Spruchsenate herangezogen werden können, sind vom Bundespräsidenten zu bestellen; hiebei ist jene Finanzstrafbehörde zu bezeichnen, für deren Senate sie in Betracht kommen. *(BGBl I 2019/104)*

(2) Die Personen, die gemäß Abs. 1 zur Bestellung als Laienbeisitzer vorgeschlagen werden, sind aus dem Kreis der von den gesetzlichen Berufsvertretungen in die Senate beim Bundesfinanzgericht entsendeten Mitglieder zu entnehmen. *(BGBl I 2013/70)*

(3) Die Bestellung gemäß Abs. 1 gilt jeweils für die Dauer von sechs Jahren. Eine Wiederbestellung ist zulässig. Die infolge Ablaufes der Amtsdauer ausscheidenden Senatsmitglieder ha-

ben bis zur Wiederbesetzung der Stellen im Amt zu bleiben.

(BGBl 1975/335; BGBl I 2002/97; BGBl I 2013/14)

§ 68. (1) Vor Ablauf jedes Jahres sind für die Dauer des nächsten Jahres unter Berücksichtigung des voraussichtlichen Bedarfes die Anzahl der Spruchsenate, deren Vorsitzende und die übrigen Mitglieder sowie die Reihenfolge, in der diese im Falle der Verhinderung des zunächst berufenen Senatsmitgliedes einzutreten haben, zu bestimmen. Jedes Mitglied kann auch mehreren Senaten angehören. *(BGBl I 2013/14)*

(2) Bei der Einrichtung der Spruchsenate ist jeweils vorzusehen

a) mindestens ein Senat, dessen Laienbeisitzer von gesetzlichen Berufsvertretungen selbständiger Berufe entsendet sind, und

b) mindestens ein Senat, dessen Laienbeisitzer von gesetzlichen Berufsvertretungen unselbständiger Berufe entsendet sind. *(BGBl I 2013/14)*

(3) Die Geschäfte sind für jedes Jahr im Voraus unter die Senate so zu verteilen, dass die Durchführung des Verfahrens und die Fällung der Entscheidung bei selbständig berufstätigen Beschuldigten einem nach Abs. 2 lit. a zusammengesetzten Senat oder dessen Mitglied und bei unselbständig berufstätigen Beschuldigten einem nach Abs. 2 lit. b zusammengesetzten Senat oder dessen Mitglied obliegt. Die Zuordnung zu einer Berufsgruppe bleibt bei Pensionierung oder Arbeitslosigkeit bestehen. Wird gegen einen Beschuldigten, der beiden oder keiner der vorgenannten Berufsgruppen angehört, oder wird im selben Verfahren gegen mehrere Beschuldigte verhandelt, die verschiedenen der vorgenannten Berufsgruppen angehören, so obliegt die Führung des Verfahrens einem nach Abs. 2 lit. a zusammengesetzten Senat; gleiches gilt, wenn gegen ein Mitglied eines zur gesetzlichen Vertretung berufenen Organs einer juristischen Person (§ 36 Abs. 2 Z 1 des Arbeitsverfassungsgesetzes) oder gegen einen leitenden Angestellten (§ 36 Abs. 2 Z 3 des Arbeitsverfassungsgesetzes) wegen eines im Rahmen dieser Funktion begangenen Finanzvergehens verhandelt wird. *(BGBl I 2010/104; BGBl I 2012/112)*

(4) Soweit dies für den ordentlichen Geschäftsgang erforderlich ist, kann die Zusammensetzung der Senate und deren Geschäftsverteilung für den Rest des Jahres geändert werden, wenn Veränderungen im Stand der Senatsmitglieder eingetreten sind oder wenn dies wegen Überlastung eines Senates oder einzelner Mitglieder notwendig ist.

(5) Bedarf die Zusammensetzung der Senate und deren Geschäftsverteilung in den folgenden Jahren keiner Änderung, so bleibt die nach Abs. 1

bis 4 bestimmte Zusammensetzung und Geschäftsverteilung bis zu ihrer Änderung in Kraft. *(BGBl I 2005/161)*

(6) Die Zusammensetzung der Spruchsenate und deren Geschäftsverteilung hat der Vorstand der Finanzstrafbehörde, bei der die Spruchsenate eingerichtet sind, zu bestimmen. *(BGBl I 2013/14)*

(BGBl 1975/335; BGBl 1985/571; BGBl I 2002/97; BGBl I 2003/124)

§ 69. Die Zusammensetzung der Senate und deren Geschäftsverteilung sind auf der Internet-Seite des Bundesministeriums für Finanzen (www.bmf.gv.at) zu veröffentlichen. Sie sind auch zur Einsicht in der jeweils gemäß § 65 Abs. 2 eingerichteten Geschäftsstelle aufzulegen oder an einer dortigen Amtstafel anzuschlagen. *(BGBl I 2019/104)*

(BGBl I 2013/14)

§ 70. (1) Die Tätigkeit der Richter in den Spruchsenaten stellt eine Nebentätigkeit im Sinne der dienstrechtlichen Vorschriften dar; hiefür gebührt den Richtern eine angemessene Vergütung. Die Bemessung der Vergütung obliegt dem Amt für Betrugsbekämpfung und dem Zollamt Österreich für die bei ihnen eingerichteten Senate. Gegen die Bemessung der Vergütung ist nach Maßgabe der dienstrechtlichen Vorschriften die Beschwerde an das Bundesverwaltungsgericht zulässig. *(BGBl I 2013/70; BGBl I 2019/104)*

(2) Die Laienbeisitzer haben Anspruch auf Vergütung der Reise(Fahrt)auslagen und der Aufenthaltskosten, die ihnen durch ihre Tätigkeit in den Spruchsenaten erwachsen. Sie haben ferner Anspruch auf Entschädigung für die durch diese Tätigkeit verursachte Zeitversäumnis. Hinsichtlich der Höhe der Vergütungen und Entschädigungen und hinsichtlich der Voraussetzungen, unter denen sie zu leisten sind, sind die für Schöffen im gerichtlichen Strafverfahren geltenden Bestimmungen anzuwenden. Die Bemessung der Vergütung obliegt dem Amt für Betrugsbekämpfung und dem Zollamt Österreich für die bei ihnen eingerichteten Spruchsenate. *(BGBl I 2013/14; BGBl I 2019/104)*

(BGBl 1975/335; BGBl 1985/571; BGBl I 2002/97; BGBl I 2003/124)

§ 71. Die Angelobung der Mitglieder der Spruchsenate ist durch den Vorstand der Finanzstrafbehörde, bei der der Senat eingerichtet ist, nach den Angelobungsbestimmungen des Bundesfinanzgerichtsgesetzes (BFGG), BGBl. I Nr. 14/2013, vorzunehmen.

(BGBl I 2002/97; BGBl I 2003/124; BGBl I 2013/14)

2. Senate für Finanzstrafrecht beim Bundesfinanzgericht.

§ 71a. (1) Beim Bundesfinanzgericht haben Senate für Finanzstrafrecht zu bestehen.

(2) Die Senate für Finanzstrafrecht beim Bundesfinanzgericht bestehen aus vier Mitgliedern. Den Vorsitz führt ein dazu aus dem Kreis der Richter des Bundesfinanzgerichtes nach den Bestimmungen des BFGG bestellter Vorsitzender. Die weiteren Mitglieder sind ein Richter des Bundesfinanzgerichtes und zwei fachkundige Laienrichter. *(BGBl I 2013/70)*

(3) Für die Bestellung der Personen, die als fachkundige Laienrichter herangezogen werden können, ist § 67 sinngemäß anzuwenden. Die Bestellung der übrigen Mitglieder richtet sich nach den Bestimmungen des BFGG.

(4) Für die vom Bundesfinanzgericht zu erlassende Geschäftsverteilung der Senate für Finanzstrafrecht ist § 68 sinngemäß anzuwenden. Die Veröffentlichung richtet sich nach den Bestimmungen des BFGG.

(5) Die fachkundigen Laienrichter der Senate für Finanzstrafrecht beim Bundesfinanzgericht haben Anspruch auf Vergütung gemäß § 70. Die Bemessung obliegt dem Bundesfinanzgericht.

(BGBl I 2013/14)

C. Befangenheit von Organen

§ 72. (1) Die Organe der Finanzstrafbehörden und des Bundesfinanzgerichtes haben sich der Ausübung ihres Amtes zu enthalten und ihre Vertretung zu veranlassen:

a) wenn es sich um ihre eigene Finanzstrafsache oder um jene eines ihrer Angehörigen (§ 72 StGB) oder jene einer Person unter ihrer gesetzlichen Vertretung handelt; *(BGBl I 2018/62)*

b) wenn sie als Vertreter des Beschuldigten oder eines Nebenbeteiligten bestellt sind oder innerhalb der letzten fünf Jahre bestellt waren, als Zeugen oder Sachverständige vernommen wurden oder vernommen werden sollen oder als Anzeiger aufgetreten sind;

c) als Mitglieder eines Spruchsenates in jenen Strafsachen, in denen sie im Untersuchungsverfahren, insbesondere auch nach den §§ 85 Abs. 2, 86 Abs. 1, 89 Abs. 5 und 93 Abs. 1, oder in dem damit im Zusammenhang stehenden Abgabenverfahren tätig waren;

d) bei der Entscheidung über Rechtsmittel in jenen Strafsachen, in denen sie im Untersuchungsverfahren, insbesondere auch nach den §§ 85 Abs. 7, 87 Abs. 2, 89 Abs. 6 und 93 Abs. 7, oder in dem damit im Zusammenhang stehenden Abgabenverfahren tätig waren oder an der Erlassung des angefochtenen Erkenntnisses (Bescheides) mitgewirkt haben;

e) wenn sonstige wichtige Gründe vorliegen, die geeignet sind, ihre volle Unbefangenheit in Zweifel zu ziehen. *(BGBl I 2013/14)*

(2) Bei Gefahr im Verzug hat, wenn die Vertretung durch ein anderes Organ nicht sogleich bewirkt werden kann, auch das befangene Organ die unaufschiebbaren Amtshandlungen vorzunehmen; dies gilt nicht in den im Abs. 1 lit. a bezeichneten Fällen.

(BGBl 1975/335; BGBl 1985/571)

§ 73. Dem Beschuldigten, den Nebenbeteiligten und dem Amtsbeauftragten steht in jeder Lage des Verfahrens das Recht zu, am Verfahren beteiligte Organe der Finanzstrafbehörde und des Bundesfinanzgerichtes mit der Begründung abzulehnen, daß Umstände der im § 72 bezeichneten Art vorliegen. *(BGBl I 2013/70)*

(BGBl 1975/335)

§ 74. (1) Die Ablehnung ist, wenn sie sich auf ein Mitglied oder den Schriftführer eines Senates bezieht, beim Vorsitzenden des Senates binnen drei Tagen nach Zustellung der Vorladung zur mündlichen Verhandlung geltend zu machen. Über die Ablehnung entscheidet in Abwesenheit des Abgelehnten der Senat. Bei Stimmengleichheit gibt die Stimme des Vorsitzenden den Ausschlag. Werden der Vorsitzende oder wenigstens zwei Mitglieder eines Spruchsenates abgelehnt, so entscheidet über die Ablehnung der Vorstand der Finanzstrafbehörde, bei der Spruchsenat eingerichtet ist; werden der Vorsitzende oder wenigstens zwei Mitglieder eines Senates für Finanzstrafrecht beim Bundesfinanzgericht abgelehnt, so entscheidet über die Ablehnung der Präsident des Bundesfinanzgerichtes. Der über die Ablehnung ergehende Bescheid oder Beschluss ist dem Antragsteller spätestens vor Beginn der mündlichen Verhandlung zu eröffnen. *(BGBl I 2013/14)*

(2) Kommen erst nach Ablauf der Frist von drei Tagen ab Zustellung der Vorladung zum ersten Termin der mündlichen Verhandlung Umstände hervor, die die Befangenheit eines Senatsmitgliedes oder des Schriftführers begründen können, ist die Ablehnung unverzüglich nach Kenntnis eines Ablehnungsgrundes, spätestens jedoch bis zum Ende der Beweisaufnahme in der mündlichen Verhandlung geltend zu machen. In diesem Fall entscheidet über die Ablehnung der Senat selbst. *(BGBl I 2010/104)*

(3) In allen übrigen Fällen ist die Ablehnung spätestens vor Beginn der Amtshandlung, durch die sich der Beschuldigte oder Nebenbeteiligte wegen Befangenheit des Organes beschwert erachtet, und zwar im Verfahren bei der Finanzstrafbehörde bei deren Vorstand, im Verfahren beim Bundesfinanzgericht bei dessen Präsidenten geltend zu machen. Die Entscheidung obliegt im Verfahren bei der Finanzstrafbehörde deren Vorstand, im Verfahren beim Bundesfinanzgericht dessen Präsidenten. Wird der Vorstand der Finanzstrafbehörde abgelehnt, entscheidet das Bundesministerium für Finanzen. Wird der Präsident des Bundesfinanzgerichtes abgelehnt, so entscheidet die gemäß § 5 Abs. 3 BFGG berufene Vertretung. *(BGBl I 2013/14)*

(4) Gegen die gemäß Abs. 1 bis 3 über die Ablehnung ergehenden Entscheidungen ist ein abgesondertes Rechtsmittel nicht zulässig. Wird die Ablehnung als begründet anerkannt, so hat sich der Abgelehnte von diesem Zeitpunkt an der Ausübung seines Amtes zu enthalten. *(BGBl I 2010/104)*

(BGBl I 2002/97)

D. Rechtsschutzbeauftragter

§ 74a. (1) Zur Wahrnehmung des besonderen Rechtsschutzes im verwaltungsbehördlichen Finanzstrafverfahren ist beim Bundesminister für Finanzen ein Rechtsschutzbeauftragter mit zwei Stellvertretern eingerichtet. Sie sind bei der Besorgung der ihnen nach dem Finanzstrafgesetz zukommenden Aufgaben unabhängig und weisungsfrei. Sie unterliegen der Amtsverschwiegenheit und der abgabenrechtlichen Geheimhaltungspflicht (§ 48a BAO).

(2) Der Rechtsschutzbeauftragte und seine Stellvertreter müssen besondere Kenntnisse und Erfahrungen auf dem Gebiet der Grund- und Freiheitsrechte aufweisen und mindestens fünf Jahre in einem Beruf tätig gewesen sein, in der Abschluss des Studiums der Rechtswissenschaften Berufsvoraussetzung ist. Beamte des Dienststandes und Vertragsbedienstete des Bundesministeriums für Finanzen sowie dessen nachgeordneter Dienststellen, Richter und Staatsanwälte des Dienststandes, Rechtsanwälte, die in die Liste der Rechtsanwälte eingetragen sind, und andere Personen, die vom Amt eines Geschworenen oder Schöffen ausgeschlossen oder zu dienen nicht zu berufen sind (§§ 2 und 3 des Geschworenen- und Schöffengesetzes 1990) dürfen nicht bestellt werden.

(3) Die Bestellung des Rechtsschutzbeauftragten und seiner Stellvertreter erlischt bei Verzicht, im Todesfall oder mit Wirksamkeit der Neu- oder Wiederbestellung. Bei Vorliegen von Befangenheitsgründen im Sinne des § 72 Abs. 1 hat sich der Rechtsschutzbeauftragte von dem Zeitpunkt, zu dem ihm der Grund bekannt geworden ist, des Einschreitens in der Sache zu enthalten.

(4) Der Rechtsschutzbeauftragte und seine Stellvertreter haben gleiche Rechte und Pflichten. Sie werden vom Bundesminister für Finanzen nach Anhörung der Präsidenten des Nationalrates

sowie der Präsidenten des Verfassungsgerichtshofes und des Verwaltungsgerichtshofes auf die Dauer von fünf Jahren bestellt. Wiederbestellungen sind zulässig.

(5) Der Bundesminister für Finanzen stellt dem Rechtsschutzbeauftragten die zur Bewältigung der administrativen Tätigkeit notwendigen Personal- und Sacherfordernisse zur Verfügung. Dem Rechtsschutzbeauftragten und seinen Stellvertretern gebührt für die Erfüllung ihrer Aufgaben eine Entschädigung. Der Bundesminister für Finanzen ist ermächtigt, mit Verordnung Pauschalsätze für die Bemessung dieser Entschädigung festzusetzen.

(BGBl I 2015/118)

§ 74b. (1) Die Finanzstrafbehörden sind verpflichtet, den Rechtsschutzbeauftragten über Auskunftsverlangen (§ 99 Abs. 3a) und die Information Betroffener darüber ehestmöglich zu informieren. Dem Rechtsschutzbeauftragten obliegt die Prüfung der nach diesem Absatz erstatteten Meldungen. Dem Rechtsschutzbeauftragten steht gegen die Anordnung nach § 99 Abs. 3a Beschwerde an das Bundesfinanzgericht zu; dieses Recht erlischt mit dem Ablauf der Beschwerdefrist des Beschuldigten.

(2) Wurde gemäß § 99 Abs. 6 die Zustellung an den Beschuldigten und die Verfügungsberechtigten vorläufig aufgeschoben, ist dies dem Rechtsschutzbeauftragten unter Anschluss der Anordnung samt Auskunftsersuchen unverzüglich mitzuteilen. Dem Rechtsschutzbeauftragten steht in diesem Fall gegen die Anordnung nach § 99 Abs. 6 erster Satz Beschwerde an das Bundesfinanzgericht zu. Die Beschwerdefrist (§ 150 Abs. 2) beginnt mit dem Einlangen der Mitteilung zu laufen.

(3) Die Finanzstrafbehörden haben dem Rechtsschutzbeauftragten bei der Wahrnehmung seiner Aufgaben jederzeit Einblick in alle erforderlichen Unterlagen und Aufzeichnungen zu gewähren, ihm auf Verlangen Abschriften (Ablichtungen) einzelner Aktenstücke unentgeltlich auszufolgen und alle erforderlichen Auskünfte zu erteilen; insofern kann ihm gegenüber die Amtsverschwiegenheit und die abgabenrechtliche Geheimhaltungspflicht nicht geltend gemacht werden.

(4) Der Rechtsschutzbeauftragte erstattet dem Bundesminister für Finanzen jährlich bis spätestens 31. März des Folgejahres einen Bericht über seine Tätigkeit und Wahrnehmungen im Rahmen seiner Aufgabenerfüllung nach dem Finanzstrafgesetz.

(BGBl I 2015/118)

III. Hauptstück

Beschuldigte, Nebenbeteiligte und deren Vertretung; Akteneinsicht

§ 75. Beschuldigter ist die im Verdacht eines Finanzvergehens stehende Person (Verdächtiger) vom Zeitpunkt der Verständigung über die Einleitung des Strafverfahrens (§ 83 Abs. 2) oder der ersten Vernehmung gemäß § 83 Abs. 3 bis zum rechtskräftigen Abschluß des Strafverfahrens. Die für den Beschuldigten geltenden Bestimmungen sind auch auf den Verdächtigen anzuwenden, wenn gegen ihn schon vor der Einleitung des Strafverfahrens eine Verfolgungshandlung (§ 14 Abs. 3) gerichtet wurde.

(BGBl 1975/335)

§ 76. Nebenbeteiligte sind

a) vom Beschuldigten verschiedene Personen, denen das Eigentumsrecht oder ein Pfand- oder Zurückbehaltungsrecht an der verfallsbedrohten Sache zusteht (Verfallsbeteiligte). Verfallsbeteiligt ist auch, wer ein solches Recht behauptet;

b) Personen, die nach § 28 zur Haftung herangezogen werden können (Haftungsbeteiligte).

§ 77. (1) Beschuldigte haben das Recht, in jeder Lage des Verfahrens den Beistand eines Verteidigers in Anspruch zu nehmen oder über ausdrückliche Erklärung sich selbst zu verteidigen. Die Erklärung ist in der Niederschrift über die Vernehmung festzuhalten. Sie ist für das weitere Verfahren nicht bindend. Beschuldigte können sich durch Verteidiger auch vertreten lassen, soweit nicht ihr persönliches Erscheinen ausdrücklich gefordert wird. Als Verteidiger sind die in § 48 Abs. 1 Z 5 StPO genannten Personen sowie Steuerberater zugelassen. Bevollmächtigte Gesellschaften dürfen nur durch selbständig berufsbefugte natürliche Personen handeln. Nicht zugelassen sind Personen, gegen die ein Verfahren wegen Beteiligung an demselben Finanzvergehen oder wegen Begünstigung hinsichtlich dieses Finanzvergehens anhängig ist. Nebenbeteiligte können sich durch voll handlungsfähige Personen (Bevollmächtigte) vertreten lassen, soweit nicht ihr persönliches Erscheinen ausdrücklich gefordert wird. Widersprechen Erklärungen des Beschuldigten jenen des Verteidigers, so gelten die Erklärungen des Beschuldigten; Entsprechendes gilt für einander widersprechende Erklärungen des Nebenbeteiligten und des Bevollmächtigten. *(BGBl I 2007/44; BGBl I 2016/77; BGBl I 2018/62)*

(2) Die Vorschriften der Bundesabgabenordnung über die Bevollmächtigung gelten mit Ausnahme von § 83 Abs. 4 sinngemäß.

(3) Ist in Verfahren, in denen die Durchführung der mündlichen Verhandlung und die Fällung des Erkenntnisses gemäß § 58 Abs. 2 einem Spruch-

senat obliegt, der Beschuldigte außerstande, ohne Beeinträchtigung des für ihn und seine Familie, für deren Unterhalt er zu sorgen hat, zu einer einfachen Lebensführung notwendigen Unterhalts die Kosten der Verteidigung zu tragen, so hat die Finanzstrafbehörde auf Antrag des Beschuldigten, wenn und soweit dies im Interesse der Rechtspflege, vor allem im Interesse einer zweckentsprechenden Verteidigung, erforderlich ist, dem Beschuldigten für das gesamte Verfahren oder für einzelne Verfahrenshandlungen einen Verteidiger beizugeben, dessen Kosten er nicht zu tragen hat.

(3a) Im Falle der Entscheidung über die Verwahrung nach § 85 oder einer Untersuchungshaft nach § 86 hat die Finanzstrafbehörde dem im Sinne des § 77 Abs. 3 bedürftigen Beschuldigten auf dessen Antrag einen Verteidiger beizugeben, dessen Kosten er nicht zu tragen hat. *(BGBl I 2019/62)*

(4) Ist ein Verteidiger beizugeben, so hat die Finanzstrafbehörde dies der Kammer der Steuerberater und Wirtschaftsprüfer mitzuteilen, damit diese einen Steuerberater als Verteidiger bestelle. Von der Bestellung hat die Kammer die Finanzstrafbehörde zu verständigen. Die Kosten der Verteidigung trägt die Kammer. *(BGBl I 2018/62)*

(5) Mehreren Beschuldigten eines Verfahrens kann ein gemeinsamer Verteidiger beigegeben werden, doch ist für eine abgesonderte Verteidigung der Beschuldigten zu sorgen, bei denen sich ein Widerstreit der Interessen zeigt.

(6) Beantragt der Beschuldigte die Beigabe eines Verteidigers innerhalb einer für eine Verfahrenshandlung offenstehenden Frist, so beginnt diese Frist mit der Zustellung der Mitteilung, wen die Kammer als Verteidiger bestellt hat, oder des Bescheides, mit dem der Antrag abgewiesen wurde, von neuem zu laufen.

(7) Die Beigabe eines Verteidigers ist zu widerrufen, wenn die Voraussetzungen des Abs. 3 nicht mehr gegeben sind oder wenn sich herausstellt, daß die seinerzeit angenommenen Voraussetzungen nicht gegeben waren.

(BGBl 1975/335; BGBl 1985/571; BGBl 1994/1045)

§ 78. (1) In der mündlichen Verhandlung sind Personen, die als Zeugen für diese Verhandlung geladen sind, als Verteidiger nicht zugelassen. Im Untersuchungsverfahren kann die Finanzstrafbehörde Personen, die als Zeugen vernommen wurden, sowie Personen, die als Zeugen geladen sind oder deren Vernehmung als Zeugen beantragt ist, als Verteidiger ausschließen, wenn dies zur Ermittlung des Sachverhaltes geboten ist. Gegen einen solchen Bescheid ist die Beschwerde (§ 152) zulässig.

(2) Im Untersuchungsverfahren darf die Finanzstrafbehörde den Verteidiger von der Teilnahme an Beweisaufnahmen, die eine spätere Wiederholung nicht zulassen, nicht, von der Teilnahme an anderen Beweisaufnahmen nur dann ausschließen, wenn besondere Umstände befürchten lassen, daß durch die Beteiligung die weitere Untersuchung erschwert werden könnte. Gegen den Ausschluß des Verteidigers ist ein abgesondertes Rechtsmittel zulässig.

(3) Der verhaftete Beschuldigte kann sich mit seinem Verteidiger verständigen, ohne dabei überwacht zu werden. *(BGBl I 2007/44; BGBl I 2016/77)*

(BGBl 1975/335; BGBl 1985/571)

§ 79. (1) Die Finanzstrafbehörde hat dem Beschuldigten und den Nebenbeteiligten in jeder Lage des Verfahrens und auch nach dessen Abschluß die Einsicht und Abschriftnahme der Akten oder Aktenteile zu gestatten, deren Kenntnis zur Geltendmachung oder Verteidigung ihrer finanzstrafrechtlichen oder abgabenrechtlichen Interessen oder zur Erfüllung solcher Pflichten erforderlich ist; sie kann ihnen statt dessen auch Abschriften (Ablichtungen) ausfolgen. Sind Beschuldigte oder Nebenbeteiligte blind oder hochgradig sehbehindert und nicht durch Verteidiger oder Bevollmächtigte vertreten, so hat ihnen die Finanzstrafbehörde auf Verlangen den Inhalt der Akten oder Aktenteile durch Verlesung oder nach Maßgabe der vorhandenen technischen Möglichkeiten in sonst geeigneter Weise zur Kenntnis zu bringen.

(2) Von der Akteneinsicht ausgenommen sind Beratungsprotokolle, Amtsvorträge, Erledigungsentwürfe und sonstige Schriftstücke (Mitteilungen anderer Behörden, Meldungen, Berichte und dergleichen), deren Einsichtnahme eine Schädigung berechtigter Interessen dritter Personen herbeiführen würde.

(3) Im Untersuchungsverfahren können Aktenstücke vorläufig von der Einsichtnahme ausgenommen werden, wenn besondere Umstände befürchten lassen, daß durch eine sofortige Kenntnisnahme die Untersuchung erschwert werden könnte; die Einsichtnahme ist jedoch noch vor Abschluß des Untersuchungsverfahrens zu gestatten.

(4) Gegen die Verweigerung der Akteneinsicht ist ein abgesondertes Rechtsmittel nicht zulässig.

(BGBl 1975/335; BGBl I 1999/164)

IV. Hauptstück
Aufdeckung und Verfolgung der Finanzvergehen

A. Anzeigen und Einleitung des Strafverfahrens

§ 80. (1) Die Behörden und Ämter der Bundesfinanzverwaltung haben, wenn sich innerhalb ihres dienstlichen Wirkungsbereiches ein Verdacht auf das Vorliegen eines Finanzvergehens ergibt, hievon die gemäß § 58 zuständige Finanzstrafbehörde zu verständigen, soweit sie nicht selbst als solche einzuschreiten haben. Überdies sind die Abgabenbehörden ermächtigt, der zuständigen Finanzstrafbehörde die Ergebnisse von Prüfungs-, Kontroll- und Überwachungsmaßnahmen zur finanzstrafrechtlichen Würdigung und Verarbeitung der Daten zu übermitteln. *(BGBl I 2013/14; BGBl I 2018/32)*

(2) Die Finanzstrafbehörden sowie der Bundesminister für Finanzen sind berechtigt, für finanzstrafrechtliche Zwecke oder sonst zur Erfüllung ihrer Aufgaben in alle Daten der Abgabenbehörden und der Finanzstrafbehörden Einsicht zu nehmen und diese zu verarbeiten. *(BGBl I 2018/32)*

(BGBl I 2012/112)

§ 81. Alle Dienststellen der Gebietskörperschaften mit behördlichem Aufgabenbereich, alle Gebietskrankenkassen und das Arbeitsmarktservice sind verpflichtet, die entweder von ihnen selbst wahrgenommenen oder sonst zu ihrer Kenntnis gelangten Finanzvergehen der nächsten Finanzstrafbehörde mitzuteilen. *(BGBl I 2013/14)*

(BGBl 1996/201)

§ 82. (1) Die Finanzstrafbehörde hat die ihr gemäß §§ 80 oder 81 zukommenden Verständigungen und Mitteilungen darauf zu prüfen, ob genügende Verdachtsgründe für die Einleitung eines Finanzstrafverfahrens gegeben sind. Das gleiche gilt, wenn sie in anderer Weise, insbesondere aus eigener Wahrnehmung vom Verdacht eines Finanzvergehens Kenntnis erlangt. Die Prüfung ist nach den für die Feststellung des maßgebenden Sachverhalts im Untersuchungsverfahren geltenden Bestimmungen vorzunehmen. *(BGBl I 2013/14)*

(2) Ergibt diese Prüfung, dass für die Ahndung des Finanzvergehens das Gericht zuständig ist, so hat die Finanzstrafbehörde das Strafverfahren nach den Bestimmungen des Dritten Unterabschnittes zu führen. *(BGBl I 2007/44)*

(3) Ergibt die Prüfung gemäß Abs. 1, daß die Durchführung des Strafverfahrens nicht in die Zuständigkeit des Gerichtes fällt, so hat die Finanzstrafbehörde das Strafverfahren einzuleiten.

Von der Einleitung eines Strafverfahrens hat sie nur dann abzusehen und darüber einen Aktenvermerk mit Begründung aufzunehmen,

a) wenn die Tat mangels ausreichender Anhaltspunkte voraussichtlich nicht erwiesen werden kann,

b) wenn die Tat kein Finanzvergehen bildet,

c) wenn der Verdächtige die ihm zur Last gelegte Tat nicht begangen hat oder Umstände vorliegen, welche die Tat rechtfertigen, die Schuld des Täters ausschließen, die Strafbarkeit ausschließen oder aufheben,

d) wenn Umstände vorliegen, welche die Verfolgung des Täters hindern, oder

e) wenn die Tat im Ausland begangen und der Täter dafür schon im Ausland gestraft worden ist und nicht anzunehmen ist, daß die Finanzstrafbehörde eine strengere Strafe verhängen werde. *(BGBl I 2013/14)*

(BGBl 1975/335; BGBl 1985/571; BGBl 1994/681)

§ 83. (1) Die Einleitung des Strafverfahrens ist aktenkundig zu machen.

(2) Von der Einleitung des Strafverfahrens ist der Verdächtige unter Bekanntgabe der zur Last gelegten Tat sowie der in Betracht kommenden Strafbestimmung unverzüglich zu verständigen. In den Fällen der §§ 85 und 93 kann die Verständigung auch anläßlich der ersten Vernehmung durch die Finanzstrafbehörde erfolgen. *(BGBl I 2013/14; BGBl I 2015/118)*

(3) Der Einleitung eines Strafverfahrens ist die erste Vernehmung einer Person als Beschuldigter durch eine andere Dienststelle der Finanzverwaltung als durch die Finanzstrafbehörde gleichzuhalten. *(BGBl I 2013/14)*

(BGBl 1975/335)

§ 84. (1) Dem Beschuldigten ist vor Beginn der ersten Vernehmung mitzuteilen, welcher Tat er verdächtig ist; er ist im Sinne des Abs. 2 und darüber zu informieren, dass er berechtigt sei, sich zur Sache zu äußern oder nicht auszusagen und sich zuvor mit einem Verteidiger zu beraten. Der Beschuldigte ist auch darauf aufmerksam zu machen, dass seine Aussage seiner Verteidigung dienen, aber auch als Beweis gegen ihn Verwendung finden könne. *(BGBl I 2022/108)*

(2) Der Beschuldigte hat das Recht, seiner Vernehmung einen Verteidiger beizuziehen. Der Verteidiger darf sich an der Vernehmung beteiligen, indem er nach deren Abschluss oder nach thematisch zusammenhängenden Abschnitten ergänzende Fragen an den Beschuldigten stellt oder Erklärungen abgibt. Während der Vernehmung darf sich der Beschuldigte nicht mit dem Verteidiger über die Beantwortung einzelner

Fragen beraten. Von der Beiziehung eines Verteidigers darf nur abgesehen werden, soweit dies auf Grund besonderer Umstände unbedingt erforderlich erscheint, um eine erhebliche Gefährdung der Ermittlungen oder eine Beeinträchtigung von Beweismitteln abzuwenden. In diesem Fall ist dem Beschuldigten sogleich oder innerhalb von 24 Stunden eine Begründung bekanntzugeben. Gegen die Absehung von der Beiziehung eines Verteidigers ist eine Beschwerde an das Bundesfinanzgericht zulässig. *(BGBl I 2016/77)*

(3) Beschuldigte und Nebenbeteiligte sind bei Beginn ihrer ersten Vernehmung über Vor- und Zunamen, Tag und Ort der Geburt, Staatsbürgerschaft, Familienstand, Beschäftigung und Wohnort, die Beschuldigten überdies über Vermögens-, Einkommens- und Familienverhältnisse sowie über allfällige Vorstrafen wegen Finanzvergehen zu befragen. Sind die Angaben hierüber schon in den Akten enthalten, so sind sie zur Anerkennung oder Richtigstellung vorzuhalten.

(4) Beschuldigte und Nebenbeteiligte dürfen zur Beantwortung der an sie gestellten Fragen nicht gezwungen werden. Sie dürfen nicht durch Zwangsmittel, Drohungen, Versprechungen oder Vorspiegelungen zu Äußerungen genötigt oder bewogen werden. Die Stellung von Fragen, in welchen eine nicht zugestandene Tatsache als bereits zugestanden angenommen wird, ist nicht zulässig. Fragen, wodurch Umstände vorgehalten werden, die erst durch die Antwort festgestellt werden sollen, dürfen erst dann gestellt werden, wenn die Befragten nicht in anderer Weise zu einer Erklärung über dieselben geführt werden konnten; die Fragen sind in solchen Fällen wörtlich in die Niederschrift über die Vernehmung aufzunehmen. Beschuldigte und Nebenbeteiligte dürfen nicht durch Zwangsstrafen zur Herausgabe von Tatgegenständen und Beweismitteln verhalten werden.

(5) Der Vernehmung ist ein Dolmetscher gemäß § 57 Abs. 4 beizuziehen, wenn der Beschuldigte oder ein Nebenbeteiligter der Verhandlungssprache nicht hinreichend kundig, gehörlos, hochgradig hörbehindert oder stumm ist. *(BGBl I 2013/155)*

(BGBl 1975/335; BGBl I 1999/164; BGBl I 2007/44)

B. Festnahme, Vorführung, vorläufige Verwahrung und Untersuchungshaft

§ 85. (1) Die Finanzstrafbehörde kann zum Zweck der Vorführung und vorläufigen Verwahrung die Festnahme des eines vorsätzlichen Finanzvergehens, mit Ausnahme einer Finanzordnungswidrigkeit, Verdächtigen anordnen:

a) wenn der Verdächtige auf frischer Tat betreten oder unmittelbar nach Begehung eines Finanzvergehens mit Gegenständen betreten wird, die

vom Finanzvergehen herrühren oder sonst auf seine Beteiligung an dem Finanzvergehen hinweisen;

b) wenn er flüchtig ist oder sich verborgen hält oder wenn auf Grund bestimmter Tatsachen die Gefahr besteht, er werde wegen der Größe der ihm mutmaßlich bevorstehenden Strafe oder aus anderen Gründen flüchten oder sich verborgen halten;

c) wenn er andere an der Tat Beteiligte, Hehler, Zeugen oder Sachverständige zu beeinflussen, die Spuren der Tat zu beseitigen oder sonst die Ermittlung der Wahrheit zu erschweren versucht hat oder wenn auf Grund bestimmter Tatsachen die Gefahr besteht, er werde dies versuchen; oder

d) wenn auf Grund bestimmter Tatsachen anzunehmen ist, er werde das ihm angelastete versuchte Finanzvergehen ausführen oder in unmittelbarer Folge ein weiteres gleichartiges Finanzvergehen begehen. *(BGBl I 2013/14)*

(2) Die Anordnung der Festnahme bedarf eines Bescheides des Vorsitzenden des Spruchsenates, dem gemäß § 58 Abs. 2 unter den dort vorgesehenen Voraussetzungen die Durchführung der mündlichen Verhandlung und die Fällung des Erkenntnisses obliegen würde. Auf Grund dieser Anordnung sind die Organe der Finanzstrafbehörden, des Zollamtes Österreich und des öffentlichen Sicherheitsdienstes zur Festnahme der verdächtigen Personen befugt. Der Bescheid muß sogleich bei der Festnahme oder doch innerhalb der nächsten 24 Stunden dem Festgenommenen zugestellt werden. *(BGBl I 2008/85; BGBl I 2019/104)*

(3) Ausnahmsweise kann die Festnahme durch die im Abs. 2 genannten Organe auch ohne schriftliche Anordnung vorgenommen werden

a) in den Fällen des Abs. 1 lit. a sowie

b) in den Fällen des Abs. 1 lit. b bis d, wenn die Einholung der schriftlichen Anordnung wegen Gefahr im Verzug nicht tunlich ist.

Dem Festgenommenen sind die Gründe für die Festnahme oder für die Annahme von Gefahr im Verzug mündlich bekanntzugeben.

(3a) Der Beschuldigte ist sogleich oder unmittelbar nach seiner Festnahme schriftlich in einer für ihn verständlichen Sprache und Art über seine Rechte (§§ 57 Abs. 3 und 85 Abs. 4 und 6) und darüber zu informieren, dass er berechtigt ist, Beschwerde gegen die Anordnung der Festnahme zu erheben und jederzeit seine Freilassung zu beantragen und Zugang zu ärztlicher Betreuung zu erhalten (§§ 66 bis 74 StVG). Ist die schriftliche Belehrung in einer Sprache, die der Beschuldigte versteht, nicht verfügbar, so ist er mündlich unter Beiziehung eines Dolmetschers zu belehren und ihm die schriftliche Übersetzung nachzurei chen. Über die Erteilung der Belehrung ist ein Aktenvermerk aufzunehmen. *(BGBl I 2013/155)*

(4) Jeder Festgenommene ist unverzüglich der zuständigen Finanzstrafbehörde vorzuführen und von dieser sofort, spätestens aber binnen 24 Stunden nach der Übergabe, zur Sache und zu den Voraussetzungen der Verwahrung zu vernehmen. Nimmt der Festgenommene sein Recht auf Beiziehung eines Verteidigers in Anspruch, so ist die Vernehmung bis zum Eintreffen des Verteidigers aufzuschieben, es sei denn, dass damit eine unangemessene Verlängerung der Anhaltung verbunden wäre. Ergibt sich, daß kein Grund zu seiner weiteren Verwahrung vorhanden ist, oder ist der Zweck der Verwahrung durch die Anwendung eines oder mehrerer gelinderer Mittel (§ 88 Abs. 1) oder durch eine Sicherheitsleistung (§ 88 Abs. 2) erreicht, so ist er sogleich freizulassen; sonst aber hat die Finanzstrafbehörde spätestens vor Ablauf von 48 Stunden nach der Festnahme zu veranlassen, daß die Untersuchungshaft (§ 86) verhängt wird. *(BGBl I 2013/14; BGBl I 2016/77)*

(5) Bei der Festnahme, Vorführung und vorläufigen Verwahrung ist mit möglichster Schonung der Person und der Ehre des Festgenommenen vorzugehen.

(6) Dem Festgenommenen ist ohne unnötigen Aufschub zu gestatten, eine von ihm namhaft gemachte Person von der Festnahme zu verständigen. Bestehen gegen eine Verständigung durch den Festgenommenen selbst Bedenken, so hat die Finanzstrafbehörde die Verständigung vorzunehmen. Handelt es sich bei dem Festgenommenen um einen Ausländer, hat er das Recht seine konsularische oder diplomatische Vertretung von der Festnahme unterrichten zu lassen und mit dieser Kontakt aufzunehmen. Dem Festgenommenen ist weiters zu gestatten, mit einer Person, die gemäß § 77 Abs. 1 als Verteidiger zugelassen ist, Kontakt aufzunehmen und diese zu bevollmächtigen. *(BGBl I 2016/77; BGBl I 2022/108)*

(7) *(entfällt, BGBl I 2013/14)*

(BGBl 1975/335; BGBl 1985/571; BGBl I 2003/124)

§ 86. (1) Die Untersuchungshaft ist vom Vorsitzenden des Spruchsenates zu verhängen, dem gemäß § 58 Abs. 2 unter den dort vorgesehenen Voraussetzungen die Durchführung der mündlichen Verhandlung und die Fällung der Erkenntnisse obliegen würde. Sie darf nur verhängt werden, wenn der Verwahrte auch nach seiner Vernehmung dringend eines vorsätzlichen Finanzvergehens, mit Ausnahme einer Finanzordnungswidrigkeit, verdächtig bleibt und auf Grund bestimmter Tatsachen die Gefahr besteht, er werde auf freiem Fuße

a) wegen der Größe der ihm mutmaßlich bevorstehenden Strafe oder aus anderen Gründen flüchten oder sich verborgen halten (Fluchtgefahr),

b) andere an der Tat Beteiligte, Hehler, Zeugen oder Sachverständige zu beeinflussen, die Spuren der Tat zu beseitigen oder sonst die Ermittlung der Wahrheit zu erschweren versuchen (Verdunkelungsgefahr) oder

c) das ihm angelastete versuchte Finanzvergehen ausführen (Ausführungsgefahr) oder in unmittelbarer Folge ein weiteres gleichartiges Finanzvergehen begehen (Begehungsgefahr).

(2) Fluchtgefahr ist jedenfalls nicht anzunehmen, wenn der Beschuldigte sich in geordneten Lebensverhältnissen befindet und einen festen Wohnsitz im Inland hat, es sei denn, daß er bereits Anstalten zur Flucht getroffen hat.

(BGBl 1975/335; BGBl 1985/571)

§ 87. (1) Die Verhängung der Untersuchungshaft bedarf eines Bescheides. In der Begründung sind insbesondere auch die Tatsachen anzugeben, auf Grund derer die Finanzstrafbehörde das Vorliegen eines oder mehrerer der im § 86 Abs. 1 angeführten Haftgründe angenommen hat. Dieser Bescheid samt Begründung ist dem Beschuldigten sofort bekanntzugeben und binnen 24 Stunden auch schriftlich zuzustellen. Die mündliche Bekanntgabe ist in einer Niederschrift festzuhalten. *(BGBl I 2013/14)*

(2) *(entfällt, BGBl I 2013/14)*

(3) Alle am Finanzstrafverfahren in amtlicher Eigenschaft teilnehmenden Personen sind verpflichtet, auf die möglichste Abkürzung der Haft hinzuwirken.

(4) Die Untersuchungshaft ist aufzuheben, sobald ihre Voraussetzungen nicht mehr vorliegen. Die Untersuchungshaft ist auch aufzuheben, sobald ihre Dauer im Verhältnis zu der zu erwartenden Strafen offenbar unangemessen ist. Sie darf einen Monat, bei Fluchtgefahr zwei Monate nicht übersteigen. *(BGBl I 2013/14)*

(5) Über Enthaftungsanträge hat der Vorsitzende des Spruchsenates (§ 86 Abs. 1) unverzüglich zu entscheiden. Erachtet die Finanzstrafbehörde, daß dem Enthaftungsantrag zu entsprechen ist, so hat sie auch ohne Befassung des Vorsitzenden des Spruchsenates die Untersuchungshaft aufzuheben. *(BGBl I 2013/14)*

(6) *(entfällt, BGBl I 2013/14)*

(7) Die vorläufige Verwahrung und die Untersuchungshaft sind in dem am Ort der Festnahme nächstgelegenen Haftraum der Sicherheitsbehörden oder in der nächstgelegenen Justizanstalt, jedoch möglichst abgesondert von Häftlingen der polizeilichen und gerichtlichen Strafrechtspflege, zu vollziehen. Für die Behandlung der verwahrten oder verhafteten Personen in Justizanstalten gelten die Bestimmungen über den Vollzug der Untersuchungshaft gemäß §§ 182 bis 189 StPO sinnge-

mäß mit der Maßgabe, dass die der Staatsanwaltschaft oder dem Gericht übertragenen Aufgaben der zuständigen Finanzstrafbehörde zukommen. Entscheidungen nach § 16 Abs. 2 Z 2, 4 und 5 des Strafvollzugsgesetzes (§ 189 Abs. 2 StPO) stehen dem im § 86 Abs. 1 bezeichneten Vorsitzenden des Spruchsenates zu. Für die Behandlung der verwahrten oder verhafteten Personen in den Haftträumen der Sicherheitsbehörden gelten die einschlägigen Bestimmungen des Verwaltungsstrafgesetzes mit der Maßgabe, dass der Vollzug der Verwahrung und Untersuchungshaft so vorzunehmen ist, dass keine Verdunkelungsgefahr (§ 86 Abs. 1 lit. b) besteht. *(BGBl I 2007/44; BGBl I 2013/14; BGBl I 2020/99)*

(BGBl 1975/335; BGBl 1985/571)

§ 88. (1) Die Untersuchungshaft darf nicht verhängt oder aufrechterhalten werden, wenn die Haftzwecke auch durch Anwendung eines oder mehrerer gelinderer Mittel erreicht werden können. Als gelindere Mittel sind anwendbar:

a) das Gelöbnis des Beschuldigten, bis zur rechtskräftigen Beendigung des Finanzstrafverfahrens weder zu flüchten noch sich verborgen zu halten noch sich ohne Genehmigung der Finanzstrafbehörde von seinem Aufenthaltsort zu entfernen; *(BGBl I 2013/14)*

b) das Gelöbnis, keinen Versuch zu unternehmen, die Untersuchung zu vereiteln;

c) die Weisung, jeden Wechsel des Aufenthaltsortes anzuzeigen oder sich in bestimmten Zeitabständen bei der Finanzstrafbehörde oder bei einer anderen Stelle zu melden; *(BGBl I 2013/14)*

d) die vorübergehende Abnahme der Reisepapiere;

e) die vorübergehende Abnahme der zur Führung eines Fahrzeuges nötigen Papiere.

Die Anwendung gelinderer Mittel ist aufzuheben, sobald ihre Voraussetzungen nicht mehr vorliegen.

(2) Eine vorläufige Verwahrung oder Untersuchungshaft wegen Fluchtverdachtes (§ 85 Abs. 1 lit. b und § 86 Abs. 1 lit. a) muß gegen Sicherheitsleistung und gegen Ablegung der im Abs. 1 lit. a und b erwähnten Gelöbnisse auf Verlangen unterbleiben oder aufgehoben werden. Die Sicherheitssumme ist mit Rücksicht auf die Folgen des Finanzvergehens, die Verhältnisse des Beschuldigten und das Vermögen des die Sicherheit Leistenden festzusetzen.

(3) Die Sicherheitssumme ist entweder in barem Geld oder in solchen Wertpapieren, die nach den bestehenden Gesetzen zur Anlage der Gelder von Minderjährigen oder sonstigen schutzberechtigten Personen verwendet werden dürfen, nach dem Börsenkurs des Erlagstages berechnet, bei der Finanzstrafbehörde zu hinterlegen oder durch Pfandbestellung auf unbewegliche Güter oder

durch taugliche Bürgen (§ 1374 ABGB), die sich zugleich als Zahler verpflichten (§ 1357 ABGB), sicherzustellen. Kann eine solche Sicherheit nicht oder nur schwer beschafft werden, so kann auch eine andere im § 222 BAO im Abgabenverfahren vorgesehene Sicherheitsleistung zugelassen werden. *(BGBl I 2013/14; BGBl I 2018/62)*

(4) Wird die geleistete Sicherheit unzureichend, so ist sie zu ergänzen oder es ist eine anderweitige Sicherheit zu leisten; die Abs. 2 und 3 gelten sinngemäß.

(5) Die Sicherheitssumme ist von der Finanzstrafbehörde mit Bescheid für verfallen zu erklären, wenn der Beschuldigte flüchtet oder sich verbirgt oder wenn er einer den Verfall der Sicherheit androhenden Vorladung unentschuldigt keine Folge leistet. Die verfallene Sicherheitssumme ist nach den für Abgaben geltenden Vorschriften einzubringen; sie fließt dem Bund zu. *(BGBl I 2013/14)*

(6) Wenn der Beschuldigte Anstalten zur Flucht trifft oder wenn neue Umstände hervorkommen, die seine Festnahme erfordern, ist ungeachtet der Sicherheitsleistung die gemäß Abs. 2 unterbliebene vorläufige Verwahrung anzuordnen oder die Untersuchungshaft zu verhängen; eine aufgehobene Verwahrung oder Untersuchungshaft ist fortzusetzen.

(7) Die Sicherheitssumme wird, sofern sie nicht bereits nach Abs. 5 für verfallen erklärt wurde, frei,

a) wenn die Voraussetzungen für die vorläufige Verwahrung oder für die Untersuchungshaft nicht mehr vorliegen,

b) wenn der Beschuldigte gemäß Abs. 6 festgenommen wurde,

c) wenn das Finanzstrafverfahren ohne Verhängung einer Freiheitsstrafe rechtskräftig beendet wurde oder

d) wenn der Vollzug einer verhängten Freiheitsstrafe begonnen hat.

(BGBl 1975/335)

C. Beschlagnahme

§ 89. (1) Die Finanzstrafbehörde hat mit Bescheid die Beschlagnahme von verfallsbedrohten Gegenständen und von Gegenständen, die als Beweismittel in Betracht kommen, anzuordnen, wenn dies zur Sicherung des Verfalls oder zur Beweissicherung geboten ist. Der Bescheid ist dem anwesenden Inhaber des in Beschlag zu nehmenden Gegenstandes bei der Beschlagnahme zuzustellen; ist der Inhaber nicht anwesend, so ist der Bescheid nach § 23 des Zustellgesetzes zu hinterlegen.

(2) Bei Gefahr im Verzug sind neben den Organen der Finanzstrafbehörden auch die Organe der Abgabenbehörden und des öffentlichen Sicher-

heitsdienstes berechtigt, die im Abs. 1 bezeichneten Gegenstände auch dann in Beschlag zu nehmen, wenn eine Anordnung der Finanzstrafbehörde nicht vorliegt. In diesem Fall sind dem anwesenden Inhaber die Gründe für die Beschlagnahme und für die Annahme von Gefahr im Verzug mündlich bekanntzugeben und in einer Niederschrift festzuhalten. Die beschlagnahmten Gegenstände sind, falls nicht nach § 90 Abs. 1 zweiter Satz vorgegangen wird, der zuständigen Finanzstrafbehörde abzuführen.

(3) Beweismittel, auf die sich eine gesetzlich anerkannte Pflicht zur Verschwiegenheit erstreckt, unterliegen bei dem zur Verschwiegenheit Verpflichteten der Beschlagnahme nur,

a) soweit begründeter Verdacht besteht, daß dieser selbst Beteiligter, Hehler oder Begünstigender in bezug auf das Finanzvergehen ist, oder

b) wenn es sich um Bücher oder Aufzeichnungen nach den §§ 124 bis 130 BAO oder um dazugehörende Belege oder um solche Gegenstände, welche zur Begehung des Finanzvergehens bestimmt waren oder diese erleichtert haben oder die aus dem Finanzvergehen herrühren, handelt.

(4) In den Fällen des Abs. 3 lit. b unterliegen Gegenstände, die zum Zwecke der Beratung oder Verteidigung des Beschuldigten durch eine gemäß § 77 Abs. 1 als Verteidiger zugelassene Person zu deren Information von dieser oder vom Beschuldigten hergestellt wurden, in keinem Fall der Beschlagnahme, auch wenn sich diese Gegenstände in der Verfügungsmacht des Beschuldigten oder anderer an der Tat Beteiligten befinden. Bei Kreditinstituten und den im § 38 Abs. 4 des Bankwesengesetzes genannten Unternehmen unterliegen Gegenstände, die Geheimnisse im Sinne des § 38 Abs. 1 des genannten Gesetzes betreffen, der Beschlagnahme nur für Finanzvergehen, für die das Bankgeheimnis gemäß § 38 Abs. 2 Z 1 des genannten Gesetzes oder in Amtshilfefällen gem. § 2 Abs. 2 ADG aufgehoben ist und für vorsätzliche Finanzvergehen, ausgenommen Finanzordnungswidrigkeiten, die mit Finanzvergehen, für die das Bankgeheimnis aufgehoben ist, unmittelbar zusammenhängen. *(BGBl I 2007/44; BGBl I 2010/104; BGBl I 2016/77)*

(5) Behauptet der zur Verschwiegenheit Verpflichtete oder der Beschuldigte, daß die Voraussetzungen für eine Beschlagnahme nach Abs. 3 und 4 nicht vorliegen, oder ist er bei der Beschlagnahme nicht anwesend, so ist der Gegenstand ohne weitere Untersuchung unter Siegel zu nehmen und ohne Verzug dem Vorsitzenden des Spruchsenates vorzulegen, dem gemäß § 58 Abs. 2 unter den dort vorgesehenen Voraussetzungen die Durchführung der mündlichen Verhandlung und die Fällung des Erkenntnisses obliegen würde. Der Vorsitzende des Spruchsenates hat mit Bescheid festzustellen, ob die Beweismittel der Beschlagnahme unterliegen. *(BGBl I 2018/62)*

(6) *(entfällt, BGBl I 2013/14)*

(7) Von der Beschlagnahme verfallsbedrohter Gegenstände kann abgesehen und eine bereits erfolgte Beschlagnahme solcher Gegenstände kann aufgehoben werden, wenn ein Geldbetrag erlegt wird, der dem Wert dieser Gegenstände entspricht (Freigabe). Der Geldbetrag tritt an die Stelle dieser Gegenstände und unterliegt nach Maßgabe des § 17 dem Verfall. Eine Freigabe hat insbesondere zu unterbleiben,

a) solange die Gegenstände auch für Beweiszwecke benötigt werden,

b) wenn es sich um Monopolgegenstände oder andere Gegenstände handelt, die gesetzlichen Verkehrsbeschränkungen unterliegen,

c) wenn eine gesetzwidrige Verwendung der Gegenstände zu besorgen ist,

d) wenn die Gegenstände auch in einem anderen Verfahren beschlagnahmt sind oder wenn ihnen in einem anderen Verfahren drohende Beschlagnahme aktenkundig ist.

(8) Verschlossene Briefe oder andere verschlossene Schriftstücke dürfen nur in den Fällen einer Hausdurchsuchung oder Festnahme beschlagnahmt und eröffnet werden.

(9) Postsendungen, die im Gewahrsam der Post sind, dürfen nur beschlagnahmt werden,

a) in den Fällen einer Hausdurchsuchung oder Festnahme, wenn es sich um Sendungen handelt, die der Beschuldigte abschickt oder die an ihn gerichtet werden, oder

b) wenn bezüglich des Inhalts der Sendungen der Verdacht eines Schmuggels oder einer Hinterziehung von Eingangs- oder Ausgangsabgaben besteht.

(BGBl 1985/571; BGBl 1993/532; BGBl I 2003/124)

§ 90. (1) Die beschlagnahmten Gegenstände sind amtlich zu verwahren. Bereitet die amtliche Verwahrung Schwierigkeiten, so sind die Gegenstände einer dritten Person in Verwahrung zu geben; sie können aber auch dem bisherigen Inhaber belassen werden, wenn hiedurch der Zweck der Beschlagnahme nicht gefährdet wird. In solchen Fällen ist ein Verbot zu erlassen, über die Gegenstände zu verfügen, wobei hinsichtlich der Benützung, Pflege und Wertsicherung der Gegenstände die erforderlichen Bedingungen und Auflagen festzulegen sind. Die Gegenstände können auch durch amtliche Verschlüsse gesichert werden.

(2) Unterliegen die beschlagnahmten Gegenstände raschem Verderben oder einer erheblichen Wertminderung oder lassen sie sich nur mit unverhältnismäßigen Kosten aufbewahren, so können sie von der Finanzstrafbehörde wie finanzbehördlich gepfändete Gegenstände verwertet werden; in Grenznähe beschlagnahmte Gegenstände,

die raschem Verderben unterliegen, können auch von Organen der Zollstelle im kurzen Weg bestmöglich verwertet werden. Der Beschuldigte und der Eigentümer sind tunlichst vor der Verwertung zu verständigen. Der Erlös tritt an die Stelle der veräußerten Gegenstände und unterliegt nach Maßgabe des § 17 dem Verfall. Die Verwertung wegen unverhältnismäßiger Aufbewahrungskosten unterbleibt, wenn rechtzeitig ein zur Deckung dieser Kosten ausreichender Betrag erlegt wird. *(BGBl I 2013/14; BGBl I 2019/104)*

(3) Die Verwertung nach Abs. 2 hat jedoch solange zu unterbleiben, als die verfallsbedrohten Gegenstände für Beweiszwecke benötigt werden.

(BGBl 1975/335; BGBl 1994/681)

§ 91. (1) In allen Fällen, in denen beschlagnahmte Gegenstände abgenommen werden, ist dem bisherigen Inhaber eine Bestätigung auszustellen, in der die Gegenstände nach ihren wesentlichen Merkmalen, wie Stückzahl, Gewicht, Maß und Gattung, genau zu verzeichnen sind.

(2) Beschlagnahmte Gegenstände sind unverzüglich zurückzugeben, wenn die Aufrechterhaltung der Beschlagnahme nicht gerechtfertigt ist.

(BGBl 1975/335)

§ 92. Beschlagnahmte Geschäftsbücher, Aufzeichnungen und Belege sind dem Eigentümer oder einer von diesem hiezu bevollmächtigten Person auf Verlangen zur Einsicht zugänglich zu machen, sofern hiedurch die Tatbestandsermittlung nicht beeinträchtigt und das Verfahren nicht ungebührlich verzögert wird. Die Abschriftnahme ist zu bewilligen, wenn nicht Verdunklungsgefahr oder Verabredungsgefahr besteht. Gegen die Verweigerung der Einsichtnahme oder der Abschriftnahme ist ein abgesondertes Rechtsmittel nicht zulässig.

D. Hausdurchsuchung und Personendurchsuchung

§ 93. (1) Die Durchführung einer Hausdurchsuchung (Abs. 2) oder einer Personendurchsuchung (Abs. 3) bedarf einer mit Gründen versehenen schriftlichen Anordnung des Vorsitzenden des Spruchsenates, dem gemäß § 58 Abs. 2 unter den dort vorgesehenen Voraussetzungen die Durchführung der mündlichen Verhandlung und die Fällung des Erkenntnisses obliegen würde. Die Anordnung richtet sich an die mit der Durchführung betraute Finanzstrafbehörde. Eine Kopie dieser Anordnung ist einem anwesenden Betroffenen bei Beginn der Durchsuchung auszuhändigen. Ist kein Betroffener anwesend, so ist die Kopie nach § 23 des Zustellgesetzes zu hinterlegen. Wurde jedoch die Anordnung vorerst mündlich erteilt, weil die Übermittlung der schriftlichen Ausfertigung an die mit der Durch-

suchung beauftragten Organe wegen Gefahr im Verzug nicht abgewartet werden konnte, so ist die Kopie innerhalb der nächsten 24 Stunden zuzustellen. *(BGBl I 2010/104)*

(2) Hausdurchsuchungen, das sind Durchsuchungen von Wohnungen und sonstigen zum Hauswesen gehörigen Räumlichkeiten sowie von Wirtschafts-, Gewerbe- oder Betriebsräumen, dürfen nur dann vorgenommen werden, wenn begründeter Verdacht besteht, daß sich darin eine eines Finanzvergehens, mit Ausnahme einer Finanzordnungswidrigkeit, verdächtige Person aufhält oder daß sich daselbst Gegenstände befinden, die voraussichtlich dem Verfall unterliegen oder die im Finanzstrafverfahren als Beweismittel in Betracht kommen.

(3) Personen dürfen nur dann durchsucht werden, wenn hohe Wahrscheinlichkeit für die Innehabung von Gegenständen der in Abs. 2 bezeichneten Art spricht oder die zu durchsuchende Person eines Finanzvergehens verdächtig ist.

(4) Ist wegen Gefahr im Verzug die Einholung weder einer schriftlichen noch einer mündlichen Anordnung gemäß Abs. 1 möglich, so stehen die im Abs. 2 und 3 geregelten Befugnisse den im § 89 Abs. 2 genannten ausnahmsweise auch ohne Anordnung zu. In diesem Fall sind dem anwesenden Betroffenen die Gründe für die Durchsuchung und für die Annahme von Gefahr im Verzug mündlich bekanntzugeben und in einer Niederschrift festzuhalten. *(BGBl I 2010/104)*

(5) Auf Verlangen des Betroffenen sind der Hausdurchsuchung oder Personendurchsuchung bis zu zwei von ihm namhaft gemachte Personen seines Vertrauens, die nicht der gleichen oder einer damit im Zusammenhang stehenden Straftat verdächtig sind, zuzuziehen. Bei einer Durchsuchung in Abwesenheit des Betroffenen ist, wenn dieser nicht selbst Wohnungsinhaber ist, der Wohnungsinhaber, in dessen Abwesenheit ein Wohnungsgenosse, berechtigt, die Zuziehung der Vertrauenspersonen zu verlangen. Mit der Durchsuchung ist bis zum Eintreffen der Vertrauenspersonen zuzuwarten, sofern hiedurch die Amtshandlung unangemessen verzögert oder ihr Erfolg gefährdet wird. Vertrauenspersonen haben sich jeder Einmengung in eine Hausdurchsuchung oder Personendurchsuchung zu enthalten, widrigenfalls sie entfernt werden können.

(6) Über das Ergebnis der Durchsuchung ist eine Niederschrift aufzunehmen. Dem Betroffenen ist auf sein Verlangen sogleich oder doch binnen der nächsten 24 Stunden eine Bescheinigung über die Vornahme der Durchsuchung, deren Gründe und deren Ergebnis auszufolgen.

(7) Jeder, der durch die Durchsuchung in seinem Hausrecht betroffen ist, ist berechtigt, sowohl gegen die Anordnung als auch gegen die Durchführung der Durchsuchung Beschwerde an das

Bundesfinanzgericht zu erheben. *(BGBl I 2010/104; BGBl I 2013/14)*

(BGBl 1985/571)

§ 94. (1) Hausdurchsuchungen sind mit möglichster Schonung unter Vermeidung unnötigen Aufsehens und jeder nicht unumgänglichen Belästigung oder Störung der Betroffenen vorzunehmen.

(2) Dem Betroffenen ist vor Beginn der Durchsuchung Gelegenheit zu geben, das Gesuchte herauszugeben oder sonst die Gründe für die Durchsuchung zu beseitigen. Hievon kann abgesehen werden, wenn Gefahr im Verzug ist.

(3) Der Inhaber der Räumlichkeiten, die durchsucht werden sollen, ist aufzufordern, der Durchsuchung beizuwohnen. Er ist verpflichtet, dem die Durchsuchung vornehmenden Organ Räume und Behältnisse auf Verlangen zu öffnen und die darin aufbewahrten Gegenstände vorzuweisen.

(4) Ist der Inhaber der zu durchsuchenden Räumlichkeiten verhindert oder abwesend, so ist ein erwachsenes Mitglied seiner Familie und in dessen Ermangelung eine andere erwachsene Person aufzufordern, der Amtshandlung beizuwohnen.

(5) Wird die Öffnung der zu durchsuchenden Räume oder Behältnisse verweigert, so kann sie das mit der Durchsuchung befaßte Organ entweder selbst öffnen oder aber die Öffnung durch andere Personen veranlassen.

(BGBl 1985/571)

§ 95. Zur Personendurchsuchung ist die zu durchsuchende Person auf ihr Verlangen in die nächste Amtsräumlichkeit der Bundesfinanzverwaltung oder der nächsten Sicherheitsdienststelle vorzuführen. Diese Vorführung hat stets einzutreten, wenn die Herausgabe der am Körper oder in der Kleidung verborgenen Gegenstände oder die Vornahme der Durchsuchung am Betretungsort untunlich erscheint. Personen dürfen nur von Personen desselben Geschlechts und nicht im Beisein von Personen des anderen Geschlechts durchsucht werden. § 94 Abs. 2 gilt sinngemäß. *(BGBl I 2019/104)*

(BGBl 1985/571; BGBl I 2003/124)

§ 96. Werden die gesuchten Beweismittel vorgefunden, so sind sie zu beschlagnahmen, ohne daß es hiezu einer besonderen Anordnung bedarf. Andere Beweismittel, die auf die Begehung eines Finanzvergehens schließen lassen, sind nur dann in Beschlag zu nehmen, wenn Gefahr im Verzug ist. Im übrigen sind die für Beschlagnahmen geltenden Bestimmungen anzuwenden.

(BGBl 1985/571)

E. Gemeinsame Bestimmungen

§ 97. Die den Organen des Zollamtes Österreich zur Ausübung ihres Dienstes in den Zollvorschriften eingeräumten Befugnisse bleiben unberührt. *(BGBl I 2019/104)*

(BGBl 1975/335; BGBl I 2003/124)

V. Hauptstück
Beweise und deren Durchführung

A. Beweismittel

1. Allgemeines

§ 98. (1) Als Beweismittel im Finanzstrafverfahren kommt unbeschadet des Abs. 4 alles in Betracht, was zur Feststellung des maßgebenden Sachverhalts geeignet und nach der Lage des einzelnen Falles zweckdienlich ist.

(2) Tatsachen, die bei der Behörde offenkundig sind und solche, für deren Vorhandensein das Gesetz eine Vermutung aufstellt, bedürfen keines Beweises.

(3) Die Finanzstrafbehörde hat unter sorgfältiger Berücksichtigung der Ergebnisse des Verfahrens nach freier Überzeugung zu beurteilen, ob eine Tatsache erwiesen ist oder nicht; bleiben Zweifel bestehen, so darf die Tatsache nicht zum Nachteil des Beschuldigten oder der Nebenbeteiligten als erwiesen angenommen werden.

(4) Beweismittel, die unter Verletzung der Bestimmungen des § 84 Abs. 4 erster und letzter Satz, des § 89 Abs. 3, 4, 8 oder 9, des § 103 lit. a bis c oder des § 106 Abs. 2 gewonnen wurden, dürfen zur Fällung des Erkenntnisses (der Strafverfügung) zum Nachteil des Beschuldigten oder der Nebenbeteiligten nicht herangezogen werden. *(BGBl I 2008/85)*

(5) Die Kriminalpolizei, Staatsanwaltschaften und Gerichte sind unter den Bedingungen des § 76 Abs. 4 erster und zweiter Satz StPO ermächtigt, nach der StPO erlangte personenbezogene Daten, die zur Durchführung eines Finanzstrafverfahrens erforderlich sind, den Finanzstrafbehörden für Zwecke der Finanzstrafrechtspflege zu übermitteln. *(BGBl I 2015/118)*

(BGBl 1985/571)

§ 99. (1) Die Finanzstrafbehörde ist berechtigt, von jedermann Auskunft für Zwecke des Finanzstrafverfahrens zu verlangen. Die Auskunft ist wahrheitsgemäß nach bestem Wissen und Gewissen zu erteilen. Die Verpflichtung zur Auskunftserteilung schließt die Verbindlichkeit in sich, Urkunden, Daten in allgemein lesbarer Form und andere Unterlagen, die für das Finanzstrafverfahren von Bedeutung sind, vorzulegen oder die Einsichtnahme in diese zu gestatten. Im übrigen gelten die §§ 102 bis 106 und § 108 sinngemäß. Soweit dies der zur Auskunft verpflichteten Person zumutbar ist, sind elektronische Daten in einem allgemein gebräuchlichen Dateiformat in strukturierter Form so zu übermitteln, dass diese elektronisch weiterverarbeitet werden können. *(BGBl I 2010/104; BGBl I 2014/105)*

(2) Die Finanzstrafbehörde ist auch befugt, zur Klärung des Sachverhaltes Nachschauen und Prüfungen im Sinne der Abgaben- oder Monopolvorschriften anzuordnen oder selbst durchzuführen. Die mit einer solchen Maßnahme betrauten Organe der Abgabenbehörden haben insoweit auch die Befugnisse der Organe der Finanzstrafbehörden. Führen Organe der Finanzstrafbehörden die Nachschau oder Prüfung selbst durch, haben sie insoweit auch die Befugnisse der Organe der Abgabenbehörden. Das Ergebnis einer durch die Finanzstrafbehörde durchgeführten Nachschau oder Prüfung ist der Abgabenbehörde zur Wahrnehmung der dieser obliegenden Aufgaben zu übermitteln. Die einschränkenden Bestimmungen des § 148 Abs. 3 und 5 BAO gelten für Prüfungen gemäß diesem Absatz nicht. *(BGBl I 2019/104; BGBl I 2020/99)*

(3) Die Finanzstrafbehörde ist ferner berechtigt, für Zwecke des Finanzstrafverfahrens von den Betreibern öffentlicher Telekommunikationsdienste Auskunft über Namen, Anschrift und Nutzernummer eines bestimmten Anschlusses zu verlangen. Die ersuchte Stelle ist verpflichtet, diese Auskunft unverzüglich und kostenlos zu erteilen. *(BGBl I 2022/108)*

(3a) Bei Verdacht auf ein gemäß § 58 Abs. 2 lit. a in die Zuständigkeit des Spruchsenates fallendes vorsätzliches Finanzvergehen, ausgenommen Finanzordnungswidrigkeiten, ist die Finanzstrafbehörde auf Anordnung des Vorsitzenden des Spruchsenates, dem gemäß § 58 Abs. 2 die Durchführung der mündlichen Verhandlung und die Fällung des Erkenntnisses obliegen würde, berechtigt, von Betreibern öffentlicher Telekommunikationsdienste (§ 160 Abs. 3 Z 1 Telekommunikationsgesetz 2021 – TKG 2021, BGBl. I Nr. 190/2021) und sonstigen Diensteanbietern (§ 3 Z 2 E-Commerce-Gesetz – ECG, BGBl. I Nr. 152/2001) auch folgende Auskünfte zu verlangen: *(BGBl I 2022/108)*

1. die Internetprotokolladresse (IP-Adresse) zu einer bestimmten Nachricht und den Zeitpunkt ihrer Übermittlung, soweit dies für eine Auskunft nach Z 2 erforderlich ist;

2. Namen und Anschrift eines Benutzers, dem eine IP-Adresse zu einem bestimmten Zeitpunkt zugewiesen war,

wenn die dafür erforderlichen Daten zum Zeitpunkt der Anfrage noch rechtmäßig verarbeitet werden (§ 167 Abs. 1 und 5 TKG 2021). Die ersuchte Stelle ist verpflichtet, die Auskunft unverzüglich und kostenlos zu erteilen. Die

Anordnung des Vorsitzenden des Spruchsenates hat schriftlich und mit einer Begründung versehen zu ergehen. Nach Beendigung der Ermittlungsmaßnahme hat die Finanzstrafbehörde die Anordnung des Vorsitzenden des Spruchsenates dem Beschuldigten und den von der Durchführung der Ermittlungsmaßnahme Betroffenen unverzüglich zuzustellen. Die Zustellung kann jedoch aufgeschoben werden, solange durch sie der Zweck dieses oder eines damit zusammenhängenden anderen Strafverfahrens gefährdet wäre und dies notwendig und verhältnismäßig ist. Der Beschuldigte und jeder durch die Ermittlungsmaßnahme Betroffene ist berechtigt, gegen die Anordnung Beschwerde an das Bundesfinanzgericht zu erheben. *(BGBl I 2015/118; BGBl I 2022/108)*

(3b) Die näheren Bestimmungen im Hinblick auf die zugangsberechtigten Behörden, die Datenfelder sowie die Protokollierung über die Durchlaufstelle sind durch den Bundesminister für Verkehr, Innovation und Technologie im Einvernehmen mit den Bundesministern für Finanzen, für Inneres und für Justiz in der Datensicherheitsverordnung – TKG-DSVO, BGBl. II Nr. 402/2011, festzusetzen. *(BGBl I 2015/118; BGBl I 2022/108)*

(4) Die Finanzstrafbehörde ist weiters berechtigt, für Zwecke des Finanzstrafverfahrens von den Betreibern von Post- und Paketdiensten Auskünfte über Post- und Paketsendungen zu verlangen. Die ersuchte Stelle ist verpflichtet, diese Auskunft unverzüglich und kostenlos zu erteilen. *(BGBl I 2005/161; BGBl I 2015/118)*

(5) Die Finanzstrafbehörden sind berechtigt, zur Identitätsfeststellung einer Person, die eines Finanzvergehens verdächtig ist oder als Zeuge (Auskunftsperson) in Betracht kommt, deren Namen, Geburtsdatum, Geburtsort, Beruf und Wohnanschrift zu ermitteln. Sie sind auch befugt, deren Größe festzustellen und sie zu fotografieren, soweit dies zur Identitätsfeststellung erforderlich ist. Soweit es für die Aufklärung von gemäß § 58 Abs. 2 lit. a in die Zuständigkeit eines Spruchsenates fallenden Finanzvergehen, deren Verfolgung in die Zuständigkeit des Zollamtes Österreich fällt, zweckdienlich ist, ist die Finanzstrafbehörde auch befugt, von Beschuldigten, von denen auf Grund bestimmter Tatsachen angenommen werden kann, dass sie Spuren hinterlassen haben, Papillarlinienabdrücke abzunehmen. Deren zwangsweise Durchsetzung unterliegt in besonderem Maße dem Grundsatz der Verhältnismäßigkeit und ist mit möglichster Schonung der Person vorzunehmen. Jede Person ist verpflichtet, in angemessener Weise an der Feststellung ihrer Identität mitzuwirken. Auf Aufforderung ist ihr der Anlass der Identitätsfeststellung mitzuteilen. Ein erkennungsdienstlicher Abgleich der abgenommenen Papillarlinienabdrücke mit Datenbanken ist unzulässig. Nach rechtskräftiger Erledi-

gung des Finanzstrafverfahrens, in dem die nach dieser Bestimmung abgenommenen Papillarlinienabdrücke als Beweismittel dienten, sind diese zu vernichten. *(BGBl I 2010/104; BGBl I 2015/118; BGBl I 2019/104)*

(6) Ersuchen um Auskünfte im Sinne des § 38 Abs. 2 Z 1 des Bankwesengesetzes – BWG, BGBl. Nr. 532/1993, ausgenommen die Einsicht in das Kontenregister (§ 4 Abs. 1 Kontenregister- und Konteneinschaugesetz – KontRegG, BGBl I Nr. 118/2015) bedürfen einer Anordnung des Vorsitzenden des Spruchsenates, dem gemäß § 58 Abs. 2 die Durchführung der mündlichen Verhandlung und die Fällung des Erkenntnisses obliegen würde. Die Anordnung samt Auskunftsersuchen ist dem Kredit- oder Finanzinstitut, dem Beschuldigten sowie an der Geschäftsverbindung verfügungsberechtigten Personen zuzustellen, sobald diese der Finanzstrafbehörde bekannt geworden sind. Die Ausfertigung an das Kredit- oder Finanzinstitut hat keine Begründung zu enthalten. Die Zustellung an den Beschuldigten und die Verfügungsberechtigten kann aufgeschoben werden, solange durch sie der Zweck der Ermittlungen gefährdet wäre. Hierüber ist das Kredit- oder Finanzinstitut zu informieren, das die Anordnung und alle mit ihr verbundenen Tatsachen und Vorgänge gegenüber Kunden und Dritten geheim zu halten hat. Kredit- oder Finanzinstitute und deren Mitarbeiter sind verpflichtet, die verlangten Auskünfte zu erteilen sowie Urkunden und Unterlagen vorzulegen und herauszugeben. Dies hat auf einem elektronischen Datenträger in einem allgemein gebräuchlichen Dateiformat in strukturierter Form so zu erfolgen, dass die Daten elektronisch weiterverarbeitet werden können. Gegen die Anordnung des Vorsitzenden des Spruchsenates steht dem Beschuldigten und der aus der Geschäftsverbindung verfügungsberechtigten Personen das Rechtsmittel der Beschwerde zu. Insoweit das Bundesfinanzgericht die Unzulässigkeit der Anordnung feststellt, unterliegen die dadurch erlangten Auskünfte dem Verwertungsverbot im Sinne des § 98 Abs. 4. *(BGBl I 2010/104; BGBl I 2015/118)*

(BGBl 1975/335; BGBl I 2002/97)

§ 100. Den Organen der in den §§ 80 und 81 bezeichneten Dienststellen ist es untersagt, auf die Gewinnung von Verdachtsgründen gegen eine Person oder auf deren Überführung dadurch hinzuwirken, daß diese zur Begehung, Fortsetzung oder Vollendung eines Finanzvergehens verleitet oder durch insgeheim bestellte Personen zu Geständnissen verlockt wird, die sodann der Finanzstrafbehörde hinterbracht werden. Von der Verfolgung einer Person wegen des Finanzvergehens, zu deren Begehung sie entgegen dieser Bestimmung verleitet wurde, hat die Finanzstrafbehörde abzusehen. *(BGBl I 2023/110)*

2. Urkunden

§ 101. Die Beweiskraft von öffentlichen und Privaturkunden ist nach den Vorschriften der §§ 292 bis 294, 296, 310 und 311 ZPO zu beurteilen.

3. Zeugen

§ 102. (1) Soweit sich aus diesem Bundesgesetz nicht anderes ergibt, ist jedermann verpflichtet, als Zeuge über alle ihm bekannten, für ein Finanzstrafverfahren maßgebenden Tatsachen auszusagen.

(2) Wenn die Finanzstrafbehörde das persönliche Erscheinen des Zeugen für erforderlich erachtet, hat sie ihn vorzuladen. In der Vorladung ist anzugeben, den Gegenstand der Vernehmung bildet und welche Beweismittel und Gegenstände (Abs. 4) mitzubringen sind. Die Bekanntgabe des Gegenstandes der Vernehmung hat insoweit zu unterbleiben, als besondere Umstände die Befürchtung rechtfertigen, daß hiedurch die Untersuchung erschwert werden könnte. Gegebenenfalls kann nach § 56b vorgegangen werden. *(BGBl I 2018/62)*

(3) Wenn die Finanzstrafbehörde das persönliche Erscheinen des Zeugen nicht für erforderlich erachtet, kann die Aussage des Zeugen auch schriftlich eingeholt und abgegeben werden.

(4) Soweit jemand als Zeuge zur Aussage verpflichtet ist, hat er auf Verlangen der Finanzstrafbehörde auch Schriftstücke, Urkunden, die einschlägigen Stellen seiner Geschäftsbücher und Daten in allgemein lesbarer Form zur Einsicht vorzulegen, die sich auf bestimmt zu bezeichnende Tatsachen beziehen; er hat Gegenstände, die er für den Beschuldigten verwahrt, vorzulegen und Einsicht in verschlossene Behältnisse zu gewähren, die er dem Beschuldigten überlassen hat. *(BGBl I 2013/14)*

(BGBl 1975/335)

§ 103. Als Zeugen dürfen nicht vernommen werden:

a) Personen, die zur Mitteilung ihrer Wahrnehmungen unfähig sind oder die zur Zeit, auf die sich ihre Aussage beziehen soll, zur Wahrnehmung der zu beweisenden Tatsache unfähig waren;

b) Geistliche darüber, was ihnen in der Beichte oder sonst unter dem Siegel geistlicher Amtsverschwiegenheit zur Kenntnis gelangt ist;

c) Organe des Bundes und der übrigen Gebietskörperschaften, wenn sie durch ihre Aussage das ihnen obliegende Amtsgeheimnis verletzen würden, insofern sie der Pflicht zur Geheimhaltung nicht entbunden sind;

4. FinStrG

§§ 103 – 107

d) in jedem Finanzstrafverfahren die Nebenbeteiligten des Verfahrens.

(BGBl 1975/335)

§ 104. (1) Die Aussage darf von einem Zeugen verweigert werden:

a) wenn er ein Angehöriger (§ 72 StGB) des Beschuldigten oder eines Nebenbeteiligten des Finanzstrafverfahrens ist; *(BGBl I 2018/62)*

b) über Fragen, deren Beantwortung dem Zeugen oder seinen Angehörigen, seinem gesetzlichen Vertreter oder einer Person unter seiner gesetzlichen Vertretung die Gefahr einer strafgerichtlichen oder finanzstrafbehördlichen Verfolgung zuziehen würde; *(BGBl I 2018/62)*

c) über Fragen, deren Beantwortung dem Zeugen oder einer der in lit. b genannten Personen unmittelbar einen bedeutenden Vermögensnachteil bringen oder zur Schande gereichen würde, es sei denn, daß der Auskunft voraussichtlich für das Verfahren entscheidende Bedeutung zukommt und die Finanzstrafbehörde unter Hinweis darauf vom Zeugen die Auskunft verlangt;

d) über Fragen, die der Zeuge nicht beantworten könnte, ohne eine ihm obliegende gesetzlich anerkannte Pflicht zur Verschwiegenheit, von der er nicht gültig entbunden wurde, zu verletzen oder ein Kunst- oder technisches Betriebsgeheimnis zu offenbaren.

(2) Die zur berufsmäßigen Parteienvertretung befugten Personen und ihre Hilfskräfte können die Zeugenaussage auch darüber verweigern, was ihnen in ihrer Eigenschaft als Vertreter der Partei über diese zur Kenntnis gelangt ist.

(3) Will ein Zeuge die Aussage verweigern, so hat er die Gründe seiner Weigerung glaubhaft zu machen.

(BGBl 1975/335)

§ 105. Einem Zeugen, der einer Vorladung, ohne durch Krankheit, Gebrechlichkeit oder ein sonstiges begründetes Hindernis entschuldigt zu sein, nicht Folge leistet oder die Auskunft ohne zutreffende Berufung auf einen gesetzlichen Weigerungsgrund verweigert oder seinen Verpflichtungen gemäß § 102 Abs. 4 nicht nachkommt, kann die Finanzstrafbehörde, abgesehen von Zwangsstrafen, den Ersatz aller durch seine Säumnis oder Weigerung verursachten Barauslagen durch Bescheid auferlegen. Das gleiche gilt in den Fällen des § 104 Abs. 1 lit. c, wenn die Finanzstrafbehörde vom Zeugen die Auskunft verlangt, dieser sie aber verweigert. Wenn es die Finanzstrafbehörde zur Feststellung des maßgeblichen Sachverhaltes (§ 115) für geboten hält, kann der Zeuge auf Grund einer schriftlichen Anordnung der Finanzstrafbehörde durch die im § 89 Abs. 2 genannten Organe zwangsweise vorgeführt werden, wenn dies in der Vorladung an-

gedroht war. Die Sicherheitsdienststellen haben den Vorführungsersuchen der Finanzstrafbehörden zu entsprechen.

(BGBl 1975/335)

§ 106. (1) Jeder Zeuge ist zu Beginn seiner Vernehmung über die für die Vernehmung maßgebenden persönlichen Verhältnisse zu befragen, erforderlichenfalls über die gesetzlichen Weigerungsgründe zu belehren und zu ermahnen, daß er die Wahrheit anzugeben habe und nichts verschweigen dürfe; er ist auch auf die strafrechtlichen Folgen einer falschen Aussage aufmerksam zu machen. Entsprechendes gilt bei Einholung einer Zeugenauskunft auf schriftlichem Weg.

(2) Zeugen dürfen, abgesehen von Zwangsstrafen, zur Beantwortung der an sie gestellten Fragen nicht gezwungen werden.

(3) Fragen, durch welche dem Zeugen Tatumstände vorgehalten werden, welche erst durch seine Antwort festgestellt werden sollen, sind möglichst zu vermeiden und, wenn sie gestellt werden müssen, in der Niederschrift über die Vernehmung ersichtlich zu machen.

(BGBl 1975/335; BGBl 1985/571)

§ 107. (1) Hält die Finanzstrafbehörde die eidliche Einvernahme eines Zeugen über bestimmte Tatsachen von besonderer Tragweite für unbedingt erforderlich, so kann der Zeuge unter Beiziehung eines Schriftführers, außerhalb der mündlichen Verhandlung durch den Leiter der Finanzstrafbehörde oder durch einen ihr zugewiesenen rechtskundigen Bediensteten, in der mündlichen Verhandlung durch den Verhandlungsleiter eidlich vernommen werden. Die Bestimmungen des Gesetzes vom 3. Mai 1868, RGBl. Nr. 33, zur Regelung des Verfahrens bei den Eidesablegungen vor Gericht[1] finden sinngemäß Anwendung.

(2) Zeugen, die im Untersuchungsverfahren vereidigt worden sind, sind bei ihrer Vernehmung in der mündlichen Verhandlung an den abgelegten Eid zu erinnern.

(3) Nicht vereidigt werden dürfen Personen,

a) die selbst überwiesen sind oder im Verdacht stehen, daß sie die strafbare Handlung, wegen der sie vernommen werden, begangen oder daran teilgenommen haben oder an ihr mitschuldig sind,

b) die sich wegen eines Verbrechens in Untersuchung befinden oder wegen eines solchen zu einer Freiheitsstrafe verurteilt sind, die sie noch zu verbüßen haben,

c) die schon einmal wegen falschen Zeugnisses oder falschen Eides verurteilt worden sind,

d) die zur Zeit ihrer Vernehmung das 14. Lebensjahr noch nicht vollendet haben,

e) die an einer erheblichen Schwäche des Wahrnehmungs- oder Erinnerungsvermögens leiden,

f) die mit dem Beschuldigten oder den Nebenbeteiligten in einer Feindschaft leben, die mit Rücksicht auf die Persönlichkeit der Beteiligten und die sonstigen Begleitumstände der Feindschaft geeignet ist, die volle Glaubwürdigkeit auszuschließen,

g) die bei ihrer Auskunftserteilung wesentliche Umstände angegeben haben, deren Unwahrheit bewiesen ist und worüber sie nicht einen bloßen Irrtum nachweisen können.

(BGBl 1975/335)

---

[1] Siehe 13.

§ 108. (1) Zeugen haben Anspruch auf Ersatz von Reise- und Aufenthaltskosten und auf Entschädigung für Zeitversäumnis unter den gleichen Voraussetzungen und im gleichen Ausmaß wie Zeugen im gerichtlichen Verfahren sowie Anspruch auf Ersatz von notwendigen Barauslagen. Der Ersatzanspruch ist bei sonstigem Verlust binnen zwei Wochen nach der Vernehmung bei der Behörde geltend zu machen, welche die Einvernahme durchgeführt hat. Hierüber ist der Zeuge zu belehren. *(BGBl I 2022/108)*

(2) Über den Anspruch entscheidet die vernehmende Behörde, bei Einvernahmen durch einen Senat die Finanzstrafbehörde, bei der der Senat gebildet ist.

(BGBl 1975/335)

4. Sachverständige und Dolmetscher

§ 109. (1) Wird die Aufnahme eines Beweises durch Sachverständige notwendig, so sind die für Gutachten der erforderlichen Art öffentlich bestellten Sachverständigen beizuziehen.

(2) Die Finanzstrafbehörde kann aber ausnahmsweise auch andere geeignete Personen als Sachverständige heranziehen, wenn es mit Rücksicht auf die Besonderheit des Falles geboten erscheint.

(3) Der Bestellung zum Sachverständigen hat Folge zu leisten, wer zur Erstattung von Gutachten der erforderlichen Art öffentlich bestellt ist oder wer die Wissenschaft, die Kunst oder die Tätigkeit, deren Kenntnis die Voraussetzung der Begutachtung ist, öffentlich als Erwerb ausübt oder zu deren Ausübung öffentlich angestellt oder ermächtigt ist.

(4) Auf Antrag des Beschuldigten oder eines Nebenbeteiligten ist aus zutreffenden wichtigen Gründen ein weiterer Sachverständiger beizuziehen.

(BGBl 1975/335)

§ 110. (1) Aus den Gründen, welche einen Zeugen zur Verweigerung der Aussage berechtigen (§ 104), kann die Enthebung von der Bestellung als Sachverständiger begehrt werden.

(2) Öffentlich Bedienstete sind überdies auch dann als Sachverständige zu entheben oder nicht beizuziehen, wenn ihnen die Tätigkeit als Sachverständige von ihren Vorgesetzten aus dienstlichen Gründen untersagt wird oder wenn sie durch besondere Anordnungen der Pflicht, sich als Sachverständige verwenden zu lassen, enthoben sind.

(3) Die Bestimmungen der §§ 72 bis 74 gelten sinngemäß; Beschuldigte und Nebenbeteiligte können Sachverständige auch ablehnen, wenn sie Umstände glaubhaft machen, die die Fachkunde des Sachverständigen in Zweifel stellen.

(BGBl 1975/335)

§ 111. Ist der Sachverständige für die Erstattung von Gutachten der erforderlichen Art im allgemeinen vereidigt, so genügt die Erinnerung an den geleisteten Eid. Ist er noch nicht vereidigt, so hat er, falls es die Finanzstrafbehörde wegen der besonderen Tragweite des Falles für erforderlich hält, vor Beginn der Beweisaufnahme den Sachverständigeneid zu leisten. Bei der Vereidigung sind die Bestimmungen des § 107 Abs. 1 und 2 sinngemäß anzuwenden.

(BGBl 1975/335)

§ 112. (1) Sachverständige haben Anspruch auf Ersatz der Reise- und Aufenthaltskosten sowie der notwendigen Barauslagen, auf Entschädigung für Zeitversäumnis und auf Entlohnung ihrer Mühewaltung unter den gleichen Voraussetzungen und im gleichen Ausmaß wie Sachverständige im gerichtlichen Verfahren.

(2) Der Ersatzanspruch ist bei sonstigem Verlust binnen zwei Wochen ab Erstattung des Gutachtens oder, wenn dieses entfällt, nach Entlassung des Sachverständigen mündlich oder schriftlich bei der Behörde geltend zu machen, bei der der Sachverständige vernommen worden ist. Hierüber ist der Sachverständige zu belehren.

(3) § 108 Abs. 2 gilt sinngemäß.

(BGBl 1975/335)

§ 112a. Für Ersatzansprüche von Dolmetschern gilt § 112 sinngemäß.

(BGBl I 2018/62)

5. Augenschein

§ 113. (1) Zur Aufklärung der Sache kann die Finanzstrafbehörde auch einen Augenschein, nötigenfalls mit Beiziehung von Sachverständigen, vornehmen und mittels Ton- oder Bildaufnahme dokumentieren. Der Beschuldigte und die Nebenbeteiligten sind beizuziehen, wenn dies zweckdienlich ist. In allen übrigen Fällen sind sie von der Anberaumung eines Augenscheines rechtzeitig mit dem Hinweis zu verständigen, daß ihnen die Teilnahme freisteht. Ein bereits bestellter Verteidiger ist von der Vornahme des Augenscheines zu verständigen. Die Beteiligung am Augenschein kann ihm nicht versagt werden. Der Beschuldigte, der dem Augenschein nicht zugezogen wird und keinen Verteidiger bestellt hat, kann beantragen, daß dem Augenschein eine Person seines Vertrauens beigezogen wird. *(BGBl I 2018/62)*

(2) Die Finanzstrafbehörde hat darüber zu wachen, daß die Vornahme eines Augenscheines nicht zur Verletzung eines Kunst-, Geschäfts- oder Betriebsgeheimnisses mißbraucht werde.

B. Durchführung der Beweise

§ 114. (1) Im Finanzstrafverfahren sind alle Beweise aufzunehmen, die die Finanzstrafbehörde zur Erforschung der Wahrheit für erforderlich hält. Erforderlichenfalls ist der Beweisaufnahme ein Dolmetscher beizuziehen.

(2) Der Beschuldigte und die Nebenbeteiligten können die Durchführung bestimmter Beweise und die Vereidigung vorgeladener Zeugen beantragen. Diesen Anträgen ist stattzugeben, falls dies im Interesse der Wahrheitsfindung notwendig erscheint. Findet die Finanzstrafbehörde, daß dem gestellten Antrag nicht stattzugeben sei, so hat sie die Ablehnung samt Gründen zu verkünden und protokollarisch festzuhalten. Gegen die Ablehnung ist ein abgesondertes Rechtsmittel nicht zulässig.

(3) Der Beschuldigte und die Nebenbeteiligten dürfen von der Anwesenheit und Mitwirkung bei Beweisaufnahmen, die eine spätere Wiederholung nicht zulassen, nicht ausgeschlossen werden. Von anderen Beweisaufnahmen dürfen sie nur dann ausgeschlossen werden, wenn besondere Umstände gegen ihre Beteiligung sprechen. Dem Beschuldigten und den Nebenbeteiligten ist jedoch auch in diesem Fall noch vor Abschluß des Untersuchungsverfahrens Gelegenheit zu geben, von den durchgeführten Beweisen und vom Ergebnis der Beweisaufnahme Kenntnis zu nehmen und sich dazu zu äußern. Von Beweisaufnahmen, von denen der Beschuldigte und die Nebenbeteiligten nicht ausgeschlossen sind, sind sie zu verständigen. Gegen den Ausschluß des Beschuldigten oder der Nebenbeteiligten ist ein abgesondertes Rechtsmittel nicht zulässig. *(BGBl I 2007/44)*

(4) Das Ergebnis der Beweisaufnahmen (Abs. 1 und 2) ist in einer Niederschrift festzuhalten, in der auch durchgeführte Vereidigungen ersichtlich zu machen sind; für diese Niederschrift gelten § 87 Abs. 3 bis 6 und § 88 BAO sinngemäß. Der

vernommenen Person ist auf ihr spätestens unmittelbar nach Beginn der Beweisaufnahme gestelltes Verlangen eine Ausfertigung der Niederschrift auszufolgen, wenn nicht besondere Umstände befürchten lassen, daß durch die Ausfolgung die Untersuchung erschwert werden könnte.

(BGBl 1975/335)

VI. Hauptstück

Gang des Verfahrens

A. Untersuchungsverfahren

§ 115. Die Finanzstrafbehörde hat im Untersuchungsverfahren den für die Erledigung der Strafsache maßgebenden Sachverhalt von Amts wegen festzustellen und dem Beschuldigten sowie den Nebenbeteiligten Gelegenheit zu geben, ihre Rechte und rechtlichen Interessen geltend zu machen. *(BGBl I 2013/14)*

§ 116. (1) Die Finanzstrafbehörde hat den Beschuldigten zur Vernehmung vorzuladen oder ihn aufzufordern, sich bis zu einem bestimmten Zeitpunkt schriftlich zu rechtfertigen. Dies kann gelegentlich der Verständigung von der Einleitung des Strafverfahrens geschehen. *(BGBl I 2013/14)*

(2) Ist bereits eine Beschuldigtenvernehmung gemäß § 83 Abs. 3 erfolgt, so kann eine Vorladung oder Aufforderung zur schriftlichen Rechtfertigung unterbleiben.

(BGBl 1975/335)

§ 117. (1) In der Vorladung des Beschuldigten und in der Aufforderung zur schriftlichen Rechtfertigung sind die zur Last gelegte Tat sowie die in Betracht kommende Strafbestimmung zu bezeichnen. Der Beschuldigte ist auch aufzufordern, die seiner Verteidigung dienlichen Beweismittel mitzubringen oder der Behörde so rechtzeitig anzuzeigen, daß sie zur Vernehmung noch herbeigeschafft werden können.

(2) Ein Beschuldigter, der einer Vorladung, mit der sein persönliches Erscheinen ausdrücklich gefordert wurde, nicht entsprochen hat, ohne durch Krankheit, Behinderung oder ein sonstiges begründetes Hindernis vom Erscheinen abgehalten zu sein, kann, wenn dies zur Feststellung des maßgebenden Sachverhaltes (§ 115) geboten ist, auf Grund einer schriftlichen Anordnung der Finanzstrafbehörde durch die im § 89 Abs. 2 genannten Organe zwangsweise vorgeführt werden, wenn dies in der Vorladung angedroht war. Die Sicherheitsdienststellen haben dem Vorführungsersuchen der Finanzstrafbehörde zu entsprechen. *(BGBl I 2013/14)*

(BGBl 1975/335)

§ 118. Ist eine Vorladung zur Beschuldigtenvernehmung oder eine Aufforderung zur schriftlichen Rechtfertigung im Sinne des § 116 Abs. 1 im Interesse der Wahrheitsfindung untunlich, so kann die Finanzstrafbehörde hievon Abstand nehmen; es muß jedoch auch in diesem Fall dem Beschuldigten Gelegenheit zur Rechtfertigung gegeben werden. *(BGBl I 2013/14)*

(BGBl 1975/335; BGBl I 1999/164)

§ 119. Zur Untersuchung des Sachverhaltes kann die Finanzstrafbehörde Ermittlungen und Beweisaufnahmen jeder Art selbst durchführen oder andere Dienststellen der Bundesfinanzverwaltung um deren Durchführung ersuchen. *(BGBl I 2013/14)*

§ 120. (1) Die Finanzstrafbehörde ist berechtigt, zum Zwecke der Finanzstrafrechtspflege die Unterstützung aller Behörden und öffentlichen Dienststellen des Bundes, der Länder und der Gemeinden sowie anderer durch Gesetz eingerichteter Körperschaften und Anstalten des öffentlichen Rechts sowie der Oesterreichischen Nationalbank in Bezug auf ihre Aufgaben nach dem Devisengesetz 2004, BGBl. I Nr. 123/2003, unmittelbar in Anspruch zu nehmen. Solchen Ersuchen ist ehest möglich zu entsprechen oder es sind entgegenstehende Hindernisse unverzüglich bekannt zu geben. Erforderlichenfalls ist Akteneinsicht zu gewähren. *(BGBl I 2015/118)*

(2) Ersuchen der Finanzstrafbehörde, die sich auf Straftaten einer bestimmten Person beziehen, dürfen mit dem Hinweis auf bestehende gesetzliche Verpflichtungen zur Verschwiegenheit oder darauf, daß es sich um automationsunterstützt verarbeitete personenbezogene Daten handelt, nur dann abgelehnt werden, wenn diese Verpflichtungen Abgabenbehörden gegenüber ausdrücklich auferlegt sind oder wenn der Beantwortung überwiegende öffentliche Interessen entgegenstehen, die im einzelnen anzuführen und zu begründen sind. *(BGBl I 2015/118)*

(3) Die im § 158 Abs. 4 BAO den Abgabenbehörden eingeräumten Befugnisse stehen auch den Finanzstrafbehörden und dem Bundesminister für Finanzen für Zwecke des Finanzstrafverfahrens oder sonst zur Erfüllung ihrer Aufgaben zu. Darüber hinaus sind die Finanzstrafbehörden berechtigt, die gemäß § 57 Abs. 1 Z 1 bis 6, 10 bis 11 und 12 des Sicherheitspolizeigesetzes – SPG, BGBl. Nr. 566/1991, die zur Sachenfahndung gemäß § 57 Abs. 2 SPG, die gemäß § 22b Abs. 2 des Passgesetzes 1992, BGBl. Nr. 839/1992 sowie die gemäß § 55 Abs. 4 des Waffengesetzes 1996 – WaffG, BGBl. I Nr. 12/1997, sofern Waffenverbote betroffen sind, verarbeiteten Daten für Zwecke der Finanzstrafrechtspflege einzusehen, soweit dies für die Durchführung eines Finanzstrafverfahrens wegen des Verdachtes auf ein gemäß § 58 Abs. 2 lit. a in die Zuständigkeit eines Spruchsenates fallendes Finanzvergehen erforderlich ist. Die Einsichtnahme hat zu unterbleiben, wenn im Einzelfall schutzwürdige Geheimhaltungsinteressen (§ 1 Abs. 1 DSG) die mit der Einsichtnahme verfolgten Zwecke überwiegen. *(BGBl I 2015/118; BGBl I 2018/32)*

(4) Auf den Verkehr mit ausländischen Behörden sowie Dienststellen und Einrichtungen der Europäischen Union sind völkerrechtliche Verträge, unmittelbar wirksame Rechtsvorschriften der Europäischen Union, das EU-Amtshilfegesetz (EU-AHG), BGBl. I Nr. 112/2012, das Zollrechts-Durchführungsgesetz (ZollR-DG), BGBl. Nr. 659/1994 sowie das Finanzstrafzusammenarbeitsgesetz (FinStrZG), BGBl. I Nr. 105/2014 anzuwenden. *(BGBl I 2014/105; BGBl I 2018/62)*

(5) Soweit dies zur Durchführung von Abgaben- oder Monopolverfahren erforderlich ist, haben die Finanzstrafbehörden Daten an die Abgabenbehörden und die Monopolbehörde zu übermitteln. *(BGBl I 2018/32)*

(BGBl 1994/681; BGBl I 2002/97)

§ 121. Kommt der Beschuldigte im Verlauf des Untersuchungsverfahrens einer Vorladung oder sonstigen amtlichen Aufforderung nicht nach, so hindert dies nicht den weiteren Ablauf des Untersuchungsverfahrens; § 115 wird hiedurch nicht berührt.

(BGBl 1975/335)

§ 122. (1) Die Finanzstrafbehörde hat Verfallsbeteiligte sowie Haftungsbeteiligte, deren Haftung in Anspruch genommen werden soll, dem Verfahren zuzuziehen, wenn ihr Aufenthalt bekannt ist. Ist ihr Aufenthalt unbekannt, so ist, wenn die Wichtigkeit der Sache es erfordert, für sie ein Kurator zu bestellen; für die Bestellung gilt § 147 sinngemäß. Den zugezogenen Nebenbeteiligten ist die Person des Beschuldigten und die diesem zur Last gelegte Tat bekanntzugeben; Verfallsbeteiligten auch der verfallsbedrohte Gegenstand. *(BGBl I 2013/14)*

(2) Von der Zuziehung nach Abs. 1 kann abgesehen werden, wenn dies zur Vermeidung von Verzögerungen oder Erschwerungen des Verfahrens oder zur Verkürzung der Verwahrung oder der Untersuchungshaft des Beschuldigten dienlich scheint. In solchen Fällen ist die Entscheidung über den Verfall oder Wertersatz sowie über die Rechte des Verfallsbeteiligten oder über die Inanspruchnahme der Haftungsbeteiligten einem abgesonderten Verfahren (§ 149) vorzuhalten.

(3) § 121 gilt sinngemäß auch für Nebenbeteiligte.

(BGBl 1975/335)

§ 123. (1) Die Finanzstrafbehörde ist berechtigt, Vorfragen, die als Hauptfragen von anderen Verwaltungsbehörden oder von den Gerichten zu entscheiden wären, nach der über die maßgebenden Verhältnisse gewonnenen eigenen Anschauung zu beurteilen und diese Beurteilung ihrer Entscheidung zugrunde zu legen. *(BGBl I 2013/14)*

(2) An Entscheidungen der Gerichte, mit denen im Finanzstrafverfahren auftauchende privatrechtliche Vorfragen als Hauptfragen entschieden worden sind, sind die Finanzstrafbehörden nicht gebunden, es sei denn, daß in dem Verfahren, in dem die Entscheidung ergangen ist, bei der Ermittlung des Sachverhaltes von Amts wegen vorzugehen war.

(BGBl 1975/335)

§ 124. (1) Wenn im Zuge des Untersuchungsverfahrens festgestellt wird, daß die dem Beschuldigten zur Last gelegte Tat nicht erwiesen werden kann oder daß einer der im § 82 Abs. 3 lit. b bis e genannten Gründe vorliegt, so hat die Finanzstrafbehörde das Strafverfahren mit Bescheid einzustellen. Ausfertigungen des Bescheides sind dem Beschuldigten und den gemäß § 122 dem Verfahren zugezogenen Nebenbeteiligten zuzustellen. Gegen diesen Bescheid ist ein Rechtsmittel unzulässig. Der Beschuldigte hat nach Ablauf von sechs Monaten ab der Einleitung des Finanzstrafverfahrens oder der Rechtskraft der Entscheidung über einen solchen Antrag das Recht, die Einstellung des Untersuchungsverfahrens aus den oben genannten Gründen zu beantragen. Die Abweisung dieses Antrags hat mit Bescheid zu erfolgen. Nach Abschluss des Untersuchungsverfahrens noch unerledigte Anträge auf Einstellung oder Beschwerden gegen Abweisungsbescheide sind gegenstandslos. *(BGBl I 2010/104; BGBl I 2013/14)*

(2) Obliegt die Durchführung der mündlichen Verhandlung und die Fällung des Erkenntnisses einem Spruchsenat (§ 58 Abs. 2), so hat der Vorstand der Finanzstrafbehörde einen Amtsbeauftragten zu bestellen. Als Amtsbeauftragter kann auch ein Organ der Finanzstrafbehörde tätig werden, das vom Vorstand der Finanzstrafbehörde ständig mit der Funktion eines Amtsbeauftragten betraut wurde. Der Amtsbeauftragte hat die Akten dem Spruchsenat mit seiner schriftlichen Stellungnahme zu den Ergebnissen des Untersuchungsverfahrens zuzuleiten. Die Stellungnahme hat insbesondere die deutliche Beschreibung der dem Beschuldigten zur Last gelegten Tat unter Angabe der anzuwendenden Strafvorschrift und des strafbestimmenden Wertbetrages zu enthalten und die Beweismittel zu bezeichnen. Ausfertigungen der Stellungnahme sind dem Beschuldigten und den gemäß § 122 dem Verfahren zugezogenen Nebenbeteiligten zuzustellen. *(BGBl I 2007/44; BGBl I 2013/14)*

(BGBl 1975/335; BGBl 1994/681)

B. Mündliche Verhandlung; Beschlußfassung der Spruchsenate

§ 125. (1) Stellt der Vorsitzende des Spruchsenates, dem gemäß § 124 Abs. 2 die Akten zugeleitet wurden, fest, dass Ergänzungen des Untersuchungsverfahrens erforderlich sind, so kann er diese anordnen. Stellt er hingegen, allenfalls auch erst nach Ergänzung des Untersuchungsverfahrens, fest, dass die Voraussetzungen für das Tätigwerden des Spruchsenates nicht gegeben sind, so hat er dies mit Bescheid auszusprechen; dieser Bescheid ist dem Beschuldigten, dem gemäß § 122 dem Verfahren zugezogenen Nebenbeteiligten und dem Amtsbeauftragten zuzustellen und kann von diesen mit Beschwerde angefochten werden. Andernfalls hat der Vorsitzende des Spruchsenates die mündliche Verhandlung so anzuberaumen, dass in der Regel zwischen der Zustellung der Vorladungen und dem Tag der mündlichen Verhandlung ein Zeitraum von wenigstens zwei Wochen liegt. Zur mündlichen Verhandlung sind unter Bekanntgabe der Namen der Senatsmitglieder, des Schriftführers und des Amtsbeauftragten der Beschuldigte und die gemäß § 122 dem Verfahren zugezogenen Nebenbeteiligten vorzuladen. Ist der Beschuldigte durch einen Verteidiger vertreten, so ist diesem die Anberaumung der mündlichen Verhandlung bekannt zu geben. Dem Amtsbeauftragten ist im Verfahren vor dem Spruchsenat Akteneinsicht und Parteiengehör zu gewähren. *(BGBl I 2010/104)*

(2) Obliegt die Durchführung der mündlichen Verhandlung und die Fällung des Erkenntnisses nicht einem Spruchsenat, so hat die Finanzstrafbehörde die mündliche Verhandlung nach Maßgabe des Abs. 1 anzuberaumen. Das gleiche gilt, wenn der Spruchsenat festgestellt hat, daß die Voraussetzungen für sein Tätigwerden nicht gegeben sind; in diesem Fall darf der Bestrafung bei den im § 53 Abs. 2 bezeichneten Finanzvergehen kein 10 000 Euro, bei allen übrigen Finanzvergehen kein 33 000 Euro übersteigender strafbestimmender Wertbetrag (§ 58 Abs. 2 lit. a) zugrunde gelegt werden. *(BGBl I 2010/104; BGBl I 2013/14; BGBl I 2020/99)*

(3) Die mündliche Verhandlung unterbleibt, wenn der Beschuldigte und die gemäß § 122 dem Verfahren zugezogenen Nebenbeteiligten sowie der Amtsbeauftragte auf die Durchführung einer solchen verzichtet haben. Von der Durchführung einer mündlichen Verhandlung kann abgesehen werden, wenn das Verfahren einzustellen ist. *(BGBl I 2019/91)*

FinStrG

(4) Unterbleibt nach Abs. 3 eine mündliche Verhandlung vor einem Spruchsenat, kann der Vorsitzende die Beratung und Beschlussfassung des Senates unter Verwendung geeigneter technischer Kommunikationsmittel veranlassen. Der Vorsitzende kann außerdem die Beratung und Beschlussfassung durch die Einholung der Zustimmung der anderen Senatsmitglieder zu einem Entscheidungsentwurf im Umlaufwege ersetzen, wenn keines dieser Mitglieder widerspricht. *(BGBl I 2022/108)*

(BGBl 1975/335; BGBl 1994/681; BGBl I 2001/59)

§ 126. Kommt der Beschuldigte oder ein Nebenbeteiligter einer Vorladung zu einer gemäß § 125 anberaumten mündlichen Verhandlung oder einer sonstigen amtlichen Aufforderung nicht nach, ohne durch Krankheit, Behinderung oder ein sonstiges begründetes Hindernis abgehalten zu sein, so hindert dies nicht die Durchführung der mündlichen Verhandlung und die Fällung des Erkenntnisses auf Grund der Verfahrensergebnisse. Darüber ist der Beschuldigte oder der Nebenbeteiligte in der Vorladung zu informieren. Der Beschuldigte kann jedoch unter den Voraussetzungen des § 117 Abs. 2 vorgeführt werden, wobei die Unterstützung durch die Organe des öffentlichen Sicherheitsdienstes in Anspruch genommen werden kann. *(BGBl I 2022/108)*

(BGBl 1975/335; BGBl I 1999/164)

§ 127. (1) Die mündliche Verhandlung wird vom Vorsitzenden des Spruchsenates, in den Fällen des § 125 Abs. 2 von einem Einzelbeamten der Finanzstrafbehörde geleitet (Verhandlungsleiter). Der mündlichen Verhandlung ist ein Schriftführer und wenn der Beschuldigte oder ein Nebenbeteiligter der Verhandlungssprache nicht hinreichend kundig, gehörlos, hochgradig hörbehindert oder stumm ist, ein Dolmetscher gemäß § 57 Abs. 4 beizuziehen. Der Verhandlungsleiter kann, wenn er es für notwendig erachtet, die mündliche Verhandlung vertagen. *(BGBl I 2013/14; BGBl I 2013/155)*(1) Die mündliche Verhandlung wird vom Vorsitzenden des Spruchsenates, in den Fällen des § 125 Abs. 2 von einem Einzelbeamten der Finanzstrafbehörde geleitet (Verhandlungsleiter). Der mündlichen Verhandlung ist ein Schriftführer und wenn der Beschuldigte oder ein Nebenbeteiligter der Verhandlungssprache nicht hinreichend kundig, gehörlos, hochgradig hörbehindert oder stumm ist, ein Dolmetscher gemäß § 57 Abs. 4 beizuziehen. Der Verhandlungsleiter kann, wenn er es für notwendig erachtet, die mündliche Verhandlung vertagen. *(BGBl I 2013/14; BGBl I 2013/155)*

(2) Die mündliche Verhandlung vor dem Spruchsenat ist öffentlich. Die Öffentlichkeit ist auszuschließen:

a) wenn der Beschuldigte und die gemäß § 122 dem Verfahren zugezogenen Nebenbeteiligten es übereinstimmend verlangen;

b) von Amts wegen oder auf Antrag des Amtsbeauftragten, des Beschuldigten, eines Nebenbeteiligten oder eines Zeugen, wenn und solange zur Aufklärung des Finanzvergehens Verhältnisse oder Umstände des Beschuldigten, des Nebenbeteiligten oder des Zeugen erörtert werden müssen, die unter die Geheimhaltungspflicht nach § 48a BAO fallen; *(BGBl I 2022/108)*

c) von Amts wegen oder auf Antrag des jugendlichen Beschuldigten (§ 1 Abs. 1 Z 2 JGG) oder dessen gesetzlichen Vertreters bzw. der Vertrauensperson (§ 182 Abs. 1) oder der in § 182 Abs. 5 genannten Person, wenn dies in einem Verfahren gegen einen jugendlichen Beschuldigten in dessen Interesse geboten ist. *(BGBl I 2022/108)*

(3) Obliegt die Durchführung der mündlichen Verhandlung einem Einzelbeamten, so ist sie nicht öffentlich.

(4) Ist die mündliche Verhandlung nicht öffentlich oder ist die Öffentlichkeit ausgeschlossen, so haben der Beschuldigte und die Nebenbeteiligten das Recht, zur Verhandlung zwei an der Sache nicht beteiligte Personen ihres Vertrauens beizuziehen. Personen, die im Verfahren als Zeugen oder Sachverständige in Betracht kommen, dürfen als Vertrauenspersonen nicht beigezogen werden.

(5) Sachverständige können, wenn es zur Erforschung der Wahrheit zweckdienlich erscheint, der Verhandlung schon vor Erstattung ihres Gutachtens zugezogen werden.

(6) Der Verhandlungsleiter hat dafür zu sorgen, daß Erörterungen, die das Verfahren ohne Nutzen für die Aufklärung der Sache verzögern würden, unterbleiben. Er erteilt das Wort und kann es bei Mißbrauch entziehen; ihm obliegt die Erhaltung der Ruhe und Ordnung im Verhandlungsraum. Dabei ist er befugt, den Beschuldigten zeitweise während der Vernehmung eines Mitbeschuldigten oder eines Zeugen aus dem Verhandlungssaal zu entfernen. Er muß ihn aber, sobald er ihn nach seiner Wiederzulassung über den in seiner Abwesenheit verhandelten Gegenstand vernommen hat, von allem in Kenntnis setzen, was in seiner Abwesenheit vorgebracht wurde, insbesondere von den Aussagen, die inzwischen gemacht worden sind. Der Verhandlungsleiter kann die vorübergehende oder endgültige Entfernung eines Zeugen gestatten oder anordnen.

(7) Personen, die die mündliche Verhandlung stören oder durch ungeziemendes Benehmen den Anstand verletzen, sind vom Verhandlungsleiter zu ermahnen; bleibt die Ermahnung erfolglos, so kann ihnen nach vorausgegangener Androhung das Wort entzogen, ihre Entfernung aus dem Verhandlungsraum verfügt und über sie eine Ordnungsstrafe bis zu 700 Euro verhängt werden. Wird die Ordnungsstrafe vom Vorsitzenden des

Spruchsenates verhängt, ist ein Rechtsmittel nicht zulässig. Bei Entfernung eines Beschuldigten kann die Verhandlung in seiner Abwesenheit fortgesetzt werden. Bei Entfernung eines Verteidigers oder Bevollmächtigten ist dem Beschuldigten oder den Nebenbeteiligten auf Antrag eine angemessene Frist zur Bestellung eines anderen Verteidigers oder Bevollmächtigten einzuräumen. *(BGBl I 2007/99)*

(8) Macht sich ein Parteienvertreter, der der Disziplinargewalt einer Standesbehörde unterliegt, des im Abs. 7 umschriebenen Verhaltens schuldig, so ist keine Ordnungsstrafe zu verhängen, sondern die Anzeige an die zuständige Standesbehörde zu erstatten. Die sonstigen in Abs. 7 vorgesehenen Maßnahmen können auch in diesen Fällen vom Verhandlungsleiter getroffen werden.

(9) Fernseh- und Hörfunkaufnahmen und -übertragungen sowie Film- und Fotoaufnahmen von Verhandlungen sind unzulässig. Tonaufnahmen sind nur über Anordnung des Verhandlungsleiters für die Abfassung der Niederschrift zulässig. Diese sind jedenfalls bis zur Rechtskraft der Entscheidung aufzubewahren. Darüber hinaus sind Vernehmungen von Zeugen mittels technischer Einrichtungen gemäß § 56b über Anordnung des Verhandlungsleiters zulässig. *(BGBl I 2018/62)*

(BGBl 1975/335; BGBl 1985/571; BGBl I 1999/164; BGBl I 2001/144; BGBl I 2013/14)

§ 128. (1) Der Verhandlungsleiter hat den Sachverhalt und die Ergebnisse des Untersuchungsverfahrens vorzutragen, falls nicht die mündliche Verhandlung sofort nach Abschluß des Untersuchungsverfahrens stattfindet. Er hat hiezu den Beschuldigten zu vernehmen und von diesem beantragte ergänzende Beweisaufnahmen unter Bedachtnahme auf die Bestimmungen des § 114 Abs. 2 sowie jene weiteren Beweisaufnahmen durchzuführen, die er für die Klärung des Sachverhaltes für erforderlich erachtet, wobei auch die §§ 119, 120 und 123 anzuwenden sind. Der Verhandlungsleiter kann jedoch zu diesem Zweck auch die Ergänzung des Untersuchungsverfahrens anordnen.

(2) Bei der Durchführung von Beweisaufnahmen steht dem Beschuldigten und den Nebenbeteiligten ein Fragerecht zu, doch kann der Verhandlungsleiter Fragen zurückweisen, die ihm unangemessen erscheinen.

(3) Auf Antrag des Beschuldigten sind bei der mündlichen Verhandlung jene im Untersuchungsverfahren aufgenommenen Beweise, bei deren Aufnahme er nicht zugegen war, in seiner Anwesenheit zu wiederholen. Gegen die Ablehnung des Antrages ist ein abgesondertes Rechtsmittel nicht zulässig.

(4) Wird in einer gemäß § 125 Abs. 2 durchgeführten mündlichen Verhandlung befunden, daß die Durchführung der Verhandlung und die Fällung des Erkenntnisses einem Spruchsenat obliege, so ist die Verhandlung abzubrechen; für das weitere Verfahren gilt § 124 Abs. 2 sinngemäß.

(BGBl 1975/335; BGBl 1985/571)

§ 129. Der mündlichen Verhandlung vor dem Spruchsenat haben alle Mitglieder des Senates und der Amtsbeauftragte (§ 124 Abs. 2) beizuwohnen. Der Amtsbeauftragte nimmt an den Beratungen des Senates nicht teil.

(BGBl 1975/335)

§ 130. (1) Für den Ablauf der mündlichen Verhandlung vor dem Spruchsenat gelten die Bestimmungen des § 128 mit der Maßgabe, daß

a) die Darstellung des Sachverhaltes und der Ergebnisse des Untersuchungsverfahrens dem Behördenbeisitzer obliegt, der dem Senat angehört; *(BGBl I 2013/14)*

b) der Amtsbeauftragte Beweisanträge stellen kann;

c) das Recht der Fragestellung auch den Mitgliedern des Spruchsenates und dem Amtsbeauftragten zusteht.

(2) Nach Beendigung der Beweisaufnahmen erhält zuerst der Amtsbeauftragte das Wort, um die Ergebnisse der Beweisführung zusammenzufassen und hinsichtlich der Schuld des Beschuldigten sowie wegen der gegen ihn anzuwendenden Strafbestimmungen Anträge zu stellen und zu begründen. Einen bestimmten Antrag über Art und Höhe der Strafe hat der Amtsbeauftragte nicht zu stellen.

(3) Dem Beschuldigten und den Nebenbeteiligten steht das Recht zu, auf die Ausführungen des Amtsbeauftragten zu antworten. Findet dieser hierauf etwas zu erwidern, so gebührt dem Beschuldigten jedenfalls das Schlußwort. Sodann hat der Verhandlungsleiter den Schluß der mündlichen Verhandlung bekanntzugeben.

(BGBl 1975/335)

§ 131. (1) Jeder Abstimmung eines Senates hat eine Beratung voranzugehen, an der alle Mitglieder des Senates teilzunehmen haben. Der Schriftführer ist beizuziehen.

(2) Der Laienbeisitzer gibt seine Stimme als erster ab; ihm folgt der Behördenbeisitzer. Der Vorsitzende stimmt zuletzt. *(BGBl I 2013/14)*

(3) Zu jedem Beschluß eines Senates ist mehr als die Hälfte der Stimmen erforderlich.

(4) Teilen sich die Stimmen in mehr als zwei verschiedene Meinungen, sodaß keine dieser Meinungen die erforderliche Mehrheit für sich hat, hat der Vorsitzende die Erreichung eines Beschlusses dadurch zu versuchen, daß er die Frage teilt und über die Teilfragen abstimmen

läßt. Bleibt dieser Versuch erfolglos, so wird die dem Beschuldigten nachteiligste Stimme der zunächst minder nachteiligen zugezählt.

(5) Gehen die Ansichten darüber auseinander, welche von zwei Meinungen für den Beschuldigten minder nachteilig ist, so ist darüber besonders abzustimmen.

§ 132. (1) Über die Zuständigkeit des Senates, über die Notwendigkeit von Ergänzungen des Verfahrens und über Vorfragen muß immer zuerst abgestimmt werden. Entscheidet sich die Mehrheit der Stimmen dahin, daß ungeachtet der über die Vorfrage erhobenen Zweifel zur Hauptentscheidung zu schreiten sei, so ist auch das in der Minderheit gebliebene Mitglied des Senates verpflichtet, über die Hauptsache mitabzustimmen.

(2) Bei der Entscheidung über die Hauptsache ist die Frage, ob der Beschuldigte der ihm zur Last gelegten Tat schuldig sei, immer von der Frage über die Strafe zu sondern und vor dieser Frage zur Abstimmung zu bringen. Liegen dem Beschuldigten mehrere strafbare Taten zur Last, so muß über jede einzelne Tat ein eigener Beschluß über die Schuld oder Nichtschuld des Beschuldigten gefaßt werden. Die Abstimmung über die Strafe hat sich auf jene strafbaren Taten zu beschränken, deren der Beschuldigte für schuldig erklärt worden ist. Hiebei steht es einem Senatsmitglied, das den Beschuldigten wegen einer ihm zur Last gelegten strafbaren Tat nicht schuldig gefunden hat, frei, auf Grund des über die Schuldfrage gefaßten Beschlusses seine Stimme über die Strafe abzugeben oder sich der Abstimmung zu enthalten. Enthält ein Senatsmitglied sich der Abgabe der Stimme über die Frage der Strafe, so ist seine Stimme so zu zählen, als ob es der für den Beschuldigten günstigeren Meinung beigetreten wäre.

§ 133. Über die Beratung und Abstimmung des Senates ist eine gesonderte Niederschrift aufzunehmen, die vom Vorsitzenden und vom Schriftführer zu unterfertigen ist. Beratung und Abstimmung des Senates sind geheim.

§ 134. Im Verfahren vor dem Spruchsenat hat der Vorsitzende nach Schluß der mündlichen Verhandlung auf Grund der Ergebnisse der Beratung und Abstimmung das Erkenntnis öffentlich zu verkünden und hiebei die wesentlichen Entscheidungsgründe bekanntzugeben. War die Öffentlichkeit der mündlichen Verhandlung ausgeschlossen, so ist sie auch bei der Bekanntgabe der Entscheidungsgründe des Erkenntnisses auszuschließen, soweit dabei Verhältnisse oder Umstände zur Sprache kommen, die unter die Geheimhaltungspflicht nach § 48a BAO fallen. Im Verfahren vor dem Einzelbeamten ist die Verkündung des Erkenntnisses nicht öffentlich; das Erkenntnis

kann auch der schriftlichen Ausfertigung vorbehalten werden. Nach mündlicher Verkündung des Erkenntnisses hat der Verhandlungsleiter Belehrung über das Erfordernis der Anmeldung einer Beschwerde zu erteilen. *(BGBl I 2013/14)*

(BGBl 1975/335; BGBl 1985/571)

§ 135. (1) Der Ablauf der mündlichen Verhandlung ist durch den Schriftführer, erforderlichenfalls nach den Angaben des Verhandlungsleiters, festzuhalten. Die Niederschrift hat zu enthalten

a) die Bezeichnung der Finanzstrafbehörde, den Namen des Verhandlungsleiters, im Verfahren vor einem Spruchsenat die Namen der Mitglieder des Spruchsenates und des Amtsbeauftragten; den Namen des Schriftführers; *(BGBl I 2013/14)*

b) Vor- und Zunamen, Tag und Ort der Geburt, Staatsbürgerschaft, Familienstand, Beschäftigung und Wohnort des Beschuldigten und, soweit solche am Strafverfahren beteiligt sind, auch Vor- und Zunamen, Beschäftigung und Wohnort der Nebenbeteiligten;

c) die Namen der als Verteidiger und Bevollmächtigte auftretenden Personen;

d) die deutliche Bezeichnung der dem Beschuldigten zur Last gelegten Tat;

e) die Rechtfertigung oder das Geständnis des Beschuldigten;

f) die wesentlichen Aussagen der Zeugen und Sachverständigen und die sonstigen Beweisaufnahmen;

g) wenn das Erkenntnis nach Schluß der mündlichen Verhandlung verkündet worden ist, dessen Inhalt und die wesentlichen Gründe, sonst den Vorbehalt der schriftlichen Ausfertigung.

(2) Alle Angaben in der Niederschrift sind mit möglichster Kürze abzufassen. Soweit die in Abs. 1 lit. b bis f bezeichneten Angaben bereits schriftlich im Akt niedergelegt sind, genügt in der Niederschrift ein kurzer Hinweis auf die bezüglichen Aktenstücke. Liegen die Voraussetzungen des § 141 Abs. 3 vor, so kann sich der Inhalt der Niederschrift auf die Abs. 1 lit. a bis d und g genannten Bestandteile beschränken. Wurde nach § 56b vorgegangen, ist dies in der Niederschrift festzuhalten. *(BGBl I 2010/104; BGBl I 2018/62)*

(3) Die Verhandlungsniederschrift ist vom Verhandlungsleiter und vom Schriftführer zu unterfertigen. Dem Beschuldigten und den Nebenbeteiligten ist auf Verlangen eine Ausfertigung dieser Niederschrift auszufolgen. *(BGBl I 2010/104)*

(BGBl 1975/335)

C. Inhalt des Erkenntnisses

§ 136. (1) Wenn einer der im § 82 Abs. 3 lit. b bis e genannten Gründe vorliegt oder wenn die dem Beschuldigten zur Last gelegte Tat nicht erwiesen werden kann, ist im Erkenntnis die Einstellung des Strafverfahrens auszusprechen. Sonst ist im Erkenntnis über Schuld und Strafe zu entscheiden. *(BGBl I 2013/155)*

(2) Im Verfahren vor dem Spruchsenat kann dieser im Spruch des Erkenntnisses aussprechen, dass im Falle einer nach § 15 Abs. 3 verhängten Freiheitsstrafe eine Anhaltung im elektronisch überwachten Hausarrest (§ 156b StVG) zur Gänze oder für einen bestimmten Zeitraum nicht in Betracht kommt, wenn auf Grund bestimmter Tatsachen anzunehmen ist, dass eine solche Anhaltung nicht genügen werde, um den Bestraften von weiteren strafbaren Handlungen abzuhalten, oder es ausnahmsweise der Vollstreckung der Strafe in einer Anstalt bedarf, um der Begehung strafbarer Handlungen durch andere entgegen zu wirken. Dabei sind insbesondere die Art der Tat, die Person des Täters, der Grad seiner Schuld, sein Vorleben und sein Verhalten nach der Tat zu berücksichtigen. *(BGBl I 2013/155)*

(BGBl 1994/681)

§ 137. Die Urschrift und die Ausfertigung des Erkenntnisses haben zu enthalten: *(BGBl I 2018/62)*

a) Die Bezeichnung der Finanzstrafbehörde; wenn eine mündliche Verhandlung stattgefunden hat, die Namen des Verhandlungsleiters und des Schriftführers; bei Erkenntnissen eines Spruchsenates auch die Namen der Senatsmitglieder und des Amtsbeauftragten; *(BGBl I 2013/14)*

b) Vor- und Zunamen, Tag und Ort der Geburt sowie Beschäftigung und Wohnort des Beschuldigten; Vor- und Zunamen sowie Wohnort der Nebenbeteiligten; die Namen des Verteidigers und der Bevollmächtigten;

c) den Spruch;

d) die Begründung;

e) die Rechtsmittelbelehrung und die Zahlungsaufforderung;

f) im Verfahren vor einem Spruchsenat die Unterschrift des Vorsitzenden; in den übrigen Fällen, wenn eine mündliche Verhandlung stattgefunden hat, die Unterschrift des Verhandlungsleiters, sonst die Unterschrift des Vorstandes der Finanzstrafbehörde oder des Amtsorgans, das durch diesen mit der Befugnis, Straferkenntnisse zu erlassen, betraut wurde; an die Stelle der Unterschrift kann die Beglaubigung der Kanzlei treten, dass die Ausfertigung mit der Urschrift übereinstimmt und diese die eigenhändig beigesetzte Unterschrift aufweist; Ausfertigungen in Form von elektronischen Dokumenten müssen

an Stelle der Unterschrift oder Beglaubigung mit einer Amtssignatur (§ 19 E-Government-Gesetz) versehen sein; Ausfertigungen in Form von Ausdrucken von mit einer Amtssignatur versehenen elektronischen Dokumenten oder von Kopien solcher Ausdrucke brauchen keine weiteren Voraussetzungen erfüllen; *(BGBl I 2018/62)*

g) das Datum der mündlichen Verkündung, sonst das Datum der Unterfertigung.

(BGBl 1975/335)

§ 138. (1) Der Spruch hat, soweit er auf Einstellung lautet, die dem Beschuldigten zur Last gelegte Tat zu bezeichnen und die Einstellung des Strafverfahrens anzuordnen.

(2) Der Spruch hat, soweit er nicht auf Einstellung lautet, zu enthalten:

a) Die Bezeichnung der Tat, die als erwiesen angenommen wird;

b) die angewendete Strafvorschrift;

c) den Ausspruch über die Strafe; in den Fällen des § 24 Abs. 2 den Ausspruch über den Aufschub der Strafe;

d) die Anrechnung einer allfälligen vorläufigen Verwahrung oder Untersuchungshaft (§ 23 Abs. 5) oder einer im Ausland verbüßten Strafe (§ 23 Abs. 7); *(BGBl I 2010/104)*

e) den Ausspruch über den Kostenersatz (§ 185);

f) die allfällige Feststellung, daß bestimmte Personen den Verfall gegen sich gelten zu lassen haben;

g) die allfällige Entscheidung darüber, welche Pfand- oder Zurückbehaltungsrechte Dritter an für verfallen erklärten Gegenständen anerkannt oder nicht anerkannt werden, in welcher Höhe die gesicherten Forderungen anerkannt werden und welcher Rang ihnen zukommt; werden sie anerkannt, so ist auch auszusprechen, daß der festgesetzte Wertersatz (§ 19 Abs. 3) nur mit dem Betrag einzufordern ist, der zur Befriedigung der anerkannten Forderungen aus dem Verwertungserlös aufgewendet wird;

h) die allfällige Feststellung, daß eine Haftungspflicht für die verhängte Geldstrafe und den auferlegten Wertersatz gemäß § 28 gegeben ist, und die Nennung der Haftungsbeteiligten;

i) in den Fällen des § 122 Abs. 2 den Vorbehalt der Entscheidung.

(BGBl 1975/335; BGBl 1994/681)

§ 139. Die Begründung hat sich auf alle Teile des Spruches (§ 138) zu erstrecken; sie hat in gedrängter Darstellung, aber mit voller Bestimmtheit anzugeben, welche Tatsachen die Finanzstrafbehörde als erwiesen oder als nicht erwiesen angenommen hat und aus welchen Gründen dies geschehen ist, ferner, von welchen Erwägungen sie bei der Würdigung der vorgebrachten Einwendungen und bei der Entscheidung von Rechtsfragen geleitet wurde. *(BGBl I 2013/14)*

(BGBl 1975/335)

§ 140. (1) Die Rechtsmittelbelehrung hat anzugeben, ob gegen das Erkenntnis eine Beschwerde zulässig ist oder nicht und bejahendenfalls, innerhalb welcher Frist und bei welcher Behörde sie einzubringen ist. Die Rechtsmittelbelehrung hat, wenn ein Rechtsmittel zulässig ist, darauf hinzuweisen, daß dieses begründet werden muß. *(BGBl I 2013/14)*

(2) Enthält das Erkenntnis keine Rechtsmittelbelehrung oder keine Angaben über die Rechtsmittelfrist oder erklärt es zu Unrecht ein Rechtsmittel für unzulässig, so wird die Rechtsmittelfrist nicht in Lauf gesetzt.

(3) Ist in dem Erkenntnis eine längere als die gesetzliche Frist angegeben, so ist das innerhalb der angegebenen Frist eingebrachte Rechtsmittel rechtzeitig.

(4) Enthält das Erkenntnis keine oder eine unrichtige Angabe über die Behörde, bei welcher das Rechtsmittel einzubringen ist, so ist das Rechtsmittel richtig eingebracht, wenn es bei der Behörde, die das Erkenntnis ausgefertigt hat, oder bei der angegebenen Behörde eingebracht wurde.

(5) In der Zahlungsaufforderung ist der Beschuldigte aufzufordern, die Geldstrafe, den Wertersatz und die Kosten bei Fälligkeit zu bezahlen; die Aufforderung hat den Hinweis zu enthalten, daß bei Nichtzahlung die Zwangsvollstreckung durchgeführt und bei Uneinbringlichkeit der Geldstrafe und des Wertersatzes die Ersatzfreiheitsstrafe vollzogen werden muß.

(BGBl 1975/335)

§ 141. (1) Das Erkenntnis ist schriftlich auszufertigen. Ausfertigungen des Erkenntnisses sind dem Beschuldigten, den gemäß § 122 dem Verfahren zugezogenen Nebenbeteiligten und dem Amtsbeauftragten zuzustellen.

(2) Ist in einem Gesetz vorgesehen, daß die Bestrafung wegen eines Finanzvergehens den Verlust eines Rechtes nach sich zieht oder nach sich ziehen könnte, so hat die Finanzstrafbehörde die rechtskräftige Bestrafung der in Betracht kommenden Stelle bekanntzugeben. Sofern dieser Stelle nicht schon nach anderen gesetzlichen Bestimmungen eine Ausfertigung des Erkenntnisses zugestellt werden muß, ist ihr auf ihr Ersuchen eine Ausfertigung zu übersenden. *(BGBl I 2013/14)*

(3) Waren alle zur Erhebung einer Beschwerde berechtigten Personen bei der mündlichen Verkündung des Erkenntnisses anwesend oder vertreten und wurde ein Rechtsmittel nicht fristgerecht angemeldet (§ 150 Abs. 4), kann eine vereinfachte

schriftliche Ausfertigung des Erkenntnisses ergehen. Diese hat die in § 137 angeführten Elemente mit Ausnahme der Begründung zu enthalten. *(BGBl I 2010/104; BGBl I 2013/14)*

(BGBl 1975/335)

D. Sonderbestimmung für Freiheitsstrafen

§ 142. (1) Wurde im Erkenntnis eine Freiheitsstrafe verhängt und besteht Fluchtgefahr, so kann der Verhandlungsleiter über den Beschuldigten bis zur Rechtskraft des Erkenntnisses, jedoch längstens auf die Dauer der im Erkenntnis angeordneten Freiheitsstrafe, die Haft verhängen.

(2) *(entfällt, BGBl I 2013/14)*

(3) Die Bestimmungen der §§ 87 und 88 gelten sinngemäß.

(BGBl 1975/335; BGBl 1985/571)

E. Vereinfachtes Verfahren

§ 143. (1) Die Finanzstrafbehörde kann ein Strafverfahren ohne mündliche Verhandlung und ohne Fällung eines Erkenntnisses durch Strafverfügung beenden, wenn der Sachverhalt nach Ansicht der Finanzstrafbehörde durch die Angaben des Beschuldigten oder durch das Untersuchungsergebnis, zu dem der Beschuldigte Stellung zu nehmen Gelegenheit hatte, ausreichend geklärt ist; ist der Sachverhalt schon durch das Ermittlungsergebnis des Abgabenverfahrens oder des Vorverfahrens (§ 82 Abs. 1), zu welchem der Täter Stellung zu nehmen Gelegenheit hatte, ausreichend geklärt, so kann das Finanzvergehen auch ohne Durchführung eines Untersuchungsverfahrens durch Strafverfügung geahndet werden (vereinfachtes Verfahren). *(BGBl I 2010/104; BGBl I 2013/14)*

(2) Für die Zuziehung von Nebenbeteiligten gilt § 122.

(3) Eine Strafverfügung ist ausgeschlossen,

a) wenn die Durchführung der mündlichen Verhandlung und die Fällung des Erkenntnisses gemäß § 58 Abs. 2 einem Spruchsenat obliegt,

b) wenn die Voraussetzungen für ein Verfahren gegen Personen unbekannten Aufenthaltes (§ 147) oder für ein selbständiges Verfahren (§ 148) gegeben sind.

(BGBl 1975/335)

§ 144. Für die Strafverfügung und deren Zustellung gelten die Bestimmungen sinngemäß, die für die nicht auf Einstellung lautenden Erkenntnisse gelten (§§ 137, 138 Abs. 2, 140 Abs. 2 bis 5 und 141). Statt der Rechtsmittelbelehrung ist die Belehrung über das Einspruchsrecht zu geben.

(BGBl 1975/335)

§ 145. (1) Der Beschuldigte und die Nebenbeteiligten können gegen die Strafverfügung binnen einem Monat nach der Zustellung bei der Finanzstrafbehörde, die die Strafverfügung erlassen hat, Einspruch erheben; sie können zugleich die der Verteidigung und der Wahrung ihrer Rechte dienlichen Beweismittel vorbringen. *(BGBl I 2013/14)*

(2) Durch die rechtzeitige Einbringung eines Einspruches tritt die Strafverfügung außer Kraft. Das Verfahren ist nach den Bestimmungen der §§ 115 bis 142 durchzuführen. In diesem Verfahren hat die Finanzstrafbehörde auf den Inhalt der außer Kraft getretenen Strafverfügung keine Rücksicht zu nehmen und kann auch eine andere Entscheidung fällen. Erheben nur Nebenbeteiligte rechtzeitig Einspruch, so ist in einem abgesonderten Verfahren (§ 149) über ihre Rechte zu entscheiden. *(BGBl I 2013/14)*

(3) Auf die Erhebung eines Einspruches kann schriftlich oder zur Niederschrift verzichtet werden. Vor Erlassung der Strafverfügung kann ein Verzicht rechtswirksam nur abgegeben werden, wenn aus der Verzichtserklärung hervorgeht, daß dem Verzichtenden im Zeitpunkt ihrer Abgabe der Inhalt der zu erwartenden Strafverfügung bekannt war. Wurde der Verzicht nicht von einem berufsmäßigen Parteienvertreter oder im Beisein eines solchen abgegeben, so kann er binnen drei Tagen schriftlich oder zur Niederschrift widerrufen werden.

(4) Die Finanzstrafbehörde hat den Einspruch durch Bescheid zurückzuweisen, wenn er unzulässig ist oder nicht fristgerecht eingebracht wurde. *(BGBl I 2013/14)*

(5) Ist ein Einspruch nicht mehr zulässig, so hat die Strafverfügung die Wirkung eines rechtskräftigen Erkenntnisses.

(BGBl 1975/335; BGBl 1985/571)

§ 146. (1) Das Zollamt Österreich kann bei geringfügigen Finanzvergehen durch Strafverfügung Geldstrafen nach Maßgabe der Strafsätze der §§ 33 bis 37, 44 bis 46, 48 bis 48b und 51 sowie des § 91 Alkoholsteuergesetz 2022 – AlkStG 2022, BGBl. I Nr. 227/2021 und des § 11 Mineralölsteuergesetz 2022 – MinStG 2022, BGBl. I Nr. 227/2021, jedoch nur bis zu einem Höchstausmaß von 3 000 Euro, verhängen und, soweit dies in den §§ 33, 35, 37, 44 und 46 sowie in § 91 AlkStG 2022 und in § 11 MinStG 2022 vorgesehen ist, den Verfall aussprechen (vereinfachte Strafverfügung). Eine solche Strafverfügung darf nur erlassen werden, wenn sich der Beschuldigte nach Bekanntgabe der in Aussicht genommenen Strafe mit der Erlassung der vereinfachten Strafverfügung einverstanden erklärt und auf die Erhebung eines Einspruchs schriftlich verzichtet. Ein Einspruchsverzicht kann binnen drei Tagen schriftlich oder zur Niederschrift wi-

derrufen werden. Kosten des Strafverfahrens sind nicht zu ersetzen. *(BGBl I 2022/108)*

(2) Als geringfügige Finanzvergehen gelten:

1. Finanzordnungswidrigkeiten nach § 51;

2. die Finanzvergehen nach den §§ 33, 35 und 37 Abs. 1, sofern der strafbestimmende Wertbetrag oder die Summe der strafbestimmenden Wertbeträge (§ 53 Abs. 1) 1 500 Euro nicht übersteigt; als strafbestimmender Wertbetrag hat der auf die Ware entfallende Abgabenbetrag oder der hinterzogene Abgabenbetrag zu gelten;

3. die Finanzvergehen nach den §§ 34, 36, 37 Abs. 3 und 44 bis 46, sofern der strafbestimmende Wertbetrag oder die Summe der strafbestimmenden Wertbeträge (§ 53 Abs. 1) 3 000 Euro nicht übersteigt; als strafbestimmender Wertbetrag hat der auf die Ware entfallende Abgabenbetrag oder der verkürzte Abgabenbetrag bzw. das Einfache der Bemessungsgrundlage gemäß § 44 Abs. 2 zu gelten;

4. die Finanzvergehen nach den §§ 48 und 48a, sofern durch die Tat weder Abgaben hinterzogen noch verkürzt wurden;

5. das Finanzvergehen nach § 48b, sofern die Barmittel den Betrag von 30 000 Euro nicht übersteigen;

6. die Finanzvergehen nach § 91 AlkStG 2022 und § 11 MinStG 2022, sofern die hinterzogenen Abgaben den Betrag von 1 500 Euro oder die verkürzten Abgaben den Betrag von 3 000 Euro nicht übersteigen. *(BGBl I 2022/108)*

(BGBl 1975/335; BGBl 1985/571; BGBl 1994/681; BGBl I 1999/28; BGBl I 2001/59; BGBl I 2001/144; BGBl I 2004/26)

F. Verfahren gegen Personen unbekannten Aufenthaltes

§ 147. Ist der Aufenthalt einer Person, die eines Finanzvergehens verdächtig ist, unbekannt, so hat die Finanzstrafbehörde dennoch den für die Erledigung der Strafsache maßgeblichen Sachverhalt von Amts wegen festzustellen und den Verdächtigen auszuforschen. Eine mündliche Verhandlung darf aber nur durchgeführt werden, wenn feststeht, daß der Verdächtige von der Einleitung des Strafverfahrens oder einer anderen gegen ihn gerichteten Verfolgungshandlung (§ 14 Abs. 3) persönlich Kenntnis erlangt hat. Wenn die Wichtigkeit der Sache es erfordert, so hat die Finanzstrafbehörde durch ein in ihrem Amtsbereich gelegenes Bezirksgericht einen Kurator bestellen zu lassen. Dieser Kurator hat im Verfahren die Rechte und rechtlichen Interessen des Beschuldigten wahrzunehmen. Seine Kosten sind vom Beschuldigten zu tragen. In diesem Verfahren sind im übrigen die Bestimmungen dieses Unterabschnittes anzuwenden. *(BGBl I 2013/14)*

(BGBl 1975/335)

G. Selbständiges Verfahren

§ 148. Soll gemäß § 18 im selbständigen Verfahren auf Verfall erkannt werden, so sind die Verfahrensbestimmungen dieses Unterabschnittes, mit Ausnahme des § 147, sinngemäß anzuwenden. Die mündliche Verhandlung hat jedoch zu unterbleiben, wenn die Fällung des Erkenntnisses nicht dem Spruchsenat obliegt.

H. Abgesondertes Verfahren

§ 149. (1) Ein abgesondertes Verfahren ist durchzuführen

a) von Amts wegen oder auf Antrag eines Nebenbeteiligten, wenn dessen Zuziehung gemäß § 122 Abs. 2 unterblieben ist,

b) auf Antrag eines Verfallsbeteiligten, wenn dieser dem Verfahren, in welchem auf Verfall erkannt wurde, ohne sein Verschulden nicht zugezogen war,

c) von Amts wegen in den Fällen des § 145 Abs. 2 letzter Satz.

(2) In den Fällen des Abs. 1 lit. a ist die gemäß § 122 Abs. 2 vorbehaltene Entscheidung zu fällen.

(3) In den Fällen des Abs. 1 lit. b und c ist über die Rechte des Verfallsbeteiligten und über die Inanspruchnahme des Haftungsbeteiligten zu entscheiden. Wird der Verfall aufgehoben oder ein Pfand- oder Zurückbehaltungsrecht anerkannt, so ist auf den vom Bestraften zu leistenden Wertersatz zu erkennen. Andernfalls ist auszusprechen, daß der verfallsbeteiligte Eigentümer den Verfall gegen sich gelten zu lassen habe oder daß die Pfand- oder Zurückbehaltungsrechte nicht anerkannt werden.

(4) Für das abgesonderte Verfahren gelten die Bestimmungen dieses Unterabschnittes mit der Maßgabe, daß die Entscheidung mit Bescheid zu ergehen hat. Der Bestrafte des vorangegangenen Verfahrens hat die Stellung eines Beschuldigten.

(5) Nach Ablauf von drei Jahren, von der Rechtskraft der Entscheidung im vorangegangenen Verfahren an gerechnet, ist ein Antrag auf Durchführung des abgesonderten Verfahrens nicht mehr zulässig.

(BGBl 1975/335)

VII. Hauptstück
Beschwerde; Wiederaufnahme des Verfahrens, Wiedereinsetzung in den vorigen Stand

A. Beschwerde

1. Allgemeines

§ 150. (1) Rechtsmittel im Finanzstrafverfahren ist die Beschwerde an das Bundesfinanzgericht. *(BGBl I 2013/14)*

(2) Die Rechtsmittelfrist beträgt einen Monat. Sie beginnt mit der Zustellung des angefochtenen Erkenntnisses oder sonstigen Bescheides, bei Beschwerden gegen die Ausübung unmittelbarer finanzstrafbehördlicher Befehls- und Zwangsgewalt mit deren Kenntnis, sofern der Beschwerdeführer aber durch den Verwaltungsakt behindert war, von seinem Beschwerderecht Gebrauch zu machen, ab dem Wegfall dieser Behinderung.

(3) Die Beschwerde ist bei der Behörde einzubringen, die das angefochtene Erkenntnis (den Bescheid) erlassen hat oder deren Säumigkeit behauptet wird. Sie gilt auch als rechtzeitig eingebracht, wenn sie innerhalb der Beschwerdefrist beim Bundesfinanzgericht eingebracht worden ist. Dies gilt für eine Beschwerde gegen die Ausübung unmittelbarer finanzstrafbehördlicher Befehls- und Zwangsgewalt sinngemäß; eine solche Beschwerde kann auch bei der Finanzstrafbehörde eingebracht werden, in deren Bereich der angefochtene Verwaltungsakt gesetzt worden ist. Die Einbringung bei einer anderen Stelle gilt, sofern nicht § 140 Abs. 4 anzuwenden ist, nur dann als rechtzeitig, wenn die Beschwerde noch vor Ablauf der Beschwerdefrist einer zuständigen Behörde oder dem Bundesfinanzgericht zukommt. *(BGBl I 2013/14)*

(4) Wurde ein Erkenntnis mündlich verkündet, so ist die Erhebung einer Beschwerde dagegen innerhalb einer Woche bei der Behörde, die das anzufechtende Erkenntnis erlassen hat, schriftlich oder mündlich zu Protokoll anzumelden. Eine angemeldete Beschwerde ist innerhalb der Frist gemäß Abs. 2 einzubringen. Eine nicht oder verspätet angemeldete Beschwerde ist zurückzuweisen, es sei denn, sie wurde von einer gemäß § 151 Abs. 1 berechtigten Person eingebracht, die bei der mündlichen Verhandlung weder anwesend noch vertreten war. *(BGBl I 2010/104; BGBl I 2013/14)*

(BGBl 1975/335; BGBl 1985/571; BGBl 1990/465)

§ 151. (1) Zur Erhebung einer Beschwerde gegen Erkenntnisse sind berechtigt: *(BGBl I 2013/14)*

a) der Beschuldigte, soweit das Erkenntnis nicht auf Einstellung lautet;

b) wenn das Erkenntnis von einem Spruchsenat gefällt worden ist, auch der Amtsbeauftragte;

c) wenn der Spruch Feststellungen oder Entscheidungen der im § 138 Abs. 2 lit. f bis i bezeichneten Art enthält, auch die hievon betroffenen Nebenbeteiligten.

(2) Die rechtzeitig eingebrachte Beschwerde gegen Erkenntnisse hat aufschiebende Wirkung, ausgenommen in den Fällen der gemäß § 142 Abs. 1 wegen Fluchtgefahr verhängten Haft. *(BGBl I 2013/14)*

(BGBl 1975/335; BGBl 1985/571)

§ 152. (1) Eine Beschwerde gegen alle sonstigen im Finanzstrafverfahren ergehenden Bescheide sowie gegen die Ausübung unmittelbarer finanzstrafbehördlicher Befehls- und Zwangsgewalt ist zulässig, soweit nicht ein Rechtsmittel für unzulässig erklärt ist. Gegen das Verfahren betreffende Anordnungen ist, soweit nicht ein Rechtsmittel für zulässig erklärt ist, eine abgesonderte Beschwerde nicht zulässig; sie können erst mit einer Beschwerde gegen das Verfahren abschließende Erkenntnis (Bescheid) angefochten werden. Zur Erhebung der Beschwerde ist derjenige berechtigt, an den der angefochtene Bescheid ergangen ist oder der behauptet, durch die Ausübung unmittelbarer finanzstrafbehördlicher Befehls- und Zwangsgewalt in seinen Rechten verletzt worden zu sein sowie bei einem Bescheid eines Spruchsenates oder eines Spruchsenatsvorsitzenden auch der Amtsbeauftragte.

(2) Der Beschwerde nach Abs. 1 kommt eine aufschiebende Wirkung kraft Gesetzes nicht zu. Die Behörde, deren Bescheid angefochten wird, hat jedoch auf Antrag des Beschwerdeführers die aufschiebende Wirkung zuzuerkennen, wenn durch die Vollziehung des Bescheides ein nicht wieder gutzumachender Schaden eintreten würde und nicht öffentliche Rücksichten die sofortige Vollziehung gebieten. Gegen die Verweigerung der aufschiebenden Wirkung ist eine abgesonderte Beschwerde nicht zulässig; bei Bescheiden eines Spruchsenatsvorsitzenden entscheidet dieser über den Antrag.

(3) Eine Beschwerde wegen Verletzung der Entscheidungspflicht (Säumnisbeschwerde) nach Art. 130 Abs. 1 Z 3 B-VG ist nur zulässig, wenn über Anträge, die dieses Bundesgesetz im verwaltungsbehördlichen Finanzstrafverfahren vorsieht, innerhalb von sechs Monaten nicht entschieden worden ist. Die Frist läuft von dem Tag, an dem der Antrag bei der zuständigen Finanzstrafbehörde eingelangt ist. Das Bundesfinanzgericht hat der säumigen Finanzstrafbehörde aufzutragen, innerhalb einer Frist bis zu drei Monaten über den Antrag zu entscheiden und dem Bundesfinanzgericht den Bescheid oder die entsprechenden Aktenteile in Kopie vorzulegen oder anzugeben, warum eine Verletzung der Entscheidungspflicht nicht vorliegt. Die Frist kann einmal verlängert werden, wenn die Finanzstrafbehörde das Vorliegen von in der Sache gelegenen Gründen nachzuweisen vermag, die eine fristgerechte Erlassung des Bescheides oder Vornahme der Verfahrenshandlung unmöglich machen. Ist die Finanzstrafbehörde innerhalb der gesetzten Frist tätig geworden, ist das Verfahren über die Säumnisbeschwerde einzustellen, andernfalls geht die Zuständigkeit zur Entscheidung über den nicht erledigten Antrag auf das Bundesfinanzgericht über.

(BGBl 1975/335; BGBl 1985/571; BGBl 1990/465; BGBl I 2002/97; BGBl I 2013/14)

§ 153. (1) Die Beschwerde gegen Erkenntnisse (Bescheide) hat zu enthalten: *(BGBl I 2013/14)*

a) die Bezeichnung des Erkenntnisses (Bescheides), gegen das sie sich richtet; *(BGBl I 2013/14)*

b) die Erklärung, in welchen Punkten das Erkenntnis (der Bescheid) angefochten wird;

c) die Erklärung, welche Änderungen beantragt werden;

d) eine Begründung;

e) wenn neue Tatsachen oder neue Beweismittel vorgebracht werden, deren Bezeichnung.

(2) Beschwerden des Amtsbeauftragten sind in so viele Ausfertigungen einzubringen, daß auch jedem Beschuldigten und Nebenbeteiligten des Verfahrens eine Ausfertigung zugestellt werden kann. *(BGBl I 2013/14)*

(3) Die Beschwerde gegen die Ausübung unmittelbarer finanzstrafbehördlicher Befehls- und Zwangsgewalt hat zu enthalten:

a) die Bezeichnung des angefochtenen Verwaltungsaktes;

b) soweit dies zumutbar ist, eine Angabe darüber, welches Organ den angefochtenen Verwaltungsakt gesetzt hat;

c) den Sachverhalt;

d) die Gründe, auf die sich die Behauptung der Rechtswidrigkeit stützt;

e) das Begehren, den angefochtenen Verwaltungsakt für rechtswidrig zu erklären;

f) die Angaben, die zur Beurteilung der fristgerechten Einbringung der Beschwerde erforderlich sind.

(4) Die Säumnisbeschwerde hat zu enthalten:

a) die Bezeichnung der Behörde, deren Entscheidung in der Rechtssache verlangt wurde;

b) den Sachverhalt;

c) die bestimmte Bezeichnung des Rechtes, in dem der Beschwerdeführer verletzt zu sein behauptet;

d) ein bestimmtes Begehren;

e) die Glaubhaftmachung, dass die sechsmonatige Frist (§ 152 Abs. 3) abgelaufen ist.

(BGBl I 2013/14)

(BGBl 1975/335; BGBl 1990/465)

§ 154. Ein Rechtsmittel ist nicht mehr zulässig, wenn nach Verkündung oder Zustellung des Erkenntnisses (Bescheides) ausdrücklich auf ein Rechtsmittel verzichtet wurde. Der Verzicht ist der Behörde, die das Erkenntnis (den Bescheid) erlassen hat, schriftlich bekanntzugeben oder zu Protokoll zu erklären. Wurde der Verzicht nicht von einem berufsmäßigen Parteienvertreter oder im Beisein eines solchen abgegeben, so kann er binnen drei Tagen schriftlich oder zur Niederschrift widerrufen werden.

(BGBl 1985/571)

§ 155. Rechtsmittel können ganz oder teilweise zurückgenommen werden. Die Zurücknahme ist bis zur Unterzeichnung der Rechtsmittelentscheidung, falls aber mündlich verhandelt wird, bis zum Schluß der mündlichen Verhandlung zulässig. Die Zurücknahme ist schriftlich bekanntzugeben oder zu Protokoll zu erklären. Sie hat für den Rechtsmittelwerber im Umfang der Zurücknahme den Verlust des Rechtsmittels zur Folge.

2. Beschwerdeverfahren

§ 156. (1) Die Finanzstrafbehörde hat eine Beschwerde, die gegen ein von ihr erlassenes Erkenntnis (einen Bescheid) oder gegen die Ausübung unmittelbarer finanzstrafbehördlicher Befehls- und Zwangsgewalt oder wegen Verletzung der Entscheidungspflicht eingebracht worden ist, durch Bescheid zurückzuweisen, wenn die Beschwerde nicht zulässig ist oder nicht fristgerecht eingebracht wurde.

(2) Wenn eine Beschwerde nicht den im § 53 umschriebenen Erfordernissen entspricht oder wenn sie ein Formgebrechen aufweist, so hat die Finanzstrafbehörde dem Beschwerdeführer die Behebung der Mängel mit dem Hinweis aufzutragen, daß die Beschwerde nach fruchtlosem Ablauf einer gleichzeitig zu bestimmenden angemessenen Frist als zurückgenommen gilt.

(3) Liegt ein Anlass zur Zurückweisung nach Abs. 1 oder zur Erteilung eines Auftrages nach Abs. 2 nicht vor oder sind etwaige Formgebrechen oder inhaltliche Mängel behoben, so ist die Beschwerde ungesäumt dem Bundesfinanzgericht unter Anschluss eines Vorlageberichtes vorzulegen. Der Vorlagebericht hat jedenfalls eine Stellungnahme zu den im Beschwerdeverfahren strittigen Tat- und Rechtsfragen sowie allfällige Anträge der Finanzstrafbehörde zu enthalten. Ausfertigungen der Beschwerde des Amtsbeauftragten (§ 153 Abs. 2) sind dem Beschuldigten und den gemäß § 122 dem Verfahren zugezogenen Nebenbeteiligten zuzustellen.

(4) Das Bundesfinanzgericht hat zunächst zu prüfen, ob ein von der Finanzstrafbehörde nicht aufgegriffener Grund zur Zurückweisung oder für einen Auftrag zur Mängelbehebung vorliegt, und hat erforderlichenfalls selbst sinngemäß nach den Abs. 1 und 2 mit Beschluss vorzugehen.

(5) Die Bestimmungen der Abs. 1 bis 4 gelten sinngemäß für Beschwerden gegen Bescheide des Bundesministeriums für Finanzen. *(BGBl I 2014/65)*

(BGBl 1975/335; BGBl I 2013/14)

§ 157. Soweit für das Beschwerdeverfahren nicht besondere Regelungen getroffen werden, sind die für das verwaltungsbehördliche Finanzstrafverfahren geltenden Bestimmungen sinngemäß anzuwenden. Das Bundesfinanzgericht hat insoweit dieselben Befugnisse wie die Finanzstrafbehörden. Über Ersatzansprüche von Zeugen, Dolmetschern und Sachverständigen entscheidet der Einzelrichter, in Senatsverfahren der Vorsitzende. Für die vom Bundesfinanzgericht mit Beschluss festzusetzenden Zwangs-, Ordnungs- und Mutwillensstrafen sowie deren Einhebung und zwangsweise Einbringung gilt § 287 BAO sinngemäß. Die Bestimmung des § 131 ist mit der Maßgabe sinngemäß anzuwenden, dass die fachkundigen Laienrichter ihre Stimmen in alphabetischer Reihenfolge abgeben. *(BGBl I 2014/13; BGBl I 2014/105; BGBl I 2015/163)*

(BGBl 1985/571; BGBl I 2002/97; BGBl I 2013/14)

§ 158. Das Bundesfinanzgericht kann eine Finanzstrafbehörde um Amtshilfe ersuchen. Beweisaufnahmen, die schon im verwaltungsbehördlichen Verfahren durchgeführt worden sind, müssen im Beschwerdeverfahren nur wiederholt werden, sofern dies zur Ermittlung des wahren Sachverhaltes notwendig ist.

(BGBl I 2013/14)

§ 159. Die Bestellung des Amtsbeauftragten gemäß § 124 Abs. 2 gilt auch für das Beschwerdeverfahren. Ist die Bestellung eines anderen Amtsbeauftragten erforderlich oder zweckmäßig oder ist noch kein Amtsbeauftragter bestellt worden, so hat der Vorstand der Finanzstrafbehörde anlässlich der Vorlage der Beschwerde an das Bundesfinanzgericht einen Amtsbeauftragten für das Beschwerdeverfahren zu bestellen. Ist das Bundesministerium für Finanzen belangte Behörde, so ist dieses Partei im Beschwerdeverfahren, ein Amtsbeauftragter ist diesfalls nicht zu bestellen. *(BGBl I 2018/62)*

(BGBl I 2002/97; BGBl I 2013/14)

§ 160. (1) Über Beschwerden ist nach vorangegangener mündlicher Verhandlung zu entscheiden, es sei denn, die Beschwerde ist zurückzuweisen oder der angefochtene Bescheid bereits aufgrund der Aktenlage aufzuheben, das Verfahren einzustellen oder es ist nach § 161 Abs. 4 vorzugehen. *(BGBl I 2015/163)*

(2) Das Bundesfinanzgericht kann von der Durchführung einer mündlichen Verhandlung absehen, wenn

a) in der Beschwerde nur eine unrichtige rechtliche Beurteilung behauptet wird oder

b) nur die Höhe der Strafe bekämpft wird oder

c) im angefochtenen Bescheid eine 500 Euro nicht übersteigende Geldstrafe verhängt wurde oder

d) sich die Beschwerde nicht gegen ein Erkenntnis richtet

und keine Partei die Durchführung einer mündlichen Verhandlung in der Beschwerde beantragt hat. Ein solcher Antrag kann nur mit Zustimmung der anderen Parteien zurückgezogen werden.

(3) Das Bundesfinanzgericht kann von der Durchführung oder Fortsetzung einer mündlichen Verhandlung absehen, wenn die Parteien ausdrücklich darauf bis zum Beginn der (fortgesetzten) Verhandlung verzichten.

(4) Die mündliche Verhandlung ist öffentlich. Die Öffentlichkeit ist unter den Voraussetzungen des § 127 Abs. 2 auszuschließen. Die §§ 127 Abs. 4 und 134 sind sinngemäß anzuwenden.

(5) Unterbleibt nach Abs. 2 oder 3 eine mündliche Verhandlung vor einem Senat für Finanzstrafrecht beim Bundesfinanzgericht, kann der Vorsitzende die Beratung und Beschlussfassung des Senates unter Verwendung geeigneter technischer Kommunikationsmittel veranlassen. Der Vorsitzende kann außerdem die Beratung und Beschlussfassung durch die Einholung der Zustimmung der anderen Senatsmitglieder zu einem Entscheidungsentwurf im Umlaufwege ersetzen, wenn keines dieser Mitglieder widerspricht. *(BGBl I 2022/108)*

(BGBl 1975/335; BGBl I 2013/14; BGBl I 2014/13)

3. Entscheidungen über Beschwerden

§ 161. (1) Das Bundesfinanzgericht hat, sofern die Beschwerde nicht gemäß § 156 mit Beschluss zurückzuweisen ist, grundsätzlich in der Sache selbst mit Erkenntnis zu entscheiden. Es ist berechtigt, sowohl im Spruch als auch hinsichtlich der Begründung des Erkenntnisses seine Anschauung an die Stelle jener der Finanzstrafbehörde zu setzen und das angefochtene Erkenntnis (den Bescheid) abzuändern oder aufzuheben, den angefochtenen Verwaltungsakt für rechtswidrig zu erklären oder die Beschwerde als unbegründet abzuweisen. *(BGBl I 2013/14)*

(2) Anerkennt das Bundesfinanzgericht das Eigentumsrecht eines Verfallsbeteiligten, so ist der Verfall aufzuheben und auf den vom Täter, von den anderen an der Tat Beteiligten und vom Hehler zu leistenden Wertersatz zu erkennen, wobei diesen Personen die Stellung eines Beschuldigten zukommt, auch wenn sie selbst keine Beschwerde erhoben haben; werden Pfand- oder Zurückbehaltungsrechte anerkannt, so ist gleichfalls auf Wertersatz zu erkennen. *(BGBl I 2013/14)*

(3) Eine Änderung des angefochtenen Erkenntnisses zum Nachteil des Beschuldigten oder der Nebenbeteiligten ist nur bei Anfechtung durch den Amtsbeauftragten zulässig. Überzeugt sich das Bundesfinanzgericht aus Anlass der Beschwerde, dass zum Nachteil eines anderen Beschuldigten oder Nebenbeteiligten, welcher keine Beschwerde eingebracht hat, das Gesetz unrichtig angewendet wurde, so hat es so vorzugehen, als wäre auch von diesen Personen eine Beschwerde eingebracht worden. *(BGBl I 2013/14)*

(4) Das Bundesfinanzgericht kann auch die Aufhebung des angefochtenen Erkenntnisses (Bescheides) unter Zurückverweisung der Sache an die Finanzstrafbehörde mit Beschluss verfügen, wenn es umfangreiche Ergänzungen des Untersuchungsverfahrens für erforderlich hält; die Finanzstrafbehörde ist im weiteren Verfahren an die in dem zurückverweisenden Beschluss niedergelegte Rechtsanschauung gebunden. Für das neue verwaltungsbehördliche Erkenntnis gelten die Abs. 2 und 3 sinngemäß. *(BGBl I 2013/14; BGBl I 2014/13)*

(5) Säumnisbeschwerden sind mit Erkenntnis abzuweisen, wenn die Verspätung nicht auf ein überwiegendes Verschulden der Finanzstrafbehörde zurückzuführen ist. *(BGBl I 2013/14)*

(BGBl 1975/335; BGBl 1990/465)

§ 162. (1) Erkenntnisse des Bundesfinanzgerichtes haben im Namen der Republik zu ergehen.

(2) Die Urschrift und die Ausfertigung eines Erkenntnisses oder Beschlusses haben soweit zutreffend zu enthalten: *(BGBl I 2018/62)*

a) den Namen des Richters; wenn eine mündliche Verhandlung stattgefunden hat, die Namen des Verhandlungsleiters und des Schriftführers; bei Entscheidungen eines Senates auch die Namen des Senatsvorsitzenden, der übrigen Senatsmitglieder und des Amtsbeauftragten;

b) Vor- und Zunamen des Beschwerdeführers; den Namen seines Verteidigers (Bevollmächtigten);

c) die Bezeichnung des angefochtenen Bescheides oder des sonstigen angefochtenen Verwaltungsaktes;

d) den Spruch;

e) die Begründung;

f) die Zahlungsaufforderung;

g) im Verfahren vor einem Senat die Unterschrift des Vorsitzenden, in den übrigen Fällen die Unterschrift des Mitgliedes des Bundesfinanzgerichtes, das die Rechtsmittelentscheidung erlassen hat; an die Stelle der Unterschrift kann die Beglaubigung der Kanzlei treten, dass die Ausfertigung mit der Urschrift übereinstimmt und diese die eigenhändig beigesetzte Unterschrift aufweist; Ausfertigungen in Form von elektronischen Dokumenten müssen an Stelle der Unterschrift oder Beglaubigung mit einer Amtssignatur (§ 19 E-Government-Gesetz) versehen sein; Ausfertigungen in Form von Ausdrucken von mit einer Amtssignatur versehenen elektronischen Dokumenten oder von Kopien solcher Ausdrucke brauchen keine weiteren Voraussetzungen erfüllen; *(BGBl I 2018/62)*

h) das Datum der mündlichen Verkündung, sonst das Datum der Unterfertigung.

(3) Der Spruch hat die Entscheidung in der Sache und die Entscheidung über die Kosten oder die Aufhebung des angefochtenen Erkenntnisses (Bescheides) unter Zurückverweisung der Sache an die Finanzstrafbehörde oder die Aufhebung der Entscheidung wegen Unzuständigkeit der Finanzstrafbehörde sowie den Ausspruch über die Zulässigkeit einer Revision an den Verwaltungsgerichtshof zu enthalten. Im Übrigen gelten für den Spruch, die Begründung und die Zahlungsaufforderung die §§ 138 und 139 sowie § 140 Abs. 5 sinngemäß. *(BGBl I 2014/13)*

(4) Ausfertigungen von Erkenntnissen haben eine Belehrung über die Möglichkeit der Erhebung einer Beschwerde an den Verfassungsgerichtshof und einer ordentlichen oder außerordentlichen Revision an den Verwaltungsgerichtshof zu enthalten. Das Verwaltungsgericht hat ferner hinzuweisen:

a) auf die bei der Einbringung einer solchen Beschwerde bzw. Revision einzuhaltenden Fristen;

b) auf die gesetzlichen Erfordernisse der Einbringung einer solchen Beschwerde bzw. Revision durch einen bevollmächtigten Rechtsanwalt (bei Beschwerden) bzw. durch einen bevollmächtigten Rechtsanwalt oder Wirtschaftstreuhänder (bei Revisionen);

c) auf die für eine solche Beschwerde bzw. Revision zu entrichtenden Eingabengebühren.

(BGBl 1975/335; BGBl 1990/465; BGBl I 2002/97; BGBl I 2013/14)

§ 163. (1) Das Erkenntnis des Bundesfinanzgerichtes ist schriftlich auszufertigen. Ausfertigungen sind dem Amtsbeauftragten des Beschwerdeverfahrens, der Finanzstrafbehörde als der belangten Behörde des Beschwerdeverfahrens, dem Beschuldigten und den gemäß § 122 dem Verfah-

ren zugezogenen Nebenbeteiligten zuzustellen. Ist das Bundesministerium für Finanzen belangte Behörde, so sind Ausfertigungen des Erkenntnisses diesem sowie dem Beschwerdeführer zuzustellen. *(BGBl I 2013/14; BGBl I 2014/105; BGBl I 2019/91)*

(2) § 141 Abs. 2 gilt entsprechend.

(BGBl 1975/335)

§ 164. *(entfällt, BGBl I 2013/14)*

B. Wiederaufnahme des Verfahrens und Wiedereinsetzung in den vorigen Stand

1. Wiederaufnahme des Verfahrens

§ 165. (1) Die Wiederaufnahme eines durch Erkenntnis (Bescheid, Rechtsmittelentscheidung) abgeschlossenen Finanzstrafverfahrens ist auf Antrag oder von Amts wegen zu verfügen, wenn ein ordentliches Rechtsmittel gegen die Entscheidung nicht oder nicht mehr zulässig ist und

a) die Entscheidung durch Fälschung einer Urkunde, falsches Zeugnis oder eine andere gerichtlich strafbare Tat herbeigeführt oder sonstwie erschlichen worden ist oder

b) Tatsachen oder Beweismittel neu hervorkommen, die im abgeschlossenen Verfahren nicht geltend gemacht werden konnten, oder

c) die Entscheidung von Vorfragen abhängig war und nachträglich über eine solche Vorfrage von der hiefür zuständigen Behörde (Gericht) in wesentlichen Punkten anders entschieden wurde oder

d) der Abgabenbetrag, der der Ermittlung des strafbestimmenden Wertbetrages zugrunde gelegt wurde, nachträglich nach den Bestimmungen des Abgabenverfahrens geändert wurde oder *(BGBl I 2010/104)*

e) die strafbefreiende Wirkung einer Selbstanzeige gemäß § 29 Abs. 2 außer Kraft getreten ist *(BGBl I 2010/104)*

und die Kenntnis dieser Umstände allein oder in Verbindung mit dem sonstigen Ergebnis des Verfahrens voraussichtlich eine im Spruch anders lautende Entscheidung herbeigeführt hätte.

(2) In den Fällen des Abs. 1 lit. b bis d darf die Wiederaufnahme des Verfahrens von Amts wegen nur verfügt werden, wenn das abgeschlossene Verfahren durch Einstellung beendet worden ist.

(3) Antragsberechtigt sind die Beschuldigten und die Nebenbeteiligten des abgeschlossenen Finanzstrafverfahrens, die letzteren jedoch nur, wenn der Spruch der Entscheidung Feststellungen der im § 138 Abs. 2 lit. f bis h bezeichneten Art enthält. Wurde das Verfahren durch ein Erkenntnis eines Spruchsenates oder eine Beschwerdeentscheidung des Bundesfinanzgerichtes abgeschlos-

sen, so steht auch dem Amtsbeauftragten das Recht zu, eine Wiederaufnahme unter den Voraussetzungen des Abs. 2 zu beantragen. *(BGBl I 2010/104; BGBl I 2013/14)*

(4) Der Antrag auf Wiederaufnahme ist innerhalb von drei Monaten von dem Zeitpunkt an, in dem der Antragsteller nachweislich von dem Wiederaufnahmsgrund Kenntnis erlangt hat, bei der Finanzstrafbehörde einzubringen, die im abgeschlossenen Verfahren die Entscheidung erlassen hat. Falls das Bundesfinanzgericht die das Verfahren abschließende Entscheidung erlassen hat, ist der Antrag auf Wiederaufnahme innerhalb der im ersten Satz genannten Frist bei diesem einzubringen. *(BGBl I 2010/104; BGBl I 2013/14)*

(5) Dem Antrag auf Wiederaufnahme kommt eine aufschiebende Wirkung kraft Gesetzes nicht zu. Die Behörde, die über den Antrag zu entscheiden hat, hat diesem jedoch die aufschiebende Wirkung zuzuerkennen, wenn durch die Vollziehung der im abgeschlossenen Verfahren ergangenen Entscheidung ein nicht wiedergutzumachender Schaden eintreten würde und nicht öffentliche Rücksichten die sofortige Vollziehung gebieten. Obliegt dem Bundesfinanzgericht die Entscheidung über den Antrag, so hat dieses über die aufschiebende Wirkung mit Beschluss zu erkennen. *(BGBl I 2013/14)*

(6) Sind seit der Rechtskraft der Entscheidung im abgeschlossenen Verfahren die im § 31 Abs. 2 genannten Fristen verstrichen, so ist die Einbringung eines Antrages auf Wiederaufnahme oder die Wiederaufnahme des Verfahrens von Amts wegen ausgeschlossen. Im übrigen steht ein Ablauf der Verjährungsfrist nach Rechtskraft der Entscheidung im abgeschlossenen Verfahren einer Bestrafung im wiederaufgenommenen Verfahren nicht entgegen.

(BGBl 1975/335; BGBl 1985/571)

§ 166. (1) Die Entscheidung über die Wiederaufnahme steht der Finanzstrafbehörde zu, die die Entscheidung im abgeschlossenen Verfahren gefällt hat. Die Entscheidung über die Wiederaufnahme steht dem Bundesfinanzgericht mit Beschluss zu, wenn dieses die das Verfahren abschließende Entscheidung gefällt hat. *(BGBl I 2013/14)*

(2) In dem die Wiederaufnahme bewilligenden oder anordnenden Bescheid oder Beschluss ist auszusprechen, inwieweit das Verfahren wiederaufzunehmen ist. Durch diesen Bescheid oder Beschluss wird der weitere Rechtsbestand der Entscheidung des abgeschlossenen Verfahrens nicht berührt. Die die Wiederaufnahme verfügende Finanzstrafbehörde oder das die Wiederaufnahme verfügende Bundesfinanzgericht hat jedoch die Vollziehung der im abgeschlossenen Verfahren ergangenen Entscheidung auszusetzen, wenn durch sie ein nicht wiedergutmachender Scha-

den eintreten würde und nicht öffentliche Rücksichten die sofortige Vollziehung gebieten. Gegen die Verfügung der Wiederaufnahme ist eine Beschwerde oder Revision nicht zulässig. *(BGBl I 2013/14)*

(3) Durch die Wiederaufnahme tritt die Strafsache, wenn über sie bereits durch das Bundesfinanzgericht abgesprochen wurde, in den Stand des Beschwerdeverfahrens, in allen übrigen Fällen in den Stand des Untersuchungsverfahrens zurück. Frühere Erhebungen und Beweisaufnahmen, die durch die Wiederaufnahmsgründe nicht betroffen werden, sind nicht zu wiederholen. *(BGBl I 2013/14)*

(4) Im wiederaufgenommenen Verfahren ist unter gänzlicher oder teilweiser Aufhebung der früheren Entscheidung insoweit in der Sache selbst zu entscheiden, als die frühere Entscheidung nicht mehr für zutreffend befunden wird. Kommt eine Entscheidung in der Sache selbst nicht in Betracht, so ist das wiederaufgenommene Verfahren durch Bescheid, im Verfahren vor dem Bundesfinanzgericht durch Beschluss einzustellen. *(BGBl I 2013/14)*

(5) Wird im wiederaufgenommenen Verfahren das Eigentumsrecht eines Verfallsbeteiligten anerkannt, so ist der Verfall aufzuheben und auf den vom Täter, von den anderen an der Tat Beteiligten und vom Hehler zu leistenden Wertersatz zu erkennen; werden Pfand- oder Zurückbehaltungsrechte anerkannt, so ist gleichfalls auf Wertersatz zu erkennen. *(BGBl I 2013/14)*

(6) Ist die Wiederaufnahme des Verfahrens über Antrag bewilligt worden, so darf die Entscheidung im wiederaufgenommenen Verfahren nicht ungünstiger lauten als die Entscheidung des früheren Verfahrens. Überzeugt sich die Finanzstrafbehörde oder das Bundesfinanzgericht aus Anlass der Wiederaufnahme, dass auch ein anderer Beschuldigter oder Nebenbeteiligter antragsberechtigt gewesen wäre (§ 165 Abs. 3), so hat es so vorzugehen, als wäre auch von diesen Personen ein Antrag auf Wiederaufnahme des Verfahrens eingebracht worden. *(BGBl I 2013/14)*

(BGBl 1975/335)

2. Wiedereinsetzung in den vorigen Stand

§ 167. (1) Gegen die Versäumung einer Frist oder einer mündlichen Verhandlung ist auf Antrag des Beschuldigten oder der Nebenbeteiligten eines anhängigen oder abgeschlossenen Finanzstrafverfahrens die Wiedereinsetzung in den vorigen Stand zu bewilligen, wenn der Antragsteller durch die Versäumung einen Rechtsnachteil erleidet und glaubhaft macht, daß er durch ein unvorhergesehenes oder unabwendbares Ereignis verhindert war, die Frist einzuhalten oder zur Verhandlung zu erscheinen. Daß dem Beschuldigten oder dem Nebenbeteiligten ein Verschulden an der

Versäumung zur Last liegt, hindert die Bewilligung der Wiedereinsetzung nicht, wenn es sich nur um einen minderen Grad des Versehens handelt.

(2) Der Antrag auf Wiedereinsetzung muss binnen Monatsfrist nach Aufhören des Hindernisses bei der Finanzstrafbehörde oder beim Bundesfinanzgericht gestellt werden, je nachdem, ob die Frist bei der Finanzstrafbehörde oder beim Bundesfinanzgericht wahrzunehmen war oder dort die Verhandlung stattfinden sollte. Diese sind auch jeweils zur Entscheidung über den Antrag berufen. Das Bundesfinanzgericht entscheidet mit Beschluss. War die Frist beim Spruchsenat wahrzunehmen oder sollte die Verhandlung vor dem Spruchsenat stattfinden, entscheidet der Vorsitzende des Spruchsenates über den Wiedereinsetzungsantrag. *(BGBl I 2013/14)*

(3) Im Fall der Versäumung einer Frist hat der Antragsteller die versäumte Handlung gleichzeitig mit dem Wiedereinsetzungsantrag nachzuholen.

(4) Die Behörde, die über den Wiedereinsetzungsantrag zu entscheiden hat, kann diesem aufschiebende Wirkung beilegen.

(5) Der Wiedereinsetzungsantrag kann nicht auf Umstände gestützt werden, die schon früher für unzureichend befunden worden sind, um die Verlängerung der versäumten Frist oder die Verlegung der versäumten Verhandlung zu bewilligen. *(BGBl 1975/335; BGBl 1987/312)*

§ 168. (1) Durch die Bewilligung der Wiedereinsetzung tritt das Verfahren in die Lage zurück, in der es sich vor dem Eintreten der Versäumung befunden hat.

(2) Durch den Antrag auf Wiedereinsetzung gegen die Versäumung einer mündlichen Verhandlung wird die Frist zur Anfechtung des infolge der Versäumung erlassenen Erkenntnisses nicht verlängert.

(3) Ist Wiedereinsetzung wegen Versäumung einer mündlichen Verhandlung beantragt und gegen das Erkenntnis Beschwerde eingelegt, so ist auf die Erledigung der Beschwerde erst einzugehen, wenn der Antrag auf Wiedereinsetzung zurückgewiesen oder abgewiesen worden ist. *(BGBl I 2013/14)*

(4) Nach Ablauf eines Jahres, vom Ende der versäumten Frist oder vom Zeitpunkt der versäumten Verhandlung an gerechnet, ist ein Antrag auf Wiedereinsetzung nicht mehr zulässig.

C. Besondere Bestimmungen

§ 169. Die Finanzstrafbehörde, vertreten durch den Amtsbeauftragten, kann gegen eine Entscheidung des Bundesfinanzgerichtes Revision gemäß Art. 133 B-VG an den Verwaltungsgerichtshof erheben. Dies kann sowohl zugunsten als auch zum Nachteil der durch die Entscheidung Betroffenen geschehen. Die Revisionsfrist beginnt mit der Zustellung der Entscheidung an den Amtsbeauftragten zu laufen.

(BGBl I 2002/97; BGBl I 2013/14)

§ 170. (1) Die Behörde, welche die Entscheidung erlassen hat, kann bis zum Eintritt der Verjährung der Strafbarkeit in der Entscheidung unterlaufene Schreib- und Rechenfehler oder andere offenbar auf einem ähnlichen Versehen beruhende tatsächliche Unrichtigkeiten berichtigen.

(2) Die Oberbehörde kann Entscheidungen der Finanzstrafbehörden in Ausübung des Aufsichtsrechtes aus den Gründen des § 289 Abs. 1 lit. a bis d BAO aufheben. Entscheidungen der Spruchsenate oder deren Vorsitzenden dürfen in Ausübung des Aufsichtsrechtes nicht aufgehoben werden. *(BGBl I 2013/14; BGBl I 2014/13)*

(3) Die Senate des Bundesfinanzgerichtes oder ein Richter des Bundesfinanzgerichtes können eine von ihnen erlassene Entscheidung unbeschadet der sich aus Abs. 1 ergebenden Befugnisse aus den Gründen des § 289 BAO ändern oder aufheben, wenn sie mit Revision beim Verwaltungsgerichtshof oder mit Beschwerde beim Verfassungsgerichtshof angefochten ist. *(BGBl I 2013/14; BGBl I 2014/13)*

(4) Durch die Aufhebung einer Entscheidung tritt das Verfahren in die Lage zurück, in der es sich vor Erlassung der aufgehobenen Entscheidung befunden hat. Die Behörde, deren Entscheidung aufgehoben wurde, ist an die Rechtsansicht der aufhebenden Behörde gebunden. Eine Strafentscheidung darf jedoch für den Beschuldigten nicht nachteiliger sein als die aufgehobene Entscheidung. Maßnahmen gemäß Abs. 2 und 3 sind nur innerhalb eines Jahres nach Eintritt der Rechtskraft der Entscheidung zulässig. Auf die Ausübung der der Behörde gemäß Abs. 1 bis 3 zustehenden Rechte steht niemandem ein Anspruch zu.

(BGBl 1975/335; BGBl 1989/375; BGBl I 2002/97)

VIII. Hauptstück
Fälligkeit, Einhebung, Sicherung und Einbringung der Geldstrafen und Wertersätze; Vollziehung des Verfalles; Verwertung verfallener Gegenstände

§ 171. (1) Geldstrafen und Wertersätze werden mit Ablauf eines Monats nach Rechtskraft der Entscheidung fällig. Tritt die Fälligkeit an einem Samstag, Sonntag, gesetzlichen Feiertag, Karfreitag oder 24. Dezember ein, so gilt als Fälligkeitstag der nächste Tag, der nicht einer der vorgenannten Tage ist.

(2) Die Finanzstrafbehörde hat verfallene Gegenstände, die sich nicht in ihrer Verwahrung befinden, dem, der sie in seinem Gewahrsam hat, erforderlichenfalls auch zwangsweise abzunehmen. Die Organe des öffentlichen Sicherheitsdienstes haben hiebei über Ersuchen Unterstützung zu gewähren. *(BGBl I 2013/14)*

(3) Wurde neben dem Verfall auf Wertersatz erkannt, weil im Zeitpunkt der Entscheidung noch nicht feststand, ob der Verfall vollziehbar sein wird (§ 19 Abs. 2 erster Fall), so wird der Wertersatz fällig, wenn die verfallenen Gegenstände nicht in den Gewahrsam der Finanzstrafbehörde gebracht werden können. Kann nur ein Teil der verfallenen Gegenstände in den Gewahrsam der Finanzstrafbehörde gebracht werden, so hat diese durch Bescheid den Betrag zu bestimmen, der als Wertersatz für die nicht zustande gebrachten Gegenstände vom Bestraften einzuheben ist; für die Fälligkeit dieses Wertersatzes gilt Abs. 1 sinngemäß.

(4) Wurde neben dem Verfall auf Wertersatz erkannt, weil Pfand- oder Zurückbehaltungsrechte dritter Personen anerkannt worden sind (§ 19 Abs. 2 zweiter Fall), so hat die Finanzstrafbehörde die verfallenen Gegenstände zu verwerten und die gesicherten Forderungen aus dem Erlös zu befriedigen. Sind hiebei die Forderungen mehrerer Gläubiger zu befriedigen, so ist bei unzureichendem Verwertungserlös der Rang der Pfand- oder Zurückbehaltungsrechte zu berücksichtigen. Forderungen mit gleichem Rang, die im Erlös keine Deckung finden, sind im Verhältnis ihrer Höhe zu befriedigen. Der Betrag, der zur Befriedigung der gesicherten Forderungen aufgewendet worden ist, ist mit Bescheid vom Bestraften als Wertersatz einzufordern; für die Fälligkeit dieses Wertersatzes gilt Abs. 1 sinngemäß.

(5) Für die Fälligkeit von Zwangs- und Ordnungsstrafen gelten die Bestimmungen der Bundesabgabenordnung.

(BGBl 1975/335; BGBl 1985/571)

§ 172. (1) Die Einhebung, Sicherung und Einbringung der Geldstrafen und Wertersätze sowie der Zwangs- und Ordnungsstrafen und die Geltendmachung der Haftung obliegt den Finanzstrafbehörden, die dazu auch Amtshilfe durch Abgabenbehörden in Anspruch nehmen können. Hiebei gelten, soweit dieses Bundesgesetz nicht anderes bestimmt, die Bundesabgabenordnung und die Abgabenexekutionsordnung sinngemäß. *(BGBl I 2012/112; BGBl I 2013/14)*

(2) Ein Sicherstellungsauftrag darf erst nach Einleitung des Finanzstrafverfahrens (§ 82 Abs. 3 und § 83 Abs. 3) erlassen werden. *(BGBl I 2010/104)*

(BGBl 1975/335; BGBl 1985/571)

§ 173. Stirbt der Beschuldigte vor Eintritt der Rechtskraft des Erkenntnisses (der Strafverfügung), so ist das Strafverfahren einzustellen. Stirbt der Bestrafte nach Rechtskraft des Erkenntnisses (der Strafverfügung), so geht die Verbindlichkeit zur Entrichtung von Geldstrafen, Wertersätzen und Kosten nicht auf die Erben über.

(BGBl 1985/571)

§ 174. (1) Verfallene Gegenstände sind unter sinngemäßer Anwendung der Bestimmungen der Abgabenexekutionsordnung über die Verwertung gepfändeter beweglicher Sachen zu verwerten. Sie können aber auch, wenn sie nicht zu nach § 171 Abs. 4 zu verwerten sind, für die Deckung des Sachaufwandes des Bundes verwendet werden. Gegenstände, die weder verwertet noch verwendet werden können, sind zu vernichten.

(2) In Grenznähe für verfallen erklärte Sachen, die raschem Verderben unterliegen, sind von Organen der Zollstellen auf kurzem Weg bestmöglich zu verwerten. *(BGBl I 2019/104)*

(BGBl 1975/335; BGBl 1994/681)

IX. Hauptstück

Vollzug der Freiheitsstrafen (Ersatzfreiheitsstrafen)

§ 175. (1) Die Freiheitsstrafen sind in den gerichtlichen Gefangenenhäusern und in den Strafvollzugsanstalten zu vollziehen. Der Vollzug in einer Strafvollzugsanstalt ist jedoch nur in unmittelbarem Anschluß an eine gerichtliche Freiheitsstrafe und mit Zustimmung des Bestraften zulässig. Soweit dieses Bundesgesetz nicht besondere Bestimmungen enthält, sind für den Vollzug die Bestimmungen des Strafvollzugsgesetzes über den Vollzug von Freiheitsstrafen, deren Strafzeit achtzehn Monate nicht übersteigt, mit folgender Maßgabe sinngemäß anzuwenden, soweit dies nicht zu Anlaß und Dauer der Freiheitsstrafe außer Verhältnis steht:

a) §§ 31 Abs. 2, 32, 45 Abs. 1, 54 Abs. 3, 115, 127, 132 Abs. 4 und 149 Abs. 1 und 4 des Strafvollzugsgesetzes sind nicht anzuwenden;

b) soweit Häftlinge eine Arbeitsvergütung zu erhalten haben, ist ihnen diese nach Abzug des Vollzugskostenbeitrages (§ 32 Abs. 2 erster Fall und Abs. 3 des Strafvollzugsgesetzes) zur Gänze als Hausgeld gutzuschreiben;

c) wird eine Freiheitsstrafe in einer Strafvollzugsanstalt vollzogen, so bleiben die im Strafvollzug gewährten Vergünstigungen und Lockerungen auch für den Vollzug der Freiheitsstrafe aufrecht.

(2) Ist eine Freiheitsstrafe zu vollziehen, so hat die Finanzstrafbehörde den auf freiem Fuß befindlichen rechtskräftig Bestraften schriftlich aufzufordern, die Strafe binnen einem Monat nach der Zustellung der Aufforderung anzutreten. Die

Aufforderung hat die Bezeichnung des zuständigen gerichtlichen Gefangenenhauses (§ 9 des Strafvollzugsgesetzes) und die Androhung zu enthalten, daß der Bestrafte im Falle seines Ausbleibens vorgeführt wird. Kommt der Bestrafte dieser Aufforderung nicht nach, so hat ihn die Finanzstrafbehörde durch Anwendung unmittelbaren Zwanges zum Strafantritt vorführen zu lassen; sie ist berechtigt, hiebei die Unterstützung der Organe des öffentlichen Sicherheitsdienstes in Anspruch zu nehmen. An Stelle der Aufforderung zum Strafantritt ist die sofortige Vorführung zu veranlassen, wenn Fluchtgefahr (§ 86 Abs. 1 lit. a und Abs. 2) besteht. Kann die Vorführung nicht vollzogen werden, weil der Bestrafte flüchtig oder sein Aufenthalt unbekannt ist, ist die Finanzstrafbehörde befugt, eine Sachenfahndung und Personenfahndung zur Festnahme zu veranlassen. Den Finanzstrafbehörden sind die erforderlichen Daten aus der von den Sicherheitsbehörden geführten zentralen Informationssammlung zu übermitteln. *(BGBl I 2013/14; BGBl I 2013/155)*

(3) Die Finanzstrafbehörde hat zugleich den Leiter des zuständigen gerichtlichen Gefangenenhauses oder der Strafvollzugsanstalt um den Vollzug der Freiheitsstrafe zu ersuchen.

(4) Eine gemäß § 142 Abs. 1 verhängte Haft ist beim Strafvollzug zu berücksichtigen.

(5) Personen, die eine Freiheitsstrafe verbüßen, dürfen sich angemessen beschäftigen. Mit ihrer Zustimmung dürfen sie zu einer ihren Fähigkeiten und Kenntnissen entsprechenden Tätigkeit herangezogen werden.

(6) Wird gegen die Verhängung einer Freiheitsstrafe Beschwerde an den Verfassungsgerichtshof oder Revision an den Verwaltungsgerichtshof eingebracht, so ist mit dem Vollzug dieser Strafe bis zur Entscheidung des Gerichtshofes zuzuwarten, es sei denn, daß Fluchtgefahr (§ 86 Abs. 1 lit. a und Abs. 2) besteht. *(BGBl I 2014/13)*

(BGBl 1975/335; BGBl 1990/465; BGBl 1993/799; BGBl I 2000/138)

§ 176. (1) Ist ein dem Wesen der Freiheitsstrafe entsprechender Strafvollzug wegen einer Krankheit oder Verletzung, wegen Invalidität oder eines sonstigen körperlichen oder geistigen Schwächezustandes des Bestraften nicht durchführbar, so hat die Finanzstrafbehörde den Strafvollzug so lange aufzuschieben, bis dieser Zustand aufgehört hat. *(BGBl I 2013/14)*

(2) Ist die bestrafte Person schwanger oder hat sie entbunden, so hat die Finanzstrafbehörde den Strafvollzug bis zum Ablauf der sechsten Woche nach der Entbindung und darüber hinaus solange aufzuschieben, als sich das Kind in der Pflege der Bestraften befindet, höchstens aber bis zum Ablauf eines Jahres nach der Entbindung. Die Strafe ist jedoch zu vollziehen, sobald es die Bestrafte selbst verlangt, vom Strafvollzug keine Gefähr-

dung ihrer Gesundheit oder des Kindes zu besorgen und ein dem Wesen der Freiheitsstrafe entsprechender Vollzug durchführbar ist.

(3) Stellt sich nachträglich heraus, daß der Strafvollzug wegen eines der in den Abs. 1 und 2 bezeichneten Umstände aufzuschieben gewesen wäre und bestehen die den Aufschub begründenden Umstände fort, so sind die Abs. 1 und 2 dem Sinne nach anzuwenden.

(4) Auf Antrag des Standeskörpers darf aus militärdienstlichen Gründen eine Freiheitsstrafe nicht vollzogen werden

a) an Soldaten, die den Grundwehrdienst oder die ersten sechs Monate des Ausbildungsdienstes leisten, *(BGBl I 2007/99)*

b) an Soldaten, die dem Bundesheer auf Grund eines Dienstverhältnisses angehören, im Falle eines Einsatzes des Bundesheeres nach § 2 Abs. 1 des Wehrgesetzes oder im Falle der unmittelbaren Vorbereitung dieses Einsatzes.

(BGBl 1975/335; BGBl I 1998/30)

§ 177. (1) Auf Antrag des Bestraften kann die Finanzstrafbehörde bei Vorliegen triftiger Gründe den Strafvollzug aufschieben. Triftige Gründe liegen insbesondere dann vor, wenn durch den unverzüglichen Strafantritt der Erwerb des Bestraften oder der Unterhalt seiner schuldlosen Familie gefährdet würde oder wenn der Aufschub zur Ordnung von Familienangelegenheiten dringend geboten ist. Der Aufschub darf das unbedingt notwendige Maß nicht überschreiten; er soll in der Regel nicht mehr als sechs Monate betragen. Die Bewilligung kann an die Leistung einer Sicherheit geknüpft werden; § 88 Abs. 3 bis 5 und Abs. 7 lit. d gilt sinngemäß mit der Maßgabe, daß die Sicherheit auch für verfallen zu erklären ist, wenn der Bestrafte die Strafe aus seinem Verschulden nicht rechtzeitig antritt. *(BGBl I 2013/14)*

(2) Anträgen auf Aufschub des Vollzuges kommt eine aufschiebende Wirkung kraft Gesetzes nicht zu. Die Finanzstrafbehörde hat jedoch auf Antrag des Bestraften die aufschiebende Wirkung zuzuerkennen, wenn durch den sofortigen Vollzug ein nicht wiedergutzumachender Schaden eintreten würde und nicht öffentliche Rücksichten den Vollzug gebieten.

(3) Gegen Bescheide, mit denen ein Antrag auf Aufschub des Strafvollzuges abgewiesen wird, ist die Beschwerde an das Bundesfinanzgericht zulässig. *(BGBl I 2013/14)*

(BGBl 1975/335)

§ 178. Der Aufschub des Strafvollzuges ist durch die Finanzstrafbehörde zu widerrufen, wenn sich herausstellt, daß die Voraussetzungen für seine Bewilligung nicht zugetroffen haben. Der Bestrafte ist aufzufordern, die Strafe unverzüglich anzutreten; im übrigen gilt § 175 Abs. 2 zweiter und dritter Satz sinngemäß. Der Aufschub ist auch zu widerrufen, wenn der Bestrafte versucht, sich dem Strafvollzug durch Flucht zu entziehen, oder wenn begründete Besorgnis besteht, daß er dies versuchen werde; in diesen Fällen gilt § 175 Abs. 2 vierter Satz sinngemäß. *(BGBl I 2013/14; BGBl I 2014/13)*

(BGBl 1975/335)

§ 179. (1) Die Bestimmungen für den Vollzug von Freiheitsstrafen gelten auch für den Vollzug von Ersatzfreiheitsstrafen.

(2) Die Ersatzfreiheitsstrafe darf nur in dem Umfang vollzogen werden, der dem nicht bezahlten oder nicht eingebrachten Teil der Geldstrafe oder des Wertersatzes entspricht. Das gleiche gilt auch dann, wenn die Bezahlung oder Einbringung der Geldstrafe oder des Wertersatzes erst nach Strafantritt erfolgt.

(3) Der Vollzug einer Ersatzfreiheitsstrafe hat zu unterbleiben, wenn der Bestrafte gemeinnützige Leistungen (§ 3a StVG) erbringt. Darüber ist er in der Aufforderung zum Strafantritt zu informieren, wobei ihm auch das Ausmaß der zu erbringenden gemeinnützigen Leistungen mitzuteilen ist. Eine Gleichschrift dieser Mitteilung darf auch einer in der Sozialarbeit erfahrenen Person (§ 29b des Bewährungshilfegesetzes, BGBl. Nr. 146/1969) übermittelt werden. § 3a Abs. 1 bis 4 StVG und § 29b Bewährungshilfegesetz sind mit der Maßgabe sinngemäß anzuwenden, dass an Stelle des Gerichtes die Finanzstrafbehörde tritt. Die Vermittlung gemeinnütziger Leistungen hat nur über Ersuchen des Bestraften zu erfolgen. *(BGBl I 2013/155)*

(BGBl 1975/335)

X. Hauptstück

Sonderbestimmungen für das Verfahren gegen Jugendliche

§ 180. (1) Die Finanzstrafbehörden sollen sich in Strafverfahren gegen Jugendliche (§ 1 Abs. 1 Z 2 JGG) nach Möglichkeit der Mithilfe der öffentlichen Unterrichts- und Erziehungsanstalten und der mit der Jugendfürsorge betrauten Behörden (Kinder- und Jugendhilfe) sowie solcher Personen und Körperschaften bedienen, die in der Jugendfürsorge tätig sind und sich den Behörden zur Verfügung stellen (Jugendgerichtshilfe). Die Mithilfe kann insbesondere in der Erhebung der persönlichen Verhältnisse des Jugendlichen, in der Fürsorge für seine Person und in dem Beistand bestehen, dessen er im Verfahren bedarf. Strafverfahren wegen einer Jugendstraftat (§ 24 Abs. 2) sind ohne Verzug sowie unter besonderer Berücksichtigung von Alter und Reifegrad des Beschuldigten durchzuführen. *(BGBl I 2022/108)*

(2) Soweit es zur Wahrung der Verteidigungsrechte des Jugendlichen unter Berücksichtigung der Schwere des Finanzvergehens erforderlich ist, ist einem jugendlichen Beschuldigten vor der Vernehmung von Amts wegen ein Verteidiger für das gesamte Verfahren beizugeben, dessen Kosten er nicht zu tragen hat. Dies gilt insbesondere, wenn der gesetzliche Vertreter nicht bekannt, nicht erreichbar oder an der strafbaren Tat beteiligt ist oder der gesetzliche Vertreter außerstande ist (§ 77 Abs. 3), die Kosten der Verteidigung zu tragen. Die Beigabe des Verteidigers bleibt aufrecht, auch wenn der jugendliche Beschuldigte im Laufe des Verfahrens das achtzehnte Lebensjahr überschreitet. *(BGBl I 2019/62; BGBl I 2022/108)*

(3) Der jugendliche Beschuldigte ist unbeschadet des § 57 Abs. 3 sobald wie möglich zu informieren über:

1. das Recht auf Ausschluss der Öffentlichkeit (§ 127 Abs. 2 lit. c),

2. das Recht auf Unterstützung durch einen Verteidiger gemäß Abs. 2,

3. die Information des gesetzlichen Vertreters bzw. der Vertrauensperson (§ 182 Abs. 1),

4. die Möglichkeit der Begleitung durch den gesetzlichen Vertreter bzw. die Vertrauensperson (§ 182 Abs. 2). *(BGBl I 2022/108)*

(BGBl 1988/599)

§ 181. Jugendliche dürfen weder nach § 85 festgenommen noch darf über sie eine Untersuchungshaft nach § 86 verhängt werden.

(BGBl 1988/599; BGBl I 2003/124; BGBl I 2019/62; BGBl I 2022/108)

§ 182. (1) Die Finanzstrafbehörde hat den gesetzlichen Vertreter eines jugendlichen Beschuldigten von den dem Beschuldigten gemäß § 180 Abs. 3 zukommenden Rechten, von den ihm in seiner Eigenschaft als gesetzlicher Vertreter im Finanzstrafverfahren zukommenden Rechten, von der Einleitung des Strafverfahrens und vom Erkenntnis (von der Strafverfügung) zu verständigen. Sofern der gesetzliche Vertreter nicht bekannt oder nicht erreichbar ist oder dessen Verständigung dem Wohl des Jugendlichen abträglich wäre oder das Strafverfahren erheblich gefährden könnte, kann der jugendliche Beschuldigte anstelle des gesetzlichen Vertreters eine andere geeignete Person benennen (Vertrauensperson). Dieser Person kommen für die Zeit, während der die genannten Voraussetzungen vorliegen, die Rechte des gesetzlichen Vertreters zu. Wird keine Vertrauensperson benannt, hat die Finanzstrafbehörde unter Berücksichtigung des Wohles des jugendlichen Beschuldigten eine solche zu bestellen und den Jugendlichen darüber zu informieren. *(BGBl I 2019/62; BGBl I 2022/108)*

(2) Der gesetzliche Vertreter bzw. die Vertrauensperson ist in jeder Lage des Verfahrens berechtigt, den jugendlichen Beschuldigten zu begleiten. Die förmliche Vernehmung des jugendlichen Beschuldigten ist mittels Ton- und Bildaufnahme (§ 56a) zu dokumentieren, soweit der jugendliche Beschuldigte keinen Verteidiger beizieht oder kein Verteidiger beizugeben ist und auch kein gesetzlicher Vertreter bzw. keine Vertrauensperson anwesend ist. Eine Dokumentation ausschließlich mittels einer Niederschrift ist zulässig, wenn eine Ton- und Bildaufnahme aufgrund eines unüberwindbaren technischen Problems nicht möglich ist, sofern angemessene Anstrengungen zur Behebung des Problems unternommen wurden, und eine Verschiebung der Vernehmung unangemessen wäre. *(BGBl I 2019/62; BGBl I 2022/108)*

(3) Ist die mündliche Verhandlung nicht öffentlich oder ist die Öffentlichkeit ausgeschlossen, so können der Verhandlung neben dem gesetzlichen Vertreter bzw. der Vertrauensperson auch die Erziehungsberechtigten, Vertreter der Kinder- und Jugendhilfe und der Jugendgerichtshilfe sowie ein allenfalls bestellter Bewährungshelfer beiwohnen. *(BGBl I 2022/108)*

(4) Der gesetzliche Vertreter eines jugendlichen Beschuldigten hat das Recht, auch gegen den Willen des Beschuldigten zu dessen Gunsten Beweisanträge zu stellen und innerhalb der dem Beschuldigten offenstehenden Frist Einspruch gegen eine Strafverfügung zu erheben, Rechtsmittel einzulegen und Anträge auf Wiedereinsetzung in den vorigen Stand oder auf Wiederaufnahme des Verfahrens zu stellen. Ein Rechtsmittelverzicht oder ein Einspruchsverzicht des jugendlichen Beschuldigten bedarf der Mitunterfertigung des gesetzlichen Vertreters bzw. der Vertrauensperson oder des gemäß § 180 bestellten Verteidigers. *(BGBl I 2022/108)*

(5) Ist der Finanzstrafbehörde bekannt, daß die Pflege und Erziehung des jugendlichen Beschuldigten vom Pflegschaftsgericht einer anderen Person als dem gesetzlichen Vertreter übertragen ist, so sind die in den Abs. 1 bis 4 angeführten Rechte auch dieser Person einzuräumen. *(BGBl I 2019/62)*

(BGBl 1975/335)

§ 183. Die Finanzstrafbehörde hat dem Pflegschaftsgericht sowie der Kinder- und Jugendhilfe eine Abschrift des Erkenntnisses (der Strafverfügung) zu übersenden und Umstände mitzuteilen, die eine pflegschaftsbehördliche Maßnahme erfordern. *(BGBl I 2022/108)*

(BGBl 1975/335; BGBl 1988/599)

§ 184. Für Personen, die zum Zeitpunkt des Antrittes einer Ersatzfreiheitsstrafe das 18. Lebensjahr noch nicht vollendet haben, gelten die Bestimmungen des Jugendgerichtsgesetzes 1988 über den Jugendstrafvollzug sinngemäß.

(BGBl 1988/414; BGBl I 2002/97)

XI. Hauptstück

Kosten des Strafverfahrens und des Strafvollzuges

§ 185. (1) Die vom Bestraften zu ersetzenden Kosten umfassen:

a) einen Pauschalbetrag als Beitrag zu den Kosten des Finanzstrafverfahrens (Pauschalkostenbeitrag); dieser Beitrag ist mit 10 v. H. der verhängten Geldstrafe zu bemessen; bei Freiheitsstrafen ist der Beitrag für einen Tag Freiheitsstrafe mit 5 Euro zu bemessen; der Pauschalbetrag darf 500 Euro nicht übersteigen; *(BGBl I 2010/104)*

b) die der Finanzstrafbehörde und dem Bundesfinanzgericht erwachsenen Barauslagen für Beweisaufnahmen und andere Verfahrensmaßnahmen, soweit sie nicht gemäß § 105 einem säumigen Zeugen aufzuerlegen sind; bei einer Mehrheit von Bestraften sind diese Barauslagen nach dem Verhältnis der verhängten Geldstrafen aufzuteilen; *(BGBl I 2014/105)*

c) die Barauslagen für die Beförderung und Aufbewahrung von beschlagnahmten Gegenständen, für die Beförderung und Bewachung von Personen sowie die Kosten der vorläufigen Verwahrung und der Untersuchungshaft;

d) die Kosten des Strafvollzuges.

Die in lit. b und c bezeichneten Kosten sind nur insoweit zu ersetzen, als sie den Pauschalkostenbeitrag übersteigen. Die Kosten für die Beiziehung eines Dolmetschers sind nicht zu berücksichtigen, wenn die Beiziehung notwendig war, weil der Beschuldigte der Verhandlungssprache nicht hinreichend kundig, gehörlos oder hochgradig hörbehindert war.

(2) Nebenbeteiligte, die von Feststellungen der im § 138 Abs. 2 lit. f bis h bezeichneten Art betroffen werden, haben folgende durch sie veranlaßte Kosten zu ersetzen:

a) die der Finanzstrafbehörde und dem Bundesfinanzgericht erwachsenen Barauslagen für Beweisaufnahmen und andere Verfahrensmaßnahmen, soweit sie nicht gemäß § 105 einem säumigen Zeugen aufzuerlegen sind; *(BGBl I 2014/105)*

b) Barauslagen für die Beförderung und Aufbewahrung von beschlagnahmten Gegenständen.

Die Kosten für die Beiziehung eines Dolmetschers sind nicht zu berücksichtigen, wenn die Beiziehung notwendig war, weil der Nebenbeteiligte der Verhandlungssprache nicht hinreichend kundig, gehörlos oder hochgradig hörbehindert war.

(3) Die im Abs. 1 lit. a bis c und im Abs. 2 bezeichneten Kosten sind, wenn möglich, in der Strafentscheidung festzusetzen. Stehen Kosten nach Abs. 1 lit. b und nach Abs. 2 im Zeitpunkt dieser Entscheidung noch nicht fest, so sind sie in einem gesonderten Bescheid vorzuschreiben; in einer Beschwerde gegen diesen Bescheid kann nur die ziffernmäßige Höhe des auferlegten Kostenersatzes angefochten werden.

(4) Die in den Abs. 1 und 2 bezeichneten Kosten, ausgenommen die Kosten des Vollzuges einer Freiheitsstrafe (Ersatzfreiheitsstrafe), werden mit Ablauf eines Monats nach Rechtskraft der Entscheidung, mit der die Kosten festgesetzt wurden, fällig; § 171 Abs. 1 Satz 2 gilt entsprechend.

(5) Die Einhebung, Sicherung und Einbringung der Kosten, ausgenommen jener für den Vollzug einer Freiheitsstrafe (Ersatzfreiheitsstrafe), obliegt den Finanzstrafbehörden. Hiebei gelten, soweit dieses Bundesgesetz nicht anderes bestimmt, die Bundesabgabenordnung und die Abgabenexekutionsordnung sinngemäß. § 172 gilt entsprechend. *(BGBl I 2013/14; BGBl I 2022/108)*

(6) Außer dem Fall des § 175 Abs. 1 lit. b haben Personen, an denen eine Freiheitsstrafe (Ersatzfreiheitsstrafe) vollzogen wird, für jeden Tag einen Beitrag zu den Kosten des Vollzuges in der im § 32 Abs. 2 zweiter Fall des Strafvollzugsgesetzes bestimmten Höhe zu leisten, für Stunden den entsprechenden Teil. Die Verpflichtung zur Leistung eines solchen Kostenbeitrages entfällt, soweit diese Personen daran, daß sie zu keiner Tätigkeit im Sinne des § 175 Abs. 5 herangezogen werden können oder daß sie im Rahmen ihrer Heranziehung zu einer solchen Tätigkeit eine zufriedenstellende Arbeitsleistung nicht erbracht haben, weder ein vorsätzliches noch ein grob fahrlässiges Verschulden trifft. Den Kostenbeitrag hat das Vollzugsgericht nach Beendigung des Strafvollzuges zu bestimmen und seine Eintreibung nach den für die Einbringung der Kosten des Vollzuges gerichtlicher Strafen geltenden gesetzlichen Vorschriften zu veranlassen; hievon ist abzusehen, wenn die um den Vollzug ersuchende Finanzstrafbehörde mitteilt, daß der Bestrafte offenbar nicht in der Lage ist, einen Kostenbeitrag zu leisten, oder wenn das Gericht auf Grund der ihm bekannten Verhältnisse des Bestraften den Kostenbeitrag in sinngemäßer Anwendung des § 391 StPO für uneinbringlich erklärt.

(7) Für die Kosten des Strafverfahrens und des Strafvollzuges wegen einer Jugendstraftat (§ 1 Abs. 1 Z 3 JGG) gelten die §§ 45 und 60 des Jugendgerichtsgesetzes 1988. *(BGBl I 2022/108)*

(8) Wird einem Antrag auf Wiederaufnahme des Finanzstrafverfahrens nicht stattgegeben, so gelten hinsichtlich des Kostenersatzes die Abs. 1 bis 5 und 7 sinngemäß.

(BGBl 1975/335; BGBl 1988/599; BGBl 1993/799; BGBl I 1999/164; BGBl I 2001/144)

XII. Hauptstück

Tilgung

§ 186. (1) Bestrafungen durch Finanzstrafbehörden gelten mit Ablauf der im Abs. 3 genannten Fristen als getilgt. Mit der Tilgung erlöschen, sofern gesetzlich nicht anderes bestimmt ist, die kraft Gesetzes mit der Bestrafung verbundenen Folgen. Dies gilt auch für Bestrafungen durch das Bundesfinanzgericht oder den Verwaltungsgerichtshof. *(BGBl I 2014/13)*

(2) Getilgte Bestrafungen dürfen bei der Strafbemessung nicht berücksichtigt und in Auskünfte an Gerichte oder andere Behörden nicht aufgenommen werden. Der Bestrafte ist nicht verpflichtet, getilgte Bestrafungen auf Befragen vor Gericht oder einer anderen Behörde anzugeben.

(3) Die Tilgungsfrist beginnt, sobald die Strafen vollzogen oder nachgesehen worden sind oder die Vollstreckbarkeit verjährt ist. Sie beträgt drei Jahre bei Bestrafungen wegen Finanzordnungswidrigkeiten und fünf Jahre bei Bestrafungen wegen aller übrigen Finanzvergehen.

(4) Wird jemand rechtskräftig wegen eines Finanzvergehens bestraft, bevor eine oder mehrere frühere Bestrafungen wegen Finanzvergehen getilgt sind, so tritt die Tilgung aller Bestrafungen nur gemeinsam und zwar erst mit dem Ablauf der Tilgungsfrist ein, die am spätesten endet.

(BGBl 1975/335)

XIII. Hauptstück

Gnadenrecht

§ 187. (1) Bei Vorliegen berücksichtigungswürdiger Umstände kann das Bundesministerium für Finanzen über Ansuchen des Bestraften durch die Finanzstrafbehörden verhängte Strafen ganz oder teilweise nachsehen oder Freiheitsstrafen in Geldstrafen umwandeln. Unter denselben Voraussetzungen können über Ansuchen verfallene Gegenstände und Beförderungsmittel dem früheren Eigentümer ohne Entgelt oder gegen Leistung eines Geldbetrages freigegeben werden.

(2) Die gnadenweise Nachsicht von durch das Bundesfinanzgericht oder den Verwaltungsgerichtshof verhängten Strafen steht nur dem Bundespräsidenten über Vorschlag der Bundesregierung oder des von ihr ermächtigten Bundesministers für Finanzen zu (Art. 65 Abs. 2 lit. c, Art. 67 Abs. 1 B-VG). Ansuchen um gnadenweise Nachsicht sind beim Bundesministerium für Finanzen einzubringen. Bei den Finanzstrafbehörden oder beim Bundesfinanzgericht einlangende Gesuche sind unverzüglich an das Bundesministerium für Finanzen weiterzuleiten. Eine vom Bundespräsidenten ausgesprochene gnadenweise Nachsicht ist dem Bestraften vom Bundesministerium für Finanzen mitzuteilen. Dieses hat den

Bestraften auch zu verständigen, wenn das Gnadengesuch erfolglos bleibt.

(3) Ein Recht auf gnadenweise Nachsicht besteht nicht.

(BGBl I 2013/14)

XIV. Hauptstück

Entschädigung

§ 188. (1) Der Bund hat für Schäden, die durch ein verwaltungsbehördliches Finanzstrafverfahren entstanden sind, dem Geschädigten auf dessen Verlangen nach Maßgabe der folgenden Bestimmungen Entschädigung in Geld zu leisten. Der Entschädigungsanspruch wegen des Entzugs der persönlichen Freiheit umfasst auch eine angemessene Entschädigung für die durch die Festnahme oder die Anhaltung erlittene Beeinträchtigung. Bei der Beurteilung der Angemessenheit sind die Dauer der Anhaltung sowie die persönlichen Verhältnisse der geschädigten Person und deren Änderung durch die Festnahme oder Anhaltung zu berücksichtigen. *(BGBl I 2010/104)*

(2) Der Entschädigungsanspruch besteht,

a) wenn der Geschädigte gesetzwidrig in vorläufige Verwahrung oder in Untersuchungshaft genommen oder in einer solchen Haft gehalten worden ist;

b) wenn der Geschädigte in vorläufige Verwahrung oder in Untersuchungshaft genommen worden ist und in der Folge das Strafverfahren eingestellt wurde; *(BGBl I 2010/104)*

c) wenn an dem Geschädigten eine Freiheitsstrafe oder eine Ersatzfreiheitsstrafe vollzogen worden ist und nach Wiederaufnahme des Strafverfahrens oder sonst nach Aufhebung der Entscheidung das Verfahren eingestellt oder über den Geschädigten eine kürzere Freiheitsstrafe (Ersatzfreiheitsstrafe) als die bereits verbüßte verhängt wurde;

d) wenn in der Entscheidung auf Verfall erkannt worden ist und im abgesonderten Verfahren (§ 149) oder nach Wiederaufnahme des Strafverfahrens oder sonst nach Aufhebung der Entscheidung nicht mehr auf Verfall erkannt wurde und eine Rückgabe des Verfallsgegenstandes nicht mehr möglich ist, in Höhe des dadurch entstandenen vermögensrechtlichen Nachteils. *(BGBl I 2010/104)*

(3) Der Entschädigungsanspruch ist ausgeschlossen,

a) wenn der Geschädigte den Verdacht, der den Freiheitsentzug oder den Verfall begründete, vorsätzlich herbeigeführt hat;

b) in den Fällen des Abs. 2 lit. a und b, soweit eine Anrechnung der Vorhaft (§ 23 Abs. 4) auf eine Strafe erfolgt ist;

c) in den Fällen des Abs. 2 lit. b und c, wenn die Verfolgung lediglich deshalb ausgeschlossen war, weil der Geschädigte die Tat im Zustand der Zurechnungsunfähigkeit begangen hat;

d) in den Fällen des Abs. 2 lit. c und d, wenn an die Stelle der aufgehobenen Entscheidung lediglich deshalb eine für den Geschädigten günstigere getreten ist, weil inzwischen das Gesetz geändert worden ist.

(4) Abgesehen von den Fällen des Abs. 3 lit. a kann der Entschädigungsanspruch wegen eines Mitverschuldens nach § 1304 des Allgemeinen Bürgerlichen Gesetzbuchs (ABGB), JGS Nr. 936/1811, eingeschränkt oder ausgeschlossen werden, wenn die geschädigte Person an ihrer Festnahme oder Anhaltung ein Verschulden trifft. *(BGBl I 2010/104)*

(5) In den Fällen des Abs. 2 lit. b und c kann die Haftung des Bundes gemindert oder ausgeschlossen werden, soweit ein Ersatz unter Bedachtnahme auf die Verdachtslage zur Zeit der Festnahme oder Anhaltung, auf die Haftgründe und auf die Gründe, die zur Einstellung des Verfahrens geführt haben, unangemessen wäre. Wird jedoch hinsichtlich einer geschädigten Person in einem Finanzstrafverfahren gemäß § 136 im Erkenntnis die Einstellung des Strafverfahrens ausgesprochen, so kann dabei die Verdachtslage nicht berücksichtigt werden. *(BGBl I 2010/104)*

(6) Die Haftung des Bundes kann jedoch im Fall des Abs. 2 lit. a weder ausgeschlossen noch gemindert werden, wenn die Festnahme oder Anhaltung unter Verletzung der Bestimmungen des Art. 5 der Europäischen Menschenrechtskonvention, BGBl. Nr. 210/1958, oder des Bundesverfassungsgesetzes über den Schutz der persönlichen Freiheit, BGBl. Nr. 684/1988, erfolgte. *(BGBl I 2010/104)*

(BGBl 1975/335)

§ 189. Der Entschädigungsanspruch kann durch Exekutions- oder Sicherungsmaßnahmen nicht getroffen werden, außer zugunsten einer Forderung auf Leistung des gesetzlichen Unterhaltes oder auf Ersatz von Unterhaltsaufwendungen, die der Geschädigte nach dem Gesetz zu machen gehabt hätte (§ 1042 ABGB). Soweit Exekutions- und Sicherungsmaßnahmen ausgeschlossen sind, ist auch jede Verpflichtung und Verfügung des Geschädigten durch Abtretung, Anweisung, Verpfändung oder durch ein anderes Rechtsgeschäft unter Lebenden ohne rechtliche Wirkung.

(BGBl 1975/335)

§ 190. (1) Der Geschädigte hat zunächst den Bund zur Anerkennung der von ihm begehrten Entschädigung schriftlich aufzufordern. Die Aufforderung ist an die Finanzprokuratur zu richten. Das im § 192 Abs. 1 genannte Gericht hat dem Geschädigten für das Aufforderungsverfahren nach den Bestimmungen der ZPO über die Verfahrenshilfe einen Rechtsanwalt beizugeben.

(2) Kommt dem Geschädigten die Erklärung der Finanzprokuratur nicht binnen sechs Monaten zu, nachdem diese die Aufforderung erhalten hat, oder wird innerhalb dieser Frist die Entschädigung zur Gänze oder zum Teil verweigert, so kann der Geschädigte den Entschädigungsanspruch durch Klage gegen den Bund geltend machen.

(BGBl 1975/335; BGBl 1989/375)

§ 191. Der Entschädigungsanspruch verjährt in drei Jahren. Die Verjährungsfrist beginnt nach Ablauf des Jahres, in dem sämtliche den Entschädigungsanspruch begründenden Voraussetzungen (§ 188 Abs. 2) vorlagen.

(BGBl 1975/335)

§ 192. (1) Zur Entscheidung über Rechtsstreitigkeiten, die einen Entschädigungsanspruch betreffen, ist das mit der Ausübung der Gerichtsbarkeit in bürgerlichen Rechtssachen betraute Landesgericht ausschließlich zuständig, in dessen Sprengel der einen Entschädigungsanspruch bewirkende Freiheitsentzug oder Verfallsausspruch erfolgt ist. Ist eine örtliche Zuständigkeit im Inland nicht begründet, so ist das Landesgericht für Zivilrechtssachen Wien zuständig.

(2) Die Gerichtsbarkeit wird unbeschadet des § 7a der Jurisdiktionsnorm ohne Rücksicht auf den Wert des Streitgegenstandes durch Senate ausgeübt.

(BGBl 1975/335; BGBl 1993/91)

§ 193. (1) Entschädigungen nach diesem Hauptstück unterliegen keiner bundesgesetzlich geregelten Abgabe.

(2) Vergleiche, die zwischen dem Bund und dem Geschädigten über einen Entschädigungsanspruch abgeschlossen werden, unterliegen keiner Stempel- und Rechtsgebühr.

(3) Über den Entschädigungsanspruch nach diesem Hauptstück hinausgehende Ansprüche auf Grund des Amtshaftungsgesetzes, BGBl. Nr. 20/1949, bleiben unberührt.

(BGBl 1975/335)

§ 194. (1) Wird zum Nachteil des Geschädigten das Finanzstrafverfahren wiederaufgenommen, so ist die Erklärung nach § 190 Abs. 2 oder die Zahlung der anerkannten Entschädigung bis zur rechtskräftigen Beendigung des wiederaufgenommenen Strafverfahrens aufzuschieben. Hievon hat die Finanzprokuratur den Geschädigten in Kenntnis zu setzen. Vor Eintritt der Rechtskraft der Entscheidung im wiederaufgenommenen Strafverfahren kann der Entschädigungsanspruch nicht durch Klage geltend gemacht werden. Ist ein solcher Rechtsstreit bereits anhängig, so hat das Gericht (§ 192) das Verfahren zu unterbrechen.

(2) Nach Rechtskraft der Entscheidung im wiederaufgenommenen Strafverfahren sind die nach Abs. 1 aufgeschobenen Rechtshandlungen nachzuholen, das unterbrochene Gerichtsverfahren aufzunehmen oder bereits geleistete Entschädigungsbeträge zurückzufordern, es sei denn, daß der Geschädigte diese Beträge gutgläubig verbraucht hat.

(BGBl 1975/335)

XV. Hauptstück

Finanzstrafregister

§ 194a. Zum Zweck der Evidenthaltung der verwaltungsbehördlichen Finanzstrafverfahren hat das Amt für Betrugsbekämpfung für das gesamte Bundesgebiet ein Finanzstrafregister zu führen. *(BGBl I 2019/104)*

(BGBl 1996/421)

§ 194b. (1) In das Finanzstrafregister sind aufzunehmen:

– die persönlichen Daten des Beschuldigten, das sind Namen, frühere Namen und Aliasnamen, Titel, Anschrift, Geburtsdatum und -ort, Staatsangehörigkeit, Geschlecht, Beruf bzw. Tätigkeit, Sozialversicherungsnummer,

– die Daten des belangten Verbandes, *(BGBl I 2005/161)*

– die Daten des Finanzvergehens,

– die Daten der Verfahrenseinleitung, der Abtretung an eine andere Finanzstrafbehörde und des ersten Berichts an die Staatsanwaltschaft, *(BGBl I 2010/104)*

– die Daten der das Strafverfahren abschließenden Entscheidung,

– die Daten des Strafvollzuges und der Ausübung des Gnadenrechts,

– das Datum des Tilgungseintritts.

(BGBl I 2005/161; BGBl I 2010/104)

(2) Die Finanzstrafbehörden haben die nach Abs. 1 erforderlichen Daten der von ihnen geführten Verfahren laufend dem Finanzstrafregister zu übermitteln.

(3) Vor Beginn der Führung des Finanzstrafregisters (§ 194e Abs. 1) angefallene Daten nach Abs. 1 sind nur dann in das Finanzstrafregister aufzunehmen, wenn zu diesem Zeitpunkt die ab der Rechtskraft der Strafentscheidung zu berechnenden Tilgungsfristen nach § 186 Abs. 3 und 4 noch nicht abgelaufen sind.

(BGBl 1996/421)

§ 194c. (1) Unrichtige, unrichtig gewordene oder unvollständige Daten sind nach den Bestimmungen des § 57c zu berichtigen.

(2) Die erfassten Daten sind spätestens zwei Jahre nach rechtskräftiger Einstellung des Strafverfahrens, nach Eintritt der Tilgung oder nach Kenntnis des Todes des Beschuldigten zu löschen. Unzulässig aufgenommene Daten sind auf begründeten Antrag der betroffenen Person oder von Amts wegen unverzüglich zu löschen. *(BGBl 1996/421; BGBl I 2018/32)*

§ 194d. (1) Auskünfte aus dem Finanzstrafregister sind für finanzstrafrechtliche Zwecke allen Finanzstrafbehörden, Strafgerichten und Staatsanwaltschaften , dem Bundesfinanzgericht sowie dem Bundesministerium für Finanzen zu erteilen. Nur den Finanzstrafbehörden, dem Bundesfinanzgericht und dem Bundesministerium für Finanzen sind auch Auskünfte zu erteilen, wenn eine Bestrafung bereits getilgt ist. *(BGBl I 2013/14; BGBl I 2014/13)*

(2) Anderen inländischen Stellen sind über rechtskräftige, noch nicht getilgte Bestrafungen Auskünfte zu erteilen, sofern ein gesetzliche Verpflichtung zur Auskunftserteilung besteht oder die Stellen Gesetze zu vollziehen haben, die an eine Bestrafung wegen eines Finanzvergehens Rechtsfolgen knüpfen. Ausländische Stellen dürfen Auskünfte über die Daten von Bestraften und von Finanzvergehen nur insoweit erteilt werden, als diesen Stellen Amtshilfe gewährt werden kann.

(3) Die betroffene Person hat das Recht, auf begründeten Antrag Auskunft über die im Finanzstrafregister über sie erfassten Daten zu erlangen. Wird dem Antrag ganz oder teilweise nicht entsprochen, so sind dem Antragsteller die Gründe hiefür schriftlich mitzuteilen. Diese Mitteilung hat nicht in Bescheidform zu ergehen, jedoch eine Information über das Recht auf eine Beschwerde an die Datenschutzbehörde zu enthalten. *(BGBl I 2018/32)*

(BGBl 1996/421)

§ 194e. (1) Das Finanzstrafregister ist automationsunterstützt zu führen. Der Bundesminister für Finanzen hat den Beginn der Führung nach den technischorganisatorischen Gegebenheiten mit Verordnung festzulegen.

(2) Mit der Führung des Finanzstrafregisters ist die Bundesrechenzentrum GmbH beauftragt. Die Bundesrechenzentrum GmbH hat den Finanzstrafbehörden, dem Bundesfinanzgericht und dem Bundesministerium für Finanzen im Umfang der gemäß § 194d eingeräumten Berechtigungen einen direkten Zugang zum Finanzstrafregister einzurichten. *(BGBl I 2014/13; BGBl I 2018/32)*

(BGBl 1996/421; BGBl 1996/757)

DRITTER UNTERABSCHNITT
Sonderbestimmungen für das Verfahren wegen gerichtlich strafbarer Finanzvergehen

1. Allgemeines

§ 195. (1) Soweit im Folgenden nicht etwas Besonderes vorgeschrieben ist, gelten für das Verfahren wegen gerichtlich strafbarer Finanzvergehen die Bestimmungen der Strafprozessordnung. Bei Zuständigkeit der Europäischen Staatsanwaltschaft gelten die Verordnung (EU) 2017/1939 zur Durchführung einer Verstärkten Zusammenarbeit zur Errichtung der Europäischen Staatsanwaltschaft (EUStA), ABl. Nr. L 283 vom 31.10.2017 S. 1, in ihrer jeweils geltenden Fassung, sowie die Bestimmungen des Bundesgesetzes zur Durchführung der Europäischen Staatsanwaltschaft (EUStA-DG). *(BGBl I 2007/44; BGBl I 2021/94)*

(2) Die besonderen Vorschriften dieses Unterabschnittes gelten auch für das Verfahren wegen einer Tat, die zugleich den Tatbestand eines Finanzvergehens und den einer gerichtlich strafbaren Handlung anderer Art erfüllt.

(3) Für Verfahren wegen Finanzvergehen gegen Verbände gelten, soweit im Folgenden nicht etwas Besonderes vorgeschrieben ist, die Bestimmungen des 3. Abschnittes des Verbandsverantwortlichkeitsgesetzes. *(BGBl I 2005/161)*

(4) Soweit personenbezogene Daten durch die Finanzstrafbehörden, die für sie tätigen Organe oder durch den Bundesminister für Finanzen verarbeitet werden, sind die Bestimmungen der §§ 57a bis 57d über die Verarbeitung personenbezogener Daten sinngemäß anzuwenden. *(BGBl I 2018/32)*

§ 196. (1) Bei der Aufklärung und Verfolgung gerichtlich strafbarer Finanzvergehen werden die Finanzstrafbehörden im Dienste der Strafrechtspflege (Art. 10 Abs. 1 Z 6 B-VG) tätig. Die in der Strafprozessordnung der Kriminalpolizei zukommenden Aufgaben und Befugnisse haben bei gerichtlich strafbaren Finanzvergehen an Stelle der Sicherheitsbehörden die Finanzstrafbehörden und ihre Organe wahrzunehmen. *(BGBl I 2018/62)*

(2) Nur wenn die Finanzstrafbehörden oder ihre Organe nicht rechtzeitig einschreiten können oder das aufzuklärende Finanzvergehen den Tatbestand einer gerichtlich strafbaren Handlung erfüllt, die kein Finanzvergehen ist, haben auf Anordnung der Staatsanwaltschaft die Sicherheitsbehörden einzuschreiten. *(BGBl I 2018/62)*

(3) Wo in den folgenden Bestimmungen die Finanzstrafbehörde genannt wird, ist darunter die Behörde zu verstehen, der das verwaltungsbehördliche Finanzstrafverfahren wegen eines Finanzvergehens zustünde, wenn dieses nicht von den Ge-

richten zu ahnden wäre. *(BGBl I 2013/14; BGBl I 2019/104)*

(4) Auch im Ermittlungsverfahren wegen gerichtlich strafbarer Finanzvergehen stehen der Finanzstrafbehörde die in den §§ 99 Abs. 1 bis 4 und 120 Abs. 3 eingeräumten Befugnisse zu und, wenn es sich bei der Finanzstrafbehörde um das Zollamt Österreich handelt, die dem Zollamt Österreich und seinen Organen in den Zollvorschriften eingeräumten Befugnisse. § 120 Abs. 4 gilt sinngemäß. *(BGBl I 2014/105; BGBl I 2018/62; BGBl I 2019/104)*

(BGBl I 2007/44)

2. Ergänzungen der Strafprozeßordnung

Zu § 31

§ 196a. Das Hauptverfahren wegen gerichtlich strafbarer Finanzvergehen obliegt dem Landesgericht als Schöffengericht.

(BGBl I 2007/44)

Zu § 25

§ 197. (1) Für das Ermittlungsverfahren wegen gerichtlich strafbarer Finanzvergehen ist die Staatsanwaltschaft örtlich zuständig (§ 25 StPO), in deren Sprengel der Beschuldigte seinen Wohnsitz gemäß § 1 Abs. 7 Meldegesetz 1991 hat oder zuletzt hatte. Fehlt es an einem solchen Ort oder kann er nicht festgestellt werden, so ist jene Staatsanwaltschaft zuständig, in deren Sprengel der Beschuldigte seinen gewöhnlichen Aufenthalt hat oder zuletzt hatte. Fehlt es auch an einem solchen Ort oder kann er nicht festgestellt werden, so ist jene Staatsanwaltschaft zuständig, in deren Sprengel das Finanzvergehen ausgeführt wurde oder ausgeführt werden sollte. Kann danach keine Zuständigkeit festgestellt werden, so ist jene Staatsanwaltschaft zuständig, in deren Sprengel die Tat entdeckt oder der Beschuldigte betreten wurde.

(2) Die Staatsanwaltschaft, die zuerst von einem gerichtlich strafbaren Finanzvergehen Kenntnis erlangt, hat das Ermittlungsverfahren so lange zu führen, bis die Zuständigkeit einer anderen Staatsanwaltschaft nach Abs. 1 festgestellt werden kann.

(3) Im Übrigen ist § 25 Abs. 4, 5 und 7 StPO sinngemäß anzuwenden.

(BGBl I 2020/99)

Zu § 36

§ 198. (1) Für das Hauptverfahren wegen gerichtlich strafbarer Finanzvergehen ist das Gericht örtlich zuständig (§ 36 StPO), in dessen Sprengel der Beschuldigte zum Zeitpunkt des Beginns des Strafverfahrens (§ 1 Abs. 2 StPO) seinen Wohnsitz gemäß § 1 Abs. 7 Meldegesetz 1991 hatte oder davor zuletzt gehabt hatte. Fehlt es an einem solchen Ort oder kann er nicht festgestellt werden, so ist jenes Gericht zuständig, in dessen Sprengel der Beschuldigte zum Zeitpunkt des Beginns des Strafverfahrens (§ 1 Abs. 2 StPO) seinen gewöhnlichen Aufenthalt hatte oder davor zuletzt gehabt hatte. Fehlt es auch an einem solchen Ort oder kann er nicht festgestellt werden, so ist jenes Gericht zuständig, in dessen Sprengel das Finanzvergehen ausgeführt wurde oder ausgeführt werden sollte. Kann danach keine Zuständigkeit festgestellt werden, so ist jenes Gericht zuständig, in dessen Sprengel die Tat entdeckt oder der Beschuldigte betreten wurde.

(2) Kann nach Abs. 1 eine örtliche Zuständigkeit des Gerichts nicht bestimmt werden, so ist jenes Gericht zuständig, an dessen Sitz sich die Staatsanwaltschaft befindet, die Anklage einbringt.

(BGBl I 2020/99)

Zum 3. Hauptstück

§ 199. (1) Der Beschuldigte kann zur Unterstützung seines Verteidigers einen Steuerberater beiziehen. *(BGBl I 2018/62)*

(2) Für den Steuerberater gelten § 57, § 58 Abs. 1, 3 und 4 und § 60 StPO. sinngemäß. Er kann gleich einem Verteidiger an mündlichen Verhandlungen teilnehmen. Zu Anträgen und Willenserklärungen für den Vertretenen und zur Ausführung von Rechtsmitteln ist er nicht berechtigt. *(BGBl I 2007/44; BGBl I 2018/62)*

(3) Haftungsbeteiligte im Sinne des § 64 StPO sind auch Personen, die für Wertersätze (§ 19) haften. *(BGBl I 2013/14)*

(BGBl 1993/799)

Zu den §§ 67 bis 70

§ 200. (1) Der Finanzstrafbehörde kommt in dem nicht von ihr geführten Ermittlungsverfahren sowie im Haupt- und im Rechtsmittelverfahren wegen Finanzvergehen kraft Gesetzes die Stellung eines Privatbeteiligten zu. *(BGBl I 2007/44)*

(2) Außer den Rechten des Opfers, des Privatbeteiligten und des Subsidiaranklägers hat die Finanzstrafbehörde noch folgende Rechte: *(BGBl I 2007/44)*

a) Sie kann im gleichen Umfang wie die Staatsanwaltschaft gerichtliche Entscheidungen bekämpfen und die Wiederaufnahme des Strafverfahrens verlangen. *(BGBl I 2013/14)*

b) Ihre Nichtigkeitsbeschwerde bedarf nicht der Unterschrift eines Verteidigers.

c) Die Anberaumung von Haftverhandlungen (§§ 175 und 176 StPO), die Freilassung des Beschuldigten und die Anberaumung von mündlichen Verhandlungen im Rechtsmittelverfahren ist ihr mitzuteilen.

d) Ihre Vertreter können bei den Haftverhandlungen und bei den mündlichen Verhandlungen im Rechtsmittelverfahren das Wort ergreifen und Anträge stellen.

e) Die Akteneinsicht (§ 68 StPO) darf nicht verweigert oder beschränkt werden.

(3) Die Vermutung des Rücktrittes von der Verfolgung (§ 72 Abs. 2 und 3 StPO) ist gegenüber der Finanzstrafbehörde als Ankläger ausgeschlossen. *(BGBl I 2007/44)*

(4) Die besonderen Rechte der Finanzstrafbehörde erstrecken sich auch auf gerichtlich strafbare Handlungen, die keine Finanzvergehen sind, aber mit solchen in derselben Tat zusammentreffen.

(BGBl 1975/335; BGBl 1994/681)

Zu den §§ 81 bis 83

§ 200a. Der Finanzstrafbehörde sind gerichtliche Erledigungen und andere Schriftstücke, die ihr nach den Bestimmungen dieses Bundesgesetzes mitzuteilen sind, grundsätzlich ohne Zustellnachweis zuzustellen. Die Ladung zur Hauptverhandlung, gerichtliche Erledigungen und andere Schriftstücke, gegen die der Finanzstrafbehörde ein Rechtsmittel oder ein Rechtsbehelf zusteht, sind ihr mit Zustellnachweis (§§ 13 bis 20 des Zustellgesetzes) zuzustellen oder durch Telefax oder im elektronischen Rechtsverkehr (§ 89a GOG) zu übermitteln.

(BGBl I 2000/26)

Zu § 108

§ 201. Ein Antrag auf Einstellung gemäß § 108 Abs. 1 Z 2 StPO darf frühestens sechs Monate ab dem ersten an die Staatsanwaltschaft erstatteten Bericht (§ 100 Abs. 2 StPO) gestellt werden.

(BGBl I 2007/44)

Zum 10. Hauptstück

§ 202. (1) Die Staatsanwaltschaft hat das Ermittlungsverfahren gemäß § 190 StPO insoweit einzustellen, als eine Zuständigkeit der Gerichte im Hauptverfahren nicht gegeben wäre (§ 53). Eine Einstellung wegen Unzuständigkeit der Gerichte zur Ahndung des Finanzvergehens hat ohne Rücksicht darauf zu erfolgen, ob auch aus anderen Gründen von der Verfolgung abzusehen wäre.

(2) Die Finanzstrafbehörde ist hiervon zu verständigen (§ 194 StPO).

(BGBl I 2010/104; BGBl I 2019/91)

Zum 11. Hauptstück

§ 202a. Vor einer Mitteilung nach den §§ 200 Abs. 4, 201 Abs. 4 oder 203 Abs. 3 StPO hat die Staatsanwaltschaft oder das Gericht die Finanzstrafbehörde zu hören.

(BGBl I 1999/55; BGBl I 2007/44)

§ 203. Ein Vorgehen nach §§ 198 bis 209 StPO und nach § 19 VbVG ist in Finanzstrafsachen vorbehaltlich der Sonderbestimmungen für Jugendstrafsachen (§ 24) nicht zulässig.

(BGBl 1975/335; BGBl I 2007/44; BGBl I 2015/163)

§ 204. *(aufgehoben, BGBl I 2007/44)*

Zu den §§ 195 und 196

§ 205. Hat die Staatsanwaltschaft von der Verfolgung eines Finanzvergehens abgesehen und das Ermittlungsverfahren eingestellt, so ist die Finanzstrafbehörde berechtigt, die Fortführung des Ermittlungsverfahrens nach § 195 StPO zu beantragen. Ein Pauschalkostenbeitrag nach § 196 Abs. 2 StPO ist ihr nicht aufzuerlegen. *(BGBl I 2012/112)*

(BGBl I 2007/44)

Zu den §§ 109 bis 115

§ 206. (1) Die Staatsanwaltschaft hat von der Anordnung der Sicherstellung und von einem Antrag auf Beschlagnahme verfallsbedrohter Gegenstände abzusehen und eine bereits erfolgte Beschlagnahme solcher Gegenstände aufzuheben, wenn ein Geldbetrag erlegt wird, der dem Wert dieser Gegenstände entspricht (Freigabe). Der Geldbetrag tritt an die Stelle dieser Gegenstände und unterliegt nach Maßgabe des § 17 dem Verfall. *(BGBl I 2007/44)*

(2) Eine Freigabe gemäß Abs. 1 hat insbesondere zu unterbleiben,

a) solange die Gegenstände auch für Beweiszwecke benötigt werden,

b) wenn es sich um Monopolgegenstände oder andere Gegenstände handelt, die gesetzlichen Verkehrsbeschränkungen unterliegen,

c) wenn eine gesetzwidrige Verwendung der Gegenstände zu besorgen ist,

d) wenn die Gegenstände auch in einem anderen Verfahren beschlagnahmt sind oder wenn die ihnen in einem anderen Verfahren drohende Beschlagnahme aktenkundig ist.

(BGBl 1975/335)

§ 207. (1) Verfallsbedrohte Gegenstände, die von raschem Verderb oder erheblicher Wertminderung bedroht sind oder sich nur mit unverhältnismäßigen Kosten aufbewahren lassen, kann das Gericht durch die Finanzstrafbehörde verwerten lassen. Die Verwertung wegen unverhältnismäßiger Aufbewahrungskosten unterbleibt, wenn rechtzeitig ein zur Deckung dieser Kosten ausreichender Betrag erlegt wird. Für die Verwertung der Gegenstände durch die Finanzstrafbehörde gilt § 90 Abs. 2 sinngemäß. *(BGBl I 2007/44; BGBl I 2013/14)*

(2) Ein Verfallsausspruch erfaßt an Stelle der verwerteten Gegenstände deren Erlös.

(3) Die Verwertung nach dem ersten Absatz hat jedoch so lange zu unterbleiben, als die verfallsbedrohten Gegenstände für Beweiszwecke benötigt werden.

(BGBl 1975/335)

§ 207a. (1) Eine Sicherstellung gemäß § 109 Z 1 und § 110 Abs. 1 Z 3 StPO und eine Beschlagnahme gemäß § 109 Z 2 und § 115 Abs. 1 Z 3 StPO ist auch zur Sicherung der Geldstrafe und des Ausspruches der Haftung gemäß § 28 zulässig. *(BGBl I 2014/105)*

(2) In dem Beschluss, mit dem eine Beschlagnahme bewilligt wird, ist ein Geldbetrag zu bestimmen, durch dessen Erlag die Vollziehung der Beschlagnahme gehemmt wird. Nach dem Erlag ist die Beschlagnahme auf Antrag des Betroffenen aufzuheben. Der Geldbetrag ist so zu bestimmen, dass darin die voraussichtliche Geldstrafe, der voraussichtliche Wertersatz oder der Wert eines verfallsbedrohten Gegenstandes Deckung findet.

(3) Folgt eine Beschlagnahme auf eine Sicherstellungsmaßnahme der Finanzstrafbehörde, so bleibt deren Rangordnung für die gerichtliche Sicherstellung gewahrt.

(4) Gegen den Beschluss, mit dem eine Beschlagnahme abgelehnt wird, steht auch der Finanzstrafbehörde die Beschwerde nach § 87 StPO zu.

(BGBl 1975/335; BGBl 1985/571; BGBl I 2007/44)

Zu § 155

§ 208. Im Strafverfahren wegen eines Finanzvergehens haben Zeugen und Sachverständige auch über Verhältnisse und Umstände auszusagen, die unter die Geheimhaltungspflicht nach § 48a BAO fallen.

(BGBl 1975/335; BGBl 1985/571)

Zu § 213

§ 209. Jede Anklageschrift wegen eines Finanzvergehens ist auch der Finanzstrafbehörde zuzustellen; die Staatsanwaltschaft hat hierauf Bedacht zu nehmen und dem Gerichte auch eine Ausfertigung der Anklageschrift für die Finanzstrafbehörde zu überreichen. *(BGBl I 2007/44)*

(2) *(aufgehoben, BGBl I 2007/44)*

(BGBl 1975/335)

Zu § 215

§ 210. (1) Erachtet das Oberlandesgericht bei der Entscheidung über den Einspruch gegen eine Anklage wegen Finanzvergehens, daß die Gerichte zur Ahndung nicht zuständig seien, so hat es der Anklage keine Folge zu geben und das Verfahren wegen Unzuständigkeit einzustellen. *(BGBl I 2013/14)*

(2) Unter den Voraussetzungen des Abs. 1 ist eine Unzuständigkeitsentscheidung ohne Rücksicht darauf zu fällen, ob der Anklage auch aus anderen Gründen nicht Folge gegeben werden könnte.

(3) Erfüllt die Anklagetat auch den Tatbestand einer gerichtlich strafbaren Handlung, die kein Finanzvergehen ist, so hat die Einstellung des Strafverfahrens wegen des Finanzvergehens keinen Einfluß auf die Zulässigkeit der Anklage im übrigen.

(4) Das Oberlandesgericht hat in der Einspruchsentscheidung darzulegen, aus welchen Gründen es die gerichtliche Zuständigkeit zur Ahndung des Finanzvergehens ablehne. Ist diese Zuständigkeit im Anklageeinspruch ausdrücklich angefochten, so hat es auch darzulegen, aus welchen Gründen es sie annehme. *(BGBl I 2013/14)*

(5) Eine Einspruchsentscheidung, in der die gerichtliche Zuständigkeit zur Ahndung des Finanzvergehens abgelehnt wird, ist der Finanzstrafbehörde auch zuzustellen, wenn sie nicht als Ankläger statt der Staatsanwaltschaft einschreitet. *(BGBl I 2013/14)*

(6) Eine Einspruchsentscheidung, die die gerichtliche Zuständigkeit zur Ahndung des Finanzvergehens ausspricht, bindet das Gericht im weiteren Verfahren nicht.

(7) Nach der Einstellung des Strafverfahrens wegen eines Finanzvergehens durch das Oberlandesgericht kann das gerichtliche Verfahren wegen dieses Vergehens nur fortgesetzt werden, wenn die Wiederaufnahme nach § 220 bewilligt worden ist. *(BGBl I 2013/14)*

(BGBl 1975/335)

Zu § 227

§ 211. (1) Tritt die Staatsanwaltschaft außerhalb einer Hauptverhandlung von der Anklage eines Finanzvergehens zurück, so hat sie die Gründe hiefür sogleich der Finanzstrafbehörde mitzuteilen. *(BGBl I 2013/14)*

(2) Für den Rücktritt von der Anklage in der Hauptverhandlung gilt dies dann, wenn die Finanz-

strafbehörde in der Verhandlung nicht vertreten ist.

§ 212. (1) Außerhalb der Hauptverhandlung hat die Staatsanwaltschaft, statt die Anklage wegen Unzuständigkeit des Gerichtes zur Ahndung eines Finanzvergehens zurückzuziehen, die Zuständigkeitsentscheidung des Landesgerichts (§ 32 Abs. 3 StPO) einzuholen. *(BGBl I 2007/44; BGBl I 2012/112)*

(2) Das Landesgericht hat sich in seinem Beschluss auf die Entscheidung zu beschränken, ob dem Gericht die Ahndung der Tat als Finanzvergehen zukomme. Es hat im Beschluss darzulegen, aus welchen Gründen es die gerichtliche Zuständigkeit annehme oder ablehne. *(BGBl I 2012/112)*

(3) Der Beschluss des Landesgerichts kann von der Staatsanwaltschaft, der Finanzstrafbehörde und den Beschuldigten mit Beschwerde an das Oberlandesgericht angefochten werden; für die Beschwerde steht eine Frist von vierzehn Tagen seit der Zustellung des Beschlusses offen. *(BGBl I 2012/112)*

(4) Ein Beschluss des Landesgerichts oder des Oberlandesgerichts, der die gerichtliche Zuständigkeit ausspricht, bindet das Gericht im weiteren Verfahren nicht. *(BGBl I 2012/112)*

(5) Nach rechtskräftiger Ablehnung der Zuständigkeit kann ein Strafverfahren nur geführt werden, wenn die Wiederaufnahme nach § 220 bewilligt worden ist. *(BGBl I 2012/112)*

(6) Auch wenn die Staatsanwaltschaft in der Hauptverhandlung zur Überzeugung kommt, daß die Gerichte zur Ahndung eines Finanzvergehens nicht zuständig seien, darf sie der gerichtlichen Zuständigkeitsentscheidung nicht durch den Rücktritt von der Anklage vorgreifen. *(BGBl I 2007/44; BGBl I 2012/112)*

(BGBl 1975/335)

Zu den §§ 229 und 268

§ 213. (1) Die Öffentlichkeit der Hauptverhandlung über die Anklage wegen eines Finanzvergehens ist auch auszuschließen,

a) wenn der Angeklagte und die Nebenbeteiligten es übereinstimmend verlangen,

b) von Amts wegen oder auf Antrag der Staatsanwaltschaft, der Finanzstrafbehörde, des Angeklagten, eines Nebenbeteiligten oder eines Zeugen, wenn und solange zur Aufklärung des Finanzvergehens Verhältnisse oder Umstände des Angeklagten, eines Nebenbeteiligten oder eines Zeugen, die unter die Geheimhaltungspflicht nach § 48a BAO fallen, erörtert werden müssen. *(BGBl I 2013/14)*

(2) War die Öffentlichkeit der Hauptverhandlung nach Abs. 1 ausgeschlossen, so ist sie auch bei der Verkündung der Urteilsentscheidungsgrün-

de auszuschließen, soweit dabei Verhältnisse oder Umstände im Sinne des Abs. 1 zur Sprache kommen.

(BGBl 1975/335; BGBl 1985/571)

Zu § 259

§ 214. (1) Der Freispruch wegen Unzuständigkeit der Gerichte zur Ahndung eines Finanzvergehens steht der Verurteilung wegen einer anderen strafbaren Handlung nicht entgegen, deren sich der Angeklagte durch dieselbe Tat schuldig gemacht hat.

(2) Ein Freispruch wegen Unzuständigkeit ist zu fällen, wenngleich ein Schuldspruch auch aus anderen Gründen nicht gefällt werden kann.

(3) *(aufgehoben, BGBl I 2007/44)*

(4) Nach rechtskräftigem Freispruch wegen Unzuständigkeit kann das Finanzvergehen nur dann gerichtlich verfolgt und geahndet werden, wenn die Wiederaufnahme nach § 220 bewilligt worden ist.

Zu § 260

§ 215. (1) Im Strafurteil ist auch auszusprechen,

a) welche vom Angeklagten verschiedene Person durch einen Verfall ihr Eigentum verliere;

b) welche Pfand- und Zurückbehaltungsrechte Dritter an verfallenen Gegenständen anerkannt oder abgelehnt würden, in welcher Höhe die gesicherten Forderungen anerkannt würden und welcher Rang ihnen zukomme;

c) welche Personen für die Geldstrafe und den Wertersatz nach § 28 hafteten und

d) daß die Strafe, die wegen desselben Finanzvergehens in einem verwaltungsbehördlichen Finanzstrafverfahren verhängt und vollstreckt worden ist, auf die gerichtliche Strafe für die Vergehen angerechnet werde.

(2) Werden Pfand- oder Zurückbehaltungsrechte Dritter an verfallenen Gegenständen anerkannt, so ist im Urteil auch auszusprechen, daß der festgesetzte Wertersatz (§ 19 Abs. 3) nur mit dem Betrag einzufordern sei, der zur Befriedigung der anerkannten Forderungen aus dem Verwertungserlös aufgewendet wird (§ 229 Abs. 3).

(BGBl 1975/335)

§ 216. *(aufgehoben, BGBl 1975/335)*

Zu § 270

§ 217. In die Urteilsausfertigung sind auch die Namen der Nebenbeteiligten (§ 76) und ihrer Vertreter aufzunehmen.

Zu den §§ 281 und 283

§ 218. Enthält ein Urteil gesonderte Strafen für Finanzvergehen und strafbare Handlungen anderer Art (§ 22), so ist die Zulässigkeit der Rechtsmittel gegen den Strafausspruch auch gesondert zu beurteilen.

(BGBl 1975/335)

Zu den §§ 284, 285 und 294

§ 219. (1) War die Finanzstrafbehörde bei der Urteilsverkündung nicht vertreten, so ist ihr eine Urteilsausfertigung zuzustellen. Die Frist zur Anmeldung von Rechtsmitteln läuft dann von der Urteilszustellung, die Frist zur Ausführung des Rechtsmittels von dessen Anmeldung an. War die Finanzstrafbehörde bei der Urteilsverkündung nicht vertreten und sind die Voraussetzungen des § 270 Abs. 4 StPO den anderen Beteiligten gegenüber erfüllt, kann auch eine gekürzte Urteilsausfertigung zugestellt werden. In diesem Falle ist nach fristgerechter Rechtsmittelanmeldung eine Urteilsausfertigung gemäß § 270 Abs. 2 StPO zuzustellen, womit die Frist zur Ausführung des Rechtsmittels in Gang gesetzt wird. *(BGBl I 2010/104)*

(2) Die Beschwerdeschrift (§ 285 Abs. 1 StPO), die Anmeldung der Berufung, die die Berufungsgründe enthält, und die rechtzeitig eingebrachte Ausführung (§ 294 Abs. 2 StPO) sind auch der Finanzstrafbehörde mitzuteilen; dieser steht das Recht zu, binnen vier Wochen ihre Gegenausführungen zu überreichen. *(BGBl I 2010/104)*

(BGBl 1975/335)

Zum 16. Hauptstück

§ 220. (1) Auch wenn die gerichtliche Zuständigkeit zur Ahndung eines Finanzvergehens rechtskräftig abgelehnt oder wegen gerichtlicher Unzuständigkeit der Anklage keine Folge gegeben oder der Angeklagte freigesprochen worden ist, kann das Strafverfahren wegen dieses Vergehens nur nach Wiederaufnahme eingeleitet oder fortgesetzt werden.

(2) Die Wiederaufnahme ist zu bewilligen, wenn sich neue Tatsachen oder Beweise ergeben, die für die gerichtliche Zuständigkeit sprechen. Auf Finanzvergehen, die der Beschuldigte (Angeklagte) nach der Fällung einer Unzuständigkeitsentscheidung in erster Instanz begangen hat, kann die Wiederaufnahme nicht gegründet werden.

(3) Der Wiederaufnahme wegen eines Finanzvergehens steht nicht entgegen, daß die Tat als strafbare Handlung anderer Art verfolgt wurde oder noch verfolgt wird. *(BGBl I 2007/44)*

(4) Durch die Bewilligung der Wiederaufnahme tritt das Verfahren wegen des Finanzvergehens auch dann in den Stand des Ermittlungsverfah-rens, wenn die Tat bereits als eine andere mit gerichtlicher Strafe bedrohte Handlung verfolgt wird und das Verfahren schon weiter gediehen ist. *(BGBl I 2007/44)*

(5) Berechtigt zum Antrag auf Wiederaufnahme sind die Staatsanwaltschaft und die Finanzstrafbehörde. *(BGBl I 2007/44)*

§ 221. (1) Wenn nach der rechtskräftigen Verurteilung des Angeklagten wegen eines Finanzvergehens neue Tatsachen oder Beweise beigebracht werden, die für die Zuständigkeit der Finanzstrafbehörde zur Ahndung des Vergehens sprechen, so hat das Landesgericht (§ 32 Abs. 3 StPO) über die gerichtliche Zuständigkeit zu entscheiden. *(BGBl I 2007/44)*

(2) Lehnt das Landesgericht (§ 32 Abs. 3 StPO) die gerichtliche Zuständigkeit ab, so hat es das Urteil im Schuld- und Strafausspruch wegen des Finanzvergehens aufzuheben. *(BGBl I 2007/44)*

(3) Im Übrigen sind die Bestimmungen des § 212 Abs. 2 bis 5 anzuwenden. *(BGBl I 2012/112)*

§ 222. Die Wiederaufnahme ist auch zu bewilligen, wenn nach rechtskräftiger Verurteilung neue Tatsachen oder Beweise beigebracht werden, aus denen sich ergibt, daß Gericht seinem Urteil einen zu hohen strafbestimmenden Wertbetrag zugrunde gelegt hat.

§ 223. Neuen Tatsachen und Beweisen stehen bei einer Wiederaufnahme zugunsten des Verurteilten rechtskräftige Entscheidungen und Verfügungen der Abgabenbehörden gleich, die von den Strafurteilen, wenn auch nicht in der Tatsachengrundlage, so doch in der rechtlichen Beurteilung abweichen.

§ 224. (1) Läßt die Wiederaufnahmsbewilligung einen Teil des Schuldspruches wegen eines oder mehrerer Finanzvergehen unberührt, so darf das Gericht die Fortsetzung des Verfahrens wegen Unzuständigkeit zur Ahndung dieser Vergehen nie einstellen. Es hat daher im neuen Urteil eine Strafe für das eine oder die mehreren Finanzvergehen zu bestimmen, deren der Verurteilte auch nach der Wiederaufnahme des Verfahrens schuldig erkannt geblieben ist, wenngleich sie sonst von der Finanzstrafbehörde zu ahnden wären.

(2) Hat das Gericht die Strafe für Finanzvergehen, zu deren Ahndung die Finanzstrafbehörde zuständig wäre, nach dem ersten Absatz bestimmt, so sind mit dieser Bestrafung nicht die Folgen einer gerichtlichen Verurteilung, sondern nur die einer Ahndung durch die Finanzstrafbehörde verbunden; dies ist im Urteil festzustellen.

(3) Die Bestimmungen der Abs. 1 und 2 sind dem Sinne nach anzuwenden, wenn die Wieder-

aufnahmsbewilligung zwar den strafbestimmenden Wertbetrag unberührt läßt, aber Gründe für die Zuständigkeit der Finanzstrafbehörde sprechen.

§ 225. *(aufgehoben, BGBl 1988/599)*

§ 226. Werden neue Tatsachen und Beweismittel, die gegen die gerichtliche Zuständigkeit sprechen, während eines Rechtsmittelverfahrens beigebracht, so entscheidet das Rechtsmittelgericht endgültig, ob die gerichtliche Zuständigkeit zur Ahndung des Finanzvergehens gegeben sei.

Zu § 381

§ 227. (1) Zu den Kosten des Strafverfahrens gehören auch die Auslagen, die der Finanzstrafbehörde als Privatbeteiligtem oder Ankläger an Stelle der Staatsanwaltschaft erwachsen; sie fallen nicht unter die Pauschalkosten. *(BGBl I 2013/14)*

(2) Die Kosten, die der Bundesfinanzverwaltung im Dienste der Strafjustiz erwachsen, sind bei der Bestimmung des Pauschalkostenbeitrages zu berücksichtigen, soweit sie nicht nach § 381 Abs. 1 Z. 3, 4 und 5 StPO besonders zu ersetzen sind. *(BGBl I 2019/104)*

(3) Der Bundesfinanzverwaltung werden nur Barauslagen und außerdem die Kosten erstattet, die der Finanzprokuratur nach § 8 Abs. 1 des Finanzprokuraturgesetzes, BGBl. I Nr. 110/2008, gebühren. *(BGBl I 2020/99)*

(BGBl 1975/335; BGBl I 2003/124)

Zu § 390

§ 228. Die Finanzstrafbehörde kann als Privatbeteiligter oder Ankläger an Stelle der Staatsanwaltschaft nicht zum Ersatz der Strafverfahrenskosten verurteilt werden. *(BGBl I 2013/14)*

Zu § 393a

§ 228a. Wird der Angeklagte lediglich wegen Unzuständigkeit der Gerichte zur Ahndung eines Finanzvergehens freigesprochen, so gilt für den Ersatzanspruch § 393a Abs. 2 StPO dem Sinne nach.

(BGBl 1985/571)

Zu § 408

§ 229. (1) Das Gericht hat verfallene Gegenstände, die sich nicht in amtlicher Verwahrung befinden, dem, der sie in seinem Gewahrsam hat, erforderlichenfalls auch zwangsweise abzunehmen. Wurde neben dem Verfall auf Wertersatz erkannt, weil im Zeitpunkt der Entscheidung noch nicht feststand, ob der Verfall vollziehbar sein

wird (§ 19 Abs. 2 erster Fall), und können die verfallenen Gegenstände nicht in amtlichen Gewahrsam gebracht werden, so ist vom Verurteilten Wertersatz einzufordern. Kann nur ein Teil der verfallenen Gegenstände in amtlichen Gewahrsam gebracht werden, so hat das Gericht mit Beschluß den Betrag zu bestimmen, der als Wertersatz für die nicht zustande gebrachten Gegenstände einzuheben ist. Nach Rechtskraft des Beschlusses ist der festgesetzte Betrag als Wertersatz einzufordern. *(BGBl I 2013/14)*

(2) Die Verwertung verfallener Gegenstände ist der Finanzstrafbehörde zu überlassen. *(BGBl I 2013/14)*

(3) Wurde neben dem Verfall auf Wertersatz erkannt, weil Pfand- oder Zurückbehaltungsrechte Dritter an den verfallenen Gegenständen anerkannt worden sind (§ 19 Abs. 2 zweiter Fall), so hat das Gericht die verfallenen Gegenstände zu verwerten, die gesicherten Forderungen aus dem Erlös zu befriedigen und den Betrag, der zur Befriedigung der Forderungen aufgewendet worden ist, als Wertersatz einzufordern.

(4) Sind nach dem Abs. 3 die Forderungen mehrerer Gläubiger zu befriedigen, so ist bei unzureichendem Verwertungserlös der Rang der Pfand- und Zurückbehaltungsrechte zu berücksichtigen (§ 215 Abs. 1 lit. b). Forderungen mit gleichem Rang, die im Erlös keine Deckung finden, sind im Verhältnis ihrer Höhe zu befriedigen. Gegen den Verteilungsbeschluß steht dem Betroffenen die Beschwerde an das Oberlandesgericht offen; die Beschwerde ist binnen vierzehn Tagen einzubringen. Personen, die am Verfahren nicht beteiligt waren, steht es frei, ihr besseres Recht im Zivilrechtsweg geltend zu machen. *(BGBl I 2013/14)*

(BGBl 1975/335)

Zu den §§ 409 und 409a

§ 230. (1) Die Geldstrafe kann auch nach dem Antritt der Ersatzfreiheitsstrafe bezahlt werden. Sie verringert sich im Verhältnis zu dem verbüßten Teil der Ersatzfreiheitsstrafe. Wird nicht die ganze hiernach aushaftende Geldstrafe bezahlt, so ist der Ersatzfreiheitsstrafe im Verhältnis des geschuldeten Restes weiter zu vollziehen.

(2) Die Bestimmungen der §§ 409 und 409a StPO, des § 12 des Gerichtlichen Einbringungsgesetzes 1962, in der jeweils geltenden Fassung, und des ersten Absatzes gelten auch für den Wertersatz.

(BGBl 1969/145; BGBl 1975/335)

Zu § 197 und zum 20. Hauptstück.

§ 231. Flüchtig ist, wer sich der inländischen Gerichtsbarkeit dadurch entzieht, daß er sich im Ausland aufhält oder im Inland verbirgt. Wie ein

Flüchtiger wird auch behandelt, wer sonst unauffindbar ist.

§ 232. Flüchtigen Beschuldigten ist im Verfahren von Amts wegen ein Verteidiger zu bestellen. *(BGBl I 2007/93)*

§ 233. (1) Besteht hinreichend Verdacht, dass sich ein Flüchtiger eines Finanzvergehens schuldig gemacht habe, so hat das Gericht auf Antrag der Staatsanwaltschaft zur Sicherung der Geldstrafe, des Verfalls und des Wertersatzes eine Beschlagnahme gemäß §§ 109 Z 2 und 115 Abs. 1 Z 3 StPO anzuordnen, wenn zu befürchten ist, dass andernfalls die Einbringung gefährdet oder wesentlich erschwert würde.

(2) § 207a Abs. 2 bis 4 gilt dem Sinne nach.

(BGBl 1975/335; BGBl 1989/375; BGBl I 2007/44)

§ 234. *(aufgehoben, BGBl 1975/335)*

§ 235. Die Zustellung von Gerichtsstücken an den Flüchtigen gilt als bewirkt, sobald sie seinem Verteidiger zugestellt sind.

(BGBl 1989/375)

Zu § 444

§ 236. Soweit in diesem Bundesgesetz nicht anderes bestimmt ist, gilt § 444 StPO dem Sinne nach auch für die Nebenbeteiligten (§ 76).

(BGBl 1975/335)

§ 237. Hat eine Person, die als Nebenbeteiligter in Betracht kommt, ihren Wohnsitz im Ausland oder hält sie sich nicht nur vorübergehend im Ausland auf, so hat ihr das Gericht, ohne daß dadurch der Fortgang des Verfahrens gehindert würde, anheim zu stellen, einen im Inland wohnhaften Bevollmächtigten zu nennen. Zugleich hat das Gericht sie zu belehren, daß in diesem Fall von der Nennung des Bevollmächtigten an nur dieser am Verfahren beteiligt werde, daß es dem Nebenbeteiligten jedoch unbenommen sei, selbst bei Gericht zu erscheinen und seine Rechte zu vertreten.

(BGBl 1975/335)

§ 238. Der Staatsanwaltschaft und allen anderen Verfahrensbeteiligten steht die Berufung zu:

a) gegen die ausdrückliche oder stillschweigende Entscheidung darüber, ob ein Nebenbeteiligter das Eigentum an den verfallsbedrohten Gegenständen verliere, ob ein Pfand- oder Zurückbehaltungsrecht eines Nebenbeteiligten an einem verfallsbedrohten Gegenstand anerkannt werde oder ob ein Nebenbeteiligter für die Geldstrafe oder den Wertersatz hafte;

b) gegen den Ausspruch über den Rang und die Höhe der gesicherten Forderung.

(BGBl 1975/335; BGBl I 2013/14)

§ 239. Soweit der Staatsanwaltschaft, der Finanzstrafbehörde, den betroffenen Nebenbeteiligten und dem Angeklagten die Berufung nach § 238 zusteht, können sie auch die Wiederaufnahme des Verfahrens begehren. *(BGBl I 2013/14)*

(BGBl 1975/335)

§ 240. (1) Hat die Wiederaufnahme Erfolg zugunsten eines Nebenbeteiligten, so ist er vom Bund für vermögensrechtliche Nachteile zu entschädigen, die ihm durch das vorangegangene Verfahren und Urteil entstanden sind. Sein Anspruch gegen den Bund geht auf den Verurteilten, der ihm den Schaden ersetzt hat, oder dessen Rechtsnachfolger über.

(2) Für die Auseinandersetzung zwischen dem Entschädigungswerber und dem Bund sind die Vorschriften der §§ 9 und 12 des Strafrechtlichen Entschädigungsgesetzes 2005 (StEG 2005), BGBl. I Nr. 125/2004 sinngemäß anzuwenden. *(BGBl I 2013/14)*

(BGBl 1975/335)

§ 241. Nebenbeteiligte können nur zum Ersatz der Strafverfahrenskosten verurteilt werden, die ohne ihr Einschreiten nicht entstanden wären.

(BGBl 1975/335)

§ 242. (1) Hat das Gericht mit Urteil ausgesprochen, daß eine vom Angeklagten verschiedene Person durch den Verfall ihr Eigentum verliere, ist in dem Urteil die Anerkennung eines Pfand- oder Zurückbehaltungsrechtes unterblieben oder die Haftung für die Geldstrafe oder den Wertersatz ausgesprochen worden, so ist auf Antrag des Betroffenen über den Verfall, das Pfand- oder Zurückbehaltungsrecht oder die Haftung gleichfalls in mündlicher Verhandlung mit Ergänzungsurteil zum Haupturteil zu entscheiden. Antragsberechtigt ist der Betroffene, wenn er ohne seine oder seines Bevollmächtigten Schuld durch einen unabwendbaren Umstand daran gehindert war, am Verfahren teilzunehmen. Der Antrag kann nur binnen sechs Wochen nach Wegfall des Hindernisses und niemals später als drei Jahre nach Rechtskraft des Urteils gestellt werden.

(2) Wird in dem Ergänzungsurteil der Verfall aufgehoben oder ein Pfand- oder Zurückbehaltungsrecht eines Dritten anerkannt, so hat das Gericht zugleich auf den vom Verurteilten zu leistenden entsprechenden Wertersatz zu erkennen.

(3) Wenn in dem nachträglichen Verfahren zu entscheiden ist, ob ein Nebenbeteiligter sein Eigentum an dem verfallen erklärten Gegenstand verloren habe, sind auch die Personen der Verhandlung zuzuziehen, die im Haupturteil schuldig gesprochen worden sind; sie haben auch in dem nachträglichen Verfahren die Stellung eines Beschuldigten (Angeklagten).

(4) Weist das Gericht den Antrag zurück, das nachträgliche Verfahren einzuleiten, so kann der betroffene Nebenbeteiligte die Beschwerde an das Oberlandesgericht erheben; hiefür steht eine Frist von vierzehn Tagen seit Zustellung des ablehnenden Beschlusses offen. *(BGBl I 2013/14)*

(5) Die Zulässigkeit des nachträglichen Verfahrens kann nur mit Berufung gegen das Ergänzungsurteil angefochten werden.

(6) Für das nachträgliche Verfahren gelten die Vorschriften über die Hauptverhandlung, das Urteil, dessen Anfechtung und Vollziehung, die Wiederaufnahme des Verfahrens und die Entschädigung für vermögensrechtliche Nachteile.

(BGBl 1975/335)

Zu den §§ 445 und 446

§ 243. Die §§ 445 und 446 StPO gelten dem Sinne nach für den Verfall nach § 18 mit der Maßgabe, dass bei einem Freispruch wegen gerichtlicher Unzuständigkeit zur Ahndung des Finanzvergehens eine Entscheidung des Gerichts über den Verfall nicht zulässig ist.

(BGBl I 2010/104)

§ 244. Die Bestimmungen über die Wiederaufnahme des Strafverfahrens gelten dem Sinne nach auch für das selbständige Verfahren.

(BGBl 1975/335)

§ 245. (1) Werden die Täter oder andere an der Tat Beteiligte später entdeckt, aber des Finanzvergehens nicht schuldig erkannt, so sind jene Personen, die durch den Verfall vermögensrechtliche Nachteile erlitten haben (Abs. 3), vom Bund für vermögensrechtliche Nachteile zu entschädigen.

(2) Klagsberechtigt sind die früheren Eigentümer der verfallenen Gegenstände und Personen, deren Pfand- oder Zurückbehaltungsrechte an den verfallenen Gegenständen nicht anerkannt worden sind.

(3) Für die Auseinandersetzung zwischen dem Entschädigungswerber und dem Bund sind die §§ 9 und 12 des Strafrechtlichen Entschädigungsgesetzes 2005 (StEG 2005), BGBl. I Nr. 125/2004, dem Sinne nach anzuwenden.

(BGBl 1975/335; BGBl I 2013/14)

Zum 23. Hauptstück.

§ 246. *(entfällt, BGBl I 2013/14)*

§ 247. *(aufgehoben, BGBl 1975/335)*

ARTIKEL II
Gerichtlich strafbare Handlungen, die keine Finanzvergehen sind

Begünstigung

§ 248. (1) Wer einen anderen, der ein Finanzvergehen begangen hat, das von der Finanzstrafbehörde zu ahnden ist, der Verfolgung oder der Vollstreckung der Strafe absichtlich ganz oder zum Teil entzieht, ist vom Gericht mit Freiheitsstrafe bis zu einem Jahr oder mit Geldstrafe bis zu 360 Tagessätzen zu bestrafen.

(2) § 299 Abs. 2 bis 4 StGB gilt dem Sinne nach.

(BGBl 1975/335)

§ 249. *(aufgehoben, BGBl 1975/335)*

Falsche Verdächtigung

§ 250. (1) Wer einen anderen dadurch der Gefahr einer behördlichen Verfolgung aussetzt, daß er ihn eines von der Finanzstrafbehörde zu verfolgenden Finanzvergehens mit Ausnahme der Finanzordnungswidrigkeiten falsch verdächtigt, ist, wenn er weiß (§ 5 Abs. 3 StGB), daß die Verdächtigung falsch ist, vom Gericht mit Freiheitsstrafe bis zu einem Jahr oder mit Geldstrafe bis zu 360 Tagessätzen zu bestrafen.

(2) § 297 Abs. 2 StGB gilt dem Sinne nach.

(BGBl 1975/335)

Verletzung der abgabenrechtlichen Geheimhaltungspflicht

§ 251. (1) Wer als Beamter (§ 74 Abs. 1 Z 4 StGB) oder als ehemaliger Beamter die abgabenrechtliche Geheimhaltungspflicht verletzt (§ 48a Abs. 2 BAO), ist, wenn die Tat nicht nach einer anderen Bestimmung mit strengerer Strafe bedroht ist, vom Gericht nach § 310 StGB zu bestrafen. *(BGBl I 2007/44)*

(2) Vor der Entscheidung, ob die Offenbarung oder Verwertung im zwingenden öffentlichen Interesse gelegen war (§ 48a Abs. 4 lit. b BAO), hat das Gericht das Bundesministerium für Finanzen zu hören.

(BGBl 1985/571)

§ 252. (1) Wer, ohne Beamter oder ehemaliger Beamter zu sein, die abgabenrechtliche Geheimhaltungspflicht verletzt (§ 48a Abs. 3 BAO), ist vom Gericht nach § 121 Abs. 1 StGB zu bestrafen.

(2) Wer die Tat begeht, um sich oder einem anderen einen Vermögensvorteil zuzuwenden oder einem anderen einen Nachteil zuzufügen, ist vom Gericht nach § 121 Abs. 2 StGB zu bestrafen.

(3) § 251 Abs. 2 ist anzuwenden.

(4) Der Täter ist nur auf Verlangen des in seinem Interesse an der Geheimhaltung Verletzten zu verfolgen.

(BGBl 1975/335; BGBl 1985/571)

§ 253. *(aufgehoben, BGBl 1975/335)*

ARTIKEL III

Bestimmungen für den Bereich des landesgesetzlichen und kommunalsteuerlichen Abgabenstrafrechts

§ 254. (1) Für den Bereich des landesgesetzlichen und kommunalsteuerlichen Abgabenstrafrechts gelten § 29 sinngemäß und das Verwaltungsstrafgesetz 1991 – VStG, BGBl. Nr. 52/1991. *(BGBl I 2013/33; BGBl I 2014/13)*

(2) Abs. 1 gilt nicht für jene Fälle, in denen zur Durchführung des Strafverfahrens eine Finanzstrafbehörde des Bundes zuständig ist. In diesen Fällen gelten für das verwaltungsbehördliche und das verwaltungsgerichtliche Verfahren die verfahrensrechtlichen Bestimmungen des Art. I. *(BGBl I 2014/105)*

(BGBl I 2009/20)

§ 255. *(aufgehoben, BGBl 1959/92)*

ARTIKEL IV

Übergangs- und Schlußbestimmungen

§ 256. Soweit in diesem Bundesgesetz auf Bestimmungen anderer Bundesgesetze verwiesen wird, sind diese Bestimmungen in ihrer jeweils geltenden Fassung anzuwenden.

(BGBl 1989/375)

Umsetzung von Unionsrecht

§ 257. (1) Mit den §§ 57 Abs. 4 und 4a, 84 Abs. 5 und 127 Abs. 1 dieses Bundesgesetzes wird die Richtlinie 2010/64/EU über das Recht auf Dolmetschleistungen und Übersetzungen in Strafverfahren, ABl. Nr. L 280 vom 26.10.2010 S. 1, umgesetzt.

(2) Mit den §§ 57 Abs. 3 und 85 Abs. 3a dieses Bundesgesetzes wird die Richtlinie 2012/13/EU über das Recht auf Belehrung und Unterrichtung in Strafverfahren, ABl. Nr. L 142 vom 01.06.2012 S. 1, umgesetzt.

(3) Mit den §§ 77 Abs. 1, 78 Abs. 3, 84 Abs. 2, 85 Abs. 4 und 6 sowie 89 Abs. 4 dieses Bundesgesetzes wird die Richtlinie 2013/48/EU über das Recht auf Zugang zu einem Rechtsbeistand in Strafverfahren und in Verfahren zur Vollstreckung des Europäischen Haftbefehls sowie über das Recht auf Benachrichtigung eines Dritten bei Freiheitsentzug und das Recht auf Kommunikation mit Dritten und mit Konsularbehörden während des Freiheitsentzugs, ABl. Nr. L 294 vom 6.11.2013 S. 1, umgesetzt.

(4) Mit den §§ 57a bis 57e, § 80, § 120 Abs. 3 und 5, § 194c, § 194d Abs. 3, § 194e Abs. 2 und 195 Abs. 4 dieses Bundesgesetzes wird die Richtlinie (EU) 2016/680 zum Schutz natürlicher Personen bei der Verarbeitung personenbezogener Daten durch die zuständigen Behörden zum Zwecke der Verhütung, Ermittlung, Aufdeckung oder Verfolgung von Straftaten oder der Strafvollstreckung sowie zum freien Datenverkehr und zur Aufhebung des Rahmenbeschlusses 2008/977/JI des Rates, ABl. Nr. L 119 vom 4.5.2016 S. 89, für den Bereich des Finanzstrafrechtes umgesetzt. *(BGBl I 2018/32; BGBl I 2019/91)*

(5) Mit den §§ 2, 35 Abs. 4, 37 Abs. 2, 40 und 53 Abs. 1a dieses Bundesgesetzes wird die Richtlinie (EU) 2017/1371 über die strafrechtliche Bekämpfung von gegen die finanziellen Interessen der Union gerichtetem Betrug, ABl. Nr. L 198 vom 28.7.2017 S. 29, für den Bereich des Finanzstrafrechtes umgesetzt. *(BGBl I 2019/62)*

(6) Mit § 77 Abs. 3a dieses Bundesgesetzes wird die Richtlinie (EU) 2016/1919 über Prozesskostenhilfe für Verdächtige und beschuldigte Personen in Strafverfahren sowie für gesuchte Personen in Verfahren zur Vollstreckung eines Europäischen Haftbefehls, ABl. Nr. L 297 vom 04.11.2016 S. 1, für den Bereich des Finanzstrafrechtes umgesetzt. *(BGBl I 2019/62)*

(7) Mit den §§ 180, 181 und 182 dieses Bundesgesetzes wird die Richtlinie (EU) 2016/800 über Verfahrensgarantien in Strafverfahren für Kinder, die Verdächtige oder beschuldigte Personen in Strafverfahren sind, ABl. Nr. L 132 vom 21.05.2016 S. 1, für den Bereich des Finanzstrafrechtes umgesetzt. *(BGBl I 2019/62)*

(8) Mit § 49c dieses Bundesgesetzes wird die Richtlinie (EU) 2018/822 des Rates vom 25. Mai 2018 zur Änderung der Richtlinie 2011/16/EU bezüglich des verpflichtenden automatischen Informationsaustauschs im Bereich der Besteuerung über meldepflichtige grenzüberschreitende Gestaltungen, ABl. Nr. L 139 vom 5.6.2018 S. 1-13 für den Bereich des Finanzstrafrechtes umgesetzt. *(BGBl I 2019/91)*

(BGBl I 2016/77)

§§ 258 bis 261. *(aufgehoben, BGBl 1975/335)*

§ 262. Durch § 264 dieses Bundesgesetzes nicht ausdrücklich aufgehobene Bestimmungen der Abgaben- und Monopolvorschriften gelten insoweit sinngemäß abgeändert, als sie mit den Bestimmungen des Artikels I dieses Bundesgesetzes im Zusammenhang stehen.

§ 263. Wo in bundesgesetzlichen Bestimmungen auf Vorschriften hingewiesen wird, die durch dieses Bundesgesetz ersetzt werden, treten an deren Stelle sinngemäß die Bestimmungen dieses Bundesgesetzes.

§ 264. Mit dem Wirksamkeitsbeginn dieses Bundesgesetzes werden aufgehoben:
...

§ 265. (1) Dieses Bundesgesetz tritt am 1. Jänner 1959, die Regelung der Abs. 3 und 6 jedoch am 30. Juni 1958 in Kraft.

(1a) § 176 Abs. 4 lit. a in der Fassung des Bundesgesetzes BGBl. I Nr. 30/1998 tritt mit 1. Jänner 1998 in Kraft.

(1b) Die §§ 62, 65, 67, 68, 70, 71, 74, 152, 157, 159, 162, 169, 170 in der Fassung des Bundesgesetzes BGBl. I Nr. 97/2002 treten mit 1. Jänner 2003 in Kraft und sind auf alle an diesem Tag unerledigten Rechtsmittel anzuwenden. Die zu diesem Zeitpunkt bestellten Mitglieder der Spruchsenate bleiben bis zum Ablauf ihrer Bestellungsdauer im Amt. Die als Mitglieder der Berufungssenate bestellten Laienbeisitzer gelten als für den unabhängigen Finanzsenat bestellt und bleiben bis zum Ablauf ihrer Bestellungsdauer im Amt. Die Maßnahmen, die für eine unverzügliche Aufnahme der Tätigkeit des unabhängigen Finanzsenates erforderlich sind, dürfen bereits von dem der Kundmachung des Bundesgesetzes BGBl. I Nr. 97/2002 folgenden Tag an getroffen werden.

(1c) *(nicht mehr geltend, BGBl I 2008/2)*

(1d) § 58 Abs. 1 lit. e und § 65 Abs. 1 lit. a in der Fassung des Bundesgesetzes BGBl. I Nr. 124/2003 treten mit 1. Jänner 2004 in Kraft. § 5 Abs. 2, § 58 Abs. 1 lit. a und Abs. 3, § 68 Abs. 5, § 70, § 71, § 85 Abs. 2, § 89 Abs. 2, § 95, § 97, § 181 Abs. 3, § 197 Abs. 1, 3 und 5 und § 227 Abs. 2 in der Fassung des Bundesgesetzes BGBl. I Nr. 124/2003 treten mit 1. Mai 2004 in Kraft. Die von den Präsidenten der Finanzlandesdirektionen gemäß § 85 Abs. 2 vorgenommenen Bestellungen von Organen der Finanzämter bleiben von der Änderung dieser Bestimmung unberührt.

(1e) § 48b und § 146 Abs. 1 in der Fassung des Bundesgesetzes BGBl. I Nr. 26/2004 treten mit 1. Mai 2004 in Kraft.

(1f) § 65 Abs. 1 lit. a und § 194a in der Fassung des Bundesgesetzes BGBl. I Nr. 180/2004 treten mit 1. Jänner 2005 in Kraft. *(BGBl I 2004/180)*

(1g) § 38 Abs. 1 in der Fassung des Bundesgesetzes BGBl. I Nr. 103/2005 tritt mit 1. Jänner 2006 in Kraft. *(BGBl I 2005/103)*

(1h) Die §§ 68 und 99 Abs. 4 in der Fassung des Bundesgesetzes BGBl. I Nr. 161/2005 treten mit 1. Jänner 2006 in Kraft. § 28 Abs. 1 in der vor Inkrafttreten des Bundesgesetzes BGBl. I Nr. 161/2005 geltenden Fassung ist auf vor Inkrafttreten des Bundesgesetzes BGBl. I Nr. 161/2005 begangene Finanzvergehen weiter anzuwenden. *(BGBl I 2005/161)*

(1i) Die §§ 58 Abs. 1 lit. a, b und 65 Abs. 1 lit. b sowie 146 Abs. 1 jeweils in der Fassung des Bundesgesetzes BGBl. I Nr. 99/2006 treten mit 1. März 2007 in Kraft. § 58 Abs. 1 lit. g in der Fassung des Bundesgesetzes BGBl. I Nr. 99/2006 tritt mit Ablauf des 28. Februar 2007 außer Kraft. *(BGBl I 2006/99)*

(1j) Die §§ 5 Abs. 3, 6, 24 Abs. 1, 31 Abs. 3 und 4, 32 Abs. 3, 53 Abs. 1 und 4, 54, 57, 77 Abs. 1, 78 Abs. 3, 82 Abs. 2, 83 Abs. 2, 84, 85 Abs. 2, 87 Abs. 7, 89 Abs. 4, 114 Abs. 3, 124 Abs. 2, 195 Abs. 1, 196, 196a, 199 Abs. 2, 200, 201, 202, 202a, 205, 206 Abs. 1, 207 Abs. 1, 207a, 209, 212, 220, 221 Abs. 1 und 2, 233 und 251 Abs. 1 sowie die Überschriften vor den §§ 25, 196a, 199, 200, 200a, 201, 202, 202a, 205, 206, 208, 209, 210 und 220 und die Überschrift des Dritten Unterabschnittes jeweils in der Fassung des Bundesgesetzes BGBl. I Nr. 44/2007 treten mit 1. Jänner 2008 in Kraft. Die §§ 6 Abs. 2, 25 Abs. 3, 54 Abs. 3, 197, 198, 203, 204 und 214 Abs. 3 sowie die Überschriften vor den §§ 197 und 203 treten mit Ablauf des 31. Dezember 2007 außer Kraft. *(BGBl I 2007/44)*

(1k) § 232 sowie die Überschriften vor den §§ 220, 231 und 246 treten mit 1. Jänner 2008 in Kraft. *(BGBl I 2007/93; BGBl I 2008/85)*

(1l) § 176 Abs. 4 lit. a in der Fassung BGBl. I Nr. 99/2007 tritt mit 1. Jänner 2008 in Kraft. *(BGBl I 2007/99; BGBl I 2008/85)*

(1m) Die §§ 31 Abs. 2, § 49a und § 58 Abs. 1 lit. c jeweils in der Fassung des Bundesgesetzes BGBl. I Nr. 85/2008 treten mit 1. August 2008 in Kraft. *(BGBl I 2008/85)*

(1n) § 58 Abs. 1 lit. e in der Fassung des Bundesgesetzes BGBl. I. Nr. 9/2010 tritt mit 1. Juli 2010 in Kraft. *(BGBl I 2010/9)*

(1o) § 2 Abs. 2 in der Fassung des Bundesgesetzes, BGBl. I Nr. 54/2010, tritt mit 1. Jänner 2011 in Kraft. *(BGBl I 2010/54)*

(1p) Die Änderungen im Finanzstrafgesetz in der Fassung des Bundesgesetzes, BGBl. I Nr. 104/2010, treten mit 1. Jänner 2011 in Kraft. Dabei gilt: Die §§ 38, 39, 40 und 44 in der vor Inkrafttreten des Bundesgesetzes BGBl. I Nr.

104/2010 geltenden Fassung sind auf vor Inkrafttreten des Bundesgesetzes BGBl. I Nr. 104/2010 begangene Finanzvergehen weiterhin anzuwenden. Auf zum 1. Jänner 2011 anhängige Rechtsmittel gegen Bescheide über die Einleitung eines Finanzstrafverfahrens ist § 83 Abs. 2 in der Fassung dieses Bundesgesetzes nicht anzuwenden. *(BGBl I 2010/104; BGBl I 2017/163 (VfGH))*

(1q) **(Verfassungsbestimmung)** § 66 in der Fassung des Bundesgesetzes BGBl. I Nr. 51/2012 tritt mit 1. Jänner 2014 in Kraft. *(BGBl I 2012/51)*

(1r) § 58 Abs. 1 lit. g, § 65 Abs. 1 lit. a und § 194a jeweils in der Fassung des Bundesgesetzes BGBl. I Nr. 112/2012 treten mit 1. Jänner 2013 in Kraft. *(BGBl I 2012/112)*

(1s) Die §§ 30a Abs. 5, 33 Abs. 3 lit. a und c, 46 Abs. 1 lit. a, 54 Abs. 2, 199 Abs. 3, 200 Abs. 2 lit. a, 210 Abs. 1, 4, 5 und 7, 211 Abs. 1, 213 Abs. 1 lit. b, 227 Abs. 1, 228, 229 Abs. 4, 238, 239, 240 Abs. 2, 242 Abs. 4 und 245 sowie die Überschrift vor § 213 jeweils in der Fassung des BGBl. I Nr. 14/2013 treten mit dem der Kundmachung des BGBl. I Nr. 14/2013 folgenden Tag in Kraft; zugleich treten § 229 Abs. 1 vierter Satz und § 246 außer Kraft. Die §§ 3, 4 Abs. 2, 14 Abs. 3, 31 Abs. 4 lit. b, 57 Abs. 6, 58 Abs. 1, 2 und 3, 59 Abs. 1, 2 und 3, 60 Abs. 1, 61 Abs. 1, 62, 64 Abs. 3, 65 Abs. 2, 66 Abs. 2, 67, 68 Abs. 1, 2 und 6, 69, 70 Abs. 2, 71, 71a, 72 Abs. 1, 74 Abs. 1 und 3, 80, 81, 82 Abs. 1 und 3, 83 Abs. 2 und 3, 85 Abs. 1 und 4, 87 Abs. 1 und 7, 88 Abs. 1 lit. a und c, Abs. 3 und 5, 90 Abs. 2, 93 Abs. 7, 95, 99 Abs. 6, 102 Abs. 4, 115, 116 Abs. 1, 117 Abs. 2, 118, 119, 120 Abs. 1, 122 Abs. 1, 123 Abs. 1, 124 Abs. 1 und 2, 125 Abs. 2, 127 Abs. 1, 130 Abs. 1 lit. a, 131 Abs. 2, 134, 135 Abs. 1 lit. a, 137 lit. a, 139, 140 Abs. 1, 141 Abs. 2 und 3, 143 Abs. 1, 145 Abs. 1, 2 und 4, 147, 150 Abs. 1, 3 und 4, 151 Abs. 1 und 2, 152, 153 Abs. 1, 2 und 4, 156, 157, 158, 159, 160, 161, 162, 163 Abs. 1, 165 Abs. 3, 4 und 5, 166 Abs. 1, 2, 3, 4 und 6, 167 Abs. 2, 168 Abs. 3, 169, 170 Abs. 2 und 3, 171 Abs. 2, 172 Abs. 1, 175 Abs. 2, 176 Abs. 1, 177 Abs. 1 und 3, 178, 180 Abs. 2, 185 Abs. 5, 187, 194a, 194d Abs. 1, 196 Abs. 3 und 207 Abs. 1 sowie die Überschriften vor den §§ 62, 65, 71a, 156, 161, und die Überschrift des VII. Hauptstückes und dessen Ziffer A jeweils in der Fassung des Bundesgesetzes BGBl. I Nr. 14/2013 treten mit 1. Jänner 2014 in Kraft; zugleich treten die §§ 63, 85 Abs. 7, 87 Abs. 2, 89 Abs. 5 zweiter Satz und Abs. 6, 89 Abs. 6, 142 Abs. 2 und 164 außer Kraft. Dabei gilt:

a) Die zum 31. Dezember 2013 beim unabhängigen Finanzsenat als Finanzstrafbehörde zweiter Instanz anhängigen Rechtsmittel sind vom Bundesfinanzgericht als Beschwerden im Sinne des Art. 130 Abs. 1 B-VG zu erledigen und wirken bereits gestellte Anträge auch gegenüber dem Bundesfinanzgericht. Die Ausfertigung von noch

vor dem 1. Jänner 2014 verkündeten Rechtsmittelentscheidungen hat jedoch noch im Namen des unabhängigen Finanzsenates als Finanzstrafbehörde zweiter Instanz nach den zum 31. Dezember 2013 geltenden Verfahrensbestimmungen zu erfolgen. Nach dem 31. Dezember 2013 wirksam werdende Erledigungen des unabhängigen Finanzsenates als Finanzstrafbehörde zweiter Instanz gelten als Erledigungen des Bundesfinanzgerichtes.

b) Die gemäß § 71a Abs. 4 iVm § 68 zu erlassende Geschäftsverteilung für das Jahr 2014 kann bereits vor dem 1. Jänner 2014 durch den Präsidenten des Bundesfinanzgerichtes mit Wirksamkeit zum Inkrafttreten einer nach den Bestimmungen des Organisationsgesetzes zustande gekommenen Geschäftsverteilung provisorisch erlassen werden. Sie hat vorzusehen, dass die am 31. Dezember 2013 beim unabhängigen Finanzsenat als Finanzstrafbehörde zweiter Instanz anhängigen Rechtsmittel tunlichst denselben Personen als Richter des Bundesfinanzgerichtshofes, bei Senatszuständigkeit Senaten mit denselben Vorsitzenden zugewiesen werden.

c) Bis zum 31. Dezember 2013 vorgenommene Bestellungen gemäß § 67 in der vor dem Bundesgesetz BGBl. I Nr. 14/2013 geltenden Fassung gelten als für das Bundesfinanzgericht bis 31. Dezember 2017 erfolgt. *(BGBl I 2013/14)*

(1t) § 254 Abs. 1 in der Fassung des Bundesgesetzes BGBl. I Nr. 33/2013 tritt mit 1. Jänner 2014 in Kraft. *(BGBl I 2013/33)*

(1u) Die §§ 67 Abs. 2, 70 Abs. 1, 71a Abs. 1 und 73 jeweils in der Fassung des Bundesgesetzes BGBl. I Nr. 70/2013 treten mit 1. Jänner 2014 in Kraft. *(BGBl I 2013/70)*

(1v) Wurde eine Erklärung über die Bereitschaft zur Erbringung von gemeinnützigen Leistungen vor Inkrafttreten des § 179 Abs. 3 FinStrG in der Fassung BGBl. I Nr. 155/2013 gegenüber der Finanzstrafbehörde abgegeben, so beginnt die Monatsfrist gemäß § 3a Abs. 2 StVG zur Erreichung eines Einvernehmens mit einer geeigneten Einrichtung erst ab der Kontaktaufnahme mit einem Vermittler gemäß § 3a Abs. 1 StVG, spätestens jedoch mit Inkrafttreten dieses Bundesgesetzes zu laufen. *(BGBl I 2013/155; BGBl I 2014/65)*

(1w) § 29 Abs. 3 und 6 treten mit 1. Oktober 2014 in Kraft. § 29 in der Fassung des Bundesgesetzes BGBl. I Nr. 65/2014 ist auf Selbstanzeigen, die nach dem 30. September 2014 erstattet werden, anzuwenden. *(BGBl I 2014/65, ab 12. 8. 2014)*

(1x) Die §§ 8 Abs. 3, 9, 34, 36, 39 Abs. 1 lit. b und c, 51 Abs. 1 lit. c, f und g, 51a, 58, 74a, 74b, 83 Abs. 2, 99 Abs. 3a bis 6 und 120 Abs. 1 bis 3 in der Fassung des Bundesgesetzes BGBl. I Nr. 118/2015 treten mit 1. Jänner 2016 in Kraft. § 98 Abs. 5 in der Fassung des Bundesgesetzes

BGBl. I Nr. 118/2015 tritt mit Ablauf des Tages der Kundmachung in Kraft. *(BGBl I 2015/118)*

(1y) Die §§ 22 Abs. 4, 38 und 203, jeweils in der Fassung des Bundesgesetzes BGBl. I Nr. 163/2015, treten mit 1. Jänner 2016 in Kraft. Der § 35 in der Fassung des Bundesgesetzes BGBl. I Nr. 163/2015 tritt am 1. Mai 2016 in Kraft. Die §§ 47 Abs. 1, 146 Abs. 2 lit. b, 157 und 160 Abs. 1 treten am Tag nach der Kundmachung in Kraft. *(BGBl I 2015/163)*

(1z) Die Überschrift vor § 56, §§ 57a bis 57d samt Überschriften und Unterhauptstücksüberschrift, § 80, § 120 Abs. 3 und 5, § 194c, § 194d Abs. 3, § 194e Abs. 2, § 195 Abs. 4 sowie § 257 Abs. 4, jeweils in der Fassung des Materien-Datenschutz-Anpassungsgesetzes 2018, BGBl. I Nr. 32/2018, treten mit 25. Mai 2018 in Kraft. *(BGBl I 2018/32)*

(2) § 60 tritt mit Ablauf des 31. Dezember 2020 außer Kraft. Die §§ 29 Abs. 1, 53 Abs. 1 und 3, 56 Abs. 5 Z 3, 58 Abs. 1, 59, 64 Abs. 1, 65, 67 Abs. 1, 69, 70 Abs. 1 und 2, 85 Abs. 2, 90 Abs. 2, 95, 97, 99 Abs. 2 und 5, 146 Abs. 1, 174 Abs. 2, 194a, 196 Abs. 3 und 4, die Überschrift vor § 196a, 197, und 227 Abs. 2 jeweils in der Fassung des Bundesgesetzes BGBl. I Nr. 104/2019 treten mit 1. Jänner 2021 in Kraft. Dabei gilt: *(BGBl I 2020/23, ab 5. 4. 2020)*

a) Das Amt für Betrugsbekämpfung als Finanzstrafbehörde tritt mit 1. Jänner 2021 an die Stelle des zum 31. Dezember 2020 jeweils zuständigen Finanzamtes als Finanzstrafbehörde. Das Zollamt Österreich als Finanzstrafbehörde tritt an die Stelle des zum 31. Dezember 2020 jeweils zuständigen Zollamtes als Finanzstrafbehörde. Die zum 31. Dezember 2020 bei den Finanzstrafbehörden anhängigen Verfahren sind von den gemäß § 58 Abs. 1 in der Fassung BGBl. I Nr. 104/2019 zuständigen Finanzstrafbehörden fortzuführen. *(BGBl I 2020/23, ab 5. 4. 2020)*

b) Ausfertigungen der vor dem 1. Jänner 2021 verkündeten, jedoch noch nicht zugestellten Erkenntnisse einer Finanzstrafbehörde haben im Namen der im Zeitpunkt der Verkündigung zuständigen Finanzstrafbehörde zu erfolgen. Nach dem 31. Dezember 2020 wirksam werdende Erledigungen der zum 31. Dezember 2020 zuständigen Finanzstrafbehörden gelten als Erledigungen der Finanzstrafbehörden gemäß § 58 Abs. 1 in der Fassung des Bundesgesetzes BGBl. I Nr. 104/2019. *(BGBl I 2020/23, ab 5. 4. 2020)*

c) Die gemäß § 58 Abs. 1 zu erlassende Geschäftsverteilung ab 1. Jänner 2021 kann bereits vor dem 1. Jänner 2021 durch den Vorstand der gemäß § 58 in der Fassung des Bundesgesetzes BGBl. I Nr. 104/2019 zuständigen Finanzstrafbehörde erlassen werden. *(BGBl I 2020/23)*

d) Die zum 31. Dezember 2020 gemäß § 67 bestellten Mitglieder der Spruchsenate gelten jeweils bis zum Ende ihrer jeweiligen Funktionspe-

riode als für die Spruchsenate nach § 65 in der Fassung des Bundesgesetzes BGBl. I Nr. 104/2019 bestellt. *(BGBl I 2020/23)*

e) Die zum 31. Dezember 2020 bereits einem Spruchsenat zugeleiteten Akten fallen in die Zuständigkeit eines in der Stadt bestehenden Spruchsenates, in der sich die Geschäftsstelle des bisher zuständigen Spruchsenates befunden hat. Die nach § 68 vor Ablauf des Jahres 2019 für das Jahr 2020 erlassene Geschäftsverteilung gilt bis 31. Dezember 2020. Die Geschäftsverteilung für das Jahr 2021 kann bereits vor dem 1. Jänner 2021 durch den Vorstand der gemäß § 58 in der Fassung des Bundesgesetzes BGBl. I Nr. 104/2019 zuständigen Finanzstrafbehörde erlassen werden und hat vorzusehen, dass die zum 31. Dezember 2020 bereits einem Spruchsenat zugeleiteten Akten tunlichst denselben Personen als Vorsitzenden der Spruchsenate, bei Senatszuständigkeit Senaten mit denselben Vorsitzenden zugewiesen werden. *(BGBl I 2020/23)*

f) Die zum 31. Dezember 2020 gemäß § 124 oder § 159 durch den Vorstand der Finanzstrafbehörde bestellten Amtsbeauftragten gelten jeweils als vom Vorstand der Finanzstrafbehörde in der Fassung des Bundesgesetzes BGBl. I Nr. 104/2019 bestellt. *(BGBl I 2020/23)*

g) bis h) *(entfallen, BGBl I 2020/99)*

i) Wird in einer Rechtsvorschrift des Bundes, eines Landes oder einer Gemeinde die Bezeichnung „Amt für Betrugsbekämpfung als Finanzstrafbehörde" oder „Zollamt Österreich als Finanzstrafbehörde" verwendet, ist darunter bis zum Ablauf des 31. Dezember 2020 jene Einrichtung zu verstehen, die aufgrund des Finanzstrafgesetzes in der Fassung vor dem Bundesgesetz BGBl. I Nr. 104/2019 zuständig gewesen ist. *(BGBl I 2020/23)*

(BGBl I 2019/104)

(2a) § 53 Abs. 3, § 99 Abs. 2, die Überschrift vor § 196a sowie § 197, jeweils in der Fassung des Bundesgesetzes BGBl. I Nr. 104/2019, treten nicht in Kraft. § 265 Abs. 2 lit. g und h treten außer Kraft. *(BGBl I 2020/99)*

(2b) § 53 Abs. 3, § 56b Abs. 1, 1a, 2 und 3, § 87 Abs. 7, § 99 Abs. 2, die Überschrift vor § 196a, sowie die §§ 197 und 198 samt Überschriften, jeweils in der Fassung des Bundesgesetzes BGBl. I Nr. 99/2020, treten mit 1. Jänner 2021 in Kraft. *(BGBl I 2020/99)*

(2c) Hinsichtlich der Zuständigkeit des Spruchsenates nach § 58 Abs. 2 lit. a für Finanzvergehen, die vor dem 1. Jänner 2021 begangen wurden, tritt durch das Inkrafttreten des § 58 Abs. 1 in der Fassung des Bundesgesetzes BGBl. I Nr. 104/2019 keine Änderung zu der am 31. Dezember 2020 geltenden Rechtslage ein, wenn einem Spruchsenat ausschließlich aufgrund des Inkrafttretens von Bestimmungen des Finanz-Organisationsreformgesetzes, BGBl. I Nr. 104/2019, oder des 2. Finanz-Organisationsreformgesetzes, BGBl. I Nr. 99/2020, oder auch beider Gesetze, die Durchführung der mündlichen Verhandlung und Fällung des Erkenntnisses obläge. *(BGBl I 2020/99)*

(2d) Hinsichtlich der Zuständigkeit zur Ahndung von Finanzvergehen, die vor dem 1. Jänner 2021 begangen wurden, tritt durch das Inkrafttreten der §§ 53 Abs. 1 und 58 Abs. 1 in der Fassung des Bundesgesetzes BGBl. I Nr. 104/2019 keine Änderung zu der am 31. Dezember 2020 geltenden Rechtslage ein, wenn das Gericht ausschließlich aufgrund des Inkrafttretens von Bestimmungen des Finanz-Organisationsreformgesetzes, BGBl. I Nr. 104/2019, oder des 2. Finanz-Organisationsreformgesetzes, BGBl. I Nr. 99/2020, oder auch beider Gesetze, zu deren Ahndung zuständig wäre. *(BGBl I 2020/99)*

(2e) Hinsichtlich der Zuständigkeit zur Ahndung von mit gerichtlich zu ahndenden Finanzvergehen zusammentreffenden anderen Finanzvergehen, die vor dem 1. Jänner 2021 begangen wurden, tritt durch das Inkrafttreten des § 53 Abs. 3 in der Fassung des Bundesgesetzes BGBl. I Nr. xx/2020 keine Änderung zu der am 31. Dezember 2020 geltenden Rechtslage ein, wenn das Gericht ausschließlich aufgrund des Inkrafttretens von Bestimmungen des Finanz-Organisationsreformgesetzes, BGBl. I Nr. 104/2019, oder des 2. Finanz-Organisationsreformgesetzes, BGBl. I Nr. 99/2020, oder auch beider Gesetze, zu deren Ahndung zuständig wäre. *(BGBl I 2020/99)*

(2f) Hinsichtlich der örtlichen Zuständigkeit der Staatsanwaltschaft oder des Gerichts für zum 31. Dezember 2020 bei diesen anhängigen Finanzstrafverfahren tritt durch das Inkrafttreten der §§ 197 und 198 samt Überschriften in der Fassung des Bundesgesetzes BGBl. I Nr. 99/2020 keine Änderung ein. *(BGBl I 2020/99)*

(2g) In zum Ablauf des 31. Dezember 2020 bereits anhängigen Finanzstrafverfahren können Anbringen nach diesem Zeitpunkt auch noch unter Verwendung der Bezeichnung der bis zum 31. Dezember 2020 zuständig gewesenen Finanzstrafbehörde sowie unter Verwendung der bis zu diesem Zeitpunkt kundgemachten Anschrift dieser Finanzstrafbehörde wirksam eingebracht werden. *(BGBl I 2020/99)*

(3) § 49c in der Fassung des Bundesgesetzes BGBl. I Nr. 91/2019 tritt mit 1. Juli 2020 in Kraft. § 49d in der Fassung des Bundesgesetzes BGBl. I Nr. 91/2019 tritt mit 1. Jänner 2020 in Kraft. *(BGBl I 2019/91)*

(4) § 49e in der Fassung des Bundesgesetzes BGBl. I Nr. 106/2023 tritt mit 1. Jänner 2024 in Kraft. *(BGBl I 2023/106)*

(BGBl I 1998/30; BGBl I 2002/97; BGBl I 2003/124; BGBl I 2004/26)

Sonderregelungen aufgrund der Maßnahmen zur Bekämpfung von COVID-19

§ 265a. (1) Der Lauf der Einspruchsfrist (§ 145 Abs. 1), der Rechtsmittelfrist (§ 150 Abs. 2), der Frist zur Anmeldung einer Beschwerde (§ 150 Abs. 4), der Frist zur Einbringung eines Antrages auf Wiederaufnahme des Verfahrens (§ 165 Abs. 4), der Frist zur Stellung eines Antrages auf Wiedereinsetzung in den vorigen Stand (§ 167 Abs. 2) sowie der Frist auf Erhebung von Einwendungen zur Niederschrift (§ 56b Abs. 3) wird jeweils unterbrochen, wenn die Frist mit Ablauf des 16. März 2020 noch nicht abgelaufen war oder der Beginn des Fristenlaufs in die Zeit von 16. März 2020 bis zum Ablauf des 30. April 2020 fällt. Die genannten Fristen beginnen mit 1. Mai 2020 neu zu laufen. *(BGBl I 2020/23)*

(2) Die Finanzstrafbehörde kann jedoch im jeweiligen Verfahren aussprechen, dass eine Frist nicht für die in Abs. 1 festgelegte Dauer unterbrochen wird. Diesfalls hat sie gleichzeitig eine neue angemessene Frist festzusetzen.

(3) Nach Abs. 2 ist nur vorzugehen, wenn nach sorgfältiger Abwägung aller Umstände die Fortsetzung des Verfahrens zur Abwendung einer Gefahr für Leib und Leben, Sicherheit und Freiheit oder zur Abwehr eines erheblichen und unwiederbringlichen Schadens einer Partei dringend geboten ist und nicht das Interesse der Allgemeinheit an der Verhütung und Bekämpfung der Verbreitung von COVID-19 sowie der Schutz der Aufrechterhaltung eines geordneten Verwaltungsbetriebes die Einzelinteressen überwiegen.

(3a) *(entfällt, BGBl I 2022/108)*

(4) Solange Maßnahmen zur Verhinderung der Verbreitung von COVID-19 aufrecht sind, längstens jedoch bis 30. Juni 2022, gilt für Vernehmungen, mündliche Verhandlungen, Beweisaufnahmen und sonstige Amtshandlungen: *(BGBl I 2021/227)*

a) Der Leiter einer Amtshandlung kann unter Berücksichtigung der jeweiligen Gefährdungslage und der örtlichen Gegebenheiten gegenüber den an der Amtshandlung teilnehmenden Personen Maßnahmen anordnen, die zur Verhinderung der Verbreitung von COVID-19 erforderlich und zweckmäßig erscheinen. Der Leiter der Amtshandlung hat für die Einhaltung dieser Maßnahmen zu sorgen. Bei einer mündlichen Verhandlung oder Vernehmung einer Person sollen tunlichst Schutzmaßnahmen angeordnet werden, die die Mimik der an der Amtshandlung beteiligten Personen nicht verbergen. *(BGBl I 2021/52, ab 26. 3. 2021)*

b) Ist die Anwesenheit der im Finanzstrafverfahren Beteiligten zur Aufrechterhaltung einer geordneten Finanzstrafrechtspflege nicht unbedingt erforderlich, kann die Behörde in jenen Fällen, in denen nicht das Gericht zur Ahndung des Finanzvergehens zuständig ist, Vernehmungen und Beweisaufnahmen auch unter Verwendung geeigneter technischer Einrichtungen zur Tonübertragung oder Ton- und Bildübertragung durchführen; § 56b Abs. 3 gilt sinngemäß. Ebenso können mündliche Verhandlungen auch unter Verwendung geeigneter technischer Einrichtungen zur Ton- und Bildübertragung durchgeführt werden. In diesen Fällen ist eine Niederschrift lediglich vom Verhandlungsleiter und gegebenenfalls vom Schriftführer zu unterfertigen. *(BGBl I 2021/52, ab 26. 3. 2021)*

(BGBl I 2020/96)

(5) *(entfällt, BGBl I 2021/227)*

(BGBl I 2020/16)

§ 266. (1) Das Bundesministerium für Finanzen kann die zur Vollziehung dieses Bundesgesetzes erforderlichen Verordnungen schon vor den im § 265 Abs. 1 genannten Zeitpunkten erlassen. Solche Verordnungen treten jedoch frühestens mit dem gemäß § 265 Abs. 1 in Betracht kommenden Wirksamkeitsbeginn ihrer gesetzlichen Grundlage in Kraft. *(BGBl I 2018/62; BGBl I 2022/108)*

(2) Im Art. I des Bundesgesetzes vom 17. Dezember 1957, BGBl. Nr. 286, betreffend die Verlängerung der Geltungsdauer des Bundesgesetzes, womit der Dritte Teil der Abgabenordnung abgeändert und das gerichtliche Steuerstrafverfahren geregelt wird, treten an die Stelle der Worte „30. Juni 1958" die Worte „31. Dezember 1958". *(BGBl I 2018/62)*

(3) Mit der Vollziehung dieses Bundesgesetzes sind betraut:

a) Hinsichtlich des § 67 Abs. 1 die Bundesregierung;

b) hinsichtlich der übrigen Bestimmungen mit Ausnahme des Abs. 3 des vorliegenden Paragraphen nach Maßgabe des Bundesministeriengesetzes 1986, BGBl. Nr. 76, alle Bundesminister. *(BGBl I 2013/14)*

(BGBl I 2018/62)

(4) Für die Vollziehung des Abs. 3 gilt der Art. III § 6 des Bundesgesetzes vom 17. Dezember 1956, BGBl. Nr. 248, womit der Dritte Teil der Abgabenordnung abgeändert und das gerichtliche Steuerstrafverfahren geregelt wird, sinngemäß. *(BGBl I 2008/2; BGBl I 2018/62)*

(BGBl I 2018/62)

BGBl 1994/681

Artikel X.

Z. 1 – 28. *(eingearbeitet)*

29. Auf die Hinterziehung von Einnahmen des Branntweinmonopols oder des Salzmonopols, auf die fahrlässige Verkürzung von Einnahmen des Branntweinmonopols oder des Salzmonopols sowie auf Finanzvergehen betreffend den Branntweinaufschlag und den Monopolausgleich und die im § 114 des Alkohol – Steuer und Monopolgesetzes genannten Vorschriften ist unabhängig vom Zeitpunkt ihrer Begehung das Finanzstrafgesetz in der bis zum Inkrafttreten dieses Artikels geltenden Fassung weiterhin anzuwenden.

30. Der Artikel X tritt gleichzeitig mit dem Vertrag über den Beitritt der Republik Österreich zur Europäischen Union[1] in Kraft.

(BGBl 1994/681)

---

[1] 1. 1. 1995.

5/1. **Mediengesetz – MedienG**

BGBl 1981/314 idF

MedienG ·

1 BGBl 1987/211
2 BGBl 1988/233
3 BGBl 1993/20
4 BGBl 1993/91
5 BGBl I 1997/105
6 BGBl I 2000/75
7 BGBl I 2001/130
8 BGBl I 2001/136
9 BGBl I 2005/49
10 BGBl I 2005/151

11 BGBl I 2007/112
12 BGBl I 2009/8
13 BGBl I 2011/131
14 BGBl I 2012/50 (SNG)
15 BGBl I 2014/101
16 BGBl I 2018/32 (Materien-Datenschutz-Anpassungsgesetz 2018)
17 BGBl I 2020/148 (HiNBG)
18 BGBl I 2022/125
19 BGBl I 2023/44 (VfGH)

STICHWORTVERZEICHNIS
zum MedienG

Stichwortverzeichnis

Bundesgesetz vom 12. Juni 1981 über die
Presse und andere publizistische Medien
(Mediengesetz – MedienG)

(BGBl I 2005/49)

Dieses Bundesgesetz soll zur Sicherung des
Rechtes auf freie Meinungsäußerung und Information die volle Freiheit der Medien gewährleisten. Beschränkungen der Medienfreiheit, deren
Ausübung Pflichten und Verantwortung mit sich
bringt, sind nur unter den im Art. 10 Abs. 2 der
Konvention zum Schutze der Menschenrechte
und Grundfreiheiten, BGBl. Nr. 210/1958, bezeichneten Bedingungen zulässig.

Erster Abschnitt

Begriffsbestimmungen

§ 1. (1) Im Sinn der Bestimmungen dieses
Bundesgesetzes ist

1. **„Medium“:** jedes Mittel zur Verbreitung
von Mitteilungen oder Darbietungen mit gedanklichem Inhalt in Wort, Schrift, Ton oder Bild an
einen größeren Personenkreis im Wege der Massenherstellung oder der Massenverbreitung;

1a. **„Medieninhalte“:** Mitteilungen oder Darbietungen mit gedanklichem Inhalt in Wort,
Schrift, Ton oder Bild, die in einem Medium
enthalten sind; *(BGBl I 2009/8)*

2. **„periodisches Medium“:** ein periodisches
Medienwerk oder ein periodisches elektronisches
Medium; *(BGBl I 2005/49)*

3. **„Medienwerk“:** ein zur Verbreitung an
einen größeren Personenkreis bestimmter, in einem Massenherstellungsverfahren in Medienstücken vervielfältigter Träger von Mitteilungen
oder Darbietungen mit gedanklichem Inhalt;

4. **„Druckwerk“:** ein Medienwerk, durch das
Mitteilungen oder Darbietungen ausschließlich
in Schrift oder in Standbildern verbreitet werden;

5. **„periodisches Medienwerk oder Druckwerk“:** ein Medienwerk oder Druckwerk, das
unter demselben Namen in fortlaufenden Nummern wenigstens viermal im Kalenderjahr in
gleichen oder ungleichen Abständen erscheint
und dessen einzelne Nummern, mag auch jede
ein in sich abgeschlossenes Ganzes bilden, durch
ihren Inhalt im Zusammenhang stehen;

5a. **„periodisches elektronisches Medium:“:**
ein Medium, das auf elektronischem Wege

a) ausgestrahlt wird (Rundfunkprogramm) oder

b) abrufbar ist (Website) oder

c) wenigstens vier Mal im Kalenderjahr in
vergleichbarer Gestaltung verbreitet wird (wiederkehrendes elektronisches Medium);
(BGBl I 2005/49)

6. **„Medienunternehmen“:** ein Unternehmen,
in dem die inhaltliche Gestaltung des Mediums
besorgt wird sowie

a) seine Herstellung und Verbreitung oder

b) seine Ausstrahlung oder Abrufbarkeit

entweder besorgt oder veranlasst werden; *(BGBl
I 2005/49)*

7. **„Mediendienst“:** ein Unternehmen, das
Medienunternehmen wiederkehrend mit Beiträgen
in Wort, Schrift, Ton oder Bild versorgt;

8. **„Medieninhaber“:** wer

a) ein Medienunternehmen oder einen Mediendienst betreibt oder

b) sonst die inhaltliche Gestaltung eines Medienwerks besorgt und dessen Herstellung und
Verbreitung entweder besorgt oder veranlasst
oder

c) sonst im Fall eines elektronischen Mediums
dessen inhaltliche Gestaltung besorgt und dessen
Ausstrahlung, Abrufbarkeit oder Verbreitung
entweder besorgt oder veranlasst oder

d) sonst die inhaltliche Gestaltung eines Mediums zum Zweck der nachfolgenden Ausstrahlung,
Abrufbarkeit oder Verbreitung besorgt;
(BGBl I 2005/49)

9. **„Herausgeber“:** wer die grundlegende
Richtung des periodischen Mediums bestimmt;

10. **„Hersteller“:** wer die Massenherstellung
von Medienwerken besorgt;

11. **„Medienmitarbeiter“:** wer in einem Medienunternehmen oder Mediendienst an der inhaltlichen Gestaltung eines Mediums oder der Mitteilungen des Mediendienstes journalistisch mitwirkt, sofern er als Angestellter des Medienunternehmens oder des Mediendienstes oder als freier
Mitarbeiter diese journalistische Tätigkeit ständig
und nicht bloß als wirtschaftlich unbedeutende
Nebenbeschäftigung ausübt;

12. **„Medieninhaltsdelikt“:** eine durch den
Inhalt eines Mediums begangene, mit gerichtlicher Strafe bedrohte Handlung, die in einer an
einen größeren Personenkreis gerichteten Mitteilung oder Darbietung besteht;

(2) Zu den Medienwerken gehören auch die in
Medienstücken vervielfältigten Mitteilungen der
Mediendienste. Im übrigen gelten die Mitteilungen der Mediendienste ohne Rücksicht auf die
technische Form, in der sie geliefert werden, als
Medien.

Zweiter Abschnitt

Schutz der journalistischen Berufsausübung; Redaktionsstatuten

Überzeugungsschutz

§ 2. (1) Jeder Medienmitarbeiter hat das Recht, seine Mitarbeit an der inhaltlichen Gestaltung von Beiträgen oder Darbietungen, die seiner Überzeugung in grundsätzlichen Fragen oder den Grundsätzen des journalistischen Berufes widersprechen, zu verweigern, es sei denn, daß seine Überzeugung der im Sinn des § 25 veröffentlichten grundlegenden Richtung des Mediums widerspricht. Die technisch-redaktionelle Bearbeitung von Beiträgen oder Darbietungen anderer und die Bearbeitung von Nachrichten dürfen nicht verweigert werden.

(2) Aus einer gerechtfertigten Weigerung darf dem Medienmitarbeiter kein Nachteil erwachsen.

Schutz namentlich gezeichneter Beiträge

§ 3. Wird ein Beitrag oder eine Darbietung in einer den Sinngehalt betreffenden Weise geändert, so darf die Veröffentlichung unter dem Namen des Medienmitarbeiters nur mit seiner Zustimmung geschehen. Der Angabe des Namens des Verfassers ist die Bezeichnung mit einem von ihm bekanntermaßen gebrauchten Decknamen oder Zeichen gleichzuhalten.

Kein Veröffentlichungszwang

§ 4. Die vorstehenden Bestimmungen räumen dem Medienmitarbeiter nicht das Recht ein, die Veröffentlichung eines von ihm verfaßten Beitrages oder einer Darbietung, an deren inhaltlichen Gestaltung er mitgewirkt hat, zu erzwingen.

Redaktionsstatuten

§ 5. (1) Für die Medienunternehmen und Mediendienste können Redaktionsstatuten abgeschlossen werden, die die Zusammenarbeit in publizistischen Angelegenheiten regeln.

(2) Ein Redaktionsstatut wird zwischen dem Medieninhaber und einer Redaktionsvertretung vereinbart, die von der Redaktionsversammlung nach dem Grundsatz der Verhältniswahl zu wählen ist. Die Vereinbarung bedarf zu ihrer Wirksamkeit der Genehmigung der Redaktionsversammlung, die diese mit der Mehrheit von zwei Dritteln ihrer Angehörigen erteilt. Der Redaktionsversammlung gehören alle fest angestellten Medienmitarbeiter an. *(BGBl I 2005/49)*

(3) Durch die Bestimmungen eines Redaktionsstatuts dürfen die Rechte der Betriebsräte nicht berührt werden.

(4) Allgemeine Grundsätze von Redaktionsstatuten können von den kollektivvertragsfähigen Körperschaften der im Medienwesen tätigen Arbeitnehmer und Arbeitgeber vereinbart werden.

Dritter Abschnitt

Persönlichkeitsschutz

Erster Unterabschnitt

Entschädigungstatbestände

Üble Nachrede, Beschimpfung, Verspottung und Verleumdung

§ 6. (1) Wird in einem Medium der objektive Tatbestand der üblen Nachrede, der Beschimpfung, der Verspottung oder der Verleumdung hergestellt, so hat der Betroffene gegen den Medieninhaber Anspruch auf eine Entschädigung für die erlittene persönliche Beeinträchtigung (§ 8 Abs. 1). *(BGBl I 2020/148)*

(2) Der Anspruch nach Abs. 1 besteht nicht, wenn

1. es sich um einen wahrheitsgetreuen Bericht über eine Verhandlung in einer öffentlichen Sitzung des Nationalrates, des Bundesrates, der Bundesversammlung, eines Landtages oder eines Ausschusses eines dieser allgemeinen Vertretungskörper handelt,

2. im Falle einer üblen Nachrede

a) die Veröffentlichung wahr ist oder

b) ein überwiegendes Interesse der Öffentlichkeit an der Veröffentlichung bestanden hat und auch bei Aufwendung der gebotenen journalistischen Sorgfalt hinreichende Gründe vorgelegen sind, die Behauptung für wahr zu halten,

3. es sich um eine unmittelbare Ausstrahlung im Rundfunk (Live-Sendung) handelt, ohne daß ein Mitarbeiter oder Beauftragter des Rundfunks die gebotene journalistische Sorgfalt außer acht gelassen hat, *(BGBl I 2005/49)*

3a. es sich um die Abrufbarkeit auf einer Website handelt, ohne dass der Medieninhaber oder einer seiner Mitarbeiter oder Beauftragten die gebotene Sorgfalt außer Acht gelassen hat, oder *(BGBl I 2005/49)*

4. es sich um eine wahrheitsgetreue Wiedergabe der Äußerung eines Dritten handelt und ein überwiegendes Interesse der Öffentlichkeit an der Kenntnis der zitierten Äußerung bestanden hat.

(3) Bezieht sich die Veröffentlichung auf den höchstpersönlichen Lebensbereich, so ist der Anspruch nach Abs. 1 nur aus dem Grunde des Abs. 2 Z 1, des Abs. 2 Z 2 lit. a, des Abs. 2 Z 3 oder des Abs. 2 Z 3a ausgeschlossen, im Falle des Abs. 2 Z 2 lit. a aber nur, wenn die veröffentlichten Tatsachen in unmittelbarem Zusammen-

hang mit dem öffentlichen Leben stehen. *(BGBl I 2005/49)*

(BGBl 1993/20)

Verletzung des höchstpersönlichen Lebensbereiches

§ 7. (1) Wird in einem Medium der höchstpersönliche Lebensbereich einer Person in einer Weise erörtert oder dargestellt, die geeignet ist, sie in der Öffentlichkeit bloßzustellen, so hat der Betroffene gegen den Medieninhaber Anspruch auf eine Entschädigung für die erlittene persönliche Beeinträchtigung (§ 8 Abs. 1). *(BGBl I 2020/148)*

(2) Der Anspruch nach Abs. 1 besteht nicht, wenn

1. es sich um einen wahrheitsgetreuen Bericht über eine Verhandlung in einer öffentlichen Sitzung des Nationalrates, des Bundesrates, der Bundesversammlung, eines Landtages oder eines Ausschusses eines dieser allgemeinen Vertretungskörper handelt,

2. die Veröffentlichung wahr ist und in unmittelbarem Zusammenhang mit dem öffentlichen Leben steht,

3. nach den Umständen angenommen werden konnte, daß der Betroffene mit der Veröffentlichung einverstanden war, *(BGBl 2005/49)*

4. es sich um eine unmittelbare Ausstrahlung im Rundfunk (Live-Sendung) handelt, ohne daß ein Mitarbeiter oder Beauftragter des Rundfunks die gebotene journalistische Sorgfalt außer acht gelassen hat, oder *(BGBl I 2005/49)*

5. es sich um die Abrufbarkeit auf einer Website handelt, ohne dass der Medieninhaber oder einer seiner Mitarbeiter oder Beauftragten die gebotene Sorgfalt außer Acht gelassen hat. *(BGBl I 2005/49)*
(BGBl 1993/20)

Schutz vor Bekanntgabe der Identität in besonderen Fällen

§ 7a. (1) Werden in einem Medium der Name, das Bild oder andere Angaben veröffentlicht, die geeignet sind, in einem nicht unmittelbar informierten größeren Personenkreis zum Bekanntwerden der Identität einer Person zu führen, die

1. Opfer (§ 65 Z 1 StPO) einer mit gerichtlicher Strafe bedrohten Handlung geworden ist, oder

2. einer solchen Handlung verdächtig ist oder wegen einer solchen verurteilt wurde,

3. als Auskunftsperson vor einem Untersuchungsausschuss des Nationalrates angehört wurde,

und werden dadurch schutzwürdige Interessen dieser Person verletzt, so hat der Betroffene gegen

den Medieninhaber Anspruch auf Entschädigung für die erlittene persönliche Beeinträchtigung (§ 8 Abs. 1), es sei denn, dass wegen der Stellung des Betroffenen in der Öffentlichkeit, wegen eines sonstigen Zusammenhanges mit dem öffentlichen Leben oder aus anderen Gründen ein überwiegendes Interesse der Öffentlichkeit an der Veröffentlichung dieser Angaben bestanden hat. *(BGBl I 2020/148)*

(1a) Werden in einem Medium der Name oder das Bild einer Person veröffentlicht, die

1. Angehöriger (§ 72 StGB) einer in Abs. 1 Z 1 oder 2 genannten Person, nicht aber schon selbst Opfer nach § 65 Z 1 lit. b StPO ist oder

2. Zeuge einer mit gerichtlicher Strafe bedrohten Handlung war,

und werden dadurch schutzwürdige Interessen dieser Person verletzt, so hat der Betroffene gegen den Medieninhaber Anspruch auf Entschädigung für die erlittene persönliche Beeinträchtigung (§ 8 Abs. 1), es sei denn, dass ein überwiegendes Interesse der Öffentlichkeit an der Veröffentlichung dieser Angaben (Abs. 1) bestanden hat. *(BGBl I 2020/148)*

(2) Schutzwürdige Interessen des Betroffenen werden jedenfalls verletzt, wenn die Veröffentlichung

1. in den Fällen des Abs. 1 Z 1 oder des Abs. 1a geeignet ist, einen Eingriff in den höchstpersönlichen Lebensbereich oder eine Bloßstellung herbeizuführen oder berechtigte Sicherheitsinteressen des Opfers, des Angehörigen oder des Zeugen zu beeinträchtigen, *(BGBl I 2020/148)*

2. im Fall des Abs. 1 Z 2 sich auf einen Jugendlichen bezieht oder auf ein Vergehen bezieht oder das Fortkommen des Betroffenen unverhältnismäßig beeinträchtigen kann.

(3) Der Anspruch nach Abs. 1 besteht nicht, wenn

1. es sich um einen wahrheitsgetreuen Bericht über eine Verhandlung in einer öffentlichen Sitzung des Nationalrates, des Bundesrates, der Bundesversammlung, eines Landtages oder eines Ausschusses eines dieser allgemeinen Vertretungskörper handelt,

2. die Veröffentlichung der Angaben zur Person amtlich veranlaßt war, insbesondere für Zwecke der Strafrechtspflege oder der Sicherheitspolizei,

3. der Betroffene mit der Veröffentlichung einverstanden war oder diese auf einer Mitteilung des Betroffenen gegenüber einem Medium beruht, *(BGBl I 2005/49; BGBl I 2020/148)*

4. es sich um eine unmittelbare Ausstrahlung im Rundfunk (Live-Sendung) handelt, ohne daß ein Mitarbeiter oder Beauftragter des Rundfunks die gebotene journalistische Sorgfalt außer acht gelassen hat, oder *(BGBl I 2005/49)*

5. es sich um die Abrufbarkeit auf einer Website handelt, ohne dass der Medieninhaber oder einer seiner Mitarbeiter oder Beauftragten die gebotene Sorgfalt außer Acht gelassen hat. *(BGBl I 2005/49)*

(BGBl 1993/20)

Schutz der Unschuldsvermutung

§ 7b. (1) Wird in einem Medium eine Person, die einer mit gerichtlicher Strafe bedrohten Handlung verdächtig, aber nicht rechtskräftig verurteilt ist, als überführt oder schuldig hingestellt oder als Täter dieser strafbaren Handlung und nicht bloß als tatverdächtig bezeichnet, so hat der Betroffene gegen den Medieninhaber Anspruch auf eine Entschädigung für die erlittene persönliche Beeinträchtigung (§ 8 Abs. 1). *(BGBl I 2020/148)*

(2) Der Anspruch nach Abs. 1 besteht nicht, wenn

1. es sich um einen wahrheitsgetreuen Bericht über eine Verhandlung in einer öffentlichen Sitzung des Nationalrates, des Bundesrates, der Bundesversammlung, eines Landtages oder eines Ausschusses eines dieser allgemeinen Vertretungskörper handelt,

2. es sich um einen wahrheitsgetreuen Bericht über ein Strafurteil erster Instanz handelt und dabei zum Ausdruck gebracht wird, daß das Urteil nicht rechtskräftig ist,

3. der Betroffene öffentlich oder gegenüber einem Medium die Tat eingestanden und dies nicht widerrufen hat,

4. es sich um eine unmittelbare Ausstrahlung im Rundfunk (Live-Sendung) handelt, ohne daß ein Mitarbeiter oder Beauftragter des Rundfunks die gebotene journalistische Sorgfalt außer acht gelassen hat, *(BGBl I 2005/49)*

4a. es sich um die Abrufbarkeit auf einer Website handelt, ohne dass der Medieninhaber oder einer seiner Mitarbeiter oder Beauftragten die gebotene Sorgfalt außer Acht gelassen hat, oder *(BGBl I 2005/49)*

5. es sich um eine wahrheitsgetreue Wiedergabe der Äußerung eines Dritten handelt und ein überwiegendes Interesse der Öffentlichkeit an der Kenntnis der zitierten Äußerung bestanden hat.

(BGBl 1993/20)

Schutz vor verbotener Veröffentlichung

§ 7c. (1) Wird in einem Medium eine Mitteilung über den Inhalt von Aufnahmen, Bildern oder schriftlichen Aufzeichnungen aus der Überwachung von Nachrichten im Sinne des § 134 Z 3 StPO oder aus einer optischen oder akustischen Überwachung von Personen unter Verwendung technischer Mittel veröffentlicht, ohne daß insoweit von den Aufnahmen oder von den Bildern und schriftlichen Aufzeichnungen in öffentlicher Hauptverhandlung Gebrauch gemacht wurde, so hat jeder Betroffene, dessen schutzwürdige Interessen verletzt sind, gegen den Medieninhaber Anspruch auf eine Entschädigung für die erlittene persönliche Beeinträchtigung (§ 8 Abs. 1). *(BGBl I 2005/49; BGBl I 2007/112; BGBl I 2020/148)*

(2) In den im § 7a Abs. 3 erwähnten Fällen besteht kein Anspruch nach Abs. 1.

(BGBl I 1997/105)

Gemeinsame Bestimmungen

§ 8. (1) Die Höhe des Entschädigungsbetrages nach den §§ 6, 7, 7a, 7b oder 7c ist insbesondere nach Maßgabe des Umfangs, des Veröffentlichungswerts und der Auswirkungen der Veröffentlichung, etwa der Art und des Ausmaßes der Verbreitung des Mediums, bei Websites auch nach Zahl der Endnutzer, die die Veröffentlichung aufgerufen haben, zu bemessen; die Auswirkungen sind in der Regel als geringer anzusehen, wenn eine Veröffentlichung im Anschluss an frühere vergleichbare Veröffentlichungen, jedoch noch vor erstinstanzlichem Zuspruch eines Entschädigungsbetrages nach diesem Unterabschnitt für diese, erfolgt ist. Hat ein Betroffener auf Grund einer Veröffentlichung nach mehreren Bestimmungen dieses Unterabschnitts Anspruch auf Entschädigung, so ist ein einziger, entsprechend höher bemessener Entschädigungsbetrag festzusetzen. Auf die Wahrung der wirtschaftlichen Existenz des Medieninhabers ist Bedacht zu nehmen. Der Entschädigungsbetrag ist mit mindestens 100 Euro festzusetzen und darf den Betrag von 40 000 Euro, nach den §§ 6, 7 oder 7c bei besonders schwerwiegenden Auswirkungen der Veröffentlichung und grob fahrlässigem oder vorsätzlichem Verhalten des Medieninhabers oder seines Mitarbeiters jedoch den Betrag von 100 000 Euro nicht übersteigen. *(BGBl I 2020/148)*

(2) Den Anspruch auf einen Entschädigungsbetrag nach den §§ 6, 7, 7a, 7b oder 7c kann der Betroffene in dem Strafverfahren, an dem der Medieninhaber als Beschuldigter oder nach den § 41 Abs. 6 beteiligt ist, bis zum Schluss der Hauptverhandlung geltend machen. Kommt es nicht zu einem solchen Strafverfahren, so kann der Anspruch mit einem selbstständigen Antrag geltend gemacht werden (§ 8a). Das Gericht ist bei der Entscheidung über einen Entschädigungsanspruch nach den §§ 6, 7, 7a, 7b oder 7c an die rechtliche Beurteilung des Betroffenen nicht gebunden; der Betroffene kann jedoch erklären, sich auf einzelne der Bestimmungen dieses Unterabschnitts nicht zu stützen. *(BGBl I 2020/148)*

(3) Das Vorliegen der Ausschlußgründe nach § 6 Abs. 2, § 7 Abs. 2, § 7a Abs. 3 und § 7b Abs. 2 hat der Medieninhaber zu beweisen. Beweise darüber sind nur aufzunehmen, wenn sich der Medieninhaber auf einen solchen Ausschlußgrund beruft. *(BGBl I 2005/49)*

(4) Im Urteil, in dem ein Entschädigungsbetrag zuerkannt wird, ist eine Leistungsfrist von vierzehn Tagen festzusetzen. Das Urteil kann dem Grunde und der Höhe nach mit Berufung angefochten werden. Die Zuerkennung ist ein Exekutionstitel im Sinn des § 1 EO. *(BGBl I 2020/148)*

(BGBl 1993/20)

Selbständiges Entschädigungsverfahren

§ 8a. (1) Für das Verfahren über einen selbständigen Antrag gelten, soweit in diesem Bundesgesetz nichts anderes bestimmt ist, die Bestimmungen für das strafgerichtliche Verfahren auf Grund einer Privatanklage dem Sinne nach.

(2) Der selbstständige Antrag muss bei sonstigem Verlust des Anspruchs binnen sechs Monaten, ist der Antragsteller jedoch Opfer im Sinn von § 65 Z 1 lit. a und b StPO, binnen einem Jahr, nach der erstmaligen, dem Anspruch zu Grunde liegenden Verbreitung, Ausstrahlung oder Abrufbarkeit bei dem nach den §§ 40, 41 Abs. 2 zuständigen Strafgericht eingebracht werden. Die Öffentlichkeit der Hauptverhandlung ist auf Verlangen des Antragstellers jedenfalls auszuschließen, soweit Tatsachen des höchstpersönlichen Lebensbereiches erörtert werden. *(BGBl I 2005/49; BGBl I 2020/148)*

(3) Im Verfahren über einen selbständigen Antrag sind die Bestimmungen der Zivilprozeßordnung (§§ 63 bis 73 ZPO) über die Verfahrenshilfe mit der Maßgabe sinngemäß anzuwenden, daß den Parteien gegen Beschlüsse in Verfahrenshilfeangelegenheiten die Beschwerde an das übergeordnete Gericht zusteht. *(BGBl I 2007/112)*

(4) § 8 Abs. 4 ist anzuwenden. *(BGBl I 2020/148)*

(5) Im Verfahren über einen selbständigen Antrag auf Entschädigung nach den §§ 6, 7, 7b oder 7c hat das Gericht auf Antrag des Betroffenen die Veröffentlichung einer kurzen Mitteilung über das eingeleitete Verfahren anzuordnen, wenn anzunehmen ist, daß die Anspruchsvoraussetzungen vorliegen; im übrigen ist § 37 sinngemäß anzuwenden. *(BGBl I 1997/105; BGBl I 2005/49)*

(6) Im Urteil, in dem auf Grund eines selbständigen Antrags eine Entschädigung nach den §§ 6, 7, 7b oder 7c zuerkannt wird, ist auf Antrag des Betroffenen auf Urteilsveröffentlichung zu erkennen; § 34 ist sinngemäß anzuwenden. *(BGBl I 1997/105; BGBl I 2005/49)*

(BGBl 1993/20)

Zweiter Unterabschnitt
Gegendarstellung und nachträgliche Mitteilung über den Ausgang eines Strafverfahrens

Gegendarstellung

§ 9. (1) Jede durch eine Tatsachenmitteilung, die in einem periodischen Medium verbreitet worden ist, nicht bloß allgemein betroffene natürliche oder juristische Person (Behörde) hat Anspruch auf unentgeltliche Veröffentlichung einer Gegendarstellung in diesem Medium, es sei denn, daß die Gegendarstellung unwahr oder ihre Veröffentlichung aus anderen Gründen ausgeschlossen ist. *(BGBl 1993/20)*

(2) Einer Gegendarstellung zugängliche Tatsachenmitteilungen sind Angaben, die ihrer Art nach auf ihre Richtigkeit und Vollständigkeit zugänglich sind und deren wesentliche Aussage nicht bloß in einer persönlichen Meinungsäußerung, einer Wertung oder einer Warnung vor dem zukünftigen Verhalten eines anderen besteht. *(BGBl 1993/20)*

(3) In der Gegendarstellung ist in knapper Weise auszuführen, daß und inwieweit die Tatsachenmitteilung unrichtig oder unvollständig sei und woraus sich dies ergebe. Die Gegendarstellung kann sprachlich frei gestaltet werden. Sie muß entweder die Tatsachen anführen, die im Gegensatz zur Tatsachenmitteilung richtig seien oder letztere in einem erheblichen Punkt ergänzen, oder sich sonst unmittelbar auf die Tatsachenmitteilung und deren Unrichtigkeit oder irreführende Unvollständigkeit beziehen. Ihr Umfang darf nicht außer Verhältnis zu dem der Tatsachenmitteilung stehen. Sie muß in der Sprache der Veröffentlichung, auf die sie sich bezieht, abgefaßt sein. *(BGBl 1993/20)*

Nachträgliche Mitteilung über den Ausgang eines Strafverfahrens

§ 10. (1) Auf Verlangen einer Person, über die in einem periodischen Medium berichtet worden ist, sie sei einer gerichtlich strafbaren Handlung verdächtig oder gegen sie werde bei der Staatsanwaltschaft oder bei Gericht ein Strafverfahren geführt, ist, wenn

1. die Staatsanwaltschaft von der Verfolgung der Straftat abgesehen und das Ermittlungsverfahren eingestellt hat,

2. die Staatsanwaltschaft von der Verfolgung der Straftat zurückgetreten ist,

3. das Gericht das Strafverfahren eingestellt hat oder *(BGBl I 2020/148)*

4. der Angeklagte freigesprochen worden ist,

eine Mitteilung darüber in dem periodischen Medium unentgeltlich zu veröffentlichen. *(BGBl I 2007/112)*

(2) Die nachträgliche Mitteilung muß sich in ihrem Inhalt auf das zu dem angestrebten Rechtsschutz Erforderliche beschränken und in der Sprache der Veröffentlichung, auf die sie sich bezieht, abgefaßt sein.

(3) Die Richtigkeit einer nachträglichen Mitteilung ist durch Vorlage einer Ausfertigung der das Verfahren beendigenden Entscheidung oder durch ein besonderes Amtszeugnis nachzuweisen. Auf Antrag des Betroffenen ist in den Fällen des Abs. 1 Z 1 und 2 die Staatsanwaltschaft verpflichtet, ein solches Amtszeugnis auszustellen, sonst das Gericht. *(BGBl I 2007/112)*

Ausschluß der Veröffentlichungspflicht

§ 11. (1) Die Pflicht zur Veröffentlichung einer Gegendarstellung oder nachträglichen Mitteilung besteht nicht,

1. wenn die Gegendarstellung oder nachträgliche Mitteilung einen wahrheitsgetreuen Bericht über eine Verhandlung in einer öffentlichen Sitzung des Nationalrates, des Bundesrates, der Bundesversammlung, eines Landtages oder eines Ausschusses eines dieser allgemeinen Vertretungskörper betrifft; *(BGBl 1993/20)*

2. wenn die Gegendarstellung eine als solche gehörig gekennzeichnete Anzeige, die dem geschäftlichen Verkehr dient, betrifft; *(BGBl 1993/20)*

3. wenn die Gegendarstellung oder nachträgliche Mitteilung eine Tatsachenmitteilung betrifft, zu deren Veröffentlichung eine gesetzliche Pflicht bestanden hat; *(BGBl 1993/20)*

4. wenn die begehrte Gegendarstellung, sei es auch nur in einzelnen Teilen, ihrem Inhalt nach unwahr ist; *(BGBl 1993/20)*

5. wenn die Tatsachenmitteilung für den Betroffenen unerheblich ist;

6. wenn die Veröffentlichung, auf die sich die Gegendarstellung bezieht, auch die Behauptung des Betroffenen wiedergibt und diese Wiedergabe einer Gegendarstellung gleichwertig ist; *(BGBl 1993/20)*

7. wenn dem Betroffenen zu einer Stellungnahme in derselben oder einer anderen gleichwertigen Veröffentlichung angemessen Gelegenheit geboten worden ist, er davon aber keinen Gebrauch gemacht hat; *(BGBl 1993/20)*

8. wenn vor Einlangen der Gegendarstellung bereits eine gleichwertige redaktionelle Richtigstellung oder Ergänzung veröffentlicht worden ist; *(BGBl 1993/20)*

9. wenn, auf wessen Verlangen immer, bereits die gleichwertige Veröffentlichung einer im wesentlichen inhaltsgleichen gesetzesgemäßen Ge-

gendarstellung erwirkt worden ist, mag die Veröffentlichung auch verspätet geschehen sein; oder *(BGBl 1993/20)*

10. wenn die Gegendarstellung nicht binnen zwei Monaten nach Ablauf des Tages, an dem die Tatsachenmitteilung veröffentlicht oder abrufbar gemacht worden ist, die nachträgliche Mitteilung nicht binnen zwei Monaten nach Ablauf des Tages, an dem der Betroffene vom Absehen von der Verfolgung oder der Beendigung des Verfahrens Kenntnis erhalten hat, beim Medieninhaber oder in der Redaktion des Medienunternehmens eingelangt ist. Enthält ein periodisches Medium Angaben über den Tag des Erscheinens, so ist das Begehren jedenfalls rechtzeitig gestellt, wenn es binnen zwei Monaten nach Ablauf des auf der Nummer angegebenen Tages einlangt. *(BGBl 1993/20; BGBl I 2005/49; BGBl I 2020/148)* *(BGBl 1993/20)*

(2) Die Veröffentlichung der Gegendarstellung ist zu verweigern, wenn ihre Verbreitung den objektiven Tatbestand einer mit gerichtlicher Strafe bedrohten Handlung herstellen oder eine Verletzung des höchstpersönlichen Lebensbereiches darstellen würde. *(BGBl 1993/20)*

Veröffentlichungsbegehren

§ 12. (1) Das Veröffentlichungsbegehren ist schriftlich an den Medieninhaber oder an die Redaktion des Medienunternehmens zu richten. Wird zur Gegendarstellung die Veröffentlichung eines Stand- oder Laufbildes begehrt, so kann dem Begehren ein hiefür geeignetes Bild beigelegt werden. *(BGBl 1993/20; BGBl I 2005/49)*

(2) Dem Veröffentlichungsbegehren kann auch dadurch entsprochen werden, daß in dem Medium spätestens zu dem im § 13 bezeichneten Zeitpunkt eine gleichwertige redaktionelle Richtigstellung, Ergänzung oder Mitteilung veröffentlicht wird. Der Medieninhaber oder die Redaktion hat den Betroffenen davon schriftlich in Kenntnis zu setzen. *(BGBl I 2005/49)*

Zeitpunkt und Form der Veröffentlichung

§ 13. (1) Die Gegendarstellung oder nachträgliche Mitteilung ist,

1. wenn das periodische Medium täglich oder mindestens fünfmal in der Woche erscheint, ausgestrahlt oder verbreitet wird oder ständig abrufbar ist (Website), spätestens am fünften Werktag, *(BGBl I 2005/49)*

2. wenn das periodische Medium monatlich oder in längeren Zeitabschnitten erscheint, ausgestrahlt oder verbreitet wird und die Gegendarstellung mindestens vierzehn Tage vor dem Erscheinen, der Ausstrahlung oder der Verbreitung einlangt, in der ersten Nummer oder Programmausstrahlung, *(BGBl I 2005/49)*

3. in allen anderen Fällen spätestens in der zweiten Nummer oder Programmausstrahlung nach dem Tag des Einlangens zu veröffentlichen. Die Gegendarstellung oder nachträgliche Mitteilung ist zu einem späteren Zeitpunkt zu veröffentlichen, wenn nur auf diese Weise dem ausdrücklichen Verlangen des Betroffenen nach Veröffentlichung in der gleichen Beilage, Artikelserie oder Sendereihe entsprochen werden kann. *(BGBl 1993/20)*

(2) Die Veröffentlichung ist als Gegendarstellung oder „Nachträgliche Mitteilung" zu bezeichnen. Sie hat den Namen des Betroffenen und einen Hinweis darauf zu enthalten, auf welche Nummer oder Sendung sie sich bezieht. *(BGBl 1993/20)*

(3) Die Gegendarstellung oder die nachträgliche Mitteilung ist so zu veröffentlichen, daß ihre Wiedergabe den gleichen Veröffentlichungswert hat wie die Veröffentlichung, auf die sie sich bezieht. Erscheint das periodische Medium in mehreren Ausgaben oder wird es in mehreren Programmen ausgestrahlt, so hat die Veröffentlichung in den Ausgaben oder in den Programmen zu geschehen, in denen die Tatsachenmitteilung, auf die sie sich bezieht, verbreitet worden ist. *(BGBl 1993/20)*

(3a) Bei Veröffentlichung auf einer Website ist die Gegendarstellung oder nachträgliche Mitteilung einen Monat lang abrufbar zu machen. Ist die Tatsachenmitteilung jedoch weiterhin abrufbar, so ist die Gegendarstellung oder nachträgliche Mitteilung ebenso lange wie die Tatsachenmitteilung und bis zu einem Zeitpunkt abrufbar zu halten, der einen Monat nach der Löschung der Tatsachenmitteilung liegt. *(BGBl I 2005/49)*

(4) Bei Veröffentlichung in einem periodischen Druckwerk oder auf einer Website ist ein gleicher Veröffentlichungswert jedenfalls dann gegeben, wenn die Gegendarstellung oder die nachträgliche Mitteilung im selben Teil und in der gleichen Schrift wie die Tatsachenmitteilung wiedergegeben wird. Bei einer Tatsachenmitteilung auf der Titelseite eines periodischen Druckwerks oder auf der Startseite einer Website genügt auf der Titelseite oder Startseite eine Verweisung auf die Gegendarstellung im Blattinneren oder ein Link zur Gegendarstellung. Die Verweisung muss den Gegenstand der Gegendarstellung und den Umstand, dass es sich um eine solche handelt, deutlich erkennen lassen sowie, wenn der Name des Betroffenen in der Tatsachenmitteilung enthalten war, auch diesen enthalten. Soweit die Tatsachenmitteilung in einer Überschrift enthalten war, ist ein gleicher Veröffentlichungswert auch dann gegeben, wenn die Überschrift der Gegendarstellung oder die Verweisung den gleichen Raum wie die von ihr betroffene Überschrift einnimmt. Bei der Veröffentlichung von Gegendarstellungen zu Tatsachenmitteilungen in Überschriften, auf Titel-

seiten periodischer Druckwerke oder auf Startseiten von Websites kann statt des Wortes „Gegendarstellung" das Wort „Entgegnung" oder unter Nennung des Betroffenen der Ausdruck „... entgegnet" verwendet werden. *(BGBl I 2005/49)*

(5) Die Veröffentlichung im Rundfunk oder in anderen in technischer Hinsicht gleichen Medien hat durch Verlesung des Textes durch einen Sprecher zu geschehen. Ist eine Tatsachenmitteilung in einem Programm wiederholt verbreitet worden, so genügt die einmalige Veröffentlichung der Gegendarstellung oder der nachträglichen Mitteilung zu jenem der in Betracht kommenden Zeitpunkte, zu dem sie den größten Veröffentlichungswert hat. *(BGBl 1993/20)*

(6) Eine Gegendarstellung ist in Form eines Stand- oder Laufbildes zu veröffentlichen, wenn die Tatsachenmitteilung gleichfalls in Form einer bildlichen Darstellung verbreitet worden ist und der mit der Gegendarstellung angestrebte Rechtsschutz nur mit dieser Veröffentlichungsform erreicht werden kann. *(BGBl 1993/20)*

(7) Die Veröffentlichung hat ohne Einschaltungen und Weglassungen zu geschehen. Ein Zusatz hat sich von ihr deutlich abzuheben. *(BGBl I 2020/148)*

(8) Der Medieninhaber oder die Redaktion hat den Betroffenen von der Veröffentlichung der Gegendarstellung oder nachträglichen Mitteilung unter Hinweis auf die Nummer oder Sendung, in der sie erfolgt, oder von der Verweigerung der Veröffentlichung unverzüglich in Kenntnis zu setzen. *(BGBl 1993/20; BGBl I 2005/49)*

Gerichtliches Verfahren

§ 14. (1) Wird die Gegendarstellung oder die nachträgliche Mitteilung nicht oder nicht gehörig veröffentlicht, so kann der Betroffene binnen sechs Wochen bei Gericht einen Antrag gegen den Medieninhaber als Antragsgegner auf Anordnung der Veröffentlichung der Gegendarstellung oder der nachträglichen Mitteilung stellen. Diese Frist beginnt mit dem Zeitpunkt, zu dem dem Betroffenen die schriftliche Verweigerung der Veröffentlichung zugekommen ist oder die Gegendarstellung oder nachträgliche Mitteilung nicht gehörig veröffentlicht worden ist oder spätestens hätte veröffentlicht werden sollen. *(BGBl 1993/20; BGBl I 2005/49)*

(2) Ein Antrag nach Abs. 1 ist bei dem in den §§ 40, 41 Abs. 2 bezeichneten Gericht zu stellen. Die Verhandlung und die Entscheidung in erster Instanz obliegen dem Einzelrichter des Landesgerichts. *(BGBl I 2005/49; BGBl I 2020/148)*

(3) In dem Verfahren über einen Antrag nach Abs. 1 hat der Antragsteller die Rechte des Privatanklägers, der Antragsgegner die Rechte des Angeklagten. § 455 Abs. 2 und 3 StPO ist anzuwenden. Auch im übrigen gelten für das Verfahren

über einen Antrag nach Abs. 1, soweit im folgenden nichts anderes bestimmt ist, die Bestimmungen der Strafprozeßordnung 1975 für das Verfahren auf Grund einer Privatanklage dem Sinne nach mit der Maßgabe, daß eine Delegierung nur im fortgesetzten Verfahren (§ 16) zulässig ist und ein offensichtlich unberechtigter Antrag nur nach öffentlicher mündlicher Verhandlung abgewiesen werden darf, sofern der Antragsteller nicht ausdrücklich auf eine solche verzichtet. *(BGBl 1993/20; BGBl I 2005/49; BGBl I 2007/112; BGBl I 2020/148)*

(4) Das Gericht hat den Antrag unverzüglich dem Antragsgegner mit der Aufforderung zuzustellen, binnen fünf Werktagen Einwendungen und Beweismittel dem Gericht schriftlich bekanntzugeben, widrigenfalls dem Antrag Folge gegeben werde. Allfällige Einwendungen sind dem Antragsteller zu einer Gegenäußerung und zur Bekanntgabe von Beweismitteln, wofür ihm eine Frist von fünf Werktagen zu setzen ist, zuzustellen.

§ 15. (1) Wurden Einwendungen innerhalb der gesetzlichen Frist nicht erhoben, so hat das Gericht binnen fünf Werktagen nach Ablauf der Frist durch Beschluss zu entscheiden. Dem Antrag ist ohne Verhandlung stattzugeben; ist der Antrag jedoch offensichtlich nicht berechtigt, so ist nach öffentlicher mündlicher Verhandlung zu entscheiden, sofern der Antragsteller nicht ausdrücklich auf eine solche verzichtet. *(BGBl I 2020/148)*

(2) War der Antragsgegner ohne sein oder seines Vertreters Verschulden durch unabwendbare Umstände gehindert, rechtzeitig Einwendungen vorzubringen, so ist auf sein Verlangen die Wiedereinsetzung in den vorigen Stand zu bewilligen; § 364 StPO ist mit der Maßgabe sinngemäß anzuwenden, daß um die Wiedereinsetzung innerhalb von fünf Werktagen ab Zustellung des Beschlusses nach Abs. 1 anzusuchen ist und über die Wiedereinsetzung das Gericht zu entscheiden hat, das diesen Beschluß gefaßt hat.

(3) Werden Einwendungen erhoben, so hat das Gericht über den Antrag binnen vierzehn Tagen nach Einlangen der Gegenäußerung oder nach Ablauf der hiefür gesetzten Frist nach Durchführung einer Hauptverhandlung durch Urteil zu erkennen. Die Öffentlichkeit der Verhandlung ist auf Verlangen des Antragstellers jedenfalls auszuschließen, soweit Tatsachen des höchstpersönlichen Lebensbereiches erörtert werden. *(BGBl 1993/20; BGBl I 2020/148)*

(4) Der Antragsgegner hat zu beweisen, daß die Pflicht zur Veröffentlichung nicht bestanden hat. Hat der Antragsgegner eingewendet, die Gegendarstellung sei ihrem Inhalt nach unwahr, so steht diese Einwendung einer Entscheidung auf vollständige oder teilweise Veröffentlichung der Gegendarstellung nicht entgegen, wenn die dazu angebotenen Beweise entweder nicht innerhalb der für eine Entscheidung gesetzten Frist aufgenommen werden können oder nicht ausreichen, als erwiesen anzunehmen, daß die Gegendarstellung zur Gänze oder zum Teil unwahr ist. *(BGBl 1993/20)*

(5) Das Urteil kann nur insoweit mit Berufung angefochten werden, als es nicht die Entscheidung über die Einwendung der Unwahrheit der Gegendarstellung betrifft. Die Berufung hat, insoweit auf Veröffentlichung der Gegendarstellung oder nachträglichen Mitteilung erkannt worden ist, keine aufschiebende Wirkung. *(BGBl 1993/20)*

Nachträgliche Fortsetzung des Verfahrens

§ 16. (1) Soweit das Gericht im Urteil nach § 15 Abs. 3 auch über die Einwendung der Unwahrheit der Gegendarstellung entschieden hat, ist das Verfahren auf Verlangen des Antragstellers oder des Antragsgegners fortzusetzen. Der Antrag muß binnen sechs Wochen vom Eintritt der Rechtskraft des Urteils an gestellt werden. Das fortgesetzte Verfahren hat sich auf die Einwendung, die Gegendarstellung sei unwahr, sowie auf die vorbehaltene Entscheidung über die Geldbuße zu beschränken; dazu können neue Beweismittel vorgebracht werden. Über den Antrag ist nach Durchführung einer Hauptverhandlung durch Urteil zu erkennen. *(BGBl 1993/20; BGBl I 2020/148)*

(2) Ergibt das fortgesetzte Verfahren, daß das Begehren nach Veröffentlichung der Gegendarstellung ganz oder zu einem Teil abzuweisen gewesen wäre, so ist das frühere Urteil für aufgehoben zu erklären und der Antragsgegner, wenn er die Gegendarstellung veröffentlicht hat, auf sein Verlangen zu ermächtigen, binnen einer angemessenen Frist jene Teile des Urteils in einer dem § 13 entsprechenden Form zu veröffentlichen, deren Mitteilung zur Unterrichtung der Öffentlichkeit erforderlich ist. Die zur Veröffentlichung bestimmten Teile des Urteils sind im Urteilsspruch anzuführen. Hiebei kann das Gericht, soweit dies zur leichteren Verständlichkeit des Urteilsinhalts oder zur Beschränkung des Umfangs der Veröffentlichung geboten erscheint, den Wortlaut von Teilen des Urteils durch eine gedrängte Darstellung ersetzen. *(BGBl 1993/20)*

(3) Im Urteil nach Abs. 2 sind dem Antragsteller ferner die Zahlung eines angemessenen Einschaltungsentgelts für diese Urteilsveröffentlichung und auf Grund der früheren Urteils erfolgte Veröffentlichung sowie der Rückersatz der Verfahrenskosten an den Antragsgegner aufzuerlegen. Über die Höhe dieser Kosten ist auf Antrag mit Beschluß zu entscheiden, wobei eine Leistungsfrist von vierzehn Tagen festzusetzen ist. In Härtefällen kann das Gericht das Einschaltungsentgelt nach billigem Ermessen mäßigen und eine längere, ein Jahr nicht übersteigende Leistungsfrist festsetzen. Der Beschluß ist ein

MedienG

Exekutionstitel im Sinn des § 1 EO. *(BGBl 1993/20)*

Gerichtliche Anordnung der Veröffentlichung

§ 17. (1) Auf Veröffentlichung der Gegendarstellung oder der nachträglichen Mitteilung ist zu erkennen, wenn sie zu Unrecht nicht oder nicht gehörig veröffentlicht worden ist. Entsprechen einzelne Teile der Gegendarstellung oder der nachträglichen Mitteilung nicht den gesetzlichen Voraussetzungen, so hat das Gericht zu entscheiden, welche Teile der Gegendarstellung oder der nachträglichen Mitteilung zu veröffentlichen sind. Entsprechen Teile der Gegendarstellung oder der nachträglichen Mitteilung nicht den gesetzlichen Voraussetzungen, sind sie aber durch Änderung ihres Wortlauts ohne Änderung des Sinngehaltes verbesserungsfähig, so hat das Gericht den Antragsteller in der Verhandlung anzuleiten, die Gegendarstellung oder die nachträgliche Mitteilung zu verbessern, und sodann auf Veröffentlichung in dieser verbesserten Form zu erkennen. Soweit nicht auf Veröffentlichung erkannt wird, ist der Antrag auf Veröffentlichung abzuweisen. *(BGBl 1993/20)*

(2) Ist auf Veröffentlichung in verbesserter Form erkannt worden und können Zweifel über den Wortlaut der Veröffentlichung bestehen, so hat das Gericht bei der Urteilsverkündung dem Antragsgegner auf Verlangen den Wortlaut schriftlich zur Verfügung zu stellen.

(3) Die vom Gericht angeordnete Veröffentlichung hat in sinngemäßer Anwendung des § 13 zu geschehen.

(4) Wurde auf Grund eines Urteils erster Instanz eine Gegendarstellung oder eine nachträgliche Mitteilung veröffentlicht und wird einer gegen das Urteil erhobenen Berufung ganz oder teilweise Folge gegeben, so ist der Antragsgegner auf sein Verlangen zu ermächtigen, binnen einer angemessenen Frist jene Teile des Berufungsurteils in einer dem § 13 entsprechenden Form zu veröffentlichen, deren Mitteilung zur Unterrichtung der Öffentlichkeit erforderlich ist. Die zur Veröffentlichung bestimmten Teile des Urteils sind im Urteilsspruch anzuführen. Hiebei kann das Gericht, soweit dies zur leichteren Verständlichkeit des Urteilsinhalts oder zur Beschränkung des Umfangs der Veröffentlichung geboten erscheint, den Wortlaut von Teilen des Urteils durch eine gedrängte Darstellung ersetzen. *(BGBl 1993/20)*

(5) Ferner hat das Berufungsgericht den Antragsteller zur Zahlung eines Einschaltungsentgelts für die zu Unrecht erwirkte Veröffentlichung der Gegendarstellung oder der nachträglichen Mitteilung und für die Veröffentlichung des Berufungsurteils zu verurteilen. Über die Höhe dieser Kosten ist auf Antrag mit Beschluß zu entscheiden, wobei eine Leistungsfrist von vierzehn Tagen festzusetzen ist. In Härtefällen kann das Gericht das Einschaltungsentgelt nach billigem Ermessen mäßigen und eine längere, ein Jahr nicht übersteigende Leistungsfrist festsetzen. Der Beschluß ist ein Exekutionstitel im Sinn des § 1 EO. *(BGBl 1993/20)*

Fassung ab 1. 7. 2024 (BGBl I 2023/44):
(5) (aufgehoben, BGBl I 2023/44, VfGH, ab 20. 6. 2024)

Geldbuße

§ 18. (1) Auf Verlangen des Antragstellers ist dem Antragsgegner die Zahlung einer Geldbuße an den Antragsteller aufzuerlegen, wenn die Gegendarstellung zu Unrecht nicht oder nicht gehörig oder verspätet veröffentlicht worden ist, es sei denn, daß weder den Medieninhaber noch den mit der Veröffentlichung Beauftragten ein Verschulden trifft. Diesen Umstand hat der Antragsgegner zu beweisen. *(BGBl 1993/20; BGBl I 2005/49)*

(2) Über die Geldbuße ist in der Entscheidung über den Antrag auf Veröffentlichung der Gegendarstellung zu erkennen. Ist aber nach § 15 Abs. 4 zweiter Satz eingewendet worden, die Gegendarstellung sei ihrem Inhalt nach unwahr, so ist die Entscheidung über die begehrte Geldbuße dem Urteil in dem allenfalls fortgesetzten Verfahren vorzubehalten, sofern das Verlangen nicht aus anderen Gründen abzuweisen ist. Über die Geldbuße wegen verspäteter Veröffentlichung hat das Gericht in sinngemäßer Anwendung des § 14 Abs. 4 durch Beschluß zu entscheiden. Wird über die Geldbuße durch Beschluß entschieden, so steht die Beschwerde an das übergeordnete Gericht zu. *(BGBl 1993/20; BGBl I 2007/112)*

(3) Die Höhe der Geldbuße ist nach Maßgabe des Grades des Verschuldens, des Umfangs und der Auswirkungen der Verbreitung der Tatsachenmitteilung sowie des Ausmaßes der Verzögerung zu bestimmen; auf die Wahrung der wirtschaftlichen Existenz des Medieninhabers ist Bedacht zu nehmen. Die Geldbuße darf bei verspäteter Veröffentlichung und wenn über die Geldbuße im Verfahren nach § 15 Abs. 1 entschieden wird, 1 000 Euro, sonst 5 000 Euro nicht übersteigen. *(BGBl 1993/20; BGBl I 2005/49)*

(4) Für die Zahlung der Geldbuße ist eine Leistungsfrist von vierzehn Tagen zu bestimmen. Die Zuerkennung ist ein Exekutionstitel im Sinn des § 1 EO.

Verfahrenskosten

§ 19. (1) Die Kosten des Verfahrens sind dem Antragsgegner aufzuerlegen, wenn der Antragsteller mit seinem Antrag auf Veröffentlichung zur Gänze obsiegt.

(2) Das Gericht entscheidet nach billigem Ermessen, von wem und in welchem Verhältnis die Kosten des Verfahrens zu ersetzen sind, wenn

1. auf Veröffentlichung der Gegendarstellung oder der nachträglichen Mitteilung nach Verbesserungen erkannt wird; *(BGBl 1993/20)*

2. auf Veröffentlichung nur eines Teiles der Gegendarstellung oder der nachträglichen Mitteilung erkannt wird; oder *(BGBl 1993/20)*

3. der Veröffentlichungsantrag deshalb abgewiesen wird, weil die Gegendarstellung oder nachträgliche Mitteilung oder eine gleichwertige redaktionelle Richtigstellung, Ergänzung oder Mitteilung (§ 12 Abs. 2) zwar gehörig veröffentlicht worden ist, der Antragsteller jedoch vor der Antragstellung von der Veröffentlichung nicht verständigt worden ist. *(BGBl 1993/20)*

(3) In allen anderen Fällen sind die Kosten des Verfahrens dem Antragsteller aufzuerlegen.

(4) Die vorstehenden Bestimmungen sind dem Sinne nach in dem Verfahren zur nachträglichen Festsetzung einer Geldbuße anzuwenden.

(5) Vor Schluß der Verhandlung haben die Parteien nach Aufforderung des Richters Kostenverzeichnisse vorzulegen. Hiebei kann die Höhe der Kostenersatzansprüche erörtert werden. *(BGBl 1993/20)*

(6) Im Urteil ist auszusprechen, welche Partei in welchem Ausmaß einer anderen Kostenersatz zu leisten hat. Das verkündete Urteil kann die ziffernmäßige Festsetzung der Kostenbeträge der schriftlichen Ausfertigung vorbehalten. Der § 54 der Zivilprozeßordnung gilt sinngemäß. *(BGBl 1993/20)*

(7) Die Abs. 5 und 6 sind im Berufungsverfahren sinngemäß anzuwenden. *(BGBl 1993/20)*

Durchsetzung der Veröffentlichung

§ 20. (1) Wurde auf Veröffentlichung einer Gegendarstellung oder einer nachträglichen Mitteilung erkannt und dem gerichtlichen Veröffentlichungsauftrag nicht rechtzeitig oder nicht gehörig entsprochen, so hat das Gericht auf Verlangen des Antragstellers nach Anhörung des Antragsgegners durch Beschluß dem Antragsgegner die Zahlung einer Geldbuße an den Antragsteller aufzuerlegen. Für jede erschienene Nummer, jeden Sendetag oder jeden Tag, an dem die Website abrufbar ist, gebührt ab dem im § 13 Abs. 1 (§ 17 Abs. 3) bezeichneten Zeitpunkt, in dem eine gehörige Veröffentlichung der Gegendarstellung oder nachträglichen Mitteilung hätte erfolgen sollen, eine Geldbuße bis zu 1 000 Euro. Für die Bestimmung der Höhe der Geldbuße gilt § 18 Abs. 3 erster Satz. *(BGBl I 2005/49)*

(2) Das Verlangen muß binnen sechs Wochen gestellt werden. Diese Frist beginnt im Falle nicht rechtzeitiger Veröffentlichung ab dem Zeitpunkt zu laufen, in dem dem Veröffentlichungsauftrag spätestens hätte entsprochen werden sollen, im Falle einer nicht gehörigen Veröffentlichung ab dem Veröffentlichungstag, und zwar auch dann, wenn in diesem Zeitpunkt die Veröffentlichungsfrist noch nicht abgelaufen war. Der Antrag, eine Geldbuße wegen nicht gehöriger Veröffentlichung aufzuerlegen, ist abzuweisen, soweit er Mängel betrifft, die vom Antragsteller schon in einem früher gestellten Antrag hätten geltend gemacht werden können. *(BGBl I 2020/148)*

(3) Sobald die Gegendarstellung oder nachträgliche Mitteilung gehörig veröffentlicht worden ist, kann das Gericht in berücksichtigungswürdigen Fällen auf Antrag des Antragsgegners von der Auferlegung von Geldbußen absehen und noch nicht gezahlte Geldbußen nachsehen. Soweit das der Fall ist, sind die Kosten des Durchsetzungsverfahrens dennoch dem Antragsgegner aufzuerlegen.

(4) Gegen Beschlüsse des Gerichtes über die Auferlegung von Geldbußen steht die Beschwerde an das übergeordnete Gericht zu. Wurde eine Geldbuße auferlegt, weil die Veröffentlichung nicht gehörig erfolgt sei, und wurde gegen den Beschluß über die Geldbuße Beschwerde erhoben, so sind für die Dauer des Beschwerdeverfahrens keine weiteren Geldbußen aufzuerlegen, wenn die Veröffentlichung, deren Gehörigkeit strittig ist, in einer Weise erfolgte, die einer gehörigen Veröffentlichung nahekommt. *(BGBl I 2007/112)*

(BGBl 1993/20)

Einschränkung der Anwendung auf bestimmte Websites

§ 21. Die §§ 9 bis 20 sind nur auf Websites anzuwenden, die einen über die Darstellung des persönlichen Lebensbereiches oder die Präsentation des Medieninhabers hinausgehenden Informationsgehalt aufweisen, der geeignet ist, die öffentliche Meinungsbildung zu beeinflussen.

(BGBl I 2005/49)

Dritter Unterabschnitt

Bild- und Tonaufnahmen und -übertragungen

Verbot von Fernseh-, Hörfunk-, Film- und Fotoaufnahmen

§ 22. Fernseh- und Hörfunkaufnahmen und -übertragungen sowie Film- und Fotoaufnahmen von Verhandlungen der Gerichte sind unzulässig. *(BGBl I 2014/101)*

(BGBl 1993/20)

Vierter Unterabschnitt
Verbotene Einflussnahme auf ein Strafverfahren

Verbotene Einflußnahme auf ein Strafverfahren

§ 23. Wer in einem Medium während eines Hauptverfahrens nach Rechtswirksamkeit der Anklageschrift, im Verfahren vor dem Einzelrichter des Landesgerichts oder im bezirksgerichtlichen Verfahren nach Anordnung der Hauptverhandlung, vor dem Urteil erster Instanz den vermutlichen Ausgang des Strafverfahrens oder den Wert eines Beweismittels in einer Weise erörtert, die geeignet ist, den Ausgang des Strafverfahrens zu beeinflussen, ist vom Gericht mit Geldstrafe bis zu 180 Tagessätzen zu bestrafen.

(BGBl I 2007/112)

Vierter Abschnitt
Impressum, Offenlegung und Kennzeichnung

Impressum

§ 24. (1) Auf jedem Medienwerk sind der Name oder die Firma des Medieninhabers und des Herstellers sowie der Verlags- und der Herstellungsort anzugeben. *(BGBl I 2005/49)*

(2) Auf jedem periodischen Medienwerk sind zusätzlich die Anschriften des Medieninhabers und der Redaktion des Medienunternehmens sowie Name und Anschrift des Herausgebers anzugeben. Enthält ein periodisches Medienwerk ein Inhaltsverzeichnis, so ist darin auch anzugeben, an welcher Stelle sich das Impressum befindet. *(BGBl I 2005/49)*

(3) In jedem wiederkehrenden elektronischen Medium sind der Name oder die Firma sowie die Anschrift des Medieninhabers und des Herausgebers anzugeben. *(BGBl I 2005/49)*

(4) Die Pflicht zur Veröffentlichung trifft den Medieninhaber. Handelt es sich bei dem Medieninhaber um einen Diensteanbieter im Sinne des § 3 Z 2 ECG, BGBl. I Nr. 152/2001, so können die Angaben zum Impressum gemeinsam mit den Angaben zu § 5 ECG zur Verfügung gestellt werden. *(BGBl I 2005/49)*

(5) Dem Impressum kann die Angabe über den Verleger nach den §§ 1172f ABGB angefügt werden. *(BGBl I 2005/49)*

Offenlegung

§ 25. (1) Der Medieninhaber jedes periodischen Mediums hat die in den Abs. 2 bis 4 bezeichneten Angaben zu veröffentlichen. Bei periodischen Medienwerken ist dazu im Impressum auch darüber zu informieren, unter welcher Web-Adresse diese Angaben ständig leicht und unmittelbar auffindbar sind oder es sind diese Angaben jeweils dem Medium anzufügen. Bei Rundfunkprogrammen sind alle diese Angaben entweder ständig auf einer leicht auffindbaren Teletextseite zur Verfügung zu stellen oder im Amtsblatt zur „Wiener Zeitung" binnen eines Monats nach Beginn der Ausstrahlung und im ersten Monat jedes Kalenderjahres zu verlautbaren. Auf einer Website sind diese Angaben ständig leicht und unmittelbar auffindbar zur Verfügung zu stellen. Bei wiederkehrenden elektronischen Medien ist entweder anzugeben, unter welcher Web-Adresse diese Angaben ständig leicht und unmittelbar auffindbar sind, oder es sind diese Angaben jeweils dem Medium anzufügen. Handelt es sich bei dem Medieninhaber um einen Diensteanbieter im Sinne des § 3 Z 2 ECG, BGBl. I Nr. 152/2001, so können die Angaben zur Offenlegung gemeinsam mit den Angaben zu § 5 ECG zur Verfügung gestellt werden.

(2) Anzugeben sind der Medieninhaber mit Namen oder Firma, Unternehmensgegenstand, Wohnort oder Sitz (Niederlassung) und den Namen der vertretungsbefugten Organe des Medieninhabers, im Falle des Bestehens eines Aufsichtsrates auch dessen Mitglieder. Darüber hinaus sind für sämtliche der an einem Medieninhaber direkt oder indirekt beteiligten Personen die jeweiligen Eigentums-, Beteiligungs-, Anteils- und Stimmrechtsverhältnisse anzugeben. Ferner sind allfällige stille Beteiligungen am Medieninhaber und an den an diesem direkt oder indirekt im Sinne des vorstehenden Satzes beteiligten Personen sowie Treuhandverhältnisse für jede Stufe offenzulegen. Im Fall der direkten oder indirekten Beteiligung von Stiftungen sind auch die Stifter und die jeweiligen Begünstigten der Stiftung offenzulegen. Ist der Medieninhaber ein Verein oder ist am Medieninhaber direkt oder indirekt ein Verein beteiligt, so sind für den Verein dessen Vorstand und der Vereinszweck anzugeben. Direkt oder indirekt beteiligte Personen, Treugeber, Stifter und Begünstigte einer Stiftung sind verpflichtet, auf Aufforderung durch den Medieninhaber diesem die zur Erfüllung seiner Offenlegungspflicht erforderlichen Angaben mitzuteilen.

(3) Ist eine nach den vorstehenden Bestimmungen anzugebende Person zugleich Inhaber eines anderen Medienunternehmens oder Mediendienstes, so müssen auch die Firma, der Unternehmensgegenstand und der Sitz dieses Unternehmens angeführt werden.

(4) Zu veröffentlichen ist ferner eine Erklärung über die grundlegende Richtung eines periodischen Druckwerks (Blattlinie) oder sonst eines periodischen Mediums. Im Sinne des § 2 werden Änderungen und Ergänzungen der grundlegenden Richtung erst wirksam, sobald sie veröffentlicht sind.

MedienG

(5) Für ein Medium im Sinne von § 1 Abs. 1 Z 5a lit. b und c, das keinen über die Darstellung des persönlichen Lebensbereichs oder die Präsentation des Medieninhabers hinausgehenden Informationsgehalt aufweist, der geeignet ist, die öffentliche Meinungsbildung zu beeinflussen, sind nur der Name oder die Firma, gegebenenfalls der Unternehmensgegenstand, sowie der Wohnort oder der Sitz des Medieninhabers anzugeben. Abs. 3 und 4 finden auf solche Medien keine Anwendung.

(BGBl I 2011/131)

Kennzeichnung entgeltlicher Veröffentlichungen und politischer Werbung

§ 26. (1) Ankündigungen, Empfehlungen sowie sonstige Beiträge und Berichte, für deren Veröffentlichung ein Entgelt geleistet wird, müssen in periodischen Medien als „Anzeige", „entgeltliche Einschaltung" oder „Werbung" gekennzeichnet sein, es sei denn, dass Zweifel über die Entgeltlichkeit durch Gestaltung oder Anordnung ausgeschlossen werden können.

(2) Bei allen entgeltlichen Veröffentlichungen (Abs. 1) mit Bezugnahme auf eine Wahl zum Nationalrat, zum Europäischen Parlament und zum Bundespräsidenten, mit Bezugnahme auf eine politische Partei gemäß § 2 Z 1 PartG, BGBl. I Nr. 56/2012, eine wahlwerbende Partei gemäß § 2 Z 2 PartG, eine nahestehende Organisation gemäß § 2 Z. 3 PartG oder ein Personenkomitee gem. § 2 Z. 3a PartG, auf Wahlwerber oder am Wahltag, ist im Zeitraum zwischen Stichtag der Wahl und Wahltag neben der Kennzeichnung gemäß Abs. 1 auch der Name des Auftraggebers der entgeltlichen Veröffentlichung zu nennen. Dies gilt auch für Veröffentlichungen, bei denen gemäß Abs. 1 kein Zweifel über die Entgeltlichkeit besteht.

(BGBl I 2022/125)

Verwaltungsübertretung

§ 27. (1) Eine Verwaltungsübertretung begeht und ist hiefür von der Bezirksverwaltungsbehörde, im Gebiet einer Gemeinde, für das die Landespolizeidirektion zugleich Sicherheitsbehörde erster Instanz ist, von der Landespolizeidirektion, mit Geldstrafe bis zu 20 000 Euro zu bestrafen, wer

1. der ihm obliegenden Pflicht zur Veröffentlichung eines Impressums oder der in § 25 Abs. 2 und 3 bezeichneten Angaben nicht oder nicht rechtzeitig nachkommt oder bei Veröffentlichung unrichtige oder unvollständige Angaben macht oder seine Auskunftspflicht verletzt;

2. als Medieninhaber oder verantwortlicher Beauftragter bewirkt, dass Ankündigungen, Empfehlungen, sonstige Beiträge und Berichte entge-

gen den Vorschriften des § 26 Abs. 1 veröffentlicht werden;

3. als Medieninhaber oder verantwortlicher Beauftragter bewirkt, dass entgeltliche Veröffentlichungen entgegen den Vorschriften des § 26 Abs. 2 veröffentlicht werden.

(2) Für die örtliche Zuständigkeit ist im Fall der Verletzung des § 24 der Herstellungsort, sonst der Sitz des Medienunternehmens, wenn aber das Medium nicht von einem Medienunternehmen verbreitet wird, der Verlagsort maßgeblich.

(BGBl I 2022/125)

Fünfter Abschnitt

Strafrechtliche Bestimmungen

Medienrechtliche Verantwortlichkeit

§ 28. Die strafrechtliche Verantwortlichkeit für Medieninhaltsdelikte bestimmt sich, soweit im folgenden nichts anderes bestimmt ist, nach den allgemeinen Strafgesetzen.

Wahrnehmung journalistischer Sorgfalt

§ 29. (1) Der Medieninhaber oder ein Medienmitarbeiter ist wegen eines Medieninhaltsdelikts, bei dem der Wahrheitsbeweis zulässig ist, nicht nur bei erbrachtem Wahrheitsbeweis, sondern auch dann nicht zu bestrafen, wenn ein überwiegendes Interesse der Öffentlichkeit an der Veröffentlichung bestanden hat und auch bei Aufwendung der gebotenen journalistischen Sorgfalt für ihn hinreichende Gründe vorgelegen sind, die Behauptung für wahr zu halten. Wegen eines Medieninhaltsdelikts, das den höchstpersönlichen Lebensbereich betrifft, ist der Medieninhaber oder ein Medienmitarbeiter jedoch nur dann nicht zu bestrafen, wenn die Behauptung wahr ist und im unmittelbaren Zusammenhang mit dem öffentlichen Leben steht. *(BGBl I 2005/49)*

(2) Diese Beweise sind nur aufzunehmen, wenn sich der Beschuldigte darauf beruft. Das Gericht hat in den Fällen des Abs. 1 erster Satz den vom Beschuldigten angebotenen und zulässigen Wahrheitsbeweis auch dann aufzunehmen, wenn es die Erfüllung der journalistischen Sorgfaltspflicht als erwiesen annimmt.

(3) Wird der Angeklagte nur deshalb freigesprochen, weil die im Abs. 1 erster Satz bezeichneten Voraussetzungen vorliegen, so hat das Gericht in sinngemäßer Anwendung des § 34 auf Veröffentlichung der Feststellung, daß der Beweis der Wahrheit nicht angetreten worden oder mißlungen ist, und darauf zu erkennen, daß der Angeklagte die Kosten des Strafverfahrens einschließlich der Kosten einer solchen Veröffentlichung zu tragen hat. *(BGBl I 2007/112)*

(4) Die §§ 111 Abs. 3 und 112 StGB sind nicht anzuwenden.

Parlamentsberichterstattung

§ 30. Wahrheitsgetreue Berichte über die Verhandlungen in den öffentlichen Sitzungen des Nationalrates, des Bundesrates, der Bundesversammlung, eines Landtages oder eines Ausschusses eines dieser allgemeinen Vertretungskörper bleiben von jeder Verantwortung frei. *(BGBl I 2020/148)*

Schutz des Redaktionsgeheimnisses

§ 31. (1) Medieninhaber, Herausgeber, Medienmitarbeiter und Arbeitnehmer eines Medienunternehmens oder Mediendienstes haben das Recht, in einem Strafverfahren oder sonst in einem Verfahren vor Gericht oder einer Verwaltungsbehörde als Zeugen die Beantwortung von Fragen zu verweigern, die die Person des Verfassers, Einsenders oder Gewährsmannes von Beiträgen und Unterlagen oder die ihnen im Hinblick auf ihre Tätigkeit gemachten Mitteilungen betreffen. *(BGBl I 2005/49; BGBl I 2007/112)*

(2) Das im Abs. 1 angeführte Recht darf nicht umgangen werden, insbesondere dadurch, daß dem Berechtigten die Herausgabe von Schriftstücken, Druckwerken, Bild- oder Tonträgern oder Datenträgern, Abbildungen und anderen Darstellungen mit solchem Inhalt aufgetragen wird oder diese beschlagnahmt werden.

(3) Inwieweit die Überwachung von Nachrichten von Teilnehmeranschlüssen eines Medienunternehmens und eine optische oder akustische Überwachung von Personen unter Verwendung technischer Mittel in Räumlichkeiten eines Medienunternehmens zulässig sind, bestimmt die Strafprozeßordnung. *(BGBl I 1997/105; BGBl I 2005/49; BGBl I 2007/112)*

Verjährung

§ 32. Die Frist der Verjährung der Strafbarkeit eines Medieninhaltsdelikts beginnt zu der Zeit, da mit der Verbreitung im Inland begonnen wird; § 58 Abs. 1 StGB ist nicht anzuwenden. Die Verjährungsfrist beträgt ein Jahr; ist die strafbare Handlung aber mit einer drei Jahre übersteigenden Freiheitsstrafe bedroht oder wurde sie durch den Inhalt eines abrufbaren periodischen elektronischen Mediums begangen, so richtet sich die Frist nach § 57 Abs. 3 StGB. *(BGBl I 2020/148)*

Einziehung

§ 33. (1) Im Strafurteil wegen eines Medieninhaltsdeliktes ist auf Antrag des Anklägers auf die Einziehung der zur Verbreitung bestimmten Medienstücke oder die Löschung der die strafbare Handlung begründenden Stellen der Website zu erkennen (Einziehung). Gleiches gilt, unbeschadet des § 446 StPO, für freisprechende Urteile nach § 29 Abs. 3. *(BGBl I 2005/49)*

(2) Auf Antrag des Anklägers oder des zur Anklage Berechtigten ist auf Einziehung in einem selbständigen Verfahren zu erkennen, wenn in einem Medium der objektive Tatbestand einer strafbaren Handlung hergestellt worden ist und die Verfolgung einer bestimmten Person nicht durchführbar ist, nicht beantragt oder nicht aufrechterhalten wird oder die Verurteilung aus Gründen nicht möglich ist, die eine Bestrafung ausschließen, etwa weil die Strafbarkeit der Tat verjährt ist. Wäre der Täter bei erbrachtem Wahrheitsbeweis nicht strafbar, so steht dieser Beweis nach Maßgabe des § 29 auch dem Medieninhaber als Beteiligtem (§ 41 Abs. 6) offen. *(BGBl 1993/20; BGBl I 2005/49; BGBl I 2020/148)*

(2a) Die Einziehung ist unzulässig, wenn es sich um die Wiedergabe der Äußerung eines Dritten im Sinn des § 6 Abs. 2 Z 4 gehandelt hat. *(BGBl I 2005/49)*

(3) *(entfällt, BGBl I 2020/148)*

(4) An Stelle der Einziehung ist dem Medieninhaber auf seinen Antrag hin aufzutragen, innerhalb einer ihm zu setzenden angemessenen Frist durch Abtrennung von Teilen, Überklebung oder auf eine andere geeignete Weise dafür zu sorgen, daß die die strafbare Handlung begründenden Stellen bei einer weiteren Verbreitung der Medienstücke nicht mehr wahrnehmbar sind. *(BGBl I 2005/49)*

(5) Wird auf Einziehung im selbständigen Verfahren erkannt, so treffen die Kosten des Verfahrens den Medieninhaber. *(BGBl I 2005/49)*

Einziehung wegen Beeinträchtigung des Arbeit- oder Dienstgebers

§ 33a. (1) Wird in einem Medium im Zusammenhang mit der Tätigkeit eines Arbeit- oder Dienstnehmers gegenüber diesem der objektive Tatbestand der üblen Nachrede, der Beschimpfung, der Verspottung oder der Verleumdung hergestellt und ist dieses Verhalten geeignet, die Möglichkeiten des Arbeit- oder Dienstgebers, den Arbeit- oder Dienstnehmer einzusetzen, erheblich zu beeinträchtigen oder das Ansehen des Arbeit- oder Dienstgebers erheblich zu schädigen, so ist dieser berechtigt, einen Antrag auf Einziehung der zur Verbreitung bestimmten Medienstücke oder Löschung der betreffenden Stellen der Website zu stellen. Entsprechendes gilt für ehrenamtlich Tätige und Organe einer Körperschaft. Die Geltendmachung des Anspruchs des Arbeit- oder Dienstgebers ist nicht von der Zustimmung des Arbeit- oder Dienstnehmers abhängig. Eine Pflicht zur gerichtlichen Geltendmachung für den Arbeit- oder Dienstgeber bezüglich die den Arbeit- oder Dienstnehmer betreffende Persönlichkeitsrechtsverletzung insbesondere aufgrund der arbeitsrechtlichen Fürsorgepflicht besteht nicht.

(2) Der Anspruch auf Einziehung besteht im Fall der üblen Nachrede nicht, wenn ein Ausschlussgrund nach § 6 Abs. 2 Z 2 oder 4 vorliegt. § 33 Abs. 2 zweiter Satz ist anzuwenden.

(3) Der Arbeit- oder Dienstgeber kann die Einziehung in einem Strafverfahren bis zum Schluss der Hauptverhandlung oder mit einem selbstständigen Antrag begehren. Für das Verfahren über einen solchen Antrag ist § 33 Abs. 4 und 5 anzuwenden.

(4) Der Antrag kann auch in einem selbstständigen Verfahren gestellt werden, das über einen Antrag des Betroffenen wegen derselben Veröffentlichung geführt wird, und umgekehrt.

(BGBl I 2020/148)

Urteilsveröffentlichung

§ 34. (1) Im Strafurteil wegen eines Medieninhaltsdelikts ist auf Antrag des Anklägers auf die Veröffentlichung der Teile des Urteils zu erkennen, deren Mitteilung zur Unterrichtung der Öffentlichkeit über die strafbare Handlung und ihre Aburteilung erforderlich ist. Die zu veröffentlichenden Teile des Urteils sind im Urteilsspruch anzuführen. Hiebei kann das Gericht, soweit dies zur leichteren Verständlichkeit des Urteilsinhalts oder zur Beschränkung des Umfangs der Veröffentlichung geboten erscheint, den Wortlaut von Teilen des Urteils durch eine gedrängte Darstellung ersetzen. *(BGBl 1993/20)*

(2) Bei einer Verleumdung, einer strafbaren Handlung gegen die Ehre oder wenn eine andere mit Strafe bedrohte Handlung Umstände oder Tatsachen des Privat- oder Familienlebens betrifft, darf auf Urteilsveröffentlichung nur mit Zustimmung des Opfers erkannt werden, auch wenn zur Verfolgung der strafbaren Handlung eine Ermächtigung nicht erforderlich oder bereits erteilt worden ist. *(BGBl I 2007/112)*

(3) Auf Antrag des Anklägers oder des zur Anklage Berechtigten ist auf Urteilsveröffentlichung in einem selbständigen Verfahren zu erkennen, wenn in einem Medium der objektive Tatbestand einer strafbaren Handlung hergestellt worden ist und die Verfolgung einer bestimmten Person nicht durchführbar ist, nicht beantragt oder nicht aufrechterhalten wird oder die Verurteilung aus Gründen nicht möglich ist, die eine Bestrafung ausschließen, etwa die Strafbarkeit der Tat verjährt ist. § 33 Abs. 2 zweiter Satz ist anzuwenden. *(BGBl 1993/20; BGBl I 2020/148)*

(3a) Die Urteilsveröffentlichung ist unzulässig, wenn es sich um die Wiedergabe der Äußerung eines Dritten im Sinn des § 6 Abs. 2 Z 4 gehandelt hat. *(BGBl I 2005/49)*

(4) Ist das Medieninhaltsdelikt in einem periodischen Medium begangen worden, so hat die Urteilsveröffentlichung in diesem Medium in sinngemäßer Anwendung des § 13 zu erfolgen, wobei die Veröffentlichungsfrist beginnt, sobald das Urteil in Rechtskraft erwachsen und zugestellt worden ist. Für die Durchsetzung gilt § 20 sinngemäß.

(5) Auf Veröffentlichung in einem anderen periodischen Medium ist zu erkennen, wenn das periodische Medium, in dem das Medieninhaltsdelikt begangen worden ist, nicht mehr besteht oder wenn das Medieninhaltsdelikt in einem anderen als einem periodischen oder in einem ausländischen Medium begangen worden ist. Die Kosten einer solchen Urteilsveröffentlichung gehören zu den Kosten des Strafverfahrens. Hinsichtlich der Durchsetzung gilt § 46.

(6) Wird auf Urteilsveröffentlichung im selbständigen Verfahren erkannt, so treffen die Kosten des Verfahrens den Medieninhaber. *(BGBl 1993/20; BGBl I 2007/112)*

Haftung

§ 35. *(aufgehoben samt Überschrift, BGBl I 2005/151)*

Beschlagnahme

§ 36. (1) Ist anzunehmen, dass auf Einziehung nach §§ 33 oder 33a erkannt werden wird, so kann das Gericht die Beschlagnahme der zur Verbreitung bestimmten Stücke eines Medienwerkes oder die Löschung der die strafbare Handlung begründenden Stellen der Website anordnen (Beschlagnahme), wenn die nachteiligen Folgen der Beschlagnahme nicht unverhältnismäßig schwerer wiegen als das Rechtsschutzinteresse, dem die Beschlagnahme dienen soll. Die Beschlagnahme ist jedenfalls unzulässig, wenn diesem Rechtsschutzinteresse auch durch Veröffentlichung einer Mitteilung über das eingeleitete Verfahren (§ 37) Genüge getan werden kann. *(BGBl I 2005/49; BGBl I 2007/112; BGBl I 2020/148)*

(2) Die Beschlagnahme setzt voraus, daß ein Strafverfahren oder ein selbständiges Verfahren wegen eines Medieninhaltsdelikts oder nach § 33a geführt oder zugleich beantragt wird, und daß der Ankläger oder Antragsteller im selbständigen Verfahren die Beschlagnahme ausdrücklich beantragt. *(BGBl I 2007/112; BGBl I 2020/148)*

(3) In dem die Beschlagnahme anordnenden Beschluß ist anzugeben, wegen welcher Stelle oder Darbietung und wegen des Verdachtes welcher strafbaren Handlung die Beschlagnahme angeordnet wird. § 33 Abs. 4 gilt sinngemäß. *(BGBl I 2005/49)*

MedienG

(4) Die Entscheidung über die Beschlagnahme kann mit Beschwerde an das übergeordnete Gericht angefochten werden. Die Beschwerde hat keine aufschiebende Wirkung. *(BGBl I 2007/112)*

(5) Eine neuerliche Beschlagnahme desselben Medienwerkes wegen einer anderen Veröffentlichung auf Antrag desselben Berechtigten ist nicht zulässig.

Durchsetzung der Einziehung und Beschlagnahme bei Websites

§ 36a. (1) Wird auf Löschung der die strafbare Handlung begründenden Stellen der Website erkannt (Einziehung) oder die Löschung der die strafbare Handlung begründenden Stellen der Website angeordnet (Beschlagnahme), so ist der Medieninhaber aufzufordern, innerhalb einer ihm zu setzenden angemessenen Frist dem gerichtlichen Auftrag zu entsprechen. Der Medieninhaber hat den Ankläger oder Antragsteller von der Löschung der die strafbare Handlung begründenden Stellen der Website unverzüglich in Kenntnis zu setzen.

(2) Wurde der gerichtlichen Aufforderung nicht fristgerecht oder nicht gehörig entsprochen, so ist auf Antrag des Anklägers oder Antragstellers im selbstständigen Verfahren nach Anhörung des Medieninhabers diesem mit Beschluss die Zahlung einer Geldbuße an den Ankläger oder Antragsteller aufzuerlegen. Eine Geldbuße bis zu 2 000 Euro gebührt für jeden Tag, an dem die Stellen der Website, welche die strafbare Handlung begründen, nach Ablauf der gerichtlichen Frist weiterhin abrufbar sind. Die Höhe der Geldbuße ist nach dem Gewicht des Strafverfahrens oder des selbstständigen Verfahrens, der Bedeutung der die strafbare Handlung begründenden Veröffentlichung und nach den persönlichen oder wirtschaftlichen Umständen des Medieninhabers zu bestimmen. § 20 Abs. 2 bis 4 gilt sinngemäß. *(BGBl I 2007/112)*

(BGBl I 2005/49)

Durchsetzung der Einziehung, der Beschlagnahme und der Urteilsveröffentlichung bei Websites gegen Diensteanbieter

§ 36b. Hat der Medieninhaber seinen Sitz im Ausland oder kann der Medieninhaber aus anderen Gründen nicht belangt werden, so hat das Gericht auf Antrag des Anklägers oder des Antragstellers im selbstständigen Verfahren dem Hostingdiensteanbieter (§ 16 E-Commerce-Gesetz – ECG, BGBl. I Nr. 152/2001) die Löschung der betreffenden Stellen der Website (Einziehung oder Beschlagnahme – §§ 33, 33a, 36) oder die

Veröffentlichung der Teile des Urteils (§ 34) aufzutragen.

(BGBl I 2020/148)

Veröffentlichung einer Mitteilung über das Verfahren

§ 37. (1) Auf Antrag des Anklägers oder des Antragstellers in einem selbständigen Verfahren hat das Gericht mit Beschluß die Veröffentlichung einer kurzen Mitteilung über das eingeleitete Verfahren anzuordnen, wenn anzunehmen ist, daß der objektive Tatbestand eines Medieninhaltsdelikts hergestellt worden ist. Die Veröffentlichung kann auch eine Sachverhaltsdarstellung umfassen, soweit diese zur Unterrichtung der Öffentlichkeit erforderlich ist. *(BGBl 1993/20)*

(2) Ein Beschluß nach Abs. 1 ist unzulässig, wenn die Beschlagnahme angeordnet wird. *(BGBl 1993/20; BGBl I 2005/49)*

(3) Die §§ 34 und 36 Abs. 4 gelten sinngemäß.

Verbreitungs- und Veröffentlichungsverbot

§ 38. (1) Solange die Beschlagnahme dauert, sind die weitere Verbreitung der Medienstücke in einer Form, in der der Inhalt wahrnehmbar ist, und die neuerliche Veröffentlichung der den Verdacht einer strafbaren Handlung begründenden Stelle oder Darbietung verboten.

(2) Wer entgegen dem Abs. 1 Medienstücke verbreitet oder den der Beschlagnahme zugrunde liegenden Inhalt veröffentlicht, ist vom Gericht mit Geldstrafe bis zu 90 Tagessätzen zu bestrafen.

Entschädigung für ungerechtfertigte Beschlagnahme

§ 38a. (1) Wird die Beschlagnahme vom Gericht aufgehoben, ohne dass ein Schuldspruch ergeht oder auf Einziehung im selbstständigen Verfahren erkannt wird, so hat der Medieninhaber gegen den Privatankläger oder Antragsteller Anspruch auf Ersatz der durch die Beschlagnahme und das Verbreitungsverbot entstandenen vermögensrechtlichen Nachteile. Liegt der Beendigung des Verfahrens eine vertragliche Einigung zu Grunde, so haftet der Privatankläger oder Antragsteller nur insoweit, als dies vertraglich vereinbart wurde.

(2) Der Anspruch nach Abs. 1 ist bei sonstigem Verlust binnen sechs Wochen nach rechtskräftiger Beendigung des Strafverfahrens oder des selbstständigen Verfahrens geltend zu machen. Das Gericht hat den Antrag unverzüglich dem Privatankläger oder Antragsteller zur Äußerung binnen zwei Wochen zuzustellen. Das Gericht hat die Höhe der Entschädigung nach freier Überzeugung (§ 273 ZPO) mit Beschluss festzusetzen und eine Leistungsfrist von vierzehn Tagen zu bestimmen.

Gegen diese Entscheidung steht die binnen 14 Tagen einzubringende Beschwerde an das übergeordnete Gericht zu. Die Beschwerde hat aufschiebende Wirkung. Der Beschluss über die Zuerkennung einer Entschädigung ist ein Exekutionstitel im Sinn des § 1 EO. *(BGBl I 2007/112)*

(BGBl I 2005/49)

Ersatz für Veröffentlichungskosten

§ 39. (1) Wurde eine Mitteilung nach § 8a Abs. 5 oder nach § 37 veröffentlicht und wird das Verfahren beendet, ohne dass ein Schuldspruch ergeht, auf Einziehung oder Urteilsveröffentlichung im selbstständigen Verfahren erkannt oder dem Antragsteller eine Entschädigung zuerkannt wird, so ist der Medieninhaber auf Antrag zu ermächtigen, eine kurze Mitteilung darüber in einer dem § 13 entsprechenden Form zu veröffentlichen. Der Antrag ist binnen sechs Wochen nach rechtskräftiger Beendigung des Verfahrens zu stellen. Der Medieninhaber hat gegen den Privatankläger oder Antragsteller Anspruch auf Ersatz der Kosten dieser Veröffentlichung sowie der Veröffentlichung der Mitteilung nach § 8a Abs. 5 oder nach § 37. Der Anspruch auf Kostenersatz für eine Veröffentlichung nach § 8a Abs. 5 oder nach § 37 ist binnen sechs Wochen nach rechtskräftiger Beendigung des Verfahrens, jener für eine Veröffentlichung nach Satz 1 binnen sechs Wochen nach Veröffentlichung der Mitteilung über den Verfahrensausgang geltend zu machen. Im Übrigen ist § 38a Abs. 2 anzuwenden. Liegt der Beendigung des Verfahrens eine vertragliche Einigung zu Grunde, so hat der Privatankläger oder Antragsteller Veröffentlichungskosten nur insoweit zu tragen, als dies vertraglich vereinbart wurde.

(2) Wurde eine Mitteilung nach § 8a Abs. 5 oder nach § 37 veröffentlicht und wird auf Einziehung oder Urteilsveröffentlichung erkannt, liegt aber eine unmittelbare Ausstrahlung im Sinn des § 6 Abs. 2 Z 3 oder eine Abrufbarkeit auf einer Website im Sinn des § 6 Abs. 2 Z 3a vor, so ist der Medieninhaber auf Antrag zu ermächtigen, eine kurze Mitteilung darüber in einer dem § 13 entsprechenden Form zu veröffentlichen. Der Antrag ist binnen sechs Wochen nach rechtskräftiger Beendigung des Verfahrens zu stellen. Der Medieninhaber hat gegen den Urheber des Medieninhaltsdeliktes Anspruch auf Ersatz der Kosten dieser Veröffentlichung, der Veröffentlichung der Mitteilung nach § 8a Abs. 5 oder nach § 37 sowie der Urteilsveröffentlichung. Die Ansprüche sind auf dem Zivilrechtsweg geltend zu machen.

(3) Für Mitteilungen über den Verfahrensausgang gilt § 34 Abs. 5 sinngemäß.

(BGBl I 2005/49)

Örtliche Zuständigkeit

§ 40. (1) Für das Ermittlungsverfahren wegen eines Medieninhaltsdeliktes ist die Staatsanwaltschaft örtlich zuständig, in deren Sprengel der Medieninhaber seinen Wohnsitz, seinen Aufenthalt oder seinen Sitz hat. Ist dieser im Impressum unrichtig angegeben, so ist auch die Staatsanwaltschaft örtlich zuständig, in deren Sprengel der im Impressum angegebene Ort liegt. Für das Hauptverfahren, für selbstständige Verfahren (§§ 8a, 33 Abs. 2, 34 Abs. 3) sowie für Verfahren über eine Gegendarstellung oder eine nachträgliche Mitteilung (§§ 14 ff) gelten diese Zuständigkeitsregeln sinngemäß für das Gericht. *(BGBl I 2007/112)*

(2) Liegen die in Abs. 1 angegebenen Orte im Ausland oder können sie nicht festgestellt werden, so ist der Ort maßgebend, von dem aus das Medium im Inland zuerst verbreitet, ausgestrahlt oder abrufbar gemacht wurde; fehlt es auch an einem solchen, jeder Ort, an dem das Medium im Inland verbreitet worden ist, empfangen oder abgerufen werden konnte.

(3) Handelt es sich um einen an bestimmten Orten vorgeführten Film, so ist jede Staatsanwaltschaft oder jedes Gericht zuständig, in deren oder dessen Sprengel der Film öffentlich vorgeführt wurde. *(BGBl I 2007/112)*

(BGBl I 2005/49)

Ergänzende Verfahrensbestimmungen

§ 41. (1) Für Strafverfahren wegen eines Medieninhaltsdeliktes und für selbstständige Verfahren (§§ 8a, 33 Abs. 2, 33a Abs. 3, 34 Abs. 3) gelten, soweit in diesem Bundesgesetz nichts Anderes bestimmt ist, die Bestimmungen der Strafprozessordnung 1975. *(BGBl I 2005/49; BGBl I 2020/148)*

(2) Für die Leitung des Ermittlungsverfahrens ist die Staatsanwaltschaft, für das Hauptverfahren und die sonst in Abs. 1 bezeichneten Verfahren das mit der Gerichtsbarkeit in Strafsachen betraute Landesgericht zuständig. *(BGBl I 2007/112)*

(3) Das Landesgericht übt seine Tätigkeit in den im Abs. 1 bezeichneten Verfahren, wenn sonst nach Art und Höhe der angedrohten Strafe das Bezirksgericht zuständig wäre, durch den Einzelrichter aus. Dieser ist auch an Stelle des Geschworenen- und Schöffengerichtes zur Verhandlung und Entscheidung im selbständigen Verfahren zuständig. *(BGBl I 2005/49; BGBl I 2007/112)*

(4) In jedem Verfahren vor dem Einzelrichter des Landesgerichts ist § 455 Abs. 2 und 3 StPO anwendbar. *(BGBl I 2007/112)*

(5) Auf das Verfahren auf Grund einer Privatanklage ist § 71 StPO anzuwenden; ebenso sind die dort für das selbstständige Verfahren über

vermögensrechtliche Anordnungen getroffenen Regelungen auf das selbstständige Verfahren nach § 8a, § 33 Abs. 2, § 33a Abs. 3 und § 34 Abs. 3 sinngemäß anzuwenden. Das Gericht hat die Anklage oder den Antrag auf Einleitung des selbstständigen Verfahrens nach § 485 StPO zu prüfen, wobei es in den Fällen des § 485 Abs. 1 Z 3 in Verbindung mit § 212 Z 1 und 2 StPO nach öffentlicher mündlicher Verhandlung zu entscheiden hat, sofern der Privatankläger oder Antragsteller nicht ausdrücklich auf eine solche verzichtet. *(BGBl I 2020/148)*

(6) In den im Abs. 1 bezeichneten Verfahren ist der Medieninhaber zur Hauptverhandlung zu laden. Er hat die Rechte des Angeklagten; insbesondere steht ihm das Recht zu, alle Verteidigungsmittel wie der Angeklagte vorzubringen und das Urteil in der Hauptsache anzufechten. Doch werden das Verfahren und die Urteilsfällung durch sein Nichterscheinen nicht gehemmt; auch kann er gegen ein in seiner Abwesenheit gefälltes Urteil keinen Einspruch erheben. *(BGBl I 2005/49; BGBl I 2007/112)*

(7) In den im Abs. 1 bezeichneten Verfahren ist, wenn die Durchsetzung der Einziehung (§ 33) oder der Urteilsveröffentlichung (§ 34) nach § 36b beantragt wird, der Hostingdiensteanbieter zur Hauptverhandlung zu laden, doch werden durch sein Nichterscheinen das Verfahren, die Urteilsfällung und die Entscheidung über den Antrag nach § 36b nicht gehemmt. Der Hostingdiensteanbieter hat das Recht, zu den Voraussetzungen des § 36b gehört zu werden. Wird dem Hostingdiensteanbieter die Durchsetzung der Beschlagnahme (§ 36) nach § 36b aufgetragen oder die Durchsetzung der Einziehung oder Urteilsveröffentlichung erst nach der rechtskräftigen Entscheidung über diese beantragt und aufgetragen, so sind ihm der Beschluss, der die Beschlagnahme anordnet, oder die Entscheidung über die Einziehung oder Urteilsveröffentlichung und der Beschluss, mit dem ihm die Durchsetzung der Entscheidung nach § 36b aufgetragen wird, zuzustellen. *(BGBl I 2020/148)*

(8) Die Entscheidungen über die Einziehung und die Urteilsveröffentlichung bilden Teile des Ausspruches über die Strafe und können zugunsten und zum Nachteil der Verurteilten oder des Medieninhabers mit Berufung angefochten werden. *(BGBl I 2005/49; BGBl I 2005/151; BGBl I 2020/148)*

(9) Psychosoziale und juristische Prozessbegleitung (§ 66b Abs. 2 StPO) ist auf ihr Verlangen den in § 66b Abs. 1 StPO angeführten Personen unter den dort angeführten Voraussetzungen auch für selbstständige Anträge nach § 8a, § 33 Abs. 2 und § 34 Abs. 3 zu gewähren. *(BGBl I 2020/148)*

Anklageberechtigung

§ 42. Wird gegen ein periodisches Medium eine gerichtlich strafbare Handlung gegen die Ehre gerichtet, ohne daß erkennbar ist, auf welche Person der Angriff abzielt, so ist der Herausgeber berechtigt, Anklage einzubringen. *(BGBl I 2007/112; BGBl I 2020/148)*

Sechster Abschnitt

Bibliotheksstücke

Anbietungs- und Ablieferungspflicht bei Druckwerken

§ 43. (1) Von jedem Druckwerk, das im Inland verlegt wird oder erscheint, hat der Medieninhaber eine durch Verordnung zu bestimmende Anzahl von Stücken

1. an die Österreichische Nationalbibliothek und an die durch Verordnung zu bestimmenden Universitäts-, Studien- oder Landesbibliotheken abzuliefern und

2. der Parlamentsbibliothek und der Administrativen Bibliothek des Bundeskanzleramtes anzubieten und, wenn diese das binnen einem Monat verlangen, auf eigene Kosten zu übermitteln. *(BGBl I 2005/49)*

(2) Die Anbietungs- und Ablieferungspflicht nach Abs. 1 trifft den Hersteller eines Druckwerkes, wenn dieses im Ausland verlegt wird und erscheint, jedoch im Inland hergestellt wird.

(3) Der Anbietungspflicht bei periodischen Druckwerken wird auch dadurch entsprochen, daß das Druckwerk beim erstmaligen Erscheinen zum laufenden Bezug angeboten wird.

(4) Bei Bestimmung der Bibliotheken und der Stückzahl ist auf die Aufgaben der Archivierung und Information und die Interessen von Wissenschaft, Forschung, Lehre und Unterricht sowie auf die bundesstaatliche Gliederung der Republik Österreich Bedacht zu nehmen. Unter diesen Gesichtspunkten kann auch die Ablieferung bestimmter Arten von Druckwerken der im § 50 Z 4 bezeichneten Beschaffenheit wegen ihres über den unmittelbaren Tageszweck hinausgehenden Informationsgehalts an die Österreichische Nationalbibliothek angeordnet, und es können Druckwerke aus bestimmten Fachgebieten oder bestimmter Art von der Ablieferung an bestimmte Bibliotheken ausgenommen werden, wenn diese solche Druckwerke zur Erfüllung ihrer Aufgaben nicht benötigen. Die Stückzahl darf insgesamt bei periodischen Druckwerken nicht mehr als zwölf, sonst nicht mehr als sieben betragen.

Anbietungs- und Ablieferungspflicht bei sonstigen Medienwerken

§ 43a. (1) Der Anbietungs- und Ablieferungspflicht gemäß § 43 unterliegen auch sonstige Medienwerke mit Ausnahme von Schallträgern und Trägern von Laufbildern (Filmwerken oder kinematographischen Erzeugnissen). Medienwerke, die als elektronische Datenträger in technischer Weiterentwicklung von Druckwerken neben schriftlichen Mitteilungen oder Standbildern auch Darbietungen in Wort, Ton oder Laufbildern enthalten, unterliegen der Anbietungs- und Ablieferungspflicht.

(2) Durch Verordnung können die Kategorien von Medienwerken, die der Anbietungs- und Ablieferungspflicht unterliegen, vom Bundeskanzler im Einvernehmen mit dem Bundesminister für Bildung, Wissenschaft und Kultur näher festgelegt werden.

(3) Ist ein Medienwerk seiner Art nach nicht von der Verordnung im Sinne des vorhergehenden Absatzes erfasst, so hat auf Antrag des möglichen Verpflichteten oder der möglichen empfangsberechtigten Stelle der Bundeskanzler nach Anhörung des Bundesministers für Bildung, Wissenschaft und Kultur festzustellen, ob die Verpflichtung zur Ablieferung oder Anbietung gemäß Abs. 1 besteht, weil das Medienwerk nach seiner Aufmachung und nach der Art der Verwendung als eine technische Weiterentwicklung eines Druckwerkes angesehen werden kann.

(4) § 43 Abs. 4 ist mit der Maßgabe anzuwenden, dass insgesamt die Anzahl der abzuliefernden Stücke nicht mehr als fünf betragen darf.

(BGBl I 2000/75)

Sammlung und Ablieferung periodischer elektronischer Medien

§ 43b. (1) Die Österreichische Nationalbibliothek ist höchstens viermal jährlich zur generellen automatisierten Sammlung von Medieninhalten periodischer elektronischer Medien gemäß § 1 Abs. 1 lit. b oder c berechtigt, die öffentlich zugänglich und

1. unter einer „.at"-Domain abrufbar sind oder

2. einen inhaltlichen Bezug zu Österreich aufweisen.

(2) Die Österreichische Nationalbibliothek ist zur Sammlung von öffentlich zugänglichen Medieninhalten einzelner periodischer elektronischer Medien gemäß § 1 Abs. 1 Z 5a lit. b oder c berechtigt. Sie hat den Medieninhaber darüber vor Beginn der Sammlung schriftlich in Kenntnis zu setzen.

(3) Medieninhaber eines periodischen elektronischen Mediums gemäß § 1 Abs. 1 Z 5a lit. b oder c haben dessen Medieninhalte an die Österreichische Nationalbibliothek abzuliefern, wenn das Medium

1. einer Zugangskontrolle im Sinne des Zugangskontrollgesetzes, BGBl. I Nr. 60/2000 unterliegt, oder

2. sich seiner Art nach an die Allgemeinheit richtet und einer sonstigen Zugangsbeschränkung unterliegt, die von einer Zugangskontrolle nur dadurch abweicht, dass das Medium auch ohne Entrichtung eines Entgelts zugänglich ist, oder

3. zwar keiner Zugangskontrolle oder sonstigen Zugangsbeschränkung unterliegt, aber aus technischen Gründen dessen Inhalte von der Österreichischen Nationalbibliothek nicht auf Grund von Abs. 2 gesammelt werden können.

(4) Die Berechtigung gemäß Abs. 2 und die Ablieferungspflicht gemäß Abs. 3 bestehen nicht hinsichtlich Medieninhalten

1. die in identischer oder weitgehend identischer Form bereits im Rahmen eines Medienwerks, das der Anbietungs- und Ablieferungspflicht nach diesem Bundesgesetz unterliegt, abgeliefert werden, oder

2. die überwiegend aus Darbietungen in Ton oder Laufbildern bestehen, oder

3. von Medien, die die Voraussetzungen des § 25 Abs. 5 erster Satz erfüllen, oder

4. an deren bibliothekarischer Bewahrung kein wissenschaftliches, kulturelles oder sonstiges öffentliches Interesse besteht.

(5) Die Ablieferungspflicht gemäß Abs. 3 entsteht mit der schriftlichen Aufforderung durch die Österreichische Nationalbibliothek. Die Österreichische Nationalbibliothek hat von einer Aufforderung zur Ablieferung abzusehen, wenn

1. die Ablieferung, Speicherung oder Bewahrung der Medieninhalte mit den verfügbaren technischen Mitteln nicht mit angemessenem Aufwand durchgeführt werden könnten, oder

2. die ihr aufgrund der Ablieferung, Sammlung oder Bewahrung entstehenden Kosten in keinem angemessenen Verhältnis zum bibliothekarischen Wert des betroffenen Medieninhalts stehen.

(6) Medieninhaber haben der Ablieferungspflicht durch Ablieferung der Medieninhalte frei von technischen Schutzmaßnahmen oder unter gleichzeitiger Übermittlung der Mittel zur Aufhebung dieser Schutzmaßnahmen nachzukommen. Sie können der Ablieferungspflicht in jeder technischen Form nachkommen, die zwischen ihnen und der Österreichischen Nationalbibliothek vereinbart ist, insbesondere auch durch Anbieten der abzuliefernden Medieninhalte zur Abholung im elektronischen Weg. Der Bundeskanzler hat nach Anhörung des Bundesministerin für Unterricht, Kunst und Kultur mit Verordnung bestimmte nach dem Stand der Technik mögliche, einfache und kostengünstige Ablieferungs- oder Anbietungsverfahren zu benennen, deren sich die Medienin-

haber nach vorheriger Mitteilung an die Österreichischen Nationalbibliothek jedenfalls bedienen können. Vor Erlassung einer solchen Verordnung sind die Österreichische Nationalbibliothek sowie die Interessensvertretungen der Medieninhaber zu hören.

(7) Die Österreichische Nationalbibliothek hat gesammelte oder abgelieferte Medieninhalte anderen Bibliotheken und Institutionen auf deren Verlangen wie folgt zur Verfügung zu stellen:

1. Medieninhalte, die gemäß Abs. 1 oder 2 gesammelt oder gemäß Abs. 3 abgeliefert wurden der Administrativen Bibliothek des Bundeskanzleramtes und der Parlamentsbibliothek;

2. Medieninhalte, die gemäß Abs. 1 gesammelt wurden dem Österreichischen Staatsarchiv und den durch Verordnung zu bestimmenden Universitäts-, Studien- und Landesbibliotheken;

3. Medieninhalte, die gemäß Abs. 2 gesammelt oder gemäß Abs 3 abgeliefert wurden den durch Verordnung zu bestimmenden Universitäts-, Studien- und Landesbibliotheken, wenn der Medieninhaber des betroffenen Mediums seinen Sitz im regionalen Wirkungsbereich der betreffenden Bibliothek hat;

4. Medieninhalte, die gemäß Abs. 2 gesammelt oder gemäß Abs. 3 abgeliefert wurden dem Österreichischen Staatsarchiv, wenn diese Medieninhalte unter einer „,gv.at"-Domain abrufbar sind oder der Bund Medieninhaber des betroffenen Mediums ist.

Die Verordnung gemäß Z 2 und 3 ist vom Bundeskanzler im Einvernehmen mit der Bundesministerin für Unterricht, Kunst und Kultur zu erlassen.

(8) Die Österreichische Nationalbibliothek kann mit Medieninhabern abweichende Vereinbarungen über die Modalitäten der Ablieferung von Medieninhalten und deren Benützung treffen. Soweit die in Abs. 7 genannten Bibliotheken nicht Vertragspartei einer solchen Vereinbarung sind, findet für sie § 43d Anwendung.

(9) Gesetzliche Verschwiegenheitspflichten bleiben durch diese Bestimmung unberührt.
(BGBl I 2018/32)

(BGBl I 2009/8)

Zulässigkeit von Vervielfältigungen gesammelter oder abgelieferter Medieninhalte

§ 43c. Wenn Medieninhalte, die von der Österreichischen Nationalbibliothek nach § 43b Abs. 1 oder 2 gesammelt oder die ihr auf Grund von § 43b Abs. 6 zur elektronischen Abholung angeboten werden, durch das Urheberrecht oder ein verwandtes Schutzrecht geschützt sind, dann darf die Österreichische Nationalbibliothek jeweils ein Vervielfältigungsstück herstellen. Soweit andere in § 43b Abs. 7 genannte Bibliothe-

ken verlangen, ihnen diese Medieninhalte zur Verfügung zu stellen, darf die Österreichische Nationalbibliothek auch für jede dieser Bibliotheken jeweils ein Vervielfältigungsstück herstellen; wenn die Österreichische Nationalbibliothek die Medieninhalte diesen Bibliotheken jedoch zur Abholung im elektronischen Weg anbietet, dann dürfen diese selbst jeweils ein Vervielfältigungsstück herstellen.

(BGBl I 2009/8)

Benützung gesammelter oder abgelieferter Medieninhalte

§ 43d. (1) Medieninhaber eines einer Zugangskontrolle unterliegenden periodischen elektronischen Mediums sind berechtigt, anlässlich der Ablieferung eines Medieninhaltes gemäß § 43b Abs. 3 den Ausschluss der Benützung dieses Medieninhaltes durch Bibliotheksbenutzer für einen Zeitraum von bis zu einem Jahr ab Ablieferung festzulegen. Diese Festlegung hat durch schriftliche Mitteilung an die Österreichische Nationalbibliothek zu erfolgen, die sich auch auf erst zukünftig abzuliefernde Medieninhalte beziehen kann.

(2) Medieninhaber eines periodischen elektronischen Mediums, dessen Medieninhalte gemäß § 43b Abs. 2 von der Österreichischen Nationalbibliothek gesammelt werden, sind berechtigt, den Ausschluss der Benützung der gesammelten Medieninhalte durch Bibliotheksbenutzer für längstens ein Jahr nach Sammlung durch Mitteilung an die Österreichische Nationalbibliothek festzulegen, wenn sie glaubhaft machen, dass für diese Medieninhalte eine Zugangskontrolle zu einem späteren Zeitpunkt als jenem der Veröffentlichung in Kraft treten soll. Diese Festlegung hat durch schriftliche Mitteilung an die Österreichische Nationalbibliothek zu erfolgen, die sich auch auf erst zukünftig gesammelte Medieninhalte beziehen kann.

(3) Soweit und solange Medieninhalte einem Ausschluss von der Benützung gemäß Abs. 1 oder Abs. 2 unterliegen, dürfen sie von der Österreichischen Nationalbibliothek und den sonstigen in § 43b Abs. 7 genannten Bibliotheken ihren Benutzern nicht zugänglich gemacht werden.

(4) Unbeschadet Abs. 3 dürfen die Österreichische Nationalbibliothek und die in § 43b Abs. 7 genannten Bibliotheken gemäß § 43b gesammelte oder abgelieferte Medieninhalte ihren Benutzern nur an ihrem Standort zugänglich machen. Gemäß § 43b gesammelte oder abgelieferte Inhalte von Medien, die einer Zugangskontrolle unterliegen, dürfen die Österreichische Nationalbibliothek und die in § 43b Abs. 7 genannten Bibliotheken ihren Benutzern darüber hinaus nur mit der Maßgabe zugänglich machen, dass zum gleichen Zeitpunkt jeweils nur einem Benutzer der betreffenden Bi-

bliothek der Zugang zu Inhalten eines bestimmten elektronischen periodischen Mediums ermöglicht wird und dass die Bibliothek für die Benutzer oder diese selbst Ausdrucke dieser Medieninhalte anfertigen dürfen. Eine elektronische Vervielfältigung dieser Medieninhalte durch oder für die Benutzer ist unzulässig.

(5) Die Österreichische Nationalbibliothek und die in § 43b Abs. 7 genannten Bibliotheken haben alle nötigen technischen und organisatorischen Vorkehrungen zu treffen, um die Sicherheit und Integrität der gesammelten oder der abgelieferten Medieninhalte zu gewährleisten und eine Verwendung der Medieninhalte zu verhindern, die den Bestimmungen dieses Paragraphen zuwiderläuft. Sie haben die ablieferungspflichtigen Medieninhaber auf deren Verlangen über die getroffenen Vorkehrungen in Kenntnis zu setzen. Im Falle eines begründeten Verdachts der ungesetzlichen Verwendung gesammelter oder abgelieferter Medieninhalte haben die Österreichische Nationalbibliothek und die in § 43b Abs. 7 genannten Bibliotheken dem betroffenen Medieninhaber Einblick in die Prozesse der Speicherung, Übermittlung und Nutzung der Daten zu gewähren.

(BGBl I 2009/8)

Ablieferung und Vergütung

§ 44. (1) Der Ablieferungspflicht nach § 43 Abs. 1 Z 1 und § 43a hat der Medieninhaber binnen einem Monat nach Beginn der Verbreitung, der Hersteller in den Fällen des § 43 Abs. 2 binnen einem Monat ab Herstellung nachzukommen. Gleiches gilt für die Anbietungspflicht nach § 43 Abs. 1 Z 2 und § 43a; dem Verlangen der Bibliotheken nach Übermittlung ist binnen einem weiteren Monat ab Einlangen der Aufforderung zu entsprechen. *(BGBl I 2005/49)*

(1a) Der Ablieferungspflicht nach § 43b Abs. 3 hat der Medieninhaber binnen eines Monats nach Aufforderung durch die Österreichische Nationalbibliothek nachzukommen. Ist die Ablieferung mit besonderer technischer Komplexität verbunden, hat der Medieninhaber die Österreichische Nationalbibliothek vor Ablauf dieser Frist davon zu verständigen. Durch eine solche Verständigung verlängert sich die Frist zur Ablieferung um einen weiteren Monat. *(BGBl I 2009/8)*

(2) In den Fällen des § 43 Abs. 2 genügt die Ablieferung oder Übermittlung von Stücken der vom Hersteller ausgelieferten Art. Gleiches gilt für Medienwerke gemäß § 43a.

(3) Werden Druckwerke, deren Ladenpreis den Betrag von 145 Euro übersteigt, nicht binnen sechs Wochen zurückgestellt, so hat die empfangsberechtigte Stelle die Hälfte des Ladenpreises zu vergüten. Bei Werken, die aus zwei oder mehreren einzeln verkäuflichen Teilen bestehen, ist eine Vergütung für jeden dieser Werkteile zu leisten,

dessen Ladenpreis den angegebenen Betrag übersteigt. *(BGBl I 2001/136)*

(4) Werden sonstige Medienwerke, deren Ladenpreis den Betrag von 72 Euro übersteigt, nicht binnen sechs Wochen zurückgestellt, so hat die empfangsberechtigte Stelle die Hälfte des Ladenpreises zu vergüten. Bei Werken, die aus zwei oder mehreren einzeln verkäuflichen Teilen bestehen, ist eine Vergütung für jeden dieser Werkteile zu leisten, dessen Ladenpreis den angegebenen Betrag übersteigt. Werden sonstige Medienwerke, deren Ladenpreis den Betrag von 72 Euro nicht übersteigt, nicht zurückgestellt, so hat die empfangsberechtigte Stelle dem zur Ablieferung Verpflichteten, wenn für das abgelieferte Medienwerk nachweislich eine Vergütung an Dritte für die Einräumung von Lizenzen zu leisten war, diesen Aufwand zu ersetzen. *(BGBl I 2001/136)*

(5) Übersteigen die dem Medieninhaber anlässlich der erstmaligen Ablieferung von Medieninhalten eines periodischen elektronischen Mediums gemäß § 43b Abs. 3 entstehenden einmaligen unvermeidlichen Kosten für erforderliche Aufwendungen, insbesondere solche für die Bereitstellung der Daten, für die Umwandlung der Daten in ein anderes Format oder für die Einrichtung einer Schnittstelle den Betrag von 250 Euro, so hat der Medieninhaber, bevor er Schritte zur Ablieferung von Medieninhalten setzt, die Österreichische Nationalbibliothek darüber zu verständigen. Eine Ablieferung hat in diesem Fall nur zu erfolgen, wenn die Österreichische Nationalbibliothek ihre Aufforderung wiederholt. In diesem Fall hat die Österreichische Nationalbibliothek den diesen Betrag übersteigenden Anteil zu tragen. Wenn die Österreichische Nationalbibliothek in späterer Folge die Ablieferung weiterer Medieninhalte vom selben Medieninhaber verlangt, so hat sie nur die dadurch entstehenden, technisch unvermeidlichen zusätzlichen Kosten zu tragen, soweit diese den genannten Betrag überschreiten. *(BGBl I 2009/8)*

(6) Fordert die Österreichische Nationalbibliothek zur Ablieferung der Inhalte eines periodischen elektronischen Mediums auf,

1. das der Allgemeinheit unentgeltlich zur Verfügung gestellt und ohne Erwerbsabsicht und ohne Zusammenhang mit einer Erwerbstätigkeit betrieben wird, oder

2. dessen Medieninhaber seine wirtschaftliche Tätigkeit nicht länger als zwei Jahre vor dem Zeitpunkt der Aufforderung aufgenommen hat,

so gilt Abs. 5 mit der Maßgabe, dass der Medieninhaber die Österreichische Nationalbibliothek schon dann zu verständigen hat, wenn ihm durch die Ablieferung einmalige unvermeidliche Kosten für erforderliche Aufwendungen entstehen. Wiederholt die Österreichische Nationalbibliothek daraufhin ihre Aufforderung, so hat sie alle entstehenden unvermeidlichen Kosten zu tragen. Die

MedienG

genannten Umstände sind vom Medieninhaber glaubhaft zu machen. *(BGBl I 2009/8)*

(7) Soweit anderen Bibliotheken oder dem Österreichischen Staatsarchiv gemäß § 43b Abs. 7 Medieninhalte zur Verfügung gestellt wurden, haben sie der Österreichischen Nationalbibliothek die ihr durch die Zurverfügungstellung erwachsenden zusätzlichen Kosten zu erstatten. *(BGBl I 2009/8)*

(8) Der Kostenersatzanspruch gemäß Abs. 5, 6 und 7 ist vor den ordentlichen Gerichten geltend zu machen. *(BGBl I 2009/8)*

(BGBl I 2000/75)

Durchsetzung

§ 45. (1) Werden Bibliotheksstücke oder Medieninhalte gemäß § 43b nicht rechtzeitig abgeliefert oder angeboten oder wird dem Verlangen auf Übermittlung der angebotenen Stücke nicht rechtzeitig entsprochen, so können die empfangsberechtigten Stellen zur Durchsetzung ihres Anspruches die Erlassung eines Bescheides durch die im Abs. 2 bezeichneten Behörden begehren, in dem die Ablieferung dem nach § 43, § 43a oder § 43b dazu Verpflichteten aufgetragen wird. *(BGBl I 2009/8)*

(2) Wer der ihm nach § 43, § 43a oder aufgrund eines nach Abs. 1 erlassenen Bescheides obliegenden Ablieferungs- oder Anbietungspflicht nicht nachkommt, begeht eine Verwaltungsübertretung und ist hiefür von der nach dem Verlags- oder Herstellungsort zuständigen Bezirksverwaltungsbehörde, im Gebiet einer Gemeinde, für das die Landespolizeidirektion zugleich Sicherheitsbehörde erster Instanz ist, von der Landespolizeidirektion, mit Geldstrafe bis zu 2 180 Euro zu bestrafen. *(BGBl I 2001/136; BGBl I 2009/8; BGBl I 2012/50)*

(3) Wenn eine Bibliothek eine Sammlung nach § 43b Abs. 1 oder 2 entgegen den gesetzlichen Bestimmungen durchführt oder den Ausschluss von der Benutzung oder die Nutzungsbeschränkungen gemäß § 43d gegenüber den Bibliotheksbenutzern nicht durchsetzt, so ist sie von der nach dem Sitz der Bibliothek örtlich zuständigen Bezirksverwaltungsbehörde, im Gebiet einer Gemeinde, für das die Landespolizeidirektion zugleich Sicherheitsbehörde erster Instanz ist, von der Landespolizeidirektion, mit Geldstrafe bis zu 2 180 Euro zu bestrafen. *(BGBl I 2009/8; BGBl I 2012/50)*

(4) Eine Strafbarkeit nach Abs. 2 oder 3 besteht nicht, wenn die Tat mit gerichtlicher Strafe bedroht ist. *(BGBl I 2009/8)*

Siebenter Abschnitt

Veröffentlichung von Anordnungen und Entscheidungen

Veröffentlichungspflicht

§ 46. (1) In periodischen Medienwerken, die Anzeigen veröffentlichen, müssen

1. Aufrufe und Anordnungen von Bundes- und Landesbehörden in Krisen- und Katastrophenfällen nach Maßgabe der technischen Möglichkeiten umgehend und

2. gerichtliche Entscheidungen, auf deren Veröffentlichung in diesem Medienwerk erkannt worden ist, bis zu dem im § 13 Abs. 1 bezeichneten Zeitpunkt

in der gesamten Ausgabe gegen Vergütung des üblichen Einschaltungsentgeltes veröffentlicht werden.

(2) In den Programmen des Rundfunks sind nur solche gerichtliche Entscheidungen zu veröffentlichen, die sich auf eine Veröffentlichung in einer Sendung des betreffenden Programms beziehen. Soweit die bundesgesetzlichen Vorschriften, auf Grund deren auf die Veröffentlichung erkannt wird, nicht anderes bestimmen, hat die Veröffentlichung binnen acht Tagen nach Einsendung an das Medienunternehmen durch Verlesung des Textes zu geschehen. § 5 Abs. 2 des Bundesgesetzes BGBl. Nr. 397/1974 bleibt unberührt.

(3) Die Veröffentlichung gerichtlicher Entscheidungen hat ohne Einschaltungen und Weglassungen zu geschehen. Ein Zusatz hat sich von ihr deutlich abzuheben. § 26 gilt für solche Veröffentlichungen nicht. Der Medieninhaber hat die erfolgte Veröffentlichung binnen acht Tagen von dem Zeitpunkt an, bis zu dem sie nach Abs. 1 oder 2 zu geschehen hat, dem Gericht nachzuweisen, das in erster Instanz erkannt hat. *(BGBl I 2005/49)*

(4) Der Medieninhaber, der der Veröffentlichungspflicht nicht nachkommt, begeht eine Verwaltungsübertretung und ist hiefür von der nach dem Sitz des Medienunternehmens oder dem Verlagsort zuständigen Bezirksverwaltungsbehörde, im Gebiet einer Gemeinde, für das die Landespolizeidirektion zugleich Sicherheitsbehörde erster Instanz ist, von der Landespolizeidirektion, mit Geldstrafe bis zu 2 180 Euro zu bestrafen. *(BGBl I 2001/136; BGBl I 2005/49; BGBl I 2012/50)*

Achter Abschnitt

Vorschriften über die Verbreitung

Verbreitung periodischer Druckwerke

§ 47. (1) Periodische Druckwerke dürfen, unbeschadet der sich aus anderen Rechtsvorschriften ergebenden Beschränkungen, sowohl von einem festen Standort aus als auch auf der Straße verbreitet, jedoch nicht von Haus zu Haus vertrieben werden. *(BGBl 1987/211)*

(2) Auf der Straße und an anderen öffentlichen Orten dürfen periodische Druckwerke von Personen unter achtzehn Jahren nicht vertrieben und von Personen unter vierzehn Jahren überdies auch nicht unentgeltlich verteilt werden. Von diesem Verbot ist der Vertrieb von Schülerzeitungen durch Personen, die das vierzehnte Lebensjahr vollendet haben, ausgenommen.

(3) Auf jeder Nummer eines periodischen Druckwerkes, das zum Verkauf an öffentlichen Orten bestimmt ist, muß ihr Preis deutlich vermerkt sein.

Anschlagen von Druckwerken

§ 48. Zum Anschlagen, Aushängen und Auflegen eines Druckwerkes an einem öffentlichen Ort bedarf es keiner behördlichen Bewilligung. Doch kann die Bezirksverwaltungsbehörde, im Gebiet einer Gemeinde, für das die Landespolizeidirektion zugleich Sicherheitsbehörde erster Instanz ist, die Landespolizeidirektion, zur Aufrechterhaltung der öffentlichen Ordnung durch Verordnung anordnen, daß das Anschlagen nur an bestimmten Plätzen erfolgen darf. *(BGBl I 2012/50)*

Verwaltungsübertretung

§ 49. Wer der Bestimmung des § 47 oder einer Verordnung nach § 48 zuwiderhandelt, begeht eine Verwaltungsübertretung und ist hiefür von der Bezirksverwaltungsbehörde, im Gebiet einer Gemeinde, für das die Landespolizeidirektion zugleich Sicherheitsbehörde erster Instanz ist, von der Landespolizeidirektion, mit Geldstrafe bis zu 2 180 Euro zu bestrafen. *(BGBl I 2012/50)*

(BGBl I 2009/8)

Neunter Abschnitt

Geltungsbereich

§ 50. Die §§ 1, 23, 28 bis 42, 43 Abs. 4, 47 Abs. 1 und 2, 48, 49, im Falle der Z 3 dieser Bestimmung auch § 43b Abs. 1, 2 und 7 sowie im Falle der Z 4 dieser Bestimmung auch § 25 Abs. 5, nicht aber die anderen Bestimmungen dieses Bundesgesetzes, sind auch anzuwenden auf *(BGBl I 2009/8)*

1. die Medien ausländischer Medieninhaber, es sei denn, dass das Medium zur Gänze oder nahezu ausschließlich im Inland verbreitet wird; *(BGBl I 2020/148)*

2. von einem fremden Staat herausgegebene oder verlegte Medienwerke und Medienwerke, die von einer in Österreich akkreditierten oder mitakkreditierten Mission, einer in Österreich errichteten konsularischen Vertretung oder einer

über- oder zwischenstaatlichen Einrichtung, der Österreich angehört oder mit der es offizielle Beziehungen unterhält, herausgegeben oder verlegt werden; Gleiches gilt für von den genannten Stellen oder Einrichtungen verbreitete wiederkehrende elektronische Medien sowie für Websites dieser Stellen oder Einrichtungen;

3. Medienwerke oder wiederkehrende elektronische Medien oder Websites, die vom Nationalrat, Bundesrat, von der Bundesversammlung oder einem Landtag oder die von einer Behörde in Erfüllung von Aufgaben der Hoheitsverwaltung oder der Gerichtsbarkeit herausgegeben oder verlegt werden, im Fall wiederkehrender elektronischer Medien oder Websites verbreitet oder abrufbar gehalten werden und als amtlich erkennbar sind, sowie als amtlich erkennbare Teile von Medienwerken, sofern die angeführten Voraussetzungen nur auf diese zutreffen;

4. Schülerzeitungen sowie Medien, die im Verkehr, im häuslichen, gesellligen, kulturellen, wissenschaftlichen oder religiösen Leben, im Vereinsleben, im Wirtschaftsleben im Rahmen der Tätigkeit eines Amtes oder einer Interessenvertretung oder bei einer anderen vergleichbaren Betätigung als Hilfsmittel dienen.

(BGBl I 2005/49)

§ 51. Auf Mitteilungen oder Darbietungen in einem Medium, dessen Medieninhaber seinen Sitz im Ausland hat (ausländisches Medium), sind über § 50 Z 1 hinaus die §§ 6 bis 21, 23 sowie 28 bis 42 anzuwenden,

1. wenn das Medium im Inland verbreitet worden ist, empfangen oder abgerufen werden konnte,

2. soweit der Verletzte oder Betroffene zur Zeit der Verbreitung Österreicher war oder einen Wohnsitz oder Aufenthalt im Inland hatte oder sonst schwerwiegende österreichische Interessen verletzt worden sind und

3. soweit durch die Mitteilung oder Darbietung eines der folgenden Rechtsgüter verletzt worden ist:

a) Ehre und wirtschaftlicher Ruf,

b) Privat- und Geheimsphäre,

c) sexuelle Integrität und Selbstbestimmung,

d) Sicherheit des Staates oder

e) öffentlicher Friede.

(BGBl I 2005/49)

Zehnter Abschnitt
Schlussbestimmungen

Begutachtungsrecht der Medien

§ 52. Den kollektivvertragsfähigen Körperschaften der im Medienwesen tätigen Arbeitnehmer und Arbeitgeber ist unter Einräumung einer angemessenen Frist Gelegenheit zu geben, zu Gesetzes- und Verordnungsentwürfen, die das Medienwesen betreffen, Stellung zu nehmen. *(BGBl I 2009/8)*

Artikel III. Änderung des Rundfunkgesetzes

(nicht abgedruckt)

Artikel IV. Änderung des Datenschutzgesetzes

(nicht abgedruckt)

Inkrafttreten der Stammfassung

§ 53. (1) Dieses Bundesgesetz tritt mit dem 1. Jänner 1982 in Kraft.

(2) Mit Ablauf des 31. Dezember 1981 treten mit der sich aus Artikel VI ergebenden Einschränkung außer Kraft:

1. das Gesetz betreffend einige Ergänzungen des allgemeinen Strafgesetzes, RGBl. Nr. 8/1863, soweit es noch in Geltung steht;

2. das Bundesgesetz vom 7. April 1922, BGBl. Nr. 218, über die Presse;

3. die Strafgesetznovelle 1929, BGBl. Nr. 440, soweit sie noch in Geltung steht.

(3) Eine Verordnung auf Grund des § 43 kann bereits von dem der Kundmachung dieses Bundesgesetzes folgenden Tag an erlassen werden. Sie darf frühestens mit dem im Abs. 1 bezeichneten Zeitpunkt in Kraft gesetzt werden.

(BGBl I 2009/8)

Übergangsbestimmungen

§ 54. (1) Bei Inkrafttreten dieses Bundesgesetzes bestehende Redaktionsstatuten werden mit diesem Zeitpunkt nicht deshalb unwirksam, weil sie nicht auf die im § 5 dieses Bundesgesetzes angeführte Weise zustande gekommen sind.

(BGBl I 2009/8)

Inkrafttretensbestimmungen zu Novellen ab der Novelle BGBl. I Nr. 75/2000

§ 55. (1) Art. I §§ 43a, 44 und 45 sowie Art. VII in der Fassung des Bundesgesetzes BGBl. I Nr. 75/2000 treten mit 1. September 2000 in Kraft. *(BGBl I 2000/75)*

(2) Art. I § 27 Abs. 1, § 44 Abs. 3 und 4, § 45 Abs. 2, § 46 Abs. 4, § 49 in der Fassung des Bundesgesetzes BGBl. I Nr. 136/2001 treten mit 1. Jänner 2002 in Kraft. *(BGBl I 2001/136)*

(3) Die §§ 1, 5, 6, 7, 7a, 7b, 7c, 8, 8a, 11, 12, 13, 14, 18, 20, 21, 24, 25, 27, 29, 31, 33, 34, 35, 36, 36a, 37, 38a, 39, 40, 41, 43, 44, 46, 50 und 51 des Art. I, Art. VIa, VIb und Art. VII in der Fassung des Bundesgesetzes BGBl. I Nr. 49/2005 treten mit 1. Juli 2005 in Kraft. *(BGBl I 2005/49)*

(4) Art. I § 35 tritt mit 1. Jänner 2006 außer Kraft. Art. I § 41 Abs. 7 in der Fassung des Bundesgesetzes BGBl. I Nr. 151/2005 tritt mit 1. Jänner 2006 in Kraft. *(BGBl I 2005/151)*

(5) Art. I § 7c Abs. 1, § 8 Abs. 1, § 8a Abs. 3, § 10 Abs. 1 und 3, § 14 Abs. 3, § 15 Abs. 1, § 18 Abs. 2, § 20 Abs. 4, § 23, § 29 Abs. 2 und 3, § 31 Abs. 1 und 3, § 34 Abs. 2 und 6, § 36 Abs. 1, 2 und 4, § 36a Abs. 2, § 38a Abs. 2, § 40 Abs. 1 und 3, § 41 Abs. 2 bis 6 und § 42 in der Fassung des Bundesgesetzes BGBl. I Nr. 112/2007 treten mit 1. Jänner 2008 in Kraft. *(BGBl I 2007/112)*

(6) Die §§ 1, 43b, 43c, 43d, 44, 45, 50, 52, 53, 54, 55, 56 und 57 samt den dazu gehörigen Überschriften und Zwischenbezeichnungen in der Fassung der Novelle BGBl. I Nr. 8/2009 treten mit 1. März 2009 in Kraft. *(BGBl I 2009/8)*

(7) § 25 und § 27 in der Fassung des Bundesgesetzes BGBl. I Nr. 131/2011 treten mit 1. Juli 2012 in Kraft. *(BGBl I 2011/131)*

(8) § 27 Abs. 1, § 45 Abs. 2 und 3, § 46 Abs. 4, § 48 und § 49 in der Fassung des Bundesgesetzes BGBl. I Nr. 50/2012 treten mit 1. September 2012 in Kraft. *(BGBl I 2012/50)*

(9) In der Fassung des Bundesgesetzes BGBl. I Nr. 101/2014 treten in Kraft:

1. § 22 mit 1. Jänner 2014;

2. § 7a Abs. 1 mit 1. Jänner 2015.
(BGBl I 2014/101)

(10) § 43b Abs. 9 in der Fassung des Materien-Datenschutz-Anpassungsgesetzes 2018, BGBl. I Nr. 32/2018, tritt mit 25. Mai 2018 in Kraft. *(BGBl I 2018/32)*

(11) Die Bezeichnungen und Überschriften des Ersten, Zweiten, Dritten und Vierten Unterabschnitts des Dritten Abschnitts, § 6 Abs. 1, § 7 Abs. 1, § 7a Abs. 1, 1a und 2, § 7b Abs. 1, § 7c Abs. 1, § 8 Abs. 1, 2 und 4, § 8a Abs. 2 und 4, § 10 Abs. 1 Z 3, § 11 Abs. 1 Z 10, § 13 Abs. 7, § 14 Abs. 2 und 3, § 15 Abs. 1 und 3, § 16 Abs. 1, § 20 Abs. 2, § 30, § 32, § 33 Abs. 2, § 33a, § 34 Abs. 3, § 36 Abs. 1 und 2, § 36b, § 41 Abs. 1, 5, 7, 8 und 9, § 42 und § 50 Z 1 in der Fassung der Novelle BGBl. I Nr. 148/2020 treten mit 1. Jänner 2021 in Kraft; zum selben Zeitpunkt tritt § 33 Abs. 3 außer Kraft. *(BGBl I 2020/148)*

(12) Die §§ 26 und 27 samt Überschriften in der Fassung der Novelle BGBl. I Nr. 125/2022

MedienG

treten mit 1. Jänner 2023 in Kraft. *(BGBl I 2022/125)*

(BGBl I 2000/75; BGBl I 2009/8)

Übergangsbestimmungen zu Novellen

§ 56. (1) Die §§ 6, 7, 7a, 7b, 7c, 8a, 13, 18, 20, 33, 34, 36, 36a, 37, 38a, 39, 40, 41 und 51 in der Fassung des Bundesgesetzes BGBl. I Nr. 49/2005 sind nur auf Mitteilungen oder Darbietungen anzuwenden, die nach In-Kraft-Treten des Bundesgesetzes BGBl. I Nr. 49/2005 verbreitet wurden. *(BGBl I 2005/49)*

(2) Verordnungen auf Grund des § 43b in der Fassung der Novelle BGBl. I Nr. 8/2009 können bereits von dem der Kundmachung der Novelle folgenden Tag an erlassen werden. Sie dürfen frühestens mit dem in § 55 Abs. 6 bezeichneten Tag in Kraft treten. *(BGBl I 2009/8)*

(3) § 6 Abs. 1, § 7 Abs. 1, § 7a Abs. 1, 1a und 2, § 7b Abs. 1, § 7c Abs. 1, § 8 Abs. 1, 2 und 4, § 8a Abs. 2 und 4, § 10 Abs. 1 Z 3, § 11 Abs. 1 Z 10, § 13 Abs. 7, § 14 Abs. 2 und 3, § 15 Abs. 1 und 3, § 16 Abs. 1, § 20 Abs. 2, § 30, § 32, § 33 Abs. 2, § 33a, § 34 Abs. 3, § 36 Abs. 1 und 2, § 36b, § 41 Abs. 1, 5, 7, 8 und 9, § 42 und § 50 Z 1 in der Fassung der Novelle BGBl. I Nr. 148/2020 sind nur auf Mitteilungen oder Darbietungen anzuwenden, die nach Inkrafttreten des Bundesgesetzes BGBl. I Nr. 148/2020 verbreitet wurden. *(BGBl I 2020/148)*

(BGBl I 2005/49; BGBl I 2009/8)

Umsetzung von Richtlinien der Europäischen Union

§ 57. §§ 33, 33a, 36, 36a und 36b dienen der Umsetzung

1. von Art. 21 der Richtlinie (EU) 2017/541 zur Terrorismusbekämpfung und zur Ersetzung des Rahmenbeschlusses 2002/475/JI des Rates und zur Änderung des Beschlusses 2005/671/JI des Rates, ABl. Nr. L 88 vom 31.3.2017, S. 6, und

2. von Art. 25 der Richtlinie 2011/93/EU zur Bekämpfung des sexuellen Missbrauchs und der sexuellen Ausbeutung von Kindern sowie der Kinderpornografie sowie zur Ersetzung des Rahmenbeschlusses 2004/68/JI des Rates, ABl. Nr. L 335 vom 17.12.2011, S. 1.

(BGBl I 2020/148)

Vollziehung

§ 58. Mit der Vollziehung dieses Bundesgesetzes sind betraut:

1. hinsichtlich der § 1 Abs. 1 Z 12, §§ 6 bis 23, §§ 28 bis 42, § 43c, § 46 Abs. 1 bis 3 und § 51, des § 54 Abs. 2 bis 8 sowie des § 56 Abs. 1 die Bundesministerin für Justiz;

2. hinsichtlich der §§ 2 bis 5 und des § 54 Abs. 1 die Bundesministerin für Justiz und der Bundesminister für Wirtschaft und Arbeit;

3. hinsichtlich der §§ 27, 45, 46 Abs. 4 und 49 der Bundesminister für Inneres;

4. hinsichtlich der §§ 43a und 43b der Bundeskanzler im Einvernehmen mit dem Bundesministerin für Unterricht, Kunst und Kultur;

5. hinsichtlich der §§ 47 und 48 der Bundesminister für Inneres und der Bundeskanzler;

6. hinsichtlich des § 50 der Bundeskanzler und die Bundesministerin für Justiz;

7. hinsichtlich des § 52 der jeweils zuständige Bundesminister;

8. im Übrigen der Bundeskanzler.

(BGBl I 2009/8; BGBl I 2020/148)

PornoG

5/2. Pornographiegesetz

BGBl 1950/97 idF

1 BGBl 1952/81 (VfGH)	6 BGBl 1974/422
2 BGBl 1952/158	7 BGBl 1988/599
3 BGBl 1961/278	8 BGBl I 2007/112 (Strafprozessreformbe-
4 BGBl 1963/175	gleitgesetz II)
5 BGBl 1972/46 (VfGH)	9 BGBl I 2012/50 (SNG)

(Auszug)

Bundesgesetz vom 31. März 1950 über die Bekämpfung unzüchtiger Veröffentlichungen und den Schutz der Jugend gegen sittliche Gefährdung.

Der Nationalrat hat beschlossen:

Artikel I.

Gerichtliche Straf- und Verfahrensbestimmungen.

§ 1. (1) „Einer gerichtlich strafbaren Handlung" macht sich schuldig, wer in gewinnsüchtiger Absicht

a) unzüchtige Schriften, Abbildungen, Laufbilder oder andere unzüchtige Gegenstände herstellt, verlegt oder zum Zwecke der Verbreitung vorrätig hält,

b) solche Gegenstände einführt, befördert oder ausführt,

c) solche Gegenstände anderen anbietet oder überläßt, sie öffentlich ausstellt, aushängt, anschlägt oder sonst verbreitet oder solche Laufbilder anderen vorführt,

d) sich öffentlich oder vor mehreren Leuten oder in Druckwerken oder verbreiteten Schriften zu einer der in lit. a bis c bezeichneten Handlungen erbietet,

e) auf die in lit. d bezeichnete Weise bekanntgibt, wie von wem oder durch welche unzüchtige Gegenstände erworben oder ausgeliehen oder wo solche Gegenstände besichtigt werden können. *(BGBl 1974/422)*

(2) Die Tat wird mit „Freiheitsstrafe" bis zu einem Jahr bestraft. Neben der Freiheitsstrafe kann eine Geldstrafe bis zu „360 Tagessätzen" verhängt werden. *(BGBl 1974/422)*

(3) Wurde die Tat mit Beziehung auf ein Druckwerk verübt, so sind die für „die strafbare Handlung nach § 218 StGB"[1] geltenden Bestimmungen des Preßgesetzes über den Verfall des Druckwerkes, die Unbrauchbarmachung der zu seiner Herstellung dienenden Platten und Formen, die vorläufige Beschlagnahme und das Strafverfahren in Preßsachen überhaupt dem Sinne nach anzuwenden. *(BGBl 1974/422)*

---

[1] *Jetzt: § 218 StGB*

§ 2. (1) „Einer gerichtlich strafbaren Handlung" macht sich schuldig, wer wissentlich

a) eine Schrift, Abbildung oder sonstige Darstellung, die geeignet ist, die sittliche oder gesundheitliche Entwicklung jugendlicher Personen durch Reizung der Lüsternheit oder Irreleitung des Geschlechtstriebes zu gefährden, oder einen solchen Film oder Schallträger einer Person unter 16 Jahren gegen Entgelt anbietet oder überläßt,

b) eine solche Schrift, Abbildung oder sonstige Darstellung auf eine Art ausstellt, aushängt, anschlägt oder sonst verbreitet, daß dadurch der anstößige Inhalt auch einem größeren Kreis von Personen unter 16 Jahren zugänglich wird,

c) einer Person unter 16 Jahren ein solches Laufbild oder einen solchen Schallträger vorführt oder eine Theateraufführung oder sonstige Darbietung oder Veranstaltung der bezeichneten Art zugänglich macht. *(BGBl 1974/422)*

(2) Die Tat wird, sofern sie nicht nach anderen Bestimmungen mit strengerer Strafe bedroht ist, mit „Freiheitsstrafe bis zu sechs Monaten oder mit Geldstrafe bis zu 360 Tagessätzen" bestraft. *(BGBl 1974/422)*

§ 3. (1) Im Strafurteil wegen einer nicht mit Beziehung auf ein Druckwerk begangenen „strafbaren Handlung" nach § 1 sowie im Strafurteil wegen „einer strafbaren Handlung" nach § 2 sind die Gegenstände, auf die sich die mit Strafe bedrohte Handlung bezieht, für verfallen zu erklären, und zwar ohne Rücksicht darauf, wem sie gehören. *(BGBl 1974/422)*

(2) Im Strafurteil wegen „einer strafbaren Handlung" nach § 2 kann vom Verfall abgesehen werden, wenn er an der strafbaren Handlung Unbeteiligte unbillig hart träfe. *(BGBl 1974/422)*

(3) Personen, die ein Recht an den im Abs. 1 bezeichneten Gegenständen geltend machen, sind, wenn dies ausführbar ist, zur Hauptverhandlung zu laden. Sie haben in der Hauptverhandlung und dem nachfolgenden Verfahren, soweit es sich um den Verfall handelt, die Rechte des Angeklagten. Doch wird durch ihr Nichterscheinen das Verfahren und die Urteilsfällung nicht gehemmt. Auch können sie gegen ein in ihrer Abwesenheit gefälltes Urteil keinen Einspruch erheben. Die Frist zur Anmeldung von Rechtsmitteln beginnt für sie mit

der Verkündung des Urteils, auch wenn sie dabei nicht anwesend waren.

§ 4. (1) Ist die Verfolgung einer bestimmten Person nicht durchführbar oder ihre Verurteilung aus einem Grunde, der die Bestrafung ausschließt, nicht möglich, so ist, wenn der öffentliche Ankläger dies beantragt, im selbständigen Verfahren auf Verfall (§ 3) zu erkennen.

(2) Das Gericht entscheidet nach mündlicher Verhandlung durch Urteil. Die Bestimmungen der Strafprozeßordnung über die Hauptverhandlung, über das auf Grund der Hauptverhandlung gefällte Urteil und dessen Anfechtung sind entsprechend anzuwenden.

(3) Ergeben sich die Voraussetzungen für das selbständige Verfahren in der Hauptverhandlung über eine Anklage, so kann über den Antrag auf Verfall oder Unbrauchbarmachung in dem freisprechenden Erkenntnis oder, wenn es zu einem Urteil in der Hauptsache nicht kommt, in einem besonderen Urteil erkannt werden.

§ 5. Ist eine nach § 1 strafbare Handlung beim Betriebe eines Gewerbes oder einer anderen Unternehmung begangen worden, so kann im Strafurteil auch auf Entziehung des Gewerbes oder der Berechtigung zur Fortführung des Unternehmens auf bestimmte Zeit, und zwar höchstens auf die Dauer von fünf Jahren, erkannt werden, wenn der Unternehmer oder sein Stellvertreter von der strafbaren Handlung Kenntnis hatten oder es bei der Auswahl des Angestellten, der die Tat verübt hat, an der erforderlichen Sorgfalt fehlen ließen.[1]

---

[1] *Das Recht zur Ausübung eines Gewerbes kann nicht mehr durch Strafurteil aberkannt werden (Art. IX StRAG). § 5 ist jedoch für § 8 weiterhin von Bedeutung.*

§ 6. *(aufgehoben, BGBl 1974/422)*

§ 7. Mit der Verurteilung wegen Vergehens nach § 2 sind dieselben Rechtsfolgen verbunden wie mit der Verurteilung „zu einer Freiheitsstrafe bis einschließlich sechs Monaten oder zu einer Geldstrafe" wegen „Täuschung oder" Betruges.[1] *(BGBl 1974/422)*

---

[1] *Vgl. StRAG*

§ 8. (1) Unter den im § 5 bezeichneten Voraussetzungen haftet der Unternehmer für Geldstrafen, die vom Gericht gegen einen seiner Angestellten wegen einer im § 1 oder § 2 mit Strafe bedrohten Handlung verhängt worden sind, zur ungeteilten Hand mit dem Verurteilten.

(2) Über die Haftung ist in dem in der Hauptsache ergehenden Urteil zu erkennen. Personen, die für die Geldstrafe haften, sind zur Hauptverhandlung zu laden. Sie haben in der Hauptverhandlung und dem nachfolgenden Verfahren die Rechte des Angeklagten. Gegen den Ausspruch über die Haftung steht diesen Personen und „der Staatsanwaltschaft" das Rechtsmittel der Berufung zu; die Vorschriften der Strafprozeßordnung über die Berufung im Punkte der Strafe sind hiebei dem Sinne nach anzuwenden. Im übrigen gilt § 3 Abs. 3 sinngemäß. *(BGBl I 2007/112)*

. . .

Artikel III

Verbotene Ankündigungen.

§ 15. (1) Es ist verboten, zum Zwecke der Anpreisung

a) in Ankündigungen von Schriften, Abbildungen oder sonstigen Darstellungen, Filmen, Schallträgern, Theateraufführungen oder sonstigen Darbietungen oder Veranstaltungen auf deren im Sinne des § 2 anstößigen Inhalt hinzuweisen;

b) in Ankündigungen von Druckwerken darauf hinzuweisen, daß die Verbreitung des Druckwerkes auf Grund der Bestimmungen des Artikels II Beschränkungen unterworfen war oder ist oder daß ein darauf abzielendes Verfahren anhängig ist oder anhängig gewesen ist.

(2) Wer diesem Verbot zuwiderhandelt, wird, sofern die Tat nicht nach anderen Bestimmungen mit strengerer Strafe bedroht ist, vom Gericht mit Geldstrafe bis zu „180 Tagessätzen oder mit Freiheitsstrafe" bis zu drei Monaten bestraft. *(BGBl 1974/422)*

(3) Druckwerke, die in Ankündigungen einen nach Abs. 1 verbotenen Hinweis enthalten, können gemäß § 37 des Pressegesetzes vorläufig in Beschlag genommen werden.

5/3. Suchtmittelgesetz

BGBl I 1997/112 idF

SMG

STICHWORTVERZEICHNIS
zum SMG

SMG

Stichwortverzeichnis

Bundesgesetz über Suchtgifte, psychotrope Stoffe und Drogenausgangsstoffe (Suchtmittelgesetz – SMG)

(BGBl I 2007/110)

Inhaltsverzeichnis

1. Hauptstück

Anwendungsbereich und Begriffsbestimmungen

§ 1. (1) Diesem Bundesgesetz unterliegen Suchtgifte, psychotrope Stoffe und Drogenausgangsstoffe. *(BGBl I 2008/143)*

(2) Suchtmittel im Sinne dieses Bundesgesetzes sind Suchtgifte und psychotrope Stoffe.

§ 2. (1) Suchtgifte im Sinne dieses Bundesgesetzes sind Stoffe und Zubereitungen, die durch die Einzige Suchtgiftkonvention vom 30. März 1961 zu New York, BGBl. Nr. 531/1978, in der Fassung des Protokolls vom 25. März 1972 zu Genf, BGBl. Nr. 531/1978, Beschränkungen hinsichtlich der Erzeugung (Gewinnung und Herstellung), des Besitzes, Verkehrs, der Ein-, Aus- und Durchfuhr, der Gebarung oder Anwendung unterworfen und mit Verordnung des Bundesministers oder der Bundesministerin für Gesundheit als Suchtgifte bezeichnet sind. *(BGBl I 2015/144)*

(2) Als Suchtgifte im Sinne dieses Bundesgesetzes gelten ferner Stoffe und Zubereitungen, die durch das Übereinkommen der Vereinten Nationen über psychotrope Stoffe vom 21. Februar 1971 zu Wien, BGBl. III Nr. 148/1997, Beschränkungen im Sinne des Abs. 1 unterworfen, in den Anhängen I und II dieses Übereinkommens enthalten und im Hinblick darauf, dass sie auf Grund ihrer Wirkung und Verbreitung ein den Suchtgiften im Sinne des Abs. 1 vergleichbares Gefährdungspotential aufweisen, mit Verordnung des Bundesministers oder der Bundesministerin für Gesundheit Suchtgiften gleichgestellt sind. *(BGBl I 2008/143; BGBl I 2015/144)*

(3) Weitere Stoffe und Zubereitungen können mit Verordnung des Bundesministers oder der Bundesministerin für Gesundheit Suchtgiften gleichgestellt werden, wenn sie auf Grund ihrer Wirkung und Verbreitung ein den Suchtgiften im Sinne des Abs. 1 vergleichbares Gefährdungspotential aufweisen. *(BGBl I 2015/144)*

(4) Nach Maßgabe der Einzigen Suchtgiftkonvention und dieses Bundesgesetzes unterliegen auch Mohnstroh und die Cannabispflanze den im Abs. 1 angeführten Beschränkungen.

§ 3. (1) Psychotrope Stoffe im Sinne dieses Bundesgesetzes sind Stoffe und Zubereitungen, die durch das Übereinkommen der Vereinten Nationen über psychotrope Stoffe Beschränkungen im Sinne des § 2 Abs. 1 unterworfen, in den Anhängen III und IV dieses Übereinkommens enthalten und mit Verordnung des Bundesministers oder der Bundesministerin für Gesundheit als psychotrope Stoffe bezeichnet sind. *(BGBl I 2015/144)*

(2) Weitere Stoffe und Zubereitungen können mit Verordnung des Bundesministers oder der Bundesministerin für Gesundheit psychotropen Stoffen gleichgestellt werden, wenn sie auf Grund ihrer Wirkung und Verbreitung ein den psychotropen Stoffen im Sinne des Abs. 1 vergleichbares Gefährdungspotential aufweisen. *(BGBl I 2015/144)*

§ 4. Drogenausgangsstoffe im Sinne dieses Bundesgesetzes sind jene Stoffe, die im Anhang 1 der Verordnung (EG) Nr. 273/2004 betreffend Drogenausgangsstoffe, ABl. Nr. L 47 vom 18. Februar 2004, sowie im Anhang der Verordnung (EG) Nr. 111/2005 zur Festlegung von Vorschriften für die Überwachung des Handels mit Drogenausgangsstoffen zwischen der Union und Drittländern, ABl. Nr. L 22 vom 26. Jänner 2005, erfasst sind. *(BGBl I 2015/144)*

(BGBl I 2008/143)

2. Hauptstück

Suchtmittel

1. Abschnitt

Verkehr und Gebarung mit Suchtmitteln

Beschränkungen

§ 5. (1) Suchtmittel dürfen nur für medizinische, zahnmedizinische, veterinärmedizinische oder wissenschaftliche Zwecke und nur nach Maßgabe dieses Bundesgesetzes erworben, besessen, erzeugt, verarbeitet, befördert, eingeführt, ausgeführt oder einem anderen angeboten, überlassen oder verschafft werden. *(BGBl I 2008/143)*

(2) Suchtgifte gemäß § 2 Abs. 2 und 3, die nicht im Anhang I des Übereinkommens über psychotrope Stoffe enthalten sind, und psychotrope Stoffe dürfen überdies nach Maßgabe des § 6 Abs. 5 auch für die Herstellung von Erzeugnissen, die keine psychotrope Wirkung entfalten, erworben, besessen, erzeugt, verarbeitet, befördert sowie eingeführt werden. Die sonstigen für die Herstellung solcher Erzeugnisse maßgeblichen Vorschriften bleiben unberührt. *(BGBl I 2008/143)*

Erzeugung, Verarbeitung, Umwandlung, Erwerb und Besitz

§ 6. (1) Die Erzeugung, Verarbeitung, Umwandlung, der Erwerb und Besitz von Suchtmitteln ist, sofern im folgenden nicht anderes bestimmt ist, nur gestattet

1. den Gewerbetreibenden mit einer Berechtigung zur Herstellung von Arzneimitteln und Giften und zum Großhandel mit Arzneimitteln und Giften gemäß § 94 Z 32 der Gewerbeordnung 1994 nach Maßgabe einer Bewilligung des Bundesministers oder der Bundesministerin für Gesundheit; sofern es sich um Suchtgifte handelt, darf die Bewilligung nur unter Festsetzung einer Höchstmenge erteilt werden, den zum Großhandel mit Arzneimitteln Berechtigten überdies nur, wenn sie ein Detailgeschäft überhaupt nicht oder doch räumlich vollkommen getrennt führen; *(BGBl I 2008/143; BGBl I 2015/144)*

2. wissenschaftlichen Instituten oder öffentlichen Lehr-, Versuchs-, Untersuchungs- oder sonstigen Fachanstalten nach Maßgabe einer Bestätigung der zuständigen Aufsichtsbehörde, daß sie die Suchtmittel zur Erfüllung ihrer Aufgaben benötigen.

(2) Der Anbau von Pflanzen zwecks Gewinnung von Suchtgift ist verboten, ausgenommen

1. durch die im Abs. 1 Z 2 genannten Institute und Anstalten für wissenschaftliche Zwecke sowie

2. durch die im § 6a Abs. 1 genannten Gesellschaften für die Herstellung von Arzneimitteln sowie damit verbundene wissenschaftliche Zwecke. *(BGBl I 2008/143)*

(3) Den Wachkörpern des Bundes und den Behörden, denen die Vollziehung dieses Gesetzes obliegt, ist der Erwerb und Besitz von Suchtmitteln auch ohne Bewilligung insoweit gestattet, als sie diese für Schulungs- oder Ausbildungszwecke benötigen oder ihnen Suchtmittel in Vollziehung dieses Gesetzes zukommen.

(4) Dem Bundesministerium für Landesverteidigung und den fachlich befassten Dienststellen des Bundesheeres ist die Verarbeitung, der Erwerb und Besitz von Suchtmitteln auch ohne Bewilligung insoweit gestattet, als sie diese für die ärztliche oder zahnärztliche Versorgung der Angehörigen des Bundesheeres benötigen oder es für die veterinärmedizinische Behandlung sowie für die Ausbildung der im Bundesheer in Verwendung stehenden Tiere notwendig ist. *(BGBl I 2008/143; BGBl I 2021/7)*

(4a) Den organisierten Notarztdiensten ist die Verarbeitung, der Erwerb und Besitz von Suchtmitteln auch ohne Bewilligung insoweit gestattet, als sie diese für die notärztliche Tätigkeit benötigen. *(BGBl I 2008/143)*

(4b) Den Einrichtungen und Behörden des Strafvollzugs (§ 8 des Strafvollzugsgesetzes – StVG, BGBl. Nr. 144/1969) sowie des Vollzuges der mit Freiheitsentzug verbundenen vorbeugenden Maßnahmen (§§ 158 bis 160 StVG) ist der Erwerb, die Verarbeitung und der Besitz von Suchtmitteln auch ohne Bewilligung insoweit gestattet, als sie diese für die gesetzlich vorgesehene ärztliche Betreuung von angehaltenen Beschuldigten, Strafgefangenen oder Untergebrachten benötigen. *(BGBl I 2010/111)*

(4c) Dem Bundesministerium für Inneres und den ihm nachgeordneten Landespolizeidirektionen ist der Erwerb, die Verarbeitung und der Besitz von Suchtmitteln auch ohne Bewilligung insoweit gestattet, als sie diese für die gesetzlich vorgesehene ärztliche Betreuung von angehaltenen Personen benötigen. *(BGBl I 2021/7)*

(4d) Gebietskörperschaften ist der Erwerb, die Verarbeitung und der Besitz von Suchtmitteln auch ohne Bewilligung insoweit gestattet, als sie diese für die Erfüllung der gesetzlich vorgesehenen Aufgaben der Tierseuchenbekämpfung benötigen. *(BGBl I 2021/7)*

(5) Personen, die zur Herstellung von Erzeugnissen, die keine psychotrope Wirkung entfalten,

berechtigt sind und zur Herstellung dieser Erzeugnisse ein Suchtmittel gemäß § 5 Abs. 2 benötigen, ist die Erzeugung, Verarbeitung, der Erwerb, Besitz und die Einfuhr dieses Suchtmittels nur nach Maßgabe einer Bewilligung des Bundesministers oder der Bundesministerin für Gesundheit gestattet. *(BGBl I 2015/144)*

(6) Die nach Abs. 1 Z 1 Berechtigten dürfen Suchtmittel nur an die nach Abs. 1, 3, 4, 4a, 4b, 4c oder 4d Berechtigten sowie an öffentliche Apotheken und Anstaltsapotheken abgeben, Suchtmittel gemäß § 5 Abs. 2 überdies auch an die nach Abs. 5 Berechtigten. *(BGBl I 2008/143; BGBl I 2021/7)*

(7) Den nach Abs. 5 Berechtigten ist nicht gestattet

1. das Inverkehrsetzen von Suchtmitteln gemäß § 5 Abs. 2 und

2. das Inverkehrsetzen der unter Verwendung solcher Suchtmittel hergestellten Erzeugnisse, sofern eine Rückgewinnung der Suchtmittel durch leicht anwendbare Mittel möglich ist.

Anbau von Pflanzen der Gattung Cannabis zwecks Gewinnung von Suchtgift für die Herstellung von Arzneimitteln

§ 6a. (1) Der Anbau von Pflanzen der Gattung Cannabis zwecks Gewinnung von Suchtgift für die Herstellung von Arzneimitteln sowie damit verbundene wissenschaftliche Zwecke ist nur der Österreichischen Agentur für Gesundheit und Ernährungssicherheit GmbH oder einer zu diesem Zweck gegründeten Tochtergesellschaft, an der die Agentur für Gesundheit und Ernährungssicherheit GmbH mindestens 75 v.H. der Geschäftsanteile halten muss, gestattet. An der Tochtergesellschaft können ferner beteiligt sein

1. Universitätsinstitute, die mit der Forschung und Entwicklung auf dem Gebiet der angewandten Botanik befasst sind,

2. Gewerbetreibende mit einer Berechtigung zur Herstellung von Arzneimitteln und Giften und zum Großhandel mit Arzneimitteln und Giften gemäß § 94 Z 32 der Gewerbeordnung 1994, sowie

3. Chemische Laboratorien mit einer Gewerbeberechtigung gemäß § 94 Z 10 der Gewerbeordnung 1994.

(2) Der Österreichischen Agentur für Gesundheit und Ernährungssicherheit GmbH oder ihrer Tochtergesellschaft (Abs. 1) ist ferner der Besitz des im Rahmen des Anbaus der Cannabispflanzen gewonnen Cannabis gestattet.

(3) Die Österreichische Agentur für Gesundheit und Ernährungssicherheit GmbH oder ihre Tochtergesellschaft (Abs. 1) darf die Cannabispflanzen nach Ernte und Trocknung oder das daraus gewonnene Cannabis nur an Gewerbetreibende mit einer Berechtigung zur Herstellung von Arzneimitteln und Giften und zum Großhandel mit Arzneimitteln und Giften gemäß § 94 Z 32 der Gewerbeordnung 1994 abgeben.

(4) Die Bestimmungen über Sicherungsmaßnahmen gegen unbefugte Entnahme von Suchtmitteln (§ 9) sind auch auf Cannabispflanzen anzuwenden.

(BGBl I 2008/143)

Abgabe durch Apotheken

§ 7. (1) Apotheken dürfen Suchtmittel nach Maßgabe der das Apotheken- und Arzneimittelwesen regelnden Vorschriften, hinsichtlich der suchtgifthaltigen Arzneimittel auch unter den Beschränkungen der zu diesem Bundesgesetz erlassenen Durchführungsverordnung, untereinander, gegen Verschreibung an Krankenanstalten, Ärzte, Zahnärzte, Tierärzte und Dentisten für ihren Berufsbedarf sowie an Personen, denen solche Arzneimittel verschrieben wurden, abgeben. *(BGBl I 2008/143)*

(1a) Apotheken dürfen Präparate gemäß § 3 Z 9 Sterbeverfügungsgesetz (StVfG), BGBl. I Nr. 242//2021 nach Maßgabe des § 11 StVfG abgeben. *(BGBl I 2021/242)*

(2) Auf den Erwerb und Besitz von Suchtmitteln durch Personen, an die sie nach Abs. 1 und 1a abgegeben wurden, findet § 6 Abs. 1 keine Anwendung. *(BGBl I 2021/242)*

Ärztliche Behandlung, Verschreibung und Abgabe

§ 8. Suchtmittelhaltige Arzneimittel dürfen nur nach den Erkenntnissen und Erfahrungen der medizinischen, zahnmedizinischen oder veterinärmedizinischen Wissenschaft, insbesondere auch für Schmerz- sowie für Entzugs- und Substitutionsbehandlungen, verschrieben, abgegeben oder im Rahmen einer ärztlichen, zahnärztlichen oder tierärztlichen Behandlung am oder im menschlichen oder tierischen Körper unmittelbar zur Anwendung gebracht werden.

(BGBl I 2008/143)

Opioid-Substitutionsbehandlung

§ 8a. (1) Ärzte haben den Beginn und, sofern es ihnen bekannt ist, das Ende einer Substitutionsbehandlung (§ 11 Abs. 2 Z 2) unter Bekanntgabe der Daten gemäß § 24b Abs. 1 Z 1 und 2 unverzüglich der Bezirksverwaltungsbehörde als Gesundheitsbehörde zu melden. Soweit nach Maßgabe der zu diesem Bundesgesetz erlassenen Durchführungsbestimmungen die Verschreibung oder Abgabe des Substitutionsmittels nicht unter Verwendung einer Substitutions-Dauerverschreibung erfolgt, ist bei Meldung des Behandlungsbe-

SMG

ginns das Substitutionsmittel bekannt zu geben. Ferner hat die/der behandelnde Ärztin/Arzt den ihr/ihm zur Kenntnis gelangten Verlust einer für die Patientin/den Patienten ausgestellten Substitutionsverschreibung oder eines an die Patientin/den Patienten abgegebenen Substitutionsmedikamentes der Bezirksverwaltungsbehörde als Gesundheitsbehörde zur Kenntnis zu bringen. *(BGBl I 2017/116)*

(1a) Für Personen, die wegen ihrer Abhängigkeitserkrankung vom Morphintyp im Rahmen einer Opioid-Substitutionsbehandlung opioidhaltige Arzneimittel fortlaufend benötigen, sind, außer in begründeten Einzelfällen, Dauerverschreibungen mit einer maximalen Geltungsdauer auszustellen, die vor Übergabe an die Apotheke dem amtsärztlichen Dienst der zuständigen Gesundheitsbehörde zur Überprüfung und Fertigung (Vidierung) vorzulegen sind. Die Prüfung und Vidierung der Dauerverschreibungen hat nach Maßgabe der mit Verordnung gemäß § 10 Abs. 1 Z 5 getroffenen Vorschriften über die Qualität und Sicherheit der Behandlung zu erfolgen. Der amtsärztliche Dienst darf zu diesem Zweck Daten verarbeiten, die sich auf jene Person beziehen, für die die Dauerverschreibung ausgestellt worden ist, und die der Bezirksverwaltungsbehörde als nach dem Allgemeinen Verwaltungsverfahrensgesetz 1991 zuständiger Gesundheitsbehörde aufgrund des Suchtmittelgesetzes übermittelt worden sind. Die für die Gültigkeit der Dauerverschreibung erforderliche Vidierung durch den amtsärztlichen Dienst der zuständigen Bezirksverwaltungsbehörde als Gesundheitsbehörde ersetzt die chef- und kontrollärztliche Bewilligung. *(BGBl I 2017/116; BGBl I 2018/37)*

(1b) Daten gemäß Abs. 1a dritter Satz sind

1. Meldungen gemäß Abs. 1,

2. Meldungen an das bundesweite Substitutionsregister gemäß §§ 24b und § 26 Abs. 4 letzter Satz,

3. Mitteilungen aus Apotheken gemäß Abs. 4,

4. Mitteilungen gemäß §§ 13, 14 Abs. 2. *(BGBl I 2017/116)*

(1c) Im Hinblick auf die zur Sicherstellung der Opioid-Substitutionsbehandlung gebotene Entlastung des amtsärztlichen Dienstes bis zur technischen Umsetzung eines digitalen Verschreibungsprozesses gelten Dauerverschreibungen nach Abs. 1a als vidiert, wenn die behandelnde Ärztin/der behandelnde Arzt den Vermerk „Vidierung nicht erforderlich" auf der Dauerverschreibung anbringt. Der Vermerk ist von der behandelnden Ärztin/dem behandelnden Arzt zu unterfertigen und mit ihrer/seiner Stampiglie zu versehen. Voraussetzung ist, dass der behandelnden Ärztin/dem behandelnden Arzt kein Hinweis auf eine Mehrfachbehandlung des Patientin/des Patienten mit Substitutionsmitteln und keine Mitteilung der Bezirksverwaltungsbehörde als Gesundheitsbe-

hörde vorliegt, dass die Entlastung des amtsärztlichen Dienstes zur Sicherstellung der Opioid-Substitution nicht mehr erforderlich ist. *(BGBl I 2020/16; BGBl I 2022/91; BGBl I 2023/70, tritt mit Ablauf des 31. Dezember 2024 außer Kraft)*

(1d) Die Übermittlung von Verschreibungen im Rahmen der Opioid-Substitutionsbehandlung an die Apotheke und die zuständige Bezirksverwaltungsbehörde als Gesundheitsbehörde darf, bis zur technischen Umsetzung eines digitalen Verschreibungsprozesses, unter den Voraussetzungen des § 27 Abs. 10 des Gesundheitstelematikgesetzes 2012 (GTelG 2012), BGBl. I Nr. 111/2012, ungeachtet des § 6 Abs. 1 Z 2 GTelG 2012, per E-Mail erfolgen. Die technischen und organisatorischen Datensicherheitsmaßnahmen gemäß § 27 Abs. 12 GTelG 2012, in der Fassung BGBl. I Nr. 206/2022, gelten für eine Übermittlung per E-Mail mit der Maßgabe, dass sie auf die Art und Eigenschaft dieser Übermittlungsform auszurichten sind. *(BGBl I 2023/70, tritt mit Ablauf des 31. Dezember 2024 außer Kraft)*

(2) Die an der Beratung, Behandlung oder Betreuung eines Patienten, der sich einer Substitutionsbehandlung unterzieht, beteiligten Ärzte, Amtsärzte, Apotheker, Bewährungshelfer, klinischen Psychologen, Psychotherapeuten oder Personen, die in einer Einrichtung gemäß § 15 gesundheitsbezogene Maßnahmen (§ 11 Abs. 2) bei diesem Patienten durchführen, dürfen Wahrnehmungen aus dieser Tätigkeit gegenseitig nur insoweit mitteilen, als

1. der Patient in eine solche Mitteilung ausdrücklich eingewilligt hat, oder *(BGBl I 2018/37)*

2. die Mitteilung zum Schutz der Gesundheit des Patienten dringend erforderlich ist und seine ausdrückliche Einwilligung nicht rechtzeitig eingeholt werden kann. *(BGBl I 2018/37)*

(3) Der Arzt, Amtsarzt, Apotheker, Bewährungshelfer, klinische Psychologe, Psychotherapeut oder die Person, die in einer Einrichtung gemäß § 15 gesundheitsbezogene Maßnahmen bei dem Patienten durchführt, hat im Fall des Abs. 2 Z 1 die ausdrückliche Einwilligung des Patienten, im Fall des Abs. 2 Z 2 die Gründe, weshalb die ausdrückliche Einwilligung nicht rechtzeitig eingeholt werden konnte, zu dokumentieren. *(BGBl I 2018/37)*

(4) Abweichend von Abs. 2 haben die in öffentlichen Apotheken beschäftigten Apothekerinnen/Apotheker, wenn im Rahmen des Apothekenbetriebes

1. die Vorlage von Suchtmittelverschreibungen verschiedener Ärztinnen/Ärzte durch eine Patientin/einen Patienten wahrgenommen wird,

2. die ärztlich angeordnete kontrollierte Einnahme von Substitutionsmedikamenten nicht gewährleistet werden kann, oder

3. sonstige außergewöhnliche Umstände wahrgenommen werden,

und diese Wahrnehmung oder Wahrnehmungen eine erhebliche Gefährdung der Patientin/des Patienten selbst nahe legen oder, bei einer Weitergabe der Suchtmittel, eine Gefährdung Dritter, unverzüglich jene Ärztinnen/Ärzte davon in Kenntnis zu setzen, die die suchtmittelhaltigen Arzneimittel für die Patientin/den Patienten verschrieben haben. Sofern der Apotheke bekannt ist, dass sich die Patientin/der Patient einer Opioid-Substitutionsbehandlung unterzieht, ist auch die/der substituierende Ärztin/Arzt sowie die Bezirksverwaltungsbehörde als Gesundheitsbehörde unverzüglich in Kenntnis zu setzen. Eine Verständigung in elektronischer Form darf nur unter Wahrung der Vertraulichkeit und Datensicherheit (§§ 6 und 8 Gesundheitstelematikgesetz 2012 in der geltenden Fassung) erfolgen. *(BGBl I 2017/116)*

(5) Die Bezirksverwaltungsbehörde als Gesundheitsbehörde darf personenbezogene Patientendaten, die ihr aufgrund einer Verständigung gemäß Abs. 4 oder einer Mitteilung gemäß den §§ 13 oder 14 Abs. 2 zur Kenntnis gelangt sind, insoweit verarbeiten, als diese für die Vollziehung der ihr nach diesem Bundesgesetz oder einer gemäß § 10 erlassenen Verordnung übertragenen Aufgaben eine wesentliche Voraussetzung bilden. *(BGBl I 2017/116; BGBl I 2018/37)*

(6) Bei der Verarbeitung personenbezogener Daten gemäß Abs. 1 bis 5 sind die Rechte und Pflichten gemäß Art. 13, 14, 18 und 21 der Verordnung (EU) Nr. 679/2016 zum Schutz natürlicher Personen bei der Verarbeitung personenbezogener Daten, zum freien Datenverkehr und zur Aufhebung der Richtlinie 95/46/EG (Datenschutz-Grundverordnung), ABl. Nr. L 119 vom 04.05.2016 S. 1, (im Folgenden: DSGVO) ausgeschlossen. *(BGBl I 2018/37)*

(BGBl I 2008/143)

Sicherungsmaßnahmen

§ 9. (1) Die nach § 6 Abs. 1 bis 6 zum Besitz von Suchtmitteln Berechtigten, die Krankenanstalten sowie alle anderen Einrichtungen, die über ein Arzneimitteldepot verfügen, haben ihren Suchtmittelvorrat durch geeignete, den jeweiligen Umständen entsprechende Maßnahmen gegen unbefugte Entnahme zu sichern. Suchtgifte sind gesondert aufzubewahren.

(2) Die Bezirksverwaltungsbehörde hat mit Bescheid Sicherungsmaßnahmen anzuordnen, die sich nach der Art und Menge sowie dem Gefährdungsgrad der Suchtmittel richten, wenn Umstände vorliegen, die die Annahme rechtfertigen, daß ein Suchtmittelvorrat nicht gemäß Abs. 1 aufbewahrt oder nicht gegen unbefugte Entnahme gesichert wird.

(3) Die Anordnung von Sicherungsmaßnahmen betreffend die fachlich befassten Dienststellen des Bundesheeres (§ 6 Abs. 4) obliegt dem Bundesminister oder der Bundesministerin für Landesverteidigung und Sport. *(BGBl I 2015/144; BGBl I 2022/91)*

Verordnung

§ 10. (1) Soweit dies zur Abwehr der durch den Missbrauch von Suchtmitteln für das Leben oder die Gesundheit von Menschen drohenden Gefahren und zur Überwachung des geordneten Verkehrs und der Gebarung mit Suchtmitteln geboten ist, hat der Bundesminister oder die Bundesministerin für Gesundheit mit Verordnung nähere Vorschriften zu erlassen über

1. die Ein-, Aus- und Durchfuhr von Suchtmitteln, der Cannabispflanze und von Mohnstroh,

2. die Erzeugung und Verarbeitung von Suchtmitteln einschließlich der Beschränkung der Erzeugung auf bestimmte Mengen und Bezugsquellen,

3. die Erteilung von Bezugsbewilligungen sowie die Ausstellung von Bedarfsbestätigungen für Suchtmittel,

4. die Führung von Vormerkungen und die Erstattung fortlaufender Berichte über die Herstellung und Verarbeitung, den Erwerb, die Veräußerung, die Ein-, Aus- und Durchfuhr und die Abgabe von, über den sonstigen Verkehr mit und über vorhandene Vorräte an Suchtmitteln,

5. die Verschreibung, Abgabe und Verwendung von Suchtmitteln einschließlich der Rahmenbedingungen, Qualitätssicherung und Kontrolle der Substitutionsbehandlung,

6. den sonstigen Verkehr und die Gebarung mit Suchtmitteln,

7. die Kontrolle des Anbaus von Pflanzen der Gattung Cannabis zwecks Gewinnung von Suchtgift für die Herstellung von Arzneimitteln. *(BGBl I 2008/143; BGBl I 2015/144)*

(2) Der Bundesminister oder die Bundesministerin für Gesundheit hat durch Verordnung Regelungen über die Ausstellung sowie über die behördliche Beglaubigung von Bescheinigungen im Sinne des Artikels 75 des Schengener Durchführungsübereinkommens von 1990 zu treffen. Sie kann die Gesundheitsbehörden ermächtigen, Ärzte, soweit sie zur Verschreibung suchtmittelhaltiger Arzneimittel befugt sind, mit der Berechtigung zur behördlichen Beglaubigung solcher Bescheinigungen zu beleihen. *(BGBl I 2008/143; BGBl I 2015/144)*

(3) *(entfällt, BGBl I 2022/91)*

2. Abschnitt

Gesundheitsbezogene Maßnahmen bei Suchtgiftmißbrauch

§ 11. (1) Personen, die wegen Suchtgiftmißbrauchs oder der Gewöhnung an Suchtgift gesundheitsbezogener Maßnahmen gemäß Abs. 2 bedürfen, haben sich den notwendigen und zweckmäßigen, ihnen nach den Umständen möglichen und zumutbaren und nicht offenbar aussichtslosen gesundheitsbezogenen Maßnahmen zu unterziehen. Bei Minderjährigen haben die Eltern oder anderen Erziehungsberechtigten im Rahmen ihrer Pflicht zur Pflege und Erziehung dafür zu sorgen, daß sie sich solchen Maßnahmen unterziehen.

(2) Gesundheitsbezogene Maßnahmen sind

1. die ärztliche Überwachung des Gesundheitszustands,

2. die ärztliche Behandlung einschließlich der Entzugs- und Substitutionsbehandlung,

3. die klinisch-psychologische Beratung und Betreuung,

4. die Psychotherapie sowie

5. die psychosoziale Beratung und Betreuung

durch qualifizierte und mit Fragen des Suchtgiftmißbrauchs hinreichend vertraute Personen.

(3) Für die Durchführung gesundheitsbezogener Maßnahmen gemäß Abs. 2 Z 3 bis 5 sind insbesondere die Einrichtungen und Vereinigungen gemäß § 15 heranzuziehen.

§ 12. (1) Ist auf Grund bestimmter Tatsachen anzunehmen, daß eine Person Suchtgift mißbraucht, so hat sie die Bezirksverwaltungsbehörde als Gesundheitsbehörde der Begutachtung durch einen mit Fragen des Suchtgiftmißbrauchs hinreichend vertrauten Arzt, der erforderlichenfalls mit zur selbständigen Berufsausübung berechtigten Angehörigen des klinisch-psychologischen oder psychotherapeutischen Berufes zusammenzuarbeiten hat, zuzuführen. Die Person hat sich den hiefür notwendigen Untersuchungen zu unterziehen.

(2) Ergibt die Begutachtung, daß eine gesundheitsbezogene Maßnahme gemäß § 11 Abs. 2 notwendig ist, so hat die Bezirksverwaltungsbehörde als Gesundheitsbehörde darauf hinzuwirken, daß sich die Person einer solchen zweckmäßigen, ihr nach den Umständen möglichen und zumutbaren und nicht offenbar aussichtslosen Maßnahme unterzieht. Bei der Wahl der gesundheitsbezogenen Maßnahme ist das Wohl der Person, insbesondere der therapeutische Nutzen der Maßnahme, zu beachten. Dabei sind die Kosten im Verhältnis zum Erfolg bei Wahrung der Qualität der Therapie möglichst gering zu halten. Bei mehreren gleichwertig geeigneten Alternativen ist die ökonomisch günstigste zu wählen.

(3) Die Bezirksverwaltungsbehörde als Gesundheitsbehörde kann von der Person, die sich einer gesundheitsbezogenen Maßnahme nach Abs. 2 unterzieht, verlangen, Bestätigungen über Beginn und Verlauf der Maßnahme vorzulegen. *(BGBl I 2015/112)*

(4) Die mit der Begutachtung befassten Ärzte dürfen personenbezogene Daten zur Erfüllung des Begutachtungsauftrags verwenden und unterliegen dabei gegenüber der Bezirksverwaltungsbehörde als Gesundheitsbehörde keinen dienst- oder berufsrechtlichen Verschwiegenheitspflichten. Bei der Verarbeitung personenbezogener Daten gemäß Abs. 1 bis 3 sowie § 35 Abs. 3 Z 2 und Abs. 5 sind die Rechte und Pflichten gemäß Art. 13, 14, 18 und 21 DSGVO ausgeschlossen. *(BGBl I 2018/37)*

§ 13. (1) Ist auf Grund bestimmter Tatsachen anzunehmen, daß ein Schüler Suchtgift mißbraucht, so hat ihn der Leiter der Schule einer schulärztlichen Untersuchung zuzuführen. Der schulpsychologische Dienst ist erforderlichenfalls beizuziehen. Ergibt die Untersuchung, daß eine gesundheitsbezogene Maßnahme gemäß § 11 Abs. 2 notwendig ist und ist diese nicht sichergestellt, oder wird vom Schüler, den Eltern oder anderen Erziehungsberechtigten die schulärztliche Untersuchung oder die Konsultierung des schulpsychologischen Dienstes verweigert, so hat der Leiter der Schule anstelle einer Strafanzeige davon die Bezirksverwaltungsbehörde als Gesundheitsbehörde zu verständigen. Schulen im Sinne dieser Bestimmungen sind die öffentlichen und privaten Schulen gemäß Schulorganisationsgesetz, BGBl. Nr. 242/1962, die öffentlichen land- und forstwirtschaftlichen Schulen sowie alle anderen Privatschulen.

(2) Ergibt

1. die Stellungsuntersuchung bei Wehrpflichtigen oder

2. eine allfällige ärztliche Untersuchung von Frauen bei der Annahme einer freiwilligen Meldung zum Ausbildungsdienst oder

3. eine militärärztliche Untersuchung bei Soldaten, die Präsenz- oder Ausbildungsdienst leisten,

Grund zur Annahme eines Suchtgiftmißbrauchs, so hat die Stellungskommission oder der Bundesminister oder die Bundesministerin für Landesverteidigung oder der Kommandant der militärischen Dienststelle, bei der der Soldat Wehrdienst leistet, an Stelle einer Strafanzeige diesen Umstand der Bezirksverwaltungsbehörde als Gesundheitsbehörde mitzuteilen. *(BGBl I 2015/112; BGBl I 2022/91)*

(2a) Wird einer Behörde oder öffentlichen Dienststelle der Anfangsverdacht (§ 1 Abs. 3 der Strafprozessordnung 1975 – StPO, BGBl. Nr.

SMG

631/1975) bekannt, dass eine Person eine Straftat nach §§ 27 Abs. 1 und 2 ausschließlich für den eigenen persönlichen Gebrauch oder den persönlichen Gebrauch eines anderen begangen habe, ohne dass diese Person daraus einen Vorteil gezogen habe, so hat die Behörde oder öffentliche Dienststelle an Stelle einer Strafanzeige (§ 78 StPO) diesen Umstand der Bezirksverwaltungsbehörde als Gesundheitsbehörde mitzuteilen. *(BGBl I 2015/112)*

(2b) Ergeben Ermittlungen der Kriminalpolizei ausschließlich den in Abs. 2a umschriebenen Verdacht, so hat sie diesen auf dem in § 24a Abs. 1 vorgegebenen Weg der Bezirksverwaltungsbehörde als Gesundheitsbehörde mitzuteilen sowie der Staatsanwaltschaft darüber zu berichten (Abtretungsbericht). *(BGBl I 2015/112; BGBl I 2015/144)*

(3) Die Bezirksverwaltungsbehörde als Gesundheitsbehörde hat in den vorstehend bezeichneten Fällen nach § 12 vorzugehen, soweit es sich nicht bloß um einen in § 35 Abs. 4 genannten Fall handelt. *(BGBl I 2015/112)*

(BGBl I 1998/30)

§ 14. (1) Steht eine Person, die Suchtgift missbraucht, im Verdacht, eine Straftat nach § 27 Abs. 1 oder 2 begangen zu haben, so hat die Bezirksverwaltungsbehörde nur dann Strafanzeige zu erstatten, wenn sich die Person den notwendigen, zweckmäßigen, ihr nach den Umständen möglichen und zumutbaren und nicht offenbar aussichtslosen gesundheitsbezogenen Maßnahmen gemäß § 11 Abs. 2 nicht unterzieht. Eine Strafanzeige ist von der Bezirksverwaltungsbehörde auch dann zu erstatten, wenn sich die betreffende Person der notwendigen Untersuchung gemäß § 12 Abs. 1 nicht unterzieht. Ist der Staatsanwaltschaft der Verdacht bereits bekannt (Abtretungsbericht, § 13 Abs. 2b), so sind ihr derartige Weigerungen lediglich mitzuteilen. Besteht Grund zur Annahme, dass die Voraussetzungen des § 35 vorliegen, so hat die Bezirksverwaltungsbehörde statt einer Strafanzeige oder Mitteilung sogleich eine Stellungnahme nach § 35 Abs. 3 Z 2 zu erstatten. *(BGBl I 2015/112; BGBl I 2015/144)*

(2) Die Kriminalpolizei hat der Bezirksverwaltungsbehörde als Gesundheitsbehörde die von ihnen wegen des Verdachts einer Straftat nach den §§ 27, 28 oder 28a an die Staatsanwaltschaft erstatteten Berichte auf dem in § 24a Abs. 1 vorgegebenen Weg unverzüglich mitzuteilen. *(BGBl I 2008/143; BGBl I 2015/144)*

(3) Eine Anzeige oder Stellungnahme gemäß § 14 Abs. 1 ist nicht zu erstatten, wenn der Verdacht sich ausschließlich auf eine Meldung gemäß § 8a Abs. 1 oder Abs. 4 gründet. *(BGBl I 2008/143; BGBl I 2017/116)*

3. Abschnitt

Einrichtungen und Vereinigungen mit Betreuungsangebot für Personen im Hinblick auf Suchtgiftmissbrauch

§ 15. (1) Der Bundesminister oder die Bundesministerin für Gesundheit hat unter Berücksichtigung regionaler Erfordernisse für die Durchführung gesundheitsbezogener Maßnahmen im Hinblick auf Suchtgiftmissbrauch gemäß den §§ 11, 12, 35, 37 und 39 dieses Bundesgesetzes dafür zur Verfügung stehende Einrichtungen und Vereinigungen in ausreichender Zahl im Bundesgesetzblatt kundzumachen. *(BGBl I 2008/143; BGBl I 2015/144)*

(2) Einrichtungen und Vereinigungen gemäß Abs. 1 müssen

1. bei ihrer Behandlungs-, Beratungs- und Betreuungstätigkeit im Rahmen von Maßnahmen gemäß § 11 Abs. 2 die Abstinenz von Suchtgift und die soziale Reintegration des Suchtkranken zum Ziel haben,

2. über einen mit Fragen des Suchtgiftmissbrauchs hinreichend vertrauten Arzt verfügen und *(BGBl I 2008/143)*

3. nach Maßgabe ihres Betreuungsangebots alle oder einzelne der im § 11 Abs. 2 Z 3 bis 5 genannten Maßnahmen durch entsprechend qualifiziertes und mit Fragen des Suchtgiftmissbrauchs hinreichend vertrautes Personal sicherstellen. *(BGBl I 2008/143)*

(3) Einrichtungen und Vereinigungen gemäß Abs. 1 haben dem Bundesminister oder der Bundesministerin für Gesundheit Unterlagen über ihr Betreuungsangebot vorzulegen und eine Besichtigung an Ort und Stelle zu gestatten. *(BGBl I 2015/144)*

(4) Jede Änderung bei den im Abs. 2 genannten Erfordernissen ist dem Bundesminister oder der Bundesministerin für Gesundheit unverzüglich anzuzeigen. *(BGBl I 2015/144)*

(5) Die in Einrichtungen und Vereinigungen gemäß Abs. 1 beschäftigten Personen sind, soweit nicht § 8a anzuwenden ist, zur Verschwiegenheit über das, was ihnen im Rahmen dieser Tätigkeit bekannt geworden ist, verpflichtet. Im Falle von Maßnahmen gemäß den §§ 11, 12, 35, 37 oder 39 sind auf Verlangen des Betreuten Bestätigungen über Beginn und Verlauf der gesundheitsbezogenen Maßnahme unverzüglich auszustellen. Auf schriftliches Verlangen des Betreuten können Bestätigungen auch an die Bezirksverwaltungsbehörde als Gesundheitsbehörde, das Gericht oder die Staatsanwaltschaft übermittelt werden. *(BGBl I 2008/143)*

(6) Die Einrichtungen und Vereinigungen gemäß Abs. 1 haben ihre Tätigkeit laufend zu dokumentieren und dem Bundesminister oder der Bundesministerin für Gesundheit bis zum

30. April jeden Jahres in der hiefür vom Bundesministerium für Gesundheit vorgesehenen Form einen schriftlichen Bericht über ihre Tätigkeit während des Vorjahres vorzulegen. *(BGBl I 2015/144)*

(7) Die Einrichtungen und Vereinigungen gemäß Abs. 1 haben Personen, die ihre Tätigkeit in Anspruch nehmen, über bestehende Beratungs- und Betreuungseinrichtungen im Hinblick auf AIDS zu informieren.

§ **16.** (1) Die Tätigkeit von Einrichtungen oder Vereinigungen, die Personen im Hinblick auf Suchtgiftmißbrauch beraten und betreuen, kann vom Bund gefördert werden. Ausgenommen von der Förderung sind Maßnahmen, für die als Krankenbehandlung ein Sozialversicherungsträger, eine Krankenfürsorgeanstalt oder ein Sozialhilfeträger aufzukommen hat. Die Förderung hat durch die Gewährung von Zuschüssen nach Maßgabe der hiefür nach dem jeweiligen Bundesfinanzgesetz verfügbaren Bundesmittel zu erfolgen, wobei die Förderung von Zuschüssen aus Mitteln anderer Gebietskörperschaften abhängig zu machen ist. Sofern Gebietskörperschaften Träger dieser Einrichtungen oder Vereinigungen sind, ist die Förderung durch den Bund an die Voraussetzung mindestens gleich hoher Zuschüsse anderer Gebietskörperschaften gebunden.

(2) Zuschüsse nach Abs. 1 dürfen nur zur Errichtung und zum Betrieb solcher Einrichtungen oder Vereinigungen der im Abs. 1 bezeichneten Art gewährt werden, die mit Rücksicht auf die Zahl der Personen, die die dort gebotenen Hilfen in Anspruch nehmen, zweckmäßig und wirtschaftlich erscheinen.

(3) Jeder geförderten Einrichtung oder Vereinigung muß ein mit Fragen des Suchtgiftmißbrauchs hinreichend vertrauter Arzt sowie sonstiges qualifiziertes Personal, das eine entsprechende Beratung und Betreuung gewährleistet, zur Verfügung stehen.

(4) Vor der Gewährung von Zuschüssen hat sich der Förderungswerber dem Bund gegenüber zu verpflichten, zum Zweck der Überwachung der widmungsgemäßen Verwendung der Zuschüsse Organen des Bundes oder von diesen beauftragten Personen die Überprüfung der Durchführung durch Einsicht in die Aufzeichnungen und Belege sowie durch Besichtigung an Ort und Stelle zu gestatten und ihnen die erforderlichen Auskünfte zu erteilen. Ferner hat sich der Empfänger zu verpflichten, bei nicht widmungsgemäßer Verwendung von Zuschüssen diese dem Bund zurückzuzahlen.

(5) Die Bestimmungen des § 15 Abs. 5 und 7 über die Verschwiegenheitspflicht und über die Informationspflicht im Hinblick auf AIDS sind anzuwenden.

3. Hauptstück
Verkehr und Gebarung mit Drogenausgangsstoffen

Vorkehrungen der Wirtschaftsbeteiligten

§ **17.** Wirtschaftsbeteiligte haben im Rahmen der erforderlichen Sorgfalt Vorkehrungen zur Verhinderung der Abzweigung von Drogenausgangsstoffen zur unerlaubten Herstellung von Suchtmitteln zu treffen, insbesondere ihren Vorrat an Drogenausgangsstoffen durch geeignete, den jeweiligen Umständen entsprechende Maßnahmen gegen unbefugte Entnahme zu sichern. Die Bezirksverwaltungsbehörde hat mit Bescheid Sicherungsmaßnahmen anzuordnen, die sich nach der Art und Menge der Drogenausgangsstoffe richten, wenn Umstände vorliegen, die die Annahme rechtfertigen, dass ein Vorrat an Drogenausgangsstoffen nicht oder nur unzulänglich gesichert wird. *(BGBl I 2008/143)*

Auskunfterteilung durch Wirtschaftsbeteiligte

§ **18.** Wirtschaftsbeteiligte haben den Sicherheitsbehörden auf Verlangen alle Auskünfte zu erteilen, soweit dies zur Verhütung und Verfolgung der unerlaubten Herstellung von Suchtmitteln und der damit im Zusammenhang stehenden Straftaten erforderlich ist. *(BGBl I 2008/143)*

Überwachung

§ **19.** (1) Die gemäß § 23 Abs. 2 für die Überwachung des Verkehrs und der Gebarung mit Drogenausgangsstoffen zuständigen Behörden sind befugt, bei den Wirtschaftsbeteiligten

1. in Räumlichkeiten und Einrichtungen, insbesondere auch Beförderungsmitteln, in oder mit denen der Verkehr mit Drogenausgangsstoffen durchgeführt wird, jederzeit Nachschau zu halten sowie *(BGBl I 2008/143)*

2. alle Auskünfte und Unterlagen, die zur Überwachung des Verkehrs und der Gebarung mit Drogenausgangsstoffen erforderlich sind, zu verlangen sowie die nach den einschlägigen, unmittelbar anwendbaren Rechtsakten der Europäischen Union zu führenden Unterlagen und Aufzeichnungen einzusehen und hieraus Abschriften oder Ablichtungen anzufertigen oder Ausdrucke von automationsunterstützt verarbeiteten Daten zu verlangen. *(BGBl I 2008/143; BGBl I 2015/144)*
(BGBl I 2008/143)

(2) Soweit es zur Überwachung des Verkehrs und der Gebarung mit Drogenausgangsstoffen erforderlich ist, sind die mit der Überwachung beauftragten Organe befugt, Proben nach ihrer

Auswahl zum Zwecke der Untersuchung zu fordern oder zu entnehmen. Soweit nicht ausdrücklich darauf verzichtet wird, ist ein Teil der Probe, oder sofern die Probe nicht oder ohne Gefährdung des Untersuchungszwecks nicht in Teile von gleicher Qualität teilbar ist, ein zweites Stück der gleichen Art wie das als Probe entnommene zurückzulassen. *(BGBl I 2008/143)*

(3) Zurückzulassende Proben sind amtlich zu verschließen oder zu versiegeln. Sie sind mit dem Datum der Probenahme zu versehen.

(4) Die Überwachung der Ein-, Aus- und Durchfuhr von Drogenausgangsstoffen obliegt den Zollbehörden. Diese haben die Annahme der Zollanmeldung abzulehnen, wenn gegen die einschlägigen, die Ein-, Aus- und Durchfuhr von Drogenausgangsstoffen regelnden, unmittelbar anwendbaren Rechtsakte der Europäischen Union verstoßen wird. In diesem Fall darf über den Drogenausgangsstoff nur mit Zustimmung der Zollbehörde verfügt werden. *(BGBl I 2008/143; BGBl I 2015/144)*

§ 20. Wirtschaftsbeteiligte sind verpflichtet, bei der Durchführung der Überwachung mitzuwirken, insbesondere auf Verlangen des mit der Überwachung beauftragten Organs die Orte zu bezeichnen, an denen der Verkehr mit Drogenausgangsstoffen stattfindet, und den mit der Überwachung beauftragten Organen den Zutritt zu diesen zu gestatten, Auskünfte zu erteilen sowie die Einsicht in Unterlagen und Aufzeichnungen und die Entnahme von Proben zu ermöglichen. *(BGBl I 2008/143)*

Sicherstellung und Beschlagnahme

§ 21. (1) Drogenausgangsstoffe – erforderlichenfalls einschließlich der Behältnisse – sind sicherzustellen oder vorläufig zu beschlagnahmen, wenn der begründete Verdacht einer Straftat nach § 32 oder eines schwerwiegenden Verstoßes gegen § 17 erster Satz, § 44 Abs. 2 Z 2 bis 4 oder Abs. 3 Z 3 bis 5, 9 oder 10 dieses Bundesgesetzes vorliegt. *(BGBl I 2008/143)*

(2) Das die Sicherstellung oder die vorläufige Beschlagnahme durchführende Organ hat, je nachdem, ob der Verdacht einer Straftat oder einer Verwaltungsübertretung vorliegt, der Staatsanwaltschaft unverzüglich über die Sicherstellung oder vorläufige Beschlagnahme zu berichten oder von der Verwaltungsbehörde unverzüglich einen förmlichen Beschlagnahmebescheid einzuholen. *(BGBl I 2008/143)*

(3) Sichergestellte oder beschlagnahmte Drogenausgangsstoffe sind so zu verschließen und zu kennzeichnen, dass ihre Veränderung ohne Verletzung des Verschlusses oder der Kennzeichnung nicht möglich ist. Dem bisherigen Verfügungsberechtigten ist eine Bescheinigung über

die Art und Menge der sichergestellten oder beschlagnahmten Drogenausgangsstoffe und den Ort der Lagerung auszuhändigen. Die Bestimmungen der Strafprozeßordnung 1975, BGBl. Nr. 631, und des Verwaltungsstrafgesetzes 1991, BGBl. Nr. 52, bleiben unberührt. *(BGBl I 2008/143)*

Verhältnis zum Chemikaliengesetz

§ 22. Das Chemikaliengesetz, BGBl. I Nr. 53/1997, bleibt von den Bestimmungen dieses Bundesgesetzes unberührt.

(BGBl I 2008/143)

4. Hauptstück

Überwachung des Verkehrs und der Gebarung mit Suchtmitteln und Drogenausgangsstoffen, Suchtmittel-Datenverarbeitung und Information

Überwachung des Verkehrs und der Gebarung mit Suchtmitteln und Drogenausgangsstoffen

§ 23. (1) Dem Bundesminister oder der Bundesministerin für Gesundheit obliegt die Besorgung der Geschäfte einer besonderen Verwaltungsdienststelle zur Überwachung des Verkehrs und der Gebarung mit Suchtmitteln nach Art. 17 der Einzigen Suchtgiftkonvention und Art. 6 des Übereinkommens über psychotrope Stoffe einschließlich der Evidenthaltung der dafür erforderlichen Daten. Bundesgesetzliche Bestimmungen, mit denen Aufgaben der Überwachung im Hinblick auf Suchtmittel anderen Behörden übertragen werden, bleiben unberührt. *(BGBl I 2015/144)*

(2) Dem Bundesminister oder der Bundesministerin für Gesundheit obliegt ferner die Überwachung des Verkehrs und der Gebarung mit Drogenausgangsstoffen. Bundesgesetzliche Bestimmungen, mit denen Aufgaben der Überwachung im Hinblick auf Drogenausgangsstoffe anderen Behörden übertragen werden, bleiben unberührt. Die Bezirksverwaltungsbehörden haben über Ersuchen des Bundesministeriums für Gesundheit, Familie und Jugend bei der Überwachung des Verkehrs und der Gebarung mit Drogenausgangsstoffen gemäß den §§ 19 bis 21 mitzuwirken. *(BGBl I 2015/144)*

(3) Die Geschäfte der zuständigen nationalen Behörde nach der Verordnung (EG) Nr. 273/2004 betreffend Drogenausgangsstoffe obliegen

1. hinsichtlich Art. 3 Abs. 1, 2, 4, 5, 6, 6b, 6c und 7, Art. 8 Abs. 2, Art. 11 Abs. 1 und 2, Art. 13 bis 13b sowie Art. 16 in Verbindung mit Art. 12, Art. 13 bis 13b sowie Art. 16 dem Bundesminister oder der Bundesministerin für Gesundheit,

2. hinsichtlich Art. 4 Abs. 3 in seinem jeweiligen Wirkungsbereich dem Bundesminister oder

der Bundesministerin für Finanzen oder für Inneres,

3. hinsichtlich Art. 5 Abs. 5, Art. 8 Abs. 4, Art. 9 Abs. 3 sowie Art. 10 im jeweiligen Wirkungsbereich dem Bundesminister oder der Bundesministerin für Gesundheit, für Finanzen oder für Inneres,

4. hinsichtlich Art. 8 Abs. 1 dem Bundesminister oder der Bundesministerin für Inneres.

Der Bundesminister oder die Bundesministerin für Finanzen und für Inneres haben dem Bundesminister oder der Bundesministerin für Gesundheit alle für die Vollziehung des Art. 16 Abs. 1 erforderlichen Informationen zu übermitteln. *(BGBl I 2015/144)*

(4) Die Geschäfte der zuständigen nationalen Behörde nach der Verordnung (EG) Nr. 111/2005 zur Festlegung von Vorschriften für die Überwachung des Handels mit Drogenausgangsstoffen zwischen der Union und Drittländern obliegen

1. hinsichtlich Art. 4, Art. 10 Abs. 1 und. 3, Art. 26 Abs. 1 und 3a sowie Art. 27 im jeweiligen Wirkungsbereich dem Bundesminister oder der Bundesministerin für Gesundheit, für Finanzen oder für Inneres,

2. hinsichtlich Art. 6 Abs. 1 und 2, Art. 7 Abs. 1 und 2, Art. 9 Abs. 2, Art. 11, Art. 12, Art. 13 Abs. 2, Art. 16, Art. 19, Art. 21 Abs. 2, Art. 24, Art. 26 Abs. 5, Art. 32, Art. 32a sowie Art. 33 dem Bundesminister oder der Bundesministerin für Gesundheit,

3. hinsichtlich Art. 8 Abs. 1 sowie Art. 26 Abs. 2 im jeweiligen Wirkungsbereich dem Bundesminister oder der Bundesministerin für Finanzen oder für Inneres,

4. hinsichtlich Art. 9 Abs. 1 dem Bundesminister oder der Bundesministerin für Inneres,

5. hinsichtlich Art. 14 Abs. 1 und 2 dem Bundesminister oder der Bundesministerin für Finanzen.

Der Bundesminister oder die Bundesministerin für Finanzen und der Bundesminister oder die Bundesministerin für Inneres haben dem Bundesminister oder der Bundesministerin für Gesundheit alle für die Vollziehung des Art. 32 erforderlichen Informationen zu übermitteln. *(BGBl I 2015/144)*

(5) Die Geschäfte der zuständigen nationalen Behörde im Sinne der Delegierten Verordnung (EU) 2015/1011 der Kommission, ABl. Nr. L 162/12 vom 27.6.2015, zur Ergänzung der Verordnung (EG) Nr. 273/2004 sowie Nr. 111/2005 obliegen, soweit darin nicht auf die sich bereits aus Abs. 3 oder 4 ergebenden Zuständigkeiten Bezug genommen wird, dem Bundesminister oder der Bundesministerin für Gesundheit. Der Bundesminister oder die Bundesministerin für Inneres und der Bundesminister oder die Bundesministerin für Finanzen haben dem Bundesminister oder

der Bundesministerin für Gesundheit die im Art. 13 bezeichneten Informationen über die Anwendung von Überwachungsmaßnahmen in ihrem jeweiligen Wirkungsbereich bis zum 10. Jänner, 10. April, 10. Juli und 10. Oktober jedes Jahres für das jeweils vorausgegangene Kalendervierteljahr zu melden. *(BGBl I 2015/144)*

(6) Die Geschäfte der zuständigen nationalen Behörde im Sinne der Durchführungsverordnung (EU) 2015/1013 der Kommission, ABl. Nr. L 162/33 vom 27.6.2015 obliegen, soweit darin nicht auf die sich bereits aus Abs. 3 oder 4 ergebenden Zuständigkeiten Bezug genommen wird, dem Bundesminister oder der Bundesministerin für Gesundheit. *(BGBl I 2015/144)*

(7) Der Bundesminister oder die Bundesministerin für Gesundheit hat Formblätter für die Aus- und Einfuhrgenehmigung von Drogenausgangsstoffen aufzulegen. *(BGBl I 2015/144)*

(8) Die zur Anwendung dieses Bundesgesetzes erforderlichen Daten dürfen zum Zweck des automationsunterstützten Datenverkehrs ermittelt und verarbeitet werden.

(BGBl I 2008/143)

Suchtmittel-Datenverarbeitung

§ 24. Der Bundesminister oder die Bundesministerin für Gesundheit hat

1. zur Überwachung des vorschriftsmäßigen Verkehrs und der Gebarung mit Suchtmitteln und Drogenausgangsstoffen ein Register über die wegen Übertretung von Bestimmungen dieses Bundesgesetzes, die den Verkehr und die Gebarung mit Suchtmitteln und Drogenausgangsstoffen regeln, ergangenen Verwaltungsstraferkenntnisse einschließlich der über beschlagnahmte oder für verfallen erklärte Vorräte an Suchtmitteln oder Drogenausgangsstoffen getroffenen Entscheidungen und Verfügungen, und

1a. zur Gewinnung von Erkenntnissen über Suchtgiftmissbrauch und über den Bedarf an gesundheitsbezogenen Maßnahmen ein Register über die Ergebnisse der gesundheitsbehördlichen Begutachtungen,

2. zur Verhinderung von Mehrfachbehandlungen mit Substitutionsmitteln ein bundesweites Substitutionsregister zu führen und

3. zur Gewinnung von Erkenntnissen für die Prävention jene Todesfälle zu erfassen und zu analysieren, die in einem kausalen Zusammenhang mit dem Konsum von Suchtgift stehen.

(BGBl I 2008/143; BGBl I 2015/144)

Meldungen an das Suchtmittelregister

§ 24a. (1) Mitteilungen und Berichte der Kriminalpolizei an die Bezirksverwaltungsbehörden als Gesundheitsbehörden (§ 13 Abs. 2b, § 14

Abs. 2) sind elektronisch im Wege des Bundesministeriums für Inneres zu erstatten, das sie unverzüglich an das Suchtmittelregister zu melden hat. Das Bundesministerium für Gesundheit hat die zuständige Bezirksverwaltungsbehörde als Gesundheitsbehörde unverzüglich nach Einlangen der Mitteilung oder des Berichts in Kenntnis zu setzen. *(BGBl I 2015/144)*

(2) Die Meldung gemäß Abs. 1 erster Satz hat in der vom Bundesminister oder von der Bundesministerin für Gesundheit im Einvernehmen mit dem Bundesminister oder der Bundesministerin für Inneres vorgegebenen Form zu erfolgen und zu enthalten

1. die zur Identifikation der Person, über die Mitteilung oder Bericht erstattet wird, erforderlichen Daten (Vorname, Familienname, Geschlecht, Geburtsdatum, Geburtsort, Staatsbürgerschaft, Meldeadresse),

2. die Straftat, die Gegenstand des Anfangsverdachtes oder des Verdachtes ist,

3. der Ort der Begehung der Straftat gemäß Z 2,

4. die Rechtsnormen, die Grundlage der Mitteilung oder des Berichts sind,

5. die Art und Menge sichergestellter Suchtmittel und die Mitteilung ob Hinweise vorliegen, dass und in welcher Form die betreffende Person Suchtmittel missbraucht hat, und um welche Suchtmittel es sich dabei handelt,

6. das Datum der Mitteilung oder des Berichts,

7. die Behörde, von der die Mitteilung oder der Bericht stammt.
(BGBl I 2015/144)

(2a) Dem Suchtmittelregister sind von den Bezirksverwaltungsbehörden als Verwaltungsstrafbehörden alle rechtskräftigen Straferkenntnisse nach § 44 Abs. 1 Z 1 und 3, Abs. 2 bis 4 sowie die über beschlagnahmte Vorräte an Suchtmitteln oder Drogenausgangsstoffen getroffenen Verfügungen zu melden. Die Meldung hat in der vom Bundesminister oder von der Bundesministerin für Gesundheit vorgegebenen Form zu erfolgen und zu enthalten

1. die zur Identifikation der bestraften Person erforderlichen Daten (Vorname, Familienname, Geschlecht, Geburtsdatum, Geburtsort, Staatsbürgerschaft, Meldeadresse),

2. die Straftat, die Gegenstand des Verwaltungsstraferkenntnisses ist,

3. die Rechtsnormen, die Grundlage des Verwaltungsstraferkenntnisses sind,

4. das Datum des Verwaltungsstraferkenntnisses,

5. die Art und Menge beschlagnahmter sowie für verfallen erklärter Suchtmittel oder Drogenausgangsstoffe,

6. das Datum des Verwaltungsstraferkenntnisses,

7. die Behörde, von der das Verwaltungsstraferkenntnis stammt.
(BGBl I 2015/144)

(3) Dem Suchtmittelregister sind von der Bezirksverwaltungsbehörde als Gesundheitsbehörde alle Personen zu melden, deren Begutachtung gemäß § 12 oder § 35 Abs. 3 Z 2 ergeben hat, dass sie Suchtgift missbrauchen. Die Meldung hat in der vom Bundesminister oder von der Bundesministerin für Gesundheit vorgegebenen Form zu erfolgen und zu enthalten

1. die zur Identifikation der begutachteten Person erforderlichen Daten (Vorname, Familienname, Geschlecht, Geburtsdatum, Geburtsort, Staatsbürgerschaft, Meldeadresse),

2. das missbrauchte Suchtgift oder die missbrauchten Suchtgifte und die Einnahmeform,

3. gegebenenfalls sonstige missbräuchlich verwendete Substanzen,

4. das Ergebnis der Begutachtung, und zwar

a) ob eine oder mehrere der gesundheitsbezogenen Maßnahmen gemäß § 11 Abs. 2 zweckmäßig, der betreffenden Person nach den Umständen möglich und zumutbar und nicht offenbar aussichtslos ist oder sind, und gegebenenfalls um welche Maßnahme oder Maßnahmen es sich handelt,

b) ob auf eine zweckmäßige, der betroffenen Person nach den Umständen mögliche und zumutbare und nicht offenbar aussichtslose Maßnahme hingewirkt wurde, oder

c) aus welchen Gründen auf eine solche Maßnahme nicht hingewirkt wurde,

d) ob die begutachtete Person sich bereits einer gesundheitsbezogenen Maßnahme gemäß § 11 Abs. 2 unterzieht, und gegebenenfalls, um welche Maßnahme es sich handelt,

5. die für statistische und wissenschaftliche Analysen und Untersuchungen im Hinblick auf Suchtgiftmissbrauch erforderlichen soziodemographischen Daten (§ 24d) über die höchste abgeschlossene Schulbildung sowie die aktuelle Wohn- und Erwerbssituation der begutachteten Person,

6. die Art der Kenntniserlangung der Behörde vom Verdacht des Suchtgiftmissbrauchs,

7. das Datum der Meldung,

8. die meldende Behörde.
(BGBl I 2015/144)

(BGBl I 2008/143)

Meldungen an das bundesweite Substitutionsregister

§ 24b. (1) Dem bundesweiten Substitutionsregister sind von der Bezirksverwaltungsbehörde als Gesundheitsbehörde alle Personen zu melden, die sich wegen ihrer Gewöhnung an Suchtgift einer Substitutionsbehandlung unterziehen. Die Meldung hat in der vom Bundesminister oder von der Bundesministerin für Gesundheit vorgegebenen Form zu erfolgen und zu enthalten

1. die zur Identifikation des Behandelten erforderlichen Daten (Vorname, Familienname, Geschlecht, Geburtsdatum, Geburtsort, Staatsbürgerschaft, Meldeadresse),

2. die zur Identifikation und Kontaktierung des behandelnden Arztes erforderlichen Daten (Vorname, Familienname, Anschrift der Ordination, Krankenanstalt oder sonstigen Einrichtung),

3. den Beginn und

4. das Ende der Substitutionsbehandlung bei diesem Arzt,

5. das Datum der Meldung,

6. die meldende Behörde.
(BGBl I 2015/144)

(2) Unbeschadet des Abs. 1 sind

1. das gemäß § 8a Abs. 1 gemeldete Substitutionsmittel, oder

2. das Substitutionsmittel bei erstmaliger Verordnung auf Substitutions-Dauerverschreibung einschließlich der auf dieser Verschreibung verordneten Dosis, und

3. jede Änderung des Substitutionsmittels einschließlich Dosis bei erstmaliger Verordnung mit Substitutions-Dauerverschreibung

für statistische und wissenschaftliche Analysen und Untersuchungen über die Substitutionsbehandlung (§ 24d) zu melden.

(3) Als Beginn der Behandlung im Sinne des Abs. 1 Z 3 gilt das Datum jenes Tages, an dem der Arzt für einen Patienten, erstmals, oder, im Falle einer Behandlungsunterbrechung bei diesem Arzt, erstmals nach der Unterbrechung ein Rezept für ein Substitutionsmittel ausstellt oder ein Substitutionsmittel an den Patienten abgibt oder beim Patienten anwendet. Für den Fall, dass der Patient ohne Abmachung nicht mehr bei dem Arzt erscheint, gilt ein Nichterscheinen von drei Monaten als Behandlungsunterbrechung. Als Ende der Behandlung im Sinne des Abs. 1 Z 4 gilt das Datum jenes Tages, an dem der Arzt für diesen Patienten letztmals, oder, im Falle einer Behandlungsunterbrechung bei diesem Arzt, letztmals vor der Unterbrechung ein Rezept für ein Substitutionsmittel ausgestellt oder ein Substitutionsmittel an den Patienten abgegeben oder beim Patienten angewendet hat. Für den Fall, dass der Patient ohne Abmachung beim Arzt nicht mehr erscheint, gilt ein Nichterscheinen von drei Monaten als Behandlungsunterbrechung. In diesem Fall gilt das Datum des letzten Rezepts vor der Behandlungsunterbrechung als Behandlungsende.

(BGBl I 2008/143)

Meldungen und Übermittlungen betreffend suchtgiftbezogene Todesfälle

§ 24c. (1) Dem Bundesministerium für Gesundheit sind unverzüglich zu melden oder übermitteln

1. vom Bundesministerium für Inneres die ihm bekannt gewordenen Todesfälle, bei denen Hinweise vorliegen, dass der Tod in einem unmittelbaren oder mittelbaren kausalen Zusammenhang mit dem Konsum von Suchtmitteln steht,

2. eine Gleichschrift des Ergebnisses der Leichenbeschau oder im Falle einer Obduktion des Befundes und Gutachtens samt den Ergebnissen einer allfälligen chemisch-toxikologischen Untersuchung, wenn der Todesfall in einem unmittelbaren oder mittelbaren kausalen Zusammenhang mit dem Konsum von Suchtmitteln steht,

a) vom Leiter der Universitätseinheit für gerichtliche Medizin oder dem Sachverständigen aus dem Fachgebiet der Gerichtsmedizin, der kein Angehöriger des wissenschaftlichen Personals einer solchen Einrichtung ist, die oder der eine Leichenbeschau oder Obduktion nach den Bestimmungen der Strafprozessordnung vornimmt,

b) vom Leiter der Einrichtung, die eine Leichenbeschau oder Obduktion nach den sanitätspolizeilichen Bestimmungen oder eine Obduktion nach den Bestimmungen des Krankenanstaltenrechts vornimmt,
(BGBl I 2011/21)

3. von der Statistik Österreich eine Gleichschrift des Totenbeschauscheins, wenn sich daraus ein Hinweis ergibt, dass der Todesfall in einem unmittelbaren oder mittelbaren kausalen Zusammenhang mit dem Konsum von Suchtmitteln steht.
(BGBl I 2015/144)

(2) Die Meldung gemäß Abs. 1 Z 1 hat in der vom Bundesminister oder von der Bundesministerin für Gesundheit im Einvernehmen mit dem Bundesminister oder der Bundesministerin für Inneres vorgegebenen Form zu erfolgen und alle vorliegenden, für den in § 24 Z 3 genannten Zweck in Betracht kommenden Hinweise zu enthalten, insbesondere

1. die zur Identifizierung der verstorbenen Person erforderlichen Daten (Vorname, Familienname, Geschlecht, Geburtsdatum, Geburtsort, Staatsbürgerschaft, Meldeadresse),

2. den Tag und Ort des Todes,

3. den Tag und Ort der Auffindung des Verstorbenen,

4. das Ergebnis einer von der Kriminalpolizei vorgenommenen Leichenbeschau (§ 128 Abs. 1 StPO),

5. Hinweise auf eine Suchtgiftüberdosierung,

6. Hinweise auf sonstige konsumierte Substanzen,

7. sonstige Hinweise auf die Todesursache,

8. Art und Menge sichergestellter Suchtgifte und anderer Substanzen,

9. ob eine Leichenöffnung oder Obduktion angeordnet und gegebenenfalls welche Einrichtung mit der Durchführung beauftragt worden ist (Abs. 1 Z 2),

10. Art der Kenntniserlangung der Behörde von dem Todesfall,

11. das Datum der Meldung,

12. die meldende Behörde. *(BGBl I 2015/144)*

(3) Die Meldungen und Übermittlungen gemäß Abs. 1 und 2 haben auf elektronischem Weg zu erfolgen und können auch online erfolgen.

(4) Die Leiterinnen/Leiter und Sachverständigen gemäß Abs. 1 Z 2 und die Statistik Österreich haben dem Bundesministerium für Gesundheit und Frauen auf Anforderung Unterlagen im Sinne des Abs. 1 Z 2 und 3 auch in Fällen zu übermitteln, in denen das Ergebnis der Leichenöffnung oder Obduktion oder der Totenbeschau zwar keinen Hinweis auf einen Zusammenhang zwischen dem Tod und dem Konsum von Suchtmitteln erbracht hat, das Bundesministerium für Gesundheit und Frauen aber der Unterlagen zur Klärung der Sachlage bedarf, weil Hinweise vorliegen, dass der Konsum von Suchtmitteln oder neuen psychoaktiven Substanzen todesursächlich gewesen sein soll. *(BGBl I 2017/116; BGBl I 2021/7)*

(BGBl I 2008/143)

Datenverarbeitung für statistische und wissenschaftliche Untersuchungen

§ 24d. (1) Das Bundesministerium für Gesundheit darf die ihm gemäß den §§ 24a, 24b oder 24c gemeldeten Daten zum Zweck der Gewinnung von Erkenntnissen über den missbräuchlichen Umgang mit Suchtmitteln, die Durchführung gesundheitsbezogener Maßnahmen bei Suchtgiftmissbrauch einschließlich der Substitutionsbehandlung und die mit dem Konsum von Suchtgift im Zusammenhang stehenden Todesfälle für statistische und wissenschaftliche Analysen und Untersuchungen, die keine personenbezogenen Ergebnisse zum Ziel haben, verarbeiten. § 7 Abs. 5 des Datenschutzgesetzes, BGBl. I Nr. 165/1999, ist anzuwenden. *(BGBl I 2015/144; BGBl I 2017/116; BGBl I 2018/37)*

(2) Das Bundesministerium für Gesundheit und Frauen ist berechtigt, bei der Bundesanstalt Statistik Österreich für den Zweck der Berechnung von Mortalitätsraten im Zusammenhang mit Todesfällen, die ihre Ursachen in den gesundheitlichen Langzeitfolgen von risikoreichem Drogenkonsum haben (suchtmittelkonsumbezogene Mortalitätskohortenanalysen), Informationen zum Todeszeitpunkt und zur Todesursache von Verstorbenen anzufordern, hinsichtlich derer sich aus dem gemäß § 25 Abs. 14 in das Statistik-Register übernommenen Eintrag ergibt, dass sie sich vor ihrem Tod einer Substitutionsbehandlung unterzogen haben. *(BGBl I 2017/116)*

(3) Soweit personenbezogene Daten zu wissenschaftlichen oder historischen Forschungszwecken oder statistischen Zwecken verarbeitet werden, kommen dem Betroffenen, vorbehaltlich der Bedingungen und Garantien gemäß Art. 89 Abs. 1, die Rechte gemäß Art. 15, 16, 18 und 21 DSGVO nicht zu. *(BGBl I 2018/37)*

(BGBl I 2008/143)

Einrichtung und Betrieb des Suchtmittelregisters und des bundesweiten Substitutionsregisters

§ 25. (1) Die Bundesministerin für Arbeit, Soziales, Gesundheit und Konsumentenschutz hat das Suchtmittelregister und das bundesweite Substitutionsregister jeweils als elektronisches Register einzurichten und zu betreiben und ist Verantwortliche gemäß Art. 4 Z 7 DSGVO dieser Register. Das Bundesministerium für Gesundheit hat im Hinblick auf die im § 24 Z 1 bis 2 genannten Zwecke *(BGBl I 2015/144; BGBl I 2018/37)*

1. die nach § 24a Abs. 2 und 2a sowie Abs. 3 Z 1 bis 4 und 6 bis 8 gemeldeten Daten in das Suchtmittelregister, *(BGBl I 2015/144)*

2. die nach § 24b Abs. 1 gemeldeten Daten in das bundesweite Substitutionsregister

einzutragen und für Zwecke der Auskunfterteilung gemäß § 26 evident zu halten. Soweit Daten ausschließlich für statistische und wissenschaftliche Untersuchungen erforderlich sind (§ 24a Abs. 3 Z 5, § 24b Abs. 2), sind diese unmittelbar nach erfolgter Meldung in das Statistik-Register (Abs. 14) überzuführen und ist jeder direkte oder indirekte Personenbezug aus dem Suchtmittelregister oder dem bundesweiten Substitutionsregister zu löschen.

(2) Die Bundesministerin für Arbeit, Soziales, Gesundheit und Konsumentenschutz kann das Suchtmittelregister oder das bundesweite Substitutionsregister jeweils in Form einer gemeinsamen Verantwortung gemäß Art. 4 Z 7 in Verbindung mit Art. 26 Abs. 1 DSGVO einrichten und betreiben und ist auch in diesem Fall Verantwortliche gemäß Art. 4 Z 7 DSGVO. Im Fall einer solchen gemeinsamen Verantwortung sind weitere Verantwortliche jene Behörden, die dem Register Daten online übermitteln oder daraus personenbezogene Daten online abfragen. Das sind

1. hinsichtlich des Suchtmittelregisters

a) die Bezirksverwaltungsbehörden als Verwaltungsstrafbehörden bezüglich der Daten gemäß § 24a Abs. 2a, und

b) die Bezirksverwaltungsbehörden als Gesundheitsbehörden bezüglich der Daten gemäß § 24a Abs. 2 und 3,

2. hinsichtlich des bundesweiten Substitutionsregisters die Bezirksverwaltungsbehörden als Gesundheitsbehörden bezüglich der Daten gemäß § 24b.

Die Erfüllung von Informations-, Auskunfts-, Berichtigungs- und Löschungspflichten sowie sonstiger Pflichten nach der DSGVO obliegt neben der Bundesministerin für Arbeit, Soziales, Gesundheit und Konsumentenschutz jedem Verantwortlichen hinsichtlich jener Daten, die im Zusammenhang mit den von ihm geführten Verfahren oder den von ihm gesetzten Maßnahmen verarbeitet wurden. *(BGBl I 2018/37)*

(3) Das Bundesministerium für Gesundheit kann die Online-Übermittlung der Daten

1. gemäß § 24a Abs. 2a durch die meldepflichtigen Bezirksverwaltungsbehörden als Verwaltungsstrafbehörden,

2. gemäß § 24a Abs. 3 oder § 24b durch die meldepflichtigen Bezirksverwaltungsbehörden als Gesundheitsbehörden bestimmen. *(BGBl I 2015/144; BGBl I 2018/37)*

(4) Das Bundesministerium für Gesundheit kann bestimmen, dass die Übermittlung von Daten aus den in Abs. 1 genannten Registern an die Bezirksverwaltungsbehörden als Gesundheitsbehörden (§ 26 Abs. 2 Z 1, Abs. 4) dadurch erfolgt, dass den Behörden der Online-Zugriff auf die im betreffenden Register gespeicherten Daten gewährt wird (Online-Abfrage). *(BGBl I 2015/144)*

(5) Der Online-Zugriff darf den Bezirksverwaltungsbehörden als Gesundheitsbehörden auf das Suchtmittelregister oder das bundesweite Substitutionsregister nur unter der Voraussetzung eingeräumt werden, dass die betreffende Behörde

1. sämtliche Anforderungen an die Identifikation, Authentifizierung und Autorisierung (Abs. 6) der Person, die die online Daten übermitteln oder abfragen soll, nachgewiesen hat, *(BGBl I 2018/37)*

2. den Namen und die Rolle der Person, die online Daten übermittelt oder abfragt, und den Zeitpunkt des Online-Vorgangs mitprotokolliert, *(BGBl I 2018/37)*

3. die Online-Übermittlung oder Online-Abfrage erst nach eindeutiger Identifikation jener Person, deren Daten übermittelt oder abgefragt werden, auf Grund eines bereichsspezifischen Personenkennzeichens (§§ 9 und 13 Abs. 2 des E-Government-Gesetzes, BGBl. I Nr. 10/2004) erfolgt. *(BGBl I 2018/37)* *(BGBl I 2015/144)*

(6) Im Sinne des Abs. 5 Z 1 ist

1. Identifikation der Vorgang gemäß § 2 Abs. Z 4 E-GovG,

2. Authentifizierung der Vorgang gemäß § 2 Abs. Z 6 E-GovG,

3. Autorisierung das von der auf das Suchtmittelregister oder das bundesweite Substitutionsregister zugriffsberechtigten Behörde oder Stelle, die der zugreifenden Person Zugriffsrechte auf bestimmte Datenanwendungen einräumt, für den Zugriff auf das betreffende Register bestätigte Rechteprofil der zugreifenden Person.

(7) Der Bundesminister oder die Bundesministerin für Gesundheit hat sicherzustellen, dass

1. alle durchgeführten Verarbeitungsvorgänge, wie insbesondere Dateneintragungen, -änderungen, – zugriffe und -abfragen, nachvollziehbar sind, *(BGBl I 2018/37)*

2. ein Zugriff unbefugter Personen auf die Register und die darin erfassten Daten ausgeschlossen ist,

3. Zugriffsberechtigungen zu den Registern nur in jenem Umfang gewährt werden, als dies für Zwecke der Übermittlung von Daten oder des Zugriffs auf Daten notwendig ist, und *(BGBl I 2018/37)*

4. Rollen festzulegen die sicherstellen, dass die auf das Register zugreifende Person nur zu den für den Zweck des Datenzugriffs relevanten Teilen des Registers Zugang erlangt. *(BGBl I 2015/144)*

(8) Personen, die auf personenbezogene Daten zugreifen, haben sich von der Übereinstimmung zwischen der Person, über die eine Daten abgefragt werden sollen, und der Person, auf deren Daten im jeweiligen Register zugegriffen wird, zu überzeugen.

(9) *(entfällt, BGBl I 2015/144)*

(10) Das Bundesministerium für Gesundheit darf auf die direkt personenbezogenen Daten des Suchtmittelregisters und des bundesweiten Substitutionsregisters zugreifen, soweit dies

1. zur Erfüllung der Informations-, Auskunfts-, Berichtigungs- und Löschungspflichten sowie sonstiger Pflichten nach der DSGVO erforderlich ist, *(BGBl I 2018/37)*

2. zur Datenübermittlung im Rahmen eines Ersuchens der gemäß § 26 Abs. 2 Z 1 und Abs. 4 berechtigten Bezirksverwaltungsbehörde als Gesundheitsbehörde erforderlich ist, *(BGBl I 2018/37)*

3. im Falle der Meldungen gemäß § 24a Abs. 2a zur Vollziehung der den Verkehr und die Gebarung mit Suchtmitteln und Drogenausgangsstoffen regelnden Vorschriften erforderlich ist. *(BGBl I 2015/144)*

Die Absätze 5 bis 8 sind anzuwenden. *(BGBl I 2015/144)*

(11) Das Bundesministerium für Gesundheit hat die personenbezogenen Daten längstens nach Ablauf von fünf Jahren ab Einlangen der Daten

aus dem Suchtmittelregister zu löschen. *(BGBl I 2015/144; BGBl I 2018/37)*

(12) Bei der Verarbeitung personenbezogener Daten des 4. Hauptstückes sind die Rechte und Pflichten gemäß Art. 13, 14, 18 und 21 DSGVO ausgeschlossen. *(BGBl I 2015/144; BGBl I 2018/37)*

(13) Das Bundesministerium für Gesundheit hat

1. nach Einlangen einer Meldung, wonach die Behandlung einer Person bei einem Arzt beendet worden ist, oder

2. nach Bekanntwerden des Todes der Behandelten,

die diesen Behandelten betreffenden Daten aus dem bundesweiten Substitutionsregister zu löschen. Die Löschung hat im Fall der Z 1 längstens nach Ablauf von sechs Monaten ab Einlangen der Meldung über die Beendigung der Behandlung zu erfolgen, sofern nicht innerhalb dieser Frist eine Meldung einlangt, dass die Behandlung durch einen anderen Arzt fortgesetzt wird. Im Fall der Z 2 sind die Daten unverzüglich nach Bekanntwerden des Todes des Behandelten zu löschen. *(BGBl I 2015/144)*

(14) Die Verpflichtung zur Löschung gemäß Abs. 11 und 13 besteht nicht, soweit die Daten für die Auswertung gemäß § 24d erforderlich sind und ausschließlich in pseudonymisierter Form verarbeitet werden. Zu diesem Zweck ist ein eigenes Statistik-Register mit ausschließlich pseudonymisierten Daten zu führen, in das die Daten der Register gemäß §§24a und 24b nach der Ersetzung der Identifikationsdaten durch das nichtrückführbar verschlüsselte bereichsspezifische Personenkennzeichen des Eingetragenen zu übernehmen sind. Nicht der Pseudonymisierung unterliegen das Geschlecht, Geburtsjahr, der Geburtsstaat, die Staatsbürgerschaft und der Bezirk, in dem die Eingetragene gemeldet ist. Das Bundesministerium für Gesundheit hat für alle Auswertungen aus dem Statistik-Register eigens einen Auftragsverarbeiter heranzuziehen, dem unter keinen Umständen Zugriff auf die Register gemäß §§ 24a oder 24b eingeräumt werden darf. Der Auftragsverarbeiter stellt dem Bundesministerium für Gesundheit ausschließlich die anonymisierten Auswertungsergebnisse zur Verfügung. *(BGBl I 2015/144; BGBl I 2018/37)*

(BGBl I 2008/143)

Datenübermittlung

§ 26. (1) Das Bundesministerium für Gesundheit darf die nach § 24a an das Suchtmittelregister gemeldeten Daten einschließlich personenbezogener Daten nur an die Bezirksverwaltungsbehörden übermitteln, soweit für diese die Daten im Einzelfall zur Wahrnehmung der ihnen nach diesem Bundesgesetz übertragenen Aufgaben eine wesentliche Voraussetzung bilden. *(BGBl I 2015/144)*

(2) Soweit die Übermittlung von Daten aus dem Suchtmittelregister nach Abs. 1 gestattet ist, darf sie umfassen

1. im Falle der Bezirksverwaltungsbehörden als Gesundheitsbehörden die gemäß § 24a Abs. 2 und 3 gemeldeten Daten, *(BGBl I 2015/144)*

2. im Falle der Bezirksverwaltungsbehörden als Verwaltungsstrafbehörden die gemäß § 24a Abs. 2a gemeldeten Daten. *(BGBl I 2015/144)*

3. und 4. *(entfällt, BGBl I 2015/144)*

(3) Nicht der Übermittlung unterliegen die Daten gemäß § 24a Abs. 3 Z 5 und 6.

(4) Das Bundesministerium für Gesundheit darf die gemäß § 24b Abs. 1 an das bundesweite Substitutionsregister gemeldeten Daten einschließlich personenbezogener Daten nur übermitteln an die Bezirksverwaltungsbehörden als Gesundheitsbehörden, soweit für diese die Daten im Einzelfall zur Vollziehung der ihnen im Rahmen dieses Bundesgesetzes oder einer gemäß § 10 erlassenen Verordnung eine wesentliche Voraussetzung bilden. Nicht der Übermittlung unterliegen die für statistische und wissenschaftliche Untersuchungen erforderlichen Daten gemäß § 24b Abs. 2. Die Bezirksverwaltungsbehörde als Gesundheitsbehörde darf, nach Maßgabe der Bestimmungen des Allgemeinen Verwaltungsverfahrensgesetzes 1991 über die örtliche Zuständigkeit, die erhaltenen Daten nur an eine andere Bezirksverwaltungsbehörden als Gesundheitsbehörden sowie an Ärzte oder Apotheker übermitteln, soweit dies im Einzelfall zur Hintanhaltung der Mehrfachbehandlung eines Suchtkranken erforderlich ist. *(BGBl I 2015/144; BGBl I 2017/116)*

(5) Eine Übermittlung der aus dem Suchtmittelregister oder aus dem bundesweiten Substitutionsregister erhaltenen Daten durch die im Abs. 1 oder 4 genannten Stellen an Dritte ist unzulässig, soweit sich aus diesem Bundesgesetz nichts anderes ergibt.

(BGBl I 2008/143)

Information

§ 26a. Der Bundesminister oder die Bundesministerin für Gesundheit hat für die Bereitstellung einer nationalen Kontaktstelle im Informationsnetz der Europäischen Beobachtungsstelle für Drogen und Drogensucht sowie für die hinsichtlich der Gesundheit der Bevölkerung erforderliche Information auf dem Gebiet der Suchtprävention einschließlich der Information über die Beratungs- und Betreuungseinrichtungen Sorge zu tragen. *(BGBl I 2015/144)*

(BGBl I 2008/143)

SMG

5. Hauptstück

Strafrechtliche Bestimmungen und Verfahrensvorschriften

1. Abschnitt

Gerichtliche Strafbestimmungen für Suchtgifte

Unerlaubter Umgang mit Suchtgiften

§ 27. (1) Wer vorschriftswidrig

1. Suchtgift erwirbt, besitzt, erzeugt, befördert, einführt, ausführt oder einem anderen anbietet, überlässt oder verschafft,

2. Opiummohn, den Kokastrauch oder die Cannabispflanze zum Zweck der Suchtgiftgewinnung anbaut oder

3. psilocin-, psilotin- oder psilocybinhältige Pilze einem anderen anbietet, überlässt, verschafft oder zum Zweck des Suchtgiftmissbrauchs anbaut,

ist mit Freiheitsstrafe bis zu einem Jahr oder mit Geldstrafe bis zu 360 Tagessätzen zu bestrafen.

(2) Wer jedoch die Straftat ausschließlich zum persönlichen Gebrauch begeht, ist mit Freiheitsstrafe bis zu sechs Monaten oder mit Geldstrafe bis zu 360 Tagessätzen zu bestrafen.

(2a) Mit Freiheitsstrafe bis zu zwei Jahren ist zu bestrafen, wer vorschriftswidrig in einem öffentlichen Verkehrsmittel, in einer dem öffentlichen Verkehr dienenden Anlage, auf einer öffentlichen Verkehrsfläche, in einem öffentlichen Gebäude oder sonst an einem allgemein zugänglichen Ort öffentlich oder unter Umständen, unter denen sein Verhalten geeignet ist, durch unmittelbare Wahrnehmung berechtigtes Ärgernis zu erregen, Suchtgift einem anderen gegen Entgelt anbietet, überlässt oder verschafft. *(BGBl I 2016/23)*

(3) Mit Freiheitsstrafe bis zu drei Jahren ist zu bestrafen, wer eine Straftat nach Abs. 1 Z 1, Z 2 oder Abs. 2a gewerbsmäßig begeht. *(BGBl I 2016/23)*

(4) Mit Freiheitsstrafe bis zu drei Jahren ist zu bestrafen, wer

1. durch eine Straftat nach Abs. 1 Z 1 oder 2 einem Minderjährigen den Gebrauch von Suchtgift ermöglicht und selbst volljährig und mehr als zwei Jahre älter als der Minderjährige ist oder

2. eine solche Straftat als Mitglied einer kriminellen Vereinigung begeht.

(5) Wer jedoch an Suchtmittel gewöhnt ist und eine Straftat nach Abs. 3 oder Abs. 4 Z 2 vorwiegend deshalb begeht, um sich für seinen persönlichen Suchtmittel oder Mittel zu deren Erwerb zu verschaffen, ist nur mit Freiheitsstrafe bis zu einem Jahr zu bestrafen.

(BGBl I 2007/110)

Vorbereitung von Suchtgifthandel

§ 28. (1) Wer vorschriftswidrig Suchtgift in einer die Grenzmenge (§ 28b) übersteigenden Menge mit dem Vorsatz erwirbt, besitzt oder befördert, dass es in Verkehr gesetzt werde, ist mit Freiheitsstrafe bis zu drei Jahren zu bestrafen. Ebenso ist zu bestrafen, wer die in § 27 Abs. 1 Z 2 genannten Pflanzen zum Zweck der Gewinnung einer solchen Menge Suchtgift mit dem Vorsatz anbaut, dass dieses in Verkehr gesetzt werde. *(BGBl I 2015/144)*

(2) Mit Freiheitsstrafe bis zu fünf Jahren ist zu bestrafen, wer die Straftat nach Abs. 1 in Bezug auf Suchtgift in einer das Fünfzehnfache der Grenzmenge (§ 28b) übersteigenden Menge (großen Menge) begeht.

(3) Mit Freiheitsstrafe von einem Jahr bis zu zehn Jahren ist zu bestrafen, wer die Straftat nach Abs. 1 als Mitglied einer kriminellen Vereinigung begeht.

(4) Unter den in § 27 Abs. 5 genannten Voraussetzungen ist der Täter jedoch im Fall des Abs. 1 nur mit Freiheitsstrafe bis zu einem Jahr, im Fall des Abs. 2 nur mit Freiheitsstrafe bis zu drei Jahren und im Fall des Abs. 3 nur mit Freiheitsstrafe bis zu fünf Jahren zu bestrafen.

(BGBl I 2007/110)

Suchtgifthandel

§ 28a. (1) Wer vorschriftswidrig Suchtgift in einer die Grenzmenge (§ 28b) übersteigenden Menge erzeugt, einführt, ausführt oder einem anderen anbietet, überlässt oder verschafft, ist mit Freiheitsstrafe bis zu fünf Jahren zu bestrafen.

(2) Mit Freiheitsstrafe von einem Jahr bis zu zehn Jahren ist zu bestrafen, wer die Straftat nach Abs. 1

1. gewerbsmäßig begeht und schon einmal wegen einer Straftat nach Abs. 1 verurteilt worden ist,

2. als Mitglied einer kriminellen Vereinigung begeht oder

3. in Bezug auf Suchtgift in einer das Fünfzehnfache der Grenzmenge übersteigenden Menge (großen Menge) begeht.

(3) Unter den in § 27 Abs. 5 genannten Voraussetzungen ist der Täter jedoch im Fall des Abs. 1 nur mit Freiheitsstrafe bis zu drei Jahren, im Fall des Abs. 2 nur mit Freiheitsstrafe bis zu fünf Jahren zu bestrafen.

(4) Mit Freiheitsstrafe von einem bis zu fünfzehn Jahren ist zu bestrafen, wer die Straftat nach Abs. 1

1. als Mitglied einer kriminellen Vereinigung begeht und schon einmal wegen einer Straftat nach Abs. 1 verurteilt worden ist,

2. als Mitglied einer Verbindung einer größeren Zahl von Menschen zur Begehung solcher Straftaten begeht oder

3. in Bezug auf Suchtgift in einer das Fünfundzwanzigfache der Grenzmenge übersteigenden Menge begeht.

(5) Mit Freiheitsstrafe von zehn bis zu zwanzig Jahren oder mit lebenslanger Freiheitsstrafe ist zu bestrafen, wer eine Straftat nach Abs. 1 begeht und in einer Verbindung einer größeren Zahl von Menschen zur Begehung solcher Straftaten führend tätig ist.

(BGBl I 2007/110)

Grenzmenge für Suchtgifte

§ 28b. Der Bundesminister oder die Bundesministerin für Gesundheit hat im Einvernehmen mit dem Bundesminister oder der Bundesministerin für Justiz mit Verordnung für die einzelnen Suchtgifte, bezogen auf die Reinsubstanz des Wirkstoffes, die Untergrenze jener Menge festzusetzen, die geeignet ist, in großem Ausmaß eine Gefahr für das Leben oder die Gesundheit von Menschen herbeizuführen (Grenzmenge). Dabei ist auch auf die Eignung von Suchtgiften, Gewöhnung hervorzurufen, sowie auf das Gewöhnungsverhalten von an einer solchen Sucht Erkrankten Bedacht zu nehmen. *(BGBl I 2015/144)*

(BGBl I 2007/110)

§ 29. *(entfällt, BGBl I 2007/110)*

2. Abschnitt
Gerichtliche Strafbestimmungen für psychotrope Stoffe

Unerlaubter Umgang mit psychotropen Stoffen

§ 30. (1) Wer vorschriftswidrig einen psychotropen Stoff erwirbt, besitzt, erzeugt, befördert, einführt, ausführt oder einem anderen anbietet, überlässt oder verschafft, ist mit Freiheitsstrafe bis zu einem Jahr oder mit Geldstrafe bis zu 360 Tagessätzen zu bestrafen.

(2) Wer jedoch die Straftat ausschließlich zum persönlichen Gebrauch begeht, ist mit Freiheitsstrafe bis zu sechs Monaten oder mit Geldstrafe bis zu 360 Tagessätzen zu bestrafen.

(3) Nach Abs. 1 und 2 ist nicht zu bestrafen, wer Arzneimittel, die einen psychotropen Stoff enthalten, sofern es sich nicht um eine die Grenzmenge (§ 31b) übersteigende Menge handelt,

1. für den persönlichen Gebrauch oder für den Bedarf eines Tieres erwirbt, besitzt, befördert, einführt oder ausführt oder

2. einem anderen anbietet, überlässt oder verschafft, ohne daraus einen Vorteil zu ziehen.

(BGBl I 2007/110)

Vorbereitung des Handels mit psychotropen Stoffen

§ 31. (1) Wer vorschriftswidrig einen psychotropen Stoff in einer die Grenzmenge (§ 31b) übersteigenden Menge mit dem Vorsatz erwirbt, besitzt oder befördert, dass er in Verkehr gesetzt werde, ist mit Freiheitsstrafe bis zu zwei Jahren zu bestrafen.

(2) Mit Freiheitsstrafe bis zu fünf Jahren ist zu bestrafen, wer die Straftat nach Abs. 1 in Bezug auf einen psychotropen Stoff in einer das Fünfzehnfache der Grenzmenge (§ 31b) übersteigenden Menge (großen Menge) begeht.

(3) Mit Freiheitsstrafe von einem Jahr bis zu zehn Jahren ist zu bestrafen, wer die Straftat nach Abs. 1 als Mitglied einer kriminellen Vereinigung begeht.

(4) Unter den in § 27 Abs. 5 genannten Voraussetzungen ist der Täter jedoch im Fall des Abs. 1 nur mit Freiheitsstrafe bis zu einem Jahr, im Fall des Abs. 2 nur mit Freiheitsstrafe bis zu drei Jahren und im Fall des Abs. 3 nur mit Freiheitsstrafe bis zu fünf Jahren zu bestrafen.

(BGBl I 2007/110)

Handel mit psychotropen Stoffen

§ 31a. (1) Wer vorschriftswidrig einen psychotropen Stoff in einer die Grenzmenge (§ 31b) übersteigenden Menge erzeugt, einführt, ausführt oder einem anderen anbietet, überlässt oder verschafft, ist mit Freiheitsstrafe bis zu drei Jahren zu bestrafen.

(2) Mit Freiheitsstrafe bis zu fünf Jahren ist zu bestrafen, wer die Straftat nach Abs. 1 in Bezug auf einen psychotropen Stoff in einer das Fünfzehnfache der Grenzmenge (§ 31b) übersteigenden Menge (großen Menge) begeht.

(3) Mit Freiheitsstrafe von einem Jahr bis zu zehn Jahren ist zu bestrafen, wer die Straftat nach Abs. 1 als Mitglied einer kriminellen Vereinigung begeht.

(4) Unter den in § 27 Abs. 5 genannten Voraussetzungen ist der Täter jedoch im Fall des Abs. 1 nur mit Freiheitsstrafe bis zu einem Jahr, im Fall des Abs. 2 nur mit Freiheitsstrafe bis zu drei Jahren und im Fall des Abs. 3 nur mit Freiheitsstrafe bis zu fünf Jahren zu bestrafen.

(BGBl I 2007/110)

Grenzmenge für psychotrope Stoffe

§ 31b. Der Bundesminister oder die Bundesministerin für Gesundheit hat im Einvernehmen mit dem Bundesminister oder der Bundesministerin für Justiz mit Verordnung für die einzelnen psychotropen Stoffe, bezogen auf die Reinsubstanz des Wirkstoffes, die Untergrenze jener Menge festzusetzen, die geeignet ist, in großem Ausmaß eine Gefahr für das Leben oder die Gesundheit von Menschen herbeizuführen (Grenzmenge). § 28b zweiter Satz gilt dem Sinn nach. *(BGBl I 2015/144)*

(BGBl I 2007/110)

3. Abschnitt

Gerichtliche Strafbestimmungen für Drogenausgangsstoffe

Unerlaubter Umgang mit Drogenausgangsstoffen

§ 32. (1) Wer einen Drogenausgangsstoff mit dem Vorsatz erzeugt, befördert oder einem anderen überlässt, dass dieser bei der vorschriftswidrigen Erzeugung von Suchtmitteln verwendet werde, ist mit Freiheitsstrafe bis zu einem Jahr zu bestrafen.

(2) Mit Freiheitsstrafe bis zu zwei Jahren ist zu bestrafen, wer einen Drogenausgangsstoff mit dem Vorsatz erwirbt oder besitzt, dass dieser bei der vorschriftswidrigen Erzeugung von Suchtmitteln in einer die Grenzmenge (§§ 28b, 31b) übersteigenden Menge verwendet werde.

(3) Mit Freiheitsstrafe bis zu fünf Jahren ist zu bestrafen, wer einen Drogenausgangsstoff mit dem Vorsatz erzeugt, einführt, ausführt oder einem anderen anbietet, überlässt oder verschafft, dass dieser bei der vorschriftswidrigen Erzeugung von Suchtmitteln in einer die Grenzmenge (§§ 28b, 31b) übersteigenden Menge verwendet werde.

(BGBl I 2007/110)

4. Abschnitt

Weitere strafrechtliche Bestimmungen

Zusammentreffen mit Finanzvergehen

§ 33. Hat der Täter durch dieselbe Tat eine Straftat nach den §§ 27, 28, 28a, 30, 31 oder 31a dieses Bundesgesetzes und ein Finanzvergehen begangen, so entfällt mit dem Schuldspruch oder mit dem vorläufigen Rücktritt von der Verfolgung oder mit der vorläufigen Verfahrenseinstellung nach den §§ 35 und 37 dieses Bundesgesetzes die Strafbarkeit wegen des Finanzvergehens.

(BGBl I 2007/110)

Einziehung

§ 34. (1) Suchtmittel und in § 27 Abs. 1 Z 2 und 3 genannte Pflanzen und Pilze, die den Gegenstand einer mit Strafe bedrohten Handlung nach diesem Bundesgesetz bilden, sind nach Maßgabe des § 26 StGB einzuziehen. *(BGBl I 2014/71)*

(2) Über Suchtmittel und in § 27 Abs. 1 Z 2 und 3 genannte Pflanzen und Pilze, die sichergestellt wurden und nicht für Beweiszwecke benötigt werden, kann die Staatsanwaltschaft nach Durchführung des in § 445a Abs. 1 der Strafprozessordnung, BGBl. 631/1975, vorgesehenen Verfahrens die Einziehung anordnen. Verlangt der Beschuldigte oder ein Haftungsbeteiligter die Entscheidung des Gerichts, so hat der Ankläger einen selbständigen Antrag auf Einziehung zu stellen, über den der Einzelrichter des Landesgerichts im Ermittlungsverfahren mit Beschluss zu entscheiden hat. *(BGBl I 2014/71)*

Vorläufiger Rücktritt von der Verfolgung durch die Staatsanwaltschaft

§ 35. (1) Die Staatsanwaltschaft hat unter den in den Abs. 3 bis 7 genannten Voraussetzungen und Bedingungen von der Verfolgung einer Straftat nach den §§ 27 Abs. 1 oder 2 oder 30, die ausschließlich für den eigenen persönlichen Gebrauch oder den persönlichen Gebrauch eines anderen begangen worden ist, ohne dass der Beschuldigte daraus einen Vorteil gezogen hat, unter Bestimmung einer Probezeit von einem Jahr bis zu zwei Jahren vorläufig zurückzutreten. *(BGBl I 2015/144)*

(2) Die Staatsanwaltschaft hat unter den Voraussetzungen und Bedingungen der Abs. 3 bis 7 auch von der Verfolgung einer anderen Straftat nach den §§ 27 oder 30 bis 31a, einer Straftat nach den §§ 28 oder 28a, sofern der Beschuldigte an Suchtmittel gewöhnt ist, oder einer im Zusammenhang mit der Beschaffung von Suchtmitteln begangenen Straftat unter Bestimmung einer Probezeit von einem Jahr bis zu zwei Jahren vorläufig zurückzutreten, wenn

1. die Straftat nicht in die Zuständigkeit des Schöffen- oder Geschworenengerichts fällt,

2. die Schuld des Beschuldigten nicht als schwer anzusehen wäre und

3. der Rücktritt nicht weniger als eine Verurteilung geeignet erscheint, den Beschuldigten von solchen Straftaten abzuhalten.

Ebenso ist vorzugehen, wenn der Beschuldigte wegen einer während der Probezeit nach Abs. 1 begangenen weiteren Straftat im Sinne des Abs. 1 verfolgt wird.

(3) Ein vorläufiger Rücktritt von der Verfolgung setzt voraus, dass

1. *(entfällt, BGBl I 2015/144)*

2. eine Stellungnahme einer geeigneten ärztlichen Einrichtung der Justiz oder, sofern diese nicht zur Verfügung steht, der Bezirksverwaltungsbehörde als Gesundheitsbehörde darüber eingeholt worden sind, ob der Beschuldigte einer gesundheitsbezogenen Maßnahme gemäß § 11 Abs. 2 bedarf, um welche Maßnahme es sich gegebenenfalls handeln soll, ob eine solche Maßnahme zweckmäßig, ihm nach den Umständen möglich und zumutbar und nicht offenbar aussichtslos ist. *(BGBl I 2010/111)*

(4) Die Staatsanwaltschaft hat von der Einholung einer Stellungnahme gemäß Abs. 3 Z 2 abzusehen, wenn der Beschuldigte ausschließlich deshalb verfolgt wird, weil er *(BGBl I 2010/111)*

1. Stoffe oder Zubereitungen aus der Cannabispflanze, die in § 27 Abs. 1 Z 3 genannten Pilze oder einen psychotropen Stoff zum ausschließlich persönlichen Gebrauch erworben, besessen, erzeugt, befördert, eingeführt oder ausgeführt oder einem anderen ausschließlich für dessen persönlichen Gebrauch angeboten, überlassen oder verschafft habe, ohne daraus einen Vorteil zu ziehen, oder

2. die in § 27 Abs. 1 Z 2 und 3 genannten Pflanzen oder Pilze zum Zweck der Gewinnung oder des Missbrauchs von Suchtgift ausschließlich für den persönlichen Gebrauch oder persönlichen Gebrauch eines anderen angebaut habe.

Eine Stellungnahme ist jedoch einzuholen, wenn gegen den Beschuldigten innerhalb der letzten fünf Jahre vor diesem Strafverfahren bereits ein Ermittlungsverfahren wegen einer Straftat nach den §§ 27 bis 31a geführt wurde. *(BGBl I 2010/111)*

(5) Die in Abs. 3 Z 2 genannten Stellen haben vor Abgabe ihrer Stellungnahme die Begutachtung des Beschuldigten durch einen mit Fragen des Suchtmittelmissbrauchs hinreichend vertrauten Arzt, der erforderlichenfalls mit zur selbständigen Berufsausübung berechtigten Angehörigen des klinisch-psychologischen oder psychotherapeutischen Berufes zusammenzuarbeiten hat, zu veranlassen. *(BGBl I 2010/111)*

(6) Bedarf der Beschuldigte einer gesundheitsbezogenen Maßnahme gemäß § 11 Abs. 2, so hat die Staatsanwaltschaft den vorläufigen Rücktritt von der Verfolgung davon abhängig zu machen, dass sich der Beschuldigte – hat er einen gesetzlichen Vertreter, mit dessen Zustimmung – bereit erklärt, sich einer solchen Maßnahme, gegebenenfalls einschließlich einer bis zu sechs Monate dauernden stationären Aufnahme, zu unterziehen. Ist eine solche Maßnahme trotz der Bereitschaft des Beschuldigten, sich dieser zu unterziehen, nicht zweckmäßig, nach den Umständen nicht möglich oder nicht zumutbar oder offenbar aussichtslos, so hat die Staatsanwaltschaft, soweit dies möglich und zweckmäßig ist, den vorläufigen Rücktritt davon abhängig zu machen, dass sich

der Beschuldigte – hat er einen gesetzlichen Vertreter, mit dessen Zustimmung – bereit erklärt, während der Probezeit bestimmte Pflichten zu erfüllen, die als Weisungen (§ 51 StGB) erteilt werden könnten. *(BGBl I 2010/111)*

(7) Der vorläufige Rücktritt von der Verfolgung kann, wenn dies zweckmäßig ist, auch davon abhängig gemacht werden, dass sich der Beschuldigte – hat er einen gesetzlichen Vertreter, mit dessen Zustimmung – bereit erklärt, sich durch einen Bewährungshelfer betreuen zu lassen.

(8) Die Staatsanwaltschaft hat dem Beschuldigten mitzuteilen, dass die Durchführung eines Strafverfahrens gegen ihn unter den festgesetzten Bedingungen für eine Probezeit von einem Jahr bis zu zwei Jahren vorläufig unterbleibe, und ihn in sinngemäßer Anwendung des § 207 StPO zu belehren. Vom Rücktritt von der Verfolgung ist der Beschuldigte, der der Bezirksverwaltungsbehörde gemäß § 14 Abs. 1 Strafanzeige oder eine Stellungnahme erstattet hat, auch diese unverzüglich zu verständigen. Die Verständigung über den vorläufigen Rücktritt von der Verfolgung ist dem Beschuldigten zu eigenen Handen zuzustellen. Der Lauf der Probezeit beginnt mit der Zustellung der Verständigung. Die Probezeit wird in die Verjährungsfrist nicht eingerechnet. Im Übrigen sind die §§ 208 Abs. 3, 209 und 388 StPO sinngemäß anzuwenden. *(BGBl I 2010/111; BGBl I 2015/144)*

(9) Im Fall eines Abtretungsberichts (§ 13 Abs. 2b) hat die Staatsanwaltschaft, sofern sie nicht noch eine weitere Klärung des Sachverhalts für erforderlich hält, von der Verfolgung unmittelbar vorläufig zurückzutreten. Dies ist dem Beschuldigten unter Hinweis auf die Fortsetzungsgründe (§ 38 Abs. 1a) mitzuteilen. *(BGBl I 2015/112; BGBl I 2016/23)*

(BGBl I 2007/110)

Überwachung der gesundheitsbezogenen Maßnahme und Durchführung der Bewährungshilfe

§ 36. (1) Ist der vorläufige Rücktritt von der Verfolgung davon abhängig gemacht worden, daß sich der Beschuldigte einer ärztlichen Überwachung seines Gesundheitszustandes unterzieht, so obliegt der Bezirksverwaltungsbehörde als Gesundheitsbehörde die Feststellung, ob der Beschuldigte diese Bedingung einhält. Entzieht sich der Beschuldigte beharrlich der Überwachung, so hat die Bezirksverwaltungsbehörde dies der Staatsanwaltschaft anzuzeigen. *(BGBl I 2007/110)*

(2) Ist der vorläufige Rücktritt von der Verfolgung von einer anderen gesundheitsbezogenen Maßnahme gemäß § 11 Abs. 2 abhängig gemacht worden, so kann die Staatsanwaltschaft den Beschuldigten auffordern, Bestätigungen über Be-

SMG

ginn und Verlauf der Maßnahme vorzulegen. *(BGBl I 2007/110)*

(3) Ist der vorläufige Rücktritt von der Verfolgung davon abhängig gemacht worden, daß sich der Beschuldigte durch einen Bewährungshelfer betreuen läßt, so hat der Leiter der zuständigen Dienst- oder Geschäftsstelle für Bewährungshilfe auf Ersuchen der Staatsanwaltschaft eine solche Betreuung anzuordnen. Für diese Betreuung gelten § 52 Abs. 1 StGB und die §§ 20 und 24 bis 26 des Bewährungshilfegesetzes, BGBl. Nr. 146/1969, dem Sinne nach. *(BGBl I 2007/110)*

Vorläufige Einstellung durch das Gericht

§ 37. Nach Einbringen der Anklage hat das Gericht die §§ 35 und 36 sinngemäß anzuwenden und das Verfahren unter den für die Staatsanwaltschaft geltenden Voraussetzungen bis zum Schluss der Hauptverhandlung mit Beschluss einzustellen.

(BGBl I 2007/110)

Nachträgliche Fortsetzung des Strafverfahrens, endgültiger Rücktritt von der Verfolgung und endgültige Einstellung des Strafverfahrens

§ 38. (1) Das Strafverfahren ist fortzusetzen, wenn vor Ablauf der Probezeit

1. gegen den Beschuldigten (Angeklagten) wegen einer weiteren Straftat nach diesem Bundesgesetz oder wegen einer im Zusammenhang mit seiner Gewöhnung an Suchtmittel begangenen Straftat ein Strafantrag gestellt wird,

2. der Beschuldigte (Angeklagte) sich beharrlich der gesundheitsbezogenen Maßnahme (§ 35 Abs. 6 erster Satz) oder dem Einfluss des Bewährungshelfers (§ 35 Abs. 7) entzieht oder übernommene Pflichten (§ 35 Abs. 6 zweiter Satz) nicht hinreichend erfüllt und die Fortsetzung des Verfahrens geboten erscheint, um den Beschuldigten (Angeklagten) von Straftaten nach diesem Bundesgesetz abzuhalten, oder

3. der Beschuldigte (Angeklagte) einen Antrag auf Fortsetzung des Strafverfahrens stellt.

(1a) Ist die Staatsanwaltschaft von der Verfolgung nach § 35 Abs. 9 zurückgetreten, so ist das Strafverfahren nur fortzusetzen, wenn binnen eines Jahres

1. die Bezirksverwaltungsbehörde als Gesundheitsbehörde mitteilt, dass sich der Beschuldigte der ärztlichen Begutachtung oder den gesundheitsbezogenen Maßnahmen nicht unterzieht (§ 14 Abs. 1), oder

2. der Beschuldigte einen Antrag auf Fortsetzung des Strafverfahrens stellt. *(BGBl I 2015/112)*

(2) Im Fall des Abs. 1 Z 1 ist jedoch neuerlich von der Verfolgung zurückzutreten oder das Strafverfahren neuerlich einzustellen, wenn das wegen der weiteren Straftat geführte Strafverfahren auf andere Weise als durch einen Schuldspruch beendet wird.

(3) Sofern das Strafverfahren nicht nachträglich fortzusetzen ist, hat die Staatsanwaltschaft nach Ablauf der Probezeit und Erfüllung allfälliger Pflichten von der Verfolgung endgültig zurückzutreten. Das Gericht hat in diesem Fall das Strafverfahren mit Beschluss endgültig einzustellen.

(BGBl I 2007/110)

Aufschub des Strafvollzuges

§ 39. (1) Der Vollzug einer nach diesem Bundesgesetz außer nach § 28a Abs. 2, 4 oder 5 oder einer wegen einer Straftat, die mit der Beschaffung von Suchtmitteln in Zusammenhang steht, verhängten Geldstrafe oder drei Jahre nicht übersteigenden Freiheitsstrafe ist nach Anhörung der Staatsanwaltschaft – auch noch nach Übernahme in den Strafvollzug (§ 3 Abs. 4 Strafvollzugsgesetz – StVG) – für die Dauer von höchstens zwei Jahren aufzuschieben, wenn *(BGBl I 2010/111)*

1. der Verurteilte an Suchtmittel gewöhnt ist und sich bereit erklärt, sich einer notwendigen und zweckmäßigen, ihm nach den Umständen möglichen und zumutbaren und nicht offenbar aussichtslosen gesundheitsbezogenen Maßnahme, gegebenenfalls einschließlich einer bis zu sechs Monate dauernden stationären Aufnahme, zu unterziehen, und *(BGBl I 2010/111)*

2. im Fall der Verurteilung zu einer 18 Monate übersteigenden Freiheitsstrafe wegen einer Straftat, die mit der Beschaffung von Suchtmitteln in Zusammenhang steht, der Vollzug der Freiheitsstrafe nicht im Hinblick auf die Gefährlichkeit des Täters geboten erscheint, insbesondere weil die Verurteilung wegen Straftaten erfolgt ist, die unter Anwendung erheblicher Gewalt gegen Personen begangen worden sind.

(2) Das Gericht kann die Art der gesundheitsbezogenen Maßnahme bestimmen (§ 11 Abs. 2 Z 1 bis 5). Liegt bereits eine Stellungnahme einer der in § 35 Abs. 3 Z 2 genannten Stellen oder das Ergebnis der Begutachtung durch den Arzt einer Einrichtung oder Vereinigung nach § 15 vor, so hat das Gericht die Stellungnahme oder das Ergebnis der Begutachtung für die Bestimmung der Maßnahme und die Beurteilung der Voraussetzungen und Bedingungen des Abs. 1 Z 1 heranzuziehen, es sei denn, dass eine Änderung der dafür erheblichen Umstände anzunehmen wäre. *(BGBl I 2010/111)*

(3) Das Gericht kann den Verurteilten auffordern, Bestätigungen über den Beginn und den Verlauf der gesundheitsbezogenen Maßnahme vorzulegen.

(4) Der Aufschub ist zu widerrufen und die Strafe zu vollziehen,

1. wenn der Verurteilte sich einer gesundheitsbezogenen Maßnahme, zu der er sich gemäß Abs. 1 Z 1 bereit erklärt hat, nicht unterzieht oder es unterlässt, sich ihr weiterhin zu unterziehen, oder *(BGBl I 2010/111)*

2. wenn der Verurteilte wegen einer Straftat nach diesem Bundesgesetz oder wegen einer im Zusammenhang mit seiner Gewöhnung an Suchtmittel begangenen Straftat neuerlich verurteilt wird

und der Vollzug der Freiheitsstrafe geboten erscheint, um den Verurteilten von der Begehung weiterer Straftaten abzuhalten.

(BGBl I 2007/110)

Nachträgliche bedingte Strafnachsicht und Absehen vom Widerruf

§ 40. (1) Ist der Aufschub nicht zu widerrufen (§ 39 Abs. 4), oder hat sich ein an ein Suchtmittel gewöhnter Verurteilter sonst mit Erfolg einer gesundheitsbezogenen Maßnahme unterzogen, so hat das Gericht, das in erster Instanz erkannt hat, die Strafe unter Bestimmung einer Probezeit von mindestens einem und höchstens drei Jahren bedingt nachzusehen. Die §§ 43 Abs. 2 und 49 bis 52 StGB sind anzuwenden. *(BGBl I 2010/111)*

(2) Gegen einen Beschluss nach Abs. 1 steht dem Verurteilten und der Staatsanwaltschaft die binnen 14 Tagen einzubringende Beschwerde an das übergeordnete Gericht zu. *(BGBl I 2007/110)*

(3) Bei einer Entscheidung über den Widerruf der bedingten Strafnachsicht (§ 53 StGB) kann das Gericht vom Widerruf ganz oder zum Teil absehen, wenn sich der Verurteilte einer gesundheitsbezogenen Maßnahme unterzogen hat, die ihn in seiner selbstbestimmten Lebensführung erheblich beschränkt hat.

Kostentragung

§ 41. (1) Der Bund hat die Kosten gesundheitsbezogener Maßnahmen gemäß § 11 Abs. 2 Z 1 bis 4 in den Fällen der §§ 35 bis 37 und 39 dieses Bundesgesetzes und des § 173 Abs. 5 Z 9 StPO sowie die Kosten einer Entwöhnungsbehandlung, sonst einer medizinischen oder einer psychotherapeutischen Behandlung (§ 51 Abs. 1 und 3 StGB) eines Rechtsbrechers, dem aus Anlass einer mit seiner Gewöhnung an Suchtmittel im Zusammenhang stehenden Verurteilung die Weisung erteilt worden ist, sich einer solchen Behandlung zu unterziehen, zu übernehmen, wenn

1. der Rechtsbrecher sich der Maßnahme in einer Einrichtung oder Vereinigung gemäß § 15 unterzieht,

2. der Rechtsbrecher nicht Anspruch auf entsprechende Leistungen auf Grund von Gesetzen der Länder oder aus einer gesetzlichen Sozialversicherung hat und

3. durch die Verpflichtung zur Zahlung der Kosten sein Fortkommen erschwert würde. *(BGBl I 2007/110)*

(2) Der Bund trägt die Kosten jedoch nur bis zu dem Ausmaß, in dem die Versicherungsanstalt öffentlich Bediensteter für die Kosten aufkäme, wenn der Rechtsbrecher in der Krankenversicherung öffentlich Bediensteter versichert wäre. Anstelle des Behandlungsbeitrags (§ 63 Abs. 4 des Beamten-Kranken- und Unfallversicherungsgesetzes, BGBl. Nr. 200/1967) ist dem Rechtsbrecher für die Kosten der Maßnahme ein Pauschalkostenbeitrag aufzuerlegen, soweit dadurch nicht der zu einer einfachen Lebensführung notwendige Unterhalt des Rechtsbrechers und der Personen, zu deren Unterhalt er verpflichtet ist, gefährdet wäre. Für die Bemessung des Kostenbeitrags gilt § 381 Abs. 3 und Abs. 5 StPO sinngemäß mit der Maßgabe, dass die Art der Maßnahme, deren Notwendigkeit, ihre Dauer und Erfolg sowie im Fall des § 39 an dem Verurteilten auferlegter Kostenersatz angemessen zu berücksichtigen sind. *(BGBl I 2010/111)*

(3) Der Bundesminister oder die Bundesministerin für Justiz kann mit Einrichtungen und Vereinigungen gemäß § 15 über die Höhe der nach Abs. 1 vom Bund zu übernehmenden Kosten Verträge nach bürgerlichem Recht abschließen. Die Vereinbarung von Pauschalbeträgen ist zulässig. Der Bundesminister oder die Bundesministerin für Justiz kann die Grundsätze der Pauschalierung im Einvernehmen mit dem Bundesminister oder der Bundesministerin für Gesundheit mit Verordnung festlegen. Dabei ist insbesondere das Betreuungsangebot der Einrichtung oder Vereinigung zu berücksichtigen. *(BGBl I 2015/144)*

(4) Die vom Bund zu übernehmenden Kosten hat das Gericht, das im Fall des § 35 im Ermittlungsverfahren zuständig wäre, das Strafverfahren nach § 37 vorläufig eingestellt, die Weisung im Sinne des Abs. 1 oder nach § 173 Abs. 5 Z 9 StPO erteilt oder den Strafvollzug nach § 39 aufgeschoben hat, mit Beschluss zu bestimmen und anzuweisen. Gegen diesen Beschluss steht dem Beschuldigten (Verurteilten), der Staatsanwaltschaft und der Einrichtung oder Vereinigung die binnen 14 Tagen einzubringende Beschwerde an das übergeordnete Gericht zu. *(BGBl I 2007/110; BGBl I 2010/111)*

Auskunftsbeschränkung

§ 42. (1) Wird ein Rechtsbrecher, der Suchtmittel missbraucht hat, nach § 27 oder § 30 zu einer sechs Monate nicht übersteigenden Freiheitsstrafe verurteilt, so unterliegt die Verurteilung mit ihrer Rechtskraft der Beschränkung der Auskunft im Sinne des § 6 Abs. 1 und 2 des Tilgungsgesetzes 1972, BGBl. Nr. 68. § 6 Abs. 4 bis 6 des genannten Bundesgesetzes ist anzuwenden. *(BGBl I 2011/21)*

(2) Liegen die Voraussetzungen des Abs. 1 vor, so hat das Gericht dies im Urteil festzustellen und der Landespolizeidirektion Wien mittels Strafkarte (§ 3 Strafregistergesetz 1968, BGBl. Nr. 277) mitzuteilen. *(BGBl I 2012/50)*

5. Abschnitt

Befugnisse der Sicherheitsbehörden, der Organe des öffentlichen Sicherheitsdienstes und der Zollorgane

§ 43. (1) Die Organe des öffentlichen Sicherheitsdienstes sind ermächtigt, im Zuge der Durchführung einer Grenzkontrolle auch eine Durchsuchung der Bekleidung von Personen und der Gegenstände, die sie bei sich haben, vorzunehmen, wenn auf Grund bestimmter Tatsachen anzunehmen ist, daß am Ort der Grenzkontrolle den §§ 28a oder 31a zuwider Suchtmittel ein- oder ausgeführt werden. § 12 Abs. 4 des Grenzkontrollgesetzes, BGBl. Nr. 435/1996, ist anzuwenden. *(BGBl I 2007/110)*

(2) Sofern eine Person festgenommen wird (§§ 170 bis 172 StPO), weil auf Grund bestimmter Tatsachen anzunehmen ist, daß sie Suchtgift im Körper verberge, kann sie zur Abwendung der weiteren Anhaltung von der Sicherheitsbehörde die körperliche Untersuchung mit geeigneten bildgebenden Verfahren verlangen. Sie ist über dieses Recht bei der Festnahme oder unmittelbar danach mündlich und schriftlich zu belehren. Ein solches Verlangen ist zu protokollieren. *(BGBl I 2007/110)*

(3) Im Falle eines Verlangens nach Abs. 2 sind geeignete bildgebende Verfahren im geringstmöglichen für die Untersuchung notwendigen Maß anzuwenden. Der Beschuldigte ist zu diesem Zweck unverzüglich einem Arzt vorzuführen. *(BGBl I 2007/110)*

(4) Bei Durchsuchungen nach Abs. 1 und Untersuchungen nach Abs. 3 ist § 121 Abs. 3 StPO sinngemäß anzuwenden. *(BGBl I 2007/110)*

(5) Wenn sich im Rahmen der Verpflichtungen der Zollorgane, an der Vollziehung von Verboten und Beschränkungen des Besitzes, der Verbringung oder der Verwendung von Waren im Verkehr über die Grenzen des Anwendungsgebietes (§ 3 des Zollrechts-Durchführungsgesetzes, BGBl. Nr. 659/1994) mitzuwirken, der Verdacht einer Straftat nach diesem Bundesgesetz ergibt, sind diese Organe ermächtigt, für Sicherheitsbehörden Personen festzunehmen (§§ 170 bis 172 StPO) und eine körperliche Untersuchung mit bildgebenden Verfahren zu veranlassen (Abs. 2 und 3) sowie Suchtmittel vorläufig sicherzustellen, sofern diese Maßnahmen keinen Aufschub dulden. Die Zollorgane haben dabei die Befugnisse und Verpflichtungen von Organen des öffentlichen Sicherheitsdienstes. Sie haben die zuständige Sicherheitsbehörde unverzüglich von den getroffenen Maß-

nahmen in Kenntnis zu setzen; festgenommene Personen sowie sichergestellte Sachen sind ohne Verzug der Sicherheitsbehörde oder dem Gericht zu übergeben. *(BGBl I 2007/110)*

6. Abschnitt

Verwaltungsstrafbestimmungen

§ 44. (1) Wer

1. den §§ 5 bis 7 oder 9 Abs. 1 oder einer nach § 10 erlassenen Verordnung, oder *(BGBl I 2017/116)*

2. den §§ 15 Abs. 5 erster Satz oder 16 Abs. 5 hinsichtlich der Verschwiegenheitspflicht, oder

3. den §§ 18 oder 20 oder 25 Abs. 8 oder 26 Abs. 5 zuwiderhandelt,

begeht, wenn die Tat nicht den Tatbestand einer in die Zuständigkeit der Gerichte fallenden strafbaren Handlung bildet, eine Verwaltungsübertretung.

(2) Wer der Verordnung (EG) Nr. 273/2004 zuwiderhandelt, indem er

1. entgegen Art. 3 Abs. 1 dem Bundesministerium für Gesundheit keinen Verantwortlichen benennt, obwohl er beabsichtigt, einen Drogenausgangsstoff der Kategorie 1 des Anhangs I in Verkehr zu bringen,

2. ohne dass die Voraussetzungen gemäß Art. 6 vorliegen, entgegen Art. 3 Abs. 1 dem Bundesministerium für Gesundheit keinen Verantwortlichen benennt, obwohl er beabsichtigt, einen Drogenausgangsstoff der Kategorie 2 des Anhangs I in Verkehr zu bringen,

3. entgegen Art. 3 Abs. 2 einen Drogenausgangsstoff der Kategorie 1 des Anhangs I ohne Erlaubnis oder ohne Sondererlaubnis besitzt oder in Verkehr bringt,

4. entgegen Art. 3 Abs. 3 einen Drogenausgangsstoff der Kategorie 1 des Anhangs I an eine Person abgibt, die nicht über eine Erlaubnis zum Besitz dieses Drogenausgangsstoffes verfügt oder keine Kundenerklärung nach Art. 4 Abs. 1 unterzeichnet,

5. entgegen Art. 3 Abs. 6 ohne vorherige Registrierung oder Sonderregistrierung einen Drogenausgangsstoff der Kategorie 2 des Anhangs I in Verkehr bringt,

6. entgegen Art. 3 Abs. 6 ohne vorherige Registrierung oder Sonderregistrierung einen Drogenausgangsstoff der Unterkategorie 2A des Anhangs I zur Verwendung in Besitz nimmt,

7. entgegen Art. 3 Abs. 6a einen Drogenausgangsstoff der Unterkategorie 2A des Abhangs I an eine Person abgibt, die nicht beim Bundesministerium für Gesundheit registriert ist oder die keine Kundenerklärung nach Art. 4 Abs. 1 unterzeichnet hat,

8. bei der Belieferung mit einem Drogenausgangsstoff der Kategorie 1 oder 2 des Anhangs I

a) keine Kundenerklärung gemäß Art. 4 Abs. 1 oder 2 einholt oder

b) eine Kundenerklärung gemäß Art. 4 Abs. 2 akzeptiert, ohne dass die Voraussetzungen dafür vorliegen,

9. hinsichtlich Drogenausgangsstoffen der Kategorie 1 des Anhangs 1 Transportvorgänge entgegen Art. 4 Abs. 3 veranlasst

10. die Dokumentationspflicht gemäß Art. 5 hinsichtlich eines Vorgangs, der zum Inverkehrbringen eines Drogenausgangsstoffes der Kategorie 1 oder 2 des Anhangs I führt, verletzt,

11. die Kennzeichnungspflicht gemäß Art. 7 hinsichtlich eines Drogenausgangsstoffes der Kategorie 1 oder 2 des Anhangs I verletzt,

12. die Meldepflicht hinsichtlich ungewöhnlicher Bestellungen von Drogenausgangsstoffen gemäß Art. 8 Abs. 1 verletzt,

13. die Auskunftspflicht über die Vorgänge mit Drogenausgangsstoffen gemäß Art. 8 Abs. 2 in Verbindung mit Art. 9 Abs. 1 der Delegierten Verordnung (EU) 2015/1011 verletzt oder dieser Auskunftspflicht entgegen Art. 10 Abs. 1 oder 3 der Durchführungsverordnung (EU) 2015/1013 nicht fristgerecht nachkommt,

14. personenbezogene Daten entgegen Art. 8 Abs. 4 offenlegt,

begeht, wenn die Tat nicht den Tatbestand einer in die Zuständigkeit der Gerichte fallenden strafbaren Handlung bildet, eine Verwaltungsübertretung. *(BGBl I 2015/144)*

(3) Wer der Verordnung (EG) Nr. 111/2005 zuwiderhandelt, indem er

1. die Dokumentationspflicht gemäß Art. 3 oder 4 im Zusammenhang mit der Einfuhr oder Ausfuhr eines Drogenausgangsstoffes oder einem Vermittlungsgeschäft mit einem solchen verletzt,

2. die Kennzeichnungspflicht gemäß Art. 5 hinsichtlich eines Drogenausgangsstoffes verletzt,

3. entgegen Art. 6 Abs. 1 einen Drogenausgangsstoff der Kategorie 1 des Anhangs ohne Erlaubnis ein- oder ausführt oder damit ein Vermittlungsgeschäft betreibt,

4. entgegen Art. 7 Abs. 1 einen Drogenausgangsstoff der Kategorie 2 des Anhangs ohne Registrierung ein- oder ausführt oder damit ein Vermittlungsgeschäft betreibt,

5. entgegen Art. 7 Abs. 1 einen Drogenausgangsstoff der Kategorie 3 des Anhangs ohne Registrierung ausführt,

6. der Nachweispflicht gemäß Art. 8 Abs. 1 oder der Auskunftspflicht gemäß Art. 8 Abs. 1 der Delegierten Verordnung (EU) 2015/1011 im Zusammenhang mit der Durchfuhrkontrolle eines Drogenausgangsstoffes nicht nachkommt,

7. die Meldepflicht hinsichtlich ungewöhnlicher Bestellungen oder Vorgänge gemäß Art. 9 Abs. 1 verletzt,

8. die Auskunftspflicht betreffend die Ausfuhr und Einfuhr von Drogenausgangsstoffen sowie Vermittlungsgeschäfte mit solchen gemäß Art. 9 Abs. 2 in Verbindung mit Art. 9 Abs. 2 bis 5 der Delegierten Verordnung (EU) 2015/1011 verletzt oder dieser Auskunftspflicht entgegen Art. 10 Abs. 2 oder 3 der Durchführungsverordnung (EU) 2015/1013 nicht fristgerecht nachkommt,

9. einen Drogenausgangsstoff entgegen Art. 12 ohne Ausfuhrgenehmigung ausführt,

10. einen Drogenausgangsstoff der Kategorie 1 des Anhangs entgegen Art. 20 ohne Einfuhrgenehmigung einführt,

begeht, wenn die Tat nicht den Tatbestand einer in die Zuständigkeit der Gerichte fallenden strafbaren Handlung bildet, eine Verwaltungsübertretung. *(BGBl I 2015/144)*

(4) Wer der Delegierten Verordnung (EU) 2015/1011 zuwiderhandelt, indem er

1. als Wirtschaftsbeteiligter entgegen Art. 3 Abs. 1 oder Art. 5 Abs. 1

a) der Verpflichtung zur Änderungsmeldung in Bezug auf den verantwortlichen Beauftragten nicht nachkommt oder

b) den verantwortlichen Beauftragten nicht mit der zur Erfüllung seiner Aufgaben erforderlichen Befugnis zur Vertretung und Entscheidung betraut,

2. als verantwortlicher Beauftragter seinen Aufgaben gemäß Art. 3 oder Abs. 5 nicht nachkommt,

begeht, wenn die Tat nicht den Tatbestand einer in die Zuständigkeit der Gerichte fallenden strafbaren Handlung bildet, eine Verwaltungsübertretung. *(BGBl I 2015/144)*

(4a) Wer der Durchführungsverordnung (EU) 2015/1013 zuwiderhandelt, indem er

1. entgegen Art. 6 als Inhaber einer Erlaubnis gemäß Art. 6 Abs. 1 der Verordnung (EG) Nr. 111/2005 im Falle nachträglicher Änderungen hinsichtlich der im Erlaubnisantrag genannten Informationen seiner Verpflichtung zur Meldung der Änderungen nicht fristgerecht nachkommt,

2. als Inhaber einer Erlaubnis gemäß Art. 6 Abs. 1 der Verordnung (EG) Nr. 111/2005 nach Ablauf ihrer Gültigkeit oder nach ihrem Widerruf entgegen Art. 7 Abs. 1 der Verpflichtung zur Rückgabe der Erlaubnis an das Bundesministerium für Gesundheit nicht nachkommt,

3. als Ausführer von Drogenausgangsstoffen, für die eine Ausfuhrgenehmigung erforderlich ist, seiner Verpflichtung zur Aufbewahrung der Ausfuhrgenehmigung gemäß Art. 11 Abs. 2 oder seiner Verpflichtung zur Rückübermittlung der

SMG

Ausfuhrgenehmigung gemäß Art. 11 Abs. 10 nicht nachkommt,

4. als Einführer von Drogenausgangsstoffen, für die eine Einfuhrgenehmigung erforderlich ist, seiner Verpflichtung zur Rückübermittlung oder zur Aufbewahrung der Einfuhrgenehmigung gemäß Art. 11 Abs. 3 nicht nachkommt,

begeht, wenn die Tat nicht den Tatbestand einer in die Zuständigkeit der Gerichte fallenden strafbaren Handlung bildet, eine Verwaltungsübertretung. *(BGBl I 2015/144)*

(5) Wer eine Verwaltungsübertretung gemäß Abs. 1 bis 4a begeht, ist von der Bezirksverwaltungsbehörde, ausgenommen in den Fällen des § 44a, mit Geldstrafe bis zu 36 300 Euro, im Nichteinbringungsfall mit Freiheitsstrafe bis zu sechs Wochen zu bestrafen. Im Straferkenntnis gemäß Abs. 1 Z 1 kann auf den Verfall der der Gegenstand der strafbaren Handlung bildenden Sachen erkannt werden. In berücksichtigungswürdigen Fällen ist der Erlös der für verfallen erklärten Sachen dem Eigentümer auszufolgen. *(BGBl I 2017/116)*

(BGBl I 2008/143)

§ 44a. Wer in Ausübung des ärztlichen Berufes gegen eine nach § 10 erlassene Verordnung verstößt, indem er einer im Rahmen der Opioid-Substitutionsbehandlung bestehenden Dokumentationspflicht oder Auskunftspflicht gegenüber dem amtsärztlichen Dienst der Gesundheitsbehörde nicht nachkommt, begeht eine Verwaltungsübertretung und ist mit Geldstrafe bis zu 3600 Euro zu bestrafen.

(BGBl I 2017/116)

6. Hauptstück

Schluß-, Inkrafttretens- und Übergangsbestimmungen

§ 45. Soweit dieses Bundesgesetz auf andere Bundesgesetze oder unmittelbar anwendbare Rechtsakte der Europäischen Union verweist, sind diese in ihrer jeweils geltenden Fassung anzuwenden. *(BGBl I 2015/144)*

§ 46. Wird in anderen Bundesgesetzen auf eine Bestimmung des Suchtgiftgesetzes 1951 verwiesen, an deren Stelle mit dem Inkrafttreten dieses Bundesgesetzes eine neue Bestimmung wirksam wird, so ist dieser Verweis auf die entsprechende neue Bestimmung zu beziehen.

§ 47. (1) Dieses Bundesgesetz tritt, sofern Abs. 2 nicht anderes bestimmt, mit 1. Jänner 1998 in Kraft.

(2) § 10 Abs. 2 tritt mit 1. Jänner 1998 oder, sofern Artikel 75 des Schengener Durchführungs-

übereinkommens von 1990 am 1. Jänner 1998 noch nicht in Kraft gesetzt ist, gleichzeitig mit dessen Inkraftsetzung in Kraft.

(3) Das Suchtgiftgesetz 1951 tritt mit Ablauf des 31. Dezember 1997 außer Kraft.

(4) Durchführungsverordnungen zu diesem Bundesgesetz dürfen bereits vor dem 1. Jänner 1998 erlassen werden. Sie dürfen jedoch, sofern Abs. 5 nicht anderes bestimmt, frühestens mit diesem Tag in Kraft gesetzt werden.

(5) Regelungen gemäß § 10 Abs. 2 dürfen frühestens mit Inkraftsetzung des Artikels 75 des Schengener Durchführungsübereinkommens von 1990 in Kraft gesetzt werden.

(6) Die §§ 13 Abs. 2 und 25 Abs. 1 Z 2 in der Fassung des Bundesgesetzes BGBl. I Nr. 30/1998 treten mit 1. Jänner 1998 in Kraft.

(7) Die §§ 27 Abs. 2 Z 2, 28 Abs. 3 und 5, 29 und 35 Abs. 2 in der Fassung des Bundesgesetzes BGBl. I Nr. 51/2001 treten mit 1. Juni 2001 in Kraft.

(8) Die §§ 27 Abs. 2 sowie 28 Abs. 3 und 4 in der Fassung des Bundesgesetzes BGBl. I Nr. 134/2002 treten mit 1. Oktober 2002 in Kraft.

(9) Die §§ 27 bis 33, 35, 36 Abs. 1 bis 3, 37 bis 39, 40 Abs. 2, 41 Abs. 1, 2 und 4, 42 Abs. 1 und 43 in der Fassung des Bundesgesetzes BGBl. I Nr. 110/2007 treten mit 1. Jänner 2008 in Kraft. *(BGBl I 2007/110)*

(10) §§ 6 Abs. 4b, 35 Abs. 3 bis 6 und 8, 39 Abs. 1, 2 und 4, 40 Abs. 1 sowie 41 Abs. 2 und 4 in der Fassung des Budgetbegleitgesetzes 2011, BGBl. I Nr. 111/2010, treten mit 1. Jänner 2011 in Kraft. *(BGBl I 2010/111)*

(11) § 6 Abs. 6 in der Fassung des Bundesgesetzes BGBl. I Nr. 21/2011 tritt am 1. Jänner 2011, §§ 24c Abs. 1 Z 2 und 42 Abs. 1 treten am Tag nach der Kundmachung des Bundesgesetzes BGBl. I Nr. 21/2011 in Kraft.[1] *(BGBl I 2011/21)*

(12) § 42 Abs. 2 in der Fassung des Bundesgesetzes BGBl. I Nr. 50/2012 tritt mit 1. September 2012 in Kraft. *(BGBl I 2012/50)*

(13) § 34 Abs. 1 und 2 in der Fassung des Bundesgesetzes BGBl. I Nr. 71/2014 tritt mit 1. Jänner 2015 in Kraft. *(BGBl I 2014/71)*

(14) § 12 Abs. 3, § 13 Abs. 2, 2a, 2b und 3, § 14 Abs. 1, § 24a Abs. 1 Z 1 sowie § 38 Abs. 1a in der Fassung des Bundesgesetzes BGBl. I Nr. 112/2015 treten mit 1. Jänner 2016 in Kraft. *(BGBl I 2015/112)*

(15) § 2 Abs. 1 bis 3, § 3 Abs. 1 und 2, § 4, § 6 Abs. 1 Z 1 und Abs. 5, § 9 Abs. 3, § 10 Abs. 1 und 2, § 13 Abs. 2b, § 14 Abs. 1 und 2, § 15 Abs. 1, 3, 4 und 6, § 19 Abs. 1 Z 2 und Abs. 4, § 23 Abs. 1 bis 7, § 24 Einleitungssatz Z 1 und Z 1a, § 24a Abs. 1 bis 3, § 24b Abs. 1, § 24c Abs. 1 und 2, § 24d, § 25 Abs. 1 bis 5, 7, 9 bis 11, 13 und 14, § 26 Abs. 1 sowie Abs. 2 Z 1 und

4, § 26a, § 28 Abs. 1 zweiter Satz, § 28b, § 31b, § 35 Abs. 1 sowie Abs. 3 Z 1 und 8, § 41 Abs. 3, § 44 Abs. 2 bis 5, § 45 sowie § 50 Abs. 2 Z 5a in der Fassung des Budgetbegleitgesetzes 2016, BGBl. I Nr. 144/2015, treten mit 1. Jänner 2016 in Kraft; zugleich treten § 25 Abs. 12 sowie § 26 Abs. 2 Z 3 und 4 außer Kraft. Das Bundesministerium für Gesundheit hat alle sich auf Meldungen der Staatsanwaltschaften und Gerichte an das Suchtmittelregister (§§ 24 bis 26) beziehenden, im Suchtmittelregister gespeicherten Daten mit Ablauf des 31. Dezember 2015 zu löschen. *(BGBl I 2015/144)*

(16) § 27 Abs. 2a und 3 sowie § 35 Abs. 9 in der Fassung des Bundesgesetzes BGBl. I Nr. 23/2016, treten mit 1. Juni 2016 in Kraft. *(BGBl I 2016/23)*

(17) Das Inhaltsverzeichnis, die Überschrift vor § 8a, § 8a Abs. 1, 1a, 1b sowie 4 und 5, § 14 Abs. 3, § 24c Abs. 4, § 24d, § 44 Abs. 1 Z 1 und Abs. 5, § 44a sowie § 47 Abs. 18 in der Fassung des Bundesgesetzes BGBl Nr. 116/2017 treten mit Ablauf des Tages der Kundmachung in Kraft. *(BGBl I 2017/116)*

(18) § 24d Abs. 2 in der Fassung des Bundesgesetzes BGBl I Nr. 116/2017 darf auf Personen angewendet werden, die im Jahr 2002 oder später verstorben sind. *(BGBl I 2017/116)*

(19) Das Inhaltsverzeichnis, § 8a Abs. 1a dritter Satz, Abs. 2 Z 1 und 2 und Abs. 3, 5 und 6, § 12 Abs. 4, die Überschrift zum 4. Hauptstück, die Überschrift zu § 24 und § 24d, § 24d Abs. 1 und 3 sowie § 25 Abs. 1 erster Satz, Abs. 2, Abs. 3 Abs. 5 Z 1 bis 3, Abs. 7 Z 1 und Z 3, Abs. 10 Z 1 und 2, Abs. 11, Abs. 12 und Abs. 14 erster, vierter und fünfter Satz in der Fassung des 2. Materien-Datenschutz-   Anpassungsgesetzes, BGBl. I Nr. 37/2018, treten mit 25. Mai 2018 in Kraft. *(BGBl I 2018/37)*

(20) Die §§ 8a Abs. 1c und 10 Abs. 3 in der Fassung des Bundesgesetzes BGBl. I Nr. 16/2020 treten mit Ablauf des Tages der Kundmachung in Kraft und mit Ablauf des 30. Juni 2023 außer Kraft. *(BGBl I 2020/16; BGBl I 2022/91)*

(21) § 6 Abs. 4, 4c, 4d und 6, § 24c Abs. 4 sowie § 47 Abs. 20 in der Fassung des Bundesgesetzes BGBl. I Nr. 7/2021 treten mit 1. Jänner 2021 in Kraft. *(BGBl I 2021/7)*

(22) § 47 Abs. 20 in der Fassung des Bundesgesetzes BGBl. I Nr. 105/2021 tritt mit 1. Juli 2021 in Kraft. *(BGBl I 2021/105)*

(23) § 7 Abs. 1a und 2 und § 50 Abs. 1 Z 5 und 6 in der Fassung des Bundesgesetzes BGBl. I Nr. 242/2021 treten mit 1. Jänner 2022 in Kraft. *(BGBl I 2021/242)*

(24) § 47 Abs. 20 in der Fassung des Bundesgesetzes BGBl. I Nr. 254/2021 tritt mit 1. Jänner 2022 in Kraft. *(BGBl I 2021/254; BGBl I 2022/91)*

(25) § 47 Abs. 20 in der Fassung des Bundesgesetzes BGBl I Nr. 91/2022 tritt mit 1. Juli 2022 in Kraft. *(BGBl I 2022/91)*

(26) § 8a Abs. 1c und 1d in der Fassung des Bundesgesetzes BGBl. I Nr. 70/2023 tritt mit 1. Juli 2023 in Kraft und mit Ablauf des 31. Dezember 2024 außer Kraft. *(BGBl I 2023/70)*

(26a) Verordnungen, die erst einer neuen Fassung dieses Bundesgesetzes entsprechen, dürfen von der Kundmachung des die Änderung bewirkenden Bundesgesetzes an erlassen werden, jedoch nicht vor dem Inkrafttreten der neuen bundesgesetzlichen Bestimmungen in Kraft treten. *(BGBl I 2023/70)*

(BGBl I 1998/30; BGBl I 2001/51; BGBl I 2002/134)

---

1) 29. 4. 2011.

§ 48. Die Strafbestimmungen dieses Bundesgesetzes sind in Strafsachen nicht anzuwenden, in denen vor ihrem Inkrafttreten das Urteil in erster Instanz gefällt worden ist. Nach Aufhebung eines Urteils infolge Nichtigkeitsbeschwerde, Berufung, Wiederaufnahme oder Erneuerung des Strafverfahrens oder infolge eines Einspruches ist jedoch im Sinne der §§ 1, 61 StGB vorzugehen.

§ 49. Soweit in diesem Bundesgesetz personenbezogene Bezeichnungen nur in männlicher Form angeführt sind, beziehen sie sich auf Frauen und Männer in gleicher Weise. Bei der Anwendung auf bestimmte Personen ist die jeweils geschlechtsspezifische Form zu verwenden.

§ 50. (1) Mit der Vollziehung ist, sofern Abs. 2 nicht anderes bestimmt, der Bundesminister oder die Bundesministerin für Gesundheit betraut, und zwar

1. hinsichtlich § 6 Abs. 1 Z 1, § 6a Abs. 1 Z 2 und 3 und Abs. 3 sowie § 17 im Einvernehmen mit dem Bundesminister oder der Bundesministerin für Wissenschaft, Forschung und Wirtschaft,

2. hinsichtlich § 6 Abs. 1 Z 2 im Einvernehmen mit dem/der jeweils als Aufsichtsbehörde in Betracht kommenden Bundesminister/Bundesministerin,

3. hinsichtlich § 6a Abs. 1 Z 1 im Einvernehmen mit dem Bundesminister oder der Bundesministerin für Wissenschaft, Forschung und Wirtschaft,

4. hinsichtlich § 10 Abs. 1 Z 1 im Einvernehmen mit dem Bundesminister oder der Bundesministerin für Finanzen,

5. hinsichtlich der § 19 Abs. 1 bis 3 und § 21 im Einvernehmen mit dem Bundesminister oder der Bundesministerin für Inneres und dem Bundesminister für Finanzen, *(BGBl I 2021/242)*

SMG

6. hinsichtlich § 7 Abs. 1a im Einvernehmen mit der Bundesministerin für Justiz. *(BGBl I 2021/242)*

(2) Mit der Vollziehung der übrigen Bestimmungen sind betraut:

1. der Bundesminister oder die Bundesministerin für Land- und Forstwirtschaft, Umwelt und Wasserwirtschaft hinsichtlich § 6 Abs. 2, sowie hinsichtlich § 13 Abs. 1, soweit es sich um land- oder forstwirtschaftliche Schulen handelt,

2. der Bundesminister oder die Bundesministerin für Bildung und Frauen hinsichtlich § 13 Abs. 1, soweit es sich nicht um land- oder forstwirtschaftliche Schulen handelt,

3. der Bundesminister oder die Bundesministerin für Landesverteidigung und Sport hinsichtlich der §§ 9 Abs. 3 und 13 Abs. 2,

4. der Bundesminister oder die Bundesministerin im Rahmen seines/ihres jeweiligen Wirkungsbereiches hinsichtlich § 13 Abs. 2a,

5. im Rahmen seines/ihres Wirkungsbereiches der Bundesminister oder die Bundesministerin für Finanzen und für Inneres hinsichtlich § 23 Abs. 3 zweiter Satz, Abs. 4 zweiter Satz sowie Abs. 5 zweiter Satz,

6. im Rahmen seines/ihres Wirkungsbereiches der Bundesminister oder die Bundesministerin für Wissenschaft, Forschung und Wirtschaft hinsichtlich § 24c Abs. 1 Z 2,

7. der Bundeskanzler oder die Bundeskanzlerin hinsichtlich § 24c Abs. 1 Z 3,

8. im Rahmen ihres jeweiligen Wirkungsbereiches der Bundesminister oder die Bundesministerin für Inneres, für Wissenschaft, Forschung und Wirtschaft sowie der Bundeskanzler oder die Bundeskanzlerin hinsichtlich § 24c Abs. 3,

9. der Bundesminister oder die Bundesministerin für Justiz hinsichtlich der §§ 27, 28 Abs. 1 bis 5, 29, 30, 31 Abs. 1 und 2, 32, 34, 35 Abs. 1 bis 4 und 6 bis 8, 36 Abs. 2 und 3, 37 bis 41 und 42 Abs. 2, hinsichtlich § 33 im Einvernehmen mit dem Bundesminister oder der Bundesministerin für Finanzen,

10. der Bundesminister oder die Bundesministerin für Finanzen hinsichtlich § 19 Abs. 4 sowie § 43 Abs. 6 und 7, hinsichtlich § 43 Abs. 5 im Einvernehmen mit dem Bundesminister oder der Bundesministerin für Inneres,

der Bundesminister oder die Bundesministerin für Inneres hinsichtlich der §§ 24a Abs. 1 erster Satz, 24c Abs. 1 Z 1 und Abs. 2, 42 Abs. 1 und 43 Abs. 1 bis 4, hinsichtlich § 18 im Einvernehmen mit dem Bundesminister oder der Bundesministerin für Wissenschaft, Forschung und Wirtschaft, hinsichtlich § 24a Abs. 2 im Einvernehmen mit dem Bundesminister oder der Bundesministerin für Gesundheit.

(BGBl I 2015/144)

5/3/1. Suchtgiftverordnung

(Auszug)

BGBl II 1997/374 idF

SMG

1 BGBl II 2001/144	**14** BGBl II 2012/464
2 BGBl II 2004/136	**15** BGBl II 2014/242
3 BGBl II 2005/314	**16** BGBl II 2015/257
4 BGBl II 2005/410	**17** BGBl II 2017/292
5 BGBl II 2006/227	**18** BGBl II 2019/167
6 BGBl II 2006/451	**19** BGBl II 2020/145
7 BGBl II 2007/50	**20** BGBl II 2020/215
8 BGBl II 2008/166	**21** BGBl II 2021/9
9 BGBl II 2008/480	**22** BGBl II 2021/280
10 BGBl II 2009/173	**23** BGBl II 2021/596
11 BGBl II 2009/485	**24** BGBl II 2022/261
12 BGBl II 2010/264	**25** BGBl II 2023/23
13 BGBl II 2012/357	**26** BGBl II 2023/209

Verordnung der Bundesministerin für Arbeit, Gesundheit und Soziales über den Verkehr und die Gebarung mit Suchtgiften (Suchtgiftverordnung – SV)

Auf Grund der §§ 2, 6 und 10 Suchtmittelgesetz (SMG), BGBl. I Nr. 112/1997, wird verordnet:

Begriffsbestimmungen

§ 1. (1) Suchtgifte im Sinne des § 2 Abs. 1 Suchtmittelgesetz sind die im **Anhang I** unter I.1. sowie die in den **Anhängen II und III** dieser Verordnung erfaßten Stoffe und Zubereitungen.

(2) Die in den **Anhängen IV und V** dieser Verordnung unter IV.1. und V.1. erfaßten Stoffe und Zubereitungen sind im Sinne des § 2 Abs. 2 Suchtmittelgesetz den Suchtgiften gemäß Abs. 1 gleichgestellt.

(3) Die in den Anhängen I, IV und V dieser Verordnung unter I.2., IV.2. und V.2. erfaßten Stoffe und Zubereitungen sind im Sinne des § 2 Abs. 3 Suchtmittelgesetz den Suchtgiften gemäß Abs. 1 gleichgestellt.

(4) Als Suchtgifte unterliegen dem Suchtmittelgesetz und dieser Verordnung sämtliche in den Anhängen I bis V angeführten Stoffe und Zubereitungen.

(5) Als Isomere eines Suchtgifts im Sinne dieser Verordnung gelten alle möglichen Stereoisomere sowie jene Positionsisomere (Stellungsisomere), die aufgrund ihrer Strukturähnlichkeit eine vergleichbare pharmakologische Wirkung wie das betreffende Suchtgift aufweisen. *(BGBl II 2006/451; BGBl II 2021/9)*

§ 2 bis 37. *(nicht abgedruckt)*

Anhang I

I.1. Stoffe und Zubereitungen gemäß § 2 Abs. 1 Suchtmittelgesetz:

I.1.a. **Folgende Drogen und daraus hergestellte Extrakte, Tinkturen und andere Zubereitungen:**
Cannabis (Marihuana)
Blüten- oder Fruchtstände der zur Gattung Cannabis gehörenden Pflanzen, denen das Harz nicht entzogen worden ist
ausgenommen sind

– die Blüten- oder Fruchtstände jener Hanfsorten, die

1. im Gemeinsamen Sortenkatalog für landwirtschaftliche Pflanzenarten gemäß Artikel 17 der Richtlinie 2002/53/EG des Rates vom 13. Juni 2002, ABl. Nr. L 193/2002 S. 1, oder

2. in der österreichischen Sortenliste gemäß § 65 Saatgutgesetz 1997, BGBl. I Nr. 72/1997, in der geltenden Fassung,

angeführt sind und deren Gehalt an Tetrahydrocannabinol 0,3% nicht übersteigt,

– Produkte aus Nutzhanfsorten, die im ersten Spiegelstrich angeführt sind, sofern der Gehalt an Tetrahydrocannabinol 0,3% vor, während und nach dem Produktionsprozess nicht übersteigt und daraus nicht leicht oder wirtschaftlich rentabel Suchtgift in einer zum Missbrauch geeigneten Konzentration oder Menge gewonnen werden kann, sowie

– die nicht mit Blüten- oder Fruchtständen vermengten Samen und Blätter der zur Gattung Cannabis gehörenden Pflanzen.

(BGBl II 2017/292)
Cannabisharz (Haschisch)

das abgesonderte Harz der zur Gattung Cannabis gehörenden Pflanzen

Cocablätter; ausgenommen sind jene zur Aromatisierung von Lebensmitteln dienenden Extrakte aus Cocablättern, denen das Cocain, Ecgonin und alle anderen Ecgonin-Alkaloide entzogen worden sind (decocainierte Extrakte). Als decocainiert gilt ein Extrakt, dessen Gehalt an Cocain, Ecgonin oder anderen Ecgonin-Alkaloiden in Summe 1,25 ppm oder 1,25 Milligramm pro Liter oder Kilogramm nicht übersteigt. Ausgenommen sind ferner die mit einem decocainierten Extrakt aromatisierten Lebensmittel, wenn der Gehalt an Cocain, Ecgonin oder anderen Ecgonin-Alkaloiden in Summe 1,25 ppm oder 1,25 Milligramm pro Liter oder Kilogramm des Lebensmittels nicht übersteigt

Hanf siehe Cannabis

Mohnstrohkonzentrat

das Produkt, das bei der Behandlung von Mohnstroh zum Zwecke der Konzentration seiner Alkaloide erhalten wurde

Opium, Rohopium

der geronnene Saft der zur Art Papaver somniferum gehörenden Pflanzen

(BGBl II 2009/173)

I.1.b. **Folgende Stoffe:**

Acetorphin
Acetyl-alpha-methylfentanyl
Acetylfentanyl
Acetylmethadol
Acryloylfentanyl
AH-7921
Alfentanil
Allylprodin
Alphacetylmethadol
Alphameprodin
Alphamethadol
Alpha-methylfentanyl
Alpha-methylthiofentanyl
Alphaprodin
Anileridin
Benzethidin
Benzylmorphin
Betacetylmethadol
Beta-hydroxyfentanyl
Beta-hydroxy-3-methylfentanyl
Betameprodin
Betamethadol
Betaprodin
Bezitramid
Brorphin
Butyrfentanyl
Carfentanil
Clonitazen
Cocain
Codein-N-oxid
Codoxim
Crotonylfentanyl
Desomorphin
Dextromoramid

Diacetylmorphin, Heroin
Diampromid Diethylthiambuten
Difenoxin
Dihydromorphin
Dimenoxadol
Dimepheptanol
Dimethylthiambuten
Dioxaphetylbutyrat
Diphenoxylat
Dipipanon
Drotebanol
Ecgonin, seine Ester und Derivate, die in Ecgonin und Cocain umgewandelt werden können
Ethylmethylthiambuten
Etonitazen
Etorphin
Etoxeridin
Fentanyl
4-Fluoroisobutyrfentanyl, 4-FIBF, pFIBF
Furanylfentanyl
Furethidin
Heroin, Diacetylmorphin
Hydrocodon
Hydromorphinol
Hydromorphon
Hydroxypethidin
Isomethadon
Isotonitazen
Ketobemidon
Levacetylmethadol
Levomethorphan, ausgenommen Dextromethorphan
Levomoramid
Levophenacylmorphan
Levo-(R(-)) Methadon (Polamidon)
Levorphanol
Metazocin
Methadon
Methadon-Zwischenprodukt
Methyldesorphin
Methyldihydromorphin
3-Methylfentanyl
3-Methylthiofentanyl
Metonitazen
Metopon
Moramid-Zwischenprodukt
Morpheridin
Morphin
Morphinmethobromid und andere quartäre Salze des Morphins
Morphin-N-oxid
MPPP
MT-45
Myrophin
Nicomorphin
Noracymethadol
Norlevorphanol
Normethadon
Normorphin
Norpipanon
Ocfentanil

Oripavin
Orthofluorofentanyl
Oxycodon
Oxymorphon
Para-fluorofentanyl
Parafluorobutyrylfentanyl
PEPAP
Pethidin
Pethidin-Zwischenprodukt A
Pethidin-Zwischenprodukt B
Pethidin-Zwischenprodukt C
Phenadoxon
Phenampromid
Phenazocin
Phenomorphan
Phenoperidin
Piminodin
Piritramid
Proheptazin
Properidin
Racemethorphan
Racemoramid
Racemorphan
Sufentanil
Tetrahydrofuranylfentanyl, THF-F
Thebacon
Thebain
Thiofentanyl
Tilidin
Trimeperidin
U-47700
Valerylfentanyl
(BGBl II 2009/173; BGBl II 2010/264; BGBl II 2017/292; BGBl II 2019/167; BGBl II 2020/215; BGBl II 2021/9; BGBl II 2021/280; BGBl II 2023/23)

I.1.c. **Weiters:**

die Isomere der unter I.1.b. angeführten Suchtgifte
die Ester, Äther und Molekülverbindungen der unter I.1.b. angeführten Suchtgifte
die Salze der unter I.1.b. angeführten Suchtgifte einschließlich der möglichen Salze der Ester, Äther und Salze der Isomere
sämtliche Zubereitungen der unter I.1.b. angeführten Suchtgifte, wenn sie nicht, ohne am menschlichen oder tierischen Körper angewendet zu werden, ausschließlich diagnostischen oder analytischen Zwecken dienen und ihr Gehalt an einem oder mehreren den Suchtgiftbestimmungen unterliegenden Stoffen jeweils den Prozentsatz von 0,001 nicht übersteigt
(BGBl II 2017/292)

I.2. **Stoffe und Zubereitungen, die auf Grund ihrer Wirkung und Verbreitung ein den Suchtgiften nach I.1. vergleichbares Gefährdungspotential aufweisen und daher diesen gleichgestellt sind (§ 2 Abs. 3 Suchtmittelgesetz):**

Cyclopropylfentanyl
Levacetylmethadol

Methoxyacetylfentanyl
Monoacetylmorphin, 6-Acetyl-Morphin
Remifentanil
die Isomere der unter I.2. angeführten Suchtgifte
die Ester, Äther und Molekülverbindungen der unter I.2. angeführten Suchtgifte
die Salze der unter I.2. angeführten Suchtgifte einschließlich der möglichen Salze der Ester, Äther und Salze der Isomere
sämtliche Zubereitungen der unter I.2. angeführten Suchtgifte, wenn sie nicht, ohne am menschlichen oder tierischen Körper angewendet zu werden, ausschließlich diagnostischen oder analytischen Zwecken dienen und ihr Gehalt an einem oder mehreren den Suchtgiftbestimmungen unterliegenden Stoffen jeweils den Prozentsatz von 0,001 nicht übersteigt
(BGBl II 2009/485; BGBl II 2017/292; BGBl II 2019/167)

Anhang II

Acetyldihydrocodein

Äthylmorphin

Codein

Dextropropoxyphen

Dihydrocodein

Ethylmorphin

Nicocodin

Nicodicodin

Norcodein

Pholcodin

Propiram

abgesehen von den in Anhang III bezeichneten Zubereitungen

die Isomere der in diesem Anhang angeführten Suchtgifte

die Ester, Äther und Molekülverbindungen der in diesem Anhang angeführten Suchtgifte

die Salze der in diesem Anhang angeführten Suchtgifte einschließlich der möglichen Salze der Ester, Äther und Salze der Isomere *(BGBl II 2017/292)*

sämtliche Zubereitungen der in diesem Anhang angeführten Suchtgifte, wenn sie nicht, ohne am menschlichen oder tierischen Körper angewendet zu werden, ausschließlich diagnostischen oder analytischen Zwecken dienen und ihr Gehalt an einem oder mehreren den Suchtgiftbestimmungen unterliegenden Stoffen jeweils den Prozentsatz von 0,001 nicht übersteigt

Anhang III

III.1. Pharmazeutische Zubereitungen, die folgende Suchtgifte des Anhanges II enthalten:
Acetyldihydrocodein
Codein
Dihydrocodein
Ethylmorphin
Nicocodin
Nicodicodin
Norcodein
Pholcodin
wenn es sich um Zubereitungen mit einem oder mehreren nicht den Suchtgiftbestimmungen unterliegenden Bestandteilen handelt und diese Zubereitungen je Einzeldosis nicht mehr als 100 mg Suchtgift (berechnet als Base) oder 2,5 Prozent in unaufgeteilten Zubereitungen enthalten
Zubereitungen von Propiram, wenn diese je Einzeldosis nicht mehr als 100 mg Propiram (berechnet als Base) und mindestens die gleiche Menge Methylcellulose enthalten
Zubereitungen von Dextropropoxyphen für die orale Anwendung ohne einen weiteren den österreichischen Suchtgiftbestimmungen unterliegenden Bestandteil, wenn diese je Einzeldosis nicht mehr als 135 mg Dextropropoxyphen (berechnet als Base) oder in unaufgeteilten Zubereitungen nicht mehr als 2,5 Prozent dieses Stoffes enthalten

(BGBl II 2012/357)

III.2. Weiters:.

Zubereitungen von Tramadol
Zubereitungen von Difenoxin, wenn diese je Einzeldosis nicht mehr als 0,5 mg Difenoxin (berechnet als Base) und mindestens 5 Prozent dieser Menge Atropinsulfat enthalten
Zubereitungen von Diphenoxylat, wenn diese je Einzeldosis nicht mehr als 2,5 mg Diphenoxylat (berechnet als Base) und mindestens 1 Prozent dieser Menge Atropinsulfat enthalten

(BGBl II 2012/357)

Anhang IV

IV.1. Stoffe und Zubereitungen des Anhangs II des Übereinkommens der Vereinten Nationen über psychotrope Stoffe (§ 2 Abs. 2 Suchtmittelgesetz):
AB-CHMINACA
AB-FUBINACA
AB-PINACA
ADB-FUBINACA
AM-2201
Amphetamin
4-CMC, 4-Chloromethcathinon, Clephedron
CUMYL-PeGACLONE
Dexamphetamin
Delta-9-Tetrahydrocannabinol und dessen stereochemischen Varianten
Diphenidin
Ethylon
Ethylphenidat
Eutylon
5F-AMB-PINACA, 5F-AMB, 5F-MMB-PINACA
5F-APINACA, 5F-AKB-48
Fenetyllin
4-Fluoroamphetamin, 4-FA
4F-MDMB-BINACA
5F-MDMB-PICA, 5F-MDMB-2201
5F-MDMB-PINACA, 5F-ADB
5F-PB-22
FUB-AMB, MMB-FUBINACA, AMB-FUBINACA
Gamma-Hydroxybuttersäure (GHB), ausgenommen in Zubereitungen, wenn sie kein weiteres Suchtmittel enthalten und, ohne am menschlichen oder tierischen Körper angewendet zu werden, nicht mehr als 1 Prozent Gamma-Hydroxybuttersäure (GHB) enthalten
JWH-018
Levamfetamin
Levomethamphetamin
MDMB-CHMICA
MDMB-4en-PINACA
Mecloqualon
3-MeO-PCP
Methamphetamin
Methamphetamin-Razemat
Methaqualon
Methiopropamin, MPA
Methoxetamin, MXE
3,4-Methylendioxypyrovaleron, MDPV
4-Methylethcathinon, 4-MEC
Methylon, beta-keto-MDMA
Methylphenidat
N-Ethylhexedron
N-Ethylnorpentylon, Ephylon
Paramethyl-4-methylaminorex, 4,4'-DMAR
Pentedron
Phencyclidin
Phenmetrazin
α-PHP
α-Pyrrolidinovalerophenon, α-PVP
Secobarbital
UR-144
XLR-11
Zipeprol
die Isomere der unter IV.1. angeführten Suchtgifte
die Ester"), Äther und Molekülverbindungen der unter IV.1. angeführten Suchtgifte
die Salze der unter IV.1. angeführten Suchtgifte einschließlich der möglichen Salze der Ester, Äther und Salze der Isomere
sämtliche Zubereitungen der unter IV.1. angeführten Suchtgifte, wenn sie nicht, ohne am menschlichen oder tierischen Körper angewendet zu

werden, ausschließlich diagnostischen oder analytischen Zwecken dienen und ihr Gehalt an einem oder mehreren den Suchtgiftbestimmungen unterliegenden Stoffen jeweils den Prozentsatz von 0,001 nicht übersteigt
(BGBl II 2005/410; BGBl II 2014/242; BGBl II 2017/292; BGBl II 2019/167; BGBl II 2020/215; BGBl II 2021/9; BGBl II 2021/280; BGBl II 2023/23)

---

*) ausgenommen Butyro-1,4-lacton (GBL)

IV.2. Stoffe und Zubereitungen, die auf Grund ihrer Wirkung und Verbreitung ein den Suchtgiften nach IV.1. vergleichbares Gefährdungspotential aufweisen und daher diesen gleichgestellt sind (§ 2 Abs. 3 Suchtmittelgesetz):
Buprenorphin
Pentazocin
Tramadol
abgesehen von den in Anhang III bezeichneten Zubereitungen
(BGBl II 2015/257)

Anhang V

V.1. Stoffe und Zubereitungen des Anhangs I des Übereinkommens der Vereinten Nationen über psychotrope Stoffe (§ 2 Abs. 2 Suchtmittelgesetz):
N-Äthyl MDA
25B-NBOMe, 2C-B-NBOMe
Brolamfetamin, DOB
Cathinon
2C-B
25C-NBOMe, 2C-C-NBOMe
DET
DMA
DMHP
DMT
DOC
DOET
Eticyclidin, PCE
Etryptamin
N-Hydroxy MDA
25I-NBOMe, 2C-I-NBOMe
Levamphetamin
MDMA
Mescalin
Methcathinon
4-Methylaminorex
+)-Lysergid, LSD, LSD-25
MMDA
Parahexyl
PMA
Psilocin, Psilotin
Psilocybin
Rolicyclidin, PHP, PCPY
STP, DOM
Tenamfetamin, MDA

Tenocyclidin, TCP
Tetrahydrocannabinol, die folgenden Isomere 6a (10a), 6a (7), 7, 8, 9, 10, 9 (11) und deren stereochemischen Varianten
TMA
die Isomere der unter V.1. angeführten Suchtgifte
die Ester**)*, Äther und Molekülverbindungen der unter V.1. angeführten Suchtgifte
die Salze der unter V.1. angeführten Suchtgifte einschließlich der möglichen Salze der Ester, Äther und Molekülverbindungen sowie Salze der Isomere
sämtliche Zubereitungen der in diesem Anhang angeführten Suchtgifte, wenn sie nicht, ohne am menschlichen oder tierischen Körper angewendet zu werden, ausschließlich diagnostischen oder analytischen Zwecken dienen und ihr Gehalt an einem oder mehreren den Suchtgiftbestimmungen unterliegenden Stoffen jeweils den Prozentsatz von 0,001 nicht übersteigt
(BGBl II 2005/410; BGBl II 2014/242; BGBl II 2019/167; BGBl II 2021/9)

---

*) ausgenommen Butyro-1,4-lacton (GBL)

V.2. Stoffe und Zubereitungen, die auf Grund ihrer Wirkung und Verbreitung ein den Suchtgiften nach V.1. vergleichbares Gefährdungspotential aufweisen und daher diesen gleichgestellt sind (§ 2 Abs. 3 Suchtmittelgesetz):
ADB-CHMINACA
5-(2-Aminopropyl)indol
3-Chlor-Methcathinon, 3-CMC
2C-I
2C-T-2
2C-T-7
Benzylpiperazin (BZP)
CUMYL-4CN-BINACA
4F-MDMB-BICA
MBDB
MDE
4-Methylamphetamin
4-Methyl-Methcathinon
3-Methyl-Methcathinon, 3-MMC
4-MTA
PMMA
TMA-2
THCA
die Isomere der unter V.2. angeführten Suchtgifte
die Ester, Äther und Molekülverbindungen der unter V.2. angeführten Suchtgifte
die Salze der unter V.2. angeführten Suchtgifte einschließlich der möglichen Salze der Ester, Äther und Molekülverbindungen sowie Salze der Isomere
sämtliche Zubereitungen der in diesem Anhang angeführten Suchtgifte, wenn sie nicht, ohne am menschlichen oder tierischen Körper angewendet zu werden, ausschließlich diagnostischen oder analytischen Zwecken dienen und ihr Gehalt an

einem oder mehreren den Suchtgiftbestimmungen unterliegenden Stoffen jeweils den Prozentsatz von 0,001 nicht übersteigt

(BGBl II 2009/173; BGBl II 2010/264; BGBl II 2019/167; BGBl II 2021/280; BGBl II 2023/23)

5/3/2. Psychotropenverordnung
(Auszug)

BGBl II 1997/375 idF

1 BGBl II 2003/606	7 BGBl II 2012/358
2 BGBl II 2005/40	8 BGBl II 2014/243
3 BGBl II 2005/409	9 BGBl II 2017/291
4 BGBl II 2008/481	10 BGBl II 2021/8
5 BGBl II 2009/486	11 BGBl II 2021/279
6 BGBl II 2011/202	

SMG

Verordnung der Bundesministerin für Arbeit, Gesundheit und Soziales über den Verkehr und die Gebarung mit psychotropen Stoffen (Psychotropenverordnung – PV)

Auf Grund der §§ 3, 6 und 10 Suchtmittelgesetz (SMG), BGBl. I Nr. 112/1997, wird verordnet:

Begriffsbestimmung

§ 1. (1) Psychotrope Stoffe im Sinne des § 3 Abs. 1 Suchtmittelgesetz sind die im **Anhang** dieser Verordnung erfaßten Stoffe und Zubereitungen.

(2) Dieser Verordnung unterliegen die im Anhang dieser Verordnung erfaßten Stoffe in Substanz sowie, soweit nicht auf psychotrope Stoffe in Substanz Bezug genommen wird, Zubereitungen, die psychotrope Stoffe enthalten.

§ 2 bis 21. (nicht abgedruckt)

Anlage 1

1. **Stoffe und Zubereitungen des Anhanges III des Übereinkommens der Vereinten Nationen über Psychotrope Stoffe (§ 3 Abs. 1 Suchtmittelgesetz):**
Amobarbital
Butalbital
Cathin; (+)–Norpseudoephedrin
Cyclobarbital
Flunitrazepam[1]
Glutethimid
Pentobarbital
die Salze der unter 1. angeführten Stoffe, falls das Bestehen solcher Salze möglich ist sämtliche Zubereitungen der in diesem Anhang angeführten psychotropen Stoffe, wenn sie nicht, ohne am menschlichen oder tierischen Körper angewendet zu werden, ausschließlich diagnostischen oder analytischen Zwecken dienen und ihr Gehalt an einem oder mehreren dieser Verordnung unterliegenden psychotropen Stoffen jeweils den Prozentsatz von 0,01 nicht übersteigt

(BGBl II 2008/481; BGBl II 2012/358)

---

[1] *Verschreibung nur auf Suchtgiftrezept (§ 10 Abs. 3)*

2. **Stoffe und Zubereitungen des Anhanges IV des Übereinkommens der Vereinten Nationen über Psychotrope Stoffe (§ 3 Abs. 1 Suchtmittelgesetz):**
Allobarbital
Alprazolam
Amfepramon
Aminorex
Barbital, ausgenommen in Zubereitungen, wenn sie kein weiteres Suchtmittel enthalten und, ohne am menschlichen oder tierischen Körper angewendet zu werden, ausschließlich diagnostischen oder analytischen Zwecken dienen, und je Packungseinheit nicht mehr als 20g Barbital, berechnet als Säure, enthalten.
Benzfetamin
Bromazepam
Brotizolam
Butobarbital
Camazepam
Chlordiazepoxid
Clobazam
Clonazepam
Clonazolam
Clorazepat
Clotiazepam
Cloxazolam
Delorazepam
Diazepam
Diclazepam
Estazolam
Ethchlorvynol
Ethinamat
Ethylloflazepate
Etilamfetamin
Etizolam
Fencamfamin
Fenproporex
Flualprazolam
Flubromazolam
Fludiazepam
Flurazepam
Halazepam
Haloxazolam
Ketazolam

Lefetamin
Loprazolam
Lorazepam
Lormetazepam
Mazindol
Medazepam
Mefenorex
Meprobamat
Mesocarb
Methylphenobarbital
Methyprylon
Midazolam
Nimetazepam
Nitrazepam
Nordazepam
Oxazepam
Oxazolam
Pemolin
Phenazepam
Phendimetrazin
Phenobarbital
Phentermin
Pinazepam

Pipradrol
Prazepam
Pyrovaleron
Secbutabarbital
Temazepam
Tetrazepam
Triazolam
Vinylbital
Zolpidem

die Salze der unter 2. angeführten Stoffe, falls das Bestehen solcher Salze möglich ist sämtliche Zubereitungen der in diesem Anhang angeführten psychotropen Stoffe, wenn sie nicht, ohne am menschlichen oder tierischen Körper angewendet zu werden, ausschließlich diagnostischen oder analytischen Zwecken dienen und ihr Gehalt an einem oder mehreren dieser Verordnung unterliegenden psychotropen Stoffen jeweils den Prozentsatz von 0,01 nicht übersteigt *(BGBl II 2008/481; BGBl II 2011/202; BGBl II 2014/243; BGBl II 2017/291; BGBl II 2021/8; BGBl II 2021/279)*

5/3/3. Suchtgift-Grenzmengenverordnung

BGBl II 1997/377 idF

1 BGBl II 2001/145
2 BGBl II 2004/137
3 BGBl II 2006/228
4 BGBl II 2009/174
5 BGBl II 2009/484

6 BGBl II 2010/347
7 BGBl II 2012/361
8 BGBl II 2014/371
9 BGBl II 2019/211

SMG

Verordnung des Bundesministers für Gesundheit über die Grenzmengen der Suchtgifte (Suchtgift-Grenzmengenverordnung – SGV)

(BGBl II 2009/174)

Auf Grund des § 28b des Suchtmittelgesetzes (SMG), BGBl. I Nr. 112/1997, zuletzt geändert durch das Bundesgesetz BGBl. I Nr. 143/2008 und die Bundesministeriengesetz-Novelle 2009, BGBl. I Nr. 3/2009, wird im Einvernehmen mit der Bundesministerin für Justiz verordnet: *(BGBl II 2010/347)*

§ 1. Als Untergrenze jener Menge, die, bezogen auf die Reinsubstanz des Wirkstoffes geeignet ist, in großem Ausmaß eine Gefahr für das Leben oder die Gesundheit von Menschen herbeizuführen (Grenzmenge), wird für die einzelnen Suchtgifte, unter Bedachtnahme auch auf deren Eignung, Gewöhnung hervorzurufen, sowie auf das Gewöhnungsverhalten von Suchtkranken, die im Anhang dieser Verordnung jeweils angeführte Menge festgesetzt.

(BGBl II 2010/347)

§ 2. Sofern hinsichtlich der im Anhang angeführten Suchtgifte das Bestehen von Salzen möglich ist, beziehen sich die Grenzmengen auf die Base des jeweiligen Suchtgiftes.

§ 3. (1) Diese Verordnung tritt mit 1. Jänner 1998 in Kraft. *(BGBl II 2014/371)*

(2) Der Anhang in der Fassung der Verordnung BGBl. II Nr. 371/2014 tritt mit 1. Jänner 2015 in Kraft. *(BGBl II 2014/371)*

(3) Der Anhang in der Fassung der Verordnung BGBl. II Nr. 211/2019 tritt mit Ablauf des Tages der Kundmachung in Kraft. *(BGBl II 2019/211)*

Hostasch

Anhang

1. Suchtgifte gemäß Anhang I der Suchtgiftverordnung, BGBl. II Nr. 374/1997:

Substanz:	Mengen in Gramm:
Acetorphin	20,0
Acetyl-alpha-methylfentanyl	1,0
Acetylfentanyl *(BGBl II 2019/211)*	0,5
Acetylmethadol	20,0
Acryloylfentanyl *(BGBl II 2019/211)*	0,01
Alfentanil	1,0
Allylprodin	24,0
Alphacetylmethadol	20,0
Alphameprodin	24,0
Alphamethadol	20,0
Alpha-methylfentanyl	0,5
Alpha-methylthiofentanyl	0,1
Alphaprodin	24,0
Anileridin	13,0
Benzethidin	13,0
Benzylmorphin	20,0
Betacetylmethadol	20,0
Beta-hydroxyfentanyl	1,0
Beta-hydroxy-3-methylfentanyl	0,1
Betameprodin	24,0
Betamethadol	20,0
Betaprodin	24,0
Bezitramid	3,0
Carfentanil *(BGBl II 2019/211)*	0,005
Clonitazen	3,0
Cocain	15,0
Codein-N-oxid	20,0
Codoxim	20,0
Desomorphin	20,0
Dextromoramid	10,0
Diampromid	24,0
Diethylthiambuten	10,0
Difenoxin	0,6
Dihydromorphin	20,0
Dimenoxadol	20,0

Substanz:	Mengen in Gramm:	Substanz:	Mengen in Gramm:
Dimepheptanol	20,0	Morphin-N-oxid	20,0
Dimethylthiambuten	10,0	MPPP	2,0
Dioxaphetylbutyrat	10,0	Myrophin	0,6
Diphenoxylat	3,0	Nicomorphin	20,0
Dipipanon	1,5	Noracymethadol	20,0
Drotebanol	20,0	Norlevorphanol	1,2
Ecgonin, seine Ester und Derivate, die in Ecgonin und Cocain umgewandelt werden können	20,0	Normethadon	15,0
		Normorphin	20,0
		Norpipanon	6,0
Ethylmethylthiambuten	10,0	Oripavin *(BGBl II 2009/174)*	20,0
Etonitazen	3,0	Oxycodon	20,0
Etorphin	20,0	Oxymorphon	2,0
Etoxeridin	3,0	Para-fluorofentanyl	0,5
Fentanyl	0,5	PEPAP	2,0
Furanylfentanyl *(BGBl II 2019/211)*	0,05	Pethidin	20,0
		Pethidin-Zwischenprodukt A	40,0
Furethidin	3,0	Pethidin-Zwischenprodukt B	40,0
Heroin, Diacetylmorphin	3,0	Pethidin-Zwischenprodukt C	40,0
Hydrocodon	20,0	Phenadoxon	1,5
Hydromorphinol	20,0	Phenampromid	1,0
Hydromorphon	3,0	Phenazocin	0,6
Hydroxypethidin	20,0	Phenomorphan	1,2
Isomethadon	10,0	Phenoperidin	3,0
Ketobemidon	2,0	Piminodin	3,0
Levacetylmethadol	20,0	Piritramid	15,0
Levomethorphan, ausgenommen Dextromethorphan	1,2	Proheptazin	20,0
		Properidin	3,0
Levomoramid	10,0	Racemethorphan	1,2
Levophenacylmorphan	1,2	Racemoramid	10,0
Levo-(R(-)) Methadon (Polamidon) *(BGBl II 2006/228)*	5,0	Racemorphan	1,2
		Remifentanil	0,1
Levorphanol	1,2	Sufentanil	0,01
Metazocin	0,6	Tapentadol *(BGBl II 2012/361)*	20,0
Methadon	10,0		
Methadon-Zwischenprodukt	20,0	Thebacon	3,0
Methyldesorphin	20,0	Thebain	15,0
Methyldihydromorphin	20,0	Thiofentanyl	0,5
3-Methylfentanyl	0,1	Tilidin	36,0
3-Methylthiofentanyl	0,1	Trimeperidin	40,0
Metopon	3,0		
Monoacetylmorphin, 6-Acetyl-Morphin *(BGBl II 2009/484)*	3,0		
Moramid-Zwischenprodukt	20,0		
Morpheridin	13,0		
Morphin	10,0		
Morphinmethobromid und andere quartäre Salze des Morphins	20,0		

2. Suchtgifte gemäß Anhang II der Suchtgiftverordnung:

Substanz:	Mengen in Gramm:
Acetyldihydrocodein	30,0
Äthylmorphin	20,0
Codein	30,0
Dextropropoxyphen	40,0

Substanz:	Mengen in Gramm:
Dihydrocodein	30,0
Ethylmorphin	20,0
Nicocodin	6,0
Nicodicodin	6,0
Norcodein	30,0
Pholcodin	10,0
Propiram	20,0

3. Suchtgifte gemäß Anhang IV der Suchtgift-verordnung:

Substanz:	Mengen in Gramm:
Amphetamin	10,0
Buprenorphin	1,0
2C-B	1,0
Dexamphetamin	10,0
Delta-9-Tetrahydrocannabinol und dessen stereochemischen Varianten	20,0
Fenetyllin	25,0
Gamma-Hydroxybuttersäure (GHB) *(BGBl II 2014/371)*	200,0
Levamfetamin	10,0
Levomethamphetamin	10,0
Mecloqualon	40,0
Methamphetamin	10,0
Methamphetamin-Razemat	10,0
Methaqualon	40,0
Methylphenidat	10,0
Pentazocin	50,0
Phencyclidin	1,0
Phenmetrazin	30,0
Secobarbital	10,0
Tramadol	40,0
Zipeprol	40,0

4. Suchtgifte gemäß Anhang V der Suchtgiftver-ordnung:

Substanz:	Mengen in Gramm:
N-Äthyl MDA	30,0
Brolamfetamin, DOB	1,0

Substanz:	Mengen in Gramm:
Benzylpiperazin (BZP) *(BGBl II 2009/174)*	40,0
Cathinon	4,0
2C-B	12,0
2C-I	12,0
2C-T-2	12,0
2C-T-7	12,0
DET	3,0
DMA	30,0
DMHP	30,0
DMT	3,0
DOET	30,0
Eticyclidin, PCE	2,0
Etryptamin	3,0
N-Hydroxy MDA	30,0
(+)-Lysergid, LSD, LSD-25	0,01
MBDB	30,0
MDE	30,0
MDMA	30,0
Mescalin	120,0
Methcathinon	4,0
4-Methylaminorex	10,0
4-Methyl-Methcathinon *(BGBl II 2010/347)*	60,0
MMDA	30,0
4-MTA	10,0
Parahexyl	20,0
PMA	30,0
PMMA	30,0
Psilocin, Psilotin	3,0
Psilocybin	3,0
Rolicyclidin, PHP, PCPY	2,0
STP, DOM	1,0
Tenamfetamin, MDA	30,0
Tenocyclidin, TCP	2,0
Tetrahydrocannabinol, die folgenden Isomere D6a (10a), D6a (7), D7, D8, D9, D10, D9 (11) und deren stereochemi-schen Varianten	20,0
THCA	40,0
TMA	30,0
TMA-2	18,0

SMG

5/3/4. Psychotropen-Grenzmengenverordnung

BGBl II 1997/378 idF

1 BGBl II 2003/607   **4** BGBl II 2014/373
2 BGBl II 2005/41   **5** BGBl II 2019/210
3 BGBl II 2010/346

Verordnung der Bundesministerin für Arbeit, Gesundheit und Soziales über die Untergrenzen einer großen Menge (Grenzmengen) bezüglich der psychotropen Stoffe (Psychotropen-Grenzmengenverordnung – PGV)

Aufgrund des § 31b des Suchtmittelgesetzes (SMG), BGBl. I Nr. 112/1997, zuletzt geändert durch das Bundesgesetz BGBl. I Nr. 143/2008 und die Bundesministeriengesetz-Novelle 2009, BGBl. I Nr. 3/2009, wird im Einvernehmen mit der Bundesministerin für Justiz verordnet: *(BGBl II 2010/346)*

§ 1. Als Untergrenze jener Menge, die, bezogen auf die Reinsubstanz des Wirkstoffes geeignet ist, in großem Ausmaß eine Gefahr für das Leben oder die Gesundheit von Menschen herbeizuführen (Grenzmenge), wird für die einzelnen psychotropen Stoffe, unter Bedachtnahme auch auf deren Eignung, Gewöhnung hervorzurufen, sowie auf das Gewöhnungsverhalten von Suchtkranken, die im Anhang dieser Verordnung jeweils angeführte Menge festgesetzt.

(BGBl II 2010/346)

§ 2. Sofern hinsichtlich der im Anhang angeführten psychotropen Stoffe das Bestehen von Salzen möglich ist, beziehen sich die Grenzmengen auf die Base des jeweiligen psychotropen Stoffes.

§ 3. (1) Diese Verordnung tritt mit 1. Jänner 1998 in Kraft. *(BGBl II 2014/373)*

(2) Der Anhang in der Fassung der Verordnung BGBl. II Nr. 373/2014 tritt mit 1. Jänner 2015 in Kraft. *(BGBl II 2014/373)*

(3) Der Anhang in der Fassung der Verordnung BGBl. II Nr. 210/2019 tritt mit Ablauf des Tages der Kundmachung in Kraft. *(BGBl II 2019/210)*

Hostasch

Anhang

1. Stoffe des Anhangs III des Übereinkommens der Vereinten Nationen über psychotrope Stoffe (§ 3 Abs. 1 Suchtmittelgesetz):

Substanz:	Mengen in Gramm:
Amobarbital	40,0
Butalbital	30,0
Cathin	8,0
Cyclobarbital	80,0
Flunitrazepam	0,4
Glutethimid	100,0
Pentobarbital	40,0

2. Stoffe des Anhangs IV des Übereinkommens der Vereinten Nationen über psychotrope Stoffe (§ 3 Abs. 1 Suchtmittelgesetz):

Substanz:	Mengen in Gramm:
Allobarbital	40,0
Alprazolam	4,0
Amfepramon	30,0
Aminorex	24,0
Barbital	200,0
Benzfetamin	30,0
Bromazepam	4,0
Brotizolam	0,5
Butobarbital	60,0
Camazepam	12,0
Chlordiazepoxid	12,0
Clobazam	8,0
Clonazepam	4,0
Clorazepat	8,0
Clotiazepam	6,0
Cloxazolam	4,0
Delorazepam	1,5
Diazepam	4,0
Estazolam	1,5
Ethchlorvynol	200,0
Ethinamat	200,0
Ethylloflazepat	1,0
Etilamfetamin	12,0
Fencamfamin	32,0
Fenproporex	8,0
Fludiazepam	0,3
Flurazepam	12,0

Substanz:	Mengen in Gramm:	Substanz:	Mengen in Gramm:
(BGBl II 2014/373)		Nordazepam	6,0
Halazepam	40,0	Oxazepam	20,0
Haloxazolam	3,0	Oxazolam	16,0
Ketazolam	12,0	Pemolin	16,0
Lefetamin	30,0	Phenazepam *(BGBl II 2019/210)*	3,0
Loprazolam	0,4		
Lorazepam	1,0	Phendimetrazin	28,0
Lormetazepam	0,4	Phenobarbital	40,0
Mazindol	0,4	Phentermin	6,0
Medazepam	8,0	Pinazepam	6,0
Mefenorex	24,0	Pipradrol	12,0
Meprobamat	480,0	Prazepam	12,0
Mesocarb	10,0	Pyrovaleron	16,0
Methylphenobarbital	40,0	Secbutabarbital	30,0
Methyprylon	80,0	Temazepam	8,0
Midazolam	8,0	Tetrazepam	40,0
Nimetazepam	2,0	Triazolam	0,5
Nitrazepam	2,0	Vinylbital	60,0
		Zolpidem	4,0

SMG

5/3/5. Einrichtungen und Vereinigungen mit Betreuungsangebot

BGBl II 2008/132 idF

SMG

1 BGBl II 2008/272	**11** BGBl II 2012/363
2 BGBl II 2008/313	**12** BGBl II 2013/163
3 BGBl II 2009/213	**13** BGBl II 2013/199
4 BGBl II 2009/340	**14** BGBl II 2013/233
5 BGBl II 2010/121	**15** BGBl II 2013/352
6 BGBl II 2010/290	**16** BGBl II 2014/301
7 BGBl II 2011/73	**17** BGBl II 2017/271
8 BGBl II 2011/163	**18** BGBl II 2021/224
9 BGBl II 2011/255	**19** BGBl II 2022/379
10 BGBl II 2012/298	**20** BGBl II 2023/228

Kundmachung der Bundesministerin für Gesundheit, Familie und Jugend über Einrichtungen und Vereinigungen mit Betreuungsangebot für Personen im Hinblick auf Suchtgiftmissbrauch

Auf Grund des § 15 Abs. 1 des Suchtmittelgesetzes (SMG), BGBl. I Nr. 112/1997, werden unter Berücksichtigung regionaler Erfordernisse nachstehende Einrichtungen und Vereinigungen für die Durchführung gesundheitsbezogener Maßnahmen im Hinblick auf Suchtgiftmissbrauch gemäß den §§ 11, 12, 35, 37 und 39 Suchtmittelgesetz kundgemacht:

1. im Burgenland:

<u>Ambulantes Betreuungsangebot</u>

Soziale Dienste Burgenland GmbH
Beratungszentrum und Suchtberatung Eisenstadt
Franz Liszt Gasse 1/III
7000 Eisenstadt

Soziale Dienste Burgenland GmbH
Beratungszentrum und Suchtberatung Güssing
Dammstraße 4
7540 Güssing

Soziale Dienste Burgenland GmbH
Beratungszentrum und Suchtberatung Jennersdorf
Hans Ponstingl Gasse 11/2-3
8380 Jennersdorf

Soziale Dienste Burgenland GmbH
Beratungszentrum und Suchtberatung Mattersburg
Angergasse 1
7210 Mattersburg

Soziale Dienste Burgenland GmbH
Beratungszentrum und Suchtberatung Neusiedl/See
Kardinal Franz König Platz 1
7100 Neusiedl/See

Soziale Dienste Burgenland GmbH
Beratungszentrum und Suchtberatung Oberwart
Wienerstraße 40
7400 Oberwart

Soziale Dienste Burgenland GmbH
Sozialpsychiatrisches Ambulatorium und Suchtberatung Oberpullendorf
Spitalstraße 32, Tor 1
7350 Oberpullendorf

(BGBl II 2013/199; BGBl II 2022/379)

2. in Kärnten:

<u>Ambulantes Betreuungsangebot</u>

AVS – Arbeitsvereinigung der Sozialhilfe Kärntens
Ambulatorium für Drogenkranke Klagenfurt
Sankt-Peter-Straße 5
9020 Klagenfurt am Wörthersee

AVS – Arbeitsvereinigung der Sozialhilfe Kärntens
Ambulatorium für Drogenkranke und Drogenberatungsstelle Roots Villach
Jakob-Ghon-Allee 4
9500 Villach

AVS – Arbeitsvereinigung der Sozialhilfe Kärntens
Drogenberatungsstelle Völkermarkt
Herzog-Bernhard-Platz 6
9100 Völkermarkt

AVS – Arbeitsvereinigung der Sozialhilfe Kärntens
Psychosozialer Dienst
Personalstraße 2
9300 St. Veit/Glan

AVS – Arbeitsvereinigung der Sozialhilfe Kärntens
Psychosoziales Beratungszentrum
Fischlstraße 40
9024 Klagenfurt am Wörthersee

AVS – Arbeitsvereinigung der Sozialhilfe Kärntens
Roots Drogenberatungsstelle Spittal
Bahnhofstraße 6
9800 Spittal/Drau

Beratungsstelle Viva
Magistrat Klagenfurt
Rudolfsbahngürtel 30
9020 Klagenfurt am Wörthersee

Oikos
Verein für Suchtkranke
Cannabisambulatorium und Beratungsstelle
Pischeldorferstraße 7
9020 Klagenfurt am Wörthersee

Stationäres Betreuungsangebot

Klinikum – Klagenfurt am Wörthersee
Abteilung für Neurologie und Psychiatrie des Kindes- und Jugendalters
Feschnigstraße 11
9020 Klagenfurt am Wörthersee

Klinikum – Klagenfurt am Wörthersee
Abteilung für Psychiatrie und Psychotherapie
Feschnigstraße 11
9020 Klagenfurt am Wörthersee

Oikos Therapie gem. GmbH
„Haus 10"
Ludwiggasse 10
9020 Klagenfurt am Wörthersee

(BGBl II 2021/224; BGBl II 2022/379)

3. in Niederösterreich:

Ambulantes Betreuungsangebot

Psychosoziale Zentren gGmbH
Suchtberatung Bruck/Leitha
Wienergasse 3/Stiege B/2 DG
2460 Bruck/Leitha

Psychosoziale Zentren gGmbH
Suchtberatung Gänserndorf
Hauptstraße 32
2230 Gänserndorf

Psychosoziale Zentren gGmbH
Suchtberatung Hollabrunn
Kühschelmgasse 5
2020 Hollabrunn

Psychosoziale Zentren gGmbH
Suchtberatung Klosterneuburg
Hundskehle 21/5
3400 Klosterneuburg

Psychosoziale Zentren gGmbH
Suchtberatung Mistelbach
Hauptplatz 7-8/1. Stock
2130 Mistelbach

Psychosoziale Zentren gGmbH
Suchtberatung Schwechat
Wienerstraße 1/Top 6
2320 Schwechat

Psychosoziale Zentren gGmbH
Suchtberatung Stockerau
Bahnhofstraße 16
2000 Stockerau

Psychosoziale Zentren gGmbH
Suchtberatung Tulln
Dr. Sigmund Freud Weg 3
3430 Tulln

Suchtberatung Baden des Anton-Proksch-Instituts
Helenenstraße 40/4/41
2500 Baden

Suchtberatung Mödling des Anton-Proksch-Instituts
Sr. Maria Restituta Gasse 33
2340 Mödling

Suchtberatung Neunkirchen des Anton-Proksch-Instituts
Anton-Aigner-Gasse 8
2620 Neunkirchen

Suchtberatung Wiener Neustadt des Anton-Proksch-Instituts
Grazerstraße 71/3. Stock/Top 7
2700 Wiener Neustadt

Suchtberatung Amstetten der Caritas Diözese St. Pölten
Hauptplatz 37
3300 Amstetten

Suchtberatung Gmünd der Caritas Diözese St. Pölten
Pestalozzigasse 3
3500 Krems

Suchtberatung Horn der Caritas Diözese St. Pölten
Bahnstraße 5
3500 Krems

Suchtberatung Krems der Caritas Diözese St. Pölten

Bahnzeile 1
3500 Krems

Suchtberatung Lilienfeld der Caritas Diözese St. Pölten
Liese Prokop Straße 14/2. OG
3500 Krems

Suchtberatung Melk der Caritas Diözese St. Pölten
Stadtgraben 10
3390 Melk

Suchtberatung Scheibbs der Caritas Diözese St. Pölten
Kapuzinerplatz 1
3270 Scheibbs

Suchtberatung St. Pölten der Caritas Diözese St. Pölten
Brunngasse 23
3100 St. Pölten

Suchtberatung Waidhofen an der Thaya der Caritas Diözese St. Pölten
Bahnhofstraße 18
3830 Waidhofen an der Thaya

Suchtberatung Zwettl der Caritas Diözese St. Pölten
Landstraße 29
3910 Zwettl

Stationäres Betreuungsangebot

Anton-Proksch-Institut
Therapiestation Mödling
Husarentempelgasse 3
2340 Mödling

Landesklinikum Mauer
Abteilung für Abhängigkeitserkrankungen
Pavillon 52
Hausmeninger Straße 221
3362 Mauer/Amstetten

Verein Grüner Kreis – „Binder"
Mönichkirchen Nr. 99
2872 Mönichkirchen

Verein Grüner Kreis – „Königsberghof"
Königsberg 10
2842 Thomasberg

Verein Grüner Kreis – „Marienhof"
Ausschlag-Zöbern 3-5
2870 Aspang

Verein Grüner Kreis – „Meierhof"
Unternberg 38
2870 Aspang

Verein Grüner Kreis – „Treinthof"
Hosien 3
2851 Krumbach

Verein Grüner Kreis – „Villa"
Maierhöfenstraße 18
2851 Krumbach

Verein Grüner Kreis – „Waldheimat"
Unterhöfen 92
2872 Mönichkirchen

Zukunftsschmiede Voggeneder GmbH
Therapeutische Einrichtung zur Rehabilitation und Integration ehemaliger drogen-, alkohol-, und medikamentenabhängiger Personen
Rauchengern Nr. 8
3021 Pressbaum
Verwaltung: 1130 Wien, Bergenstammgasse 9b/8

(BGBl II 2021/224; BGBl II 2022/379)

4. in Oberösterreich:

Ambulantes Betreuungsangebot

Ego Braunau
Beratungsstelle für Drogen- und Alkoholprobleme
Ringstraße 45
5280 Braunau

Ikarus
Beratungsstelle für Suchtfragen
Industriestraße 19
4840 Vöcklabruck

Kepler Universitätsklinikum GmbH
Neuromed Campus
Klinik für Psychiatrie mit Schwerpunkt Suchtmedizin
Ambulanz für Drogenabhängigkeit
Wagner-Jauregg-Weg 15
4020 Linz

Point
Beratungsstelle für Suchtfragen
Figulystraße 32
4020 Linz

Stadt Wels
Dienststelle Sozialservice und Frauen
Suchtberatungsstelle Circle
Dragonerstraße 22
4600 Wels

Verein Grüner Kreis – Ambulantes Beratungs- und Betreuungszentrum Linz
Sandgasse 11
4020 Linz

X-Dream

SMG

Beratungsstelle für Suchtfragen
Schaftgasse 2
4400 Steyr

Stationäres Betreuungsangebot

Erlenhof
Therapiestation
Taubing 7
4731 Prambachkirchen

Kepler Universitätsklinikum GmbH
Neuromed Campus
Klinik für Psychiatrie mit Schwerpunkt Suchtmedizin
Station H201
Wagner-Jauregg-Weg 15
4020 Linz

(BGBl II 2017/271; BGBl II 2021/224)

5. in Salzburg:

Ambulantes Betreuungsangebot

Uniklinikum Salzburg
Christian-Doppler-Klinik
Universitätsklinik für Psychiatrie, Psychotherapie
und Psychosomatik der
Paracelsus Medizinischen Privatuniversität
(PMU)
Bereich Suchtmedizin
Substitutionsambulanz
Ignaz-Harrer-Straße 79
5020 Salzburg

Suchthilfe Salzburg gGmbH
Drogenberatung Salzburg
St. Julien-Straße 9a
5020 Salzburg

Psychosozialer Dienst – Suchtberatung des
Amtes der Salzburger Landesregierung
Fanny-von-Lehnert-Straße 1
5020 Salzburg

(BGBl II 2017/271; BGBl II 2021/224)

6. in der Steiermark:

Ambulantes Betreuungsangebot

BAS – Betrifft Abhängigkeit und Sucht
Beratungsstelle Graz
Dreihackengasse 1
8020 Graz

BAS – Betrifft Abhängigkeit und Sucht
Beratungsstelle Hartberg
Rotkreuzplatz 2

8230 Hartberg

BAS – Betrifft Abhängigkeit und Sucht
Beratungsstelle Mürzzuschlag
Wienerstraße 3/3
8680 Mürzzuschlag

Drogenberatung des Landes Steiermark
Amt der Steiermärkischen Landesregierung
Friedrichgasse 7
8010 Graz

Hilfswerk Steiermark GmbH
Drogenberatungsstelle
Psychosoziale Dienste Feldbach
Bindergasse 5
8330 Feldbach

Hilfswerk Steiermark GmbH
Drogenberatungsstelle
Psychosoziale Dienste Fürstenfeld
Bahnhofstraße 13c
8280 Fürstenfeld

Hilfswerk Steiermark GmbH
Drogenberatungsstelle
Psychosoziale Dienste Graz-Umgebung Süd
Kirchweg 7
8071 Hausmannstätten

Hilfswerk Steiermark GmbH
Drogenberatungsstelle
Psychosoziale Dienste Radkersburg
Hauptplatz 22
8490 Bad Radkersburg

I.K.A. „Papiermühlgasse"
Interdisziplinäre Kontakt- und Anlaufstelle
Medizinische und psychosoziale Suchtkrankenversorgung
Papiermühlgasse 28
8020 Graz

LKH Graz Süd-West, Standort Süd
Zentrum für Suchtmedizin
Substitutionsambulanz
Wagner Jauregg – Platz 13
8053 Graz

PSN Psychosoziales Netzwerk gemeinnützige
GmbH
Drogen- und Suchtberatungsstelle Judenburg
Johann-Strauß-Gasse 90
8750 Judenburg

PSN Psychosoziales Netzwerk gemeinnützige
GmbH
Drogen- und Suchtberatungsstelle Knittelfeld
Bahnstraße 4
8720 Knittelfeld

PSN Psychosoziales Netzwerk gemeinnützige GmbH
Drogen- und Suchtberatungsstelle Liezen
Fronleichnamsweg 15
8940 Liezen

PSN Psychosoziales Netzwerk gemeinnützige GmbH
Drogen- und Suchtberatungsstelle Murau
Anna Neumannstraße 16
8850 Murau

Sozialmedizinisches Zentrum Liebenau
Verein für praktische Sozialmedizin
Liebenauer Hauptstraße 141
8041 Graz

Suchtberatung – Obersteiermark
Krottendorfergasse 1
8700 Leoben

Verein Grüner Kreis – Ambulantes Beratungs- und Betreuungszentrum Graz
Sterngasse 12
8020 Graz

Stationäres Betreuungsangebot

Therapiestation für Drogenkranke „Walkabout" des Krankenhauses der Barmherzigen Brüder Graz
Pirkenhofweg 10
8047 Kaindorf bei Graz

Verein Grüner Kreis – „Johnsdorf"
Johnsdorf 1
8350 Fehring
(BGBl II 2021/224; BGBl II 2022/379)

7. in Tirol:

Ambulantes Betreuungsangebot

Ambulante Suchtpräventionsstelle der Innsbrucker Soziale Dienste GmbH
Liebeneggstraße 2
6020 Innsbruck

Drogenambulanz Wörgl
Ambulanz der Abteilung für Psychiatrie des A. ö. Bezirkskrankenhauses Kufstein
Steinbacherstraße 1
6300 Wörgl

Drogenberatung Z6
Dreiheiligenstraße 9
6020 Innsbruck

Suchthilfe Tirol
Beratungsstelle Hall in Tirol
Innsbrucker Straße 85/1

6060 Hall in Tirol

Suchthilfe Tirol
Beratungsstelle Schwaz
Innsbrucker Straße 5
6130 Schwaz

Suchthilfe Tirol
Beratungsstelle Wörgl
Bahnhofstraße 42a, City Center
6300 Wörgl

Universitätsklinik für Allgemeine Psychiatrie und Sozialpsychiatrie
Sprechstunde für Abhängigkeitserkrankungen (Drogenambulanz)
Innrain 66a
6020 Innsbruck

Stationäres Betreuungsangebot

Haus am Seespitz
Kurzzeittherapie für Drogenabhängige
Pertisauer Straße 32
6212 Maurach

Landeskrankenhaus Hall
Abteilung für Psychiatrie und Psychotherapie B
Station für Drogentherapie B3
Milser Straße 10
6060 Hall in Tirol

(BGBl II 2017/271; BGBl II 2022/379)

8. in Vorarlberg:

Ambulantes Betreuungsangebot

Clean Bludenz
Kasernplatz 5
6700 Bludenz

Clean Bregenz
Montfortstraße 3/3. OG
6900 Bregenz

Clean Feldkirch
Schießstätte 2/8
6800 Feldkirch

Die Faehre
Ihre kompetente Partnerin in Drogenfragen
Frühlingstraße 11/1. OG
6850 Dornbirn

Stationäres Betreuungsangebot

Therapiestation Carina
der Stiftung Maria Ebene
Pater-Grimm-Weg 12
6807 Feldkirch-Tisis

Therapiestation Lukasfeld
der Stiftung Maria Ebene
Herrengasse 41
6812 Meiningen

(BGBl II 2012/298)

9. in Wien:

<u>Ambulantes Betreuungsangebot</u>

Allgemeines Krankenhaus der Stadt Wien –
Universitätsklinik für Psychiatrie und Psychotherapie
Klinische Abteilung für Allgemeine Psychiatrie
Drogenambulanz
Währinger Gürtel 18-20
1090 Wien

Ambulatorium der Sucht- und Drogenkoordination Wien
Modecenterstraße 14/Block A/3. OG
1030 Wien

Kolping – Sucht- und Drogenberatung
für Jugendliche und Angehörige
Paulanergasse 11
1040 Wien

Kriseninterventionszentrum Wien
Lazarettgasse 14A, Ebene 02
1090 Wien

P.A.S.S. – Hilfe bei Suchtproblemen
Alserstraße 24/11A
1090 Wien

SALIDA gemeinnützige GmbH
Institut für Suchtbehandlung und Reintegration
Degengasse 70/Stiege 6/Top B1A
1160 Wien

Suchthilfe Wien gemeinnützige GmbH
Ambulatorium Suchthilfe Wien
Gumpendorfer Gürtel 8
1060 Wien

Suchthilfe Wien gemeinnützige GmbH
Change
Nußdorfer Straße 41
1090 Wien

Suchthilfe Wien gemeinnützige GmbH

jedmayer
Gumpendorfer Gürtel 8
1060 Wien

Verein Dialog
Integrative Suchtberatung Gudrunstraße
Gudrunstraße 184/3
1100 Wien

Verein Dialog
Integrative Suchtberatung Modecenterstraße
Modecenterstraße 14/Block A/4. Stock
1030 Wien

Verein Dialog
Integrative Suchtberatung Nord
Puchgasse 1
1220 Wien

Verein Dialog
Sucht und Beschäftigung
Modecenterstraße 14/Block A/4. Stock
1030 Wien

Verein Grüner Kreis – Ambulantes Beratungs-
und Betreuungszentrum Wien
Simmeringer Hauptstraße 101 – 103
1110 Wien

<u>Stationäres Betreuungsangebot</u>

Anton-Proksch-Institut Klinikum
Abteilung D – Behandlungsabteilung für
Konsument:innen illegaler Substanzen
Gräfin Zichy-Straße 6
1230 Wien

Drogeninstitut des Sozialmedizinischen Zentrums
Baumgartner Höhe – Otto Wagner Spital mit
Pflegezentrum
Baumgartner Höhe 1
1140 Wien

SHH Schweizer Haus Hadersdorf
Evangelisches Haus Hadersdorf – WOBES
Mauerbachstraße 34
1140 Wien

*(BGBl II 2021/224; BGBl II 2022/379; BGBl
II 2023/228)*

Diese Kundmachung ersetzt die Kundmachung
BGBl. II Nr. 379/1997, zuletzt geändert durch
BGBl. II Nr. 228/2023.

5/3/6. Neue-Psychoaktive-Substanzen-Gesetz

BGBl I 2011/146 idF

1 BGBl I 2013/48

2 BGBl I 2018/37 (2. Materien-Daten-schutz-Anpassungsgesetz 2018)

SMG

Bundesgesetz über den Schutz vor Gesundheitsgefahren im Zusammenhang mit Neuen Psychoaktiven Substanzen (Neue-Psychoaktive-Substanzen-Gesetz, NPSG)

Begriffsbestimmungen

§ 1. Im Sinne dieses Bundesgesetzes ist

1. „Neue Psychoaktive Substanz" eine Substanz oder Zubereitung, die die Fähigkeit besitzt, bei ihrer Anwendung im menschlichen Körper eine psychoaktive Wirkung herbeizuführen und nicht der Einzigen Suchtgiftkonvention 1961, BGBl. Nr. 531/1978, oder dem Übereinkommen von 1971 über psychotrope Stoffe, BGBl. III Nr. 148/1997, unterliegt;

2. „psychoaktive Wirkung" die mit Halluzinationen oder Störungen der motorischen Funktionen, des Denkens, des Verhaltens, der Wahrnehmung oder der Stimmung einher gehende Anregung oder Dämpfung des Zentralnervensystems;

3. „Substanz" eine synthetisch hergestellte chemische Verbindung;

4. „Zubereitung" ein Gemisch oder eine Lösung, das oder die eine Neue Psychoaktive Substanz oder mehrere solcher Substanzen enthält.

Anwendungsbereich

§ 2. Dieses Bundesgesetz ist auf Neue Psychoaktive Substanzen anzuwenden, soweit sie nicht nach Maßgabe der arzneimittel-, apotheken- oder arzneiwareneinfuhrrechtlichen Vorschriften in Verkehr gebracht werden dürfen.

(2) Dieses Bundesgesetz ist jedoch nicht auf Stoffe und Zubereitungen anzuwenden, die dem Suchtmittelgesetz, BGBl. I Nr. 112/1997, unterliegen.

Verordnung

§ 3. (1) Der Bundesminister oder die Bundesministerin für Gesundheit und Frauen kann Neue Psychoaktive Substanzen mit Verordnung bezeichnen, wenn auf Grund bestimmter Tatsachen

1. anzunehmen ist, dass sie wegen ihrer Wirkung gemäß § 1 Z 2 in bestimmten Verkehrskreisen Verbreitung zur missbräuchlichen Anwendung finden, und

2. bei ihrer Anwendung nach dem Stand der Wissenschaft und der Erfahrung eine Gefahr für die Gesundheit von Konsumentinnen und Konsumenten besteht oder nicht ausgeschlossen werden kann.

(2) Der Bundesminister oder die Bundesministerin für Gesundheit und Frauen kann ferner chemische Substanzklassen definieren, wenn diese Maßnahme besser als die Bezeichnung einzelner Neuer Psychoaktiver Substanzen geeignet erscheint, der Verbreitung solcher Substanzen und der damit für die Gesundheit von Konsumentinnen und Konsumenten verbundenen oder nicht auszuschließenden Gefahren vorzubeugen.

(3) Der Anwendung des Abs. 2 steht nicht entgegen, dass von den chemischen Substanzklassen auch Substanzen mit erfasst sind, die

1. die Fähigkeit zur Herbeiführung einer Wirkung gemäß § 1 Z 2 nicht oder nur in geringem Maß besitzen, oder

2. als Suchtmittel den suchtmittelrechtlichen Bestimmungen unterliegen.

Gerichtliche Strafbestimmungen

§ 4. (1) Wer mit dem Vorsatz, daraus einen Vorteil zu ziehen, eine mit Verordnung gemäß § 3 bezeichnete oder von einer gemäß § 3 definierten chemischen Substanzklasse umfasste Neue Psychoaktive Substanz mit dem Vorsatz erzeugt, einführt, ausführt oder einem anderen überlässt oder verschafft, dass sie von dem anderen oder einem Dritten zur Erreichung einer psychoaktiven Wirkung im menschlichen Körper angewendet wird, ist mit Freiheitsstrafe bis zu zwei Jahren zu bestrafen.

(2) Hat die Straftat den Tod eines Menschen oder schwere Körperverletzungen (§ 84 Abs. 1 StGB) einer größeren Zahl von Menschen zur Folge, so ist der Täter mit Freiheitsstrafe von einem bis zu zehn Jahren zu bestrafen.

Einziehung

§ 5. (1) Eine mit Verordnung gemäß § 3 bezeichnete oder von einer gemäß § 3 definierten chemischen Substanzklasse umfasste Neue Psychoaktive Substanz ist – wenn nicht bereits die Voraussetzungen der Einziehung nach § 26 StGB vorliegen – auch einzuziehen, wenn keine bestimmte Person wegen einer Straftat nach § 4 verfolgt oder verurteilt werden kann, es sei denn, der oder die Verfügungsberechtigte macht einen rechtmäßigen Verwendungszweck glaubhaft und bietet Gewähr dafür, dass die Substanz nicht zur Erreichung einer psychoaktiven Wirkung im menschlichen Körper angewendet wird. *(BGBl I 2013/48)*

(2) Für das Verfahren gelten die §§ 443 bis 446 der Strafprozessordnung 1975 (StPO), BGBl. Nr. 631/1975, entsprechend. Für die Anwendung der StPO ist eine Neue Psychoaktive Substanz als Gegenstand zu behandeln, dessen Besitz allgemein verboten ist. *(BGBl I 2013/48)*

Verdacht auf arzneimittelrechtliche Verstöße

§ 6. Die Organe des öffentlichen Sicherheitsdienstes haben, wenn sich im Zuge von Strafverfolgungshandlungen nach diesem Bundesgesetz der Verdacht eines Verstoßes gegen das Arzneimittelgesetz, BGBl. Nr. 185/1983, oder das Arzneiwareneinfuhrgesetz, BGBl. I Nr. 79/2010, ergibt, unverzüglich das Bundesamt für Sicherheit im Gesundheitswesen von dem Sachverhalt in Kenntnis zu setzen und diesem alle zur Klärung des Sachverhalts erforderlichen Daten, insbesondere produktbezogene Daten, zu übermitteln. Die Organe des öffentlichen Sicherheitsdienstes sind in diesem Zusammenhang ermächtigt, zum Schutz vor den mit dem vorschriftswidrigen in Verkehr Bringen von Arzneimitteln verbundenen Gefahren für das Leben oder die Gesundheit von Menschen auch die zur Klärung des Sachverhalts erforderlichen personenbezogenen Daten zu übermitteln.

Sicherstellungsbefugnis und Informationspflichten der Zollbehörden

§ 7. (1) Wenn bestimmte Tatsachen darauf schließen lassen, dass Neue Psychoaktive Substanzen zum Zweck nach oder aus Österreich befördert werden, dass sie zur Erreichung einer psychoaktiven Wirkung im menschlichen Körper angewendet werden, so sind die Zollorgane befugt, diese sicher zu stellen. Von der Sicherstellung haben sie unverzüglich der zuständigen Staatsanwaltschaft zu berichten. Erklärt diese, dass die Voraussetzungen einer Sicherstellung (§ 110 StPO) nicht vorliegen, ist die Sicherstellung sogleich aufzuheben.

(2) Im Zusammenhang mit der Kontrolle von Neuen Psychoaktiven Substanzen dürfen die Zollbehörden personenbezogene Daten verarbeiten (Art. 4 Z 2 der Verordnung (EU) Nr. 679/2016 zum Schutz natürlicher Personen bei der Verarbeitung personenbezogener Daten, zum freien Datenverkehr und zur Aufhebung der Richtlinie 95/46/EG (Datenschutz-Grundverordnung), ABl. Nr. L 119 vom 27.04.2016 S. 1) und diese den zuständigen Strafverfolgungsbehörden übermitteln, soweit dies zur Erfüllung deren gesetzlicher Aufgabe erforderlich ist. *(BGBl I 2018/37)*

(BGBl I 2013/48)

Monitoring

§ 8. (1) Der Bundesminister oder die Bundesministerin für Gesundheit und Frauen hat mit dem Ziel der Vorbeugung vor den mit dem Missbrauch für die Gesundheit von Konsumentinnen und Konsumenten einher gehenden Gefahren Sorge zu tragen für die

1. Beobachtung des Marktes im Hinblick auf das Auftreten Neuer Psychoaktiver Substanzen,

2. Bewertung der Risiken der Neuen Psychoaktiven Substanzen, soweit dies auf Grundlage der verfügbaren wissenschaftlichen Erkenntnisse und praktischen Erfahrungen möglich ist,

3. Information der maßgeblichen Stellen des Gesundheitswesens über die gemäß Z 1 und 2 gewonnenen Erkenntnisse.

(2) Der Bundesminister oder die Bundesministerin für Gesundheit und Frauen kann mit den Maßnahmen gemäß Abs. 1 die nationale Kontaktstelle im Informationsnetz der Europäischen Beobachtungsstelle für Drogen und Drogensucht (§ 26a des Suchtmittelgesetzes) beauftragen. Diese kann zur Beratung in Fragen der Neuen Psychoaktiven Substanzen einen Fachbeirat aus Sachverständigen der einschlägigen Fachgebiete aus Wissenschaft und Praxis einrichten. Die Tätigkeit der Sachverständigen im Fachbeirat ist ehrenamtlich. Allfällige Reisekosten sind vom Bundesminister oder von der Bundesministerin für Gesundheit und Frauen nach der höchsten Gebührenstufe der Reisegebührenvorschrift 1955, BGBl. Nr. 133, zu ersetzen.

Vollziehung

§ 9. Mit der Vollziehung ist hinsichtlich

1. der §§ 4 und 5 die Bundesministerin oder der Bundesminister für Justiz,

2. des § 6 die Bundesministerin oder der Bundesminister für Inneres,

3. des § 7 die Bundesministerin oder der Bundesminister für Finanzen,

4. der übrigen Bestimmungen der Bundesminister oder die Bundesministerin für Gesundheit und Frauen betraut.

Schlussbestimmungen

§ 10. (1) Soweit dieses Bundesgesetz auf andere Bundesgesetze verweist, sind diese in ihrer jeweils geltenden Fassung anzuwenden.

(2) Die Durchführungsverordnung gemäß § 3 darf bereits ab dem der Kundmachung dieses Bundesgesetzes folgenden Tag erlassen werden. Sie darf jedoch nicht vor dem Inkrafttreten Bundesgesetzes in Kraft treten.

Inkrafttreten

§ 11. (1) Dieses Bundesgesetz tritt mit 1. Jänner 2012 in Kraft. *(BGBl I 2018/37)*

(2) § 7 Abs. 2 in der Fassung des 2. Materien-Datenschutz-Anpassungsgesetzes, BGBl. I Nr. 37/2018, tritt mit 25. Mai 2018 in Kraft. *(BGBl I 2018/37)*

SMG

5/4. Verbotsgesetz

StGBl 1945/13 idF

1 StGBl 1945/127	**2** BGBl 1946/5	**3** BGBl 1946/16
4 BGBl 1946/177	**5** BGBl 1947/25	**6** BGBl 1948/70
7 BGBl 1948/99	**8** BGBl 1955/283	**9** BGBl 1955/285
10 BGBl 1956/155	**11** BGBl 1957/82	**12** BGBl 1968/74
13 BGBl 1974/422	**14** BGBl 1992/148	

Verfassungsgesetz vom 8. Mai 1945 über das Verbot der NSDAP (Verbotsgesetz 1947)

Die Provisorische Staatsregierung hat beschlossen:

Artikel I

Verbot der NSDAP

§ 1. Die NSDAP, ihre Wehrverbände (SS, SA, NSKK, NSFK), ihre Gliederungen und angeschlossenen Verbände sowie alle nationalsozialistischen Organisationen und Einrichtungen überhaupt sind aufgelöst; ihre Neubildung ist verboten. [Ihr Vermögen ist der Republik verfallen.]

§ 2. Mandate der Mitglieder von Gebietskörperschaften oder Berufsvertretungen, die unmittelbar oder mittelbar auf Grund von Vorschlägen der NSDAP, der in § 1 genannten Organisationen und Einrichtungen oder ihrer Mitglieder erlangt worden sind, sind erloschen.

§ 3. Es ist jedermann untersagt, sich, sei es auch außerhalb dieser Organisation, für die NSDAP oder ihre Ziele irgendwie zu betätigen.

(BGBl 1947/25)

§ 3a. Einer gerichtlich strafbaren Handlung macht sich schuldig und wird mit Freiheitsstrafe von zehn bis zu zwanzig Jahren, bei besonderer Gefährlichkeit des Täters oder der Betätigung auch mit lebenslanger Freiheitsstrafe bestraft:

1. wer versucht, eine gesetzlich aufgelöste nationalsozialistische Organisation aufrechtzuerhalten oder wiederherzustellen oder mit einer solchen Organisation oder einer in ihrem Namen handelnden Person in Verbindung zu treten; als nationalsozialistische Organisationen (§ 1) gelten: die NSDAP, die SS, die SA, das NSKK, das NSFK, der NS-Soldatenring, der NS-Offiziersbund, alle sonstigen Gliederungen der NSDAP und die ihr angeschlossenen Verbände sowie jede andere nationalsozialistische Organisation;

2. wer eine Verbindung gründet, deren Zweck es ist, durch Betätigung ihrer Mitglie-

der im nationalsozialistischen Sinn die Selbständigkeit und Unabhängigkeit der Republik Österreich zu untergraben oder die öffentliche Ruhe und den Wiederaufbau Österreichs zu stören, oder wer sich in einer Verbindung diese Art führend betätigt;

3. wer den Ausbau einer der in Z. 1 und der Z. 2 bezeichneten Organisationen und Verbindungen durch Anwerbung von Mitgliedern, Bereitstellungen, von Geldmitteln oder in ähnlicher Weise fördert, die Mitglieder einer solchen Organisation oder Verbindung mit Kampfmitteln, Verkehrsmitteln oder Einrichtungen zur Nachrichtenübermittlung ausrüstet oder in ähnlicher Weise die Tätigkeit einer solchen Organisation oder Verbindung ermöglicht oder unterstützt;

4. wer für eine solche Organisation oder Verbindung Kampfmittel, Verkehrsmittel oder Einrichtungen zur Nachrichtenübermittlung herstellt, sich verschafft oder bereit hält.

(Eingefügt durch BGBl 1947/25 idF BGBl 1968/74, BGBl 1957/82, BGBl 1974/422 und BGBl 1992/148)

§ 3b. Wer an einer Organisation oder Verbindung der in § 3a bezeichneten Art teilnimmt oder sie durch Geldzuwendungen oder in anderer Weise unterstützt, wird, wenn die Handlung nicht nach § 3a strafbar ist, wegen einer gerichtlich strafbaren Handlung mit Freiheitsstrafe von fünf bis zu zehn Jahren, bei besonderer Gefährlichkeit des Täters oder der Betätigung bis zu zwanzig Jahren, bestraft.

(Eingefügt durch BGBl 1947/25 idF BGBl 1974/422, BGBl 1957/82 und BGBl 1992/148)

§ 3c. Die Strafbarkeit der in den §§ 3a und 3b bezeichneten Handlungen erlischt, wenn der Schuldige aus eigenem Antrieb, ehe die Behörde sein Verschulden erfährt, alles, was ihm von der Organisation oder Verbindung und ihren Plänen bekannt ist, zu einer Zeit, da es noch geheim war und ein Schaden verhütet werden konnte, der Behörde entdeckt.

(Eingefügt durch BGBl 1947/25)

§ 3d. Wer öffentlich oder vor mehreren Leuten, in Druckwerken, verbreiteten Schriften oder bildlichen Darstellung zu einer der nach § 1 oder § 3 verbotenen Handlungen auffordert, aneifert oder zu verleiten sucht, insbesondere zu diesem Zweck die Ziele der NSDAP, ihre Einrichtungen oder Maßnahmen verherrlicht oder anpreist, wird, sofern sich darin nicht eine schwerer verpönte gerichtlich strafbare Handlung darstellt, mit Freiheitsstrafe von fünf bis zu zehn Jahren, bei besonderer Gefährlichkeit des Täters oder der Betätigung bis zu zwanzig Jahren, bestraft.

(Eingefügt durch BGBl 1947/25 idF BGBl 1957/82, BGBl 1974/422 und BGBl 1992/148)

§ 3e. (1) Wer die Begehung eines Mordes, eines Raubes, einer Brandlegung, eines Verbrechens nach §§ 85, 87 oder 89 des Strafgesetzes oder eines Verbrechens nach § 4 des Sprengstoffgesetzes[a]) als Mittel der Betätigung im nationalsozialistischen Sinn mit einem anderen verabredet, wird mit Freiheitsstrafe von zehn bis zu zwanzig Jahren, bei besonderer Gefährlichkeit des Täters oder der Betätigung auch mit lebenslanger Freiheitsstrafe bestraft.

(2) Nach Abs. (1) wird nicht bestraft, wer sich in eine Verabredung der dort bezeichneten Art eingelassen hat, in der Folge aber aus eigenem Antrieb, ehe die Behörde sein Verschulden erfährt, alles, was ihm von der Verabredung bekannt ist, der Behörde zu einer Zeit entdeckt, da es noch geheim war und das beabsichtigte Verbrechen verhütet werden konnte.

(Eingefügt durch BGBl 1947/25 idF BGBl 1957/82, BGBl 1974/422 und BGBl 1992/148)

§ 3f. Wer einen Mord, einen Raub, eine Brandlegung, ein Verbrechen nach §§ 85, 87 oder 89 des Strafgesetzes oder ein Verbrechen nach § 4 des Sprengstoffgesetzes[a]) als Mittel der Betätigung im nationalsozialistischen Sinn versucht oder vollbringt, wird mit Freiheitsstrafe von zehn bis zu zwanzig Jahren, bei besonderer Gefährlichkeit des Täters oder der Betätigung auch mit lebenslanger Freiheitsstrafe bestraft.

(Eingefügt durch BGBl 1947/25 idF BGBl 1957/82, BGBl 1974/422 und BGBl 1992/148)

---

[a]) heute Brandstiftung, §§ 126, 173, 176 StGB.

§ 3g. Wer sich auf andere als die in den §§ 3a bis 3f bezeichnete Weise im national-

sozialistischen Sinne betätigt, wird, sofern die Tat nicht nach einer anderen Bestimmung strenger strafbar ist, mit Freiheitsstrafe von einem bis zu zehn Jahren, bei besonderer Gefährlichkeit des Täters oder der Betätigung bis zu 20 Jahren bestraft.

(Eingefügt durch BGBl 1947/25 idF BGBl 1957/82, BGBl 1974/422 und BGBl 1992/148)

§ 3h. Nach § 3g wird auch bestraft, wer in einem Druckwerk, im Rundfunk oder in einem anderen Medium oder wer sonst öffentlich auf eine Weise, daß es vielen Menschen zugänglich wird, den nationalsozialistischen Völkermord oder andere nationalsozialistische Verbrechen gegen die Menschlichkeit leugnet, gröblich verharmlost, gutheißt oder zu rechtfertigen sucht.

(Eingefügt durch BGBl 1992/148)

§ 3i. Wer von einem Unternehmen der in §§ 3a, 3b, 3d oder 3e bezeichneten Art oder von einer Person, die sich in ein solches Unternehmen eingelassen hat, zu einer Zeit, in der ein Schaden verhütet werden konnte, glaubhafte Kenntnis erhält und es vorsätzlich unterläßt, der Behörde Anzeige zu erstatten, obgleich er sie machen konnte, ohne sich, seine Angehörigen (§ 216 StG.)[b]) oder unter seinem gesetzlichen Schutze stehende Personen einer Gefahr auszusetzen, wird mit Freiheitsstrafe von einem bis zu zehn Jahren bestraft.

(Eingefügt durch BGBl 1947/25 idF BGBl 1974/422 und BGBl 1992/148)

---

[b]) heute: § 72 StGB

§ 3j. Die Hauptverhandlung und Urteilsfällung wegen der in den §§ 3a bis 3i bezeichneten Verbrechen obliegt dem Geschworenengericht.

(Eingefügt durch BGBl 1992/148)

Artikel II – VI

(aufgehoben bzw gegenstandslos)

Artikel VII
Schlußbestimmungen

§ 28. *(aufgehoben, BGBl 1947/25)*

§ 29. Mit der Vollziehung dieses Bundesverfassungsgesetzes ist die Bundesregierung betraut.

(BGBl 1947/25)

5/5. Waffengesetz

BGBl I 1997/12 idF

1 BGBl I 2000/142
2 BGBl I 2001/57
3 BGBl I 2001/98
4 BGBl I 2002/134
5 BGBl I 2004/136
6 BGBl I 2008/4
7 BGBl I 2010/43
8 BGBl I 2012/35 (2. StabG 2012)
9 BGBl I 2012/50 (SNG)
10 BGBl I 2012/53 (VFB)
11 BGBl I 2012/63

12 BGBl I 2012/115
13 BGBl I 2013/161 (VwGAnpG-Inneres)
14 BGBl I 2015/52 (SVAG 2015)
15 BGBl I 2016/120 (Deregulierungs- und Anpassungsgesetz 2016 – Inneres)
16 BGBl I 2018/32 (Materien-Datenschutz-Anpassungsgesetz 2018)
17 BGBl I 2018/97
18 BGBl I 2021/148
19 BGBl I 2021/211

WaffG

STICHWORTVERZEICHNIS
zum WaffG

Stichwortverzeichnis

8. Abschnitt

Ausnahmebestimmungen für bestimmte Waffen, Zwecke und Personen

9. Abschnitt

Behörden und Verfahren

10. Abschnitt

Strafbestimmungen und Durchsuchungsermächtigung

11. Abschnitt

Verarbeitung personenbezogener Daten im Rahmen der Waffenpolizei *(BGBl I 2018/32)*

12. Abschnitt

Übergangs- und Schlußbestimmungen

1. Abschnitt

Begriffsbestimmungen

Waffen

§ 1. Waffen sind Gegenstände, die ihrem Wesen nach dazu bestimmt sind,

1. die Angriffs- oder Abwehrfähigkeit von Menschen durch unmittelbare Einwirkung zu beseitigen oder herabzusetzen oder

2. bei der Jagd oder beim Schießsport zur Abgabe von Schüssen verwendet zu werden.

Schusswaffen

§ 2. (1) Schusswaffen sind Waffen, mit denen feste Körper (Geschosse) durch einen Lauf in eine bestimmbare Richtung verschossen werden können; es sind dies Schusswaffen

1. der Kategorie A (§§ 17 und 18);

2. der Kategorie B (§§ 19 bis 23);

3. der Kategorie C (§§ 30 bis 35). *(BGBl I 2018/97) (BGBl I 2010/43)*

(2) Die Bestimmungen über Schusswaffen gelten auch für wesentliche Bestandteile von Schusswaffen. Dabei handelt es sich um Lauf, Trommel, Verschluss, Rahmen, Gehäuse und andere diesen entsprechenden wesentliche Bestandteile von Schusswaffen – auch wenn sie Bestandteil eines anderen Gegenstandes geworden sind –, sofern sie bei der Schussabgabe gasdruckbelastet, verwendungsfähig und nicht Kriegsmaterial sind. Sie gelten jedoch nicht für Einsteckläufe mit Kaliber unter 5,7 mm. *(BGBl I 2018/97)*

(3) Schusswaffen im Sinne des § 1 Art. I Z 1 lit. b der Verordnung der Bundesregierung vom 22. November 1977 betreffend Kriegsmaterial, BGBl. Nr. 624/1977, die jeweils gemäß § 42b deaktiviert worden sind, sind keine Waffen im Sinne dieses Bundesgesetzes. *(BGBl I 2010/43; BGBl I 2012/63; BGBl I 2018/97)*

(4) Der Umbau einer Schusswaffe hat – ausgenommen im Falle einer Deaktivierung gemäß

§ 42b – keine Auswirkungen auf ihre Zuordnung zu einer Kategorie. Dies gilt nicht für Schusswaffen, die zu einer höheren Kategorie umgebaut wurden; diesfalls ist die Schusswaffe der höheren Kategorie zuzurechnen. *(BGBl I 2018/97)*

Faustfeuerwaffen

§ 3. Faustfeuerwaffen sind Schußwaffen, bei denen die Geschosse durch Verbrennung eines Treibmittels ihren Antrieb erhalten und die eine Gesamtlänge von höchstens 60 cm aufweisen.

Salutwaffen

§ 3a. Salutwaffen sind ehemalige Schusswaffen, die zum ausschließlichen Abfeuern von Knallpatronen, Gasen oder Flüssigkeiten umgebaut wurden.
(BGBl I 2018/97)

Schreckschusswaffen

§ 3b. (1) Schreckschusswaffen sind Waffen, die zum ausschließlichen Abfeuern von Knallpatronen, Gasen oder Flüssigkeiten erzeugt wurden.

(2) Schreckschusswaffen, die am oder nach dem 14. September 2018 in der Europäischen Union hergestellt oder in diese eingeführt werden und nicht dem Durchführungsrechtsakt der Europäischen Union gemäß Art. 10a Abs. 3 der Richtlinie 91/477/EWG über die Kontrolle des Erwerbs und des Besitzes von Waffen, ABl. Nr. L 256 vom 13.09.1991 S. 51, zuletzt geändert durch die Richtlinie (EU) 2017/853, ABl. Nr. L 137 vom 24.05.2017 S. 22, entsprechen, gelten als Schusswaffe der entsprechenden Kategorie.

(BGBl I 2018/97)

Munition

§ 4. Munition ist ein verwendungsfertiges Schießmittel, das seinem Wesen nach für den Gebrauch in Schußwaffen bestimmt ist.

Kriegsmaterial

§ 5. (1) Kriegsmaterial im Sinne dieses Bundesgesetzes sind

1. die auf Grund der Verordnung der Bundesregierung vom 22. November 1977 betreffend Kriegsmaterial bestimmten Waffen, Munitions- und Ausrüstungsgegenstände, soweit es sich dabei nicht um halbautomatische Karabiner oder Gewehre handelt, sowie

2. Rahmen und Gehäuse des in Z 1 genannten Kriegsmaterials, sofern sie bei der Schussabgabe gasdruckbelastet sind und es sich nicht um Kriegsmaterial gemäß § 1 Art. I Z 1 lit. b der

Verordnung der Bundesregierung vom 22. November 1977 betreffend Kriegsmaterial handelt.
(BGBl I 2018/97)

(2) Abweichend von Abs. 1 sind nicht Kriegsmaterial im Sinne dieses Bundesgesetzes

1. Kartuschen verschossener Munition und

2. Läufe und Verschlüsse gemäß § 1 Art. I Z 1 lit. c der Verordnung betreffend Kriegsmaterial, die jeweils gemäß § 42b deaktiviert worden sind. *(BGBl I 2012/63)*

(3) Die Regelungen des Kriegsmaterialgesetzes (KMG), BGBl. Nr. 540/1977, bleiben durch Abs. 1 und 2 unberührt. *(BGBl I 2018/97)*

Besitz

§ 6. (1) Als Besitz von Waffen und Munition gilt auch deren Innehabung. *(BGBl I 2010/43)*

(2) Nicht als Besitz gilt die Innehabung von Waffen anlässlich eines Verkaufsgesprächs im Geschäftslokal eines Gewerbetreibenden gemäß § 47 Abs. 2. *(BGBl I 2010/43)*

Führen

§ 7. (1) Eine Waffe führt, wer sie bei sich hat.

(2) Eine Waffe führt jedoch nicht, wer sie innerhalb von Wohn- oder Betriebsräumen oder eingefriedeten Liegenschaften mit Zustimmung des zu ihrer Benützung Berechtigten bei sich hat.

(3) Eine Waffe führt weiters nicht, wer sie – in den Fällen einer Schußwaffe ungeladen – in einem geschlossenen Behältnis und lediglich zu dem Zweck, sie von einem Ort zu einem anderen zu bringen, bei sich hat (Transport).

Verlässlichkeit

§ 8. (1) Ein Mensch ist verlässlich, wenn er voraussichtlich mit Waffen sachgemäß umgehen wird und keine Tatsachen die Annahme rechtfertigen, dass er *(BGBl I 2018/97)*

1. Waffen missbräuchlich oder leichtfertig verwenden wird; *(BGBl I 2018/97)*

2. mit Waffen unvorsichtig umgehen oder diese nicht sorgfältig verwahren wird;

3. Waffen Menschen überlassen wird, die zum Besitz solcher Waffen nicht berechtigt sind.

(2) Ein Mensch ist keinesfalls verlässlich, wenn er *(BGBl I 2018/97)*

1. alkohol- oder suchtkrank ist oder

2. psychisch krank oder geistesschwach ist oder

3. durch ein körperliches Gebrechen nicht in der Lage ist, mit Waffen sachgemäß umzugehen.

(3) Als nicht verlässlich gilt ein Mensch im Falle einer Verurteilung *(BGBl I 2018/97)*

1. wegen § 278b bis § 278g oder § 282a Strafgesetzbuch (StGB), BGBl. Nr. 60/1974, oder

wegen anderer unter Anwendung oder Androhung von Gewalt begangenen oder mit Gemeingefahr verbundenen vorsätzlichen strafbaren Handlungen, wegen eines Angriffes gegen den Staat oder den öffentlichen Frieden oder wegen Zuhälterei, Menschenhandels, Schlepperei oder Tierquälerei zu einer Freiheitsstrafe von mehr als zwei Monaten oder einer Geldstrafe von mehr als 120 Tagessätzen oder *(BGBl I 2021/211)*

2. wegen gewerbsmäßigen, bandenmäßigen oder bewaffneten Schmuggels oder

3. wegen einer durch fahrlässigen Gebrauch von Waffen erfolgten Verletzung oder Gefährdung von Menschen oder

4. wegen einer in Z 1 genannten strafbaren Handlung, sofern er bereits zweimal wegen einer solchen verurteilt worden ist oder *(BGBl I 2018/97)*

5. nach dem Verbotsgesetz 1947, StGBl. Nr. 13/1945. *(BGBl I 2018/97; BGBl I 2021/211)*

(4) Eine gemäß Abs. 3 maßgebliche Verurteilung liegt nicht vor, wenn sie bereits getilgt ist. Trotz einer nicht getilgten Verurteilung im Sinne des Abs. 3 kann ein Mensch verlässlich sein, wenn das ordentliche Gericht vom Ausspruch der Strafe abgesehen hat (§ 12 des Jugendgerichtsgesetzes 1988 – JGG, BGBl. Nr. 599); gleiches gilt, wenn das ordentliche Gericht sich den Ausspruch der Strafe vorbehalten hat (§ 13 JGG) oder die Strafe – außer bei Freiheitsstrafen von mehr als sechs Monaten – ganz oder teilweise bedingt nachgesehen hat, sofern kein nachträglicher Strafausspruch oder kein Widerruf der bedingten Strafnachsicht erfolgte. *(BGBl I 2013/161; BGBl I 2018/97)*

(5) Weiters gilt ein Mensch als nicht verlässlich, der

1. öfter als zweimal wegen einer im Zustand der Trunkenheit begangenen schwerwiegenden Verwaltungsübertretung oder

2. wegen einer Verwaltungsübertretung nach dem Symbole-Gesetz, BGBl. I Nr. 103/2014, dem Abzeichengesetz 1960, BGBl. Nr. 84/1960, oder nach Art. III Abs. 1 Z 4 des Einführungsgesetzes zu den Verwaltungsverfahrensgesetzen 2008 (EGVG), BGBl. I Nr. 87/2008,

bestraft wurde, sofern sämtliche dieser Bestrafungen nicht getilgt sind. *(BGBl I 2021/211)*

(6) Schließlich gilt ein Mensch als nicht verlässlich, wenn aus Gründen, die in seiner Person liegen, die Feststellung der für die Verlässlichkeit maßgeblichen Sachverhaltes nicht möglich war. Als solcher Grund gilt jedenfalls, wenn der Betroffene sich anlässlich der Überprüfung seiner Verlässlichkeit weigert, der Behörde *(BGBl I 2018/97)*

1. Waffen, die er nur auf Grund der nach diesem Bundesgesetz ausgestellten Urkunde besitzen darf, samt den zugehörigen Urkunden vorzuweisen;

2. die sichere Verwahrung der in Z 1 genannten Waffen nachzuweisen, obwohl auf Grund bestimmter Tatsachen Zweifel daran bestehen, dass er die Waffen sicher verwahrt. *(BGBl I 2018/97)*

(7) Bei erstmaliger Prüfung der Verlässlichkeit hat sich die Behörde davon zu überzeugen, ob Tatsachen die Annahme mangelnder waffenrechtlicher Verlässlichkeit des Betroffenen aus einem der in Abs. 2 genannten Gründe rechtfertigen. Antragsteller, die nicht Inhaber einer Jagdkarte sind, haben ein Gutachten darüber beizubringen, ob sie dazu neigen, insbesondere unter psychischer Belastung mit Waffen unvorsichtig umzugehen oder sie leichtfertig zu verwenden. Der Bundesminister für Inneres hat durch Verordnung geeignete Personen oder Einrichtungen zu bezeichnen, die in der Lage sind, dem jeweiligen Stand der psychologischen Wissenschaft entsprechende Gutachten zu erstellen, sowie die anzuwendenden Testverfahren und die dabei einzuhaltende Vorgangsweise festzulegen. Ergibt ein Gutachten, dass der Betroffene dazu neigt, mit Waffen unvorsichtig umzugehen oder sie leichtfertig zu verwenden, haben die zur Erstellung eines Gutachtens ermächtigten Personen oder Einrichtungen der Behörde den Vor- und Familiennamen, das Geburtsdatum des Betroffenen, das Ergebnis sowie das Datum des erstellten Gutachtens zu melden. Wird innerhalb von sechs Monaten ab Erstellung eines solchen Gutachtens ein weiteres Gutachten erstellt, darf dieses die Behörde in einem Verfahren zur Überprüfung der Verlässlichkeit nicht verwerten. Wurden der Behörde drei Gutachten im Sinne des zweiten Satzes gemeldet, ist die Ausstellung einer Waffenbesitzkarte oder eines Waffenpasses zehn Jahre ab Erstellung des dritten Gutachtens unzulässig. *(BGBl I 2010/43; BGBl I 2018/97)*

EWR-Bürger, Schweiz und Liechtenstein

§ 9. (1) EWR-Bürger sind Staatsangehörige einer Vertragspartei des Abkommens über den Europäischen Wirtschaftsraum (EWR-Abkommen).

(2) Soweit dieses Bundesgesetz auf Mitgliedstaaten der Europäischen Union Bezug nimmt, gelten diese Bestimmungen auch für die Schweiz und Liechtenstein. *(BGBl I 2012/63)*

(3) Soweit dieses Bundesgesetz auf Drittstaatsangehörige Bezug nimmt, gilt § 2 Abs. 4 Z 10 des Fremdenpolizeigesetzes 2005 (FPG), BGBl. I Nr. 100/2005. *(BGBl I 2018/97)*

(BGBl I 2010/43)

2. Abschnitt

Allgemeine Bestimmungen

Ermessen

§ 10. Bei der Anwendung der in diesem Bundesgesetz enthaltenen Ermessensbestimmungen sind private Rechte und Interessen nur insoweit zu berücksichtigen, als dies ohne unverhältnismäßige Beeinträchtigung des öffentlichen Interesses, das an der Abwehr der mit dem Gebrauch von Waffen verbundenen Gefahr besteht, möglich ist.

Jugendliche

§ 11. (1) Der Besitz von Waffen, Munition und Knallpatronen ist Menschen unter 18 Jahren verboten.

(2) Die Behörde kann auf Antrag des gesetzlichen Vertreters Menschen nach Vollendung des 16. Lebensjahres für Schusswaffen der Kategorie C Ausnahmen vom Verbot des Abs. 1 für jagdliche oder sportliche Zwecke bewilligen, wenn der Jugendliche verlässlich und reif genug ist, die mit dem Gebrauch von Waffen verbundenen Gefahren einzusehen und sich dieser Einsicht gemäß zu verhalten. *(BGBl I 2010/43; BGBl I 2018/97)*

(3) Abs. 1 gilt nicht, wenn und insoweit Waffen und Munition bei der beruflichen Ausbildung Jugendlicher im Rahmen eines gesetzlich anerkannten Lehr- oder Ausbildungsverhältnisses benötigt werden.

(4) Rechtsgeschäfte, die dem Verbot des Abs. 1 zuwiderlaufen, sind nichtig, soweit keine Ausnahme gemäß Abs. 2 bewilligt wurde.

(5) Sportliche Zwecke im Sinne des Abs. 2 umfassen auch die Mitgliedschaft in einer traditionellen Schützenvereinigung; eine Bewilligung gemäß Abs. 2 für ein Mitglied einer traditionellen Schützenvereinigung ist auf den in § 35 Abs. 2 Z 3 umschriebenen Umfang beschränkt. *(BGBl I 2013/161)*

Drittstaatsangehörige

§ 11a. Der Erwerb, der Besitz und das Führen von Waffen und Munition ist verboten: *(BGBl I 2018/97)*

1. unrechtmäßig im Bundesgebiet aufhältigen Drittstaatsangehörigen,

2. sonstigen Drittstaatsangehörigen, die den Mittelpunkt ihrer Lebensbeziehungen im Bundesgebiet haben und nicht über einen Aufenthaltstitel „Daueraufenthalt – EU" (§ 8 Abs. 1 Z 7 Niederlassungs- und Aufenthaltsgesetz – NAG, BGBl. I Nr. 100/2005), über einen Aufenthaltstitel „Artikel 50 EUV" (§ 8 Abs. 1 Z 13 NAG), über eine Aufenthaltskarte für Angehörige eines EWR-

Bürgers (§ 9 Abs. 1 Z 2 NAG) oder eine Daueraufenthaltskarte (§ 9 Abs. 2 Z 2 NAG) verfügen; eine Hauptwohnsitzmeldung gilt dabei jedenfalls als Begründung des Mittelpunkts der Lebensbeziehungen im Bundesgebiet, *(BGBl I 2018/97; BGBl I 2021/211)*

3. Asylwerbern (§ 2 Abs. 1 Z 14 Asylgesetz 2005 – AsylG 2005, BGBl. I Nr. 100/2005). *(BGBl I 2016/120)*

Sportschützen

§ 11b. (1) Die Ausübung des Schießsports als Sportschütze im Sinne dieses Bundesgesetzes liegt vor, wenn der Betroffene in einem entsprechenden Sportschützenverein ordentliches Mitglied ist und das zur Vertretung dieses Vereines nach außen berufene Organ bestätigt, dass er regelmäßig den Schießsport ausübt oder regelmäßig an Schießwettbewerben teilnimmt.

(2) Ein Verein nach dem Vereinsgesetz 2002 (VerG), BGBl. I Nr. 66/2002, gilt als Sportschützenverein im Sinne des Abs. 1, wenn der Verein

1. Mitglied im Landesschützenverband jenes Bundeslandes ist, wo er seinen Sitz hat, und

2. über mindestens 35 ordentliche Mitglieder verfügt und Mitglieder dieses Vereins regelmäßig, zumindest einmal jährlich, an nationalen, mindestens fünf Bundesländer übergreifenden, oder internationalen Schießwettbewerben teilnehmen.

(3) Ein Sportschütze übt den Schießsport regelmäßig aus, wenn er als Mitglied eines Sportschützenvereins seit mindestens zwölf Monaten durchschnittlich mindestens einmal im Monat den Schießsport ausübt. Ein Sportschütze nimmt regelmäßig an Schießwettbewerben teil, wenn er in den letzten zwölf Monaten zumindest drei Mal an solchen teilgenommen hat.

(4) Von der Ausübung des Schießsports mit einer Waffe der Kategorie A ist überdies nur dann auszugehen, wenn ein in einem internationalen Sportschützenverband vertretener österreichischer Sportschützenverband bestätigt, dass eine solche Waffe zur Ausübung einer anerkannten Disziplin des Schießsports erforderlich ist.

(BGBl I 2018/97)

Waffenverbot

§ 12. (1) Die Behörde hat einem Menschen den Besitz von Waffen und Munition zu verbieten (Waffenverbot), wenn bestimmte Tatsache die Annahme rechtfertigen, daß dieser Mensch durch mißbräuchliches Verwenden von Waffen Leben, Gesundheit oder Freiheit von Menschen oder fremdes Eigentum gefährden könnte.

(1a) Bestimmte Tatsachen im Sinne des Abs. 1 liegen jedenfalls bei einer Verurteilung wegen § 278b bis § 278g oder § 282a StGB vor. Dies gilt auch, wenn diese bereits getilgt ist, sofern auf eine Freiheitsstrafe von mindestens 18 Monaten erkannt wurde. *(BGBl I 2021/211)*

(2) Die im Besitz des Menschen, gegen den ein Waffenverbot erlassen wurde, befindlichen

1. Waffen und Munition sowie

2. Urkunden (ausgenommen Jagdkarten), die nach diesem Bundesgesetz zum Erwerb, Besitz, Führen oder zur Einfuhr von Waffen oder Munition berechtigen,

sind unverzüglich sicherzustellen. Für die damit betrauten Organe des öffentlichen Sicherheitsdienstes gilt § 50 des Sicherheitspolizeigesetzes – SPG, BGBl. Nr. 566/1991.

(3) Eine Beschwerde gegen ein Waffenverbot hat keine aufschiebende Wirkung. Mit dem Eintritt der Rechtskraft des Waffenverbotes gelten

1. die sichergestellten Waffen und Munition als verfallen;

2. die im Abs. 2 Z 2 angeführten Urkunden als entzogen.
(BGBl I 2013/161)

(4) Die Behörde hat dem Betroffenen auf Antrag für die verfallenen Waffen und verfallene Munition, soweit er deren rechtmäßigen Erwerb glaubhaft macht, mittels Bescheides eine angemessene Entschädigung zuzuerkennen. Ein solcher Antrag ist binnen einem Jahr ab Eintritt der Rechtskraft des Verbotes nach Abs. 1 zu stellen. *(BGBl I 2010/43)*

(5) Die gemäß Abs. 2 sichergestellten Waffen und Munition gelten trotz eines rechtmäßig verhängten Waffenverbotes nicht als verfallen,

1. wenn das ordentliche Gericht, dem sie anläßlich eines Strafverfahrens vorgelegt worden sind, ihre Ausfolgung an deren Eigentümer verfügt oder *(BGBl I 2013/161)*

2. wenn jemand anderer als der Betroffene binnen sechs Monaten, vom Zeitpunkt der Sicherstellung an gerechnet, der Behörde das Eigentum an diesen Gegenständen glaubhaft macht und dieser Eigentümer die Gegenstände besitzen darf.

(6) Erlangt die Behörde Kenntnis, dass sich ein Waffenverbot gegen den Inhaber einer Jagdkarte richtet, so ist der Behörde, die die Jagdkarte ausgestellt hat, eine Abschrift des vollstreckbaren Verbotsbescheides zu übermitteln. Erlangt die Behörde Kenntnis, dass sich ein Waffenverbot gegen jemanden richtet, dem auf Grund seines öffentlichen Amtes oder Dienstes von seiner vorgesetzten österreichischen Behörde oder Dienststelle eine Dienstwaffe zugeteilt worden ist, so ist eine Abschrift des vollstreckbaren Verbotsbescheides dieser Behörde oder Dienststelle zu übermitteln. *(BGBl I 2010/43)*

(7) Ein Waffenverbot ist von der Behörde, die dieses Verbot erlassen hat, auf Antrag oder von Amts wegen aufzuheben, wenn die Gründe für seine Erlassung weggefallen sind. *(BGBl I 2013/161)*

(8) Die örtliche Zuständigkeit für die Verhängung eines Waffenverbotes gegen Personen ohne Hauptwohnsitz oder Wohnsitz in Österreich richtet sich nach dem Ort des Vorfalls, der dazu Anlass gibt, ein Verfahren zur Verhängung eines Waffenverbots einzuleiten. *(BGBl I 2010/43)*

Vorläufiges Waffenverbot

§ 13. (1) Die Organe der öffentlichen Aufsicht sind bei Gefahr im Verzug ermächtigt, ein vorläufiges Waffenverbot auszusprechen, wenn sie Grund zur Annahme haben, dass der Betroffene durch missbräuchliches Verwenden von Waffen Leben, Gesundheit oder Freiheit von Menschen oder fremdes Eigentum gefährdn wird. Zudem gilt mit Anordnung eines Betretungs- und Annäherungsverbotes gemäß § 38a SPG ein vorläufiges Waffenverbot als ausgesprochen. Darüber hinaus sind sie in diesen Fällen ermächtigt, *(BGBl I 2021/211)*

1. Waffen und Munition sowie

2. Urkunden (ausgenommen Jagdkarten), die nach diesem Bundesgesetz zum Erwerb, Besitz, Führen oder zur Einfuhr von Waffen oder Munition berechtigen,

sicherzustellen. Die Organe haben dem Betroffenen über die Aussprache des vorläufigen Waffenverbots sowie im Falle einer Sicherstellung über diese sofort eine Bestätigung auszustellen. *(BGBl I 2018/97)*

(1a) Soweit die Befugnis gemäß Abs. 1 von Organen des öffentlichen Sicherheitsdienstes wahrgenommen wird, gilt § 50 SPG. Weigert sich ein Betroffener im Falle der Sicherstellung durch ein anderes Organ der öffentlichen Aufsicht Waffen, Munition oder Urkunden dem Organ zu übergeben, hat dieses unverzüglich die nächste Sicherheitsdienststelle zu verständigen. *(BGBl I 2010/43)*

(2) Die Organe der öffentlichen Aufsicht haben unverzüglich jene Behörde, in deren Sprengel die Amtshandlung geführt wurde, über das vorläufige Waffenverbot zu informieren und dieser die allenfalls sichergestellten Waffen, Munition und Urkunden vorzulegen; sie hat eine Vorprüfung vorzunehmen. Sind die Voraussetzungen für die Erlassung eines Waffenverbotes offensichtlich nicht gegeben, so hat die Behörde das vorläufige Waffenverbot aufzuheben, indem sie den Betroffenen darüber informiert und die allenfalls sichergestellten Gegenstände dem Betroffenen sofort ausfolgt. Andernfalls hat sie das Verfahren zur Erlassung des Waffenverbots (§ 12) durchzuführen, sofern sich hierfür aus § 48 Abs. 2 nicht die Zuständigkeit einer anderen Behörde ergibt. *(BGBl I 2018/97)*

(3) Erweist sich in der Folge, dass die Voraussetzungen für das Waffenverbot doch nicht gegeben sind, so hat die Behörde den Betroffenen darüber zu informieren und ihm jene allenfalls sichergestellten Waffen, Munition und Urkunden ehestens auszufolgen, die er weiterhin besitzen darf. *(BGBl I 2018/97)*

(4) Gegen den Betroffenen gilt ab Aussprache des vorläufigen Waffenverbotes oder, sofern die Sicherstellung zu einem früheren Zeitpunkt erfolgte, ab diesem ein mit vier Wochen befristetes vorläufiges Waffenverbot, es sei denn, die Behörde hebt es gemäß Abs. 2 oder 3 früher auf oder die sichergestellten Waffen, Munition oder Urkunden werden von der Behörde vorher ausgefolgt. *(BGBl I 2018/97)*

Schießstätten

§ 14. Für die Benützung von Schußwaffen auf behördlich genehmigten Schießstätten sind die Bestimmungen über das Überlassen, den Besitz und das Führen von Schußwaffen sowie die Bestimmungen über das Überlassen und den Erwerb von Munition für Faustfeuerwaffen nicht anzuwenden. Waffenverbote (§§ 12 und 13) gelten auf solchen Schießstätten jedoch.

Überprüfung, Verlust und Entfremdung von Urkunden

§ 15. (1) Wer Waffen nur auf Grund der nach diesem Bundesgesetz ausgestellten Urkunden führen oder besitzen darf, hat diese Urkunden bei sich zu tragen, wenn er die Waffe führt (§ 7 Abs. 1) oder transportiert (§ 7 Abs. 3) und auf Verlangen den Organen der öffentlichen Aufsicht zur Überprüfung zu übergeben.

(2) Im Falle des Verlustes oder der Entfremdung einer solchen Urkunde hat die Sicherheitsbehörde oder die Sicherheitsdienststelle, bei der der Besitzer dies beantragt, diesem eine Bestätigung über die Erstattung der Anzeige auszustellen. Diese Bestätigung ersetzt die Urkunde hinsichtlich der Berechtigung, Waffen zu führen und zu besitzen für 14 Tage, gerechnet vom Tag der Anzeige an, im Falle der Einbringung eines Antrages auf Ausstellung eines Ersatzdokumentes, bis zu dessen rechtskräftiger Erledigung.

(3) Von der Erstattung der Anzeige hat die Sicherheitsbehörde unverzüglich jene Behörde zu verständigen, die das Dokument ausgestellt hat.

Ersatzdokumente

§ 16. (1) Auf Antrag hat die Behörde für verlorene, abgelieferte oder eingezogene waffenrechtliche Dokumente Ersatzdokumente auszustellen.

(2) Für die Ausfertigung der Ersatzdokumente sind die für die Ausstellung der entsprechenden Urkunde vorgeschriebenen Verwaltungsabgaben zu entrichten. Die Ersatzdokumente sind als solche zu kennzeichnen.

Ablieferung waffenrechtlicher Dokumente

§ 16a. Mit der Ausfolgung einer neuen Waffenbesitzkarte oder eines neuen Waffenpasses verliert das entsprechende bisherige Dokument seine Gültigkeit und ist der Behörde abzuliefern oder von der Behörde einzuziehen.

(BGBl I 2015/52)

Verwahrung von Schusswaffen

§ 16b. Schusswaffen und Munition sind sicher zu verwahren. Der Bundesminister für Inneres ist ermächtigt, durch Verordnung nähere Bestimmungen über die Anforderungen an eine sichere Verwahrung zu erlassen, sodass Waffen und Munition in zumutbarer Weise vor unberechtigtem Zugriff geschützt sind. *(BGBl I 2015/52)*

(BGBl I 2010/43)

3. Abschnitt

Waffen der Kategorie A (Verbotene Waffen und Kriegsmaterial)

Verbotene Waffen

§ 17. (1) Verboten sind der Erwerb, die Einfuhr, der Besitz, das Überlassen und das Führen *(BGBl I 2018/97)*

1. von Waffen, deren Form geeignet ist, einen anderen Gegenstand vorzutäuschen, oder die mit Gegenständen des täglichen Gebrauches verkleidet sind;

2. von Schußwaffen, die über das für Jagd- und Sportzwecke übliche Maß hinaus zum Zusammenklappen, Zusammenschieben, Verkürzen oder schleunigen Zerlegen eingerichtet sind;

3. von Flinten (Schrotgewehren) mit einer Gesamtlänge von weniger als 90 cm oder mit einer Lauflänge von weniger als 45 cm;

4. von Flinten (Schrotgewehren) mit Vorderschaftrepetiersystem („Pumpguns");

5. von Schusswaffen, die mit einer Vorrichtung zur Dämpfung des Schussknalles versehen sind; das Verbot erstreckt sich auch auf die erwähnte Vorrichtung allein; *(BGBl I 2018/97)*

6. der unter der Bezeichnung „Schlagringe", „Totschläger" und „Stahlruten" bekannten Hiebwaffen; *(BGBl I 2018/97)*

7. von halbautomatischen Faustfeuerwaffen mit Zentralfeuerzündung und eingebautem oder eingesetztem Magazin, das mehr als 20 Patronen aufnehmen kann; *(BGBl I 2018/97)*

8. von halbautomatischen Schusswaffen mit Zentralfeuerzündung, soweit sie nicht unter Z 7 fallen, mit eingebautem oder eingesetztem Magazin, das mehr als zehn Patronen aufnehmen kann; *(BGBl I 2018/97)*

9. von Magazinen für halbautomatische Faustfeuerwaffen mit Zentralfeuerzündung, die mehr als 20 Patronen aufnehmen können; *(BGBl I 2018/97)*

10. von Magazinen für halbautomatische Schusswaffen mit Zentralfeuerzündung, soweit sie nicht unter Z 7 fallen, die mehr als zehn Patronen aufnehmen können; *(BGBl I 2018/97)*

11. von halbautomatischen Waffen mit Zentralfeuerzündung, soweit sie nicht unter Z 7 fallen, sowie von halbautomatischen Schusswaffen mit Randfeuerzündung und einer Gesamtlänge von über 60 cm, die ohne Funktionseinbuße mithilfe eines Klapp- oder Teleskopschafts oder eines ohne Verwendung eines Werkzeugs abnehmbaren Schafts auf eine Gesamtlänge unter 60 cm gekürzt werden können; *(BGBl I 2018/97)*

soweit nicht die Regelungen des § 18 anzuwenden sind. *(BGBl I 2018/97)*

(2) Der Bundesminister für Inneres ist ermächtigt, durch Verordnung Erwerb, Besitz, Einfuhr und Führen von neuartigen Waffen oder Erwerb, Besitz und Einfuhr von neuartiger Munition, die auf Grund ihrer Beschaffenheit, Wirkung oder Wirkungsweise eine besondere Gefahr für Leben oder Gesundheit von Menschen oder für fremdes Eigentum darstellen könnten, zu verbieten. Der Bundesminister für Inneres hat Munition für Faustfeuerwaffen mit Expansivgeschossen sowie Geschosse für diese Munition mit Ausnahme solcher für Jagd- und Sportwaffen, durch Verordnung zu verbieten. *(BGBl I 2010/43; BGBl I 2018/97)*

(3) Die Behörde kann verlässlichen Menschen, die das 21. Lebensjahr vollendet haben und überwiegendes berechtigtes Interesse an Erwerb, Einfuhr, Besitz oder Führen nachweisen, Ausnahmen von Verboten der Abs. 1 und 2 bewilligen. Betroffenen, die eine Schusswaffe der Kategorie B rechtmäßig besitzen, ist auf Antrag eines Sportschützen für die Ausübung des Schießsports eine Ausnahme vom Verbot des Erwerbs und Besitzes und, sofern der Betroffene aufgrund eines Waffenpasses zum Führen dieser Schusswaffe berechtigt ist, eine Ausnahme vom Verbot des Führens einer Schusswaffe gemäß Abs. 1 Z 7 und 8 zu erteilen. Die bestehende Waffenbesitzkarte oder der bestehende Waffenpass für den Erwerb, Besitz oder das Führen der Schusswaffe der Kategorie B ist entsprechend einzuschränken. Die Bewilligung kann befristet und an Auflagen gebunden werden. Die Bewilligung zum Besitz ist durch Ausstellung einer Waffenbesitzkarte, die Bewilligung zum Führen durch Ausstellung eines Waffenpasses zu erteilen. Der Erwerb, der Besitz

und das Führen von Magazinen gemäß Abs. 1 Z 9 und 10 für Schusswaffen, die aufgrund einer Bewilligung nach Abs. 1 Z 7, 8 oder 11 besessen werden, bedarf keiner gesonderten Bewilligung. Im Übrigen gelten für den Besitz und das Führen von Waffen oder Vorrichtungen im Sinne des Abs. 1 und 2 die §§ 21 Abs. 4, 23 Abs. 3 sowie 25 bis 28. Für den Besitz und das Führen von Waffen gemäß Abs. 1 Z 7 bis 10 gilt § 23 Abs. 2 und 2b. *(BGBl I 2018/97)*

(3a) Sofern ein Arbeitgeber den Nachweis erbringt, dass

1. er Arbeitnehmer hauptberuflich beschäftigt, zu deren wesentlicher Verpflichtung der Abschuss von Wild und Schädlingen gehört und

2. die Verwendung von Vorrichtungen zur Dämpfung des Schussknalles für Schusswaffen der Kategorie C zweckmäßig und zum Schutz der Gesundheit dieser Arbeitnehmer im Sinne des ArbeitnehmerInnenschutzgesetzes – ASchG, BGBl. I Nr. 450/1994, oder dem Landarbeitsgesetz – LAG, BGBl. Nr. 287/1984, im Rahmen der Berufsausübung geboten ist, *(BGBl I 2018/97)*

kann die Behörde auf Antrag des Arbeitgebers Ausnahmen vom Verbot des Erwerbs und Besitzes einer bestimmten Anzahl an Vorrichtungen nach Z 2 erteilen. Diese Bewilligung kann befristet und an Auflagen gebunden werden. Der Besitz und das Führen von Vorrichtungen zur Dämpfung des Schussknalles für Schusswaffen der Kategorie C ist Arbeitnehmern dieses Arbeitgebers bei der Ausübung der Jagd im Rahmen des Arbeitsverhältnisses ohne Bewilligung erlaubt. Der Arbeitgeber hat Name, Adresse und Geburtsdatum der Arbeitnehmer, die solche Vorrichtungen verwenden dürfen, evident zu halten und auf Verlangen der Behörde bekannt zu geben. *(BGBl I 2016/120; BGBl I 2018/97)*

(3b) Inhaber einer gültigen Jagdkarte sind vom Verbot des Erwerbs, der Einfuhr, des Besitzes, des Überlassens und des Führens von Vorrichtungen zur Dämpfung des Schussknalles (Abs. 1 Z 5) ausgenommen, wenn sie die Jagd regelmäßig ausüben. Dies gilt auch hinsichtlich solcher Vorrichtungen für nachweislich zur Ausübung der Jagd mitgebrachte oder eingeführte Schusswaffen. Solche Vorrichtungen sind auch wie die entsprechende Schusswaffe zu verwahren. Wird dem Betroffenen die Jagdkarte entzogen oder endet die Gültigkeit der Jagdkarte, hat dieser die Vorrichtung zur Dämpfung des Schussknalles innerhalb von sechs Monaten einem Berechtigten zu überlassen. Bis zu diesem Zeitpunkt ist der Besitz dieser Vorrichtung zur Dämpfung des Schussknalles weiterhin zulässig. Hat die Behörde aufgrund bestimmter Tatsachen Grund zur Annahme, dass der Betroffene die Jagd tatsächlich nicht regelmäßig ausübt oder ausüben kann, so hat sie dies mit Bescheid festzustellen. *(BGBl I 2018/97)*

(4) Gegenstände, auf die sich eine Verordnung gemäß Abs. 2 beziehen und die sich bereits im Besitz von Personen befinden, gelten ab Inkrafttreten der Verordnung als verfallen und sind binnen 3 Monaten der Behörde abzuliefern. Die Behörde hat dem Betroffenen auf Antrag für die verfallenen Waffen, soweit er deren rechtmäßigen Erwerb glaubhaft macht, mittels Bescheides eine angemessene Entschädigung zuzuerkennen. Ein solcher Antrag ist binnen einem Jahr ab Inkrafttreten der Verordnung nach Abs. 2 zu stellen.

Kriegsmaterial

§ 18. (1) Der Erwerb, der Besitz und das Führen von Kriegsmaterial sind verboten.

(2) Der Bundesminister für Landesverteidigung kann verlässlichen Menschen, die das 21. Lebensjahr vollendet haben und ein berechtigtes Interesse für den Erwerb, Besitz oder das Führen von Kriegsmaterial glaubhaft machen, Ausnahmen von den Verboten des Abs. 1 bewilligen. Solche Ausnahmebewilligungen bedürfen des Einvernehmens mit dem Bundesminister für Inneres. Sie sind zu versagen, wenn gegen ihre Erteilung gewichtige Interessen, insbesondere militärischer oder sicherheitspolizeilicher Art sprechen. *(BGBl I 2010/43; BGBl I 2018/97)*

(3) Eine Ausnahmebewilligung kann insbesondere aus den in Abs. 2 genannten gewichtigen Interessen befristet und an Auflagen gebunden werden. Sie kann widerrufen werden, wenn eine Voraussetzung für ihre Erteilung weggefallen ist. *(BGBl I 2010/43)*

(3a) Abs. 1 gilt nicht hinsichtlich des Besitzes und des Führens von Schusswaffen, die Kriegsmaterial sind und Staatsoberhäuptern oder Regierungsmitgliedern eines Staates als Dienstwaffe zur Verfügung stehen, oder die vergleichbaren Persönlichkeiten oder den Begleitpersonen all dieser Menschen auf Grund ihres Amtes oder Dienstes für einen Staat zur Verfügung stehen. *(BGBl I 2010/43)*

(3b) Kriegsmaterial darf nur an jemanden überlassen werden, der zu dessen Besitz berechtigt ist. Im Falle einer Überlassung haben der Überlasser und der Erwerber die Überlassung des Kriegsmaterials binnen sechs Wochen dem Bundesminister für Landesverteidigung schriftlich unter Anführung der Geschäftszahl der Ausnahmebewilligungen (§ 18 Abs. 2) anzuzeigen. *(BGBl I 2010/43; BGBl I 2018/97)*

(4) Abs. 1 gilt nicht für jene Gewehrpatronen mit Vollmantelgeschoß, soweit es sich nicht um Munition mit Leuchtspur-, Rauch-, Markierungs-, Hartkern-, Brand- oder Treibspiegelgeschoß handelt, die als Kriegsmaterial anzusehen sind. Der Erwerb dieser Patronen ist jedoch nur auf Grund eines Waffenpasses, einer Waffenbesitzkarte oder einer Jagdkarte zulässig. Sie dürfen nur Menschen überlassen werden, die im Besitz einer solchen Urkunde sind. *(BGBl I 2010/43)*

(5) Im Übrigen gelten für Kriegsmaterial die Bestimmungen der §§ 6 bis 8 und 10 (Besitz, Führen, Verlässlichkeit und Ermessen), 11 Abs. 3 (Besitz von Waffen durch Jugendliche unter 18 Jahren bei der Berufsausbildung), 11a, 12 und 13 (Waffenverbote), 14 (Schießstätten), soweit es sich um Kriegsmaterial handelt, das im Eigentum einer Gebietskörperschaft steht, 15 (Überprüfung, Verlust und Entfremdung von Urkunden), 16b (Verwahrung von Schusswaffen), 23 Abs. 3 (Anzahl der erlaubten wesentlichen Bestandteile), 25 und 27 (Überprüfung der Verlässlichkeit und Einziehung von Urkunden), 28 (Überlassen von Schusswaffen der Kategorie B), 41a (Verlust und Diebstahl), 45 Z 2 (Ausnahmebestimmung für historische Schusswaffen) und 46 (Ausnahmebestimmungen für bestimmte Zwecke) sowie die Bestimmungen des § 47 (Ausnahmebestimmungen für bestimmte Personen) mit Ausnahme jener über die Einfuhr. *(BGBl I 2018/97)*

4. Abschnitt

Schusswaffen der Kategorie B

Definition

§ 19. (1) Schusswaffen der Kategorie B sind Faustfeuerwaffen, Repetierflinten und halbautomatische Schußwaffen, die nicht Kriegsmaterial oder verbotene Waffen sind. *(BGBl I 2010/43)*

(2) Der Bundesminister für Inneres ist ermächtigt, auf einvernehmlichen Antrag aller Landesjagdverbände Schußwaffen gemäß Abs. 1 einer bestimmten Marke und Type, sofern für diese jagdlicher Bedarf besteht, mit Verordnung von der Genehmigungspflicht auszunehmen, sofern es sich dabei nicht um Faustfeuerwaffen handelt und die Schußwaffe nur mit einem Magazin oder Patronenlager verwendet werden kann, das nicht mehr als drei Patronen aufnimmt.

Erwerb, Besitz und Führen von Schusswaffen der Kategorie B

§ 20. (1) Der Erwerb, der Besitz und das Führen von Schusswaffen der Kategorie B ist nur auf Grund einer behördlichen Bewilligung zulässig. Die Bewilligung zum Erwerb, Besitz und zum Führen dieser Waffen ist von der Behörde durch die Ausstellung eines Waffenpasses, die Bewilligung zum Erwerb und zum Besitz dieser Waffen ist von der Behörde durch die Ausstellung einer Waffenbesitzkarte zu erteilen. *(BGBl I 2010/43)*

(1a) Eine dem Inhaber einer gültigen Jagdkarte ausgestellte Waffenbesitzkarte berechtigt während der rechtmäßigen, nach den landesrechtlichen Vorschriften zulässigen und tatsächlichen Aus-

WaffG

übung der Jagd auch zum Führen von Schusswaffen der Kategorie B. *(BGBl I 2018/97)*

(2) Die Gültigkeitsdauer solcher Waffenpässe und Waffenbesitzkarten (Abs. 1), die für EWR-Bürger ausgestellt werden, ist unbefristet; hingegen ist die Gültigkeitsdauer der für andere ausgestellten Waffenpässe und Waffenbesitzkarten angemessen zu befristen.

(3) Wer den Mittelpunkt seiner Lebensbeziehungen zwar in der Europäischen Union aber nicht im Bundesgebiet hat, darf eine Schusswaffe der Kategorie B darüber hinaus nur erwerben, wenn er hierfür die vorherige Einwilligung des Wohnsitzstaates nachzuweisen vermag. Einer solchen Einwilligung bedarf es nicht, sofern er dem Veräußerer eine schriftliche, begründete Erklärung übergibt, wonach er diese Waffe nur im Bundesgebiet zu besitzen beabsichtigt. *(BGBl I 2010/43)*

(4) Wer zwar in der Europäischen Union einen Wohnsitz, den Hauptwohnsitz aber nicht im Bundesgebiet hat, darf die in dem für ihn ausgestellten Europäischen Feuerwaffenpaß eingetragenen Waffen besitzen, sofern das Mitbringen dieser Waffen von der zuständigen Behörde (§ 38 Abs. 2) bewilligt worden ist oder der Betroffene als Jäger oder Schießsportausübender den Anlaß seiner Reise nachweist. *(BGBl I 2018/97)*

Ausstellung von Waffenbesitzkarte und Waffenpaß

§ 21. (1) Die Behörde hat verlässlichen EWR-Bürgern, die das 21. Lebensjahr vollendet haben und bei denen – soweit es sich nicht um Angehörige der in § 22 Abs. 2 Z 2 bis 4 genannten Berufsgruppen handelt – keine Tatsachen die Annahme rechtfertigen, dass sie einen verfassungsgefährdenden Angriff gemäß § 6 Abs. 2 Polizeiliches Staatsschutzgesetz (PStSG), BGBl. I Nr. 5/2016, begehen werden, und die für den Besitz einer Schusswaffe der Kategorie B eine Rechtfertigung anführen können, auf Antrag eine Waffenbesitzkarte auszustellen. Die Ausstellung einer Waffenbesitzkarte an andere verlässliche Menschen, die das 21. Lebensjahr vollendet haben und für den Besitz einer solchen Waffe eine Rechtfertigung anführen können, liegt im Ermessen der Behörde; ebenso die Ausstellung an Menschen, die das 18. Lebensjahr vollendet haben, sofern sie den Nachweis erbringen, daß der Besitz einer solchen Waffe für die Ausübung ihres Berufes erforderlich ist. *(BGBl I 2018/97; BGBl I 2021/211)*

(2) Die Behörde hat verlässlichen EWR-Bürgern, die das 21. Lebensjahr vollendet haben und bei denen – soweit es sich nicht um Angehörige der in § 22 Abs. 2 Z 2 bis 4 genannten Berufsgruppen handelt – keine Tatsachen die Annahme rechtfertigen, dass sie einen verfassungsgefährdenden Angriff gemäß § 6 Abs. 2 PStSG begehen

werden und einen Bedarf zum Führen von Schusswaffen der Kategorie B nachweisen, einen Waffenpass auszustellen. Die Ausstellung eines Waffenpasses an andere verlässliche Menschen, die 21. Lebensjahr vollendet haben und bei denen keine Tatsachen die Annahme rechtfertigen, dass sie einen verfassungsgefährdenden Angriff gemäß § 6 Abs. 2 Staatsschutz- und Nachrichtendienst-Gesetz begehen werden, liegt im Ermessen der Behörde. *(BGBl I 2018/97; BGBl I 2021/148; BGBl I 2021/211)*

(3) Die Ausstellung von Waffenpässen an verlässliche Menschen, die das 18. Lebensjahr vollendet haben und den Nachweis erbringen, daß sie entweder beruflichen oder als Inhaber einer Jagdkarte jagdlichen Bedarf zum Führen von Schusswaffen der Kategorie B haben, liegt im Ermessen der Behörde. Bezieht sich der Bedarf nur auf Repetierflinten oder halbautomatischen Schußwaffen, kann die Behörde die Befugnis zum Führen durch einen Vermerk im Waffenpaß so beschränken, daß der Inhaber bis zur Vollendung des 21. Lebensjahres Faustfeuerwaffen nicht führen darf. *(BGBl I 2010/43; BGBl I 2018/97)*

(4) Wird ein Waffenpaß nur im Hinblick auf die besonderen Gefahren ausgestellt, die bei der Ausübung einer bestimmten Tätigkeit auftreten, so hat die Behörde die Befugnis zum Führen durch einen Vermerk im Waffenpaß so zu beschränken, daß die Befugnis zum Führen erlischt, sobald der Berechtigte diese Tätigkeit künftig nicht mehr ausüben will oder darf. Trifft dies ein, so berechtigt ein solcher Waffenpaß nur mehr zum Besitz der Waffen im bisherigen Umfang; einer gesonderten Rechtfertigung bedarf es hierfür nicht.

(5) Die Waffenbesitzkarte und der Waffenpass haben Namen, Geburtsdatum und Lichtbild des Antragstellers, die Anzahl der genehmigten Schusswaffen, die Bezeichnung der ausstellenden Behörde, das Datum der Ausstellung, die Unterschrift des Inhabers sowie ein Feld für behördliche Eintragungen zu enthalten und entsprechende Sicherheitsmerkmale aufzuweisen. Die nähere Gestaltung der Waffenbesitzkarte und des Waffenpasses wird durch Verordnung des Bundesministers für Inneres bestimmt. *(BGBl I 2010/43; BGBl I 2018/32)*

(6) Für die drucktechnische und elektronische Einbringung der Daten gemäß Abs. 5 in die Waffenbesitzkarte und den Waffenpass bedienen sich die Behörden eines gemeinsamen Auftragsverarbeiters. Der Bundesminister für Inneres ist ermächtigt, für die Behörden nach Maßgabe der Bestimmungen der Verordnung (EU) 2016/679 zum Schutz natürlicher Personen bei der Verarbeitung personenbezogener Daten, zum freien Datenverkehr und zur Aufhebung der Richtlinie 95/46/EG (Datenschutz-Grundverordnung), ABl. Nr. L 119 vom 4.5.2016 S. 1, (im Folgenden:

DSGVO) betreffend die Erzeugung von Waffenbesitzkarten und Waffenpässen eine Vereinbarung mit dem Auftragsverarbeiter abzuschließen. Der Auftragsverarbeiter hat die beim Verarbeitungsvorgang neu entstehenden Daten den Behörden zu übermitteln; diese Daten sowie alle ihm für seine Aufgabe übermittelten Daten hat der Auftragsverarbeiter zu löschen, sobald er diese nicht mehr benötigt, spätestens jedoch nach Ablauf von zwei Monaten nach Versendung der Waffenbesitzkarte oder des Waffenpasses. Der Auftragsverarbeiter hat die Versendung der Waffenbesitzkarte oder des Waffenpasses entsprechend der Zustellverfügung der Behörde für diese zu veranlassen. *(BGBl I 2010/43; BGBl I 2018/32)*

Rechtfertigung und Bedarf

§ 22. (1) Eine Rechtfertigung im Sinne des § 21 Abs. 1 ist jedenfalls als gegeben anzunehmen, wenn der Betroffene glaubhaft macht, dass er

1. die Schusswaffe der Kategorie B innerhalb von Wohn- oder Betriebsräumen oder seiner eingefriedeten Liegenschaften zur Selbstverteidigung bereithalten will oder

2. Schusswaffen der Kategorie B sammelt oder

3. die Schusswaffe der Kategorie B für die Ausübung der Jagd oder des Schießsports benötigt. *(BGBl I 2018/97)*

(2) Ein Bedarf im Sinne des § 21 Abs. 2 ist jedenfalls als gegeben anzunehmen, wenn

1. der Betroffene glaubhaft macht, dass er außerhalb von Wohn- oder Betriebsräumen oder seiner eingefriedeten Liegenschaften besonderen Gefahren ausgesetzt ist, denen am zweckmäßigsten mit Waffengewalt wirksam begegnet werden kann oder

2. es sich um ein Organ des öffentlichen Sicherheitsdienstes handelt (§ 5 Abs. 2 SPG) oder *(BGBl I 2018/97)*

3. es sich um einen Angehörigen der Militärpolizei oder *(BGBl I 2018/97)*

4. es sich um einen Angehörigen der Justizwache handelt. *(BGBl I 2018/97)*
(BGBl I 2016/120)

Anzahl der erlaubten Waffen

§ 23. (1) Im Waffenpaß und in der Waffenbesitzkarte ist die Anzahl der Schusswaffen der Kategorie B, die der Berechtigte besitzen darf, festzusetzen. *(BGBl I 2010/43)*

(2) Die Anzahl der Schusswaffen der Kategorie B, die der Berechtigte besitzen darf, ist mit zwei festzusetzen. Auf Antrag ist die Anzahl der Schusswaffen der Kategorie B, die der Berechtigte besitzen darf, auf höchstens fünf zu erhöhen, sofern seit der erstmaligen Festsetzung der Anzahl

mindestens fünf Jahre vergangen sind. Unabhängig davon darf eine größere Anzahl, auch wenn eine weitere Bewilligung ausgestellt wird, nur erlaubt werden, sofern auch hierfür eine Rechtfertigung glaubhaft gemacht wird. Als solche Rechtfertigung gelten insbesondere die Ausübung der Jagd oder des Schießsports im Sinne des § 11b sowie das Sammeln von Schusswaffen. Bei der Festsetzung der Anzahl der Schusswaffen der Kategorie B gemäß dem zweiten Satz ist die Anzahl der Schusswaffen gemäß § 17 Abs. 1 Z 7, 8 und 11 sowie § 18, die der Betroffene besitzen darf, einzurechnen. *(BGBl I 2018/97)*

(2a) Schusswaffen der Kategorie B, deren Modell vor 1871 entwickelt wurde, und Schusswaffen der Kategorie B, die vor 1900 erzeugt wurden, sind in die von der Behörde festgelegte Anzahl nicht einzurechnen. *(BGBl I 2010/43; BGBl I 2018/97)*

(2b) Beantragt der Inhaber einer Waffenbesitzkarte, mehr Schusswaffen der Kategorie B besitzen zu dürfen, als ihm bislang erlaubt war und liegt kein Grund vor, bereits gemäß Abs. 2 eine größere Anzahl zu bewilligen, so ist dem Mitglied eines Vereins gemäß § 3 VerG, dessen Zweck die Ausübung des Schießsports umfasst, eine um höchstens zwei größere aber insgesamt zehn Schusswaffen nicht übersteigende Anzahl zu bewilligen, wenn *(BGBl I 2018/97)*

1. seit der vorangegangenen Festsetzung der Anzahl mindestens fünf Jahre vergangen sind,

2. keine Übertretungen des Waffengesetzes 1996 vorliegen, *(BGBl I 2018/97)*

3. glaubhaft gemacht werden kann, dass für die sichere Verwahrung der größeren Anzahl an Schusswaffen Vorsorge getroffen wurde.

Bei der Festsetzung dieser Anzahl ist die Anzahl der Schusswaffen gemäß § 17 Abs. 1 Z 7, 8 und 11 sowie § 18, die der Berechtigte besitzen darf, einzurechnen. *(BGBl I 2013/161; BGBl I 2018/97)*

(2c) Das Sammeln von Schusswaffen der Kategorie B kommt insoweit als Rechtfertigung in Betracht, als sich der Antragsteller mit dem Gegenstand der Sammlung und dem Umgang mit solchen Waffen vertraut erweist und außerdem nachweist, dass er für die sichere Verwahrung der Schusswaffen vorgesorgt hat. *(BGBl I 2018/97)*

(3) Zusätzlich zu der in Abs. 1 festgesetzten Anzahl von Schusswaffen ist der Erwerb und Besitz der doppelten Anzahl an wesentlichen Bestandteilen von Schusswaffen der Kategorie B erlaubt. Darüber hinaus ist der Erwerb und Besitz von wesentlichen Bestandteilen nur auf Grund einer behördlichen Bewilligung unter den Voraussetzungen des § 21 Abs. 1 zulässig. Eine dafür erteilte Bewilligung ist durch einen zusätzlichen Vermerk im waffenrechtlichen Dokument zu kennzeichnen. *(BGBl I 2018/97)*

WaffG

Munition für Faustfeuerwaffen

§ 24. (1) Munition für Faustfeuerwaffen mit Zentralfeuerzündung oder mit einem Kaliber von 6,35 mm und darüber darf nur Inhabern eines Waffenpasses oder einer Waffenbesitzkarte (§ 20 Abs. 1) überlassen und nur von diesen erworben und besessen werden. *(BGBl I 2010/43)*

(2) Munition gemäß Abs. 1 darf auch Inhabern einer Registrierungsbestätigung für eine Schusswaffe der Kategorie C überlassen und von diesen erworben und besessen werden, wenn die Munition für die in der Registrierungsbestätigung genannte Schusswaffe geeignet ist. *(BGBl I 2010/43)*

Überprüfung der Verlässlichkeit

§ 25. (1) Die Behörde hat die Verlässlichkeit des Inhabers eines Waffenpasses oder einer Waffenbesitzkarte zu überprüfen, wenn seit der Ausstellung der Urkunde oder der letzten Überprüfung fünf Jahre vergangen sind. *(BGBl I 2018/97)*

(2) Die Behörde hat außerdem die Verlässlichkeit des Inhabers einer waffenrechtlichen Urkunde zu überprüfen, wenn konkrete Anhaltspunkte dafür vorliegen, daß der Berechtigte nicht mehr verlässlich ist. Sofern sich diese Anhaltspunkte auf einen der in § 8 Abs. 2 genannten Gründe oder darauf beziehen, daß der Betroffene dazu neigen könnte, insbesondere unter psychischer Belastung mit Waffen unvorsichtig umzugehen oder sie leichtfertig zu verwenden, ist die Behörde zu einem entsprechenden Vorgehen gemäß § 8 Abs. 7 ermächtigt. *(BGBl I 2018/97)*

(3) Ergibt sich, daß der Berechtigte nicht mehr verlässlich ist, so hat die Behörde waffenrechtliche Urkunden zu entziehen. Von einer Entziehung auf Grund einer nicht sicheren Verwahrung ist abzusehen, wenn das Verschulden des Berechtigten geringfügig ist, die Folgen unbedeutend sind und der ordnungsgemäße Zustand innerhalb einer von der Behörde festgesetzten, zwei Wochen nicht unterschreitenden Frist hergestellt wird. *(BGBl I 2010/43; BGBl I 2018/97)*

(4) Wem eine waffenrechtliche Urkunde, die zum Besitz von Schusswaffen der Kategorie B berechtigt, entzogen wurde, der hat binnen zwei Wochen nach Eintritt der Rechtskraft des Entziehungsbescheides die Urkunden und die in seinem Besitz befindlichen genehmigungspflichtigen Schußwaffen der Behörde abzuliefern; dies gilt für die Schußwaffen dann nicht, wenn der Betroffene nachweist, daß er diese einem zum Erwerb solcher Waffen Befugten überlassen hat. *(BGBl I 2010/43)*

(5) Die Behörde hat die im Besitz des Betroffenen befindlichen Urkunden gemäß Abs. 1 und Schusswaffen der Kategorie B sicherzustellen, wenn

1. er sie nicht binnen zwei Wochen ab Eintritt der Rechtskraft des Entziehungsbescheides abgeliefert oder die Waffen einem zum Erwerb solcher Waffen Befugten überlassen hat, oder *(BGBl I 2013/161)*

2. Gefahr im Verzug besteht (§ 57 des Allgemeinen Verwaltungsverfahrensgesetzes 1991 – AVG, BGBl. Nr. 51/1991, und § 13 Abs. 2 des Verwaltungsgerichtsverfahrensgesetzes – VwGVG, BGBl. I Nr. 33/2013). *(BGBl I 2013/161)* *(BGBl I 2010/43)*

(6) Abgelieferte Waffen (Abs. 4) und – nach Eintritt der Rechtskraft des Entziehungsbescheides – sichergestellte Waffen (Abs. 5) sind von der Behörde der öffentlichen Versteigerung oder der Veräußerung durch eine zum Handel mit Waffen befugten Personen zuzuführen. Der Erlös ist dem früheren Besitzer der Waffen auszufolgen.

§ 26. *(aufgehoben, BGBl I 2010/43)*

Einziehung von Urkunden

§ 27. (1) Der Inhaber eines Waffenpasses, einer Waffenbesitzkarte oder eines Europäischen Feuerwaffenpasses, in dem

1. die behördlichen Eintragungen, Unterschriften oder Stempel unkenntlich geworden sind oder

2. das Lichtbild fehlt oder den Inhaber nicht mehr einwandfrei erkennen läßt,

ist verpflichtet, diese Dokumente unverzüglich der Behörde abzuliefern. Die Behörde hat ein solches Dokument einzuziehen, wenn es nicht abgeliefert wird.

(2) Über die Ablieferung oder Einziehung solcher Dokumente stellt die Behörde eine Bestätigung aus, die das Dokument hinsichtlich der Berechtigung, Waffen zu besitzen und zu führen, für 14 Tage – gerechnet vom Tag der Anzeige an – ersetzt, im Falle der Einbringung eines Antrages auf Ausstellung eines Ersatzdokumentes jedoch bis zu dessen rechtskräftiger Erledigung.

Überlassen von Schusswaffen der Kategorie B

§ 28. (1) Schusswaffen der Kategorie B dürfen nur dem Inhaber eines entsprechenden Waffenpasses oder einer entsprechenden Waffenbesitzkarte überlassen werden; einem Menschen, der den Mittelpunkt seiner Lebensbeziehungen zwar in der Europäischen Union aber nicht im Bundesgebiet hat, darüber hinaus nur dann, wenn er hierfür die vorherige Einwilligung des Wohnsitzstaates nachzuweisen vermag. Einer solchen Einwilligung bedarf es nicht, wenn der Erwerber dem Veräußerer eine schriftliche, begründete Erklärung übergibt, wonach er diese Waffen nur im Bundesgebiet zu besitzen beabsichtigt. *(BGBl I 2010/43)*

(2) Im Falle der Veräußerung haben der Überlasser und der Erwerber die Überlassung der Schusswaffe der Kategorie B binnen sechs Wochen der für den Erwerber zuständigen Behörde schriftlich anzuzeigen. In der Anzeige sind anzugeben: Art und Kaliber, Marke, Type und Herstellungsnummer der überlassenen Waffen, sowie Name und Anschrift des Überlassers und des Erwerbers, die Nummern deren Waffenpässe oder Waffenbesitzkarten sowie das Datum der Überlassung. Mit der Anzeige ist der Behörde gegebenenfalls auch die vorherige Einwilligung des Wohnsitzstaates nachzuweisen oder die schriftliche Erklärung, die Waffe nur im Bundesgebiet besitzen zu wollen, zu übermitteln. Die Behörde ist ermächtigt, die Veräußerung jener Behörde mitzuteilen, die den Waffenpaß oder die Waffenbesitzkarte des Überlassers ausgestellt hat. *(BGBl I 2018/97)*

(2a) Ist der Besitz an einer Schusswaffe der Kategorie B im Ausland entstanden, so ist die Überlassung binnen sechs Wochen ab dem Verbringen oder der Einfuhr dieser Waffe ins Bundesgebiet gemäß Abs. 2 anzuzeigen. *(BGBl I 2018/97)*

(3) Wird das für die Veräußerung maßgebliche Rechtsgeschäft mit einem im Bundesgebiet ansässigen Gewerbetreibenden abgeschlossen, so hat nur dieser die Überlassung anzuzeigen und zwar jener Behörde, die den Waffenpaß oder die Waffenbesitzkarte des Zweitbeteiligten ausgestellt hat. Gewerbetreibende, die gemäß § 32 ermächtigt sind, Registrierungen vorzunehmen, haben die Anzeige im Wege des Datenfernverkehrs an die Behörde zu richten. *(BGBl I 2010/43; BGBl I 2018/97)*

(4) Erfolgte die Veräußerung durch Versteigerung, so gilt Abs. 3 mit der Maßgabe, daß die Pflichten des Veräußerers das die Versteigerung durchführende Unternehmen oder Organ treffen.

(5) Wurde der Behörde eine Meldung gemäß Abs. 2 erstattet und hat der Erwerber den Mittelpunkt seiner Lebensbeziehungen in einem anderen Mitgliedstaat der Europäischen Union, so hat die Behörde diesen Mitgliedstaat von dem Erwerb in Kenntnis zu setzen, es sei denn, es läge eine Erklärung vor, die Waffe nur im Bundesgebiet besitzen zu wollen.

(6) Menschen mit Hauptwohnsitz in Österreich, die beabsichtigen, Schusswaffen der Kategorie B oder Munition für Faustfeuerwaffen in einem anderen Mitgliedstaat der Europäischen Union zu erwerben, kann die Behörde – bei Vorliegen der entsprechenden waffenrechtlichen Bewilligungen – auf Antrag die vorherige Einwilligung zum Erwerb dieser Waffen oder Munition erteilen. Die Erteilung der Bewilligung ist durch die Ausstellung einer Bescheinigung mit einer Gültigkeitsdauer bis zu drei Monaten zu beurkunden. *(BGBl I 2010/43)*

(7) Wer seinen Besitz an einer Schusswaffe der Kategorie B aufgegeben hat, hat dies – sofern nicht eine Meldung gemäß Abs. 2, 3 und 4 zu erfolgen hat – der Behörde binnen sechs Wochen zu melden und einen Nachweis über den Verbleib dieser Waffe zu erbringen. Im Falle einer Veräußerung in das Ausland hat die Meldung die Daten gemäß Abs. 2 zu umfassen. *(BGBl I 2021/211)*

Ausnahmebestimmungen

§ 29. Werden Schusswaffen der Kategorie B oder Munition für Faustfeuerwaffen unmittelbar in einen anderen Staat verbracht und im Inland nicht ausgehändigt oder der Besitz daran einer Person abgetreten, die diese Gegenstände ohne Waffenpaß oder Waffenbesitzkarte erwerben darf, liegt kein Überlassen im Sinne der §§ 24 und 28 vor. *(BGBl I 2010/43)*

5. Abschnitt

Schusswaffen der Kategorie C

Definition

§ 30. Schusswaffen der Kategorie C sind alle Schusswaffen, die nicht der Kategorie A oder B angehören, sowie alle Schusswaffen, die nach dem 8. April 2016 gemäß der Durchführungsverordnung (EU) 2015/2403 zur Festlegung gemeinsamer Leitlinien über Deaktivierungsstandards und -techniken, die gewährleisten, dass Feuerwaffen bei der Deaktivierung endgültig unbrauchbar gemacht werden, ABl. Nr. L 333 vom 19.12.2015 S. 62, deaktiviert worden sind.

(BGBl I 2018/97)

§ 31. *(entfällt samt Überschrift, BGBl I 2018/97)*

Ermächtigung zur Registrierung

§ 32. (1) Der Bundesminister für Inneres ist ermächtigt, auf Antrag jedem im Bundesgebiet niedergelassenen Gewerbetreibenden, der zum Handel mit nichtmilitärischen Schusswaffen berechtigt ist, die Ermächtigung zur Registrierung im Wege des Datenfernverkehrs gemäß § 33 für die jeweils zuständige Waffenbehörde einzuräumen.

(2) Gemäß Abs. 1 ermächtigte Gewerbetreibende sind bei der Erfüllung ihrer Aufgaben nach diesem Bundesgesetz an die Weisungen des Bundesministers für Inneres gebunden; überdies setzt der Bundesminister für Inneres mit Verordnung fest, welche technischen Anforderungen und Datensicherheitsmaßnahmen, vom gemäß Abs. 1 ermächtigten Gewerbetreibenden zu erfüllen sind, sowie die notwendigen Inhalte eines Antrags gemäß Abs. 1.

(3) Die Sicherheitsbehörden sind verpflichtet, die nach dem Sitz oder Standort des Gewerbetreibenden zuständige Gewerbebehörde unverzüglich von Verstößen in Kenntnis zu setzen, die sie bei Gewerbetreibenden gemäß Abs. 1 im Zusammenhang mit den diesen obliegenden waffen- und sicherheitspolizeilichen Pflichten wahrgenommen haben.

(4) Der Bundesminister für Inneres hat die Ermächtigung zur Registrierung gemäß Abs. 1 durch Bescheid zu entziehen, wenn nachträglich Tatsachen bekannt werden oder eintreten, die die Versagung der Ermächtigung rechtfertigen, der Gewerbetreibende trotz Abmahnung Weisungen nicht befolgt oder von seiner Ermächtigung auf andere Weise nicht rechtskonform Gebrauch macht.

(BGBl I 2010/43)

Registrierungspflicht und Vornahme der Registrierung

§ 33. (1) Schusswaffen der Kategorie C sind beim Erwerb durch Menschen mit Wohnsitz im Bundesgebiet binnen sechs Wochen vom Erwerber (Registrierungspflichtigen) bei einem im Bundesgebiet niedergelassenen, dazu ermächtigten Gewerbetreibenden, der zum Handel mit nichtmilitärischen Schusswaffen berechtigt ist, registrieren zu lassen. Im Falle des Erwerbs durch eine juristische Person mit Sitz im Bundesgebiet ist die Schusswaffe auf den Namen eines waffenrechtlichen Verantwortlichen zu registrieren. Der Gewerbetreibende hat darüber eine Bestätigung (Registrierungsbestätigung) auszustellen und dem Registrierungspflichtigen zu übergeben. Die Registrierungspflicht ist erfüllt, sobald der Registrierungspflichtige die Bestätigung in Händen hat. *(BGBl I 2015/52; BGBl I 2018/97)*

(2) Der Registrierungspflichtige hat sich dem Gewerbetreibenden oder dessen Beauftragten mit einem amtlichen Lichtbildausweis auszuweisen und Informationen über Kategorie, Marke, Type, Kaliber und Herstellungsnummer der zu registrierenden Schusswaffe, das Datum der Überlassung sowie den Namen und die Anschrift des Vorbesitzers bekannt zu geben. Er hat außerdem den Staat innerhalb der Europäischen Union glaubhaft zu machen, in dem er den Mittelpunkt seiner Lebensbeziehungen hat, oder glaubhaft zu machen, dass dieser außerhalb der Europäischen Union liegt. Liegt der Mittelpunkt der Lebensbeziehungen des Registrierungspflichtigen in einem anderen Mitgliedstaat der Europäischen Union, hat der Gewerbetreibende die Behörde im Wege des Datenfernverkehrs davon in Kenntnis zu setzen. Die Behörde hat diesfalls den Wohnsitzstaat des Betreffenden über die Registrierung der Waffe in Kenntnis zu setzen. *(BGBl I 2018/97)*

(2a) Erfolgt die Ausfuhr einer Schusswaffe der Kategorie C aus dem Bundesgebiet, hat der bisherige Besitzer der Behörde Namen und Anschrift des Erwerbers, Kategorie, Marke, Type, Kaliber und Herstellungsnummer dieser Schusswaffe sowie das Datum der Überlassung binnen sechs Wochen ab der erfolgten Ausfuhr zu melden. *(BGBl I 2018/97)*

(3) Anlässlich der Registrierung hat der Registrierungspflichtige eine Begründung für den Besitz von Schusswaffen der Kategorie C anzuführen. Eine Begründung ist insbesondere als gegeben anzunehmen, wenn der Betroffene bekannt gibt, dass er sie innerhalb von Wohn- oder Betriebsräumen oder seiner eingefriedeten Liegenschaft zur Selbstverteidigung bereit halten will, sie zur Ausübung der Jagd, des Schießsports oder für eine Sammlung verwenden möchte; allein der Wille die Schusswaffe besitzen zu wollen, ist keine zulässige Begründung. *(BGBl I 2018/97)*

(4) Im Zuge der Registrierung hat der Gewerbetreibende im Wege des Datenfernverkehrs eine Anfrage an die Sicherheitsbehörden zu richten, ob gegen den Betroffenen ein Waffenverbot vorliegt. Der Gewerbetreibende hat der Waffenbehörde die Daten über die erfolgte Registrierung im Wege der Zentralen Informationssammlung zu übermitteln. *(BGBl I 2018/97)*

(5) Über die erfolgte Registrierung ist dem Betroffenen eine Bestätigung auszufolgen, die Auskunft über die Identität des Registrierungspflichtigen, Informationen über den die Bestätigung ausstellenden Gewerbetreibenden sowie über Kategorie, Marke, Type, Kaliber und Herstellungsnummer der zu registrierenden Waffe gibt; dem Gewerbetreibenden gebührt hierfür ein angemessenes Entgelt. Die nähere Gestaltung der Registrierungsbestätigung wird durch Verordnung des Bundesministers für Inneres bestimmt.

(6) Die Registrierung ist vom Gewerbetreibenden zu unterlassen, wenn

1. der Betroffene die Informationen gemäß Abs. 2 nicht zur Verfügung stellt oder

2. der Betroffene keine oder keine zulässige Begründung für den Besitz der Waffen bekannt gibt oder

3. gegen den Betroffenen ein Waffenverbot besteht.

Der Gewerbetreibende hat das Unterlassen der Registrierung dem Betroffenen mitzuteilen und ihn an seine zuständige Waffenbehörde zu verweisen. Bei Bestehen eines Waffenverbots ist die zuständige Waffenbehörde zu verständigen.

(7) Stehen der Registrierung keine Hindernisse entgegen, hat der Gewerbetreibende diese im Wege des Datenfernverkehrs vorzunehmen.

(8) Wird mit dem Erwerb nicht auch Eigentum an der Waffe erworben, besteht dennoch die Registrierungspflicht gemäß Abs. 1, wenn die Inne-

habung entweder gegen Entgelt oder länger als sechs Wochen eingeräumt wird.

(9) Ist der Besitz an einer Schusswaffe im Ausland entstanden, so entsteht die Registrierungspflicht gemäß Abs. 1 oder Abs. 2 mit dem Verbringen oder der Einfuhr dieser Waffe ins Bundesgebiet.

(10) Die Behörde hat auf Grund der in der Zentralen Informationssammlung (§ 55) enthaltenen Registrierungsdaten auf Antrag zu bescheinigen, welche Schusswaffen aktuell und seit wann diese auf den Antragsteller registriert sind (Waffenregisterbescheinigung).

(11) Nach Maßgabe der technischen Möglichkeiten kann die Waffenregisterbescheinigung auch im Datenfernverkehr aus dem ZWR unter Verwendung der Funktion des Elektronischen Identitätsnachweises (E-ID) gemäß den §§ 4 ff des E-Government-Gesetzes (E-GovG), BGBl. I Nr. 10/2004, kostenfrei beantragt und ausgestellt werden. *(BGBl I 2015/52; BGBl I 2021/211, anzuwenden ab dem Zeitpunkt, den der Bundesminister für Inneres gemäß § 24 Abs. 6 letzter Satz E-GovG im Bundesgesetzblatt kundmacht.)*

(BGBl I 2010/43)

Register traditioneller Schützenvereinigungen

§ 33a. (1) Von der Registrierungspflicht gemäß § 33 sind Schusswaffen traditioneller Schützenvereinigungen der Kategorie C ausgenommen, die von diesen in einem elektronischen Register verwaltet werden, wenn die jeweilige Schützenvereinigung dem Bundesminister für Inneres anzeigt, dass sie ein solches Register führt. *(BGBl I 2018/97)*

(2) Im Fall des Abs. 1 hat die traditionelle Schützenvereinigung jede Änderung eines Verantwortlichen (§ 33 Abs. 1) und jeden Erwerb nach Kategorie, Marke, Type, Kaliber und Herstellungsnummer bestimmter Schusswaffen zumindest alle sechs Monate der nach dem Sitz der traditionellen Schützenvereinigung zuständigen Waffenbehörde zur Eintragung in die Zentrale Informationssammlung (§ 55) zu melden.

(3) Auf Verlangen der Behörde oder eines Organs des öffentlichen Sicherheitsdienstes ist die traditionelle Schützenvereinigung verpflichtet, diesen Zugriff auf den Datenbestand des Registers zu gewähren und einen Ausdruck auszuhändigen.

(BGBl I 2016/120)

Überlassen und Besitz von Schusswaffen der Kategorie C

§ 34. (1) Erfolgt der Erwerb einer Schusswaffe der Kategorie C bei einem einschlägigen Gewerbetreibenden, darf dieser die Waffe nach Abschluss des maßgeblichen Rechtsgeschäfts nur

dann sofort überlassen, wenn der Erwerber *(BGBl I 2018/97)*

1. Inhaber eines Waffenpasses, einer Waffenbesitzkarte oder einer Jagdkarte ist oder

2. die unverzügliche Ausfuhr dieser Waffe, insbesondere durch einen Erlaubnisschein gemäß § 37, glaubhaft machen kann.

(2) In allen anderen Fällen darf der Gewerbetreibende den Besitz solcher Waffen erst drei Werktage nach Abschluss des maßgeblichen Rechtsgeschäftes einräumen. Der Gewerbetreibende hat den Erwerber nach Abschluss des Rechtsgeschäfts auf die ihn gemäß § 56 treffende Verpflichtung hinzuweisen.

(2a) Sofern ein Drittstaatsangehöriger eine Schusswaffe der Kategorie C bei einem einschlägigen Gewerbetreibenden erwirbt, hat dieser in den Fällen des Abs. 2 bei der nach dem Ort der Betriebsstätte zuständigen Landespolizeidirektion unter Angabe der für die Feststellung des Aufenthaltsstatus erforderlichen Daten des Erwerbers anzufragen, ob die Voraussetzungen des § 11a vorliegen. § 56 gilt sinngemäß. Der Erwerber hat bei der Aufnahme der Daten mitzuwirken. *(BGBl I 2016/120; BGBl I 2018/97)*

(3) Erfolgt der Erwerb bei einem Gewerbetreibenden und ergibt die Anfrage gemäß § 33 Abs. 4, dass gegen den Betroffenen ein Waffenverbot besteht oder soweit die Voraussetzungen des § 11a erfüllt sind, wird das bezughabende Rechtsgeschäft nichtig. *(BGBl I 2016/120)*

(4) Wer – ohne ein ermächtigter Gewerbetreibender gemäß § 32 Abs. 1 zu sein – einem anderen eine Schusswaffe der Kategorie C überlässt, sodass dieser der Registrierungspflicht unterliegt, hat dem Übernehmer der Waffe die Registrierungsdaten in geeigneter Form bekannt zu geben. *(BGBl I 2018/97)*

(5) Wer Schusswaffen der Kategorie C besitzt, hat der Behörde auf Verlangen die Erfüllung der Registrierungspflicht oder jene Tatsache nachzuweisen, aus der sich ergibt, dass die Frist für die Registrierung noch nicht abgelaufen ist. *(BGBl I 2018/97)*

(6) Wer seinen Besitz an einer Schusswaffe der Kategorie C anders als durch Veräußerung aufgegeben hat, hat dies der Behörde binnen sechs Wochen zu melden und einen Nachweis über den Verbleib dieser Waffe zu erbringen. *(BGBl I 2018/97)*

(BGBl I 2010/43)

Führen von Schusswaffen der Kategorie C

§ 35. (1) Das Führen von Schusswaffen der Kategorie C ist Menschen mit Wohnsitz im Bundesgebiet nur auf Grund eines hierfür von der Behörde ausgestellten Waffenpasses gestattet. *(BGBl I 2010/43; BGBl I 2018/97)*

(2) Außerdem ist das Führen von Schusswaffen der Kategorie C zulässig für Menschen, die *(BGBl I 2010/43; BGBl I 2018/97)*

1. Inhaber eines für das Führen einer anderen Schußwaffe ausgestellten Waffenpasses sind;

2. im Besitz einer gültigen Jagdkarte sind, hinsichtlich des Führens von solchen Schusswaffen; *(BGBl I 2018/97)*

3. als Angehörige einer traditionellen Schützenvereinigung mit ihren Gewehren aus feierlichem oder festlichem Anlaß ausrücken; dies gilt auch für das Ausrücken zu den hiezu erforderlichen, vorbereitenden Übungen;

4. sich als Schießsportausübende mit ungeladenen Schusswaffen auf dem Weg zur oder von der behördlich genehmigten Schießstätte befinden. *(BGBl I 2018/97)*

(3) Die Behörde hat einen Waffenpass auszustellen, wenn der Antragsteller verlässlich ist und einen Bedarf (§ 22 Abs. 2) zum Führen solcher Schusswaffen glaubhaft macht. Die §§ 25 bis 27 gelten; § 25 Abs. 4 jedoch mit der Maßgabe, dass die Schusswaffen der Kategorie C nach der Entziehung der Bewilligung zum Führen dieser Waffen beim Besitzer verbleiben. *(BGBl I 2018/97)*

6. Abschnitt

Verkehr mit Schußwaffen innerhalb der Europäischen Union und Einfuhr von Schußwaffen in das Bundesgebiet aus Drittstaaten

Europäischer Feuerwaffenpaß

§ 36. (1) Der Europäische Feuerwaffenpaß berechtigt Menschen mit Wohnsitz in einem Mitgliedstaat der Europäischen Union zur Mitnahme der darin eingetragenen Schußwaffen in andere Mitgliedstaaten nach Maßgabe des die Richtlinie des Rates vom 18. Juni 1991 über die Kontrolle des Erwerbes und des Besitzes von Waffen (91/477/EWG) jeweils umsetzenden nationalen Rechtes.

(2) In Österreich wird der Europäische Feuerwaffenpaß auf Antrag Menschen mit Wohnsitz im Bundesgebiet von der Behörde ausgestellt. Seine Geltungsdauer beträgt fünf Jahre und ist einmal um den gleichen Zeitraum verlängerbar. *(BGBl I 2010/43)*

(3) Auf Antrag hat die Behörde in den Europäischen Feuerwaffenpaß jene Schußwaffen einzutragen, die der Betroffene besitzen darf. Anläßlich der Eintragung einer noch nicht registrierten Schusswaffe der Kategorie C erfolgt die Registrierung dieser Schusswaffe gemäß § 33 von Amts wegen. Der Europäische Feuerwaffenpaß ist in dem Ausmaß, in dem der Inhaber die eingetragenen Schußwaffen nicht mehr besitzen darf, einzu-

schränken oder zu entziehen. *(BGBl I 2010/43; BGBl I 2015/52; BGBl I 2018/97)*

(4) Die nähere Gestaltung des Europäischen Feuerwaffenpasses wird durch Verordnung des Bundesministers für Inneres bestimmt. *(BGBl I 2010/43)*

Verbringen von Schußwaffen und Munition innerhalb der Europäischen Union

§ 37. (1) Für das Verbringen von Schußwaffen oder Munition aus dem Bundesgebiet in einen anderen Mitgliedstaat der Europäischen Union stellt die Behörde auf Antrag einen Erlaubnisschein aus. Sofern der Betroffene im Bundesgebiet keinen Wohnsitz hat, stellt den Erlaubnisschein die nach seinem Aufenthalt zuständige Behörde aus. Er darf nur ausgestellt werden, wenn der Inhaber der Schußwaffen oder Munition zu deren Besitz im Bundesgebiet berechtigt ist und wenn eine allenfalls erforderlich vorherige Einwilligung des Empfängermitgliedstaates für das Verbringen vorliegt. *(BGBl I 2010/43)*

(2) Die Behörde kann auf Antrag einschlägig Gewerbetreibender das Verbringen von Schußwaffen und Munition zu einem Gewerbetreibenden, der in einem anderen Mitgliedstaat der Europäischen Union ansässig ist, genehmigen. Diese Genehmigung kann mit einer Gültigkeitsdauer von bis zu drei Jahren ausgestellt werden. Der Inhaber einer solchen Genehmigung hat der Behörde jeden Transport mit einem Formular spätestens zwei Tage vorher anzuzeigen. *(BGBl I 2010/43)*

(3) Das Verbringen von Schußwaffen oder Munition aus einem Mitgliedstaat der Europäischen Union in das Bundesgebiet stellt die Behörde oder – sofern der Betroffene keinen Wohnsitz im Bundesgebiet hat – die nach dem beabsichtigten Verbringungsort zuständige Behörde, auf Antrag eine allenfalls notwendige Einwilligungserklärung aus, wenn der Inhaber zum Besitz dieser Waffen oder Munition im Bundesgebiet berechtigt ist. Diese ist mit einer Gültigkeitsdauer von bis zu zwölf Monaten auszustellen. *(BGBl I 2010/43; BGBl I 2018/97)*

(4) Der Bundesminister für Inneres ist ermächtigt, durch Verordnung festzulegen, welche Schußwaffen und welche Munition ohne Einwilligungserklärung der zuständigen Behörde entweder nur von einschlägig Gewerbetreibenden oder von jedermann aus einem anderen Mitgliedstaat der Europäischen Union in das Bundesgebiet verbracht werden dürfen. Er hat hiebei mit Rücksicht auf den jeweiligen Berechtigtenkreis auf die mit den verschiedenen Waffen und Munitionsarten verbundene Gefährlichkeit Bedacht zu nehmen. Insoweit das Verbringen von Schußwaffen oder Munition nach Österreich in den Gel-

tungsbereich einer solchen Verordnung fällt, bedarf es keiner Einwilligung gemäß Abs. 3.

(5) Ein auf die erteilte Erlaubnis oder Einwilligung nach den Abs. 1 und 3 bezugnehmendes Dokument sowie eine Gleichschrift (Ablichtung) der Anzeige an die Behörde gemäß Abs. 2 haben die Waffen oder die Munition bis zu ihrem Bestimmungsort zu begleiten und sind den Organen der öffentlichen Aufsicht auf Verlangen zur Überprüfung auszuhändigen.

(6) Die Behörde darf einen Erlaubnisschein gemäß Abs. 1 nur ausstellen oder die vorherige Einwilligungserklärung gemäß Abs. 3 nur erteilen, wenn keine Tatsachen befürchten lassen, daß durch das Verbringen oder den jeweiligen Inhaber der Waffen oder Munition die öffentliche Ruhe, Ordnung und Sicherheit gefährdet werden könnte.

(7) In den Fällen des Abs. 2 letzter Satz ist die Behörde ermächtigt, sich von der Richtigkeit der Anzeigen an Ort und Stelle zu überzeugen. Hiezu ist sie befugt, jene Orte und Räumlichkeiten zu betreten, in denen die für den Transport vorgesehenen Waffen gelagert werden, und vom Gewerbetreibenden und seinen Beschäftigten die erforderlichen Auskünfte zu verlangen. Überdies ist sie ermächtigt, Informationen über den beabsichtigten Transport, den Behörden des Empfängermitgliedstaates zu übermitteln. *(BGBl I 2010/43)*

(8) Die nähere Gestaltung des Erlaubnisscheines gemäß Abs. 1, der Anzeige eines Transportes gemäß Abs. 2 und der Einwilligungserklärung gemäß Abs. 3 wird durch Verordnung des Bundesministers für Inneres bestimmt. *(BGBl I 2010/43)*

Mitbringen von Schußwaffen und Munition

§ 38. (1) Mitbringen von Schußwaffen und Munition ist deren Verbringen durch persönlichen Transport im Rahmen einer Reise.

(2) Schußwaffen und Munition für diese dürfen von Menschen mit Wohnsitz in einem anderen Mitgliedstaat der Europäischen Union in das Bundesgebiet mitgebracht werden, sofern diese Waffen in einem dem Betroffenen ausgestellten Europäischen Feuerwaffenpaß eingetragen sind und deren Mitbringen von der nach dem Ort des beabsichtigten Aufenthaltes oder, im Falle der Durchreise, des Grenzübertrittes im Bundesgebiet zuständigen Behörde bewilligt worden ist. Der Antrag kann auch bei der für den Mittelpunkt der Lebensbeziehungen zuständigen österreichischen Vertretungsbehörde eingebracht werden. Die Bewilligung kann für die Dauer von bis zu einem Jahr erteilt werden, wenn keine Tatsachen die Annahme rechtfertigen, daß das Mitbringen der Waffen durch den Feuerwaffenpaßinhaber die öffentliche Ruhe, Ordnung und Sicherheit in Österreich gefährden könnte. Sie ist in den Euro-

päischen Feuerwaffenpaß einzutragen und kann mehrfach um jeweils ein Jahr verlängert werden.

(3) Einer Bewilligung nach Abs. 2 bedürfen nicht

1. Jäger und Nachsteller historischer Ereignisse für bis zu fünf Schusswaffen der Kategorie B oder C, ausgenommen Faustfeuerwaffen, und dafür bestimmte Munition und

2. Schießsportausübende für bis zu fünf Schusswaffen der Kategorie B oder C sowie für Schusswaffen gemäß § 17 Abs. 1 Z 7 und 8 und dafür bestimmte Munition,

sofern diese Schusswaffen in einem von deren Wohnsitzstaat ausgestellten Europäischen Feuerwaffenpass eingetragen sind und der Betroffene als Anlass seiner Reise je nachdem eine bestimmte Jagd- oder Sportausübung oder die Teilnahme an historischen Nachstellungen nachweist. *(BGBl I 2018/97)*

(4) Wer Schußwaffen und die dafür bestimmte Munition auf Grund eines Europäischen Feuerwaffenpasses mitgebracht hat, muß diesen und – in den Fällen des Abs. 3 – den Nachweis für den Anlaß der Reise mit sich führen und diese Dokumente den Organen der öffentlichen Aufsicht auf Verlangen zur Überprüfung übergeben.

(5) Ausländischen Staatsoberhäuptern, Regierungsmitgliedern, diesen vergleichbaren Persönlichkeiten und deren Begleitpersonen kann die Grenzübergangsstelle, über die die Einreise erfolgen soll, nach Zustimmung des Bundesministers für Inneres von Amts wegen eine Bewilligung gemäß Abs. 2 erteilen. Im Falle der Einreise über eine Binnengrenze (§ 1 Abs. 9 des Grenzkontrollgesetzes, BGBl. Nr. 435/1996) tritt an die Stelle der Grenzübergangsstelle jene Waffenbehörde, die der Bundesminister für Inneres damit im Einzelfall betraut; sie erteilt die Bewilligung mit Wirksamkeit ab dem Zeitpunkt des Grenzübertrittes. *(BGBl I 2013/161)*

Einfuhr von Schusswaffen der Kategorie B

§ 39. (1) Schusswaffen der Kategorie B und Munition für Faustfeuerwaffen (§ 24) dürfen nur auf Grund eines Waffenpasses, einer Waffenbesitzkarte oder der in Abs. 2 bezeichneten Bescheinigung aus einem Drittstaat in das Bundesgebiet eingeführt werden. Diese Urkunden bilden Unterlagen für die Überführung in ein Zollverfahren § 38 bleibt unberührt. *(BGBl I 2010/43)*

(2) Menschen, die im Bundesgebiet keinen Wohnsitz haben, kann die zuständige österreichische Vertretungsbehörde auf Antrag die Bewilligung erteilen, die für ihren persönlichen Bedarf bestimmten Schusswaffen der Kategorie B samt Munition bei der Einreise in das Bundesgebiet einzuführen, sofern die Betroffenen diese Schußwaffen in ihrem Wohnsitzstaat besitzen dürfen und keine Tatsachen die Annahme rechtfertigen,

daß durch die Einfuhr dieser Waffen die öffentliche Ruhe, Ordnung und Sicherheit gefährdet würde. Die Bewilligung ist zu versagen, wenn der Betroffene nicht ausreichend an der Feststellung des Sachverhaltes mitwirkt. Die Erteilung der Bewilligung ist durch die Ausstellung einer Bescheinigung mit einer Gültigkeitsdauer bis zu drei Monaten zu beurkunden. *(BGBl I 2010/43; BGBl I 2013/161)*

(2a) Bei der Durchführung des Verfahrens vor der zuständigen österreichischen Vertretungsbehörde gilt abweichend vom AVG Folgendes:

1. § 10 Abs. 1 letzter Satz AVG gilt nur für in Österreich zur berufsmäßigen Parteienvertretung befugte Personen.

2. Die Zustellung hat durch Übergabe in der Behörde oder, soweit die internationale Übung dies zulässt, auf postalischem Wege oder elektronisch zu erfolgen; ist dies nicht möglich, so ist sie durch Anschlag an der Amtstafel der Behörde vorzunehmen.

3. Die §§ 76 bis 78 AVG sind nicht anzuwenden. *(BGBl I 2013/161)*

(3) Ausländischen Staatsoberhäuptern, Regierungsmitgliedern, diesen vergleichbaren Persönlichkeiten und deren Begleitpersonen, die in ihrem Wohnsitzstaat zum Besitz der Schusswaffen der Kategorie B samt Munition berechtigt sind, kann die Grenzübergangsstelle, über die die Einreise erfolgen soll, nach Zustimmung des Bundesministers für Inneres von Amts wegen eine Bewilligung gemäß Abs. 2 erteilen. Im Falle der Einreise über eine Binnengrenze (§ 1 Abs. 9 des Grenzkontrollgesetzes, BGBl. Nr. 435/1996) tritt an die Stelle der Grenzübergangsstelle jene Waffenbehörde, die der Bundesminister für Inneres damit im Einzelfall betraut; sie erteilt die Bewilligung mit Wirksamkeit ab dem Zeitpunkt des Grenzübertrittes. *(BGBl I 2010/43; BGBl I 2013/161)*

(4) Die gemäß Abs. 2 ausgestellten Bescheinigungen berechtigen während der Dauer ihrer Gültigkeit zum Besitz der eingeführten Schusswaffen der Kategorie B. Die nach dem Aufenthaltsort des Berechtigten im Bundesgebiet zuständige Behörde kann die Gültigkeitsdauer der Bescheinigung gemäß Abs. 2 auf die voraussichtliche Dauer der Notwendigkeit des Waffenbesitzes, längstens jedoch auf zwei Jahre verlängern, wenn hierfür eine Rechtfertigung vorliegt. *(BGBl I 2010/43)*

(5) Die nähere Gestaltung der Bescheinigung gemäß Abs. 2 wird durch Verordnung des Bundesministers für Inneres bestimmt. *(BGBl I 2010/43)*

Führen mitgebrachter oder eingeführter Schußwaffen

§ 40. (1) Die nach dem Aufenthaltsort im Bundesgebiet zuständige Behörde kann bei Nachweis eines Bedarfes (§ 22 Abs. 2) auf einer Bescheinigung gemäß § 39 Abs. 2 das Führen der gemäß § 38 mitgebrachten oder § 39 eingeführten Schußwaffen bewilligen. *(BGBl I 2010/43)*

(2) Bewilligungen zum Führen können für die Dauer des voraussichtlichen Bedarfes längstens für zwei Jahre erteilt werden. Die Gültigkeitsdauer der Bewilligung zum Führen darf diejenige zum Besitz nicht überschreiten.

(3) Ausländischen Staatsoberhäuptern, Regierungsmitgliedern, diesen vergleichbaren Persönlichkeiten und deren Begleitpersonen, die in ihrem Wohnsitzstaat zum Besitz der Schusswaffen der Kategorie B samt Munition berechtigt sind, kann mit Zustimmung des Bundesministers für Inneres anläßlich der Erteilung einer Bewilligung gemäß § 38 Abs. 5 oder § 39 Abs. 3 auch die Bewilligung zum Führen dieser Waffen (Abs. 1) mit Wirksamkeit ab Grenzübertritt erteilt werden. *(BGBl I 2010/43)*

7. Abschnitt

Gemeinsame Bestimmungen

Besondere Bestimmungen für die Verwahrung einer großen Anzahl von Schußwaffen

§ 41. (1) Wer – aus welchem Grunde immer – 20 oder mehr Schußwaffen in einem räumlichen Naheverhältnis zueinander oder Munition in großem Umfang verwahrt, hat darüber die für den Verwahrungsort zuständige Behörde in Kenntnis zu setzen und ihr mitzuteilen, durch welche Maßnahmen für eine sichere Verwahrung und für Schutz vor unberechtigtem Zugriff Sorge getragen ist. Eine weitere derartige Meldung ist erforderlich, wenn sich die Anzahl der verwahrten Waffen seit der letzten Mitteilung an die Behörde verdoppelt hat.

(2) Sofern die gemäß Abs. 1 bekanntgegebenen Sicherungsmaßnahmen im Hinblick auf die Zahl der verwahrten Waffen oder die Menge der verwahrten Munition nicht ausreichen, hat die Behörde die notwendigen Ergänzungen mit Bescheid vorzuschreiben. Hierbei ist eine angemessene Frist vorzusehen, innerhalb der die Sicherungsmaßnahmen zu verwirklichen sind.

(3) Werden die gemäß Abs. 2 vorgeschriebenen Sicherungsmaßnahmen nicht fristgerecht gesetzt oder erhält die Behörde nicht Zutritt zum Verwahrungsort, so kann sie nach den Umständen des Einzelfalles mit Ersatzvornahmen vorgehen, eine Überprüfung gemäß § 25 Abs. 2 vornehmen oder dem Betroffenen mit Bescheid die Verwahrung von 20 oder mehr Schußwaffen oder von Muniti-

on in großem Umfang an dieser Örtlichkeit untersagen; einer Beschwerde gegen einen solchen Bescheid kommt keine aufschiebende Wirkung zu. *(BGBl I 2013/161)*

Verlust und Diebstahl

§ 41a. Der Verlust oder Diebstahl von Schusswaffen sowie deren allfälliges Wiedererlangen sind unverzüglich der nächsten Sicherheitsdienststelle oder Sicherheitsbehörde zu melden.

(BGBl I 2010/43)

Verdächtige Transaktionen

§ 41b. Gewerbetreibende gemäß § 47 Abs. 2 haben der nächsten Sicherheitsdienststelle oder Sicherheitsbehörde unverzüglich sämtliche verdächtigen Umstände zu melden, wenn der dringende Verdacht besteht, dass die zu erwerbende Munition im Zuge der Begehung von strafbaren Handlungen verwendet werden könnte.

(BGBl I 2018/97)

Finden von Waffen oder Kriegsmaterial

§ 42. (1) Bestimmungen anderer Bundesgesetze über das Finden sind auf das Finden von Waffen oder Kriegsmaterial nur insoweit anzuwenden, als sich aus den nachfolgenden Bestimmungen nichts anderes ergibt.

(2) Wer Schußwaffen oder verbotene Waffen findet, bei denen es sich nicht um Kriegsmaterial handelt, hat dies unverzüglich, spätestens aber binnen zwei Tagen, einer Sicherheitsbehörde oder Sicherheitsdienststelle anzuzeigen und ihr den Fund abzuliefern. Der Besitz der gefundenen Waffe ist innerhalb dieser Frist ohne behördliche Bewilligung erlaubt.

(3) Läßt sich der Verlustträger einer Waffe gemäß Abs. 2 nicht ermitteln,

1. so darf die Behörde auch nach Ablauf der im § 395 ABGB vorgesehenen Jahresfrist die Waffe dem Finder oder einer von diesem namhaft gemachten Person nur dann überlassen, wenn diese zu ihrem Besitz berechtigt sind; verlässlichen Findern, die EWR-Bürger sind und das 21. Lebensjahr vollendet haben, hat die Behörde auf Antrag für diese Art von Waffe eine entsprechende Waffenbesitzkarte auszustellen oder zu erweitern; *(BGBl I 2010/43; BGBl I 2018/97)*

2. so hat die Behörde, falls der Finder die Waffe nicht besitzen darf und keine andere Verfügung getroffen hat, diese der öffentlichen Versteigerung oder der Veräußerung durch eine zum Handel mit Waffen befugte Person zuzuführen und den Erlös dem Finder auszufolgen.

(4) Wer wahrnimmt, dass sich Kriegsmaterial offenbar in niemandes Obhut befindet, hat dies ohne unnötigen Aufschub einer Sicherheits- oder Militärdienststelle zu melden. Die auf Grund der Meldung einschreitenden Organe sind ermächtigt, den Gegenstand vorläufig sicherzustellen. In diesem Fall sind Organe des öffentlichen Sicherheitsdienstes darüber hinaus ermächtigt, jedermann aus dem Gefahrenbereich zu weisen, so lange nicht die zuständige Behörde gemäß Abs. 5 und 5a die allenfalls notwendigen weiteren Sicherungsmaßnahmen setzt. Dabei gilt § 50 SPG. *(BGBl I 2012/115)*

(5) Die Sicherung, der Transport, die Verwahrung und die allfällige Vernichtung von Kriegsmaterial obliegen dem Bundesminister für Landesverteidigung, sofern nicht eine Sicherstellung und Beschlagnahmung nach der Strafprozessordnung 1975, BGBl. Nr. 631/1975, erfolgt. Der Bund haftet für Schäden, die Dritten bei der Sicherung oder Vernichtung dieses Kriegsmaterials entstehen, bis zu einer Höhe von 72 600 Euro; auf das Verfahren ist das Polizeibefugnis-Entschädigungsgesetz, BGBl. Nr. 735/1988, anzuwenden. *(BGBl I 2012/115; BGBl I 2018/97)*

(5a) Besteht im Zusammenhang mit der Sicherung oder der Vernichtung von Kriegsmaterial gemäß Abs. 5 eine Gefahr für Leben oder Gesundheit von Menschen, so hat die Behörde mittels Verordnung den Gefahrenbereich entsprechend der Gefährdungseinschätzung des fachkundigen Organs des Bundesministeriums für Landesverteidigung und Sport festzulegen, dessen Verlassen anzuordnen und dessen Betreten zu untersagen. Die Organe des öffentlichen Sicherheitsdienstes sind ermächtigt, jedermann aus dem Gefahrenbereich zu weisen. Zu diesen Zwecken dürfen sie Grundstücke und Räume betreten. § 50 SPG gilt. *(BGBl I 2012/115)*

(5b) Verordnungen gemäß Abs. 5a sind in geeigneter Weise, wie etwa mittels Durchsage kundzumachen und treten unmittelbar nach ihrer Kundmachung in Kraft. Die Behörde hat dafür zu sorgen, dass die Untersagung des Betretens möglichen Betroffenen zur Kenntnis gebracht wird. Die Verordnung ist aufzuheben, sobald keine Gefahr mehr besteht. *(BGBl I 2012/115)*

(6) Organe, die gemäß Abs. 5 einschreiten, dürfen zu den dort genannten Zwecken Grundstücke und Räume betreten. Dabei gelten § 50 SPG und § 16 Militärbefugnisgesetz (MBG), BGBl. I Nr. 86/2000. *(BGBl I 2012/115)*

(7) War das verbliebene Kriegsmaterial nicht zu vernichten und keinem Berechtigten auszufolgen, so geht es nach Ablauf von drei Jahren ab der Sicherstellung in das Eigentum des Bundes über.

(8) Den Finder von Schusswaffen der Kategorie C trifft die Registrierungspflicht gemäß § 33 mit dem Erwerb des Eigentums (§ 395 ABGB). *(BGBl I 2010/43; BGBl I 2018/97)*

Vernichten von Waffen oder Kriegsmaterial

§ 42a. (1) Der Bundesminister für Landesverteidigung kann im Einvernehmen mit dem Bundesminister für Finanzen durch Verordnung bestimmen, welche Arten von Kriegsmaterial oder sonstige Waffen des Bundesheeres, die von diesem nicht mehr benötigt werden, *(BGBl I 2010/43; BGBl I 2018/97)*

1. im Hinblick auf völkerrechtliche Verpflichtungen, außenpolitische Interessen oder im Interesse der öffentlichen Sicherheit jedenfalls zu vernichten sind oder,

2. sofern diese nicht unter Z 1 fallen, im Interesse der Sparsamkeit und Wirtschaftlichkeit der Verwaltung vorrangig verwertet werden können. Ist eine Verwertung nicht möglich oder zweckmäßig, hat eine Vernichtung zu erfolgen. *(BGBl I 2018/97)*

(2) Waffen und Kriegsmaterial, dessen Eigentum nach diesem Bundesgesetz auf den Bund übergegangen ist und die in wissenschaftlicher oder geschichtlicher Beziehung oder in sonstiger Fachtätigkeit von Interesse sind, können vorerst den hiefür in Österreich bestehenden staatlichen Einrichtungen oder Sammlungen zur Verfügung gestellt werden; anschließend sind sie einer öffentlichen Versteigerung zuzuführen. Ist eine öffentliche Versteigerung nicht möglich oder zweckmäßig, hat eine Vernichtung gemäß Abs. 3 zu erfolgen. *(BGBl I 2018/97)*

(3) Durch Verordnung gemäß Abs. 1 bestimmtes Kriegsmaterial und sonstige Waffen des Bundesheeres sowie Waffen und Kriegsmaterial gemäß Abs. 2, das nicht staatlichen Einrichtungen oder Sammlungen zur Verfügung gestellt oder öffentlich versteigert wurde, hat der Bundesminister für Landesverteidigung zu vernichten. *(BGBl I 2010/43; BGBl I 2018/97)*

(BGBl I 2001/57)

Deaktivierung von Schusswaffen oder Kriegsmaterial

§ 42b. (1) Schusswaffen, einschließlich der als Kriegsmaterial gemäß § 1 Art. I Z 1 lit. a und b der Verordnung der Bundesregierung vom 22. November 1977 betreffend Kriegsmaterial, BGBl. Nr. 624/1977, anzusehenden Schusswaffen sowie Läufe und Verschlüsse gemäß § 1 Art. I Z 1 lit. c dieser Verordnung sind deaktiviert, wenn

1. alle wesentlichen Bestandteile dieser Gegenstände irreversibel unbrauchbar sind und nicht mehr entfernt oder ausgetauscht oder in einer Weise umgebaut werden können, die jeweils eine Wiederverwendbarkeit als Waffe ermöglicht, und

2. diese Gegenstände als deaktiviert gekennzeichnet sind.

(2) Soweit dem nicht unmittelbar anwendbare unionsrechtliche Vorschriften entgegenstehen, sind durch Verordnung die technischen Anforderungen und Spezifikationen der Maßnahmen festzulegen, die die jeweilige Wiederverwendbarkeit von Gegenständen gemäß Abs. 1 ausschließen, sowie die Art und Form der Kennzeichnung als deaktivierter Gegenstand. Die Erlassung dieser Verordnung obliegt hinsichtlich des Kriegsmaterials dem Bundesminister für Landesverteidigung im Einvernehmen mit dem Bundesminister für Inneres, hinsichtlich der anderen Schusswaffen dem Bundesminister für Inneres im Einvernehmen mit dem Bundesminister für Landesverteidigung. *(BGBl I 2018/97)*

(3) Im Bundesgebiet niedergelassene Gewerbetreibende, die zur Ausübung des Waffengewerbes gemäß § 139 Abs. 1 Z 1 lit. a der Gewerbeordnung 1994 (GewO 1994), BGBl. Nr. 194, berechtigt sind, sind auf Antrag zu ermächtigen, Schusswaffen und, sofern sie auch über die Berechtigung gemäß § 139 Abs. 1 Z 2 lit. a GewO 1994 verfügen, auch Schusswaffen, Läufe und Verschlüsse, die jeweils Kriegsmaterial sind, als deaktiviert zu kennzeichnen, wenn die Voraussetzungen gemäß Abs. 1 Z 1 hiefür vorliegen. Die Ermächtigung obliegt hinsichtlich des Kriegsmaterials dem Bundesminister für Landesverteidigung und hinsichtlich der anderen Schusswaffen dem Bundesminister für Inneres. Eine Ermächtigung des Bundesministers für Landesverteidigung gilt auch als Ermächtigung des Bundesministers für Inneres. Hinsichtlich ehemaligen Heeresgutes kann diese Kennzeichnung auch durch besonders geschulte Fachorgane aus dem Vollziehungsbereich des Bundesministers für Landesverteidigung erfolgen. *(BGBl I 2018/97)*

(4) Gemäß Abs. 3 ermächtigte Gewerbetreibende sind bei der Erfüllung ihrer Aufgaben hinsichtlich der Deaktivierung von Schusswaffen oder Kriegsmaterial an die Weisungen des jeweils zuständigen Bundesministers gebunden. Ermächtigte Gewerbetreibende sind verpflichtet, dem jeweils zuständigen Bundesminister unverzüglich die Endigung oder das Ruhen oder die Zurücklegung oder die Entziehung der Gewerbeberechtigung bekannt zu geben.

(5) Der jeweils zuständige Bundesminister hat die Ermächtigung gemäß Abs. 3 durch Bescheid zu entziehen, wenn,

1. nachträglich Tatsachen bekannt werden oder eintreten, die die Versagung der Ermächtigung rechtfertigen,

2. der Gewerbetreibende trotz Abmahnung Weisungen nicht befolgt oder

3. der Gewerbetreibende von seiner Ermächtigung auf andere Weise nicht rechtskonform Gebrauch macht.

Über eine erfolgte Entziehung sind die gemäß § 333 GewO 1994 zuständige Gewerbebehörde und der jeweils andere Bundesminister zu verständigen.

(6) Die gemäß Abs. 3 ermächtigten Gewerbetreibenden haben binnen sechs Wochen ab Kennzeichnung diese der gemäß § 48 Abs. 3 zuständigen Waffenbehörde und, soweit es sich um Kriegsmaterial handelt, auch dem Bundesminister für Landesverteidigung zu melden. Diese Meldung hat Namen und Anschrift des Besitzers, Marke, Type, Kaliber und Herstellungsnummer sowie das Datum der Kennzeichnung zu umfassen. *(BGBl I 2018/97)*

(7) Ermächtigten Gewerbetreibenden gebührt vom Besitzer des gekennzeichneten Gegenstandes für ihre Tätigkeit gemäß Abs. 3 ein angemessenes Entgelt.

(BGBl I 2012/63)

Erbschaft oder Vermächtnis

§ 43. (1) Befinden sich im Nachlaß eines Verstorbenen Schusswaffen der Kategorie B, Kriegsmaterial oder verbotene Waffen, so hat derjenige, in dessen Obhut sich die Gegenstände im Erbfall befinden, dies unverzüglich der Behörde oder – sofern es sich um Kriegsmaterial handelt – der nächsten Militär- oder Sicherheitsdienststelle anzuzeigen. Die Behörde hat gegebenenfalls die Sicherstellung oder vorläufige Beschlagnahme dieser Gegenstände zu veranlassen oder die zur sicheren Verwahrung erforderlichen Anordnungen zu treffen. *(BGBl I 2010/43)*

(2) Gemäß Abs. 1 sichergestellte oder beschlagnahmte Gegenstände sind

1. an den Erben oder Vermächtnisnehmer, wenn dieser innerhalb von sechs Monaten, gerechnet ab dem Erwerb des Eigentums, die erforderliche Berechtigung zum Besitz dieser Gegenstände nachzuweisen vermag oder

2. an eine andere vom Erben oder Vermächtnisnehmer namhaft gemachte Person, wenn diese zum Besitz dieser Gegenstände berechtigt ist,

auszufolgen. Anzeige- und Meldepflichten gemäß § 28 treffen in diesen Fällen die ausfolgende Behörde.

(3) Sind Schusswaffen der Kategorie B, Kriegsmaterial oder verbotene Waffen keinem Berechtigten auszufolgen oder war die Vernichtung des Kriegsmaterials erforderlich, geht das Eigentum daran auf den Bund über. Dem Erben oder Vermächtnisnehmer ist eine angemessene Entschädigung zu gewähren, wenn es dieser binnen sechs Monaten ab Eigentumsübergang verlangt und der Erblasser zum Besitz der Gegenstände befugt war. Für Kriegsmaterial leistet diese Entschädigung der Bundesminister für Landesverteidigung. *(BGBl I 2010/43; BGBl I 2018/97)*

(4) Der Antrag eines Erben oder Vermächtnisnehmers auf Erteilung der Berechtigung oder auf Erweiterung einer bestehenden Berechtigung, die für den Besitz eines gemäß Abs. 1 sichergestellten Gegenstandes erforderlich ist, bedarf keiner weiteren Rechtfertigung, sofern es sich nicht um Kriegsmaterial oder verbotene Waffen handelt. Die Frist des Abs. 2 Z 1 läuft jedenfalls bis zur Entscheidung über diesen Antrag. *(BGBl I 2010/43)*

(5) Wurden die Gegenstände nicht sichergestellt oder vernichtet und dem Erben oder Vermächtnisnehmer keine Bewilligung zum Besitz erteilt, hat er die noch in seiner Obhut befindlichen Gegenstände der Behörde binnen zwei Wochen nach Eintritt der Rechtskraft der behördlichen Entscheidung spätestens binnen sechs Monaten abzuliefern oder einem zum Erwerb solcher Waffen Befugten zu überlassen. Bis zum Ablauf dieser Frist ist der Besitz der Gegenstände in diesen Fällen erlaubt.

(6) Sind in Abs. 1 genannte Gegenstände im Erbfalle in der Obhut eines Menschen, der das 18. Lebensjahr noch nicht vollendet hat, trifft die Anzeigepflicht dessen gesetzlichen Vertreter. § 11 Abs. 2 gilt.

(7) Erben oder Vermächtnisnehmer haben eine Schusswaffe der Kategorie C innerhalb von sechs Monaten ab Erwerb des Eigentums gemäß § 33 zu registrieren. Die Registrierung bedarf keiner weiteren Begründung. *(BGBl I 2010/43; BGBl I 2018/97)*

Bestimmung von Schußwaffen

§ 44. Die Behörde stellt auf Antrag fest, welcher Kategorie eine bestimmte Schußwaffe zuzuordnen ist und gegebenenfalls ob nur bestimmte Regelungen dieses Bundesgesetzes (§ 45) auf sie anzuwenden sind. Im Falle von Schusswaffen, die Kriegsmaterial sind, trifft diese Feststellung der Bundesminister für Landesverteidigung. Die Behörde hat dem Bundesminister für Inneres eine Abschrift des rechtskräftigen Bescheides zu übermitteln. Der Bundesminister für Inneres sowie der Bundesminister für Landesverteidigung sind ermächtigt, die Ergebnisse der aufgrund dieser Bestimmung geführten Verfahren im Internet zu veröffentlichen. *(BGBl I 2010/43; BGBl I 2018/97)*

8. Abschnitt

Ausnahmebestimmungen für bestimmte Waffen, Zwecke und Personen

Ausnahmebestimmung für bestimmte Waffen

§ 45. Auf

1. Schusswaffen mit Luntenschloss-, Radschloss- und Steinschlosszündung sowie einschüssige Schusswaffen mit Perkussionszündung, *(BGBl I 2010/43)*

2. andere Schußwaffen, sofern sie vor dem Jahre 1871 erzeugt worden sind,

3. Schußwaffen, bei denen die Geschosse durch verdichtete Luft (Druckluftwaffen) oder unter Verwendung von Kohlensäure entstandenen Gasdruck (CO_2-Waffen) angetrieben werden, sofern das Kaliber nicht 6 mm oder mehr beträgt,

4. Zimmerstutzen und

5. andere Arten minderwirksamer Waffen, die der Bundesminister für Inneres durch Verordnung als solche bezeichnet,

sind lediglich die §§ 1, 2, 6 bis 17, 35 bis 38, 40, 44 bis 49, 50 Abs. 1 Z 2, 3, 5, Abs. 2 und 3, 51 mit Ausnahme von Abs. 1 Z 2 und 4 bis 8 sowie 52 bis 55 und 57 dieses Bundesgesetzes anzuwenden. *(BGBl I 2010/43)*

Ausnahmebestimmungen für bestimmte Zwecke

§ 46. Dieses Bundesgesetz gilt nicht

1. für die Benützung von Waffen zu szenischen Zwecken und mit diesen zusammenhängenden Tätigkeiten im Rahmen des Bühnenbetriebs oder einer Filmproduktion, soweit es sich jedoch um Schußwaffen handelt nur dann, wenn sie zur Abgabe eines scharfen Schusses unbrauchbar gemacht worden sind; *(BGBl I 2010/43; BGBl I 2018/97)*

2. für die Beförderung oder Aufbewahrung von Waffen und Munition

a) durch öffentliche Einrichtungen, denen die Beförderung oder Aufbewahrung von Gütern obliegt, und

b) durch Unternehmungen, die nach den gewerblichen Vorschriften zur Beförderung oder Aufbewahrung von Gütern befugt sind.

Ausnahmebestimmungen für bestimmte Personen

§ 47. (1) Dieses Bundesgesetz ist nicht anzuwenden

1. auf die Gebietskörperschaften;

2. auf Menschen hinsichtlich jener Waffen und Munition,

a) die ihnen aufgrund ihres öffentlichen Amtes oder Dienstes von ihrer vorgesetzten österreichischen Behörde oder Dienststelle als Dienstwaffe zugeteilt worden sind oder

b) die den Gegenstand ihrer öffentlichen Amtstätigkeit oder öffentlichen Dienstverrichtung bilden oder

c) die sie auf Grund völkerrechtlicher Vereinbarungen oder anderer gesetzlicher Bestimmungen im Bundesgebiet besitzen dürfen;

(2) Personen, die nach den gewerberechtlichen Vorschriften befugt sind, im Bundesgebiet Waffen und Munition zu erzeugen, zu bearbeiten, instandzusetzen, zu vermieten oder Handel mit diesen zu treiben sowie die bei diesen beschäftigten Menschen, unterliegen hinsichtlich des Erwerbes, Besitzes, der Einfuhr und der Verwahrung von Waffen und Munition, die den Gegenstand ihrer Geschäftätigkeit bilden, nicht diesem Bundesgesetz. § 37 bleibt unberührt. *(BGBl I 2010/43)*

(3) Der Abs. 2 und § 46 Z 2 lit. b sind auf die Inhaber ausländischer entsprechender Gewerbeberechtigungen und die bei diesen beschäftigten Menschen nur dann anzuwenden, wenn sie im Besitz einer Bestätigung der zuständigen österreichischen Vertretungsbehörde über den Inhalt der Gewerbeberechtigung sind. Die Bestätigung ist mit einer Gültigkeitsdauer bis zu einem Jahr auszustellen. Bei der Durchführung des Verfahrens gilt § 39 Abs. 2a. *(BGBl I 2013/161)*

(4) Auf Menschen, die nachweisen, dass ihnen im Rahmen eines Dienstverhältnisses zu einer Gebietskörperschaft von dieser Schusswaffen der Kategorie B als Dienstwaffen zugeteilt worden sind, oder denen im Rahmen einer völkerrechtlichen Vereinbarung über die gegenseitige Anerkennung von Dokumenten gemäß Art. 12 Abs. 3 der Richtlinie über die Kontrolle des Erwerbs und des Besitzes von Waffen (91/477/EWG), ABl. Nr. L 256 vom 13.09.1991 S 51, ein waffenrechtliches Dokument ausgestellt worden ist, ist § 8 Abs. 7 nur anzuwenden, wenn Anhaltspunkte dafür vorliegen, der Berechtigte könnte aus einem der in § 8 Abs. 2 genannten Gründe nicht verlässlich sein oder insbesondere unter psychischer Belastung dazu neigen, mit Waffen unvorsichtig umzugehen oder sie leichtfertig zu verwenden. *(BGBl I 2004/136; BGBl I 2010/43)*

(4a) Auf Menschen, die eine Bestätigung der zuständigen Militärbehörde vorlegen, dass sie im Rahmen der beruflichen Aus- und Fortbildung eine dem § 8 Abs. 7 entsprechende psychologische Testung bereits positiv absolviert haben, ist § 8 Abs. 7 nur anzuwenden, wenn Anhaltspunkte dafür vorliegen, der Berechtigte könnte aus einem der in § 8 Abs. 2 genannten Gründe nicht verlässlich sein oder insbesondere unter psychischer Belastung dazu neigen, mit Waffen unvorsichtig umzugehen oder sie leichtfertig zu verwenden. Sofern der Betroffene im Zeitpunkt der Antragstellung nicht in einem aufrechten Dienstverhältnis zum österreichischen Bundesheer steht, darf die Testung nicht länger als fünf Jahre zurückliegen. *(BGBl I 2018/97)*

(5) Der Bundesminister für Inneres ist ermächtigt, durch Verordnung Ausnahmebestimmungen für die Einfuhr, den Besitz und das Führen von Schusswaffen durch Organe ausländischer Sicherheitsbehörden in Fällen festzusetzen, in denen glaubhaft gemacht wird, dass sie diese im Zusammenhang mit der Ausübung ihres Amtes oder Dienstes benötigen. *(BGBl I 2002/134)*

9. Abschnitt

Behörden und Verfahren

Zuständigkeit

§ 48. (1) Behörde im Sinne dieses Bundesgesetzes ist die Bezirksverwaltungsbehörde, im Gebiet einer Gemeinde, für das die Landespolizeidirektion zugleich Sicherheitsbehörde erster Instanz ist, die Landespolizeidirektion. *(BGBl I 2012/50)*

(2) Die örtliche Zuständigkeit richtet sich, sofern nicht anderes bestimmt ist, nach dem Hauptwohnsitz des Betroffenen, in Ermangelung eines Hauptwohnsitzes nach seinem Wohnsitz.

(3) Die örtliche Zuständigkeit für einschlägige Gewerbetreibende im Rahmen ihrer Geschäftstätigkeit richtet sich nach dem Sitz oder in Ermangelung eines solchen nach dem Standort. *(BGBl I 2010/43)*

Beschwerden

§ 49. (1) Über Beschwerden gegen Bescheide des Bundesministers für Landesverteidigung nach diesem Bundesgesetz sowie des Bundesministers für Inneres nach § 42b entscheidet das Bundesverwaltungsgericht. *(BGBl I 2015/52; BGBl I 2018/97)*

(2) Über alle anderen Beschwerden gegen Bescheide nach diesem Bundesgesetz entscheidet das Landesverwaltungsgericht.

(BGBl I 2013/161)

10. Abschnitt

Strafbestimmungen und Durchsuchungsermächtigung

Gerichtlich strafbare Handlungen

§ 50. (1) Wer, wenn auch nur fahrlässig,

1. unbefugt Schusswaffen der Kategorie B besitzt oder führt,

2. verbotene Waffen oder Munition (§ 17) mit Ausnahme der verbotenen Waffen gemäß § 17 Abs. 1 Z 9 und 10 unbefugt besitzt, *(BGBl I 2018/97)*

3. Waffen oder Munition besitzt, obwohl ihm dies gemäß § 12 verboten ist,

4. Kriegsmaterial (ausgenommen Gewehrpatronen mit Vollmantelgeschoß) unbefugt erwirbt, besitzt oder führt,

5. Schusswaffen der Kategorie B, verbotene Waffen oder Kriegsmaterial (ausgenommen Gewehrpatronen mit Vollmantelgeschoß) einem Menschen überläßt, der zu deren Besitz nicht befugt ist,

6. Schusswaffen oder Munition erwirbt, besitzt oder führt, obwohl ihm dies nach § 11a verboten ist,

ist vom ordentlichen Gericht in den Fällen der Z 2, 3 und 6 mit Freiheitsstrafe bis zu einem Jahr oder mit Geldstrafe bis zu 360 Tagessätzen und in den Fällen der Z 1, 4 und 5 mit Freiheitsstrafe bis zu zwei Jahren oder mit Geldstrafe bis zu 720 Tagessätzen zu bestrafen. *(BGBl I 2016/120)*

(1a) Mit Freiheitsstrafe bis zu drei Jahren ist zu bestrafen, wer vorsätzlich eine oder mehrere der in Abs. 1 mit Strafe bedrohten Handlungen in Bezug auf eine größere Zahl von Schusswaffen oder Kriegsmaterial begeht. Ebenso ist zu bestrafen, wer die nach Abs. 1 Z 5 mit Strafe bedrohte Handlung in der Absicht begeht, sich durch die wiederkehrende Begehung der Tat eine fortlaufende Einnahme zu verschaffen. *(BGBl I 2002/134; BGBl I 2016/120, beachte § 57 Abs 11)*

(2) Abs. 1 ist auf den unbefugten Besitz von wesentlichen Bestandteilen von Schusswaffen (§ 2 Abs. 2) nicht anzuwenden. *(BGBl I 2018/97)*

(3) Nach Abs. 1 und Abs. 1a ist nicht zu bestrafen, wer freiwillig, bevor eine zur Strafverfolgung berufene Behörde (§ 151 Abs. 3 StGB) von seinem Verschulden erfahren hat, die Waffen oder sonstigen Gegenstände der Behörde (§ 48) abliefert. *(BGBl I 2002/134; BGBl I 2018/97)*

(4) Gemäß Abs. 3 abgelieferte Waffen oder Gegenstände gelten als verfallen. Sie sind dem Betroffenen jedoch wieder auszufolgen, sofern dieser innerhalb von sechs Monaten die Erlangung der für den Besitz dieser Waffen oder Gegenstände erforderlichen behördlichen Bewilligung nachweist. § 43 Abs. 3 gilt mit der Maßgabe, daß keine Entschädigung gebührt, wenn sie dem zustehen würde, der das tatbestandmäßige Verhalten verwirklicht hat oder an diesem beteiligt war.

Verwaltungsübertretungen

§ 51. (1) Sofern das Verhalten nicht den Tatbestand einer in die Zuständigkeit der ordentlichen Gerichte fallenden strafbaren Handlungen bildet, begeht eine Verwaltungsübertretung und ist mit einer Geldstrafe bis zu 3 600 Euro oder mit Freiheitsstrafe bis zu sechs Wochen zu bestrafen, wer entgegen diesem Bundesgesetz oder einer auf Grund dieses Bundesgesetzes erlassenen Verordnung *(BGBl I 2001/98; BGBl I 2002/134; BGBl I 2013/161)*

1. Schußwaffen führt;

2. verbotene Waffen gemäß § 17 Abs. 1 Z 9 oder 10 besitzt oder verbotene Waffen (§ 17), die er besitzen darf, führt; *(BGBl I 2018/97)*

3. Waffen oder Munition besitzt, obwohl ihm dies gemäß § 13 Abs. 4 verboten ist;

4. Waffen (ausgenommen Kriegsmaterial) einführt oder anderen Menschen überläßt;

5. Munition anderen Menschen überläßt;

5a. Schusswaffen oder Munition jemandem wissentlich überlässt, dem der Erwerb, der Besitz und das Führen von Schusswaffen oder Munition gemäß § 11a nicht erlaubt ist, *(BGBl I 2016/120)*

6. gegen Auflagen verstößt, die gemäß §§ 17 Abs. 3 oder 18 Abs. 3 erteilt worden sind; *(BGBl I 2010/43)*

7. eine gemäß § 33 erforderliche Registrierung unterlässt; *(BGBl I 2010/43)*

8. eine gemäß § 41 Abs. 1 erforderliche Meldung unterlässt oder einem mit Bescheid erlassenen Verwahrungsverbot (§ 41 Abs. 3) zuwiderhandelt; *(BGBl I 2012/63)*

9. Schusswaffen oder Munition nicht gemäß § 16b sicher verwahrt; *(BGBl I 2010/43; BGBl I 2012/63; BGBl I 2016/120; BGBl I 2018/97)*

10. es unterlässt, eine Kennzeichnung gemäß § 58 Abs. 6 durchführen zu lassen, *(BGBl I 2012/63; BGBl I 2012/115)*

11. entgegen einer gemäß § 42 Abs. 5a mit Verordnung getroffenen Anordnung einen Gefahrenbereich nicht verlässt oder entgegen der Untersagung betritt. *(BGBl I 2012/115)*
Der Versuch ist strafbar.

(2) Eine Verwaltungsübertretung begeht und ist mit einer Geldstrafe bis zu 360 Euro zu bestrafen, wer gegen dieses Bundesgesetz verstößt, sofern das Verhalten nicht nach den §§ 50 oder 51 Abs. 1 zu ahnden oder § 32 Abs. 3 anzuwenden ist. *(BGBl I 2001/98; BGBl I 2010/43)*

(3) Wegen Abs. 1 Z 7 ist nicht zu bestrafen, wer freiwillig und bevor die Behörde von seinem Verschulden erfahren hat, die gemäß § 33 erforderliche Registrierung durchführt. *(BGBl I 2015/52)*

(4) Eine Bestrafung gemäß Abs. 1 Z 5a schließt eine solche wegen der zugleich gemäß Abs. 1 Z 4 oder 5 begangenen Verwaltungsübertretung aus. *(BGBl I 2016/120)*

Verfall

§ 52. (1) Waffen, Munition und Knallpatronen, die den Gegenstand einer nach dem § 51 als Verwaltungsübertretung strafbaren Handlung bilden, sind von der Behörde für verfallen zu erklären, wenn

1. sie dem Täter oder einem Mitschuldigen gehören und die Verfallserklärung zur Abwehr von Gefahren, die mit dem mißbräuchlichen oder leichtfertigen Gebrauch von Waffen oder unsicherer Verwahrung verbunden sind, geboten erscheint, oder

2. sie einem Menschen auszufolgen wären, der zu ihrem Besitz nicht berechtigt ist, oder

3. ihre Herkunft nicht feststellbar ist. *(BGBl I 2010/43)*

(2) Die verfallenen Gegenstände gehen in das Eigentum des Bundes über.

Durchsuchungsermächtigung

§ 53. Die Organe des öffentlichen Sicherheitsdienstes sind ermächtigt, eine Durchsuchung der Kleidung von Menschen und der von diesen mitgeführten Fahrzeuge und Behältnisse (Koffer, Taschen u. dgl.) an Orten vorzunehmen, an denen auf Grund eines konkreten Hinweises oder sonstiger bestimmter Tatsachen der dringende Verdacht besteht, daß einem Verbot der Einfuhr, der Ausfuhr, des Besitzes oder des Führens von Kriegsmaterial oder von Waffen und Munition, die nicht Kriegsmaterial sind, nach diesem oder anderen Bundesgesetzen zuwidergehandelt wird. Die §§ 50 SPG und 121 Abs. 3 der Strafprozeßordnung 1975, BGBl. Nr. 631, gelten. *(BGBl I 2016/120)*

11. Abschnitt

Verarbeitung personenbezogener Daten im Rahmen der Waffenpolizei

Allgemeines

§ 54. (1) Die Waffenbehörden dürfen personenbezogene Daten nur verarbeiten, wenn dies zur Erfüllung der ihnen übertragenen Aufgaben erforderlich und verhältnismäßig ist. *(BGBl I 2018/32)*

(2) Die Behörden sind ermächtigt, bei Verfahren, die sie nach diesem Bundesgesetz zu führen haben, automationsunterstützte Datenverarbeitung einzusetzen. Hierbei dürfen sie die ermittelten personenbezogenen Daten des Betroffenen verarbeiten. Personenbezogene Daten dritter Personen dürfen nur verarbeitet werden, wenn deren Auswählbarkeit aus der Gesamtmenge der gespeicherten Daten nicht vorgesehen ist. Die Verfahrensdaten sind zu lösen, sobald sie nicht mehr benötigt werden, spätestens fünf Jahre nach Eintritt der Rechtskraft der Entscheidung. *(BGBl I 2018/32)*

(2a) Hinsichtlich der Verarbeitung personenbezogener Daten nach diesem Bundesgesetz besteht kein Widerspruchsrecht gemäß Art. 21 DSGVO sowie kein Recht auf Einschränkung der Verarbeitung gemäß Art. 18 DSGVO. Darüber sind die Betroffenen in geeigneter Weise zu informieren. *(BGBl I 2018/32)*

(3) Die Bundesrechenzentrums GmbH hat als Auftragsverarbeiterin bei der Führung von Datenverarbeitungen gemäß § 55 gegen Entgelt mitzuwirken. Sie ist in dieser Funktion verpflichtet, die Datenschutzpflichten gemäß Art. 28 Abs. 3 lit. a bis h DSGVO wahrzunehmen. *(BGBl I 2010/43; BGBl I 2018/32)*

Zentrale Informationssammlung

§ 55. (1) Die Waffenbehörden sind als gemeinsam Verantwortliche gemäß Art. 4 Z 7 in Verbindung mit Art. 26 Abs. 1 DSGVO ermächtigt, zur Wahrnehmung der ihnen nach diesem Bundesgesetz übertragenen Aufgaben zum Betroffenen

1. Namen,

2. Geschlecht,

3. frühere Namen,

4. Geburtsdatum und -ort,

5. Wohnanschrift,

6. Staatsangehörigkeit,

7. Namen der Eltern,

8. Aliasdaten,

9. Daten, die für dessen Berechtigung, Waffen, Munition oder Kriegsmaterial zu erwerben, einzuführen, zu besitzen oder zu führen sowie für die Verwahrung gemäß § 41 maßgeblich sind, wie insbesondere die Begründung, die Rechtfertigung oder den Bedarf, *(BGBl I 2018/97)*

10. Waffendaten, insbesondere Art, Kaliber, Marke, Type und Herstellungsnummer der Waffe, sowie an der Waffe vorgenommene Umbauten oder Veränderungen, die dazu führen, dass die Waffe einer anderen Kategorie zugeordnet wird, *(BGBl I 2018/97)*

11. Namen und Anschrift des Vorbesitzers und des Erwerbers, *(BGBl I 2018/97)*

12. das Datum der Überlassung sowie *(BGBl I 2018/97)*

13. den Zeitpunkt und das Ergebnis der erstellten Gutachten iSd § 8 Abs. 7 *(BGBl I 2018/97)*

zu ermitteln, sofern die jeweiligen Daten zur Aufgabenerfüllung erforderlich sind, und im Rahmen einer Zentralen Informationssammlung gemeinsam in der Art zu verarbeiten, dass jeder Verantwortliche auch auf jene Daten in der Datenverarbeitung Zugriff hat, die dieser von den anderen Verantwortlichen zur Verfügung gestellt wurden. Personenbezogene Daten dritter Personen dürfen nur verarbeitet werden, wenn bei Fahndungsabfragen deren Auswählbarkeit aus der Gesamtmenge der gespeicherten Daten nicht vorgesehen ist. *(BGBl I 2018/32)*

(1a) Die Erfüllung von Informations-, Auskunfts-, Berichtigungs-, Löschungs- und sonstigen Pflichten nach den Bestimmungen der DSGVO gegenüber dem Betroffenen obliegt jedem Verantwortlichen hinsichtlich jener Daten, die im Zusammenhang mit den von ihm geführten Verfahren oder den von ihm gesetzten Maßnahmen verarbeitet werden. Nimmt ein Betroffener unter Nachweis seiner Identität ein Recht nach der DSGVO gegenüber einem gemäß dem ersten Satz unzuständigen Verantwortlichen wahr, ist er an den zuständigen Verantwortlichen zu verweisen. *(BGBl I 2018/32)*

(2) Der Bundesminister für Inneres übt die Funktion des Auftragsverarbeiters gemäß Art. 4 Z 8 in Verbindung mit Art. 28 Abs. 1 DSGVO aus. Er ist in dieser Funktion verpflichtet, die Datenschutzpflichten gemäß Art. 28 Abs. 3 lit. a bis h DSGVO wahrzunehmen. Zudem ist er berechtigt, weitere Auftragsverarbeiter in Anspruch zu nehmen. *(BGBl I 2018/32)*

(3) Gewerbetreibende, die zum Handel mit nichtmilitärischen Schusswaffen berechtigt und gemäß § 32 ermächtigt sind, Registrierungen für die jeweils zuständige Waffenbehörde im Wege des Datenfernverkehrs vorzunehmen, werden insoweit als Auftragsverarbeiter gemäß Art. 4 Z 8 der DSGVO tätig. Für die Durchführung der Registrierung dürfen ihnen die Daten gemäß Abs. 1 Z 1 bis 7 sowie allenfalls vorhandene Informationen über Waffenverbote übermittelt werden. *(BGBl I 2018/32; BGBl I 2018/97)*

(4) Übermittlungen der gemäß Abs. 1 verarbeiteten Daten sind an Sicherheitsbehörden und staatsanwaltschaftliche Behörden für deren Tätigkeit im Dienste der Strafrechtspflege sowie an Sicherheitsbehörden, Asylbehörden, Jagdbehörden und an österreichische Vertretungsbehörden im Ausland in Angelegenheiten der Sicherheitsverwaltung sowie an militärische Organe des Behörden zum Zweck der Vollziehung des Wehrgesetzes 2001 (WG 2001), BGBl. I Nr. 146/2001, und des Bundesgesetzes über Aufgaben und Befugnisse im Rahmen der militärischen Landesverteidigung (Militärbefugnisgesetz – MBG), BGBl. I Nr. 86/2000, zulässig. Darüber hinaus sind die Waffenbehörden ermächtigt, Verlassenschaftsgerichten und Gerichtskommissären im Sinne des Gerichtskommissärsgesetzes (GKG), BGBl. Nr. 343/1970, im Rahmen eines Verlassenschaftsverfahrens gemäß Abs. 1 verarbeitete Daten zu übermitteln. Im Übrigen sind Übermittlungen nur zulässig, wenn hierfür eine ausdrückliche gesetzliche Ermächtigung besteht. *(BGBl I 2015/52; BGBl I 2018/32)*

(5) Personenbezogene Daten, die gemäß Abs. 1 verarbeitet werden, sind für Zugriffe der Waffenbehörden als Verantwortliche zu sperren, sobald die Voraussetzungen für die Speicherung weggefallen sind oder die Daten sonst nicht mehr benötigt werden, spätestens jedoch nach Ablauf von zehn Jahren nach Vernichtung der Schusswaffe. Nach Ablauf von 30 Jahren nach Vernichtung der Schusswaffe sind die Daten auch physisch zu löschen. Während dieser Zeit kann die Sperre für Zwecke der Kontrolle der Richtigkeit einer beabsichtigten anderen Speicherung gemäß Abs. 1 sowie für Zwecke der Sicherheitspolizei oder der Strafverfolgung aufgehoben werden. *(BGBl I 2018/32; BGBl I 2018/97)*

(6) In Auskünften gemäß Art. 15 DSGVO, die aus der Datenverarbeitung gemäß Abs. 1 verlangt werden, haben die Waffenbehörden auch jede

andere Behörde zu nennen, die gemäß Abs. 1 personenbezogene Daten des Antragstellers, auf die der Zugriff (Abs. 5) nicht gesperrt ist, in der Zentralen Informationssammlung verarbeitet. Davon kann Abstand genommen werden, wenn dieser Umstand dem Antragsteller bekannt ist. *(BGBl I 2018/32)*

(7) Die Behörden sind als Verantwortliche verpflichtet, unbefristete Personendatensätze, auf die der Zugriff nicht gesperrt ist und die fünf Jahre unverändert geblieben sind, daraufhin zu überprüfen, ob nicht die in Abs. 5 genannten Voraussetzungen für eine Sperre bereits vorliegen. Solche Datensätze sind nach Ablauf weiterer drei Monate gemäß Abs. 5 für Zugriffe zu sperren, es sei denn, der Verantwortliche hätte vorher bestätigt, dass der für die Speicherung maßgebliche Grund weiterhin besteht. *(BGBl I 2018/32; BGBl I 2018/97)*

(8) Die Sicherheitsbehörden sind ermächtigt, die in der Zentralen Informationssammlung verarbeiteten personenbezogenen Daten zum Wohnsitz des Betroffenen durch regelmäßigen und automatischen Abgleich mit den im Zentralen Melderegister verarbeiteten personenbezogenen Daten zu aktualisieren. Darüber hinaus dürfen den gemäß § 32 ermächtigten Gewerbetreibenden, soweit dies für eine eindeutige Identifizierung des Betroffenen notwendig ist, auch personenbezogene Daten aus dem Zentralen Melderegister übermittelt werden. *(BGBl I 2018/32)*

(9) Bei jedem Zugriff von Gewerbetreibenden auf die Zentrale Informationssammlung haben diese die personenbezogenen Daten des Lichtbildausweises des Betroffenen (Art, Nummer, ausstellende Behörde) in das System einzugeben; diese Informationen sind jedenfalls Bestandteil der Protokolldaten im Sinne des Abs. 10. Durch technische Vorkehrungen ist sicher zu stellen, dass die Übermittlung oder Überlassung von Informationen ausgeschlossen ist, wenn der bezughabenden Eingabeaufforderung nicht entsprochen wurde. *(BGBl I 2018/32)*

(10) Protokolldaten über tatsächlich durchgeführte Verarbeitungsvorgänge, wie insbesondere Änderungen, Abfragen und Übermittlungen, sind drei Jahre lang aufzubewahren. *(BGBl I 2018/32)*

(BGBl I 2010/43)

Information über das Verbot Waffen zu überlassen

§ 56. (1) Nach Abschluss des für den Erwerb einer Schusswaffe der Kategorie C maßgeblichen Rechtsgeschäfts, für das die Wartepflicht gemäß § 34 Abs. 2 gilt, hat – sofern nicht zeitgleich eine Registrierung dieser Waffe vorgenommen wird – der zum Handel damit berechtigte Gewerbetreibende unverzüglich bei der nach dem Ort der Betriebsstätte zuständigen Behörde unter Angabe der Namen, des Geschlechts, des Geburtsdatums sowie des Geburtsortes des Erwerbers anzufragen, ob gegen diesen ein Waffenverbot erlassen worden ist. Die Behörde hat dem Gewerbetreibenden innerhalb der in § 34 Abs. 2 genannten Frist mitzuteilen, ob gegen den Erwerber ein Waffenverbot vorliegt oder nicht; das gegenständliche Rechtsgeschäft wird im Fall des Vorliegens eines Waffenverbots nichtig. *(BGBl I 2010/43; BGBl I 2018/97)*

(2) Anfragen gemäß Abs. 1 können auch bei einer der Gewerbetreibenden von der Behörde bekanntgegebenen Sicherheitsdienststelle ihres Sprengels eingebracht werden.

(3) Kann die Behörde, ohne Kenntnis des Grunddatensatzes des Betroffenen, auf Grund einer Anfrage gemäß Abs. 1 nicht klären, ob ein Waffenverbot besteht, hat sie dies dem Gewerbetreibenden mitzuteilen. Diesfalls verlängert sich die Frist des § 34 Abs. 2 bis zur Zustimmung zur Überlassung durch die Behörde.

(4) In den Fällen des Abs. 3 hat der Gewerbetreibende den Betroffenen aufzufordern, entweder ihm – zur Weiterleitung an die Behörde – oder der Behörde selbst, den ihn betreffenden Grunddatensatz bekannt zu geben. Kommt der Betroffene dieser Aufforderung nicht innerhalb einer Frist von zwei Wochen ab der Aufforderung nach, tritt die Rechtsfolge des Abs. 1 letzter Satz ein.

(5) Die Behörde darf personenbezogene Daten aus Anfragen gemäß Abs. 1 nur nach dem Datum geordnet aufbewahren. Sie hat diese Unterlagen drei Jahre nach der Anfrage zu vernichten. Dies gilt auch, wenn die Behörde die Aufzeichnungen automationsunterstützt verarbeitet, wobei die Speicherung der Aufbewahrung und die Vernichtung der Löschung gleichzuhalten ist.

Übermittlung personenbezogener Daten

§ 56a. (1) Die Behörden haben von ihnen in Vollziehung dieses Bundesgesetzes verarbeitete Daten hinsichtlich

1. der erteilten Bewilligungen für die Verbringung von Schusswaffen und Munition gemäß § 37,

2. auf Grund mangelnder Verlässlichkeit nicht erteilter Ausnahmebewilligungen gemäß § 17 Abs. 3 sowie § 18 Abs. 2,

3. auf Grund mangelnder Verlässlichkeit nicht erteilter Bewilligungen zum Erwerb, Besitz und Führen von Schusswaffen der Kategorie B im Sinne des § 21 Abs. 1 bis 3,

an zuständige Behörden anderer Mitgliedstaaten der Europäischen Union in Erfüllung unionsrechtlicher Verpflichtungen zu übermitteln. *(BGBl I 2021/211)*

(2) Kriminalpolizei, Staatsanwaltschaften und Gerichte sind ermächtigt, den Waffenbehörden

nach der Strafprozeßordnung 1975 (StPO), BGBl. Nr. 631/1975, insbesondere auch durch Ermittlungsmaßnahmen nach dem 4. bis 6. Abschnitt des 8. Hauptstücks, ermittelte personenbezogene Daten zu übermitteln, soweit eine Weiterverarbeitung dieser Daten durch die Waffenbehörden in Verfahren betreffend die Überprüfung der Verlässlichkeit oder die Auferlegung eines Waffenverbotes gemäß § 12 erforderlich ist. Im Rahmen eines Rechtsmittelverfahrens obliegt die Übermittlung dieser Daten an das Landesverwaltungsgericht der jeweiligen Waffenbehörde. *(BGBl I 2021/211)*

(3) Die Ermächtigung gemäß Abs. 2 umfasst auch die Übermittlung besonderer Kategorien personenbezogener Daten gemäß Art. 9 Abs. 1 DSGVO. Eine Weiterverarbeitung dieser Daten durch die Waffenbehörden in der Zentralen Informationssammlung (§ 55) ist unzulässig. Zudem dürfen diese Daten nur an andere Waffenbehörden übermittelt werden. *(BGBl I 2021/211)*

(4) Eine Übermittlung gemäß Abs. 2 ist unzulässig, sofern es sich um personenbezogene Daten handelt, die durch eine molekulargenetische Untersuchung gemäß § 124 StPO ermittelt worden sind. *(BGBl I 2021/211)*

(BGBl I 2018/97)

Verständigungspflicht der Strafgerichte

§ 56b. Das Strafgericht hat der Waffenbehörde Verurteilungen wegen § 278b bis § 278g oder § 282a StGB mitzuteilen.

(BGBl I 2021/211)

12. Abschnitt
Übergangs- und Schlußbestimmungen

Überleitung von Verboten und bestehenden Berechtigungen

§ 57. (1) Die Verordnung des Bundesministers für Inneres vom 29. Mai 1981, BGBl. Nr. 275/1981, bleibt als Verordnung im Sinne des § 17 Abs. 2 in Geltung.

(2) Ein auf Grund des § 23 des Waffengesetzes vom 18. März 1938, dRGBl. I S 265/1938, erlassenes Waffenverbot oder ein auf Grund des § 12 des Waffengesetzes 1986, BGBl. Nr. 443, erlassenes Waffenverbot gilt als Waffenverbot nach § 12 dieses Bundesgesetzes. Die Behörde hat jedoch ein solches Waffenverbot auf Antrag aufzuheben, wenn es den Voraussetzungen des § 12 nicht entspricht.

(3) Auf Grund des Waffengesetzes 1986 ausgestellte Waffenpässe, Waffenbesitzkarten, Waffenscheine oder Bescheinigungen gemäß § 27 des Waffengesetzes 1986 gelten ab Inkrafttreten dieses Bundesgesetzes als Waffenpässe und als Waffenbesitzkarten im Sinne des § 20 Abs. l oder

als Bescheinigung im Sinne des § 39 Abs. 2. Wird gemäß § 16 die Ausstellung eines Ersatzdokumentes beantragt, stellt die Behörde ein entsprechendes Dokument nach diesem Bundesgesetz aus.

(4) Waffenbesitzkarten gemäß Artikel II der 2. Waffengesetznovelle 1994, BGBl. Nr. 1107, behalten ihre Gültigkeit. Abs. 3 letzter Satz und die §§ 26 bis 30, 37, 39 und 58 Abs. 4 gelten.

(5) Bescheide, mit denen vor dem 1. Mai 1980 der Erwerb von Kriegsmaterial erlaubt wurde, sowie Ausnahmebewilligungen gemäß § 28a Waffengesetz 1986 gelten als Ausnahmebewilligungen im Sinne des § 18 Abs. 2.

(6) Ausnahmebewilligungen gemäß § 11 Abs. 2 des Waffengesetzes 1986 behalten ihre Gültigkeit. Beziehen sich diese Bewilligungen auch auf den Besitz verbotener Waffen, so gilt dies nur bis zum Ablauf eines Jahres nach Inkrafttreten dieses Bundesgesetzes. In diesen Fällen stellt die Behörde auf Antrag eine entsprechende Waffenbesitzkarte aus, wenn nicht wesentliche Änderungen in den Voraussetzungen, die zur Erteilung der Ausnahmebewilligung geführt haben, eingetreten sind. Bis zur Rechtskraft der Entscheidung ist der Betroffene zum Besitz berechtigt. *(BGBl I 2010/43)*

Übergangsbestimmungen

§ 58. (1) Der Bundesminister für Inneres legt durch Verordnung den Zeitpunkt fest, ab dem die Registrierungspflicht gemäß § 33 eintritt.

(2) Menschen, die im Zeitpunkt des Inkrafttretens dieses Bundesgesetzes in der Fassung des Bundesgesetzes BGBl. I Nr. 43/2010 bereits im Besitz von Schusswaffen der Kategorie C sind, haben diese Waffen bis zum 30. Juni 2014 gemäß § 32 registrieren zu lassen, wobei die Registrierungspflicht als erfüllt anzusehen ist, sobald die geforderten Daten dem Gewerbetreibenden nachweislich bekannt gegeben wurden. Diese Registrierung kann auch mittels der Bürgerkarte im Sinne des § 2 Z 10 des E-Government-Gesetzes – E-GovG, BGBl. I Nr. 10/2004, im elektronischen Verkehr erfolgen. Jedenfalls gilt der bisherige Besitz als Begründung für den Besitz dieser Waffen.

(3) Menschen, die zum Zeitpunkt des Inkrafttretens dieses Bundesgesetzes in der Fassung BGBl. I Nr. 43/2010 bereits im Besitz einer Schusswaffe der Kategorie D sind, trifft die Registrierungspflicht gemäß § 33 nicht. Werden diese Schusswaffen einem Dritten überlassen, ist der Erwerber verpflichtet, diese registrieren zu lassen; eine freiwillige Registrierung gemäß Abs. 2 ist zulässig. *(BGBl I 2012/63)*

(4) Waffenrechtliche Bewilligungen, die auf Grund der vor dem Inkrafttreten dieses Bundesgesetzes in der Fassung BGBl. I Nr. 43/2010 in

Geltung gewesenen Bestimmungen erteilt worden sind, bleiben unberührt. *(BGBl I 2018/97)*

(5) Abweichend von § 42b Abs. 1 und 2 gilt

1. eine Schusswaffe, die vor Inkrafttreten des Bundesgesetzes BGBl. I Nr. 63/2012 von einer Gebietskörperschaft verwendungsunfähig gemacht worden ist, oder

2. eine Schusswaffe, die nicht Kriegsmaterial ist und vor Inkrafttreten des Bundesgesetzes BGBl. I Nr. 63/2012 verwendungsunfähig gemacht worden ist,

als gemäß § 42b deaktiviert, wenn glaubhaft gemacht werden kann, dass ein Rückbau der Schusswaffe einen Aufwand bedeutet, der einer Neuanfertigung entspricht. *(BGBl I 2012/63; BGBl I 2018/97)*

(6) Menschen, die im Zeitpunkt des Inkrafttretens des Bundesgesetzes BGBl. I Nr. 63/2012 bereits im Besitz von als Kriegsmaterial gemäß § 1 Art. I Z 1 lit. a und b der Verordnung betreffend Kriegsmaterial anzusehenden Schusswaffen sowie von Läufen und Verschlüssen gemäß § 1 Art. I Z 1 lit. c dieser Verordnung sind, die nach anderen Kriterien als nach den in § 42b genannten dauernd unbrauchbar gemacht wurden und denen keine Ausnahmebewilligung nach § 18 Abs. 2 erteilt wurde, haben binnen 36 Monaten ab Inkrafttreten durch einen gemäß § 42b Abs. 3 ermächtigten Gewerbetreibenden eine Kennzeichnung gemäß § 42b Abs. 1 vornehmen zu lassen. *(BGBl I 2012/63; BGBl I 2013/161)*

(7) Erfüllt das gemäß Abs. 6 einem gemäß § 42b Abs. 3 ermächtigten Gewerbetreibenden vorgelegte Kriegsmaterial nicht die Voraussetzungen für eine Kennzeichnung als deaktivierter Gegenstand, so hat der Besitzer binnen vier Wochen ab Vorliegen des Prüfungsergebnisses entweder eine Deaktivierung gemäß § 42b vornehmen zu lassen oder einen Antrag auf Erteilung einer Ausnahmebewilligung gemäß § 18 Abs. 2 zu stellen oder das Kriegsmaterial bei der Behörde abzuliefern oder einem zum Besitz Berechtigten zu überlassen und dies jeweils dem Bundesminister für Landesverteidigung und Sport nachzuweisen. *(BGBl I 2012/63)*

(8) Abweichend von § 18 Abs. 1 gilt der Besitz von Kriegsmaterial gemäß Abs. 6 bis zum Ablauf der jeweiligen Fristen nach Abs. 6 und 7 oder bis zur erfolgten Kennzeichnung durch ermächtigte Gewerbetreibende oder Fachorgane gemäß § 42b Abs. 3 oder bis zur rechtskräftigen Beendigung des Verfahrens zur Erteilung einer Ausnahmebewilligung als erlaubt, sofern dieser Besitz vor dem Zeitpunkt des Inkrafttretens des Bundesgesetzes BGBl. I Nr. 63/2012 begründet wurde. *(BGBl I 2012/63)*

(9) Wird in den Fällen des Abs. 7 das betreffende Kriegsmaterial bei der Behörde abgeliefert, so geht das Eigentum daran auf den Bund über. Dem ehemaligen Besitzer ist dabei vom Bundesminister für Landesverteidigung und Sport eine angemessene Entschädigung zu leisten, wenn dies binnen sechs Monaten ab Eigentumsübergang verlangt wird. *(BGBl I 2012/63)*

(10) Für die Aufhebung eines vor dem 1. Jänner 2014 erlassenen Waffenverbotes gemäß § 12 ist jene Behörde zuständig, die das Waffenverbot in erster Instanz erlassen hat. *(BGBl I 2013/161)*

(11) Auf strafbare Handlungen, die vor dem Inkrafttreten des Bundesgesetzes BGBl. I Nr. 120/2016 begangen worden sind, ist § 50 Abs. 1 und 1a in der Fassung vor Inkrafttreten des Bundesgesetzes BGBl. I Nr. 120/2016 weiter anzuwenden. *(BGBl I 2016/120; BGBl I 2018/97)*

(12) Menschen, die zum Zeitpunkt des Inkrafttretens gemäß § 62 Abs. 21 eine zu einer Salutwaffe umgebaute Schusswaffe rechtmäßig besitzen, haben diese der zuständigen Behörde innerhalb von zwei Jahren ab dem Zeitpunkt des Inkrafttretens gemäß § 62 Abs. 21 zu melden. Handelt es sich bei diesen Salutwaffen um umgebaute Schusswaffen, die den verbotenen Waffen (§ 17), dem Kriegsmaterial (§ 18) oder der Kategorie B (§ 19) zuzurechnen waren, hat die jeweils zuständige Behörde dem Inhaber einer solchen Waffe eine der Kategorie entsprechende Berechtigung zum Erwerb, Besitz oder Führen dieser Waffe auszustellen oder eine bereits bestehende Berechtigung um diese Waffe zu erweitern. Handelt es sich bei diesen Salutwaffen um umgebaute Schusswaffen, die der Kategorie C zuzurechnen waren, hat die Behörde diese zu registrieren. Für die Beurteilung, welcher Kategorie die Schusswaffen vor dem Umbau zuzurechnen waren, ist die Rechtslage nach dem Zeitpunkt des Inkrafttretens gemäß § 62 Abs. 21 anzuwenden. *(BGBl I 2018/97)*

(13) Für Menschen, die zum Zeitpunkt des Inkrafttretens gemäß § 62 Abs. 21 verbotene Waffen gemäß § 17 Abs. 1 Z 7 bis 11 rechtmäßig besitzen, ist der Besitz dieser verbotenen Waffen weiterhin zulässig, wenn die Betroffenen dies der Behörde innerhalb von zwei Jahren ab dem Zeitpunkt des Inkrafttretens gemäß § 62 Abs. 21 melden. Für verbotene Waffen gemäß § 17 Abs. 1 Z 9 und 10 hat die Behörde dem Betroffenen eine Ausnahme vom Verbot zum Besitz oder Führen solcher Magazine zu bewilligen. Für verbotene Waffen gemäß § 17 Abs. 1 Z 7, 8 und 11 hat die Behörde entsprechend der bisherigen Berechtigung eine Waffenbesitzkarte oder einen Waffenpass für solche Waffen auszustellen. Die bestehende Waffenbesitzkarte oder bestehende Waffenpass für Schusswaffen der Kategorie B ist von der Behörde entsprechend einzuschränken. *(BGBl I 2018/97)*

(14) Für Menschen, die zum Zeitpunkt des Inkrafttretens gemäß § 62 Abs. 21 eine zu einer halbautomatischen Schusswaffe umgebaute vollautomatische Schusswaffe auf Grund einer Bewil-

ligung gemäß § 21 Abs. 1 bis 3 rechtmäßig besitzen, ist der Besitz dieser umgebauten Schusswaffe auf Grund der ihnen erteilten Bewilligung weiterhin zulässig, sofern der Inhaber einer solchen Schusswaffe dies dem Bundesminister für Landesverteidigung innerhalb von zwei Jahren ab dem Zeitpunkt des Inkrafttretens gemäß § 62 Abs. 21 meldet. Auf Antrag des Betroffenen hat der Bundesminister für Landesverteidigung für eine solche Waffe eine Bewilligung gemäß § 18 Abs. 2 auszustellen. Der Bundesminister für Landesverteidigung hat eine Abschrift der Bewilligung gemäß § 18 Abs. 2 der Behörde zu übermitteln. Diese hat die bestehende Waffenbesitzkarte oder den bestehenden Waffenpass für Schusswaffen der Kategorie B entsprechend einzuschränken. *(BGBl I 2018/97)*

(15) Menschen, die zum Zeitpunkt des Inkrafttretens gemäß § 62 Abs. 21 eine Schusswaffe rechtmäßig besitzen, für die bis zu diesem Zeitpunkt keine Registrierungspflicht bestand, haben diese Schusswaffe binnen zwei Jahren ab dem Zeitpunkt des Inkrafttretens gemäß § 62 Abs. 21 gemäß § 33 registrieren zu lassen, sofern noch keine Registrierung vorgenommen wurde. *(BGBl I 2018/97)*

(16) Menschen, die zum Zeitpunkt des Inkrafttretens gemäß § 62 Abs. 21 eine nach dem 8. April 2016 gemäß der Durchführungsverordnung (EU) 2015/2403 deaktivierte Schusswaffe besitzen, haben diese der Behörde binnen zwei Jahren ab dem Zeitpunkt des Inkrafttretens gemäß § 62 Abs. 21 zu melden. Die Behörde hat die gemeldete deaktivierte Schusswaffe des Betroffenen in der Zentralen Informationssammlung zu registrieren. *(BGBl I 2018/97)*

(17) Für Menschen, die zum Zeitpunkt des Inkrafttretens gemäß § 62 Abs. 21 wesentliche Bestandteile (§ 2 Abs. 2) für Schusswaffen gemäß § 17 Abs. 1 Z 7, 8 und 11 rechtmäßig besitzen, ist der Besitz dieser wesentlichen Bestandteile weiterhin zulässig. Spätestens im Rahmen der nächsten Überprüfung der Verlässlichkeit gemäß § 25 ist für diese wesentlichen Bestandteile eine allenfalls erforderliche Bewilligung gemäß § 17 Abs. 1 in Verbindung mit § 23 Abs. 3 zu erteilen. Waffenrechtliche Bewilligungen, die auf Grund § 23 Abs. 3 in der Fassung des Bundesgesetzes BGBl. I Nr. 120/2016 für Schusswaffen der Kategorie B erteilt worden sind, gelten weiter. *(BGBl I 2018/97)*

(18) Die zum Zeitpunkt des Inkrafttretens gemäß § 62 Abs. 21 im Besitz befindlichen Rahmen und Gehäuse für Schusswaffen gemäß § 17 Abs. 1 und für Schusswaffen der Kategorie B hat der Inhaber solcher wesentlichen Bestandteile der Behörde innerhalb von zwei Jahren ab dem Zeitpunkt des Inkrafttretens gemäß § 62 Abs. 21 zu melden. Handelt es sich um Rahmen und Gehäuse, die wesentlicher Bestandteil von Kriegsmate-

rial sind, hat der Inhaber den Besitz solcher wesentlichen Bestandteile dem Bundesminister für Landesverteidigung innerhalb von zwei Jahren ab dem Zeitpunkt des Inkrafttretens gemäß § 62 Abs. 21 zu melden. Die jeweils zuständige Behörde hat für die wesentlichen Bestandteile von verbotenen Waffen (§ 17), Kriegsmaterial (§ 18) und Schusswaffen der Kategorie B (§ 19) eine allenfalls erforderliche Bewilligung gemäß § 23 Abs. 3 zu erteilen. Die zum Zeitpunkt des Inkrafttretens gemäß § 62 Abs. 21 des Bundesgesetzes BGBl. I Nr. 97/2018 im Besitz befindlichen Rahmen und Gehäuse für Schusswaffen der Kategorie C hat der Inhaber solcher wesentlichen Bestandteile innerhalb von zwei Jahren ab dem Zeitpunkt des Inkrafttretens gemäß § 62 Abs. 21 gemäß § 33 registrieren zu lassen. *(BGBl I 2018/97)*

(19) Bis zum Zeitpunkt des Inkrafttretens gemäß § 62 Abs. 21 erteilte Bewilligungen gemäß § 18 Abs. 2 für den Besitz, den Erwerb oder das Führen von halbautomatischen Karabinern und Gewehren, soweit es sich dabei nicht um umgebaute vollautomatische Schusswaffen (§ 2 Abs. 4) handelt, gelten als Waffenbesitzkarte oder Waffenpass gemäß § 17 Abs. 1 Z 8 oder 11 oder gemäß § 21 Abs. 1 bis 3. Auf Antrag des Inhabers solcher Waffen hat die Behörde eine der Kategorie entsprechende Waffenbesitzkarte oder einen der Kategorie entsprechenden Waffenpass auszustellen oder eine bereits bestehende Berechtigung zu erweitern und die Bewilligung gemäß § 18 einzuziehen. *(BGBl I 2018/97)*

(20) Die Meldung gemäß Abs. 12, 13, 14, 16 und 18 hat Art, Kaliber, Marke, Type und Herstellungsnummer der zu meldenden Waffe oder der zu meldenden wesentlichen Bestandteile sowie Namen und Anschrift des Betroffenen zu umfassen. Die Meldung des Betroffenen gilt als Antrag auf Ausstellung einer der Kategorie entsprechenden Berechtigung im Sinne des Abs. 12, 13 und 18. *(BGBl I 2018/97)*

(21) Vor dem Zeitpunkt des Inkrafttretens gemäß § 62 Abs. 21 nach § 17 Abs. 2 erlassene Verordnungen bleiben unberührt. *(BGBl I 2018/97)*

(22) Für waffenrechtliche Bewilligungen, die auf Grund § 22 Abs. 2 Z 2 in der Fassung des Bundesgesetzes BGBl. I Nr. 120/2016 erteilt worden sind, entfällt die Beschränkung, dass nur Waffen mit Kaliber 9 mm oder darunter geführt werden dürfen. *(BGBl I 2018/97)*

(BGBl I 2010/43)

Sprachliche Gleichbehandlung

§ 58a. Soweit in diesem Bundesgesetz auf natürliche Personen bezogene Bezeichnungen nur in männlicher Form angeführt sind, beziehen sich diese auf alle Geschlechter in gleicher Weise. *(BGBl I 2021/211)*

(BGBl I 2010/43)

Verhältnis zu anderen Bundesgesetzen

§ 59. Von diesem Bundesgesetz bleiben unberührt:

1. § 111 Abs. 1 des Forstgesetzes 1975, BGBl. Nr. 440; *(BGBl I 2010/43)*

2. das KMG. *(BGBl I 2018/97)*

Verweisungen

§ 60. (1) Soweit in diesem Bundesgesetz auf Bestimmungen in anderen Bundesgesetzen verwiesen wird, sind dies Verweisungen auf diese in ihrer jeweils geltenden Fassung.

(2) Soweit in anderen Bundesgesetzen auf Bestimmungen des Waffengesetzes 1986 verwiesen wird, treten an deren Stelle die entsprechenden Bestimmungen dieses Bundesgesetzes.

Vollziehung

§ 61. Mit der Vollziehung ist betraut hinsichtlich

1. des § 16 Abs. 1 die Bundesregierung;

2. der §§ 11 Abs. 4 und 50 Abs. 1 bis 3 der Bundesminister für Justiz;

3. der §§ 5 und 18 der Bundesminister für Landesverteidigung und Sport im Einvernehmen mit dem Bundesminister für Inneres; *(BGBl I 2010/43)*

3a. des § 42a der Bundesminister für Landesverteidigung und Sport im Einvernehmen mit dem Bundesminister für Finanzen; *(BGBl I 2001/57; BGBl I 2010/43)*

3b. des § 42 Abs. 5 bis 7 der Bundesminister für Landesverteidigung und Sport; *(BGBl I 2012/35)*

3c. der §§ 42b, 44 und 58 Abs. 6 bis 9 der Bundesminister für Landesverteidigung und Sport soweit Kriegsmaterial betroffen ist; *(BGBl I 2012/63; BGBl I 2016/120)*

4. der übrigen Bestimmungen der Bundesminister für Inneres, und zwar hinsichtlich

a) der §§ 17 Abs. 3, 30, 32 bis 34 im Einvernehmen mit dem Bundesminister für Wirtschaft, Familie und Jugend; *(BGBl I 2010/43)*

b) des § 39 Abs. 1 im Einvernehmen mit dem Bundesminister für Finanzen;

c) des § 39 Abs. 2 im Einvernehmen mit dem Bundesminister für europäische und internationale Angelegenheiten; *(BGBl I 2010/43)*

d) des § 42 – soweit nicht die Vollziehung nach Z 3b dem Bundesminister für Landesverteidigung und Sport obliegt – im Einvernehmen mit dem Bundesminister für Justiz und – soweit Kriegsmaterial betroffen ist – mit dem Bundesminister für Landesverteidigung und Sport; *(BGBl I 2010/43; BGBl I 2012/35)*

e) des § 43 im Einvernehmen mit dem Bundesminister für Landesverteidigung und Sport, sofern Kriegsmaterial betroffen ist; *(BGBl I 2010/43)*

f) des § 47 Abs. 2 und 3 im Einvernehmen mit den Bundesministern für Wirtschaft, Familie und Jugend und europäische und internationale Angelegenheiten . *(BGBl I 2010/43)*

Inkrafttreten und Außerkrafttreten

§ 62. (1) Dieses Bundesgesetz tritt mit 1. Juli 1997 in Kraft. Gleichzeitig treten das Waffengesetz 1986, BGBl. Nr. 443, sowie das Waffengesetz-Übergangsrecht 1986, BGBl. Nr. 443, und Artikel II der 2. Waffengesetznovelle 1994, BGBl. Nr. 1107, außer Kraft.

(2) Auf vor diesem Zeitpunkt verwirklichte Straftatbestände bleibt das Waffengesetz 1986 weiterhin anwendbar. Ebenso bleibt Artikel II der 2. Waffengesetznovelle 1994 auf anhängige Verfahren über Entschädigungen für auf Grund dieser Bestimmung abgelieferte Waffen weiterhin anwendbar.

(3) § 42 Abs. 5 letzter Satz in der Fassung des Bundesgesetzes BGBl. I Nr. 142/2000 tritt mit 1. Jänner 2001 in Kraft. *(BGBl I 2000/142)*

(4) §§ 2 Abs. 2, 42a und 61 Z 3a in der Fassung des Bundesgesetzes BGBl. I Nr. 57/2001 treten mit 1. Juli 2001 in Kraft. *(BGBl I 2001/57; BGBl I 2002/134)*

(5) § 51 Abs. 1 und 2 in der Fassung des Bundesgesetzes BGBl. I Nr. 98/2001 tritt mit 1. Jänner 2002 in Kraft. *(BGBl I 2001/98; BGBl I 2002/134)*

(6) Die §§ 41, 47 Abs. 5, 50 Abs. 1a und 3 und 51 Abs. 1 in der Fassung des Bundesgesetzes BGBl. I Nr. 134/2002 treten mit 1. Oktober 2002 in Kraft. *(BGBl I 2002/134)*

(7) § 47 Abs. 4 in der Fassung des Bundesgesetzes BGBl. I Nr. 136/2004 tritt mit 1. Jänner 2005 in Kraft. *(BGBl I 2004/136)*

(8) § 55 Abs. 2 in der Fassung des Bundesgesetzes BGBl. I Nr. 4/2008 tritt mit 1. Juli 2008 in Kraft. *(BGBl I 2008/4)*

(9) Die §§ 2 Abs. 1, 6, 8 Abs. 7, 9 samt Überschrift, 11 Abs. 2, 12 Abs. 4, 6 und 8, 13 Abs. 1 und 1a, § 16a samt Überschrift, die Überschrift des 3. Abschnitts, §§ 17 Abs. 2 und 3, 18 Abs. 2, 3, 3a, 3b, 4 und 5, die Überschrift des 4. Abschnitts, § 19 Abs. 1, die Überschrift des § 20, §§ 20 Abs. 1 und 3, 21 Abs. 1, 2, 3, 5 und 6, 22 Abs. 1, 23 Abs. 1, 2, 2a und 3, 24, 25 Abs. 3, 4 und 5, die Überschrift des § 28, §§ 28 Abs. 1, 2, 3, 6 und 7, 29, die Überschrift des 5. Abschnitts, §§ 30 bis 34 samt Überschriften, die Überschrift

des § 35, §§ 35 Abs. 1, 2 und 3, 36 Abs. 2, 3 und 4, 37 Abs. 1, 2, 3, 7 und 8, 39 samt Überschrift, 40 Abs. 1 und 3, 41a samt Überschrift, §§ 42 Abs. 3, 5 und 8, 42a, 43 Abs. 1, 3, 4 und 7, 44, 45, 46, 47 Abs. 2 und 4, 48 Abs. 3, 50 Abs. 1, 51 Abs. 1 und 2, 52 Abs. 1, 54 Abs. 3, 55, 56 Abs. 1, 57 Abs. 6, §§ 58 Abs. 2 bis 4 und 58a samt Überschriften, §§ 59, 61 sowie das Inhaltsverzeichnis in der Fassung des Bundesgesetzes BGBl. I Nr. 43/2010 treten mit dem gemäß § 58 Abs. 1 festgelegten Zeitpunkt, spätestens jedoch am 1. Jänner 2015 in Kraft; gleichzeitig treten § 26 und die Anlagen 1 bis 9 außer Kraft. *(BGBl I 2010/43; BGBl I 2012/63)*

(10) § 42 Abs. 5 erster Satz und Abs. 6 zweiter Satz sowie § 61 Z 3b und 4 in der Fassung des 2. Stabilitätsgesetzes 2012, BGBl. I Nr. 35/2012, treten mit 1. Jänner 2013 in Kraft. *(BGBl I 2012/35)*

(11) § 31 Abs. 2, § 48 Abs. 1 und § 49 in der Fassung des Bundesgesetzes BGBl. I Nr. 50/2012 treten mit 1. September 2012 in Kraft. *(BGBl I 2012/50)*

(12) Mit dem gemäß § 58 Abs. 1 festgelegten Zeitpunkt, spätestens jedoch am 1. Jänner 2015, treten in Kraft:

1. das Inhaltsverzeichnis betreffend die Überschrift zu § 42b, § 5, § 42b samt Überschrift, § 58 Abs. 5 bis 9 und § 61, jeweils in der Fassung des Bundesgesetzes BGBl. I Nr. 63/2012;

2. § 2 Abs. 3 in der Fassung des Bundesgesetzes BGBl. I Nr. 63/2012 (wobei Z 14 der Waffengesetz-Novelle 2010, BGBl. I Nr. 43/2010, mit Ablauf des Tages der Kundmachung des Bundesgesetzes BGBl. I Nr. 63/2012 entfällt);

3. das Inhaltsverzeichnis betreffend die Überschrift zu § 9, die Überschrift zu § 9 und § 9, jeweils in der Fassung des Bundesgesetzes BGBl. I Nr. 63/2012 (wobei Z 1 und Z 17 der Waffengesetz-Novelle 2010, BGBl. I Nr. 43/2010, mit Ablauf des Tages der Kundmachung des Bundesgesetzes BGBl. I Nr. 63/2012 als entsprechend geändert gelten);

4. § 51 Abs. 1 Z 8 bis 10 in der Fassung des Bundesgesetzes BGBl. I Nr. 63/2012 (wobei Z 79 der Waffengesetz-Novelle 2010, BGBl. I Nr. 43/2010, mit Ablauf des Tages der Kundmachung des Bundesgesetzes BGBl. I Nr. 63/2012 entfällt);

5. § 55 Abs. 1 in der Fassung des Bundesgesetzes BGBl. I Nr. 63/2012 (wobei Z 83 der Waffengesetz-Novelle 2010, BGBl. I Nr. 43/2010, mit Ablauf des Tages der Kundmachung des Bundesgesetzes BGBl. I Nr. 63/2012 als entsprechend geändert gilt);

6. § 58 Abs. 3 in der Fassung des Bundesgesetzes BGBl. I Nr. 63/2012 (wobei Z 86 der Waffengesetz-Novelle 2010, BGBl. I Nr. 43/2010, mit Ablauf des Tages der Kundmachung des Bundes-

gesetzes BGBl. I Nr. 63/2012 als entsprechend geändert gilt). *(BGBl I 2012/63)*

(13) Verordnungen auf Grund dieses Bundesgesetzes können bereits ab dem seiner Kundmachung folgenden Tag erlassen werden, sie dürfen jedoch frühestens zugleich mit diesem Bundesgesetz in Kraft gesetzt werden. *(BGBl I 2012/63)*

(14) § 42 Abs. 4 bis 6 sowie § 51 Abs. 1 in der Fassung des Bundesgesetzes BGBl. I Nr. 115/2012 treten am 1. Jänner 2013 in Kraft, wobei Art 30 Z 1 und 2 des 2. Stabilitätsgesetzes, BGBl. I 35/2012, mit Ablauf des Tages der Kundmachung des Bundesgesetzes BGBl. I Nr. 115/2012 als entsprechend geändert gilt. *(BGBl I 2012/115)*

(15) § 8 Abs. 4, § 12 Abs. 3, Abs. 5 Z 1 und Abs. 7, § 25 Abs. 5, § 38 Abs. 5, § 39 Abs. 2, 2a und 3, § 41 Abs. 3, § 47 Abs. 3, § 49 samt Überschrift, § 50 Abs. 1, § 51 Abs. 1, § 58 Abs. 10 sowie der Eintrag im Inhaltsverzeichnis zu § 49 in der Fassung des Bundesgesetzes BGBl. I Nr. 161/2013 treten mit 1. Jänner 2014 in Kraft; gleichzeitig treten § 39 Abs. 2 letzter Satz und § 47 Abs. 3 letzter Satz außer Kraft. *(BGBl I 2013/161)*

(16) §§ 11 Abs. 5, 23 Abs. 2b und 58 Abs. 6 in der Fassung des Bundesgesetzes BGBl. I Nr. 161/2013 treten mit dem auf die Kundmachung folgenden Tag in Kraft. *(BGBl I 2013/161)*

(17) Das Inhaltsverzeichnis, die §§ 16a samt Überschrift, 16b samt Überschrift, 33 Abs. 1 und 11, 36 Abs. 3, 49 Abs. 1, 51 Abs. 3 sowie 55 Abs. 1 und 4 in der Fassung des Bundesgesetzes BGBl. I Nr. 52/2015 treten mit 1. Mai 2015 in Kraft. *(BGBl I 2015/52)*

(18) § 17 Abs. 3a, § 22 Abs. 2, § 33a samt Überschrift und Eintrag im Inhaltsverzeichnis, § 51 Abs. 1 Z 9, § 53 und § 61 Z 3c in der Fassung des Bundesgesetzes BGBl. I Nr. 120/2016 treten mit 1. Jänner 2017 in Kraft. § 11a samt Überschrift und Eintrag im Inhaltsverzeichnis, § 34 Abs. 2a und 3, § 50 Abs. 1 und 1a, § 51 Abs. 1 Z 5a, § 51 Abs. 4 und § 58 Abs. 11 in der Fassung des Bundesgesetzes BGBl. I Nr. 120/2016 treten mit 1. März 2017 in Kraft. *(BGBl I 2016/120)*

(19) § 21 Abs. 5 und 6, die Überschrift zum 11. Abschnitt samt Eintrag im Inhaltsverzeichnis sowie die §§ 54 und 55 in der Fassung des Materien-Datenschutz-Anpassungsgesetzes 2018, BGBl. I Nr. 32/2018, treten mit 25. Mai 2018 in Kraft. *(BGBl I 2018/32)*

(20) Der Eintrag im Inhaltsverzeichnis zu § 11a und § 33a, die Überschrift zu § 2 samt Eintrag im Inhaltsverzeichnis, § 2 Abs. 3, § 8 Abs. 1, Abs. 3 Z 4 und 5 und Abs. 6, § 9 Abs. 3, § 11a, § 11b samt Überschrift und Eintrag im Inhaltsverzeichnis, § 13 Abs. 1 und Abs. 2 bis 4, der Einleitungsteil und Schlussteil in § 17 Abs. 1, § 17 Abs. 1

Z 5, § 17 Abs. 2 und 3b, § 18 Abs. 5, § 20 Abs. 1a und 4, § 22, § 23 Abs. 2, 2b und 2c, § 25 Abs. 2, § 28 Abs. 2 und 3, § 33 Abs. 4, § 34 Abs. 6, § 35 Abs. 2 Z 2 und 4, § 37 Abs. 3, § 41b samt Überschrift und Eintrag im Inhaltsverzeichnis, § 42 Abs. 3 Z 1, § 42a Abs. 1 Z 2 sowie Abs. 2 und 3, § 42b Abs. 2, § 44, § 46 Z 1, § 47 Abs. 4a, § 50 Abs. 2 und 3, § 51 Abs. 1 Z 9, § 55 Abs. 3, 5 und 7, § 56a samt Überschrift und Eintrag im Inhaltsverzeichnis, § 58 Abs. 4 und 5, 11, 21 und 22 sowie § 59 Z 2 in der Fassung des Bundesgesetzes BGBl. I Nr. 97/2018 treten mit 1. Jänner 2019 in Kraft. *(BGBl I 2018/97)*

(21) § 2 Abs. 1 Z 3, § 2 Abs. 2, § 2 Abs. 4, § 3a und § 3b samt Überschrift und Eintrag im Inhaltsverzeichnis, § 5 Abs. 1 und 3, § 8 Abs. 7, § 11 Abs. 2, § 17 Abs. 1 Z 6 bis 11, § 17 Abs. 3 und 3a, § 23 Abs. 2a und 3, § 28 Abs. 2a, die Überschrift des 5. Abschnitts samt Eintrag im Inhaltsverzeichnis, § 30 samt Überschrift und Eintrag im Inhaltsverzeichnis, § 33 Abs. 1 bis 3, § 33a Abs. 1 samt Eintrag im Inhaltsverzeichnis, § 34 Abs. 1, 2a, 4 und 5, die Überschrift zu § 35 samt Eintrag im Inhaltsverzeichnis, § 35 Abs. 1, der Einleitungsteil in § 35 Abs. 2, § 35 Abs. 3, § 36 Abs. 3, § 38 Abs. 3, § 42 Abs. 8, § 43 Abs. 7, § 50 Abs. 1 Z 2, § 51 Abs. 1 Z 2, § 55 Abs. 1 Z 9 bis 13, § 56 Abs. 1 sowie § 58 Abs. 12 bis 20 in der Fassung des Bundesgesetzes BGBl. I Nr. 97/2018 treten mit 14. Dezember 2019 in Kraft. Gleichzeitig tritt § 31 samt Überschrift und Eintrag im Inhaltsverzeichnis außer Kraft. Sofern die technischen und organisatorischen Voraussetzungen zu diesem Zeitpunkt noch nicht vorliegen, ist der Bundesminister für Inneres ermächtigt, durch Verordnung einen späteren Zeitpunkt für das Inkrafttreten festzulegen. *(BGBl I 2018/97)*

(22) Das Inhaltsverzeichnis, § 8 Abs. 3 Z 1 und 5 sowie Abs. 5, § 11a Z 2, § 12 Abs. 1a, § 13 Abs. 1, § 21 Abs. 1 und 2, § 28 Abs. 7, § 56a, § 56b samt Überschrift und § 58a in der Fassung des Bundesgesetzes BGBl. I Nr. 211/2021 treten mit dem der Kundmachung folgenden Monatsersten in Kraft. § 33 Abs. 11 in der Fassung des Bundesgesetzes BGBl. I Nr. 211/2021 tritt mit Ablauf des Tages der Kundmachung in Kraft und findet erst ab dem Zeitpunkt Anwendung, den der Bundesminister für Inneres gemäß § 24 Abs. 6 letzter Satz E-GovG im Bundesgesetzblatt kundmacht. § 25 Abs. 3 erster Satz E-GovG gilt. *(BGBl I 2021/211)*

6. Strafrechtliche Nebengesetze und Strafbestimmungen in anderen Gesetzen

Übersicht:

Sonstige

6/1. Anti-Doping-Bundesgesetz 2021
(Auszug)

4. Abschnitt

Besondere Informations- und Strafbestimmungen, berufsrechtliche Folgen von Doping

Gerichtliche Strafbestimmungen

§ 28. (1) Wer zu Zwecken des Dopings im Zusammenhang mit jeglicher sportlichen Aktivität

1. für alle Sportarten verbotene Wirkstoffe gemäß Referenzliste der Anti-Doping-Konvention (Verbotsliste), soweit diese nicht Suchtmittel im Sinne des Suchtmittelgesetzes sind, in Verkehr setzt, bei Sportlerinnen und Sportlern oder anderen anwendet oder

2. in der Verbotsliste genannte verbotene Methoden zur künstlichen Erhöhung des Sauerstofftransfers (Blutdoping) oder Gendoping (die nicht therapeutische Anwendung von Zellen, Genen, Genelementen oder der Regulierung der Genexpression zur Erhöhung der sportlichen Leistungsfähigkeit) bei Sportlerinnen und Sportlern oder anderen anwendet, ist mit Freiheitsstrafe bis zu sechs Monaten oder mit Geldstrafe bis zu 360 Tagessätzen zu bestrafen.

(2) Ebenso ist zu bestrafen, wer in der Verbotsliste genannte anabole Substanzen, Peptidhormone, Wachstumsfaktoren, verwandte Substanzen und Mimetika, Hormone und Stoffwechsel-Modulatoren vorschriftswidrig in einer die Grenzmenge (Abs. 7) übersteigenden Menge mit dem Vorsatz besitzt, dass sie zu Zwecken des Dopings im Zusammenhang mit jeglicher sportlichen Aktivität in Verkehr gesetzt oder bei Sportlerinnen und Sportlern oder anderen angewendet werden.

(3) Wer eine Straftat nach Abs. 1 Z 1 in Bezug auf in der Verbotsliste genannte anabole Substanzen, Peptidhormone, Wachstumsfaktoren, verwandte Substanzen und Mimetika, Hormone und Stoffwechsel-Modulatoren begeht, ist mit Freiheitsstrafe bis zu einem Jahr zu bestrafen.

(4) Wer

1. eine Straftat nach Abs. 1 in Bezug auf besonders schutzbedürftige Personen begeht und im Fall, dass das Opfer minderjährig ist, selbst volljährig und mehr als zwei Jahre älter als die oder der Minderjährige ist, oder

2. eine Straftat nach Abs. 1 begeht, innerhalb der letzten zwölf Monate vor der Tat zumindest drei solche Taten begangen und in der Absicht gehandelt hat, sich durch ihre wiederkehrende Begehung eine fortlaufende Einnahme zu verschaffen,

ist mit Freiheitsstrafe bis zu drei Jahren zu bestrafen.

(5) Wer eine Straftat nach Abs. 4 in Bezug auf in der Verbotsliste genannte anabole Substanzen, Peptidhormone, Wachstumsfaktoren, verwandte Substanzen und Mimetika, Hormone und Stoffwechsel-Modulatoren begeht, ist mit Freiheitsstrafe bis zu drei Jahren, handelt es sich jedoch um eine die Grenzmenge (Abs. 7) übersteigende Menge, mit Freiheitsstrafe bis zu fünf Jahren zu bestrafen.

(6) Nach Abs. 1 bis 5 ist der Täter nur zu bestrafen, wenn die Tat nicht nach anderen Bestimmungen mit strengerer Strafe bedroht ist.

(7) Die Bundesministerin bzw. der Bundesminister für Kunst, Kultur, öffentlichen Dienst und Sport hat im Einvernehmen mit der Bundesministerin oder dem Bundesminister für Soziales, Gesundheit, Pflege und Konsumentenschutz und der Bundesministerin oder dem Bundesminister für Justiz mit Verordnung für die einzelnen in der Verbotsliste genannten anabole Substanzen, Peptidhormone, Wachstumsfaktoren, verwandte Substanzen und Mimetika, Hormone und Stoffwechsel-Modulatoren, bezogen auf die Reinsubstanz des Wirkstoffes, die Untergrenze jener Menge festzusetzen, die geeignet ist, in großem Ausmaß eine Gefahr für das Leben oder die Gesundheit von Menschen herbeizuführen (Grenzmenge).

Sicherstellungsbefugnis und Informationspflichten der Zollbehörden

§ 29. (1) Wenn bestimmte Tatsachen darauf schließen lassen, dass in der Verbotsliste genannte anabole Substanzen, Peptidhormone, Wachstumsfaktoren, verwandte Substanzen und Mimetika, Hormone und Stoffwechsel-Modulatoren, die in einer die Grenzmenge (§ 28 Abs. 7) übersteigenden Menge über die Grenzen des Bundesgebietes verbracht werden, zu Zwecken des Dopings im Zusammenhang mit jeglicher sportlicher Aktivität in Verkehr gesetzt oder bei Sportlerinnen und Sportlern oder anderen angewendet werden sollen, so sind die Zollorgane befugt, die Gegenstände sicher zu stellen. Von der Sicherstellung sind sie unverzüglich der zuständigen Staatsanwaltschaft zu berichten. Erklärt diese, dass die Voraussetzungen einer Sicherstellung (§ 110 der Strafprozeßordnung 1975 (StPO), BGBl. Nr. 631/1975) nicht vorliegen, ist die Sicherstellung sogleich aufzuheben.

(2) Im Zusammenhang mit der Kontrolle der in Abs. 1 genannten Gegenstände, die in das, durch das oder aus dem Bundesgebiet verbracht werden, dürfen die Zollbehörden personenbezogene Daten gemäß Art. 4 Z 2 DSGVO verarbeiten und diese den zuständigen Behörden gemäß § 36 Abs. 2 Z 7 DSG übermitteln, soweit dies zur Erfüllung deren gesetzlicher Aufgaben erforderlich ist.

Sonstige

Zusammenarbeit zwischen den zuständigen Behörden gemäß § 36 Abs. 2 Z 7 DSG und der Unabhängigen Dopingkontrolleinrichtung

§ 30. (1) Die Unabhängige Dopingkontrolleinrichtung hat den zuständigen Behörden gemäß § 36 Abs. 2 Z 7 DSG die ihr zur Kenntnis gelangten Sachverhalte und die ihr zur Kenntnis gebrachten Entscheidungen, in denen ein Verstoß gegen Anti-Doping-Regelungen festgestellt wurde, und das Protokoll der mündlichen Verhandlung – auf Verlangen auch die übrigen Verfahrensunterlagen – zu übermitteln, wenn der begründete Verdacht einer von Amtswegen zu verfolgenden gerichtlich strafbaren Handlung besteht.

(2) Die Staatsanwaltschaft ist nach Beendigung des Ermittlungsverfahrens verpflichtet, der Unabhängigen Dopingkontrolleinrichtung Namen, Geschlecht, Geburtsdatum und -ort, Staatsangehörigkeit und Wohnanschrift sowie die im Zuge des Ermittlungsverfahrens erhobenen Beweise zum Zwecke der Durchführung von Dopingkontrollverfahren jener Personen zu übermitteln, bei denen aufgrund der Ermittlungen der konkrete Verdacht besteht, dass diese einen Verstoß gegen Anti-Doping-Regelungen begangen haben. Die Übermittlung kann jedoch aufgeschoben werden, solange durch sie der Zweck des Verfahrens oder eines damit im Zusammenhang stehenden Verfahrens gefährdet wäre. Liegt eine solche Gefahr nicht vor, sind die zuständigen Behörden gemäß § 36 Abs. 2 Z 7 DSG auch vor Beendigung des Ermittlungsverfahrens ermächtigt, solche Auskünfte auf Verlangen der Unabhängigen Dopingkontrolleinrichtung im Sinne des Abs. 3 zu erteilen. Die Entscheidung zur Information obliegt den zuständigen Behörden gemäß § 36 Abs. 2 Z 7 DSG.

(3) Sobald das Informieren der betroffenen Person gemäß Art. 12 bis 14 DSGVO den in Abs. 2 genannten Zwecken nicht mehr zuwiderläuft oder zuwiderlaufen kann, ist die betroffene Person nachweislich durch die Unabhängige Dopingkontrolleinrichtung über die Übermittlung zu informieren. Die betroffene Person hat das Recht, gegenüber der Unabhängigen Dopingkontrolleinrichtung eine dokumentierende Stellungnahme abzugeben. Art. 12 bis 22 DSGVO sind vom Zeitpunkt des Einlangens eines Ersuchens bis zum Zeitpunkt der Information der betroffenen Person insoweit beschränkt, als diese Rechte voraussichtlich die Verwirklichung der Zwecke gemäß Abs. 2 unmöglich machen oder ernsthaft beeinträchtigen und die Beschränkung für die Erfüllung der Zwecke des Ersuchens notwendig und verhältnismäßig ist.

(4) Die Unabhängige Dopingkontrolleinrichtung hat in Strafverfahren wegen einer Straftat nach § 28 oder § 147 Abs. 1a des Strafgesetzbuches (StGB), BGBl. Nr. 60/1974, sowie in mit Verstößen gegen Anti-Doping-Regelungen in

unmittelbarem Zusammenhang stehenden Strafverfahren jedenfalls ein begründetes rechtliches Interesse auf Akteneinsicht gemäß § 77 Abs. 1 StPO.

Berufsrechtliche Folgen von Doping

§ 31. (1) Sofern dies nicht bereits durch eine entsprechende gesundheitsberufsrechtliche Regelung normiert wird, sind zur Durchführung des Verfahrens wegen des Verlustes der für die Ausübung des Gesundheitsberufes erforderlichen Vertrauenswürdigkeit gegen einen Angehörigen eines Gesundheitsberufes einschließlich des tierärztlichen Berufs die für die vorläufige Untersagung der Berufsausübung, Entziehung der Berechtigung zur Berufsausübung bzw. Verhängung einer Disziplinarstrafe in dem Gesundheitsberuf zuständigen Behörden sowie zuständige Disziplinarbehörden zu informieren:

1. von der Staatsanwaltschaft über die Einleitung eines gerichtlichen Strafverfahrens nach diesem Bundesgesetz gegen eine oder einen Angehörigen des entsprechenden Gesundheitsberufs,

2. von den Gerichten über eine rechtskräftige Verurteilung einer oder eines Angehörigen des entsprechenden Gesundheitsberufs wegen Verstoßes gegen eine Strafbestimmung nach diesem Bundesgesetz und

3. von der Unabhängigen Dopingkontrolleinrichtung über die Verhängung einer Disziplinarstrafe gegen eine oder einen Angehörigen des entsprechenden Gesundheitsberufes oder wenn sich im Disziplinarverfahren Anhaltspunkte ergeben haben, dass eine solche Angehörige oder ein solcher Angehöriger bei der Begehung des Dopingvergehens beteiligt war.

(2) Mit der Information gemäß Abs. 1 haben zu übermitteln:

1. die Gerichte und die Unabhängige Dopingkontrolleinrichtung die Entscheidung und die Protokolle der mündlichen Verhandlung – auf Verlangen auch die übrigen Verfahrensunterlagen;

2. die Staatsanwaltschaft alle Unterlagen, soweit dem nicht überwiegende öffentliche Interessen entgegenstehen.

(3) Zur Durchführung des Verfahrens wegen des Verlustes der Zuverlässigkeit gemäß § 87 Abs. 1 Z 3 der Gewerbeordnung 1994 (GewO 1994), BGBl. Nr. 194, ist die zuständige Bezirksverwaltungsbehörde im Sinne des Abs. 1 und 2 zu informieren, wenn gegen eine Inhaberin oder einen Inhaber einer Gewerbeberechtigung für Fitnessbetriebe das gerichtliche Strafverfahren eingeleitet wird, die rechtskräftige Verurteilung erfolgte bzw. ein solcher bei der Begehung des Dopingvergehens beteiligt war.

6/2. Bundesgesetz über das Verbot von Anti-Personen-Minen
(Auszug)

Definitionen

§ 1. Im Sinne dieses Bundesgesetzes bedeutet:

1. „Anti-Personen-Mine" ein Kampfmittel, das dazu bestimmt ist, unter, auf oder nahe dem Erdboden oder einer anderen Oberfläche angebracht und durch die Gegenwart, Nähe von oder Berührung durch Personen zur Detonation oder Explosion gebracht zu werden;

2. „Anti-Ortungs-Mechanismus" eine Vorrichtung, die dazu bestimmt ist, eine Anti-Personen-Mine durch den Einsatz eines Minensuchgerätes zur Explosion oder Detonation zu bringen.

Verbote

§ 2. Die Herstellung, die Beschaffung, der Verkauf, die Vermittlung, die Ein-, Aus- und Durchfuhr, der Gebrauch und der Besitz von Anti-Personen-Minen sowie von Anti-Ortungs-Mechanismen sind verboten.

Einschränkungen

§ 3. (1) Nicht betroffen von dem Verbot gemäß § 2 sind Minen, die ausschließlich zu Ausbildungszwecken im Bundesheer oder im Bereich des Entminungsdienstes und Entschärfungsdienstes vorgesehen sind.

(2) Ausgenommen vom Verbot gemäß § 2 sind die Einfuhr, der Besitz und die Lagerung von Anti-Personen-Minen zur umgehenden Delaborierung oder anderweitigen Vernichtung.

Vernichtung bestehender Vorräte

§ 4. Bestehende Vorräte an gemäß § 2 verbotenen Anti-Personen-Minen oder Anti-Ortungs-Mechanismen sind binnen eines Monats dem Bundesministerium für Inneres zu melden und durch dieses bis längstens ein Jahr nach dem Inkrafttreten dieses Bundesgesetzes gegen Kostenersatz zu vernichten.

Strafbestimmung

§ 5. Wer, wenn auch nur fahrlässig, dem Verbot des § 2 dieses Bundesgesetzes zuwiderhandelt, ist, sofern die Tat nicht nach anderen Bundesgesetzen mit strengerer Strafe bedroht ist, vom Gericht mit Freiheitsstrafe bis zu zwei Jahren oder mit Geldstrafe bis zu 360 Tagessätzen zu bestrafen.

Einziehung und Verfall

§ 6. (1) Anti-Personen-Minen oder Anti-Ortungs-Mechanismen sowie Teile derselben, die den Gegenstand einer nach § 5 strafbaren Handlung bilden, sind vom Gericht einzuziehen.

(2) Maschinen und Anlagen zur Herstellung der vom Verbot des § 2 unterliegenden Gegenstände können vom Gericht für verfallen erklärt werden. Es ist auf Kosten des Eigentümers sicherzustellen, daß diese nicht weiter entgegen dem Verbot des § 2 verwendet werden können.

(3) Zum Transport von Gegenständen, die dem Verbot des § 2 unterliegen, verwendete Mittel können vom Gericht für verfallen erklärt werden.

(4) Die verfallenen Gegenstände nach Abs. 2 und 3 gehen in das Eigentum des Bundes über. Die eingezogenen Gegenstände nach Abs. 1 gehen in das Eigentum des Bundes über und sind dem Bundesministerium für Inneres zur Vernichtung gemäß § 4 zu melden.

Vollziehung

§ 7. Mit der Vollziehung dieses Bundesgesetzes sind betraut:

1. hinsichtlich des § 3 Abs. 1 der Bundesminister für Inneres und der Bundesminister für Landesverteidigung,

2. hinsichtlich der §§ 5 und 6 der Bundesminister für Justiz und

3. hinsichtlich der übrigen Bestimmungen der Bundesminister für Inneres.

Inkrafttreten

§ 8. Dieses Bundesgesetz tritt mit 1. Jänner 1997 in Kraft.

6/3. Artenhandelsgesetz 2009
(Auszug)

Gerichtlich strafbare Handlungen

§ 7. (1) Wer Exemplare einer dem Geltungsbereich des Art. 3 Abs. 1 (Anhang A) und Abs. 2 (Anhang B) der Verordnung (EG) Nr. 338/97 unterliegenden Art

1. ohne eine nach Art. 4 und 5 der Verordnung (EG) Nr. 338/97 erforderliche Genehmigung oder Bescheinigung oder

2. entgegen einem nach den Bestimmungen dieses Bundesgesetzes oder den Art. 4 bis 7 und 11 der Verordnung (EG) Nr. 338/97 erlassenen behördlichen Auftrag

einführt, ausführt, wiederausführt oder durchführt, ist vom Gericht mit Freiheitsstrafe bis zu zwei Jahren oder mit Geldstrafe bis zu 360 Tagessätzen zu bestrafen.

(2) Ebenso ist zu bestrafen, wer entgegen Art. 8 der Verordnung (EG) Nr. 338/97 Exemplare einer dem Geltungsbereich des Art. 3 Abs. 1 (An-

Sonstige

hang A) und Abs. 2 (Anhang B) der Verordnung (EG) Nr. 338/97 unterliegenden Art

1. kauft, zu kaufen anbietet oder sonst erwirbt,

2. zur Schau stellt, vorrätig hält, befördert oder sonst verwendet oder

3. verkauft oder zu verkaufen anbietet.

(3) Ebenso ist zu bestrafen, wer entgegen Art. 9 der Verordnung (EG) Nr. 338/97 lebende Exemplare einer dem Geltungsbereich des Art. 3 Abs. 1 (Anhang A) unterliegenden Art befördert.

(4) Wer eine Straftat nach Abs. 1 bis 3 begeht, innerhalb der letzten zwölf Monate vor der Tat zumindest wegen zwei solcher Taten rechtskräftig verurteilt wurde und in der Absicht gehandelt hat, sich durch ihre wiederkehrende Begehung eine fortlaufende Einnahme zu verschaffen, ist vom Gericht mit Freiheitsstrafe bis zu fünf Jahren zu bestrafen.

(5) Wer eine der in Abs. 1 bis 3 bezeichneten Handlungen grob fahrlässig begeht, ist vom Gericht mit Freiheitsstrafe bis zu einem Jahr oder mit Geldstrafe bis zu 180 Tagessätzen zu bestrafen.

(6) Keine gerichtliche Strafbarkeit nach Abs. 1 bis 5 besteht in jenen Fällen, in denen die Handlung eine unerhebliche Menge dieser Exemplare betrifft und eine unerhebliche Auswirkung auf den Erhaltungszustand der Art haben; diese Fälle sind nach Maßgabe des § 8 als verwaltungsbehördliche Finanzvergehen strafbar. Der Bundesminister für Land- und Forstwirtschaft, Umwelt und Wasserwirtschaft hat im Einvernehmen mit dem Bundesminister für Justiz und dem Bundesminister für Finanzen mit Verordnung die Unerheblichkeit der Menge der Exemplare und der Auswirkung auf den Erhaltungszustand der Art näher festzulegen.

(7) Die den Gegenstand der strafbaren Handlung bildenden Exemplare samt den zu ihrer Aufbewahrung, Verwahrung oder Betreuung verwendeten Gegenständen sind einzuziehen und dem Bundesministerium für Land- und Forstwirtschaft, Umwelt und Wasserwirtschaft zur Durchführung des weiteren Verfahrens nach § 11 zu übergeben.

(8) Die Gerichte und die Staatsanwaltschaften können bei der Verfolgung der Straftat nach Abs. 1 bis 5 die Zollbehörden in Anspruch nehmen. Im Übrigen ist § 196 des Finanzstrafgesetzes (FinStrG) sinngemäß anzuwenden.

(9) Das Hauptverfahren wegen der in Abs. 4 genannten Straftaten obliegt dem Landesgericht (§ 31 Abs. 4 Z 3 StPO).

6/4. Arzneimittelgesetz

(Auszug)

Gerichtlich strafbare Handlungen

§ 82b. (1) Wer Arzneimittel, Wirkstoffe oder Hilfsstoffe mit dem Vorsatz fälscht (§ 1 Abs. 25 und 26), dass sie einem anderen überlassen werden, ist mit Freiheitsstrafe bis zu drei Jahren zu bestrafen.

(2) Ebenso ist zu bestrafen, wer gefälschte Arzneimittel, Wirkstoffe oder Hilfsstoffe einem anderen anbietet, verschafft oder überlässt oder mit dem Vorsatz vorrätig hält, aus- oder einführt, dass sie einem anderen überlassen werden.

(3) Wer eine Straftat nach Abs. 1 oder 2 als Arzt, Zahnarzt, Tierarzt, Apotheker, Dentist oder Hebamme begeht, ist mit Freiheitsstrafe bis zu fünf Jahren zu bestrafen.

(4) Ebenso ist zu bestrafen, wer eine Straftat nach Abs. 1 oder 2 in der Absicht begeht, sich durch ihre wiederkehrende Begehung eine fortlaufende Einnahme zu verschaffen, und schon einmal wegen einer solchen Straftat verurteilt worden ist. *(BGBl I 2013/162)*

(5) Wer die Straftat (Abs. 4) überdies als Arzt, Zahnarzt, Tierarzt, Apotheker, Dentist oder Hebamme begeht, ist mit Freiheitsstrafe bis zu zehn Jahren zu bestrafen.

(6) Hat die Straftat nach Abs. 1 oder 2 den Tod eines Menschen oder schwere Körperverletzungen (§ 84 Abs. 1 StGB) einer größeren Zahl von Menschen zur Folge, so ist der Täter mit Freiheitsstrafe von fünf bis zu fünfzehn Jahren zu bestrafen.

(7) Wer die Handelspackung oder ein anderes Dokument, das sich auf ein Arzneimittel, einen Wirkstoff oder einen Hilfsstoff bezieht, mit dem Vorsatz fälscht oder verfälscht, dass das Dokument dazu verwendet werde, gefälschte Arzneimittel, Wirkstoffe oder Hilfsstoffe einem anderen zu überlassen, ist – sofern der Täter nicht nach Abs. 1 oder 2 zu bestrafen ist – mit Freiheitsstrafe bis zu einem Jahr zu bestrafen.

(8) Wer einen anderen dazu verleitet oder sonst dazu beiträgt, dass dieser ihm oder einem Angehörigen (§ 72 StGB) gefälschte Arzneimittel verschafft, damit sie bei ihm oder dem Angehörigen angewendet werden, ist nach Abs. 1 bis 7 nicht zu bestrafen.

(BGBl I 2013/48)

Einziehung

§ 82c. (1) Gefälschte Arzneimittel, Wirkstoffe, Hilfsstoffe und Dokumente (§ 82b Abs. 7) sind – sofern nicht bereits die Voraussetzungen der Einziehung nach § 26 StGB vorliegen – auch einzuziehen, wenn keine bestimmte Person wegen einer Straftat nach § 82b verfolgt oder verurteilt werden kann, es sei denn, der oder die Verfügungsberechtigte macht einen rechtmäßigen Verwendungszweck glaubhaft und bietet Gewähr dafür, dass das Arzneimittel, der Wirkstoff, der Hilfsstoff oder das Dokument nicht in Verkehr gebracht wird.

(2) Für das Verfahren gelten die §§ 443 bis 446 der Strafprozessordnung 1975 (StPO), BGBl. Nr. 631/1975, entsprechend. Für die Anwendung der StPO sind gefälschte Arzneimittel, Wirkstoffe, Hilfsstoffe und Dokumente als Gegenstände zu behandeln, deren Besitz allgemein verboten ist.

(BGBl I 2013/48)

6/5. Ärztegesetz 1998
(Auszug)

Verschwiegenheits-, Anzeige- und Meldepflicht

§ 54. (1) Die Ärztin/der Arzt und ihre/seine Hilfspersonen sind zur Verschwiegenheit über alle ihnen in Ausübung ihres Berufes anvertrauten oder bekannt gewordenen Geheimnisse verpflichtet.

(2) Die Verschwiegenheitspflicht besteht nicht, wenn

1. nach gesetzlichen Vorschriften eine Meldung der Ärztin/des Arztes über den Gesundheitszustand bestimmter Personen vorgeschrieben ist,

2. Mitteilungen oder Befunde der Ärztin/des Arztes an die Sozialversicherungsträger und Krankenfürsorgeanstalten oder sonstigen Kostenträger in dem Umfang, als dies für die Empfängerin/den Empfänger zur Wahrnehmung der ihr/ihm übertragenen Aufgaben eine wesentliche Voraussetzung bildet, erforderlich sind,

3. die durch die Offenbarung des Geheimnisses bedrohte Person die Ärztin/den Arzt von der Geheimhaltung entbunden hat,

4. die Offenbarung des Geheimnisses nach Art und Inhalt zum Schutz höherwertiger Interessen

a) der öffentlichen Gesundheitspflege,

b) der Rechtspflege oder

c) von einwilligungsunfähigen Patientinnen/Patienten im Zusammenhang mit der Bereitstellung der für die Behandlungskontinuität unerlässlichen Eckdaten gegenüber den mit der Pflege betrauten Personen

unbedingt erforderlich ist,

5. die Offenbarung des Geheimnisses gegenüber anderen Ärztinnen/Ärzten und Krankenanstalten zur Aufklärung eines Verdachts einer gerichtlich strafbaren Handlung gemäß Abs. 4 Z 2 und zum Wohl der Kinder oder Jugendlichen erforderlich ist,

6. die Ärztin/der Arzt der Anzeigepflicht gemäß Abs. 4 oder der Mitteilungspflicht gemäß §

37 Bundes-Kinder- und Jugendhilfegesetz 2013 (B-KJHG 2013), BGBl. I Nr. 69/2013, nachkommt.

(3) Die Verschwiegenheitspflicht besteht auch insoweit nicht, als die für die Honorar- oder Medikamentenabrechnung gegenüber den Krankenversicherungsträgern, Krankenanstalten, sonstigen Kostenträgern oder Patienten erforderlichen Unterlagen zum Zweck der Abrechnung, auch im automationsunterstützten Verfahren, Auftragsverarbeitern gemäß Art. 4 Z 8 Datenschutz- Grundverordnung überlassen werden. Eine allfällige Speicherung darf nur so erfolgen, dass Betroffene weder bestimmt werden können noch mit hoher Wahrscheinlichkeit bestimmbar sind. Diese Daten sind ausschließlich mit Zustimmung des Verantwortlichen gemäß Art. 4 Z 7 Datenschutz-Grundverordnung an die zuständige Ärztekammer über deren Verlangen weiterzugeben.

(4) Die Ärztin/der Arzt ist zur Anzeige an die Kriminalpolizei oder die Staatsanwaltschaft verpflichtet, wenn sich in Ausübung der beruflichen Tätigkeit der begründete Verdacht ergibt, dass durch eine gerichtlich strafbare Handlung

1. der Tod, eine schwere Körperverletzung oder eine Vergewaltigung herbeigeführt wurde oder

2. Kinder oder Jugendliche misshandelt, gequält, vernachlässigt oder sexuell missbraucht werden oder worden sind oder

3. nicht handlungs- oder entscheidungsfähige oder wegen Gebrechlichkeit, Krankheit oder einer geistigen Behinderung wehrlose Volljährige misshandelt, gequält, vernachlässigt oder sexuell missbraucht werden oder worden sind.

(5) Eine Pflicht zur Anzeige nach Abs. 4 besteht nicht, wenn

1. die Anzeige dem ausdrücklichen Willen der volljährigen handlungs- oder entscheidungsfähigen Patientin/des volljährigen handlungs- oder entscheidungsfähigen Patienten widersprechen würde, sofern keine unmittelbare Gefahr für diese/diesen oder eine andere Person besteht und die klinisch-forensischen Spuren ärztlich gesichert sind,

2. die Anzeige im konkreten Fall die berufliche Tätigkeit beeinträchtigen würde, deren Wirksamkeit eines persönlichen Vertrauensverhältnisses bedarf, sofern nicht eine unmittelbare Gefahr für diese oder eine andere Person besteht, oder

3. die Ärztin/der Arzt, die ihre/der seine berufliche Tätigkeit im Dienstverhältnis ausübt, eine entsprechende Meldung an den Dienstgeber erstattet hat und durch diesen eine Anzeige an die Kriminalpolizei oder die Staatsanwaltschaft erfolgt ist.

(6) Weiters kann in Fällen des Abs. 4 Z 2 die Anzeige unterbleiben, wenn sich der Verdacht gegen einen Angehörigen (§ 72 StGB) richtet, sofern dies das Wohl des Kindes oder Jugendli-

Sonstige

chen erfordert und eine Mitteilung an die Kinder- und Jugendhilfeträger und gegebenenfalls eine Einbeziehung einer Kinderschutzeinrichtung an einer Krankenanstalt erfolgt. In den Fällen einer vorsätzlich begangenen schweren Körperverletzung hat die Ärztin/der Arzt auf bestehende Opferschutzeinrichtungen hinzuweisen.

(BGBl I 2019/105)

6/6. Außenwirtschaftsgesetz 2011

(Auszug)

Außenwirtschaftsgesetz 2011 - AußWG 2011

(BGBl I 2011/112)

10. Hauptstück

Strafbestimmungen und zivilrechtliche Begleitbestimmungen

1. Abschnitt

Gerichtlich strafbare Handlungen

Gerichtlich strafbare Handlungen im Verkehr mit Drittstaaten

§ 79. (1) Wer

1. entgegen einem Verbot gemäß diesem Bundesgesetz, gemäß einer auf seiner Grundlage erlassenen Verordnung oder aufgrund von unmittelbar anwendbarem Recht der Europäischen Union im Sinne von § 1 Abs. 1 Z 24 lit. a oder b Güter einführt, ausführt, durchführt oder zwischen Drittstaaten vermittelt, technische Unterstützung leistet oder einen sonstigen Vorgang durchführt,

2. ohne eine gemäß diesem Bundesgesetz, gemäß einer auf seiner Grundlage erlassenen Verordnung oder einem auf seiner Grundlage erlassenen Bescheid oder aufgrund von unmittelbar anwendbarem Recht der Europäischen Union im Sinne von § 1 Abs. 1 Z 24 lit. a oder b erforderliche Genehmigung Güter einführt, ausführt, durchführt oder zwischen Drittstaaten vermittelt, technische Unterstützung leistet oder einen sonstigen Vorgang durchführt,

3. eine Genehmigung im Sinne von Z 2 durch unrichtige oder unvollständige Angaben erschleicht,

4. einen Genehmigungsbescheid im Sinne von Z 2 zur Verwendung durch einen Nichtberechtigten entgeltlich oder unentgeltlich überlässt oder übernimmt,

5. Güter, für deren Ausfuhr, Durchfuhr oder Vermittlung zwischen Drittstaaten eine Genehmigung im Sinne von Z 2 erteilt wurde, nach der zollamtlichen Abfertigung in ein anderes als das in der Genehmigung genannte Bestimmungsland verbringt oder verbringen lässt, sofern die Ausfuhr in dieses Land aufgrund dieses Bundesgeset-

zes, aufgrund einer auf dessen Grundlage erlassenen Verordnung oder einem auf dessen Grundlage erlassenen Bescheid oder aufgrund von unmittelbar anwendbarem Recht der Europäischen Union im Sinne von § 1 Abs. 1 Z 24 lit. a oder b verboten oder genehmigungspflichtig ist,

6. zur Umgehung einer Genehmigungspflicht im Sinne von Z 2 oder eines Verbotes im Sinne von Z 1 Güter zunächst in einen anderen EU-Mitgliedstaat verbringt oder in einen Drittstaat ausführt, um sie in weiterer Folge in einen anderen Drittstaat weiterzuleiten oder weiterleiten zu lassen, für den eine Genehmigungspflicht oder ein Verbot aufgrund dieses Bundesgesetzes oder aufgrund von unmittelbar anwendbarem Recht der Europäischen Union im Sinne von § 1 Abs. 1 Z 24 lit. a oder b gilt,

7. für die in Z 2 genannten Vorgänge durch unrichtige oder unvollständige Angaben die Erteilung einer Globalgenehmigung gemäß § 17 erschleicht,

8. eine Allgemeingenehmigung im Sinne von § 1 Abs. 1 Z 26 lit. a oder b für die Ausfuhr, Durchfuhr oder Vermittlung zwischen Drittstaaten von Gütern mit doppeltem Verwendungszweck entgegen den Vorschriften dieses Bundesgesetzes, einer auf seiner Grundlage erlassenen Verordnung oder aufgrund von unmittelbar anwendbarem Recht der Europäischen Union im Sinne von § 1 Abs. 1 Z 24 lit. a verwendet,

9. eine Allgemeingenehmigung im Sinne von Z 8 verwendet, obwohl er das Recht dazu gemäß § 60 Abs. 1 verloren hat oder dieses Recht ihm gegenüber gemäß § 60 Abs. 3 ausgesetzt ist,

10. gegen eine Auflage in einem Genehmigungsbescheid im Sinne von Z 2 verstößt,

11. die Vorschreibung einer Auflage in einem Genehmigungsbescheid im Sinne von Z 2 durch unrichtige oder unvollständige Angaben hintanhält,

12. Güter entgegen einer gemäß § 32 Abs. 2 vorgeschriebenen Ausfuhrbeschränkung aus der Europäischen Union ausführt, ohne die Zustimmung Österreichs gemäß § 35 erhalten zu haben,

13. durch Unterlassen der Information gemäß § 55 Abs. 1 die Erteilung einer Ausfuhrgenehmigung erschleicht oder die Vorschreibung einer Auflage im Ausfuhrgenehmigungsbescheid hintanhält,

14. den Widerruf gemäß § 57 einer Genehmigung im Sinne von Z 2 oder die Vorschreibung einer nachträglichen Auflage gemäß § 57 in einer solchen Genehmigung durch unrichtige oder unvollständige Angaben hintanhält,

15. eine Genehmigung im Sinne von Z 2 entgegen einem Widerruf gemäß § 57 weiter verwendet,

16. einen Vorgang gemäß § 15 Abs. 1 nach Mitteilung des Bestehens der Genehmigungspflicht ohne Genehmigung durchführt,

17. einen gemäß § 19 gemeldeten Vorgang vor Ablauf einer der in § 19 Abs. 6 genannten Fristen durchführt,

18. durch Verletzung einer in einer Verordnung aufgrund von § 19 Abs. 1 iVm § 25, in einer Verordnung aufgrund von § 19 Abs. 2 oder 3 oder aufgrund von unmittelbar anwendbarem Recht der Europäischen Union im Sinne von § 1 Abs. 1 Z 24 lit. a oder b festgelegten Meldepflicht oder durch Verletzung der in einer Verordnung aufgrund von § 19 Abs. 5 festgelegten Nachweispflicht die Vorschreibung einer Genehmigungspflicht gemäß § 19 Abs. 7 oder eine Mitteilung über das Bestehen einer Genehmigungspflicht gemäß § 15 Abs. 1 hintanhält,

19. Güter im Widerspruch zu einem Untersagungsbescheid gemäß § 20 Abs. 3 Z 2 ausführt oder durchführt,

20. die Erlassung eines Untersagungsbescheides gemäß § 20 Abs. 3 Z 2 durch unrichtige oder unvollständige Angaben hintanhält,

21. durch unrichtige oder unvollständige Angaben einen Bescheid aufgrund einer Voranfrage gemäß § 62 über das Nichtbestehen eines Verbots oder einer Genehmigungspflicht für die Einfuhr, Ausfuhr, Durchfuhr, Vermittlung zwischen Drittstaaten, für technische Unterstützung oder sonstige Vorgänge oder über den Umstand, dass ein solcher Vorgang genehmigt werden kann oder dass eine Auflage nicht vorzuschreiben ist, erschleicht,

22. Güter aus der Europäischen Union ohne die für den Vorgang nach dem Recht des EU-Mitgliedstaates, aus dem die Ausfuhr erfolgt, erforderliche Ausfuhrgenehmigung vermittelt,

23. eine Genehmigungspflicht für oder ein Verbot von technischer Unterstützung dadurch umgeht, dass diese technische Unterstützung innerhalb des Bundesgebietes an Personen erbracht wird, die dieses technische Wissen danach außerhalb der Europäischen Union verwerten oder weitergeben sollen, *(BGBl I 2011/112)*

24. ein Verbot im Sinne von Z 1 oder eine Genehmigungspflicht im Sinne von Z 2 dadurch umgeht, dass er Rechte zur Produktion von Gütern in einem Drittstaat oder Immaterialgüterrechte zur Verwertung in einem Drittstaat überträgt,

25. *(aufgehoben, BGBl I 2020/87)*

26. *(aufgehoben, BGBl I 2020/87)*

ist vom Gericht mit Freiheitsstrafe bis zu drei Jahren zu bestrafen.

(2) Wer eine der in Abs. 1 mit Strafe bedrohten Handlungen

1. gewerbsmäßig, oder

2. durch Täuschung über Tatsachen unter Benützung einer falschen oder verfälschten Urkunde, falscher oder verfälschter Daten, eines anderen solchen Beweismittels oder eines unrichtigen Messgeräts

begeht, ist vom Gericht mit Freiheitsstrafe von sechs Monaten bis zu fünf Jahren zu bestrafen.

(3) Wer fahrlässig eine der in den Abs. 1 Z 1, 2, 4, 8, 9, 10, 12, 15, 16, 17 oder 19 bezeichneten Handlungen begeht, ist mit Freiheitsstrafe bis zu einem Jahr oder Geldstrafe bis zu 360 Tagessätzen zu bestrafen. *(BGBl I 2011/112; BGBl I 2020/87)*

Gerichtlich strafbare Handlungen im Verkehr innerhalb der Europäischen Union

§ 80. (1) Wer

1. Güter innerhalb der Europäischen Union ohne eine nach diesem Bundesgesetz, gemäß einer auf seiner Grundlage erlassenen Verordnung oder eines auf seiner Grundlage erlassenen Bescheides oder aufgrund von unmittelbar anwendbarem Recht der Europäischen Union im Sinne von § 1 Abs. 1 Z 24 lit. a erforderliche Genehmigung oder ohne Genehmigung eines anderen EU-Mitgliedstaates gemäß § 33 verbringt,

2. eine Genehmigung für die Verbringung von Gütern innerhalb der Europäischen Union im Sinne von Z 1 durch unrichtige oder unvollständige Angaben erschleicht,

3. einen Genehmigungsbescheid im Sinne von Z 1 zur Verwendung durch einen Nichtberechtigten entgeltlich oder unentgeltlich überlässt oder übernimmt,

4. zur Umgehung einer Genehmigungspflicht im Sinne von Z 1 Güter zunächst in einen anderen EU-Mitgliedstaat verbringt, um sie in weiterer Folge in einen weiteren EU-Mitgliedstaat weiterzuleiten oder weiterleiten zu lassen, für die eine Genehmigungspflicht aufgrund dieses Bundesgesetzes oder aufgrund von unmittelbar anwendbarem Recht der Europäischen Union im Sinne von § 1 Abs. 1 Z 24 lit. a gilt,

5. für die in Z 1 genannten Vorgänge durch unrichtige oder unvollständige Angaben die Erteilung einer Globalgenehmigung gemäß § 30 erschleicht,

6. eine Globalgenehmigung im Widerspruch zu § 30 Abs. 3 verwendet,

7. für die in Z 1 genannten Vorgänge eine Allgemeingenehmigung im Sinne von § 1 Abs. 1 Z 24 lit. c entgegen den Bestimmungen dieses Bundesgesetzes oder einer auf seiner Grundlage erlassenen Verordnung verwendet,

8. eine Allgemeingenehmigung im Sinne von Z 7 verwendet, obwohl er das Recht dazu gemäß § 60 Abs. 1 verloren hat oder dieses Recht ihm gegenüber gemäß § 60 Abs. 3 ausgesetzt ist,

Sonstige

9. eine Allgemeingenehmigung im Sinne von Z 7 gegenüber einem Unternehmen verwendet, gegenüber dem die Geltung dieser Allgemeinenehmigung gemäß § 29 Abs. 2 ausgesetzt ist,

10. gegen eine Auflage in einem Genehmigungsbescheid im Sinne von Z 1 verstößt,

11. die Vorschreibung einer Auflage in einem Genehmigungsbescheid im Sinne von Z 1 durch unrichtige oder unvollständige Angaben hintanhält,

12. den Widerruf gemäß § 57 einer Genehmigung im Sinne von Z 1 oder die Vorschreibung einer nachträglichen Auflage gemäß § 57 in einer solchen Genehmigung durch unrichtige oder unvollständige Angaben hintanhält,

13. eine Genehmigung im Sinne von Z 1 entgegen einem Widerruf gemäß § 57 weiter verwendet,

14. gegen eine Auflage in einem Genehmigungsbescheid eines anderen EU-Mitgliedstaates gemäß § 33 verstößt,

15. durch Unterlassung einer Meldung gemäß § 33 Abs. 3 die Vorschreibung einer Genehmigungspflicht gemäß § 33 Abs. 2 hintanhält,

16. eine Verbringung innerhalb der Europäischen Union vor Ablauf der in § 33 Abs. 2 und 4 genannten Fristen durchführt, oder

17. einen Zustimmungsbescheid gemäß § 35 durch unrichtige oder unvollständige Angaben erschleicht,

18. durch unrichtige oder unvollständige Angaben einen Bescheid aufgrund einer Voranfrage gemäß § 62 über das Nichtbestehen einer Genehmigungspflicht für eine Verbringung innerhalb der Europäischen Union oder über den Umstand, dass ein solcher Vorgang genehmigt werden kann oder dass eine Auflage nicht vorzuschreiben ist, erschleicht,

ist vom Gericht mit Freiheitsstrafe bis zu zwei Jahren zu bestrafen.

(2) Ebenso ist zu bestrafen, wer

1. durch unrichtige oder unvollständige Angaben

a) die Erlassung eines Zertifizierungsbescheides gemäß § 37 erschleicht,

b) die Verlängerung der Geltungsdauer eines solchen Bescheids gemäß § 38 Abs. 2 oder 3 erschleicht oder

c) die Festlegung einer Auflage in einem solchen Bescheid hintanhält, oder

2. eine Überprüfung gemäß § 39 durch unrichtige oder unvollständige Angaben oder durch Unterlassung einer Meldung gemäß § 37 Abs. 2 Z 2 oder § 39 Abs. 1 hintanhält,

3. durch unrichtige oder unvollständige Angaben einen Bestätigungsbescheid gemäß § 39 Abs. 3 erschleicht oder die Vorschreibung einer Auflage in einem solchen Bescheid hintanhält, oder

4. einen Bescheid zum Widerruf oder zur Aussetzung eines Zertifikats gemäß § 40 durch unrichtige oder unvollständige Angaben oder durch Unterlassung einer Meldung gemäß § 37 Abs. 2 Z 2 oder § 39 Abs. 1 hintanhält.

(3) Wer eine der in den Abs. 1 und 2 mit Strafe bedrohten Handlungen

1. gewerbsmäßig, oder

2. durch Täuschung über Tatsachen unter Benützung einer falschen oder verfälschten Urkunde, falscher oder verfälschter Daten, eines anderen solchen Beweismittels oder eines unrichtigen Messgeräts

begeht, ist vom Gericht mit Freiheitsstrafe bis zu drei Jahren zu bestrafen.

(4) Wer fahrlässig eine der in Abs. 1 Z 1, 3, 6, 7, 8, 9, 10, 13, 14 oder 16 bezeichneten Handlungen begeht, ist mit Freiheitsstrafe bis zu sechs Monaten oder Geldstrafe bis zu 180 Tagessätzen zu bestrafen.

Gerichtlich strafbare Handlungen im Zusammenhang mit Chemikalien und Gütern, die der BTK unterliegen

§ 81. (1) Wer

1. einem Verbot gemäß § 41 zuwiderhandelt,

2. eine in § 42 Abs. 1 oder 2 genannte Tätigkeit oder einen dort genannten Vorgang ohne Genehmigung durchführt,

3. eine Genehmigung im Sinne von Z 2 durch unrichtige oder unvollständige Angaben erschleicht,

4. einen Genehmigungsbescheid im Sinne von Z 2 zur Verwendung durch einen Nichtberechtigten entgeltlich oder unentgeltlich überlässt oder übernimmt,

5. für die in Z 2 genannten Tätigkeiten und Vorgänge durch unrichtige oder unvollständige Angaben die Erteilung einer Globalgenehmigung gemäß § 43 erschleicht,

6. gegen eine Auflage in einem Genehmigungsbescheid im Sinne von Z 2 verstößt,

7. die Vorschreibung einer Auflage gemäß § 54 in einem Genehmigungsbescheid im Sinne von Z 2 durch unrichtige oder unvollständige Angaben hintanhält,

8. den Widerruf oder die Festlegung einer nachträglichen Auflage gemäß § 57 Abs. 2 in einem Genehmigungsbescheid im Sinne von Z 2 durch unrichtige oder unvollständige Angaben hintanhält, oder

9. durch unrichtige oder unvollständige Angaben einen Bescheid aufgrund einer Voranfrage gemäß § 62 über das Nichtbestehen eines Verbots im Sinne von Z 1 oder einer Genehmigungspflicht

im Sinne von Z 2 oder über den Umstand, dass ein solcher Vorgang genehmigt werden kann oder dass eine Auflage nicht vorzuschreiben ist, erschleicht,

ist vom Gericht mit Freiheitsstrafe bis zu drei Jahren zu bestrafen.

(2) Wer eine der in Abs. 1 mit Strafe bedrohten Handlungen

1. gewerbsmäßig, oder

2. durch Täuschung über Tatsachen unter Benützung einer falschen oder verfälschter Urkunde, falscher oder verfälschter Daten, eines anderen solchen Beweismittels oder eines unrichtigen Messgeräts

begeht, ist vom Gericht mit Freiheitsstrafe von sechs Monaten bis zu fünf Jahren zu bestrafen.

(3) Wer fahrlässig eine der in den Abs. 1 Z 1, 2, 4 oder 6 bezeichneten Handlungen begeht, ist mit Freiheitsstrafe bis zu einem Jahr oder Geldstrafe bis zu 360 Tagessätzen zu bestrafen.

Beitrag zu ABC-Waffen

§ 82. (1) Wer durch eine der in den §§ 79 bis 81 mit Strafe bedrohten Handlungen einen Beitrag zur Herstellung, Verbreitung, Prüfung oder Instandhaltung von ABC-Waffen sowie ABC-waffenfähigen Trägersystemen leistet, ist vom Gericht mit Freiheitsstrafe von sechs Monaten bis zu fünf Jahren zu bestrafen.

(2) Wer eine der in Abs. 1 mit Strafe bedrohten Handlungen

1. gewerbsmäßig, oder

2. durch Täuschung über Tatsachen unter Benützung einer falschen oder verfälschten Urkunde, falscher oder verfälschter Daten, eines anderen solchen Beweismittels oder eines unrichtigen Messgeräts

begeht, ist mit Freiheitsstrafe von einem Jahr bis zu zehn Jahren zu bestrafen.

(3) Wer fahrlässig eine der in den §§ 79 bis 81 mit Strafe bedrohten Handlungen begeht und dadurch einen Beitrag zur Herstellung, Verbreitung, Prüfung oder Instandhaltung von ABC-Waffen sowie ABC-waffenfähigen Trägersystemen leistet, ist vom Gericht mit Freiheitsstrafe bis zu zwei Jahren oder Geldstrafe bis zu 360 Tagessätzen zu bestrafen.

Gemeinsame Bestimmungen

§ 83. (1) Der Täter ist nach den §§ 79 bis 82 nicht zu bestrafen, wenn die Tat nach einer anderen Bestimmung mit strengerer Strafe bedroht ist.

(2) Für das Strafverfahren wegen der in den §§ 79 bis 82 genannten mit Strafe bedrohten Handlungen ist das Landesgericht zuständig.

(3) Die österreichischen Strafgesetze gelten in den Fällen des § 79 Abs. 1 Z 1, 2, 5 und 6, § 81

Abs. 1 und 2 sowie § 82 Abs. 1 und 2 unabhängig von den Strafgesetzen des Tatorts auch für im Ausland begangene Taten, wenn der Täter zur Zeit der Tat Österreicher war oder seinen Wohnsitz im Inland hatte, oder die Tat zugunsten einer juristischen Person oder Personengemeinschaft ohne Rechtspersönlichkeit mit Sitz in Österreich begangen wurde.

(4) Die Gerichte und die Staatsanwaltschaften können bei der Verfolgung von Straftaten nach § 79 bis 82 die Hilfe des Zollamtes Österreich in Anspruch nehmen, wenn diese Straftaten im Verkehr mit Drittstaaten begangen wurden. Sofern die Begehung von Straftaten durch das Zollamt Österreich der Staatsanwaltschaft angezeigt wurde, dürfen sich die Gerichte und Staatsanwaltschaften der Hilfe der Sicherheitsbehörden und ihrer Organe nur bedienen, wenn ein Organ des Zollamtes Österreich nicht rechtzeitig zu erreichen ist. *(BGBl I 2019/104)*

(5) Insoweit wird das Zollamt Österreich im Dienste der Strafrechtspflege tätig und hat die in der Strafprozessordnung der Kriminalpolizei zukommenden Aufgaben und Befugnisse unter sinngemäßer Anwendung des § 196 Abs. 4 des Finanzstrafgesetzes (FinStrG), BGBl. Nr. 129/1958, wahrzunehmen. Das Zollamt Österreich hat zur Aufklärung dieser Straftaten nur im Umfang einer darauf gerichteten Anordnung der Staatsanwaltschaft tätig zu werden oder soweit im Rahmen einer Maßnahme nach § 64 oder einer zollamtlichen Abfertigung aufgrund bestimmter Maßnahmen anzunehmen ist, der Beschuldigte habe eine solche Straftat begangen. *(BGBl I 2019/104)*

Sicherstellung

§ 84. (1) Wenn bestimmte Tatsachen darauf schließen lassen, dass Güter oder Chemikalien nach oder aus Österreich befördert werden, auf die sich eine nach den §§ 79 bis 83 strafbare Handlung bezieht, so sind die Zollorgane befugt, diese sicher zu stellen. Von der Sicherstellung haben sie unverzüglich der zuständigen Staatsanwaltschaft zu berichten.

(2) Erklärt die Staatsanwaltschaft, dass die Voraussetzungen für eine Sicherstellung nach § 110 der Strafprozessordnung 1975, BGBl. Nr. 631, nicht vorliegen, und können Güter dem Anmelder gemäß Art. 198 Abs. 1 lit. b (iv) des Zollkodex nicht überlassen werden, weil sie Verboten oder Beschränkungen unterliegen, so sind sie von den Zollbehörden zu beschlagnahmen. Über die erfolgte Beschlagnahme ist der Bundesminister für Wirtschaft, Familie und Jugend unverzüglich zu informieren. Der Bundesminister für Wirtschaft, Familie und Jugend hat unter Beachtung der Genehmigungskriterien gemäß dem 2. Hauptstück zu entscheiden, ob die Beschlagnahme aufzuheben ist und ob die Güter

Sonstige

wiederauszuführen, dem Ausführer zurückzustellen oder unter sinngemäßer Anwendung der §§ 37 bis 52 der Abgabenexekutionsordnung, BGBl. Nr. 104/1949, verwertet werden oder vernichtet werden sollen. *(BGBl I 2015/163)*

(3) Im Zusammenhang mit der Kontrolle von Gütern oder Chemikalien, die unter den in Abs. 1 genannten Umständen nach oder aus Österreich befördert werden, dürfen die Zollbehörden personenbezogene Daten ermitteln und verarbeiten (§ 4 Z 9 des Datenschutzgesetzes 2000, BGBl. I Nr. 165/1999) und diese den zuständigen Strafverfolgungsbehörden übermitteln, soweit dies zur Erfüllung von deren gesetzlichen Aufgaben erforderlich ist.

(BGBl I 2013/37)

...

6/7. Bankwesengesetz

(Auszug)

IX. Bankgeheimnis

§ 38. (1) Kreditinstitute, ihre Gesellschafter, Organmitglieder, Beschäftigte sowie sonst für Kreditinstitute tätige Personen dürfen Geheimnisse, die ihnen ausschließlich auf Grund der Geschäftsverbindungen mit Kunden oder auf Grund des § 75 Abs. 3 anvertraut oder zugänglich gemacht worden sind, nicht offenbaren oder verwerten (Bankgeheimnis). Werden Organen von Behörden sowie der Oesterreichischen Nationalbank bei ihrer dienstlichen Tätigkeit Tatsachen bekannt, die dem Bankgeheimnis unterliegen, so haben sie das Bankgeheimnis als Amtsgeheimnis zu wahren, von dem sie nur in den Fällen des Abs. 2 entbunden werden dürfen. Die Geheimhaltungsverpflichtung gilt zeitlich unbegrenzt.

(2) Die Verpflichtung zur Wahrung des Bankgeheimnisses besteht nicht

1. in einem Strafverfahren gegenüber den Staatsanwaltschaften und Gerichten nach Maßgabe der §§ 116, 210 Abs. 3 der Strafprozeßordnung 1975 – StPO, BGBl. Nr. 631/1975, und in einem Strafverfahren wegen vorsätzlicher Finanzvergehen, ausgenommen Finanzordnungswidrigkeiten, gegenüber den Finanzstrafbehörden nach Maßgabe der §§ 89, 99 Abs. 6 des Finanzstrafgesetzes – FinStrG, BGBl. Nr. 129/1958; *(BGBl I 2007/108; BGBl I 2015/116)*

2. im Falle der Verpflichtung zur Auskunftserteilung nach § 41 Abs. 1 und 2, § 61 Abs. 1, § 93 und § 93a; *(BGBl 1996/445)*

3. im Falle des Todes des Kunden gegenüber dem Abhandlungsgericht und Gerichtskommissär;

4. wenn der Kunde minderjährig oder sonst pflegebefohlen ist, gegenüber dem Vormundschafts- oder Pflegschaftsgericht;

5. wenn der Kunde der Offenbarung des Geheimnisses ausdrücklich und schriftlich zustimmt;

6. für allgemein gehaltene ban.kübliche Auskünfte über die wirtschaftliche Lage eines Unternehmens, wenn dieses der Auskunftserteilung nicht ausdrücklich widerspricht;

7. soweit die Offenbarung zur Klärung von Rechtsangelegenheiten aus dem Verhältnis zwischen Kreditinstitut und Kunden erforderlich ist;

8. hinsichtlich der Meldepflicht des § 25 Abs. 1 des Erbschafts- und Schenkungssteuergesetzes;

9. im Fall der Verpflichtung zur Auskunftserteilung an die FMA gemäß dem WAG und dem BörseG; *(BGBl 1996/753; BGBl I 2007/19; BGBl I 2015/116)*

10. für Zwecke des automatischen Informationsaustausches von Informationen über Finanzkonten gemäß dem Gemeinsamer Meldestandard-Gesetz – GMSG, BGBl. I Nr. 116/2015; *(BGBl I 2015/116)*

11. gegenüber Abgabenbehörden des Bundes auf ein Auskunftsverlangen gemäß § 8 des Kontenregister- und Konteneinschaugesetzes – KontRegG, BGBl. I Nr. 116/2015; *(BGBl I 2015/116)*

12. hinsichtlich der Übermittlungspflicht des § 3 KontRegG und der Auskunftserteilung nach § 4 KontRegG; *(BGBl I 2015/116)*

13. Hinsichtlich der Meldepflicht der §§ 3 und 5 des Kapitalabfluss-Meldegesetzes, BGBl. I Nr. 116/2015; *(BGBl I 2015/116; BGBl I 2021/25)*

14. hinsichtlich der Informationsbereitstellung gemäß § 16 Abs. 6 FM-GwG und des Informationsaustausches gemäß § 22 Abs. 2 und § 24 Abs. 6 FM-GwG jeweils zur Verhinderung der Geldwäscherei oder Terrorismusfinanzierung *(BGBl I 2021/25; BGBl I 2023/106)*

Fassung ab 1. 1. 2024 (BGBl I 2023/106):
15. hinsichtlich der Übermittlungspflicht gemäß § 18a Abs. 8 des Umsatzsteuergesetzes 1994 – UStG 1994, BGBl. Nr. 663/1994, für die Zwecke von Art. 24b der Verordnung (EU) Nr. 904/2010. *(BGBl I 2023/106)*

(3) Ein Kreditinstitut kann sich auf das Bankgeheimnis insoweit nicht berufen, als die Offenbarung des Geheimnisses zur Feststellung seiner eigenen Abgabepflicht erforderlich ist.

(4) Die Bestimmungen der Abs. 1 bis 3 gelten auch für Finanzinstitute und Unternehmen der Vertragsversicherung bezüglich § 75 Abs. 3 und für Sicherungseinrichtungen, ausgenommen die gemäß den §§ 93 bis 93b erforderliche Zusammenarbeit mit anderen Sicherungssystemen sowie Einlagensicherungseinrichtungen und Anlegerentschädigungssystemen. *(BGBl I 1999/63)*

(5) **(Verfassungsbestimmung)** Die Abs. 1 bis 4 können vom Nationalrat nur in Anwesenheit von mindestens der Hälfte der Abgeordneten und mit einer Mehrheit von zwei Dritteln der abgegebenen Stimmen abgeändert werden.

(6) Ist für die Erbringung von Bankgeschäften mit dem Kunden die Verwendung von Fernkommunikationsmitteln vereinbart, so kann das Schriftlichkeitserfordernis für die Entbindung vom Bankgeheimnis durch den Kunden gemäß Abs. 2 Z 5 abweichend von § 886 ABGB durch die starke Kundenauthentifizierung gemäß § 4 Z 28 ZaDiG 2018 erfüllt werden. *(BGBl I 2017/107; BGBl I 2018/17)*

X. Abschnitt: Sorgfaltspflichten und Informationsweitergabe zur Verhinderung der Geldwäscherei und Terrorismusfinanzierung

Allgemeine Sorgfaltspflichten

§ 39. (1) Die Geschäftsleiter eines Kreditinstitutes oder eines gemäß § 30 Abs. 6 verantwortlichen Unternehmens haben bei ihrer Geschäftsführung die Sorgfalt eines ordentlichen und gewissenhaften Geschäftsleiters im Sinne des § 84 Abs. 1 AktG anzuwenden. Dabei haben sie sich insbesondere über die bankgeschäftlichen und bankbetrieblichen Risiken zu informieren, diese durch angemessene Strategien und Verfahren zu steuern, zu überwachen und zu begrenzen sowie über Pläne und Verfahren gemäß § 39a zu verfügen. Weiters haben sie auf die Gesamtertragslage des Kreditinstitutes Bedacht zu nehmen. *(BGBl 1996/445; BGBl I 2006/141; BGBl I 2021/98)*

(2) Die Kreditinstitute und die gemäß § 30 Abs. 6 verantwortlichen Unternehmen haben für die Erfassung, Beurteilung, Steuerung und Überwachung der bankgeschäftlichen und bankbetrieblichen Risiken, darunter auch jener Risiken, die sich aus ihrem makroökonomischen Umfeld unter Berücksichtigung der Phase des jeweiligen Geschäftszyklus ergeben, des Risikos von Geldwäscherei und Terrorismusfinanzierung sowie ihrer Vergütungspolitik und -praktiken über Verwaltungs-, Rechnungs- und Kontrollverfahren zu verfügen, die der Art, dem Umfang und der Komplexität der betriebenen Bankgeschäfte angemessen sind. Die Verwaltungs-, Rechnungs- und Kontrollverfahren haben weitest gehend auch bankgeschäftliche und bankbetriebliche Risiken sowie Risiken aus der Vergütungspolitik und den Vergütungspraktiken zu erfassen, die sich möglicherweise aus ihr ergeben können. Die Organisationsstruktur sowie die Verwaltungs-, Rechnungs- und Kontrollverfahren sind schriftlich und in nachvollziehbarer Weise zu dokumentieren. Die Organisationsstruktur hat durch dem Geschäftsbetrieb an-gemessene aufbau- und ablauforganisatorische Abgrenzungen Interessen- und Kompetenzkonflikte zu vermeiden. Die Zweckmäßigkeit dieser Verfahren und deren Anwendung ist von der internen Revision mindestens einmal jährlich zu prüfen. *(BGBl 1996/445; BGBl I 2006/141; BGBl I 2010/118; BGBl I 2013/184; BGBl I 2021/98)*

(2a) Kreditinstitute können sich für die Entwicklung und laufende Wartung von Rating-Verfahren gemeinsamer Risikoklassifizierungseinrichtungen als Dienstleister bedienen, wenn sie dies der FMA zuvor angezeigt haben. Die Überlassung aller für die Erfassung und Beurteilung von Risiken erforderlichen Informationen durch die teilnehmenden Kreditinstitute an die gemeinsame Risikoklassifizierungseinrichtung ist zu dem ausschließlichen Zweck zulässig, durch Verarbeitung dieser Daten Verfahren zur Risikobeurteilung und Risikobegrenzung zu entwickeln und laufend zu warten und diese Verfahren den teilnehmenden Kreditinstituten zur Verfügung zu stellen; die Übermittlung von personenbezogenen Daten durch die Risikoklassifizierungseinrichtung ist nur an das Kreditinstitut zulässig, das die zu Grunde liegenden Schuldnerdaten eingemeldet hat. Die gemeinsame Risikoklassifizierungseinrichtung, ihre Organe, Bediensteten und sonst für sie tätigen Personen unterliegen dem Bankgeheimnis gemäß § 38. Die FMA hat in Bezug auf die gemeinsame Risikoklassifizierungseinrichtung alle in § 70 Abs. 1 genannten Auskunfts-, Vorlage- und Prüfungsbefugnisse; § 71 ist anzuwenden. *(BGBl I 2005/33; BGBl I 2006/141)*

...

Meldepflichten

§ 41. (1) Kredit- und Finanzinstitute haben Meldungen an die Geldwäschemeldestelle zu erstatten, soweit dies in § 16 Abs. 1 und 3 FM-GwG festgelegt ist.

(2) Kredit- und Finanzinstitute haben der Geldwäschemeldestelle auf deren Verlangen Auskünfte zu erteilen, soweit dies in § 16 Abs. 2 FM-GwG festgelegt ist.

(BGBl I 2016/118)

XXII. Verfahrens- und Strafbestimmungen

§ 101. (1) Wer Tatsachen des Bankgeheimnisses offenbart oder verwertet, um sich oder einem anderen einen Vermögensvorteil zu verschaffen oder um einem anderen einen Nachteil zuzufügen, ist vom Gericht mit Freiheitsstrafe bis zu einem Jahr oder mit Geldstrafe bis zu 360 Tagessätzen zu bestrafen.

(2) Der Täter ist im Falle des Abs. 1 nur mit Ermächtigung des in seinem Interesse an der Geheimhaltung Verletzten zu verfolgen. *(BGBl 2007/60)*

Sonstige

6/8. Beamten-Dienstrechtsgesetz 1979

(Auszug)

ALLGEMEINER TEIL

2. Abschnitt

DIENSTVERHÄLTNIS

Übertritt und Versetzung in den Ruhestand

Auflösung des Dienstverhältnisses

§ 20. (1) Das Dienstverhältnis wird aufgelöst durch

3a. rechtskräftige Verurteilung durch ein inländisches Gericht ausschließlich oder auch wegen eines ab dem 1. Jänner 2013 begangenen Vorsatzdelikts gemäß den § § 92, 201 bis 217, 312 und 312a StGB,

4. Amtsverlust gemäß § 27 Abs. 1 des Strafgesetzbuches, BGBl. Nr. 60/1974,

6/9. Verbot von blindmachenden Laserwaffen

(Auszug)

Der Nationalrat hat beschlossen:

Begriffsbestimmungen

§ 1. (1) Im Sinne dieses Bundesgesetzes bedeutet „blindmachende Laserwaffe" eine Waffe, die eigens dazu entworfen ist, als einzige oder als eine ihrer Kampffunktionen durch Laserstrahlen die dauernde Erblindung des bloßen menschlichen Auges oder des Auges mit Sehbehelf zu verursachen.

(2) Im Sinne dieses Bundesgesetzes bedeutet „dauernde Erblindung" den unumkehrbaren und nicht korrigierbaren Verlust des Sehvermögens, der ohne Aussicht auf Wiederherstellung schwer behindert. Eine schwere Behinderung liegt bei einer unter Verwendung beider Augen gemessenen Sehschärfe von weniger als $^{20}/_{200}$ Snellen vor.

Verbote

§ 2. (1) Der Erwerb, der Besitz, das Führen, die Herstellung, der Handel und die Vermittlung des Kaufes oder Verkaufes blindmachender Laserwaffen und spezifischer Teile derselben sind verboten.

(2) Die Ein-, Aus- und Durchfuhr blindmachender Laserwaffen und spezifischer Teile derselben sind verboten.

(3) Unabhängig vom Recht des Staates, in welchem blindmachende Laserwaffen sowie spezifische Teile derselben hergestellt oder zusammengesetzt werden, unterliegen österreichische Staatsbürger hinsichtlich der obengenannten Tätigkeiten den Bestimmungen dieses Gesetzes.

(4) Lasersysteme, durch deren rechtmäßigen militärischen Einsatz als ungewollter Neben- oder Begleiteffekt Erblindung hervorgerufen werden kann, einschließlich Lasersysteme, die gegen optische Ausrüstungen eingesetzt werden, sind von den Verboten gemäß Abs. 1 bis 3 ausgenommen.

Strafbestimmung

§ 3. Wer, wenn auch nur fahrlässig, dem Verbot des § 2 dieses Bundesgesetzes zuwiderhandelt, ist, sofern die Tat nicht nach anderen Bundesgesetzen mit strengerer Strafe bedroht ist, vom Gericht mit Freiheitsstrafe bis zu zwei Jahren oder mit Geldstrafe bis zu 360 Tagessätzen zu bestrafen.

Einziehung und Verfall

§ 4. (1) Blindmachende Laserwaffen sowie Teile derselben, die den Gegenstand einer nach § 3 strafbaren Handlung bilden, sind vom Gericht einzuziehen.

(2) Maschinen und Anlagen zur Herstellung der dem Verbot des § 2 unterliegenden Gegenstände können vom Gericht für verfallen erklärt werden. Es ist auf Kosten des Eigentümers sicherzustellen, daß diese nicht weiter entgegen dem Verbot des § 2 verwendet werden können.

(3) Zum Transport von Gegenständen, die dem Verbot des § 2 unterliegen, verwendete Mittel können vom Gericht für verfallen erklärt werden.

(4) Die verfallenen Gegenstände nach Abs. 2 und 3 gehen in das Eigentum des Bundes über. Die eingezogenen Gegenstände nach Abs. 1 gehen in das Eigentum des Bundes über und sind dem Bundesministerium für Inneres zur unverzüglichen Vernichtung gegen Kostenersatz zu melden.

Vollziehung

§ 5. Mit der Vollziehung dieses Bundesgesetzes wird betraut:

1. hinsichtlich der Verbote des § 2 Abs. 2 der Bundesminister für wirtschaftliche Angelegenheiten;

2. hinsichtlich der § § 3 und 4 Abs. 1 bis 3 der Bundesminister für Justiz und

3. im übrigen der Bundesminister für Inneres.

Inkrafttreten

§ 6. Dieses Bundesgesetz tritt mit 1. Jänner 1998 in Kraft.

6/10. Börsegesetz 2018
(Auszug)

3. Hauptstück

Marktmissbrauch

4. Abschnitt

Gerichtliche Strafbestimmungen gegen Marktmissbrauch

Anwendungsbereich der gerichtlichen Strafbestimmungen

§ 162. (1) Die §§ 151, 163 bis 173 gelten unabhängig davon, ob die Handlung an einem Handelsplatz vorgenommen wird.

(2) Sie gelten nicht für

1. Maßnahmen im Rahmen der Geldpolitik, der Staatsschuldenverwaltung, der Klimapolitik und der Gemeinsamen Agrar- oder Fischereipolitik gemäß Art. 6 der Verordnung (EU) Nr. 596/2014 sowie

2. den Handel mit eigenen Aktien im Rahmen von Rückkaufprogrammen und für den Handel mit Wertpapieren oder damit verbundenen Instrumenten gemäß Art. 3 Abs. 2 lit. a und b der Verordnung (EU) Nr. 596/2014 zur Stabilisierung von Wertpapieren, soweit dieser Handel im Einklang mit Art. 5 der Verordnung (EU) Nr. 596/2014 erfolgt.

Gerichtlich strafbare Insider-Geschäfte und Offenlegungen

§ 163. (1) Wer als Insider (Abs. 4) über eine Insiderinformation (Art. 7 Abs. 1 bis 4 der Verordnung (EU) Nr. 596/2014) verfügt und unter Nutzung dieser Information für sich oder einen anderen

1. Finanzinstrumente, auf die sich die Information bezieht, oder solche auf Emissionszertifikaten beruhende Auktionsobjekte um mehr als 1 Million Euro erwirbt oder veräußert,

2. vor Erlangung der Insiderinformation erteilte Aufträge zum Erwerb oder zur Veräußerung von solchen Finanzinstrumenten oder solchen auf Emissionszertifikaten beruhenden Auktionsobjekten im Umfang von mehr als 1 Million Euro storniert oder ändert, oder

3. Gebote auf Emissionszertifikate oder andere darauf beruhende Auktionsobjekte, auf die sich die Information bezieht, um mehr als 1 Million

Euro einreicht oder im Umfang von mehr als 1 Million Euro zurücknimmt oder ändert,

ist mit Freiheitsstrafe von sechs Monaten bis zu fünf Jahren zu bestrafen.

(2) Ebenso ist zu bestrafen, wer als Insider über eine Insiderinformation verfügt und einem anderen empfiehlt,

1. Finanzinstrumente, auf die sich die Information bezieht, oder solche auf Emissionszertifikaten beruhende Auktionsobjekte zu erwerben oder zu veräußern,

2. Aufträge zum Erwerb oder zur Veräußerung von solchen Finanzinstrumenten oder solchen auf Emissionszertifikaten beruhenden Auktionsobjekten zu stornieren oder zu ändern oder

3. Gebote auf Emissionszertifikate oder andere darauf beruhende Auktionsobjekte, auf die sich die Information bezieht, einzureichen, zu ändern oder zurückzunehmen,

wenn es innerhalb der fünf auf das Bekanntwerden der Insiderinformation folgenden Handelstage bei den Finanzinstrumenten auf dem nach Liquiditätsaspekten wichtigsten Markt (Art. 4 Abs. 1 lit. a der Verordnung (EU) Nr. 600/2014) zu einer Kursveränderung von mindestens 35 vH und zu einem Gesamtumsatz von mindestens 10 Millionen Euro kommt. Die Beteiligung (§ 12 des Strafgesetzbuches – StGB, BGBl. Nr. 60/1974) und der Versuch (§ 15 StGB) sind nicht strafbar.

(3) Wer als Insider über eine Insiderinformation verfügt und diese einem anderen unrechtmäßig offenlegt, ist, wenn die in Abs. 2 genannten Umstände eingetreten sind, mit Freiheitsstrafe bis zu zwei Jahren zu bestrafen. Der Versuch (§ 15 StGB) ist nicht strafbar.

(4) Insider ist, wer über Insiderinformationen verfügt, weil er

1. dem Verwaltungs-, Leitungs- oder Aufsichtsorgan des Emittenten oder des Teilnehmers auf dem Markt für Emissionszertifikate angehört,

2. am Kapital des Emittenten oder des Teilnehmers auf dem Markt für Emissionszertifikate beteiligt ist,

3. aufgrund der Ausübung einer Arbeit oder eines Berufs oder der Erfüllung von Aufgaben Zugang zu den betreffenden Informationen hat oder

4. sich die Information durch die Begehung strafbarer Handlungen verschafft hat.

(5) Wer sonst wissentlich eine Insiderinformation oder von einem Insider eine Empfehlung erlangt hat und diese auf die in Abs. 1 Z 1, 2 oder 3 genannte Weise nutzt, ist mit Freiheitsstrafe von sechs Monaten bis zu fünf Jahren zu bestrafen. Wer jedoch bloß zur Nutzung einer Empfehlung beiträgt (§ 12 dritter Fall StGB), ist nicht strafbar.

(6) Wer wissentlich über eine Insiderinformation verfügt und einem Dritten empfiehlt,

1. Finanzinstrumente, auf die sich die Information bezieht, oder solche auf Emissionszertifikaten beruhende Auktionsobjekte zu erwerben oder zu veräußern,

2. Aufträge zum Erwerb oder zur Veräußerung von solchen Finanzinstrumenten zu stornieren oder zu ändern oder

3. Gebote auf Emissionszertifikate oder andere darauf beruhende Auktionsobjekte, auf die sich die Information bezieht, einzureichen, zu ändern oder zurückzunehmen,

ist, wenn die in Abs. 2 genannten Umstände eingetreten sind, mit Freiheitsstrafe von sechs Monaten bis zu fünf Jahren zu bestrafen. Die Beteiligung (§ 12 StGB) und der Versuch (§ 15 StGB) sind nicht strafbar.

(7) Wer wissentlich eine Insiderinformation oder von einem Insider eine Empfehlung erlangt hat und diese einem Dritten unrechtmäßig offenlegt, ist, wenn die in Abs. 2 genannten Umstände eingetreten sind, mit Freiheitsstrafe bis zu zwei Jahren zu bestrafen. Der Versuch (§ 15 StGB) ist nicht strafbar.

(8) Finanzinstrumente (Art. 4 Abs. 1 Z 15 der Richtlinie 2014/65/EU) im Sinne dieser Bestimmung sind solche, die

1. zum Handel an einem geregelten Markt zugelassen sind oder für die ein Antrag auf Zulassung zum Handel an einem geregelten Markt gestellt wurde;

2. in einem multilateralen Handelssystem gehandelt werden, zum Handel in einem multilateralen Handelssystem zugelassen sind oder für die ein Antrag auf Zulassung zum Handel in einem multilateralen Handelssystem gestellt wurde;

3. in einem organisierten Handelssystem gehandelt werden;

4. nicht unter Z 1 bis 3 fallen, deren Kurs oder Wert jedoch von dem Kurs oder Wert eines dieser Finanzinstrumente abhängt oder sich darauf auswirkt.

Gerichtlich strafbare Marktmanipulation

§ 164. (1) Wer unrechtmäßig um mehr als 1 Million Euro Geschäfte tätigt oder Handelsaufträge erteilt und dadurch

1. falsche oder irreführende Signale hinsichtlich des Angebots oder des Preises eines Finanzinstruments, eines damit verbundenen Waren-Spot-Kontrakts oder eines auf Emissionszertifikaten beruhenden Auktionsobjekts oder der Nachfrage danach gibt oder

2. ein anormales oder künstliches Kursniveau eines Finanzinstruments, eines damit verbundenen Waren-Spot-Kontrakts oder eines auf Emissionszertifikaten beruhenden Auktionsobjekts sichert,

ist mit Freiheitsstrafe von sechs Monaten bis zu fünf Jahren zu bestrafen.

(2) Ebenso ist zu bestrafen, wer unter Vorspiegelung falscher Tatsachen oder unter Verwendung sonstiger Kunstgriffe oder Formen der Täuschung um mehr als 1 Million Euro Geschäfte tätigt oder Handelsaufträge erteilt, wenn diese geeignet sind, den Preis eines Finanzinstruments, eines damit verbundenen Waren-Spot-Kontrakts oder eines auf Emissionszertifikaten beruhenden Auktionsobjekts zu beeinflussen.

(3) Finanzinstrumente (Art. 4 Abs. 1 Z 15 der Richtlinie 2014/65/EU) im Sinn dieser Bestimmung sind jene nach § 163 Abs. 8 sowie überdies solche, darunter Derivatekontrakte und derivative Finanzinstrumente für die Übertragung von Kreditrisiken, bei denen das Geschäft oder der Handelsauftrag eine Auswirkung auf den Kurs oder Wert eines Waren-Spot-Kontrakts hat, dessen Kurs oder Wert vom Kurs oder Wert dieser Finanzinstrumente abhängen.

(4) Waren-Spot-Kontrakte (Art. 3 Abs. 1 Z 15 der Verordnung (EU) Nr. 596/2014) im Sinn dieser Bestimmung sind solche, die keine Energiegroßhandelsprodukte sind und bei denen das Geschäft oder der Handelsauftrag eine Auswirkung auf den Kurs oder den Wert eines Finanzinstruments nach § 163 Abs. 8 hat.

(5) Wer falsche oder irreführende Informationen übermittelt oder falsche oder irreführende Ausgangsdaten bereitstellt und dadurch die Berechnung eines kritischen Referenzwerts im Sinne von Art. 20 Abs. 1 der Verordnung (EU) 1011/2016 und der nach dieser Bestimmung erlassenen Durchführungsverordnung in der geltenden Fassung manipuliert, ist mit Freiheitsstrafe von sechs Monaten bis zu fünf Jahren zu bestrafen. *(BGBl I 2020/20)*

5. Abschnitt

Besondere Bestimmungen für das gerichtliche Strafverfahren samt staatsanwaltschaftlichem Ermittlungsverfahren

Anwendung der Strafprozessordnung

§ 165. (1) Soweit im Folgenden nichts anderes angeordnet wird, gelten für das Strafverfahren wegen Insider-Geschäften und Offenlegungen sowie Marktmanipulation (§§ 163, 164) die Bestimmungen der StPO.

(2) Die besonderen Vorschriften dieses Abschnitts gelten auch für das Verfahren wegen einer Tat, die zugleich den Tatbestand einer gerichtlich strafbaren Handlung anderer Art erfüllt.

Sonderzuständigkeit des Landesgerichts für Strafsachen Wien

§ 166. Das Hauptverfahren wegen Straftaten nach den §§ 163, 164 obliegt dem Landesgericht für Strafsachen Wien.

Vorgehensweise der FMA bei gerichtlicher Zuständigkeit

§ 167. (1) Findet die FMA, dass für die Ahndung der Tat das Gericht zuständig ist, so hat sie davon die Staatsanwaltschaft zu verständigen; zugleich ist ein bereits eingeleitetes verwaltungsbehördliches Strafverfahren vorläufig einzustellen. Ermittlungen zur Klärung des Sachverhalts und Tatverdachts hat sie in diesen Fällen – unbeschadet der Wahrnehmung ihrer Befugnisse nach § 153 Abs. 1 – nur soweit durchzuführen, als sie damit durch die Staatsanwaltschaft beauftragt wird.

(2) Wird ein Strafverfahren bei der Staatsanwaltschaft oder bei Gericht geführt, so hat die FMA, sobald sie von diesem Verfahren Kenntnis erlangt, ein wegen derselben Tat geführtes verwaltungsbehördliches Strafverfahren vorläufig einzustellen.

(3) Wird durch die Staatsanwaltschaft das Ermittlungsverfahren gemäß § 171 Abs. 1 eingestellt oder wird das gerichtliche Verfahren rechtskräftig durch eine Entscheidung, die auf der Ablehnung der Zuständigkeit beruht (Unzuständigkeitsentscheidung), beendet, so hat die FMA das Verwaltungsstrafverfahren fortzusetzen. Der unterbrochene Strafvollzug ist fortzusetzen.

(4) Wird das gerichtliche Verfahren anders als durch Unzuständigkeitsentscheidung rechtskräftig beendet, so hat die FMA ihr Verfahren und den Strafvollzug endgültig einzustellen.

Wahrnehmung von Aufgaben im Dienste der Strafrechtspflege durch die FMA

§ 168. (1) Die Staatsanwaltschaft hat zur Aufklärung von Straftaten nach den §§ 163, 164 grundsätzlich die FMA mit Ermittlungen im Rahmen ihrer Befugnisse nach § 153 Abs. 1 zu beauftragen; in diesem Fall wird die FMA im Dienste der Strafrechtspflege (Art. 10 Abs. 1 Z 6 des Bundesverfassungsgesetzes – B-VG) tätig.

(2) Die Staatsanwaltschaft hat die Kriminalpolizei mit Ermittlungshandlungen zu betrauen, für welche die Befugnisse der FMA nicht ausreichen. Dies ist insbesondere bei der Durchführung von Sicherstellungen, Beschlagnahmen, Festnahmen und Durchsuchungen der Fall.

(3) Darüber hinaus kann die Staatsanwaltschaft die Kriminalpolizei mit Ermittlungen beauftragen, wenn

1. dies aufgrund der durchzuführenden Ermittlungen zweckmäßig erscheint,

2. die FMA nicht rechtzeitig einschreiten kann oder

3. der aufzuklärende Sachverhalt zugleich den Tatbestand einer gerichtlich strafbaren Handlung anderer Art erfüllen könnte.

(4) Wurde die Kriminalpolizei mit Ermittlungen beauftragt, so ist der FMA Gelegenheit zur Teilnahme an den Ermittlungen zu geben. Sind jedoch bei Gefahr im Verzug unaufschiebbare Amtshandlungen durchzuführen, so ist die FMA ohne unnötigen Aufschub von den Ermittlungen der Kriminalpolizei zu verständigen und ihr Gelegenheit zu geben, sich von deren Ergebnissen Kenntnis zu verschaffen.

(5) Die FMA hat der Staatsanwaltschaft gemäß § 100 StPO zu berichten, wobei die FMA der Staatsanwaltschaft bereits über jeden Verdacht einer Straftat nach den §§ 163, 164 gemäß § 100 Abs. 2 Z 1 StPO zu berichten hat.

Stellung und Rechte der FMA im Strafverfahren

§ 169. (1) Der FMA kommt im Ermittlungsverfahren, in dem sie nicht mit Ermittlungen beauftragt wurde, sowie im Haupt- und Rechtsmittelverfahren wegen Straftaten nach den §§ 163, 164 die Stellung eines Privatbeteiligten zu.

(2) Außer den Rechten des Opfers, des Privatbeteiligten und des Subsidiaranklägers hat die FMA noch folgende Rechte:

1. Sie kann im gleichen Umfang wie die Staatsanwaltschaft gerichtliche Entscheidungen bekämpfen und die Wiederaufnahme des Strafverfahrens verlangen,

2. ihre Nichtigkeitsbeschwerde bedarf nicht der Unterschrift eines Verteidigers,

3. die Anberaumung von Haftverhandlungen (§§ 175 und 176 StPO), die Freilassung des Beschuldigten und die Anberaumung von mündlichen Verhandlungen im Rechtsmittelverfahren ist ihr mitzuteilen,

4. ihre Vertreter können bei Haftverhandlungen und bei mündlichen Verhandlungen im Rechtsmittelverfahren das Wort ergreifen und Anträge stellen,

5. die Akteneinsicht (§ 68 StPO) darf nicht verweigert oder beschränkt werden.

(3) Die Vermutung des Rücktrittes von der Verfolgung (§ 72 Abs. 2 und 3 StPO) ist gegenüber der FMA als Ankläger ausgeschlossen.

(4) Die besonderen Rechte der FMA erstrecken sich auch auf andere gerichtlich strafbare Handlungen, welche mit strafbaren Handlungen nach den §§ 163, 164 in derselben Tat zusammentreffen.

Sonstige

Anhörungs- und Informationsrechte der FMA

§ 170. (1) Vor einer Mitteilung gemäß § 200 Abs. 4, § 201 Abs. 4 oder § 203 Abs. 3 StPO hat die Staatsanwaltschaft oder das Gericht die FMA zu hören.

(2) Jeder Strafantrag wegen einer Straftat nach den §§ 163, 164 ist auch der FMA zuzustellen; die Staatsanwaltschaft hat dem Gericht auch eine Ausfertigung des Strafantrages für die FMA zu übermitteln.

Einstellung des Verfahrens und Rücktritt von der Verfolgung

§ 171. (1) Die Staatsanwaltschaft hat das Ermittlungsverfahren insoweit einzustellen, als eine Zuständigkeit der Gerichte im Hauptverfahren nicht gegeben wäre (§ 154).

(2) Stellt die Staatsanwaltschaft das Ermittlungsverfahren gemäß Abs. 1 oder sonst gemäß § 190 StPO ein oder tritt sie von der Verfolgung einer solchen Tat zurück, so hat sie die FMA davon zu verständigen (§§ 194 und 208 Abs. 3 StPO). Im Übrigen hat das Gericht die FMA über die Beendigung des Strafverfahrens zu unterrichten.

(3) Hat die Staatsanwaltschaft von der Verfolgung einer Straftat gemäß den §§ 163, 164 abgesehen und das Ermittlungsverfahren eingestellt, so ist die FMA berechtigt, die Fortführung des Ermittlungsverfahrens nach § 195 StPO zu beantragen.

Zustellerfordernisse

§ 172. Der FMA sind gerichtliche Erledigungen und andere Schriftstücke, die ihr nach den Bestimmungen dieses Bundesgesetzes mitzuteilen sind, grundsätzlich ohne Zustellnachweis zuzustellen. Die Ladung zur Hauptverhandlung, gerichtliche Erledigungen und andere Schriftstücke, gegen die der FMA ein Rechtsmittel oder ein Rechtsbehelf zusteht, sind ihr mit Zustellnachweis (§§ 13 bis 20 des Zustellgesetzes– ZustG, BGBl. Nr. 200/1982) zuzustellen oder durch Telefax oder im elektronischen Rechtsverkehr (§ 89a des Gerichtsorganisationsgesetzes – GOG, RGBl. Nr. 217/1896) zu übermitteln.

Kosten- und Barauslagenersatz

§ 173. (1) Zu den Kosten des Strafverfahrens gehören auch die Auslagen, die der FMA als Privatbeteiligter oder Subsidiarankläger erwachsen; sie fallen nicht unter die Pauschalkosten.

(2) Die Kosten, die der FMA im Dienste der Strafjustiz erwachsen, sind bei der Bestimmung des Pauschalkostenbeitrages zu berücksichtigen, soweit sie nicht nach § 381 Abs. 1 Z 3, 4 oder 5 StPO besonders zu ersetzen sind.

(3) Der FMA werden nur Barauslagen und außerdem die Kosten erstattet, die der Finanzprokuratur nach § 8 des Finanzprokuraturgesetzes, BGBl. I Nr. 110/2008, gebühren.

...

6/11. Chemikaliengesetz
(Auszug)

VI. ABSCHNITT

Gerichtliche Strafbestimmung

§ 71a. Wer einen Stoff nach den Anhängen I oder II der Verordnung (EU) 2019/1148 oder Gemische oder Stoffe, die diese Stoffe enthalten, mit dem Vorsatz erwirbt, besitzt oder einem anderen überlässt, dass dieser bei der vorschriftswidrigen Erzeugung von Schieß- oder Sprengmitteln verwendet werde, ist, wenn die Tat nicht nach einer anderen Bestimmung mit strengerer Strafe bedroht ist, mit Freiheitsstrafe bis zu einem Jahr zu bestrafen. § 175 Abs. 2 des Strafgesetzbuches, BGBl. Nr. 60/1974, gilt sinngemäß. *(BGBl I 2020/140)*

(BGBl I 2015/14)

6/12. Datenschutzgesetz
(Auszug)

Artikel 2

2. Hauptstück

Organe

5. Abschnitt

Besondere Befugnisse der Datenschutzbehörde

3. Hauptstück

Verarbeitung personenbezogener Daten für Zwecke der Sicherheitspolizei einschließlich des Verfassungsschutzes, des militärischen Eigenschutzes, der Aufklärung und Verfolgung von Straftaten, der Strafvollstreckung und des Maßnahmenvollzugs

2. Abschnitt

Rechte der betroffenen Person

Grundsätze

§ 42. (1) Der Verantwortliche hat der betroffenen Person alle Informationen und Mitteilungen gemäß §§ 43 bis 45, die sich auf die Verarbeitung beziehen, in möglichst präziser, verständlicher und leicht zugänglicher Form in einer klaren und einfacher Sprache zu übermitteln. Die Informationen sind in geeigneter Form, im Falle eines Antrags nach Möglichkeit in der gleichen Form wie der Antrag, zu übermitteln.

(2) Der Verantwortliche hat den betroffenen Personen die Ausübung der ihnen gemäß §§ 43 bis 45 zustehenden Rechte zu erleichtern.

(3) Der Verantwortliche hat die betroffene Person unverzüglich schriftlich darüber in Kenntnis zu setzen, wie mit ihrem Antrag verfahren wurde.

(4) Der Verantwortliche stellt der betroffenen Person Informationen über die aufgrund eines Antrags gemäß §§ 44 bis 45 ergriffenen Maßnahmen unverzüglich, in jedem Fall aber innerhalb eines Monats nach Eingang des Antrags zur Verfügung. Diese Frist kann um weitere zwei Monate verlängert werden, wenn dies unter Berücksichtigung der Komplexität und der Anzahl von Anträgen erforderlich ist. Der Verantwortliche unterrichtet die betroffene Person innerhalb eines Monats nach Eingang des Antrags über eine Fristverlängerung, zusammen mit den Gründen für die Verzögerung. Stellt die betroffene Person den Antrag elektronisch, so ist sie nach Möglichkeit auf elektronischem Weg zu unterrichten, sofern sie nichts anderes angibt.

(5) Wird der Verantwortliche auf den Antrag der betroffenen Person hin nicht tätig, so unterrichtet er die betroffene Person ohne Verzögerung, spätestens aber innerhalb eines Monats nach Eingang des Antrags über die Gründe hierfür und über die Möglichkeit, bei einer Aufsichtsbehörde Beschwerde einzulegen oder einen gerichtlichen Rechtsbehelf einzulegen.

(6) Informationen gemäß § 43 sowie alle Mitteilungen und Maßnahmen gemäß den §§ 44 und 45 werden unentgeltlich zur Verfügung gestellt. Bei offenkundig unbegründeten oder – insbesondere im Fall von häufiger Wiederholung – exzessiven Anträgen einer betroffenen Person kann der Verantwortliche entweder

1. ein angemessenes Entgelt verlangen, bei dem die Verwaltungskosten für die Unterrichtung oder die Mitteilung oder die Durchführung der beantragten Maßnahme berücksichtigt werden, oder

2. sich weigern, aufgrund des Antrags tätig zu werden.

Der Verantwortliche hat den Nachweis für den offenkundig unbegründeten oder exzessiven Charakter des Antrags zu erbringen.

(7) Der Verantwortliche kann zur Bestätigung der Identität der Person, die einen Antrag gemäß §§ 44 oder 45 gestellt hat, erforderliche zusätzliche Informationen verlangen.

(8) In den Fällen der §§ 43 Abs. 4, 44 Abs. 3 und 45 Abs. 4 ist die betroffene Person berechtigt, eine Überprüfung der Rechtmäßigkeit der bezüg-

lichen Einschränkung ihrer Rechte durch die Datenschutzbehörde zu verlangen. Der Verantwortliche hat die betroffene Person über dieses Recht zu unterrichten.

(9) Wird das in Abs. 8 genannte Recht ausgeübt, hat die Datenschutzbehörde die betroffene Person zumindest darüber zu unterrichten, dass alle erforderlichen Prüfungen oder eine Überprüfung durch die Datenschutzbehörde erfolgt sind. Die Datenschutzbehörde hat zudem die betroffene Person über ihr Recht zu unterrichten, Beschwerde an das Bundesverwaltungsgericht zu erheben.

(BGBl I 2017/120)

Information der betroffenen Person

§ 43. (1) Der Verantwortliche hat der betroffenen Person zumindest die folgenden Informationen zur Verfügung zu stellen:

1. den Namen und die Kontaktdaten des Verantwortlichen,

2. gegebenenfalls die Kontaktdaten des Datenschutzbeauftragten,

3. die Zwecke, für die die personenbezogenen Daten verarbeitet werden,

4. das Bestehen eines Beschwerderechts bei der Aufsichtsbehörde sowie deren Kontaktdaten,

5. das Bestehen eines Rechts auf Auskunft und Berichtigung oder Löschung personenbezogener Daten und Einschränkung der Verarbeitung der personenbezogenen Daten der betroffenen Person durch den Verantwortlichen.

(2) Zusätzlich zu den in Abs. 1 genannten Informationen hat der Verantwortliche der betroffenen Person in besonderen Fällen die folgenden zusätzlichen Informationen zu erteilen, um die Ausübung der Rechte der betroffenen Person zu ermöglichen:

1. die Rechtsgrundlage der Verarbeitung,

2. die Dauer, für die die personenbezogenen Daten gespeichert werden oder, falls dies nicht möglich ist, die Kriterien für die Festlegung dieser Dauer,

3. gegebenenfalls die Kategorien von Empfängern der personenbezogenen Daten, auch der Empfänger in Drittländern oder in internationalen Organisationen,

4. erforderlichenfalls weitere Informationen, insbesondere wenn die personenbezogenen Daten ohne Wissen der betroffenen Person erhoben werden.

(3) Im Fall der Erhebung der personenbezogenen Daten bei der betroffenen Person müssen der betroffenen Person die Informationen nach den Vorgaben des Abs. 1 und 2 zum Zeitpunkt der Erhebung vorliegen. In allen übrigen Fällen findet Art. 14 Abs. 3 DSGVO Anwendung. Die Information gemäß Abs. 1 und 2 kann entfallen, wenn die Daten nicht durch Befragung des Betroffenen,

Sonstige

sondern durch Übermittlung von Daten aus anderen Aufgabengebieten desselben Verantwortlichen oder aus Anwendungen anderer Verantwortlicher ermittelt und die Datenverarbeitung durch Gesetz vorgesehen ist.

(4) Die Unterrichtung der betroffenen Person gemäß Abs. 2 kann soweit und solange aufgeschoben, eingeschränkt oder unterlassen werden, wie dies im Einzelfall unbedingt erforderlich und verhältnismäßig ist

1. zur Gewährleistung, dass die Verhütung, Aufdeckung, Ermittlung oder Verfolgung von Straftaten oder die Strafvollstreckung nicht beeinträchtigt werden, insbesondere durch die Behinderung behördlicher oder gerichtlicher Untersuchungen, Ermittlungen oder Verfahren,

2. zum Schutz der öffentlichen Sicherheit,

3. zum Schutz der nationalen Sicherheit,

4. zum Schutz der verfassungsmäßigen Einrichtungen der Republik Österreich,

5. zum Schutz der militärischen Eigensicherung oder

6. zum Schutz der Rechte und Freiheiten anderer.

(BGBl I 2017/120)

Auskunftsrecht der betroffenen Person

§ 44. (1) Jede betroffene Person hat das Recht, vom Verantwortlichen eine Bestätigung darüber zu erhalten, ob sie betreffende personenbezogene Daten verarbeitet werden; ist dies der Fall, so hat sie das Recht, Auskunft über personenbezogene Daten und zu folgenden Informationen zu erhalten:

1. die Zwecke der Verarbeitung und deren Rechtsgrundlage,

2. die Kategorien personenbezogener Daten, die verarbeitet werden,

3. die Empfänger oder Kategorien von Empfängern, gegenüber denen die personenbezogenen Daten offengelegt worden sind, insbesondere bei Empfängern in Drittländern oder bei internationalen Organisationen,

4. falls möglich die geplante Dauer, für die die personenbezogenen Daten gespeichert werden oder, falls dies nicht möglich ist, die Kriterien für die Festlegung dieser Dauer,

5. das Bestehen eines Rechts auf Berichtigung oder Löschung personenbezogener Daten oder Einschränkung der Verarbeitung personenbezogener Daten der betroffenen Person durch den Verantwortlichen,

6. das Bestehen eines Beschwerderechts bei der Datenschutzbehörde sowie deren Kontaktdaten und

7. Mitteilung zu den personenbezogenen Daten, die Gegenstand der Verarbeitung sind, sowie alle verfügbaren Informationen über die Herkunft der Daten.

(2) Einschränkungen des Auskunftsrechts sind nur unter den in § 43 Abs. 4 angeführten Voraussetzungen zulässig. *(BGBl I 2018/24)*

(3) Im Falle einer Nichterteilung der Auskunft gemäß Abs. 2 hat der Verantwortliche die betroffene Person unverzüglich schriftlich über die Verweigerung oder die Einschränkung der Auskunft und die Gründe hierfür zu unterrichten. Dies gilt nicht, wenn die Erteilung dieser Informationen einem der in § 43 Abs. 4 genannten Zwecke zuwiderliefe. Der Verantwortliche hat die betroffene Person über die Möglichkeit zu unterrichten, Beschwerde bei der Datenschutzbehörde einzulegen.

(4) Der Verantwortliche hat die Gründe für die Entscheidung über die Nichterteilung der Auskunft gemäß Abs. 2 zu dokumentieren. Diese Angaben sind der Datenschutzbehörde zur Verfügung zu stellen.

(5) In dem Umfang, in dem eine Datenverarbeitung für eine betroffene Person hinsichtlich der zu ihr verarbeiteten Daten von Gesetzes wegen einsehbar ist, hat diese das Recht auf Auskunft nach Maßgabe der das Einsichtsrecht vorsehenden Bestimmungen. Für das Verfahren der Einsichtnahme (einschließlich deren Verweigerung) gelten die näheren Regelungen des Gesetzes, das das Einsichtsrecht vorsieht. In Abs. 1 genannte Bestandteile einer Auskunft, die vom Einsichtsrecht nicht umfasst sind, können dennoch nach diesem Bundesgesetz geltend gemacht werden.

(BGBl I 2017/120)

Recht auf Berichtigung oder Löschung personenbezogener Daten und auf Einschränkung der Verarbeitung

§ 45. (1) Jede betroffene Person hat das Recht, vom Verantwortlichen unverzüglich die Berichtigung sie betreffender unrichtiger personenbezogener Daten sowie die Vervollständigung unvollständiger personenbezogener Daten zu verlangen. Die Berichtigung oder Vervollständigung kann erforderlichenfalls mittels einer ergänzenden Erklärung erfolgen, soweit eine nachträgliche Änderung mit dem Dokumentationszweck vereinbar ist. Der Beweis der Richtigkeit der Daten obliegt dem Verantwortlichen, soweit die personenbezogenen Daten nicht ausschließlich aufgrund von Angaben der betroffenen Person ermittelt wurden.

(2) Der Verantwortliche hat personenbezogene Daten aus eigenem oder über Antrag der betroffenen Person unverzüglich zu löschen, wenn

1. die personenbezogenen Daten für die Zwecke, für die sie erhoben oder auf sonstige Weise verarbeitet wurden, nicht mehr notwendig sind,

2. die personenbezogenen Daten unrechtmäßig verarbeitet wurden oder

3. die Löschung der personenbezogenen Daten zur Erfüllung einer rechtlichen Verpflichtung erforderlich ist.

(3) Anstatt die personenbezogenen Daten zu löschen, kann der Verantwortliche deren Verarbeitung einschränken, wenn

1. die betroffene Person die Richtigkeit der personenbezogenen Daten bestreitet und die Richtigkeit oder Unrichtigkeit nicht festgestellt werden kann, oder

2. die personenbezogenen Daten für Beweiszwecke im Rahmen der Wahrnehmung einer ihm gesetzlich übertragenen Aufgabe weiter aufbewahrt werden müssen.

Im Falle einer Einschränkung gemäß Z 1 hat der Verantwortliche die betroffene Person vor einer Aufhebung der Einschränkung zu unterrichten.

(4) Der Verantwortliche hat die betroffene Person schriftlich über eine Verweigerung der Berichtigung oder Löschung personenbezogener Daten oder eine Einschränkung der Verarbeitung und über die Gründe für die Verweigerung zu unterrichten. Der Verantwortliche hat die betroffene Person über die Möglichkeit zu unterrichten, bei der Datenschutzbehörde Beschwerde einzulegen.

(5) Der Verantwortliche hat die Berichtigung von unrichtigen personenbezogenen Daten der zuständigen Behörde, von der die unrichtigen personenbezogenen Daten stammen, mitzuteilen.

(6) In Fällen der Berichtigung, Löschung oder Einschränkung der Verarbeitung gemäß Abs. 1 bis 3 hat der Verantwortliche alle Empfänger der betroffenen personenbezogenen Daten in Kenntnis zu setzen. Die Empfänger sind verpflichtet, die ihrer Verantwortung unterliegenden personenbezogenen Daten unverzüglich zu berichtigen, löschen oder deren Verarbeitung einschränken.

(7) *(aufgehoben, BGBl I 2018/24)*

(BGBl I 2017/120)

4. Abschnitt

Übermittlung personenbezogener Daten an Drittländer oder internationale Organisationen

4. Hauptstück

Besondere Strafbestimmungen

Datenverarbeitung in Gewinn- oder Schädigungsabsicht

§ 63. Wer mit dem Vorsatz, sich oder einen Dritten dadurch unrechtmäßig zu bereichern, oder mit der Absicht, einen anderen dadurch in seinem von § 1 Abs. 1 gewährleisteten Anspruch zu schädigen, personenbezogene Daten, die ihm ausschließlich auf Grund seiner berufsmäßigen Beschäftigung anvertraut oder zugänglich geworden sind oder die er sich widerrechtlich verschafft

hat, selbst benützt, einem anderen zugänglich macht oder veröffentlicht, obwohl der Betroffene an diesen Daten ein schutzwürdiges Geheimhaltungsinteresse hat, ist, wenn die Tat nicht nach einer anderen Bestimmung mit strengerer Strafe bedroht ist, vom Gericht mit Freiheitsstrafe bis zu einem Jahr oder mit Geldstrafe bis zu 720 Tagessätzen zu bestrafen.

(BGBl I 2017/120)

Sonstige

6/13. E-Geldgesetz 2010
(Auszug)

Verfahrens- und Strafbestimmungen

§ 28. Wer vertrauliche Tatsachen entgegen § 13 Abs. 2 offenbart oder verwertet, um sich oder einem anderen einen Vermögensvorteil zu verschaffen oder um einem anderen einen Nachteil zuzufügen, ist vom Gericht mit Freiheitsstrafe bis zu sechs Monaten oder mit Geldstrafe bis zu 360 Tagessätzen zu bestrafen. Der Täter ist nur mit Ermächtigung des in seinem Interesse an der Geheimhaltung Verletzten zu verfolgen.

6/14. Fremdenpolizeigesetz 2005
(Auszug)

15. Hauptstück

Kosten und Strafbestimmungen

2. Abschnitt

Strafbestimmungen

Schlepperei

§ 114. (1) Wer die rechtswidrige Einreise oder Durchreise eines Fremden in oder durch einen Mitgliedstaat der Europäischen Union oder Nachbarstaat Österreichs mit dem Vorsatz fördert, sich oder einen Dritten durch ein dafür geleistetes Entgelt unrechtmäßig zu bereichern, ist vom Gericht mit Freiheitsstrafe bis zu zwei Jahren zu bestrafen.

(2) Wer innerhalb der letzten fünf Jahre schon einmal wegen Schlepperei im Sinne des Abs. 1 verurteilt worden ist, ist mit Freiheitsstrafe bis zu drei Jahren zu bestrafen. Als eine Verurteilung gilt auch eine solche durch ein ausländisches Gericht in einem den Grundsätzen des Art. 6 der Konvention zum Schutze der Menschenrechte und Grundfreiheiten entsprechenden Verfahren.

(3) Wer die Tat nach Abs. 1

1. gewerbsmäßig (§ 70 StGB),

2. in Bezug auf mindestens drei Fremde, oder
(BGBl I 2015/121)

3. auf eine Art und Weise, durch die der Fremde, insbesondere während der Beförderung, längere Zeit hindurch in einen qualvollen Zustand versetzt wird,

begeht, ist vom Gericht mit Freiheitsstrafe von sechs Monaten bis zu fünf Jahren zu bestrafen.

(4) Wer die Tat nach Abs. 1 als Mitglied einer kriminellen Vereinigung oder auf eine Art und Weise begeht, dass dabei das Leben des Fremden, auf den sich die strafbare Handlung bezieht, gefährdet wird, ist vom Gericht mit Freiheitsstrafe von einem bis zu zehn Jahren zu bestrafen.

(5) Fremde, deren rechtswidrige Einreise oder Durchreise durch die Tat gefördert wird, sind nicht als Beteiligte (§ 12 StGB) zu bestrafen. Mit ihrer Zurück- oder Abschiebung darf zugewartet werden, wenn und solange dies erforderlich ist, um sie zum Sachverhalt zu vernehmen.

(6) Die Organe des öffentlichen Sicherheitsdienstes sind bei Gefahr im Verzug ermächtigt, Gegenstände, die der Täter mit sich führt, oder zur Tatbegehung verwendete Beförderungsmittel oder Behältnisse zur Sicherung der Konfiskation (§ 19a StGB), des Verfalls (§§ 20 bis 20c StGB) oder der Einziehung (§ 26 StGB) vorläufig sicherzustellen. Die Ladung des Beförderungsmittels kann dem Zulassungsbesitzer oder seinem Beauftragten ausgefolgt werden. Von den getroffenen Maßnahmen ist das Gericht unverzüglich zu verständigen. *(BGBl I 2017/145)*

(7) Die Abs. 1 bis 4 gelten für im Ausland begangene Straftaten, unabhängig von den Strafgesetzen des Tatorts, wenn durch die Tat österreichische Interessen verletzt worden sind. *(BGBl I 2013/144)*

(BGBl I 2009/122)

Entgeltliche Beihilfe zum unbefugten Aufenthalt

§ 115. (1) Wer mit dem Vorsatz, sich oder einen Dritten durch ein dafür geleistetes, nicht bloß geringfügiges Entgelt unrechtmäßig zu bereichern, einem Fremden den unbefugten Aufenthalt im Hoheitsgebiet eines Mitgliedstaates der Europäischen Union erleichtert, ist vom Gericht mit Freiheitsstrafe bis zu einem Jahr oder Geldstrafe bis zu 360 Tagessätzen zu bestrafen.

(2) Wer die Tat gewerbsmäßig oder in Bezug auf eine größere Zahl von Fremden begeht, ist mit Freiheitsstrafe bis zu drei Jahren zu bestrafen.

(3) Der Fremde, dem die Beihilfe nach Abs. 1 zu Gute kam oder kommen sollte, ist nicht als Beteiligter zu bestrafen.

(4) Das Verfahren wegen der im Abs. 1 bezeichneten Tat obliegt den Gerichtshöfen erster Instanz.

(BGBl I 2009/122)

Ausbeutung eines Fremden

§ 116. (1) Wer mit dem Vorsatz, sich oder einem Dritten aus der Ausnützung der besonderen Abhängigkeit eines Fremden, der sich rechtswidrig im Bundesgebiet aufhält, über keine Beschäftigungsbewilligung verfügt oder sich sonst in einem besonderen Abhängigkeitsverhältnis befindet, eine fortlaufende Einnahme zu verschaffen, diesen Fremden ausbeutet, ist vom Gericht mit Freiheitsstrafe bis zu drei Jahren zu bestrafen.

(2) Wer durch die Tat einen Fremden in Not versetzt oder eine größere Zahl von Fremden ausbeutet, ist mit Freiheitsstrafe von sechs Monaten bis zu fünf Jahren zu bestrafen.

(3) Hat die Tat den Tod eines Fremden zur Folge, ist der Täter mit Freiheitsstrafe von einem bis zu zehn Jahren zu bestrafen.

Eingehen und Vermittlung von Aufenthaltsehen und Aufenthaltspartnerschaften

§ 117. (1) Ein Österreicher oder ein zur Niederlassung im Bundesgebiet berechtigter Fremder, der eine Ehe oder eingetragene Partnerschaft mit einem Fremden eingeht, ohne ein gemeinsames Familienleben im Sinn des Art. 8 EMRK führen zu wollen und weiß oder wissen musste, dass sich der Fremde für die Erteilung oder Beibehaltung eines Aufenthaltstitels, für den Erwerb oder die Aufrechterhaltung eines unionsrechtlichen Aufenthaltsrechts, für den Erwerb der österreichischen Staatsbürgerschaft oder zur Hintanhaltung aufenthaltsbeendender Maßnahmen auf diese Ehe oder eingetragene Partnerschaft berufen will, ist, wenn die Tat nicht nach einer anderen Bestimmung mit strengerer Strafe bedroht ist, vom Gericht mit Geldstrafe bis zu 360 Tagessätzen zu bestrafen. *(BGBl I 2009/122; BGBl I 2009/135; BGBl I 2011/38)*

(2) Ein Österreicher oder ein zur Niederlassung im Bundesgebiet berechtigter Fremder, der mit dem Vorsatz, sich oder einen Dritten durch ein dafür geleistetes Entgelt unrechtmäßig zu bereichern, eine Ehe oder eingetragene Partnerschaft mit einem Fremden eingeht, ohne ein gemeinsames Familienleben im Sinn des Art. 8 EMRK führen zu wollen und weiß oder wissen musste, dass sich der Fremde für die Erteilung oder Beibehaltung eines Aufenthaltstitels, für den Erwerb oder die Aufrechterhaltung eines unionsrechtlichen Aufenthaltsrechts, für den Erwerb der österreichischen Staatsbürgerschaft oder zur Hintanhaltung aufenthaltsbeendender Maßnahmen auf diese Ehe oder eingetragene Partnerschaft berufen will, ist, wenn die Tat nicht nach einer anderen Bestimmung mit strengerer Strafe bedroht ist, vom Gericht mit Freiheitsstrafe bis zu einem Jahr oder mit Geldstrafe bis zu 360 Tages-

Sonstige

sätzen zu bestrafen. *(BGBl I 2009/122; BGBl I 2009/135; BGBl I 2011/38)*

(3) Wer gewerbsmäßig Ehen oder eingetragene Partnerschaften vermittelt oder anbahnt, obwohl er weiß oder wissen musste, dass sich die Betroffenen für die Erteilung oder Beibehaltung eines Aufenthaltstitels, für den Erwerb oder die Aufrechterhaltung eines unionsrechtlichen Aufenthaltsrechts, für den Erwerb der österreichischen Staatsbürgerschaft oder zur Hintanhaltung aufenthaltsbeendender Maßnahmen auf diese Ehe oder eingetragene Partnerschaft berufen, aber kein gemeinsames Familienleben im Sinn des Art. 8 EMRK führen wollen, ist, wenn die Tat nicht nach einer anderen Bestimmung mit strengerer Strafe bedroht ist, vom Gericht mit Freiheitsstrafe bis zu drei Jahren zu bestrafen. *(BGBl I 2009/122; BGBl I 2009/135; BGBl I 2011/38)*

(4) Der Fremde, der sich im Sinne dieser Bestimmung auf die Ehe oder eingetragene Partnerschaft beruft, ist als Beteiligter zu bestrafen. *(BGBl I 2009/122; BGBl I 2009/135)*

(5) Nach Abs. 1 ist nicht zu bestrafen, wer freiwillig, bevor eine zur Strafverfolgung berufene Behörde von seinem Verschulden erfahren hat, an der Feststellung des Sachverhaltes mitwirkt.

Aufenthaltsadoption und Vermittlung von Aufenthaltsadoptionen volljähriger Fremder

§ 118. (1) Ein Österreicher oder ein zur Niederlassung im Bundesgebiet berechtigter Fremder, der einen volljährigen Fremden an Kindes statt annimmt und einen Antrag zur Bewilligung der Annahme an Kindes statt beim Pflegschaftsgericht stellt, obwohl er weiß oder wissen musste, dass sich der Fremde für die Erteilung oder Beibehaltung eines Aufenthaltstitels, für den Erwerb oder die Aufrechterhaltung eines unionsrechtlichen Aufenthaltsrechts, für den Erwerb der österreichischen Staatsbürgerschaft oder zur Hintanhaltung aufenthaltsbeendender Maßnahmen auf diese Annahme an Kindes statt beruft, aber keine dem Verhältnis zwischen leiblichen Eltern und Kindern entsprechende Beziehung führen will, ist, wenn die Tat nicht nach einer anderen Bestimmung mit strengerer Strafe bedroht ist, vom Gericht mit Geldstrafe bis zu 360 Tagessätzen zu bestrafen. *(BGBl I 2009/122; BGBl I 2011/38; BGBl I 2018/56)*

(2) Ein Österreicher oder ein zur Niederlassung im Bundesgebiet berechtigter Fremder, der mit dem Vorsatz, sich oder einen Dritten durch ein dafür geleistetes Entgelt unrechtmäßig zu bereichern, einen volljährigen Fremden an Kindes statt annimmt, obwohl er weiß oder wissen musste, dass sich der Fremde für die Erteilung oder Beibehaltung eines Aufenthaltstitels, für den Erwerb oder die Aufrechterhaltung eines unionsrechtlichen Aufenthaltsrechts, für den Erwerb der österreichischen Staatsbürgerschaft oder zur

Hintanhaltung aufenthaltsbeendender Maßnahmen auf diese Annahme an Kindes statt beruft, aber keine dem Verhältnis zwischen leiblichen Eltern und Kindern entsprechende Beziehung führen will, ist, wenn die Tat nicht nach einer anderen Bestimmung mit strengerer Strafe bedroht ist, vom Gericht mit Freiheitsstrafe bis zu einem Jahr oder mit Geldstrafe bis zu 360 Tagessätzen zu bestrafen. *(BGBl I 2009/122; BGBl I 2011/38; BGBl I 2018/56)*

(3) Wer gewerbsmäßig (§ 70 StGB) Adoptionen nach Abs. 1 oder 2 vermittelt oder anbahnt, obwohl er weiß oder wissen musste, dass sich die Betroffenen für die Erteilung oder Beibehaltung eines Aufenthaltstitels, für den Erwerb oder die Aufrechterhaltung eines unionsrechtlichen Aufenthaltsrechts, für den Erwerb der österreichischen Staatsbürgerschaft oder zur Hintanhaltung aufenthaltsbeendender Maßnahmen auf diese Annahme an Kindes statt berufen, aber keine dem Verhältnis zwischen leiblichen Eltern und Kindern entsprechende Beziehung führen wollen, ist, wenn die Tat nicht nach einer anderen Bestimmung mit strengerer Strafe bedroht ist, vom Gericht mit Freiheitsstrafe bis zu drei Jahren zu bestrafen. *(BGBl I 2009/122; BGBl I 2011/38)*

(4) Das volljährige Wahlkind ist als Beteiligter zu bestrafen. *(BGBl I 2009/122)*

(5) Nach Abs. 1 ist nicht zu bestrafen, wer freiwillig, bevor eine zur Strafverfolgung berufene Behörde von seinem Verschulden erfahren hat, an der Feststellung des Sachverhaltes mitwirkt.

Unrechtmäßige Inanspruchnahme von sozialen Leistungen

§ 119. Wer sich unter Berufung auf ein gemäß § 120 Abs. 2 erschlichenes Recht, soziale Leistungen, insbesondere Leistungen einer Kranken-, Unfall- oder Pensionsversicherung, Leistungen aus dem Titel der Sozialhilfe oder eines Bundes- oder Landesgesetzes, das die Grundversorgungsvereinbarung – Art. 15a B-VG, BGBl. I Nr. 80/2004, umsetzt, in Anspruch genommen hat, ist vom Gericht mit Freiheitsstrafe bis zu einem Jahr oder mit Geldstrafe bis zu 360 Tagessätzen zu bestrafen. Wer soziale Leistungen in Anspruch genommen hat, deren Wert 3 000 Euro übersteigt, ist vom Gericht mit Freiheitsstrafe bis zu drei Jahren zu bestrafen. *(BGBl I 2018/56)*

(BGBl I 2009/122)

6/15. Gaswirtschaftsgesetz 2011

(Auszug)

Widerrechtliche Offenbarung oder Verwertung von Daten

§ 168. (1) Wer entgegen § 11, § 69 Abs. 3, § 123 Abs. 4, § 129 oder § 156 Abs. 4 Daten widerrechtlich offenbart oder verwertet, deren Offenbarung oder Verwertung geeignet ist, ein berechtigtes Interesse des Betroffenen zu verletzen, ist vom Gericht mit Freiheitsstrafe bis zu einem Jahr zu bestrafen. *(BGBl I 2013/174)*

(2) Die Öffentlichkeit in der Hauptverhandlung ist von Amts wegen oder auf Antrag auszuschließen, wenn das im Interesse der Verfahrensbeteiligten oder am Verfahren nicht beteiligter Personen geboten ist.

Missbrauch einer Insider-Information

§ 168a. (1) Personen im Sinne des Art. 3 Abs. 2 lit. a bis lit. d der Verordnung (EU) Nr. 1227/2011, das sind

1. Mitglieder der Verwaltungs-, Geschäftsführungs- und Aufsichtsorgane eines Unternehmens,

2. Personen mit Beteiligung am Kapital eines Unternehmens,

3. Personen, die im Rahmen der Ausübung ihrer Arbeit oder ihres Berufes oder der Erfüllung ihrer Aufgaben Zugang zu Informationen haben und

4. Personen, die sich diese Informationen auf kriminelle Weise beschafft haben,

die Insider-Informationen im Sinne des Art. 2 Z 1 der Verordnung (EU) Nr. 1227/2011 in Bezug auf Gas betreffend Energiegroßhandelsprodukte im Sinne des Art. 2 Z 4 der Verordnung (EU) Nr. 1227/2011 mit dem Vorsatz ausnützen, sich oder einem Dritten einen Vermögensvorteil zu verschaffen, indem sie

a) diese Informationen im Wege des Erwerbs oder der Veräußerung derartiger Energiegroßhandelsprodukte, auf die sich die Information bezieht, für eigene oder fremde Rechnung direkt oder indirekt nutzen,

b) diese Informationen an Dritte weitergeben, soweit dies nicht im normalen Rahmen der Ausübung ihrer Arbeit oder ihres Berufes oder der Erfüllung ihrer Aufgaben geschieht, oder

c) auf der Grundlage von Insider-Informationen anderen Personen empfehlen oder andere Personen dazu verleiten, derartige Energiegroßhandelsprodukte, auf die sich die Information bezieht, zu erwerben oder zu veräußern,

sind vom Gericht mit einer Freiheitsstrafe bis zu drei Jahren, zu bestrafen.

(2) Wer als Insider gemäß Abs. 1 Z 1 bis 4 eine Insider-Information im Sinne des Art. 2 Z 1 der Verordnung (EU) Nr. 1227/2011 in Bezug auf Gas betreffend Energiegroßhandelsprodukte im Sinne des Art. 2 Z 4 der Verordnung (EU) Nr. 1227/2011 auf die in Abs. 1 bezeichnete Weise, jedoch ohne den Vorsatz, sich oder einem Dritten einen Vermögensvorteil zu verschaffen, verwendet, ist vom Gericht mit Freiheitsstrafe bis zu sechs Monaten oder mit Geldstrafe bis zu 360 Tagessätzen zu bestrafen.

(3) Die Tat ist nach Abs. 1 und 2 nicht strafbar, wenn

1. ein Fernleitungsnetzbetreiber im Sinne des Art. 3 Abs. 3 der Verordnung (EU) Nr. 1227/2011 Erdgas kauft, um den sicheren Netzbetrieb zu gewährleisten, oder

2. die jeweils in Art. 3 Abs. 4 lit. a bis c der Verordnung (EU) Nr. 1227/2011 genannten Marktteilnehmer in der dort beschriebenen Weise tätig werden.

(4) Die Zuständigkeit zur Durchführung des Hauptverfahrens wegen Missbrauchs einer Insider-Information obliegt dem Landesgericht für Strafsachen Wien. Dies gilt auch für das Verfahren wegen einer Tat, die zugleich den Tatbestand des Missbrauchs einer Insider-Information und den einer gerichtlich strafbaren Handlung anderer Art erfüllt.

(BGBl I 2013/174)

6/16. Immobilien-Investmentfondsgesetz

(Auszug)

Strafbestimmungen

§ 37. (1) Wer in einem veröffentlichten Prospekt eines Immobilienfonds oder in einer einen solchen Prospekt ändernden oder ergänzenden Angabe oder in einem Rechenschafts- oder Halbjahresbericht eines Immobilienfonds über erhebliche Umstände unrichtige vorteilhafte Angaben macht oder nachteilige Tatsachen verschweigt, ist, sofern die Tat nicht nach anderen Bestimmungen mit strengerer Strafe bedroht ist, vom Gericht mit Freiheitsstrafe bis zu einem Jahr oder mit Geldstrafe bis zu 360 Tagessätzen zu bestrafen.

(2) Nach Abs. 1 ist nicht zu bestrafen, wer freiwillig, bevor die für den Erwerb erforderliche Leistung erbracht worden ist, den Erwerb der Fondsanteile verhindert. Der Täter ist auch dann nicht zu bestrafen, wenn die Leistung ohne sein Zutun nicht erbracht wird, er sich jedoch in Unkenntnis dessen freiwillig und ernsthaft bemüht, sie zu verhindern.

(3) Die Strafbarkeit nach Abs. 1 wird unter den Voraussetzungen des § 167 StGB durch tätige Reue aufgehoben, sofern sich die Schadensgutma-

chung auf die gesamte für den Erwerb erforderliche Leistung einschließlich der damit verbundenen Nebenkosten bezieht.

6/17. Informationssicherheitsgesetz
(Auszug)

Der Nationalrat hat beschlossen:

Gerichtlich strafbare Handlungen

§ 9. (1) Wer entgegen den Bestimmungen dieses Bundesgesetzes eine ihm ausschließlich auf Grund von § 3 Abs. 1 dieses Bundesgesetzes anvertraute oder zugänglich gewordene, als „VERTRAULICH", „GEHEIM" oder „STRENG GEHEIM" klassifizierte Information offenbart oder verwertet, deren Offenbarung oder Verwertung geeignet ist, die öffentliche Sicherheit, die umfassende Landesverteidigung oder die auswärtigen Beziehungen zu beeinträchtigen, ist, sofern die Tat nicht nach anderen Bundesgesetzen mit strengerer Strafe bedroht ist, vom Gericht mit Freiheitsstrafe bis zu sechs Monaten oder mit Geldstrafe bis zu 360 Tagessätzen zu bestrafen.

(2) Wer die Tat begeht, um sich oder einem anderen einen Vermögensvorteil zuzuwenden oder einem anderen einen Nachteil zuzufügen, ist mit Freiheitsstrafe bis zu einem Jahr oder mit Geldstrafe bis zu 360 Tagessätzen zu bestrafen.

(3) Offenbart der Täter Informationen, die verfassungsgefährdende Tatsachen (§ 252 Abs. 3 StGB) betreffen, so ist er nur zu bestrafen, wenn er in der Absicht handelt, private Interessen zu verletzen oder der Republik Österreich einen Nachteil zuzufügen. Die irrtümliche Annahme verfassungsgefährdender Tatsachen befreit den Täter nicht von Strafe.

6/18. Investmentfondsgesetz
(Auszug)

Gerichtliche Strafen

§ 189. (1) Wer im Zusammenhang mit einem öffentlichen Angebot von ausländischen Invest-

mentfondsanteilen solche Anteile im Inland anbietet, obwohl

1. und 2. *(aufgehoben, BGBl I 2013/135)*

3. die FMA die Aufnahme des Vertriebes untersagt hat, oder

4. die FMA den weiteren Vertrieb untersagt hat, oder

wer im Zusammenhang mit einem öffentlichen Angebot von inländischen Investmentfondsanteilen solche Anteile im Inland anbietet, obwohl der in Österreich aufgelegte Fonds nicht gemäß § 50 oder § 95 von der FMA bewilligt worden ist, sofern die Tat nicht nach anderen Bestimmungen mit strengerer Strafe bedroht ist, vom Gericht mit Freiheitsstrafe bis zu zwei Jahren oder mit Geldstrafe bis zu 360 Tagessätzen zu bestrafen.

(2) Ebenso ist zu bestrafen, wer in einem veröffentlichten Prospekt oder in einem Kundeninformationsdokument eines in- oder ausländischen Investmentfonds oder in einer einen solchen Prospekt ändernden oder ergänzenden Angabe oder in einem Rechenschafts- oder Halbjahresbericht eines in- oder ausländischen Investmentfonds oder im Rahmen der Information gemäß § 120 über erhebliche Umstände unrichtige vorteilhafte Angaben macht oder nachteilige Tatsachen verschweigt.

(3) Nach Abs. 1 ist nicht zu bestrafen, wer freiwillig, bevor die für den Erwerb erforderliche Leistung erbracht worden ist, den Erwerb der Fondsanteile verhindert. Der Täter ist auch dann nicht zu bestrafen, wenn die Leistung ohne sein Zutun nicht erbracht wird, er sich jedoch in Unkenntnis dessen freiwillig und ernsthaft bemüht, sie zu verhindern.

(4) Die Strafbarkeit nach Abs. 2 wird unter den Voraussetzungen des § 167 StGB durch tätige Reue aufgehoben, sofern sich die Schadensgutmachung auf die gesamte für den Erwerb erforderliche Leistung einschließlich der damit verbundenen Nebenkosten bezieht.

(5) *(entfällt, BGBl I 2015/115)*

Sonstige

6/18a. Investitionskontrollgesetz – InvKG

(Auszug)

BGBl I 2020/87 idF

Bundesgesetz über die Kontrolle von ausländischen Direktinvestitionen (Investitionskontrollgesetz – InvKG)

7. Abschnitt

Straf- und zivilrechtliche Bestimmungen

Gerichtlich strafbare Handlungen

§ 25. (1) Wer

1. eine gemäß § 2 Abs. 1 genehmigungspflichtige Direktinvestition ohne Genehmigung gemäß § 7 durchführt oder

2. gegen eine Auflage gemäß § 7 Abs. 3 Z 2 lit. a oder gemäß § 8 Abs. 5 in einem Genehmigungsbescheid verstößt oder

3. durch unrichtige oder unvollständige Angaben

a) eine Genehmigung gemäß § 7 Abs. 2 oder 3 oder eine Unbedenklichkeitsbescheinigung gemäß § 9 Abs. 3 erschleicht oder

b) die Vorschreibung von Auflagen gemäß § 7 Abs. 3 Z 2 lit. a oder von nachträglichen Auflagen

gemäß § 8 Abs. 5 in einem Genehmigungsbescheid hintanhält,

ist vom Gericht mit Freiheitsstrafe bis zu einem Jahr zu bestrafen.

(2) Wer eine der in Abs. 1 mit Strafe bedrohten Handlungen

1. gewerbsmäßig oder

2. durch Täuschung über Tatsachen unter Verwendung einer falschen oder verfälschten Urkunde, falscher oder verfälschter Daten oder eines anderen solchen Beweismittels

begeht, ist vom Gericht mit Freiheitsstrafe bis zu drei Jahren zu bestrafen.

(3) Wer fahrlässig eine der in den Abs. 1 oder 2 bezeichneten Handlungen begeht, ist mit Freiheitsstrafe bis zu einem halben Jahr oder Geldstrafe bis zu 360 Tagessätzen zu bestrafen.

(4) Eine Bestrafung nach Abs. 1 bis 3 hat nicht zu erfolgen, wenn die Tat nach einer anderen Bestimmung mit strengerer Strafe bedroht ist.

(5) Für das Strafverfahren wegen der in den Abs. 1 bis 3 genannten mit Strafe bedrohten Handlungen ist das Landesgericht zuständig.

(6) Die österreichischen Strafgesetze gelten unabhängig von den Strafgesetzen des Tatorts auch für im Ausland begangene Taten.

6/19. Bundesgesetz über die Ein-, Aus- und Durchfuhr von Kriegsmaterial

(Auszug)

Gerichtliche Strafbestimmungen

§ 7. (1) Wer

1. Kriegsmaterial ohne die hiefür nach diesem Bundesgesetz erforderliche Bewilligung ein-, aus- oder durchführt oder vermittelt oder, im Falle des Verbringens durch einen Transporteur, von diesem ein-, aus- oder durchführen lässt oder

2. durch unrichtige oder unvollständige Angaben, Erklärungen oder Nachweise die Erteilung einer Bewilligung erschleicht oder

3. durch unrichtige oder unvollständige Angaben, Erklärungen oder Nachweise die Erteilung von Ausfuhrbeschränkungen, die Festlegung von Bedingungen, die Vornahme einer Einschränkung oder den Widerruf einer Bewilligung hintanhält oder

4. Informationspflichten gemäß § 4 Abs. 4 nicht erfüllt,

ist, sofern die Tat nicht nach anderen Bestimmungen mit strengerer Strafe bedroht ist, vom ordent-lichen Gericht mit Freiheitsstrafe bis zu drei Jahren zu bestrafen. Wer die Tat gewerbsmäßig oder durch Täuschung über Tatsachen unter Benützung einer falschen oder verfälschten Urkunde, falscher oder verfälschter Daten oder eines anderen solchen Beweismittels begeht, ist mit Freiheitsstrafe von sechs Monaten bis zu fünf Jahren zu bestrafen. *(BGBl I 2011/72; BGBl I 2013/161)*

(2) Ebenso ist zu bestrafen, wer Kriegsmaterial entgegen unmittelbar anwendbarem Recht der Europäischen Union ein-, aus- oder durchführt oder vermittelt. *(BGBl I 2001/57; BGBl I 2011/72)*

(2a) Wer fahrlässig eine der in Abs. 1 Z 1, 3 oder 4 oder Abs. 2 bezeichneten Handlungen begeht, ist, sofern die Tat nicht nach anderen Bestimmungen mit strengerer Strafe bedroht ist, vom ordentlichen Gericht mit Freiheitsstrafe bis zu zwei Jahren oder Geldstrafe bis zu 360 Tagessätzen zu bestrafen. *(BGBl I 2011/72; BGBl I 2013/161)*

(3) Wird Kriegsmaterial entsprechend den zollrechtlichen Vorschriften zur Grenzzollstelle verbracht und diesem ordnungsgemäß gestellt und erklärt, so tritt die Strafbarkeit nach Abs. 1 oder 2 erst ein, wenn das Kriegsmaterial trotz Fehlens der erforderlichen Bewilligung in einer für die Ein-, Aus- oder Durchfuhr vorgesehenen

Art des Zollverfahrens abgefertigt worden ist. *(BGBl I 2001/57; BGBl 2019/104)*

6/20. Lebensmittelsicherheits- und Verbraucherschutzgesetz
(Auszug)

4. Hauptstück

Strafbestimmungen

1. Abschnitt

Gerichtliche Strafbestimmungen

Tatbestände

§ 81. (1) Wer gesundheitsschädliche Lebensmittel, Gebrauchsgegenstände oder kosmetische Mittel in Verkehr bringt, ist mit Freiheitsstrafe bis zu einem Jahr oder mit Geldstrafe bis zu 360 Tagessätzen zu bestrafen.

(2) Hat die im Abs. 1 mit Strafe bedrohte Tat die Gefahr der Verbreitung einer übertragbaren Krankheit unter Menschen zur Folge, so ist der Täter mit Freiheitsstrafe bis zu zwei Jahren, hat sie aber den Tod eines Menschen oder eine Gefahr für Leib oder Leben einer größeren Zahl von Menschen zur Folge, mit Freiheitsstrafe bis zu drei Jahren zu bestrafen.

(3) Wer Fleisch, welches nach den Bestimmungen dieses Bundesgesetzes der Untersuchungspflicht unterliegt, oder Zubereitungen aus solchem Fleisch als Lebensmittel in Verkehr bringt, ohne dass es den vorgeschriebenen Untersuchungen unterzogen wurde, oder genussuntaugliches Fleisch als Lebensmittel in Verkehr bringt, ist, sofern die Handlung nicht nach Abs. 1 mit Strafe bedroht ist, mit Freiheitsstrafe bis zu sechs Monaten oder mit Geldstrafe bis zu 360 Tagessätzen zu bestrafen. *(BGBl I 2013/171)*

§ 82. (1) Wer eine im § 81 Abs. 1 mit Strafe bedrohte Handlung fahrlässig begeht, ist mit Freiheitsstrafe bis zu sechs Monaten oder mit Geldstrafe bis zu 360 Tagessätzen zu bestrafen.

(2) Hat die im Abs. 1 mit Strafe bedrohte Tat den Tod eines Menschen oder eine Gefahr für Leib oder Leben einer größeren Zahl von Menschen zur Folge, so ist der Täter mit Freiheitsstrafe bis zu zwei Jahren zu bestrafen.

(3) Wer eine im § 81 Abs. 3 mit Strafe bedrohte Handlung fahrlässig begeht, ist mit Geldstrafe bis zu 180 Tagessätzen zu bestrafen.

Einziehung

§ 83. (1) Die den Gegenstand einer in den §§ 81 und 82 mit Strafe bedrohten Handlungen bildenden Lebensmittel, Gebrauchsgegenstände oder kosmetischen Mittel sind, ohne Rücksicht darauf, wem sie gehören, einzuziehen, es sei denn, dass trotz des vorangegangenen mit Strafe bedrohten Verhaltens Gewähr geboten ist, dass die Mittel, Gegenstände oder Stoffe nicht unter Verletzung der lebensmittelrechtlichen Vorschriften in Verkehr gebracht werden.

(2) Liegt der objektive Tatbestand einer in den §§ 81 und 82 mit Strafe bedrohten Handlung vor, so sind die Mittel, Gegenstände oder Stoffe auch dann einzuziehen, wenn keine bestimmte Person wegen der mit Strafe bedrohten Handlung verfolgt oder verurteilt werden kann. In einem solchen Fall hat der Ankläger einen gesonderten Antrag auf Einziehung zu stellen.

(3) Für das Verfahren bei der Einziehung gelten die §§ 443 bis 446 StPO entsprechend.

(4) In besonders berücksichtigungswürdigen Fällen kann das Gericht in dem Urteil, mit dem auf die Einziehung der Mittel, Stoffe oder Gegenstände erkannt wird, aussprechen, dass der durch eine allfällige Verwertung erzielte Erlös dem von der Einziehung Betroffenen auszufolgen ist. Sind die eingezogenen Mittel, Stoffe oder Gegenstände aus dem Zollausland eingeführt und darauf entfallende Zölle oder sonstige Eingangsabgaben nicht entrichtet worden, so ist vor der Ausfolgung des erzielten Erlöses ein den Eingangsabgaben entsprechender Betrag abzuziehen. Dieser Betrag bestimmt sich, wenn eine Eingangsabgabenschuld noch nicht entstanden ist, nach der Beschaffenheit, dem Wert und den Abgabensätzen, die im Zeitpunkt der Verwertung der Ware bestehen.

(5) Die eingezogenen Mittel, Stoffe oder Gegenstände sind der Verwaltungsbehörde zur Vernichtung oder Verwertung nach Maßgabe des § 92 zu überlassen.

Untersagung der Gewerbeausübung

§ 84. (1) Im Strafurteil wegen einer der in den §§ 81 und 82 mit Strafe bedrohten Handlung ist dem Täter, wenn er schon zweimal wegen Taten verurteilt ist, die auf der gleichen schädlichen Neigung beruhen wie die abgeurteilte Tat, die Ausübung seines Gewerbes oder seiner Tätigkeit in Bezug auf bestimmte Formen des Inverkehrbringens oder in Bezug auf bestimmte Waren für einen Zeitraum von mindestens einem und höchstens fünf Jahren zu untersagen, wenn zu befürchten ist, dass der Verurteilte sonst neuerlich in Ausübung des Gewerbes oder der Tätigkeit nach diesem Bundesgesetz mit Strafe bedrohte Handlungen begehen werde, die geeignet sind, die menschliche Gesundheit zu gefährden. Statt einer Untersagung sind dem Täter Bedingungen für die Ausübung des Gewerbes oder der Tätigkeiten vorzuschreiben, wenn dadurch der Zweck der Untersagung erreicht werden kann.

(2) Die Dauer der Maßnahme ist mit dem Zeitraum zu bestimmen, für den sie ihr Zweck (Abs. 1) erforderlich macht.

Sonstige

(3) Das Gericht hat Urteile nach Abs. 1 nach Eintritt der Rechtskraft der für den Entzug der Gewerbeberechtigung zuständigen Gewerbebehörde, wenn die Handlung im Rahmen einer nicht der Gewerbeordnung 1994 unterliegenden Tätigkeit begangen wurde, dem Landeshauptmann mitzuteilen.

Urteilsveröffentlichung

§ 85. (1) Im Strafurteil wegen einer nach den §§ 81 und 82 mit Strafe bedrohten Handlung ist auf die Veröffentlichung des Urteilsspruchs in einer oder mehreren periodischen Druckwerken auf Kosten des Verurteilten zu erkennen, wenn der Täter schon zweimal wegen Taten verurteilt worden ist, die auf der gleichen schädlichen Neigung beruhen wie die abgeurteilte Tat, und nach der Person des Täters und der Art der Tat zu befürchten ist, dass der Täter sonst weiterhin nach diesem Bundesgesetz strafbare Handlungen mit nicht bloß leichten Folgen begehen werde. *(BGBl I 2006/136)*

(2) Die Entscheidung über die Urteilsveröffentlichung oder ihr Unterbleiben bildet einen Teil des Ausspruches über die Strafe und kann zugunsten und zum Nachteil des Verurteilten mit Berufung angefochten werden.

Haftung des Unternehmers

§ 86. (1) Der Unternehmer haftet für Geldstrafen, Kosten der Urteilsveröffentlichung und für gemäß § 20 Abs. 3 StGB für verfallen erklärte Geldbeträge, zu deren Zahlung ein Arbeitnehmer oder Beauftragter seines Betriebes wegen einer nach den §§ 81 und 82 mit Strafe bedrohten Handlung verurteilt worden ist, es sei denn, dass der Verurteilte die strafbare Handlung nicht im Rahmen der dienstlichen Obliegenheiten des Betriebes begangen hat. *(BGBl I 2014/67)*

(2) Über die Haftung ist in der Regel im Strafurteil zu entscheiden. Der Unternehmer ist zur Hauptverhandlung zu laden. Er hat die Rechte des Beschuldigten; besonders steht ihm das Recht zu, alle Verteidigungsmittel wie der Beschuldigte vorzubringen und das Urteil in der Hauptsache anzufechten. Doch werden das Verfahren und die Urteilsfällung durch sein Nichterscheinen nicht gehemmt; auch kann er gegen ein in seiner Abwesenheit gefälltes Urteil keinen Einspruch erheben. Die Entscheidung über die Haftung oder ihr Unterbleiben bildet einen Teil des Ausspruchs über die Strafe und kann von dem Unternehmer und der Staatsanwaltschaft mit Berufung angefochten werden. *(BGBl I 2014/67)*

(3) Die Haftung ist in Anspruch zu nehmen, wenn die Geldstrafe, die Kosten oder die Geldbeträge aus dem beweglichen Vermögen des Verurteilten nicht eingebracht werden können. Der Einbringungsversuch kann unterbleiben, wenn Einbringungsmaßnahmen offenkundig aussichtslos sind. Soweit Maßnahmen zur Einbringung einer Geldstrafe beim Haftenden erfolglos bleiben, ist, unbeschadet des § 31a Abs. 2 StGB, die entsprechende Ersatzfreiheitsstrafe am Verurteilten zu vollziehen.

(4) Die Bestimmungen in Abs. 1 bis 3 sind auf Verbände im Sinn des Verbandsverantwortlichkeitsgesetzes, BGBl. I Nr. 151/2005, nicht anzuwenden. *(BGBl I 2005/151)*

§ 87. Können die §§ 81 und 82 nur deshalb nicht angewendet werden, weil sich die Tat als eine mit strengerer Strafe bedrohte Handlung darstellt, so ist dennoch auf die in den §§ 83 bis 85 vorgesehenen Maßnahmen und auf die Haftung zu erkennen.

Örtliche Zuständigkeit

§ 88. Das Hauptverfahren und das selbständige Verfahren wegen aller nach diesem Bundesgesetz den Bezirksgerichten zur Bestrafung zugewiesenen strafbaren Handlungen stehen dem Bezirksgericht zu, in dessen Sprengel das Amtsgebäude des Landesgerichts gelegen ist, in Wien jedoch dem Bezirksgericht Innere Stadt Wien. *(BGBl I 2007/112)*

Informationspflicht und Amtshilfe

§ 89. (1) Das Gericht oder die Staatsanwaltschaft haben den jeweils zuständigen Landeshauptmann und den Bundesminister für Soziales, Gesundheit, Pflege und Konsumentenschutz zum Zweck der Erfüllung der Berichtspflicht gemäß Art. 113 Abs. 1 lit. c der Verordnung (EU) 2017/625 über den Ausgang der nach diesem Abschnitt anhängigen Strafverfahren unter Nennung der jeweiligen Geschäftszahl des Verfahrens und der Art des Verstoßes zu verständigen.

(2) Die Kriminalpolizei, Staatsanwaltschaften und Gerichte sind unter den Bedingungen des § 76 Abs. 4 erster und zweiter Satz StPO ermächtigt, den Namen, die Anschrift, die Email-Adresse und die Telefonnummer eines Unternehmens oder eines Unternehmers, soweit diese Daten für die Durchführung eines Verwaltungsverfahrens nach diesem Bundesgesetz erforderlich sind, den zuständigen Verwaltungsbehörden für Zwecke der Durchführung des Verwaltungsverfahrens zu übermitteln.

(BGBl I 2021/256)

6/21. Mietrechtsgesetz
(Auszug)

I. Hauptstück
Miete

Verbotene Vereinbarungen und Strafbestimmungen

§ 27.

(6) Ein Vermieter oder ein von diesem mit der Vermietung oder Verwaltung des Mietgegenstands Beauftragter, der dem Vermieter mit vollstreckbarer Entscheidung aufgetragene Erhaltungsarbeiten (§ 6 Abs. 1) nicht oder nur mit ungerechtfertigter Verzögerung durchführt oder durchführen läßt und dadurch den Mieter erheblich und nachhaltig im Gebrauch des Mietgegenstands beeinträchtigt, ist vom Gericht mit Freiheitsstrafe bis zu sechs Monaten oder mit Geldstrafe bis zu 360 Tagessätzen zu bestrafen. *(BGBl 1993/800, ab 1. 3. 1994)*

(7) Ebenso ist ein Vermieter oder ein von diesem Beauftragter zu bestrafen, der – ungeachtet einer vollstreckbaren Entscheidung auf Unterlassung – eine der in § 8 Abs. 2 festgelegten Duldungspflichten des Hauptmieters in schikanöser und exzessiver Weise mißbraucht. *(BGBl 1993/800, ab 1. 3. 1994)*

6/22. Nationalrat-Wahlordnung
(Auszug)

Der Nationalrat hat beschlossen:

Wegen gerichtlicher Verurteilung

§ 22. (1) Wer durch ein inländisches Gericht wegen einer
1. nach dem 14., 15., 16., 17., 18., 24. oder 25. Abschnitt des Besonderen Teils des Strafgesetzbuches – StGB strafbaren Handlung;
2. strafbaren Handlung gemäß §§ 278a bis 278e StGB;
3. strafbaren Handlung gemäß dem Verbotsgesetz 1947;
4. in Zusammenhang mit einer Wahl, einer Volksabstimmung, einer Volksbefragung oder einem Volksbegehren begangenen strafbaren Handlung nach dem 22. Abschnitt des Besonderen Teils des StGB
zu einer nicht bedingt nachgesehenen Freiheitsstrafe von mindestens einem Jahr oder wegen einer sonstigen mit Vorsatz begangenen strafbaren Handlung zu einer nicht bedingt nachgesehenen Freiheitsstrafe von mehr als fünf Jahren rechtskräftig verurteilt wird, kann vom Gericht (§ 446a

StPO) unter Zugrundelegung der Umstände des Einzelfalls vom Wahlrecht ausgeschlossen werden.

(2) Der Ausschluss vom Wahlrecht beginnt mit Rechtskraft des Urteils und endet, sobald die Strafe vollstreckt ist und mit Freiheitsentziehung verbundene vorbeugende Maßnahmen vollzogen oder weggefallen sind; ist die Strafe nur durch Anrechnung einer Vorhaft verbüßt worden, so endet der Ausschluss mit Rechtskraft des Urteils. Fällt das Ende des Ausschlusses vom Wahlrecht in die Zeit nach dem Stichtag, so kann bis zum Ende des Einsichtszeitraums (§ 25 Abs. 1) die Aufnahme in das Wählerverzeichnis begehrt werden.

(BGBl I 2011/43)

6/23. Notzeichengesetz

§ 1. Wer vorsätzlich ein in den Verkehrsvorschriften festgesetztes Notzeichen mißbraucht oder durch eine falsche Notmeldung den Dienst der Feuerwehr oder eine andere der Rettung bei Unfällen dienende Einrichtung in Anspruch nimmt, wird, wenn die Tat nicht nach einer anderen Bestimmung strenger strafbar ist, vom Gericht mit Freiheitsstrafe bis zu sechs Monaten oder mit Geldstrafe bis zu 360 Tagessätzen bestraft.

§ 2. Mit der Vollziehung dieses Gesetzes ist der Bundesminister für Justiz betraut.

6/24. Postmarktgesetz
(Auszug)

Postgeheimnis

§ 5. (1) Personen, die Postdienste erbringen, haben während und auch nach Beendigung ihrer Tätigkeit jede wie immer geartete Mitteilung über Postsendungen an andere Personen als an die Absenderin, den Absender, die Empfängerin oder den Empfänger zu unterlassen, soweit nicht bundesgesetzlich ausdrücklich anderes bestimmt ist.

(2) Die Geheimhaltungspflicht steht der Erstattung von Anzeigen wegen gerichtlich strafbarer Handlungen, die von Amts wegen zu verfolgen sind, nicht entgegen.

(3) Soweit nicht gesetzlich ausdrücklich anderes bestimmt ist, dürfen Postsendungen, deren Übernahme von der Empfängerin oder vom Empfänger zu bestätigen ist, auch an Personen abgegeben werden, die an den auf der Sendung angegebenen Abgabestelle der Empfängerin oder des Empfängers anwesend sind, wenn nur dadurch die Abgabe der Sendung möglich ist und weder Absenderin oder Absender noch Empfängerin oder Empfänger diese Abgabemöglichkeit ausge-

Sonstige

schlossen haben. An diese Personen dürfen Postsendungen auch an einem Abholpunkt abgegeben werden.

(4) Ist an der angegebenen Abgabestelle keine empfangsberechtigte Person anwesend, dürfen für eine natürliche Person bestimmte Pakete auch an Wohnungs- oder Hausnachbarn abgegeben werden, wenn weder Absenderin oder Absender noch Empfängerin oder Empfänger diese Abgabemöglichkeit ausgeschlossen haben; davon ist die Empfängerin oder der Empfänger schriftlich zu verständigen.

(5) Ein Postdiensteanbieter darf verschlossene Postsendungen, deren Abgabe an die Empfängerin, den Empfänger, die Absenderin oder den Absender nicht möglich oder zulässig ist, zur Ermittlung der Absenderin, des Absenders, der Empfängerin oder des Empfängers sowie zur Verhinderung von Schäden öffnen.

(6) Postsendungen, die sich im Zuge des Erbringens des Postdienstes im Gewahrsam des Postdiensteanbieters befinden, dürfen keinen gegen diesen gerichteten exekutionsrechtlichen oder sonstigen behördlichen Zwangsmaßnahmen unterworfen werden, soweit nicht gesetzlich ausdrücklich anderes bestimmt ist. Die Bestimmungen der Strafprozessordnung 1975, BGBl. Nr. 631/1975, über die Durchsuchung und Beschlagnahme von Papieren sowie die Beschlagnahme und Öffnung von Briefen und anderen Sendungen bleiben unberührt.

...

Verletzung des Postgeheimnisses

§ 57. (1) Wer unter das Postgeheimnis (§ 5) fallende Tatsachen offenbart oder verwertet, um sich einer oder einem anderen einen Vermögensvorteil zu verschaffen oder um einem anderen einen Nachteil zuzufügen, ist vom Gericht mit einer Freiheitsstrafe bis zu einem Jahr oder mit Geldstrafe bis zu 360 Tagessätzen zu bestrafen.

(2) Die Täterin oder der Täter ist nur auf Antrag des in seinem Interesse an der Geheimhaltung Verletzten zu verfolgen.

6/25. Sanktionengesetz 2010
(Auszug)

Gerichtliche Strafbestimmungen

§ 11. (1) Wer entgegen einer Verordnung nach § 2 Abs. 1 oder einem nach dieser Bestimmung gegen ihn erlassenen Bescheid oder entgegen unmittelbar anwendbaren Sanktionsmaßnahmen der Europäischen Union eine Transaktion oder ein sonstiges Rechtsgeschäft in Bezug auf Vermögensbestandteile in einem 100 000 € übersteigenden Wert durchführt, ist, sofern die Tat nicht nach

anderen Bestimmungen mit strengerer Strafe bedroht ist, mit einer Freiheitsstrafe von bis zu einem Jahr oder Geldstrafe bis zu 360 Tagessätzen zu bestrafen.

(2) Das Verfahren wegen der in Abs. 1 bezeichneten Tat obliegt den Landesgerichten.

(3) Wer entgegen einer Verordnung nach § 2 Abs. 2 Z 5 oder einem nach dieser Bestimmung gegen ihn erlassenen Bescheid oder entgegen unmittelbar anwendbaren Sanktionsmaßnahmen der Europäischen Union Dienstleistungen in einem 100 000 € übersteigenden Wert an natürliche oder juristische Personen zum Zweck der Ausübung geschäftlicher Tätigkeiten in einem bestimmten Staat erbringt, ist, sofern die Tat nicht nach anderen Bestimmungen mit strengerer Strafe bedroht ist, mit Freiheitsstrafe von bis zu zwei Jahren oder mit Geldstrafe bis zu 360 Tagessätzen zu bestrafen.

6/26. Sprengmittelgesetz 2010
(Auszug)

Gerichtlich strafbare Handlungen

§ 43. (1) Wer, wenn auch nur fahrlässig,

1. ohne erforderliche Bewilligung Sprengmittel herstellt oder damit handelt;

2. ohne erforderliche Bewilligung Sprengmittel besitzt oder

3. Sprengmittel einer Person überlässt, die nicht zu deren Besitz befugt ist,

ist vom ordentlichen Gericht mit Freiheitsstrafe bis zu einem Jahr oder mit Geldstrafe bis zu 360 Tagessätzen zu bestrafen. *(BGBl I 2013/161)*

(2) Nach Abs. 1 ist nicht zu bestrafen, wer freiwillig, bevor eine zur Strafverfolgung berufene Behörde (§ 151 Abs. 3 des Strafgesetzbuchs – StGB, BGBl. Nr. 60/1974) von seinem Verschulden erfahren hat, die Schieß- und Sprengmittel der Behörde übergibt oder bekanntgibt, wo sich diese befinden.

(3) Gemäß Abs. 2 übergebene oder auf Grund der Bekanntgabe sichergestellte Schieß- und Sprengmittel gelten als verfallen. § 42 Abs. 3 gilt mit der Maßgabe, dass keine Entschädigung gebührt, wenn sie demjenigen zustehen würde, der das tatbestandsmäßige Verhalten verwirklicht hat oder an diesem beteiligt war.

(Auszug)

I. Abschnitt

Allgemeines

§ 5. Besondere Sicherungsmaßnahmen gegen Beeinträchtigung durch Alkohol

(1) Wer sich in einem durch Alkohol oder Suchtgift beeinträchtigten Zustand befindet, darf ein Fahrzeug weder lenken noch in Betrieb nehmen. Bei einem Alkoholgehalt des Blutes von 0,8 g/l (0,8 Promille) oder darüber oder bei einem Alkoholgehalt der Atemluft von 0,4 mg/l oder darüber gilt der Zustand einer Person jedenfalls als von Alkohol beeinträchtigt. *(BGBl 1994/518)*

(1a) Werden in anderen Gesetzen an die Beeinträchtigung durch Alkohol oder an das Vorliegen eines die Zurechnungsfähigkeit nicht ausschließenden Rauschzustandes zivilrechtliche Rechtswirkungen oder Auswirkungen im Bereich des gerichtlichen Strafrechts geknüpft, so treten diese nur in den Fällen des Abs. 1 oder beim dritten oder häufigeren Verstoß innerhalb eines Zeitraumes von zwölf Monaten ab dem ersten Verstoß gegen § 14 Abs. 8 FSG, BGBl. I Nr. 120/1997, ein. *(BGBl I 1998/3)*

(2) Organe des amtsärztlichen Dienstes oder besonders geschulte und – soweit es sich nicht um Organe der Bundespolizei handelt – von der Behörde hierzu ermächtigte Organe der Straßenaufsicht sind berechtigt, jederzeit die Atemluft von Personen, die ein Fahrzeug lenken, in Betrieb nehmen oder zu lenken oder in Betrieb zu nehmen versuchen, auf Alkoholgehalt zu untersuchen. Sie sind außerdem berechtigt, die Atemluft von Personen,

1. die verdächtig sind, in einem vermutlich durch Alkohol beeinträchtigten Zustand ein Fahrzeug gelenkt zu haben, oder

2. bei denen der Verdacht besteht, dass ihr Verhalten am Unfallort mit einem Verkehrsunfall in ursächlichem Zusammenhang steht,

auf Alkoholgehalt zu untersuchen. Wer zu einer Untersuchung der Atemluft aufgefordert wird, hat sich dieser zu unterziehen. *(BGBl I 2017/6)*

(2a) Die Organe des amtsärztlichen Dienstes oder besonders geschulte und – soweit es sich nicht um Organe der Bundespolizei handelt – von der Behörde hierzu ermächtigte Organe der Straßenaufsicht sind weiters berechtigt, jederzeit die Atemluft von Personen, die ein Fahrzeug lenken, in Betrieb nehmen oder zu lenken oder in Betrieb zu nehmen versuchen, auf den Verdacht der Beeinträchtigung durch Alkohol zu überprüfen. Ergibt die Überprüfung der Atemluft den Verdacht der Beeinträchtigung durch Alkohol oder wird die Überprüfung verweigert, haben die genannten

Organe eine Untersuchung der Atemluft gemäß Abs. 2 vorzunehmen. *(BGBl I 2017/6)*

(2b) Abs. 2 und 2a gelten auch für die Untersuchung und die Überprüfung der Atemluft von

1. Fahrlehrern bei Schulfahrten gemäß § 114 Abs. 4 und 4a KFG 1967,

2. Begleitern bei Übungsfahrten gemäß § 122 Abs. 2 und 5 KFG 1967 oder bei Ausbildungsfahrten gemäß § 19 Abs. 3 und 6 FSG oder

3. Ausbildnern bei Lehrfahrten gemäß § 122a Abs. 2 KFG 1967. *(BGBl I 2005/52)*

(3) Die Untersuchung der Atemluft auf Alkoholgehalt ist mit einem Gerät vorzunehmen, das den Alkoholgehalt der Atemluft mißt und entsprechend anzeigt (Alkomat). *(BGBl 1994/518)*

(3a) Die Überprüfung der Atemluft auf Verdacht der Beeinträchtigung durch Alkohol ist mit einem Gerät vorzunehmen, das den Alkoholgehalt der Atemluft zwar nicht bestimmt, aber in einer solchen Weise misst und anzeigt, dass daraus Rückschlüsse auf das Vorliegen des Verdachts einer Beeinträchtigung durch Alkohol gezogen werden können. *(BGBl I 2005/52)*

(4) Die Organe der Straßenaufsicht sind berechtigt, Personen, deren Atemluft auf Alkoholgehalt untersucht werden soll (Abs. 2) zum Zweck der Feststellung des Atemalkoholgehaltes zur nächstgelegenen Dienststelle, bei der sich ein Atemalkoholmeßgerät befindet, zu bringen, sofern vermutet werden kann, daß sie sich in einem durch Alkohol beeinträchtigten Zustand befinden oder zur Zeit des Lenkens befunden haben. *(BGBl 1994/518)*

(4a) Die Organe der Straßenaufsicht sind weiters berechtigt, Personen, bei denen eine Untersuchung gemäß Abs. 2 aus Gründen, die in der Person des Probanden gelegen sind, nicht möglich war und die verdächtig sind, sich in einem durch Alkohol beeinträchtigten Zustand zu befinden, zu einem im öffentlichen Sanitätsdienst stehenden, bei einer Landespolizeidirektion tätigen, bei einer öffentlichen Krankenanstalt diensthabenden oder im Sinne des § 5a Abs. 4 ausgebildeten und von der Landesregierung hierzu ermächtigten Arzt zur Blutabnahme zum Zweck der Bestimmung des Blutalkoholgehaltes zu bringen. *(BGBl I 2005/52; BGBl I 2012/50)*

(4b) *(entfällt, BGBl 1994/518)*

(5) Die Organe der Straßenaufsicht sind weiters berechtigt, Personen, von denen vermutet werden kann, dass sie sich in einem durch Alkohol beeinträchtigten Zustand befinden, zum Zweck der Feststellung des Grades der Beeinträchtigung durch Alkohol zu einem im öffentlichen Sanitätsdienst stehenden, bei einer Landespolizeidirektion tätigen, bei einer öffentlichen Krankenanstalt diensthabenden oder im Sinne des § 5a Abs. 4 ausgebildeten und von der Landesregierung hierzu

ermächtigten Arzt zu bringen, sofern eine Untersuchung gemäß Abs. 2

   1. keinen den gesetzlichen Grenzwert gemäß Abs. 1 erreichenden Alkoholgehalt ergeben hat oder

   2. aus in der Person des Probanden gelegenen Gründen nicht möglich war.

Wer zum Zweck der Feststellung des Grades der Beeinträchtigung durch Alkohol zu einem Arzt gebracht wird, hat sich einer Untersuchung durch diesen zu unterziehen; die genannten Ärzte sind verpflichtet, die Untersuchung durchzuführen. *(BGBl I 2005/52)*
(BGBl I 2012/50)

   (6) **(Verfassungsbestimmung)** An Personen, die gemäß Abs. 4a zu einem Arzt gebracht werden, ist eine Blutabnahme zum Zweck der Bestimmung des Blutalkoholgehaltes vorzunehmen; die Betroffenen haben diese Blutabnahme vornehmen zu lassen. *(BGBl I 1998/92)*

   (7) *(entfällt, BGBl I 1998/92)*

   (7a) und (7b) *(entfällt, BGBl 1994/518)*

   (8) Ein bei einer öffentlichen Krankenanstalt diensthabender Arzt hat eine Blutabnahme zum Zweck der Bestimmung des Blutalkoholgehaltes vorzunehmen, wenn eine Person

   1. zu diesem Zweck zu ihm gebracht wurde oder

   2. dies verlangt und angibt, bei ihr habe eine Untersuchung nach Abs. 2 eine Alkoholbeeinträchtigung ergeben.

Der Arzt hat die Blutprobe der nächstgelegenen Polizeidienststelle ohne unnötigen Aufschub zu übermitteln und dieser im Fall der Z 2 Namen, Geburtsdatum und Adresse des Probanden sowie den Zeitpunkt der Blutabnahme bekanntzugeben. Weiters hat der Arzt eine Blutabnahme vorzunehmen, wenn eine Person zu diesem Zweck zu ihm gebracht wurde, weil bei einer Untersuchung (Abs. 9) eine Beeinträchtigung festgestellt wurde, die auf eine Suchtgifteinnahme schließen lässt; die Blutprobe ist der nächstgelegenen Polizeidienststelle ohne unnötigen Aufschub zu übermitteln. Übermittelte Blutproben sind durch ein Institut für gerichtliche Medizin oder eine gleichwertige Einrichtung zu untersuchen. Die Blutprobe darf nicht durch den Probanden selbst übermittelt werden.
(BGBl I 2005/52; BGBl I 2012/50)

   (9) Die Bestimmungen des Abs. 5 gelten auch für Personen, von denen vermutet werden kann, daß sie sich in einem durch Suchtgift beeinträchtigten Zustand befinden; wer zum Arzt gebracht wird, hat sich der Untersuchung zu unterziehen. Die in Abs. 5 genannten Ärzte sind verpflichtet, die Untersuchung durchzuführen. *(BGBl I 2005/52)*

   (9a) Organe des amtsärztlichen Dienstes oder besonders geschulte und von der Behörde hiezu ermächtigte Organe der Straßenaufsicht sind berechtigt, den Speichel von in Abs. 2 und 2b genannten Personen auf das Vorliegen von Suchtgiftspuren zu überprüfen, sofern zwar keine Vermutung im Sinne des Abs. 9 vorliegt, aber vermutet werden kann, dass sie sich nicht in einer solchen körperlichen und geistigen Verfassung befinden oder zum Zeitpunkt des Lenkens befunden haben, in der sie ein Fahrzeug zu beherrschen und die beim Lenken eines Fahrzeuges zu beachtenden Rechtsvorschriften zu befolgen vermögen. Die Überprüfung des Speichels ist mit Speichelvortestgeräten oder -streifen, die das Vorliegen von Suchtgiftspuren im Speichel anzeigen, vorzunehmen. Ergibt die Überprüfung des Speichels das Vorliegen von Suchtgiftspuren oder wird die Überprüfung verweigert, so gilt dies als Vermutung der Beeinträchtigung durch Suchtgift. Diesfalls haben die genannten Organe gemäß Abs. 9 vorzugehen; andernfalls hat ein Vorgehen gemäß Abs. 9 zu unterbleiben. *(BGBl I 2005/52)*

   (10) **(Verfassungsbestimmung)** An Personen, die gemäß Abs. 9 zu einem Arzt gebracht werden, ist nach Feststellung einer Beeinträchtigung, die auf eine Suchtgifteinnahme schließen lässt, eine Blutabnahme vorzunehmen. Die Betroffenen haben die Blutabnahme vornehmen zu lassen. *(BGBl I 2002/128)*

   (11) Der Bundesminister für Inneres kann unter Bedachtnahme auf den jeweiligen Stand der Wissenschaft und Technik im Einvernehmen mit dem Bundesminister für Verkehr, Innovation und Technologie durch Verordnung für die Feststellung einer Beeinträchtigung durch Suchtgift geeignete Geräte und Testverfahren bestimmen. *(BGBl I 2002/128)*

   (12) Ist auf Grund des Ergebnisses der Untersuchung

   1. einer Person, die gemäß Abs. 9 zu einem Arzt gebracht wurde, oder

   2. einer Blutprobe, die von einer gemäß Abs. 9 zu einem Arzt gebrachten Person stammt,

anzunehmen, dass die zum Arzt gebrachte Person Suchtgift missbraucht, so ist an Stelle einer Strafanzeige nach dem Suchtmittelgesetz dieser Umstand der nach dem Hauptwohnsitz der untersuchten Person zuständigen Bezirksverwaltungsbehörde als Gesundheitsbehörde mitzuteilen (§§ 12 bis 14 des Suchtmittelgesetzes, BGBl. I Nr. 112/1997). *(BGBl I 2002/128)*

6/28. Telekommunikationsgesetz 2021

(Auszug)

14. Abschnitt
Kommunikationsgeheimnis, Datenschutz

Allgemeines

§ **160.** (1) Die Bestimmungen dieses Abschnitts gelten für die Verarbeitung einschließlich der Übermittlung von personenbezogenen Daten oder der nicht öffentlich zugänglichen Daten einer juristischen Person in Verbindung mit der Bereitstellung öffentlicher Kommunikationsdienste in öffentlichen Kommunikationsnetzen einschließlich öffentlicher Kommunikationsnetze, die Datenerfassungs- und Identifizierungsgeräte unterstützen.

(2) Die Bestimmungen der Strafprozessordnung 1975 (StPO), BGBl. Nr. 631/1975, bleiben durch die Bestimmungen dieses Abschnittes unberührt.

(3) In diesem Abschnitt bezeichnet unbeschadet des § 4 der Begriff

1. „Anbieter" Betreiber von öffentlichen Kommunikationsdiensten;

2. „Benutzer" eine Person, die einen öffentlichen Kommunikationsdienst für private oder geschäftliche Zwecke nutzt, ohne diesen Dienst zwangsläufig abonniert zu haben;

3. „Nutzerkennung" jene Kennung, welche die eindeutige Zuordnung eines Kommunikationsvorgangs zu einem Nutzer ermöglicht;

4. „E-Mail-Adresse" die eindeutige Kennung, die einem elektronischen Postfach von einem Internet-E-Mail-Anbieter zugewiesen wird;

5. „Stammdaten" alle Daten, die für die Begründung, die Abwicklung, Änderung oder Beendigung der Rechtsbeziehungen zwischen dem Benutzer und dem Anbieter oder zur Erstellung und Herausgabe von Nutzerverzeichnissen erforderlich sind; dies sind:

a) Name (Familienname und Vorname bei natürlichen Personen, Name oder Bezeichnung bei juristischen Personen),

b) akademischer Grad bei natürlichen Personen,

c) Anschrift (Wohnadresse bei natürlichen Personen, Sitz oder Rechnungsadresse bei juristischen Personen),

d) Nutzernummer und sonstige Kontaktinformation für die Nachricht,

e) Information über Art und Inhalt des Vertragsverhältnisses,

f) Bonität;

g) Geburtsdatum

6. „Verkehrsdaten" Daten, die zum Zwecke der Weiterleitung einer Nachricht an ein Kommunikationsnetz oder zum Zwecke der Fakturierung dieses Vorgangs verarbeitet werden;

7. „Zugangsdaten" jene Verkehrsdaten, die beim Zugang eines Nutzers zu einem öffentlichen Kommunikationsnetz beim Betreiber entstehen und für die Zuordnung der zu einem bestimmten Zeitpunkt für eine Kommunikation verwendeten Netzwerkadressierungen zum Nutzer notwendig sind;

8. „Inhaltsdaten" die Inhalte übertragener Nachrichten (Z 11);

9. „Standortdaten" Daten, die in einem Kommunikationsnetz oder von einem Kommunikationsdienst verarbeitet werden und die den geografischen Standort der Endeinrichtung eines Benutzers eines öffentlichen Kommunikationsdienstes angeben, im Fall von festen Endeinrichtungen sind Standortdaten die Adresse der Einrichtung;

10. „Standortkennung" die Kennung einer Funkzelle, über welche eine Mobilfunkverbindung hergestellt wird (Cell-ID);

11. „Nachricht" jede Information, die zwischen einer endlichen Zahl von Beteiligten über einen öffentlichen Kommunikationsdienst ausgetauscht oder weitergeleitet wird. Dies schließt nicht Informationen ein, die als Teil eines Rundfunkdienstes über ein Kommunikationsnetz an die Öffentlichkeit weitergeleitet werden, soweit die Informationen nicht mit dem identifizierbaren Empfänger in Verbindung gebracht werden können;

12. „Dienst mit Zusatznutzen" jeden Dienst, der die Bearbeitung von Verkehrsdaten oder anderen Standortdaten als Verkehrsdaten in einem Maße erfordert, das über das für die Übermittlung einer Nachricht oder die Fakturierung dieses Vorgangs erforderliche Maß hinausgeht;

13. „elektronische Post" jede über ein öffentliches Kommunikationsnetz verschickte Text-, Sprach-, Ton- oder Bildnachricht, die im Netz oder im Endgerät des Empfängers gespeichert werden kann, bis sie von diesem abgerufen wird;

14. „E-Mail" elektronische Post, die über das Internet auf Basis des „Simple Mail Transfer Protocol" (SMTP) versendet wird;

15. „öffentliche IP-Adresse" eine einmalige numerische Adresse aus einem Adressblock, der durch die Internet Assigned Numbers Authority (IANA) oder durch eine regionale Vergabestelle (Regional Internet Registries) einem Anbieter eines Internet-Zugangsdienstes zur Zuteilung von Adressen an seine Kunden zugewiesen wurde, die einen Rechner im Internet eindeutig identifiziert und im Internet geroutet werden kann. Öffentliche IP-Adressen sind Zugangsdaten im Sinne des § 160 Abs. 3 Z 7. Wenn eine konkrete öffentliche IP-Adresse einem Nutzer für die Dauer des Vertrages zur ausschließlichen Nutzung

Sonstige

zugewiesen ist, handelt es sich zugleich um ein Stammdatum im Sinne des § 160 Abs. 3 Z 5;

16. „Verletzung des Schutzes personenbezogener Daten oder der nicht öffentlich zugänglichen Daten einer juristischen Person" jede Verletzung der Sicherheit, die auf versehentliche oder unrechtmäßige Weise zur Vernichtung, zum Verlust, zur Veränderung oder zur unbefugten Weitergabe von oder zum unbefugten Zugang zu personenbezogenen Daten oder der nicht öffentlich zugänglichen Daten einer juristischen Person führt, die übertragen, gespeichert oder auf andere Weise im Zusammenhang mit der Bereitstellung öffentlicher Kommunikationsdienste in der Europäischen Union verarbeitet werden.

Kommunikationsgeheimnis

§ 161. (1) Dem Kommunikationsgeheimnis unterliegen die Inhaltsdaten, die Verkehrsdaten und die Standortdaten. Das Kommunikationsgeheimnis erstreckt sich auch auf die Daten erfolgloser Verbindungsversuche.

(2) Zur Wahrung des Kommunikationsgeheimnisses ist jeder Betreiber oder Anbieter eines öffentlichen Kommunikationsnetzes oder -dienstes und alle Personen, die an der Tätigkeit des Betreibers oder Anbieters mitwirken, verpflichtet. Die Pflicht zur Geheimhaltung besteht auch nach dem Ende der Tätigkeit fort, durch die sie begründet worden ist.

(3) Das Mithören, Abhören, Aufzeichnen, Abfangen oder sonstige Überwachen von Nachrichten und der damit verbundenen Verkehrs- und Standortdaten sowie die Weitergabe von Informationen darüber durch andere Personen als einen Benutzer ohne Einwilligung aller beteiligten Benutzer ist unzulässig. Dies gilt nicht für die Aufzeichnung und Rückverfolgung von Telefongesprächen im Rahmen der Entgegennahme und Abwicklung von Notrufen und die Fälle der Fangschaltung, der Überwachung von Nachrichten nach § 135 Abs. 3 StPO, der Auskunft über Daten einer Nachrichtenübermittlung nach § 135 Abs. 2 StPO, der Auskunft über Daten nach § 99 Abs. 3a des Bundesgesetzes vom 26. Juni 1958, betreffend das Finanzstrafrecht und das Finanzstrafverfahrensrecht (FinStrG), BGBl. Nr. 129/1958 idF BGBl. Nr. 21/1959 (DFB), der Auskunft über Daten nach § 11 Abs. 1 Z 7 des Bundesgesetzes über die Organisation, Aufgaben und Befugnisse des polizeilichen Staatsschutzes (PStSG), BGBl. I Nr. 5/2016, und der Auskunft über Daten nach § 22 Abs. 2a und 2b des Militärbefugnisgesetzes (MBG), BGBl. I Nr. 86/2001, sowie für eine technische Speicherung, die für die Weiterleitung einer Nachricht erforderlich ist.

(4) Werden mittels einer Funkanlage, einer Endeinrichtung oder mittels einer sonstigen technischen Einrichtung Nachrichten unbeabsich-tigt empfangen, die für diese Funkanlage, diese Endeinrichtung oder den Anwender der sonstigen Einrichtung nicht bestimmt sind, so dürfen der Inhalt der Nachrichten sowie die Tatsache ihres Empfanges weder aufgezeichnet noch Unbefugten mitgeteilt oder für irgendwelche Zwecke verwertet werden. Aufgezeichnete Nachrichten sind zu löschen oder auf andere Art zu vernichten.

(5) Das Redaktionsgeheimnis (§ 31 Mediengesetz) sowie sonstige, in anderen Bundesgesetzen normierte Geheimhaltungsverpflichtungen sind nach Maßgabe des Schutzes der geistlichen Amtsverschwiegenheit und von Berufsgeheimnissen sowie das Verbot deren Umgehung gemäß §§ 144 und 157 Abs. 2 StPO zu beachten. Den Anbieter trifft keine entsprechende Prüfpflicht.

Technische Einrichtungen

§ 162. (1) Der Anbieter ist nach Maßgabe der gemäß Abs. 3 und §§ 166 Abs. 2 und 171 Abs. 6 erlassenen Verordnungen verpflichtet, alle Einrichtungen bereitzustellen, die zur Überwachung von Nachrichten nach § 135 Abs. 3 StPO und Auskunft über Daten einer Nachrichtenübermittlung nach § 135 Abs. 2 StPO, zur Auskunft über Daten nach § 11 Abs. 1 Z 7 PStSG, zur Auskunft über Daten nach § 99 Abs. 3a FinStrG, zur Auskunft über Daten nach § 22 Abs. 2a und 2b MBG sowie zur Erfüllung der Verpflichtungen gemäß § 166 Abs. 2 erforderlich sind. Für die Bereitstellung sind dem Anbieter 80% der Kosten (Personal- und Sachaufwendungen), die er aufwenden musste, um die gemäß den Abs. 3 und §§ 166 Abs. 2 und 171 Abs. 6 erlassenen Verordnungen erforderlichen Funktionen in seinen Anlagen einzurichten, zu ersetzen. Die Bundesministerin für Landwirtschaft, Regionen und Tourismus hat im Einvernehmen mit der Bundesministerin für Justiz, der Bundesministerin für Landesverteidigung, dem Bundesminister für Inneres und dem Bundesminister für Finanzen durch Verordnung die Bemessungsgrundlage für diesen Prozentsatz sowie die Modalitäten für die Geltendmachung dieses Ersatzanspruches festzusetzen. Dabei ist insbesondere auf die wirtschaftliche Zumutbarkeit des Aufwandes, auf ein allfälliges Interesse des betroffenen Unternehmers an den zu erbringenden Leistungen und auf eine allfällige durch die gebotenen technischen Möglichkeiten bewirkte Gefährdung, der durch die verlangte Mitwirkung entgegengewirkt werden soll, sowie auf die Einfachheit und Kostengünstigkeit des Verfahrens Bedacht zu nehmen.

(2) Der Anbieter ist verpflichtet, an der Überwachung von Nachrichten nach § 135 Abs. 3 StPO und der Auskunft über Daten einer Nachrichtenübermittlung nach § 135 Abs. 2 StPO, an der Auskunft über Daten nach § 11 Abs. 1 Z 7 PStSG sowie an der Auskunft über Daten nach § 99 Abs. 3a FinStrG sowie an der Auskunft über

Daten nach § 22 Abs. 2a und 2b MBG im erforderlichen Ausmaß mitzuwirken. Die Übermittlung von Verkehrsdaten, Standortdaten und Stammdaten, welche die Verarbeitung von Verkehrsdaten erfordern, nach den Bestimmungen der StPO, des SPG, des FinStrG, des PStSG sowie des MBG, hat unter Verwendung einer Übertragungstechnologie, welche die Identifikation und Authentifizierung von Sender und Empfänger sowie die Datenintegrität sicherstellt, zu erfolgen. Die Bundesministerin für Justiz hat im Einvernehmen mit der Bundesministerin für Landwirtschaft, Regionen und Tourismus und dem Bundesminister für Finanzen durch Verordnung einen angemessenen Kostenersatz vorzusehen. Dabei ist insbesondere auf die wirtschaftliche Zumutbarkeit des Aufwandes, auf ein allfälliges Interesse des betroffenen Unternehmers an den zu erbringenden Leistungen und auf eine allfällige durch die gebotenen technischen Möglichkeiten bewirkte Gefährdung, der durch die verlangte Mitwirkung entgegengewirkt werden soll, sowie der öffentlichen Aufgabe der Rechtspflege Bedacht zu nehmen.

(3) Durch Verordnung kann die Bundesministerin für Landwirtschaft, Regionen und Tourismus im Einvernehmen mit dem Bundesminister für Inneres, der Bundesministerin für Justiz und der Bundesministerin für Landesverteidigung, dem jeweiligen Stand der Technik entsprechend, die näheren Bestimmungen für die Gestaltung der technischen Einrichtungen zur Gewährleistung der Überwachung von Nachrichten nach § 135 Abs. 3 StPO und der Auskunft über Daten einer Nachrichtenübermittlung nach § 135 Abs. 2 StPO und zum Schutz der zu übermittelnden Daten gegen die unbefugte Kenntnisnahme durch Dritte festsetzen. Nach Erlassung der Verordnung ist unmittelbar dem Hauptausschuss des Nationalrates zu berichten.

Datensicherheitsmaßnahmen

§ 163. (1) Die Pflicht zur Erlassung von Datensicherheitsmaßnahmen im Sinne der Art. 24, 25 und 32 DSGVO im Zusammenhang mit der Erbringung eines öffentlichen Kommunikationsdienstes obliegt jedem Betreiber eines öffentlichen Kommunikationsdienstes jeweils für jeden von ihm erbrachten Dienst.

(2) Unbeschadet des Abs. 1 hat der Betreiber eines öffentlichen Kommunikationsdienstes in jenen Fällen, in denen ein besonderes Risiko der Verletzung der Vertraulichkeit besteht, die Nutzer über dieses Risiko und – wenn das Risiko außerhalb des Anwendungsbereichs der vom Betreiber zu treffenden Maßnahmen liegt – über mögliche Abhilfen einschließlich deren Kosten zu unterrichten.

(3) Betreiber eines öffentlichen Kommunikationsdienstes haben durch Datensicherheitsmaßnahmen jedenfalls Folgendes zu gewährleisten:

1. die Sicherstellung, dass nur ermächtigte Personen für rechtlich zulässige Zwecke Zugang zu personenbezogenen Daten erhalten;

2. den Schutz gespeicherter oder übermittelter personenbezogener Daten vor unbeabsichtigter oder unrechtmäßiger Zerstörung, unbeabsichtigtem Verlust oder unbeabsichtigter Veränderung und unbefugter oder unrechtmäßiger Speicherung oder Verarbeitung, unbefugtem oder unberechtigtem Zugang oder unbefugter oder unrechtmäßiger Weitergabe;

3. die Umsetzung eines Sicherheitskonzepts für die Verarbeitung personenbezogener Daten.

Die Regulierungsbehörde kann die von den Betreibern öffentlicher Kommunikationsdienste getroffenen Maßnahmen prüfen und Empfehlungen zum zu erreichenden Sicherheitsniveau abgeben.

Sicherheitsverletzungen

§ 164. (1) Im Fall einer Verletzung des Schutzes personenbezogener Daten oder der nicht öffentlich zugänglichen Daten einer juristischen Person hat unbeschadet des § 44 sowie unbeschadet der Bestimmungen des DSG und der DSGVO der Betreiber öffentlicher Kommunikationsdienste unverzüglich die Datenschutzbehörde von dieser Verletzung zu benachrichtigen. Ist anzunehmen, dass durch eine solche Verletzung Personen in ihrer Privatsphäre oder die personenbezogenen Daten selbst beeinträchtigt werden, hat der Betreiber auch die betroffenen Personen unverzüglich von dieser Verletzung zu benachrichtigen.

(2) Der Betreiber öffentlicher Kommunikationsdienste kann von einer Benachrichtigung der betroffenen Personen absehen, wenn der Datenschutzbehörde nachgewiesen wird, dass er geeignete technische Schutzmaßnahmen im Sinne der Verordnung (EU) 611/2013 über die Maßnahmen für die Benachrichtigung von Verletzungen des Schutzes personenbezogener Daten gemäß der Richtlinie 2002/58/EG (Data-Breach-Verordnung), ABl. Nr. L 173 vom 26.06.2013 S. 2, getroffen hat und dass diese Maßnahmen auf die von der Sicherheitsverletzung betroffenen Daten angewendet worden sind. Diese technischen Schutzmaßnahmen müssen jedenfalls sicherstellen, dass die Daten für unbefugte Personen nicht zugänglich sind.

(3) Unbeschadet der Verpflichtung des Betreibers nach Abs. 1 zweiter Satz kann die Datenschutzbehörde den Betreiber öffentlicher Kommunikationsdienste – nach Berücksichtigung der wahrscheinlichen nachteiligen Auswirkungen der Verletzung – auch auffordern, eine Benachrichtigung durchzuführen.

(4) Der Inhalt der Benachrichtigung der betroffenen Personen hat Art. 3 der Data-Breach-Verordnung zu entsprechen.

Sonstige

(5) Die Datenschutzbehörde kann im Einzelfall auch entsprechende Anordnungen treffen, um eine den Auswirkungen der Sicherheitsverletzung angemessene Benachrichtigung der betroffenen Personen sicherzustellen. Sie kann auch Leitlinien im Zusammenhang mit Sicherheitsverletzungen erstellen.

(6) Die Betreiber öffentlicher Kommunikationsdienste haben ein Verzeichnis der Verletzungen des Schutzes personenbezogener Daten oder der nicht öffentlich zugänglichen Daten einer juristischen Person zu führen. Es hat Angaben zu den Umständen der Verletzungen, zu deren Auswirkungen und zu den ergriffenen Abhilfemaßnahmen zu enthalten und muss geeignet sein, der Datenschutzbehörde die Prüfung der Einhaltung der Bestimmungen gemäß Abs. 1 bis 4 zu ermöglichen.

(7) Die Datenschutzbehörde hat die Regulierungsbehörde über jene Sicherheitsverletzungen zu informieren, die für die Erfüllung der der Regulierungsbehörde durch § 44 übertragenen Aufgaben notwendig sind.

Datenschutz – Allgemeines

§ 165. (1) Stammdaten, Verkehrsdaten, Standortdaten und Inhaltsdaten dürfen nur für Zwecke der Besorgung eines Kommunikationsdienstes ermittelt oder verarbeitet werden.

(2) Die Übermittlung von im Abs. 1 genannten Daten darf nur erfolgen, soweit das für die Erbringung jenes Kommunikationsdienstes, für die diese Daten ermittelt und verarbeitet worden sind, durch den Betreiber eines öffentlichen Kommunikationsdienstes erforderlich ist. Die Verarbeitung der Daten zum Zweck der Vermarktung von Kommunikationsdiensten oder der Bereitstellung von Diensten mit Zusatznutzen sowie sonstige Übermittlungen dürfen nur auf Grund einer jederzeit widerrufbaren Einwilligung der Betroffenen erfolgen. Diese Verarbeitung ist auf das erforderliche Maß und den zur Vermarktung erforderlichen Zeitraum zu beschränken. Betreiber öffentlicher Kommunikationsdienste dürfen die Bereitstellung ihrer Dienste nicht von einer solchen Einwilligung abhängig machen.

(3) Betreiber öffentlicher Kommunikationsdienste und Anbieter eines Dienstes der Informationsgesellschaft im Sinne des § 3 Z 1 E-Commerce-Gesetz, BGBl. I Nr. 152/2001, sind verpflichtet, den Nutzer oder Benutzer darüber zu informieren, welche personenbezogenen Daten er verarbeiten wird, auf welcher Rechtsgrundlage und für welche Zwecke dies erfolgt und für wie lange die Daten gespeichert werden. Eine Ermittlung dieser Daten ist nur zulässig, wenn der Nutzer oder Benutzer seine Einwilligung dazu aktiv und auf Grundlage von klaren und umfassenden Informationen erteilt hat. Dies steht einer technischen

Speicherung oder dem Zugang nicht entgegen, wenn der alleinige Zweck die Durchführung der Übertragung einer Nachricht über ein Kommunikationsnetz ist oder, wenn dies unbedingt erforderlich ist, damit der Anbieter eines Dienstes der Informationsgesellschaft, der vom Nutzer oder Benutzer ausdrücklich gewünscht wurde, diesen Dienst zur Verfügung stellen kann. Der Nutzer ist auch über die Nutzungsmöglichkeiten auf Grund der in elektronischen Fassungen der Verzeichnisse eingebetteten Suchfunktionen zu informieren. Diese Information hat in geeigneter Form, insbesondere im Rahmen Allgemeiner Geschäftsbedingungen und spätestens bei Beginn der Rechtsbeziehungen zu erfolgen.

Stammdaten

§ 166. (1) Stammdaten dürfen unbeschadet der § 165 Abs. 1 und 2 sowie § 181 Abs. 8 und 9 von Anbietern nur für folgende Zwecke verarbeitet werden:

1. Abschluss, Durchführung, Änderung oder Beendigung des Vertrages mit dem Nutzer;

2. Verrechnung der Entgelte;

3. Erstellung von Nutzerverzeichnissen, gemäß § 126 und

4. Erteilung von Auskünften an Betreiber von Notdiensten, gemäß § 124.

(2) Vor Durchführung des Vertrages sowie vor der erstmaligen Wiederaufladung nach dem 1. September 2019 ist durch oder für den Anbieter die Identität des Nutzers zu erheben und sind die zur Identifizierung des Nutzers erforderlichen Stammdaten (§ 160 Abs. 3 Z 5 lit. a, b und g) anhand geeigneter Identifizierungsverfahren zu registrieren. Die Festlegung geeigneter Identifizierungsverfahren erfolgt durch Verordnung der Bundesministerin für Landwirtschaft, Regionen und Tourismus im Einvernehmen mit dem Bundesminister für Inneres. Die Abgeltung unbedingt erforderlicher Investitionen erfolgt nach den Regeln des § 162 Abs. 1.

(3) Stammdaten sind spätestens nach Beendigung der vertraglichen Beziehungen mit dem Nutzer vom Betreiber zu löschen. Ausnahmen sind nur soweit zulässig, als diese Daten noch benötigt werden, um Entgelte zu verrechnen oder einzubringen, Beschwerden zu bearbeiten oder sonstige gesetzliche Verpflichtungen zu erfüllen.

Verkehrsdaten

§ 167. (1) Verkehrsdaten dürfen außer in den in diesem Gesetz ausdrücklich geregelten Fällen nicht gespeichert oder übermittelt werden und sind vom Anbieter nach Beendigung der Verbindung unverzüglich zu löschen oder zu anonymisieren. Die Zulässigkeit der weiteren Verarbeitung von Verkehrsdaten, die nach Abs. 5 übermittelt werden, richtet sich nach den Vorschriften der StPO, des FinStrG, des SPG, des PStSG sowie des MBG.

(2) Sofern dies für Zwecke der Verrechnung von Endkunden- oder Vorleistungsentgelten erforderlich ist, hat der Betreiber eines öffentlichen Kommunikationsnetzes oder -dienstes Verkehrsdaten zu löschen oder zu anonymisieren, sobald der Bezahlvorgang durchgeführt wurde und innerhalb einer Frist von drei Monaten die Entgelte nicht schriftlich beeinsprucht wurden. Die Daten sind jedoch nicht zu löschen, wenn

1. ein fristgerechter Einspruch erhoben wurde, bis zum Ablauf jener Frist, innerhalb derer die Abrechnung rechtlich angefochten werden kann.

2. die Rechnung nicht beglichen wurde, bis zum Ablauf jener Frist, bis zu der der Anspruch auf Zahlung geltend gemacht werden kann,

3. ein Verfahren über die Höhe der Entgelte eingeleitet wurde, bis zur endgültigen Entscheidung, oder

4. eine Anordnung nach § 135 Abs. 2b StPO erlassen wird, bis zum Ablauf der angeordneten Dauer oder auf Grund einer Anordnung der Staatsanwaltschaft (§ 138 Abs. 2 StPO).

Die Daten nach Z 1 bis 3 sind im Streitfall der entscheidenden Einrichtung sowie der Schlichtungsstelle (§ 205) unverkürzt zur Verfügung zu stellen. Der Umfang der gespeicherten Verkehrsdaten ist auf das unbedingt notwendige Minimum zu beschränken.

(3) Die Verarbeitung mit Ausnahme der Übermittlung von Verkehrsdaten darf nur durch solche Personen erfolgen, die für die Entgeltverrechnung oder Verkehrsabwicklung, Behebung von Störungen, Kundenanfragen, Betrugsermittlung oder Vermarktung der Kommunikationsdienste oder für die Bereitstellung von Diensten mit Zusatznutzen zuständig sind oder die von diesen Personen beauftragt wurden. Der Umfang der verarbeiteten Verkehrsdaten ist auf das unbedingt notwendige Minimum zu beschränken.

(4) Dem Anbieter ist es außer in den in diesem Gesetz geregelten Fällen untersagt, einen Teilnehmeranschluss über die Zwecke der Verrechnung hinaus nach den von diesem Anschluss aus angerufenen Nutzernummer auszuwerten. Mit Zustimmung des Nutzers darf der Anbieter die Daten zur Vermarktung für Zwecke der eigenen Telekommunikationsdienste oder für die Bereitstellung von Diensten mit Zusatznutzen verwenden.

(5) Eine Verarbeitung von Verkehrsdaten zu Auskunftszwecken ist zulässig zur Auskunft über

1. Daten einer Nachrichtenübermittlung gemäß § 134 Z 2 StPO;

2. Zugangsdaten an Gerichte und Staatsanwaltschaften nach Maßgabe des § 76a Abs. 2 StPO.

3. Verkehrsdaten und Stammdaten, wenn hiefür die Verarbeitung von Verkehrsdaten erforderlich ist, sowie zur Auskunft über Standortdaten an nach dem SPG zuständige Sicherheitsbehörden nach Maßgabe des § 53 Abs. 3a und 3b SPG, § 11 Abs. 1 Z 5 PStSG sowie § 22 Abs. 2b MBG. Ist eine aktuelle Standortfeststellung nicht möglich, darf die Standortkennung (Cell-ID) zum letzten Kommunikationsvorgang der Endeinrichtung verarbeitet werden;

4. Zugangsdaten, wenn diese längstens drei Monate vor der Anfrage gespeichert wurden, an nach dem SPG zuständige Sicherheitsbehörden nach Maßgabe des § 53 Abs. 3a Z 3 SPG, des § 11 Abs. 1 Z 5 PStSG, des § 99 Abs. 3a FinStrG sowie des § 22 Abs. 2b MBG;

5. Verkehrsdaten, Zugangsdaten und Standortdaten nach Maßgabe des § 11 Abs. 1 Z 7 PStSG sowie des § 22 Abs. 2b MBG.

Inhaltsdaten

§ 168. (1) Inhaltsdaten dürfen außer in den in diesem Gesetz geregelten Fällen und sofern die Speicherung nicht einen wesentlichen Bestandteil des Kommunikationsdienstes darstellt grundsätzlich nicht gespeichert werden. Sofern aus technischen Gründen eine kurzfristige Speicherung erforderlich ist, hat der Anbieter nach Wegfall dieser Gründe die gespeicherten Daten unverzüglich zu löschen.

(2) Der Anbieter hat durch technische und organisatorische Vorkehrungen sicherzustellen, dass Inhaltsdaten nicht oder nur in dem aus technischen Gründen erforderlichen Mindestausmaß gespeichert werden. Sofern die Speicherung des Inhaltes Dienstmerkmal ist, sind die Daten unmittelbar nach der Erbringung des Dienstes zu löschen.

Andere Standortdaten als Verkehrsdaten

§ 169. (1) Andere Standortdaten als Verkehrsdaten dürfen unbeschadet des § 124 nur verarbeitet werden, wenn sie

1. anonymisiert werden oder

2. die Benutzer oder Nutzer eine jederzeit widerrufbare Einwilligung gegeben haben.

(2) Selbst im Falle einer Einwilligung zur Verarbeitung von Daten gemäß Abs. 1 müssen die Benutzer oder Nutzer die Möglichkeit haben, diese Verarbeitung von Daten für jede Übertragung einfach und kostenlos zeitweise zu untersagen.

(3) Die Verarbeitung anderer Standortdaten als Verkehrsdaten gemäß Abs. 1 und 2 muss auf das für die Bereitstellung des Dienstes mit Zusatznutzen erforderliche Maß sowie auf Personen beschränkt werden, die im Auftrag des Betreibers oder des Dritten, der den Dienst mit Zusatznutzen

Sonstige

anbietet, handeln. Unbeschadet des § 161 Abs. 3 ist die Ermittlung und Verwendung von Standortdaten, die nicht im Zusammenhang mit einem Kommunikationsvorgang stehen, zu Auskunftszwecken unzulässig.

Datensicherheit bei der Übermittlung von betriebsnotwendigen Verkehrs- und Standortdaten zu Auskunftszwecken an gesetzlich berechtigte Behörden

§ 170. (1) Die Übermittlung der Daten hat über eine zentrale Durchlaufstelle zu erfolgen, die die Bundesministerin für Landwirtschaft, Regionen und Tourismus bei der Bundesrechenzentrum GmbH einzurichten hat.

(2) Die technische Spezifikation zur Durchlaufstelle hat einen verschlüsselten Übertragungsweg vorzusehen (Transportverschlüsselung).

(3) Zusätzlich ist eine Verschlüsselung der Inhalte sowohl der Anfrage als auch der Beantwortung von Absender zu Empfänger durch asymmetrische Verschlüsselungsverfahren vorzusehen (Inhaltsverschlüsselung). Asymmetrische Verschlüsselungsverfahren können als hybride Verfahren implementiert werden.

(4) Über die Durchlaufstelle werden die Beteiligten des Datenaustausches über eine fortgeschrittene elektronische Signatur identifiziert und authentifiziert.

Durchlaufstelle – Grundstruktur

§ 171. (1) Die Durchlaufstelle hat ein elektronisches Postfachsystem zur sicheren Abwicklung von Anfragen und Auskünften im Sinne des Abs. 6 zu errichten. Alle Beteiligten sind dabei über einen verschlüsselten Übertragungskanal an die Durchlaufstelle anzubinden.

(2) Die Durchlaufstelle ist auf eine Weise einzurichten, dass für die Bundesrechenzentrum GmbH als Auftragsverarbeiter der Durchlaufstelle im Sinne des Art. 4 Z 8 DSGVO ein Zugang zu personenbezogenen Inhalten von Anfragen zu Datenauskünften sowie von deren Beantwortung nicht möglich ist.

(3) Über die Durchlaufstelle sind Auskünfte über Daten, die für den Anbieter für die in § 167 Abs. 2 und 3 erfassten Zwecke erforderlich sind, abzuwickeln. Über die Durchlaufstelle sind alle Auskunftsfälle revisionssicher statistisch zu erfassen.

(4) In der Spezifikation zur Durchlaufstelle ist eine Übertragungstechnologie vorzusehen, welche die Identifikation und Authentifizierung von Sender und Empfänger sowie die Datenintegrität sicherstellt. Die Daten sind unter Verwendung einer technisch anspruchsvollen Verschlüsselungstechnologie als „Comma-Separated Value (CSV)"

– Dateiformat zu übermitteln. Ausgenommen davon ist

1. die Übermittlung von Daten in den Fällen des § 124;

2. bei Gefahr im Verzug die Übermittlung von Verkehrsdaten und Stammdaten, wenn hiefür die Verarbeitung von Verkehrsdaten erforderlich ist, sowie zur Auskunft über Standortdaten an nach dem SPG zuständige Sicherheitsbehörden nach Maßgabe des § 53 Abs. 3a und 3b SPG, § 11 Abs. 1 Z 5 PStSG sowie § 22 Abs. 2b MBG. Ist eine aktuelle Standortfeststellung gemäß § 124 Abs. 1 nicht möglich, darf gemäß § 124 Abs. 4 die zuletzt verfügbare Standortkennung der Endeinrichtung verarbeitet werden;

3. bei Gefahr im Verzug die Übermittlung von Zugangsdaten, wenn diese längstens drei Monate vor der Anfrage gespeichert wurden, an nach dem SPG zuständige Sicherheitsbehörden nach Maßgabe des § 53 Abs. 3a Z 3 SPG, § 11 Abs. 1 Z 5 PStSG sowie § 22 Abs. 2b MBG;

4. die Übermittlung von Standortdaten in den Fällen der Feststellung des aktuellen Standortes gemäß §§ 134 ff StPO und

5. die Übermittlung von begleitenden Rufdaten im Rahmen einer Überwachung von Nachrichten.

(5) Für die Datenschutzbehörde sowie für die Rechtsschutzbeauftragten bei der Bundesministerin für Justiz, beim Bundesminister für Inneres und beim Bundesminister für Finanzen ist in der Spezifikation zur Durchlaufstelle jeweils ein Zugang vorzusehen, der entsprechend der jeweiligen Aufgabe dieser Stellen einen Zugang zu den Protokolldaten oder zur Statistik ermöglicht.

(6) Durch Verordnung kann die Bundesministerin für Landwirtschaft, Regionen und Tourismus im Einvernehmen mit dem Bundesminister für Inneres und der Bundesministerin für Justiz und dem Bundesminister für Finanzen die näheren Bestimmungen zur einheitlichen Definition der Syntax, der Datenfelder und der Verschlüsselung, zur Speicherung und Übermittlung der Daten festsetzen. Insbesondere sind, unbeschadet der §§ 170, 171 und 172, näher auszuführen:

1. Funktionen der Durchlaufstelle;

2. Auditierung der Durchlaufstellen-Funktionen;

3. Authentifizierung, Sicherheitsniveau der Anbindung, Verschlüsselung/Signatur;

4. Zugangsberechtigte Behörden;

5. Anbindung der Anbieter;

6. Postfächer und Zustellung;

7. Optionale Stammdatenauskünfte über die Durchlaufstelle;

8. Protokollierung des Datenverkehrs über die Durchlaufstelle;

9. Statistik aus den Protokolldaten.

Nach Erlass der Verordnung ist unmittelbar dem Hauptausschuss des Nationalrates zu berichten.

(7) Ein Betreiber, der nicht gemäß § 34 KOG zur Entrichtung eines Finanzierungsbeitrages verpflichtet wurde, ist nicht verpflichtet, seiner Auskunftspflicht über die Durchlaufstelle nachzukommen.

Einrichtung und Betrieb der Durchlaufstelle – Auftraggeber und Durchführung

§ 172. (1) Die Einrichtung und der Betrieb der Durchlaufstelle sowie die Zertifikatsverwaltung und die Datensicherheit liegen in der Verantwortung der Bundesministerin für Landwirtschaft, Regionen und Tourismus.

(2) Die Einrichtung, die Zertifikatsverwaltung und der Betrieb der Durchlaufstelle erfolgen durch die Bundesrechenzentrum GmbH. Die Bundesrechenzentrum GmbH ist funktionell Auftragsverarbeiter jeweils für den Verantwortlichen, für dessen Anwendung Daten an die Durchlaufstelle übergeben oder von der Durchlaufstelle übernommen werden.

(3) Die Bundesministerin für Landwirtschaft, Regionen und Tourismus kann sich zur Auditierung der tatsächlichen Umsetzung der technischen Spezifikation durch die Bundesrechenzentrum GmbH eines Dienstleisters bedienen.

15. Abschnitt

Aufsichtsrechte und Transparenz

Informationspflichten

§ 181. (1) Betreiber, Anbieter sowie Inhaber von Frequenzzuteilungen oder Kommunikationsparametern sind verpflichtet, der Bundesministerin für Landwirtschaft, Regionen und Tourismus und der Regulierungsbehörde auf schriftliches Verlangen diejenigen Auskünfte zu erteilen, die für den Vollzug dieses Gesetzes, der auf Grund dieses Bundesgesetzes erlassenen Verordnungen und der relevanten internationalen Vorschriften notwendig sind. Dies sind insbesondere

1. Auskünfte für die systematische oder einzelfallbezogene Überprüfung der Verpflichtungen, die sich aus diesem Bundesgesetz oder aus einer auf Grund dieses Bundesgesetzes erlassenen Verordnung oder eines Bescheides ergeben;

2. Auskünfte für die einzelfallbezogene Überprüfung der Verpflichtungen, wenn der Regulierungsbehörde eine Beschwerde vorliegt oder sie aus anderen Gründen eine Verletzung von Pflichten annimmt oder sie von sich aus Ermittlungen durchführt;

3. Auskünfte in Verfahren auf Zuteilung von Frequenzen oder Kommunikationsparametern;

4. Auskünfte für ein Verfahren gemäß §§ 87 und 89;

5. Auskünfte für die Veröffentlichung von Qualitäts- und Preisvergleichen für Dienste zum Nutzen der Nutzer;

6. Auskünfte über künftige Netz- oder Dienstentwicklungen, die sich auf die jeweils bestehenden Dienste auf Vorleistungsebene auswirken könnten;

7. Auskünfte über Kommunikationsnetze und zugehörige Einrichtungen, die auf lokaler Ebene aufgeschlüsselt und ausreichend detailliert sind für die geographische Erhebung und Ausweisung von Gebieten gemäß § 84;

8. Auskünfte für die Beantwortung von Informationsersuchen durch das GEREK gemäß Art. 40 der Verordnung (EU) 2018/1971;

9. Auskünfte von Unternehmen, die als Unternehmen mit beträchtlicher Marktmacht auf Vorleistungsmärkten eingestuft wurden, hinsichtlich Rechnungslegungsdaten zu den mit diesen Vorleistungsmärkten verbundenen Nutzermärkten.

(2) Reichen die gemäß Abs. 1 Z 6 und 7 gesammelten Informationen nicht aus, um die Regulierungsaufgaben nach dem Unionsrecht oder diesem Bundesgesetz wahrzunehmen, können die in Abs. 1 genannten Behörden erforderlichenfalls auch andere Unternehmen, die in der elektronischen Kommunikation oder in eng damit verbundenen Sektoren tätig sind, auffordern, diese Informationen zu übermitteln.

(3) Die gemäß Abs. 1 und 2 angeforderten Informationen sind binnen der hiefür gesetzten Frist und nach dem Zeitplan und in den Einzelheiten vorzulegen, die von den Behörden nach Abs. 1 verlangt werden. Informationen gemäß Abs. 1 Z 3 dürfen von Unternehmen auch vor Aufnahme deren Tätigkeit verlangt werden. Die verlangten Informationen müssen in angemessenem Verhältnis zur Wahrnehmung der Aufgaben stehen. Das Verlangen ist zu begründen und dem Betroffenen mitzuteilen, für welchen konkreten Zweck die bereitgestellten Informationen benutzt werden sollen. Eine Verweigerung der Auskunftserteilung unter Berufung auf vertraglich vereinbarte Geschäftsgeheimnisse ist nicht zulässig. § 208 bleibt davon unberührt.

(4) Für die Beobachtung und Überwachung der Markt- und Wettbewerbsentwicklung hat die Regulierungsbehörde quartalsweise Statistiken zu erstellen. Hierzu wird die Regulierungsbehörde ermächtigt, durch Verordnung nähere Einzelheiten über die zu erhebenden Daten festzulegen.

(5) Die Verordnung gemäß Abs. 4 hat neben der Anordnung von statistischen Erhebungen insbesondere zu enthalten:

1. die Erhebungsmasse;

2. statistische Einheiten;

3. die Art der statistischen Erhebung;

Sonstige

4. Erhebungsmerkmale;

5. Häufigkeit und Zeitabstände der Datenerhebung;

6. die Bestimmung des Personenkreises, der zur Auskunft verpflichtet ist;

7. ob und in welchem Umfang die Ergebnisse der statistischen Erhebungen zu veröffentlichen sind, wobei die Bestimmungen des § 19 Abs. 2 Bundesstatistikgesetz 2000, BGBl. I Nr. 163/1999, zu beachten sind.

(6) Die Weitergabe von Einzeldaten an die Bundesanstalt „Statistik Österreich" für Zwecke der Bundesstatistik ist zulässig.

(7) Die Erstellung von Statistiken hat unter sinngemäßer Anwendung der Bestimmungen des Bundesstatistikgesetzes 2000, BGBl. I Nr. 163/1999, zu erfolgen.

(8) Anbieter sind verpflichtet, Verwaltungsbehörden auf deren schriftliches und begründetes Verlangen Auskunft über Stammdaten im Sinne von § 160 Abs. 3 Z 5 lit. a bis e und g von Nutzern zu geben, die in Verdacht stehen, durch eine über ein öffentliches Telekommunikationsnetz gesetzte Handlung eine Verwaltungsübertretung begangen zu haben, soweit dies ohne Verarbeitung von Verkehrsdaten möglich ist.

(9) Anbieter sind auf schriftliches Verlangen der zuständigen Gerichte, Staatsanwaltschaften oder der Kriminalpolizei (§ 76a Abs. 1 StPO) verpflichtet, diesen zur Aufklärung und Verfolgung des konkreten Verdachts einer Straftat Auskunft über Stammdaten (§ 160 Abs. 3 Z 5) von Nutzern zu geben. Dies gilt sinngemäß für Verlangen der Sicherheitsbehörden, Finanzstrafbehörden und militärischen Nachrichtendienste nach Maßgabe des § 53 Abs. 3a Z 1 SPG, des § 99 Abs. 3a FinStrG, des § 11 Abs. 1 Z 5 Polizeiliches Staatsschutzgesetz – PStSG, BGBl. I Nr. 5/2016 und des § 22 Abs. 2a MBG. In dringenden Fällen können aber solche Ersuchen vorläufig mündlich übermittelt werden.

(10) Betreiber haben Aufzeichnungen über den geografischen Standort der zum Betrieb ihres Dienstes eingesetzten Funkzellen zu führen, sodass jederzeit die richtige Zuordnung einer Standortkennung (Cell-ID) zum tatsächlichen geografischen Standort unter Angabe von Geo-Koordinaten für jeden Zeitpunkt innerhalb eines sechs Monate zurückliegenden Zeitraums gewährleistet ist.

(11) Betreiber, die drahtlose Zugangspunkte mit geringer Reichweite der Klasse E2 oder E10 gemäß der Verordnung (EU) 2020/1070 zur Festlegung der Merkmale drahtloser Zugangspunkte mit geringer Reichweite gemäß Artikel 57 Absatz 2 der Richtlinie (EU) 2018/1972 des Europäischen Parlaments und des Rates über den europäischen Kodex für die elektronische Kommunikation, eingerichtet haben, haben dem Fernmeldebüro innerhalb von zwei Wochen nach der Errichtung die Installation und den Standort dieser Zugangspunkte sowie die Anforderungen, die sie gemäß Artikel 3 Absatz 1 der der Verordnung (EU) 2020/1070 erfüllen, zu melden. Diese Meldung hat den aktuellen Betriebsstand darzustellen.

(12) Das Fernmeldebüro hat die Anwendung der Verordnung (EU) 2020/1070 zu überwachen, dabei insbesondere die Anwendung des Artikels 3 Abs. 1 der Verordnung (EU) 2020/1070 und der Europäischen Kommission darüber jährlich Bericht zu erstatten.

16. Abschnitt

Strafbestimmungen

Verletzung von Rechten der Benützer

§ 187. (1) Eine im § 161 Abs. 2 bezeichnete Person, die

1. unbefugt über die Tatsache oder den Inhalt des Telekommunikationsverkehrs bestimmter Personen einem Unberufenen Mitteilung macht oder ihm Gelegenheit gibt, Tatsachen, auf die sich die Pflicht zur Geheimhaltung erstreckt, selbst wahrzunehmen,

2. eine Nachricht fälscht, unrichtig wiedergibt, verändert, unterdrückt, unrichtig vermittelt oder unbefugt dem Empfangsberechtigten vorenthält, ist, wenn die Tat nicht nach einer anderen Bestimmung mit strengerer Strafe bedroht ist, vom Gericht mit Freiheitsstrafe bis zu drei Monaten oder mit Geldstrafe bis zu 180 Tagessätzen zu bestrafen.

(2) Der Täter ist nur auf Antrag des Verletzten zu verfolgen.

6/29. Uniform-Verbotsgesetz

§ 1. Das Tragen von Uniformen der deutschen Wehrmacht ist verboten.

§ 2. Zuwiderhandeln gegen das Verbot des § 1 wird vom Gericht mit Geld bis zu 180 Tagessätzen oder mit Freiheitsstrafe bis zu zwei Monaten bestraft.

§ 3. (1) Dieses Gesetz tritt am 15. Jänner 1946 in Kraft.

(2) Mit der Vollziehung dieses Gesetzes ist das Bundesministerium für Justiz betraut.

6/31. Versammlungsgesetz 1953

(Auszug)

§ 9. (1) An einer Versammlung dürfen keine Personen teilnehmen,

1. die ihre Gesichtszüge durch Kleidung oder andere Gegenstände verhüllen oder verbergen, um ihre Wiedererkennung im Zusammenhang mit der Versammlung zu verhindern oder

2. die Gegenstände mit sich führen, die ihrem Wesen nach dazu bestimmt sind, die Feststellung der Identität zu verhindern.

(2) Von der Festnahme einer Person gemäß § 35 Z 3 des Verwaltungsstrafgesetzes 1991 wegen eines Verstoßes gegen Abs. 1 ist abzusehen, wenn der gesetzmäßige Zustand durch Anwendung eines gelinderen Mittels hergestellt werden kann; § 81 Abs. 3 bis 6 des Sicherheitspolizeigesetzes gilt sinngemäß.

(3) Darüber hinaus kann von der Durchsetzung der Verbote nach Abs. 1 abgesehen werden, wenn eine Gefährdung der öffentlichen Ordnung, Ruhe und Sicherheit nicht zu besorgen ist.

(BGBl I 2002/127)

§ 9a. An den im § 2 erwähnten Versammlungen dürfen Bewaffnete nicht teilnehmen; ebenso dürfen Personen nicht teilnehmen, die Gegenstände bei sich haben, die geeignet sind und den Umständen nach nur dazu dienen, Gewalt gegen Menschen oder Sachen auszuüben.

(BGBl I 2002/127)

§ 19a. Wer an einer Versammlung entgegen dem Verbot des § 9 Abs. 1 teilnimmt und bewaffnet ist oder andere Gegenstände gemäß § 9a bei sich hat, wird vom ordentlichen Gericht mit Freiheitsstrafe bis zu sechs Monaten oder mit Geldstrafe bis zu 360 Tagessätzen, im Wiederholungsfall mit Freiheitsstrafe bis zu einem Jahr oder mit Geldstrafe bis zu 360 Tagessätzen bestraft. *(BGBl I 2013/161)*

(BGBl I 2002/127)

6/32. Wehrgesetz 2001
(Auszug)

Nötigung zur Teilnahme an politischen Vereinigungen

§ 47. Wer einen Soldaten durch Gewalt oder Drohung oder Einschüchterung oder Verletzung an der Ehre zu nötigen sucht, einer politischen Vereinigung beizutreten oder aus einer solchen auszutreten, ist, wenn die Tat nicht nach anderen Bestimmungen mit strengerer Strafe bedroht ist, vom ordentlichen Gericht mit Freiheitsstrafe bis

zu sechs Monaten oder mit Geldstrafe bis zu 360 Tagessätzen zu bestrafen. *(BGBl I 2013/181)*

Umgehung der Wehrpflicht

§ 48. (1) Wer sich listiger Umtriebe bedient, um sich oder einen anderen der Erfüllung der Wehrpflicht ganz oder teilweise zu entziehen, ist, wenn die Tat nicht nach anderen Bestimmungen mit strengerer Strafe bedroht ist, vom ordentlichen Gericht mit Freiheitsstrafe bis zu einem Jahr zu bestrafen. *(BGBl I 2013/181)*

(2) Die vorstehende Bestimmung ist nicht anzuwenden, wenn die Tat einen Tatbestand nach dem Militärstrafgesetz bildet.

6/33. Weingesetz 2009
(Auszug)

Straftatbestände

§ 57. (1) Wer

1. verkehrsunfähige Erzeugnisse gemäß § 18 Abs. 1 Z 1, 2, 3 oder 4 in Verkehr bringt,

2. verkehrsunfähigen Obstwein gemäß § 43 Abs. 1 Z 1, 2, 3 oder 4 in Verkehr bringt,

3. zum Zwecke der Täuschung eine staatliche Prüfnummer entgegen § 25 unbefugt verwendet,

4. zum Zwecke der Täuschung Bestätigungen gemäß § 12 Abs. 6 verwendet, nachahmt oder weitergibt oder die Banderole oder banderolenähnliche Zeichen entgegen § 30 verwendet,

5. als Betriebsinhaber, Stellvertreter oder Beauftragter den Bestimmungen des § 11 Abs. 4, § 12 Abs. 7, § 47 Abs. 6 oder 8 oder § 48 Abs. 1 zuwiderhandelt,

6. Erzeugnisse gemäß § 1 die nicht von gesunder Beschaffenheit sind, zum unmittelbaren menschlichen Verbrauch anbietet oder abgibt,

7. als Erzeuger oder Händler Erzeugnisse , die nicht von gesunder Beschaffenheit sind, entgegen Art. 10 der Verordnung (EG) Nr. 606/2009 aufbewahrt oder transportiert,

8. bei Erzeugnissen gemäß § 1 önologische Verfahren und Behandlungen anwendet, die nicht in der Verordnung (EU) Nr. 1308/2013, in anderen Vorschriften der Europäischen Gemeinschaft oder in diesem Bundesgesetz grundsätzlich zugelassen sind, oder *(BGBl I 2010/111; BGBl I 2016/47)*

9. Erzeugnissen gemäß § 1 entgegen Anhang VIII Teil II A 1 der Verordnung (EU) Nr. 1308/2013 Wasser zusetzt, *(BGBl I 2016/47)*

ist, sofern die Tat nicht nach einer anderen Bestimmung mit strengerer Strafe bedroht ist, vom Gericht mit Freiheitsstrafe bis zu sechs Monaten oder mit Geldstrafe bis zu 360 Tagessätzen zu bestrafen. Bedarf es der Verurteilung zu einer

Sonstige

Freiheitsstrafe, um den Täter von weiteren strafbaren Handlungen abzuhalten oder der Begehung strafbarer Handlungen durch andere entgegenzuwirken, so kann mit der Freiheitsstrafe eine Geldstrafe bis zu 360 Tagessätzen verbunden werden. Die Geldstrafe soll womöglich den Nutzen übersteigen, den der Täter durch die strafbare Handlung erzielt hat oder erzielen wollte.

(2) Ist Abs. 1 bloß unanwendbar, weil die Tat unter eine strengere Strafbestimmung fällt, so ist, wenn nach dieser Strafbestimmung auf eine Geldstrafe erkannt wird, diese Strafe nach Abs. 1 zu bemessen, wenn aber auf eine Freiheitsstrafe erkannt wird, daneben auch eine nach Abs. 1 zu bemessende Geldstrafe auszusprechen.

(3) Wer eine Straftat nach Abs. 1 Z 1, 2, 6, 7, 8 oder 9 fahrlässig begeht, ist mit Geldstrafe bis zu 360 Tagessätzen zu bestrafen.

(4) Im Strafurteil wegen einer Straftat nach § 57 ist auf die Veröffentlichung des Urteilsspruchs in einer oder mehreren periodischen Druckwerken auf Kosten des Verurteilten zu erkennen, wenn der Täter schon zwei Mal wegen Taten verurteilt worden ist, die auf der gleichen schädlichen Neigung beruhen wie die abgeurteilte Tat, und nach der Person des Täters und der Art der Tat zu befürchten ist, dass der Täter sonst weiterhin Straftaten nach diesem Bundesgesetz mit nicht bloß leichten Folgen begehen werde. Auf Urteilsveröffentlichung ist auch zu erkennen, wenn der Täter nach einem mit strengerer Strafe bedrohten Strafgesetz verurteilt wird und im Hinblick darauf eine Verurteilung nach § 57 unterbleibt. Die Entscheidung über die Urteilsveröffentlichung bildet einen Teil des Ausspruches über die Strafe.

(5) Personen, die wegen mit Strafe bedrohter Taten nach Abs. 1 oder 2 rechtskräftig verurteilt oder nur deshalb nicht nach diesen Bestimmungen verurteilt worden sind, weil die Tat nach anderen Bestimmungen mit strengerer Strafe bedroht war, kann die Gewerbeberechtigung durch die für den Entzug der Gewerbeberechtigung zuständige Behörde auf eine bestimmte Zeit oder auf Dauer entzogen werden; außerdem kann diesen Personen die Verwahrung anderer Getränke als Wein in Räumlichkeiten, die der Nachschau unterliegen, von dieser Behörde untersagt werden. Die Gerichte haben solche Urteile nach Eintritt der Rechtskraft der für den Entzug der Gewerbeberechtigung zuständigen Behörde mitzuteilen.

Einziehung

§ 58. (1) Erzeugnisse, die Gegenstand einer Straftat nach § 57 gewesen sind, sind einzuziehen.

(2) Solche Erzeugnisse, die verkehrsunfähig sind, sind auch einzuziehen, wenn keine Person wegen der Straftat verfolgt oder verurteilt werden kann.

(3) Die den Gegenstand des Verfahrens bildenden Erzeugnisse sind jedoch auch dann einzuziehen, wenn sie verkehrsunfähig sind und im Strafverfahren keine Verurteilung erfolgt oder keine bestimmte Person wegen der mit Strafe bedrohten Handlung verfolgt oder verurteilt werden kann.

Verwertung

§ 59. (1) Über die Verwertung der eingezogenen Erzeugnisse entscheidet – nach Anhörung des Bundeskellereiinspektors – das Gericht. Soweit es möglich ist, ist auch dem Verurteilten und den durch die Einziehung betroffenen Personen Gelegenheit zur Stellung von Anträgen zu geben. Gegen die Entscheidung steht kein Rechtsmittel offen.

(2) Von den eingezogenen Erzeugnissen sind zu vernichten:

1. Erzeugnisse, die gesundheitsschädliche Stoffe enthalten,

2. nachgemachte Weine und

3. sonstige Erzeugnisse, wenn ihre Verwertung Missbrauch erwarten lässt oder die Verwertung einen die Verwertungskosten übersteigenden Erlös nicht erwarten lässt.

(3) Alle anderen Erzeugnisse sind so zu verwerten, dass ihre Verwendung als Lebensmittel, auch in verarbeiteter Form, ausgeschlossen ist. Eine Verarbeitung zu Destillat oder Essig ist jedoch zulässig, wenn eine Gefährdung der menschlichen Gesundheit ausgeschlossen werden kann.

(4) Im Falle der nutzbringenden Verwertung der eingezogenen Erzeugnisse ist der Erlös nach Abzug der damit verbundenen Auslagen und der etwa sonst uneinbringlichen Kosten des Strafverfahrens sowie der auf der Sache lastenden öffentlichen Abgaben und ähnlichen Verbindlichkeiten an den Bund abzuführen oder, wenn das Gericht hierauf erkannt hat, der von der Einziehung betroffenen Person auszufolgen.

(5) Die Durchführung der Entscheidung und die Überwachung der Verwertung obliegen dem Gericht. Der Bundeskellereiinspektor ist dabei zu hören.

(6) Mit Zustimmung aller Beteiligten kann das Gericht schon vor rechtskräftiger Beendigung des Strafverfahrens gegen eine bestimmte Person auf Antrag oder von Amts wegen die Verwertung sichergestellter oder beschlagnahmter Erzeugnisse verfügen. Von der Verwertung sind die für Beweiszwecke erforderlichen Mengen vorläufig ausgenommen.

(7) Eingezogener Wein, der zu Destillat verarbeitet wird, ist mit mindestens 2 g Natriumchlorid je Liter zu versetzen.

Kosten

§ 60. (1) Wird auf Grund der Ergebnisse einer Nachschau oder der Untersuchung einer entnommenen Probe ein Verfahren nach der Strafprozessordnung 1975, BGBl. Nr. 631/1975, eingeleitet, so ist, wenn die Kosten des Strafverfahrens nicht dem Bund zur Last fallen, für die Vornahme der Nachschau und Entnahme der Probe eine Gebühr zu entrichten. Diese Gebühr bildet einen Teil der Kosten des Strafverfahrens und ist von der zum Kostenersatz verpflichteten Partei einzutreiben.

(2) Die Höhe der Gebühr ist durch Verordnung derart festzusetzen, dass darin die nach den allgemeinen Vorschriften über die Reisegebühren der Bundesbediensteten zu berechnenden Reisekosten und die durchschnittlichen Kosten einer Probenentnahme volle Deckung finden.

(3) Der Ersatz der Kosten der Untersuchungsanstalten, die durch Untersuchung und Begutachtung von amtlich gezogenen Proben entstehen, sowie der Gebühren der Vertreter der Untersuchungsanstalten der Gebietskörperschaften als Gerichtssachverständige sind Einnahmen des Bundes.

6/34. Zividienstgesetz 1986
(Auszug)

Abschnitt X
Strafbestimmungen

Straftaten gegen die Zivildienstpflicht

Gerichtlich strafbare Handlungen

§ 58. (1) Wer der Zuweisung zu einer Einrichtung (§ 8 Abs. 1 und § 21 Abs. 1 letzter Satz) nicht Folge leistet und durch sein Verhalten eindeutig erkennen läßt, daß er sich dem Zivildienst für immer zu entziehen sucht, ist mit Freiheitsstrafe bis zu einem Jahr zu bestrafen.

(1a) Ebenso ist zu bestrafen, wer als Zivildienstpflichtiger zumindest dreimal rechtskräftig wegen einer Verwaltungsübertretung nach den §§ 60 bis 63 bestraft wurde und einer neuerlichen Zuweisung nicht Folge leistet. *(BGBl I 2010/83)*

(2) Ebenso ist zu bestrafen, wer den ihm zugewiesenen Dienst verläßt oder ihm fernbleibt und sich dadurch dem Zivildienst für immer oder dem Einsatz bei einem außerordentlichen Notstand zu entziehen sucht.

(3) Wer sich jedoch ohne Beziehung auf einen Einsatz bei einem außerordentlichen Notstand das erste Mal gemäß Abs. 1 und 2 dem Zivildienst für immer zu entziehen gesucht hat, sich binnen sechs Wochen aus freien Stücken stellt und bereit ist, seine Zivildienstpflicht zu erfüllen, wird im

Falle des Abs. 1 nach § 60, im Falle des Abs. 2 nach § 61 bestraft.

(BGBl 1987/336)

§ 59. (1) Wer sich durch Herbeiführung seiner gänzlichen oder teilweisen Dienstuntauglichkeit dem Zivildienst für immer oder dem Einsatz bei einem außerordentlichen Notstand zu entziehen sucht, ist mit Freiheitsstrafe bis zu sechs Monaten zu bestrafen.

(2) Ebenso ist zu bestrafen, wer sich durch grobe Täuschung über Tatsachen, insbesondere durch Vortäuschen gänzlicher oder teilweiser Dienstuntauglichkeit, dem Zivildienst für immer oder dem Einsatz bei einem außerordentlichen Notstand zu entziehen sucht.

Verwaltungsübertretungen

§ 60. Wer der Zuweisung zu einer Einrichtung im Rahmen des ordentlichen Zivildienstes länger als 30 Tage oder der Zuweisung im Rahmen des außerordentlichen Zivildienstes länger als acht Tage nicht Folge leistet, begeht, sofern das Verhalten nicht den Tatbestand einer in die Zuständigkeit der ordentlichen Gerichte fallenden strafbaren Handlung bildet, eine Verwaltungsübertretung und ist hiefür von der Bezirksverwaltungsbehörde mit Geldstrafe bis zu 2 180 Euro, im Falle der Uneinbringlichkeit mit Ersatzfreiheitsstrafe bis zu sechs Wochen, oder mit Freiheitsstrafe bis zu sechs Wochen zu bestrafen. *(BGBl I 2013/161)*

(BGBl I 2010/83)

§ 61. Wer vorsätzlich den ihm zugewiesenen Dienst verläßt oder ihm fernbleibt und sich dadurch wenigstens fahrlässig dem Dienst für länger als 30 Tage entzieht, begeht, sofern nicht der Tatbestand des § 58 Abs. 2 vorliegt, eine Verwaltungsübertretung und ist hiefür von der Bezirksverwaltungsbehörde mit Geldstrafe bis zu 2 180 Euro, im Falle der Uneinbringlichkeit mit Ersatzfreiheitsstrafe bis zu sechs Wochen, oder mit Freiheitsstrafe bis zu sechs Wochen zu bestrafen. Überwiegen erschwerende Umstände beträchtlich, so kann auch neben einer Freiheitsstrafe eine Geldstrafe verhängt werden. *(BGBl I 2001/98)*

(BGBl 1988/598)

§ 62. (1) Wer in der Absicht, sich dem Zivildienst zu entziehen, vorsätzlich seine gänzliche oder teilweise Dienstuntauglichkeit herbeiführt, begeht, wenn er sich dadurch wenigstens fahrlässig seinem Dienst für länger als 30 Tage entzieht und sofern nicht der Tatbestand des § 59 Abs. 1 vorliegt, eine Verwaltungsübertretung und ist hiefür von der Bezirksverwaltungsbehörde mit Geldstrafe bis zu 2 180 Euro, im Falle der Uneinbringlichkeit mit Ersatzfreiheitsstrafe bis zu sechs Wochen, oder mit Freiheitsstrafe bis zu sechs Wochen zu bestrafen. Überwiegen erschwerende

Sonstige

Umstände beträchtlich, so kann auch neben einer Freiheitsstrafe eine Geldstrafe verhängt werden. *(BGBl I 2001/98)*

(2) Wer sich durch grobe Täuschung über Tatsachen, insbesondere durch Vortäuschen gänzlicher oder teilweiser Dienstuntauglichkeit, wenigstens fahrlässig seinem Zivildienst für länger als 30 Tage entzieht, begeht, sofern nicht der Tatbestand des § 59 Abs. 2 vorliegt, eine Verwaltungsübertretung und ist hiefür von der Bezirksverwaltungsbehörde mit Geldstrafe bis zu 2 180 Euro, im Falle der Uneinbringlichkeit mit Ersatzfreiheitsstrafe bis zu sechs Wochen, oder mit Freiheitsstrafe bis zu sechs Wochen zu bestrafen. Überwiegen erschwerende Umstände beträchtlich, so kann auch neben einer Freiheitsstrafe eine Geldstrafe verhängt werden. *(BGBl I 2001/98)*

(BGBl 1988/598)

§ 63. Wer vorsätzlich der Zuweisung zu einer Einrichtung nicht Folge leistet, den ihm zugewiesenen Dienst verläßt oder ihm fernbleibt oder sich auf die in den §§ 61 oder 62 angeführte Weise dem Zivildienst zu entziehen sucht, begeht, sofern nicht die Tatbestände der §§ 58 bis 62 vorliegen, eine Verwaltungsübertretung und ist hiefür von der Bezirksverwaltungsbehörde mit Geldstrafe bis zu 1 450 Euro, im Falle der Uneinbringlichkeit mit Ersatzfreiheitsstrafe bis zu vier Wochen zu bestrafen. *(BGBl I 2001/98)*

(BGBl 1988/598)

Abschnitt XI
Übergangs-, Schluß- und besondere Verfahrensbestimmungen

(BGBl. Nr. 344/1981)

§ 71. Während des Zivildienstes sind folgende vorbeugende Maßnahmen ohne Rücksicht darauf, ob sie vor oder während des Zivildienstes ausgesprochen worden sind, außer Wirksamkeit gesetzt:

1. Weisungen nach § 50 des Strafgesetzbuches, BGBl. Nr. 60/1974, oder nach dem Jugendgerichtsgesetz 1961, BGBl. Nr. 278, soweit ihre Einhaltung mit dem Dienst unvereinbar ist;

2. gerichtliche Erziehungsmaßnahmen, soweit sie mit dem Dienst unvereinbar sind.

6/35. Zivilrechts-Mediations-Gesetz
(Auszug)

IV. Abschnitt
Rechte und Pflichten des eingetragenen Mediators

Verschwiegenheit, Vertraulichkeit

§ 18. Der Mediator ist zur Verschwiegenheit über die Tatsachen verpflichtet, die ihm im Rahmen der Mediation anvertraut oder sonst bekannt wurden. Er hat die im Rahmen der Mediation erstellten oder ihm übergebenen Unterlagen vertraulich zu behandeln. Gleiches gilt für Hilfspersonen des Mediators sowie für Personen, die im Rahmen einer Praxisausbildung bei einem Mediator unter dessen Anleitung tätig sind.

VIII. Abschnitt
Strafbestimmungen

§ 31. (1) Wer entgegen seiner Pflicht zur Verschwiegenheit und Vertraulichkeit (§ 18) Tatsachen offenbart oder verwertet und dadurch ein berechtigtes Interesse einer Person verletzt, ist vom Gericht mit einer Freiheitsstrafe bis zu sechs Monaten oder einer Geldstrafe bis zu 360 Tagessätzen zu bestrafen.

(2) Der Täter ist nicht zu bestrafen, wenn die Offenbarung oder Verwertung nach Inhalt und Form durch ein öffentliches oder ein berechtigtes privates Interesse gerechtfertigt ist.

(3) Der Täter ist nur auf Verlangen des in seinem Interesse an Geheimhaltung Verletzten zu verfolgen.

6/36. Zugangskontrollgesetz (Auszug)

Begriffsbestimmungen

§ 2. Im Sinn dieses Bundesgesetzes bedeuten

1. Diensteanbieter: eine natürliche oder juristische Person oder eine sonstige rechtsfähige Einrichtung, die geschützte Dienste bereitstellt;

2. geschützter Dienst: eine Fernsehsendung, eine Radiosendung oder ein Dienst der Informationsgesellschaft, die oder der gegen Entgelt und unter einer Zugangskontrolle erbracht wird, einschließlich der Zugangskontrolle für solche Dienste, soweit sie als eigenständiger Dienst anzusehen sind;

3. Fernsehsendung: eine drahtgebundene oder drahtlose, erdgebundene oder durch Satelliten vermittelte, unverschlüsselte oder verschlüsselte Erstsendung von Fernsehprogrammen, die zum Empfang durch die Allgemeinheit bestimmt ist, einschließlich der Übermittlung an andere Veran-

stalter zur Weiterverbreitung an die Allgemeinheit;

4. Radiosendung: eine drahtgebundene oder drahtlose – einschließlich der durch Satelliten vermittelten – Sendung von Radioprogrammen, die zum Empfang durch die Allgemeinheit bestimmt ist;

5. Dienst der Informationsgesellschaft: ein in der Regel gegen Entgelt elektronisch im Fernabsatz und auf individuellen Abruf eines Empfängers erbrachter Dienst, wobei als

a) im Fernabsatz erbrachter Dienst ein Dienst, der ohne gleichzeitige körperliche Anwesenheit der Parteien erbracht wird, als

b) elektronisch erbrachter Dienst ein Dienst, der mittels Geräten für die elektronische Verarbeitung, einschließlich digitaler Kompression, und Speicherung von Daten am Ausgangspunkt gesendet und am Endpunkt empfangen sowie vollständig über Draht, über Funk, auf optischem oder anderem elektromagnetischen Weg gesendet, weitergeleitet und empfangen wird, und als

c) auf individuellen Abruf eines Empfängers erbrachter Dienst in Dienst, der durch die Übertragung von Daten auf individuelle Anforderung erbracht wird, verstanden werden;

6. Zugangskontrolle: eine technische Maßnahme oder Vorrichtung, die den Zugang zu einem geschützten Dienst in verständlicher Form von einer vorherigen individuellen Erlaubnis abhängig macht;

7. Zugangskontrollvorrichtung: ein Gerät oder Computerprogramm, das dazu bestimmt oder angepasst ist, den Zugang zu einem geschützten Dienst in verständlicher Form zu ermöglichen;

8. Umgehungsvorrichtung: ein Gerät oder Computerprogramm, das dazu bestimmt oder angepasst ist, den Zugang zu einem geschützten Dienst in verständlicher Form ohne Erlaubnis des Diensteanbieters zu ermöglichen.

...

4. Abschnitt
Strafrechtliche Bestimmungen

Eingriff in das Recht auf Zugangskontrolle

§ 10. (1) Wer gewerbsmäßig (§ 70 StGB) Umgehungsvorrichtungen vertreibt, verkauft, vermietet oder verpachtet, ist vom Gericht mit Freiheitsstrafe bis zu zwei Jahren oder mit Geldstrafe bis zu 360 Tagessätzen zu bestrafen.

(2) Ebenso ist zu bestrafen, wer gewerbsmäßig (§ 70 StGB) Umgehungsvorrichtungen herstellt, einführt oder mit dem Vorsatz erwirbt oder innehat, dass eine der im Abs. 1 beschriebene Art und Weise in Verkehr gebracht werden oder dass mit ihrer Hilfe anderen der Zugang zu einem geschützten Dienst ermöglicht wird.

(3) Wer Umgehungsvorrichtungen ausschließlich zum privaten Gebrauch einführt, erwirbt oder sich sonst verschafft, ist nicht als Beteiligter (§ 12 StGB) zu bestrafen.

(4) Ein Bediensteter oder Beauftragter des Inhabers oder Leiters eines Unternehmens (§ 5) ist nicht zu bestrafen, wenn er eine der in den Abs. 1 und 2 genannten Handlungen auf Anordnung des Dienst- oder Auftraggebers vorgenommen hat und ihm wegen seiner wirtschaftlichen Abhängigkeit nicht zugemutet werden konnte, die Vornahme der Tat zu unterlassen.

(5) Der Täter ist nur auf Verlangen des in seinen Rechten verletzten Diensteanbieters zu verfolgen.

Einziehung

§ 11. (1) Die den Gegenstand einer in § 10 mit Strafe bedrohten Handlung bildenden Umgehungsvorrichtungen sind auf Antrag des Privatanklägers ohne Rücksicht darauf, wem sie gehören, einzuziehen, es sei denn, dass trotz des vorangegangenen mit Strafe bedrohten Verhaltens Gewähr geboten ist, dass die Umgehungsvorrichtungen nicht unter Verletzung der Bestimmungen dieses Bundesgesetzes in Verkehr gebracht oder innegehabt werden.

(2) Liegt der objektive Tatbestand einer in § 10 mit Strafe bedrohten Handlung vor, so sind die Umgehungsvorrichtungen auch dann einzuziehen, wenn keine bestimmte Person wegen der mit Strafe bedrohten Handlung verfolgt oder verurteilt werden kann. In einem solchen Fall hat der Privatankläger einen gesonderten Antrag auf Einziehung zu stellen.

(3) Auf das Verfahren bei der Einziehung sind die §§ 443 bis 446 StPO anzuwenden.

(4) Die eingezogenen Umgehungsvorrichtungen sind nach Maßgabe des § 6 Abs. 2 erster Satz zu vernichten.

Beschlagnahme

§ 12. (1) Das Gericht hat auf Antrag des Privatanklägers die betroffenen Umgehungsvorrichtungen zur Sicherung der Einziehung nach § 11 zu beschlagnahmen (§ 98 Abs. 2 und § 143 Abs. 1 StPO).

(2) Gegen den Beschluss, mit dem über einen Antrag auf Beschlagnahme oder auf deren Aufhebung entschieden wird, steht dem Privatankläger, dem Beschuldigten und dem Beschlagnahme sonst Betroffenen (§ 444 StPO) die binnen 14 Tagen beim Gerichtshof erster Instanz einzubringende Beschwerde an den Gerichtshof zweiter Instanz zu (§ 114 StPO).

(3) Erkennt das Gericht nicht auf Vernichtung oder Unbrauchbarmachung der beschlagnahmten Umgehungsvorrichtungen, so hat der Antragsteller dem von der Beschlagnahme Betroffenen alle

Sonstige

dadurch verursachten Vermögensschäden zu ersetzen. Kommt es infolge einer von den Parteien getroffenen Vereinbarung zu keiner Entscheidung über den Antrag auf Vernichtung oder Unbrauchbarmachung, so kann der Betroffene den Ersatzanspruch nur erheben, wenn er sich diesen in der Vereinbarung vorbehalten hat. Der Ersatzanspruch ist im Zivilrechtsweg geltend zu machen.

7. Strafprozessordnung

BGBl 1975/631 idF

StPO

102 BGBl I 2021/159 (TeBG)
103 BGBl I 2021/190
104 BGBl I 2021/243
105 BGBl I 2022/152 (VfGH)

106 BGBl I 2022/223 (Maßnahmenvollzugs-
anpassungsgesetz 2022)
107 BGBl I 2023/1 (VfGH)

STICHWORTVERZEICHNIS
zur StPO
Die Zahlen bezeichnen Paragraphen und geben die wichtigsten Fundstellen an

StPO

Stichwortverzeichnis

StPO

Stichwortverzeichnis

StPO

Kundmachung der Bundesregierung vom 9. Dezember 1975 über die Wiederverlautbarung der Strafprozeßordnung 1960

Artikel I.

(1) Auf Grund des Wiederverlautbarungsgesetzes, BGBl. Nr. 114/1947, wird die Strafprozeßordnung 1960, BGBl. Nr. 98, in der Anlage wiederverlautbart.

(2) Die Strafprozeßordnung 1960 war vom 13. Mai 1960 an verbindlich.

Artikel II.

(1) Bei der Wiederverlautbarung werden die Änderungen und Ergänzungen durch die nachstehenden Rechtsvorschriften berücksichtigt:

1. Strafprozeßnovelle 1962, BGBl. Nr. 229,

2. Strafgesetznovelle 1963, BGBl. Nr. 175,

3. Strafrechtsänderungsgesetz 1968, BGBl. Nr. 74,

4. Strafprozeßnovelle 1968, BGBl. Nr. 267,

5. Einführungsgesetz zum Strafvollzugsgesetz, BGBl. Nr. 145/1969,

6. Militärstrafgesetz, BGBl. Nr. 344/1970,

7. Strafrechtsänderungsgesetz 1971, BGBl. Nr. 273,

8. Strafprozeßnovelle 1972, BGBl. Nr. 143,

9. Verfahrenshilfegesetz, BGBl. Nr. 569/1973,

10. Strafprozeßanpassungsgesetz, BGBl. Nr. 423/1974.

(2) Die Änderungen und Ergänzungen der Strafprozeßordnung 1960 durch die im Abs. 1 bezeichneten Rechtsvorschriften sind in Kraft getreten:

1. mit 1. September 1962 die durch die Strafprozeßnovelle 1962,

2. mit 1. September 1963 die durch die Strafgesetznovelle 1963,

3. mit 29. Feber 1968 die durch das Strafrechtsänderungsgesetz 1968,

4. mit 1. Juni 1968 die durch die Strafprozeßnovelle 1968,

5. mit 1. Jänner 1970 die durch das Einführungsgesetz zum Strafvollzugsgesetz,

6. mit 1. Jänner 1971 die durch das Militärstrafgesetz,

7. nach Maßgabe des Art. V des Strafrechtsänderungsgesetzes 1971 mit 17. August 1971 und mit 1. Jänner 1972 die durch dieses Gesetz,

8. mit 1. Juni 1972 die durch die Strafprozeßnovelle 1972,

9. mit 1. Dezember 1973 die durch das Verfahrenshilfegesetz,

10. mit 1. Jänner 1975 die durch das Strafprozeßanpassungsgesetz

bewirkten Änderungen und Ergänzungen.

(3) Die Änderungen und Ergänzungen durch Artikel II des Strafrechtsänderungsgesetzes 1965, BGBl. Nr. 79, sind gegenstandslos geworden und werden daher nicht berücksichtigt.

Artikel III.

(1) In Berücksichtigung anderer als der im Artikel II genannten Rechtsvorschriften werden im wiederverlautbarten Gesetz folgende Änderungen vorgenommen:

1. Im § 16 entfällt Abs. 2 im Hinblick auf die §§ 5 bis 8 und 23 Abs. 1 des Bundesgesetzes vom 19. Juni 1968, BGBl. Nr. 328, über den Obersten Gerichtshof.

2. Im § 285c Abs. 1 werden die Worte „der vom Präsidenten des Obersten Gerichtshofes aus dessen Mitte bestellte Berichterstatter" und im § 287 Abs. 2 die Worte „ein vom Präsidenten des Obersten Gerichtshofes aus dessen Mitte bestimmtes Mitglied als Berichterstatter" im Hinblick auf die §§ 13 Abs. 1 und 23 Abs. 1 des Bundesgesetzes vom 19. Juni 1968, BGBl. Nr. 328, über den Obersten Gerichtshof jeweils durch die Worte „der Berichterstatter" ersetzt.

3. Im § 417 Abs. 2 werden die Worte „Verfälschung öffentlicher Kreditpapiere oder Münzen" im Hinblick auf Art. VIII Abs. 1 des Strafrechtsanpassungsgesetzes, BGBl. Nr. 422/1974, durch die Worte „strafbaren Handlung gegen die Sicherheit des Verkehrs mit Geld, Wertpapieren und Wertzeichen" ersetzt,

(2) Im § 506 Abs. 2 des wiederverlautbarten Gesetzes wird der Klammerausdruck „(§ 497)" in „(§ 503)" richtiggestellt.

Artikel IV.

(1) Im VI. Hauptstück des wiederverlautbarten Gesetzes entfällt die mit dem Inhalt des § 61 nicht übereinstimmende Überschrift „II. Besondere Gerichtsstände". Die folgenden Abschnitte III. bis V. werden mit II. bis IV. bezeichnet.

(2) Im § 270 Abs. 2 des wiederverlautbarten Gesetzes werden die bisherigen Z. 4, 6 und 7 mit Z. 3, 4 und 5 bezeichnet. Im § 281 Abs. 1 Z. 5 wird daher der Klammerausdruck „(§ 270 Abs. 2 Z. 6 und 7)" durch den Klammerausdruck „(§ 270 Abs. 2 Z. 4 und 5)" ersetzt.

(3) Im § 452 des wiederverlautbarten Gesetzes werden die bisherigen Z. 7 und 8 mit Z. 6 und 7 bezeichnet.

Artikel V.

Das wiederverlautbarte Bundesgesetz ist als „Strafprozeßordnung 1975" („StPO") zu bezeichnen.

Artikel VI.

Als Tag der Herausgabe der Wiederverlautbarung wird der Tag der Kundmachung im Bundesgesetzblatt festgestellt.

Kreisky   Häuser   Bielka   Moser
Androsch Leodolter Staribacher Rösch
Broda   Lütgendorf Weihs   Sinowatz
Lanc   Firnberg

**Strafprozessordnung 1975
(StPO)**

Inhaltsverzeichnis

1. Teil

Allgemeines und Grundsätze des Verfahrens

1. Hauptstück

Das Strafverfahren und seine Grundsätze

2. Hauptstück

Kriminalpolizei, Staatsanwaltschaft, Gericht und Rechtsschutzbeauftragter

1. Abschnitt

Kriminalpolizei

2. Abschnitt

Staatsanwaltschaften und ihre Zuständigkeiten

3. Abschnitt

Gerichte

4. Abschnitt

Ausschließung und Befangenheit

StPO

StPO

Inhaltsverzeichnis

StPO

Das Strafverfahren

§ 1. (1) Die Strafprozessordnung regelt das Verfahren zur Aufklärung von Straftaten, über die Verfolgung verdächtiger Personen und über damit zusammenhängende Entscheidungen. Straftat im Sinne dieses Gesetzes ist jede nach einem Bundes- oder Landesgesetz mit gerichtlicher Strafe bedrohte Handlung.

(2) Das Strafverfahren beginnt, sobald Kriminalpolizei oder Staatsanwaltschaft zur Aufklärung eines Anfangsverdachts (Abs. 3) nach den Bestimmungen des 2. Teils dieses Bundesgesetzes ermitteln; es ist solange als Ermittlungsverfahren gegen unbekannte Täter oder die verdächtige Person zu führen, als nicht eine Person auf Grund bestimmter Tatsachen konkret verdächtig ist, eine strafbare Handlung begangen zu haben (§ 48 Abs. 1 Z 2), danach wird es als Ermittlungsverfahren gegen diese Person als Beschuldigten geführt. Das Strafverfahren endet durch Einstellung oder Rücktritt von der Verfolgung durch die Staatsanwaltschaft oder durch gerichtliche Entscheidung. *(BGBl I 2014/71)*

(3) Ein Anfangsverdacht liegt vor, wenn auf Grund bestimmter Anhaltspunkte angenommen werden kann, dass eine Straftat begangen worden ist. *(BGBl I 2014/71)*

(BGBl I 2004/19)

Amtswegigkeit

§ 2. (1) Kriminalpolizei und Staatsanwaltschaft sind im Rahmen ihrer Aufgaben verpflichtet, jeden ihnen zur Kenntnis gelangten Anfangsverdacht einer Straftat, die nicht bloß auf Verlangen einer hiezu berechtigten Person zu verfolgen ist, in einem Ermittlungsverfahren von Amts wegen aufzuklären. *(BGBl I 2014/71)*

(2) Im Hauptverfahren hat das Gericht die der Anklage zu Grunde liegende Tat und die Schuld des Angeklagten von Amts wegen aufzuklären.

(BGBl I 2004/19)

Objektivität und Wahrheitserforschung

§ 3. (1) Kriminalpolizei, Staatsanwaltschaft und Gericht haben die Wahrheit zu erforschen und alle Tatsachen aufzuklären, die für die Beur-

teilung der Tat und des Beschuldigten von Bedeutung sind.

(2) Alle Richter, Staatsanwälte und kriminalpolizeilichen Organe haben ihr Amt unparteilich und unvoreingenommen auszuüben und jeden Anschein der Befangenheit zu vermeiden. Sie haben die zur Belastung und die zur Verteidigung des Beschuldigten dienenden Umstände mit der gleichen Sorgfalt zu ermitteln.

(BGBl I 2004/19)

Anklagegrundsatz

§ 4. (1) Die Anklage obliegt der Staatsanwaltschaft, sofern das Gesetz nichts anderes bestimmt. Die Staatsanwaltschaft hat für die zur Entscheidung über das Einbringen der Anklage notwendigen Ermittlungen zu sorgen, die erforderlichen Anordnungen zu treffen und Anträge zu stellen. Gegen ihren Willen darf ein Strafverfahren nicht geführt werden. Die Rechte auf Privatanklage und auf Subsidiaranklage (§§ 71 und 72) bleiben unberührt.

(2) Einleitung und Durchführung eines Hauptverfahrens setzen eine rechtswirksame Anklage voraus; in den vom Gesetz vorgesehenen Fällen ist hiefür eine Ermächtigung (§ 92) erforderlich.

(3) Die Entscheidung des Gerichts hat die Anklage zu erledigen, darf sie jedoch nicht überschreiten. An eine rechtliche Beurteilung ist das Gericht nicht gebunden.

(BGBl I 2004/19)

Gesetz- und Verhältnismäßigkeit

§ 5. (1) Kriminalpolizei, Staatsanwaltschaft und Gericht dürfen bei der Ausübung von Befugnissen und bei der Aufnahme von Beweisen nur soweit in Rechte von Personen eingreifen, als dies gesetzlich ausdrücklich vorgesehen und zur Aufgabenerfüllung erforderlich ist. Jede dadurch bewirkte Rechtsgutbeeinträchtigung muss in einem angemessenen Verhältnis zum Gewicht der Straftat, zum Grad des Verdachts und zum angestrebten Erfolg stehen.

(2) Unter mehreren zielführenden Ermittlungshandlungen und Zwangsmaßnahmen haben Kriminalpolizei, Staatsanwaltschaft und Gericht jene zu ergreifen, welche die Rechte der Betroffenen am Geringsten beeinträchtigen. Gesetzlich eingeräumte Befugnisse sind in jeder Lage des Verfahrens in einer Art und Weise auszuüben, die unnötiges Aufsehen vermeidet, die Würde der betroffenen Personen achtet und deren Rechte und schutzwürdige Interessen wahrt.

(3) Es ist unzulässig, Personen zur Begehung von strafbaren Handlungen in einer dem Grundsatz des fairen Verfahrens (Art. 6 Abs. 1 der Europäischen Konvention zum Schutze der Menschenrechte und Grundfreiheiten, BGBl. Nr. 210/1958) widerstreitenden Weise zu verlei-

ten, oder durch heimlich bestellte Personen zu einem Geständnis zu verlocken. *(BGBl I 2016/26)*

(BGBl I 2004/19)

Rechtliches Gehör

§ 6. (1) Der Beschuldigte hat das Recht, am gesamten Verfahren mitzuwirken und die Pflicht, während der Hauptverhandlung anwesend zu sein. Er ist mit Achtung seiner persönlichen Würde zu behandeln.

(2) Jede am Verfahren beteiligte oder von der Ausübung von Zwangsmaßnahmen betroffene Person hat das Recht auf angemessenes rechtliches Gehör und auf Information über Anlass und Zweck der sie betreffenden Verfahrenshandlung sowie über ihre wesentlichen Rechte im Verfahren. Der Beschuldigte hat das Recht, alle gegen ihn vorliegende Verdachtsgründe zu erfahren und vollständige Gelegenheit zu deren Beseitigung und zu seiner Rechtfertigung zu erhalten.

(BGBl I 2004/19)

Recht auf Verteidigung

§ 7. (1) Der Beschuldigte hat das Recht, sich selbst zu verteidigen und in jeder Lage des Verfahrens den Beistand eines Verteidigers in Anspruch zu nehmen.

(2) Der Beschuldigte darf nicht gezwungen werden, sich selbst zu belasten. Es steht ihm jederzeit frei, auszusagen oder die Aussage zu verweigern. Er darf nicht durch Zwangsmittel, Drohungen, Versprechungen oder Vorspiegelungen zu Äußerungen genötigt oder bewogen werden.

(BGBl I 2004/19)

Unschuldsvermutung

§ 8. Jede Person gilt bis zu ihrer rechtskräftigen Verurteilung als unschuldig.

(BGBl I 2004/19)

Beschleunigungsgebot

§ 9. (1) Jeder Beschuldigte hat Anspruch auf Beendigung des Verfahrens innerhalb angemessener Frist. Das Verfahren ist stets zügig und ohne unnötige Verzögerung durchzuführen.

(2) Verfahren, in denen ein Beschuldigter in Haft gehalten wird, sind mit besonderer Beschleunigung zu führen. Jeder verhaftete Beschuldigte hat Anspruch auf ehest mögliche Urteilsfällung oder Enthaftung während des Verfahrens. Alle im Strafverfahren tätigen Behörden, Einrichtungen und Personen sind verpflichtet, auf eine möglichst kurze Dauer der Haft hinzuwirken.

(BGBl I 2004/19)

Beteiligung der Opfer

§ 10. (1) Opfer von Straftaten sind nach Maßgabe der Bestimmungen des 4. Hauptstückes berechtigt, sich am Strafverfahren zu beteiligen.

(2) Kriminalpolizei, Staatsanwaltschaft und Gericht sind verpflichtet, auf die Rechte, Interessen und besonderen Schutzbedürfnisse der Opfer von Straftaten angemessen Bedacht zu nehmen und alle Opfer über ihre wesentlichen Rechte im Verfahren sowie über die Möglichkeit zu informieren, Entschädigungs- oder Hilfeleistungen zu erhalten. *(BGBl I 2016/26)*

(3) Alle im Strafverfahren tätigen Behörden, Einrichtungen und Personen haben Opfer während des Verfahrens mit Achtung ihrer persönlichen Würde zu behandeln und deren Interesse an der Wahrung ihres höchstpersönlichen Lebensbereiches zu beachten. Dies gilt insbesondere für die Weitergabe von Lichtbildern und die Mitteilung von Angaben zur Person, die zu einem Bekanntwerden der Identität in einem größeren Personenkreis führen kann, ohne dass dies durch Zwecke der Strafrechtspflege geboten ist. Staatsanwaltschaft und Gericht haben bei ihren Entscheidungen über die Beendigung des Verfahrens stets die Wiedergutmachungsinteressen der Opfer zu prüfen und im größtmöglichen Ausmaß zu fördern.

(BGBl I 2004/19)

Geschworene und Schöffen

§ 11. (1) In den in diesem Gesetz vorgesehenen Fällen wirken Geschworene oder Schöffen an Hauptverhandlung und Urteilsfindung mit.

(2) Geschworene und Schöffen sind über ihre Aufgaben und Befugnisse sowie über den Ablauf des Verfahrens zu informieren.

(BGBl I 2004/19)

Mündlichkeit und Öffentlichkeit

§ 12. (1) Gerichtliche Verhandlungen im Haupt- und Rechtsmittelverfahren werden mündlich und öffentlich durchgeführt. Das Ermittlungsverfahren ist nicht öffentlich.

(2) Das Gericht hat bei der Urteilsfällung nur auf das Rücksicht zu nehmen, was in der Hauptverhandlung vorgekommen ist.

(BGBl I 2004/19)

Unmittelbarkeit

§ 13. (1) Die Hauptverhandlung bildet den Schwerpunkt des Verfahrens. In ihr sind die Beweise aufzunehmen, auf Grund deren das Urteil zu fällen ist.

(2) Im Ermittlungsverfahren sind die Beweise aufzunehmen, die für die Entscheidung über die Erhebung der Anklage unerlässlich sind oder deren Aufnahme in der Hauptverhandlung aus tat-

sächlichen oder rechtlichen Gründen voraussichtlich nicht möglich sein wird.

(3) Soweit ein Beweis unmittelbar aufgenommen werden kann, darf er nicht durch einen mittelbaren ersetzt werden. Der Inhalt von Akten und anderen Schriftstücken darf nur soweit als Beweis verwertet werden, als er in einer nach diesem Gesetz zulässigen Weise wiedergegeben wird.

(BGBl I 2004/19)

Freie Beweiswürdigung

§ 14. Ob Tatsachen als erwiesen festzustellen sind, hat das Gericht auf Grund der Beweise nach freier Überzeugung zu entscheiden; im Zweifel stets zu Gunsten des Angeklagten oder sonst in seinen Rechten Betroffenen.

(BGBl I 2004/19)

Vorfragen

§ 15. Vorfragen sind im Strafverfahren selbständig zu beurteilen. Entscheidungen zuständiger Behörden können jedoch abgewartet werden, wenn mit ihnen in absehbarer Zeit zu rechnen ist. An die rechtsgestaltenden Wirkungen von Entscheidungen der Zivilgerichte und anderer Behörden sind die Strafgerichte jedoch gebunden.

(BGBl I 2004/19)

Verbot der Verschlechterung
290/2

§ 16. Wenn ein Rechtsmittel oder ein Rechtsbehelf nur zu Gunsten des Beschuldigten erhoben wurde, darf der Beschuldigte durch den Inhalt einer darüber ergehenden gerichtlichen Entscheidung im Ermittlungsverfahren und in der Straffrage nicht schlechter gestellt werden, als wenn die Entscheidung nicht angefochten worden wäre.

(BGBl I 2004/19)

Verbot wiederholter Strafverfolgung

§ 17. (1) Nach rechtswirksamer Beendigung eines Strafverfahrens ist die neuerliche Verfolgung desselben Verdächtigen wegen derselben Tat unzulässig.

(2) Die Bestimmungen über die Fortsetzung, die Fortführung, die Wiederaufnahme und die Erneuerung des Strafverfahrens sowie über die Nichtigkeitsbeschwerde zur Wahrung des Gesetzes bleiben hievon unberührt.

(BGBl I 2004/19)

Art. 4 7. ZPEMRK
Art 50 GRC

2. Hauptstück

Kriminalpolizei, Staatsanwaltschaft, Gericht und Rechtsschutzbeauftragter

1. Abschnitt

Kriminalpolizei

Kriminalpolizei

§ 18. (1) Kriminalpolizei besteht in der Wahrnehmung von Aufgaben im Dienste der Strafrechtspflege (Art. 10 Abs. 1 Z 6 B-VG). *(BGBl I 2013/195)*

(2) Kriminalpolizei obliegt den Sicherheitsbehörden, deren Organisation und örtliche Zuständigkeit sich nach den Vorschriften des Sicherheitspolizeigesetzes über die Organisation der Sicherheitsverwaltung richten. *(BGBl I 2013/195)*

(3) Die Organe des öffentlichen Sicherheitsdienstes (§ 5 Abs. 2 SPG) versehen den kriminalpolizeilichen Exekutivdienst, der in der Aufklärung und Verfolgung von Straftaten nach den Bestimmungen dieses Gesetzes besteht. *(BGBl I 2013/195)*

(4) Auf Antrag einer Gemeinde können die Angehörigen ihres Gemeindewachkörpers der Bezirksverwaltungsbehörde mit deren Zustimmung unterstellt werden, um kriminalpolizeilichen Exekutivdienst zu versehen. Die Unterstellung erfolgt mit Verordnung des Landespolizeidirektors nach Anhörung der Oberstaatsanwaltschaft, in deren Sprengel sich die Gemeinde befindet. Die Unterstellung ist durch Verordnung des Landespolizeidirektors

1. auf Antrag der Gemeinde oder

2. auf Antrag der Bezirksverwaltungsbehörde oder der Oberstaatsanwaltschaft, in deren Sprengel sich die Gemeinde befindet, soweit festgestellt wird, dass der Gemeindewachkörper die ihm übertragene Aufgabe nicht erfüllt,

aufzuheben. *(BGBl I 2013/195)*

(BGBl I 2004/19)

2. Abschnitt

Staatsanwaltschaften und ihre Zuständigkeiten

Allgemeines

§ 19. (1) Als Staatsanwaltschaften sind im Strafverfahren tätig:

1. die Staatsanwaltschaften am Sitz der Landesgerichte,

2. die Oberstaatsanwaltschaften am Sitz der Oberlandesgerichte

3. die Zentrale Staatsanwaltschaft zur Verfolgung von Wirtschaftsstrafsachen und Korruption (Wirtschafts- und Korruptionsstaatsanwaltschaft – WKStA). *(BGBl I 2007/109; BGBl I 2010/108; BGBl I 2011/67)*

StPO

(2) Die Staatsanwaltschaften üben ihre Tätigkeit als Organe der Rechtspflege durch Staatsanwälte aus.

(3) Soweit dieses Gesetz im Einzelnen nichts anderes bestimmt, richten sich Organisation und Aufgaben der Staatsanwaltschaften nach den Vorschriften des Staatsanwaltschaftsgesetzes (StAG), BGBl. Nr. 164/1986.

(BGBl I 2004/19)

Staatsanwaltschaft

§ 20. (1) Die Staatsanwaltschaft leitet das Ermittlungsverfahren; ihr allein steht die Erhebung der öffentlichen Anklage zu. Sie entscheidet, ob gegen eine bestimmte Person Anklage einzubringen, von der Verfolgung zurückzutreten oder das Verfahren einzustellen ist.

(2) Ermittlungen, Anordnungen und andere Verfahrenshandlungen im Verfahren wegen Straftaten, für die im Hauptverfahren das Bezirksgericht zuständig wäre, sowie die Vertretung der Anklage vor den Bezirksgerichten können nach Maßgabe des Staatsanwaltschaftsgesetzes Bezirksanwälten übertragen werden, die unter Aufsicht und Leitung von Staatsanwälten stehen. *(BGBl I 2007/93)*

(3) Die Staatsanwaltschaft ist auch für die Erledigung von Rechtshilfeersuchen in- und ausländischer Justizbehörden zuständig, soweit im Einzelnen nichts anderes bestimmt wird.

(BGBl I 2004/19)

Zentrale Staatsanwaltschaft zur Verfolgung von Wirtschaftsstrafsachen und Korruption (WKStA)[1]

[1] *Beachte § 516 Abs 7 und 7a.*

§ 20a. (1) Der WKStA obliegt für das gesamte Bundesgebiet die Leitung des Ermittlungsverfahrens, dessen Beendigung im Sinne des 10. und 11. Hauptstücks sowie die Einbringung der Anklage und deren Vertretung im Hauptverfahren und im Verfahren vor dem Oberlandesgericht wegen folgender Vergehen oder Verbrechen:

1. Veruntreuung, schwerer oder gewerbsmäßig schwerer Betrug, betrügerischer Datenverarbeitungsmissbrauch, Untreue, Förderungsmissbrauch, betrügerische Krida, ausgabenseitiger Betrug zum Nachteil der finanziellen Interessen der Europäischen Union und missbräuchliche Verwendung von Mitteln und Vermögenswerten zum Nachteil der finanziellen Interessen der Europäischen Union, soweit auf Grund bestimmter Tatsachen anzunehmen ist, dass der durch die Tat herbeigeführte Schaden 5 000 000 Euro übersteigt oder sich der Vorsatz darauf erstreckt (§ 133 Abs. 2 zweiter Fall, § 147 Abs. 3, § 148 zweiter Fall, § 148a Abs. 2 zweiter Fall, § 153 Abs. 3 zweiter Fall, § 153b Abs. 4, § 156 Abs. 2 168c

Abs. 4 und § 168d Abs. 3 StGB); *(BGBl I 2019/111)*

2. Betrügerisches Anmelden zur Sozialversicherung oder Bauarbeiter-Urlaubs- und Abfertigungskasse, soweit auf Grund bestimmter Tatsachen anzunehmen ist, dass das Ausmaß der vorenthaltenen Beiträge oder Zuschläge 5 000 000 Euro übersteigt oder sich der Vorsatz darauf erstreckt (§ 153d Abs. 2 und 3 StGB) und Organisierte Schwarzarbeit (§ 153e StGB);

3. Grob fahrlässige Beeinträchtigung von Gläubigerinteressen gemäß § 159 Abs. 4 StGB, in den Fällen des § 159 Abs. 4 Z 1 und 2 StGB jedoch nur, soweit auf Grund bestimmter Tatsachen anzunehmen ist, dass der Befriedigungsausfall 5 000 000 Euro übersteigt;

4. Ketten- oder Pyramidenspiele gemäß § 168a Abs. 2 StGB;

5. Geschenkannahme durch Machthaber (§ 153a StGB), wettbewerbsbeschränkende Absprachen bei Vergabeverfahren (§ 168b StGB) und soweit auf Grund bestimmter Tatsachen anzunehmen ist, dass die Tat in Bezug auf einen 3 000 Euro übersteigenden Wert des Vorteils begangen wurde oder sich der Vorsatz darauf erstreckt, strafbare Verletzungen der Amtspflicht, Korruption und verwandte strafbare Handlungen nach den §§ 304 bis 309 StGB; *(BGBl I 2016/26)*

6. Unvertretbare Darstellung wesentlicher Informationen über bestimmte Verbände (§ 163a StGB) und unvertretbare Berichte von Prüfern bestimmter Verbände (§ 163b StGB) sowie Vergehen nach dem Immobilien-Investmentfondsgesetz, BGBl. I Nr. 80/2003, Investmentfondsgesetz 2011, BGBl. I Nr. 77/2011, Kapitalmarktgesetz, BGBl. Nr. 625/1991, jeweils jedoch nur soweit die betroffene Gesellschaft über ein Stammkapital von zumindest 5 000 000 Euro oder über mehr als 2000 Beschäftigte verfügt, sowie Straftaten nach dem BörseG 2018, BGBl. I Nr. 107/2017, nach dem ElWOG 2010, BGBl. I Nr. 110/2010 und dem GWG 2011, BGBl. I Nr. 107/2011; *(BGBl I 2016/121; BGBl I 2019/111)*

7. in die Zuständigkeit der Gerichte fallende Finanzvergehen, soweit auf Grund bestimmter Tatsachen anzunehmen ist, dass der strafbestimmende Wertbetrag 5 000 000 Euro übersteigt oder sich der Vorsatz darauf erstreckt;

8. Geldwäscherei (§ 165 StGB), soweit die Vermögensbestandteile aus einer in den vorstehenden Ziffern genannten Straftat herrühren;

9. Kriminelle Vereinigung oder kriminelle Organisation (§§ 278 und 278a StGB), soweit die Vereinigung oder Organisation auf die Begehung einer in den vorstehenden Ziffern genannten Straftaten ausgerichtet ist.
(BGBl I 2015/112)

(2) Ermittlungsverfahren wegen der in Abs. 1 Z 5 und in § 20b Abs. 3 erwähnten Straftaten und

mit diesen in Zusammenhang stehende Straftaten nach Abs. 1 Z 8 und 9 hat die WKStA nach den Bestimmungen dieses Bundesgesetzes in Zusammenarbeit mit dem Bundesamt zur Korruptionsprävention und Korruptionsbekämpfung zu führen, es sei denn, dass dessen Organe nicht rechtzeitig einschreiten können, das Bundesamt die Ermittlungen einer anderen kriminalpolizeilichen Behörde oder Dienststelle übertragen hat oder sonst ein wichtiger Grund vorliegt, Anordnungen an andere kriminalpolizeiliche Behörden oder Dienststellen zu richten.

(3) Wegen der in Abs. 1 erwähnten Straftaten ist die WKStA auch für ausländische Ersuchen um Rechtshilfe und Übernahme der Strafverfolgung nach dem IV. Hauptstück und § 60 ARHG, BGBl. Nr. 529/1979, die Anerkennung und Vollstreckung justizieller Entscheidungen nach § 1 Abs. 1 Z 1 lit. b und lit. h EU-JZG, BGBl. I Nr. 36/2004, und die Rechtshilfe in Strafsachen nach § 1 Abs. 1 Z 2 EU-JZG sowie entsprechende ausländische Ersuchen nach zwischenstaatlichen Übereinkommen zuständig. Sie ist zentrale nationale Verbindungsstelle gegenüber OLAF und Eurojust, soweit Verfahren wegen derartiger Straftaten betroffen sind. *(BGBl I 2015/112; BGBl I 2018/28)*

(4) In den Fällen des Zusammenhangs mit in Abs. 1 erwähnten Straftaten hat die WKStA gemäß den §§ 25a, 26 und 27 vorzugehen. Hinsichtlich anderer Taten hat die WKStA das Verfahren zu trennen und der danach zuständigen Staatsanwaltschaft abzutreten, soweit ihre Zuständigkeit nicht gemäß § 20b begründet wäre; darüber hinaus kann die WKStA auf diese Weise vorgehen, wenn das Verfahren wegen der ihre Zuständigkeit begründenden Straftaten beendet wird. *(BGBl I 2016/121)*

(BGBl I 2010/108)

§ 20b. (1) Soweit zur wirksamen und zügigen Führung von Wirtschaftsstrafsachen besondere Kenntnisse des Wirtschaftslebens oder Erfahrungen mit solchen Verfahren erforderlich erscheinen, kann die WKStA eine Wirtschaftsstrafsache der zuständigen Staatsanwaltschaft abnehmen und diese an sich ziehen.

(2) Wirtschaftsstrafsachen in diesem Sinn sind Verfahren wegen strafbarer Handlungen gegen fremdes Vermögen im Zusammenhang mit unternehmerischer Tätigkeit, die durch ihren Umfang oder die Komplexität oder die Vielzahl der Beteiligten des Verfahrens, die involvierten Wirtschaftskreise oder das besondere öffentliche Interesse an der Aufklärung der zu untersuchenden Sachverhalte gekennzeichnet sind.

(3) Die WKStA kann nach Abs. 1 auch Verfahren wegen §§ 302 und 304 bis 309 StGB, soweit die Tat in Bezug auf einen 3 000 Euro nicht übersteigenden Wert des Vorteils begangen wur-

de, an sich ziehen, an denen wegen der Bedeutung der aufzuklärenden Straftat oder der Person des Tatverdächtigen ein besonderes öffentliches Interesse besteht. *(BGBl I 2011/67; BGBl I 2012/61)*

(4) Die Staatsanwaltschaften haben der WKStA unverzüglich über anhängige Verfahren nach den vorstehenden Absätzen zu berichten, die von ihr effizienter und zügiger geführt werden könnten. Bis zur Entscheidung der WKStA haben sie ungeachtet dessen die erforderlichen Anordnungen zu treffen.

(BGBl I 2010/108)

Oberstaatsanwaltschaft

§ 21. (1) Die Oberstaatsanwaltschaft wirkt an allen Strafverfahren vor dem Oberlandesgericht mit und beteiligt sich an allen Verhandlungen vor diesem.

(2) Die Oberstaatsanwaltschaft führt die Aufsicht über die ihr unterstellten Staatsanwaltschaften und ist berechtigt, sich an jedem Verfahren in ihrem Zuständigkeitsbereich unmittelbar zu beteiligen. Im Einzelfall kann sie die Aufgaben und Befugnisse einer Staatsanwaltschaft übernehmen.

(BGBl I 2004/19)

Generalprokuratur

§ 22. Die Generalprokuratur wirkt an allen Strafverfahren des Obersten Gerichtshofs mit. Dabei schreitet sie nicht als Anklagebehörde ein; sie vertritt die Interessen des Staates in der Rechtspflege.

(BGBl I 2004/19)

Nichtigkeitsbeschwerde zur Wahrung des Gesetzes

§ 23. (1) Die Generalprokuratur kann von Amts wegen oder im Auftrag des Bundesministers für Justiz gegen Urteile der Strafgerichte, die auf einer Verletzung oder unrichtigen Anwendung des Gesetzes beruhen, sowie gegen jeden gesetzwidrigen Beschluss oder Vorgang eines Strafgerichts Nichtigkeitsbeschwerde zur Wahrung des Gesetzes erheben, und zwar auch nach Rechtskraft der Entscheidung sowie dann, wenn die berechtigten Personen in der gesetzlichen Frist von einem Rechtsmittel oder Rechtsbehelf keinen Gebrauch gemacht haben.

(1a) Auf Anregung des Rechtsschutzbeauftragten kann die Generalprokuratur gegen die gesetzwidrige Durchführung einer Zwangsmaßnahme durch die Kriminalpolizei oder die gesetzwidrige Anordnung einer Zwangsmaßnahme sowie eine Entscheidung der Staatsanwaltschaft über die Beendigung des Ermittlungsverfahrens Nichtigkeitsbeschwerde zur Wahrung des Gesetzes erheben, sofern die zur Einbringung von Rechtsbehelfen Berechtigten einen solchen Rechtsbehelf nicht eingebracht haben oder ein solcher Berechtigter nicht ermittelt werden konnte. *(BGBl I 2010/108)*

(2) Die Staatsanwaltschaften haben Fälle, in denen sie eine Beschwerde für erforderlich halten, von Amts wegen den Oberstaatsanwaltschaften vorzulegen; diese entscheiden, ob die Fälle an die Generalprokuratur weiter zu leiten sind. Im Übrigen ist jedermann berechtigt, die Erhebung einer Nichtigkeitsbeschwerde zur Wahrung des Gesetzes anzuregen.

(BGBl I 2004/19)

Stellungnahmen von Staatsanwaltschaften

§ 24. Nimmt eine Staatsanwaltschaft bei einem Rechtsmittelgericht zu einem Rechtsmittel oder Rechtsbehelf Stellung, so hat das Gericht diese Stellungnahme dem gegnerischen Beteiligten zur Äußerung binnen einer angemessen festzusetzenden Frist zuzustellen. Diese Zustellung kann unterbleiben, wenn die Staatsanwaltschaft lediglich zu Gunsten dieses Beteiligten Stellung nimmt.

(BGBl I 2004/19)

Örtliche Zuständigkeit

§ 25. (1) Für das Ermittlungsverfahren ist die Staatsanwaltschaft zuständig, in deren Sprengel die Straftat ausgeführt wurde oder ausgeführt werden sollte. Liegt dieser Ort im Ausland oder kann er nicht festgestellt werden, so ist der Ort maßgebend, an dem der Erfolg eingetreten ist oder eintreten hätte sollen.

(2) Wenn und solange eine Zuständigkeit nach Abs. 1 nicht festgestellt werden kann, hat die Staatsanwaltschaft das Ermittlungsverfahren zu führen, in deren Sprengel der Beschuldigte seinen Wohnsitz oder Aufenthalt hat oder zuletzt hatte, fehlt es an einem solchen Ort, die Staatsanwaltschaft, in deren Sprengel der Beschuldigte betreten wurde.

(3) Die Staatsanwaltschaft, die zuerst von einer Straftat, die der inländischen Gerichtsbarkeit unterliegt, Kenntnis erlangt, hat das Ermittlungsverfahren so lange zu führen, bis die Zuständigkeit einer anderen Staatsanwaltschaft nach Abs. 1 oder 2 festgestellt werden kann. *(BGBl I 2009/52; BGBl I 2016/121)*

(4) Ergibt sich keine Zuständigkeit nach den Abs. 1 bis 3, so hat die Generalprokuratur zu bestimmen, welche Staatsanwaltschaft das Ermittlungsverfahren zu führen hat.

(5) Die Zuständigkeit der Staatsanwaltschaft für das Hauptverfahren richtet sich nach der des Gerichts (§ 36).

(6) *(entfällt, BGBl I 2016/121)*

(7) Liegt der Ort, an dem die Straftat ausgeführt wurde oder ausgeführt werden sollte, in einem anderen Mitgliedstaat der Europäischen Union,

so hat die Staatsanwaltschaft unverzüglich bei ihr einlangende Anzeigen eines Opfers mit Wohnsitz im Inland an die zuständige Behörde des anderen Mitgliedstaates weiterzuleiten, es sei denn, dass diese Straftat der inländischen Gerichtsbarkeit unterliegt. Von der Übermittlung kann abgesehen werden, wenn

1. die Tat und die für ihre Verfolgung wesentlichen Umstände der zuständigen ausländischen Behörde bekannt sind, oder

2. dem Opfer die Anzeige im Ausland möglich gewesen wäre, es sei denn, dass es sich um eine Straftat mit schweren Folgen handelt. *(BGBl I 2016/26)*

(BGBl I 2004/19)

Abtretung

§ 25a. (1) Eine Staatsanwaltschaft, die sich für unzuständig erachtet, hat die keinen Aufschub duldenden Anordnungen zu treffen und sodann das Ermittlungsverfahren der zuständigen Staatsanwaltschaft abzutreten.

(2) Eine unzuständige Staatsanwaltschaft hat bei ihr einlangende Anzeigen, Berichte und Rechtshilfeersuchen an die zuständige weiterzuleiten.

(BGBl I 2016/121)

Zusammenhang

§ 26. (1) Das Ermittlungsverfahren ist von derselben Staatsanwaltschaft gemeinsam zu führen, wenn ein Beschuldigter der Begehung mehrerer strafbarer Handlungen verdächtig ist oder mehrere Personen an derselben strafbaren Handlung beteiligt sind (§ 12 StGB). Gleiches gilt, wenn mehrere Personen der Begehung strafbarer Handlungen verdächtig sind, die sonst in einem engen sachlichen Zusammenhang stehen.

(2) Bei der Bestimmung der Zuständigkeit nach Abs. 1 sind besondere Vorschriften anderer Gesetze zu beachten. Des Weiteren zieht die Staatsanwaltschaft, die für das Ermittlungsverfahren wegen einer Straftat zuständig ist, für die im Hauptverfahren ein Gericht höherer Ordnung zuständig wäre (§ 37 Abs. 2), das Verfahren wegen anderer Straftaten an sich; im Übrigen entscheidet die Zuständigkeit für den unmittelbaren Täter, wenn jedoch keiner dieser Fälle vorliegt, das Zuvorkommen. Im Fall eines vorläufigen Rücktritts von der Verfolgung ist Abs. 1 nicht anzuwenden. *(BGBl I 2009/40, 2. GeSchG; BGBl I 2014/71)*

(3) Im Verhältnis zur WKStA ist ein Zusammenhang nach den vorstehenden Bestimmungen nicht anzunehmen, wenn das Verfahren wegen der Straftaten, die eine Zuständigkeit der WKStA begründen würde, im Hinblick auf die Dauer und den Umfang der Ermittlungen oder das Gewicht

der Straftat von untergeordneter Bedeutung ist.
(BGBl I 2009/142; BGBl I 2010/108)

(BGBl I 2004/19)

Trennung von Verfahren

34 JGG

§ 27. Die Staatsanwaltschaft kann auf Antrag des Beschuldigten oder von Amts wegen anordnen, dass das Ermittlungsverfahren wegen einzelner Straftaten oder gegen einzelne Beschuldigte getrennt zu führen ist, um Verzögerungen zu vermeiden oder die Haft eines Beschuldigten zu verkürzen.

(BGBl I 2004/19)

Bestimmung der Zuständigkeit

§ 28. (1) Die Oberstaatsanwaltschaft kann von Amts wegen oder auf Antrag aus Gründen der öffentlichen Sicherheit oder aus anderen wichtigen Gründen ein Verfahren der zuständigen Staatsanwaltschaft abnehmen und innerhalb ihres Sprengels einer anderen Staatsanwaltschaft übertragen. Ein solcher wichtiger Grund kann auch dann vorliegen, wenn das Verfahren erster Instanz gegen ein Organ derselben Staatsanwaltschaft oder gegen einen Richter eines Gerichts, in dessen Sprengel die Staatsanwaltschaft ihren Sitz hat, oder gegen ein Organ der Sicherheitsbehörde oder Sicherheitsdienststelle im örtlichen Zuständigkeitsbereich der Staatsanwaltschaft zu führen ist. Unterstehen die Staatsanwaltschaften verschiedenen Oberstaatsanwaltschaften, so kommt diese Befugnis der Generalprokuratur zu. Gleiches gilt für den Fall eines Zuständigkeitskonflikts. § 39 Abs. 2 gilt sinngemäß. *(BGBl I 2009/52; BGBl I 2016/26)*

(2) Nach Abs. 1 ist unter den dort beschriebenen Umständen auch vorzugehen, wenn die Einleitung eines Ermittlungsverfahrens zu prüfen ist (§ 1 Abs. 3 und § 35c StAG). *(BGBl I 2016/26)*

(BGBl I 2004/19)

Zuständigkeitskonflikt bei Verfahren der WKStA

§ 28a. Die Generalprokuratur hat für den Fall eines Zuständigkeitskonflikts zwischen WKStA und anderen Staatsanwaltschaften gemäß § 28 zu entscheiden, welchem von ihnen die Zuständigkeit zukommt. Gleiches gilt für den Fall, dass der WKStA ein Verfahren aus den in § 28 Abs. 1 oder Abs. 2 genannten Gründen abgenommen werden soll. *(BGBl I 2016/26)*

(BGBl I 2010/108)

3. Abschnitt

Gerichte

Allgemeines

§ 29. (1) Als Gerichte sind im Strafverfahren tätig:

1. Bezirksgerichte im Hauptverfahren,

2. Landesgerichte im Ermittlungsverfahren, im Hauptverfahren und im Rechtsmittelverfahren,

3. Oberlandesgerichte und der Oberste Gerichtshof im Rechtsmittelverfahren sowie auf Grund besonderer Bestimmungen.

(2) Soweit sich die Zuständigkeit der Gerichte nach der Höhe der angedrohten Freiheitsstrafe richtet, sind die Beschränkung der Strafbemessung durch § 287 Abs. 1 letzter Satz StGB und die Möglichkeit einer Überschreitung des Höchstmaßes der Strafe nach § 313 StGB bei der Bestimmung der sachlichen Zuständigkeit zu berücksichtigen. *(BGBl I 2009/52)*

(BGBl I 2004/19)

Bezirksgericht — 467, 468

§ 30. (1) Dem Bezirksgericht obliegt das Hauptverfahren wegen Straftaten, die nur mit einer Geldstrafe oder mit einer Geldstrafe und einer ein Jahr nicht übersteigenden Freiheitsstrafe oder nur mit einer solchen Freiheitsstrafe bedroht sind, mit Ausnahme → 31/4/22

1. des Vergehens der Nötigung (§ 105 StGB), *(BGBl I 2007/93)*

2. des Vergehens der gefährlichen Drohung (§ 107 StGB), *(BGBl I 2007/93)*

3. des Vergehens der beharrlichen Verfolgung (§ 107a StGB), *(BGBl I 2007/93)*

3a. des Vergehens der fortdauernden Belästigung im Wege einer Telekommunikation oder eines Computersystems (§ 107c StGB), *(BGBl I 2015/112; BGBl I 2020/148)*

3b. des Vergehens der Geschenkannahme durch Machthaber (§ 153a StGB), *(BGBl I 2009/98; BGBl I 2015/112)*

3c. des Vergehens des Vorenthaltens von Dienstnehmerbeiträgen zur Sozialversicherung (§ 153c StGB), *(BGBl I 2015/112)*

4. des Vergehens der grob fahrlässigen Beeinträchtigung von Gläubigerinteressen (§ 159 StGB), *(BGBl I 2007/93)*

5. des Vergehens des fahrlässigen unerlaubten Umganges mit Kernmaterial, radioaktiven Stoffen oder Strahleneinrichtungen (§ 177c StGB), *(BGBl I 2007/93)*

5a. des Vergehens des vorsätzlichen unerlaubten Umgangs mit Stoffen, die zum Abbau der Ozonschicht beitragen (§ 177d StGB), *(BGBl I 2011/103)*

StPO

5b. des Vergehens des grob fahrlässigen uner- laubten Umgangs mit Stoffen, die zum Abbau der Ozonschicht beitragen (§ 177e StGB), *(BGBl I 2011/103)*

6. des Vergehens der fahrlässigen Beeinträch- tigung der Umwelt (§ 181 StGB), *(BGBl I 2007/93)*

6a. des Vergehens des vorsätzlichen umweltge- fährdenden Behandelns und Verbringens von Abfällen (§ 181b Abs. 3 StGB), *(BGBl I 2011/103)*

7. des Vergehens des fahrlässigen umweltge- fährdenden Behandelns von Abfällen (§ 181c StGB) *(BGBl I 2007/93)*

8. des Vergehens des grob fahrlässigen umwelt- gefährdenden Betreibens von Anlagen (§ 181e StGB), *(BGBl I 2007/93)*

8a. des Vergehens der grob fahrlässigen Schä- digung des Tier- oder Pflanzenbestandes (§ 181g StGB), *(BGBl I 2011/103)*

8b. des Vergehens der grob fahrlässigen Schä- digung von Lebensräumen in geschützten Gebie- ten (§ 181i StGB) *(BGBl I 2011/103)*

9. des Vergehens der pornographischen Darstel- lung Minderjähriger (§ 207a Abs. 3 1. Fall und 3a StGB), *(BGBl I 2007/93; BGBl I 2009/98; BGBl I 2015/112)*

9a. des Vergehens der staatsfeindlichen Bewe- gung (§ 247a Abs. 2 StGB), *(BGBl I 2015/112; BGBl I 2017/117)*

9b. des Vergehens der Verhetzung (§ 283 Abs. 4), *(BGBl I 2017/117; BGBl I 2021/159)*

9c. des Vergehens der religiös motivierten ex- tremistischen Verbindung (§ 247b Abs. 2 StGB) und *(BGBl I 2021/159)*

10. der Vergehen, für die auf Grund besonderer Bestimmungen das Landesgericht zuständig ist. *(BGBl I 2007/93)*

(2) Das Bezirksgericht entscheidet durch Ein- zelrichter.

(BGBl I 2004/19)

Landesgericht — 489

§ 31. (1) Dem **Einzelrichter** des Landesgerichts obliegt im **Ermittlungsverfahren**

33
3613

1. die Aufnahme von Beweisen gemäß § 104,

2. das Verfahren zur Entscheidung über **Anträ- ge** auf Beschlagnahme, Verwertung sichergestell- ter oder beschlagnahmter Vermögenswerte und auf **Verhängung** und **Fortsetzung** der **Untersu- chungshaft** sowie über Anträge auf Bewilligung anderer **Zwangsmittel** (§ 105), *(BGBl I 2009/52)*

3. die Entscheidung über **Einsprüche** wegen behaupteter Verletzung eines subjektiven Rechts durch die Staatsanwaltschaft oder die Kriminalpo- lizei (§§ 106 und 107),

4. die Entscheidung über Anträge auf **Einstel- lung** des Ermittlungsverfahrens (§ 108), *(BGBl I 2014/71)*

5. die Überprüfung der **Höchstdauer** des Ermitt- lungsverfahrens (§ 108a), *(BGBl I 2014/71; BGBl I 2020/148)*

6. das Verfahren zur Entscheidung über Anträ- ge auf Anordnungen zur Ausforschung des Be- schuldigten (§ 71 Abs. 1 zweiter Satz). *(BGBl I 2020/148)*

344

(2) Dem Landesgericht als **Geschworenenge- richt** obliegt das Hauptverfahren wegen

1. Straftaten, die mit **lebenslanger** oder einer Freiheitsstrafe bedroht sind, deren **Untergrenze mehr als fünf Jahre** und deren Obergrenze **mehr als zehn Jahre** beträgt, *(BGBl I 2009/52)*

2. des Verbrechens der Überlieferung an eine ausländische Macht (§ 103 StGB),

3. der Verbrechen des Hochverrats (§ 242 StGB) und der Vorbereitung des Hochverrats (§ 244 StGB),

4. des Verbrechens oder Vergehens staatsfeind- licher Verbindungen (§ 246 StGB),

5. des Vergehens der Herabwürdigung des Staates und seiner Symbole (§ 248 StGB),

6. der Verbrechen des Angriffs auf oberste Staatsorgane (§§ 249 bis 251 StGB),

7. der Verbrechen und Vergehen des Landes- verrats (§§ 252 bis 258 StGB),

8. des Vergehens bewaffneter Verbindungen (§ 279 StGB),

9. des Vergehens des Ansammelns von Kampfmitteln (§ 280 StGB),

10. der Verbrechen und Vergehen der Störung der Beziehungen zum Ausland (§§ 316 bis 320 StGB),

10a. des Verbrechens der Aggression (§ 321k StGB), *(BGBl I 2015/112)*

11. des Vergehens der Aufforderung zu mit Strafe bedrohten Handlungen und der Gutheißung mit Strafe bedrohter Handlungen (§ 282 StGB) sowie des Vergehens der Unterlassung der Ver- hinderung einer mit Strafe bedrohten Handlung (§ 286 StGB), wenn die Tat mit Beziehung auf eine der unter Z 2 bis 10a angeführten strafbaren Handlungen begangen worden ist, und *(BGBl I 2015/112)*

12. strafbarer Handlungen, für die es auf Grund besonderer Bestimmungen zuständig ist. 280

(3) Dem Landesgericht als **Schöffengericht** obliegt, soweit es nicht als Geschworenengericht zuständig ist, das Hauptverfahren wegen

1. Straftaten, die mit einer **fünf Jahre übersteigenden** Freiheitsstrafe bedroht sind,

2. der Verbrechen der Tötung auf Verlangen (§ 77 StGB), der Mitwirkung am Selbstmord

(§ 78 StGB) und der Tötung eines Kindes bei der Geburt (§ 79 StGB),

3. der Verbrechen des räuberischen Diebstahls (§ 131 StGB), der Gewaltanwendung eines Wilderers (§ 140 StGB) und des minderschweren Raubes (§ 142 Abs. 2 StGB),

4. der Verbrechen der geschlechtlichen Nötigung (§ 202 StGB), des sexuellen Missbrauchs einer wehrlosen Person (§ 205 StGB) und des sexuellen Missbrauchs von Unmündigen (§ 207 StGB),

5. des Vergehens der schweren gemeinschaftlichen Gewalt und des Verbrechens oder Vergehens des Landzwangs (§§ 274 und 275 StGB), *(BGBl I 2015/112)*

6. des Verbrechens des Missbrauchs der Amtsgewalt (§ 302 StGB), *(BGBl I 2015/112)*

6a. des Vergehens des schweren Diebstahls (§ 128 Abs. 1 Z 5 StGB), des Verbrechens des gewerbsmäßig schweren Diebstahls (§ 130 Abs. 2 erster Fall StGB), der Vergehen der Entziehung von Energie (§ 132 Abs. 2 erster Fall StGB), der Veruntreuung (§ 133 Abs. 2 erster Fall StGB), des schweren Betrugs (§ 147 Abs. 2 StGB), der Untreue (§ 153 Abs. 3 erster Fall StGB), des Verbrechen der betrügerischen Krida (§ 156 Abs. 1 StGB) und der Schädigung fremder Gläubiger (§ 157 StGB), wenn der durch die Tat herbeigeführte Schaden 50.000 Euro übersteigt oder die Tat in Bezug auf einen 50.000 Euro übersteigenden Wert des Vorteils begangen wurde oder sich jeweils der Vorsatz darauf erstreckt, *(BGBl I 2015/112; BGBl I 2016/26)*

7. strafbarer Handlungen, für die es auf Grund besonderer Bestimmungen zuständig ist. *(BGBl I 2007/109)*

(4) Dem Einzelrichter des Landesgerichts obliegt, soweit nicht das Landesgericht als Geschworenen- oder Schöffengericht zuständig ist, das Hauptverfahren wegen

1. Straftaten, die mit einer ein Jahr übersteigenden Freiheitsstrafe bedroht sind,

2. der im § 30 Abs. 1 Z 1 bis 9c angeführten Vergehen, *(BGBl I 2007/93; BGBl I 2016/26; BGBl I 2021/159)*

3. Straftaten, für die der Einzelrichter des Landesgerichts auf Grund besonderer Bestimmungen zuständig ist.

(5) Dem Einzelrichter des Landesgerichts obliegt das Verfahren über Beschwerden gegen Entscheidungen

1. über die Kosten des Strafverfahrens nach dem 18. Hauptstück und

2. über die Bestimmung der Gebühren der Sachverständigen und Dolmetscher nach dem Gebührenanspruchsgesetz, BGBl. Nr. 136/1975. *(BGBl I 2010/111)*

(6) Dem Landesgericht als Senat von drei Richtern obliegt

1. das Verfahren über Rechtsmittel und Rechtsbehelfe gegen Urteile und gegen andere als in Abs. 5 angeführte Beschlüsse des Bezirksgerichts und über einen Kompetenzkonflikt untergeordneter Bezirksgerichte (§ 38),

2. die Entscheidung über einen Antrag auf Wiederaufnahme nach § 357, soweit nicht das Bezirksgericht (§ 480) oder der Einzelrichter (§ 490) zuständig ist, und über Beschlüsse nach § 495 in den Fällen, in denen nach § 494a Abs. 2 eine Zuständigkeit des Einzelrichters ausgeschlossen wäre, und *(BGBl I 2012/29)*

3. die Entscheidung über Anträge auf Fortführung (§§ 195 und 209a Abs. 6). *(BGBl I 2016/121, außer Kraft ab 1. 1. 2029)*
(BGBl I 2010/111)

(BGBl I 2004/19)

Landesgericht als Geschworenen- und Schöffengericht

§ 32. (1) Das Landesgericht als Geschworenengericht setzt sich aus dem Schwurgerichtshof und der Geschworenenbank zusammen. Der Schwurgerichtshof besteht aus drei Richtern, die Geschworenenbank ist mit acht Geschworenen besetzt. Das Landesgericht als Schöffengericht besteht – ausgenommen den Fall des Abs. 1a – aus einem Richter und zwei Schöffen.[1] *(BGBl I 2014/71)*

(1a) Das Landesgericht als Schöffengericht besteht aus zwei Richtern und zwei Schöffen im Hauptverfahren wegen folgender Straftaten:

1. Totschlag (§ 76 StGB);

2. Schwerer Raub (§ 143 StGB) und andere strafbare Handlungen gegen fremdes Vermögen, soweit die Höhe der Strafdrohung von dem ziffernmäßig bestimmten Wert der Sache, gegen die sich die Handlung richtet, oder von der ziffernmäßig bestimmten Höhe des Schadens abhängt, den die Handlung verursacht oder auf den sich der Vorsatz erstreckt, sofern die Werte oder Schadensbeträge 1 000 000 Euro übersteigen;

3. Brandstiftung (§ 169 StGB), vorsätzliche Gefährdung durch Kernenergie oder ionisierende Strahlen (§ 171 StGB), vorsätzliche Gefährdung durch Sprengmittel (§ 173 StGB), vorsätzliche Gemeingefährdung (§ 176 StGB) und Herstellung und Verbreitung von Massenvernichtungswaffen (§ 177a StGB);

4. Vergewaltigung (§ 201 StGB), Schwerer sexueller Missbrauch von Unmündigen (§ 206 StGB) und die in § 31 Abs. 3 Z 4 genannten Verbrechen;

5. Missbrauch der Amtsgewalt gemäß § 302 Abs. 2 zweiter Satz StGB und Straftaten nach den §§ 304 und 307 StGB, soweit dem Angeklagten die Herbeiführung eines 100 000 Euro überstei-

genden Schadens oder die Begehung der Tat in Bezug auf einen 100 000 Euro übersteigenden Vorteil zur Last gelegt wird oder sich jeweils der Vorsatz darauf erstreckt; *(BGBl I 2015/112)*

6. Finanzvergehen, soweit der angelastete strafbestimmende Wertbetrag 1 000 000 Euro übersteigt oder sich der Vorsatz darauf erstreckt sowie *(BGBl I 2015/112)*

7. Terroristische Vereinigung (§ 278b StGB) sowie sonstige strafbare Handlungen, die qualifiziert im Rahmen oder als Mitglied einer kriminellen Vereinigung (§ 278 StGB) begangen werden; *(BGBl I 2014/106; BGBl I 2015/112)*

8. die in die Zuständigkeit des Landesgerichts als Schöffengericht fallenden Verbrechen nach dem 25. Abschnitt des Strafgesetzbuchs. *(BGBl I 2014/106)*
(BGBl I 2014/71)

(1b) Ein Besetzungsmangel nach Abs. 1a kann nur geltend gemacht werden, wenn die Staatsanwaltschaft in der Anklageschrift oder der Angeklagte innerhalb der Einspruchsfrist (§ 213 Abs. 2) eine solche Besetzung verlangt hat. Wurde ein solches Verlangen rechtzeitig gestellt, so ist das Landesgericht als Schöffengericht unabhängig von den Voraussetzungen des Abs. 1a mit zwei Richtern und zwei Schöffen zu besetzen. *(BGBl I 2015/112)*

(2) Liegt dem Angeklagten die Begehung einer strafbaren Handlung nach den §§ 201 bis 207 StGB zur Last, so müssen dem Geschworenengericht mindestens zwei Geschworene, dem Schöffengericht mindestens ein Richter oder Schöffe des Geschlechtes des Angeklagten sowie dem Geschworenengericht mindestens zwei Geschworene, dem Schöffengericht mindestens ein Richter oder Schöffe des Geschlechtes jener Person angehören, die durch die Straftat in ihrer Geschlechtssphäre verletzt worden sein könnte.

(3) Soweit in diesem Gesetz nichts anderes bestimmt wird, entscheidet außerhalb der Hauptverhandlung der Vorsitzende allein. *(BGBl I 2009/52)*

(4) Die Geschworenen werden in dem vom Gesetz (15. Hauptstück) vorgesehenen Umfang tätig; die Schöffen üben in der Hauptverhandlung das Richteramt im vollen Umfang aus. Soweit im Einzelnen nichts anderes bestimmt wird, sind die für Richter geltenden Vorschriften auch auf Geschworene und Schöffen anzuwenden. Die Voraussetzungen und das Verfahren zur Berufung von Geschworenen und Schöffen sind im Geschworenen- und Schöffengesetz 1990, BGBl. Nr. 256, geregelt. *(BGBl I 2007/93)*

(BGBl I 2004/19)

---

1) Beachte § 516 Abs 10.

Zuständigkeit für Wirtschaftsstrafsachen und Korruption

§ 32a. (1) Den beim Landesgericht für Strafsachen Wien eingerichteten besonderen Gerichtsabteilungen (§ 32a GOG) obliegt für das gesamte Bundesgebiet die Führung des Hauptverfahrens auf Grund von Anklagen wegen der in § 20a genannten Straftaten, soweit eine Delegierung gemäß § 39 Abs. 1a erfolgt ist.

(2) Nach den Bestimmungen der §§ 31 und 32 entscheidet das Landesgericht durch Einzelrichter oder als Geschworenen- und Schöffengericht. § 213 Abs. 6 zweiter und dritter Satz sind nicht anzuwenden.

(BGBl I 2010/108)

Oberlandesgericht

§ 33. (1) Dem Oberlandesgericht obliegt die Entscheidung

1. über Rechtsmittel und Rechtsbehelfe gegen Entscheidungen des Landesgerichts als Einzelrichter (§ 31 Abs. 1 und 4),

2. über Berufungen gegen Urteile des Landesgerichts als Geschworenen- oder Schöffengericht,

3. *(aufgehoben, BGBl I 2009/52)*

4. über den Einspruch gegen die Anklageschrift (§ 212),

5. über Kompetenzkonflikte und Delegierungen (§§ 38 und 39) und

6. in Fällen, in denen es auf Grund besonderer Vorschriften zuständig ist.

(2) Der Einzelrichter des Oberlandesgerichts entscheidet über Beschwerden gegen Entscheidungen über den Pauschalkostenbeitrag gemäß § 196 Abs. 2, über die Kosten des Strafverfahrens nach dem 18. Hauptstück und über die Bestimmung der Gebühren der Sachverständigen und Dolmetscher nach dem GebAG. In den übrigen Fällen entscheidet das Oberlandesgericht durch einen Senat von drei Richtern. *(BGBl I 2010/111)*

(BGBl I 2004/19)

Oberster Gerichtshof

§ 34. (1) Dem Obersten Gerichtshof obliegt die Entscheidung

1. über Nichtigkeitsbeschwerden und nach Maßgabe der §§ 296, 344, 427 Abs. 3 letzter Satz mit ihnen verbundene Berufungen und über Einsprüche gegen Urteile des Landesgerichts als Geschworenen- oder Schöffengericht,

2. über Nichtigkeitsbeschwerden zur Wahrung des Gesetzes (§§ 23, 292), außerordentliche Wiederaufnahmen (§ 362) und Anträge auf Erneuerung des Verfahrens (§ 363a),

3. über Beschwerden nach § 285b Abs. 2 und über Beschwerden wegen Verletzung des Grundrechtes auf persönliche Freiheit nach dem

Grundrechtsbeschwerde-Gesetz, BGBl. Nr. 864/1992,

    4. über Verweisungen (§ 334 Abs. 2),

    5. über Kompetenzkonflikte und Delegierungen (§§ 38 und 39) und

    6. in Fällen, in denen er auf Grund besonderer Vorschriften zuständig ist.

(2) Im Übrigen bleiben die Bestimmungen des Bundesgesetzes über den Obersten Gerichtshof, BGBl. Nr. 328/1968, unberührt.

(BGBl I 2004/19)

Form gerichtlicher Entscheidungen

§ 35. (1) Mit Urteil entscheiden die Gerichte im Haupt- und Rechtsmittelverfahren über Schuld, Strafe und privatrechtliche Ansprüche, über ein Verfahrenshindernis oder eine fehlende Prozessvoraussetzung, über die Anordnung freiheitsentziehender Maßnahmen, über selbstständige Anträge nach § 441, über die im § 445 genannten vermögensrechtlichen Anordnungen und über ihre Unzuständigkeit nach den §§ 261 und 488 Abs. 3. Soweit im Einzelnen nichts anderes bestimmt wird, sind Urteile nach öffentlicher mündlicher Verhandlung zu verkünden und auszufertigen. *(BGBl I 2016/121)*

(2) Im Übrigen entscheiden die Gerichte mit Beschluss (§ 86), soweit sie nicht bloß eine auf den Fortgang des Verfahrens oder die Bekanntmachung einer gerichtlichen Entscheidung gerichtete Verfügung erlassen.

(BGBl I 2004/19)

Örtliche Zuständigkeit

§ 36. (1) Im Ermittlungsverfahren obliegen gerichtliche Entscheidungen und Beweisaufnahmen dem Landesgericht, an dessen Sitz sich die Staatsanwaltschaft befindet, die das Verfahren führt.

(2) Im Fall der Abtretung eines Verfahrens hat über offene Anträge, Einsprüche und Beschwerden das vor der Abtretung zuständige Gericht zu entscheiden. *(BGBl I 2009/98)*

(3) Für das Hauptverfahren ist das Gericht zuständig, in dessen Sprengel die Straftat ausgeführt wurde oder ausgeführt werden sollte. Liegt dieser Ort im Ausland oder kann er nicht festgestellt werden, so ist der Ort maßgebend, an dem der Erfolg eingetreten ist oder eintreten hätte sollen, fehlt es an einem solchen, der Ort, an dem der Beschuldigte seinen Wohnsitz oder Aufenthalt hat oder zuletzt hatte, in Ermangelung eines solchen der Ort, an dem er betreten wurde. Kann auch dadurch eine örtliche Zuständigkeit nicht bestimmt werden, so ist das Gericht zuständig, an dessen Sitz sich die Staatsanwaltschaft befindet, die Anklage einbringt. Sonderzuständigkeiten bleiben unberührt.

(4) Ein Gericht bleibt auch dann für das Hauptverfahren örtlich zuständig, wenn es ein Verfahren gegen einen Angeklagten oder wegen einer Straftat ausscheidet, es sei denn, dass ein Gericht mit Sonderzuständigkeit ein Verfahren wegen einer allgemeinen strafbaren Handlung oder ein Landesgericht eine Strafsache ausscheidet, für deren Verhandlung und Entscheidung das Bezirksgericht zuständig ist.

(5) Wenn sich zum Zeitpunkt der Einbringung der Anklage ein Angeklagter in Untersuchungshaft befindet und die Verhandlung und Entscheidung der Strafsache dem Bezirksgericht zusteht, ist das Bezirksgericht örtlich zuständig, an dessen Sitz sich die Staatsanwaltschaft befindet, die nach den §§ 25 bis 28 für das Ermittlungsverfahren zuständig war. Wird der Angeklagte nach diesem Zeitpunkt freigelassen, so ändert dies die Zuständigkeit nicht.

(BGBl I 2004/19)

Zuständigkeit des Zusammenhangs

§ 37. (1) Im Falle gleichzeitiger Anklage mehrerer beteiligter Personen (§ 12 StGB) oder einer Person wegen mehrerer Straftaten ist das Hauptverfahren vom selben Gericht gemeinsam zu führen. Gleiches gilt, wenn mehrere Personen der Begehung strafbarer Handlungen verdächtig sind, die sonst in einem engen sachlichen Zusammenhang stehen.

(2) Dabei ist unter Gerichten verschiedener Ordnung das höhere, unter Gerichten gleicher Ordnung jenes mit Sonderzuständigkeit für alle Verfahren zuständig, wobei das Gericht, das für einen unmittelbaren Täter zuständig ist, das Verfahren gegen Beteiligte (§ 12 StGB) an sich zieht. Im Übrigen kommt das Verfahren im Falle mehrerer Straftaten dem Gericht zu, in dessen Zuständigkeit die frühere Straftat fällt. Wenn jedoch für das Ermittlungsverfahren eine Staatsanwaltschaft bei einem Gericht zuständig war, in dessen Sprengel auch nur eine der angeklagten strafbaren Handlungen begangen worden sein soll, so ist dieses Gericht zuständig. Im Fall eines vorläufigen Rücktritts von der Verfolgung ist Abs. 1 nicht anzuwenden. *(BGBl I 2014/71)*

(3) Sofern zu dem Zeitpunkt, zu dem die Anklage rechtswirksam wird, ein Hauptverfahren gegen den Angeklagten oder an derselben strafbaren Handlung beteiligte Personen (§ 12 StGB) anhängig ist, sind die Verfahren zu verbinden; die Zuständigkeit des Gerichts bestimmt sich auch in diesem Fall nach den vorstehenden Absätzen mit der Maßgabe, dass das Verfahren im Fall des Abs. 2 zweiter Satz dem Gericht zukommt, bei dem die Anklage zuerst rechtswirksam geworden ist. *(BGBl I 2016/121)*

(BGBl I 2004/19)

Kompetenzkonflikt

§ 38. Ein Gericht, das sich für unzuständig hält, hat bei ihm eingebrachte Anträge, Einsprüche und Beschwerden dem zuständigen zu überweisen; § 213 Abs. 6 bleibt unberührt. Bei Gefahr im Verzug hat jedes Gericht innerhalb seiner sachlichen Zuständigkeit vor der Überweisung unaufschiebbare Entscheidungen zu treffen und unaufschiebbare Beweisaufnahmen durchzuführen. Sofern auch das Gericht, dem überwiesen wird, seine Zuständigkeit bezweifelt, hat es die Entscheidung des gemeinsam übergeordneten Gerichts zu erwirken, gegen die ein Rechtsmittel nicht zusteht. *(BGBl I 2009/52)*

(BGBl I 2004/19)

Delegierung

§ 39. (1) Im Haupt- und Rechtsmittelverfahren kann das Oberlandesgericht von Amts wegen oder auf Antrag aus Gründen der öffentlichen Sicherheit oder aus anderen wichtigen Gründen eine Strafsache dem zuständigen Gericht abnehmen und innerhalb seines Sprengels einem anderen Gericht gleicher Ordnung delegieren. Ein solcher wichtiger Grund liegt auch dann vor, wenn das Verfahren erster Instanz gegen einen Richter desselben oder eines unterstellten Gerichts oder gegen einen Staatsanwalt oder Staatsanwaltschaft oder gegen ein Organ der Sicherheitsbehörde oder Sicherheitsdienststelle, in deren Sprengel oder örtlichem Zuständigkeitsbereich sich das zuständige Gericht befindet, zu führen ist. Über Delegierung an ein Oberlandesgericht oder an ein Gericht im Sprengel eines anderen Oberlandesgerichts entscheidet der Oberste Gerichtshof.

(1a) Ein wichtiger Grund im Sinne des Abs. 1 liegt auch in Verfahren vor, die von der WKStA auf Grund der Bestimmungen der §§ 20a und 20b geführt werden, wenn die Führung des Hauptverfahrens vor den nach § 32a Gerichtsorganisationsgesetz eingerichteten besonderen Gerichtsabteilungen des Landesgerichts für Strafsachen Wien im Hinblick auf den Umfang des Verfahrens, den Haftort der Beschuldigten, den Aufenthalt von Zeugen, Sachverständigen und anderen Beweismitteln oder zur Vermeidung von Verzögerungen oder Verringerung von Kosten einer wirksamen und zügigen Führung des Hauptverfahrens in Wirtschafts- und Korruptionsstrafsachen zweckmäßig wäre. In diesem Fall hat der Oberste Gerichtshof oder das Oberlandesgericht Wien auf Antrag des Angeklagten oder der WKStA das Verfahren dem zuständigen Gericht abzunehmen und seine Führung den erwähnten besonderen Gerichtsabteilungen des Landesgerichts für Strafsachen Wien zu übertragen, soweit deren Zuständigkeit nicht ohnedies nach § 36 Abs. 3 vorletzter Satz begründet wäre. *(BGBl I 2010/108; BGBl I 2016/121)*

(2) Ein Antrag auf Delegierung steht der Staatsanwaltschaft und dem Beschuldigten zu; das Gericht kann sie anregen. Der Antrag ist dem Gericht einzubringen, das für das Verfahren zuständig ist, und hat eine Begründung zu enthalten.

(BGBl I 2004/19)

Vorsitz und Abstimmung in den Senaten

§ 40. (1) Im Geschworenengericht, im Schöffengericht und in allen anderen Senaten führt ein Richter den Vorsitz. Der Vorsitzende hat Verhandlungen und Sitzungen sowie Beratungen und Abstimmungen zu leiten. Die Zahl der Senatsmitglieder darf weder größer noch kleiner sein als sie in den §§ 31 bis 34 festgesetzt ist.

(2) Jeder Abstimmung muss eine Beratung vorauszugehen. Sieht das Gesetz einen Berichterstatter vor, so stimmt dieser zuerst. Der Vorsitzende stimmt zuletzt. Die anderen Richter stimmen nach der Dienstzeit bei dem Gericht, das die Entscheidung trifft, bei gleicher Dienstzeit nach der für die Vorrückung in höhere Bezüge maßgebenden Dienstzeit, und zwar die älteren vor den jüngeren. Die Geschworenen und Schöffen geben ihre Stimme in alphabetischer Reihenfolge vor den Richtern ab.

(3) Eine Stimmenthaltung ist außer im Fall des § 42 Abs. 3 nicht zulässig.

(BGBl I 2004/19)

§ 41. (1) Soweit im Einzelnen nichts anderes bestimmt wird, entscheidet das Gericht mit der Mehrheit der Stimmen. Bei Stimmengleichheit gilt die für den Angeklagten günstigere Meinung. Gegen die Stimme des Vorsitzenden des nach § 32 Abs. 1 zuständigen Schöffengerichts kann die Schuldfrage nicht bejaht und keine für den Angeklagten nachteiligere rechtliche Beurteilung der Schuld vorgenommen werden. *(BGBl I 2009/52; BGBl I 2014/71)*

(2) Ergibt sich keine Mehrheit, weil mehr als zwei Meinungen vertreten werden, so hat der Vorsitzende durch Teilung der Fragen und neuerliche Umfrage zu versuchen, eine Mehrheit zu erzielen. Wenn dies nicht gelingt, sind die für den Angeklagten nachteiligeren Stimmen den jeweils günstigeren solange zuzuzählen, bis sich eine Mehrheit ergibt. *(BGBl I 2014/71)*

(3) Entstehen unterschiedliche Ansichten darüber, welche von zwei Meinungen für den Angeklagten die günstigere ist, so ist zunächst darüber abzustimmen. Ergibt sich auch dabei keine Mehrheit, so gibt die Stimme des Vorsitzenden den Ausschlag. *(BGBl I 2014/71)*

(BGBl I 2004/19)

§ 42. (1) Über die Zuständigkeit des Gerichts, über eine Ergänzung des Verfahrens und andere Vorfragen ist vor der Hauptsache abzustimmen.

(2) In der Hauptsache ist zunächst die Frage der Schuld und deren rechtliche Beurteilung zu entscheiden. Liegen dem Angeklagten mehrere Straftaten zur Last, so muss über jede Tat einzeln abgestimmt werden. *(BGBl I 2014/71)*

(3) Wer den Angeklagten auch nur in einem Fall für nicht schuldig hält, kann sich bei der Beratung über die Strafe der Stimme enthalten. Diese ist der für den Angeklagten jeweils günstigsten Meinung zuzuzählen. *(BGBl I 2014/71)*

(BGBl I 2004/19)

4. Abschnitt

Ausschließung und Befangenheit

Ausgeschlossenheit von Richtern

§ 43. (1) Ein Richter ist vom gesamten Verfahren ausgeschlossen, wenn

1. er selbst oder einer seiner Angehörigen (§ 72 StGB) im Verfahren Staatsanwalt, Privatankläger, Privatbeteiligter, Beschuldigter, Verteidiger oder Vertreter ist oder war oder durch die Straftat geschädigt worden sein könnte, wobei die durch Ehe begründete Eigenschaft einer Person als Angehörige auch dann aufrecht bleibt, wenn die Ehe nicht mehr besteht,

2. er außerhalb seiner Dienstverrichtungen Zeuge der in Frage stehenden Handlung gewesen oder in der Sache als Zeuge oder Sachverständiger vernommen worden ist oder vernommen werden soll oder

3. andere Gründe vorliegen, die geeignet sind, seine volle Unvoreingenommenheit und Unparteilichkeit in Zweifel zu ziehen.

(2) Ein Richter ist außerdem vom Hauptverfahren ausgeschlossen, wenn er im Ermittlungsverfahren Beweise aufgenommen hat (§ 104), ein gegen den Beschuldigten gerichtetes Zwangsmittel bewilligt, über einen von ihm erhobenen Einspruch oder einen Antrag auf Einstellung entschieden oder an einer Entscheidung über die Fortführung des Verfahrens oder an einem Urteil mitgewirkt hat, das infolge eines Rechtsmittels oder Rechtsbehelfs aufgehoben wurde. *(BGBl I 2009/52)*

(3) Ein Richter eines Rechtsmittelgerichts ist überdies ausgeschlossen, wenn er selbst oder einer seiner Angehörigen im Verfahren als Richter der ersten Instanz, ein Richter der ersten Instanz, wenn er selbst oder sein Angehöriger als Richter eines übergeordneten Gerichts tätig gewesen ist.

(4) Ein Richter ist ebenso von der Entscheidung über einen Antrag auf Wiederaufnahme oder einen Antrag auf Erneuerung des Strafverfahrens (§ 363a) oder der Mitwirkung und Entscheidung im erneuerten Verfahren ausgeschlossen, wenn er im Verfahren bereits als Richter tätig gewesen ist.

(BGBl I 2004/19)

Anzeige der Ausgeschlossenheit und Antrag auf Ablehnung

§ 44. (1) Bei Vorliegen eines Ausschließungsgrundes hat sich ein Richter im Verfahren bei sonstiger Nichtigkeit aller Handlungen zu enthalten. Unaufschiebbare Handlungen hat er jedoch vorzunehmen, es sei denn, dass er gegen einen Angehörigen einzuschreiten hätte; in diesem Fall hat er das Verfahren unverzüglich abzutreten.

(2) Ein Richter, dem ein Ausschließungsgrund bekannt wird, hat diesen sogleich dem Vorsteher oder Präsidenten des Gerichts, dem er angehört, der Vorsteher eines Bezirksgerichts und der Präsident eines Landesgerichts oder Oberlandesgerichts dem Präsidenten des jeweils übergeordneten Gerichts, der Präsident des Obersten Gerichtshofs dem Vizepräsidenten des Obersten Gerichtshofs (§ 3 Abs. 5 des Bundesgesetzes vom 19. Juni 1968 über den Obersten Gerichtshof) anzuzeigen.

(3) Allen Beteiligten des Verfahrens steht der Antrag auf Ablehnung eines Richters wegen Ausschließung zu. Er ist bei dem Richter einzubringen, dem die Ausschließung gemäß Abs. 2 anzuzeigen wäre.

(BGBl I 2004/19)

Entscheidung über Ausschließung

§ 45. (1) Über die Ausschließung hat der Richter zu entscheiden, dem sie nach § 44 Abs. 2 anzuzeigen ist, über die Ausschließung des Präsidenten, des Vizepräsidenten oder eines Mitglieds des Obersten Gerichtshofs jedoch der Oberste Gerichtshof in einem Dreiersenat. Über einen während einer Verhandlung im Haupt- oder Rechtsmittelverfahren gestellten Antrag auf Ablehnung eines Richters hat das erkennende Gericht zu entscheiden. Gleiches gilt, wenn der Antrag unmittelbar vor der Verhandlung gestellt wurde und eine rechtzeitige Entscheidung durch den Vorsteher oder Präsidenten nicht ohne ungebührliche Verzögerung der Verhandlung möglich ist. Eine Entscheidung in der Verhandlung kann längstens bis vor Beginn der Schlussvorträge aufgeschoben werden. *(BGBl I 2009/40, 2. GeSchG)*

(2) Der Antrag ist als unzulässig zurückzuweisen, wenn er von einer Person eingebracht wurde, der er nicht zusteht. Im Übrigen ist in der Sache zu entscheiden. Wird auf Ausschließung erkannt, so ist der Richter oder das Gericht zu bezeichnen, dem die Sache übertragen wird; der ausgeschlossene Richter hat sich von diesem Zeitpunkt an bei sonstiger Nichtigkeit der Ausübung seines Amtes zu enthalten.

(3) Gegen einen Beschluss nach Abs. 2 steht ein selbstständiges Rechtsmittel nicht zu.

(BGBl I 2004/19)

Ausschließung von Geschworenen, Schöffen und Protokollführern

§ 46. Für die Ausschließung und Ablehnung von Geschworenen und Schöffen sind die Bestimmungen über Richter sinngemäß mit der Maßgabe anzuwenden, dass über die Ablehnung der Vorsitzende des Geschworenen- oder Schöffengerichts zu entscheiden hat. Für Protokollführer gelten die Ausschließungsgründe des § 43 Abs. 1; über ihre Ablehnung entscheidet der Richter oder der Vorsitzende des jeweiligen Senates.

(BGBl I 2004/19)

Befangenheit von Kriminalpolizei und Staatsanwaltschaft

§ 47. (1) Jedes Organ der Kriminalpolizei und der Staatsanwaltschaft hat sich der Ausübung seines Amtes zu enthalten und seine Vertretung zu veranlassen,

1. in Verfahren, in denen es selbst oder einer seiner Angehörigen (§ 72 StGB) als Beschuldigter, als Privatankläger, als Privatbeteiligter oder als deren Vertreter am Verfahren beteiligt ist oder war oder durch die Straftat geschädigt worden sein könnte, wobei die durch Ehe begründete Eigenschaft einer Person als Angehörige auch dann aufrecht bleibt, wenn die Ehe nicht mehr besteht,

2. in Verfahren, in denen es als Organ der Kriminalpolizei zuvor Richter oder Staatsanwalt, als Staatsanwalt zuvor Richter oder Organ der Kriminalpolizei gewesen ist,

3. wenn andere Gründe vorliegen, die geeignet sind, seine volle Unvoreingenommenheit und Unparteilichkeit in Zweifel zu ziehen.

(2) Bei Gefahr im Verzug hat, wenn die Vertretung durch ein anderes Organ nicht sogleich bewirkt werden kann, auch das befangene Organ unaufschiebbare Amtshandlungen vorzunehmen, soweit es nicht gegen sich selbst oder gegen einen Angehörigen einzuschreiten hätte.

(3) Über die Befangenheit hat der Leiter der Behörde, der das Organ angehört, im Fall der Befangenheit des Leiters dieser Behörde der Leiter der übergeordneten Behörde im Dienstaufsichtsweg zu entscheiden und das Erforderliche zu veranlassen. *(BGBl I 2009/40, 2. GeSchG)*

(BGBl I 2004/19)

5. Abschnitt

Rechtsschutzbeauftragter

§ 47a. (1) Der Bundesminister für Justiz hat zur Wahrnehmung besonderen Rechtsschutzes nach diesem Bundesgesetz nach Einholung eines gemeinsamen Vorschlages des Präsidenten des Verfassungsgerichtshofes, des Vorsitzenden der Volksanwaltschaft und des Präsidenten des Österreichischen Rechtsanwaltskammertages einen Rechtsschutzbeauftragten sowie die erforderliche Anzahl von Stellvertretern mit deren Zustimmung für die Dauer von drei Jahren zu bestellen; Wiederbestellungen sind zulässig. Der Vorschlag hat zumindest doppelt so viele Namen zu enthalten wie Personen zu bestellen sind.

(2) Der Rechtsschutzbeauftragte und seine Stellvertreter müssen besondere Kenntnisse und Erfahrungen auf dem Gebiet der Grund- und Freiheitsrechte aufweisen und mindestens fünf Jahre in einem Beruf tätig gewesen sein, in dem der Abschluss des Studiums der Rechtswissenschaften Berufsvoraussetzung ist und dessen Ausübung Erfahrungen im Straf- und Strafverfahrensrecht mit sich brachte. Richter und Staatsanwälte des Dienststandes, Rechtsanwälte, die in die Liste der Rechtsanwälte eingetragen sind, und andere Personen, die vom Amt eines Geschworenen oder Schöffen ausgeschlossen oder zu diesem nicht zu berufen sind (§§ 2 und 3 des Geschworenen- und Schöffengesetzes 1990), dürfen nicht bestellt werden.

(3) Die Bestellung des Rechtsschutzbeauftragten und seiner Stellvertreter erlischt bei Verzicht, im Fall des Todes, mit Ende der Bestellungsdauer oder wegen nachträglicher Unvereinbarkeit gemäß Abs. 2; im Fall des Endes der Bestellungsdauer jedoch nicht vor der neuerlichen Bestellung eines Rechtsschutzbeauftragten. In den Fällen des § 43 Abs. 1 hat sich der Rechtsschutzbeauftragte von dem Zeitpunkt, zu dem ihm der Grund bekannt geworden ist, des Einschreitens in der Sache zu enthalten.

(4) Der Rechtsschutzbeauftragte ist in Ausübung seines Amtes unabhängig und an keine Weisungen gebunden. Er unterliegt der Amtsverschwiegenheit. Seine Stellvertreter haben gleiche Rechte und Pflichten.

(5) Zustellungen an den Rechtsschutzbeauftragten sind im Wege der Geschäftsstelle des Obersten Gerichtshofes vorzunehmen; diese hat auch die Kanzleigeschäfte des Rechtsschutzbeauftragten wahrzunehmen.

(6) Dem Rechtsschutzbeauftragten gebührt als Entschädigung für die Erfüllung seiner Aufgaben nach diesem Bundesgesetz für jede, wenn auch nur begonnene Stunde ein Zehntel der Entschädigung eines Ersatzmitgliedes des Verfassungsgerichtshofes für einen Sitzungstag (§ 4 Abs. 3 des Verfassungsgerichtshofsgesetzes). Für die Vergütung seiner Reisekosten gelten die Bestimmungen der Reisegebührenvorschrift für Bundesbedienstete sinngemäß mit der Maßgabe, dass sein Wohnsitz als Dienstort gilt und dass ihm die Reisezulage in der Gebührenstufe 3 gebührt. Für die Bemessung der dem Rechtsschutzbeauftragten zustehenden Gebühren ist der Bundesminister für Justiz zuständig.

(7) Bis zum 31. März eines jeden Jahres hat der Rechtsschutzbeauftragte dem Bundesminister

für Justiz einen Bericht über seine Tätigkeit und seine Wahrnehmungen im Rahmen seiner Aufgabenerfüllung (§§ 23 Abs. 1a, 147, 195 Abs. 2a) im vorangegangenen Jahr zu übermitteln.

(BGBl I 2010/108)

3. Hauptstück

Beschuldigter und Verteidiger

1. Abschnitt

Allgemeines

Definitionen

§ 48. (1) Im Sinne dieses Gesetzes ist

1. „Verdächtiger" jede Person, gegen die auf Grund eines Anfangsverdachts (§ 1 Abs. 3) ermittelt wird,

2. „Beschuldigter" jeder Verdächtige, sobald er auf Grund bestimmter Tatsachen konkret verdächtig ist, eine strafbare Handlung begangen zu haben und zur Aufklärung dieses konkreten Verdachts nach dem 8. oder 9. Hauptstück dieses Bundesgesetzes Beweise aufgenommen oder Ermittlungsmaßnahmen angeordnet oder durchgeführt werden,

3. „Angeklagter" jeder Beschuldigte, gegen den Anklage eingebracht worden ist,

4. „Betroffener" jede Person, die durch Anordnung oder Durchführung von Zwang in ihren Rechten unmittelbar beeinträchtigt wird,

5. „Verteidiger" eine zur Ausübung der Rechtsanwaltschaft, eine sonst gesetzlich zur Vertretung im Strafverfahren berechtigte oder eine Person, die an einer inländischen Universität die Lehrbefugnis für Strafrecht und Strafprozessrecht erworben hat, sobald sie der Beschuldigte als Rechtsbeistand bevollmächtigt hat, und eine Person, die dem Beschuldigten nach den Bestimmungen dieses Gesetzes als Rechtsbeistand bestellt wurde.
(BGBl I 2014/71)

(2) Soweit die Bestimmungen dieses Gesetzes auf den Beschuldigten verweisen und im Einzelnen nichts anderes bestimmt wird, sind sie auch auf Verdächtige, Angeklagte und auf Personen anzuwenden, gegen die ein Verfahren zur Unterbringung in einem forensisch-therapeutischen Zentrum nach § 21 StGB geführt wird. *(BGBl I 2014/71; BGBl I 2022/223)*

(BGBl I 2004/19)

2. Abschnitt

Der Beschuldigte

Rechte des Beschuldigten

§ 49. (1) Der Beschuldigte hat insbesondere das Recht,

1. vom Gegenstand des gegen ihn bestehenden Verdachts sowie über seine wesentlichen Rechte im Verfahren informiert zu werden (§ 50),

2. einen Verteidiger zu wählen (§ 58) und einen Verfahrenshilfeverteidiger zu erhalten (§§ 61 und 62),

3. Akteneinsicht zu nehmen (§§ 51 bis 53),

4. sich zum Vorwurf zu äußern oder nicht auszusagen sowie nach Maßgabe der §§ 58, 59 und 164 Abs. 1 mit einem Verteidiger Kontakt aufzunehmen und sich mit ihm zu besprechen, *(BGBl I 2016/121)*

5. gemäß § 164 Abs. 2 einen Verteidiger seiner Vernehmung beizuziehen,

6. die Aufnahme von Beweisen zu beantragen (§ 55),

7. Einspruch wegen der Verletzung eines subjektiven Rechts zu erheben (§ 106),

8. Beschwerde gegen die gerichtliche Bewilligung von Zwangsmitteln zu erheben (§ 87),

9. die Einstellung des Ermittlungsverfahrens zu beantragen (§ 108),

10. an der Hauptverhandlung, an einer kontradiktorischen Vernehmung von Zeugen und Mitbeschuldigten (§ 165 Abs. 2) und an einer Tatrekonstruktion (§ 150) teilzunehmen, *(BGBl I 2009/52)*

11. Rechtsmittel und Rechtsbehelfe zu erheben,

12. Übersetzungshilfe zu erhalten (§ 56).
(BGBl I 2020/148)

(2) Der Beschuldigte hat das Recht, dass Opfern, Privatbeteiligten oder Privatanklägern Akteneinsicht (§ 68) nur insoweit gewährt wird, als dies zur Wahrung ihrer Interessen erforderlich ist. *(BGBl I 2020/148)*

(BGBl I 2004/19)

Rechtsbelehrung

§ 50. (1) Jeder Beschuldigte ist durch die Kriminalpolizei oder die Staatsanwaltschaft sobald wie möglich über das gegen ihn geführte Ermittlungsverfahren und den gegen ihn bestehenden Tatverdacht sowie über seine wesentlichen Rechte im Verfahren (§§ 49, 164 Abs. 1) zu informieren. Sobald die dem Ermittlungsverfahren zu Grunde liegenden Tatsachen an sich oder in Verbindung mit neu hervorgetretenen Umständen den Verdacht der Begehung einer anderen oder einer weiteren strafbaren Handlung begründen, ist der Beschuldigte auch über diese geänderten Gesichtspunkte in dem gegen ihn bestehenden Tatverdachts zu informieren. Dies darf nur so lange unterbleiben als besondere Umstände befürchten lassen, dass ansonsten der Zweck der Ermittlungen gefährdet wäre, insbesondere weil Ermittlungen oder Beweisaufnahmen durchzuführen sind, deren Erfolg voraussetzt, dass der Beschuldigte keine Kenntnis von den gegen ihn geführten Ermittlungen hat. *(BGBl I 2013/195)*

(2) Die Rechtsbelehrung ist in einer Sprache, die der Beschuldigte versteht, und in einer verständlichen Art und Weise zu erteilen, wobei besondere persönliche Bedürfnisse zu berücksichtigen sind. *(BGBl I 2013/195)*

(3) Der Umstand der erteilten oder ergänzten Belehrung des Beschuldigten sowie eines Verzichts auf ein Recht des Beschuldigten ist schriftlich festzuhalten (§§ 95 und 96). *(BGBl I 2013/195; BGBl I 2016/26)*

(BGBl I 2004/19)

Akteneinsicht

§ 51. (1) Der Beschuldigte ist berechtigt, in die der Kriminalpolizei, der Staatsanwaltschaft und dem Gericht vorliegenden Ergebnisse des Ermittlungs- und des Hauptverfahrens Einsicht zu nehmen. Das Recht auf Akteneinsicht berechtigt auch dazu, Beweisgegenstände in Augenschein zu nehmen, soweit dies ohne Nachteil für die Ermittlungen möglich ist.

(2) Soweit die im § 162 angeführte Gefahr besteht, ist es zulässig, personenbezogene Daten und andere Umstände, die Rückschlüsse auf die Identität oder die höchstpersönlichen Lebensumstände der gefährdeten Person zulassen, von der Akteneinsicht auszunehmen und Kopien auszufolgen, in denen diese Umstände unkenntlich gemacht wurden. Im Übrigen darf Akteneinsicht nur vor Beendigung des Ermittlungsverfahrens und nur insoweit beschränkt werden, als besondere Umstände befürchten lassen, dass durch eine sofortige Kenntnisnahme von bestimmten Aktenstücken der Zweck der Ermittlungen gefährdet wäre. Befindet sich der Beschuldigte jedoch in Haft, so ist eine Beschränkung der Akteneinsicht hinsichtlich solcher Aktenstücke, die für die Beurteilung des Tatverdachts oder der Haftgründe von Bedeutung sein können, ab Verhängung der Untersuchungshaft unzulässig.

(3) Einfache Auskünfte können auch mündlich erteilt werden. Hiefür gelten die Bestimmungen über Akteneinsicht sinngemäß.

(BGBl I 2004/19)

§ 52. (1) Soweit dem Beschuldigten Akteneinsicht zusteht, sind ihm auf Antrag und gegen Gebühr Kopien (Ablichtungen oder andere Wiedergaben des Akteninhalts) auszufolgen oder ist ihm nach Maßgabe der technischen Möglichkeiten zu gestatten, Kopien selbst herzustellen, sofern dieses Recht nicht durch einen Verteidiger ausgeübt wird (§ 57 Abs. 2). Ton- oder Bildaufnahmen, deren Besitz allgemein verboten ist, oder die Inhalte betreffen, die gemäß § 51 Abs. 2 erster Satz der Akteneinsicht nicht unterliegen, sind davon ausgenommen; betrifft deren Inhalt schutzwürdige Geheimhaltungsinteressen anderer Beteiligter des Verfahrens oder Dritter, so ist dem Beschuldigten die Pflicht zur Geheimhaltung dieser Aufnahmen aufzuerlegen (§ 301 Abs. 2 StGB). Sofern dies zur Gewährleistung der Datensicherheit erforderlich ist, sind dem Beschuldigten die Kopien auf von den Strafverfolgungsbehörden zur Verfügung gestellten Datenträgern gegen den Ersatz deren Anschaffungskosten zu übergeben. *(BGBl I 2013/195)*

(2) In folgenden Fällen hat der Beschuldigte keine Gebühren nach Abs. 1 zu entrichten:

1. wenn und so lange ihm Verfahrenshilfe bewilligt wurde,

2. wenn er sich in Haft befindet, bis zur ersten Haftverhandlung oder zur früher stattfindenden Hauptverhandlung hinsichtlich aller Aktenstücke, die für die Beurteilung des Tatverdachts oder der Haftgründe von Bedeutung sein können,

3. für Befunde und Gutachten von Sachverständigen, Behörden, Dienststellen und Anstalten, *(BGBl I 2019/105)*

4. für die Herstellung einer Abschrift oder Kopie des Protokolls seiner Vernehmung (§ 96 Abs. 5). *(BGBl I 2019/105)*

(3) Dem Verfahrenshilfeverteidiger sind unverzüglich Kopien des Aktes von Amts wegen, im Haftfall durch das Gericht zuzustellen. Gleiches gilt für die Fälle des Abs. 2 Z 2 und 3. Der Verteidiger des in Haft befindlichen Beschuldigten kann beantragen, dass ihm durch die Staatsanwaltschaft Kopien der in Abs. 2 Z 2 und 3 angeführten Aktenstücke auch in weiterer Folge von Amts wegen übermittelt werden. *(BGBl I 2009/52)*

(BGBl I 2004/19)

Verfahren bei Akteneinsicht

§ 53. (1) Einsicht in den jeweiligen Akt kann im Ermittlungsverfahren bei der Staatsanwaltschaft und bis zur Erstattung des Abschlussberichts (§ 100 Abs. 2 Z 4) auch bei der Kriminalpolizei begehrt werden, im Hauptverfahren bei Gericht. Solange der Beschuldigte in Untersuchungshaft angehalten wird, hat ihm auf Antrag auch das Gericht Akteneinsicht in die im § 52 Abs. 2 Z 2 angeführten Aktenstücke zu gewähren. *(BGBl I 2009/52)*

(2) Soweit Akteneinsicht zusteht, ist sie grundsätzlich während der Amtsstunden in den jeweiligen Amtsräumen zu ermöglichen. Im Rahmen der technischen Möglichkeiten kann sie auch über Bildschirm oder im Wege elektronischer Datenübertragung gewährt werden. Es ist unzulässig, dem Beschuldigten oder seinem Vertreter Akten oder Teile davon zur Herstellung von Kopien außerhalb des Amtsgebäudes mitzugeben. *(BGBl I 2019/105; BGBl I 2020/20)*

(BGBl I 2004/19)

Verbot der Veröffentlichung

§ 54. Der Beschuldigte und sein Verteidiger sind berechtigt, Informationen, die sie im Verfahren in nicht öffentlicher Verhandlung oder im Zuge einer nicht öffentlichen Beweisaufnahme oder durch Akteneinsicht erlangt haben, im Interesse der Verteidigung und anderer überwiegender Interessen zu verwerten. Es ist ihnen jedoch untersagt, solche Informationen, soweit sie personenbezogene Daten anderer Beteiligter des Verfahrens oder Dritter enthalten und nicht in öffentlicher Verhandlung vorgekommen sind oder sonst öffentlich bekannt wurden, in einem Medienwerk oder sonst auf eine Weise zu veröffentlichen, dass die Mitteilung einer breiten Öffentlichkeit zugänglich wird, wenn dadurch schutzwürdige Geheimhaltungsinteressen (§ 1 Abs. 1 DSG) anderer Beteiligter des Verfahrens oder Dritter, die gegenüber dem öffentlichen Informationsinteresse überwiegen, verletzt würden. *(BGBl I 2018/32)*

(BGBl I 2004/19)

Beweisanträge

§ 55. (1) Der Beschuldigte ist berechtigt, die Aufnahme von Beweisen zu beantragen. Im Antrag sind Beweisthema, Beweismittel und jene Informationen, die für die Durchführung der Beweisaufnahme erforderlich sind, zu bezeichnen. Soweit dies nicht offensichtlich ist, ist zu begründen, weswegen das Beweismittel geeignet sein könnte, das Beweisthema zu klären.

(2) Unzulässige, unverwertbare und unmögliche Beweise sind nicht aufzunehmen. Im Übrigen darf eine Beweisaufnahme auf Antrag des Beschuldigten nur unterbleiben, wenn

1. das Beweisthema offenkundig oder für die Beurteilung des Tatverdachts ohne Bedeutung ist,

2. das beantragte Beweismittel nicht geeignet ist, eine erhebliche Tatsache zu beweisen, oder

3. das Beweisthema als erwiesen gelten kann.

(3) Im Ermittlungsverfahren kann die Aufnahme eines Beweises der Hauptverhandlung vorbehalten werden. Dies ist unzulässig, wenn das Ergebnis der Beweisaufnahme geeignet sein kann, den Tatverdacht unmittelbar zu beseitigen, oder die Gefahr des Verlustes des Beweises einer erheblichen Tatsache besteht.

(4) Die Kriminalpolizei hat im Ermittlungsverfahren den beantragten Beweis aufzunehmen oder den Antrag mit Anlassbericht (§ 100 Abs. 2 Z 2) der Staatsanwaltschaft vorzulegen. Die Staatsanwaltschaft hat ihrerseits die Beweisaufnahme zu veranlassen oder den Beschuldigten zu verständigen, aus welchen Gründen sie unterbleibt.

(BGBl I 2004/19)

Übersetzungshilfe

§ 56. (1) Ein Beschuldigter, der die Verfahrenssprache nicht spricht oder versteht, hat das Recht auf Dolmetschleistungen (Abs. 2). Soweit dies zur Wahrung der Verteidigungsrechte und eines fairen Verfahrens erforderlich ist, hat der Beschuldigte darüber hinaus das Recht auf schriftliche Übersetzung der wesentlichen Aktenstücke (Abs. 3), die innerhalb einer angemessen festzusetzenden Frist vorzunehmen ist. Für das Verfahren zur Geltendmachung dieses Rechts gilt § 53 Abs. 1 erster Satz sinngemäß.

(2) Dolmetschleistungen sind mündlich zu erbringen und insbesondere für Beweisaufnahmen, an denen der Beschuldigte teilnimmt, für Verhandlungen und auf Verlangen auch für den Kontakt des Beschuldigten mit seinem Verteidiger, sofern dieser Kontakt in einem unmittelbaren Zusammenhang mit einer Beweisaufnahme, einer Verhandlung, der Erhebung eines Rechtsmittels oder einem sonstigen Antrag steht, zu gewährleisten. Wenn Dolmetschleistungen für die Sprache, die der Beschuldigte spricht oder versteht, am Ort der Vernehmung nicht binnen angemessener Zeit zur Verfügung gestellt werden können, so kann die Dolmetschleistung unter Verwendung technischer Einrichtungen zur Wort- und Bildübertragung erbracht werden, es sei denn, die persönliche Anwesenheit des Dolmetschers ist für die Gewährleistung eines fairen Verfahrens erforderlich.

(3) Wesentliche Aktenstücke sind die Anordnung und gerichtliche Bewilligung der Festnahme, im Falle des § 171 Abs. 2 die schriftliche Begründung der Kriminalpolizei, der Beschluss auf Verhängung oder Fortsetzung der Untersuchungshaft, die Anklage sowie die Ausfertigung des noch nicht rechtskräftigen Urteils und der noch nicht rechtskräftigen Strafverfügung (§ 491). Diese Aktenstücke sind, soweit nicht nach Abs. 5 oder 6 vorgegangen wird, im Fall des § 171 Abs. 2 durch die Kriminalpolizei, im Übrigen jedoch durch die Staatsanwaltschaft oder im Fall der Verhängung oder Fortsetzung der Untersuchungshaft und im Hauptverfahren (§ 210 Abs. 2) durch das Gericht schriftlich übersetzen zu lassen. *(BGBl I 2016/26; BGBl I 2018/70)*

(4) Auf Verlangen des Beschuldigten sind ihm weitere konkret zu bezeichnende Aktenstücke schriftlich zu übersetzen, soweit die Erforderlichkeit einer Übersetzung im Sinne des Abs. 1 begründet wird oder offenkundig ist. Die Übersetzung der wesentlichen Aktenstücke (Abs. 3 und 4) kann auf jenen Teil des zu übersetzenden Aktenstückes beschränkt werden, der dafür maßgeblich ist, dass der Beschuldigte weiß, was ihm zur Last gelegt wird.

(5) Die schriftliche Übersetzung darf durch mündliche Übersetzung oder, wenn der Beschuldigte durch einen Verteidiger vertreten ist, durch mündliche Zusammenfassung ersetzt werden,

StPO

soweit eine solche mündliche Übersetzung oder mündliche Zusammenfassung einem fairen Verfahren nicht entgegensteht.

(6) Ein Verzicht des Beschuldigten auf schriftliche Übersetzung ist nur zulässig, wenn er zuvor über sein Recht und die Folgen des Verzichts belehrt wurde. Belehrung und Verzicht sind schriftlich festzuhalten (§§ 95 und 96). Für den Verzicht eines festgenommenen Beschuldigten gilt § 57 Abs. 2 letzter Satz.

(7) Ist der Beschuldigte gehörlos oder stumm, so ist ein Dolmetscher für die Gebärdensprache beizuziehen, sofern sich der Beschuldigte in dieser verständigen kann. Andernfalls ist zu versuchen, mit dem Beschuldigten schriftlich oder auf andere geeignete Art, in der sich der Beschuldigte verständlich machen kann, zu verkehren.

(BGBl I 2013/195)

3. Abschnitt

Der Verteidiger

Rechte des Verteidigers

§ 57. (1) Der Verteidiger steht dem Beschuldigten beratend und unterstützend zur Seite. Er ist berechtigt und verpflichtet, jedes Verteidigungsmittel zu gebrauchen und alles, was der Verteidigung des Beschuldigten dient, unumwunden vorzubringen, soweit dies dem Gesetz, seinem Auftrag und seinem Gewissen nicht widerspricht.

(2) Der Verteidiger übt, soweit in diesem Gesetz nichts anderes bestimmt ist, die Verfahrensrechte aus, die dem Beschuldigten zustehen. Der Beschuldigte kann aber immer selbst Erklärungen abgeben; im Fall einander widersprechender Erklärungen gilt seine. Ein Verzicht auf Rechtsmittel gegen das Urteil, den der Beschuldigte nicht im Beisein seines Verteidigers und nach Beratung mit diesem abgibt, ist jedoch ohne Wirkung.

(BGBl I 2004/19)

Bevollmächtigung des Verteidigers

§ 58. (1) Der Beschuldigte hat das Recht, mit einem Verteidiger Kontakt aufzunehmen, ihn zu bevollmächtigen und sich mit ihm zu besprechen.

(2) Die Vollmacht des Verteidigers ist schriftlich oder, wenn der Beschuldigte anwesend ist, durch dessen mündliche Erklärung nachzuweisen. In Abwesenheit des Beschuldigten kann sich der Verteidiger auch auf eine ihm erteilte Vollmacht berufen. Zur Vornahme einzelner Prozesshandlungen bedarf der Verteidiger keiner besonderen Vollmacht.

(3) Der Beschuldigte kann die Verteidigung vom gewählten Verteidiger jederzeit auf einen anderen übertragen, doch darf das Verfahren durch diesen Wechsel nicht unangemessen verzögert werden. Wenn der Beschuldigte mehrere Verteidiger bevollmächtigt, wird das Fragerecht

und das Recht vorzutragen dadurch nicht erweitert. In diesem Fall gelten Zustellungen an ihn als bewirkt, sobald auch nur einem der Verteidiger zugestellt wurde.

(4) Für einen Minderjährigen und eine volljährige Person, die einen gesetzlichen Vertreter nach § 1034 Abs. 1 Z 2 oder 3 ABGB hat, kann der gesetzliche Vertreter selbst gegen ihren Willen einen Verteidiger bevollmächtigen. *(BGBl I 2020/20)*

(BGBl I 2004/19)

§ 59. (1) Wird ein Beschuldigter, der noch keinen Verteidiger hat, festgenommen oder zur sofortigen Vernehmung vorgeführt (§ 153 Abs. 3), so ist ihm vor seiner Vernehmung zu ermöglichen, einen Verteidiger zu verständigen, beizuziehen und zu bevollmächtigen, es sei denn, der Beschuldigte erklärt ausdrücklich, auf diese Beiziehung während der Dauer der Anhaltung durch die Kriminalpolizei (§ 50 Abs. 3) zu verzichten. In diesem Fall ist der Beschuldigte auf die jederzeitige Möglichkeit des Widerrufs dieses Verzichts hinzuweisen. Nach seiner Einlieferung in die Justizanstalt ist dem Beschuldigten die unverzügliche Verständigung und Beiziehung eines Verteidigers zu ermöglichen. *(BGBl I 2016/121)*

(2) Der Kontakt mit dem Verteidiger darf bis zur Einlieferung des Beschuldigten in die Justizanstalt auf das für die Erteilung der Vollmacht und eine allgemeine Rechtsauskunft notwendige Ausmaß beschränkt werden, soweit aufgrund besonderer Umstände eine sofortige Vernehmung oder andere unverzügliche Ermittlungen unbedingt notwendig erscheinen, um eine erhebliche Beeinträchtigung der Ermittlungen oder von Beweismitteln abzuwenden. In diesem Fall ist dem Beschuldigten sogleich oder innerhalb von 24 Stunden eine schriftliche Begründung der Kriminalpolizei für diese Beschränkung zuzustellen. *(BGBl I 2016/121)*

(3) Der Beschuldigte kann sich mit seinem Verteidiger verständigen, ohne dabei überwacht zu werden. *(BGBl I 2016/26; BGBl I 2016/121)*

(4) Sofern der Beschuldigte in den in Abs. 1 genannten Fällen nicht einen frei gewählten Verteidiger (§ 58 Abs. 2) beizieht, so ist ihm bis zur Entscheidung über die Verhängung der Untersuchungshaft auf Verlangen die Kontaktaufnahme mit einem „Verteidiger in Bereitschaft" zu ermöglichen, der sich zur Übernahme einer solchen Verteidigung bereit erklärt hat. Die Rechtsanwaltskammern haben Listen der Verteidiger, die sich zur Übernahme solcher Verteidigungen in Bereitschaft bereit erklärt haben, zu führen und deren jederzeitige Erreichbarkeit sicherzustellen. Der Bundesminister für Justiz ist ermächtigt, den Österreichischen Rechtsanwaltskammertag vertraglich mit der Einrichtung eines solchen

rechtsanwaltlichen Bereitschaftsdienstes zu beauftragen. *(BGBl I 2016/121)*

(5) Die Kosten für die Beiziehung eines „Verteidigers in Bereitschaft" (Abs. 4) hat der Beschuldigte nicht zu tragen, wenn er erklärt, dazu aus den in § 61 Abs. 2 erster Satz genannten Gründen außer Stande zu sein:

1. für die Beiziehung zu der nach § 174 Abs. 1 durchzuführenden Vernehmung;

2. wenn es sich um einen schutzbedürftigen Beschuldigten handelt (§ 61 Abs. 2 Z 2).

Ergibt sich im weiteren Verfahren, dass die Erklärung des Beschuldigten falsch war, so ist er vom Gericht nachträglich zum Ersatz dieser Kosten zu verpflichten. *(BGBl I 2020/20)*

(BGBl I 2004/19)

Ausschluss des Verteidigers

§ 60. (1) Von der Verteidigung ist auszuschließen, gegen wen ein Verfahren wegen Beteiligung an derselben Straftat oder wegen Begünstigung hinsichtlich dieser Straftat anhängig ist, oder wer den Verkehr mit dem angehaltenen Beschuldigten dazu missbraucht, Straftaten zu begehen oder die Sicherheit und Ordnung einer Vollzugsanstalt erheblich zu gefährden, insbesondere dadurch, dass er in gesetzwidriger Weise Gegenstände oder Nachrichten überbringt oder entgegennimmt.

(2) Der Ausschluss von der Verteidigung ist vom Gericht mit Beschluss auszusprechen; zuvor hat es dem Verteidiger Gelegenheit zu geben, sich zu äußern. Im Ermittlungsverfahren ist auch die Kriminalpolizei vom Ausschluss zu verständigen. Im Übrigen ist § 236a anzuwenden; in den Fällen notwendiger Verteidigung ist nach § 61 Abs. 3 vorzugehen.

(3) Der Ausschluss ist aufzuheben, sobald seine Voraussetzungen weggefallen sind.

(BGBl I 2004/19)

Beigebung eines Verteidigers

§ 61. (1) In folgenden Fällen muss der Beschuldigte durch einen Verteidiger vertreten sein (notwendige Verteidigung):

1. im gesamten Verfahren, wenn und solange er in Untersuchungshaft oder gemäß § 173 Abs. 4 in Strafhaft angehalten wird,

2. im gesamten Verfahren zur Unterbringung in einem forensisch-therapeutischen Zentrum nach § 21 StGB (§ 430 Abs. 1), *(BGBl I 2022/223)*

3. in der Hauptverhandlung zur Unterbringung in einer der in den §§ 22 und 23 StGB genannten Anstalten (§ 439 Abs. 1),

4. in der Hauptverhandlung vor dem Landesgericht als Geschworenen- oder Schöffengericht,

5. in der Hauptverhandlung vor dem Landesgericht als Einzelrichter, wenn für die Straftat, außer in den Fällen des § 129 Abs. 2 Z 1 und 164 Abs. 4 StGB, eine drei Jahre übersteigende Freiheitsstrafe angedroht ist, *(BGBl I 2015/112)*

5a. in der kontradiktorischen Vernehmung (§ 165), soweit in der Hauptverhandlung nach den Z 3 bis 5 notwendige Verteidigung bestünde, *(BGBl I 2016/26)*

6. im Rechtsmittelverfahren auf Grund einer Anmeldung einer Nichtigkeitsbeschwerde oder einer Berufung gegen ein Urteil des Schöffen- oder des Geschworenengerichts,

7. bei der Ausführung eines Antrags auf Erneuerung des Strafverfahrens und beim Gerichtstag zur öffentlichen Verhandlung über einen solchen (§§ 363a Abs. 2 und 363c).

(2) Ist der Beschuldigte außerstande, ohne Beeinträchtigung des für ihn und seine Familie, für deren Unterhalt er zu sorgen hat, zu einer einfachen Lebensführung notwendigen Unterhaltes die gesamten Kosten der Verteidigung zu tragen, so hat das Gericht auf Antrag des Beschuldigten, in den Fällen der Z 2 auch nach Ermessen des Gerichts von Amts wegen, zu beschließen, dass diesem ein Verteidiger beigegeben wird, dessen Kosten er nicht oder nur zum Teil (§ 393 Abs. 1a) zu tragen hat, wenn und soweit dies im Interesse der Rechtspflege, vor allem im Interesse einer zweckentsprechenden Verteidigung, erforderlich ist (Verfahrenshilfeverteidiger). Die Beigebung eines Verteidigers ist in diesem Sinn jedenfalls erforderlich: *(BGBl I 2020/20)*

1. in den Fällen des Abs. 1,

2. wenn der Beschuldigte schutzbedürftig ist, weil er

a) blind, gehörlos, stumm oder in vergleichbarer Weise behindert ist oder

b) an einer psychischen Krankheit oder einer vergleichbaren Beeinträchtigung seiner Entscheidungsfähigkeit leidet,

und er deshalb nicht in der Lage ist, sich selbst zu verteidigen, *(BGBl I 2020/20)*

3. für das Rechtsmittelverfahren auf Grund einer Anmeldung einer Berufung,

4. bei schwieriger Sach- oder Rechtslage.

(3) In den Fällen des Abs. 1 sind der Beschuldigte und sein gesetzlicher Vertreter aufzufordern, einen Verteidiger zu bevollmächtigen oder die Beigebung eines Verfahrenshilfeverteidigers nach Abs. 2 zu beantragen. Bevollmächtigt weder der Beschuldigte noch sein gesetzlicher Vertreter für ihn einen Verteidiger, so hat ihm das Gericht von Amts wegen einen Verteidiger beizugeben, dessen Kosten er zu tragen hat (Amtsverteidiger), soweit nicht die Voraussetzungen des Abs. 2 erster Satz vorliegen.

(4) Die Beigebung eines Verfahrenshilfeverteidigers gilt, wenn das Gericht nicht im Einzelnen etwas anderes anordnet, für das gesamte weitere Verfahren bis zu dessen rechtskräftigem Abschluss sowie für ein allfälliges Verfahren auf Grund einer zur Wahrung des Gesetzes ergriffenen Nichtigkeitsbeschwerde oder eines Antrages auf Erneuerung des Strafverfahrens.

(BGBl I 2004/19)

Bestellung eines Verteidigers

§ 62. (1) Hat das Gericht die Beigebung eines Verteidigers beschlossen, so hat es den Ausschuss der nach seinem Sitz zuständigen Rechtsanwaltskammer zu benachrichtigen, damit dieser einen Rechtsanwalt zum Verteidiger bestelle. Dabei hat der Ausschuss Wünschen des Beschuldigten zur Auswahl der Person dieses Verteidigers im Einvernehmen mit dem namhaft gemachten Rechtsanwalt nach Möglichkeit zu entsprechen.

(2) In dringenden Fällen kann der Vorsteher des Gerichts auch bei Gericht tätige, zum Richteramt befähigte Personen mit ihrer Zustimmung zu Verteidigern bestellen.

(2a) Die Beigebung und Bestellung eines Verfahrenshilfeverteidigers hat unverzüglich, jedenfalls aber vor der nächstfolgenden Vernehmung des Beschuldigten, Tatrekonstruktion (§ 149 Abs. 1 Z 2, § 150) oder Gegenüberstellung (§ 163 StPO), zu der der Beschuldigte beigezogen wird, zu erfolgen. Vor deren Durchführung ist dem Verteidiger eine angemessene Vorbereitungsfrist zu gewähren, soweit nicht besondere Umstände befürchten lassen, dass weiteres Zuwarten den Zweck der Ermittlungen gefährden würde. *(BGBl I 2020/20)*

(3) Mehreren Beschuldigten kann ein gemeinsamer Verteidiger beigegeben und bestellt werden, es sei denn, dass ein Interessenskonflikt besteht oder einer der Beschuldigten oder der Verteidiger gesonderte Vertretung verlangt.

(4) Beigebung und Bestellung eines Verteidigers erlöschen jedenfalls mit dem Einschreiten eines bevollmächtigten Verteidigers (§ 58 Abs. 2).

(BGBl I 2004/19)

Fristenlauf

§ 63. (1) Wird dem Beschuldigten innerhalb der für die Ausführung eines Rechtsmittels oder für eine sonstige Prozesshandlung offen stehenden Frist ein Verteidiger nach § 61 Abs. 2 oder 3 beigegeben oder hat er den Beschuldigte vor Ablauf dieser Frist die Beigebung eines Verfahrenshilfeverteidigers beantragt, so beginnt die Frist ab dem Zeitpunkt neu zu laufen, ab welchem dem Verteidiger der Bescheid über seine Bestellung und das Aktenstück, das die Frist sonst in Lauf setzt, oder dem Beschuldigten der den Antrag abweisende Beschluss zugestellt wird.

(2) Wurde durch eine Zustellung an den Verteidiger eine Frist ausgelöst, so wird deren Lauf nicht dadurch unterbrochen oder gehemmt, dass die Vollmacht des Verteidigers zurückgelegt oder gekündigt wird. In diesem Fall hat der Verteidiger weiterhin die Interessen des Beschuldigten zu wahren und innerhalb der Frist erforderliche Prozesshandlungen nötigenfalls vorzunehmen, es sei denn, der Beschuldigte hätte ihm dies ausdrücklich untersagt.

(BGBl I 2004/19)

4. Abschnitt

Haftungsbeteiligte

Haftungsbeteiligte

§ 64. (1) Haftungsbeteiligte sind Personen, die für Geldstrafen, Geldbußen oder für die Kosten des Verfahrens haften, oder die, ohne selbst angeklagt zu sein, vom Verfall, vom erweiterten Verfall oder von der Einziehung einer Sache bedroht sind. Sie haben in der Hauptverhandlung und im Rechtsmittelverfahren, soweit es sich um die Entscheidung über diese vermögensrechtlichen Anordnungen handelt, die Rechte des Angeklagten. *(BGBl I 2010/108)*

(2) Haftungsbeteiligte können ihre Sache selbst führen oder sich vertreten lassen (§ 73).

(BGBl I 2004/19)

4. Hauptstück

Opfer und ihre Rechte

1. Abschnitt

Allgemeines

Definitionen

§ 65. Im Sinne dieses Gesetzes ist

1. „Opfer"

a) jede Person, die durch eine vorsätzlich begangene Straftat Gewalt oder gefährlicher Drohung ausgesetzt, in ihrer sexuellen Integrität und Selbstbestimmung beeinträchtigt oder deren persönliche Abhängigkeit durch eine solche Straftat ausgenützt worden sein könnte, *(BGBl I 2016/26)*

b) der Ehegatte, der eingetragene Partner, der Lebensgefährte, die Verwandten in gerader Linie, der Bruder oder die Schwester und sonstige Unterhaltsberechtigte einer Person, deren Tod durch eine Straftat herbeigeführt worden sein könnte, oder andere Angehörige, die Zeugen der Tat waren, *(BGBl I 2009/135; BGBl I 2016/26)*

c) jede andere Person, die durch eine Straftat einen Schaden erlitten haben oder sonst in ihren strafrechtlich geschützten Rechtsgütern beeinträchtigt worden sein könnte,

2. „Privatbeteiligter" jedes Opfer, das erklärt, sich am Verfahren zu beteiligen, um Ersatz für

den erlittenen Schaden oder die erlittene Beeinträchtigung zu begehren,

3. „Privatankläger" jede Person, die eine Anklage oder einen anderen Antrag auf Einleitung des Hauptverfahrens wegen einer nicht von Amts wegen zu verfolgenden Straftat bei Gericht einbringt (§ 71),

4. „Subsidiarankläger" jeder Privatbeteiligte, der eine von der Staatsanwaltschaft zurückgezogene Anklage aufrecht hält.

(BGBl I 2004/19)

2. Abschnitt

Opfer und Privatbeteiligte

Opferrechte

§ 66. (1) Opfer haben - unabhängig von ihrer Stellung als Privatbeteiligte - das Recht,

1. sich vertreten zu lassen (§ 73),

1a. eine schriftliche Bestätigung ihrer Anzeige zu erhalten (§ 80 Abs. 1), *(BGBl I 2016/26)*

1b. auf ehestmögliche Beurteilung ihrer besonderen Schutzbedürftigkeit (§ 66a), *(BGBl I 2016/26)*

2. Akteneinsicht zu nehmen (§ 68),

3. vor ihrer Vernehmung vom Gegenstand des Verfahrens und über ihre wesentlichen Rechte informiert zu werden (§ 70 Abs. 1),

4. vom Fortgang des Verfahrens verständigt zu werden (§§ 177 Abs. 5, 194, 197 Abs. 3, 206 und 208 Abs. 3), *(BGBl I 2007/93; BGBl I 2009/52)*

5. auf Übersetzungshilfe durch Dolmetschleistungen nach Maßgabe des Abs. 3, *(BGBl I 2013/195; BGBl I 2016/26)*

6. an einer kontradiktorischen Vernehmung von Zeugen und Beschuldigten (§ 165) und an einer Tatrekonstruktion (§ 150 Abs. 1) teilzunehmen, *(BGBl I 2009/52)*

7. während der Hauptverhandlung anwesend zu sein und Angeklagte, Zeugen und Sachverständige zu befragen sowie zu ihren Ansprüchen gehört zu werden,

8. die Fortführung eines durch die Staatsanwaltschaft eingestellten Verfahrens zu verlangen (§ 195 Abs. 1).

(2) *(entfällt, BGBl I 2020/148)*

(3) Übersetzungshilfe ist in sinngemäßer Anwendung der Bestimmungen des § 56 zu gewähren. Als wesentliche Aktenstücke, die auf Verlangen des Opfers zu übersetzen sind, gelten die schriftliche Bestätigung der Anzeige (§ 80 Abs. 1), die Verständigung von der Einstellung des Ermittlungsverfahrens und deren Begründung (§ 194 Abs. 2) sowie eine Ausfertigung des Urteils und der Strafverfügung (§ 491); bei der Prüfung der Erforderlichkeit tritt an Stelle der Erfor-

derlichkeit zur Wahrung der Verteidigungsrechte jene zur Wahrung der Rechte und Interessen des Opfers (§ 10). *(BGBl I 2016/26)*

(4) *(entfällt, BGBl I 2020/148)*

(BGBl I 2004/19)

Besondere Schutzbedürftigkeit von Opfern

§ 66a. (1) Opfer haben das Recht auf ehestmögliche Beurteilung und Feststellung ihrer besonderen Schutzbedürftigkeit nach Maßgabe ihres Alters, ihres seelischen und gesundheitlichen Zustands sowie der Art und konkreten Umstände der Straftat. Als besonders schutzbedürftig gelten jedenfalls Opfer, *(BGBl I 2019/105)*

1. die in ihrer sexuellen Integrität und Selbstbestimmung verletzt worden sein könnten, *(BGBl I 2019/105)*

2. zu deren Schutz ein Betretungs- und Annäherungsverbot zum Schutz vor Gewalt nach § 38a Abs. 1 SPG erteilt werden könnte, *(BGBl I 2019/105)*

3. die minderjährig (§ 74 Abs. 1 Z 3 StGB) sind. *(BGBl I 2019/105)*

(2) Besonders schutzbedürftige Opfer haben das Recht:

1. zu verlangen, im Ermittlungsverfahren nach Möglichkeit von einer Person des gleichen Geschlechts vernommen zu werden,

1a. zu verlangen, dass Dolmetschleistungen (§ 66 Abs. 3) bei Vernehmungen des Opfers im Ermittlungsverfahren und in der Hauptverhandlung nach Möglichkeit von einer Person des gleichen Geschlechts erbracht werden, *(BGBl I 2019/105)*

2. die Beantwortung von Fragen nach Einzelheiten der Straftat, deren Schilderung sie für unzumutbar halten, oder nach Umständen aus ihrem höchstpersönlichen Lebensbereich zu verweigern (§ 158 Abs. 1 Z 2 und 3, Abs. 2),

3. zu verlangen, im Ermittlungsverfahren und in der Hauptverhandlung auf schonende Weise vernommen zu werden (§§ 165, 250 Abs. 3), und zwar ein minderjähriges Opfer, das durch die dem Beschuldigten zur Last gelegte Straftat in seiner Geschlechtssphäre verletzt worden sein könnte, jedenfalls auf die in § 165 Abs. 3 beschriebene Art und Weise, gegebenenfalls durch einen Sachverständigen,

4. zu verlangen, die Öffentlichkeit der Hauptverhandlung auszuschließen (§ 229 Abs. 1),

5. unverzüglich von Amts wegen im Sinne der § 172 Abs. 4, § 177 Abs. 5, § 181a, § 431 Abs. 4 und § 434g Abs. 7 informiert zu werden, *(BGBl I 2022/223)*

6. zur Vernehmung eine Person ihres Vertrauens beizuziehen (§ 160 Abs. 2).

(3) Ist ein gesetzlicher Vertreter des minderjährigen Opfers der Straftat verdächtig oder überwie-

sen, besteht sonst die Gefahr eines Widerstreitens der Interessen des minderjährigen Opfers und seines gesetzlichen Vertreters oder kann dem minderjährigen Opfer im Strafverfahren kein gesetzlicher Vertreter beistehen, so ist beim Pflegschaftsgericht die Bestellung eines Kurators anzuregen.

(4) Einem Opfer, dem auf Antrag Rechte nach Abs. 2 nicht gewährt werden, sind die Gründe dafür mitzuteilen.

(BGBl I 2016/26)

Prozessbegleitung

§ 66b. (1) Auf ihr Verlangen ist

a) Opfern im Sinne des § 65 Z 1 lit. a oder b,

b) Opfern (§ 65 Z 1) terroristischer Straftaten (§ 278c StGB),

c) Opfern (§ 65 Z 1) von beharrlicher Verfolgung (§ 107a StGB), fortdauernder Belästigung im Wege einer Telekommunikation oder eines Computersystems (§ 107c StGB) und Verhetzung (§ 283 StGB),

d) Opfern (§ 65 Z 1) von übler Nachrede (§ 111 StGB), Vorwurf einer schon abgetanen gerichtlich strafbaren Handlung (§ 113 StGB), Beleidigung (§ 115 StGB) und Verleumdung (§ 297 StGB), wenn auf Grund bestimmter Anhaltspunkte angenommen werden kann, dass eine solche Tat im Wege einer Telekommunikation oder unter Verwendung eines Computersystems begangen wurde, und

e) Minderjährigen, die Zeugen von Gewalt im sozialen Nahraum (Gewalt in der Familie, Gewalt an Kindern) waren,

psychosoziale und juristische Prozessbegleitung zu gewähren, soweit dies zur Wahrung ihrer prozessualen Rechte unter größtmöglicher Bedachtnahme auf ihre persönliche Betroffenheit erforderlich ist. Opfern, die in ihrer sexuellen Integrität verletzt worden sein könnten und das vierzehnte Lebensjahr noch nicht vollendet haben, ist jedenfalls psychosoziale Prozessbegleitung zu gewähren.

(2) Psychosoziale Prozessbegleitung umfasst die Vorbereitung der Betroffenen auf das Verfahren und die mit ihm verbundenen emotionalen Belastungen sowie die Begleitung zu Vernehmungen im Ermittlungs- und Hauptverfahren, juristische Prozessbegleitung die rechtliche Beratung und Vertretung durch einen Rechtsanwalt.

(3) Die Bundesministerin für Justiz ist ermächtigt, bewährte geeignete Einrichtungen vertraglich zu beauftragen, den in Abs. 1 genannten Personen nach Prüfung der gesetzlichen Voraussetzungen Prozessbegleitung zu gewähren sowie durch Verordnung nähere Bestimmungen über die Voraussetzungen der Beauftragung solcher Einrichtungen und im Einvernehmen mit der Bundesministerin für Frauen und Integration im Bundes-

kanzleramt sowie der Bundesministerin für Arbeit, Familien und Jugend über Qualitätsstandards der Prozessbegleitung, insbesondere über die Ausund Weiterbildung von Prozessbegleitern, zu erlassen.

(BGBl I 2020/148)

Privatbeteiligung

§ 67. (1) Opfer haben das Recht, den Ersatz des durch die Straftat erlittenen Schadens oder eine Entschädigung für die Beeinträchtigung ihrer strafrechtlich geschützten Rechtsgüter zu begehren. Das Ausmaß des Schadens oder der Beeinträchtigung ist von Amts wegen festzustellen, soweit dies auf Grund der Ergebnisse des Strafverfahrens oder weiterer einfacher Erhebungen möglich ist. Wird für die Beurteilung einer Körperverletzung oder Gesundheitsschädigung ein Sachverständiger bestellt, so ist ihm auch die Feststellung der Schmerzperioden aufzutragen.

(2) Opfer werden durch Erklärung zu Privatbeteiligten. In der Erklärung haben sie, soweit dies nicht offensichtlich ist, ihre Berechtigung, am Verfahren mitzuwirken, und ihre Ansprüche auf Schadenersatz oder Entschädigung zu begründen.

(3) Eine Erklärung nach Abs. 2 ist bei der Kriminalpolizei oder bei der Staatsanwaltschaft, nach Einbringen der Anklage beim Gericht einzubringen. Sie muss längstens bis zum Schluss des Beweisverfahrens abgegeben werden; bis dahin ist auch die Höhe des Schadenersatzes oder der Entschädigung zu beziffern. Die Erklärung kann jederzeit zurückgezogen werden.

(4) Eine Erklärung ist zurückzuweisen, wenn

1. sie offensichtlich unberechtigt ist,

2. sie verspätet abgegeben wurde (Abs. 3) oder

3. die Höhe des Schadenersatzes oder der Entschädigung nicht rechtzeitig beziffert wurde.

(5) Die Zurückweisung einer Erklärung nach Abs. 4 obliegt der Staatsanwaltschaft, nach Einbringen der Anklage dem Gericht.

(6) Privatbeteiligte haben über die Rechte der Opfer (§ 66) hinaus das Recht,

1. die Aufnahme von Beweisen nach § 55 zu beantragen,

2. die Anklage nach § 72 aufrechtzuerhalten, wenn die Staatsanwaltschaft von ihr zurücktritt,

3. Beschwerde gegen die gerichtliche Einstellung des Verfahrens nach § 87 zu erheben,

4. zur Hauptverhandlung geladen zu werden und Gelegenheit zu erhalten, nach dem Schlussantrag der Staatsanwaltschaft ihre Ansprüche auszuführen und zu begründen,

5. Berufung wegen ihrer privatrechtlichen Ansprüche nach § 366 zu erheben.

(7) Privatbeteiligten ist - soweit ihnen nicht juristische Prozessbegleitung zu gewähren ist

(§ 66b) – Verfahrenshilfe durch unentgeltliche Beigebung eines Rechtsanwalts zu bewilligen, soweit die Vertretung durch einen Rechtsanwalt im Interesse der Rechtspflege, vor allem im Interesse einer zweckentsprechenden Durchsetzung ihrer Ansprüche zur Vermeidung eines nachfolgenden Zivilverfahrens erforderlich ist, und sie außerstande sind, die Kosten ihrer anwaltlichen Vertretung ohne Beeinträchtigung des notwendigen Unterhalts zu bestreiten. Als notwendiger Unterhalt ist derjenige anzusehen, den die Person für sich und ihre Familie, für deren Unterhalt sie zu sorgen hat, zu einer einfachen Lebensführung benötigt. Für die Beigebung und Bestellung eines solchen Vertreters gelten die Bestimmungen der § 61 Abs. 4, § 62 Abs. 1, 2 und 4 sowie § 63 Abs. 1 sinngemäß. *(BGBl I 2018/27; BGBl I 2020/148)*

(BGBl I 2004/19)

Akteneinsicht

§ 68. (1) Privatbeteiligte und Privatankläger sind zur Akteneinsicht berechtigt, soweit ihre Interessen betroffen sind; hiefür gelten die §§ 51, 52 Abs. 1, Abs. 2 Z 1, 3 und 4 sowie 53 sinngemäß. Im Übrigen darf die Akteneinsicht nur verweigert oder beschränkt werden, soweit durch sie der Zweck der Ermittlungen oder eine unbeeinflusste Aussage als Zeuge gefährdet wäre. *(BGBl I 2019/105)*

(2) Dieses Recht auf Akteneinsicht steht auch Opfern zu, die nicht als Privatbeteiligte am Verfahren mitwirken.

(3) Das Verbot der Veröffentlichung nach § 54 gilt für Opfer, Privatbeteiligte und Privatankläger sinngemäß.

(BGBl I 2004/19)

Privatrechtliche Ansprüche

§ 69. (1) Der Privatbeteiligte kann einen aus der Straftat abgeleiteten, auf Leistung, Feststellung oder Rechtsgestaltung gerichteten Anspruch gegen den Beschuldigten geltend machen. Die Gültigkeit einer Ehe oder eingetragenen Partnerschaft kann im Strafverfahren jedoch immer nur als Vorfrage (§ 15) beurteilt werden. *(BGBl I 2009/135)*

(2) Das Gericht hat im Hauptverfahren jederzeit einen Vergleich über privatrechtliche Ansprüche zu Protokoll zu nehmen. Es kann den Privatbeteiligten und den Beschuldigten auch auf Antrag oder von Amts wegen zu einem Vergleichsversuch laden und einen Vorschlag für einen Vergleich unterbreiten. Kommt ein Vergleich zustande, so sind dem Privatbeteiligten, der Staatsanwaltschaft und dem Beschuldigten Vergleichsausfertigungen auszufolgen.

(3) Im Fall einer Sicherstellung nach § 110 Abs. 1 Z 2 hat die Staatsanwaltschaft die Rückga-

be des Gegenstandes an das Opfer anzuordnen, wenn eine Beschlagnahme aus Beweisgründen nicht erforderlich ist und in die Rechte Dritter dadurch nicht eingegriffen wird.

(BGBl I 2004/19)

Recht auf Information

612

§ 70. (1) Sobald ein Ermittlungsverfahren geführt wird, hat die Kriminalpolizei oder die Staatsanwaltschaft Opfer über ihre wesentlichen Rechte (§§ 66 bis 67) zu informieren. Dies darf nur so lange unterbleiben, als besondere Umstände befürchten lassen, dass ansonsten der Zweck der Ermittlungen gefährdet wäre. Opfer im Sinn des § 65 Z 1 sind spätestens im Zeitpunkt ihrer Vernehmung darüber zu informieren, dass sie berechtigt sind, auf Antrag unverzüglich von

1. der Freilassung des Beschuldigten (§ 172 Abs. 4, § 177 Abs. 5),

2. der Flucht des in der Untersuchungshaft befindlichen Beschuldigten und seiner Wiederergreifung (§ 181a),

3. der Flucht und Wiederergreifung des Geflohenen (§ 106 Abs. 4 StVG) sowie

4. dem ersten unbewachten Verlassen der Anstalt oder der bevorstehenden oder erfolgten Entlassung des Strafgefangenen (§ 149 Abs. 5 StVG)

verständigt zu werden. § 50 Abs. 2 gilt sinngemäß. *(BGBl I 2016/26; BGBl I 2019/105)*

(2) Spätestens vor ihrer ersten Vernehmung sind Opfer im Sinn des § 66b Abs. 1 lit. a bis d überdies über die Voraussetzungen der Prozessbegleitung und besonders schutzbedürftige Opfer über ihre Rechte nach § 66a zu informieren. *(BGBl I 2016/26; BGBl I 2019/105; BGBl I 2020/148)*

(3) Nach erfolgter Belehrung kann das Opfer in jeder Lage des Verfahrens erklären, auf weitere Verständigungen und Ladungen zu verzichten, in welchem Fall von einer weiteren Beteiligung des Opfers am Verfahren Abstand zu nehmen ist. *(BGBl I 2012/35; BGBl I 2016/26; BGBl I 2019/105)*

(BGBl I 2004/19)

44/1 J44   ### 3. Abschnitt

Privatankläger und Subsidiarankläger

612
390   ##### Privatankläger   281/1/9C

§ 71. (1) Strafbare Handlungen, deren Begehung nur auf Verlangen des Opfers zu verfolgen sind, bezeichnet das Gesetz. Zur Ausforschung des Beschuldigten einer Straftat wegen übler Nachrede (§ 111 StGB), Vorwurf einer schon abgetanen gerichtlich strafbaren Handlung (§ 113 StGB) oder Beleidigung (§ 115 StGB), die im Wege einer Telekommunikation oder unter Verwendung eines Computersystems begangen wurden, kann das Opfer bei Gericht (§ 31 Abs. 1 Z 6) einen Antrag auf Anordnungen nach § 76a oder § 135 Abs. 2 Z 2 stellen, der den Erfordernissen eines Beweisantrags (§ 55) zu entsprechen hat. Das Opfer hat die Berechtigung zur Antragstellung, soweit sie nicht offensichtlich ist, in der Begründung darzulegen. Das Gericht hat über die Anordnung der beantragten Ermittlungsmaßnahmen nach den dafür maßgeblichen Bestimmungen zu entscheiden. § 104 Abs. 1 letzter Satz und § 210 Abs. 3 zweiter Satz gelten sinngemäß.

(2) Im Falle seiner Ausforschung hat das Gericht dem Beschuldigten den Beschluss nach Abs. 1 unverzüglich zuzustellen und ihn über sein Recht, Beschwerde (§ 87) zu erheben, zu informieren. Sobald der Beschluss gegenüber dem Beschuldigten rechtskräftig geworden ist, hat das Gericht die ermittelten Daten nach § 76a oder das in Schriftform übertragene Ergebnis (§ 134 Z 5) dem Opfer mitzuteilen. Andernfalls ist das Opfer zu informieren, dass die Ausforschung des Beschuldigten nicht möglich war oder die Mitteilung der Daten nicht zulässig ist.

(3) Das Hauptverfahren wegen in Abs. 1 genannter Straftaten wird auf Grund einer Privatanklage, die den Erfordernissen einer Anklageschrift (§ 211) zu entsprechen hat, oder eines selbstständigen Antrags des Privatanklägers auf Erlassung vermögensrechtlicher Anordnungen nach § 445 durchgeführt. Privatanklagen sind beim zuständigen Gericht, im Fall einer Antragstellung nach Abs. 1 binnen sechs Wochen ab Auskunftserteilung nach Abs. 2 zweiter Satz, einzubringen. Die Berechtigung zur Privatanklage und allfällige privatrechtliche Ansprüche sind, soweit sie nicht offensichtlich sind, in der Begründung darzulegen. Gleiches gilt für einen selbstständigen Antrag auf Erlassung vermögensrechtlicher Anordnungen nach § 445.

(4) In den Fällen des § 117 Abs. 2 und 3 StGB ist das Opfer dann zur Privatanklage berechtigt, wenn es oder seine vorgesetzte Stelle die Ermächtigung zur Strafverfolgung nicht erteilt oder zurückzieht (§ 92). Zur Anklage nicht berechtigt ist, wer ausdrücklich darauf verzichtet oder die Begehung der strafbaren Handlung verziehen hat. § 57 und § 58 StGB bleiben unberührt.

(5) Verspätete (Abs. 3) Privatanklagen und selbstständige Anträge auf Erlassung vermögensrechtlicher Anordnungen nach § 445 hat das Gericht mit Beschluss zurückzuweisen und im Übrigen die Privatanklage oder den Antrag auf Erlassung vermögensrechtlicher Anordnungen nach § 445 dem Angeklagten oder Antragsgegner und den Haftungsbeteiligten mit der Information zuzustellen, dass sie berechtigt sind, sich dazu binnen 14 Tagen zu äußern. Danach hat das Gericht, soweit es nicht nach § 451 oder § 485 vorgeht, die Hauptverhandlung anzuberaumen.

(6) Im Hauptverfahren hat der Privatankläger grundsätzlich die gleichen Rechte wie die Staatsanwaltschaft; Zwangsmaßnahmen zu beantragen ist er jedoch nur insofern berechtigt, als dies zur Sicherung von Beweisen oder vermögensrechtlichen Anordnungen erforderlich ist. Die im 9. Hauptstück geregelten Zwangsmaßnahmen zu beantragen, ist er nicht berechtigt.

(7) Kommt der Privatankläger nicht zur Hauptverhandlung oder stellt er nicht die erforderlichen Anträge, so wird angenommen, dass er auf die Verfolgung verzichtet habe. In diesen Fällen ist das Verfahren durch Beschluss einzustellen.

(BGBl I 2004/19; BGBl I 2020/148)

Subsidiarankläger

§ 72. (1) Privatbeteiligte sind berechtigt, die Anklage als Subsidiarankläger aufrecht zu erhalten, wenn die Staatsanwaltschaft von der Anklage zurücktritt. Zum Subsidiarankläger wird der Privatbeteiligte durch die Erklärung, die Anklage aufrecht zu erhalten; das Opfer hat zuvor überdies zu erklären, am Verfahren als Privatbeteiligter mitzuwirken.

(2) Tritt die Staatsanwaltschaft in der Hauptverhandlung von der Anklage zurück, so ist eine Erklärung nach Abs. 1 sogleich abzugeben. Erfolgt dies nicht, ist der Privatbeteiligte zur Hauptverhandlung trotz ordnungsgemäßer Ladung nicht erschienen oder unterlässt er es, in der Hauptverhandlung zur Aufrechterhaltung der Anklage erforderliche Anträge zu stellen, so ist der Angeklagte freizusprechen (§ 259 Z 2). *(BGBl I 2007/93)*

(3) Tritt die Staatsanwaltschaft außerhalb der Hauptverhandlung von der Anklage zurück, so hat das Gericht den Privatbeteiligten zu verständigen, der seine Erklärung binnen einem Monat abgeben kann. Gleiches gilt, wenn der Privatbeteiligte, ohne darauf verzichtet zu haben, zur Hauptverhandlung nicht geladen wurde oder seine Ladung nicht ausgewiesen ist. Sofern er dies nicht tut, wird angenommen, dass er die Verfolgung nicht aufrecht halte. In diesem Fall ist das Verfahren mit Beschluss einzustellen. *(BGBl I 2007/93)*

(4) Der Subsidiarankläger hat im Hauptverfahren die gleichen Rechte wie der Privatankläger. Rechtsmittel gegen Urteile stehen ihm jedoch nur soweit zu, als der Privatbeteiligte sie zu erheben berechtigt ist. Die Staatsanwaltschaft kann sich jederzeit über den Gang des Verfahrens informieren und die Anklage wieder an sich ziehen; in diesem Fall stehen dem Subsidiarankläger wieder die Rechte des Privatbeteiligten zu.

(BGBl I 2004/19)

4. Abschnitt
Vertreter

Vertreter

§ 73. Vertreter stehen Haftungsbeteiligten, Opfern, Privatbeteiligten, Privatanklägern und Subsidiaranklägern beratend und unterstützend zur Seite. Sie üben, soweit in diesem Gesetz nichts anderes bestimmt wird, die Verfahrensrechte aus, die den Vertretenen zustehen. Als Vertreter kann eine zur Ausübung der Rechtsanwaltschaft berechtigte, eine nach § 25 Abs. 3 SPG anerkannte Opferschutzeinrichtung oder eine sonst geeignete Person bevollmächtigt werden.

(BGBl I 2004/19)

5. Hauptstück
Gemeinsame Bestimmungen

1. Abschnitt
Einsatz der Informationstechnik

Verarbeitung personenbezogener Daten

§ 74. (1) Kriminalpolizei, Staatsanwaltschaft und Gericht dürfen im Rahmen ihrer Aufgaben die hierfür erforderlichen personenbezogenen Daten verarbeiten. Soweit zum Verarbeiten personenbezogener Daten nichts anderes bestimmt wird, finden die Bestimmungen des Datenschutzgesetzes – DSG, BGBl. I Nr. 165/1999, Anwendung. *(BGBl I 2018/32)*

(2) Kriminalpolizei, Staatsanwaltschaft und Gericht haben beim Verarbeiten personenbezogener Daten den Grundsatz der Gesetz- und Verhältnismäßigkeit (§ 5) zu beachten. Jedenfalls haben sie schutzwürdige Interessen der betroffenen Personen an der Geheimhaltung zu wahren und vertraulicher Behandlung personenbezogener Daten Vorrang einzuräumen. Bei der Verarbeitung besonderer Kategorien (§ 39 DSG) und strafrechtlich relevanter personenbezogener Daten haben sie angemessene Vorkehrungen zur Wahrung der Geheimhaltungsinteressen der betroffenen Personen zu treffen. *(BGBl I 2018/32)*

(BGBl I 2004/19)

Berichtigen, Löschen und Sperren personenbezogener Daten

§ 75. (1) Unrichtige, unvollständige oder entgegen den Bestimmungen dieses Gesetzes ermittelte personenbezogene Daten sind von Amts wegen oder auf Antrag der betroffenen Person unverzüglich richtig zu stellen, zu vervollständigen oder zu löschen. Behörden und Gerichte sind von der Berichtigung oder Löschung jener personenbezogenen Daten zu verständigen, die ihnen zuvor übermittelt worden sind (§ 76 Abs. 4). Überdies sind von der Berichtigung jene Behör-

den und öffentlichen Dienststellen des Bundes, der Länder und der Gemeinden sowie andere durch Gesetz eingerichtete Körperschaften und Anstalten des öffentlichen Rechts zu verständigen, von denen die zu berichtigenden Daten stammen. *(BGBl I 2018/32)*

(2) Im Übrigen ist ein Zugriff auf Namensverzeichnisse zu unterbinden, und zwar

1. im Fall einer Verurteilung längstens nach Ablauf von zehn Jahren ab dem Zeitpunkt, ab dem die Strafe vollzogen wurde, wenn jedoch eine Strafe nicht ausgesprochen oder bedingt nachgesehen wurde, ab der Verurteilung,

2. im Fall eines Freispruchs, einer Einstellung des Verfahrens oder eines (endgültigen) Rücktritts von Verfolgung längstens nach Ablauf von zehn Jahren ab der Entscheidung.

(3) Nach sechzig Jahren ab den in Abs. 2 angeführten Zeitpunkten sind alle personenbezogenen Daten im direkten Zugriff zu löschen. *(BGBl I 2018/32)*

(4) Personenbezogene Daten, die ausschließlich auf Grund einer Identitätsfeststellung (§ 118), einer körperlichen Untersuchung (§ 124) oder einer molekulargenetischen Analyse (§ 124) gewonnen wurden, dürfen nur solange verarbeitet werden, als wegen der Art der Ausführung der Tat, der Persönlichkeit der betroffenen Person oder auf Grund sonstiger Umstände zu befürchten ist, dass diese Person eine strafbare Handlung mit nicht bloß leichten Folgen begehen werde. Wird der Angeklagte rechtskräftig freigesprochen oder das Ermittlungsverfahren ohne Vorbehalt späterer Verfolgung eingestellt, so sind diese personenbezogenen Daten zu löschen. Die §§ 73 und 74 SPG bleiben hievon unberührt. *(BGBl I 2018/32)*

(5) *(aufgehoben, BGBl I 2014/71)*

(BGBl I 2004/19)

2. Abschnitt
Amts- und Rechtshilfe, Akteneinsicht

Amts- und Rechtshilfe

§ 76. (1) Kriminalpolizei, Staatsanwaltschaften und Gerichte sind zur Wahrnehmung ihrer Aufgaben nach diesem Gesetz berechtigt, die Unterstützung aller Behörden und öffentlichen Dienststellen des Bundes, der Länder und der Gemeinden sowie anderer durch Gesetz eingerichteter Körperschaften und Anstalten des öffentlichen Rechts unmittelbar in Anspruch zu nehmen. Solchen Ersuchen ist ehest möglich zu entsprechen oder es sind entgegen stehende Hindernisse unverzüglich bekannt zu geben. Erforderlichenfalls ist Akteneinsicht zu gewähren.

(2) Ersuchen von kriminalpolizeilichen Behörden, Staatsanwaltschaften und Gerichten, die sich auf Straftaten einer bestimmten Person beziehen, dürfen mit dem Hinweis auf bestehende gesetzli-

StPO

che Verpflichtungen zur Verschwiegenheit oder darauf, dass es sich um automationsunterstützt verarbeitete personenbezogene Daten handelt, nur dann abgelehnt werden, wenn entweder diese Verpflichtungen ausdrücklich auch gegenüber Strafgerichten auferlegt sind oder wenn der Beantwortung überwiegende öffentliche Interessen entgegenstehen, die im Einzelnen anzuführen und zu begründen sind.

(2a) Wird einem Ersuchen einer Staatsanwaltschaft um Amts- oder Rechtshilfe von einem ersuchten Gericht nicht oder nicht vollständig entsprochen, so hat das dem ersuchten Gericht übergeordnete Oberlandesgericht auf Antrag der Staatsanwaltschaft ohne vorhergehende mündliche Verhandlung über die Rechtmäßigkeit der unterlassenen Amts- oder Rechtshilfe oder über den sonstigen Gegenstand der Meinungsverschiedenheit zu entscheiden. *(BGBl I 2007/93)*

(3) Auf den Verkehr mit ausländischen Behörden sind völkerrechtliche Verträge, das Auslieferungs- und Rechtshilfegesetz, das Bundesgesetz über die justizielle Zusammenarbeit in Strafsachen mit den Mitgliedstaaten der Europäischen Union sowie das Polizeikooperationsgesetz anzuwenden.

(4) Eine Übermittlung personenbezogener Daten, die nach diesem Gesetz ermittelt wurden, darf nur an Behörden und Gerichte auf Grund einer ausdrücklichen gesetzlichen Ermächtigung sowie nur dann vorgenommen werden, wenn die Verwendung dieser Daten in einem Strafverfahren als Beweis zulässig ist. Sie hat zu unterbleiben, wenn

1. die mit der Übermittlung verfolgten Zwecke nicht im gesetzlichen Zuständigkeitsbereich der ersuchenden Behörden und Gerichte liegen oder

2. im Einzelfall schutzwürdige Geheimhaltungsinteressen (§ 1 Abs. 1 DSG) die mit der Übermittlung verfolgten Zwecke überwiegen, insbesondere wenn es sich um personenbezogene Daten handelt, die durch eine körperliche Untersuchung, eine molekulargenetische Untersuchung (§§ 123 und 124) oder eine Ermittlungsmaßnahme nach dem 4. bis 6. Abschnitt des 8. Hauptstücks ermittelt worden sind, oder eine Übermittlung den Zweck der Ermittlungen gefährden würde. *(BGBl I 2014/71; BGBl I 2019/105)*

(5) Vom Beginn und von der Beendigung eines Strafverfahrens gegen Beamte ist die Dienstbehörde zu verständigen.

(6) Kriminalpolizei, Staatsanwaltschaften und Gerichte sind zum Zweck der Vorbeugung einer mit beträchtlicher Strafe bedrohten Handlung (§ 17 SPG) gegen Leben, Gesundheit, Freiheit oder Sittlichkeit berechtigt, nach diesem Gesetz ermittelte personenbezogene Daten, die zulässig in einem Strafverfahren Verwendung finden können, an die Teilnehmer einer sicherheitspolizeilichen Fallkonferenz (§ 22 Abs. 2 SPG) zu

übermitteln. Dies hat jedenfalls dann zu unterbleiben, wenn im Einzelfall schutzwürdige Geheimhaltungsinteressen (§ 1 Abs. 1 DSG) die mit der Übermittlung verfolgten Zwecke überwiegen. *(BGBl I 2019/105)*

(BGBl I 2004/19)

Auskunft über Stamm- und Zugangsdaten

§ 76a. (1) Anbieter von Kommunikationsdiensten und sonstige Diensteanbieter (§ 3 Z 2 ECG) sind auf Ersuchen von kriminalpolizeilichen Behörden, Staatsanwaltschaften und Gerichten, die sich auf die Aufklärung des konkreten Verdachts einer Straftat einer bestimmten Person beziehen, zur Auskunft über Stammdaten eines Nutzers (§ 181 Abs. 9 Telekommunikationsgesetz – TKG 2021, BGBl. I Nr. 190/2021) oder Nutzers eines sonstigen Dienstes (§ 3 Z 4 ECG) verpflichtet. *(BGBl I 2020/148; BGBl I 2021/190)*

(2) Gleiches gilt auf Anordnung der Staatsanwaltschaft (§ 102) für die Auskunft über folgende in § 167 Abs. 5 Z 2 TKG 2021 erwähnte Daten des Inhabers der betroffenen technischen Einrichtung: *(BGBl I 2021/190)*

1. Name, Anschrift und Nutzerkennung des Nutzers, dem eine öffentliche IP-Adresse zu einem bestimmten Zeitpunkt unter Angabe der zugrunde liegenden Zeitzone zugewiesen war, es sei denn, dass diese Zuordnung eine größere Zahl von Teilnehmern erfassen würde; *(BGBl I 2021/190)*

2. die bei Verwendung von E-Mail Diensten dem Nutzer zugewiesene Nutzerkennung; *(BGBl I 2021/190)*

3. Name und Anschrift des Nutzers, dem eine E-Mail-Adresse zu einem bestimmten Zeitpunkt zugewiesen war, und *(BGBl I 2021/190)*

4. die E-Mail-Adresse und die öffentliche IP-Adresse des Absenders einer E-Mail.

Die Bestimmungen der §§ 138 Abs. 5 und 139 gelten für diese Anordnung sinngemäß.

(BGBl I 2011/33)

Akteneinsicht

§ 77. (1) Im Falle begründeten rechtlichen Interesses haben Staatsanwaltschaften und Gerichte auch außer den in diesem Gesetz besonders bezeichneten Fällen Einsicht in die ihnen vorliegenden Ergebnisse eines Ermittlungs- oder Hauptverfahrens zu gewähren, soweit dem nicht überwiegende öffentliche oder private Interessen entgegenstehen.

(2) Zum Zweck einer nicht personenbezogenen Auswertung für wissenschaftliche oder historische Forschungszwecke, statistische Zwecke oder vergleichbare, im öffentlichen Interesse liegende Untersuchungen können die Staatsanwaltschaften, die Leiter der Gerichte und das Bundesministeri-

um für Verfassung, Reformen, Deregulierung und Justiz auf Ersuchen der Leiter anerkannter wissenschaftlicher Einrichtungen die Übermittlung personenbezogener Daten durch Erteilung von Auskünften, Einsicht in Akten eines Verfahrens und Herstellung von Abschriften (Ablichtungen) bewilligen, soweit

1. eine Pseudonymisierung personenbezogener Daten nicht oder nur mit einem unverhältnismäßigen Aufwand möglich ist und

2. das öffentliche Interesse an der Forschungsarbeit das schutzwürdige Geheimhaltungsinteresse der betroffenen Personen (§ 1 Abs. 1 DSG) erheblich überwiegt.

§§ 43 und 44 DSG sind nicht anwendbar. *(BGBl I 2018/32)*

(3) § 54 ist sinngemäß anzuwenden.

(BGBl I 2004/19)

3. Abschnitt
Anzeigepflicht, Anzeige- und Anhalterecht

Anzeigepflicht

§ 78. (1) Wird einer Behörde oder öffentlichen Dienststelle der Verdacht einer Straftat bekannt, die ihren gesetzmäßigen Wirkungsbereich betrifft, so ist sie zur Anzeige an Kriminalpolizei oder Staatsanwaltschaft verpflichtet.

(2) Eine Pflicht zur Anzeige nach Abs. 1 besteht nicht,

1. wenn die Anzeige eine amtliche Tätigkeit beeinträchtigen würde, deren Wirksamkeit eines persönlichen Vertrauensverhältnisses bedarf, oder

2. wenn und solange hinreichende Gründe für die Annahme vorliegen, die Strafbarkeit der Tat werde binnen kurzem durch schadensbereinigende Maßnahmen entfallen.

(3) Die Behörde oder öffentliche Dienststelle hat jedenfalls alles zu unternehmen, was zum Schutz des Opfers oder anderer Personen vor Gefährdung notwendig ist; erforderlichenfalls ist auch in den Fällen des Abs. 2 Anzeige zu erstatten.

(BGBl I 2004/19)

§ 79. Soweit eine gesetzliche Anzeigepflicht besteht, sind der Kriminalpolizei, den Staatsanwaltschaften und den Gerichten zur Aufklärung einer Straftat einer bestimmten Person von Amts wegen oder auf Grund von Ersuchen Ablichtungen der Akten und sonstigen schriftlichen Aufzeichnungen zu übermitteln oder Akteneinsicht zu gewähren. Eine Berufung auf bestehende gesetzliche Verschwiegenheitspflichten ist insoweit unzulässig.

(BGBl I 2004/19)

Anzeige- und Anhalterecht

§ 80. (1) Wer von der Begehung einer strafbaren Handlung Kenntnis erlangt, ist zur Anzeige an Kriminalpolizei oder Staatsanwaltschaft berechtigt. Einem Opfer (§ 65 Z 1), das Anzeige erstattet hat, ist eine schriftliche Bestätigung der Anzeige gebührenfrei auszufolgen. *(BGBl I 2019/105)*

(2) Wer auf Grund bestimmter Tatsachen annehmen kann, dass eine Person eine strafbare Handlung ausführe, unmittelbar zuvor ausgeführt habe oder dass wegen der Begehung einer strafbaren Handlung nach ihr gefahndet werde, ist berechtigt, diese Person auf verhältnismäßige Weise anzuhalten, jedoch zur unverzüglichen Anzeige an das nächst erreichbare Organ des öffentlichen Sicherheitsdienstes verpflichtet.

(BGBl I 2004/19)

4. Abschnitt
Bekanntmachung, Zustellung und Fristen

Bekanntmachung

§ 81. (1) Die Bekanntmachung von Erledigungen des Gerichts und der Staatsanwaltschaft hat durch mündliche Verkündung, durch Zustellung einer Ausfertigung (§ 79 GOG), durch Telefax oder im elektronischen Rechtsverkehr nach Maßgabe des § 89a GOG zu erfolgen.

(2) Mündliche Verkündungen sind zu protokollieren. Jeder Person, der mündlich verkündet wurde, ist der Inhalt der Erledigung auf Verlangen schriftlich oder elektronisch zu übermitteln.

(3) Der Staatsanwaltschaft und dem Gericht können die Akten zur Einsicht in die Erledigung übermittelt werden. In diesem Fall hat die Staatsanwaltschaft oder das Gericht den Tag des Einlangens der Akten und den Tag der Einsichtnahme nachvollziehbar in den Akten zu beurkunden.

(BGBl I 2004/19)

Zustellung

§ 82. (1) Soweit in diesem Gesetz nichts anderes bestimmt wird, gelten für Zustellungen das Zustellgesetz, BGBl. Nr. 200/1982, und die §§ 87, 89, 91 und 100 der Zivilprozessordnung sinngemäß.

(2) Die §§ 8, 9 Abs. 2 erster Satz und Abs. 3 sowie 10 des Zustellgesetzes und § 98 ZPO sind außer im Fall des § 180 Abs. 4 nur auf Subsidiarankläger, Privatankläger, Opfer, Privatbeteiligte, Haftungsbeteiligte und auf Bevollmächtigte dieser Personen anzuwenden. *(BGBl I 2007/93; BGBl I 2009/52)*

(3) Zustellungen haben durch unmittelbare Übergabe oder durch Zustelldienste (§ 2 Zustellgesetz) zu erfolgen. Die Kriminalpolizei ist nur dann um eine Zustellung zu ersuchen, wenn dies

im Interesse der Strafrechtspflege unbedingt erforderlich ist. *(BGBl I 2007/109)*

(BGBl I 2004/19)

Arten der Zustellung

§ 83. (1) Soweit im Einzelnen nichts anderes bestimmt wird, ist die Zustellung ohne Zustellnachweis vorzunehmen. *(BGBl I 2010/111)*

(2) Eine Übermittlung durch Telefax, im elektronischen Rechtsverkehr nach Maßgabe des § 89a GOG oder durch elektronische Zustelldienste nach den Bestimmungen des 3. Abschnitts des Zustellgesetzes ist einer Zustellung mit Zustellnachweis gleichzuhalten. Durch Telefax übermittelte Dokumente gelten als zugestellt, sobald seine Daten in den elektronischen Verfügungsbereich des Empfängers gelangt sind. Im Zweifel sind die Tatsache und der Zeitpunkt des Einlangens von Amts wegen festzustellen. Die Zustellung gilt nicht als bewirkt, wenn sich ergibt, dass der Empfänger oder dessen Vertreter im Sinne des § 13 Abs. 3 ZustG wegen Abwesenheit von der Abgabestelle nicht rechtzeitig vom Zustellvorgang Kenntnis erlangen konnte, doch wird die Zustellung mit dem der Rückkehr an die Abgabestelle folgenden Tag wirksam. *(BGBl I 2007/109; BGBl I 2010/111)*

(3) Ladungen und Aufforderungen, deren Befolgung durch Beugemittel oder auf andere Weise durchgesetzt werden kann, Erledigungen, deren Zustellung die Frist zur Einbringung eines Rechtsmittels oder eines Rechtsbehelfs an das Gericht auslöst, sowie Ladungen von Privatbeteiligten, Privatanklägern und Subsidiaranklägern zur Hauptverhandlung sind zu eigenen Handen (§ 21 des Zustellgesetzes) zuzustellen. Verteidigern und Rechtsanwälten kann anstatt zu eigenen Handen immer auch mit Zustellnachweis (§§ 13 bis 20 des Zustellgesetzes) zugestellt werden.

(4) Soweit der Beschuldigte oder ein anderer Beteiligter des Verfahrens durch einen Verteidiger oder eine andere Person vertreten wird, ist diesem Verteidiger oder Vertreter zuzustellen. Die Ladung zur Hauptverhandlung in erster Instanz, die Abwesenheitsurteil sowie Verständigungen und Mitteilungen nach den §§ 200 Abs. 4, 201 Abs. 1 und 4 sowie 203 Abs. 1 und 3 sind dem Angeklagten oder Beschuldigten jedoch immer selbst und zu eigenen Handen zuzustellen.

(5) Opfern kann durch öffentliche Bekanntmachung zugestellt werden, soweit die Voraussetzungen des § 25 des Zustellgesetzes vorliegen oder schon deren Ausforschung oder die Aufforderung zur Namhaftmachung eines Zustellungsbevollmächtigten (§ 82 Abs. 2) einen dem Beschleunigungsgebot (§ 9) widerstreitenden Verfahrensaufwand bedeuten würde. Die Bekanntmachung ist in die Ediktsdatei (§ 89j Abs. 1 GOG) aufzuneh-men, wodurch die Zustellung als bewirkt gilt. *(BGBl I 2009/52)*

(BGBl I 2004/19)

Fristen

§ 84. (1) Soweit im Einzelnen nichts anderes bestimmt wird, gilt für die Berechnung der in diesem Gesetz normierten Fristen Folgendes:

1. Fristen können nicht verlängert werden,

2. Tage des Postlaufs sind in die Frist nicht einzurechnen,

3. der Tag, von dem ab die Frist zu laufen hat, zählt nicht,

4. nach Stunden bestimmte Fristen sind von Moment zu Moment zu berechnen,

5. Samstage, Sonntage, gesetzliche Feiertage und der Karfreitag sind ohne Einfluss auf Beginn und Lauf einer Frist; endet eine Frist an einem solchen Tag, so gilt der nächste Werktag als letzter Tag der Frist.

(2) Soweit im Einzelnen nichts anderes bestimmt wird, können Rechtsmittel, Rechtsbehelfe und alle sonstigen Eingaben an die Kriminalpolizei, die Staatsanwaltschaft oder das Gericht schriftlich, per Telefax oder im elektronischen Rechtsverkehr (§ 89a GOG) eingebracht werden. Sofern sie an eine Frist gebunden sind, sind sie auch dann rechtzeitig, wenn sie innerhalb dieser Frist bei der Behörde eingebracht werden, die darüber zu entscheiden hat. Die näheren Vorschriften über die geschäftliche Behandlung solcher Eingaben werden durch Verordnung geregelt. *(BGBl I 2010/111)*

(BGBl I 2004/19)

5. Abschnitt

Beschlüsse und Beschwerden

Allgemeines

§ 85. Soweit im Einzelnen nicht etwas anderes bestimmt wird, gelten für Erledigungen von Anträgen gemäß § 101 Abs. 2, gerichtliche Beschlüsse (§ 35) und dagegen erhobene Beschwerden sowie das dabei einzuhaltende Verfahren die Bestimmungen dieses Abschnitts.

(BGBl I 2004/19)

Beschlüsse

§ 86. (1) Ein Beschluss hat Spruch, Begründung und Rechtsmittelbelehrung zu enthalten. Der Spruch hat die Anordnung, Bewilligung oder Feststellung des Gerichts sowie die darauf bezogenen gesetzlichen Bestimmungen zu enthalten. Ein Beschluss über einen Einspruch oder einen Antrag hat darüber hinaus auszusprechen, ob und in welchem Umfang dem Begehren stattgegeben wird. In der Begründung sind die tatsächlichen Feststellungen und die rechtlichen Überlegungen auszuführen, die der Entscheidung zugrundegelegt werden. Die Rechtsmittelbelehrung hat die Mitteilung zu enthalten, ob ein Rechtsmittel zusteht, welchen Förmlichkeiten es zu genügen hat und innerhalb welcher Frist und wo es einzubringen ist.

(2) Jeder Beschluss ist schriftlich auszufertigen und den zur Beschwerde Berechtigten (§ 87) zuzustellen. Ein Beschluss, mit dem das Verfahren eingestellt wird, ist überdies der Kriminalpolizei und dem Privatbeteiligten zu übermitteln. *(BGBl I 2007/93)*

(3) Ausfertigung und Zustellung eines Beschlusses, der nach dem Gesetz mündlich zu verkünden ist, können unterbleiben, wenn die Berechtigten sogleich nach der Verkündung auf Beschwerde verzichten. In diesem Fall und soweit das Gesetz die Verkündung des Beschlusses in der Hauptverhandlung vorsieht, jedoch ein selbstständiges, die weitere Verhandlung hemmendes Rechtsmittel dagegen nicht zulässt, ist der wesentliche Inhalt des Beschlusses im Protokoll zu beurkunden. *(BGBl I 2007/93)*

(BGBl I 2004/19)

Beschwerden

§ 87. (1) Gegen gerichtliche Beschlüsse steht der Staatsanwaltschaft, dem Beschuldigten, soweit dessen Interessen unmittelbar betroffen sind, und jeder anderen Person, der durch den Beschluss unmittelbar Rechte verweigert werden oder Pflichten entstehen oder die von einem Zwangsmittel betroffen ist, gegen einen Beschluss, mit dem das Verfahren eingestellt wird, auch dem Privatbeteiligten Beschwerde an das Rechtsmittelgericht zu, soweit das Gesetz im Einzelnen nichts anderes bestimmt.

(2) Der Staatsanwaltschaft steht auch Beschwerde zu, wenn ihre Anträge gemäß § 101 Abs. 2 nicht erledigt wurden. Überdies steht jeder Person Beschwerde zu, die behauptet, durch das Gericht im Rahmen einer Beweisaufnahme in einem subjektiven Recht (§ 106 Abs. 1) verletzt worden zu sein.

(3) Aufschiebende Wirkung hat eine Beschwerde nur dann, wenn das Gesetz dies ausdrücklich vorsieht.

(BGBl I 2004/19)

Verfahren über Beschwerden

§ 88. (1) Die Beschwerde hat den Beschluss, Antrag oder Vorgang, auf den sie sich bezieht, anzuführen und anzugeben, worin die Verletzung des Rechts bestehen soll. Sie ist binnen vierzehn Tagen ab Bekanntmachung oder ab Kenntnis der Nichterledigung oder Verletzung des subjektiven Rechts schriftlich oder auf elektronischem Weg beim Gericht einzubringen oder im Fall der

mündlichen Verkündung zu Protokoll zu geben. *(BGBl I 2010/111)*

(2) Eine Beschwerde gegen einen Beschluss, mit dem eine Anordnung der Staatsanwaltschaft im Ermittlungsverfahren bewilligt wird, ist bei der Staatsanwaltschaft einzubringen. Die Staatsanwaltschaft hat die Beschwerde mit einer allfälligen Stellungnahme unverzüglich an das Gericht weiterzuleiten.

(3) Die Beschwerde ist dem Rechtsmittelgericht ohne Verzug mit dem Akt vorzulegen. Der Gang des Verfahrens darf dadurch nicht aufgehalten werden; erforderlichenfalls sind Kopien jener Aktenteile, die zur Fortführung des Verfahrens erforderlich sind, zurückzubehalten.

(4) Eine Beschwerde, die innerhalb der Frist beim Rechtsmittelgericht oder im Fall des Abs. 1 bei der Staatsanwaltschaft, im Fall des Abs. 2 beim Gericht eingebracht wird, gilt als rechtzeitig.

(BGBl I 2004/19)

Verfahren vor dem Rechtsmittelgericht

§ 89. (1) Das Rechtsmittelgericht hat der zuständigen Staatsanwaltschaft Gelegenheit zur Stellungnahme zu geben (§ 24) und über die Beschwerde in nicht öffentlicher Sitzung mit Beschluss zu entscheiden.

(2) Beschwerden, die verspätet oder von einer Person eingebracht wurden, der ein Rechtsmittel nicht zusteht (§ 87 Abs. 1), hat das Rechtsmittelgericht als unzulässig zurückzuweisen. *(BGBl I 2010/111)*

(2a) Das Rechtsmittelgericht kann den Beschluss aufheben und an das Erstgericht zur neuen Entscheidung nach Verfahrensergänzung unter sinngemäßer Anwendung des § 293 Abs. 2 verweisen, wenn

1. das Erstgericht örtlich oder sachlich unzuständig oder nicht gehörig besetzt war oder wenn ein gesetzlich ausgeschlossener Richter (§§ 43 und 46) den Beschluss gefasst hat,

2. das Erstgericht zu Unrecht seine Unzuständigkeit ausgesprochen hat,

3. das Erstgericht die Anträge nicht erledigt oder zur Entscheidung in der Sache erforderliche Beweisaufnahmen unterlassen hat oder einer der im § 281 Abs. 1 Z 5 oder 5a angeführten Gründe vorliegt, oder

4. rechtliches Gehör (§ 6) nicht gewährt werden kann, weil der Gegenstand der Beschwerde auf die Bewilligung einer Anordnung gerichtet ist, deren Erfolg voraussetzt, dass sie dem Gegner der Beschwerde vor ihrer Durchführung nicht bekannt wird.
(BGBl I 2010/111)

(2b) Bei Beschwerden gegen die Bewilligung der Festnahme und gegen die Verhängung oder Fortsetzung der Untersuchungshaft hat das

Rechtsmittelgericht stets in der Sache zu entscheiden und dabei gegebenenfalls auch Umstände zu berücksichtigen, die nach dem bekämpften Beschluss eingetreten oder bekannt geworden sind. Gleiches gilt, wenn es keinen Anlass findet, nach Abs. 2a vorzugehen. An die geltend gemachten Beschwerdepunkte ist das Rechtsmittelgericht nicht gebunden, zum Nachteil des Beschuldigten darf es jedoch niemals Beschlüsse ändern, gegen die nicht Beschwerde erhoben wurde. *(BGBl I 2010/111)*

(3) Entscheidet das Oberlandesgericht, dass die Untersuchungshaft aufzuheben sei, und treffen die hiefür maßgebenden Umstände auch bei einem Mitbeschuldigten zu, der keine Beschwerde erhoben hat, so hat das Oberlandesgericht so vorzugehen, als ob eine solche Beschwerde vorläge.

(4) Wird einer Beschwerde wegen Unzulässigkeit einer im 5. und 6. Abschnitt des 8. Hauptstückes (§§ 134 bis 143) geregelten Ermittlungsmaßnahme gemäß Abs. 2b Folge gegeben, so ist zugleich anzuordnen, dass alle durch diese Ermittlungsmaßnahme gewonnenen Ergebnisse zu vernichten sind. *(BGBl I 2010/111)*

(5) Das Rechtsmittelgericht kann vom Erstgericht und von der Staatsanwaltschaft weitere Aufklärungen verlangen. Vor seiner Entscheidung hat es dem Gegner der Beschwerde Gelegenheit zur Äußerung binnen sieben Tagen einzuräumen, es sei denn, dass ein Fall des Abs. 2a Z 4 vorliegt. § 24 zweiter Satz ist anzuwenden. *(BGBl I 2007/93; BGBl I 2010/111)*

(6) Gegen die Entscheidung des Rechtsmittelgerichts steht ein weiterer Rechtszug nicht zu.

(BGBl I 2004/19)

6. Abschnitt

Vollstreckung von Geld- und Freiheitsstrafen

Vollstreckung von Geld- und Freiheitsstrafen

§ 90. (1) Alle Geldstrafen fließen dem Bund zu.

(2) Ist eine nach diesem Gesetz ausgesprochene Geldstrafe ganz oder teilweise uneinbringlich, so hat das Gericht sie in berücksichtigungswürdigen Fällen neu zu bemessen, sonst aber in eine Ersatzfreiheitsstrafe bis zu acht Tagen umzuwandeln.

(3) Auf den Vollzug von Ersatzfreiheitsstrafen nach Abs. 2 und der in diesem Gesetz angedrohten Freiheitsstrafen und der Beugehaft sind die Bestimmungen des Strafvollzugsgesetzes über den Vollzug von Freiheitsstrafen, deren Strafzeit drei Monate nicht übersteigt, sinngemäß anzuwenden.

(BGBl I 2004/19)

2. Teil

Das Ermittlungsverfahren

6. Hauptstück

Allgemeines

1. Abschnitt

Zweck des Ermittlungsverfahrens

Zweck des Ermittlungsverfahrens

§ 91. (1) Das Ermittlungsverfahren dient dazu, Sachverhalt und Tatverdacht durch Ermittlungen soweit zu klären, dass die Staatsanwaltschaft über Anklage, Rücktritt von der Verfolgung oder Einstellung des Verfahrens entscheiden kann und im Fall der Anklage eine zügige Durchführung der Hauptverhandlung ermöglicht wird.

(2) Ermittlung ist jede Tätigkeit der Kriminalpolizei, der Staatsanwaltschaft oder des Gerichts, die der Gewinnung, Sicherstellung, Auswertung oder Verarbeitung einer Information zur Aufklärung des Verdachts einer Straftat dient. Sie ist nach der in diesem Gesetz vorgesehenen Form entweder als Erkundigung oder als Beweisaufnahme durchzuführen. Die bloße Nutzung von allgemein zugänglichen oder behördeninternen Informationsquellen sowie die Durchführung von Erkundigungen zur Klärung, ob ein Anfangsverdacht (§ 1 Abs. 3) vorliegt, stellen keine Ermittlung in diesem Sinn dar. *(BGBl I 2014/71)*

(BGBl I 2004/19)

Ermächtigung zur Strafverfolgung

612

28/1/19b

§ 92. (1) Soweit das Gesetz eine Ermächtigung zur Strafverfolgung voraussetzt, haben Kriminalpolizei oder Staatsanwaltschaft unverzüglich bei der gesetzlich berechtigten Person anzufragen, ob sie die Ermächtigung erteile. Wird diese verweigert, so ist jede weitere Ermittlung gegen die betreffende Person unzulässig und das Verfahren einzustellen. Die Ermächtigung gilt als verweigert, wenn die berechtigte Person sie nicht binnen vierzehn Tagen nach Anfrage erteilt. Diese Frist beträgt im Falle der öffentlichen Beleidigung eines verfassungsmäßigen Vertretungskörpers sechs Wochen; die tagungsfreie Zeit ist nicht einzurechnen.

(2) Die Ermächtigung muss sich auf eine bestimmte Person beziehen und spätestens bei Einleitung diversioneller Maßnahmen oder Einbringen der Anklage vorliegen. Sie kann bis zum Schluss des Beweisverfahrens erster Instanz zurückgenommen werden. Die Erklärung, als Privatbeteiligter am Verfahren mitzuwirken (§ 67), gilt als Ermächtigung. *259/2.3*

(BGBl I 2004/19)

2. Abschnitt
Zwangsgewalt und Beugemittel, Ordnungsstrafen

Zwangsgewalt und Beugemittel

§ 93. (1) Die Kriminalpolizei ist nach Maßgabe des § 5 ermächtigt, verhältnismäßigen und angemessenen Zwang anzuwenden, um die ihr gesetzlich eingeräumten Befugnisse durchzusetzen; dies gilt auch für die Durchsetzung einer Anordnung der Staatsanwaltschaft oder des Gerichts. Dabei ist die Kriminalpolizei unter den jeweils vorgesehenen Bedingungen und Förmlichkeiten ermächtigt, auch physische Gewalt gegen Personen und Sachen anzuwenden, soweit dies für die Durchführung von Ermittlungen oder die Aufnahme von Beweisen unerlässlich ist. Eine Anordnung zur Festnahme (§ 171 Abs. 1) berechtigt auch dazu, die Wohnung oder andere durch das Hausrecht geschützte Orte nach der festzunehmenden Person zu durchsuchen, soweit die Festnahme nach dem Inhalt der Anordnung in diesen Räumen vollzogen werden soll.

(2) Verweigert eine Person eine Handlung, zu der sie gesetzlich verpflichtet ist, so kann dieses Verhalten unmittelbar durch Zwang nach Abs. 1 oder durch eine gerichtliche Entscheidung ersetzt werden. Ist dies nicht möglich, so kann die Person, falls sie nicht selbst der Straftat verdächtig oder von der Pflicht zur Aussage gesetzlich befreit ist, durch Beugemittel angehalten werden, ihrer Verpflichtung nachzukommen.

(3) Soweit und solange dies für die Durchführung einer Zwangsmaßnahme oder Beweisaufnahme erforderlich ist, ist die Kriminalpolizei von sich aus oder auf Grund einer Anordnung ermächtigt, Behältnisse oder Räumlichkeiten durch Anbringen eines Siegels zu verschließen oder Tatorte abzusperren, um nicht berechtigte Personen am Zutritt zu hindern.

(4) Als Beugemittel kommt eine Geldstrafe bis zu 10 000 Euro und in wichtigen Fällen eine Freiheitsstrafe bis zu sechs Wochen in Betracht. Über Anwendung und Ausmaß von Beugemitteln hat das Gericht auf Antrag der Staatsanwaltschaft zu entscheiden (§ 105).

(5) Die Ausübung unmittelbaren Zwangs ist anzudrohen und anzukündigen, wenn die davon betroffene Person anwesend ist. Hievon darf nur abgesehen werden, wenn der Erfolg der Ermittlung oder der Beweisaufnahme dadurch gefährdet wäre. Für den Waffengebrauch gelten die Bestimmungen des Waffengebrauchsgesetzes 1969.

(BGBl I 2004/19)

Ordnungsstrafen

§ 94. Für die Aufrechterhaltung der Ordnung und für die Wahrung des Anstandes hat der Leiter der jeweiligen Amtshandlung zu sorgen. Er ist zu diesem Zweck berechtigt, jede Person, die sich trotz vorausgegangener Ermahnung und Androhung ihrer Wegweisung seinen Anordnungen widersetzt, gegenüber anwesenden Personen aggressiv oder sonst grob ungebührlich verhält oder auf andere Weise die Amtshandlung behindert, auf einige Zeit oder für die gesamte Dauer der Amtshandlung aus dieser wegzuweisen oder zu entfernen. Im Übrigen sind die §§ 233 Abs. 3 und 235 bis 236a im Ermittlungsverfahren sinngemäß anzuwenden. Über die Verhängung der dort erwähnten Ordnungsstrafen (§ 235, § 236 Abs. 1) und die Aufforderung, einen anderen Vertreter zu bestellen (§ 236 Abs. 2, § 236a), entscheidet das Gericht mit Beschluss. *(BGBl I 2018/27)*

(BGBl I 2004/19)

3. Abschnitt
Protokollierung

Amtsvermerk

§ 95. Vorbringen von Personen und andere bedeutsame Vorgänge sind derart schriftlich festzuhalten, dass ihr wesentlicher Inhalt nachvollzogen werden kann. Ein solcher Amtsvermerk ist jedenfalls vom aufnehmenden Organ und allenfalls von anderen Personen zu unterfertigen.

(BGBl I 2004/19)

Protokoll

§ 96. (1) Die Aufnahme von Beweisen ist in einem Protokoll zu dokumentieren, welches insbesondere zu enthalten hat:

1. die Bezeichnung der Behörde und der an der Amtshandlung beteiligten Personen,

2. Ort, Zeit und Gegenstand der Amtshandlung,

3. den Inhalt von Aussagen,

4. andere wesentliche Vorgänge während der Amtshandlung,

5. allenfalls gestellte Anträge,

6. die Unterschriften der vernommenen Personen. Wird eine Unterschrift verweigert oder unterbleibt sie aus anderen Gründen, so sind die hiefür maßgebenden Umstände im Protokoll zu vermerken.

(2) Das Protokoll ist vom Leiter der Amtshandlung oder von einer anderen geeigneten Person als Schriftführer zu erstellen. Es ist in Vollschrift abzufassen. Sofern es diktiert wird, hat dies für die Anwesenden hörbar zu geschehen. Es ist aber zulässig, vorläufig Kurzschrift zu verwenden oder das Diktat mit einem technischen Hilfsmittel aufzunehmen. Eine solche Vorgangsweise und ein allenfalls verkündeter Beschluss sind jedenfalls sogleich in Vollschrift festzuhalten. Kurzschrift und Tonaufnahme sind unverzüglich in Vollschrift zu übertragen, die Tonaufnahme ist

überdies zuvor wiederzugeben, sofern dies einer der Beteiligten verlangt.

(3) Soweit dies für die Beurteilung der Sache und der Ergebnisse der Amtshandlung erforderlich ist oder eine vernommene Person es verlangt, ist ihre Aussage im Protokoll wörtlich wieder zu geben; im Übrigen sind die Antworten ihrem wesentlichen Inhalt nach erzählungsweise festzuhalten. Die gestellten Fragen sind nur soweit aufzunehmen, als dies für das Verständnis der Antwort erforderlich ist.

(4) Das Protokoll ist der vernommenen Person zur Durchsicht mit der Information vorzulegen, dass sie berechtigt ist, Ergänzungen oder Berichtigungen zu verlangen. Erhebliche Zusätze oder Einwendungen sind in einen Nachtrag aufzunehmen und gesondert zu unterfertigen. Sofern dies abgelehnt wird, hat die vernommene Person das Recht, dem Protokoll eine Stellungnahme beizufügen. Im Übrigen darf in dem einmal Niedergeschriebenen nichts Erhebliches ausgelöscht, zugesetzt oder verändert werden. Durchgestrichene Stellen sollen noch lesbar bleiben. Das Protokoll ist von der vernommenen Person auf jeder Seite und am Ende vom Leiter der Amtshandlung, vom Schriftführer und den übrigen Beteiligten zu unterschreiben.

(5) Das Protokoll ist zum Akt zu nehmen. Soweit die vernommene Person zur Akteneinsicht berechtigt ist, ist ihr auf Verlangen sogleich gebührenfrei eine Abschrift oder Kopie auszufolgen, sofern dem schutzwürdige Interessen des Verfahrens oder Dritter nicht entgegen stehen; § 54 ist anzuwenden. Auf Kurzschriften und Tonaufnahmen (Abs. 2) ist § 271 Abs. 6 anzuwenden. *(BGBl I 2019/105)*

(BGBl I 2004/19)

Ton- und Bildaufnahme

§ 97. (1) Nach ausdrücklicher Information der vernommenen Person ist es zulässig, eine Tonaufnahme oder Ton- und Bildaufnahme einer Vernehmung anzufertigen, sofern diese zur Gänze aufgenommen wird. Im Fall der Vernehmung eines Zeugen hat dies, unbeschadet besonderer gesetzlicher Bestimmungen (§§ 150, 165, 247a, 250 Abs. 3), zu unterbleiben, wenn und sobald der Zeuge der Aufnahme widerspricht. *(BGBl I 2009/52)*

(2) Im Falle einer Aufnahme nach Abs. 1 kann an Stelle eines Protokolls eine schriftliche Zusammenfassung des Inhalts der Vernehmung erstellt werden, welche der Leiter der Amtshandlung unterfertigt und zum Akt nimmt. Auf diese Zusammenfassung sind im Übrigen die Vorschriften der §§ 96 Abs. 1 und 3 und 271 Abs. 6 anzuwenden.

(BGBl I 2004/19)

7. Hauptstück

Aufgaben und Befugnisse der Kriminalpolizei, der Staatsanwaltschaft und des Gerichts

1. Abschnitt

Allgemeines

Allgemeines

§ 98. (1) Kriminalpolizei und Staatsanwaltschaft haben das Ermittlungsverfahren nach Maßgabe dieses Gesetzes soweit wie möglich im Einvernehmen zu führen. Kann ein solches nicht erzielt werden, so hat die Staatsanwaltschaft die erforderlichen Anordnungen zu erteilen, die von der Kriminalpolizei zu befolgen sind (§ 99 Abs. 1).

(2) Das Gericht wird im Ermittlungsverfahren auf Antrag, von Amts wegen gemäß den §§ 104 und 105 Abs. 2 oder auf Grund eines Einspruchs tätig.

(BGBl I 2004/19)

2. Abschnitt

Kriminalpolizei im Ermittlungsverfahren

Ermittlungen

§ 99. (1) Die Kriminalpolizei ermittelt von Amts wegen oder auf Grund einer Anzeige; Anordnungen der Staatsanwaltschaft und des Gerichts (§ 105 Abs. 2) hat sie zu befolgen.

(2) Ist für eine Ermittlungsmaßnahme eine Anordnung der Staatsanwaltschaft erforderlich, so kann die Kriminalpolizei diese Befugnis bei Gefahr im Verzug ohne diese Anordnung ausüben. In diesem Fall hat die Kriminalpolizei unverzüglich um Genehmigung anzufragen (§ 100 Abs. 2 Z 2); wird diese nicht erteilt, so hat die Kriminalpolizei die Ermittlungshandlung sogleich zu beenden und den ursprünglichen Zustand soweit wie möglich wieder herzustellen.

(3) Erfordert die Anordnung jedoch eine gerichtliche Bewilligung, so ist die Ermittlungsmaßnahme bei Gefahr im Verzug ohne diese Bewilligung nur dann zulässig, wenn das Gesetz dies ausdrücklich vorsieht.

(4) Ein Aufschub kriminalpolizeilicher Ermittlungen ist zulässig, wenn

1. dadurch die Aufklärung einer wesentlich schwerer wiegenden Straftat oder die Ausforschung eines an der Begehung der strafbaren Handlung führend Beteiligten gefördert wird und mit dem Aufschub keine ernste Gefahr für Leben, Gesundheit, körperliche Unversehrtheit oder Freiheit Dritter verbunden ist, oder

2. andernfalls eine ernste Gefahr für Leben, Gesundheit, körperliche Unversehrtheit oder Freiheit einer Person entstehen würde, die auf andere Weise nicht abgewendet werden kann.

(5) Die Kriminalpolizei hat die Staatsanwaltschaft von einem Aufschub nach Abs. 4 unverzüglich zu verständigen. Im Fall einer kontrollierten Lieferung, das ist der Transport von Gegenständen aus dem, in das oder durch das Bundesgebiet, ohne dass die Staatsanwaltschaft verpflichtet wäre, nach § 2 Abs. 1 vorzugehen, gelten die Bestimmungen der §§ 71 und 72 des Bundesgesetzes über die justizielle Zusammenarbeit in Strafsachen mit den Mitgliedstaaten der Europäischen Union (EU-JZG) sinngemäß. *(BGBl I 2018/28)*

(BGBl I 2004/19)

Berichte

§ 100. (1) Die Kriminalpolizei hat Ermittlungen aktenmäßig festzuhalten, sodass Anlass, Durchführung und Ergebnis dieser Ermittlungen nachvollzogen werden können. Die Ausübung von Zwang und von Befugnissen, die mit einem Eingriff in Rechte verbunden sind, hat sie zu begründen.

(2) Die Kriminalpolizei hat der Staatsanwaltschaft schriftlich (Abs. 1) oder im Wege automationsunterstützter Datenverarbeitung zu berichten, wenn und sobald

1. sie von einem Anfangsverdacht eines schwer wiegenden Verbrechens, insbesondere eines Verbrechens nach den §§ 278b bis 278e und 278g StGB, oder einer sonstigen Straftat von besonderem öffentlichen Interesse (§ 101 Abs. 2 zweiter Satz) Kenntnis erlangt (Anfallsbericht), *(BGBl I 2021/159)*

2. eine Anordnung oder Genehmigung der Staatsanwaltschaft oder eine Entscheidung des Gerichts erforderlich oder zweckmäßig ist oder die Staatsanwaltschaft einen Bericht verlangt (Anlassbericht),

3. in einem Verfahren gegen eine bestimmte Person seit der ersten gegen sie gerichteten Ermittlung drei Monate abgelaufen sind, ohne dass berichtet worden ist, oder seit dem letzten Bericht drei Monate vergangen sind (Zwischenbericht),

4. Sachverhalt und Tatverdacht soweit geklärt scheinen, dass eine Entscheidung der Staatsanwaltschaft über Anklage, Rücktritt von Verfolgung, Einstellen oder Abbrechen des Verfahrens ergehen kann (Abschlussbericht).

(3) Ein Bericht nach Abs. 2 hat - soweit diese Umstände nicht bereits berichtet wurden - insbesondere zu enthalten:

1. die Namen der Beschuldigten, oder, soweit diese nicht bekannt sind, die zu ihrer Identifizierung oder Ausforschung nötigen Merkmale, die Taten, deren sie verdächtig sind, und deren gesetzliche Bezeichnung,

2. die Namen der Anzeiger, der Opfer und allfälliger weiterer Auskunftspersonen,

3. eine zusammenfassende Sachverhaltsdarstellung und das geplante weitere Vorgehen, soweit dieses nicht bereits erörtert oder einer Dienstbesprechung vorbehalten wurde,

4. allfällige Anträge der Beschuldigten oder anderer Verfahrensbeteiligter.

(3a) Die Kriminalpolizei hat der Staatsanwaltschaft auch zu berichten, wenn aus ihrer Sicht kein Anfangsverdacht vorliegt, oder sie Zweifel hat, ob ein Anfangsverdacht vorliegt, zu dessen Aufklärung sie berechtigt und verpflichtet wäre, Ermittlungen zu führen. *(BGBl I 2014/71)*

(4) Mit jedem Bericht sind der Staatsanwaltschaft, soweit dies noch nicht geschehen ist, alle für die Beurteilung der Sach- und Rechtslage erforderlichen kriminalpolizeilichen Akten zu übermitteln oder auf elektronischem Weg zugänglich zu machen.

(BGBl I 2004/19)

Berichte an die WKStA

§ 100a. (1) Die Kriminalpolizei hat der WKStA über jeden Verdacht einer im § 20a Abs. 1 erwähnten Straftat gemäß § 100 Abs. 2 Z 1 zu berichten.

(2) Die WKStA kann aus Zweckmäßigkeitsgründen und zur Vermeidung von Verzögerungen andere Staatsanwaltschaften um Durchführung einzelner Ermittlungs- oder sonstiger Amtshandlungen ersuchen. Diese sind verpflichtet, die WKStA in vollem Umfang zu unterstützen und Hilfe bei der Strafverfolgung zu leisten.

(BGBl I 2010/108)

3. Abschnitt

Staatsanwaltschaft im Ermittlungsverfahren

Aufgaben

§ 101. (1) Die Staatsanwaltschaft leitet das Ermittlungsverfahren und entscheidet über dessen Fortgang und Beendigung. Gegen ihren erklärten Willen darf ein Ermittlungsverfahren weder eingeleitet noch fortgesetzt werden.

(2) Die Staatsanwaltschaft stellt die erforderlichen Anträge bei Gericht, soweit ihre Anordnungen einer gerichtlichen Bewilligung bedürfen. Abgesehen von den in den §§ 149 Abs. 3 und 165 Abs. 2 vorgesehenen Fällen hat die Staatsanwaltschaft gerichtliche Beweisaufnahmen zu beantragen, wenn an solchen wegen der Bedeutung der aufzuklärenden Straftat und der Person des Tatverdächtigen ein besonderes öffentliches Interesse besteht.

(3) Die Staatsanwaltschaft hat ihre Anträge nach Abs. 2 zu begründen und sie dem Gericht samt den Akten zu übermitteln. Bewilligt das Gericht eine Maßnahme, so entscheidet die Staatsanwaltschaft über die Durchführung. Wenn die Voraussetzungen, unter denen der Antrag be-

willigt wurde, weggefallen sind oder sich derart geändert haben, dass die Durchführung rechtswidrig, unverhältnismäßig oder nicht mehr zweckmäßig wäre, hat die Staatsanwaltschaft von ihr abzusehen und das Gericht hievon zu verständigen.

(4) Die Staatsanwaltschaft prüft die Berichte der Kriminalpolizei und trifft die erforderlichen Anordnungen. Soweit dies aus rechtlichen oder tatsächlichen Gründen erforderlich ist, kann sie jederzeit weitere Ermittlungen und die Ausübung von Zwang durch die Kriminalpolizei anordnen.

(BGBl I 2004/19)

Anordnungen und Genehmigungen

§ 102. (1) Die Staatsanwaltschaft hat ihre Anordnungen und Genehmigungen an die Kriminalpolizei gemäß deren Zuständigkeit zu richten. Die Anordnung von Zwangsmaßnahmen hat sie zu begründen und schriftlich auszufertigen. In dringenden Fällen können aber auch solche Anordnungen und Genehmigungen vorläufig mündlich übermittelt werden. Anstelle einer schriftlichen Ausfertigung ist auch die Bekanntmachung auf elektronischem Weg oder sonst unter Verwendung automationsunterstützter Datenverarbeitung zulässig.

(2) Eine Ausfertigung hat jedenfalls zu enthalten:

1. die Bezeichnung der Staatsanwaltschaft,

2. die Bezeichnung des Verfahrens, den Namen des Beschuldigten, soweit er bekannt ist, die Tat, deren der Beschuldigte verdächtig ist und ihre gesetzliche Bezeichnung,

3. die Tatsachen, aus denen sich ergibt, dass die Anordnung oder Genehmigung zur Aufklärung der Straftat erforderlich und verhältnismäßig ist und die jeweiligen gesetzlichen Voraussetzungen vorliegen,

4. eine Information über die Rechte des von der Anordnung oder Genehmigung Betroffenen.

(BGBl I 2004/19)

Ermittlungen

§ 103. (1) Soweit dieses Gesetz im Einzelnen nichts anderes bestimmt, obliegt es der Kriminalpolizei, die Anordnungen der Staatsanwaltschaft durchzuführen. Die Staatsanwaltschaft kann sich an allen Ermittlungen der Kriminalpolizei beteiligen und dem Leiter der kriminalpolizeilichen Amtshandlung einzelne Aufträge erteilen, soweit dies aus rechtlichen oder tatsächlichen Gründen, insbesondere wegen der Bedeutung der Ermittlungen für die Entscheidung über die Fortsetzung des Verfahrens, zweckmäßig ist.

(2) Die Staatsanwaltschaft kann auch selbst Ermittlungen (§ 91 Abs. 2) durchführen oder durch einen Sachverständigen durchführen lassen.

(BGBl I 2004/19)

4. Abschnitt

Gericht im Ermittlungsverfahren

Gerichtliche Beweisaufnahme

§ 104. (1) Das Gericht hat die Tatrekonstruktion nach den Bestimmungen des § 150 und die kontradiktorische Vernehmung von Zeugen und Beschuldigten nach den Bestimmungen des § 165 durchzuführen sowie in den Fällen der §§ 101 Abs. 2 und 126 Abs. 5 die beantragten Beweise nach den dafür maßgebenden Bestimmungen aufzunehmen, wobei für den Fall der Beweisaufnahme durch Sachverständige § 55 mit der Maßgabe gilt, dass mangelhafte Begründung der Eignung, das Beweisthema zu klären, zur Unterlassung der Beweisaufnahme nur berechtigt, wenn der Antrag zur Verzögerung gestellt wurde. Das Gericht hat den Antrag mit Beschluss abzuweisen, wenn die gesetzlichen Voraussetzungen für solche Beweisaufnahmen nicht vorliegen. *(BGBl I 2014/71)*

(2) Soweit sich im Rahmen einer gerichtlichen Beweisaufnahme Umstände ergeben, die für die Beurteilung des Tatverdachts bedeutsam sind, kann das Gericht von Amts wegen oder auf Antrag weitere Beweise selbst aufnehmen. Gleiches gilt, wenn dies erforderlich ist, um die Gefahr abzuwenden, dass ein Beweismittel für eine erhebliche Tatsache verloren geht. In diesen Fällen hat das Gericht die Staatsanwaltschaft von der Beweisaufnahme zu verständigen. Die Protokolle über die Beweisaufnahmen hat das Gericht der Staatsanwaltschaft unverzüglich zu übermitteln. Das Gericht kann die Staatsanwaltschaft auch auf die Notwendigkeit der Durchführung bestimmter weiterer Ermittlungen aufmerksam machen.

(BGBl I 2004/19)

Bewilligung von Zwangsmitteln

§ 105. (1) Das Gericht hat über Anträge auf Verhängung und Fortsetzung der Untersuchungshaft sowie auf Bewilligung bestimmter anderer Zwangsmittel zu entscheiden. Für die Durchführung einer von ihm bewilligten Maßnahme (§ 101 Abs. 3) hat das Gericht eine Frist zu setzen, bei deren ungenütztem Ablauf die Bewilligung außer Kraft tritt. Im Fall einer Anordnung der Ausschreibung zur Festnahme nach § 169 wird in die Frist die Zeit der Gültigkeit der Ausschreibung nicht eingerechnet, doch hat die Staatsanwaltschaft mindestens einmal jährlich zu prüfen, ob die Voraussetzungen der Festnahme noch vorliegen. *(BGBl I 2009/52)*

(2) Soweit dies zur Entscheidung über einen Antrag nach Abs. 1 aus rechtlichen oder tatsächlichen Gründen erforderlich ist, kann das Gericht weitere Ermittlungen durch die Kriminalpolizei anordnen oder von Amts wegen vornehmen. Es kann auch von der Staatsanwaltschaft und der

31/1/2.3

Kriminalpolizei tatsächliche Aufklärungen aus den Akten und die Übermittlung eines Berichts über die Durchführung der bewilligten Maßnahme und der weiteren Ermittlungen verlangen. Nach Verhängung der Untersuchungshaft kann das Gericht anordnen, dass ihm Kopien der im § 52 Abs. 2 Z 2 und 3 angeführten Aktenstücke auch in weiterer Folge übermittelt werden.

(BGBl I 2004/19)

Einspruch wegen Rechtsverletzung

§ 106. (1) Einspruch an das Gericht steht jeder Person zu, die behauptet, im Ermittlungsverfahren durch Staatsanwaltschaft in einem subjektiven Recht verletzt zu sein, weil *(BGBl I 2015/85 (VfGH))*

1. ihr die Ausübung eines Rechtes nach diesem Gesetz verweigert oder

2. eine Ermittlungs- oder Zwangsmaßnahme unter Verletzung von Bestimmungen dieses Gesetzes angeordnet oder durchgeführt wurde.

Im Fall des Todes des zum Einspruch berechtigten Person kommt dieses Recht den in § 65 Z 1 lit. b erwähnten Angehörigen zu. Eine Verletzung eines subjektiven Rechts liegt nicht vor, soweit das Gesetz von einer bindenden Regelung des Verhaltens von Staatsanwaltschaft oder Kriminalpolizei absieht und von diesem Ermessen im Sinne des Gesetzes Gebrauch gemacht wurde. *(BGBl I 2013/195)*

(2) Soweit gegen die Bewilligung einer Ermittlungsmaßnahme Beschwerde erhoben wird, ist ein Einspruch gegen deren Anordnung oder Durchführung mit der Beschwerde zu verbinden. In einem solchen Fall entscheidet das Beschwerdegericht auch über den Einspruch. *(BGBl I 2007/93)*

(3) Der Einspruch ist binnen sechs Wochen ab Kenntnis der behaupteten Verletzung in einem subjektiven Recht bei der Staatsanwaltschaft einzubringen. In ihm ist anzuführen, auf welche Anordnung oder welchen Vorgang er sich bezieht, worin die Rechtsverletzung besteht und auf welche Weise ihm stattzugeben sei. Sofern er sich gegen eine Maßnahme der Kriminalpolizei richtet, hat die Staatsanwaltschaft der Kriminalpolizei Gelegenheit zur Stellungnahme zu geben. *(BGBl I 2013/195)*

(4) Die Staatsanwaltschaft hat zu prüfen, ob die behauptete Rechtsverletzung vorliegt, und dem Einspruch, soweit er berechtigt ist, zu entsprechen sowie den Einspruchswerber davon zu verständigen, dass und auf welche Weise dies geschehen sei und dass er dennoch das Recht habe, eine Entscheidung des Gerichts zu verlangen, wenn er behauptet, dass seinem Einspruch tatsächlich nicht entsprochen wurde.

(5) Wenn die Staatsanwaltschaft dem Einspruch nicht, binnen vier Wochen entspricht oder

der Einspruchswerber eine Entscheidung des Gerichts verlangt, hat die Staatsanwaltschaft den Einspruch unverzüglich an das Gericht weiter zu leiten. Stellungnahmen der Staatsanwaltschaft und der Kriminalpolizei hat das Gericht dem Einspruchswerber zur Äußerung binnen einer festzusetzenden, sieben Tage nicht übersteigenden Frist zuzustellen. *(BGBl I 2013/195)*

(BGBl I 2004/19)

§ 107. (1) Unzulässige, verspätete und solche Einsprüche, denen die Staatsanwaltschaft entsprochen hat, sind zurückzuweisen. Im Übrigen hat das Gericht in der Sache zu entscheiden. Im Falle, dass Anklage eingebracht wurde, hat über den Einspruch jenes Gericht zu entscheiden, das im Ermittlungsverfahren zuständig gewesen wäre. *(BGBl I 2013/195)*

(2) Sofern sich die Umstände der behaupteten Rechtsverletzung nur durch unmittelbare Beweisaufnahme klären lassen, kann die Gericht von Amts wegen eine mündliche Verhandlung anberaumen und in dieser über den Einspruch entscheiden. Diese Verhandlung ist nicht öffentlich, doch hat das Gericht jedenfalls dem Einspruchswerber, der Staatsanwaltschaft und, sofern sich der Einspruch gegen sie richtet, der Kriminalpolizei Gelegenheit zur Teilnahme und Stellungnahme zu geben.

(3) Der Staatsanwaltschaft und dem Einspruchswerber steht Beschwerde zu; diese hat aufschiebende Wirkung. Das Oberlandesgericht kann die Behandlung einer Beschwerde ablehnen, es sei denn, dass die Entscheidung von der Lösung einer Rechtsfrage abhängt, der grundsätzliche Bedeutung zukommt, insbesondere weil das Gericht von der Rechtsprechung des Oberlandesgerichts oder des Obersten Gerichtshofs abweicht, eine solche Rechtsprechung fehlt oder die zu lösende Rechtsfrage in der bisherigen Rechtsprechung nicht einheitlich beantwortet wird.

(4) Im Falle, dass das Gericht dem Einspruch stattgibt, haben Staatsanwaltschaft und Kriminalpolizei den entsprechenden Rechtszustand mit den ihnen zu Gebote stehenden Mitteln herzustellen.

(BGBl I 2004/19)

Antrag auf Einstellung

§ 108. (1) Das Gericht hat das Ermittlungsverfahren auf Antrag des Beschuldigten einzustellen, wenn

1. auf Grund der Anzeige oder der vorliegenden Ermittlungsergebnisse feststeht, dass die dem Ermittlungsverfahren zu Grunde liegende Tat nicht mit gerichtlicher Strafe bedroht oder die weitere Verfolgung des Beschuldigten sonst aus rechtlichen Gründen unzulässig ist, oder

2. der bestehende Tatverdacht nach Dringlichkeit und Gewicht sowie im Hinblick auf die bis-

StPO

herige Dauer und den Umfang des Ermittlungsverfahrens dessen Fortsetzung nicht rechtfertigt
und von einer weiteren Klärung des Sachverhalts
eine Intensivierung des Verdachts nicht zu erwarten ist.

(2) Der Antrag ist bei der Staatsanwaltschaft
einzubringen. Ein Antrag auf Einstellung gemäß
Abs. 1 Z 2 darf frühestens drei Monate, wird dem
Beschuldigten jedoch ein Verbrechen zur Last
gelegt, sechs Monate ab Beginn des Strafverfahrens eingebracht werden. Die Staatsanwaltschaft
hat das Verfahren einzustellen (§§ 190, 191) oder
den Antrag längstens binnen vier Wochen mit
einer allfälligen Stellungnahme an das Gericht
weiterzuleiten. § 106 Abs. 5 letzter Satz gilt
sinngemäß. *(BGBl I 2014/71)*

(3) Das Gericht hat den Antrag als unzulässig
zurückzuweisen, wenn er nicht vom Beschuldigten oder vor Ablauf der im Abs. 2 erwähnten
Fristen eingebracht wurde, und im Übrigen in der
Sache zu entscheiden.

(4) Die Beschwerde der Staatsanwaltschaft
gegen einen Beschluss auf Einstellung des Verfahrens hat aufschiebende Wirkung.

(BGBl I 2004/19)

Überprüfung der Höchstdauer des Ermittlungsverfahrens[1]

[1] *Anm: § 108a ist auf Verfahren anzuwenden, die nach dem 31.12.2014 begonnen (§ 1 Abs 2) haben (§ 516 Abs 10 idF BGBl I 2014/71).*

§ 108a. (1) Bis zur Einbringung der Anklage
(§ 210) oder Beendigung des Ermittlungsverfahrens nach dem 3. Teil dieses Gesetzes darf die
Dauer des Ermittlungsverfahrens grundsätzlich
drei Jahre nicht übersteigen.

(2) Kann das Ermittlungsverfahren nicht vor
Ablauf der in Abs. 1 genannten Frist beendet
werden, so hat die Staatsanwaltschaft das Gericht
samt einer Stellungnahme über die Gründe für
die Dauer des Ermittlungsverfahrens zu befassen.

(3) Soweit kein Grund für eine Einstellung des
Verfahrens nach § 108 Abs. 1 Z 1 oder 2 besteht,
hat das Gericht auszusprechen, dass sich die
Höchstdauer des Ermittlungsverfahrens um zwei
Jahre verlängert und ob eine der Staatsanwaltschaft anzulastende Verletzung des Beschleuni-
gungsgebots (§ 9) im Hinblick auf die Intensität
des Tatverdachtes und das Verhalten des Beschuldigten im Verhältnis zum Umfang der Ermittlungen, der Komplexität der zu lösenden Tat- und
Rechtsfragen und der Anzahl der Beteiligten des
Verfahrens vorliegt. Die Bestimmungen der
§§ 105 Abs. 2, 106 Abs. 5 letzter Satz und 108
Abs. 4 gelten sinngemäß.

(4) Kann das Ermittlungsverfahren auch nicht
vor Ablauf der nach Abs. 3 verlängerten Frist
beendet werden, so hat die Staatsanwaltschaft das
Gericht erneut auf die in Abs. 2 bezeichnete

Weise zu befassen. In diesem Fall hat das Gericht
wiederum nach Abs. 3 vorzugehen.

(5) Die Fristen nach den vorstehenden Absätzen werden durch die in § 58 Abs. 3 Z 2 StGB
genannten Verfahrenshandlungen für jeden an
der Tat beteiligten Beschuldigten ausgelöst, Zeiten eines gerichtlichen Verfahrens nach §§ 108
und 112 sowie Zeiten der Erledigung von
Rechtshilfeersuchen durch ausländische Justizbehörden sind nicht in die Frist einzurechnen. Wird
ein nach § 197 abgebrochenes oder ein nach den
§§ 190 oder 191 beendetes Verfahren fortgeführt
oder ein Ermittlungsverfahren nach §§ 215, 352
Abs. 1 oder 485 Abs. 1 Z 2 wiedereröffnet, so
beginnt die Frist nach Abs. 1 von neuem zu laufen.

(BGBl I 2014/71)

8. Hauptstück
Ermittlungsmaßnahmen und Beweisaufnahme

1. Abschnitt
Sicherstellung, Beschlagnahme, Auskunft aus dem Kontenregister und Auskunft über Bankkonten und Bankgeschäfte

Definitionen

§ 109. Im Sinne dieses Gesetzes ist

1. „Sicherstellung"

a) die vorläufige Begründung der Verfügungsmacht über Gegenstände und

b) das vorläufige Verbot der Herausgabe von
Gegenständen oder anderen Vermögenswerten
an Dritte (Drittverbot) und das vorläufige Verbot
der Veräußerung oder Verpfändung solcher Gegenstände und Werte,

2. „Beschlagnahme"

a) eine gerichtliche Entscheidung auf Begründung oder Fortsetzung einer Sicherstellung nach
Z 1 oder

b) das gerichtliche Verbot der Veräußerung,
Belastung oder Verpfändung von Liegenschaften
oder Rechten, die in einem öffentlichen Buch
eingetragen sind,

3. „Auskunft aus dem Kontenregister" die Ab-
frage und Übermittlung von Daten aus dem
Kontenregister (§§ 2 und 4 Kontenregister- und
Konteneinschaugesetz, BGBl. I Nr. 116/2015),
(BGBl I 2016/26)

4. „Auskunft über Bankkonten und Bankgeschäfte" die Herausgabe aller Unterlagen über die
Identität des Inhabers einer Geschäftsverbindung
und über seine Verfügungsberechtigung, die
Einsicht in Urkunden und andere Unterlagen eines
Kredit- oder Finanzinstituts über Art und Umfang
einer Geschäftsverbindung und damit im Zusammenhang stehende Geschäftsvorgänge und sonstige Geschäftsvorfälle für einen bestimmten ver-

gangenen oder zukünftigen Zeitraum. *(BGBl I 2016/26)*

(BGBl I 2004/19)

Sicherstellung

§ 110. (1) Sicherstellung ist zulässig, wenn sie

1. aus Beweisgründen,

2. zur Sicherung privatrechtlicher Ansprüche oder *(BGBl I 2014/71)*

3. zur Sicherung der Konfiskation (§ 19a StGB), des Verfalls (§ 20 StGB), des erweiterten Verfalls (§ 20b StGB), der Einziehung (§ 26 StGB) oder einer anderen gesetzlich vorgesehenen vermögensrechtlichen Anordnung *(BGBl I 2010/108)*

erforderlich scheint.

(2) Sicherstellung ist von der Staatsanwaltschaft anzuordnen und von der Kriminalpolizei durchzuführen.

(3) Die Kriminalpolizei ist berechtigt, Gegenstände (§ 109 Z 1 lit. a) von sich aus sicherzustellen,

1. wenn sie

a) in niemandes Verfügungsmacht stehen,

b) dem Opfer durch die Straftat entzogen wurden,

c) am Tatort aufgefunden wurden und zur Begehung der strafbaren Handlung verwendet oder dazu bestimmt worden sein könnten, oder

d) geringwertig oder vorübergehend leicht ersetzbar sind,

2. wenn ihr Besitz allgemein verboten ist (§ 445a Abs. 1),

3. die im Rahmen einer Durchsuchung nach § 120 Abs. 2 aufgefunden werden oder mit denen eine Person, die aus dem Grunde des § 170 Abs. 1 Z 1 festgenommen wird, betreten wurde oder die im Rahmen ihrer Durchsuchung gemäß § 120 Abs. 1 zweiter Satz aufgefunden werden, oder *(BGBl I 2014/71)*

4. in den Fällen des Artikels 18 der Verordnung (EU) Nr. 608/2013 zur Durchsetzung der Rechte geistigen Eigentums durch die Zollbehörden und zur Aufhebung der Verordnung (EG) Nr. 1383/2003 des Rates, ABl. Nr. L 181 vom 29.06.2013 S. 15. *(BGBl I 2014/71)*
(BGBl I 2007/93)

(4) Die Sicherstellung von Gegenständen aus Beweisgründen (Abs. 1 Z 1) ist nicht zulässig und jedenfalls auf Verlangen der betroffenen Person aufzuheben, soweit und sobald der Beweiszweck durch Bild-, Ton- oder sonstige Aufnahmen oder durch Kopien schriftlicher Aufzeichnungen oder automationsunterstützt verarbeiteter Daten erfüllt werden kann und nicht anzunehmen ist, dass die sichergestellten Gegenstände selbst oder die Originale der sichergestellten Informationen in der Hauptverhandlung in Augenschein zu nehmen sein werden.

(BGBl I 2004/19)

§ 111. (1) Jede Person, die Gegenstände oder Vermögenswerte, die sichergestellt werden sollen, in ihrer Verfügungsmacht hat, ist verpflichtet (§ 93 Abs. 2), diese auf Verlangen der Kriminalpolizei herauszugeben oder die Sicherstellung auf andere Weise zu ermöglichen. Diese Pflicht kann erforderlichenfalls auch mittels Durchsuchung von Personen oder Wohnungen erzwungen werden; dabei sind die §§ 119 bis 122 sinngemäß anzuwenden.

(2) Sollen auf Datenträgern gespeicherte Informationen sichergestellt werden, so hat jedermann Zugang zu diesen Informationen zu gewähren und auf Verlangen einen elektronischen Datenträger in einem allgemein gebräuchlichen Dateiformat auszufolgen oder herstellen zu lassen. Überdies hat er die Herstellung einer Sicherungskopie der auf den Datenträgern gespeicherten Informationen zu dulden.

(3) Personen, die nicht selbst der Tat beschuldigt sind, sind auf ihren Antrag die angemessenen und ortsüblichen Kosten zu ersetzen, die ihr durch die Trennung von Urkunden oder sonstigen beweiserheblichen Gegenständen von anderen oder durch die Ausfolgung von Kopien notwendigerweise entstanden sind.

(4) In jedem Fall ist der von der Sicherstellung betroffenen Person sogleich oder längstens binnen 24 Stunden eine Bestätigung über die Sicherstellung auszufolgen oder zuzustellen und sie über das Recht, Einspruch zu erheben (§ 106) und eine gerichtliche Entscheidung über die Aufhebung oder Fortsetzung der Sicherstellung zu beantragen (§ 115), zu informieren. Von einer Sicherstellung zur Sicherung einer Entscheidung über privatrechtliche Ansprüche (§ 110 Abs. 1 Z 2) ist, soweit möglich, auch das Opfer zu verständigen. *(BGBl I 2009/52)*

(BGBl I 2004/19)

§ 112. (1) Widerspricht die von der Sicherstellung betroffene oder anwesende Person, auch wenn sie selbst der Tat beschuldigt ist, der Sicherstellung von schriftlichen Aufzeichnungen oder Datenträgern unter Berufung auf ein gesetzlich anerkanntes Recht auf Verschwiegenheit, das bei sonstiger Nichtigkeit nicht durch Sicherstellung umgangen werden darf, so sind diese Unterlagen auf geeignete Art und Weise gegen unbefugte Einsichtnahme und Veränderung zu sichern und bei Gericht zu hinterlegen. Auf Antrag des Betroffenen sind die Unterlagen jedoch bei der Staatsanwaltschaft zu hinterlegen, die sie vom Ermittlungsakt getrennt aufzubewahren hat. In beiden Fällen dürfen die Unterlagen von Staatsanwaltschaft oder Kriminalpolizei nicht eingesehen werden, solange nicht über die Einsicht nach den folgenden Absätzen entschieden worden ist.

(2) Der Betroffene ist aufzufordern, binnen einer angemessenen, 14 Tage nicht unterschreitenden Frist jene Teile der Aufzeichnungen oder Datenträger konkret zu bezeichnen, deren Offenlegung eine Umgehung seiner Verschwiegenheit bedeuten würde; zu diesem Zweck ist er berechtigt, in die hinterlegten Unterlagen Einsicht zu nehmen. Unterlässt der Betroffene eine solche Bezeichnung, so sind die Unterlagen zum Akt zu nehmen und auszuwerten. Anderenfalls hat das Gericht, im Fall eines Antrags nach Abs. 1 vorletzter Satz jedoch die Staatsanwaltschaft die Unterlagen unter Beiziehung des Betroffenen sowie gegebenenfalls geeigneter Hilfskräfte oder eines Sachverständigen zu sichten und anzuordnen, ob und in welchem Umfang sie zum Akt genommen werden dürfen. Unterlagen, die nicht zum Akt genommen werden, sind dem Betroffenen auszufolgen. Aus deren Sichtung gewonnene Erkenntnisse dürfen bei sonstiger Nichtigkeit nicht für weitere Ermittlungen oder als Beweis verwendet werden.

(3) Gegen die Anordnung der Staatsanwaltschaft kann der Betroffene Einspruch erheben, in welchem Fall die Unterlagen dem Gericht vorzulegen sind, das zu entscheiden hat, ob und in welchem Umfang sie zum Akt genommen werden dürfen; Abs. 2 letzter Satz gilt. Einer Beschwerde gegen den Beschluss des Gerichts kommt aufschiebende Wirkung zu.

(BGBl I 2004/19; BGBl I 2012/29)

§ 112a. (1) Widerspricht eine von einer Sicherstellung betroffene Behörde oder öffentliche Dienststelle der Sicherstellung von schriftlichen Aufzeichnungen oder Datenträgern unter Berufung darauf, dass diese

1. Informationen enthalten, die aufgrund gesetzlicher Vorschriften oder der gemäß § 12 Bundesministeriengesetz 1986, BGBl. Nr. 76/1986, ergangenen Geheimschutzordnung des Bundes – GehSO klassifizierte nachrichtendienstliche Informationen sind, deren Geheimhaltung das Interesse an der Strafverfolgung im Einzelfall überwiegt, oder

2. von ausländischen Sicherheitsbehörden oder Sicherheitsorganisationen (§ 2 Abs. 2 Polizeikooperationsgesetz – PolKG, BGBl. I Nr. 104/1997) klassifiziert übermittelte Informationen enthalten und nur mit deren vorheriger Zustimmung zu anderen als den der Übermittlung zugrundeliegenden Zwecken verarbeitet werden dürfen,

so sind diese Unterlagen auf geeignete Art und Weise gegen unbefugte Einsichtnahme oder Veränderung zu sichern und bei Gericht zu hinterlegen. Die Unterlagen dürfen von Staatsanwaltschaft oder Kriminalpolizei nicht eingesehen

werden, solange nicht über die Einsicht nach den folgenden Absätzen entschieden worden ist.

(2) Die Behörde oder öffentliche Dienststelle (Abs. 1) ist aufzufordern, binnen einer angemessenen, 14 Tage nicht unterschreitenden Frist jene Teile der Unterlagen konkret zu bezeichnen, deren Offenlegung einer der in Abs. 1 genannten Gründe entgegenstehen würde; zu diesem Zweck ist sie berechtigt, in die hinterlegten Unterlagen Einsicht zu nehmen. Überdies hat sie binnen der gesetzten Frist im Falle eines Widerspruchs aus dem Grund des

1. Abs. 1 Z 1 das überwiegende Interesse an der Geheimhaltung im Einzelnen anzuführen und zu begründen,

2. Abs. 1 Z 2 mitzuteilen, ob die ausländische Sicherheitsbehörde oder Sicherheitsorganisation der Verarbeitung für die in der Anordnung der Sicherstellung genannten Zwecke zugestimmt hat.

(3) Unterlässt die Behörde oder öffentliche Dienststelle eine solche Bezeichnung, so sind die Unterlagen zum Akt zu nehmen und auszuwerten. Anderenfalls hat das Gericht die Unterlagen unter Beiziehung der Behörde oder öffentlichen Dienststelle sowie gegebenenfalls geeigneter Hilfskräfte oder eines Sachverständigen zu sichten und anzuordnen, ob und in welchem Umfang sie zum Akt genommen werden dürfen. Unterlagen, die nicht zum Akt genommen werden, sind der Behörde oder öffentlichen Dienststelle auszufolgen. Aus deren Sichtung gewonnene Erkenntnisse dürfen bei sonstiger Nichtigkeit nicht für weitere Ermittlungen oder als Beweis verwendet werden.

(4) Der Behörde oder öffentlichen Dienststelle steht gegen den Beschluss des Gerichts Beschwerde zu; diese hat aufschiebende Wirkung.

(BGBl I 2021/148, ab 1. 12. 2021)

§ 113. (1) Die Sicherstellung endet,

1. wenn die Kriminalpolizei sie aufhebt (Abs. 2),

2. wenn die Staatsanwaltschaft die Aufhebung anordnet (Abs. 3),

3. wenn das Gericht die Beschlagnahme anordnet.

(2) Die Kriminalpolizei hat der Staatsanwaltschaft über jede Sicherstellung unverzüglich, längstens jedoch binnen 14 Tagen zu berichten (§ 100 Abs. 2 Z 2), soweit sie eine Sicherstellung nach § 110 Abs. 3 nicht zuvor wegen Fehlens oder Wegfalls der Voraussetzungen aufhebt. Dieser Bericht kann jedoch mit dem nächstfolgenden verbunden werden, wenn dadurch keine wesentlichen Interessen des Verfahrens oder von Personen beeinträchtigt werden und die sichergestellten Gegenstände geringwertig sind, sich in niemandes Verfügungsmacht befinden oder ihr Besitz allgemein verboten ist (§ 445a Abs. 1). Im

Fall des § 110 Abs. 3 Z 4 hat die Kriminalpolizei nach den Bestimmungen der §§ 3, 4 und 6 des Produktpirateriegesetzes 2004, BGBl. I Nr. 56/2004, vorzugehen. *(BGBl I 2007/93; BGBl I 2012/29)*

(3) Die Staatsanwaltschaft hat im Fall einer Sicherstellung nach § 109 Z 1 lit. b sogleich bei Gericht die Beschlagnahme zu beantragen oder, wenn deren Voraussetzungen nicht vorliegen oder weggefallen sind, die Aufhebung der Sicherstellung anzuordnen. *(BGBl I 2009/52)*

(4) Im Fall einer Sicherstellung von Gegenständen (§ 109 Z 1 lit. a) findet eine Beschlagnahme auch auf Antrag nicht statt, wenn sich die Sicherstellung auf Gegenstände im Sinne des § 110 Abs. 3 Z 1 lit. a und d oder Z 2 bezieht oder der Sicherungszweck durch andere behördliche Maßnahmen erfüllt werden kann. In diesen Fällen hat die Staatsanwaltschaft die erforderlichen Verfügungen über die sichergestellten Gegenstände und ihre weitere Verwahrung zu treffen und gegebenenfalls die Sicherstellung aufzuheben. *(BGBl I 2009/52)*

(BGBl I 2004/19)

§ 114. (1) Für die Verwahrung sichergestellter Gegenstände hat bis zur Berichterstattung über die Sicherstellung (§ 113 Abs. 2) die Kriminalpolizei, danach die Staatsanwaltschaft zu sorgen. *(BGBl I 2009/52)*

(2) Wenn der Grund für die weitere Verwahrung sichergestellter Gegenstände wegfällt, sind diese sogleich jener Person auszufolgen, in deren Verfügungsmacht sie sichergestellt wurden, es sei denn, dass diese Person offensichtlich nicht berechtigt ist. In diesem Fall sind sie der berechtigten Person auszufolgen oder, wenn eine solche nicht ersichtlich ist und nicht ohne unverhältnismäßigen Aufwand festgestellt werden kann, nach § 1425 ABGB gerichtlich zu hinterlegen. Die hievon betroffenen Personen sind zu verständigen. *(BGBl I 2004/19)*

Beschlagnahme

§ 115. (1) Beschlagnahme ist zulässig, wenn die sichergestellten Gegenstände voraussichtlich

1. im weiteren Verfahren als Beweismittel erforderlich sein werden,

2. privatrechtlichen Ansprüchen unterliegen oder *(BGBl I 2014/71)*

3. dazu dienen werden, eine gerichtliche Entscheidung auf Konfiskation (§ 19a StGB), auf Verfall (§ 20 StGB), auf erweiterten Verfall (§ 20b StGB), auf Einziehung (§ 26 StGB) oder eine andere gesetzlich vorgesehene vermögensrechtliche Anordnung zu sichern. *(BGBl I 2010/108; BGBl I 2018/70)*

(2) Über die Beschlagnahme hat das Gericht auf Antrag der Staatsanwaltschaft oder einer von der Sicherstellung betroffenen Person unverzüglich zu entscheiden. *(BGBl I 2009/52)*

(3) § 110 Abs. 4 gilt sinngemäß. Gegebenenfalls ist die Beschlagnahme auf die dort angeführten Aufnahmen und Kopien zu beschränken.

(4) Für eine Beschlagnahme durch Drittverbot und Veräußerungs- oder Belastungsverbot (§ 109 Z 2 lit. b) gelten, sofern in diesem Gesetz nichts anderes bestimmt wird, die Bestimmungen der Exekutionsordnung über einstweilige Verfügungen sinngemäß.

(5) In einem Beschluss, mit dem eine Beschlagnahme zur Sicherung einer gerichtlichen Entscheidung auf Verfall (§ 20 StGB) oder auf erweiterten Verfall (§ 20b StGB) bewilligt wird, ist ein Geldbetrag zu bestimmen, in dem die für verfallen zu erklärenden Vermögenswerte Deckung finden. *(BGBl I 2010/108)*

(6) Wenn und sobald die Voraussetzungen der Beschlagnahme nicht oder nicht mehr bestehen oder ein nach Abs. 5 bestimmter Geldbetrag erlegt wird, hat die Staatsanwaltschaft, nach dem Einbringen der Anklage das Gericht, die Beschlagnahme aufzuheben.

(BGBl I 2004/19)

Verwertung sichergestellter oder beschlagnahmter Vermögenswerte

§ 115a. (1) Geldbeträge, Geldforderungen und Wertpapiere, die gemäß § 110 Abs. 1 Z 3 sichergestellt wurden oder deren Beschlagnahme gemäß § 115 Abs. 1 Z 3 zulässig ist, sind einzuziehen oder zu veräußern (Verwertung), wenn

1. über den Verfall oder den erweiterten Verfall nicht in einem Strafurteil (§§ 443 bis 444a) oder in einem selbstständigen Verfahren (§§ 445 bis 446) entschieden werden kann, weil der Beschuldigte oder ein Haftungsbeteiligter nicht ausgeforscht werden oder nicht vor Gericht gestellt werden kann und das Verfahren aus diesem Grund gemäß § 197 abzubrechen ist, *(BGBl I 2010/108)*

2. seit der Sicherstellung oder Beschlagnahme mindestens zwei Jahre vergangen sind und das Edikt über die bevorstehende Verwertung (§ 115b) mindestens ein Jahr öffentlich bekannt gemacht war (§ 115b Abs. 2).

(2) Die Verwertung ist unzulässig, soweit und solange

1. eine Person, die nicht im Verdacht steht, sich an der strafbaren Handlung beteiligt zu haben, ein Recht an dem Vermögenswert (Abs. 1) glaubhaft gemacht hat, oder

2. der Vermögenswert (Abs. 1) gerichtlich gepfändet ist.

(3) Über die Verwertung hat das Gericht auf Antrag der Staatsanwaltschaft, gegebenenfalls zugleich mit der Beschlagnahme zu entscheiden.

(BGBl I 2009/52)

§ 115b. (1) Eine Verwertung hat das Gericht durch Edikt anzukündigen, das zu enthalten hat:

1. die Bezeichnung des Drittschuldners,

2. eine Beschreibung oder Bezeichnung des Vermögenswerts (§ 115a Abs. 1) nach Art, Umfang und Höhe,

3. die Mitteilung, dass der Vermögenswert (§ 115a Abs. 1) nach Ablauf eines Jahres verwertet werde, sofern nicht bis dahin die Aufhebung der Sicherstellung oder Beschlagnahme beantragt werde.

(2) Das Edikt ist durch Aufnahme in die Ediktsdatei (§ 89j GOG) öffentlich bekannt zu machen. Eine schriftliche Ausfertigung ist der Staatsanwaltschaft, gegebenenfalls dem von der Anordnung Betroffenen sowie dem Drittschuldner zuzustellen, der zu verpflichten ist, alle Tatsachen, die einer Verwertung entgegenstehen könnten, dem Gericht unverzüglich mitzuteilen. Dabei entstehende angemessene und ortsübliche Kosten sind zu ersetzen (§ 111 Abs. 3).

(BGBl I 2009/52)

§ 115c. (1) Ein Beschluss auf Verwertung ist durch Aufnahme in die Ediktsdatei (§ 89j GOG) öffentlich bekannt zu machen. Die Zustellung gilt dadurch als bewirkt. Dieses Edikt hat zumindest dreißig Jahre lang in der Ediktsdatei abfragbar zu bleiben.

(2) Eine rechtzeitig eingebrachte Beschwerde hat aufschiebende Wirkung.

(BGBl I 2009/52)

§ 115d. (1) Ein rechtskräftiger Beschluss auf Verwertung ist in sinngemäßer Anwendung des § 408 zu vollstrecken. In der Aufforderung nach § 408 Abs. 1 ist dem betroffenen Schuldner aufzutragen, dem Gericht alle den Vermögenswert (§ 115a Abs. 1) betreffenden Unterlagen vorzulegen.

(2) Kann nach Rechtskraft des Beschlusses auf Verwertung über den Verfall oder den erweiterten Verfall entschieden werden, so ist nach den §§ 443 bis 446 vorzugehen. Im Übrigen gilt § 444 Abs. 2 sinngemäß. *(BGBl I 2010/108)*

(3) Ein Ersatz für zu Gunsten des Bundes verwertete Vermögenswerte (§ 115a Abs. 1) ist nur in Geld zu leisten. Der Bund ist dabei wie ein redlicher Besitzer zu behandeln (§ 330 ABGB).

(BGBl I 2009/52)

§ 115e. (1) Unterliegen sichergestellte (§ 110 Abs. 1 Z 3) oder beschlagnahmte (§ 115 Abs. 1 Z 3) Gegenstände oder Vermögenswerte einem raschen Verderben oder einer erheblichen Wertminderung oder lassen sie sich nur mit unverhältnismäßigen Kosten aufbewahren, so kann das Gericht diese auf Antrag der Staatsanwaltschaft auf die im § 377 angeordnete Weise veräußern. Die Verwertung hat jedoch solange zu unterbleiben, als die Gegenstände für Beweiszwecke benötigt werden (§ 110 Abs. 4).

(2) Personen, die von der Veräußerung betroffen sind, sind vor der Verwertung, gegebenenfalls unter sinngemäßer Anwendung des § 83 Abs. 5 zu verständigen. Der Erlös tritt an die Stelle der veräußerten Gegenstände. Die Verwertung wegen unverhältnismäßiger Aufbewahrungskosten unterbleibt, wenn rechtzeitig ein zur Deckung dieser Kosten ausreichender Betrag erlegt wird.

(3) Über die Verwertung hat das Gericht auf Antrag der Staatsanwaltschaft, gegebenenfalls zugleich mit der Beschlagnahme zu entscheiden.

(BGBl I 2012/35)

Auskunft aus dem Kontenregister und Auskunft über Bankkonten und Bankgeschäfte

§ 116. (1) Auskunft aus dem Kontenregister und Auskunft über Bankkonten und Bankgeschäfte sind zulässig, wenn sie zur Aufklärung einer vorsätzlich begangenen Straftat oder eines Vergehens, das in die Zuständigkeit des Landesgerichts fällt (§ 31 Abs. 2 bis 4) oder zur Aufklärung der Voraussetzungen einer Anordnung auf Auskunft nach Abs. 2 Z 2 in Verfahren wegen einer vorsätzlich begangenen Straftat, für die im Hauptverfahren das Landesgericht zuständig wäre (§ 31 Abs. 2 bis 4), erforderlich erscheinen.

(2) Auskunft über Bankkonten und Bankgeschäfte ist darüber hinaus nur zulässig, wenn auf Grund bestimmter Tatsachen anzunehmen ist,

1. dass dadurch Gegenstände, Urkunden oder andere Unterlagen über eine Geschäftsverbindung oder damit im Zusammenhang stehende Transaktionen sichergestellt werden können, soweit dies für die Aufklärung der Straftat erforderlich ist,

2. dass Gegenstände oder andere Vermögenswerte zur Sicherung der Konfiskation (§ 19a StGB), des Verfalls (§ 20 StGB), des erweiterten Verfalls (§ 20b StGB), der Einziehung (§ 26 StGB) oder anderen gesetzlich vorgesehenen vermögensrechtlichen Anordnung gemäß § 109 Z 1 lit. b sichergestellt werden können, oder

3. dass eine mit der Straftat im Zusammenhang stehende Transaktion über die Geschäftsverbindung abgewickelt werde.

(3) Auskunft aus dem Kontenregister ist von der Staatsanwaltschaft anzuordnen (§ 102 Abs. 2).

(4) Auskunft über Bankkonten und Bankgeschäfte ist durch die Staatsanwaltschaft auf Grund einer gerichtlichen Bewilligung anzuordnen. Anordnung und Bewilligung der Auskunftserteilung haben zu enthalten:

1. die Bezeichnung des Verfahrens und der Tat, die ihm zu Grunde liegt, sowie deren gesetzliche Bezeichnung,

2. das Kredit- oder Finanzinstitut,

3. die Umschreibung der sicherzustellenden Gegenstände, Urkunden (Unterlagen) oder Vermögenswerte,

4. die Tatsachen, aus denen sich die Erforderlichkeit und Verhältnismäßigkeit (§ 5) der Anordnungen ergibt,

5. im Fall einer Anordnung nach Abs. 2 Z 3 den von ihr umfassten Zeitraum.

(5) Die Anordnung der Auskunft aus dem Kontenregister und die Anordnung der Auskunft über Bankkonten und Bankgeschäfte samt gerichtlicher Bewilligung sind dem Beschuldigten und den aus der Geschäftsverbindung verfügungsberechtigten Personen zuzustellen, sobald diese der Staatsanwaltschaft bekannt geworden sind. Die Anordnung der Auskunft über Bankkonten und Bankgeschäfte samt gerichtlicher Bewilligung ist darüber hinaus dem Kredit- oder Finanzinstitut zuzustellen. Die Zustellung an den Beschuldigten und an die Verfügungsberechtigten kann aufgeschoben werden, solange dadurch der Zweck der Ermittlungen gefährdet wäre. Im Fall einer Anordnung der Auskunft über Bankkonten und Bankgeschäfte ist hierüber das Kredit- oder Finanzinstitut zu informieren, das die Anordnung und alle mit ihr verbundenen Tatsachen und Vorgänge gegenüber Kunden und Dritten geheim zu halten hat.

(6) Kredit- oder Finanzinstitute und ihre Mitarbeiter sind verpflichtet, die Auskünfte zu erteilen sowie die Urkunden und Unterlagen einsehen zu lassen und herauszugeben. Dies hat auf einem elektronischen Datenträger in einem allgemein gebräuchlichen Dateiformat in strukturierter Form so zu erfolgen, dass die Daten elektronisch weiterverarbeitet werden können. Einer Beschwerde des Kredit- oder Finanzinstituts gegen die gerichtliche Bewilligung kommt aufschiebende Wirkung zu. Wird einem Einspruch wegen Rechtsverletzung oder einer Beschwerde Folge gegeben, so gilt § 89 Abs. 4. Eine Durchsuchung des Kredit- oder Finanzinstituts bedarf stets einer Anordnung der Staatsanwaltschaft auf Grund einer gerichtlichen Bewilligung. §§ 110 Abs. 4 und 111 Abs. 3 sind anzuwenden. *(BGBl I 2018/27)*

(BGBl I 2016/26)

2. Abschnitt

Identitätsfeststellung, Durchsuchung von Orten und Gegenständen, Durchsuchung von Personen, körperliche Untersuchung und molekulargenetische Untersuchung

Definitionen

§ 117. Im Sinne dieses Gesetzes ist

1. „Identitätsfeststellung" die Ermittlung und Feststellung von Daten (§ 36 Abs. 2 Z 1 DSG), die eine bestimmte Person unverwechselbar kennzeichnen, *(BGBl I 2018/32)*

2. „Durchsuchung von Orten und Gegenständen" das Durchsuchen

a) eines nicht allgemein zugänglichen Grundstückes, Raumes, Fahrzeuges oder Behältnisses,

b) einer Wohnung oder eines anderen Ortes, der durch das Hausrecht geschützt ist, und darin befindlicher Gegenstände,

3. „Durchsuchung einer Person"

a) die Durchsuchung der Bekleidung einer Person und der Gegenstände, die sie bei sich hat,

b) die Besichtigung des unbekleideten Körpers einer Person,

4. „körperliche Untersuchung" die Durchsuchung von Körperöffnungen, die Abnahme einer Blutprobe und jeder andere Eingriff in die körperliche Integrität von Personen,

5. „molekulargenetische Untersuchung" die Ermittlung jener Bereiche in der DNA einer Person, die der Wiedererkennung dienen.

(BGBl I 2004/19)

Identitätsfeststellung

§ 118. (1) Identitätsfeststellung ist zulässig, wenn auf Grund bestimmter Tatsachen angenommen werden kann, dass eine Person an einer Straftat beteiligt ist, über die Umstände der Begehung Auskunft geben kann oder Spuren hinterlassen hat, die der Aufklärung dienen könnten.

(2) Die Kriminalpolizei ist ermächtigt, zur Identitätsfeststellung die Namen einer Person, ihr Geschlecht, ihr Geburtsdatum, ihren Geburtsort, ihren Beruf und ihre Wohnanschrift zu ermitteln. Die Kriminalpolizei ist auch ermächtigt, die Größe einer Person festzustellen, sie zu fotografieren, ihre Stimme aufzunehmen und ihre Papillarlinienabdrücke abzunehmen, soweit dies zur Identitätsfeststellung erforderlich ist.

(3) Jedermann ist verpflichtet, auf eine den Umständen nach angemessene Weise an der Feststellung seiner Identität mitzuwirken; die Kriminalpolizei hat ihm auf Aufforderung mitzuteilen, aus welchem Anlass diese Feststellung erfolgt.

(4) Wenn die Person an der Identitätsfeststellung nicht mitwirkt oder ihre Identität aus anderen Gründen nicht sogleich festgestellt werden kann, ist die Kriminalpolizei berechtigt, zur Feststellung der Identität eine Durchsuchung der Person nach § 117 Z 3 lit. a von sich aus durchzuführen.

(BGBl I 2004/19)

Durchsuchung von Orten und Gegenständen sowie von Personen

§ 119. (1) Durchsuchung von Orten und Gegenständen (§ 117 Z 2) ist zulässig, wenn auf Grund bestimmter Tatsachen anzunehmen ist, dass sich dort eine Person verbirgt, die einer Straftat verdächtig ist, oder Gegenstände oder Spuren befinden, die sicherzustellen oder auszuwerten sind.

(2) Durchsuchung einer Person (§ 117 Z 3) ist zulässig, wenn diese

1. festgenommen oder auf frischer Tat betreten wurde,

2. einer Straftat verdächtig ist und auf Grund bestimmter Tatsachen anzunehmen ist, dass sie Gegenstände, die der Sicherstellung unterliegen, bei sich oder Spuren an sich habe,

3. durch eine Straftat Verletzungen erlitten oder andere Veränderungen am Körper erfahren haben könnte, deren Feststellung für Zwecke eines Strafverfahrens erforderlich ist.

(BGBl I 2004/19)

§ 120. (1) Durchsuchungen von Orten und Gegenständen nach § 117 Z 2 lit. b und von Personen nach § 117 Z 3 lit. b sind von der Staatsanwaltschaft auf Grund einer gerichtlichen Bewilligung anzuordnen; bei Gefahr im Verzug ist die Kriminalpolizei allerdings berechtigt, diese Durchsuchungen vorläufig ohne Anordnung und Bewilligung vorzunehmen. Gleiches gilt in den Fällen des § 170 Abs. 1 Z 1 für die Durchsuchung von Personen nach § 117 Z 3 lit. b. Das Opfer darf jedoch in keinem Fall dazu gezwungen werden, sich gegen seinen Willen durchsuchen zu lassen (§§ 119 Abs. 2 Z 3 und 121 Abs. 1 letzter Satz). *(BGBl I 2007/93)*

(2) Durchsuchungen nach § 117 Z 2 lit. a und nach § 117 Z 3 lit. a kann die Kriminalpolizei von sich aus durchführen.

(BGBl I 2004/19)

§ 121. (1) Vor jeder Durchsuchung ist der Betroffene unter Angabe der hiefür maßgebenden Gründe aufzufordern, die Durchsuchung zuzulassen oder das Gesuchte freiwillig herauszugeben. Von dieser Aufforderung darf nur bei Gefahr im Verzug sowie im Fall des § 119 Abs. 2 Z 1 abgesehen werden. Die Anwendung von Zwang (§ 93) ist im Fall der Durchsuchung einer Person nach § 119 Abs. 2 Z 3 unzulässig.

(2) Der Betroffene hat das Recht, bei einer Durchsuchung nach § 117 Z 2 anwesend zu sein, sowie einer solchen und einer Durchsuchung nach § 117 Z 3 lit. b eine Person seines Vertrauens zuzuziehen; für diese gilt § 160 Abs. 2 sinngemäß. Ist der Inhaber der Wohnung nicht zugegen, so kann ein erwachsener Mitbewohner seine Rechte ausüben. Ist auch das nicht möglich, so sind der Durchsuchung zwei unbeteiligte, vertrauenswürdige Personen beizuziehen. Davon darf nur bei Gefahr im Verzug abgesehen werden. Einer Durchsuchung in ausschließlich der Berufsausübung gewidmeten Räumen einer der in § 157 Abs. 1 Z 2 bis 4 erwähnten Personen ist von Amts wegen ein Vertreter der jeweiligen gesetzlichen Interessenvertretung beziehungsweise der Medien-

inhaber oder ein von ihm namhaft gemachter Vertreter beizuziehen.

(3) Bei der Durchführung sind Aufsehen, Belästigungen und Störungen auf das unvermeidbare Maß zu beschränken. Die Eigentums- und Persönlichkeitsrechte sämtlicher Betroffener sind soweit wie möglich zu wahren. Eine Durchsuchung von Personen nach § 117 Z 3 lit. b ist stets von einer Person desselben Geschlechts oder von einem Arzt unter Achtung der Würde der zu untersuchenden Person vorzunehmen.

(BGBl I 2004/19)

§ 122. (1) Über jede Durchsuchung nach § 120 Abs. 1 erster Satz letzter Halbsatz hat die Kriminalpolizei sobald wie möglich der Staatsanwaltschaft zu berichten (§ 100 Abs. 2 Z 2), welche im Nachhinein eine Entscheidung des Gerichts über die Zulässigkeit der Durchsuchung (§ 99 Abs. 3) zu beantragen hat. Wird die Bewilligung nicht erteilt, so haben Staatsanwaltschaft und Kriminalpolizei mit den ihnen zu Gebote stehenden rechtlichen Mitteln den der gerichtlichen Entscheidung entsprechenden Rechtszustand herzustellen. *(BGBl I 2007/93)*

(2) Werden bei einer Durchsuchung Gegenstände gefunden, die auf die Begehung einer anderen als der Straftat schließen lassen, derentwegen die Durchsuchung vorgenommen wird, so sind sie zwar sicherzustellen; es muss jedoch hierüber ein besonderes Protokoll aufgenommen und sofort der Staatsanwaltschaft berichtet werden.

(3) In jedem Fall ist dem Betroffenen sogleich oder längstens binnen 24 Stunden eine Bestätigung über die Durchsuchung und deren Ergebnis sowie gegebenenfalls die Anordnung der Staatsanwaltschaft samt gerichtlicher Entscheidung auszufolgen oder zuzustellen.

(BGBl I 2004/19)

Körperliche Untersuchung

§ 123. (1) Eine körperliche Untersuchung ist zulässig, wenn

1. auf Grund bestimmter Tatsachen anzunehmen ist, dass eine Person Spuren hinterlassen hat, deren Sicherstellung und Untersuchung für die Aufklärung einer Straftat wesentlich sind,

2. auf Grund bestimmter Tatsachen anzunehmen ist, dass eine Person Gegenstände im Körper verbirgt, die der Sicherstellung unterliegen, oder

3. Tatsachen, die für die Aufklärung einer Straftat oder die Beurteilung der Zurechnungsfähigkeit von maßgebender Bedeutung sind, auf andere Weise nicht festgestellt werden können.

(2) Eine körperliche Untersuchung nach Abs. 1 Z 1 ist auch an Personen zulässig, die einem durch bestimmte Merkmale individualisierbaren Personenkreis angehören, wenn auf Grund bestimmter Tatsachen anzunehmen ist, dass sich der Täter in

diesem Personenkreis befindet und die Aufklärung einer mit mehr als fünf Jahren Freiheitsstrafe bedrohten Straftat oder eines Verbrechens nach dem 10. Abschnitt des Strafgesetzbuches andernfalls wesentlich erschwert wäre.

(3) Eine körperliche Untersuchung ist von der Staatsanwaltschaft auf Grund einer gerichtlichen Bewilligung anzuordnen. Bei Gefahr im Verzug kann die Untersuchung auch auf Grund einer Anordnung der Staatsanwaltschaft durchgeführt werden, doch hat die Staatsanwaltschaft in diesem Fall unverzüglich die gerichtliche Bewilligung einzuholen. Wird diese nicht erteilt, so hat die Staatsanwaltschaft die Anordnung sofort zu widerrufen und das Ergebnis der körperlichen Untersuchung vernichten zu lassen. Einen Mundhöhlenabstrich kann die Kriminalpolizei jedoch von sich aus abnehmen.

(4) Operative Eingriffe und alle Eingriffe, die eine Gesundheitsschädigung von mehr als dreitägiger Dauer bewirken könnten, sind unzulässig. Andere Eingriffe dürfen vorgenommen werden, wenn die zu untersuchende Person nach vorheriger Aufklärung über die möglichen Folgen ausdrücklich zustimmt. Ohne Einwilligung des Betroffenen darf eine Blutabnahme oder ein vergleichbar geringfügiger Eingriff, bei dem der Eintritt von anderen als bloß unbedeutenden Folgen ausgeschlossen ist, vorgenommen werden, wenn

1. die Person im Verdacht steht,

a) eine Straftat nach § 178 StGB oder

b) eine Straftat gegen Leib und Leben durch Ausübung einer gefährlichen Tätigkeit in alkoholisiertem oder sonst durch ein berauschendes Mittel beeinträchtigtem Zustand begangen zu haben, oder
(BGBl I 2011/103)

2. die körperliche Untersuchung des Beschuldigten zur Aufklärung einer mit mehr als fünf Jahren Freiheitsstrafe bedrohten Straftat oder eines Verbrechens nach dem 10. Abschnitt des Strafgesetzbuches erforderlich ist.

(5) Jede körperliche Untersuchung ist von einem Arzt vorzunehmen; ein Mundhöhlenabstrich kann jedoch auch von einer anderen Person, die für diesen Zweck besonders geschult ist, abgenommen werden. Im Übrigen gelten die Bestimmungen der §§ 121 sowie 122 Abs. 1 letzter Satz und 3 über die Durchsuchung sinngemäß.

(6) Als Beweismittel dürfen die Ergebnisse einer körperlichen Untersuchung nur verwendet werden, wenn

1. die Voraussetzungen für eine körperliche Untersuchung vorlagen,

2. die körperliche Untersuchung rechtmäßig angeordnet worden ist und

3. die Verwendung zum Nachweis einer Straftat, deretwegen die körperliche Untersuchung angeordnet wurde oder hätte angeordnet werden können, dient.

(7) Ergebnisse einer körperlichen Untersuchung, die aus anderen als strafprozessualen Gründen durchgeführt wurde, dürfen in einem Strafverfahren nur als Beweismittel verwendet werden, wenn dies zum Nachweis einer Straftat, deretwegen die körperliche Untersuchung hätte angeordnet werden können, erforderlich ist.

(BGBl I 2004/19)

StPO

Molekulargenetische Untersuchung

§ 124. (1) Zur Aufklärung einer Straftat ist es zulässig, einerseits biologische Spuren und andererseits Material, das einer bestimmten Person zugehört oder zugehören dürfte, molekulargenetisch zu untersuchen, um die Spur einer Person zuzuordnen oder die Identität einer Person oder deren Abstammung festzustellen, und mit nach diesem Gesetz oder nach dem Sicherheitspolizeigesetz rechtmäßig gewonnenen Ergebnissen molekulargenetischer Untersuchungen abzugleichen.

(2) Eine molekulargenetische Untersuchung ist von der Staatsanwaltschaft auf Grund einer gerichtlichen Bewilligung anzuordnen, sofern es sich nicht bloß um eine biologische Tatortspur handelt; eine solche kann die Kriminalpolizei von sich aus untersuchen lassen.

(3) Mit der molekulargenetischen Untersuchung ist ein Sachverständiger aus dem Fachgebiet der Gerichtlichen Medizin oder der Forensischen Molekularbiologie zu beauftragen. Diesem ist das Untersuchungsmaterial in anonymisierter Form zu übergeben. Im Übrigen ist dafür Sorge zu tragen, dass Daten aus molekulargenetischen Untersuchungen nur insoweit einer bestimmten Person zugeordnet werden können, als dies für den Untersuchungszweck (Abs. 1 und 4) erforderlich ist. *(BGBl I 2007/93)*

(4) Untersuchungsmaterial, das einer bestimmten Person zugehört oder zugehören dürfte, und die Ergebnisse der Untersuchung dürfen nur so lange verwendet und verarbeitet werden, als die Zuordnung zur Spur oder die Feststellung der Identität oder der Abstammung nicht ausgeschlossen ist; danach sind sie zu vernichten. Sicherheitspolizeiliche Vorschriften (§§ 65 bis 67, 75 SPG) bleiben hievon unberührt. *(BGBl I 2007/93)*

(5) Daten, die auf Grund dieser Bestimmung ermittelt wurden, sind den Sicherheitsbehörden auf deren Verlangen zu übermitteln, soweit Ermittlung und Verarbeitung dieser Daten nach sicherheitspolizeilichen Vorschriften (§§ 65 bis 67, 75 SPG) zulässig wäre. *(BGBl I 2007/93)*

(BGBl I 2004/19)

3. Abschnitt

Sachverständige und Dolmetscher, Leichenbeschau und Obduktion

Definitionen

§ 125. Im Sinne dieses Gesetzes ist

1. „Sachverständiger" eine Person, die auf Grund besonderen Fachwissens in der Lage ist, beweiserhebliche Tatsachen festzustellen (Befundaufnahme) oder aus diesen rechtsrelevante Schlüsse zu ziehen und sie zu begründen (Gutachtenserstattung),

2. „Dolmetscher" eine Person, die auf Grund besonderer Kenntnisse in der Lage ist, aus der Verfahrenssprache in eine andere Sprache oder von einer anderen in die Verfahrenssprache zu übersetzen,

3. „Leichenbeschau" die Besichtigung der äußeren Beschaffenheit einer Leiche,

4. „Obduktion" die Öffnung einer Leiche durch einen Sachverständigen zum Zweck der Feststellung von Anlass und Ursache des Todes oder von anderen für die Aufklärung einer Straftat wesentlichen Umständen.

(BGBl I 2004/19)

Sachverständige und Dolmetscher

§ 126. (1) Sachverständige sind zu bestellen, wenn für Ermittlungen oder für Beweisaufnahmen besonderes Fachwissen erforderlich ist, über welches die Strafverfolgungsbehörden durch ihre Organe, besondere Einrichtungen oder bei ihnen dauernd angestellte Personen nicht verfügen. Dolmetscher sind im Rahmen der Übersetzungshilfe und dann zu bestellen, wenn eine Person vernommen wird, die der Verfahrenssprache nicht kundig ist (§ 56), oder für die Ermittlungen wesentliche Schriftstücke in die Verfahrenssprache zu übersetzen sind.

(2) Als Sachverständige sind vor allem Personen zu bestellen, die in die Gerichtssachverständigen- und Gerichtsdolmetscherliste (§ 2 Abs. 1 des Bundesgesetzes über die allgemein beeideten und gerichtlich zertifizierten Sachverständigen und Dolmetscher – SDG, BGBl. Nr. 137/1975) eingetragen sind. Werden andere Personen bestellt, so sind sie zuvor über ihre wesentlichen Rechte und Pflichten zu informieren. *(BGBl I 2010/111)*

(2a) Als Dolmetscher ist von der Staatsanwaltschaft oder vom Gericht eine vom Bundesministerium für Justiz oder in dessen Auftrag von der Justizbetreuungsagentur zur Verfügung gestellte geeignete Person zu bestellen. Zur Gewährleistung der Übersetzungshilfe durch die Kriminalpolizei hat diese eine vom Bundesministerium für Inneres oder in dessen Auftrag von einem Dienstleister zur Verfügung gestellte geeignete

Person zu bestellen. Für diese Dolmetscher gilt § 127 Abs. 1 nicht. *(BGBl I 2010/111; BGBl I 2013/195)*

(2b) Steht eine geeignete Person nach Abs. 2a nicht oder nicht rechtzeitig zur Verfügung oder besteht Grund zur Annahme, dass hinsichtlich aller nach Abs. 2a in Betracht kommenden Personen einer der Gründe des Abs. 4 vorliegt, so kann auch eine andere geeignete Person als Dolmetscher bestellt werden. Dabei ist vorrangig eine in die Gerichtssachverständigen- und Gerichtsdolmetscherliste (§ 2 Abs. 1 SDG) eingetragene Person zu bestellen, im Übrigen jedoch nach Abs. 2 letzter Satz vorzugehen. Wird eine solche Person durch die Kriminalpolizei als Dolmetscher bestellt, so richtet sich ihr Anspruch auf Abgeltung nach § 53b des Allgemeinen Verwaltungsverfahrensgesetzes (AVG), BGBl. Nr. 51/1991. *(BGBl I 2010/111; BGBl I 2013/195)*

(2c) Bei der Wahl von Sachverständigen oder Dolmetschern und der Bestimmung des Umfangs ihres Auftrags ist nach den Grundsätzen der Sparsamkeit, Wirtschaftlichkeit und Zweckmäßigkeit vorzugehen. *(BGBl I 2010/111)*

(3) Sachverständige sind von der Staatsanwaltschaft, für gerichtliche Ermittlungen oder Beweisaufnahmen (§§ 104, 105) und für das Hauptverfahren (§ 210 Abs. 2) jedoch vom Gericht zu bestellen. Werden Angehörige des wissenschaftlichen Personals einer Universitätseinheit als Sachverständige bestellt, so ist eine Ausfertigung des Auftrags auch dem Leiter der Einheit zuzustellen. Dem Beschuldigten ist eine Ausfertigung der Bestellung samt einer Information über seine Rechte nach Abs. 5 zuzustellen. *(BGBl I 2007/93; BGBl I 2014/71)*

28.11.17.3

(4) Für Sachverständige und Dolmetscher gelten die Befangenheitsgründe des § 47 Abs. 1 sinngemäß. Soweit sie befangen sind oder über ihre Sachkunde in Zweifel steht, sind sie von der Staatsanwaltschaft, im Fall einer Bestellung durch das Gericht von diesem, von Amts wegen oder auf Grund von Einwänden (Abs. 5) ihres Amtes zu entheben, bei Vorliegen eines Befangenheitsgrundes gemäß § 47 Abs. 1 Z 1 und 2 bei sonstiger Nichtigkeit. Im Hauptverfahren kann die Befangenheit eines Dolmetschers nicht bloß mit der Begründung geltend gemacht werden, dass er bereits im Ermittlungsverfahren tätig gewesen ist. *(BGBl I 2014/71; BGBl I 2015/112)*

(5) Im Ermittlungsverfahren hat der Beschuldigte das Recht, binnen 14 Tagen ab Zustellung (Abs. 3), Kenntnis eines Befangenheitsgrundes oder Vorliegen begründeter Zweifel an der Sachkunde des Sachverständigen einen Antrag auf dessen Enthebung zu stellen, er kann auch die Bestellung im Rahmen gerichtlicher Beweisaufnahme verlangen und eine andere, nach den Kriterien der Sachkunde (Abs. 2) besser qualifizierte Person zur Bestellung vorschlagen. Will die

Staatsanwaltschaft dem Begehren auf Umbestellung keine Folge geben oder wurde gerichtliche Beweisaufnahme verlangt, so hat sie den Antrag unverzüglich samt einer Stellungnahme dem Gericht vorzulegen. Wurde der Sachverständige durch das Gericht bestellt, so entscheidet es über einen Antrag nach dem ersten Satz mit Beschluss. *(BGBl I 2014/71)*

(BGBl I 2004/19)

§ 127. (1) Sachverständige und Dolmetscher haben Anspruch auf Gebühren nach dem Gebührenanspruchsgesetz 1975. Sofern nicht besondere Gründe entgegen stehen, ist ihnen die Anwesenheit bei Vernehmungen zu gestatten und im erforderlichen Umfang Akteneinsicht zu gewähren. Sie unterliegen der Amtsverschwiegenheit.

(2) Sachverständige haben den Befund und das Gutachten nach bestem Wissen und Gewissen und nach den Regeln ihrer Wissenschaft oder Kunst oder ihres Gewerbes abzugeben. Sie haben Ladungen der Staatsanwaltschaft und des Gerichts zu befolgen und bei Verhandlungen, Vernehmungen und Tatrekonstruktionen Fragen zu beantworten. *(BGBl I 2009/52)*

(3) Ist der Befund unbestimmt oder das Gutachten widersprüchlich oder sonst mangelhaft oder weichen die Angaben zweier Sachverständiger über die von ihnen wahrgenommenen Tatsachen oder die hieraus gezogenen Schlüsse erheblich voneinander ab und lassen sich die Bedenken nicht durch Befragung beseitigen, so ist ein weiterer Sachverständiger beizuziehen. Handelt es sich um eine Begutachtung psychischer Zustände und Entwicklungen, so ist in einem solchen Fall das Gutachten eines Sachverständigen mit Lehrbefugnis an einer in- oder ausländischen Universität einzuholen.

(4) Dolmetscher haben nach bestem Wissen und Gewissen zu übersetzen, Ladungen der Staatsanwaltschaft und des Gerichts zu befolgen und bei Verhandlungen, Vernehmungen und Tatrekonstruktionen Fragen zu beantworten.

(5) Wenn ein Sachverständiger oder ein Dolmetscher die ihm gesetzte Frist zur Erstattung des Befundes oder Gutachtens oder der Übersetzung trotz Mahnung wesentlich überschreitet, kann er seines Amtes enthoben werden. Überdies kann das Gericht, wenn der Sachverständige oder Dolmetscher die Verzögerung verschuldet hat, über ihn eine Geldstrafe bis zu 10 000 Euro verhängen.

(BGBl I 2004/19)

Leichenbeschau und Obduktion

§ 128. (1) Sofern nicht ein natürlicher Tod feststeht, hat die Kriminalpolizei einen Arzt beizuziehen und grundsätzlich am Ort der Auffindung die äußere Beschaffenheit der Leiche zu besichtigen, der Staatsanwaltschaft über das Ergebnis der Leichenbeschau zu berichten und dafür zu sorgen, dass die Leiche für den Fall der Obduktion zur Verfügung steht. *(BGBl I 2007/93; BGBl I 2016/26)*

(2) Eine Obduktion ist zulässig, wenn nicht ausgeschlossen werden kann, dass der Tod einer Person durch eine Straftat verursacht worden ist. Sie ist von der Staatsanwaltschaft anzuordnen, die mit der Durchführung eine Universitätseinheit für Gerichtliche Medizin oder einen Sachverständigen aus dem Fachgebiet der Gerichtsmedizin, der kein Angehöriger des wissenschaftlichen Personals einer solchen Einrichtung ist, zu beauftragen hat. *(BGBl I 2007/93; BGBl I 2009/40)*

(2a) Im Fall einer Beauftragung einer Universitätseinheit hat die Leitung dieser Einheit die persönliche Verantwortung für die Obduktion im Sinne des § 127 Abs. 2 einem Angehörigen des wissenschaftlichen Personals dieser Einheit zu übertragen, der die persönlichen und fachlichen Voraussetzungen für die Eintragung in die Liste der allgemein beeideten und gerichtlich zertifizierten Sachverständigen erfüllt. Ersucht eine Staatsanwaltschaft oder ein Gericht um die Übertragung an eine bestimmte Person, so hat die Leitung diesem Ersuchen zu entsprechen, es sei denn, dass wichtige Gründe entgegenstehen. Ist dies der Fall, so hat die Leitung die Zustimmung der Staatsanwaltschaft oder des Gerichts zu einer anderweitigen Übertragung einzuholen. Die Universitätseinrichtung kann Gebühren in sinngemäßer Anwendung des Gebührensanspruchsgesetzes (GebAG), BGBl. Nr. 136/1975, geltend machen, wobei sie die Gebühr für Mühewaltung nach Abzug der Gebühren für die Nutzung der Untersuchungsräumlichkeiten, einschließlich der Infrastruktur der Person zu überweisen hat, der die Verantwortung für die Obduktion übertragen wurde. *(BGBl I 2009/40)*

(3) Wenn dies zur Aufklärung einer Straftat erforderlich ist, ist auch die Exhumierung einer Leiche zum Zweck einer Obduktion (Abs. 2) zulässig. Sie ist von der Staatsanwaltschaft anzuordnen.

(BGBl I 2004/19)

4. Abschnitt

Observation, verdeckte Ermittlung und Scheingeschäft

Definitionen

§ 129. Im Sinne dieses Gesetzes ist

1. „Observation" das heimliche Überwachen des Verhaltens einer Person,

2. „verdeckte Ermittlung" der Einsatz von kriminalpolizeilichen Organen oder anderen Personen im Auftrag der Kriminalpolizei, die ihre amtliche Stellung oder ihren Auftrag weder offen legen noch erkennen lassen,

3. „Scheingeschäft" der Versuch oder die scheinbare Ausführung von Straftaten, soweit diese im Erwerben, Ansichbringen, Besitzen, Ein-, Aus- oder Durchführen von Gegenständen oder Vermögenswerten bestehen, die entfremdet wurden, aus einem Verbrechen herrühren oder der Begehung eines solchen gewidmet sind oder deren Besitz absolut verboten ist. *(BGBl I 2004/19)*

Observation

§ 130. (1) Observation ist zulässig, wenn sie zur Aufklärung einer Straftat oder zur Ausforschung des Aufenthalts des Beschuldigten erforderlich erscheint. *(BGBl I 2004/19)*

(2) Der Einsatz technischer Mittel, die im Wege der Übertragung von Signalen eine Feststellung des räumlichen Bereichs ermöglichen, in dem sich die überwachte Person aufhält, und das Öffnen von Fahrzeugen und Behältnissen zum Zweck der Einbringung solcher technischer Mittel ist zur Unterstützung der Observation zulässig, sofern die Observation ansonsten aussichtslos oder wesentlich erschwert wäre.

(3) Sofern die Observation

1. durch den Einsatz technischer Mittel (Abs. 2) unterstützt wird,

2. über einen Zeitraum von mehr als 48 Stunden oder

3. außerhalb des Bundesgebietes durchgeführt wird oder werden soll,

ist sie nur dann zulässig, wenn der Verdacht einer vorsätzlich begangenen Straftat besteht, die mit mehr als einjähriger Freiheitsstrafe bedroht ist, und auf Grund bestimmter Tatsachen angenommen werden kann, dass die überwachte Person die strafbare Handlung begangen habe oder mit dem Beschuldigten Kontakt herstellen werde oder dadurch der Aufenthalt eines flüchtigen oder abwesenden Beschuldigten ermittelt werden kann. *(BGBl I 2004/19)*

Verdeckte Ermittlung

§ 131. (1) Verdeckte Ermittlung ist zulässig, wenn sie zur Aufklärung einer Straftat erforderlich erscheint.

(2) Eine systematische, über längere Zeit durchgeführte verdeckte Ermittlung ist nur dann zulässig, wenn die Aufklärung einer vorsätzlich begangenen Straftat, die mit mehr als einjähriger Freiheitsstrafe bedroht ist, oder die Verhinderung einer im Rahmen einer kriminellen oder terroristischen Vereinigung oder einer kriminellen Organisation (§§ 278 bis 278b StGB) geplanten Straftat ansonsten wesentlich erschwert wäre. Soweit dies für die Aufklärung oder Verhinderung unerlässlich ist, ist es auch zulässig, nach Maßgabe des § 54a SPG Urkunden, die über die Identität

eines Organs der Kriminalpolizei täuschen, herzustellen und sie im Rechtsverkehr zur Erfüllung des Ermittlungszwecks zu gebrauchen.

(3) Der verdeckte Ermittler ist von der Kriminalpolizei zu führen und regelmäßig zu überwachen. Sein Einsatz und dessen nähere Umstände sowie Auskünfte und Mitteilungen, die durch ihn erlangt werden, sind in einem Bericht oder in einem Amtsvermerk (§ 95) festzuhalten, sofern sie für die Untersuchung von Bedeutung sein können.

(4) Wohnungen und andere vom Hausrecht geschützte Räume dürfen verdeckte Ermittler nur im Einverständnis mit dem Inhaber betreten. Das Einverständnis darf nicht durch Täuschung über eine Zutrittsberechtigung herbeigeführt werden. *(BGBl I 2004/19)*

Scheingeschäft

§ 132. Die Durchführung eines Scheingeschäfts ist zulässig, wenn eine Aufklärung eines Verbrechens (§ 17 Abs. 1 StGB) oder die Sicherstellung von Gegenständen oder Vermögenswerten, die aus einem Verbrechen herrühren oder von der Konfiskation (§ 19a StGB), vom Verfall (§ 20 StGB), vom erweiterten Verfall (§ 20b Abs. 1 StGB) oder von der Einziehung (§ 26 StGB) bedroht sind, andernfalls wesentlich erschwert wäre. Unter diesen Voraussetzungen ist es auch zulässig, zur Ausführung eines Scheingeschäfts durch Dritte beizutragen (§ 12 dritter Fall StGB). *(BGBl I 2010/108)*

(BGBl I 2004/19)

Gemeinsame Bestimmungen

§ 133. (1) Observation nach § 130 Abs. 1 und verdeckte Ermittlung nach § 131 Abs. 1 sowie ein Scheingeschäft (§ 132), das zur Sicherstellung von Suchtmitteln und Falschgeld dient, kann die Kriminalpolizei von sich aus durchführen. Der Abschluss eines anderen Scheingeschäfts, Observation nach § 130 Abs. 3 und verdeckte Ermittlung nach § 131 Abs. 2 sind von der Staatsanwaltschaft anzuordnen. Eine Observation darf über den in § 130 Abs. 3 Z 2 vorgesehenen Zeitraum bis längstens vierzehn Tagen fortgesetzt werden, sofern die Kriminalpolizei der Staatsanwaltschaft unverzüglich nach der Fristüberschreitung berichtet (§ 100 Abs. 2 Z 2). *(BGBl I 2009/52)*

(2) Observation nach § 130 Abs. 3 und verdeckte Ermittlung nach § 131 Abs. 2 dürfen nur für jenen Zeitraum angeordnet und genehmigt werden, der zur Erreichung ihres Zweckes voraussichtlich erforderlich ist, längstens jedoch für drei Monate. Eine neuerliche Anordnung ist jeweils zulässig, soweit die Voraussetzungen fortbestehen und auf Grund bestimmter Tatsachen anzunehmen ist, dass die weitere Observation oder die weitere Durchführung verdeckter Ermittlungen Erfolg haben werde; § 99 Abs. 2 ist jedoch nicht anzu-

wenden. Observation und verdeckte Ermittlung sind zu beenden, wenn ihre Voraussetzungen wegfallen, wenn ihr Zweck erreicht ist oder voraussichtlich nicht mehr erreicht werden kann oder wenn die Staatsanwaltschaft die Einstellung anordnet. *(BGBl I 2007/109; BGBl I 2009/52)*

(3) Observation, verdeckte Ermittlungen und Scheingeschäft sind durch die Kriminalpolizei durchzuführen. Die Verwendung technischer Mittel zur optischen oder akustischen Überwachung von Personen im Zuge dieser Ermittlungsmaßnahmen ist nur unter den Voraussetzungen des § 136 zulässig.

(4) Nach Beendigung der Observation nach § 130 Abs. 3 und der verdeckten Ermittlung nach § 131 Abs. 2 und nach Abschluss des Scheingeschäfts sind dem Beschuldigten und den Betroffenen, sofern ihre Identität bekannt oder ohne besonderen Verfahrensaufwand feststellbar ist, die Anordnungen und Genehmigungen nach Abs. 1 und 2 zuzustellen. Diese Zustellung kann jedoch aufgeschoben werden, solange durch sie der Zweck der Ermittlungen in diesem oder in einem anderen Verfahren gefährdet wäre. *(BGBl I 2007/93)*

(5) Von der Verfolgung eines Beschuldigten wegen der strafbaren Handlung, zu deren Begehung er nach § 5 Abs. 3 verleitet wurde, hat die Staatsanwaltschaft abzusehen. § 191 Abs. 2 gilt sinngemäß. *(BGBl I 2016/26)*

(BGBl I 2004/19)

5. Abschnitt

Beschlagnahme von Briefen, Auskunft über Daten einer Nachrichtenübermittlung, Lokalisierung einer technischen Einrichtung, Anlassdatenspeicherung und Überwachung von Nachrichten, [verschlüsselter Nachrichten][1] und von Personen

[1] *In Kraft von 1. 4. 2020 bis 31. 3. 2025*

Definitionen

§ 134. Im Sinne dieses Bundesgesetzes ist

1. „Beschlagnahme von Briefen" das Öffnen und Zurückbehalten von Telegrammen, Briefen oder anderen Sendungen, die der Beschuldigte abschickt oder die an ihn gerichtet werden,

2. „Auskunft über Daten einer Nachrichtenübermittlung" die Erteilung einer Auskunft über Verkehrsdaten (§ 160 Abs. 3 Z 6 TKG 2021), Zugangsdaten (§ 160 Abs. 3 Z 7 TKG 2021), die nicht einer Anordnung gemäß § 76a Abs. 2 unterliegen, und Standortdaten (§ 160 Abs. 3 Z 9 TKG 2021) eines Telekommunikationsdienstes oder eines Dienstes der Informationsgesellschaft (§ 1 Abs. 1 Z 2 des Notifikationsgesetzes), *(BGBl I 2011/33; BGBl I 2021/190)*

2a. „Lokalisierung einer technischen Einrichtung" der Einsatz technischer Mittel zur Feststellung von geographischen Standorten und der zur internationalen Kennung des Benutzers dienenden Nummer (IMSI) ohne Mitwirkung eines Anbieters (§ 160 Abs. 3 Z 1 TKG 2021) oder sonstigen Diensteanbieters (§ 13, § 16 und § 18 Abs. 2 des E – Commerce – Gesetzes – ECG, BGBl. I Nr. 152/2001), *(BGBl I 2011/33; BGBl I 2014/44 (VfGH); BGBl I 2018/27; BGBl I 2021/190)*

2b. „Anlassdatenspeicherung" das Absehen von der Löschung der in Z 2 genannten Daten (§ 167 Abs. 2 Z 4 TKG 2021), *(BGBl I 2018/27; BGBl I 2021/190)*

3. „Überwachung von Nachrichten" das Überwachen von Nachrichten und Informationen, die von einer natürlichen Person über ein Kommunikationsnetz (§ 4 Z 1 TKG 2021) oder einen Dienst der Informationsgesellschaft (§ 1 Abs. 1 Z 2 des Notifikationsgesetzes) gesendet, übermittelt oder empfangen werden, *(BGBl I 2018/27; BGBl I 2021/190)*

3a. *(aufgehoben, BGBl I 2019/113, VfGH)*

4. „optische und akustische Überwachung von Personen" die Überwachung des Verhaltens von Personen unter Durchbrechung ihrer Privatsphäre und der Äußerungen von Personen, die nicht zur unmittelbaren Kenntnisnahme Dritter bestimmt sind, unter Verwendung technischer Mittel zur Bild- oder Tonübertragung und zur Bild- oder Tonaufnahme ohne Kenntnis der Betroffenen,

5. „Ergebnis" (der unter Z 1 bis 4 angeführten Beschlagnahme, Auskunft, Lokalisierung oder Überwachung) der Inhalt von Briefen (Z 1), die Daten einer Nachrichtenübermittlung (Z 2), die festgestellten geographischen Standorte und zur internationalen Kennung des Benutzers dienenden Nummern (IMSI) (Z 2a), die gesendeten, übermittelten oder empfangenen Nachrichten und Informationen (Z 3)[1] und die Bild- oder Tonaufnahme einer Überwachung (Z 4). *(BGBl I 2011/33; BGBl I 2018/27; BGBl I 2021/190)*

(BGBl I 2004/19)

[1] *In Kraft von 1. 4. 2020 bis 31. 3. 2025.*

Beschlagnahme von Briefen, Auskunft über Daten einer Nachrichtenübermittlung, Lokalisierung einer technischen Einrichtung, Anlassdatenspeicherung und Überwachung von Nachrichten

§ 135. (1) Beschlagnahme von Briefen ist zulässig, wenn sie zur Aufklärung einer vorsätzlich begangenen Straftat, die mit mehr als einjähriger Freiheitsstrafe bedroht ist, erforderlich ist. *(BGBl I 2018/27)*

(2) Auskunft über Daten einer Nachrichtenübermittlung ist zulässig,

StPO

1. wenn und solange der dringende Verdacht besteht, dass eine von der Auskunft betroffene Person eine andere entführt oder sich sonst ihrer bemächtigt hat, und sich die Auskunft auf Daten einer solchen Nachricht beschränkt, von der anzunehmen ist, dass sie zur Zeit der Freiheitsentziehung vom Beschuldigten übermittelt, empfangen oder gesendet wird,

2. wenn zu erwarten ist, dass dadurch die Aufklärung einer vorsätzlich begangenen Straftat, die mit einer Freiheitsstrafe von mehr als sechs Monaten bedroht ist, gefördert werden kann und der Inhaber der technischen Einrichtung, die Ursprung oder Ziel einer Übertragung von Nachrichten war oder sein wird, der Auskunft ausdrücklich zustimmt, oder

3. wenn zu erwarten ist, dass dadurch die Aufklärung einer vorsätzlich begangenen Straftat, die mit Freiheitsstrafe von mehr als einem Jahr bedroht ist, gefördert werden kann und auf Grund bestimmter Tatsachen anzunehmen ist, dass dadurch Daten des Beschuldigten ermittelt werden können.

4. wenn auf Grund bestimmter Tatsachen zu erwarten ist, dass dadurch der Aufenthalt eines flüchtigen oder abwesenden Beschuldigten, der einer vorsätzlich begangenen, mit mehr als einjähriger Freiheitsstrafe bedrohten strafbaren Handlung dringend verdächtig ist, ermittelt werden kann. *(BGBl I 2011/33)*

(2a) Lokalisierung einer technischen Einrichtung ist in den Fällen des Abs. 2 Z 1, 3 und 4 ausschließlich zur Feststellung der in § 134 Z 2a genannten Daten zulässig. *(BGBl I 2018/27)*

(2b) Anlassdatenspeicherung ist zulässig, wenn dies aufgrund eines Anfangsverdachts (§ 1 Abs. 3) zur Sicherung einer Anordnung nach Abs. 2 Z 2 bis 4 oder einer Anordnung nach § 76a Abs. 2 erforderlich erscheint. *(BGBl I 2018/27)*

(3) Überwachung von Nachrichten ist zulässig,

1. in den Fällen des Abs. 2 Z 1,

2. in den Fällen des Abs. 2 Z 2, sofern der Inhaber der technischen Einrichtung, die Ursprung oder Ziel einer Übertragung von Nachrichten war oder sein wird, der Überwachung zustimmt,

3. wenn dies zur Aufklärung einer vorsätzlich begangenen Straftat, die mit Freiheitsstrafe von mehr als einem Jahr bedroht ist, erforderlich erscheint oder die Aufklärung oder Verhinderung von im Rahmen einer kriminellen oder terroristischen Vereinigung oder einer kriminellen Organisation (§§ 278 bis 278b StGB) begangenen oder geplanten Straftaten ansonsten wesentlich erschwert wäre und *(BGBl I 2018/27)*

a) der Inhaber der technischen Einrichtung, die Ursprung oder Ziel einer Übertragung von Nachrichten war oder sein wird, der vorsätzlich begangenen Straftat, die mit Freiheitsstrafe von mehr als einem Jahr bedroht ist, oder einer Straftat ge-

mäß §§ 278 bis 278b StGB dringend verdächtig ist, oder

b) auf Grund bestimmter Tatsachen anzunehmen ist, dass eine der Tat (lit. a) dringend verdächtige Person die technische Einrichtung benützen oder mit ihr eine Verbindung herstellen werde;

4. in den Fällen des Abs. 2 Z 4. *(BGBl I 2011/33)*

(BGBl I 2011/33)

Überwachung verschlüsselter Nachrichten

§ 135a. *(aufgehoben, BGBl I 2019/113, VfGH)*

Optische und akustische Überwachung von Personen

§ 136. (1) Die optische und akustische Überwachung von Personen ist zulässig,

1. wenn und solange der dringende Verdacht besteht, dass eine von der Überwachung betroffene Person eine andere entführt oder sich ihrer sonst bemächtigt hat, und sich die Überwachung auf Vorgänge und Äußerungen zur Zeit und am Ort der Freiheitsentziehung beschränkt,

2. wenn sie sich auf Vorgänge und Äußerungen beschränkt, die zur Kenntnisnahme eines verdeckten Ermittlers oder sonst einer von der Überwachung informierten Person bestimmt sind oder von dieser unmittelbar wahrgenommen werden können, und sie zur Aufklärung eines Verbrechens (§ 17 Abs. 1 StGB) erforderlich scheint oder

3. wenn die Aufklärung eines mit mehr als zehn Jahren Freiheitsstrafe bedrohten Verbrechens, einer Straftat nach §§ 278a bis 278e StGB oder die Aufklärung oder Verhinderung von im Rahmen einer kriminellen Organisation oder einer terroristischen Vereinigung (§ 278a und § 278b StGB) begangenen oder geplanten Verbrechen (§ 17 Abs. 1 StGB) oder die Ermittlung des Aufenthalts des wegen einer der davor genannten Straftaten Beschuldigten ansonsten aussichtslos oder wesentlich erschwert wäre und *(BGBl I 2018/27)*

a) die Person, gegen die sich die Überwachung richtet, des mit mehr als zehn Jahren Freiheitsstrafe bedrohten Verbrechens oder einer Straftat nach §§ 278a bis 278e StGB dringend verdächtig ist oder *(BGBl I 2018/27)*

b) auf Grund bestimmter Tatsachen anzunehmen ist, dass ein Kontakt einer solcherart dringend verdächtigen Person mit der Person hergestellt werde, gegen die sich die Überwachung richtet.

(2) Soweit dies zur Durchführung einer Überwachung nach Abs. 1 Z 3 unumgänglich ist, ist es zulässig, in eine bestimmte Wohnung oder in andere durch das Hausrecht geschützte Räume einzudringen, wenn auf Grund bestimmter Tatsa-

chen anzunehmen ist, dass der Beschuldigte die betroffenen Räume benützen werde.

(3) Die optische Überwachung von Personen zur Aufklärung einer Straftat ist überdies zulässig,

1. wenn sie sich auf Vorgänge außerhalb einer Wohnung oder anderer durch das Hausrecht geschützter Räume beschränkt und ausschließlich zu dem Zweck erfolgt, Gegenstände oder Örtlichkeiten zu beobachten, um das Verhalten von Personen zu erfassen, die mit den Gegenständen in Kontakt treten oder die Örtlichkeiten betreten, oder

2. wenn sie ausschließlich zu dem in Z 1 erwähnten Zweck in einer Wohnung oder anderen durch das Hausrecht geschützten Räumen erfolgt, die Aufklärung einer vorsätzlich begangenen Straftat, die mit Freiheitsstrafe von mehr als einem Jahr bedroht ist, ansonsten wesentlich erschwert wäre und der Inhaber dieser Wohnung oder Räume in die Überwachung ausdrücklich einwilligt.

(4) Eine Überwachung ist nur zulässig, soweit die Verhältnismäßigkeit (§ 5) gewahrt wird. Eine Überwachung nach Abs. 1 Z 3 zur Verhinderung von im Rahmen einer terroristischen Vereinigung oder einer kriminellen Organisation (§§ 278a und 278b StGB) begangenen oder geplanten Verbrechen (§ 17 Abs. 1 StGB) ist überdies nur dann zulässig, wenn bestimmte Tatsachen auf eine schwere Gefahr für die öffentliche Sicherheit schließen lassen. *(BGBl I 2018/27)*

(BGBl I 2004/19)

Gemeinsame Bestimmungen

§ 137. (1) Eine Überwachung nach § 136 Abs. 1 Z 1 kann die Kriminalpolizei von sich aus durchführen. Eine Anlassdatenspeicherung nach § 135 Abs. 2b ist von der Staatsanwaltschaft anzuordnen (§ 102). Die übrigen Ermittlungsmaßnahmen nach den §§ 135 bis 136 sind von der Staatsanwaltschaft auf Grund einer gerichtlichen Bewilligung anzuordnen, wobei das Eindringen in Räume nach [§ 135a Abs. 3 oder][1] § 136 Abs. 2 jeweils im Einzelnen einer gerichtlichen Bewilligung bedarf. *(BGBl I 2018/27)*

(2) *(entfällt, BGBl I 2018/27)*

(3) Eine Anlassdatenspeicherung nach § 135 Abs. 2b darf nur für jenen Zeitraum angeordnet werden, der zur Erreichung ihres Zwecks voraussichtlich erforderlich ist, längstens jedoch für zwölf Monate; eine neuerliche Anordnung ist nicht zulässig. Sonstige Ermittlungsmaßnahmen nach § 135 bis 136 dürfen nur für einen solchen künftigen, in den Fällen des § 135 Abs. 2 auch vergangenen, Zeitraum angeordnet werden, der zur Erreichung ihres Zwecks voraussichtlich erforderlich ist. Eine neuerliche Anordnung ist jeweils zulässig, soweit auf Grund bestimmter Tatsachen anzunehmen ist, dass die weitere

Durchführung der Ermittlungsmaßnahme Erfolg haben werde. Im Übrigen ist die Ermittlungsmaßnahme zu beenden, sobald ihre Voraussetzungen wegfallen. *(BGBl I 2018/27)*

(BGBl I 2004/19)

---
[1] *In Kraft von 1. 4. 2020 bis 31. 3. 2025.*

§ 138. (1) Anordnung und gerichtliche Bewilligung einer Beschlagnahme von Briefen nach § 135 Abs. 1 haben die Bezeichnung des Verfahrens, den Namen des Beschuldigten, die Tat, deren der Beschuldigte verdächtig ist, und ihre gesetzliche Bezeichnung sowie die Tatsachen, aus denen sich ergibt, dass die Anordnung oder Genehmigung zur Aufklärung der Tat erforderlich und verhältnismäßig ist, anzuführen und über die Rechte des von der Anordnung oder Bewilligung Betroffenen zu informieren; Anordnung nach § 135 Abs. 2b und Anordnung und Bewilligung nach den § 135 Abs. 2, 2a und 3, [§ 135a][1] und § 136 haben überdies zu enthalten:

1. die Namen oder sonstigen Identifizierungsmerkmale des Inhabers der technischen Einrichtung, die Ursprung oder Ziel einer Übertragung von Nachrichten war oder sein wird, [des Inhabers oder Verfügungsbefugten des Computersystems, in dem ein Programm zur Überwachung verschlüsselter Nachrichten installiert werden soll,][1] oder der Person, deren Überwachung angeordnet wird,

2. die für die Durchführung der Ermittlungsmaßnahme in Aussicht genommenen Örtlichkeiten [oder das Computersystem, in dem ein Programm zur Überwachung verschlüsselter Nachrichten installiert werden soll,][1]

3. die Art der Nachrichtenübertragung, die technische Einrichtung oder die Art der voraussichtlich für die optische und akustische Überwachung zu verwendenden technischen Mittel,

4. den Zeitpunkt des Beginns und der Beendigung der Überwachung,

5. die Räume, in die auf Grund einer Anordnung eingedrungen werden darf,

6. im Fall des § 136 Abs. 4 die Tatsachen, aus denen sich die schwere Gefahr für die öffentliche Sicherheit ergibt.
(BGBl I 2018/27)

(2) Betreiber von Post- und Telegrafendiensten sind verpflichtet, an der Beschlagnahme von Briefen mitzuwirken und auf Anordnung der Staatsanwaltschaft solche Sendungen bis zum Eintreffen einer gerichtlichen Bewilligung zurückzuhalten; ergeht eine solche Bewilligung nicht binnen drei Tagen, so dürfen sie die Beförderung nicht weiter verschieben. Anbieter (§ 160 Abs. 3 Z 1 TKG 2021) und sonstige Diensteanbieter (§ 13, § 16 und § 18 Abs. 2 ECG) sind verpflichtet, unverzüglich Auskunft über Daten einer Nachrichtenübermittlung (§ 135 Abs. 2) zu erteilen und an einer Überwachung von Nachrichten

StPO

(§ 135 Abs. 3) mitzuwirken; die rechtliche Zulässigkeit der Auskunftserteilung und Mitwirkung gründet auf der gerichtlichen Bewilligung. Anordnungen zur Anlassdatenspeicherung (§ 135 Abs. 2b) haben sie unverzüglich zu entsprechen und die von der Löschungsverpflichtung ausgenommenen Daten (§ 167 Abs. 2 Z 4 TKG 2021) nach Ablauf der angeordneten Dauer oder auf Grund einer Anordnung der Staatsanwaltschaft zu löschen. *(BGBl I 2018/27; BGBl I 2021/190)*

(3) Die Verpflichtung nach Abs. 2 und ihren Umfang sowie die allfällige Verpflichtung, mit der Anordnung und Bewilligung verbundene Tatsachen und Vorgänge gegenüber Dritten geheim zu halten, hat die Staatsanwaltschaft dem Betreiber, Anbieter oder sonstigen Diensteanbieter mit gesonderter Anordnung aufzutragen; diese Anordnung hat in den Fällen der § 135 Abs. 2 und 3 die entsprechende gerichtliche Bewilligung anzuführen. Die §§ 93 Abs. 2, 111 Abs. 3 sowie die Bestimmungen über die Durchsuchung gelten sinngemäß. *(BGBl I 2018/27)*

(4) Die Staatsanwaltschaft hat die Ergebnisse (§ 134 Z 5) zu prüfen und diejenigen Teile in Bild- oder Schriftform übertragen zu lassen und zu den Akten zu nehmen, die für das Verfahren von Bedeutung sind und als Beweismittel verwendet werden dürfen (§§ 140 Abs. 1, 144, 157 Abs. 2).

(5) Nach Beendigung einer Ermittlungsmaßnahme nach § 135 Abs. 2b hat die Staatsanwaltschaft ihre Anordnung, in den übrigen Fällen von Ermittlungsmaßnahmen nach den §§ 135 bis 136 samt deren gerichtlicher Bewilligung, dem Beschuldigten und den von der Durchführung der Ermittlungsmaßnahme Betroffenen unverzüglich zuzustellen. Die Zustellung kann jedoch aufgeschoben werden, solange durch sie der Zweck dieses oder eines anderen Verfahrens gefährdet wäre. Wenn die Ermittlungsmaßnahme später begonnen oder früher beendet wurde als zu den in Abs. 1 Z 4 genannten Zeitpunkten, ist auch der Zeitraum der tatsächlichen Durchführung mitzuteilen. *(BGBl I 2018/27)*

(BGBl I 2004/19)

---

[1]) *In Kraft von 1. 4. 2020 bis 31. 3. 2025.*

§ 139. (1) Dem Beschuldigten ist zu ermöglichen, die gesamten Ergebnisse (§ 134 Z 5) einzusehen und anzuhören. Soweit berechtigte Interessen Dritter dies erfordern, hat die Staatsanwaltschaft jedoch Teile der Ergebnisse, die nicht für das Verfahren von Bedeutung sind, von der Kenntnisnahme durch den Beschuldigten auszunehmen. Dies gilt nicht, soweit während der Hauptverhandlung von den Ergebnissen Gebrauch gemacht wird.

(2) Die von der Durchführung der Ermittlungsmaßnahme betroffenen Personen haben das Recht, die Ergebnisse insoweit einzusehen, als ihre Daten einer Nachrichtenübermittlung, für sie bestimmte oder von ihnen ausgehende Nachrichten oder von ihnen geführte Gespräche oder Bilder, auf denen sie dargestellt sind, betroffen sind. Über dieses und das ihnen nach Abs. 4 zustehende Recht sind diese Personen, sofern ihre Identität bekannt oder ohne besonderen Verfahrensaufwand feststellbar ist, von der Staatsanwaltschaft zu informieren. *(BGBl I 2007/109)*

(3) Auf Antrag des Beschuldigten sind weitere Ergebnisse in Bild- oder Schriftform zu übertragen, wenn diese für das Verfahren von Bedeutung sind und ihre Verwendung als Beweismittel zulässig ist (§§ 140 Abs. 1, 144, 157 Abs. 2).

(4) Auf Antrag des Beschuldigten oder von Amts wegen sind Ergebnisse der Ermittlungsmaßnahme zu vernichten, wenn diese für ein Strafverfahren nicht von Bedeutung sein können oder als Beweismittel nicht verwendet werden dürfen. Dieses Antragsrecht steht auch den von der Ermittlungsmaßnahme Betroffenen zu, insoweit für sie bestimmte oder von ihnen ausgehende Nachrichten oder Bilder, auf denen sie dargestellt sind, oder von ihnen geführte Gespräche betroffen sind.

(BGBl I 2004/19)

§ 140. (1) Als Beweismittel dürfen Ergebnisse (§ 134 Z 5), bei sonstiger Nichtigkeit nur verwendet werden, ~~291/1/7.3~~

1. wenn die Voraussetzungen für die Ermittlungsmaßnahme nach § 136 Abs. 1 Z 1 vorlagen,

2. wenn die Ermittlungsmaßnahme nach § 135, [§ 135a][1]) oder § 136 Abs. 1 Z 2 oder 3 oder Abs. 3 rechtmäßig angeordnet und bewilligt wurde (§ 137), und *(BGBl I 2018/27)*

3. in den Fällen des § 136 Abs. 1 Z 2 und 3 nur zum Nachweis eines Verbrechens (§ 17 Abs. 1 StGB),

4. in den Fällen der § 135 Abs. 1, Abs. 2 Z 2, 3 und 4, Abs. 2a, Abs. 3 Z 2 bis 4 [und § 135a][1]) nur zum Nachweis einer vorsätzlich begangenen strafbaren Handlung, derentwegen die Ermittlungsmaßnahme angeordnet wurde oder hätte angeordnet werden können. *(BGBl I 2018/27)*

(2) Ergeben sich bei Prüfung der Ergebnisse Hinweise auf die Begehung einer anderen strafbaren Handlung als derjenigen, die Anlass zur Überwachung gegeben hat, so ist mit diesem Teil der Ergebnisse ein gesonderter Akt anzulegen, soweit die Verwendung als Beweismittel zulässig ist (Abs. 1, § 144, § 157 Abs. 2).

(3) *(aufgehoben, BGBl I 2013/204, VfGH)*

(BGBl I 2004/19)

---

[1]) *In Kraft von 1. 4. 2020 bis 31. 3. 2025.*

6. Abschnitt

Automationsunterstützter Datenabgleich

Datenabgleich

§ 141. (1) Im Sinne dieses Gesetzes ist „Datenabgleich" der automationsunterstützte Vergleich von Daten (§ 36 Abs. 2 Z 1 DSG) einer Datenverarbeitung, die bestimmte, den mutmaßlichen Täter kennzeichnende oder ausschließende Merkmale enthalten, mit Daten einer anderen Datenverarbeitung, die solche Merkmale enthalten, um Personen festzustellen, die auf Grund dieser Merkmale als Verdächtige in Betracht kommen. *(BGBl I 2018/32)*

(2) Datenabgleich ist zulässig, wenn die Aufklärung eines Verbrechens (§ 17 Abs. 1 StGB) ansonsten wesentlich erschwert wäre und nur solche Daten einbezogen werden, die Gerichte, Staatsanwaltschaften und Sicherheitsbehörden für Zwecke eines bereits anhängigen Strafverfahrens oder sonst auf Grund bestehender Bundes- oder Landesgesetze ermittelt oder verarbeitet haben.

(3) Sofern die Aufklärung eines mit mehr als zehn Jahren Freiheitsstrafe bedrohten Verbrechens oder eines Verbrechens nach § 278a oder § 278b StGB ansonsten aussichtslos oder wesentlich erschwert wäre, ist es zulässig, in einen Datenabgleich auch Daten, die Gerichten und Staatsanwaltschaften sowie der Kriminalpolizei nach § 76 Abs. 2 zu übermitteln sind, und Daten über Personen einzubeziehen, die von einem bestimmten Unternehmen bestimmte Waren oder Dienstleistungen bezogen haben oder die Mitglieder von Personenvereinigungen des Privatrechts oder von juristischen Personen des Privatrechts oder des öffentlichen Rechts sind.

(4) Besondere Kategorien personenbezogener Daten (§ 39 DSG) dürfen in einen Datenabgleich nicht einbezogen werden. Dies gilt nicht für Daten über die Staatsangehörigkeit, Daten zur tatbildmäßigen Bezeichnung einer Tätergruppe sowie für Daten, die Staatsanwaltschaften oder Sicherheitsbehörden durch erkennungsdienstliche Maßnahmen, durch Durchsuchung einer Person, durch körperliche Untersuchung oder durch molekulargenetische Analyse rechtmäßig ermittelt haben, sofern diese Daten ausschließlich für einen Datenabgleich nach Abs. 2 verwendet werden. Daten von Personenvereinigungen, deren Zweck in unmittelbarem Zusammenhang mit einem der besonders geschützten Merkmale steht, dürfen in einen Datenabgleich in keinem Fall einbezogen werden. *(BGBl I 2016/26; BGBl I 2018/32)*

(BGBl I 2004/19)

Durchführung

§ 142. (1) Der Datenabgleich ist von der Staatsanwaltschaft auf Grund einer gerichtlichen Bewilligung anzuordnen. Die Staatsanwaltschaft oder die Kriminalpolizei hat dieses Ergebnis des Datenabgleichs, soweit es für das Verfahren von Bedeutung ist, in Schriftform zu übertragen.

(2) Die Anordnung des Datenabgleichs sowie ihre gerichtliche Bewilligung haben außer den in § 102 Abs. 2 genannten Angaben zu enthalten:

1. die Bezeichnung jener Merkmale, nach deren Übereinstimmung gesucht wird,

2. die Datenverarbeitung und jene ihrer Daten, welche die gesuchten Merkmale enthalten, *(BGBl I 2018/32)*

3. die zur Datenübermittlung verpflichteten Verantwortlichen. *(BGBl I 2018/32)*

(3) Eine Anordnung nach Abs. 2 ist samt ihrer gerichtlichen Bewilligung der Datenschutzbehörde und allen Personen zuzustellen, welche durch den Datenabgleich ausgeforscht werden; die Zustellung an die ausgeforschten Personen kann jedoch aufgeschoben werden, solange durch sie der Zweck dieses oder eines anderen bereits anhängigen Strafverfahrens gefährdet wäre. *(BGBl I 2013/83)*

(4) Der Datenschutzbehörde steht gegen die gerichtliche Bewilligung einer Anordnung gemäß Abs. 2 das Rechtsmittel der Beschwerde gemäß § 87 zu. *(BGBl I 2007/93; BGBl I 2013/83)*

(5) Wird einer Beschwerde gegen die Bewilligung einer Anordnung Folge gegeben oder die Anordnung des automationsunterstützten Datenabgleichs aus anderen Gründen widerrufen, so ist zugleich anzuordnen, dass alle in den Datenabgleich einbezogenen und alle durch ihn gewonnenen Daten zu vernichten und personenbezogene Daten, die auf andere Datenträger übertragen wurden, unverzüglich zu löschen sind. Gleiches gilt, wenn der automationsunterstützte Datenabgleich ergibt, dass die Merkmale auf keine Person zutreffen. *(BGBl I 2016/26)*

(BGBl I 2004/19)

Mitwirkungspflicht

§ 143. (1) Jeder Verantwortliche einer Datenverarbeitung, deren Daten in einen Abgleich nach § 141 einbezogen werden sollen, ist verpflichtet, die Datenverarbeitung auf die gesuchten Merkmale hin zu durchsuchen und alle Daten, die diese Merkmale enthalten, auf einem elektronischen Datenträger in einem allgemein gebräuchlichen Dateiformat zu übermitteln. Hierbei hat er sich neben den gesuchten Merkmalen auf die Übermittlung der Namen, der Geburtsdaten und der Anschriften zu beschränken. Danach hat er allfällige Ergebnisse des Suchvorganges zu vernichten und - abweichend von den § 50 Abs. 1 und 2 DSG - lediglich die Daten der Übermittlung und die Anordnung nach Abs. 2 zu protokollieren. *(BGBl I 2018/32)*

(2) Die Verpflichtung nach Abs. 1 hat die Staatsanwaltschaft dem Verantwortlichen mit gesonderter Anordnung aufzutragen; diese Anordnung hat die entsprechende gerichtliche Bewilligung anzuführen. Die §§ 93 Abs. 2 und 112 sowie die Bestimmungen über die Durchsuchung gelten sinngemäß. *(BGBl I 2018/32)*

(BGBl I 2004/19)

7. Abschnitt

Geistliche Amtsverschwiegenheit und Berufsgeheimnisse

Schutz der geistlichen Amtsverschwiegenheit und von Berufsgeheimnissen

§ 144. (1) Die geistliche Amtsverschwiegenheit ist geschützt (§ 155 Z 1), sie darf bei sonstiger Nichtigkeit nicht umgangen werden, insbesondere nicht durch Anordnung oder Durchführung der in diesem Hauptstück enthaltenen Ermittlungsmaßnahmen. Die Anordnung oder Durchführung einer optischen oder akustischen Überwachung von Geistlichen unter Verwendung technischer Mittel in Beichtstühlen oder in Räumen, die zur geistlichen Aussprache bestimmt sind, ist in jedem Fall unzulässig.

(2) Die Anordnung oder Durchführung der in diesem Hauptstück enthaltenen Ermittlungsmaßnahmen ist auch unzulässig, soweit dadurch das Recht einer Person, gemäß § 157 Abs. 1 Z 2 bis 4 die Aussage zu verweigern, umgangen wird.

(3) Ein Umgehungsverbot nach Abs. 1 erster Satz oder Abs. 2 besteht insoweit nicht, als die betreffende Person selbst der Tat dringend verdächtig ist. In einem solchen Fall ist für die Anordnung und Durchführung einer Ermittlungsmaßnahme in den Fällen der § 135 Abs. 1, 2, 2a und 3, [§ 135a][1] sowie § 136 Abs. 1 Z 2 und 3 eine Ermächtigung des Rechtsschutzbeauftragten (§ 147 Abs. 2) Voraussetzung. *(BGBl I 2018/27)*

(BGBl I 2004/19)

---

[1] *In Kraft von 1. 4. 2020 bis 31. 3. 2025.*

8. Abschnitt

Besondere Durchführungsbestimmungen, Rechtsschutz und Schadenersatz

Besondere Durchführungsbestimmungen

§ 145. (1) Sämtliche Ergebnisse einer der im 4. bis 6. Abschnitt geregelten Ermittlungsmaßnahmen sind von der Staatsanwaltschaft zu verwahren und dem Gericht beim Einbringen der Anklage zu übermitteln. Das Gericht hat diese Ergebnisse nach rechtskräftigem Abschluss des Verfahrens zu löschen, soweit sie nicht in einem anderen, bereits anhängigen Strafverfahren als Beweismittel Verwendung finden. Gleiches gilt für die Staatsanwaltschaft im Fall der Einstellung des Verfahrens.

(2) Anordnungen und Genehmigungen dieser Ermittlungsmaßnahmen (Abs. 1), ihre gerichtlichen Bewilligungen sowie in Bild- oder Schriftform übertragene Ergebnisse (§ 134 Z 5) sind zunächst getrennt aufzubewahren und erst dann zum Akt zu nehmen, wenn die betreffende Anordnung dem Beschuldigten gegenüber rechtskräftig geworden ist, spätestens jedoch beim Einbringen der Anklage. Bis zur Zustellung der Anordnung an den Beschuldigten können sie von der Einsicht durch diese sowie durch Privatbeteiligte und Opfer ausgenommen werden, wenn zu befürchten ist, dass andernfalls der Zweck der Ermittlungen oder die Persönlichkeitsrechte von Personen, die von diesen Ermittlungsmaßnahmen betroffen sind, gefährdet wären; im Übrigen gilt § 51 Abs. 2.

(3) Solange in Bild- oder Schriftform übertragene Ergebnisse einer Ermittlungsmaßnahme in den Fällen der § 135 Abs. 2, 2a und 3, [§ 135a][1] sowie § 136 Abs. 1 Z 2 und 3 nicht zum Akt genommen werden, sind sie samt den zugehörigen Anordnungen, gerichtlichen Bewilligungen und sonstigen Aktenstücken unter Verschluss aufzubewahren. Näheres hat der Bundesminister für Justiz durch Verordnung zu bestimmen. *(BGBl I 2018/27)*

(4) Während der Durchführung einer Überwachung nach § 135a ist durch geeignete Protokollierung sicherzustellen, dass jeder Zugang zu dem von der Ermittlungsmaßnahme betroffenen Computersystem im Wege des Programms und jede auf diesem Weg erfolgende Übertragung von Nachrichten und Informationen in und aus diesem Computersystem lückenlos nachvollzogen werden können. Die Ergebnisse der Ermittlungsmaßnahme sind so zu speichern, dass deren Vorführung in einem allgemein gebräuchlichen Dateiformat möglich ist. Nach der Beendigung einer Überwachung nach § 135a ist dafür zu sorgen, dass das Programm, das der Überwachung dient, entfernt oder funktionsunfähig wird (§ 135a Abs. 2 Z 1). *(BGBl I 2018/27, außer Kraft ab 1. 4. 2025)*

(BGBl I 2004/19)

---

[1] *In Kraft von 1. 4. 2020 bis 31. 3. 2025.*

Rechtsschutz

§ 146. *(aufgehoben, BGBl I 2010/108)*

§ 147. (1) Dem Rechtsschutzbeauftragten obliegt die Prüfung und Kontrolle der Anordnung, Genehmigung, Bewilligung und Durchführung

1. einer verdeckten Ermittlung nach § 131 Abs. 2,

2. des Abschlusses eines Scheingeschäfts nach § 132, wenn dieses von der Staatsanwaltschaft anzuordnen ist (§ 133 Abs. 1), *(BGBl I 2009/52)*

2a. einer Überwachung verschlüsselter Nachrichten nach § 135a, *(BGBl I 2011/33; BGBl I 2016/26; BGBl I 2018/27, außer Kraft ab 1. 4. 2025)*

3. einer optischen und akustischen Überwachung von Personen nach § 136 Abs. 1 Z 3, *(BGBl I 2018/27)*

4. eines automationsunterstützten Datenabgleichs nach § 141 sowie

5. einer Ermittlungsmaßnahme nach § 135 Abs. 1, 2, 2a und 3 sowie einer optischen und akustischen Überwachung von Personen nach § 136 Abs. 1 Z 2, die gegen eine Person gerichtet ist, die gemäß § 157 Abs. 1 Z 2 bis 4 berechtigt ist, die Aussage zu verweigern (§ 144 Abs. 3). *(BGBl I 2018/27)*

(2) Beantragt die Staatsanwaltschaft die gerichtliche Bewilligung einer in Abs. 1 angeführten Ermittlungsmaßnahme, so hat sie dem Rechtsschutzbeauftragten zugleich eine Ausfertigung dieses Antrags samt einer Ablichtung der Anzeige und der maßgebenden Ermittlungsergebnisse zu übermitteln. Gleiches gilt für Anordnungen und Genehmigungen der im Abs. 1 Z 1, 2 und 5 angeführten Ermittlungsmaßnahmen durch die Staatsanwaltschaft. Im Fall des § 144 Abs. 3 hat die Staatsanwaltschaft zugleich um Ermächtigung zur Antragstellung zu ersuchen. Eine Ermächtigung zu einem Antrag auf Bewilligung der Anordnung einer Überwachung von Nachrichten nach § 135 Abs. 3 [oder Überwachung verschlüsselter Nachrichten nach § 135a][1] von ausschließlich der Berufsausübung gewidmeten Computersystemen oder nach § 136 Abs. 1 Z 3 in den ausschließlich der Berufsausübung gewidmeten Räumen einer der in § 157 Abs. 1 Z 2 bis 4 erwähnten Personen darf der Rechtsschutzbeauftragte nur erteilen, wenn besonders schwerwiegende Gründe vorliegen, die diesen Eingriff verhältnismäßig erscheinen lassen. *(BGBl I 2018/27)*

(3) Die Anordnung und die Bewilligung der im Abs. 1 angeführten Ermittlungsmaßnahme hat die Staatsanwaltschaft samt Kopien aller Aktenstücke, die für die Beurteilung der Anordnungsgründe von Bedeutung sein können, unverzüglich dem Rechtsschutzbeauftragten zu übermitteln. Diesem steht gegen eine Anordnung nach Abs. 1 Z 1 oder 2 Einspruch, gegen die Bewilligung einer Ermittlungsmaßnahme nach Abs. 1 Z 2a bis 5 Beschwerde zu; dieses Recht erlischt mit dem Ablauf der Rechtsmittelfrist des Beschuldigten. *(BGBl I 2011/33)*

(3a) Dem Rechtsschutzbeauftragten ist jederzeit Gelegenheit zu geben, sich von der Durchführung einer Ermittlungsmaßnahme nach § 135a oder § 136 Abs. 1 Z 3 einen persönlichen Eindruck zu verschaffen; dazu steht ihm die Einsicht in alle Akten, Unterlagen und Daten offen, die der Dokumentation der Durchführung dienen. Gleiches gilt für die Ergebnisse der Ermittlungs-

maßnahme. Im Fall des § 135a kann er zu diesem Zweck auch die Bestellung eines Sachverständigen durch das Gericht im Rahmen gerichtlicher Beweisaufnahme (§ 104 StPO) verlangen. § 104 Abs. 1, § 126 Abs. 1, 2, 2c, Abs. 3 zweiter Satz, und 4 sowie § 127 sind anzuwenden. Für die Zustellung der Ausfertigung der Bestellung an den Beschuldigten gilt § 138 Abs. 5 zweiter Satz sinngemäß. Der Rechtsschutzbeauftragte hat insbesondere darauf zu achten, dass während der Durchführung die Anordnung und die gerichtliche Bewilligung nicht überschritten werden und die Ermittlungsmaßnahme nur solange durchgeführt wird, als die Verhältnismäßigkeit gewahrt ist. *(BGBl I 2018/27, außer Kraft ab 1. 4. 2025)*

(4) Nach Beendigung der Ermittlungsmaßnahme ist dem Rechtsschutzbeauftragten Gelegenheit zu geben, die gesamten Ergebnisse einzusehen und anzuhören, bevor diese zum Akt genommen werden (§ 145 Abs. 2). Er ist ferner berechtigt, die Vernichtung von Ergebnissen oder Teilen von ihnen (§ 139 Abs. 4) zu beantragen und sich von der ordnungsgemäßen Vernichtung dieser Ergebnisse zu überzeugen. Das Gleiche gilt für die ordnungsgemäße Löschung von Daten, die in einen Datenabgleich einbezogen oder durch ihn gewonnen wurden. Beabsichtigt die Staatsanwaltschaft, einem solchen Antrag des Rechtsschutzbeauftragten nicht nachzukommen, so hat sie unverzüglich die Entscheidung des Gerichts einzuholen.

(5) *(aufgehoben, BGBl I 2010/108)*

(BGBl I 2004/19)

---

[1] *In Kraft von 1. 4. 2020 bis 31. 3. 2025.*

Schadenersatz

§ 148. Der Bund haftet für vermögensrechtliche Nachteile, die durch die Durchführung einer Überwachung verschlüsselter Nachrichten nach § 135a, einer Überwachung von Personen nach § 136 Abs. 1 Z 3 oder eines Datenabgleichs nach § 141 entstanden sind. Der Ersatzanspruch ist ausgeschlossen, wenn der Geschädigte die Anordnung vorsätzlich herbeigeführt hat. Weitergehende Ansprüche bleiben unberührt. Auf das Verfahren ist das Amtshaftungsgesetz, BGBl. Nr. 20/1949, anzuwenden. *(BGBl I 2018/27, außer Kraft ab 1. 4. 2025)*

(BGBl I 2004/19)

9. Abschnitt
Augenschein und Tatrekonstruktion
Augenschein und Tatrekonstruktion

§ 149. (1) Im Sinne dieses Gesetzes ist

1. „Augenschein" jede unmittelbare sinnliche Wahrnehmung und deren Dokumentation durch Ton- oder Bildaufnahme, soweit es sich nicht um eine Vernehmung handelt,

2. „Tatrekonstruktion" die Vernehmung einer Person im Zuge eines Nachstellens des wahrscheinlichen Verlaufs der Tat am Tatort oder an einem anderen mit der Straftat im Zusammenhang stehenden Ort sowie die Ton- oder Bildaufnahme über diese Vorgänge.

(2) Ein Augenschein kann durch die Kriminalpolizei durchgeführt werden. Wenn er besondere Sachkunde erfordert, über welche Kriminalpolizei oder Staatsanwaltschaft nicht durch besondere Einrichtungen oder deren Organe verfügen, kann mit seiner Durchführung auch ein Sachverständiger im Rahmen der Befundaufnahme beauftragt werden. Art und Weise der Durchführung des Augenscheines und seine Ergebnisse sind in einem Amtsvermerk (§ 95) festzuhalten.

(3) Eine Tatrekonstruktion hat auf Antrag der Staatsanwaltschaft durch das Gericht zu erfolgen (§ 104).

(BGBl I 2004/19)

Durchführung der Tatrekonstruktion

§ **150.** (1) Der Staatsanwaltschaft, dem Beschuldigten, dem Opfer, dem Privatbeteiligten und deren Vertretern ist Gelegenheit zu geben, sich an der Tatrekonstruktion zu beteiligen. Sie haben das Recht, Fragen zu stellen sowie ergänzende Ermittlungen und Feststellungen zu verlangen. Soweit die Kriminalpolizei nicht an der Durchführung beteiligt wird, ist sie vom Termin zu verständigen.

(2) Der Beschuldigte kann von der Teilnahme vorübergehend ausgeschlossen werden, wenn seine Anwesenheit den Zweck des Verfahrens gefährden könnte oder besondere Interessen dies erfordern (§ 250 Abs. 1). Dem Opfer und dem Privatbeteiligten ist die Beteiligung vorübergehend zu versagen, wenn zu besorgen ist, dass seine Anwesenheit den Beschuldigten oder Zeugen bei der Ablegung einer freien und vollständigen Aussage beeinflussen könnte. In diesen Fällen ist den betroffenen Beteiligten sogleich eine Kopie des Protokolls zu übermitteln. Die Beteiligung des Verteidigers darf jedoch in keinem Fall eingeschränkt werden. Im Übrigen ist § 97 anzuwenden.

(BGBl I 2004/19)

10. Abschnitt

Erkundigungen und Vernehmungen

Definitionen

§ **151.** Im Sinne dieses Gesetzes ist

1. „Erkundigung" das Verlangen von Auskunft und das Entgegennehmen einer Mitteilung von einer Person,

2. „Vernehmung" das Befragen von Personen nach förmlicher Information über ihre Stellung und ihre Rechte im Verfahren.

(BGBl I 2004/19)

Erkundigungen

§ **152.** (1) Erkundigungen dienen der Aufklärung einer Straftat und der Vorbereitung einer Beweisaufnahme; die Bestimmungen über die Vernehmung des Beschuldigten und von Zeugen dürfen durch Erkundigungen bei sonstiger Nichtigkeit nicht umgangen werden.

(2) Soweit die Kriminalpolizei nicht verdeckt ermittelt, hat sie bei Erkundigungen auf ihre amtliche Stellung hinzuweisen, wenn diese nicht aus den Umständen offensichtlich ist. Die Auskunft erfolgt freiwillig und darf nicht erzwungen werden, soweit sie nicht auf Grund einer gesetzlichen Verpflichtung zu erteilen ist.

(3) Auskünfte und sonstige Umstände, die durch Erkundigungen erlangt wurden und für das Verfahren von Bedeutung sein können, sind in einem Amtsvermerk festzuhalten.

(BGBl I 2004/19)

Vernehmungen

§ **153.** (1) Vernehmungen dienen der Aufklärung einer Straftat und der Beweisaufnahme.

(2) Eine Person, die vernommen werden soll, ist in der Regel schriftlich vorzuladen. Die Ladung muss den Gegenstand des Verfahrens und der Vernehmung sowie den Ort, den Tag und die Stunde ihres Beginns enthalten. Der Beschuldigte und das Opfer sind darin über ihre wesentlichen Rechte im Verfahren (§§ 50 und 70) zu informieren, soweit dies nicht bereits zuvor geschehen ist. Jedermann ist verpflichtet, eine solche Ladung zu befolgen und kann im Fall seines ungerechtfertigten Ausbleibens vorgeführt werden, wenn dies in der Ladung ausdrücklich angedroht wurde. *(BGBl I 2007/93)*

(3) Die Staatsanwaltschaft, in den Fällen der §§ 104, 105 und 107 das Gericht, kann die Vorführung des Beschuldigten zur sofortigen Vernehmung anordnen, wenn auf Grund bestimmter Tatsachen anzunehmen ist, dass der Beschuldigte sich andernfalls dem Verfahren entziehen oder Beweismittel beeinträchtigen werde. Wenn eine solche Anordnung wegen Gefahr im Verzug nicht eingeholt werden kann oder wenn der Beschuldigte auf frischer Tat betreten oder unmittelbar danach glaubwürdig der Tatbegehung beschuldigt wird oder mit Gegenständen betreten wird, die auf seine Beteiligung an der Tat hinweisen, kann die Kriminalpolizei ihn von sich aus vorführen. *(BGBl I 2010/64)*

(4) Ist der Aufenthaltsort eines Zeugen oder Beschuldigten außerhalb des Sprengels der zuständigen Staatsanwaltschaft oder des zuständigen

Gerichts gelegen, so ist die unmittelbare Vernehmung am Sitz der Staatsanwaltschaft oder des Gerichts, in deren oder dessen Sprengel sich der Zeuge oder der Beschuldigte befindet, unter Verwendung technischer Einrichtungen zur Wort- und Bildübertragung durchzuführen, es sei denn, dass es unter Berücksichtigung der Verfahrensökonomie zweckmäßiger oder sonst aus besonderen Gründen erforderlich ist, den Zeugen oder Beschuldigten vor die zuständige Staatsanwaltschaft oder vor das zuständige Gericht zu laden. *(BGBl I 2010/64; BGBl I 2010/111)*

(BGBl I 2004/19)

Zeuge und Wahrheitspflicht

§ 154. (1) Im Sinne dieses Gesetzes ist Zeuge eine vom Beschuldigten verschiedene Person, die zur Aufklärung der Straftat wesentliche oder sonst den Gegenstand des Verfahrens betreffende Tatsachen mittelbar oder unmittelbar wahrgenommen haben könnte und darüber im Verfahren aussagen soll.

(2) Zeugen sind verpflichtet, richtig und vollständig auszusagen.

(BGBl I 2004/19)

Verbot der Vernehmung als Zeuge

§ 155. (1) Als Zeugen dürfen bei sonstiger Nichtigkeit nicht vernommen werden:

1. Geistliche über das, was ihnen in der Beichte oder sonst unter dem Siegel geistlicher Amtsverschwiegenheit anvertraut wurde,

2. Beamte (§ 74 Abs. 1 Z 4 bis 4c StGB) über Umstände, die der Amtsverschwiegenheit unterliegen, soweit sie nicht von der Verschwiegenheitspflicht entbunden wurden,

3. Personen, denen Zugang zu klassifizierten Informationen des Nationalrates oder des Bundesrates gewährt wurde, soweit sie gemäß § 18 Abs. 1 des Bundesgesetzes über die Informationsordnung des Nationalrates und des Bundesrates, BGBl. I Nr. 102/2014, zur Verschwiegenheit verpflichtet sind, *(BGBl I 2014/101; BGBl I 2018/70)*

4. Personen, die wegen einer psychischen Krankheit, wegen einer vergleichbaren Beeinträchtigung ihrer Entscheidungsfähigkeit oder aus einem anderen Grund unfähig sind, die Wahrheit anzugeben. *(BGBl I 2020/20)*

(2) Eine Verpflichtung zur Verschwiegenheit nach Abs. 1 Z 2 besteht jedenfalls nicht, soweit der Zeuge im Dienste der Strafrechtspflege Wahrnehmungen zum Gegenstand des Verfahrens gemacht hat oder Anzeigepflicht (§ 78) besteht.

(BGBl I 2004/19)

Aussagebefreiung

§ 156. (1) Von der Pflicht zur Aussage sind befreit:

1. Personen, die im Verfahren gegen einen Angehörigen (§ 72 StGB) aussagen sollen; *(BGBl I 2009/135; BGBl I 2016/92 (VfGH))*

2. Besonders schutzbedürftige Opfer (§ 66a), wenn die Parteien Gelegenheit hatten, sich an einer vorausgegangenen kontradiktorischen Vernehmung zu beteiligen (§§ 165, 247). *(BGBl I 2015/112; BGBl I 2016/26)*

(2) Nach Abs. 1 Z 1 ist eine erwachsene Person, die als Privatbeteiligte am Verfahren mitwirkt (§ 67), von der Aussage nicht befreit.

(3) Besteht die Befreiung von der Aussage im Verfahren gegen mehrere Beschuldigte wegen eines von ihnen, so ist der Zeuge hinsichtlich der anderen nur dann befreit, wenn eine Trennung der Aussagen nicht möglich ist. Gleiches gilt, wenn sich der Befreiungsgrund nur auf einen von mehreren Sachverhalten bezieht.

(BGBl I 2004/19)

Aussageverweigerung

§ 157. (1) Zur Verweigerung der Aussage sind berechtigt:

1. Personen, soweit sie ansonsten sich oder einen Angehörigen (§ 156 Abs. 1 Z 1) der Gefahr strafrechtlicher Verfolgung oder im Zusammenhang mit einem gegen sie geführten Strafverfahren der Gefahr aussetzen würden, sich über ihre bisherige Aussage hinaus selbst zu belasten,

2. Verteidiger, Rechtsanwälte, Patentanwälte, Verfahrensanwälte in Untersuchungsausschüssen des Nationalrats, Notare und Wirtschaftstreuhänder über das, was ihnen in dieser Eigenschaft bekannt geworden ist, *(BGBl I 2014/101)*

3. Fachärzte für Psychiatrie, Psychotherapeuten, Psychologen, Bewährungshelfer, eingetragene Mediatoren nach dem Zivilrechts-Mediations-Gesetz, BGBl. I Nr. 29/2003, und Mitarbeiter anerkannter Einrichtungen zur psychosozialen Beratung und Betreuung über das, was ihnen in dieser Eigenschaft bekannt geworden ist,

4. Medieninhaber (Herausgeber), Medienmitarbeiter und Arbeitnehmer eines Medienunternehmens oder Mediendienstes über Fragen, welche die Person des Verfassers, Einsenders oder Gewährsmannes von Beiträgen und Unterlagen betreffen oder die sich auf Mitteilungen beziehen, die ihnen im Hinblick auf ihre Tätigkeit gemacht wurden,

5. Wahlberechtigte darüber, wie sie ein gesetzlich für geheim erklärtes Wahl- oder Stimmrecht ausgeübt haben.

(2) Das Recht der in Abs. 1 Z 2 bis 5 angeführten Personen, die Aussage zu verweigern, darf bei sonstiger Nichtigkeit nicht umgangen werden,

insbesondere nicht durch Sicherstellung und Beschlagnahme von Unterlagen oder auf Datenträgern gespeicherten Informationen oder durch Vernehmung der Hilfskräfte oder der Personen, die zur Ausbildung an der berufsmäßigen Tätigkeit nach Abs. 1 Z 2 bis 4 teilnehmen. Dies gilt ebenso für Unterlagen und Informationen, die sich in der Verfügungsmacht des Beschuldigten oder eines Mitbeschuldigten befinden und zum Zwecke der Beratung oder Verteidigung des Beschuldigten durch eine in Abs. 1 Z 2 genannte Person von dieser oder vom Beschuldigten erstellt wurden. *(BGBl I 2016/26)*

(BGBl I 2004/19)

§ 158. (1) Die Beantwortung einzelner Fragen können verweigern:

1. Personen, soweit sie ansonsten sich oder einen Angehörigen (§ 156 Abs. 1 Z 1) der Schande oder der Gefahr eines unmittelbaren und bedeutenden vermögensrechtlichen Nachteils aussetzen würden,

2. Personen, die durch die dem Beschuldigten zur Last gelegte Straftat in ihrer Geschlechtssphäre verletzt wurden oder verletzt worden sein könnten, soweit sie Einzelheiten der Tat zu offenbaren hätten, deren Schilderung sie für unzumutbar halten,

3. Personen, soweit sie Umstände aus ihrem höchstpersönlichen Lebensbereich oder dem höchstpersönlichen Lebensbereich einer anderen Person zu offenbaren hätten.

(2) Die in Abs. 1 angeführten Personen können jedoch trotz Weigerung zur Aussage verpflichtet werden, wenn dies wegen der besonderen Bedeutung ihrer Aussage für den Gegenstand des Verfahrens unerlässlich ist.

(BGBl I 2004/19)

Information und Nichtigkeit

§ 159. (1) Über ihre Befreiung von der Aussagepflicht oder ihr Recht auf Verweigerung der gesamten oder eines Teiles der Aussage sind Zeugen vor Beginn ihrer Vernehmung zu informieren. Werden Anhaltspunkte für ein solches Recht erst während der Vernehmung bekannt, so ist die Information zu diesem Zeitpunkt vorzunehmen.

(2) Ein Zeuge, der einen Befreiungs- oder Verweigerungsgrund in Anspruch nehmen will, hat diesen, soweit er nicht offenkundig ist, glaubhaft zu machen. Darüber abgegebene Erklärungen sind zu protokollieren.

(3) Hat ein Zeuge auf seine Befreiung von der Aussagepflicht nach § 156 Abs. 1 Z 1 nicht ausdrücklich verzichtet, so ist seine gesamte Aussage nichtig. Wurde ein Zeuge, der ein Recht auf Verweigerung der Aussage nach § 157 Abs. 1 Z 2 bis 5 hat, darüber nicht rechtzeitig informiert, so ist jener Teil seiner Aussage nichtig, auf den sich das Verweigerungsrecht bezieht. Das aufgenommene Protokoll ist insoweit zu vernichten.

(BGBl I 2004/19)

Durchführung der Vernehmung

§ 160. (1) In der Regel ist jeder Zeuge einzeln und in Abwesenheit der Verfahrensbeteiligten und anderer Zeugen zu vernehmen. Personen, die durch Krankheit oder Gebrechlichkeit oder aus anderen berücksichtigungswürdigen Umständen verhindert sind, eine Ladung zu befolgen, können in ihrer Wohnung oder an ihrem sonstigen Aufenthaltsort gehört werden.

(2) Auf Verlangen des Zeugen ist einer Person seines Vertrauens die Anwesenheit bei der Vernehmung zu gestatten. Auf dieses Recht ist in der Ladung hinzuweisen. Als Vertrauensperson kann ausgeschlossen werden, wer der Mitwirkung an der Straftat verdächtig ist, wer als Zeuge vernommen wurde oder werden soll und wer sonst am Verfahren beteiligt ist oder besorgen lässt, dass seine Anwesenheit den Zeugen an einer freien und vollständigen Aussage beeinflussen könnte. Vertrauenspersonen sind zur Verschwiegenheit über ihre Wahrnehmungen im Zuge der Vernehmung verpflichtet (§ 301 Abs. 2 StGB).

(3) Der Vernehmung einer Person, die psychisch krank oder vergleichbar in ihrer Entscheidungsfähigkeit beschränkt ist oder die das vierzehnte Lebensjahr noch nicht zurückgelegt hat, ist jedenfalls eine Person ihres Vertrauens beizuziehen. *(BGBl I 2020/20)*

(BGBl I 2004/19)

§ 161. (1) Der Zeuge ist vor Beginn der Vernehmung zu ermahnen, richtig und vollständig auszusagen. Sodann ist er über Vor- und Familienname, Geburtsort und -datum, Beruf und Wohnort oder eine sonstige zur Ladung geeignete Anschrift sowie über sein Verhältnis zum Beschuldigten zu befragen. Im Falle der Anwesenheit anderer Personen ist darauf zu achten, dass die persönlichen Verhältnisse des Zeugen möglichst nicht öffentlich bekannt werden. *(BGBl I 2015/112)*

(2) Danach ist der Zeuge um eine zusammenhängende Darstellung seiner Wahrnehmungen zu ersuchen. Sodann sind allfällige Unklarheiten oder Widersprüche aufzuklären.

(3) Fragen, mit denen dem Zeugen Umstände vorgehalten werden, die erst durch seine Antwort festgestellt werden sollen, dürfen nur dann gestellt werden, wenn dies zum Verständnis des Zusammenhanges erforderlich ist; solche Fragen und die darauf gegebenen Antworten sind wörtlich zu protokollieren. Fragen nach allfälligen strafgerichtlichen Verfahren gegen den Zeugen und nach deren Ausgang sowie Fragen nach Umständen aus dem höchstpersönlichen Lebensbereich des

Zeugen dürfen nicht gestellt werden, es sei denn, dass dies nach den besonderen Umständen des Falles unerlässlich ist.

(BGBl I 2004/19)

Anonyme Aussage

§ 162. Ist auf Grund bestimmter Tatsachen zu befürchten, dass der Zeuge sich oder einen Dritten durch die Bekanntgabe des Namens und anderer Angaben zur Person (§ 161 Abs. 1) oder durch Beantwortung von Fragen, die Rückschlüsse darauf zulassen, einer ernsten Gefahr für Leben, Gesundheit, körperliche Unversehrtheit oder Freiheit aussetzen würde, so kann ihm gestattet werden, solche Fragen nicht zu beantworten. In diesem Fall ist auch zulässig, dass der Zeuge seine äußere Erscheinung derart verändert, dass er nicht wieder erkannt werden kann. Es ist ihm jedoch nicht gestattet, sein Gesicht derart zu verhüllen, dass sein Mienenspiel nicht soweit wahrgenommen werden kann, als dies für die Beurteilung der Glaubwürdigkeit seiner Aussage unerlässlich ist.

(BGBl I 2004/19)

Gegenüberstellung

§ 163. (1) Einem Zeugen können mehrere Personen - offen oder verdeckt - gegenübergestellt werden, unter denen sich eine befindet, die verdächtig ist. Zuvor ist der Zeuge aufzufordern, zur Unterscheidung erforderliche Kennzeichen des Verdächtigen zu beschreiben; dieser Beschreibung haben die gegenübergestellten Personen möglichst ähnlich zu sein. Sodann ist der Zeuge zur Angabe darüber aufzufordern, ob er eine Person erkenne und auf Grund welcher Umstände dies der Fall sei. Dieser Vorgang ist zu protokollieren und kann durch geeignete bildgebende Verfahren unterstützt werden.

(2) Gleiches gilt bei der Einsicht in Lichtbilder und der Anhörung von Stimmproben. Auch wenn der Zeuge Gegenstände wieder erkennen soll, die als Beweismittel von Bedeutung sind, ist er zunächst aufzufordern, diesen Gegenstand und gegebenenfalls seine Unterscheidungsmerkmale zu beschreiben.

(3) Im Übrigen ist eine Konfrontation des Beschuldigten oder eines Zeugen mit anderen Zeugen oder Beschuldigten zulässig, wenn die jeweiligen Aussagen in erheblichen Umständen von einander abweichen und anzunehmen ist, dass die Aufklärung der Widersprüche dadurch gefördert werden kann. Die einander gegenüber gestellten Personen sind über jeden einzelnen Umstand ihrer von einander abweichenden oder einander widersprechenden Aussagen besonders zu vernehmen; die beiderseitigen Antworten sind zu protokollieren.

(4) Sofern der Beschuldigte zur Gegenüberstellung beigezogen wird, ist auch seinem Verteidiger Gelegenheit zur Teilnahme zu geben. *(BGBl I 2016/26)*

(BGBl I 2004/19)

7/2 Vernehmung des Beschuldigten

§ 164. (1) Vor Beginn der Vernehmung ist zu prüfen, ob Übersetzungshilfe gemäß § 56 erforderlich ist. Anschließend ist dem Beschuldigten mitzuteilen, welcher Tat er verdächtig ist. Sodann ist er im Sinn des Abs. 2 und darüber zu informieren, dass er berechtigt sei, sich zur Sache zu äußern oder nicht auszusagen und sich zuvor mit einem Verteidiger zu beraten, soweit dieser Kontakt nicht gemäß § 59 Abs. 2 beschränkt werden kann. Der Beschuldigte ist auch darauf aufmerksam zu machen, dass seine Aussage seiner Verteidigung dienen, aber auch als Beweis gegen ihn Verwendung finden könne. *(BGBl I 2013/195; BGBl I 2016/121)*

(2) Der Beschuldigte hat das Recht, seiner Vernehmung einen Verteidiger beizuziehen. Nimmt er dieses Recht in Anspruch, so ist die Vernehmung bis zum Eintreffen des Verteidigers aufzuschieben, es sei denn, dass damit eine unangemessene Verlängerung der Anhaltung verbunden wäre. Der Verteidiger darf sich an der Vernehmung selbst auf keine Weise beteiligen, jedoch nach dem Abschluss oder nach thematisch zusammenhängenden Abschnitten Fragen an den Beschuldigten richten und Erklärungen abgeben. Über die Beantwortung einzelner Fragen darf sich jedoch der Beschuldigte nicht mit dem Verteidiger beraten. Von der Beiziehung eines Verteidigers darf nur abgesehen werden, soweit dies aufgrund besonderer Umstände unbedingt erforderlich erscheint, um durch eine sofortige Vernehmung oder andere unverzügliche Ermittlungen eine erhebliche Gefahr für die Ermittlungen oder eine Beeinträchtigung von Beweismitteln abzuwenden. In diesem Fall ist dem Beschuldigten sogleich oder innerhalb von 24 Stunden eine Anordnung der Staatsanwaltschaft oder eine schriftliche Begründung der Kriminalpolizei für diese Beschränkung zuzustellen und nach Möglichkeit eine Ton- oder Bildaufnahme (§ 97) anzufertigen. *(BGBl I 2016/26)*

(3) Der Beschuldigte ist zunächst über seine persönlichen Verhältnisse zu befragen. Dann ist ihm Gelegenheit zu geben, sich in einer zusammenhängenden Darstellung zu dem gegen ihn erhobenen Tatvorwurf zu äußern. Zu schwierigen Fragen, die besondere Sachkunde voraussetzen oder eine Beurteilung durch einen Sachverständigen erfordern, ist ihm zu gestatten, sich binnen angemessener Frist ergänzend schriftlich zu äußern.

(4) Es dürfen weder Versprechungen oder Vorspiegelungen noch Drohungen oder Zwangs-

mittel angewendet werden, um den Beschuldigten zu einem Geständnis oder zu anderen Angaben zu bewegen. Die Freiheit seiner Willensentschließung und seiner Willensbetätigung sowie sein Erinnerungsvermögen und seine Einsichtsfähigkeit dürfen durch keinerlei Maßnahmen oder gar Eingriffe in seine körperliche Integrität beeinträchtigt werden. Dem Beschuldigten gestellte Fragen müssen deutlich und klar verständlich und dürfen nicht unbestimmt, mehrdeutig oder verfänglich sein. Fragen, mit denen ihm Umstände vorgehalten werden, die erst durch seine Antwort festgestellt werden sollen, dürfen nur dann gestellt werden, wenn dies zum Verständnis des Zusammenhanges erforderlich ist; solche Fragen und die darauf gegebenen Antworten sind wörtlich zu protokollieren. Fragen, die eine vom Beschuldigten nicht zugestandene Tatsache als bereits zugestanden behandeln, sind nicht zulässig.

(BGBl I 2004/19)

Kontradiktorische Vernehmung des Beschuldigten oder eines Zeugen

§ 165. (1) Eine kontradiktorische Vernehmung sowie die Ton- oder Bildaufnahme einer solchen Vernehmung des Beschuldigten oder eines Zeugen ist zulässig, wenn zu besorgen ist, dass die Vernehmung in einer Hauptverhandlung aus tatsächlichen oder rechtlichen Gründen nicht möglich sein werde.

(2) Die kontradiktorische Vernehmung hat das Gericht auf Antrag der Staatsanwaltschaft in sinngemäßer Anwendung der Bestimmungen der §§ 249 und 250 durchzuführen (§ 104). Das Gericht hat der Staatsanwaltschaft, dem Beschuldigten, dem Opfer, dem Privatbeteiligten und deren Vertretern Gelegenheit zu geben, sich an der Vernehmung zu beteiligen und Fragen zu stellen.

(3) Bei der Vernehmung eines besonders schutzbedürftigen Opfers (§ 66a) oder sonst eines Zeugen, auf den die in § 66a erwähnten Kriterien zutreffen, oder sonst im Interesse der Wahrheitsfindung ist auf Antrag der Staatsanwaltschaft oder von Amts wegen die Gelegenheit zur Beteiligung derart zu beschränken, dass die Beteiligten des Verfahrens (Abs. 2) und ihre Vertreter die Vernehmung unter Verwendung technischer Einrichtungen zur Wort- und Bildübertragung mitverfolgen und ihr Fragerecht ausüben können, ohne bei der Befragung anwesend zu sein. Insbesondere beim Vorliegen besonderer Schutzbedürftigkeit kann ein Sachverständiger mit der Befragung beauftragt werden. In jedem Fall ist dafür Sorge zu tragen, dass eine Begegnung des Zeugen mit dem Beschuldigten und anderen Verfahrensbeteiligten möglichst unterbleibt. *(BGBl I 2016/26)*

(4) Einen minderjährigen Zeugen, der durch die dem Beschuldigten zur Last gelegte Straftat in seiner Geschlechtssphäre verletzt worden sein könnte, hat das Gericht in jedem Fall auf die in

Abs. 3 beschriebene Art und Weise zu vernehmen, die übrigen besonders schutzbedürftigen Opfer (§ 66a), die in § 156 Abs. 1 Z 1 erwähnten Zeugen sowie Zeugen, auf die die in § 66a Abs. 1 erwähnten Kriterien zutreffen, über ihren Antrag oder jenen der Staatsanwaltschaft. *(BGBl I 2016/26; BGBl I 2019/105)*

(5) Vor der Vernehmung hat das Gericht den Zeugen überdies darüber zu informieren, dass das Protokoll in der Hauptverhandlung verlesen und Ton- oder Bildaufnahmen der Vernehmung vorgeführt werden können, auch wenn er im weiteren Verfahren die Aussage verweigern sollte. Soweit ein Sachverständiger mit der Durchführung der Befragung beauftragt wurde (Abs. 3), obliegt diesem die Vornahme dieser Information und jener nach § 161 Abs. 1. Auf das Alter und den Zustand des Zeugen ist dabei Rücksicht zu nehmen. Die Informationen und darüber abgegebene Erklärungen sind zu protokollieren. *(BGBl I 2016/26)*

(5a) Erfolgt die Vernehmung unter Verwendung technischer Einrichtungen zur Wort- und Bildübertragung, so ist die Aufnahme in jedem Fall unverzüglich in Vollschrift zu übertragen und als Protokoll zum Akt zu nehmen. Im Fall einer Vernehmung eines Zeugen, der durch die dem Beschuldigten zur Last gelegte Straftat in seiner Geschlechtssphäre verletzt worden sein könnte, ist die Aufnahme durch das Gericht (§ 31 Abs. 1) zu verwahren und nach Einbringen der Anklage dem zuständigen Gericht zu übermitteln. Entgegen § 52 Abs. 1 besteht in diesem Fall kein Recht auf Ausfolgung einer Kopie. *(BGBl I 2016/26)*

(6) Im Übrigen sind die Bestimmungen dieses Abschnitts sinngemäß anzuwenden.

(BGBl I 2004/19)

Beweisverbot 28.11.12-2

§ 166. (1) Zum Nachteil eines Beschuldigten – außer gegen eine Person, die im Zusammenhang mit einer Vernehmung einer Rechtsverletzung beschuldigt ist – dürfen seine Aussagen sowie jene von Zeugen und Mitbeschuldigten nicht als Beweis verwendet werden, soweit sie:

1. unter Folter (Art. 7 des Internationalen Pakts über bürgerliche und politische Rechte, BGBl. Nr. 591/1978, Art. 3 der Europäischen Konvention zum Schutze der Menschenrechte und Grundfreiheiten, BGBl. Nr. 210/1958, und Art. 1 Abs. 1 sowie 15 des Übereinkommens gegen Folter und andere grausame, unmenschliche oder erniedrigende Behandlung, BGBl. Nr. 492/1987) zustande gekommen sind, oder

2. sonst durch unerlaubte Einwirkung auf die Freiheit der Willensentschließung oder Willensbetätigung oder durch unzulässige Vernehmungsmethoden, soweit sie fundamentale Verfahrensgrundsätze verletzen, gewonnen wurden und ihr

Ausschluss zur Wiedergutmachung dieser Verletzung unerlässlich ist. *(BGBl I 2007/93)*

(2) Aussagen, die auf die im Abs. 1 beschriebene Art und Weise zustande gekommen sind oder gewonnen wurden, sind nichtig. *(BGBl I 2007/93)*

(BGBl I 2004/19)

9. Hauptstück

Fahndung, Festnahme und Untersuchungshaft

1. Abschnitt

Fahndung

Definitionen

§ 167. Im Sinne dieses Gesetzes ist

1. „Personenfahndung" jede Maßnahme zur Ermittlung des Aufenthaltes einer Person und zur Festnahme des Beschuldigten auf Grund einer Anordnung der Staatsanwaltschaft,

2. „Sachenfahndung" jede Maßnahme zur Feststellung des Verbleibes einer Sache und zu ihrer Sicherstellung.

(BGBl I 2004/19)

Fahndung

§ 168. (1) Personenfahndung zur Aufenthaltsermittlung ist zulässig, wenn der Aufenthalt des Beschuldigten oder einer Person, deren Identität festgestellt oder die als Zeuge vernommen werden soll, unbekannt ist.

(2) Personenfahndung zur Festnahme ist zulässig, wenn eine solche nicht vollzogen werden kann, weil der Beschuldigte flüchtig oder sein Aufenthalt unbekannt ist, oder weil er einer Ladung keine Folge geleistet hat und zu einer Vernehmung, einer anderen Beweisaufnahme oder zur Hauptverhandlung vorgeführt werden soll.

(3) Sachenfahndung ist zulässig, wenn ein Gegenstand, der sichergestellt werden soll, nicht aufgefunden werden kann.

(BGBl I 2004/19)

§ 169. (1) Personenfahndung durch Ausschreibung zur Aufenthaltsermittlung oder zur Festnahme ist von der Staatsanwaltschaft anzuordnen. Über weitere Anordnung der Staatsanwaltschaft kann sie öffentlich bekannt gemacht werden, wenn die Ausforschung des Beschuldigten, weiterer Opfer oder die Auffindung einer anderen Person andernfalls wenig erfolgversprechend wäre und der Beschuldigte einer vorsätzlich begangenen Straftat, die mit einer Freiheitsstrafe von mehr als einem Jahr bedroht ist, dringend verdächtig ist. Abbildungen von Personen dürfen jedoch nur dann veröffentlicht oder zur Veröffentlichung in Medien oder sonst öffentlich zugänglichen Dateien freigegeben werden, wenn der damit

angestrebte Vorteil den mit der Veröffentlichung verbundenen Eingriff in die Intimsphäre deutlich überwiegt oder die Veröffentlichung zum Schutz der Rechte und Interessen von durch den Beschuldigten gefährdeten Personen erforderlich scheint. *(BGBl I 2010/108)*

(1a) Eine Veröffentlichung von Abbildungen eines in Untersuchungshaft angehaltenen Beschuldigten ist auf Grund einer Anordnung der Staatsanwaltschaft unter den Voraussetzungen des Abs. 1 letzter Satz zulässig, soweit anderenfalls die Aufklärung weiterer Straftaten, deren Begehung er verdächtig ist, wesentlich erschwert wäre. *(BGBl I 2010/108)*

(2) Sachenfahndung kann die Kriminalpolizei von sich aus anordnen und durchführen; sie hat die erforderlichen Veröffentlichungen und anderen notwendigen Maßnahmen zu veranlassen.

(BGBl I 2004/19)

2. Abschnitt

Festnahme

Zulässigkeit

§ 170. (1) Die Festnahme einer Person, die der Begehung einer strafbaren Handlung verdächtig ist, ist zulässig,

1. wenn sie auf frischer Tat betreten oder unmittelbar danach entweder glaubwürdig der Tatbegehung beschuldigt oder mit Gegenständen, die auf ihre Beteiligung an der Tat hinweisen,

2. wenn sie flüchtig ist oder sich verborgen hält oder, wenn auf Grund bestimmter Tatsachen die Gefahr besteht, sie werde flüchten oder sich verborgen halten,

3. wenn sie Zeugen, Sachverständige oder Mitbeschuldigte zu beeinflussen, Spuren der Tat zu beseitigen oder sonst die Ermittlung der Wahrheit zu erschweren versucht hat oder auf Grund bestimmter Tatsachen die Gefahr besteht, sie werde dies versuchen,

4. wenn die Person einer mit mehr als sechs Monaten Freiheitsstrafe bedrohten Tat verdächtig und auf Grund bestimmter Tatsachen anzunehmen ist, sie werde eine eben solche, gegen dasselbe Rechtsgut gerichtete Tat begehen, oder die ihr angelastete versuchte oder angedrohte Tat (§ 74 Abs. 1 Z 5 StGB) ausführen.

(2) Wenn es sich um ein Verbrechen handelt, bei dem nach dem Gesetz auf mindestens zehnjährige Freiheitsstrafe zu erkennen ist, muss die Festnahme angeordnet werden, es sei denn, dass auf Grund bestimmter Tatsachen anzunehmen ist, das Vorliegen aller im Abs. 1 Z 2 bis 4 angeführten Haftgründe sei auszuschließen.

StPO

(3) Festnahme und Anhaltung sind nicht zulässig, soweit sie zur Bedeutung der Sache außer Verhältnis stehen (§ 5).

(BGBl I 2004/19)

Anordnung

§ 171. (1) Die Festnahme ist durch die Staatsanwaltschaft auf Grund einer gerichtlichen Bewilligung anzuordnen und von der Kriminalpolizei durchzuführen.

(2) Die Kriminalpolizei ist berechtigt, den Beschuldigten von sich aus festzunehmen

1. in den Fällen des § 170 Abs. 1 Z 1 und

2. in den Fällen des § 170 Abs. 1 Z 2 bis 4, wenn wegen Gefahr im Verzug eine Anordnung der Staatsanwaltschaft nicht rechtzeitig eingeholt werden kann.

(3) Im Fall des Abs. 1 ist dem Beschuldigten sogleich oder innerhalb von vierundzwanzig Stunden nach seiner Festnahme die Anordnung der Staatsanwaltschaft und deren gerichtliche Bewilligung zuzustellen; im Falle des Abs. 2 eine schriftliche Begründung der Kriminalpolizei über Tatverdacht und Haftgrund. *(BGBl I 2013/195)*

(4) Dem Beschuldigten ist sogleich oder unmittelbar nach seiner Festnahme schriftlich in einer für ihn verständlichen Art und Weise sowie in einer Sprache, die er versteht, Rechtsbelehrung (§ 50) zu erteilen, die ihn darüber hinaus zu informieren hat, dass er

1. soweit er nicht freizulassen ist (§ 172 Abs. 2), ohne unnötigen Aufschub in die Justizanstalt eingeliefert und dem Gericht zur Entscheidung über die Haft vorgeführt werden wird (§§ 172 Abs. 1 und 3 und 174 Abs. 1), sowie

2. berechtigt ist,

a) einen Angehörigen oder eine andere Vertrauensperson und einen Verteidiger unverzüglich von seiner Festnahme zu verständigen oder verständigen zu lassen (Art. 4 Abs. 7 BVG über den Schutz der persönlichen Freiheit), wobei ihm auf Verlangen die Kontaktaufnahme mit einem „Verteidiger in Bereitschaft" (§ 59 Abs. 4) zu ermöglichen ist, dessen Kosten er unter den Voraussetzungen des § 59 Abs. 5 nicht zu tragen hat, *(BGBl I 2016/26; BGBl I 2020/20)*

b) Beschwerde gegen die gerichtliche Bewilligung der Festnahme zu erheben und im Übrigen jederzeit seine Freilassung zu beantragen, *(BGBl I 2016/121)*

c) seine konsularische Vertretung unverzüglich verständigen zu lassen (Art. 36 des Wiener Übereinkommens über konsularische Beziehungen, BGBl. Nr. 318/1969), *(BGBl I 2016/26)*

d) Zugang zu ärztlicher Betreuung zu erhalten (§§ 66 bis 74 StVG).

Ist die schriftliche Belehrung in einer Sprache, die der Beschuldigten versteht, nicht verfügbar, so ist sie zunächst mündlich zu erteilen (§ 56 Abs. 2) und sodann ohne unnötigen Aufschub nachzureichen. Der Umstand der erteilten Belehrung ist in jedem Fall schriftlich festzuhalten (§§ 95 und 96). *(BGBl I 2013/195)*

(BGBl I 2004/19)

Durchführung

§ 172. (1) Vom Vollzug einer Anordnung auf Festnahme hat die Kriminalpolizei die Staatsanwaltschaft und diese das Gericht unverzüglich zu verständigen. Der Beschuldigte ist ohne unnötigen Aufschub, längstens aber binnen 48 Stunden ab Festnahme in die Justizanstalt des zuständigen Gerichts einzuliefern. Wenn dies, insbesondere wegen der Entfernung des Ortes der Festnahme nur mit unverhältnismäßigen Aufwand möglich oder wegen Erkrankung oder Verletzung des Beschuldigten nicht tunlich wäre, ist es zulässig, ihn der Justizanstalt eines unzuständigen Gerichts einzuliefern oder einer Krankenanstalt zu überstellen. In diesen Fällen kann das Gericht den Beschuldigten unter Verwendung technischer Einrichtungen zur Wort- und Bildübertragung vernehmen und ihm den Beschluss über die Untersuchungshaft auf gleiche Weise verkünden (§ 174). *(BGBl I 2010/64)*

(2) Hat die Kriminalpolizei den Beschuldigten von sich aus festgenommen, so hat sie ihn unverzüglich zur Sache, zum Tatverdacht und zum Haftgrund zu vernehmen. Sie hat ihn freizulassen, sobald sich ergibt, dass kein Grund zur weiteren Anhaltung vorhanden ist. Kann der Zweck der weiteren Anhaltung durch gelindere Mittel nach § 173 Abs. 5 Z 1 bis 7 erreicht werden, so hat die Kriminalpolizei dem Beschuldigten auf Anordnung der Staatsanwaltschaft unverzüglich die erforderlichen Weisungen zu erteilen, die Gelöbnisse von ihm entgegenzunehmen oder ihm die in § 173 Abs. 5 Z 3 und 6 erwähnten Schlüssel und Dokumente abzunehmen oder die aufgetragene Sicherheitsleistung nach § 172a einzuheben und ihn freizulassen. Die Ergebnisse der Ermittlungen samt den Protokollen über die erteilten Weisungen und die geleisteten Gelöbnisse sowie den abgenommenen Schlüsseln und Dokumenten sind der Staatsanwaltschaft binnen 48 Stunden nach der Festnahme zu übermitteln. Über die Aufrechterhaltung dieser gelinderen Mittel entscheidet das Gericht. *(BGBl I 2010/64)*

(3) Ist der Beschuldigte nicht nach Abs. 2 freizulassen, so hat ihn die Kriminalpolizei ohne unnötigen Aufschub, spätestens aber binnen 48 Stunden nach der Festnahme, in die Justizanstalt des zuständigen Gerichts einzuliefern oder – im Fall seiner Erkrankung (Abs. 1) – einer Krankenanstalt zu überstellen. Sie hat jedoch vor der Einlieferung rechtzeitig die Staatsanwaltschaft zu verständigen. Erklärt diese, keinen Antrag auf Verhängung der Untersuchungshaft zu stellen, so

hat die Kriminalpolizei den Beschuldigten sogleich freizulassen.

(4) Soweit das Opfer dies beantragt hat, ist es von einer Freilassung des Beschuldigten nach dieser Bestimmung unter Angabe der hiefür maßgeblichen Gründe und der dem Beschuldigten auferlegten gelinderen Mittel sogleich zu verständigen. Opfer nach § 65 Abs. 1 Z 1 lit. a und besonders schutzbedürftige Opfer (§ 66a) sind jedoch unverzüglich von Amts wegen zu verständigen. Diese Verständigung obliegt der Staatsanwaltschaft, wenn sie nach Einlieferung in die Justizanstalt erklärt, keinen Antrag auf Verhängung der Untersuchungshaft zu stellen, im Übrigen jedoch der Kriminalpolizei. *(BGBl I 2016/26)*

(BGBl I 2004/19)

Sicherheitsleistung

§ 172a. (1) Der Auftrag an den Beschuldigten, eine angemessene Sicherheit zur Sicherstellung der Durchführung des Strafverfahrens, der Zahlung der zu erwartenden Geldstrafe und der Kosten des Verfahrens sowie der dem Opfer zustehenden Entschädigung (§ 67 Abs. 1) zu leisten, ist zulässig, wenn der Beschuldigte einer bestimmten Straftat dringend verdächtig ist sowie zur Sache, zum Tatverdacht und zu den Voraussetzungen der Sicherheitsleistung vernommen wurde und auf Grund bestimmter Tatsachen zu besorgen ist, dass sich der Beschuldigte dem Verfahren entziehen oder die Durchführung des Strafverfahrens sonst offenbar unmöglich oder wesentlich erschwert sein werde.

(2) Die Sicherheitsleistung und deren Höhe sind von der Staatsanwaltschaft anzuordnen und von der Kriminalpolizei durchzuführen. Für den Fall, dass die aufgetragene Sicherheitsleistung nicht unverzüglich in barem Geld erfolgt, hat die Kriminalpolizei Gegenstände zwangsweise sicherzustellen, die der Beschuldigte mit sich führt, die ihm allem Anschein nach gehören und deren Wert nach Möglichkeit die Höhe des zulässigen Betrags der Sicherheit nicht übersteigt. Die Kriminalpolizei hat der Staatsanwaltschaft die Ergebnisse der Ermittlungen samt der übergebenen Sicherheit oder den sichergestellten Gegenständen unverzüglich zu übermitteln.

(3) Die Sicherheit wird frei, sobald das Strafverfahren rechtswirksam beendet wird, im Fall der Verurteilung des Angeklagten jedoch erst, sobald er die Geldstrafe und die ihm auferlegten Kosten des Verfahrens und gegebenenfalls dem Privatbeteiligten die im Strafurteil zugesprochene Entschädigung gezahlt sowie im Fall einer nicht bedingt nachgesehenen Geld – oder Freiheitsstrafe die Freiheitsstrafe angetreten hat. Als Sicherheit sichergestellte Gegenstände und Vermögenswerte werden auch frei, sobald der Beschuldigte die aufgetragene Sicherheit in Geld erlegt oder ein Dritter, dem keine Beteiligung an der Tat zur Last

liegt, Rechte an den Gegenständen oder Vermögenswerten glaubhaft macht. *(BGBl I 2015/112)*

(4) Die Sicherheit ist vom Gericht auf Antrag der Staatsanwaltschaft oder von Amts wegen mit Beschluss für verfallen zu erklären, wenn sich der Beschuldigte dem Verfahren oder der Vollstreckung der Strafe und der Kosten des Verfahrens oder der Zahlung der Entschädigung an den Privatbeteiligten entzieht, insbesondere dadurch, dass er eine Ladung oder die Aufforderung zum Strafantritt oder Zahlung der Geldstrafe oder der Kosten des Verfahrens nicht befolgt. § 180 Abs. 4 letzter Satz und Abs. 5 gelten sinngemäß.

(BGBl I 2010/64)

3. Abschnitt
Untersuchungshaft 6 1112-1
Zulässigkeit

§ 173. (1) Verhängung und Fortsetzung der Untersuchungshaft sind nur auf Antrag der Staatsanwaltschaft und nur dann zulässig, wenn der Beschuldigte einer bestimmten Straftat dringend verdächtig, vom Gericht zur Sache und zu den Voraussetzungen der Untersuchungshaft vernommen worden ist und einer der im Abs. 2 angeführten Haftgründe vorliegt. Sie darf nicht angeordnet oder fortgesetzt werden, wenn sie zur Bedeutung der Sache oder zu der zu erwartenden Strafe außer Verhältnis steht oder ihr Zweck durch Anwendung gelinderer Mittel (Abs. 5) erreicht werden kann.

(2) Ein Haftgrund liegt vor, wenn auf Grund bestimmter Tatsachen die Gefahr besteht, der Beschuldigte werde auf freiem Fuß

1. wegen Art und Ausmaß der ihm voraussichtlich bevorstehenden Strafe oder aus anderen Gründen flüchten oder sich verborgen halten,

2. Zeugen, Sachverständige oder Mitbeschuldigte zu beeinflussen, Spuren der Tat zu beseitigen oder sonst die Ermittlung der Wahrheit zu erschweren versuchen,

3. ungeachtet des wegen einer mit mehr als sechs Monaten Freiheitsstrafe bedrohten Straftat gegen ihn geführten Strafverfahrens

a) eine strafbare Handlung mit schweren Folgen begehen, die gegen dasselbe Rechtsgut gerichtet ist wie die ihm angelastete Straftat mit schweren Folgen,

b) eine strafbare Handlung mit nicht bloß leichten Folgen begehen, die gegen dasselbe Rechtsgut gerichtet ist wie die ihm angelastete strafbare Handlung, wenn er entweder wegen einer solchen Straftat bereits verurteilt worden ist oder wenn ihm nunmehr wiederholte oder fortgesetzte Handlungen angelastet werden,

c) eine strafbare Handlung mit einer Strafdrohung von mehr als sechsmonatiger Freiheitsstrafe begehen, die ebenso wie die ihm angelastete strafbare Handlung gegen dasselbe Rechtsgut gerichtet ist wie die Straftaten, derentwegen er bereits zweimal verurteilt worden ist, oder

d) die ihm angelastete versuchte oder angedrohte Tat (§ 74 Abs. 1 Z 5 StGB) ausführen.

(3) Fluchtgefahr ist jedenfalls nicht anzunehmen, wenn der Beschuldigte einer Straftat verdächtig ist, die nicht strenger als mit fünfjähriger Freiheitsstrafe bedroht ist, er sich in geordneten Lebensverhältnissen befindet und einen festen Wohnsitz im Inland hat, es sei denn, er habe bereits Vorbereitungen zur Flucht getroffen. Bei Beurteilung von Tatbegehungsgefahr nach Abs. 2 Z 3 fällt es besonders ins Gewicht, wenn vom Beschuldigten eine Gefahr für Leib und Leben von Menschen oder die Gefahr der Begehung von Verbrechen in einer kriminellen Organisation oder terroristischen Vereinigung ausgeht. Im Übrigen ist bei Beurteilung dieses Haftgrundes zu berücksichtigen, inwieweit sich die Gefahr dadurch vermindert hat, dass sich die Verhältnisse, unter denen die dem Beschuldigten angelastete Tat begangen worden ist, geändert haben.

(4) Die Untersuchungshaft darf nicht verhängt, aufrecht erhalten oder fortgesetzt werden, wenn die Haftzwecke auch durch eine gleichzeitige Strafhaft oder Haft anderer Art erreicht werden können. Im Fall der Strafhaft hat die Staatsanwaltschaft die Abweichungen vom Vollzug anzuordnen, die für die Zwecke der Untersuchungshaft unentbehrlich sind. Wird die Untersuchungshaft dennoch verhängt, so tritt eine Unterbrechung des Strafvollzuges ein.

(5) Als gelindere Mittel sind insbesondere anwendbar:

1. das Gelöbnis, bis zur rechtskräftigen Beendigung des Strafverfahrens weder zu fliehen noch sich verborgen zu halten noch sich ohne Genehmigung der Staatsanwaltschaft von seinem Aufenthaltsort zu entfernen,

2. das Gelöbnis, keinen Versuch zu unternehmen, die Ermittlungen zu erschweren,

3. in den Fällen des § 38a Abs. 1 SPG das Gelöbnis, jeden Kontakt mit dem Opfer zu unterlassen, und die Weisung, eine bestimmte Wohnung sowie bestimmte sonstige Örtlichkeiten nicht zu betreten und sich dem Opfer nicht anzunähern oder ein bereits erteiltes Betretungs- und Annäherungsverbot zum Schutz vor Gewalt nach § 38a Abs. 1 SPG oder eine einstweilige Verfügung nach § 382b EO nicht zu übertreten, samt Abnahme aller Schlüssel zur Wohnung, *(BGBl I 2019/105)*

4. die Weisung, an einem bestimmten Ort, bei einer bestimmten Familie zu wohnen, eine bestimmte Wohnung, bestimmte Orte oder bestimmten Umgang zu meiden, sich alkoholischer Getränke oder anderer Suchtmittel zu enthalten oder einer geregelten Arbeit nachzugehen,

5. die Weisung, jeden Wechsel des Aufenthaltes anzuzeigen oder sich in bestimmten Zeitabständen bei der Kriminalpolizei oder einer anderen Stelle zu melden,

6. die vorübergehende Abnahme von Identitäts-, Kraftfahrzeugs- oder sonstigen Berechtigungsdokumenten,

7. vorläufige Bewährungshilfe nach § 179,

8. die Leistung einer Sicherheit nach den §§ 180 und 181,

9. mit Zustimmung des Beschuldigten die Weisung, sich einer Entwöhnungsbehandlung, sonst einer medizinischen Behandlung oder einer Psychotherapie (§ 51 Abs. 3 StGB) oder einer gesundheitsbezogenen Maßnahme (§ 11 Abs. 2 SMG) zu unterziehen.

(6) *(entfällt, BGBl I 2023/1, (VfGH))*

(BGBl I 2004/19)

Hausarrest

§ 173a. (1) Auf Antrag der Staatsanwaltschaft oder des Beschuldigten kann die Untersuchungshaft als Hausarrest fortgesetzt werden, der in der Unterkunft zu vollziehen ist, in welcher der Beschuldigte seinen inländischen Wohnsitz begründet hat. Die Anordnung des Hausarrests ist zulässig, wenn die Untersuchungshaft nicht gegen gelindere Mittel (§ 173 Abs. 5) aufgehoben, der Zweck der Anhaltung (§ 182 Abs. 1) aber auch durch diese Art des Vollzugs der Untersuchungshaft erreicht werden kann, weil sich der Beschuldigte in geordneten Lebensverhältnissen befindet und er zustimmt, sich durch geeignete Mittel der elektronischen Aufsicht (§ 156b Abs. 1 und 2 StVG) überwachen zu lassen. Im Übrigen gelten die Bestimmungen über die Fortsetzung, Aufhebung und Höchstdauer der Untersuchungshaft mit der Maßgabe sinngemäß, dass ab Anordnung des Hausarrests Haftverhandlungen von Amts wegen nicht mehr stattfinden und der Beschluss über die Fortsetzung oder Aufhebung der Untersuchungshaft ohne vorangegangene mündliche Verhandlung schriftlich ergehen kann.

(2) Über einen Antrag nach Abs. 1 ist in einer Haftverhandlung zu entscheiden (§ 176 Abs. 1). Gegebenenfalls hat das Gericht sogleich nach Antragstellung vorläufige Bewährungshilfe nach § 179 anzuordnen und die Bewährungshilfe zu beauftragen, dem Gericht spätestens in der Haftverhandlung über die Lebensverhältnisse des Beschuldigten und seine sozialen Bindungen, einschließlich der Möglichkeit, einer Beschäftigung oder Ausbildung ohne Gefährdung der Haftzwecke nachzugehen, sowie über die mit dem Beschuldigten vereinbarten Bedingungen für den Vollzug des Hausarrests zu berichten, deren Einhaltung der Beschuldigte in der Haftverhandlung durch Gelöbnis zu bekräftigen hat. Das Verlassen der Unterkunft ist außer zur Erreichung des Ar-

beits- oder Ausbildungsplatzes, zur Beschaffung des notwendigen Lebensbedarfs und zur Inanspruchnahme notwendiger medizinischer Hilfe auf der jeweils kürzesten Wegstrecke nicht zulässig.

(3) Wird dem Antrag Folge gegeben, so hat die Staatsanwaltschaft die Kriminalpolizei und die Sicherheitsbehörde des Ortes, an dem der Hausarrest vollzogen wird, zu verständigen und die Justizanstalt zu beauftragen, den Beschuldigten nach Einrichtung der zur elektronischen Aufsicht erforderlichen technischen Mittel in den Hausarrest zu überstellen.

(4) Das Gericht hat den Hausarrest zu widerrufen und den weiteren Vollzug der Untersuchungshaft in der Justizanstalt anzuordnen, wenn der Beschuldigte erklärt, seine Zustimmung zu widerrufen. Gleiches gilt auf Antrag der Staatsanwaltschaft, wenn der Beschuldigte seinem Gelöbnis zuwider die Bedingungen nicht einhält oder wenn sonst hervorkommt, dass die Haftzwecke durch den Hausarrest nicht erreicht werden können. Mit der Durchführung der Überstellung ist die Kriminalpolizei zu beauftragen.

(5) Wird der Hausarrest nicht nach Abs. 4 widerrufen, so gilt für den Fall der Rechtskraft des Urteils § 3 Abs. 2 StVG sinngemäß.

(BGBl I 2010/64)

Verhängung der Untersuchungshaft

§ 174. (1) Jeder festgenommene Beschuldigte ist vom Gericht unverzüglich nach seiner Einlieferung in die Justizanstalt zu den Voraussetzungen der Untersuchungshaft zu vernehmen. In Fällen einer Pandemie oder wenn es zur Verhütung und Bekämpfung anzeigepflichtiger Krankheiten nach dem Epidemiegesetz 1950, BGBl. Nr. 186/1959, nach Maßgabe einer Verordnung der Bundesministerin für Justiz notwendig erscheint, kann gemäß § 153 Abs. 4 vorgegangen werden. Dem Verteidiger und der Staatsanwaltschaft ist die Möglichkeit zur Teilnahme an dieser Vernehmung einzuräumen. Das Gericht kann aber vor seiner Entscheidung sofortige Ermittlungen vornehmen oder durch die Kriminalpolizei vornehmen lassen, wenn deren Ergebnis maßgebenden Einfluss auf die Beurteilung von Tatverdacht oder Haftgrund erwarten lässt. In jedem Fall hat das Gericht längstens binnen 48 Stunden nach der Einlieferung zu entscheiden, ob der Beschuldigte, allenfalls unter Anwendung gelinderer Mittel (§ 173 Abs. 5), freigelassen wird oder ob die Untersuchungshaft verhängt wird. *(BGBl I 2016/121; BGBl I 2020/14; BGBl I 2020/16)*

(2) Der Beschluss nach Abs. 1 ist dem Beschuldigten sofort mündlich zu verkünden. Ein Beschluss auf Freilassung ist der Staatsanwaltschaft binnen 24 Stunden zuzustellen und der Kriminalpolizei zur Kenntnis zu bringen. Wird die Untersuchungshaft verhängt, so ist die Zustellung an den Beschuldigten binnen 24 Stunden zu veranlassen und unverzüglich eine Ausfertigung der Staatsanwaltschaft, dem Verteidiger, der Justizanstalt und einem gegebenenfalls bestellten Bewährungshelfer zu übermitteln. Der Beschuldigte kann auf die Zustellung nicht wirksam verzichten.

(3) Ein Beschluss, mit dem die Untersuchungshaft verhängt wird, hat zu enthalten:

1. den Namen des Beschuldigten sowie weitere Angaben zur Person,

2. die strafbare Handlung, deren Begehung der Beschuldigte dringend verdächtig ist, Zeit, Ort und Umstände ihrer Begehung sowie ihre gesetzliche Bezeichnung,

3. den Haftgrund,

4. die bestimmten Tatsachen, aus denen sich der dringende Tatverdacht und der Haftgrund ergeben, und aus welchen Gründen der Haftzweck durch Anwendung gelinderer Mittel nicht erreicht werden kann,

5. die Mitteilung, bis zu welchem Tag der Beschluss längstens wirksam sei sowie dass vor einer allfälligen Fortsetzung der Haft eine Haftverhandlung stattfinden werde, sofern nicht einer der im Abs. 4 oder im § 175 Abs. 3, 4 oder 5 erwähnten Fälle eintritt,

6. die Mitteilung, dass der Beschuldigte, soweit dies nicht bereits geschehen ist, einen Verteidiger, einen Angehörigen oder eine andere Vertrauensperson verständigen oder verständigen lassen könne,

7. die Mitteilung, dass der Beschuldigte durch einen Verteidiger vertreten sein müsse, solange er sich in Untersuchungshaft befinde,

8. die Mitteilung, dass dem Beschuldigten Beschwerde zustehe und dass er im Übrigen jederzeit seine Enthaftung oder die Anordnung des Hausarrests (§ 173a) beantragen könne. *(BGBl I 2010/64)*

(4) Eine Beschwerde des Beschuldigten gegen die Verhängung der Untersuchungshaft löst die Haftfrist nach § 175 Abs. 2 Z 2 aus. Ein darauf ergehender Beschluss des Oberlandesgerichts auf Fortsetzung der Untersuchungshaft löst die nächste Haftfrist aus; Abs. 3 Z 1 bis 5 gilt sinngemäß.

(BGBl I 2004/19)

Haftfristen

§ 175. (1) Ein Beschluss, mit dem die Untersuchungshaft verhängt oder fortgesetzt wird, ist längstens für einen bestimmten Zeitraum wirksam (Haftfrist); der Ablauftag ist im Beschluss anzuführen. Vor Ablauf der Haftfrist ist eine Haftverhandlung durchzuführen oder der Beschuldigte zu enthaften.

(2) Die Haftfrist beträgt

1. 14 Tage ab Verhängung der Untersuchungshaft,

2. einen Monat ab erstmaliger Fortsetzung der Untersuchungshaft,

3. zwei Monate ab weiterer Fortsetzung der Untersuchungshaft.

(3) Ist die Durchführung der Haftverhandlung vor Ablauf der Haftfrist wegen eines unvorhersehbaren oder unabwendbaren Ereignisses unmöglich, so kann die Haftverhandlung auf einen der drei dem Fristablauf folgenden Arbeitstage verlegt werden; in diesem Fall verlängert sich die Haftfrist entsprechend.

(4) Der Beschuldigte kann durch seinen Verteidiger auf die Durchführung einer bevorstehenden Haftverhandlung verzichten. In diesem Fall kann der Beschluss über die Aufhebung oder Fortsetzung der Untersuchungshaft (§ 176 Abs. 4) ohne vorangegangene mündliche Verhandlung schriftlich ergehen. *(BGBl I 2012/35)*

(5) Nach Einbringen der Anklage ist die Wirksamkeit eines Beschlusses auf Verhängung oder Fortsetzung der Untersuchungshaft durch die Haftfrist nicht mehr begrenzt; Haftverhandlungen finden nach diesem Zeitpunkt nur statt, wenn der Angeklagte seine Enthaftung beantragt und darüber nicht ohne Verzug in einer Hauptverhandlung entschieden werden kann. Die §§ 233 bis 237 gelten in diesem Fall sinngemäß. *(BGBl I 2014/71; BGBl I 2016/121)*

(BGBl I 2004/19)

Haftverhandlung

§ 176. (1) Eine Haftverhandlung hat das Gericht von Amts wegen anzuberaumen:

1. vor Ablauf der Haftfrist,

2. ohne Verzug, wenn der Beschuldigte seine Freilassung beantragt und sich die Staatsanwaltschaft dagegen ausspricht oder die Anordnung des Hausarrests (§ 173a) beantragt wird, *(BGBl I 2010/64)*

3. sofern das Gericht Bedenken gegen die Fortsetzung der Untersuchungshaft hegt.

(2) Die Haftverhandlung leitet das Gericht; sie ist nicht öffentlich. Die Staatsanwaltschaft, der Beschuldigte, sein gesetzlicher Vertreter, sein Verteidiger, die Kriminalpolizei, soweit sie darum ersucht hat, und der Bewährungshelfer sind vom Termin zu verständigen. *(BGBl I 2009/52)*

(3) Der Beschuldigte ist zur Verhandlung vorzuführen, es sei denn, dass dies wegen Krankheit nicht möglich ist. Er muss durch einen Verteidiger vertreten sein. Anstelle der Vorführung kann in den in § 174 Abs. 1 geregelten Fällen sowie bei Beschuldigten, die in einer Außenstelle der Justizanstalt des zuständigen Gerichts oder in einer anderen als der Justizanstalt des zuständigen Gerichts (§ 183) angehalten werden, gemäß § 153

Abs. 4 vorgegangen werden. *(BGBl I 2012/29; BGBl I 2020/14)*

(4) Zunächst trägt die Staatsanwaltschaft ihren Antrag auf Fortsetzung der Untersuchungshaft vor und begründet ihn. Der Beschuldigte, sein gesetzlicher Vertreter und sein Verteidiger haben das Recht zu erwidern. Der Bewährungshelfer kann sich zur Haftfrage äußern. Staatsanwaltschaft und Beschuldigter können ergänzende Feststellungen aus dem Akt begehren. Das Gericht kann von Amts wegen oder auf Anregung Zeugen vernehmen oder andere Beweise aufnehmen, soweit dies für die Beurteilung der Haftfrage erforderlich ist. Dem Beschuldigten oder seinem Verteidiger gebührt das Recht der letzten Äußerung. Sodann entscheidet das Gericht über die Aufhebung oder Fortsetzung der Untersuchungshaft. § 174 Abs. 3 Z 1 bis 5 und 8 gilt sinngemäß.

(5) Eine Beschwerde gegen einen Beschluss nach Abs. 4 ist binnen drei Tagen nach Verkündung des Beschlusses einzubringen; § 174 Abs. 4 zweiter Satz ist anzuwenden.

(BGBl I 2004/19)

Aufhebung der Untersuchungshaft

§ 177. (1) Sämtliche am Strafverfahren beteiligten Behörden sind verpflichtet, darauf hinzuwirken, dass die Haft so kurz wie möglich dauere. Die Ermittlungen sind von Staatsanwaltschaft und Kriminalpolizei mit Nachdruck und unter besonderer Beschleunigung zu führen.

(2) Der Beschuldigte ist sogleich freizulassen und gelindere Mittel sind aufzuheben, sobald die Voraussetzungen der Anhaltung, der Untersuchungshaft oder der Anwendung gelinderer Mittel nicht mehr vorliegen oder ihre Dauer unverhältnismäßig wäre.

(3) Ist die Staatsanwaltschaft der Ansicht, dass die Untersuchungshaft aufzuheben sei, so beantragt sie dies beim Gericht, das den Beschuldigten sogleich freizulassen hat.

(4) Ist die Staatsanwaltschaft der Ansicht, dass die Aufhebung gelinderer Mittel zu verfügen sei, so beantragt sie dies beim Gericht, das daraufhin entsprechend zu verfügen hat. Beantragt die Staatsanwaltschaft eine Änderung oder der Beschuldigte eine Aufhebung oder Änderung gelinderer Mittel und spricht sich die Staatsanwaltschaft dagegen aus, so hat das Gericht zu entscheiden. Eine Beschwerde gegen diesen Beschluss ist binnen drei Tagen ab seiner Bekanntmachung einzubringen.

(5) Wird der Beschuldigte freigelassen, so hat das Gericht nach § 172 Abs. 4 erster und zweiter Satz vorzugehen und auch die Kriminalpolizei von diesen Verständigungen zu informieren. *(BGBl I 2016/26)*

(BGBl I 2004/19)

Höchstdauer der Untersuchungshaft

§ 178. (1) Bis zum Beginn der Hauptverhandlung darf die Untersuchungshaft folgende Fristen nicht übersteigen:

1. zwei Monate, wenn der Beschuldigte nur aus dem Grunde der Verdunkelungsgefahr (§ 173 Abs. 2 Z 2), im Übrigen

2. sechs Monate, wenn er wegen des Verdachts eines Vergehens, ein Jahr, wenn er wegen des Verdachts eines Verbrechens und zwei Jahre, wenn er wegen des Verdachts eines Verbrechens, das mit einer fünf Jahre übersteigenden Freiheitsstrafe bedroht ist, angehalten wird.

(2) Über sechs Monate hinaus darf die Untersuchungshaft jedoch nur dann aufrecht erhalten werden, wenn dies wegen besonderer Schwierigkeiten oder besonderen Umfangs der Ermittlungen im Hinblick auf das Gewicht des Haftgrundes unvermeidbar ist.

(3) Muss ein wegen Fristablaufs freigelassener Angeklagter zum Zweck der Durchführung der Hauptverhandlung neuerlich in Haft genommen werden, so darf dies jeweils höchstens für die Dauer von sechs weiteren Wochen geschehen.

(BGBl I 2014/71)

(BGBl I 2004/19)

Vorläufige Bewährungshilfe

§ 179. (1) Vorläufige Bewährungshilfe ist anzuordnen, wenn der Beschuldigte dem zustimmt und es geboten scheint, dadurch seine Bemühungen um eine Lebensführung und Einstellung, die ihn in Zukunft von der Begehung strafbarer Handlungen abhalten werde, zu fördern.

(2) Hat der Beschuldigte einen gesetzlichen Vertreter, so ist diesem die Anordnung der vorläufigen Bewährungshilfe mitzuteilen.

(3) Die vorläufige Bewährungshilfe endet spätestens mit rechtskräftiger Beendigung des Strafverfahrens. Im Übrigen gelten die Bestimmungen über die Bewährungshilfe dem Sinne nach.

(BGBl I 2004/19)

Kaution

§ 180. (1) Gegen Kaution oder Bürgschaft sowie gegen Ablegung der im § 173 Abs. 5 Z 1 und 2 erwähnten Gelöbnisse kann der Beschuldigte freigelassen werden, sofern ausschließlich der Haftgrund der Fluchtgefahr (§ 173 Abs. 2 Z 1) vorliegt; dies hat zu erfolgen, wenn die Straftat nicht strenger als mit fünfjähriger Freiheitsstrafe bedroht ist.

(2) Die Höhe der Sicherheitsleistung ist vom Gericht auf Antrag der Staatsanwaltschaft unter Bedachtnahme auf das Gewicht der dem Beschuldigten angelasteten Straftat, seine persönlichen und wirtschaftlichen Verhältnisse sowie das Vermögen der Person zu bestimmen, welche die Sicherheit leistet.

(3) Die Sicherheit ist entweder in barem Geld oder in mündelsicheren Wertpapieren, nach dem Börsekurs des Erlagstages berechnet, gerichtlich zu hinterlegen oder durch Belastung oder Verpfändung von Liegenschaften oder Rechten, die in einem öffentlichen Buch eingetragen sind, oder durch taugliche Bürgen (§ 1374 ABGB), die sich zugleich als Zahler verpflichten, zu leisten. Wenn besondere Umstände den Verdacht nahe legen, dass die angebotene Sicherheit aus einer Straftat des Beschuldigten herrührt, hat das Gericht vor der Annahme der Sicherheitsleistung Ermittlungen über die Redlichkeit der Herkunft zu veranlassen.

(4) Die Sicherheit ist vom Gericht auf Antrag der Staatsanwaltschaft oder von Amts wegen mit Beschluss für verfallen zu erklären, wenn sich der Beschuldigte dem Verfahren oder, im Fall der Verurteilung zu einer nicht bedingt nachgesehenen Freiheitsstrafe, dem Antritt dieser Strafe entzieht, insbesondere dadurch, dass er sich ohne Erlaubnis von seinem Wohnort entfernt oder eine Ladung nicht befolgt. Diese Ladung und der Beschluss über den Verfall sind dem Beschuldigten im Falle seiner Nichtauffindung nach § 8 Abs. 2 des Zustellgesetzes zuzustellen.

(5) Mit Rechtskraft des Beschlusses nach Abs. 4 ist die verfallene Sicherheit für den Bund einzuziehen, doch hat das Opfer das Recht zu verlangen, dass seine Entschädigungsansprüche aus der Sicherheit oder ihrem Verwertungserlös vorrangig befriedigt werden.

(BGBl I 2004/19)

§ 181. (1) Wenn der Beschuldigte nach seiner Freilassung gegen Sicherheit seine Flucht vorbereitet oder wenn neue Umstände hervorkommen, die seine Verhaftung erfordern, so ist er ungeachtet der Sicherheit festzunehmen, doch wird in diesen Fällen die Sicherheitsleistung frei.

(2) Dasselbe ist der Fall, sobald das Strafverfahren rechtswirksam beendet ist, bei Verurteilung zu einer nicht bedingt nachgesehenen Freiheitsstrafe aber erst, sobald der Verurteilte die Strafe angetreten hat.

(3) Über die Freigabe der Sicherheit entscheidet das Gericht.

(BGBl I 2004/19)

Flucht

§ 181a. Soweit das Opfer dies beantragt hat, ist es von einer Flucht des in Untersuchungshaft angehaltenen Beschuldigten sowie von seiner Wiederergreifung sogleich zu verständigen. § 172 Abs. 4 zweiter Satz gilt sinngemäß. Die Justizanstalt hat die Staatsanwaltschaft unverzüglich von der Flucht und Wiedereinbringung zu verständigen; die Staatsanwaltschaft hat sodann das Opfer zu verständigen. *(BGBl I 2016/26)*

4. Abschnitt

Vollzug der Untersuchungshaft

Allgemeines

§ 182. (1) Zweck der Anhaltung eines Beschuldigten in Untersuchungshaft ist, dem Haftgrund (§ 173 Abs. 2) entgegenzuwirken.

(2) Das Leben in Untersuchungshaft soll den allgemeinen Lebensverhältnissen soweit wie möglich angeglichen werden. Beschränkungen dürfen verhafteten Beschuldigten nur insoweit auferlegt werden, als dies gesetzlich zulässig und zur Erreichung des Haftzwecks (Abs. 1) oder zur Aufrechterhaltung der Sicherheit und Ordnung in der Justizanstalt notwendig ist.

(3) Beim Vollzug der Untersuchungshaft ist insbesondere darauf Bedacht zu nehmen, dass

1. für Beschuldigte die Vermutung der Unschuld gilt,

2. Beschuldigte ausreichend Gelegenheit zur Vorbereitung ihrer Verteidigung haben und

3. schädlichen Folgen des Freiheitsentzuges auf geeignete Weise entgegengewirkt wird.

(3a) Ein Waffengebrauch im Sinne des § 105 Abs. 6 Z 3 StVG ist nur zulässig, wenn der Beschuldigte wegen des Verdachts eines Verbrechens in Untersuchungshaft angehalten wird und auf Grund der Art oder Ausführung der vorgeworfenen Tat, der Persönlichkeit des Beschuldigten oder seines Vorlebens anzunehmen ist, dass er für die Sicherheit des Staates, von Leib und Leben, die sexuelle Integrität oder das Vermögen anderer Personen eine besondere Gefahr darstellt. *(BGBl I 2009/52)*

(4) Im Übrigen sind, soweit dieses Gesetz im Einzelnen nichts anderes bestimmt, auf den Vollzug der Untersuchungshaft die Bestimmungen des Strafvollzugsgesetzes über den Vollzug von Freiheitsstrafen, deren Strafzeit 18 Monate nicht übersteigt, dem Sinn nach anzuwenden.

(5) Soweit im Einzelnen nichts anderes bestimmt wird, gelten die Bestimmungen über den Vollzug der Untersuchungshaft für alle Anhaltungen nach diesem Gesetz, die in einer Justizanstalt vollzogen werden. *(BGBl I 2004/19)*

Haftort

§ 183. (1) Beschuldigte sind in der Justizanstalt des für die Entscheidung über die Verhängung und Fortsetzung der Untersuchungshaft zuständigen Gerichts anzuhalten. Soweit dies - insbesondere im Interesse einer wirtschaftlichen Führung der Justizanstalten - notwendig ist, können weibliche Beschuldigte in der Justizanstalt eines benachbarten Gerichts angehalten werden.

(2) Wenn dies zur Erreichung des Haftzwecks oder zur Wahrung der in § 182 enthaltenen Grundsätze notwendig ist, hat das Bundesministerium für Justiz die Zuständigkeit einer anderen Justizanstalt anzuordnen. Eine solche Anordnung kann mit Zustimmung des Beschuldigten auch zur Vermeidung eines Überbelags getroffen werden. *(BGBl I 2009/40; BGBl I 2015/13)*

(3) Ab Beginn des Hauptverfahrens (§ 210 Abs. 2) kann das Bundesministerium für Justiz die Zuständigkeit einer anderen als der nach Abs. 1 bestimmten Justizanstalt innerhalb des Sprengels des zuständigen Oberlandesgerichts anordnen, wenn dies der besseren Auslastung der Vollzugseinrichtungen dient und durch die Überstellung weder eine Beeinträchtigung der Interessen des Angeklagten noch Nachteile für das Strafverfahren zu befürchten sind. *(BGBl I 2013/2; BGBl I 2015/13)*

(4) Vor einer Änderung des Haftortes sind der Beschuldigte, Staatsanwaltschaft und Gericht zu hören; nach der Überstellung sind Staatsanwaltschaft, Gericht und der Verteidiger durch die nunmehr zuständige Justizanstalt unverzüglich zu verständigen. *(BGBl I 2013/2)*

(5) Nach Rechtswirksamkeit der Anklage ist der Angeklagte, soweit die Zuständigkeit eines anderen Landesgerichts begründet wird, unverzüglich in die Justizanstalt des nunmehr zuständigen Landesgerichts zu überstellen. *(BGBl I 2007/93)*

(BGBl I 2004/19)

Ausführungen

§ 184. Für Vernehmungen, Ausführungen und Überstellungen von Beschuldigten gelten die Bestimmungen der §§ 97 und 98 StVG sinngemäß mit der Maßgabe, dass

1. Vernehmungen auch dann in der Anstalt durchzuführen sind, wenn sie nicht vom Gericht oder von der Staatsanwaltschaft durchgeführt werden,

2. Ausführungen auf Ersuchen der Kriminalpolizei oder anderer Behörden (§ 98 Abs. 1 StVG) nur auf Anordnung oder mit Zustimmung der Staatsanwaltschaft und nur zum Zweck der Teilnahme an Verhandlungen, Tatrekonstruktionen und anderen kontradiktorischen Einvernahmen, an Gegenüberstellungen, Augenscheinen sowie sonstigen Befundaufnahmen zulässig sind.

(BGBl I 2004/19)

Getrennte Anhaltung

§ 185. (1) Beschuldigte sollen nicht in Gemeinschaft mit Strafgefangenen untergebracht werden. Beschuldigte, die sich das erste Mal in Haft befinden oder die nach § 183 Abs. 3 in einer anderen Justizanstalt angehalten werden, sind jedenfalls getrennt von Strafgefangenen anzuhalten. Bei der Bewegung im Freien, bei der Arbeit, beim Gottesdienst und bei Veranstaltungen sowie bei der Krankenbetreuung kann jedoch von einer Trennung abgesehen werden, soweit eine solche nach den zur Verfügung stehenden Einrichtungen nicht möglich ist. *(BGBl I 2013/2)*

(2) Soweit das zur Erreichung der Haftzwecke erforderlich ist, sind der Beteiligung an derselben Straftat verdächtige Beschuldigte so anzuhalten, dass sie nicht miteinander verkehren können. Solange die Staatsanwaltschaft hierüber keine Entscheidung getroffen hat, sind solche Beschuldigte jedenfalls getrennt anzuhalten.

(3) Weibliche Beschuldigte sind in jedem Fall von männlichen Beschuldigten und männlichen Strafgefangenen getrennt unterzubringen.

(BGBl I 2004/19)

Kleidung und Bedarfsgegenstände

§ 186. (1) Angehaltene Beschuldigte sind unter Achtung ihrer Persönlichkeit und ihres Ehrgefühls sowie mit möglichster Schonung ihrer Person zu behandeln. Sie sind berechtigt, eigene Kleidung zu tragen, soweit die regelmäßige Reinigung in der Anstalt möglich ist oder außerhalb der Anstalt durch deren Vermittlung besorgt werden kann. Verfügt ein angehaltener Beschuldigter über keine geeignete Kleidung, so ist ihm eine solche für Verhandlungen vor Gericht, für Ausführungen und für Überstellungen mit öffentlichen Verkehrsmitteln zur Verfügung zu stellen.

(2) Angehaltene Beschuldigte sind berechtigt, sich auf eigene Kosten Bedarfsgegenstände, Dienstleistungen und andere Annehmlichkeiten zu verschaffen, soweit dies mit dem Haftzweck vereinbar ist und weder die Sicherheit gefährdet noch die Ordnung in der Anstalt erheblich beeinträchtigt oder Mithäftlinge belästigt.

(BGBl I 2004/19)

Arbeit und Arbeitsvergütung

§ 187. (1) Angehaltene Beschuldigte sind zur Arbeit nicht verpflichtet. Ein arbeitsfähiger Beschuldigter kann jedoch unter den für Strafgefangene geltenden Bedingungen (§§ 44 bis 55 StVG) arbeiten, wenn er sich dazu bereit erklärt und Nachteile für das Verfahren nicht zu befürchten sind.

(2) Die Arbeitsvergütung ist dem Beschuldigten nach Abzug des Vollzugskostenbeitrages (§ 32 Abs. 2 und 3 StVG) zur Gänze als Hausgeld gutzuschreiben. Im Fall eines Freispruchs, des Rücktritts von Verfolgung oder einer Einstellung des Strafverfahrens ist ihm der einbehaltene Vollzugskostenbeitrag auszuzahlen.

(3) *(aufgehoben, BGBl I 2010/111)*

(4) Angehaltene Beschuldigte dürfen sich auf ihre Kosten selbst beschäftigen, soweit dies mit dem Haftzweck vereinbar ist und die Ordnung in der Anstalt nicht stört. Aus dieser Beschäftigung erzielte Einkünfte sind dem Hausgeld gutzuschreiben.

(BGBl I 2004/19)

Verkehr mit der Außenwelt

§ 188. (1) Angehaltene Beschuldigte dürfen Besuche innerhalb der festgesetzten Besuchszeiten so oft und in dem zeitlichen Ausmaß empfangen, als die Abwicklung ohne unvertretbaren Aufwand gewährleistet werden kann. Im Übrigen gelten für den Empfang von Besuchen die §§ 85 bis 87 und 93 bis 96 StVG sinngemäß mit folgenden Maßgaben:

1. Beschuldigten darf nicht verwehrt werden, wenigstens zweimal in jeder Woche einen Besuch in der Dauer von mindestens einer halben Stunde zu empfangen,

2. auf den Inhalt des zwischen einem Beschuldigten und einem Besucher geführten Gesprächs hat sich die Überwachung nur zu erstrecken, wenn dies die Staatsanwaltschaft zur Sicherung des Haftzwecks oder der Anstaltsleiter zur Aufrechterhaltung der Sicherheit in der Anstalt anordnet,

3. der Besuch bestimmter Personen, von denen eine Gefährdung des Zweckes der Untersuchungshaft oder der Sicherheit der Anstalt zu befürchten ist, kann untersagt oder abgebrochen werden.

(2) Angehaltene Beschuldigte sind berechtigt, auf eigene Kosten mit anderen Personen und Stellen schriftlich zu verkehren und zu telefonieren, es sei denn, dass durch den außerordentlichen Umfang des Brief- oder Telefonverkehrs die Überwachung beeinträchtigt wird. In diesem Fall sind diejenigen Beschränkungen anzuordnen, die für eine einwandfreie Überwachung notwendig sind. Schreiben, von denen eine Beeinträchtigung des Haftzweckes zu befürchten ist, sind zurückzuhalten, soweit sich nicht aus den Bestimmungen der §§ 90a bis 90b und 96a der Strafvollzugsgesetzes über den schriftlichen Verkehr mit Behörden und Rechtsbeiständen etwas anderes ergibt. Schreiben angehaltener Beschuldigter an einen inländischen allgemeinen Vertretungskörper, ein inländisches Gericht, eine andere inländische Behörde oder an Organe der Europäischen Union sowie an den Europäischen Gerichtshof für Menschenrechte dürfen in keinem Fall zurückgehalten werden. Für die Überwachung des Inhalts von Telefongesprächen gilt Abs. 1 Z 2. *(BGBl I 2016/26)*

(3) Für die Überwachung des mündlichen und schriftlichen Verkehrs des angehaltenen Beschuldigten mit seinem Verteidiger gilt § 59 Abs. 3. *(BGBl I 2016/121)*

(BGBl I 2004/19)

StPO

Zuständigkeit für Entscheidungen

§ 189. (1) Die Entscheidung darüber, mit welchen Personen angehaltene Beschuldigte schriftlich und telefonisch verkehren und welche Besuche sie empfangen dürfen, die Überwachung ihres Brief- und Telefonverkehrs und ihrer Besuche sowie alle übrigen Anordnungen und Entscheidungen, die sich auf den Verkehr der angehaltenen Beschuldigten mit der Außenwelt (§§ 86 bis 100 des Strafvollzugsgesetzes) beziehen, stehen, mit Ausnahme der Überwachung der Paketsendungen, im Ermittlungsverfahren der Staatsanwaltschaft, im Hauptverfahren dem Gericht zu. Von der Überwachung des Brief- und Telefonverkehrs darf nur insoweit abgesehen werden, als davon keine Beeinträchtigung des Haftzweckes zu befürchten ist. *(BGBl I 2016/121)*

(2) Die Entscheidungen nach § 16 Abs. 2 Z 4 und 5 des Strafvollzugsgesetzes stehen dem für die Entscheidung über die Verhängung und Fortsetzung der Untersuchungshaft zuständigen Gericht zu. *(BGBl I 2012/29)*

(3) Im Übrigen stehen alle Anordnungen und Entscheidungen hinsichtlich der Anhaltung in Untersuchungshaft dem Anstaltsleiter oder dem von diesem dazu bestellten Vollzugsbediensteten zu. Vor jeder Entscheidung nach den §§ 185 Abs. 2, 186 Abs. 2 und 187 Abs. 1 ist im Ermittlungsverfahren die Staatsanwaltschaft, nach Einbringung der Anklage das Gericht zu hören. Ordnungswidrigkeiten, die von angehaltenen Beschuldigten begangen wurden, sind der Staatsanwaltschaft und dem Gericht mitzuteilen. Das gleiche gilt von Vorfällen, von denen eine Beeinträchtigung der Haftzwecke zu befürchten ist.

(BGBl I 2004/19)

3. Teil

Beendigung des Ermittlungsverfahrens

10. Hauptstück

Einstellung, Abbrechung und Fortführung des Ermittlungsverfahrens

Einstellung des Ermittlungsverfahrens

§ 190. Die Staatsanwaltschaft hat von der Verfolgung einer Straftat abzusehen und das Ermittlungsverfahren insoweit einzustellen, als

1. die dem Ermittlungsverfahren zu Grunde liegende Tat nicht mit gerichtlicher Strafe bedroht ist oder sonst die weitere Verfolgung des Beschuldigten aus rechtlichen Gründen unzulässig wäre oder

2. kein tatsächlicher Grund zur weiteren Verfolgung des Beschuldigten besteht.

(BGBl I 2004/19)

Einstellung wegen Geringfügigkeit

§ 191. (1) Von der Verfolgung einer Straftat, die nur mit Geldstrafe, mit einer Freiheitsstrafe bedroht ist, deren Höchstmaß drei Jahre nicht übersteigt, oder mit einer solchen Freiheitsstrafe und Geldstrafe hat die Staatsanwaltschaft abzusehen und das Ermittlungsverfahren einzustellen, wenn

1. in Abwägung der Schuld, der Folgen der Tat und des Verhaltens des Beschuldigten nach der Tat, insbesondere im Hinblick auf eine allfällige Schadensgutmachung, sowie weiterer Umstände, die auf die Strafbemessung Einfluss hätten, der Störwert der Tat als gering anzusehen wäre und

2. eine Bestrafung oder ein Vorgehen nach dem 11. Hauptstück nicht geboten erscheint, um den Beschuldigten von der Begehung strafbarer Handlungen abzuhalten oder der Begehung strafbarer Handlungen durch andere entgegen zu wirken. *(BGBl I 2007/93)*

(2) Nach Einbringen der Anklage, im Verfahren vor dem Landesgericht als Geschworenen- oder Schöffengericht nach Rechtswirksamkeit der Anklageschrift wegen Begehung einer strafbaren Handlung, die von Amts wegen zu verfolgen ist, hat das Gericht unter denselben Voraussetzungen (Abs. 1) das Verfahren bis zum Schluss der Hauptverhandlung mit Beschluss einzustellen. § 209 Abs. 2 erster Satz gilt sinngemäß. *(BGBl I 2007/93)*

(BGBl I 2004/19)

Einstellung bei mehreren Straftaten

§ 192. (1) Von der Verfolgung einzelner Straftaten kann die Staatsanwaltschaft endgültig oder unter Vorbehalt späterer Verfolgung absehen und das Ermittlungsverfahren insoweit einstellen, wenn dem Beschuldigten mehrere Straftaten zur Last liegen und

1. dies voraussichtlich weder auf die Strafen oder vorbeugenden Maßnahmen, auf die mit der Verurteilung verbundenen Rechtsfolgen noch auf diversionelle Maßnahmen wesentlichen Einfluss hat oder

1a. die Ermittlungen zur Aufklärung des Verdachts jener Straftaten, deren Nachweis im Fall gemeinsamer Führung keinen Einfluss auf den anzuwendenden Strafrahmen hätte, mit einem beträchtlichen Aufwand verbunden wären und die Erledigung in der Hauptsache verzögern würden, oder *(BGBl I 2015/112)*

2. der Beschuldigte schon im Ausland für die ihm zur Last liegende Straftat bestraft oder dort nach Diversion außer Verfolgung gesetzt worden ist und nicht anzunehmen ist, dass das inländische Gericht eine strengere Strafe verhängen werde oder er wegen Begehung anderer strafbarer Handlungen an einen anderen Staat ausgeliefert

wird und die im Inland zu erwartenden Strafen oder vorbeugenden Maßnahmen gegenüber jenen, auf die voraussichtlich im Ausland erkannt werden wird, nicht ins Gewicht fallen.

(2) Eine nach Abs. 1 vorbehaltene Verfolgung kann innerhalb dreier Monate nach rechtskräftigem Abschluss des inländischen oder innerhalb eines Jahres nach rechtskräftigem Abschluss des ausländischen Strafverfahrens wieder aufgenommen werden. Ein abermaliger Vorbehalt wegen einzelner Straftaten ist sodann unzulässig.

(BGBl I 2004/19)

Fortführung des Verfahrens

§ 193. (1) Nach der Einstellung des Verfahrens sind weitere Ermittlungen gegen den Beschuldigten zu unterlassen; erforderlichenfalls hat die Staatsanwaltschaft seine Freilassung anzuordnen. Sofern jedoch für eine Entscheidung über die Fortführung des Verfahrens bestimmte Ermittlungen oder Beweisaufnahmen erforderlich sind, kann die Staatsanwaltschaft solche im Einzelnen anordnen oder durchführen.

(2) Die Fortführung eines nach den §§ 190 oder 191 beendeten Ermittlungsverfahrens kann die Staatsanwaltschaft anordnen, solange die Strafbarkeit der Tat nicht verjährt ist und wenn

1. der Beschuldigte wegen dieser Tat nicht vernommen (§§ 164, 165) und kein Zwang gegen ihn ausgeübt wurde oder

2. neue Tatsachen oder Beweismittel entstehen oder bekannt werden, die für sich allein oder im Zusammenhalt mit übrigen Verfahrensergebnissen geeignet erscheinen, die Bestrafung des Beschuldigten oder ein Vorgehen nach dem 11. Hauptstück zu begründen.

(3) Die Fortführung eines nach § 192 beendeten Ermittlungsverfahrens kann die Staatsanwaltschaft anordnen, wenn sie sich die spätere Verfolgung vorbehalten hat (§ 192 Abs. 2) oder die Voraussetzungen des Abs. 2 Z 2 vorliegen.

(BGBl I 2004/19)

Verständigungen

§ 194. (1) Von der Einstellung und der Fortführung des Verfahrens hat die Staatsanwaltschaft neben dem Beschuldigten und der Kriminalpolizei alle Personen zu verständigen, die zur Einbringung eines Antrags auf Fortführung berechtigt sind (§ 195 Abs. 1). Das Gericht ist zu verständigen, wenn es mit dem Verfahren befasst war; ein Zustellnachweis ist in keinem Fall erforderlich.

(2) In einer Verständigung von der Einstellung des Ermittlungsverfahrens ist anzuführen, aus welchem Grund (§§ 190 bis 192) das Verfahren eingestellt wurde; gegebenenfalls ist der Vorbehalt späterer Verfolgung (§ 192 Abs. 2) aufzunehmen. Überdies sind Personen, die zur Einbringung eines Antrags auf Fortführung berechtigt sind

(§ 195 Abs. 1), über die Möglichkeit der Einbringung eines Antrags auf Fortführung und seine Voraussetzungen sowie darüber zu informieren, dass sie binnen 14 Tagen eine Begründung verlangen können, in welcher die Tatsachen und Erwägungen, die der Einstellung zu Grunde gelegt wurden, in gedrängter Darstellung anzuführen sind. Das Recht, eine solche Begründung zu verlangen, steht auch dem Beschuldigten zu, worüber er gleichfalls in der Verständigung nach dem ersten Satz zu informieren ist. *(BGBl I 2014/71)*

(3) Von der Einstellung eines Ermittlungsverfahrens,

1. das von der WKStA gemäß den Bestimmungen der §§ 20a oder 20b oder von einer anderen Staatsanwaltschaft wegen der in diesen Bestimmungen angeführten Vergehen oder Verbrechen geführt wurde und an dem wegen der Bedeutung der Straftat oder der Person des Beschuldigten ein besonderes öffentliches Interesse besteht, oder in dem noch nicht hinreichend geklärte Rechtsfragen von grundsätzlicher Bedeutung beurteilt wurden, oder

2. das sonst wegen einer Straftat geführt wurde, für das im Hauptverfahren das Landesgericht als Geschworenen- oder Schöffengericht zuständig wäre und an dem kein Opfer im Sinne des § 65 Z 1 beteiligt war,

ist überdies der Rechtsschutzbeauftragte unter Anführung des Grundes der Einstellung (§§ 190 bis 192) samt einer Begründung nach Abs. 2 zu verständigen. Auf sein Verlangen ist ihm der Ermittlungsakt zu übersenden, in welchem Fall die Frist zur Einbringung eines Antrags auf Fortführung (§ 195 Abs. 2) mit dem Einlangen des Aktes auf sechs Monate verlängert wird. *(BGBl I 2012/29)*

(BGBl I 2004/19; BGBl I 2010/108)

~~352~~ Antrag auf Fortführung   ~~441/2566~~

§ 195. (1) Solange die Strafbarkeit der Tat nicht verjährt ist, hat das Gericht auf Antrag des Opfers die Fortführung eines nach den §§ 190 bis 192 beendeten Ermittlungsverfahrens durch die Staatsanwaltschaft anzuordnen, wenn

1. das Gesetz verletzt oder unrichtig angewendet wurde,

2. erhebliche Bedenken gegen die Richtigkeit der Tatsachen bestehen, die der Entscheidung über die Beendigung zu Grunde gelegt wurden, oder

3. neue Tatsachen oder Beweismittel beigebracht werden, die für sich allein oder im Zusammenhalt mit übrigen Verfahrensergebnissen geeignet erscheinen, den Sachverhalt soweit zu klären, dass nach dem 11. oder 12. Hauptstück vorgegangen werden kann.

(2) Der Antrag ist binnen vierzehn Tagen nach Verständigung von der Einstellung (§ 194) oder

im Fall eines fristgerecht eingebrachten Verlangens nach § 194 Abs. 2 nach Zustellung der Einstellungsbegründung, wurde jedoch das Opfer von der Einstellung nicht verständigt, innerhalb von drei Monaten ab der Einstellung des Verfahrens bei der Staatsanwaltschaft einzubringen. Der Antrag eines minderjährigen Opfers bedarf keiner pflegschaftsgerichtlichen Genehmigung. Der Antrag hat das Verfahren, dessen Fortführung begehrt wird, zu bezeichnen und die zur Beurteilung seiner fristgemäßen Einbringung notwendigen Angaben zu enthalten. Überdies sind die Gründe einzeln und bestimmt zu bezeichnen, aus denen die Verletzung oder unrichtige Anwendung des Gesetzes oder die erheblichen Bedenken abzuleiten sind. Werden neue Tatsachen oder Beweismittel vorgebracht, so gilt § 55 Abs. 1 sinngemäß. *(BGBl I 2010/108; BGBl I 2016/26)*

(2a) In den in § 194 Abs. 3 genannten Fällen steht überdies dem Rechtsschutzbeauftragten das Recht auf Einbringung eines Antrags auf Fortführung des Ermittlungsverfahrens zu. *(BGBl I 2010/108)*

(3) Erachtet die Staatsanwaltschaft den Antrag für berechtigt, so hat sie das Verfahren unabhängig von den Voraussetzungen des § 193 Abs. 2 Z 1 oder 2 fortzuführen. Andernfalls hat sie ihn mit dem Akt und einer Stellungnahme dem Gericht zu übermitteln.

(BGBl I 2009/52)

§ 196. (1) Das Gericht entscheidet in nichtöffentlicher Sitzung, gegen seine Entscheidung steht ein Rechtsmittel nicht zu. Zuvor hat es dem Beschuldigten und dem Antragsteller Gelegenheit zur Äußerung zur Stellungnahme der Staatsanwaltschaft binnen angemessener Frist einzuräumen, wobei der Antragsteller gegebenenfalls auf die Pflicht zur bestimmten Bezeichnung der geltend gemachten Fortführungsgründe hinzuweisen ist. Vor seiner Entscheidung kann es auch die Kriminalpolizei mit Ermittlungen beauftragen oder von der Staatsanwaltschaft tatsächliche Aufklärungen über die behaupteten Rechtsverletzungen oder Verfahrensmängel verlangen. Gegebenenfalls kann es nach § 107 Abs. 2 vorgehen. *(BGBl I 2012/29)*

(2) Anträge, die verspätet oder von einer nicht berechtigten Person eingebracht wurden, bereits rechtskräftig erledigt sind oder den Voraussetzungen des § 195 nicht entsprechen, hat das Gericht als unzulässig zurückzuweisen und im Übrigen in der Sache zu entscheiden. Wird ein Antrag zurück- oder abgewiesen, so ist die Zahlung eines Pauschalkostenbeitrags von 90 Euro aufzutragen. Haben mehrere Opfer wegen derselben Handlung erfolglos eine Fortführung beantragt, so haften sie für den Pauschalkostenbeitrag zur ungeteilten Hand. Minderjährigen Opfern und dem Rechtsschutzbeauftragten ist in keinem Fall ein Pauschal-

kostenbeitrag aufzuerlegen. § 391 gilt sinngemäß. *(BGBl I 2010/111; BGBl I 2016/26)*

(3) Gibt das Gericht dem Antrag statt, so hat die Staatsanwaltschaft das Verfahren fortzuführen. *(BGBl I 2012/29)*

(BGBl I 2009/52)

Abbrechung des Ermittlungsverfahrens gegen Abwesende und gegen unbekannte Täter

§ 197. (1) Wenn der Beschuldigte flüchtig oder unbekannten Aufenthalts ist, ist das Ermittlungsverfahren soweit fortzuführen, als dies zur Sicherung von Spuren und Beweisen erforderlich ist. Ermittlungshandlungen und Beweisaufnahmen, bei denen der Beschuldigte das Recht, sich zu beteiligen (§§ 150, 165), können in diesem Fall auch in seiner Abwesenheit durchgeführt werden. Der Beschuldigte kann zur Ermittlung seines Aufenthalts oder zur Festnahme ausgeschrieben werden. Danach hat die Staatsanwaltschaft das Verfahren abzubrechen und nach Ausforschung des Beschuldigten fortzusetzen.

(2) In Verfahren gegen unbekannte Täter ist Abs. 1 sinngemäß anzuwenden.

(2a) Das Verfahren gegen eine Person, gegen die nach einer gesetzlichen Vorschrift die Verfolgung nicht eingeleitet oder fortgesetzt werden kann, ist abzubrechen und nach Wegfall des Hinderungsgrundes fortzusetzen. Maßnahmen zur Sicherung und Aufnahme von Beweisen dürfen nur vorgenommen werden, soweit dies nach den das Verfolgungshindernis betreffenden Bestimmungen zulässig ist. *(BGBl I 2009/40, 2. GeSchG)*

(2b) Wenn eine Vernehmung des Beschuldigten (§§ 164, 165 StPO) wegen dessen schwerwiegender Erkrankung nicht in absehbarer Zeit durchgeführt werden kann, ist sinngemäß nach Abs. 2a erster Satz vorzugehen. *(BGBl I 2016/26)*

(3) Von der Abbrechung des Verfahrens gegen einen bekannten Täter und von der Fortsetzung oder Einleitung des Verfahrens sind die Kriminalpolizei und das Opfer zu verständigen. *(BGBl I 2009/40, 2. GeSchG)*

(4) Einem abwesenden oder flüchtigen Beschuldigten, der freiwillig erklärt, sich dem Verfahren stellen zu wollen, kann sicheres Geleit vom Bundesministerium für Justiz nach Stellungnahme der Oberstaatsanwaltschaft, in deren Sprengel die zuständige Staatsanwaltschaft ihren Sitz hat, allenfalls gegen Sicherheitsleistung sowie gegen Ablegung der im § 173 Abs. 5 Z 1 und 2 erwähnten Gelöbnisse mit der Wirkung erteilt werden, dass der Beschuldigte wegen der Straftat, für die das sichere Geleit erteilt wurde, bis zur Urteilsfällung in erster Instanz von der Haft befreit bleiben soll. Für die Sicherheitsleistung, ihren Verfall und

den Verlust der Wirkung des sicheren Geleits gilt § 180 sinngemäß. *(BGBl I 2007/93)*

(BGBl I 2004/19)

11. Hauptstück

Rücktritt von der Verfolgung (Diversion)

7 JGG

Allgemeines

§ 198. (1) Die Staatsanwaltschaft hat nach diesem Hauptstück vorzugehen und von Verfolgung einer Straftat zurückzutreten, wenn auf Grund hinreichend geklärten Sachverhalts feststeht, dass eine Einstellung des Verfahrens nach den §§ 190 bis 192 nicht in Betracht kommt, eine Bestrafung jedoch im Hinblick auf

1. die Zahlung eines Geldbetrages (§ 200) oder

2. die Erbringung gemeinnütziger Leistungen (§ 201) oder

3. die Bestimmung einer Probezeit, in Verbindung mit Bewährungshilfe und der Erfüllung von Pflichten (§ 203), oder

4. einen Tatausgleich (§ 204)

nicht geboten erscheint, um den Beschuldigten von der Begehung strafbarer Handlungen abzuhalten oder der Begehung strafbarer Handlungen durch andere entgegenzuwirken.

(2) Ein Vorgehen nach diesem Hauptstück ist jedoch nur zulässig, wenn

1. die Tat nicht mit mehr als fünf Jahren Freiheitsstrafe bedroht ist, *(BGBl I 2015/112)*

2. die Schuld des Beschuldigten nicht als schwer (§ 32 StGB) anzusehen wäre und

3. die Tat nicht den Tod eines Menschen zur Folge gehabt hat, es sei denn, dass ein Angehöriger des Beschuldigten fahrlässig getötet worden ist und eine Bestrafung im Hinblick auf die durch den Tod des Angehörigen beim Beschuldigten verursachte schwere psychische Belastung nicht geboten erscheint. *(BGBl I 2016/121)*

(3) Nach diesem Hauptstück darf im Fall des Missbrauchs der Amtsgewalt nach § 302 Abs. 1 StGB nur vorgegangen werden, soweit der Beschuldigte durch die Tat keine oder eine bloß geringfügige oder sonst unbedeutende Schädigung an Rechten herbeigeführt hat und die Tat nicht auch nach §§ 304 oder 307 StGB mit Strafe bedroht ist. Im Übrigen ist ein Vorgehen nach diesem Hauptstück ausgeschlossen, soweit es sich um eine im Zehnten Abschnitt des Besonderen Teils des StGB geregelte strafbare Handlung handelt, die mit mehr als dreijähriger Freiheitsstrafe bedroht ist. *(BGBl I 2013/195; BGBl I 2015/112)*

(BGBl I 2004/19)

28/11/12. 10a

§ 199. Nach Einbringen der Anklage wegen Begehung einer strafbaren Handlung, die von Amts wegen zu verfolgen ist, hat das Gericht die

für die Staatsanwaltschaft geltenden Bestimmungen der §§ 198, 200 bis 209b sinngemäß anzuwenden und das Verfahren unter den für die Staatsanwaltschaft geltenden Voraussetzungen bis zum Schluss der Hauptverhandlung mit Beschluss einzustellen. *(BGBl I 2010/108; BGBl I 2016/121, außer Kraft ab 1. 1. 2029)*

(BGBl I 2004/19)

Zahlung eines Geldbetrages

§ 200. (1) Unter den Voraussetzungen des § 198 kann die Staatsanwaltschaft von der Verfolgung einer Straftat zurücktreten, wenn der Beschuldigte einen Geldbetrag zu Gunsten des Bundes entrichtet.

(2) Der Geldbetrag darf den Betrag nicht übersteigen, der einer Geldstrafe von 180 Tagessätzen zuzüglich der im Fall einer Verurteilung zu ersetzenden Kosten des Strafverfahrens (§§ 389 Abs. 2 und 3, 391 Abs. 1) entspricht. Er ist innerhalb von 14 Tagen nach Zustellung der Mitteilung nach Abs. 4 zu bezahlen. Sofern dies den Beschuldigten unbillig hart träfe, kann ihm jedoch ein Zahlungsaufschub für längstens sechs Monate gewährt oder die Zahlung von Teilbeträgen innerhalb dieses Zeitraums gestattet werden.

(3) Soweit nicht aus besonderen Gründen darauf verzichtet werden kann, ist der Rücktritt von der Verfolgung nach Zahlung eines Geldbetrages überdies davon abhängig zu machen, dass der Beschuldigte binnen einer zu bestimmenden Frist von höchstens sechs Monaten den aus der Tat entstandenen Schaden gutmacht und dies unverzüglich nachweist. *(BGBl I 2007/93)*

(4) Die Staatsanwaltschaft hat dem Beschuldigten mitzuteilen, dass Anklage gegen ihn wegen einer bestimmten Straftat beabsichtigt sei, aber unterbleiben werde, wenn er einen festgesetzten Geldbetrag und gegebenenfalls Schadensgutmachung in bestimmter Höhe leiste. Des weiteren hat die Staatsanwaltschaft den Beschuldigten im Sinne des § 207 sowie über die Möglichkeit eines Zahlungsaufschubs (Abs. 2) zu informieren, soweit sie ihm einen solchen nicht von Amts wegen in Aussicht stellt.

(5) Nach Leistung des Geldbetrages und allfälliger Schadensgutmachung hat die Staatsanwaltschaft von der Verfolgung zurückzutreten, sofern das Verfahren nicht gemäß § 205 nachträglich fortzusetzen ist. *(BGBl I 2007/93)*

(BGBl I 2004/19)

Gemeinnützige Leistungen

§ 201. (1) Unter den Voraussetzungen des § 198 kann die Staatsanwaltschaft von der Verfolgung einer Straftat vorläufig zurücktreten, wenn sich der Beschuldigte ausdrücklich bereit erklärt hat, innerhalb einer zu bestimmenden Frist von höchstens sechs Monaten unentgeltlich gemeinnützige Leistungen zu erbringen. *(BGBl I 2007/93)*

(2) Gemeinnützige Leistungen sollen die Bereitschaft des Beschuldigten zum Ausdruck bringen, für die Tat einzustehen. Sie sind in der Freizeit bei einer geeigneten Einrichtung zu erbringen, mit der das Einvernehmen herzustellen ist.

(3) Soweit nicht aus besonderen Gründen darauf verzichtet werden kann, ist der Rücktritt von der Verfolgung nach gemeinnützigen Leistungen überdies davon abhängig zu machen, dass der Beschuldigte binnen einer zu bestimmenden Frist von höchstens sechs Monaten den aus der Tat entstandenen Schaden gutmacht oder sonst zum Ausgleich der Folgen der Tat beiträgt und dies unverzüglich nachweist. *(BGBl I 2007/93)*

(4) Die Staatsanwaltschaft hat dem Beschuldigten mitzuteilen, dass Anklage gegen ihn wegen einer bestimmten Straftat beabsichtigt sei, aber vorläufig unterbleiben werde, wenn er sich bereit erklärt, binnen bestimmter Frist gemeinnützige Leistungen in nach Art und Ausmaß bestimmter Weise zu erbringen und gegebenenfalls Tatfolgenausgleich zu leisten. Die Staatsanwaltschaft hat den Beschuldigten dabei im Sinne des § 207 zu informieren; sie kann auch eine in der Sozialarbeit erfahrene Person um die Erteilung dieser Informationen sowie darum ersuchen, die gemeinnützigen Leistungen zu vermitteln (§ 29b des Bewährungshilfegesetzes). Die Einrichtung (Abs. 2) hat dem Beschuldigten oder dem Sozialarbeiter eine Bestätigung der erbrachten Leistungen auszustellen, die unverzüglich vorzulegen ist.

(5) Nach Erbringung der gemeinnützigen Leistungen und allfälligem Tatfolgenausgleich hat die Staatsanwaltschaft von der Verfolgung endgültig zurückzutreten, sofern das Verfahren nicht gemäß § 205 nachträglich fortzusetzen ist. *(BGBl I 2007/93)*

(BGBl I 2004/19)

§ 202. (1) Gemeinnützige Leistungen dürfen täglich nicht mehr als acht Stunden, wöchentlich nicht mehr als 40 Stunden und insgesamt nicht mehr als 240 Stunden in Anspruch nehmen; auf eine gleichzeitige Aus- und Fortbildung oder eine Berufstätigkeit des Beschuldigten ist Bedacht zu nehmen. Gemeinnützige Leistungen, die einen unzumutbaren Eingriff in die Persönlichkeitsrechte oder in die Lebensführung des Beschuldigten darstellen würden, sind unzulässig.

(2) Die Leiter der Staatsanwaltschaften haben jeweils eine Liste von Einrichtungen, die für die Erbringung gemeinnütziger Leistungen geeignet sind, zu führen und erforderlichenfalls zu ergänzen. In diese Liste ist auf Verlangen jedermann Einsicht zu gewähren.

(3) Fügt der Beschuldigte bei der Erbringung gemeinnütziger Leistungen der Einrichtung oder deren Träger einen Schaden zu, so ist auf seine Ersatzpflicht das Dienstnehmerhaftpflichtgesetz, BGBl. Nr. 80/1965, sinngemäß anzuwenden. Fügt der Beschuldigte einem Dritten einen Schaden zu, so haftet dafür neben ihm auch der Bund nach den Bestimmungen des bürgerlichen Rechts. Die Einrichtung oder deren Träger haftet in diesem Fall dem Geschädigten nicht.

(4) Der Bund hat den Schaden nur in Geld zu ersetzen. Von der Einrichtung, bei der die gemeinnützigen Leistungen erbracht wurden, oder deren Träger kann er Rückersatz begehren, insoweit diesen oder ihren Organen Vorsatz oder grobe Fahrlässigkeit, insbesondere durch Vernachlässigung der Aufsicht oder Anleitung, zur Last fällt. Auf das Verhältnis zwischen dem Bund und dem Beschuldigten ist das Dienstnehmerhaftpflichtgesetz, BGBl. Nr. 80/1965, sinngemäß anzuwenden.

(5) Erleidet der Beschuldigte bei Erbringung gemeinnütziger Leistungen einen Unfall oder eine Krankheit, so gelten die Bestimmungen der §§ 76 bis 84 des Strafvollzugsgesetzes dem Sinne nach.

(BGBl I 2004/19)

Probezeit

§ 203. (1) Unter den Voraussetzungen des § 198 kann die Staatsanwaltschaft von der Verfolgung einer Straftat unter Bestimmung einer Probezeit von einem Jahr bis zu zwei Jahren vorläufig zurücktreten. Der Lauf der Probezeit beginnt mit der Zustellung der Verständigung über den vorläufigen Rücktritt von der Verfolgung. *(BGBl I 2007/93)*

(2) Soweit nicht aus besonderen Gründen darauf verzichtet werden kann, ist der vorläufige Rücktritt von der Verfolgung überdies davon abhängig zu machen, dass der Beschuldigte ausdrücklich bereit erklärt, während der Probezeit bestimmte Pflichten zu erfüllen, die als Weisungen (§ 51 StGB) erteilt werden könnten, und sich durch einen Bewährungshelfer (§ 52 StGB) betreuen zu lassen. Dabei kommt insbesondere die Pflicht in Betracht, den entstandenen Schaden nach Kräften gutzumachen oder sonst zum Ausgleich der Folgen der Tat beizutragen. *(BGBl I 2007/93)*

(3) Die Staatsanwaltschaft hat dem Beschuldigten mitzuteilen, dass Anklage gegen ihn wegen einer bestimmten Straftat für eine bestimmte Probezeit vorläufig unterbleibe, und ihn im Sinne des § 207 zu informieren. Gegebenenfalls hat die Staatsanwaltschaft dem Beschuldigten mitzuteilen, dass diese vorläufige Rücktritt von der Verfolgung voraussetze, dass er sich ausdrücklich bereit erklärt, bestimmte Pflichten auf sich zu nehmen und sich von einem Bewährungshelfer betreuen zu lassen (Abs. 2). In diesem Fall kann die Staatsanwaltschaft eine in der Sozialarbeit erfahrene Person um die Erteilung dieser Informationen sowie darum ersuchen, den Beschuldigten bei der Erfüllung solcher Pflichten zu be-

treuen (§ 29b des Bewährungshilfegesetzes). *(BGBl I 2007/93)*

(4) Nach Ablauf der Probezeit und Erfüllung allfälliger Pflichten hat die Staatsanwaltschaft von der Verfolgung endgültig zurückzutreten, sofern das Verfahren nicht gemäß § 205 nachträglich fortzusetzen ist. *(BGBl I 2007/93)*

(BGBl I 2004/19)

Tatausgleich

§ 204. (1) Unter den Voraussetzungen des § 198 kann die Staatsanwaltschaft von der Verfolgung einer Straftat zurücktreten oder im Fall eines Vorgehens nach Abs. 3 endgültig zurücktreten, wenn durch die Tat Rechtsgüter einer Person unmittelbar beeinträchtigt sein könnten und der Beschuldigte bereit ist, für die Tat einzustehen und sich mit deren Ursachen auseinander zu setzen, wenn er allfällige Folgen der Tat auf eine den Umständen nach geeignete Weise ausgleicht, insbesondere dadurch, dass er aus der Tat entstandenen Schaden gutmacht oder sonst zum Ausgleich der Folgen der Tat beiträgt, und wenn er erforderlichenfalls Verpflichtungen eingeht, die seine Bereitschaft bekunden, Verhaltensweisen, die zur Tat geführt haben, künftig zu unterlassen. *(BGBl I 2007/93; BGBl I 2014/71)*

(2) Das Opfer und sein Vertreter sind in Bemühungen um einen Tatausgleich einzubeziehen, soweit sie dazu bereit sind. Das Zustandekommen eines Ausgleichs ist von der Zustimmung des Opfers abhängig, es sei denn, dass es diese aus Gründen nicht erteilt, die im Strafverfahren nicht berücksichtigungswürdig sind. Die berechtigten Interessen des Opfers sind jedenfalls zu berücksichtigen (§ 206). *(BGBl I 2015/112)*

(3) Die Staatsanwaltschaft kann einen Konfliktregler ersuchen, das Opfer und den Beschuldigten und ihre Vertreter über die Möglichkeit eines Tatausgleichs sowie im Sinne der §§ 206 und 207 zu informieren und bei ihren Bemühungen um einen solchen Ausgleich anzuleiten und zu unterstützen (§ 29a Bewährungshilfegesetzes). In diesem Fall hat die Staatsanwaltschaft von der Verfolgung vorläufig zurückzutreten. *(BGBl I 2014/71; BGBl I 2015/112)*

(4) Der Konfliktregler hat der Staatsanwaltschaft über Ausgleichsvereinbarungen zu berichten und deren Erfüllung zu überprüfen. Einen abschließenden Bericht hat er zu erstatten, wenn der Beschuldigte seinen Verpflichtungen zumindest soweit nachgekommen ist, dass unter Berücksichtigung seines übrigen Verhaltens angenommen werden kann, er werde die Vereinbarungen weiter einhalten, oder wenn nicht mehr zu erwarten ist, dass ein Ausgleich zustande kommt. *(BGBl I 2004/19)*

Nachträgliche Fortsetzung des Strafverfahrens

§ 205. (1) Nach einem nicht bloß vorläufigen Rücktritt von der Verfolgung des Beschuldigten nach diesem Hauptstück (§§ 200 Abs. 5, 201 Abs. 5, 203 Abs. 4 und 204 Abs. 1) ist eine Fortsetzung des Strafverfahrens nur unter den Voraussetzungen der ordentlichen Wiederaufnahme zulässig. Vor einem solchen Rücktritt ist das Strafverfahren jedenfalls dann fortzusetzen, wenn der Beschuldigte dies verlangt. *(BGBl I 2007/93)*

(2) Hat die Staatsanwaltschaft dem Beschuldigten vorgeschlagen, einen Geldbetrag zu bezahlen (§ 200 Abs. 4), gemeinnützige Leistungen zu erbringen (§ 201 Abs. 4) oder eine Probezeit und allfällige Pflichten auf sich zu nehmen (§ 203 Abs. 3), oder ist die Staatsanwaltschaft von der Verfolgung der Straftat vorläufig zurückgetreten (§§ 201 Abs. 1, 203 Abs. 1, 204 Abs. 3), so hat sie das Strafverfahren fortzusetzen, wenn

1. der Beschuldigte den Geldbetrag samt allfälliger Schadensgutmachung, oder die gemeinnützigen Leistungen samt allfälligem Tatfolgenausgleich nicht vollständig oder nicht rechtzeitig zahlt oder erbringt oder wenn eine Ausgleichsvereinbarung nicht zustande kommt oder diese vom Beschuldigten nicht erfüllt wird,

2. der Beschuldigte übernommene Pflichten nicht hinreichend erfüllt, den Pauschalkostenbeitrag (§ 388 Abs. 1 und 2) nicht leistet oder sich beharrlich dem Einfluss des Bewährungshelfers entzieht oder

3. gegen den Beschuldigten vor Ablauf der Probezeit oder vor Erstattung des abschließenden Berichts nach § 204 Abs. 4 wegen einer anderen Straftat ein Strafverfahren eingeleitet wird. In diesem Fall ist die nachträgliche Fortsetzung des Verfahrens zulässig, sobald gegen den Beschuldigten wegen der neuen oder neu hervorgekommenen Straftat Anklage eingebracht wird, und zwar auch noch während dreier Monate nach dem Einbringen, selbst wenn inzwischen die Probezeit abgelaufen ist. Das nachträglich fortgesetzte Strafverfahren ist jedoch nach Maßgabe der übrigen Voraussetzungen zu beenden, wenn das neue Strafverfahren auf andere Weise als durch einen Schuldspruch beendet wird. *(BGBl I 2014/71)*

(3) Von der Fortsetzung des Verfahrens kann jedoch abgesehen werden, wenn dies in den Fällen des Abs. 2 Z 1 aus besonderen Gründen vertretbar erscheint, in den Fällen des Abs. 2 Z 2 und 3 nach den Umständen nicht geboten ist, um den Beschuldigten von der Begehung strafbarer Handlungen abzuhalten. Im Übrigen ist die Fortsetzung des Verfahrens in den Fällen des Abs. 2 angeführten Fällen außer unter den in Z 1 bis 3 angeführten Voraussetzungen nur zulässig, wenn der Beschuldigte den dort erwähnten Vorschlag der Staatsanwaltschaft nicht annimmt.

StPO

(4) Wenn der Beschuldigte den Geldbetrag nicht vollständig oder nicht rechtzeitig zahlen oder den übernommenen Verpflichtungen nicht vollständig oder nicht rechtzeitig nachkommen kann, weil ihn dies wegen einer erheblichen Änderung der für die Höhe des Geldbetrages oder die Art oder den Umfang der Verpflichtungen maßgeblichen Umstände unbillig hart träfe, so kann die Staatsanwaltschaft die Höhe des Geldbetrages oder die Verpflichtung angemessen ändern.

(5) Verpflichtungen, die der Beschuldigte übernommen, und Zahlungen und sonstige Ausgleichsmaßnahmen, zu denen er sich bereit erklärt hat, werden mit der nachträglichen Fortsetzung des Verfahrens gegenstandslos. Die Bewährungshilfe endet; § 179 bleibt jedoch unberührt. Geldbeträge, die der Beschuldigte geleistet hat (§ 200), sind auf eine nicht bedingt nachgesehene Geldstrafe unter sinngemäßer Anwendung des § 38 Abs. 1 Z 1 StGB anzurechnen; im Übrigen sind sie zurückzuzahlen. Andere Leistungen sind nicht zu ersetzen, im Fall einer Verurteilung jedoch gleichfalls angemessen auf die Strafe anzurechnen. Dabei sind insbesondere Art und Dauer der Leistung zu berücksichtigen. *(BGBl I 2014/71)*

(BGBl I 2004/19)

Rechte und Interessen der Opfer

§ 206. (1) Bei einem Vorgehen nach diesem Hauptstück sind stets die Interessen des Opfers, insbesondere jenes auf Wiedergutmachung zu prüfen und im größtmöglichen Ausmaß zu fördern. Das Opfer hat das Recht, eine Vertrauensperson beizuziehen. Jedenfalls sind Opfer unverzüglich im Sinne von § 70 Abs. 1 über ihre Rechte, insbesondere jenes auf Prozessbegleitung und die in Betracht kommenden Opferschutzeinrichtungen zu informieren. Soweit dies zur Wahrung ihrer Interessen und Rechte, insbesondere jenem auf Schadensgutmachung geboten erscheint, ist ihnen und ihrer Vertretung, jedenfalls im Fall eines erteilten Betretungs- und Annäherungsverbotes zum Schutz vor Gewalt nach § 38a Abs. 1 SPG und bei Opfern im Sinn des § 65 Z 1 lit. a vor einem Rücktritt von der Verfolgung ausreichend Zeit zur Stellungnahme zu geben. *(BGBl I 2015/112; BGBl I 2019/105)*

(2) Das Opfer ist jedenfalls zu verständigen, wenn sich der Beschuldigte bereit erklärt, aus der Tat entstandenen Schaden gutzumachen oder sonst zum Ausgleich der Folgen der Tat beizutragen. Gleiches gilt für den Fall, dass der Beschuldigte eine Pflicht übernimmt, welche die Interessen des Geschädigten unmittelbar berührt.

(BGBl I 2004/19)

Information des Beschuldigten

§ 207. Bei einem Vorgehen nach diesem Hauptstück ist der Beschuldigte eingehend über seine Rechte zu informieren, insbesondere über die Voraussetzungen für einen Rücktritt von der Verfolgung, über das Erfordernis seiner Zustimmung, über seine Möglichkeit, eine Fortsetzung des Verfahrens zu verlangen, über die sonstigen Umstände, die eine Fortsetzung des Verfahrens bewirken können (§ 205 Abs. 2) und über die Notwendigkeit eines Pauschalkostenbeitrags (§ 388). *(BGBl I 2007/93)*

(BGBl I 2004/19)

Gemeinsame Bestimmungen

§ 208. (1) Um die Voraussetzungen für ein Vorgehen nach diesem Hauptstück abzuklären, kann die Staatsanwaltschaft den Leiter der für den Tatausgleich zuständigen Einrichtung ersuchen, mit dem Opfer, mit dem Beschuldigten und gegebenenfalls auch mit jener Einrichtung, bei der gemeinnützige Leistungen zu erbringen oder eine Schulung oder ein Kurs zu besuchen wären, Verbindung aufzunehmen und sich dazu zu äußern, ob die Zahlung eines Geldbetrages, die Erbringung gemeinnütziger Leistungen, die Bestimmung einer Probezeit, die Übernahme bestimmter Pflichten, die Betreuung durch einen Bewährungshelfer oder ein Tatausgleich zweckmäßig wäre. *(BGBl I 2007/93)*

(2) Auf begründeten Antrag des Beschuldigten kann ein nach § 200 festgesetzter Geldbetrag niedriger bemessen oder das gestellte Anbot geändert werden, wenn neu hervorgekommene oder nachträglich eingetretene Umstände ein solches Vorgehen erfordern.

(3) *(aufgehoben, BGBl I 2007/93)*

(3) Vom Rücktritt von der Verfolgung hat die Staatsanwaltschaft die Kriminalpolizei, den Beschuldigten, das Opfer und, sofern es mit dem Verfahren befasst war, das Gericht zu verständigen. Hat das Gericht das Verfahren gemäß § 199 eingestellt, obliegen ihm die Verständigungen dieses. In der Verständigung sind die maßgebenden Umstände für die Erledigung in Schlagworten darzustellen. *(BGBl I 2007/93; BGBl I 2016/121)*

(BGBl I 2004/19)

§ 209. (1) Die Staatsanwaltschaft kann nach diesem Hauptstück von der Verfolgung zurücktreten, solange sie noch nicht Anklage eingebracht hat. Danach hat sie bei Gericht zu beantragen, das Verfahren einzustellen (§ 199). *(BGBl I 2007/93)*

(2) Gerichtliche Beschlüsse nach diesem Hauptstück sind in der Hauptverhandlung vom erkennenden Gericht, sonst vom Vorsitzenden, in der Hauptverhandlung vor dem Geschworenengericht jedoch vom Schwurgerichtshof zu fassen. Bevor das Gericht dem Beschuldigten eine Mitteilung nach den §§ 200 Abs. 4, 201 Abs. 4, 203 Abs. 3 oder einen Beschluss, mit dem das Verfahren eingestellt wird, zustellt, hat es die Staatsan-

waltschaft zu hören. Gegen einen solchen Beschluss steht nur der Staatsanwaltschaft Beschwerde zu; dem Beschuldigten ist dieser Beschluss erst dann zuzustellen, wenn er der Staatsanwaltschaft gegenüber in Rechtskraft erwachsen ist.

(3) Solange über eine Beschwerde gegen einen Beschluss, mit dem ein Antrag auf Einstellung des Strafverfahrens nach diesem Hauptstück abgewiesen wurde, noch nicht entschieden wurde, ist die Durchführung einer Hauptverhandlung nicht zulässig. Eine Beschwerde gegen die nachträgliche Fortsetzung des Strafverfahrens hat aufschiebende Wirkung.

(BGBl I 2004/19)

Rücktritt von der Verfolgung wegen Zusammenarbeit mit der Staatsanwaltschaft

§ 209a. (1) Der Täter einer Straftat,

1. die der Zuständigkeit des Landesgerichts als Schöffen- oder Geschworenengericht (§ 31 Abs. 2 und 3) unterliegt,

2. die der Zuständigkeit der WKStA (§ 20a) unterliegt oder die Kriterien des § 20b erfüllt, oder

3. nach den §§ 277, 278, 278a oder 278b StGB oder einer Tat, die mit einer solchen Verabredung, Vereinigung oder Organisation im Zusammenhang steht,

hat nach Maßgabe der Abs. 2 und 3 das Recht, ein Vorgehen nach den §§ 199, 200 bis 203 und 205 bis 209 zu verlangen, wenn er freiwillig an die Staatsanwaltschaft oder die Kriminalpolizei herantritt, ein reumütiges Geständnis (§ 34 Abs. 1 Z 17 StGB) über seinen Tatbeitrag ablegt und sein Wissen über neue Tatsachen oder Beweismittel offenbart, deren Kenntnis wesentlich dazu beiträgt, die umfassende Aufklärung einer in den Z 1 bis 3 genannten Straftaten über seinen eigenen Tatbeitrag hinaus zu fördern oder eine Person auszuforschen, die an einer solchen Verabredung führend teilgenommen hat oder in einer solchen Vereinigung oder Organisation führend tätig war (Z 3). *(BGBl I 2021/243, tritt mit Ablauf des 31. Dezember 2028 außer Kraft.)*

(2) Soweit der Täter wegen seiner Kenntnisse über in Abs. 1 genannte Taten noch nicht als Beschuldigter vernommen (§§ 48 Abs. 1 Z 2, 164, 165) und wegen dieser Taten kein Zwang gegen ihn ausgeübt wurde, hat die Staatsanwaltschaft von der Verfolgung der Straftat dieser Person vorläufig zurückzutreten, es sei denn, das Vorliegen der Voraussetzungen nach Abs. 1 ist von vornherein ausgeschlossen.

(3) Sobald feststeht, dass die Voraussetzungen des Abs. 1 vorliegen und eine Bestrafung unter Berücksichtigung des Gewichts des Beitrags der Informationen zur Aufklärung oder Ausforschung im Verhältnis zu Art und Ausmaß seines Tatbeitrages nicht geboten erscheint, um ihn von der

Begehung strafbarer Handlungen abzuhalten, hat die Staatsanwaltschaft dem Beschuldigten in sinngemäßer Anwendung der Bestimmungen der §§ 200 bis 203 und 205 bis 209 die Erbringung der dort vorgesehenen Leistungen und die weitere Zusammenarbeit bei der Aufklärung aufzutragen. Abweichend von § 200 Abs. 2 darf der zu entrichtende Geldbetrag einer Geldstrafe von 360 Tagessätzen entsprechen. Liegen jedoch die Voraussetzungen nicht vor, so hat die Staatsanwaltschaft das Verfahren fortzusetzen und bei Vorliegen der Voraussetzungen des § 41a StGB dessen Anwendung zu beantragen und dies auch dem Beschuldigten mitzuteilen.

(4) Nach Erbringung der Leistungen hat die Staatsanwaltschaft das Ermittlungsverfahren unter dem Vorbehalt späterer Verfolgung einzustellen.

(5) Wenn

1. die eingegangene Verpflichtung zur Zusammenarbeit bei der Aufklärung verletzt wurde oder

2. die zur Verfügung gestellten Unterlagen und Informationen falsch waren, keinen wesentlichen Beitrag im Sinn des Abs. 1 zu liefern vermochten oder nur zur Verschleierung der eigenen führenden Tätigkeit in einer in Abs. 1 Z 3 genannten Verabredung, Vereinigung oder Organisation gegeben wurden,

kann die nach Abs. 4 vorbehaltene Verfolgung wieder aufgenommen werden, es sei denn, dass die Staatsanwaltschaft die für die Wiederaufnahme erforderlichen Anordnungen nicht binnen einer Frist von vierzehn Tagen ab Zustellung der das Verfahren beendenden Entscheidung gestellt hat, in der einer der in Z 1 oder 2 umschriebenen Umstände festgestellt wurde.

(6) Die Staatsanwaltschaft hat ihre Anordnung nach Abs. 4 dem Rechtsschutzbeauftragten samt einer Begründung für das Vorgehen zuzustellen. Der Rechtsschutzbeauftragte ist berechtigt, binnen drei Monaten die Fortführung des Verfahrens zu beantragen. Auf sein Verlangen ist ihm der Ermittlungsakt zu übersenden, in welchem Fall der Fristenlauf mit dem Einlangen des Aktes beginnt. §§ 195 Abs. 3 und 196 gelten sinngemäß.

(7) Im Verfahren gegen Verbände nach dem Verbandsverantwortlichkeitsgesetz (VbVG), BGBl. I Nr. 151/2005, ist sinngemäß mit der Maßgabe vorzugehen, dass die Bestimmungen des § 19 Abs. 1 Z 1 bis 3 VbVG anzuwenden sind. Der zu entrichtende Geldbetrag darf abweichend von § 19 Abs. 1 Z 1 VbVG einer Verbandsgeldbuße von 100 Tagessätzen entsprechen.

(BGBl I 2010/108; BGBl I 2016/121, tritt mit Ablauf des 31. Dezember 2028 außer Kraft)

StPO

Rücktritt von der Verfolgung wegen Zusammenarbeit mit der Staatsanwaltschaft im Zusammenhang mit einer kartellrechtlichen Zuwiderhandlung

§ 209b. (1) Der Bundeskartellanwalt hat die Staatsanwaltschaft von einem Vorgehen der Bundeswettbewerbsbehörde nach § 11b Abs. 1 oder 2 des Wettbewerbsgesetzes, BGBl. I Nr. 62/2002, oder von einem solchen Vorgehen der Europäischen Kommission oder von Wettbewerbsbehörden der anderen Mitgliedstaaten (§ 84 des Kartellgesetzes, BGBl. I Nr. 61/2005) zu verständigen, wenn es im Hinblick auf das Gewicht des Beitrags des Unternehmens zur Aufklärung einer Zuwiderhandlung im Sinne von § 11b Abs. 1 Z 3 Wettbewerbsgesetz und die aktive Mitwirkung der einzelnen Mitarbeiter daran unverhältnismäßig wäre, diese Mitarbeiter, die für das Unternehmen an einer solchen Zuwiderhandlung beteiligt waren, wegen einer durch eine solche Zuwiderhandlung begangenen Straftat zu verfolgen.

(2) Die Staatsanwaltschaft hat sodann das Ermittlungsverfahren gegen die Mitarbeiter, die Staatsanwaltschaft und Gericht ihr gesamtes Wissen über die eigenen Taten und andere Tatsachen, die für die Aufklärung der durch die Zuwiderhandlung begangenen Straftaten von Bedeutung sind, offenbart haben, unter dem Vorbehalt späterer Verfolgung einzustellen. § 209a Abs. 5 und 6 gelten sinngemäß.

(BGBl I 2010/108; BGBl I 2021/243, tritt mit Ablauf des 31. Dezember 2028 außer Kraft)

4. Teil

Haupt- und Rechtsmittelverfahren

12. Hauptstück

Die Anklage

1. Abschnitt

Allgemeines

Die Anklage

§ 210. (1) Wenn auf Grund ausreichend geklärten Sachverhalts eine Verurteilung nahe liegt und kein Grund für die Einstellung des Verfahrens oder den Rücktritt von Verfolgung vorliegt, hat die Staatsanwaltschaft bei dem für das Hauptverfahren zuständigen Gericht Anklage einzubringen; beim Landesgericht als Geschworenen- oder Schöffengericht mit Anklageschrift, beim Landesgericht als Einzelrichter und beim Bezirksgericht mit Strafantrag.

(2) Durch das Einbringen der Anklage beginnt das Hauptverfahren, dessen Leitung dem Gericht obliegt. Die Staatsanwaltschaft wird zur Beteiligten des Verfahrens.

(3) Die Festnahme des Angeklagten ist auf Antrag der Staatsanwaltschaft vom Gericht anzuordnen, auch andere Zwangsmittel und Beweisaufnahmen, die im Ermittlungsverfahren einer Anordnung oder Genehmigung der Staatsanwaltschaft bedürfen, sind nach Einbringen der Anklage durch das Gericht anzuordnen oder zu bewilligen. Die Durchführung obliegt weiterhin der Kriminalpolizei; Berichte und Verständigungen hat sie an das Gericht zu richten. Anträge auf Einstellung des Verfahrens (§ 108) sind nach dem Einbringen der Anklage nicht mehr zulässig, bereits eingebrachte werden gegenstandslos. *(BGBl I 2007/93)*

(4) Außerhalb der Hauptverhandlung bestimmt sich die Zuständigkeit des Landesgerichts als Geschworenen- oder Schöffengericht nach § 32 Abs. 3.

(BGBl I 2004/19)

2. Abschnitt

Die Anklageschrift

Inhalt der Anklageschrift

§ 211. (1) Die Anklageschrift hat anzuführen:

1. den Namen des Angeklagten sowie weitere Angaben zur Person,

2. Zeit, Ort und die näheren Umstände der Begehung der dem Angeklagten zur Last gelegten Tat und die gesetzliche Bezeichnung der durch sie verwirklichten strafbaren Handlung,

3. die übrigen anzuwendenden Strafgesetze.

(2) In der Anklageschrift hat die Staatsanwaltschaft ihre Anträge für das Hauptverfahren zu stellen und dabei insbesondere auch die Beweise anzuführen, die im Hauptverfahren aufgenommen werden sollen; die Zuständigkeit des angerufenen Gerichts ist erforderlichenfalls zu begründen. Schließlich ist der Sachverhalt nach den Ergebnissen des Ermittlungsverfahrens zusammenzufassen und zu beurteilen.

(BGBl I 2004/19)

Einspruch gegen die Anklageschrift

§ 212. Gegen die Anklageschrift steht dem Angeklagten Einspruch zu, wenn

1. die zur Last gelegte Tat nicht mit gerichtlicher Strafe bedroht ist oder sonst ein Grund vorliegt, der die Verurteilung des Angeklagten aus rechtlichen Gründen ausschließt,

2. Dringlichkeit und Gewicht des Tatverdachts trotz hinreichend geklärten Sachverhalts nicht ausreichen, um eine Verurteilung des Angeklagten auch nur für möglich zu halten und von weiteren Ermittlungen eine Intensivierung des Verdachts nicht zu erwarten ist,

3. der Sachverhalt nicht soweit geklärt ist, dass eine Verurteilung des Angeklagten nahe liegt,

4. die Anklageschrift sonst an wesentlichen formellen Mängeln leidet (§ 211)

5. die Anklageschrift ein für die angeklagte Straftat sachlich nicht zuständiges Gericht anruft,

6. die Anklageschrift ein örtlich nicht zuständiges Gericht anruft, *(BGBl I 2016/121)*

7. der nach dem Gesetz erforderliche Antrag eines hiezu Berechtigten fehlt oder *(BGBl I 2016/121)*

8. die Staatsanwaltschaft das Verfahren zu Unrecht nachträglich gemäß § 205 Abs. 2 oder nach § 38 Abs. 1 oder 1a SMG fortgesetzt hat. *(BGBl I 2016/121)*

(BGBl I 2004/19)

§ 213. (1) Das Gericht hat die Anklageschrift dem Angeklagten zuzustellen.

(2) Der Angeklagte hat das Recht, gegen die Anklageschrift binnen 14 Tagen Einspruch bei Gericht zu erheben. Darüber ist er ebenso zu informieren wie über die seine Verteidigung betreffenden Vorschriften.

(3) Befindet sich der Angeklagte zum Zeitpunkt des Einbringens der Anklage in Haft oder wird er zugleich verhaftet, so ist die Anklageschrift, gegebenenfalls mit der Anordnung der Festnahme (§ 171 Abs. 1 und 2), sogleich ihm auszufolgen und seinem Verteidiger zuzustellen; die Frist zur Erhebung des Einspruchs richtet sich in diesem Fall nach der zuletzt bewirkten Zustellung.

(4) Verzichtet der Angeklagte auf einen Einspruch oder erhebt er einen solchen nicht fristgerecht, so hat das Gericht, sofern es keine Bedenken gegen seine Zuständigkeit hat, mit Beschluss festzustellen, dass die Anklageschrift rechtswirksam sei, und ohne Verzug die Hauptverhandlung anzuordnen. § 199 bleibt unberührt.

(5) Sobald die Anklageschrift rechtswirksam geworden ist, kann die örtliche Unzuständigkeit des Gerichts des Hauptverfahrens nicht mehr geltend gemacht werden.

(6) Ein Einspruch ist dem Oberlandesgericht vorzulegen. Hat das Gericht Bedenken gegen seine Zuständigkeit, so hat es diese dem Oberlandesgericht unter Angabe der Gründe mitzuteilen, und zwar auch dann, wenn kein Einspruch erhoben wurde. Für ein solches Begehren gelten die Vorschriften über den Einspruch sinngemäß.

(BGBl I 2004/19)

Verfahren vor dem Oberlandesgericht

§ 214. (1) Das Oberlandesgericht hat der Oberstaatsanwaltschaft Gelegenheit zu geben, sich zum Einspruch zu äußern; § 89 Abs. 5 letzter Satz gilt. Sodann hat es über den Einspruch in nicht öffentlicher Sitzung zu entscheiden; gegen seine Entscheidung steht ein Rechtsmittel nicht zu.

(2) Treffen dieselben Gründe auch auf eine Person zu, die keinen Einspruch erhoben hat, so hat das Oberlandesgericht so vorzugehen, als ob ein solcher Einspruch vorläge.

(3) Wird der Einspruch von einem Angeklagten erhoben, der sich in Untersuchungshaft befindet, so hat das Oberlandesgericht von Amts wegen über die Haft zu entscheiden. Beschließt das Oberlandesgericht die Fortsetzung der Haft, so gilt § 174 Abs. 3 Z 1 bis 5 sinngemäß.

(BGBl I 2004/19)

§ 215. (1) Verspätete Einsprüche und solche, die von einer hiezu nicht berechtigten Person eingebracht wurden, hat das Oberlandesgericht als unzulässig zurückzuweisen.

(2) In den Fällen des § 212 Z 1, 2 und 7 hat das Oberlandesgericht dem Einspruch Folge zu geben und das Verfahren einzustellen.

(3) In den Fällen des § 212 Z 3, 4 und 8 hat das Oberlandesgericht die Anklageschrift zurückzuweisen; dadurch wird das Hauptverfahren beendet und das Ermittlungsverfahren wieder eröffnet. *(BGBl I 2016/121)*

(4) In den Fällen des § 212 Z 5 und 6 hat das Oberlandesgericht die Sache dem zuständigen Gericht zuzuweisen. Hält es jedoch für möglich, dass ein im Sprengel eines anderen Oberlandesgerichts liegendes Gericht zuständig sei, so legt es den Einspruch dem Obersten Gerichtshof vor, der zunächst die Frage der Zuständigkeit zu klären hat, bevor er die Sache dem zuständigen Oberlandesgericht zur Entscheidung über den Einspruch übermittelt.

(5) Das Oberlandesgericht kann auch einzelne Anklagepunkte teils auf die eine, teils auf die andere Art erledigen. Mit seiner Begründung darf es der Entscheidung des erkennenden Gerichts in der Hauptsache nicht vorgreifen.

(6) Liegt keiner der Fälle der Abs. 2 bis 4 vor, so hat das Oberlandesgericht den Einspruch abzuweisen und die Rechtswirksamkeit der Anklageschrift festzustellen.

(BGBl I 2004/19)

§§ 216 bis 219. *(aufgehoben, BGBl I 2004/19)*

13. Hauptstück

Vorbereitungen zur Hauptverhandlung

§ 220. Beteiligte des Hauptverfahrens sind neben der Staatsanwaltschaft (§ 210 Abs. 2) der Angeklagte (§ 48 Abs. 1 Z 2), der Haftungsbeteiligte (§ 64), der Privatankläger (§ 71), der Subsidiarankläger (§ 72) sowie der Privatbeteiligte (§ 67).

(BGBl I 2007/93)

§ 221. (1) Zur Hauptverhandlung sind die Beteiligten sowie deren Vertreter zu laden. Die Ladung des Angeklagten hat die Androhung zu enthalten, dass im Falle seines Nichterscheinens je nach den Umständen entweder die Hauptverhandlung und Urteilsfällung in seiner Abwesenheit vorgenommen oder seine Vorführung angeordnet oder, falls dies nicht zeitgerecht möglich ist, die Hauptverhandlung auf seine Kosten vertagt und er zur Verhandlung vorgeführt wird. Vom Termin der Hauptverhandlung sind gegebenenfalls die Einrichtung, die Prozessbegleitung gewährt, und ein Bewährungshelfer sowie die Kriminalpolizei, soweit sie darum ersucht hat, zu verständigen. Opfer sind vom Termin der Hauptverhandlung nur zu verständigen, soweit sie dies im Rahmen einer Vernehmung nach § 165 verlangt haben und nicht ohnedies im Wege einer Ladung als Zeuge oder der ihnen gewährten Prozessbegleitung von diesem Termin Kenntnis erhalten. Erforderlichenfalls ist für die Bestellung eines Verteidigers und die Beiziehung eines Dolmetschers Vorsorge zu treffen (§§ 61 und 126). Die Ladung von Privatbeteiligten darf insoweit unterbleiben, als diese einem Auftrag gemäß § 10 des Zustellgesetzes entsprochen oder auf ihr Recht, während der Hauptverhandlung anwesend zu sein, verzichtet haben. Gleiches gilt unabhängig von diesen Voraussetzungen, wenn eine Ausforschung des Aufenthalts von Opfern und Privatbeteiligten oder die Zustellung einer Ladung oder Verständigung an diese im Rechtshilfeweg zu einer erheblichen Verzögerung des Verfahrens, insbesondere einer bedeutenden Verlängerung der Haft des Angeklagten führen würde. *(BGBl I 2009/52; BGBl I 2018/27)*

(2) Der Vorsitzende hat den Tag der Hauptverhandlung in der Art zu bestimmen, dass dem Angeklagten und seinem Verteidiger bei sonstiger Nichtigkeit von der Zustellung der Ladung (§§ 61 Abs. 3 und 63) eine Frist von wenigstens acht Tagen, im Fall des Abs. 4 jedoch 14 Tagen zur Vorbereitung der Verteidigung bleibt, sofern diese nicht selbst in eine Verkürzung dieser Frist einwilligen. Durch den Wechsel der Person des Verteidigers wird die dem Verteidiger zustehende Vorbereitungsfrist nicht verlängert. Die Ladung von Zeugen, Sachverständigen und Dolmetschern soll grundsätzlich so erfolgen, dass zwischen der Zustellung und dem Tag, an dem ihre Anwesenheit in der Hauptverhandlung erforderlich ist, eine Frist von wenigstens drei Tagen liegt.

(3) Die Hauptverhandlung findet grundsätzlich am Sitz des Landesgerichts statt; zu Zwecken der Wahrheitsfindung kann der Vorsitzende die Hauptverhandlung an einem anderen im Sprengel des Landesgerichts gelegenen Ort durchführen.

(4) Ist zu erwarten, dass die Hauptverhandlung von längerer Dauer sein wird, so ist für den Fall der Verhinderung eines Richters oder Schöffen die erforderliche Anzahl von Ersatzrichtern und Ersatzschöffen, und zwar nach der in der Geschäftsverteilung beziehungsweise Dienstliste

(§§ 13 und 14 des Geschworenen- und Schöffengesetzes – GSchG, BGBl. Nr. 256/1990) zu bestimmenden Reihenfolge zu laden. Auf § 32 Abs. 2 ist Bedacht zu nehmen. *(BGBl I 2009/40, 2. GeSchG)*

(BGBl I 2007/93)

§ 221a. *(aufgehoben, BGBl 1993/526)*

§ 222. (1) Beweise, die nicht bereits nach der Anklageschrift oder dem über den Einspruch ergangenen Beschluss aufzunehmen sind, sollen Beteiligte des Verfahrens so rechtzeitig beantragen (§ 55 Abs. 1), dass die Beweisaufnahme noch zum Termin der Hauptverhandlung vorgenommen werden kann. Der Antrag ist in so vielen Ausfertigungen einzubringen, dass jedem der Beteiligten eine Ausfertigung zugestellt werden kann.

(2) Ist dem Antrag stattzugeben, so hat der Vorsitzende die Liste der neuen Beweismittel samt jeweiligem Beweisthema den übrigen Beteiligten längstens drei Tage vor der Hauptverhandlung mitzuteilen. Im gegenteiligen Fall hat der Vorsitzende die Entscheidung über den Beweisantrag einer erneuten Antragstellung in der Hauptverhandlung vorzubehalten (§ 238) und davon den Antragsteller und die übrigen Beteiligten durch Zustellung einer Ausfertigung des Antrags (Abs. 1 letzter Satz) zu verständigen.

(3) Dem Verteidiger steht es auch frei, eine schriftliche Gegenäußerung (§ 244 Abs. 3) zur Anklageschrift einzubringen, in die er die Anträge gemäß Abs. 1 aufzunehmen hat. Für eine solche Gegenäußerung gilt Abs. 1; stützt sich die Anklageschrift auf Befund und Gutachten eines Sachverständigen, so kann der Gegenäußerung eine Stellungnahme samt Schlussfolgerungen einer Person mit besonderem Fachwissen zur Begründung eines Beweisantrags nach Abs. 1 angeschlossen werden. *(BGBl I 2014/71)*

(BGBl I 2007/93)

§ 223. *(aufgehoben)*

§§ 224 und 225. *(aufgehoben, BGBl I 2007/93)*

§ 226. (1) Die Hauptverhandlung kann auf Antrag eines Beteiligten des Verfahrens oder von Amts wegen durch Beschluss des Vorsitzenden vertagt werden, wenn

1. sich dem rechtzeitigen Erscheinen eines Beteiligten ein für ihn unabwendbares oder doch ein sehr erhebliches Hindernis entgegenstellt;

2. das Gericht durch anderweitige unaufschiebbare Amtshandlungen oder aus sonstigen wichtigen Gründen an der Durchführung der Hauptverhandlung verhindert ist;

3. eine in der Hauptverhandlung nicht sofort durchführbare, für die Urteilsfällung jedoch wesentliche Beweisaufnahme angeordnet wird;

4. die Hauptverhandlung aus anderen Gründen nicht geschlossen werden kann.

(2) Ein Antrag auf Vertagung ist zu begründen, gegebenenfalls vorhandene Bescheinigungsmittel sind vorzulegen.

(3) Wegen einer Verhinderung des Verteidigers findet eine Vertagung nur dann statt, wenn das Hindernis dem Angeklagten oder dem Gericht so spät bekannt wurde, dass ein anderer Verteidiger nicht mehr bestellt werden konnte. Wegen Verhinderung anderer Beteiligter als des Angeklagten findet eine Vertagung nur statt, soweit dies nicht zu einer erheblichen Verzögerung des Verfahrens, insbesondere einer bedeutenden Verlängerung der Haft des Angeklagten führen würde.

(4) Gegen einen Beschluss gemäß Abs. 1 steht den Beteiligten ein selbständiges, die weitere Verhandlung hemmendes Rechtsmittel nicht zu.

(BGBl I 2007/93)

§ 227. (1) Tritt die Staatsanwaltschaft vor Beginn der Hauptverhandlung von der Anklage zurück, so ist nach § 72 Abs. 3 vorzugehen, im Übrigen jedoch das Verfahren durch Beschluss des Vorsitzenden einzustellen.

(2) Die Staatsanwaltschaft hat das Recht, die von ihr eingebrachte Anklageschrift unter gleichzeitiger Einbringung einer neuen zurückzuziehen, wenn dies erforderlich ist, um eine gemeinsame Verfahrensführung wegen neuer Vorwürfe oder einer auf Grund neuer Tatsachen oder Beweismittel geänderten rechtlichen Beurteilung zu ermöglichen. Mit der neuen Anklageschrift ist sodann nach den im 12. Hauptstück enthaltenen Bestimmungen zu verfahren.

(BGBl I 2007/93)

14. Hauptstück

Hauptverhandlung vor dem Landesgericht als Schöffengericht und Rechtsmittel gegen dessen Urteile

I. Hauptverhandlung und Urteil

1. Öffentlichkeit der Hauptverhandlung

§ 228. (1) Die Hauptverhandlung ist öffentlich bei sonstiger Nichtigkeit. *281/1/Z.3*

(2) An einer Hauptverhandlung dürfen nur unbewaffnete Personen als Beteiligte oder Zuhörer teilnehmen. Doch darf Personen, die wegen ihres öffentlichen Dienstes zum Tragen einer Waffe verpflichtet sind oder denen nach §§ 2 und 8 des Gerichtsorganisationsgesetzes die Mitnahme einer Waffe gestattet worden ist, die Anwesenheit deswegen nicht verweigert werden.

(3) Unmündige können als Zuhörer von der Hauptverhandlung ausgeschlossen werden, sofern durch ihre Anwesenheit eine Gefährdung ihrer persönlichen Entwicklung zu besorgen wäre.

(4) Fernseh- und Hörfunkaufnahmen und -übertragungen sowie Film- und Fotoaufnahmen von Verhandlungen der Gerichte sind unzulässig.

(BGBl 1996/762)

§ 229. (1) Die Öffentlichkeit einer Hauptverhandlung darf von Amts wegen oder auf Antrag eines Beteiligten des Verfahrens oder eines Opfers ausgeschlossen werden:

1. wegen Gefährdung der öffentlichen Ordnung oder der nationalen Sicherheit;

2. vor Erörterung des persönlichen Lebens- oder Geheimnisbereiches eines Angeklagten, Opfers, Zeugen oder Dritten;

3. zum Schutz der Identität eines Zeugen oder eines Dritten aus den in § 162 angeführten Gründen.

(2) Über einen Ausschluss gemäß Abs. 1 entscheidet das Schöffengericht in jeder Lage des Verfahrens mit Beschluss. Der Ausschluss kann das gesamte Verfahren oder einen Teil dessen umfassen, insoweit dies bei Überwiegen der schutzwürdigen Interessen (Abs. 1) geboten ist.

(3) Ein Beschluss gemäß Abs. 2 ist samt Gründen in öffentlicher Sitzung zu verkünden; gegen ihn steht ein selbständiges, die weitere Verhandlung hemmendes Rechtsmittel nicht zu.

(4) Die Verkündung des Urteils (§§ 259, 260) hat stets in öffentlicher Sitzung zu erfolgen.

(BGBl I 2007/93)

§ 230. (1) Nach der öffentlichen Verkündung dieses Beschlusses müssen sich alle Zuhörer entfernen.

(2) Richter und Staatsanwälte des Dienststandes, Richteramtsanwärter und Rechtspraktikanten sowie die in § 48 Abs. 1 Z 5 genannten Personen dürfen niemals ausgeschlossen werden. Angeklagte, Opfer, Privatbeteiligte oder Privatankläger können verlangen, dass drei Personen ihres Vertrauens der Zutritt gestattet werde. § 160 Abs. 2 und 3 ist sinngemäß anzuwenden. *(BGBl I 2007/93; BGBl I 2015/112)*

(BGBl 1993/526)

§ 230a. Soweit die Öffentlichkeit einer Verhandlung ausgeschlossen worden ist, ist es untersagt, Mitteilungen daraus zu veröffentlichen. Auch kann das Gericht den anwesenden Personen die Geheimhaltung der Tatsachen zur Pflicht machen, die durch die Verhandlung zu ihrer Kenntnis gelangen. Dieser Beschluß ist im Verhandlungsprotokoll zu beurkunden.

(BGBl. Nr. 423/1974, Art. I Z. 70)

§ 231. *(aufgehoben, BGBl I 2007/93)*

2. Amtsverrichtungen des Vorsitzenden und des Schöffengerichts während der Hauptverhandlung

§ 232. (1) Der Vorsitzende leitet die Verhandlung.

(2) Er ist verpflichtet, die Ermittlung der Wahrheit zu fördern, und hat dafür zu sorgen, daß Erörterungen unterbleiben, die die Hauptverhandlung ohne Nutzen für die Aufklärung der Sache verzögern würden. *(BGBl I 2014/71)*

(3) Er vernimmt den Angeklagten und die Zeugen und bestimmt die Reihenfolge, in der die Personen zu sprechen haben, die das Wort verlangen.

(4) Wenn mehrere Anklagepunkte vorliegen, kann er verfügen, daß über jeden oder über einzelne davon abgesondert zu verhandeln sei.

§ 233. (1) Dem Vorsitzenden liegt die Erhaltung der Ruhe und Ordnung und des der Würde des Gerichtes entsprechenden Anstandes im Gerichtssaal ob.

(2) Vor Gericht ist jedermann ein Sitz zu gestatten.

(3) Zeichen des Beifalles oder der Mißbilligung sind untersagt. Der Vorsitzende ist berechtigt, Personen, die die Sitzung durch solche Zeichen oder auf eine andere Weise stören, zur Ordnung zu ermahnen und nötigenfalls einzelne oder alle Zuhörer aus dem Sitzungssaal entfernen zu lassen. Widersetzt sich jemand oder werden die Störungen wiederholt, so kann der Vorsitzende über die Widersetzlichen eine Ordnungsstrafe bis zu 1 000 Euro, wenn es aber zur Aufrechterhaltung der Ordnung unerläßlich ist, eine Freiheitsstrafe bis zu acht Tagen verhängen. *(BGBl I 2004/136)* *(BGBl. Nr. 423/1974, Art. I Z. 71)*

(BGBl 1993/526; BGBl I 2001/130)

§ 234. Wenn der Angeklagte die Ordnung der Verhandlung durch ungeziemendes Benehmen stört und ungeachtet der Ermahnung des Vorsitzenden und der Androhung, daß er aus der Sitzung werde entfernt werden, nicht davon absteht, so kann er durch Beschluß des Schöffengerichts auf einige Zeit oder für die ganze Dauer der Verhandlung aus dieser entfernt, die Sitzung in seiner Abwesenheit fortgesetzt und ihm das Urteil durch ein Mitglied des Schöffengerichts in Gegenwart des Schriftführers verkündet werden. *(BGBl I 2007/93)*

§ 235. Der Vorsitzende hat darüber zu wachen, daß gegen niemand Beschimpfungen oder offenbar ungegründete oder zur Sache nicht gehörige Beschuldigungen vorgebracht werden. Haben sich Angeklagte, Privatankläger, Privatbeteiligte, Opfer, Haftungsbeteiligte, Zeugen oder Sachverständige solche Äußerungen erlaubt, so kann das Schöffengericht gegen sie auf Antrag des Betrof-

fenen oder der Staatsanwaltschaft oder von Amts wegen gemäß §§ 233 Abs. 3 und 234 vorgehen. Gegebenenfalls ist der Betroffene über seine Rechte zu belehren. *(BGBl I 2007/93)*

(BGBl I 2001/130)

(BGBl. Nr. 423/1974, Art. I Z. 72)

§ 236. (1) Macht sich ein Verteidiger (§ 48 Abs. 1 Z 5) oder ein Vertreter (§ 73), der nicht der Disziplinargewalt einer Standesbehörde unterliegt, eines solchen Verhaltens schuldig oder verletzt er die dem Gerichte gebührende Achtung, so kann er vom Schöffengericht mit einem Verweis oder einer Geldstrafe bis zum Betrage von 1 000 Euro belegt werden. *(BGBl I 2004/136; BGBl I 2007/93; BGBl I 2016/26) (BGBl. Nr. 423/1974, Art. I Z. 73)*

(2) Setzt ein solcher Vertreter sein ungebührliches Benehmen fort, so kann ihm der Vorsitzende das Wort entziehen und den Beteiligten zur Wahl eines anderen Vertreters auffordern. Kommt der Angeklagte einer solchen Aufforderung nicht nach, so kann ihm auch von Amts wegen ein Verteidiger beigegeben werden. *(BGBl I 2007/93)* *(BGBl. Nr. 569/1973, Art. III Z. 5)*

(3) Bei erschwerenden Umständen kann das Oberlandesgericht auf Antrag der Staatsanwaltschaft dem schuldigen Vertreter auch die Befugnis, als Vertreter in Strafsachen vor Gericht zu erscheinen, für die Dauer von einem bis zu sechs Monaten entziehen. *(BGBl I 2007/93)*

(BGBl I 2001/130)

(BGBl. Nr. 273/1971, Art. II Z. 13)

§ 236a. Macht sich ein Vertreter eines Beteiligten des Verfahrens, der der Disziplinargewalt einer Standesbehörde unterliegt, des im § 235 umschriebenen Verhaltens schuldig oder verletzt er die dem Gerichte gebührende Achtung, so kann der Vorsitzende nach Abmahnung die im § 236 Abs. 2 vorgesehenen Maßnahmen treffen. *(BGBl I 2007/93)*

(BGBl. Nr. 273/1971, Art. II Z. 13)

§ 237. (1) Die auf Grund der §§ 233 bis 235 und 236 Abs. 1 und 2 ergehenden Beschlüsse sind sofort zu vollstrecken. *(BGBl I 2007/93)*

(2) Eine in den vorstehenden Bestimmungen vorgesehene Ordnungsstrafe ist nicht zu verhängen, soweit das Verhalten den Tatbestand einer gerichtlich strafbaren Handlung erfüllt (§§ 278 und 279), es sei denn, dass einer der in § 71 Abs. 2 zweiter Satz oder § 92 Abs. 1 zweiter Satz erwähnten Umstände eintritt. *(BGBl I 2007/93)*

(3) *(aufgehoben, BGBl I 2007/93)*

§ 238. (1) Über Beweisanträge (§ 55 Abs. 1 und 2), die in der Hauptverhandlung gestellt werden, entscheidet das Schöffengericht mit Beschluss (§ 40 Abs. 2 und § 116 Abs. 4 Geo), soweit ihnen der Vorsitzende (§ 254) nicht Folge zu geben gedenkt.

(2) Nach Abs. 1 ist auch vorzugehen, wenn von den Beteiligten des Verfahrens in der Hauptverhandlung sonst gegensätzliche Anträge gestellt werden oder der Vorsitzende einem unbestrittenen Antrag eines Beteiligten nicht Folge zu geben gedenkt.

(3) Der Beschluss ist samt seinen Entscheidungsgründen sofort, jedenfalls jedoch vor Schluss der Verhandlung mündlich zu verkünden. Den Beteiligten steht ein selbständiges, die weitere Verhandlung hemmendes Rechtsmittel gegen ihn nicht zu (§ 86 Abs. 3).

(BGBl I 2007/93)

3. Beginn der Hauptverhandlung

§ 239. Die Hauptverhandlung beginnt mit dem Aufruf der Sache. Der Angeklagte erscheint ungefesselt, jedoch, wenn er in Untersuchungshaft ist, in Begleitung einer Wache. In den in § 174 Abs. 1 geregelten Fällen kann bei Angeklagten, die in Untersuchungshaft angehalten werden, gemäß § 153 Abs. 4 vorgegangen werden. Die zur Beweisführung etwa erforderlichen Gegenstände, die dem Angeklagten oder dem Zeugen zur Anerkennung vorzulegen sind, müssen vor dem Beginn der Verhandlung in den Gerichtssaal gebracht werden. *(BGBl I 2004/164; BGBl I 2020/14; BGBl I 2020/16)*

§ 240. Der Vorsitzende befragt hierauf den Angeklagten um seinen Vor- und Familiennamen sowie alle früher geführten Namen, Tag und Ort seiner Geburt, seine Staatsangehörigkeit, die Vornamen seiner Eltern, seinen Beruf, seine Anschrift und erforderlichenfalls über andere persönliche Verhältnisse und ermahnt ihn zur Aufmerksamkeit auf die vorzutragende Anklage und auf den Gang der Verhandlung.

(BGBl 1987/605)

§ 240a. (1) Nach der Ermahnung des Angeklagten sind die Schöffen, die in demselben Jahre noch nicht beeidigt worden sind, bei sonstiger Nichtigkeit zu beeidigen. Die Schöffen erheben sich von den Sitzen und der Vorsitzende richtet an sie folgende Anrede:

„Sie schwören und geloben vor Gott, die Beweise, die gegen und für den Angeklagten werden vorgebracht werden, mit der gewissenhaftesten Aufmerksamkeit zu prüfen, nichts unerwogen zu lassen, was zum Vorteil oder zum Nachteil des Angeklagten gereichen kann, das Gesetz, dem Sie Geltung verschaffen sollen, treu zu beobachten, vor Ihrem Ausspruch über den Gegenstand der Verhandlung mit niemand, außer mit den Mitgliedern des Schöffengerichts, Rücksprache zu nehmen, der Stimme der Zu- oder Abneigung, der Furcht oder der Schadenfreude kein Gehör zu geben, sondern sich mit Unparteilichkeit und

Festigkeit nur nach den für und wider den Angeklagten vorgeführten Beweismitteln und Ihrer darauf gegründeten Überzeugung so zu entscheiden, wie Sie es vor Gott und Ihrem Gewissen verantworten können."

(BGBl I 2007/93)

(2) Sodann wird jeder Schöffe einzeln vom Vorsitzenden aufgerufen und antwortet: „Ich schwöre, so wahr mir Gott helfe." Das Religionsbekenntnis der Schöffen macht hiebei keinen Unterschied. Nur solche, die keinem Religionsbekenntnis angehören oder deren Bekenntnis die Eidesleistung untersagt, werden durch Handschlag verpflichtet.

(3) Die Beeidigung gilt für die Dauer des Kalenderjahres; sie ist im Verhandlungsprotokoll und fortlaufend in einem besonderen Buche zu beurkunden.

§ 241. (1) Hierauf werden die Zeugen und Sachverständigen aufgerufen, soweit sie nicht erst für einen späteren Zeitpunkt vorgeladen worden sind; der Vorsitzende teilt ihnen mit, wo sie sich bis zu ihrer Vernehmung aufhalten können und zu welchem Zeitpunkt sie sich für die Vernehmung bereitzuhalten haben. Der Vorsitzende hat die nach den Umständen erforderlichen Vorkehrungen zu veranlassen, um Verabredungen und Besprechungen der Zeugen zu verhindern. *(BGBl I 2007/93)*

(2) Bei den Sachverständigen kann der Vorsitzende in allen Fällen, in denen er es für die Erforschung der Wahrheit zweckdienlich findet, verfügen, daß sie sowohl während der Vernehmung des Angeklagten als auch der Zeugen im Sitzungssaale bleiben.

(BGBl 1987/605)

§ 242. (1) Wenn Zeugen oder Sachverständige, der an sie ergangenen Vorladung ungeachtet, bei der Hauptverhandlung nicht erscheinen, so kann der Vorsitzende deren unverzügliche Vorführung anordnen. *(BGBl I 2007/93)*

(2) Ist die unverzügliche Vorführung nicht möglich, so ist über eine allfällige Verlesung der im Ermittlungsverfahren abgelegten Aussagen gemäß § 252 zu entscheiden oder aber die Hauptverhandlung zu vertagen. *(BGBl I 2007/93)*

(3) Über den Ausgebliebenen ist mit Beschluss des Vorsitzenden eine Geldstrafe bis zu 1 000 Euro zu verhängen. Musste die Hauptverhandlung vertagt werden, so ist der Ausgebliebene überdies in diesem Beschluss zum Ersatz der durch sein Ausbleiben verursachten Kosten zu verpflichten. Soweit dies erforderlich ist, um Anwesenheit des Ausgebliebenen beim neuen Termin sicherzustellen, hat der Vorsitzende dessen Vorführung anzuordnen (§ 210 Abs. 3). *(BGBl I 2007/93)*

(BGBl I 2001/130)

§ 243. (1) Eine Beschwerde gegen einen Beschluss gemäß § 242 Abs. 3 ist beim erkennenden Schöffengericht einzubringen; ihr kommt aufschiebende Wirkung zu.

(2) Der Vorsitzende hat die verhängte Strafe nachzusehen, wenn der Zeuge oder Sachverständige bescheinigt, dass ihm die Ladung zur Hauptverhandlung nicht ordnungsgemäß zugestellt worden ist oder dass ihn ein unvorhergesehenes und unabwendbares Hindernis von der Teilnahme an der Hauptverhandlung abgehalten hat. Der Vorsitzende kann auch eine Milderung aussprechen, wenn die Bescheinigung erbracht wird, dass die Strafe oder der Kostenersatz zur Schuld oder den Folgen des Ausbleibens unverhältnismäßig wäre.

(3) Wird der Beschwerde nicht durch eine im Abs. 2 erwähnten Maßnahme zur Gänze entsprochen, so hat sie der Vorsitzende dem Oberlandesgericht zur Entscheidung vorzulegen (§ 89). Im Übrigen ist gegen einen Beschluss gemäß Abs. 2 kein Rechtsmittel zulässig.

(BGBl I 2007/93)

§ 244. (1) Nachdem die Zeugen abgetreten sind, erteilt der Vorsitzende dem Ankläger das Wort zum Vortrag der Anklage. Im Vortrag sind alle Anklagepunkte anzuführen und so weit zu begründen, wie dies zum Verständnis der Anklage erforderlich erscheint. Bei mehreren Angeklagten ist hiebei auf jeden einzelnen von ihnen Bezug zu nehmen. Falls ein Beschluss des Oberlandesgerichts vorliegt, nach dem ein Anklagepunkt zu entfallen hat, ist auch dieser zu berücksichtigen. *(BGBl I 2007/93)*

(2) Nach dem Vortrag der Anklage hat sich der Vorsitzende zu vergewissern, daß der Angeklagte von Gegenstand und Umfang der Anklage ausreichend in Kenntnis gesetzt ist.

(3) Der Verteidiger hat das Recht, auf den Vortrag der Anklage mit einer Gegenäußerung zu erwidern.

(BGBl 1987/605)

4. Vernehmung des Angeklagten

§ 245. (1) Hierauf wird der Angeklagte vom Vorsitzenden über den Inhalt der Anklage vernommen. Beantwortet der Angeklagte die Anklage mit der Erklärung, er sei nicht schuldig, so hat ihm der Vorsitzende zu eröffnen, daß er berechtigt sei, der Anklage eine zusammenhängende Erklärung des Sachverhaltes entgegenzustellen und nach Anführung jedes einzelnen Beweismittels seine Bemerkungen darüber vorzubringen. Weicht der Angeklagte von seinen früheren Aussagen ab, so ist er um die Gründe dieser Abweichung zu befragen. Der Vorsitzende kann in diesem Falle sowie dann, wenn der Angeklagte eine Antwort verweigert, das über die früheren Aussagen aufgenommene Protokoll ganz oder teilweise vorle-

sen sowie technische Aufnahmen über die Vernehmung des Beschuldigten (§ 172 Abs. 1) vorführen lassen. *(BGBl I 2007/93)*

(1a) Der Angeklagte ist auch über die gegen ihn erhobenen privatrechtlichen Ansprüche (§§ 67 Abs. 1 und 1 Abs. 3) zu vernehmen und zur Erklärung aufzufordern, ob und in welchem Umfang er diese anerkennt (§ 69 Abs. 2). *(BGBl I 2007/93)*

(2) Für die Vernehmung des Angeklagten gilt § 164 Abs. 4. *(BGBl I 2007/93)*

(3) Der Angeklagte darf sich während der Hauptverhandlung mit seinem Verteidiger besprechen, jedoch nicht über die Beantwortung einzelner Fragen beraten. *(BGBl I 2007/93)*

(BGBl I 2002/134)

5. Beweisverfahren

§ 246. (1) Nach der Vernehmung des Angeklagten sind die Beweise in der vom Vorsitzenden bestimmten Ordnung vorzuführen und in der Regel die vom Ankläger vorgebrachten Beweise zuerst aufzunehmen.

(2) Der Ankläger und der Angeklagte können im Laufe der Hauptverhandlung Beweismittel fallen lassen, jedoch nur, wenn der Gegner zustimmt.

§ 247. Zeugen und Sachverständige werden einzeln aufgerufen und in Anwesenheit der Beteiligten des Verfahrens vernommen. Sie sind vor ihrer Vernehmung zur Angabe der Wahrheit zu erinnern und über die Folgen einer falschen Aussage zu belehren.

(BGBl I 2007/93)

§ 247a. (1) Ein Zeuge, der wegen seines Alters, wegen Krankheit oder Gebrechlichkeit oder aus sonstigen erheblichen Gründen nicht in der Lage ist, vor Gericht zu erscheinen, kann unter Verwendung technischer Einrichtungen zur Wort- und Bildübertragung vernommen werden. Gleiches gilt in dem § 153 Abs. 4 geregelten Fall, soweit Ankläger und Verteidiger einverstanden sind oder dies übereinstimmend beantragen. *(BGBl I 2009/52)*

(2) Ein Zeuge, der wegen seines Aufenthalts im Ausland nicht in der Lage oder nicht willens ist, vor Gericht zu erscheinen, kann in gleicher Weise vernommen werden, sofern die zuständige ausländische Behörde Rechtshilfe leistet.

(BGBl 1993/526)

§ 248. (1) Der Vorsitzende hat bei der Vernehmung von Zeugen und Sachverständigen grundsätzlich nach den für Vernehmungen im Ermittlungsverfahren geltenden Bestimmungen vorzugehen. Ist zu besorgen, dass der zu vernehmende Zeuge durch die Anwesenheit von anderen Zeugen in einer freien und vollständigen Aussage beeinflusst werden könnte, so hat der Vorsitzende anzuordnen, dass die betreffenden Zeugen den Verhandlungsort verlassen.

(2) Zeugen und Sachverständige haben nach ihrer Vernehmung so lange in der Sitzung anwesend zu bleiben, bis sie der Vorsitzende entlässt. Zeugen dürfen einander wegen ihrer Aussagen nicht zur Rede stellen.

(3) Dem Angeklagten muss nach der Vernehmung eines jeden Zeugen, Sachverständigen oder Mitangeklagten die Möglichkeit zur Stellungnahme zu den jeweiligen Aussagen geboten werden.

(BGBl I 2007/93)

§ 249. (1) Außer dem Vorsitzenden sind auch die übrigen Mitglieder des Schöffengerichts, die Beteiligten des Verfahrens und Opfer sowie deren Vertreter befugt, an jede zu vernehmende Person, nachdem sie das Wort hiezu vom Vorsitzenden erhalten haben, Fragen zu stellen. Bei großem Verfahrensumfang ist dies nach Tunlichkeit zu thematisch zusammenhängenden Abschnitten zu gewähren. *(BGBl I 2007/93; BGBl I 2016/26)*

(2) Der Vorsitzende hat unzulässige Fragen zurückzuweisen; Fragen, die sonst unangemessen erscheinen, kann er untersagen.

(3) Der Angeklagte kann zur Befragung eines Sachverständigen eine Person mit besonderem Fachwissen beiziehen, der ein Sitz neben dem Verteidiger zu gestatten ist. Diese darf der Verteidiger bei der Fragestellung unterstützen oder selbst Fragen zu Befund und Gutachten an den Sachverständigen richten. *(BGBl I 2007/93; BGBl I 2014/71)*

(BGBl 1987/605)

§ 250. (1) Der Vorsitzende ist befugt, ausnahmsweise den Angeklagten während der Abhörung eines Zeugen oder eines Mitangeklagten aus dem Sitzungssaal abtreten zu lassen. Er muß ihn aber, sobald er ihn nach seiner Wiedereinführung über den in seiner Abwesenheit verhandelten Gegenstand vernommen hat, von allem in Kenntnis setzen, was in seiner Abwesenheit vorgenommen wurde, insbesondere von den Aussagen, die inzwischen gemacht worden sind.

(2) Ist diese Mitteilung unterblieben, so muß sie jedenfalls bei sonstiger Nichtigkeit vor Schluß des Beweisverfahrens nachgetragen werden.

(3) Opfer gemäß § 65 Z 1 lit. a und besonders schutzbedürftige Opfer (§ 66a) hat der Vorsitzende auf ihren Antrag auf die in § 165 Abs. 3 beschriebene Art und Weise zu vernehmen; im Übrigen hat er bei der Vernehmung von Zeugen § 165 sinngemäß anzuwenden. Dabei hat er den bei der Befragung nicht anwesenden Mitgliedern des Schöffengerichts Gelegenheit zu geben, die Vernehmung des Zeugen mitzuverfolgen und

den Zeugen zu befragen. *(BGBl I 2007/93; BGBl I 2019/105)*

(BGBl 1993/526; BGBl I 1998/153)

§ 251. Die Beteiligten des Verfahrens können verlangen, dass sich Zeugen nach ihrer Vernehmung aus dem § 248 Abs. 1 letzter Satz genannten Grund aus dem Sitzungssaal entfernen und später wieder aufgerufen und entweder allein oder in Gegenwart anderer Zeugen erneut vernommen werden. Der Vorsitzende kann dies auch von Amts wegen anordnen.

(BGBl I 2007/93)

§ 252. (1) Protokolle über die Vernehmung von Mitbeschuldigten und Zeugen, Protokolle über die Aufnahme von Beweisen, Amtsvermerke und andere amtliche Schriftstücke, in denen Aussagen von Zeugen oder Mitbeschuldigten festgehalten worden sind, Gutachten von Sachverständigen sowie Ton- und Bildaufnahmen über die Vernehmung von Mitbeschuldigten oder Zeugen dürfen bei sonstiger Nichtigkeit nur in den folgenden Fällen verlesen oder vorgeführt werden. *(BGBl I 2007/93)*

1. wenn die Vernommenen in der Zwischenzeit gestorben sind; wenn ihr Aufenthalt unbekannt oder ihr persönliches Erscheinen wegen ihres Alters, wegen Krankheit oder Gebrechlichkeit oder wegen entfernten Aufenthaltes oder aus anderen erheblichen Gründen füglich nicht bewerkstelligt werden konnte;

2. wenn die in der Hauptverhandlung Vernommenen in wesentlichen Punkten von ihren früher abgelegten Aussagen abweichen;

2a. wenn Zeugen die Aussage berechtigt verweigern (§§ 156, 157 und 158) und die Staatsanwaltschaft und der Angeklagte Gelegenheit hatten, sich an einer gerichtlichen Vernehmung zu beteiligen (§§ 165, 247); *(BGBl I 2007/93)*

3. wenn Zeugen, ohne dazu berechtigt zu sein, oder wenn Mitangeklagte die Aussage verweigern; endlich *(BGBl I 2007/93)*

4. wenn über die Vorlesung Ankläger und Angeklagter einverstanden sind.

(2) Amtsvermerke über einen Augenschein (§ 149 Abs. 2) und Befunde, gegen den Angeklagten früher ergangene Straferkenntnisse sowie Urkunden und Schriftstücke anderer Art, die für die Sache von Bedeutung sind, müssen vorgelesen werden. *(BGBl I 2004/164; BGBl I 2007/93)*

(2a) Anstelle der Vorlesung oder Vorführung (Abs. 1 und 2) kann der Vorsitzende den erheblichen Inhalt der Aktenstücke vortragen, soweit die Beteiligten des Verfahrens zustimmen und die Aktenstücke sowohl allen Mitgliedern des Schöffengerichts als auch den Beteiligten zugänglich sind. *(BGBl I 2004/164; BGBl I 2007/93)*

(3) Nach jeder Vorlesung und jedem Vortrag (Abs. 2a) ist der Angeklagte zu befragen, ob er

darüber etwas zu bemerken habe. Er kann dabei auch auf andere Teile der vorgetragenen Aktenstücke eingehen und die Vorlesung dieser oder anderer Aktenstücke verlangen, die für die Sache von Bedeutung sind. *(BGBl I 2004/164)*

(4) Die Bestimmungen des Abs. 1 dürfen bei sonstiger Nichtigkeit nicht umgangen werden.

(BGBl 1993/526; BGBl I 1997/105; BGBl I 2002/134)

§ 253. Im Laufe oder am Schlusse des Beweisverfahrens läßt der Vorsitzende dem Angeklagten und, soweit es nötig ist, den Zeugen und Sachverständigen die Gegenstände, die zur Aufklärung des Sachverhaltes dienen können, vorlegen und fordert sie auf, sich zu erklären, ob sie diese anerkennen.

§ 254. (1) Der Vorsitzende ist ermächtigt, ohne Antrag der Beteiligten des Verfahrens Zeugen und Sachverständige, von denen nach dem Gange der Verhandlung Aufklärung über erhebliche Tatsachen zu erwarten ist, im Laufe des Verfahrens vorladen und nötigenfalls vorführen zu lassen und zu vernehmen. *(BGBl I 2007/93)*

(2) Der Vorsitzende kann auch neue Sachverständige bestellen oder die Aufnahme anderer Beweise anordnen, insbesondere einen Augenschein in Anwesenheit der Beteiligten des Verfahrens durchführen oder durch den beisitzenden Richter vornehmen lassen. Soweit besondere Umstände eine Durchführung der Beweisaufnahme vor dem Schöffengericht nicht zulassen, ist über die Ergebnisse in der Hauptverhandlung zu berichten. *(BGBl I 2007/93)*

(BGBl. Nr. 423/1974, Art. I Z. 78)

6. Vorträge der Parteien

§ 255. (1) Nachdem der Vorsitzende das Beweisverfahren für geschlossen erklärt hat, erhält zuerst der Ankläger das Wort, um die Ergebnisse der Beweisführung zusammenzufassen und seine Anträge sowohl wegen der Schuld des Angeklagten als auch wegen der gegen ihn anzuwendenden Strafbestimmungen zu stellen und zu begründen. Einen bestimmten Antrag über die Bemessung der Strafe innerhalb des gesetzlichen Strafsatzes hat der Ankläger nicht zu stellen.

(2) Der Privatbeteiligte erhält zunächst nach dem Staatsanwalte das Wort.

(3) Dem Angeklagten und seinem Verteidiger steht das Recht zu, darauf zu antworten. Findet der Staatsanwalt, der Privatankläger oder der Privatbeteiligte hierauf etwas zu erwidern, so gebührt dem Angeklagten und seinem Verteidiger jedenfalls die Schlußrede.

§ 256. (1) In der Regel ist in den Schlußvorträgen über alle im Urteile zu entscheidenden Fragen ungetrennt zu verhandeln.

(2) Doch steht es dem Vorsitzenden oder dem Schöffengericht (§ 238) frei, zu verfügen, daß die Schlußvorträge über die Schuldfrage von denen über die Strafbestimmungen, über die privatrechtlichen Ansprüche und über die Prozeßkosten zu trennen seien. In diesen Fällen werden, nachdem das Schöffengericht über die Schuld des Angeklagten entschieden und seinen Ausspruch verkündet hat, neuerlich Schlußvorträge gehalten, die jedoch auf die noch zu entscheidenden Fragen einzuschränken sind. *(BGBl I 2007/93)*

7. Urteil des Gerichtshofes

§ 257. Nachdem der Vorsitzende die Verhandlung für geschlossen erklärt hat, zieht sich das Schöffengericht zur Urteilsfällung in das Beratungszimmer zurück. Der Angeklagte wird, wenn er verhaftet ist, einstweilen aus dem Sitzungssaal abgeführt. *(BGBl I 2007/93)*

§ 258. (1) Das Gericht hat bei der Urteilsfällung nur auf das Rücksicht zu nehmen, was in der Hauptverhandlung vorgekommen ist. Aktenstücke können nur insoweit als Beweismittel dienen, als sie bei der Hauptverhandlung vorgelesen oder vom Vorsitzenden vorgetragen (§ 252 Abs. 2a) worden sind. *(BGBl I 2004/164)*

(2) Das Gericht hat die Beweismittel auf ihre Glaubwürdigkeit und Beweiskraft sowohl einzeln als auch in ihrem inneren Zusammenhange sorgfältig und gewissenhaft zu prüfen. Über die Frage, ob eine Tatsache als erwiesen anzunehmen sei, entscheiden die Richter nicht nach gesetzlichen Beweisregeln, sondern nur nach ihrer freien, aus der gewissenhaften Prüfung aller für und wider vorgebrachten Beweismittel gewonnenen Überzeugung.

(3) Bei der Beurteilung der Aussage eines Zeugen, dem nach § 162 gestattet worden ist, bestimmte Fragen nicht zu beantworten, ist insbesondere zu prüfen, ob dem Gericht und den Beteiligten ausreichend Gelegenheit geboten war, sich mit der Glaubwürdigkeit des Zeugen und der Beweiskraft seiner Aussage auseinanderzusetzen. *(BGBl I 2007/93)*

(BGBl 1993/526)

§ 259. Der Angeklagte wird durch Urteil des Schöffengerichts von der Anklage freigesprochen: *(BGBl I 2007/93)*

1. wenn sich zeigt, daß das Strafverfahren ohne den Antrag eines gesetzlich berechtigten Anklägers eingeleitet oder gegen dessen Willen fortgesetzt worden sei;

2. wenn der Ankläger nach Eröffnung der Hauptverhandlung und ehe das Schöffengericht sich zur Schöpfung des Urteiles zurückzieht, von der Anklage zurücktritt; *(BGBl I 2007/93)*

3. wenn das Schöffengericht erkennt, daß die der Anklage zugrunde liegende Tat vom Gesetze

nicht mit Strafe bedroht oder der Tatbestand nicht hergestellt oder nicht erwiesen sei, daß der Angeklagte die ihm zur Last gelegte Tat begangen habe, oder daß Umstände vorliegen, durch die die Strafbarkeit aufgehoben oder die Verfolgung aus anderen als den unter Z. 1 und 2 angegebenen Gründen ausgeschlossen ist. *(BGBl I 2007/93)*

§ 260. (1) Wird der Angeklagte schuldig befunden, so muß das Strafurteil aussprechen:

1. welcher Tat der Angeklagte schuldig befunden worden ist, und zwar unter ausdrücklicher Bezeichnung der einen bestimmten Strafsatz bedingenden Tatumstände;

2. welche strafbare Handlung durch die als erwiesen angenommenen Tatsachen, deren der Angeklagte schuldig befunden worden ist, begründet wird, unter gleichzeitigem Ausspruch, ob die strafbare Handlung ein Verbrechen oder ein Vergehen ist;

3. zu welcher Strafe der Angeklagte verurteilt wird;
und zwar diese drei Punkte bei sonstiger Nichtigkeit; außerdem ist noch beizufügen:

4. welche strafgesetzlichen Bestimmungen auf ihn angewendet wurden;

5. die Entscheidung über die geltend gemachten Entschädigungsansprüche und über die Prozeßkosten.

(2) Wird der Angeklagte wegen vorsätzlicher und fahrlässiger Taten

1. zu einer mehr als einjährigen Freiheitsstrafe verurteilt, so ist im Anschluss an den Strafausspruch festzustellen, ob auf eine oder mehrere vorsätzlich begangene Straftaten eine mehr als einjährige Freiheitsstrafe entfällt, oder *(BGBl I 2007/93)*

2. zu einer nicht bedingt nachgesehenen Freiheitsstrafe von mehr als sechs Monaten verurteilt, so ist im Anschluss an den Strafausspruch festzustellen, ob auf eine oder mehrere vorsätzlich begangene Straftaten eine nicht bedingt nachgesehene Freiheitsstrafe von mehr als sechs Monaten entfällt. *(BGBl I 2007/93)*

(3) Ist die im Abs. 2 genannte Feststellung im Strafurteil unterblieben, so ist sie von Amts wegen oder auf Antrag eines zur Ergreifung der Nichtigkeitsbeschwerde Berechtigten mit Beschluß nachzuholen. Gegen diesen Beschluß, der dem Ankläger und dem Angeklagten zuzustellen ist, steht jedem zur Ergreifung der Nichtigkeitsbeschwerde Berechtigten die binnen vierzehn Tagen einzubringende Beschwerde an das Oberlandesgericht zu. Ist außer über die Beschwerde noch über eine von wem immer ergriffene Nichtigkeitsbeschwerde zu entscheiden, so entscheidet der Oberste Gerichtshof auch über die Beschwerde. *(BGBl I 2007/93; BGBl I 2009/52)*

(BGBl I 2001/130)

(BGBl. Nr. 423/1974, Art. I Z. 80)

§ 261. (1) Erachtet das Schöffengericht, daß die der Anklage zugrunde liegenden Tatsachen an sich oder in Verbindung mit den in der Hauptverhandlung hervorgetretenen Umständen eine zur Zuständigkeit des Geschworenengerichtes gehörige strafbare Handlung begründen, so spricht es seine Unzuständigkeit aus. *(BGBl I 2007/93) (BGBl. Nr. 423/1974, Art. I Z. 81)*

(2) Sobald dieses Urteil rechtskräftig ist, hat die Staatsanwaltschaft binnen dreier Monate bei sonstigem Verlust des Verfolgungsrechts das Ermittlungsverfahren fortzuführen oder die Anordnung der Hauptverhandlung vor dem Geschworenengericht zu beantragen, wenn weitere Ermittlungen nicht erforderlich sind. Im ersten Falle muß eine neue Anklageschrift eingebracht werden; außer diesem Fall aber ist bei der neuen Hauptverhandlung die ursprüngliche Anklageschrift und der nach diesem Paragraphen gefällte Ausspruch des Schöffengerichtes zu verlesen. *(BGBl I 2007/93)*

(BGBl 1993/526)

§ 262. Erachtet das Schöffengericht, daß die der Anklage zugrunde liegenden Tatsachen an sich oder in Verbindung mit den erst in der Hauptverhandlung hervorgetretenen Umständen eine andere als die in der Anklage bezeichnete, nicht zur Zuständigkeit Gerichte höherer Ordnung vorbehaltene strafbare Handlung begründen, so hat es die Beteiligten des Verfahrens über den geänderten rechtlichen Gesichtspunkt zu hören und über einen allfälligen Vertagungsantrag zu entscheiden. Das Urteil schöpft es nach seiner rechtlichen Überzeugung, ohne an die in der Anklageschrift enthaltene Bezeichnung der Tat gebunden zu sein. *(BGBl I 2007/93)*

§ 263. (1) Wird der Angeklagte bei der Hauptverhandlung noch einer anderen Tat beschuldigt, als wegen der er angeklagt ist, so kann das Schöffengericht, wenn sie von Amts wegen zu verfolgen ist, auf Antrag des Staatsanwaltes oder des Opfers, in anderen Fällen aber nur auf Begehren des zur Privatanklage Berechtigten die Verhandlung und das Urteil auch auf diese Tat ausdehnen. Die Zustimmung des Angeklagten ist nur dann erforderlich, wenn er bei seiner Verurteilung wegen dieser Tat unter ein strengeres als das Strafgesetz fiele, das auf die in der Anklageschrift angeführte strafbare Handlung anzuwenden wäre. *(BGBl I 2007/93)*

(2) Verweigert in einem solchen Falle der Angeklagte seine Zustimmung zur sofortigen Aburteilung oder kann nicht sofort geurteilt werden, weil eine sorgfältigere Vorbereitung nötig er-

scheint oder weil das Schöffengericht zur Aburteilung über die hinzugekommene Straftat nicht zuständig ist, so hat sich das Urteil auf den Gegenstand der Anklage zu beschränken und dem Ankläger – auf sein Verlangen – die selbständige Verfolgung wegen der hinzugekommenen Tat vorzubehalten, außer welchem Falle wegen dieser Tat eine Verfolgung nicht mehr zulässig ist. *(BGBl I 2007/93)*

(3) Nach Umständen kann das Schöffengericht auch, wenn es über die hinzugekommene Tat nicht sofort aburteilt, die Hauptverhandlung abbrechen und die Entscheidung über alle dem Angeklagten zur Last fallenden Straftaten einer neuen Hauptverhandlung vorbehalten. *(BGBl I 2007/93)*

(4) In beiden Fällen muss der Ankläger binnen dreier Monate bei sonstigem Verlust des Verfolgungsrechts von der Verfolgung zurücktreten (§ 209 Abs. 1), die Anklage einbringen oder das Ermittlungsverfahren fortführen. *(BGBl I 2007/93)*

§ 264. (1) Wird gegen den Angeklagten ein Strafurteil gefällt, so steht dessen Vollstreckung der Umstand nicht entgegen, daß die Verfolgung wegen einer anderen Straftat noch vorbehalten ist. *(BGBl I 2007/93)*

(2) Macht der Ankläger von dem im § 263 erwähnten Vorbehalte Gebrauch, so kann das Schöffengericht anordnen, daß die Vollstreckung des unter diesem Vorbehalt erlassenen Urteiles bis zur Entscheidung über die neue Anklage auf sich zu beruhen habe. In diesem Falle sind beide Urteile hinsichtlich der Rechtsmittel so zu behandeln, als wären sie gleichzeitig gefällt worden. *(BGBl I 2007/93)*

§ 265. (1) Liegen die zeitlichen Voraussetzungen für die bedingte Entlassung aus einer Freiheitsstrafe infolge Anrechnung einer Vorhaft, einer im Ausland verbüßten Strafe oder des verbüßten Teils einer Freiheitsstrafe, auf die nach §§ 31, 40 StGB Bedacht zu nehmen ist, schon im Zeitpunkt des Urteils vor, so hat das Gericht dem Angeklagten den Rest der Strafe unter Bestimmung einer Probezeit mit Beschluss bedingt nachzusehen, wenn auch die übrigen im § 46 StGB genannten Voraussetzungen vorliegen. Gleiches gilt, wenn die Voraussetzungen im Zeitpunkt der Entscheidung über die Nichtigkeitsbeschwerde oder Berufung vorliegen. *(BGBl I 2007/109)*

(2) Für den Beschluß nach Abs. 1 und für das Verfahren nach einer solchen bedingten Entlassung gelten die Bestimmungen des 24. Hauptstückes dem Sinne nach. *(BGBl I 2007/93)*

(BGBl 1996/762)

(BGBl. Nr. 423/1974, Art. I Z. 82)

§ 265a. *(aufgehoben, BGBl. Nr. 423/1974, Art. I Z. 82)*

§ 265b. *(aufgehoben)*

§§ 265c bis 266. *(aufgehoben, BGBl. Nr. 423/1974, Art. I Z. 82)*

§ 266. (1) Das Gericht kann im Strafurteil aussprechen, dass eine Anhaltung im elektronisch überwachten Hausarrest (§ 156b StVG) für einen bestimmten, längstens für den im § 46 Abs. 1 StGB genannten Zeitraum nicht in Betracht kommt, wenn auf Grund bestimmter Tatsachen anzunehmen ist, dass eine solche Anhaltung nicht genügen werde, um den Verurteilten von weiteren strafbaren Handlungen abzuhalten, oder es ausnahmsweise der Vollstreckung der Strafe in der Anstalt bedarf, um der Begehung strafbarer Handlungen durch andere entgegenzuwirken. § 43 Abs. 1 letzter Satz StGB gilt dabei sinngemäß. Dieser Ausspruch oder sein Unterbleiben bildet einen Teil des Ausspruchs über die Strafe und kann zugunsten und zum Nachteil des Angeklagten mit Berufung angefochten werden. *(BGBl I 2014/71)*

(2) Wenn nachträglich Umstände eintreten oder bekannt werden, bei deren Vorliegen im Zeitpunkt des Urteils kein Ausspruch nach Abs. 1 gefällt worden wäre, so hat das Gericht diesen aufzuheben. *(BGBl I 2010/64)*

281417.8

§ 267. An die Anträge des Anklägers ist das Schöffengericht nur insoweit gebunden, daß es den Angeklagten nicht einer Tat schuldig erklären kann, auf die die Anklage weder ursprünglich gerichtet noch während der Hauptverhandlung ausgedehnt wurde (§ 4 Abs. 3). *(BGBl I 2007/93)*

8. Verkündung und Ausfertigung des Urteiles

443

§ 268. Unmittelbar nach dem Beschlusse des Schöffengerichts ist der Angeklagte wieder vorzuführen oder vorzurufen und ist in öffentlicher Sitzung vom Vorsitzenden das Urteil samt dessen wesentlichen Gründen unter Verlesung der angewendeten Gesetzesbestimmungen zu verkünden. Zugleich belehrt der Vorsitzende den Angeklagten über die ihm zustehenden Rechtsmittel. *(BGBl I 2007/93)*

§ 269. Hat sich der Angeklagte zur Urteilsverkündung nicht eingefunden, so kann der Vorsitzende ihn zu diesem Zwecke vorführen lassen oder anordnen, daß ihm das Urteil entweder durch einen hiezu abgeordneten Richter mündlich eröffnet oder in Abschrift zugestellt werde.

§ 270. (1) Jedes Urteil muß binnen vier Wochen vom Tage der Verkündung schriftlich ausgefertigt und vom Vorsitzenden unterschrieben werden. *(BGBl I 2004/164)*

(2) Die Urteilsausfertigung muß enthalten:

1. die Bezeichnung des Gerichtes und die Namen der anwesenden Mitglieder des Schöffengerichts sowie der Beteiligten des Verfahrens; *(BGBl I 2007/93)*

2. den Vor- und den Familiennamen sowie alle früher geführten Namen, Tag und Ort der Geburt, die Staatsangehörigkeit und den Beruf des Angeklagten sowie den Namen des Verteidigers;

3. den Tag der Hauptverhandlung und des ergehenden Urteiles;

4. den Ausspruch des Schöffengerichts über die Schuld des Angeklagten, und zwar im Fall einer Verurteilung mit allen in § 260 angeführten Punkten; schließlich *(BGBl I 2007/93)*

5. die Entscheidungsgründe. In diesen muß in gedrängter Darstellung, aber mit voller Bestimmtheit angegeben sein, welche Tatsachen und aus welchen Gründen das Schöffengericht sie als erwiesen oder als nicht erwiesen angenommen hat, von welchen Erwägungen es bei der Entscheidung der Rechtsfragen und bei Beseitigung der vorgebrachten Einwendungen geleitet wurde und, im Fall einer Verurteilung, welche Erschwerungs- und Milderungsumstände es gefunden hat. Im Falle einer Verurteilung zu einer in Tagessätzen bemessenen Geldstrafe sind die für die Bemessung des Tagessatzes maßgebenden Umstände (§ 19 Abs. 2 StGB) anzugeben. Bei einem freisprechenden Urteile haben die Entscheidungsgründe insbesondere deutlich anzugeben, aus welchem der im § 259 angegebenen Gründe sich das Schöffengericht zur Freisprechung bestimmt gefunden hat. *(BGBl I 2007/93)*

(3) Schreib- und Rechenfehler, ferner solche Formgebrechen und Auslassungen, die nicht die im § 260 Abs. 1 Z. 1 bis 3 und Abs. 2 erwähnten Punkte betreffen, hat der Vorsitzende jederzeit, allenfalls nach Anhörung der Beteiligten, zu berichtigen. Die Zurückweisung eines auf eine solche Berichtigung abzielenden Antrages sowie die vorgenommene Berichtigung können von jedem zur Ergreifung der Nichtigkeitsbeschwerde Berechtigten oder sonst Beteiligten mit der binnen vierzehn Tagen einzubringenden Beschwerde an das Oberlandesgericht angefochten werden. Ist außer über die Beschwerde noch über die von wem immer ergriffene Nichtigkeitsbeschwerde zu entscheiden, so entscheidet der Oberste Gerichtshof auch über die Beschwerde. Die beschlossene Verbesserung ist am Rande des Urteils beizusetzen und muß allen Ausfertigungen beigefügt werden. *(BGBl I 2007/93)*

(4) Verzichten die Beteiligten des Verfahrens auf ein Rechtsmittel oder melden sie innerhalb der dafür offen stehenden Frist kein Rechtsmittel an, so kann das Urteil in gekürzter Form ausgefertigt werden, es sei denn, dass eine zwei Jahre übersteigende Freiheitsstrafe verhängt oder eine mit Freiheitsentziehung verbundene vorbeugende Maßnahme oder ein Tätigkeitsverbot (§ 220b StGB) angeordnet worden ist. Die gekürzte Urteilsausfertigung hat zu enthalten:

1. die im Abs. 2 enthaltenen Angaben mit Ausnahme der Entscheidungsgründe;

2. im Fall einer Verurteilung die vom Gericht als erwiesen angenommenen Tatsachen in gedrängter Darstellung sowie die für die Strafbemessung und gegebenenfalls die für die Bemessung des Tagessatzes (§ 19 Abs. 2 StGB) maßgebenden Umstände in Schlagworten;

3. im Fall eines Freispruchs eine gedrängte Darstellung der dafür maßgebenden Gründe. *(BGBl I 2009/52)*

(BGBl 1987/605; BGBl 1993/526)

(BGBl. Nr. 423/1974, Art. I Z. 83)

9. Protokollführung Z 811/3

§ 271. (1) Über die Hauptverhandlung ist bei sonstiger Nichtigkeit ein Protokoll aufzunehmen, für das – soweit im Folgenden nicht anderes bestimmt wird - § 96 Abs. 2 und 3 anzuwenden ist; es hat insbesondere zu enthalten: *(BGBl I 2007/93)*

1. die Bezeichnung des Gerichts sowie Ort, Beginn und Ende der Hauptverhandlung,

2. die Namen der Mitglieder des Schöffengerichts, der Beteiligten des Verfahrens und ihrer Vertreter und, wenn ein Schriftführer beigezogen wurde, dessen Namen, *(BGBl I 2007/93)*

3. die Namen der beigezogenen Dolmetscher, der vernommenen Zeugen und Sachverständigen, *(BGBl I 2007/93)*

4. alle wesentlichen Förmlichkeiten des Verfahrens,

5. die Bezeichnung der verlesenen und vorgetragenen Schriftstücke (§ 252 Abs. 2a und 3),

6. alle Anträge der Beteiligten des Verfahrens und die darüber getroffenen Entscheidungen, *(BGBl I 2007/93)*

7. den Spruch des Urteils mit den in § 260 Abs. 1 Z 1 bis 3 bezeichneten Angaben.

Den Beteiligten des Verfahrens steht es frei, die Feststellung einzelner Punkte im Protokoll zur Wahrung ihrer Rechte zu verlangen. *(BGBl I 2007/93)*

(1a) Unter den Voraussetzungen des § 270 Abs. 4 kann das Verhandlungsprotokoll durch einen vom Vorsitzenden zu unterschreibenden Vermerk ersetzt werden, der lediglich die in Abs. 1 Z 1 bis 3 angeführten Angaben enthält. *(BGBl I 2009/52)*

(2) Dem Schriftführer kann bei entsprechender Eignung die selbstständige Abfassung der Verhandlungsmitschrift und deren Übertragung überlassen werden, ansonsten nach Abs. 4 zweiter Satz vorzugehen ist. Der Schriftführer darf sich

zur Unterstützung eines technischen Hilfsmittels bedienen.

(3) Die Antworten des Angeklagten (§ 245) und die Aussagen von Zeugen und Sachverständigen sind ihrem wesentlichen Inhalt nach zusammengefasst in das Protokoll aufzunehmen, soweit nicht deren wörtliche Wiedergabe für die Urteilsfällung erforderlich erscheint. Werden Zeugen oder Sachverständige in der Hauptverhandlung nicht das erste Mal vernommen, so sind nur Abweichungen, Veränderungen oder Zusätze der bereits in den Akten enthaltenen Angaben in das Protokoll aufzunehmen.

(4) Hat der Vorsitzende von der Beiziehung eines Schriftführers abgesehen, so sind die Angaben nach Abs. 1 Z 1 bis 3 in Vollschrift festzuhalten. Im Übrigen sind die Angaben über Verlauf und Inhalt der Hauptverhandlung nach Abs. 1 Z 4 bis 7 und Abs. 3 vom Vorsitzenden oder einem von ihm beauftragten richterlichen Mitglied des Schöffengerichts für die Anwesenden hörbar zu diktieren. Das Diktat ist unter Verwendung eines technischen Hilfsmittels aufzunehmen oder sofort zu übertragen. *(BGBl I 2007/93)*

(5) Sachverständige haben auf Anordnung des Vorsitzenden Befund und Gutachten sowie deren Ergänzungen selbst auf die im Abs. 4 beschriebene Art zu diktieren.

(6) Der Inhalt der Aufnahme oder der Mitschrift ist auf Verlangen eines Beteiligten des Verfahrens wiederzugeben. Tonaufnahme und Verhandlungsmitschrift sind unverzüglich in Vollschrift zu übertragen. Diese Übertragung sowie die bereits in Vollschrift aufgenommenen Angaben bilden das Verhandlungsprotokoll, das vom Vorsitzenden sowie, soweit ein solcher beigezogen wurde, vom Schriftführer zu unterschreiben ist. Eine Ausfertigung des Protokolls ist den Beteiligten, soweit sie nicht darauf verzichtet haben, ehestmöglich, spätestens aber zugleich mit der Urteilsausfertigung zuzustellen. *(BGBl I 2007/93)*

(7) Für die Berichtigung von Schreib- und Rechenfehlern im Verhandlungsprotokoll gilt § 270 Abs. 3 erster Satz sinngemäß. Im Übrigen hat der Vorsitzende das Protokoll von Amts wegen oder auf Antrag einer zur Ergreifung von Berufung oder Nichtigkeitsbeschwerde berechtigten Partei nach Vornahme der erforderlichen Erhebungen durch Beschluss zu ergänzen oder zu berichtigen, soweit erhebliche Umstände oder Vorgänge im Protokoll der Hauptverhandlung zu Unrecht nicht erwähnt oder unrichtig wiedergegeben wurden. Der Antrag ist spätestens mit Ablauf der für die Ausführung einer gegen das Urteil angemeldeten Nichtigkeitsbeschwerde oder Berufung offen stehenden Frist einzubringen, ansonsten als unzulässig zurückzuweisen. Den Parteien ist Gelegenheit zur Stellungnahme zur in Aussicht genommenen oder begehrten Berichtigung oder Ergänzung und zu den Ergebnissen der gepflogenen Erhebungen binnen festzusetzender angemessener Frist einzuräumen. § 270 Abs. 3 zweiter bis vierter Satz gilt sinngemäß. Wird eine Ergänzung oder Berichtigung des Verhandlungsprotokolls nach Zustellung der Abschrift des Urteils an den Beschwerdeführer vorgenommen, so löst erst die neuerliche Zustellung die Fristen zur Ausführung angemeldeter Rechtsmittel (§§ 285 und 294) aus.

(BGBl 1987/605; BGBl I 1997/105; BGBl I 2004/164)

§ 271a. (1) Wenn der Vorsitzende es für zweckmäßig erachtet, kann die Protokollführung nach Maßgabe der den Gerichten zur Verfügung stehenden Ausstattung durch die Verwendung technischer Einrichtungen zur Wort- oder Bildaufnahme unterstützt werden. In diesem Fall ist der gesamte Verlauf der Hauptverhandlung unmittelbar aufzunehmen und dies allen Beteiligten zuvor bekannt zu machen. Abgesehen von den in § 271 Abs. 1 Z 1 bis 3 erwähnten Angaben kann der Vorsitzende Verhandlungsmitschrift oder Diktat auf die Anordnung beschränken, welche Teile der Aufnahme in Schriftform zu übertragen sind.

(2) Den Beteiligten des Verfahrens steht das Recht zu, die Wiedergabe der Aufnahme oder ihre Übersendung auf einem elektronischen Datenträger in einem allgemein gebräuchlichen Dateiformat zu verlangen. Zu übertragen ist eine solche Aufnahme nur, wenn es der Vorsitzende für zweckmäßig erachtet oder ein Beteiligter ein besonderes rechtliches Interesse daran glaubhaft macht und die vom Vorsitzenden zu bestimmenden Kosten der Übertragung übernimmt; § 77 Abs. 1 und 3 ist anzuwenden. Die Aufnahme ist als Beilage zum Akt zu nehmen. *(BGBl I 2007/93)*

(3) Wurde der gesamte Verlauf der Hauptverhandlung nach Abs. 1 aufgenommen und verzichten die Beteiligten des Verfahrens auf ein Rechtsmittel oder melden sie innerhalb der hiefür offen stehenden Frist kein Rechtsmittel an, so kann das Verhandlungsprotokoll durch einen vom Vorsitzenden zu unterschreibenden Vermerk ersetzt werden, der lediglich die in § 271 Abs. 1 Z 1 bis 3 angeführten Angaben enthält. Sofern sie ein rechtliches Interesse glaubhaft machen, können die Beteiligten des Verfahrens binnen vierzehn Tagen nach Verkündung des Urteils die Herstellung des Protokolls und die Zustellung einer Ausfertigung verlangen. *(BGBl I 2007/93)*

(BGBl I 2004/164)

§ 272. Über die Beratungen und Abstimmungen während und am Schlusse der Hauptverhandlung ist in den Fällen, wo sich das Gericht zur Beschlußfassung in das Beratungszimmer zurückgezogen hat, ein abgesondertes Protokoll zu führen.

10. Vertagung der Hauptverhandlung

§ 273. Die Hauptverhandlung darf, wenn sie begonnen hat, nur insoweit unterbrochen werden, als es der Vorsitzende zur nötigen Erholung der dabei beteiligten Personen oder zur unverzüglichen Herbeischaffung von Beweismitteln erforderlich findet; sie kann nach dem Ermessen des Schöffengerichts in dringenden Fällen auch an einem Sonn- oder Feiertage fortgesetzt werden. *(BGBl I 2007/93)*

§ 274. Ist der Verteidiger, ungeachtet gehöriger Ladung, bei der Hauptverhandlung nicht erschienen oder hat er sich vor deren Schluß entfernt oder tritt der im § 236 Abs. 2 vorgesehene Fall ein, und kann ein anderer Verteidiger überhaupt nicht oder doch nicht ohne Beeinträchtigung der Verteidigung des Angeklagten bestellt werden, so ist die Verhandlung zu vertagen. Die Kosten der Bestellung eines anderen Vertreters und der Vertagung hat der schuldige Verteidiger zu tragen.

§ 275. Erkrankt der Angeklagte während der Hauptverhandlung in dem Maße, daß er ihr nicht weiter beiwohnen kann, und willigt er nicht selbst ein, daß die Verhandlung in seiner Abwesenheit fortgesetzt und seine im Ermittlungsverfahren oder in einer früheren Hauptverhandlung abgelegte Aussage vorgelesen werde, so ist die Verhandlung zu vertagen. § 197 Abs. 2b gilt sinngemäß. *(BGBl I 2007/93; BGBl I 2016/26)*

§ 276. Für die Vertagung der Hauptverhandlung gilt § 226.

(BGBl I 2007/93)

§ 276a. Ist die Verhandlung, nachdem sie begonnen hatte, vertagt worden (§§ 274 bis 276), so kann der Vorsitzende in der späteren Verhandlung die wesentlichen Ergebnisse der früheren nach dem Protokoll und den sonst zu berücksichtigenden Akten mündlich vortragen und die Fortsetzung der Verhandlung daran anknüpfen. Die Verhandlung ist jedoch zu wiederholen, wenn sich die Zusammensetzung des Gerichtes geändert hat oder seit der Vertagung mehr als zwei Monate verstrichen sind, es sei denn, dass beide Teile auf die Wiederholung wegen Überschreitung der Frist von zwei Monaten verzichten. *(BGBl I 2004/164)*

(BGBl 1993/526)

11. Zwischenfälle

§ 277. Ergibt sich aus der Hauptverhandlung mit Wahrscheinlichkeit, daß ein Zeuge wissentlich falsch ausgesagt habe, so kann der Vorsitzende über dessen Aussage ein Protokoll aufnehmen und nach geschehener Vorlesung und Genehmigung vom Zeugen unterfertigen lassen; er kann den Zeugen auch festnehmen und dem Einzelrich-

ter des Landesgerichts vorführen lassen. *(BGBl I 2007/93)*

§ 278. (1) Wird während der Hauptverhandlung im Sitzungssaal eine strafbare Handlung verübt und dabei der Täter auf frischer Tat betreten, so kann darüber mit Unterbrechung der Hauptverhandlung oder an deren Schluß auf Antrag des dazu berechtigten Anklägers sowie nach Vernehmung des Beschuldigten und der vorhandenen Zeugen vom versammelten Gerichte sogleich abgeurteilt werden. Rechtsmittel gegen ein solches Urteil haben keine aufschiebende Wirkung.

(2) Ist zur Aburteilung ein Gericht höherer Ordnung zuständig oder die sofortige Aburteilung nicht tunlich, so läßt der Vorsitzende den Täter dem Einzelrichter des Landesgerichts vorführen. *(BGBl I 2007/93)*

(3) Über einen solchen Vorgang ist ein besonderes Protokoll aufzunehmen.

§ 279. Hat der Angeklagte während der Hauptverhandlung eine strafbare Handlung begangen, so sind die Bestimmungen des § 263 voll anzuwenden.

II. Rechtsmittel gegen das Urteil

§ 280. Gegen die Urteile der Landesgerichte als Schöffengerichte (§ 31 Abs. 3) stehen nur die Rechtsmittel der Nichtigkeitsbeschwerde und der Berufung offen. Die Nichtigkeitsbeschwerde geht an den Obersten Gerichtshof, die Berufung an das Oberlandesgericht. *(BGBl I 2007/93)*

§ 281. (1) Die Nichtigkeitsbeschwerde kann gegen ein freisprechendes Urteil nur zum Nachteile, gegen ein verurteilendes sowohl zum Vorteile als auch zum Nachteile des Angeklagten ergriffen werden, jedoch, sofern sie nicht nach besonderen gesetzlichen Vorschriften auch in anderen Fällen zugelassen ist, nur wegen eines der folgenden Nichtigkeitsgründe:

1. wenn das Schöffengericht nicht gehörig besetzt war, wenn nicht alle Richter der ganzen Verhandlung beiwohnten oder wenn sich ein ausgeschlossener Richter (§§ 43 und 46) an der Entscheidung beteiligte; es sei denn, daß der die Nichtigkeit begründende Tatumstand dem Beschwerdeführer noch vor oder während der Hauptverhandlung bekannt und von ihm nicht gleich beim Beginne der Hauptverhandlung oder sofort, nachdem er in dessen Kenntnis gelangt war, geltend gemacht wurde; *(BGBl I 2007/93)*

1a. wenn der Angeklagte nicht während der ganzen Hauptverhandlung durch einen Verteidiger vertreten war, obwohl dies zwingend vorgeschrieben war; *(BGBl. Nr. 423/1974, Art. I Z. 85)*

2. wenn im Protokoll oder ein anderes amtliches Schriftstück über eine nichtige Erkundung oder Beweisaufnahme im Ermittlungsverfahren trotz Widerspruchs des Beschwerdeführers in der

Hauptverhandlung verlesen wurde; (BGBl I 2007/93)

3. wenn in der Hauptverhandlung eine Bestimmung verletzt oder missachtet worden ist, deren Einhaltung das Gesetz bei sonstiger Nichtigkeit anordnet (§§ 126 Abs. 4, 140 Abs. 1, 144 Abs. 1, 155 Abs. 1, 157 Abs. 2 und 159 Abs. 3, 221 Abs. 2, 228, 240a, 250, 252, 260, 271, 427, 434d Abs. 1 und 2 sowie 439 Abs. 1 und 2); (BGBl I 2007/93; BGBl I 2022/223)

4. wenn während der Hauptverhandlung über einen Antrag des Beschwerdeführers nicht erkannt worden ist oder wenn durch einen gegen seinen Antrag oder Widerspruch gefassten Beschluss Gesetze oder Grundsätze des Verfahrens hintangesetzt oder unrichtig angewendet worden sind, deren Beobachtung durch grundrechtliche Vorschriften, insbesondere durch Art. 6 der Europäischen Konvention zum Schutze der Menschenrechte und Grundfreiheiten, BGBl. Nr. 210/1958, oder sonst durch das Wesen eines Strafverfolgung und die Verteidigung sichernden, fairen Verfahrens geboten ist; (BGBl I 2007/93)

5. wenn der Ausspruch des Schöffengerichts über entscheidende Tatsachen (§ 270 Abs. 2 Z. 4 und 5) undeutlich, unvollständig oder mit sich selbst im Widerspruch ist; wenn für diesen Ausspruch keine oder offenbar unzureichende Gründe angegeben sind; oder wenn zwischen den Angaben der Entscheidungsgründe über den Inhalt einer bei den Akten befindlichen Urkunde oder über eine Aussage und der Urkunde oder dem Vernehmungs- oder Sitzungsprotokoll selbst ein erheblicher Widerspruch besteht; (BGBl I 2007/93)

5a. wenn sich aus den Akten erhebliche Bedenken gegen die Richtigkeit der dem Ausspruch über die Schuld zugrunde gelegten entscheidenden Tatsachen ergeben;

6. wenn das Schöffengericht zu Unrecht seine Unzuständigkeit (§ 261) ausgesprochen hat; (BGBl I 2007/93)

7. wenn das ergangene Endurteil die Anklage nicht erledigt oder

8. diese gegen die Vorschrift der § 262, § 263, § 267 und § 434b Abs. 3 überschritten hat; (BGBl I 2022/223)

9. wenn durch den Ausspruch über die Frage,

a) ob die dem Angeklagten zur Last fallende Tat eine zur Zuständigkeit der Gerichte gehörige strafbare Handlung begründe,

b) ob Umstände vorhanden seien, durch die die Strafbarkeit der Tat aufgehoben oder die Verfolgung wegen der Tat ausgeschlossen ist, endlich

c) ob die nach dem Gesetz erforderliche Anklage fehle,

ein Gesetz verletzt oder unrichtig angewendet wurde; (BGBl. Nr. 423/1974, Art. I Z. 85)

10. wenn die der Entscheidung zugrunde liegende Tat durch unrichtige Gesetzesauslegung einem Strafgesetz unterzogen wurde, das darauf nicht anzuwenden ist;

10a. wenn nach der Bestimmung des § 199 über die Einstellung des Verfahrens, anderen auf sie verweisenden Vorschriften oder nach § 37 SMG vorzugehen gewesen wäre; (BGBl I 2005/119; BGBl I 2007/93)

11. wenn das Schöffengericht seine Strafbefugnis überschritten oder bei dem Ausspruch über die Strafe für die Strafbemessung maßgebende entscheidende Tatsachen offenbar unrichtig beurteilt oder in unvertretbarer Weise gegen Bestimmungen über die Strafbemessung verstoßen hat. (BGBl I 2007/93)

(2) Die im Abs. 1 Z. 1a und 5a erwähnten Nichtigkeitsgründe können zum Nachteil des Angeklagten nicht geltend gemacht werden.

(3) Die unter Abs. 1 Z. 2, 3 und 4 erwähnten Nichtigkeitsgründe können zum Vorteile des Angeklagten nicht geltend gemacht werden, wenn unzweifelhaft erkennbar ist, daß die Formverletzung auf die Entscheidung keinen dem Angeklagten nachteiligen Einfluß üben konnte. Zum Nachteile des Angeklagten können sie, abgesehen von dem im § 282 Abs. 2 geregelten Fall, nur geltend gemacht werden, wenn erkennbar ist, daß die Formverletzung einen die Anklage beeinträchtigenden Einfluß auf die Entscheidung zu üben vermochte, und wenn außerdem der Ankläger sich ihr widersetzt, die Entscheidung des Schöffengerichts begehrt und sich sofort nach der Verweigerung oder Verkündung dieser Entscheidung die Nichtigkeitsbeschwerde vorbehalten hat. (BGBl I 2007/93)

(BGBl 1987/605; BGBl 1993/526; BGBl 1997/105; BGBl I 1999/55)

§ 281a. Der Umstand, dass ein unzuständiges Oberlandesgericht die Rechtswirksamkeit der Anklageschrift festgestellt hat (§ 215), kann mit einer gegen das Urteil gerichteten Nichtigkeitsbeschwerde geltend gemacht werden.

(BGBl I 2007/93)

§ 282. (1) Zugunsten des Angeklagten kann die Nichtigkeitsbeschwerde sowohl von ihm selbst als auch von seinem gesetzlichen Vertreter und von der Staatsanwaltschaft ergriffen werden. Soweit es sich um die Beurteilung der geltend gemachten Nichtigkeitsgründe handelt, ist die zugunsten des Angeklagten von anderen ergriffene Nichtigkeitsbeschwerde als von ihm selbst eingelegt anzusehen. (BGBl I 2009/98)

(2) Zum Nachteile des Angeklagten kann die Nichtigkeitsbeschwerde nur vom Staatsanwalt oder vom Privatankläger sowie vom Privatbeteiligten, jedoch von diesem nur im Fall eines Freispruchs und aus dem Grund des § 281 Abs. 1 Z 4

ergriffen werden. Der Privatbeteiligte kann den zuvor angeführten Nichtigkeitsgrund überdies nur insoweit geltend machen, als er wegen des Freispruchs auf den Zivilrechtsweg verwiesen wurde und erkennbar ist, dass die Abweisung eines von ihm in der Hauptverhandlung gestellten Antrags einen auf die Geltendmachung seiner privatrechtlichen Ansprüche nachteiligen Einfluss zu üben vermochte. *(BGBl I 2007/93)*

§ 283. (1) Die Berufung kann nur gegen den Ausspruch über die Strafe und gegen den Ausspruch über die privatrechtlichen Ansprüche ergriffen werden.

(2) Wegen des Ausspruches über die Strafe kann die Berufung von allen zur Ergreifung der Nichtigkeitsbeschwerde Berechtigten mit Ausnahme des Privatbeteiligten ergriffen werden. Eine unterbliebene oder fehlerhafte Anrechnung einer Vorhaft oder einer im Ausland verbüßten Strafe kann mit Berufung nur dann geltend gemacht werden, wenn die Berufung zugleich aus anderen Gründen ergriffen wird. *(BGBl I 2007/93)*

(3) Die im § 260 Abs. 2 erwähnte Feststellung kann zugunsten und zum Nachteil des Angeklagten mit Berufung angefochten werden.

(4) Gegen die Entscheidung über die privatrechtlichen Ansprüche können nur der Angeklagte und dessen gesetzlicher Vertreter und Erben Berufung einlegen. Gegen die Verweisung auf den Zivilrechtsweg können nach Maßgabe des § 366 Abs. 3 der Privatbeteiligte und seine Erben Berufung einlegen.

(BGBl 1978/169; BGBl 1987/605; BGBl 1989/242)

1. Verfahren bei Nichtigkeitsbeschwerden

§ 284. (1) Die Nichtigkeitsbeschwerde ist binnen drei Tagen nach Verkündung des Urteiles beim Landesgericht anzumelden. War der Angeklagte bei der Verkündung des Urteiles nicht gegenwärtig (§ 234), so ist sie binnen drei Tagen anzumelden, nachdem er vom Urteile verständigt wurde (§ 269). *(BGBl I 2007/93)*

(2) Für die im § 282 erwähnten Angehörigen des Angeklagten läuft die Frist zur Anmeldung der Nichtigkeitsbeschwerde von demselben Tage, von dem an sie für den Angeklagten beginnt.

(3) Die Anmeldung der Nichtigkeitsbeschwerde hat aufschiebende Wirkung. Die Entlassung eines freigesprochenen Angeklagten aus der Haft darf nur wegen einer Nichtigkeitsbeschwerde des Staatsanwaltes, und zwar bloß dann aufgeschoben werden, wenn diese sogleich bei Verkündung des Urteiles angemeldet wird und nach den Umständen die Annahme begründet ist, daß sich der Angeklagte dem Verfahren durch die Flucht entziehen werde. Gegen die Entlassung aus der Haft ist kein Rechtsmittel zulässig.

(4) Dem Beschwerdeführer muß, sofern dies nicht schon geschehen ist, eine Urteilsabschrift zugestellt werden.

§ 285. (1) Der Beschwerdeführer hat das Recht, binnen vier Wochen nach der Anmeldung der Nichtigkeitsbeschwerde, wenn ihm eine Urteilsabschrift aber erst nach der Anmeldung des Rechtsmittels zugestellt wurde, binnen vier Wochen nach der Zustellung eine Ausführung seiner Beschwerdegründe beim Gericht in zweifacher Ausfertigung zu überreichen. Er muss entweder in dieser Schrift oder bei Anmeldung seiner Beschwerde die Nichtigkeitsgründe einzeln und bestimmt bezeichnen, widrigens auf seine Beschwerde vom Obersten Gerichtshofe keine Rücksicht zu nehmen ist.

(2) Im Falle extremen Umfangs des Verfahrens hat das Landesgericht die in Abs. 1 genannte Frist auf Antrag des Beschwerdeführers um den Zeitraum zu verlängern, der – insbesondere im Hinblick auf eine ganz außergewöhnliche Dauer der Hauptverhandlung, einen solchen Umfang des Hauptverhandlungsprotokolls, des übrigen Akteninhalts und der Urteilsausfertigung – erforderlich ist, um eine ausreichende Vorbereitung der Verteidigung (Art. 6 Abs. 3 lit. b der Konvention zum Schutze der Menschenrechte und Grundfreiheiten, BGBl. Nr. 210/1958, und Art. 2 des 7. Zusatzprotokolls, BGBl. Nr. 628/1988) oder der Verfolgung der Anklage zu gewährleisten. *(BGBl I 2007/93)*

(3) Ein Antrag nach Abs. 2 ist beim Landesgericht innerhalb der zur Ausführung der Beschwerde ansonsten zur Verfügung stehenden Frist schriftlich einzubringen. Über den Antrag entscheidet der Vorsitzende nach Maßgabe der in Abs. 2 genannten Kriterien und unter Bedachtnahme auf das Erfordernis einer angemessenen Dauer des Verfahrens (Art. 6 Abs. 1 der Konvention zum Schutze der Menschenrechte und Grundfreiheiten, BGBl. Nr. 210/1958); gegen seinen Beschluss steht eine Beschwerde nicht zu. Die Zeit von der Antragstellung bis zur Bekanntmachung des Beschlusses wird in die Frist zur Ausführung der Gründe der Nichtigkeitsbeschwerde nicht eingerechnet; diese beginnt jedenfalls nicht zu laufen, ehe der Beschluss über den Antrag bekannt gemacht ist. *(BGBl I 2007/93; BGBl I 2010/111)*

(4) Hat der Beschwerdeführer eine Beschwerdeschrift eingebracht, so ist sie seinem Gegner mit der Belehrung zuzustellen, dass er binnen vier Wochen seine Gegenausführung überreichen könne. Diese Frist kann unter sinngemäßer Anwendung der Abs. 2 und 3 verlängert werden.

(5) Die Gegenausführung ist dem Beschwerdeführer zuzustellen. Danach sind alle Akten an den Obersten Gerichtshof zu senden, der darüber zu entscheiden hat.

(BGBl 1993/526; BGBl I 2000/19; BGBl I 2000/108)

StPO

§ 285a. Das Landesgericht, bei dem eine gegen ein Endurteil gerichtete Nichtigkeitsbeschwerde angemeldet wird, hat diese zurückzuweisen:

1. wenn sie zu spät angemeldet oder wenn sie von einer Person eingebracht wurde, der die Nichtigkeitsbeschwerde nicht zukommt oder die auf sie verzichtet hat;

2. wenn nicht bei der Anmeldung der Nichtigkeitsbeschwerde oder in ihrer Ausführung einer der im § 281 Abs. 1 Z. 1 bis 11 oder im § 281a angegebenen Nichtigkeitsgründe deutlich und bestimmt bezeichnet, insbesondere wenn der Tatumstand, der den Nichtigkeitsgrund bilden soll, nicht ausdrücklich oder doch durch deutliche Hinweisung angeführt ist; *(BGBl I 2007/93)*

3. wenn die unter Z. 2 geforderte Angabe, soweit es sich nicht um eine von der Staatsanwaltschaft erhobene Nichtigkeitsbeschwerde handelt, nicht entweder zu Protokoll oder in einer Eingabe gemacht wird, die von einem Verteidiger (§ 48 Abs. 1 Z 4) unterschrieben ist. Besteht der Mangel lediglich im Fehlen der Unterschrift eines berechtigten Verteidigers, so ist die Eingabe vorerst zur Behebung dieses Mangels und Wiedervorlage binnen vierzehn Tagen zurückzustellen. *(BGBl I 2007/93)*

(BGBl I 2007/93)

§ 285b. (1) Der im § 285a erwähnte Beschluß ist vom Vorsitzenden zu fassen, und zwar in den im § 285a unter Z. 2 und 3 erwähnten Fällen nicht früher, als die Ausführung der Nichtigkeitsbeschwerde überreicht oder die hiezu bestimmte Frist abgelaufen ist. *(BGBl. Nr. 423/1974, Art. I Z. 87)*

(2) Gegen den Beschluß steht die Beschwerde an den Obersten Gerichtshof offen; sie ist binnen vierzehn Tagen nach Bekanntmachung des Beschlusses beim Landesgericht einzubringen und von diesem binnen weiterer drei Tagen an den Obersten Gerichtshof einzusenden. *(BGBl I 2007/93)*

(3) Diese Beschwerde hat keine aufschiebende Wirkung.

(4) Der Oberste Gerichtshof entscheidet über die Beschwerde in nichtöffentlicher Sitzung nach Anhörung des Generalprokurators.

(5) Gibt der Oberste Gerichtshof der Beschwerde Folge, so läuft im Falle des § 285a Z. 1 die Frist zur Ausführung der Nichtigkeitsbeschwerde, sofern diese nicht schon erstattet ist, vom Tage der Bekanntmachung der Entscheidung des Obersten Gerichtshofes; dem Beschwerdeführer ist gleichzeitig mit dieser Bekanntmachung, wenn es nicht bereits geschehen ist, eine Ausfertigung des Urteiles zuzustellen; im übrigen ist nach § 285 vorzugehen. *(BGBl I 2007/93)*

(BGBl 1987/605)

§ 285c. (1) Der Oberste Gerichtshof hat über die nach § 285 Abs. 5 an ihn gelangte Nichtigkeitsbeschwerde nur dann zuerst in nichtöffentlicher Sitzung nach Anhörung des Generalprokurators zu beraten, wenn der Generalprokurator oder der Berichterstatter einen der in den §§ 285d, 285e und 285f bezeichneten Beschlüsse beantragt.

(2) Außerdem wird der Gerichtstag zur öffentlichen Verhandlung der Sache unter Beobachtung der hiefür im § 286 erteilten Vorschrift angeordnet, ohne daß es hiezu eines Beschlusses des Obersten Gerichtshofes bedarf.

(BGBl I 2000/108)

§ 285d. (1) Bei der nichtöffentlichen Beratung kann die Nichtigkeitsbeschwerde sofort zurückgewiesen werden:

1. wenn sie schon gemäß § 285a hätte zurückgewiesen werden sollen oder wenn der geltend gemachte Nichtigkeitsgrund bereits durch eine in derselben Sache ergangene Entscheidung des Obersten Gerichtshofes beseitigt ist; *(BGBl I 2007/93)*

2. wenn die Nichtigkeitsbeschwerde sich auf die im § 281 Abs. 1 Z. 1 bis 8 und 11 oder im § 281a angegebenen Nichtigkeitsgründe stützt und der Oberste Gerichtshof einstimmig erachtet, daß die Beschwerde, ohne daß es einer weiteren Erörterung bedarf, als offenbar unbegründet zu verwerfen sei. *(BGBl I 2007/93)*

(2) Der vorstehende Beschluß kann bei der nichtöffentlichen Beratung auch dann ergehen, wenn wegen anderer Nichtigkeitsgründe oder weil der Oberste Gerichtshof sich der Ausübung der ihm nach § 290 Abs. 1 zustehenden Befugnis vorbehalten will, ein Gerichtstag zur öffentlichen Verhandlung anzuberaumen ist.

(BGBl 1987/605)

§ 285e. Bei der nichtöffentlichen Beratung über eine zum Vorteile des Angeklagten ergriffene Nichtigkeitsbeschwerde kann dieser sofort Folge gegeben werden, wenn sich zeigt, daß die Anordnung einer neuen Hauptverhandlung nicht zu vermeiden ist, eine Entscheidung des Obersten Gerichtshofes in der Sache selbst aber noch nicht einzutreten hat. Gleiches gilt, wenn nach dem 11. Hauptstück oder § 37 SMG vorzugehen sein wird. *(BGBl I 2007/93; BGBl I 2007/109)*

(BGBl 1980/28; BGBl I 1999/55)

§ 285f. Bei der nichtöffentlichen Beratung kann ferner die Einholung tatsächlicher Aufklärungen über behauptete Formverletzungen oder Verfahrensmängel angeordnet werden.

(BGBl 1987/605)

§ 285g. Den im § 285d erwähnten Beschluß kann der Oberste Gerichtshof auch bei der Beratung über eine auf Grund des § 285b an ihn gelangte Beschwerde fassen, wenn die Ausführung der Nichtigkeitsbeschwerde überreicht oder die Frist hiezu verstrichen ist.

§ 285h. Die Bestimmungen der §§ 285c bis 285g sind auch auf Nichtigkeitsbeschwerden nach § 281a anzuwenden.

§ 285i. Weist der Oberste Gerichtshof in nichtöffentlicher Sitzung die Nichtigkeitsbeschwerde oder die Beschwerde gegen deren Zurückweisung durch das Landesgericht zurück und war mit der Nichtigkeitsbeschwerde die Berufung verbunden, so entscheidet über diese das Oberlandesgericht. Dasselbe gilt, wenn der Nichtigkeitsbeschwerde eines Angeklagten sofort Folge gegeben wird (§ 285e) und der Oberste Gerichtshof nur noch über die Berufung in Ansehung eines anderen Angeklagten zu entscheiden hätte. *(BGBl I 2007/93)*

(BGBl 1987/605)

§ 285j. Im Fall einer Verständigung des Verfassungsgerichtshofes gemäß §§ 57a Abs. 5 erster Satz oder 62a Abs. 5 erster Satz VfGG hat das Landesgericht nach § 285a vorzugehen und eine Ausfertigung seines Beschlusses oder eines nach § 285b gefassten Beschlusses dem Verfassungsgerichtshof zu übermitteln und im Fall einer verbundenen Berufung die Verständigung des Verfassungsgerichtshofes dem Oberlandesgericht vorzulegen oder mitzuteilen, dass kein Grund für ein Vorgehen nach § 285a vorliegt.

(BGBl I 2014/92)

§ 286. (1) Vom Termin des Gerichtstags zur öffentlichen Verhandlung sind die Beteiligten des Verfahrens zu verständigen. Der Angeklagte, ist er jedoch bereits durch einen Verteidiger vertreten, nur sein Verteidiger sowie die allenfalls einschreitende Privatbeteiligte oder Privatankläger sind so rechtzeitig zu laden, dass ihnen eine Vorbereitungszeit von acht Tagen verbleibt. In der Ladung sind sie darauf aufmerksam zu machen, dass im Fall ihres Ausbleibens ihre Ausführungen und Beschwerden vorgetragen und der Entscheidung zu Grunde gelegt werden würden. *(BGBl I 2007/93)*

(1a) In den in § 174 Abs. 1 geregelten Fällen kann bei Angeklagten, die in Untersuchungshaft angehalten werden, gemäß § 153 Abs. 4 vorgegangen werden. *(BGBl I 2020/16)*

(2) Ist der Angeklagte verhaftet, so wird er vom Gerichtstage mit dem Beisatz in Kenntnis gesetzt, daß er nur durch einen Verteidiger erscheinen könne.

(3) *(aufgehoben, BGBl I 2007/93)*

(4) Hat er noch keinen Verteidiger, so ist ihm von Amts wegen ein Rechtsanwalt als Verteidiger beizugeben (§ 61 Abs. 3). Liegen die Voraussetzungen des § 61 Abs. 2 vor, so ist dem Angeklagten nach dieser Gesetzesstelle ein Rechtsanwalt als Verteidiger beizugeben. *(BGBl I 2007/93)* *(BGBl. Nr. 569/1973, Art. III Z. 6; BGBl. Nr. 423/1974, Art. I Z. 89)*

§ 287. (1) Die Verhandlung der Sache vor dem Obersten Gerichtshof am angesetzten Gerichtstag ist öffentlich nach den Vorschriften der §§ 228 bis 230a. Die §§ 233 bis 237 gelten sinngemäß. *(BGBl I 2007/93; BGBl I 2016/121)*

(2) Zuerst trägt der Berichterstatter eine Darstellung des bisherigen Ganges des Strafverfahrens vor und bezeichnet die vom Beschwerdeführer aufgestellten Nichtigkeitsgründe und die sich daraus ergebenden Streitpunkte, ohne eine Ansicht über die zu fällende Entscheidung zu äußern.

(3) Hierauf erhält der Beschwerdeführer das Wort zur Begründung seiner Beschwerde und sodann sein Gegner zur Erwiderung. Dem Angeklagten oder seinem Verteidiger gebührt jedenfalls das Recht der letzten Äußerung. Ist ein Teil nicht erschienen, so wird dessen Beschwerdeschrift oder Gegenausführung vorgelesen. Hierauf zieht sich der Gerichtshof in sein Beratungszimmer zurück.

§ 288. (1) Findet der Oberste Gerichtshof die Nichtigkeitsbeschwerde unbegründet, so hat er sie zu verwerfen.

(2) Ist die Nichtigkeitsbeschwerde begründet, so ist das Urteil, soweit es angefochten und durch den Nichtigkeitsgrund berührt ist, aufzuheben und nach Verschiedenheit der Nichtigkeitsgründe gemäß den folgenden Vorschriften zu erkennen und weiter zu verfahren:

1. Liegt einer der im § 281 Abs. 1 unter Z. 1 bis 5a angeführten Nichtigkeitsgründe vor, so ordnet der Oberste Gerichtshof eine neue Hauptverhandlung an und verweist die Sache nach seinem Ermessen entwender an dasselbe oder an ein anderes Landesgericht. *(BGBl I 2007/93)*

2. Hat das Schöffengericht mit Unrecht seine Unzuständigkeit ausgesprochen oder die Anklage nicht erledigt (§ 281 Abs. 1 Z. 6 und 7), so trägt ihm der Oberste Gerichtshof auf, sich der Verhandlung und Urteilsfällung zu unterziehen, im Falle der Z. 7 auf die unerledigt gebliebenen Anklagepunkte zu beschränken hat. *(BGBl I 2007/93)*

2a. Hat das Schöffengericht das Vorliegen der Voraussetzungen einer Einstellung des Verfahrens nach dem 11. Hauptstück oder § 37 SMG zu Unrecht nicht angenommen, so verweist der Oberste Gerichtshof die Sache an dasselbe oder an ein anderes Landesgericht, erforderlichenfalls auch an das zuständige Bezirksgericht, mit dem Auftrag, nach den Bestimmungen dieses Hauptstückes vorzugehen. *(BGBl I 2007/93; BGBl I 2007/109)*

3. In allen anderen Fällen erkennt der Oberste Gerichtshof in der Sache selbst, indem er seiner Entscheidung die Tatsachen zugrunde legt, die

das Schöffengericht ohne Überschreitung der Anklage (§ 281 Abs. 1 Z. 8) festgestellt hat. Findet der Oberste Gerichtshof jedoch im Urteil und dessen Entscheidungsgründen die Tatsachen nicht festgestellt, die bei richtiger Anwendung des Gesetzes dem Erkenntnisse zugrunde zu legen wären, so verweist er die Sache zu neuer Verhandlung und Entscheidung an denselben oder an dasselbe oder ein anderes Landesgericht, geeignetenfalls auch an das zuständige Bezirksgericht. *(BGBl I 2007/93)*

(BGBl 1987/605; BGBl I 1999/55)

§ 288a. Findet der Oberste Gerichtshof die Nichtigkeitsbeschwerde nach § 281a gegründet, so vernichtet er die Hauptverhandlung, verweist die Sache zur nochmaligen Verhandlung vor das zuständige Landesgericht und verfügt die sonst nötige Verbesserung des Verfahrens. *(BGBl I 2007/93)*

§ 289. War die Nichtigkeitsbeschwerde nur gegen einzelne im Urteil enthaltene Verfügungen gerichtet und findet der Oberste Gerichtshof, daß diese vom Inhalte des ganzen Urteiles trennbar seien, so steht ihm frei, das angefochtene Urteil nur teilweise aufzuheben. Eben dies ist der Fall, wenn dem angefochtenen Urteile mehrere strafbare Handlungen zugrunde liegen und die Nichtigkeitsbeschwerde sich nur auf das Verfahren oder die Beurteilung hinsichtlich einzelner von ihnen beschränkt, zugleich aber die erforderliche teilweise Wiederholung des Verfahrens oder auch ohne diese ein neuer Ausspruch hinsichtlich dieser einzelnen strafbaren Handlung ausführbar erscheint.

§ 290. (1) Der Oberste Gerichtshof hat sich auf die vom Beschwerdeführer ausdrücklich oder doch durch deutliche Hinweisung geltend gemachten Nichtigkeitsgründe zu beschränken. Überzeugt er sich jedoch aus Anlaß einer von wem immer ergriffenen Nichtigkeitsbeschwerde, daß zum Nachteile des Angeklagten das Strafgesetz unrichtig angewendet worden sei (§ 281 Abs. 1 Z. 9 bis 11) oder daß dieselben Gründe, auf denen eine seiner Verfügung zugunsten eines Angeklagten beruht, auch einem Mitangeklagten zustatten kommen, der die Nichtigkeitsbeschwerde nicht ergriffen hat, so hat er von Amts wegen so vorzugehen, als wäre der in Frage kommende Nichtigkeitsgrund geltend gemacht worden. Ist der im § 281 Abs. 1 Z. 11 angeführte Nichtigkeitsgrund geltend gemacht worden, so ist so vorzugehen, als wäre auch die Berufung ergriffen worden.

(2) Ist die Nichtigkeitsbeschwerde lediglich zugunsten des Angeklagten ergriffen worden, so kann der Oberste Gerichtshof keine strengere Strafe über den Angeklagten verhängen, als das angefochtene Urteil ausgesprochen hatte.

(BGBl 1987/605)

§ 291. Das Urteil des Obersten Gerichtshofes ist, nachdem sich dieser in den Gerichtssaal zurückbegeben hat, samt den Entscheidungsgründen mündlich zu verkünden; hat der Angeklagte der Verhandlung beim Obersten Gerichtshofe nicht beigewohnt, so ist ihm ohne Verzug eine amtlich beglaubigte Abschrift des Urteiles durch das Landesgericht zuzustellen. Für die Ausfertigung des Urteiles und die Führung des Protokolls bei den Verhandlungen des Obersten Gerichtshofes sind die in den §§ 260, 268 bis 271 enthaltenen Vorschriften zu beobachten. *(BGBl I 2007/93)*

§ 292. Das Verfahren auf Grund einer zur Wahrung des Gesetzes ergriffenen Nichtigkeitsbeschwerde richtet sich im allgemeinen nach den in den §§ 286 Abs. 1 bis 3 und 287 bis 291 enthaltenen Vorschriften. Dem Angeklagten (Verurteilten) oder seinem Verteidiger ist eine Gleichschrift der Nichtigkeitsbeschwerde mit dem Bedeuten mitzuteilen, daß er sich binnen einer festzusetzenden angemessenen Frist hiezu äußern könne; vom Gerichtstag ist er mit der Bemerkung in Kenntnis zu setzen, daß es ihm freistehe zu erscheinen. Ist der Aufenthaltsort des Angeklagten nicht bekannt und ohne besonderen Verfahrensaufwand nicht feststellbar, so kann die Zustellung an ihn unterbleiben. Das gleiche gilt für den Privatbeteiligten, sofern der Ausspruch über die privatrechtlichen Ansprüche von der Nichtigkeitsbeschwerde betroffen ist, und für die sonst Beteiligten, sofern ihre Rechte betroffen sind. Findet der Oberste Gerichtshof die zur Wahrung des Gesetzes erhobene Beschwerde gegründet, so hat er zu erkennen, daß in der fraglichen Strafsache durch den angefochtenen Beschluß oder Vorgang, durch das gepflogene Verfahren oder durch das erlassene Urteil das Gesetz verletzt worden sei. Dieser Ausspruch ist in der Regel ohne Wirkung auf den Angeklagten. Ist jedoch der Angeklagte durch ein solches nichtiges Urteil zu einer Strafe verurteilt worden, so steht es dem Obersten Gerichtshofe frei, nach seinem Ermessen entweder den Angeklagten freizusprechen oder einen milderen Strafsatz anzuwenden oder nach Umständen eine Erneuerung des gegen diesen gepflogenen Verfahrens anzuordnen.

(BGBl 1993/526)

(BGBl. Nr. 423/1974, Art. I Z. 91)

§ 293. (1) Das Gericht, an das die Sache nach den §§ 288 und 292 zu neuer Verhandlung verwiesen wird, hat dabei die ursprüngliche Anklage zugrunde zu legen, sofern nicht der Oberste Gerichtshof eine Abweichung angeordnet hat.

(2) Es ist an die Rechtsansicht gebunden, von der der Oberste Gerichtshof bei seiner Entscheidung ausgegangen ist.

(3) Die Bestimmung des § 290 Abs. 2 ist auch für das auf Grund der neuen Hauptverhandlung ergehende Urteil maßgebend.

(4) Gegen dieses Urteil kann die Nichtigkeitsbeschwerde aus allen im § 281 erwähnten Gründen ergriffen werden, soweit diese nicht bereits durch eine in derselben Sache ergangene Entscheidung des Obersten Gerichtshofes beseitigt sind.

2. Verfahren bei Berufungen

§ 294. (1) Die Berufung ist innerhalb der im § 284 bezeichneten Frist beim Landesgericht anzumelden. Sie hat aufschiebende Wirkung, es sei denn, daß der Angeklagte selbst erklärt, eine Freiheitsstrafe einstweilen antreten zu wollen. *(BGBl I 2007/93)*

(2) Dem Beschwerdeführer muß, sofern dies nicht schon geschehen ist, eine Urteilsabschrift zugestellt werden. Der Beschwerdeführer hat das Recht, binnen vier Wochen nach der Anmeldung der Berufung, wenn ihm eine Urteilsabschrift aber erst nach der Anmeldung des Rechtsmittels zugestellt wurde, binnen vier Wochen nach der Zustellung eine Ausführung seiner Beschwerdegründe beim Gericht in zweifacher Ausfertigung zu überreichen. Wurde dem Beschwerdeführer für die Ausführung der Nichtigkeitsbeschwerde gemäß § 285 Abs. 2 eine längere Frist gewährt, so gilt diese auch für die Ausführung der Berufung. Er muß entweder in dieser Schrift oder bei der Anmeldung erklären, ob er sich durch den Ausspruch über die Strafe oder durch den Ausspruch über die privatrechtlichen Ansprüche beschwert erachtet, widrigenfalls das Oberlandesgericht darauf keine Rücksicht zu nehmen hat; ist mehr als eine Strafe oder sonstige Unrechtsfolge ausgesprochen worden, so muß der Beschwerdeführer auch erklären, gegen welche von ihnen sich die Berufung richtet. Die Anmeldung, die die Berufungsgründe enthält, oder die rechtzeitig eingebrachte Ausführung ist dem Gegner mit dem Bedeuten mitzuteilen, daß er binnen vier Wochen seine Gegenausführung überreichen könne. *(BGBl I 2007/93)*

(3) Die Gegenausführung ist dem Beschwerdeführer zuzustellen. Danach sind alle Akten dem Oberlandesgericht vorzulegen, das über die Berufung nur dann in nichtöffentlicher Sitzung berät, wenn der Berichterstatter oder der Oberstaatsanwalt beantragt, die Berufung aus einem der im folgenden Absatz angeführten Gründe zurückzuweisen. *(BGBl I 2007/93)*

(4) Das Oberlandesgericht kann die Berufung in nichtöffentlicher Sitzung zurückweisen, wenn sie zu spät angemeldet oder von einer Person ergriffen worden ist, der das Berufungsrecht überhaupt nicht oder nicht in der Richtung zusteht, in der es in Anspruch genommen wird, oder die darauf verzichtet hat; ferner, wenn der Berufungswerber weder bei der Anmeldung der Berufung noch in ihrer Ausführung die Punkte des Erkenntnisses, durch die er sich beschwert findet, deutlich und bestimmt bezeichnet hat, auf die Berufung

daher keine Rücksicht zu nehmen ist. Liegt dem Oberlandesgericht eine Verständigung des Verfassungsgerichtshofes vor (§ 285j), so hat der Vorsitzende diesem den Beschluss über die Zurückweisung zu übermitteln. *(BGBl I 2007/93; BGBl I 2014/92)*

(5) Wird über die Berufung nicht schon in der nichtöffentlichen Sitzung entschieden, so hat der Vorsitzende einen Gerichtstag zur öffentlichen Verhandlung über die Berufung anzuordnen. Für die Anberaumung und Durchführung des Gerichtstages gelten die Bestimmungen der §§ 286 und 287 dem Sinne nach mit der Maßgabe, dass der nicht verhaftete Angeklagte vorzuladen und auch die Vorführung des verhafteten Angeklagten zu veranlassen ist, es sei denn, dieser hätte durch seinen Verteidiger ausdrücklich darauf verzichtet oder es liegt ein Fall des § 286 Abs. 1a vor. Ist die Berufung gegen den Ausspruch über die privatrechtlichen Ansprüche gerichtet, so ist auch der Privatbeteiligte vorzuladen. Die §§ 233 bis 237 gelten sinngemäß. *(BGBl I 2016/121; BGBl I 2020/24)*

(BGBl 1983/168; BGBl 1987/605; BGBl 1993/526; BGBl I 2000/108)

(BGBl. Nr. 229/1962, Art. I Z. 3)

§ 295. (1) Das Oberlandesgericht hat sich bei seiner Entscheidung auf die der Berufung unterzogenen Punkte zu beschränken und dabei den Ausspruch des Gerichtes über die Schuld des Angeklagten und über das anzuwendende Strafgesetz zugrunde zu legen. Setzt es die Strafe zugunsten eines oder mehrerer Mitschuldiger aus Gründen herab, die auch den anderen zustatten kommen, so hat es von Amts wegen so vorzugehen, als hätten auch diese Mitschuldigen die Berufung ergriffen. *(BGBl I 2007/93)*

(2) Ist die Berufung lediglich zugunsten des Angeklagten ergriffen worden, so kann das Oberlandesgericht keine strengere Strafe über den Angeklagten verhängen, als das erste Urteil ausgesprochen hatte. Auf Antrag des Angeklagten oder mit seiner Zustimmung kann jedoch an Stelle einer bedingt nachgesehenen Freiheitsstrafe eine Geldstrafe verhängt werden, die nicht bedingt nachgesehen wird. *(BGBl I 2007/93)*

(3) Gegen seine Entscheidung ist kein Rechtsmittel zulässig.

(BGBl 1987/605)

§ 296. (1) Ist außer über die Berufung auch über eine Nichtigkeitsbeschwerde zu entscheiden, die von der einen oder der anderen Seite ergriffen worden ist, so sind bei Vorlegung der Akten an den Obersten Gerichtshof auch die Aktenstücke beizulegen, die die Berufung betreffen. In diesem Fall entscheidet der Oberste Gerichtshof, sofern er nicht nach § 285i vorgeht, auch über die Berufung.

(2) Der Oberste Gerichtshof berät über die Berufung nur dann in nichtöffentlicher Sitzung, wenn der Berichterstatter oder der Generalprokurator die Zurückweisung der Berufung aus einem der im § 294 Abs. 4 angeführten Gründe beantragt und nicht über die Nichtigkeitsbeschwerde bei einem Gerichtstag zur öffentlichen Verhandlung über die Nichtigkeitsbeschwerde entschieden werden muß.

(3) Wird über die Berufung nicht schon in der nichtöffentlichen Sitzung entschieden, so entscheidet der Oberste Gerichtshof über die Berufung beim Gerichtstag zur öffentlichen Verhandlung über die Nichtigkeitsbeschwerde. In diesem Fall ist zum Gerichtstag der nicht verhaftete Angeklagte vorzuladen und die Vorführung des verhafteten Angeklagten zu veranlassen, es sei denn, dieser hätte durch seinen Verteidiger ausdrücklich darauf verzichtet oder es liegt ein Fall des § 286 Abs. 1a vor. Ist die Berufung gegen den Ausspruch über die privatrechtlichen Ansprüche gerichtet, so ist auch der Privatbeteiligte vorzuladen. *(BGBl I 2020/24)*

(BGBl 1987/605; BGBl I 2000/108)

3. Gemeinsame Bestimmung

§ 296a. Ist nach der Entscheidung über eine Nichtigkeitsbeschwerde oder Berufung

1. an dem in Untersuchungshaft angehaltenen Angeklagten eine Freiheitsstrafe oder eine mit Freiheitsentziehung verbundene vorbeugende Maßnahme zu vollziehen oder

2. der Angeklagte in Freiheit zu setzen, so hat der Oberste Gerichtshof oder das Oberlandesgericht den Vorsitzenden des Schöffengerichtes davon sogleich unter Anschluß der erforderlichen Angaben zu verständigen, es sei denn, daß im Falle der Z. 2 die Entscheidung bei einem Gerichtstag in Anwesenheit des Angeklagten ergeht (§ 396). *(BGBl I 2007/93)*

(BGBl 1987/605)

5. Teil

Besondere Verfahren

15. Hauptstück

Hauptverhandlung vor dem Landesgericht als Geschworenengericht und Rechtsmittel gegen dessen Urteile

I. Allgemeine Bestimmungen

§§ 297 bis 299. *(aufgehoben, BGBl. Nr. 423/1974, Art. I Z. 92)*

§ 300. *(aufgehoben, BGBl I 2007/93)*

§ 301. (1) Die Mitglieder des Schwurgerichtshofes, die Ersatzrichter und die Reihenfolge ihres Eintrittes werden durch die Geschäftsverteilung bestimmt. Als Vorsitzender und als dessen Ersatzmann sollen nur Richter bestimmt werden, die mindestens fünf Jahre als Richter bei einem Landesgericht in Strafsachen oder als Staatsanwälte tätig gewesen sind. *(BGBl I 2007/93)*

(2) Die Bildung der Listen, denen die Geschworenen zu entnehmen sind, die Heranziehung der in diesen Listen verzeichneten Personen zum Dienst als Geschworene und die wegen Pflichtverletzungen der Geschworenen zulässigen Maßnahmen regelt ein besonderes Gesetz.[1]

(3) § 221 Abs. 4 ist sinngemäß anzuwenden. *(BGBl I 2007/93)*

(BGBl 1993/526)

---

[1] Unter 10. abgedruckt.

II. Hauptverhandlung vor dem Geschworenengerichte

1. Allgemeine Bestimmungen

§ 302. (1) Die Hauptverhandlung richtet sich, soweit in diesem Hauptstücke nichts anderes bestimmt ist, nach den Vorschriften des 14. Hauptstückes. Was dort für das Schöffengericht und den Vorsitzenden bestimmt ist, gilt für den Schwurgerichtshof und dessen Vorsitzenden. *(BGBl I 2007/93)*

(2) Der Vorsitzende des Schwurgerichtshofes ist insbesondere verpflichtet, den Geschworenen auch außer den Fällen, für die es im Gesetz ausdrücklich vorgeschrieben ist, die zur Ausübung ihres Amtes erforderlichen Anleitungen zu geben und sie nötigenfalls an ihre Pflichten zu erinnern.

(BGBl 1993/526)

§ 303. Soweit nach den folgenden Vorschriften der Schwurgerichtshof gemeinsam mit den Geschworenen zu entscheiden hat, richten sich Abstimmung und Beschlußfassung nach den für die Schöffengerichte geltenden Bestimmungen.

(BGBl 1993/526)

2. Beginn der Hauptverhandlung

§ 304. Sobald die Geschworenen ihre Sitze in der alphabetischen Reihenfolge ihrer Namen, Ersatzgeschworene nach den übrigen Geschworenen, eingenommen haben, beginnt die Hauptverhandlung mit dem Aufrufe der Sache durch den Schriftführer. Der Vorsitzende stellt an den Angeklagten die im § 240 vorgeschriebenen Fragen und ermahnt ihn zur Aufmerksamkeit auf die vorzutragende Anklage und auf den Gang der Verhandlung.

(BGBl 1993/526)

§ 305. (1) Hierauf beeidigt der Vorsitzende bei sonstiger Nichtigkeit die Geschworenen, die in demselben Jahre noch nicht beeidigt worden sind. Er gibt die Namen der schon beeidigten Geschworenen bekannt und erinnert diese an die Bedeutung des von ihnen abgelegten Eides. Sodann fordert er die Geschworenen auf, sich von den Sitzen zu erheben, und hält an sie folgende Anrede:

„Sie schwören und geloben vor Gott, die Beweise, die gegen und für den Angeklagten werden vorgebracht werden, mit der gewissenhaftesten Aufmerksamkeit zu prüfen, nichts unerwogen zu lassen, was zum Vorteil oder zum Nachteil des Angeklagten gereichen kann, das Gesetz, dem Sie Geltung verschaffen sollen, treu zu beobachten, vor Ihrem Ausspruch über den Gegenstand der Verhandlung mit niemand außer mit den Mitgliedern des Schwurgerichtshofes und Ihren Mitgeschworenen Rücksprache zu nehmen, der Stimme der Zu- oder Abneigung, der Furcht oder der Schadenfreude kein Gehör zu geben, sondern sich mit Unparteilichkeit und Festigkeit nur nach den für und wider den Angeklagten vorgeführten Beweismitteln und Ihrer darauf gegründeten Überzeugung so zu entscheiden, wie Sie es vor Gott und Ihrem Gewissen verantworten können." *(BGBl I 2007/93)*

(2) Sodann wird jeder noch nicht beeidigte Geschworene einzeln vom Vorsitzenden aufgerufen und antwortet: „Ich schwöre, so wahr mir Gott helfe." Das Religionsbekenntnis der Geschworenen macht dabei keinen Unterschied. Nur Geschworene, die keinem Religionsbekenntnis angehören oder deren Bekenntnis die Eidesleistung untersagt, werden durch Handschlag verpflichtet.

(3) Die Beeidigung gilt für die Dauer des Kalenderjahres. Sie ist im Verhandlungsprotokoll und fortlaufend in einem besonderen Abschnitte des Buches über die Beeidigung der Schöffen (§ 240a Abs. 3) zu beurkunden.

(BGBl 1993/526)

3. Beweisverfahren

§ 306. Nach der Beeidigung der Geschworenen läßt der Vorsitzende durch den Schriftführer die Zeugen und Sachverständigen aufrufen und trifft die in § 241 angeführten Verfügungen. Das Verfahren gegen ungehorsame Zeugen oder Sachverständige richtet sich nach den Vorschriften der §§ 242 und 243.

(BGBl 1993/526)

§ 307. *(aufgehoben, BGBl I 2007/93)*

§ 308. (1) Der Vorsitzende vernimmt hierauf den Angeklagten und leitet die Vorführung der Beweismittel unter Beobachtung der in den §§ 245 bis 254 enthaltenen Anordnungen.

(2) Das Recht der Fragestellung (§ 249) steht auch dem Ersatzrichter und den Geschworenen mit Einschluß der Ersatzgeschworenen zu.

(BGBl 1993/526)

§ 309. (1) Auch Geschworene einschließlich der Ersatzgeschworenen können Beweisaufnahmen zur Aufklärung von erheblichen Tatsachen, die Gegenüberstellung von Zeugen, deren Aussagen voneinander abweichen, und die nochmalige Vernehmung bereits abgehörter Zeugen (§ 251) begehren. *(BGBl I 2007/93)*

(2) Über ein solches Begehren entscheidet der Schwurgerichtshof.

(BGBl 1993/526)

4. Fragestellung an die Geschworenen

§ 310. (1) Nach Schluß des Beweisverfahrens stellt der Vorsitzende nach vorläufiger Beratung des Schwurgerichtshofes die an die Geschworenen zu richtenden Fragen fest. Sie sind schriftlich abzufassen, vom Vorsitzenden zu unterfertigen und bei sonstiger Nichtigkeit vorzulesen. Sowohl dem Ankläger als auch dem Verteidiger ist eine Niederschrift der Fragen zu übergeben.

(2) Nach Verlesung der Fragen ist ein Rücktritt des Anklägers von der Anklage nicht mehr zulässig.

(3) Die Parteien sind berechtigt, eine Änderung oder Ergänzung der Fragen zu beantragen. Über einen solchen Antrag entscheidet der Schwurgerichtshof; gibt er ihm statt, so müssen die Fragen von neuem schriftlich abgefaßt, vom Vorsitzenden unterfertigt und bei sonstiger Nichtigkeit nochmals vorgelesen werden.

(4) Der Vorsitzende übergibt sodann mindestens zwei Ausfertigungen der Fragen den Geschworenen.

(BGBl 1993/526)

§ 311. (1) Die Fragestellung an die Geschworenen entfällt, wenn der Schwurgerichtshof nach Anhörung der Parteien erkennt, daß der Angeklagte freizusprechen sei, weil einer der im § 259 Z. 1 und 2 erwähnten Fälle vorliegt oder die Verfolgung aus anderen Gründen des Prozeßrechtes ausgeschlossen ist.

(2) Kann jedoch über diese Frage nicht entschieden werden, ohne einer den Geschworenen vorbehaltenen Feststellung entscheidender Tatsachen oder der rechtlichen Beurteilung der Tat durch die Geschworenen vorzugreifen, so ist vorerst der Wahrspruch der Geschworenen abzuwarten (§ 337).

(BGBl 1993/526)

§ 312. (1) Die Hauptfrage ist darauf gerichtet, ob der Angeklagte schuldig ist, der die der Anklage zugrunde liegende strafbare Handlung begangen zu haben. Dabei sind alle gesetzlichen Merkmale der strafbaren Handlung in die Frage aufzunehmen und die besonderen Umstände der Tat nach Ort, Zeit, Gegenstand usw. soweit beizufügen, als es zur deutlichen Bezeichnung der Tat oder für die Entscheidung über die Entschädigungsansprüche notwendig ist.

(2) Treffen in der dem Angeklagten in der Anklage zur Last gelegten Tat die Merkmale mehrerer strafbarer Handlungen zusammen, ohne daß eine in der anderen aufgeht, so ist für jede der zusammentreffenden strafbaren Handlungen eine besondere Hauptfrage zu stellen.

§ 313. Sind in der Hauptverhandlung Tatsachen vorgebracht worden, die – wenn sie als erwiesen angenommen werden – die Strafbarkeit ausschließen oder aufheben würden, so ist eine entsprechende Frage nach dem Strafausschließungs- oder Strafaufhebungsgrunde (Zusatzfrage) zu stellen.

(BGBl 1987/605)

(BGBl. Nr. 423/1974, Art. I Z. 94)

§ 314. (1) Sind in der Hauptverhandlung Tatsachen vorgebracht worden, nach denen – wenn sie als erwiesen angenommen werden – ein eines vollendeten Verbrechens oder Vergehens Angeklagter nur des Versuches schuldig oder ein als unmittelbarer Täter Angeklagter als Täter anzusehen wäre, der einen anderen dazu bestimmt hat, die Tat auszuführen, oder der sonst zu ihrer Ausführung beigetragen hat, oder wonach die dem Angeklagten zur Last gelegte Tat unter ein anderes Strafgesetz fiele, das nicht strenger ist als das in der Anklageschrift angeführte, so sind entsprechende Schuldfragen (Eventualfragen) an die Geschworenen zu stellen. *(BGBl. Nr. 423/1974, Art. I Z. 95)*

(2) Eine Frage, nach der die dem Angeklagten zur Last gelegte Tat unter ein strengeres Strafgesetz als das in der Anklageschrift angegebene fiele, kann gestellt werden, sofern der Schwurgerichtshof nach Anhörung der Parteien die Vertagung der Hauptverhandlung oder die Ausscheidung des Verfahrens wegen dieser Tat nicht für notwendig erachtet.

(BGBl 1993/526)

§ 315. (1) Ist der Angeklagte in der Hauptverhandlung noch einer anderen als der der Anklageschrift zugrunde liegenden Tat beschuldigt worden oder hat er während der Hauptverhandlung eine strafbare Handlung begangen, so sind die Bestimmungen der §§ 263 und 279 anzuwenden.

(2) Ist die Verhandlung auf die neue Tat ausgedehnt worden, so sind auch wegen dieser Tat die entsprechenden Fragen zu stellen. Die Stellung solcher Fragen unterbleibt jedoch, wenn sich in der Hauptverhandlung ergibt, daß eine bessere Vorbereitung der Anklage oder Verteidigung notwendig ist. In diesem Falle hat der Schwurgerichtshof die Hauptverhandlung gegen den Angeklagten, dem die hinzugekommene Tat zur Last gelegt ist, abzubrechen und die Entscheidung über alle diesem Angeklagten zur Last liegenden strafbaren Handlungen einer neuen Hauptverhand-

lung vorzubehalten oder, falls er diesen Vorgang nicht für zweckmäßig erachtet, dem Ankläger auf dessen Verlangen die Verfolgung wegen der hinzugekommenen Tat im Urteile vorzubehalten.

§ 316. Erschwerungs- und Milderungsumstände sind nur unter der Voraussetzung Gegenstand einer Zusatzfrage an die Geschworenen, daß in der Hauptverhandlung Tatsachen vorgebracht worden sind, die – wenn sie als erwiesen angenommen werden – einen im Gesetze namentlich angeführten Erschwerungs- oder Milderungsumstand begründen würden, der nach dem Gesetze die Anwendung eines anderen Strafsatzes bedingt.

§ 317. (1) Die an die Geschworenen zu richtenden Fragen sind so zu fassen, daß sie sich mit Ja oder Nein beantworten lassen.

(2) Welche Tatsachen in einer Frage zusammenzufassen oder zum Gegenstande besonderer Fragen zu machen sind, bleibt ebenso wie die Reihenfolge der Fragen der Beurteilung des Schwurgerichtshofes im einzelnen Fall überlassen.

(3) Fragen, die nur für den Fall der Bejahung (Zusatzfragen) oder für den Fall der Verneinung einer anderen Frage (Eventualfragen) gestellt werden, sind als solche ausdrücklich zu bezeichnen.

(BGBl 1993/526)

5. Vorträge der Parteien; Schluß der Verhandlung

§ 318. (1) Nach Verlesung der Fragen werden der Ankläger und der Privatbeteiligte, der Angeklagte und sein Verteidiger in der im § 255 bezeichneten Reihenfolge gehört.

(2) In den Schlußvorträgen sind alle im Urteile zu entscheidenden Punkte zu behandeln.

§ 319. Hierauf erklärt der Vorsitzende die Verhandlung für geschlossen; der Angeklagte wird, wenn er verhaftet ist, einstweilen aus dem Sitzungssaal abgeführt.

6. Wahl des Obmannes der Geschworenen; Rechtsbelehrung durch den Vorsitzenden

§ 320. (1) Die Geschworenen begeben sich hierauf in das für sie bestimmte Beratungszimmer und wählen einen Obmann aus ihrer Mitte mit einfacher Stimmenmehrheit. Der Schwurgerichtshof zieht sich indessen in sein Beratungszimmer zurück.

(2) Der Ersatzrichter und die Ersatzgeschworenen dürfen im Beratungszimmer nur anwesend sein, sofern sie vor Schluß der Verhandlung an die Stelle eines verhinderten Mitgliedes des Geschworenengerichtes getreten sind.

(BGBl 1993/526)

§ 321. (1) Der Vorsitzende verfaßt nach Beratung mit den übrigen Mitgliedern des Schwurgerichtshofes die den Geschworenen zu erteilende Rechtsbelehrung. Das Schriftstück ist von ihm zu unterfertigen und dem Protokoll über die Hauptverhandlung anzuschließen.

(2) Die Rechtsbelehrung muß – für jede Frage gesondert – eine Darlegung der gesetzlichen Merkmale der strafbaren Handlung, auf die die Haupt- oder Eventualfrage gerichtet ist, sowie eine Auslegung der in den einzelnen Fragen vorkommenden Ausdrücke des Gesetzes enthalten und das Verhältnis der einzelnen Fragen zueinander sowie die Folgen der Bejahung oder Verneinung jeder Frage klarlegen.

(BGBl 1993/526)

§ 322. Nach Ausfertigung der Rechtsbelehrung begibt sich der Schwurgerichtshof mit dem Schriftführer in das Beratungszimmer der Geschworenen. Der Vorsitzende läßt die Anklageschrift, den gemäß § 244 Abs. 1 vorgelesenen Beschluss des Oberlandesgerichts, die Beweisgegenstände, Augenscheinprotokolle und die übrigen Akten mit Ausnahme der in der Hauptverhandlung nicht vorgelesenen Vernehmungsprotokolle in das Beratungszimmer schaffen. *(BGBl I 2007/93)*

§ 323. (1) Im Beratungszimmer der Geschworenen erteilt ihnen der Vorsitzende die Rechtsbelehrung. Weicht er dabei von der Niederschrift (§ 321 Abs. 1) ab oder geht er über sie hinaus, insbesondere wegen Fragen der Geschworenen, so sind die Änderungen und Ergänzungen der Niederschrift über die Rechtsbelehrung in einem Anhange beizufügen, den der Vorsitzende unterfertigt.

(2) Im Anschluß an die Rechtsbelehrung bespricht der Vorsitzende mit den Geschworenen die einzelnen Fragen; er führt die in die Fragen aufgenommenen gesetzlichen Merkmale der strafbaren Handlung auf den ihnen zugrunde liegenden Sachverhalt zurück, hebt die für die Beantwortung der Frage entscheidenden Tatsachen hervor, verweist auf die Verantwortung des Angeklagten und auf die in der Hauptverhandlung durchgeführten Beweise, ohne sich in eine Würdigung der Beweismittel einzulassen, und gibt die von den Geschworenen etwa begehrten Aufklärungen. Er bespricht mit den Geschworenen das Wesen der freien Beweiswürdigung (§ 258 Abs. 2). Ist einem Zeugen nach § 162 gestattet worden, bestimmte Fragen nicht zu beantworten, so fordert der Vorsitzende die Geschworenen auf, insbesondere zu prüfen, ob ihnen und den Beteiligten ausreichend Gelegenheit geboten war, sich mit der Glaubwürdigkeit des Zeugen und der Beweiskraft seiner Aussage auseinanderzusetzen. Er belehrt ferner den Obmann der Geschworenen über die ihm obliegenden Aufgaben, insbesondere

über den Vorgang bei der Abstimmung und Aufzeichnung ihres Ergebnisses. *(BGBl I 2007/93)*

(3) Am Schlusse seines Vortrages überzeugt sich der Vorsitzende, ob seine Belehrung von den Geschworenen verstanden worden ist, und ergänzt sie, wenn es zur Behebung von Zweifeln erforderlich ist. Er übergibt sodann dem Obmann der Geschworenen die Niederschrift der Rechtsbelehrung und des allfälligen Anhanges zu ihr.

(BGBl 1993/526)

StPO

7. Beratung und Abstimmung der Geschworenen

§ 324. (1) Ist der Schwurgerichtshof einstimmig der Ansicht, daß seine Anwesenheit während der Beratung der Geschworenen zur besseren Aufklärung schwieriger Tat- oder Rechtsfragen zweckmäßig sei, so beschließt er, ohne einen darauf abzielenden Antrag zuzulassen, dieser Beratung ganz oder teilweise beizuwohnen.

(2) Vor dieser Beschlußfassung ist der Obmann der Geschworenen zu hören; dieser hat die Meinung der Geschworenen einzuholen. Spricht sich die Mehrheit der Geschworenen gegen die Teilnahme des Schwurgerichtshofes an der Beratung aus, so kann ein Beschluß im Sinne des Abs. 1 nicht gefaßt werden.

(3) Ein Beschluß im Sinne des Abs. 1 ist vom Vorsitzenden den Geschworenen mitzuteilen. Eine schriftliche Ausfertigung dieses Beschlusses samt Gründen ist von den Mitgliedern des Schwurgerichtshofes zu unterfertigen und dem Hauptverhandlungsprotokoll anzuschließen. Ein Rechtsmittel steht gegen den Beschluß nicht offen.

§ 325. (1) Der Obmann leitet die Beratung der Geschworenen damit ein, daß er ihnen folgende Belehrung vorliest:

„Das Gesetz fordert von den Geschworenen nur, daß sie alle für und wider den Angeklagten vorgebrachten Beweismittel sorgfältig und gewissenhaft prüfen und sich dann selbst fragen, welchen Eindruck in der Hauptverhandlung die wider den Angeklagten vorgeführten Beweise und die Gründe seiner Verteidigung auf sie gemacht haben.

Nach der durch diese Prüfung der Beweismittel gewonnenen Überzeugung allein haben die Geschworenen ihren Ausspruch über Schuld oder Nichtschuld des Angeklagten zu fällen. Sie dürfen dabei ihrem Eide gemäß der Stimme der Zu- oder Abneigung, der Furcht oder Schadenfreude kein Gehör geben, haben vielmehr mit Unparteilichkeit und Festigkeit so zu entscheiden, wie sie es vor Gott und ihrem Gewissen verantworten können.

Die Beratung und Abstimmung hat sich nur auf die den Geschworenen vorgelegten Fragen zu beschränken. Welche gesetzlichen Folgen den Angeklagten treffen, wenn er schuldig gesprochen wird, werden die Geschworenen gemeinsam mit dem Gerichtshof in einer späteren Beratung zu entscheiden haben.

Die Geschworenen haben sich bei ihrer Abstimmung ständig ihre beschworene Pflicht vor Augen zu halten, das Gesetz treu zu beobachten und ihm Geltung zu verschaffen. Sie sind dazu berufen, Recht zu sprechen, aber nicht berechtigt, Gnade zu üben."

(2) Mehrere Abdrucke dieser Belehrung sowie der Bestimmungen der §§ 326, 329, 330, 331, 332 Abs. 1 bis 3 sowie des § 340 sollen im Beratungszimmer der Geschworenen angeschlagen sein.

(BGBl 1993/526)

§ 326. Die Geschworenen dürfen ihr Beratungszimmer nicht verlassen, bevor sie ihren Ausspruch über die an sie gerichteten Fragen gefällt haben. Niemand darf während der Beratung und Abstimmung ohne Bewilligung des Vorsitzenden in ihr Beratungszimmer eintreten; auch ist den Geschworenen jeder Verkehr mit dritten Personen untersagt. Gegen Geschworene und dritte Personen, die diesem Verbot zuwiderhandeln, ist vom Schwurgerichtshof eine Ordnungsstrafe bis zu 1 000 Euro zu verhängen. *(BGBl I 2004/136; BGBl I 2007/93)*

(BGBl 1993/526; BGBl I 2001/130)

(BGBl. Nr. 423/1974, Art. I Z. 96)

§ 327. (1) Entstehen bei den Geschworenen im Zuge der Beratung Zweifel über den Sinn der ihnen gestellten Fragen, über das von ihnen bei der Abstimmung zu beobachtende Verfahren oder über die Fassung einer Antwort, oder äußern die Geschworenen den Wunsch nach einer Ergänzung des Beweisverfahrens zur Aufklärung erheblicher Tatsachen oder nach Änderung oder Ergänzung der an sie gerichteten Fragen, so ersucht der Obmann der Geschworenen, wenn der Schwurgerichtshof nicht an der Beratung teilnimmt, den Vorsitzenden schriftlich, sich in das Beratungszimmer zu begeben. Der Schwurgerichtshof begibt sich hierauf mit dem Schriftführer in das Beratungszimmer. Der Vorsitzende erteilt den Geschworenen die erforderliche Belehrung.

(2) Die Belehrung ist zu Protokoll zu nehmen und das Protokoll dem Hauptverhandlungsprotokoll anzuschließen.

(3) Im übrigen wird über die Beratung der Geschworenen kein Protokoll geführt.

(BGBl 1993/526)

§ 328. Äußern die Geschworenen bei der Beratung den Wunsch nach einer Ergänzung des Beweisverfahrens zur Aufklärung erheblicher Tatsachen (§ 309) oder nach Änderung oder Ergänzung der an sie gerichteten Fragen, so ist die Verhandlung wieder zu eröffnen; sofern es sich um eine Ergänzung oder Änderung der Fragen handelt, gelten die Bestimmungen des § 310 Abs. 3 und 4 sinngemäß.

(BGBl 1993/526)

§ 329. Der Abstimmung der Geschworenen darf bei sonstiger Nichtigkeit niemand beiwohnen.

(BGBl 1993/526)

§ 330. (1) Der Obmann der Geschworenen läßt über die einzelnen Fragen der Reihe nach mündlich abstimmen, indem er jeden Geschworenen um seine Meinung befragt; er selbst gibt seine Stimme zuletzt ab.

(2) Die Geschworenen stimmen über jede Frage mit „ja" oder „nein" ab; doch ist ihnen auch gestattet, eine Frage nur teilweise zu bejahen. In diesem Fall ist die Beschränkung kurz beizufügen (zum Beispiel: „Ja, aber nicht mit diesen oder jenen in der Frage enthaltenen Umständen").

(BGBl 1993/526)

§ 331. (1) Zur Bejahung der an die Geschworenen gerichteten Fragen ist absolute Stimmenmehrheit, das ist mehr als die Hälfte sämtlicher Stimmen, erforderlich; bei Stimmengleichheit gibt die dem Angeklagten günstigere Meinung den Ausschlag. Ist eine Schuldfrage zuungunsten des Angeklagten bejaht worden, so können sich die überstimmten Geschworenen der Abstimmung über die für diesen Fall gestellten Zusatzfragen enthalten; ihre Stimmen werden dann den dem Angeklagten günstigsten zugezählt.

(2) Der Obmann zählt die Stimmen und schreibt in zwei Niederschriften der Fragen neben jede Frage, je nachdem sie durch die Geschworenen beantwortet worden ist, „ja" oder „nein", mit den allfälligen Beschränkungen, unter Angabe des Stimmenverhältnisses und unterschreibt diese Aufzeichnung des Wahrspruches der Geschworenen. Es dürfen darin keine Radierungen vorkommen; Ausstreichungen, Randbemerkungen oder Einschaltungen müssen vom Obmanne durch eine von ihm unterschriebene Bemerkung ausdrücklich genehmigt sein.

(3) Nach Beendigung der Abstimmung hat der Obmann in einer kurzen Niederschrift, gesondert für jede Frage, die Erwägungen anzugeben, von denen die Mehrheit der Geschworenen bei der Beantwortung dieser Frage ausgegangen ist. Die Niederschrift ist im Einvernehmen mit diesen Geschworenen abzufassen und vom Obmanne zu unterfertigen.

(4) Der Obmann der Geschworenen benachrichtigt sodann den Vorsitzenden des Schwurgerichtshofes schriftlich von der Beendigung der Abstimmung.

(BGBl 1993/526)

8. Verbesserung des Wahrspruches der Geschworenen

§ 332. (1) Der Schwurgerichtshof begibt sich darauf mit dem Schriftführer, dem Ankläger und dem Verteidiger in das Beratungszimmer der Geschworenen.

(2) Der Obmann der Geschworenen übergibt eine von ihm unterschriebene Aufzeichnung des Wahrspruches und der im § 331 Abs. 3 bezeichneten Niederschrift dem Vorsitzenden. Dieser unterzeichnet sie, läßt sie vom Schriftführer vorlesen und von ihm mitfertigen.

(3) Nach der Verlesung kann in der Regel kein Geschworener von seiner Meinung abgehen.

(4) Wird jedoch von einem oder mehreren Geschworenen behauptet, daß bei der Abstimmung ein Mißverständnis unterlaufen sei, oder kommt der Schwurgerichtshof nach Anhörung des Anklägers und des Verteidigers zu der Überzeugung, daß der Wahrspruch der Geschworenen undeutlich, unvollständig oder in sich widersprechend ist oder mit dem Inhalte der im § 331 Abs. 3 bezeichneten Niederschrift in Widerspruch steht, so trägt er den Geschworenen die Verbesserung des Wahrspruches auf.

(5) Hält in einem solchen Falle der Schwurgerichtshof eine Änderung oder Ergänzung der Fragen für wünschenswert oder wird eine solche vom Ankläger oder vom Verteidiger beantragt, so ist die Verhandlung wieder zu eröffnen und nach Vorschrift des § 310 Abs. 3 und 4 zu verfahren.

(6) Das über die Beratung des Schwurgerichtshofes (Abs. 4 und 5) aufgenommene Protokoll und der ursprüngliche Wahrspruch und die im § 331 Abs. 3 bezeichnete Niederschrift sind dem Hauptverhandlungsprotokoll anzuschließen.

(BGBl 1993/526)

§ 333. Hält der Schwurgerichtshof eine Verbesserung des Wahrspruches für erforderlich oder ist in diesem Fall auch die Fragestellung geändert oder ergänzt worden, so eröffnet der Vorsitzende den Geschworenen, daß sie zu einer Änderung der beanstandeten Antworten (§ 332 Abs. 4) und zur Beantwortung der neu oder in geänderter Fassung vorgelegten Fragen (§ 332 Abs. 5) berechtigt sind. Die neuen oder geänderten Fragen sind dem Obmanne der Geschworenen in zwei Ausfertigungen zu übergeben.

(BGBl 1993/526)

9. Weiteres Verfahren bis zur gemeinsamen Beratung über die Strafe

§ 334. (1) Ist der Schwurgerichtshof einstimmig der Ansicht, daß sich die Geschworenen bei ihrem Ausspruch in der Hauptsache geirrt haben, so beschließt er – ohne einen darauf abzielenden Antrag zuzulassen –, daß die Entscheidung ausge-setzt und die Sache dem Obersten Gerichtshofe vorgelegt werde. Betrifft der Irrtum der Geschworenen nur den Ausspruch über einen von mehreren Angeklagten oder den Ausspruch über einzelne von mehreren Anklagepunkten und bestehen gegen die gesonderte Verhandlung und Entscheidung keine Bedenken, so hat sich die Aussetzung der Entscheidung auf diesen Angeklagten oder diesen Anklagepunkt zu beschränken und bleibt ohne Einfluß auf die übrigen. Ist die Entscheidung über einen oder mehrere denselben Angeklagten betreffende Anklagepunkte ausgesetzt worden, so sind die Bestimmungen des § 264 dem Sinne nach anzuwenden.

(2) Der Oberste Gerichtshof verweist die Sache vor ein anderes Geschworenengericht desselben oder eines anderen Sprengels, wenn aber nur noch über eine strafbare Handlung zu entscheiden ist, die für sich allein nicht vor das Geschworenengericht gehört, an das von ihm zu bezeichnende sachlich zuständige Gericht.

(3) Bei der wiederholten Verhandlung darf keiner der Richter den Vorsitz führen und keiner der Geschworenen zugelassen werden, die an der ersten Verhandlung teilgenommen haben.

(4) Stimmt der Wahrspruch des zweiten Geschworenengerichtes mit dem des ersten überein, so ist er dem Urteile zugrunde zu legen.

(BGBl 1993/526)

§ 335. Wird die Entscheidung nicht ausgesetzt, so ist der Wahrspruch der Geschworenen dem Urteile zugrunde zu legen.

(BGBl 1993/526)

§ 336. Haben die Geschworenen die Schuldfragen verneint oder Zusatzfragen (§ 313) bejaht, so fällt der Schwurgerichtshof sofort ein freisprechendes Urteil.

(BGBl 1993/526)

(BGBl. Nr. 423/1974, Art. I Z. 97)

§ 337. Ebenso wird der Angeklagte durch Urteil des Schwurgerichtshofes freigesprochen, wenn ihn die Geschworenen zwar schuldig gesprochen haben, der Schwurgerichtshof jedoch der Meinung ist, daß bei Zugrundelegung der Tatsachen, die im Wahrspruche der Geschworenen festgestellt sind, und der rechtlichen Beurteilung, die Geschworenen der Tat angedeihen lassen, die Verfolgung aus Gründen des Prozeßrechtes ausgeschlossen sei (§ 311), oder daß die Tat, die der Angeklagte nach dem Ausspruche der Geschworenen begangen hat, vom Gesetze nicht mit gerichtlicher Strafe bedroht sei.

(BGBl 1993/526)

10. Gemeinsame Beratung über die Strafe

§ 338. Ist der Angeklagte schuldig befunden worden und ist er nicht nach § 336 oder § 337 freizusprechen, so entscheidet der Schwurgerichtshof gemeinsam mit den Geschworenen (§ 303) über die zu verhängende Strafe und die etwa anzuwendenden Maßnahmen der Besserung und Sicherung sowie über die privatrechtlichen Ansprüche und die Kosten des Strafverfahrens.

(BGBl 1993/526)

§ 339. *(aufgehoben, BGBl. Nr. 423/1974, Art. I Z 98)*

11. Verkündung des Wahrspruches und des Urteiles

§ 340. (1) Nach Wiedereröffnung der Sitzung läßt der Vorsitzende den Angeklagten vorführen oder vorrufen und fordert den Obmann der Geschworenen auf, den Wahrspruch mitzuteilen. Dieser erhebt sich und spricht:

„Die Geschworenen haben nach Eid und Gewissen die an sie gestellten Fragen beantwortet, wie folgt:"

(2) Der Obmann verliest sodann bei sonstiger Nichtigkeit in Gegenwart aller Geschworenen die an sie gerichteten Fragen und unmittelbar nach jeder den beigefügten Wahrspruch der Geschworenen.

(BGBl 1993/526)

§ 341. (1) Der Vorsitzende verkündet sodann in der öffentlichen Gerichtssitzung in Gegenwart des Anklägers, des Angeklagten (§§ 234, 269) und des Verteidigers das Urteil samt den wesentlichen Gründen oder den Beschluß auf Aussetzung der Entscheidung (§ 334), diesen ohne Begründung.

(2) Anschließend belehrt der Vorsitzende den Angeklagten über die ihm zustehenden Rechtsmittel.

12. Ausfertigung des Urteiles, Protokollführung

§ 342. Das Urteil ist in der im § 270 Abs. 1 bis 3 vorgeschriebenen Weise auszufertigen. In der Ausfertigung sind auch die Namen der Geschworenen anzuführen, die der Ersatzgeschworenen jedoch nur dann, wenn diese vor Schluß der Verhandlung an die Stelle eines verhinderten Geschworenen getreten sind. Die Ausfertigung muß auch die an die Geschworenen gestellten Fragen und ihre Beantwortung enthalten. Auf die im § 331 Abs. 3 bezeichnete Niederschrift darf im Urteile kein Bezug genommen werden. *(BGBl I 2004/164)*

(BGBl 1993/526)

§ 343. (1) Für die Führung des Protokolls über die Hauptverhandlung sowie über die Beratungen und Abstimmungen des Schwurgerichtshofs oder des Geschworenengerichtes während und am Schlusse der Hauptverhandlung gelten die Vorschriften der §§ 271, 271a, 272 und 305 Abs. 3 mit der Maßgabe, dass stets ein Schriftführer beizuziehen und ein Protokollvermerk (§ 271 Abs. 1a) nicht zulässig ist. *(BGBl I 2004/164; BGBl I 2007/93; BGBl I 2009/52)*

(2) Das Hauptverhandlungsprotokoll muß auch die Namen der Geschworenen einschließlich der Ersatzgeschworenen enthalten. Ist infolge Verhinderung eines Geschworenen ein Ersatzgeschworener an dessen Stelle getreten, so ist das im Hauptverhandlungsprotokoll zu beurkunden.

(BGBl 1993/526)

III. Rechtsmittel gegen Urteile der Geschworenengerichte

§ 344. Gegen die Urteile der Geschworenengerichte stehen die Rechtsmittel der Nichtigkeitsbeschwerde und der Berufung offen. Die für Rechtsmittel gegen Urteile der Schöffengerichte und für das Verfahren über solche Rechtsmittel geltenden Vorschriften (§§ 280 bis 296a) sind auf Rechtsmittel gegen Urteile der Geschworenengerichte dem Sinne nach anzuwenden, soweit im folgenden nichts anderes bestimmt ist. An die Stelle der in den §§ 285a und 285d bezeichneten Nichtigkeitsgründe treten die folgenden Nichtigkeitsgründe des § 345 Abs. 1, und zwar im § 285a die der Z. 1 bis 13 und im § 285d die der Z. 1 bis 5, 10a und 13.

(BGBl 1987/605; BGBl 1993/526)

§ 345. (1) Die Nichtigkeitsbeschwerde kann, sofern sie nicht nach besonderen gesetzlichen Vorschriften auch in anderen Fällen zugelassen ist, nur wegen eines der folgenden Nichtigkeitsgründe ergriffen werden:

1. wenn der Schwurgerichtshof oder die Geschworenenbank nicht gehörig besetzt war, wenn nicht die Richter und Geschworenen der ganzen Verhandlung beigewohnt haben oder wenn sich ein ausgeschlossener Richter oder Geschworener (§§ 43 und 46) an der Verhandlung beteiligt hat; als nicht gehörig besetzt gilt die Geschworenenbank auch dann, wenn in einer Jugendstrafsache nicht Geschworene für Jugendstrafsachen oder nicht mindestens zwei im Lehrberufe tätige oder tätig gewesene Personen der Geschworenenbank angehört haben; *(BGBl I 2007/93)*

2. wenn die Hauptverhandlung ohne Beiziehung eines Verteidigers geführt worden ist;

3. wenn ein Protokoll oder ein anderes amtliches Schriftstück über eine nichtige Erkundigung oder Beweisaufnahme im Ermittlungsverfahren trotz Widerspruchs des Beschwerdeführers in der Hauptverhandlung verlesen wurde; *(BGBl I 2007/93)*

4. wenn in der Hauptverhandlung eine Bestimmung verletzt oder missachtet worden ist, deren Einhaltung das Gesetz bei sonstiger Nichtigkeit

anordnet (§§ 126 Abs. 4, 140 Abs. 1, 144 Abs. 1, 155 Abs. 1, 157 Abs. 2 und 159 Abs. 3, 221 Abs. 2, 228, 250, 252, 260, 271, 305, 310, 329, 340, 427, 434d Abs. 1 und 2 sowie 439 Abs. 1 und 2); *(BGBl I 2007/93; BGBl I 2022/223)*

5. wenn in der Hauptverhandlung über einen Antrag des Beschwerdeführers nicht erkannt worden ist oder wenn durch einen gegen seinen Antrag oder Widerspruch gefassten Beschluss Gesetze oder Grundsätze des Verfahrens hintangesetzt oder unrichtig angewendet worden sind, deren Beobachtung durch grundrechtliche Vorschriften, insbesondere durch Art. 6 der Europäischen Konvention zum Schutze der Menschenrechte und Grundfreiheiten, BGBl. Nr. 210/1958, oder sonst durch das Wesen eines die Strafverfolgung und die Verteidigung sichernden, fairen Verfahrens geboten ist; *(BGBl I 2007/93)*

6. wenn eine der in den §§ 312 bis 317 enthaltenen Vorschriften verletzt worden ist;

7. wenn an die Geschworenen eine Frage mit Verletzung der Vorschrift des § 267 gestellt und diese Frage bejaht worden ist;

8. wenn der Vorsitzende den Geschworenen eine unrichtige Rechtsbelehrung erteilt hat (§§ 321, 323, 327);

9. wenn die Antwort der Geschworenen auf die gestellten Fragen undeutlich, unvollständig oder in sich widersprechend ist;

10. wenn der Schwurgerichtshof den Geschwornen die Verbesserung des Wahrspruches gegen den Widerspruch des Beschwerdeführers mit Unrecht aufgetragen oder, obgleich ein oder mehrere Geschworene ein bei der Abstimmung unterlaufenes Mißverständnis behauptet haben, mit Unrecht nicht aufgetragen hat (§ 332 Abs. 4);

10a. wenn sich aus den Akten erhebliche Bedenken gegen die Richtigkeit der im Wahrspruch der Geschworenen festgestellten entscheidenden Tatsachen ergeben;

11. wenn durch die Entscheidung über die Frage,

a) ob die dem Angeklagten zur Last fallende Tat eine zur Zuständigkeit der Gerichte gehörige strafbare Handlung begründet oder

b) ob die Verfolgung der Tat aus Gründen des Prozeßrechtes ausgeschlossen ist,

ein Gesetz verletzt oder unrichtig angewendet worden ist;

12. wenn die der Entscheidung zugrunde liegende Tat durch unrichtige Gesetzesauslegung einem Strafgesetz unterzogen worden ist, das darauf nicht anzuwenden ist;

12a. wenn nach der Bestimmung des § 199 über die Einstellung des Verfahrens, anderen auf sie verweisenden Vorschriften oder nach § 37 SMG vorzugehen gewesen wäre; *(BGBl I 2005/119; BGBl I 2007/93)*

13. wenn das Geschworenengericht seine Strafbefugnis überschritten oder bei dem Ausspruch über die Strafe für die Strafbemessung maßgebende entscheidende Tatsachen offenbar unrichtig beurteilt oder in unvertretbarer Weise gegen Bestimmungen über die Strafbemessung verstoßen hat.

(2) Die in der Z. 1 des Abs. 1 angeführten Nichtigkeitsgründe können nur dann geltend gemacht werden, wenn der Beschwerdeführer den die Nichtigkeit begründenden Umstand gleich bei Beginn der Verhandlung oder, wenn er ihm erst später bekanntgeworden ist, sogleich, nachdem er ihm zur Kenntnis gekommen war, geltend gemacht hat.

(3) Die unter Abs. 1 Z. 3 bis 6 und 10 erwähnten Nichtigkeitsgründe können zum Vorteile des Angeklagten nicht geltend gemacht werden, wenn unzweifelhaft erkennbar ist, daß die Formverletzung auf die Entscheidung keinen dem Angeklagten nachteiligen Einfluß üben konnte.

(4) Zum Nachteile des Angeklagten können die unter Abs. 1 Z. 2, 7 und 10a erwähnten Nichtigkeitsgründe niemals, die unter Abs. 1 Z. 3 bis 6 und 10 erwähnten aber nur dann geltend gemacht werden, wenn erkennbar ist, daß die Formverletzung einen die Anklage beeinträchtigenden Einfluß auf die Entscheidung üben konnte, wenn sich außerdem der Ankläger widersetzt, die Entscheidung des Schwurgerichtshofes begehrt und sich sofort nach der Verweigerung oder Verkündung dieser Entscheidung die Nichtigkeitsbeschwerde vorbehalten hat. § 282 Abs. 2 gilt sinngemäß *(BGBl I 2007/93)*

(BGBl 1987/605; BGBl 1993/526; BGBl I 1997/105; BGBl I 1999/55)

§ 346. Der Ausspruch über die Strafe kann in den im § 283 angeführten Fällen mit Berufung angefochten werden.

(BGBl 1996/762)

(BGBl. Nr. 273/1971, Art. II Z. 15)

§ 347. *(entfällt, BGBl I 2016/26)*

§ 348. Für den Gerichtstag beim Obersten Gerichtshof ist dem Angeklagten, wenn er keinen Verteidiger hat, ohne Rücksicht auf Art und Höhe der für die strafbare Handlung, die dem Angeklagten in der Anklageschrift oder im Urteil erster Instanz zur Last gelegt wird, angedrohten Strafe, ein Rechtsanwalt als Verteidiger beizugeben (§ 286 Abs. 4).

§ 349. (1) Liegt einer der im § 345 Abs. 1 Z. 1 bis 9 und 10a erwähnten Nichtigkeitsgründe vor, so hebt der Oberste Gerichtshof den Wahrspruch der Geschworenen und das darauf beruhende Urteil auf und verweist, sofern er nicht aus dem im § 345 Abs. 1 Z. 7 angeführten Grunde den Angeklagten freispricht, die Sache an das Geschworenengericht des von ihm zu bezeichnenden Landesgerichts zur nochmaligen Verhandlung und Entscheidung. *(BGBl I 2007/93)*

(2) Werden nicht alle Teile des Wahrspruches vom geltend gemachten Nichtigkeitsgrund getroffen und ist eine Sonderung möglich, so läßt der Oberste Gerichtshof die nicht betroffenen Teile des Wahrspruches und des Urteiles von dieser Verfügung unberührt und trägt dem Gericht, an das die Sache verwiesen wird, auf, die unberührt gebliebenen Teile des Wahrspruches der Entscheidung mit zugrunde zu legen.

(BGBl 1987/605; BGBl 1993/526)

§ 350. (1) Liegt der im § 260 angeführte Nichtigkeitsgrund vor, so verweist der Oberste Gerichtshof die Sache an das Geschworenengericht, das das Urteil gefällt hat, mit dem Auftrage zurück, nach Tunlichkeit in der gleichen Zusammensetzung ein neues Urteil auf Grund des früheren Ausspruches der Geschworenen zu fällen.

(2) Liegt der im § 345 Abs. 1 Z. 10 bezeichnete Nichtigkeitsgrund vor, so hebt der Oberste Gerichtshof den Wahrspruch der Geschworenen, soweit er vom Nichtigkeitsgrunde betroffen ist, und das darauf beruhende Urteil auf. Ist den Geschworenen mit Unrecht die Verbesserung des Wahrspruches aufgetragen worden, so entscheidet er auf Grund des ursprünglichen Wahrspruches in der Sache selbst. Ist den Geschworenen die Verbesserung wegen eines von ihnen behaupteten Mißverständnisses mit Unrecht nicht aufgetragen worden, so verweist der Oberste Gerichtshof die Sache an das Geschworenengericht zur neuen Verhandlung und Entscheidung zurück.

(BGBl 1993/526)

§ 351. Liegt einer der im § 345 Abs. 1 Z. 11 bis 13 angeführten Nichtigkeitsgründe vor, so entscheidet der Oberste Gerichtshof in der Sache selbst. Sind jedoch die der Feststellung durch die Geschworenen vorbehaltenen Tatsachen, die er seiner Entscheidung zugrunde zu legen hätte, im Wahrspruche der Geschworenen nicht festgestellt, so verweist er die Sache an das Geschworenengericht des von ihm zu bezeichnenden Landesgerichts, wenn aber die strafbare Handlung bei richtiger Anwendung des Gesetzes nicht mehr vor das Geschworenengericht gehört, an das von ihm zu bezeichnende sachlich zuständige Gericht zur nochmaligen Verhandlung und Entscheidung. *(BGBl I 2007/93)*

(BGBl 1993/526)

16. Hauptstück

Wiederaufnahme und Erneuerung des Strafverfahrens sowie Wiedereinsetzung in den vorigen Stand

I. Wiederaufnahme des Verfahrens

23, 292, 362, 363a, 364.

§ 352. (1) Abgesehen von den Bestimmungen über die Fortführung des Ermittlungsverfahrens (§§ 193, 195 und 196), kann dem ==Antrag== der ==Staatsanwaltschaft== auf Wiederaufnahme eines Verfahrens gegen einen Beschuldigten, das durch gerichtlichen Beschluss oder einen nicht bloß vorläufigen Rücktritt der Staatsanwaltschaft von der Verfolgung nach den im 11. Hauptstück enthaltenen Bestimmungen eingestellt wurde, nur dann stattgegeben werden, wenn die Strafbarkeit der Tat noch nicht durch Verjährung erloschen ist, und

1. die Einstellung durch Urkundenfälschung oder durch falsche Beweissaussage, Bestechung oder eine sonstige Straftat des Beschuldigten oder einer dritten Person herbeigeführt worden ist, oder

2. der Beschuldigte später ein Geständnis der ihm angelasteten Tat ablegt oder sich andere neue Tatsachen oder Beweismittel ergeben , die geeignet scheinen, die Verurteilung des Beschuldigten nahe zu legen (§ 210 Abs. 1).

(2) Dem Privatankläger steht der Antrag auf Wiederaufnahme ausschließlich im Fall einer Einstellung gemäß § 215 Abs. 2 zu.

(BGBl I 2007/93)

§ 353. Der rechtskräftig ==Verurteilte== kann die Wiederaufnahme des Strafverfahrens selbst nach vollzogener Strafe verlangen:

1. wenn dargetan ist, daß seine Verurteilung durch Urkundenfälschung oder durch falsche Beweissaussage, Bestechung oder eine sonstige Straftat einer dritten Person veranlaßt worden ist; *(BGBl I 2007/93)*

2. wenn er neue Tatsachen oder Beweismittel beibringt, die allein oder in Verbindung mit den früher erhobenen Beweisen geeignet erscheinen, seine Freisprechung oder die Verurteilung wegen unter ein milderes Strafgesetz fallenden Handlung zu begründen; oder

3. wenn wegen derselben Tat zwei oder mehrere Personen durch verschiedene Erkenntnisse verurteilt worden sind und bei der Vergleichung dieser Erkenntnisse sowie der ihnen zugrunde liegenden Tatsachen die Nichtschuld einer oder mehrerer dieser Personen notwendig anzunehmen ist.

§ 354. Den Antrag auf Wiederaufnahme des Strafverfahrens ==zugunsten== des ==Angeklagten== können, und zwar auch ==nach== dessen ==Tod==, alle Personen stellen, die berechtigt wären, zu seinen Gunsten die Nichtigkeitsbeschwerde oder Beru-

282/2

fung zu ergreifen. Erlangt die Staatsanwaltschaft die Kenntnis eines Umstandes, der einen Antrag auf Wiederaufnahme des Strafverfahrens zugunsten des Angeklagten begründen kann (§ 353), so ist sie verpflichtet, hievon den Angeklagten oder sonst eine zur Stellung dieses Antrages berechtigte Person in Kenntnis zu setzen oder selbst den Antrag zu stellen. *(BGBl I 2007/93)*

§ 355. Die Staatsanwaltschaft oder der Privatankläger können die Wiederaufnahme des Strafverfahrens wegen einer Handlung, hinsichtlich der der Angeklagte rechtskräftig freigesprochen worden ist, nur aus den in § 352 Abs. 1 genannten Gründen beantragen. *(BGBl I 2015/112)*

(BGBl I 2007/93)

§ 356. Die Staatsanwaltschaft kann die Wiederaufnahme des Verfahrens, um zu bewirken, daß eine Handlung, wegen der der Angeklagte verurteilt worden ist, nach einem strengeren Strafgesetz beurteilt werde, nur unter den im § 352 Abs. 1 erwähnten Voraussetzungen und überdies nur dann beantragen, wenn die wirklich verübte Tat *(BGBl I 2007/93)*

1. mit mindestens zehnjähriger Freiheitsstrafe bedroht ist, während der Angeklagte nur wegen einer mit nicht mehr als zehnjähriger Freiheitsstrafe bedrohten Handlung verurteilt wurde, oder

2. mit mehr als fünfjähriger Freiheitsstrafe bedroht ist, während der Angeklagte nur wegen eines Vergehens verurteilt wurde, oder

3. sich als ein Verbrechen darstellt, während der Angeklagte nur wegen eines mit nicht mehr als einjähriger Freiheitsstrafe bedrohten Vergehens verurteilt wurde.

(BGBl. Nr. 423/1974, Art. I Z. 102)

§ 357. (1) Der Antrag auf Wiederaufnahme des Strafverfahrens ist im Fall einer gerichtlichen Einstellung im Ermittlungsverfahren bei dem Landesgericht einzubringen, das die Einstellung beschlossen hat, im Falle eines nicht bloß vorläufigen Rücktritts der Staatsanwaltschaft von der Verfolgung nach den im 11. Hauptstück enthaltenen Bestimmungen bei dem Landesgericht, das im Ermittlungsverfahren zuständig gewesen wäre, in den übrigen Fällen jedoch bei dem Landesgericht, das für das Hauptverfahren zuständig war.

(2) Das Landesgericht (§ 31 Abs. 6 Z 2) hat den Antrag dem Gegner des Antragstellers mit der Belehrung zuzustellen, dass er seine Gegenäußerung binnen 14 Tagen überreichen könne. Das Landesgericht kann Ermittlungen durch die Kriminalpolizei anordnen oder Beweise selbst aufnehmen, wenn dies erforderlich ist, um die Gefahr abzuwenden, dass ein Beweismittel für eine erhebliche Tatsache verloren geht. Zum Ergebnis dieser Ermittlungen oder Beweisaufnahmen hat es Antragsteller und Antragsgegner Gelegenheit zur Äußerung binnen 14 Tagen einzuräu-

men. Sodann entscheidet das Landesgericht grundsätzlich nach nichtöffentlicher Sitzung mit Beschluss. Sofern sich jedoch die Tatsachen, durch die der Antrag begründet wird, und ihre Eignung, eine Änderung der rechtskräftigen Entscheidung im Sinne der vorstehenden Bestimmungen herbeizuführen, nur durch eine unmittelbare Beweisaufnahme klären lassen, kann das Gericht von Amts wegen oder auf Antrag eine mündliche Verhandlung anberaumen und in dieser über die Wiederaufnahme entscheiden. Die Verhandlung ist nicht öffentlich, doch hat das Gericht Antragsteller und Antragsgegner Gelegenheit zur Teilnahme und Stellungnahme zu geben. *(BGBl I 2012/29)*

(3) Der Antrag eines Verurteilten auf Wiederaufnahme des Verfahrens hemmt den Vollzug der Strafe nicht, es sei denn, das Gericht nach Anhörung der Staatsanwaltschaft oder des Privatanklägers die Hemmung des Strafvollzuges nach den Umständen des Falles für angemessen erachtet und mit Beschluss die Hemmung ausspricht.

(BGBl I 2007/93)

§ 358. (1) Das frühere Urteil wird in den Fällen der §§ 353 bis 356 durch die Bewilligung der Wiederaufnahme insoweit für aufgehoben erklärt, als es die Straftat betrifft, hinsichtlich der die Wiederaufnahme bewilligt wird. Die gesetzlichen Folgen der im ersten Urteil ausgesprochenen Verurteilung bleiben bis zur neuerlichen Entscheidung aufrecht. Der Vollzug der Strafe ist unverzüglich einzustellen und über die Haft des Beschuldigten nach den im 9. Hauptstück enthaltenen Bestimmungen zu entscheiden.

(2) Das Verfahren tritt durch die Wiederaufnahme grundsätzlich (§ 360) in den Stand des Ermittlungsverfahrens. Die Staatsanwaltschaft hat die nach Maßgabe der bewilligenden Entscheidung erforderlichen Anordnungen oder Anträge zu stellen. Die für das Ermittlungsverfahren und die Anklage geltenden Bestimmungen sind auch hier anzuwenden.

(3) Wird das wiederaufgenommene Ermittlungsverfahren ohne Durchführung oder außerhalb einer Hauptverhandlung eingestellt, so hat der Beschuldigte das Recht, eine Veröffentlichung der Entscheidung zu verlangen.

(4) Wird der Angeklagte im wiederaufgenommenen Verfahren erneut verurteilt, so ist eine bereits erlittene Strafe auf Freiheits- und Geldstrafen anzurechnen (§ 38 StGB).

(5) Ist die Wiederaufnahme nur zugunsten des Angeklagten bewilligt worden, so gilt das Verbot der Verschlechterung (§ 16).

(6) Gegen das neue Erkenntnis stehen dieselben Rechtsmittel offen wie gegen jedes andere Urteil.

(BGBl I 2007/93)

§ 359. *(aufgehoben, BGBl I 2007/93)*

§ 360. (1) Das Gericht, das die Wiederaufnahme des Strafverfahrens zugunsten des Beschuldigten für zulässig erklärt, kann sofort ein Urteil fällen, wodurch der Beschuldigte freigesprochen oder seinem Antrag auf Anwendung eines milderen Strafsatzes stattgegeben wird.

(2) Der Freigesprochene kann die Veröffentlichung des Erkenntnisses verlangen.

(BGBl 1987/605)

§ 361. *(aufgehoben, BGBl I 2007/93)*

§ 362. (1) Der Oberste Gerichtshof ist berechtigt, nach Anhörung des Generalprokurators im außerordentlichen Weg und ohne an die im § 353 vorgezeichneten Bedingungen gebunden zu sein, die Wiederaufnahme des Strafverfahrens zugunsten des wegen eines Verbrechens oder Vergehens Verurteilten zu verfügen, wenn sich ihm

1. bei der vorläufigen Beratung über eine Nichtigkeitsbeschwerde oder nach der öffentlichen Verhandlung über die Beschwerde oder

2. bei einer auf besonderen Antrag des Generalprokurators vorgenommenen Prüfung der Akten erhebliche Bedenken gegen die Richtigkeit der dem Urteil zugrunde gelegten Tatsachen ergeben, die auch nicht durch einzelne vom Obersten Gerichtshof etwa angeordnete Erhebungen beseitigt werden.

(2) Der Oberste Gerichtshof kann in solchen Fällen auch sofort ein neues Urteil schöpfen, mit dem der Beschuldigte freigesprochen oder ein milderer Strafsatz auf ihn angewendet wird; hiefür ist jedoch Einstimmigkeit erforderlich. Der Freigesprochene kann die Veröffentlichung des Erkenntnisses verlangen.

(3) Anträge von Privaten, die auf Herbeiführung eines der vorstehend erwähnten Beschlüsse des Obersten Gerichtshofes abzielen, sind von den Gerichten abzuweisen, bei denen sie einlaufen; auch dürfen sie niemals zum Gegenstande der Erörterung in der mündlichen Verhandlung gemacht werden.

(4) Auf die vom Obersten Gerichtshofe verfügte Wiederaufnahme des Strafverfahrens ist § 358 anzuwenden. *(BGBl I 2007/93)*

(5) Die Entscheidung über die Hemmung des Strafvollzuges und über die Verweisung des weiteren Verfahrens an das Gericht eines anderen Sprengels steht nur dem Obersten Gerichtshofe zu.

(BGBl 1993/526)

§ 363. Das Hauptverfahren kann unabhängig von den Voraussetzungen der Wiederaufnahme durchgeführt werden, wenn der zur Klage noch berechtigte Privatankläger die Anklage einbringt, während im früheren Verfahren die Einstellung oder ein freisprechendes Urteil lediglich wegen Mangels des nach dem Gesetz erforderlichen Antrages eines Opfers (§ 71) erfolgt ist.

(BGBl I 2007/93)

II. Erneuerung des Strafverfahrens

§ 363a. (1) Wird in einem Urteil des Europäischen Gerichtshofes für Menschenrechte eine Verletzung der Konvention zum Schutze der Menschenrechte und Grundfreiheiten, BGBl. Nr. 210/1958, oder eines ihrer Zusatzprotokolle durch eine Entscheidung oder Verfügung eines Strafgerichtes festgestellt, so ist das Verfahren auf Antrag insoweit zu erneuern, als nicht auszuschließen ist, daß die Verletzung einen für den hievon Betroffenen nachteiligen Einfluß auf den Inhalt einer strafgerichtlichen Entscheidung ausüben konnte.

(2) Über den Antrag auf Erneuerung des Verfahrens entscheidet in allen Fällen der Oberste Gerichtshof. Den Antrag können der von der festgestellten Verletzung Betroffene und der Generalprokurator stellen; § 282 Abs. 1 ist sinngemäß anzuwenden. Der Antrag ist beim Obersten Gerichtshof einzubringen. Zu einem Antrag des Generalprokurators ist der Betroffene, zu einem Antrag des Betroffenen ist der Generalprokurator zu hören; § 35 Abs. 2 ist sinngemäß anzuwenden.

(BGBl 1996/762)

§ 363b. (1) Der Oberste Gerichtshof hat über den Antrag auf Erneuerung des Verfahrens nur dann in nichtöffentlicher Sitzung zu beraten, wenn der Generalprokurator oder der Berichterstatter einen der im Abs. 2 oder 3 angeführten Beschlüsse beantragt.

(2) Bei der nichtöffentlichen Beratung kann der Oberste Gerichtshof den Antrag zurückweisen,

1. wenn der Antrag des Betroffenen nicht von einem Verteidiger unterschrieben ist,

2. wenn der Antrag von einer Person gestellt worden ist, der das Antragsrecht nicht zusteht, oder

3. wenn der Gerichtshof den Antrag einstimmig als offenbar unbegründet erachtet.

(3) Bei der nichtöffentlichen Beratung kann der Gerichtshof dem Antrag stattgeben, die strafgerichtliche Entscheidung aufheben und die Sache erforderlichenfalls an das Landesgericht oder Oberlandesgericht verweisen, wenn schon vor der öffentlichen Verhandlung über den Antrag feststeht, daß das Verfahren zu erneuern ist. Im erneuerten Verfahren darf keine strengere Strafe über den Verurteilten verhängt werden, als das frühere Urteil ausgesprochen hatte. *(BGBl I 2007/93)*

(BGBl 1996/762)

§ 363c. (1) Wird über den Antrag nicht schon in nichtöffentlicher Sitzung entschieden, so ist ein Gerichtstag zur öffentlichen Verhandlung der Sache anzuberaumen. Für dessen Anordnung und Durchführung gelten die §§ 286 und 287 dem Sinne nach mit der Maßgabe, daß der nicht verhaftete Angeklagte stets vorzuladen und auch die Vorführung des verhafteten Angeklagten zu veranlassen ist, wenn er dies beantragt hat oder die Vorführung sonst im Interesse der Rechtspflege geboten erscheint.

(2) Wenn der Oberste Gerichtshof den Antrag weder nach § 363b Abs. 2 Z 1 oder 2 zurückweist noch als unbegründet erachtet, gibt er ihm statt, hebt die strafgerichtliche Entscheidung auf und verweist die Sache erforderlichenfalls an das Landesgericht oder Oberlandesgericht. *(BGBl I 2007/93)*

(BGBl 1996/762)

III. Wiedereinsetzung in den vorigen Stand

§ 364. (1) Gegen die Versäumung der Frist zur Anmeldung, Ausführung oder Erhebung eines Rechtsmittels oder Rechtsbehelfs ist den Beteiligten des Verfahrens die Wiedereinsetzung in den vorigen Stand zu bewilligen, sofern sie

1. nachweisen, daß es ihnen durch unvorhersehbare oder unabwendbare Ereignisse unmöglich war, die Frist einzuhalten oder die Verfahrenshandlung vorzunehmen, es sei denn, daß ihnen oder ihren Vertretern ein Versehen nicht bloß minderen Grades zur Last liegt,

2. die Wiedereinsetzung innerhalb von vierzehn Tagen nach dem Aufhören des Hindernisses beantragen und

3. die versäumte schriftliche Verfahrenshandlung zugleich mit dem Antrag nachholen. *(BGBl I 2007/93)*

(2) Über die Wiedereinsetzung entscheidet:

1. *(aufgehoben, BGBl I 2007/93)*

2. im Falle des Einspruchs gegen das Abwesenheitsurteil eines Bezirksgerichts das Bezirksgericht;

3. in allen anderen Fällen das Gericht, dem die Entscheidung über das Rechtsmittel oder den Rechtsbehelf zusteht.

(3) Der Antrag ist bei dem Gericht einzubringen, bei dem die Verfahrenshandlung versäumt wurde. Das Gericht stellt ihn dem Gegner zur Äußerung binnen vierzehn Tagen zu und legt die Akten, sofern es nicht selbst zur Entscheidung berufen ist, nach Ablauf dieser Frist dem zuständigen Gericht vor. *(BGBl I 2007/93)*

(4) Dem Antrag kommt aufschiebende Wirkung nicht zu; das Gericht, bei dem der Antrag einzubringen ist, kann aber die Vollstreckung hemmen, sofern dies nach den Umständen des Falles angemessen erscheint. Wird die Wiederein-

setzung bewilligt, so sind die Folgen des Versäumnisses zu beseitigen und das Verfahren fortzusetzen.

(5) *(aufgehoben, BGBl I 2007/93)*

(6) Gegen die Versäumung der Frist für einen Wiedereinsetzungsantrag (Abs. 1 Z 2) ist eine Wiedereinsetzung in den vorigen Stand nicht zulässig.

(BGBl 1993/526; BGBl I 1999/55)

17. Hauptstück

Verfahren über privatrechtliche Ansprüche

§ 365. *(aufgehoben, BGBl I 2007/93)*

§ 366. (1) Wird der Angeklagte freigesprochen, so ist der Privatbeteiligte mit seinen Ansprüchen auf den Zivilrechtsweg zu verweisen.

(2) Wird der Angeklagte verurteilt, so ist im Urteil (§§ 260 Abs. 1 Z 5 und 270 Abs. 2 Z 4) über die privatrechtlichen Ansprüche des Privatbeteiligten zu entscheiden (§§ 395, 407 und 409 ZPO). Bieten die Ergebnisse des Strafverfahrens keine ausreichende Grundlage für eine auch nur teilweise Beurteilung des geltend gemachten privatrechtlichen Anspruchs (§ 69 Abs. 1), so ist der Privatbeteiligte auch in diesem Fall auf den Zivilrechtsweg zu verweisen, es sei denn, dass die erforderlichen Entscheidungsgrundlagen durch eine die Entscheidung in der Schuld- und Straffrage nicht erheblich verzögernde Beweisaufnahme ermittelt werden können.

(3) Wird der Privatbeteiligte trotz Verurteilung auf den Zivilrechtsweg verwiesen, so steht diesem, seinem Nachlass und seinen Erben die Berufung aus dem Grund zu, dass über den privatrechtlichen Anspruch bereits gemäß Abs. 2 hätte entschieden werden können.

(BGBl I 2007/93)

§ 367. (1) Ist eine Sache, von der das Gericht sich überzeugt, daß sie dem Opfer gehöre, unter den Habseligkeiten des Angeklagten, eines Mitschuldigen oder eines Teilnehmers an der strafbaren Handlung oder an einem solchen Orte gefunden worden, wohin sie von diesen Personen nur zur Aufbewahrung gelegt oder gegeben wurde, so ordnet das Gericht an, daß sie nach eingetretener Rechtskraft des Urteiles zurückzustellen sei. Mit ausdrücklicher Zustimmung des Beschuldigten kann jedoch die Ausfolgung auch sogleich geschehen. *(BGBl I 2007/93; BGBl I 2016/121)*

(2) Ein solcher Gegenstand kann auch vor diesem Zeitpunkt auf Antrag des Opfers nach Anhörung des Beschuldigten und der übrigen Beteiligten, und zwar im Hauptverfahren durch das erkennende Gericht, im Ermittlungsverfahren jedoch durch die Staatsanwaltschaft zurückgestellt werden, wenn *(BGBl I 2007/93)*

StPO

1. der Gegenstand zur Herstellung des Beweises nicht oder nicht mehr benötigt wird und

2. weder der Beschuldigte oder ein Dritter bestimmte Tatsachen behaupten, aus denen sich ein Recht auf die Sache ergeben könnte, das der Ausfolgung an den Antragsteller entgegensteht, noch sonst Umstände vorliegen, welche die Rechte des Antragstellers zweifelhaft erscheinen lassen.

(3) Wird einem Ausfolgungsantrag nach Abs. 2 aus dem Grund der Z. 2 nicht stattgegeben, so ist die Beschlagnahme aufzuheben und der Gegenstand nach § 1425 des Allgemeinen bürgerlichen Gesetzbuches bei dem für den Sitz des Gerichtes zuständigen Bezirksgericht zu hinterlegen. *(BGBl 1978/169)*

§ 368. Ist das entzogene Gut bereits in die Hände eines Dritten, der sich an der strafbaren Handlung nicht beteiligt hat, auf eine zur Übertragung des Eigentumes gültige Art oder als Pfand geraten oder ist das Eigentum des entzogenen Gegenstandes unter mehreren Opfern streitig oder kann das Opfer sein Recht nicht sogleich genügend nachweisen, so ist das auf Zurückstellung des Gutes gerichtete Begehren auf den ordentlichen Zivilrechtsweg zu verweisen. *(BGBl I 2007/93)*

§ 369. (1) Wenn das dem Opfer entzogene Gut nicht mehr zurückgestellt werden kann, sowie in allen Fällen, in denen es sich nicht um die Rückstellung eines entzogenen Gegenstandes, sondern um den Ersatz eines erlittenen Schadens oder entgangenen Gewinnes oder um Tilgung einer verursachten Beleidigung handelt (§ 1323 des Allgemeinen bürgerlichen Gesetzbuches), ist im Strafurteile die Schadloshaltung oder Genugtuung zuzuerkennen, insofern sowohl ihr Betrag als auch die Person, der sie gebührt, mit Zuverlässigkeit bestimmt werden kann. *(BGBl I 2007/93)*

(2) Ergeben sich aus den gepflogenen Erhebungen Gründe zu vermuten, dass das Opfer seinen Schaden zu hoch angebe, so kann ihn das Gericht nach Erwägung aller Umstände, allenfalls nach vorgenommener Schätzung durch Sachverständige ermäßigen. *(BGBl I 2007/93)*

§ 370. *(aufgehoben, BGBl. Nr. 423/1974, Art. I Z. 106)*

§ 371. (1) Ergibt sich aus der Schuld des Angeklagten die gänzliche oder teilweise Ungültigkeit eines mit ihm eingegangenen Rechtsgeschäftes oder eines Rechtsverhältnisses, so ist im Strafurteil auch hierüber und über die daraus entspringenden Rechtsfolgen zu erkennen.

(2) Der rechtswirksame Ausspruch, daß eine Ehe nichtig sei, bleibt jedoch stets dem Zivilgerichte vorbehalten. Das Strafgericht kann die Nichtigkeit einer Ehe nur als Vorfrage beurteilen (§§ 15 und 69 Abs. 1). *(BGBl I 2007/93)*

§ 372. Dem Privatbeteiligten steht es frei, den Zivilrechtsweg zu betreten, wenn er sich mit der vom Strafgericht ihm zuerkannten Entschädigung nicht begnügen will.

§ 373. Ist das über die privatrechtlichen Ansprüche ergangene strafgerichtliche Erkenntnis in Rechtskraft erwachsen, so ist jeder Beteiligte berechtigt, vom Gerichte, das in erster Instanz erkannt hat, die Anmerkung der Rechtskräftigkeit des Erkenntnisses auf dem Urteile zu begehren; ein solches Erkenntnis hat dann die Wirkung, daß um seine Exekution unmittelbar beim Zivilgericht angesucht werden kann.

§ 373a. (1) Ist dem Privatbeteiligten rechtskräftig eine Entschädigung wegen Tötung, Körperverletzung oder Gesundheitsschädigung oder wegen einer Schädigung am Vermögen zuerkannt worden, so kann der Bund dem Privatbeteiligten oder seinen Erben nach Maßgabe der folgenden Bestimmungen einen Vorschuß auf die Entschädigungssumme gewähren. Der Zuerkennung einer Entschädigung im Strafurteil steht die Erlangung eines anderen im Inland vollstreckbaren Exekutionstitels gegen den Verurteilten wegen der den Gegenstand der Verurteilung bildenden strafbaren Handlung durch das Opfer gleich. *(BGBl I 2007/93)*

(2) Ein Vorschuß kann nur auf Antrag des Anspruchsberechtigten und nur insoweit gewährt werden, als es offenbar ist, daß die alsbaldige Zahlung der Entschädigungssumme oder eines entsprechenden Teiles davon ausschließlich oder überwiegend dadurch vereitelt wird, daß an dem Verurteilten die im selben Verfahren ausgesprochene Freiheits- oder Geldstrafe vollzogen werden. *(BGBl I 2007/93)*

(3) Eine Vereitelung der alsbaldigen Zahlung einer Entschädigung im Sinne des Abs. 2 ist ohne weiteres anzunehmen, wenn der Verurteilte zwar die über ihn verhängte Geldstrafe, sei es auch in Teilbeträgen, zahlt oder diese Geldstrafe sonst von ihm eingebracht wird, Zahlungen an das Opfer aber nicht erfolgen und auch im Wege einer Zwangsvollstreckung nicht erwartet werden können. *(BGBl I 2007/93)*

(4) Einzelrechtsnachfolgern, auf die der Entschädigungsanspruch kraft Gesetzes übergegangen ist, kann ein Vorschuß nicht gewährt werden. § 8 Abs. 1 des Bundesgesetzes über die Gewährung von Hilfeleistungen an Opfer von Verbrechen, BGBl. Nr. 288/1972, gilt im Sinne nach.

(5) Die Gewährung eines Vorschusses ist ausgeschlossen, wenn dem Antragsteller mit Rücksicht auf seine Einkommens- und Vermögensverhältnisse, auf die ihm von Gesetzes wegen obliegenden Unterhaltsverpflichtungen und auf seine sonstigen persönlichen Verhältnisse offenbar zugemutet werden kann, die Vereitelung hinzunehmen. Ein Vorschuß kann ferner nicht gewährt werden, soweit der Antragsteller gegen einen

Dritten Anspruch auf entsprechende Leistungen hat und die Verfolgung dieses Anspruches zumutbar und nicht offenbar aussichtslos ist. Der Vorschuß darf jenen Entschädigungsbetrag nicht übersteigen, der vom Verurteilten ohne den Strafvollzug innerhalb eines Jahres hätte geleistet werden können (Abs. 2).

(6) Die Gewährung eines Vorschusses ist auch ausgeschlossen,

1. soweit ein Anspruch nach dem Bundesgesetz über die Gewährung von Hilfeleistungen an Opfer von Verbrechen gegeben ist;

2. soweit der Anspruch sich auf Leistungen erstreckt, die im Falle des Bestehens von Ansprüchen nach dem in der Z. 1 genannten Bundesgesetz nicht zu erbringen wären.

(7) Vorschüsse auf Ansprüche wegen Schädigung am Vermögen sind nur bis zum Ausmaß der eigentlichen Schadloshaltung (§ 1323 des Allgemeinen bürgerlichen Gesetzbuches) zu gewähren.

(8) Über Anträge auf Gewährung von Vorschüssen entscheidet der Vorsitzende durch Beschluß. Der Beschluß kann anordnen, daß der Vorschuß innerhalb eines Jahres in Teilbeträgen auszuzahlen ist. Der Beschluß ist dem Antragsteller und dem Verurteilten zuzustellen. Dem Staatsanwalt und dem Antragsteller steht dagegen die binnen vierzehn Tagen nach Bekanntmachung einzubringende Beschwerde an das übergeordnete Gericht zu. Sobald der Beschluß über die Gewährung eines Vorschusses rechtskräftig ist, hat der Vorsitzende die Einbringungsstelle beim Oberlandesgericht Wien um die Auszahlung, allenfalls nach Maßgabe der hierüber getroffenen Anordnung, zu ersuchen. *(BGBl I 2007/93)*

(9) Soweit der Bund einen Vorschuß geleistet hat, gehen die Ansprüche des Antragstellers von Gesetzes wegen auf den Bund über. Für die Wirksamkeit dieses Forderungsüberganges gegenüber dem Verurteilten gelten der letzte Satz des § 1395 und der erste Satz des § 1396 des Allgemeinen bürgerlichen Gesetzbuches dem Sinne nach. Sobald die Ansprüche auf den Bund übergegangen sind, hat der Verurteilte Zahlungen bis zur Höhe des gewährten Vorschusses an die Einbringungsstelle beim Oberlandesgericht Wien zu erbringen. *(BGBl I 2007/93)*

(10) Soweit der Verurteilte keine Zahlungen (Abs. 9) leistet, hat die Einbringungsstelle beim Oberlandesgericht Wien die Forderung zwangsweise hereinzubringen. Soweit eine sofortige zwangsweise Hereinbringung mit Rücksicht auf den Vollzug der Strafe offenbar aussichtslos wäre, kann sie bis nach dessen Beendigung aufgeschoben werden. *(BGBl I 2007/93)*

(BGBl 1978/169; BGBl 1993/526)

§ 373b. Ist im Fall eines Verfalls nach § 20 StGB oder eines erweiterten Verfalls nach § 20b StGB dem Opfer eine Entschädigung zwar rechtskräftig zuerkannt, aber noch nicht geleistet worden, so hat das Opfer unbeschadet des § 373a das Recht zu verlangen, daß seine Ansprüche aus dem vom Bund vereinnahmten Vermögenswert befriedigt werden. *(BGBl I 2007/93; BGBl I 2010/108)*

(BGBl 1987/605; BGBl 1996/762)

§ 374. Um Änderung des rechtskräftigen strafgerichtlichen Ausspruches über privatrechtliche Ansprüche wegen neu aufgefundener Beweismittel sowie um Aufhebung seiner Vollstreckung wegen eines nachgefolgten Tatumstandes kann außer dem Fall einer aus anderen Gründen stattfindenden Wiederaufnahme des Strafverfahrens vom Verurteilten und dessen Rechtsnachfolgern nur vor dem Zivilrichter angesucht werden.

§ 375. (1) Werden bei einem Beschuldigten nach allem Anschein fremde Vermögenswerte aufgefunden, deren Eigentümer er nicht angeben kann oder will, so sind sie zu beschlagnahmen (§ 115 Abs. 1 Z 2) und in einem Edikt (§ 376) so zu beschreiben, dass der Eigentümer den Vermögenswert zwar als den seinen erkennen kann, jedoch der Beweis des Eigentumsrechts der Bezeichnung wesentlicher Unterscheidungsmerkmale vorbehalten wird.

(2) Für das Verfahren auf Grund von erhobenen Ansprüchen gelten die Bestimmungen der §§ 367 bis 369.

(BGBl I 2007/93)

§ 376. (1) Eine solche Beschreibung ist durch Aufnahme in die Ediktsdatei öffentlich bekannt zu machen (§ 89j Abs. 1 GOG). In diesem Edikt ist der Eigentümer aufzufordern, sich binnen eines Jahres ab Bekanntmachung zu melden und sein Recht nachzuweisen.

(2) Die Auffindung von Gegenständen, derentwegen eine unverzügliche abgesonderte Bekanntmachung nicht notwendig erscheint, kann von Zeit zu Zeit in gemeinsamen Edikten bekanntgemacht werden. *(BGBl I 2004/136)*

(BGBl I 2000/108; BGBl I 2001/130)

§ 377. Ist das fremde Gut von solcher Beschaffenheit, daß es sich ohne Gefahr des Verderbens oder eines sonstigen raschen Wertverlusts nicht durch ein Jahr aufbewahren läßt, oder wäre die Aufbewahrung mit Kosten verbunden, so hat das Gericht die Veräußerung des Gutes durch öffentliche Versteigerung, bei sinngemäßem Vorliegen der im § 280 der Exekutionsordnung bezeichneten Voraussetzungen aber auf die dort vorgesehene Weise einzuleiten. In den Fällen des § 268 EO ist auch ein Freihandverkauf zulässig. Der Kaufpreis ist beim Strafgerichte zu erlegen. Zugleich ist eine genaue Beschreibung jedes verkauften Stückes unter Angabe des Käufers und des Kaufpreises auf die im § 376 beschriebene Weise zu veröffentlichen. *(BGBl I 2007/93; BGBl I 2009/52)*

§ 378. Wenn binnen der Ediktalfrist niemand ein Recht auf die beschriebenen Gegenstände dartut, so sind sie, wenn sie aber der Dringlichkeit wegen verkauft wurden, so ist ihr Erlös dem Beschuldigten auf sein Verlangen auszufolgen, sofern nicht durch einen Beschluß des zur Entscheidung in erster Instanz berufenen Gerichtes ausgesprochen ist, daß die Rechtmäßigkeit des Besitzes des Beschuldigten nicht glaubwürdig sei. *(BGBl I 2007/93)*

(2) *(aufgehoben, BGBl I 2007/93)*

§ 379. Gegenstände, die dem Beschuldigten nicht ausgefolgt werden, sind auf die im § 377 angeordnete Weise zu veräußern. Der Kaufpreis ist an die Bundeskasse abzugeben. Dem Berechtigten steht jedoch frei, seine Ansprüche auf den Kaufpreis gegen den Bund binnen dreißig Jahren vom Tage der dritten Einschaltung des Ediktes im Zivilrechtswege geltend zu machen.

18. Hauptstück
Kosten des Strafverfahrens

§ 380. Sofern die besonderen Vorschriften über die Gerichtsgebühren nichts anderes bestimmen, sind in Strafsachen keine Gebühren zu entrichten. *(BGBl I 2007/93)*

(2) *(aufgehoben, BGBl I 2007/93)*

§ 381. (1) Die Kosten des Strafverfahrens, die von der zum Kostenersatze verpflichteten Partei zu ersetzen sind, umfassen:

1. einen Pauschalkostenbeitrag als Anteil an den im Folgenden nicht besonders angeführten Kosten des Strafverfahrens, einschließlich der Kosten der Ermittlungen der Kriminalpolizei und der zur Durchführung von Anordnungen der Staatsanwaltschaft oder des Gerichts notwendigen Amtshandlungen; *(BGBl I 2007/93)*

2. die Gebühren der Sachverständigen; *(BGBl I 2004/136)*

2a. soweit nicht nach Abs. 6 vorzugehen ist, die Gebühren der Dolmetscher, im Fall einer Bestellung nach § 126 Abs. 2a einen Pauschalbeitrag von 159 Euro; *(BGBl I 2010/111)*

3. eine Vergütung für Auskünfte, Befunde und Gutachten von Behörden (Ämtern, Anstalten) in der Höhe, wie sie für solche Auskünfte, Befunde und Gutachten in Privatangelegenheiten zu entrichten wäre;

4. die Kosten der Beförderung und Bewachung des Beschuldigten im Zusammenhang mit seiner Überstellung aus einem anderen Staat sowie die Kosten aus dem Ausland geladener Zeugen; *(BGBl I 2004/136)*

5. die Kosten einer Sicherstellung, einer Auskunft über Bankkonten und über Bankgeschäfte oder der Beschlagnahme von Briefen, der Auskunft über Daten einer Nachrichtenübermittlung und der Überwachung von Nachrichten gemäß §§ 111 Abs. 3, 116 Abs. 6 letzter Satz und 138 Abs. 3, soweit diese Ermittlungsmaßnahmen einen erheblichen Beitrag zur Aufklärung der Tat geleistet haben; *(BGBl I 2004/136; BGBl I 2011/33; BGBl I 2018/27)*

6. die Kosten der Vollstreckung des Strafurteiles einschließlich der Kosten der Überstellung von Strafgefangenen in den in- oder ausländischen Strafvollzug, ausgenommen die Kosten des Vollzuges einer Freiheitsstrafe; *(BGBl I 2016/121)*

7. die im Strafverfahren zu entrichtenden Gerichtsgebühren;

8. die Kosten der Verteidiger und anderer Vertreter; *(BGBl I 2005/119; BGBl I 2007/93) (BGBl. Nr. 267/1968, Art. I; BGBl. Nr. 145/1969, Art. II Z. 2)*

9. einen Pauschalbetrag als Anteil an den Kosten der Prozessbegleitung (§ 66b) bis zu 1 000 Euro. *(BGBl I 2007/93; BGBl I 2020/148)*

(2) Diese Kosten werden, soweit sich aus besonderen gesetzlichen Vorschriften nichts anderes ergibt, mit Ausnahme der unter Abs. 1 Z. 3 und 7 bis 9 bezeichneten Kosten vom Bunde vorgeschossen, vorbehaltlich des Rückersatzes nach den Bestimmungen der §§ 389 bis 391. *(BGBl I 2005/119) (BGBl. Nr. 267/1968, Art. I; BGBl. Nr. 145/1969, Art. II Z. 2)*

(3) Der Pauschalkostenbeitrag (Abs. 1 Z 1) ist innerhalb der folgenden Grenzen zu bemessen (Abs. 5):

1. im Verfahren vor dem Landesgericht als Geschworenengericht von 500 Euro bis 10 000 Euro

2. im Verfahren vor dem Landesgericht als Schöffengericht von 250 Euro bis 5 000 Euro

3. im Verfahren vor dem Einzelrichter des Landesgerichts von 150 Euro bis 3 000 Euro

4. im Verfahren vor dem Bezirksgericht von 50 Euro bis 1 000 Euro *(BGBl I 2009/52)*

(4) Spricht ein Landesgericht lediglich eine Verurteilung wegen einer in die Zuständigkeit der Bezirksgerichte fallenden strafbaren Handlung aus, so darf der Pauschalkostenbeitrag den für das Verfahren vor dem Bezirksgerichten vorgesehenen Betrag nicht übersteigen. Im Verfahren vor den Bezirksgerichten auf Grund einer Privatanklage ist ein Pauschalkostenbeitrag nicht zu bestimmen, wenn keine Hauptverhandlung stattgefunden hat und auch keine Zeugen- oder Sachverständigengebühren aufgelaufen sind. *(BGBl I 2007/93) (BGBl. Nr. 267/1968, Art. I; BGBl. Nr. 423/1974, Art. I Z. 109)*

(5) Bei Bemessung des Pauschalkostenbeitrages gemäß Abs. 3 sind die Belastung der im

Strafverfahren tätigen Behörden und Dienststellen und das Ausmaß der diesen erwachsenen, nicht besonders zu vergütenden Auslagen sowie das Vermögen, das Einkommen und die anderen für die wirtschaftliche Leistungsfähigkeit des Ersatzpflichtigen maßgebenden Umstände zu berücksichtigen. *(BGBl I 2007/93) (BGBl. Nr. 267/1968, Art. I)*

(5a) Bei Bemessung des Pauschalbetrages gemäß Abs. 1 Z 9 sind die Belastung der mit der Prozessbegleitung beauftragten Einrichtung und das Ausmaß ihrer Aufwendungen sowie die im Abs. 5 bezeichneten Umstände der wirtschaftlichen Leistungsfähigkeit des Ersatzpflichtigen zu berücksichtigen. *(BGBl I 2007/93)*

(6) Die Kosten für Übersetzungshilfe (§ 56) bilden keinen Teil der vom Angeklagten zu ersetzenden Kosten. Weitergehende Rechte, die sprachlichen Minderheiten bundesgesetzlich eingeräumt sind, bleiben unberührt. *(BGBl I 2013/195) (BGBl. Nr. 267/1968, Art. I)*

(7) Die durch eine Festnahme verursachten Kosten und die Kosten der Untersuchungshaft sind bei Bemessung des Pauschalkostenbeitrages nicht zu berücksichtigen. *(BGBl I 2007/93)*

(BGBl 1983/168; BGBl 1993/526; BGBl 1996/201; BGBl 1996/762; BGBl I 2001/130)

§ 382. Die Gebühren der Organe der Kriminalpolizei für die Anfertigung von Kopien für Zwecke der Akteneinsicht, Zustellungen, Ladungen, Bewachung oder Beförderung des Beschuldigten oder anderer Personen werden durch besondere bundesgesetzliche Bestimmungen geregelt.

(BGBl I 2007/93)

§§ 383 bis 386. *(aufgehoben)*

§ 387. *(aufgehoben, BGBl. Nr. 145/1969, Art. II Z. 3)*

§ 388. (1) Der vorläufige Rücktritt von der Verfolgung und die vorläufige Einstellung des Verfahrens unter Bestimmung einer Probezeit setzen die Leistung eines Beitrages zu den nach § 381 Abs. 1 Z 1 bis 3 zu ersetzenden Kosten bis zu 250 Euro voraus. *(BGBl I 2007/93)*

(2) Im Fall gemeinnütziger Leistungen oder eines Tatausgleichs kann die Staatsanwaltschaft von der Verfolgung erst zurücktreten oder das Gericht das Strafverfahren erst einstellen, nachdem der Beschuldigte einen Pauschalkostenbeitrag bis zu 250 Euro bezahlt hat. *(BGBl I 2007/93)*

(3) Für die Bemessung der Kostenbeiträge gilt § 381 Abs. 5 sinngemäß. Die Zahlung ist insoweit nachzusehen, als dadurch der zu einer einfachen Lebensführung notwendige Unterhalt des Beschuldigten und seiner Familie, für deren Unterhalt er zu sorgen hat, Schadensgutmachung, Tatfolgen-

ausgleich oder die Erfüllung des Tatausgleichs gefährdet würde. *(BGBl I 2007/93)*

(BGBl I 1999/55; BGBl I 2001/130; BGBl I 2004/136)

§ 389. (1) Im Fall eines Schuldspruchs ist der Angeklagte auch zum Ersatz der Kosten des Strafverfahrens zu verpflichten (§ 260 Abs. 1 Z 5). *(BGBl I 2007/93)*

(2) Wird das Strafverfahren gegen einen Angeklagten wegen mehrerer Straftaten teils mit Schuld-, teils mit Freispruch erledigt, so ist der Angeklagte nur zum Ersatz jener Kosten zu verpflichten, die sich auf den Schuldspruch beziehen. *(BGBl I 2007/93)*

(3) Die Verpflichtung zum Ersatz der Kosten trifft jedoch den rechtskräftig Verurteilten nur für seine Person; sie geht nicht auf die Erben über. Von mehreren Angeklagten ist jeder einzelne zur Tragung des Pauschalkostenbeitrages, der dem gegen ihn gefällten Erkenntnis entspricht, sowie der Kosten zu verurteilen, die durch seine Verteidigung oder durch besondere, nur bei ihm eingetretene Ereignisse oder durch sein besonderes Verschulden entstanden sind. Zur Bezahlung aller anderen Kosten des Strafverfahrens sind sämtliche Angeklagten zur ungeteilten Hand zu verurteilen, sofern das Gericht nicht besondere Gründe findet, eine Beschränkung dieser Haftung eintreten zu lassen. *(BGBl I 2007/93)*

(BGBl 1987/605; BGBl 1996/762)

§ 390. (1) Wird das Strafverfahren auf andere Weise als durch einen Schuldspruch beendet, so sind die Kosten in der Regel vom Bunde zu tragen. Soweit aber das Strafverfahren auf Begehren eines Privatanklägers oder gemäß § 72 lediglich auf Antrag des Privatbeteiligten stattgefunden hat, ist diesen der Ersatz aller infolge ihres Einschreitens aufgelaufenen Kosten in der das Verfahren für die Instanz erledigenden Entscheidung aufzutragen. Den Privatbeteiligten trifft jedoch kein Kostenersatz, wenn das Strafverfahren nach dem 11. Hauptstück beendet wird. *(BGBl I 2007/93; BGBl I 2007/109)*

(1a) In Strafverfahren wegen übler Nachrede (§ 111 StGB), Vorwurf einer schon abgetanen gerichtlich strafbaren Handlung (§ 113 StGB), oder Beleidigung (§ 115 StGB), die im Wege einer Telekommunikation oder unter Verwendung eines Computersystems begangen wurden, ist der Privatankläger oder Antragsteller (§ 71 Abs. 1) nur zum Kostenersatz verpflichtet, wenn er den Vorwurf wissentlich falsch erhoben hat. *(BGBl I 2020/148, tritt mit 31. 12. 2023 außer Kraft)*

(2) Haben mehrere Privatankläger oder Privatbeteiligte wegen derselben Handlung erfolglos Bestrafung derselben Personen begehrt, so haften sie für die Kosten des Strafverfahrens zur ungeteilten Hand. Haben sie erfolglos die Bestrafung

verschiedener Personen oder die Bestrafung derselben Personen wegen verschiedener Handlungen begehrt, so haftet jeder für die besonderen Kosten, die nur durch seinen Antrag entstanden sind, und für den Pauschalkostenbeitrag, der zu entrichten gewesen wäre, wenn seine Anklage den einzigen Gegenstand des Verfahrens gebildet hätte; die Anteile der einzelnen Ankläger an den gemeinsamen Kosten hat das Gericht nach dem Maß ihrer Beteiligung am Verfahren zu bestimmen.

(3) Die Staatsanwaltschaft kann nie zum Ersatze der Kosten verurteilt werden.

(4) Wurde endlich das Strafverfahren durch eine wissentlich falsche Anzeige veranlaßt, so hat die Kosten der Anzeiger zu ersetzen.

(BGBl I 1999/55)

§ 390a. (1) Den nach den §§ 389 und 390 zum Kostenersatze Verpflichteten fallen auch die Kosten des Rechtsmittelverfahrens zur Last, sofern sie nicht durch ein ganz erfolglos gebliebenes Rechtsmittel des Gegners verursacht worden sind. Ist ein solches Rechtsmittel vom Privatankläger oder vom Privatbeteiligten ergriffen worden, so ist ihm der Ersatz der dadurch verursachten Kosten unabhängig vom Ausgange des Verfahrens aufzuerlegen.

(2) Für die durch ein erfolgloses Begehren um Wiederaufnahme des Verfahrens verursachten Kosten haftet der Antragsteller.

(BGBl I 1999/55)

§ 391. (1) Die Kosten des Strafverfahrens sind jedoch vom Ersatzpflichtigen nur insoweit einzutreiben, als dadurch weder der zu einer einfachen Lebensführung notwendige Unterhalt des Ersatzpflichtigen und seiner Familie, für deren Unterhalt er zu sorgen hat, noch die Erfüllung der aus der strafbaren Handlung entspringenden Pflicht zur Schadensgutmachung gefährdet wird. *(BGBl. Nr. 423/1974, Art. I Z. 110)*

(2) Ist nach den im Verfahren hervorgekommenen Umständen mit Grund anzunehmen, daß die Kosten des Strafverfahrens wegen Mittellosigkeit des Zahlungspflichtigen auch nicht bloß zum Teile hereingebracht werden können, so hat das Gericht, soweit tunlich, gleich bei Schöpfung des Erkenntnisses die Kosten für uneinbringlich zu erklären; andernfalls entfällt eine Entscheidung über die Einbringlichkeit der Kosten. Der Beschluß, womit die Kosten für uneinbringlich erklärt werden, kann jederzeit aufgehoben und, wenn später Umstände der bezeichneten Art hervorkommen, nachträglich gefaßt werden.

(3) Gegen Entscheidungen der Gerichte, womit ein Antrag abgelehnt wird, die Kosten für uneinbringlich zu erklären, ist kein Rechtsmittel zulässig.

(BGBl. Nr. 145/1969, Art. II Z. 4)

§ 392. *(aufgehoben, BGBl I 2007/93)*

§ 393. (1) Wer sich im Strafverfahren eines Vertreters bedient, hat in der Regel auch die für diese Vertretung auflaufenden Kosten, und zwar selbst in dem Falle zu zahlen, wenn ihm ein solcher Vertreter von Amts wegen beigegeben wird.

(1a) Ein Angeklagter, dem ein Verteidiger nach § 61 Abs. 2 beigegeben wurde, hat einen Pauschalbeitrag zu dessen Kosten zu tragen, wenn ihm der Ersatz der Prozeßkosten überhaupt zur Last fällt und sein und seiner Familie, für deren Unterhalt er zu sorgen hat, zur einfachen Lebensführung notwendiger Unterhalt dadurch nicht beeinträchtigt wird. Für die Bemessung dieses Pauschalbeitrages gelten die im § 393a Abs. 1 angeführten Grundsätze und die dort genannten Höchstbeträge. *(BGBl I 2007/93; BGBl I 2014/71)*

(2) Einem nach § 61 Abs. 2 beigegebenen Verteidiger sind, soweit nicht nach § 56 Abs. 2 vorzugehen ist, auf sein Verlangen die nötig gewesenen und wirklich bestrittenen baren Auslagen vom Bund zu vergüten. Zu diesen Auslagen gehören auch die Kosten eines Dolmetschers, soweit dessen Beiziehung zu den Besprechungen zwischen dem Verteidiger und dem Beschuldigten notwendig war; solche Kosten sind bis zu dem Ausmaß zu vergüten, das sich in sinngemäßer Anwendung der Bestimmungen des Gebührenanspruchsgesetzes 1975 ergibt. *(BGBl I 2007/93; BGBl I 2013/195)*

(3) *(aufgehoben, BGBl I 2007/93)*

(4) In den Fällen, in denen dem Beschuldigten, dem Privatankläger, dem Privatbeteiligten (§ 72) oder dem, der eine wissentlich falsche Anzeige gemacht hat, der Ersatz der Prozeßkosten überhaupt zur Last fällt, haben diese Personen auch alle Kosten der Verteidigung und der Vertretung zu ersetzen. *(BGBl I 2007/93)*

(4a) Wird ein Strafverfahren wegen übler Nachrede (§ 111 StGB), Vorwurf einer schon abgetanen gerichtlich strafbaren Handlung (§ 113 StGB) oder Beleidigung (§ 115 StGB), die im Wege einer Telekommunikation oder unter Verwendung eines Computersystems begangen wurden, auf andere Weise als durch einen Schuldspruch beendet, so hat im Haupt- und Rechtsmittelverfahren der Privatankläger dem Angeklagten alle Kosten der Verteidigung zu ersetzen, sofern nicht ohnedies eine Ersatzpflicht nach Abs. 4 vorliegt. *(BGBl I 2020/148, tritt mit 31. 12. 2023 außer Kraft)*

(5) Soweit jedoch der Privatbeteiligte mit seinen privatrechtlichen Ansprüchen auf den Zivilrechtsweg verwiesen worden ist, bilden die zur zweckentsprechenden Geltendmachung seiner Ansprüche im Strafverfahren aufgewendeten Kosten seines Vertreters einen Teil der Kosten

des zivilgerichtlichen Verfahrens, in dem über den Anspruch erkannt wird.

(BGBl 1993/526; BGBl I 1999/55; BGBl I 2001/130; BGBl I 2004/15)

§ 393a. (1) Wird ein nicht lediglich auf Grund einer Privatanklage oder der Anklage eines Privatbeteiligten (§ 72) Angeklagter freigesprochen oder das Strafverfahren nach Durchführung einer Hauptverhandlung gemäß § 227 oder nach einer gemäß den §§ 353, 362 oder 363a erfolgten Wiederaufnahme oder Erneuerung des Strafverfahrens eingestellt, so hat ihm der Bund auf Antrag einen Beitrag zu den Kosten der Verteidigung zu leisten. Der Beitrag umfaßt die nötig gewesenen und vom Angeklagten wirklich bestrittenen baren Auslagen und außer im Fall des (§ 61 Abs. 2) auch einen Pauschalbeitrag zu den Kosten des Verteidigers, dessen sich der Angeklagte bedient. Der Pauschalbeitrag ist unter Bedachtnahme auf den Umfang und die Schwierigkeit der Verteidigung und das Ausmaß des notwendigen oder zweckmäßigen Einsatzes des Verteidigers festzusetzen. Er darf folgende Beträge nicht übersteigen:

1. im Verfahren vor dem Landesgericht als Geschworenengericht 10 000 Euro, *(BGBl I 2014/71)*

2. im Verfahren vor dem Landesgericht als Schöffengericht 5 000 Euro, *(BGBl I 2014/71)*

3. im Verfahren vor dem Einzelrichter des Landesgerichts 3 000 Euro, *(BGBl I 2014/71)*

4. im Verfahren vor dem Bezirksgericht 1 000 Euro. *(BGBl I 2014/71)*
(BGBl I 2007/93)

(2) *(aufgehoben, BGBl I 2022/152, VfGH)*

(3) Der Ersatzanspruch ist ausgeschlossen, soweit der Angeklagte den das Verfahren begründenden Verdacht vorsätzlich herbeigeführt hat oder das Verfahren lediglich deshalb beendet worden ist, weil der Angeklagte die Tat im Zustand der Zurechnungsunfähigkeit begangen hat oder weil die Ermächtigung zur Strafverfolgung in der Hauptverhandlung zurückgenommen worden ist. Der Ersatzanspruch steht auch dann nicht zu, wenn die Strafbarkeit der Tat aus Gründen entfällt, die erst nach Einbringung der Anklageschrift oder des Antrages auf Bestrafung eingetreten sind.

(4) Der Antrag ist bei sonstigem Ausschluß innerhalb von drei Jahren nach der Entscheidung oder Verfügung zu stellen.

(5) Einer rechtzeitig eingebrachten Beschwerde gegen einen Beschluss, mit dem über den Antrag entschieden worden ist, kommt aufschiebende Wirkung zu. *(BGBl I 2007/93)*

(6) Weitergehende Rechte des Angeklagten nach diesem Bundesgesetz und dem Strafrechtlichen Entschädigungsgesetz bleiben unberührt.

(BGBl 1983/168; BGBl 1993/526; BGBl 1996/762; BGBl I 1999/55; BGBl I 2001/130)

§ 394. Gebührt dem Verteidiger oder dem Vertreter gemäß § 73 eine Belohnung, so ist ihre Bestimmung sowohl in dem Falle, wenn sich der Beschuldigte, der Privatankläger oder der Privatbeteiligte selbst einen solchen wählte, als auch dann, wenn dem Angeklagten ein Verteidiger von Amts wegen beigegeben wurde, dem freien Übereinkommen zwischen dem Vertreter und dem Zahlungspflichtigen überlassen. *(BGBl I 2007/93)*

(BGBl. Nr. 569/1973, Art. III Z. 9)

§ 395. (1) Wird über die Höhe der gemäß § 393 Abs. 4 oder Abs. 4a zu ersetzenden Kosten keine Einigung erzielt, so hat das Gericht, das in erster Instanz entschieden hat, auf Antrag eines der Beteiligten die zu ersetzenden Kosten mit Beschluss zu bestimmen. Vor der Bemessung der Gebühren ist dem Gegner des Antragstellers Gelegenheit zur Äußerung zu geben. Wird der Antrag von der zum Ersatze der Kosten verurteilten Partei gestellt, so hat das Gericht dem Gegner aufzutragen, seine Gebührenrechnung binnen einer angemessenen Frist vorzulegen, widrigenfalls die Gebühren auf Grund der vom Antragsteller beigebrachten und sonst dem Gerichte zur Verfügung stehenden Behelfe bestimmt würden. *(BGBl I 2007/93; BGBl I 2020/148)*

(2) Bei der Bemessung der Gebühren ist auch zu prüfen, ob die vorgenommenen Vertretungshandlungen notwendig waren oder sonst nach der Beschaffenheit des Falles gerechtfertigt sind. Die Kosten des Bemessungsverfahrens sind als Kosten des Strafverfahrens anzusehen.

(3) *(aufgehoben, BGBl I 2007/93)*

(4) Einer rechtzeitig eingebrachten Beschwerde gegen einen Beschluss gemäß Abs. 1 kommt aufschiebende Wirkung zu. *(BGBl I 2007/93)*

(5) Die vorhergehenden Absätze sind auch anzuwenden, wenn zwischen dem von Amts wegen bestellten Verteidiger und dem von ihm vertretenen Angeklagten über die Entlohnung kein Übereinkommen erzielt wird. Das Gericht hat die Entlohnung des von Amts wegen bestellten Verteidigers festzusetzen und dem Angeklagten die Zahlung aufzutragen. Der rechtskräftige Beschluß ist vollstreckbar. *(BGBl I 2014/71)*

(BGBl 1996/762)

§ 395a. *(aufgehoben, BGBl I 2007/93)*

StPO

19. Hauptstück

Vollstreckung der Urteile

§ 396. (1) Jeder durch ein Urteil freigesprochene Angeklagte ist, wenn er verhaftet ist, sogleich nach der Verkündung des Urteiles in Freiheit zu setzen; es sei denn, daß die Ergreifung eines Rechtsmittels mit aufschiebender Wirkung oder andere gesetzliche Gründe seine fernere Verwahrung nötig machten.

(2) Der auf freiem Fuß befindliche Angeklagte ist von der Rechtskraft zu verständigen, sobald der Ankläger ein angemeldetes Rechtsmittel zurückgezogen hat.

(3) Die Kriminalpolizei ist durch das Gericht, das in erster Instanz entschieden hat, von der Einstellung des Verfahrens sowie von einem Freispruch zu verständigen. *(BGBl I 2007/93)*

(BGBl I 2000/108)

§ 397. Jedes Strafurteil ist ungesäumt in Vollzug zu setzen, sobald feststeht, daß der Vollstreckung kein gesetzliches Hindernis und insbesondere kein rechtzeitig und von einem hiezu Berechtigten ergriffenes Rechtsmittel entgegensteht, dem das Gesetz aufschiebende Wirkung beimißt (§ 284 Abs. 3, § 294 Abs. 1 und § 344). Ist ein Rechtsmittel zugunsten des verhafteten Angeklagten von solchen Personen ergriffen worden, die hiezu gegen seinen Willen berechtigt sind, so ist der Angeklagte hievon in Kenntnis zu setzen und über den dadurch herbeigeführten Aufschub der Strafvollstreckung zu belehren. Dasselbe hat zu geschehen, wenn es zweifelhaft ist, ob der verhaftete Angeklagte der Einlegung des Rechtsmittels durch seinen Verteidiger zugestimmt habe. Die Anordnung des Vollzuges des Strafurteiles steht dem Vorsitzenden des erkennenden Gerichtes zu.

§ 398. Jede Rechtswirkung eines Strafurteils beginnt, wenn nichts anderes bestimmt ist, mit seiner Rechtskraft.

§ 399. Jedes Urteil gegen einen Beamten (§ 74 Abs. 1 Z 4 StGB) ist, sobald es rechtskräftig wurde, dem Leiter der Dienststelle bekannt zu machen.

(BGBl I 2007/93)

§ 400. (1) Über die Anrechnung einer vom Verurteilten nach der Fällung des Urteiles erster Instanz in Vorhaft zugebrachten Zeit (§ 38 StGB) hat der Vorsitzende des Gerichtes, das in erster Instanz erkannt hat, mit Beschluß zu entscheiden. *(BGBl I 2007/93)*

(2) Einen Beschluß nach Abs. 1 hat der Vorsitzende auf Antrag oder von Amts wegen auch dann zu fassen, wenn im Urteil die Anrechnung einer Vorhaft oder einer im Ausland verbüßten Strafe (§ 66 StGB) unterblieben ist. Ist eine solche Anrechnung fehlerhaft erfolgt, so hat sie der Vorsitzende jederzeit zu berichtigen (§ 270 Abs. 3), zum Nachteil des Angeklagten jedoch nur, solange das Urteil nicht rechtskräftig ist. Die Abweisung eines darauf gerichteten Antrages sowie die vorgenommene Berichtigung können nach Maßgabe des § 270 Abs. 3 mit Beschwerde angefochten werden. *(BGBl I 2007/93)*

(BGBl 1987/605)

§§ 401 bis 401a. *(aufgehoben)*

§ 402. Ist in einem Strafurteil auf den Verlust eines Rechtes erkannt worden oder ist in einem Gesetz vorgesehen, daß die Verurteilung einen solchen Verlust nach sich ziehen kann, so hat das Strafgericht die rechtskräftige Verurteilung der in Betracht kommenden Stelle bekanntzumachen. Sofern dieser Stelle nicht schon nach anderen gesetzlichen Bestimmungen eine Urteilsausfertigung zugestellt werden muß, ist ihr eine solche Ausfertigung auf ihr Ersuchen zu übersenden.

§§ 403 und 404. *(aufgehoben)*

§ 405. Wie auf Freiheitsstrafen lautende Strafurteile zu vollziehen sind, bestimmen besondere Gesetze.

§ 406. *(aufgehoben, BGBl. Nr. 145/1969, Art. II Z. 9)*

§ 407. Von der Verurteilung einer Person, die nicht die österreichische Staatsbürgerschaft besitzt, ist die für die Ausübung der Fremdenpolizei zuständige Behörde unverzüglich zu verständigen.

(BGBl. Nr. 423/1974, Art. I Z. 114)

§ 408. (1) Ist der Verfall, der erweiterte Verfall, die Konfiskation oder die Einziehung von Vermögenswerten oder Gegenständen ausgesprochen und befinden sich diese nicht bereits in gerichtlicher Verwahrung, so ist der Verurteilte oder der Haftungsbeteiligte (§ 64) vom Strafgericht schriftlich aufzufordern, sie binnen vierzehn Tagen an oder dem Gericht der Verfügungsmacht zu übertragen, widrigenfalls zwangsweise vorgegangen werden würde. Kommt der Verfügungsberechtigte dieser Aufforderung nicht nach, so ist die Einbringungsstelle um die Einleitung der Exekution zu ersuchen. *(BGBl I 2007/93; BGBl I 2010/108)*

(2) Ein verfallener oder eingezogener Gegenstand, der in wissenschaftlicher oder geschichtlicher Beziehung oder für eine Lehr-, Versuchs-, Forschungs- oder sonstige Fachtätigkeit von Interesse ist, ist den hiefür in Österreich bestehenden staatlichen Einrichtungen und Sammlungen zur Verfügung zu stellen. Im Übrigen sind Gegenstände, die zur Deckung des Sachaufwandes der Justiz unmittelbar herangezogen werden können, hiezu zu verwenden, andere Gegenstände aber auf die im § 377 angeordnete Weise zu veräußern.

Gegenstände, die danach weder verwendet noch verwertet werden können, sind zu vernichten. *(BGBl I 2004/164)*

(BGBl 1996/762; BGBl I 2001/130)

§ 409. (1) Wenn der Verurteilte eine über ihn verhängte Geldstrafe nicht unverzüglich nach Eintritt der Rechtskraft erlegt, ist er schriftlich aufzufordern, die Strafe binnen vierzehn Tagen zu zahlen, widrigens sie zwangsweise eingetrieben werde. Gleiches gilt für den Verfall nach § 20 Abs. 3 StGB und die Konfiskation nach § 19a Abs. 1a StGB. *(BGBl I 2010/108; BGBl I 2016/26)*

(2) Wie die im Abs. 1 genannten Geldbeträge einzutreiben sind, wird im Gerichtlichen Einbringungsgesetz in der jeweils geltenden Fassung angeordnet. Die Auskunft aus dem Kontenregister oder die Auskunft über Bankkonten und Bankgeschäfte (§§ 116, 210 Abs. 3 StPO) ist auch dann zulässig, wenn auf Grund bestimmter Tatsachen anzunehmen ist, dass Vermögenswerte zur Vollstreckung einer Geldstrafe, einer Konfiskation (§ 19a StGB), eines Verfalls (§ 20 StGB), eines erweiterten Verfalls (§ 20b StGB) oder einer anderen gesetzlich vorgesehenen vermögensrechtlichen Anordnung aufgefunden werden können. *(BGBl I 2016/26)*

(3) Ersatzfreiheitsstrafen sind wie andere Freiheitsstrafen nach den Bestimmungen des StVG anzuordnen und zu vollziehen. *(BGBl I 2007/109)*

(BGBl 1996/762)

(BGBl. Nr. 145/1969, Art. II Z. 10)

§ 409a. (1) Wenn die unverzügliche Zahlung einer Geldstrafe oder eines Geldbetrages nach § 20 StGB den Zahlungspflichtigen unbillig hart träfe, hat der Vorsitzende auf Antrag durch Beschluß einen angemessenen Aufschub zu gewähren.

(2) Der Aufschub darf jedoch

1. bei Zahlung der ganzen Strafe oder des gesamten Geldbetrages nach § 20 StGB auf einmal oder bei Entrichtung einer 180 Tagessätze nicht übersteigenden Strafe in Teilbeträgen nicht länger sein als ein Jahr,

2. bei Entrichtung einer 180, nicht aber 360 Tagessätze übersteigenden Strafe in Teilbeträgen nicht länger als zwei Jahre und *(BGBl I 2015/112)*

2a. bei Entrichtung einer 360 Tagessätze übersteigenden Strafe in Teilbeträgen nicht länger als drei Jahre sowie *(BGBl I 2015/112)*

3. bei Entrichtung einer nicht in Tagessätzen bemessenen Geldstrafe oder eines Geldbetrages nach § 20 StGB in Teilbeträgen nicht länger als fünf Jahre.

(3) In die gewährte Aufschubsfrist werden Zeiten, in denen der Zahlungspflichtige auf behördliche Anordnung angehalten worden ist, nicht eingerechnet. Leistet der Zahlungspflichtige zur Schadloshaltung oder Genugtuung eines durch die strafbare Handlung Geschädigten Zahlungen, so ist dies bei der Entscheidung über einen Antrag auf Aufschub angemessen zu berücksichtigen. Mit Rücksicht auf Entschädigungszahlungen, die innerhalb der zur Zahlung der Geldstrafe oder des Geldbetrages nach § 20 StGB gewährten Frist geleistet werden, kann der Aufschub angemessen längstens aber um ein weiteres Jahr verlängert werden.

(4) Die Entrichtung einer Geldstrafe oder eines Geldbetrages nach § 20 StGB in Teilbeträgen darf nur mit der Maßgabe gestattet werden, daß alle noch aushaftenden Teilbeträge sofort fällig werden, wenn der Zahlungspflichtige mit mindestens zwei Ratenzahlungen in Verzug ist.

(5) *(aufgehoben, BGBl I 2007/93)*

(BGBl 1996/762)

§ 409b. (1) Geldstrafen, verfallene Geldbeträge und Veräußerungserlöse (§§ 115e, 377) fließen dem Bund zu.

(2) 20 vH der nach §§ 20, 20b StGB für verfallen erklärten Vermögenswerte fließen dem Bundesministerium für Inneres zu.

(BGBl I 2012/35)

§ 410. (1) Über die nachträgliche Strafmilderung, die Neubemessung des Tagessatzes sowie die Änderung der Entscheidung über den Verfall, den erweiterten Verfall (§ 31a StGB) oder über das Tätigkeitsverbot (§ 220b Abs. 3 StGB) entscheidet das Gericht, das in erster Instanz erkannt hat, auf Antrag oder von Amts wegen nach Erhebung der für die Entscheidung maßgebenden Umstände mit Beschluß. *(BGBl I 2009/40, 2. GeSchG; BGBl I 2010/108; BGBl I 2019/105)*

(2) *(aufgehoben, BGBl I 2007/93)*

(3) Wenn der Zweck der Entscheidung nach Abs. 1 sonst ganz oder teilweise vereitelt werden könnte, hat das Gericht den Vollzug der Strafe, des Verfalls oder des erweiterten Verfalls bis zur Rechtskraft seiner Entscheidung vorläufig zu hemmen oder zu unterbrechen, es sei denn, daß ihm ein offenbar aussichtsloser Antrag vorliegt. *(BGBl I 2010/108)*

(BGBl 1996/762)

§§ 410a und 410b. *(aufgehoben, BGBl 1996/762)*

§ 411. Mit dem Tod des Verurteilten erlischt die Verbindlichkeit zur Zahlung von Geldstrafen, soweit sie noch nicht vollzogen worden sind. Dies gilt dem Sinne nach für den Verfalls- und Wertersatz.

(BGBl 1996/762)

StPO

20. Hauptstück

Verfahren gegen Abwesende

I. Verfahren gegen Unbekannte, Abwesende und Flüchtige während der Voruntersuchung

§§ 412 bis 420. *(aufgehoben, BGBl I 2007/93)*

Abwesenheitsverfahren

§§ 422 bis 426. *(aufgehoben, BGBl 1993/526)*

§ 427. (1) Ist der Angeklagte bei der Hauptverhandlung nicht erschienen, so darf bei sonstiger Nichtigkeit in seiner Abwesenheit die Hauptverhandlung nur dann durchgeführt und das Urteil gefällt werden, wenn es sich um ein Vergehen handelt, der Angeklagte gemäß §§ 164 oder 165 zum Anklagevorwurf vernommen wurde und ihm die Ladung zur Hauptverhandlung persönlich zugestellt wurde. Das Urteil ist in diesem Fall dem Angeklagten in seiner schriftlichen Ausfertigung zuzustellen. *(BGBl I 2007/93)*

(2) Soweit die Hauptverhandlung in Abwesenheit des Angeklagten nicht durchgeführt werden kann, sei es, weil die Voraussetzungen gemäß Abs. 1 nicht vorliegen oder der Vorsitzende die Anwesenheit des Angeklagten zur umfassenden Beurteilung des Anklagevorwurfs für erforderlich hält, so ist die Hauptverhandlung gemäß § 226 zu vertagen und gegebenenfalls die Vorführung des Angeklagten anzuordnen. Ist der Angeklagte jedoch flüchtig oder unbekannten Aufenthalts, so ist gemäß § 197 Abs. 1 vorzugehen. § 197 Abs. 2b gilt sinngemäß. *(BGBl I 2007/93; BGBl I 2016/26)*

(3) Gegen das in Abwesenheit des Angeklagten gefällte Urteil kann dieser beim Landesgericht innerhalb von vierzehn Tagen Einspruch erheben. Die Nichtigkeitsbeschwerde und die Berufung gegen ein Abwesenheitsurteil können auch nach Ablauf der Anmeldungsfrist zusammen mit dem Einspruch angemeldet werden. Dem Einspruch ist stattzugeben, wenn nachgewiesen wird, daß der Angeklagte durch ein unabweisbares Hindernis abgehalten wurde, in der Hauptverhandlung zu erscheinen. In diesem Fall ist eine neue Hauptverhandlung anzuordnen. Über den Einspruch entscheidet das Oberlandesgericht nach Anhörung der Oberstaatsanwaltschaft in nichtöffentlicher Sitzung. Weist es den Einspruch zurück, so steht dem Angeklagten gegen das Urteil ein Rechtsmittel nicht mehr offen. Hat der Verurteilte zugleich mit dem Einspruche die Nichtigkeitsbeschwerde oder die Berufung ergriffen oder liegt eine von anderer Seite ergriffene Berufung oder Nichtigkeitsbeschwerde vor, so ist von dem Gerichte, dem die Akten nach Vorschrift der §§ 285 und 294 vorgelegt werden, vorerst über den Einspruch in nichtöffentlicher Sitzung nach Anhörung der Staatsanwaltschaft zu entscheiden; nur wenn der Einspruch zurückgewiesen wird, ist in

die Prüfung der Berufung oder Nichtigkeitsbeschwerde einzugehen. *(BGBl I 2007/93)*

(BGBl 1993/526; BGBl I 1999/55)

§ 428. Durch das Nichterscheinen eines Angeklagten und das dadurch veranlaßte Ungehorsamverfahren darf das Verfahren gegen die anwesenden Mitangeklagten nicht verzögert werden. Werden in solchen Fällen Gegenstände, die zur Überweisung der Angeklagten dienen können, den Eigentümern zurückgestellt, so kann diesen die Verpflichtung auferlegt werden, die Beweisstücke auf Begehren wieder beizubringen. Zugleich ist eine genaue Beschreibung der zurückgestellten Gegenstände zu den Akten zu bringen.

21. Hauptstück

Verfahren bei vorbeugenden Maßnahmen und beim Verfall, beim erweiterten Verfall, bei der Einziehung und bei der Ausschließung vom Wahlrecht

1. Abschnitt

Verfahren zur Unterbringung in einem forensisch-therapeutischen Zentrum nach § 21 StGB

Verfahren zur Unterbringung

§ 429. Für die Unterbringung eines Betroffenen (§ 48 Abs. 2) in einem forensisch-therapeutischen Zentrum (§ 21 StGB) gelten die Bestimmungen über das Strafverfahren sinngemäß, soweit im Folgenden nichts anderes bestimmt wird.

(BGBl I 2022/223)

Besonderheiten des Verfahrens

§ 430. (1) Sobald aufgrund bestimmter Anhaltspunkte (§ 1 Abs. 3 StPO) angenommen werden kann, dass die Voraussetzungen für die Unterbringung in einem forensisch-therapeutischen Zentrum vorliegen, gelten folgende Besonderheiten:

1. Der Verteidiger ist berechtigt, im Verfahren zur Unterbringung nach § 21 Abs. 1 StGB zugunsten des Betroffenen auch gegen dessen Willen Anträge zu stellen.

2. Der Betroffene ist durch einen Sachverständigen der Psychiatrie, vorzugsweise eines solchen, der auch für das Fachgebiet psychiatrische Kriminalprognostik eingetragen ist, zu untersuchen. Steht ein Sachverständiger der Psychiatrie nicht oder nicht rechtzeitig zur Verfügung, so kann ein Sachverständiger der klinischen Psychologie bestellt werden.

3. Zu jeder Vernehmung des Betroffenen können ein oder mehrere Sachverständige im Sinne der Z 2 beigezogen werden.

4. Verhängung und Fortsetzung der Untersuchungshaft sind unzulässig. Befindet sich der Betroffene bereits in Untersuchungshaft, so hat

das Gericht von Amts wegen über die vorläufige Unterbringung zu entscheiden (§ 431).

5. Im Verfahren zur Unterbringung nach § 21 Abs. 1 StGB ist ein Anschluss wegen privatrechtlicher Ansprüche unzulässig.

(2) Das nach § 109 Jurisdiktionsnorm, RGBl. Nr. 111/1895, zuständige Gericht ist unverzüglich vom Verfahren und von dessen Beendigung, gegebenenfalls mit der Anregung, einen Erwachsenenvertreter zu bestellen, zu verständigen. Hat der Betroffene einen gesetzlichen Vertreter, so ist auch dieser zu verständigen.

(BGBl I 2022/223)

Vorläufige Unterbringung

§ 431. (1) Ist der Betroffene einer strafbaren Handlung dringend verdächtig und liegen hinreichende Gründe für die Annahme, dass die Voraussetzungen des § 21 Abs. 1 oder 2 StGB gegeben seien, sowie einer der in § 173 Abs. 2 und 6 angeführten Haftgründe vor, so ist der Betroffene vorläufig in einem forensisch-therapeutischen Zentrum unterzubringen. Über die Zulässigkeit der vorläufigen Unterbringung ist in sinngemäßer Anwendung des § 173 Abs. 1, 3 und 5 sowie der §§ 174 bis 178 zu entscheiden.

(2) Die vorläufige Unterbringung darf nicht angeordnet, aufrechterhalten oder fortgesetzt werden, wenn ihr Zweck durch den gleichzeitigen Vollzug einer Unterbringung in einem forensisch-therapeutischen Zentrum oder auch dadurch erreicht werden kann, dass der Betroffene ohne eine solche behandelt und betreut wird. Das Gericht kann den Leiter einer Geschäftsstelle der Bewährungshilfe vor der Entscheidung über das Absehen von der vorläufigen Unterbringung mit der Durchführung einer Sozialnetzkonferenz (§ 29e BewHG) und der Vorlage eines Plans für die Anwendung alternativer Maßnahmen und nach Entscheidung über das Absehen von der vorläufigen Unterbringung mit der Überwachung der festgelegten Bedingungen sowie der Berichterstattung an das Gericht beauftragen. §§ 157a bis 157e StVG über die Festlegung von Bedingungen für ein vorläufiges Absehen vom Vollzug einer Unterbringung gelten sinngemäß.

(3) Dem Vollzug einer Unterbringung in einem forensisch-therapeutischen Zentrum ist in Verfahren zur Unterbringung nach § 21 Abs. 2 StGB der Vollzug einer Strafhaft gleichzusetzen. Die Staatsanwaltschaft hat in diesem Fall die Abweichungen vom Vollzug anzuordnen, die für die Zwecke der vorläufigen Unterbringung unentbehrlich sind. Wird die vorläufige Unterbringung dennoch angeordnet, so tritt eine Unterbrechung des Vollzugs der Unterbringung oder der Strafhaft ein.

(4) § 172 Abs. 4 und § 181a gelten sinngemäß.

(BGBl I 2022/223)

Ort der vorläufigen Unterbringung

§ 432. (1) Die vorläufige Unterbringung erfolgt in einem forensisch-therapeutischen Zentrum, wobei vorläufig Untergebrachte nicht in Gemeinschaft mit rechtskräftig Untergebrachten angehalten werden sollen. Sie kann in einer öffentlichen Krankenanstalt für Psychiatrie oder in einer öffentlichen Krankenanstalt mit einer Abteilung für Psychiatrie erfolgen, wenn dies zweckmäßig ist und der Betroffene dort angemessen behandelt und betreut werden kann. Die öffentlichen Krankenanstalten für Psychiatrie und die öffentlichen Krankenanstalten mit einer Abteilung für Psychiatrie sind verpflichtet, den Betroffenen aufzunehmen und für die erforderliche Sicherung seiner Person zu sorgen. § 71 Abs. 2 StVG gilt sinngemäß mit der Maßgabe, dass für den Fall, dass durch die strafrechtliche Unterbringung in öffentlichen Krankenanstalten zusätzliche Aufwendungen entstehen, der Bund mit dem Rechtsträger der Krankenanstalt eine Vereinbarung über die Vergütung solcher Aufwendungen abschließen kann.

(2) Der Betroffene ist in einem dem zuständigen Gericht möglichst nahe liegenden geeigneten forensisch-therapeutischen Zentrum unterzubringen. Näheres bestimmt die Bundesministerin für Justiz durch Verordnung. Die Bundesministerin für Justiz kann im Einzelfall den Vollzug in einem anderen forensisch-therapeutischen Zentrum oder in einer anderen öffentlichen Krankenanstalt für Psychiatrie oder einer anderen öffentlichen Krankenanstalt mit einer Abteilung für Psychiatrie anordnen, wenn dies im Interesse des Betroffenen oder zur Erreichung des Unterbringungszwecks geboten ist. Mit Zustimmung des Betroffenen kann eine solche Anordnung auch zur Vermeidung eines Überbelags getroffen werden. Beantragt der Betroffene eine Änderung des Unterbringungsortes, so hat die Bundesministerin für Justiz darüber binnen vier Wochen zu entscheiden; § 16a StVG gilt sinngemäß.

(3) Befindet sich der Betroffene in Untersuchungshaft, so ist er nach Entscheidung über die vorläufige Unterbringung in das forensisch-therapeutische Zentrum zu überstellen, in dem die vorläufige Unterbringung zu vollziehen ist.

(4) Vor einer Änderung des Unterbringungsortes nach Abs. 2 sind der Betroffene und dessen gesetzlicher Vertreter, die Staatsanwaltschaft und das Gericht zu hören; nach der Überstellung sind die Staatsanwaltschaft, das Gericht, der Verteidiger und der gesetzliche Vertreter des Betroffenen durch das nunmehr zuständige forensisch-therapeutische Zentrum unverzüglich zu verständigen.

(BGBl I 2022/223)

Vollzug der vorläufigen Unterbringung

§ 433. (1) Für den Vollzug der vorläufigen Unterbringung gelten die Bestimmungen über den Vollzug der Unterbringung in einem forensisch-therapeutischen Zentrum nach §§ 164 bis 167a StVG sinngemäß.

(2) Für den Verkehr mit der Außenwelt gelten § 188 und § 189 sinngemäß.

(3) Der Betroffene ist mit dem Ziel zu behandeln und zu betreuen, seinen Zustand nach Möglichkeit so weit zu bessern, dass die Anordnung einer Unterbringung durch das erkennende Gericht entbehrlich wird oder vom Vollzug vorläufig abgesehen werden kann (§ 434g; § 157a StVG). Der Leiter des forensisch-therapeutischen Zentrums hat den Behandlungsplan und die entsprechende Umsetzungsdokumentation der Staatsanwaltschaft, nach Einbringung des Antrags auf Unterbringung oder der Anklageschrift dem Gericht zu übermitteln und über den bisherigen Behandlungserfolg zu berichten. Die Pflichten des Leiters des forensisch-therapeutischen Zentrums treffen im Fall der vorläufigen Unterbringung in einer öffentlichen Krankenanstalt für Psychiatrie oder in einer öffentlichen Krankenanstalt mit einer Abteilung für Psychiatrie den Leiter der Krankenanstalt bzw. der Abteilung.

(4) Kann auf Grund bestimmter Tatsachen angenommen werden, dass im Falle einer Unterbringung von deren Vollzug vorläufig abgesehen werden könnte (§ 157a StVG, § 434g), so hat das Gericht auf Antrag des Betroffenen oder der Staatsanwaltschaft, auf Anregung des Leiters des forensisch-therapeutischen Zentrums oder von Amts wegen bereits während der vorläufigen Unterbringung vorläufige Bewährungshilfe (§ 179) anzuordnen.

(5) Im Falle eines Strafurteils (§ 21 Abs. 2 StGB, § 434b Abs. 1 zweiter Satz) ist die vorläufige Unterbringung auf Freiheits- und Geldstrafen anzurechnen (§ 38 StGB).

(BGBl I 2022/223)

Antrag auf Unterbringung

§ 434. (1) Liegen hinreichende Gründe für die Unterbringung nach § 21 Abs. 1 StGB vor, so hat die Staatsanwaltschaft einen Antrag auf Unterbringung zu stellen. Für diesen Antrag gelten die Bestimmungen über die Anklageschrift (§§ 210 bis 215) sinngemäß. Im Fall des § 21 Abs. 2 StGB ist die Unterbringung in einem forensisch-therapeutischen Zentrum in der Anklageschrift zu beantragen.

(2) Über den Antrag auf Unterbringung entscheidet das Landesgericht, das für ein Strafverfahren auf Grund einer Anklage oder eines Strafantrages gegen den Betroffenen wegen seiner Tat (§ 21 Abs. 3 StGB) zuständig ist oder zuständig wäre. Anstelle des Einzelrichters des Landesgerichts entscheidet jedoch das Landesgericht als Schöffengericht in der Besetzung mit zwei Berufsrichtern und zwei Schöffen (§ 32 Abs. 1a).

(BGBl I 2022/223)

Entscheidung durch Urteil

§ 434a. Das Gericht entscheidet über die Unterbringung nach öffentlicher mündlicher Hauptverhandlung, die in sinngemäßer Anwendung der Bestimmungen des 14. und 15. Hauptstücks durchzuführen ist, durch Urteil.

(BGBl I 2022/223)

Gleichwertigkeit von Anklage und Antrag auf Unterbringung

§ 434b. (1) Das Gericht kann eine Unterbringung bei Vorliegen der Voraussetzungen auch dann anordnen, wenn die Tat (§ 21 Abs. 3 StGB) Gegenstand einer Anklage ist und die Unterbringung in der Anklageschrift nicht beantragt wurde. In gleicher Weise kann das Gericht aufgrund eines Antrags auf Unterbringung auf eine Strafe oder eine Strafe und eine Unterbringung nach § 21 Abs. 2 StGB erkennen, wenn es zum Ergebnis kommt, dass der Betroffene wegen der Tat (§ 21 Abs. 3 StGB) bestraft werden kann oder die Voraussetzungen für eine Unterbringung nach § 21 Abs. 2 StGB vorliegen.

(2) Ist das Landesgericht als Einzelrichter der Ansicht, dass die Voraussetzungen der Unterbringung vorliegen, so hat es, nachdem die Beteiligten des Verfahrens zu den geänderten Umständen gehört wurden, mit Urteil seine Unzuständigkeit auszusprechen. § 261 gilt sinngemäß.

(3) Das Gericht hat den Angeklagten oder Betroffenen in den Fällen des Abs. 1 über den geänderten rechtlichen Gesichtspunkt zu hören und über einen allfälligen Vertagungsantrag zu entscheiden. Für das Verfahren vor dem Landesgericht als Geschworenengericht gilt § 434e.

(4) Eine Unterbringung darf nur dann ausgesprochen werden, wenn während der gesamten Hauptverhandlung die Voraussetzungen nach § 434 Abs. 2 zweiter Satz und § 434d Abs. 1 und 2 erfüllt waren, widrigenfalls die Hauptverhandlung zu vertagen (§ 276) und zu wiederholen (§ 276a zweiter Satz) ist.

(BGBl I 2022/223)

Rechte des gesetzlichen Vertreters

§ 434c. (1) Hat der Betroffene einen gesetzlichen Vertreter, dessen Wirkungsbereich die Vertretung im Verfahren zur Unterbringung umfasst, so sind diesem die Anklage oder der Antrag auf Unterbringung sowie sämtliche gerichtlichen Entscheidungen auf dieselbe Weise bekanntzumachen wie dem Betroffenen. Der gesetzliche Vertreter ist zur Hauptverhandlung zu laden.

(2) Der gesetzliche Vertreter ist berechtigt, für den Betroffenen auch gegen dessen Willen Einspruch gegen die Anklageschrift oder den Antrag auf Unterbringung zu erheben (§§ 212 bis 215) und gegen das Urteil alle Rechtsmittel zu ergreifen, die dem Betroffenen zustehen. Die Frist zur Erhebung von Rechtsmitteln läuft für den gesetzlichen Vertreter ab dem Tag, an dem ihm die Entscheidung bekannt gemacht wird.

(3) Hat der Betroffene einen gesetzlichen Vertreter und ist dieser der Beteiligung an der mit Strafe bedrohten Handlung des Betroffenen verdächtig oder überwiesen, kann er dem Betroffenen aus anderen Gründen im Verfahren nicht beistehen oder ist er zur Hauptverhandlung nicht erschienen, so hat der Verteidiger auch die Rechte des gesetzlichen Vertreters. Gleiches gilt, wenn der Betroffene in den Fällen des § 21 Abs. 1 StGB keinen gesetzlichen Vertreter hat.

(4) Wird die vorläufige Unterbringung des Betroffenen angeordnet oder aufgehoben, so ist der gesetzliche Vertreter davon zu verständigen. Das Recht auf Besuch durch den gesetzlichen Vertreter steht einem vorläufig Angehaltenen in gleichem Umfang zu wie das Recht auf Besuch von einem Rechtsbeistand.

(BGBl I 2022/223)

Besonderheiten der Hauptverhandlung

§ 434d. (1) Während der gesamten Hauptverhandlung muss bei sonstiger Nichtigkeit ein Verteidiger des Betroffenen anwesend sein.

(2) Der Hauptverhandlung ist bei sonstiger Nichtigkeit für die gesamte Dauer ein Sachverständiger (§ 430 Abs. 1 Z 2) beizuziehen.

(3) Ist in der Hauptverhandlung, in der über die Unterbringung einer Person entschieden werden soll, entgegen Abs. 1 erster Satz kein Verteidiger anwesend oder ist dieser entgegen Abs. 2 kein Sachverständiger beigezogen, so ist sie zu vertagen (§ 276) und zu wiederholen (§ 276a zweiter Satz).

(4) Wird über mehrere Taten gleichzeitig erkannt und eine Unterbringung angeordnet, so ist im Urteil auszusprechen, welche Taten Anlass für die Unterbringung waren; die Unterbringung darf nur einmal angeordnet werden.

(BGBl I 2022/223)

Verfahren vor dem Landesgericht als Geschworenengericht

§ 434e. (1) Im Verfahren zur Unterbringung nach § 21 Abs. 1 StGB vor dem Landesgericht als Geschworenengericht ist den Geschworenen eine Zusatzfrage zu stellen, ob der Betroffene zur Zeit der Tat zurechnungsfähig war. Für etwaige andere Zusatzfragen und das Verfahren über einen Antrag auf Unterbringung nach § 21 Abs. 2 StGB gilt § 313 sinngemäß.

(2) Über die Anordnung der Unterbringung entscheidet der Schwurgerichtshof gemeinsam mit den Geschworenen (§ 303).

(BGBl I 2022/223)

Rechtsmittel

§ 434f. (1) Das Urteil kann hinsichtlich des Ausspruchs über die Unterbringung in sinngemäßer Anwendung der § 281 und § 283, im Falle eines Urteils des Landesgerichts als Geschworenengericht in sinngemäßer Anwendung der § 345 und § 346, zugunsten und zum Nachteil des Betroffenen mit Nichtigkeitsbeschwerde und Berufung angefochten werden. Die Anmeldung der Nichtigkeitsbeschwerde oder der Berufung hat aufschiebende Wirkung.

(2) Für die Wiederaufnahme und die Erneuerung des Unterbringungsverfahrens sowie für die Wiedereinsetzung in den vorigen Stand gelten die Bestimmungen des 16. Hauptstücks sinngemäß.

(BGBl I 2022/223)

Verfahren beim vorläufigen Absehen vom Vollzug der Unterbringung

§ 434g. (1) Das Gericht hat von Amts wegen zu prüfen, ob vom Vollzug der Unterbringung nach § 157a StVG durch Festlegung von Bedingungen und Anordnung der Bewährungshilfe (§ 157b StVG) vorläufig abzusehen ist. Ist der Betroffene vorläufig untergebracht, so hat das Gericht den Leiter des forensisch-therapeutischen Zentrums, in dem der Betroffene vorläufig untergebracht ist, zu beauftragen, das Vorliegen der Voraussetzungen für ein vorläufiges Absehen von der Unterbringung – gegebenenfalls unter Ausrichtung einer Sozialnetzkonferenz (§ 29e BewHG) – zu erheben und darüber zu berichten, ob ein vorläufiges Absehen vom Vollzug der Unterbringung befürwortet werden kann sowie gegebenenfalls spätestens in der Hauptverhandlung einen Plan für die Anwendung alternativer Maßnahmen (§§ 157a bis 157e StVG) vorzulegen. § 433 Abs. 3 letzter Satz gilt sinngemäß. Wird der Betroffene wegen seiner psychischen Störung ärztlich behandelt, so ist die behandelnde Stelle um eine entsprechende Stellungnahme zu ersuchen. Soweit dies zur Beurteilung des vorläufigen Absehens vom Vollzug der Unterbringung erforderlich ist, hat das Gericht Äußerungen von psychiatrischen Einrichtungen und von anderen Betreuungseinrichtungen, in denen der Betroffene zuletzt behandelt oder betreut wurde, einzuholen.

(2) Das Gutachten des Sachverständigen (§ 430 Abs. 1 Z 2) hat sich auch darauf zu erstrecken, ob es alternative Behandlungs- oder Betreuungsmaßnahmen gibt, die ein vorläufiges Absehen vom Vollzug einer Unterbringung ermöglichen könnten (§ 157a StVG).

(3) Ist vorläufige Bewährungshilfe angeordnet (§ 433 Abs. 4), so hat der Leiter einer Geschäftsstelle der Bewährungshilfe seinen Bericht spätestens bis zum Beginn der Hauptverhandlung vorzulegen, der Bewährungshelfer ist vor der Entscheidung zu hören.

(4) Soweit das Gericht dies für erforderlich hält, kann die Hauptverhandlung mit Zustimmung des Betroffenen zur Klärung der Voraussetzungen des Absehens vom Vollzug der Unterbringung für längstens zwei Monate vertagt werden.

(5) Das vorläufige Absehen vom Vollzug der Unterbringung in einem forensisch-therapeutischen Zentrum (§ 157a StVG) ist Teil des Ausspruches über die Unterbringung und kann zugunsten und zum Nachteil des Betroffenen mit Berufung angefochten werden.

(6) Zugleich legt das Gericht mit Beschluss die Bedingungen für das vorläufige Absehen vom Vollzug der Unterbringung fest (§ 157a Abs. 4 StVG). Der Beschluss ist gesondert anfechtbar (§ 87).

(7) Wird eine Bedingung festgelegt, die die Interessen des Opfers unmittelbar berührt, so ist das Opfer über deren Inhalt und ihre Bedeutung zu verständigen.

(BGBl I 2022/223)

2. Abschnitt

Verfahren zur Unterbringung in einer Anstalt für entwöhnungsbedürftige Rechtsbrecher nach § 22 StGB oder in einer Anstalt für gefährliche Rückfallstäter nach § 23 StGB und zur Verhängung eines Tätigkeitsverbotes nach § 220b StGB

§ 435. (1) Über die Anwendung der in den § 22, § 23 und § 220b StGB vorgesehenen vorbeugenden Maßnahmen ist in der Regel (§ 441) im Strafurteil zu entscheiden. *(BGBl I 2022/223)*

(2) Die Anordnung der Unterbringung in einer der in diesen Bestimmungen genannten Anstalten oder ihr Unterbleiben sowie die Anordnung eines Tätigkeitsverbotes oder deren Unterbleiben bilden einen Teil des Ausspruches über die Strafe und können zugunsten und zum Nachteil des Verurteilten mit Nichtigkeitsbeschwerde und mit Berufung angefochten werden. *(BGBl I 2009/40, 2. GeSchG)*

§ 436. *(entfällt, BGBl I 2022/223)*

§ 437. Einen Antrag auf Unterbringung in einer der in den § 22 und § 23 StGB vorgesehenen Anstalten oder auf Anordnung eines Tätigkeitsverbotes hat die Staatsanwaltschaft in der Anklage zu stellen. Das Gericht kann jedoch auch ohne einen solchen Antrag die Unterbringung oder das Tätigkeitsverbot anordnen. *(BGBl I 2022/223)*

(BGBl I 2009/40, 2. GeSchG)

§ 438. Liegen hinreichende Gründe für die Annahme, dass die Voraussetzungen des § 22 StGB gegeben seien, und Haftgründe (§ 173 Abs. 2 und 6) vor, kann der Beschuldigte aber nicht ohne Schwierigkeiten in einer Justizanstalt angehalten werden, so ist mit Beschluss anzuordnen, dass die Untersuchungshaft durch vorläufige Unterbringung in einer Anstalt für entwöhnungsbedürftige Rechtsbrecher zu vollziehen ist. Auf den Vollzug der Untersuchungshaft sind in diesem Fall die Bestimmungen über den Vollzug dieser vorbeugenden Maßnahmen dem Sinne nach anzuwenden. Auf den Vollzug der Untersuchungshaft sind in diesem Fall die Bestimmungen über den Vollzug dieser vorbeugenden Maßnahmen dem Sinne nach anzuwenden. *(BGBl I 2022/223)*

§ 439. (1) Die Anordnung der in den § 22 und § 23 StGB vorgesehenen vorbeugenden Maßnahmen ist nichtig, wenn nicht während der ganzen Hauptverhandlung ein Verteidiger des Beschuldigten anwesend war. Die Anordnung eines Tätigkeitsverbotes (§ 220b StGB) ist nichtig, wenn deren Voraussetzungen in der Hauptverhandlung nicht erörtert wurden. *(BGBl I 2009/40, 2. GeSchG; BGBl I 2022/223)*

(2) Die Unterbringung in einer Anstalt für entwöhnungsbedürftige Rechtsbrecher oder in einer Anstalt für gefährliche Rückfallstäter darf bei sonstiger Nichtigkeit überdies nur nach Beiziehung zumindest eines Sachverständigen (§ 430 Abs. 1 Z 2) angeordnet werden. *(BGBl I 2022/223)*

(3) Sieht das Gericht von der Unterbringung in einer Anstalt für entwöhnungsbedürftige Rechtsbrecher wegen der Höhe der ausgesprochenen Strafe ab (§ 22 Abs. 2 StGB), so hat es diesen Umstand in den Entscheidungsgründen auszusprechen.

§ 440. Hat der Beschuldigte einen gesetzlichen Vertreter, so ist in einem Verfahren, in dem hinreichende Gründe für die Annahme der Voraussetzungen des § 22 oder § 23 StGB vorliegen, § 434c sinngemäß anzuwenden.

(BGBl I 2022/223)

§ 441. (1) Liegen hinreichende Gründe für die Annahme vor, dass die Voraussetzungen für die selbständige Anordnung der in den § 22, § 23 und § 220b StGB vorgesehenen Maßnahmen gegeben seien (§ 65 Abs. 5 StGB), so hat die Staatsanwaltschaft einen Antrag auf Anordnung einer der in diesen Bestimmungen genannten vorbeugenden Maßnahmen zu stellen. Für diesen Antrag gelten die Bestimmungen über die Anklageschrift dem Sinne nach. *(BGBl I 2009/40, 2. GeSchG; BGBl I 2022/223)*

(2) § 439 Abs. 1 und 2 sowie § 440 gelten in diesem Fall sinngemäß. *(BGBl I 2022/223)*

§ 442. Liegt einer der im § 173 Abs. 2 genannten Haftgründe vor, so ist die vorläufige Anhaltung des Betroffenen in einer der im § 441 Abs. 1 genannten Anstalten anzuordnen. § 432 und § 433 gelten sinngemäß.. *(BGBl I 2007/93; BGBl I 2022/223)*

3. Abschnitt

Verfahren beim Verfall, beim erweiterten Verfall und bei der Einziehung

§ 443. (1) Über den Verfall, den erweiterten Verfall, die Einziehung und andere vermögensrechtliche Anordnungen (Haftung für Geldstrafen, Verfalls- und Wertersatz) ist im Strafurteil zu entscheiden, soweit in diesem Abschnitt nichts anderes bestimmt wird. *(BGBl I 2010/108)*

(2) Wenn die Ergebnisse des Strafverfahrens weder an sich noch nach Durchführung von Beweisaufnahmen, die die Entscheidung in der Schuld- und Straffrage nicht erheblich verzögern, ausreichen, um über die im Abs. 1 angeführten vermögensrechtlichen Anordnungen verläßlich urteilen zu können, kann ihr Ausspruch durch Beschluß einer gesonderten Entscheidung (§§ 445, 445a) vorbehalten bleiben, außer welchem Falle eine solche Anordnung wegen der betroffenen Vermögenswerte oder Gegenstände nicht mehr zulässig ist. *(BGBl I 2007/93)*

(3) Die Entscheidung über vermögensrechtliche Anordnungen steht, außer im Fall des § 445a, dem Ausspruch über die Strafe gleich und kann zugunsten und zum Nachteil des Verurteilten oder des Haftungsbeteiligten (§§ 64, 444) mit Berufung angefochten werden. *(BGBl I 2007/93)*

(BGBl 1996/762)

§ 444. (1) Die Hauptverhandlung und die Urteilsverkündung können in Abwesenheit des Haftungsbeteiligten (§ 64) vorgenommen werden, wenn dieser ordnungsgemäß zur Hauptverhandlung geladen wurde (§ 221 Abs. 2). *(BGBl I 2007/93)*

(2) Machen Haftungsbeteiligte ihr Recht erst nach Rechtskraft der Entscheidung über den Verfall, den erweiterter[1] Verfall oder die Einziehung geltend, so steht es ihnen frei, ihre Ansprüche auf den Gegenstand oder dessen Kaufpreis (§ 408) binnen dreißig Jahren nach der Entscheidung gegen den Bund im Zivilrechtsweg geltend zu machen. *(BGBl I 2007/93; BGBl I 2010/108)*

(BGBl 1996/762)

---

[1] *Offensichtliches Redaktionsversehen: richtig "erweiterten".*

§ 444a. *(aufgehoben, BGBl 1996/762)*

§ 445. (1) Liegen hinreichende Gründe für die Annahme vor, daß die Voraussetzungen des Verfalls (§ 20 StGB), des erweiterten Verfalls

(§ 20b StGB) oder der Einziehung (§ 26 StGB) gegeben sein, ohne daß darüber in einem Strafverfahren oder in einem auf Unterbringung in einer der in den §§ 21 bis 23 StGB genannten Anstalten gerichteten Verfahren entschieden werden kann, so hat der Ankläger einen selbständigen Antrag auf Erlassung einer solchen vermögensrechtlichen Anordnung zu stellen. *(BGBl I 2010/108)*

(2) Über einen Antrag auf Verfall oder auf erweiterten Verfall hat das Gericht, welches der Verhandlung und Urteilsfällung wegen jener Tat, die die Anordnung begründen soll, zuständig war oder wäre, mangels einer solchen Zuständigkeit aber das Landesgericht, in dessen Sprengel sich der Vermögenswert oder Gegenstand befindet, in einem selbständigen Verfahren nach öffentlicher mündlicher Verhandlung durch Urteil zu entscheiden. Das Landesgericht entscheidet durch Einzelrichter. Hat ein Schöffen- oder Geschworenengericht über die Tat geurteilt, die die Anordnung begründen soll, oder die Entscheidung vorbehalten (§ 443 Abs. 2), so ist dessen Vorsitzender als Einzelrichter zuständig. *(BGBl I 2007/93; BGBl I 2010/108)*

(2a) Die vorstehenden Absätze gelten sinngemäß auch für eine Anordnung der Konfiskation (§ 19a StGB), wenn das Verfahren wegen Straftaten, die mit dem Vorsatz der unrechtmäßigen Bereicherung oder der Erlangung eines Vorteils begangen wurden, wegen Krankheit oder Flucht nach § 197 abgebrochen wurde, jedoch auf Grund ausreichend geklärten Sachverhalts nahe liegt, dass im Fall einer Verurteilung eine Konfiskation (§ 19a StGB) ausgesprochen würde und der Angeklagte gemäß §§ 164 oder 165 zum Anklagevorwurf und zu den Voraussetzungen der Anordnung der Konfiskation vernommen wurde. *(BGBl I 2015/112; BGBl I 2016/26)*

(3) Über einen Antrag auf Einziehung hat das Bezirksgericht des Tatortes, ist dieser aber nicht bekannt oder im Ausland gelegen, das Bezirksgericht, in dessen Sprengel sich der Gegenstand befindet, in einem selbständigen Verfahren nach öffentlicher mündlicher Verhandlung in der Regel (§ 445a) durch Urteil zu entscheiden. Die Bestimmungen über die Hauptverhandlung im Verfahren vor den Bezirksgerichten sowie § 444 sind dem Sinne nach anzuwenden.

(4) Das Urteil kann in sinngemäßer Anwendung der §§ 463 bis 468 (§ 489) zugunsten und zum Nachteil des Betroffenen mit Berufung angefochten werden; § 444 Abs. 1 letzter Satz gilt entsprechend.

(BGBl 1996/762)

§ 445a. (1) Über einen Antrag auf Einziehung in einem selbständigen Verfahren kann das Bezirksgericht nach Anhörung des Anklägers und der Haftungsbeteiligten (§ 444) durch Beschluß entscheiden, wenn der Wert des von der Einziehung bedrohten Gegenstandes 1 000 Euro nicht übersteigt oder es sich um einen Gegenstand handelt, dessen Besitz allgemein verboten ist. Sofern der Aufenthaltsort des Haftungsbeteiligten im Ausland liegt oder ohne besonderen Verfahrensaufwand nicht feststellbar ist, kann von dessen Anhörung abgesehen werden. *(BGBl I 2004/136; BGBl I 2007/93)*

(2) In den Fällen, in denen das Verfahren durch die Staatsanwaltschaft nach den Bestimmungen des 10. oder 11. Hauptstücks, anderen auf sie verweisenden Vorschriften oder gemäß § 35 SMG beendet wird, hat die Staatsanwaltschaft nach Durchführung des in Abs. 1 vorgesehenen Verfahrens die Einziehung anzuordnen und das in § 408 Abs. 2 vorgesehene Verfahren durchzuführen, soweit nicht ein Haftungsbeteiligter die Entscheidung des Gerichts verlangt. § 444 Abs. 2 gilt sinngemäß. *(BGBl I 2009/52)*

(BGBl 1996/762; BGBl I 2001/130)

§ 446. Ergeben sich die Voraussetzungen für das selbständige Verfahren erst in der Hauptverhandlung, so kann die Entscheidung auch in einem Urteil ergehen, in dem der Angeklagte freigesprochen oder der Antrag auf Anstaltsunterbringung abgewiesen wird. *(BGBl I 2007/93)*

4. Abschnitt
Verfahren bei der Ausschließung vom Wahlrecht

§ 446a. (1) Über die Ausschließung vom Wahlrecht (§ 22 der Nationalrats-Wahlordnung 1992 – NRWO, BGBl. Nr. 471 und § 3 des Europa-Wählerevidenzgesetzes – EuWEG, BGBl. Nr. 118/1996) ist im Strafurteil zu entscheiden. Die Entscheidung steht dem Ausspruch über die Strafe gleich und kann zugunsten und zum Nachteil des Verurteilten mit Berufung angefochten werden.

(2) Wenn nachträglich Umstände eintreten oder bekannt werden, bei deren Vorliegen im Zeitpunkt des Urteils kein Ausspruch nach Abs. 1 gefällt worden wäre, so ist nach § 410 vorzugehen.

(BGBl I 2011/43)

22. Hauptstück
Verfahren vor dem Bezirksgericht

§ 447. Für das Hauptverfahren vor dem Bezirksgericht gelten die Bestimmungen für das Verfahren vor dem Landesgericht als Schöffengericht, soweit im Folgenden nichts anderes bestimmt wird.

(BGBl I 2007/93)

§§ 448 und 449. *(aufgehoben, BGBl I 2007/93)*

1. Abschnitt
Hauptverfahren

261

§ 450. Ist das Bezirksgericht der Ansicht, dass das Landesgericht zuständig sei, so hat es vor Anordnung der Hauptverhandlung seine sachliche Unzuständigkeit mit Beschluss auszusprechen. Sobald die Entscheidung rechtswirksam geworden ist, hat der Ankläger die für die Fortführung des Verfahrens erforderlichen Anträge zu stellen.

(BGBl I 2007/93)

§ 451. (1) Der Strafantrag (§ 210 Abs. 1) hat die im § 211 Abs. 1 angeführten Angaben zu enthalten. Im Antrag sind ferner die Beweismittel anzugeben, deren sich der Ankläger bedienen will. Der Antrag ist in so vielen Ausfertigungen zu überreichen, daß jedem der Angeklagten eine Ausfertigung zugestellt und eine bei den Akten zurückbehalten werden kann; er ist dem Angeklagten unverzüglich zuzustellen. *(BGBl I 2007/93; BGBl I 2014/71)*

(2) Ist der Richter der Überzeugung, daß die dem Antrag zugrunde liegende Tat vom Gesetz nicht mit Strafe bedroht oder daß Umstände vorliegen, durch die die Strafbarkeit der Tat aufgehoben oder die Verfolgung wegen der Tat ausgeschlossen ist, so hat er das Verfahren mit Beschluß einzustellen.

(3) Wird dem Richter zugleich der Angeklagte vorgeführt und gesteht er die ihm zur Last gelegte Tat oder erscheinen der Ankläger und der Angeklagte zugleich vor dem Richter, und sind alle Beweismittel für die Anklage und Verteidigung zur Hand, so kann der Richter mit Zustimmung des Angeklagten sogleich die Verhandlung vornehmen (§ 456) und das Urteil fällen. *(BGBl I 2014/71)*

(4) *(aufgehoben, BGBl I 2007/93)*

(BGBl 1987/605; BGBl 1993/526)

§ 452. *(aufgehoben, BGBl I 2007/93)*

§ 453. *(aufgehoben, BGBl. Nr. 423/1974, Art. I Z. 131)*

§ 454. *(aufgehoben, BGBl I 2007/93)*

§ 455. (1) § 221 ist mit der Maßgabe anzuwenden, dass an die Stelle einer Frist von acht Tagen eine solche von drei Tagen tritt, es sei denn, dass der Angeklagte auf eine Vorbereitungsfrist verzichtet.

(2) Ist der Angeklagte nicht verhaftet, so kann er sich, wenn er nicht persönlich erscheinen will, bei der Verhandlung durch einen Verteidiger als Machthaber vertreten lassen. Dem Gericht steht es jedoch auch in diesem Fall zu, den Angeklagten unter Androhung der vorgesehenen Zwangsfolgen zum persönlichen Erscheinen aufzufordern.

282/2 34514

(3) Lässt sich der Angeklagte durch einen Machthaber vertreten, so kommt diesem in der Hauptverhandlung die Stellung des Angeklagten zu.

(BGBl I 2007/93)

§ 456. In Privatanklagesachen ist die Öffentlichkeit auch auszuschließen, wenn der Ankläger einem darauf gerichteten Antrag des Angeklagten nicht entgegen tritt.

(BGBl I 2007/93)

§ 457. Hat der Angeklagte keinen Verteidiger, so nimmt er dessen Rechte im Hauptverfahren selbst wahr.

(BGBl I 2007/93)

§ 458. Der Richter ist berechtigt, nach Schluss der Verhandlung die Fällung des Urteils bis auf den folgenden Tag auszusetzen. Im Übrigen gelten jedoch auch für die Verhandlung vor dem Bezirksgericht die Bestimmungen des 14. Hauptstückes.

(BGBl I 2009/52)

§ 459. *(aufgehoben, BGBl I 2007/93)*

§§ 460 bis 462. *(aufgehoben, BGBl I 1999/55)*

2. Abschnitt

Rechtsmittel gegen Urteile der Bezirksgerichte

494a   489
§ 463. Gegen Urteile der Bezirksgerichte, die gegen einen Anwesenden ergangen sind, ist nur das Rechtsmittel der Berufung zulässig, und zwar an das Landesgericht, in dessen Sprengel das Bezirksgericht liegt. *(BGBl I 2007/93)*

489
§ 464. Die Berufung kann ergriffen werden: 468
1. wegen vorliegender Nichtigkeitsgründe;

2. wegen des Ausspruches über die Schuld und die Strafe, wegen des Strafausspruches jedoch nur unter den im § 283 bezeichneten Voraussetzungen;

3. wegen des Ausspruches über die privatrechtlichen Ansprüche.

(BGBl 1978/169)

§ 465. (1) Zugunsten des Angeklagten kann die Berufung sowohl von ihm selbst als auch von seinem gesetzlichen Vertreter ergriffen werden. Die Staatsanwaltschaft kann stets auch gegen den Willen des Angeklagten zu dessen Gunsten die Berufung ergreifen. *(BGBl I 2007/93; BGBl I 2009/98) (BGBl. Nr. 423/1974, Art. I Z. 134)*

(2) Erben des Angeklagten, die nicht in einem der erwähnten Verhältnisse zum Angeklagten standen, können die Berufung nur wegen der im Urteil allenfalls enthaltenen Entscheidung über privatrechtliche Ansprüche ergreifen oder fortsetzen.

(3) Zum Nachteile des Angeklagten kann die Berufung nur vom Ankläger und vom Privatbeteiligten, von diesem aber nur wegen Nichtigkeit unter den in § 282 Abs. 2 geregelten Voraussetzungen und wegen seiner privatrechtlichen Ansprüche ergriffen werden. *(BGBl I 2007/93)*

§ 466. (1) Die Berufung ist binnen drei Tagen nach Verkündung des Urteiles beim Bezirksgericht anzumelden. § 57 Abs. 2 gilt auch für einen Verzicht gegen einen gemeinsam mit dem Urteil verkündeten Beschluss nach den §§ 494 und 494a. *(BGBl I 2007/93)*

(2) War der Angeklagte bei der Verkündung des Urteiles nicht anwesend, so ist die Berufung binnen drei Tagen anzumelden, nachdem er vom Urteile verständigt wurde.

(3) Für die im § 465 erwähnten Angehörigen des Angeklagten läuft die Frist zur Anmeldung der Berufung von demselben Tage, von dem an sie für den Angeklagten beginnt.

(4) Die Anmeldung der Berufung hat aufschiebende Wirkung.

(5) Die Entlassung eines freigesprochenen Angeklagten aus der Haft darf nur wegen einer Berufung der Staatsanwaltschaft, und zwar bloß dann aufgeschoben werden, wenn diese sogleich bei Verkündung des Urteiles angemeldet wird und nach den Umständen die Annahme begründet ist, daß sich der Angeklagte dem Verfahren durch die Flucht entziehen werde. Gegen die Entlassung aus der Haft ist kein Rechtsmittel zulässig. *(BGBl I 2007/93)*

(6) Wenn der zu einer Freiheitsstrafe Verurteilte sich weder durch den Ausspruch über die Schuld noch durch den über die Strafart, sondern nur durch das Strafmaß beschwert erachtet, so kann er die Strafe einstweilen antreten. Eben dies gilt auch dann, wenn der Verurteilte keine Berufung ergriffen hat und der Ankläger seine Berufung nur gegen das Strafmaß richtet.

(7) Dem Beschwerdeführer muß, sofern dies nicht schon geschehen ist, eine Urteilsabschrift zugestellt werden.

(BGBl 1993/526)

§ 467. (1) Der Beschwerdeführer hat das Recht, binnen vier Wochen nach der Anmeldung der Berufung, wenn ihm eine Urteilsabschrift aber erst nach der Anmeldung des Rechtsmittels zugestellt wurde, binnen vier Wochen nach der Zustellung eine Ausführung der Gründe seiner Berufung beim Bezirksgerichte zu überreichen und allenfalls neue Tatsachen oder Beweismittel unter genauer Angabe aller zur Beurteilung ihrer Erheblichkeit dienenden Umstände anzuzeigen.

(2) Er hat entweder bei der Anmeldung der Berufung oder in der Berufungsschrift ausdrücklich zu erklären, durch welchen Ausspruch (§ 464) er sich beschwert finde und welche Nichtigkeits-

gründe er geltend machen wolle, widrigens auf die Berufung oder auf Nichtigkeitsgründe vom Landesgericht keine Rücksicht zu nehmen ist. Doch steht es der Berücksichtigung eines deutlich und bestimmt bezeichneten Beschwerdepunktes oder Nichtigkeitsgrundes nicht entgegen, daß sich der Beschwerdeführer in der gesetzlichen Benennung vergriffen hat. *(BGBl I 2007/93)*

(3) Die zugunsten des Angeklagten ergriffene Berufung wegen Nichtigkeit ist auch als Berufung gegen die Aussprüche über die Schuld und die Strafe zu betrachten, die Berufung wegen des Ausspruches über die Schuld auch als Berufung gegen den Strafausspruch.

(4) Geschieht die Anmeldung der Berufung mündlich, so hat der Richter, der das Protokoll hierüber aufnimmt, den Beschwerdeführer zur genauen Angabe der Beschwerdepunkte besonders aufzufordern und über die Rechtsfolgen der Unterlassung dieser Angabe zu belehren.

(5) Die Berufung oder Berufungsausführung ist in zweifacher Ausfertigung vorzulegen oder aufzunehmen. Eine Ausfertigung ist dem Gegner mit dem Bedeuten mitzuteilen, daß er binnen vier Wochen seine Gegenausführung überreichen könne. Die Gegenausführung ist dem Beschwerdeführer zuzustellen; danach sind alle Akten dem Landesgericht – gegebenenfalls samt einer Verständigung des Verfassungsgerichtshofes gemäß §§ 57a Abs. 5 erster Satz oder 62a Abs. 5 erster Satz VfGG – vorzulegen. *(BGBl I 2007/93; BGBl I 2014/92)*

(BGBl 1987/605; BGBl 1993/526; BGBl I 2000/108)

§ 468. (1) Wegen Nichtigkeit kann die Berufung gegen Urteile der Bezirksgerichte, sofern sie nach besonderen gesetzlichen Vorschriften auch in anderen Fällen zugelassen ist, nur aus einem der folgenden Gründe ergriffen werden:

1. wenn das Bezirksgericht örtlich unzuständig oder nicht gehörig besetzt war oder wenn ein gesetzlich ausgeschlossener Richter (§§ 43 und 46) das Urteil gefällt hat; *(BGBl I 2007/93)*

2. wenn das Bezirksgericht nicht zuständig war, weil die Tat, die er geurteilt war, in die Zuständigkeit des Landesgerichts fällt; *(BGBl I 2007/93)*

2a. wenn ein Protokoll oder ein anderes amtliches Schriftstück über eine nichtige Erkundigung oder Beweisaufnahme im Ermittlungsverfahren in der Hauptverhandlung verlesen wurde; *(BGBl I 2007/93)*

3. wenn eine Vorschrift verletzt oder vernachlässigt worden ist, deren Beobachtung das Gesetz bei sonstiger Nichtigkeit vorschreibt (§§ 126 Abs. 4, 140 Abs. 1, 144 Abs. 1, 155 Abs. 1, 157 Abs. 2 und 159 Abs. 3, 221 Abs. 2 (455 Abs. 1), 228, 250, 252, 260, 271, 427 sowie 439 Abs. 1 und 2), oder wenn einer der im § 281 Abs. 1 Z. 4

und 5 erwähnten Nichtigkeitsgründe vorliegt; *(BGBl I 2007/93)*

4. aus den im § 281 Abs. 1 Z. 6 bis 11 angegebenen Gründen.

(2) Die unter Abs. 1 Z. 1 und 3 erwähnten Nichtigkeitsgründe können nur unter den in den §§ 281 und 282 Abs. 2 bezeichneten Bedingungen geltend gemacht werden; doch wird auch der Ankläger der Geltendmachung eines Nichtigkeitsgrundes deshalb nicht verlustig, weil er hinsichtlich eines Formgebrechens die Entscheidung des Richters nicht begehrt und sich die Beschwerde nicht sofort nach Verweigerung oder Verkündung der Entscheidung vorbehalten hat. *(BGBl I 2007/93)*

(BGBl 1993/526; BGBl I 1997/105)

(BGBl. Nr. 423/1974, Art. I Z. 135)

§ 469. Das Landesgericht berät über die Berufung nur dann in nichtöffentlicher Sitzung, wenn der Berichterstatter oder die Staatsanwaltschaft einen der im § 470 angeführten Beschlüsse beantragt. *(BGBl I 2007/93)*

(BGBl. Nr. 229/1962, Art. I Z. 6)

§ 470. Bei der nichtöffentlichen Beratung kann das Landesgericht: *(BGBl I 2007/93)*

1. die Berufung als unzulässig zurückweisen, wenn sie zu spät angemeldet oder von einer Person ergriffen worden ist, der das Berufungsrecht überhaupt nicht oder nicht in der Richtung zusteht, in der es in Anspruch genommen wird, oder die darauf verzichtet hat; ferner, wenn der Berufungswerber bei der Anmeldung der Berufung oder in ihrer Ausführung die Punkte des Erkenntnisses, durch die er sich beschwert findet, oder die Nichtigkeitsgründe, derentwegen allein die Berufung ergriffen worden ist, nicht deutlich und bestimmt bezeichnet hat, in welchen Fällen es gegebenenfalls diesen Beschluss dem Verfassungsgerichtshof zu übermitteln hat; *(BGBl I 2014/92)*

2. beschließen, Aufklärungen über behauptete Formverletzungen einzuholen, oder seine eigene Unzuständigkeit aussprechen und die Strafsache an das zuständige Landesgericht abtreten; *(BGBl I 2007/93)*

3. wenn schon vor der öffentlichen Verhandlung über die Berufung feststeht, daß das Urteil aufzuheben und die Verhandlung in erster Instanz zu wiederholen oder nach dem 11. Hauptstück oder § 37 SMG vorzugehen ist, der Berufung stattgeben, das Urteil, soweit es angefochten wird, aufheben und die Sache an das Bezirksgericht, das das Urteil gefällt hat, oder an ein anderes Bezirksgericht seines Sprengels, wenn aber das Urteil wegen örtlicher Unzuständigkeit des Gerichtes aufgehoben wird, an das örtlich zuständige Bezirksgericht zurückweisen. *(BGBl I 2007/93; BGBl I 2007/109)*

(BGBl I 1999/55)

§ 471. Für die Anberaumung und Durchführung des Gerichtstags zur öffentlichen Verhandlung sowie für die Entscheidung über die Berufung gelten §§ 233 bis 237, 286 Abs. 1 und 1a, 287, 288 Abs. 2 Z 3 erster Satz, 289, 290, 293 Abs. 4, 294, 295 sowie 296a sinngemäß, soweit im Folgenden nicht anderes bestimmt wird. *(BGBl I 2016/121; BGBl I 2020/16)*

(BGBl I 2007/93)

§ 472. *(aufgehoben, BGBl I 2007/93)*

§ 473. (1) Für die Vernehmung des Angeklagten, von Zeugen und Sachverständigen sind die für die Hauptverhandlung vor dem Landesgericht als Schöffengericht geltenden Bestimmungen anzuwenden. Das Protokoll der Hauptverhandlung kann ebenso verlesen werden wie das Urteil samt den Entscheidungsgründen. *(BGBl I 2007/93)*

(2) Zeugen und Sachverständige, die bereits in der Hauptverhandlung vor dem Bezirksgerichte vernommen worden sind, sind nochmals abzuhören, wenn das Landesgericht gegen die Richtigkeit der auf ihre Aussagen gegründeten, im Urteil erster Instanz enthaltenen Feststellungen Bedenken hegt und die Vernehmung neuer Zeugen oder Sachverständiger über dieselben Tatsachen notwendig findet. Außer diesem Falle hat das Landesgericht die in erster Instanz aufgenommenen Protokolle seiner Entscheidung zugrunde zu legen. *(BGBl I 2007/93)*

(3) Sodann wird der, der die Berufung einlegte, zu ihrer Begründung und sodann der Gegner zur Erwiderung aufgefordert.

(4) Dem Angeklagten oder seinem Verteidiger gebührt jedenfalls das Recht der letzten Äußerung.

(5) Hierauf zieht sich das Landesgericht zur Beratung und Beschlußfassung zurück. *(BGBl I 2007/93)*

§ 474. Nach Maßgabe der folgenden Bestimmungen erkennt das Landesgericht in der Sache selbst nach den für das Landesgericht als Schöffengericht geltenden Bestimmungen, es sei denn, dass die Berufung als unzulässig oder unbegründet zurückgewiesen wird oder sich das angerufene Landesgericht für unzuständig erklärt.

(BGBl I 2007/93)

§ 475. (1) Wird das Urteil des Bezirksgerichtes wegen eines der im § 468 Abs. 1 unter Z. 1 und 3 angeführten Nichtigkeitsgründe aufgehoben, so verweist das Landesgericht die Sache zu neuer Verhandlung an das Bezirksgericht, das das Urteil gefällt hat, oder an ein anderes Bezirksgericht seines Sprengels, wenn aber das Urteil wegen örtlicher Unzuständigkeit des Bezirksgerichtes aufgehoben wird, an das örtlich zuständige Bezirksgericht. *(BGBl I 2007/93)* *(BGBl. Nr. 423/1974, Art. I Z. 136)*

(2) Wird das Urteil des Bezirksgerichtes wegen des im § 468 Abs. 1 unter Z. 2 angeführten Nichtigkeitsgrundes aufgehoben, so ist die Sache nicht an das zuständige Gericht zu verweisen. Für das weitere Verfahren gilt § 263 Abs. 4 sinngemäß. *(BGBl I 2007/93)* *(BGBl. Nr. 423/1974, Art. I Z. 136)*

(3) Hat das Bezirksgericht bezüglich einer Tatsache, auf die sich die Anklage bezieht, mit Unrecht seine Nichtzuständigkeit ausgesprochen oder die Anklage nicht vollständig erledigt (§ 281 Abs. 1 Z. 6 und 7), so trägt ihm das Landesgericht auf, sich der Verhandlung und Urteilsfällung zu unterziehen, die sich in letztem Fall auf die unerledigt gebliebenen Anklagepunkte zu beschränken hat. *(BGBl I 2007/93)*

(4) Hat das Bezirksgericht das Vorliegen der Voraussetzungen für eine Einstellung des Strafverfahrens nach den 11. Hauptstück (§ 199) oder § 37 SMG zu Unrecht nicht angenommen, so verweist das Landesgericht die Sache an dasselbe oder an ein anderes Bezirksgericht mit dem Auftrag, nach den entsprechenden Bestimmungen vorzugehen. *(BGBl I 2007/93; BGBl I 2007/109)*

(BGBl I 1999/55)

§ 476. In den im § 475 Abs. 1 und 3 erwähnten Fällen steht es jedoch der Berufungsbehörde frei, sofort oder in einer späteren Sitzung, nötigenfalls unter Wiederholung oder Ergänzung der in erster Instanz gepflogenen Verhandlung und unter Verbesserung der mangelhaft befundenen Prozeßhandlung, in der Sache selbst zu erkennen.

§ 477. *(aufgehoben, BGBl I 2007/93)*

§ 478. (1) Gegen ein Urteil des Bezirksgerichtes, das gemäß § 427 in Abwesenheit des Angeklagten verkündet wurde, kann dieser binnen vierzehn Tagen von der Zustellung des Urteiles beim erkennenden Bezirksgericht Einspruch erheben, wenn ihm die Vorladung nicht gehörig zugestellt worden ist oder er nachweisen kann, daß er durch ein unabwendbares Hindernis abgehalten worden sei. *(BGBl I 2007/93)*

(2) Über diesen Einspruch hat das Bezirksgericht nach vorläufiger Vernehmung des Anklägers zu erkennen. Verwirft es den Einspruch, so steht dem Angeklagten das Rechtsmittel der Beschwerde an das Landesgericht (§ 31 Abs. 5 Z 1) binnen vierzehn Tagen zu. Der Angeklagte ist in diesem Falle berechtigt, mit diesem Rechtsmittel für den Fall der Verwerfung die Berufung zu verbinden, mit der nach den Bestimmungen der §§ 469 bis 474 zu verfahren ist. *(BGBl I 2007/93)*

(3) Findet das Bezirksgericht oder infolge der Beschwerde das Landesgericht den Einspruch begründet, so ist eine neue Verhandlung vor dem Bezirksgericht anzuordnen, bei der, wenn der Angeklagte erscheint, die Sache so verhandelt

StPO

wird, wie im § 457 vorgeschrieben ist. *(BGBl I 2007/93)*

(BGBl I 1999/55)

§ 479. Gegen die Urteile der Landesgerichte über eine gemäß den §§ 463, 464 und 478 an sie gelangte Berufung ist ein weiteres Rechtsmittel nicht zulässig. *(BGBl I 2007/93)*

(BGBl I 1996/762)

§ 480. Für die Wiederaufnahme und die Erneuerung des Strafverfahrens sowie für die Wiedereinsetzung in den vorigen Stand gelten die im 16. Hauptstück enthaltenen Bestimmungen. In den Fällen der §§ 352 bis 356 entscheidet das Bezirksgericht über die Bewilligung der Wiederaufnahme. *(BGBl I 2012/29)*

(BGBl I 2007/93)

§ 481. *(aufgehoben, BGBl I 2007/93)*

§ 482. *(aufgehoben, BGBl 1996/762)*

23. Hauptstück

Verfahren vor dem Landesgericht als Einzelrichter

§ 483. *(aufgehoben, BGBl I 2007/93)*

(BGBl. Nr. 423/1974, Art. I Z. 139)

§ 484. Der Strafantrag (§ 210 Abs. 1) hat die im § 211 Abs. 1 angeführten Angaben zu enthalten und jene Beweise zu bezeichnen, deren Aufnahme in der Hauptverhandlung beantragt wird. Das Gericht hat den Strafantrag dem Angeklagten, gegebenenfalls samt einer Rechtsbelehrung gemäß § 50, insbesondere der Information, ob ein Fall notwendiger Verteidigung gegeben ist, unverzüglich zuzustellen. § 213 Abs. 3 gilt sinngemäß.

(BGBl I 2007/93)

§ 485. (1) Das Gericht hat den Strafantrag vor Anordnung der Hauptverhandlung zu prüfen und

1. im Fall seiner örtlichen oder sachlichen Unzuständigkeit gemäß § 450 vorzugehen;

2. in den Fällen des § 212 Z 3, 4 und 8 den Strafantrag mit Beschluss zurückzuweisen; *(BGBl I 2016/121)*

3. in den Fällen des § 212 Z 1, 2 und 7 den Strafantrag mit Beschluss zurückzuweisen und das Verfahren einzustellen;

4. im Übrigen jedoch die Hauptverhandlung nach den für das Verfahren vor dem Landesgericht als Schöffengericht geltenden Bestimmungen anzuordnen.

(1a) Die Beschwerde der Staatsanwaltschaft gegen einen Beschluss nach Abs. 1 Z 1 oder Z 2 hat aufschiebende Wirkung. *(BGBl I 2009/40, 2. GeSchG)*

(2) Sobald ein Beschluss gemäß Abs. 1 Z 1 oder 2 rechtswirksam geworden ist, hat der Ankläger binnen dreier Monate bei sonstigem Verlust des Verfolgungsrechts die für die Fortführung des Verfahrens erforderlichen Anträge oder Anordnungen zu stellen. *(BGBl I 2009/40, 2. GeSchG)*

(BGBl I 2007/93)

§§ 486 und 487. *(aufgehoben, BGBl I 2007/93)*

§ 488. (1) Für das Hauptverfahren vor dem Landesgericht als Einzelrichter und für Rechtsmittel gegen dessen Urteile gelten die Bestimmungen für das Verfahren vor dem Landesgericht als Schöffengericht, soweit im Folgenden nichts anderes bestimmt wird. Der Einzelrichter erfüllt die Aufgaben des Vorsitzenden und des Schöffengerichts.

(2) Hat der Angeklagte keinen Verteidiger, so nimmt er dessen Rechte im Hauptverfahren selbst wahr.

(3) Ist das Landesgericht als Einzelrichter der Ansicht, dass das Landesgericht als Schöffen- oder Geschworenengericht zuständig ist, so hat es, nachdem die Beteiligten des Verfahrens zu den geänderten Umständen angehört wurden, mit Urteil seine Unzuständigkeit auszusprechen. Sobald dieses Urteil rechtskräftig wurde, hat der Ankläger die zur Fortführung des Verfahrens erforderlichen Anträge zu stellen.

(4) *(aufgehoben, BGBl I 2009/52)*

(BGBl I 2007/93)

§ 489. (1) Gegen die vom Landesgericht als Einzelrichter ausgesprochenen Urteile kann außer dem Einspruch gemäß § 427 Abs. 3 nur das Rechtsmittel der Berufung wegen der in § 281 Abs. 1 Z 1a bis 5 und 6 bis 11 und § 468 Abs. 1 Z 1 und 2 aufgezählten Nichtigkeitsgründe oder gegen die im § 464 Z 2 und 3 genannten Aussprüche ergriffen werden. Für das Verfahren gelten die §§ 281, 282 Abs. 2, 285 Abs. 5, 465 bis 467, 469 bis 476 und 479 sinngemäß. Für den Nichtigkeitsgrund des § 281 Abs. 1 Z 3 gelten die in § 468 Abs. 1 Z 3 zitierten Bestimmungen. *(BGBl I 2014/71; BGBl I 2016/26)*

(2) Die Gerichtstage zur öffentlichen Verhandlung über die Berufung finden am Sitz des Oberlandesgerichts statt. Doch kann der Vorsitzende mit Rücksicht auf den Aufenthalt der Beteiligten des Verfahrens oder nach Anhörung des Anklägers und des Angeklagten auch aus anderen wichtigen Gründen anordnen, dass der Gerichtstag an einem anderen im Sprengel des Oberlandesgerichts gelegenen Ort abgehalten wird. Einer solchen Anhörung bedarf es nicht, wenn sich der Angeklagte im Sprengel des Landesgerichts in Haft befindet, bei welchem der Gerichtstag abgehalten wird.

(3) Von der Verhandlung und Entscheidung über eine Berufung sind auch Mitglieder des Oberlandesgerichts ausgeschlossen, die im vorangegangenen Verfahren an der Entscheidung über eine Beschwerde gegen die vom Landesgericht als Einzelrichter beschlossene Zurückweisung oder Einstellung (§ 485) beteiligt waren. *(BGBl I 2007/93)*

§ 490. Für die Wiederaufnahme und die Erneuerung des Strafverfahrens sowie für die Wiedereinsetzung in den vorigen Stand gelten die im 16. Hauptstück enthaltenen Bestimmungen. In den Fällen der §§ 352 bis 356 entscheidet das Landesgericht als Einzelrichter über die Bewilligung der Wiederaufnahme. *(BGBl I 2012/29)*

(BGBl I 2007/93)

§ 491. *(aufgehoben, BGBl I 2007/93)*

§§ 491a und 491b. *(aufgehoben, BGBl. Nr. 423/1974, Art. I Z. 148)*

23a. Hauptstück

Mandatsverfahren

§ 491. (1) Im Verfahren vor dem Bezirksgericht und vor dem Landesgericht als Einzelrichter kann das Gericht auf Antrag der Staatsanwaltschaft die Strafe durch schriftliche Strafverfügung ohne vorausgehende Hauptverhandlung festsetzen, wenn

1. es sich um ein Vergehen handelt und der Angeklagte gemäß §§ 164 oder 165 zum Anklagevorwurf vernommen wurde und nach Information über die Folgen ausdrücklich auf die Durchführung einer Hauptverhandlung verzichtet hat,

2. kein Grund für ein Vorgehen nach §§ 191 Abs. 2, 199 oder anderauf verweisenden Vorschriften, §§ 450, 451 Abs. 2 oder 485 Abs. 1 Z 2 oder 3 sowie nach § 37 SMG vorliegt,

3. die Ergebnisse des Ermittlungsverfahrens in Verbindung mit der Verantwortung des Angeklagten zur Beurteilung aller für die Schuld- und Straffrage entscheidenden Umstände ausreichen sowie die Rechte und gerechtfertigten Interessen des Opfers keine Beeinträchtigung erfahren.

(2) Mit Strafverfügung darf nur eine Geldstrafe oder - soweit der Angeklagte durch einen Verteidiger vertreten ist - eine ein Jahr nicht übersteigende, gemäß § 43 Abs. 1 StGB bedingt nachzusehende Freiheitsstrafe verhängt werden. Ein Ausspruch nach § 494a Abs. 1 Z 4 ist dem nach § 495 zuständigen Gericht vorzubehalten.

(3) Soweit das Gericht dies zur Klärung der Voraussetzungen nach Abs. 1 für erforderlich erachtet, kann es den Angeklagten und das Opfer vernehmen und gegebenenfalls nach § 69 vorgehen.

(4) Die Strafverfügung muss enthalten:

1. die Bezeichnung des Gerichts und den Namen des Richters,

2. den Vor- und den Familiennamen sowie alle früher geführten Namen, Tag und Ort der Geburt, die Staatsangehörigkeit und den Beruf des Angeklagten,

3. den Ausspruch des Gerichts über die Schuld des Angeklagten mit allen in § 260 angeführten Punkten,

4. die vom Gericht als erwiesen angenommenen Tatsachen in gedrängter Darstellung sowie die für die Strafbemessung und gegebenenfalls die für die Bemessung des Tagessatzes (§ 19 Abs. 2 StGB) maßgebenden Umstände in Schlagworten,

5. eine Information über das Recht, einen Einspruch zu erheben mit dem deutlichen Hinweis, dass die Strafverfügung mit allen Wirkungen einer Verurteilung in Rechtskraft übergehen und vollstreckt werden würde, falls ein solcher nicht oder nicht rechtzeitig erhoben wird.

(5) Die Strafverfügung ist dem Angeklagten und gegebenenfalls seinem Verteidiger sowie dem Opfer und gegebenenfalls seinem Vertreter samt dem Strafantrag auf die in § 83 Abs. 3 bezeichnete Weise zuzustellen.

(6) Gegen die Strafverfügung können die Staatsanwaltschaft, der Angeklagte und das Opfer binnen vier Wochen ab Zustellung schriftlich Einspruch bei dem die Strafverfügung erlassenden Gericht erheben, wobei es genügt, dass aus dem Schriftstück die Absicht, Einspruch zu erheben, deutlich hervorgeht.

(7) Das die Strafverfügung erlassende Gericht hat den Einspruch als unzulässig zurückzuweisen, wenn er verspätet ist oder wenn er von einer Person eingebracht wurde, der die Einspruch nicht zukommt oder die auf ihn verzichtet hat. Gegen diesen Beschluss steht die Beschwerde (§ 87) an das Rechtsmittelgericht zu; ihr kommt aufschiebende Wirkung zu.

(8) Im Falle eines zulässigen Einspruchs ist die Hauptverhandlung anzuordnen (§§ 455, 488); § 43 Abs. 2 gilt sinngemäß.

(9) Wird ein Einspruch nicht erhoben oder ein solcher als unzulässig zurückgewiesen, so steht die Strafverfügung einem rechtskräftigen Urteil gleich und ist nach den Bestimmungen des 19. Hauptstückes zu vollstrecken.

(BGBl I 2014/71)

24. Hauptstück

Verfahren bei bedingter Strafnachsicht, bedingter Nachsicht von vorbeugenden Maßnahmen, Erteilung von Weisungen und Anordnung der Bewährungshilfe

I. Bedingte Nachsicht einer Strafe, der Unterbringung in einer Anstalt für entwöhnungsbedürftige Rechtsbrecher und einer Rechtsfolge

§ 492. (1) Die bedingte Nachsicht einer Strafe, der Unterbringung in einer Anstalt für entwöhnungsbedürftige Rechtsbrecher und einer Rechtsfolge ist in das Urteil aufzunehmen. *(BGBl I 2022/223)*

(2) Das Gericht hat den Verurteilten über den Sinn der bedingten Nachsicht zu belehren und ihm, sobald die Entscheidung darüber rechtskräftig geworden ist, eine Urkunde zuzustellen, die kurz und in einfachen Worten den wesentlichen Inhalt der Entscheidung, die ihm auferlegten Verpflichtungen und die Gründe angibt, aus denen die Nachsicht widerrufen werden kann.

§ 493. (1) Die bedingte Nachsicht oder deren Unterbleiben bildet einen Teil des Ausspruches über die Strafe und kann zugunsten und zum Nachteil des Verurteilten mit Berufung angefochten werden. Die Berufung hat nur, soweit es sich um die Vollstreckung der Strafe oder der Unterbringung in einer Anstalt für entwöhnungsbedürftige Rechtsbrecher oder um den Eintritt der Rechtsfolge handelt, aufschiebende Wirkung.

(2) Hat das Gericht durch die Entscheidung über die bedingte Nachsicht seine Befugnisse überschritten, so kann das Urteil wegen Nichtigkeit nach den §§ 281 Abs. 1 Z. 11, 345 Abs. 1 Z. 13 oder 468 Abs. 1 Z. 4 angefochten werden.

II. Erteilung von Weisungen und Anordnung der Bewährungshilfe

§ 494. (1) Über die Erteilung von Weisungen und die Anordnung der Bewährungshilfe entscheidet das Gericht mit Beschluß. Die Entscheidung obliegt in der Hauptverhandlung dem erkennenden Gericht, sonst dem Vorsitzenden.

(2) Wird dem Rechtsbrecher eine Weisung erteilt, welche die Interessen des Verletzten unmittelbar berührt, so ist dieser hievon zu verständigen.

(BGBl 1996/762; BGBl I 1999/55)

III. Widerruf einer bedingten Nachsicht

§ 494a. (1) Wird jemand wegen einer strafbaren Handlung verurteilt, die er vor Ablauf der Probezeit nach einem Schuldspruch unter Vorbehalt der Strafe, einer bedingten Nachsicht oder bedingten Entlassung begangen hat, so hat das erkennende Gericht nach den folgenden Bestimmungen vorzugehen:

1. Liegen die Voraussetzungen für ein Unterbleiben des nachträglichen Ausspruches der Strafe (§§ 15, 16 JGG) vor, so ist auszusprechen, daß die neue Verurteilung für einen solchen Ausspruch keinen Anlaß bildet.

2. Liegen die Voraussetzungen für das Absehen vom Widerruf einer bedingten Nachsicht oder bedingten Entlassung vor, so ist auszusprechen, daß von einem Widerruf aus Anlaß der neuen Verurteilung abgesehen wird.

3. Liegen die Voraussetzungen für einen nachträglichen Ausspruch der Strafe (§§ 15, 16 JGG) vor, so ist die Strafe in einem Ausspruch so zu bemessen, wie wenn die Verurteilung wegen beider strafbarer Handlungen gemeinsam erfolgt wäre; im übrigen ist auszusprechen, daß in dem Verfahren, in dem der Schuldspruch unter Vorbehalt der Strafe ergangen ist, ein nachträglicher Strafausspruch nicht mehr in Betracht kommt.

4. Liegen die Voraussetzungen für den Widerruf einer bedingten Nachsicht oder bedingten Entlassung vor, so ist der Widerruf auszusprechen.

(2) Ein Ausspruch nach Abs. 1 Z 4 steht dem Einzelrichter beim Landesgericht nur bei Strafen und Strafresten zu, die das Ausmaß von je fünf Jahren nicht übersteigen, und dem Bezirksgericht nur bei Strafen und Strafresten, die das Ausmaß von je einem Jahr nicht übersteigen. Der Widerruf einer bedingten Entlassung aus einer Unterbringung nach § 21 Abs. 1 oder 2 StGB oder einer lebenslangen Freiheitsstrafe ist dem Landesgericht als Schöffen- oder Geschworenengericht vorbehalten. Soweit das erkennende Gericht sonach eine Entscheidung nach Abs. 1 Z 4 nicht treffen darf, hat es auszusprechen, daß die Entscheidung über den Widerruf dem Gericht vorbehalten bleibt, dem sonst die Entscheidung zukäme. *(BGBl I 2007/93; BGBl I 2022/223)*

(3) Vor der Entscheidung hat das Gericht den Ankläger, den Angeklagten und den Bewährungshelfer zu hören und Einsicht in die Akten über die frühere Verurteilung zu nehmen. Von der Anhörung des Angeklagten kann abgesehen werden, wenn das Urteil in seiner Abwesenheit gefällt wird und ein Ausspruch nach Abs. 1 Z 1 oder 2 erfolgt. Von der Anhörung des Bewährungshelfers kann abgesehen werden, wenn das Gericht einen nachträglichen Strafausspruch oder einen Widerruf nicht in Betracht zieht. Anstelle der Einsicht in die Akten kann sich das Gericht mit der Einsicht in eine Abschrift des früheren Urteils begnügen, wenn dieses eine ausreichende Grundlage für die Entscheidung nach Abs. 1 darzustellen vermag.

(4) Die Entscheidungen nach Abs. 1 mit Ausnahme des Strafausspruches nach Z 3 erster Satz sowie der Vorbehalt nach Abs. 2 ergehen mit

Beschluß. Der Beschluß ist gemeinsam mit dem Urteil zu verkünden und auszufertigen. Der Beschluß und sein Unterbleiben können mit Beschwerde angefochten werden.

(5) *(aufgehoben, BGBl I 1999/55)*

(6) In einem Beschluß, mit dem vom Widerruf einer bedingten Nachsicht oder bedingten Entlassung abgesehen wird, kann das erkennende Gericht auch die Probezeit verlängern; zugleich mit einem Ausspruch nach Abs. 1 Z 1 oder 2 können auch Weisungen erteilt, die Bewährungshilfe angeordnet und familien- oder jugendwohlfahrtsrechtliche Verfügungen getroffen werden (§§ 53 Abs. 3, 54 Abs. 2 StGB, 15 Abs. 2 JGG).

(7) Das erkennende Gericht hat unverzüglich alle Gerichte zu verständigen, deren Vorentscheidungen von einer Entscheidung nach den vorstehenden Bestimmungen betroffen sind.

(BGBl 1989/242; BGBl 1993/526; BGBl 1996/762; BGBl I 1999/55; BGBl I 2001/130)

§ 494b. Hat das erkennende Gericht bei der Urteilsfällung einen Ausspruch nach § 494a Abs. 1 Z 3 oder 4 zu Unrecht unterlassen oder im Fall eines Ausspruches nach § 494a Abs. 1 Z 2 die Probezeit nicht verlängert und hat der Ankläger das Unterbleiben einer solchen Entscheidung nicht angefochten, so darf ein nachträglicher Ausspruch der Strafe, ein Widerruf der bedingten Nachsicht oder Entlassung oder eine Verlängerung der Probezeit aus Anlaß der neuen Verurteilung nicht mehr erfolgen, sofern die frühere Verurteilung oder die bedingte Entlassung aktenkundig war.

(BGBl 1989/242)

§ 495. (1) Außer in den Fällen des § 494a entscheidet über den Widerruf der bedingten Nachsicht einer Strafe oder eines Strafteiles, der Unterbringung in einer Anstalt für entwöhnungsbedürftige Rechtsbrecher oder einer Rechtsfolge das Gericht in nichtöffentlicher Sitzung mit Beschluß, das in jenem Verfahren die bedingte Nachsicht ausgesprochen worden ist, in erster Instanz erkannt hat. *(BGBl I 2022/223)*

(2) Die Beschlußfassung über einen Widerruf bei nachträglicher Verurteilung (§ 55 StGB) obliegt unter Gerichten gleicher Ordnung jenem, dessen Urteil eine bedingte Nachsicht enthält und zuletzt rechtskräftig wurde; unter Gerichten verschiedener Ordnung entscheidet jenes höherer Ordnung, dessen Urteil eine bedingte Nachsicht enthält und zuletzt rechtskräftig wurde.

(3) Vor der Entscheidung hat das Gericht den Ankläger, den Verurteilten und den Bewährungshelfer zu hören und eine Strafregisterauskunft einzuholen. Von der Anhörung des Verurteilten kann abgesehen werden, wenn sich erweist, daß

sie ohne unverhältnismäßigen Aufwand nicht durchführbar ist.

(BGBl I 2001/130)

§ 496. (1) Wenn auf Grund bestimmter Tatsachen anzunehmen ist, dass die bedingte Nachsicht einer Strafe oder eines Strafteils widerrufen werde, und der Verurteilte aus diesem Grund flüchten werde (§ 173 Abs. 2 Z 1 und Abs. 3), ist seine Festnahme zulässig, zu der die Kriminalpolizei von sich aus berechtigt ist, wenn wegen Gefahr im Verzug eine Anordnung der Staatsanwaltschaft nicht rechtzeitig eingeholt werden kann. Für das weitere Verfahren gelten die im 9. Hauptstück enthaltenen Bestimmungen sinngemäß mit der Maßgabe, dass die Haftfrist einen Monat beträgt. Über drei Monate hinaus darf die Haft in keinem Fall aufrecht erhalten werden. *(BGBl I 2021/159)*

(2) Wenn auf Grund bestimmter Tatsachen anzunehmen ist, dass ein Verurteilter, der unter gerichtlicher Aufsicht nach § 52a oder § 52b StGB steht, ihm erteilte Weisungen nicht befolgt oder sich dem Einfluss des Bewährungshelfers entzieht, ist die Vorführung des Verurteilten zur sofortigen Erteilung einer förmlichen Mahnung zulässig. Zur Vorführung ist die Kriminalpolizei von sich aus berechtigt, wenn wegen Gefahr im Verzug eine Anordnung des Gerichts nicht rechtzeitig eingeholt werden kann. *(BGBl I 2021/159)*

(BGBl I 2007/93)

IV. Endgültige Nachsicht

§ 497. (1) Der Ausspruch, daß die bedingte Nachsicht einer Strafe, der Unterbringung in einer Anstalt für entwöhnungsbedürftige Rechtsbrecher oder einer Rechtsfolge endgültig geworden ist, hat durch Beschluß des Vorsitzenden zu erfolgen. *(BGBl I 2022/223)*

(2) Vor der Entscheidung ist der Ankläger zu hören und eine Strafregisterauskunft einzuholen.

(BGBl I 2001/130)

V. Gemeinsame Bestimmungen

§ 498. (1) *(aufgehoben, BGBl I 2007/93)*

(2) Die Beschwerde steht zugunsten des Verurteilten diesem und allen anderen Personen zu, die zugunsten eines Angeklagten Nichtigkeitsbeschwerde erheben können, zum Nachteil des Verurteilten aber nur dem Ankläger. Im Fall der mündlichen Verkündung gilt § 86 Abs. 2 und 3 mit der Maßgabe, dass die Ausfertigung und Zustellung des Beschlusses auch unterbleiben können, wenn der Rechtsmittelwerber binnen drei Tagen nach mündlicher Verkündung des Beschlusses keine Beschwerde anmeldet. Bei mündlicher Verkündung und Anmeldung einer Beschwerde läuft die Frist zur Erstattung des Rechtsmittels ab Zustellung der schriftlichen Ausfertigung. Eine

StPO

rechtzeitig erhobene Beschwerde hat aufschiebende Wirkung, es sei denn, dass sie gegen einen Beschluss gemäß § 496 gerichtet ist. *(BGBl I 2009/40, 2. GeSchG)*

(3) Die Beschwerde kann auch mit einer Nichtigkeitsbeschwerde oder Berufung gegen das Urteil verbunden werden, das zugleich mit dem angefochtenen Beschluß ergangen ist (§§ 494 und 494a). In diesem Fall ist die Beschwerde rechtzeitig eingebracht, wenn das Rechtsmittel, mit dessen Ausführung sie verbunden ist, rechtzeitig eingebracht wurde. Im übrigen ist eine zugunsten des Angeklagten ergriffene Berufung wegen des Ausspruchs über die Strafe auch als Beschwerde gegen den Beschluß zu betrachten. Wird die Beschwerde mit einem anderen Rechtsmittel verbunden oder wird sonst gegen das zugleich mit dem angefochtenen Beschluß ergangene Urteil Nichtigkeitsbeschwerde oder Berufung erhoben, so entscheidet das für deren Erledigung zuständige Gericht auch über die Beschwerde. *(BGBl I 2007/93)*

(BGBl 1993/526; BGBl 1996/762)

25. Hauptstück

Ausübung der Strafgerichtsbarkeit über Soldaten im Frieden

§ 499. Soldat im Sinne dieses Gesetzes ist jeder Angehörige des Präsenzstandes des Bundesheeres.

§ 500. (1) Alle Soldaten unterstehen im Frieden der Strafgerichtsbarkeit der bürgerlichen Gerichte.

(2) Soweit im folgenden nichts anderes bestimmt ist, sind die allgemeinen Vorschriften über das Verfahren in Strafsachen auch auf Soldaten anzuwenden.

§ 501. (1) Die Durchführung eines Strafverfahrens wegen einer Tat ist nicht allein deshalb unzulässig, weil sie auch als Verstoß gegen eine besondere militärische Dienst- oder Standespflicht von den dafür zuständigen Behörden verfolgt werden kann.

(2) Wegen eines mit nicht mehr als sechsmonatiger Freiheitsstrafe bedrohten Vergehens nach dem Militärstrafgesetz darf ein Strafverfahren nicht geführt oder ein bereits begonnenes Strafverfahren vorläufig nicht fortgesetzt werden (§ 197), sobald Staatsanwaltschaft oder Gericht von der zuständigen Behörde mitgeteilt wurde, dass wegen der Tat ein militärisches Disziplinarverfahren durchgeführt wird. Handelt es sich um ein mit mehr als sechsmonatiger, aber nicht mehr als zweijähriger Freiheitsstrafe bedrohtes Vergehen nach dem Militärstrafgesetz, so kann die Staatsanwaltschaft oder das Gericht die Einleitung oder Fortsetzung des Verfahrens aufschieben, wenn dies im Hinblick auf ein wegen der Tat durchgeführtes militärisches Disziplinarverfahren zweckmäßig erscheint. Nach Abschluss des Disziplinarverfahrens hat die Staatsanwaltschaft in sinngemäßer Anwendung des § 263 Abs. 4 vorzugehen. Solange ein Verfahren nach diesem Bundesgesetz nicht eingeleitet oder fortgesetzt wird, ruht die Verjährung.

(BGBl I 2007/93)

§ 502. (1) Auch militärische Kommanden sowie jene Soldaten, die dem für die militärische Sicherheit und Ordnung im Standort oder in der Unterkunft verantwortlichen Kommandanten (Garnisonskommandanten oder Kasernkommandanten) zum Zwecke der Besorgung dieser Aufgaben unterstellt sind, und, soweit sie nicht schon zu diesem Personenkreis zählen, Wachen können die Festnahme (§ 170) des Beschuldigten vornehmen, *(BGBl I 2007/93; BGBl I 2007/109)*

1. wenn der Beschuldigte auf einer militärischen Liegenschaft auf frischer Tat betreten wird oder *(BGBl I 2007/93)*

2. wenn der Beschuldigte Soldat ist, einer der in § 170 Abs. 1 Z 2 bis 4 angeführten Umstände vorliegt und wegen Gefahr im Verzug eine vom Gericht bewilligte Anordnung der Staatsanwaltschaft nicht rechtzeitig eingeholt werden kann. *(BGBl I 2007/93)*

(2) §§ 170 Abs. 3 und 172 gelten dem Sinne nach. *(BGBl I 2007/93)*

(BGBl 1993/526)

§ 503. (1) Von jeder Ladung und von jeder Festnahme oder Freilassung eines Soldaten sowie von der Anordnung des Vollzuges der gegen Soldaten verhängten Freiheitsstrafen ist das unmittelbar vorgesetzte Kommando zu benachrichtigen; die Benachrichtigung von der Ladung hat zu entfallen, wenn diese durch das vorgesetzte Kommando zugestellt wird. *(BGBl I 2007/93)*

(2) Die Einleitung des Strafverfahrens gegen einen Soldaten ist seinem Disziplinarvorgesetzten anzuzeigen. Diesem sind nach rechtskräftiger Beendigung des Strafverfahrens die Akten zur Einsicht zu übersenden.

(3) Die Verurteilung eines Wehrpflichtigen der Reserve ist seinem Standeskörper bekanntzugeben.

(4) Die bevorstehende Entlassung eines Soldaten aus einer Strafvollzugsanstalt ist von dieser, die Entlassung aus einer Justizanstalt vom Gerichte dem nächstgelegenen militärischen Kommando anzuzeigen, damit die zur Übernahme notwendigen Verfügungen rechtzeitig getroffen werden können. *(BGBl I 2007/93)*

§ 504. Von Amtshandlungen der Kriminalpolizei, der Staatsanwaltschaft oder des Gerichts auf militärischen Liegenschaften ist der Kommandant vorher in Kenntnis zu setzen; auf sein Verlangen ist ein von ihm beigegebener Soldat zuzuziehen. *(BGBl I 2007/93)*

§ 505. Ladungen und Anordnungen, Entscheidungen und sonstige Schriftstücke sind Soldaten in der Regel durch das unmittelbar vorgesetzte Kommando zuzustellen. Dieses hat das rechtzeitige Erscheinen des Geladenen zu veranlassen und ihn nötigenfalls auch von Amts wegen zum Termin vorzuführen. *(BGBl I 2007/93)*

§ 506. (1) Soldaten sind bei ihrer Vernehmung als Beschuldigte, Zeugen oder Sachverständige um ihren Standeskörper und Dienstgrad und, wenn sie als Beschuldigte vernommen werden, auch um den Tag zu befragen, an dem ihr Präsenz- oder Ausbildungsdienst begonnen hat. *(BGBl I 2007/93)*

(2) Der Dienstgrad und der Standeskörper des Beschuldigten sind in allen Schriftstücken, die ihm oder militärischen Stellen (§ 503) zuzustellen sind oder durch die seine Fahndung veranlaßt werden soll, anzuführen. *(BGBl I 2007/93)*

(BGBl I 1999/55)

26. Hauptstück
Gnadenverfahren

§ 507. Eine Begnadigung steht nur dem Bundespräsidenten auf Vorschlag der Bundesregierung oder des von ihr ermächtigten Bundesministers für Justiz zu (Art. 65 Abs. 2 lit. c, Art. 67 Abs. 1 B-VG). Eine Begnadigung kann von Amts wegen oder aus Anlaß eines Gesuches vorgeschlagen werden; ein Recht darauf besteht nicht.

(BGBl 1993/816)

§ 508. Gnadengesuche sind beim Bundesminister für Justiz einzubringen; bei Gerichten oder anderen Justizbehörden einlangende Gesuche sind unverzüglich und unmittelbar an den Bundesminister für Justiz weiterzuleiten.

(BGBl 1993/816)

§ 509. Der Bundesminister für Justiz kann zur Klärung der Voraussetzungen für die Erstattung von Gnadenvorschlägen

1. Erhebungen durchführen, die Sicherheitsbehörden und andere geeignete Stellen um Erhebungen ersuchen oder die Staatsanwaltschaften mit deren Veranlassung beauftragen;

2. Gerichten, insbesondere jenen, die in erster Instanz erkannt oder die Strafe mit der Entscheidung über ein Rechtsmittel festgesetzt haben, Gelegenheit zur Stellungnahme geben sowie Stellungnahmen staatsanwaltschaftlicher und anderer Behörden einholen.

(BGBl 1993/816)

§ 510. (1) Gnadengesuche haben keine aufschiebende Wirkung.

(2) Der Bundespräsident kann auf Vorschlag der Bundesregierung oder des von ihr ermächtigten Bundesministers für Justiz (§ 507) zunächst eine Hemmung des Vollzuges der Strafe anordnen.

(3) Eine Hemmung des Vollzuges der Strafe hat der Bundesminister für Justiz dem Verurteilten, dem Gesuchsteller und dem Gericht, das in erster Instanz erkannt hat, mitzuteilen.

(4) Die Hemmung endet, sobald die Verständigung von der Begnadigung oder die Mitteilung, daß das Gnadengesuch erfolglos geblieben ist, bei dem Gericht einlangt, das in erster Instanz erkannt hat. Sie endet jedoch spätestens sechs Monate nach dem Einlangen der Mitteilung nach Abs. 3 bei Gericht, sofern der Bundespräsident nicht neuerlich eine Hemmung anordnet (Abs. 2).

(5) Nach Beendigung der Hemmung ist der Verurteilte, sofern eine Strafe zu vollziehen ist, aufzufordern, die Freiheitsstrafe anzutreten (§ 3 Abs. 2 Strafvollzugsgesetz) oder die Geldstrafe zu zahlen (§ 409 Abs. 1).

(6) Der Verurteilte kann auch vor Beendigung der Hemmung die Freiheitsstrafe antreten oder die Geldstrafe zahlen.

(BGBl 1993/816)

§ 511. (1) Eine vom Bundespräsidenten ausgesprochene Begnadigung ist dem Verurteilten durch den Bundesminister für Justiz mitzuteilen. Dieser hat überdies den Gesuchsteller, das Gericht, das in erster Instanz erkannt hat, die Landespolizeidirektion Wien (§ 1 Abs. 2 Strafregistergesetz) und, wenn der Verurteilte in einer Justizanstalt angehalten wird, den Leiter dieser Anstalt zu verständigen. *(BGBl I 2012/50)*

(2) Bleibt ein Gnadengesuch erfolglos, so hat der Bundesminister für Justiz davon den Verurteilten, den Gesuchsteller und das Gericht, das in erster Instanz erkannt hat, zu verständigen.

(BGBl 1993/816)

§ 512. (1) Gnadenweise gemilderte oder umgewandelte Strafen stehen den von den Gerichten ausgesprochenen Strafen gleich.

(2) Die Anordnung des Vollzuges solcher Strafen zu treffenden Verfügungen kommen dem Vorsitzenden (Einzelrichter) des Gerichtes zu, das in erster Instanz erkannt hat.

(BGBl 1993/816)

§ 513. Bei den Erhebungen im Gnadenverfahren sind die Bestimmungen des Allgemeinen Verwaltungsverfahrensgesetzes 1991 sinngemäß anzuwenden. Dem Verurteilten ist auf Verlangen Einsicht in die Ergebnisse der Erhebungen zu gewähren. *(BGBl I 2007/93)*

(BGBl 1993/816)

6. Teil

Schlussbestimmungen

In-Kraft-Treten

§ 514. (1) Dieses Bundesgesetz tritt in der Fassung des Strafprozessreformgesetzes, BGBl. I Nr. 19/2004, und des Bundesgesetzes, BGBl. I Nr. 93/2007, am 1. Jänner 2008 in Kraft. *(BGBl I 2007/93, 2. GeSchG; BGBl I 2009/40)*

(2) Die Bestimmungen der §§ 31 Abs. 3, 82 Abs. 3, 83 Abs. 2, 133 Abs. 2, 139 Abs. 2, 153 Abs. 4, 265 Abs. 1, 285e, 288 Abs. 2 Z 2a, 381 Abs. 3 Z 3, 390 Abs. 1, 409 Abs. 3, 470 Z 3, 475 Abs. 4 und 502 Abs. 1 in der Fassung des Bundesgesetzes, BGBl. I Nr. 109/2007 treten mit 1. Jänner 2008 in Kraft. *(BGBl I 2009/40, 2. GeSchG)*

(3) Die Bestimmungen der §§ 19 Abs. 1 Z 3, 20a, 28a und 100a in der Fassung des Bundesgesetzes, BGBl. I Nr. 109/2007 treten mit 1. Jänner 2009 in Kraft, wobei die Regelungen über die Zuständigkeit der KStA für die Verfolgung von strafbaren Handlungen gemäß § 20a Abs. 1 gelten, die nach diesem Zeitpunkt begangen werden. *(BGBl I 2009/40, 2. GeSchG)*

(4) Die Bestimmungen der §§ 26 Abs. 2, 28a Abs. 1, 32 Abs. 3, 43 Abs. 2, 45 Abs. 1, 47 Abs. 3, 77 Abs. 2, 183 Abs. 2 und 3, 197, 221 Abs. 4, 410 Abs. 1, 435, 437, 439 Abs. 1, 441 Abs. 1, 485, 498 Abs. 2 und 516 in der Fassung des Bundesgesetzes, BGBl. I Nr. 40/2009 treten mit 1. Juni 2009, die Bestimmungen des § 128 Abs. 2 und 2a in der Fassung des Bundesgesetzes, BGBl. I Nr. 40/2009 jedoch erst mit 1. Oktober 2009 in Kraft. *(BGBl I 2009/40, 2. GeSchG)*

(5) Die Bestimmungen der §§ 20a Abs. 2, 25 Abs. 3, 28, 29 Abs. 2, 31 Abs. 1, 2 und 5, 32 Abs. 1 und 3, 33 Abs. 1 Z 3, 38, 41 Abs. 1, 43 Abs. 2, 49 Z 10, 52 Abs. 1 und 3, 53 Abs. 1, 66 Abs. 1 Z 4 und 6 und Abs. 2, 75 Abs. 1, 82 Abs. 2, 105 Abs. 1, 111 Abs. 4, 112, 113 Abs. 3, 114 Abs. 1, 115 Abs. 2, 126 Abs. 3, 127 Abs. 2, 133 Abs. 1 und 2, 147 Abs. 1 Z 2, 176 Abs. 2, 182 Abs. 3a, 194 bis 196, 221 Abs. 1, 247a Abs. 1, 260 Abs. 3, 270 Abs. 4, 271 Abs. 1a, 343 Abs. 1, 357 Abs. 2, 377, 381 Abs. 3, 445a Abs. 2, 458 und 488 Abs. 4 in der Fassung des Bundesgesetzes BGBl. I Nr. 52/2009 treten mit 1. Juni 2009 in Kraft. Die Bestimmungen der §§ 83 Abs. 5 und 115a bis 115d in der Fassung des Bundesgesetzes BGBl. I Nr. 52/2009 treten jedoch mit 1. Jänner 2010 in Kraft. Die durch dieses Bundesgesetz geänderten Bestimmungen sind in Strafverfahren nicht anzuwenden, in denen vor seinem Inkrafttreten das Urteil gefällt worden ist. Nach Aufhebung eines solchen Urteils ist jedoch im Sinne der neuen Verfahrensbestimmungen vorzugehen. Die Bestimmungen der §§ 115a bis 115d in der Fassung dieses Bundesgesetzes sind auch auf Verfahren anzuwenden, die vor ihrem Inkrafttreten abgebrochen wurden. Die Bestimmungen der §§ 194 bis 196 in der Fassung dieses Bundesgesetzes sind auch auf vor dem Inkrafttreten eingebrachte Anträge auf Fortführung anzuwenden, soweit sie von der Oberstaatsanwaltschaft noch nicht dem Oberlandesgericht vorgelegt wurden. Die Oberstaatsanwaltschaft hat in diesen Fällen in sinngemäßer Anwendung der Bestimmung des § 195 Abs. 3 in der Fassung dieses Bundesgesetzes vorzugehen. *(BGBl I 2009/52)*

(6) Die Bestimmungen der §§ 20a Abs. 1, 28a Abs. 1 und 3, 30 Abs. 1, 36 Abs. 2 und 100a Abs. 2 in der Fassung des Bundesgesetzes, BGBl. I Nr. 98/2009 treten mit 1. September 2009 in Kraft. Die Bestimmungen der §§ 20a Abs. 2, 282 Abs. 1 und 465 Abs. 1 in der Fassung dieses Bundesgesetzes treten jedoch erst mit 1. Jänner 2010 in Kraft. Soweit die KStA nicht gemäß § 28a Abs. 2 vorgeht, bleibt sie für alle Verfahren zuständig, in denen eine Zuständigkeit auf Grund der Bestimmungen der §§ 20a und 28a in der Fassung des Bundesgesetzes, BGBl. I Nr. 109/2007 begründet war, sofern diese mit In-Kraft-Treten dieses Bundesgesetzes noch nicht beendet wurden. Nach Aufhebung der verfahrensbeendenden Entscheidung ist jedoch nach den neuen Bestimmungen vorzugehen. *(BGBl I 2009/98)*

(7) Die Bestimmungen der §§ 65, 69 und 156 in der Fassung des Bundesgesetzes, BGBl. I Nr. 98/2009 treten mit 1. Jänner 2010 in Kraft, sie sind in Strafverfahren nicht anzuwenden, in denen vor ihrem Inkrafttreten das Urteil in erster Instanz gefällt worden ist. Nach Aufhebung eines solchen Urteils ist jedoch im Sinne der neuen Verfahrensbestimmungen vorzugehen. *(BGBl I 2009/135)*

(7a) Die Regelungen über die Zuständigkeit der KStA für die Verfolgung von strafbaren Handlungen gemäß § 20a Abs 1 in der Fassung des Bundesgesetzes BGBl. I Nr. 98/2009 gelten für strafbare Handlungen, die nach dem 1. September 2009 begangen wurden. Für vor diesem Zeitpunkt begangene strafbare Handlungen besteht eine Zuständigkeit der KStA nur nach Maßgabe des Abs. 3. Abweichend von Abs. 6 kann die KStA Verfahren wegen strafbarer Handlungen, die vor dem 1. Jänner 2009 begangen wurden und die ihr nach dem 1. September 2009 abgetreten wurden, der zuständigen Staatsanwaltschaft abtreten. *(BGBl I 2009/142; BGBl I 2010/38)*

(8) Die Bestimmungen der §§ 26 Abs. 3 28a Abs. 1 und 70 Abs. 1 in der Fassung des Bundesgesetzes BGBl. I Nr. 142/2009, treten mit 1. Jänner 2010 in Kraft. *(BGBl I 2009/142)*

(9) Die Bestimmung des § 116 in der Fassung des Bundesgesetzes, BGBl. I Nr. 38/2010, tritt mit 1. Juli 2010 in Kraft. *(BGBl I 2010/38)*

(10) Die Bestimmungen der §§ 153 Abs. 3 und 4, 172 Abs. 1 und 2, 172a, 173a, 174 Abs. 3 Z 8, 176 Abs. 1 Z 2 und 266 in der Fassung des Bun-

desgesetzes, BGBl. I Nr. 64/2010, treten mit 1. September 2010 in Kraft. *(BGBl I 2010/64)*

(11) §§ 23 Abs. 1a, 47a, 64 Abs. 1, 110 Abs. 1 Z 3, 115 Abs. 1 Z 3 und Abs. 5, 115a Abs. 1 Z 1, 115d Abs. 2, 116 Abs. 2 Z 2, 132, 146, 147 Abs. 5, 169 Abs. 1 und 1a, 194, 195 Abs. 1, 2 und Abs. 2a, 373b, 408 Abs. 1, 409 Abs. 1, 410 Abs. 1 und Abs. 3, 443 Abs. 1, 444 Abs. 2 und 445 Abs. 1 und Abs. 2 in der Fassung BGBl. I Nr. 108/2010 treten mit 1. Jänner 2011 in Kraft. *(BGBl I 2010/108)*

(12) §§ 199, 209a und 209b in der Fassung des Bundesgesetzes BGBl. I Nr. 108/2010, treten mit 1. Jänner 2011 in Kraft und mit Ablauf des 31. Dezember 2016 wieder außer Kraft. *(BGBl I 2010/108)*

(13) §§ 19 Abs. 1 Z 3, 20a, 20b, § 39 Abs. 1a, 26 Abs. 3, 28a, 32a, 100a und 516 Abs. 7 und 8 in der Fassung BGBl. I Nr. 108/2010 treten mit 1. September 2011 in Kraft. *(BGBl I 2010/108)*

(14) §§ 31 Abs. 5 und 6, 33 Abs. 2, 83 Abs. 1 und 2, 84 Abs. 2, 88 Abs. 1, 89 Abs. 2 bis Abs. 2b, Abs. 4 und Abs. 5, 153 Abs. 4, 176 Abs. 3, 187 Abs. 3, 196 Abs. 2 und 285 Abs. 3 in der Fassung des Budgetbegleitgesetzes 2011, BGBl. I Nr. 111/2010, treten mit 1. Jänner 2011 in Kraft. §§ 126 Abs. 2, 2a bis 2c, 381 Abs. 1 Z 2a und Abs. 6 treten mit 1. Juli 2011 in Kraft. § 31 Abs. 5 und 6 in der Fassung des genannten Bundesgesetzes ist auf Verfahren anzuwenden, die nach Inkrafttreten dem Gericht zur Entscheidung vorgelegt wurden. § 196 Abs. 2 in der Fassung des Budgetbegleitgesetzes 2011 ist auf Verfahren anzuwenden, in denen der Antrag auf Fortführung nach Inkrafttreten bei der Staatsanwaltschaft eingebracht wurde. *(BGBl I 2010/111)*

(15) §§ 76a, 134 Z 2a und 5, 135, 137 Abs. 3, 138 Abs. 1, Abs. 2 und Abs. 5, 140 Abs. 1 Z 4, 144 Abs. 3, 145 Abs. 3, 147 Abs. 1 und 3 und § 381 Abs. 1 Z 5 in der Fassung des Bundesgesetzes, BGBl. I Nr. 33/2011 treten mit 1. April 2012 in Kraft. *(BGBl I 2011/33)*

(16) § 446a in der Fassung des Bundesgesetzes, BGBl. I Nr. 43/2011 tritt mit 1. Oktober 2011 in Kraft. *(BGBl I 2011/43)*

(17) §§ 19 Abs. 1 Z 3, 20a Abs. 1 Z 5 und 6 und 20b Abs. 3 in der Fassung BGBl. I Nr. 67/2011 treten mit 1. September 2011 in Kraft, § 20a Abs. 1 Z 2, 3, 4 und 7 in der Fassung des Bundesgesetzes BGBl. I Nr. 108/2010 treten mit 1. September 2012 in Kraft. § 20a Abs. 1 Z 2 bis 13 in der Fassung des Bundesgesetzes BGBl. I Nr. 98/2009 tritt mit Ablauf des 31. August 2011 außer Kraft. *(BGBl I 2011/67)*

(18) Die §§ 30 Abs. 1 Z 5a, 5b, 6a, 8a und 8b und 123 Abs. 4 in der Fassung des Bundesgesetzes BGBl. I Nr. 103/2011 treten mit 1. Jänner 2012 in Kraft. *(BGBl I 2011/103)*

(18a) §§ 20a Abs. 1, 31 Abs. 6, 112, 113 Abs. 2, 116 Abs. 6, 176 Abs. 3, 189 Abs. 2, 194 Abs. 3, 196 Abs. 1 und 3, 204 Abs. 2, 357 Abs. 2, 480 und 490 in der Fassung des Bundesgesetzes BGBl. I Nr. 29/2012, treten mit 1. Juni 2012 in Kraft. *(BGBl I 2012/29; BGBl I 2013/2)*

(19) §§ 70, 115e, 116 Abs. 1, 175 Abs. 4 und 409b in der Fassung des 2. Stabilitätsgesetzes 2012, BGBl. I Nr. 35/2012, treten mit 1. September 2012 in Kraft. *(BGBl I 2012/35)*

(20) § 511 Abs. 1 in der Fassung des Bundesgesetzes BGBl. I Nr. 50/2012 tritt mit 1. September 2012 in Kraft. *(BGBl I 2012/50)*

(21) §§ 20a Abs. 1 Z 5 und 20b Abs. 3 in der Fassung des Bundesgesetzes, BGBl. I Nr. 61/2012, treten mit 1. Jänner 2013 in Kraft. *(BGBl I 2012/61)*

(22) §§ 183 Abs. 3 und 4 und 185 Abs. 1 in der Fassung des Bundesgesetzes BGBl. I Nr. 2/2013 treten mit 1. Jänner 2013 in Kraft. *(BGBl I 2013/2)*

(23) § 66 Abs. 2 in der Fassung des Bundesgesetzes BGBl. I Nr. 116/2013 tritt mit 1. Jänner 2014 in Kraft. *(BGBl I 2013/116)*

(24) Die §§ 18, 20a Abs. 1 Z 6, 50, 52 Abs. 1, 56, 66 Abs. 1 Z 5, 106 Abs. 1, Abs. 3 und 5, 107 Abs. 1, 126 Abs. 2a und 2b, 164 Abs. 1, 171 Abs. 3 und Abs. 4, 198 Abs. 3, 381 Abs. 6 und § 393 Abs. 2 in der Fassung des Bundesgesetzes BGBl. I Nr. 195/2013 treten mit 1. Jänner 2014 in Kraft. *(BGBl I 2013/195; BGBl I 2014/71)*

(25) § 76 Abs. 4 in der Fassung des Bundesgesetzes BGBl. I Nr. 71/2014 tritt mit 1. November 2014, die §§ 1 Abs. 2 und 3, 2 Abs. 1, 26 Abs. 2, 31 Abs. 1, 32 Abs. 1 und 1a, 37 Abs. 2, 41 Abs. 1 bis 3, 42 Abs. 2 und 3, 48 Abs. 1 und 2, 91 Abs. 2, 100 Abs. 3a, 104 Abs. 1, 108 Abs. 2, 108a, 110 Abs. 1 und 3, 115 Abs. 1, 126 Abs. 3, 4 und 5, 175 Abs. 5, 178 Abs. 3, 194 Abs. 2, 204 Abs. 1 und 3, 205 Abs. 2 und 5, 222 Abs. 3, 232 Abs. 2, 249 Abs. 3, 266 Abs. 1, 393 Abs. 1a, 393a Abs. 1, 395 Abs. 5, 438, 451 Abs. 1, 489 Abs. 1 und 491 in der Fassung des Bundesgesetzes BGBl. I Nr. 71/2014 treten mit 1. Jänner 2015 in Kraft. § 75 Abs. 5 in der Fassung des Bundesgesetzes BGBl. I Nr. 71/2014 tritt 31. Oktober 2014 außer Kraft. *(BGBl I 2014/71)*

(26) §§ 285j, 294 Abs. 4, 467 Abs. 5 und 470 Z 1 in der Fassung des Bundesgesetzes BGBl. I Nr. 92/2014 treten mit 1. Jänner 2015 in Kraft. *(BGBl I 2014/92)*

(27) § 155 Abs. 1 Z 3 und § 157 Abs. 1 Z 2 in der Fassung des Bundesgesetzes BGBl. I Nr. 101/2014 treten mit 1. Jänner 2015 in Kraft. *(BGBl I 2014/101; BGBl I 2015/112)*

(28) § 32 in der Fassung des Bundesgesetzes BGBl. I Nr. 106/2014 tritt mit 1. Jänner 2015 in Kraft. *(BGBl I 2014/106; BGBl I 2015/112)*

(29) § 183 Abs. 2 und Abs. 3 in der Fassung des Bundesgesetzes BGBl. I Nr. 13/2015 treten mit 1. Juli 2015 in Kraft. *(BGBl I 2015/13; BGBl I 2015/112)*

(30) § 20a Abs. 1 Z 6 in der Fassung des Bundesgesetzes BGBl. I Nr. 34/2015 tritt mit 1. Jänner 2016 in Kraft. *(BGBl I 2015/34; BGBl I 2015/112)*

(31) § 126 Abs. 4 in der Fassung des Bundesgesetzes BGBl. I Nr. 112/2015 tritt mit dem der Kundmachung folgenden Tag, §§ 20a Abs. 1 und Abs. 3, 30 Abs. 1, 31 Abs. 2 und Abs. 3, 32 Abs. 1a und Abs. 1b, 61 Abs. 1, 155 Abs. 1, 156 Abs. 1, 161 Abs. 1, 172a Abs. 3, 192 Abs. 1, 198 Abs. 2 und 3, 204 Abs. 2 und 3, 206 Abs. 1, 230 Abs. 2, 355, 409a Abs. 2, 445 Abs. 2a, 489 Abs. 1, 492 Abs. 1 in der Fassung des Bundesgesetzes BGBl. I Nr. 112/2015 treten mit 1. Jänner 2016 in Kraft. *(BGBl I 2015/112)*

(32) §§ 5 Abs. 3, 10 Abs. 2, 20a Abs. 1 Z 5, 25 Abs. 7, 28, 28a, 31 Abs. 3 Z 6a, Abs. 4 Z 2, 56 Abs. 3, 65 Z 1 lit. a und b, 66 Abs. 1 Z 1a, 1b und 5, Abs. 3 und 4, 66a, 70, 80 Abs. 1, 128 Abs. 1, 133 Abs. 5, 137 Abs. 3, 138 Abs. 2 und 3, 140 Abs. 1 Z 4, 141 Abs. 4, 142 Abs. 5, 147 Abs. 1, 155 Abs. 1 Z 3, 156 Abs. 1 Z 2, 165 Abs. 3 bis 5a, 172 Abs. 4, 177 Abs. 5, 181a, 188 Abs. 2, 195 Abs. 2, 196 Abs. 2, 197 Abs. 2b, 236 Abs. 1, 275, 347, 409 Abs. 1, 427 Abs. 2, 445 Abs. 2a und 489 Abs. 1 in der Fassung des Bundesgesetzes BGBl. I Nr. 26/2016 treten mit 1. Juni 2016 in Kraft. *(BGBl I 2016/26)*

(33) §§ 109 Z 3 und 4, 116 und 409 Abs. 2 in der Fassung des Bundesgesetzes BGBl. I Nr. 26/2016 treten mit 1. Oktober 2016 in Kraft. Für Auskünfte über eine vor dem 1. März 2015 bestehende Geschäftsverbindung mit einem Kredit- oder Finanzinstitut gelten weiterhin die §§ 109 Z 3 lit. a und 116 in der bis zum Ablauf des 30. September 2016 geltenden Fassung. *(BGBl I 2016/26; BGBl I 2016/65)*

(34) §§ 50 Abs. 3, 59 Abs. 1 und 2, 61 Abs. 1 Z 5a, 157 Abs. 2, 163 Abs. 4, 164 Abs. 2, 171 Abs. 4 Z 2 lit. a und c und 249 Abs. 1 in der Fassung des Bundesgesetzes BGBl. I Nr. 26/2016 treten mit 1. November 2016 in Kraft. *(BGBl I 2016/26)*

(35) §§ 20a Abs. 1 Z 6 und Abs. 4, 25 Abs. 3 und 6, 25a, 31 Abs. 6 Z 3, 35 Abs. 1, 37 Abs. 3, 39 Abs. 1a, 59, 174 Abs. 1 und Abs. 4 Z 2, 175 Abs. 5, 189 Abs. 1, 198 Abs. 2 Z 3, 199, 208 Abs. 3, 209a, 209b Abs. 1 und 2, 212, 215 Abs. 3, 287 Abs. 1, 294 Abs. 5, 367 Abs. 1, 381 Abs. 1 Z 6, 471 und 485 Abs. 1 Z 2 in der Fassung des Bundesgesetzes BGBl. I Nr. 121/2016 treten mit 1. Jänner 2017 in Kraft. §§ 212, 215 Abs. 3 und 485 Abs. 1 in der Fassung des Bundesgesetzes BGBl. I Nr. 121/2016 sind auf Verfahren anzuwenden, in denen nach dem Inkrafttreten Anklage eingebracht wurde. § 37 Abs. 3 in der Fassung des Bundesgesetzes BGBl. I Nr. 121/2016 ist auf Verfahren anzuwenden, in denen nach dem Inkrafttreten eine Anklage rechtswirksam wird, die eine Verfahrensverbindung nach dieser Bestimmung erfordert. §§ 199, 209a und 209b in der Fassung des Bundesgesetzes BGBl. I Nr. 121/2016 sind auf Verfahren anzuwenden, in denen die Offenbarung der Tatsachen nach dem 31. Dezember 2016 erfolgt ist; für vor diesem Zeitpunkt offenbarte Tatsachen gelten weiterhin die §§ 199, 209a und 209b in der Fassung des Bundesgesetzes, BGBl. I Nr. 108/2010. § 31 Abs. 6 Z 3 und § 199 in der Fassung des Bundesgesetzes BGBl. I Nr. 121/2016 treten mit Ablauf des 31. Dezember 2028 außer Kraft. *(BGBl I 2016/121; BGBl I 2021/243)*

(36) §§ 30 Abs. 1 und 31 Abs. 4 in der Fassung des Bundesgesetzes BGBl. I Nr. 117/2017 treten mit 1. September 2017 in Kraft. *(BGBl I 2017/117)*

(37) Für das Inkrafttreten der durch das Bundesgesetz BGBl. I Nr. 27/2018 geänderten oder eingefügten Bestimmungen und das Außer-Kraft-Treten der durch dieses Bundesgesetz entfallenen Bestimmungen gilt Folgendes:

1. Der Eintrag des Titels von § 76a und von § 135 im Inhaltsverzeichnis sowie § 67 Abs. 7, § 94, § 116 Abs. 6, § 134 Z 2a, 2b und 3, die Überschrift von § 135, § 135 Abs. 1, Abs. 2a, 2b und 3 Z 3, § 136 Abs. 1 Z 2, Abs. 2 und 4, § 137 Abs. 3, § 138 Abs. 2, 3 und 5, § 147 Abs. 1 Z 3, § 147 Abs. 1 Z 5, § 221 Abs. 1, § 381 Abs. 1 Z 5, § 430 Abs. 5 und § 516a Abs. 7 und 8 treten mit 1. Juni 2018 in Kraft; gleichzeitig entfällt § 137 Abs. 2.

2. Soweit nicht in Z 3 Abweichendes bestimmt ist, treten die Überschrift des 5. Abschnitts des 8. Hauptstücks im Inhaltsverzeichnis, die Überschrift des 5. Abschnitts des 8. Hauptstücks sowie § 134 Z 5, § 137 Abs. 1, § 138 Abs. 1, § 140 Abs. 1 Z 2 und 4, § 144 Abs. 3, § 145 Abs. 3 und § 147 Abs. 2 mit 1. Juni 2018 in Kraft.

3. Folgende Bestimmungen und Wendungen treten mit 1. April 2020 in Kraft und mit Ablauf des 31. März 2025 wieder außer Kraft:

a) in der Überschrift des 5. Abschnitts des 8. Hauptstücks im Inhaltsverzeichnis und in der Überschrift des 5. Abschnitts des 8. Hauptstücks die Wendung „„ verschlüsselter Nachrichten",

b) in § 134 Z 5 die Wendung, „die verschlüsselt gesendeten, übermittelten oder empfangenen Nachrichten und Informationen im Sinne von Z 3 sowie damit in Zusammenhang stehende Daten im Sinn des § 76a und des § 92 Abs. 3 Z 4 und 4a TKG (Z 3a)",

c) in § 137 Abs. 1 die Wendung „§ 135a Abs. 3 oder",

d) in § 138 Abs. 1, § 140 Z 2, § 144 Abs. 3 und § 145 Abs. 3 die Wendung „„ § 135a",

e) in § 138 Abs. 1 Z 1 die Wendung „des Inhabers oder Verfügungsbefugten des Computersystems, in dem ein Programm zur Überwachung verschlüsselter Nachrichten installiert werden soll,",

f) in § 138 Abs. 1 Z 2 die Wendung „oder das Computersystem, in dem ein Programm zur Überwachung verschlüsselter Nachrichten installiert werden soll",

g) in § 140 Abs. 1 Z 4 die Wendung „und § 135a", und

h) in § 147 Abs. 2 die Wendung „oder Überwachung verschlüsselter Nachrichten nach § 135a". *(BGBl I 2018/70)*

4. Der Eintrag des Titels von § 135a im Inhaltsverzeichnis sowie § 134 Z 3a, § 135a, § 145 Abs. 4, § 147 Abs. 1 Z 2a und Abs. 3a sowie § 148 treten mit 1. April 2020 in Kraft und mit Ablauf des 31. März 2025 wieder außer Kraft.

5. § 209b Abs. 1 tritt mit 1. Juni 2018 in Kraft und mit Ablauf des 31. Dezember 2021 wieder außer Kraft.
(BGBl I 2018/27)

(38) §§ 20a Abs. 3 und 99 Abs. 5 in der Fassung des BGBl. I Nr. 28/2018 dienen der Umsetzung der Richtlinie (EU) 2014/41 über die Europäische Ermittlungsanordnung, ABl. Nr. L 130 vom 01.05.2014, S. 1. *(BGBl I 2018/28; BGBl I 2018/70)*

(39) Die Einträge zu den §§ 74 und 75 im Inhaltsverzeichnis, § 54, die Überschrift zu § 74, § 74 Abs. 1 und 2, die Überschrift zu § 75, § 75 Abs. 1, 3 und 4, § 76 Abs. 4, § 77 Abs. 2, § 117 Z 1, § 141 Abs. 1 und 4, § 142 Abs. 2 Z 2 und 3 sowie § 143 Abs. 1 und 2 in der Fassung des Materien-Datenschutz-Anpassungsgesetzes 2018, BGBl. I Nr. 32/2018, treten mit 25. Mai 2018 in Kraft. *(BGBl I 2018/32; BGBl I 2018/70)*

(40) Der Eintrag des Titels von § 66a im Inhaltsverzeichnis sowie § 56 Abs. 3, § 66 Abs. 2 § 70 Abs. 1, § 115 Abs. 1 Z 3, § 155 Abs. 1 Z 3 und § 516a Abs. 8 bis 10 treten mit 1. November 2018 in Kraft. *(BGBl I 2018/70)*

(41) § 20 Abs. 1 Z 1[1)] und 6 in der Fassung des Bundesgesetzes BGBl. I Nr. 111/2019 treten mit 28.12.2019 in Kraft. *(BGBl I 2019/105; BGBl I 2019/111)*

(42) § 174 Abs. 1, § 176 Abs. 3 und § 239 treten mit dem der Kundmachung des bezeichneten Bundesgesetzes folgenden Tag in Kraft. *(BGBl I 2020/14)*

(43) § 174 Abs. 1, § 239, § 286 Abs. 1a und § 471 treten mit dem der Kundmachung des bezeichneten Bundesgesetzes folgenden Tag in Kraft. *(BGBl I 2020/16)*

(44) § 53 Abs. 2, § 58 Abs. 4, § 59 Abs. 5, § 61 Abs. 2, § 62 Abs. 2a, § 155 Abs. 1, § 160 Abs. 3 und § 171 Abs. 4 in der Fassung des Bundesgeset-

zes BGBl. I. Nr. 20/2020 treten mit 1. Juni 2020 in Kraft. *(BGBl I 2020/20)*

(45) § 294 Abs. 5 und § 296 Abs. 3 in der Fassung BGBl. I Nr. 24/2020 treten mit dem der Kundmachung folgenden Tag in Kraft. *(BGBl I 2020/24)*

(46) Der Eintrag des Titels von § 66b im Inhaltsverzeichnis sowie § 30 Abs. 1 Z 3a, § 31 Abs. 1, § 49, § 66b, § 67 Abs. 7, § 70 Abs. 2, § 71, § 76a Abs. 1, § 381 Abs. 1 Z 9, § 390 Abs. 1a, § 393a Abs. 4a, § 395 Abs. 1 und § 516a Abs. 12 in der Fassung des Bundesgesetzblattes BGBl. I Nr. 148/2020 treten mit 1. Jänner 2021 in Kraft; gleichzeitig entfallen § 66 Abs. 2 und 4. § 390 Abs. 1a und § 393 Abs. 4a in der Fassung des Bundesgesetzblattes BGBl. I Nr. 148/2020 treten mit 31. Dezember 2023 wieder außer Kraft. *(BGBl I 2020/148)*

(47) § 112a in der Fassung des Bundesgesetzes BGBl. I Nr. 148/2021 tritt am 1. Dezember 2021 in Kraft. *(BGBl I 2021/148)*

(48) § 30 Abs. 1 Z 9b und 9c, § 31 Abs. 4 Z 2, § 100 Abs. 2 Z 1 und § 496 in der Fassung des Bundesgesetzes BGBl. I Nr. 159/2021 treten mit 1. September 2021 in Kraft. *(BGBl I 2021/159; BGBl I 2021/243)*

(49) § 76a, 134 Z 2, 2a, 2b, 3 und 5 und § 138 Abs. 2 in der Fassung des Bundesgesetzes BGBl. I Nr. 190/2021 treten mit dem auf den Tag der Kundmachung folgenden Monatsersten in Kraft. *(BGBl I 2021/190; BGBl I 2021/243)*

(50) § 209a Abs. 1 und § 209b in der Fassung des Bundesgesetzes BGBl. I Nr. 243/2021 treten mit 1. Jänner 2022 in Kraft. § 209b in der Fassung des genannten Bundesgesetzes ist auf Verfahren anzuwenden, in denen die Verständigung des Bundeskartellanwalts gemäß § 209b Abs. 1 nach dem 31. Dezember 2021 bei der Staatsanwaltschaft eingelangt ist; für andere Verfahren gilt weiterhin § 209b in der Fassung des Bundesgesetzes BGBl. I Nr. 27/2018. § 209a und § 209b in der Fassung des Bundesgesetzes BGBl. I Nr. 243/2021 treten mit Ablauf des 31. Dezember 2028 außer Kraft. *(BGBl I 2021/243)*

(51) Die Einträge im Inhaltsverzeichnis zum 21. Hauptstück, § 48 Abs. 2, § 61 Abs. 1 Z 2, § 66a Abs. 2 Z 5, § 281 Abs. 1 Z 3 und 5, § 345 Abs. 1 Z 4, die Abschnittsbezeichnung und Abschnittsüberschrift zum 1. Abschnitt des 21. Hauptstücks, § 429 bis 434g, die Abschnittsbezeichnung und Abschnittsüberschrift zum 2. Abschnitt des 21. Hauptstücks, § 435 Abs. 1, § 437, § 438, § 439 Abs. 1 und 2, 440, § 441, § 442, die Abschnittsbezeichnung und Abschnittsüberschrift zum 3. und 4. Abschnitt des 21. Hauptstücks, § 492 Abs. 1, § 494a Abs. 2, § 495 Abs. 1 und § 497 Abs. 1 in der Fassung des Bundesgesetzes BGBl. I Nr. 223/2022, treten mit 1. März 2023

in Kraft; gleichzeitig tritt § 436 außer Kraft. *(BGBl I 2022/223)*

(BGBl I 2004/19)

---

¹⁾ Redaktionsversehen: gemeint wohl: § 20a Abs. 1 Z 1 und 6

Verweisungen

§ 515. (1) Verweisungen in diesem Gesetz auf andere Rechtsvorschriften des Bundes oder auf unmittelbar anwendbare Rechtsakte der Europäischen Gemeinschaft sind als Verweisungen auf die jeweils geltende Fassung zu verstehen. Wird in anderen Bundesgesetzen auf Bestimmungen verwiesen, an deren Stelle mit dem In-Kraft-Treten des Strafprozessreformgesetzes neue Bestimmungen wirksam werden, so sind diese Verweisungen auf die entsprechenden neuen Bestimmungen zu beziehen.

(2) Soweit in diesem Gesetz personenbezogene Bezeichnungen nur in männlicher Form angeführt sind, beziehen sie sich auf Frauen und Männer in gleicher Weise. Bei der Anwendung auf bestimmte Personen ist die jeweils geschlechtsspezifische Form zu verwenden.

(BGBl I 2004/19)

Übergangsbestimmungen

§ 516. (1) Die durch das Strafprozessreformgesetz und das Bundesgesetz, BGBl. I Nr. 93/2007, geänderten Verfahrensbestimmungen dieses Bundesgesetzes sind in Strafverfahren nicht anzuwenden, in denen vor ihrem In-Kraft-Treten das Urteil in erster Instanz gefällt worden ist. Nach Aufhebung eines solchen Urteils ist jedoch im Sinne der neuen Verfahrensbestimmungen vorzugehen. *(BGBl I 2007/93)*

(1a) *(aufgehoben, BGBl I 2009/40, 2. GeSchG)*

(1b) *(aufgehoben, BGBl I 2009/40, 2. GeSchG)*

(2) Zum Zeitpunkt des In-Kraft-Tretens des Strafprozessreformgesetzes gerichtlich anhängige Anträge auf gerichtliche Vorerhebungen sind nach den durch das Strafprozessreformgesetz aufgehobenen Verfahrensbestimmungen zu erledigen. Wäre für die Erledigung nach den durch das Strafprozessreformgesetz aufgehobenen Bestimmungen eine Anordnung oder Genehmigung der Ratskammer erforderlich, so tritt an ihre Stelle der gemäß § 31 Abs. 1 Z 2 zuständige Einzelrichter des Landesgerichts. Über sonstige Anträge, Entscheidungen und Beschwerden, für deren Erledigung die Ratskammer gemäß den durch das Strafprozessreformgesetz und Strafprozessreformbegleitgesetz I, BGBl. I Nr. 93/2007, geänderten Verfahrensbestimmungen zuständig wäre, hat an ihrer Stelle das Landesgericht als Senat von drei Richtern gemäß § 31 Abs. 5 nach den neuen Verfahrensbestimmungen zu entscheiden. Voruntersuchungen werden mit dem In-Kraft-Treten

des Strafprozessreformgesetzes von Gesetzes wegen beendet. Das Gericht hat die Akten, nachdem es die allenfalls zur Entscheidung über die Fortsetzung der Untersuchungshaft erforderlichen Verfügungen und Entscheidungen getroffen hat, der Staatsanwaltschaft zu übersenden. In Verfahren, die nur auf Verlangen des Verletzten zu verfolgen sind, ist der Privatankläger vom Gericht mit Beschluss aufzufordern, binnen angemessen festzusetzender Frist die Anklageschrift oder einen selbstständigen Antrag auf Erlassung vermögensrechtlicher Anordnungen nach § 445 einzubringen (§ 71 Abs. 6). *(BGBl I 2007/109; BGBl I 2009/40, 2. GeSchG)*

(3) An die Stelle eines Antrags auf Strafverfolgung tritt die Ermächtigung nach § 92. Diese gilt als erteilt, wenn ein Antrag auf Strafverfolgung gestellt wurde.

(4) Am 31. 12. 2007 bestehende Eintragungen von Personen im Sinne des § 39 Abs. 3 dritter Satz in der vor Inkrafttreten des Strafprozessreformgesetzes geltenden Fassung in die Verteidigerliste bleiben aufrecht; die dort eingetragenen Personen gelten bis zur Vollendung ihres 70. Lebensjahres im Sinne des § 48 Abs. 1 Z 4 als gesetzlich zur Vertretung im Strafverfahren berechtigte Personen. Vor diesem Zeitpunkt erteilte Mandate berechtigen bis zur rechtskräftigen Beendigung des zu Grunde liegenden Verfahrens zur Ausübung der Verteidigung in diesem Verfahren. § 39 Abs. 3 in der vor Inkrafttreten des Strafprozessreformgesetzes geltenden Fassung ist für diese Eintragungen weiterhin anzuwenden. *(BGBl I 2007/93)*

(5) Verfahren, in denen Anträge auf gerichtliche Vorerhebungen anhängig gemacht wurden und die zum Zeitpunkt des In-Kraft-Tretens des Strafprozessreformgesetzes gemäß den durch das Strafprozessreformbegleitgesetz I, BGBl. I Nr. 93/2007, aufgehobenen Bestimmungen der §§ 412 oder 452 Z 2 abgebrochen wurden, sind nach Ausforschung eines Beschuldigten der Staatsanwaltschaft zu übertragen, die sodann das Verfahren gemäß § 197 nach den neuen Verfahrensbestimmungen fortzusetzen hat. *(BGBl I 2007/109)*

(6) Die Bestimmungen der §§ 26 Abs. 2, 28a Abs. 1, 32 Abs. 3, 43 Abs. 2, 45 Abs. 1, 47 Abs. 3, 77 Abs. 2, 197, 221 Abs. 4, 410 Abs. 1, 435, 437, 439 Abs. 1, 441 Abs. 1, 485, 498 Abs. 2 und 516 in der Fassung des Bundesgesetzes, BGBl. I Nr. 40/2009, sind in Strafverfahren nicht anzuwenden, in denen vor ihrem In-Kraft-Treten das Urteil erster Instanz gefällt worden ist. Nach Aufhebung eines solchen Urteils ist jedoch im Sinne der neuen Verfahrensbestimmungen vorzugehen. *(BGBl I 2009/40, 2. GeSchG)*

(7) Die WKStA ist für Ermittlungsverfahren zuständig, die bei der KStA am 31. August 2011 anhängig sind oder nach diesem Zeitpunkt wegen

der in § 20a Abs. 1 Z 1, 5, 6, 8 und 9 in der Fassung des Bundesgesetzes, BGBl. I Nr.67/2011 genannten Straftaten anfallen. *(BGBl I 2010/108; BGBl I 2011/67)*

(7a) Die WKStA ist für die in § 20a Abs. 1 Z 2, 3, 4 und 7 in der Fassung des Bundesgesetzes BGBl. I Nr. 108/2010 genannten Straftaten zuständig, soweit das Ermittlungsverfahren nach dem 31. August 2012 angefallen ist. *(BGBl I 2011/67)*

(8) Darüber hinaus kann die Oberstaatsanwaltschaft Wien Ermittlungsverfahren, die am 1. September 2011 bei einer Staatsanwaltschaft in ihrem Sprengel wegen der in § 20a Abs. 1 in der Fassung BGBl. I Nr. 108/2010 genannten Straftaten anhängig sind, der zuständigen Staatsanwaltschaft abnehmen und der WKStA übertragen, soweit dies aus den in § 20b Abs. 1 in der Fassung BGBl. I Nr. 108/2010 genannten Gründen und zur Wahrung der Kontinuität des Ermittlungsverfahrens erforderlich ist. *(BGBl I 2010/108)*

(9) Die Bestimmungen der §§ 194 Abs. 3 Z 1 und 209a Abs. 1 Z 1 in der Fassung des Bundesgesetzes, BGBl. I Nr. 108/2010, sind, soweit sie auf die Zuständigkeit der WKStA verweisen, bis zum Inkrafttreten der Bestimmungen über die Zuständigkeit der WKStA gemäß § 514 Abs. 13 in der Fassung des Bundesgesetzes, BGBl. I Nr. 108/2010 auf die KStA anzuwenden. *(BGBl I 2010/108)*

(10) Die Bestimmungen der § 32 Abs. 1 und Abs. 1a in der Fassung des Bundesgesetzes BGBl. I Nr. 71/2014 sind in Strafverfahren nicht anzuwenden, in denen vor ihrem Inkrafttreten Anklage eingebracht wurde. Die Bestimmung des § 108a in der Fassung des Bundesgesetzes BGBl. I Nr. 71/2014 ist in jenen Strafverfahren anzuwenden, die nach ihrem Inkrafttreten beginnen (§ 1 Abs. 2). *(BGBl I 2014/71)*

(11) § 59 Abs. 5, § 61 Abs. 2, § 62 Abs. 2a und § 171 Abs. 4 Z 2 in der Fassung des Bundesgesetzes BGBl. I. Nr. 20/2020 dienen der Umsetzung der Richtlinie (EU) 2016/1919 über Prozesskostenhilfe für Verdächtige und beschuldigte Personen in Strafverfahren sowie für gesuchte Personen in Verfahren zur Vollstreckung eines Europäischen Haftbefehls, ABl. Nr. L 297 vom 04.11.2016 S. 1. *(BGBl I 2020/20)*

(11)[1)] § 438 in der Fassung BGBl. I Nr. 71/2014 ist auf Betroffene nach § 21 Abs. 2 StGB bis zum 28. Februar 2027 anzuwenden. *(BGBl I 2022/223)*

(BGBl I 2004/19)

[1)] *Redaktionsversehen: gemeint wohl 12*

Umsetzung von Richtlinien der Europäischen Union

§ 516a. (1) §§ 50, 171 Abs. 4 in der Fassung des Bundesgesetzes BGBl. I Nr. 195/2013 dienen der Umsetzung der Richtlinie 2012/13/EU über das Recht auf Belehrung und Unterrichtung in Strafverfahren ABl. Nr. L 142 vom 01. 06. 2012 S 1.

(2) §§ 56, 164 Abs. 1, 381 Abs. 6 und 393 Abs. 2 in der Fassung des Bundesgesetzes BGBl. I Nr. 195/2013 dienen der Umsetzung der Richtlinie 2010/64/EU über das Recht auf Dolmetschleistungen und Übersetzungen in Strafverfahren, ABl. Nr. L 280 vom 26. 10.2010 S 1.

(3) § 445 Abs. 2a in der Fassung des Bundesgesetzblattes BGBl. I Nr. 112/2015 dient der Umsetzung der Richtlinie 2014/42/EU des Europäischen Parlaments und des Rates über die Sicherstellung und Einziehung von Erträgen aus Straftaten in der EU ABl. Nr. L 127 vom 29.04.2014 S 39 in der Fassung der Berichtigung ABl. Nr. L 138 vom 13.05.2014 S 114. *(BGBl I 2015/112)*

(3)[1)] §§ 10 Abs. 2, 25 Abs. 7, 65 Z 1 lit. a und b, 66 Abs. 1 Z 1a, 1b und 5, Abs. 3 und 4, 66a, 70, 80 Abs. 1, 156 Abs. 1 Z 2, 165 Abs. 3 und 4, 172 Abs. 4, 177 Abs. 5, 181a, 195 Abs. 2 und 196 Abs. 2 in der Fassung des Bundesgesetzblattes BGBl. I Nr. 26/2016 dienen der Umsetzung der Richtlinie 2012/29/EU über Mindeststandards für die Rechte, die Unterstützung und den Schutz von Opfern von Straftaten sowie zur Ersetzung des Rahmenbeschlusses 2001/220/JI ABl. Nr. L 315 vom 14.11.2012 S 57. *(BGBl I 2016/26)*

(4) §§ 50 Abs. 3, 59 Abs. 1 und 2, 157 Abs. 2, 163 Abs. 4, 164 Abs. 2, 171 Abs. 4 Z 2 lit. a und c und 249 Abs. 1 in der Fassung des Bundesgesetzes BGBl. I Nr. 26/2016 dienen der Umsetzung der Richtlinie 2013/48/EU über das Recht auf Zugang zu einem Rechtsbeistand in Strafverfahren und in Verfahren zur Vollstreckung des Europäischen Haftbefehls sowie über das Recht auf Benachrichtigung eines Dritten bei Freiheitsentzug und das Recht auf Kommunikation mit Dritten und mit Konsularbehörden während des Freiheitsentzugs, ABl. Nr. L 294 vom 06. 11.2013 S 1. *(BGBl I 2016/26)*

(5) § 409 Abs. 2 in der Fassung des Bundesgesetzblattes BGBl. I Nr. 26/2016 dient der Umsetzung der Richtlinie 2014/42/EU über die Sicherstellung und Einziehung von Tatwerkzeugen und Erträgen aus Straftaten in der Europäischen Union, ABl. Nr. L 127 vom 29.04.2014 S 39, in der Fassung der Berichtigung ABl. Nr. L 138 vom 13.05.2014 S 114. *(BGBl I 2016/26)*

(6) § 59 Abs. 1 und 4 und 174 Abs. 1 in der Fassung des Bundesgesetzblattes BGBl. I Nr. 121/2016 dienen der Umsetzung der Richtlinie 2013/48/EU über das Recht auf Zugang zu

einem Rechtsbeistand in Strafverfahren und in Verfahren zur Vollstreckung des Europäischen Haftbefehls sowie über das Recht auf Benachrichtigung eines Dritten bei Freiheitsentzug und das Recht auf Kommunikation mit Dritten und mit Konsularbehörden während des Freiheitsentzugs, ABl. Nr. L 294 vom 06.11.2013 S. 1. *(BGBl I 2016/121)*

(7) § 221 Abs. 1 und § 430 Abs. 5 in der Fassung des Bundesgesetzes BGBl. I Nr. 27/2018 dienen der Umsetzung der Richtlinie (EU) 2016/343 über die Stärkung bestimmter Aspekte der Unschuldsvermutung und des Rechts auf Anwesenheit in der Verhandlung im Strafverfahren, ABl. Nr. L 65 vom 11.03.2016 S. 1. *(BGBl I 2018/27)*

(8) §§ 20a Abs. 3 und 99 Abs. 5 in der Fassung des BGBl. I Nr. 28/2018 dienen der Umsetzung der Richtlinie (EU) 2014/41 über die Europäische Ermittlungsanordnung, ABl. Nr. L 130 vom 01.05.2014, S. 1. *(BGBl I 2018/28; BGBl I 2018/70)*

(9) § 135a, § 136 Abs. 1 Z 3, § 137 Abs. 1, § 138 Abs. 1 und 2, § 140 Abs. 1 Z 2 und 4, § 144 Abs. 3, § 145 Abs. 3 und 4, § 147 Abs. 1 Z 2a und 5 und Abs. 2 in der Fassung des Bundesgesetzes BGBl. I Nr. 27/2018 dienen der Umsetzung der Richtlinie (EU) 2017/541 zur Terrorismusbekämpfung und zur Ersetzung des Rahmenbeschlusses 2002/475/JI des Rates und zur Änderung des Beschlusses 2005/671/JI des Rates, ABl. Nr. L 88 vom 15.03.2017 S. 6. *(BGBl I 2018/27; BGBl I 2018/70)*

(10) § 66 Abs. 2 und § 70 Abs. 1 in der Fassung des Bundesgesetzes BGBl. I Nr. 70/2018 dienen der Umsetzung der Richtlinie (EU) 2017/541 zur Terrorismusbekämpfung und zur Ersetzung des Rahmenbeschlusses 2002/475/JI des Rates und zur Änderung des Beschlusses 2005/671/JI des Rates, ABl. Nr. L 88 vom 15.03.2017 S. 6. *(BGBl I 2018/70)*

(11) § 59 Abs. 5, § 61 Abs. 2, § 62 Abs. 2a und § 171 Abs. 4 Z 2 in der Fassung des Bundesgesetzes BGBl. I. Nr. 20/2020 dienen der Umsetzung der Richtlinie (EU) 2016/1919 über Prozesskostenhilfe für Verdächtige und beschuldigte Personen in Strafverfahren sowie für gesuchte Personen in Verfahren zur Vollstreckung eines Europäischen Haftbefehls, ABl. Nr. L 297 vom 04.11.2016 S. 1. *(BGBl I 2020/20)*

(12) § 66b in der Fassung des Bundesgesetzblattes BGBl. I Nr. 148/2020 dient der Umsetzung der Richtlinie 2012/29/EU über Mindeststandards für die Rechte, die Unterstützung und den Schutz von Opfern von Straftaten sowie zur Ersetzung des Rahmenbeschlusses 2001/220/JI, ABl. Nr. L 315 vom 14.11.2012, S. 57. *(BGBl I 2020/148)*

(13) § 209b in der Fassung des Bundesgesetzes BGBl. I Nr. 243/2021 dient der Umsetzung der Richtlinie 2019/1/EU zur Stärkung der Wettbewerbsbehörden der Mitgliedstaaten im Hinblick auf eine wirksamere Durchsetzung der Wettbewerbsvorschriften und zur Gewährleistung des reibungslosen Funktionierens des Binnenmarkts, ABl. Nr. L 11 vom 14.01.2019 S. 3. *(BGBl I 2021/243)*

(14) § 66a Abs. 2 Z 5, § 431 Abs. 4 und § 434g Abs. 7 in der Fassung des Bundesgesetzblattes BGBl. I Nr. 223/2022 dienen der Umsetzung der Richtlinie 2012/29/EU über Mindeststandards für die Rechte, die Unterstützung und den Schutz von Opfern von Straftaten sowie zur Ersetzung des Rahmenbeschlusses 2001/220/JI, ABl. Nr. L 315 vom 14.11.2012 S. 57. *(BGBl I 2022/223)*

(BGBl I 2013/195)

[1)] *Redaktionsversehen: Absatz 3 doppelt vergeben.*

Vollziehung

§ 517. Mit der Vollziehung dieses Gesetzes ist der Bundesminister für Justiz betraut.

(BGBl I 2004/19)

7/1. Grundrechtsbeschwerdegesetz

BGBl 1992/864

Bundesgesetz über die Beschwerde an den Obersten Gerichtshof wegen Verletzung des Grundrechtes auf persönliche Freiheit (Grundrechtsbeschwerde-Gesetz – GRBG)

Der Nationalrat hat beschlossen:

§ 1. (1) Wegen Verletzung des Grundrechtes auf persönliche Freiheit durch eine strafgerichtliche Entscheidung oder Verfügung steht dem Betroffenen nach Erschöpfung des Instanzenzuges die Grundrechtsbeschwerde an den Obersten Gerichtshof zu.

(2) Abs. 1 gilt nicht für die Verhängung und den Vollzug von Freiheitsstrafen und vorbeugenden Maßnahmen wegen gerichtlich strafbarer Handlungen.

§ 2. (1) Das Grundrecht auf persönliche Freiheit (Bundesverfassungsgesetz über den Schutz der persönlichen Freiheit, BGBl. Nr. 684/1988, Art. 5 der Europäischen Konvention zum Schutze der Menschenrechte und Grundfreiheiten, BGBl. Nr. 210/1958) ist insbesondere dann verletzt, wenn die Verhängung oder Aufrechterhaltung einer Haft zum Zweck der Maßnahme außer Verhältnis steht, die Dauer einer Haft unverhältnismäßig geworden ist, die Voraussetzungen einer Haft, wie Tatverdacht oder Haftgründe, unrichtig beurteilt wurden oder sonst bei einer Festnahme oder Anhaltung das Gesetz unrichtig angewendet wurde.

(2) Die Beschwerde kann auch aus Anlaß einer die Freiheitsbeschränkung beendenden Entscheidung oder Verfügung mit der Behauptung erhoben werden, daß die Entscheidung oder Verfügung zu spät getroffen worden sei.

§ 3. (1) In der Beschwerde ist anzugeben und zu begründen, worin der Beschwerdeführer die Verletzung des Grundrechtes auf persönliche Freiheit erblickt. Die angefochtene oder zum Anlaß der Beschwerde genommene Entscheidung oder Verfügung ist genau zu bezeichnen. Der Tag, der für den Beginn der Beschwerdefrist maßgeblich ist, (§ 4 Abs. 1) ist anzuführen.

(2) Die Beschwerde muß von einem Verteidiger unterschrieben sein. Ist die Beschwerde nicht von einem Verteidiger unterschrieben, so ist die Eingabe vorerst zur Behebung dieses Mangels und Wiedervorlage an das Gericht erster Instanz binnen einer Woche zurückzustellen. Gleichzeitig ist der Beschwerdeführer über die Verfahrenshilfe zu belehren.

(3) Die Vorschriften der Strafprozeßordnung über die Verfahrenshilfe, insbesondere § 41 Abs. 2 über die Voraussetzungen, § 42 über die Beigebung und Bestellung eines Verteidigers und § 43a über die Unterbrechung des Fristenlaufes, sind sinngemäß anzuwenden.

§ 4. (1) Die Beschwerde ist binnen 14 Tagen ab dem Tag, an dem der Betroffene von der Entscheidung oder Verfügung Kenntnis erlangt hat, beim Gericht erster Instanz einzubringen. Die Frist ist auch gewahrt, wenn die Beschwerde rechtzeitig bei einem im Instanzenzug befaßten Gericht oder beim Obersten Gerichtshof eingebracht wird. Wird die Entscheidung oder Verfügung schriftlich ausgefertigt und zugestellt, so endet die Frist nicht vor Ablauf von 14 Tagen ab dem Tag der Zustellung an den Betroffenen.

(2) Die befaßten Gerichte haben die zur Entscheidung über die Beschwerde erforderlichen Akten (Aktenteile) unverzüglich dem Obersten Gerichtshof vorzulegen, doch sind erforderlichenfalls Ablichtungen anzufertigen und alle Vorkehrungen zu treffen, damit eine Haft des Betroffenen keine Verlängerung und ein anhängiges Verfahren keine Verzögerung erfahre.

§ 5. Die Beschwerde hat keine aufschiebende Wirkung.

§ 6. Der Oberste Gerichtshof entscheidet über die Beschwerde nach Anhörung des Generalprokurators in nichtöffentlicher Sitzung in einem Senat von drei Richtern durch Erkenntnis.

§ 7. (1) Das Erkenntnis des Obersten Gerichtshofes hat auszusprechen, ob eine Verletzung des Grundrechtes auf persönliche Freiheit stattgefunden hat, und erforderlichenfalls die angefochtene Entscheidung oder Verfügung aufzuheben.

(2) Wird der Beschwerde stattgegeben, so sind die Gerichte verpflichtet, mit den ihnen zu Gebote stehenden rechtlichen Mitteln unverzüglich den der Rechtsanschauung des Obersten Gerichtshofes entsprechenden Rechtszustand herzustellen.

§ 8. In einem stattgebenden Erkenntnis ist dem Bund der Ersatz der Beschwerdekosten an den Beschwerdeführer aufzuerlegen.

§ 9. Der Bundesminister für Justiz hat mit Verordnung die Höhe der Beschwerdekosten nach den für eine gleichartige Tätigkeit eines Rechtsanwaltes geltenden Tarifbestimmungen in einem Pauschbetrag festzusetzen und bei erheblicher Änderung der Verhältnisse anzupassen.[1]

_____
[1] BGBl II 2008/321 (nachstehend abgedruckt)

§ 10. Im Verfahren über Grundrechtsbeschwerden sind, soweit dieses Bundesgesetz nichts anderes vorsieht, die für den Obersten Gerichtshof und die für das gerichtliche Strafverfahren geltenden Vorschriften sinngemäß anzuwenden.

§ 11. Bei der Anwendung des Strafrechtlichen Entschädigungsgesetzes bedarf es keines Antrages und keiner Beschlußfassung des übergeordneten Gerichtshofes nach § 6 Abs. 1 StEG, soweit der Oberste Gerichtshof aus Anlaß einer Grundrechtsbeschwerde festgestellt hat, daß der Geschädigte im Grundrecht auf persönliche Freiheit verletzt wurde.

§ 12. (1) Dieses Bundesgesetz tritt mit 1. Jänner 1993 in Kraft.

(2) Ab dem Inkrafttreten dieses Bundesgesetzes können Beschwerden erhoben werden, ohne daß es darauf ankäme, wann die Grundrechtsverletzung erfolgt ist.

§ 13. Mit der Vollziehung dieses Bundesgesetzes ist der Bundesminister für Justiz betraut.

Verordnung des Bundesministers für Justiz über die Höhe der Beschwerdekosten nach dem Grundrechtsbeschwerde-Gesetz

Auf Grund des § 9 des Grundrechtsbeschwerde-Gesetzes (GRBG), BGBl. Nr. 864/1992, wird verordnet:

§ 1. Die Höhe der Beschwerdekosten, deren Ersatz dem Bund vom Obersten Gerichtshof in einem stattgebenden Erkenntnis nach § 8 GRBG aufzuerlegen ist, wird einschließlich der Barauslagen mit dem Pauschbetrag von 960 Euro, zuzüglich der darauf entfallenden Umsatzsteuer, festgesetzt.

§ 2. (1) Diese Verordnung tritt mit 1. Jänner 2020 in Kraft. Sie ist auf Grundrechtsbeschwerden anzuwenden, die nach dem 31. Dezember 2019 eingebracht werden.

(2) Mit dem Inkrafttreten dieser Verordnung tritt die Verordnung der Bundesministerin für Justiz über die Höhe der Beschwerdekosten nach dem Grundrechtsbeschwerde-Gesetz, BGBl. II Nr. 321/2008, außer Kraft. Sie ist jedoch auf Grundrechtsbeschwerden, die vor dem 1. Jänner 2020 eingebracht worden sind, weiterhin anzuwenden.

(BGBl II 2019/416)

7/2. Zustellgesetz

BGBl 1982/200 idF

1 BGBl 1990/357
2 BGBl I 1998/158
3 BGBl I 2001/137
4 BGBl I 2002/65
5 BGBl I 2004/10
6 BGBl I 2008/5
7 BGBl I 2010/111
8 BGBl I 2013/33

9 BGBl I 2017/40
10 BGBl I 2018/33
11 BGBl I 2018/104
12 BGBl II 2019/140
13 BGBl I 2020/16
14 BGBl I 2020/42
15 BGBl I 2022/205

STICHWORTVERZEICHNIS
zum ZustellG

Bundesgesetz über die Zustellung behördlicher Dokumente (Zustellgesetz – ZustG)*)

(BGBl I 2004/10)

*) Kurztitel idF BGBl I 2004/10

1. Abschnitt

Allgemeine Bestimmungen

Anwendungsbereich

§ 1. Dieses Bundesgesetz regelt die Zustellung der von Gerichten und Verwaltungsbehörden in Vollziehung der Gesetze zu übermittelnden Dokumente sowie die durch sie vorzunehmende Zustellung von Dokumenten ausländischer Behörden.

(BGBl I 2004/10)

Begriffsbestimmungen

§ 2. Im Sinne dieses Bundesgesetzes bedeuten die Begriffe:

1. „Empfänger“: die von der Behörde in der Zustellverfügung (§ 5) namentlich als solcher bezeichnete Person; *(BGBl I 2013/33)*

2. „Dokument“: eine Aufzeichnung, unabhängig von ihrer technischen Form, insbesondere eine behördliche schriftliche Erledigung; *(BGBl I 2008/5)*

3. „Zustelladresse“: eine Abgabestelle (Z 4) oder elektronische Zustelladresse (Z 5); *(BGBl I 2008/5)*

4. „Abgabestelle“: die Wohnung oder sonstige Unterkunft, die Betriebsstätte, der Sitz, der Geschäftsraum, die Kanzlei oder auch der Arbeitsplatz des Empfängers, im Falle einer Zustellung anlässlich einer Amtshandlung auch deren Ort, oder ein vom Empfänger der Behörde für die Zustellung in einem laufenden Verfahren angegebener Ort; *(BGBl I 2008/5)*

5. „elektronische Zustelladresse“: eine vom Empfänger der Behörde für die Zustellung in einem anhängigen oder gleichzeitig anhängig gemachten Verfahren angegebene elektronische Adresse; *(BGBl I 2008/5)*

6. „Post“: die Österreichische Post AG (§ 3 Z 1 des Postmarktgesetzes – PMG, BGBl. I Nr. 123/2009); *(BGBl I 2008/5; BGBl I 2013/33)*

7. „Zustelldienst“: ein Universaldienstbetreiber (§ 3 Z 4 PMG) sowie ein Zustelldienst im Anwendungsbereich des 3. Abschnitts; *(BGBl I 2008/5; BGBl I 2013/33; BGBl I 2017/40)*

8. *(entfällt, BGBl I 2022/205)*

9. „Kunde“: Person, gegenüber der sich ein Zustelldienst, der die Leistungen gemäß § 29 Abs. 1 zu erbringen hat, zur Zustellung behördlicher Dokumente verpflichtet hat. *(BGBl I 2008/5; BGBl I 2017/40)*

(BGBl I 2004/10)

Durchführung der Zustellung

§ 3. Soweit die für das Verfahren geltenden Vorschriften nicht eine andere Form der Zustellung vorsehen, hat die Zustellung durch einen Zustelldienst, durch Bedienstete der Behörde oder, wenn dies im Interesse der Zweckmäßigkeit, Einfachheit und Raschheit gelegen ist, durch Organe der Gemeinden zu erfolgen.

(BGBl I 2008/5)

Stellung des Zustellers

§ 4. Wer mit der Zustellung betraut ist (Zusteller), handelt hinsichtlich der Wahrung der Gesetzmäßigkeit der Zustellung als Organ der Behörde, deren Dokument zugestellt werden soll.

(BGBl I 2008/5)

Zustellverfügung

§ 5. Die Zustellung ist von der Behörde zu verfügen, deren Dokument zugestellt werden soll. Die Zustellverfügung hat den Empfänger möglichst eindeutig zu bezeichnen und die für die Zustellung erforderlichen sonstigen Angaben zu enthalten.

(BGBl I 2008/5)

Mehrmalige Zustellung

§ 6. Ist ein Dokument zugestellt, so löst die neuerliche Zustellung des gleichen Dokuments keine Rechtswirkungen aus.

(BGBl I 2004/10)

Heilung von Zustellmängeln

§ 7. Unterlaufen im Verfahren der Zustellung Mängel, so gilt die Zustellung als in dem Zeitpunkt dennoch bewirkt, in dem das Dokument dem Empfänger tatsächlich zugekommen ist. *(BGBl I 2008/5)*

(BGBl I 2004/10)

Änderung der Abgabestelle

§ 8. (1) Eine Partei, die während eines Verfahrens, von dem sie Kenntnis hat, ihre bisherige Abgabestelle ändert, hat dies der Behörde unverzüglich mitzuteilen.

(2) Wird diese Mitteilung unterlassen, so ist, soweit die Verfahrensvorschriften nicht anderes vorsehen, die Zustellung durch Hinterlegung ohne vorausgehenden Zustellversuch vorzunehmen, falls eine Abgabestelle nicht ohne Schwierigkeiten festgestellt werden kann.

§ 8a. *(entfällt, BGBl I 2004/10, Überschrift entfällt gemäß BGBl I 2008/5)*

Zustellungsbevollmächtigter

§ 9. (1) Soweit in den Verfahrensvorschriften nicht anderes bestimmt ist, können die Parteien und Beteiligten andere natürliche oder juristische Personen oder eingetragene Personengesellschaften gegenüber der Behörde zur Empfangnahme von Dokumenten bevollmächtigen (Zustellungsvollmacht). *(BGBl I 2008/5)*

(2) Einer natürlichen Person, die keinen Hauptwohnsitz im Inland hat, kann eine Zustellungsvollmacht nicht wirksam erteilt werden. Gleiches gilt für eine juristische Person oder eingetragene Personengesellschaft, wenn diese keinen zur Empfangnahme von Dokumenten befugten Vertreter mit Hauptwohnsitz im Inland hat. Das Erfordernis des Hauptwohnsitzes im Inland gilt nicht für Staatsangehörige von EWR-Vertragsstaaten, falls Zustellungen durch Staatsverträge mit dem Vertragsstaat des Wohnsitzes des Zustellungsbevollmächtigten oder auf andere Weise sichergestellt sind. *(BGBl I 2008/5)*

(3) Ist ein Zustellungsbevollmächtigter bestellt, so hat die Behörde, soweit gesetzlich nicht anderes bestimmt ist, diesen als Empfänger zu bezeichnen. Geschieht dies nicht, so gilt die Zustellung als in dem Zeitpunkt bewirkt, in dem das Dokument dem Zustellungsbevollmächtigten tatsächlich zugekommen ist. *(BGBl I 2008/5)*

(4) Haben mehrere Parteien oder Beteiligte einen gemeinsamen Zustellungsbevollmächtigten, so gilt mit der Zustellung einer einzigen Ausfertigung des Dokumentes an ihn die Zustellung an alle Parteien oder Beteiligte als bewirkt. Hat eine Partei oder hat ein Beteiligter mehrere Zustellungs-

bevollmächtigte, so gilt die Zustellung als bewirkt, sobald sie an einen von ihnen vorgenommen worden ist.

(5) Wird ein Anbringen von mehreren Parteien oder Beteiligten gemeinsam eingebracht und kein Zustellungsbevollmächtigter namhaft gemacht, so gilt die an erster Stelle genannte Person als gemeinsamer Zustellungsbevollmächtigter.

(6) § 8 ist auf den Zustellungsbevollmächtigten sinngemäß anzuwenden. *(BGBl I 2008/5)*

(BGBl I 2004/10)

Zustellung durch Übersendung

§ 10. (1) Parteien und Beteiligten, die über keine inländische Abgabestelle verfügen, kann von der Behörde aufgetragen werden, innerhalb einer Frist von mindestens zwei Wochen für bestimmte oder für alle bei dieser Behörde anhängigen oder anhängig zu machenden Verfahren einen Zustellungsbevollmächtigten namhaft zu machen. Kommt die Partei bzw. der Beteiligte diesem Auftrag nicht fristgerecht nach, kann die Zustellung ohne Zustellnachweis durch Übersendung der Dokumente an eine der Behörde bekannte Zustelladresse erfolgen. Ein übersandtes Dokument gilt zwei Wochen nach Übergabe an den Zustelldienst als zugestellt. Auf diese Rechtsfolge ist im Auftrag hinzuweisen.

(2) Eine Zustellung gemäß Abs. 1 ist nicht mehr zulässig, sobald die Partei bzw. der Beteiligte

1. einen Zustellungsbevollmächtigten namhaft gemacht hat oder

2. über eine inländische Abgabestelle verfügt und diese der Behörde bekannt gegeben hat.

(BGBl I 2013/33)

Besondere Fälle der Zustellung

§ 11. (1) Zustellungen im Ausland sind nach den bestehenden internationalen Vereinbarungen oder allenfalls auf dem Weg, den die Gesetze oder sonstigen Rechtsvorschriften des Staates, in dem zugestellt werden soll, oder die internationale Übung zulassen, erforderlichenfalls unter Mitwirkung der österreichischen Vertretungsbehörden, vorzunehmen.

(2) Zur Vornahme von Zustellungen an Ausländer oder internationale Organisationen, denen völkerrechtliche Privilegien und Immunitäten zustehen, ist unabhängig von ihrem Aufenthaltsort oder Sitz die Vermittlung des Bundesministeriums für Europa, Integration und Äußeres in Anspruch zu nehmen. *(BGBl I 2017/40)*

(3) Zustellungen an Personen, die nach den Vorschriften des Bundesverfassungsgesetzes über Kooperation und Solidarität bei der Entsendung von Einheiten und Einzelpersonen in das Ausland

(KSE-BVG), BGBl. I Nr. 38/1997, in das Ausland entsendet wurden, sind im Wege des zuständigen Bundesministers, sofern aber diese Personen anlässlich ihrer Entsendung zu einer Einheit oder zu mehreren Einheiten zusammengefasst wurden, im Wege des Vorgesetzten der Einheit vorzunehmen. *(BGBl I 2001/137)*

Zustellung ausländischer Dokumente im Inland

§ 12. (1) Zustellungen von Dokumenten ausländischer Behörden im Inland sind nach den bestehenden internationalen Vereinbarungen, mangels solcher nach diesem Bundesgesetz vorzunehmen. Einem Ersuchen um Einhaltung einer bestimmten davon abweichenden Vorgangsweise kann jedoch entsprochen werden, wenn eine solche Zustellung mit den Grundwertungen der österreichischen Rechtsordnung vereinbar ist. *(BGBl I 2008/5)*

(2) Die Zustellung eines ausländischen, fremdsprachigen Dokuments, dem keine, im gerichtlichen Verfahren keine beglaubigte, deutschsprachige Übersetzung angeschlossen ist, ist nur zulässig, wenn der Empfänger zu dessen Annahme bereit ist; dies ist anzunehmen, wenn er nicht binnen drei Tagen gegenüber der Behörde, die das Dokument zugestellt hat, erklärt, daß er zur Annahme nicht bereit ist; diese Frist beginnt mit der Zustellung zu laufen und kann nicht verlängert werden. *(BGBl I 2008/5)*

(3) Ist die Erklärung gemäß Abs. 2 verspätet oder unzulässig, so ist sie zurückzuweisen; sonst hat die Behörde zu beurkunden, daß die Zustellung des fremdsprachigen Dokuments mangels Annahmebereitschaft des Empfängers als nicht bewirkt anzusehen ist. *(BGBl I 2008/5)*

(4) Für die Zustellung von Dokumenten ausländischer Behörden in Verwaltungssachen gelten, falls in Staatsverträgen nicht anderes bestimmt ist, außerdem die folgenden Bestimmungen: *(BGBl I 2008/5)*

1. Dokumente werden nur zugestellt, wenn gewährleistet ist, dass auch der ersuchende Staat einem gleichartigen österreichischen Ersuchen entsprechen würde. Das Vorliegen von Gegenseitigkeit kann durch Staatsverträge, die nicht unter Art. 50 B-VG fallen, festgestellt werden. *(BGBl I 2008/5)*

2. Im Übrigen sind das Europäische Übereinkommen über die Zustellung von Schriftstücken in Verwaltungssachen im Ausland, BGBl. Nr. 67/1983, und die von der Republik Österreich gemäß diesem Abkommen abgegebenen Erklärungen sinngemäß anzuwenden. *(BGBl I 2001/137)*

2. Abschnitt
Physische Zustellung

Zustellung an den Empfänger

§ 13. (1) Das Dokument ist dem Empfänger an der Abgabestelle zuzustellen. Ist aber auf Grund einer Anordnung einer Verwaltungsbehörde oder eines Gerichtes an eine andere Person als den Empfänger zuzustellen, so tritt diese an die Stelle des Empfängers. *(BGBl I 2008/5)*

(2) Bei Zustellungen durch Organe eines Zustelldienstes oder der Gemeinde darf auch an eine gegenüber dem Zustelldienst oder der Gemeinde zur Empfangnahme solcher Dokumente bevollmächtigte Person zugestellt werden, soweit dies nicht durch einen Vermerk auf dem Dokument ausgeschlossen ist. *(BGBl I 2008/5)*

(3) Ist der Empfänger keine natürliche Person, so ist das Dokument einem zur Empfangnahme befugten Vertreter zuzustellen. *(BGBl I 2008/5)*

(4) Ist der Empfänger eine zur berufsmäßigen Parteienvertretung befugte Person, so ist das Dokument in deren Kanzlei zuzustellen und darf an jeden dort anwesenden Angestellten des Parteienvertreters zugestellt werden; durch Organe eines Zustelldienstes darf an bestimmte Angestellte nicht oder nur an bestimmte Angestellte zugestellt werden, wenn der Parteienvertreter dies schriftlich beim Zustelldienst verlangt hat. Die Behörde hat Angestellte des Parteienvertreters wegen ihres Interesses an der Sache oder auf Grund einer zuvor der Behörde schriftlich abgegebenen Erklärung des Parteienvertreters durch einen Vermerk auf dem Dokument und dem Zustellnachweis von der Zustellung auszuschließen; an sie darf nicht zugestellt werden. *(BGBl I 2008/5)*

(5) und (6) *(entfallen, BGBl I 2004/10)*

§ 14. Untersteht der Empfänger einer Anstaltsordnung und dürfen ihm auf Grund gesetzlicher Bestimmungen Dokumente nur durch den Leiter der Anstalt oder durch eine von diesem bestimmte Person oder durch den Untersuchungsrichter ausgehändigt werden, so ist das Dokument dem Leiter der Anstalt oder der von ihm bestimmten Person vom Zusteller zur Vornahme der Zustellung zu übergeben. *(BGBl I 2008/5)*

§ 15. (1) Zustellungen an Soldaten, die Präsenz- oder Ausbildungsdienst leisten, sind durch das unmittelbar vorgesetzte Kommando vorzunehmen. *(BGBl I 1998/158)*

(2) Bei sonstigen Zustellungen in Kasernen oder auf anderen militärisch genutzten Liegenschaften ist das für deren Verwaltung zuständige Kommando vorher davon in Kenntnis zu setzen. Auf Verlangen des Kommandos ist ein von ihm

zu bestimmender Soldat oder Bediensteter der Heeresverwaltung dem Zusteller beizugeben.

Ersatzzustellung

§ 16. (1) Kann das Dokument nicht dem Empfänger zugestellt werden und ist an der Abgabestelle ein Ersatzempfänger anwesend, so darf an diesen zugestellt werden (Ersatzzustellung), sofern der Zusteller Grund zur Annahme hat, daß sich der Empfänger oder ein Vertreter im Sinne des § 13 Abs. 3 regelmäßig an der Abgabestelle aufhält. *(BGBl I 2008/5)*

(2) Ersatzempfänger kann jede erwachsene Person sein, die an derselben Abgabestelle wie der Empfänger wohnt oder Arbeitnehmer oder Arbeitgeber des Empfängers ist und die – außer wenn sie mit dem Empfänger im gemeinsamen Haushalt lebt – zur Annahme bereit ist.

(3) Durch Organe eines Zustelldienstes darf an bestimmte Ersatzempfänger nicht oder nur an bestimmte Ersatzempfänger zugestellt werden, wenn der Empfänger dies schriftlich beim Zustelldienst verlangt hat. *(BGBl I 2008/5)*

(4) Die Behörde hat Personen wegen ihres Interesses an der Sache oder auf Grund einer schriftlichen Erklärung des Empfängers durch einen Vermerk auf dem Dokument und dem Zustellnachweis von der Ersatzzustellung auszuschließen; an sie darf nicht zugestellt werden. *(BGBl I 2008/5)*

(5) Eine Ersatzzustellung gilt als nicht bewirkt, wenn sich ergibt, daß der Empfänger oder dessen Vertreter im Sinne des § 13 Abs. 3 wegen Abwesenheit von der Abgabestelle nicht rechtzeitig vom Zustellvorgang Kenntnis erlangen konnte, doch wird die Zustellung mit dem der Rückkehr an die Abgabestelle folgenden Tag wirksam.

Hinterlegung

§ 17. (1) Kann das Dokument an der Abgabestelle nicht zugestellt werden und hat der Zusteller Grund zur Annahme, daß sich der Empfänger oder ein Vertreter im Sinne des § 13 Abs. 3 regelmäßig an der Abgabestelle aufhält, so ist das Dokument im Falle der Zustellung durch den Zustelldienst bei seiner zuständigen Geschäftsstelle, in allen anderen Fällen aber beim zuständigen Gemeindeamt oder bei der Behörde, wenn sie sich in derselben Gemeinde befindet, zu hinterlegen. *(BGBl I 2008/5)*

(2) Von der Hinterlegung ist der Empfänger schriftlich zu verständigen. Die Verständigung ist in die für die Abgabestelle bestimmte Abgabeeinrichtung (Briefkasten, Hausbrieffach oder Briefeinwurf) einzulegen, an der Abgabestelle zurückzulassen oder, wenn dies nicht möglich ist, an der Eingangstüre (Wohnungs-, Haus-, Gartentüre) anzubringen. Sie hat den Ort der Hinterle-

gung zu bezeichnen, den Beginn und die Dauer der Abholfrist anzugeben sowie auf die Wirkung der Hinterlegung hinzuweisen. *(BGBl I 2008/5)*

(3) Das hinterlegte Dokument ist mindestens zwei Wochen zur Abholung bereitzuhalten. Der Lauf dieser Frist beginnt mit dem Tag, an dem das Dokument erstmals zur Abholung bereitgehalten wird. Hinterlegte Dokumente gelten mit dem ersten Tag dieser Frist als zugestellt. Sie gelten nicht als zugestellt, wenn sich ergibt, daß der Empfänger oder dessen Vertreter im Sinne des § 13 Abs. 3 wegen Abwesenheit von der Abgabestelle nicht rechtzeitig vom Zustellvorgang Kenntnis erlangen konnte, doch wird die Zustellung an dem der Rückkehr an die Abgabestelle folgenden Tag innerhalb der Abholfrist wirksam, an dem das hinterlegte Dokument behoben werden könnte. *(BGBl I 2008/5)*

(4) Die im Wege der Hinterlegung vorgenommene Zustellung ist auch dann gültig, wenn die im Abs. 2 genannte Verständigung beschädigt oder entfernt wurde. *(BGBl I 2008/5)*

§ 17a. *(entfällt, BGBl I 2004/10, Überschrift entfällt gemäß BGBl I 2008/5)*

Nachsendung

§ 18. (1) Hält sich der Empfänger nicht regelmäßig (§ 17 Abs. 1) an der Abgabestelle auf, so ist das Dokument an eine andere inländische Abgabestelle nachzusenden, wenn es *(BGBl I 2008/5)*

1. durch Organe eines Zustelldienstes zugestellt werden soll und nach den für die Beförderung von Postsendungen geltenden Vorschriften die Nachsendung vorgesehen ist; in diesem Fall ist die neue Anschrift des Empfängers auf dem Zustellnachweis (Zustellschein, Rückschein) zu vermerken; *(BGBl I 2008/5; BGBl I 2013/33)*

2. durch Organe der Behörde oder einer Gemeinde zugestellt werden soll, die neue Abgabestelle ohne Schwierigkeit festgestellt werden kann und im örtlichen Wirkungsbereich der Behörde oder der Gemeinde liegt.

(2) Dokumente, deren Nachsendung durch einen auf ihnen angebrachten Vermerk ausgeschlossen ist, sind nicht nachzusenden. *(BGBl I 2008/5)*

Rücksendung, Weitersendung und Vernichtung

§ 19. (1) Dokumente, die weder zugestellt werden können, noch nachzusenden sind oder die zwar durch Hinterlegung zugestellt, aber nicht abgeholt worden sind, sind entweder an den Absender zurückzusenden, an eine vom Absender zu diesem Zweck bekanntgegebene Stelle zu senden oder auf Anordnung des Absenders nachweislich zu vernichten.

(2) Auf dem Zustellnachweis (Zustellschein, Rückschein) ist der Grund der Rücksendung, Weitersendung oder Vernichtung zu vermerken. *(BGBl I 2013/33)*

Verweigerung der Annahme

§ 20. (1) Verweigert der Empfänger oder ein im gemeinsamen Haushalt mit dem Empfänger lebender Ersatzempfänger die Annahme ohne Vorliegen eines gesetzlichen Grundes, so ist das Dokument an der Abgabestelle zurückzulassen oder, wenn dies nicht möglich ist, nach § 17 ohne die dort vorgesehene schriftliche Verständigung zu hinterlegen. *(BGBl I 2008/5)*

(2) Zurückgelassene Dokumente gelten damit als zugestellt. *(BGBl I 2008/5)*

(3) Wird dem Zusteller der Zugang zur Abgabestelle verwehrt, verleugnet der Empfänger seine Anwesenheit, oder läßt er sich verleugnen, so gilt dies als Verweigerung der Annahme.

Zustellung zu eigenen Handen

§ 21. Dem Empfänger zu eigenen Handen zuzustellende Dokumente dürfen nicht an einen Ersatzempfänger zugestellt werden.

(BGBl I 2008/5)

Zustellnachweis

§ 22. (1) Die Zustellung ist vom Zusteller auf dem Zustellnachweis (Zustellschein, Rückschein) zu beurkunden.

(2) Der Übernehmer des Dokuments hat die Übernahme auf dem Zustellnachweis durch seine Unterschrift unter Beifügung des Datums und, wenn er nicht der Empfänger ist, seines Naheverhältnisses zu diesem zu bestätigen. Verweigert er die Bestätigung, so hat der Zusteller die Tatsache der Verweigerung, das Datum und gegebenenfalls das Naheverhältnis des Übernehmers zum Empfänger auf dem Zustellnachweis zu vermerken. Der Zustellnachweis ist dem Absender unverzüglich zu übersenden. *(BGBl I 2008/5; BGBl I 2013/33)*

(3) An die Stelle der Übersendung des Zustellnachweises kann die elektronische Übermittlung einer Kopie des Zustellnachweises oder der sich daraus ergebenden Daten treten, wenn die Behörde dies nicht durch einen entsprechenden Vermerk auf dem Zustellnachweis ausgeschlossen hat. Das Original des Zustellnachweises ist mindestens fünf Jahre nach Übermittlung aufzubewahren und der Behörde auf deren Verlangen unverzüglich zu übersenden. *(BGBl I 2008/5; BGBl I 2010/111)*

(4) Liegen die technischen Voraussetzungen dafür vor, so kann die Beurkundung der Zustellung auch elektronisch erfolgen. In diesem Fall hat der Übernehmer auf einer technischen Vorrichtung zu unterschreiben; an die Stelle der Unterschriftsleistung kann auch die Identifikation und Authentifizierung mit der Bürgerkarte (§ 2 Z 10 des E-Government-Gesetzes – E-GovG, BGBl. I Nr. 10/2004) treten. Die die Beurkundung der Zustellung betreffenden Daten sind dem Absender unverzüglich zu übermitteln. *(BGBl I 2008/5; BGBl I 2013/33)*

Hinterlegung ohne Zustellversuch

§ 23. (1) Hat die Behörde auf Grund einer gesetzlichen Vorschrift angeordnet, daß ein Dokument ohne vorhergehenden Zustellversuch zu hinterlegen ist, so ist dieses sofort bei der zuständigen Geschäftsstelle des Zustelldienstes, beim Gemeindeamt oder bei der Behörde selbst zur Abholung bereitzuhalten. *(BGBl I 2008/5)*

(2) Die Hinterlegung ist von der zuständigen Geschäftsstelle des Zustelldienstes oder vom Gemeindeamt auf dem Zustellnachweis, von der Behörde auch auf andere Weise zu beurkunden. *(BGBl I 2008/5)*

(3) Soweit dies zweckmäßig ist, ist der Empfänger durch eine an die angegebene inländische Abgabestelle zuzustellende schriftliche Verständigung oder durch mündliche Mitteilung an Personen, von denen der Zusteller annehmen kann, daß sie mit dem Empfänger in Verbindung treten können, von der Hinterlegung zu unterrichten.

(4) Das so hinterlegte Dokument gilt mit dem ersten Tag der Hinterlegung als zugestellt. *(BGBl I 2008/5)*

Unmittelbare Ausfolgung

§ 24. Dem Empfänger können

1. versandbereite Dokumente unmittelbar bei der Behörde,

2. Dokumente, die die Behörde an eine andere Dienststelle übermittelt hat, unmittelbar bei dieser ausgefolgt werden. Die Ausfolgung ist von der Behörde bzw. von der Dienststelle zu beurkunden; § 22 Abs. 2 bis 4 ist sinngemäß anzuwenden.

(BGBl I 2008/5)

Zustellung am Ort des Antreffens

§ 24a. Dem Empfänger kann an jedem Ort zugestellt werden, an dem er angetroffen wird, wenn er

1. zur Annahme bereit ist oder

2. über keine inländische Abgabestelle verfügt.

(BGBl I 2008/5)

ZustG

Zustellung durch öffentliche Bekanntmachung

§ 25. (1) Zustellungen an Personen, deren Abgabestelle unbekannt ist, oder an eine Mehrheit von Personen, die der Behörde nicht bekannt sind, können, wenn es sich nicht um ein Strafverfahren handelt, kein Zustellungsbevollmächtigter bestellt ist und nicht gemäß § 8 vorzugehen ist, durch Kundmachung an der Amtstafel, daß ein zuzustellendes Dokument bei der Behörde liegt, vorgenommen werden. Findet sich der Empfänger zur Empfangnahme des Dokuments (§ 24) nicht ein, so gilt, wenn gesetzlich nicht anderes bestimmt ist, die Zustellung als bewirkt, wenn seit der Kundmachung an der Amtstafel der Behörde zwei Wochen verstrichen sind. *(BGBl I 2008/5; BGBl I 2013/33)*

(2) Die Behörde kann die öffentliche Bekanntmachung in anderer geeigneter Weise ergänzen.

Zustellung ohne Zustellnachweis

§ 26. (1) Wurde die Zustellung ohne Zustellnachweis angeordnet, wird das Dokument zugestellt, indem es in die für die Abgabestelle bestimmte Abgabeeinrichtung (§ 17 Abs. 2) eingelegt oder an der Abgabestelle zurückgelassen wird. *(BGBl I 2008/5)*

(2) Die Zustellung gilt als am dritten Werktag nach der Übergabe an das Zustellorgan bewirkt. Im Zweifel hat die Behörde die Tatsache und den Zeitpunkt der Zustellung von Amts wegen festzustellen. Die Zustellung wird nicht bewirkt, wenn sich ergibt, dass der Empfänger wegen Abwesenheit von der Abgabestelle nicht rechtzeitig vom Zustellvorgang Kenntnis erlangen konnte, doch wird die Zustellung mit dem der Rückkehr an die Abgabestelle folgenden Tag wirksam.

(BGBl I 2004/10)

§ 26a. *(entfällt samt Überschrift, BGBl I 2020/42)*

Ausstattung der Dokumente; Zustellformulare; Zustellnachweise

§ 27. Soweit dies erforderlich ist, hat die Bundesregierung durch Verordnung nähere Bestimmungen über

1. die Ausstattung der zuzustellenden Dokumente,

2. die bei der Zustellung verwendbaren Formulare und *(BGBl I 2013/33)*

3. die für die elektronische Übermittlung gemäß § 22 Abs. 3 sowie für die Speicherung und Übermittlung der die Beurkundung der Zustellung betreffenden Daten erforderlichen technischen Voraussetzungen *(BGBl I 2010/111)*

zu erlassen.

(BGBl I 2008/5)

3. Abschnitt

Elektronische Zustellung

(BGBl I 2008/5)

Anwendungsbereich

§ 28. (1) Soweit die für das Verfahren geltenden Vorschriften nicht anderes bestimmen, ist eine elektronische Zustellung nach den Bestimmungen dieses Abschnitts vorzunehmen.

(2) Die elektronische Zustellung der ordentlichen Gerichte richtet sich nach den §§ 89a ff des Gerichtsorganisationsgesetzes – GOG, RGBl. Nr. 217/1896. Im Anwendungsbereich der Bundesabgabenordnung – BAO, BGBl. Nr. 194/1961, und des Zollrechts (§ 1 Abs. 2 und im erweiterten Sinn gemäß § 2 Abs. 1 des Zollrechts-Durchführungsgesetzes – ZollR-DG, BGBl. Nr. 659/1994) richtet sich die elektronische Zustellung nach der BAO und den einschlägigen zollrechtlichen Vorschriften. Die elektronische Zustellung der Dienstbehörden und Personalstellen des Bundes erfolgt mit den Maßgaben des 2a. Abschnittes des Schlussteils des Beamten-Dienstrechtsgesetzes 1979 – BDG 1979, BGBl. Nr. 333/1979. *(BGBl I 2010/111; BGBl I 2017/40; BGBl I 2018/104, iVm BGBl II 2019/140; BGBl I 2022/205)*

(3) Die elektronische Zustellung hat über eine elektronische Zustelladresse gemäß § 37 Abs. 1 iVm. § 2 Z 5, durch unmittelbare elektronische Ausfolgung gemäß § 37a oder durch eines der folgenden Zustellsysteme zu erfolgen:

1. zugelassener Zustelldienst gemäß § 30,

2. Kommunikationssystem der Behörde gemäß § 37,

3. elektronischer Rechtsverkehr gemäß den §§ 89a ff GOG. *(BGBl I 2022/205)*

4. *(entfällt, BGBl I 2022/205)*

Die Auswahl des Zustellsystems obliegt dem Absender. *(BGBl I 2018/104, iVm BGBl II 2019/140)*

(4) Elektronische Zustellungen mit Zustellnachweis sind ausschließlich durch Zustellsysteme gemäß Abs. 3 Z 1 und 3 sowie im Fall des § 37a zweiter Satz zulässig. *(BGBl I 2018/104, iVm BGBl II 2019/140)*

(BGBl I 2008/5)

Teilnehmerverzeichnis

§ 28a. (1) Der Bundesminister für Digitalisierung und Wirtschaftsstandort stellt ein elektronisches Teilnehmerverzeichnis mit hoher Zuverlässigkeit zur Verfügung. In diesem elektronischen

Teilnehmerverzeichnis ist die Speicherung von Daten über Teilnehmer (Empfänger) vorzunehmen. Der Bundesminister für Digitalisierung und Wirtschaftsstandort hat im elektronischen Teilnehmerverzeichnis folgende Leistungen nach dem jeweiligen Stand der Technik zu erbringen:

1. die Schaffung der technischen Voraussetzungen für die Verarbeitung der Daten der Teilnehmer gemäß § 28b unter Einhaltung der technischen Schnittstellen und Spezifikationen;

2. die Ermittlung, ob Daten eines Teilnehmers im Teilnehmerverzeichnis enthalten sind und der Teilnehmer somit adressierbar ist;

3. die Rückmeldung der Daten gemäß § 34 Abs. 1;

4. die elektronische Versendung von einer Information gemäß § 34 Abs. 4 und

5. die Protokollierung von Anfragen und der übermittelten Ergebnisse.

(2) Die Leistungen des Teilnehmerverzeichnisses sind durch ein kostendeckendes Entgelt dem Zustellsystem, das die Zustellleistung erbringt, in Rechnung zu stellen.

(3) Die Verfügbarkeit des Teilnehmerverzeichnisses ist vom Bundesminister für Digitalisierung und Wirtschaftsstandort im Bundesgesetzblatt kundzumachen.

(BGBl I 2018/104)

Anmeldung zum und Abmeldung vom Teilnehmerverzeichnis

§ 28b. (1) Die Anmeldung zum und die Abmeldung vom Teilnehmerverzeichnis sowie die Änderung der Teilnehmerdaten haben über das Anzeigemodul gemäß § 37b oder mit Zustimmung automatisiert über andere elektronische Verfahren zu erfolgen. Die Anmeldung gilt als Einwilligung zum Empfang von Zustellstücken in elektronischer Form. Für die Entgegennahme von Zustellungen mit Zustellnachweis oder nachweislichen Zusendungen hat die Anmeldung unter Verwendung der Bürgerkarte (§ 2 Z 10 E-GovG) zu erfolgen. Im Teilnehmerverzeichnis dürfen folgende Daten verarbeitet werden:

1. Name bzw. Bezeichnung des Teilnehmers,

2. bei natürlichen Personen das Geburtsdatum,

3. die zur eindeutigen Identifikation des Teilnehmers im Bereich „Zustellwesen" erforderlichen Daten:

a) bei natürlichen Personen das bereichsspezifische Personenkennzeichen (§ 9 E-GovG),

b) sonst die Stammzahl (§ 6 E-GovG) und soweit vorhanden die Global Location Number (GLN),

c) soweit vorhanden ein oder mehrere Anschriftcodes des Zustellsystems gemäß § 28 Abs. 3 Z 3,

4. mindestens eine elektronische Adresse, an die die Verständigungen gemäß § 35 Abs. 1 und 2 erster Satz übermittelt werden können,

5. Angaben, ob ein Dokument an den Empfänger auch nachweislich zugestellt werden kann,

6. Angaben, ob elektronische Zustellungen nur über ein bestimmtes Zustellsystem oder nach bestimmten Verfahrensvorschriften zugestellt werden können,

7. Angaben des Teilnehmers darüber, welche Formate über die weit verbreiteten hinaus die zuzustellenden Dokumente aufweisen müssen, damit er zu ihrer Annahme bereit ist,

8. Angaben darüber, ob der Teilnehmer Zustellungen außerhalb der Ausübung seiner beruflichen Tätigkeit über das Zustellsystem gemäß § 28 Abs. 3 Z 3 nicht erhalten möchte,

9. Adressmerkmale, soweit diese automatisiert aus Registern von Verantwortlichen des öffentlichen Bereichs zu übernehmen sind, und

10. weitere Daten, die zur Vollziehung des Gesetzes oder aufgrund der Anmeldung gemäß Abs. 4 übermittelt werden.

(2) Der Teilnehmer hat über das Anzeigemodul Änderungen der in Abs. 1 genannten Daten dem Teilnehmerverzeichnis unverzüglich bekanntzugeben, sofern dies nicht jene Daten betrifft, die durch Abfragen von Registern von Verantwortlichen des öffentlichen Bereichs automationsunterstützt aktualisiert werden. Darüber hinaus kann er dem Teilnehmerverzeichnis mitteilen, dass die Zustellung oder Zusendung innerhalb bestimmter Zeiträume ausgeschlossen sein soll.

(3) Die gemäß § 29 Abs. 2 Z 1 in der Fassung des Deregulierungsgesetzes 2017, BGBl. I Nr. 40/2017, gespeicherten Daten des Ermittlungs- und Zustelldienstes über Kunden der elektronischen Zustelldienste sind automationsunterstützt vom Ermittlungs- und Zustelldienst an das Teilnehmerverzeichnis zu übermitteln. Diese Personen gelten als angemeldete Teilnehmer im Sinne des Abs. 1.

(4) Die Anmeldedaten und Änderungen von FinanzOnline-Teilnehmern, die nicht auf die elektronische Zustellung nach der BAO verzichtet haben und Unternehmen im Sinne des § 3 Z 20 des Bundesgesetzes über die Bundesstatistik – Bundesstatistikgesetz 2000, BGBl. I Nr. 163/1999, sind, sind vom Bundesminister für Finanzen automationsunterstützt an das Teilnehmerverzeichnis zu übermitteln; die Daten anderer FinanzOnline-Teilnehmer nur mit deren Einwilligung. Die Unternehmer gelten unbeschadet der Bestimmung des § 1b Abs. 2 bis 4 E-GovG als angemeldete Teilnehmer im Sinne des Abs. 1.

(5) Die Anmeldedaten und Änderungen von im Zustellsystem gemäß § 28 Abs. 3 Z 3 erfassten Teilnehmern sind von diesem Zustellsystem automationsunterstützt bis auf Widerspruch des Teil-

nehmers an das Teilnehmerverzeichnis zu übermitteln. Diese Personen gelten unbeschadet der Bestimmung des § 1b Abs. 2 bis 4 E-GovG als angemeldete Teilnehmer im Sinne des Abs. 1.

(6) Soweit die Gesetze nicht anderes bestimmen, kann eine vollständige oder teilweise Abmeldung vom Teilnehmerverzeichnis unter Verwendung der Authentifizierungsmethoden gemäß Abs. 1 oder durch eine vom Teilnehmer unterschriebene schriftliche Erklärung erfolgen. Sie wird zwei Wochen nach dem Einlangen beim Teilnehmerverzeichnis wirksam. Der Teilnehmer ist über seine elektronische Adresse gemäß Abs. 1 Z 4 über die Abmeldung unverzüglich zu informieren und hat die Möglichkeit, diese binnen zwei Wochen ab Einlangen der Information rückgängig zu machen. Wird der Tod einer natürlichen Person oder das Ende einer juristischen Person, die Teilnehmer ist, über eine Registerabfrage automationsunterstützt bekannt, ist der Teilnehmer aus dem Teilnehmerverzeichnis unverzüglich zu löschen.

(BGBl I 2018/104, iVm BGBl II 2019/140)

Leistungen der Zustelldienste

§ 29. (1) Jeder Zustelldienst hat die Zustellung behördlicher Dokumente an Teilnehmer vorzunehmen (Zustellleistung). Die Zustellleistung umfasst folgende, nach dem jeweiligen Stand der Technik zu erbringende Leistungen:

1. die Schaffung der technischen Voraussetzungen für die Entgegennahme der zuzustellenden Dokumente (§ 34 Abs. 1);

2. das Betreiben einer technischen Einrichtung mit hoher Zuverlässigkeit für die sichere elektronische Bereithaltung der zuzustellenden Dokumente;

3. die Bereitstellung eines Verfahrens zur identifizierten und authentifizierten Abholung der bereitgehaltenen Dokumente über das Anzeigemodul gemäß § 37b Abs. 2;

4. die Protokollierung von Daten im Sinn des § 35 Abs. 3 fünfter Satz und die Übermittlung dieser Daten an den Absender;

5. die unverzügliche Verständigung des Absenders, wenn ein Dokument nicht abgeholt wird;

6. die Weiterleitung des Dokuments, der das Dokument beschreibenden Daten, der Verständigungsadressdaten gemäß § 28b Abs. 1 Z 4 sowie die elektronische Information für die technische Möglichkeit der elektronischen identifizierten und authentifizierten Abholung des Dokuments an das Anzeigemodul (§ 37b).

Die Behörde hat für die Erbringung der Leistungen gemäß Z 1 bis 6 ein Entgelt zu entrichten. *(BGBl I 2018/104, iVm BGBl II 2019/140)*

(2) *(entfällt, BGBl I 2018/104, iVm BGBl II 2019/140)*

(3) Zustelldienste haben als weitere Leistung die Zusendung von Dokumenten im Auftrag von Verantwortlichen des öffentlichen Bereichs nicht in Vollziehung der Gesetze (§ 1) gemäß den Anforderungen des Abs. 1 zu erfüllen. Für diese Zusendungen darf vom Zustelldienst zum Zweck der Anzeige über das Anzeigemodul das Teilnehmerverzeichnis und das Anzeigemodul zu denselben Bedingungen wie bei der Zustellung behördlicher Dokumente verwendet werden. *(BGBl I 2018/104, iVm BGBl II 2019/140)*

(4) Zustelldienste sind hinsichtlich der von ihnen für die Besorgung ihrer Aufgaben verwendeten Daten Verantwortliche (Art. 4 Z 7 Verordnung (EU) 2016/679 zum Schutz natürlicher Personen bei der Verarbeitung personenbezogener Daten, zum freien Datenverkehr und zur Aufhebung der Richtlinie 95/46/EG (Datenschutz-Grundverordnung) – DSGVO, ABl. Nr. L 119 vom 4. 5. 2016 S 1). Sie dürfen die ihnen zur Kenntnis gelangten Daten der Empfänger – soweit keine besonderen vertraglichen Vereinbarungen mit diesen bestehen – ausschließlich für den Zweck der Zustellung bzw. Zusendung verwenden. Der Abschluss eines Vertrags über die Zustellleistung sowie der Inhalt eines solchen Vertrags dürfen nicht von der Einwilligung zur Weitergabe von Daten an Dritte abhängig gemacht werden; eine Weitergabe von Daten über Herkunft und Inhalt zuzustellender Dokumente an Dritte darf nicht vereinbart werden. *(BGBl I 2018/104, iVm BGBl II 2019/140)*

(5) Auf natürliche Personen, die an der Erbringung der Leistungen gemäß Abs. 1 mitwirken, ist in Hinblick auf Daten über Herkunft und Inhalt zuzustellender behördlicher Dokumente § 46 Abs. 1 bis 4 des Beamten-Dienstrechtsgesetzes 1979, BGBl. Nr. 333/1979, sinngemäß anzuwenden. Hinsichtlich der abgabenrechtlichen Geheimhaltungspflicht des § 48a der Bundesabgabenordnung, BGBl. Nr. 194/1961, gelten diese Personen als Beamte im Sinne des § 74 Abs. 1 Z 4 des Strafgesetzbuches, BGBl. Nr. 60/1974. *(BGBl I 2017/40; BGBl I 2018/104, iVm BGBl II 2019/140)*

(6) *(entfällt, BGBl I 2018/104, iVm BGBl II 2019/140)*

(7) Die Zustellleistung (Abs. 1) ist so zu erbringen, dass für behinderte Menschen ein barrierefreier Zugang zu dieser Leistung nach dem jeweiligen Stand der Technik gewährleistet ist.

(BGBl I 2008/5)

Zulassung als Zustelldienst

§ 30. (1) Die Erbringung der Zustellleistung (§ 29 Abs. 1) bedarf einer Zulassung, deren Erteilung beim Bundesminister für Digitalisierung und Wirtschaftsstandort zu beantragen ist. Voraussetzungen für die Erteilung der Zulassung sind die für die ordnungsgemäße Erbringung der Zustell-

ZustG

leistung erforderliche technische und organisatorische Leistungsfähigkeit sowie die rechtliche, insbesondere datenschutzrechtliche Verlässlichkeit des Zustelldienstes. Die Erfüllung der Zulassungsvoraussetzungen ist durch ein Gutachten einer Konformitätsbewertungsstelle gemäß Artikel 2 Nummer 13 der Verordnung (EG) Nr. 765/2008, über die Vorschriften für die Akkreditierung und Marktüberwachung im Zusammenhang mit der Vermarktung von Produkten und zur Aufhebung der Verordnung (EWG) Nr. 339/93 des Rates, ABl. Nr. L 218 vom 13.08.2008 S. 30, die zur Durchführung der Konformitätsbewertung qualifizierter Vertrauensdiensteanbieter und der von ihnen erbrachten qualifizierten Diensten für die Zustellung elektronischer Einschreiben gemäß Art. 44 der Verordnung (EU) Nr. 910/2014 über elektronische Identifizierung und Vertrauensdienste für elektronische Transaktionen im Binnenmarkt und zur Aufhebung der Richtlinie 1999/93/EG, ABl. Nr. L 257 vom 28.08.2014 S. 73, in der Fassung der Berichtigung ABl. Nr. L 23 vom 29.01.2015 S. 19 (eIDAS-VO) akkreditiert ist, nachzuweisen. Das Gutachten darf nicht älter als zwei Monate sein und ist dem Bundesminister für Digitalisierung und Wirtschaftsstandort vorzulegen. Mit dem Antrag auf Zulassung sind weiters allgemeine Geschäftsbedingungen vorzulegen, die den gesetzlichen Anforderungen zu entsprechen haben und der ordnungsgemäßen Erbringung der Zustellleistung nicht entgegenstehen dürfen. *(BGBl I 2018/104, iVm BGBl II 2019/140)*

(2) Der Zulassungsbescheid ist schriftlich zu erlassen; wenn es für die Gewährleistung der Leistungsfähigkeit und Verlässlichkeit erforderlich ist, sind darin Auflagen zu erteilen und Bedingungen vorzuschreiben.

(3) Der Bundesminister für Digitalisierung und Wirtschaftsstandort hat eine Liste der zugelassenen Zustelldienste einschließlich der in den Zulassungsbescheiden erteilten Auflagen und vorgeschriebenen Bedingungen (Abs. 2) und der gemäß § 31 Abs. 2 zweiter Satz erteilten Auflagen im Internet zu veröffentlichen. *(BGBl I 2018/104, iVm BGBl II 2019/140)*

(4) Wenn eine Zulassungsvoraussetzung wegfällt oder ihr ursprünglicher Mangel nachträglich hervorkommt, hat der Bundesminister für Digitalisierung und Wirtschaftsstandort die Behebung des Mangels innerhalb einer angemessenen Frist anzuordnen. Ist die Behebung des Mangels nicht möglich oder erfolgt sie nicht innerhalb der gesetzten Frist, ist die Zulassung durch Bescheid zu widerrufen. *(BGBl I 2018/104, iVm BGBl II 2019/140)*

(5) Zugelassene Zustelldienste haben ab der Rechtskraft des Zulassungsbescheids alle zwei Jahre ein Gutachten gemäß Abs. 1 dem Bundesminister für Digitalisierung und Wirtschaftsstand-

ort vorzulegen. *(BGBl I 2018/104, iVm BGBl II 2019/140)*

(BGBl I 2008/5)

Aufsicht

§ 31. (1) Die Zustelldienste unterliegen der Aufsicht durch den Bundesminister für Digitalisierung und Wirtschaftsstandort. Sie sind verpflichtet, dem Bundesminister für Digitalisierung und Wirtschaftsstandort jede Änderung der Voraussetzung der Zulassung gemäß § 30 bildenden Umstände unverzüglich bekanntzugeben. *(BGBl I 2018/104, iVm BGBl II 2019/140)*

(2) Der Bundesminister für Digitalisierung und Wirtschaftsstandort hat die Aufsicht über die Zustelldienste dahin auszuüben, dass diese die Gesetze und Verordnungen nicht verletzen, insbesondere ihren Aufgabenbereich nicht überschreiten und die ihnen gesetzlich obliegenden Aufgaben erfüllen. Zu diesem Zweck ist der Bundesminister für Digitalisierung und Wirtschaftsstandort berechtigt, Auskünfte einzuholen und gegebenenfalls Auflagen vorzuschreiben, wenn die ordnungsgemäße Erbringung der Leistungen sonst nicht gewährleistet ist. Die Zustelldienste haben dem Bundesminister für Digitalisierung und Wirtschaftsstandort die geforderten Auskünfte unverzüglich, spätestens jedoch binnen zwei Wochen zu erteilen. *(BGBl I 2018/104, iVm BGBl II 2019/140)*

(BGBl I 2008/5)

§ 32. *(entfällt samt Überschrift, BGBl I 2018/104, iVm BGBl II 2019/140)*

§ 33. *(entfällt samt Überschrift, BGBl I 2018/104, iVm BGBl II 2019/140)*

Abfrage des Teilnehmerverzeichnisses und Übermittlung des zuzustellenden Dokuments

§ 34. (1) Die zustellende Behörde oder in ihrem Auftrag ein Zustellsystem gemäß § 28 Abs. 3 Z 1 bis 3 hat durch elektronische Abfrage des Teilnehmerverzeichnisses zu ermitteln, ob der Empfänger

1. beim Teilnehmerverzeichnis angemeldet ist und

2. die Zustellung nicht gemäß § 28b Abs. 2 zweiter Satz ausgeschlossen hat.

Liegen diese Voraussetzungen der Z 1 und 2 vor, so sind die Informationen gemäß § 28b Abs. 1 Z 3 und 6 bis 8 der Behörde oder dem in ihrem Auftrag tätigen Zustellsystem zu übermitteln; andernfalls ist dieser oder diesem mitzuteilen, dass diese Voraussetzungen nicht vorliegen. Steht der Behörde ein vom Empfänger akzeptiertes Format zur Verfügung, so hat sie das zuzustellende Dokument in diesem Format dem in ihrem

Auftrag tätigen Zustellsystem zu übermitteln. *(BGBl I 2022/205)*

(2) Eine Abfrage zur Ermittlung der in Abs. 1 angeführten Daten darf nur

1. zum Zweck der Zustellung von Dokumenten auf Grund eines Auftrags einer Behörde nach Abs. 1 oder

2. zum Zweck der Zusendung von Dokumenten auf Grund eines Auftrags eines Verantwortlichen des öffentlichen Bereichs erfolgen.

Als Suchkriterien dürfen nur die Daten gemäß § 28b Abs. 1 Z 1 bis 5, 9 und 10 verwendet werden.

(3) Verpflichteten Teilnehmern des elektronischen Rechtsverkehrs (§ 89c GOG) ist in das Zustellsystem gemäß § 28 Abs. 3 Z 3 zuzustellen.

(4) Liegen die Voraussetzungen für eine elektronische Zustellung gemäß Abs. 1 nicht vor, kann auf Verlangen des Versenders vom Teilnehmerverzeichnis an die elektronische Verständigungsadresse gemäß § 28b Abs. 1 Z 4 oder an eine beigestellte elektronische Verständigungsadresse eine Information über eine beabsichtigte elektronische Zustellung versendet werden. Eine solche beigestellte elektronische Verständigungsadresse darf im Teilnehmerverzeichnis auch ohne Anmeldung zu diesem gespeichert und verwendet werden.

(5) Die Betreiber von Internetportalen, die das Anzeigemodul gemäß § 37b Abs. 4 anbinden dürfen, sowie die Betreiber des Unternehmensserviceportals und des Bürgerserviceportals gemäß § 3 des Unternehmensserviceportalgesetzes – USPG, BGBl. I Nr. 52/2009, in die das Anzeigemodul gemäß § 37b Abs. 4 eingebunden ist, sind berechtigt das Teilnehmerverzeichnis abzufragen, um eine allfällige Anmeldung oder Abmeldung vom Teilnehmerverzeichnis zielgerichtet zu erleichtern.

(BGBl I 2018/104, iVm BGBl II 2019/140)

Zustellung mit Zustellnachweis durch einen Zustelldienst

§ 35. (1) Der im Auftrag der Behörde tätige Zustelldienst hat im Fall einer Zustellung mit Zustellnachweis bzw. nachweislicher Zusendung bei Vorliegen der Voraussetzungen des § 34 Abs. 1 erster Satz die Daten gemäß § 29 Abs. 1 Z 6 an das Anzeigemodul zu übermitteln. Das Anzeigemodul hat den Empfänger unverzüglich davon zu verständigen, dass ein Dokument für ihn zur Abholung bereitliegt. Diese elektronische Verständigung ist an die dem Teilnehmerverzeichnis gemäß § 28b Abs. 1 Z 4 bekanntgegebene elektronische Adresse des Empfängers zu versenden. Hat der Empfänger mehrere solcher Adressen bekanntgegeben, so ist die elektronische Verständigung an alle Adressen zu versenden; für die

Berechnung der Frist gemäß Abs. 2 erster Satz ist der Zeitpunkt der frühesten Versendung maßgeblich. Die elektronische Verständigung hat jedenfalls folgende Angaben zu enthalten:

1. Absender,

2. Datum der Versendung,

3. Internetadresse, unter der das zuzustellende Dokument zur Abholung bereitliegt,

4. Ende der Abholfrist,

5. Hinweis auf das Erfordernis einer Bürgerkarte (§ 2 Z 10 E-GovG) bei der Abholung von Dokumenten, die mit Zustellnachweis zugestellt oder als nachweisliche Zusendung übermittelt werden sollen und

6. Hinweis auf den Zeitpunkt, mit dem die Zustellung wirksam wird.

Soweit dies erforderlich ist, hat der Bundesminister für Digitalisierung und Wirtschaftsstandort durch Verordnung nähere Bestimmungen über die elektronischen Verständigungsformulare zu erlassen. *(BGBl I 2018/104, iVm BGBl II 2019/140)*

(2) Wird das Dokument nicht innerhalb von 48 Stunden abgeholt, so hat eine zweite elektronische Verständigung zu erfolgen; Abs. 1 vierter Satz ist sinngemäß anzuwenden. *(BGBl I 2017/40; BGBl I 2018/104, iVm BGBl II 2019/140)*

(3) Die Abholung des bereitgehaltenen Dokuments kann ausschließlich über das Anzeigemodul erfolgen. Der Zustelldienst hat sicherzustellen, dass zur Abholung bereitgehaltene Dokumente nur von Personen abgeholt werden können, die zur Abholung berechtigt sind und im Falle einer Zustellung mit Zustellnachweis oder einer nachweislichen Zusendung ihre Identität und die Authentizität der Kommunikation mit der Bürgerkarte (§ 2 Z 10 E-GovG) nachgewiesen haben. Zur Abholung berechtigt sind der Empfänger und, soweit dies von der Behörde nicht ausgeschlossen worden ist, eine zur Empfangnahme bevollmächtigte Person. Identifikation und Authentifizierung können auch durch eine an die Verwendung sicherer Technik gebundene Schnittstelle erfolgen. Der Zustelldienst hat alle Daten über die Verständigungen gemäß Abs. 1 und 2 und die Abholung des Dokuments zu protokollieren und dem Absender unverzüglich zu übermitteln; die Gesamtheit dieser Daten bildet den Zustellnachweis. *(BGBl I 2013/33; BGBl I 2017/40; BGBl I 2018/104, iVm BGBl II 2019/140)*

(4) Der Zustelldienst hat das Dokument zwei Wochen zur Abholung bereitzuhalten und nach Ablauf weiterer acht Wochen zu löschen. *(BGBl I 2018/104, iVm BGBl II 2019/140)*

(5) Ein zur Abholung bereitgehaltenes Dokument gilt jedenfalls mit seiner Abholung als zugestellt. *(BGBl I 2018/104, iVm BGBl II 2019/140)*

(6) Die Zustellung gilt als am ersten Werktag nach der Versendung der ersten elektronischen

ZustG

Verständigung bewirkt, wobei Samstage nicht als Werktage gelten. Sie gilt als nicht bewirkt, wenn sich ergibt, dass die elektronischen Verständigungen nicht beim Empfänger eingelangt waren, doch wird sie mit dem dem Einlangen einer elektronischen Verständigung folgenden Tag innerhalb der Abholfrist (Abs. 1 Z 3) wirksam. *(BGBl I 2017/40)*

(7) Die Zustellung gilt als nicht bewirkt, wenn sich ergibt, dass der Empfänger

1. von den elektronischen Verständigungen keine Kenntnis hatte oder

2. von diesen zwar Kenntnis hatte, aber während der Abholfrist von allen Abgabestellen (§ 2 Z 4) nicht bloß vorübergehend abwesend war, doch wird die Zustellung an dem der Rückkehr an eine der Abgabestellen folgenden Tag innerhalb der Abholfrist wirksam, an dem das Dokument abgeholt werden könnte *(BGBl I 2017/40)*

(8) Wurde dieselbe elektronische Verständigung an mehrere elektronische Adressen versendet, so ist der Zeitpunkt der frühesten Versendung maßgeblich. *(BGBl I 2017/40)*

(9) *(entfällt, BGBl I 2018/104, iVm BGBl II 2019/140)*

(BGBl I 2008/5)

Zustellung ohne Zustellnachweis durch ein Zustellsystem

§ 36. (1) Das im Auftrag der Behörde tätige Zustellsystem hat bei Vorliegen der Voraussetzungen des § 34 Abs. 1 Z 1 und 2 die Daten gemäß § 29 Abs. 1 Z 6 an das Anzeigemodul zu übermitteln. Das Anzeigemodul hat den Empfänger davon zu verständigen, dass ein Dokument für ihn zur Abholung bereitliegt. Diese elektronische Verständigung ist an die dem Teilnehmerverzeichnis gemäß § 28b Abs. 1 Z 4 bekanntgegebene elektronische Adresse des Empfängers unverzüglich oder spätestens am selben Tag als Sammelverständigung zu versenden. Hat der Empfänger mehrere solcher Adressen bekanntgegeben, so ist die elektronische Verständigung an alle Adressen zu versenden. Die elektronische Verständigung hat jedenfalls folgende Angaben zu enthalten:

1. Absender,

2. Datum der Versendung und

3. Internetadresse, unter der das zuzustellende Dokument zur Abholung bereitliegt.

Soweit dies erforderlich ist, hat der Bundesminister für Digitalisierung und Wirtschaftsstandort durch Verordnung nähere Bestimmungen über die Verständigungsformulare zu erlassen.

(2) Die Abholung des bereitgehaltenen Dokuments kann ausschließlich über das Anzeigemodul erfolgen. Das Zustellsystem hat sicherzustellen, dass zur Abholung bereitgehaltene Dokumente nur von Personen abgeholt werden können, die zur Abholung berechtigt sind. Zur Abholung berechtigt sind der Empfänger und, soweit dies von der Behörde nicht ausgeschlossen worden ist, eine zur Empfangnahme bevollmächtigte Person. Identifikation und Authentifizierung können auch durch eine an die Verwendung sicherer Technik gebundene Schnittstelle erfolgen. Das Zustellsystem hat alle Daten über die Verständigung gemäß Abs. 1 und 2 und die Abholung des Dokuments zu protokollieren.

(3) Das Zustellsystem hat das Dokument zehn Wochen zur Abholung bereitzuhalten und danach zu löschen.

(4) Das Dokument gilt mit dem Zeitpunkt der erstmaligen Bereithaltung zur Abholung als zugestellt. Bestehen Zweifel darüber, ob bzw. wann das Dokument für den Empfänger zur Abholung bereitgehalten wurde, hat die Behörde Tatsache und Zeitpunkt der Bereithaltung von Amts wegen festzustellen.

(BGBl I 2008/5; BGBl I 2017/40; BGBl I 2018/104, iVm BGBl II 2019/140)

Zustellung an einer elektronischen Zustelladresse oder über das elektronische Kommunikationssystem der Behörde

§ 37. (1) Zustellungen ohne Zustellnachweis können auch an einer elektronischen Zustelladresse oder über das elektronische Kommunikationssystem der Behörde erfolgen. Das Dokument gilt mit dem Zeitpunkt des Einlangens bzw. nach dem erstmaligen Bereithalten des Dokuments beim bzw. für den Empfänger als zugestellt. Bestehen Zweifel darüber, ob bzw. wann das Dokument beim Empfänger eingelangt ist bzw. für ihn bereitgehalten wird, hat die Behörde Tatsache und Zeitpunkt des Einlangens bzw. der Bereithaltung von Amts wegen festzustellen. *(BGBl I 2017/40)*

(1a) Das Kommunikationssystem der Behörde hat bei Vorliegen der Voraussetzungen des § 34 Abs. 1 Z 1 und 2 die Daten gemäß Abs. 3 an das Anzeigemodul zu übermitteln. *(BGBl I 2017/40; BGBl I 2018/104, iVm BGBl II 2019/140)*

(2) Für die Zulässigkeit der Abfrage des Teilnehmerverzeichnisses und der Weiterleitung der Daten gemäß Abs. 3 hat das elektronische Kommunikationssystem der Behörde folgende Leistungen nach dem jeweiligen Stand der Technik zu erbringen:

1. das Betreiben einer technischen Einrichtung mit hoher Zuverlässigkeit für die sichere elektronische Bereithaltung der zuzustellenden Dokumente;

2. die unverzügliche Weiterleitung der Daten gemäß Abs. 3 an das Anzeigemodul;

3. die Bereitstellung eines Verfahrens zur identifizierten und authentifizierten Abholung der

bereitgehaltenen Dokumente über das Anzeigemodul;

4. die Protokollierung der Abholung des Dokuments;

5. die Beratung des Empfängers, wenn bei der Abholung von Dokumenten technische Probleme auftreten.

Soweit dies erforderlich ist, hat der Bundesminister für Digitalisierung und Wirtschaftsstandort durch Verordnung nähere Bestimmungen über Leistungen zu erlassen. *(BGBl I 2018/104, iVm BGBl II 2019/140)*

(2a) Vor der Abfrage des Teilnehmerverzeichnisses und der Weiterleitung der Daten gemäß Abs. 3 hat die Behörde die ordnungsgemäße Erfüllung der Anforderungen und den einwandfreien Betrieb des Kommunikationssystems der Behörde dem Bundesminister für Digitalisierung und Wirtschaftsstandort anzuzeigen. Der Bundesminister für Digitalisierung und Wirtschaftsstandort hat die Liste der Kommunikationssysteme der Behörde im Internet zu veröffentlichen. Bei Nichteinhaltung ist die Abfrage und Entgegennahme der Daten zu unterbinden. *(BGBl I 2018/104, iVm BGBl II 2019/140)*

(3) Das elektronische Kommunikationssystem der Behörde hat die Weiterleitung der das Dokument beschreibenden Daten, das Dokument, die Verständigungsadressdaten sowie die elektronische Information für die technische Möglichkeit der elektronischen identifizierten und authentifizierten Abholung des Dokuments dem Anzeigemodul (§ 37b) anzubieten. *(BGBl I 2017/40; BGBl I 2018/104, iVm BGBl II 2019/140)*

(4) Zustellungen ohne Zustellnachweis können auch über ein zur Verfügung stehendes Kommunikationssystem einer anderen Behörde im selben Vollziehungsbereich erfolgen. *(BGBl I 2018/104, iVm BGBl II 2019/140)*

(5) Die Zustellleistung (Abs. 1) ist so zu erbringen, dass für behinderte Menschen ein barrierefreier Zugang zu dieser Leistung nach dem jeweiligen Stand der Technik gewährleistet ist. *(BGBl I 2018/104, iVm BGBl II 2019/140)*

(BGBl I 2008/5)

Unmittelbare elektronische Ausfolgung

§ 37a. Versandbereite Dokumente können dem Empfänger unmittelbar elektronisch ausgefolgt werden, wenn dieser bei der Antragstellung seine Identität und die Authentizität der Kommunikation nachgewiesen hat und die Ausfolgung in einem so engen zeitlichen Zusammenhang mit der Antragstellung steht, dass sie von diesem Nachweis umfasst ist. Wenn mit Zustellnachweis zuzustellen ist, sind die Identität und die Authentizität der

Kommunikation mit der Bürgerkarte (§ 2 Z 10 E-GovG) nachzuweisen.

(BGBl I 2008/5)

Anzeigemodul

§ 37b. (1) Das Anzeigemodul ermöglicht Empfängern online die Anzeige der das Dokument beschreibenden Daten von zur Abholung für sie bereitgehaltenen Dokumenten, die Verständigung darüber sowie die Abholung dieser Dokumente. *(BGBl I 2018/104, iVm BGBl II 2019/140)*

(2) Der Betreiber des Anzeigemoduls ist gesetzlicher Auftragsverarbeiter für Zustellsysteme gemäß § 28 Abs. 3 Z 1 und 2 zum Zweck der Identifikation und Authentifikation von zur Abholung berechtigten Personen. Diesen Personen darf die Anzahl ihrer gelesenen und ungelesenen Dokumente schon vor der Abholung angezeigt werden. *(BGBl I 2018/104, iVm BGBl II 2019/140; BGBl I 2022/205)*

(3) Das Anzeigemodul hat sämtliche Daten über die Abholung durch den Empfänger zu protokollieren und an das jeweilige Zustellsystem gemäß Abs. 2 elektronisch zu übermitteln.

(4) Der Bundesminister für Digitalisierung und Wirtschaftsstandort stellt das Anzeigemodul mit hoher Zuverlässigkeit zur Verfügung. Dieses kann auf Internetportalen von Verantwortlichen des öffentlichen Bereichs unter der Maßgabe der Einhaltung der technischen Schnittstellen und Spezifikationen angebunden werden. Der Bundesminister für Digitalisierung und Wirtschaftsstandort hat diese Schnittstellen und Spezifikationen im Internet auf seiner Website bekannt zu geben. Das Unternehmensserviceportal und das Bürgerserviceportal gemäß § 3 des Unternehmensserviceportalgesetzes – USPG, BGBl. I Nr. 52/2009, haben das Anzeigemodul einzubinden. Der Bundesminister für Digitalisierung und Wirtschaftsstandort kann durch Verordnung Kriterien zur Einbindung oder Anbindung des Anzeigemoduls bei weiteren Portalen festlegen. *(BGBl I 2018/104, iVm BGBl II 2019/140)*

(5) Die Leistungen des Anzeigemoduls (Abs. 1) sind so zu erbringen, dass für Menschen mit Behinderung ein barrierefreier Zugang zu dieser Leistung nach dem jeweiligen Stand der Technik gewährleistet ist.

(6) Soweit dies erforderlich ist, hat der Bundesminister für Digitalisierung und Wirtschaftsstandort durch Verordnung nähere Bestimmungen über die beschreibenden Daten von Dokumenten gemäß Abs. 1 zu erlassen. *(BGBl I 2018/104, iVm BGBl II 2019/140)*

(7) Der Bundesminister für Digitalisierung und Wirtschaftsstandort hat den einliefernden Systemen die Kosten für das Anzeigemodul entsprechend ihrem Einlieferungsvolumen kostendeckend zu verrechnen. Werden Daten im Anzeige-

ZustG

modul eingeliefert, die nach diesem Bundesgesetz keine Rechtswirkungen auslösen, sind die halben Verrechnungssätze anzuwenden. Die Bundesrechenzentrum GmbH kann als Zahlstelle eingerichtet werden. *(BGBl I 2018/104)*

(8) Die Verfügbarkeit des Anzeigemoduls ist von dem Bundesminister für Digitalisierung und Wirtschaftsstandort im Bundesgesetzblatt kundzumachen.[1] *(BGBl I 2018/104, iVm BGBl II 2019/140)*

(BGBl I 2017/40)

---

[1] *Dies ist mit BGBl I 2018/33 erfolgt.*

4. Abschnitt

Schlußbestimmungen

Verweisungen

§ 38. (1) Verweisungen in den Verfahrensvorschriften auf Bestimmungen, die Angelegenheiten des Zustellwesens regeln, gelten als Verweisungen auf die entsprechenden Bestimmungen dieses Bundesgesetzes.

(2) Soweit in diesem Bundesgesetz auf Bestimmungen anderer Bundesgesetze verwiesen wird, sind diese in ihrer jeweils geltenden Fassung anzuwenden.

(BGBl I 1998/158)

Vollziehung

§ 39. Mit der Vollziehung dieses Bundesgesetzes ist hinsichtlich der §§ 28a, 28b, 30 bis 32 und § 37b der Bundesminister für Digitalisierung und Wirtschaftsstandort, hinsichtlich der übrigen Bestimmungen die Bundesregierung betraut.

(BGBl I 2004/10; BGBl I 2018/104, iVm BGBl II 2019/140)

Inkrafttretens- und Übergangsbestimmungen

§ 40. (1) § 15 Abs. 1 in der Fassung des Bundesgesetzes BGBl. I Nr. 158/1998 tritt mit 1. Jänner 1998 in Kraft. Die §§ 1 Abs. 2, 2a samt Überschrift, 7 samt Überschrift, die Überschrift vor § 8a, die §§ 8a, 9, 10, 24 samt Überschrift, 26 Abs. 2 und 26a in der Fassung des Bundesgesetzes BGBl. I Nr. 158/1998 treten mit 1. Jänner 1999 in Kraft. § 1 Abs. 3, § 1a und die Überschrift zu § 10 treten mit Ablauf des 31. Dezember 1998 außer Kraft. *(BGBl I 1998/158)*

(2) § 1 Abs. 2 letzter Satz, § 2a Abs. 2, § 11 Abs. 3 und § 12 Abs. 4 in der Fassung des Bundesgesetzes BGBl. I Nr. 137/2001 treten mit 1. Jänner 2002 in Kraft. *(BGBl I 2001/137)*

(3) § 1 Abs. 2 letzter Satz und § 17a samt Überschrift in der Fassung des Verwaltungsreformgesetzes 2001, BGBl. I Nr. 65/2002, treten mit 1. Jänner 2002, jedoch nicht vor dem der Kundmachung des genannten Gesetzes folgenden Tag, in Kraft. *(BGBl I 2002/65)*

(4) Der Titel, §§ 1 bis 7 und 9 samt Überschriften, die Überschrift des Abschnitts II und die §§ 26 und 27 samt Überschriften, Abschnitt III, die Bezeichnungen des nunmehrigen Abschnitt IV und der nunmehrigen §§ 38, 39 und 40 sowie § 40 Abs. 4 und 5 in der Fassung des Bundesgesetzes BGBl. I Nr. 10/2004 treten mit 1. März 2004 in Kraft. Zugleich treten § 8a, § 13 Abs. 5 und 6, § 17a und § 26a, in der zu diesem Zeitpunkt geltenden Fassung, außer Kraft. *(BGBl I 2004/10)*

(5) Die Bezeichnung des 1. Abschnitts, § 2 Z 2, Z 4, 5, 6 und 8 (Z 3 bis 6 neu) und Z 7 bis 9, die §§ 3 bis 5 samt Überschriften, § 7, § 9 Abs. 1 bis 3 und 6, § 10 samt Überschrift, § 12 samt Überschrift, die Bezeichnung und die Überschrift des 2. Abschnitts, § 13, § 14, § 16 Abs. 1, 3 und 4, § 17, § 18, § 19, § 20 Abs. 1 und 2, § 21 samt Überschrift, § 22 Abs. 2 bis 4, § 23 Abs. 1, 2 und 4, § 24 samt Überschrift, § 24a samt Überschrift, § 25 Abs. 1, § 26 Abs. 1, § 27 samt Überschrift, der 3. Abschnitt, § 39, § 40 Abs. 5 und § 41 samt Überschrift in der Fassung des Bundesgesetzes BGBl. I Nr. 5/2008 treten mit 1. Jänner 2008 in Kraft; gleichzeitig treten § 2 Z 3 und 7, die Überschriften nach § 8 (zum früheren § 8a) und nach § 17 (zum früheren § 17a) außer Kraft. § 37 samt Überschrift in der Fassung des Art. 4 Z 48 des Bundesgesetzes BGBl. I Nr. 5/2008 tritt mit 1. Jänner 2009 in Kraft. Die Zustelldiensteverordnung – ZustDV, BGBl. II Nr. 233/2005, gilt in ihrer am 31. Dezember 2007 geltenden Fassung weiter. *(BGBl I 2004/10; BGBl I 2008/5)*

(6) *(entfällt, BGBl I 2018/104, iVm BGBl II 2019/140)*

(7) § 22 Abs. 3, § 27 Z 3, § 28 Abs. 2, § 29 Abs. 1 Z 10 und 11, § 33 Abs. 1 und § 35 Abs. 9 in der Fassung des Budgetbegleitgesetzes 2011, BGBl. I Nr. 111/2010, treten mit 1. Jänner 2011 in Kraft. *(BGBl I 2010/111)*

(8) § 2 Z 1, 6 und 7, § 10 samt Überschrift, § 11 Abs. 2, § 18 Abs. 1 Z 1, § 19 samt Überschrift, § 22 Abs. 2 und 4, § 25 Abs. 1, § 27 Z 2, § 29 Abs. 1 Z 7, 8 und 11 und § 35 Abs. 3 letzter Satz in der Fassung des Bundesgesetzes BGBl. I Nr. 33/2013 treten mit Ablauf des Monats der Kundmachung dieses Bundesgesetzes in Kraft. *(BGBl I 2013/33)*

(9) In der Fassung des Deregulierungsgesetzes 2017, BGBl. I Nr. 40/2017, treten in Kraft:

1. § 11 Abs. 2 mit 1. März 2014,

2. § 2 Z 7 bis 9, die Überschrift zu § 10, § 28 Abs. 2, § 29 Abs. 5, § 32 Abs. 1, § 35 Abs. 1 Z 4, Abs. 2, 3 erster Satz, 6 bis 8, § 36, § 37 Abs. 1 und 1a, § 37b samt Überschrift sowie § 39 mit Ablauf des Tages der Kundmachung und

3. § 29 Abs. 1 Z 11 und 12, § 37 Abs. 3 sowie § 40 Abs. 6 zweiter Satz mit Beginn des siebenten auf den Tag der Kundmachung der Verfügbarkeit des Anzeigemoduls gemäß § 37b Abs. 8 folgenden Monats. *(BGBl I 2017/40)*

(10) Elektronische Zustelldienste, die gemäß § 30 in der Fassung vor der Novelle BGBl. I Nr. 104/2018 zugelassen wurden, gelten als elektronische Zustelldienste gemäß § 30 in der Fassung dieser Novelle und haben spätestens nach Ablauf von zwei Jahren ab Inkrafttreten der genannten Bestimmung in der Fassung der genannten Novelle ein Konformitätsbewertungsgutachten gemäß § 30 Abs. 1 vorzulegen. *(BGBl I 2018/104)*

(11) Die Kosten des Teilnehmerverzeichnisses gemäß § 28a Abs. 2 in der Fassung des Bundesgesetzes BGBl. I Nr. 104/2018 und jene des Anzeigemoduls gemäß § 37b in der Fassung des Bundesgesetzes BGBl. I Nr. 104/2018 sind bis zu einem Einlieferungsvolumen von 25 Millionen pro Jahr nicht zu verrechnen und vom Bundesminister für Digitalisierung und Wirtschaftsstandort zu tragen. Wird diese Menge überschritten, hat der Bundesminister für Digitalisierung und Wirtschaftsstandort ab dem Beginn des übernächsten Jahres die Kosten zu verrechnen, wobei pro Einlieferung in Summe höchstens 7 Cent für die Kosten des Teilnehmerverzeichnisses und des Anzeigemoduls verrechnet werden dürfen. *(BGBl I 2018/104)*

(12) § 28a samt Überschrift und § 37b Abs. 7 in der Fassung des Bundesgesetzes BGBl. I Nr. 104/2018 treten mit Ablauf des Tages der Kundmachung in Kraft. § 28 Abs. 2 bis 4, § 28b Abs. 1 bis 3 und 6, § 29 Abs. 1 und 3 bis 5, § 30 Abs. 1, 3 bis 5, § 31, § 34 samt Überschrift, § 35 Abs. 1 bis 5, § 36 samt Überschrift, § 37 Abs. 1a bis 5, § 37b Abs. 1, 2, 4, 6 und 8 sowie § 39 in der Fassung des Bundesgesetzes BGBl. I Nr. 104/2018 treten mit Beginn des siebenten auf den Tag der Kundmachung der Verfügbarkeit des Teilnehmerverzeichnisses gemäß § 28a Abs. 3 folgenden Monats in Kraft. Zugleich treten § 29 Abs. 2 und 6, § 32 samt Überschrift, § 33 samt Überschrift, § 35 Abs. 9 und § 40 Abs. 6 außer Kraft. Die Überschrift zu § 28b und § 28b Abs. 4 und 5 in der Fassung des Bundesgesetzes BGBl. I

Nr. 104/2018 treten mit Beginn des zweiten auf den Tag der Kundmachung der Verfügbarkeit des Teilnehmerverzeichnisses gemäß § 28a Abs. 3 folgenden Monats in Kraft. *(BGBl I 2018/104)*

(13) § 26a samt Überschrift in der Fassung des Bundesgesetzes BGBl. I Nr. 16/2020 tritt mit Ablauf des Tages der Kundmachung des genannten Bundesgesetzes in Kraft. *(BGBl I 2020/16; BGBl I 2020/42)*

(14) § 26a samt Überschrift in der Fassung des Bundesgesetzes BGBl. I Nr. 42/2020 tritt mit Ablauf des Tages der Kundmachung des genannten Bundesgesetzes in Kraft und mit Ablauf des 30. Juni 2020 außer Kraft. Dass bei Zustellvorgängen, die sich im Zeitraum vom 22. März 2020 bis zum Ablauf des Tages der Kundmachung des genannten Bundesgesetzes ereignet haben, die Beurkundung der Form der Verständigung von der Zustellung sowie gegebenenfalls der Gründe, aus denen eine Verständigung nicht möglich war, aus technischen Gründen nicht elektronisch erfolgt ist, gilt dann nicht als Zustellmangel, wenn ihre Beurkundung in einer dem § 26a Z 3 letzter Satz in der Fassung des Bundesgesetzes BGBl. I Nr. 42/2020 entsprechenden Weise erfolgt ist und die betreffenden Daten dem Absender nachträglich unverzüglich übermittelt werden oder bereits übermittelt worden sind. *(BGBl I 2020/42)*

(15) In der Fassung der 2. Dienstrechts-Novelle 2022, BGBl. I Nr. 205/2022, treten in Kraft:

1. § 28 Abs. 2 und Abs. 3 Z 3, § 34 Abs. 1 und § 37b Abs. 2 sowie der Entfall des § 28 Abs. 3 Z 4 mit 1. Juli 2023;

2. der Entfall des § 2 Z 8 mit dem Kundmachung folgenden Tag. *(BGBl I 2022/205)*

Sprachliche Gleichbehandlung

§ 41. Soweit sich die in diesem Bundesgesetz verwendeten Bezeichnungen auf natürliche Personen beziehen, gilt die gewählte Form für beide Geschlechter. Bei der Anwendung dieser Bezeichnungen auf bestimmte natürliche Personen ist die jeweils geschlechtsspezifische Form zu verwenden.

(BGBl I 2008/5)

ZustG

7/3. Amtshilfe der Sozialversicherungsträger für die Sicherheitsbehörden im Dienste der Strafrechtspflege

BGBl 1996/762 (Artikel X des Strafrechtsänderungsgesetzes, BGBl 1996/762) idF BGBl I 2018/100

Amtshilfe der Sozialversicherungsträger für die Sicherheitsbehörden im Dienste der Strafrechtspflege

Auskunft

§ 1. (1) Die Sicherheitsbehörden sind ermächtigt, bei den Sozialversicherungsträgern und deren Hauptverband[1] Auskunft über Daten einzuholen, die sie für die Erfüllung ihrer Aufgaben im Dienste der Strafrechtspflege (§§ 18 und 76 StPO) benötigen. Die Sozialversicherungsträger und deren Hauptverband[1] sind in dem Umfang zur Auskunft verpflichtet, in dem sie die maßgeblichen Daten jeweils selbst verarbeiten. *(BGBl I 2007/112)*

(2) Die Anfragen der Sicherheitsbehörden dürfen sich nur auf die Namen, Anschriften, Geburtsdaten, Geburtsorte und Arbeits- oder Betriebsstätten der Versicherten, sonst Geschützten sowie der Arbeitgeber, den Beginn und das Ende der laufenden oder – wenn solche nicht bestehen – auch der letzten Versicherungsverhältnisse sowie die Bezeichnung einer sonstigen meldepflichtigen Stelle beziehen.

(3) Anfragen an die Sozialversicherungsträger sind nach Möglichkeit automationsunterstützt, Anfragen an deren Hauptverband[1] jedenfalls automationsunterstützt zu stellen; Auskünfte sind nach Möglichkeit automationsunterstützt zu erteilen. § 31 Abs 4 Z 3 lit b ASVG ist sinngemäß anzuwenden.

[1] *„Hauptverband der österreichischen Sozialversicherungsträger" ab 1.1.2020 ersetzt durch „Dachverband der Sozialversicherungsträger", vgl. § 720 ASVG, BGBl 189/1955 idF BGBl I 100/2018.*

Kostenersatz

§ 2. Der Bund hat dem Hauptverband der österreichischen Sozialversicherungsträger die Kosten zu ersetzen, die durch die Übermittlung von Daten an die Sicherheitsbehörden nach § 1 entstehen. Dieser Kostenersatz ist von den Bundesministern für Inneres, für Justiz und für Arbeit und Soziales nach Anhörung des Hauptverbandes[1] einvernehmlich festzusetzen; er kann mit einem Pauschalbetrag festgesetzt werden.

[1] *„Hauptverband der österreichischen Sozialversicherungsträger" ab 1.1.2020 ersetzt durch „Dachverband der Sozialversicherungsträger", vgl. § 720 ASVG, BGBl 189/1955 idF BGBl I 100/2018.*

7/4. Sozialbetrugsbekämpfungsgesetz – SBBG

(Auszug)

BGBl I 2015/113 idF BGBl I 2019/104

Bundesgesetz zur Verbesserung der Sozialbetrugsbekämpfung (Sozialbetrugsbekämpfungsgesetz – SBBG)

2. Abschnitt

Behördenkooperation

Kooperations- und Informationsstellen

§ 3. (1) Die Sozialbetrugsbekämpfung obliegt den in diesem Gesetz aufgezählten Behörden oder Einrichtungen (im Folgenden Kooperations- und Informationsstellen genannt) im Rahmen ihres gesetzmäßigen Wirkungsbereichs.

(2) Als Kooperationsstellen im Sinne dieses Bundesgesetzes gelten

1. das Amt für Betrugsbekämpfung und die Abgabenbehörden, *(BGBl I 2019/104)*

2. der Träger der Krankenversicherung im Sinne des § 23 Abs. 1 des Allgemeinen Sozialversicherungsgesetzes (ASVG), BGBl. Nr. 189/1955 (im Folgenden Träger der Krankenversicherung), *(BGBl I 2018/100)*

3. die Bauarbeiter-Urlaubs- und Abfertigungskasse,

4. die Insolvenz-Entgelt-Fonds-Service GmbH und

5. die Sicherheitsbehörden.

(3) Als Informationsstellen im Sinne dieses Bundesgesetzes gelten

1. die Bezirksverwaltungsbehörden,

2. die Gewerbebehörden,

3. die Arbeitsinspektion und

4. das Arbeitsmarktservice.

Zusammenarbeit

§ 4. (1) Die Kooperations- und Informationsstellen haben im Rahmen ihres gesetzmäßigen Wirkungsbereichs zur Sozialbetrugsbekämpfung zusammenzuwirken und sich gegenseitig zu unterstützen.

(2) Die Kooperations- und Informationsstellen sind verpflichtet,

1. einen Verdacht auf Sozialbetrug den zuständigen Kooperationsstellen möglichst frühzeitig zu melden,

2. für den regelmäßigen Informations- und Erfahrungsaustausch mit anderen Kooperations- und Informationsstellen zu sorgen, und

3. ihre Ermittlungen und Amtshandlungen bei der Verfolgung von Verstößen nach Möglichkeit aufeinander abzustimmen sowie bei Sachverhaltsermittlungen und Kontrollen koordiniert vorzugehen.

(3) Zur Erleichterung der Kontaktaufnahme und der Umsetzung der in Abs. 2 genannten Verpflichtungen haben das Amt für Betrugsbekämpfung, die Träger der Krankenversicherung, die Bauarbeiter-Urlaubs- und Abfertigungskasse und die Sicherheitsbehörden jeweils einen/eine Sozialbetrugsbekämpfungsbeauftragte/n für jedes Bundesland zu bestellen. *(BGBl I 2019/104)*

(4) Für Zwecke der Sozialbetrugsbekämpfung wird ein Beirat unter der Leitung des Bundesministeriums für Arbeit, Soziales und Konsumentenschutz eingerichtet, dem jeweils ein/e Vertreter/in des Bundesministeriums für Finanzen, des Bundesministeriums für Inneres, des Bundesministeriums für Justiz, des Bundesministeriums für Gesundheit, des Bundesministeriums für Wissenschaft, Forschung und Wirtschaft, des Dachverbandes der Sozialversicherungsträger, der Bauarbeiter-Urlaubs- und Abfertigungskasse und die Insolvenz-Entgelt-Fonds-Service GmbH angehören. *(BGBl I 2018/100)*

(5) Aufgabe des Beirats ist die Verbesserung der Bekämpfung des Sozialbetrugs. Dazu zählen insbesondere:

1. Diskussion allgemeiner Probleme im Zusammenhang mit der Sozialbetrugsbekämpfung,

2. Erörterung von Trends und Entwicklungen sowie Erarbeitung und Bewertung möglicher Maßnahmen zur Verbesserung der Sozialbetrugsbekämpfung (wie etwa eine Weiterentwicklung von Ermittlungsmethoden)

3. Festlegung gemeinsamer Prioritäten in der Sozialbetrugsbekämpfung; Entwicklung eines gemeinsamen Aktionsplans zur verbesserten Bekämpfung von Sozialbetrug,

4. Festlegung von Empfehlungen für den Aufgabenbereich der Sozialbetrugsbekämpfungsbeauftragten gemäß Abs. 3,

5. Festlegung von Handlungsleitfäden sowie Ablaufbeschreibungen, um die Zusammenarbeitsverpflichtungen des Abs. 2 in spezifischen Konstellationen zu konkretisieren.

(6) Der Beirat hat jährlich mindestens zweimal zusammenzutreten. Er ist vom/von der Vorsitzenden des Beirates einzuberufen. Der Bundesminister für Arbeit, Soziales und Konsumentenschutz hat den Beirat innerhalb von sechs Monaten nach Inkrafttreten des Bundesgesetzes einzuberufen und den Vorsitz zu führen.

(7) Beschlüsse sind mit der absoluten Mehrheit der Stimmen aller Mitglieder des Beirates zu fassen. Bei Stimmengleichheit entscheidet die Stimme des/der Vorsitzenden. Das Nähere über die Sitzungen und die Beschlussfassung hat die vom Beirat zu beschließende Geschäftsordnung zu bestimmen. Für die Beschlussfassung der Geschäftsordnung und jede ihrer Änderungen ist eine Mehrheit von mindestens zwei Dritteln der Stimmen aller Mitglieder des Beirates erforderlich.

(8) Der Beirat kann Vertreter/innen der Bundesarbeitskammer, der Wirtschaftskammer Österreich und des Österreichischen Gewerkschaftsbundes und der Vereinigung der Österreichischen Industrie sowie andere Experten/Expertinnen anhören. Für die im Abs. 5 Z 3 genannten Aufgaben des Beirates haben die angeführten Interessenvertretungen ein Anhörungsrecht.

Sozialbetrugsdatenbank – Datenaustausch

§ 5. (1) Zur Bekämpfung von Sozialbetrug im Sinne der §§ 153c bis 153e des Strafgesetzbuches (StGB), BGBl. Nr. 60/1974, haben bei Vorliegen eines Sozialbetrugsverdachts nach diesen Bestimmungen die Kooperationsstellen und die Staatsanwaltschaften einander alle für dessen Prüfung erforderlichen Informationen und Daten zur Verfügung zu stellen, soweit deren Kenntnis für die Erfüllung der gesetzmäßigen Aufgaben der jeweiligen Kooperationsstelle oder Staatsanwaltschaft im Rahmen ihrer gesetzmäßigen Zuständigkeit erforderlich ist. Der Datenaustausch hat über die Datenbank gemäß Abs. 2 zu erfolgen und ist auf die im Abs. 2 genannten Datenarten beschränkt.

(2) Das Bundesministerium für Finanzen hat zum Zweck des Erfassens und der erleichterten Ermittlung von Sozialbetrugsfällen nach den §§ 153c bis 153e StGB eine Sozialbetrugsdatenbank zu führen. In dieser Datenbank werden die Daten über natürliche und juristische Personen verarbeitet, wenn sich Anhaltspunkte für das Vorliegen von Sozialbetrug im Sinne der §§ 153c bis 153e StGB ergeben. Die in Frage kommenden Datenarten sind:

1. (früherer) Familienname, Geburtsname, Aliasnamen, Vornamen, Sozialversicherungsnummer und Geburtsdatum, Steuernummer, Umsatzsteuer-Identifikationsnummer, sonstige Geschäftszahl, Geburtsort, Geschlecht, Staatsangehörigkeit, Aufenthalts- und Arbeitsberechtigungen, ausgeübte Tätigkeit sowie Entlohnung,

2. bei Unternehmen: Firmennamen, Betriebsnamen, Firmensitz, Betriebssitz, Betriebsstätten, Firmenbuchnummer, Steuernummer, Umsatzsteuer-Identifikationsnummer, ZVR-Zahl, Gewerberegisternummer, DG-Nummer, Beitragskontonummer, sonstige Geschäftszahl, Struktur des Betriebes (zB Konzern-, Stamm-, Filialbetrieb), Betriebsgegenstand, Branchenzugehörigkeit, sowie Personaldaten gemäß Z 1 der das Unternehmen vertretenden Person, bei der Anhaltspunkte für das Vorliegen von Sozialbetrug bestehen,

3. *(aufgehoben, BGBl I 2019/104)*

4. die Darlegung der Anhaltspunkte für das Vorliegen von Sozialbetrug,

5. Schriftverkehr mit den Kooperationsstellen sowie weiteren Personen, Unternehmen und Behörden in Zusammenhang mit Ermittlungen sowie Zeitpunkt der Einleitung und der Zeitpunkt der Erledigung des Verfahrens durch das Amt für Betrugsbekämpfung und Zeitpunkt und die Art der Erledigung durch das Gericht oder die Staatsanwaltschaft, *(BGBl I 2019/104)*

6. sonstige erfoderliche Beweismittel (Niederschriften mit Zeugen, Beschuldigten, Dokumente, Rechnungen)

7. Daten zu den einschlägigen Straftatbeständen sowie Höhe der nicht entrichteten Lohn- und Sozialabgaben, Zeitraum der Beschäftigung oder der sich aus der Sozialversicherungsanmeldung ergebende Beschäftigungszeitraum.

(3) Die Bundesrechenzentrum GmbH wird mit dem Betrieb der Datenbank gemäß Abs. 2 betraut. Diese gilt als Auftragsverarbeiter im Sinne von Art. 4 Z 8 der Verordnung (EU) 2016/679 zum Schutz natürlicher Personen bei der Verarbeitung personenbezogener Daten, zum freien Datenverkehr und zur Aufhebung der Richtlinie 95/46/EG (Datenschutz-Grundverordnung), ABl. Nr. L 119 vom 4.5.2016 S. 1, (im Folgenden: DSGVO) sowie im Sinne des § 36 Abs. 2 Z 9 des Datenschutzgesetzes (DSG), BGBl. I Nr. 165/1999. Die Datenbank ist derart auszugestalten, dass eine Weitergabe von Daten gemäß Abs. 2 auf konkrete Kooperationsstellen und Staatsanwaltschaften beschränkt werden kann und den Anforderungen der Art. 24, 25 und 32 DSGVO sowie der §§ 50 und 54 DSG entspricht.

(4) Der Zeitpunkt der Aufnahme der Datenbank gemäß Abs. 2 sowie Näheres über die Vorgangsweise bei der in den Abs. 1, 2, 5 und 7 vorgesehenen Verarbeitung von Daten in Hinblick auf die für die jeweilige Verarbeitung notwendigen Protokollierungen und Datensicherheitsmaßnahmen sind vom Bundesminister für Finanzen durch Verordnung festzulegen. Für die Verarbeitung von Daten gemäß den Abs. 1, 2, 5 und 7 hat die Verordnung Regelungen im Sinne der Art. 24, 25 und 32 DSGVO und der §§ 50 und 54 DSG, insbesondere über Protokollierungen und Datensicherheitsmaßnahmen vorzusehen.

(5) Der Informations- und Datenaustausch erfolgt zwischen den Kooperationsstellen und den Staatsanwaltschaften über die Datenbank gemäß Abs. 2. Dabei haben die einzelnen Kooperationsstellen und die einzelnen Staatsanwaltschaften im Zusammenhang mit dem Erfassen der Daten und der dem Erfassen gleich zu haltenden Verarbeitung unter Berücksichtigung der Erforderlichkeit nach Abs. 1 die Entscheidung zu treffen, welche Daten an welche andere Kooperationsstelle oder Staatsanwaltschaft weitergeben wird. Zum Zwecke der Durchführung von konkreten Ermittlungen, Amtshandlungen und Maßnahmen bei der Bekämpfung von Sozialbetrug im Sinne der §§ 153c bis 153e StGB sind die Kooperationsstellen und die Staatsanwaltschaften berechtigt, in die Sozialbetrugsdatenbank auf automationsunterstütztem Weg Einsicht zu nehmen. ·ZustG

(6) Die Kooperationsstellen und die Staatsanwaltschaften sind für die Datenbank gemeinsam Verantwortliche im Sinne des Art. 26 DSGVO und des § 47 DSG. Die Pflichten zur Wahrung der Betroffenenrechte treffen jene Einrichtung, die die Ermittlungen führt, werden solche nicht geführt diejenige, die den Fall in der Datenbank angelegt hat. Ab Anhängigkeit des Strafverfahrens (§ 1 Abs. 2 StPO) ist nach den Bestimmungen der StPO vorzugehen. Für die Datenbank nimmt das Bundesministerium für Finanzen für die sonstigen Pflichten des Verantwortlichen unbeschadet der Haftungsbestimmungen des Art. 82 DSGVO und des § 29 DSG wahr.

(7) In der Datenbank gemäß Abs. 2 verarbeitete personenbezogene Daten eines konkreten Sozialbetrugsverdachts sind nach Ablauf von fünf Jahren nach der Verarbeitung des ersten Datums in der Sozialbetrugsdatenbank zu löschen. Personenbezogene Daten von nach den §§ 153c bis 153e StGB Verurteilten sind nach Ablauf von zehn Jahren ab der Verurteilung zu löschen. Sofern ersichtlich ist, dass sich der Sozialbetrugsverdacht nicht bestätigt, sind die Daten unverzüglich zu löschen. Diese Löschungsverpflichtungen gelten auch für die bei den Kooperationsstellen direkt verwendeten Daten. Die den Kooperationsstellen in anderen Rechtsvorschriften eingeräumten datenschutzrechtlichen Ermächtigungen und auferlegten datenschutzrechtlichen Pflichten werden jedoch nicht berührt.

Ermittlungsbefugnisse der Finanzstraf- und Abgabenbehörden und ihrer Organe
Ermittlungsbefugnisse der Organe des Amtes für Betrugsbekämpfung

§ 6. (1) Die Staatsanwaltschaft kann bei der Verfolgung von Straftaten nach den §§ 153c bis 153e StGB die Hilfe des Amtes für Betrugsbekämpfung und seiner Organe in Anspruch nehmen. *(BGBl I 2019/104)*

(2) Die im Abs. 1 genannten Behörden und Organe der Bundesfinanzverwaltung sind im Rahmen ihrer Aufgaben verpflichtet, Ermittlungen zu jedem ihnen zur Kenntnis gelangten Anfangsverdacht betreffend Straftaten nach den §§ 153c bis 153e StGB zu führen. In diesem Umfang werden sie im Dienste der Strafrechtspflege (Art. 10 Abs. 1 Z 6 B-VG) tätig und haben die in der Strafprozessordnung den Sicherheitsbehörden zukommenden Aufgaben und Befugnisse unter sinngemäßer Anwendung des § 196 Abs. 4 des Finanzstrafgesetzes, BGBl. Nr. 129/1958, wahrzunehmen.

Privatbeteiligung

§ 7. Den Trägern der Krankenversicherung und dem Amt für Betrugsbekämpfung kommen im Ermittlungsverfahren sowie im Haupt- und Rechtsmittelverfahren nach den §§ 153c bis 153e StGB kraft Gesetzes im Rahmen ihres jeweiligen Zuständigkeitsbereichs die Stellung eines Privatbeteiligten zu. *(BGBl I 2019/104)*

7/5. Förderung von Einrichtungen der Opferhilfe

BGBl I 1999/55 (Artikel VI der Strafprozeßnovelle 1999, BGBl I 1999/55)

Förderung von Einrichtungen der Opferhilfe

(1) Einrichtungen, die Personen unterstützen und betreuen, deren Rechte durch eine strafbare Handlung verletzt wurden, sind vom Bund zu fördern. Über die Förderung entscheidet der Bundesminister für Justiz nach Anhörung der anderen sachlich in Betracht kommenden Bundesminister.

(2) Die Förderung hat durch die Gewährung von Zuschüssen nach Maßgabe der hiefür nach dem Bundesfinanzgesetz verfügbaren Bundesmittel zu erfolgen und ist möglichst davon abhängig zu machen, daß aus Mitteln anderer Gebietskörperschaften jeweils gleich hohe Zuschüsse geleistet werden. Ein Rechtsanspruch auf Gewährung einer Förderung besteht nicht.

(3) Zuschüsse dürfen physischen und juristischen Personen nur für solche Einrichtungen gewährt werden, die mit Rücksicht auf die Zahl der Personen, von denen zu erwarten ist, daß sie die dort angebotene Hilfe in Anspruch nehmen, zweckmäßig erscheinen und wirtschaftlich betrieben werden können.

(4) Vor der Gewährung eines Zuschusses hat sich der Förderungswerber dem Bund gegenüber zu verpflichten, über die widmungsgemäße Verwendung Bericht zu erstatten, Rechnung zu legen und zum Zweck der Überprüfung der widmungsgemäßen Verwendung des Zuschusses Organen des Bundes die erforderlichen Auskünfte zu erteilen sowie Einsicht in die Bücher und Belege und Besichtigungen an Ort und Stelle zu gestatten. Ferner hat sich der Förderungswerber zu verpflichten, bei widmungswidriger Verwendung von Zuschüssen oder Nichteinhaltung der erwähnten Verpflichtungen die Zuschüsse dem Bund zurückzuzahlen, wobei der zurückzuzahlende Betrag für die Zeit von der Auszahlung bis zur Rückzahlung mit einem Zinsfuß zu verzinsen ist, der 3 vH über dem Basiszinssatz (Art. I § 1 des 1. Euro-Justiz-Begleitgesetzes, BGBl. I Nr. 125/1998) liegt.

8. Bundesverfassung

B-VG

*) *Nicht im Verfassungsrang*

8/1. Bundes-Verfassungsgesetz

(Auszug)

BGBl 1930/1 (WV)

Bundes-Verfassungsgesetz (B-VG)

(BGBl 1994/1013)

Erstes Hauptstück
Allgemeine Bestimmungen. Europäische Union

A. Allgemeine Bestimmungen

...

Artikel 15.

(9) Die Länder sind im Bereich ihrer Gesetzgebung befugt, die zur Regelung des Gegenstandes erforderlichen Bestimmungen auch auf dem Gebiet des Straf- und Zivilrechtes zu treffen. *(BGBl 1974/444)*

...

Artikel 20. (1) Unter der Leitung der obersten Organe des Bundes und der Länder führen nach den Bestimmungen der Gesetze auf Zeit gewählte Organe, ernannte berufsmäßige Organe oder vertraglich bestellte Organe die Verwaltung. Sie sind den ihnen vorgesetzten Organen für ihre amtliche Tätigkeit verantwortlich und, soweit in Gesetzen gemäß Abs. 2 nicht anderes bestimmt ist, an deren Weisungen gebunden. Das nachgeordnete Organ kann die Befolgung einer Weisung ablehnen, wenn die Weisung entweder von einem unzuständigen Organ erteilt wurde oder die Befolgung gegen strafgesetzliche Vorschriften verstoßen würde. *(BGBl I 2008/2)*

(2) Durch Gesetz können Organe

1. zur sachverständigen Prüfung,

2. zur Kontrolle der Gesetzmäßigkeit der Verwaltung, *(BGBl I 2012/51)*

3. mit Schieds-, Vermittlungs- und Interessenvertretungsaufgaben, *(BGBl I 2012/51)*

4. zur Sicherung des Wettbewerbs und zur Durchführung der Wirtschaftsaufsicht, *(BGBl I 2012/51)*

5. zur Aufsicht und Regulierung elektronischer Medien und zur Förderung der Medien, *(BGBl I 2010/50; BGBl I 2012/51)*

6. zur Durchführung einzelner Angelegenheiten des Dienst- und Disziplinarrechts,

7. zur Durchführung und Leitung von Wahlen, oder,

8. soweit dies nach Maßgabe des Rechts der Europäischen Union geboten ist,

von der Bindung an Weisungen der ihnen vorgesetzten Organe freigestellt werden. Durch Landesverfassungsgesetz können weitere Kategorien weisungsfreier Organe geschaffen werden. Durch Gesetz ist ein der Aufgabe des weisungsfreien Organs angemessenes Aufsichtsrecht der obersten Organe vorzusehen, zumindest das Recht, sich über alle Gegenstände der Geschäftsführung der weisungsfreien Organe zu unterrichten, und – soweit es sich nicht um Organe gemäß den Z 2, 5 und 8 handelt – das Recht, weisungsfreie Organe aus wichtigem Grund abzuberufen. *(BGBl I 2008/2; BGBl I 2010/50; BGBl I 2012/51)*

(3) Alle mit Aufgaben der Bundes-, Landes- und Gemeindeverwaltung betrauten Organe sowie die Organe anderer Körperschaften des öffentlichen Rechts sind, soweit gesetzlich nicht anderes bestimmt ist, zur Verschwiegenheit über alle ihnen ausschließlich aus ihrer amtlichen Tätigkeit bekannt gewordenen Tatsachen verpflichtet, deren Geheimhaltung im Interesse der Aufrechterhaltung der öffentlichen Ruhe, Ordnung und Sicherheit, der umfassenden Landesverteidigung, der auswärtigen Beziehungen, im wirtschaftlichen Interesse einer Körperschaft des öffentlichen Rechts, zur Vorbereitung einer Entscheidung oder im überwiegenden Interesse der Parteien geboten ist (Amtsverschwiegenheit). Die Amtsverschwiegenheit besteht für die von einem allgemeinen Vertretungskörper bestellten Funktionäre nicht gegenüber diesem Vertretungskörper, wenn er derartige Auskünfte ausdrücklich verlangt. *(BGBl 1975/302; BGBl 1987/285)*

(4) Alle mit Aufgaben der Bundes-, Landes- und Gemeindeverwaltung betrauten Organe sowie die Organe anderer Körperschaften des öffentlichen Rechts haben über Angelegenheiten ihres Wirkungsbereiches Auskünfte zu erteilen, soweit eine gesetzliche Verschwiegenheitspflicht dem nicht entgegensteht; berufliche Vertretungen sind nur gegenüber den ihnen jeweils Zugehörigen auskunftspflichtig und dies insoweit, als dadurch die ordnungsgemäße Erfüllung ihrer gesetzlichen Aufgaben nicht verhindert wird. Die näheren Regelungen sind hinsichtlich der Organe des Bundes sowie der durch die Bundesgesetzgebung zu regelnden Selbstverwaltung in Gesetzgebung und Vollziehung Bundessache, hinsichtlich der Organe der Länder und Gemeinden sowie der durch die Landesgesetzgebung zu regelnden Selbstverwaltung in der Grundsatzgesetzgebung Bundessache, in der Ausführungsgesetzgebung

B-VG

und in der Vollziehung Landessache. *(BGBl 1987/285)*

(5) Alle mit Aufgaben der Bundes-, Landes- und Gemeindeverwaltung betrauten Organe haben Studien, Gutachten und Umfragen, die sie in Auftrag gegeben haben, samt deren Kosten in einer für jedermann zugänglichen Art und Weise zu veröffentlichen, solange und soweit deren Geheimhaltung nicht gemäß Abs. 3 geboten ist. *(BGBl I 2022/141)*

...

Artikel 22. Alle Organe des Bundes, der Länder, der Gemeinden und der Gemeindeverbände sowie der sonstigen Selbstverwaltungskörper sind im Rahmen ihres gesetzmäßigen Wirkungsbereiches zur wechselseitigen Hilfeleistung verpflichtet.

(BGBl I 2012/51)

...

Zweites Hauptstück

Gesetzgebung des Bundes

F. Stellung der Mitglieder des Nationalrates und des Bundesrates

Artikel 56. (1) Die Mitglieder des Nationalrates und die Mitglieder des Bundesrates sind bei der Ausübung dieses Berufes an keinen Auftrag gebunden. *(BGBl 1992/470)*

(2) Hat ein Mitglied der Bundesregierung oder ein Staatssekretär auf sein Mandat als Mitglied des Nationalrates verzichtet, so ist ihm nach dem Ausscheiden aus diesem Amt, in den Fällen des Art. 71 nach der Enthebung von der Betrauung mit der Fortführung der Verwaltung, von der zuständigen Wahlbehörde das Mandat erneut zuzuweisen, wenn der Betreffende nicht gegenüber der Wahlbehörde binnen acht Tagen auf die Wiederausübung des Mandates verzichtet hat. *(BGBl 1994/1013)*

(3) Durch diese erneute Zuweisung endet das Mandat jenes Mitgliedes des Nationalrates, welches das Mandat des vorübergehend ausgeschiedenen Mitgliedes innegehabt hat, sofern nicht ein anderes Mitglied des Nationalrates, das später in den Nationalrat eingetreten ist, bei seiner Berufung auf sein Mandat desselben Wahlkreises gegenüber der Wahlbehörde die Erklärung abgegeben hat, das Mandat vertretungsweise für das vorübergehend ausgeschiedene Mitglied des Nationalrates ausüben zu wollen. *(BGBl 1992/470)*

(4) Abs. 2 und 3 gelten auch, wenn ein Mitglied der Bundesregierung oder ein Staatssekretär die Wahl zum Mitglied des Nationalrates nicht angenommen hat. *(BGBl 1994/1013)*

...

Artikel 57. (1) Die Mitglieder des Nationalrates dürfen wegen der in Ausübung ihres Berufes geschehenen Abstimmungen niemals verantwortlich gemacht werden. Wegen der in diesem Beruf gemachten mündlichen oder schriftlichen Äußerungen dürfen sie nur vom Nationalrat verantwortlich gemacht werden; dies gilt nicht bei behördlicher Verfolgung wegen Verleumdung oder wegen einer nach dem Bundesgesetz über die Informationsordnung des Nationalrates und des Bundesrates strafbaren Handlung. *(BGBl I 2014/101)*

(2) Die Mitglieder des Nationalrates dürfen wegen einer strafbaren Handlung – den Fall der Ergreifung auf frischer Tat bei Verübung eines Verbrechens ausgenommen – nur mit Zustimmung des Nationalrates verhaftet werden. Desgleichen bedürfen Hausdurchsuchungen bei Mitgliedern des Nationalrates der Zustimmung des Nationalrates.

(3) Ansonsten dürfen Mitglieder des Nationalrates ohne Zustimmung des Nationalrates wegen einer strafbaren Handlung nur dann behördlich verfolgt werden, wenn diese offensichtlich in keinem Zusammenhang mit der politischen Tätigkeit des betreffenden Abgeordneten steht. Die Behörde hat jedoch eine Entscheidung des Nationalrates über das Vorliegen eines solchen Zusammenhanges einzuholen, wenn dies der betreffende Abgeordnete oder ein Drittel der Mitglieder des mit diesen Angelegenheiten betrauten ständigen Ausschusses verlangt. Im Falle eines solchen Verlangens hat jede behördliche Verfolgungshandlung sofort zu unterbleiben oder ist eine solche abzubrechen.

(4) Die Zustimmung des Nationalrates gilt in allen diesen Fällen als erteilt, wenn der Nationalrat über ein entsprechendes Ersuchen der zur Verfolgung berufenen Behörde nicht innerhalb von acht Wochen entschieden hat; zum Zweck der rechtzeitigen Beschlussfassung des Nationalrates hat der Präsident ein solches Ersuchen spätestens am vorletzten Tag dieser Frist zur Abstimmung zu stellen. Die tagungsfreie Zeit wird in diese Frist nicht eingerechnet. *(BGBl I 2003/100)*

(5) Im Falle der Ergreifung auf frischer Tat bei Verübung eines Verbrechens hat die Behörde dem Präsidenten des Nationalrates sogleich die geschehene Verhaftung bekanntzugeben. Wenn es der Nationalrat oder in der tagungsfreien Zeit der mit diesen Angelegenheiten betraute ständige Ausschuss verlangt, muss die Haft aufgehoben oder die Verfolgung überhaupt unterlassen werden. *(BGBl I 2003/100)*

(6) Die Immunität der Abgeordneten endigt mit dem Tag des Zusammentrittes des neugewählten Nationalrates, bei Organen des Nationalrates, deren Funktion über diesen Zeitpunkt hinausgeht, mit dem Erlöschen dieser Funktion.

(7) Die näheren Bestimmungen trifft das Bundesgesetz über die Geschäftsordnung des Nationalrates.

(BGBl I 2003/100)

Artikel 58. Die Mitglieder des Bundesrates genießen während der ganzen Dauer ihrer Funktion die Immunität von Mitgliedern des Landtages, der sie entsendet hat.

...

Drittes Hauptstück

Vollziehung des Bundes

A. Verwaltung

1. Bundespräsident

Artikel 63. (1) Eine behördliche Verfolgung des Bundespräsidenten ist nur zulässig, wenn ihr die Bundesversammlung zugestimmt hat.

(2) Der Antrag auf Verfolgung des Bundespräsidenten ist von der zuständigen Behörde beim Nationalrat zu stellen, der beschließt, ob die Bundesversammlung damit zu befassen ist. Spricht sich der Nationalrat dafür aus, hat der Bundeskanzler die Bundesversammlung sofort einzuberufen.

...

Artikel 65. (1) Der Bundespräsident vertritt die Republik nach außen, empfängt und beglaubigt die Gesandten, genehmigt die Bestellung der fremden Konsuln, bestellt die konsularischen Vertreter der Republik im Ausland und schließt die Staatsverträge ab. Er kann anlässlich des Abschlusses eines nicht unter Art. 50 fallenden Staatsvertrages oder eines Staatsvertrages gemäß Art. 16 Abs. 1, der weder gesetzändernd noch gesetzesergänzend ist, anordnen, dass dieser Staatsvertrag durch Erlassung von Verordnungen zu erfüllen ist. *(BGBl I 2003/100)*

(2) Weiter stehen ihm – außer den ihm nach anderen Bestimmungen dieser Verfassung übertragenen Befugnissen – zu:

a) die Ernennung der Bundesbeamten, einschließlich der Offiziere, und der sonstigen Bundesfunktionäre, die Verleihung von Amtstiteln an solche; *(BGBl 1974/444)*

b) die Schaffung und Verleihung von Berufstiteln;

c) für Einzelfälle: die Begnadigung der von den Gerichten rechtskräftig Verurteilten, die Milderung und Umwandlung der von den Gerichten ausgesprochenen Strafen, die Nachsicht von Rechtsfolgen und die Tilgung von Verurteilungen im Gnadenweg, ferner die Niederschlagung des strafgerichtlichen Verfahrens bei den von Amts wegen zu verfolgenden strafbaren Handlungen;

d) die Erklärung unehelicher Kinder zu ehelichen auf Ansuchen der Eltern.

(3) Inwieweit dem Bundespräsidenten außerdem noch Befugnisse hinsichtlich Gewährung von Ehrenrechten, außerordentlichen Zuwendungen, Zulagen und Versorgungsgenüssen, Ernennungs- oder Bestätigungsrechten und sonstigen Befugnissen in Personalangelegenheiten zustehen, bestimmen besondere Gesetze.

...

Artikel 67. (1) Alle Akte des Bundespräsidenten erfolgen, soweit nicht verfassungsmäßig anderes bestimmt ist, auf Vorschlag der Bundesregierung oder des von ihr ermächtigten Bundesministers. Inwieweit die Bundesregierung oder der zuständige Bundesminister hiebei selbst an Vorschläge anderer Stellen gebunden ist, bestimmt das Gesetz.

(2) Alle Akte des Bundespräsidenten bedürfen, soweit nicht verfassungsgesetzlich anderes bestimmt ist, zu ihrer Gültigkeit der Gegenzeichnung des Bundeskanzlers oder der zuständigen Bundesminister.

...

B. Ordentliche Gerichtsbarkeit

Artikel 82. (1) Die ordentliche Gerichtsbarkeit geht vom Bund aus. *(BGBl I 2012/51)*

(2) Die Urteile und Erkenntnisse werden im Namen der Republik verkündet und ausgefertigt.

Artikel 83. (1) Die Organisation und die Zuständigkeit der ordentlichen Gerichte werden durch Bundesgesetz geregelt. Die Sprengel der Bezirksgerichte sind durch Verordnung der Bundesregierung festzulegen. *(BGBl I 2012/51; BGBl I 2019/14)*

(2) Niemand darf seinem gesetzlichen Richter entzogen werden.

(3) *(entfällt, BGBl 1968/73)*

Artikel 84. Die Militärgerichtsbarkeit ist – außer für Kriegszeiten – aufgehoben.

Artikel 85. Die Todesstrafe ist abgeschafft.

(BGBl 1968/73)

Artikel 86. (1) Die Richter werden, sofern nicht in diesem Gesetz anderes bestimmt ist, gemäß dem Antrag der Bundesregierung vom Bundespräsidenten oder auf Grund seiner Ermächtigung vom zuständigen Bundesminister ernannt;

B-VG

die Bundesregierung oder der Bundesminister hat Besetzungsvorschläge der durch Bundesgesetz hiezu berufenen Senate einzuholen. *(BGBl I 2012/51)*

(2) Der dem zuständigen Bundesminister vorzulegende und der von ihm an die Bundesregierung zu leitende Besetzungsvorschlag hat, wenn genügend Bewerber vorhanden sind, mindestens drei Personen, wenn aber mehr als eine Stelle zu besetzen ist, mindestens doppelt so viele Personen zu umfassen, als Richter zu ernennen sind.

Artikel 87. (1) Die Richter sind in Ausübung ihres richterlichen Amtes unabhängig.

(2) In Ausübung seines richterlichen Amtes befindet sich ein Richter bei Besorgung aller ihm nach dem Gesetz und der Geschäftsverteilung zustehenden gerichtlichen Geschäfte, mit Ausschluss der Justizverwaltungssachen, die nicht nach Vorschrift des Gesetzes durch Senate oder Kommissionen zu erledigen sind. *(BGBl I 2003/100)*

(3) Die Geschäfte sind auf die Richter des ordentlichen Gerichtes für die durch Bundesgesetz bestimmte Zeit im Voraus zu verteilen. Eine nach dieser Geschäftsverteilung einem Richter zufallende Sache darf ihm nur durch Verfügung des durch Bundesgesetz hiezu berufenen Senates und nur im Fall seiner Verhinderung oder dann abgenommen werden, wenn er wegen des Umfangs seiner Aufgaben an deren Erledigung innerhalb einer angemessenen Frist gehindert ist. *(BGBl 1994/506; BGBl I 2012/51)*

Artikel 87a. (1) Durch Bundesgesetz kann die Besorgung einzelner, genau zu bezeichnender Arten von Geschäften der Gerichtsbarkeit erster Instanz besonders ausgebildeten nichtrichterlichen Bundesbediensteten übertragen werden. *(BGBl I 2003/100; BGBl I 2009/47)*

(2) Der nach der Geschäftsverteilung zuständige Richter kann jedoch jederzeit die Erledigung solcher Geschäfte sich vorbehalten oder an sich ziehen.

(3) Bei der Besorgung der im Abs. 1 bezeichneten Geschäfte sind die nichtrichterlichen Bundesbediensteten nur an die Weisungen des nach der Geschäftsverteilung zuständigen Richters gebunden. Art. 20 Abs. 1 dritter Satz ist anzuwenden. *(BGBl I 2003/100)*

(BGBl I 2003/100)

Artikel 88. (1) Durch Bundesgesetz wird eine Altersgrenze bestimmt, mit deren Erreichung die Richter in den dauernden Ruhestand treten. *(BGBl I 2008/2)*

(2) Im Übrigen dürfen Richter nur in den vom Gesetz vorgeschriebenen Fällen und Formen und auf Grund eines förmlichen richterlichen Erkennt-

nisses ihres Amtes entsetzt oder wider ihren Willen an eine andere Stelle oder in den Ruhestand versetzt werden. Diese Bestimmungen finden jedoch auf Übersetzungen und Versetzungen in den Ruhestand keine Anwendung, die durch eine Änderung der Gerichtsorganisation nötig werden. In einem solchen Fall wird durch das Gesetz festgestellt, innerhalb welchen Zeitraumes Richter ohne die sonst vorgeschriebenen Förmlichkeiten übersetzt und in den Ruhestand versetzt werden können. *(BGBl I 2003/100; BGBl I 2012/51)*

(3) Die zeitweise Enthebung der Richter vom Amt darf nur durch Verfügung des Gerichtsvorstehers oder Gerichtspräsidenten oder der übergeordneten Gerichtsbehörde bei gleichzeitiger Verweisung der Sache an das zuständige ordentliche Gericht stattfinden. *(BGBl I 2012/51)*

Artikel 88a. Durch Bundesgesetz kann bestimmt werden, dass bei einem übergeordneten ordentlichen Gericht Stellen für Sprengelrichter vorgesehen werden können. Die Zahl der Sprengelrichterstellen darf 3 vH der bei den nachgeordneten ordentlichen Gerichten bestehenden Richterstellen nicht übersteigen. Die Verwendung der Sprengelrichter bei den nachgeordneten ordentlichen Gerichten und gegebenenfalls bei dem übergeordneten ordentlichen Gericht selbst wird von dem durch Bundesgesetz hiezu berufenen Senat des übergeordneten ordentlichen Gerichtes bestimmt. Sprengelrichter dürfen nur mit der Vertretung von Richtern nachgeordneter ordentlicher Gerichte beziehungsweise von Richtern des übergeordneten ordentlichen Gerichtes selbst und nur im Falle der Verhinderung dieser Richter oder dann betraut werden, wenn diese Richter wegen des Umfangs ihrer Aufgaben an deren Erledigung innerhalb einer angemessenen Frist gehindert sind.

(BGBl I 2012/51)

Artikel 89. (1) Die Prüfung der Gültigkeit gehörig kundgemachter Verordnungen, Kundmachungen über die Wiederverlautbarung eines Gesetzes (Staatsvertrages), Gesetze und Staatsverträge steht, soweit in den folgenden Absätzen nicht anderes bestimmt ist, den ordentlichen Gerichten nicht zu. *(BGBl I 2003/100; BGBl I 2012/51)*

(2) Hat ein ordentliches Gericht gegen die Anwendung einer Verordnung aus dem Grund der Gesetzwidrigkeit, einer Kundmachung über die Wiederverlautbarung eines Gesetzes (Staatsvertrages) aus dem Grund der Gesetzwidrigkeit, eines Gesetzes aus dem Grund der Verfassungswidrigkeit oder eines Staatsvertrages aus dem Grund der Rechtswidrigkeit Bedenken, so hat es den Antrag auf Aufhebung dieser Rechtsvorschrift

beim Verfassungsgerichtshof zu stellen. *(BGBl I 2013/114)*

(3) Ist die vom ordentlichen Gericht anzuwendende Rechtsvorschrift bereits außer Kraft getreten, so hat der Antrag des ordentlichen Gerichtes an den Verfassungsgerichtshof die Entscheidung zu begehren, dass die Rechtsvorschrift gesetzwidrig, verfassungswidrig oder rechtswidrig war. *(BGBl I 2013/114)*

(4) Durch Bundesgesetz ist zu bestimmen, welche Wirkungen ein Antrag gemäß Abs. 2 oder 3 für das beim ordentlichen Gericht anhängige Verfahren hat. *(BGBl I 2013/114)*

(5) *(entfällt, BGBl I 2013/114)*

(BGBl I 2003/100)

Artikel 90. (1) Die Verhandlungen in Zivil- und Strafrechtssachen vor dem erkennenden ordentlichen Gericht sind mündlich und öffentlich. Ausnahmen bestimmt das Gesetz. *(BGBl I 2012/51)*

(2) Im Strafverfahren gilt der Anklageprozess. *(BGBl I 2003/100)*

Artikel 90a. Staatsanwälte sind Organe der ordentlichen Gerichtsbarkeit. In Verfahren wegen mit gerichtlicher Strafe bedrohter Handlungen nehmen sie Ermittlungs- und Anklagefunktionen wahr. Durch Bundesgesetz werden die näheren Regelungen über ihre Bindung an die Weisungen der ihnen vorgesetzten Organe getroffen. *(BGBl I 2012/51)*

(BGBl I 2008/2)

Artikel 91. (1) Das Volk hat an der Rechtsprechung mitzuwirken.

(2) Bei den mit schweren Strafen bedrohten Verbrechen, die das Gesetz zu bezeichnen hat, sowie bei allen politischen Verbrechen und Vergehen entscheiden Geschworene über die Schuld des Angeklagten. *(BGBl I 2001/121)*

(3) Im Strafverfahren wegen anderer strafbarer Handlungen nehmen Schöffen an der Rechtsprechung teil, wenn die zu verhängende Strafe ein vom Gesetz zu bestimmendes Maß überschreitet.

Artikel 92. (1) Oberste Instanz in Zivil- und Strafrechtssachen ist der Oberste Gerichtshof.

(2) Dem Obersten Gerichtshof können Mitglieder der Bundesregierung, einer Landesregierung, eines allgemeinen Vertretungskörpers oder des Europäischen Parlaments nicht angehören; für Mitglieder eines allgemeinen Vertretungskörpers oder des Europäischen Parlaments, die auf eine bestimmte Gesetzgebungs- oder Funktionsperiode gewählt wurden, dauert die Unvereinbarkeit auch bei vorzeitigem Verzicht auf das Mandat bis zum Ablauf der Gesetzgebungs- oder Funktionsperiode fort. Zum Präsidenten oder Vizepräsidenten des Obersten Gerichtshofes kann nicht ernannt werden, wer eine der eben erwähnten Funktionen in den letzten fünf Jahren ausgeübt hat. *(BGBl I 2008/2)*

Artikel 93. Amnestien wegen gerichtlich strafbarer Handlungen werden durch Bundesgesetz erteilt.

Artikel 94. (1) Die Justiz ist von der Verwaltung in allen Instanzen getrennt. *(BGBl I 2012/51)*

(2) Durch Bundes- oder Landesgesetz kann in einzelnen Angelegenheiten anstelle der Erhebung einer Beschwerde beim Verwaltungsgericht ein Instanzenzug von der Verwaltungsbehörde an die ordentlichen Gerichte vorgesehen werden. In den Angelegenheiten der Vollziehung des Bundes, die nicht unmittelbar von Bundesbehörden besorgt werden, sowie in den Angelegenheiten der Art. 11, 12, 14 Abs. 2 und 3 und 14a Abs. 3 und 4 dürfen Bundesgesetze gemäß dem ersten Satz nur mit Zustimmung der Länder kundgemacht werden. Für Landesgesetze gemäß dem ersten Satz gilt Art. 97 Abs. 2 sinngemäß. *(BGBl I 2012/51; BGBl I 2013/114)*

...

Viertes Hauptstück

Gesetzgebung und Vollziehung der Länder

A. Allgemeine Bestimmungen

Artikel 96. (1) Die Mitglieder des Landtages genießen die gleiche Immunität wie die Mitglieder des Nationalrates; die Bestimmungen des Art. 57 sind sinngemäß anzuwenden. *(BGBl I 2003/100)*

(2) Die Bestimmungen der Art. 32 und 33 gelten auch für die Sitzungen der Landtage und ihrer Ausschüsse. *(BGBl I 2003/100)*

(3) Durch Landesgesetz kann für Mitglieder des Landtages, die aus Anlass ihrer Wahl in den Bundesrat oder in die Landesregierung auf ihr Mandat verzichten, eine dem Art. 56 Abs. 2 bis 4 entsprechende Regelung getroffen werden. *(BGBl I 2003/100)*

B-VG

8/2. Europäische Menschenrechtskonvention

BGBl 1958/210

(Übersetzung)

Konvention zum Schutze der Menschenrechte und Grundfreiheiten

In Erwägung der Allgemeinen Erklärung der Menschenrechte, die von der Generalversammlung der Vereinten Nationen am 10. Dezember 1948 verkündet wurde;

in der Erwägung, daß diese Erklärung bezweckt, die allgemeine und wirksame Anerkennung und Einhaltung der darin erklärten Rechte zu gewährleisten;

in der Erwägung, daß das Ziel des Europarates die Herbeiführung einer größeren Einigkeit unter seinen Mitgliedern ist und daß eines der Mittel zur Erreichung dieses Zieles in der Wahrung und in der Entwicklung der Menschenrechte und Grundfreiheiten besteht;

unter erneuter Bekräftigung ihres tiefen Glaubens an diese Grundfreiheiten, welche die Grundlage der Gerechtigkeit und des Friedens in der Welt bilden, und deren Aufrechterhaltung wesentlich auf einem wahrhaft demokratischen politischen Regime einerseits und auf einer gemeinsamen Auffassung und Achtung der Menschenrechte andererseits beruht, von denen sie sich herleiten;

entschlossen, als Regierungen europäischer Staaten, die vom gleichen Geiste beseelt sind und ein gemeinsames Erbe an geistigen Gütern, politischen Überlieferungen, Achtung der Freiheit und Vorherrschaft des Gesetzes besitzen, die ersten Schritte auf dem Wege zu einer kollektiven Garantie gewisser in der Allgemeinen Erklärung verkündeter Rechte zu unternehmen;

vereinbaren die unterzeichneten Regierungen, die Mitglieder des Europarates sind, folgendes:

Artikel 1
– Verpflichtung zur Achtung der Menschenrechte

Die Hohen Vertragschließenden Teile sichern allen ihrer Jurisdiktion unterstehenden Personen die in Abschnitt I dieser Konvention niedergelegten Rechte und Freiheiten zu.

ABSCHNITT I – RECHTE UND FREIHEITEN

Artikel 2
– Recht auf Leben

(1) Das Recht jedes Menschen auf das Leben wird gesetzlich geschützt. Abgesehen von der Vollstreckung eines Todesurteils, das von einem Gericht im Falle eines durch Gesetz mit der Todesstrafe bedrohten Verbrechens ausgesprochen worden ist, darf eine absichtliche Tötung nicht vorgenommen werden.

(2) Die Tötung wird nicht als Verletzung dieses Artikels betrachtet, wenn sie sich aus einer unbedingt erforderlichen Gewaltanwendung ergibt:

a) um die Verteidigung eines Menschen gegenüber rechtswidriger Gewaltanwendung sicherzustellen;

b) um eine ordnungsgemäße Festnahme durchzuführen oder das Entkommen einer ordnungsgemäß festgehaltenen Person zu verhindern;

c) um im Rahmen der Gesetze einen Aufruhr oder einen Aufstand zu unterdrücken.

Artikel 3
– Verbot der Folter

Niemand darf der Folter oder unmenschlicher oder erniedrigender Strafe oder Behandlung unterworfen werden.

Artikel 4
– Verbot der Sklaverei und der Zwangsarbeit

(1) Niemand darf in Sklaverei oder Leibeigenschaft gehalten werden.

(2) Niemand darf gezwungen werden, Zwangs- oder Pflichtarbeit zu verrichten.

(3) Als „Zwangs- oder Pflichtarbeit" im Sinne dieses Artikels gilt nicht:

a) jede Arbeit, die normalerweise von einer Person verlangt wird, die unter den von Artikel 5 der vorliegenden Konvention vorgesehenen Bedingungen in Haft gehalten oder bedingt freigelassen worden ist;

b) jede Dienstleistung militärischen Charakters, oder im Falle der Verweigerung aus Gewissensgründen in Ländern, wo diese als berechtigt anerkannt ist, eine sonstige an Stelle der militärischen Dienstpflicht tretende Dienstleistung;

c) jede Dienstleistung im Falle von Notständen und Katastrophen, die das Leben oder das Wohl der Gemeinschaft bedrohen;

d) jede Arbeit oder Dienstleistung, die zu den normalen Bürgerpflichten gehört.

Artikel 5
– Recht auf Freiheit und Sicherheit

(1) Jedermann hat ein Recht auf Freiheit und Sicherheit. Die Freiheit darf einem Menschen nur in den folgenden Fällen und nur auf die gesetzlich vorgeschriebene Weise entzogen werden:

a) wenn er rechtmäßig nach Verurteilung durch ein zuständiges Gericht in Haft gehalten wird;

b) wenn er rechtmäßig festgenommen worden ist oder in Haft gehalten wird wegen Nichtbefolgung eines rechtmäßigen Gerichtsbeschlusses oder zur Erzwingung der Erfüllung einer durch das Gesetz vorgeschriebenen Verpflichtung;

c) wenn er rechtmäßig festgenommen worden ist oder in Haft gehalten wird zum Zwecke seiner Vorführung vor die zuständige Gerichtsbehörde, sofern hinreichender Verdacht dafür besteht, daß der Betreffende eine strafbare Handlung begangen hat, oder begründeter Anlaß zu der Annahme besteht, daß es notwendig ist, den Betreffenden an der Begehung einer strafbaren Handlung oder an der Flucht nach Begehung einer solchen zu hindern;

d) wenn es sich um die rechtmäßige Haft eines Minderjährigen handelt, die zum Zwecke überwachter Erziehung angeordnet ist, oder um die rechtmäßige Haft eines solchen, die zum Zwecke seiner Vorführung vor die zuständige Behörde verhängt ist;

e) wenn er sich in rechtmäßiger Haft befindet, weil er eine Gefahrenquelle für die Ausbreitung ansteckender Krankheiten bildet, oder weil er geisteskrank, Alkoholiker, rauschgiftsüchtig oder Landstreicher ist;

f) wenn er rechtmäßig festgenommen worden ist oder in Haft gehalten wird, um ihn daran zu hindern, unberechtigt in das Staatsgebiet einzudringen oder weil er von einem gegen ihn schwebenden Ausweisungs- oder Auslieferungsverfahren betroffen ist.

(2) Jeder Festgenommene muß in möglichst kurzer Frist und in einer ihm verständlichen Sprache über die Gründe seiner Festnahme und über die gegen ihn erhobenen Beschuldigungen unterrichtet werden.

(3) Jede nach der Vorschrift des Abs. 1 c dieses Artikels festgenommene oder in Haft gehaltene Person muß unverzüglich einem Richter oder einem anderen, gesetzlich zur Ausübung richterlicher Funktionen ermächtigten Beamten vorgeführt werden. Er hat Anspruch auf Aburteilung innerhalb einer angemessenen Frist oder auf Haftentlassung während des Verfahrens. Die Freilassung

kann von der Leistung einer Sicherheit für das Erscheinen vor Gericht abhängig gemacht werden.

(4) Jedermann, dem seine Freiheit durch Festnahme oder Haft entzogen wird, hat das Recht, ein Verfahren zu beantragen, in dem von einem Gericht ehetunlich über die Rechtmäßigkeit der Haft entschieden wird und im Falle der Widerrechtlichkeit seine Entlassung angeordnet wird.

(5) Jeder, der entgegen den Bestimmungen dieses Artikels von Festnahme oder Haft betroffen worden ist, hat Anspruch auf Schadenersatz.

Artikel 6
– Recht auf ein faires Verfahren

(1) Jedermann hat Anspruch darauf, daß seine Sache in billiger Weise öffentlich und innerhalb einer angemessenen Frist gehört wird, und zwar von einem unabhängigen und unparteiischen, auf Gesetz beruhenden Gericht, das über zivilrechtliche Ansprüche und Verpflichtungen oder über die Stichhaltigkeit der gegen ihn erhobenen strafrechtlichen Anklage zu entscheiden hat. Das Urteil muß öffentlich verkündet werden, jedoch kann die Presse und die Öffentlichkeit während der gesamten Verhandlung oder eines Teiles derselben im Interesse der Sittlichkeit, der öffentlichen Ordnung oder der nationalen Sicherheit in einem demokratischen Staat ausgeschlossen werden, oder wenn die Interessen von Jugendlichen oder der Schutz des Privatlebens der Prozeßparteien es verlangen, oder, und zwar unter besonderen Umständen, wenn die öffentliche Verhandlung die Interessen der Rechtspflege beeinträchtigen würde, in diesem Fall jedoch nur in dem nach Auffassung des Gerichts erforderlichen Umfang.

(2) Bis zum gesetzlichen Nachweis seiner Schuld wird vermutet, daß der wegen einer strafbaren Handlung Angeklagte unschuldig ist.

(3) Jeder Angeklagte hat mindestens (englischer Text) insbesondere (französischer Text) die folgenden Rechte:

a) in möglichst kurzer Frist in einer für ihn verständlichen Sprache in allen Einzelheiten über die Art und den Grund der gegen ihn erhobenen Beschuldigung in Kenntnis gesetzt zu werden;

b) über ausreichende Zeit und Gelegenheit zur Vorbereitung seiner Verteidigung zu verfügen;

c) sich selbst zu verteidigen oder den Beistand eines Verteidigers seiner Wahl zu erhalten und, falls er nicht über die Mittel zur Bezahlung eines Verteidigers verfügt, unentgeltlich den Beistand eines Pflichtverteidigers zu erhalten, wenn dies im Interesse der Rechtspflege erforderlich ist;

d) Fragen an die Belastungszeugen zu stellen oder stellen zu lassen und die Ladung und Vernehmung der Entlastungszeugen unter denselben Bedingungen wie die der Belastungszeugen zu erwirken;

e) die unentgeltliche Beiziehung eines Dolmetschers zu verlangen, wenn der Angeklagte die Verhandlungssprache des Gerichts nicht versteht oder sich nicht darin ausdrücken kann.

Artikel 7 → *Art. 4 7. ZP*
– Keine Strafe ohne Gesetz

(1) Niemand kann wegen einer Handlung oder Unterlassung verurteilt werden, die zur Zeit ihrer Begehung nach inländischem oder internationalem Recht nicht strafbar war. Ebenso darf keine höhere Strafe als die im Zeitpunkt der Begehung der strafbaren Handlung angedrohte Strafe verhängt werden.

(2) Durch diesen Artikel darf die Verurteilung oder Bestrafung einer Person nicht ausgeschlossen werden, die sich einer Handlung oder Unterlassung schuldig gemacht hat, welche im Zeitpunkt ihrer Begehung nach den von den zivilisierten Völkern allgemein anerkannten Rechtsgrundsätzen strafbar war.

Artikel 8
– Recht auf Achtung des Privat- und Familienlebens

(1) Jedermann hat Anspruch auf Achtung seines Privat- und Familienlebens, seiner Wohnung und seines Briefverkehrs.

(2) Der Eingriff einer öffentlichen Behörde in die Ausübung dieses Rechts ist nur statthaft, insoweit dieser Eingriff gesetzlich vorgesehen ist und eine Maßnahme darstellt, die in einer demokratischen Gesellschaft für die nationale Sicherheit, die öffentliche Ruhe und Ordnung, das wirtschaftliche Wohl des Landes, die Verteidigung der Ordnung und zur Verhinderung von strafbaren Handlungen, zum Schutz der Gesundheit und der Moral oder zum Schutz der Rechte und Freiheiten anderer notwendig ist.

Artikel 9
– Gedanken-, Gewissens- und Religionsfreiheit

(1) Jedermann hat Anspruch auf Gedanken-, Gewissens- und Religionsfreiheit; dieses Recht umfaßt die Freiheit des einzelnen zum Wechsel der Religion oder der Weltanschauung sowie die Freiheit, seine Religion oder Weltanschauung einzeln oder in Gemeinschaft mit anderen öffentlich oder privat, durch Gottesdienst, Unterricht, Andachten und Beachtung religiöser Gebräuche auszuüben.

(2) Die Religions- und Bekenntnisfreiheit darf nicht Gegenstand anderer als vom Gesetz vorgesehener Beschränkungen sein, die in einer demokratischen Gesellschaft notwendige Maßnahmen im Interesse der öffentlichen Sicherheit, der öffentlichen Ordnung, Gesundheit und Moral oder für den Schutz der Rechte und Freiheiten anderer sind.

Artikel 10
– Freiheit der Meinungsäußerung

(1) Jedermann hat Anspruch auf freie Meinungsäußerung. Dieses Recht schließt die Freiheit der Meinung und die Freiheit zum Empfang und zur Mitteilung von Nachrichten oder Ideen ohne Eingriffe öffentlicher Behörden und ohne Rücksicht auf Landesgrenzen ein. Dieser Artikel schließt nicht aus, daß die Staaten Rundfunk-, Lichtspiel- oder Fernsehunternehmen einem Genehmigungsverfahren unterwerfen.

(2) Da die Ausübung dieser Freiheiten Pflichten und Verantwortung mit sich bringt, kann sie bestimmten, vom Gesetz vorgesehenen Formvorschriften, Bedingungen, Einschränkungen oder Strafdrohungen unterworfen werden, wie sie in einer demokratischen Gesellschaft im Interesse der nationalen Sicherheit, der territorialen Unversehrtheit oder der öffentlichen Sicherheit, der Aufrechterhaltung der Ordnung und der Verbrechensverhütung, des Schutzes der Gesundheit und der Moral, des Schutzes des guten Rufes oder der Rechte anderer unentbehrlich sind, um die Verbreitung von vertraulichen Nachrichten zu verhindern oder das Ansehen und die Unparteilichkeit der Rechtsprechung zu gewährleisten.

Artikel 11
– Versammlungs- und Vereinigungsfreiheit

(1) Alle Menschen haben das Recht, sich friedlich zu versammeln und sich frei mit anderen zusammenzuschließen, einschließlich des Rechts, zum Schutze ihrer Interessen Gewerkschaften zu bilden und diesen beizutreten.

(2) Die Ausübung dieser Rechte darf keinen anderen Einschränkungen unterworfen werden als den vom Gesetz vorgesehenen, die in einer demokratischen Gesellschaft im Interesse der nationalen und öffentlichen Sicherheit, der Aufrechterhaltung der Ordnung und der Verbrechensverhütung, des Schutzes der Gesundheit und der Moral oder des Schutzes der Rechte und Freiheiten anderer notwendig sind. Dieser Artikel verbietet nicht, daß die Ausübung dieser Rechte durch Mitglieder der Streitkräfte, der Polizei oder der Staatsverwaltung gesetzlichen Einschränkungen unterworfen wird.

Artikel 12
– Recht auf Eheschließung

Mit Erreichung des heiratsfähigen Alters haben Männer und Frauen gemäß den einschlägigen nationalen Gesetzen das Recht, eine Ehe einzugehen und eine Familie zu gründen.

Artikel 13
– Recht auf wirksame Beschwerde

Sind die in der vorliegenden Konvention festgelegten Rechte und Freiheiten verletzt worden,

MRK

so hat der Verletzte das Recht, eine wirksame Beschwerde bei einer nationalen Instanz einzulegen, selbst wenn die Verletzung von Personen begangen worden ist, die in amtlicher Eigenschaft gehandelt haben.

Artikel 14
– Verbot der Benachteiligung

Der Genuß der in der vorliegenden Konvention festgelegten Rechte und Freiheiten ist ohne Benachteiligung zu gewährleisten, die insbesondere im Geschlecht, in der Rasse, Hautfarbe, Sprache, Religion, in den politischen oder sonstigen Anschauungen, in nationaler oder sozialer Herkunft, in der Zugehörigkeit zu einer nationalen Minderheit, im Vermögen, in der Geburt oder im sonstigen Status begründet ist.

Artikel 15
– Außerkraftsetzen im Notstandsfall

(1) Im Falle eines Krieges oder eines anderen öffentlichen Notstandes, der das Leben der Nation bedroht, kann jeder der Hohen Vertragschließenden Teile Maßnahmen ergreifen, welche die in dieser Konvention vorgesehenen Verpflichtungen in dem Umfang, den die Lage unbedingt erfordert, und unter der Bedingung außer Kraft setzen, daß diese Maßnahmen nicht in Widerspruch zu den sonstigen völkerrechtlichen Verpflichtungen stehen.

(2) Die vorstehende Bestimmung gestattet kein Außerkraftsetzen des Artikels 2 außer bei Todesfällen, die auf rechtmäßige Kriegshandlungen zurückzuführen sind, oder der Artikel 3, 4, Abs. 1, und 7.

(3) Jeder Hohe Vertragschließende Teil, der dieses Recht der Außerkraftsetzung ausübt, hat den Generalsekretär des Europarats eingehend über die getroffenen Maßnahmen und deren Gründe zu unterrichten. Er muß den Generalsekretär des Europarats auch über den Zeitpunkt in Kenntnis setzen, in dem diese Maßnahmen außer Kraft getreten sind und die Vorschriften der Konvention wieder volle Anwendung finden.

Artikel 16
– Beschränkungen der politischen Tätigkeit
von Ausländern

Keine der Bestimmungen der Artikel 10, 11 und 14 darf so ausgelegt werden, daß sie den Hohen Vertragschließenden Parteien verbietet, die politische Tätigkeit von Ausländern Beschränkungen zu unterwerfen.

Artikel 17
– Verbot des Mißbrauchs der Rechte

Keine Bestimmung dieser Konvention darf dahin ausgelegt werden, daß sie für einen Staat, eine Gruppe oder eine Person das Recht begründet, eine Tätigkeit auszuüben oder eine Handlung zu begehen, die auf die Abschaffung der in der vorliegenden Konvention festgelegten Rechte und Freiheiten oder auf weitergehende Beschränkungen dieser Rechte und Freiheiten, als in der Konvention vorgesehen, hinzielt.

Artikel 18
– Begrenzung der Rechtseinschränkungen

Die nach der vorliegenden Konvention gestatteten Einschränkungen dieser Rechte und Freiheiten dürfen nicht für andere Zwecke als die vorgesehenen angewendet werden.

Artikel 19 bis 66 nicht abgedruckt

8/2/1. (1.) Zusatzprotokoll zur MRK

(Übersetzung)

Zusatzprotokoll zur Konvention zum Schutze der Menschenrechte und Grundfreiheiten

Artikel 1
Schutz des Eigentums

Jede natürliche oder juristische Person hat ein Recht auf Achtung ihres Eigentums. Niemandem darf sein Eigentum entzogen werden, es sei denn, daß das öffentliche Interesse es verlangt, und nur unter den durch Gesetz und durch die allgemeinen Grundsätze des Völkerrechts vorgesehenen Bedingungen.

Die vorstehenden Bestimmungen beeinträchtigen jedoch in keiner Weise das Recht des Staates, diejenigen Gesetze anzuwenden, die er für die Regelung der Benutzung des Eigentums in Übereinstimmung mit dem Allgemeininteresse oder zur Sicherung der Zahlung der Steuern, sonstiger Abgaben oder von Geldstrafen für erforderlich hält.

Artikel 2
Recht auf Bildung

Das Recht auf Bildung darf niemandem verwehrt werden. Der Staat hat bei Ausübung der von ihm auf dem Gebiete der Erziehung und des Unterrichts übernommenen Aufgaben das Recht der Eltern zu achten, die Erziehung und den Unterricht entsprechend ihren eigenen religiösen und weltanschaulichen Überzeugungen sicherzustellen.

Artikel 3
Recht auf freie Wahlen

Die Hohen Vertragschließenden Teile verpflichten sich, in angemessenen Zeitabständen freie und geheime Wahlen unter Bedingungen abzuhalten, die die freie Äußerung der Meinung des Volkes bei der Wahl der gesetzgebenden Organe gewährleisten.

Artikel 4 – 6 nicht abgedruckt

8/2/2. Vorbehalte Österreichs zur MRK und zum 1. Zusatzprotokoll

… erklärt der Bundespräsident

diese Konvention unter dem Vorbehalt, daß

1. die Bestimmungen des Artikels 5 der Konvention mit der Maßgabe angewendet werden, daß die in den Verwaltungsverfahrensgesetzen, BGBl. Nr. 172/1950, vorgesehenen Maßnahmen des Freiheitsentzuges unter der in der österreichischen Bundesverfassung vorgesehenen nachprüfenden Kontrolle durch den Verwaltungsgerichtshof oder den Verfassungsgerichtshof unberührt bleiben;

2. die Bestimmungen des Artikels 6 der Konvention mit der Maßgabe angewendet werden, daß die in Artikel 90 des Bundes-Verfassungsgesetzes in der Fassung von 1929 festgelegten Grundsätze über die Offentlichkeit im gerichtlichen Verfahren in keiner Weise beeinträchtigt werden,

und von dem Wunsch geleitet, jede Unsicherheit betreffend die Anwendung des Artikels 1 des Zusatzprotokolls im Zusammenhang mit dem Staatsvertrag betreffend die Wiederherstellung eines unabhängigen und demokratischen Österreich vom 15. Mai 1955 zu vermeiden, das Zusatzprotokoll mit dem Vorbehalt, daß die Bestimmungen des Teiles IV „Aus dem Krieg herrührende Ansprüche" und des Teiles V „Eigentum, Rechte und Interessen" des zitierten Staatsvertrages unberührt bleiben,

für ratifiziert.

8/2/3. 4. Zusatzprotokoll zur MRK
(Übersetzung)

Artikel 1
Verbot der Freiheitsentziehung wegen Schulden

Niemandem darf die Freiheit allein deshalb entzogen werden, weil er nicht in der Lage ist, eine vertragliche Verpflichtung zu erfüllen.

Artikel 2
Freizügigkeit

(1) Jedermann, der sich rechtmäßig im Hoheitsgebiet eines Staates aufhält, hat das Recht, sich dort frei zu bewegen und seinen Wohnsitz frei zu wählen.

(2) Jedermann steht es frei, jedes Land einschließlich seines eigenen zu verlassen.

(3) Die Ausübung dieser Rechte darf keinen anderen Einschränkungen unterworfen werden als denen, die gesetzlich vorgesehen und in einer demokratischen Gesellschaft im Interesse der nationalen oder der öffentlichen Sicherheit, der Aufrechterhaltung des „ordre public", der Verhütung von Straftaten, des Schutzes der Gesundheit oder der Moral oder des Schutzes der Rechte und Freiheiten anderer notwendig sind.

(4) Die in Absatz 1 anerkannten Rechte können ferner für den Bereich bestimmter Gebiete Einschränkungen unterworfen werden, die gesetzlich vorgesehen und in einer demokratischen Gesellschaft durch das öffentliche Interesse gerechtfertigt sind.

Artikel 3
Verbot der Ausweisung eigener Staatsangehöriger

(1) Niemand darf aus dem Hoheitsgebiet des Staates, dessen Staatsangehöriger er ist, durch eine Einzel- oder eine Kollektivmaßnahme ausgewiesen werden.

(2) Niemandem darf das Recht entzogen werden, in das Hoheitsgebiet des Staates einzureisen, dessen Staatsangehöriger er ist.

Artikel 4
Verbot der Kollektivausweisung von Ausländern

Kollektivausweisungen von Fremden sind nicht zulässig.

Artikel 5 bis 7 und Erklärungen zum 4. Zusatzprotokoll nicht abgedruckt.

8/2/4. 6. Zusatzprotokoll zur MRK
(Übersetzung)

Artikel 1
Abschaffung der Todesstrafe

Die Todesstrafe ist abgeschafft. Niemand darf zu dieser Strafe verurteilt oder hingerichtet werden.

Artikel 2
Todesstrafe in Kriegszeiten

Ein Staat kann durch Gesetz die Todesstrafe für Taten vorsehen, welche in Kriegszeiten oder bei unmittelbarer Kriegsgefahr begangen werden; diese Strafe darf nur in den Fällen, die im Gesetz vorgesehen sind und in Übereinstimmung mit dessen Bestimmungen angewendet werden. Der Staat übermittelt dem Generalsekretär des Europarates die einschlägigen Rechtsvorschriften.

Artikel 3
Verbot des Außerkraftsetzens

Die Bestimmungen dieses Protokolls dürfen nicht nach Art. 15 der Konvention außer Kraft gesetzt werden.

Artikel 4
Verbot von Vorbehalten

Vorbehalte nach Art. 64 der Konvention zu Bestimmungen dieses Protokolls sind nicht zulässig.

Artikel 5 bis 9 nicht abgedruckt

8/2/5. 7. Zusatzprotokoll zur MRK
(Übersetzung)

Artikel 2
Rechtsmittel in Strafsachen

1. Wer von einem Gericht wegen einer strafbaren Handlung verurteilt worden ist, hat das Recht, das Urteil von einem übergeordneten Gericht nachprüfen zu lassen. Die Ausübung dieses Rechts, einschließlich der Gründe, aus denen es ausgeübt werden kann, richtet sich nach dem Gesetz.

2. Ausnahmen von diesem Recht sind für strafbare Handlungen geringfügiger Art, wie sie durch Gesetz näher bestimmt sind, oder in Fällen möglich, in denen das Verfahren gegen eine Person in erster Instanz vor dem obersten Gericht stattgefunden hat oder in denen sie nach einem gegen ihren Freispruch eingelegten Rechtsmittel verurteilt worden ist.

Artikel 3
Recht auf Entschädigung bei Fehlurteilen

Ist jemand wegen einer strafbaren Handlung rechtskräftig verurteilt und ist das Urteil später aufgehoben oder der Verurteilte begnadigt worden, weil eine neue oder neu bekannt gewordene Tatsache schlüssig beweist, daß ein Fehlurteil vorlag, so ist derjenige, der auf Grund eines solchen Urteils eine Strafe verbüßt hat, entsprechend dem Gesetz oder der Übung des betreffenden Staates zu entschädigen, sofern nicht nachgewiesen wird, daß das nicht rechtzeitige Bekanntwerden der betreffenden Tatsache ganz oder teilweise ihm zuzuschreiben ist.

Artikel 4
Recht, wegen derselben Sache nicht zweimal vor Gericht gestellt zu werden

1. Niemand darf wegen einer strafbaren Handlung, wegen der er bereits nach dem Gesetz und dem Strafverfahrensrecht eines Staates rechtskräftig verurteilt oder freigesprochen worden ist, in einem Strafverfahren desselben Staates erneut vor Gericht gestellt oder bestraft werden.

2. Abs. 1 schließt die Wiederaufnahme des Verfahrens nach dem Gesetz und dem Strafverfahrensrecht des betreffenden Staates nicht aus, falls neue oder neu bekannt gewordene Tatsachen vorliegen oder das vorausgegangene Verfahren schwere, den Ausgang des Verfahrens berührende Mängel aufweist.

3. Dieser Artikel darf nicht nach Art. 15 der Konvention außer Kraft gesetzt werden.

Erklärungen

Die Republik Österreich erklärt:

1. Als übergeordnete Gerichte im Sinne des Art. 2 Abs. 1 sind auch der Verwaltungsgerichtshof und der Verfassungsgerichtshof anzusehen.

2. Die Art. 3 und 4 beziehen sich nur auf Strafverfahren im Sinne der österreichischen Strafprozeßordnung.

Artikel 1 und Artikel 5 bis 10 nicht abgedruckt

8/2/6. 13. Zusatzprotokoll zur MRK über die vollständige Abschaffung der Todesstrafe
(Übersetzung)
(Auszug)

Protokoll Nr. 13 zur Konvention zum Schutz der Menschenrechte und Grundfreiheiten über die vollständige Abschaffung der Todesstrafe

Artikel 1
Abschaffung der Todesstrafe

Die Todesstrafe ist abgeschafft. Niemand darf zu dieser Strafe verurteilt oder hingerichtet werden.

Artikel 2
Verbot des Abweichens

Von diesem Protokoll darf nicht nach Artikel 15 der Konvention abgewichen werden.

Artikel 3
Verbot von Vorbehalten

Vorbehalte nach Artikel 57 der Konvention zu diesem Protokoll sind nicht zulässig.

Artikel 4
Räumlicher Geltungsbereich

(1) Jeder Staat kann bei der Unterzeichnung oder bei der Hinterlegung der Ratifikations-, Annahme- oder Genehmigungsurkunde einzelne oder mehrere Hoheitsgebiete bezeichnen, auf die dieses Protokoll Anwendung findet.

(2) Jeder Staat kann jederzeit danach durch eine an den Generalsekretär des Europarats gerichtete Erklärung die Anwendung dieses Protokolls auf jedes weitere in der Erklärung bezeichnete Hoheitsgebiet erstrecken. Das Protokoll tritt für dieses Hoheitsgebiet am ersten Tag des Monats in Kraft, der auf einen Zeitabschnitt von drei Monaten nach Eingang der Erklärung beim Generalsekretär folgt.

(3) Jede nach den Absätzen 1 und 2 abgegebene Erklärung kann in Bezug auf jedes darin bezeichnete Hoheitsgebiet durch eine an den Generalsekretär gerichtete Notifikation zurückgenommen oder geändert werden. Die Rücknahme oder Änderung wird am ersten Tag des Monats wirksam, der auf einen Zeitabschnitt von drei Monaten nach Eingang der Notifikation beim Generalsekretär folgt.

Artikel 5
Verhältnis zur Konvention

Die Vertragsstaaten betrachten die Artikel 1 bis 4 dieses Protokolls als Zusatzartikel zur Konvention; alle Bestimmungen der Konvention sind dementsprechend anzuwenden.

Artikel 6
Unterzeichnung und Ratifikation

Dieses Protokoll liegt für die Mitgliedstaaten des Europarats. welche die Konvention unterzeichnet haben, zur Unterzeichnung auf. Es bedarf der Ratifikation, Annahme oder Genehmigung. Ein Mitgliedstaat des Europarats kann dieses Protokoll nur ratifizieren, annehmen oder genehmigen, wenn er die Konvention gleichzeitig ratifiziert oder bereits zu einem früheren Zeitpunkt ratifiziert hat. Die Ratifikations-, Annahme- oder Genehmigungsurkunden werden beim Generalsekretär des Europarats hinterlegt.

(BGBl III 2005/127)

Artikel 7
Inkrafttreten

(1) Dieses Protokoll tritt am ersten Tag des Monats in Kraft, der auf einen Zeitabschnitt von drei Monaten nach dem Tag folgt, an dem zehn Mitgliedstaaten des Europarats nach Artikel 6 ihre Zustimmung ausgedrückt haben, durch das Protokoll gebunden zu sein.

(2) Für jeden Mitgliedstaat, der später seine Zustimmung ausdrückt, durch dieses Protokoll gebunden zu sein, tritt es am ersten Tag des Monats in Kraft, der auf einen Zeitabschnitt von drei Monaten nach der Hinterlegung der Ratifikations-, Annahme- oder Genehmigungsurkunde folgt.

(BGBl III 2005/127)

8/3. Staatsgrundgesetz über die allgemeinen Rechte der Staatsbürger

RGBl 1867/142

Staatsgrundgesetz vom 21. Dezember 1867, über die allgemeinen Rechte der Staatsbürger für die im Reichsrate vertretenen Königreiche und Länder

Mit Zustimmung beider Häuser des Reichsrates finde ich das nachstehende Staatsgrundgesetz über die allgemeinen Rechte der Staatsbürger zu erlassen, und anzuordnen, wie folgt:

Artikel 1. *(entfällt; BGBl 1920/1)*

Artikel 2. Vor dem Gesetze sind alle Staatsbürger gleich.

Artikel 3. (1) Die öffentlichen Ämter sind für alle Staatsbürger gleich zugänglich.

(2) Für Ausländer wird der Eintritt in dieselben von der Erwerbung des österreichischen Staatsbürgerrechtes abhängig gemacht.

Artikel 4. (1) Die Freizügigkeit der Person und des Vermögens innerhalb des Staatsgebietes unterliegt keiner Beschränkung.

(2) *(entfällt; BGBl 1920/1)*

(3) Die Freiheit der Auswanderung ist von Staats wegen nur durch die Wehrpflicht beschränkt.

(4) Abfahrtsgelder dürfen nur in Anwendung der Reziprozität erhoben werden.

Artikel 5. Das Eigentum ist unverletzlich. Eine Enteignung gegen den Willen des Eigentümers kann nur in den Fällen und in der Art eintreten, welche das Gesetz bestimmt.

Artikel 6. (1) Jeder Staatsbürger kann an jedem Orte des Staatsgebietes seinen Aufenthalt und Wohnort nehmen, Liegenschaften jeder Art erwerben und über dieselben frei verfügen, sowie unter den gesetzlichen Bedingungen jeden Erwerbszweig ausüben.

(2) Für die tote Hand sind Beschränkungen des Rechtes, Liegenschaften zu erwerben und über sie zu verfügen, im Wege des Gesetzes aus Gründen des öffentlichen Wohles zulässig.

Artikel 7. Jeder Untertänigkeits- und Hörigkeitsverband ist für immer aufgehoben. Jede aus dem Titel des geteilten Eigentumes auf Liegenschaften haftende Schuldigkeit oder Leistung ist ablösbar, und es darf in Zukunft keine Liegenschaft mit einer derartigen unablösbaren Leistung belastet werden.

Artikel 8. *(entfällt; BGBl 1988/684)*

Artikel 9. (1) Das Hausrecht ist unverletzlich.

(2) Das bestehende Gesetz vom 27. Oktober 1862 (RGBl Nr. 88) zum Schutze des Hausrechtes wird hiemit als Bestandteil dieses Staatsgrundgesetzes erklärt.

Artikel 10. Das Briefgeheimnis darf nicht verletzt und die Beschlagnahme von Briefen, außer dem Falle einer gesetzlichen Verhaftung oder Haussuchung, nur in Kriegsfällen oder auf Grund einer richterlichen Befehles in Gemäßheit bestehender Gesetze vorgenommen werden.

Artikel 10a. (1) Das Fernmeldegeheimnis darf nicht verletzt werden.

(2) Ausnahmen von der Bestimmung des vorstehenden Absatzes sind nur auf Grund eines richterlichen Befehles in Gemäßheit bestehender Gesetze zulässig.

(BGBl 1974/8)

Artikel 11. (1) Das Petitionsrecht steht jedermann zu.

(2) Petitionen unter einem Gesamtnamen dürfen nur von gesetzlich anerkannten Körperschaften oder Vereinen ausgehen.

Artikel 12. Die österreichischen Staatsbürger haben das Recht, sich zu versammeln und Vereine zu bilden. Die Ausübung dieser Rechte wird durch besondere Gesetze geregelt.

Artikel 13. (1) Jedermann hat das Recht, durch Wort, Schrift, Druck oder durch bildliche Darstellung seine Meinung innerhalb der gesetzlichen Schranken frei zu äußern.

(2) Die Presse darf weder unter Zensur gestellt, noch durch das Konzessions-System beschränkt werden. Administrative Postverbote finden auf inländische Druckschriften keine Anwendung.

Artikel 14. (1) Die volle Glaubens- und Gewissensfreiheit ist jedermann gewährleistet.

(2) Der Genuß der bürgerlichen und politischen Rechte ist von dem Religionsbekenntnisse unabhängig; doch darf den staatsbürgerlichen Pflichten durch das Religionsbekenntnis kein Abbruch geschehen.

(3) Niemand kann zu einer kirchlichen Handlung oder zur Teilnahme an einer kirchlichen Feierlichkeit gezwungen werden, in sofern er nicht der nach dem Gesetze hiezu berechtigten Gewalt eines anderen untersteht.

Artikel 15. Jede gesetzlich anerkannte Kirche und Religionsgemeinschaft hat das Recht der gemeinsamen öffentlichen Religionsausübung, ordnet und verwaltet ihre inneren Angelegenheiten selbständig, bleibt im Besitze und Genusse ihrer für Kultus-, Unterrichts- und Wohltätigkeitszwecke bestimmten Anstalten, Stiftungen und Fonde, ist aber, wie jede Gesellschaft, den allgemeinen Staatsgesetzen unterworfen.

Artikel 16. Den Anhängern eines gesetzlich nicht anerkannten Religionsbekenntnisses ist die häusliche Religionsübung gestattet, in soferne dieselbe weder rechtswidrig, noch sittenverletzend ist.

Artikel 17. (1) Die Wissenschaft und ihre Lehre ist frei.

(2) Unterrichts- und Erziehungsanstalten zu gründen und an solchen Unterricht zu erteilen, ist jeder Staatsbürger berechtigt, der seine Befähigung hiezu in gesetzlicher Weise nachgewiesen hat.

(3) Der häusliche Unterricht unterliegt keiner solchen Beschränkung.

(4) Für den Religionsunterrich in den Schulen ist von der betreffenden Kirche oder Religionsgesellschaft Sorge zu tragen.

(5) Dem Staate steht rücksichtlich des gesamten Unterrichts- und Erziehungswesen das Recht der obersten Leitung und Aufsicht zu.

Artikel 17a. Das künstlerische Schaffen, die Vermittlung von Kunst sowie deren Lehre sind frei.
(BGBl 1982/262)

Artikel 18. Es steht jedermann frei, seinen Beruf zu wählen und sich für denselben auszubilden, wie und wo er will.

Artikel 19. (1) Alle Volksstämme des Staates sind gleichberechtigt, und jeder Volksstamm hat ein unverletzliches Recht auf Wahrung und Pflege seiner Nationalität und Sprache.

(2) Die Gleichberechtigung aller landesüblichen Sprachen in Schule, Amt und öffentlichem Leben wird vom Staate anerkannt.

(3) In den Ländern, in welchen mehrere Volksstämme wohnen, sollen die öffentlichen Unterrichtsanstalten derart eingerichtet sein, daß ohne Anwendung eines Zwanges zur Erlernung einer zweiten Landessprache jeder dieser Volksstämme die erforderlichen Mittel zur Ausbildung in seiner Sprache erhält.

Artikel 20. *(entfällt; Art.149 Abs 2 B-VG)*

8/4. Bundesverfassungsgesetz über den Schutz der persönlichen Freiheit

BGBl 1988/684

Bundesverfassungsgesetz vom 29. November 1988 über den Schutz der persönlichen Freiheit

Der Nationalrat hat beschlossen:

Artikel 1

(1) Jedermann hat das Recht auf Freiheit und Sicherheit (persönliche Freiheit).

(2) Niemand darf aus anderen als den in diesem Bundesverfassungsgesetz genannten Gründen oder auf eine andere als die gesetzlich vorgeschriebene Weise festgenommen oder angehalten werden.

(3) Der Entzug der persönlichen Freiheit darf nur gesetzlich vorgesehen werden, wenn dies nach dem Zweck der Maßnahme notwendig ist; die persönliche Freiheit darf jeweils nur entzogen werden, wenn und soweit dies nicht zum Zweck der Maßnahme außer Verhältnis steht.

(4) Wer festgenommen oder angehalten wird, ist unter Achtung der Menschenwürde und mit möglichster Schonung der Person zu behandeln und darf nur solchen Beschränkungen unterworfen werden, die dem Zweck der Anhaltung angemessen oder zur Wahrung von Sicherheit und Ordnung am Ort seiner Anhaltung notwendig sind.

Artikel 2

(1) Die persönliche Freiheit darf einem Menschen in folgenden Fällen auf die gesetzlich vorgeschriebene Weise entzogen werden:

1. wenn auf Grund einer mit Strafe bedrohten Handlung auf Freiheitsentzug erkannt worden ist;

2. wenn er einer bestimmten, mit gerichtlicher oder finanzbehördlicher Strafe bedrohten Handlung verdächtig ist,

a) zum Zwecke der Beendigung des Angriffes oder zur sofortigen Feststellung des Sachverhalts, sofern der Verdacht im engen zeitlichen Zusammenhang mit der Tat oder dadurch entsteht, daß er einen bestimmten Gegenstand innehat,

b) um ihn daran zu hindern, sich dem Verfahren zu entziehen oder Beweismittel zu beeinträchtigen, oder

c) um ihn bei einer mit beträchtlicher Strafe bedrohten Handlung an der Begehung einer gleichartigen Handlung oder an der Ausführung zu hindern;

3. zum Zweck seiner Vorführung vor die zuständige Behörde wegen des Verdachtes einer Verwaltungsübertretung, bei der er auf frischer Tat betreten wird, sofern die Festnahme zur Sicherung der Strafverfolgung oder zur Verhinderung weiteren gleichartigen strafbaren Handelns erforderlich ist;

4. um die Befolgung einer rechtmäßigen Gerichtsentscheidung oder die Erfüllung einer durch das Gesetz vorgeschriebenen Verpflichtung zu erzwingen;

5. wenn Grund zur Annahme besteht, daß er eine Gefahrenquelle für die Ausbreitung ansteckender Krankheiten sei oder wegen psychischer Erkrankung sich oder andere gefährde;

6. zum Zweck notwendiger Erziehungsmaßnahmen bei einem Minderjährigen;

7. wenn dies notwendig ist, um eine beabsichtigte Ausweisung oder Auslieferung zu sichern.

(2) Niemand darf allein deshalb festgenommen oder angehalten werden, weil er nicht in der Lage ist, eine vertragliche Verpflichtung zu erfüllen.

Artikel 3

(1) Auf Grund einer mit Strafe bedrohten Handlung darf nur ein Gericht auf Freiheitsentzug erkennen.

(2) Die Verhängung einer Freiheitsstrafe und die Festsetzung von Ersatzfreiheitsstrafen durch Verwaltungsbehörden dürfen jedoch vorgesehen werden, wenn das Ausmaß des angedrohten Freiheitsentzuges je sechs Wochen, soweit die Entscheidung einer unabhängigen Behörde obliegt, je drei Monate nicht übersteigt.

(3) Wird eine Freiheitsstrafe nicht von einer unabhängigen Behörde verhängt oder eine Ersatzfreiheitsstrafe nicht von ihr festgesetzt, so muß die Anfechtung der Entscheidung bei einer solchen Behörde in vollem Umfang und mit aufschiebender Wirkung gewährleistet sein.

Artikel 4

(1) Eine Festnahme aus den Gründen des Art. 2 Abs. 1 Z 2 lit. b und c ist nur in Vollziehung eines begründeten richterlichen Befehls zulässig, der dem Betroffenen bei der Festnahme, spätestens aber innerhalb von 24 Stunden zuzustellen ist.

(2) Bei Gefahr im Verzug sowie im Fall des Art. 2 Abs. 1 Z 2 lit. a darf eine Person auch ohne richterlichen Befehl festgenommen werden. Sie

ist freizulassen, sobald sich ergibt, daß kein Grund zu ihrer weiteren Anhaltung vorhanden sei, sonst ohne unnötigen Aufschub, spätestens aber vor Ablauf von 48 Stunden, dem zuständigen Gericht zu übergeben.

(3) Eine dem Gericht übergebene Person ist ohne Verzug vom Richter zur Sache und zu den Voraussetzungen der Anhaltung zu vernehmen.

(4) Eine Festnahme aus den Gründen des Art. 2 Abs. 1 Z lit. b und c wegen des Verdachtes einer mit finanzbehördlicher Strafe bedrohten Handlung ist nur in Vollziehung einer begründeten Anordnung eines gesetzlich zur Ausübung richterlicher Funktionen ermächtigten Beamten zulässig. Jedoch darf bei Gefahr im Verzug sowie im Falle des Art. 2 Abs. 1 Z lit. a eine Person auch ohne eine solche Anordnung festgenommen werden. Im übrigen gelten die Abs. 1 bis 3 mit der Maßgabe sinngemäß, daß der Festgenommene unverzüglich der zuständigen Finanzstrafbehörde zu übergeben ist.

(5) Ein aus dem Grund des Art. 2 Abs. 1 Z 3 Festgenommener ist, wenn der Grund für die Festnahme nicht schon vorher wegfällt, unverzüglich der zuständigen Behörde zu übergeben. Er darf keinesfalls länger als 24 Stunden angehalten werden.

(6) Jeder Festgenommene ist ehestens, womöglich bei seiner Festnahme, in einer ihm verständlichen Sprache über die Gründe seiner Festnahme und die gegen ihn erhobenen Anschuldigungen zu unterrichten. Den sprachlichen Minderheiten bundesgesetzlich eingeräumte Rechte bleiben unberührt.

(7) Jeder Festgenommene hat das Recht, daß auf sein Verlangen ohne unnötigen Aufschub und nach seiner Wahl ein Angehöriger und ein Rechtsbeistand von der Festnahme verständigt werden.

Artikel 5

(1) Wer auf Grund des Verdachtes einer mit gerichtlicher oder finanzbehördlicher Strafe bedrohten Handlung angehalten wird, hat das Recht auf Beendigung des Verfahrens, das wegen der gegen ihn erhobenen Anschuldigung eingeleitet worden ist, innerhalb angemessener Frist oder auf Freilassung während des Verfahrens.

(2) Wenn gelindere Mittel ausreichen, ist vom Freiheitsentzug abzusehen. Wer wegen einer nicht mit schwerer Strafe bedrohten Handlung angehalten wird, um ihn daran zu hindern, sich dem Verfahren zu entziehen, ist jedenfalls freizulassen, wenn er eine vom Gericht oder von den gesetzlich zur Ausübung richterlicher Funktionen ermächtigten Beamten unter Bedachtnahme auf das Gewicht der ihm zur Last gelegten strafbaren Handlung, seine persönlichen Verhältnisse und das Vermögen des die Sicherheit Leistenden festgesetzte Sicherheit beistellt; zusätzliche gelindere Mittel zur Sicherung des Verfahrens sind zulässig.

Artikel 6

(1) Jedermann, der festgenommen oder angehalten wird, hat das Recht auf ein Verfahren, in dem durch ein Gericht oder durch eine andere unabhängige Behörde über die Rechtmäßigkeit des Freiheitsentzuges entschieden und im Falle der Rechtswidrigkeit seine Freilassung angeordnet wird. Die Entscheidung hat binnen einer Woche zu ergehen, es sei denn, die Anhaltung hätte vorher geendet.

(2) Im Fall einer Anhaltung von unbestimmter Dauer ist deren Notwendigkeit in angemessenen Abständen durch ein Gericht oder durch eine andere unabhängige Behörde zu überprüfen.

Artikel 7

Jedermann, der rechtswidrig festgenommen oder angehalten wurde, hat Anspruch auf volle Genugtuung einschließlich des Ersatzes nicht vermögensrechtlichen Schadens.

Artikel 8

(1) und (2) *(nicht mehr geltend, BGBl I 2008/2)*

(3) Die Konvention zum Schutze der Menschenrechte und Grundfreiheiten, BGBl. Nr. 210/1958, bleibt unberührt.

(4) *(nicht mehr geltend, BGBl I 2008/2)*

(5) Mit der Vollziehung dieses Bundesverfassungsgesetzes ist die Bundesregierung betraut.

8/5. Gesetz vom 27. Oktober 1862, RGBl. Nr. 88, zum Schutze des Hausrechtes

(gilt gem. Art. 149 B-VG als Bundesverfassungsgesetz)

Über Antrag beider Häuser Meines Reichsrates finde Ich zum Schutze des Hausrechtes gegen Übergriffe der Organe der öffentlichen Gewalt folgendes zu verordnen:

§ 1. Eine Hausdurchsuchung, das ist die Durchsuchung der Wohnung oder sonstiger zum Hauswesen gehörigen Räumlichkeiten darf in der Regel nur kraft eines mit Gründen versehenen richterlichen Befehles unternommen werden. Dieser Befehl ist den Beteiligten sogleich oder doch innerhalb der nächsten 24 Stunden zuzustellen.

§ 2. Zum Zwecke der Strafgerichtspflege kann bei Gefahr am Verzuge auch ohne richterlichen Befehl eine Hausdurchsuchung von Gerichtsbeamten, Beamten der Sicherheitsbehörden oder Gemeindevorstehern angeordnet werden. Der zur Vornahme Abgeordnete ist mit einer schriftlichen Ermächtigung zu versehen, welche er dem Beteiligten vorzuweisen hat.

Zu demselben Zwecke kann eine Hausdurchsuchung auch durch die Sicherheitsorgane aus eigener Macht vorgenommen werden, wenn gegen jemanden ein Vorführungs- oder Verhaftbefehl erlassen, oder wenn jemand auf der Tat betreten, durch öffentliche Nacheile oder öffentlichen Ruf einer strafbaren Handlung verdächtig bezeichnet oder im Besitze von Gegenständen betreten wird, welche auf die Beteiligung an einer solchen hinweisen.

In beiden Fällen ist dem Beteiligten auf sein Verlangen sogleich oder doch binnen der nächsten 24 Stunden die Bescheinigung über die Vornahme der Hausdurchsuchung und deren Gründe zuzustellen.

§ 3. Zum Behufe der polizeilichen und finanziellen Aufsicht dürfen von den Organen derselben Hausdurchsuchungen nur in den durch das Gesetz bestimmten Fällen vorgenommen werden. Jedoch gelten auch hier die Vorschriften des vorhergehenden Paragraphen bezüglich der Ermächtigung zur Hausdurchsuchung und der Bescheinigung über deren Vornahme.

§ 4. Jede in Ausübung des Amtes oder Dienstes gegen die vorstehenden Bestimmungen vorgenommene Hausdurchsuchung ist im Falle des bösen Vorsatzes als Mißbrauch der Amtsgewalt (§ 302 des Strafgesetzbuches), außer diesem Falle aber nach der Vorschrift des § 303 des Strafgesetzbuches zu bestrafen.*)

---

*) IdF StRAG.

§ 5. Die Hausdurchsuchungen zum Behufe der polizeilichen Aufsicht sind, sowie jene zum Zwecke der Strafgerichtspflege, nach den Vorschriften der Strafprozeßordnung vorzunehmen. Die Vornahme der Hausdurchsuchungen zum Behufe der finanziellen Aufsicht hat nach den Bestimmungen des Gefällsstrafgesetzes*) zu geschehen.

---

*) heute Finanzstrafgesetz

§ 6. Bei jeder Hausdurchsuchung, bei welcher nichts Verdächtiges ermittelt wurde, ist dem Beteiligten auf sein Verlangen eine Bestätigung hierüber zu erteilen.

Der Leiter Meines Justizministeriums und die Minister der Polizei und der Finanzen sind mit dem Vollzuge dieses Gesetzes beauftragt.

HausRG

8/6. Übereinkommen gegen Folter und andere grausame, unmenschliche oder erniedrigende Behandlung oder Strafe

(Auszug)

(Übersetzung)

Artikel 1

(1) Im Sinne dieses Übereinkommens bezeichnet der Ausdruck „Folter" jede Handlung, durch die einer Person vorsätzlich große körperliche oder seelische Schmerzen oder Leiden zugefügt werden, zum Beispiel um von ihr oder einem Dritten eine Aussage oder ein Geständnis zu erlangen, um sie für eine tatsächlich oder mutmaßlich von ihr oder einem Dritten begangene Tat zu bestrafen oder um sie oder einen Dritten einzuschüchtern oder zu nötigen, oder aus einem anderen, auf irgendeiner Art von Diskriminierung beruhenden Grund, wenn diese Schmerzen oder Leiden von einem Angehörigen des öffentlichen Dienstes oder einer anderen in amtlicher Eigenschaft handelnden Person, auf deren Veranlassung oder mit deren ausdrücklichem oder stillschweigendem Einverständnis verursacht werden. Der Ausdruck umfaßt alle Schmerzen oder Leiden, die sich lediglich aus gesetzlich zulässigen Sanktionen ergeben, dazu gehören oder damit verbunden sind.

(2) Dieser Artikel läßt alle internationalen Übereinkünfte oder innerstaatlichen Rechtsvorschriften unberührt, die weitergehende Bestimmungen enthalten.

Artikel 15

Jeder Vertragsstaat trägt dafür Sorge, daß Aussagen, die nachweislich durch Folter herbeigeführt worden sind, nicht als Beweis in einem Verfahren verwendet werden, es sei denn gegen eine der Folter angeklagte Person als Beweis dafür, daß die Aussage gemacht wurde.

ERKLÄRUNGEN

Die Republik Österreich erklärt anläßlich des Beitrittes zum Übereinkommen gegen Folter und andere grausame, unmenschliche oder erniedrigende Behandlung oder Strafe (im folgenden „Übereinkommen" genannt):

2. Österreich betrachtet Art. 15 als gesetzliche Grundlage für die darin vorgesehene Unzulässigkeit der Verwendung von Aussagen, die nachweislich durch Folter herbeigeführt worden sind.

8/7. Internationaler Pakt über bürgerliche und politische Rechte

(Auszug)

(Übersetzung)

Artikel 7

Niemand darf der Folter oder grausamer, unmenschlicher oder erniedrigender Behandlung oder Strafe unterworfen werden. Insbesondere darf niemand ohne seine freiwillige Zustimmung medizinischen oder wissenschaftlichen Versuchen unterworfen werden.

Artikel 9

(1) Jedermann hat ein Recht auf persönliche Freiheit und Sicherheit. Niemand darf willkürlich festgenommen oder in Haft gehalten werden. Niemand darf seine Freiheit entzogen werden, es sei denn aus gesetzlich be-

stimmten Gründen und unter Beachtung des im Gesetz vorgeschriebenen Verfahrens.

(2) Jeder Festgenommene ist bei seiner Festnahme über die Gründe der Festnahme zu unterrichten, und die gegen ihn erhobenen Beschuldigungen sind ihm unverzüglich mitzuteilen.

(3) Jeder, der unter dem Vorwurf einer strafbaren Handlung festgenommen worden ist oder in Haft gehalten wird, muß unverzüglich einem Richter oder einer anderen gesetzlich zur Ausübung richterlicher Funktionen ermächtigten Amtsperson vorgeführt werden und hat Anspruch auf ein Gerichtsverfahren innerhalb angemessener Frist oder auf Entlassung aus der Haft. Es darf nicht allgemeine Regel sein, daß Personen, die eine gerichtli-

che Aburteilung erwarten, in Haft gehalten werden; doch kann die Freilassung davon abhängig gemacht werden, daß für das Erscheinen zur Hauptverhandlung oder zu jedem Abschnitt des gerichtlichen Verfahrens und gegebenenfalls zur Vollstreckung des Urteils Sicherheit geleistet wird.

(4) Jeder, dem seine Freiheit durch Festnahme oder Haft entzogen wird, hat das Recht, ein Verfahren vor einem Gericht zu beantragen, damit dieses unverzüglich über die Rechtmäßigkeit der Freiheitsentziehung entscheiden und seine Entlassung anordnen kann, falls die Freiheitsentziehung nicht rechtmäßig ist.

(5) Jeder, der unrechtmäßig festgenommenen oder in Haft gehalten worden ist, hat einen Anspruch auf Entschädigung.

Artikel 10

(1) Jeder, dem seine Freiheit entzogen ist, muß menschlich und mit Achtung vor der dem Menschen innewohnenden Würde behandelt werden.

(2) a) Beschuldigte sind, abgesehen von außergewöhnlichen Umständen, von Verurteilten getrennt unterzubringen und so zu behandeln, wie es ihrer Stellung als Nichtverurteilte entspricht;

b) jugendliche Beschuldigte sind von Erwachsenen zu trennen, und es hat so schnell wie möglich ein Urteil zu ergehen.

(3) Der Strafvollzug schließt eine Behandlung der Gefangenen ein, die vornehmlich auf ihre Besserung und gesellschaftliche Wiedereingliederung hinzielt. Jugendliche Straffällige sind von Erwachsenen zu trennen und ihrem Alter und ihrer Rechtsstellung entsprechend zu behandeln.

Artikel 14

(1) Alle Menschen sind vor Gericht gleich. Jedermann hat Anspruch darauf, daß über eine gegen ihn erhobene strafrechtliche Anklage oder seine zivilrechtlichen Ansprüche und Verpflichtungen durch ein zuständiges, unabhängiges, unparteiisches und auf Gesetz beruhendes Gericht in billiger Weise öffentlich verhandelt wird. Aus Gründen der Sittlichkeit, der öffentlichen Ordnung (ordre public) oder der nationalen Sicherheit in einer demokratischen Gesellschaft oder wenn es im Interesse des Privatlebens der Parteien erforderlich ist oder – soweit dies nach Auffassung des Gerichts unbedingt notwendig ist – unter besonderen Umständen, in denen die Öffentlichkeit des Verfahrens die Interessen der Rechtspflege beeinträchtigen würde, können Presse und Öffentlichkeit während der ganzen oder eines Teils der Verhandlung ausgeschlossen werden; jedes Urteil in einer Straf- oder Zivilsache ist jedoch öffentlich zu

verkünden, sofern nicht die Interessen Jugendlicher dem entgegenstehen oder das Verfahren Ehestreitigkeiten oder die Vormundschaft über Kinder betrifft.

(2) Jeder wegen einer strafbaren Handlung Angeklagte hat Anspruch darauf, bis zu dem im gesetzlichen Verfahren erbrachten Nachweis seiner Schuld als unschuldig zu gelten.

(3) Jeder wegen einer strafbaren Handlung Angeklagte hat in gleicher Weise im Verfahren Anspruch auf folgende Mindestgarantien:

a) er ist unverzüglich und im einzelnen in einer ihm verständlichen Sprache über Art und Grund der gegen ihn erhobenen Anklage zu unterrichten;

b) er muß hinreichend Zeit und Gelegenheit zur Vorbereitung seiner Verteidigung und zum Verkehr mit einem Verteidiger seiner Wahl haben;

c) es muß ohne unangemessene Verzögerung ein Urteil gegen ihn ergehen;

d) er hat das Recht, bei der Verhandlung anwesend zu sein und sich selbst zu verteidigen oder durch einen Verteidiger seiner Wahl verteidigen zu lassen; falls er keinen Verteidiger hat, ist er über das Recht, einen Verteidiger in Anspruch zu nehmen, zu unterrichten; fehlen ihm die Mittel zur Bezahlung eines Verteidigers, so ist ihm ein Verteidiger unentgeltlich zu bestellen, wenn dies im Interesse der Rechtspflege erforderlich ist;

e) er darf Fragen an die Belastungszeugen stellen oder stellen lassen und das Erscheinen und die Vernehmung der Entlastungszeugen unter den für die Belastungszeugen geltenden Bedingungen erwirken;

f) er kann die unentgeltliche Beiziehung eines Dolmetschers verlangen, wenn er die Verhandlungssprache des Gerichts nicht versteht oder spricht;

g) er darf nicht gezwungen werden, gegen sich selbst als Zeuge auszusagen oder sich schuldig zu bekennen.

(4) Gegen Jugendliche ist das Verfahren in einer Weise zu führen, die ihrem Alter entspricht und ihre Wiedereingliederung in die Gesellschaft fördert.

(5) Jeder, der wegen einer strafbaren Handlung verurteilt worden ist, hat das Recht, das Urteil entsprechend dem Gesetz durch ein Gericht höherer Instanz nachprüfen zu lassen.

(6) Ist jemand wegen einer strafbaren Handlung rechtskräftig verurteilt und ist das Urteil später aufgehoben oder der Verurteilte begnadigt worden, weil eine neue oder eine neu bekannt gewordene Tatsache schlüssig beweist, daß ein Fehlurteil vorlag, so ist derjenige, der auf Grund eines solchen Urteils eine Strafe verbüßt hat, entsprechend dem Gesetz zu entschädigen, sofern nicht nachgewiesen wird, daß das nicht rechtzeitige Be-

PaktBürgR

kanntwerden der betreffenden Tatsache ganz oder teilweise ihm zuzuschreiben ist.

(7) Niemand darf wegen einer strafbaren Handlung, wegen der er bereits nach dem Gesetz und dem Strafverfahrensrecht jedes Landes rechtskräftig verurteilt oder freigesprochen worden ist, erneut verfolgt oder bestraft werden.

Artikel 15

(1) Niemand darf wegen einer Handlung oder Unterlassung verurteilt werden, die zur Zeit ihrer Begehung nach inländischem oder nach internationalem Recht nicht strafbar war. Ebenso darf keine schwerere Strafe als die im Zeitpunkt der Begehung der strafbaren Handlung angedrohte Strafe verhängt werden. Wird nach Begehung einer strafbaren Handlung durch Gesetz eine mildere Strafe eingeführt, so ist das mildere Gesetz anzuwenden.

(2) Dieser Artikel schließt die Verurteilung oder Bestrafung einer Person wegen einer Handlung oder Unterlassung nicht aus, die im Zeitpunkt ihrer Begehung nach den von der Völkergemeinschaft anerkannten allgemeinen Rechtsgrundsätzen strafbar war.

Österreichische Vorbehalte zum Internationalen Pakt über bürgerliche und politische Rechte

. . . . .

2. Die Art. 9 und 14 des Paktes werden mit der Maßgabe angewendet, daß gesetzliche Regelungen über das Verfahren und freiheitsentziehende Maßnahmen, wie sie in den Verwaltungsverfahrensgesetzen und im Finanzstrafgesetz vorgesehen sind, unter der in der österreichischen Bundesverfassung vorgesehenen nachprüfenden Kontrolle durch den Verwaltungsgerichtshof oder den Verfassungsgerichtshof weiterhin zulässig sind.

3. Der Art. 10 Abs. 3 des Paktes wird mit der Maßgabe angewendet, daß gesetzliche Regelungen, die die gemeinsame Unterbringung von jugendlichen Strafgefangenen mit Erwachsenen unter 25 Jahren, von denen kein schädlicher Einfluß auf die jugendlichen Strafgefangenen zu besorgen ist, gestatten, weiterhin zulässig sind.

4. Der Art. 14 des Paktes wird mit der Maßgabe angewendet, daß die im Art. 90 des Bundes-Verfassungsgesetzes in der Fassung von 1929 festgelegten Grundsätze über die Öffentlichkeit im gerichtlichen Verfahren in keiner Weise beeinträchtigt werden und daß

a) der Abs. 3 lit. d gesetzlichen Regelungen nicht entgegensteht, die es gestatten, einen Angeklagten von der Teilnahme an der Verhandlung auszuschließen, der die Ordnung der Verhandlung stört oder dessen Anwesenheit die Vernehmung eines anderen Angeklagten, eines Zeugen oder Sachverständigen erschweren würde;

b) der Abs. 5 gesetzlichen Regelungen nicht entgegensteht, die nach einem Freispruch oder einer milderen Verurteilung durch ein Gericht erster Instanz die Verurteilung oder strengere Verurteilung wegen derselben strafbaren Handlung durch ein Gericht höherer Instanz gestatten, ohne daß der Verurteilte das Recht hat, diese Verurteilung oder strengere Verurteilung durch ein Gericht noch höherer Instanz nachprüfen zu lassen;

c) der Abs. 7 gesetzlichen Regelungen nicht entgegensteht, die die Wiederaufnahme eines Strafverfahrens gestatten, in dem jemand wegen einer strafbaren Handlung rechtskräftig verurteilt oder freigesprochen worden ist.

8/8. Charta der Grundrechte der Europäischen Union

ABl 2010 C 83, 389

(Auszug)

TITEL I
WÜRDE DES MENSCHEN

Artikel 1
Würde des Menschen

Die Würde des Menschen ist unantastbar. Sie ist zu achten und zu schützen.

Artikel 2
Recht auf Leben

(1) Jeder Mensch hat das Recht auf Leben.

(2) Niemand darf zur Todesstrafe verurteilt oder hingerichtet werden.

Artikel 3
Recht auf Unversehrtheit

(1) Jeder Mensch hat das Recht auf körperliche und geistige Unversehrtheit.

(2) Im Rahmen der Medizin und der Biologie muss insbesondere Folgendes beachtet werden:

a) die freie Einwilligung des Betroffenen nach vorheriger Aufklärung entsprechend den gesetzlich festgelegten Einzelheiten,

b) das Verbot eugenischer Praktiken, insbesondere derjenigen, welche die Selektion von Menschen zum Ziel haben,

c) das Verbot, den menschlichen Körper und Teile davon als solche zur Erzielung von Gewinnen zu nutzen,

d) das Verbot des reproduktiven Klonens von Menschen.

Artikel 4
Verbot der Folter und unmenschlicher oder erniedrigender Strafe oder Behandlung

Niemand darf der Folter oder unmenschlicher oder erniedrigender Strafe oder Behandlung unterworfen werden.

Artikel 5
Verbot der Sklaverei und der Zwangsarbeit

(1) Niemand darf in Sklaverei oder Leibeigenschaft gehalten werden.

(2) Niemand darf gezwungen werden, Zwangs- oder Pflichtarbeit zu verrichten.

(3) Menschenhandel ist verboten.

TITEL II

FREIHEITEN

Artikel 6
Recht auf Freiheit und Sicherheit

Jeder Mensch hat das Recht auf Freiheit und Sicherheit.

Artikel 7
Achtung des Privat- und Familienlebens

Jede Person hat das Recht auf Achtung ihres Privat- und Familienlebens, ihrer Wohnung sowie ihrer Kommunikation.

Artikel 8
Schutz personenbezogener Daten

(1) Jede Person hat das Recht auf Schutz der sie betreffenden personenbezogenen Daten.

(2) Diese Daten dürfen nur nach Treu und Glauben für festgelegte Zwecke und mit Einwilligung der betroffenen Person oder auf einer sonstigen gesetzlich geregelten legitimen Grundlage verarbeitet werden. Jede Person hat das Recht, Auskunft über die sie betreffenden erhobenen Daten zu erhalten und die Berichtigung der Daten zu erwirken.

(3) Die Einhaltung dieser Vorschriften wird von einer unabhängigen Stelle überwacht.

Artikel 9
Recht, eine Ehe einzugehen und eine Familie zu gründen

Das Recht, eine Ehe einzugehen, und das Recht, eine Familie zu gründen, werden nach den einzelstaatlichen Gesetzen gewährleistet, welche die Ausübung dieser Rechte regeln.

Artikel 10
Gedanken-, Gewissens- und Religionsfreiheit

(1) Jede Person hat das Recht auf Gedanken-, Gewissens- und Religionsfreiheit. Dieses Recht umfasst die Freiheit, die Religion oder Weltanschauung zu wechseln, und die Freiheit, seine Religion oder Weltanschauung einzeln oder gemeinsam mit anderen öffentlich oder privat durch Gottesdienst, Unterricht, Bräuche und Riten zu bekennen.

(2) Das Recht auf Wehrdienstverweigerung aus Gewissensgründen wird nach den einzelstaatlichen Gesetzen anerkannt, welche die Ausübung dieses Rechts regeln.

Artikel 11
Freiheit der Meinungsäußerung und Informationsfreiheit

(1) Jede Person hat das Recht auf freie Meinungsäußerung. Dieses Recht schließt die Meinungsfreiheit und die Freiheit ein, Informationen und Ideen ohne behördliche Eingriffe und ohne Rücksicht auf Staatsgrenzen zu empfangen und weiterzugeben.

(2) Die Freiheit der Medien und ihre Pluralität werden geachtet.

Artikel 12
Versammlungs- und Vereinigungsfreiheit

(1) Jede Person hat das Recht, sich insbesondere im politischen, gewerkschaftlichen und zivilgesellschaftlichen Bereich auf allen Ebenen frei und friedlich mit anderen zu versammeln und frei mit anderen zusammenzuschließen, was das Recht jeder Person umfasst, zum Schutz ihrer Interessen Gewerkschaften zu gründen und Gewerkschaften beizutreten.

(2) Politische Parteien auf der Ebene der Union tragen dazu bei, den politischen Willen der Unionsbürgerinnen und Unionsbürger zum Ausdruck zu bringen.

Artikel 13
Freiheit der Kunst und der Wissenschaft

Kunst und Forschung sind frei. Die akademische Freiheit wird geachtet.

Artikel 14
Recht auf Bildung

(1) Jede Person hat das Recht auf Bildung sowie auf Zugang zur beruflichen Ausbildung und Weiterbildung.

(2) Dieses Recht umfasst die Möglichkeit, unentgeltlich am Pflichtschulunterricht teilzunehmen.

(3) Die Freiheit zur Gründung von Lehranstalten unter Achtung der demokratischen Grundsätze sowie das Recht der Eltern, die Erziehung und den Unterricht ihrer Kinder entsprechend ihren eigenen religiösen, weltanschaulichen und erzieherischen Überzeugungen sicherzustellen, werden nach den einzelstaatlichen Gesetzen geachtet, welche ihre Ausübung regeln.

Artikel 15
Berufsfreiheit und Recht zu arbeiten

(1) Jede Person hat das Recht, zu arbeiten und einen frei gewählten oder angenommenen Beruf auszuüben.

(2) Alle Unionsbürgerinnen und Unionsbürger haben die Freiheit, in jedem Mitgliedstaat Arbeit zu suchen, zu arbeiten, sich niederzulassen oder Dienstleistungen zu erbringen.

(3) Die Staatsangehörigen dritter Länder, die im Hoheitsgebiet der Mitgliedstaaten arbeiten dürfen, haben Anspruch auf Arbeitsbedingungen, die denen der Unionsbürgerinnen und Unionsbürger entsprechen.

Artikel 16
Unternehmerische Freiheit

Die unternehmerische Freiheit wird nach dem Unionsrecht und den einzelstaatlichen Rechtsvorschriften und Gepflogenheiten anerkannt.

Artikel 17
Eigentumsrecht

(1) Jede Person hat das Recht, ihr rechtmäßig erworbenes Eigentum zu besitzen, zu nutzen, darüber zu verfügen und es zu vererben. Niemandem darf sein Eigentum entzogen werden, es sei denn aus Gründen des öffentlichen Interesses in den Fällen und unter den Bedingungen, die in einem Gesetz vorgesehen sind, sowie gegen eine rechtzeitige angemessene Entschädigung für den Verlust des Eigentums. Die Nutzung des Eigentums kann gesetzlich geregelt werden, soweit dies für das Wohl der Allgemeinheit erforderlich ist.

(2) Geistiges Eigentum wird geschützt.

Artikel 18
Asylrecht

Das Recht auf Asyl wird nach Maßgabe des Genfer Abkommens vom 28. Juli 1951 und des Protokolls vom 31. Januar 1967 über die Rechtsstellung der Flüchtlinge sowie nach Maßgabe des Vertrags über die Europäische Union und des Vertrags über die Arbeitsweise der Europäischen Union (im Folgenden „die Verträge") gewährleistet.

Artikel 19
Schutz bei Abschiebung, Ausweisung und Auslieferung

(1) Kollektivausweisungen sind nicht zulässig.

(2) Niemand darf in einen Staat abgeschoben oder ausgewiesen oder an einen Staat ausgeliefert werden, in dem für sie oder ihn das ernsthafte Risiko der Todesstrafe, der Folter oder einer anderen unmenschlichen oder erniedrigenden Strafe oder Behandlung besteht.

...

TITEL VI
JUSTIZIELLE RECHTE

Artikel 47
Recht auf einen wirksamen Rechtsbehelf und ein unparteiisches Gericht

Jede Person, deren durch das Recht der Union garantierte Rechte oder Freiheiten verletzt worden sind, hat das Recht, nach Maßgabe der in diesem Artikel vorgesehenen Bedingungen bei einem Gericht einen wirksamen Rechtsbehelf einzulegen.

Jede Person hat ein Recht darauf, dass ihre Sache von einem unabhängigen, unparteiischen und zuvor durch Gesetz errichteten Gericht in einem fairen Verfahren, öffentlich und innerhalb angemessener Frist verhandelt wird. Jede Person kann sich beraten, verteidigen und vertreten lassen.

Personen, die nicht über ausreichende Mittel verfügen, wird Prozesskostenhilfe bewilligt, soweit diese Hilfe erforderlich ist, um den Zugang zu den Gerichten wirksam zu gewährleisten.

Artikel 48
Unschuldsvermutung und Verteidigungsrechte

(1) Jeder Angeklagte gilt bis zum rechtsförmlich erbrachten Beweis seiner Schuld als unschuldig.

(2) Jedem Angeklagten wird die Achtung der Verteidigungsrechte gewährleistet.

Artikel 49
Grundsätze der Gesetzmäßigkeit und der Verhältnismäßigkeit im Zusammenhang mit Straftaten und Strafen

(1) Niemand darf wegen einer Handlung oder Unterlassung verurteilt werden, die zur Zeit ihrer Begehung nach innerstaatlichem oder internationalem Recht nicht strafbar war. Es darf auch keine schwerere Strafe als die zur Zeit der Begehung angedrohte Strafe verhängt werden. Wird nach Begehung einer Straftat durch Gesetz eine mildere Strafe eingeführt, so ist diese zu verhängen.

(2) Dieser Artikel schließt nicht aus, dass eine Person wegen einer Handlung oder Unterlassung verurteilt oder bestraft wird, die zur Zeit ihrer Begehung nach den allgemeinen, von der Gesamtheit der Nationen anerkannten Grundsätzen strafbar war.

(3) Das Strafmaß darf zur Straftat nicht unverhältnismäßig sein.

EU-GRC

Artikel 50
Recht, wegen derselben Straftat nicht zweimal
strafrechtlich verfolgt oder bestraft zu werden

Niemand darf wegen einer Straftat, derentwegen er bereits in der Union nach dem Gesetz
rechtskräftig verurteilt oder freigesprochen worden ist, in einem Strafverfahren erneut verfolgt
oder bestraft werden.

...

9. OGH-Gesetz

BGBl 1968/328 idF

1 BGBl 1983/135
2 BGBl 1985/104
3 BGBl 1990/542

4 BGBl 1991/20
5 BGBl I 2001/95
6 BGBl I 2007/112

STICHWORTVERZEICHNIS
zum OGHG

OGHG

Bundesgesetz vom 19. Juni 1968 über den Obersten Gerichtshof

Der Nationalrat hat beschlossen:

Aufgabenbereich und Zusammensetzung

§ 1. (1) Der Oberste Gerichtshof (Art. 92 Abs. 1 B-VG) ist das oberste Organ der ordentlichen Gerichtsbarkeit.

(2) Er besteht aus einem Präsidenten, zwei Vizepräsidenten sowie der erforderlichen Anzahl von sonstigen Mitgliedern (Senatspräsidenten und Hofräten).

(BGBl I 2001/95)

Siegel

§ 2. Das Siegel des Obersten Gerichtshofes zeigt das österreichische Staatswappen mit der Umschrift „Oberster Gerichtshof der Republik Österreich".

Leitung und Dienstaufsicht

§ 3. (1) Der Präsident leitet den Obersten Gerichtshof, er übt die Dienstaufsicht über das gesamte Personal des Gerichtshofes aus und führt die anderen Justizverwaltungsgeschäfte für den Gerichtshof, soweit diese nicht auf Grund des Gesetzes durch Senate zu erledigen sind. Insbesondere nimmt er auch die ihm übertragenen dienstbehördlichen Aufgaben wahr.

(2) Der Präsident wird bei seinen Aufgaben durch die Vizepräsidenten und durch andere Mitglieder des Obersten Gerichtshofes unterstützt.

(3) Sonstige Mitglieder dürfen nur mit ihrer Zustimmung in die Geschäftseinteilung für Justizverwaltungssachen einbezogen werden.

(4) Nach Maßgabe der Vorgaben des jährlichen Stellenplans hat der Bundesminister für Justiz Richter und/oder Staatsanwälte aus dem Bereich der Justizbehörden in den Ländern dem Präsidenten des Obersten Gerichtshofes zur Wahrnehmung von Justizverwaltungsaufgaben zuzuteilen (§ 78 RDG). Unter den gleichen Voraussetzungen können für das Evidenzbüro allenfalls auch andere Bundesbedienstete mit einem abgeschlossenen rechtswissenschaftlichen Studium (Diplomstudium nach dem Bundesgesetz über das Studium der Rechtswissenschaften, BGBl. Nr. 140/1978, oder rechts- und staatswissenschaftliche Studien nach der juristischen Studien- und Staatsprüfungsordnung, StGBl. Nr. 164/1945) zugeteilt werden.

(5) Falls der Präsident verhindert ist, seinen Aufgaben nach Abs. 1 nachzukommen, oder falls die Planstelle des Präsidenten nicht besetzt ist, obliegen die Aufgaben nach Abs. 1 dem Vizepräsidenten, der über die längere Dienstzeit als Vizepräsident, bei gleichlanger Dienstzeit der über die

längere für die Vorrückung in höhere Bezüge maßgebende Dienstzeit verfügt. Sind auch die Vizepräsidenten verhindert, vertreten die nach der Geschäftseinteilung für Justizverwaltungssachen hiezu berufenen Mitglieder des Obersten Gerichtshofes.

(BGBl I 2001/95)

Erholungsurlaub des Präsidenten

§ 4. Der Präsident setzt die Zeit seines Erholungsurlaubes selbst fest. Er gibt den Zeitpunkt des Antrittes oder der Fortsetzung seines Erholungsurlaubes der Präsidentschaftskanzlei und dem Bundesministerium für Justiz bekannt.

Senate

§ 5. (1) Der Oberste Gerichtshof wird, soweit sich nicht aus diesem Bundesgesetz etwas anderes ergibt, in Senaten tätig. Die den Senatsvorsitzenden nach den Verfahrensvorschriften zustehenden Befugnisse, die nur den Gang der Verfahren betreffen oder der Vorbereitung von Entscheidungen dienen, bleiben davon unberührt. Über das Recht auf Akteneinsicht entscheidet der Senatsvorsitzende allein. § 89i des Gerichtsorganisationsgesetzes, RGBl. Nr. 217/1896, ist anzuwenden.

(2) Bei der Abstimmung hat der Berichterstatter seine Stimme zuerst, der Vorsitzende seine Stimme zuletzt abzugeben. Die anderen Senatsmitglieder stimmen nach der Dienstzeit beim Obersten Gerichtshof, bei gleicher Dienstzeit nach der für die Vorrückung in höhere Bezüge maßgebenden Dienstzeit, und zwar die Älteren vor den Jüngeren ab. Die Bestimmungen über die Abstimmung in Senaten, in denen fachkundige Laienrichter mitwirken, bleiben unberührt (§ 13 Arbeits- und Sozialgerichtsgesetz, BGBl. Nr. 104/1985, und § 93 Kartellgesetz 1988, BGBl. Nr. 600).

(BGBl I 2001/95)

Einfache Senate

§ 6. Soweit gesetzlich nichts anderes bestimmt ist, setzt sich ein Senat aus dem Vorsitzenden und vier weiteren Mitgliedern des Obersten Gerichtshofes, von denen einer als Berichterstatter fungiert, zusammen (einfacher Senat).

(BGBl I 2001/95)

Dreiersenate

§ 7. (1) In folgenden Fällen setzt sich ein Senat aus dem Vorsitzenden und zwei weiteren Mitgliedern des Obersten Gerichtshofes zusammen (Dreiersenate):

1. Bestimmung des örtlich zuständigen Gerichtes gemäß § 28 der Jurisdiktionsnorm, RGBl. Nr. 111/1895, *(BGBl I 2007/112)*

2. Delegierungssachen;

3. Verweisungen gemäß § 334 der Strafprozessordnung 1975;

4. Genehmigungen der Übertragung der Zuständigkeit in Pflegschaftssachen nach § 111 Abs. 2 der Jurisdiktionsnorm;

5. Bestimmung des Gerichtes nach § 9 Abs. 4 des Amtshaftungsgesetzes, BGBl. Nr. 20/1949;

6. Übertragung der Zuständigkeit in Dienstgerichts- und Disziplinarsachen gemäß den §§ 93 und 116 des Richterdienstgesetzes, BGBl. Nr. 305/1961;

7. Stellungnahmen zu Gnadengesuchen (§ 509 Z 2 der Strafprozessordnung 1975);

8. *(entfällt, BGBl I 2007/112)*

9. Entscheidungen nach § 11a Abs. 3 des Arbeits- und Sozialgerichtsgesetzes, BGBl. Nr. 104/1985;

10. Behandlung von Entscheidungsanträgen, die in der Rechtsordnung nicht vorgesehen sind.

(2) In den in Abs. 1 Z 1 bis 7 genannten Fällen hat auf Verlangen nur eines Mitgliedes des Dreiersenates der einfache Senat die Entscheidung oder die Erledigung zu treffen.

(BGBl I 2001/95)

Verstärkte Senate

§ 8. (1) Ein einfacher Senat ist nach Maßgabe der Geschäftsverteilung – vorbehaltlich des § 11 Abs. 2 des Arbeits- und Sozialgerichtsgesetzes – durch sechs weitere Mitglieder des Obersten Gerichtshofes zu verstärken (verstärkter Senat), wenn er nach Erstattung des Berichtes mit Beschluss ausspricht,

1. dass die Entscheidung einer Rechtsfrage von grundsätzlicher Bedeutung ein Abgehen von der ständigen Rechtsprechung des Obersten Gerichtshofes oder von der in dieser Rechtsfrage zuletzt ergangenen Entscheidung eines verstärkten Senates des Gerichtshofes bedeuten würde oder

2. dass eine zu lösende Rechtsfrage von grundsätzlicher Bedeutung in der Rechtsprechung des Obersten Gerichtshofes nicht einheitlich beantwortet worden ist.

(2) Ein Beschluss nach Abs. 1 ist in nichtöffentlicher Sitzung (§ 509 Abs. 1 der Zivilprozessordnung, RGBl. Nr. 113/1895, § 285c Abs. 1 der Strafprozessordnung 1975) zu fassen, und zwar vor einer allfälligen mündlichen Verhandlung (§ 509 Abs. 2 der Zivilprozessordnung) oder vor dem Gerichtstag zur öffentlichen Verhandlung (§ 285c Abs. 2 der Strafprozessordnung 1975). Ergibt sich die Notwendigkeit, einen solchen Beschluss zu fassen, erst im Zuge der mündlichen Verhandlung oder des Gerichtstages zur öffentlichen Verhandlung, so ist der Beschluss zu verkünden. Der verstärkte Senat hat die mündliche Verhandlung oder den Gerichtstag zur öffentlichen Verhandlung neu durchzuführen.

(3) Neben dem für den einfachen Senat bestimmten Berichterstatter hat im verstärkten Senat ein weiteres Mitglied den Bericht zu erstatten.

(BGBl I 2001/95)

Vollversammlung

§ 9. (1) Die Mitglieder des Obersten Gerichtshofes (§ 1 Abs. 2) bilden die Vollversammlung.

(2) Der Vollversammlung obliegt die Beschlussfassung über den Tätigkeitsbericht.

(3) Die Vollversammlung ist vom Präsidenten einzuberufen.

(BGBl I 2001/95)

§ 10. (1) Zur Beschlussfähigkeit der Vollversammlung ist die Anwesenheit von mindestens zwei Dritteln der Mitglieder des Obersten Gerichtshofes erforderlich.

(2) In der Vollversammlung führt der Präsident den Vorsitz. Er bestimmt einen oder mehrere Berichterstatter; diese haben den Bericht schriftlich zu erstatten und mündlich vorzutragen. Bei der Abstimmung ist § 5 Abs. 2 anzuwenden, bei Stimmengleichheit entscheidet die Stimme des Vorsitzenden.

(3) Die Sitzungen der Vollversammlung sind nicht öffentlich.

(BGBl I 2001/95)

Begutachtungssenate

§ 11. Im Rahmen der Geschäftsverteilung sind Begutachtungssenate zu bilden, die sich aus dem Präsidenten und sechs weiteren Mitgliedern des Obersten Gerichtshofes zusammensetzen, die in den jeweils angesprochenen Geschäftssparten des Gerichtshofes tätig sein sollen. Aufgabe dieser Senate ist es, auf Ersuchen des Bundesministers für Justiz oder des Präsidenten des Obersten Gerichtshofes zu Gesetzes- oder Verordnungsentwürfen Gutachten abzugeben.

(BGBl I 2001/95)

Tätigkeitsbericht

§ 12. Der Oberste Gerichtshof verfasst nach Schluss jedes Jahres einen Bericht über seine Tätigkeit und die hiebei gesammelten Erfahrungen und teilt diesen Bericht unter Anschluss der Geschäftsausweise den Bundesminister für Justiz mit. Der Bericht kann darüber hinaus an die Präsidenten des Nationalrates, die Präsidenten des Verfassungsgerichtshofes und des Verwaltungsgerichtshofes, andere Bundesminister und die Landeshauptleute übermittelt werden. In den

OGHG

Bericht können auch Anregungen betreffend Maßnahmen der Gesetzgebung oder die Erlassung von Verordnungen aufgenommen werden.

(BGBl I 2001/95)

Geschäftsverteilung

§ 13. (1) Die nach den gesetzlich festgelegten Zuständigkeiten des Obersten Gerichtshofes zufallenden gerichtlichen Geschäfte sind vom Personalsenat des Obersten Gerichtshofes für die Dauer des nächsten Jahres unter die Mitglieder des Obersten Gerichtshofes zu verteilen. Er hat Zivilsenate und Strafsenate, Senate für Dienstgerichts- und Disziplinarsachen, Begutachtungssenate und – soweit zweckmäßig – Fachsenate zu bilden. Er hat die Vorsitzenden und deren Stellvertreter, die übrigen Mitglieder, die Ersatzmitglieder und die Berichterstatter der Senate zu bestimmen sowie die Reihenfolge festzulegen, in der die Stellvertreter, die Ersatzmitglieder und die Berichterstatter herangezogen werden. Jedes Mitglied des Obersten Gerichtshofes kann auch mehreren Senaten angehören. Die Verteilung ist insgesamt so vorzunehmen, dass eine möglichst gleichmäßige Auslastung der einzelnen Senatsmitglieder erreicht wird, wobei Vertretungsaufgaben oder Aufgaben der Justizverwaltung entsprechend zu berücksichtigen sind. § 26a des Gerichtsorganisationsgesetzes ist sinngemäß anzuwenden.

(2) Der Präsident und die Vizepräsidenten dürfen nur in einem solchen Ausmaß in die Geschäftsverteilung einbezogen werden, das sie in der Wahrnehmung ihrer Justizverwaltungsaufgaben nicht beeinträchtigt.

(3) Der Präsident des Obersten Gerichtshofes hat den Entwurf der Geschäftsverteilung für das nächste Jahr vom 15. bis 30. November zur Einsicht aufzulegen (Einsichtsfrist). Jedes von der Geschäftsaufteilung betroffene Mitglied des Obersten Gerichtshofes ist berechtigt, während der Einsichtsfrist schriftlich Einwendungen gegen den Entwurf zu erheben. Die Einwendungen sollen eine Begründung und einen Abänderungsantrag enthalten. Der Personalsenat hat vor dem Geschäftsverteilungsbeschluss über diese Einwendungen zu beraten.

(4) Soweit dies für den ordnungsgemäßen Geschäftsgang notwendig ist, kann der Personalsenat von Amts wegen oder auf Antrag die Geschäftsverteilung ändern, wenn Veränderungen im Personalstand der Mitglieder des Obersten Gerichtshofes eingetreten sind oder dies wegen Überlastung eines Senates oder eines einzelnen Mitglieds notwendig ist.

(BGBl I 2001/95)

Evidenzbüro

§ 14. (1) Dem Evidenzbüro des Obersten Gerichtshofes obliegt die Erfassung und Aufbereitung der Entscheidungen des Obersten Gerichtshofes sowie der für den Obersten Gerichtshof allenfalls bedeutsamen Entscheidungen anderer Gerichte.

(2) Die Erfassung und Aufbereitung der Entscheidungen hat im Rahmen einer allgemein zugänglichen Datenbank (Entscheidungsdokumentation Justiz-JUDOK, § 15) zu erfolgen.

(3) Das Evidenzbüro gibt den Mitgliedern des Obersten Gerichtshofes und der Generalprokuratur die erforderliche Unterstützung bei der Sammlung der für ihre Tätigkeit erforderlichen rechtlichen Grundlagen. Den rechtskundigen Beamten des Bundesministeriums für Justiz steht das Recht auf Einsicht in sämtliche Entscheidungen des Obersten Gerichtshofes zu.

(4) Das Evidenzbüro besteht aus einem Leiter, dessen Stellvertreter, den dem Präsidenten des Obersten Gerichtshofes aus dem Bereich der Justizbehörden in den Ländern zugeteilten Richtern und/oder Staatsanwälten und allenfalls anderen zugeteilten Bundesbediensteten mit einem abgeschlossenen rechtswissenschaftlichem Studium (§ 3 Abs. 4).

(5) Der Leiter des Evidenzbüros und sein Stellvertreter werden vom Präsidenten des Obersten Gerichtshofes aus dem Kreis der Mitglieder des Obersten Gerichtshofes bestimmt. Die Bestellung kann vom Präsidenten des Obersten Gerichtshofes jederzeit widerrufen werden.

(6) Die Bestellung eines Mitgliedes des Obersten Gerichtshofes zum Leiter oder Stellvertreter des Leiters des Evidenzbüros bedarf seiner Zustimmung.

(7) Dem Leiter des Evidenzbüros obliegt nach Maßgabe der Vorgaben des Präsidenten die Organisation sowie die Überwachung der Tätigkeit des Evidenzbüros.

(8) Die dem Präsidenten des Obersten Gerichtshofes zugeteilten Richter und anderen rechtskundigen Bediensteten können bei Sitzungen und Verhandlungen als Schriftführer eingesetzt werden.

(BGBl I 2001/95)

Entscheidungsdokumentation Justiz

§ 15. (1) Der Bundesminister für Justiz hat eine allgemein zugängliche Datenbank (Entscheidungsdokumentation Justiz) einzurichten, in der

1. Entscheidungen des Obersten Gerichtshofes (Volltexte), die sich nicht in einer begründungslosen Zurückweisung eines Rechtsmittels erschöpfen, sowie

2. nach § 14 Abs. 1 aufbereitete Entscheidungen (Rechtssätze) und andere Texte aufzunehmen sind. In Zweifelsfällen entscheidet bei Rechtssätzen der jeweilige Senatsvorsitzende, ansonsten der Leiter des Evidenzbüros.

(2) Der erkennende Senat kann bei der Beschlussfassung in Rechtssachen, in denen das Verfahren in allen Instanzen ohne Durchführung einer öffentlichen Verhandlung zu führen war, anordnen, dass die Entscheidung (Volltext) in der Datenbank nicht zu veröffentlichen ist, wenn ansonst die Anonymität der Betroffenen nicht sichergestellt ist.

(3) Der Bundesminister für Justiz wird ermächtigt, nach Maßgabe der technischen und personellen Möglichkeiten sowie unter Bedachtnahme auf eine einfache und sparsame Verwaltung und auf eine Sicherung vor Missbrauch durch Verordnung insbesondere festzulegen,

1. welche Übermittlungsstellen für die Abfrage einzurichten und

2. welche Bedingungen für einen sicheren Betrieb der Entscheidungsdokumentation Justiz einzuhalten sind.

(4) In der Entscheidungsdokumentation Justiz sind Namen, Anschriften und erforderlichenfalls auch sonstige Orts- und Gebietsbezeichnungen, die Rückschlüsse auf die betreffende Rechtssache zulassen, durch Buchstaben, Ziffern oder Abkürzungen so zu anonymisieren, dass die Nachvollziehbarkeit der Entscheidung nicht verloren geht.

(5) Anordnungen nach dem Abs. 4 hat der erkennende Senat bei der Beschlussfassung, bei vor dem 1. Jänner 1991 beschlossenen Entscheidungen der Präsident des Obersten Gerichtshofes zu treffen.

(6) Für die durch den Einsatz der automationsunterstützten Datenverarbeitung verursachten Schäden aus Fehlern bei der Führung der Entscheidungsdokumentation Justiz haftet der Bund. Die Haftung ist ausgeschlossen, wenn der Schaden durch ein unabwendbares Ereignis verursacht wird, das weder auf einem Fehler in der Beschaffenheit noch auf einem Versagen der Mittel der automationsunterstützten Datenverarbeitung beruht. Im Übrigen ist das Amtshaftungsgesetz anzuwenden.

(BGBl I 2001/95)

Zugänglichkeit der Entscheidungen

§ 15a. (1) Die für die Entscheidungsdokumentation Justiz (§ 15) erstellten Daten sind nach Maßgabe der technischen und dokumentalistischen Möglichkeiten im Internet bereit zu stellen.

(2) Nach Maßgabe der personellen und technischen Voraussetzungen ist vom Evidenzbüro des Obersten Gerichtshofes durch Erteilung anonymisierter Ausdrucke (§ 15 Abs. 4) gegen Kostener-

satz Einsicht in die Entscheidungsdokumentation Justiz zu gewähren.

(BGBl 1991/20; BGBl I 2001/95)

Geschäftsstelle

§ 16. (1) Die Beamten und Vertragsbediensteten der Geschäftsstelle besorgen die Kanzleigeschäfte.

(2) Die Geschäftsstelle umfaßt folgende Abteilungen und besondere Dienste:

a) den Vorsteher der Geschäftsstelle,

b) die Geschäftsabteilung des Präsidenten,

c) die Geschäftsabteilungen für die Zivil- und die Strafsenate,

d) die Geschäftsabteilungen für die Senate in Dienstgerichts- und in Disziplinarsachen sowie für die Begutachtungssenate,

e) die Geschäftsabteilung für das Evidenzbüro,

f) den Rechnungsführer oder die Zahlstelle (§ 6 Abs. 4 Bundeshaushaltsgesetz, BGBl. Nr. 213/1886), *(BGBl I 2001/95)*

g) die Einlaufstelle,

h) die Zustellabteilung,

i) das Aktenlager,

j) die Amtswirtschaftsstelle.

(3) Der Vorsteher der Geschäftsstelle hat nach den Weisungen des Präsidenten den gesamten Dienst in der Geschäftsstelle zu leiten und den Präsidenten in der Aufsicht über deren Bedienstete zu unterstützen.

(4) In der Geschäftsstelle sind alle Behelfe, insbesondere Register und Ausweise zu führen, die für eine einfache Kanzleigebarung, zur Bezeichnung von Akten, deren Bildung und Behandlung sowie für statistische Feststellungen erforderlich sind.

Einlaufstelle

§ 17. (1) Der Bedienstete der Einlaufstelle hat alle für den Obersten Gerichtshof bestimmten Schriftstücke und sonstigen Sendungen entgegenzunehmen, soweit nicht im folgenden Ausnahmen verfügt werden. Der Bedienstete der Einlaufstelle hat dem Überbringer auf Verlangen den Empfang zu bestätigen. Er hat die Abgabescheine für eingeschriebene Sendungen und die Sendungen allenfalls angeschlossenen Rückscheine zu unterfertigen. Geld- und Wertgegenstände dürfen in der Einlaufstelle nicht übernommen werden.

(2) In der Einlaufstelle sind alle Schriftstücke mit dem Eingangsvermerk zu versehen, der die Bezeichnung des Gerichtes sowie Tag, Monat und Jahr des Einlangens enthält.

(3) Der Bedienstete der Einlaufstelle hat die Geschäftsstücke nach den Geschäftsabteilungen, zu deren Geschäftskreis sie gehören, zu ordnen

und diesen einmal täglich zu übergeben. Als dringlich erkennbare Geschäftsstücke sind sofort der zuständigen Geschäftsabteilung zu übergeben.

(4) Die an den Präsidenten oder an das Präsidium des Obersten Gerichtshofes gerichteten Eingaben und alle Schriftstücke in Präsidialsachen hat der Leiter der Geschäftsabteilung des Präsidenten zu übernehmen und mit dem Eingangsvermerk zu versehen. Dieser Eingangsvermerk muß sich durch Form und Farbe vom Eingangsvermerk der Einlaufstelle unterscheiden.

Ausfertigungen

§ 18. (1) Die Ausfertigungen der Erledigungen hat der Leiter der Geschäftsabteilung unter dem Vermerk „Für die Richtigkeit der Ausfertigung" zu unterschreiben.

(2) Schreiben an österreichische Vertretungsbehörden im Ausland, an ausländische Vertretungsbehörden im Inland, an andere ausländische Behörden oder zwischenstaatliche Organisationen sowie internationale Gerichtshöfe hat der Vorsitzende des Senates, der die Erledigung beschlossen hat, in Justizverwaltungssachen der Präsident zu unterschreiben. Das Gerichtssiegel ist beizusetzen. *(BGBl I 2001/95)*

(3) Die Geschäftsabteilungen haben auch die für die Akten der ersten und der zweiten Instanz, für die Parteien und Behörden erforderlichen Ausfertigungen herzustellen und der ersten Instanz im Wege der Rechtsmittelinstanz, oder wenn es in den Verfahrensordnungen vorgesehen ist, unmittelbar zu übersenden. *(BGBl I 2001/95)*

Aktenaufbewahrung

§ 19. Akten sowie die händisch geführten Register und Namensverzeichnisse werden dauernd aufbewahrt. Ab dem Zeitpunkt der Umstellung auf die automationsunterstützte Registerführung sind die Verfahrensdaten auf Dauer verfügbar zu halten.

(BGBl I 2001/95)

Auskunftserteilung

§ 20. In der Geschäftsstelle darf Parteien nur darüber Auskunft erteilt werden, ob und zu welcher Zeit ein Geschäftsstück eingegangen oder abgesendet und mit welchem Aktenzeichen es versehen worden ist. Der Name des Berichterstatters darf den Parteien nicht bekanntgegeben werden.

Amtsbibliothek

§ 21. Die Aufsicht über die Führung der Geschäfte der Bibliothek des Obersten Gerichtshofes (Zentralbibliothek im Justizpalast) obliegt dem Präsidenten. Er wird hiebei von einer Bibliothekskommission unterstützt, die er aus Mitgliedern des Obersten Gerichtshofes mit deren Zustimmung bestellt. Der Präsident bestellt den Leiter der Bibliothek.

(BGBl I 2001/95)

Geschäftsordnung

§ 22. (1) Der Präsident hat durch Verwaltungsverordnung eine Geschäftsordnung über den inneren Geschäftsbetrieb des Obersten Gerichtshofes zu erlassen. Die Geschäftsordnung hat insbesondere zu regeln:

a) die Register, die Verzeichnisse und die sonstigen Geschäftsbehelfe, die zu führen sind, um die für die Erledigung der einzelnen Rechtssachen nötige Übersicht zu erhalten und zugleich eine Überwachung des Geschäftsganges zu sichern,

b) die Bezeichnung, die Form und die Einrichtung der Geschäftsbehelfe und deren laufende Kontrolle,

c) die Grundsätze der Aktenbildung,

d) die Amtswirtschaft und die Materialverrechnung,

e) die Verwaltung der Amtsbibliothek.

(2) Der Präsident hat weiters den Zugang zum Evidenzbüro (§ 14 Abs. 3), die Höhe des Kostenersatzes (§ 15a Abs. 2) sowie unter Bedachtnahme auf die technischen und wirtschaftlichen Voraussetzungen die Möglichkeiten zu regeln, Abdrucke aller Entscheidungen des Obersten Gerichtshofes oder der Entscheidungen bestimmter Sachgebiete gegen Kostenersatz laufend zu beziehen (Abonnement); diese Regelungen sind durch Anschlag beim Obersten Gerichtshof kundzumachen. *(BGBl I 2001/95)*

(BGBl 1991/20)

Schlußbestimmungen

§ 23. (1) Vorschriften, die mit diesem Bundesgesetz in Widerspruch stehen und denselben Gegenstand betreffen, werden aufgehoben.

(2) Insbesondere werden aufgehoben:

1. Das Kaiserliche Patent vom 7. August 1850, RGBl. Nr. 325 (Statut des Obersten Gerichtshofes), in der Fassung des § 3 Z. 5 des Gerichtsorganisationsgesetzes 1945, StGBl. Nr. 47,

2. § 70 zweiter Satz des Kaiserlichen Patentes vom 3. Mai 1853, RGBl. Nr. 81 (Gerichtsinstruktion),

3. die Kaiserliche Entschließung vom 3. Oktober 1854, betreffend die Einführung eines Judikatenbuches,

4. die mit Kaiserlicher Entschließung vom 7. August 1872 genehmigte Instruktion zur Füh-

rung eines Spruchrepertoriums und des Judikatenbuches in Zivilsachen,

5. die den Obersten Gerichtshof betreffenden Bestimmungen des Gesetzes vom 24. Februar 1907, RGBl. Nr. 41, über die Ausübung der Gerichtsbarkeit bei den Oberlandesgerichten und beim Obersten Gerichts- und Kassationshof,

6. das Gesetz vom 25. Jänner 1919, StGBl. Nr. 41, betreffend die Errichtung eines Obersten Gerichtshofes, in der Fassung des § 3 Z. 4 des Gerichtsorganisationsgesetzes 1945.

(3) Durch die Bestimmungen dieses Bundesgesetzes werden Rechtsvorschriften, auf Grund deren Auszüge von Entscheidungen laufend einer Stelle abgegeben werden, nicht berührt.

(4) Die in diesem Bundesgesetz verwendeten personenbezogenen Ausdrücke umfassen Frauen und Männer gleichermaßen. *(BGBl I 2001/95)*

(5) Soweit in diesem Gesetz auf Bundesgesetze verwiesen wird, sind diese in der jeweils geltenden Fassung anzuwenden. *(BGBl I 2001/95)*

Inkrafttreten

§ 24. (1) Dieses Bundesgesetz tritt mit dem 1. Jänner 1969 in Kraft.

(2) Durchführungsverordnungen können von dem der Kundmachung dieses Bundesgesetzes folgenden Tag an erlassen werden. Sie treten frühestens mit diesem Bundesgesetz in Kraft.

(3) Der Personalsenat des Obersten Gerichtshofes hat bei der Beschlußfassung über die ab 1. Jänner 1969 wirksame Geschäftsverteilung auf die Bestimmungen dieses Bundesgesetzes Bedacht zu nehmen.

(4) Die §§ 1, 3, 5 bis 15a, 16 Abs. 2 lit. f, 18 Abs. 2 und 3, 19, 21 zweiter Satz, 22 Abs. 2 sowie 23 Abs. 4 und 5 in der Fassung des Bundesgesetzes BGBl. I Nr. 95/2001 treten mit 1. September 2001 in Kraft. Soweit diese Bestimmungen die Geschäftsverteilung betreffen, sind sie erstmals auf die Geschäftsverteilung für das Jahr 2002 anzuwenden.

(BGBl I 2001/95)

Vollziehung

§ 25. Mit der Vollziehung dieses Bundesgesetzes ist der Bundesminister für Justiz betraut.

(BGBl I 2001/95)

OGHG

KODEX
DES ÖSTERREICHISCHEN RECHTS
SAMMLUNG DER ÖSTERREICHISCHEN BUNDESGESETZE
UMWELT-
RECHT
1 GewO 1994
DVO
RohrleitungsG
GWG
2 LRG-K
LRV-K 1989
3 ForstG
DVO
4 MinroG
DVO
5 ImmSch
6 AWG 2002
7 AlSAG
8 WRG
9 UVP
10 DMG
DVO
11 Biozid
12 GTG
DVO
13 Pflanzenschutz
14 UFG
FörderungsRL
UmweltkontrollG
15 UIG
DVO
16 StGB – Auszug
B-VG
B-VG-Nov 1988
B-VG-Nov 1993
BVG atomfreies Ö
17 ABGB – Auszug
LexisNexis
ARD Orac

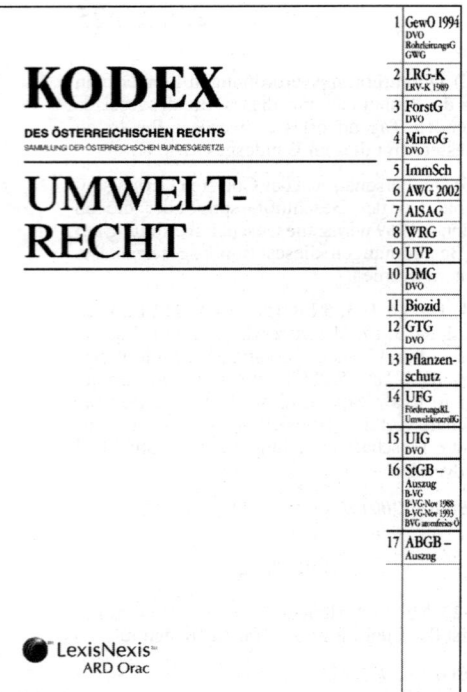

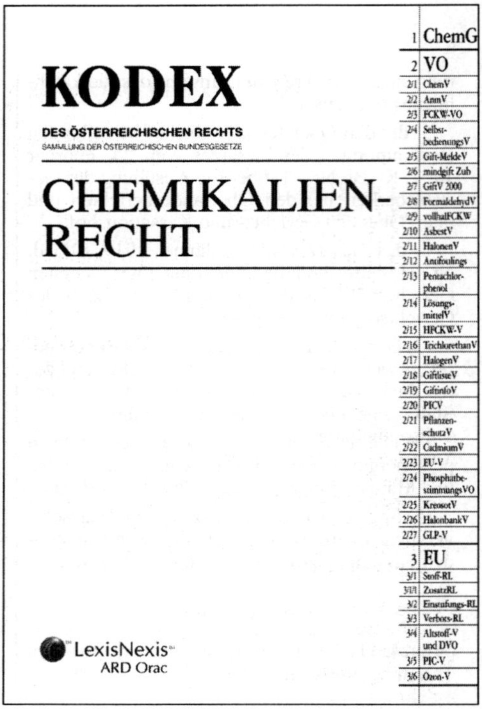
KODEX
DES ÖSTERREICHISCHEN RECHTS
SAMMLUNG DER ÖSTERREICHISCHEN BUNDESGESETZE
CHEMIKALIEN-
RECHT
1 ChemG
2 VO
2/1 ChemV
2/2 AnmV
2/3 FCKW-VO
2/4 SelbstbedienungsV
2/5 Gift-MeldeV
2/6 mindgift Zub
2/7 GiftV 2000
2/8 FormaldehydV
2/9 vollhalFCKW
2/10 AsbestV
2/11 HalonenV
2/12 Antifoulings
2/13 Pentachlorphenol
2/14 LösungsmittelV
2/15 HFCKW-V
2/16 TrichlorethanV
2/17 HalogenV
2/18 GiftlisteV
2/19 GiftinfoV
2/20 PICV
2/21 PflanzenschutzV
2/22 CadmiumV
2/23 EU-V
2/24 PhosphatbestimmungsVO
2/25 KreosotV
2/26 HalonbankV
2/27 GLP-V
3 EU
3/1 Stoff-RL
3/1/1 ZusatzRL
3/2 Einstufungs-RL
3/3 Verbots-RL
3/4 Altstoff-V und DVO
3/5 PIC-V
3/6 Ozon-V
LexisNexis
ARD Orac

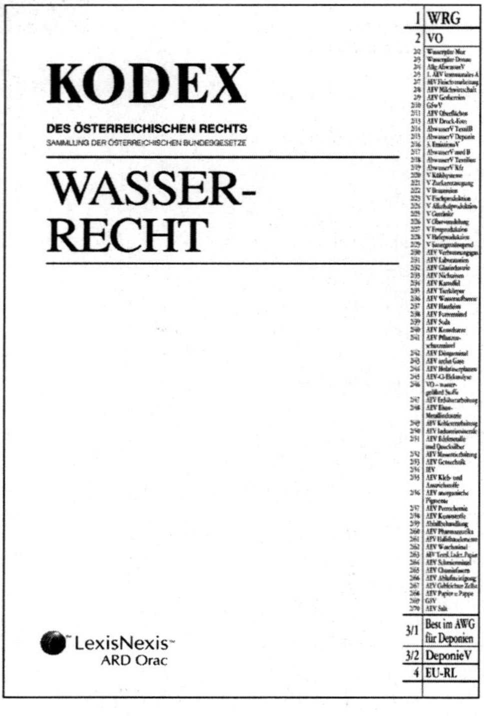
KODEX
DES ÖSTERREICHISCHEN RECHTS
SAMMLUNG DER ÖSTERREICHISCHEN BUNDESGESETZE
WASSER-
RECHT
1 WRG
2 VO
3/1 Best im AWG für Deponien
3/2 DeponieV
4 EU-RL
LexisNexis
ARD Orac

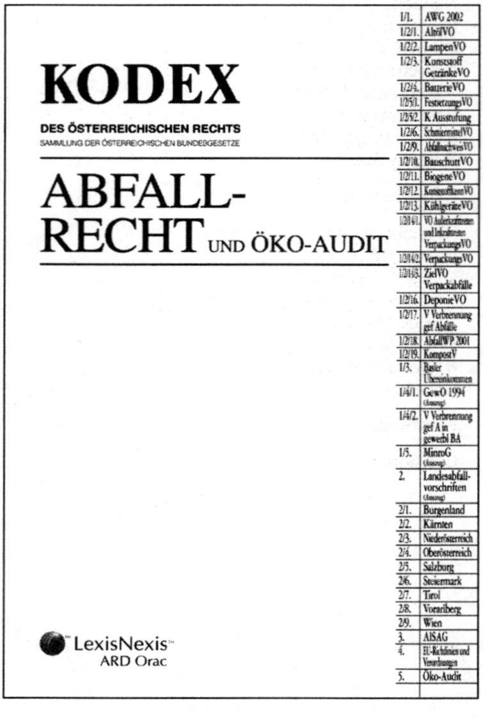
KODEX
DES ÖSTERREICHISCHEN RECHTS
SAMMLUNG DER ÖSTERREICHISCHEN BUNDESGESETZE
ABFALL-
RECHT UND ÖKO-AUDIT
1/1. AWG 2002
1/2/1. AltölVO
1/2/2. LampenVO
1/2/3. Kunststoff GetränkeVO
1/2/4. BatterieVO
1/2/5/1. FestsetzungsVO
1/2/5/2. K Ausstufung
1/2/6. SchmiermittelVO
1/2/9. AbfallnachweisVO
1/2/10. BauschuttVO
1/2/11. BiogeneVO
1/2/12. KunststoffkennVO
1/2/13. KühlgeräteVO
1/2/14/1. VO Außerkrafttreten und Inkrafttreten VerpackungsVO
1/2/14/2. VerpackungsVO
1/2/14/3. ZielVO Verpackabfälle
1/2/16. DeponieVO
1/2/17. V Verbrennung gef Abfälle
1/2/18. AbfallWP 2001
1/2/19. KompostV
1/3. Basler Übereinkommen
1/4/1. GewO 1994 (Auszug)
1/4/2. V Verbrennung gef A in gewerbl BA
1/5. MinroG (Auszug)
2. Landesabfallvorschriften (Auszug)
2/1. Burgenland
2/2. Kärnten
2/3. Niederösterreich
2/4. Oberösterreich
2/5. Salzburg
2/6. Steiermark
2/7. Tirol
2/8. Vorarlberg
2/9. Wien
3. AlSAG
4. EU-Richtlinien und Verordnungen
5. Öko-Audit
LexisNexis
ARD Orac

10. Geschworenen- und Schöffengesetz

BGBl 1990/256 idF

1 BGBl 1994/505
2 BGBl I 2001/130
3 BGBl I 2004/136 (BudgetbegleitG 2005)
4 BGBl I 2007/112 (Strafprozessreformbegleitgesetz II)

5 BGBl I 2014/71 (Strafprozessrechtsänderungsgesetz 2014)
6 BGBl I 2016/121 (Strafprozessrechtsänderungsgesetz II 2016)

STICHWORTVERZEICHNIS
zum GSchG

GSchG

Bundesgesetz vom 25. April 1990 über die Berufung der Geschworenen und Schöffen (Geschworenen- und Schöffengesetz 1990 – GSchG)

Der Nationalrat hat beschlossen:

Persönliche Voraussetzungen der Berufung

§ 1. (1) Das Amt eines Geschworenen oder Schöffen ist ein Ehrenamt; seine Ausübung ist Mitwirkung des Volkes an der Rechtsprechung und in der demokratischen Republik Österreich allgemeine Bürgerpflicht.

(2) Zum Amt eines Geschworenen oder Schöffen sind österreichische Staatsbürger zu berufen, die zu Beginn des ersten Jahres, in dem sie tätig sein sollen, das 25., nicht aber das 65. Lebensjahr vollendet haben.

§ 2. Vom Amt eines Geschworenen oder Schöffen sind Personen ausgeschlossen,

1. die infolge ihres körperlichen oder geistigen Zustandes die Pflichten des Amtes nicht erfüllen können,

2. die der Gerichtssprache nicht so weit mächtig sind, daß sie dem Gang einer Verhandlung verläßlich zu folgen vermögen,

3. die gerichtliche Verurteilungen aufweisen, die nicht der beschränkten Auskunft aus dem Strafregister unterliegen, oder

4. gegen die ein Strafverfahren als Beschuldigte (§ 48 Abs. 1 Z 2 StPO) oder Angeklagte (§ 48 Abs. 1 Z 3 StPO) wegen des Verdachtes einer gerichtlich strafbaren Handlung anhängig ist, die von Amts wegen zu verfolgen und mit mehr als sechs Monaten Freiheitsstrafe bedroht ist. *(BGBl I 2016/121)*

§ 3. Als Geschworene oder Schöffen sind nicht zu berufen:

1. der Bundespräsident,

2. die Mitglieder der Bundesregierung, die Staatssekretäre, die Mitglieder einer Landesregierung sowie der gesetzgebenden Körperschaften des Bundes und der Länder,

3. der Präsident und der Vizepräsident des Rechnungshofes sowie die Volksanwälte,

4. Geistliche und Ordenspersonen der gesetzlich anerkannten Kirchen und Religionsgesellschaften,

5. Richter, Staatsanwälte, Notare, Rechtsanwälte, die Anwärter dieser Berufe, andere in die Verteidigerliste eingetragene Personen und hauptamtlich tätige Bewährungshelfer,

6. Bedienstete der Bundesministerien für Inneres und für Justiz sowie deren nachgeordneter Bundesdienststellen und Angehörige eines Gemeindewachkörpers,

7. Personen, die keinen Hauptwohnsitz im Inland haben.

(BGBl 1994/505)

Befreiungsgründe

§ 4. Vom Amt eines Geschworenen oder Schöffen sind auf Antrag für einen Zeitraum von höchstens zwei Jahren (Geltungsdauer der Jahreslisten nach § 12) zu befreien: *(BGBl I 2014/71)*

1. Personen, die während der Geltungsdauer der vorangegangenen Jahreslisten ihrer Berufung als Geschworene oder Schöffen nachgekommen sind;

2. Personen, bei denen die Erfüllung ihrer Pflicht als Geschworene oder Schöffen mit einer unverhältnismäßigen persönlichen oder wirtschaftlichen Belastung für sie selbst oder Dritte oder mit einer schwerwiegenden und nicht anders abwendbaren Gefährdung öffentlicher Interessen verbunden wäre.

Verfahren der Gemeinden

§ 5. (1) Der Bürgermeister oder eine von ihm bestimmte oder sonst zu seiner Vertretung befugte Person hat jedes zweite Jahr die Namen von fünf (in Wien zehn) von tausend der in der Wählerevidenz (§ 1 des Wählerevidenzgesetzes 1973, BGBl. Nr. 601) enthaltenen Personen durch ein Zufallsverfahren zu ermitteln. Diese Auslosung hat so zu geschehen, daß die Auswahl einer jeden in Betracht kommenden Person mit annähernd gleicher Wahrscheinlichkeit möglich ist. Sie hat entweder durch ein automationsunterstütztes Datenprogramm oder auf eine andere, willkürliche Beeinflussung ausschließende Weise zu erfolgen. Personen, die die Voraussetzungen des § 1 Abs. 2 nicht erfüllen oder keinen Hauptwohnsitz im Inland haben (§ 3 Z 7), sind nicht zu berücksichtigen.

(2) Die im Abs. 1 genannte Amtshandlung ist zuvor in ortsüblicher Weise, jedenfalls aber durch öffentlichen Anschlag, kundzumachen. Die Amtshandlung ist öffentlich; über sie ist eine Niederschrift abzufassen.

(3) Der Bürgermeister hat ein fortlaufend numeriertes, alphabetisch geordnetes Verzeichnis der ausgelosten Personen in einem allgemein zugänglichen Raum der Gemeinde mindestens acht Tage lang zur öffentlichen Einsicht aufzulegen. Es hat Vor- und Familiennamen, Geburtsdatum und Wohnanschrift der eingetragenen Personen zu enthalten. Die Auflegung des Verzeichnisses ist vorher in ortsüblicher Weise, jedenfalls aber durch öffentlichen Anschlag, kundzutun. Die Kundmachung hat eine Belehrung über das Ein-

spruchsrecht und das Recht, Befreiungsgründe geltend zu machen, zu enthalten.

(4) Jedermann kann innerhalb der Auflegungsfrist wegen der Eintragung von Personen, die die persönlichen Voraussetzungen für das Amt eines Geschworenen oder Schöffen (§§ 1 bis 3) nicht erfüllen, schriftlich oder mündlich Einspruch erheben. Die eingetragenen Personen können überdies in gleicher Weise einen Befreiungsantrag (§ 4) stellen.

(5) Der Bürgermeister hat nach der Auflegung des Verzeichnisses bei ausgelosten Personen, bei denen das Vorliegen einer persönlichen Voraussetzung der Berufung zweifelhaft erscheint, entsprechende Bemerkungen anzubringen.

(6) Einsprüche, Befreiungsanträge und Bemerkungen sind in einer Niederschrift fortlaufend zu numerieren und im Verzeichnis ersichtlich zu machen.

(BGBl 1994/505)

§ 6. Spätestens im September des Jahres der Auslosung hat der Bürgermeister das Verzeichnis unter Anschluß aller Schriftstücke, die sich auf Einsprüche, Befreiungsanträge und Bemerkungen beziehen, der Bezirksverwaltungsbehörde vorzulegen.

Verfahren der Bezirksverwaltungsbehörden

§ 7. (1) Die Bezirksverwaltungsbehörde prüft die von den Gemeinden einlangenden Verzeichnisse und stellt diese dem Bürgermeister zur Berichtigung und Wiedervorlage binnen angemessener Frist zurück, wenn sie Verstöße gegen die gesetzlichen Vorschriften über die Anlegung oder sonstige Mängel wahrnimmt.

(2) Kommt der Bürgermeister den ihm obliegenden Verpflichtungen nicht fristgerecht nach, so hat die Bezirksverwaltungsbehörde die rückständige Amtshandlung auf Kosten der säumigen Gemeinde vorzunehmen.

§ 8. Nach Einholung von Strafregisterauskünften streicht die Bezirksverwaltungsbehörde ohne weiteres Verfahren diejenigen Personen in den Verzeichnissen, die nach § 2 Z 3 vom Amt eines Geschworenen oder Schöffen ausgeschlossen sind, und unterrichtet die übrigen allgemein über die mit dem Amt eines Geschworenen oder Schöffen verbundenen Rechte und Pflichten sowie über die Vorschriften der §§ 1 bis 4.

§ 9. (1) Die Bezirksverwaltungsbehörde entscheidet über Einsprüche und Befreiungsanträge. Hat der Bürgermeister bei einer ausgelosten Person Bemerkungen angebracht (§ 5 Abs. 5), so hat die Bezirksverwaltungsbehörde gegebenenfalls mit Bescheid festzustellen, daß eine persönliche Voraussetzung der Berufung zum Geschworenen oder Schöffen fehlt.

(2) Ist ein Einspruch oder Befreiungsantrag einer eingetragenen Person ausreichend bescheinigt, so ist diese Person ohne weiteres Verfahren im Verzeichnis zu streichen.

(3) Gegen den Bescheid nach Abs. 1 steht dem Betroffenen und dem Einspruchswerber das Rechtsmittel der Beschwerde an das örtlich zuständige Verwaltungsgericht des Landes zu. *(BGBl I 2014/71)*

(4) Die auf Grund rechtskräftiger Bescheide oder rechtskräftiger Erkenntnisse der Verwaltungsgerichte ausgeschlossenen oder befreiten Personen sind im Verzeichnis zu streichen. *(BGBl I 2014/71)*

§ 10. (1) Die Bezirksverwaltungsbehörde übersendet die erhobenen Beschwerden dem zuständigen Verwaltungsgericht des Landes. Die Bezirksverwaltungsbehörde übersendet das Verzeichnis dem Präsidenten des für die jeweilige Gemeinde örtlich zuständigen in Strafsachen tätigen Gerichtshofs erster Instanz und teilt diesem gleichzeitig mit, von welchen im Verzeichnis angeführten Personen gegen einen Bescheid gemäß § 9 Abs. 1 Beschwerde an das Verwaltungsgericht erhoben wurde.

(2) Das Verwaltungsgericht entscheidet über die übermittelten Beschwerden spätestens bis zum 15. November des Jahres, in welchem das Verfahren gemäß § 5 Abs. 1 begonnen wurde. Fällt der 15. November auf einen Samstag oder Sonntag, so endet die Entscheidungsfrist am letzten Freitag vor dem 15. November.

(3) Das Verwaltungsgericht teilt dem Präsidenten des für die jeweilige Gemeinde örtlich zuständigen in Strafsachen tätigen Gerichtshofs erster Instanz seine Entscheidungen über die eingelangten Beschwerden bis zu dem in Abs. 2 genannten Zeitpunkt mit. *(BGBl I 2014/71)*

Verfahren in Städten mit eigenem Statut

§ 11. Für Städte mit eigenem Statut gilt § 5 Abs. 1 bis 5, wobei in Wien die ausgelosten Personen nach ihrer Wohnanschrift in Bezirksverzeichnisse aufzunehmen und diese im jeweiligen Gemeindebezirk zur Einsicht aufzulegen sind. Im übrigen sind in allen Städten mit eigenem Statut die Vorschriften der §§ 8 bis 10 sinngemäß mit der Maßgabe anzuwenden, daß die Aufgaben der Bezirksverwaltungsbehörde dem Bürgermeister obliegen.

Verfahren bei Gericht

§ 12. Für eine Geltungsdauer von zwei Jahren bilden die Verzeichnisse der Gemeinden (Gemeindebezirke) der Umgebung des Amtsgebäudes des Gerichtshofes die Jahresergänzungsliste, die übrigen Verzeichnisse die Jahreshauptliste. Näheres hat der Bundesminister für Justiz durch Verordnung in der Weise zu bestimmen, daß die Zahl der in die Ergänzungsliste eingetragenen Personen annähernd einem Drittel der Zahl der in die Hauptliste aufgenommenen entspricht. *(BGBl I 2014/71)*

§ 13. (1) Vor Beginn der Geltungsdauer der Jahresliste bildet der Präsident des Landesgerichts spätestens in der ersten Dezemberwoche in öffentlicher, durch öffentlichen Anschlag kundzumachender Sitzung durch Auslosen (§ 5 Abs. 1) aus den Jahreslisten zunächst die Dienstlisten (Haupt- und Ergänzungsliste) der Geschworenen und sodann jene der Schöffen, die jeweils für das erste Jahresviertel der beiden folgenden Jahre gelten. Die Dienstlisten für die weiteren Jahresviertel sind entweder in derselben oder in weiteren Sitzungen, die spätestens vier Wochen vor Beginn des jeweiligen Jahresviertels des ersten Jahres der Geltungsdauer abzuhalten sind, durch Auslosen zu bilden. *(BGBl I 2007/112)*

(2) Von den Sitzungen zur Bildung der Dienstlisten sind der Landeshauptmann, die Staatsanwaltschaft und die Rechtsanwaltskammer wegen der Entsendung von Vertretern zu verständigen. Diese können in der Sitzung gegen die Aufnahme von Personen in eine Dienstliste wegen Fehlens einer persönlichen Voraussetzung Einspruch erheben. Über Einsprüche sowie über Befreiungsanträge, die nach Übersendung der Verzeichnisse gestellt werden, entscheidet der Präsident des Gerichtshofes.

(3) Der Präsident des Gerichtshofes kann auch von Amts wegen erheben, ob bei einer der für die Jahres- oder Dienstlisten ausgelosten Personen die persönlichen Voraussetzungen der Berufung vorliegen; er hat so vorzugehen, wenn ihm Umstände, die daran zweifeln lassen, auf andere Weise als durch einen Einspruch zur Kenntnis gelangen. Gegebenenfalls hat er die betroffene Person aus der Liste zu streichen.

(4) Gegen einen Bescheid nach Abs. 2 oder 3 ist ein Rechtsmittel nicht zulässig.

(5) In die Hauptdienstlisten sollen mindestens um die Hälfte mehr Personen aufgenommen werden als nach der voraussichtlichen Anzahl der Verhandlungtage erforderlich sind, wenn jeder Geschworene und Schöffe an fünf Verhandlungtagen im Jahr zum Dienst herangezogen wird. Die Zahl der in die Ergänzungsdienstlisten eingetragenen Personen soll annähernd der Hälfte der Zahl der in die Hauptdienstlisten aufgenommenen entsprechen. Jede Person darf nur in eine Dienstliste der Geschworenen oder Schöffen (Haupt- oder Ergänzungsliste) aufgenommen werden.

(6) Enthält eine Dienstliste infolge nachträglicher Streichungen nicht mehr die erforderliche Anzahl an Personen oder ist sie sonst vorzeitig erschöpft, so ist sie vom Präsidenten des Landesgerichts durch neuerliches Auslosen (Abs. 1) aus der entsprechenden Jahresliste zu ergänzen. Ist auch diese erschöpft, so sind die Geschworenen oder Schöffen nach der ursprünglichen Reihenfolge der Dienstliste neuerlich zum Dienst heranzuziehen. *(BGBl I 2007/112)*

§ 14. (1) Die Geschworenen und Schöffen sind in der Reihenfolge der Dienstlisten mit der Ladung zur ersten Hauptverhandlung zu ihrem Amt zu berufen. Hiebei sind ihnen womöglich auch schon die weiteren Verhandlungstage bekanntzugeben, an denen sie im ersten Jahr zum Dienst herangezogen werden sollen, und eine eingehende Belehrung über die mit dem Amt eines Geschworenen oder Schöffen verbundenen Rechte und Pflichten zu erteilen.

(2) Ladungen sind den Geschworenen und Schöffen zu eigenen Handen und tunlichst nicht später als vierzehn Tage vor der ersten Verhandlung zuzustellen. In der Ladung sind sie über die persönlichen Voraussetzungen der Berufung (§§ 1 bis 3), die Befreiungsgründe (§ 4) und die gesetzlichen Ausschließungs- und Ablehnungsgründe (§§ 43, 44 Abs. 1 erster Satz und Abs. 3, 46 StPO) zu belehren. Sie sind aufzufordern, solche Umstände gegebenenfalls sofort dem Gericht schriftlich anzuzeigen. Ferner sind sie auf die Folgen eines Ausbleibens aufmerksam zu machen. *(BGBl I 2007/112)*

(3) Die Geschworenen und Schöffen sind in jedem der beiden Jahre zum Dienst an höchstens fünf Verhandlungstagen heranzuziehen. Sie sind aber verpflichtet, ihre Tätigkeit nach Beginn einer Verhandlung ungeachtet der Geltungsdauer der Dienstliste bis zur Urteilsfällung fortzusetzen. § 13 Abs. 6 letzter Satz bleibt unberührt.

(4) Ein Ergänzungsgeschworener oder Ergänzungsschöffe tritt an die Stelle eines Hauptgeschworenen oder Hauptschöffen, wenn dieser der Ladung keine Folge leistet oder sonst an der Verhandlung nicht teilnehmen kann, ohne daß ein anderer Hauptgeschworener oder Hauptschöffe rechtzeitig (Abs. 2) verständigt werden könnte.

§ 15. (1) Wird das Fehlen einer persönlichen Voraussetzung der Berufung erst nach Bildung der Dienstlisten bekannt oder ein Befreiungsgrund erst nach diesem Zeitpunkt geltend gemacht, so entscheidet darüber der Vorsitzende des Schwurgerichtshofes oder Schöffengerichtes mit Beschluß.

(2) Bis zum Beginn der Vernehmung des Angeklagten über den Inhalt der Anklage können der Angeklagte und der Staatsanwalt die Amtsenthebung eines Geschworenen oder Schöffen bean-

tragen, wenn sie Umstände darlegen, die geeignet sind, eine persönliche Voraussetzung der Berufung des Geschworenen oder Schöffen in Zweifel zu ziehen. Über diesen Antrag entscheidet der Vorsitzende mit Beschluß.

(3) Gegen einen Beschluß nach Abs. 1 oder 2 ist ein Rechtsmittel nicht zulässig.

(4) Ein des Amtes enthobener Geschworener oder Schöffe ist vom Vorsitzenden aus der Dienstliste zu streichen, ein befreiter nur dann, wenn sich der Befreiungsgrund auf die gesamte verbleibende Geltungsdauer der Dienstliste erstreckt.

§ 16. (1) Über einen Geschworenen oder Schöffen, der einer Verhandlung fernbleibt oder sich in anderer Weise seinen Obliegenheiten entzieht, ohne ein unabwendbares Hindernis zu bescheinigen, verhängt der Vorsitzende eine Ordnungsstrafe bis zu 1 000 Euro, enthebt ihn seines Amtes und streicht ihn aus der Dienstliste. Überdies kann einem solchen Geschworenen oder Schöffen der Ersatz der Kosten einer durch sein Verhalten vereitelten oder ergebnislos verlaufenen Verhandlung auferlegt werden. Eine Umwandlung der Geldstrafe in eine Ersatzfreiheitsstrafe im Falle der Uneinbringlichkeit findet nicht statt. *(BGBl I 2004/136)*

(2) Gegen einen Beschluß nach Abs. 1 kann der Geschworene oder Schöffe binnen vierzehn Tagen beim Vorsitzenden Einspruch erheben und unter Bescheinigung, daß ihn ein unabwendbares Hindernis vom Erscheinen abgehalten habe oder daß die ausgesprochene Strafe oder der ihm auferlegte Kostenbetrag unrichtig bemessen sei oder nicht im richtigen Verhältnis zu seinem Versäumnis stehe, die Aufhebung des Beschlusses oder eine Minderung der Strafe oder des Kostenbetrages durch den Vorsitzenden beantragen.

(3) Gegen die Entscheidung über einen Einspruch nach Abs. 2 ist ein Rechtsmittel nicht zulässig.

(BGBl I 2001/130)

§ 17. Die Ansprüche der Geschworenen und Schöffen auf Gebühren sind im Gebührenanspruchsgesetz 1975 geregelt.

Sonderbestimmungen für Jugendstrafsachen

§ 18. (1) Geschworene und Schöffen in Jugendstrafsachen müssen die Voraussetzungen der §§ 1 bis 3 erfüllen und sollen im Lehrberuf, als Erzieher oder in der öffentlichen oder freien Jugendwohlfahrt oder Jugendbetreuung tätig sein oder tätig gewesen sein (§ 28 JGG).

(2) Zur Bildung der Jahreslisten für Jugendstrafsachen holen die Präsidenten der mit Jugendstrafsachen befaßten Landesgerichte[1] spätestens im September eines jeden zweiten Jahres Vorschläge des Landesschulrates (des Stadtschulrates für Wien) und des mit Angelegenheiten der Jugendwohlfahrt betrauten Mitgliedes der Landesregierung ein. *(BGBl I 2007/112)*

(3) Die Vorschläge sollen insgesamt annähernd dreimal so viele Personen enthalten, wie nach der voraussichtlichen Anzahl der Verhandlungstage erforderlich sind, wenn jeder Geschworene und Schöffe an fünf Verhandlungstagen im Jahr zum Dienst herangezogen wird. Die Vorschläge haben Vor- und Familiennamen, Geburtsdatum, Berufsbezeichnung und Wohnanschrift der namhaft gemachten Personen anzuführen.

(4) Für das weitere Verfahren gelten die Bestimmungen der §§ 12 bis 17 sinngemäß mit der Maßgabe, daß die Vorschläge wie Verzeichnisse zu behandeln sind und daß gemeinsame Dienstlisten für Geschworene und Schöffen zu bilden sind. *(BGBl I 2014/71)*

---

[1] *Redaktionsversehen: lt. BGBl betrifft die Änderung Abs 1, gemeint ist wohl Abs 2*

Anwendung der Verfahrensgesetze

§ 19. Soweit in diesem Bundesgesetz nichts anderes bestimmt ist, sind auf das Verfahren der Verwaltungsbehörden nach diesem Bundesgesetz die Bestimmungen des Allgemeinen Verwaltungsverfahrensgesetzes 1950, auf das gerichtliche Verfahren die Bestimmungen der Strafprozeßordnung 1975 anzuwenden.

Schluß- und Übergangsbestimmungen

§ 20. (1) Dieses Bundesgesetz tritt mit 1. Jänner 1991 in Kraft. Seine Bestimmungen treten jedoch insoweit schon mit 1. Juli 1990 in Kraft, als sie auf die Erstellung der Verzeichnisse und Listen für die Jahre 1991 und 1992 sowie auf die Berufung der Geschworenen und Schöffen, die in diesen Jahren tätig sein sollen, anzuwenden sind.

(1a) § 16 Abs. 1 in der Fassung des Bundesgesetzes BGBl. I Nr. 136/2004 tritt mit 1. Jänner 2005 in Kraft. *(BGBl I 2004/136)*

(1b) Die Bestimmungen der §§ 12 Abs. 1, 13 Abs. 1 und Abs. 6, 14 Abs. 2 und 18 Abs. 1 in der Fassung des Bundesgesetzes, BGBl. I Nr. 112/2007 treten mit 1. Jänner 2008 in Kraft. *(BGBl I 2007/112)*

(1c) §§ 4, 9 Abs. 3 und 4, 10,12 und 18 Abs. 4 in der Fassung des Bundesgesetzes BGBl. I Nr. 71/2014 tritt mit dem der Kundmachung des Bundesgesetzes BGBl. I Nr. 71/2014 folgenden Tag in Kraft. *(BGBl I 2014/71)*

(1d) § 2 Z 4 in der Fassung des Bundesgesetzes BGBl. I Nr. 121/2016 tritt mit 1. Jänner 2017 in Kraft. *(BGBl I 2016/121)*

GSchG

(2) Mit dem Inkrafttreten dieses Bundesgesetzes tritt das Bundesgesetz vom 13. Juni 1946, BGBl. Nr. 135, über die Bildung der Geschwornen- und Schöffenlisten (Geschwornen- und Schöffenlistengesetz) in seiner geltenden Fassung außer Kraft.

(3) Verordnungen auf Grund dieses Bundesgesetzes können bereits von dem seiner Kundmachung folgenden Tag an erlassen werden. Sie dürfen frühestens mit 1. Jänner 1991, soweit sie sich aber auf die Erstellung der Verzeichnisse und Listen beziehen, frühestens mit 1. Juli 1990 in Kraft treten.

(4) Verweisungen in diesem Bundesgesetz auf andere Rechtsvorschriften des Bundes sind als Verweisungen auf die jeweils geltende Fassung zu verstehen. Wird in anderen Bundesgesetzen auf Bestimmungen verwiesen, an deren Stelle mit dem Inkrafttreten dieses Bundesgesetzes neue Bestimmungen wirksam werden, so sind diese Verweisungen auf die entsprechenden neuen Bestimmungen zu beziehen.

§ 21. Mit der Vollziehung dieses Bundesgesetzes sind betraut:

1. hinsichtlich der §§ 1 bis 4 und 19 die Bundesminister für Inneres und für Justiz je nach ihrem Wirkungsbereich,

2. hinsichtlich der §§ 5 bis 11 der Bundesminister für Inneres,

3. hinsichtlich der §§ 12 bis 18 der Bundesminister für Justiz.

Waldheim
Vranitzky

11. Staatsanwaltschaftsgesetz

BGBl 1986/164 idF

STICHWORTVERZEICHNIS
zum StAG

StAG

Bundesgesetz vom 5. März 1986 über die staatsanwaltschaftlichen Behörden (Staatsanwaltschaftsgesetz – StAG)

Abschnitt I

Staatsanwaltschaften

Aufgaben der Staatsanwaltschaften

§ 1. Die Staatsanwaltschaften sind in Erfüllung ihrer gesetzlichen Aufgaben zur Wahrung der Interessen des Staates in der Rechtspflege, vor allem in der Strafrechtspflege, berufen. Sie sind bei der Erfüllung ihrer Aufgaben von den Gerichten unabhängig. *(BGBl I 2007/112)*

Aufbau der Staatsanwaltschaften

§ 2. (1) Am Sitz jedes in Strafsachen tätigen Landesgerichts besteht eine Staatsanwaltschaft, am Sitz jedes Oberlandesgerichts eine Oberstaatsanwaltschaft und beim Obersten Gerichtshof die Generalprokuratur. Die Staatsanwaltschaften sind den Oberstaatsanwaltschaften und diese sowie die Generalprokuratur dem Bundesminister für Justiz unmittelbar untergeordnet und weisungsgebunden. *(BGBl I 2007/112)*

(2) Den Staatsanwaltschaften, Oberstaatsanwaltschaften und der Generalprokuratur steht ein Leiter vor. Dieser vertritt die Behörde nach außen, beaufsichtigt die Tätigkeiten der ihm unterstehenden Organe und erteilt ihnen erforderlichenfalls Weisungen. Er ist im Einzelfall befugt, die Amtsverrichtungen aller ihm untergeordneten Organe selbst zu übernehmen oder mit der Wahrnehmung staatsanwaltschaftlicher Aufgaben aus schwerwiegenden Gründen einen anderen als den nach der Geschäftsverteilung zuständigen Staatsanwalt zu betrauen.

Zentrale Staatsanwaltschaft zur Verfolgung von Wirtschaftsstrafsachen und Korruption

§ 2a. (1) Zur wirksamen bundesweiten Verfolgung von Wirtschaftskriminalität, Korruption und entsprechenden Organisationsdelikten (§ 20a Abs. 1 StPO) und zur Führung von großen und komplexen Verfahren wegen Wirtschaftsstrafsachen und wegen Missbrauchs der Amtsgewalt gemäß § 302 StGB sowie zur Wahrnehmung zentraler Funktionen im Bereich der justiziellen Rechtshilfe und der Zusammenarbeit mit den zuständigen Einrichtungen der Europäischen Union sowie den Justizbehörden der Mitgliedstaaten der Europäischen Union wegen solcher Straftaten besteht am Sitz der Oberstaatsanwaltschaft Wien für das gesamte Bundesgebiet unter der Bezeichnung „Zentrale Staatsanwaltschaft zur Verfolgung von Wirtschaftsstrafsachen und Korruption" eine zentrale Staatsanwaltschaft (WKStA).

(2) Der Wirkungsbereich der WKStA erstreckt sich auf das gesamte Bundesgebiet. Die personelle Ausstattung der WKStA hat auf die für ihre Aufgaben erforderlichen rechtlichen, betriebswirtschaftlichen und sonstigen Kenntnisse, Fähigkeiten und Eignung sowie auf hinreichende Erfahrungen im Tätigkeitsbereich sowie zur konzentrierten Führung solcher Verfahren Bedacht zu nehmen.

(3) In den im Gesetz vorgesehenen Fällen hat die WKStA der OStA Wien zu berichten. *(BGBl I 2015/96)*

(4) Die WKStA hat dem Bundesminister für Justiz bis Ende April eines jeden Jahres über die im abgelaufenen Kalenderjahr erledigten und über die noch anhängigen Strafsachen zu berichten. In diesem Bericht hat die WKStA ihre Wahrnehmungen über Zustand und Gang der Bekämpfung von Wirtschaftskriminalität sowie Korruptions- und entsprechenden Organisationsdelikten und über Mängel der Gesetzgebung oder des Geschäftsganges aufzunehmen und gegebenenfalls geeignete Änderungsvorschläge zu unterbreiten.

(5) Es ist in geeigneter Weise – gegebenenfalls im Wege des § 2 Abs. 5a Justizbetreuungsagentur-Gesetz (JBA-G), BGBl. I Nr. 101/2008 – dafür Sorge zu tragen, dass der WKStA zumindest fünf Experten aus dem Finanz- oder Wirtschaftsbereich zur Verfügung stehen.

(6) Bei der WKStA besteht ein internetbasiertes Hinweisgebersystem, über welches Hinweise insbesondere wegen der in § 20a Abs. 1 StPO genannten Vergehen oder Verbrechen auch anonym gemeldet werden können. § 80 StPO bleibt unberührt. *(BGBl I 2015/96)*

(BGBl I 2010/108)

Sprengel der Staatsanwaltschaft

§ 2b. *(aufgehoben, BGBl I 2016/28)*

Abschnitt II

Organe der Staatsanwaltschaften

Staatsanwälte

§ 3. (1) Die Staatsanwaltschaften üben ihre ihnen von den Gesetzen zugewiesene Tätigkeit unbeschadet des § 4 Abs. 1 zweiter Satz durch Staatsanwälte aus. *(BGBl I 2007/112)*

(2) Die bei den Staatsanwaltschaften ernannten und ständig tätigen Staatsanwälte sind Organe der ordentlichen Gerichtsbarkeit. In Verfahren wegen mit gerichtlicher Strafe bedrohter Handlungen nehmen sie Ermittlungs- und Anklagefunktionen wahr. *(BGBl I 2015/96)*

(3) Außer den Staatsanwälten können auch Richter und Richteramtsanwärter nach erfolgreicher Ablegung der Richteramtsprüfung, die Staatsanwaltschaften zur Dienstleistung zugewie-

sen sind, als deren Organe tätig sein. *(BGBl I 2007/96; BGBl I 2007/112)*

Staatsanwaltschaftliche Organe bei den Bezirksgerichten

§ 4. (1) Der Staatsanwaltschaft am Sitz des in Strafsachen tätigen Landesgerichts obliegt auch die Vertretung der Anklage vor den Bezirksgerichten im Sprengel dieses Landesgerichts. Diese Aufgabe kann auch von Bezirksanwälten ausgeübt werden, die unter Aufsicht und Leitung von Staatsanwälten stehen. Gleiches gilt im Ermittlungsverfahren wegen Straftaten, für die das Bezirksgericht im Hauptverfahren zuständig wäre, für Anträge (§ 101 Abs. 2 StPO), Anordnungen (§ 102 StPO), Ermittlungen (§ 103 Abs. 2 StPO) und im 10. bis 12. Hauptstück der StPO geregelte Verfahrenshandlungen. *(BGBl I 2007/112)*

(2) Bezirksanwälte sind Beamte des Fachdienstes oder in gleichartiger Verwendung stehende Vertragsbedienstete.

(3) Ist der Bezirksanwalt verhindert, sich an der Hauptverhandlung zu beteiligen, so kann der Leiter der Staatsanwaltschaft auch eine andere geeignete Person, die in einem Dienstverhältnis zur Republik Österreich im Planstellenbereich der Justizbehörden in den Ländern steht oder die Gerichtspraxis absolviert, mit deren Zustimmung zum Anklagevertreter bestellen. *(BGBl I 2007/112)*

(4) Die Staatsanwälte und die Bezirksanwälte sind berechtigt, zur Durchführung ihrer dienstlichen Verrichtungen bei den Bezirksgerichten deren Geschäftsstellen in Anspruch zu nehmen.

Abschnitt III
Innere Einrichtung der Staatsanwaltschaften. Berichte

Referate und Gruppen

§ 5. (1) Die einer Staatsanwaltschaft nach den gesetzlich festgelegten Zuständigkeiten obliegenden Aufgaben sind auf Referate aufzuteilen, die mit der erforderlichen Anzahl von Staatsanwälten zu besetzen sind. *(BGBl I 2007/112)*

(2) Referate dürfen nur nach Maßgabe der systemisierten Staatsanwaltsplanstellen (abzüglich der Planstellen mit besonderer gesetzlicher Zweckwidmung) eröffnet werden. Weder für die Sprengelstaatsanwälte noch für die auf Ersatzplanstellen nach dem Allgemeinen Teil des jährlichen Stellenplans ernannten Staatsanwälte dürfen eigene Referate eröffnet werden.

(3) Bei Staatsanwaltschaften mit vier oder mehr systemisierten Staatsanwaltsplanstellen sind die Referate zu Gruppen zusammenzufassen, die vom Behördenleiter oder von einem Ersten Stellvertreter oder von einem allfälligen Gruppenleiter geleitet werden. Jedes Referat darf nur einer Gruppe

zugeordnet werden. Die Zahl der Gruppen darf die Zahl der bei der Staatsanwaltschaft systemisierten Planstellen für den Leiter, für den (die) Ersten Stellvertreter und für den (die) Gruppenleiter nicht übersteigen. *(BGBl I 2007/112)*

(4) Dem Leiter einer staatsanwaltlichen Gruppe obliegt im Rahmen der Aufsicht über die unterstellten Staatsanwälte insbesondere auch die Revision ihrer Erledigungen. Der Leiter einer Staatsanwaltschaft kann Staatsanwälten, die über die entsprechende Eignung verfügen und mindestens ein Jahr als Staatsanwalt oder als Richter tätig waren, die Leitung des Ermittlungsverfahrens mit Ausnahme der Einbringung der Anklage beim Landesgericht als Schöffen- oder Geschworenengericht zur selbständigen Behandlung übertragen. Staatsanwälten, die insgesamt fünf Jahre als Staatsanwalt oder als Richter tätig waren, kann der Leiter nach Maßgabe ihrer persönlichen und fachlichen Eignung darüber hinaus bestimmte allgemein umschriebene Aufgaben und Befugnisse zur gänzlich selbständigen Behandlung übertragen. Dabei ist auf die Bedeutung dieser Aufgaben und Befugnisse Bedacht zu nehmen. *(BGBl I 2007/112; BGBl I 2009/98)*

(5) Die Einstellung des Verfahrens wegen einer Straftat, für die das Landesgericht als Geschworenen- oder Schöffengericht im Hauptverfahren zuständig wäre, und die Behandlung darauf gerichteter Anträge (§ 108 StPO) oder eines Antrags auf Fortführung des Verfahrens wegen solcher Straftaten ist jedenfalls einer Revision vorzubehalten. Gleiches gilt für Anordnungen gemäß § 76a Abs. 2 StPO sowie jene Fälle, in denen die Kostenschätzung des im Ermittlungsverfahren in Aussicht genommenen oder bereits bestellten (§ 25 Abs. 1a GebAG) Sachverständigen einen Betrag von 10 000 Euro übersteigt. *(BGBl I 2009/98; BGBl I 2014/71)*

(6) Die Zusammenfassung von Referaten in Gruppen und die Übertragung bestimmter Geschäfte zur selbständigen Behandlung entbinden den Behördenleiter nicht von seinen Aufsichtspflichten.

(BGBl I 1999/5)

Geschäftsverteilung

§ 6. (1) Die Leiter der Staatsanwaltschaften haben die Einteilung der Staatsanwälte auf die einzelnen Referate und deren erforderliche Zusammenfassung zu Gruppen alljährlich so vorzunehmen, daß eine möglichst gleichmäßige Auslastung aller Staatsanwälte erreicht wird. Zu diesem Zweck haben erforderlichenfalls auch der Behördenleiter, der (die) Erste(n) Stellvertreter und allfällige Gruppenleiter ein eigenes Referat zu führen. *(BGBl I 2007/112)*

(2) Die Leiter der Staatsanwaltschaften können im Rahmen der Geschäftsverteilung einen Teil ihrer Befugnisse (§ 2 Abs. 2) dem Ersten Stellver-

StAG

treter übertragen, soweit dies zum Auslastungsausgleich notwendig ist. Die Leiter der Medienstellen (Mediensprecher) und deren Vertreter sind in der Geschäftsverteilung für Justizverwaltungssachen gesondert auszuweisen. *(BGBl I 2007/112; BGBl I 2014/71)*

(3) Die Geschäftsverteilungen der Staatsanwaltschaften sind ehestens – tunlichst vor ihrem Wirksamwerden – der Oberstaatsanwaltschaft in geeigneter Weise zur Kenntnis zu bringen; aus wichtigen Gründen kann der Leiter der Oberstaatsanwaltschaft anordnen, daß die Geschäftsverteilung geändert wird. *(BGBl I 2015/96)*

(4) Die Oberstaatsanwaltschaften und die Generalprokuratur haben ihre Geschäftsverteilung dem Bundesministerium für Justiz in geeigneter Weise zur Kenntnis zu bringen. *(BGBl I 2015/96)*

(5) Während des Kalenderjahres darf die Geschäftsverteilung nur aus schwerwiegenden Gründen geändert werden.

(6) Im Gebäude jeder Staatsanwaltschaft ist eine Geschäftsverteilungsübersicht anzuschlagen. *(BGBl I 2007/112)*

(BGBl I 1999/5)

Rufbereitschaft und Journaldienst

§ 6a. (1) Bei den Staatsanwaltschaften besteht außerhalb der Dienststunden Rufbereitschaft. Die Rufbereitschaft ist von einer zur Gewährleistung der rechtzeitigen Erledigung von keinen Aufschub duldenden Anträgen und Anordnungen erforderlichen Anzahl von Staatsanwälten, jedoch mindestens von einem Staatsanwalt zu leisten; bei kleineren Staatsanwaltschaften kann sie auch von einem Staatsanwalt einer benachbarten Staatsanwaltschaft geleistet werden. Die Einteilung der Staatsanwälte zur Rufbereitschaft hat der Leiter der Staatsanwaltschaft so vorzunehmen, daß eine möglichst gleichmäßige Heranziehung der Staatsanwälte erfolgt. Ist die Rufbereitschaft für zwei Staatsanwaltschaften zu leisten, haben die Leiter dieser Staatsanwaltschaften die Einteilung im Einvernehmen zu treffen. Die Einteilung kann von den betroffenen Staatsanwälten einvernehmlich gegen vorherige Meldung an den Leiter der Staatsanwaltschaft (die Leiter der Staatsanwaltschaften) abgeändert werden. *(BGBl I 2007/112)*

(2) Während der Rufbereitschaft hat der Staatsanwalt seinen Aufenthalt so zu wählen, daß er unter Verwendung der zur Verfügung stehenden technischen Kommunikationsmittel jederzeit erreichbar ist und binnen kürzester Zeit außerhalb der Dienststunden anfallende Amtshandlungen vornehmen kann, mit deren Durchführung nicht bis zum Beginn der nächsten Dienststunden oder des nächsten Journaldienstes zugewartet werden kann.

(3) Der Bundesminister für Justiz kann nach Maßgabe des durchschnittlichen Anfalls dringlicher Amtshandlungen anordnen, daß bei einzelnen Staatsanwaltschaften während bestimmter Zeiträume anstelle der Rufbereitschaft Journaldienst zu leisten ist. Während des Journaldienstes hat der für den betreffenden Tag zur Rufbereitschaft eingeteilte Staatsanwalt in den dafür bestimmten Amtsräumen der Staatsanwaltschaft anwesend zu sein, sofern er nicht auf Grund einer Inanspruchnahme im Rahmen der Rufbereitschaft oder des Journaldienstes auswärtige Amtshandlungen durchzuführen hat. *(BGBl 1994/507)*

Geschäftsstelle

§ 7. Bei den Staatsanwaltschaften wird eine Geschäftsstelle eingerichtet, die mit der erforderlichen Anzahl von Beamten oder Vertragsbediensteten zu besetzen ist. *(BGBl I 2007/112)*

Berichte der Staatsanwaltschaften

§ 8. (1) Die Staatsanwaltschaften haben über Strafsachen, an denen wegen der Bedeutung der aufzuklärenden Straftat oder der Funktion des Verdächtigen im öffentlichen Leben ein besonderes öffentliches Interesse besteht, oder in denen noch nicht hinreichend geklärte Rechtsfragen von grundsätzlicher Bedeutung zu beurteilen sind, von sich aus der jeweils übergeordneten Oberstaatsanwaltschaft zu berichten. *(BGBl I 2015/96)*

(1a) Berichte nach Abs. 1 haben das beabsichtigte Vorgehen darzustellen und zu begründen. Ihnen ist der Entwurf der beabsichtigten Erledigung anzuschließen. Soweit sich diese Angaben nicht aus dem Entwurf der Erledigung ergeben, haben sie insbesondere zu enthalten:

1. eine Darstellung des dem Bericht zu Grunde liegenden Sachverhalts;

2. die aufgenommenen Beweise und deren Würdigung;

3. die rechtliche Beurteilung des Sachverhalts. *(BGBl I 2015/96)*

(2) Die Oberstaatsanwaltschaften können in Wahrnehmung ihrer Aufsichts- und Weisungsbefugnisse, insbesondere auch zur Förderung einer einheitlichen Rechtsanwendung, schriftlich anordnen, dass ihnen über bestimmte Gruppen von Strafsachen Bericht erstattet werde; sie können auch in Einzelfällen Berichte anfordern, wobei sich Zeitpunkt und Art der Berichterstattung nach den besonderen Anordnungen der Oberstaatsanwaltschaften richten. *(BGBl I 2015/96)*

(3) Berichte nach Abs. 1 sind grundsätzlich vor einem Absehen von der Einleitung des Ermittlungsverfahrens (§ 35c), einer Beendigung des Ermittlungsverfahrens nach den Bestimmungen des 10. und 11. Hauptstückes der StPO, dem Einbringen (§ 210 StPO) oder dem Rücktritt von einer Anklage (§ 227), oder vor der Entscheidung über einen Rechtsmittelverzicht oder die Ausfüh-

rung eines Rechtsmittels im Hauptverfahren zu erstatten, es sei denn, dass zuvor eine Anordnung oder ein Antrag von der Beurteilung einer noch nicht hinreichend geklärten Rechtsfrage von grundsätzlicher Bedeutung abhängt. Im Übrigen haben die Staatsanwaltschaften in Strafverfahren, die einer Berichtspflicht nach Abs. 1 unterliegen, über bedeutende Verfahrensschritte, insbesondere Zwangsmaßnahmen (§§ 102 Abs. 1 zweiter Satz, 105 Abs. 1 StPO), zu informieren, nachdem diese angeordnet wurden. *(BGBl I 2015/96)*

(4) Der Pflicht zur Berichterstattung über eine beabsichtige Verfügung oder Erledigung stehen Anordnungen und Anträge, die wegen Gefahr im Verzug sofort gestellt werden müssen, nicht entgegen. *(BGBl I 2009/98)*

(BGBl I 2007/112)

Erlässe und Berichte der
Oberstaatsanwaltschaften

§ 8a. (1) Die Oberstaatsanwaltschaften haben Berichte gemäß § 8 zu prüfen und gegebenenfalls die erforderlichen Weisungen (§ 29) zu erteilen. Diese haben sich vor einem beabsichtigten Vorgehen nach Abs. 2 auf bloße Aufträge zur Beseitigung von Unvollständigkeiten der vorgelegten Berichte (§ 8 Abs. 1a) zu beschränken. *(BGBl I 2009/98; BGBl I 2015/96)*

(2) Soweit nicht bloß Strafsachen mit räumlich begrenzter Bedeutung betroffen sind oder eine noch nicht hinreichend geklärte Rechtsfrage von grundsätzlicher Bedeutung zu beurteilen ist, haben die Oberstaatsanwaltschaften Berichte gemäß § 8 Abs. 1 mit einer Stellungnahme, ob gegen das beabsichtigte Vorgehen oder die Art der zur Genehmigung vorgelegten Erledigung ein Einwand besteht, dem Bundesminister für Justiz vorzulegen, der sodann gegenüber der berichtenden Oberstaatsanwaltschaft gemäß Abs. 1 vorzugehen hat. *(BGBl I 2015/96)*

(3) In Wahrnehmung seiner Aufsichts- und Weisungsbefugnisse (§ 29a), zur Förderung einer einheitlichen Rechtsanwendung sowie zur Berichterstattung gegenüber gesetzgebenden Körperschaften, ihren Organen und internationalen Organisationen kann der Bundesminister für Justiz gemäß § 8 Abs. 2 vorgehen. Er kann in diesen Fällen von den Oberstaatsanwaltschaften auch Berichte über die Sachbehandlung in einzelnen Verfahren anfordern. Dies ist im Tagebuch ersichtlich zu machen. *(BGBl I 2009/98)*

(4) Formlose Auskünfte und Informationen an das Bundesministerium für Justiz über den Gegenstand und Stand eines Verfahrens zur Beantwortung von medialen Anfragen stellen keine Berichte im Sinne des Abs. 3 dar. *(BGBl I 2014/71)*

(BGBl I 2007/112)

Berichtspflicht der staatsanwaltschaftlichen
Organe bei den Bezirksgerichten

§ 9. In den im § 8 genannten Fällen haben die staatsanwaltschaftlichen Organe bei den Bezirksgerichten der Staatsanwaltschaft von sich aus Bericht zu erstatten und – außer bei Gefahr im Verzug – deren Weisungen abzuwarten.

Monats- und Jahresberichte

§ 10. (1) *(aufgehoben, BGBl I 2007/112)*

(2) Alljährlich haben die Staatsanwaltschaften der Oberstaatsanwaltschaft über die auf Grund öffentlicher Anklage geführten Strafverfahren einen Geschäftsausweis vorzulegen und die Entwicklung des Geschäftsanfalles zu erläutern. Die Oberstaatsanwaltschaften haben diese Geschäftsausweise zu prüfen, sie gegebenenfalls richtigstellen zu lassen oder sonst erforderliche Verfügungen zu treffen. Sie haben eine Gesamtübersicht zusammenzustellen, der die Ausweiszahlen der ihnen unterstellten Staatsanwaltschaften zu entnehmen sind. *(BGBl I 2007/112)*

(3) Die Oberstaatsanwaltschaften haben dem Bundesministerium für Justiz Übersichten über die Disziplinarsachen der Richter und der Notare vorzulegen. *(BGBl I 2015/96)*

(4) Alljährlich haben die Staatsanwaltschaften den Oberstaatsanwaltschaften und diese sowie die Generalprokuratur dem Bundesministerium für Justiz ihre Wahrnehmungen über Zustand und Gang der Rechtspflege sowie über Mängel der Gesetzgebung oder des Geschäftsganges zu berichten und gegebenenfalls geeignete Änderungsvorschläge zu unterbreiten.

(5) Die Staatsanwaltschaften und die Oberstaatsanwaltschaften haben unbeschadet der Verpflichtung nach Abs. 2 an Statistiken und automationsunterstützten Informationssystemen im Justizbereich durch Beistellung von Daten und Unterlagen mitzuwirken. Auch die Generalprokuratur hat gegebenenfalls einen Beitrag zu Statistiken und Informationssystemen zu leisten.

Berichte über besondere
Ermittlungsmaßnahmen

§ 10a.
Fassung von 1. 4. 2020 bis 31. 3. 2025 (BGBl I 2018/27):
(1) Über beabsichtigte Anordnungen einer Überwachung verschlüsselter Nachrichten nach § 135a Abs. 1 StPO, einer optischen oder akustischen Überwachung von Personen nach § 136 Abs. 1 Z 2 und 3 StPO oder eines automationsunterstützten Datenabgleichs nach § 141 Abs. 2 und Abs. 3 StPO haben die Staatsanwaltschaften den Oberstaatsanwaltschaften zu berichten; § 8 Abs. 4 gilt entsprechend. *(BGBl I 2018/27)*

StAG

Fassung von 1. 4. 2020 bis 31. 3. 2025 (BGBl I 2018/27):

(2) Über Strafsachen, in denen eine Überwachung verschlüsselter Nachrichten nach § 135a StPO, eine optische oder akustische Überwachung von Personen nach § 136 StPO oder ein automationsunterstützter Datenabgleich nach § 141 StPO angeordnet wurde, haben die Staatsanwaltschaften den Oberstaatsanwaltschaften alljährlich gesonderte Berichte vorzulegen und in den Fällen des Abs. 1 Ausfertigungen der entsprechenden Anordnungen samt gerichtlicher Bewilligung anzuschließen. Die Berichte haben insbesondere zu enthalten: *(BGBl I 2018/27)*

1. die Anzahl der Fälle, in denen die Überwachung verschlüsselter Nachrichten, die optische oder akustische Überwachung von Personen oder ein automationsunterstützter Datenabgleich angeordnet wurde, sowie die Anzahl der von einer Überwachung betroffenen und der durch einen Datenabgleich ausgeforschten Personen, *(BGBl I 2018/27)*

2. den Zeitraum der einzelnen Überwachungsmaßnahmen,

3. die Anzahl der Fälle, in denen die in Abs. 2 genannten besonderen Ermittlungsmaßnahmen mit Erfolg durchgeführt wurden.

(3) Die Oberstaatsanwaltschaften haben diese Berichte zu prüfen, sie gegebenenfalls richtigstellen zu lassen oder sonst erforderliche Verfügungen zu treffen. Sie haben dem Bundesministerium für Justiz eine Gesamtübersicht über besondere Ermittlungsmaßnahmen samt den Ausfertigungen der bewilligten Anordnungen im Sinne des Abs. 1 zu übermitteln.

(4) Der Bundesminister für Justiz hat auf Grundlage der Berichte der Staatsanwaltschaften und des Berichtes des Rechtsschutzbeauftragten alljährlich dem Nationalrat, dem Datenschutzrat und der Datenschutzbehörde einen Gesamtbericht über den Einsatz besonderer Ermittlungsmaßnahmen zu erstatten, soweit diese mit gerichtlicher Bewilligung durchgeführt wurden. *(BGBl I 2013/83)*

(BGBl I 1997/105; BGBl I 2007/112)

§ 11. *(aufgehoben, BGBl I 2007/112)*

Abschnitt IV

DIENSTRECHTLICHE
SONDERBESTIMMUNGEN

§§ 12 bis 28. *(aufgehoben, BGBl I 2007/96)*

Abschnitt V

WEISUNGEN
Weisungen der Oberstaatsanwaltschaften

§ 29. (1) Weisungen der Oberstaatsanwaltschaften zur Sachbehandlung in einem bestimmten Verfahren sind den Staatsanwaltschaften schriftlich unter Bezugnahme auf diese Gesetzesstelle zu erteilen und zu begründen. Ist das aus besonderen Gründen, insbesondere wegen Gefahr im Verzug, nicht möglich, so ist eine mündlich erteilte Weisung so bald wie möglich schriftlich zu bestätigen. *(BGBl I 2007/112)*

(2) Wird die Sachbehandlung in einem bestimmten Verfahren mündlich erörtert, so hat die Staatsanwaltschaft das Ergebnis einer solchen Erörterung in einer Niederschrift festzuhalten, in der insbesondere anzuführen ist, ob sich eine übereinstimmende Rechtsauffassung ergeben hat oder die Oberstaatsanwaltschaft eine Weisung erteilt hat. Die Niederschrift ist von sämtlichen anwesenden Personen zu unterfertigen. *(BGBl I 2007/112; BGBl I 2015/96)*

(3) Die Staatsanwaltschaft hat die Weisung oder die Niederschrift dem Tagebuch anzuschließen. Eine Ausfertigung der Weisung oder der Niederschrift hat sie im Ermittlungsverfahren dem Ermittlungsakt (§ 34c), im Haupt- und Rechtsmittelverfahren dem auf eine gerichtliche Entscheidung abzielenden Antrag anzuschließen. *(BGBl I 2007/112)*

Weisungen an die Oberstaatsanwaltschaft

§ 29a. (1) Der Bundesminister für Justiz hat die Berichte der Oberstaatsanwaltschaften sowie das beabsichtigte Vorgehen zu prüfen. Weisungen sind unter Bezugnahme auf diese Gesetzesstelle schriftlich auszufertigen und zu begründen. Die Oberstaatsanwaltschaften haben sodann gemäß § 29 vorzugehen. *(BGBl I 2015/96)*

(1a) Der Bundesminister für Justiz prüft das beabsichtigte Vorgehen grundsätzlich aufgrund der vorgelegten Berichte. Er kann jedoch Ermittlungs- oder Strafakten oder einzelne Aktenteile anfordern, um insbesondere begründete Bedenken oder Anhaltspunkte für die Unvollständigkeit der vorgelegten Berichte (§ 8 Abs. 1a) aufzuklären. Eine Weisung hat der Bundesminister für Justiz jedenfalls zu erteilen, wenn

1. der Bericht über entscheidende Tatsachen undeutlich, unvollständig, mit sich im Widerspruch oder nur offenbar unzureichend begründet ist,

2. zwischen den Angaben des Berichts und jenen des Erledigungsentwurfs ein erheblicher Widerspruch besteht, oder

3. im Rahmen der rechtlichen Beurteilung des Sachverhalts ein Gesetz verletzt oder unrichtig angewendet wurde.
(BGBl I 2015/96)

(2) Für die mündliche Erörterung der Sachbehandlung in einem bestimmten Verfahren gilt § 29 Abs. 2 sinngemäß, wobei die Niederschrift durch die Oberstaatsanwaltschaft abzufassen ist,

soweit die Staatsanwaltschaft an der mündlichen Erörterung nicht beteiligt war.

(3) Der Bundesminister für Justiz hat dem Nationalrat und dem Bundesrat jährlich über die von ihm erteilten Weisungen zu berichten, nachdem das der Weisung zu Grunde liegende Verfahren beendet wurde.

Beirat für den ministeriellen Weisungsbereich („Weisungsrat")

§ 29b. (1) Bei der Generalprokuratur besteht ein Beirat für den ministeriellen Weisungsbereich („Weisungsrat"). Diesem gehören der Generalprokurator als Vorsitzender und zwei weitere Mitglieder an. Im Fall ihrer Verhinderung werden der Generalprokurator durch seine Ersten Stellvertreter in der Rangfolge (§ 182 Abs. 3 RStDG), die beiden weiteren Mitglieder durch Ersatzmitglieder vertreten.

(2) Die beiden weiteren Mitglieder und zwei Ersatzmitglieder werden auf Basis einer Vorauswahl durch den Rechtsschutzbeauftragten der Justiz (§ 47a StPO) nach Anhörung der Präsidenten des Verfassungsgerichtshofs, des Verwaltungsgerichtshofs und des Obersten Gerichtshofs über Vorschlag der Bundesregierung vom Bundespräsidenten für die Dauer von sieben Jahren bestellt. Wiederbestellungen sind nicht zulässig. Der Vorschlag hat zumindest doppelt so viele Namen zu enthalten, wie Personen als Mitglieder zu bestellen sind. Bei vorzeitigem Ausscheiden eines Mitglieds oder Ersatzmitglieds ist ein Nachfolger für den Rest der Funktionsperiode zu bestellen.

(3) Die Bestellung der weiteren Mitglieder und der Ersatzmitglieder endet bei Verzicht, im Fall des Todes, mit Ende der Funktionsperiode oder wegen nachträglicher Unvereinbarkeit gemäß Abs. 4, im Fall des Endes der Funktionsperiode jedoch nicht vor einer Neubestellung gemäß Abs. 2. Jedes Mitglied des Weisungsrats hat eine Befangenheit im Sinne des § 47 Abs. 1 StPO unverzüglich den anderen Mitgliedern anzuzeigen.

(4) Die gemäß Abs. 2 bestellten weiteren Mitglieder und Ersatzmitglieder des Weisungsrats müssen besondere Kenntnisse und Erfahrungen auf dem Gebiet des Straf- und Strafverfahrensrechts aufweisen sowie mindestens fünfzehn Jahre in einem Beruf im Bereich des Strafrechts tätig gewesen sein, für den der Abschluss des Studiums der Rechtswissenschaften Berufsvoraussetzung ist. Richter- und Staatsanwälte des Dienststandes, der Rechtsschutzbeauftragte und seine Stellvertreter, Rechtsanwälte, die in die Liste der Rechtsanwälte eingetragen sind, und andere Personen, die vom Amt eines Geschworenen oder Schöffen ausgeschlossen oder zu diesem nicht berufen sind (§§ 2 und 3 des Geschworenen- und Schöffengesetzes) dürfen als weitere Mitglieder nicht bestellt werden. Das Gleichbehandlungsgebot ist zu beachten.

(5) Der Weisungsrat ist beschlussfähig, wenn der Vorsitzende oder seine Vertretung und zwei weitere Personen als Mitglieder oder Ersatzmitglieder anwesend sind. Er trifft seine Entscheidungen mit einfacher Mehrheit. Eine Stimmenthaltung ist unzulässig. Eine Beschlussfassung im Umlaufweg ist zulässig, wenn sich sämtliche Mitglieder des Weisungsrats damit im Einzelfall einverstanden erklären.

(6) Die Sitzungen und Abstimmungen des Weisungsrats sind nicht öffentlich. Die Mitglieder des Weisungsrats unterliegen der Amtsverschwiegenheit. Sie sind in Ausübung ihres Amtes unabhängig und an keine Weisungen gebunden. Die Äußerungen (§ 29c Abs. 3) des Weisungsrats können von diesem in sinngemäßer Anwendung des § 35b bekannt gegeben werden.

(7) Die näheren Regelungen über die Aufgaben des Vorsitzenden, Rechte und Pflichten der Mitglieder, die Einberufung von Sitzungen, die Vertretung der weiteren Mitglieder im Verhinderungsfall, die Bedingungen der Beschlussfassung im Umlaufweg und die Protokollierung sind in einer Geschäftsordnung des Weisungsrats zu treffen, die der Genehmigung des Bundesministers für Justiz bedarf.

(8) Die Kanzleigeschäfte des Weisungsrats werden von der Geschäftsstelle der Generalprokuratur wahrgenommen. Den gemäß Abs. 2 bestellten Mitgliedern und Ersatzmitgliedern des Weisungsrats gebührt als Entschädigung für die Erfüllung ihrer Aufgaben nach diesem Bundesgesetz für jede, wenn auch nur begonnene Stunde ein Zehntel der Entschädigung eines Ersatzmitgliedes des Verfassungsgerichtshofes für einen Sitzungstag (§ 4 Abs. 3 des Verfassungsgerichtshofgesetzes). Für die Vergütung ihrer Reisekosten gelten die Bestimmungen der Reisegebührenvorschrift für Bundesbedienstete sinngemäß mit der Maßgabe, dass ihr Wohnsitz als Dienstort gilt und dass ihnen die Reisezulage in der Gebührenstufe 3 gebührt. Für die Bemessung der den gemäß Abs. 2 bestellten Mitgliedern und Ersatzmitgliedern des Weisungsrats zustehenden Gebühren ist der Bundesminister für Justiz zuständig.

(BGBl I 2015/96)

Aufgaben des Weisungsrats

§ 29c. (1) Der Bundesminister für Justiz hat dem Weisungsrat (§ 29b) zu seiner Beratung in folgenden Fällen den Bericht der Staatsanwaltschaft über ihr beabsichtigtes Vorgehen nach § 8 Abs. 1, die Stellungnahme der Oberstaatsanwaltschaft sowie einen begründeten Erledigungsentwurf vorzulegen:

1. wenn eine Weisung zur Sachbehandlung in einem bestimmten Verfahren (§ 29a Abs. 1) erteilt werden soll;

2. bei Strafsachen gegen oberste Organe der Vollziehung (Art. 19 B-VG), Mitglieder des Verfassungsgerichtshofs, des Verwaltungsgerichtshofs und des Obersten Gerichtshofs sowie der Generalprokuratur;

3. wenn es der Bundesminister für Justiz wegen des außergewöhnlichen Interesses der Öffentlichkeit an der Strafsache, insbesondere bei wiederholter und überregionaler medialer Berichterstattung oder wiederholter öffentlicher Kritik am Vorgehen der Staatsanwaltschaft und der Kriminalpolizei, oder aus Befangenheitsgründen für erforderlich hält.

(2) Wird dem Weisungsrat vom Bundesminister für Justiz ein Erledigungsvorschlag gemäß Abs. 1 vorgelegt, so hat der Vorsitzende ehestmöglich eine Sitzung des Weisungsrats anzuberaumen; auf Verlangen sind ihm einzelne Aktenbestandteile oder der gesamte Ermittlungsakt zu übersenden.

(3) Der Weisungsrat erstattet unter Beachtung des Beschleunigungsgebotes (§ 9 StPO) ehestmöglich eine schriftliche Äußerung zum Erledigungsentwurf des Bundesministers für Justiz. Trägt der Bundesminister für Justiz der Äußerung des Weisungsrats im Ergebnis nicht Rechnung, so ist die Äußerung samt der Begründung, weshalb ihr nicht Rechnung getragen wurde, jedenfalls im Bericht an den Nationalrat und den Bundesrat gemäß § 29a Abs. 3 StAG zu veröffentlichen.

(4) Wird der Weisungsrat gemäß Abs. 1 befasst und in weiterer Folge eine Weisung auf Einstellung des Ermittlungsverfahrens erteilt, so hat die Staatsanwaltschaft den Rechtsschutzbeauftragten im Sinne des § 194 Abs. 3 StPO mit den Wirkungen des § 195 Abs. 2a zu verständigen.

(5) In Angelegenheiten der internationalen strafrechtlichen Zusammenarbeit der Justizbehörden und in anderen keinen Aufschub duldenden Fällen, insbesondere in Haftsachen und der Frage der Erklärung eines Rechtsmittelverzichts und der Ausführung von Rechtsmitteln genügt es, den Weisungsrat im Nachhinein zu befassen.

(BGBl I 2015/96)

Weisungen innerhalb Staatsanwaltschaften

§ 30. (1) Ein Staatsanwalt, der eine ihm erteilte Weisung zur Sachbehandlung in einem bestimmten Verfahren für rechtswidrig hält, hat dies dem Vorgesetzten mitzuteilen, und zwar, wenn es sich nicht wegen Gefahr im Verzug um eine unaufschiebbare Maßnahme handelt, vor Befolgung der Weisung. Hat ein Staatsanwalt sonst Bedenken gegen eine Weisung, so soll er seine Bedenken dem Vorgesetzten mitteilen.

(2) Hält ein Staatsanwalt eine Weisung für rechtswidrig oder verlangt er schriftlich eine Weisung, so hat der Vorgesetzte die Weisung schriftlich zu erteilen oder schriftlich zu wiederholen, widrigenfalls sie als zurückgezogen gilt.

(3) Wenn ein Staatsanwalt von der Rechtswidrigkeit oder Unvertretbarkeit des von ihm geforderten Verhaltens überzeugt ist oder sonst berücksichtigungswürdige Gründe vorliegen, hat der Behördenleiter ihn auf schriftliches und ausreichend begründetes Verlangen von der weiteren Behandlung der Sache zu entbinden, soweit es sich nicht wegen Gefahr im Verzug um eine unaufschiebbare Maßnahme handelt.

Bekanntgabe von Weisungen

§ 31. Über Weisungen, deren Befolgung auf eine Beendigung des Ermittlungsverfahrens oder auf die Herbeiführung einer gerichtlichen Entscheidung abzielt, dürfen vor der Rechtswirksamkeit der Beendigung oder vor der gerichtlichen Entscheidung nur der Leiter der Staatsanwaltschaft und die ihm vorgesetzten Stellen Mitteilung machen. Nach der Rechtswirksamkeit der Beendigung des Ermittlungsverfahrens oder nach der gerichtlichen Entscheidung wird durch die bloße Mitteilung darüber, dass, von welcher Stelle und in welche Richtung eine Weisung zur Sachbehandlung erteilt worden ist, die Pflicht zur Amtsverschwiegenheit nicht verletzt. Gleiches gilt für die mündliche Erörterung der Sachbehandlung gemäß §§ 29 Abs. 2 und 29a Abs. 2.

(BGBl I 2007/112)

Abschnitt VI

GESCHÄFTSGANG DER STAATSANWALTSCHAFTEN

Verkehr mit dem Gericht

§ 32. (1) Die Staatsanwälte stellen in Verhandlungen und Sitzungen ihre Anträge mündlich, sonst in der Regel schriftlich. In gleicher Weise geben sie zu Anträgen eines Verfahrensbeteiligten oder auf Anfragen des Gerichtes Erklärungen ab.

(2) Die Vertretung der Anklage in der Hauptverhandlung ist, soweit dies im Interesse einer zweckmäßigen Strafverfolgung gelegen ist, nach Möglichkeit jenem Staatsanwalt zu übertragen, der mit der Sache bis dahin vorwiegend befaßt war.

(3) Die Vertretung der Anklage in der Hauptverhandlung vor dem Bezirksgericht oder vor dem Einzelrichter des Landesgerichtes sowie die Vertretung im Rechtsmittelverfahren vor dem Landesgericht kann auch Richteramtsanwärtern, die die Richteramtsprüfung noch nicht abgelegt haben, übertragen werden. Richteramtsanwärtern nach bestandener Richteramtsprüfung kann überdies die Vertretung der Anklage vor dem Landesgericht als Schöffengericht sowie die Vertretung im Rechtsmittelverfahren vor dem

Oberlandesgericht übertragen werden. *(BGBl I 2010/111)*

Einsicht in die Gerichtsakten

§ 33. Alle staatsanwaltschaftlichen Behörden sind berechtigt, zur Wahrnehmung ihrer Aufgaben in die gerichtlichen Akten Einsicht zu nehmen und Auskünfte über deren Inhalt einzuholen. In Beratungsprotokolle darf jedoch nur dann Einsicht genommen werden, wenn dies zur Prüfung einer behaupteten Gesetzesverletzung erforderlich ist.

Tagebuch

§ 34. (1) Für jede Strafsache soll bei den Staatsanwaltschaften ab Einbringen der Anklage nach Maßgabe des § 34a ein Tagebuch geführt werden. Der Leiter kann jedoch für bestimmte Fälle anordnen, dass Tagebücher auch für das Ermittlungsverfahren zu führen sind. *(BGBl I 2009/98)*

(2) Die Gründe für das Absehen von der Einleitung eines Ermittlungsverfahrens (§ 35c), die Einstellung, Abbrechung und Fortführung des Ermittlungsverfahrens, für eine diversionelle Erledigung, die Zurückziehung eines Strafantrags, einer Anklage sowie eines Antrags auf Unterbringung in einer Anstalt für geistig abnorme Rechtsbrecher sind in das Tagebuch einzutragen. *(BGBl I 2015/96)*

(3) Von Strafanträgen, Anklageschriften, Anträgen auf Unterbringung in einer Anstalt für geistig abnorme Rechtsbrecher und Rechtsmittelschriften ist die Urschrift, von Berichten und Anordnungen von Zwangsmaßnahmen eine Ausfertigung dem Tagebuch anzuschließen. Die Ergebnisse der Hauptverhandlung sowie allfällige Rechtsmittelerklärungen sind im Tagebuch festzuhalten.

(4) Bei Einbringung eines Strafantrages sind Umstände, die für die Anklageerhebung, die Beweisführung und die Strafzumessung wichtig sind, stichwortartig zu vermerken.

(BGBl I 2007/112)

Register, sonstige Geschäftsbehelfe und elektronischer Rechtsverkehr

§ 34a. (1) Bei jeder Staatsanwaltschaft sind Register und sonstige Geschäftsbehelfe zu führen, um einen Überblick über die Gesamtheit der angefallenen Sachen, deren Auffindbarkeit und den Stand der einzelnen Angelegenheiten zu bieten, die für die Erledigung der einzelnen Strafsache nötige Übersicht zu erhalten und zugleich die unentbehrlichen Anhaltspunkte für die Überwachung des gesamten Geschäftsganges und der Vollziehung der einzelnen staatsanwaltschaftlichen Verfügungen, Anträge, Anordnungen und Aufträge zu sichern. *(BGBl I 2007/112)*

(2) In die Register und Geschäftsbehelfe sowie Tagebücher und Ermittlungsakten dürfen nur solche Daten aufgenommen werden, die erforderlich sind, um den Zweck des Registers, Geschäftsbehelfs, Tagebuchs oder Ermittlungsakts zu erfüllen. Die Führung der Register, Tagebücher, Ermittlungsakten und sonstigen Geschäftsbehelfe sowie die Speicherung des Inhalts der Ermittlungsakten, Aktenbestandteile, staatsanwaltschaftlichen Tagebücher, Behelfe und sonstigen Unterlagen haben nach Maßgabe der technischen und personellen Möglichkeiten mit Hilfe der Verfahrensautomation Justiz zu erfolgen. Die Daten der Register und sonstigen Geschäftsbehelfe haben den Inhalt der Ermittlungsakten bzw. Tagebücher und der sonstigen Geschäftsbehelfe vollständig wiederzugeben. *(BGBl I 2007/112; BGBl I 2015/96)*

(2a) § 85 GOG gilt sinngemäß. Die Entscheidung über eine Beschwerde obliegt

1. wegen einer Verletzung durch ein Organ der Staatsanwaltschaft dem Einzelrichter des Landesgerichts (§ 31 Abs. 1 StPO),

2. wegen einer Verletzung durch ein Organ der Oberstaatsanwaltschaft dem Oberlandesgericht und

3. wegen einer Verletzung durch ein Organ der Generalprokuratur dem Obersten Gerichtshof.

Das Verfahren richtet sich nach den Bestimmungen der StPO, sofern im Gerichtsorganisationsgesetz – GOG, RGBl. Nr. 217/1896, nichts anderes bestimmt ist. *(BGBl I 2018/32)*

(3) Der Bundesminister für Justiz hat durch Verordnung zu bestimmen, welche Register und Geschäftsbehelfe bei den staatsanwaltschaftlichen Behörden zu führen sowie welche Gattungen von Angelegenheiten darin einzutragen sind, welche Organe sie zu führen haben und wie lange sie aufzubewahren oder verfügbar zu halten sind. Die Form und Einrichtung der Register und Geschäftsbehelfe und wie bei deren Führung im Einzelnen zu verfahren ist, ist im VJ-Online-Handbuch oder in sonstigen Erlässen zu regeln. Das VJ-Online-Handbuch ist in der jeweils aktuellen Fassung über die Intranethomepage der Justiz abrufbar zu halten; die sonstigen Erlässe sind dort zu verlautbaren.

(4) Soweit Behörden oder Beteiligten ein Recht auf Einsicht in den Ermittlungsakt oder das Tagebuch zusteht, haben sie nach Maßgabe der vorhandenen technischen Möglichkeiten Anspruch darauf, Ablichtungen oder Ausdrucke der ihre Sache betreffenden Akten und Aktenteile zu erhalten. Den Genannten kann unter Bedachtnahme auf eine einfache und sparsame Verwaltung sowie eine ausreichende Sicherung vor Missbrauch durch dritte Personen auch elektronische Einsicht in sämtliche nach den Vorschriften der StPO oder dieses Gesetzes zugänglichen, ihre Sache betreffenden Daten, die in der Verfahrensautomation Justiz

StAG

gespeichert sind, ermöglicht werden. *(BGBl I 2007/112)*

(5) Für den elektronischen Rechtsverkehr mit den Staatsanwaltschaften sind die §§ 89a bis 89g GOG anzuwenden.

(6) Im staatsanwaltschaftlichen Bereich sind das Bundesministerium für Verfassung, Reformen, Deregulierung und die jeweils verfahrensführende Staatsanwaltschaft, die Oberstaatsanwaltschaft oder die Generalprokuratur als für die Verarbeitung von Daten Verantwortliche zu betrachten. Soweit den Verantwortlichen Rechte und Pflichten nach der StPO treffen, sind diese von der jeweils verfahrensführenden Staatsanwaltschaft, der Oberstaatsanwaltschaft oder der Generalprokuratur wahrzunehmen. *(BGBl I 2018/32)*

(BGBl I 2005/119)

Haftung für IT-Einsatz

§ 34b. (1) Für die durch den Einsatz der Informations- und Kommunikationstechnik verursachten Schäden aus Fehlern bei der Führung staatsanwaltschaftlicher Geschäfte einschließlich der Justizverwaltungsgeschäfte sowie der dafür notwendigen Register und sonstigen Geschäftsbehelfe und der öffentlichen Register haftet der Bund. Die Haftung ist ausgeschlossen, wenn der Schaden durch ein unabwendbares Ereignis verursacht wird, das weder auf einem Fehler in der Beschaffenheit noch auf einem Versagen der Mittel der automationsunterstützten Datenverarbeitung beruht. Im Übrigen ist das Amtshaftungsgesetz, BGBl. Nr. 20/1949, anzuwenden.

(2) Bei der elektronischen Übermittlung von Eingaben und Erledigungen haftet der Bund nach Abs. 1, sofern der Fehler entstanden ist

1. bei Daten, die an die Staatsanwaltschaft übermittelt worden sind, ab ihrem Einlangen bei der Bundesrechenzentrum GmbH;

2. bei Daten, die von der Staatsanwaltschaft zu übermitteln sind, bis zu ihrem Einlangen im Verfügungsbereich des Empfängers.

(BGBl I 2005/119)

Ermittlungsakt

§ 34c. (1) Sobald in einem Ermittlungsverfahren der Staatsanwaltschaft gemäß § 100 StPO berichtet wurde, hat die Staatsanwaltschaft einen Ermittlungsakt nach den Bestimmungen der DV-StAG anzulegen, es sei denn, dass ein Verfahren ohne weitere Ermittlungen unverzüglich gemäß § 197 Abs. 2 oder 2a StPO abgebrochen oder gemäß §§ 190 bis 192 StPO eingestellt wird. Dieser Ermittlungsakt ist im Fall von Anträgen gemäß § 101 Abs. 2 StPO, von Stellungnahmen im Verfahren über Beschwerden (§§ 88 und 89 StPO), auf Grund eines Einspruchs wegen Rechtsverlet-

zung (§ 106 StPO), auf Einstellung des Verfahrens (§ 108 StPO) oder auf Fortführung des Verfahrens (§ 195 StPO) sowie mit Einbringen der Anklage dem Gericht zu übermitteln. *(BGBl I 2009/40)*

(2) Im Ermittlungsverfahren wegen Straftaten, für die im Hauptverfahren das Bezirksgericht zuständig wäre, kann von der Führung eines Ermittlungsaktes abgesehen werden. Ein Ermittlungsakt ist jedoch jedenfalls anzulegen, sobald ein Antrag an das Gericht oder Anklage (Strafantrag) eingebracht wird. *(BGBl I 2009/40)*

(3) Die näheren Vorschriften zur Einstufung von Ermittlungsakten und der zugehörigen Tagebücher (§ 16 DV-StAG) als Verschlusssache sowie deren Behandlung hat der Bundesminister für Justiz durch Verordnung zu bestimmen. *(BGBl I 2014/71)*

(BGBl I 2007/112)

Einsicht in Behelfe und Unterlagen der staatsanwaltschaftlichen Behörden

§ 35. (1) Das Recht auf Einsicht in Tagebücher steht unbeschadet der nachstehenden Bestimmungen nur Staatsanwaltschaften und dem Bundesministerium für Justiz sowie im erforderlichen Umfang jenen Behörden zu, die mit einem Straf- oder Disziplinarverfahren gegen einen Staatsanwalt oder mit einem Verfahren nach dem Amtshaftungsgesetz, BGBl. Nr. 20/1949, gegen den Bund wegen behaupteter Rechtsverletzung eines Organs einer Staatsanwaltschaft befaßt sind. *(BGBl I 2004/164; BGBl I 2007/112)*

(2) Gesetzliche Bestimmungen, wonach einer gesetzgebenden Körperschaft oder der Volksanwaltschaft ein Recht auf Einsicht in Tagebücher zusteht, bleiben unberührt.

(3) Darüber hinaus kann das Bundesministerium für Justiz oder die Oberstaatsanwaltschaft zum Zwecke der wissenschaftlichen Forschung oder aus anderen vergleichbar wichtigen Gründen Einsicht in Tagebücher gestatten. In diesem Fall soll die Einsicht nicht gewährt werden, bevor seit Zurücklegung der Anzeige oder sonstiger Beendigung des Verfahrens zehn Jahre vergangen sind.

(4) Die Einsicht in den staatsanwaltschaftlichen Ermittlungsakt und diesem angeschlossene Berichte über kriminalpolizeiliche und andere Ermittlungen und Beweisaufnahmen richtet sich ausschließlich nach den Bestimmungen der StPO. *(BGBl I 2007/112)*

(5) Die vorstehenden Bestimmungen stehen den Verständigungspflichten nach § 195 StPO nicht entgegen, sofern ein begründetes rechtliches Interesse an der Auskunft besteht. *(BGBl I 2007/112)*

§ 35a. (1) Nach Maßgabe der personellen und technischen Voraussetzungen sind die Bestimmungen des Bundesgesetzes über den Obersten Gerichtshof, BGBl. Nr. 328/1968, und des Gerichtsorganisationsgesetzes, RGBl. Nr. 217/1896, über die allgemeine Zugänglichkeit von Entscheidungen auch auf Entscheidungen der Staatsanwaltschaften über die Einstellung des Ermittlungsverfahrens nach dem 10. und 11. Hauptstück der StPO, soweit sie von besonderem öffentlichen Interesse sind oder besondere für die Beurteilung gleichgelagerter Verfahren bedeutsame rechtliche Ausführungen beinhalten, sinngemäß anzuwenden. Eine Veröffentlichung hat in der Ediktsdatei zu erfolgen und ist durch die Oberstaatsanwaltschaft anzuordnen. *(BGBl I 2014/71)*

(2) Nach drei Jahren ab Veröffentlichung sind die Entscheidungen aus der Ediktsdatei zu löschen. *(BGBl I 2014/71)*

(BGBl I 2010/108)

Information der Medien

§ 35b. (1) Den Staatsanwaltschaften obliegt die Information der Medien (§ 1 MedienG) über die von ihnen geführten Ermittlungsverfahren nach Maßgabe der nachstehenden Absätze unter Berücksichtigung des Interesses der Öffentlichkeit an sachlicher Information über Verfahren von öffentlicher Bedeutung im Wege der bei ihnen eingerichteten Medienstellen.

(2) Eine Information der Medien ist nur zulässig, wenn durch ihren Zeitpunkt und Inhalt die Persönlichkeitsrechte der betroffenen Personen, der Grundsatz der Unschuldsvermutung sowie der Anspruch auf ein faires Verfahren nicht verletzt werden.

(3) Auskünfte sind nicht zu erteilen, soweit schutzwürdige Geheimhaltungsinteressen, insbesondere die Interessen und Rechte der Opfer von Straftaten und ihr Anspruch auf staatlichen Schutz vor weiterer Beeinträchtigung sowie der Schutz vor Bekanntgabe der Identität nach Maßgabe der Bestimmungen der §§ 7 bis 7b MedienG und des Verbots der Veröffentlichung nach § 54 StPO entgegenstehen oder ihr Inhalt als verbotene Veröffentlichung im Sinne des § 301 StGB zu würdigen wäre. Gleiches gilt, wenn durch die Auskunft der Zweck des Ermittlungsverfahrens gefährdet wäre.

(4) Die Bestimmungen der vorstehenden Absätze sind auch auf Auskünfte über das Verhalten oder Anträge der Staatsanwaltschaften im Haupt- und Rechtsmittelverfahren anzuwenden.

(BGBl I 2014/71)

Absehen von der Einleitung eines Ermittlungsverfahrens

§ 35c. Die Staatsanwaltschaft hat von der Einleitung eines Ermittlungsverfahrens abzusehen, sofern kein Anfangsverdacht (§ 1 Abs. 3 StPO) besteht. Davon ist der Anzeiger zu verständigen,

wobei er darauf hinzuweisen ist, dass ein Antrag auf Fortführung gemäß § 195 StPO nicht zusteht. Die Bestimmungen des § 5 Abs. 4 und 5 sowie §§ 8 f und §§ 25 bis 27 StPO gelten sinngemäß.

(BGBl I 2014/71)

Abschnitt VII
AUFSICHTSRECHT

Dienstaufsicht

§ 36. (1) Die Oberstaatsanwaltschaften haben in Ausübung ihres Aufsichtsrechtes den Geschäftsgang der ihnen unterstellten Staatsanwaltschaften regelmäßig durch geeignete Maßnahmen und wenigstens alle vier Jahre durch unmittelbare Einschau zu überprüfen.

(2) Die Dienstaufsicht des Bundesministeriums für Justiz gegenüber staatsanwaltschaftlichen Behörden richtet sich nach § 4 Abs. 1 und 2 des Bundesministeriengesetzes 1986.

Aufsichtsbeschwerden

§ 37. (1) Beschwerden gegen einen Staatsanwalt wegen seiner Amtsführung können bei jeder ihm vorgesetzten Stelle eingebracht werden. Wird die Beschwerde nicht bei der dem Staatsanwalt unmittelbar vorgesetzten Stelle eingebracht, so ist sie in der Regel dieser, wenn erforderlich mit einem Berichtsauftrag, zur weiteren Amtshandlung zu übermitteln.

(2) Alle nicht offenbar unbegründeten Beschwerden sind dem betroffenen Staatsanwalt mit der Aufforderung mitzuteilen, binnen bestimmter Frist der Beschwerde abzuhelfen und darüber zu berichten oder die entgegenstehenden Hindernisse bekannt zu geben.

Abschnitt VIII
Mitwirkung der Staatsanwaltschaften in bürgerlichen Rechtssachen

§ 38. (1) Soweit den Staatsanwaltschaften Aufgaben im Zusammenhang mit bürgerlichen Rechtssachen obliegen, sind die Vorschriften dieses Gesetzes sinngemäß anzuwenden. Bezirksanwälte sind mit Tätigkeiten in bürgerlichen Rechtssachen nicht zu betrauen. *(BGBl I 2007/112)*

(2) Die Vertretung der Staatsanwaltschaft in einem Verfahren vor dem Bezirksgericht kann auch durch Richteramtsanwärter erfolgen. *(BGBl I 2007/112)*

Abschnitt IX
Staatsanwälte im Bundesministerium für Justiz

§ 39. *(aufgehoben samt Überschrift, BGBl I 2007/96)*

StAG

Abschnitt X

Gleichbehandlung

§ 40. Die in diesem Bundesgesetz verwendeten personenbezogenen Ausdrücke umfassen Frauen und Männer gleichermaßen.

(BGBl 1994/507)

Abschnitt XI

Schlußbestimmungen

Verweisungen auf andere Bundesgesetze

§ 41. Soweit in diesem Bundesgesetz auf andere Bundesgesetze verwiesen wird, sind diese in der jeweils geltenden Fassung anzuwenden.

(BGBl 1994/507)

Inkrafttreten

§ 42. (1) Dieses Bundesgesetz tritt mit 1. Juli 1986 in Kraft.

(2) Es treten, jeweils in der Fassung des Bundesgesetzes BGBl. Nr. 507/1994, in Kraft:

1. Die §§ 6a, 40 und 41 mit 1. Juli 1994,

2. die §§ 13 und 21 Abs. 4 mit 1. Jänner 1995 und

3. § 39 mit 1. Jänner 1996.

(3) § 22 Abs. 2 in der Fassung des Bundesgesetzes BGBl. I Nr. 30/1998 tritt mit 1. Jänner 1998 in Kraft.

(4) § 5 Abs. 1 bis 5, § 6 Abs. 1 und 2, § 12 und § 13 Abs. 1 und 2 in der Fassung des Bundesgesetzes BGBl. I Nr. 5/1999 treten mit 1. Jänner 1999 in Kraft.

(5) § 35 Abs. 1 in der Fassung des Bundesgesetzes BGBl. I Nr. 164/2004, tritt mit 1. Jänner 2005 in Kraft. *(BGBl I 2004/164)*

(6) Die §§ 13 Abs. 2, 34a und 34b in der Fassung des Bundesgesetzes BGBl. I Nr. 119/2005 treten mit 1. Jänner 2006 in Kraft. § 13 Abs. 2 tritt mit 31. Dezember 2007 wieder außer Kraft. *(BGBl I 2005/119; BGBl I 2007/96)*

(7) *(aufgehoben, BGBl I 2007/96)*

(8) § 3, in der Fassung des Bundesgesetzes BGBl. I Nr. 96/2007, § 42 Abs. 6 letzter Satz, der Entfall des § 42 Abs. 7 in der Fassung des Bundesgesetzes BGBl. I Nr. 53/2007 und der Abschnitte IV und IX jeweils samt Überschrift treten mit 1. Jänner 2008 in Kraft. *(BGBl I 2007/96)*

(9) Die Überschriften der Abschnitte I bis III und VIII und die Bestimmungen der §§ 1 bis 2, 3 bis 8a, 10 Abs. 2, 10a, 29 bis 32, 34, 34a, 34c, 35 und 38 sowie der Entfall der Bestimmungen der §§ 10 Abs. 1 und 11 in der Fassung des Bundesgesetzes BGBl. I Nr. 112/2007, treten mit 1. Jänner 2008 in Kraft. *(BGBl I 2007/112; BGBl I 2009/40)*

(10) Die Bestimmungen des § 2a in der Fassung des Bundesgesetzes BGBl. I Nr. 112/2007, treten mit 1. Jänner 2009 in Kraft. Administrative Vorbereitungsmaßnahmen für die Einrichtung der KStA können bereits mit Kundmachung dieses Bundesgesetzes getroffen werden. *(BGBl I 2007/112; BGBl I 2009/40)*

(11) Die Bestimmungen der §§ 34 Abs. 1 und 34c in der Fassung des Bundesgesetzes, BGBl. I Nr. 40/2009 treten am 1. Juni 2009 in Kraft. *(BGBl I 2009/40)*

(12) Die Bestimmung des § 34 Abs. 1 in der Fassung des Bundesgesetzes BGBl. I Nr. 52/2009 tritt am XX.XXXX 2009 in Kraft.[1] *(BGBl I 2009/52)*

(13) Die Bestimmungen der §§ 2a Abs. 1, Abs. 2 und Abs. 4, 5 Abs. 4 und Abs. 5, 8 Abs. 1, Abs. 3 und Abs. 4, 8a Abs. 1 und Abs. 3, 10a Abs. 1 sowie § 34 Abs. 1 in der Fassung des Bundesgesetzes BGBl I Nr. 98/2009 treten mit 1. September 2009 in Kraft. *(BGBl I 2009/98)*

(14) §§ 2a und 35a in der Fassung des Bundesgesetzes BGBl. I Nr. 108/2010 treten mit 1. September 2011 in Kraft. Ab diesem Zeitpunkt werden die der KStA durch § 2a in der Fassung vor Inkrafttreten des Bundesgesetzes BGBl. I Nr. 108/2010 übertragenen Aufgaben durch die WKStA übernommen. *(BGBl I 2010/108)*

(15) § 32 Abs. 3 in der Fassung des Budgetbegleitgesetzes 2011, BGBl. I Nr. 111/2010, tritt mit 1. Jänner 2011 in Kraft. *(BGBl I 2010/111)*

(16) § 5 Abs. 5 in der Fassung des Bundesgesetzes BGBl. I Nr. 66/2011 tritt mit 1. April 2012 in Kraft. *(BGBl I 2011/66)*

(17) *(aufgehoben, BGBl I 2016/28)*

(18) § 34c Abs. 3 in der Fassung des Bundesgesetzes BGBl. I Nr. 71/2014 tritt mit dem der Kundmachung folgenden Tag, die §§ 5 Abs. 5, 6 Abs. 2, 8a Abs. 4, 35a Abs. 1 und 2, 35b und 35c in der Fassung des Bundesgesetzes BGBl. I Nr. 71/2014 treten mit 1. Jänner 2015 in Kraft. *(BGBl I 2014/71)*

(19) Die §§ 2a Abs. 3 und 6, 3 Abs. 2, 6 Abs. 3 und 4, 8 Abs. 1, 1a, 2 und 3, 8a Abs. 1 und 2, 10 Abs. 3, 29 Abs. 2, 29a Abs. 1 und 1a, 29b, 29c und 34a Abs. 2 in der Fassung des Bundesgesetzes BGBl. I Nr. 96/2015 treten mit 1.1.2016 in Kraft. *(BGBl I 2015/96)*

(20) § 10a Abs. 1 und 2 in der Fassung des Bundesgesetzes BGBl. I Nr. 27/2018 treten mit 1. April 2020 in Kraft und mit Ablauf des 31. März 2025 wieder außer Kraft. *(BGBl I 2018/27)*

(20)[2] § 34a Abs. 2 und 6 in der Fassung des Materien-Datenschutz-Anpassungsgesetzes 2018,

BGBl. I Nr. 32/2018, tritt mit 25. Mai 2018 in Kraft. *(BGBl I 2018/32)*

(BGBl 1994/507; BGBl I 1998/30; BGBl I 1999/5)

---

[1] *BGBl I 2009/52 wurde am 17. 6. 2009 kundgemacht.*
[2] *Redaktionsversehen: Abs 20 doppelt vergeben.*

Vollziehung

§ 43. (1) Mit der Vollziehung dieses Bundesgesetzes ist der Bundesminister für Justiz betraut.

(2) Der Bundesminister für Justiz hat die zur Vollziehung dieses Bundesgesetzes erforderlichen Vorschriften, insbesondere über die innere Einrichtung und die Geschäftsführung der staatsanwaltschaftlichen Behörden, über die Geschäftsführung der Personalkommissionen sowie über die Beschaffenheit, das Tragen und die Tragdauer des Amtskleides der Staatsanwälte, durch Verordnung zu erlassen.

(BGBl 1994/507)

StAG

11/1. Verordnung zur Durchführung des Staatsanwaltschaftsgesetzes (DV-StAG)

BGBl 1986/338 idF

1 BGBl II 2001/331
2 BGBl II 2007/396
3 BGBl II 2010/300
4 BGBl II 2010/330
5 BGBl II 2011/150

6 BGBl II 2013/204
7 BGBl II 2015/388
8 BGBl II 2016/325
9 BGBl II 2022/14

STICHWORTVERZEICHNIS
zur DV-StAG

StAG

Verordnung des Bundesministers für Justiz vom 16. Juni 1986 zur Durchführung des Staatsanwaltschaftsgesetzes (DV-StAG)

Auf Grund des Art. VII des Staatsanwaltschaftsgesetzes, BGBl. Nr. 164/1986, wird verordnet:

Artikel I

ERSTER ABSCHNITT

Anwendungsbereich

§ 1. Die Vorschriften dieser Verordnung sind, soweit im folgenden nichts anderes bestimmt ist, auf die Staatsanwaltschaften im Sinne der §§ 2 Abs. 1 und 2a des Staatsanwaltschaftsgesetzes und deren Organe anzuwenden. *(BGBl II 2007/396)*

Geltung der Geschäftsordnung für die Gerichte

§ 2. Die Geschäftsordnung für die Gerichte erster und zweiter Instanz (Geo.) findet in der jeweils geltenden Fassung auf die Staatsanwaltschaften unmittelbar oder sinngemäß Anwendung, soweit diese Vorschriften nicht nur auf die Gerichte anwendbar sind oder in der Strafprozeßordnung, im Staatsanwaltschaftsgesetz oder in dieser Verordnung nichts anderes bestimmt ist. *(BGBl II 2007/396)*

ZWEITER ABSCHNITT

Aufgaben und innere Einrichtung der Staatsanwaltschaften und Oberstaatsanwaltschaften

Besondere Aufgaben der Leiter der Staatsanwaltschaften

§ 3. Die Leiter der Staatsanwaltschaften haben im Rahmen ihrer allgemeinen, dienstrechtlich bestimmten Leitungsaufgaben insbesondere dafür Sorge zu tragen, daß sie über den Anfall aller wichtigen, schwierigen oder außergewöhnlichen Strafsachen, auch soweit diese nicht unter § 8 StAG fallen, unverzüglich unterrichtet werden und daß in solchen Strafsachen vor ihrer Unterrichtung tunlichst keine Verfügung getroffen wird. *(BGBl II 2007/396)*

Referate und Gruppen

§ 4. (1) Zum Zwecke der Verteilung der staatsanwaltschaftlichen Geschäfte haben die Leiter der Staatsanwaltschaften Referate zu bilden, denen bestimmte Tätigkeitsbereiche zugewiesen werden. *(BGBl II 2007/396)*

(2) Die staatsanwaltschaftlichen Geschäfte sind nach dem Anfangsbuchstaben des Familiennamens des Angezeigten (Erstangezeigten), Verdächtigen (Erstverdächtigen) oder Beschuldigten (Erstbeschuldigten) oder mit Rücksicht auf den Tatort nach örtlich abgegrenzten Gebieten oder unter Zugrundelegung eines festen Verteilungsschlüssels, gegebenenfalls unter Verwendung eines zufallsabhängigen elektronischen Verteilungssystems, auf die Referate zu verteilen. In Verfahren gegen unbekannte Täter hat die Zuteilung der Akten in den Registern BAZ und UT (§ 18 Abs. 1 Z 3 und 4) zu einem bestimmten Referat jedenfalls unter Verwendung eines zufallsabhängigen elektronischen Verteilungssystems zu erfolgen. *(BGBl II 2007/396; BGBl II 2011/150; BGBl II 2015/388)*

(3) Wenn es zweckmäßig ist, haben die Leiter der Staatsanwaltschaften staatsanwaltschaftliche Geschäfte bestimmter Art in einem Referat zu vereinigen. Bestimmte staatsanwaltschaftliche Geschäfte, insbesondere Jugend-, Militär-, Suchtmittel-, Umwelt- und Wirtschaftsstrafsachen, Auslieferungs- und Mediensachen sowie Strafsachen nach dem Verbotsgesetz, wegen staatsfeindlicher Bewegung (§ 247a StGB), religiös motivierter extremistischer Verbindung (§ 247b StGB), Verhetzung (§ 283 StGB) oder wegen terroristischer Vereinigung (§ 278b StGB), terroristischer Straftaten (§ 278c StGB), Terrorismusfinanzierung (§ 278d StGB), nach den §§ 278e bis 278g StGB oder § 282a StGB („*extremistische Strafsachen*") oder nach dem fünfundzwanzigsten Abschnitt des Besonderen Teils des StGB („Völkermord, Verbrechen gegen die Menschlichkeit, Kriegsverbrechen"), ferner die Mitwirkung in Verfahren über bedingte Entlassungen und in bürgerlichen Rechtssachen sollen jeweils einem Staatsanwalt (§ 3 StAG), bei großem Umfang der Geschäfte mehreren Staatsanwälten übertragen werden. *(BGBl II 2007/396; BGBl II 2016/325; BGBl II 2022/14)*

(3a) Bei Staatsanwaltschaften mit zumindest zehn systemisierten staatsanwaltschaftlichen Planstellen hat der Leiter der Staatsanwaltschaft

1. die Bearbeitung von Verfahren wegen Gewalt im sozialen Nahraum (Gewalt in der Familie, Gewalt an Kindern),

2. die Bearbeitung von Verfahren wegen staatsfeindlicher Bewegung (§ 247a StGB) und religiös motivierter extremistischer Verbindung (§ 247b StGB) sowie wegen terroristischer Vereinigung (§ 278b StGB), terroristischer Straftaten (§ 278c StGB), Terrorismusfinanzierung (§ 278d StGB), nach den §§ 278e bis 278g StGB oder § 282a StGB („*terroristische Strafsachen*") sowie

3. die Mitwirkung bei der Bearbeitung vermögensrechtlicher Anordnungen

jeweils einem oder mehreren besonders geschulten Staatsanwälten zu übertragen. *(BGBl II 2007/396; BGBl II 2022/14)*

(4) Die Referate sind mit fortlaufenden Zahlen und die nach § 5 Abs. 3 StAG zu bildenden Gruppen mit Großbuchstaben zu bezeichnen. *(BGBl II 2007/396)*

Geschäftsverteilung

§ 5. (1) Die Übertragung bestimmter Geschäfte zur selbständigen Behandlung (§ 5 Abs. 4 StAG) ist vom Leiter der Staatsanwaltschaft jeweils in der Geschäftsverteilung auszuweisen. In der nach § 6 Abs. 6 StAG anzuschlagenden Geschäftsverteilungsübersicht ist die Übertragung bestimmter Geschäfte zur selbständigen Behandlung nicht im Einzelnen anzuführen. *(BGBl II 2007/396)*

(2) In der Geschäftsverteilung ist für den Fall der Abwesenheit oder sonstigen Verhinderung der Staatsanwälte die Stellvertretung zu regeln. Als Vertreter des Leiters der Staatsanwaltschaften ist sein Erster Stellvertreter anzuführen. Gruppenleiter werden durch andere Gruppenleiter vertreten, sofern nicht der Leiter der Staatsanwaltschaften diese Aufgabe selbst wahrnimmt oder seinen Ersten Stellvertreter mit der Wahrnehmung betraut. Alle übrigen Staatsanwälte werden durch andere Staatsanwälte vertreten. *(BGBl II 2007/396)*

Geschäftsstelle

§ 6. (1) Die Geschäftsstellen der Staatsanwaltschaften und Oberstaatsanwaltschaften sind mit den hiefür erforderlichen Beamten und Vertragsbediensteten auszustatten; sie werden von Vorstehern geleitet. Die Zuweisung der Beamten und Vertragsbediensteten erfolgt durch den Leiter der Oberstaatsanwaltschaft. *(BGBl II 2007/396)*

(2) Bei größeren Staatsanwaltschaften kann die Geschäftsstelle in Geschäftsabteilungen untergliedert werden. In diesem Falle ist der Dienst der Geschäftsstelle so zu teilen, daß zu mehreren Referaten je eine Geschäftsabteilung gehört.

Dienstaufsicht und innere Revision bei Staatsanwaltschaften

§ 7. (1) Die Oberstaatsanwaltschaften haben alljährlich bis 20. Jänner einen Einschauplan unter Angabe der für die Durchführung vorgesehenen Personen dem Bundesministerium für Justiz vorzulegen. Die Einschau kann entweder durch den Leiter der Oberstaatsanwaltschaft selbst oder durch einen seiner ernannten Stellvertreter vorgenommen werden.

(2) Bei jeder Staatsanwaltschaft muß wenigstens alle vier Jahre eine Einschau vorgenommen werden. Diese Einschau soll womöglich eine Gesamteinschau, zumindest muß sie eine Teileinschau sein.

(3) Eine Gesamteinschau soll durch Einsicht in den Bericht über die letzte Einschau und in die aus diesem Anlaß an die Staatsanwaltschaft ergangenen Erlässe vorbereitet werden und eine, zumindest stichprobenweise, genaue Prüfung der Ermittlungsakten, Tagebücher, der Register, der Namensverzeichnisse und der sonstigen Geschäftsbehelfe sowie der von der Staatsanwaltschaft erstatteten Berichte über Geschäftsanfall und Personaleinsatz umfassen. *(BGBl II 2007/396)*

(4) Eine Teileinschau kann sich schwerpunktmäßig auf einzelne der im Abs. 3 festgelegten Prüfungsaufgaben beschränken.

(5) Die wesentlichen Ergebnisse der Einschau sollen unmittelbar nach Abschluß der Einschau mit dem Leiter der Staatsanwaltschaft und den einzelnen Staatsanwälten erörtert werden (Abschlußbesprechung).

(6) Die Oberstaatsanwaltschaft hat die nach dem Ergebnis der Einschau notwendigen dringlichen Maßnahmen sofort zu treffen, soweit diese aber nicht in ihren Wirkungsbereich fallen, durch entsprechende Anträge in die Wege zu leiten.

(7) Über die Ergebnisse der Einschau ist binnen fünf Wochen, bei einer Gesamteinschau in Staatsanwaltschaften mit mehr als zehn ernannten Staatsanwälten binnen zehn Wochen ein Bericht an das Bundesministerium für Justiz zu erstatten. Der Bericht über eine Gesamteinschau soll ein umfassendes Bild vom Geschäftsgang und von der Geschäftsführung bei der untersuchten Staatsanwaltschaft geben. Der Bericht über eine Teileinschau soll ein solches Bild über den untersuchten Bereich vermitteln. Im Bericht sind die auf Grund des Einschauergebnisses bereits getroffenen Maßnahmen anzuführen und allenfalls erforderliche weitere Verfügungen anderer Dienststellen zu beantragen. Über die Tätigkeit der einzelnen Staatsanwälte und der einzelnen Bediensteten der Geschäftsstelle sind Äußerungen abzugeben. Diese Äußerungen sind dem Bericht als Beilagen anzuschließen.

(8) Mit dem Bericht ist der Entwurf eines Erlasses (zweifach) vorzulegen, mit dem der untersuchten Staatsanwaltschaft das Ergebnis der Einschau zur Kenntnis gebracht und die Berichterstattung zur Behebung der vorgefundenen Mängel binnen angemessener Frist aufgetragen wird. Nach der Genehmigung des Entwurfs durch das Bundesministerium für Justiz ist der Erlaß der Oberstaatsanwaltschaft an die untersuchte Staatsanwaltschaft abzufertigen.

(9) Die Dienstaufsicht des Bundesministeriums für Justiz sowie die innere Revision nach einer Revisionsordnung des Bundesministeriums für Justiz bleiben unberührt.

StAG

DRITTER ABSCHNITT

Behandlung der Strafsachen

Besondere Bestimmungen über die Behandlung von Berichten und Anzeigen

§ 8. (1) Die Staatsanwaltschaft hat alle ihr zugehenden Anzeigen und Berichte wegen strafbarer Handlungen, deren Begehung nicht nur auf Verlangen des Opfers zu verfolgen ist, entgegenzunehmen und nach Maßgabe des § 34 Abs. 1 StAG ein Tagebuch und unter einem einen Ermittlungsakt (§ 34c StAG) anzulegen. Bei Erstberichten und Neuanzeigen ist aus dem Register mit Hilfe der Namenverzeichnisse zu ermitteln, ob gegen den oder die Angezeigten, Verdächtigen oder Beschuldigten bei dieser Staatsanwaltschaft bereits ein Strafverfahren anhängig und die gemeinsame Führung (§ 26 Abs. 1 StPO) möglich ist. Berichte, die einen oder mehrere Personen betreffen, gegen den oder die bereits ein Strafverfahren anhängig ist, sind zu diesem Verfahren zu nehmen. Sie sind nur dann im Register unter einer neuen Zahl einzutragen, wenn von vornherein klar ist, dass eine gemeinsame Verfahrensführung nicht oder nicht mehr möglich ist. *(BGBl II 2010/300; BGBl II 2015/388)*

(2) Werden Anzeigen mündlich vorgebracht, so hat der Staatsanwalt, wenn er sie für begründet hält oder wenn der Anzeiger darauf besteht, über die Anzeige einen Amtsvermerk aufzunehmen. Sodann ist gemäß § 4 Abs. 2 zu verfahren. Gleiches gilt, wenn Anzeigen samt Ermächtigung zur Verfolgung wegen strafbarer Handlungen, deren Begehung sonst nur auf Verlangen des Opfers verfolgt werden kann, gegen Jugendliche (§ 44 Abs. 1 des Jugendgerichtsgesetzes 1988) mündlich vorgebracht werden, wenn dies aus pädagogischen Gründen oder um berechtigter, über das Vergeltungsbedürfnis hinausgehender Interessen des Opfers willen geboten ist.

(3) Wird eine Anzeige fernmündlich erstattet, so ist zunächst dahin zu wirken, dass sie schriftlich ausgeführt, elektronisch übermittelt oder zu Protokoll gegeben werde. Ist ein solcher Versuch aussichts- oder erfolglos, so ist nach Abs. 2 vorzugehen.

(4) Fällt die weitere Behandlung einer Anzeige oder eines Berichts in die Zuständigkeit einer anderen Staatsanwaltschaft, so ist der Ermittlungsakt an diese abzutreten.

(BGBl II 2007/396)

Führung des Ermittlungsakts

§ 8a. (1) Wird ein Ermittlungsakt angelegt, so sind in diesem in einem Aktendeckel nach StPO-Form. A1 (rote Farbe) zu führenden Akt alle Berichte und Geschäftsstücke, die dieselbe Sache betreffen, auf Bogen und Blättern im amtlich eingeführten Papierausmaß zu vereinigen; Haftsachen sind mit dem Wort „Haft" zu kennzeichnen. Geschäftsstücke, die aus mehr als einem Bogen bestehen, sind zu heften. Es gilt der Grundsatz der Aktenbildung nach der Zeitfolge, der in einer Aktenübersicht (StPOForm. AÜ1) darzustellen ist. Werden Mappen gebildet (Abs. 7), so ist deren Gegenstand und Bezeichnung durch eine Mappenübersicht (StPOForm. MÜ1) auszuweisen.

(2) Der Aktendeckel des Ermittlungsaktes ist auf der Vorderseite

1. mit der Bezeichnung der zuständigen Staatsanwaltschaft, dem Aktenzeichen der Staatsanwaltschaft und des Gerichts, dem Namen und Geburtsdatum des Verdächtigen oder Beschuldigten, der gesetzlichen Kurzbezeichnung der zur Last gelegten Tat sowie dem Namen des Verteidigers zu versehen; *(BGBl II 2015/388)*

2. in Haftsachen mit dem Wort „Haft" in roter Farbe zu kennzeichnen, wobei der Zeitpunkt der Festnahme, des Ablaufs einer Haftfrist und das Ende der Untersuchungshaft jeweils unter Anführung des genauen Datums zu vermerken und stets zu aktualisieren sind (nach Beendigung der Haft ist dieser Vermerk zu streichen). Ausschreibungen zur Aufenthaltsermittlung oder zur Festnahme und deren Widerruf sind unter Angabe der entsprechenden Ordnungsnummer samt Seitenzahl einzutragen und bei Widerruf zu streichen.

3. in Verfahren wegen strafbarer Handlungen, zu deren Begehungszeit der Beschuldigte

a) Jugendlicher war, mit einem farbigen „J", oder

b) Junger Erwachsener war, mit einem farbigen „JE" zu kennzeichnen.

(3) Auf der Rückseite des Aktendeckels sind Vermerke (Name bzw. Aktenzahl und Datum) über den Anschluss von Privatbeteiligten, psychosoziale und juristische Prozessbegleitung, sonstige Vertreter (§ 73 StPO) sowie über Rechtsmittelentscheidungen, einschließlich gerichtlicher Entscheidungen über Anträge gemäß §§ 106, 108 und 195 StPO zu setzen.

(3a) Wird ein aus dem elektronischen Register erzeugtes Einlageblatt verwendet, so ist die Vorderseite des Aktendeckels mit der zuständigen Staatsanwaltschaft, dem Aktenzeichen der Staatsanwaltschaft und des Gerichts, und in Haftsachen mit dem Wort „Haft" in roter Farbe, sowie mit dem Namen und dem Geburtsdatum des festgenommenen Beschuldigten zu bezeichnen; Vermerke nach Abs. 2 Z 2 sind weiter zu führen. Auf der Rückseite des Aktendeckels können Vermerke entfallen. *(BGBl II 2010/300)*

(4) Auf der Innenseite des Aktendeckels sind die im Laufe des Verfahrens entstehenden Gebühren und Kosten sowie die Anordnung zu deren Auszahlung zu verzeichnen. Wenn in einem Ermittlungsverfahren Gegenstände oder Vermögens-

werte beschlagnahmt worden sind (§§ 109 Z 2, 115 StPO), ist der Vermerk „Beschlagnahme ON ..." (es folgt die Angabe der Ordnungsnummer, unter der die Gegenstände, das Verzeichnis der Gegenstände oder die Erlagsberichte der Verwahrungsstelle im Akt liegen, allenfalls nach Bezeichnung der Mappe) anzubringen; dieser Vermerk ist durchzustreichen, sobald über alle Gegenstände oder Vermögenswerte die notwendigen Anordnungen getroffen und durchgeführt sind.

(5) Jedes Geschäftsstück ist rechts oben mit der Ordnungsnummer (ON) und – soweit vorhanden – davor mit dem Buchstaben der entsprechenden Mappe zu versehen. Seiten sind innerhalb jeder Ordnungsnummer jeweils mit der Zahl „1" beginnend unter ausschließlicher Verwendung ungerader Zahlen für die Vorderseiten zu nummerieren. Eine durchgehende Nummerierung der Seiten des gesamten Aktes findet nicht statt. Das bei der ersten Vernehmung einer Person aufgenommene Protokoll ist bei einer späteren Vernehmung fortzusetzen, auch wenn inzwischen andere Aktenstücke zum Akt genommen worden sind.

(6) Für den Verkehr mit dem Gericht im Ermittlungsverfahren und für die Anordnungen gegenüber der Kriminalpolizei ist ein Anordnungs- und Bewilligungsbogen (§ 15a) zu führen.

(7) Berichte und Geschäftsstücke können je nach Umfang des Aktes nach thematischen Kriterien (zB Anordnungs- und Bewilligungsbogen, Haftangelegenheiten, Gebühren und Kosten, Berichte, Beweismittel, Verschlusssachen, etc.) in Mappen vereinigt werden, die - inhaltlich chronologisch - grundsätzlich in einem Umschlag in weißer Farbe (StPOForm. M1) zu führen sind, der mit einem Großbuchstaben zu kennzeichnen ist. Wird eine Mappe für den Anordnungs- und Bewilligungsbogen angelegt, so ist diese in einem Umschlag in blauer Farbe (StPOForm. M2) zu führen und mit „A" zu kennzeichnen. Eine für Haftangelegenheiten angelegte Mappe ist in einem Umschlag in roter Farbe (StPOForm. M3) zu führen und mit „H" zu kennzeichnen und eine für Gebühren- und Kostenangelegenheiten angelegte Mappe in einem Umschlag in gelber Farbe (StPOForm. M4) zu führen und mit „G" zu kennzeichnen.

(8) Werden für umfangreichere Akten Aktenbände gebildet, so sind der Anordnungs- und Bewilligungsbogen, die Aktenübersicht und – soweit vorhanden – die Mappenübersicht oder das Einlageblatt stets im jeweils ersten Aktenband zu führen. Gleiches gilt für die Mappe für Haftangelegenheiten. Werden Mappen in anderen Aktenbänden geführt oder diesen angeschlossen, so ist dies in der Mappenübersicht und am Aktendeckel des betreffenden Bandes ersichtlich zu machen. *(BGBl II 2010/300)*

(9) Wird ein Verfahren in ein anderes einbezogen (§ 26 StPO), so wird dessen Ermittlungsakt unter einer besonderen Ordnungsnummer oder als eigene Mappe dem Akt des Verfahrens, zu dem die gemeinsame Führung angeordnet wird, einverleibt, dem auch die Geschäftsstücke einzuordnen sind, die zum einbezogenen Verfahren einlangen. Bei der Trennung von Verfahren (§ 27 StPO) ist nur dann ein neuer Ermittlungsakt anzulegen, wenn mehrere Strafverfahren gleichzeitig durchzuführen sind und daher an mehr als einer Stelle ein Ermittlungsakt benötigt wird. In diesem Falle sind die Geschäftsstücke, welche das getrennte Verfahren betreffen, dem ursprünglichen Ermittlungsakt zu entnehmen (in der Aktenübersicht zu vermerken), bzw. allenfalls hievon die nötigen Auszüge oder Kopien herzustellen.

(10) Im Übrigen gelten die allgemeinen Vorschriften für die Bildung von Akten, insbesondere §§ 371 bis 384 der Geschäftsordnung für die Gerichte erster und zweiter Instanz (Geo.) sinngemäß.

(BGBl II 2007/396)

Vorerhebungen

§ 9. *(aufgehoben, BGBl II 2007/396)*

Voruntersuchungen

§ 10. *(aufgehoben, BGBl II 2007/396)*

Revision

StAG

§ 11. (1) Abgesehen von der Bestimmung des § 5 Abs. 5 StAG unterliegen Staatsanwälte der Revision

1. bei einem Vorgehen nach dem 10. und 11. Hauptstück der StPO, bei sämtlichen das Verfahren beendenden Anordnungen in Auslieferungs- und Übergabeverfahren, bei einem vorläufigen Rücktritt von der Verfolgung nach § 5 SMG sowie bei Anträgen und Erklärungen, die auf eine Anwendung der §§ 202 oder 212 FinStrG gerichtet sind;

2. bei Anklageschriften und Strafanträgen (§ 210 StPO), Anträgen auf Unterbringung in einer Anstalt für geistig abnorme Rechtsbrecher (§ 429 Abs. 1 und 4 StPO), Beschwerden (§ 87 StPO) und Rechtsmittelschriften (§§ 280 ff., 344 ff. und 489 StPO);

3. bei Rücktritt von der Anklage vor Beginn der Hauptverhandlung oder Zurückziehung der Anklageschrift unter gleichzeitiger Einbringung einer neuen (§ 227 StPO);

4. bei sämtlichen Anträgen im Sinne von § 101 Abs. 2 StPO, ausgenommen Beweisanträge (§ 104 Abs. 1 StPO), bei Anträgen auf Beschlagnahme und nach § 33 MedienG, Verhängung und Fortsetzung der Untersuchungshaft sowie bei der Zurückziehung solcher Anträge;

5. bei der Trennung von Verfahren (§ 27 StPO), bei Abtretungen eines Verfahrens an eine andere Staatsanwaltschaft, bei Anträgen auf Bestimmung der Zuständigkeit (§ 28 StPO) sowie bei der Anordnung einer Obduktion.

(2) Der Leiter der Staatsanwaltschaft oder der Gruppenleiter können die Revision aus besonderen Gründen auf Dauer oder vorübergehend in weiterem Umfang als nach Abs. 1 verfügen.

(3) Bei der Anklagevertretung vor den Bezirksgerichten sowie bei der Aufsicht und Leitung der Bezirksanwälte unterliegt der Staatsanwalt nur insoweit der Revision, als der Leiter der Staatsanwaltschaft ihn davon nicht ganz oder zum Teil entbunden hat.

(4) Bei Staatsanwälten, denen bestimmte allgemein umschriebene Aufgaben und Befugnisse zur gänzlich selbständigen Behandlung übertragen wurden (§ 5 Abs. 4 zweiter Fall StAG), richtet sich die Revision nach der Übertragungsverfügung des Leiters der Staatsanwaltschaft. Die Übertragungsverfügung ist für jeden Staatsanwalt gesondert zu treffen; sie hat auf die Person und Erfahrung des Staatsanwalts sowie auf die Bedeutung der Geschäfte Bedacht zu nehmen. Insbesondere können einem Staatsanwalt zur gänzlich selbständigen Behandlung übertragen werden:

1. einzelne der im Abs. 1 Z 1 bis 3 angeführten Verfahrenshandlungen,

2. die im Abs. 1 Z 1 bis 3 angeführten Verfahrenshandlungen in Beziehung auf bestimmte Gruppen von Strafsachen (zB „Verkehrsstrafsachen" oder „alle Strafsachen, ausgenommen Wirtschafts- und Suchtmittelstrafsachen") oder

3. die im Abs. 1 Z 1 bis 3 angeführten Verfahrenshandlungen in Beziehung auf eine bestimmte Art von strafbaren Handlungen (zB „Vergehen").

(5) Soweit Erste Stellvertreter und Gruppenleiter auch selbst mit der Führung eines Referates betraut sind, unterliegen sie im Umfang des § 5 Abs. 5 StAG der Revision, die auch einem anderen Ersten Stellvertreter oder Gruppenleiter übertragen werden kann.

(6) Die vorstehenden Bestimmungen gelten, vorbehaltlich einer anderen Anordnung des Leitenden Staatsanwalts, nicht für Verfahrenshandlungen nach Abs. 1 Z 4 und 5 sowie für Anträge auf vorläufige Anhaltung (§ 429 Abs. 4 StPO), Beschwerden (§ 87 StPO) und Rechtsmittelschriften (§§ 280 ff., 344 ff. und 489 StPO) des Rufbereitschaft oder Journaldienst leistenden Staatsanwalts (§ 6a StAG), die wegen ihrer Dringlichkeit unverzüglich vorgenommen werden müssen.

(7) Die Übertragungsverfügungen des Leiters der Staatsanwaltschaft (Abs. 4) sind alljährlich zusammenzufassen und mit der Geschäftsverteilung der Oberstaatsanwaltschaft vorzulegen.

(BGBl II 2007/396)

Ladungen von Organen der Kriminalpolizei als Zeugen und Zustellung

§ 12. (1) Ladungen an Organe der Kriminalpolizei zur Vernehmung als Zeugen sind – wenn möglich – über ihren Vorgesetzten zuzustellen.

(2) Für Zustellungen durch die Post sind Briefumschläge mit Rückschein nur dann zu verwenden, wenn ein Nachweis der Zustellung benötigt wird oder zu eigenen Handen zuzustellen ist.

(BGBl II 2007/396)

Gesuche um Niederschlagung von Strafverfahren

§ 13. *(aufgehoben, BGBl II 2007/396)*

Berichte

§ 14. (1) Berichte nach §§ 8 und 8a StAG sind schriftlich und im Dienstweg zu erstatten. Sie bedürfen in jedem Fall der Genehmigung des Leiters der Staatsanwaltschaft. *(BGBl II 2007/396)*

(2) Ist es aus besonderen Gründen zweckmäßig, so ist vor der schriftlichen Berichterstattung nach Rücksprache mit dem Leiter der Staatsanwaltschaft im voraus mündlich (fernmündlich) zu berichten, der schriftliche Bericht jedoch ehestens nachzureichen. *(BGBl II 2007/396)*

(3) Einem Bericht sind der Ermittlungs- oder Strafakt oder die für eine Beurteilung des beabsichtigten weiteren Vorgehens notwendigen Teile desselben anzuschließen, wenn das nicht für die Behandlung des Berichtes offensichtlich entbehrlich ist. Nach Tunlichkeit oder zur Vermeidung von Verzögerungen sind statt der Urschriften Ablichtungen anzuschließen. Einem Bericht über die beabsichtigte Anklageerhebung ist ein Entwurf der Anklageschrift (des Strafantrages) anzuschließen. Bei einem Bericht der Oberstaatsanwaltschaft an den Bundesminister für Justiz (§ 8a Abs. 2 StAG) sind der Ermittlungs- oder Strafakt oder einzelne Aktenteile nur über Verlangen des Bundesministers für Justiz vorzulegen. *(BGBl II 2007/396; BGBl II 2015/388)*

(4) In die gemäß § 8a Abs. 2 StAG zum beabsichtigten weiteren Vorgehen abzugebende Stellungnahme sind auch die in Betracht kommenden rechtlichen Erwägungen und Überlegungen zur Beweisführung aufzunehmen. *(BGBl II 2015/388)*

(5) *(entfällt, BGBl II 2015/388)*

Antragstellung bei Gericht und Vertretung bei Verhandlungen und Sitzungen

§ 15. (1) Außerhalb von Verhandlungen und Sitzungen sind Anträge und Erklärungen grundsätzlich schriftlich zu stellen oder abzugeben, und zwar, wenn möglich, bis zur Rechtskraft des Urteils unter Verwendung des Anordnungs- und Bewilligungsbogens. Für Anträge im Ermittlungsverfahren gilt § 101 Abs. 3 StPO, wobei sie in dringenden Fällen, insbesondere während der Rufbereitschaft und des Journaldienstes vorläufig mündlich übermittelt werden können (§§ 81 Abs. 1, 102 Abs. 1 StPO). Der Ermittlungsakt ist dem Gericht über dessen Ersuchen, bei Anträgen im Ermittlungsverfahren (§ 101 Abs. 2 StPO), Stellungnahmen im Verfahren über Beschwerden (§§ 88 und 89 StPO), Einsprüchen wegen Rechtsverletzung (§ 106 StPO), Anträgen auf Einstellung des Verfahrens (§ 108 StPO) oder Fortführung des Verfahrens (§ 195 StPO) sowie mit Einbringen der Anklage zu übermitteln. *(BGBl II 2007/396)*

(1a) Anordnungen, die einer gerichtlichen Bewilligung bedürfen, sind dem Gericht in der für die Zustellung an die Betroffenen erforderlichen Anzahl von Ausfertigungen zu übermitteln. Im Fall der Bewilligung hat das Gericht die entsprechenden Ausfertigungen seiner Bewilligung an die Staatsanwaltschaft rückzumitteln. *(BGBl II 2007/396)*

(2) Die Einteilung der Staatsanwälte zur Beteiligung an gerichtlichen Verhandlungen und Sitzungen obliegt dem Leiter der Staatsanwaltschaft, der auch hiebei auf eine möglichst gleichmäßige Belastung der Staatsanwälte Bedacht zu nehmen hat. Die Einteilung ist schriftlich festzuhalten und ein Jahr hindurch aufzubewahren. *(BGBl II 2007/396)*

(3) Bei Verhandlungen und Sitzungen gebührt dem Staatsanwalt ein Sitz zur rechten Seite des Gerichtes. Soweit in Einzelfällen nichts anderes angeordnet ist, bedürfen Erklärungen und Anträge der Sitzungsvertreter keiner Revision. Der Rücktritt von der Anklage und der Verzicht auf Rechtsmittel können jedoch durch allgemeine oder besondere Verfügung des Leiters der Staatsanwaltschaft oder des Gruppenleiters der Revision vorbehalten werden; § 8 Abs. 3 StAG bleibt unberührt. *(BGBl II 2007/396)*

(4) Das Ergebnis einer Hauptverhandlung und einer Haftverhandlung ist im Tagebuch festzuhalten. Dabei sind auch die Namen des Vorsitzenden (Einzelrichters) und des Sitzungsvertreters zu vermerken. Erklärungen und Anträge des Staatsanwaltes, die auf der Gerichtsentscheidung wesentlichen Einfluß hatten, und die Rechtsmittelerklärungen sind gleichfalls anzuführen und nötigenfalls kurz zu begründen. Im Falle einer Vertagung der Hauptverhandlung ist auf die Möglichkeit Bedacht zu nehmen, daß zur nächsten Verhandlung ein anderer Sitzungsvertreter entsendet werden muß. Bei einem Strafurteil sind die wesentlichen Strafzumessungsgründe schlagwortartig anzuführen, gegebenenfalls ist auch zu den Ergebnissen des Beweisverfahrens Stellung zu nehmen. *(BGBl II 2007/396)*

Anordnungs- und Bewilligungsbogen

§ 15a. (1) Alle Anordnungen der Staatsanwaltschaft sowie Anträge, Erklärungen, Mitteilungen, Zuschriften und Erledigungen im Verkehr zwischen Staatsanwaltschaft und Gericht sind auf den Anordnungs- und Bewilligungsbogen zu setzen, für den das StPOForm. StA 7 zu verwenden ist. Der Anordnungs- und Bewilligungsbogen erhält stets die Ordnungsnummer 1. Die Eintragungen darauf haben der Zeitfolge genau zu entsprechen. Anträge auf Bewilligung von Zwangsmittel (§§ 101 Abs. 3, 105 Abs. 1 StPO), die Anklageschrift oder der Strafantrag, die schriftliche Anmeldung und Ausführung eines Rechtsmittels der Staatsanwaltschaft, die Zurückziehung eines solchen sowie umfangreiche Schreiben sind im Anordnungs- und Bewilligungsbogen zu erwähnen, aber als selbständige Ordnungsnummer zu behandeln. Gleiches gilt für umfangreiche Schreiben und Erledigungen des Gerichts.

(2) Der Anordnungs- und Bewilligungsbogen ist bis zur Rechtskraft des Urteiles zu benützen und bildet, auch wenn er auf mehreren Bögen fortgesetzt wird, eine einzige Ordnungsnummer. Die Eintragungen darauf haben der Zeitfolge genau zu entsprechen.

(3) Wird der Ermittlungsakt an Behörden, Dienststellen oder Sachverständige zur Einsicht übermittelt, so ist der Anordnungs- und Bewilligungsbogen für die Dauer der Übermittlung zum Tagebuch der Staatsanwaltschaft zu nehmen. Im Fall der Rechtshilfe gegenüber anderen Staatsanwaltschaften und Gerichten ist eine Kopie des Anordnungs- und Bewilligungsbogens zum Tagebuch zu nehmen; auf gleiche Weise kann bei umfangreicheren Akten vorgegangen werden, wenn der Ermittlungsakt dem Gericht im Sinne von Abs. 1 übermittelt wird.

(BGBl II 2007/396)

VIERTER ABSCHNITT

Innerbehördlicher Geschäftsgang

Tagebuch

§ 16. (1) Das gemäß § 34 Abs. 1 StAG anzulegende Tagebuch ist nach StPOForm. StA 1 zu führen. Haft- und Berichtssachen sind auf dem Tagebuch mit den Worten „Haft" und „Bericht" zu bezeichnen. Eine besondere Bezeichnung auf dem Tagebuch ist auch für andere Arten von Strafsachen, zB „A" (Auslieferungssachen), „J" (Jugendstrafsachen), „Med" (Mediensachen), „Mil" (Militärstrafsachen) , „SM" Suchtmittelstrafsachen), zulässig. *(BGBl II 2007/396)*

(2) Abgesehen von den gemäß § 34 StAG erforderlichen Angaben, sind in das Tagebuch nur jene Eintragungen aufzunehmen, die notwendig sind, um eine rasche Übersicht über Ablauf und

StAG

Fortgang des Verfahrens zu ermöglichen (zB Datum des Einlangens von Schriftstücken, Berichten und des Ermittlungs- oder Gerichtsaktes sowie dessen Übermittlung an das Gericht; Datum und Bezeichnung der getroffenen Erledigung). *(BGBl II 2007/396)*

(3) Alle Eintragungen in der Anordnungsspalte des Tagebuches sind vom Staatsanwalt und im Falle der Revision auch vom Gruppenleiter oder Leiter der Staatsanwaltschaft zu unterzeichnen. Erledigungsentwürfe sind, soweit ein Tagebuch geführt wird, dem mit der Revision betrauten Organ im Tagebuch vorzulegen; die von ihm gefertigte Urschrift ist zum Ermittlungsakt (Anordnungs- und Bewilligungsbogen) zu nehmen. *(BGBl II 2007/396; BGBl II 2010/300)*

Mitwirkung in bürgerlichen Rechtssachen

§ 17. (1) Bei der Mitwirkung der Staatsanwaltschaften in bürgerlichen Rechtssachen sind alle dieselbe Sache betreffenden Geschäftsstücke zu einem Akt zu vereinigen. *(BGBl II 2007/396)*

(2) Kann der Staatsanwalt, bevor er eine bürgerliche Rechtssache anhängig macht, die notwendigen Erkundigungen wegen der räumlichen Entfernung oder aus anderen Gründen nicht selbst durchführen, so kann er darum den Vorsteher des örtlich zuständigen Gerichtes ersuchen.

Register

§ 18. (1) Bei den Staatsanwaltschaften sind folgende Register zu führen:

1. „Jv" für Justizverwaltungsangelegenheiten,

2. „St" (Hauptregister der Staatsanwaltschaft) für Anzeigen und Berichte gegen bestimmte Personen oder Verbände im Verfahren wegen Straftaten, für die im Hauptverfahren das Landesgericht zuständig wäre und deren Begehung nicht nur auf Verlangen des Opfers zu verfolgen ist, entsprechende selbständige (objektive) Verfahren, *(BGBl II 2015/388)*

3. „BAZ" für Anzeigen und Berichte gegen bestimmte Personen oder gegen unbekannte Täter im Verfahren wegen Straftaten, für die im Hauptverfahren das Bezirksgericht zuständig wäre und deren Begehung nicht nur auf Verlangen des Opfers zu verfolgen ist, sowie entsprechende selbständige (objektive) Verfahren,

4. „UT" für alle Anzeigen und Berichte gegen unbekannte Täter wegen Straftaten, für die im Hauptverfahren das Landesgericht zuständig wäre und deren Begehung nicht nur auf Verlangen des Opfers zu verfolgen ist,

5. „HSt" für inländische und ausländische Rechtshilfeersuchen, Auslieferungs- und Übergabeverfahren sowie Akteneinsicht und Aktenübersendung, *(BGBl II 2015/388)*

6. „Pers" für Personalangelegenheiten und

7. „NSt" (Allgemeines Register) für alle nicht in ein anderes Register verwiesenen Geschäfte.

(1a) *(entfällt, BGBl II 2015/388)*

(2) Bei den Oberstaatsanwaltschaften sind folgende Register zu führen:

1. „Jv" für Justizverwaltungsangelegenheiten,

2. „Pers" für Personalangelegenheiten,

3. „HSt" für inländische und ausländische Rechtshilfeersuchen, Auslieferungs- und Übergabeverfahren sowie Aktenübersendungen, *(BGBl II 2015/388)*

4. „OstA" für alle Angelegenheiten nach Abs. 1 Z 2 bis 4, *(BGBl II 2015/388)*

5. „NSt" für alle sonstigen Angelegenheiten. *(BGBl II 2015/388)*

(BGBl II 2007/396)

Besondere Bestimmungen für das Hauptregister der Staatsanwaltschaft („St")

§ 19. Für das Register „St" gelten folgende Bestimmungen:

1. Das Register ist nach Straffällen zu führen; auch wenn an einer Straftat mehrere Personen beteiligt sind oder einer Person mehrere Straftaten zur Last gelegt werden, ist der Fall unter einer Registerzahl einzutragen; unter dieser Zahl sind die Angezeigten, Verdächtigen oder Beschuldigten durch fortlaufende Zahlen und sämtliche Straftaten jedes einzelnen Verdächtigen oder Beschuldigten durch Anführung der Gesetzesstellen in der üblichen Abkürzung anzugeben. *(BGBl II 2015/388)*

2. Weitere Berichte oder Nachtraganzeigen sind bis zur gerichtlichen Erledigung des Straffalles in erster Instanz stets durch Ergänzung der bisherigen Eintragung zu verzeichnen. Nach Einbringen der Anklage hat der Staatsanwalt jedoch die gesonderte Eintragung des Berichts oder der Nachtragsanzeige zu verfügen, wenn eine Ausdehnung der Anklage nicht in Betracht kommt.

3. Angezeigte, Verdächtige oder Beschuldigte, auf die zumindest teilweise das Jugendgerichtsgesetz 1988 anzuwenden ist, sind mit der entsprechenden Kennung für Jugendliche bzw. für Junge Erwachsene zu erfassen. *(BGBl II 2015/388)*

4. Die gerichtliche Beschlagnahme ist in der Bemerkungsspalte durch das Wort „Beschlagnahme" ersichtlich zu machen. Die Entscheidung über den Antrag auf Einziehung nach § 33 Mediengesetz ist neben den sonst vorgeschriebenen Eintragungen ersichtlich zu machen.

5. Auslieferungs- und Übergabeverfahren sind durch die entsprechenden Verfahrensschritte zu erfassen.

6. Wird ein Strafverfahren zugleich gegen bekannte und unbekannte Täter geführt, so ist für alle unbekannten Täter der Vermerk „UT" bzw. die Checkbox „Name unbekannt" zu setzen.

7. Bei Haftsachen ist der Tag zu erfassen, an dem der Beschuldigte festgenommen wurde, sowie der Tag, an dem die Untersuchungshaft verhängt worden ist. Wird der Beschuldigte freigelassen, so sind die dafür vorgesehenen Verfahrensschritte zu erfassen.

8. Bei Beendigung des Ermittlungsverfahrens nach dem 10. oder 11. Hauptstück der StPO ist die angewendete gesetzliche Bestimmung anzuführen und der Straffall als beendet zu kennzeichnen (abzustreichen).

9. Ist das Verfahren gegen einen Angezeigten, Verdächtigen oder Beschuldigten infolge Ablebens zu beenden, so ist dies unter Eintragung des Datums des Ablebens ersichtlich zu machen. *(BGBl II 2015/388)*

10. Die Anmeldung und Ausführung von Rechtsmitteln gegen das Urteil ist durch Angabe des Tages der Anmeldung und Ausführung, die Entscheidung zweiter Instanz durch Angabe des Tages und der Geschäftszahl ersichtlich zu machen.

(BGBl II 2007/396)

Besondere Bestimmungen für das Register „UT"

§ 20. (1) Das Register „UT" dient zur Verzeichnung von Straffällen, bei deren Anfall der Täter unbekannt ist. Stellt sich in einem Verfahren gegen einen bekannten Täter nachträglich heraus, dass dieser als Täter nicht in Betracht kommt und die Tat von einem unbekannten Täter begangen worden ist, so ist eine Neueintragung in das Register vorzunehmen.

(2) Ist das Opfer bekannt, so ist es im Register festzuhalten; bei unbekannten Opfern ist die Tat schlagwortartig zu bezeichnen, zB „Männliche Kindesleiche".

(3) Bei Beendigung des Ermittlungsverfahrens nach dem 10. Hauptstück der StPO oder Erledigung auf andere Weise, zB durch Abtretung an die zuständige Staatsanwaltschaft, ist der Straffall als beendet zu kennzeichnen (abzustreichen).

(4) Wird der Täter später bekannt, so ist der Straffall im Register „St" neu einzutragen und die St-Zahl anzuführen.

(BGBl II 2007/396)

Besondere Bestimmungen für das Register „BAZ"

§ 20a. Für Verfahren wegen Straftaten, für die im Hauptverfahren das Bezirksgericht zuständig wäre, ist im Ermittlungs- und Hauptverfahren das

Register „BAZ" in sinngemäßer Anwendung der §§ 19 und 20 zu führen.

(BGBl II 2007/396)

Besondere Bestimmungen für das allgemeine Register „NSt"

§ 21. In das Register „NSt" sind insbesondere einzutragen:

1. Strafvollzugssachen,

2. Amtshandlungen des Journalstaatsanwalts,

3. Geschäftsfälle in bürgerlichen Rechtssachen,

4. Sonstiges.

(BGBl II 2007/396)

Namensverzeichnisse zu den Registern

§ 22. In jeder Geschäftsabteilung ist zu den in § 18 genannten Registern ein Namensverzeichnis zu führen, in das alle Beteiligten des Verfahrens, bei natürlichen Personen zumindest unter Anführung deren Vor- und Familiennamens sowie Geburtsdatums, einzutragen sind. Die Verwendung von technischen Hilfseinrichtungen ist zulässig.

(BGBl II 2007/396)

VJ-Online-Handbuch

§ 22a. Im Übrigen gelten für die Registerführung bei den Staatsanwaltschaften die Anweisungen im „VJ-Online-Handbuch" des Bundesministeriums für Justiz (§ 80 Abs. 3 GOG).

(BGBl II 2007/396)

Unterfertigung von Ausfertigungen

§ 23. (1) Für die Ausfertigungen der von Staatsanwälten erledigten Stücke gelten hinsichtlich der Unterfertigung folgende Bestimmungen:

1. Amtszeugnisse sowie Ausfolgungs- und Auszahlungsanordnungen, die an die Verwahrungsstelle, Verwahrungsabteilung oder an den Rechnungsführer gerichtet sind, sind vom Staatsanwalt eigenhändig zu unterschreiben. *(BGBl II 2007/396)*

2. Alle Schreiben an eine ausländische Behörde, an eine ausländische Vertretungsbehörde im Inland oder an eine österreichische Vertretungsbehörde im Ausland sind vom Leiter der Staatsanwaltschaft, bei den Oberstaatsanwaltschaften vom Leiter der Oberstaatsanwaltschaft eigenhändig zu unterschreiben. Sofern Berichtsausfertigungen nicht vom Verfasser und vom Gruppenleiter mitgefertigt werden, sind auf ihnen deren Namen ersichtlich zu machen. *(BGBl II 2015/388)*

3. Soweit nicht eine eigenhändige Unterfertigung vorgesehen ist (zB im ARHG oder in der ARHV), sind Ausfertigungen von Berichten an

StAG

die Oberstaatsanwaltschaft oder das Bundesministerium für Justiz, Anordnungnen, Anklageschriften, Strafanträgen, Anträgen auf Unterbringung in einer Anstalt für geistig abnorme Rechtsbrecher und Rechtsmittelschriften sowie Ausfertigungen in Justizverwaltungsangelegenheiten unter dem Abdruck der Unterfertigungsstampiglie des Leiters der Staatsanwaltschaft oder des Gruppenleiters, alle sonstigen Ausfertigungen unter dem Abdruck der Unterfertigungsstampiglie des Staatsanwaltes, der das Stück erledigt hat, vom Vorsteher der Geschäftsstelle (Leiter der Geschäftsabteilung) zu unterschreiben. Wird die Unterfertigungsstampiglie des Leiters der Staatsanwaltschaft oder des Gruppenleiters verwendet, so soll der Name des Staatsanwaltes, der Sachbearbeiter ist, in der Ausfertigung ersichtlich gemacht werden. Die Unterfertigungsstampiglie des Staatsanwaltes ist auch zu verwenden, wenn die Erledigung im Rahmen der selbständigen Behandlung bestimmter Geschäfte (§ 5 Abs. 4 StAG) erfolgt. *(BGBl II 2007/396; BGBl II 2015/388)*

(2) Der Vorsteher der Geschäftsstelle (Leiter der Geschäftsabteilung) hat in den Fällen des Abs. 1 Z 3 die Unterfertigungsstampiglie zu unterschreiben. Wird die Ausfertigung vervielfältigt, so kann die Unterschrift gleichfalls vervielfältigt werden.

(3) Wenn die Geschäftsstelle (Geschäftsabteilung) im Auftrag des Staatsanwaltes Akten oder Auskünfte über Vorstrafen einholt oder sonstige Anfragen verfaßt oder Anträge stellt, hat der Bedienstete der Geschäftsstelle (Geschäftsabteilung) die selbst entworfenen, urschriftlich abzufertigenden Schreiben nach der Angabe der Bezeichnung der Staatsanwaltschaft mit der Beifügung „Geschäftsstelle" („Geschäftsabteilung") und des Erledigungstages zu unterschreiben. *(BGBl II 2007/396)*

Amtssiegel auf Ausfertigungen

§ 24. Die Ausfertigungen von Amtszeugnissen und von Schreiben an eine ausländische Behörde, an eine ausländische Vertretungsbehörde im Inland oder an eine österreichische Vertretungsbehörde im Ausland sind mit dem allgemeinen Amtssiegel zu versehen.

Interne Formblätter

§ 25. Die Herstellung eigener Formblätter der Staatsanwaltschaften bedarf der Zustimmung der Oberstaatsanwaltschaft. § 64 Abs. 4 Geo. bleibt unberührt.

Stampiglien

§ 26. (1) Häufig wiederkehrende kurze Vermerke, Schreiben, Weisungen für die Geschäftsbehandlung usw. sind tunlichst mit Stampiglien herzustellen. Ebenso sind Stampiglien zu verwenden, um in Protokollen, Urschriften und Ausfertigungen die Bezeichnung der Staatsanwaltschaft sowie deren Anschrift, den Namen des Staatsanwaltes, das Gattungszeichen und dergleichen anzubringen. *(BGBl II 2007/396)*

(2) In folgenden Fällen ist die Verwendung von Stampiglien vorgeschrieben:

1. für die Unterfertigung nach § 23 Abs. 1 Z 3,

2. für den Eingangsvermerk (§§ 102 ff. Geo.) und

3. für den Abfertigungsvermerk (§ 134 Geo.).

(3) Beim Beglaubigungsvermerk (§ 431 Geo.) darf von der Verwendung einer Stampiglie nur dann abgesehen werden, wenn eine solche ausnahmsweise nicht zur Verfügung steht.

(4) Die Abdrucke der Stampiglien müssen vollkommen leserlich sein und an der vorgeschriebenen Stelle angebracht werden. Ist der Abdruck undeutlich oder fehlerhaft oder wurde eine unrichtige Stampiglie benützt, so muß die Stelle sorgfältig durchgestrichen, bei Ausfertigungen aber überklebt und der Stampiglienabdruck erneuert werden.

(5) Für jeden Staatsanwalt wird die erforderliche Anzahl von Unterfertigungsstampiglien angeschafft. Sie haben jedenfalls den Vor- und den Familiennamen des Staatsanwaltes sowie die Wendung „Für die Richtigkeit der Ausfertigung der Vorsteher der Geschäftsstelle" („... Leiter der Geschäftsabteilung") zu enthalten.

(6) Wird ein Staatsanwalt zu einer anderen Staatsanwaltschaft ernannt oder ihr für längere Zeit zugeteilt, so sind die Stampiglien dieser Staatsanwaltschaft zu übersenden. Scheidet er aus dem staatsanwaltschaftlichen Dienst aus, so sind die Stampiglien zu vernichten. *(BGBl II 2007/396)*

(7) *(entfällt, BGBl II 2015/388)*

Aufbewahrungsfristen

§ 27. (1) Sofern im folgenden nichts anderes bestimmt ist, sind Akten, Tagebücher, Behelfe und Unterlagen nach 30 Jahren auszuscheiden. *(BGBl II 2010/300)*

(2) Für Personalakten beginnen die Aufbewahrungsfristen mit dem Tage des Ausscheidens des Bediensteten aus dem Dienst. Für alle Ermittlungsakten, Tagebücher, Behelfe und Unterlagen beginnen diese Fristen mit dem 1. Jänner des auf ihre Abgabe an das Aktenlager folgenden Jahres die nach Beendigung des Strafverfahrens zulässig ist. Unterlagen über bedingte Entlassungen sind erst nach erfolgter Entlassung an das Aktenlager abzugeben. *(BGBl II 2007/396; BGBl II 2010/300)*

(3) Vor der im Abs. 1 genannten Frist können ausgeschieden werden:

1. Nach 10 Jahren Tagebücher, Behelfe und Unterlagen über Strafsachen, wenn von der Einleitung eines Ermittlungsverfahrens abgesehen (§ 35c StAG) oder das Verfahren ohne Ermittlung der Staatsanwaltschaft eingestellt (§ 190 StPO) worden ist, und Akten der Oberstaatsanwaltschaften, *(BGBl II 2015/388)*

2. nach 6 Jahren

a) Tagebücher, Behelfe und Unterlagen des allgemeinen Sammelregisters NSt,

b) Aktenstücke, deren Abschriften sich in gerichtlichen Strafakten befinden,

c) periodische Berichte und Ausweise einschließlich der Geschäftsausweise, und

d) Tagebücher, Akten, Behelfe und Unterlagen, die im Register „BAZ" (§ 20a) angefallen sind. *(BGBl II 2010/300)*

3. *(aufgehoben, BGBl II 2010/330)*

(4) Von einer weiteren Aufbewahrung schriftlicher Unterlagen nach Abs. 1 bis 3 ist abzusehen, soweit diese in elektronischer Form aufbewahrt werden. Für die Löschung solcher Daten gilt § 75 StPO sinngemäß. *(BGBl II 2010/300)*

Dauernd aufzubewahrende Ermittlungsakten, Tagebücher, Behelfe und Unterlagen

§ 28. (1) Von der Ausscheidung sind ausgenommen:

1. Ermittlungsakten, Tagebücher, Behelfe und Unterlagen, die wegen ihres Inhaltes oder wegen der beteiligten Personen von geschichtlichem, wissenschaftlichem oder politischem Interesse sind, *(BGBl II 2007/396)*

2. allgemeine Weisungen der vorgesetzten Stellen, Akten über die Errichtung und Verfassung der Staatsanwaltschaften sowie über deren personelle Besetzung, *(BGBl II 2007/396)*

3. die Register der Staatsanwaltschaften und Oberstaatsanwaltschaften einschließlich der zu ihrer Benützung oder zu Registraturzwecken dienenden Verzeichnisse und Nachschlagregister sowie *(BGBl II 2007/396)*

4. die bei den Oberstaatsanwaltschaften verwahrten Standesausweise.

(2) Ermittlungsakten, deren Umschlag oder Deckel einen der in § 8a Abs. 2 Z 2 bezeichneten Vermerke trägt, dürfen nicht an das Aktenlager abgegeben werden, solange dieser Vermerk nicht durchgestrichen ist oder die Staatsanwaltschaft bei einer aufrechten Fahndungsmaßnahme nicht die Abbrechung des Ermittlungsverfahrens (§ 197 StPO) angeordnet hat. *(BGBl II 2007/396)*

Monatsberichte und Geschäftsausweise

§ 29. (1) Im Wege der automationsunterstützten Registerführung ist sicherzustellen, dass bei den Staatsanwaltschaften jeden Monat ein nach Referaten geordneter Bericht über die erledigten sowie über die noch anhängigen Strafsachen („St", „UT", „BAZ", „HSt" und „NSt") und deren Stand erstellt wird. Gleiches gilt für die Oberstaatsanwaltschaften im Hinblick auf die eigenen Strafsachen („HSt" und „OStA") und die der jeweils nachgeordneten Staatsanwaltschaften. *(BGBl II 2007/396)*

(2) Der Aufsichtstaatsanwalt hat sämtliche Monatsberichte der ihm zugeordneten „BAZ"-Referate, der Gruppenleiter die der seiner Gruppe zugeordneten Referate zu prüfen. Bei Auffälligkeiten ist jedenfalls der Leiter der Staatsanwaltschaft zu informieren. *(BGBl II 2007/396)*

(3) Der Geschäftsausweis gem. § 10 Abs. 2 StAG ist von den Staatsanwaltschaften alljährlich bis 31. Jänner den Oberstaatsanwaltschaften mittels GeoForm. Nr. 135 in einfacher Ausfertigung ohne Vorlagebericht vorzulegen.

(4) Bei Erstellung der Gesamtübersicht aus den Geschäftsausweisen der Staatsanwaltschaften (§ 10 Abs. 2 StAG) durch die Oberstaatsanwaltschaft sind den Gesamtsummen jene des Vorjahres in unterscheidbarer Weise beizusetzen. Die von den Staatsanwaltschaften vorgelegten Ausweise sind sodann bis 31. März dem Österreichischen Statistischen Zentralamt zu übersenden.

Sonderregelungen bei Datenverarbeitung

§ 30. Soweit Register, Verzeichnisse und sonstige Hilfseinrichtungen mit Hilfe automationsunterstützter Datenverarbeitung geführt werden, kann das Bundesministerium für Justiz nach Maßgabe der Erfordernisse Abweichungen von den Regelungen dieses Abschnitts verfügen.

Revisoren bei der Staatsanwaltschaft

§ 30a. (1) Die Revisoren haben Gebührenanträge von Sachverständigen und Dolmetschern, die im Ermittlungsverfahren durch die Staatsanwaltschaft bestellt wurden, zu prüfen und sich binnen vorgegebener Frist dazu zu äußern. Übersteigt die Höhe der beantragten Gebühr den tatsächlich zustehenden Betrag, so sind fristgerecht Einwendungen zu erheben (§ 52 Gebührenanspruchsgesetz 1975). Andernfalls ist eine zustimmende Äußerung abzugeben oder schon vor Fristablauf auf Einwendungen zu verzichten.

(2) Den Revisoren sind Ausfertigungen oder Ablichtungen jener Aktenteile zu übermitteln, die für die Prüfung der Höhe der geltend gemachten Gebühren oder Kosten erforderlich sind; über Verlangen ist ihnen die Einsicht in den Ermittlungsakt, ausgenommen Verschlusssachen und Aktenteile, die die Staatsanwaltschaft ausdrücklich von der Akteneinsicht ausgenommen hat, zu gewähren.

StAG

(3) Die Präsidentin oder der Präsident des Oberlandesgerichts informiert bis zum 31. März des folgenden Jahres die Oberstaatsanwaltschaft am Sitz des Oberlandesgerichts über die während des vorangegangenen Kalenderjahrs von den Revisorinnen und Revisoren anlässlich ihrer Prüfungstätigkeit bei den Staatsanwaltschaften gemachten Wahrnehmungen. Die Leiterin oder der Leiter der Oberstaatsanwaltschaft trifft die erforderlichen Anordnungen, um die wahrgenommenen Mängel zu beseitigen. *(BGBl II 2013/204)*

(BGBl II 2007/396)

Auszahlung von Gebühren

§ 30b. Anordnungen der Staatsanwaltschaft auf Auszahlung von Gebühren aus Amtsgeldern sind an die dafür zuständigen Stellen des jeweiligen Landesgerichts zu richten und von diesen durchzuführen.

(BGBl II 2007/396)

FÜNFTER ABSCHNITT
Materialbeschaffung

Bedarfsnachweis

§ 31. (1) Für die Oberstaatsanwaltschaften und Staatsanwaltschaften werden die Ausgabemittel aufgrund einer Bedarfsnachweisung dieser Stellen vom Präsidenten des Oberlandesgerichtes festgesetzt.

(2) Das Anweisungsrecht steht dem Leiter der Oberstaatsanwaltschaft und dem Leiter der Staatsanwaltschaft zu. Die Auszahlung nimmt der Rechnungsführer des Oberlandesgerichtes für die Oberstaatsanwaltschaft, der Rechnungsführer des in Strafsachen tätigen Landesgerichts für die Staatsanwaltschaft vor. *(BGBl II 2007/396)*

Prüfung der Materialverrechnung und der Bücherverzeichnisse

§ 32. *(aufgehoben, BGBl II 2007/396)*

SECHSTER ABSCHNITT
Bewerbungsgesuche

§ 33. (1) Bewerbungsgesuchen nach § 179 Abs. 1 RStDG ist ein vom Bewerber unterschriebener Standesbogen nach GeoForm. Nr. 3 anzuschließen. Die Äußerungen der vorgesetzten Dienststellenleiter zur Eignung des Bewerbers sind auf dem Standesbogen abzugeben. Der unmittelbar vorgesetzte Dienststellenleiter hat dem Bewerbungsgesuch eine Abschrift der letzten Leistungsfeststellung bzw. Dienstbeschreibung anzuschließen. *(BGBl II 2007/396)*

(2) Bewerbungsgesuche sind im Dienstweg ohne jeden Verzug weiterzuleiten.

(3) Die Dienstbehörde, von der die Ausschreibung veranlaßt wurde, hat über die eingelangten Bewerbungsgesuche eine Übersicht nach GeoForm. Nr. 4 anzulegen und diese mit den Bewerbungsgesuchen samt Beilagen sowie mit dem Beleg über die Ausschreibung im Amtsblatt zur Wiener Zeitung an die zuständige Personalkommission weiterzuleiten.

SIEBENTER ABSCHNITT
Geschäftsordnung der Personalkommissionen

Einberufung der Sitzungen

§ 34. (1) Die Sitzungen einer gemäß § 180 Abs. 1 RStDG eingerichteten Personalkommission sind vom Vorsitzenden unter Mitteilung von Zeit und Ort sowie der zu besetzenden Planstelle einzuberufen. Die Einberufung muß den Mitgliedern der Personalkommission spätestens am dritten Arbeitstag vor dem vorgesehenen Termin zukommen. *(BGBl II 2007/396)*

(2) Mit Einverständnis aller Mitglieder der Personalkommission kann eine Sitzung auch ohne Einhaltung der im Abs. 1 genannten Frist abgehalten werden.

(3) Durch eine Verzögerung bei der Erstattung des Vorschlages tritt keine Verlängerung der im § 186 Abs. 6 RStDG festgelegten Frist ein. *(BGBl II 2007/396)*

Vorsitz, Beratung und Abstimmung

§ 35. (1) Dem Vorsitzenden obliegt die Leitung der Sitzung der Personalkommission. Er kann ein Mitglied der Personalkommission mit der Berichterstattung beauftragen.

(2) Jedes Mitglied der Personalkommission ist berechtigt, das Wort zu ergreifen und Anträge zu stellen.

(3) Eine geheime Abstimmung ist unzulässig.

Niederschrift

§ 36. (1) Über jede Sitzung der Personalkommission ist eine Niederschrift zu führen. Die Führung der Niederschrift obliegt dem Vorsitzenden oder einem von ihm bestimmten Mitglied der Personalkommission. Die Beiziehung eines Schriftführers ist zulässig.

(2) In die Niederschrift sind aufzunehmen:

1. Ort, Tag und Dauer der Sitzung,

2. die Namen der anwesenden Mitglieder der Personalkommission,

3. die Planstelle, für die der Vorschlag zu erstatten ist,

4. Anträge der Mitglieder der Personalkommission,

5. Beschlüsse und der zu erstattende Vorschlag (§ 180 Abs. 2 RStDG) in wörtlicher Fassung und *(BGBl II 2007/396)*

6. das namentliche Abstimmungsergebnis sowie allfällige Minderheitsmeinungen (§ 186 Abs. 6 RStDG). *(BGBl II 2007/396)*

(3) Die Niederschrift ist vor Schließung der Sitzung zu verlesen. Einwendungen wegen behaupteter Unvollständigkeit oder Unrichtigkeit der Niederschrift sind unmittelbar nach der Verlesung vorzubringen. Über sie ist sogleich abzustimmen.

(4) Die Niederschrift ist von den Mitgliedern der Personalkommission zu unterfertigen und bei der Behörde, bei der die Personalkommission eingerichtet ist, unter Verschluß abzulegen und durch mindestens 3 Jahre aufzubewahren.

Ausfertigung des Vorschlages

§ 37. (1) Die Ausfertigung des Vorschlages, die auch die im § 36 Abs. 2 Z 2, 3 und 6 angeführten Angaben zu enthalten hat, ist vom Vorsitzenden zu unterfertigen und mit den Bewerbungsgesuchen samt Beilagen, der Bewerberübersicht nach GeoForm. Nr. 4 und dem Beleg über die Ausschreibung im Amtsblatt zur Wiener Zeitung dem Bundesministerium für Justiz vorzulegen.

(2) Je eine Ausfertigung des Vorschlages ist jedem Mitglied der Personalkommission zuzustellen.

Befangenheit eines Mitgliedes der Personalkommission

§ 38. Liegen Gründe vor, die geeignet sind, die volle Unbefangenheit eines Mitgliedes der Personalkommission für die Erstattung eines bestimmten Vorschlages in Zweifel zu setzen, und will sich dieses Mitglied nicht von sich aus der Ausübung der Funktion in der Personalkommission enthalten, so hat die Personalkommission über die Befangenheit dieses Mitgliedes zu entscheiden. Bei dieser Entscheidung hat an Stelle des betroffenen Mitgliedes dessen Stellvertreter mitzuwirken.

ACHTER ABSCHNITT

Beschaffenheit, Tragen und Tragdauer des Amtskleides

Anwendung der Verordnung des Bundesministeriums für Justiz vom 9. Mai 1962, BGBl. Nr. 133

§ 39. Die §§ 1, 3 und 4 der Verordnung des Bundesministeriums für Justiz vom 9. Mai 1962, BGBl. Nr. 133, über die Beschaffenheit, das Tragen und die Tragdauer des Amtskleides der Richter sind auf das Amtskleid der Staatsanwälte mit der Maßgabe anzuwenden, daß an die Stelle der violetten Farbe die hellrote tritt. Bei Tagsatzungen in bürgerlichen Rechtssachen ist das Amtskleid nicht zu tragen.

Ausstattung des Amtskleides

§ 40. Das Amtskleid der Staatsanwälte ist nach folgenden Ausstattungen zu tragen, die sich im kragenartigen Besatz des Talars und im Barett unterscheiden:

1. für die Staatsanwälte der Gehaltsgruppen I und St 1 mit Ausnahme der Leiter der Staatsanwaltschaften: kragenartiger Besatz aus Talarstoff, am unteren Rand mit einem an beiden Rändern mit hellrotem Samt passepoilierten 6 cm breiten schwarzen Samtstreifen; Baretttrand aus Talarstoff, am unteren Rand mit einem oben mit hellrotem Samt passepoilierten 3 cm breiten schwarzen Samtstreifen; *(BGBl II 2001/331)*

2. für die Leiter der Staatsanwaltschaften und die Staatsanwälte der Gehaltsgruppen II und St 2 mit Ausnahme der Leiter der Oberstaatsanwaltschaften: kragenartiger Besatz aus schwarzem Samt; der am oberen Rand mit hellrotem Samt passepoilierte Baretttrand aus schwarzem Samt; *(BGBl II 2001/331)*

3. für die Leiter der Oberstaatsanwaltschaften: kragenartiger Besatz aus schwarzem Samt, der untere Rand mit hellrotem Samt passepoiliert; der am oberen Rand mit hellrotem Samt passepoilierte Baretttrand aus schwarzem Samt;

4. für die Staatsanwälte der Gehaltsgruppen St 3: kragenartiger Besatz aus hellrotem Samt; Baretttrand aus hellrotem Samt; *(BGBl II 2001/331)*

5. für den Leiter der Generalprokuratur: kragenartiger Besatz aus hellrotem Samt mit einer 6 cm breiten Verbrämung aus weißem Kaninpelz mit schwarzen Einsätzen; Baretttrand aus hellrotem Samt. *(BGBl II 2001/331)*

NEUNTER ABSCHNITT

Sonderbestimmungen für Bezirksanwälte

Aufgaben und Befugnisse des Bezirksanwaltes

§ 41. (1) Soweit die staatsanwaltschaftlichen Geschäfte im Verfahren wegen Straftaten, für die im Hauptverfahren das Bezirksgericht zuständig wäre nicht unmittelbar von Staatsanwälten wahrgenommen werden, obliegen sie Bezirksanwälten. Diese üben ihre Tätigkeit unter Leitung und Aufsicht von Staatsanwälten aus und haben, außer bei Gefahr im Verzug, bei allen Anträgen und Erklärungen eine Genehmigung abzuwarten. *(BGBl II 2007/396)*

StAG

(2) Der Leiter der Staatsanwaltschaft kann einem Bezirksanwalt im Einzelfall und, wenn der Bezirksanwalt die Bezirksanwaltsprüfung erfolgreich abgelegt hat und die entsprechende Eignung sowie eine längere erfolgreiche Verwendung aufweist, auch allgemein die selbständige Behandlung bestimmter Geschäfte, insbesondere die Stellung von Strafanträgen, die Durchführung von ergänzenden Vernehmungen über Auftrag des Aufsichtsstaatsanwalts sowie die Anordnung der Auszahlung von Gebühren, übertragen. Mit Ausnahme der Stellung von Strafanträgen und einer Abbrechung des Ermittlungsverfahrens gegen unbekannte Täter gemäß § 197 StPO sind jedoch die in § 11 Abs. 1 bezeichneten Verfahrenshandlungen, die Bestellung eines Sachverständigen, die Behandlung eines Antrages auf Einstellung (§ 108 StPO), eines Einspruchs wegen Rechtsverletzung (§ 106 StPO), eines Antrags auf Fortführung des Verfahrens (§ 195 StPO) sowie die Fortführung des Verfahrens gemäß § 193 Abs. 2 und 3 StPO nicht zur selbständigen Behandlung zu übertragen. *(BGBl II 2007/396)*

Behandlung der Berichte und Anzeigen

§ 42. (1) Bei der Behandlung von Berichten und Anzeigen hat der Bezirksanwalt die Vorschriften des § 8 Abs. 1 bis 4 anzuwenden. *(BGBl II 2007/396)*

(2) Ist der Bezirksanwalt der Ansicht, dass der berichtete oder angezeigte Sachverhalt den Verdacht einer von Amts wegen zu verfolgenden Straftat begründet, die im Hauptverfahren in die Zuständigkeit des Landesgerichts fallen würde, so hat er dem Ermittlungsakt sofort dem Aufsichtsstaatsanwalt vorzulegen. *(BGBl II 2007/396)*

(3) Soweit nicht eine Verfügung nach § 41 Abs. 2 getroffen wurde, hat der Bezirksanwalt vor allen Anordnungen, Anträgen und Erklärungen eine Genehmigung des Aufsichtsstaatsanwalts einzuholen. Er hat dabei Erledigungsvorschläge im Tagebuch zu erstatten und dieses samt (Ermittlungs-)Akt an den Aufsichtsstaatsanwalt zu übermitteln. Diese Vorschläge sind, soweit es nicht nach den Umständen des Falles offensichtlich entbehrlich ist, kurz zu begründen; stattdessen kann ein Erledigungsentwurf angeschlossen werden. *(BGBl II 2007/396)*

(4) *(aufgehoben, BGBl II 2007/396)*

Erledigungen

§ 43. Alle schriftlichen Erledigungen des Bezirksanwaltes, ausgenommen der Schriftverkehr mit dem Aufsichtsstaatsanwalt, haben im Kopf der Erledigung die Adresse der Staatsanwaltschaft zu enthalten und sind mit einer Unterfertigungsstampiglie folgenden Wortlautes zu versehen:

„Staatsanwaltschaft ....

Geschäftsabteilung [Nr.].

Vor- und Familien-/Nachname

(Bezirksanwalt) oder (Bezirksanwältin)"

(BGBl II 2010/300)

Verkehr mit dem Gericht

§ 44. (1) Außerhalb der Hauptverhandlung sind Anträge schriftlich zu stellen und Erklärungen schriftlich abzugeben. Der Zeitpunkt des Einlangens von Geschäftsstücken ist vom Bezirksanwalt mittels Stampiglie zu beurkunden. *(BGBl II 2007/396)*

(2) Zur Abgabe eines Rechtsmittelverzichts in der Hauptverhandlung ist der Bezirksanwalt insoweit befugt, als er auf Grund einer Verfügung im Sinne des § 41 Abs. 2 dazu ermächtigt wurde. Hat er keine Rechtsmittelerklärung abgegeben, so hat er innerhalb von drei Tagen eine Weisung darüber einzuholen, ob ein Rechtsmittel zu erheben ist, und – zutreffendenfalls – dieses fristgerecht anzumelden. *(BGBl II 2007/396)*

(3) Zur Ausführung eines vom Bezirksanwalt angemeldeten Rechtsmittels ist der Akt vom Bezirksgericht stets unmittelbar der Staatsanwaltschaft zuzuleiten.

(4) Hat der Bezirksanwalt in der Hauptverhandlung ein Rechtsmittel angemeldet, so hat er dies unverzüglich dem Staatsanwalt mit einer kurzen Begründung zu berichten. Soll das Rechtsmittel ausgeführt werden, so kann der Staatsanwalt den Bezirksanwalt beauftragen, einen Rechtsmittelentwurf (§ 42 Abs. 3 letzter Satz) vorzulegen.

Ausweise der Bezirksanwälte

§ 45. *(aufgehoben, BGBl II 2007/396)*

Ermittlungsakt und Registerführung

§ 46. Ist für den Bezirksanwalt keine eigene Geschäftsabteilung eingerichtet, so hat er deren Aufgaben, insbesondere die Führung von Ermittlungsakt, Tagebuch und Register zu übernehmen. *(BGBl II 2010/300)*

(BGBl II 2007/396)

Untersuchung der Amtsführung

§ 47. Je nach Erfordernis, zumindest aber einmal jährlich, hat der Leiter der Staatsanwaltschaft oder sein Erster Stellvertreter die Amtsführung des Bezirksanwaltes zu untersuchen.

ZEHNTER ABSCHNITT

Sonderbestimmungen für die Generalprokuratur

Referate und Gruppen

§ 48. (1) Die der Generalprokuratur nach dem Gesetz zukommenden Geschäfte sind möglichst gleichmäßig auf Referate und Gruppen aufzuteilen. Hiebei hat der Leiter der Generalprokuratur auf die sich aus der Besonderheit der Aufgaben der Generalprokuratur ergebende Möglichkeit zeitweiliger Überlastung eines Referates Rücksicht zu nehmen und für einen Belastungsausgleich vorzusorgen. Soweit erforderlich, ist für den Fall der Abwesenheit oder sonstigen Verhinderung eines Mitgliedes der Generalprokuratur eine Vertretungsregelung zu treffen.

(2) Zum Gruppenleiter kann nur ein Erster Stellvertreter des Leiters der Generalprokuratur bestellt werden. Gruppenleiter sind auch mit der Führung eines Referates zu betrauen.

Geschäftsstelle

§ 49. (1) Die Geschäftsstelle der Generalprokuratur ist mit den hiefür erforderlichen Beamten und Vertragsbediensteten auszustatten, die unter der Dienst- und Fachaufsicht des Leiters der Generalprokuratur stehen; sie wird von einem Vorsteher geleitet. *(BGBl II 2007/396)*

(2) In der Geschäftsstelle darf den Parteien nur über Einlangen und Aktenzeichen eines Geschäftsstückes Auskunft erteilt werden.

(3) Der Geschäftsstelle obliegt auch die Betreuung der Bibliothek der Generalprokuratur.

Register

§ 50. Bei der Generalprokuratur werden folgende Register geführt:

1. „Jv" für Justizverwaltungsangelegenheiten,

2. „Gs" für Stellungnahmen im strafgerichtlichen Rechtsmittelverfahren vor dem Obersten Gerichtshof,

3. „Gw" für Angelegenheiten der §§ 23 Abs. 1, 25 Abs. 4, 28, 362 Abs. 1 Z 2, 363a Abs. 2 StPO, *(BGBl II 2007/396)*

4. „Gd" für Disziplinarsachen der Richter, Staatsanwälte, Rechtsanwälte und Notare, *(BGBl II 2007/396)*

5. „Pers" für Personalangelegenheiten und

6. „Gn" für alle übrigen Angelegenheiten.

Ausscheidung von Behelfen und Unterlagen

§ 51. (1) Die Personalakten der Generalprokuratur sind nach 50 Jahren, alle sonstigen Behelfe und Unterlagen nach 30 Jahren auszuscheiden.

Die Aufbewahrungsfristen beginnen für Personalakten mit dem Tag des Ausscheidens des Bediensteten aus dem Dienst, für alle Behelfe und Unterlagen mit dem 1. Jänner des auf die Erledigung folgenden Jahres.

(2) § 28 gilt mit der Maßgabe sinngemäß, daß die in § 50 Z 1 bis 3 und 5 angeführten Register dauernd aufzubewahren sind.

Bedarfsnachweis

§ 52. Die Ausgabemittel für die Generalprokuratur werden auf Grund einer Bedarfsnachweisung vom Präsidenten des Obersten Gerichtshofes festgesetzt. Das Anweisungsrecht steht dem Leiter der Generalprokuratur zu. Die Auszahlung nimmt der Rechnungsführer des Obersten Gerichtshofes vor.

Artikel II

Schlußbestimmungen

§ 53. (1) Diese Verordnung tritt mit Ausnahme der Bestimmungen über die Registerführung mit 1. Juli 1986 in Kraft; die Bestimmungen über die Registerführung erlangen mit 1. Jänner 1987 ihre Wirksamkeit.

(2) § 40 Z 1, 2, 4 und 5 in der Fassung der Verordnung BGBl. II Nr. 331/2001 treten mit 1. Oktober 2001 in Kraft. Amtskleider, die vor dem 1. Oktober 2001 beigestellt worden sind, können weiterverwendet werden. *(BGBl II 2001/331)*

(3) Mit dem Inkrafttreten der Bestimmungen dieser Verordnung verlieren alle bisherigen Vorschriften über die darin geregelten Angelegenheiten ihre Geltung; insbesondere verlieren die im Einvernehmen mit dem Bundesministerium für Inneres erlassene Verordnung des Bundesministeriums für Justiz vom 22. Oktorber 1951, BGBl. Nr. 267, über die innere Einrichtung und Geschäftsordnung der Oberstaatsanwaltschaften und Staatsanwaltschaften und über die Besorgung des staatsanwaltschaftlichen Dienstes bei den Bezirksgerichten (StaGeo.) sowie die Verordnung der Bundesregierung vom 26. Juni 1979, BGBl. Nr. 275, über die Beschaffenheit, das Tragen und die Tragdauer des Amtskleides der Staatsanwälte ihre Wirksamkeit. *(BGBl II 2001/331)*

(4) Die Bestimmungen der §§ 1 bis 8a, 11, 12, 14 bis 23, 26 bis 29, 30a, 30b, 31, 33, 34, 36, 41 bis 44, 46, 49 und 50 sowie die Überschrift des Neunten Abschnitts in der Fassung der Verordnung der Bundesministerin für Justiz, BGBl. II Nr. 396/2007, sowie der Entfall der §§ 9, 10, 13, 32 und 45 treten mit 1. Jänner 2008 in Kraft. *(BGBl II 2007/396; BGBl II 2015/388)*

(5) Die Bestimmungen der §§ 8, 8a, 16, 27, 43 und 46 in der Fassung der Verordnung der Bun-

StAG

desministerin für Justiz, BGBl. II Nr. 300/2010 treten mit 1. Oktober 2010 in Kraft. *(BGBl II 2010/300; BGBl II 2015/388)*

(6) Die Bestimmung des § 27 Abs. 3 in der Fassung der Verordnung der Bundesministerin für Justiz, BGBl. II Nr. 330/2010 tritt mit 1. Oktober 2010 in Kraft. *(BGBl II 2010/330; BGBl II 2015/388)*

(7) Die Bestimmungen der §§ 4 Abs. 5[1]) und 18 Abs. 1a in der Fassung des Bundesgesetzes BGBl. II Nr. 150/2011 treten mit 1. Mai 2011 in Kraft. *(BGBl II 2011/150; BGBl II 2015/388)*

(7)[2]) § 30a Abs. 3 in der Fassung der Verordnung der Bundesministerin für Justiz, BGBl. II Nr. 204/2013 tritt mit 1. Juli 2013 in Kraft. *(BGBl II 2013/204)*

(8)[3]) Die Bestimmungen der §§ 4 Abs. 2, 8 Abs. 1, 8a Abs. 2, 18 Abs. 1 und 2, 19, 23 Abs. 1, 26 sowie 27 Abs. 3 in der Fassung der Verord-nung des Bundesministers für Justiz, BGBl. II Nr. 388/2015, treten mit dem der Kundmachung folgenden Tag, die Bestimmungen des § 14 Abs. 3 bis 5 in der Fassung der Verordnung des Bundes-ministers für Justiz, BGBl. II Nr. 388/2015, mit 1. Jänner 2016 in Kraft. *(BGBl II 2015/388)*

(9)[4]) Die Bestimmungen der § 4 Abs. 3 und 3a, in der Fassung der Verordnung des Bundesminis-ters für Justiz, BGBl. II Nr. 325/2016, treten mit 1. Jänner 2017 in Kraft. *(BGBl II 2016/325)*

(10)[5]) § 4 Abs. 3 und 3a in der Fassung der Verordnung BGBl. II Nr. 14/2022 tritt mit 1. Fe-bruar 2022 in Kraft. *(BGBl II 2022/14)*

---

[1]) *Redaktionsfehler: gemeint ist wohl § 4 (2)*
[2]) *Redaktionsfehler, wohl gemeint: Absatz 8*
[3]) *Redaktionsfehler, wohl gemeint: Absatz 9*
[4]) *Redaktionsfehler, wohl gemeint: Absatz 10*
[5]) *Redaktionsfehler, wohl gemeint: Absatz 11*

11/2. Europäisches Staatsanwaltschafts-Durchführungsgesetz

BGBl I 2021/94 (StrEU-AG 2021)

STICHWORTVERZEICHNIS
zum EUStA-DG

Bundesgesetz zur Durchführung der Europäischen Staatsanwaltschaft (Europäisches Staatsanwaltschafts-Durchführungsgesetz – EUStA-DG)

1. Abschnitt

Allgemeine Bestimmungen und Strafverfahren der Europäischen Staatsanwaltschaft

Grundsätze

§ 1. (1) Dieses Bundesgesetz dient der Durchführung der EUStA-VO (§ 2 Z 2).

(2) Bei der Wahrnehmung ihrer Aufgaben hat die Europäische Staatsanwaltschaft, soweit sich aus der EUStA-VO oder den Bestimmungen dieses Bundesgesetzes nichts anderes ergibt, nach den allgemeinen Vorschriften über das Strafverfahren vorzugehen und in den Fällen des Art. 30 Abs. 2 und 3 EUStA-VO die nach innerstaatlichen Vorschriften vorgesehenen Voraussetzungen und Bedingungen für die Anordnung und Durchführung von Ermittlungsmaßnahmen und für Beweisaufnahmen zu beachten.

Begriffsbestimmungen

§ 2. Im Sinne dieses Bundesgesetzes bedeutet:

1. „EUStA": die Europäische Staatsanwaltschaft;

2. „EUStA-VO": die Verordnung (EU) 2017/1939 zur Durchführung einer Verstärkten Zusammenarbeit zur Errichtung der Europäischen Staatsanwaltschaft (EUStA), ABl. Nr. L 283 vom 31.10.2017 S. 1;

3. „Mitgliedstaat": einen Staat, der Mitglied der Europäischen Union ist;

4. „teilnehmender Mitgliedstaat": einen Mitgliedstaat, der an der Errichtung der EUStA teilnimmt;

5. „nicht teilnehmender Mitgliedstaat": einen Mitgliedstaat, der nicht an der Errichtung der EUStA teilnimmt;

6. „Drittstaat": einen Staat, der nicht Mitgliedstaat ist.

Anwendungsbereich

§ 3. Die Bestimmungen dieses Bundesgesetzes sind in Verfahren zur Aufklärung von Straftaten anzuwenden, für die die EUStA nach Art. 22, 23 und 120 Abs. 2 EUStA-VO zuständig ist und ihre Zuständigkeit nach Art. 25 Abs. 1 bis 4 dieser Verordnung ausüben kann.

Wahrnehmung der Aufgaben im Bundesgebiet

§ 4. (1) Der EUStA obliegt für das gesamte Bundesgebiet:

1. die Leitung des Ermittlungsverfahrens,

2. die Beendigung des Ermittlungsverfahrens nach Art. 39 und 40 EUStA-VO,

3. die Einbringung der Anklage und deren Vertretung im Hauptverfahren,

4. die Vertretung im Verfahren vor dem Oberlandesgericht sowie

5. die Vertretung im Verfahren zur Wiederaufnahme und zur Wiedereinsetzung.

(2) Die EUStA nimmt die ihr in der EUStA-VO zugewiesenen Aufgaben durch einen Delegierten Europäischen Staatsanwälte wahr, die für die Republik Österreich ernannt wurden. In den in Art. 28 Abs. 4 EUStA-VO genannten

StAG

Ausnahmefällen kann auch die für die Republik Österreich ernannte Europäische Staatsanwältin die Aufgaben wahrnehmen.

Datenschutz

§ 5. Auf die Verarbeitung personenbezogener Daten durch die EUStA sind die §§ 74 und § 75 der Strafprozessordnung (StPO), BGBl. Nr. 631/1975, nur in dem Fall anzuwenden, dass sich die Aktenführung nach innerstaatlichen Rechtsvorschriften richtet oder die EUStA Datenverarbeitungen des Bundes nutzt. In diesem Umfang unterliegt die EUStA jedoch nicht der Aufsicht durch die Datenschutzbehörde (§ 31 Datenschutzgesetz – DSG, BGBl. I Nr. 165/1999).

Übertragung der Zuständigkeit

§ 6. In Fällen des Art. 25 Abs. 4 EUStA-VO hat die zuständige Staatsanwaltschaft die Zustimmung dazu zu erteilen, dass die EUStA Straftaten verfolgt, wenn

1. die EUStA besser in der Lage ist, die Ermittlungen durchzuführen und die Straftaten aufzuklären, und

2. im Einzelfall schutzwürdige Interessen des Opfers nicht überwiegen.

Zuständigkeitskonflikt

§ 7. Über Zuständigkeitskonflikte zwischen einer Staatsanwaltschaft und der EUStA (Art. 25 Abs. 6 EUStA-VO) hat der Oberste Gerichtshof durch Dreiersenate (§ 7 des Bundesgesetzes vom 19. Juni 1968 über den Obersten Gerichtshof, BGBl. Nr. 328/1968) zu entscheiden. Auf Verlangen nur eines Mitgliedes des Dreiersenates hat der einfache Senat die Entscheidung zu treffen.

Anzeigepflicht

§ 8. Wird einer Behörde oder einer öffentlichen Dienststelle der Verdacht einer in die Zuständigkeit der EUStA fallenden Straftat nach § 3 bekannt, die ihren gesetzmäßigen Wirkungsbereich betrifft, so ist sie zur Anzeige an die EUStA verpflichtet.

Beginn des Strafverfahrens

§ 9. Das Strafverfahren ist von der EUStA einzuleiten (Art. 26 Abs. 1 EUStA-VO). Die Einleitung durch die Kriminalpolizei oder Finanzstrafbehörde ist zulässig, wenn Maßnahmen zu setzen sind, die keinen Aufschub dulden.

Gerichtliche Zuständigkeit für Ermittlungsverfahren der EUStA

§ 10. In Ermittlungsverfahren der EUStA obliegen gerichtliche Entscheidungen dem Landesgericht, an dessen Sitz sich die Staatsanwaltschaft befindet, die für das Strafverfahren nach den §§ 20a, 25 bis 27 StPO, nach den §§ 197 und 198 des Finanzstrafgesetzes (FinStrG), BGBl. Nr. 21/1959, nach § 15 des Verbandsverantwortlichkeitsgesetzes (VbVG), BGBl. I Nr. 151/2005, oder nach § 29 des Jugendgerichtsgesetzes 1988 (JGG), BGBl. Nr. 599/1988, zuständig wäre. § 36 Abs. 2 und § 38 StPO sind anzuwenden.

Gerichtliche Zuständigkeit bei grenzüberschreitenden Ermittlungen nach Art. 31 EUStA-VO

§ 11. (1) Abweichend von § 10 besteht keine gerichtliche Zuständigkeit im Inland, wenn eine Maßnahme in einem anderen teilnehmenden Mitgliedstaat durchgeführt werden soll und nach dessen Recht eine gerichtliche Bewilligung oder ein gerichtlicher Beschluss zur Durchführung der Maßnahme zu erwirken ist (Art. 31 Abs. 3 Unterabs. 1 EUStA-VO).

(2) Ist im Fall von grenzüberschreitenden Ermittlungen der EUStA eine Maßnahme im Bundesgebiet durchzuführen, so obliegt die gerichtliche Entscheidung oder Bewilligung gemäß Art. 31 Abs. 3 Unterabs. 1 erster Fall EUStA-VO jenem Landesgericht, an dessen Sitz sich die Staatsanwaltschaft befindet, die nach § 46 Abs. 1 oder § 55c des Bundesgesetzes über die justizielle Zusammenarbeit in Strafsachen mit den Mitgliedstaaten der Europäischen Union (EU-JZG), BGBl. I Nr. 36/2004, zuständig wäre.

Amtshilfe

§ 12. Die EUStA kann nach Maßgabe des § 76 Abs. 1 bis 2a StPO die Unterstützung aller Behörden und öffentlichen Dienststellen des Bundes, der Länder und der Gemeinden sowie anderer durch Gesetz eingerichteter Körperschaften und Anstalten des öffentlichen Rechts unmittelbar in Anspruch nehmen.

Rechtsschutzbeauftragter

§ 13. (1) Die EUStA hat im Ermittlungsverfahren den Rechtsschutzbeauftragten (§ 47a StPO) nicht um Ermächtigung zur Antragstellung nach § 147 Abs. 2 StPO zu ersuchen.

(2) Dem Rechtsschutzbeauftragen steht ein Recht auf Einbringung eines Antrags auf Fortführung des Ermittlungsverfahrens in keinem Fall zu.

Einstellung des Ermittlungsverfahrens

§ 14. (1) Die in den §§ 190 bis 192 StPO und in § 18 VbVG angeführten Einstellungsgründe sind auf Einstellungsentscheidungen der EUStA nicht anzuwenden.

(2) In einer Verständigung über die Einstellung ist das Opfer auch zu informieren, unter welchen Voraussetzungen eine Nichtigkeitsklage nach Art. 263 Abs. 4 des Vertrags über die Arbeitsweise der Europäischen Union (AEUV), ABl. C 83 vom 30.3.2010 S. 1, beim EuGH eingebracht werden kann. Die Bestimmungen über den Antrag auf Fortführung nach den §§ 195 f StPO sind sinngemäß anzuwenden.

(3) Die Generalprokuratur ist für die Konsultation zur Einstellung eines Strafverfahrens durch die EUStA in den Fällen des Art. 39 Abs. 3 EUStA-VO zuständig. Sie hat sich gegen die Einstellung des Ermittlungsverfahrens durch die EUStA auszusprechen und um Übertragung des Strafverfahrens nach Art. 34 Abs. 6 EUStA-VO zu ersuchen, wenn

1. der Sachverhalt unter Berücksichtigung des § 108 Abs. 1 Z 2 StPO noch nicht ausreichend geklärt ist,

2. eine Verurteilung aufgrund ausreichend geklärten Sachverhalts naheliegt oder

3. kein Grund für die Einstellung des Verfahrens oder den Rücktritt von der Verfolgung vorliegt.

(4) Soll das Ermittlungsverfahren auf der Grundlage von mit dem Beschuldigten vereinbarten Bedingungen endgültig abgeschlossen werden (Art. 40 EUStA-VO), sind die Bestimmungen über den Rücktritt von der Verfolgung nach innerstaatlichem Recht sinngemäß anzuwenden.

Haupt- und Rechtsmittelverfahren

§ 15. (1) Dem Landesgericht als Schöffengericht obliegt das Hauptverfahren aufgrund einer Anklage der EUStA (Art. 36 EUStA-VO).

(2) Ein Einspruch gegen die Anklageschrift kann auch aus dem Grund erhoben werden (§ 212 Z 6 StPO), dass die Anklageschrift entgegen Art. 36 Abs. 3 EUStA-VO ein Gericht im Inland anruft. Das Gericht kann derartige Bedenken gegen seine Zuständigkeit dem Oberlandesgericht mitteilen (§ 213 Abs. 6 StPO). Ruft die Anklageschrift entgegen Art. 36 Abs. 3 EUStA-VO ein Gericht im Inland an, hat das Oberlandesgericht die Anklageschrift zurückzuweisen.

(3) Die EUStA hat im Rechtsmittelverfahren vor dem OGH die Rechte der nationalen Staatsanwaltschaft.

Außergewöhnlich hohe Kosten einer Ermittlungsmaßnahme

§ 16. Wenn die Kosten der Durchführung einer Ermittlungsmaßnahme ein außergewöhnlich hohes Ausmaß erreichen, hat der Delegierte Europäische Staatsanwalt einen begründeten Antrag auf Kostenersatz an die EUStA zu stellen. Ein außergewöhnlich hohes Ausmaß ist jedenfalls anzunehmen, wenn die Kosten 100.000 Euro übersteigen. Die Entscheidung der EUStA, Kosten zu ersetzen, ist zum Akt zu nehmen oder im Akt zu dokumentieren.

2. Abschnitt
Internationale Zusammenarbeit

Allgemeine Voraussetzungen

§ 17. Die EUStA hat lediglich die in diesem Abschnitt angeführten Bestimmungen des Auslieferungs- und Rechtshilfegesetzes (ARHG), BGBl. Nr. 529/1979, des EU-JZG und des Island-Norwegen-Übergabegesetzes (INÜG), BGBl. I. Nr. 20/2020, sinngemäß anzuwenden.

Anwendung von Bestimmungen über die Auslieferung und den (Europäischen) Haftbefehl

§ 18. In Verfahren der EUStA sind die Bestimmungen des I. Hauptstücks des ARHG und die §§ 68 bis 70 ARHG über die Erwirkung der Auslieferung, § 1 Abs. 2, die §§ 3, 4 sowie die Bestimmungen des 4. Abschnitts des II. Hauptstücks des EU-JZG über die Erwirkung der Vollstreckung eines Europäischen Haftbefehls und die §§ 1, 4 und 6 bis 9 INÜG über die Auslieferung aus Island und Norwegen (Übergabe) sinngemäß anzuwenden; der Europäische Haftbefehl (§ 2 Z 1 EU-JZG) und der Haftbefehl (§ 6 Abs. 1 INÜG) sind jedoch nicht vom Gericht zu bewilligen.

Anwendung von Bestimmungen über Sicherstellungsentscheidungen

§ 19. In Verfahren der EUStA sind § 1 Abs. 2 und die §§ 44 bis 51 EU-JZG nur in dem Fall sinngemäß anzuwenden, dass eine Sicherstellung in einem nicht teilnehmenden Mitgliedstaat erwirkt werden soll.

Anwendung von Bestimmungen über die Rechtshilfe und die Europäische Ermittlungsanordnung

§ 20. (1) In Verfahren der EUStA sind die Bestimmungen des I. Hauptstücks des ARHG und die §§ 50 bis 59a und 71 bis 73 ARHG sowie § 1

StAG

Abs. 2 und die §§ 55 bis 57 und 71 bis 75 EU-JZG sinngemäß anzuwenden, wenn

1. die Vollstreckung einer Europäischen Ermittlungsanordnung in einem nicht teilnehmenden Mitgliedstaat oder Rechtshilfe in einem nicht teilnehmenden Mitgliedstaat oder einem Drittstaat erwirkt werden soll oder

2. unter den besonderen Voraussetzungen des Art. 31 Abs. 6 EUStA-VO die Vollstreckung einer Europäischen Ermittlungsanordnung in einem anderen teilnehmenden Mitgliedstaat zu erwirken ist oder eine solche im Bundesgebiet vollstreckt werden soll oder

3. die EUStA um Übermittlung von Aktenbestandteilen der von ihr geführten Ermittlungsverfahren oder um Auskunft über diese ersucht wird und noch nicht Anklage erhoben wurde.

(2) Ist in einem inländischen Strafverfahren die EUStA um Übermittlung von Aktenbestandteilen der von ihr geführten Ermittlungsverfahren oder um Auskunft über diese zu ersuchen und wurde noch nicht Anklage erhoben, sind die §§ 56 bis 56b EU-JZG sinngemäß anzuwenden.

Anwendung von Bestimmungen über die sonstige Zusammenarbeit in Strafsachen

§ 21. (1) Die §§ 59a bis 59c EU-JZG sind sinngemäß anzuwenden, wenn vermieden werden soll, dass die EUStA und eine Behörde eines nicht teilnehmenden Mitgliedstaats parallele Verfahren führen.

(2) Die Bestimmungen des I. Hauptstücks des ARHG und die §§ 76a und 76b ARHG sowie die §§ 60 bis 62 und 76 EU-JZG sind sinngemäß anzuwenden, wenn sich die EUStA an einer gemeinsamen Ermittlungsgruppe beteiligen soll.

(3) Die EUStA hat die §§ 77 bis 80 EU-JZG sinngemäß anzuwenden, wenn Strafregisterauskünfte über Staatsangehörige anderer Mitgliedstaaten einzuholen sind.

(4) Beabsichtigt das Gericht, in einem anderen Mitgliedstaat die Überwachung einer Entscheidung über die Anwendung gelinderer Mittel zu erwirken, so sind die §§ 115 bis 121 EU-JZG sinngemäß anzuwenden.

3. Abschnitt

Anwendung von Bestimmungen des StAG und des GebAG

Anwendung von Bestimmungen des StAG

§ 22. (1) Die Bestimmungen des Bundesgesetzes über die staatsanwaltlichen Behörden (Staatsanwaltschaftsgesetz – StAG), BGBl. Nr. 164/1986, sind nur insoweit anzuwenden, als dies in diesem Bundesgesetz vorgesehen ist.

(2) Die Bestimmungen des StAG über den Verkehr mit dem Gericht (§ 32 Abs. 1) und die Einsicht in Gerichtsakten (§ 33) sind anzuwenden. Der Ermittlungsakt ist sinngemäß nach § 34c StAG zu führen.

(3) Die §§ 34a und 34b StAG gelten nur insoweit, als die EUStA die jeweiligen Datenverarbeitungen des Bundes nutzt.

(4) Für Beschwerden gegen einen Delegierten Europäischen Staatsanwalt wegen dessen Amtsführung (Aufsichtsbeschwerde) ist § 37 StAG sinngemäß anzuwenden. Die Beschwerde ist bei dem für die Republik Österreich ernannten Europäischen Staatsanwalt einzubringen.

Anwendung von Bestimmungen des GebAG

§ 23. Die §§ 23a und 52 des Gebührenanspruchsgesetzes (GebAG), BGBl. Nr. 136/1975, sind mit der Maßgabe anzuwenden, dass im Anwendungsbereich des § 23a GebAG die Bestimmung der Gebühren durch den Leiter der Staatsanwaltschaft zu erfolgen hat, die für das Strafverfahren zuständig wäre (§ 10).

4. Abschnitt

Justizverwaltung

Innerstaatliche Sicherstellung des Betriebs und der Funktionsfähigkeit der EUStA

§ 24. Die Organe der Justizverwaltung haben in ihren Zuständigkeitsbereichen die personellen und sachlichen Voraussetzungen für den Betrieb der EUStA im Inland unter Beachtung der Grundsätze der Gesetzmäßigkeit, Zweckmäßigkeit, Wirtschaftlichkeit und Sparsamkeit zu gewährleisten. Die Organe der Justizverwaltung haben dabei die Unabhängigkeit der EUStA nach Art. 6 EUStA-VO zu achten.

5. Abschnitt

Schlussbestimmungen

Verweisungen

§ 25. (1) Soweit in diesem Bundesgesetz auf andere Bundesgesetze verwiesen wird, sind diese in ihrer jeweils geltenden Fassung anzuwenden.

(2) In anderen Bundesgesetzen enthaltene Bezugnahmen auf die Staatsanwaltschaft gelten auch als Bezugnahmen auf die EUStA, soweit sich aus diesem Bundesgesetz nichts anderes ergibt.

Inkrafttreten

§ 26. Dieses Bundesgesetz tritt mit dem seiner Kundmachung folgenden Tag in Kraft.

Vollziehung

§ 27. Mit der Vollziehung dieses Bundesgesetzes sind die Bundesministerin für Justiz, der Bundesminister für Inneres und der Bundesminister für Finanzen – je nach ihrem Wirkungsbereich – betraut.

StAG

11/3. Richter- und Staatsanwaltschaftsdienstgesetz

(Auszug)

BGBl 1961/305 idF

1 BGBl I 2007/96	**13** BGBl I 2016/119
2 BGBl I 2008/147	**14** BGBl I 2017/167
3 BGBl I 2009/153	**15** BGBl I 2018/60 (Dienstrechts-Novelle 2018)
4 BGBl I 2010/82	
5 BGBl I 2010/111	**16** BGBl I 2018/102
6 BGBl I 2011/140	**17** BGBl I 2019/112
7 BGBl I 2012/120 (Dienstrechts-Novelle 2012)	**18** BGBl I 2020/153
	19 BGBl I 2021/94 (StrEU-AG 2021)
8 BGBl I 2014/8	**20** BGBl I 2021/224 (2. Dienstrechts-Novelle 2021)
9 BGBl I 2015/32	
10 BGBl I 2015/65	**21** BGBl I 2022/205 (2. Dienstrechts-Novelle 2022)
11 BGBl I 2015/164	
12 BGBl I 2016/64	**22** BGBl I 2023/6

Bundesgesetz über das Dienstverhältnis der Richterinnen und Richter, Staatsanwältinnen und Staatsanwälte und Richteramtsanwärterinnen und Richteramtsanwärter (Richter- und Staatsanwaltschaftsdienstgesetz – RStDG)

(BGBl I 2007/96)

2. TEIL

Disziplinarrecht

4. Teil

Sonderbestimmungen für Staatsanwälte

Staatsanwälte

§ 173. Die bei den Staatsanwaltschaften ernannten und ständig tätigen Staatsanwälte sowie die in § 205 genannten Organe arbeiten selbständig und in eigener Verantwortung im Rahmen der Weisungen ihrer Vorgesetzten. *(BGBl I 2008/147)*

(BGBl I 2007/96)

Ernennungserfordernisse

§ 174. (1) Zum Staatsanwalt kann nur ernannt werden, wer die Ernennungserfordernisse nach § 26 erfüllt und eine zumindest einjährige Praxis als Richter bei einem Gericht oder als Staatsanwalt aufweist.

(2) Die Nichterfüllung des Erfordernisses einer einjährigen Praxis gemäß Abs. 1 kann aus dienstlichen Gründen nachgesehen werden, wenn ein gleich geeigneter Bewerber, der allen Erfordernissen entspricht, nicht vorhanden ist.

(3) Wird eine Richteramtsanwärterin oder ein Richteramtsanwärter unter Nachsichterteilung nach Abs. 2 ernannt, gilt mit dieser das zeitliche Definitivstellungserfordernis (§ 11 Abs. 1 Z 2 BDG 1979) als erfüllt. *(BGBl I 2011/140)*

(BGBl I 2007/96)

Planstellen und Amtstitel

§ 175. (1) Für Staatsanwälte sind nachstehende Planstellen und Amtstitel vorgesehen:

Planstelle	Amtstitel
1. Staatsanwalt für den Sprengel der Oberstaatsanwaltschaft (Sprengelstaatsanwalt)	Staatsanwalt
2. Staatsanwalt	Staatsanwalt
3. Leiter einer staatsanwaltschaftlichen Gruppe (Gruppenleiter)	Staatsanwalt
4. Erster Stellvertreter des Leiters der Staatsanwaltschaft	Erster Staatsanwalt
5. Leiter der Staatsanwaltschaft und Leiter der Zentralen Staatsanwaltschaft zur Verfolgung von Wirtschaftsstrafsachen und Korruption (WKStA) *(BGBl I 2008/147; BGBl I 2010/111)*	Leitender Staatsanwalt
6. Stellvertreter des Leiters der Oberstaatsanwaltschaft, Erster Stellvertreter des Leiters der Zentralen Staatsanwaltschaft zur Verfolgung von Wirtschaftsstrafsachen und Korruption (WKStA),	Oberstaatsanwalt

StAG

Leiterin oder Leiter einer staatsanwaltlichen Gruppe (Gruppenleiterin oder Gruppenleiter) der Zentralen Staatsanwaltschaft zur Verfolgung von Wirtschaftsstrafsachen und Korruption (WKStA), Stellvertreter des Leiters der Zentralen Staatsanwaltschaft zur Verfolgung von Wirtschaftsstrafsachen und Korruption (WKStA) *(BGBl I 2008/147; BGBl I 2010/111; BGBl I 2022/205)*	
7. Erster Stellvertreter des Leiters der Oberstaatsanwaltschaft *(BGBl I 2008/147)*	Erster Oberstaatsanwalt *(BGBl I 2008/147)*
8. Leiter der Oberstaatsanwaltschaft	Leitender Oberstaatsanwalt
9. Stellvertreter des Leiters der Generalprokuratur	Generalanwalt
10. Erster Stellvertreter des Leiters der Generalprokuratur	Erster Generalanwalt
11. Leiter der Generalprokuratur	Generalprokurator

(BGBl I 2008/147; BGBl I 2010/111; BGBl I 2022/205)

(2) Die Zahl der Sprengelstaatsanwälte darf 7 vH der bei der Oberstaatsanwaltschaft und den unterstellten Staatsanwaltschaften systemisierten Staatsanwaltsplanstellen nicht übersteigen. Die Verwendung der Sprengelstaatsanwälte ist vom Leiter der Oberstaatsanwaltschaft zu bestimmen; sie sind bei den unterstellten Staatsanwaltschaften für folgende Aufgaben einzusetzen: *(BGBl I 2020/153)*

1. Vertretung von krankheits- oder unfallsbedingt abwesenden Staatsanwälten,

2. Entlastung von Staatsanwälten, in deren Referaten Rückstände bestehen oder zu entstehen drohen,

3. Vertretung von Staatsanwälten hinsichtlich jener Aufgaben, die sie wegen Bearbeitung von Akten ungewöhnlichen Umfangs nicht wahrnehmen können,

4. Vertretung von suspendierten Staatsanwälten.

(3) Ein Sprengelstaatsanwalt kann aus den im Abs. 2 angeführten Gründen mit Verfügung der Bundesministerin oder des Bundesministers für Justiz bis zu sechs Monate je Kalenderjahr einer Staatsanwaltschaft außerhalb des Oberstaatsanwaltschaftssprengels zur Dienstleistung zugeteilt werden. *(BGBl I 2018/60; BGBl I 2020/153)*

(4) § 38 des Beamten-Dienstrechtsgesetzes 1979, BGBl. Nr. 333, ist auf Staatsanwälte mit der Maßgabe anzuwenden, dass eine Versetzung nur zu einer anderen Staatsanwaltschaft zulässig ist.

(BGBl I 2007/96)

Amtskleid

§ 176. (1) Dem bei einer Staatsanwaltschaft tätigen Staatsanwalt ist ein Amtskleid aus Bundesmitteln beizustellen. § 70 Abs. 2 und 3 gilt sinngemäß.

(2) Das Amtskleid besteht aus einem Talar und einem Barett. Es ist in fünf verschiedenen Ausstattungen vorzusehen, und zwar je eine für:

1. den Staatsanwalt der Gehaltsgruppe St 1 oder I mit Ausnahme des Leiters der Staatsanwaltschaft;

2. den Leiter der Staatsanwaltschaft und den Staatsanwalt der Gehaltsgruppe St 2 oder II mit Ausnahme des Leiters der Oberstaatsanwaltschaft;

3. den Leiter der Oberstaatsanwaltschaft;

4. den Staatsanwalt der Gehaltsgruppe St 3 oder III;

5. den Leiter der Generalprokuratur.

(BGBl I 2007/96)

Ausschreibung der Planstellen

§ 177. (1) Alle Planstellen von Staatsanwälten sind vor ihrer Besetzung auszuschreiben.

(2) Die Ausschreibung der Planstelle des Leiters der Generalprokuratur sowie die Ausschreibung der Planstellen der Leiter der Oberstaatsanwaltschaften hat das Bundesministerium für Justiz zu veranlassen. *(BGBl I 2018/60; BGBl I 2020/153)*

(3) Mit Ermächtigung des Bundesministeriums für Justiz haben der Leiter der Generalprokuratur die Ausschreibung der übrigen Planstellen bei der Generalprokuratur und der Leiter der Oberstaatsanwaltschaft die Ausschreibung der übrigen Planstellen im Bereich der Oberstaatsanwaltschaft zu veranlassen. *(BGBl I 2018/60; BGBl I 2020/153)*

(BGBl I 2007/96)

§ 178. (1) Die Ausschreibung hat die staatsanwaltschaftliche Planstelle zu bezeichnen und den Hinweis zu enthalten, dass Bewerber die gesetzlichen Voraussetzungen für die Ernennung zum Staatsanwalt erfüllen müssen.

(2) Die Ausschreibung hat möglichst drei Monate vor, spätestens jedoch innerhalb eines Monats nach Freiwerden der Planstelle zu erfolgen.

(3) Die Ausschreibung hat auf der beim Bundesministerium für Kunst, Kultur, öffentlichen Dienst und Sport eingerichteten Website „Karriere Öffentlicher Dienst" und zusätzlich im Amtsblatt zur Wiener Zeitung zu erfolgen. Sie kann daneben auch auf andere geeignete Weise verlautbart werden. *(BGBl I 2012/120; BGBl I 2020/153)*

(4) Für die Überreichung der Bewerbungsgesuche ist eine Frist zu setzen, die nicht weniger als einen Monat betragen soll.

(5) Sobald eine Staatsanwältin, die bei Justizbehörden in den Ländern, oder bei der Generalprokuratur verwendet wird, die beabsichtigte Inanspruchnahme einer Karenz nach dem MSchG meldet, kann die Ausschreibung der nach dem Allgemeinen Teil des jährlichen Personalplans hiefür vorgesehenen Ersatzplanstelle erfolgen. Die Planstelle kann frühestens mit dem Beginn der mutterschutzbedingten Abwesenheit der Staatsanwältin besetzt werden. *(BGBl I 2008/147)*

(BGBl I 2007/96)

Bewerbungsgesuche

§ 179. (1) Bewerbungsgesuche sind an jene Dienstbehörde zu richten, die die Ausschreibung veranlasst hat. Staatsanwälte, Richter und Beamte des Dienststandes haben ihr Bewerbungsgesuch im Dienstweg einzubringen; die vorgesetzten Dienststellenleiter haben Äußerungen zur Eignung des Bewerbers abzugeben.

(2) Bewerber, die weder Staatsanwälte noch Richter oder Beamte des Bundesministeriums für Justiz sind, haben in ihrem Bewerbungsgesuch die Erfüllung der Erfordernisse für die Ernennung zum Staatsanwalt nachzuweisen. *(BGBl I 2018/60; BGBl I 2020/153)*

(3) Die Dienstbehörde, von der die Ausschreibung veranlasst wurde, hat das Bewerbungsgesuch an die nach den Bestimmungen dieses Bundesgesetzes zuständige Personalkommission zur Begutachtung der Eignung der Bewerber weiterzuleiten.

(BGBl I 2007/96)

Personalkommissionen

§ 180. (1) Beim Bundesministerium für Justiz, bei der Generalprokuratur und bei den Oberstaatsanwaltschaften ist je eine Kommission einzurichten, die die eingelangten Bewerbungsgesuche zu prüfen und sich – soweit erforderlich, im Rahmen einer persönlichen Aussprache mit dem Bewerber – einen Eindruck von der Gesamtpersönlichkeit des Bewerbers zu verschaffen hat (Personalkommission). *(BGBl I 2018/60; BGBl I 2020/153)*

(2) Die Personalkommission hat nach Durchführung der erforderlichen Erhebungen und unter Berücksichtigung von deren Ergebnissen der Bundesministerin oder dem Bundesminister für Justiz einen Vorschlag unter sinngemäßer Anwendung des § 33 zu erstatten. *(BGBl I 2018/60; BGBl I 2020/153)*

(3) Unverzüglich nach Einlangen der Vorschläge sind auf der Internethomepage des Bundesministeriums für Justiz zu veröffentlichen: *(BGBl I 2018/60; BGBl I 2020/153)*

1. geschlechterweise aufgeschlüsselt die Anzahl der für die Ausübung der ausgeschriebenen Funktion oder die Erfüllung der Aufgaben des ausgeschriebenen Arbeitsplatzes als geeignet angesehenen Bewerberinnen und Bewerber und

2. die Namen der Mitglieder der Personalkommission, die an diesem Vorschlag mitgewirkt haben.

(4) Beabsichtigt die Bundesministerin oder der Bundesminister für Justiz, dem Besetzungsvorschlag der Personalkommission nicht zu folgen, so ist dies unter Darlegung der dafür wesentlichen Erwägungen der Personalkommission schriftlich mitzuteilen. *(BGBl I 2020/153)*

(5) Die Personalkommission kann binnen einer Frist von 14 Tagen eine schriftliche Stellungnahme dazu abgeben. *(BGBl I 2020/153)*

(6) Die Bundesministerin oder der Bundesminister für Justiz hat bei Vorlage ihres oder seines Ernennungsvorschlags an die Bundespräsidentin oder den Bundespräsidenten allfällige Stellungnahmen nach Abs. 5 sowie die Erwägungen nach Abs. 4, die zu einer Abweichung von der Reihung der Personalkommission geführt haben, anzuschließen. Die Personalkommission ist darüber schriftlich in Kenntnis zu setzen. *(BGBl I 2020/153)*

(7) Das Bundesministerium für Justiz hat die Veröffentlichung gemäß Abs. 3 durch die Angabe des Namens derjenigen Person zu ergänzen, die mit der ausgeschriebenen Funktion oder dem ausgeschriebenen Arbeitsplatz betraut wurde. Beide Veröffentlichungen haben gleichzeitig mindestens einen Monat auf der Internethomepage ersichtlich zu bleiben. *(BGBl I 2018/60; BGBl I 2020/153)*

(8) Die Mitglieder der Personalkommissionen sind in Ausübung dieses Amtes selbständig und unabhängig. *(BGBl I 2020/153)*

(BGBl I 2007/96)

§ 181. (1) Die Personalkommission beim Bundesministerium für Justiz ist mit Wirkung vom 1. Juli auf die Dauer von jeweils fünf Jahren einzurichten. Sie ist zur Erstattung des Vorschlages für die Besetzung der Planstellen des Leiters der Oberstaatsanwaltschaft und des Leiters der

StAG

Generalprokuratur zuständig. *(BGBl I 2008/147; BGBl I 2018/60; BGBl I 2020/153)*

(2) Die Personalkommissionen bei der Generalprokuratur und bei der Oberstaatsanwaltschaft sind auf Dauer einzurichten.

(3) Die Personalkommission bei der Generalprokuratur ist zur Erstattung des Vorschlages für die Besetzung der Planstellen bei der Generalprokuratur mit Ausnahme der Planstelle des Leiters der Generalprokuratur zuständig.

(4) Die Personalkommission bei der Oberstaatsanwaltschaft ist zur Erstattung des Vorschlages für die Besetzung der gemäß § 177 Abs. 3 vom Leiter der Oberstaatsanwaltschaft auszuschreibenden Planstellen zuständig.

(BGBl I 2007/96)

§ 182. (1) Jede Personalkommission besteht aus vier Mitgliedern. Alle Mitglieder der Personalkommission müssen die Erfordernisse für die Ernennung zum Staatsanwalt erfüllen.

(2) Die Bundesministerin oder der Bundesminister für Justiz hat in die Personalkommission beim Bundesministerium für Justiz ein weibliches und ein männliches Mitglied zu entsenden und dabei eines dieser Mitglieder zum Vorsitzenden der Personalkommission zu bestimmen. *(BGBl I 2018/60; BGBl I 2020/153)*

(3) Der Personalkommission bei der Generalprokuratur gehören der Leiter der Generalprokuratur und derjenige Erste Stellvertreter des Leiters der Generalprokuratur kraft Amtes als Mitglieder an, die die längste Dienstzeit auf dieser Planstelle aufweist; bei gleich langer Dauer dieser Dienstzeit entscheidet die längere Dienstzeit als Richterin oder Richter und Staatsanwältin oder Staatsanwalt. Der Leiter der Generalprokuratur ist Vorsitzender der Personalkommission. *(BGBl I 2010/111)*

(4) Der Personalkommission bei der Oberstaatsanwaltschaft gehören der Leiter der Oberstaatsanwaltschaft und derjenige Leiter einer Staatsanwaltschaft kraft Amtes als Mitglieder an, in deren Sprengel die zu besetzende Planstelle systemisiert ist, bei Besetzung der Planstellen eines Sprengelstaatsanwaltes, des Leiters einer Staatsanwaltschaft und eines Stellvertreters des Leiters der Oberstaatsanwaltschaft aber der Behördenleiter, der die längste Dienstzeit als Leiter der Staatsanwaltschaft aufweist; bei gleichlanger Dienstzeit als Leiter entscheidet die längere Dienstzeit als Richterin oder Richter und Staatsanwältin oder Staatsanwalt. Der Leiter der Oberstaatsanwaltschaft ist Vorsitzender der Personalkommission. *(BGBl I 2010/111)*

(5) Die Gewerkschaft Öffentlicher Dienst hat je einen Staatsanwalt als Mitglied in jede Personalkommission zu entsenden.

(6) Je ein weiterer Staatsanwalt ist als Mitglied zu entsenden:

1. vom Zentralausschuss beim Bundesministerium für Justiz für die Staatsanwälte in die Personalkommission beim Bundesministerium für Justiz, *(BGBl I 2018/60; BGBl I 2020/153)*

2. von dem bei der Generalprokuratur errichteten Organ der gesetzlichen Personalvertretung der Staatsanwälte in die Personalkommission bei der Generalprokuratur und

3. von dem bei der Oberstaatsanwaltschaft errichteten Organ der gesetzlichen Personalvertretung der Staatsanwälte in die Personalkommission bei der Oberstaatsanwaltschaft.

(BGBl I 2007/96)

§ 183. (1) Bedienstete, die außer Dienst gestellt wurden, ferner Bedienstete, gegen die ein Disziplinarverfahren eingeleitet wurde oder in deren Standesausweis eine nicht gelöschte Disziplinarstrafe eingetragen ist, dürfen nicht in die Personalkommission entsendet werden. Die Entsendung eines Mitgliedes in mehr als eine Personalkommission ist zulässig.

(2) Die Mitgliedschaft zur Personalkommission ruht vom Zeitpunkt der Einleitung eines Disziplinarverfahrens bis zu dessen rechtskräftigem Abschluss, während der Zeit der Suspendierung, der Außerdienststellung, der Erteilung eines Urlaubes von mehr als drei Monaten und der Leistung des Präsenz- oder Ausbildungs- oder Zivildienstes.

(3) Die Mitgliedschaft zur Personalkommission endet mit dem Ablauf der im § 181 Abs. 1 erster Satz festgesetzten Funktionsdauer, ferner mit der rechtskräftigen Verhängung einer Disziplinarstrafe, mit dem Ausscheiden aus dem Dienststand sowie mit dem Ablauf der Funktionsdauer jenes Vertretungskörpers, der das Mitglied in die Personalkommission entsendet hat; die Mitgliedschaft eines von der Gewerkschaft öffentlicher Dienst oder von der gesetzlichen Personalvertretung der Staatsanwälte entsendeten Mitgliedes endet überdies, sobald dieses Mitglied nicht mehr Staatsanwalt ist oder sich im Ruhestand befindet.

(4) Ein Mitglied der Personalkommission kann vom entsendenden Organ nur dann vorzeitig abberufen werden, wenn sich in der Person oder in der Zusammensetzung dieses Organs seit der Entsendung eine Änderung ergeben hat.

(BGBl I 2007/96)

§ 184. (1) Ist der Leiter der Generalprokuratur als Vorsitzender der Personalkommission bei der Generalprokuratur verhindert, so wird er durch den dienstältesten Ersten Stellvertreter des Leiters der Generalprokuratur (§ 182 Abs. 3) vertreten. In diesem Fall oder bei Verhinderung des dienstältesten Ersten Stellvertreters des Leiters der Generalprokuratur gehört als weiteres Mitglied kraft

Amtes das in sinngemäßer Anwendung des § 182 Abs. 3 nächstberufene Mitglied der Generalprokuratur der Personalkommission an.

(2) Der Leiter der Oberstaatsanwaltschaft als Vorsitzender der Personalkommission bei der Oberstaatsanwaltschaft wird im Verhinderungsfalle durch seinen Ersten Stellvertreter, ist auch dieser verhindert, durch einen anderen Stellvertreter des Leiters der Oberstaatsanwaltschaft vertreten; unter mehreren für die Vertretung in Frage kommenden Staatsanwälten entscheidet die nach § 182 Abs. 4 zu bestimmende Reihenfolge.

(3) Von den der Personalkommission bei der Oberstaatsanwaltschaft kraft Amtes angehörenden Leitern einer Staatsanwaltschaft wird im Verhinderungsfalle der Leiter, in dessen Sprengel die zu besetzende Planstelle systemisiert ist, durch seinen Ersten Stellvertreter, der Leiter einer Staatsanwaltschaft mit der längsten Dienstzeit durch den in der Länge der Dienstzeit folgenden, nicht verhinderten Leiter einer Staatsanwaltschaft vertreten.

(BGBl I 2007/96)

§ 185. (1) Für jedes von der Bundesministerin oder dem Bundesminister für Justiz, von der Gewerkschaft Öffentlicher Dienst und von der gesetzlichen Personalvertretung der Staatsanwälte in die Personalkommission entsendete Mitglied ist je ein Stellvertreter zu entsenden, der im Falle des Ruhens der Mitgliedschaft oder der sonstigen Verhinderung des Mitgliedes in die Kommission einzutreten hat. Die Vorschriften über die Entsendung der Mitglieder und deren Stellung gelten für die Stellvertreter sinngemäß. *(BGBl I 2018/60; BGBl I 2020/153)*

(2) Im Bedarfsfall ist die Personalkommission durch Neuentsendung von Mitgliedern zu ergänzen.

(BGBl I 2007/96)

§ 186. (1) Auf das Verfahren der Personalkommission sind die Bestimmungen der §§ 6 Abs. 1, 7, 13, 14 bis 16 sowie 18 bis 22, 32, 33, 45 und 46 des Allgemeinen Verwaltungsverfahrensgesetzes 1991, BGBl. Nr. 51/1991, sinngemäß anzuwenden.

(2) Die Sitzungen der Personalkommission sind von deren Vorsitzendem einzuberufen und vorzubereiten.

(2a) Die Durchführung einer Sitzung in Form einer Videokonferenz ist zulässig. Über die Durchführung als Videokonferenz entscheidet die oder der Vorsitzende der Personalkommission. Eine Sitzung ist in Präsenz einzuberufen, wenn das ein Mitglied der Personalkommission spätestens fünf Arbeitstage vor dem Sitzungstag bei der oder dem Vorsitzenden schriftlich beantragt. *(BGBl I 2022/205)*

(3) Zur Beschlussfähigkeit der Personalkommission ist unbeschadet des Abs. 2a die Anwesenheit sämtlicher vier Mitglieder erforderlich. *(BGBl I 2022/205)*

(3a) Ausnahmsweise kann ohne Einberufung einer Sitzung eine Beschlussfassung auf schriftlichem Weg erfolgen, wenn

1. alle Mitglieder der Personalkommission einer solchen Beschlussfassung zustimmen,

2. im Falle eines Ernennungsverfahrens die oder der zuständige Gleichbehandlungsbeauftragte (§ 26 des Bundes-Gleichbehandlungsgesetzes) dieser Vorgehensweise zustimmt und

3. der Erledigungsvorschlag stimmeneinhellig angenommen wird und nicht eines der Mitglieder die Behandlung des Vorschlags in einer Vollsitzung verlangt.
(BGBl I 2022/205)

(4) Die Personalkommission hat ihre Beschlüsse mit Stimmenmehrheit zu fassen. Eine Stimmenthaltung ist unzulässig. Bei Stimmengleichheit entscheidet die Stimme des Vorsitzenden.

(5) Bei der Abstimmung haben als erstes das von der gesetzlichen Personalvertretung der Staatsanwälte entsendete Mitglied, sodann das von der Gewerkschaft entsendete Mitglied, zuletzt der Vorsitzende seine Stimme abzugeben.

(6) Die Personalkommission hat ihren Vorschlag innerhalb eines Monats nach Ablauf der Bewerbungsfrist der Bundesministerin oder dem Bundesminister für Justiz zu erstatten. Jedes Kommissionsmitglied, das bei der Abstimmung in der Minderheit geblieben ist, kann verlangen, dass auch seine Meinung samt Begründung im Vorschlag festgehalten werde. *(BGBl I 2018/60; BGBl I 2020/153)*

(7) Steht der Bewerber in einem Dienstverhältnis zum Bund, so hat die Personalkommission das Recht, in seinen Standesausweis (Personalakt) sowie in die ihn betreffenden Leistungsfeststellungen und Dienstbeschreibungen Einsicht zu nehmen.

(BGBl I 2007/96)

§ 187. Für die Sacherfordernisse und die Besorgung der Verwaltungsgeschäfte, die mit der Tätigkeit der Personalkommission verbunden sind, ist bei der Dienstbehörde, bei der die Kommission eingerichtet ist, vorzusorgen.

(BGBl I 2007/96)

§ 188. Dem Bewerber erwächst durch die Einbringung des Bewerbungsgesuches kein Rechtsanspruch auf Ernennung auf die von ihm angestrebte Planstelle. Er hat keine Parteistellung.

(BGBl I 2007/96)

StAG

§ 189. Die Bewerbungsgesuche und deren Auswertung sind vertraulich zu behandeln. Über sie ist gegen jedermann, dem gegenüber keine Verpflichtung zu einer amtlichen Mitteilung besteht, Stillschweigen zu beobachten. Nicht untersagt ist jedoch die Bekanntgabe der Namen und einer Reihung der Bewerber.

(BGBl I 2007/96)

Gehalt des Staatsanwaltes

§ 190. (1) Das Gehalt der Staatsanwältin oder des Staatsanwalts wird durch die Gehaltsgruppe und in ihr durch die Gehaltsstufe bestimmt. Es beträgt:

in der Ge-haltsstufe	in der Gehaltsgruppe		
	St 1	St 2	St 3
	Euro		
1	4 805,0	--	--
2	5 217,9	--	--
3	5 840,7	--	--
4	6 438,9	7 108,4	--
5	7 039,6	7 557,9	9 506,3
6	7 601,0	8 276,7	10 030,6
7	8 065,3	8 995,1	10 869,6
8	8 448,7	9 678,1	12 028,0
9	8 583,6	9 926,1	12 536,7

Ein festes Gehalt gebührt der Leiterin oder dem Leiter der Generalprokuratur im Ausmaß von 14 095,5 €.
(BGBl I 2015/164; BGBl I 2016/119; BGBl I 2017/167; BGBl I 2018/102; BGBl I 2019/112; BGBl I 2020/153; BGBl I 2021/224; BGBl I 2022/205)

(2) Es haben Anspruch auf ein Gehalt der

1. Gehaltsgruppe St 1:

a) Staatsanwälte für den Sprengel der Oberstaatsanwaltschaft (Sprengelstaatsanwälte),

b) Staatsanwälte,

c) Leiter einer staatsanwaltschaftlichen Gruppe (Gruppenleiter),

d) Erste Stellvertreter des Leiters einer Staatsanwaltschaft,

e) Leiter einer Staatsanwaltschaft;

2. Gehaltsgruppe St 2:

a) Stellvertreter des Leiters einer Oberstaatsanwaltschaft,

b) Erste Stellvertreter des Leiters einer Oberstaatsanwaltschaft,

c) Leiter einer Oberstaatsanwaltschaft; *(BGBl I 2008/147)*

d) Stellvertreter des Leiters der WKStA, *(BGBl I 2008/147; BGBl I 2010/111)*

e) Leiterin oder Leiter einer staatsanwaltschaftlichen Gruppe (Gruppenleiterin oder Gruppenleiter) der WKStA, *(BGBl I 2022/205)*

f) Erster Stellvertreter des Leiters der WKStA, *(BGBl I 2008/147; BGBl I 2010/111; BGBl I 2022/205)*

g) Leiter der WKStA; *(BGBl I 2008/147; BGBl I 2010/111; BGBl I 2022/205)*

3. Gehaltsgruppe St 3:

a) Stellvertreter des Leiters der Generalprokuratur,

b) Erste Stellvertreter des Leiters der Generalprokuratur.

(3) Die Gehaltsstufe und der Vorrückungstermin bestimmen sich nach dem für die Vorrückung in höhere Bezüge maßgebenden Besoldungsdienstalter. Für die Vorrückung ist § 8 Abs. 1 und 2 des Gehaltsgesetzes 1956 mit der Maßgabe anzuwenden, dass anstelle eines zweijährigen Zeitraumes ein vierjähriger Zeitraum erforderlich ist. *(BGBl I 2015/32)*

(4) Mit dem Gehalt sind alle mengenmäßigen und zeitlichen Mehrleistungen abgegolten. Ausgenommen sind bei Staatsanwälten der Gehaltsgruppe St 1 Nebengebühren für Journaldienste, für Rufbereitschaft und für die Dienstleistungen auf Grund einer Inanspruchnahme im Rahmen der Rufbereitschaft.

(5) Durch die Ernennung einer Staatsanwältin oder eines Staatsanwalts zur Staatsanwältin oder zum Staatsanwalt einer anderen Gehaltsgruppe ändert sich das Besoldungsdienstalter nicht. Bei einer Ernennung zur Staatsanwältin oder zum Staatsanwalt der Gehaltsgruppe St 3 wird das Besoldungsdienstalter jedoch mit 17 Jahren und sechs Monaten im Zeitpunkt des Wirksamwerdens der Ernennung festgesetzt, wenn ihr oder sein Besoldungsdienstalter diese Dauer nicht überschreitet. In diesem Fall wird bei späterer Ernennung auf eine nicht der Gehaltsgruppe St 3 zugeordnete Planstelle das Besoldungsdienstalter wieder mit dem vor Wirksamwerden der Ernennung auf die Planstelle der Gehaltsgruppe St 3 erreichten Ausmaß festgesetzt, wobei die seitdem vergangene für die Vorrückung wirksame Zeit entsprechend zu berücksichtigen ist. *(BGBl I 2015/65)*

(6) *(entfällt, BGBl I 2015/65)*

(7) Als monatliches Gehalt gebühren abweichend von der Tabelle in Abs. 1

1. der Leiterin oder dem Leiter der Oberstaatsanwaltschaft

a) bis zu einem Besoldungsdienstalter von 29 Jahren und sechs Monaten .... 11 184,3 €

(BGBl I 2022/205)

b) ab einem Besoldungsdienstalter von 29 Jahren und sechs Monaten .... 12 536,7 €

(BGBl I 2022/205)

2. der Ersten Stellvertreterin oder dem Ersten Stellvertreter der Leiterin oder des Leiters der Oberstaatsanwaltschaft

a) bis zu einem Besoldungsdienstalter von 29 Jahren und sechs Monaten .... 9 266,8 €

(BGBl I 2022/205)

b) ab einem Besoldungsdienstalter von 29 Jahren und sechs Monaten .... 9 926,1 €

(BGBl I 2022/205)

3. der Leiterin oder dem Leiter der Staatsanwaltschaft

a) bis zu einem Besoldungsdienstalter von 29 Jahren und sechs Monaten .... 9 266,8 €

(BGBl I 2022/205)

b) ab einem Besoldungsdienstalter von 29 Jahren und sechs Monaten .... 9 926,1 €.

(BGBl I 2022/205)
(BGBl I 2015/164; BGBl I 2016/119)

§ 191. *(entfällt samt Überschrift, BGBl I 2015/164)*

Dienstzulage

§ 192. Eine ruhegenussfähige Dienstzulage gebührt folgenden Staatsanwälten in folgendem Ausmaß:

1. Leiter einer staatsanwaltschaftlichen Gruppe (Gruppenleiter)........................ 330,5 €,

(BGBl I 2022/205)

2. Erster Stellvertreter des Leiters einer Staatsanwaltschaft .... 415,9 €,

(BGBl I 2022/205)

3. Leiter einer Staatsanwaltschaft, der nicht unter Z 4 oder 5 angeführt ist, ... 867,8 €,

(BGBl I 2022/205)

4. a) Leiter einer Staatsanwaltschaft am Sitz eines Oberlandesgerichtes, soweit er nicht unter Z 5 angeführt ist,

b) Leiter der Staatsanwaltschaft Klagenfurt,

c) Leiter der Staatsanwaltschaft Salzburg .... 1 148,9 €,

(BGBl I 2022/205)

5. Leiter der Staatsanwaltschaft Wien .... 1 429,8 €,

(BGBl I 2022/205)

6. Erster Stellvertreter des Leiters einer Oberstaatsanwaltschaft..................... 1 051,0 €,

(BGBl I 2022/205)

7. Leiter einer Oberstaatsanwaltschaft .... 134,9 €,

(BGBl I 2022/205)

8. Erster Stellvertreter des Leiters der Generalprokuratur .... 379,9 €.

(BGBl I 2022/205)
(BGBl I 2016/119)

Aufwandsentschädigung

§ 193. Den Staatsanwälten gebührt eine Aufwandsentschädigung. Sie beträgt für

1. Staatsanwälte der Gehaltsgruppe St 1 .... 36,3 €,

2. alle übrigen Staatsanwälte .... 45,1 €.

(BGBl I 2007/96)

Ernennung eines Richters zum Staatsanwalt

§ 194. Wird ein Richter zum Staatsanwalt ernannt, so ändern sich seine Gehaltsstufe und sein nächster Vorrückungstermin nicht, sofern sich nicht aus § 190 Abs. 1 letzter Satz oder Abs. 7 anderes ergibt. *(BGBl I 2015/65; BGBl I 2016/64)*

(BGBl I 2007/96)

Überstellung

§ 195. Wird ein Beamter einer anderen Besoldungsgruppe zum Staatsanwalt ernannt, so bestimmen sich seine Gehaltsstufe und sein nächster Vorrückungstermin nach der Zeit, die für seine Vorrückung als Staatsanwalt nach § 190 maßgebend gewesen wäre.

(BGBl I 2007/96)

Staatsanwälte der Gehaltsgruppen I bis III

Überleitung in die Gehaltsgruppen St 1 bis St 3

§ 196. (1) Ein Staatsanwalt des Dienststandes, der einer der Gehaltsgruppen I bis III angehört, kann durch eine schriftliche Erklärung nach Maßgabe der in § 190 Abs. 2 festgelegten Zuordnung seiner Planstelle seine Überleitung in die Gehaltsgruppen St 1 bis St 3 bewirken. Eine solche Erklärung ist rechtsunwirksam, wenn ihr der Staatsanwalt eine Bedingung beifügt.

(2) Wird die Erklärung bis zum Ablauf des Jahres 1999 abgegeben, wird die Überleitung mit 1. Jänner 1999 oder mit dem in der Erklärung angegebenen Monatsersten des Jahres 1999 wirksam. Wird die Erklärung erst nach dem Jahr 1999 abgegeben, wird die Überleitung mit dem auf die Abgabe der Erklärung folgenden Monatsersten wirksam.

(3) Wird ein Staatsanwalt der Gehaltsgruppen I bis III gemäß Abs. 1 in eine der Gehaltsgruppen St 1 bis St 3 übergeleitet, so bestimmen sich seine Gehaltsstufe und sein nächster Vorrückungstermin

StAG

nach der Zeit, die für seine Vorrückung nach § 190 Abs. 3 maßgebend gewesen wäre. Eine (allfällige) Dienstzulage steht dem übergeleiteten Staatsanwalt nur nach Maßgabe des § 192 zu. Die Aufwandsentschädigung des übergeleiteten Staatsanwaltes bestimmt sich nach § 193. *(BGBl I 2016/64)*

(4) Eine Ernennung auf eine Planstelle der Gehaltsgruppen I bis III mit einem nach dem 31. Jänner 1999 gelegenen Wirksamkeitstermin ist nur mehr für jene Personen zulässig, die am 31. Jänner 1999 auf eine Planstelle dieser Gehaltsgruppen ernannt sind.

(BGBl I 2007/96)

Planstellen für Staatsanwälte der Gehaltsgruppen I bis III

§ 197. (1) Für die in den Gehaltsgruppen I bis III ernannten Staatsanwälte sind folgende Planstellen vorgesehen:

Gehaltsgruppe	Planstelle
I	Staatsanwalt für den Sprengel der Oberstaatsanwaltschaft (Sprengelstaatsanwalt)
	Staatsanwalt
	Leiter einer staatsanwaltschaftlichen Gruppe (Gruppenleiter)
	Erster Stellvertreter des Leiters einer Staatsanwaltschaft
	Leiter einer Staatsanwaltschaft
II	Stellvertreter des Leiters einer Oberstaatsanwaltschaft
	Erster Stellvertreter des Leiters einer Oberstaatsanwaltschaft
	Leiter einer Oberstaatsanwaltschaft
	Stellvertreter des Leiters der WKStA *(BGBl I 2010/111)*
	Erster Stellvertreter des Leiters der WKStA *(BGBl I 2010/111)*
	Leiter der WKStA *(BGBl I 2010/111)*
III	Stellvertreter des Leiters der Generalprokuratur
	Erster Stellvertreter des Leiters der Generalprokuratur

(BGBl I 2008/147)
(BGBl I 2010/111)

(2) Das Gehalt der Staatsanwälte der Gehaltsgruppen I bis III wird durch die Gehaltsgruppe und in ihr durch die Gehaltsstufe bestimmt. Es beträgt:

in der Ge- haltsstufe		in der Ge- haltsgruppe	

	I	II	III
		Euro	
1	3 143,1	– –	– –
2	3 223,0	– –	– –
3	3 541,3	– –	– –
4	3 860,5	– –	– –
5	4 179,8	– –	– –
6	4 503,0	– –	– –
7	4 823,6	– –	– –
8	5 119,6	5 548,3	– –
9	5 354,5	5 628,2	5 943,8
10	5 658,9	5 948,8	6 023,7
11	5 965,9	6 271,8	6 426,6
12	6 271,8	6 592,5	7 151,5
13	6 577,6	6 915,6	7 956,1
14	6 888,4	7 317,3	8 277,9
15	7 209,3	7 960,9	8 599,5
16	7 532,0	8 523,6	8 920,2
17	7 772,9	8 765,5	9 163,5

(BGBl I 2022/205)
(BGBl I 2008/147; BGBl I 2020/153)

(3) Die Gehaltsstufe und der Vorrückungstermin bestimmen sich nach dem für die Vorrückung in höhere Bezüge maßgebenden Besoldungsdienstalter. *(BGBl I 2015/32)*

(4) Durch die Ernennung eines Staatsanwalts zum Staatsanwalt einer anderen Gehaltsgruppe ändern sich, sofern sich nicht aus Abs. 5 oder 6 anderes ergibt, die Gehaltsstufe und der Vorrückungstermin nicht.

(5) Abweichend vom Abs. 4 gebührt dem Staatsanwalt, der in eine höhere Gehaltsgruppe ernannt wird und die in dieser Gehaltsgruppe vorgesehene Anfangsgehaltsstufe noch nicht erreicht hat, die Anfangsgehaltsstufe der neuen Gehaltsgruppe. Eine Vorrückung in die nächsthöhere Gehaltsstufe erfolgt in der Gehaltsgruppe II nach Maßgabe der gemäß Abs. 3 für die Vorrückung ermittelten Dienstzeit, in der Gehaltsgruppe III nach Maßgabe des § 8 Abs. 2 GehG zwei Jahre nach der Ernennung. Bei späterer Ernennung auf eine Planstelle der Gehaltsgruppe I oder II gebühren die Gehaltsstufe und der Vorrückungstermin, die sich aus Abs. 3 ergeben.

(6) Der Leiterin oder dem Leiter der Oberstaatsanwaltschaft, der Ersten Stellvertreterin oder dem Ersten Stellvertreter der Leiterin oder des Leiters der Oberstaatsanwaltschaft oder der Leiterin oder dem Leiter der Staatsanwaltschaft gebührt zumindest jenes Gehalt des um 3,05% erhöhten Gehalts der Gehaltsstufe 13. Die Vorrückung in die Gehaltsstufe 14 erfolgt nach Maßgabe des Abs. 3. Bei einer Ernennung auf eine nicht in diesem Absatz genannte Staatsanwaltsplanstelle gebühren ihr oder ihm die Gehaltsstufe und der Vor-

rückungstermin, die sich aus Abs. 3 ergeben. *(BGBl I 2015/32)*

(7) Dem Leiter der Staatsanwaltschaft gebührt eine ruhegenussfähige Ergänzungszulage im Ausmaß des Unterschiedsbetrages zwischen seinem Gehalt und dem Gehalt der gleichen Gehaltsstufe der Gehaltsgruppe II.

(8) Dem Leiter der Oberstaatsanwaltschaft gebührt eine ruhegenussfähige Ergänzungszulage im Ausmaß des Unterschiedsbetrages zwischen seinem Gehalt und dem Gehalt der gleichen Gehaltsstufe der Gehaltsgruppe III.

(BGBl I 2007/96)

Dienstalterszulage der Staatsanwältinnen und Staatsanwälte der Gehaltsgruppen I bis III

§ 198. Der Staatsanwältin oder dem Staatsanwalt der Gehaltsgruppe I, II oder III gebührt nach zwei Jahren, die sie oder er in der jeweils höchsten Gehaltsstufe verbracht hat, eine ruhegenussfähige Dienstalterszulage („kleine Daz"). Die Dienstalterszulage erhöht sich nach vier in der jeweils höchsten Gehaltsstufe verbrachten Jahren („große Daz"). Die §§ 8 und 10 sind auf diese Zeiten anzuwenden. Die Dienstalterszulage beträgt:

Zulage	Euro
kleine Daz	124,9
große Daz	501,4

(BGBl I 2022/205)

Dienstzulage der Staatsanwälte der Gehaltsgruppen I bis III

§ 199. (1) Den Staatsanwälten der Gehaltsgruppen I bis III gebührt eine ruhegenussfähige Dienstzulage, mit der alle mengenmäßigen und zeitlichen Mehrleistungen abgegolten werden. Ausgenommen sind bei Staatsanwälten der Gehaltsgruppe I Nebengebühren für Journaldienste, für Rufbereitschaft und für Dienstleistungen auf Grund einer Inanspruchnahme im Rahmen der Rufbereitschaft. 45,36% dieser Dienstzulage gelten als Abgeltung für zeitliche Mehrleistungen.

(2) Die Dienstzulage beträgt in Hundertsätzen des Gehaltes eines Staatsanwaltes der Gehaltsstufe 1 der Gehaltsgruppe I:

Hundertsatz

1. Staatsanwälte der Gehaltsgruppen I und II, soweit sie nicht unter Z 2 bis 5 angeführt sind 34,06

2. a) Leiter einer Staatsanwaltschaft, der nicht unter Z 3 oder 4 angeführt ist,

b) Stellvertreter des Leiters einer Oberstaatsanwaltschaft ab der Gehaltsstufe 13 40,64

3. a) Leiter einer Staatsanwaltschaft am Sitz eines Oberlandesgerichtes mit Ausnahme des Leiters der Staatsanwaltschaft Wien,

b) Leiter der Staatsanwaltschaft Klagenfurt,

c) Leiter der Staatsanwaltschaft Salzburg,

d) Erste Stellvertreter des Leiters einer Oberstaatsanwaltschaft 49,97

4. a) Leiter der Staatsanwaltschaft Wien,

b) Leiter einer Oberstaatsanwaltschaft,

c) Stellvertreter des Leiters der Generalprokuratur................................. 59,38

5. Erste Stellvertreter des Leiters der Generalprokuratur 68,71

(3) Staatsanwälten der Gehaltsgruppe I, die bei einer Justizbehörde in den Ländern verwendet werden, gebührt – beginnend mit der Gehaltsstufe 13 der Gehaltsgruppe I – ein Zuschlag zu ihrer Dienstzulage im Ausmaß von 8,58 v. H. des Gehaltes eines Staatsanwaltes der Gehaltsstufe 1 der Gehaltsgruppe I.

(4) Staatsanwälten der Gehaltsgruppe III gebührt zu ihrer Dienstzulage ein Zuschlag im Ausmaß von 10,38 vH des Gehaltes eines Staatsanwaltes der Gehaltsstufe 13 der Gehaltsgruppe III. *(BGBl I 2015/32)*

(5) Folgenden Staatsanwälten gebührt ein Zuschlag zur Dienstzulage gemäß Abs. 2 in Hundertsätzen des Gehaltes eines Staatsanwaltes der Gehaltsstufe 1 der Gehaltsgruppe I:

Hundertsatz

1. Leiter einer staatsanwaltschaftlichen Gruppe (Gruppenleiter) 8,70

2. a) Erste Stellvertreter des Leiters einer Staatsanwaltschaft,

b) Erste Stellvertreter des Leiters einer Oberstaatsanwaltschaft 11,35

3. Leiter einer Staatsanwaltschaft 14,12

4. Leiter einer Oberstaatsanwaltschaft 28,24

(BGBl I 2007/96)

Leistungsstrukturzulage für bestimmte Staatsanwälte der Gehaltsgruppen I und II

§ 200. (1) Eine Leistungsstrukturzulage gebührt in folgendem Ausmaß:

StAG

1. den Staatsanwältinnen und Staatsanwälten der Gehaltsgruppe I

a) ab einem Besoldungsdienstalter von 19 Jahren und sechs Monaten .... 153,6 €,

(BGBl I 2022/205)

b) ab einem Besoldungsdienstalter von 21 Jahren und sechs Monaten .... 141,0 €,

(BGBl I 2022/205)

c) ab einem Besoldungsdienstalter von 23 Jahren und sechs Monaten .... 128,9 €,

(BGBl I 2022/205)

d) ab einem Besoldungsdienstalter von 25 Jahren und sechs Monaten .... 117,7 €,

(BGBl I 2022/205)

e) ab einem Besoldungsdienstalter von 27 Jahren und sechs Monaten .... 105,3 €,

(BGBl I 2022/205)

f) ab einem Besoldungsdienstalter von 29 Jahren und sechs Monaten .... 91,7 €,

(BGBl I 2022/205)

g) ab einem Besoldungsdienstalter von 31 Jahren und sechs Monaten .... 80,5 €,

(BGBl I 2022/205)

2. den Staatsanwältinnen und Staatsanwälten der Gehaltsgruppe II

a) ab einem Besoldungsdienstalter von 25 Jahren und sechs Monaten .... 110,2 €,

(BGBl I 2022/205)

b) ab einem Besoldungsdienstalter von 27 Jahren und sechs Monaten .... 99,1 €,

(BGBl I 2022/205)

c) ab einem Besoldungsdienstalter von 29 Jahren und sechs Monaten .... 86,5 €,

(BGBl I 2022/205)

d) ab einem Besoldungsdienstalter von 31 Jahren und sechs Monaten .... 74,3 €,

(BGBl I 2022/205)
(BGBl I 2015/32; BGBl I 2015/164; BGBl I 2016/119)

(2) Steht dem Staatsanwalt die Dienstalterszulage zu, gebührt keine Leistungsstrukturzulage.

Aufwandsentschädigung der Staatsanwälte der Gehaltsgruppen I bis III

§ 201. Den Staatsanwälten der Gehaltsgruppen I bis III gebührt eine Aufwandsentschädigung; sie beträgt in Hundertsätzen des Gehaltes eines Staatsanwaltes der Gehaltsstufe 1 der Gehaltsgruppe I:

Hundertsatz

1. Staatsanwälte der Gehaltsstufen 1 bis 3 1,37

2. Staatsanwälte der Gehaltsstufen 4 bis 6 1,64

3. alle übrigen Staatsanwälte der Gehaltsgruppen I bis III 2,50

(BGBl I 2007/96)

Ernennung eines Richters der Gehaltsgruppen I bis III zum Staatsanwalt

§ 202. Wird ein Richter der Gehaltsgruppen I bis III zum Staatsanwalt ernannt, so ändern sich seine Gehaltsstufe und sein Vorrückungstermin nicht, sofern sich nicht aus § 190 Abs. 1 letzter Satz oder § 197 Abs. 5 oder 6 anderes ergibt.

(BGBl I 2007/96)

Dienstbeschreibung

§ 203. (1) Die Staatsanwälte der Gehaltsgruppen St 1 und St 2 (I und II) mit Ausnahme der Ersten Stellvertreter der Leiter der Oberstaatsanwaltschaften und der Leiter der Staatsanwaltschaften sind für das zweite ihrer Ernennung folgende Kalenderjahr zu beschreiben. Im Übrigen gilt § 51 sinngemäß mit der Maßgabe, dass den Antrag auf Neubeschreibung eines Staatsanwalts im Falle des Vorliegens der Voraussetzungen (§ 51 Abs. 3) der Leiter der Oberstaatsanwaltschaft (der Leiter der Staatsanwaltschaft) zu stellen hat.

(2) Für die Dienstbeschreibung der Staatsanwälte ist zuständig:

1. die Personalkommission bei der Oberstaatsanwaltschaft hinsichtlich der Staatsanwälte für den Sprengel der Oberstaatsanwaltschaft sowie der bei den unterstellten Staatsanwaltschaften und bei der Oberstaatsanwaltschaft verwendeten Staatsanwälte mit Ausnahme des Leiters und des (der) Ersten Stellvertreter des Leiters der Oberstaatsanwaltschaft;

2. die Personalkommission bei der Generalprokuratur hinsichtlich der Mitglieder der Generalprokuratur mit Ausnahme des Leiters und der Ersten Stellvertreter des Leiters der Generalprokuratur;

3. die Personalkommission beim Bundesministerium für Justiz hinsichtlich der Leiter und Ersten Stellvertreter der Leiter der Oberstaatsanwaltschaften, des Leiters und der Ersten Stellvertreter des Leiters der Generalprokuratur sowie der in § 205 genannten Staatsanwälte. *(BGBl I 2018/60; BGBl I 2020/153)*

(3) § 53 gilt mit der Maßgabe, dass vor der Beschlussfassung über die Dienstbeschreibung der bei den Staatsanwaltschaften verwendeten Staatsanwälte eine Äußerung des Leiters der Staatsanwaltschaft einzuholen ist.

(4) Gegen die Gesamtbeurteilung in einer Dienstbeschreibung der Personalkommission bei einer Oberstaatsanwaltschaft kann der Staatsan-

walt binnen zwei Wochen nach Zustellung der Mitteilung Beschwerde an die Personalkommission beim Bundesministerium für Justiz erheben. *(BGBl I 2018/60; BGBl I 2020/153)*

(5) Die zum Standesausweis zu nehmende Ausfertigung der Dienstbeschreibung (§ 55 Abs. 4) ist vom Vorsitzenden der Personalkommission eigenhändig zu unterschreiben.

(6) Der Staatsanwalt, dessen Gesamtbeurteilung für zwei aufeinanderfolgende Kalenderjahre auf nicht entsprechend lautet, ist mit der Rechtskraft der zweiten Feststellung entlassen.

(BGBl I 2007/96)

Delegierte Europäische Staatsanwältinnen und Delegierte Europäische Staatsanwälte

§ 204. (1) Für die Dauer der Bestellung zur Delegierten Europäischen Staatsanwältin oder zum Delegierten Europäischen Staatsanwalt gemäß der Verordnung (EU) 2017/1939 zur Durchführung einer Verstärkten Zusammenarbeit zur Errichtung der Europäischen Staatsanwaltschaft (EUStA), ABl. Nr. L 283 vom 31.10.2017 S. 1, ist die nationale Staatsanwältin oder der nationale Staatsanwalt gegen Entfall der Bezüge beurlaubt, wobei der Anspruch auf Erholungsurlaub unberührt bleibt.

(2) Abweichend von § 7 Abs. 1 des Beamten-Kranken- und Unfallversicherungsgesetzes (B-KUVG), BGBl. Nr. 200/1967, wird die Versicherung bei Beurlaubung nach Abs. 1 nicht unterbrochen. Beitragsgrundlage für die Bemessung der während eines Karenzurlaubs nach Abs. 1 weiterhin zu entrichtenden Sozialversicherungs- und Pensionsbeiträge der Delegierten Europäischen Staatsanwältinnen und Delegierten Europäischen Staatsanwälte ist jener volle Monatsbezug, der der Staatsanwältin oder dem Staatsanwalt gebühren würde, wenn sie oder er nicht karenziert worden wäre. Sämtliche Beitragsteile sind vom Dienstgeber zu tragen und abzuführen.

(3) Die Zeit eines Karenzurlaubs nach Abs. 1 ist für Rechte, die von der Dauer des Dienstverhältnisses abhängen, zu berücksichtigen.

(BGBl I 2021/94)

Disziplinar- und dienstrechtliche Sonderbestimmungen für Delegierte Europäische Staatsanwältinnen und Staatsanwälte

§ 204a. (1) Ein Disziplinarverfahren gegen eine Delegierte Europäische Staatsanwältin oder einen Delegierten Europäischen Staatsanwalt kann nur über Antrag der Dienstbehörde eingeleitet werden.

(2) Beabsichtigt die Dienstbehörde, gegen eine nationale Staatsanwältin oder einen nationalen

Staatsanwalt, die oder der zur Delegierten Europäischen Staatsanwältin oder zum Delegierten Europäischen Staatsanwalt bestellt wurde, aus Gründen, die nicht mit ihren oder seinen Pflichten nach der Verordnung (EU) 2017/1939 im Zusammenhang stehen, einen Antrag auf Einleitung des Disziplinarverfahrens zu stellen, so hat sie die Europäische Generalstaatsanwältin oder den Europäischen Generalstaatsanwalt vorab zu informieren.

(3) Die Dienstbehörde darf gegen eine Delegierte Europäische Staatsanwältin oder einen Delegierten Europäischen Staatsanwalt nicht ohne Zustimmung der Europäischen Generalstaatsanwältin oder des Europäischen Generalstaatsanwalts aus Gründen, die im Zusammenhang mit ihren oder seinen Pflichten nach der Verordnung (EU) 2017/1939 stehen, einen Antrag auf Einleitung des Disziplinarverfahrens stellen. Erteilt die Europäische Generalstaatsanwältin oder der Europäische Generalstaatsanwalt ihre oder seine Zustimmung nicht, so kann die Dienstbehörde das Kollegium gemäß Art. 9 der Verordnung (EU) 2017/1939 um Überprüfung der Angelegenheit ersuchen.

(4) Während einer aufrechten Beurlaubung gegen Entfall der Bezüge nach § 204 Abs. 1 hat eine Dienstbeschreibung einer Delegierten Europäischen Staatsanwältin oder eines Delegierten Europäischen Staatsanwalts zu unterbleiben. Dies gilt auch, wenn die Delegierte Europäische Staatsanwältin oder der Delegierte Europäische Staatsanwalt für das vorangegangene Kalenderjahr zu beschreiben wäre. In diesem Fall hat die nächste Dienstbeschreibung für das erste volle Kalenderjahr nach dem Ende des Karenzurlaubs zu erfolgen.

(BGBl I 2021/94)

Zentrale Staatsanwaltschaft zur Verfolgung von Wirtschaftsstrafsachen und Korruption (WKStA)

§ 204b. (1) Die WKStA gilt als Staatsanwaltschaft im Sprengel der Oberstaatsanwaltschaft Wien. *(BGBl I 2010/111)*

(2) Abweichend von § 192 und von § 199 gebührt

1. dem Leiter der WKStA in der Gehaltsgruppe St 2 eine Dienstzulage gemäß § 192 Z 5, in der Gehaltsgruppe II eine Dienstzulage gemäß § 199 Abs. 2 Z 4, *(BGBl I 2010/111)*

2. dem Ersten Stellvertreter des Leiters der WKStA in der Gehaltsgruppe St 2 eine Dienstzulage gemäß § 192 Z 2, in der Gehaltsgruppe II ein Zuschlag zur Dienstzulage gemäß § 199 Abs. 5 Z 2. *(BGBl I 2010/111)*

(BGBl I 2022/205)

StAG

Staatsanwälte im Bundesministerium für Justiz

§ 205. (1) In der Zentralstelle des Bundesministeriums für Justiz können die Planstellen der Verwendungsgruppe A 1, soweit im Folgenden nichts anderes bestimmt ist, nach Maßgabe der folgenden Zuordnung mit Staatsanwältinnen oder Staatsanwälten besetzt werden. Davon ausgenommen sind die Generaldirektion für den Strafvollzug und den Vollzug freiheitsentziehender Maßnahmen (Sektion II), die Stabsstelle für Datenschutz und die Stabsstelle für Vergaberecht. Im Bereich der Generaldirektion für den Strafvollzug und den Vollzug freiheitsentziehender Maßnahmen (Sektion II) können diese Planstellen mit jenen Staatsanwältinnen oder Staatsanwälten besetzt werden, die zum Stichtag 1.1.2013 auf A 1-Planstellen in der Vollzugsdirektion bzw. der Abteilung III/1 in der Zentralstelle tätig waren: *(BGBl I 2020/153; BGBl I 2022/205)*

1. Funktionsgruppe 6: Leitender Staatsanwalt nach § 192 Z 4 oder nach § 199 Abs. 2 Z 3,

2. Funktionsgruppe 5: Leitender Staatsanwalt nach § 192 Z 3 oder nach § 199 Abs. 2 Z 2,

3. Funktionsgruppe 4: Oberstaatsanwalt,

4. Funktionsgruppe 3: Staatsanwalt,

5. Funktionsgruppe 2: Staatsanwalt. *(BGBl I 2015/65; BGBl I 2018/60)*

(2) Auf die in Abs. 1 Z 4 genannten Staatsanwälte ist § 199 Abs. 3 mit Ausnahme der Wortfolgen „die bei einer Justizbehörde in den Ländern verwendet werden" und „beginnend mit der Gehaltsstufe 13 der Gehaltsgruppe I" anzuwenden.

(3) Auf die Ausschreibung der Planstellen nach Abs. 1 sind § 177 Abs. 1 und 2, § 178 Abs. 1 bis 4, § 179, § 180, § 181 Abs. 1, § 182 Abs. 1, 2, 5, 6 Z 1, § 183 und die §§ 185 bis 189 anzuwenden.

(4) Die Besetzung einer Planstelle in der Funktionsgruppe 4 mit einem Staatsanwalt hat zur Voraussetzung, dass der Betreffende eine achtjährige Praxis als Richter oder Staatsanwalt aufweist. Die Besetzung einer Planstelle in den Funktionsgruppen 2 und 3 mit einem Staatsanwalt hat zur Voraussetzung, dass der Betreffende eine einjährige Praxis als Richter bei einem Gericht oder als Staatsanwalt bei einer Staatsanwaltschaft und eine zweijährige Praxis in der Zentralleitung aufweist. Die Voraussetzung einer einjährigen Praxis als Richter bei einem Gericht oder als Staatsanwalt bei einer Staatsanwaltschaft entfällt für diejenigen Staatsanwälte und Beamten der Allgemeinen Verwaltung in der Verwendungsgruppe A, die zumindest seit 1. Jänner 1992 ohne Unterbrechung in der Zentralstelle des Bundesministeriums für Justiz ernannt sind. *(BGBl I 2018/60; BGBl I 2020/153)*

(5) Die für die Funktionsgruppen 2 bis 6 der Verwendungsgruppe A 1 in Betracht kommenden Bestimmungen der §§ 35 und 36 des GehG und der §§ 137 und 141a BDG 1979 sind auf die im Abs. 1 angeführten Staatsanwälte mit der Maßgabe anzuwenden, dass Bezugnahmen auf die Funktionsgruppen 2, 3, 4, 5 oder 6 der Verwendungsgruppe A 1 auch die gemäß Abs. 1 der entsprechenden Funktionsgruppe zugeordneten Verwendungen umfassen.

(6) § 175 ist auf Staatsanwälte, die auf Planstellen im Bundesministerium für Justiz ernannt sind, nicht anzuwenden. *(BGBl I 2018/60; BGBl I 2020/153)*

(BGBl I 2007/96)

§ 206. *(aufgehoben samt Überschrift, BGBl I 2020/153)*

12. Sachverständigen- und Dolmetschergesetz

BGBl 1975/137 idF

1 BGBl 1994/623
2 BGBl I 1998/168
3 BGBl I 2001/133
4 BGBl I 2003/115
5 BGBl I 2007/111
6 BGBl I 2009/30 (ZVN 2009)
7 BGBl I 2013/159 (BRÄG 2013)

8 BGBl I 2013/190 (VAJu)
9 BGBl I 2016/50
10 BGBl I 2017/10
11 BGBl I 2019/44
12 BGBl I 2020/135 (Budgetbegleitgesetz 2021)
13 BGBl I 2022/61 (ZVN 2022)

STICHWORTVERZEICHNIS
zum SachverstG

SDG

Bundesgesetz über die allgemein beeideten und gerichtlich zertifizierten Sachverständigen und Dolmetscher (Sachverständigen- und Dolmetschergesetz – SDG)

Der Nationalrat hat beschlossen:

I. ABSCHNITT

Anwendungsbereich

§ 1. (1) Dieses Bundesgesetz bezieht sich auf die allgemeine Beeidigung und Zertifizierung von Sachverständigen und Dolmetschern für ihre Tätigkeit vor Gerichten und auf ihre Erfassung in Listen (in der elektronischen Liste der allgemein beeideten und gerichtlich zertifizierten Sachverständigen und Dolmetscher sowie in den Listen der allgemein beeideten gerichtlichen Sachverständigen für nur einen Bezirksgerichtssprengel). *(BGBl I 2007/111)*

(2) Soweit in diesem Bundesgesetz auf natürliche Personen bezogene Bezeichnungen nur in männlicher Form angeführt sind, beziehen sie sich auf Frauen und Männer in gleicher Weise. Bei der Anwendung der Bezeichnung auf bestimmte natürliche Personen ist die jeweils geschlechtsspezifische Form zu verwenden. *(BGBl I 2007/111)*

(BGBl I 1998/168; BGBl I 2003/115)

II. ABSCHNITT

Allgemein beeidete und gerichtlich zertifizierte Sachverständige

Voraussetzungen für die Eintragung in die Liste der allgemein beeideten und gerichtlich zertifizierten Sachverständigen und Dolmetscher

§ 2. (1) Die allgemein beeideten und gerichtlich zertifizierten Sachverständigen sind von den Präsidenten der Landesgerichte (§ 3) als Zertifizierungsstellen in die elektronische Liste der allgemein beeideten und gerichtlich zertifizierten Sachverständigen und Dolmetscher (Gerichtssachverständigen- und Gerichtsdolmetscherliste) einzutragen.

(2) Für die Eintragung in die Gerichtssachverständigen- und Gerichtsdolmetscherliste für ein bestimmtes Fachgebiet müssen folgende Voraussetzungen gegeben sein:

1. in der Person des Bewerbers

a) Sachkunde und Kenntnisse über die wichtigsten Vorschriften des Verfahrensrechts, über das Sachverständigenwesen, über die Befundaufnahme sowie über den Aufbau eines schlüssigen und nachvollziehbaren Gutachtens,

b) zehnjährige, möglichst berufliche Tätigkeit in verantwortlicher Stellung auf dem bestimmten oder einem verwandten Fachgebiet unmittelbar vor der Eintragung; eine fünfjährige Tätigkeit solcher Art genügt, wenn der Bewerber als Berufsvorbildung ein entsprechendes Hochschulstudium oder Studium an einer berufsbildenden höheren Schule erfolgreich abgeschlossen hat,

c) Geschäftsfähigkeit in allen Belangen und Nichtbestehen einer aufrechten gesetzlichen Vertretung im Sinn des § 1034 ABGB, *(BGBl I 2017/10)*

d) persönliche Eignung für die mit der Ausübung der Tätigkeit des Sachverständigen verbundenen Aufgaben, *(BGBl I 2017/10)*

e) Vertrauenswürdigkeit,

f) österreichische Staatsbürgerschaft oder die Staatsangehörigkeit eines Mitgliedstaats der Europäischen Union und der anderen Vertragsstaaten des Abkommens über den europäischen Wirtschaftsraum sowie der Schweizerischen Eidgenossenschaft,

g) gewöhnlicher Aufenthalt oder Ort der beruflichen Tätigkeit im Sprengel des Landesgerichts, bei dessen Präsidenten der Bewerber die Eintragung beantragt, und

h) geordnete wirtschaftliche Verhältnisse,

i) der Abschluß einer Haftpflichtversicherung nach § 2a;

1a. die ausreichende Ausstattung mit der für eine Gutachtenserstattung im betreffenden Fachgebiet erforderlichen Ausrüstung;

2. der Bedarf an allgemein beeideten und gerichtlich zertifizierten Sachverständigen für das Fachgebiet des Bewerbers.

(BGBl 1994/623; BGBl I 1998/168; BGBl I 2003/115)

§ 2a. (1) Jeder Bewerber ist verpflichtet vor Eintragung in die Gerichtssachverständigen- und Gerichtsdolmetscherliste dem für seine Eintragung in diese Liste zuständigen Landesgerichtspräsidenten (§ 3) nachzuweisen, dass zur Deckung der aus seiner gerichtlichen Sachverständigentätigkeit gegen ihn entstehenden Schadenersatzansprüche eine Haftpflichtversicherung bei einem zum Geschäftsbetrieb in Österreich berechtigten Versicherer besteht. Er hat die Versicherung während der Dauer seiner Eintragung in diese Liste aufrecht zu erhalten und dies dem zuständigen Präsidenten auf Verlangen nachzuweisen.

(2) Die Mindestversicherungssumme hat 400 000 € für jeden Versicherungsfall zu betragen.

(3) Der Ausschluß oder eine zeitliche Begrenzung der Nachhaftung des Versicherers ist unzulässig.

(4) Die Versicherer sind verpflichtet, dem aus der Gerichtssachverständigen- und Gerichtsdolmetscherliste ersichtlichen Landesgerichtspräsidenten (§ 3) unaufgefordert und umgehend jeden Umstand zu melden, der eine Beendigung oder Einschränkung des Versicherungsschutzes oder eine Abweichung von der ursprünglichen Versicherungsbestätigung bedeutet oder bedeuten kann, und auf Verlangen über solche Umstände Auskunft zu erteilen.

(BGBl I 1998/168; BGBl I 2001/133; BGBl I 2003/115)

Führung der Gerichtssachverständigen- und Gerichtsdolmetscherliste

§ 3. (1) Die Gerichtssachverständigen- und Gerichtsdolmetscherliste ist von den Präsidenten der Landesgerichte (einschließlich des Präsidenten des Handelsgerichts Wien, jedoch mit Ausnahme der Präsidenten des Landesgerichts für Strafsachen Wien, des Arbeits- und Sozialgerichts Wien und des Landesgerichts für Strafsachen Graz) für diejenigen Sachverständigen zu führen, für die sich ihre Zuständigkeit aus den nachfolgenden Bestimmungen ergibt. Für jeden Sachverständigen ist jeweils nur ein Präsident ausschließlich zuständig.

(2) In Wien ist der Präsident des Handelsgerichts Wien für die allgemein beeideten und gerichtlich zertifizierten Sachverständigen auf den Gebieten des Handels, des Gewerbes, der Industrie und der sonstigen Wirtschaftszweige sachlich zuständig, für alle übrigen der Präsident des Landesgerichts für Zivilrechtssachen Wien. Bestehen Zweifel darüber, welcher der beiden Präsidenten für ein bestimmtes Fachgebiet sachlich zuständig ist, so ist die Entscheidung des Präsidenten des Oberlandesgerichts Wien einzuholen. Soll der Bewerber gleichzeitig in Fachgebiete beider Präsidenten eingetragen werden, so bestimmt sich die Zuständigkeit nach dem zahlenmäßigen Überwiegen der Fachgebiete eines der beiden Präsidenten, mangels eines solchen nach jenem Fachgebiet, das der Bewerber im Antrag auf Eintragung zuerst genannt hat. Spätere Fachgebietsänderungen bleiben für die Ermittlung der sachlichen Zuständigkeit so lange unbeachtlich, solange der Sachverständige noch für ein Fachgebiet des bisher zuständigen Präsidenten eingetragen ist.

(3) Die örtliche Zuständigkeit des Landesgerichtspräsidenten bestimmt sich nach Wahl des Bewerbers im Antrag auf Eintragung entweder nach dem gewöhnlichen Aufenthalt oder dem Ort der beruflichen Tätigkeit des Eintragungswerbers. Dieser Landesgerichtspräsident bleibt für sämtliche Eintragungen des allgemein beeideten und gerichtlich zertifizierten Sachverständigen ausschließlich zuständig. Gibt der Sachverständige später einen neuen Ort des gewöhnlichen Aufenthalts oder der beruflichen Tätigkeit bekannt, der nicht mehr im Sprengel dieses Landesgerichts liegt, so geht die örtliche Zuständigkeit mit der Bekanntgabe auf den Präsidenten jenes Landesgerichts über, in dessen Sprengel sich der neu bekannt gegebene Ort befindet. Der bisher zuständige Landesgerichtspräsident hat sämtliche Akten und offenen Anträge in Ansehung dieses Sachverständigen an den nunmehr zuständigen Präsidenten abzutreten.

(4) Gibt der allgemein beeidete und gerichtlich zertifizierte Sachverständige Wien als neuen Ort des gewöhnlichen Aufenthalts oder der beruflichen Tätigkeit bekannt, so bestimmt sich die sachliche Zuständigkeit nach dem zahlenmäßigen Überwiegen der Fachgebiete (Abs. 2), mangels eines solchen nach jenem Fachgebiet, dessen Eintragung am weitesten zurückliegt, bei gleichzeitiger Eintragung mehrerer Fachgebiete nach dem Fachgebiet, das der Bewerber im Antrag auf Eintragung zuerst genannt hat.

§ 3a. (1) In der Gerichtssachverständigen- und Gerichtsdolmetscherliste sind die allgemein beeideten und gerichtlich zertifizierten Sachverständigen nach Fachgruppen und innerhalb der Fachgruppen nach Fachgebieten unter Anführung eines allenfalls eingeschränkten sachlichen Wirkungsbereichs einzutragen.

(2) Die allgemein beeideten und gerichtlich zertifizierten Sachverständigen sind mit Vor- und Familiennamen, Jahr der Geburt, Beruf und Zustellanschrift, den von der Zertifizierung umfassten Fachgruppen und Fachgebieten samt den sich aus der Zertifizierung ergebenden Beschränkungen und der Zertifizierungsdauer einzutragen. *(BGBl I 2013/159)*

(3) Auf Ersuchen der allgemein beeideten und gerichtlich zertifizierten Sachverständigen können

1. eine allfällige Spezialisierung innerhalb ihres Fachgebiets,

2. eine zweite Zustellanschrift,

3. weitere Telefon- und Telefaxnummern, E-Mail-Adressen sowie Angaben, die ihre Erreichbarkeit erleichtern, und

4. eine Einschränkung des örtlichen Wirkungsbereichs auf den Sprengel eines oder mehrerer Landesgerichte

eingetragen werden.

(4) Allfällige Änderungen, die ihre Namen, ihre Erreichbarkeit sowie ihre Tätigkeit als allgemein beeidete und gerichtlich zertifizierte Sachverständige und deren Voraussetzungen betreffen, haben die allgemein beeideten und gerichtlich zertifizierten Sachverständigen dem zuständigen Präsidenten unverzüglich bekanntzugeben. Änderungen der Zustellanschrift, Telefonnummer und der in Abs. 3 Z 2 bis 4 genannten weiteren Daten

SDG

können sie nach Maßgabe der technischen und organisatorischen Möglichkeiten unter Verwendung ihres E-ID (§§ 4 ff E-GovG) oder eines geeigneten Zertifikats (Art. 3 Z 14 Verordnung (EU) Nr. 910/2014 über elektronische Identifizierung und Vertrauensdienste für elektronische Transaktionen im Binnenmarkt und zur Aufhebung der Richtlinie 1999/93/EG (im Folgenden: eIDAS-VO), ABl. Nr. L 257 vom 28.08.2014 S. 73, in der Fassung der Berichtigung ABl. Nr. L 257 vom 29.01.2015 S. 19) auch selbstständig eintragen. *(BGBl I 2016/50; BGBl I 2022/61)*

(5) Die allgemein beeideten und gerichtlich zertifizierten Sachverständigen können in dem dafür vorgesehenen Bereich der Gerichtssachverständigen- und Gerichtsdolmetscherliste Daten betreffend ihre Ausbildung und berufliche Laufbahn, zur Infrastruktur ihrer Sachverständigentätigkeit und über den Umfang ihrer bisherigen Tätigkeit als Sachverständige (insbesondere zur Anzahl ihrer Bestellungen und zum Gegenstand ihrer Gutachten) selbstständig eintragen und jederzeit ändern (Zusatzeintragung). In diesem Fall können sie zur näheren Darstellung solcher Daten auch einen Link auf ihre Homepage als allgemein beeidete und gerichtlich zertifizierte Sachverständige setzen. *(BGBl I 2022/61)*

(6) Die gemäß Abs. 5 vorzunehmenden Eintragungen haben nach Maßgabe der technischen und organisatorischen Möglichkeiten elektronisch unter Verwendung des E-ID (§§ 4 ff E-GovG) oder eines geeigneten Zertifikats (Art. 3 Z 14 Verordnung (EU) Nr. 910/2014 über elektronische Identifizierung und Vertrauensdienste für elektronische Transaktionen im Binnenmarkt und zur Aufhebung der Richtlinie 1999/93/EG (im Folgenden: eIDAS-VO), ABl. Nr. L 257 vom 28.08.2014 S. 73, in der Fassung der Berichtigung ABl. Nr. L 257 vom 29.01.2015 S. 19) zu erfolgen. *(BGBl I 2016/50; BGBl I 2022/61)*

(7) Die von allgemein beeideten und gerichtlich zertifizierten Sachverständigen eingetragenen Daten sowie der Inhalt der verlinkten Homepage dürfen weder gegen gesetzliche Ge- und Verbote noch gegen die guten Sitten verstoßen (verbotene Inhalte). Den guten Sitten widersprechen auch die Verletzung von Standesregeln und Berufspflichten, insbesondere wahrheitswidrige Angaben und der Standesauffassung widersprechende Werbung sowie die Hervorhebung von Kenntnissen und Fähigkeiten, welche von der Zertifizierung nicht umfasst sind.

(BGBl I 2003/115)

§ 3b. (1) Der Bundesminister für Justiz hat eine allgemein zugängliche Datenbank (Gerichtssachverständigen- und Gerichtsdolmetscherliste) einzurichten. Fehler von Dateneingaben in diese Liste und fehlerhafte Abfragemöglichkeiten sind auf Antrag oder von Amts wegen von dem zuständigen Präsidenten zu berichtigen. Der Antrag kann von jedem gestellt werden, der von einem Fehler der Dateneingabe oder ihrer Abfragbarkeit betroffen ist.

(2) Für die durch den Einsatz der automationsunterstützten Datenverarbeitung verursachten Schäden aus Fehlern bei der Führung der Gerichtssachverständigen- und Gerichtsdolmetscherliste haftet der Bund. Die Haftung ist ausgeschlossen, wenn der Schaden durch ein unabwendbares Ereignis verursacht wird, das weder auf einen Fehler in der Beschaffenheit noch auf ein Versagen der Mittel der automationsunterstützten Datenverarbeitung beruht. Im Übrigen ist das Amtshaftungsgesetz, BGBl. Nr. 20/1949, anzuwenden.

(3) Die Haftung des Bundes ist weiters für Inhalte ausgeschlossen, die die allgemein beeideten und gerichtlich zertifizierten Sachverständigen gemäß § 3a Abs. 4 und 5 in die Gerichtssachverständigen- und Gerichtsdolmetscherliste eingetragen oder über diese Liste mittels Link zugänglich gemacht haben. Diese Daten stehen in der alleinigen Verantwortung der allgemein beeideten und gerichtlich zertifizierten Sachverständigen.

(BGBl I 2003/115)

Eintragungsverfahren

§ 4. (1) Die Eintragung des allgemein beeideten und gerichtlich zertifizierten Sachverständigen darf nur auf Grund eines schriftlichen Antrags vorgenommen werden. Im Antrag sind die Angaben nach § 3a Abs. 2 zwingend anzuführen. Angaben nach § 3a Abs. 3 können gemacht werden. Eintragungen nach § 3a Abs. 5 kann der allgemein beeidete und gerichtlich zertifizierte Sachverständige erst nach seiner Eintragung in der Gerichtssachverständigen- und Gerichtsdolmetscherliste vornehmen.

(2) Der Bewerber hat die Voraussetzungen nach § 2 Abs. 2 Z 1 Buchstaben a, b, f, g und i sowie Z 1a nachzuweisen; wobei sämtliche vorhandenen schriftlichen Nachweise bereits dem Antrag anzuschließen sind. Der Antrag und die beizufügenden Unterlagen sind, soweit sie vom Antragsteller stammen, in deutscher Sprache einzureichen; sonstige, nicht in deutscher Sprache abgefasste Unterlagen sind mit einer beglaubigten Übersetzung vorzulegen. Hat der entscheidende Präsident Zweifel am Vorliegen der Voraussetzungen nach § 2 Abs. 2 Z 1 Buchstaben c, d, e oder h, so hat er dem Bewerber die Bescheinigung dieser Voraussetzungen aufzutragen. Über das Vorliegen der Voraussetzungen nach § 2 Abs. 2 Z 1 Buchstaben a und b sowie Z 1a hat der entscheidende Präsident eine begründete Stellungnahme einer Kommission (§ 4a) einzuholen. Im Rahmen der Prüfung des Vorliegens der Voraussetzungen nach § 2 Abs. 2 Z 1 lit. a und b haben

der entscheidende Präsident und die Kommission (§ 4a) auch sämtliche in anderen Staaten erworbene Qualifikationen des Antragstellers angemessen zu berücksichtigen. *(BGBl I 2013/159; BGBl I 2017/10)*

(3) Der entscheidende Präsident hat über die begründete Stellungnahme der Kommission hinaus alle ihm erforderlich scheinenden Ermittlungen anzustellen. Über den Antrag auf Eintragung ist mit Bescheid zu entscheiden. *(BGBl I 2013/190; BGBl I 2017/10)*

(BGBl I 1998/168; BGBl I 2003/115)

§ 4a. (1) Den Vorsitz der in § 4 Abs. 2 genannten Kommission führt ein vom entscheidenden Präsidenten zu bestimmender – allenfalls auch im Ruhestand befindlicher – Richter, der auch einem anderen Gerichtssprengel angehören kann. Erforderlichenfalls hat der entscheidende Präsident mehrere Richter zu bestellen, welche in gleichmäßiger Reihenfolge heranzuziehen sind. Der Vorsitzende hat unter Beachtung allfälliger Befangenheitsgründe in ausgewogener Weise mindestens zwei weitere qualifizierte und unabhängige Fachleute in die Kommission zu berufen, die

1. nach Möglichkeit für das betreffende Fachgebiet in die Gerichtssachverständigen- und Gerichtsdolmetscherliste eingetragen sind und

2. von der Kammer (gesetzlichen Interessensvertretung), zu der das betreffende Fachgebiet gehört, sowie vom Hauptverband der allgemein beeideten und gerichtlich zertifizierten Sachverständigen Österreichs (Hauptverband der Gerichtssachverständigen) oder von einer anderen Vereinigung, die sich die Wahrnehmung der Belange der allgemein beeideten und gerichtlich zertifizierten Sachverständigen zahlreicher Fachgebiete zur Aufgabe macht und eine große Anzahl dieser Sachverständigen für das Fachgebiet des Bewerbers als Mitglieder in sich vereinigt, namhaft gemacht wurden.

(2) Die Kommissionsmitglieder haben ihre Tätigkeit unparteiisch auszuüben. Die Kommission hat den Bewerber grundsätzlich mündlich zu prüfen. Wenn dies zweckmäßig ist, ist der Bewerber auch schriftlich zu prüfen, wobei ihm insbesondere die Erstattung eines Probegutachtens aufgetragen werden kann. Die Kommission hat die Prüfungsschritte zu dokumentieren und eine begründete Stellungnahme zu erstatten. Sie entscheidet mit Stimmenmehrheit, bei Stimmengleichheit gibt die Stimme des Vorsitzenden den Ausschlag. Hat eine Bewerberin oder ein Bewerber eine Lehrbefugnis für das betreffende wissenschaftliche Fach an einer Hochschule eines EWR-Vertragsstaats oder der Schweizerischen Eidgenossenschaft oder die Befugnis, einen Beruf auszuüben, dessen Zugangs- und Ausübungsvoraussetzungen in einer österreichischen Berufsordnung

umfassend gesetzlich festgelegt sind und zu dem auch die Erstattung von Gutachten gehört, so ist die Sachkunde nach § 2 Abs. 2 Z 1 lit. a nicht zu prüfen. *(BGBl I 2007/111; BGBl I 2017/10)*

(3) Beauftragt der entscheidende Präsident die Kommission mit der Erstattung eines Gutachtens, so hat der Bewerber oder der Verlängerungswerber (§ 6) vor Ablegung der Prüfung Prüfungsgebühren (Justizverwaltungsgebühren) zu entrichten. Die Mitglieder der Kommission erhalten für ihre Tätigkeit Vergütungen. Die Höhe der Prüfungsgebühren und der Vergütungen hat der Bundesminister für Justiz im Einvernehmen mit dem Bundesminister für Finanzen durch Verordnung festzusetzen. Dabei ist auf die Art und den Umfang der Tätigkeit der Kommissionsmitglieder sowie auf den mit der Vorbereitung und Durchführung der Prüfungen verbundenen Aufwand Bedacht zu nehmen.

(BGBl I 1998/168; BGBl I 2003/115)

Überprüfung des Zertifizierungsumfangs

§ 4b. (1) Ergeben sich durch spätere Änderungen des Fachgebiets, für das die oder der Sachverständige in die Gerichtssachverständigen- und Gerichtsdolmetscherliste eingetragen ist, begründete Zweifel, ob die Eintragung den Zertifizierungsumfang (noch) korrekt wiedergibt oder ob eine beantragte Eintragung in weitere Fachgebiete dem Zertifizierungsumfang entspricht, so kann das Entscheidungsorgan darüber eine begründete Stellungnahme der Kommission (§ 4a) oder eine schriftliche Äußerung eines qualifizierten Mitglieds dieser Kommission einholen. Wird die begründete Stellungnahme oder die Äußerung auf Antrag einer oder eines Sachverständigen eingeholt, so hat diese oder dieser vor Ablegung einer Prüfung Prüfungsgebühren (§ 4a Abs. 3) zu entrichten, ansonsten aber die Vergütung für die schriftliche Äußerung des einzelnen Mitglieds zu tragen. *(BGBl I 2017/10)*

(2) Ergibt die begründete Stellungnahme oder die Äußerung, dass sich der Zertifizierungsumfang mit der Bezeichnung des Fachgebiets nicht (mehr) deckt, so hat das Entscheidungsorgan eine entsprechende Einschränkung einzutragen oder die Eintragung in weitere Fachgebiete von der Durchführung des Eintragungsverfahrens (§§ 4 und 4a) abhängig zu machen. *(BGBl I 2017/10)*

(BGBl I 2007/111)

Sachverständigeneid

§ 5. (1) Vor der Eintragung hat der Bewerber einen Eid folgenden Wortlautes zu leisten: „Ich schwöre bei Gott dem Allmächtigen und Allwissenden einen reinen Eid, daß ich die Gegenstände eines Augenscheins sorgfältig untersuchen, die gemachten Wahrnehmungen treu und vollständig

SDG

angeben und den Befund und mein Gutachten nach bestem Wissen und Gewissen und nach den Regeln der Wissenschaft (der Kunst, des Gewerbes) angeben werde; so wahr mir Gott helfe!" Auf sein Verlangen hat die Anrufung Gottes zu unterbleiben.

(2) Die Ablegung dieses Eides hat die Wirkung, daß der Sachverständige, solange er in der Sachverständigenliste eingetragen ist, bei seiner Tätigkeit vor den Gerichten nicht besonders zu beeiden ist.

Befristung des Eintrags

§ 6. (1) Die Eintragung in die Gerichtssachverständigen- und Gerichtsdolmetscherliste ist zunächst mit dem Zeitraum von fünf Jahren ab dem Zeitpunkt der Eintragung für das jeweilige Fachgebiet befristet und kann danach auf Antrag um jeweils fünf Jahre verlängert werden (Rezertifizierung). *(BGBl I 2009/30; BGBl I 2017/10, Beachte § 16h)*

(2) Der Antrag auf Rezertifizierung ist frühestens ein Jahr und spätestens drei Monate vor Ablauf der jeweiligen Frist zu stellen (§ 4 Abs. 1 erster Satz). Der allgemein beeidete und gerichtlich zertifizierte Sachverständige bleibt über den Fristablauf hinaus jedenfalls bis zur Entscheidung über einen fristgerecht gestellten Verlängerungsantrag in die Liste eingetragen. Die Rezertifizierung kann erfolgen, wenn die Voraussetzungen nach § 2 Abs. 2, mit Ausnahme der Z 1 lit. b und der Z 2, sowie nach § 2a weiterhin gegeben sind. Über den Antrag auf Rezertifizierung ist mit Bescheid zu entscheiden. *(BGBl I 2013/190)*

(3) Im Antrag sind die gerichtlichen Verfahren, in denen der oder die Sachverständige seit der Eintragung, bei häufiger Heranziehung in einem maßgeblichen Zeitraum unmittelbar vor der Antragstellung, tätig geworden ist, mit Aktenzeichen und Gericht anzuführen. Weiters hat der Antrag einen Hinweis auf die absolvierten Fortbildungsaktivitäten zu enthalten. Ist die Eignung der oder des Sachverständigen dem Entscheidungsorgan nicht ohnehin – besonders wegen der häufigen Heranziehung in Gerichtsverfahren – bekannt, so sind Kopien des Antrags zur Erhebung von Stichproben Leitern von Gerichtsabteilungen, denen die von der oder dem Sachverständigen angeführten Verfahren zur Erledigung zugewiesen sind oder waren, zur schriftlichen Stellungnahme über die Eignung der oder des Sachverständigen, besonders zur Äußerung über die Sorgfalt der Befundaufnahme, über die Rechtzeitigkeit der Gutachtenserstattung sowie über die Schlüssigkeit, die Nachvollziehbarkeit und den richtigen Aufbau der Gutachten, zu übermitteln. Das Entscheidungsorgan hat auf Grund der vorgelegten Berichte und der Nachweise über die Fortbildung die weitere Eignung der oder des Sachverständigen zu prüfen. Für diese Prüfung, die jedenfalls

auch eine Überprüfung der Vertrauenswürdigkeit (§ 2 Abs. 2 Z 1 lit. e) der oder des Sachverständigen zu umfassen hat, kann das Entscheidungsorgan weitere Ermittlungen anstellen und eine begründete Stellungnahme der Kommission (§ 4a) oder eine Äußerung eines qualifizierten Mitglieds dieser Kommission einholen. Von der Möglichkeit der Einholung einer solchen begründeten Stellungnahme oder Äußerung ist insbesondere dann Gebrauch zu machen, wenn die weitere Eignung der oder des Sachverständigen auf der Grundlage der vorhandenen Informationen und Unterlagen nicht verlässlich beurteilt werden kann. *(BGBl I 2007/111; BGBl I 2017/10; BGBl I 2019/44; BGBl I 2020/135)*

(4) Ist ein Sachverständiger in mehrere Fachgebiete eingetragen, so kann das Entscheidungsorgan in dem über einen Antrag nach Abs. 1 geführten Verfahren auch über die Rezertifizierung eines oder mehrere der übrigen Fachgebiete entscheiden, sofern sich der Sachverständige nicht dagegen ausspricht. Die Verlängerung der Eintragung in die Gerichtssachverständigen- und Gerichtsdolmetscherliste gilt diesfalls für alle einbezogenen Fachgebiete. *(BGBl I 2017/10)*

(BGBl I 1998/168; BGBl I 2003/115)

§ 6a. (1) Der Sachverständige kann beim Präsidenten des Landesgerichts (§ 3) die vorübergehende, an keine weiteren Voraussetzungen geknüpfte Ruhendstellung seiner Eigenschaft als allgemein beeideter und gerichtlich zertifizierter Sachverständiger begehren, dies bis zu einem Zeitraum von sechs Monaten. Aus wichtigem Grund kann dieser Zeitraum auf Antrag um bis zu sechs weitere Monate verlängert werden. Dem Sachverständigen bereits erteilte Gutachtensaufträge bleiben davon unberührt.

(2) Der Umstand der Ruhendstellung und ihre Dauer ist bei der Eintragung des Sachverständigen in der Gerichtssachverständigenliste ersichtlich zu machen. Während der Ruhendstellung ist der Sachverständige nicht verpflichtet, Bestellungen zum Sachverständigen in einem gerichtlichen oder staatsanwaltschaftlichen Verfahren Folge zu leisten.

(3) Ein Begehren nach Abs. 1 kann in jeder Eintragungsperiode (§ 6 Abs. 1) nur einmal gestellt werden. Die laufende Eintragungsfrist bleibt von der Ruhendstellung unberührt. Soweit sich ein entsprechendes Erfordernis nicht aufgrund der vor der Ruhendstellung erfolgten Bestellungen des Sachverständigen oder der von diesem während des Ruhens mit seiner Zustimmung übernommenen Gutachtensaufträge ergibt, ist dieser nicht verpflichtet, während des Ruhens die Haftpflichtversicherung nach § 2a aufrecht zu erhalten. *(BGBl I 2017/10)*

Veröffentlichung der Gerichtssachverständigen- und Gerichtsdolmetscherliste

§ 7. (1) Die Gerichtssachverständigen- und Gerichtsdolmetscherliste ist im Internet unter der auf der Homepage der Justiz ersichtlichen Internetadresse allgemein zugänglich zu veröffentlichen und laufend zu aktualisieren. Die Einsicht in die aktuelle Gerichtssachverständigen- und Gerichtsdolmetscherliste im Internet ist für jedermann kostenfrei.

(2) Gelöschte Eintragungen müssen für die zuständigen Präsidenten weiter abfragbar bleiben. Diese haben anderen Gerichten und Behörden auf Anfrage über die gelöschten Daten Auskunft zu erteilen. Im Übrigen ist jedermann auf Antrag von dem derzeit oder zuletzt für den angefragten Sachverständigen zuständigen Präsidenten Auskunft darüber zu erteilen, ob und welche Eintragungen für den Sachverständigen zu einer bestimmten Zeit in der Gerichtssachverständigen- und Gerichtsdolmetscherliste bestanden haben.

(3) Nach Maßgabe der technischen und personellen Möglichkeiten ist jedermann beim Bezirksgericht im Wege des Parteienverkehrs Einsicht in die Gerichtssachverständigen- und Gerichtsdolmetscherliste zu gewähren.

(BGBl I 2003/115)

Ausweiskarte und Siegel

§ 8. (1) Der zuständige Präsident hat dem allgemein beeideten und gerichtlich zertifizierten Sachverständigen anlässlich seiner Eintragung in die Gerichtssachverständigen- und Gerichtsdolmetscherliste zum Nachweis dieser Eigenschaft einen Lichtbildausweis in Kartenform auszustellen. Das Landesgericht des zuständigen Präsidenten ist ebenso wie die Gültigkeitsdauer der Karte auf diesem Ausweis anzuführen.

(2) Auf der Ausweiskarte sind weiters die Eigenschaft als allgemein beeideter und gerichtlich zertifizierter Sachverständiger, der Vor- und Familienname, der Tag der Geburt sowie nach Tunlichkeit die Fachgebiete, zum mindesten aber die Fachgruppen, für die der Sachverständige eingetragen ist, anzuführen. Die Ausweiskarte ist lediglich vom Sachverständigen zu unterfertigen. Wird der Sachverständige in der Folge (auch) für andere Fachgebiete beziehungsweise andere Fachgruppen eingetragen oder wechselt er in einen anderen Landesgerichtssprengel, so behält der Ausweis seine Gültigkeit. Auf Antrag des Sachverständigen ist ihm ein neuer Ausweis auszustellen.

(3) Die Ausweiskarte ist mit einem geeigneten Zertifikat (Art. 3 Z 14 eIDAS-VO), das dem Sachverständigen selbstständige Eintragungen in die Gerichtssachverständigen- und Gerichtsdol-

metscherliste gemäß § 3a Abs. 4 und 5 ermöglicht, zu versehen. Die Gültigkeitsdauer der Karte ist mit fünf Jahren ab dem Zeitpunkt der Ausstellung befristet. Die Kosten für die Karte sind vom Sachverständigen zu tragen, ihre Entrichtung ist dem Präsidenten vor Eintragung in die Gerichtssachverständigen- und Gerichtsdolmetscherliste nachzuweisen. Die Karte ist erst nach Nachweis dieser Zahlungen auszufolgen. *(BGBl I 2016/50; BGBl I 2017/10, Beachte § 16h)*

(4) Der allgemein beeidete und gerichtlich zertifizierte Sachverständige hat diese Ausweiskarte bei seiner Tätigkeit bei sich zu führen und auf Verlangen vorzuweisen. Wird er aus der Gerichtssachverständigen- und Gerichtsdolmetscherliste gestrichen, so hat er die Ausweiskarte unverzüglich zurückzustellen; gleiches gilt, wenn er eine neue Ausweiskarte erhält. Ist der Sachverständige trotz Mahnung und Setzung einer angemessenen Nachfrist mit der Rückstellung der alten Ausweiskarte säumig, so hat der zuständige Landesgerichtspräsident zu prüfen, ob die Voraussetzung des § 2 Abs. 2 Z 1 lit. e noch gegeben ist.

(5) Der allgemein beeidete und gerichtlich zertifizierte Sachverständige hat bei der Unterfertigung schriftlicher Gutachten ein Rundsiegel zu verwenden, das seinen Namen und seine Eigenschaft bezeichnet. Nach Eintragung in die Gerichtssachverständigen- und Gerichtsdolmetscherliste hat er dem für ihn zuständigen Präsidenten einen Siegelabdruck vorzulegen. Bei elektronischen Gutachten ist die Verwendung eines geeigneten Zertifikats (Art. 3 Z 14 eIDAS-VO) ausreichend. *(BGBl I 2016/50)*

(BGBl I 2003/115)

Ausweis und Siegel

§ 8.. (1) Der zuständige Präsident hat dem allgemein beeideten und gerichtlich zertifizierten Sachverständigen anlässlich seiner Eintragung in die Gerichtssachverständigen- und Gerichtsdolmetscherliste zum Nachweis dieser Eigenschaft einen Lichtbildausweis in Kartenform auszustellen. Die Gültigkeitsdauer dieses Ausweises ist mit fünf Jahren ab dem Zeitpunkt der Ausstellung befristet. Auf Verlangen des Sachverständigen ist diesem der Ausweis zusätzlich in digitaler Form unter Nutzung seines registrierten oder neu zu registrierenden E-ID (§§ 4 ff E-GovG) zur Verfügung zu stellen, dies nach Maßgabe der technischen und organisatorischen Möglichkeiten. Diesfalls können zum Zweck eines vereinfachten Nachweises gemäß § 4 Abs. 6 E-GovG nach Maßgabe der technischen Voraussetzungen die für den Lichtbildausweis benötigten Daten für die Dauer von höchstens 14 Tagen zum E-ID des Sachverständigen gespeichert werden.

(2) Auf dem Ausweis sind die Eigenschaft als allgemein beeideter und gerichtlich zertifizierter

SDG

Sachverständiger, der Vor- und Zuname, das Geburtsdatum sowie nach Tunlichkeit die Fachgebiete, zumindest aber die Fachgruppen, für die der Sachverständige eingetragen ist, anzuführen sowie das Lichtbild und die Unterschrift des Sachverständigen in gescannter Form anzubringen; anzugeben sind ferner der zuständige Präsident des Landesgerichts als den Ausweis ausstellende Behörde und die Gültigkeitsdauer des Ausweises. Wird der Sachverständige in der Folge (auch) für andere Fachgebiete beziehungsweise andere Fachgruppen eingetragen oder wechselt er in einen anderen Landesgerichtssprengel, so behält der Ausweis seine Gültigkeit. Auf Antrag des Sachverständigen ist ihm eine neue Ausweiskarte auszustellen.

(3) Nach Maßgabe der technischen und organisatorischen Möglichkeiten sind mit Einwilligung der betreffenden Person in die Personenbindung zum registrierten oder im Zuge der Eintragung zu registrierenden E-ID (§§ 4 ff E-GovG) einer in die Gerichtssachverständigen- und Gerichtsdolmetscherliste einzutragenden oder eingetragenen Person

1. das Merkmal „allgemein beeidete und gerichtlich zertifizierte Sachverständige" oder „allgemein beeideter und gerichtlich zertifizierter Sachverständiger",

2. die Daten nach Abs. 2 erster Satz und

3. die Dauer der Befristung des jeweiligen Eintrags (§ 6 Abs. 1)

von Amts wegen einzufügen. Zu diesem Zweck ist der Stammzahlenregisterbehörde im Rahmen der Gerichtssachverständigen- und Gerichtsdolmetscherliste der Zugang zu diesen Daten zu ermöglichen (§ 4 Abs. 5 letzter Satz E-GovG). Ist für eine in die Gerichtssachverständigen- und Gerichtsdolmetscherliste einzutragende Person mit österreichischer Staatsbürgerschaft noch kein E-ID registriert, so ist diese Registrierung durch den zuständigen Präsidenten nach Maßgabe der technischen und organisatorischen Möglichkeiten von Amts wegen vorzunehmen (§ 4a E-GovG), sofern die betreffende Person dieser nicht ausdrücklich widerspricht.

(4) Der allgemein beeidete und gerichtlich zertifizierte Sachverständige hat den Ausweis bei seiner Tätigkeit bei sich zu führen und auf Verlangen vorzuweisen. Wird er aus der Gerichtssachverständigenund Gerichtsdolmetscherliste gestrichen, so hat er die Ausweiskarte unverzüglich zurückzustellen; Gleiches gilt, wenn er eine neue Ausweiskarte erhält. Ist der Sachverständige trotz Mahnung und Setzung einer angemessenen Nachfrist mit der Rückstellung der alten Ausweiskarte säumig, so hat der zuständige Landesgerichtspräsident zu prüfen, ob die Voraussetzung des § 2 Abs. 2 Z 1 lit. e noch gegeben ist.

(5) Der allgemein beeidete und gerichtlich zertifizierte Sachverständige hat bei der Unterfertigung schriftlicher Gutachten ein Rundsiegel zu verwenden, das seinen Namen und seine Eigenschaft bezeichnet. Nach Eintragung in die Gerichtssachverständigen- und Gerichtsdolmetscherliste hat er dem für ihn zuständigen Präsidenten einen Siegelabdruck vorzulegen. Bei elektronischen Gutachten ist die Verwendung eines qualifizierten Zertifikats für elektronische Signaturen (Art. 3 Z 15 Verordnung (EU) Nr. 910/2014 über elektronische Identifizierung und Vertrauensdienste für elektronische Transaktionen im Binnenmarkt und zur Aufhebung der Richtlinie 1999/93/EG, ABl. Nr. L 257 vom 28.08.2014 S. 73, in der Fassung der Berichtigung ABl. Nr. L 155 vom 14.06.2016 S. 44) ausreichend.

(6) Abs. 5 erster und dritter Satz gilt nicht für im elektronischen Rechtsverkehr übermittelte Gutachten.

(BGBl I 2022/61)

Erlöschen der Eigenschaft

§ 9. (1) Die Eigenschaft als allgemein beeideter und gerichtlich zertifizierter Sachverständiger erlischt mit der Löschung aus der Gerichtssachverständigen- und Gerichtsdolmetscherliste. Der zuständige Präsident hat die Löschung vorzunehmen, wenn

1. der Eingetragene ausdrücklich auf die Ausübung der Tätigkeit als allgemein beeideter und gerichtlich zertifizierter Sachverständiger verzichtet;

2. die notwendige Rezertifizierung nicht erfolgt ist;

3. dem allgemein beeideten und gerichtlich zertifizierten Sachverständigen diese Eigenschaft entzogen wird;

4. der allgemein beeidete und gerichtlich zertifizierte Sachverständige verstorben ist.

(2) Das Erlöschen der Eigenschaft als allgemein beeideter und gerichtlich zertifizierter Sachverständiger während der Tätigkeit des Sachverständigen in einem bestimmten Verfahren hat keine Wirkung auf dieses Verfahren.

(BGBl I 1998/168; BGBl I 2003/115)

Entziehung der Eigenschaft

§ 10. (1) Die Eigenschaft als allgemein beeideter und gerichtlich zertifizierter Sachverständiger ist vom Präsidenten des Landesgerichts (§ 3) durch Bescheid zu entziehen,

1. wenn sich herausstellt, dass die Voraussetzungen für die Eintragung, mit Ausnahme der nach § 2 Abs. 2 Z 2, seinerzeit nicht gegeben gewesen oder später weggefallen sind,

2. wenn sich der Sachverständige wiederholt ungerechtfertigt weigert, zum Sachverständigen bestellt zu werden,

3. wenn er wiederholt die Aufnahme des Befundes oder die Erstattung des Gutachtens über Gebühr hinauszögert oder

4. wenn er beharrlich gegen das Verbot des § 3a Abs. 7 verstößt oder Inhalte öffentlich zugänglich macht, die geeignet sind, das Ansehen der Justiz zu schädigen.

(2) Ergibt sich in einem bestimmten Verfahren der Verdacht, daß einer der im Abs. 1 genannten Entziehungstatbestände gegeben ist, so hat das Gericht oder die staatsanwaltschaftliche Behörde hiervon dem zur Entziehung berufenen Präsidenten Mitteilung zu machen.

(3) Der § 9 Abs. 2 gilt für die Fälle der Entziehung sinngemäß.

(4) Im Entziehungsverfahren wegen Wegfalls der Voraussetzungen nach § 2 Abs. 2 Z 1 Buchstabe a und Z 1a kann der Präsident auch eine begründete Stellungnahme der Kommission (§ 4a) oder eine Äußerung eines qualifizierten Mitglieds dieser Kommission einholen; § 4a Abs. 2 letzter Satz findet insofern keine Anwendung. *(BGBl I 2007/111; BGBl I 2017/10)*

(BGBl I 1998/168; BGBl I 2003/115)

Rechtsmittel

§ 11. Gegen den Bescheid, mit dem der Antrag auf Eintragung oder Rezertifizierung ab- oder zurückgewiesen oder die Eigenschaft als allgemein beeideter und gerichtlich zertifizierter Sachverständiger entzogen wird, steht die Beschwerde an das Bundesverwaltungsgericht zu.

(BGBl I 1998/168; BGBl I 2013/190)

Sperre wegen verbotener Inhalte

§ 12. (1) Die öffentliche Abrufbarkeit von Informationen, die der allgemein beeidete und gerichtlich zertifizierte Sachverständige selbständig in der Gerichtssachverständigen- und Gerichtsdolmetscherliste (und über diese auf der verlinkten Homepage) öffentlich zugänglich gemacht hat (§ 3a Abs. 4 und 5), ist vom zuständigen Landesgerichtspräsidenten zu unterbinden, wenn sich darin verbotene Inhalte (§ 3a Abs. 7) finden. Der Landesgerichtspräsident ist jedoch nicht verpflichtet, die vom Sachverständigen selbständig zugänglich gemachten Informationen von Amts wegen auf verbotene Inhalte zu prüfen.

(2) Erlangt der für den Sachverständigen zuständige Landesgerichtspräsident davon Kenntnis, dass sich in der Gerichtssachverständigen- und Gerichtsdolmetscherliste (einschließlich der verlinkten Homepage) in Ansehung dieses Sachverständigen verbotene Inhalte befinden, so hat er bei Gefahr im Verzug oder wenn es das öffentliche Interesse dringend erfordert, die öffentliche Abrufbarkeit der davon betroffenen Datenbereiche (einschließlich des Links) umgehend zu unterbinden und den Sachverständigen unverzüglich davon zu informieren. Besteht keine unmittelbare Gefährdung, so hat er dem Sachverständigen und sonstigen Betroffenen vor seiner Entscheidung Gelegenheit zur Äußerung zu geben. Die öffentliche Abrufbarkeit der Zusatzeintragung (einschließlich des Links) ist erst dann wieder herzustellen, wenn der Sachverständige dem zuständigen Präsidenten nachweist, dass der Inhalt dieser Datenbereiche von ihm geändert wurde und nunmehr unbedenklich ist.

(3) Verstößt der Sachverständige schwerwiegend gegen § 3a Abs. 7, so hat der zuständige Präsident auch zu prüfen, ob die Voraussetzung des § 2 Abs. 2 Z 1 lit. e noch gegeben ist.

(BGBl I 2003/115)

III. ABSCHNITT

Allgemein beeidete und gerichtlich zertifizierte Dolmetscher

Übersetzer

§ 13. Unter dem Dolmetscher im Sinn dieses Bundesgesetzes ist auch der Übersetzer zu verstehen.

Sinngemäße Anwendung von Bestimmungen über die allgemein beeideten und gerichtlich zertifizierten Sachverständigen

§ 14. Für den Dolmetscher gilt der II. Abschnitt mit Ausnahme des § 2 Abs. 2 Z. 1 Buchstaben b, f und i sowie des § 2a mit den Besonderheiten sinngemäß,

1. dass der Bewerber eine dreijährige Übersetzer- und Dolmetschertätigkeit in den letzten fünf Jahren vor der Eintragung nachzuweisen hat; eine einjährige Tätigkeit solcher Art in den letzten drei Jahren vor der Eintragung genügt, wenn der Bewerber an einer Universität ein Studium der Translationswissenschaft mit einem Arbeitsaufwand von zumindest 240 ECTS Anrechnungspunkten (§ 54 Abs. 2 Universitätsgesetz 2002) zurückgelegt und mit einem akademischen Grad abgeschlossen oder ein gleichwertiges ausländisches Studium absolviert hat; der Absolvierung eines solchen Studiums insofern gleichgestellt ist der positive Abschluss eines Universitätslehrgangs mit einem Arbeitsaufwand von zumindest 60 ECTS Anrechnungspunkten, der seinem Inhalt nach schwerpunktmäßig Kenntnisse im Bereich des Dolmetschens für Gerichte und andere öffentliche Einrichtungen vermittelt und der vom Bewerber in jener Sprache oder jenen Sprachen absolviert wurde, hinsichtlich derer die Eintragung in die Gerichtssachverständigen- und Gerichtsdolmetscherliste begehrt wird; *(BGBl I 2020/135)*

SDG

2. dass an die Stelle des im § 4a genannten "Hauptverbands der allgemein beeideten und gerichtlich zertifizierten Sachverständigen Österreichs (Hauptverband der Gerichtssachverständigen)" der "Österreichische Verband der allgemein beeideten und gerichtlich zertifizierten Dolmetscher" tritt und dass von den zwei qualifizierten und unabhängigen Fachleuten zumindest einer für die betreffende Sprache in die Sachverständigen- und Dolmetscherliste eingetragen sein muss oder dessen Sprachkenntnisse anderwärtig erwiesen sein müssen; *(BGBl I 2007/111)*

3. daß der vom Bewerber zu leistende Eid den folgenden Wortlaut hat: „Ich schwöre bei Gott dem Allmächtigen und Allwissenden einen reinen Eid, daß ich aus der ...... Sprache in die deutsche und aus der deutschen Sprache in die ...... Sprache stets nach bestem Wissen und Gewissen dolmetschen und übersetzen werde; so wahr mir Gott helfe!";

4. dass jegliche Anführung von Sprachkenntnissen, welche von der Zertifizierung des Dolmetschers nicht umfasst sind, jedenfalls verbotene Inhalte im Sinne des § 3a Abs. 7 darstellen, gleiches gilt für das Anbot zur (entgeltlichen) Vermittlung von Gerichtsaufträgen;

5. dass die allgemein beeideten und gerichtlich zertifizierten Dolmetscher nach Sprachen geordnet in die Gerichtssachverständigen- und Gerichtsdolmetscherliste einzutragen sind; *(BGBl I 2020/135)*

5a. dass der Präsident des Landesgerichts bei dringendem Bedarf in außereuropäischen Sprachen auf Antrag des Bewerbers eine Beschränkung des sachlichen Wirkungsbereichs auf die Erbringung mündlicher Dolmetschleistungen in einer solchen Sprache vorsehen kann; diesfalls hat sich die Prüfung der Sachkunde für die jeweilige Sprache auf mündliche Dolmetschtätigkeiten zu beschränken; eine sonstige Beschränkung des sachlichen Wirkungsbereichs ist ausgeschlossen; eine beschränkte Eintragung ist in der jeweiligen Sprache nur einmalig für einen Zeitraum von fünf Jahren möglich; im Fall eines Antrags auf Rezertifizierung ist die Sachkunde im Bereich der schriftlichen Übersetzung gesondert zu prüfen; die Führung eines Rundsiegels (§ 8 Abs. 5) ist der Dolmetscherin oder dem Dolmetscher im Fall einer solchen Beschränkung nicht gestattet; *(BGBl I 2020/135)*

6. dass auf dem Ausweis gemäß § 8 Abs. 2 neben Vor- und Familiennamen sowie dem Datum der Geburt die Eigenschaft als allgemein beeideter und gerichtlich zertifizierter Dolmetscher sowie die Sprachen, für die der Dolmetscher zertifiziert ist, anzuführen sind, dies gegebenenfalls unter Angabe einer Beschränkung des sachlichen Wirkungsbereichs nach Z 5a; *(BGBl I 2020/135; BGBl I 2022/61)*

7. dass an die Stelle des in § 8 Abs. 3 Z 1 genannten Merkmals „allgemein beeidete und gerichtlich zertifizierte Sachverständige" oder „allgemein beeideter und gerichtlich zertifizierter Sachverständiger" das Merkmal „allgemein beeidete und gerichtlich zertifizierte Dolmetscherin" oder „allgemein beeideter und gerichtlich zertifizierter Dolmetscher" tritt. *(BGBl I 2022/61)*

(BGBl I 1998/168; BGBl I 2003/115)

IV. ABSCHNITT

Allgemein beeidete gerichtliche Sachverständige für nur einen Bezirksgerichtssprengel

§ 14a. Für die Fachgebiete Alt- und Gebrauchtwarenhandel, Kleinere landwirtschaftliche Liegenschaften, Kleinere forstwirtschaftliche Liegenschaften und Kleinere Wohnhäuser kann der Präsident des Landesgerichts (§ 3 Abs. 1) auf Antrag bei dringendem Bedarf Sachverständige nur für ein auch mit Zivilrechtssachen befasstes Bezirksgericht seines Sprengels allgemein gerichtlich beeiden und in die von ihm zu führende Liste der allgemein beeideten gerichtlichen Sachverständigen dieses Bezirksgerichts aufnehmen. Der Tätigkeitsbereich des Sachverständigen ist auf dieses Bezirksgericht beschränkt. Für diese Sachverständigen gelten § 1, § 2 Abs. 2 Z 1 lit. a bis f und h sowie Z 1a, § 3 Abs. 3, § 5, § 6 Abs. 1, § 9, § 10 Abs. 1 bis 3 (ausgenommen Abs. 1 Z 4) und § 11 mit den Besonderheiten sinngemäß, dass

1. sich der zuständige Präsident auf geeignete Weise vom Vorliegen der Sachkunde und der Kenntnisse über die wichtigsten Vorschriften des Sachverständigenwesens, die Befundaufnahme und Gutachtenserstattung sowie vom Vorliegen der anderen Eintragungsvoraussetzungen zu überzeugen hat;

2. der Sachverständige seinen gewöhnlichen Aufenthalt oder Ort der beruflichen Tätigkeit im Sprengel des Bezirksgerichts hat, in dessen Liste er die Eintragung beantragt;

3. die Eintragung nur mit Wirkung für ein einziges Bezirksgericht und nur auf Grund eines schriftlichen Antrags des Bewerbers vorgenommen werden darf;

4. der zuständige Präsident dem Sachverständigen anlässlich seiner Eintragung eine Legitimationsurkunde ausstellt; diese hat der Sachverständige bei seiner Tätigkeit mit sich zu führen und auf Verlangen vorzuweisen;

5. der Sachverständige bei der Unterfertigung schriftlicher Gutachten kein Siegel zu verwenden hat; unter der Unterschrift hat er seinen Namen und seine Eigenschaft zu bezeichnen;

6. die Listen der allgemein beeideten gerichtlichen Sachverständigen der einzelnen Bezirksgerichte nicht allgemein zugänglich zu veröffentli-

chen sind; diese Listen sind den jeweils betroffenen Bezirksgerichten für deren Wirkungsbereich bis zum 31. Dezember eines jeden Jahres mitzuteilen.

(BGBl I 1998/168; BGBl I 2003/115)

V. ABSCHNITT
Bezeichnungsschutz

§ 14b. (1) Als Gerichtssachverständige, Gerichtsdolmetscherinnen und Gerichtsdolmetscher sowie als allgemein beeidet und gerichtlich zertifiziert dürfen sich nur jene Sachverständigen, Dolmetscherinnen und Dolmetscher bezeichnen, die in der Gerichtssachverständigen- und Gerichtsdolmetscherliste eingetragen sind. Andere Personen dürfen auf eine gerichtliche Bestellung als Sachverständige, Dolmetscherinnen oder Dolmetscher nur im unmittelbaren Zusammenhang mit jenem Verfahren hinweisen, in dem sie bestellt sind. Jedes Verhalten, das geeignet ist, die Berechtigung zur Führung dieser Bezeichnung vorzutäuschen, ist untersagt.

(2) Wer eine in Abs. 1 angeführte Bezeichnung führt, ohne dazu berechtigt zu sein, oder sonst eine Berechtigung dazu vortäuscht, begeht eine Verwaltungsübertretung und ist mit Geldstrafe bis zu 10 000 Euro zu bestrafen. Eine Verwaltungsübertretung liegt nicht vor, wenn die Tat den Tatbestand einer gerichtlich strafbaren Handlung bildet oder nach anderen Verwaltungsstrafbestimmungen mit strengerer Strafe bedroht ist.

(BGBl I 2007/111)

VI. ABSCHNITT
Schluß- und Übergangsbestimmungen

Inkrafttreten. Außerkrafttreten

§ 15. (1) Dieses Bundesgesetz tritt mit 1. Mai 1975 in Kraft. Mit dem Inkrafttreten dieses Bundesgesetzes treten folgende Bestimmungen außer Kraft:

1. die §§ 1 bis 8 der Realschätzungsordnung,

2. die §§ 79 bis 81, 82 Abs. 3, §§ 83 bis 85 der Geschäftsordnung für die Gerichte I. und II. Instanz,

3. der § 24 Abs. 2 des Eisenbahnenteignungsgesetzes.

(2) Der § 76 des Kartellgesetzes bleibt unberührt.

§ 15a. Die §§ 1, 2, 2a, 3, 4, 4a, 6, 7, 8, 9, 10, 11, 12, 14, 14a bis 14e, 16a und 16b in der Fassung des Bundesgesetzes BGBl. I Nr. 168/1998 treten mit 1. Jänner 1999 in Kraft; die §§ 2, 2a, 4, 4a und 14 sind auf Eintragungsverfahren anzu-

wenden, bei denen der Antrag nach Inkrafttreten dieses Bundesgesetzes bei dem die Liste führenden Präsidenten eingelangt ist. Sachverständige, die im Zeitpunkt des Inkrafttretens dieses Bundesgesetzes in eine Liste eingetragen sind oder auf Grund eines vor diesem Zeitpunkt gestellten Antrags nach Inkrafttreten eingetragen werden, haben bis spätestens 30. Juni 1999 dem die Liste führenden Präsidenten den Abschluß einer dem § 2a entsprechenden Haftpflichtversicherung nachzuweisen.

(BGBl I 1998/168)

Übergangsbestimmungen

§ 16. (1) Die in den bisher geführten Listen eingetragenen Sachverständigen und Dolmetscher gelten vorläufig als allgemein beeidet im Sinn dieses Bundesgesetzes. Der § 6 ist jedoch auf diese Sachverständigen und Dolmetscher nicht anzuwenden. Bei der Anwendung des § 10 Abs. 1 Z. 1 ist auf die Voraussetzungen abzustellen, die für die Eintragung des Sachverständigen oder Dolmetschers seinerzeit maßgebend gewesen sind.

(2) Die nach Abs. 1 vorläufig zuerkannte Eigenschaft als allgemein beeideter gerichtlicher Sachverständiger oder Dolmetscher erlischt, wenn dem Präsidenten des Gerichtshofs I. Instanz, in dessen Sprengel der Sachverständige oder Dolmetscher seinen gewöhnlichen Aufenthalt oder den Ort seiner beruflichen Tätigkeit hat, nicht spätestens 30. Juni 1975 eine schriftliche Erklärung des Sachverständigen oder Dolmetschers, wonach er in die neue Liste übertragen werden wolle, zugeht. In der Erklärung sind, außer dem Vor- und Familiennamen des Sachverständigen oder Dolmetschers, dem Tag und Ort seiner Geburt, sein Beruf, die Anschrift, unter der er erreichbar ist, die Liste, in der er, und das Fachgebiet, für das er eingetragen ist, sowie alle gerichtlichen Verfahren, in denen er in den letzten zwei Jahren tätig geworden ist, nach Möglichkeit mit Aktenzeichen anzuführen. Gleichzeitig hat der Sachverständige oder Dolmetscher nachzuweisen, daß er im Sprengel des Gerichtshofs, an dessen Präsidenten er diese Erklärung richtet, seinen gewöhnlichen Aufenthalt oder den Ort seiner beruflichen Tätigkeit hat.

(3) Diejenigen Sachverständigen und Dolmetscher, die die im Abs. 2 vorgesehene Erklärung abgegeben haben, sind in die neuen Listen – allenfalls mit einem angestrebten beschränkten sachlichen oder örtlichen Wirkungsbereich – zu übertragen. Die bisher bei den Bezirksgerichten eingetragen gewesenen Sachverständigen sind mit der örtlichen Beschränkung auf den Sprengel dieses Bezirksgerichts zu übertragen. Anläßlich der Übertragung ist den Sachverständigen und Dolmetschern ein Ausweis im Sinn des § 8 auszustellen.

SDG

§ 16a. (1) Die im Zeitpunkt des Inkrafttretens des Bundesgesetzes BGBl. I Nr. 168/1998 in eine Liste eingetragenen allgemien beeideten gerichtlichen Sachverständigen und Dolmetscher gelten als allgemein beeidete und gerichtlich zertifizierte Sachverständige und Dolmetscher im Sinn dieses Bundesgesetzes. Die im genannten Zeitpunkt bestehenden Eintragungen auf unbestimmte Zeit gelten als mit dem Ende des neunten darauf folgenden Kalenderjahres befristet.

(2) Sachverständige mit auf den Sprengel eines Bezirksgerichts beschränktem örtlichen Wirkungsbereich für die Fachgebiete Alt- und Gebrauchtwarenhandel, Kleinere landwirtschaftliche Liegenschaften, Kleinere forstwirtschaftliche Liegenschaften und Kleinere Wohnhäuser gelten nicht als gerichtlich zertifizierte, sondern weiterhin als allgemein beeidete gerichtliche Sachverständige (§ 14a).

(BGBl I 1998/168; BGBl I 2003/115)

§ 16b. (1) Die §§ 1, 2, 2a, 3, 3a, 3b, 4, 4a, 6, 7, 9, 10, 12, 14 Z 2 bis 5, 14a, 16a und 16b in der Fassung des Bundesgesetzes BGBl. I Nr. 115/2003 treten mit 1. Jänner 2004 in Kraft; sie sind auf alle offenen Anträge und Eintragungen anzuwenden. Alle allgemein beeideten und gerichtlich zertifizierten Sachverständigen und Dolmetscher und jene, die im Sinne des § 16a Abs. 1 als solche gelten, sind von Amts wegen bis 1. Jänner 2004 in die Gerichtssachverständigen- und Gerichtsdolmetscherliste zu übertragen.

(2) In Wien ist für jene Sachverständigen, die bisher sowohl in die Liste des Präsidenten des Landesgerichts für Zivilrechtssachen Wien als auch in die Liste des Präsidenten des Handelsgerichts Wien eingetragen gewesen sind, mit Übertragung in die Gerichtssachverständigen- und Gerichtsdolmetscherliste ab 1. Jänner 2004 ausschließlich jener Präsident sachlich zuständig, dessen Fachgebiete zahlenmäßig überwiegen. Mangels eines zahlenmäßigen Überwiegens richtet sich die sachliche Zuständigkeit nach jenem Fachgebiet, dessen Eintragung am weitesten zurückliegt, bei gleichzeitiger Eintragung mehrerer Fachgebiete nach dem Fachgebiet, das der Bewerber im Antrag auf Eintragung zuerst genannt hat.

(3) Die allgemein beeideten und gerichtlich zertifizierten Sachverständigen und Dolmetscher können bis zum 31. März 2004 gegen unrichtige oder fehlende Eintragungen in der Gerichtssachverständigen- und Gerichtsdolmetscherliste Einspruch beim zuständigen Präsidenten erheben. Schreib- und Übertragungsfehler sowie andere offenbare Unrichtigkeiten können jederzeit von Amts wegen berichtigt werden.

(4) Die allgemein beeideten gerichtlichen Sachverständigen, die nicht als allgemein beeidet und gerichtlich zertifiziert gelten (§ 16a Abs. 2), sind auf Antrag in die Liste jenes Bezirksgerichts zu übertragen, auf das sich ihr Wirkungsbereich beschränkt. Ihre Eigenschaft als allgemein beeideter gerichtlicher Sachverständiger erlischt, wenn sie die Übertragung nicht spätestens bis zum 31. August 2004 beantragen.

(5) Die §§ 8 und 14 Z 6 in der Fassung des Bundesgesetzes BGBl. I Nr. 115/2003 treten mit 1. Jänner 2005 in Kraft.

(6) Die §§ 14b bis 14e treten mit 31. Dezember 2003 außer Kraft.

(BGBl I 1998/168; BGBl I 2003/115)

§ 16c. Die §§ 1, 4a, 4b, 6, 10, 14 und 14b in der Fassung des Bundesgesetzes BGBl. I Nr. 111/2007 treten mit 1. Jänner 2008 in Kraft. § 4a ist auf Prüfungen anzuwenden, die aufgrund eines schriftlichen Antrags (§ 4) abgehalten werden, der nach dem 31. Dezember 2007 gestellt wurde. § 6 ist auf jene Rezertifizierungsverfahren anzuwenden, bei denen der Zeitpunkt des Fristablaufs gemäß § 6 Abs. 1 frühestens auf den 1. Jänner 2008 fällt. § 14b ist auf Verhaltensweisen anzuwenden, die nach dem 31. Dezember 2007 gesetzt werden. *(BGBl I 2009/30)*

(BGBl I 2007/111)

§ 16d. Die §§ 6 und 16c in der Fassung des Bundesgesetzes BGBl. I Nr. 30/2009 treten mit 1. April 2009 in Kraft. § 6 in der Fassung des Bundesgesetzes BGBl. I Nr. 30/2009 ist auf Rezertifizierungsverfahren anzuwenden, bei denen die Befristung der aufrechten Eintragung nach dem 31. Dezember 2009 endet.

(BGBl I 2009/30)

§ 16e. § 4 Abs. 3, § 6 Abs. 2 und § 11 in der Fassung des Bundesgesetzes BGBl. I Nr. 190/2013 treten mit 1. Jänner 2014 in Kraft und sind in der Fassung des Bundesgesetzes BGBl. I Nr. 190/2013 auf alle nach dem 31. Dezember 2013 offenen Anträge und Entscheidungen anzuwenden.

(BGBl I 2013/190)

§ 16f. Die §§ 3a und 4 Abs. 2 erster und zweiter Satz in der Fassung des Bundesgesetzes BGBl. I Nr. 159/2013 treten mit 1. September 2013 in Kraft. § 4 Abs. 2 erster und zweiter Satz in der Fassung des Bundesgesetzes BGBl. I Nr. 159/2013 ist auf Anträge anzuwenden, die nach dem 31. August 2013 gestellt werden.

(BGBl I 2013/159)

§ 16g. § 3a Abs. 4 und 6 sowie § 8 Abs. 3 und 5 in der Fassung des Bundesgesetzes BGBl. I Nr. 50/2016 treten mit 1. Juli 2016 in Kraft.

(BGBl I 2016/50)

§ 16h. § 2 Abs. 2 Z 1 lit. d, § 4 Abs. 2 und 3, § 4a Abs. 2, § 4b Abs. 1 und 2 samt Paragrafenüberschrift, § 6 Abs. 1, 3 und 4, § 6a, § 8 Abs. 3, § 10 Abs. 4 und § 14 in der Fassung des Berufsrechts-Änderungsgesetzes 2016, BGBl. I Nr. 10/2017, treten mit 1. Jänner 2017, § 2 Abs. 2 Z 1 lit. c in der Fassung des Berufsrechts-Änderungsgesetzes 2016 tritt mit 1. Juli 2018 in Kraft. §§ 6 Abs. 1 und 8 Abs. 3 sind in der Fassung des Berufsrechts-Änderungsgesetzes 2016 anzuwenden, wenn die Eintragung oder die Ausstellung der Ausweiskarte nach dem 31. Dezember 2016 erfolgt.

(BGBl I 2017/10)

§ 16i. § 6 Abs. 3 letzter Satz in der Fassung des Bundesgesetzes BGBl. I Nr. 44/2019 tritt mit 1. Juli 2019 in Kraft.

(BGBl I 2019/44)

§ 16j. § 6 Abs. 3 sowie § 14 Z 1, 5, 5a und 6 in der Fassung des Bundesgesetzes BGBl. I Nr. 135/2020 treten mit 1. Jänner 2021 in Kraft.

(BGBl I 2020/135)

§ 16k. § 3a Abs. 4 bis 6 in der Fassung des Bundesgesetzes BGBl. I Nr. 61/2022 tritt mit 1. Mai 2022 in Kraft. § 8 samt Überschrift sowie § 14 Z 6 und 7 in der Fassung des Bundesgesetzes BGBl. I Nr. 61/2022 treten mit 1. Jänner 2023 in Kraft. Auf vor dem 1. Jänner 2023 ausgestellte Ausweiskarten ist § 8 in der bis zu diesem Bundesgesetz geltenden Fassung weiterhin anzuwenden.

(BGBl I 2022/61)

Vollziehung

§ 17. Mit der Vollziehung dieses Bundesgesetzes mit Ausnahme des § 14b ist die Bundesministerin für Justiz betraut, mit der Vollziehung des § 14b der Bundesminister für Inneres.

(BGBl I 2007/111)

Kirchschläger
Kreisky Broda

SDG

12/1. Gebührenanspruchsgesetz 1975

BGBl 1975/136 idF

STICHWORTVERZEICHNIS

Stichwortverzeichnis

Bundesgesetz vom 19.2.1975 über die Gebühren der Zeugen und Zeuginnen, Sachverständigen, Dolmetscher und Dolmetscherinnen, Geschworenen, Schöffen und Schöffinnen (Gebührenanspruchsgesetz – GebAG)

(BGBl I 2007/111)

Der Nationalrat hat beschlossen:

I. ABSCHNITT

Anspruch

§ 1. (1) Natürliche Personen, die als Zeuginnen, Zeugen, Sachverständige, Dolmetscherinnen, Dolmetscher, Geschworene, Schöffinnen und Schöffen in gerichtlichen Verfahren und in einem Ermittlungsverfahren der Staatsanwaltschaft (§ 103 Abs. 2 StPO) tätig sind, haben Anspruch auf Gebühren nach diesem Bundesgesetz. Dies gilt nicht für dem Gericht oder der Staatsanwaltschaft vom Bundesministerium für Justiz oder in dessen Auftrag der Justizbetreuungsagentur gemäß § 75 Abs. 4 ASGG oder § 126 Abs. 2a StPO zur Verfügung gestellte Dolmetscherinnen und Dolmetscher. *(BGBl I 2010/111)*

(2) Soweit in diesem Bundesgesetz auf natürliche Personen bezogene Bezeichnungen nur in männlicher Form angeführt sind, beziehen sie sich auf Frauen und Männer in gleicher Weise. Bei der Anwendung der Bezeichnung auf bestimmte natürliche Personen ist die jeweils geschlechtsspezifische Form zu verwenden.

(BGBl I 2007/111)

II. ABSCHNITT

Zeugen

Begriff
Anspruchsberechtigung

§ 2. (1) Als Zeuge im Sinn dieses Bundesgesetzes ist jede Person anzusehen, die innerhalb oder außerhalb eines förmlichen gerichtlichen Beweisverfahrens zu Beweiszwecken, aber nicht als Sachverständiger, Partei oder Parteienvertreter gerichtlich vernommen oder durch einen gerichtlich bestellten Sachverständigen der Befundaufnahme beigezogen wird.

(2) Eine Begleitperson des Zeugen ist einem Zeugen gleichzuhalten, wenn der Zeuge wegen seines Alters oder wegen eines Gebrechens der Begleitung bedurft hat; das Gericht (der Vorsitzende) vor dem die Beweisaufnahme stattgefunden hat, hat die Notwendigkeit der Begleitperson zu bestätigen.

(3) Keinen Anspruch auf die Gebühr haben

1. der Zeuge, der die Aussage ungerechtfertigt verweigert,

2. im Strafverfahren Subsidiarankläger (§ 72 StPO) und Privatankläger. *(BGBl I 2007/111)*

(BGBl 1989/343)

Umfang der Gebühr

§ 3. (1) Die Gebühr des Zeugen umfaßt

1. den Ersatz der notwendigen Kosten, die durch die Reise an den Ort der Vernehmung, durch den Aufenthalt an diesem Ort und durch die Rückreise verursacht werden;

2. die Entschädigung für Zeitversäumnis, soweit er durch die Befolgung der Zeugenpflicht einen Vermögensnachteil erleidet.

(2) Zeuginnen und Zeugen, die im öffentlichen Dienst stehen und über dienstliche Wahrnehmungen vernommen worden sind, haben anstatt des Anspruchs nach Abs. 1 Z 1 Anspruch auf eine Gebühr, wie sie ihnen nach den für sie geltenden Reisegebührenvorschriften zustände; das Gericht, vor dem die Beweisaufnahme stattgefunden hat, (der oder die Vorsitzende) hat diese Tatsache zu bestätigen. Sie haben keinen Anspruch auf Entschädigung für Zeitversäumnis. *(BGBl I 2007/111)*

(BGBl 1989/343)

Anspruchsvoraussetzungen

§ 4. (1) Der Anspruch auf die Gebühr steht dem Zeugen zu, der auf Grund einer Ladung vom Gericht vernommen worden ist. Er kommt aber auch dem Zeugen zu, der ohne Ladung gekommen und vernommen worden oder der auf Grund einer Ladung gekommen, dessen Vernehmung aber ohne sein Verschulden unterblieben ist; er hat jedoch im ersten Fall, wenn er sonst im Weg der Rechtshilfe hätte vernommen werden können, nur den Anspruch, der ihm bei einer Vernehmung vor dem Rechtshilfegericht zustände, sofern seine unmittelbare Vernehmung zur Aufklärung der Sache nicht erforderlich gewesen ist; andernfalls hat das Gericht (der Vorsitzende), vor dem die Beweisaufnahme stattgefunden hat, die Notwendigkeit der unmittelbaren Vernehmung zu bestätigen.

(2) Ist der auf der Ladung angegebene Zustellort vom Ort der Vernehmung des Zeugen weniger weit entfernt als der Ort, von dem der Zeuge zureist, so steht dem Zeugen eine darauf gestützte höhere Gebühr nur zu, wenn er diesen Umstand dem Gericht unverzüglich nach Erhalt der Ladung angezeigt und das Gericht trotzdem die Ladung nicht rechtzeitig widerrufen hat oder wenn die unmittelbare Vernehmung des Zeugen vor diesem Gericht trotz Unterbleiben der Anzeige zur Aufklärung der Sache erforderlich gewesen ist; dies

SDG

hat das Gericht (der Vorsitzende), vor dem die Beweisaufnahme stattgefunden hat, zu bestätigen. Auf die Anzeigepflicht ist der Zeuge in der Ladung aufmerksam zu machen.

Gebührenvorschuß

§ 5. Dem Zeugen ist auf Antrag ein angemessener Vorschuß zu gewähren.

Reisekosten

§ 6. (1) Der Ersatz der notwendigen Reisekosten (§ 3 Abs. 1 Z 1) umfaßt die Kosten der Beförderung des Zeugen mit einem Massenbeförderungsmittel oder mit einem anderen Beförderungsmittel und die Entschädigung für zu Fuß zurückgelegte Wegstrecken (Kilometergeld); er bezieht sich, vorbehaltlich des § 4, auf die Strecke zwischen dem Ort der Vernehmung des Zeugen und seiner Wohnung oder Arbeitsstätte, je nachdem, wo der Zeuge die Reise antreten oder beenden muß.

(2) Tritt in der Verhandlung eines Gerichtes eine längere Pause ein, so sind dem Zeugen, der sich in dieser Zeit mit Erlaubnis des Gerichtes (des Vorsitzenden), vor dem die Beweisaufnahme stattfindet, in seine Wohnung oder an seine Arbeitsstätte begibt, die Kosten der Heimreise und der neuerlichen Reise an den Ort der Vernehmung zu vergüten, soweit sie die Gebühr nicht übersteigen, die dem Zeugen bei seinem Verbleib am Ort der Vernehmung zustände.

(3) Dem Zeugen, der aus dem Ausland geladen wird, sind auch die unvermeidlichen Nebenkosten, z. B. für die Beschaffung von Reisepapieren, zu ersetzen.

Massenbeförderungsmittel

§ 7. (1) Massenbeförderungsmittel im Sinn des § 6 ist jedes Beförderungsmittel, das dem allgemeinen Verkehr zur gleichzeitigen Beförderung mehrerer Personen dient, die es unabhängig voneinander gegen Entrichtung eines allgemein festgesetzten Fahrpreises in Anspruch nehmen können.

(2) Führen verschiedene Massenbeförderungsmittel zum selben Ziel, so gebührt die Vergütung, soweit im folgenden nicht anderes bestimmt ist, für dasjenige, dessen Benützung den geringeren Zeitaufwand erfordert.

(3) Der Fahrpreis ist nach den jeweils geltenden Tarifen zu vergüten; hierbei sind allgemeine Tarifermäßigungen maßgebend. Für Strecken, auf denen der Zeuge für seine Person zur freien Fahrt mit dem benützten Massenbeförderungsmittel berechtigt ist, gebührt keine, für solche Strecken, auf denen er zur ermäßigten Fahrt berechtigt ist, nur die Vergütung des ermäßigten Fahrpreises.

Fahrpreisklasse

§ 8. Dem Zeugen gebührt für Strecken, die er mit der Eisenbahn oder dem Schiff zurücklegt, die Vergütung für den Fahrpreis der niedrigsten Klasse, einschließlich des Preises einer Platzkarte, für Strecken, die er mit dem Flugzeug zurücklegt, die Vergütung für den Fahrpreis der Touristenklasse.

Andere Massenbeförderungsmittel

§ 9. (1) Die Kosten für die Benützung eines Beförderungsmittels, das nicht Massenbeförderungsmittel ist, sind dem Zeugen nur zu ersetzen,

1. wenn ein Massenbeförderungsmittel nicht zur Verfügung steht oder nach der Lage der Verhältnisse nicht benützt werden kann und die Zurücklegung der Wegstrecke zu Fuß nicht zumutbar ist,

2. wenn die Gebühr bei Benützung des anderen Beförderungsmittels nicht höher ist als bei Benützung eines Massenbeförderungsmittels,

3. wenn die Rechtssache die sofortige Vernehmung des Zeugen erfordert, dieser aber bei Benützung eines Massenbeförderungsmittels zur Vernehmung nicht mehr rechtzeitig kommen könnte, oder

4. wenn ihm wegen eines körperlichen Gebrechens die Benützung eines Massenbeförderungsmittels nicht zugemutet werden kann.

(2) Kosten nach Abs. 1 sind die angemessenen, tatsächlich aufgelaufenen Kosten; benützen mehrere Personen ein solcher Beförderungsmittel gemeinsam, so gebührt dem Zeugen nur der entsprechende Teil dieser Kosten. Benützt jedoch der Zeuge ein eigenes Kraftfahrzeug, so gebührt ihm die nach der Reisegebührenvorschrift für Bundesbeamte hierfür vorgesehene Vergütung. Bei Benützung eines Fahrrades gelten die Bestimmungen über das Kilometergeld (§ 12).

(3) Benützt der Zeuge ein anderes Beförderungsmittel als ein Massenbeförderungsmittel, ohne daß die Voraussetzungen nach Abs. 1 hierfür vorliegen, so gebührt ihm der Ersatz der Kosten, die er für die Benützung eines Massenbeförderungsmittels hätte aufwenden müssen.

Flugzeug

§ 10. Dem Zeugen gebührt die Vergütung für die Benützung eines Flugzeugs nur unter der Voraussetzung, dass

1. bei Benützung dieses Beförderungsmittels die Gebühr nicht höher ist als bei Benützung eines anderen Massenbeförderungsmittels,

2. wegen der Länge des Reisewegs eine andere Beförderungsart unzumutbar ist oder

3. die Rechtssache die sofortige Vernehmung des Zeugen erfordert, dieser aber bei Benützung

eines anderen Beförderungsmittels zur Vernehmung nicht mehr rechtzeitig kommen könnte, wobei das Vorliegen dieser Umstände vom Gericht (dem Vorsitzenden), vor dem die Beweisaufnahme stattgefunden hat, zu bestätigen ist.

(BGBl I 2009/52)

Schlafwagen und Kabine

§ 11. Dem Zeugen gebührt die Vergütung des Fahrpreises für einen Schlafwagen oder für eine Schiffskabine nur dann, wenn er, um möglichst wenig Zeit zu verlieren, die Reise zur Nachtzeit (22 Uhr bis 6 Uhr) antreten oder nach Mitternacht beenden muss.

(BGBl I 2009/52)

Kilometergeld

§ 12. (1) Dem Zeugen gebührt für Wegstrecken, die er zu Fuß zurücklegen muß, ab dem zweiten Kilometer ein Kilometergeld von 0,70 Euro für jeden angefangenen Kilometer,

1. wenn ein Massenbeförderungsmittel nicht vorhanden ist oder nach der Lage der Verhältnisse nicht benützt werden kann und die Benützung eines anderen Verkehrsmittels nicht möglich ist oder nicht vergütet wird, oder

2. wenn durch Zurücklegung der Wegstrecke ohne Benützung eines Massenbeförderungsmittels die Dauer der Reise wesentlich abgekürzt wird.
(BGBl II 2007/134)

(2) Für die Ermittlung der Länge der Wegstrecken, für die das Kilometergeld gebührt, ist die kürzeste gangbare Verbindung maßgebend. Ist die Länge der zurückgelegten Wegstrecken, für die das Kilometergeld gebührt, nicht feststellbar, so ist für jede Viertelstunde der Bewegung eine Vergütung in der Höhe des Kilometergeldes für einen Kilometer zu leisten.

(3) Hat der Zeuge größere An- oder Abstiege zu Fuß zu bewältigen, so entspricht ein Höhenunterschied von 75 m der Strecke von 1 km.

(BGBl I 2001/98)

Aufenthaltskosten

§ 13. Die Aufenthaltskosten (§ 3 Abs. 1 Z 1) umfassen

1. den Mehraufwand für die Verpflegung, wenn die Reise oder der Aufenthalt am Ort der Vernehmung den Zeugen zwingt, das Frühstück, Mittagessen oder Abendessen anderswo als an seinem gewöhnlichen Aufenthaltsort einzunehmen, und

2. die Kosten für die unvermeidliche Nächtigung während der Reise und am Ort der Vernehmung.

Verpflegung

§ 14. (1) Dem Zeugen sind als Mehraufwand für die Verpflegung zu vergüten

1. für das Frühstück..................... 4,00 Euro,

2. für das Mittagessen................... 8,50 Euro,

3. für das Abendessen................... 8,50 Euro.
(BGBl II 2007/134)

(2) Der Mehraufwand für das Frühstück ist zu vergüten, wenn der Zeuge die Reise vor 7 Uhr antreten, der Mehraufwand für das Mittagessen, wenn er sie vor 11 Uhr antreten und nach 14 Uhr beenden hat müssen, derjenige für das Abendessen, wenn er die Reise nach 19 Uhr beenden hat müssen.

(BGBl I 2001/98)

Nächtigung

§ 15. (1) Dem Zeugen ist, sofern ihm nicht ein Anspruch auf Vergütung des Fahrpreises für einen Schlafwagen oder eine Kabine zusteht, für jede unvermeidliche Nächtigung ein Betrag von 12,40 Euro zu vergüten. Als unvermeidlich ist die Nächtigung auch dann anzusehen, wenn die Reise zur Nachtzeit (22 Uhr bis 6 Uhr) angetreten oder beendet werden müßte. *(BGBl II 2007/134)*

(2) Bescheinigt der Zeuge, daß die Kosten für die in Anspruch genommene Nachtunterkunft den im Abs. 1 angeführten Betrag übersteigen, so sind ihm diese Kosten, jedoch nicht mehr als das Dreifache des im Abs. 1 genannten Betrages, zu ersetzen.

(BGBl I 2001/98)

Besondere Kosten von Zeugen aus dem Ausland

§ 16. Beweist der Zeuge, der aus dem Ausland geladen wird, daß ihm höhere als die in den §§ 14 und 15 vorgesehenen Beträge erwachsen sind, und bescheinigt er, daß diese Mehrauslagen seinen Lebensverhältnissen entsprechen, so sind ihm diese höheren Beträge, jedoch nicht mehr als das Dreifache der im § 14 genannten Beträge und das Sechsfache des im § 15 Abs. 1 genannten Betrages zu vergüten; darüber hinaus sind ihm auch die unbedingt notwendigen weiteren Auslagen zu ersetzen, die ihm infolge der Reise nach Österreich, seines Aufenthalts im Inland und der Rückreise bewiesenermaßen unvermeidlich erwachsen.

Entschädigung für Zeitversäumnis

§ 17. Die Entschädigung für Zeitversäumnis (§ 3 Abs. 1 Z 2) bezieht sich, vorbehaltlich des § 4, auf den Zeitraum, den der Zeuge wegen seiner Vernehmung außerhalb seiner Wohnung bzw.

SDG

Arbeitsstätte bis zur möglichen Wiederaufnahme der Arbeit verbringen muß.

Ausmaß der Entscheidung für Zeitversäumnis

§ 18. (1) Als Entschädigung für Zeitversäumnis gebühren dem Zeugen

1. 14,20 Euro für jede, wenn auch nur begonnene Stunde, für die dem Zeugen eine Entschädigung für Zeitversäumnis zusteht,

2. anstatt der Entschädigung nach Z 1

a) beim unselbständigen Erwerbstätigen der tatsächlich entgangene Verdienst,

b) beim selbständig Erwerbstätigen das tatsächlich entgangene Einkommen,

c) anstatt der Entschädigung nach den Buchstaben a) oder b) die angemessenen Kosten für einen notwendigerweise zu bestellenden Stellvertreter,

d) die angemessenen Kosten für eine notwendigerweise beizuziehende Haushaltshilfskraft. *(BGBl II 2007/134)*

(2) Im Falle des Abs. 1 Z 1 hat der Zeuge den Grund des Anspruches, im Falle des Abs. 1 Z 2 auch dessen Höhe zu bescheinigen.

(BGBl 1989/343; BGBl I 2001/98)

Geltendmachung der Gebühr

§ 19. (1) Der Zeuge hat den Anspruch auf seine Gebühr binnen 14 Tagen, im Fall des § 16 binnen vier Wochen nach Abschluß seiner Vernehmung, oder nachdem er zu Gericht gekommen, aber nicht vernommen worden ist, bei sonstigem Verlust schriftlich oder mündlich bei dem Gericht, vor dem die Beweisaufnahme stattgefunden hat oder stattfinden sollte, geltend zu machen. Dies gilt für die Beiziehung zur Befundaufnahme durch den Sachverständigen (§ 2 Abs. 1) mit der Maßgabe sinngemäß, daß der Zeuge den Anspruch auf seine Gebühr bei dem Gericht geltend zu machen hat, das den Sachverständigen bestellt hat.

(2) Soweit in diesem Abschnitt nicht anderes bestimmt ist und nicht feste Gebührensätze bestehen, hat der Zeuge die Umstände, die für die Gebührenbestimmung bedeutsam sind, besonders durch Vorlage einer Bestätigung über den Verdienstentgang oder die Entlohnung eines Stellvertreters oder einer Hilfskraft, gegebenenfalls durch Vorlage einer von der zuständigen Dienststelle ausgestellten Bestätigung über die Höhe der sonst zustehenden Reisegebühren (§ 3 Abs. 2), zu bescheinigen.

(3) Auf seine Ansprüche und die allfällige Notwendigkeit des Beweises oder der Bescheinigung ist der Zeuge durch das Gericht in der Ladung aufmerksam zu machen. Dies gilt für den Sachverständigen bei dessen Einladung eines Zeugen (§ 2 Abs. 1) sinngemäß.

(BGBl 1989/343)

Bestimmung der Gebühr

§ 20. (1) Die Gebühr ist im Justizverwaltungsweg vom Leiter des Gerichts zu bestimmen, vor dem die Beweisaufnahme stattgefunden hat oder stattfinden sollte. Dieser hat auch über die Gewährung eines Vorschusses zu entscheiden. Der Leiter des Gerichts kann einen geeigneten Bediensteten des Gerichts mit der Durchführung des Verfahrens betrauen und ihn ermächtigen, in seinem Namen zu entscheiden; bei aus dem Ausland geladenen Zeugen ist ein solches Vorgehen jedoch nur dann zulässig, wenn der geltend gemachte Gebührenbetrag 300 Euro nicht übersteigt. Auch in diesem Fall kommt die Befugnis zur Erlassung einer Beschwerdevorentscheidung (§ 14 VwGVG) dem Leiter des Gerichts zu. Im Zivilprozeß entfallen die Bestimmung der Gebühr und ihre Entrichtung, wenn die Parteien dem Zeugen die von ihm geltend gemachte Gebühr sogleich entrichten. *(BGBl I 2013/190; BGBl I 2019/44)*

(2) Vor der Gebührenbestimmung kann der Zeuge aufgefordert werden, sich über Umstände, die für die Gebührenbestimmung bedeutsam sind, zu äußern und, unter Setzung einer bestimmten Frist, noch fehlende Bestätigungen vorzulegen.

(3) Die Gebührenbeträge sind kaufmännisch auf volle 10 Cent zu runden. *(BGBl I 2010/111)*

(4) Soweit in diesem Bundesgesetz nichts anderes angeordnet ist, sind auf das Verfahren das AVG und die §§ 89a bis 89i GOG anzuwenden. *(BGBl I 2013/190)*

(BGBl I 2001/98)

Bekanntgabe der Gebühr
Zustellung

§ 21. (1) Die bestimmte Gebühr ist dem Zeugen mündlich bekanntzugeben; eine schriftliche Ausfertigung binnen einer Woche, hat an ihn nur zu ergehen, wenn es der Zeuge bei der mündlichen Bekanntgabe verlangt; über dieses Recht ist der Zeuge bei der mündlichen Bekanntgabe zu belehren. Hat der Zeuge seine Gebühr schriftlich geltend gemacht oder kann über den Antrag nicht sofort entschieden werden, so entfällt die mündliche Bekanntgabe und es ist dem Zeugen, binnen einer Woche nach dem Einlangen des Begehrens bzw. dem Abschluß der Ermittlungen, eine schriftliche Ausfertigung zuzustellen.

(2) Übersteigt die bestimmte Gebühr 200 Euro, so ist eine schriftliche Ausfertigung der Entscheidung über die Gebührenbestimmung außerdem zuzustellen:

1. in Zivilsachen den Parteien;

2. in Strafsachen, soweit sie zum Ersatz der Kosten verpflichtet werden können, der Anklagevertretung sowie jenen Personen, gegen die sich das Verfahren richtet;

3. den Revisorinnen oder Revisoren, wenn die Gebühr nicht zur Gänze aus einem bereits erlegten Vorschuss bezahlt werden kann. *(BGBl I 2007/111)*

(BGBl 1989/343; BGBl I 1997/140; BGBl I 2001/98)

Rechtsmittel

§ 22. (1) Gegen die Entscheidung über die Gebühr können der Zeuge und unter den Voraussetzungen des § 21 Abs. 2 die dort genannten Personen Beschwerde an das Bundesverwaltungsgericht erheben. Die Frist beginnt mit der mündlichen Bekanntgabe der Entscheidung an den Zeugen, im Fall der schriftlichen Ausfertigung nach § 21 Abs. 1 oder Abs. 2 mit dem Tag nach der Zustellung der Entscheidung. *(BGBl I 2013/190)*

(2) Eine Entscheidung, mit der ein Antrag auf Gewährung eines Vorschusses (§ 5) ganz oder teilweise abgewiesen worden ist, ist dem Zeugen stets in schriftlicher Ausfertigung zuzustellen und kann nur von diesem angefochten werden; Abs. 1 gilt sinngemäß. *(BGBl I 2013/190)*

(3) Gegen die Entscheidung über die Beschwerde steht auch dem Revisor das Recht auf Erhebung einer Revision an den Verwaltungsgerichtshof zu (Art. 133 Abs. 8 B-VG). *(BGBl I 2013/190)*

(BGBl 1989/343)

Zahlung der Gebühr
Zur Rückzahlung

§ 23. (1) Die Gebühr ist dem Zeugen aus den Amtsgeldern des Gerichtes, ist aber ein Kostenvorschuß erlegt worden, aus diesem kostenfrei zu zahlen.

(2) Wird die zunächst bestimmte Gebühr durch eine Rechtsmittelentscheidung erhöht, so ist der Mehrbetrag dem Zeugen kostenfrei nachzuzahlen.

(3) Wird die Gebühr durch eine Rechtsmittelentscheidung herabgesetzt oder übersteigt der dem Zeugen gezahlte Vorschuß die rechtskräftig bestimmte Gebühr, so hat der Zeuge den zuviel gezahlten Betrag zurückzuzahlen. Hierzu ist er unter Setzung einer Frist von 14 Tagen aufzufordern. Bei nicht rechtzeitiger Zurückzahlung ist der Betrag vom Zeugen nach den für die Einbringung der gerichtlichen Gebühren und Kosten geltenden Vorschriften einzubringen.

Besonderheiten im Ermittlungsverfahren der Staatsanwaltschaft (§ 103 Abs. 2 StPO)

§ 23a. (1) Die Bestimmungen des II. Abschnitts sind auf Zeuginnen und Zeugen, die durch die Staatsanwaltschaft (§ 103 Abs. 2 StPO) vernommen werden, mit der Maßgabe anzuwenden, dass an die Stelle des Leiters des Gerichts der Leiter der Staatsanwaltschaft oder – falls im Einzelfall die Vernehmung durch die Oberstaatsanwaltschaft erfolgt ist oder erfolgen sollte – der Leiter der Oberstaatsanwaltschaft tritt. Gerichtlich bestellten Sachverständigen sind von der Staatsanwaltschaft gemäß § 126 Abs. 3 StPO bestellte Sachverständige gleichzuhalten. *(BGBl I 2013/190)*

(BGBl I 2007/111)

III. ABSCHNITT
Sachverständige

Umfang der Gebühr

§ 24. Die Gebühr des Sachverständigen umfaßt

1. den Ersatz der notwendigen Kosten, die durch die Reise an den Ort der Befund- oder Beweisaufnahme, durch den Aufenthalt an diesem Ort und durch die Rückreise verursacht werden;

2. den Ersatz der Kosten für die Beiziehung von Hilfskräften und der sonstigen durch seine Tätigkeit im gerichtlichen Verfahren verursachten notwendigen Kosten;

3. die Entschädigung für Zeitversäumnis;

4. die Gebühr für Mühewaltung einschließlich der Gebühr für die Teilnahme an einer Verhandlung und der Gebühr für Aktenstudium.

SDG

Anspruchsvoraussetzungen

§ 25. (1) Der Anspruch auf die Gebühr richtet sich nach dem dem Sachverständigen erteilten gerichtlichen Auftrag; hat der Sachverständige Zweifel über den Umfang und Inhalt des gerichtlichen Auftrags, so hat er die Weisung des Gerichtes einzuholen. Ist der bekanntgegebene Zweck der Untersuchung erreicht, so hat der Sachverständige für darüber hinaus erbrachte Leistungen keinen Gebührenanspruch. *(BGBl I 2007/111)*

(1a) Ist zu erwarten oder stellt sich bei der Sachverständigentätigkeit heraus, dass die tatsächlich entstehende Gebühr die Höhe des Kostenvorschusses, mangels eines solchen den Wert des Streitgegenstands von mehr als 2 000 Euro, in Verfahren vor dem Landesgericht und im Ermittlungsverfahren der Staatsanwaltschaft aber 4 000 Euro übersteigt, so hat die oder der Sachverständige das Gericht beziehungsweise die Staatsanwaltschaft rechtzeitig auf die voraussichtlich entstehende Gebührenhöhe hinzuweisen, Unterlässt der oder die Sachverständige diesen Hinweis, so entfällt insoweit der Gebührenanspruch. In dringenden Fällen können unaufschiebbare Tätigkeiten auch schon vor der Warnung oder dem Zugang einer Reaktion darauf begonnen werden. *(BGBl I 2007/111; BGBl I 2014/71)*

(2) Werden zu einer Amtshandlung mehrere Sachverständige zugezogen, so hat jeder von ihnen Anspruch auf die volle Gebühr, sofern im folgenden nicht anderes bestimmt ist.

(3) Ist die Tätigkeit des Sachverständigen aus seinem Verschulden unvollendet geblieben, so hat er keinen, sonst nur einen Anspruch auf die seiner unvollendeten Tätigkeit entsprechenden Gebühr. Hat der Sachverständige aus seinem Verschulden seine Tätigkeit nicht innerhalb der vom Gericht festgelegten Frist erbracht oder sein Gutachten so mangelhaft abgefasst, dass es nur deshalb einer Erörterung bedarf, so ist die Gebühr für Mühewaltung um ein Viertel zu mindern. *(BGBl I 2014/71)*

(BGBl 1994/623)

Gebührenvorschuß

§ 26. Dem Sachverständigen ist auf Antrag ein angemessener Vorschuß zu gewähren.

Reisekosten

§ 27. (1) Die §§ 6, 7 und 12 sind, soweit im folgenden nicht anderes bestimmt ist, sinngemäß anzuwenden.

(2) Das gleiche gilt für den § 9, soweit es sich nicht um ein eigenes Kraftfahrzeug oder ein Fahrrad handelt.

(3) Das gleiche gilt für die §§ 10 und 11, doch entfällt die in § 10 Z 3 vorgesehene Bestätigung. *(BGBl I 2009/52)*

Fahrpreisklasse
Eigenes Fahrzeug
Andere als Massenbeförderungsmittel

§ 28. (1) Dem Sachverständigen gebührt für Strecken, die er mit der Eisenbahn oder dem Schiff zurücklegt, die Vergütung für den Fahrpreis der höchsten Klasse einschließlich des Preises einer Platzkarte, wenn aber das vom Sachverständigen benützte Beförderungsmittel diese Klasse nicht führt, der nächstniedrigeren tatsächlich geführten Klasse; für Strecken, die der Sachverständige mit dem Flugzeug zurücklegt, gebührt ihm die Vergütung für den Fahrpreis der Touristenklasse.

(2) Die Kosten für die Benützung eines eigenen Kraftfahrzeuges sind stets zu ersetzen. Als Ersatz dieser Kosten gebührt die nach der Reisegebührenvorschrift für Bundesbeamte hierfür vorgese-

hene Vergütung. Die Kosten für die Benützung eines Fahrrades sind gleichfalls stets zu ersetzen.

(3) Die Kosten für die Benützung eines anderen Beförderungsmittels, das nicht Massenbeförderungsmittel ist, sind dem Sachverständigen auch dann zu ersetzen, wenn Gewicht, Umfang oder Beschaffenheit der Werkzeuge, Geräte oder sonstigen Gegenstände, die der Sachverständige zur Beweisaufnahme mitnehmen muß, dies rechtfertigt.

Aufenthaltskosten

§ 29. Die §§ 13 und 15 sind sinngemäß anzuwenden.

Kosten für die Beiziehung von Hilfskräften

§ 30. Dem Sachverständigen sind die Kosten für Hilfskräfte soweit zu ersetzen, als deren Beiziehung nach Art und Umfang seiner Tätigkeit unumgänglich notwendig ist. Zu diesen Kosten zählen

1. die Kosten, die der Sachverständige für die Arbeitsleistung der Hilfskräfte aufwenden muß, soweit sie das übliche Ausmaß nicht übersteigen;

2. die Reise- und Aufenthaltskosten der Hilfskräfte unter sinngemäßer Anwendung der Bestimmungen über die Gebühr der Zeugen (§§ 6 bis 15).

Sonstige Kosten

§ 31. (1) Den Sachverständigen sind ausschließlich folgende mit der Erfüllung ihres jeweiligen Gutachtensauftrags notwendigerweise verbundene variable Kosten, nicht aber Fixkosten zu ersetzen:

1. die Materialkosten für die Anfertigung von Kopien, Ausdrucken, Fotos, Zeichnungen, Modellen, Röntgenaufnahmen, sonstige Dokumentationen und Vervielfältigungen;

2. die Kosten für die bei der Untersuchung verbrauchten Materialien (insbesondere Filmmaterial, Reagenzien, Chemikalien, Farbstoffe, Präparate, Injektionsmittel);

3. die Kosten für die Übertragung bzw. das Reinschreiben von Befund und Gutachten einschließlich der Beilagen hierzu sowie der von den Sachverständigen im Zuge ihrer Tätigkeit auszufertigenden Schriftstücke, wobei bei ausschließlich aus Text bestehenden Schriftstücken für je 1 000 Schriftzeichen (ohne Leerzeichen) der Urschrift ein Betrag von 2 Euro und für je 1 000 Schriftzeichen (ohne Leerzeichen) einer Ausfertigung ein Betrag von 60 Cent gebührt, in den übrigen Fällen gebührt ein Betrag von 2 Euro für jede volle Seite der Urschrift und von 60 Cent für jede volle Seite einer Ausfertigung; diesfalls gilt eine Seite als voll, wenn sie mindestens 25 Zeilen mit durchschnittlich mindestens 40

Schriftzeichen enthält; bei geringerem Umfang ist die Gebühr für den entsprechenden Teil zu bestimmen; mit diesen Kosten sind auch die hierfür verwendeten Schreibkräfte, Schreibmittel und Geräte abgegolten; *(BGBl I 2019/44)*

4. die Kosten für die Benützung der von ihnen nicht selbst beigestellten, besonderen fallspezifischen Hilfsmittel, Werkzeuge, Programme und Geräte, die nicht zur üblichen Grundausstattung von in diesem Fachgebiet tätigen Sachverständigen gehören;

5. die von den Sachverständigen zu entrichtenden Entgelte und Gebühren für Leistungen und Dienste, die für Befundaufnahme und Gutachtenserstattung durch die Sachverständigen notwendig sind und welche die Sachverständigen üblicherweise nicht selbst erbringen und die auch nicht zur üblichen Grundausstattung und Infrastruktur der in diesem Fachgebiet tätigen Sachverständigen gehören (insbesondere Porto, Transportkosten, Kosten für Fremduntersuchungen und –analysen, Pflegegebühren, durch die Besonderheit des Auftrags zusätzlich erforderliche Versicherungsprämien, Kosten für Großräumlichkeiten, für den Erwerb rein fallspezifischen Zusatzwissens und für Übersetzungen);

6. die von der Sachverständigengebühr zu entrichtende Umsatzsteuer; sie ist gesondert an- und zuzusprechen.

(1a) Übermittelt der Sachverständige sein Gutachten samt allfälligen Beilagen sowie seinen Gebührenantrag im Weg des elektronischen Rechtsverkehrs (§ 89a GOG), so gebührt ihm dafür ein Betrag von insgesamt 12 Euro. Werden vom Sachverständigen im Rahmen der Erfüllung des Gutachtensauftrags darüber hinaus notwendigerweise weitere Unterlagen im Weg des elektronischen Rechtsverkehrs an das Gericht übersandt, so hat der Sachverständige dafür jeweils Anspruch auf eine Gebühr von insgesamt 2,10 Euro; dies gilt nicht für weitere Übersendungen im Zusammenhang mit dem Gebührenbestimmungsantrag. *(BGBl I 2019/44)*

(2) Alle anderen Aufwendungen sind mit der Gebühr für Mühewaltung abgegolten.

(BGBl I 2007/111)

Entschädigung für Zeitversäumnis

§ 32. (1) Der Sachverständige hat für die Zeit, die er wegen seiner Tätigkeit im gerichtlichen Verfahren außerhalb seiner Wohnung oder seiner gewöhnlichen Arbeitsstätte bis zur möglichen Wiederaufnahme der Arbeit besonders aufwenden muß, Anspruch auf eine Entschädigung für Zeitversäumnis im Ausmaß von 22,70 Euro für jede, wenn auch nur angefangene Stunde. *(BGBl II 2007/134; BGBl I 2021/202)*

(2) Der Anspruch auf Entschädigung für Zeitversäumnis besteht soweit nicht,

1. als der Sachverständige Anspruch auf eine Gebühr für Mühewaltung hat,

2. als für die Nachtzeit (22 Uhr bis 6 Uhr),

a) dem Sachverständigen bei Benützung eines Massenbeförderungsmittels ein Anspruch auf Vergütung des Fahrpreises für einen Schlafwagen oder einer Kabine zusteht, oder

b) er bei Benützung des eigenen Kraftfahrzeuges die Gebühr für die Nächtigung in Anspruch nimmt.

(3) Nimmt ein Sachverständiger in zumindest annähernd zeitlichem und räumlichem Zusammenhang an einem Tag an mehreren Verhandlungen oder Ermittlungen teil, so ist bei der Bestimmung der Entschädigung für Zeitversäumnis die insgesamt versäumte Zeit auf die mehreren Fälle zu gleichen Teilen aufzuteilen. *(BGBl I 2021/202)*

(BGBl I 2001/98)

Erhöhung der Entschädigung für Zeitversäumnis
Aufteilung

§ 33. *(entfällt samt Überschrift, BGBl I 2021/202)*

Gebühr für Mühewaltung

§ 34. (1) Die Gebühr für Mühewaltung steht den Sachverständigen für die Aufnahme des Befundes und die Erstattung des Gutachtens zu und deckt alle damit im Zusammenhang entstandenen Kosten, soweit dafür nicht nach den Bestimmungen dieses Bundesgesetzes ein gesonderter Ersatz vorgesehen ist. Die Gebühr ist nach richterlichem Ermessen nach der aufgewendeten Zeit und Mühe und nach den Einkünften zu bestimmen, die oder der Sachverständige für eine gleiche oder ähnliche Tätigkeit im außergerichtlichen Erwerbsleben üblicherweise bezöge, mindestens aber mit 20 Euro für jede wenn auch nur begonnene Stunde.

(2) In Verfahren, in denen eine der zur Zahlung verpflichteten Parteien Verfahrenshilfe genießt oder die oder der Sachverständige nicht auf Zahlung der gesamten Gebühr aus Amtsgeldern verzichtet, sowie in Strafsachen, Arbeitsrechtssachen nach § 50 Abs. 2 ASGG, Sozialrechtssachen nach § 65 ASGG, in Insolvenzverfahren, in Verfahren außer Streitsachen mit Ausnahme des Verfahrens über das Erbrecht und insoweit, als in anderen Vorschriften auf die Bestimmungen dieses Bundesgesetzes verwiesen wird, ist die Gebühr für Mühewaltung nach den Tarifen dieses Bundesgesetzes zu bestimmen. Soweit es sich dabei um Leistungen handelt, die nicht nach Tarif zu entlohnen sind, ist bei der Bemessung der Gebühr nach Abs. 1 im Hinblick auf die öffentliche Aufgabe

SDG

der Rechtspflege zum Wohl der Allgemeinheit ein Abschlag von 20% vorzunehmen.

(3) Soweit nicht anderes nachgewiesen wird und vorbehaltlich des Abs. 4, gelten für die Einkünfte, die Sachverständige im außergerichtlichen Erwerbsleben für ihre Gutachtenstätigkeit üblicherweise beziehen, folgende Gebührenrahmen, innerhalb derer die Gebühr je nach der konkret erforderlichen Qualifikation der oder des beauftragten Sachverständigen, der Schwierigkeit des aufgetragenen Befundes oder Gutachtens und der Ausführlichkeit der notwendigen Begründung zu bestimmen ist:

1. für Tätigkeiten, die keine nach Z 2 oder 3 qualifizierten fachlichen Kenntnisse erfordern, eine Gebühr für Mühewaltung von 20 bis 60 Euro für jede, wenn auch nur begonnene Stunde;

2. für Tätigkeiten, die hohe fachliche Kenntnisse erfordern, welche durch den Abschluss einer berufsbildenden höheren Schule oder eine gleichwertige Berufsvorbildung vermittelt werden, eine Gebühr für Mühewaltung von 50 bis 100 Euro für jede, wenn auch nur begonnene Stunde;

3. für Tätigkeiten, die besonders hohe fachliche Kenntnisse erfordern, welche durch ein Universitätsstudium oder eine gleichwertige Vorbildung vermittelt werden, eine Gebühr für Mühewaltung von 80 bis 150 Euro für jede, wenn auch nur begonnene Stunde.

(4) Beziehen Sachverständige für gleiche oder ähnliche außergerichtliche Tätigkeiten Honorar nach einer gesetzlich vorgesehenen Gebührenordnung, so sind die darin enthaltenen Sätze als das anzusehen, was die Sachverständigen im außergerichtlichen Erwerbsleben üblicherweise beziehen, soweit nicht anderes nachgewiesen wird.

(5) Würde die Feststellung der für eine gleiche oder ähnliche außergerichtliche Tätigkeit von Sachverständigen üblicherweise bezogenen Einkünfte einen unverhältnismäßigen Verfahrensaufwand erfordern, so ist § 273 ZPO sinngemäß anzuwenden.

(BGBl I 2007/111)

Gebühr für die Teilnahme an einer Verhandlung

§ 35. (1) Für die Zeit der Teilnahme an einer Verhandlung, einem gerichtlichen Augenschein oder einer im Auftrag des Gerichtes durchgeführten Ermittlung hat der Sachverständige, soweit er für diese Zeit nicht eine Gebühr für Mühewaltung nach Abs. 2 oder § 34 geltend macht, Anspruch auf eine besondere Gebühr für Mühewaltung für jede, wenn auch nur begonnene Stunde, in der Höhe von 33,80 Euro, handelt es sich aber um eine Tätigkeit nach § 34 Abs. 3, in der Höhe von 22,70 Euro; fällt die Teilnahme in die Zeit von 20 Uhr bis 6 Uhr oder auf einen Samstag,

Sonntag oder gesetzlichen Feiertag, so erhöht sich die besondere Gebühr für Mühewaltung für jede, wenn auch nur begonnene Stunde auf 52,50 Euro, handelt es sich aber um eine Tätigkeit nach § 34 Abs. 3 Z 1, auf 37,40 Euro. *(BGBl II 2007/134; BGBl I 2007/111)*

(2) Ergänzt der Sachverständige das schriftlich erstattete Gutachten in der Verhandlung oder gibt er darüber wesentliche Aufklärungen oder Erläuterungen, so hat er Anspruch auf eine weitere Gebühr für Mühewaltung; sie ist in einem je nach der aufgewendeten Zeit und Mühe entsprechend niedrigeren Verhältnis zu der Gebühr für die Grundleistung nach richterlichem Ermessen zu bestimmen.

(BGBl I 2001/98)

Gebühr für Aktenstudium

§ 36. Für das Studium des ersten Aktenbandes gebührt dem Sachverständigen je nach Schwierigkeit und Umfang der Akten ein Betrag von 7,60 Euro bis 44,90 Euro, für das Studium jedes weiteren Aktenbandes jeweils bis zu 39,70 Euro mehr.

(BGBl I 2001/98; BGBl II 2007/134)

Höhere Gebühr

§ 37. (1) Für die im Auftrag des Gerichtes durchgeführte Überprüfung des gerichtlichen Gutachtens eines anderen Sachverständigen oder von einander widersprechenden gerichtlichen Gutachten mehrerer Sachverständiger ist der Sachverständige mit der doppelten Gebühr zu entlohnen, die für das überprüfte Gutachten, bei einander widersprechenden Gutachten für das höher zu vergebührende Gutachten, jeweils samt Befund, nach diesem Bundesgesetz vorgesehen ist, selbst wenn er keinen Befund aufnimmt.

(2) Verzichtet der Sachverständige auf die Zahlung der Gebühr aus den Amtsgeldern, so steht ihm in zivilrechtlichen Verfahren eine höhere als die vorgesehene Gebühr dann zu, wenn die Parteien einvernehmlich der Bestimmung der Gebühr in dieser Höhe zustimmen oder wenn die Parteien durch einen Rechtsanwalt oder Notar vertreten sind und innerhalb der sinngemäß § 39 Abs. 1 letzter Satz festgesetzten Frist gegen die vom Sachverständigen verzeichnete Gebühr keine Einwendungen erheben.

(BGBl 1994/623)

Geltendmachung der Gebühr

§ 38. (1) Der Sachverständige hat den Anspruch auf seine Gebühr binnen vier Wochen nach Abschluß seiner Tätigkeit bei sonstigem Verlust schriftlich oder mündlich, unter Aufgliederung der einzelnen Gebührenbestandteile, bei dem Gericht, vor dem die Beweisaufnahme stattgefunden hat oder stattfinden sollte, geltend zu machen. Er hat hierbei so viele andere Ausfertigungen eines schriftlichen Antrags vorzulegen, daß jeder der im § 40 Abs. 1 Z 1 bis 3 genannten Personen eine Ausfertigung zugestellt werden kann. Hierauf ist der Sachverständige in der Ladung aufmerksam zu machen. Schriftliche Anträge bedürfen nicht der Unterschrift eines Rechtsanwalts. *(BGBl I 2007/111; BGBl I 2021/202)*

(2) Der Sachverständige hat die Umstände, die für die Gebührenbestimmung bedeutsam sind, zu bescheinigen.

(3) Auf seine Ansprüche und die allfällige Notwendigkeit der Bescheinigung ist der Sachverständige in der Ladung aufmerksam zu machen.

(BGBl 1994/623)

Bestimmung der Gebühr

§ 39. (1) Die Gebühr ist von dem Gericht (dem Vorsitzenden) zu bestimmen, vor dem die Beweisaufnahme stattgefunden hat oder stattfinden sollte. Das Gericht (der Vorsitzende) hat auch über die Gewährung eines Vorschusses zu entscheiden. Vor der Gebührenbestimmung kann das Gericht (der Vorsitzende) den Sachverständigen auffordern, sich über Umstände, die für die Gebührenbestimmung bedeutsam sind, zu äußern und, unter Setzung einer bestimmten Frist, noch fehlende Bestätigungen über seine Kosten vorzulegen. *(BGBl I 2009/30)*

(1a) Den Parteien (§ 40 Abs. 1) ist Gelegenheit zur Äußerung zum Gebührenantrag zu geben. Wird die Äußerungsmöglichkeit schriftlich eingeräumt, so ist eine angemessene Frist von mindestens sieben, im Regelfall jedoch 14 Tagen festzusetzen. *(BGBl I 2009/30)*

(2) Die Gebührenbeträge sind kaufmännisch auf volle Euro zu runden. *(BGBl I 2021/202)*

(3) Werden gegen die antragsgemäße Bestimmung der Gebühr keine Einwendungen erhoben oder verzichten die nach Abs. 1a zu verständigenden Parteien auf Einwendungen, so kann das Gericht, wenn es keine Bedenken gegen die Höhe der Gebühren hegt,

1. ohne Beschlussfassung die Auszahlung der verzeichneten Gebühren anordnen; oder

2. bei Beschlussfassung in antragsgemäßer Höhe zur Begründung des Beschlusses auf den diesen Parteien zugestellten Gebührenantrag verweisen.

Soll eine Person zur endgültigen Tragung der nach Z 1 ausgezahlten Gebühren verpflichtet werden, die zuvor nicht gemäß Abs. 1a gehört wurde und Einwendungen gegen die Gebühren erhebt, so sind die Gebühren nachträglich beschlussmäßig zu bestimmen. *(BGBl I 2009/30)*

(4) Hat der Sachverständige seine Gebühr nach § 34 Abs. 1 geltend gemacht und wird nachträg-

lich hinsichtlich dieser Sachverständigengebühr die Verfahrenshilfe bewilligt, so wird der zuvor abgegebene Verzicht des Sachverständigen auf Zahlung seiner Gebühr aus Amtsgeldern unwirksam. Wurde bereits die Gebühr bestimmt und der Beschluß über die Verpflichtung zur Bezahlung dieser Gebühr nach § 42 Abs. 1 erster Satz gefaßt, so ist mit dem Beschluß über die Bewilligung einer Verfahrenshilfe auch auszusprechen, daß der Gebührenbestimmungsbeschluß und der nach § 42 Abs. 1 erster Satz gefaßte Beschluß aufgehoben werden. Der Sachverständige ist vom Gericht aufzufordern, binnen 14 Tagen seine Gebühr nach § 34 Abs. 2 geltend zu machen. Das Gericht hat dann erneut die Gebühr des Sachverständigen zu bestimmen. *(BGBl I 2007/111)*

(BGBl 1994/623; BGBl I 2001/98)

Zustellung

§ 40. (1) Der Beschluss, mit dem die Gebühr bestimmt wird, ist den Parteien zuzustellen. Parteien sind folgende Personen:

1. in Zivilsachen die Verfahrensparteien;

2. in Strafsachen die Anklagevertretung mit Ausnahme der Staatsanwaltschaft sowie jene Personen, gegen die sich das Verfahren richtet;

3. in Zivil- und Strafsachen die Revisorinnen und Revisoren, es sei denn,

a) die Gebühr kann zur Gänze aus einem bereits erlegten Vorschuss bezahlt werden, oder

b) die Sachverständigen haben nach § 34 Abs. 1 oder § 37 Abs. 2 wirksam auf Auszahlung aus Amtsgeldern verzichtet oder

c) der nach Abschluss der Tätigkeit verzeichnete Gebührenbetrag übersteigt nicht 300 Euro; *(BGBl I 2013/159)*

4. die Sachverständigen.
(BGBl I 2009/30)

(2) Der Beschluß über die Gewährung eines Vorschusses ist nur dem Sachverständigen zuzustellen.

Rechtsmittel

§ 41. (1) Gegen jeden Beschluß, mit dem eine Sachverständigengebühr bestimmt wird, können die im § 40 genannten Personen, die Revisorinnen und Revisoren aber nur dann, wenn der Betrag, dessen Aberkennung beantragt wird, 50 Euro übersteigt, binnen 14 Tagen nach der Zustellung dieses Beschlusses an sie in Zivilsachen den Rekurs, in Strafsachen die Beschwerde an den übergeordneten Gerichtshof erheben. Übersteigt die Gebühr, deren Zuspruch oder Aberkennung beantragt wird, 300 Euro, so ist die Rechtsmittelschrift oder eine Abschrift des sie ersetzenden Protokolls den in § 40 Abs. 1 genannten Personen zuzustellen. Diese Personen können binnen 14

SDG

Tagen nach Zustellung eine Rekurs-, beziehungsweise Beschwerdebeantwortung anbringen. *(BGBl I 2007/111; BGBl I 2009/52)*

(2) Gegen den Beschluß, mit dem ein Antrag des Sachverständigen auf Gewährung eines Vorschusses ganz oder teilweise abgewiesen worden ist, kann nur der Sachverständige das im Abs. 1 genannte Rechtsmittel erheben. Gegen die Gewährung eines Vorschusses ist ein Rechtsmittel nicht zulässig.

(3) Parteien, die nicht durch einen Rechtsanwalt vertreten oder verteidigt sind, können Rechtsmittel oder Rechtsmittelbeantwortungen auch mündlich zu Protokoll erklären; ihre schriftlichen Rechtsmittel oder Rechtsmittelbeantwortungen bedürfen nicht der Unterschrift eines Rechtsanwalts. Ein Kostenersatz findet nicht statt.

(BGBl 1994/623; BGBl I 1997/140; BGBl I 2001/98)

Zahlung
Rückzahlung

§ 42. (1) Bei der Bestimmung der Sachverständigengebühren nach § 34 Abs. 1 oder § 37 Abs. 2 hat das Gericht, soweit die Zahlung nicht aus einem erliegenden Kostenvorschuß erfolgen kann, unter sinngemäßer Anwendung des § 2 Abs. 1 GEG 1962, BGBl. Nr. 288, auszusprechen, welche Partei zur Bezahlung der Gebühren an den Sachverständigen verpflichtet ist. Gegen diesen Beschluß ist der Rekurs zulässig. Ersucht der Sachverständige um die Einhebung des durch einen erliegenden Kostenvorschuß nicht gedeckten Betrags, so ist dieser nach den für die Einbringung von gerichtlichen Gebühren und Kosten geltenden Vorschriften für den Sachverständigen einzubringen. In den Fällen des § 34 Abs. 2 erster Satz sind dem Sachverständigen die Gebühren, soweit die Zahlung nicht aus einem erliegenden Kostenvorschuß erfolgten kann, aus den Amtsgeldern des Gerichtes zu zahlen. Die Gebühr ist dem Sachverständigen – außer im Fall des § 39 Abs. 3 Z 1 – nach Eintritt der Rechtskraft des Beschlusses, mit dem sie bestimmt worden ist, kostenfrei zu zahlen. In den Fällen des § 34 Abs. 2 erster Satz kann der Sachverständige auch verlangen, daß ihm die Gebühr vor Eintritt der Rechtskraft dieses Beschlusses gezahlt wird. *(BGBl I 2009/30)*

(2) Wird die zunächst bestimmte Gebühr durch eine Rechtsmittelentscheidung erhöht, so ist der Mehrbetrag dem Sachverständigen kostenfrei nachzuzahlen.

(3) Wird die Gebühr vor ihrer rechtskräftigen Bestimmung gezahlt und durch einen nachträglichen Beschluss oder eine Rechtsmittelentscheidung herabgesetzt oder übersteigt der dem Sachverständigen gezahlte Vorschuß die rechtskräftig bestimmte Gebühr, so hat der Sachverständige den zuviel gezahlten Betrag zurückzuzahlen.

Hierzu ist er vom Gericht (vom Vorsitzenden) unter Setzung einer Frist von 14 Tagen aufzufordern. Bei nicht rechtzeitiger Zurückzahlung ist der Betrag vom Sachverständigen nach den für die Einbringung der gerichtlichen Gebühren und Kosten geltenden Vorschriften einzubringen. *(BGBl I 2009/30)*

(BGBl 1994/623)

TARIFE

Ärzte

§ 43. (1) Die Gebühr für Mühewaltung beträgt

1. für die Untersuchung samt Befund und Gutachten

a) bei einer einfachen körperlichen Untersuchung 30,30

b) bei einer einfachen körperlichen Untersuchung mit eingehender Begründung des Gutachtens oder Einbeziehung eines oder mehrerer Nebengutachten oder bei einer besonders zeitaufwendigen körperlichen Untersuchung oder bei einer neurologischen oder psychiatrischen Untersuchung 39,70

c) bei einer einfachen körperlichen Untersuchung mit besonders eingehender, sich mit widersprüchlichen Ergebnissen von Befundaufnahmen ausführlich auseinandersetzender oder besonders ausführlicher und außergewöhnliche Kenntnisse auf dem Fachgebiet des Sachverständigen voraussetzender Begründung des Gutachtens 59,10

d) bei einer besonders zeitaufwändigen körperlichen, neurologischen, psychiatrischen Untersuchung oder einer Untersuchung zur Beurteilung, ob eine psychisch kranke Person ohne Gefahr in anderer Weise als durch Unterbringung in einer psychiatrischen Abteilung oder durch strafrechtliche Unterbringung behandelt oder betreut werden kann, je mit eingehender Begründung des Gutachtens .... 116,20 Euro

(BGBl I 2007/111; BGBl I 2020/135)

e) bei einer besonders zeitaufwändigen körperlichen, neurologischen, psychiatrischen Untersuchung oder einer Untersuchung zur Beurteilung, ob eine psychisch kranke Person ohne Gefahr in anderer Weise als durch Unterbringung in einer psychiatrischen Abteilung oder durch strafrechtliche Unterbringung behandelt oder betreut werden kann, je mit besonders eingehender, sich mit widersprüchlichen Ergebnissen von Befundaufnahmen ausführlich auseinandersetzender oder besonders ausführlicher und außergewöhnliche Kenntnisse auf dem Fachgebiet des Sachverständigen voraussetzender Begründung des Gutachtens .... 195,40 Euro

(BGBl I 2007/111; BGBl I 2020/135)

f) *(entfällt, BGBl I 2007/111)*

2. für die Leichenöffnung (Untersuchung von Leichenresten oder -teilen) samt Befund und Gutachten

a) in einfachen Fällen 93,50

b) mit eingehender Begründung des Gutachtens 130,90

c) mit besonders eingehender, sich mit widersprüchlichen Ergebnissen von Befundaufnahmen ausführlich auseinandersetzender oder besonders ausführlicher und außergewöhnliche Kenntnisse auf dem Fachgebiet des Sachverständigen voraussetzender Begründung des Gutachtens 187,20

d) bei erschwerenden äußeren Umständen, wie etwa bei großer Kälte oder sonstigen widrigen Wetterverhältnissen, bei einer Veränderung der Leiche durch Fäulnis oder nach Enterdigung, das Eineinhalbfache der in den Buchstaben a bis c festgesetzten Gebühren

e) für die Nutzung von externen Untersuchungsräumlichkeiten (einschließlich Infrastruktur) 130
bei Veränderung der Leiche in den Fällen der lit. d 180

(BGBl I 2007/111)

3. für eine äußere Besichtigung einer Leiche oder einer unreifen menschlichen Frucht samt Befund und Gutachten 14,30

4. für eine Untersuchung von Werkzeugen, Kleidung und dergleichen mit oder ohne Handlupe samt Befund und Gutachten 14,30

5. a) für eine einfache chemische, mikroskopische oder spektroskopische Untersuchung von Harn, Haaren, Sekret oder Exkret und dergleichen samt Befund und Gutachten für jede Untersuchungsart 16,70

b) für eine histologische Untersuchung samt Befund und Gutachten für jedes Organ und jede Färbung 20,90

c) für eine histochemische oder neuropathologische Untersuchung samt Befund und Gutachten für jedes Schnittpräparat und jede Färbung 46,80

d) für eine makroskopische Untersuchung eines Operationspräparates samt Befund und Gutachten 37,40

e) für eine makroskopische Untersuchung eines Skeletteils einschließlich Präparation, Mazeration und Rekonstruktion samt Befund und Gutachten

aa) bis zu drei Bruchstücken 37,40

bb) für jedes weitere Bruchstück 4,00

6. für eine Untersuchung von Blutflecken samt Befund und Gutachten

a) auf Zugehörigkeit von Blut einer bestimmten Art

aa) bei Anwendung der Präzipitationsmethode nach Uhlenhut 26,90

bb) bei Anwendung der Präzipitationsmethode nach Ouchterlony 41,30

cc) sonst 14,50

b) auf Gruppenzugehörigkeit 37,40

c) auf Blutmerkmale für jedes Merkmal 41,30

7. für eine Blutentnahme

a) bei Kindern über drei Jahren und bei Erwachsenen sowie bei Leichen durch Punktion der Vene 8,40

b) bei Kindern unter drei Jahren 14,50

c) bei Leichen durch Öffnung einer großen Vene 20,90

d) bei Kindern und Erwachsenen für eine Untersuchung der in der Z 8 Buchstabe g genannten Merkmale 25,00

e) in der Zeit von 20 Uhr bis 6 Uhr das Doppelte der in den Buchstaben a bis c festgesetzten Gebühren

8. für eine Untersuchung von flüssigem Blut (auch Leichenblut) samt Befund und Gutachten

a) auf Zugehörigkeit zu Blut einer bestimmten Art 23,50

b) im System der Blutgruppen der roten Blutkörperchen

aa) zur Bestimmung der Blutgruppe 14,50

bb) zur Bestimmung der Blutuntergruppen A1 und A2 14,50

c) im System der Blutfaktoren der roten Blutkörperchen

aa) zur Bestimmung der Blutfaktoren für jedes Merkmal 14,50

bb) Absorptions-Elutions-Untersuchungen zur Differenzierung zwischen

SDG

Rein- und Mischerbigkeit für jede Untersuchung 41,30

d) im System der Enzymmerkmale zur Bestimmung jedes Merkmals 25,00

e) im System der Serumgruppen zur Bestimmung jedes Merkmals 25,00

f) zur Bestimmung der Ausscheidereigenschaften in Körperflüssigkeiten für jedes Merkmal 14,50

g) im System der Merkmale der weißen Blutkörperchen

aa) zur Bestimmung jedes Merkmals 25,00

bb) zur Gewinnung der weißen Blutkörperchen zur unmittelbaren Untersuchung oder Versendung 25,00

9. für eine bakteriologische Untersuchung samt Befund und Gutachten

a) für jeden Kultur- und Tierversuch 25,00

b) sonst 12,60

10. a) für jede virologische Untersuchung (z. B. Eikultur, Gewebekultur, Tierversuch) samt Befund und Gutachten 51,70

b) für jede Untersuchung nach Buchstabe a mit Blindpassagen oder Neutralisationsproben samt Befund und Gutachten 103,10

11. für eine Abnahme von Abdrucken zur Nämlichkeitssicherung für jeden Abdruck 9,60

12. für eine Röntgenuntersuchung samt Befund und Gutachten

a) bei Röntgenaufnahmen für jede Aufnahme 30,30

b) bei Durchleuchtung 19,00

c) bei Verwendung eines Kontrastmittels das Eineinhalbfache der in den Buchstaben a und b festgesetzten Gebühren

13. für eine biostatische Berechnung der Vaterschaftsausschlußmöglichkeit oder der Vaterschaftswahrscheinlichkeit .... 46,80 .

(BGBl II 2007/134)

(1a) Mit Ausnahme von Arbeitsrechtssachen nach § 50 Abs. 2 ASGG und Sozialrechtssachen nach § 65 ASGG kann anstelle der in Abs. 1 Z 1 Buchstaben d und e festgesetzten Gebühren die Gebühr für Mühewaltung bei einer besonders zeitaufwändigen psychiatrischen Untersuchung samt Befund und Gutachten oder einer Untersuchung samt Befund und Gutachten zur Beurteilung, ob eine psychisch kranke Person ohne Gefahr in anderer Weise als durch Unterbringung in einer psychiatrischen Abteilung oder durch strafrechtliche Unterbringung behandelt oder betreut werden kann, nach der für die Untersuchung samt Befund und Gutachten aufgewendeten Zeit angesprochen werden, wobei die Gebühr für jede, wenn auch nur begonnene Stunde 110 € beträgt. *(BGBl I 2020/135)*

(2) Soweit sich dies nicht bereits aus dem Abs. 1 ergibt, hat der Sachverständige für die Untersuchung mehrerer Personen oder Gegenstände Anspruch je auf die volle Gebühr.

(BGBl 1994/623; BGBl I 2001/98)

Anthropologen

§ 44. Die Gebühr für Mühewaltung für die Untersuchung samt Befund und Gutachten beträgt für jede untersuchte Person

1. für eine morphologische Untersuchung 88,10

2. für eine mikroskopische Haaruntersuchung 19,00

3. für eine Geschmacksprüfung 17,00

4. für eine Untersuchung der Gaumenfalten 37,40

5. für eine Untersuchung der Wirbelsäule 86,30

6. für eine Untersuchung der Nebenhöhlen 86,30

7. für eine Abnahme und Auswertung von Abdrücken zu daktyloskopischen Zwecken je Abdruck 15,20

8. für eine biostatische Berechnung der Vaterschaftsausschlußmöglichkeit oder der Vaterschaftswahrscheinlichkeit .... 46,80 .

(BGBl I 2001/98; BGBl II 2007/134)

Dentisten

§ 45. Die Gebühr für Mühewaltung beträgt für Befund und Gutachten

1. über eine Untersuchung im Mund

a) in einfachen Fällen 15,20

b) mit eingehender Begründung des Gutachtens 30,30

c) nach Abnahme von Kronen, Brücken und dergleichen 51,00

2. über eine Untersuchung technischer Arbeiten außerhalb des Mundes

a) in einfachen Fällen 11,60

b) mit eingehender Begründung des Gutachtens und nach Untersuchung von Materialproben 39,70

3. über Materialien und deren Verarbeitung .... 52,50 .

(BGBl I 2001/98; BGBl II 2007/134)

Tierärzte

§ **46.** (1) Die Gebühr für Mühewaltung beträgt

1. für eine körperliche Untersuchung samt Befund und Gutachten

a) eines Großtiers (z. B. Rind, Pferd, Maulesel, Maultier, je über ein Jahr)

aa) in einfachen Fällen 30,30

bb) mit eingehender Begründung des Gutachtens oder Einbeziehung eines oder mehrerer Nebengutachten 39,70

cc) mit besonders eingehender, sich mit widersprüchlichen Ergebnissen von Befundaufnahmen ausführlich auseinandersetzender oder besonders ausführlicher und außergewöhnliche Kenntnisse auf dem Fachgebiet des Sachverständigen voraussetzender Begründung des Gutachtens 59,10

b) eines mittleren Tieres (z. B. Rind, Pferd, Maulesel, Maultier, je unter einem Jahr, Schwein, Schaf, Ziege) in einfachen Fällen 16,00

c) eines Kleintieres (z. B. Hund, Katze, Huhn, Pute, Gans, Ente) in einfachen Fällen 14,30

2. für eine Massentieruntersuchung einschließlich der Berücksichtigung der Umweltbedingungen samt Befund und Gutachten

a) je Großtier oder mittleres Tier mit Ausnahme der unter dem Buchstaben b angeführten Tiere in einfachen Fällen 15,20

b) bei Schweinen, Schafen oder Ziegen in einfachen Fällen bei einem Bestand von

50 bis 100 Stück insgesamt 280,40

101 bis 250 Stück insgesamt 486,00

251 bis 1000 Stück insgesamt 822,40

mehr als 1000 Stück insgesamt die zuletzt genannte Gebühr mit einem Zuschlag von 93,50 Euro für jedes weitere angefangene Tausend

c) bei Geflügel (Huhn, Pute, Gans, Ente und dergleichen) in einfachen Fällen bei einem Bestand von

100 bis 200 Stück insgesamt 93,50

201 bis 1000 Stück insgesamt 130,90

1001 bis 10 000 Stück insgesamt die zuletzt genannte Gebühr mit einem Zuschlag von 46,80 Euro für jedes weitere angefangene Tausend; von mehr als 10 000 Stück mit einem Zuschlag von 33,80 Euro für jedes darüberliegende weitere angefangene Tausend

3. in den Fällen der Z 1 Buchstaben b und c und Z 2

a) bei einer eingehenden Begründung des Gutachtens das Eineinhalbfache,

b) bei einer besonders eingehenden, sich mit widersprüchlichen Ergebnissen von Befundaufnahmen ausführlich auseinandersetzenden oder besonders ausführlichen und außergewöhnliche Kenntnisse auf dem Fachgebiet des Sachverständigen voraussetzenden Begründung des Gutachtens das Doppelte der dort festgesetzten Gebühren

4. für eine Leichenöffnung (Untersuchung von Leichenresten oder -teilen) samt Befund und Gutachten

a) bei einem Großtier

aa) in einfachen Fällen 93,50

bb) mit eingehender Begründung des Gutachtens 130,90

cc) mit besonders eingehender, sich mit widersprüchlichen Ergebnissen von Befundaufnahmen ausführlich auseinandersetzender oder besonders ausführlicher und außergewöhnliche Kenntnisse auf dem Fachgebiet des Sachverständigen voraussetzender Begründung des Gutachtens 187,00

dd) bei erschwerenden äußeren Umständen, wie etwa bei großer Kälte oder sonstigen widrigen Wetterverhältnissen, bei einer Veränderung der Leiche durch Fäulnis oder nach Ausgrabung, das Eineinhalbfache der in den Doppelbuchstaben aa bis cc festgesetzten Gebühren

b) bei einem mittleren Tier

aa) in einfachen Fällen 46,80

bb) mit eingehender Begründung des Gutachtens 65,50

cc) mit besonders eingehender, sich mit widersprüchlichen Ergebnissen von Befundaufnahmen ausführlich auseinandersetzender oder besonders ausführlicher und außergewöhnliche Kenntnisse auf dem Fachgebiet des Sachverständigen voraussetzender Begründung des Gutachtens 93,50

dd) bei erschwerenden äußeren Umständen, wie etwa bei großer Kälte oder

SDG

sonstigen widrigen Wetterverhältnissen, bei einer Veränderung der Leiche durch Fäulnis oder nach Ausgrabung, das Eineinhalbfache der in den Doppelbuchstaben aa bis cc festgesetzten Gebühren

c) bei einem Kleintier mit Ausnahme von Geflügel

aa) in einfachen Fällen 19,00

bb) mit eingehender Begründung des Gutachtens 46,80

cc) mit besonders eingehender, sich mit widersprüchlichen Ergebnissen von Befundaufnahmen ausführlich auseinandersetzender oder besonders ausführlicher und außergewöhnliche Kenntnisse auf dem Fachgebiet des Sachverständigen voraussetzender Begründung des Gutachtens 74,90

dd) bei erschwerenden äußeren Umständen, wie etwa bei großer Kälte oder sonstigen widrigen Wetterverhältnissen, bei einer Veränderung der Leiche durch Fäulnis oder nach Ausgrabung, das Eineinhalbfache der in den Doppelbuchstaben aa bis cc festgesetzten Gebühren

d) bei Geflügel (Huhn, Pute, Gans, Ente und dergleichen)

aa) in einfachen Fällen 19,00

bb) mit eingehender Begründung des Gutachtens 28,20

cc) mit besonders eingehender, sich mit widersprüchlichen Ergebnissen von Befundaufnahmen ausführlich auseinandersetzender oder besonders ausführlicher und außergewöhnliche Kenntnisse auf dem Fachgebiet des Sachverständigen voraussetzender Begründung des Gutachtens 46,80

dd) bei erschwerenden äußeren Umständen, wie etwa bei großer Kälte oder sonstigen widrigen Wetterverhältnissen, bei einer Veränderung der Leiche durch Fäulnis oder nach Ausgrabung, das Eineinhalbfache der in den Doppelbuchstaben aa bis cc festgesetzten Gebühren

5. für eine äußere Besichtigung einer Leiche oder einer unreifen tierischen Frucht samt Befund und Gutachten 14,30

6. a) für eine einfache chemische, mikroskopische oder spektroskopische Untersuchung (von Harn, Haaren, Sekret oder Exkret und dergleichen) samt Befund und Gutachten für jede Untersuchungsart) 16,70

b) für eine histologische Untersuchung samt Befund und Gutachten für jedes Organ und jede Färbung 20,90

c) für eine histochemische oder neuropathologische Untersuchung samt Befund und Gutachten für jedes Schnittpräparat und jede Färbung 46,80

7. für eine Untersuchung von Blutflecken auf Zugehörigkeit zu Blut einer bestimmten Art samt Befund und Gutachten

a) bei Anwendung der Präzipitationsmethode nach Uhlenhut 26,90

b) bei Anwendung der Präzipitationsmethode nach Ouchterlony 41,30

c) sonst 14,50

8. für eine Blutentnahme 14,50

9. für eine Untersuchung von flüssigem Blut (auch Leichenblut) samt Befund und Gutachten

a) zur Bestimmung der Blutgruppe 14,50

b) zur Bestimmung der Serumgruppe 25,00

c) zur Bestimmung jedes Enzymmerkmals 25,00

10. für eine bakteriologische Untersuchung samt Befund und Gutachten

a) für jeden Kultur- oder Tierversuch 25,00

b) für jede Serumagglutination 6,60

c) sonst 12,60

11. a) für eine virologische Untersuchung (z. B. Eikultur, Gewebekultur, Tierversuch) samt Befund und Gutachten 51,70

b) für eine Untersuchung nach Buchstabe a mit Blindpassagen oder Neutralisationsproben samt Befund und Gutachten 103,10

12. für eine Röntgenuntersuchung samt Befund und Gutachten

a) bei Röntgenaufnahme für jede Aufnahme

aa) bei einem Großtier 50,70

bb) sonst 30,30

b) bei Durchleuchtung 19,00

c) bei Verwendung eines Kontrastmittels das Eineinhalbfache der in den Buchstaben a und b festgesetzten Gebühren

13. für eine Untersuchung von Lebensmitteln tierischer Herkunft samt Befund und Gutachten

a) bei sensorischer Untersuchung
.... 14,30

b) bei einfacher qualitativer Bestimmung einzelner Bestandteile (Stärke, Ammoniak sowie Bestimmung des pH-Wertes und dergleichen) je 6,60

c) bei histologischer Untersuchung (zehn Präparate) 82,20

d) bei bakteriologischer Untersuchung

aa) bei Bestimmung der aeroben Gesamtkeimzahl 9,60

bb) bei Isolierung einzelner Keimgruppen und Bestimmung deren Anzahl
.... 14,30

e) bei serologischer Untersuchung auf Eiweißart 14,30

f) bei serologischer Bestimmung der Art- und Gruppenzugehörigkeit von Bakterien 14,30

g) bei Bestimmung biochemischer Eigenschaften von Bakterien 14,30

h) bei biologischem Nachweis von Hemmstoffen (Antibiotika, Konservierungsmittel und dergleichen) 9,60

i) bei Nachweis von Hormonen oder hormonal wirksamen Substanzen (z. B. Östrogene, Thyreostatika) im Tierversuch .... 46,80 .

(BGBl II 2007/134)

(2) Soweit sich dies nicht bereits aus dem Abs. 1 ergibt, hat der Sachverständige für die Untersuchung mehrerer Tiere oder Gegenstände, ausgenommen für die Massentieruntersuchung in den Fällen der Z 2 Buchstaben b und c, Anspruch ist auf die volle Gebühr.

(BGBl 1994/623; BGBl I 2001/98)

Sachverständige für chemische Untersuchungen

§ 47. (1) Die Gebühr für Mühewaltung für chemische Untersuchungen, soweit sie nicht von anderen Tarifposten erfaßt sind, samt Befund und Gutachten beträgt

1. für eine Untersuchung von Leichenteilen

a) auf flüchtige Gifte (z. B. Äthylalkohol und dergleichen) 48,90

b) auf Metallgifte (z. B. Blei und dergleichen) 73,10

c) auf Pflanzengifte oder synthetische Arzneistoffe (z. B. Strychnin, Barbiturate und dergleichen) 88,10

2. für eine Untersuchung von Blut (auch Leichenblut), Erbrochenem, Mageninhalt, Stuhl, Harn, Graberde, Sarg-

holz, von festen Speisen, Flüssigkeiten oder Genußmitteln

a) auf flüchtige Gifte 30,30

b) auf Metallgifte 43,30

c) auf Pflanzengifte oder synthetische Arzneistoffe 58,30

3. für eine Untersuchung von Arznei, Drogen, Toilettenartikeln, technischen Erzeugnissen, Kleidern, Wäsche oder Geräten 58,30

4. für eine Untersuchung von einfachen Körpern (z. B. Sublimat, Zyankali, Arsenik, Phosphor, Kochsalz, Kalomel, Calciumcarbonat, Bariumcarbonat) oder deren Lösungen 30,30

5. für eine Untersuchung von Gemischen einfacher Körper oder deren Lösungen, soweit sie nicht unter eine andere Zahl fallen 58,30

6. a) für eine einfache mikroskopische, spektroskopische oder chemische Untersuchung 16,70

b) für eine aufwendige chemische Untersuchung mit physikalisch-chemischen Verfahren, wie z. B. Dünnschicht-Gaschromatographie, Spektralanalysen (Emission, Absorption), Röntgenfluoreszenz 32,10

(BGBl II 2007/134)

(2) Dem Sachverständigen gebührt in den Fällen des Abs. 1 Z 1 bis 5 für jedes quantitativ ermittelte Gift ein Zuschlag in der Höhe der halben Gebühr. Müssen verschiedene Organgruppen oder Organteile getrennt untersucht werden, und ist die Notwendigkeit der getrennten Untersuchung wissenschaftlich nachgewiesen, so gebührt für jede getrennte Untersuchung die volle Gebühr; das gleiche gilt, wenn ein Gegenstand der Reihe nach auf verschiedene Gruppen von Giften untersucht werden muß.

(3) Der Abs. 1 ist auf pharmakologische und pharmakognostische Untersuchungen nicht anzuwenden.

(BGBl I 2001/98)

Sachverständige für das Kraftfahrwesen

§ 48. Die Gebühr für Mühewaltung beträgt für Befund und Gutachten

1. über den Allgemeinzustand oder die Betriebs- oder Verkehrssicherheit eines

a) Kraftrades 28,20

b) Personen- oder Kombinationskraftwagens 46,80

c) Lastkraftwagens oder einer Zugmaschine 74,90

SDG

d) Omnibusses, Sattel- oder Gelenkfahrzeuges 103,10

e) Anhängers, sofern er nicht unter Buchstabe f fällt 46,80

f) Fahrzeugs besonderer Art, wie eines Fahrzeuges, das zur Beförderung gefährlicher Güter bestimmt ist (besonders eines solchen Tankfahrzeuges), einer selbstfahrenden Arbeitsmaschine, Anhängerarbeitsmaschine oder eines Sonderkraftfahrzeugs 112,30

g) Fahrzeugbestandteils oder -zubehörs 19,00

2. über das Ausmaß und die Höhe eines Schadens an einem unter der Z 1 genannten Fahrzeug, Bestandteil oder Zubehör die dort genannte Gebühr mit einem Zuschlag von 9,60

3. über den Wert eines Fahrzeugs, Bestandteils oder Zubehörs, die Kosten oder die Beschaffenheit einer durchgeführten Instandsetzung bei einem Wert bzw. einem Kostenbetrag

		bis	730	....	56,20
über	730	bis	3 630	....	84,10
über	3 630	bis	7 270	....	112,30
über	7 270	bis	21 800	....	140,30
über	21 800	bis	36 340	....	168,40
über	36 340	bis	72 670	....	224,40
über	72 670			....	280,40

4. über die Wertminderung eines Kraftfahrzeugs, Bestandteils oder Zubehörs 46,80

5. über die technischen Ursachen und den Hergang eines Verkehrsunfalls bei Beteiligung

a) eines Verkehrsteilnehmers 46,80

b) zweier Verkehrsteilnehmer 93,50

c) dreier oder mehrerer Verkehrsteilnehmer 112,30

d) bei besonders schwieriger Darstellung der technischen Ursachen oder des Unfallhergangs oder bei besonders eingehender, sich mit widersprüchlichen Ergebnissen von Befundaufnahmen ausführlich auseinandersetzender oder besonders ausführlicher und außergewöhnliche Kenntnisse auf dem Fachgebiet des Sachverständigen voraussetzender Begründung des Gutachtens, so bei einer besonderen Berechnung der Geschwindigkeit aus der Art und Stärke des Schadens, das Doppelte der in den Buchstaben a bis c festgesetzten Gebühren.

(BGBl 1994/623; BGBl I 2001/98; BGBl II 2007/134)

Gemeinsame Bestimmungen zu den §§ 43 bis 48

§ 49. (1) Wird von einem in den §§ 43 bis 48 erfaßten Sachverständigen eine Leistung erbracht, die in diesen Bestimmungen nicht angeführt ist, aber wegen ihrer Ähnlichkeit mit den dort angeführten Leistungen ihnen gleichgehalten werden kann, so ist sie mit der für die nächstähnliche Leistung vorgesehenen Gebühr zu entlohnen.

(2) Die §§ 43 bis 48 und der Abs. 1 gelten nicht, wenn es sich um eine wissenschaftliche Leistung handelt. In diesem Fall ist die Bestimmung der Gebühr in der vollen Höhe der außergerichtlichen Einkünfte (§ 34 Abs. 1) zulässig.

(3) Stammen in den Fällen des § 43 bis 48 Befund und Gutachten von verschiedenen Sachverständigen, so gebühren

1. dem Sachverständigen, der den Befund aufgenommen hat, drei Viertel;

2. dem Sachverständigen, der das Gutachten abgegeben hat,

a) wenn eine eingehende wissenschaftliche Begründung notwendig ist, drei Viertel,

b) sonst die Hälfte der für Befund und Gutachten festgesetzten Gesamtgebühr.

(BGBl 1994/623)

§ 50. *(aufgehoben, BGBl 1994/623)*

Sachverständige für die Schätzungen von Häusern und Baugründen

§ 51. (1) Die Gebühr für Mühewaltung für Befund und Gutachten über die Schätzung von Häusern und Baugründen beträgt

1. für Hausschätzungen
bei einem Wert einschließlich des Wertes des bebauten Grundstücks

		bis 36 340	....	415,40
über 36 340		bis 72 670	....	728,90
über 72 670		für angefangene		
weitere 36 340	um	....	121,70	
mehr;				

2. für Baugrundschätzungen
bei einem Wert

		bis 5 090	....	111,90
über 5 090		bis 7 270	....	146,10
über 7 270	für je angefangene			

weitere 3 630 um .... 22,70 mehr;

(2) Für die Schätzung von Hausanteilen oder Baugrundanteilen, die im Verhältnis zum Ganzen bestimmt sind (§ 10 GBG 1955), ist die Gebühr nach deren Schätzwert mit einem Zuschlag von 50 vH zu bemessen. Werden mehrere Anteile eines Hauses oder Baugrundes geschätzt, so darf die Gebühr für Mühewaltung nicht höher sein, als sie es bei der Schätzung der gesamten Liegenschaft wäre.

(3) Für die Schätzung einer im Wohnungseigentum stehenden Wohnung oder eines solchen Geschäftsraums ist die Gebühr nach deren oder dessen Schätzwert mit einem Zuschlag von 50 vH zu bemessen. Werden mehrere im Wohnungseigentum stehende Wohnungen oder Geschäftsräume einer Liegenschaft geschätzt, so darf die Gebühr für Mühewaltung nicht höher sein, als sie es bei der Schätzung der gesamten Liegenschaft wäre.

(BGBl I 2001/98; BGBl I 2004/1; BGBl I 2004/58; BGBl I 2004/71; BGBl II 2007/134)

Besonderheiten im Ermittlungsverfahren der Staatsanwaltschaft (§ 103 Abs. 2 StPO)

§ 52. (1) Die Bestimmungen des III. Abschnitts sind auf von der Staatsanwaltschaft gemäß § 126 Abs. 3 StPO bestellte Sachverständige mit der Maßgabe anzuwenden, dass an Stelle des Gerichts außer in Ansehung des Gebührenbestimmungsverfahrens die Staatsanwaltschaft tritt, vor der die Beweisaufnahme stattgefunden hat.

(2) Die Staatsanwaltschaft hat der Revisorin oder dem Revisor, wenn der nach Abschluss der Tätigkeit verzeichnete Gebührenbetrag 300 Euro überschreitet, sowie jenen Personen, gegen die sich das Verfahren richtet, Gelegenheit zur Äußerung zum Gebührenantrag zu geben; § 39 Abs. 1a gilt sinngemäß. Davor kann die Staatsanwaltschaft die Sachverständigen auffordern, sich über Umstände, die zur Prüfung des Gebührenanspruchs maßgeblich sind, zu äußern und innerhalb einer bestimmten Frist noch fehlende Bestätigungen über ihren Aufwand vorzulegen. *(BGBl I 2009/30; BGBl I 2013/159)*

(3) Werden innerhalb der Frist keine Einwendungen erhoben oder verzichten die in Abs. 2 genannten Personen auf Einwendungen, und hegt die Staatsanwaltschaft selbst keine Bedenken gegen die Höhe der Gebühren, ordnet sie die Auszahlung der verzeichneten Gebühren aus Amtsgeldern an. Andernfalls stellt sie bei dem für das Ermittlungsverfahren zuständigen Gericht den Antrag auf Bestimmung der Gebühr (§§ 39 ff; § 101 StPO). Das Gericht kann von einer neuerlichen Zustellung des Gebührenantrags an die in Abs. 2 genannten Personen absehen.

(4) Auf Antrag kann die Staatsanwaltschaft einen angemessenen Vorschuss auszahlen.

(BGBl I 2007/111)

IV. ABSCHNITT
Dolmetscher

Umfang. Geltendmachung und Bestimmung der Gebühr

§ 53. (1) Für den Umfang, die Geltendmachung und die Bestimmung der Gebühr der Dolmetscherinnen und Dolmetscher gelten die §§ 24 bis 30, 31 Abs. 1 Z 6, Abs. 1a und Abs. 2, 32, 34, 36, 37 Abs. 2, 38 bis 42 und 52 mit folgenden Besonderheiten sinngemäß: *(BGBl I 2021/202)*

1. soweit nicht anderes nachgewiesen wird (§ 34 Abs. 1), sind anstelle der in § 34 Abs. 3 Z 1 bis 3 für die dortigen Zwecke vorgesehenen Gebührenrahmen die Einkünfte, die Dolmetscherinnen und Dolmetscher im außergerichtlichen Erwerbsleben für ihre Tätigkeit üblicherweise beziehen, nach richterlichem Ermessen

a) bei schriftlicher Übersetzung innerhalb eines Gebührenrahmens von 1,50 Euro bis 2,10 Euro je Zeile, wobei als Zeile 55 Anschläge (einschließlich Leerzeichen) der Übersetzung gelten, und

b) bei der Zuziehung zu einer Vernehmung oder gerichtlichen Verhandlung für jede, wenn auch nur begonnene Stunde innerhalb eines Gebührenrahmens von 50 Euro bis 150 Euro zu bestimmen, dies nach der aufgewendeten Zeit und Mühe und unter Bedachtnahme auf die Schwierigkeit der beauftragten Tätigkeit und der konkret erforderlichen Qualifikation; *(BGBl I 2021/202)*

2. § 38 Abs. 1 ist mit der Maßgabe anzuwenden, dass die Gebühr für die Tätigkeit an einem Verhandlungs- oder Vernehmungstag jeweils an dessen Ende geltend gemacht werden kann; über den Gebührenanspruch ist möglichst zeitnah zu entscheiden; *(BGBl I 2019/44; BGBl I 2021/202)*

3. § 31 Abs. 1a ist mit der Maßgabe anzuwenden, dass sich die danach vorgesehenen Gebührenbeträge im Fall der Übermittlung einer vom Dolmetscher auftragsgemäß angefertigten beglaubigten Übersetzung im Weg des elektronischen Rechtsverkehrs um jeweils 3 Euro erhöhen. *(BGBl I 2019/44)*
(BGBl I 2009/30)

(2) Unter dem Dolmetscher im Sinn dieses Bundesgesetzes ist auch der Übersetzer zu verstehen.

Gebühr für Mühewaltung

§ 54. (1) Die Gebühr der Dolmetscherinnen und Dolmetscher beträgt

SDG

1. a) bei schriftlicher Übersetzung .... 1,50 Euro je Zeile, wobei als Zeile 55 Anschläge (einschließlich Leerzeichen) der Übersetzung gelten; für eine oder mehrere Übersetzungen aufgrund desselben Auftrags besteht dabei Anspruch auf eine Gebühr im Gesamtbetrag von zumindest 20 Euro;

b) für eine gesetzmäßige Beurkundung der genauen Übereinstimmung einer schriftlichen Übersetzung mit der Urschrift .... 4 Euro;

2. für die Zuziehung zu einer Vernehmung oder gerichtlichen Verhandlung

a) für die erste, wenn auch nur begonnene halbe Stunde .... 40 Euro;

b) für die zweite, wenn auch nur begonnene halbe Stunde .... 30 Euro;

c) für jede weitere, wenn auch nur begonnene halbe Stunde .... 25 Euro;

übersetzt eine Dolmetscherin oder ein Dolmetscher während einer Vernehmung oder gerichtlichen Verhandlung ein Schriftstück, das im Rahmen derselben Vernehmung oder gerichtlichen Verhandlung angefertigt wurde (Rückübersetzung), so gebührt ihr oder ihm dafür ein zusätzlicher Betrag von 12 Euro.

(2) Wird eine allgemein beeidete und gerichtlich zertifizierte Dolmetscherin oder ein allgemein beeideter und gerichtlich zertifizierter Dolmetscher in einem gerichtlichen Verfahren oder einem Ermittlungsverfahren der Staatsanwaltschaft (§ 103 Abs. 2 StPO) zu einer Vernehmung oder gerichtlichen Verhandlung zugezogen, so gebührt ihr oder ihm ab der zweiten, wenn auch nur begonnenen halben Stunde ein Zuschlag von 25 vH zu den in Abs. 1 Z 2 lit. b und c angeführten Gebühren; davon ausgenommen ist die zusätzliche Gebühr für Rückübersetzung nach Abs. 1 Z 2 letzter Halbsatz.

(3) Hat eine Tätigkeit nach Abs. 1 oder 2 über Anordnung in der Zeit von 20 Uhr bis 6 Uhr oder an einem Samstag, Sonntag oder gesetzlichen Feiertag zu erfolgen, so erhöhen sich die in Abs. 1 und Abs. 2 angeführten Gebühren um 30 vH, dies ausgenommen die zusätzliche Gebühr für Rückübersetzung nach Abs. 1 Z 2 letzter Halbsatz.

(4) Wird eine Dolmetscherin oder ein Dolmetscher außerhalb einer Vernehmung oder gerichtlichen Verhandlung mit der Überprüfung von Schriftstücken, von Aufzeichnungen der Überwachung von Nachrichten oder von vergleichbaren Unterlagen beauftragt, ohne dass insoweit eine schriftliche Übersetzung anzufertigen ist, so beträgt die Gebühr 25 Euro für jede, wenn auch nur begonnene halbe Stunde.

(5) Ist zur Vorbereitung für die Zuziehung zu einer Vernehmung oder gerichtlichen Verhandlung das Studium von Akten auf Anordnung des Gerichts oder der Staatsanwaltschaft erforderlich,

so haben die Dolmetscherinnen und Dolmetscher Anspruch auf die Gebühr nach § 36.

(BGBl I 2007/111; BGBl I 2021/202)

V. ABSCHNITT
Geschworene und Schöffen

Umfang der Gebühr

§ 55. (1) Die Geschworenen und Schöffen haben Anspruch auf Ersatz der Reise- und Aufenthaltskosten sowie auf Entschädigung für Zeitversäumnis entsprechend den für Zeugen geltenden Bestimmungen, wobei sich der im § 18 Abs. 1 Z 1 genannte Betrag um die Hälfte erhöht.

(2) Einem Arbeitnehmer gebührt, falls ihm Lohn oder Gehalt entgeht, als Entschädigung für Zeitversäumnis auch der auf den Arbeitgeber und den Arbeitnehmer für diese Zeit entfallende Betrag zur Sozialversicherung und Arbeitslosenversicherung. Der Arbeitgeber hat die Höhe dieser Beträge zu bescheinigen. Der Arbeitnehmer hat diese Beträge dem Arbeitgeber abzuführen.

(BGBl 1994/623)

Begriffsbestimmung

§ 56. Wo dieses Bundesgesetz von der Vernehmung der Zeugen oder von der Beweisaufnahme spricht, tritt an die Stelle dieser Begriffe die Teilnahme der Geschworenen oder Schöffen an der Hauptverhandlung oder Sitzung.

(BGBl 1994/623)

Pflichtenverletzung

§ 57. Kommen Geschworene oder Schöffen ihren Pflichten nicht nach, so haben sie keinen Anspruch auf eine Gebühr.

(BGBl 1994/623)

Rechtsmittel

§ 58. Gegen die Bestimmung der Gebühr kann nur der Geschworene oder Schöffe die Beschwerde an das Bundesverwaltungsgericht erheben. *(BGBl I 2014/40)*

(BGBl 1994/623)

VI. ABSCHNITT

§§ 59 bis 63. *(aufgehoben, BGBl 1994/623)*

VII. ABSCHNITT
Festsetzung von Zuschlägen

§ 64. Der Bundesminister für Justiz wird ermächtigt, im Einvernehmen mit dem Bundesminister für Finanzen durch Verordnung zu den in diesem Bundesgesetz angeführten festen Beträgen einen Zuschlag festzusetzen, soweit dies notwendig ist, um diese Beträge den geänderten wirtschaftlichen Verhältnissen anzupassen. Die sich hiernach ergebenden Gebühren sind in der Verordnung festzustellen; die Beträge sind kaufmännisch auf volle 10 Cent zu runden. *(BGBl I 2010/111)*

(BGBl I 2001/98)

VIII. ABSCHNITT

Schlußbestimmungen

Inkrafttreten
Außerkrafttreten

§ 65. (1) Dieses Bundesgesetz tritt mit dem 1. Mai 1975 in Kraft.

(2) Mit dem Inkrafttreten dieses Bundesgesetzes tritt, vorbehaltlich des § 68, das Gebührenanspruchsgesetz 1965, BGBl. Nr. 179, in der Fassung der Bundesgesetze BGBl. Nr. 262/1966 und 110/1971 sowie der Kundmachung BGBl. Nr. 124/1966 außer Kraft.

Anwendung im Strafverfahren

§ 66. Dieses Bundesgesetz ist auf schriftliche Auskünfte, Befunde und Gutachten von Behörden (Ämtern und Anstalten) an Strafgerichte nicht anzuwenden.

Fristen

§ 67. In die in diesem Bundesgesetz genannten Fristen sind die Tage des Postlaufs nicht einzurechnen, soweit sich dies nicht schon aus anderen Vorschriften ergibt.

Verweisung in anderen Rechtsvorschriften

§ 68. Soweit in anderen Rechtsvorschriften auf Bestimmungen des Gebührenanspruchsgesetzes 1965 verwiesen wird, die durch dieses Bundesgesetz aufgehoben werden, erhält die Verweisung ihren Inhalt aus den entsprechenden Bestimmungen dieses Bundesgesetzes.

(BGBl 1994/623)

Übergangsbestimmung

§ 69. Dieses Bundesgesetz ist auf alle Gebühren für eine Tätigkeit anzuwenden, die nach seinem Inkrafttreten beendet worden ist.

Inkrafttreten und Übergangsbestimmungen ab 1. Juli 2019

§ 69a. (1) § 20 Abs. 1, § 31 Abs. 1 Z 3 und Abs. 1a sowie § 53 Abs. 1 Z 2 und 3 in der Fassung des Bundesgesetzes BGBl. I Nr. 44/2019 treten mit 1. Juli 2019 in Kraft.

(2) § 31 Abs. 1 Z 3 in der Fassung des Bundesgesetzes BGBl. I Nr. 44/2019 ist auf Gebühren für eine Tätigkeit anzuwenden, die nach dem 30. Juni 2019 beendet worden ist. § 31 Abs. 1a und § 53 Abs. 1 Z 3 in der Fassung des Bundesgesetzes BGBl. I Nr. 44/2019 sind auf Übermittlungen anzuwenden, die nach dem 30. Juni 2019 erfolgen.

(3) § 43 Abs. 1 Z 1 lit. d und e und Abs. 1a in der Fassung des Bundesgesetzes BGBl. I Nr. 135/2020 tritt mit 1. Jänner 2021 in Kraft und ist auf die Gebühren für alle Tätigkeiten anzuwenden, die nach dem 31. Dezember 2020 begonnen worden sind. *(BGBl I 2020/135)*

(4) § 32 Abs. 1 und 3, § 33 samt Überschrift, § 38 Abs. 1, § 39 Abs. 2, § 53 Abs. 1 und § 54 in der Fassung des Bundesgesetzes BGBl. I Nr. 202/2021 treten mit 1. Juli 2022 in Kraft und sind auf die Gebühren für alle Tätigkeiten anzuwenden, die nach dem 30. Juni 2022 vorgenommen werden. *(BGBl I 2021/202)*

(BGBl I 2019/44)

Vollziehung

§ 70. Mit der Vollziehung dieses Bundesgesetzes ist die Bundesministerin für Justiz, hinsichtlich des § 64 im Einvernehmen mit dem Bundesminister für Finanzen, betraut.

(BGBl I 2007/111)

SDG

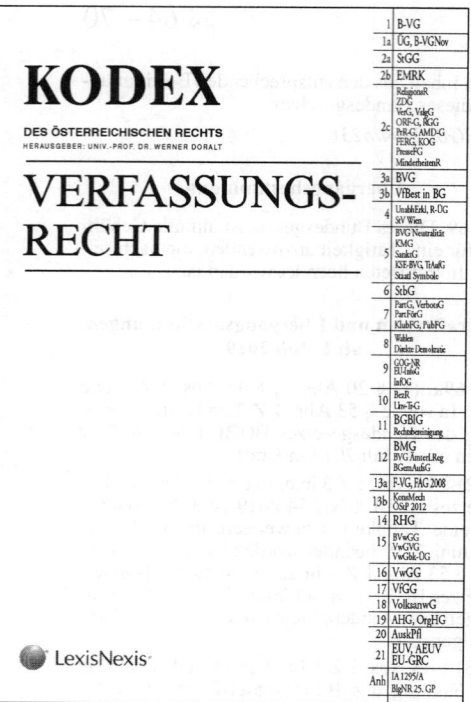

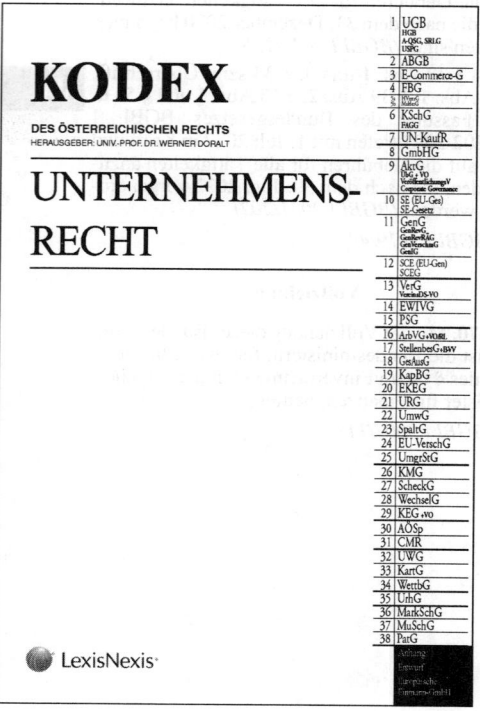

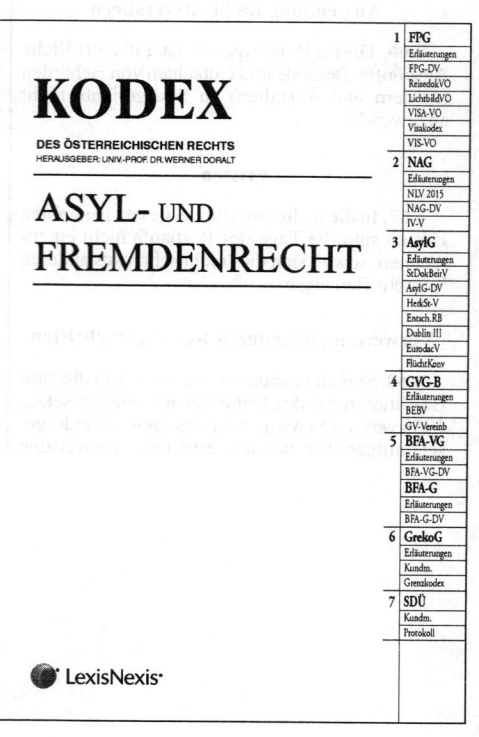

13. Eidesformelgesetz

**Gesetz vom 3. Mai 1868, RGBl. Nr. 33,
zur Regelung des Verfahrens bei den
Eidablegungen vor Gericht,
idF RGBl. 69/1874.**

§ 1. Die Formel der vor Gericht abzulegenden Eide hat ohne Rücksicht auf das Religionsbekenntnis des Schwörenden zu lauten:

für Zeugen im Zivil- und Strafverfahren:

„Ich schwöre bei Gott dem Allmächtigen und Allwissenden einen reinen Eid, daß ich über Alles, worüber ich von dem Gerichte befragt worden bin (werde befragt werden), die reine und volle Wahrheit und nichts als die Wahrheit ausgesagt habe (aussagen werde); so wahr mir Gott helfe!"

für Sach- und Kunstverständige im Zivil- und Strafverfahren:

„Ich schwöre bei Gott dem Allmächtigen und Allwissenden einen reinen Eid, daß ich den Befund und mein Gutachten nach bestem Wissen und Gewissen und nach den Regeln der Wissenschaft (der Kunst, des Gewerbes) abgeben werde; so wahr mir Gott helfe!"

für den Parteieneid in bürgerlichen Rechtsstreitigkeiten:

„Ich schwöre bei Gott dem Allmächtigen und Allwissenden einen reinen Eid, daß ich über Alles, worüber ich von dem Gerichte befragt worden bin (werde befragt werden), die reine und volle Wahrheit und nichts als die Wahrheit ausgesagt habe (aussagen werde); so wahr mir Gott helfe!"

§ 2. *(aufgehoben)*

§ 3. Vor der Eidesablegung hat der Richter den Schwurpflichtigen in einer dessen Bildungsgrade und Fassungskraft angemessenen Weise an die Heiligkeit des Eides vom religiösen Standpunkte, an die Wichtigkeit des Eides für die Rechtsordnung, an die zeitlichen und ewigen Strafen des Meineides zu erinnern und demselben zu bedeuten, daß der Eid im Sinne des Gerichtes, daher ohne allen Vorbehalt und ohne Zweideutigkeit, abzulegen sei.

§ 4. (1) Personen, welche sich zur christlichen Religion bekennen, haben, insoweit nicht die im § 5 bezeichneten Ausnahmen eintreten, bei dem Schwure den Daumen und die zwei ersten Finger der rechten Hand emporzuheben und den Eid vor einem Kruzifixe und zwei brennenden Kerzen abzulegen.

(2) Israeliten haben bei der Eidesleistung das Haupt zu bedecken und die rechte Hand auf die Thora, zweites Buch Moses, 20. Kapitel, 7. Vers, zu legen.

§ 5. (1) Die Bestimmungen des Hofdekretes vom 10. Jänner 1816, Justizgesetzsammlung Nr. 1201, in betreff der Personen, welche vermöge ihrer Religionslehre die Eidesablegung für unerlaubt halten, die Vorschriften des Hofdekretes vom 21. Dezember 1832, Justizgesetzsammlung Nr. 2582, betreffend die Eidesablegung derjenigen, welche sich zur helvetischen Konfession bekennen, endlich die Vorschriften des Hofdekretes vom 26. August 1826, Justizgesetzsammlung Nr. 2217, betreffend die Beeidigung der Mohammedaner, sowie die gesetzlichen Bestimmungen über die Eidesablegung der Stummen und Taubstummen, bleiben durch dieses Gesetz unberührt.

(2) Alle anderen, die Form der Eidesabnahme behandelnden Gesetze hingegen, insbesondere das Hofdekret vom 1. Oktober 1846, Justizgesetzsammlung Nr. 987, betreffs der Judeneide, sind durch dieses Gesetz aufgehoben.

§ 6. Mit dem Vollzuge dieses Gesetzes ist Mein Justizminister beauftragt.

EidFG

KODEX

DES ÖSTERREICHISCHEN RECHTS
SAMMLUNG DER ÖSTERREICHISCHEN BUNDESGESETZE

SCHUL-GESETZE

LexisNexis
ARD Orac

1	SchUG
	SchUG-B
	Berufsreifeprüf-G
	SchVeranst VO
	LB VO
	Zeugn.form VO
	Aufn.prüf VO
	abschl.Prüf VO
	AHS, AHS-B,
	BMHS,
	KRGA/SOZ
	Extern.prüf VO
	Schulordnung
	Aufsichterlass
	sonst. SchUG VO
	Wahl VO
	Schüler, Eltern, SGA
	AStG
	Diszl.Supplemente
	ASvO, ÖPG
2	SchOG
	Beirats VO
	Errl. u. Teile VO
	Univ.berecht. VO
	sonst. SchOG VO
	BA f.Lehrerzieher
3	SchZG
	SchZG-VO
4	SchPflG
	SchPflG-VO
	BAG, JASG
5	SchBeihG
6	PflSchErh-GG
	Bild.Dok.G
7	PrivSchG
	Luf PrivSchG
8	BSchAufsG
	BSchAufsG-VO
9	Luf SchGe
	LufBSchG
	ForstG
	Luf BerafsSchG
	Luf FachSchG
10	MindSchG Bgld
	MindSchG Krn
11	SchVG
	SchVG-VO
12	Schule/Kirche
	Koll G, VO, lsV,
	rel.Bekenntnisgen G,
	OrientKG
13	FLAG, TabukG,
	ASVG
14	B-VG
	BVG 1962, 1975,
	StGG, StV,
	FAG 2001
15	Wr. SchulG

KODEX

DES ÖSTERREICHISCHEN RECHTS
SAMMLUNG DER ÖSTERREICHISCHEN BUNDESGESETZE

WOHNUNGS-GESETZE

LexisNexis
ARD Orac

1	MRG
	MRG-Nov 1985
	2. WÄG
	3. WÄG
	RichtWG
	ABGB §§ 1090 ff
	ZPO §§ 560 ff
	JN §§ 49, 83
	EO § 349
	AO § 12a
2	WEG
	IRÄG
	1982 Art X
3	WGG
	mit Verordnungen
4	HeizKG
	mit Verordnungen
5	BTVG
6	BauRG
7	LPG
8	KlGG
9	StadtEG
10	BodenbG
11	WFG
12	WSG
13	StartWG
14	B-SWBG
15	WWG
16	BWSF-G
17	KSchG
18	MaklerG
	ImmMV
19	HbG
	mit ArbVG
20	Mietzins-beihilfe
Anhang	ÖVI-Ehren-kodex

KODEX

DES ÖSTERREICHISCHEN RECHTS
SAMMLUNG DER ÖSTERREICHISCHEN BUNDESGESETZE

UNIVERSITÄTS-RECHT

LexisNexis
ARD Orac

1	UOG 1993
2	KUOG
3	VOen aufgrund der Organisationsgesetze
	ImplemVOen
	GIVO
	EvalVO
	UBV
	BBVO
	KOVO
4	UniAkkG
5	DUK-Gesetz
6	UniStG
	EinrichtVO
	Studien-standortVOen
	UniStEVO 1997
	PersgrupVO
7	FHStG
8	HSG 1998
	HSWO 2001
9	StudFG
10	HTaxG
	StuBeiVO
	RErstVO
11	BDG 1979
12	GG
13	VBG
14	AbgelteG
15	B-GBG
	FFP

KODEX

DES ÖSTERREICHISCHEN RECHTS
SAMMLUNG DER ÖSTERREICHISCHEN BUNDESGESETZE

INNERE VERWALTUNG

LexisNexis
ARD Orac

1	EGVG
2	AVG + VOen
3	VStG + VOen
4	VVG + VO
5	AgrVG
6	DVG + VO
7	ZustellG + VO + VS
8	VwFormVO
9	FristenÜb
10	AmtssprVOen
11	AuskPflG
	B-BerichtspflG
12	SPG + VOen + Div. Gesetze + BKAG
13	MeldeG + VO
14	PaßG + VOen
15	StbG + VOen + AG
16	FrG + VOen
17	FlüchtlingsK + Abk, Prot, Üb
18	AsylG + VOen UBÄSG
19	BBetrG + VOen
20	GrekoG + VO und Kdm
21	SDÜ-BeitrittsÜb + Kdm, Prot, Beschl
22	SußprmittelG
23	PyrotechG
24	WaffG + VOen
25	KriegsmatG + VO
26	VereinsG
27	VersammlG
28	DSG + VOen
29	MedienG + VOen
30	PornoG
Anhang	

14. Strafvollzugsgesetz

BGBl 1969/144 idF

14/1. Strafvollzugsanpassungsgesetz, BGBl 1974/424 idF, 1 BGBl 1984/455, 2 BGBl 1986/554, 3 BGBl 1987/605 *(Auszug)*

StVG

GLIEDERUNG

StVG

STICHWORTVERZEICHNIS
zum StVG
(Die Angaben betreffen die Paragraphen)

StVG

Stichwortverzeichnis

Bundesgesetz vom 26. März 1969 über den Vollzug der Freiheitsstrafen und der mit Freiheitsentziehung verbundenen vorbeugenden Maßnahmen (Strafvollzugsgesetz – StVG.)

Der Nationalrat hat beschlossen:

ERSTER TEIL

Allgemeine Bestimmungen

Begriffsbestimmungen

§ 1. Im Sinne dieses Bundesgesetzes ist:

1. Strafurteil: jedes Erkenntnis eines Strafgerichtes, mit dem wegen einer den Gerichten zur Aburteilung zugewiesenen strafbaren Handlung eine Freiheitsstrafe verhängt worden ist;

2. Verurteilter: jede Person, über die in einem Strafurteil eine Freiheitsstrafe verhängt worden ist;

3. Strafgefangener: jeder Verurteilte, an dem eine in einem Strafurteil verhängte Freiheitsstrafe vollzogen wird;

4. Untergebrachter: jede Person, an der eine mit Freiheitsentziehung verbundene vorbeugende Maßnahme vollzogen wird;

5. Strafzeit: die Zeit, die der Verurteilte auf Grund eines Strafurteiles oder mehrerer unmittelbar nacheinander zu vollziehender Strafurteile in Strafhaft zuzubringen hat. Als Strafhaft ist jede dem Vollzug eines Strafurteiles dienende Haft anzusehen. Übersteigt eine auf die Strafe anzurechnende Zeit einen Monat, so ist sie in Monaten, Tagen und Stunden, sonst in Tagen oder Stunden anzurechnen. Soweit Bruchteile von Jahren, Monaten oder Wochen der Strafzeit zu bilden sind, die keine ganzen Jahre, Monate oder Wochen ergeben, ist ein Jahr zwölf Monaten, ein Monat dreißig Tagen und eine Woche sieben Tagen gleichzusetzen.

(BGBl 1974/424)

Anwendung des Gesetzes auf Jugendliche

§ 2. Für den Jugendstrafvollzug und für den Vollzug der mit Freiheitsentziehung verbundenen vorbeugenden Maßnahmen an Jugendlichen gilt dieses Bundesgesetz nur insoweit, als das Jugendgerichtsgesetz 1988 nicht etwas anderes bestimmt.

(BGBl 1974/424; BGBl 1993/799)

ZWEITER TEIL

Anordnung des Vollzuges der auf Freiheitsstrafe lautenden Strafurteile

Anordnung des Vollzuges

§ 3. (1) Ist an einem Verurteilten eine Freiheitsstrafe zu vollziehen, so ist der Strafvollzug anzuordnen und die nach § 9 zur Einleitung oder Durchführung des Strafvollzuges zuständige Anstalt von der Anordnung zu verständigen. Zugleich mit dieser Verständigung oder so bald wie möglich ist der Anstalt auch eine Ausfertigung des Strafurteiles zu übersenden. Der Vollzug einer Ersatzfreiheitsstrafe hat jedoch zu unterbleiben, soweit der Verurteilte die ausständige Geldstrafe erlegt, durch eine öffentliche Urkunde nachweist, dass sie gezahlt ist, oder gemeinnützige Leistungen (§ 3a) erbringt. Darüber ist er in der Aufforderung zum Strafantritt zu informieren, wobei ihm auch das Ausmaß der zu erbringenden gemeinnützigen Leistungen mitzuteilen ist. Eine Gleichschrift dieser Mitteilung ist auch einer in der Sozialarbeit erfahrenen Person (§ 29b Bewährungshilfegesetz) zu übermitteln. Ist der psychische Zustand des Verurteilten oder sein Gesundheitszustand im Zuge des Strafverfahrens durch sachverständige Personen untersucht worden, so ist der Verständigung auch eine Abschrift des Gutachtens anzuschließen. *(BGBl I 2007/109; BGBl I 2009/142)*

(2) Tritt ein Verurteilter, der sich auf freiem Fuße befindet, die Strafe nicht sofort an, so ist er schriftlich aufzufordern, die Strafe binnen einem Monat nach der Zustellung anzutreten. Die Aufforderung hat die Bezeichnung der zuständigen Anstalt und die Androhung zu enthalten, daß der Verurteilte im Falle seines Ausbleibens vorgeführt wird. Kommt der Verurteilte dieser Aufforderung nicht nach, so ist seine Vorführung zum Strafantritt anzuordnen. Die Vorführung ist auch anzuordnen, wenn der Verurteilte versucht, sich dem Vollzuge der Freiheitsstrafe durch die Flucht zu entziehen, wenn begründete Besorgnis besteht, daß er das versuchen werde, oder wenn seine strafrechtliche Unterbringung in einem forensisch-therapeutischen Zentrum oder seine Unterbringung in einer Anstalt für entwöhnungsbedürftige Rechtsbrecher oder für gefährliche Rückfallstäter angeordnet worden ist. *(BGBl I 2022/223)*

(3) Kann die Vorführung nicht vollzogen werden, weil der Verurteilte flüchtig oder sein Aufenthalt unbekannt ist, so ist neben einer Sachfahndung und der Personenfahndung zur Festnahme auch

1. eine Sicherstellung und Beschlagnahme von Gegenständen,

2. eine Identitätsfeststellung, eine Durchsuchung von Orten und Gegenständen,

3. Observation und verdeckte Ermittlung,

StVG

4. Beschlagnahme von Briefen, Auskunft über Daten einer Nachrichtenübermittlung sowie Überwachung von Nachrichten und die optische und akustische Überwachung von Personen

zulässig, wenn auf Grund bestimmter Tatsachen zu erwarten, dass dadurch der Aufenthalt des Verurteilten ermittelt werden kann. Observation nach § 130 Abs. 3 StPO, verdeckte Ermittlung nach § 131 Abs. 2 StPO, Beschlagnahme von Briefen nach § 135 Abs. 1 StPO und Auskunft über Daten einer Nachrichtenübermittlung sowie Überwachung von Nachrichten nach § 135 Abs. 2 und 3 StPO und die optische Überwachung von Personen nach § 136 Abs. 3 Z 2 StPO sind überdies nur zulässig, wenn die Verurteilung wegen einer vorsätzlich begangenen Straftat, die mit mehr als einjähriger Freiheitsstrafe bedroht ist, ausgesprochen worden ist. Im Fall einer optischen und akustischen Überwachung nach § 136 Abs. 1 Z 3 muss die Verurteilung wegen einer dort angeführten Straftat erfolgt sein. Die Bestimmungen der §§ 5, 93, 109 Z 1 lit. a und Z 2 lit. a, 110 Abs. 2 bis 4, 111 bis 115, 117 Z 1 und Z 2, 118 bis 120, 129 Z 1 und 2, 130 bis 133, 134 Z 2 bis 4, 135 bis 140 und 167 bis 169 StPO sind sinngemäß anzuwenden, wobei das Gericht (§ 7 Abs. 1) für das Verfahren der Anordnung und Durchführung dieser Ermittlungsmaßnahmen § 210 Abs. 3 erster und zweiter Satz StPO anzuwenden hat. *(BGBl I 2009/142)*

(4) Verurteilte, die sich bereits in der zuständigen Anstalt zum Vollzug von Freiheitsstrafen in Haft befinden, sind in den Strafvollzug zu übernehmen. Verurteilte, die sich in einer anderen Anstalt in Haft befinden, sind in die zuständige Anstalt zu überstellen.

(5) Muss ein Beamter (§ 74 Abs. 1 Z 4 StGB) zum Vollzug einer Freiheitsstrafe in Haft genommen werden, so ist der Leiter der Dienststelle davon zu verständigen. *(BGBl I 2007/109)*

(BGBl 1971/480; BGBl 1974/424; BGBl 1987/605)

Erbringung gemeinnütziger Leistungen

§ 3a. (1) Gemeinnützige Leistungen sind in der Freizeit bei einer geeigneten Einrichtung (§ 202 StPO) zu erbringen, mit der das Einvernehmen herzustellen ist. Vier Stunden gemeinnütziger Leistungen entsprechen einem Tag der Freiheitsstrafe. Nach vollständiger Erbringung gilt die Strafe als vollzogen. Der Vermittler erarbeitet gemeinsam mit dem Verurteilten den für die Erbringung der gemeinnützigen Leistung benötigten Zeitraum, wobei auf eine gleichzeitige Aus- und Fortbildung, eine Berufstätigkeit oder eine Verpflichtung zu einer Arbeitsvermittlung Bedacht zu nehmen ist, und unterstützt ihn bei den erforderlichen Eingaben bei Gericht. Der Zeitraum für die Erbringung der gemeinnützigen Leistungen

darf nicht länger bemessen werden, als der Verurteilte bei wöchentlich zehn Arbeitsstunden benötigen würde. § 202 Abs. 1 letzter Satz sowie Abs. 3 bis 5 StPO gilt sinngemäß. Die Erbringung gemeinnütziger Leistungen bei Freiheitsstrafen, die neun Monate oder länger dauern, ist nicht zulässig. *(BGBl I 2009/142)*

(2) Teilt der Verurteilte innerhalb der Frist des § 3 Abs. 2 dem Gericht mit, dass er sich bereit erkläre, gemeinnützige Leistungen zu erbringen und ist dies rechtlich zulässig, so wird diese Frist gehemmt. Danach muss der Verurteilte innerhalb eines Monats ein Einvernehmen mit einer geeigneten Einrichtung erreichen und dies dem Gericht mitteilen. Wird innerhalb dieser Frist kein Einvernehmen erzielt, so läuft die Frist des § 3 Abs. 2 fort. Teilt der Verurteilte hingegen die erreichte Einigung rechtzeitig mit, so gilt der Strafvollzug mit dem Tag des Einlangens der Mitteilung bei Gericht bis zum Nachweis der Erbringung der gemeinnützigen Leistungen als aufgeschoben. *(BGBl I 2009/142)*

(3) Entspricht die Einigung nicht den gesetzlichen Voraussetzungen, so hat das Gericht dem Verurteilten mitzuteilen, welche Änderungen der Einigung erforderlich wären, und ihm aufzutragen, die geänderte Einigung binnen 14 Tagen vorzulegen, widrigenfalls die Strafe zu vollziehen ist.

(4) Der Aufschub ist zu widerrufen und die Freiheitsstrafe zu vollziehen, wenn der Verurteilte die gemeinnützigen Leistungen nicht oder nicht vollständig erbringt; bereits erbrachte Leistungen sind entsprechend zu berücksichtigen. Weist der Verurteilte nach, dass er an der vollständigen Erbringung der gemeinnützigen Leistungen durch unvorhersehbare oder unabwendbare Ereignisse gehindert war, so hat das Gericht den Aufschub für die notwendige und angemessene Dauer zu verlängern.

(5) Für das Verfahren gilt § 7.

(BGBl I 2007/109)

Absehen vom Strafvollzug wegen Auslieferung

§ 4. Wird der Verurteilte an eine ausländische Behörde ausgeliefert, so ist vom Vollzug einer über ihn verhängten Freiheitsstrafe vorläufig abzusehen, es sei denn, daß es aus besonderen Gründen des unverzüglichen Vollzuges bedarf, um der Begehung strafbarer Handlungen durch andere entgegenzuwirken. Kehrt der Ausgelieferte in das Bundesgebiet zurück, so ist die Strafe zu vollziehen. Vom nachträglichen Strafvollzug ist aber abzusehen und die Strafe ganz oder teilweise bedingt nachzusehen, soweit an dem Verurteilten im Ausland eine Strafe vollzogen worden ist und der Verurteilte durch den Strafvollzug ungünstiger gestellt wäre, als wenn über alle Handlungen ein österreichisches Gericht entschieden hätte.

(BGBl 1987/605)

Aufschub des Strafvollzuges wegen Vollzugsuntauglichkeit

§ 5. (1) Ist ein dem Wesen der Freiheitsstrafe (§ 20) entsprechender Strafvollzug wegen einer Krankheit oder Verletzung, wegen Invalidität oder eines sonstigen körperlichen oder geistigen Schwächezustandes auch unter Berücksichtigung der Möglichkeit einer Strafvollzugsortsänderung (§ 10) mit den Einrichtungen der in Betracht kommenden Anstalten zum Vollzug von Freiheitsstrafen nicht durchführbar oder wäre im Hinblick auf einen dieser Zustände das Leben des Verurteilten durch die Überstellung in die betreffende Anstalt gefährdet, so ist die Einleitung des Strafvollzuges so lange aufzuschieben, bis der Zustand aufgehört hat.

(2) Ist die verurteilte Person schwanger oder hat sie innerhalb des letzten Jahres entbunden, so ist die Einleitung des Strafvollzuges bis zum Ablauf der sechsten Woche nach der Entbindung und darüber hinaus so lange aufzuschieben, als sich das Kind in der Pflege der Verurteilten befindet, höchstens aber bis zum Ablauf eines Jahres nach der Entbindung. Der Vollzug ist jedoch einzuleiten, sobald es die Verurteilte selbst verlangt, vom Vollzug keine Gefährdung ihrer Gesundheit oder des Kindes zu besorgen und ein dem Wesen der Freiheitsstrafe entsprechender Vollzug durchführbar ist.

(3) An Verurteilten, an denen nach Abs. 1 oder 2 eine Freiheitsstrafe nicht vollzogen werden kann, ist statt dessen eine Haft nach Maßgabe der folgenden Bestimmungen zu vollziehen, wenn

1. der Verurteilte nach der Art oder dem Beweggrund der strafbaren Handlung, derentwegen er verurteilt worden ist, oder nach seinem Lebenswandel

a) für die Sicherheit des Staates oder der Person oder

b) für die Sicherheit des Eigentums besonders gefährlich ist;

2. die Freiheitsstrafe drei Jahre übersteigt und anzunehmen ist, daß sich der Verurteilte im Falle des Aufschubes dem Vollzug der Freiheitsstrafe entziehen würde, oder

3. die strafrechtliche Unterbringung des Verurteilten in einem forensisch-therapeutischen Zentrum oder in einer Anstalt für entwöhnungsbedürftige Rechtsbrecher oder für gefährliche Rückfalltäter angeordnet worden ist. *(BGBl I 2022/223)* In den Fällen der Z. 1 lit. b sowie in den Fällen der Z. 2 darf diese Haft jedoch nur vollzogen werden, wenn der Verurteilte in der dafür unter Berücksichtigung der Möglichkeit einer Strafvollzugsortsänderung (§ 10) in Betracht kommenden Anstalt zum Vollzug von Freiheitsstrafen sachgemäß behandelt werden kann und sein Leben durch die Überstellung in diese Anstalt nicht gefährdet wäre; in den Fällen der Z. 1 lit. a oder 3 ist dagegen erforderlichenfalls der Vollzug in einer öffentlichen Krankenanstalt (§ 71 Abs. 2) durchzuführen.

(4) Für die an die Stelle der Freiheitsstrafe tretende Haft gelten sinngemäß die Vorschriften dieses Bundesgesetzes für den Vollzug von Freiheitsstrafen. Die Freiheitsstrafe gilt nach Maßgabe der Dauer der Haft als vollzogen.

(BGBl 1971/480; BGBl 1974/424)

Aufschub des Strafvollzuges aus anderen Gründen

§ 6. (1) Ist der Verurteilte nach der Art und dem Beweggrund der strafbaren Handlung, derentwegen er verurteilt worden ist, und nach seinem Lebenswandel weder für die Sicherheit des Staates, noch für die der Person oder des Eigentums besonders gefährlich und ist auch nicht seine strafrechtliche Unterbringung in einem forensisch-therapeutischen Zentrum oder in einer Anstalt für entwöhnungsbedürftige Rechtsbrecher oder für gefährliche Rückfalltäter angeordnet worden, so ist die Einleitung des Vollzuges einer Freiheitsstrafe aufzuschieben,

1. wenn das Ausmaß der zu vollziehenden Freiheitsstrafe drei Jahre nicht übersteigt und der Verurteilte den Aufschub aus wichtigen persönlichen Gründen beantragt, insbesondere um im Inland

a) einen Angehörigen (§ 72 des Strafgesetzbuches) oder einen anderen ihm besonders nahestehenden Menschen, der lebensgefährlich erkrankt oder verletzt ist, aufzusuchen,

b) an dem Begräbnis einer dieser Personen teilzunehmen oder

c) wichtige Familienangelegenheiten im Zusammenhang mit einem der in den lit. a und b angeführten Anlässe oder mit der Ehescheidung eines Angehörigen zu ordnen;

2. wenn das Ausmaß der zu vollziehenden Freiheitsstrafe ein Jahr nicht übersteigt

a) auf Antrag des Verurteilten, wenn der Aufschub für das spätere Fortkommen des Verurteilten, für den Wirtschaftsbetrieb, in dem der Verurteilte tätig ist, für den Unterhalt der ihm gegenüber unterhaltsberechtigten Personen oder für die Gutmachung des Schadens zweckmäßiger erscheint als der sofortige Vollzug,

b) auf Antrag des Standeskörpers aus militärdienstlichen Gründen im Falle eines Einsatzes des Bundesheeres nach § 2 Abs. 1 des Wehrgesetzes 1990, BGBl. Nr. 305, in der jeweils geltenden Fassung, wenn der Verurteilte Soldat ist.

StVG

Der Aufschub darf jedoch in den Fällen der Z. 1 nur für die Dauer von höchstens einem Monat und in den Fällen der Z. 2 lit. a nur für die Dauer von höchstens einem Jahr gestattet werden, in allen Fällen gerechnet von dem Tage an, an dem der Verurteilte die Strafe ohne Aufschub hätte antreten müssen. Einem Antrag des Verurteilten gemäß Z. 1 oder Z. 2 lit. a steht ein Antrag eines Angehörigen, im Fall der Z. 2 lit. a auch ein Antrag des Dienstgebers gleich, wenn der Verurteilte dem Antrag zustimmt.
(BGBl I 2022/223)

(2) Die Einleitung des Vollzuges einer Freiheitsstrafe ist ferner nach Anhörung des Verurteilten aufzuschieben, wenn und solange im Falle eines Verfahrens zur Entscheidung über den nachträglichen Ausspruch der Strafe (§§ 15 Abs. 1, 16 Abs. 1 des Jugendgerichtsgesetzes 1988) oder den Widerruf der bedingten Nachsicht einer Freiheitsstrafe, des Teiles einer Freiheitsstrafe oder einer bedingten Entlassung das dafür nach § 495 StPO oder den §§ 16 oder 179 dieses Bundesgesetzes zuständige Gericht hierüber noch nicht entschieden und im Fall eines nachträglichen Strafausspruches oder Widerrufes nicht ebenfalls den Strafvollzug angeordnet hat.

(3) Bewilligt das Gericht einen Aufschub des Vollzuges gemäß Abs. 1 Z. 2 lit. a, so hat es dem Verurteilten Weisungen (§ 51 des Strafgesetzbuches) zu erteilen, wenn dies geboten ist, um den Verurteilten vor einem Rückfall zu bewahren.

(4) Der Aufschub ist zu widerrufen und die Freiheitsstrafe zu vollziehen:

1. wenn der Verurteilte den Weisungen des Gerichtes nicht nachkommt;

2. wenn er versucht, sich dem Strafvollzug durch Flucht zu entziehen oder begründete Besorgnis besteht, daß er es versuchen werde;

3. wenn dringender Verdacht besteht, daß er aufs neue eine gerichtlich strafbare Handlung begangen hat.
(BGBl 1971/480; BGBl 1974/424; BGBl 1987/605; BGBl 1993/799; BGBl I 2004/15)

Zuständigkeit und Verfahren

§ 7. (1) Die Anordnung des Vollzuges (§ 3) und die Entscheidungen nach den §§ 4 bis 6 stehen dem Vorsitzenden (Einzelrichter) des erkennenden Gerichtes zu.

(2) Für das Verfahren nach den §§ 4 bis 6 gelten, soweit im Einzelnen nicht anderes angeordnet wird, die Bestimmungen der StPO sinngemäß. Der Verurteilte hat die Rechte des Beschuldigten.
(BGBl I 2007/109)

(3) Kann über einen Antrag auf eine der Entscheidungen nach den §§ 4 bis 6 nicht sofort entschieden werden oder wird gegen eine dieser Entscheidungen Beschwerde erhoben, so ist die Anordnung des Strafvollzuges bis zur Entscheidung erster oder zweiter Instanz vorläufig zu hemmen, wenn es nicht des unverzüglichen Vollzuges bedarf, um die Begehung strafbarer Handlungen durch andere entgegenzuwirken, und der Antrag oder die Beschwerde nicht offenbar aussichtslos ist.
(BGBl 1971/480)

DRITTER TEIL
Vollzug der Freiheitsstrafen

ERSTER ABSCHNITT
Einrichtungen und Behörden des Strafvollzuges

Erster Unterabschnitt
Anstalten zum Vollzug von Freiheitsstrafen

Strafvollzugsanstalten und gerichtliche Gefangenenhäuser

§ 8. (1) Gerichtliche Freiheitsstrafen sind in Strafvollzugsanstalten und gerichtlichen Gefangenenhäusern zu vollziehen, soweit in diesem Bundesgesetz nichts anderes bestimmt wird.

(2) Die Strafvollzugsanstalten sind als allgemeine Anstalten oder als Sonderanstalten zu führen. In den allgemeinen Anstalten und den gerichtlichen Gefangenenhäusern ist nach Maßgabe des § 9 der Strafvollzug an allen Strafgefangenen durchzuführen, soweit für diesen Vollzug nicht Sonderanstalten eingerichtet sind.

(3) Als Sonderanstalten sind die nachfolgenden Anstalten zu errichten und zu erhalten:

1. zur Durchführung des Erstvollzuges (§ 127);

2. zur Durchführung des Strafvollzuges an Strafgefangenen, die wegen einer fahrlässig begangenen strafbaren Handlung verurteilt worden sind (§ 128);

3. zur Durchführung des Strafvollzuges an Strafgefangenen, die an Lungentuberkulose erkrankt sind;

4. zur Durchführung des Strafvollzuges an Strafgefangenen, die sich wegen ihrer psychischen Besonderheiten nicht für den allgemeinen Vollzug eignen (§ 129).

(4) Die Anstalten sind als Männer- oder Frauenanstalten oder so zu führen, daß die in derselben Anstalt angehaltenen männlichen und weiblichen Strafgefangenen voneinander getrennt sind. Soweit bestimmte Strafgefangene in besonderen Abteilungen der Anstalten anzuhalten sind, dürfen die Einzelunterbringung in einer besonders gesicherten Zelle (§ 103 Abs. 2 Z. 4), die Anhaltung in einem besonderen Einzelraum (§ 114 Abs. 1) und die Absonderung in einem besonderen Ein-

zelraum (§ 116 Abs. 2) gleichwohl in Räumen vollzogen werden, die sonst auch für andere Strafgefangene bestimmt sind.

(BGBl 1987/605)

Zuständigkeit

§ 9. (1) Freiheitsstrafen, deren Strafzeit achtzehn Monate übersteigt, sind in der nach § 134 zu bestimmenden Strafvollzugsanstalt zu vollziehen; bis zur Bestimmung der zuständigen Strafvollzugsanstalt ist der Strafvollzug jedoch im Gefangenenhaus (Justizanstalt eines Landesgerichtes) einzuleiten. *(BGBl I 2007/109)*

(2) Freiheitsstrafen, deren Strafzeit achtzehn Monate nicht übersteigt, sind in den Gefangenenhäusern oder in Strafvollzugsanstalten, Freiheitsstrafen, deren Strafzeit drei Monate nicht übersteigt, ausschließlich in den Gefangenenhäusern zu vollziehen. Sind Strafen in einer Strafvollzugsanstalt zu vollziehen, die für die Einleitung des Strafvollzuges nicht eingerichtet ist, so ist der Strafvollzug im Gefangenenhaus eines Gerichtshofes einzuleiten. Das gleiche gilt, wenn es dem Verurteilten im Hinblick auf die Entfernung zwischen seinem Wohnsitz oder Aufenthalt (Abs. 3) und der Strafvollzugsanstalt offenbar nicht zumutbar ist, die Strafe in der Strafvollzugsanstalt anzutreten. *(BGBl I 2007/109)*

(3) Ist der Vollzug einer Freiheitsstrafe im Gefangenenhaus einzuleiten oder durchzuführen, so ist örtlich zuständig das Gefangenenhaus desjenigen Landesgerichtes, in dessen Sprengel der Verurteilte seinen Wohnsitz hat. Hat der Verurteilte keinen inländischen Wohnsitz, so ist der gewöhnliche Aufenthalt des Verurteilten, in Ermangelung eines solchen Aufenthaltes im Inland aber jeder andere Aufenthalt des Verurteilten im Inland maßgebend. Ist der Verurteilte in gerichtlicher Haft, so ist an Stelle des Wohnsitzes, gewöhnlichen Aufenthaltes oder Aufenthaltes der Ort der Haft maßgebend. *(BGBl I 2007/109)*

(4) Besteht für einen Verurteilten kein nach Abs. 3 örtlich zuständiges Gefangenenhaus, so ist der Sitz des Gerichtes maßgebend, das in erster Instanz erkannt hat. Liegt der Wohnsitz oder Aufenthalt im Sprengel des Landesgerichtes Steyr, so ist jedoch das Gefangenenhaus Linz örtlich zuständig. *(BGBl I 2013/2)*

(5) Das Bundesministerium für Verfassung, Reformen, Deregulierung und Justiz hat durch Verordnung die Sprengel der Anstalten zum Vollzug von Freiheitsstrafen unter Bedachtnahme auf die Grundsätze des Strafvollzuges so festzusetzen, daß die zur Verfügung stehenden Einrichtungen am besten ausgenützt werden können. *(BGBl I 2018/32)*

(BGBl 1974/424; BGBl I 2000/138)

Strafvollzugsortsänderung

§ 10. (1) Das Bundesministerium für Verfassung, Reformen, Deregulierung und Justiz hat allgemein oder im Einzelfall die Zuständigkeit einer anderen als der nach § 9 zuständigen Anstalt anzuordnen, *(BGBl I 2006/102; BGBl I 2015/13; BGBl I 2018/32)*

1. wenn dies unter Bedachtnahme auf die Grundsätze des Strafvollzuges (§ 20) zur besseren Ausnützung der Vollzugseinrichtungen oder aus Gründen der Sicherheit des Strafvollzuges zweckmäßig ist oder

2. wenn dadurch die Wiedereingliederung des Verurteilten in die Gesellschaft gefördert wird und weder das Erfordernis einer zweckmäßigen Ausnützung der Vollzugseinrichtungen noch Gründe der Sicherheit des Strafvollzuges entgegenstehen.

(1a) Während offener Beschwerdefrist nach Zustellung eines Bescheides über ein Ansuchen um Strafvollzugsortsänderung nach Abs. 1 Z 2 sowie während anhängigen Beschwerdeverfahrens wegen eines solchen Bescheides ist die Einbringung eines weiteren Ansuchens nach Abs. 1 Z 2 nicht zulässig. *(BGBl I 2009/52; BGBl I 2013/190)*

(2) Freiheitsstrafen, deren Strafzeit drei Monate nicht übersteigt, dürfen nur dann in Strafvollzugsanstalten vollzogen werden, wenn dadurch keine Beeinträchtigung der Zwecke des Strafvollzuges zu besorgen ist und

1. der Verurteilte damit einverstanden ist oder

2. dies dem Verurteilten auch ohne sein Einverständnis nach seinen persönlichen Verhältnissen und unter Berücksichtigung der Entfernung zwischen seinem Wohnsitz oder Aufenthalt (§ 9 Abs. 3 StVG) und der Strafvollzugsanstalt nicht unzumutbar ist. *(BGBl I 2013/2)*

(BGBl 1974/424)

Zweiter Unterabschnitt

Vollzugsbehörden, Aufsicht und innere Revision

Vollzugsbehörde erster Instanz

§ 11. (1) Vollzugsbehörde erster Instanz ist der Anstaltsleiter.

(2) Dem Anstaltsleiter stehen nach Maßgabe der Bestimmungen dieses Bundesgesetzes die Aufsicht über den Strafvollzug in der ihm unterstellten Anstalt sowie die Entscheidung über Beschwerden gegen Strafvollzugsbedienstete oder deren Anordnungen zu.

(BGBl 1974/424; BGBl I 2000/138)

§ 11a. *(aufgehoben, BGBl I 2013/190)*

§ 11b. *(aufgehoben, BGBl I 2013/190)*

§ 11c. *(aufgehoben, BGBl I 2013/190)*

§ 11d. *(aufgehoben, BGBl I 2013/190)*

§ 11e. *(aufgehoben, BGBl I 2013/190)*

§ 11f. *(aufgehoben, BGBl I 2013/190)*

§ 11g. *(aufgehoben, BGBl I 2013/190)*

§ 11h. *(aufgehoben, BGBl I 2013/190)*

Vollzugsoberbehörde

§ 12. *(aufgehoben, BGBl I 2015/13)*

§ 13. Oberste Vollzugsbehörde ist das Bundesministerium für Verfassung, Reformen, Deregulierung und Justiz; in ihm ist eine Generaldirektion für den Strafvollzug und den Vollzug freiheitsentziehender Maßnahmen samt Chefärztlichem Dienst und Begutachtungs- und Evaluationsstelle für Gewalt- und Sexualstraftäter einzurichten. Die Bildungseinrichtung für den Strafvollzug und den Maßnahmenvollzug ist dem Bundesministerium für Verfassung, Reformen, Deregulierung und Justiz als eigene Organisationseinheit unterstellt. *(BGBl I 2018/32)*

(BGBl 1996/763; BGBl I 2000/138; BGBl I 2015/13)

Justizwache

§ 13a. Die Justizwache ist als Wachkörper den Vollzugsbehörden beigegeben.

(BGBl I 2009/142)

Aufsicht über den Strafvollzug

§ 14. (1) Die Einhaltung der Bestimmungen dieses Bundesgesetzes und der darauf gegründeten Vorschriften und Anordnungen ist von den Leitern der Anstalten zum Vollzug innerhalb des Bereiches der ihnen unterstellten Einrichtungen und im ganzen Bundesgebiet durch das Bundesministerium für Verfassung, Reformen, Deregulierung und Justiz zu überwachen. *(BGBl I 2015/13; BGBl I 2018/32)*

(2) Die Vollzugsbehörden haben sich von dem gesamten Verwaltungs- und Vollzugsbetrieb in den von ihnen zu beaufsichtigenden Einrichtungen durch eigene Wahrnehmung Kenntnis zu verschaffen.

(3) Über Missstände, die im eigenen Wirkungsbereich nicht abgestellt werden können, haben die Leiter der Justizanstalten dem Bundesministerium für Verfassung, Reformen, Deregulierung und Justiz zu berichten. *(BGBl I 2015/13; BGBl I 2018/32)*

(4) *(entfällt, BGBl I 2012/1)*

(BGBl I 2000/138; BGBl I 2006/102)

Innere Revision des Strafvollzuges

§ 14a. (1) Zur Sicherstellung einer gesetzmäßigen, zweckmäßigen, wirtschaftlichen und sparsamen Vollziehung hat das Bundesministerium für Verfassung, Reformen, Deregulierung und Justiz eine innere Revision einzurichten, die in allen Anstalten regelmäßig Untersuchungen durchzuführen hat. *(BGBl I 2015/13; BGBl I 2018/32)*

(2) Die innere Revision hat unter besonderer Bedachtnahme auf die Wahrung der Menschenwürde die Realisierung der Vollzugszwecke, die Gestaltung des Vollzuges, die Effizienz und die Funktionstüchtigkeit des Anstaltsbetriebes, die aufbau- und ablauforganisatorischen Gegebenheiten, die Gewährleistung der Sicherheit und Ordnung sowie das Erscheinungsbild zu untersuchen, Abweichungen von den Bestimmungen dieses Bundesgesetzes und der darauf gegründeten Vorschriften und Anordnungen festzustellen, ihre Ursachen zu analysieren, auf Grund der Ergebnisse die untersuchte Anstalt zu beraten, über die Ergebnisse einen Bericht abzufassen und dabei

1. Empfehlungen, die sich auch auf die Wahrnehmung der Aufsicht selbst zu beziehen haben, an die Aufsichtsorgane und

2. Vorschläge für eine zweckentsprechendere Aufgabenerfüllung unmittelbar an den Bundesminister für Verfassung, Reformen, Deregulierung und Justiz zu erstatten. *(BGBl I 2018/32)* *(BGBl I 2015/13)*

(3) Der Bundesminister für Verfassung, Reformen, Deregulierung und Justiz ist ermächtigt, durch Verordnung die nähere Organisation der inneren Revision, insbesondere die Zuordnung und Ausgestaltung der Revisionseinrichtung und die Berufung und Stellung der Revisionsorgane, zu regeln. *(BGBl I 2018/32)*

(BGBl 1996/763)

Gebühren der Sachverständigen im Verfahren der Vollzugsbehörden

§ 15. Sachverständige haben für ihre Tätigkeit im Verfahren der Vollzugsbehörden Anspruch auf Gebühren nach dem Gebührenanspruchsgesetz 1975. *(BGBl I 2007/109)*

(BGBl I 1999/55)

Einsatz der Informationstechnik

§ 15a. (1) Die Vollzugsverwaltung kann sich für Zwecke des Strafvollzuges der automationsunterstützten Datenverarbeitung bedienen. Für diese Zwecke dürfen die zuständigen Stellen auch personenbezogene, einschließlich der in § 39 Datenschutzgesetz – DSG, BGBl. I Nr. 165/1999, genannten Daten über Insassen der Justizanstalten automationsunterstützt verarbeiten, soweit sich diese Daten auf strafbare Handlungen der Insassen oder auf ihre vollzugsrelevanten Lebensumstände in und außerhalb der Justizanstalt beziehen, die Verarbeitung dieser Daten in den Fällen des § 38 DSG erforderlich, in den Fällen des § 39 DSG unbedingt erforderlich und in beiden Fällen verhältnismäßig ist und wirksame Maßnahmen zum Schutz der Rechte und Freiheiten der betroffenen Personen getroffen werden.

(2) Die Vollzugsverwaltung darf auch personenbezogene Daten (§§ 38, 39 DSG)

1. von Personen, die im Rahmen der Seelsorge (§ 85) oder des Verkehrs mit der Außenwelt (§§ 86 bis 100) mit Insassen verkehren oder die Anstalt nach § 101 Abs. 2 betreten,

2. von Unternehmern, die mit der Vollzugsverwaltung in vollzugs- (§ 46) oder privatwirtschaftlichem Kontakt stehen,

3. von Opfern, insbesondere zur Gewährleistung der Verständigungspflicht nach § 149 Abs. 5,

4. von Personen, die im begründeten Verdacht stehen, eine Verwaltungsübertretung nach § 180a oder eine strafbare Handlung nach § 300 StGB begangen zu haben, sowie

5. von Personen, mit denen der Strafgefangene im Rahmen des elektronisch überwachten Hausarrests in Kontakt tritt,

automationsunterstützt verarbeiten, soweit dies in den Fällen des § 38 DSG erforderlich, in den Fällen des § 39 DSG unbedingt erforderlich und in beiden Fällen verhältnismäßig ist und wirksame Maßnahmen zum Schutz der Rechte und Freiheiten der betroffenen Personen getroffen werden.

(3) Das Bundesministerium für Verfassung, Reformen, Deregulierung und Justiz (§ 13) und die Vollzugsbehörden erster Instanz (§ 11) sind gemeinsame Verantwortliche (§ 47 DSG). Die Pflichten der Verantwortlichen nach den §§ 46, 52 und 54 DSG werden für die zentralen, vom Bundesministerium für Verfassung, Reformen, Deregulierung und Justiz vorgegeben Datenanwendungen von diesem, für andere im Verzeichnis der Verarbeitungstätigkeiten der Vollzugsbehörde erster Instanz aufgenommene Datenverarbeitungen von den Vollzugsbehörden erster Instanz wahrgenommen. Das Verzeichnis der Verarbeitungstätigkeiten (§ 49 DSG) wird für die zentralen Datenanwendungen vom Bundesministerium für Verfassung, Reformen, Deregulierung

und Justiz und im Übrigen bei den Vollzugsbehörden erster Instanz geführt. Die Wahrnehmung der Rechte nach den §§ 42 bis 45 DSG der betroffenen Personen gemäß Abs. 1 und 2 obliegt den Vollzugsbehörden erster Instanz für die in ihrem Verzeichnis der Verarbeitungstätigkeiten aufgenommenen Datenverarbeitungen.

(4) Die Vollzugsverwaltung kann nach Maßgabe des § 48 DSG zur Datenverarbeitung einen Auftragsverarbeiter (§ 36 Abs. 9 Z 9 DSG) heranziehen, soweit dies der Einfachheit, Zweckmäßigkeit und Kostenersparnis dient.

(5) Die Übermittlung von Daten im Sinne der Abs. 1 und 2 durch den Auftragsverarbeiter an andere Rechtsträger ist nur auf Grund einer Weisung eines Verantwortlichen (§ 48 Abs. 6 DSG) zulässig.

(BGBl I 2000/26; BGBl I 2018/32)

Datenverkehr

Datenverkehr und Datenverarbeitung

§ 15b. (1) Die Übermittlung von Daten gemäß § 15a Abs. 1 und 2 zwischen Vollzugsbehörden untereinander sowie zwischen Vollzugsbehörden und Gerichten, Staatsanwaltschaften, Sicherheitsbehörden und Einrichtungen der Bewährungshilfe sowie anderen Stellen, mit denen die Vollzugsbehörden kraft Gesetzes oder kraft Vereinbarung Daten auszutauschen haben, hat nach Maßgabe der technischen Möglichkeiten und unter Bedachtnahme auf die wirtschaftliche Vertretbarkeit automationsunterstützt zu erfolgen. Vor jeder Übermittlung personenbezogener Daten ist deren Richtigkeit, Vollständigkeit, Aktualität und Zuverlässigkeit soweit als möglich zu überprüfen.

(2) Die in Abs. 1 genannten Stellen sind ermächtigt, personenbezogene Daten, die sie rechtmäßig verarbeitet haben, auch für einen anderen in § 36 Abs. 1 DSG angeführten Verwendungszweck zu verarbeiten, sofern die Voraussetzungen der §§ 38 und 39 DSG erfüllt sind.

(3) Wird eine Person, die polizeilich angehalten wird, einer Justizanstalt überstellt (eingeliefert), dann hat die Sicherheitsbehörde alle personenbezogene Daten nach Maßgabe des Abs. 1 an die Justizanstalt zu übermitteln, die dort zum Vollzug benötigt werden.

(4) Wird eine Person, die von einer Justizanstalt angehalten wird, an eine Sicherheitsbehörde übergeben, dann hat die Justizanstalt alle personenbezogene Daten nach Maßgabe des Abs. 1 an die Sicherheitsbehörde zu übermitteln, die dort zum Vollzug benötigt werden.

(5) Die Vollzugsbehörden dürfen Daten gemäß § 15a Abs. 1 und 2 nach Maßgabe des Abs. 1 sowie unter sinngemäßer Anwendung des § 77 Abs. 2 StPO auch für im öffentlichen Interesse liegende

StVG

Archivzwecke, wissenschaftliche oder historische Forschungszwecke oder statistische Zwecke übermitteln.

(BGBl I 2018/32)

Eingeschränkter Datenzugriff

§ 15c. (1) Auf Daten von ehemaligen Strafgefangenen – mit Ausnahme der in Abs. 3 angeführten Daten – ist nach Ablauf von zehn Jahren ab dem Zeitpunkt, zu dem die letzte Haft oder Unterbringung beendet wurde, der Zugriff nur durch den Bundesminister für Verfassung, Reformen, Deregulierung und Justiz, den Anstaltsleiter oder durch von diesen dazu bestimmte Bedienstete zulässig (eingeschränkter Datenzugriff). Solche Abfragen sind besonders zu protokollieren. Die Protokolldatei über diese Datenzugriffe ist dem Bundesministerium für Verfassung, Reformen, Deregulierung und Justiz vierteljährlich vorzulegen und mindestens ein Jahr zu speichern. *(BGBl I 2015/13; BGBl I 2018/32)*

(2) Die Daten unterliegen nicht dem eingeschränkten Datenzugriff, sobald die betreffende Person neuerlich in einer Justizanstalt angehalten wird.

(3) Nicht dem eingeschränkten Datenzugriff unterliegen:

1. Name, Vorname,

2. Geburtsdatum, Geburtsort,

3. Vornamen der Eltern und Alias-Namen sowie weitere Daten, wenn sie zur eindeutigen Identifizierung bei der Aufnahme dienen.

(4) Sämtliche Daten sind jedenfalls 80 Jahre nach dem Zeitpunkt, zu dem die letzte Haft oder Unterbringung beendet wurde, zu löschen.

(5) In den Fällen des § 15a Abs. 2 Z 1 bis 3 sind die Daten der betroffenen Personen, die keine Insassen sind, drei Jahre, mit Zustimmung der Betroffenen fünf Jahre nach dem letzten Kontakt zur Vollzugsbehörde von Amts wegen oder auf Antrag zu löschen, in den Fällen des § 15a Abs. 2 Z 10 zehn Jahre nach dem letzten Kontakt zur Vollzugsbehörde.

(BGBl I 2009/142)

Dritter Unterabschnitt

Vollzugsgericht

Zuständigkeit

§ 16. (1) Vollzugsgericht ist das in Strafsachen tätige Landesgericht, in dessen Sprengel die Freiheitsstrafe vollzogen wird. Die Entscheidung steht dem Einzelrichter zu. *(BGBl I 2007/109; BGBl I 2009/52)*

(2) Das Vollzugsgericht entscheidet

1. über den Beitrag des Verurteilten zu den Kosten des Strafvollzuges (§ 32);

2. *(entfällt, BGBl I 2009/52)*

3. über die Nichteinrechnung der Zeit einer Unterbrechung oder der außerhalb der Strafe verbrachten Zeit in die Strafzeit (§ 99); *(BGBl I 2009/52)*

3a. über die Nichteinrechnung der Zeit eines Ausganges oder der außerhalb der Strafe verbrachten Zeit in die Strafzeit (§§ 99a, 147);

4. über die Aufrechterhaltung der im § 103 Abs. 2 Z. 4 vorgesehenen Sicherheitsmaßnahme, wenn diese mehr als eine Woche dauert;

5. über die Aufrechterhaltung einer der im § 103 Abs. 2 Z. 5 vorgesehenen Sicherheitsmaßnahmen, wenn diese mehr als 48 Stunden dauern;

6. über die Nichteinrechnung einer im Hausarrest zugebrachten Zeit in die Strafzeit (§ 115);

7. über die Anhaltung eines Strafgefangenen in Einzelhaft gegen seinen Willen, wenn diese mehr als vier Wochen dauert (§ 125);

8. *(entfällt, BGBl 1993/799)*

9. über den nachträglichen Aufschub des Strafvollzuges (§ 133);

10. über das vorläufige Absehen vom Strafvollzug wegen Einreiseverbotes oder Aufenthaltsverbotes (§ 133a); *(BGBl I 2007/109; BGBl I 2013/2)*

11. *(entfällt, BGBl 1993/799)*

12. über die bedingte Entlassung und die damit zusammenhängenden Anordnungen, über den Widerruf der bedingten Entlassung und darüber, daß die bedingte Entlassung endgültig geworden ist, soweit in den §§ 179 und 180 nichts anderes bestimmt wird (§§ 46, 48 bis 53 und 56 des Strafgesetzbuches).

(3) Das Vollzugsgericht am Sitz des Oberlandesgerichts, in dessen Sprengel die Freiheitsstrafe vollzogen wird, entscheidet über Beschwerden

1. gegen eine Entscheidung oder Anordnung des Anstaltsleiters,

2. wegen Verletzung eines subjektiven Rechts durch ein Verhalten des Anstaltsleiters,

3. wegen Verletzung der Entscheidungspflicht durch den Anstaltsleiter. *(BGBl I 2013/190)*

(BGBl 1974/424; BGBl 1987/605; BGBl 1993/799)

§ 16a. (1) Das Oberlandesgericht Wien entscheidet für das gesamte Bundesgebiet über Beschwerden

1. gegen einen Beschluss des Vollzugsgerichts nach § 16 Abs. 3 wegen Rechtswidrigkeit,

2. gegen einen Bescheid des Bundesministeriums für Verfassung, Reformen, Deregulierung und Justiz, *(BGBl I 2015/13; BGBl I 2018/32)*

3. wegen Verletzung der Entscheidungspflicht durch das Bundesministerium für Verfassung, Reformen, Deregulierung und Justiz. *(BGBl I 2015/13; BGBl I 2018/32)*

(2) Rechtswidrigkeit nach Abs. 1 Z 1 liegt nicht vor, soweit das Vollzugsgericht Ermessen im Sinne des Gesetzes geübt hat.

(3) Gegen den Beschluss des Vollzugsgerichts nach § 16 Abs. 3 ist eine Beschwerde nur zulässig, wenn die Entscheidung von der Lösung einer Rechtsfrage abhängt, der zur Wahrung der Rechtseinheit, Rechtssicherheit oder Rechtsentwicklung erhebliche Bedeutung zukommt, insbesondere weil das Vollzugsgericht von der bisherigen höchstgerichtlichen Rechtsprechung in Strafvollzugssachen abweicht, eine solche Rechtsprechung fehlt oder uneinheitlich ist.

(BGBl I 2013/190)

Gerichtliches Verfahren

§ 17. (1) Für Entscheidungen des Gerichts nach § 16 Abs. 2 gelten die folgenden Bestimmungen:

1. Das Gericht hat vor jeder Entscheidung eine Äußerung des Anstaltsleiters, des Staatsanwaltschaft sowie des Verurteilten einzuholen.

2. Soweit der Sachverhalt im Hinblick auf den Gesundheitszustand oder die Wesensart des Verurteilten nicht genügend geklärt erscheint, sind vor der Entscheidung auch der in der Anstalt tätige Arzt, Psychotherapeut oder Psychologe und erforderlichenfalls auch andere ärztliche, psychotherapeutische oder psychologische Sachverständige zu hören.

3. Für das Verfahren des Vollzugsgerichts gelten, soweit im Einzelnen nicht anderes angeordnet wird, die Bestimmungen der StPO sinngemäß. Der Verurteilte hat die Rechte des Beschuldigten. Der Beschluss ist dem Verurteilten stets selbst bekannt zu machen, eine Ausfertigung des Beschlusses jedoch auf sein Verlangen auch seinem Verteidiger zuzustellen, wodurch für diesen die Frist zur Erhebung einer Beschwerde (§ 88 Abs. 1 StPO) ausgelöst wird.

4. Die Beschwerde gegen die Bewilligung einer der im § 16 Abs. 2 Z 1 bis 3a, 6, 9, 10 und 12 bezeichneten Maßnahmen hat aufschiebende Wirkung, es sei denn, sie richte sich gegen die Nichteinrechnung einer Zeit in die Strafzeit und wäre offenbar aussichtslos.

(2) Im Verfahren nach den §§ 16 Abs. 3 und 16a hat das Gericht, soweit in diesem Bundesgesetz nicht anderes bestimmt ist, folgende Bestimmungen sinngemäß anzuwenden:

1. im Beschwerdeverfahren nach den §§ 16 Abs. 3 Z 1 und 2 sowie 16a Abs. 1 Z 1 und 2 außer wegen eines Ordnungsstraferkenntnisses das AVG mit Ausnahme der §§ 2 bis 4, 38, 40 bis

44g, 55, 57, 58a, 63 bis 66, 68 Abs. 2 bis 7, 73 Abs. 2 und 3 und 75 bis 80,

2. im Beschwerdeverfahren nach den §§ 16 Abs. 3 Z 1 und 16a Abs. 1 Z 1 wegen eines Ordnungsstraferkenntnisses das AVG in dem in Z 1 genannten Umfang mit Ausnahme des § 11, und die §§ 1 bis 8, 19, 19a, 22, 25, 31, 32, 38, 44a Z 1 bis 3 und 5, 45, 51 Abs. 7, 52 und 55 VStG sowie die §§ 42 und 52 VwGVG, mit der Maßgabe dass der im § 52 Abs. 2 VwGVG genannte Mindestverfahrenskostenbeitrag entfällt,

3. im Beschwerdeverfahren nach den §§ 16 Abs. 3 Z 3 und 16a Abs. 1 Z 3 jene Bestimmungen in Bundesgesetzen, die die säumige Vollzugsbehörde anzuwenden gehabt hätte.

(BGBl 1987/605; BGBl I 2000/138; BGBl I 2013/190)

Vollzugssenate

§ 18. (1) Im Verfahren nach den §§ 16 Abs. 3 und 16a steht die Entscheidung einem Senat zu. Die Senate setzen sich aus zwei Richtern, von denen einer den Vorsitz führt, und einem fachkundigen Laienrichter zusammen.

(2) *(aufgehoben, BGBl I 2015/13)*

(3) Von der Entscheidung im Beschwerdeverfahren ist ausgeschlossen

1. ein fachkundiger Laienrichter, wenn er an der in Beschwerde gezogenen Entscheidung mitgewirkt hat;

2. ein Mitglied des Vollzugssenates, wenn andere Gründe vorliegen, die geeignet sind, seine volle Unbefangenheit in Zweifel zu setzen.

(4) Der Vorsitzende hat für jede Beschwerdesache ein Senatsmitglied zum Referenten zu bestellen, die Sitzungen des Senates nach Bedarf anzuberaumen, die zur Vorbereitung der Sitzung dienenden Verfügungen zu treffen und die Sitzungen zu leiten.

(5) Ein Senat ist beschlussfähig, wenn alle Mitglieder anwesend sind. Verhinderte Mitglieder des Senates sind durch die Ersatzmitglieder in der in der Geschäftsverteilung festgelegten Reihenfolge zu vertreten.

(6) Jeder Abstimmung hat eine Beratung vorauszugehen. Der fachkundige Laienrichter gibt seine Stimme vor den Richtern ab. Der Vorsitzende stimmt zuletzt ab. Das Gericht entscheidet mit der Mehrheit der Stimmen. Eine Stimmenthaltung ist unzulässig.

(7) Über die Beratung und Abstimmung ist ein Protokoll zu führen.

(8) Der Vorsitzende kann die Beratung und Beschlussfassung über die Zurückweisung von Beschwerden durch Einholung der Zustimmung der anderen Mitglieder des Senates im Umlaufweg ersetzen, wenn keines dieser Mitglieder wi-

StVG

derspricht. Die Zustimmung kann nur schriftlich erteilt werden.

(BGBl I 2013/190)

Fachkundige Laienrichter

§ 18a. (1) Die Tätigkeit als fachkundiger Laienrichter und Ersatzlaienrichter ist eine dienstliche Aufgabe. Die fachkundigen Laienrichter und Ersatzlaienrichter sind in Ausübung ihres Amtes unabhängig; sie haben hiebei die mit dem Richteramt verbundenen Befugnisse in vollem Umfang.

(2) Fachkundige Laienrichter müssen österreichische Staatsbürger sein. Sie dürfen nicht wegen einer vorsätzlich begangenen strafbaren Handlung rechtskräftig verurteilt worden sein, außer die Strafe ist getilgt. Als fachkundige Laienrichter dürfen nur Bundesbedienstete des Dienststandes aus dem Kreis der Anstaltsleiter, deren Stellvertreter oder sonstiger erfahrener Strafvollzugsbediensteter bestellt werden.

(3) Der Bundesminister für Verfassung, Reformen, Deregulierung und Justiz hat nach Einholung eines Vorschlages des Präsidenten des Oberlandesgerichts die erforderliche Anzahl von fachkundigen Laienrichtern jeweils für die Dauer von sechs Jahren zu bestellen. Für jeden Laienrichter sind mindestens zwei Ersatzlaienrichter zu bestellen. Der Ersatzlaienrichter hat den fachkundigen Laienrichter im Fall von dessen Verhinderung zu vertreten. *(BGBl I 2018/32)*

(4) Die erste Funktionsperiode beginnt mit 1. Jänner 2014. Die fachkundigen Laienrichter sind vor Antritt ihres Amtes vom Präsidenten des Oberlandesgerichts zu beeiden. Das Amt beginnt mit der Angelobung. Eine Wiederbestellung ist zulässig.

(5) Die fachkundigen Laienrichter und Ersatzlaienrichter haben dem Präsidenten des Gerichts (dem Vorsitzenden des Senates) umgehend bekanntzugeben:

1. jeden Umstand, der sie daran hindert, einer Ladung als fachkundiger Laienrichter nachzukommen,

2. das Eintreten einer länger dauernden Verhinderung an ihrer Amtsausübung.

(6) Die von den fachkundigen Laienrichtern zur Wahrnehmung ihrer Funktion unternommenen Reisen sind nach Maßgabe der Reisegebührenvorschrift 1955, BGBl. Nr. 133, wie Dienstreisen zu vergüten, wobei als Dienstort der Dienstort der Haupttätigkeit gilt.

(BGBl I 2013/190)

§ 18b. (1) Das Amt als fachkundiger Laienrichter oder Ersatzlaienrichter ruht während der Zeit einer vorläufigen Suspendierung, einstweiligen Enthebung oder Außerdienststellung sowie während eines Urlaubs von mehr als drei Monaten und der Ableistung eines Wehr-, Ausbildungs- oder Zivildienstes.

(2) Das Amt als fachkundiger Laienrichter oder Ersatzlaienrichter endet

1. mit Ablauf der Bestelldauer, wenn aber die Bestellung des nachfolgenden fachkundigen Laienrichters oder Ersatzlaienrichters nach diesem Zeitpunkt erfolgt, mit dem Amtsantritt des nachfolgenden fachkundigen Laienrichters oder Ersatzlaienrichters,

2. durch Tod,

3. mit dem Ausscheiden aus dem Dienststand,

4. durch Amtsenthebung oder

5. mit der rechtskräftigen Verhängung einer anderen Disziplinarstrafe als des Verweises.

(3) Ein fachkundiger Laienrichter oder Ersatzlaienrichter ist seines Amtes zu entheben, wenn dieser

1. eine der gesetzlichen Bestellungsvoraussetzungen verliert,

2. auf Grund seiner gesundheitlichen Verfassung seine richterlichen Aufgaben nicht mehr erfüllen kann,

3. die ihm obliegenden Amtspflichten als fachkundiger Laienrichter oder Ersatzlaienrichter grob verletzt oder vernachlässigt hat oder

4. ein Verhalten setzt, das mit dem Ansehen des Amtes unvereinbar ist.

(4) Über die Enthebung nach Abs. 3 Z 1, 2 und 4 hat das Gericht, das im Sinne des § 90 RStDG, BGBl. Nr. 305/1961, Dienstgericht wäre, in dem nach § 93 Abs. 1 RStDG vorgesehenen Verfahren, über die Enthebung nach Abs. 3 Z 3 das Gericht, das im Sinne des § 111 RStDG Disziplinargericht wäre, in dem nach §§ 112 bis 120, 122 bis 149, 151, 152 lit. a, 153, 154, 155 Abs. 1, 157, 161 bis 165 RStDG vorgesehenen Verfahren mit der Maßgabe zu entscheiden, dass außer der Enthebung keine Strafe verhängt werden darf.

(BGBl I 2013/190)

Fünfter Unterabschnitt

Vollzugsunterlagen

§ 19. (1) In jeder Anstalt zum Vollzug von Freiheitsstrafen ist ein Verzeichnis aller Strafgefangenen zu führen.

(2) Alle denselben Strafgefangenen betreffenden Geschäftsstücke sind als Personalakt dieses Strafgefangenen zu vereinigen.

ZWEITER ABSCHNITT
Grundsätze des Strafvollzuges

Erster Unterabschnitt
Allgemeine Grundsätze

Zwecke des Strafvollzuges

§ 20. (1) Der Vollzug der Freiheitsstrafen soll den Verurteilten zu einer rechtschaffenen und den Erfordernissen des Gemeinschaftslebens angepaßten Lebenseinstellung verhelfen und sie abhalten, schädlichen Neigungen nachzugehen. Der Vollzug soll außerdem den Unwert des der Verurteilung zugrunde liegenden Verhaltens aufzeigen.

(2) Zur Erreichung dieser Zwecke und zur Aufrechterhaltung der Sicherheit und Ordnung in den Anstalten zum Vollzug von Freiheitsstrafen sind die Strafgefangenen nach Maßgabe der Bestimmungen dieses Bundesgesetzes und der darauf gegründeten Vorschriften von der Außenwelt abzuschließen, sonstigen Beschränkungen ihrer Lebensführung zu unterwerfen und erzieherisch zu beeinflussen.

(3) Wird eine Untersuchungshaft nur deshalb nicht verhängt oder aufrechterhalten, weil sich der Beschuldigte in Strafhaft befindet, so haben die im Vollzug der Freiheitsstrafen gegenüber dem Vollzug der Untersuchungshaft vorgesehenen Lockerungen in der Abschließung des Strafgefangenen von der Außenwelt so lange und in dem Ausmaß zu entfallen, als es der Zweck der Untersuchungshaft im Einzelfall erfordert.

Abschließung

§ 21. (1) Die Strafgefangenen dürfen, soweit in diesem Bundesgesetz nichts anderes bestimmt ist, die Anstalt zum Vollzug von Freiheitsstrafen bis zu ihrer Entlassung nicht verlassen, Außenarbeiten nur unter Aufsicht verrichten und mit Personen außerhalb der Anstalt nicht verkehren.

(2) Art und Ausmaß des Verkehrs zwischen den im Strafvollzug tätigen Personen, den sonst für die Anstalt tätigen Personen sowie den Bediensteten der öffentlichen Verwaltung, Unternehmern, anderen privaten Auftraggebern (§ 45 Abs. 2) und deren Bediensteten einerseits und den Strafgefangenen andererseits haben sich nach den Zwecken des Strafvollzuges zu richten.

Behandlung der Strafgefangenen

§ 22. (1) Die Strafgefangenen sind mit Ruhe, Ernst und Festigkeit, gerecht sowie unter Achtung ihres Ehrgefühls und der Menschenwürde zu behandeln. Sie sind mit „Sie" und, wenn ein einzelner Strafgefangener mit seinem Familiennamen angesprochen wird, mit „Herr" oder „Frau" und mit diesem Namen anzureden.

(2) Den Strafgefangenen dürfen nur nach Maßgabe der Gesetze Beschränkungen auferlegt oder Vergünstigungen und Lockerungen des Strafvollzuges gewährt werden.

(3) Alle im Strafvollzug außerhalb eines gerichtlichen Verfahrens ergehenden Anordnungen und Entscheidungen sind, soweit im folgenden nichts anderes bestimmt wird, ohne ein förmliches Verfahren und ohne Erlassung eines Bescheides zu treffen; soweit es nötig scheint, ist jedoch der wesentliche Inhalt der Anordnung oder Entscheidung im Personalakt des Strafgefangenen festzuhalten. In den Fällen der §§ 116 und 121 ist hingegen vom Anstaltsleiter oder dem damit besonders beauftragten Strafvollzugsbediensteten ein Ermittlungsverfahren durchzuführen und ein Bescheid zu erlassen. Alle im Strafvollzug ergehenden Anordnungen und Entscheidungen einschließlich der Bescheide, jedoch mit Ausnahme der Ordnungsstrafverfügungen (§ 116a), sind den Strafgefangenen mündlich bekanntzugeben. Das Recht, eine schriftliche Ausfertigung der Entscheidung zu verlangen, steht den Strafgefangenen nur in den Fällen der §§ 17, 116 und 121 zu. *(BGBl I 2009/52)*

(4) Die Strafgefangenen sind erforderlichenfalls über den Inhalt und auch über den Sinn jeder in Ansehung ihrer Person getroffenen oder bevorstehenden Maßnahme zu belehren und bei der Erfüllung ihrer Pflichten anzuleiten.

(BGBl 1971/480; BGBl 1974/424; BGBl 1993/799; BGBl I 1999/55)

§ 23. *(entfällt, BGBl 1974/424)*

Vergünstigungen

§ 24. (1) Einem Strafgefangenen, der erkennen läßt, daß er an der Erreichung der Zwecke des Strafvollzuges mitwirkt, sind auf sein Ansuchen geeignete Vergünstigungen zu gewähren.

(2) Als Vergünstigungen dürfen nur solche Abweichungen von der in diesem Bundesgesetz bestimmten allgemeinen Art des Strafvollzuges gestattet werden, die die Zwecke des Vollzuges (§ 20) nicht beeinträchtigen, insbesondere solche, die die Vorbereitung des Strafgefangenen auf ein straffreies Leben in Freiheit fördern.

(3) Über die Gewährung, Beschränkung und Entziehung von Vergünstigungen hat unbeschadet der Bestimmungen dieses Bundesgesetzes über das Verfahren bei Ordnungswidrigkeiten und bei Beschwerden der Anstaltsleiter zu entscheiden. Andere als die im folgenden besonders angeführten Vergünstigungen dürfen nur mit Genehmigung des Bundesministeriums für Verfassung, Reformen, Deregulierung und Justiz gewährt

StVG

werden: *(BGBl I 2006/102; BGBl I 2015/13; BGBl I 2018/32)*

1. *(entfällt, BGBl I 2009/52)*

2. Benutzung eigener Sportgeräte und -bekleidung;

3. Benutzung eigener Fernseh- oder Radioapparate sowie sonstiger technischer Geräte;

4. Musizieren auf eigenen Instrumenten;

5. längere Beleuchtung des Haftraumes (§ 40 Abs. 3 letzter Satz).

(3a) Der Strafgefangene hat der Anstalt aus dem Betrieb von Vergünstigungen nach Abs. 3 Z 3 entstehende, über die einfache Lebensführung hinausgehende Kosten zu ersetzen. Der Kostenersatz hat sich an den dafür durchschnittlich anfallenden Kosten zu orientieren und ist vom Hausgeld einzubehalten. Zur Bestreitung des Kostenersatzes dürfen die Strafgefangenen auch Eigengeld verwenden. *(BGBl I 2013/2)*

(4) Soweit ein Strafgefangener die ihm gewährten Vergünstigungen mißbraucht oder sonst die Voraussetzungen, unter denen sie gewährt worden sind, nachträglich wieder wegfallen, sind die Vergünstigungen zu beschränken oder zu entziehen.

(BGBl 1993/799)

Hausordnung

§ 25. (1) Der Anstaltsleiter hat die Anordnungen über die Besuchszeiten (§ 94 Abs. 1), über das mündliche Vorbringen von Ansuchen und Beschwerden (§§ 119 und 120 Abs. 2) und andere unter Berücksichtigung der Verhältnisse der Anstalt ergehende allgemeine Anordnungen über den Vollzug, soweit sie das Verhalten der Strafgefangenen betreffen und ihrer Art nach nicht bloß vorübergehender Natur sind, in einer Hausordnung zusammenzufassen. *(BGBl I 2015/13)*

(2) Je ein Abdruck der Hausordnung und der das Verhalten der Strafgefangenen betreffenden Bestimmungen dieses Bundesgesetzes ist in jedem Haftraum aufzulegen.

Allgemeine Pflichten der Strafgefangenen

§ 26. (1) Die Strafgefangenen haben die Anordnungen der im Strafvollzug tätigen Personen Folge zu leisten. Sie dürfen die Befolgung von Anordnungen nur ablehnen, wenn die Anordnung gegen strafgesetzliche Vorschriften verstößt oder die Befolgung dagegen verstoßen oder offensichtlich die Menschenwürde verletzen würde.

(2) Die Strafgefangenen haben alles zu unterlassen, was die Sicherheit und Ordnung in der Anstalt oder sonst die Verwirklichung der Grundsätze des Strafvollzuges gefährden könnte. Sie haben sich so zu benehmen, wie es der Anstand gebietet.

(3) Die Strafgefangenen dürfen nicht eigenmächtig die ihnen zum Aufenthalt angewiesenen Räume verlassen oder die ihnen bei der Arbeit, bei der Bewegung im Freien, im gemeinsamen Schlafraum oder sonst zugewiesenen Plätze wechseln. Sie haben sich an die Tageseinteilung zu halten.

(4) Die Strafgefangenen haben die auf die Vermittlung einer rechtschaffenen Lebenseinstellung und auf ihre Wiedereingliederung in das Gemeinschaftsleben gerichteten Bemühungen nach Kräften zu unterstützen.

Verbot der Selbstbeschädigung und des Tätowierens

§ 27. (1) Die Strafgefangenen dürfen sich nicht am Körper verletzen oder an der Gesundheit schädigen, um sich zur Erfüllung ihrer Pflichten untauglich zu machen; sie dürfen sich auch nicht zu diesem Zweck durch einen anderen verletzen oder schädigen lassen.

(2) Das Tätowieren ist verboten.

§§ 28 und 29. *(entfallen, BGBl 1993/799)*

Geschäfts- und Spielverbot

§ 30. (1) Die Strafgefangenen dürfen weder mit einer im Strafvollzug tätigen Person noch mit einem in derselben Anstalt angehaltenen Strafgefangenen oder Untersuchungshäftling Geschäfte abschließen.

(2) Die Strafgefangenen dürfen sich an Lotteriespielen und anderen Spielen um einen Einsatz nicht beteiligen.

(3) Soweit in diesem Bundesgesetz nichts anderes bestimmt und davon keine Gefährdung der Ordnung des Strafvollzuges zu befürchten ist, dürfen die Strafgefangenen Nahrungs- und Genußmittel geringen Wertes als Geschenk annehmen; die Entscheidung darüber steht dem Anstaltsleiter oder dem von ihm hiezu ermächtigten unmittelbar aufsichtführenden Strafvollzugsbediensteten zu.

(BGBl 1993/799)

Unterhalt

§ 31. (1) Die Anstalten zum Vollzug von Freiheitsstrafen haben nach Maßgabe der Bestimmungen dieses Bundesgesetzes für den Unterhalt der Strafgefangenen zu sorgen.

(2) Soweit die Strafgefangenen sich Sachgüter oder Leistungen gegen Entgelt verschaffen dürfen, können sie dafür außer in den in diesem Bundesgesetz bestimmten Fällen nur das Hausgeld verwenden.

Kosten des Strafvollzuges

§ 32. (1) Soweit im folgenden nichts anderes bestimmt wird, hat jeder Verurteilte für seinen Unterhalt (§ 31 Abs. 1) einen Beitrag zu den Kosten des Strafvollzuges zu leisten.

(2) Der Kostenbeitrag beträgt, wenn der Strafgefangene eine Arbeitsvergütung bezieht, 75 vH der jeweiligen Arbeitsvergütung, sonst das Vierfache der Arbeitsvergütung je Arbeitsstunde in der höchsten Vergütungsstufe (§ 52 Abs. 1) für jeden Tag der Strafzeit.

(3) Die Einhebung eines Kostenbeitrages nach Abs. 2 erster Fall erfolgt durch Abzug von der Arbeitsvergütung.

(4) Die Verpflichtung zur Leistung eines Kostenbeitrages nach Abs. 2 zweiter Fall entfällt, soweit den Strafgefangenen daran, daß er keine oder keine zufriedenstellende Arbeitsleistung erbracht hat, weder ein vorsätzliches noch ein grob fahrlässiges Verschulden trifft oder eine Einhebung des Kostenbeitrages unter sinngemäßer Anwendung des § 391 StPO nicht in Betracht kommt. *(BGBl I 2007/109)*

(5) Ist der Leiter der Anstalt, in der an dem Verurteilten zuletzt die Strafe vollzogen worden ist, der Ansicht, daß die Verpflichtung des Verurteilten zur Leistung eines Kostenbeitrages nach Abs. 2 zweiter Fall nicht gemäß Abs. 4 entfällt, so hat er binnen acht Tagen nach der Entlassung beim Vollzugsgericht den Antrag auf Festsetzung eines Kostenbeitrages zu stellen. Das Vollzugsgericht hat über diesen Antrag binnen einem Monat zu entscheiden (§ 16 Abs. 2 Z 1).

(BGBl 1993/799)

Ersatz für besondere Aufwendungen und Schäden am Anstaltsgut

§ 32a. (1) Führt ein Strafgefangener durch eine Flucht, durch eine vorsätzliche Selbstbeschädigung oder durch wiederholte grundlose Inanspruchnahme ärztlicher Betreuung besondere Aufwendungen herbei, so hat er diese zu ersetzen. *(BGBl I 2009/52)*

(2) Würde durch den Ersatz für besondere Aufwendungen (Abs. 1) oder für Schäden, die ein Strafgefangener am Anstaltsgut herbeigeführt und nach den Bestimmungen des bürgerlichen Rechtes zu ersetzen hat, der Unterhalt des Ersatzpflichtigen oder der ihm gegenüber Unterhaltsberechtigten oder deren Fortkommen gefährdet, so ist auf die Geltendmachung von Ersatzansprüchen bis zu einem Betrag von 3 000 Euro ganz oder teilweise zu verzichten. Der Verzicht steht dem Anstaltsleiter zu. *(BGBl I 2004/136)*

(3) Zur Sicherung des Ersatzanspruches steht dem Bund schon vor der Entscheidung über den Anspruch ein Zurückbehaltungsrecht an den Verwahrnissen des Strafgefangenen zu. Das Zurückbehaltungsrecht unterliegt den gleichen Beschränkungen, die bei der Eintreibung der zu sichernden Beträge zu beachten sind.

(4) Der Aufwandsersatz für die wiederholte grundlose Inanspruchnahme ärztlicher Betreuung ist erforderlichenfalls in angemessenen Teilbeträgen vom Hausgeld einzubehalten. Zur Bestreitung des Aufwandsersatzes dürfen die Strafgefangenen auch Gelder verwenden, die ihnen sonst für die Verschaffung von Leistungen im Strafvollzug nicht zur Verfügung stehen. *(BGBl I 2009/52)*

(BGBl 1993/799; BGBl I 2001/130)

Besitz von Gegenständen

§ 33. (1) Die Strafgefangenen dürfen weder Geld noch andere als die ihnen bei der Aufnahme belassenen oder später ordnungsgemäß überlassenen Gegenstände in ihrem Gewahrsam haben.

(2) Außer den in diesem Bundesgesetz sonst bestimmten Fällen sind den Strafgefangenen nur solche eigene Gegenstände zu überlassen, die ihnen bei der Aufnahme zu belassen gewesen wären (§ 132 Abs. 2).

(3) Alle den Strafgefangenen überlassenen Gegenstände sind zu verzeichnen. Ist ein Mißbrauch zu besorgen, so sind die Gegenstände wieder abzunehmen.

Bezug von Bedarfsgegenständen

§ 34. (1) Die Strafgefangenen sind berechtigt, unbeschadet der §§ 112 Abs. 2 und 114 Abs. 2 einmal in der Woche auf eigene Kosten vom Anstaltsleiter zugelassene Nahrungs- und Genußmittel sowie Körperpflegemittel und andere einfache Gegenstände des täglichen Bedarfs durch Vermittlung der Anstalt zu beziehen. Berauschende Mittel dürfen nicht zugelassen werden, alkoholhältige Körperpflegemittel nur, soweit ein Mißbrauch nicht zu besorgen ist.

(2) Nach der Aufnahme oder einer Strafvollzugsortsänderung ist jedem Strafgefangenen alsbald ein Erstbezug solcher Bedarfsgegenstände in angemessenem Umfang, auch unter Verwendung seines Eigengeldes, zu ermöglichen. Soweit der Strafgefangene nicht selbst über entsprechende Geldmittel verfügt, ist ihm auf sein Ansuchen ein Vorschuß bis zum Doppelten der Arbeitsvergütung je Stunde in der höchsten Vergütungsstufe zu gewähren, der durch Einbehaltung angemessener Teilbeträge vom Hausgeld auszugleichen ist.

(BGBl 1993/799)

Behandlung von Anstaltsgut

§ 35. Die Strafgefangenen haben von ihnen benützte Anstaltsräume und deren Einrichtung sauber und in Ordnung zu halten und die ihnen überlassenen Anstaltssachen sowie die Gegenstän-

StVG

de, mit denen sie bei Verrichtung der ihnen zugewiesenen Arbeit zu tun haben, schonend zu behandeln, soweit es notwendig ist zu pflegen und nur ihrer Zweckbestimmung entsprechend zu gebrauchen.

Meldepflicht

§ 36. (1) Jeder Strafgefangene, der erkrankt, verletzt oder von Ungeziefer befallen ist, hat dies unverzüglich zu melden.

(2) Ebenso ist jeder Strafgefangene, der etwas wahrnimmt, woraus eine ernste Gefahr für die körperliche Sicherheit von Menschen oder für die im § 35 bezeichneten Gegenstände in großem Ausmaß entstehen könnte, verpflichtet, dies unverzüglich zu melden, wenn er die Meldung leicht und ohne sich einer Gefahr auszusetzen erstatten kann.

Verfall von Geld und Gegenständen

§ 37. (1) Werden bei einem Strafgefangenen Geld oder Gegenstände entdeckt, die ihm nicht ordnungsgemäß überlassen worden sind, so sind das Geld und die Gegenstände zugunsten des Bundes für verfallen zu erklären, soweit nicht dritte Personen ein nach § 367 des Allgemeinen bürgerlichen Gesetzbuches geschütztes Eigentum nachweisen und sie an dem Zustandekommen des verbotenen Besitzes kein Verschulden trifft. Ebenso ist vorzugehen, wenn sonst im Bereich einer Anstalt zum Vollzug von Freiheitsstrafen verborgenes Geld oder verborgene Gegenstände (§ 395 des Allgemeinen bürgerlichen Gesetzbuches) oder Sachen entdeckt werden, die offensichtlich dazu bestimmt sind, daß sie einem Strafgefangenen entgegen den Bestimmungen dieses Bundesgesetzes zukommen.

(2) Die Entscheidung über den Verfall steht dem Anstaltsleiter zu. *(BGBl I 2009/52)*

Zweiter Unterabschnitt
Verpflegung, Bekleidung und Unterbringung

Verpflegung

§ 38. (1) Die Strafgefangenen sind mit einfacher Anstaltskost ausreichend zu verpflegen. Die Kost muß den ernährungswissenschaftlichen Erkenntnissen entsprechen und schmackhaft sein; sie ist zu den für die Einnahme von Mahlzeiten allgemein üblichen Tageszeiten auszugeben.

(2) Bei der Verpflegung ist auf eine reichlichere Kost für Strafgefangene, die Arbeit verrichten, auf Abweichungen von der allgemeinen Kost, die der Anstaltsarzt für einzelne Strafgefangene wegen ihres Gesundheitszustandes verordnet, sowie auf die dem Glaubensbekenntnis der Strafgefangenen entsprechenden Speisegebote Rücksicht zu nehmen; ist eine Rücksichtnahme auf diese Speisegebote nach den Einrichtungen der Anstalt nicht möglich, so ist den Strafgefangenen zu gestatten, sich insoweit eine diesen Geboten entsprechende Verpflegung unter Bedachtnahme auf Art und Maß der Anstaltskost von dritter Seite zur Verfügung stellen zu lassen.

(BGBl 1993/799; BGBl I 2002/134)

Bekleidung

§ 39. (1) Die Strafgefangenen sind berechtigt, eigene Leibwäsche sowie einfache und zweckmäßige eigene Oberbekleidung zu tragen, soweit die regelmäßige Reinigung der Wäsche in der Anstalt möglich ist oder außerhalb der Anstalt durch deren Vermittlung besorgt werden kann und keine Gefährdung der Sicherheit und Ordnung zu befürchten ist. *(BGBl I 2009/52)*

(2) Im übrigen haben die Strafgefangenen in den in diesem Bundesgesetz bestimmten Fällen Anstaltskleidung zu tragen. Auch das Bettzeug sowie Hand- und Taschentücher sind von der Anstalt beizustellen. *(BGBl I 2009/52)*

(BGBl 1993/799)

Unterbringung

§ 40. (1) Die Strafgefangenen sind in einfach und zweckmäßig eingerichteten Räumen mit ausreichendem Luftraum und genügendem Tageslicht unterzubringen. Nichtraucher sind nach Möglichkeit nicht gemeinsam mit Rauchern in einem Haftraum unterzubringen, es sei denn, daß sie der gemeinsamen Unterbringung ausdrücklich zustimmen. Die Haifräume sind gut zu lüften und in der kalten Jahreszeit entsprechend zu heizen.

(2) Die Strafgefangenen sind berechtigt, den Haftraum nach ihren Vorstellungen insbesondere mit Blumen und Bildern auszuschmücken, soweit dadurch Sicherheit und Ordnung in der Anstalt nicht beeinträchtigt werden.

(3) Bei Dunkelheit sind die Hafträume außerhalb der Zeit der Nachtruhe so zu beleuchten, daß die Strafgefangenen ohne Gefährdung des Augenlichtes lesen und arbeiten können. Die Strafgefangenen sind berechtigt, im Haftraum ein- und ausschaltbare elektrische Lampen, insbesondere wenn sie bloß den einzelnen Haftplatz ausleuchten, auch während der Zeit der Nachtruhe zu gebrauchen, soweit und solange dadurch andere Strafgefangene nicht unzumutbar belästigt werden und ein Mißbrauch nicht zu befürchten ist. Soweit die Hafträume nicht mit solchen Lampen ausgestattet sind, kann den Strafgefangenen die längere Beleuchtung des Haftraumes am Abend als Vergünstigung gewährt werden.

(BGBl 1993/799)

Verwahrnisse

§ 41. (1) Gegenstände, die dem Strafgefangenen bei der Aufnahme abgenommen werden oder die später für ihn einlangen, ihm aber nicht überlassen werden, sind zu verzeichnen und aufzubewahren. Gegenstände, zu deren Verwahrung es besonderer Vorkehrungen oder Räumlichkeiten bedürfte, sind zurückzuweisen. Das gleiche gilt unbeschadet des § 38 Abs. 2 auch für Gegenstände, die dem Verderb unterliegen. Benötigt der Strafgefangene die ihm bei der Aufnahme abgenommenen oder die später für ihn eingelangten und von der Anstalt aufbewahrten Gegenstände auch bei der Entlassung nicht und beträgt die Strafzeit mehr als drei Monate, so ist der Strafgefangene aufzufordern, eine Person zu bezeichnen, damit die Gegenstände dieser Person so rasch wie möglich ausgefolgt werden können. Stellt sich erst nach der Annahme eines Gegenstandes heraus, daß er zurückzuweisen gewesen wäre, so ist der Strafgefangene ohne Rücksicht auf die Strafzeit sofort aufzufordern, einen Empfänger namhaft zu machen. In beiden Fällen ist der Strafgefangene darauf hinzuweisen, daß die Gegenstände andernfalls zu seinen Gunsten veräußert oder, wenn sie unverwertbar sind, vernichtet werden. *(BGBl I 2009/52; BGBl I 2009/142)*

(2) Geld, das der Strafgefangene bei der Aufnahme bei sich hat oder das später für ihn einlangt, ist ihm als Eigengeld gutzuschreiben. Beträgt die Strafzeit mehr als drei Monate, so ist ausländisches Geld vor der Gutschrift in einem Geldinstitut in inländisches Geld umzuwechseln.

(3) Die Strafgefangenen können über die verwahrten Gegenstände und das Eigengeldguthaben jederzeit verfügen, soweit dem nicht etwa bestehende Rechte anderer einschließlich des Zurückbehaltungsrechtes nach § 32a und nach § 5 des Gerichtlichen Einbringungsgesetzes 1962 entgegenstehen. Verwahrte Eigengeldbeträge bis zur Höhe desjenigen Teiles eines Arbeitseinkommens, der nach § 291a Abs. 1 in Verbindung mit § 291 der Exekutionsordnung, RGBl. Nr. 79/1896 in der jeweils geltenden Fassung, nicht der Pfändung unterliegt, dürfen nur zugunsten von Ansprüchen auf Ersatz für vorsätzlich herbeigeführte Schäden am Anstaltsgut (§ 32a Abs. 2) gepfändet werden. Bei der Entlassung sind dem Strafgefangenen die Gegenstände und das Geld auszufolgen, soweit sich aus dem Vorstehenden nichts anderes ergibt. *(BGBl I 2009/52)*

(4) Für Verwahrnisse, die nicht nach den vorstehenden Bestimmungen veräußert, vernichtet oder ausgefolgt werden können, gelten dem Sinne nach die hinsichtlich strafgerichtlicher Verwahrnisse im Bundesgesetz über die Hinterlegung und Einziehung von Verwahrnissen, BGBl. I Nr. 111/2010, enthaltenen Bestimmungen mit folgender Maßgabe: *(BGBl I 2013/2)*

1. Die Hinterlegung ist vom Anstaltsleiter zu veranlassen.

2. Personaldokumente sind nicht zu hinterlegen, sondern zu den Personalakten zu nehmen. Sie sind nicht auszufolgen, wenn und solange Tatsachen die Annahme rechtfertigen, daß der Verurteilte die Dokumente benützen will, um sich einer wegen einer gerichtlich strafbaren Handlung, die mit mehr als sechs Monaten Freiheitsstrafe bedroht ist, eingeleiteten Strafverfolgung oder Strafvollstreckung, die im Inland gegen ihn schwebt, zu entziehen.

(BGBl 1987/605; BGBl 1993/799)

Hygiene

§ 42. (1) Die Anstalten sind sauber zu halten.

(2) Die Strafgefangenen haben ihren Körper so zu pflegen, wie es Gesundheit und Reinlichkeit erfordern. Bei einer Überwachung der Körperpflege sind Ehrgefühl und Menschenwürde zu wahren. Soweit eine Gefährdung oder ein Mißbrauch zu befürchten ist, haben Haarschneiden und Rasieren in Gegenwart eines Strafvollzugsbediensteten stattzufinden. Weigert sich ein Strafgefangener trotz Belehrung, seinen Körper zu pflegen oder pflegen zu lassen, sodaß er Ekel erregt oder sich oder andere an der Gesundheit gefährdet, so ist er insoweit einer zwangsweisen Körperpflege zu unterwerfen, als es zur Behebung dieses Zustandes erforderlich ist.

(3) Die Strafgefangenen haben täglich so viel warmes Wasser zu bekommen, daß sie sich gründlich reinigen können. Darüber hinaus ist ihnen so oft, wie es nötig ist, mindestens aber zweimal wöchentlich, Gelegenheit zu einem warmen Brause- oder Vollbad zu geben.

(4) Die sanitären Anlagen müssen hygienisch eingerichtet und so beschaffen sein, daß die Strafgefangenen jederzeit in sauberer und schicklicher Weise ihren Bedürfnissen nachkommen können. Die Hafträume haben über abgetrennte WC-Anlagen zu verfügen. Hafträume, in denen mehr als ein Strafgefangener untergebracht werden, müssen über eine baulich abgetrennte WC-Anlage verfügen. *(BGBl I 2009/142, letzter Satz ab 1. 1. 2017)*

(BGBl 1993/799)

Aufenthalt im Freien

§ 43. Wenn es die Witterung nicht ausschließt, haben Strafgefangene, die nicht im Freien arbeiten, täglich, andere Strafgefangene an arbeitsfreien Tagen das Recht, sich unter Rücksichtnahme auf ihren Gesundheitszustand eine Stunde im Freien aufzuhalten. Der Aufenthalt im Freien ist darüber hinaus auszudehnen, wenn dies ohne Beeinträchtigung des übrigen Dienstes und der Ordnung in der Anstalt möglich ist. Während der

Zeit des Aufenthaltes im Freien ist eine sportliche Betätigung zu gestatten, soweit dies nach den zur Verfügung stehenden Einrichtungen möglich ist und nach dem Alter und Gesundheitszustand der Strafgefangenen angemessen erscheint.

(BGBl I 2009/52)

Dritter Unterabschnitt

Arbeit

Arbeitspflicht

§ 44. (1) Jeder arbeitsfähige Strafgefangene ist verpflichtet, Arbeit zu leisten.

(2) Zur Arbeit verpflichtete Strafgefangene haben die Arbeiten zu verrichten, die ihnen zugewiesen werden. Zu Arbeiten, die für die Strafgefangenen mit einer Lebensgefahr oder Gefahr schweren Schadens an ihrer Gesundheit verbunden sind, dürfen sie nicht herangezogen werden.

Arbeitsbeschaffung

§ 45. (1) Es ist Vorsorge dafür zu treffen, daß jeder Strafgefangene nützliche Arbeit verrichten kann.

(2) Alle im Betrieb der Anstalten zum Vollzug von Freiheitsstrafen anfallenden Arbeiten, die durch Strafgefangene verrichtet werden können, sind durch Strafgefangene zu besorgen. Im übrigen sind die Strafgefangenen mit sonstigen Arbeiten für die öffentliche Verwaltung, mit gemeinnützigen Arbeiten oder mit der Erzeugung von Gegenständen zum Vertrieb sowie mit Arbeiten für Unternehmen der gewerblichen Wirtschaft oder für andere private Auftraggeber zu beschäftigen.

Bedachtnahme auf die Volkswirtschaft

§ 46. (1) Die Preise der von den Strafgefangenen erzeugten Gegenstände sind den für Gegenstände gleicher Art und Güte üblichen Preisen anzugleichen, die für die Arbeit Strafgefangener an die Anstalt zu zahlende Vergütung den für Arbeiten gleicher Art und Güte üblichen Löhnen.

(2) Betriebe, die der Erzeugung von Gegenständen zum Vertrieb dienen oder in denen Arbeiten für Unternehmen der gewerblichen Wirtschaft erbracht werden, sind in den Anstalten zum Vollzug von Freiheitsstrafen nur soweit einzurichten, als dies volkswirtschaftlich gerechtfertigt ist. Der Anstaltsleiter hat vor der Errichtung jedes solchen Betriebes eine Stellungnahme des Landesarbeitsamtes des Bundeslandes einzuholen, in dem die Anstalt gelegen ist.

(3) Die Anstalten zum Vollzug von Freiheitsstrafen dürfen Verträge über Gefangenenarbeit für Unternehmen der gewerblichen Wirtschaft abschließen.

(4) Beim Vertrieb von Gegenständen an Justizbedienstete und bei Arbeiten für diese Bediensteten sind die Preise und Vergütungen unter Berücksichtigung des Entfalles an Werbungs- und Verkaufskosten und der Verringerung des Unternehmerrisikos zu bemessen.

(BGBl 1993/799)

Arbeitszuweisung

§ 47. (1) Bei der Zuweisung der Arbeit ist auf den Gesundheitszustand, das Alter, die Kenntnisse und Fähigkeiten des Strafgefangenen, die Dauer der Strafe, das Verhalten des Strafgefangenen im Vollzug und sein Fortkommen nach der Entlassung, endlich auch auf seine Neigungen angemessene Rücksicht zu nehmen. Die Art der Beschäftigung darf nur geändert werden, wenn es zur sparsamen, wirtschaftlichen und zweckmäßigen Führung der Anstalt geboten ist.

(2) Zu Hausarbeiten sind Strafgefangene heranzuziehen, die sich gut führen und von denen ein Mißbrauch dieser Stellung nicht zu befürchten ist.

(3) Arbeiten, die Einblick in die persönlichen Verhältnisse anderer Personen oder in Personal-, Gerichts- oder Verwaltungsakten ermöglichen, dürfen Strafgefangenen nicht übertragen werden.

(4) Zur Arbeit außerhalb einer Anstalt dürfen nur Strafgefangene herangezogen werden, von denen ein Mißbrauch der mit der Außenarbeit verbundenen Lockerung des Vollzuges nicht zu befürchten ist.

Berufsausbildung

§ 48. (1) Strafgefangene, die keinen Beruf erlernt haben oder im erlernten Beruf nicht beschäftigt werden können, sind in einem ihren Kenntnissen, Fähigkeiten und womöglich auch ihren Neigungen entsprechenden Beruf auszubilden, wenn und soweit dies unter Berücksichtigung der Möglichkeit einer Strafvollzugsortsänderung (§ 10) mit den Einrichtungen der in Betracht kommenden Anstalten innerhalb der Strafzeit möglich ist. Zeugnisse über eine Berufsausbildung sind so auszufertigen, daß nicht erkennbar ist, daß die Prüfung oder Ausbildung im Strafvollzug stattgefunden hat.

(2) Lehrgänge zur Berufsausbildung und -fortbildung dürfen auch in der zur Verrichtung von Arbeiten bestimmten Zeit abgehalten werden. An solchen Lehrgängen außerhalb einer Anstalt teilzunehmen, darf nur Strafgefangenen gestattet werden, von denen ein Mißbrauch nicht zu befürchten ist. Strafgefangene, die an Lehrgängen zur Berufsausbildung und -fortbildung teilnehmen, haben für die damit zugebrachte Zeit eine

Arbeitsvergütung in der Höhe der mittleren (dritten) Vergütungsstufe zu erhalten.

(3) Strafgefangenen, die arbeitstherapeutisch beschäftigt werden, ist monatlich im Nachhinein ein Betrag von acht vH der niedrigsten Arbeitsvergütung als Hausgeld gutzuschreiben.

(BGBl 1974/424; BGBl 1987/605; BGBl 1993/799; BGBl I 2000/26)

Arbeitseinrichtungen

§ 49. (1) Die Arbeitsbetriebe sind zeitgemäß einzurichten.

(2) Arbeiten mit stärkerer Staubentwicklung dürfen in Schlafräumen nicht verrichtet werden, andere Arbeiten nur, wenn davon keine gesundheitliche Gefährdung der Strafgefangenen zu besorgen ist.

(3) Für die von den Strafgefangenen zu benützenden Arbeitseinrichtungen und zu verrichtenden Arbeitsvorgänge gelten die allgemeinen Vorschriften zum Schutz des Lebens, der Gesundheit und der körperlichen Sicherheit der Arbeitnehmer sinngemäß, soweit sich nicht aus diesen Vorschriften oder aus den Bestimmungen dieses Bundesgesetzes etwas anderes ergibt.

(BGBl 1993/799)

Arbeitszeit und Arbeitsleistung

§ 50. (1) Das Ausmaß der Arbeitszeit ist den in der gewerblichen Wirtschaft üblichen Verhältnissen, soweit es sich aber um land- und forstwirtschaftliche Arbeiten handelt, den in der Land- und Forstwirtschaft üblichen Verhältnissen möglichst anzugleichen. Das Ausmaß der gesetzlich zulässigen Höchstarbeitszeit darf jedoch unbeschadet des im § 61 genannten Rechtes nicht überschritten werden.

(2) Soweit es die Art der Arbeit zuläßt, hat der Anstaltsleiter unter Berücksichtigung der mittleren Leistung eines freien Arbeiters und der Arbeitsbedingungen in der Anstalt die Arbeitsleistung festzusetzen, die von einem Strafgefangenen an einem Arbeitstag zu erbringen ist.

(3) An Sonntagen und an den gesetzlichen Feiertagen hat die Arbeit zu ruhen, soweit sie nicht für die Anstaltswirtschaft oder für sonstige Fälle unaufschiebbaren Bedarfes der Anstalt oder deshalb notwendig ist, weil die Arbeit ihrer Art nach keine Unterbrechung duldet. Mit der gleichen Einschränkung dürfen Strafgefangene auch zu anderen Zeiten, für die nach ihrem Glaubensbekenntnis Arbeitsruhe geboten ist, nicht beschäftigt werden.

Arbeitsertrag und Arbeitsvergütung

§ 51. (1) Der Ertrag der Arbeit fließt dem Bund zu.

(2) Strafgefangene, die eine befriedigende Arbeitsleistung erbringen, haben für die von ihnen geleistete Arbeit eine Arbeitsvergütung zu erhalten.

(3) Bei unbefriedigender Arbeitsleistung eines Strafgefangenen, die auf Bosheit, Mutwillen oder Trägheit zurückzuführen ist, ist die Arbeitsvergütung nach vorangegangener Ermahnung in einem der Leistungsminderung entsprechenden Ausmaß zu kürzen oder zu entziehen.

Höhe der Arbeitsvergütung

§ 52. (1) Die Höhe der Arbeitsvergütung beträgt für die geleistete Arbeitsstunde

a) für leichte Hilfsarbeiten 6,70

b) für schwere Hilfsarbeiten 7,54

c) für handwerksgemäße Arbeiten 8,38

d) für Facharbeiten 9,20

e) für Arbeiten eines Vorarbeiters .... 10,04.

(2) Erhöht sich nach dem 1. Jänner 2001 bis zum 1. März eines Kalenderjahres der von der Statistik Österreich errrechnete Tariflohnindex gegenüber dem Stand zum 1. März 2000 in einem Ausmaß, dass eine entsprechende Erhöhung des im Abs. 1 lit. a genannten Betrages 4 Cent beträgt, so hat der Bundesminister für Verfassung, Reformen, Deregulierung und Justiz durch Verordnung für das folgende Kalenderjahr die im Abs. 1 genannten Beträge entsprechend zu erhöhen. *(BGBl I 2018/32)*

(3) Die Arbeitsvergütung kann statt als Zeitvergütung als Stückvergütung gewährt werden, insoweit dadurch ein Anreiz zu Mehrleistung zu erwarten ist. Die Höhe der Stückvergütung ist auf der Grundlage der Zeitvergütung nach Abs. 1 vom Anstaltsleiter festzusetzen. *(BGBl I 2015/13)*

(4) Zeiten, die ein Strafgefangener während seiner Arbeitszeit in therapeutischer Betreuung oder mit Gesprächen im Rahmen der sozialen Betreuung zubringt, gelten bis zu einem Höchstmaß von fünf Stunden pro Woche für die Gewährung der Arbeitsvergütung als Arbeitsstunden.

Außerordentliche Arbeitsvergütung

§ 53. (1) Erbringt ein Strafgefangener bei der Arbeit besondere Leistungen, so ist ihm eine außerordentliche Arbeitsvergütung bis zum Höchstmaß des nach Abzug des Vollzugskostenbeitrages (§ 32 Abs. 2 erster Fall und Abs. 3) so-

StVG

wie des auf ihn entfallenden Anteils am Arbeitslosenversicherungsbeitrag verbleibenden Teils einer Monatsvergütung der höchsten Vergütungsstufe zu gewähren. Der Gesamtbetrag der einem Strafgefangenen gewährten außerordentlichen Arbeitsvergütungen darf innerhalb eines Kalenderjahres das Doppelte dieses Höchstmaßes nicht übersteigen. Erstreckt sich die Strafzeit nur über einen Teil des Kalenderjahres, so verringert sich der zulässige Gesamtbetrag entsprechend.

(2) Strafgefangene dürfen Geldzuwendungen von privaten Auftraggebern im Ausmaß des Abs. 1 als weitere außerordentliche Arbeitsvergütung annehmen (§ 54 Abs. 1). Eine Anrechnung solcher Zuwendungen auf die an die Anstalt zu zahlende Vergütung ist unzulässig.

(BGBl 1971/480; BGBl 1993/799)

Hausgeld und Rücklage

§ 54. (1) Die Arbeitsvergütung ist dem Strafgefangenen monatlich im nachhinein nach Abzug des Vollzugskostenbeitrages (§ 32 Abs. 2 erster Fall und Abs. 3) sowie des auf ihn entfallenden Anteils am Arbeitslosenversicherungsbeitrag je zur Hälfte als Hausgeld und als Rücklage gutzuschreiben. Die im § 53 angeführten außerordentlichen Arbeitsvergütungen sind zur Gänze dem Hausgeld zuzuschreiben. Für die Bemessung des Hausgeldes ist die Höhe der Arbeitsvergütung im Zeitpunkt der Gutschrift maßgebend. Die Bemessung der Rücklage richtet sich nach der Höhe der Arbeitsvergütung im Zeitpunkt der Auszahlung oder Verwendung.

(2) Das Hausgeld steht dem Strafgefangenen unbeschadet der §§ 24 Abs. 3a, 32a Abs. 4, 54a, 107 Abs. 4, 112 Abs. 2, 113, 114 Abs. 2 und 156b Abs. 3b für die Verschaffung von Sachgütern und Leistungen nach Maßgabe der Bestimmungen dieses Bundesgesetzes zur Verfügung. Die Rücklage dient unbeschadet des § 54a der Vorsorge für den Unterhalt in der ersten Zeit nach der Entlassung. *(BGBl I 2013/2; BGBl I 2022/61)*

(3) Kann der Strafgefangene außer dem Fall des § 48 Abs. 3 ohne sein vorsätzliches oder grob fahrlässiges Verschulden keine Arbeitsvergütung bekommen, so sind ihm monatlich im nachhinein ein Betrag von fünf vH der niedrigsten Arbeitsvergütung als Hausgeld gutzuschreiben.

(4) Dem Strafgefangenen ist mindestens einmal im Vierteljahr und bei der Entlassung in die Verrechnung seines Guthabens Einsicht zu gewähren.

(5) Bei der Entlassung sind dem Strafgefangenen als Hausgeld und als Rücklage gutgeschriebene Geldbeträge auszuzahlen. Stirbt der Strafgefangene, so fallen die Ansprüche auf diese Geldbeträge in seinen Nachlaß.

(6) Die Exekutionsordnung regelt, inwieweit der Anspruch auf Arbeitsvergütung sowie daraus herrührende Beträge übertragen, gepfändet oder verpfändet werden dürfen. Der Abs. 2 sowie die §§ 54a und 113 bleiben unberührt.

(BGBl 1993/799; BGBl I 2000/26)

§ 54a. (1) Dem Strafgefangenen stehen das Hausgeld sowie die Hälfte der Rücklage, sofern diese die Hälfte des nach § 291a Abs. 1 in Verbindung mit § 291 der Exekutionsordnung, RGBl. Nr. 79/1896, in der jeweils geltenden Fassung, nicht der Pfändung unterliegenden Betrags übersteigt, nur für Leistungen an unterhaltsberechtigte Angehörige oder an Personen, die durch die strafbare Handlung in ihren Rechten verletzt worden sind, sowie zur Schuldentilgung zur Verfügung. *(BGBl I 2010/111)*

(2) Strafgefangene, die eine Freiheitsstrafe mit einer Strafzeit von mehr als einem Jahr zu verbüßen haben, sind bei Strafantritt und sobald die Rücklage 1 000 Euro übersteigt, über die nach Abs. 1 bestehenden Verwendungsmöglichkeiten von Hausgeld und Rücklage zu informieren sowie nach Maßgabe der bestehenden Einrichtungen zu einer sinnvollen Verwendung anzuleiten und dabei zu unterstützen. *(BGBl I 2004/136)*

(3) Außer den Fällen des Abs. 1 sowie des § 54 Abs. 2 dürfen die Strafgefangenen Hausgeld und Rücklage im Vollzug auch für Anschaffungen verwenden, die ihr Fortkommen nach der Entlassung fördern. Die Entscheidung darüber steht dem Anstaltsleiter zu.

(BGBl 1993/799; BGBl I 2001/130)

Geldbelohnung

§ 55. Einem Strafgefangenen, der sich durch besonderen persönlichen Einsatz auszeichnet oder Anregungen gibt, die sich in den Arbeitsbetrieben nutzbringend verwerten lassen, kann eine Geldbelohnung bis zum Doppelten der höchsten außerordentlichen Arbeitsvergütung (§ 53) als Hausgeld (§ 54) gutgeschrieben werden.

(BGBl 1993/799)

Vierter Unterabschnitt
Erzieherische Betreuung und Beschäftigung der Strafgefangenen in der Freizeit

Erzieherische Betreuung

§ 56. (1) Bei der Durchführung aller Maßnahmen des Strafvollzuges ist eine erzieherische Einwirkung auf die Strafgefangenen anzustreben. Außerdem sollen die Strafgefangenen in Einzel- und Gruppenaussprachen sowie auf andere geeignete Weise noch besonders erzieherisch betreut werden.

(2) In Anstalten, in denen dies im Hinblick auf die durchschnittliche Zahl der dort angehaltenen

Strafgefangenen und die durchschnittliche Dauer ihrer Strafzeit den Grundsätzen einer sparsamen, wirtschaftlichen und zweckmäßigen Verwaltung nicht widerspricht, sind Strafgefangene, bei denen dies zur Erreichung des erzieherischen Zweckes der Freiheitsstrafe (§ 20 Abs. 1) zweckmäßig erscheint, auch psychohygienisch und psychotherapeutisch zu betreuen.

Unterricht und Fortbildung

§ 57. (1) In Anstalten, in denen dies im Hinblick auf die durchschnittliche Zahl der dort angehaltenen Strafgefangenen und die durchschnittliche Dauer ihrer Strafzeit mit den Grundsätzen einer sparsamen, wirtschaftlichen und zweckmäßigen Verwaltung vereinbar ist, ist Vorsorge dafür zu treffen, daß Strafgefangene, denen die Kenntnisse und Fertigkeiten mangeln, deren Vermittlung Aufgabe der Volksschulen ist, den erforderlichen Unterricht erhalten können. Unter den gleichen Voraussetzungen sind in den Anstalten für geeignete Strafgefangene regelmäßige Fortbildungskurse abzuhalten.

(2) Die Strafgefangenen dürfen an Fernlehrgängen teilnehmen. Sie dürfen hiefür auch Gelder verwenden, die ihnen sonst im Strafvollzuge nicht zur Verfügung stehen. Im Falle eines Mißbrauches ist die weitere Teilnahme an dem Lehrgang zu untersagen.

(3) Der Unterricht und die mit der Teilnahme an Fernlehrgängen verbundenen Tätigkeiten sind in der arbeitsfreien Zeit vorzunehmen.

Beschäftigung der Strafgefangenen in der Freizeit

§ 58. (1) Die Strafgefangenen sind zu einer sinnvollen Verwendung ihrer Freizeit anzuhalten und dabei erforderlichenfalls anzuleiten. Zu diesem Zweck ist ihnen insbesondere Gelegenheit zum Lesen, zur Teilnahme am Empfang von Rundfunksendungen (Hörfunk und Fernsehen), zu sportlicher Betätigung oder, unbeschadet des § 30 Abs. 2, zu Gesellschaftsspielen zu geben.

(2) Soweit es unter Berücksichtigung der Verhältnisse der Anstalt ohne Beeinträchtigung des Dienstes und der Sicherheit und Ordnung möglich ist, sind die Strafgefangenen berechtigt, sich eigene Bücher und Zeitschriften zu verschaffen (§ 60), in der Freizeit zu arbeiten (§ 61), schriftliche Aufzeichnungen zu führen (§ 62) sowie zu zeichnen und zu malen (§ 63) und an Veranstaltungen teilzunehmen (§ 65).

(BGBl 1993/799)

Gefangenenbücherei

§ 59. In jeder Anstalt zum Vollzug von Freiheitsstrafen ist eine Bücherei einzurichten, aus der die Strafgefangenen Bücher und Zeitschriften entlehnen können. Bei der Ausstattung der Büchereien ist auf den Standard öffentlicher Büchereien Bedacht zu nehmen.

Eigene Bücher und Zeitschriften

§ 60. (1) Die Strafgefangenen dürfen sich zum Zwecke ihrer Fortbildung oder Unterhaltung auf eigene Kosten Bücher beschaffen und eine Zeitung oder Zeitschrift halten, soweit davon keine Gefährdung der Sicherheit und Ordnung in der Anstalt oder des erzieherischen Zwecks der Strafe zu befürchten ist. Für die Beschaffung von Büchern, die ihrer Fortbildung dienen, dürfen Strafgefangene auch Gelder verwenden, die ihnen sonst für die Verschaffung von Leistungen im Strafvollzug nicht zur Verfügung stehen.

(2) Zeitungen und Zeitschriften sind ausschließlich durch Vermittlung der Anstalt zu beziehen. Die Anstalt hat Einzelnummern oder Teile derselben, von denen eine Gefährdung der im Abs. 1 bezeichneten Art zu besorgen ist, zurückzuhalten oder in einer dem Gebote der Wirtschaftlichkeit entsprechenden Weise unkenntlich zu machen. Zeitungen, die Strafgefangenen eingehändigt worden sind, sind ihnen wenigstens eine Woche hindurch zu belassen und sodann wieder abzunehmen; mit der Abnahme gehen sie in das Eigentum des Bundes über.

(BGBl 1971/480)

Arbeit in der Freizeit

§ 61. Die Strafgefangenen dürfen in der Freizeit in ihren Haträumen Arbeiten der im § 45 Abs. 2 zweiter Satz bezeichneten Art für Rechnung des Bundes (§ 51) verrichten oder für wohltätige Zwecke arbeiten. Ebenso dürfen sie für sich und ihre Angehörigen Gegenstände anfertigen, die zum persönlichen Gebrauch bestimmt sind. Arbeiten, durch die die Sicherheit und Ordnung in der Anstalt gefährdet oder Mitgefangene belästigt würden, sind verboten.

Schriftliche Aufzeichnungen

§ 62. Die Strafgefangenen dürfen in der Freizeit persönliche Aufzeichnungen führen. Ist auf Grund bestimmter Tatsachen ein Mißbrauch zu befürchten, so kann der Anstaltsleiter oder ein von ihm damit besonders beauftragter Strafvollzugsbediensteter Einsicht in diese Aufzeichnungen nehmen; bestätigt sich dabei eine solche Befürchtung, so sind die Aufzeichnungen dem Strafgefangenen abzunehmen. In diesem Falle sind sie zu den Personalakten zu nehmen und dem Strafgefangenen bei seiner Entlassung auszuhändigen, soweit nicht zu befürchten ist, daß der Entlassene davon

StVG

zum Zwecke der Begehung einer gerichtlich strafbaren Handlung Gebrauch machen werde.

(BGBl 1993/799)

Zeichnen und Malen

§ 63. Die Strafgefangenen sind berechtigt, in der Freizeit in angemessenem Umfang zu zeichnen, zu malen oder sich sonst bildnerisch zu betätigen.

(BGBl 1993/799)

Gemeinsame Bestimmungen

§ 64. (1) Die zur Ausübung der in den §§ 62 und 63 genannten Rechte erforderlichen Gegenstände sind auf Kosten des Strafgefangenen durch die Anstalt zu beschaffen. Hiefür dürfen Strafgefangene auch Gelder verwenden, die ihnen sonst für die Verschaffung von Leistungen im Strafvollzug nicht zur Verfügung stehen.

(2) Die Aufzeichnungen und die Erzeugnisse der bildnerischen Betätigung des Strafgefangenen sind ihm auf sein Verlangen zu belassen, soweit nicht auf Grund bestimmter Tatsachen ein Mißbrauch zu befürchten ist oder die Ordnung im Haftraum leidet. Im übrigen sind sie unbeschadet des § 62 letzter Satz wie Verwahrnisse zu behandeln. *(BGBl I 2015/13)*

(3) Abs. 1 und 2 gelten dem Sinne nach auch für die Gegenstände, die der Strafgefangene in Ausübung des im § 61 genannten Rechtes für sich oder seine Angehörigen anfertigt.

(BGBl 1993/799)

Veranstaltungen

§ 65. In den Strafvollzugsanstalten und in den Gefangenenhäusern ist wenigstens einmal im Vierteljahr eine belehrende, künstlerische oder unterhaltende Veranstaltung abzuhalten. *(BGBl I 2007/109)*

Bedachtnahme auf fremdsprachige Strafgefangene

§ 65a. Bei der erzieherischen Betreuung und der Beschäftigung der Strafgefangenen, insbesondere bei der Ausstattung der Büchereien, der Beschaffung von Büchern und Zeitschriften und bei der Abhaltung von Fortbildungs- und Sprachkursen sowie von Veranstaltungen, ist nach Möglichkeit auch auf die Bedürfnisse von Strafgefangenen Bedacht zu nehmen, deren Muttersprache nicht deutsch ist.

(BGBl 1993/799)

Fünfter Unterabschnitt

Ärztliche Betreuung

Gesundheitspflege

§ 66. (1) Für die Erhaltung der körperlichen und geistigen Gesundheit der Strafgefangenen ist Sorge zu tragen. Der Gesundheitszustand der Strafgefangenen und ihr Körpergewicht sind zu überwachen.

(2) Die von ansteckenden Krankheiten betroffenen und von Ungeziefer befallenen Strafgefangenen sind abzusondern. Gegenstände, die von ihnen benützt worden sind, sind zu entseuchen oder zu entwesen; ist das nicht möglich oder nicht tunlich, so sind diese Gegenstände ohne Rücksicht darauf, wem sie gehören, zu vernichten. Räume, in denen sich solche Strafgefangene aufgehalten haben oder die von Ungeziefer befallen sind, sind zu entseuchen oder zu entwesen.

Unzulässigkeit ärztlicher Experimente

§ 67. Die Vornahme eines ärztlichen Experimentes an einem Strafgefangenen ist auch dann unzulässig, wenn der Strafgefangene dazu seine Einwilligung erteilt.

Erkrankung von Strafgefangenen

§ 68. (1) Wenn ein Strafgefangener sich krank meldet, wenn er einen Unfall erlitten hat oder auf andere Weise verletzt worden ist, wenn er einen Selbstmordversuch unternommen oder sich selbst beschädigt hat oder wenn sein Aussehen oder Verhalten sonst die Annahme nahelegt, daß er körperlich oder geistig krank ist, so ist davon dem Anstaltsarzt Mitteilung zu machen.

(2) Der Anstaltsarzt hat in diesen Fällen den Strafgefangenen zu untersuchen und dafür Sorge zu tragen, daß ihm die nötige ärztliche, gegebenenfalls fachärztliche Behandlung und Pflege zuteil wird. Er hat ferner festzustellen, ob der Strafgefangene krank, ob er bettlägerig krank und wo er unterzubringen ist und ob und in welchem Umfang er arbeiten kann.

Entwöhnungsbehandlung eines Strafgefangenen

§ 68a. (1) Ein Strafgefangener ist einer Entwöhnungsbehandlung zu unterziehen,

a) wenn nach der Erklärung des Anstaltsarztes der Strafgefangene dem Mißbrauch eines berauschenden Mittels oder Suchtmittels ergeben ist und die Behandlung im Hinblick auf die Dauer der Strafzeit zweckmäßig ist oder

b) wenn die Strafzeit mehr als zwei Jahre beträgt und nur aus diesem Grund von einer Einweisung in eine Anstalt für entwöhnungsbedürftige

Rechtsbrecher (§ 22 des Strafgesetzbuches) abgesehen worden ist.

(2) Von der Einleitung oder Fortsetzung einer Entwöhnungsbehandlung ist abzusehen, wenn der Versuch einer solchen Behandlung von vornherein aussichtslos erscheint oder ihre Fortsetzung keinen Erfolg verspräche.

(BGBl 1974/424)

Zwangsuntersuchung, Zwangsbehandlung und Zwangsernährung

§ 69. (1) Verweigert ein Strafgefangener trotz Belehrung die Mitwirkung an einer nach den Umständen des Falles unbedingt erforderlichen ärztlichen Untersuchung oder Heilbehandlung, so ist er diesen Maßnahmen zwangsweise zu unterwerfen, soweit dies nicht mit Lebensgefahr verbunden und ihm auch sonst zumutbar ist. Einer unzumutbaren Untersuchung oder Heilbehandlung steht jeder Eingriff gleich, der nach seinen äußeren Merkmalen als schwere Körperverletzung (§ 84 Abs. 1 des Strafgesetzbuches) zu beurteilen wäre. Sofern nicht Gefahr im Verzug ist, muß vor jeder Anordnung einer zwangsweisen Untersuchung oder Heilbehandlung die Genehmigung des Bundesministeriums für Verfassung, Reformen, Deregulierung und Justiz eingeholt werden. *(BGBl I 2018/32)*

(2) Verweigert ein Strafgefangener beharrlich die Aufnahme von Nahrung, so ist er ärztlich zu beobachten. Sobald es erforderlich ist, ist er nach Anordnung und unter Aufsicht des Arztes zwangsweise zu ernähren.

(BGBl 1974/424)

Beiziehung eines anderen Arztes

§ 70. Kann der Anstaltsarzt nicht erreicht werden, so ist in dringenden Fällen ein anderer Arzt herbeizurufen. Ein anderer Arzt ist ferner zuzuziehen, wenn der Anstaltsarzt dies nach Art und Schwere des Falles für zweckmäßig hält oder wenn der Strafgefangene bei Verdacht einer ernsten Erkrankung darum ansucht und die Kosten dafür übernimmt; zur Bestreitung dieser Kosten darf der Strafgefangene auch Gelder verwenden, die ihm sonst für die Verschaffung von Leistungen im Strafvollzug nicht zur Verfügung stehen.

Überstellung in eine andere Anstalt

§ 71. (1) Kann ein kranker oder verletzter Strafgefangener in der Anstalt nicht sachgemäß behandelt werden oder geht von ihm eine anders nicht abwendbare Gefährdung für die Gesundheit anderer aus, so ist er in die nächste Anstalt zu überstellen, die über Einrichtungen verfügt, die die erforderliche Behandlung oder Absonderung gewährleisten.

(2) Kann der Strafgefangene auch in einer anderen Anstalt nicht sachgemäß behandelt werden oder wäre sein Leben durch die Überstellung dorthin gefährdet, so ist er in eine geeignete öffentliche Krankenanstalt zu bringen und dort erforderlichenfalls auch bewachen zu lassen. Die öffentlichen Krankenanstalten sind verpflichtet, den Strafgefangenen aufzunehmen und seine Bewachung zuzulassen. Die für die Unterbringung in öffentlichen Krankenanstalten anfallenden Kosten trägt der Bund, gegebenenfalls nach Maßgabe einer zwischen dem Bund und den Ländern diesbezüglich abgeschlossenen Vereinbarung gemäß Artikel 15a des Bundes-Verfassungsgesetzes (B-VG) oder einer diesbezüglich mit dem jeweiligen privaten Krankenanstaltenträger abgeschlossenen Vereinbarung, bis zu dem Zeitpunkt, in dem der Strafvollzug nachträglich aufgeschoben oder beendet wird.

(3) Im Falle der Überstellung in eine öffentliche Krankenanstalt für Psychiatrie oder eine psychiatrische Abteilung eines öffentlichen allgemeinen Krankenhauses gelten im übrigen die Bestimmungen des Unterbringungsgesetzes, BGBl. Nr. 155/1990, in der jeweils geltenden Fassung mit folgenden Maßgaben:

1. Die Überstellung ist ohne das in den §§ 8 und 9 des Unterbringungsgesetzes vorgesehene Verfahren unmittelbar vorzunehmen.

2. Die Aufnahme- und Anhaltepflicht der Krankenanstalten richtet sich nach Abs. 2 erster und zweiter Satz. Untergebracht werden im Sinne des Unterbringungsgesetzes darf der Strafgefangene nur bei Vorliegen der Voraussetzungen des § 3 des Unterbringungsgesetzes.

3. Bei Prüfung der Voraussetzungen des § 3 Z 2 des Unterbringungsgesetzes ist darauf Bedacht zu nehmen, daß die ausreichende ärztliche Behandlung oder Betreuung im Sinne dieser Bestimmung im Rahmen und mit den Mitteln des allgemeinen Strafvollzuges gewährleistet sein muß.

4. Der Wirkungskreis des Patientenanwalts umfaßt ausschließlich die sich aus der Unterbringung ergebenden Beziehungen des Strafgefangenen zur Krankenanstalt.

(BGBl 1993/799; BGBl I 2002/134)

Verständigungen

§ 72. (1) Jede mit Lebensgefahr verbundene oder auch nur beschränkt anzeige- oder meldepflichtige Erkrankung oder Verletzung eines Strafgefangenen und jeder Verdacht einer solchen Erkrankung oder Verletzung sind dem Anstaltsleiter zu melden.

(2) Ist ein Strafgefangener nicht imstande, seine Angehörigen davon zu verständigen, daß er lebensgefährlich krank oder verletzt ist, so hat diese Verständigung der Anstaltsleiter zu übernehmen.

StVG

Zu verständigen ist die Person, die der Strafgefangene bezeichnet; hat der Strafgefangene aber keine bestimmte Person bezeichnet, so ist die jeweils nächste der im folgenden genannten Personen zu verständigen, deren Aufenthalt bekannt ist: der Ehegatte des Strafgefangenen, sein ältestes volljähriges Kind, sein Vater, seine Mutter oder der nächste seiner übrigen volljährigen Angehörigen (§ 72 des Strafgesetzbuches), von gleich nahen aber der älteste. Eine Person, die sich nicht im Inland aufhält, ist nur zu verständigen, wenn sich keine der überhaupt kommenden Personen im Inland aufhält. Auf verständigen Wunsch des Strafgefangenen hat der Anstaltsleiter auch andere Personen zu benachrichtigen.

(3) Die Bestimmung des Abs. 2 gilt dem Sinne nach für den Fall des Ablebens eines Strafgefangenen.

(BGBl 1974/424)

Zahnbehandlung und Zahnersatz

§ 73. (1) Dem Strafgefangenen ist die notwendige Zahnbehandlung zu gewähren. Die konservierende Zahnbehandlung erfolgt in einfacher Form, soweit der Strafgefangene nicht eine besondere Ausführung auf seine Kosten begehrt.

(2) Zahnersatz ist grundsätzlich nur auf Kosten des Strafgefangenen zu gewähren. Soweit der Strafgefangene nicht über die entsprechenden Mittel (Abs. 3) verfügt, sind aber die Kosten des Zahnersatzes, wenn seine Herstellung oder Umarbeitung nicht ohne Gefährdung der Gesundheit des Strafgefangenen bis zur Entlassung aufgeschoben werden kann, vom Bunde zu tragen.

(3) Zur Bestreitung der Kosten, die dem Strafgefangenen nach den vorstehenden Absätzen erwachsen können, darf er auch Gelder verwenden, die ihm sonst für die Verschaffung von Leistungen im Strafvollzuge nicht zur Verfügung stehen.

§ 73a. Hat der Bund infolge eines Ereignisses, das die Erkrankung oder Verletzung eines Strafgefangenen bewirkt hat, nach den Bestimmungen dieses Unterabschnitts Leistungen erbracht oder Kosten getragen und stehen dem Strafgefangenen auf Grund des Ereignisses Schadenersatzansprüche gegen einen Dritten zu, so gehen diese Ansprüche bis zur Höhe des dem Bund erwachsenden Aufwandes auf den Bund über.

(BGBl 1987/605)

Schwangerschaft

§ 74. (1) Die Bestimmungen dieses Bundesgesetzes über die Betreuung kranker oder verletzter Strafgefangener gelten für die Betreuung schwangerer oder solcher Strafgefangener, die kürzlich entbunden haben, dem Sinne nach. Zur Entbindung sind Schwangere in eine öffentliche Krankenanstalt zu bringen. Für die Zulässigkeit der Heranziehung zur Arbeit gelten die §§ 3 bis 7 und 9 des Mutterschutzgesetzes 1979, BGBl. Nr. 221, in der jeweils geltenden Fassung, dem Sinne nach.

(2) Weibliche Strafgefangene, denen das Recht auf Pflege und Erziehung ihrer Kinder zusteht, dürfen diese bis zur Vollendung des zweiten Lebensjahres bei sich behalten, es sei denn, daß davon ein Nachteil für das Kind zu besorgen wäre. Mit den gleichen Einschränkungen kann der Anstaltsleiter, soweit die erforderlichen Einrichtungen zur Verfügung stehen, auch gestatten, daß die Strafgefangenen diese Kinder, wenn im Zeitpunkt der Vollendung des zweiten Lebensjahres nur noch ein weiterer Strafrest von nicht mehr als einem Jahr zu vollziehen ist, längstens bis zur Vollendung des dritten Lebensjahres bei sich behalten dürfen.

(3) Solange eine Strafgefangene ihr Kind bei sich behält, hat die Anstalt auch für den Unterhalt des Kindes zu sorgen. Die Kosten dafür sind vom Bund zu tragen.

(BGBl 1987/605; BGBl 1993/799)

Sechster Unterabschnitt

Soziale Fürsorge

Soziale Betreuung

§ 75. (1) Die Strafgefangenen sind anzuleiten, Beziehungen zu ihren Angehörigen zu pflegen, soweit dies ohne Beeinträchtigung des geordneten Dienstbetriebes in der Anstalt möglich und soweit zu erwarten ist, daß die Strafgefangenen günstig beeinflussen, ihr späteres Fortkommen fördern oder sonst für sie von Nutzen sein werde.

(2) Die Strafgefangenen sind auch anzuleiten, für die Betreuung ihres Vermögens Vorsorge zu treffen. Ihre darauf gerichteten Bemühungen sind auf ihr Ansuchen im Zusammenwirken mit den zuständigen Behörden und Stellen der freien Wohlfahrtspflege mit Rat und Tat zu unterstützen.

(3) Die Strafgefangenen sind über die Möglichkeiten und Vorteile der freiwilligen Weiterversicherung und Höherversicherung in der Sozialversicherung zu belehren. Für die Entrichtung von Beiträgen zur Sozialversicherung dürfen die Strafgefangenen auch Gelder verwenden, die ihnen sonst für die Verschaffung von Leistungen im Strafvollzuge nicht zur Verfügung stehen.

(4) Die Strafgefangenen sind erforderlichenfalls ferner anzuleiten, Vorsorge zu treffen, daß ihnen nach ihrer Entlassung Unterkunft und Arbeit zur Verfügung stehen. Ihre darauf gerichteten Bemühungen sind auf ihr Ansuchen im Zusammenwirken mit den für die Berufsberatung und Arbeitsvermittlung zuständigen Behörden sowie den

Stellen der freien Wohlfahrtspflege mit Rat und Tat zu unterstützen.

Unfallfürsorge

§ 76. (1) Einem Strafgefangenen, der einen nicht von ihm selbst vorsätzlich herbeigeführten Arbeitsunfall erleidet, ist auch über die in diesem Bundesgesetz hinsichtlich der ärztlichen Betreuung sonst getroffenen Vorschriften hinaus Unfallfürsorge zu gewähren.

(2) Arbeitsunfälle sind Unfälle, die sich im örtlichen, zeitlichen und ursächlichen Zusammenhang mit der einem Strafgefangenen zugewiesenen oder auf Rechnung des Bundes oder für wohltätige Zwecke in der Freizeit geleisteten Arbeit ereignen.

(3) Den Arbeitsunfällen sind Unfälle gleichgestellt, die sich auf einem mit der dem Strafgefangenen zugewiesenen oder auf Rechnung des Bundes oder für wohltätige Zwecke in der Freizeit geleisteten Arbeit zusammenhängenden Weg zur oder von der Arbeitsstätte, bei Rettung eines Menschen aus tatsächlicher oder vermuteter Lebensgefahr, dem Versuch einer solchen Rettung, bei der Hilfeleistung in sonstigen Unglücksfällen oder allgemeiner Gefahr oder Not oder bei Heranziehung zum Blutspenden ereignen.

(4) Einem Strafgefangenen ist Unfallfürsorge unter den in der Anlage 1 des Allgemeinen Sozialversicherungsgesetzes, BGBl. Nr. 189/1955, in der jeweils geltenden Fassung, angeführten Voraussetzungen auch im Falle einer der dort bezeichneten, nicht von ihm selbst vorsätzlich herbeigeführten Krankheit zu gewähren, sofern die Krankheit durch eine dem Strafgefangenen zugewiesene oder auf Rechnung des Bundes oder für wohltätige Zwecke in der Freizeit geleistete Arbeit verursacht ist.

§ 77. (1) Die Unfallfürsorge umfaßt die zur Wiederherstellung der Gesundheit, Wiedererlangung der Erwerbsfähigkeit, Linderung der Beschwerden und Verhütung einer Verschlimmerung notwendige Heilfürsorge und die zur Wiedergewinnung oder Erhöhung der geminderten Erwerbsfähigkeit und die zur Behebung oder Erleichterung der Unfall(Krankheits)folgen erforderliche Versorgung mit Körperersatzstücken, orthopädischen und anderen Hilfsmitteln sowie deren Wiederherstellung und Erneuerung.

(2) Die Heilfürsorge umfaßt die notwendige Heilbehandlung (ärztliche Hilfe, Zahnbehandlung, Beistellung von Heilmitteln und Heilbehelfen, Pflege in Kranken-, Kur- und sonstigen Anstalten) sowie ab dem Zeitpunkt der Entlassung aus der Strafhaft die Gewährung von Tag- und Familiengeld.

(3) Die Vorschriften der §§ 190, 195 und 196 des Allgemeinen Sozialversicherungsgesetzes, BGBl. Nr. 189/1955, in der jeweils geltenden Fassung, über die Dauer der Unfallheilbehandlung, das Familien- und Taggeld bei Gewährung der Anstaltspflege als Unfallheilbehandlung und die besondere Unterstützung gelten dem Sinne nach.

(4) Heilfürsorge und Versorgung nach Abs. 1 sind erforderlichenfalls auch nach der Entlassung fortzusetzen, soweit der Verletzte nicht Anspruch auf entsprechende Leistungen aus einer gesetzlichen Krankenversicherung hat. Der Verletzte ist zur fortgesetzten Heilfürsorge und Versorgung der Österreichischen Gesundheitskasse seines Wohnsitzes zuzuteilen. Zugeteilte erhalten die Heilfürsorge und Versorgung nach Art und Umfang, wie sie die Österreichische Gesundheitskasse den bei ihr Pflichtversicherten auf Grund gesetzlicher oder satzungsmäßiger Vorschriften zu gewähren hat, Tag- und Familiengeld jedoch nur in der durch Abs. 3 festgesetzten Höhe. *(BGBl I 2018/100)*

Ersatzansprüche der Österreichischen Gesundheitskasse

§ 78. (1) Der nach den Vorschriften dieses Bundesgesetzes zur Gewährung von Unfallfürsorge verpflichteten Österreichische Gesundheitskasse werden die ihr entstandenen Kosten und der entsprechende Anteil an den Verwaltungskosten ersetzt. Der Bund kann diesen Ersatz in Pauschbeträgen gewähren. Das Bundesministerium für Verfassung, Reformen, Deregulierung und Justiz hat die Pauschbeträge nach Anhörung des Dachverbandes der Sozialversicherungsträger (§ 31 des Allgemeinen Sozialversicherungsgesetzes, BGBl. Nr. 189/1955, in der jeweils geltenden Fassung) im Einvernehmen mit dem Bundesministerium für Finanzen festzusetzen. *(BGBl I 2018/32; BGBl I 2018/100)*

(2) Die Ersatzansprüche nach Abs. 1 sind ausgeschlossen, wenn sie nicht spätestens sechs Monate nach Beendigung der Leistungen beim Bundesministerium für Verfassung, Reformen, Deregulierung und Justiz geltend gemacht werden. *(BGBl I 2015/13; BGBl I 2018/32)*

(3) Für Streitigkeiten über Ersatzansprüche gelten die Vorschriften über das Verfahren bei Streitigkeiten über Ersatzansprüche der Fürsorgeträger gemäß Abschnitt II des Fünften Teiles des Allgemeinen Sozialversicherungsgesetzes, BGBl. Nr. 189/1955, in der jeweils geltenden Fassung, dem Sinne nach.

Unfallrente

§ 79. (1) Wurde die Erwerbstätigkeit des Strafgefangenen durch die Folgen eines nicht von ihm selbst vorsätzlich herbeigeführten Unfalles (§ 76 Abs. 2 und 3) oder einer nicht von ihm selbst vorsätzlich herbeigeführten Krankheit (§ 76

StVG

Abs. 4) um mindestens 20 v. H. über drei Monate nach Eintritt des Anlaßfalles hinaus herabgesetzt und dauert dieser Zustand auch noch nach der Entlassung aus der Strafhaft an, so hat der Verletzte ab dem Zeitpunkt der Entlassung Anspruch auf eine Rente. Die Rente gebührt für die Dauer der Minderung der Erwerbsfähigkeit um mindestens 20 v. H.

(2) Die Vorschriften der §§ 182a, 183, 184, 205, 205a, 207, 215, 215a und 217 bis 220 des Allgemeinen Sozialversicherungsgesetzes, BGBl. Nr. 189/1955, in der jeweils geltenden Fassung, über das Ausmaß der monatlichen Rente, die Neufeststellung der Rente, die Abfindung von Renten, die Bemessung der Versehrtenrente, die Zusatzrente für Schwerversehrte, den Kinderzuschuß, die Witwen(Witwer)rente, die Abfertigung und das Wiederaufleben der Witwen(Witwer)rente, die Eheschließung nach Eintritt des Versicherungsfalles, die Waisenrente, die Eltern- und Geschwisterrente und das Höchstausmaß der Hinterbliebenenrenten gelten dem Sinne nach.

(BGBl 1993/799)

§ 80. (1) Für die aus Anlaß eines Unfalles (§ 76 Abs. 2 und 3) oder einer Krankheit (§ 76 Abs. 4) zu gewährenden Leistungen gelten die Vorschriften der §§ 85, 86, 89, 97, 98, 98a, 99, 100 Abs. 1 lit. b, 101, 102 Abs. 2 und 3 Abs. 1 Z. 2 und 3 und Abs. 2, 104, 105, 106 bis 108, 110, 197, 208 bis 212 und 214 des Allgemeinen Sozialversicherungsgesetzes, BGBl. Nr. 189/1955, in der jeweils geltenden Fassung, über das Entstehen der Leistungsansprüche, den Anfall der Leistungen, das Ruhen der Leistungsansprüche bei Haft und Auslandsaufenthalt, den Wirksamkeitsbeginn von Änderungen in den Rentenansprüchen aus der Unfall- und Pensionsversicherung, die Übertragung und Verpfändung von Leistungsansprüchen, die Pfändung von Leistungsansprüchen, die Entziehung von Leistungsansprüchen, das Erlöschen von Leistungsansprüchen, die rückwirkende Herstellung des gesetzlichen Zustandes bei Geldleistungen, den Verfall von Leistungsansprüchen infolge Zeitablaufes, die Aufrechnung, die Auszahlung der Leistungen, die Rentensonderzahlungen, den Zahlungsempfänger, die Rückforderung zu Unrecht erbrachter Leistungen, die Bezugsberechtigung im Falle des Todes des Rentenempfängers, die sachliche Abgabenfreiheit, die Versagung der Versehrtenrente bei Zuwiderhandlung, das Ruhen der Versehrtenrente bei Anstaltspflege, die vorläufige Versehrtenrente, die Gesamtvergütung, die Entschädigung aus mehreren Versicherungsfällen, die Übergangsrente und das Übergangsgeld, das Versehrtengeld aus der Unfallversicherung und den Teilersatz der Bestattungskosten dem Sinne nach.

(2) Die Rentenempfänger sind verpflichtet, jede Änderung in den für den Fortbestand ihrer Bezugs-

berechtigung maßgebenden Verhältnissen sowie jede Änderung ihres Wohnsitzes binnen zwei Wochen auch dem Bundesministerium für Verfassung, Reformen, Deregulierung und Justiz anzuzeigen. (BGBl I 2015/13; BGBl I 2018/32)

(BGBl 1993/110; BGBl 1993/799)

Bemessungsgrundlage für Geldleistungen

§ 81. Als Bemessungsgrundlage für Geldleistungen aus der Unfallfürsorge und für die Unfallrente gilt im Kalenderjahr das Eineinhalbfache des Betrages, der sich aus dem § 181 Abs. 2 des Allgemeinen Sozialversicherungsgesetzes, BGBl. Nr. 189/1955, ergibt.

(BGBl 1987/605)

Anpassung der Unfallrente

§ 82. Mit Wirksamkeit vom 1. Jänner eines jeden Jahres sind die Unfallrenten mit dem Anpassungsfaktor zu vervielfachen, der in Anwendung der Vorschriften des § 108f des Allgemeinen Sozialversicherungsgesetzes, BGBl. Nr. 189/1955, in der jeweils geltenden Fassung, für diesen Zeitraum festgesetzt worden ist. Die Vorschriften des § 108g des Allgemeinen Sozialversicherungsgesetzes, BGBl. Nr. 189/1955, in der jeweils geltenden Fassung, gelten dem Sinne nach.

Übergang von Schadenersatzansprüchen auf den Bund

§ 83. (1) Können Personen, denen nach den Bestimmungen dieses Bundesgesetzes Leistungen zustehen, den Ersatz des Schadens, der ihnen aus einer der im § 76 genannten Ursachen erwachsen ist, auf Grund anderer gesetzlicher Vorschriften beanspruchen, so geht der Anspruch auf den Bund insoweit über, als dieser Leistungen zu erbringen hat. Ansprüche auf Schmerzengeld gehen auf den Bund nicht über.

(2) Erbringt der Bund Leistungen nach diesem Bundesgesetz, die der Berechtigte auch auf Grund der Vorschriften des Amtshaftungsgesetzes, BGBl. Nr. 20/1949, in der jeweils geltenden Fassung, hätte beanspruchen können, so kann der Bund Rückersatz nach den Vorschriften des Amtshaftungsgesetzes begehren.

Verfahren

§ 84. (1) Über die nach diesem Bundesgesetz gebührenden Leistungen entscheidet das Bundesministerium für Verfassung, Reformen, Deregulierung und Justiz. (BGBl I 2015/13; BGBl I 2018/32)

(2) Für das Verfahren in Angelegenheiten der Unfallfürsorge und Rentenversorgung gelten die auf die Unfallversicherung anwendbaren Bestim-

mungen des Siebenten Teiles des Allgemeinen Sozialversicherungsgesetzes, BGBl. Nr. 189/1955, in der jeweils geltenden Fassung, dem Sinne nach.

(3) Insoweit die Leistung der Unfallfürsorge der Österreichischen Gesundheitskasse übertragen ist, sind Streitigkeiten zwischen dem Verletzten und der Österreichischen Gesundheitskasse nach den im Siebenten Teil des Allgemeinen Sozialversicherungsgesetzes, BGBl. Nr. 189/1955, in der jeweils geltenden Fassung für Leistungssachen (§ 354 ASVG) vorgesehenen Verfahrensbestimmungen zu entscheiden; dieses Verfahren greift nicht Platz, wenn nur die Frage strittig ist, ob ein Unfall (§ 76 Abs. 2 und 3) oder eine Krankheit (§ 76 Abs. 4) mit der dem Verletzten zugewiesenen oder in der Freizeit auf Rechnung des Bundes oder für wohltätige Zwecke geleisteten Arbeit ursächlich zusammenhängt. Die Entscheidung darüber steht dem Bundesministerium für Verfassung, Reformen, Deregulierung und Justiz zu. *(BGBl I 2015/13; BGBl I 2018/32; BGBl I 2018/100)*

(BGBl 1994/624)

Siebenter Unterabschnitt

Seelsorge

§ 85. (1) Jeder Strafgefangene hat das Recht, in der Anstalt am gemeinschaftlichen Gottesdienst und an anderen gemeinsamen religiösen Veranstaltungen teilzunehmen und Heilsmittel sowie den Zuspruch eines an der Anstalt bestellten oder zugelassenen Seelsorgers zu empfangen. Der Anstaltsleiter kann aus Gründen der Sicherheit und Ordnung nach Anhörung des Seelsorgers Strafgefangene von der Teilnahme am Gottesdienst und an anderen Veranstaltungen ausschließen.

(2) Einem Strafgefangenen ist auf sein ernstliches Verlangen auch zu gestatten, in der Anstalt den Zuspruch eines nicht für die Anstalt bestellten oder zugelassenen Seelsorgers seines eigenen Bekenntnisses zu empfangen. Die Entscheidung hierüber steht dem Anstaltsleiter zu.

(3) Ist in der Anstalt für ein Bekenntnis ein Seelsorger weder bestellt noch zugelassen, so ist dem Strafgefangenen auf Verlangen nach Möglichkeit ein Seelsorger namhaft zu machen, an den er sich wenden kann. Diesem ist der Besuch des Strafgefangenen zu dessen seelsorgerischer Betreuung zu gestatten.

(4) Strafgefangenen ist zu gestatten, auch außerhalb der Besuchszeiten (§ 94 Abs. 1) während der Amtsstunden den Besuch eines Seelsorgers zu empfangen. Der Inhalt der zwischen dem Strafgefangenen und dem Seelsorger geführten Gespräche ist nicht zu überwachen. Im übrigen

gelten für solche Besuche die §§ 94 und 95 dem Sinne nach.

(BGBl 1993/799)

Achter Unterabschnitt

Verkehr mit der Außenwelt

Gemeinsame Bestimmungen für Briefverkehr, Telefongespräche und Besuche

§ 86. (1) Die Strafgefangenen dürfen nach Maßgabe der Bestimmungen dieses Bundesgesetzes mit anderen Personen und Stellen schriftlich verkehren und Telefongespräche führen sowie Besuche empfangen. Die §§ 103 Abs. 3, 112 Abs. 2 und 114 Abs. 2 bleiben unberührt.

(2) Briefverkehr, Telefongespräche und Besuche sind jedoch zu untersagen, soweit davon eine Gefährdung der Sicherheit und Ordnung in der Anstalt oder ein ungünstiger Einfluß auf den Strafgefangenen zu befürchten ist. § 96 bleibt unberührt.

(BGBl 1993/799)

Briefverkehr

§ 87. (1) Soweit dieses Bundesgesetz nichts anderes bestimmt, sind Strafgefangene berechtigt, Briefe, Karten und Telegramme ohne Beschränkungen und unter Wahrung des Briefgeheimnisses abzusenden und zu empfangen. Gehen solche Schreiben für einen Strafgefangenen ein, so dürfen sie ihm nur durch den Anstaltsleiter oder durch einen von diesem hiezu bestimmten Strafvollzugsbediensteten ausgehändigt werden. Eingehende Telegramme sind ohne Verzug auszuhändigen.

(2) Wird durch den außerordentlichen Umfang des Briefverkehrs eines Strafgefangenen die Überwachung (§ 90) beeinträchtigt, so hat der Anstaltsleiter diejenigen Beschränkungen anzuordnen, die für eine einwandfreie Überwachung notwendig sind. Eine solche Anordnung darf sich nicht auf den Schriftverkehr eines Strafgefangenen in persönlichen Angelegenheiten von besonderer Bedeutung, in wichtigen Rechts- oder Geschäftsangelegenheiten und zu ernstlichen Fragen des späteren Fortkommens des Strafgefangenen beziehen.

(3) Die Briefe müssen leserlich, verständlich, im allgemeinen in deutscher Sprache abgefaßt und in Vollschrift geschrieben sein. Angehörige einer inländischen sprachlichen Minderheit sind zum Gebrauch ihrer Sprache berechtigt. Ist der Strafgefangene der deutschen Sprache nicht hinreichend mächtig, so ist der Gebrauch einer Fremdsprache zulässig; dies gilt, soweit keine Bedenken bestehen, auch dann, wenn der Empfän-

StVG

ger des Schreibens der deutschen Sprache nicht hinreichend mächtig ist.

(4) Briefe, die Strafgefangenen eingehändigt worden sind, sind ihnen eine Woche hindurch zu belassen, sodann wieder abzunehmen und je nach dem Verlangen des Strafgefangenen entweder zu vernichten oder für ihn aufzubewahren. Auf Verlangen des Strafgefangenen sind ihm Briefe auch zu belassen, soweit kein Mißbrauch zu befürchten ist und die Ordnung im Haftraum nicht leidet.

(BGBl 1993/799)

§ 88. *(entfällt, BGBl 1993/799)*

Schreiben

§ 89. (1) Die Strafgefangenen dürfen Briefe im allgemeinen nur in der Freizeit schreiben. In dringenden Fällen ist den Strafgefangenen aber auch zu gestatten, während der Arbeitszeit zu schreiben.

(2) Den Strafgefangenen sind für ihre Briefe und Eingaben das nötige Schreibzeug und, soweit sie darüber auch unter Heranziehung von Geldern, die ihnen sonst für die Verschaffung von Leistungen im Strafvollzug nicht zur Verfügung stehen, nicht verfügen, in angemessenem Umfang Briefpapier zur Verfügung zu stellen.

(3) Strafgefangenen, die nicht lesen und schreiben können, ist durch einen Strafvollzugsbediensteten Hilfe zu leisten.

(BGBl 1993/799)

Überwachung des Briefverkehrs

§ 90. (1) Von Strafgefangenen verfaßte Schreiben sind vor ihrer Absendung und für Strafgefangene eingehende Schreiben vor ihrer Aushändigung im allgemeinen nur zu überwachen, soweit dies notwendig ist, um allenfalls darin enthaltene unerlaubte Sendungen von Geld und anderen Gegenständen zurückzuhalten. Außerdem sind sie vom Anstaltsleiter oder einem von diesem hiezu bestimmten Strafvollzugsbediensteten stichprobenweise und ansonsten insoweit zu lesen, als dies mit Rücksicht auf die psychiatrische , psychotherapeutische oder psychologische Betreuung des Strafgefangenen oder deswegen erforderlich ist, weil der Verdacht besteht, daß ein Schreiben nach § 90a zurückzuhalten sein werde. *(BGBl I 2009/142)*

(2) Wird ein Schreiben eines Strafgefangenen gelesen, so ist dafür zu sorgen, daß der Inhalt anderen Personen nicht bekannt wird, es sei denn, daß der Brief nach § 90a zurückzuhalten oder die Kenntnisnahme durch andere Personen für die psychiatrische , psychotherapeutische oder psychologische Betreuung des Strafgefangenen erfor-

derlich ist. Vor dem Lesen eines Briefes oder einer Eingabe ist erforderlichenfalls die Herstellung einer Übersetzung zu veranlassen. *(BGBl I 2009/142)*

(BGBl 1993/799)

Zurückbehaltung von Schreiben

§ 90a. (1) Dürfen Schreiben nach den Vorschriften dieses Bundesgesetzes nicht abgesendet oder nicht ausgefolgt werden, verstoßen sie aus anderen Gründen gegen die Zwecke des Strafvollzuges, wird durch sie der Tatbestand einer gerichtlich strafbaren Handlung verwirklicht oder dienen sie der Vorbereitung einer solchen Handlung, so sind sie zurückzuhalten.

(2) Wird ein Schreiben zurückgehalten, so ist dies dem Strafgefangenen unverzüglich mitzuteilen, im Falle eines Schreibens an eine der im § 90b Abs. 4 bis 6 genannten Personen oder Stellen oder eines Schreibens einer dieser Personen oder Stellen auch der Person oder Stelle. Die Mitteilung kann unterbleiben, solange sie den Zweck des Zurückhaltens beeinträchtigen würde oder wenn das Schreiben – außer in den Fällen des § 90b Abs. 1 – auf eine Art und Weise befördert werden sollte, die es einer Überwachung nach § 90 Abs. 1 entzogen hätte. Einwandfreie Teile eines wegen seines Inhalts angehaltenen Schreibens, das für einen Strafgefangenen eingegangen ist, sind ihm bekanntzugeben oder auszuhändigen.

(3) Die zurückgehaltenen Schreiben sind zu den Personalakten zu nehmen und dem Strafgefangenen bei seiner Entlassung auszuhändigen, soweit nicht zu befürchten ist, daß der Entlassene davon zum Zwecke der Begehung einer gerichtlich strafbaren Handlung Gebrauch machen werde.

(BGBl 1993/799)

Schriftverkehr mit öffentlichen Stellen, Rechtsbeiständen und Betreuungsstellen

§ 90b. (1) Schreiben, die ein Strafgefangener unter zutreffender Angabe des Absenders an öffentliche Stellen (Abs. 4), Rechtsbeistände (Abs. 5) oder Betreuungsstellen (Abs. 6) richtet, dürfen in einem verschlossenen Umschlag zur Absendung gegeben werden.

(2) Sind solche Schreiben an öffentliche Stellen (Abs. 4) gerichtet, so dürfen sie nur im Falle eines begründeten und nicht auf andere Weise überprüfbaren Verdachts einer unerlaubten Sendung von Geld oder Gegenständen und nur in Gegenwart des Strafgefangenen geöffnet werden.

(3) Sind solche Schreiben an Rechtsbeistände (Abs. 5) oder Betreuungsstellen (Abs. 6) gerichtet oder handelt es sich um Schreiben dieser Personen und Stellen oder um Schreiben öffentlicher Stellen

(Abs. 4) an einen Strafgefangenen, so dürfen sie nur in dessen Gegenwart und nur

1. aus dem Grunde des Abs. 2 oder

2. im Falle eines begründeten Verdachts, daß

a) auf dem Schreiben ein falscher Absender angegeben ist,

b) der Inhalt des Schreibens eine Gefahr für die Sicherheit der Anstalt darstellt oder

c) der Inhalt des Schreibens den Tatbestand einer gerichtlich strafbaren Handlung verwirklicht oder der Vorbereitung einer solchen Handlung dient,

geöffnet werden. Gelesen werden dürfen solche Schreiben nur in den Fällen der Z 2 lit. b und c; soweit sich dabei der Verdacht bestätigt, sind die Schreiben zurückzuhalten.

(4) Als öffentliche Stellen gelten

1. der Bundespräsident, die Mitglieder der Bundesregierung, inländische allgemeine Vertretungskörper, Gerichte und andere Behörden, die Volksanwaltschaft sowie Angehörige einer dieser Stellen;

1a. das Europäische Parlament, der Rat der Europäischen Union sowie die Kommission und der Gerichtshof der Europäischen Gemeinschaften;

2. der Europäische Gerichtshof für Menschenrechte sowie der nach dem Europäischen Übereinkommen zur Verhütung der Folter eingerichtete Ausschuß;

2a. die Internationalen Gerichte (§ 1 des Bundesgesetzes BGBl. Nr. 263/1996) und der Internationale Strafgerichtshof;

3. bei ausländischen Strafgefangenen auch die konsularische Vertretung ihres Heimatstaates.

(5) Als Rechtsbeistände gelten Rechtsanwälte, Notare, Verteidiger und Wirtschaftstreuhänder.

(6) Als Betreuungsstellen gelten

1. der Bewährungshelfer des Strafgefangenen, Dienst- und Geschäftsstellen für Bewährungshilfe sowie Vereinigungen, die mit Aufgaben der Bewährungshilfe betraut sind;

2. allgemein anerkannte Vereinigungen und Einrichtungen, die sich mit der Beratung und Unterstützung von Angehörigen der Strafgefangenen und mit der Entlassenenbetreuung befassen.

(BGBl 1993/799; BGBl I 2002/134)

Paket- und Geldsendungen sowie Erläge

§ 91. (1) Pakete, die für einen Strafgefangenen einlangen, sind in seiner Gegenwart zu öffnen. Die darin enthaltenen Gegenstände sind dem Strafgefangenen auszufolgen, wenn ihm nach den Bestimmungen dieses Bundesgesetzes ihr Besitz gestattet wird. Andernfalls ist damit nach der Vorschrift des § 41 zu verfahren.

(2) Die Sendung von Nahrungs- und Genussmitteln im Paketweg ist nicht zulässig. Strafgefangene sind jedoch berechtigt, einmal im Vierteljahr Eigengeld bis zum Ausmaß von 50 vH des Höchstmaßes einer außerordentlichen Arbeitsvergütung (§ 53 Abs. 1 erster Satz) für den Bezug von Nahrungs- und Genussmitteln zu verwenden. *(BGBl I 2009/142)*

(3) und (4) *(entfallen, BGBl I 2009/142)*

(5) Mit Geldsendungen und Erlägen ist nach der Vorschrift des § 41 zu verfahren.

(BGBl 1987/605; BGBl 1993/799)

Postgebühren

§ 92. (1) Postsendungen der Strafgefangenen dürfen nur abgesendet werden, wenn die Beförderungsgebühr hiefür entrichtet worden ist. Die Postgebühren tragen die Strafgefangenen.

(2) Eingehende Postsendungen, die mit Gebühren belastet sind, sind nur anzunehmen, wenn der Strafgefangene für die Gebühr aufkommt.

(3) Zur Bestreitung der Postgebühren dürfen die Strafgefangenen auch Gelder verwenden, die ihnen sonst für die Verschaffung von Leistungen im Strafvollzuge nicht zur Verfügung stehen. Ist ein Strafgefangener ohne sein Verschulden nicht imstande, die Gebühren zu bestreiten, so sind sie vom Bunde zu tragen.

Besuche

§ 93. (1) Strafgefangene dürfen Besuche innerhalb der festgesetzten Besuchszeiten so oft und in dem zeitlichen Ausmaß empfangen, als deren Abwicklung mit vertretbarem Aufwand gewährleistet werden kann. Es darf ihnen nicht verwehrt werden, jede Woche wenigstens einen Besuch in der Dauer von mindestens einer halben Stunde zu empfangen; wenigstens einmal innerhalb von sechs Wochen ist die Besuchsdauer auf mindestens eine Stunde zu verlängern. Erhält ein Strafgefangener selten Besuch oder hat ein Besucher einen langen Anreiseweg, so ist die Besuchsdauer jedenfalls angemessen zu verlängern.

(2) Zur Regelung wichtiger persönlicher, wirtschaftlicher oder rechtlicher Angelegenheiten, die weder schriftlich erledigt noch bis zur Entlassung aufgeschoben werden können, sowie zur Aufrechterhaltung familiärer und sonstiger persönlicher Bindungen den Strafgefangenen in geeigneten Räumlichkeiten Gelegenheit zum Empfang von Besuchen in hiefür angemessener Häufigkeit und Dauer, erforderlichenfalls auch außerhalb der Besuchszeiten, zu geben. Auf eine Überwachung solcher Besuche kann, soweit keine Bedenken bestehen, verzichtet werden.

(3) Besucher, die das 14. Lebensjahr noch nicht vollendet haben, sind nur in Begleitung Erwachsener zum Besuch zuzulassen. Mehr als drei Be-

StVG

sucher sollen nicht gleichzeitig zum Besuch eines Strafgefangenen zugelassen werden.

(BGBl 1993/799)

§ 94. (1) Außer in den Fällen des § 93 Abs. 2 sind Besuche nur während der Besuchszeiten zu gestatten. Diese sind vom Anstaltsleiter an mindestens vier Wochentagen, davon wenigstens einmal am Abend oder am Wochenende, festzusetzen; auf Besucher, die berufstätig sind oder eine weite Anreise haben, ist hiebei Rücksicht zu nehmen. Die Besuche haben in den dafür vorgesehenen Besuchsräumen oder, wenn es die Witterung gestattet, innerhalb dafür vorgesehener Teile des Anstaltsbereiches im Freien stattzufinden. Soweit ein Mißbrauch nicht zu besorgen ist, kann der Anstaltsleiter, insbesondere bei Besuchen von Angehörigen, ein Unterbleiben der Überwachung des Gespräches oder andere Lockerungen der Besuchsgestaltung bewilligen. Bei bettlägerigen oder ihrer Krankheit wegen abgesonderten Strafgefangenen hat der Anstaltsleiter nach Anhörung des Anstaltsarztes Besuche im Krankenraum zu gestatten, es sei denn, daß davon eine Gefährdung der Sicherheit und Ordnung in der Anstalt oder der Gesundheit des Strafgefangenen, des Besuchers oder dritter Personen zu besorgen wäre.

(2) Die Besucher haben sich, soweit sie nicht bekannt sind, über ihre Person auszuweisen. Sie sind in kurzen und einfachen Worten darüber zu belehren, wie sie sich beim Besuche zu verhalten haben.

(3) Die Besucher haben sich so zu verhalten, daß die Zwecke des Strafvollzuges nicht gefährdet werden und der Anstand nicht verletzt wird. Die Besucher und die Strafgefangenen dürfen einander keine Gegenstände übergeben.

(4) Soweit nicht nach den Bestimmungen dieses Bundesgesetzes eine Überwachung des Inhalts des Gespräches zwischen dem Strafgefangenen und dem Besucher zu unterbleiben hat, ist das Gespräch verständlich, in deutscher Sprache und auch sonst so zu führen, daß es leicht überwacht werden kann. Angehörige einer inländischen sprachlichen Minderheit sind zum Gebrauch ihrer Sprache berechtigt. Ist ein Strafgefangener der deutschen Sprache nicht hinreichend mächtig, so ist der Gebrauch einer Fremdsprache zulässig; dies gilt, soweit keine Bedenken bestehen, auch dann, wenn der Besucher der deutschen Sprache nicht hinreichend mächtig ist.

(BGBl 1993/799)

Überwachung der Besuche

§ 95. Die Besuche sind schonend zu überwachen. Soweit in diesem Bundesgesetz nichts anderes bestimmt wird, kann sich die Überwachung auch auf den Inhalt des zwischen dem Strafgefangenen und dem Besucher geführten Gespräches

erstrecken, soll sich jedoch auf Stichproben beschränken. Erforderlichenfalls ist ein fremdsprachenkundiger Strafvollzugsbediensteter oder ein Dolmetscher beizuziehen. Von der Beiziehung eines Dolmetschers ist jedoch abzusehen, wenn die damit verbundenen Kosten im Hinblick darauf, daß von dem Gespräch eine Gefährdung der Sicherheit und Ordnung der Anstalt nicht zu befürchten ist, mit dem Grundsatz einer sparsamen Verwaltung nicht in Einklang stünden. Verstoßen die Strafgefangenen oder die Besucher gegen die Bestimmungen des § 94 Abs. 3 und 4, so sind sie in leichten Fällen abzumahnen. Im Wiederholungsfalle oder bei ernsten Verstößen ist der Besuch unbeschadet der Zulässigkeit einer strafrechtlichen oder verwaltungsstrafrechtlichen Verfolgung abzubrechen.

(BGBl 1993/799)

Besuche von Vertretern öffentlicher Stellen und von Betreuungsstellen sowie von Rechtsbeiständen

§ 96. (1) Besuche von Vertretern öffentlicher Stellen und von Betreuungsstellen sowie Besuche von Rechtsbeiständen (§ 90b Abs. 4 bis 6) sind auch außerhalb der im § 93 Abs. 1 genannten Zeitabstände während der Amtsstunden zu gestatten.

(2) Der Inhalt der zwischen den Strafgefangenen und den im Abs. 1 genannten Besuchern geführten Gespräche ist nicht zu überwachen. Eine inhaltliche Überprüfung der von diesen Besuchern mitgeführten Schriftstücke und sonstigen Unterlagen ist nur in den Fällen des § 90b Abs. 3 Z 2 lit. b und c zulässig.

(BGBl 1993/799; BGBl 1996/763)

Telefongespräche

§ 96a. Aus berücksichtigungswürdigen Gründen sind Strafgefangenen Telefongespräche, insbesondere mit Angehörigen, Sachwaltern und sozialen Einrichtungen sowie mit öffentlichen Stellen, Rechtsbeiständen und Betreuungsstellen (§ 90b Abs. 4 bis 6), zu ermöglichen. Der Inhalt der zwischen den Strafgefangenen und den im § 90b Abs. 4 bis 6 genannten Personen und Stellen geführten Gespräche ist nicht zu überwachen; im übrigen kann auf eine Überwachung des Gesprächsinhalts verzichtet werden, soweit keine Bedenken bestehen. Soweit der Gesprächsinhalt überwacht wird, gelten die §§ 94 Abs. 3 und 4 und 95 sinngemäß. Für die Bestreitung der Kosten gilt § 92 sinngemäß.

(BGBl 1993/799)

Vernehmungen

§ 97. Auf Ersuchen von Behörden oder Sicherheitsdienststellen ist deren Organen Gelegenheit zu geben, einen Strafgefangenen in der Anstalt zum Vollzug von Freiheitsstrafen im Beisein eines Strafvollzugsbediensteten zu vernehmen. Organen ausländischer Behörden oder Sicherheitsdienststellen ist dies aber nur dann zu gestatten, wenn das Bundesministerium für Verfassung, Reformen, Deregulierung und Justiz die Zulässigkeit der Vernehmung bestätigt hat. *(BGBl I 2018/32)*

Ausführungen und Überstellungen

§ 98. (1) Ein Strafgefangener darf ausgeführt werden, wenn eine inländische Behörde oder Sicherheitsdienststelle darum ersucht oder wenn dazu aus Vollzugs- oder anderen Verwaltungsgründen Veranlassung besteht.

(2) Eine Ausführung, um die der Strafgefangene ersucht, ist bis zum Höchstausmaß von vierundzwanzig Stunden zu gestatten, soweit zur Erledigung besonders wichtiger und unaufschiebbarer Angelegenheiten persönlicher, wirtschaftlicher oder rechtlicher Natur die Anwesenheit des Strafgefangenen an einem Ort außerhalb der Anstalt dringend erforderlich und die Ausführung nach der Wesensart des Strafgefangenen, seinem Vorleben und seiner Aufführung während der Anhaltung unbedenklich und ohne Beeinträchtigung des Dienstes und der Ordnung in der Anstalt möglich ist. Die durch eine solche Ausführung entstehenden Kosten hat der Strafgefangene zu tragen. Zur Bestreitung dieser Kosten darf er auch Gelder verwenden, die ihm sonst für die Verschaffung von Leistungen im Strafvollzug nicht zur Verfügung stehen. In Ermangelung solcher Mittel sind die Kosten in berücksichtigungswürdigen Fällen vom Bunde zu tragen.

(3) Bei der Ausführung eines Strafgefangenen, bei dem keine Fluchtgefahr besteht, ist der Gebrauch der eigenen Kleidung zu gestatten. Das gleiche gilt für Überstellungen, die nicht ausschließlich in einem geschlossenen Beförderungsmittel durchgeführt werden. Eine unvermeidliche Nächtigung während der Ausführung hat in der nächstgelegenen Anstalt zum Vollzug von Freiheitsstrafen zu geschehen.

(4) Vor und nach jeder Ausführung oder Überstellung ist der Strafgefangene zu durchsuchen.

Unterbrechung der Freiheitsstrafe

§ 99. (1) Ist ein Strafgefangener nach der Art und dem Beweggrund der strafbaren Handlung, derentwegen er verurteilt worden ist, sowie nach seinem Lebenswandel vor der Anhaltung und seiner Aufführung während dieser weder für die Sicherheit des Staates, noch für die der Person oder des Eigentums besonders gefährlich, so ist ihm auf seinen Antrag eine Unterbrechung der Freiheitsstrafe in der Dauer von höchstens acht Tagen zu gewähren,

1. wenn die voraussichtlich noch zu verbüßende Strafzeit drei Jahre nicht übersteigt und der Strafgefangene die Unterbrechung benötigt, um im Inland

a) einen Angehörigen oder einen anderen ihm besonders nahestehenden Menschen, der lebensgefährlich erkrankt oder verletzt ist, aufzusuchen,

b) an dem Begräbnis einer dieser Personen teilzunehmen oder

c) wichtige Familienangelegenheiten im Zusammenhang mit einem der in lit. a und b angeführten Anlässe oder mit der Ehescheidung eines Angehörigen oder unaufschiebbare persönliche Angelegenheiten zu ordnen;

2. wenn die voraussichtlich noch zu verbüßende Strafzeit ein Jahr nicht übersteigt und die Unterbrechung für den Wirtschaftsbetrieb, in dem der Strafgefangene tätig war, notwendig erscheint.

Die Unterbrechung darf nur gewährt werden, wenn eine Unterkunft und der Unterhalt des Strafgefangenen für die Zeit der Unterbrechung gesichert sind. Von der Bewilligung einer Unterbrechung ist die Sicherheitsbehörde des für die Zeit der Unterbrechung in Aussicht genommenen Aufenthaltsortes des Strafgefangenen zu verständigen.

(2) Die Unterbrechung ist zu widerrufen, wenn der Verurteilte versucht, sich dem weiteren Strafvollzug zu entziehen, wenn begründete Besorgnis besteht, daß er dies versuchen werde, oder wenn der dringende Verdacht besteht, daß er aufs neue eine gerichtlich strafbare Handlung begangen habe oder begehen werde.

(3) Der Verurteilte hat die Strafe spätestens mit Ablauf des Zeitraumes, für den die Unterbrechung bewilligt worden ist, wieder anzutreten. Kommt er dieser Verpflichtung nicht nach, so hat der Anstaltsleiter die Vorführung zu veranlassen.

(4) Die Zeit der Unterbrechung ist in die Strafzeit einzurechnen. Wird jedoch die Unterbrechung widerrufen oder tritt der Verurteilte die Strafe nicht rechtzeitig wieder an, so ist die außerhalb der Strafhaft verbrachte Zeit in die Strafzeit nicht einzurechnen.

(5) Die Entscheidung über die Unterbrechung der Freiheitsstrafe und den Widerruf steht dem Anstaltsleiter zu. Wird die Unterbrechung widerrufen, hat der Anstaltsleiter zugleich die sofortige Vorführung zu veranlassen. Soweit dies zur Beurteilung der Voraussetzungen des Abs. 1 erster Satz zweckmäßig erscheint, ist vor der Entscheidung über die Unterbrechung und ihren Widerruf eine Äußerung der Begutachtungs- und Evaluationsstelle für Gewalt- und Sexualstraftäter einzuholen. Soweit dies nach der Person des Strafge-

StVG

fangenen und seiner Entwicklung erforderlich ist, um die Einhaltung der Bestimmungen des Abs. 1 zweiter Satz, Abs. 2 und 3 zu sichern, ist die Unterbrechung nur unter Auflagen und Bedingungen zu gestatten und sind nach Maßgabe ihrer Verfügbarkeit in der Anstalt angemessene, technisch geeignete Mittel der elektronischen Aufsicht anzuordnen. *(BGBl I 2007/109; BGBl I 2009/52; BGBl I 2009/142; BGBl I 2010/64)*

(5a) Der Bundesminister für Verfassung, Reformen, Deregulierung und Justiz ist ermächtigt, durch Verordnung Richtlinien über die Art und die Durchführung der elektronischen Aufsicht zu erlassen. *(BGBl I 2010/64; BGBl I 2018/32)*

(6) Die Entscheidung über die Nichteinrechnung der Zeit der Unterbrechung oder der außerhalb der Strafe verbrachten Zeit in die Strafzeit (Abs. 4) steht dem Vollzugsgericht zu (§ 16 Abs. 2 Z 3). *(BGBl I 2009/52)*

(BGBl 1993/799)

Ausgang

§ 99a. (1) Einem im Sinne des § 99 Abs. 1 nicht besonders gefährlichen Strafgefangenen ist auf sein Ansuchen höchstens zweimal im Vierteljahr zu gestatten, die Anstalt in der Dauer von höchstens zwölf Stunden am Tag zu verlassen, wenn die voraussichtlich noch zu verbüßende Strafzeit drei Jahre nicht übersteigt und der Strafgefangene den Ausgang zu einem der im § 93 Abs. 2 genannten Zwecke benötigt. Soweit es nach dem Zweck des Ausganges unter Bedachtnahme auf allfällige Reisebewegungen notwendig erscheint, darf die Dauer der Abwesenheit bis zu 48 Stunden betragen.

(2) § 99 Abs. 1 zweiter und dritter Satz sowie Abs. 2 bis 4 gilt dem Sinne nach.

(3) Die Entscheidung über den Ausgang und über den Widerruf steht dem Anstaltsleiter zu, der § 99 Abs. 5 dritten und letzten Satz sinngemäß anzuwenden hat. *(BGBl I 2007/109)*

(4) Die Entscheidung über die Nichteinrechnung der Zeit des Ausganges oder der außerhalb der Strafe verbrachten Zeit in die Strafzeit (§ 99 Abs. 4) steht dem Vollzugsgericht zu (§ 16 Abs. 2 Z 3a).

(BGBl 1993/799)

Eheschließung

§ 100. (1) Wünscht ein Strafgefangener eine Ehe zu schließen, so ist ihm hiezu unbeschadet der Bestimmungen der §§ 98 und 99 in der Anstalt Gelegenheit zu geben.

(2) Abs. 1 gilt auch, wenn ein Strafgefangener wünscht, eine Trauung vor dem Seelsorger einer gesetzlich anerkannten Kirche oder Religionsgemeinschaft zu erwirken.

(BGBl 1993/799)

Neunter Unterabschnitt

Aufsicht

Sicherung der Abschließung

§ 101. (1) Auch außer den in diesem Bundesgesetz besonders vorgesehenen Fällen ist über die Abschließung der Strafgefangenen von der Außenwelt zu wachen.

(2) Personen, die nicht in der Anstalt beschäftigt sind, dürfen die Anstalt außer in den in diesem Bundesgesetz besonders vorgesehenen Fällen nur mit Genehmigung des Anstaltsleiters, wenn es sich aber um einen Besuch zum Zwecke der Besichtigung der Anstalt handelt, nur mit Genehmigung des Bundesministeriums für Verfassung, Reformen, Deregulierung und Justiz betreten. Die Genehmigung darf nur erteilt werden, wenn der Besuch mit den Zwecken des Strafvollzuges vereinbar ist. Besucher, die nicht bekannt sind, müssen sich über ihre Person ausweisen. Hievon kann jedoch abgesehen werden, wenn es sich um einen Besuch zum Zwecke der Besichtigung der Anstalt und der Besucher von einer bekannten Person oder von einer Person, die sich ausweisen kann, begleitet wird. *(BGBl I 2015/13; BGBl I 2018/32)*

(3) Die Besucher haben Gegenstände, von deren Mitnahme eine Gefahr für die Sicherheit und Ordnung des Strafvollzuges wäre, abzugeben. Dies gilt auch für Waffen, zu deren Tragen der Besucher wegen seines öffentlichen Dienstes verpflichtet ist. Lichtbild- und Tonaufnahmegeräte sind abzugeben, soweit nicht das Bundesministerium für Verfassung, Reformen, Deregulierung und Justiz ausnahmsweise eine schriftliche Erlaubnis zur Verwendung solcher Geräte im Anstaltsbereich erteilt hat. Eine solche Erlaubnis darf nur erteilt werden, wenn die Verwendung der Geräte mit den Zwecken des Strafvollzuges vereinbar und nach der Person des Besuchers sowie nach den mit ihm getroffenen Vereinbarungen Gewähr dafür geboten ist, daß von den Lichtbildern und Tonaufnahmen kein Gebrauch gemacht wird, der geeignet wäre, den Strafvollzug oder rechtliche Interessen der Strafgefangenen zu schädigen. *(BGBl I 2015/13; BGBl I 2018/32)*

(4) Die Strafvollzugsbediensteten sind ermächtigt, Personen, die nicht in der Anstalt beschäftigt sind, im Anstaltsbereich zu durchsuchen, sofern diese im begründeten Verdacht einer Verwaltungsübertretung nach § 180a stehen oder auf Grund bestimmter Tatsachen anzunehmen ist, daß sie einen Gegenstand bei sich haben, von dem sonst eine Gefahr für die Sicherheit und Ordnung des

Strafvollzuges ausgeht. Im übrigen sind Fahrzeuge, Taschen und sonstige Behältnisse, die in den Anstaltsbereich gebracht oder von dort herausgebracht werden, wenigstens stichprobenweise zu durchsuchen. *(BGBl I 2006/113)*

(5) Die Anwendung unmittelbaren Zwanges zur Durchsetzung einer Durchsuchung nach Abs. 4 ist nur zulässig, wenn eine Gefahr für die Sicherheit und Ordnung des Strafvollzuges nicht mit anderen Mitteln abgewendet werden kann. Personsdurchsuchungen sind von Bediensteten des Geschlechts der zu durchsuchenden Person und möglichst schonend durchzuführen. Die Strafvollzugsbediensteten haben sich dabei auf eine Durchsuchung der Kleidung und eine Besichtigung des Körpers zu beschränken, es sei denn, es wäre auf Grund bestimmter Tatsachen anzunehmen, die zu durchsuchende Person habe einen Gegenstand in ihrem Körper versteckt; in solchen Fällen ist mit der Durchsuchung ein Arzt zu betrauen.

(BGBl 1996/763)

Sicherung der Ordnung in der Anstalt

§ 102. (1) Es ist darüber zu wachen, daß sich die Strafgefangenen so verhalten, wie es in diesem Bundesgesetze und den darauf gegründeten Vorschriften und Verfügungen allgemein oder im Einzelfall angeordnet ist. Insbesondere ist angemessene Vorsorge dafür zu treffen, daß sowohl die Begehung strafbarer Handlungen durch Strafgefangene als auch die Begehung strafbarer Handlungen an Strafgefangenen hintangehalten werden.

(2) Die Strafgefangenen sind auch in der Freizeit und Ruhezeit in den ihnen zum Aufenthalt zugewiesenen Räumen unvermutet zu beobachten oder aufzusuchen. Zu diesem Zweck können diese Räume auch während der Nachtruhe vorübergehend beleuchtet werden. Die Strafgefangenen, ihre Sachen und die von ihnen benützten Räume sind von Zeit zu Zeit zu durchsuchen. Durchsuchungen sind möglichst schonend, Personsdurchsuchungen von Bediensteten des Geschlechts der Strafgefangenen durchzuführen. § 101 Abs. 5 letzter Satz gilt entsprechend. Die mit einer Entblößung verbundene körperliche Durchsuchung ist in Anwesenheit zweier Bediensteter des Geschlechtes des Strafgefangenen und in Abwesenheit von Mitgefangenen und Personen des anderen Geschlechtes durchzuführen.

(3) Anstaltsschlüssel, Waffen, Munition und andere Sicherungsmittel sowie Dienstbekleidungsstücke, die nicht ausgegeben sind oder gebraucht werden, sind unter sicherem Verschluß zu halten.

(4) Arbeitsgeräte, Werkstoffe und andere Gegenstände, die die Sicherheit gefährden können, sind sicher zu verwahren und dürfen Strafgefangenen nur unter Aufsicht und nicht länger als nötig überlassen werden.

(5) Der Verlust eines der in den Abs. 3 und 4 genannten Gegenstände ist unverzüglich zu melden.

(BGBl 1987/605; BGBl 1996/763)

§ 102a. Zur Sicherung der Ordnung in der Anstalt sind der Anstaltsleiter oder damit besonders beauftragte Strafvollzugsbedienstete dazu ermächtigt, einen Strafgefangenen stichprobenweise oder bei Verdacht geeigneten Maßnahmen zur Feststellung des Konsums eines berauschenden Mittels zu unterziehen. Diese Maßnahmen haben unter Achtung des Ehrgefühls und der Menschenwürde des Strafgefangenen stattzufinden und dürfen nicht mit einem körperlichen Eingriff verbunden sein.

(BGBl I 2009/142)

Videoüberwachung

§ 102b. (1) Zur Sicherung der Abschließung der Strafgefangenen von der Außenwelt und zur Sicherung der Ordnung in der Anstalt, insbesondere zur Vorbeugung und Abwehr der Begehung strafbarer Handlungen durch Strafgefangene sowie der Begehung strafbarer Handlungen an Strafgefangenen, und bei einer ernstlichen und erheblichen Gefährdung des Lebens oder der Gesundheit eines Strafgefangenen ist der Anstaltsleiter ermächtigt, technische Mittel zur Bildübertragung in Echtzeit in der Anstalt und an deren Außengrenzen einzusetzen (Echtzeitüberwachung).

(2) Das Ermitteln personenbezogener Daten Anwesender mit technischen Mitteln zur Bildaufnahme ist nur aus den im Abs. 1 genannten Gründen und überdies nur im Eingangsbereich, in den Besucher- und Vernehmungszonen, den Gängen im Gesperre, den Örtlichkeiten, die der Beschäftigung und dem Aufenthalt von Strafgefangenen außerhalb der Hafträume dienen, und in vergleichbaren Bereichen sowie an den Außengrenzen der Anstalt zulässig. Die auf diese Weise ermittelten Daten dürfen auch zur Verfolgung einer gerichtlich strafbaren Handlung oder einer Ordnungswidrigkeit verwendet werden.

(3) Für andere als in den vorstehenden Absätzen genannte Zwecke, insbesondere zur Leistungskontrolle der Strafvollzugsbediensteten, ist die Videoüberwachung nicht zulässig. In gewöhnlichen Hafträumen, gemeinschaftlichen Sanitärräumen und Räumen, die ausschließlich dem Aufenthalt von Vollzugsbediensteten vorbehalten sind, ist die Videoüberwachung nicht zulässig.

(4) Bei jeglicher Videoüberwachung, insbesondere beim Einsatz von technischen Mitteln zur Bildaufnahme, ist darauf zu achten, dass Eingriffe

StVG

in die Privatsphäre der Betroffenen die Verhältnismäßigkeit zum Anlass wahren. Im Fall der Überwachung der Außengrenzen der Anstalt ist darauf zu achten, dass der überwachte Bereich im öffentlichen Raum möglichst gering gehalten wird.

(5) Der Umstand der Videoüberwachung ist durch geeignete Maßnahmen erkennbar zu machen. Diese Kennzeichnung hat außerhalb der Anstalt örtlich derart zu erfolgen, dass jeder potentiell Betroffene, der ein überwachtes Objekt passieren möchte, tunlichst die Möglichkeit hat, der Videoüberwachung auszuweichen.

(6) Aufgezeichnete Daten sind, sofern sie nicht zur weiteren Verfolgung einer gerichtlich strafbaren Handlung oder einer Ordnungswidrigkeit benötigt werden, spätestens nach Ablauf von 72 Stunden, gerechnet vom Zeitpunkt der erstmaligen Aufnahme, zu löschen.

(7) Jeder Verwendungsvorgang einer Videoüberwachung ist zu protokollieren. Dies gilt nicht für Fälle der Echtzeitüberwachung.

(BGBl I 2013/2)

Besondere Sicherheitsmaßnahmen

§ 103. (1) Gegen Strafgefangene, bei denen Fluchtgefahr, die Gefahr von Gewalttätigkeiten gegen Personen oder Sachen oder die Gefahr eines Selbstmordes oder der Selbstbeschädigung besteht oder von denen sonst eine beträchtliche Gefahr für die Sicherheit oder Ordnung ausgeht, sind die erforderlichen besonderen Sicherheitsmaßnahmen anzuordnen.

(2) Als besondere Sicherheitsmaßnahmen, die eine zusätzliche Beschränkung der Lebensführung des Strafgefangenen mit sich bringen, kommen nur in Betracht:

1. die häufigere Durchsuchung des Strafgefangenen, seiner Sachen und seines Haftraumes;

1a. die Unterbringung eines Strafgefangenen, der entweder während der täglichen Arbeit oder während einer täglichen Freizeit von mindestens zwei Stunden in Gemeinschaft angehalten wird, für die verbleibende Zeit in einem Einzelhaftraum;

2. die nächtliche Beleuchtung des Haftraumes;

3. die Entziehung von Einrichtungs- oder Gebrauchsgegenständen oder Bekleidungsstücken, deren Mißbrauch zu befürchten ist;

4. die Unterbringung in einer besonders gesicherten Zelle, aus der alle Gegenstände entfernt sind, mit denen der Strafgefangene Schaden anrichten kann;

5. die Anlegung von Fesseln oder einer Zwangsjacke. *(BGBl I 2009/52)*

(3) Strafgefangene, hinsichtlich derer Maßnahmen nach Abs. 2 Z 4 oder 5 angeordnet werden, sind für die Dauer der Maßnahmen vom Recht auf Besuchsempfang und auf Telefongespräche ausgeschlossen. Sie sind jedoch unbeschadet der besonderen Überwachung durch Vollzugsbedienstete alsbald, längstens binnen 24 Stunden, von einem Arzt aufzusuchen, der insbesondere zu prüfen hat, ob eine Überstellung nach § 71 angezeigt ist. In der Folge sind solche Strafgefangene vom Anstaltsarzt täglich aufzusuchen; versieht der Anstaltsarzt nicht täglich in der Anstalt Dienst, so sind sie an Tagen, an denen der Arzt nicht anwesend ist, von einem im Sanitätsdienst erfahrenen Strafvollzugsbediensteten aufzusuchen. Soweit das tunlich erscheint, ist ein Psychiater , ein Psychotherapeut oder ein Psychologe beizuziehen. *(BGBl I 2009/142)*

(3a) In der besonders gesicherten Zelle dürfen nur Strafgefangene untergebracht werden, deren Gefährlichkeit für sich selbst, andere Personen oder Sachen die Unterbringung in einem anderen Haftraum nicht gestattet. Die besonders gesicherte Zelle muß ausreichende Luftzufuhr und genügendes Tageslicht aufweisen. Soweit keine Bedenken bestehen, sind einem in der besonders gesicherten Zelle Untergebrachten jedenfalls eine Matratze und zur Einnahme der Mahlzeiten ein Löffel zur Verfügung zu stellen.

(4) Fesseln dürfen einem Strafgefangenen außer bei Ausführungen und Überstellungen nur angelegt werden, wenn er Gewalttätigkeiten gegen Personen oder Sachen, Selbstmord oder Flucht angedroht, vorbereitet oder versucht hat, die ernste Gefahr einer Wiederholung oder Ausführung besteht und andere Sicherheitsmaßnahmen den Umständen nach nicht möglich sind oder nicht ausreichen. Die Fesseln sind an den Händen, wenn aber sonst der Zweck der Fesselung nicht erreicht werden kann, auch an den Füßen anzulegen.

(5) Besondere Sicherheitsmaßnahmen sind aufrechtzuerhalten, soweit und solange dies das Ausmaß und der Fortbestand der Gefahr, die zu ihrer Anordnung geführt hat, unbedingt erfordern.

(6) Die Anordnung besonderer Sicherheitsmaßnahmen steht dem aufsichtführenden Strafvollzugsbediensteten zu. Dieser hat jede solche Anordnung unverzüglich dem Anstaltsleiter zu melden. Der Anstaltsleiter hat unverzüglich über die Aufrechterhaltung der besonderen Sicherheitsmaßnahme zu entscheiden. Die Aufrechterhaltung einer Maßnahme nach Abs. 2 Z 4 über eine Woche oder einer Maßnahme nach Abs. 2 Z 5 über 48 Stunden hinaus kann nur das Vollzugsgericht anordnen, das hierüber auf Antrag des Anstaltsleiters zu entscheiden hat (§ 16 Abs. 2 Z 4 und 5). Ordnet das Vollzugsgericht die Aufrechterhaltung der Maßnahme an, so hat es zugleich deren zulässige Höchstdauer zu bestimmen; fallen die Gründe, die zur Anordnung einer solchen Maßnahme geführt haben, vor Ablauf dieses Zeitraumes weg,

so hat der Anstaltsleiter die Maßnahme unverzüglich aufzuheben (Abs. 5).

(BGBl 1974/424; BGBl 1993/799)

Unmittelbarer Zwang

§ 104. (1) Die Strafvollzugsbediensteten dürfen unmittelbare Gewalt nur anwenden:

1. im Falle der Notwehr (§ 3 des Strafgesetzbuches);

2. zur Überwindung eines Widerstandes gegen die Staatsgewalt oder eines tätlichen Angriffes auf einen Beamten (§§ 269, 270 des Strafgesetzbuches);

3. zur Verhinderung der Flucht eines Strafgefangenen oder zu seiner Wiederergreifung;

4. gegenüber einer Person, die in die Anstalt eindringt oder einzudringen oder einen Strafgefangenen zu befreien versucht;

5. zur Überwindung einer sonstigen die Sicherheit und Ordnung des Strafvollzuges gefährdenden Nichtbefolgung einer Anordnung.

(2) Die Anwendung von Gewalt hat sich auf das notwendige Maß zu beschränken. Sie darf nur nach vorheriger Androhung erfolgen, es sei denn, daß dadurch der Zweck der Gewaltanwendung gefährdet würde.

(BGBl 1974/424; BGBl 1996/763)

Bewaffnung und Waffengebrauch

§ 105. (1) Die Strafvollzugsbediensteten, die Strafgefangene auszuführen oder zu überstellen oder über die Sicherung der Abschließung und der Ordnung in der Anstalt zu wachen haben (§§ 98, 101 und 102), müssen, soweit dies zur Aufrechterhaltung der Sicherheit und Ordnung in der Anstalt geboten erscheint, bei Ausübung ihres Dienstes eine Dienstwaffe führen.

(2) Dienstwaffen sind Gummiknüppel und Faustfeuerwaffen, für den Postendienst in Anstalten, in denen dies im Hinblick auf die große Zahl oder die besondere Gefährlichkeit dort angehaltener Strafgefangener erforderlich erscheint, auch Langfeuerwaffen. In Anstalten, in denen dies im Hinblick auf die Zahl der dort angehaltenen Strafgefangenen mit den Grundsätzen einer zweckmäßigen Verwaltung vereinbar ist, können auch andere Waffen von der Art der Dienstwaffen der Bundespolizei vorrätig gehalten werden.

(3) Die Strafvollzugsbediensteten dürfen von ihren Waffen nur in den Fällen des § 104 Abs. 1 Z. 1 bis 4 Gebrauch machen. Von Dienstwaffen, die nicht Gummiknüppel, Faustfeuerwaffen oder Langfeuerwaffen sind, darf nur auf Anordnung des Anstaltsleiters Gebrauch gemacht werden. Kann die Entscheidung des Anstaltsleiters nicht rechtzeitig getroffen werden und ist Gefahr im Verzuge, kommt die Entscheidungsbefugnis dem ranghöchsten Strafvollzugsbediensteten zu.

(4) Der Waffengebrauch ist nur zulässig, wenn ungefährliche oder weniger gefährliche Maßnahmen, wie insbesondere die Aufforderung zur Herstellung des gesetzmäßigen Zustandes, die Androhung des Waffengebrauches, die Verfolgung eines Flüchtenden, die Anwendung von Körperkraft oder verfügbare gelindere Mittel, wie insbesondere Handfesseln oder technische Sperren, ungeeignet scheinen oder sich als wirkungslos erwiesen haben. Stehen verschiedene Waffen zur Verfügung, darf nur von der am wenigsten gefährlichen, nach der jeweiligen Lage noch geeignet scheinenden Waffe Gebrauch gemacht werden. Steht eine geeignet scheinende Dienstwaffe nicht zur Verfügung, dürfen unter sinngemäßer Anwendung der Bestimmungen dieses Bundesgesetzes auch andere Waffen gebraucht oder Mittel angewendet werden, deren Wirkung der einer Waffe gleichkommt.

(5) Zweck des Waffengebrauches gegen Menschen darf nur sein, angriffs-, widerstands- oder fluchtunfähig zu machen. In den Fällen des § 104 Abs. 1 Z. 2 bis 4 darf der durch den Waffengebrauch zu erwartende Schaden nicht offensichtlich außer Verhältnis zu dem beabsichtigten Erfolg stehen. Jede Waffe ist mit möglichster Schonung von Menschen und Sachen zu gebrauchen. Gegen Menschen dürfen Waffen nur angewendet werden, wenn der Zweck ihrer Anwendung nicht durch Waffenwirkung gegen Sachen erreicht werden kann.

(6) Der mit Lebensgefährdung verbundene Gebrauch einer Waffe gegen Menschen ist nur zulässig:

1. im Falle der Notwehr (§ 3 des Strafgesetzbuches) zur Verteidigung eines Menschen;

2. zur Unterdrückung eines Aufstandes oder Aufruhrs;

3. zur Verhinderung der Flucht oder zur Wiederergreifung eines Strafgefangenen, der wegen eines Verbrechens verurteilt worden ist, das ihn als einen für die Sicherheit des Staates, der Person oder des Eigentums allgemein gefährlichen Menschen kennzeichnet.

(7) Der lebensgefährdende Waffengebrauch gegen Menschen ist außer dem Fall der Notwehr (§ 3 des Strafgesetzbuches) ausdrücklich, zeitlich unmittelbar vorangehend und deutlich wahrnehmbar anzudrohen; er ist nur dann zulässig, wenn dadurch Unbeteiligte voraussichtlich nicht gefährdet werden.

(BGBl 1974/424; BGBl 1996/763)

Wegweisung Unbeteiligter

§ 105a. Die Strafvollzugsbediensteten, die Strafgefangene auszuführen, zu überstellen oder außerhalb der Anstalt zu bewachen haben, sind ermächtigt, Unbeteiligte aus der unmittelbaren Umgebung eines Strafgefangenen wegzuweisen, soweit dies zum Schutz des Strafgefangenen oder zur Hintanhaltung der Behinderung einer Amtshandlung erforderlich ist.

(BGBl 1996/763)

Flucht

§ 106. (1) Ein Strafgefangener, der flüchtet, ist, soweit dies ohne Vernachlässigung der Aufsicht über andere Strafgefangene geschehen kann, unverzüglich und nachdrücklich zu verfolgen und wieder einzubringen. Die Strafvollzugsbediensteten sind ermächtigt, im Zuge der Nacheile Grundstücke und Räume zu betreten, sofern dies zur Wiedereinbringung des flüchtenden Strafgefangenen erforderlich ist, sowie Grundstücke, Räume und Kraftfahrzeuge nach dem flüchtenden Strafgefangenen zu durchsuchen, sofern auf Grund bestimmter Tatsachen anzunehmen ist, daß dieser sich dort aufhält. Für Durchsuchungen gelten die Bestimmungen der §§ 122 Abs. 3 sowie 121 Abs. 2 und 3 sinngemäß. Auch beim Betreten von Grundstücken und Räumen haben die Strafvollzugsbediensteten mit Vermeidung unnötigen Aufsehens, jeder nicht unumgänglich nötigen Belästigung oder Störung betroffener Personen sowie mit möglichster Schonung ihres Rufes vorzugehen. *(BGBl I 2007/109)*

(2) Kann man eines geflohenen Strafgefangenen nicht sogleich habhaft werden, so hat der Anstaltsleiter im Wege der nächsten Sicherheitsbehörde oder -dienststelle die Fahndung zu erwirken und rechtzeitig die Ausschreibung zur Festnahme zu beantragen.

(3) Der unmittelbar aufsichtführende Strafvollzugsbedienstete hat jeden Fall einer gelungenen oder versuchten Flucht unverzüglich dem Anstaltsleiter zu melden. Dieser hat den Fall zu untersuchen. Die Untersuchung hat sich insbesondere auch darauf zu erstrecken, ob die Flucht durch ein pflichtwidriges Verhalten einer im Strafvollzug tätigen Person oder durch Mängel der Anstaltseinrichtungen begünstigt worden ist. Über Ausbrüche und aufsehenerregende Fluchtfälle sowie über solche Fluchtfälle, die durch pflichtwidriges Verhalten im Strafvollzug tätiger Personen ermöglicht worden sind, haben die Anstaltsleiter sogleich unmittelbar dem Bundesministerium für Verfassung, Reformen, Deregulierung und Justiz zu berichten. *(BGBl I 2006/102; BGBl I 2015/13; BGBl I 2018/32)*

(4) § 149 Abs. 5 gilt sinngemäß, wobei nach Maßgabe dieser Bestimmung auch eine Verständigung im Fall der Wiedereinbringung des Geflohenen zu erfolgen hat. *(BGBl I 2016/26)*

(BGBl 1996/763)

Aufgaben und Befugnisse von Strafvollzugsbediensteten im Auslandseinsatz

§ 106a. (1) Die Wahrnehmung der den Strafvollzugsbediensteten nach diesem Bundesgesetz zukommenden Aufgaben und Befugnisse, insbesondere auch zur Ausübung unmittelbaren Zwanges und zum Waffengebrauch nach den §§ 101 Abs. 4 und 5, 104 bis 106 (Exekutivbefugnisse) ist nach Maßgabe der Abs. 2 und 3 auch im Ausland zulässig.

(2) Strafvollzugsbedienstete dürfen im Ausland Exekutivbefugnisse auf der Grundlage einer Entsendung durch die Bundesregierung im Einvernehmen mit dem Hauptausschuss des Nationalrates nach dem Bundesverfassungsgesetz über Kooperation und Solidarität bei der Entsendung von Einheiten und Einzelpersonen in das Ausland (KSE-BVG), BGBl. I Nr. 38/1997, in der Fassung BGBl. I Nr. 35/1998, ausüben. Ihre Tätigkeit hat sich dabei auf den Umfang zu beschränken, der vom Entsendebeschluss nach § 2 Abs. 1 KSE-BVG und den diesem zu Grunde liegenden internationalen Beschlüssen oder Übereinkommen gedeckt ist.

(3) Das Einschreiten unter Ausübung von Exekutivbefugnissen muss sowohl nach österreichischem Recht als auch nach dem im Einsatzgebiet anzuwendenden Recht zulässig sein. Es muss zu den durch Weisungen von Organen nach § 4 Abs. 3 KSE-BVG im Zuge der Entsendung zugewiesenen Aufgaben gehören.

(BGBl I 2013/2)

Zehnter Unterabschnitt

Ordnungswidrigkeiten

Begriffsbestimmung

§ 107. (1) Eine Ordnungswidrigkeit begeht der Strafgefangene, der entgegen den Bestimmungen dieses Bundesgesetzes vorsätzlich

1. die Anstalt verläßt oder sonst flüchtet;

2. mit einer Person außerhalb der Anstalt, einer im Strafvollzuge oder sonst für die Anstalt tätigen Person, einem Bediensteten der öffentlichen Verwaltung, einem Unternehmer, anderen privaten Auftraggeber (§ 45 Abs. 2) oder einem seiner Bediensteten, einem Besucher oder mit einem anderen Strafgefangenen verkehrt;

3. sich selbst am Körper verletzt oder an der Gesundheit schädigt oder durch einen anderen verletzen oder schädigen läßt, um sich zur Erfüllung seiner Pflichten untauglich zu machen, oder sich tätowiert oder tätowieren läßt;

4. Äußerungen macht, in denen zu gerichtlich oder disziplinär strafbaren Handlungen aufgefordert wird oder in denen solche Handlungen gutge-

heißen werden, oder den Anstand gröblich verletzt;

5. Gegenstände in seiner Gewahrsame hat;

6. eine der im § 36 angeführten Meldungen unterläßt oder eine solche Meldung wider besseres Wissen erstattet;

7. trotz Abmahnung eine ihm zugewiesene Arbeit nicht verrichtet;

8. die Strafe nach einer Unterbrechung der Freiheitsstrafe oder nach einem Ausgang nicht unverzüglich wieder antritt;

9. sich einer im Strafvollzuge oder sonst für die Anstalt tätigen Person, einem Bediensteten der öffentlichen Verwaltung, einem Unternehmer, anderen privaten Auftraggeber (§ 45 Abs. 2) oder einem seiner Bediensteten oder einem Besucher gegenüber ungebührlich benimmt; oder

10. sonst den allgemeinen Pflichten der Strafgefangenen nach § 26 zuwiderhandelt.

(2) Eine Ordnungswidrigkeit begeht auch der Strafgefangene, der vorsätzlich oder grob fahrlässig einen Schaden am Anstaltsgut oder an den übrigen im § 35 genannten Gegenständen herbeiführt oder dieses Gut oder diese Gegenstände stark beschmutzt.

(3) Eine Ordnungswidrigkeit begeht ferner unbeschadet des § 118 Abs. 1 der Strafgefangene, der sich einer in die Zuständigkeit der Bezirksgerichte fallenden strafbaren Handlung gegen die körperliche Sicherheit, gegen die Ehre oder gegen das Vermögen einer der im Abs. 1 Z. 9 genannten Personen oder eines Mitgefangenen oder einer in die Zuständigkeit der Bezirksgerichte fallenden strafbaren Handlung gegen das Anstaltsgut schuldig macht.

(4) Für Ordnungswidrigkeiten gelten im Verfahren erster Instanz die allgemeinen Bestimmungen sowie die §§ 31, 32, 38, 44a Z 1 bis 3 und 5, 45, 52, 55 und 64 des Verwaltungsstrafgesetzes 1991, BGBl. Nr. 52, in der jeweils geltenden Fassung, soweit in diesem Unterabschnitt nicht anderes bestimmt ist. Der Versuch ist strafbar. Der im Ordnungsstrafverfahren bestimmte Verfahrenskostenbeitrag ist vom Hausgeld, gegebenenfalls in Teilbeträgen, einzubehalten. Zur Bestreitung dieses Verfahrenskostenbeitrages dürfen Strafgefangene auch Gelder verwenden, die ihnen sonst für die Verschaffung von Leistungen im Strafvollzug nicht zur Verfügung stehen. Ein Mindestverfahrenskostenbeitrag ist entgegen § 64 Abs. 2 VStG nicht festzusetzen. *(BGBl I 2009/52; BGBl I 2013/190)*

(BGBl 1974/424; BGBl 1993/799; BGBl I 2000/138)

Ahndung von Ordnungswidrigkeiten

§ 108. (1) Begeht ein Strafgefangener eine Ordnungswidrigkeit, so ist er in jedem Fall durch den aufsichtführenden Strafvollzugsbediensteten abzumahnen.

(2) Ist die Schuld des Strafgefangenen gering, hat die Ordnungswidrigkeit keine oder nur unbedeutende Folgen nach sich gezogen und scheint die Bestrafung auch nicht geboten, um den Strafgefangenen von künftigen Verfehlungen abzuhalten, so hat es bei der Abmahnung sein Bewenden. Andernfalls ist gegen den Strafgefangenen eine Strafe zu verhängen.

(3) Der aufsichtführende Strafvollzugsbedienstete hat die Begehung einer Ordnungswidrigkeit dem Anstaltsleiter zu melden, wenn er der Ansicht ist, daß nach Abs. 2 eine Strafe zu verhängen sei, oder wenn er dies zumindest für möglich hält.

(4) Hat der aufsichtführende Strafvollzugsbedienstete die Begehung einer Ordnungswidrigkeit gemeldet und ist der Strafgefangene geständig oder erscheint der Sachverhalt sonst hinreichend geklärt, so kann der Anstaltsleiter ohne weiteres Verfahren durch Ordnungsstrafverfügung (§ 116a StVG) die Ordnungsstrafe des Verweises oder einer Geldbuße bis zu 70 Euro verhängen. *(BGBl I 2009/52)*

Strafen für Ordnungswidrigkeiten

§ 109. Als Strafen für Ordnungswidrigkeiten kommen nur eine oder mehrere der folgenden Maßnahmen in Betracht:

1. der Verweis;

2. die Beschränkung oder Entziehung von Vergünstigungen;

3. die Beschränkung oder Entziehung der Rechte auf Verfügung über das Hausgeld (§ 54), Fernsehempfang (§ 58), Briefverkehr (§ 87), Besuchsempfang (§ 93) oder Telefongespräche (§ 96a);

4. die Geldbuße;

5. der Hausarrest.

(BGBl 1993/799)

Verweis

§ 110. Der Verweis besteht in einem nachdrücklichen Tadel, der außer im Falle einer Ordnungsstrafverfügung (§ 116a) dem Strafgefangenen vom Anstaltsleiter oder von einem von diesem beauftragten Strafvollzugsbediensteten auszusprechen ist.

(BGBl I 2009/52)

Beschränkung oder Entziehung von Vergünstigungen

§ 111. Vergünstigungen dürfen höchstens für die Dauer von drei Monaten beschränkt oder entzogen werden. Mit dem Ablauf der Zeit der Beschränkung oder Entziehung können sie unter

StVG

den sonst erforderlichen Voraussetzungen (§ 24) wieder ohne die angeordnete Beschränkung oder von neuem erworben werden.

Beschränkung oder Entziehung von Rechten

§ 112. (1) Die Strafe der Beschränkung oder zeitweiligen Entziehung des Rechtes auf Briefverkehr, Besuchsempfang oder Telefongespräche darf nur wegen eines Mißbrauchs dieses Rechtes verhängt werden.

(2) Das Recht auf Fernsehempfang darf höchstens für die Dauer von acht Wochen, jenes auf Briefverkehr oder Telefongespräche höchstens für die Dauer von vier Wochen entzogen oder beschränkt werden. Das Recht auf Verfügung über das Hausgeld darf höchstens für die Dauer von vier Wochen entzogen und höchstens für die Dauer von acht Wochen beschränkt werden. Das Recht auf Besuchsempfang darf höchstens in der Weise entzogen oder beschränkt werden, daß der Strafgefangene bis zu dreimal in ununterbrochener Folge zu den sonst vorgesehenen Zeitpunkten keine oder nur bestimmte Besuche empfangen darf.

(3) Wird das Recht eines Strafgefangenen auf Verfügung über das Hausgeld entzogen, so sind die Beträge, die ihm für die Zeit der Wirksamkeit der Entziehung als Hausgeld gutzuschreiben wären, als Rücklage gutzuschreiben. Wird das Recht auf Verfügung über das Hausgeld nur beschränkt, so hat die Gutschreibung als Rücklage statt als Hausgeld nach Maßgabe des Ausmaßes der Beschränkung zu geschehen.

(4) Das Recht auf schriftlichen Verkehr mit den im § 90b Abs. 4 bis 6 genannten Personen und Stellen sowie das Recht, von diesen Personen und von Vertretern der im § 90b Abs. 4 bis 6 genannten Stellen Besuche zu empfangen, bleiben von jeder Beschränkung oder Entziehung des Rechtes auf Briefverkehr oder Besuchsempfang unberührt.

(BGBl 1971/480; BGBl 1993/799)

Geldbuße

§ 113. Die Geldbuße darf den Betrag von 200 Euro nicht übersteigen. Sie ist vom Hausgeld in angemessenen Teilbeträgen einzubehalten. *(BGBl I 2004/136)*

(BGBl 1993/799; BGBl I 2001/130)

Hausarrest

§ 114. (1) Die Strafe des einfachen oder strengen Hausarrestes darf nur bei Überwiegen erschwerender Umstände verhängt werden. Der Hausarrest darf vier Wochen nicht übersteigen.

(2) Während der Zeit des Hausarrestes ist der Strafgefangene in einem besonderen Einzelraum

anzuhalten; bei Strafgefangenen, die in Einzelhaft angehalten werden, kann in leichteren Fällen im Straferkenntnis angeordnet werden, daß sie den Hausarrest in ihrem gewöhnlichen Haftraum zu verbüßen haben. Der Strafgefangene entbehrt während dieser Anhaltung die im § 109 Z 3 genannten Rechte und die ihm gewährten Vergünstigungen, soweit nicht bei einfachem Hausarrest einzelne dieser Rechte oder Vergünstigungen zur Erreichung des erzieherischen Strafzweckes im Straferkenntnis ausdrücklich aufrechterhalten werden. Bei der Bewegung im Freien ist der Strafgefangene von anderen getrennt zu halten. Der Strafgefangene darf nur mit Arbeiten beschäftigt werden, die im Haftraum verrichtet werden können.

(3) Wird strenger Hausarrest verhängt, so ist im Straferkenntnis für die Dauer des Hausarrestes zumindest eine der nachstehend angeführten Maßnahmen anzuordnen:

1. Beschränkung der Zeit, in der der Haftraum künstlich beleuchtet wird;

2. Entzug der Arbeit.

(BGBl 1993/799)

Nichteinrechnung in die Strafzeit

§ 115. Hat sich ein Strafgefangener durch eine Selbstbeschädigung oder durch eine andere Ordnungswidrigkeit vorsätzlich seiner Arbeitspflicht entzogen, so ist dem Strafgefangenen die wegen dieser Ordnungswidrigkeit im Hausarrest zugebrachte Zeit ganz oder teilweise nicht in die Strafzeit einzurechnen. Hierüber hat das Vollzugsgericht auf Antrag des Anstaltsleiters zu entscheiden (§ 16 Abs. 2 Z. 6).

Verfahren bei Ordnungswidrigkeiten

§ 116. (1) Über die Verhängung von Ordnungsstrafen hat unbeschadet der Bestimmung des § 108 die Vollzugsbehörde erster Instanz zu entscheiden. Richtet sich die Ordnungswidrigkeit aber gegen die Person des Anstaltsleiters, so steht die Entscheidung dem Bundesministerium für Verfassung, Reformen, Deregulierung und Justiz zu. Die Zuständigkeit bleibt auch erhalten, wenn der Strafgefangene während eines anhängigen Ordnungsstrafverfahrens in eine andere Anstalt überstellt wird. *(BGBl I 2015/13; BGBl I 2018/32)*

(2) Ist ein Strafgefangener einer mit einer Strafe zu ahndenden Ordnungswidrigkeit verdächtig und erscheint seine Absonderung von den übrigen Strafgefangenen zur Aufrechterhaltung der Sicherheit und Ordnung in der Anstalt notwendig, so hat ihn der unmittelbar aufsichtführende Vollzugsbedienstete in einen Einzelraum oder, falls der Strafgefangene in Einzelhaft angehalten wird, in seinen Haftraum einzuweisen.

(3) Wird ein Strafgefangener einer Ordnungswidrigkeit beschuldigt, wegen der eine Strafe zu verhängen wäre, so ist er zu dieser Anschuldigung zu hören. Er hat auch das Recht weitere Erhebungen zu beantragen. Soweit danach der Sachverhalt nicht genügend geklärt erscheint, sind weitere Erhebungen anzustellen. Wäre nach dem Ergebnis dieser Erhebungen eine Strafe zu verhängen, so ist der Strafgefangene neuerlich zu hören. *(BGBl I 2009/142)*

(4) Ein Straferkenntnis hat der Anstaltsleiter oder ein von ihm beauftragter Strafvollzugsbediensteter dem Strafgefangenen zu verkünden. Richtet sich die Ordnungswidrigkeit gegen die Person des Anstaltsleiters, hat dessen Stellvertreter oder ein von diesem beauftragter Strafvollzugsbediensteter das Straferkenntnis zu verkünden. Zugleich ist der Strafgefangene über die Möglichkeit einer Beschwerde (§ 120) zu belehren. Auf sein Verlangen ist ihm eine schriftliche Ausfertigung des Erkenntnisses zuzustellen. Der wesentliche Inhalt des Erkenntnisses ist in den Personalakten des Strafgefangenen ersichtlich zu machen. *(BGBl I 2009/52)*

(5) Ist ein Strafgefangener der deutschen Sprache nicht hinreichend mächtig, so ist ihm im Ordnungsstrafverfahren die erforderliche Übersetzungshilfe zu leisten.

(6) Soweit in diesem Bundesgesetz nichts anderes bestimmt wird, sind Strafen unverzüglich zu vollziehen. Ist an einem Strafgefangenen die Strafe des Hausarrestes vollzogen worden, so darf eine solche Strafe an ihm erst wieder nach Verstreichen eines der Dauer des vollzogenen Hausarrestes entsprechenden Zeitraumes vollzogen werden.

(7) Die erkennende Behörde (Abs. 1) kann die im § 109 Z. 2 bis 5 angeführten Strafen ganz oder teilweise unbedingt oder unter Bestimmung einer Probezeit von einem bis zu sechs Monaten bedingt nachsehen, mildern oder mildernd umwandeln, wenn dies bei Berücksichtigung aller Umstände zweckmäßiger ist als der Vollzug oder weitere Vollzug der verhängten Strafe. Die Probezeit endet spätestens mit der Entlassung aus der Strafhaft. Wird der Strafgefangene innerhalb der Probezeit wegen einer weiteren Ordnungswidrigkeit schuldig erkannt, so ist die bedingte Nachsicht nach Anhörung des Strafgefangenen zu widerrufen und die Strafe zu vollziehen, sofern es nicht aus besonderen Gründen zweckmäßig erscheint, trotzdem von einem Widerruf abzusehen. Wegen einer in der Probezeit begangenen Ordnungswidrigkeit kann der Widerruf auch noch binnen sechs Wochen nach Ablauf der Probezeit stattfinden.

(BGBl 1971/480; BGBl 1993/799; BGBl I 2000/138; BGBl I 2004/15)

Abgekürztes Verfahren bei Ordnungswidrigkeiten

§ 116a. (1) Eine gemäß § 108 Abs. 4 zu erlassende Ordnungsstrafverfügung muss enthalten:

1. die Behörde, die die Ordnungsstrafverfügung erlässt;

2. den Vor- und Familiennamen des Beschuldigten;

3. die Tat, die als erwiesen angenommen ist, ferner die Zeit und den Ort ihrer Begehung;

4. die hierdurch begangene Ordnungswidrigkeit;

5. die verhängte Strafe und die angewendete Gesetzesbestimmung;

6. die Belehrung über den Einspruch.

(2) Die Bestimmung des § 116 Abs. 7 ist anzuwenden. Im abgekürzten Verfahren fällt kein Verfahrenskostenbeitrag an.

(3) Ordnungsstrafverfügungen sind nachweislich auszuhändigen. Der Beschuldigte kann gegen die Ordnungsstrafverfügung Einspruch erheben. § 120 Abs. 2 gilt sinngemäß. Wird ein Einspruch rechtzeitig erhoben, ist das Ordnungsstrafverfahren (§ 116) einzuleiten.

(4) Wird ein Einspruch nicht oder nicht rechtzeitig erhoben, so ist die Ordnungsstrafverfügung zu vollziehen.

Mitwirkung des Arztes

§ 117. Die Strafe des Hausarrestes darf nicht vollzogen werden, wenn und solange nach der Erklärung des Anstaltsarztes die Gesundheit des Strafgefangenen dadurch gefährdet würde.

Strafrechtliche Verfolgung

§ 118. (1) Es hindert die strafrechtliche Verfolgung einer Tat nicht, daß sie auch als Ordnungswidrigkeit geahndet werden kann. *(BGBl I 2007/109)*

(2) Die Strafvollzugsbehörden haben jeden Verdacht einer mit gerichtlicher Strafe bedrohten Handlung eines Strafgefangenen, die nicht bloß auf Verlangen des Opfers zu verfolgen ist, unverzüglich der Staatsanwaltschaft am Sitz des Landesgerichts, in dessen Sprengel die Anstalt gelegen ist, anzuzeigen. *(BGBl I 2007/109)*

(3) Die Staatsanwaltschaft hat von der Verfolgung einer Straftat eines Strafgefangenen abzusehen und das Ermittlungsverfahren einzustellen, wenn die Tat geringfügig ist und die verhängte Strafe eine strafrechtliche Verfolgung entbehrlich macht. *(BGBl I 2007/109)*

(BGBl 1974/424)

StVG

Elfter Unterabschnitt
Ansuchen und Beschwerden

Ansuchen

§ 119. Die Strafgefangenen haben das Recht, hinsichtlich des ihre Person betreffenden Vollzuges in angemessener Form mündlich oder schriftlich Ansuchen zu stellen. Zu diesem Zweck haben sie sich in Fällen, die keinen Aufschub dulden, an den zunächst erreichbaren Strafvollzugsbediensteten, sonst zu der in der Hausordnung festzusetzenden Tageszeit an den hiefür zuständigen Strafvollzugsbediensteten zu wenden.

Beschwerden

§ 120. (1) Die Strafgefangenen können sich gegen jede ihre Rechte betreffende Entscheidung oder Anordnung und über jedes ihre Rechte betreffende Verhalten der Strafvollzugsbediensteten beschweren. Über die Art der ärztlichen Behandlung können sich die Strafgefangenen jedoch nur nach § 122 beschweren. Die Beschwerde hat die angefochtene Entscheidung, Anordnung oder das Verhalten zu bezeichnen und die Gründe für die Erhebung der Beschwerde, soweit sie nicht offenkundig sind, darzulegen.

(2) Beschwerde gegen eine Entscheidung kann spätestens am vierzehnten Tag nach jenem Tag erhoben werden, an welchem die Entscheidung dem Strafgefangenen verkündet oder zugestellt worden ist. Hat der Beschwerdeführer spätestens am dritten Tag nach dem Tag der Verkündung eine schriftliche Ausfertigung der Entscheidung verlangt, so ist für den Lauf der Frist die Zustellung der schriftlichen Ausfertigung maßgeblich. In allen übrigen Fällen kann eine Beschwerde außer bei Gefahr im Verzug frühestens am ersten Tag, spätestens aber am vierzehnten Tag nach jenem Tag erhoben werden, an welchem dem Strafgefangenen der Beschwerdegrund bekanntgeworden ist. Eine Beschwerde ist nicht mehr zulässig, wenn der Strafgefangene nach der Zustellung oder Verkündung der Entscheidung ausdrücklich auf die Beschwerde verzichtet hat. Beschwerden sind schriftlich oder zu der vom Anstaltsleiter festzusetzenden Tageszeit mündlich bei dem hiefür zuständigen Strafvollzugsbediensteten einzubringen. *(BGBl I 2013/190)*

(3) Die Erhebung einer Beschwerde hat keine aufschiebende Wirkung. Der Anstaltsleiter und das mit der Beschwerde angerufene Gericht können jedoch vom Amts wegen oder auf Antrag des Beschwerdeführers die aufschiebende Wirkung zuerkennen, wenn dem nicht zwingende öffentliche Interessen entgegenstehen und wenn nach Abwägung aller berührten Interessen mit dem Vollzug der angefochtenen Anordnung oder Entscheidung für den Beschwerdeführer ein unver-

hältnismäßiger Nachteil verbunden wäre. *(BGBl I 2013/190)*

(BGBl 1974/424; BGBl 1993/799; BGBl I 2000/138)

Verfahren bei Beschwerden

§ 121. (1) Über Beschwerden gegen Strafvollzugsbedienstete oder deren Anordnungen hat der Anstaltsleiter zu entscheiden. Richtet sich eine Beschwerde gegen eine Entscheidung, Anordnung oder ein Verhalten des Anstaltsleiters oder gegen die Verletzung der Entscheidungspflicht durch den Anstaltsleiter, und hilft er der Beschwerde nicht selbst ab, so hat darüber das Vollzugsgericht (§ 16 Abs. 3) zu entscheiden.

(2) Soweit der Sachverhalt nicht genügend bekannt ist, sind vor der Erledigung Erhebungen anzustellen. Bei der Vorlage von Beschwerden hat der Anstaltsleiter einen kurzen Bericht anzuschließen, soweit sich der Sachverhalt nicht schon aus den etwa mitvorgelegten Akten ergibt. Das Gericht kann auch das in Strafsachen tätige Landesgericht, in dessen Sprengel die betroffene Anstalt gelegen ist, um Erhebungen im Rechtshilfeweg ersuchen.

(3) Vor der Entscheidung ist der Beschwerdeführer zu hören, es sei denn, dass eine solche Anhörung nach den Umständen des Falls nicht erforderlich erscheint, insbesondere weil der Sachverhalt bereits hinreichend geklärt scheint oder der Beschwerde insoweit zur Gänze stattgegeben wird.

(4) Ein Beschwerdeerkenntnis hat der Anstaltsleiter oder ein von ihm beauftragter Strafvollzugsbediensteter dem Strafgefangenen zu verkünden. Richtet sich die Beschwerde gegen die Person des Anstaltsleiters, hat dessen Stellvertreter oder ein von diesem beauftragter Strafvollzugsbediensteter das Beschwerdeerkenntnis zu verkünden. Zugleich ist der Strafgefangene über die Möglichkeit einer weiteren Beschwerde zu belehren. Auf sein Verlangen ist dem Strafgefangenen auch eine schriftliche Ausfertigung der Entscheidung zuzustellen.

(5) Gegen die Entscheidung des Vollzugsgerichts können der Strafgefangene und der Bundesminister für Verfassung, Reformen, Deregulierung und Justiz binnen sechs Wochen Beschwerde an das Oberlandesgericht Wien wegen Rechtswidrigkeit erheben. *(BGBl I 2015/13; BGBl I 2018/32)*

(BGBl I 2000/138; BGBl I 2013/190)

Gerichtliches Beschwerdeverfahren

§ 121a. (1) Die §§ 120, 121 sind auf das gerichtliche Beschwerdeverfahren nach den §§ 16 Abs. 3 und 16a Abs. 1 sinngemäß mit folgender Maßgabe anzuwenden:

1. Zur Erhebung der Beschwerde ist berechtigt, wer behauptet, in einem subjektiven Recht nach diesem Bundesgesetz verletzt zu sein.

2. Beschwerden sind bei der Behörde einzubringen, gegen die sich die Beschwerde richtet. Wird eine Beschwerde innerhalb der Beschwerdefrist beim zuständigen Gericht eingebracht, so gilt dies als rechtzeitige Einbringung. In diesem Fall hat das Gericht die bei ihr eingebrachte Beschwerde unverzüglich an die Behörde weiterzuleiten, gegen die sich die Beschwerde richtet.

(2) Soweit eine an ein Gericht gerichtete Beschwerde die Wahrnehmung des Aufsichtsrechts über die von der Beschwerde betroffene Vollzugseinrichtung erfordert, hat das Gericht die Beschwerde an die nach den §§ 11 bis 14 zuständige Vollzugsbehörde weiterzuleiten.

(BGBl I 2013/190)

Beschlüsse

§ 121b. (1) Entscheidungen des Gerichts nach den §§ 16 Abs. 3 und 16a ergehen mit Beschluss. Ein Beschluss hat Spruch, Begründung und Rechtsmittelbelehrung zu enthalten.

(2) Hat die Behörde notwendige Ermittlungen des Sachverhalts unterlassen, so kann das Gericht die angefochtene Entscheidung mit Beschluss aufheben und die Angelegenheit zur Erlassung einer neuen Entscheidung an die Behörde zurückverweisen. Die Behörde ist hiebei an die rechtliche Beurteilung gebunden, von der das Gericht bei seinem Beschluss ausgegangen ist.

(3) Außer dem in Abs. 2 erwähnten Fall hat das Gericht, sofern die Beschwerde nicht als unzulässig oder verspätet zurückzuweisen ist, immer in der Sache selbst zu entscheiden. Mit Ausnahme von Beschwerden wegen eines Ordnungsstraferkenntnisses ist das Gericht berechtigt, die angefochtene Entscheidung nach jeder Richtung abzuändern.

(4) Eine schriftliche Ausfertigung des Beschlusses ist der beschwerdeführenden Person und ihrer Vertretung sowie der betroffenen Justizanstalt zuzustellen. Ein Beschluss nach § 16 Abs. 3 ist überdies auch dem Bundesministerium für Verfassung, Reformen, Deregulierung und Justiz zuzustellen. *(BGBl I 2018/32)*

(BGBl I 2013/190)

Beschwerde wegen Verletzung der Entscheidungspflicht

§ 121c. (1) Wegen Verletzung der Entscheidungspflicht nach den §§ 16 Abs. 3 Z 3 und 16a Abs. 1 Z 3 kann Beschwerde an das Gericht erheben, wer im vollzugsbehördlichen Verfahren zur Geltendmachung der Entscheidungspflicht berechtigt zu sein behauptet.

(2) Die Beschwerde kann erst erhoben werden, wenn die Vollzugsbehörde die Sache nicht innerhalb von sechs Monaten, wenn gesetzlich eine kürzere oder längere Entscheidungsfrist vorgesehen ist, innerhalb dieser entschieden hat. Die Frist beginnt mit dem Zeitpunkt, in dem der Antrag auf Sachentscheidung bei der Stelle eingelangt ist, bei der er einzubringen war. Die Beschwerde ist abzuweisen, wenn die Verzögerung nicht auf ein überwiegendes Verschulden der Vollzugsbehörde zurückzuführen ist.

(3) Die Vollzugsbehörde kann innerhalb einer Frist von drei Monaten den Bescheid erlassen. Wird der Bescheid erlassen oder wurde er vor Einleitung des Verfahrens erlassen, so ist das Verfahren einzustellen.

(4) Holt die Vollzugsbehörde den Bescheid nicht nach, hat sie dem Gericht die Beschwerde unter Anschluss der Akten des vollzugsbehördlichen Verfahrens vorzulegen.

(BGBl I 2013/190)

Anrufung des Aufsichtsrechtes der Vollzugsbehörden

§ 122. Die Strafgefangenen haben das Recht, durch Ansuchen und Beschwerden das Aufsichtsrecht der Vollzugsbehörden anzurufen. Auf solche Ansuchen oder Beschwerden braucht den Strafgefangenen jedoch kein Bescheid erteilt zu werden.

Zwölfter Unterabschnitt
Formen des Strafvollzuges

Differenzierung

§ 123. Innerhalb des durch die Bestimmungen dieses Bundesgesetzes geschaffenen Rahmens sind unterschiedliche Formen des Strafvollzuges zu entwickeln, die geeignet sind, die Erreichung der Zwecke des Strafvollzuges (§ 20) zu fördern.

Formen der Unterbringung

§ 124. (1) Die Strafgefangenen sind bei Tag so lange wie möglich in Gemeinschaft mit anderen, während der Zeit der Nachtruhe möglichst einzeln unterzubringen. Soweit es nach der Art des Vollzuges und den sonstigen Umständen zweckmäßig ist, hat die Unterbringung in Wohngruppen und sonst ohne Verschließung der Haft- oder Aufenthaltsräume bei Tag zu erfolgen.

(2) Insbesondere bei der Bildung von Wohn-, Arbeits- und Freizeitgruppen der Strafgefangenen ist darauf Rücksicht zu nehmen, daß möglichst ein schädlicher Einfluß auf oder durch Mitgefangene vermieden und ein nützlicher Einfluß gefördert wird.

StVG

(3) Von der Unterbringung eines Strafgefangenen in Gemeinschaft mit anderen bei Tag ist abzusehen, soweit das aus gesundheitlichen Gründen oder sonst zur Erreichung der Zwecke des Strafvollzuges (§ 20) um seiner selbst oder um seiner Mitgefangenen willen notwendig ist.

(4) Von der Einzelunterbringung Strafgefangener bei Nacht darf nur abgesehen werden, soweit die Einrichtungen der Anstalt eine solche nicht zulassen, organisatorische Gründe entgegenstehen oder wenn der Strafgefangene die Unterbringung in Gemeinschaft mit anderen wünscht. Die Einzelunterbringung bei Nacht hat jedoch zu unterbleiben, soweit durch sie eine Gefährdung des körperlichen oder geistigen Zustandes des Strafgefangenen zu besorgen wäre.

(5) Die Bestimmungen der §§ 103, 114 und 116 Abs. 2 bleiben unberührt.

(BGBl 1993/799)

§ 125. (1) Ist ein Strafgefangener, aus welchem Grund immer, bei Tag und bei Nacht einzeln untergebracht (Einzelhaft), so muß er, soweit er keine Besuche erhält (§ 93), mindestens einmal täglich von einem geeigneten Vollzugsbediensteten aufgesucht werden.

(2) Über vier Wochen hinaus darf ein Strafgefangener gegen seinen Willen ununterbrochen in Einzelhaft nur auf Anordnung des Vollzugsgerichtes angehalten werden, das hierüber auf Antrag des Anstaltsleiters zu entscheiden hat (§ 16 Abs. 2 Z 7). Ordnet das Vollzugsgericht die Aufrechterhaltung der Einzelhaft an, so hat es zugleich die Dauer der Aufrechterhaltung zu bestimmen. Über sechs Monate hinaus darf ein Strafgefangener nur auf sein Verlangen und nur mit Zustimmung des Anstaltsarztes ununterbrochen in Einzelhaft angehalten werden.

(BGBl 1993/799)

Strafvollzug in gelockerter Form

§ 126. (1) Strafgefangene, an denen zeitliche Freiheitsstrafen vollzogen werden, sind im Strafvollzug in gelockerter Form anzuhalten, soweit Einrichtungen für einen solchen Vollzug bestehen, diese Einrichtungen dadurch am besten genützt werden und zu erwarten ist, daß die Strafgefangenen die Lockerungen nicht mißbrauchen werden.

(2) Im Strafvollzug in gelockerter Form sind den Strafgefangenen eine oder mehrere der folgenden Lockerungen zu gewähren:

1. Anhaltung ohne Verschließung der Aufenthaltsräume oder auch der Tore am Tage;

2. Beschränkung oder Entfall der Bewachung bei der Arbeit, auch außerhalb der Anstalt;

3. Verlassen der Anstalt zum Zweck der Berufsausbildung und -fortbildung oder der Inanspruchnahme ambulanter Behandlungsmaßnahmen;

4. ein oder zwei Ausgänge im Sinne des § 99a im Monat auch zu anderen als den dort genannten Zwecken.

(3) Die Anordnung, daß ein Strafgefangener Arbeiten ohne Bewachung außerhalb der Anstalt und nicht für eine zur Anstalt gehörenden Wirtschaftsbetrieb zu verrichten hat (Freigang), darf nur mit Zustimmung des Strafgefangenen getroffen werden. Hiebei sowie in den Fällen des Abs. 2 Z 3 und 4 ist auch anzuordnen, wann der Strafgefangene in die Anstalt zurückzukehren hat.

(4) Strafgefangenen, die im Strafvollzug in gelockerter Form angehalten werden, kann auch die Teilnahme an einem Ausgang in kleiner Gruppe und in Begleitung einer im Strafvollzug tätigen Person gestattet werden. Bei diesen Ausgängen dürfen die Strafgefangenen ihre eigene Kleidung tragen. Strafgefangenen, denen Lockerungen nach Abs. 2 Z 2 und 3 gewährt werden, kann auch gestattet werden, die Bewegung im Freien (§ 43) außerhalb der Anstalt vorzunehmen.

(5) Die Entscheidung darüber, ob ein Strafgefangener im Strafvollzug in gelockerter Form anzuhalten ist, steht unbeschadet des § 134 dem Anstaltsleiter zu, der § 99 Abs. 5 dritter Satz sinngemäß anzuwenden sowie, soweit dies zur Verhinderung eines Missbrauchs der Lockerungen erforderlich ist, diese unter Auflagen und Bedingungen zu gestatten sowie Mittel der elektronischen Aufsicht gemäß § 99 Abs. 5 letzter Satz anzuordnen hat. *(BGBl I 2009/142)*

(BGBl 1993/799; BGBl I 2002/134)

Erstvollzug

§ 127. (1) Strafgefangene, die zum ersten Mal eine Freiheitsstrafe verbüßen, sind getrennt von Strafgefangenen anzuhalten, bei denen dies nicht der Fall ist; bei Strafgefangenen, deren Strafzeit drei Jahre übersteigt, kann mit ihrer Zustimmung von einer solchen Trennung abgesehen werden.

(2) Bei der Bewegung im Freien, bei der Arbeit, beim Gottesdienst und bei Veranstaltungen ist von der Trennung nach Abs. 1 abzusehen, soweit dies nach den zur Verfügung stehenden Einrichtungen nicht möglich ist. Das Gleiche gilt im Fall der Anhaltung im gelockerten Vollzug.

(3) Strafgefangene im Erstvollzug sind, soweit sie dessen bedürfen, in vermehrtem Ausmaß erzieherisch (§ 56) zu betreuen.

(4) Strafgefangene, die bereits eine oder mehrere Freiheitsstrafen verbüßt haben, können in den Erstvollzug aufgenommen werden, wenn das nach der Art der strafbaren Handlungen, derentwegen sie verurteilt wurden, vertretbar erscheint und wenn dadurch die Erreichung der erzieherischen Zwecke des Strafvollzuges gefördert wird.

(5) Strafgefangene, von denen ein schädlicher Einfluß auf Mitgefangene zu befürchten ist, sind in den Erstvollzug nicht aufzunehmen.

(BGBl 1993/799)

Vollzug an Strafgefangenen, die wegen fahrlässig begangener strafbarer Handlungen verurteilt worden sind

§ 128. (1) Strafgefangene, die ausschließlich oder überwiegend wegen fahrlässig begangener strafbarer Handlungen oder wegen Begehung einer mit Strafe bedrohten Handlung im Zustand voller Berauschung (§ 287 des Strafgesetzbuches) in bezug auf eine fahrlässig begangene Handlung oder Unterlassung verurteilt worden sind, sind getrennt von Strafgefangenen anzuhalten, bei denen dies nicht der Fall ist. § 127 Abs. 2 gilt dem Sinne nach.

(2) Für Strafgefangene, die wegen fahrlässig begangener strafbarer Handlungen gegen Leib oder Leben oder wegen Begehung einer mit Strafe bedrohten Handlung im Zustand voller Berauschung (§ 287 des Strafgesetzbuches) in bezug auf solche Handlungen oder Unterlassungen verurteilt worden sind, ist, soweit dies den Grundsätzen einer sparsamen, wirtschaftlichen und zweckmäßigen Verwaltung nicht widerspricht, ein Unterricht über die Verhütung von Unfällen und über Erste Hilfe abzuhalten.

(3) Auf Strafgefangene, die bereits früher zweimal oder öfter wegen vorsätzlich begangener strafbarer Handlungen schuldig erkannt worden sind oder von denen sonst ein schädlicher Einfluß auf Mitgefangene zu befürchten ist, sind die vorstehenden Bestimmungen nicht anzuwenden.

(BGBl 1974/424; BGBl 1993/799)

Vollzug an Strafgefangenen, die sich wegen psychischer Besonderheiten nicht für den allgemeinen Strafvollzug eignen

§ 129. Strafgefangene, die sich wegen psychischer Besonderheiten nicht für den allgemeinen Strafvollzug eignen, sind unbeschadet des § 133 getrennt von anderen Strafgefangenen zu verwahren und entsprechend ihrem Zustand zu betreuen. § 127 Abs. 2 gilt dem Sinne nach. Würde die Durchführung des Strafvollzuges auf die regelmäßige Art einem solchen Strafgefangenen schaden, so hat der Anstaltsleiter die der Eigenart des Strafgefangenen angepaßten Abweichungen von den Vorschriften dieses Bundesgesetzes anzuordnen. Dabei dürfen jedoch die den Strafgefangenen eingeräumten Rechte nicht beeinträchtigt werden.

(BGBl 1993/799)

§ 130. *(entfällt, BGBl 1974/424)*

DRITTER ABSCHNITT

Vollzug von Freiheitsstrafen, deren Strafzeit achtzehn Monate übersteigt

Erster Unterabschnitt

Aufnahme

Aufnahme

§ 131. (1) Findet sich jemand zur Einleitung des Vollzuges einer Freiheitsstrafe, deren Strafzeit achtzehn Monate übersteigt, im zuständigen Gefangenenhaus (§ 9 Abs. 1) während der Amtsstunden ein oder wird er zu diesem Zwecke dorthin vorgeführt oder überstellt, so ist festzustellen, ob er der Verurteilte sei; bejahendenfalls ist er als Strafgefangener aufzunehmen. *(BGBl I 2007/109)*

(2) Die Vorschriften über die Aufnahme gelten dem Sinne nach für die Übernahme eines Verurteilten in den Strafvollzug.

(3) Weibliche Verurteilte, denen das Recht auf die Pflege und Erziehung ihrer Kinder zusteht, dürfen diese nach Maßgabe des § 74 Abs. 2 bei sich behalten. § 74 Abs. 3 gilt auch für diese Fälle.

(BGBl 1974/424; BGBl 1987/605; BGBl I 2000/138)

§ 132. (1) Die Aufnahme ist in den dafür besonders vorgesehenen Räumen durchzuführen. Die Strafgefangenen haben sich dabei zu entkleiden und sind zu durchsuchen; die Bestimmungen des § 102 Abs. 2 über Durchsuchungen sind dem Sinne nach anzuwenden. Nach der Durchsuchung haben die Strafgefangenen ein Bad (§ 42 Abs. 3) zu nehmen und, soweit sie darüber nicht verfügen oder dies wünschen, Anstaltskleidung, Leibwäsche und die zur einfachen Körperpflege erforderlichen Gegenstände zu erhalten. *(BGBl I 2009/52)*

(2) Gegenstände, die die Strafgefangenen mitbringen, sind ihnen nach Maßgabe der räumlichen Verhältnisse, insbesondere unter Bedachtnahme auf den Platzbedarf Mitgefangener, so weit zu belassen, als kein Mißbrauch zu befürchten und die erforderliche Überwachung möglich ist. Erinnerungsstücke von persönlichem Wert und Gegenstände, die der Körperpflege dienen, soweit sie ungefährlich sind, Lichtbilder ihnen nahestehender Personen, der Ehering, eine Armband- oder Taschenuhr, eigene Wäsche nach Maßgabe des § 39 Abs. 1 sowie Gegenstände zur Ausschmückung des Haftraums im Sinne des § 40 Abs. 2 sind den Strafgefangenen jedenfalls zu belassen. Ebenso sind den Strafgefangenen die grundlegende Schrift sowie ein Andachtsbuch und Andachtsgegenstände ihres Glaubensbekenntnisses zu belassen. Im § 24 Abs. 3 genannte Gegenstände können den Strafgefangenen nur als Vergünstigung überlassen werden. Die Überlas-

StVG

sung von Nahrungs- und Genussmitteln ist nur in den in den §§ 30, 34 und 38 bestimmten Fällen gestattet. *(BGBl I 2009/142)*

(3) Körperersatzstücke, orthopädische und andere Hilfsmittel, die die Strafgefangenen benützen, sind ihnen zu belassen, soweit sie dieser Gegenstände im Hinblick auf ihren Zustand bedürfen. Entstehen hierüber Zweifel, so ist dazu der Anstaltsarzt zu hören. Mitgeführte Arznei- und Heilmittel dürfen dem Strafgefangenen nur belassen werden, wenn dagegen nach der Erklärung des Anstaltsarztes vom Standpunkt der Gesundheitspflege keine Bedenken bestehen.

(4) Bei der Aufnahme oder soweit dies sonst zu erkennungsdienstlichen Zwecken notwendig ist, dürfen auch gegen den Willen der Strafgefangenen von ihnen Lichtbilder und Fingerabdrücke aufgenommen und Messungen an ihnen vorgenommen werden. Im übrigen ist den Sicherheitsbehörden die erkennungsdienstliche Behandlung der Strafgefangenen nach Maßgabe der Bestimmungen des Sicherheitspolizeigesetzes, BGBl. Nr. 566/1991, in der jeweils geltenden Fassung zu ermöglichen.

(5) Die Strafgefangenen sind bei der Aufnahme oder alsbald danach ärztlich zu untersuchen. Ist nach dem Ergebnis der Untersuchung anzunehmen, daß der Strafvollzug nachträglich aufzuschieben sei (§ 133), so ist davon das Vollzugsgericht zu verständigen.

(6) Die aufgenommenen Strafgefangenen sind bis zur Entscheidung, wie die über sie verhängte Strafe an ihnen vollzogen werden soll (§ 134), so zu verwahren, daß ein schädlicher Einfluß auf sie durch Mitgefangene sowie ein schädlicher Einfluß durch sie auf Mitgefangene ausgeschlossen werden kann.

(7) Von jeder Aufnahme eines Strafgefangenen ist die Landespolizeidirektion des Bundeslandes, in dem sich die Anstalt befindet, unter Anschluß von Ausfertigungen der nach Abs. 4 gewonnenen Unterlagen und einer Handschriftenprobe (§ 135 Abs. 2) zu verständigen. *(BGBl I 2012/50)*

(BGBl 1987/605; BGBl 1993/799; BGBl I 1999/146)

Nachträglicher Aufschub des Strafvollzuges

§ 133. (1) Stellt sich nachträglich heraus, daß die Einleitung des Strafvollzuges wegen Vollzugsuntauglichkeit aufzuschieben gewesen wäre, und bestehen die dafür maßgebenden Umstände fort, so ist § 5 dem Sinne nach anzuwenden.

(2) Ebenso ist vorzugehen, wenn ein Strafgefangener während der Haft schwer erkrankt, einen Unfall mit schweren Folgen erleidet oder in einen sonstigen schweren körperlichen oder geistigen Schwächezustand verfällt und anzunehmen ist, daß sein Zustand mit naher Lebensgefahr verbun-

den ist oder für immer oder für lange Zeit fortbestehen wird.

(3) Die Entscheidung über den nachträglichen Aufschub steht dem Vollzugsgericht zu (§ 16 Abs. 2 Z 9).

(BGBl 1993/799)

Vorläufiges Absehen vom Strafvollzug wegen Einreiseverbotes oder Aufenthaltsverbotes

§ 133a. (1) Hat ein Verurteilter die Hälfte der Strafzeit, mindestens aber drei Monate, verbüßt, so ist vom weiteren Vollzug der Strafe vorläufig abzusehen, wenn

1. gegen ihn ein Einreiseverbot oder Aufenthaltsverbot besteht, *(BGBl I 2013/2)*

2. er sich bereit erklärt, seiner Ausreiseverpflichtung in den Herkunftsstaat (§ 2 Abs. 1 Z 17 AsylG) unverzüglich nachzukommen, und zu erwarten ist, dass er dieser Verpflichtung auch nachkommen wird, und

3. der Ausreise keine rechtlichen oder tatsächlichen Hindernisse entgegenstehen.

(2) Hat ein Verurteilter die Hälfte, aber noch nicht zwei Drittel einer Freiheitsstrafe verbüßt, so ist trotz Vorliegens der Voraussetzungen nach Abs. 1 solange nicht vorläufig vom weiteren Vollzug der Strafe abzusehen, als es im Hinblick auf die Schwere der Tat ausnahmsweise des weiteren Vollzuges bedarf, um der Begehung strafbarer Handlungen durch andere entgegenzuwirken.

(3) Der Anstaltsleiter hat Verurteilte, die innerhalb des nächsten Vierteljahres die Voraussetzungen gemäß Abs. 1 und 2 erreichen und über die ein Einreiseverbot oder Aufenthaltsverbot verhängt wurde, über die sonstigen Voraussetzungen des vorläufigen Absehens zu informieren und die zuständige Fremdenbehörde um Stellungnahme zu ersuchen, ob einer Ausreise Hindernisse entgegenstehen. *(BGBl I 2013/2)*

(4) Die Entscheidung über das vorläufige Absehen vom Strafvollzug wegen Einreiseverbotes oder Aufenthaltsverbotes steht dem Vollzugsgericht zu (§ 16 Abs. 2 Z 10). *(BGBl I 2013/2)*

(5) Der Anstaltsleiter hat die zuständige Fremdenbehörde vom vorläufigen Absehen wegen Einreiseverbotes oder Aufenthaltsverbotes zu informieren und im Einvernehmen mit dieser Behörde erforderlichenfalls die Überstellung des Verurteilten in die zur Erfüllung der Ausreiseverpflichtung am zweckmäßigsten erscheinende Justizanstalt zu veranlassen. Die zuständige Fremdenbehörde hat dann die Überwachung der Ausreise in den Herkunftsstaat sicher zu stellen und die Justizanstalt sowie das Vollzugsgericht von der erfolgten Ausreise in Kenntnis zu setzen. Bei freizügigkeitsberechtigten EWR-Bürgern, Schweizer Bürgern und begünstigten Drittstaatsangehörigen sowie Inhabern eines Aufenthaltsti-

tels „Daueraufenthalt-EG" eines anderen Mitgliedstaates der Europäischen Union, ist die Überwachung der Ausreise bis zur Grenze sicher zu stellen. Kommt der Verurteilte seiner Ausreiseverpflichtung nicht nach oder kehrt er während der Dauer des Einreiseverbotes oder Aufenthaltsverbotes in das Bundesgebiet zurück, so ist er von den Organen des öffentlichen Sicherheitsdienstes wieder in Haft zu nehmen und in die nächstgelegene Justizanstalt zu überstellen. *(BGBl I 2009/142; BGBl I 2013/2)*

(6) Die zuständige Fremdenbehörde hat die Justizanstalt vom Zeitpunkt des Ablaufs der Gültigkeitsdauer oder der Aufhebung des Einreiseverbotes oder Aufenthaltsverbotes zu verständigen. Mit diesem Zeitpunkt gilt die Freiheitsstrafe als vollzogen. *(BGBl I 2009/142; BGBl I 2013/2)*

(BGBl I 2009/52)

Zweiter Unterabschnitt

Vollzugsplan

Klassifizierung

§ 134. (1) Das Bundesministerium für Verfassung, Reformen, Deregulierung und Justiz hat längstens binnen sechs Wochen nach der Aufnahme zu bestimmen, in welcher Strafvollzugsanstalt, in welcher Form und nach welchen Grundsätzen innerhalb des durch die Bestimmungen dieses Bundesgesetzes geschaffenen Rahmens die Strafe im Einzelfall zu vollziehen ist. *(BGBl I 2015/13; BGBl I 2018/32)*

(2) Bei der Bestimmung ist auf die Wesensart des Strafgefangenen, sein Vorleben, seine persönlichen Verhältnisse und die Beschaffenheit der Straftat, deren er schuldig erkannt worden ist, insoweit Bedacht zu nehmen, als es erforderlich ist, um die Erreichung der Zwecke des Strafvollzuges unter bestmöglicher Ausnützung der Vollzugseinrichtungen zu gewährleisten.

(3) Zur Vorbereitung der Entscheidung sind die notwendigen Erhebungen zu pflegen. Erforderlichenfalls kann auch angeordnet werden, dass der Strafgefangene zum Zwecke der Beobachtung durch sachverständige Personen vorübergehend in einer hiezu besonders eingerichteten Anstalt angehalten wird. *(BGBl I 2009/52)*

(4) Ist die nähere Erforschung der Wesensart eines Strafgefangenen erforderlich, so ist er einer besonderen psychiatrischen psychotherapeutischen oder psychologischen Beobachtung und Untersuchung zu unterziehen. Das hierüber erstellte Gutachten hat auch Vorschläge darüber zu enthalten, wie die Strafe vollzogen werden soll. *(BGBl I 2009/142)*

(5) Vom Ergebnis der Klassifizierung sind die Leiter der zur Einleitung und Durchführung des Strafvollzuges zuständigen Anstalten zu verständigen. Der Strafgefangene ist davon insoweit in Kenntnis zu setzen, als es sich auf den unmittelbar anschließenden Strafvollzug bezieht, und in die zur Durchführung des weiteren Strafvollzuges zuständige Anstalt zu überstellen.

(6) Erscheint es im späteren Verlauf des Strafvollzuges unter Bedachtnahme auf die im Abs. 2 angeführten Umstände und zur Erreichung der dort genannten Zwecke erforderlich, den Strafvollzug in einer anderen Anstalt, in anderer Form oder nach anderen Grundsätzen fortzusetzen, so hat das Bundesministerium für Verfassung, Reformen, Deregulierung und Justiz die entsprechenden Änderungen ohne förmliches Verfahren und ohne Erlassung eines Bescheides anzuordnen. Die Abs. 3 bis 5 sind hiebei dem Sinne nach anzuwenden. *(BGBl I 2009/52; BGBl I 2015/13; BGBl I 2018/32)*

Vollzugsplan

§ 135. (1) Der Leiter der zum Strafvollzug bestimmten Anstalt hat festzulegen, wie die Strafe innerhalb des durch die Bestimmungen dieses Bundesgesetzes und das Ergebnis der Klassifizierung geschaffenen Rahmens vollzogen werden soll (Vollzugsplan). Der Vollzugsplan hat sich auf die Form des Strafvollzuges, auf die Arbeit, die erzieherische und ärztliche Betreuung, den Verkehr mit der Außenwelt und die Aufsicht zu erstrecken.

(2) Jeder Strafgefangene hat zur Vorbereitung des Vollzugsplanes eigenhändig einen Lebenslauf zu schreiben; zu dem gleichen Zweck ist er zu hören. Wenn es zweckmäßig ist, können auch der Anstaltsarzt, der Anstaltspsychiater oder Anstaltspsychologe und andere mit der Wesensart des Strafgefangenen oder mit dem in Aussicht genommenen Vollzug vertraute Strafvollzugsbedienstete gehört werden. Hält der Anstaltsleiter eine Strafvollzugsortsänderung für zweckmäßig oder kann den im Ergebnis der Klassifizierung zum Ausdruck gebrachten Vorschlägen nicht Rechnung getragen werden, so bedarf der Vollzugsplan der Genehmigung des Bundesministeriums für Verfassung, Reformen, Deregulierung und Justiz. *(BGBl I 2015/13; BGBl I 2018/32)*

(3) Mit dem Strafgefangenen ist ein Gespräch über die für die Klassifizierung maßgebenden Erwägungen sowie über den Inhalt des Vollzugsplanes zu führen. Dies gilt für den Fall einer Strafvollzugsortsänderung dem Sinne nach.

(4) Im übrigen gilt § 134 dem Sinne nach.

(BGBl 1993/799)

§§ 136 bis 143. *(entfallen, BGBl 1993/799)*

Dritter Unterabschnitt
Vorbereitung der Entlassung

Entlassungsvollzug

§ 144. (1) Vor der Entlassung sind die Strafgefangenen zur Vorbereitung auf das Leben in Freiheit im vermehrten Ausmaß erzieherisch (§ 56) und fürsorgerisch zu betreuen.

(2) Soweit dies nach den Einrichtungen der Anstalt möglich ist, sind Strafgefangenen, von denen zu erwarten ist, daß sie die Lockerungen nicht mißbrauchen werden, im Entlassungsvollzug eine oder mehrere der im § 126 erwähnten Lockerungen zu gewähren.

(BGBl 1993/799)

Entlassungskonferenz

§ 144a. (1) Der Anstaltsleiter kann im Rahmen der Vorbereitung der bedingten Entlassung (§§ 144, 145 Abs. 2) einen Leiter einer Geschäftsstelle für Bewährungshilfe mit der Ausrichtung einer Sozialnetzkonferenz (§ 29e BewHG) betrauen, um die Voraussetzungen einer bedingten Entlassung zu beurteilen und jene Maßnahmen festzulegen, die dazu dienen, den Verurteilten von der Begehung strafbarer Handlungen abzuhalten. Dem Vollzugsgericht und der Staatsanwaltschaft ist Gelegenheit zur Mitwirkung zu geben.

(2) Eine Entlassungskonferenz ist so rechtzeitig durchzuführen, dass eine Entlassung nach Verbüßung der Hälfte der Freiheitsstrafe, spätestens aber nach zwei Dritteln, möglich wird. Über das Ergebnis einer solchen Konferenz hat die Bewährungshilfe dem Vollzugsgericht, gegebenenfalls mit Empfehlungen für Weisungen zu berichten.

(3) Entlassungskonferenzen bedürfen der Zustimmung des Verurteilten.

(BGBl I 2021/159)

Beginn des Entlassungsvollzuges

§ 145. (1) Der Entlassungsvollzug beginnt je nach dem Ausmaß der zu vollziehenden Freiheitsstrafe drei bis zwölf Monate vor der voraussichtlichen Entlassung.

(2) Ist der Anstaltsleiter der Auffassung, dass der Strafgefangene voraussichtlich bedingt entlassen wird, so ist im Sinne des Abs. 1 der Zeitpunkt der voraussichtlichen bedingten Entlassung maßgebend. *(BGBl I 2009/142)*

(3) Sind im Entlassungsvollzug nach § 144 Abs. 2 Lockerungen gewährt worden, so dürfen sie dem Strafgefangenen nicht lediglich deshalb entzogen werden, weil seine bedingte Entlassung abgelehnt worden ist.

(BGBl 1974/424; BGBl 1987/605)

Vorbereitung der Entlassung

§ 146. (1) Die Strafgefangenen sind durch eine rechtskundige Person darüber zu belehren, welche nach der Entlassung fortdauernden Rechtsnachteile ihnen aus der Verurteilung erwachsen sind und welche rechtlichen Möglichkeiten bestehen, diese Nachteile wieder zu beseitigen.

(2) Den Strafgefangenen ist erforderlichenfalls nahezulegen, rechtzeitig Vorsorge dafür zu treffen, daß sie nach ihrer Entlassung eine geeignete Unterkunft sowie einen redlichen Erwerb finden und bei der Entlassung über eine ordentliche Bekleidung und über die Mittel verfügen, die für die Zureise zu ihrem künftigen Aufenthaltsort und ihren Unterhalt in der ersten Zeit nach der Entlassung notwendig sind. Kranken, verletzten oder schwangeren Strafgefangenen ist nahezulegen, für ihre ärztliche Betreuung nach der Entlassung Vorsorge zu treffen. Die Bemühungen der Strafgefangenen sind im Zusammenwirken mit den Landesarbeitsämtern sowie mit den öffentlichen und privaten Fürsorgestellen mit Rat und Tat zu unterstützen.

(3) Soweit davon eine Förderung der Wiedereingliederung in das Leben in Freiheit, insbesondere der Aussichten auf ein redliches Fortkommen, zu erwarten ist, kann Strafgefangenen im Rahmen der Grundsätze des Strafvollzuges die Benützung von Einrichtungen und die Teilnahme an Veranstaltungen gestattet werden, die andere Rechtsträger als der Bund für vergleichbare Zwecke betreiben oder durchführen. Werden die Kosten dafür nicht von anderer Seite getragen, so kann sie der Bund bis zu dem Ausmaß übernehmen, das für vergleichbare Einrichtungen oder Veranstaltungen des Bundes aufgewendet werden müßte.

(BGBl 1987/605)

Ausgang

§ 147. (1) Während des Entlassungsvollzuges sind einem Strafgefangenen auf sein Ansuchen zur Vorbereitung auf das Leben in Freiheit und zur Ordnung seiner Angelegenheiten ein oder mehrere Ausgänge im Inland in der Dauer von jeweils höchstens drei Tagen zuzüglich erforderlicher Reisebewegungen zu gestatten, wenn nach seiner Person, seinem Vorleben und seiner Aufführung während der Anhaltung zu erwarten ist, daß er den Ausgang nicht mißbrauchen werde, und wenn eine Unterkunft und der Unterhalt des Strafgefangenen für die Zeit des Ausganges gesichert sind. Von der Bewilligung eines Ausganges ist die Sicherheitsbehörde des für die Zeit des Ausganges in Aussicht genommenen Aufenthaltsortes des Strafgefangenen zu verständigen. *(BGBl I 2013/2)*

(2) § 99 Abs. 2 bis 4 und 5 dritter und letzter Satz gilt dem Sinne nach. *(BGBl I 2007/109)*

(3) Die Entscheidung über den Ausgang und über den Widerruf steht dem Anstaltsleiter zu.

(4) Die Entscheidung über die Nichteinrechnung der Zeit des Ausganges oder der außerhalb der Strafe verbrachten Zeit in die Strafzeit (§ 99 Abs. 4) steht dem Vollzugsgericht zu (§ 16 Abs. 2 Z 3a).

(BGBl 1993/799)

Vierter Unterabschnitt

Entlassung

Zeitpunkt der Entlassung

§ 148. (1) Hat ein Strafgefangener die Strafzeit abzüglich des davon etwa unbedingt oder bedingt nachgesehenen oder nachgelassenen Teiles in Strafhaft zugebracht, so ist er zu entlassen.

(2) Die Strafgefangenen sind jeweils innerhalb der ersten beiden Amtsstunden des Entlassungstages zu entlassen. Endet die Strafzeit (Abs. 1) jedoch vor dem Beginn der Amtsstunden oder an einem Tag, an dem keine Amtsstunden abgehalten werden, so ist so vorzugehen, als ob die Strafzeit an dem letzten vorangehenden Tag endete, an dem Amtsstunden abgehalten werden.

Entlassung

§ 149. (1) Vor der Entlassung hat der Anstaltsleiter mit dem Strafgefangenen ein abschließendes Gespräch zu führen. Der Strafgefangene ist über die Entlassung zu belehren. Es ist ihm ein Merkblatt zu übergeben, das kurz und in einfachen Worten die auch nach der Entlassung fortdauernden Rechtsnachteile, die ihm aus der Verurteilung erwachsen sind, sowie die Verpflichtungen, die ihm auferlegt sind, und im Falle einer bedingten Entlassung auch die Gründe angibt, aus denen die Entlassung widerrufen werden kann.

(2) Die Entlassung ist in den dafür besonders vorgesehenen Räumen durchzuführen. Die Strafgefangenen haben sich zu entkleiden und sind körperlich zu durchsuchen; die Bestimmungen des § 102 Abs. 2 über Durchsuchungen sind dem Sinne nach anzuwenden. Die Strafgefangenen haben ein Bad (§ 42 Abs. 3) zu nehmen. Die Anstaltskleidung und die übrigen den Strafgefangenen zum Gebrauche überlassenen Anstaltssachen sind ihnen abzunehmen.

(3) Die Strafgefangenen sind vor der Entlassung ärztlich zu untersuchen.

(4) Vor der Entlassung ist die Sicherheitsbehörde des künftigen Aufenthaltsortes des Strafgefangenen zu verständigen.

(5) Soweit ein Opfer (§ 65 Z 1 StPO) dies beantragt hat, ist es unverzüglich vom ersten unbewachten Verlassen und der bevorstehenden oder erfolgten Entlassung des Strafgefangenen einschließlich allfälliger ihm zum Schutz des Opfers erteilter Weisungen zu verständigen. Die Verständigung hat der Anstaltsleiter zu veranlassen. *(BGBl I 2009/142; BGBl I 2016/26)*

Entlassungshilfe

§ 150. (1) Ist es einem Strafgefangenen nach seinen Verhältnissen offenbar nicht zumutbar, die notwendigen Kosten der Zureise zu seinem künftigen Aufenthaltsort innerhalb des Bundesgebietes zur Gänze aus eigenem zu tragen, so ist ihm eine Fahrkarte für die Benützung des in Betracht kommenden Massenbeförderungsmittels (§ 8 des Gebührenanspruchsgesetzes 1965[1]) zu beschaffen und der die Verhältnisse des Strafgefangenen übersteigende Teil der Kosten von Amts wegen zu tragen. Liegt der künftige Aufenthaltsort im Ausland, so ist unter den gleichen Voraussetzungen eine Fahrkarte bis zu dem diesem Aufenthaltsort nächstgelegenen Grenzbahnhof innerhalb des Bundesgebietes zu beschaffen. Kann der Strafgefangene seinen künftigen Aufenthaltsort erst nach mehr als sechs Stunden erreichen, so ist ihm auf sein Ersuchen Reiseverpflegung mitzugeben.

(2) Strafgefangenen, deren Kleidung instandzusetzen tunlich wäre oder deren Kleidung wegen der Jahreszeit oder des Gesundheitszustandes des Strafgefangenen nicht ausreicht und die sich ordentliche Entlassungsbekleidung auf andere Weise nicht beschaffen können, sind die notwendigen einfachen Kleidungsstücke von Amts wegen zuzuteilen.

(3) Erreichen die dem Strafgefangenen bei der Entlassung nach § 54 Abs. 5 auszuzahlenden Beträge ohne sein Verschulden nicht die Hälfte des unpfändbaren Freibetrags nach § 291a Abs. 1 in Verbindung mit § 291 der Exekutionsordnung, RGBl. Nr. 79/1896, in der jeweils geltenden Fassung, und ist für den Unterhalt des Strafgefangenen in der ersten Zeit nach der Entlassung nicht anderweitig ausreichend vorgesorgt, so ist ihm ein Zuschuss bis zur Höhe dieses Betrages zu gewähren. *(BGBl I 2010/111)*

(BGBl 1993/799)

[1] *heute § 7 GebAG*

Abschluß der Berufsausbildung

§ 150a. Verurteilten, die in einer in der Haft begonnenen oder fortgesetzten Berufsausbildung (§ 48) einen zufriedenstellenden Fortschritt erzielt haben, kann nach ihrer Entlassung Gelegenheit gegeben werden, die Berufsausbildung bis zum vorgesehenen Abschluß in der Anstalt fortsetzen.

(BGBl 1993/799)

Fünfter Unterabschnitt

Vollzug an Strafgefangenen, deren Unterbringung in einer Anstalt für gefährliche Rückfalltäter angeordnet ist

§ 151. (1) Auf die Anordnung der Unterbringung eines Strafgefangenen in einer Anstalt für gefährliche Rückfalltäter ist im Strafvollzug im allgemeinen und bei der Arbeitszuweisung (§ 47), bei Ausführungen und Überstellungen (§ 98) sowie bei der Unterbringung (§§ 124, 125) besonders Bedacht zu nehmen.

(2) Solange nicht entschieden ist, daß die Überstellung des Rechtsbrechers in die Anstalt für gefährliche Rückfalltäter nicht mehr notwendig ist (§ 24 Abs. 2 des Strafgesetzbuches), sind die §§ 144 bis 150 nicht anzuwenden, es sei denn, der Strafgefangene wird voraussichtlich bedingt entlassen (§ 145 Abs. 2 und 3).

(3) Wird der Strafgefangene nicht vorzeitig entlassen, so hat das Gericht die Prüfung, ob die Unterbringung in einer Anstalt für gefährliche Rückfalltäter noch notwendig ist (§ 24 Abs. 2 des Strafgesetzbuches), spätestens drei Monate vor dem Ende der Strafzeit vorzunehmen. Wird der Strafgefangene bedingt entlassen, so ist zugleich auszusprechen, daß die Unterbringung nicht mehr notwendig ist (§§ 24 Abs. 2 und 47 Abs. 4 des Strafgesetzbuches).

(4) Ist der Verurteilte aus der Strafhaft in eine Anstalt für gefährliche Rückfalltäter zu überstellen, so ist die Überstellung so zeitig vorzunehmen, daß sich der Verurteilte in dem Zeitpunkt, in dem die Strafzeit endet, schon in der Anstalt für gefährliche Rückfalltäter befindet. Zu diesem Zweck kann die Überstellung bis zu zwei Wochen vor dem Ende der Strafzeit eingeleitet werden. Die im Strafvollzug als Eigengeld, Hausgeld oder Rücklage gutgeschriebenen Geldbeträge sind dem Verurteilten mit dem Tag der Überstellung im Vollzug der Unterbringung in einer Anstalt für gefährliche Rückfalltäter gutzuschreiben. Soweit Ordnungsstrafen im Zeitpunkt der Überstellung noch nicht oder noch nicht zur Gänze vollzogen sind, ist ihr Vollzug unbeschadet des § 116 Abs. 6 in der Anstalt für gefährliche Rückfalltäter durchzuführen.

(BGBl 1974/424)

Sechster Unterabschnitt

Entscheidung über eine bedingte Entlassung

§ 152. (1) Über die bedingte Entlassung eines Strafgefangenen ist auf dessen Antrag oder auf Antrag des Anstaltsleiters oder der Staatsanwaltschaft zu entscheiden. Einem Antrag des Verurteilten steht ein Antrag eines Angehörigen gleich. Von Amts wegen ist über die bedingte Entlassung eines Strafgefangenen zu entscheiden, der innerhalb des nächsten Vierteljahres

1. die Hälfte der zeitlichen Freiheitsstrafe oder

2. zwei Drittel der zeitlichen Freiheitsstrafe verbüßt haben wird.

Die Entscheidung steht in jedem Fall dem Vollzugsgericht zu (§ 16 Abs. 2 Z 12). Das Gericht kann in der Entscheidung aussprechen, dass die bedingte Entlassung erst zu einem späteren, nicht mehr als drei Monate nach der Entscheidung gelegenen Zeitpunkt wirksam wird, wenn das zur Vorbereitung des Strafgefangenen auf das Leben in Freiheit notwendig oder zweckmäßig erscheint. Zu diesem Zweck kann es auch unmittelbar Bewährungshilfe (§ 52 StGB) anordnen. *(BGBl I 2007/109)*

(2) Vor jeder Entscheidung über eine bedingte Entlassung hat das Gericht in die Akten über das Strafverfahren und in den Personalakt des Strafgefangenen Einsicht zu nehmen. Wenn eine bedingte Entlassung nicht schon mangels Erfüllung der zeitlichen Voraussetzungen ausgeschlossen ist, hat das Gericht ferner eine Äußerung des Strafgefangenen, des Anstaltsleiters und der Staatsanwaltschaft einzuholen. Der Anstaltsleiter hat in seiner Äußerung insbesondere dazu Stellung zu nehmen, welche Anhaltspunkte sich aus der Person des Strafgefangenen, seiner Aufführung im Vollzug und aus den zu erwartenden äußeren Umständen im Zeitpunkt einer allfälligen Entlassung für die Lebensführung des Verurteilten in Freiheit ergeben. Der Einholung von Äußerungen bedarf es insoweit nicht, als der Strafgefangene, der Anstaltsleiter oder die Staatsanwaltschaft selbst den Entlassungsantrag gestellt und entsprechend begründet haben. Vor jeder Entscheidung über die bedingte Entlassung eines wegen einer strafbaren Handlung gegen die sexuelle Integrität und Selbstbestimmung Verurteilten ist eine Äußerung der Begutachtungs- und Evaluationsstelle für Gewalt- und Sexualstraftäter einzuholen. Das Gericht hat dem Bundesminister für Inneres zur Vorbeugung und Verhinderung von mit Strafe bedrohter Handlungen gegen die sexuelle Integrität und Selbstbestimmung mittels Analyse (§ 58d Sicherheitspolizeigesetz BGBl. 566/1991) eine Ausfertigung oder Ablichtung dieser Äußerung zu übersenden. *(BGBl I 2007/109; BGBl I 2009/40, 2. GeSchG)*

(2a) Vor jeder Entscheidung über die bedingte Entlassung eines wegen einer strafbaren Handlung nach dem Verbotsgesetz, wegen staatsfeindlicher Verbindung (§ 246 StGB), staatsfeindlicher Bewegung (§ 247a StGB) oder religiös motivierter extremistischer Verbindung (§ 247b StGB), wegen terroristischer Vereinigung (§ 278b StGB), terroristischer Straftaten (§ 278c StGB), Terrorismusfinanzierung (§ 278d StGB), Ausbildung für terroristische Zwecke (§ 278e StGB), Anleitung zur Begehung einer terroristischen Straftat (§ 278f StGB), Reisen für terroristische Zwecke (§ 278g StGB) oder Aufforderung zu terroristischen

Straftaten und Gutheißung terroristischer Straftaten (§ 282a StGB) oder nach dem fünfundzwanzigsten Abschnitt des Besonderen Teils des StGB Verurteilten hat das Vollzugsgericht eine Fallkonferenz (§ 52b Abs. 3 StGB) einzuberufen. Die Organisationseinheiten gemäß § 1 Abs. 3 Bundesgesetz über die Organisation, Aufgaben und Befugnisse des Verfassungsschutzes (Staatsschutz- und Nachrichtendienst- Gesetz – SNG), BGBl. I Nr. 5/2016, und die Koordinationsstelle für Extremismusprävention und Deradikalisierung im Straf- und Maßnahmenvollzug haben daran mitzuwirken. *(BGBl I 2021/159; BGBl I 2022/223)*

(3) Ist die Unterbringung des Strafgefangenen in einer Anstalt für gefährliche Rückfallstäter angeordnet, so ist vor der Entscheidung über eine bedingte Entlassung auch den Sicherheitsbehörden, in deren Sprengel sich der Entlassene zuletzt aufgehalten hat und voraussichtlich aufhalten wird, Gelegenheit zur Stellungnahme zu geben. *(BGBl 1987/605)*

§ 152a. (1) Vor der Entscheidung hat das Gericht den Strafgefangenen zu hören, es sei denn, daß eine solche Anhörung nach den Umständen des Falles nicht erforderlich erscheint. Beantragt der Strafgefangene zum Zwecke einer bedingten Entlassung zum ersten Mal selbst seine Anhörung, so darf diese nur unterbleiben, wenn das Gericht die Entlassung bewilligt. Im Fall seiner Anhörung ist dem Strafgefangenen womöglich auch die Entscheidung durch das Gericht mündlich zu verkünden. *(BGBl I 2007/109)*

(2) Soweit es zur Vorhersage über das künftige Verhalten des Verurteilten zweckmäßig erscheint, hat das Gericht hiezu geeignete Auskunftspersonen wie den Anstaltsleiter oder einen von diesem dazu besonders bestellten Strafvollzugsbediensteten und andere im Strafvollzug oder in der Bewährungshilfe tätige Personen sowie erforderlichenfalls auch einen ärztlichen , psychotherapeutischen oder psychologischen Sachverständigen zu hören. *(BGBl I 2009/142)*

(3) Meldet im Falle der mündlichen Verkündung der Entscheidung der Verurteilte oder die Staatsanwaltschaft, sofern sie bei der Verkündung vertreten war, binnen drei Tagen nach der Verkündung eine Beschwerde an, so ist dem Beschwerdeführer und auf Verlangen des Verurteilten dessen Verteidiger eine Abschrift des Beschlusses zuzustellen. In diesem Fall kann er die Beschwerde binnen vierzehn Tagen nach Zustellung näher ausführen. Verzichten die Staatsanwaltschaft und der Verurteilte auf Rechtsmittel gegen den Beschluß oder melden sie innerhalb der hiefür offenstehenden Frist kein Rechtsmittel an, so können das Protokoll über die Vernehmungen nach Abs. 1 und 2 die Ausfertigung des Beschlusses durch einen vom Vorsitzenden und vom Schriftführer zu unterschreibenden Vermerk ersetzt werden,

der die Namen der vernommenen und bei der Vernehmung anwesenden Personen sowie in Schlagworten die für die Entscheidung maßgebenden Umstände zu enthalten hat. *(BGBl I 2007/109)*

(BGBl 1987/605; BGBl 1993/799)

VIERTER ABSCHNITT
Vollzug von Freiheitsstrafen, deren Strafzeit achtzehn Monate nicht übersteigt

Allgemeine Vorschrift

§ 153. Für den Vollzug von Freiheitsstrafen, deren Strafzeit achtzehn Monate nicht übersteigt, gelten die §§ 131 bis 133a und 147 bis 152 dem Sinne nach, soweit im folgenden nichts anderes bestimmt wird. *(BGBl I 2009/142)*

(BGBl 1974/424; BGBl 1993/799; BGBl I 2000/138)

Besonderheiten des Strafvollzuges

§ 154. (1) Eine ärztliche Untersuchung der Strafgefangenen bei der Aufnahme oder alsbald darnach hat unbeschadet des § 68 zu unterbleiben, wenn die Strafzeit zwei Wochen nicht übersteigt.

(2) Strafgefangene, an denen Freiheitsstrafen vollzogen werden, deren Strafzeit mehr als drei Monate beträgt, sind auf ihre Entlassung im Sinne des § 146 vorzubereiten.

(BGBl 1993/799)

§ 155. *(entfällt, BGBl 1993/799)*

Entlassung

§ 156. (1) Die Entlassung von Strafgefangenen, deren Strafzeit zwei Wochen nicht übersteigt, darf nicht gemäß § 148 Abs. 2 vor dem Ende der Strafzeit vorgenommen werden. Wäre darnach ein Strafgefangener in der Zeit zwischen achtzehn und acht Uhr zu entlassen, so ist ihm auf sein Verlangen zu gestatten, bis acht Uhr in der Anstalt zu bleiben.

(2) Strafgefangene, an denen Freiheitsstrafen vollzogen werden, deren Strafzeit nicht mehr als einen Monat beträgt, sind vor der Entlassung nur dann ärztlich zu untersuchen, wenn sie offenbar krank, verletzt oder schwanger sind.

(3) Strafgefangenen, an denen Freiheitsstrafen vollzogen werden, deren Strafzeit drei Monate übersteigt, ist unter den im § 150 Abs. 3 bezeichneten Voraussetzungen ein Zuschuß bis zur Höhe eines Viertels des dort genannten Geldbetrages zu gewähren, übersteigt die Strafzeit aber sechs Monate, bis zur Höhe der Hälfte dieses Betrages, und übersteigt die Strafzeit neun Monate, bis zur

StVG

Höhe von drei Vierteln. Strafgefangenen, deren Strafzeit nicht mehr als drei Monate beträgt, ist ein Zuschuß nicht zu gewähren.

(BGBl 1974/424)

Berechnung von Fristen

§ 156a. Wird die Strafhaft in unmittelbarem Anschluß an die Untersuchungshaft vollzogen, so ist für die Berechnung der Fristen nach den §§ 154 Abs. 2 und 156 die gemäß den §§ 38 und 66 des Strafgesetzbuches anzurechnende Zeit der Vorhaft der Strafzeit hinzuzurechnen.

(BGBl 1993/799)

FÜNFTER ABSCHNITT

Strafvollzug durch elektronisch überwachten Hausarrest

Grundsätze des Strafvollzugs durch elektronisch überwachten Hausarrest

§ 156b. (1) Der Vollzug der Strafe in Form des elektronisch überwachten Hausarrests bedeutet, dass der Strafgefangene sich in seiner Unterkunft aufzuhalten, einer geeigneten Beschäftigung (insbesondere einer Erwerbstätigkeit, einer Ausbildung, der Kinderbetreuung, gemeinnütziger Arbeit oder einer vergleichbaren der Wiedereingliederung dienenden Tätigkeit) nachzugehen und sich angemessenen Bedingungen seiner Lebensführung außerhalb der Anstalt (Abs. 2) zu unterwerfen hat. Dem Strafgefangenen ist es untersagt, die Unterkunft außer zur Ausübung seiner Beschäftigung, zur Beschaffung des notwendigen Lebensbedarfs, zur Inanspruchnahme notwendiger medizinischer Hilfe oder aus sonstigen in den Bedingungen genannten Gründen zu verlassen. Er ist durch geeignete Mittel der elektronischen Aufsicht zu überwachen und soweit zu betreuen, als dies zur Erreichung des erzieherischen Strafzwecks erforderlich ist.

(2) Die Bedingungen sollen eine den Zwecken des Strafvollzugs dienende Lebensführung sicherstellen und insbesondere die in der Unterkunft zu verbringenden Zeiten sowie die Beschäftigungszeiten, welche tunlichst der Normalarbeitszeit zu entsprechen haben, festlegen. Der Bundesminister für Verfassung, Reformen, Deregulierung und Justiz ist ermächtigt, durch Verordnung Richtlinien für die Gestaltung der Bedingungen der Lebensführung außerhalb der Anstalt sowie über die Art und die Durchführung der elektronischen Überwachung, einschließlich der Festlegung jener Justizanstalten, die über Einrichtungen zur elektronischen Aufsicht zu verfügen haben, zu erlassen. *(BGBl I 2018/32)*

(3) Der Strafgefangene hat die mit Verordnung des Bundesministers für Verfassung, Reformen, Deregulierung und Justiz festzusetzenden Kosten des elektronischen Hausarrests zu ersetzen. Diese Verpflichtung entfällt, soweit durch ihre Erfüllung der zu einer einfachen Lebensführung notwendige Unterhalt des Strafgefangenen und der Personen, zu deren Unterhalt er verpflichtet ist, gefährdet wäre. Die Kosten sind monatlich im Nachhinein bis zum Fünften des Folgemonats zu entrichten. Die Verpflichtung zum Kostenersatz bildet einen gesonderten Ausspruch der Bewilligung (§ 156d Abs. 2). *(BGBl I 2018/32)*

(3a) Werden die Kosten nach Abs. 3 nicht sogleich entrichtet oder ist die Einziehung erfolglos geblieben, so sind die ausständigen Beträge durch schriftlichen Bescheid zu bestimmen und zur Zahlung vorzuschreiben. Der Bescheid hat eine Aufstellung der geschuldeten Beträge und die Aufforderung zu enthalten, den Betrag binnen 14 Tagen bei sonstiger Exekution zu zahlen. *(BGBl I 2022/61)*

(3b) Auf Antrag kann die Entrichtung des Kostenersatzes in Teilbeträgen gestattet werden, wenn die Einbringung mit besonderer Härte für den Strafgefangenen verbunden wäre. Im Fall des Widerrufs der Anhaltung im elektronisch überwachten Hausarrest (§ 156c Abs. 2) sind rückständige Kostenbeiträge vom Hausgeld, gegebenenfalls in Teilbeträgen, einzubehalten. Zur Bestreitung dieser Kosten darf der Strafgefangene auch Gelder verwenden, die ihm sonst für die Verschaffung von Leistungen im Strafvollzug nicht zur Verfügung stehen. Zum Zeitpunkt der Entlassung rückständige Kostenbeiträge sind nach den Bestimmungen des Gerichtlichen Einbringungsgesetzes einzutreiben. *(BGBl I 2022/61)*

(4) Die §§ 1 bis 3, 4 bis 20, 22, 26, 27, 30 Abs. 1, 32a, 35, 36 Abs. 1, 64 Abs. 2 letzter Satz, 72, 99, 99a, 102 Abs. 1, 102a, 103 Abs. 4 bis Abs. 6, 104 bis 106, 107, 108, 109 Z 1, 4 und 5, 110, 113 bis 116a, 118, 119 bis 122, 123, 126 Abs. 2 Z 4, 133, 144 Abs. 2, 145, 146 Abs. 1, 147, 148, 149 Abs. 1, Abs. 4 und Abs. 5, 152, 152a, 153, 154 Abs. 2, 156 Abs. 1 erster Satz, 156a, 179, 179a, 180 und 180a gelten sinngemäß.

(BGBl I 2010/64)

Bewilligung und Widerruf

§ 156c. (1) Der Vollzug einer zeitlichen Freiheitsstrafe in Form des elektronisch überwachten Hausarrests ist auf Antrag des Strafgefangenen oder auf Grund eines schon vor Strafantritt zulässigen Antrags des Verurteilten zu bewilligen, wenn

1. die zu verbüßende oder noch zu verbüßende Strafzeit zwölf Monate nicht übersteigt oder nach sinngemäßer Anwendung des § 145 Abs. 2 voraussichtlich nicht übersteigen wird,

2. der Rechtsbrecher im Inland

a) über eine geeignete Unterkunft verfügt,

b) einer geeigneten Beschäftigung nachgeht,

c) Einkommen bezieht, mit dem er seinen Lebensunterhalt bestreiten kann,

d) Kranken- und Unfallversicherungsschutz genießt,

3. die schriftliche Einwilligung der mit ihm im gemeinsamen Haushalt lebenden Personen vorliegt, und

4. nach Prüfung der Wohnverhältnisse, des sozialen Umfelds und allfälliger Risikofaktoren sowie bei Einhaltung der Bedingungen (§ 156b Abs. 2) anzunehmen ist, dass der Rechtsbrecher diese Vollzugsform nicht missbrauchen wird.

(1a) Wurde der Rechtsbrecher wegen einer strafbaren Handlung nach den §§ 201, 202, 205, 206, 207, 207a oder 207b StGB verurteilt, so kommt ein Vollzug in Form des elektronisch überwachten Hausarrests nicht in Betracht, bevor die zeitlichen Voraussetzungen des § 46 Abs. 1 StGB erfüllt sind, im Übrigen und wenn der Täter wegen einer anderen im § 52a Abs. 1 StGB genannten strafbaren Handlung verurteilt wurde, nur dann, wenn aus besonderen Gründen Gewähr dafür geboten ist, dass er den elektronisch überwachten Hausarrest nicht missbrauchen werde. *(BGBl I 2013/2)*

(2) Die Anhaltung im elektronisch überwachten Hausarrest ist zu widerrufen, wenn

1. eine für ihre Anordnung notwendige Voraussetzung wegfällt, wobei § 145 Abs. 3 sinngemäß gilt,

2. der Strafgefangene eine Anordnung oder eine ihm auferlegte Bedingung entweder in schwerwiegender Weise oder trotz einer förmlicher Mahnung nicht einhält,

3. der Strafgefangene länger als einen Monat mit der Zahlung des Kostenbeitrags in Verzug ist, wobei eine neuerliche Bewilligung nicht in Betracht kommt, bevor der rückständige Kostenbeitrag entrichtet worden ist,

4. der Strafgefangene erklärt, die Bedingungen nicht mehr einhalten zu können, oder

5. gegen den Strafgefangenen der dringende Verdacht besteht, eine vorsätzliche gerichtlich strafbare Handlung während des elektronisch überwachten Hausarrests oder eine vorsätzliche oder fahrlässige gerichtlich strafbare Handlung, deren Aburteilung nach Abs. 1 Z 4 einer Bewilligung des Strafvollzugs durch elektronisch überwachten Hausarrest entgegenstehen würde, begangen zu haben oder sich dem weiteren Strafvollzug entziehen zu wollen.

(BGBl I 2010/64)

Zuständigkeit und Verfahren

§ 156d. (1) Die Entscheidungen über die Anhaltung im elektronisch überwachten Hausarrest

und den Widerruf stehen dem Leiter jener Anstalt zu, die im Sprengel des Landesgerichtes liegt, in dem auch die Unterkunft des Strafgefangenen oder Verurteilten gelegen ist, und die über Einrichtungen zur elektronischen Überwachung verfügt (Zielanstalt). Ist die Zielanstalt nicht die Anstalt, in der die Freiheitsstrafe im Zeitpunkt der Antragstellung vollzogen wird oder in der sie anzutreten wäre, so wird sie mit Rechtskraft der die Anhaltung im elektronisch überwachten Hausarrest bewilligenden Entscheidung Strafvollzugsort. § 135 Abs. 2 erster Satz letzter Halbsatz und zweiter Satz sowie Abs. 3 ist sinngemäß anzuwenden. *(BGBl I 2013/2)*

(2) Zugleich mit der Bewilligung des Vollzugs der Strafe in Form des elektronisch überwachten Hausarrests sind dem Strafgefangenen die Bedingungen seiner Lebensführung außerhalb der Anstalt (§ 156b Abs. 2) sowie der von ihm zu entrichtende Betrag des Kostenersatzes (§ 156b Abs. 3) aufzuerlegen und ihm erforderlichenfalls Betreuung durch eine in der Sozialarbeit erfahrene Person (§ 29c Bewährungshilfegesetz in der Fassung BGBl. Nr. 64/2010) zu gewähren.

(3) Wurde der Rechtsbrecher wegen einer im § 52a Abs. 1 StGB genannten strafbaren Handlung verurteilt, so ist vor der Entscheidung zur Prüfung der Voraussetzungen des § 156c Abs. 1 Z 4 eine Äußerung der Begutachtungs- und Evaluationsstelle für Gewalt- und Sexualstraftäter einzuholen und einem Opfer einer solchen strafbaren Handlung, das eine Verständigung nach § 149 Abs. 5 beantragt hat, unbeschadet des § 156c Abs. 1 Z 3 Gelegenheit zur Äußerung zu geben. Ein solches Opfer ist von der Bewilligung des Vollzugs der Strafe in Form des elektronisch überwachten Hausarrests zu verständigen. Für die Wahrnehmung dieser Antrags- und Anhörungsrechte hat das Opfer einer im § 52a Abs. 1 StGB genannten strafbaren Handlung Anspruch auf psychosoziale Prozessbegleitung in sinngemäßer Anwendung des § 66 Abs. 2 StPO. *(BGBl I 2013/2)*

(4) Kann über den Antrag eines Verurteilten nicht innerhalb der Frist des § 3 Abs. 2 entschieden werden, so ist die Anordnung des Strafvollzuges bis zur rechtskräftigen Entscheidung vorläufig zu hemmen, wenn der Antrag nicht offenbar aussichtslos ist. Wird dem Antrag stattgegeben, hat sich die Aufnahme auf die in den §§ 131 Abs. 1 sowie 132 Abs. 4 und 7 vorgesehenen Maßnahmen zu beschränken.

(BGBl I 2010/64)

StVG

VIERTER TEIL

Vollzug der mit Freiheitsentziehung verbundenen vorbeugenden Maßnahmen

ERSTER ABSCHNITT

Anordnung des Vollzuges der mit Freiheitsentziehung verbundenen vorbeugenden Maßnahmen

§ 157. (1) Für die Anordnung des Vollzuges der mit Freiheitsentziehung verbundenen vorbeugenden Maßnahmen gelten die §§ 3 bis 5 und 7 dem Sinne nach, soweit im folgenden nichts anderes bestimmt wird.

(2) Ist der Vollzug einer mit Freiheitsentziehung verbundenen vorbeugenden Maßnahme drei Jahre, nachdem die Maßnahme vollstreckbar geworden ist, noch nicht eingeleitet worden, so darf die Maßnahme nur vollzogen werden, wenn festgestellt wird, daß die Gefährlichkeit, gegen die sich die Maßnahme richtet, noch besteht. Die Entscheidung, daß die Gefährlichkeit nicht mehr besteht, steht einer bedingten Entlassung aus der betreffenden Maßnahme gleich.

(3) Für die Entscheidung nach Abs. 2 gilt § 7 dem Sinne nach.

(BGBl 1974/424)

Vorläufiges Absehen vom Vollzug

§ 157a. (1) Vom Vollzug der strafrechtlichen Unterbringung ist vorläufig abzusehen, wenn und solange der Betroffene außerhalb eines forensisch-therapeutischen Zentrums behandelt und betreut werden kann und so sowie durch allfällige weitere Maßnahmen der Gefahr, der die strafrechtliche Unterbringung entgegenwirken soll (§ 21 StGB), begegnet werden kann. Dabei sind insbesondere die Person des Betroffenen, sein Vorleben, Art und Schwere der Anlasstat, der Gesundheitszustand des Betroffenen und die daraus resultierende Gefährlichkeit, der bisher erzielte Behandlungserfolg sowie die Möglichkeiten und Notwendigkeiten einer angemessenen Betreuung und die Aussichten auf das redliche Fortkommen zu berücksichtigen. Wird der Betroffene auch zu einer Strafe verurteilt (§ 21 Abs. 2 StGB), so darf vom Vollzug der strafrechtlichen Unterbringung nur dann vorläufig abgesehen werden, wenn die Strafe bedingt nachgesehen wird.

(2) Über das vorläufige Absehen vom Vollzug entscheidet das erkennende Gericht (§ 434g der Strafprozeßordnung 1975 – StPO, BGBl. Nr. 631/1975).

(3) Das Gericht hat die Bedingungen festzusetzen, unter denen vom Vollzug vorläufig abgesehen wird, und die erforderlichen Anordnungen zu treffen.

(4) Das Gericht hat in seinem Beschluss (§ 434g Abs. 6 StPO) eine Probezeit von einem bis zu fünf Jahren festzusetzen. Dabei sind insbesondere die in Abs. 1 genannten Kriterien zu berücksichtigen.

(5) Die Probezeit kann in den letzten sechs Monaten vor ihrem Ablauf um höchstens drei Jahre verlängert werden, wenn es aus zwingenden Gründen der weiteren Erprobung des Betroffenen bedarf. Dies kann auch mehrfach geschehen.

(6) Mit Ablauf der Probezeit wird von der strafrechtlichen Unterbringung endgültig abgesehen, wenn nicht das vorläufige Absehen vom Vollzug innerhalb der ursprünglichen oder verlängerten Probezeit widerrufen und der Vollzug der strafrechtlichen Unterbringung angeordnet wird.

(BGBl I 2022/223)

Festlegung von Bedingungen und Anordnung der Bewährungshilfe

§ 157b. (1) Wird vom Vollzug der strafrechtlichen Unterbringung vorläufig abgesehen, so hat das Gericht jene Bedingungen für das Absehen festzulegen, die notwendig oder zweckmäßig sind, um die Gefahr hintanzuhalten, derentwegen die strafrechtliche Unterbringung angeordnet wurde.

(2) Bewährungshilfe ist anzuordnen, soweit sie nicht aus besonderen Gründen entbehrlich ist.

(3) Die Bedingungen sowie die Anordnung der Bewährungshilfe gelten für die Dauer des vom Gericht bestimmten Zeitraums, höchstens bis zum Ende der Probezeit, soweit sie nicht vorher aufgehoben oder gegenstandslos werden. Die Bedingungen können von Amts wegen oder auf Antrag des Betroffenen oder der Staatsanwaltschaft jederzeit geändert oder aufgehoben werden. Sie sind zu ändern, wenn es erforderlich ist, um der Gefahr der Begehung einer mit gerichtlicher Strafe bedrohten Handlung mit schweren Folgen entgegenzuwirken; sie sind aufzuheben, wenn sie entbehrlich werden.

(BGBl I 2022/223)

Bedingungen

§ 157c. (1) Als Bedingungen kommen alle Anordnungen und Aufträge in Betracht, deren Einhaltung geeignet erscheint, den Betroffenen von weiteren mit gerichtlicher Strafe bedrohten Handlungen abzuhalten. Bedingungen, die einen unzumutbaren Eingriff in die Persönlichkeitsrechte oder in die Lebensführung des Betroffenen darstellen würden, sind unzulässig.

(2) Dem Betroffenen kann insbesondere aufgetragen werden,

1. an einem bestimmten Ort, bei einer bestimmten Familie, in einem bestimmten Heim oder in

einer sozialtherapeutischen Wohneinrichtung zu wohnen;

2. sich einer sonstigen ambulanten Betreuungsform zu unterziehen oder sich sonst in einer Tagesstruktur betreuen zu lassen;

3. eine bestimmte Wohnung, bestimmte Orte oder einen bestimmten Umgang, insbesondere den Kontakt zu gefährdeten Personen, zu meiden;

4. sich alkoholischer Getränke oder anderer berauschender Mittel zu enthalten;

5. einen geeigneten, seinen Kenntnissen, Fähigkeiten und Neigungen tunlichst entsprechenden Beruf zu erlernen oder auszuüben;

6. jeden Wechsel seines Aufenthaltsortes oder Arbeitsplatzes anzuzeigen und

7. sich in bestimmten Zeitabständen bei Gericht oder einer anderen Stelle zu melden.

(3) Mit seiner Einwilligung kann dem Betroffenen unter den Voraussetzungen des Abs. 1 auch aufgetragen werden, sich einer Entwöhnungsbehandlung, einer medizinischen, einer klinischpsychologischen oder einer psycho- oder sozialtherapeutischen Behandlung zu unterziehen. Die Anordnung, dass sich der Betroffene einem operativen Eingriff unterziehen müsse, darf jedoch auch mit Zustimmung des Betroffenen nicht getroffen werden.

(4) Ist der Betroffene nicht entscheidungsfähig, so darf eine Behandlung im Sinne des Abs. 3 nur mit Zustimmung seines gesetzlichen Vertreters (§ 1034 ABGB) als Bedingung festgelegt werden. Abs. 3 letzter Satz gilt sinngemäß. Im Übrigen bedarf eine medizinische Behandlung, die gewöhnlich mit einer schweren oder nachhaltigen Beeinträchtigung der körperlichen Unversehrtheit oder der Persönlichkeit verbunden ist, der schriftlichen Zustimmung des gesetzlichen Vertreters.

(5) Personen und Einrichtungen, die den Betroffenen im Rahmen der Erfüllung einer Bedingung behandeln oder betreuen, haben das Gericht zu verständigen, soweit sie Grund zur Annahme haben, dass sich der Gesundheitszustand des Betroffenen in einer für die Erfüllung der Bedingung relevanten Weise erheblich verschlechtert, die Bedingung in erheblichem Maße nicht eingehalten wird oder nicht ausreicht und die konkrete Gefahr besteht, dass der Betroffene aufgrund seines psychischen Zustandes eine mit gerichtlicher Strafe bedrohte Handlung mit schweren Folgen begehen werde.

(6) Das Gericht hat während der Probezeit Anordnungen auch nachträglich zu erteilen oder erteilte Anordnungen zu ändern oder aufzuheben, soweit dies geboten erscheint (§ 157b Abs. 3).

(BGBl I 2022/223)

Kosten

§ 157d. Wird dem Betroffenen aufgetragen, sich einer Entwöhnungsbehandlung, einer medizinischen, einer klinisch-psychologischen oder einer therapeutischen Behandlung zu unterziehen, in einer geeigneten sozialtherapeutischen Wohneinrichtung oder einem geeigneten Heim zu wohnen, sich einer sonstigen ambulanten Betreuungsform zu unterziehen oder sich sonst in einer Tagesstruktur betreuen zu lassen, so gilt § 179a sinngemäß.

(BGBl I 2022/223)

Bewährungshilfe

§ 157e. (1) Wurde Bewährungshilfe angeordnet (§ 157b Abs. 2), so hat der Leiter der zuständigen Geschäftsstelle für Bewährungshilfe dem Betroffenen einen Bewährungshelfer zu bestellen und diesen dem Gericht bekanntzugeben. Der Bewährungshelfer hat den Betroffenen mit Rat und Tat zu unterstützen. Er hat im Interesse des Betroffenen und der Allgemeinheit darauf hinzuwirken, dass sich der Betroffene entsprechend seinem psychischen Zustand behandeln und betreuen lässt und die festgesetzten Bedingungen einhält. Soweit es dazu nötig ist, hat er ihn auf geeignete Weise bei seinen Bemühungen zu unterstützen, wesentliche Lebensbedürfnisse zu decken, insbesondere Unterkunft und Arbeit zu finden.

(2) Der Bewährungshelfer hat dem Gericht über seine Tätigkeit und seine Wahrnehmungen zu berichten,

1. wenn es das Gericht verlangt;

2. soweit es erforderlich oder zweckmäßig ist, um den Zweck der Bewährungshilfe zu erreichen;

3. wenn Anlass besteht, die Bewährungshilfe aufzuheben;

4. jedenfalls sechs Monate nach Anordnung der Bewährungshilfe sowie bei deren Beendigung.

(3) Soweit Umstände im Sinne des § 157c Abs. 5 für den Bewährungshelfer erkennbar sind, hat auch dieser das Gericht entsprechend zu verständigen.

(BGBl I 2022/223)

Widerruf des vorläufigen Absehens vom Vollzug

§ 157f. Das Gericht hat das vorläufige Absehen vom Vollzug zu widerrufen und die strafrechtliche Unterbringung vollziehen zu lassen, wenn die festgesetzten Bedingungen in erheblichem Maße nicht eingehalten werden oder sich – insbesondere weil sich der Gesundheitszustand des Betroffenen verschlechtert hat – als unzureichend erweisen und auch durch eine Änderung und Ergänzung der Bedingungen (§ 157b Abs. 3) nicht erreicht

StVG

werden kann, dass außerhalb eines forensisch-therapeutischen Zentrums der Gefahr, derentwegen die strafrechtliche Unterbringung angeordnet wurde, hinreichend entgegengewirkt wird.

(BGBl I 2022/223)

Krisenintervention

§ 157g. (1) Anstelle eines Widerrufs hat das Gericht das vorläufige Absehen vom Vollzug (§ 157a) für eine Dauer von höchstens drei Monaten auszusetzen und die strafrechtliche Unterbringung vorübergehend in Vollzug zu setzen, wenn angenommen werden kann, dass durch die Behandlung und Betreuung in einem forensisch-therapeutischen Zentrum, in einer öffentlichen Krankenanstalt für Psychiatrie oder in einer öffentlichen Krankenanstalt mit einer Abteilung für Psychiatrie während dieser Zeit der Zustand des Betroffenen so weit gebessert werden kann, dass eine Fortsetzung des vorläufigen Absehens vom Vollzug wieder möglich ist.

(2) Die Krisenintervention hat in jener Anstalt zu erfolgen, in der der Betroffene zuletzt strafrechtlich untergebracht war. War er bisher noch nicht strafrechtlich untergebracht, so ist er zur Krisenintervention in jene Anstalt aufzunehmen, die für den Vollzug einer vorläufigen strafrechtlichen Unterbringung zuständig wäre (§ 432 Abs. 2 StPO), wobei an die Stelle der Nähe zum Gericht die Nähe zum gewöhnlichen Aufenthalt des Betroffenen tritt. Für einen Wechsel des Unterbringungsortes gilt § 161.

(BGBl I 2022/223)

Weiteres Vorgehen bei der Krisenintervention

§ 157h. (1) Das Gericht kann die Krisenintervention nach Einholung eines Gutachtens eines Sachverständigen der Psychiatrie, vorzugsweise eines solchen, der auch für das Fachgebiet psychiatrische Kriminalprognostik eingetragen ist, oder, sofern ein solcher nicht oder nicht rechtzeitig zur Verfügung steht, eines Sachverständigen der klinischen Psychologie bis auf insgesamt sechs Monate verlängern. Es hat die Krisenintervention vor Ablauf ihrer festgesetzten Dauer aufzuheben, wenn ihr Zweck früher erreicht ist.

(2) Erweist sich die Krisenintervention als nicht erfolgreich, hat das Gericht das vorläufige Absehen vom Vollzug zu widerrufen und die Unterbringung vollziehen zu lassen.

(BGBl I 2022/223)

Begehung einer mit gerichtlicher Strafe bedrohten Handlung durch den Betroffenen

§ 157i. Wird gegen eine Person, deren strafrechtliche Unterbringung angeordnet ist, ein Ermittlungsverfahren geführt, hat die Staatsanwaltschaft das erkennende Gericht unverzüglich zu verständigen. Über den Fortgang des Verfahrens ist es auf dem Laufenden zu halten. Aufgrund dessen hat das erkennende Gericht zu prüfen, ob es erforderlich ist, die festgelegten Bedingungen anzupassen, eine Krisenintervention zu veranlassen oder das vorläufige Absehen zu widerrufen und die strafrechtliche Unterbringung in Vollzug zu setzen.

(BGBl I 2022/223)

Entscheidungsbefugnis

§ 157j. (1) Über eine Krisenintervention (§ 157g), einen Widerruf des vorläufigen Absehens vom Vollzug der strafrechtlichen Unterbringung (§ 157f), eine Änderung oder Aufhebung der Bedingungen (§ 157b Abs. 3) sowie eine Verlängerung der Probezeit (§ 157a Abs. 5) entscheidet der Vorsitzende des erkennenden Gerichts mit Beschluss.

(2) Vor der Entscheidung sind die Staatsanwaltschaft, der Betroffene, sein gesetzlicher Vertreter und der Bewährungshelfer zu hören.

(BGBl I 2022/223)

Festnahme

§ 157k. (1) Ist auf Grund bestimmter Tatsachen anzunehmen, dass die Voraussetzungen für die Krisenintervention (§ 157g) oder für einen Widerruf des vorläufigen Absehens vom Vollzug (§ 157f) vorliegen und

1. der Betroffene aus diesem Grund flüchten oder sich verborgen halten werde (§ 173 Abs. 2 Z 1 und Abs. 3 StPO) oder

2. dass die Begehung mit gerichtlicher Strafe bedrohter Handlungen mit schweren Folgen unmittelbar bevorstehe,

so kann der Betroffene auf Anordnung des erkennenden Gerichts festgenommen werden. Er ist unverzüglich in das zuständige (§ 157g Abs. 2) forensisch-therapeutische Zentrum, in die zuständige öffentliche Krankenanstalt für Psychiatrie oder in die zuständige öffentliche Krankenanstalt mit einer Abteilung für Psychiatrie zu überstellen und bei einer Krisenintervention (§ 157h) zu behandeln.

(2) Der Betroffene kann aufgrund einer Anordnung nach Abs. 1 bis zur gerichtlichen Entscheidung über die Krisenintervention oder den Widerruf des vorläufigen Absehens vom Vollzug, längstens aber einen Monat, im forensisch-therapeutischen Zentrum, in der öffentlichen Krankenanstalt für Psychiatrie oder in der öffentlichen Krankenanstalt mit einer Abteilung für Psychiatrie angehalten werden, wenn dies notwendig ist, um der Gefahr nach Abs. 1 Z 1 oder 2 zu begegnen;

auf seinen Antrag entscheidet das Gericht unverzüglich über die Zulässigkeit dieser Anhaltung.

(3) Im Übrigen gelten die Bestimmungen des 9. Hauptstücks der StPO sinngemäß.

(BGBl I 2022/223)

ZWEITER ABSCHNITT

Einrichtungen und Behörden des Vollzuges der mit Freiheitsentziehung verbundenen vorbeugenden Maßnahmen

Forensisch-therapeutische Zentren

§ 158. (1) Die strafrechtliche Unterbringung in einem forensisch-therapeutischen Zentrum ist in den dafür besonders bestimmten Anstalten oder in den dafür besonders bestimmten Außenstellen der Anstalten zum Vollzug von Freiheitsstrafen zu vollziehen, soweit in diesem Bundesgesetz nichts anderes bestimmt wird. § 8 Abs. 4 gilt dem Sinne nach. *(BGBl I 2013/2; BGBl I 2022/223)*

(2) In den forensisch-therapeutischen Zentren darf auch der Strafvollzug an Strafgefangenen durchgeführt werden, die wegen ihres psychischen Zustandes in anderen Vollzugsanstalten nicht sachgemäß behandelt werden können oder die sich wegen psychischer Besonderheiten nicht für den allgemeinen Vollzug eignen. Dies gilt für den Vollzug der Unterbringung in einer Anstalt für entwöhnungsbedürftige Rechtsbrecher und für den Vollzug der Unterbringung in einer Anstalt für gefährliche Rückfallstäter dem Sinne nach. *(BGBl I 2022/223)*

(3) Bei der Einrichtung von Anstalten, die der Unterbringung nach § 21 Abs. 1 des Strafgesetzbuches dienen, ist insbesondere auf die Erfordernisse Bedacht zu nehmen, die sich im Zusammenhang mit der psychiatrischen Behandlung der Untergebrachten (§ 165) ergeben. Die Anstalten sind zur Führung und Aufbewahrung von Krankengeschichten zu verpflichten.

(4) Die Unterbringung nach § 21 Abs. 1 des Strafgesetzbuches darf durch Aufnahme in eine öffentliche Krankenanstalt für Psychiatrie vollzogen werden, wenn

1. unter Berücksichtigung des Zustandes des unterzubringenden Rechtsbrechers mit den Einrichtungen das Auslangen gefunden werden kann, wie sie in der öffentlichen Krankenanstalt für die Unterbringung von psychisch Kranken nach dem Unterbringungsgesetz bestehen, im Fall einer besonderen Vereinbarung (§ 167a Abs. 3 zweiter Satz) aber mit den danach vorgesehenen Einrichtungen;

2. der Rechtsbrecher und sein gesetzlicher Vertreter ihre Zustimmung erteilen und

3. dem Leiter der Krankenanstalt Gelegenheit zu einer Äußerung gegeben worden ist.

(5) Die Unterbringung nach § 21 Abs. 2 des Strafgesetzbuches darf auch in besonderen Abteilungen der Anstalten zum Vollzug von Freiheitsstrafen vollzogen werden.

(BGBl 1974/424; BGBl 1987/605; BGBl 1993/799)

Anstalten für entwöhnungsbedürftige Rechtsbrecher

§ 159. (1) Die Unterbringung entwöhnungsbedürftiger Rechtsbrecher ist in den dafür besonders bestimmten Anstalten oder in besonderen Abteilungen der Anstalten zum Vollzug von Freiheitsstrafen zu vollziehen, soweit in diesem Bundesgesetz nichts anderes bestimmt wird. § 8 Abs. 4 gilt dem Sinn nach.

(2) In den Anstalten und besonderen Abteilungen für entwöhnungsbedürftige Rechtsbrecher darf auch der Strafvollzug an entwöhnungsbedürftigen Strafgefangenen (§ 68a) durchgeführt werden.

(BGBl 1987/605)

Anstalten für gefährliche Rückfallstäter

§ 160. (1) Die Unterbringung gefährlicher Rückfallstäter ist in den dafür besonders bestimmten Anstalten oder in besonderen Abteilungen der Anstalten zum Vollzug von Freiheitsstrafen zu vollziehen, soweit in diesem Bundesgesetz nichts anderes bestimmt wird. § 8 Abs. 4 gilt dem Sinn nach.

(2) In besonderen Abteilungen für gefährliche Rückfallstäter darf auch der Strafvollzug an Strafgefangenen durchgeführt werden (§ 10).

(BGBl 1987/605)

Bestimmung der Zuständigkeit

§ 161. Die Entscheidung darüber, in welchem forensisch-therapeutischen Zentrum oder in welcher Anstalt für entwöhnungsbedürftige Rechtsbrecher oder für gefährliche Rückfallstäter der Vollzug allgemein im Einzelfall durchzuführen ist, steht der Bundesministerin für Justiz zu. Ebenso stehen die Entscheidungen darüber, wo ein Vollzug in den Fällen der §§ 158 Abs. 2, 4 und 5, 159 Abs. 1 und 2 und 160 Abs. 1 und 2 durchzuführen ist, der Bundesministerin für Justiz zu. § 10 Abs. 1 und Abs. 1a gilt dem Sinne nach.

(BGBl 1987/605; BGBl I 2022/223)

Vollzugsgericht

§ 162. (1) Vollzugsgericht (§ 16) ist auch das in Strafsachen tätige Landesgericht, in dessen Sprengel die mit Freiheitsentziehung verbundene vorbeugende Maßnahme vollzogen wird. *(BGBl I 2007/109; BGBl I 2009/52)*

(2) Das Vollzugsgericht nach Abs. 1, in den Fällen des § 24 Abs. 2 des Strafgesetzbuches aber das Vollzugsgericht nach § 16, entscheidet auch:

1. über die Notwendigkeit der Unterbringung oder weiteren Unterbringung in einem forensisch-therapeutischen Zentrum, in einer Anstalt für entwöhnungsbedürftige Rechtsbrecher oder in einer Anstalt für gefährliche Rückfallstäter (§§ 24, 25 des Strafgesetzbuches), über die bedingte Entlassung aus einer dieser Einrichtungen und die damit zusammenhängenden Anordnungen, über den Widerruf der bedingten Entlassung und darüber, daß die bedingte Entlassung endgültig geworden ist, soweit in den §§ 179 und 180 nichts anderes bestimmt wird (§§ 47 bis 52, 54 und 56 des Strafgesetzbuches); *(BGBl I 2022/223)*

2. über die unbedingte Entlassung aus einer Anstalt für entwöhnungsbedürftige Rechtsbrecher, wenn eine Fortsetzung oder Ergänzung der Entwöhnungsbehandlung keinen Erfolg verspräche (§ 47 des Strafgesetzbuches);

3. über die Zulässigkeit von Beschränkungen der Bewegungsfreiheit und des Verkehrs mit der Außenwelt sowie von Behandlungsmaßnahmen im Falle der strafrechtlichen Unterbringung nach § 21 Abs. 1 des Strafgesetzbuches in einer öffentlichen Krankenanstalt für Psychiatrie oder in einer öffentlichen Krankenanstalt mit einer Abteilung für Psychiatrie (§ 167a). *(BGBl I 2022/223)*

(3) Über die Notwendigkeit der Unterbringung oder weiteren Unterbringung in einem forensisch-therapeutischen Zentrum, in einer Anstalt für entwöhnungsbedürftige Rechtsbrecher oder in einer Anstalt für gefährliche Rückfallstäter (§§ 24, 25 des Strafgesetzbuches), über die bedingte Entlassung aus einer dieser Einrichtungen und die damit zusammenhängenden Anordnungen, sofern es sich nicht ausschließlich um die Erteilung von Weisungen oder die Bestellung eines Bewährungshelfers handelt, sowie über den Widerruf der bedingten Entlassung entscheidet das Vollzugsgericht in einem Senat von drei Richtern, sonst als Einzelrichter. *(BGBl I 2009/52; BGBl I 2022/223)*

(BGBl 1974/424; BGBl 1987/605; BGBl 1993/799)

Ergänzende Bestimmungen

§ 163. Die §§ 11 bis 15 und 17 bis 19 gelten dem Sinne nach.

Zwecke der Unterbringung

§ 164. (1) Die strafrechtliche Unterbringung in einem forensisch-therapeutischen Zentrum soll die Untergebrachten davon abhalten, unter dem maßgeblichen Einfluss ihrer schwerwiegenden und nachhaltigen psychischen Störung mit Strafe bedrohte Handlungen zu begehen. Die Unterbringung soll den Zustand der Untergebrachten soweit bessern, daß von ihnen die Begehung mit Strafe bedrohter Handlungen nicht mehr zu erwarten ist, und den Untergebrachten zu einer rechtschaffenen und den Erfordernissen des Gemeinschaftslebens angepaßten Lebenseinstellung verhelfen. *(BGBl I 2022/223)*

(2) Soweit die Zeit der Anhaltung auf die zugleich mit ihrer Anordnung ausgesprochene Strafe anzurechnen ist (§ 24 Abs. 1 des Strafgesetzbuches), soll der Vollzug auch den Unwert des der Verurteilung zugrunde liegenden Verhaltens aufzeigen.

(BGBl 1974/424)

Unterbringung nach § 21 Abs. 1 des Strafgesetzbuches

§ 165. (1) Für den Vollzug der Unterbringung nach § 21 Abs. 1 des Strafgesetzbuches gelten folgende besondere Bestimmungen:

1. Die Untergebrachten sind unter Berücksichtigung ihres Zustandes zur Erreichung der Vollzugszwecke (§ 164) und zur Aufrechterhaltung der Sicherheit und Ordnung in den Anstalten so zu behandeln, wie es den Grundsätzen und anerkannten Methoden der Psychiatrie, Psychologie und Pädagogik entspricht. Rechte der Untergebrachten, die den in den §§ 20 bis 129 den Strafgefangenen eingeräumten Rechten entsprechen, dürfen dabei nur insoweit beschränkt werden, als dies zur Erreichung der vorgenannten Zwecke unerläßlich ist. Die Rechte der Untergebrachten, die den in den §§ 119 bis 122 den Strafgefangenen eingeräumten Rechten entsprechen, sowie die Menschenwürde der Untergebrachten, dürfen nicht beeinträchtigt werden. Beschwerden, von denen es offensichtlich ist, daß ihre Erhebung ausschließlich auf die geistige oder seelische Abartigkeit des Untergebrachten und nicht auf eine Beeinträchtigung seiner Rechte zurückzuführen ist, sind jedoch ohne förmliches Verfahren zurückzulegen.

2. Die Z. 1 gilt dem Sinne nach auch für allgemein oder im Einzelfall getroffene Anordnungen hinsichtlich der Pflichten der Untergebrachten sowie hinsichtlich der Maßnahmen gegenüber Untergebrachten, die Handlungen begangen ha-

ben, die bei einem Strafgefangenen als Ordnungswidrigkeiten anzusehen wären; solche Maßnahmen dürfen außerdem den Untergebrachten in ihrer Gesamtauswirkung keiner ungünstigeren Behandlung unterwerfen, als dies bei einem Strafgefangenen zulässig wäre.

(2) Soweit sich aus Abs. 1 nichts anderes ergibt, gelten auch für den Vollzug der Unterbringung nach § 21 Abs. 1 des Strafgesetzbuches die Bestimmungen des § 166.

(BGBl 1974/424)

Unterbringung nach § 21 Abs. 2 des Strafgesetzbuches

§ 166. Für den Vollzug der Unterbringung nach § 21 Abs. 2 des Strafgesetzbuches gelten folgende besondere Bestimmungen:

1. Die Untergebrachten sind zur Erreichung der Vollzugszwecke (§ 164) entsprechend ihrem Zustand ärztlich, insbesondere psychiatrisch, psychotherapeutisch, psychohygienisch und erzieherisch zu betreuen. Soweit danach Abweichungen von den Bestimmungen über den Vollzug der Unterbringung (§ 167) erforderlich sind, hat der Anstaltsleiter diese Abweichungen im Rahmen des § 165 Abs. 1 Z 1 und 2 anzuordnen.

2. Eine Unterbrechung der Unterbringung darf nur gewährt werden, wenn anzunehmen ist, daß der Untergebrachte während der Zeit der Unterbrechung keine gerichtlich strafbare Handlung begehen wird. Im übrigen gilt hiefür § 99 dem Sinne nach mit folgenden Maßgaben:

a) Eine Unterbrechung im Sinne des § 99 Abs. 1 Z 1 ist zulässig, sobald die voraussichtlich noch zu verbüßende Strafzeit drei Jahre nicht übersteigen würde, eine Unterbrechung im Sinne des § 99 Abs. 1 Z 2, sobald diese Strafzeit ein Jahr nicht übersteigen würde.

b) Eine Unterbrechung darf auch gewährt werden, soweit dies zur Behandlung des Zustandes des Untergebrachten (Z 1) oder zur Vorbereitung auf das Leben in Freiheit notwendig oder zweckmäßig erscheint. In diesem Fall darf das zeitliche Ausmaß der Unterbrechung bis zu einem Monat betragen. Über eine Unterbrechung von mehr als vierzehn Tagen entscheidet das Vollzugsgericht. *(BGBl I 2009/52; BGBl I 2009/142)*

(BGBl 1993/799)

Ergänzende Bestimmungen

§ 167. (1) Soweit die §§ 164 bis 166 nichts anderes bestimmen, gelten die §§ 20 bis 129, 131 bis 135, 146 bis 150 und 152 dem Sinne nach. Eine Anhörung des Untergebrachten durch das Gericht vor der Entscheidung über die bedingte Entlassung (§ 152a) hat mindestens einmal innerhalb von zwei Jahren stattzufinden.

(2) Vor der Entscheidung über eine bedingte Entlassung ist auch den Sicherheitsbehörden, in deren Sprengel sich der Entlassene zuletzt aufgehalten hat und voraussichtlich aufhalten wird, Gelegenheit zur Stellungnahme zu geben.

(BGBl 1974/424; BGBl 1987/605)

Vollzug durch Aufnahme in öffentliche Krankenanstalten für Psychiatrie

§ 167a. (1) Die öffentlichen Krankenanstalten für Psychiatrie und die öffentlichen Krankenanstalten mit einer Abteilung für Psychiatrie sind verpflichtet, die nach den §§ 158 Abs. 4 und 161 eingewiesenen Personen aufzunehmen und anzuhalten. *(BGBl I 2022/223)*

(2) Unterbrechungen, Ausgänge und Entlassungen sind nur nach Maßgabe der §§ 162 und 166 Z 2 dieses Bundesgesetzes sowie des § 47 des Strafgesetzbuches zulässig. Im übrigen gelten für die Vollziehung der Anhaltung die §§ 33 bis 38 des Unterbringungsgesetzes, BGBl. Nr. 155/1990, in der jeweils geltenden Fassung mit folgenden Maßgaben sinngemäß:

1. Anstelle des Unterbringungsgerichtes entscheidet das Vollzugsgericht.

2. Beschränkungen der Bewegungsfreiheit, des Verkehrs mit der Außenwelt oder sonstiger Rechte sind auch zulässig, soweit sie zur Abwehr einer Gefahr im Sinne des § 21 Abs. 1 des Strafgesetzbuches notwendig sind. *(BGBl I 2010/18)*

3. Auf § 164 ist nach Möglichkeit Bedacht zu nehmen.

(3) § 71 Abs. 2 letzter Satz gilt sinngemäß. Soweit ein Bedarf danach besteht, daß hinsichtlich der zur Anhaltung von psychisch Kranken bestehenden Einrichtungen (§ 158 Abs. 4 Z 1) zur strafrechtlichen Unterbringung nach § 21 Abs. 1 StGB zusätzliche Aufwendungen vorgenommen werden, kann der Bund mit dem Rechtsträger der Krankenanstalt eine Vereinbarung über die Vergütung solcher Aufwendungen abschließen. *(BGBl I 2022/223)*

(4) § 48 Abs. 3 gilt dem Sinne nach, ebenso § 54 Abs. 3 mit der Maßgabe, daß der Bund die entsprechenden Beträge für die Untergebrachten zu überweisen hat. Die Krankenanstalten haben die zur Beurteilung der Anspruchsvoraussetzungen erforderlichen Auskünfte zu erteilen.

(BGBl 1987/605; BGBl 1993/799; BGBl I 2002/134)

StVG

VIERTER ABSCHNITT

Unterbringung in einer Anstalt für entwöhnungsbedürftige Rechtsbrecher

Zwecke der Unterbringung

§ 168. (1) Die Unterbringung in einer Anstalt für entwöhnungsbedürftige Rechtsbrecher soll die Untergebrachten je nach ihrem Zustand vom Mißbrauch berauschender Mittel oder Suchtmittel entwöhnen, den Untergebrachten zu einer rechtschaffenen und den Erfordernissen des Gemeinschaftslebens angepaßten Lebenseinstellung verhelfen und sie davon abhalten, schädlichen Neigungen nachzugehen.

(2) Soweit die Zeit der Anhaltung auf die zugleich mit ihrer Anordnung ausgesprochene Strafe anzurechnen ist (§ 24 Abs. 1 des Strafgesetzbuches), soll der Vollzug auch den Unwert des der Verurteilung zugrunde liegenden Verhaltens aufzeigen.

(BGBl 1974/424)

Besondere Bestimmungen

§ 169. Für die Unterbringung in einer Anstalt für entwöhnungsbedürftige Rechtsbrecher gelten folgende besondere Bestimmungen:

1. Die Untergebrachten sind zur Erreichung der Vollzugszwecke (§ 168) einer Entwöhnungsbehandlung zu unterziehen und entsprechend ihrem Zustand ärztlich, insbesondere psychotherapeutisch, psychohygienisch und erzieherisch zu betreuen.

2. Für Unterbrechungen der Unterbringung gilt § 166 Z 2 entsprechend.

3. Wird ein Untergebrachter nicht voraussichtlich bedingt entlassen, so hat der Entlassungsvollzug drei Monate vor dem Ablauf der Anhaltezeit (§ 25 Abs. 1 des Strafgesetzbuches) zu beginnen.

(BGBl 1974/424; BGBl 1993/799)

Ergänzende Bestimmungen

§ 170. Soweit die §§ 168 und 169 nichts anderes bestimmen, gelten die §§ 20 bis 129, 131 bis 135, 144 bis 150 und 152 dem Sinne nach. Eine Anhörung des Untergebrachten durch das Gericht vor der Entscheidung über die bedingte Entlassung (§ 152a) hat mindestens einmal innerhalb von zwei Jahren stattzufinden.

(BGBl 1974/424; BGBl 1987/605)

FÜNFTER ABSCHNITT

Unterbringung in einer Anstalt für gefährliche Rückfallstäter

Zwecke der Unterbringung

§ 171. Die Unterbringung in einer Anstalt für gefährliche Rückfallstäter soll die Untergebrachten davon abhalten, schädlichen Neigungen nachzugehen, und ihnen zu einer rechtschaffenen und den Erfordernissen des Gemeinschaftslebens angepaßten Lebenseinstellung verhelfen.

(BGBl 1974/424)

§§ 172 bis 176. *(entfallen, BGBl 1993/799)*

Beginn des Entlassungsvollzuges

§ 177. Wird ein Untergebrachter nicht voraussichtlich bedingt entlassen, so hat der Entlassungsvollzug sechs Monate vor dem Ablauf der Anhaltezeit (§ 25 Abs. 1 des Strafgesetzbuches) zu beginnen.

(BGBl 1974/424)

Ergänzende Bestimmungen

§ 178. Soweit die §§ 171 bis 177 nichts anderes bestimmen, gelten die §§ 20 bis 98, 100 bis 129, 131 bis 135, 144 bis 150 und 152 dem Sinne nach. Eine Anhörung des Untergebrachten durch das Gericht vor der Entscheidung über die bedingte Entlassung (§ 152a) hat mindestens einmal innerhalb von zwei Jahren stattzufinden.

(BGBl 1974/424; BGBl 1987/605)

SECHSTER ABSCHNITT

Zusammentreffen von Freiheitsstrafen und vorbeugenden Maßnahmen

§ 178a. (1) Bei der Unterbringung in einem forensisch-therapeutischen Zentrum und in einer Anstalt für gefährliche Rückfallstäter ist die im § 24 des Strafgesetzbuches bestimmte Reihenfolge des Vollzuges gegenüber einer an demselben Rechtsbrecher zu vollziehenden Freiheitsstrafe auch dann einzuhalten, wenn die Freiheitsstrafe nicht zugleich mit der Anordnung der Unterbringung verhängt worden ist. *(BGBl I 2022/223)*

(2) Sind an derselben Person die Unterbringung in einer Anstalt für entwöhnungsbedürftige Rechtsbrecher und eine oder mehrere Freiheitsstrafen, deren Strafzeit insgesamt zwei Jahre übersteigt, zu vollziehen, so ist nach § 68a Abs. 1 lit. b vorzugehen.

(3) Die Zeit der Anhaltung in einem forensisch-therapeutischen Zentrum oder einer Anstalt für entwöhnungsbedürftige Rechtsbrecher ist auch

auf Strafen anzurechnen, die nicht zugleich mit der Unterbringung angeordnet worden sind. *(BGBl I 2022/223)*

(BGBl 1987/605)

FÜNFTER TEIL

Verfahren nach bedingter Entlassung

Zuständiges Gericht

§ 179. (1) Werden einem Verurteilten im Zusammenhang mit einer bedingten Entlassung Weisungen erteilt oder ein Bewährungshelfer bestellt und nimmt der Verurteilte seinen Wohnsitz oder gewöhnlichen Aufenthalt im Sprengel eines Landesgerichts, das nicht im selben Bundesland liegt wie das Vollzugsgericht, so geht mit dem Eintritt der Rechtskraft der Entscheidung über die bedingte Entlassung und die damit zusammenhängenden Anordnungen die weitere Zuständigkeit auf dieses Landesgericht über. *(BGBl I 2007/109)*

(2) Über den Widerruf einer bedingten Entlassung aus Anlaß einer neuen Verurteilung entscheidet das nach Maßgabe des § 494a StPO zuständige Gericht. *(BGBl I 2007/109)*

(BGBl 1974/424; BGBl 1987/605)

Ärztliche Nachbetreuung

§ 179a. (1) Einem Rechtsbrecher, der bedingt entlassen wird, kann die Weisung, sich weiterhin einer Entwöhnungsbehandlung, einer psychotherapeutischen oder einer medizinischen Behandlung zu unterziehen (§ 51 Abs. 3 StGB) oder in einer sozialtherapeutischen Wohneinrichtung Aufenthalt zu nehmen (§ 51 Abs. 2 StGB), auch mit der Maßgabe erteilt werden, dass die Behandlung oder die sozialtherapeutische Betreuung für den Verurteilten unentgeltlich durch eine Forensische Ambulanz, durch eine sozialtherapeutische Wohneinrichtung, durch einen Psychotherapeuten oder durch einen Arzt durchgeführt wird, die oder der sich zur Durchführung solcher Behandlungen und Betreuungen dem Bundesministerium für Verfassung, Reformen, Deregulierung und Justiz gegenüber verpflichtet hat. Die Durchführung einer solchen Behandlung oder Betreuung schließt erforderlichenfalls unbeschadet des § 3 des Ärztegesetzes 1998, BGBl. Nr. 169, ihre Unterstützung durch andere hiefür geeignete Personen ein, die sich hiezu in gleicher Weise verpflichtet haben. *(BGBl I 2009/40, 2. GeSchG; BGBl I 2018/32)*

(2) Ist einem bedingt Entlassenen sonst die Weisung erteilt worden, sich einer Entwöhnungsbehandlung, einer psychotherapeutischen oder einer medizinischen Behandlung zu unterziehen oder in einer sozialtherapeutischen Wohneinrich-tung Aufenthalt zu nehmen, hat der Verurteilte nicht Anspruch auf entsprechende Leistungen aus einer Krankenversicherung und würde durch die Verpflichtung zur Zahlung der Behandlungskosten sein Fortkommen erschwert, so hat die Kosten der Behandlung oder des Aufenthaltes ganz oder teilweise der Bund zu übernehmen. Der Höhe nach übernimmt der Bund die Kosten jedoch grundsätzlich nur bis zu dem Ausmaß, in dem die Versicherungsanstalt öffentlich Bediensteter für die Kosten aufkommen könnte, wenn der Entlassene in der Krankenversicherung öffentlich Bediensteter versichert wäre; einen Behandlungsbeitrag (§ 63 Abs. 4 des Beamten-Kranken- und Unfallversicherungsgesetzes, BGBl. Nr. 200/1967) hat der Rechtsbrecher nicht zu erbringen. Die Entscheidung über die Übernahme der Kosten steht dem für die Erteilung der Weisung zuständigen Gericht zu und soll nach Möglichkeit zumindest dem Grunde nach bereits bei der Entscheidung über die bedingte Entlassung in geeigneter Form berücksichtigt werden. *(BGBl I 2009/40, 2. GeSchG)*

(2) Ist einem bedingt Entlassenen sonst die Weisung erteilt worden, sich einer Entwöhnungsbehandlung, einer psychotherapeutischen oder einer medizinischen Behandlung zu unterziehen oder in einer sozialtherapeutischen Wohneinrichtung Aufenthalt zu nehmen, hat der Verurteilte nicht Anspruch auf entsprechende Leistungen aus einer Krankenversicherung und würde durch die Verpflichtung zur Zahlung der Behandlungskosten sein Fortkommen erschwert, so hat die Kosten der Behandlung oder des Aufenthaltes ganz oder teilweise der Bund zu übernehmen. Der Höhe nach übernimmt der Bund die Kosten jedoch grundsätzlich nur bis zu dem Ausmaß, in dem die Versicherungsanstalt öffentlich Bediensteter, Eisenbahnen und Bergbau für die Kosten aufkommen könnte, wenn der Entlassene in der Krankenversicherung öffentlich Bediensteter versichert wäre; einen Behandlungsbeitrag (§ 63 Abs. 4 des Beamten-Kranken- und Unfallversicherungsgesetzes, BGBl. Nr. 200/1967) hat der Rechtsbrecher nicht zu erbringen. Die Entscheidung über die Übernahme der Kosten steht dem für die Erteilung der Weisung zuständigen Gericht zu und soll nach Möglichkeit zumindest dem Grunde nach bereits bei der Entscheidung über die bedingte Entlassung in geeigneter Form berücksichtigt werden. *(BGBl I 2009/40; BGBl I 2018/100)*

(3) Der Bundesminister für Verfassung, Reformen, Deregulierung und Justiz kann mit gemeinnützigen therapeutischen Einrichtungen oder Vereinigungen über die Höhe der nach Abs. 2 vom Bund zu übernehmenden Kosten Verträge nach bürgerlichem Recht abschließen. Die Vereinbarung von verbindlichen Pauschalbeträgen ist zulässig. Der Bundesminister für Verfassung, Reformen, Deregulierung und Justiz kann die Grundsätze der Pauschalierung mit Verordnung

festlegen. Dabei ist insbesondere das Betreuungsangebot der gemeinnützigen therapeutischen Einrichtung oder Vereinigung zu berücksichtigen. *(BGBl I 2018/32)*

(BGBl 1987/605; BGBl I 2002/134)

Verfahren

§ 180. (1) Für das Verfahren nach einer bedingten Entlassung gilt § 17 dem Sinne nach.

(2) Vor der Entscheidung über den Widerruf der bedingten Entlassung hat das Gericht stets in die Akten über das Strafverfahren Einsicht zu nehmen und womöglich den Entlassenen, wenn ein Bewährungshelfer bestellt worden ist, auch diesen zu hören. Vor einer beabsichtigten Verlängerung der Probezeit nach den §§ 53 Abs. 4 oder 54 Abs. 3 des Strafgesetzbuches ist ein ärztlicher, psychotherapeutischer oder psychologischer Sachverständiger zu hören. Vor dem Ausspruch, daß die Entlassung endgültig geworden ist, ist der Sicherheitsbehörde, in deren Sprengel sich der Entlassene aufhält, Gelegenheit zur Stellungnahme zu geben. Außerdem ist vor dieser Entscheidung eine Strafregisterauskunft einzuholen und, wenn ein Bewährungshelfer bestellt worden ist, auch dieser zu hören. *(BGBl I 2009/142)*

(3) Wenn auf Grund bestimmter Tatsachen anzunehmen ist, dass die bedingte Entlassung widerrufen und der Entlassene aus diesem Grund flüchten werde (§ 173 Abs. 2 Z 1 und Abs. 3 StPO) oder die Begehung weiterer mit Strafe bedrohter Handlungen unmittelbar bevorsteht, ist seine Festnahme zulässig, zu der die Kriminalpolizei von sich aus berechtigt ist, wenn wegen Gefahr im Verzug eine Anordnung der Staatsanwaltschaft nicht rechtzeitig eingeholt werden kann. Für das weitere Verfahren gelten die Bestimmungen des 9. Hauptstücks sinngemäß mit der Maßgabe, dass die Haft bis zur Entscheidung über den Widerruf einen Monat nicht übersteigen darf. *(BGBl I 2007/109)*

(4) Davon, daß eine bedingte Entlassung endgültig geworden ist, ist die Sicherheitsbehörde des Aufenthaltsortes des Entlassenen zu benachrichtigen.

(BGBl 1974/424; BGBl I 2001/130)

SECHSTER TEIL

Unerlaubter Verkehr mit Gefangenen

§ 180a. (1) Sofern die Tat nicht den Tatbestand einer in die Zuständigkeit der Gerichte fallenden strafbaren Handlung bildet, begeht eine Verwaltungsübertretung und ist mit Geldstrafe bis zu 1 000 Euro , im Wiederholungsfall bis zu 2 000 Euro zu bestrafen, wer vorsätzlich in ungesetzlicher Weise *(BGBl I 2009/142)*

1. mit einer Person, die sich in vorläufiger Verwahrung oder in ordentlicher Untersuchungshaft befindet, mit einem Strafgefangenen oder einem in einer Justizanstalt zum Vollzug einer mit Freiheitsentziehung verbundenen vorbeugenden Maßnahme Untergebrachten schriftlich oder mündlich verkehrt oder sich auf andere Weise verständigt oder

2. Geld oder Gegenstände einer der in der Z 1 bezeichneten Personen übermittelt oder von einer solchen Person empfängt.

(2) Der Versuch ist strafbar.

(3) Die Strafvollzugsbediensteten sind zur Feststellung der Identität einer bei einer Verwaltungsübertretung nach Abs. 1 auf frischer Tat betretenen Person ermächtigt. Die Bestimmungen des § 35 Abs. 2 und 3 des Sicherheitspolizeigesetzes, BGBl. Nr. 566/1991, gelten sinngemäß.

(4) Ist die Identität einer bei einer Verwaltungsübertretung nach Abs. 1 auf frischer Tat betretenen Person nicht feststellbar, so dürfen die Strafvollzugsbediensteten die Person zum Zweck ihrer unverzüglichen Vorführung vor die Behörde (Abs. 5) festnehmen, soweit diese Maßnahme zu Art und Gewicht der Verwaltungsübertretung nicht außer Verhältnis steht.

(5) Die Untersuchung und Bestrafung der Verwaltungsübertretung steht der Bezirksverwaltungsbehörde, im Gebiet einer Gemeinde, für das die Landespolizeidirektion zugleich Sicherheitsbehörde erster Instanz ist, aber der Landespolizeidirektion zu. *(BGBl I 2012/50)*

(BGBl I 2006/113)

SIEBENTER TEIL

Schlußbestimmungen

§ 181. (1) Dieses Bundesgesetz tritt, soweit im folgenden nichts anderes bestimmt ist, mit Ausnahme der §§ 8 Abs. 3, 18, 144 Abs. 2 und 145 mit 1. Jänner 1970 in Kraft. Soweit aber § 43 die Bewegung im Freien auch an Sonn- und Feiertagen vorschreibt, tritt er für die Strafvollzugsanstalten erst mit 1. Jänner 1972, für die gerichtlichen Gefangenenhäuser erst mit 1. Jänner 1973 in Kraft.

(2) Unbeschadet bestehender Einrichtungen treten die §§ 8 Abs. 3 und 18 mit 1. Jänner 1972, die §§ 144 Abs. 2 und 145 mit 1. Jänner 1975 in Kraft.

(3) Die Änderungen und Ergänzungen dieses Bundesgesetzes durch das Strafvollzugsanpassungsgesetz treten mit dem 1. Jänner 1975 in Kraft. Vorbereitungen zur Errichtung und zum Betrieb besonderer Anstalten für geistig abnorme Rechtsbrecher können jedoch schon mit der Kundmachung des Strafvollzugsanpassungsgesetzes getroffen werden.

(4) Die §§ 2, 6 Abs. 1 und 2, 16, 18 Abs. 8, 22 Abs. 1, 24 Abs. 1 bis 3, 30 Abs. 2, 32, 32a, 34, 38 Abs. 2, 39, 40, 41 Abs. 3, 42 Abs. 2, 46 Abs. 3, 48 Abs. 1 und 2, 49 Abs. 3, 52 bis 55, 58, 59, 62, 63, 64 Abs. 1 und 2, 65a, 71 Abs. 3, 74 Abs. 1 und 3, 79 Abs. 2, 80 Abs. 1, 85 Abs. 1, 86, 87, 89 Abs. 2, 90 bis 90b, 91 Abs. 2 bis 5, 93, 94 Abs. 1, 3 und 4, 95 bis 96a, 99 Abs. 1 und 2, 99a, 100 Abs. 1, 103 Abs. 2, 3, 3a und 6, 107, 109 Z 3, 112 Abs. 1, 2 und 4, 113, 114, 116 Abs. 2 und 5 bis 7, 120 Abs. 2, 124 bis 127, 128 Abs. 1, 129, 132 Abs. 1, 2 und 4, 133, 135 Abs. 3 und 4, 144 Abs. 2, 147 Abs. 1 und 4, 150 Abs. 3, 150a, 152a Abs. 3, 153, 154 Abs. 2, 156a, 158 Abs. 4, 162 Abs. 2, 166, 167a, 169 und 182 in der Fassung des Bundesgesetzes BGBl. Nr. 799/1993 treten mit 1. Jänner 1994 in Kraft, § 42 Abs. 3 in der Fassung dieses Bundesgesetzes mit 1. Jänner 1996.

(5) Die §§ 28, 29, 88, 120 Abs. 4, 136 bis 143, 155 und 172 bis 176 treten mit Ablauf des 31. Dezember 1993 außer Kraft.

(6) Die §§ 13 Abs. 2, 14a, 96 Abs. 2, 101 Abs. 4 und 5, 102 Abs. 2, 104 Abs. 1 Z 5, 105 Abs. 2 und 3, 105a und 106 in der Fassung des Bundesgesetzes BGBl. Nr. 763/1996 treten mit 1. Jänner 1997 in Kraft.

(7) § 132 Abs. 4 in der Fassung des Bundesgesetzes BGBl. I Nr. 146/1999 tritt mit 1. September 1999 in Kraft.

(8) Die §§ 15a bis 15c und 48 Abs. 3 in der Fassung des Bundesgesetzes BGBl. I Nr. 26/2000 treten mit 1. Juni 2000 in Kraft.

(9) Die §§ 9 Abs. 1 und 2, 17 Abs. 5, 52 Abs. 1 und 2, 131 Abs. 1 und 153 sowie die Überschrift des Dritten und Vierten Abschnittes im Dritten Teil in der Fassung des Bundesgesetzes BGBl. I Nr. 138/2000 treten mit 1. Jänner 2001 in Kraft, die §§ 11 bis 14, 107 Abs. 4, 116 Abs. 1, 120 und 121 Abs. 1 bis 3a und 5 mit 1. Jänner 2002.

(10) Die §§ 32a Abs. 2 erster Satz, 52 Abs. 1 und 2, 54a Abs. 2, 113 sowie § 180 Abs. 2 und 3 in der Fassung des Bundesgesetzes BGBl. I Nr. 130/2001 treten mit 1. Jänner 2002 in Kraft.

(11) Die §§ 38 Abs. 2, 71 Abs. 2, 90b Abs. 4, 126 Abs. 4, 167a Abs. 3 und 179a Abs. 3 in der Fassung des Bundesgesetzes BGBl. I Nr. 134/2002 treten mit 1. Oktober 2002 in Kraft.

(12) Die §§ 6 Abs. 1, 11h, 15c und 116 Abs. 7 in der Fassung des Bundesgesetzes BGBl. I Nr. 15/2004 treten mit 1. Mai 2004 in Kraft.

(13) Die §§ 32a Abs. 2, 54a Abs. 2 und 113 in der Fassung des Bundesgesetzes BGBl. I Nr. 136/2004 treten mit 1. Jänner 2005 in Kraft *(BGBl I 2004/136)*

(14) Die §§ 10 Abs. 1, 12, 13 Abs. 2, 14, 14a, 15b Abs. 1, 18 Abs. 6 und 8, 24 Abs. 3, 25 Abs. 1, 52 Abs. 3, 64 Abs. 2, 78 Abs. 2, 80 Abs. 2, 84 Abs. 1 und 3, 91 Abs. 3, 101 Abs. 2, 106 Abs. 3,

121 Abs. 5, 134 Abs. 1 und 6, 135 Abs. 2 und 161 in der Fassung des Bundesgesetzes BGBl. I Nr. 102/2006 treten mit 1. Jänner 2007 in Kraft. Administrative Vorbereitungsmaßnahmen können bereits mit Kundmachung dieses Bundesgesetzes getroffen werden. *(BGBl I 2006/102)*

(15) § 101 sowie der Sechste und der Siebente Teil in der Fassung des Bundesgesetzes BGBl. I Nr. 113/2006 treten mit 1. Jänner 2007 in Kraft. *(BGBl I 2006/113; BGBl I 2007/109)*

(16) Die §§ 3 Abs. 1, 3 und 5, 3a, 7 Abs. 2, 9 Abs. 1 bis 3, 15, 16, 17, 32 Abs. 4, 65, 99 Abs. 5, 99a Abs. 3, 106 Abs. 1, 118 Abs. 1 bis 3, 121 Abs. 3, 126 Abs. 5, 131 Abs. 1, 133a, 147 Abs. 2, 152 Abs. 1 und 2, 152a Abs. 1 und 3, 162 Abs. 1, 179 Abs. 1 und 2 und 180 Abs. 3 in der Fassung des Bundesgesetzes BGBl. I Nr. 109/2007 treten mit 1. Jänner 2008 in Kraft. *(BGBl I 2007/109)*

(17) Die Bestimmungen der §§ 152 Abs. 2 und 179a Abs. 1 und Abs. 2 in der Fassung des Bundesgesetzes, BGBl. I Nr. 40/2009 treten mit 1. Juni 2009 in Kraft. *(BGBl I 2009/40, 2. GeSchG)*

(18) Die Bestimmungen der §§ 3 Abs. 3, 10 Abs. 1a, 12 Abs. 2, 13 Abs. 2, 15c, 16, 22 Abs. 3, 24 Abs. 3, 25 Abs. 1, 32a Abs. 1 und 4, 37 Abs. 2, 39, 41 Abs. 1 und 3, 43, 54 Abs. 2, 99 Abs. 5 und 6, 101 Abs. 3, 103 Abs. 2, 107 Abs. 4, 108 Abs. 4, 110, 116 Abs. 4, 116a, 121 Abs. 4 und 5, 132 Abs. 1, 133a, 134 Abs. 3 und 6, 162 Abs. 1 und 3 sowie 166 in der Fassung des Bundesgesetzes, BGBl. I Nr. 52/2009 treten mit 18. Juni 2009 in Kraft. *(BGBl I 2009/52; BGBl I 2009/142)*

(19) Die §§ 3 Abs. 1 und 3, 3a Abs. 1 und 2, 12 Abs. 2, 13a, 15c, 17 Abs. 2, 41 Abs. 1, 90 Abs. 1 und 2, 91, 99 Abs. 5, 102a, 103 Abs. 3, 116 Abs. 3, 126 Abs. 5, 132 Abs. 2, 133a Abs. 5 und 6, 134 Abs. 4, 145 Abs. 2, 149 Abs. 5, 152a Abs. 2, 153, 166, 180 Abs. 2 und 180a Abs. 1 in der Fassung des Bundesgesetzes, BGBl. I Nr. 142/2009 treten mit 1. Jänner 2010 in Kraft, § 42 Abs. 4 letzter Satz mit 1. Jänner 2017. *(BGBl I 2009/142)*

(20) § 167a Abs. 2 Z 2 in der Fassung des Bundesgesetzes BGBl. I Nr. 18/2010 tritt mit 1. Juli 2010 in Kraft. *(BGBl I 2010/18)*

(21) Die §§ 17 und 99 sowie 156b bis 156d in der Fassung des Bundesgesetzes, BGBl. I Nr. 64/2010 treten mit 1. September 2010 in Kraft. *(BGBl I 2010/64; BGBl I 2012/1)*

(22) §§ 54a Abs. 1 und 150 Abs. 3 in der Fassung des Budgetbegleitgesetzes 2011, BGBl. I Nr. 111/2010, treten mit 1. Jänner 2011 in Kraft. *(BGBl I 2010/111; BGBl I 2012/1)*

(23) § 12 Abs. 2 und § 13 Abs. 2 in der Fassung des Bundesgesetzes BGBl. I Nr. 1/2012 treten mit 1. Juli 2012 in Kraft. Gleichzeitig treten § 14 Abs. 4 und § 18 samt Überschrift außer Kraft. Die am 31. Dezember 2011 gemäß § 18

StVG

Abs. 3 bestellten Vertrauenspersonen gelten als bis zum Ablauf des 30. Juni 2012 bestellt. *(BGBl I 2012/1)*

(24) § 132 Abs. 7 und § 180a Abs. 5 in der Fassung des Bundesgesetzes BGBl. I Nr. 50/2012 treten mit 1. September 2012 in Kraft. *(BGBl I 2012/50)*

(25) Die §§ 9 Abs. 4, 10 Abs. 2, 24 Abs. 3a, § 41 Abs. 4, 54 Abs. 2, 102b, 106a, 121 Abs. 5, 133a Abs. 1 und Abs. 3 bis 6, 147 Abs. 1, 156c Abs. 1a, 156d Abs. 1 und Abs. 3 und 158 Abs. 1 in der Fassung des Bundesgesetzes BGBl. I Nr. 2/2013, treten mit 1. Jänner 2013 in Kraft. § 156c Abs. 1a in der Fassung des Bundesgesetzes BGBl. I Nr. 2/2013, gilt jedoch für Verurteilte nicht, die am 1. Jänner 2013 bereits im elektronisch überwachten Hausarrest angehalten werden. *(BGBl I 2013/2)*

(26) Die §§ 10 Abs. 1a, 12 Abs. 2, 13 Abs. 2, 16 Abs. 3, 16a, 17, 18 samt Überschrift, 18a samt Überschrift, 18b, 107 Abs. 4, 116 Abs. 1, 120 Abs. 2 und 3, 121, 121a bis 121c samt Überschriften, 181a Abs. 1 bis 8 in der Fassung des Bundesgesetzes BGBl. I Nr. 190/2013 treten mit 1. Jänner 2014 in Kraft. § 181a Abs. 9 in der Fassung dieses Bundesgesetzes tritt mit 1. November 2013 in Kraft. Mit Ablauf des 31. Dezember 2013 treten die §§ 11a bis 11h außer Kraft. Administrative Vorbereitungsmaßnahmen zur Einrichtung der Laienbeteiligung bei den Gerichten können bereits mit Kundmachung dieses Bundesgesetzes getroffen werden. *(BGBl I 2013/190)*

(27) Die §§ 10 Abs. 1, 13, 14 Abs. 1, 14 Abs. 3, 14a Abs. 1, 14a Abs. 2, 15b Abs. 1, 15c Abs. 1, 16a Abs. 1, 24 Abs. 3, 25 Abs. 1, 52 Abs. 3, 64 Abs. 2, 78 Abs. 2, 80 Abs. 2, 84 Abs. 1 und 3, 101 Abs. 2 und 3, 106 Abs. 3, 116 Abs. 1, 121 Abs. 5, 134 Abs. 1 und 6, 135 Abs. 2 und 161 in der Fassung des Bundesgesetzes BGBl. I Nr. 13/2015 treten mit 1. Juli 2015 in Kraft. § 12 tritt mit Ablauf des 30. Juni 2015 außer Kraft. *(BGBl I 2015/13)*

(28) §§ 106 Abs. 4 und 149 Abs. 5 in der Fassung des Bundesgesetzes BGBl. I Nr. 26/2016 treten mit 1. Juni 2016 in Kraft. *(BGBl I 2016/26; BGBl I 2018/32)*

(29) Die §§ 9 Abs. 5, 10 Abs. 1, 13, 14 Abs. 1 und 3, 14a Abs. 1, Abs. 2 Z 2 und Abs. 3, 15a, 15b samt Überschrift, 15c Abs. 1 und 5, 16a Abs. 1 Z 2 und 3, 18a Abs. 3, 24 Abs. 3, 52 Abs. 2, 69 Abs. 1, 78 Abs. 1 und 2, 80 Abs. 2, 84 Abs. 1 und 3, 97, 99 Abs. 5a, 101 Abs. 2 und 3, 106 Abs. 3, 116 Abs. 1, 121 Abs. 5, 121b Abs. 4, 134 Abs. 1 und 6, 135 Abs. 2, 156b Abs. 2 und 3, 161, 179a Abs. 1 und 3 sowie 182 samt Überschrift in der Fassung des Materien-Datenschutz-Anpassungsgesetzes 2018, BGBl. I Nr. 32/2018, treten mit 25. Mai 2018 in Kraft. *(BGBl I 2018/32)*

(30) § 144a und § 152 Abs. 2a in der Fassung des Bundesgesetzes BGBl. I Nr. 159/2021 treten mit 1. Jänner 2022 in Kraft. *(BGBl I 2021/159; BGBl I 2022/61)*

(31) § 54 Abs. 2 und § 156b Abs. 3a und 3b in der Fassung des Bundesgesetzes BGBl. I Nr. 61/2022 treten mit 1. Mai 2022 in Kraft. *(BGBl I 2022/61)*

(32) Die §§ 3 Abs. 2, 5 Abs. 3 Z 3, 6 Abs. 1, § 152 Abs. 2a, 157a bis 157k samt Überschriften, die Überschrift des § 158, § 158 Abs. 1 und 2, die §§ 161, 162 Abs. 2 und 3, die Überschrift des Dritten Abschnitts des Vierten Teils, die §§ 164 Abs. 1, 167a Abs. 1 und 3 sowie 178a Abs. 1 und 3 in der Fassung des Bundesgesetzes BGBl. I Nr. 223/2022 treten mit 1. März 2023 in Kraft. *(BGBl I 2022/223)*

(BGBl 1971/480; BGBl 1974/424; BGBl 1993/799; BGBl 1996/763; BGBl I 1999/146; BGBl I 2000/26; BGBl I 2000/138; BGBl I 2001/130; BGBl I 2002/134; BGBl I 2004/15)

Übergangsbestimmungen

§ 181a. (1) Die Zuständigkeit zur Weiterführung der mit Ablauf des 31. Dezember 2013 bei den Vollzugskammern anhängigen Verfahren geht mit Ausnahme von Verfahren wegen gegen die Person des Anstaltsleiters gerichteter Ordnungswidrigkeiten (§ 116 Abs. 1) mit 1. Jänner 2014 auf die Vollzugsgericht (§ 16 Abs. 3) über; dies gilt auch für die bei der Vollzugsdirektion anhängigen Verfahren, in denen diese Behörde sachlich in Betracht kommende Oberbehörde ist. *(BGBl I 2013/190)*

(2) Die Zuständigkeit zur Weiterführung der mit Ablauf des 31. Dezember 2013 bei den Vollzugskammern anhängigen Verfahren wegen gegen die Person des Anstaltsleiters gerichteter Ordnungswidrigkeiten (§ 116 Abs. 1) geht mit 1. Jänner 2014 auf die Vollzugsdirektion über. *(BGBl I 2013/190)*

(3) Im Fall des Übergangs der Zuständigkeit nach Abs. 1 und 2 sind die Akten des Verfahrens an die mit 1. Jänner 2014 zuständige Behörde zu übermitteln. *(BGBl I 2013/190)*

(4) Der Verwaltungsgerichtshof bleibt zur Weiterführung der mit Ablauf des 31. Dezember 2013 anhängigen Verfahren über Beschwerden nach diesem Bundesgesetz zuständig.

(5) Ist der Bescheid einer Vollzugskammer oder einer Vollzugsbehörde, die mit Ende des 31. Dezember 2013 zur Erlassung dieses Bescheides zuständig ist, die mit 1. Jänner 2014 zur Erlassung dieses Bescheides jedoch nicht mehr zuständig ist, dessen Zustellung vor dem Ablauf des 31. Dezember 2013 veranlasst worden ist, bis zum Ablauf dieses Tages nicht gültig zugestellt worden, so gilt dieser Bescheid dennoch gegenüber allen Parteien, denen gegenüber die Zustellung veranlasst worden ist, als zugestellt. *(BGBl I 2013/190)*

(6) Wird durch die Zustellung der Lauf einer Frist bestimmt, so beginnt diese Frist mit jenem Zeitpunkt zu laufen, in dem der Bescheid nach den Bestimmungen des Zustellgesetzes – ZustG, BGBl. Nr. 200/1982, als zugestellt gelten würde. Der Vollzug des Bescheides ist bis zu diesem Zeitpunkt gehemmt. Tritt der im ersten Satz genannte Fall nicht bis zum Ablauf des 30. Juni 2014 ein, tritt der Bescheid von Gesetzes wegen außer Kraft. *(BGBl I 2013/190)*

(7) Ist ein Bescheid nach diesem Bundesgesetz, gegen den eine Beschwerde an die Vollzugskammer oder eine Berufung zulässig ist, vor Ablauf des 31. Dezember 2013 erlassen worden, läuft die Berufungsoder Beschwerdefrist mit Ende des 31. Dezember 2013 noch und wurde gegen diesen Bescheid nicht bereits bis zum Ablauf des 31. Dezember 2013 Berufung oder Beschwerde erhoben, so kann gegen ihn vom 1. Jänner bis zum Ablauf des 15. Jänner 2014 Beschwerde an das nach den §§ 16 Abs. 3 und 16a Abs. 1 zuständige Gericht erhoben werden. Eine gegen einen solchen Bescheid bis zum Ablauf des 31. Dezember 2013 erhobene Berufung gilt als rechtzeitig erhobene Beschwerde nach den §§ 16 Abs. 3 und 16a Abs. 1. *(BGBl I 2013/190)*

(8) Ist ein Bescheid nach diesem Bundesgesetz, gegen den eine Beschwerde nach Art. 130 Abs. 1 lit. a B-VG in der bis zum Ablauf des 31. Dezember 2013 geltenden Fassung beim Verwaltungsgerichtshof zulässig ist, vor Ablauf des 31. Dezember 2013 erlassen worden, läuft die Beschwerdefrist mit Ende des 31. Dezember 2013 noch und wurde gegen diesen Bescheid nicht bereits bis zum Ablauf des 31. Dezember 2013 Beschwerde beim Verwaltungsgerichtshof erhoben, so kann gegen ihn vom 1. Jänner bis zum Ablauf des 12. Februar 2014 Beschwerde an das Oberlandesgericht Wien erhoben werden. *(BGBl I 2013/190)*

(9) Jeder Bescheid, der nach Ablauf des 31. Oktober 2013 genehmigt wird, hat einen Hinweis auf die Rechtsfolgen des Abs. 7 und 8 zu enthalten. *(BGBl I 2013/190)*

(BGBl I 2013/190)

Umsetzung von Richtlinien der Europäischen Union

§ 181b. §§ 106 Abs. 4 und 149 Abs. 5 in der Fassung des Bundesgesetzblattes BGBl. I Nr. 26/2016 dienen der Umsetzung der Richtlinie 2012/29/EU über Mindeststandards für die Rechte, die Unterstützung und den Schutz von Opfern von Straftaten sowie zur Ersetzung des Rahmenbeschlusses 2001/220/JI ABl. Nr. L 315 vom 14.11.2012 S 57.

(BGBl I 2016/26)

Vollziehung

§ 182. Mit der Vollziehung dieses Bundesgesetzes ist der Bundesminister für Verfassung, Reformen, Deregulierung und Justiz betraut. Der Bundesminister für Verfassung, Reformen, Deregulierung und Justiz hat bei der Vollziehung der §§ 44 bis 55, 66 bis 84 und 164 bis 170 das Einvernehmen mit der Bundesministerin für Arbeit, Soziales, Gesundheit und Konsumentenschutz zu pflegen.

(BGBl I 2018/32)

StVG

14/1. Bundesgesetz vom 11. Juli 1974, mit dem das Strafvollzugsgesetz an das Strafgesetzbuch angepaßt wird (Strafvollzugsanpassungsgesetz)

(Auszug)

BGBl 1974/424

Bundesgesetz vom 11. Juli 1974, mit dem das Strafvollzugsgesetz an das Strafgesetzbuch angepaßt wird (Strafvollzugsanpassungsgesetz)

Artikel II
Vollzug der auf Kerker oder Arrest lautenden Strafurteile

1. Strafurteile, die auf schweren Kerker, Kerker, strengen Arrest oder Arrest im Sinne des Österreichischen Strafgesetzes 1945, A. Slg. Nr. 2, lauten, sind so zu vollziehen, als ob sie auf Freiheitsstrafe im Sinne des Strafgesetzbuches lauteten.

2. Verschärfungen einer Kerker- oder Arreststrafe im Sinne des Österreichischen Strafgesetzes 1945, A. Slg. Nr. 2, sind nicht mehr zu vollziehen.

Artikel III bis IV

(aufgehoben, BGBl 1987/605)

Artikel V
Vollzug der auf Unterbringung in einem Arbeitshaus lautenden Strafurteile

1. Die Unterbringung eines Rechtsbrechers in einem Arbeitshaus ist nach dem 31. Dezember 1974 als Unterbringung in einer Anstalt für gefährliche Rückfalltäter (§ 23 des Strafgesetzbuches) zu vollziehen, wenn die Unterbringung nach § 1 Abs. 2 des Arbeitshausgesetzes 1951, BGBl. Nr. 211, angeordnet worden ist und festgestellt wird, daß zugleich mit den Voraussetzungen nach § 1 Abs. 2 des Arbeitshausgesetzes 1951 auch die Voraussetzungen nach § 23 des Strafgesetzbuches vorgelegen sind. Diese Feststellung muß bei einem Rechtsbrecher, an dem am 31. Dezember 1974 die Unterbringung in einem Arbeitshaus oder die dieser Unterbringung vorangehende Freiheitsstrafe vollzogen wird, spätestens bis zu diesem Zeitpunkt in Rechtskraft erwachsen sein, sonst spätestens bis zu dem Zeitpunkt, ab dem die Unterbringung in einem Arbeitshaus zu vollziehen wäre. Über die Feststellung, hat, solange an dem Rechtsbrecher die Freiheitsstrafe oder Unterbringung im Arbeitshaus vollzogen wird, das Vollzugsgericht (§§ 16, 162 StVG), sonst das erkennende Gericht auf Antrag des öffentlichen Anklägers zu entscheiden.

2. Die Unterbringung in einer Anstalt für gefährliche Rückfalltäter nach Z 1 darf zusammen mit der vorangehenden Unterbringung in einem Arbeitshaus nicht länger als fünf Jahre dauern.

3. Soweit die Unterbringung eines Rechtsbrechers in einem Arbeitshaus nicht nach Z 1 als Unterbringung in einer Anstalt für gefährliche Rückfalltäter zu vollziehen ist, darf sie nach dem 31. Dezember 1974 nicht mehr vollzogen werden. Ebenso darf die Unterbringung nicht mehr vollzogen werden, wenn sie im Zeitpunkt des Inkrafttretens dieses Bundesgesetzes nach den §§ 2 und 4 des Arbeitshausgesetzes 1951 für eine Probezeit aufgeschoben oder der Untergebrachte in diesem Zeitpunkt auf Probe entlassen ist.

StVG

KODEX
DES ÖSTERREICHISCHEN RECHTS
SAMMLUNG DER ÖSTERREICHISCHEN BUNDESGESETZE

SOZIAL-
VERSICHERUNG

L LINDE
VERLAG

1	ASVG
2	AlVG
3	KGG/KBGG
4	SUG
5	NSchG
6	BPGG
7	NeuFÖG
8	IVF-Fonds-G
9	AMPFG
10	GSVG
11	BSVG
12	FSVG
13	K-SVFG
14	NVG
15	B-KUVG
16	EU-BSVG
17	ARÜG
18	SV-EG
19	Int. Abk.

KODEX
DES ÖSTERREICHISCHEN RECHTS
SAMMLUNG DER ÖSTERREICHISCHEN BUNDESGESETZE

VERGABE-
GESETZE

L LINDE

1	BVergG / Begl. Best. / ABVV / ÖNORM / ErstreckVO / FormVO / BeschVO / Schw.Werte
2	Bgld VergG
3	Krnt VergG / DurchfVO
4	NÖ VergG / VergO
5	OÖ VergG
6	Sbg VergG / VergO
7	Stmk VergG
8	Tirol VergG
9	Vlbg VergG / Vergform
10	Wien VergG

KODEX
DES ÖSTERREICHISCHEN RECHTS
SAMMLUNG DER ÖSTERREICHISCHEN BUNDESGESETZE

WIRTSCHAFTS-
GESETZE

TEIL I

L LINDE
VERLAG

1	GewO / ÖffnungsZG / Sonn-, FBZG / NahVG / ReisebR / MaklerR / VerbrKV / ProduktSG / GelVG / KraftFLG / GüterbefG
2	BVergG / BB-GmbHG / EU-Recht / DienstL-RL / LieferK-RL / BauA-RL / RechtsM-RL / Sek-RL / SekRM-RL / StandfT-RL
3	ElWOG / E-RegBG / EigentEG / ÖkostromG / GWG / PreisTrG / RohrLG / EU-Recht / ElektrBM-RL / ErdgasBM-RL / EnergieT-RL
4	DSG / EU-Recht / DatenS-RL / DatenB-RL
5	PreisG / PreisAG / Preis-BÜG / EU-Recht / PreisA-RL
6	VersG / EnLG / Erdöl-BMG / LMBG

KODEX
DES ÖSTERREICHISCHEN RECHTS
SAMMLUNG DER ÖSTERREICHISCHEN BUNDESGESETZE

WIRTSCHAFTS-
GESETZE

TEIL II

L LINDE
VERLAG

1	WettbG / KartellG / EU-Recht / EGV / VO Nr. 17 / Anhör-VO / Bagatt-Bek / WettbR-VO / GruFr-VO / FusKon-VO
2	PatentG / SchuZG / GebrMG / Halbl.SG / MarkenSG / MusterSG / ProdPirG / UrhebRG / VerwertG / EU-Recht / MarkenR-RL / Gem-Mark-VO / GemGM-VO / Halbl.-RL / CompPr-RL / Verm-Verl-RL / SchutzD-RL / UrhebR-RL / Sat-RL / Biotech-E-RL / FolgeR-RL / ProdPir-VO
3	UWG / EU-Recht / IrrWerb-RL

15. Bewährungshilfegesetz

BGBl 1969/146 idF

1 BGBl 1974/426	**11** BGBl I 2004/164 (StPNov 2005)
2 BGBl 1978/625	**12** BGBl I 2006/113
3 BGBl 1980/578	**13** BGBl I 2007/109
4 BGBl 1984/454	**14** BGBl I 2009/52 (BudgetbegleitG 2009)
5 BGBl 1987/605	**15** BGBl I 2010/64
6 BGBl 1988/599	**16** BGBl I 2013/2
7 BGBl 1993/91	**17** BGBl I 2015/13
8 BGBl 1996/762	**18** BGBl I 2015/154 (JGG-ÄndG 2015)
9 BGBl I 1999/55	**19** BGBl I 2018/32 (Materien-Datenschutz-Anpassungsgesetz 2018)
10 BGBl I 2001/130	

STICHWORTVERZEICHNIS
zum BewHG

BewHilfe

Stichwortverzeichnis

Bundesgesetz vom 27. März 1969 über die Bewährungshilfe (Bewährungshilfegesetz)

ERSTER ABSCHNITT

Personen und Einrichtungen der Bewährungshilfe

Bewährungshelfer

§ 1. Zur Bewährungshilfe (§ 52 des Strafgesetzbuches) sind nach Maßgabe der Bestimmungen dieses Bundesgesetzes hauptamtlich oder ehrenamtlich tätige Bewährungshelfer heranzuziehen. *(BGBl 1974/426)*

Hauptamtlich tätige Bewährungshelfer

§ 2. (1) Für jede Dienststelle für Bewährungshilfe (§ 3) sind als hauptamtlich tätige Bewährungshelfer geeignete Beamte der Verwendungsgruppen A und B oder Vertragsbedienstete des Bundes der Entlohnungsgruppen a und b zu bestellen, die das 24. Lebensjahr, wenn sie aber ausnahmsweise aus besonderen Gründen schon vorher zur Ausübung der Tätigkeit eines Bewährungshelfers geeignet erscheinen, doch mindestens das 21. Lebensjahr vollendet haben.

(2) Als Bewährungshelfer können auch provisorische Beamte und Vertragsbedienstete des Bundes bestellt werden, die sich in Ausbildung befinden. *(BGBl 1980/578)*

Dienststelle für Bewährungshilfe

§ 3. (1) Das Bundesministerium für Verfassung, Reformen, Deregulierung und Justiz hat am Sitze jedes in Strafsachen tätigen Gerichtshofes erster Instanz für den Sprengel des Gerichtshofes eine Dienststelle für Bewährungshilfe zu errichten und zu erhalten. *(BGBl I 2018/32)*

(2) Das Bundesministerium für Verfassung, Reformen, Deregulierung und Justiz hat außerhalb des Sitzes der Dienststelle eine Außenstelle für einen Teil des Sprengels zu errichten und zu erhalten, wenn dies nach dem Verhältnis zwischen der Ersparnis an Zeit und Kosten für die Reisebewegungen und dem Aufwand für die Errichtung und Erhaltung der Außenstelle wirtschaftlich gerechtfertigt ist. *(BGBl I 2018/32)*

(3) In den Dienststellen und Außenstellen ist dem Bewährungshelfer Gelegenheit zu geben, mit dem Rechtsbrecher, zu dessen Betreuung er bestellt worden ist (dem Schützling), und mit anderen Personen, bei denen dies für die Bewährungshilfe zweckmäßig ist, zu Aussprachen zusammenzutreffen. Außerdem ist dem Bewährungshelfer in diesen Stellen die Abwicklung des mit seinen Aufgaben zusammenhängenden Schriftverkehrs zu ermöglichen.

Dienststellenleiter

§ 4. (1) Das Bundesministerium für Verfassung, Reformen, Deregulierung und Justiz hat für jede Dienststelle für Bewährungshilfe einen hauptamtlich tätigen Bewährungshelfer als Leiter zu bestellen. *(BGBl I 2018/32)*

(2) Als Dienststellenleiter darf nur bestellt werden, wer seit fünf Jahren, wenn er aber aus besonderen Gründen schon vorher zur Ausübung der Tätigkeit eines Dienststellenleiters geeignet erscheint, doch mindestens seit drei Jahren als Bewährungshelfer hauptamtlich tätig ist und das im § 2 Abs. 1 bezeichnete Ernennungserfordernis erfüllt. Der Leiter einer Dienststelle am Sitze des Landesgerichtes der Landeshauptstadt in einem Bundesland, in dem mehrere Dienststellen für Bewährungshilfe eingerichtet sind, und der Leiter der Dienststelle in Wien sowie die ständigen Vertreter dieser Leiter müssen Beamte der Verwendungsgruppe A oder Vertragsbedienstete des Bundes der Entlohnungsgruppe a sein. Beim ständigen Vertreter des Dienststellenleiters kann von diesem Erfordernis abgesehen werden, wenn ein geeigneter Beamter oder Vertragsbediensteter dieser Verwendungs- oder Entlohnungsgruppe nicht zur Verfügung steht.

(3) Ist ein Dienststellenleiter verhindert, so hat das Bundesministerium für Verfassung, Reformen, Deregulierung und Justiz einen hauptamtlich tätigen Bewährungshelfer mit der Führung der Geschäfte des Dienststellenleiters zu betrauen; das kann auch im vorhinein erfolgen. *(BGBl I 2018/32)*

(BGBl 1980/578; BGBl 1987/605; BGBl 1993/91)

BewHilfe

Aufgaben des Dienststellenleiters

§ 5. (1) Der Dienststellenleiter hat die Dienststelle zu führen. Außer den in anderen Bestimmungen dieses Bundesgesetzes bezeichneten Aufgaben obliegen ihm die folgenden:

1. Er hat die Tätigkeit der im Sprengel der Dienststelle tätigen Bewährungshelfer zu unterstützen und zu überwachen und die Bewährungshelfer in der Durchführung der Bewährungshilfe anzuleiten.

2. Er hat über die hauptamtlich tätigen Bewährungshelfer die unmittelbare Dienstaufsicht auszuüben.

3. Er hat die Verbindung mit anderen Stellen und Personen, deren Hilfe zur Erfüllung der Aufgaben der Bewährungshilfe benötigt wird, herzustellen und zu pflegen, soweit es sich um Angelegenheiten grundsätzlicher Art handelt.

4. Er hat die täglichen Dienststunden in der Dienststelle für Bewährungshilfe so zu bestimmen, wie es für die Durchführung der Bewährungshilfe im Hinblick auf die Besonderheit der Dienststelle am zweckmäßigsten ist.

5. Er hat für sich und für jeden einzelnen hauptamtlich tätigen Bewährungshelfer bestimmte Stunden – und zwar jeweils mindestens vier in jeder Woche – für die Vorsprache nicht geladener Parteien festzusetzen und durch Anschlag in den Amtsräumen kundzumachen.

6. Er hat im Fall einer voraussichtlich sechs Wochen nicht übersteigenden vorübergehenden Verhinderung eines Bewährungshelfers einem oder mehreren anderen Bewährungshelfern die stellvertretende Besorgung der Aufgaben des verhinderten Bewährungshelfers zu übertragen.

7. Er hat, soweit dies mit der Erfüllung der übrigen ihm übertragenen Aufgaben vereinbar ist, auch die Tätigkeit eines Bewährungshelfers auszuüben und die Kanzleigeschäfte der Dienststellen zu besorgen.

(2) Sind in einem Bundesland mehrere Dienststellen für Bewährungshilfe eingerichtet, so obliegen dem Leiter der Dienststelle am Sitze des Landesgerichtes der Landeshauptstadt hinsichtlich der übrigen Dienststellen in diesem Bundesland noch folgende Aufgaben:

1. Er hat die Tätigkeit der Dienststellenleiter zu unterstützen und zu überwachen und sie in der Durchführung der Bewährungshilfe im Bereich der Dienststelle anzuleiten.

2. Er hat über die Dienststellenleiter die unmittelbare Dienstaufsicht auszuüben.

3. Er kann in Angelegenheiten, die über den örtlichen Wirkungsbereich der Dienststelle hinausgehen, die in Abs. 1 Z. 3 vorgesehenen Aufgaben des Dienststellenleiters an sich ziehen.

4. Er hat mit den Dienststellenleitern jeden Monat eine Besprechung abzuhalten, auf der Fragen der Durchführung der Bewährungshilfe zu erörtern sind.

5. Er kann, wenn es wegen der Schwierigkeit der zu besprechenden Fälle oder zur Ausbildung zweckmäßig ist, die im § 7 vorgesehenen Besprechungen anstelle des Dienststellenleiters unter dessen Beiziehung abhalten.

(3) Das Bundesministerium für Verfassung, Reformen, Deregulierung und Justiz kann unter Bedachtnahme auf den Umfang der dem Leiter einer Dienststelle am Sitze des Landesgerichtes (Abs. 2) obliegenden Aufgaben einen anderen hauptamtlich tätigen Bewährungshelfer derselben Dienststelle mit dessen ständiger Vertretung in den ihm nach Abs. 2 obliegenden Aufgaben betrauen. *(BGBl I 2018/32)*

(BGBl 1987/605; BGBl 1993/91)

Kanzleipersonal

§ 6. Können die Kanzleigeschäfte der Dienststelle durch den Dienststellenleiter selbst nicht besorgt werden, sind für die Besorgung dieser Geschäfte Beamte oder Vertragsbedienstete des Bundes zu bestellen.

Besprechungen des Dienststellenleiters mit den Bewährungshelfern

§ 7. (1) Der Dienststellenleiter hat mit den hauptamtlich tätigen Bewährungshelfern der Dienststelle alle zwei Wochen, mit den ehrenamtlich tätigen jeden Monat eine Besprechung abzuhalten. Ist von häufigeren Besprechungen ein Nutzen für die Bewährungshilfe zu erwarten, der die Nachteile des mit der Teilnahme verbundenen Zeitverlustes und Kostenaufwandes überwiegt, so haben die Besprechungen in kürzeren Zeitabständen zu erfolgen.

(2) Bei diesen Besprechungen ist die Durchführung der Bewährungshilfe für die einzelnen Schützlinge zu erörtern. Die Dienststellenleiter haben dabei darauf hinzuwirken (§ 5 Abs. 1 Z. 1), daß die Bewährungshilfe nach einheitlichen Gesichtspunkten und so durchgeführt wird, wie es den gesetzlichen Bestimmungen, den allgemeinen Erkenntnissen über die zweckmäßigste Gestaltung der Bewährungshilfe und den auf den Zusammenkünften der Dienststellenleiter (§ 9) gewonnenen Erkenntnissen entspricht.

Beratung der Bewährungshelfer

§ 7a. Den hauptamtlich tätigen Bewährungshelfern ist Gelegenheit zu Aussprachen über ihre Tätigkeit mit einer Person zu geben, die weder Dienststellenleiter noch in dessen Vertretung Leiter der Besprechungen (§ 7), an denen die betreffenden Bewährungshelfer teilnehmen, oder sonst Vorgesetzter dieser Bewährungshelfer ist. Hiezu sind in der Sozialarbeit erfahrene Personen zu bestellen, die für diese Art der Beratung geschult sind und befähigt erscheinen; sie sind über den Gegenstand der Aussprache jedermann gegenüber zur Verschwiegenheit verpflichtet.

(BGBl 1980/578)

Beiziehung von Psychiatern und Psychologen

§ 8. (1) Das Bundesministerium für Verfassung, Reformen, Deregulierung und Justiz hat zur Beratung der Dienststellen Fachärzte für Nerven- und Geisteskrankheiten (Psychiater) und Personen, die das Doktorat der Philosophie aus dem Hauptfach Psychologie erworben haben (Psychologen), zu bestellen. *(BGBl I 2018/32)*

(2) Hält der Dienststellenleiter bei einer Besprechung (§ 7) eine solche Beratung für erforderlich,

so hat er einen dieser Psychiater oder Psychologen beizuziehen.

Zusammenkünfte der Dienststellenleiter

§ 9. Das Bundesministerium für Verfassung, Reformen, Deregulierung und Justiz hat einmal in jedem Jahr die Dienststellenleiter zu einer Zusammenkunft einzuberufen, bei der Fragen der Durchführung der Bewährungshilfe zu erörtern sind. Zu dieser Zusammenkunft können auch die im § 8 genannten Personen beigezogen werden. *(BGBl I 2018/32)*

Tätigkeitsberichte

§ 10. Die Leiter der Dienststellen für Bewährungshilfe haben bis zum 1. März jedes Jahres über die Tätigkeit der Bewährungshilfe im vorangegangenen Kalenderjahr im Sprengel der Dienststelle dem Bundesministerium für Verfassung, Reformen, Deregulierung und Justiz schriftlich Bericht zu erstatten. *(BGBl I 2018/32)*

Ausbildung und Fortbildung

§ 11. Das Bundesministerium für Verfassung, Reformen, Deregulierung und Justiz hat für die fachliche Ausbildung und Fortbildung der Bewährungshelfer zu sorgen. *(BGBl I 2018/32)*

Ehrenamtlich tätige Bewährungshelfer

§ 12. (1) Personen, die dazu bereit sind, die Tätigkeit eines Bewährungshelfers ehrenamtlich auszuüben und die hiefür geeignet erscheinen (Abs. 3), sind vom Leiter der Dienststelle in ein Verzeichnis aufzunehmen. Sobald sie in das Verzeichnis aufgenommen sind, dürfen sie für diese Dienststelle als ehrenamtlich tätige Bewährungshelfer herangezogen werden. Bei Wegfall der Voraussetzungen sind sie aus dem Verzeichnis auszuscheiden. Der Dienststellenleiter hat jede Eintragung oder Streichung einer Person in diesen Verzeichnissen dem Präsidenten des in Strafsachen tätigen Gerichtshofes erster Instanz, an dessen Sitz die Dienststelle errichtet ist, und dem Bundesministerium für Verfassung, Reformen, Deregulierung und Justiz schriftlich mitzuteilen. *(BGBl I 2018/32)*

(2) Als ehrenamtlich tätiger Bewährungshelfer darf nur aufgenommen werden, wer das 24. Lebensjahr, wenn er aber ausnahmsweise aus besonderen Gründen schon vorher zur Ausübung der Tätigkeit eines Bewährungshelfers geeignet erscheint, doch mindestens das 21. Lebensjahr vollendet hat; im übrigen muß er fähig sein, das Amt eines Geschworenen oder Schöffen auszuüben, wobei jedoch vom Erfordernis der österreichischen Staatsbürgerschaft abgesehen werden kann, wenn dies aus besonderen Gründen geboten

erscheint, um anfallende Betreuungsaufgaben erfüllen zu können. Personen, die zu Aufgaben der Sicherheits- oder Kriminalpolizei verwendet werden, dürfen nicht als Bewährungshelfer aufgenommen werden.

(3) Ob eine Person für die Tätigkeit als Bewährungshelfer geeignet erscheint, hat der Leiter der Dienststelle für Bewährungshilfe (Abs. 1) festzustellen. Zu diesem Zweck hat er ein Gespräch mit dem Bewerber zu führen, Einsicht in die von diesem vorzulegenden Urkunden über seine Person, seine Ausbildung und seine berufliche Tätigkeit zu nehmen und eine Auskunft des Strafregisteramtes einzuholen.

(4) Den ehrenamtlich tätigen Bewährungshelfern gebührt für den mit ihrer Tätigkeit verbundenen Aufwand eine steuerfreie Entschädigung sowie der Ersatz der diese Entschädigung übersteigenden Barauslagen, soweit sie für ihre Tätigkeit erforderlich sind. Die Höhe der ohne weiteren Nachweis der Barauslagen zu leistenden Entschädigung beträgt je Schützling monatlich 64 Euro; sie erhöht sich jedoch um ein Drittel, wenn nach der Erklärung des Dienststellenleiters die Barauslagen diesen Betrag im Durchschnitt um wenigstens ein Drittel übersteigen. *(BGBl I 2013/2)*

(5) und (6) *(entfällt, BGBl I 2013/2)*

(BGBl 1974/426; BGBl 1980/578; BGBl 1996/762; BGBl I 2001/130)

Heime für Bewährungshilfe

§ 13. (1) Das Bundesministerium für Verfassung, Reformen, Deregulierung und Justiz hat jährlich auf Grund gutächtlicher Äußerungen der Leiter der Dienststellen für Bewährungshilfe, in deren Sprengel geeignete Heime (Abs. 3) bestehen oder die Einrichtung solcher Heime beabsichtigt ist, für das folgende Kalenderjahr festzustellen, bei wie vielen Schützlingen wegen des Fehlens einer geeigneten Unterkunft der Zweck der Bewährungshilfe voraussichtlich nicht erreicht werden könnte. *(BGBl I 2018/32)*

(2) Auf Grund dieser Feststellung hat das Bundesministerium für Verfassung, Reformen, Deregulierung und Justiz jährlich mit privaten Vereinigungen, die sich bereit erklären, Schützlinge in geeignete Heime (Abs. 3) aufzunehmen, Verträge abzuschließen. In diesen Verträgen ist eine Vergütung des Aufwandes zu vereinbaren, der diesen Vereinigungen daraus erwächst, daß sie in ein solches Heim Schützlinge aufnehmen, die entweder darum ersucht haben und bei denen es das Bundesministerium für Verfassung, Reformen, Deregulierung und Justiz für zweckmäßig erachtet hat (Abs. 7) oder denen eine dahingehende Weisung (§ 51 des Strafgesetzbuches) erteilt worden ist. Die Vergütung hat auch die Kosten einer angemessenen Verpflegung der Schützlinge in den Heimen zu umfassen, soweit eine solche

BewHilfe

Verpflegung tatsächlich erfolgt und den Umständen nach notwendig und zweckmäßig ist. *(BGBl I 2018/32)*

(3) Ein Heim ist geeignet, wenn

1. das Heim von einer Person geleitet wird, die die Anstellungserfordernisse für den Dienst eines hauptamtlich tätigen Bewährungshelfers oder eines Erziehers der Verwendungsgruppe L 2 erfüllt,

2. in dem Heim nur Personen desselben Geschlechtes untergebracht werden oder im Fall der Unterbringung von Personen verschiedenen Geschlechtes die zur Wahrung der Zwecke der Unterbringung gebotene räumliche Trennung gewährleistet erscheint,

3. die in das Heim aufgenommenen Schützlinge verpflichtet sind, für die ihnen gewährte Unterkunft und allfällige Verpflegung ein ihren Verhältnissen angemessenes Entgelt zu entrichten,

4. die Heimordnung jede dem Zweck der Bewährungshilfe abträgliche Benützung des Heimes verbietet und

5. Personen, die trotz Abmahnung beharrlich gegen die Heimordnung verstoßen und dadurch den Zweck der Bewährungshilfe gefährden, von der weiteren Unterbringung ausgeschlossen werden.

(4) Das Bundesministerium für Verfassung, Reformen, Deregulierung und Justiz hat auf Grund der Voranschläge der Vereinigungen unter Zugrundelegung einer sparsamen, wirtschaftlichen und zweckmäßigen Verwaltung aus den im jeweiligen Bundesfinanzgesetz vorgesehenen Aufwandskrediten für Bewährungshilfe einen Vorschuß auf den vermutlichen Aufwand zu gewähren. *(BGBl I 2018/32)*

(5) Die gutächlichen Äußerungen (Abs. 1) und die Voranschläge (Abs. 4) sind jeweils bis zum 1. Juni jedes Jahres für das darauffolgende Kalenderjahr zu erstatten.

(6) Die Vereinigungen haben für jedes Kalenderjahr bis zum 1. März des darauffolgenden Jahres Rechnungsabschlüsse dem Bundesministerium für Verfassung, Reformen, Deregulierung und Justiz vorzulegen und mit ihm abzurechnen. *(BGBl I 2018/32)*

(7) Die Entscheidung darüber, ob ein Schützling, der darum ersucht hat, in ein Heim aufgenommen werden soll, weil sonst wegen des Fehlens einer geeigneten Unterkunft der Zweck der Bewährungshilfe voraussichtlich nicht erreicht werden könnte, steht dem Bundesministerium für Verfassung, Reformen, Deregulierung und Justiz nach Anhörung des Leiters der Dienststelle für Bewährungshilfe zu, in deren Sprengel der Schützling seinen Wohnsitz oder gewöhnlichen Aufenthalt hat. Wenn der Zweck der Bewährungshilfe sonst voraussichtlich nicht erreicht werden könnte, kann der Schützling bis zur Entscheidung des Bundesministeriums für Verfassung, Refor-

men, Deregulierung und Justiz vorläufig mit Zustimmung des Dienststellenleiters in das Heim aufgenommen werden. *(BGBl I 2018/32)*

(BGBl 1974/426; BGBl 1980/578; BGBl 1987/605)

Vorgesetzte Behörde

§ 14. Die Dienststellen für Bewährungshilfe unterstehen dem Bundesministerium für Verfassung, Reformen, Deregulierung und Justiz, das auch über Berufungen gegen Bescheide der Dienststellen zu entscheiden hat. *(BGBl I 2018/32)*

(BGBl 1980/578)

ZWEITER ABSCHNITT
Durchführung der Bewährungshilfe

Vorbereitung der Anordnung der Bewährungshilfe

§ 15. Hegt das Gericht Zweifel, ob für einen Rechtsbrecher Bewährungshilfe anzuordnen sei, so hat es unter Bekanntgabe der bisherigen für die Beurteilung des Falles erforderlichen Verfahrensergebnisse über die Zweckmäßigkeit einer solchen Anordnung eine Äußerung des Leiters der Dienststelle für Bewährungshilfe einzuholen, in deren Sprengel der Rechtsbrecher seinen Wohnsitz oder gewöhnlichen Aufenthalt hat. Zur Vorbereitung dieser Äußerung sind die Bestimmungen des § 19 Abs. 1 bis 3 dem Sinne nach anzuwenden. Die Äußerung des Dienststellenleiters ist für das Gericht nicht verbindlich.

(BGBl 1996/762)

Bestimmung des Bewährungshelfers

§ 16. Das Gericht hat die Entscheidung, mit der Bewährungshilfe angeordnet wird, nach deren Rechtskraft dem Leiter der Dienststelle für Bewährungshilfe, in deren Sprengel der Rechtsbrecher seinen Wohnsitz oder gewöhnlichen Aufenthalt hat, zuzustellen. Der Dienststellenleiter hat die Person des Bewährungshelfers zu bestimmen und diese dem Gericht unverzüglich bekanntzugeben. Zur Vorbereitung der Entscheidung des Dienststellenleiters sind die Bestimmungen des § 19 Abs. 1 bis 3 dem Sinne nach anzuwenden.

(BGBl 1996/762)

Auswahl des Bewährungshelfers

§ 17. (1) Als Bewährungshelfer darf nur eine solche Person bestimmt werden, die als hauptamtlich tätiger Bewährungshelfer für jene Dienststelle bestellt ist, in deren Sprengel der Rechtsbrecher seinen Wohnsitz oder gewöhnlichen Aufenthalt hat, oder die als ehrenamtlich tätiger Bewährungshelfer in das Verzeichnis (§ 12 Abs. 1) dieser Dienststelle eingetragen ist.

(2) Stehen mehrere Bewährungshelfer zur Verfügung, so ist derjenige auszuwählen, dessen Bestellung im Hinblick auf seine Kenntnisse und Fähigkeiten sowie im Hinblick auf die Eigenart und die persönlichen Verhältnisse des Rechtsbrechers am besten geeignet erscheint, den Zweck der Bewährungshilfe zu erfüllen.

(3) Für die Betreuung von durchschnittlich 35 Schützlingen neben den für Äußerungen nach § 15 erforderlichen Erhebungen soll ein Vollzeitäquivalent Sozialarbeit zur Verfügung stehen. Ein ehrenamtlicher Bewährungshelfer soll in der Regel nicht mehr als fünf Schützlinge betreuen. Hierauf ist bei der Auswahl Bedacht zu nehmen.
(BGBl I 2013/2)

Belehrung des Rechtsbrechers über die Bewährungshilfe

§ 18. Ordnet das Gericht Bewährungshilfe an, so hat es den Rechtsbrecher über diese zu belehren.

(BGBl 1996/762)

Rechte des Bewährungshelfers in Ausübung seines Amtes

§ 19. (1) Der Bewährungshelfer hat das Recht, mit dem Schützling zusammenzutreffen. Ist es dem Bewährungshelfer sonst nicht möglich, mit dem Schützling zusammenzutreffen, so hat das Gericht auf Antrag des Bewährungshelfers den Schützling vorzuladen.

(2) Wird eine Haft über den Schützling verhängt oder eine über ihn verhängte Haft aufgehoben, so ist der Bewährungshelfer davon zu verständigen. Das Recht, einen verhafteten Schützling zu besuchen, steht dem Bewährungshelfer in gleichem Umfang zu wie einem Rechtsbeistand des Verhafteten.

(3) Alle Behörden und Dienststellen haben dem Bewährungshelfer die erforderlichen Auskünfte über den Schützling zu erteilen und ihm Einsicht in die über den Schützling geführten Akten zu gewähren, wenn keine wichtigen Bedenken dagegen bestehen.

(4) Erfordert es der Zweck der Bewährungshilfe, so haben der Erziehungsberechtigte, der gesetzliche Vertreter, der Leiter der Schule, der Leiter der Berufsausbildung sowie der Dienstgeber dem Bewährungshelfer Auskunft über den Lebenswandel und die Arbeitsleistung des Schützlings zu erteilen.

(5) Ein ehrenamtlich tätiger Bewährungshelfer steht in Ausübung seines Amtes einem Beamten (§ 74 Z. 4 des Strafgesetzbuches) gleich.

(BGBl 1974/426; BGBl 1987/605)

Pflichten des Bewährungshelfers in Ausübung seines Amtes

§ 20. (1) Der Bewährungshelfer hat seine Aufgabe mit tunlichster Schonung der Ehre des Schützlings zu erfüllen.

(2) Der Bewährungshelfer hat dem Gericht über seine Tätigkeit und seine Wahrnehmungen zu berichten,

1. soweit dies das Gericht verlangt oder es erforderlich oder zweckmäßig ist, um den Zweck der Bewährungshilfe zu erreichen,

2. wenn Anlaß besteht, die Bewährungshilfe aufzuheben,

3. in jedem Fall aber sechs Monate nach Anordnung der Bewährungshilfe sowie bei deren Beendigung.

Die Berichte sind schriftlich zu erstatten, sofern das Gericht nicht anderes bestimmt.

(3) Schriftliche Berichte sind im Wege der Dienststelle für Bewährungshilfe zu übermitteln. Der Dienststellenleiter hat die Berichte, wenn es nach seiner eigenen Kenntnis des Einzelfalles und nach seinen Kenntnissen und Erfahrungen auf dem Gebiete der Bewährungshilfe erforderlich ist, ergänzen zu lassen oder selbst zu ergänzen; die Ergänzung ist als solche zu kennzeichnen. Den wesentlichen Inhalt mündlich erstatteter Berichte hat der Bewährungshelfer in seinen Akten festzuhalten und dem Dienststellenleiter zur Kenntnis zu bringen.

(4) Der Bewährungshelfer hat die wesentlichen Vorkommnisse bei der Betreuung seines Schützlings in einem Tagebuch festzuhalten. Aus dem Tagebuch müssen der Stand der Betreuung und die jeweiligen nächsten Zielsetzungen der Betreuungsarbeit jederzeit ersichtlich sein.

(5) Ein ehrenamtlich tätiger Bewährungshelfer ist, außer wenn er eine amtliche Mitteilung zu machen hat, jedermann gegenüber zur Verschwiegenheit über die in Ausübung seiner Tätigkeit gemachten Wahrnehmungen verpflichtet, soweit die Geheimhaltung im Interesse eines Beteiligten erforderlich ist. Die Verletzung dieser Pflicht ist ebenso zu bestrafen wie eine verbotene Veröffentlichung (§ 301 des Strafgesetzbuches).

(BGBl 1974/426; BGBl 1996/762)

Arbeitszeit und Dienststunden der Bewährungshelfer

§ 21. (1) Die wöchentliche Arbeitszeit der hauptamtlich tätigen Bewährungshelfer und anderer in der Dienststelle für Bewährungshilfe be-

BewHilfe

schäftigter Personen hat der für die übrigen Bundesbediensteten zu entsprechen.

(2) Der hauptamtlich tätige Bewährungshelfer hat in der Dienststelle insoweit anwesend zu sein, als es zur gewissenhaften Ausführung seiner dort zu verrichtenden Dienstobliegenheiten erforderlich ist. Im übrigen ist er bei seiner Tätigkeit an keine festen Dienststunden gebunden.

Wechsel in der Person des Bewährungshelfers

§ 22. (1) Der Dienststellenleiter hat den einem Rechtsbrecher bestellten Bewährungshelfer zu entheben und an seiner Stelle einen anderen Bewährungshelfer zu bestimmen,

1. wenn der hauptamtlich tätige Bewährungshelfer aus dem Dienststand ausscheidet oder für eine andere Dienststelle bestellt wird oder der ehrenamtlich tätige Bewährungshelfer aus dem Verzeichnis (§ 12 Abs. 1) ausgeschieden wird, oder

2. wenn der Bewährungshelfer wegen seines Gesundheitszustandes oder aus anderen Gründen voraussichtlich für einen sechs Wochen übersteigenden Zeitraum verhindert ist, dem Schützling weiterhin Bewährungshilfe zu leisten, oder wenn der Bewährungshelfer hiezu nicht geeignet ist.

(2) Nimmt der Schützling seinen Wohnsitz oder gewöhnlichen Aufenthalt im Sprengel einer anderen Dienststelle für Bewährungshilfe, so hat der Dienststellenleiter den bisher bestellten Bewährungshelfer zu entheben, es sei denn, daß die Fortführung der Bewährungshilfe durch diesen zweckmäßiger erscheint als ein Wechsel in dessen Person und wirtschaftlich gerechtfertigt ist. An Stelle des enthobenen Bewährungshelfers hat der nunmehr zuständige Dienststellenleiter einen Bewährungshelfer seiner Dienststelle (§ 17 Abs. 1) zu bestimmen. Die Enthebung des bisher bestellten Bewährungshelfers wird erst mit der Bestellung des neuen Bewährungshelfers wirksam. Das Gericht ist von der Neubestellung zu verständigen.

(3) Wird die Bewährungshilfe vorzeitig aufgehoben (§ 52 Abs. 3 des Strafgesetzbuches), so hat das Gericht dies dem Leiter der zuständigen Dienststelle für Bewährungshilfe (§ 17 Abs. 1) mitzuteilen, der den Bewährungshelfer zu entheben hat. Endet die Bewährungshilfe mit dem Ablauf der Probezeit oder des sonst vom Gericht bestimmten Zeitraums (§ 50 Abs. 2 des Strafgesetzbuches), so gilt der Bewährungshelfer als mit diesem Zeitpunkt enthoben.

(BGBl 1996/762)

Zuständigkeit

§ 23. Die im zweiten Abschnitt bezeichneten Amtshandlungen des Gerichtes obliegen dem Gericht, das für die Anordnung der Bewährungshilfe zuständig ist.

(BGBl 1974/426; BGBl 1996/762)

DRITTER ABSCHNITT
Mitwirkung privater Vereinigungen

Führung der Bewährungshilfe durch private Vereinigungen

§ 24. (1) Der Bundesminister für Verfassung, Reformen, Deregulierung und Justiz kann die Besorgung der Aufgaben der im ersten Abschnitt dieses Bundesgesetzes vorgesehenen Einrichtungen für den Bereich einer oder mehrerer Dienststellen einer privaten Vereinigung übertragen, die in der Bewährungshilfe tätig ist, über ähnliche Einrichtungen verfügt und zur Mitarbeit bereit ist. Der Bundesminister für Verfassung, Reformen, Deregulierung und Justiz hat mit einer solchen Vereinigung einen Vertrag über die Führung der Bewährungshilfe abzuschließen, der insbesondere nähere Regelungen über den Inhalt und Umfang der übertragenen Aufgabenbereiche, über Kontrolle und Aufsicht über die Vereinigung durch den Bundesminister für Verfassung, Reformen, Deregulierung und Justiz, über die innere Kontrolle, die Gebarung und das Berichtswesen der Vereinigung sowie über das vom Bundesministerium für Verfassung, Reformen, Deregulierung und Justiz an die Vereinigung zu leistende Entgelt zu enthalten hat. Im Fall einer solchen Übertragung bleiben dem Bundesminister für Verfassung, Reformen, Deregulierung und Justiz unbeschadet der §§ 12 und 13 die Aufgaben vorbehalten, die sich aus einer sinngemäßen Anwendung des § 14 in Verbindung mit dem folgenden Abs. 3 und § 26 ergeben. *(BGBl I 2018/32)*

(2) Soweit die Führung der Bewährungshilfe privaten Vereinigungen übertragen ist, sind die Vorschriften des zweiten Abschnittes dieses Bundesgesetzes mit Ausnahme des § 21 Abs. 1 mit der Maßgabe anzuwenden, daß an die Stelle des Leiters der Dienststelle für Bewährungshilfe der Leiter der Geschäftsstelle der Vereinigung tritt, der die Führung der Bewährungshilfe im Sprengel der Dienststelle übertragen ist. Die Vereinigung hat die ihr übertragenen Aufgaben unbeschadet des § 26 durch bei ihr angestellte und für die Durchführung von Aufgaben der Bewährungshilfe geeignete Personen zu besorgen. Die §§ 19 Abs. 5 und 20 Abs. 5 gelten für diese Personen sinngemäß.

(3) Soweit die Führung der Bewährungshilfe einer privaten Vereinigung übertragen ist, hat diese unbeschadet der dem Bundesministerium für Verfassung, Reformen, Deregulierung und Justiz vorbehaltenen Rechte dafür Sorge zu tragen, daß innerhalb des durch die gesetzlichen Bestimmungen und die für die Erfüllung zur

Verfügung stehenden Personen und Mittel gezogenen Rahmens die Bewährungshilfe nach einheitlichen Gesichtspunkten und nach den Erkenntnissen über ihre zweckmäßigste Gestaltung durchgeführt wird. *(BGBl I 2018/32)*

(4) Der Bundesminister für Verfassung, Reformen, Deregulierung und Justiz hat durch Veröffentlichung im Amtsblatt der österreichischen Justizverwaltung kundzumachen, für den Bereich welcher Dienststellen und an welche Vereinigungen eine Übertragung erfolgt. *(BGBl I 2018/32)*

(BGBl 1980/578; BGBl 1996/762)

Verarbeitung personenbezogener Daten

§ 25. Private Vereinigungen, denen die Besorgung von Aufgaben nach diesem Bundesgesetz übertragen wurde, sind zum Zweck der Erfüllung dieser Aufgaben ermächtigt, strafrechtsbezogene Daten nach Art. 10 der Verordnung (EU) 2016/679 zum Schutz natürlicher Personen bei der Verarbeitung personenbezogener Daten, zum freien Datenverkehr und zur Aufhebung der Richtlinie 95/46/EG (Datenschutz-Grundverordnung), ABl. Nr. L 119 vom 4.5.2016 S. 1, (im Folgenden: DSGVO) und § 4 Abs. 3 des Datenschutzgesetzes – DSG, BGBl. I Nr. 165/1999, sowie besondere Kategorien personenbezogener Daten nach Art. 9 DSGVO zu verarbeiten, soweit dies zur Erfüllung dieser Aufgaben erforderlich und verhältnismäßig ist.

(BGBl I 2018/32)

Verwendung von Beamten bei einer privaten Vereinigung

§ 26. (1) Soweit die Führung der Bewährungshilfe einer privaten Vereinigung übertragen ist, gilt für die Verwendung der dieser Vereinigung zur Verfügung gestellten Bundesbeamten folgendes:

1. Der Arbeitsplatz des Beamten bei der Vereinigung muß die Erfordernisse des § 36 des Beamten-Dienstrechtsgesetzes 1979, BGBl. Nr. 333, erfüllen.

2. Der Beamte darf für die Dauer der Verwendung bei der Vereinigung nur auf einem Arbeitsplatz verwendet werden, der bis 31. Dezember 1998 gemäß § 137 Abs. 1 BDG 1979 in der Fassung des Besoldungsreform-Gesetzes 1994, BGBl. Nr. 550, bewertet und zugeordnet worden ist.

3. Die Dienstaufsicht des Bundesministeriums für Verfassung, Reformen, Deregulierung und Justiz (§ 26a) über einen der Vereinigung zur Verfügung gestellten Beamten erstreckt sich auch auf seine dort ausgeübte Tätigkeit. Der Beamte hat unbeschadet der dem Bundesministerium für Verfassung, Reformen, Deregulierung und Justiz vorbehaltenen Rechte den Anordnungen Folge

zu leisten, die die von der Vereinigung hiezu bestellten Organe zur Erfüllung der nach § 24 Abs. 3 der Vereinigung obliegenden Pflichten treffen. *(BGBl I 2009/52; BGBl I 2015/13; BGBl I 2018/32)*

(2) Ab 1. März 1999 dürfen einer mit der Führung der Bewährungshilfe betrauten privaten Vereinigung keine Beamten neu zur Verfügung gestellt werden.

(BGBl 1996/762; BGBl I 1999/55)

Dienstrechtliche Sonderbestimmungen

§ 26a. (1) Dem Bundesministerium für Verfassung, Reformen, Deregulierung und Justiz obliegt bundesweit die Wahrnehmung der Dienstaufsicht und der anderen erstinstanzlichen dienstrechtlichen Zuständigkeiten gegenüber Beamten, die gemäß § 26 einer privaten Vereinigung zur Verfügung gestellt sind. *(BGBl I 2015/13; BGBl I 2018/32)*

(2) Dem Bundesministerium für Verfassung, Reformen, Deregulierung und Justiz obliegen auch die Wahrnehmung der dienstrechtlichen Zuständigkeiten nach § 2 Abs. 4 des Dienstrechtsverfahrensgesetzes 1984 (DVG), BGBl. Nr. 29, und die Erteilung von Dienstaufträgen zu Dienstreisen. Diese Zuständigkeiten können vom Bundesminister für Justiz an die Leiterin oder den Leiter einer Organisationseinheit der privaten Vereinigung übertragen werden. *(BGBl I 2015/13; BGBl I 2018/32)*

(3) Dem Bundesministerium für Verfassung, Reformen, Deregulierung und Justiz ist Dienststelle für die im § 26 erwähnten Beamten im Sinne des § 4 des Bundes-Personalvertretungsgesetzes (PVG), BGBl. Nr. 133/1967. *(BGBl I 2015/13; BGBl I 2018/32)*

(BGBl I 2009/52)

§ 26b. Ein im § 26 genannter Beamter, der bis zum 31. Dezember 1999 aus dem öffentlich-rechtlichen Dienstverhältnis zum Bund austritt, hat Anspruch darauf, unmittelbar anschließend in ein Angestelltenverhältnis zu der mit der Führung der Bewährungshilfe betrauten privaten Vereinigung, der er zur Verfügung gestellt ist, aufgenommen zu werden. Ansprüche, die sich auf die Zeit vor der Auflösung des Dienstverhältnisses zum Bund beziehen, bleiben hievon unberührt.

(BGBl 1996/762; BGBl I 1999/55)

§ 26c. Die im § 26 genannten Beamten können Erklärungen gemäß § 254 Abs. 1 BDG 1979 nur bis 31. Dezember 1999 abgeben.

(BGBl 1996/762; BGBl I 1999/55)

BewHilfe

§ 26d. Dienstort im Sinne des § 2 Abs. 5 der Reisegebührenvorschrift 1955, BGBl. Nr. 133, ist diejenige Ortsgemeinde, in der die Organisationseinheit liegt, der der zur Verfügung gestellte Beamte dauernd zur Dienstleistung zugewiesen ist.

(BGBl 1996/762)

§ 26e. *(entfällt, BGBl I 2004/164)*

§ 26f. Vertragsbedienstete des Bundes, die am 31. Dezember 1999 einer mit der Führung der Bewährungshilfe betrauten Vereinigung zur Verfügung gestellt sind, scheiden mit Ablauf des 31. Dezember 1999 aus dem Dienstverhältnis zum Bund aus und sind mit Wirksamkeit vom 1. Jänner 2000 Angestellte dieser Vereinigung. Ansprüche, die sich auf die Zeit vor der Auflösung des Dienstverhältnisses zum Bund beziehen, bleiben unberührt.

(BGBl 1996/762; BGBl I 1999/55)

§ 27. *(aufgehoben, BGBl 1996/762)*

VIERTER ABSCHNITT

Freiwillige Betreuung

§ 27a. (1) Soweit eine Betreuung oder weitere Betreuung von Personen notwendig oder zweckmäßig erscheint, um sie von der Begehung strafbarer Handlungen abzuhalten, und die Übernahme der Betreuung ohne Beeinträchtigung der Besorgung der Aufgaben der Bewährungshilfe möglich ist, können die Leiter der Dienststellen für Bewährungshilfe auf Ersuchen oder mit Zustimmung der betreffenden Personen anordnen:

1. eine Betreuung in den Fällen einer unbedingten Entlassung aus einer Freiheitsstrafe oder mit Freiheitsentziehung verbundenen vorbeugenden Maßnahme,

2. eine weitere Betreuung in den Fällen einer bedingten Verurteilung, einer bedingten Nachsicht einer Strafe oder eines Strafteiles oder einer mit Freiheitsentziehung verbundenen vorbeugenden Maßnahme oder einer bedingten Entlassung, wenn die Probezeit abgelaufen ist.

(2) Die Anordnung gilt für die den Umständen nach erforderliche Zeitdauer, längstens aber für die Zeit von drei Jahren nach der unbedingten Entlassung oder dem Ablauf der Probezeit. Die Bestellung endet jedenfalls, sobald derselben Person vom Gericht ein Bewährungshelfer bestellt worden ist. Erklärt die betreute Person ausdrücklich, auf eine weitere Betreuung zu verzichten, oder entzieht sie sich beharrlich dem Einfluß des Bewährungshelfers, so hat der Leiter der Dienststelle die Einstellung der Betreuung anzuordnen.

(3) Die Zahl der nach dieser Bestimmung betreuten Personen darf im Fall eines hauptamtlich tätigen Bewährungshelfers nicht mehr als ein Fünftel der von ihm insgesamt betreuten Personen, bei einem ehrenamtlich tätigen Bewährungshelfer nicht mehr als zwei betragen; hierauf ist bei der Auswahl des Bewährungshelfers Bedacht zu nehmen.

(4) Für die Betreuung nach Abs. 1 gelten § 52 Abs. 1 des Strafgesetzbuches und der zweite und dritte Abschnitt dieses Bundesgesetzes dem Sinne nach mit folgenden Maßgaben:

1. An die Stelle des Gerichtes tritt jeweils der Leiter der Dienststelle (Geschäftsstelle) für Bewährungshilfe;

2. der zur Betreuung bestellte Bewährungshelfer hat innerhalb der ersten sechs Wochen einen ersten Bericht zu erstatten und sich in seinen Berichten jeweils auch zur Notwendigkeit oder Zweckmäßigkeit der Betreuung zu äußern.

(BGBl 1987/605)

FÜNFTER ABSCHNITT

Beirat für Bewährungshilfe

§ 28. (1) Ist die Führung der Bewährungshilfe einer oder mehreren privaten Vereinigungen übertragen, so wird beim Bundesministerium für Verfassung, Reformen, Deregulierung und Justiz ein Beirat für Bewährungshilfe eingerichtet. *(BGBl I 2018/32)*

(2) Der Beirat ist berechtigt, sich von der Tätigkeit der mit der Führung der Bewährungshilfe betrauten privaten Vereinigungen durch Aussprachen mit den Vertretern dieser Vereinigungen, durch Besuche von Geschäftsstellen der Vereinigungen, durch Einholung von Auskünften des Bundesministeriums für Verfassung, Reformen, Deregulierung und Justiz, der Vereinigungen und auf andere geeignete Weise ein Bild zu machen, Anregungen entgegenzunehmen und dazu Stellung zu nehmen. Er hat weiters das Recht, alljährlich über seine Tätigkeit dem Bundesministerium für Verfassung, Reformen, Deregulierung und Justiz zu berichten und Anregungen zu erstatten. *(BGBl I 2018/32)*

(3) Die im Hauptausschuß des Nationalrates vertretenen Parteien sind berechtigt, in den Beirat insgesamt sechs Personen ihres Vertrauens zu entsenden. Dabei hat auf jede Partei wenigstens eine Vertrauensperson zu entfallen; im übrigen ist das Kräfteverhältnis der Vertretung im Hauptausschuß zu berücksichtigen. Die Vertrauenspersonen dürfen weder aktive Beamte oder Vertragsbedienstete aus dem Verwaltungsbereich des Bundesministeriums für Verfassung, Reformen, Deregulierung und Justiz noch Mitglieder oder Angestellte der mit der Führung der Bewährungshilfe betrauten privaten Vereinigungen sein.

Eine weitere Person ist vom Bundesminister für Verfassung, Reformen, Deregulierung und Justiz zu bestellen. *(BGBl I 2018/32)*

(4) Der Beirat wählt aus seiner Mitte mit Stimmenmehrheit den Vorsitzenden und dessen Stellvertreter.

(5) Der Vorsitzende, im Falle seiner Verhinderung aber sein Stellvertreter, hat den Beirat mindestens einmal in jedem Kalenderjahr schriftlich einzuberufen. Ferner ist der Beirat schriftlich einzuberufen, wenn eines seiner Mitglieder die Einberufung schriftlich begehrt; in diesem Falle hat die Sitzung binnen vier Wochen stattzufinden, nachdem das Verlangen gestellt worden ist. Der Beirat kann nur in Anwesenheit des Vorsitzenden oder seines Stellvertreters und wenigstens zweier weiterer Mitglieder tätig werden und Beschlüsse nur fassen, wenn alle Mitglieder eingeladen sind. Beschlüsse werden mit Stimmenmehrheit gefaßt.

(6) Die Mitglieder des Beirates sind, außer wenn sie eine amtliche Mitteilung zu machen haben, jedermann gegenüber zur Verschwiegenheit über die in Ausübung ihrer Tätigkeit gemachten Wahrnehmungen verpflichtet, deren Geheimhaltung im berechtigten Interesse einer beteiligten Person gelegen ist. Die Verletzung dieser Pflicht auf die in § 301 Abs. 1 des Strafgesetzbuches bezeichnete Weise ist nach dieser Bestimmung zu bestrafen.

(7) Die Tätigkeit der Vertrauensperson ist eine ehrenamtliche.

(BGBl 1984/454)

SECHSTER ABSCHNITT
Mitwirkung am Tatausgleich, Vermittlung von gemeinnützigen Leistungen und Schulungen und Kursen sowie Betreuung während des Strafvollzugs durch elektronisch überwachten Hausarrest

Allgemeine Bestimmungen

§ 29. (1) Am Tatausgleich (§ 204 der Strafprozessordnung), an der Vermittlung und Durchführung von gemeinnützigen Leistungen, Schulungen und Kursen (§ 51 des Strafgesetzbuches) sowie Betreuung während des Strafvollzugs durch elektronisch überwachten Hausarrest (§§ 156b Abs. 1 und 156d Abs. 2 des Strafvollzugsgesetzes) wirken auch Beamte und Vertragsbedienstete des Planstellenbereichs Bewährungshilfe des Bundesministeriums für Verfassung, Reformen, Deregulierung und Justiz mit. *(BGBl I 2007/109; BGBl I 2010/64; BGBl I 2018/32)*

(2) Soweit die Besorgung der im Abs. 1 erwähnten Aufgaben nicht einer privaten Vereinigung übertragen wird, ist am Sitz eines in Strafsachen tätigen Landesgerichts für den Sprengel des Landesgerichts eine Dienststelle für den Tatausgleich

zu errichten und zu erhalten. Soweit dies wirtschaftlich geboten und mit der Wahrnehmung der Aufgaben nach Abs. 1 vereinbar erscheint, können Dienststellen geschaffen werden, die mehrere Sprengel von Landesgerichten umfassen. *(BGBl I 2007/109)*

(3) Soweit sich aus den Bestimmungen dieses Abschnitts nichts anderes ergibt, gelten die Vorschriften des ersten und dritten Abschnitts dieses Bundesgesetzes sowie § 21 sinngemäß.

(4) Auf Ersuchen der Staatsanwaltschaft oder des Gerichts hat sich der Leiter der zuständigen Dienst- oder Geschäftsstelle dazu zu äußern, welche Vorgangsweise nach dem 11. Hauptstück der Strafprozessordnung zweckmäßig wäre (§ 208 Abs. 1 StPO). *(BGBl I 2007/109)*

(5) Ersucht die Staatsanwaltschaft oder das Gericht um die Mitwirkung eines Konfliktreglers (§ 204 Abs. 3 StPO), so hat der Leiter der zuständigen Dienst- oder Geschäftsstelle für den Tatausgleich, ersucht die Staatsanwaltschaft oder das Gericht um die Mitwirkung eines Vermittlers (§§ 201 Abs. 4 und 203 Abs. 3 StPO) oder die Justizanstalt um Betreuung während des Strafvollzugs durch elektronisch überwachten Hausarrest (§ 156d Abs. 2 StVG) , so hat der Leiter der zuständigen Dienst- oder Geschäftsstelle für Bewährungshilfe einen solchen zu bestellen. *(BGBl I 2007/109; BGBl I 2010/64)*

(BGBl I 1999/55)

Konfliktregler

§ 29a. (1) Am Tatausgleich wirken auf Ersuchen der Staatsanwaltschaften und Gerichte in der Sozialarbeit erfahrene Personen, die für diese Tätigkeit besonders geeignet sind, als Konfliktregler mit. *(BGBl I 2007/109)*

(2) Der Konfliktregler hat alle Beteiligten dabei zu unterstützen, einen Interessenausgleich herbeizuführen. Er nimmt mit dem Beschuldigten und dem Opfer Verbindung auf und unterrichtet sie über das Wesen des Tatausgleichs, dessen wesentlichen Inhalt und Ablauf und die mit ihm verbundenen Auswirkungen. Der Konfliktregler erkundet die Bereitschaft des Beschuldigten, für die Tat einzustehen, sich mit deren Ursachen auseinanderzusetzen sowie allfällige Folgen der Tat auszugleichen, und belehrt ihn im Sinne des § 207 Abs. 1 StPO. Er wahrt die berechtigten Interessen des Opfers (§ 204 Abs. 2 StPO), klärt mit ihm mögliche Forderungen und Erwartungen ab und unterrichtet ihn im Sinne des § 206 StPO. *(BGBl 1987/605; BGBl I 2007/109)*

(3) Der Konfliktregler hat der Staatsanwaltschaft oder dem Gericht zu berichten (§ 204 Abs. 4 StPO). Im Fall eines fehlgeschlagenen Ausgleichsversuchs kann sich der Bericht, soweit weitergehende Informationen eine positive Ent-

BewHilfe

wicklung eines Beteiligten gefährden würden, auf die Mitteilung beschränken, in welchem Umfang Gespräche stattgefunden haben. *(BGBl I 2007/109)*

(4) Der Konfliktregler ist in Ausübung seiner Tätigkeit befugt, mit Zustimmung des Beschuldigten oder des Opfers in gerichtliche und verwaltungsbehördliche Akten sowie in solche von Körperschaften des öffentlichen Rechts über Verfahren, welche diese Personen betreffen, Einsicht zu nehmen; auf sein Ersuchen sind ihm auch Ablichtungen daraus unentgeltlich zur Verfügung zu stellen. *(BGBl I 2007/109)*

(5) Der Konfliktregler ist im Umfang seiner Tätigkeit jedermann gegenüber zur Verschwiegenheit verpflichtet, soweit die Geheimhaltung im Interesse eines Beteiligten erforderlich ist. Dies gilt insoweit nicht, als er als Zeuge in einem gerichtlichen Verfahren über den Inhalt einer getroffenen Ausgleichsvereinbarung vernommen wird.

(BGBl 1988/599; BGBl I 1999/55)

Vermittlung von gemeinnützigen Leistungen sowie Schulungen und Kursen

§ 29b. (1) An der Vermittlung von gemeinnützigen Leistungen (§§ 201 und 202 StPO) sowie Schulungen und Kursen (§ 51 des Strafgesetzbuches) sowie zur Beratung des Beschuldigten während deren Durchführung wirken auf Ersuchen der Staatsanwaltschaften und Gerichte in der Sozialarbeit erfahrene Personen als Vermittler mit. *(BGBl I 2007/109)*

(2) Der Vermittler unterrichtet den Beschuldigten über das Wesen des Rücktritts von der Verfolgung nach den §§ 201 und 203 StPO sowie über den Inhalt der vorgeschlagenen gemeinnützigen Leistungen, der Schulung oder des Kurses und berät ihn erforderlichenfalls während der Durchführung. Er nimmt Kontakt mit der Einrichtung (§ 202 Abs. 2 StPO) auf, holt ihre Zustimmung zur Erbringung der gemeinnützigen Leistungen ein und verständigt sie von deren Art und vom Ausmaß der zu erbringenden Leistungen. Er leitet den Beschuldigten bei seinen Bemühungen, zum Ausgleich der Folgen der Tat beizutragen, an und unterstützt ihn dabei. *(BGBl I 2007/109)*

(2a) Der Vermittler unterrichtet den Verurteilten über das Wesen des Erbringung von gemeinnützigen Leistungen nach § 3a StVG, erhebt die für die Vermittlung notwendigen Informationen sowie den Inhalt der vorgeschlagenen gemeinnützigen Leistungen und berät ihn erforderlichenfalls während der Erbringung. Er nimmt Kontakt mit der Einrichtung (§ 202 Abs. 2 StPO) auf, holt ihre Zustimmung zur Erbringung der gemeinnützigen Leistungen ein und verständigt sie von Art und Ausmaß der zu erbringenden Leistungen. Der Vermittler erarbeitet gemeinsam mit dem Verurteilten den für die Erbringung der gemeinnützigen

Leistung benötigten Zeitraum, wobei auf eine gleichzeitige Aus- und Fortbildung, eine Berufstätigkeit oder eine Verpflichtung aus einer Arbeitsvermittlung Bedacht zu nehmen ist, und unterstützt ihn bei den erforderlichen Eingaben bei Gericht. *(BGBl I 2007/109)*

(3) Nach Beendigung seiner Tätigkeit hat der Vermittler der Staatsanwaltschaft oder dem Gericht zu berichten.

(4) Für die Tätigkeit des Vermittlers gilt § 29a Abs. 4 und 5 sinngemäß.

(BGBl 1988/599; BGBl I 1999/55)

Betreuung während des Strafvollzugs durch elektronisch überwachten Hausarrest

§ 29c. (1) An der Betreuung des Strafgefangenen während des Strafvollzugs durch elektronisch überwachten Hausarrest wirken auf Ersuchen der Justizanstalten in der Sozialarbeit erfahrene Personen als Betreuer mit.

(2) Der Betreuer unterrichtet den Strafgefangenen über das Wesen des Strafvollzugs durch elektronisch überwachten Hausarrest und unterstützt den Beschuldigten bei der Einhaltung der ihm auferlegten Bedingungen (§ 156b Abs. 2 StVG).

(3) Für die Tätigkeit des Betreuers sind die Bestimmungen des Zweiten und Dritten Abschnittes sinngemäß anzuwenden.

(BGBl I 2010/64)

SIEBENTER ABSCHNITT

Einrichtungen für Entlassenenhilfe

§ 29d. (1) Die Einrichtung und der Betrieb von Stellen, in denen Personen nach ihrer Entlassung aus dem Vollzug einer Freiheitsstrafe oder mit Freiheitsentziehung vorbeugenden Maßnahme bei ihren Bemühungen um die Erlangung weiterer Hilfen zur Vermittlung von Unterkunft und Arbeit sowie überhaupt um die Wiedereingliederung in das Leben in Freiheit mit Rat und Tat unterstützt werden, und die Betreuung solcher Personen sind vom Bund zu fördern. Die Förderung hat zu erfolgen:

a) durch die Gewährung von Zuschüssen nach Maßgabe der hiefür nach dem jeweiligen Bundesfinanzgesetz verfügbaren Bundesmittel, wobei anzustreben ist, dass aus Mitteln anderer Gebietskörperschaften jeweils gleich hohe Zuschüsse geleistet werden;

b) dadurch, dass den Stellen geeignete Beamte und Vertragsbedienstete des Planstellenbereichs Bewährungshilfe des Bundesministeriums für Verfassung, Reformen, Deregulierung und Justiz (§ 26 Abs. 1 des Bewährungshilfegesetzes) zur Verfügung gestellt werden. *(BGBl I 2018/32)*

Ein Rechtsanspruch auf Gewährung einer Förderung besteht nicht.

(2) Zuschüsse nach Abs. 1 dürfen physischen und juristischen Personen nur zur Einrichtung und zum Betrieb solcher Stellen der im Abs. 1 bezeichneten Art gewährt werden, die mit Rücksicht auf die Zahl der Personen, die die dort gebotenen Hilfen in Anspruch nehmen, zweckmäßig und wirtschaftlich erscheinen.

(3) Vor Gewährung von Zuschüssen hat sich der Förderungswerber dem Bund gegenüber zu verpflichten, über die widmungsgemäße Verwendung der Zuschüsse alljährlich Bericht zu erstatten, Rechnung zu legen und zum Zweck der Überwachung der widmungsgemäßen Verwendung der Zuschüsse Organen des Bundes die Überprüfung der Durchführung durch Einsicht in die Bücher und Belege sowie durch Besichtigung an Ort und Stelle zu gestatten und ihnen die erforderlichen Auskünfte zu erteilen. Ferner hat sich der Förderungswerber zu verpflichten, bei nicht widmungsgemäßer Verwendung von Zuschüssen oder Nichteinhaltung der im Vorstehenden angeführten Verpflichtungen diese dem Bund zurückzuzahlen, wobei der zurückzuzahlende Betrag für die Zeit von der Auszahlung bis zur Rückzahlung mit 3 vH über den Basiszinssatz pro Jahr zu verzinsen ist.

(4) Die Förderung erstreckt sich nicht auf allfällige Tätigkeiten der in Abs. 1 bezeichneten Stellen, die diese gegenüber Personen nach Ablauf des ersten auf den Tag der letzten Entlassung folgenden Jahres entfalten.

(BGBl I 2006/113; BGBl I 2010/64)

ACHTER ABSCHNITT
Sozialnetzkonferenz

§ 29e. In den gesetzlich vorgesehenen Fällen kann eine Sozialnetzkonferenz durchgeführt werden, die darauf abzielt, das soziale Umfeld eines Beschuldigten, Angeklagten oder Verurteilten bei der Überwindung seiner Krise und der Bearbeitung seiner Konflikte einzubinden und ihm dabei zu einer Lebensführung zu verhelfen, die diesen in Zukunft von der Begehung mit Strafe bedrohter Handlungen abzuhalten vermag.

(BGBl I 2015/154)

NEUNTER ABSCHNITT
Schlußbestimmungen

In-Kraft-Treten und Übergangsbestimmungen

§ 30. (1) Dieses Bundesgesetz tritt mit 1. Juli 1969 in Kraft.

(2) Soweit das Bundesministerium für Justiz bereits vor dem Inkrafttreten dieses Bundesgeset-

zes entsprechende Maßnahmen zur Vollziehung des IV. Hauptstückes des Jugendgerichtsgesetzes 1961, BGBl. Nr. 278, getroffen hat, gelten diese als Maßnahmen im Sinne der §§ 24 Abs. 1, 25 und 26.

(3) § 26e tritt mit Ablauf des 31. Dezember 2004 außer Kraft. Die §§ 26 und 26a in der Fassung des Bundesgesetzes BGBl. I Nr. 164/2004, treten mit 1. Jänner 2005 in Kraft. Abweichend von § 23 Abs. 2 lit. a PVG hat der bei In-Kraft-Treten bereits gewählte Dienststellenausschuss für die im § 26 genannten Beamten seine Aufgaben gemäß § 26a Abs. 3 ab dem 1. Jänner 2005 gegenüber dem Präsidenten des Oberlandesgerichtes Wien wahrzunehmen. *(BGBl I 2004/164)*

(4) Der Siebente und der Achte Abschnitt in der Fassung des Bundesgesetzes BGBl. I Nr. 113/2006 treten mit 1. Jänner 2007 in Kraft. *(BGBl I 2006/113)*

(5) Die Bestimmungen der §§ 17 Abs. 3, c, 26 Abs. 1 und 26a in der Fassung des Bundesgesetzes BGBl. I Nr. 52/2009 treten mit XX. XXXX 2009 in Kraft.[1] *(BGBl I 2009/52)*

(6) Die §§ 29, 29c und d in der Fassung des Bundesgesetzes, BGBl. I Nr. 64/2010 treten mit 1. September 2010 in Kraft. *(BGBl I 2010/64)*

(7) Die §§ 12 Abs. 4 und 17 Abs. 3 in der Fassung des Bundesgesetzes, BGBl. I Nr. 2/2013, treten mit 1. Jänner 2013 in Kraft. § 12 Abs. 5 und 6 treten mit Ablauf des 31. Dezember 2012 außer Kraft. *(BGBl I 2013/2)*

(9)[2] §§ 26 Abs. 1 Z 3 und 26a in der Fassung des Bundesgesetzes BGBl. I Nr. 13/2015 treten mit 1. Juli 2015 in Kraft. *(BGBl I 2015/13)*

(10) § 29e in der Fassung des Bundesgesetzes BGBl. I Nr. 154/2015 tritt mit 1. Jänner 2016 in Kraft. *(BGBl I 2015/154)*

(11) Die §§ 3 Abs. 1 und 2, 4 Abs. 1 und 3, 5 Abs. 3, 8 Abs. 1, 9, 10, 11, 12 Abs. 1, 13 Abs. 1, 2, 4, 6 und 7, 14, 24 Abs. 1, 3 und 4, 25 samt Überschrift, 26 Abs. 1 Z 3, 26a Abs. 1, 2 und 3, 28 Abs. 1, 2 und 3, 29 Abs. 1, 29d Abs. 1 lit. b und 31 in der Fassung des Materien-Datenschutz-Anpassungsgesetzes 2018, BGBl. I Nr. 32/2018, treten mit 25. Mai 2018 in Kraft. *(BGBl I 2018/32)*

----

[1] *BGBl I 2009/52 wurde am 17. 6. 2009 kundgemacht.*
[2] *Redaktionsversehen: gemeint wohl Abs. 8.*

Verweisungen

§ 30a. (1) Verweisungen in diesem Bundesgesetz auf andere Rechtsvorschriften des Bundes sind als Verweisungen auf die jeweils geltende Fassung zu verstehen.

(2) Soweit in diesem Bundesgesetz personenbezogene Bezeichnungen nur in männlicher Form angeführt sind, beziehen sie sich auf Frauen und Männer in gleicher Weise. Bei der Anwendung

BewHilfe

auf bestimmte Personen ist die jeweils geschlechtsspezifische Form zu verwenden.

(BGBl I 2004/164)

Vollziehung

§ 31. Mit der Vollziehung dieses Bundesgesetzes ist der Bundesminister für Verfassung, Reformen, Deregulierung und Justiz betraut. *(BGBl I
2018/32)*

Jonas

Klaus

Klecatsky

16. Strafregistergesetz

BGBl 1968/277 idF

STICHWORTVERZEICHNIS
zum StRegG

StRegG

Bundesgesetz vom 3. Juli 1968 über die Evidenthaltung strafgerichtlicher Verurteilungen (Strafregistergesetz 1968)

Strafregister

§ 1. (1) Zum Zwecke der Evidenthaltung strafgerichtlicher Verurteilungen wird für das gesamte Bundesgebiet ein Strafregister geführt.

(2) Die Führung des Strafregisters obliegt der Landespolizeidirektion Wien als Verantwortliche gemäß Art. 4 Z 7 in Verbindung mit Art. 24 der Verordnung (EU) 2016/679 zum Schutz natürlicher Personen bei der Verarbeitung personenbezogener Daten, zum freien Datenverkehr und zur Aufhebung der Richtlinie 95/46/EG (Datenschutz-Grundverordnung), ABl. Nr. L 119 vom 4.5.2016 S. 1. *(BGBl I 2018/32)*

(3) Der Bundesminister für Inneres übt die Funktion des Auftragsverarbeiters gemäß Art. 4 Z 8 iVm Art. 28 Abs. 1 der Datenschutz-Grundverordnung aus. Er ist in dieser Funktion verpflichtet, die Datenschutzpflichten gemäß Art. 28 Abs. 3 lit. a bis h Datenschutz-Grundverordnung wahrzunehmen. Zudem ist er berechtigt, weitere Auftragsverarbeiter in Anspruch zu nehmen. *(BGBl I 2018/32)*

Gegenstand der Aufnahme in das Strafregister

§ 2. (1) In das Strafregister sind aufzunehmen:

1. alle rechtskräftigen Verurteilungen durch inländische Strafgerichte sowie die auf Grund solcher Verurteilungen im Zusammenhang mit einer Übernahme der Überwachung oder der Vollstreckung getroffenen Entscheidungen ausländischer Strafgerichte;

2. alle rechtskräftigen Verurteilungen österreichischer Staatsbürger und solcher Personen, die in Österreich ihren Wohnsitz oder gewöhnlichen Aufenthalt haben, durch ausländische Strafgerichte sowie die auf Grund solcher Verurteilungen im Zusammenhang mit einer Übernahme der Überwachung oder der Vollstreckung getroffenen Entscheidungen inländischer Strafgerichte;

3. alle rechtskräftigen Verurteilungen durch ausländische Strafgerichte, zu deren gegenseitiger Mitteilung sich die vertragschließenden Staaten in dem Internationalen Abkommen vom 4. Mai 1910, RGBl. Nr. 116/1912, betreffend die Bekämpfung der Verbreitung unzüchtiger Veröffentlichungen, dem Internationalen Abkommen zur Bekämpfung der Falschmünzerei vom 20. April 1929, BGBl. Nr. 347/1931, dem Abkommen zur Beschränkung der Herstellung und zur Regelung der Verteilung der Betäubungsmittel vom 13. Juli 1931, BGBl. Nr. 198/1934 II, und dem Internationalen Abkommen zur Unterdrückung des Handels mit volljährigen Frauen vom 11. Oktober 1933, BGBl. Nr. 317/1936, verpflichtet haben;

4. alle sich auf eine der in den Z. 1 bis 3 angeführten Verurteilungen beziehenden Entschließungen des Bundespräsidenten und Entscheidungen der inländischen ordentlichen Gerichte über

a) die nachträgliche Festsetzung einer Strafe;

b) die nachträgliche Bestellung eines Bewährungshelfers oder die Aufhebung der Bewährungshilfe;

c) die Begnadigung des Verurteilten, die Milderung, Umwandlung oder Neubemessung einer Strafe;

d) die Verlängerung einer Probezeit;

e) den Widerruf einer bedingten Strafnachsicht oder der bedingten Nachsicht einer mit Freiheitsentziehung verbundenen vorbeugenden Maßnahme;

f) die endgültige Nachsicht einer Strafe oder einer mit Freiheitsentziehung verbundenen vorbeugenden Maßnahme;

g) das Absehen von der Vollstreckung einer Freiheitsstrafe;

h) die bedingte Entlassung aus einer Freiheitsstrafe, die bedingte Entlassung aus einer mit Freiheitsentziehung verbundenen vorbeugenden Maßnahme oder darüber, daß die Gefährlichkeit, gegen die sich die Maßnahme richtet, nicht mehr besteht (§ 24 Abs. 2 StGB, § 157 Abs. 2 StVG);

i) den Widerruf der bedingten Entlassung aus einer Freiheitsstrafe oder der bedingten Entlassung bei einer vorbeugenden Maßnahme;

j) die endgültige Entlassung;

k) die Aufhebung oder Änderung einer Verurteilung oder späteren Entscheidung;

l) das endgültige Absehen von der Verhängung einer Strafe;

m) die Tilgung einer Verurteilung;

n) das vorläufige Absehen vom Strafvollzug (§ 133a Abs. 1 und den Vollzug der Reststrafe (§ 133a Abs. 5 StVG); *(BGBl I 2009/142, Die Novellierungsanweisung in BGBl I 2009/142 Art V lautet offenbar irrtümlich § 2 Abs 4 statt § 2 Abs 1 Z 4.)* *(BGBl I 2013/161)*

5. alle sich auf eine der in den Z. 1 bis 3 angeführten Verurteilungen beziehenden Mitteilungen darüber, wann alle in einer Verurteilung ausgesprochenen Freiheitsstrafen, Geldstrafen (Verfallsersatz- und Wertersatzstrafen) und mit Freiheitsentziehung verbundenen vorbeugenden Maßnahmen vollzogen sind, als vollzogen gelten, nachgesehen worden sind oder nicht mehr vollzogen werden dürfen;

6. alle sich auf in das Strafregister aufgenommene Verurteilungen durch ausländische Strafgerichte beziehenden Entscheidungen, Verfügungen und Mitteilungen ausländischer Organe, die den in Z. 4 und 5 genannten Entschließungen, Ent-

scheidungen und Mitteilungen gleichstehen; *(BGBl I 2009/40, 2. GeSchG)*

7. die Anordnung der gerichtlichen Aufsicht gemäß § 52a StGB sowie Weisungen gemäß § 51 StGB, die einem wegen einer strafbaren Handlung gegen die sexuelle Integrität und Selbstbestimmung Verurteilten erteilt wurden; *(BGBl I 2009/40, 2. GeSchG)*

7a. die Anordnung der gerichtlichen Aufsicht nach § 52b StGB sowie Weisungen gemäß § 51 oder § 52b Abs. 4 StGB, die einem wegen terroristischer Vereinigung (§ 278b StGB), terroristischer Straftaten (§ 278c StGB), Terrorismusfinanzierung (§ 278d StGB) oder nach den § § 278e bis 278g oder 282a StGB („terroristische Strafsachen"), wegen einer strafbaren Handlung nach dem Verbotsgesetz oder wegen staatsfeindlicher Verbindung (§ 246 StGB), staatsfeindlicher Bewegung (§ 247a StGB) oder religiös motivierter extremistischer Verbindung (§ 247b StGB), oder wegen einer strafbaren Handlung nach dem fünfundzwanzigsten Abschnitt des StGB Verurteilten erteilt wurden; *(BGBl I 2022/223)*

8. rechtskräftige Tätigkeitsverbote gemäß § 220b StGB sowie gemäß vergleichbarer Bestimmungen anderer Mitgliedstaaten ausgesprochene Tätigkeitsverbote gemeinsam mit Daten gemäß § 3 Abs. 2 Z 1 bis 3; *(BGBl I 2009/40; BGBl I 2012/29)*

9. ausschließlich zum Zwecke der Übermittlung eines Anhangs zu einer Strafregisterauskunft (§ 9b) alle rechtskräftigen Verurteilungen österreichischer Staatsbürger durch Strafgerichte anderer Mitgliedstaaten der Europäischen Union, und zwar unabhängig davon, ob das zugrunde liegende Verhalten nach österreichischem Recht gerichtlich strafbar ist, und die mit den Verurteilungen zusammenhängenden Informationen, insbesondere zur Person des Verurteilten, zu Art und Inhalt der Verurteilung, und zu den im Zusammenhang mit der Verurteilung ausgesprochenen Tätigkeitsverboten. *(BGBl I 2012/29)*

(1a) Verurteilungen wegen einer strafbaren Handlung gegen die sexuelle Integrität und Selbstbestimmung, die nach Z 1 bis 3 in das Strafregister aufgenommen wurden, sind für Zwecke der Beauskunftung nach § 9a gesondert zu kennzeichnen. Ebenso sind die Eintragungen nach Abs. 1 Z 9 für die Zwecke des § 9b gesondert zu kennzeichnen. *(BGBl I 2009/40, 2. GeSchG; BGBl I 2012/29)*

(1b) Verurteilungen wegen terroristischer oder staatsfeindlicher Strafsachen, Völkermord, Verbrechen gegen die Menschlichkeit oder Kriegsverbrechen (Z 7a), die nach Abs. 1 Z 1 bis 3 in das Strafregister aufgenommen wurden, sind für Zwecke der Beauskunftung nach § 9d gesondert zu kennzeichnen. *(BGBl I 2022/223)*

(2) Mit dem Inkrafttreten dieses Bundesgesetzes gelten folgende Verurteilungen als getilgt und sind in das Strafregister nicht aufzunehmen:

a) alle vor dem 27. April 1945 erfolgten Verurteilungen durch inländische oder ausländische Strafgerichte, sofern sie nicht auf Todesstrafe oder lebenslange Freiheitsstrafe lauten;

b) alle vor dem 26. Oktober 1955 erfolgten Verurteilungen österreichischer Staatsbürger durch ausländische Strafgerichte zu nicht mehr als fünf Jahren Freiheitsstrafe;

c) alle vor dem 26. Oktober 1955 erfolgten Verurteilungen österreichischer Staatsbürger durch ausländische Militärgerichte.

(3) Als Verurteilung im Sinne dieses Bundesgesetzes ist jedes Erkenntnis anzusehen, mit dem wegen einer nach österreichischem Recht von den ordentlichen Gerichten nach der Strafprozeßordnung 1975 (StPO), BGBl. Nr. 631 abzuurteilenden Handlung in einem den Grundsätzen des Artikels 6 der Konvention zum Schutze der Menschenrechte und Grundfreiheiten, BGBl. Nr. 210/1958, entsprechenden Verfahren über eine Person eine Strafe oder eine vorbeugende Maßnahme verhängt wird oder doch ein Schuldspruch ergeht. *(BGBl I 2007/112; BGBl I 2013/161)*

(BGBl 1972/101; BGBl 1974/797; BGBl 1987/605)

Strafkarten

§ 3. (1) Die Verurteilungen durch inländische Strafgerichte sind nach Eintritt der Rechtskraft von den ordentlichen Gerichten, die in erster Instanz erkannt haben, der Landespolizeidirektion Wien durch Übersendung von Strafkarten mitzuteilen. *(BGBl I 2012/50; BGBl I 2013/161)*

(2) Die Strafkarten haben folgende Angaben zu enthalten:

1. die Bezeichnung und das Aktenzeichen des Strafgerichtes (erster Instanz);

2. Vor- und Familiennamen sowie alle früher geführten Namen des Verurteilten, Tag und Ort seiner Geburt sein Geschlecht, seine Staatsangehörigkeit oder seine Staatsangehörigkeiten, seinen Wohnort und seine Anschrift; *(BGBl I 2012/29)*

3. Vornamen der Eltern des Verurteilten;

4. den Tag des Erkenntnisses erster Instanz und den Tag des Eintritts der Rechtskraft der Verurteilung;

5. die Bezeichnung der strafbaren Handlung, derentwegen Verurteilung erfolgt ist und die Zeit ihrer Begehung; *(BGBl I 2012/29)*

6. alle vom Strafgericht ausgesprochenen Strafen, ausgenommen einen Verfall, oder die Angabe, daß keine Strafe ausgesprochen worden ist; alle vom Strafgericht ausgesprochenen mit

Freiheitsentziehung verbundenen vorbeugenden Maßnahmen, im Falle des Ausspruches der Unterbringung in einer Anstalt für geistig abnorme Rechtsbrecher einschließlich der Angabe, ob die Unterbringung nach § 21 Abs. 1 oder 2 StGB angeordnet worden ist; die Feststellung, daß wegen einer Vorsatztat eine Freiheitsstrafe von mehr als einem Jahr verhängt worden ist; die Angabe, daß die Rechtsfolgen bedingt nachgesehen worden sind; die Angabe, daß ein Bewährungshelfer bestellt worden ist; bei einer in Tagessätzen festgesetzten Geldstrafe sind die Anzahl der Tagessätze und deren Höhe und bei bedingt nachgesehenen Strafen oder vorbeugenden Maßnahmen auch die Dauer der Probezeit, bei befristeten Strafen den Endtag der Frist anzuführen;

7. ob der Täter eine der Taten unter Einwirkung eines berauschenden Mittels oder eines Suchtmittels begangen hat;

8. ob eine der Taten ein Verkehrsdelikt war;

9. ob es sich um die erste Verurteilung handelt, oder die Zahl der früheren Verurteilungen, auf die deshalb Bedacht genommen wurde, weil sie wegen einer auf der gleichen schädlichen Neigung beruhenden strafbaren Handlung ergangen sind (§ § 33 Z. 2 und 39 StGB); *(BGBl I 2011/42)*

10. einen Ausspruch über den Ausschluss des Wahlrechts gemäß § 446a StPO. *(BGBl I 2011/42)*

(2a) Die Landespolizeidirektion Wien hat bei gekennzeichneten Verurteilungen gemäß § 2 Abs. 1a und 1b die vom ordentlichen Gericht gemäß Abs. 2 Z 2 mitgeteilten Daten über Wohnort und Anschrift alle 6 Monate ab Rechtskraft oder nach Verständigung über die Entlassung durch automationsunterstützte Abfrage im zentralen Melderegister zu überprüfen und erforderlichenfalls zu aktualisieren. Die Änderung der Wohnanschrift ist jener Sicherheitsbehörde, in deren Sprengel der Entlassene zuletzt Unterkunft genommen hat, und gemeinsam mit den Daten nach § 9a und § 9d jener, in deren Sprengel er gegenwärtig Unterkunft nimmt, bekanntzugeben. *(BGBl I 2009/40, 2. GeSchG; BGBl I 2012/50; BGBl I 2013/161; BGBl I 2022/223)*

(3) Wurde bei der Verurteilung nach § 31 StGB auf eine frühere Verurteilung Bedacht genommen, so ist unter Hinweis auf § 31 StGB auch die frühere Verurteilung anzugeben (Abs. 2 Z. 1 und 4).

(4) Wurde jemand wegen einer Tat verurteilt, derentwegen er bereits im Ausland verurteilt worden ist, so ist unter Hinweis auf diese Tatsache auch die ausländische Verurteilung anzugeben.

(4a) Gleichzeitig mit der Übermittlung der Strafkarte an die Landespolizeidirektion Wien hat das ordentliche Gericht der gemäß § 2 Abs. 1 des Wählerevidenzgesetzes 1973 bzw. § 2 Abs. 1 des Europa-Wählerevidenzgesetzes zuständigen Gemeinde die Tatsache des Ausspruchs über den Ausschluss vom Wahlrecht im Sinne des § 22 der Nationalrats-Wahlordnung 1992 - NRWO sowie die Höhe der Haftstrafe unmittelbar mitzuteilen. In gleicher Weise hat das ordentliche Gericht Gemeinden in jenen Ländern zu verständigen, in denen aufgrund landesgesetzlicher Bestimmungen eigene Wählerevidenzen geführt werden. *(BGBl I 2011/42; BGBl I 2012/29; BGBl I 2012/50; BGBl I 2013/161)*

(5) Die näheren Vorschriften über die Form der Strafkarten sind von den mit der Vollziehung dieses Bundesgesetzes betrauten Bundesministerien einvernehmlich durch Dienstanweisungen zu erlassen.

(BGBl 1972/101; BGBl 1974/797; BGBl 1987/605)

Sonstige Mitteilungen

§ 4. (1) Die sich auf eine der in den Z. 1 bis 3 des § 2 Abs. 1 angeführten Verurteilungen beziehenden Entschließungen des Bundespräsidenten und rechtskräftigen Entscheidungen inländischer Strafgerichte sind der Landespolizeidirektion Wien von dem ordentlichen Gerichte mitzuteilen, das den Verurteilten davon zu verständigen hat. In der Mitteilung ist die Verurteilung anzugeben, auf die sich die Entschließung oder Entscheidung bezieht. Die näheren Vorschriften über die äußere Form dieser Mitteilungen sind von den mit der Vollziehung dieses Bundesgesetzes betrauten Bundesministerien einvernehmlich durch Dienstanweisungen zu erlassen. *(BGBl I 2012/50; BGBl I 2013/161)*

(2) Der Umstand, wann alle in einer Verurteilung ausgesprochenen Freiheitsstrafen, Geldstrafen (Verfallsersatz- und Wertersatzstrafen) und mit Freiheitsentziehung verbundenen vorbeugenden Maßnahmen vollzogen sind, als vollzogen gelten, nachgesehen worden sind oder nicht mehr vollzogen werden dürfen (§ 2 Abs. 1 Z. 5), ist der Landespolizeidirektion Wien durch das ordentliche Gericht, das in erster Instanz erkannt hat, mitzuteilen. Liegt in den Fällen einer Verurteilung im Sinne des § 6 Abs. 4 des Tilgungsgesetzes 1972, BGBl. Nr. 68, zu einer nicht bedingt nachgesehenen Freiheitsstrafe oder zu einer ganz oder zum Teil bedingt nachgesehenen Freiheitsstrafe, deren Nachsicht widerrufen worden ist, der Zeitpunkt der Entlassung aus der Freiheitsstrafe vor dem im ersten Satz angegebenen Zeitpunkt, so ist auch diese Entlassung mitzuteilen. *(BGBl I 2012/50; BGBl I 2013/161)*

(3) Die Verurteilungen und die sich auf Verurteilungen beziehenden Entscheidungen, Verfügungen und Mitteilungen ausländischer Organe sind der Landespolizeidirektion Wien von allen inländischen Behörden und Ämtern mitzuteilen, die hievon Kenntnis erlangen, falls ihnen nicht be-

kannt ist, daß der Landespolizeidirektion Wien bereits eine entsprechende Mitteilung zugegangen ist. *(BGBl I 2012/50)*

(4) Erlangen inländische Behörden oder Ämter Kenntnis vom Ableben einer Person, deren Verurteilung in das Strafregister aufzunehmen war, so haben sie hievon der Landespolizeidirektion Wien Mitteilung zu machen, falls ihnen nicht bekannt ist, daß dieser Behörde eine entsprechende Mitteilung bereits zugegangen ist. *(BGBl I 2012/50)*

(5) Die ordentlichen Gerichte haben der Landespolizeidirektion Wien die Anordnung der gerichtlichen Aufsicht gemäß § 52a StGB, Weisungen gemäß § 51 StGB, die einem wegen einer strafbaren Handlungen gegen die sexuelle Integrität und Selbstbestimmung Verurteilten erteilt wurden, rechtskräftige Tätigkeitsverbote und ihre Aufhebung gemäß § 220b StGB sowie Beschlüsse, mit denen die Verlängerung der Tilgungsfrist beendet oder die Tilgbarkeit ausgesprochen wird (§ § 4a Abs. 3 und 5 Abs. 2 des Tilgungsgesetzes 1972, BGBl. Nr. 68), für die Aufnahme in das Strafregister zu übermitteln. Gleiches gilt für die Anordnung der gerichtlichen Aufsicht nach § 52b StGB und in deren Rahmen erteilte Weisungen. *(BGBl I 2009/40, 2. GeSchG; BGBl I 2012/50; BGBl I 2013/161; BGBl I 2019/105; BGBl I 2022/223)*

(BGBl 1972/101; BGBl 1987/605)

Berichtigung früherer Mitteilungen

§ 5. (1) Gelangt einem inländischen Strafgericht zur Kenntnis, daß in den persönlichen Verhältnissen eines Verurteilten (§ 3 Abs. 2 Z. 2) eine Änderung eingetreten die im Strafregister enthaltenen Angaben über einen Verurteilten oder eine Verurteilung unrichtig sind oder daß eine Person Verurteilungen erlitten hat, die in das Strafregister nicht aufgenommen worden sind, so hat es hievon der Landespolizeidirektion Wien Mitteilung zu machen. *(BGBl I 2012/50)*

(2) Die Leiter von Justizanstalten haben solche Umstände, sobald sie ihnen zur Kenntnis kommen, dem zur Mitteilung der betreffenden Verurteilung zuständigen ordentlichen Gericht zu berichten. *(BGBl I 2013/161)*

(3) Erlangen inländische Behörden oder Ämter hinsichtlich einer der Landespolizeidirektion Wien mitgeteilten ausländischen Verurteilung Kenntnis von Umständen der in Abs. 1 bezeichneten Art, so haben sie davon der Landespolizeidirektion Wien Mitteilung zu machen, falls ihnen nicht bekannt ist, daß dieser Behörde eine entsprechende Mitteilung bereits zugegangen ist. *(BGBl I 2012/50)*

Mitteilungen über das Ableben von Verurteilten

§ 6. Die Landespolizeidirektion Wien hat von dem ihr von einer Behörde oder Dienststelle mitgeteilten Ableben eines Verurteilten zu benachrichtigen:

1. im Falle einer bedingten Verurteilung oder einer Verurteilung unter bedingter Strafnachsicht oder bedingter Nachsicht der mit Freiheitsentziehung verbundenen vorbeugenden Maßnahme das zur Mitteilung der betreffenden Verurteilung zuständige ordentliche Gericht; *(BGBl I 2013/161)*

2. wenn der Verurteilte aus einer Freiheitsstrafe oder aus einer mit Freiheitsentziehung verbundenen vorbeugenden Maßnahme bedingt entlassen worden war, das ordentliche Gericht, das die bedingte Entlassung ausgesprochen hat. *(BGBl I 2013/161)*

(BGBl 1974/797; BGBl I 2012/50)

Mitteilungen über spätere Verurteilungen

§ 7. Wird der Landespolizeidirektion Wien die neuerliche Verurteilung einer Person mitgeteilt, die bedingt verurteilt worden ist oder deren Strafe oder mit Freiheitsentziehung verbundene vorbeugende Maßnahme bedingt nachgesehen oder die bedingt entlassen worden ist, ohne daß bereits eine der im § 2 Abs. 1 Z. 4 lit. a, e, f, i, j oder l vorgesehenen Entscheidungen mitgeteilt worden ist, so hat die Landespolizeidirektion Wien von der neuerlichen Verurteilung das für die in Betracht kommende Entscheidung zuständige ordentliche Gericht zu benachrichtigen. *(BGBl I 2012/50; BGBl I 2013/161)*

(BGBl 1974/797)

StRegG

Rechtsschutz gegen Aufnahmen in das Strafregister

§ 8. (1) Die Rechte gemäß Art. 16, 17 und 18 Datenschutz-Grundverordnung können nur derart ausgeübt werden, dass jede Person, hinsichtlich der eine Verurteilung, eine sich darauf beziehende Entschließung des Bundespräsidenten oder eine sonstige sich darauf beziehende Entscheidung, Verfügung oder Mitteilung in das Strafregister aufgenommen oder nicht aufgenommen worden ist, die Feststellung beantragen kann, dass die Aufnahme in das Strafregister unrichtig erfolgte oder unzulässig war und daher mit einem anderen Inhalt zu erfolgen hat oder rückgängig zu machen ist, dass sie hätte erfolgen müssen oder nicht erfolgen hätte dürfen. Dies gilt nicht für Einträge gemäß § 2 Abs. 1 Z 9. *(BGBl I 2018/32)*

(2) Der Antrag gemäß Abs. 1 ist bei der Landespolizeidirektion Wien einzubringen, die hierüber zu entscheiden hat. *(BGBl I 2018/32)*

(3) Wird einem Antrag gemäß Abs. 1 ganz oder teilweise Folge gegeben, so ist das Strafregister zu berichtigen.

(4) Betrifft der Antrag gemäß Abs. 1 eine Verurteilung durch ein ausländisches Strafgericht oder eine sonstige sich darauf beziehende Entscheidung, Verfügung oder Mitteilung und kann über diesen aus Gründen, die nicht vom Antragsteller zu vertreten sind, nicht innerhalb von sechs Monaten nach dem Einlangen entschieden werden, so ist der Umstand des anhängigen Verfahrens über die Aufnahme der betreffenden Verurteilung oder der sonstigen sich darauf beziehenden Entscheidung, Verfügung oder Mitteilung bis zur rechtskräftigen Entscheidung über den Antrag im Strafregister zu vermerken. Der Antragsteller ist entsprechend in Kenntnis zu setzen. *(BGBl I 2012/29)*

(5) Hinsichtlich der Verarbeitung personenbezogener Daten nach diesem Bundesgesetz besteht kein Widerspruchsrecht gemäß Art. 21 der Datenschutz-Grundverordnung. Darüber sind die Betroffenen in geeigneter Weise zu informieren. *(BGBl I 2018/32)*

(BGBl 1972/101)

Strafregisterauskünfte

§ 9. (1) Von den in anderen Bundesgesetzen und in zwischenstaatlichen Vereinbarungen vorgesehenen Fällen abgesehen, hat die Landespolizeidirektion Wien über Verlangen kostenfrei aus dem Strafregister Auskunft über die gemäß § 2 Abs. 1 Z 1 bis 6 aufgenommenen Daten zu erteilen: *(BGBl I 2009/40, 2. GeSchG; BGBl I 2012/50)*

1. allen inländischen Behörden, den Dienststellen der Bundespolizei sowie hinsichtlich der Angehörigen des Bundesheeres auch den militärischen Kommanden, *(BGBl I 2004/151, ab 1. 7. 2005)*

2. Behörden eines Mitgliedstaates der Europäischen Union für Zwecke der Sicherheitsverwaltung, sowie allen ausländischen Behörden, sofern Gegenseitigkeit besteht, *(BGBl I 2012/29)*

2a. Behörden eines Mitgliedstaates der Europäischen Union für sonstige Zwecke, sofern Gegenseitigkeit besteht, *(BGBl I 2018/32)*

2b. allen ausländischen Behörden nach Maßgabe der Bestimmungen des Kapitels V der Datenschutz-Grundverordnung, *(BGBl I 2018/32)*

3. nach Maßgabe besonderer gesetzlicher Regelungen Kinder- und Jugendhilfeträgern zur Vermeidung oder zur Abwehr einer konkreten von einer bestimmten Person ausgehenden Gefährdung eines bestimmten minderjährigen Kindes, *(BGBl I 2012/29; BGBl I 2019/105)*

4. nach Maßgabe besonderer gesetzlicher Regelungen Vereinen und Einrichtungen gemäß

§ 220b StGB zur Vermeidung oder zur Abwehr einer konkreten von einer bestimmten Person ausgehenden Gefährdung einer bestimmten wegen Gebrechlichkeit, Krankheit oder einer geistigen Behinderung wehrlosen Person. *(BGBl I 2019/105)*

(2) Zwischenstaatliche Vereinbarungen, nach denen Verurteilungen durch inländische Strafgerichte und die sich darauf beziehenden Entschließungen des Bundespräsidenten und rechtskräftige Entscheidungen inländischer Strafgerichte ausländischen Staaten ohne besonderes Verlangen mitzuteilen sind, bleiben unberührt.

Sonderauskünfte zu Sexualstraftätern
Sonderauskünfte zu Sexualstraftätern und über Tätigkeitsverbote

§ 9a. (1) Die Landespolizeidirektion Wien hat kostenfrei und wenn möglich im Wege des Datenfernverkehrs

1. ordentlichen Gerichten in Strafverfahren, Verfahren nach dem Strafvollzugsgesetz, in Verfahren über die Annahme an Kindes statt und über die Regelung der Obsorge und des persönlichen Verkehrs zwischen Eltern und minderjährigen Kindern, über den Erwachsenenschutz sowie in Unterbringungsverfahren, *(BGBl I 2013/161; BGBl I 2019/105)*

2. Staatsanwaltschaften, Sicherheitsbehörden und Sicherheitsdienststellen für Zwecke der Strafverfolgung und der Überwachung der gerichtlichen Aufsicht und der Überprüfung von Tätigkeitsverboten,

3. Strafvollzugsbehörden für Zwecke des Strafvollzugs, *(BGBl I 2012/29)*

4. Sicherheitsbehörden und Sicherheitsdienststellen für Zwecke der Vorbeugung und Abwehr gefährlicher Angriffe und *(BGBl I 2012/29)*

5. Gerichten, Staatsanwaltschaften und Sicherheitsbehörden eines Mitgliedstaates der Europäischen Union in Strafverfahren sowie *(BGBl I 2012/29; BGBl I 2018/32)*

6. anderen ausländischen Gerichten, Staatsanwaltschaften und Sicherheitsbehörden in Strafverfahren nach Maßgabe der Bestimmungen des Kapitels V der Datenschutz-Grundverordnung *(BGBl I 2018/32)*

Auskunft über die gemäß § 2 Abs. 1a gekennzeichnete Verurteilungen sowie Daten gemäß § 2 Abs. 1 Z 7 und 8 zu erteilen. *(BGBl I 2012/50)*

(2) Nach Maßgabe besonderer gesetzlicher Regelungen hat die Landespolizeidirektion Wien Auskunft über die gemäß § 2 Abs. 1a gekennzeichnete Verurteilungen sowie über Daten gemäß § 2 Abs. 1 Z 7 und 8 zu erteilen:

1. Kinder- und Jugendhilfeträgern, Schulbehörden sowie Dienstbehörden und Personalstellen

der Gebietskörperschaften im Zusammenhang mit der Anstellung von Personen an Einrichtungen zur Betreuung, Erziehung oder Unterrichtung von Kindern und Jugendlichen sowie zur Eignungsbeurteilung von Pflege- und Adoptivwerberinnen und –werbern,

2. Vereinen und Einrichtungen gemäß § 220b StGB im Zusammenhang mit der Anstellung von Personen in der Pflege und Betreuung solcher wehrlosen Personen.
(BGBl I 2019/105)

(3) Für Auskünfte gemäß Abs. 1 und 2 gelten die Auskunftsbeschränkungen des § 6 Tilgungsgesetz nicht.

(BGBl I 2009/40, 2. GeSchG)

Anhang zu Strafregisterauskünften an andere Mitgliedstaaten der Europäischen Union

§ 9b. (1) Im Verhältnis zu den anderen Mitgliedstaaten der Europäischen Union ist der Auskunft aus dem Strafregister (§ § 9 und 9a) ein Anhang über alle gemäß § 2 Abs. 1 Z 9 aufgenommenen Daten anzuschließen. Die Auskunftserteilung erfolgt unter Verwendung des Formulars laut Anhang IX zum Bundesgesetz über die justizielle Zusammenarbeit in Strafsachen mit den Mitgliedstaaten der Europäischen Union (EU-JZG), BGBl. I Nr. 36/2004, idF BGBl. I Nr. 134/2011. Der Anschluss einer Übersetzung ist nicht erforderlich.

(2) Die Auskünfte sind unverzüglich, längstens aber innerhalb von zehn Arbeitstagen ab Eingang des Ersuchens zu erteilen. Benötigt die Landespolizeidirektion Wien weitere Informationen zur Identifizierung der Person, auf die sich das Ersuchen bezieht, so hat sie unverzüglich die Zentralbehörde des anfragenden Mitgliedstaates zu konsultieren, um die erbetene Auskunft innerhalb von zehn Arbeitstagen nach Erhalt der weiteren Informationen erteilen zu können. *(BGBl I 2012/50)*

(3) Hat die Zentralbehörde des Urteilsstaats die Landespolizeidirektion Wien anlässlich der Übermittlung von Informationen aus dem Strafregister davon in Kenntnis gesetzt, dass diese nicht zu anderen Zwecken als jenen eines Strafverfahrens weitergeleitet werden dürfen, so ist die Auskunft entsprechend zu kennzeichnen. In einem solchen Fall ist der anfragende Mitgliedstaat hinsichtlich weiterer Informationen an den Urteilsstaat zu verweisen. *(BGBl I 2012/50)*

(BGBl I 2012/29)

Einholung von Strafregisterauskünften aus den anderen Mitgliedstaaten der Europäischen Union

§ 9c. Die Landespolizeidirektion Wien hat Ersuchen inländischer Behörden um Einholung von Informationen aus dem Strafregister eines anderen Mitgliedstaates an die Zentralbehörde des Herkunftsstaats des Betroffenen zu übermitteln und die einlangenden Auskünfte an die anfragende Behörde weiterzuleiten. *(BGBl I 2012/50)*

(BGBl I 2012/29)

Sonderauskünfte bei terroristischen und staatsfeindlichen Strafsachen sowie Völkermord, Verbrechen gegen die Menschlichkeit, Kriegsverbrechen

§ 9d. (1) Die Landespolizeidirektion Wien hat kostenfrei und wenn möglich im Wege des Datenfernverkehrs

1. ordentlichen Gerichten in Strafverfahren und Verfahren nach dem Strafvollzugsgesetz,

2. Staatsanwaltschaften, Sicherheitsbehörden und Sicherheitsdienststellen für Zwecke der Strafverfolgung, der Überwachung der gerichtlichen Aufsicht und der Einhaltung von Weisungen nach § 52b Abs. 4 StGB,

3. Strafvollzugsbehörden für Zwecke des Strafvollzugs,

4. Sicherheitsbehörden und Sicherheitsdienststellen für Zwecke der Vorbeugung und Abwehr gefährlicher Angriffe,

5. der für die Nichtgestattung der Vereinsgründung oder Auflösung eines Vereins, die Untersagung oder Auflösung einer Versammlung, die Ausstellung oder Entziehung von Reisedokumenten, die Erteilung oder Entziehung von Pyrotechnik-Ausweisen, die Erteilung von Bewilligungen nach dem Pyrotechnikgesetz 2010 – PyroTG 2010, BGBl. I Nr. 131/2009, oder dem Sprengmittelgesetz 2010 – SprG, BGBl. I Nr. 121/2009, oder den Ausspruch eines Waffenverbots zuständigen Behörde,

6. Gerichten, Staatsanwaltschaften und Sicherheitsbehörden eines Mitgliedstaates der Europäischen Union in Strafverfahren und

7. anderen ausländischen Gerichten, Staatsanwaltschaften und Sicherheitsbehörden in Strafverfahren nach Maßgabe der Bestimmungen des Kapitels V der Datenschutz-Grundverordnung Auskunft über die gemäß § 2 Abs. 1b gekennzeichneten Verurteilungen sowie Daten gemäß § 2 Abs. 1 Z 7a zu erteilen.

(2) Nach Maßgabe besonderer gesetzlicher Regelungen hat die Landespolizeidirektion Wien Auskunft über die gemäß § 2 Abs. 1b gekenn-

StRegG

zeichneten Verurteilungen sowie über Daten gemäß § 2 Abs. 1 Z 7a zu erteilen:

1. Personalstellen der Gebietskörperschaften im Zusammenhang mit der Anstellung von Personen,

2. Arbeitgebern im Bereich der kritischen Infrastruktur (§ 74 Abs. 1 Z 11 StGB) oder des Sicherheitsgewerbes (§ 129 Gewerbeordnung 1994 – GewO 1994, BGBl. Nr. 194/1994).

(3) Für Auskünfte gemäß Abs. 1 und 2 gelten die Auskunftsbeschränkungen des § 6 Tilgungsgesetz 1972 nicht.

(BGBl I 2022/223)

Strafregisterbescheinigungen

§ 10. (1) Die Bürgermeister, im Gebiet einer Gemeinde, für das die Landespolizeidirektion zugleich Sicherheitsbehörde erster Instanz ist, die Landespolizeidirektion, sowie die österreichischen Vertretungsbehörden im Ausland haben auf Antrag auf Grund der bei der Landespolizeidirektion Wien gesammelten Unterlagen Bescheinigungen über die im Strafregister enthaltenen Verurteilungen des Antragstellers mit Ausnahme von Daten gemäß § 2 Abs. 1 Z 7, 7a, 8 und Z 9 oder darüber auszustellen, daß das Strafregister keine solche Verurteilung enthält (Strafregisterbescheinigungen). *(BGBl I 2009/40, 2. GeSchG; BGBl I 2012/29; BGBl I 2012/50; BGBl I 2022/223)*

(1a) Über besonderen Antrag ist eine mit „Strafregisterbescheinigung Kinder- und Jugendfürsorge" bezeichnete Bescheinigung über sämtliche gemäß § 2 Abs. 1a gekennzeichneten Verurteilungen des Antragstellers, über Daten gemäß § 2 Abs. 1 Z 7 und 8 oder darüber, dass das Strafregister keine solche Verurteilungen oder Einträge enthält, auszustellen. Für diese Strafregisterbescheinigung gelten die Auskunftsbeschränkungen des § 6 des Tilgungsgesetzes 1972, BGBl. Nr. 68, nicht. *(BGBl I 2013/195; BGBl I 2018/32)*

(1b) Einem Antrag nach Abs. 1a hat der Antragsteller eine an ihn ergangene schriftliche Aufforderung zur Vorlage einer Bescheinigung nach Abs. 1a anzuschließen, in der der Aussteller bestätigt, dass diese Bescheinigung für die Prüfung der Eignung zur Ausübung einer bestimmten in seinem Verantwortungsbereich liegenden beruflichen oder organisierten ehrenamtlichen Tätigkeit, die hauptsächlich die Beaufsichtigung, Betreuung, Erziehung, Pflege oder Ausbildung Minderjähriger umfasst, benötigt wird. *(BGBl I 2013/195)*

(1c) Über besonderen Antrag ist eine mit „Strafregisterbescheinigung Pflege und Betreuung" bezeichnete Bescheinigung über sämtliche gemäß § 2 Abs. 1a gekennzeichneten Verurteilungen des Antragstellers, über Daten gemäß § 2 Abs. 1 Z 7 und 8 oder darüber, dass das Strafre-

gister keine solchen Verurteilungen oder Einträge enthält, auszustellen. Für diese Strafregisterbescheinigung gelten die Auskunftsbeschränkungen des § 6 des Tilgungsgesetzes 1972, BGBl. Nr. 68, nicht. *(BGBl I 2019/105)*

(1d) Einem Antrag nach Abs. 1c hat der Antragsteller eine an ihn ergangene schriftliche Aufforderung zur Vorlage einer Bescheinigung nach Abs. 1c anzuschließen, in der der Aussteller bestätigt, dass diese Bescheinigung für die Prüfung der Eignung zur Ausübung einer bestimmten in seinem Verantwortungsbereich liegenden beruflichen oder organisierten ehrenamtlichen Tätigkeit, die hauptsächlich die Pflege und Betreuung wehrloser Personen (§ 220b StGB) umfasst, benötigt wird. *(BGBl I 2019/105)*

(1e) Über besonderen Antrag ist eine mit „Strafregisterbescheinigung terroristische und staatsfeindliche Strafsachen sowie Völkermord, Verbrechen gegen die Menschlichkeit, Kriegsverbrechen" bezeichnete Bescheinigung über sämtliche gemäß § 2 Abs. 1b gekennzeichneten Verurteilungen des Antragstellers, über Daten gemäß § 2 Abs. 1 Z 7a oder darüber, dass das Strafregister keine solchen Verurteilungen oder Einträge enthält, auszustellen. Für diese Strafregisterbescheinigung gelten die Auskunftsbeschränkungen des § 6 Tilgungsgesetz 1972 nicht. *(BGBl I 2022/223)*

(1f) Einem Antrag nach Abs. 1e hat der Antragsteller eine an ihn ergangene schriftliche Aufforderung zur Vorlage einer Bescheinigung nach Abs. 1e anzuschließen, in der der Aussteller bestätigt, dass diese Bescheinigung für die Prüfung der Eignung zur Ausübung einer bestimmten in seinem Verantwortungsbereich liegenden beruflichen Tätigkeit

1. im Bereich der kritischen Infrastruktur (§ 74 Abs. 1 Z 11 StGB), der Herstellung, der Verarbeitung oder des Handels von oder mit Schieß- und Sprengmitteln (§ 13 und § 19 SprG 2010), des Erwerbs, des Verbringens, des Besitzes oder der Verwendung von beschränkten Ausgangsstoffen für Explosivstoffe (§ 10 Chemikaliengesetz 1996 – ChemG 1996, BGBl. I Nr. 53/1997) oder

2. in einem Sprengunternehmen (§ 132 GewO 1994), Pyrotechnikunternehmen (§ 107 GewO 1994), im Sicherheitsgewerbe (§ 129 GewO 1994) oder Waffengewerbe (§ 139 GewO 1994)

benötigt wird. *(BGBl I 2022/223)*

(2) Die örtliche Zuständigkeit zur Ausstellung dieser Bescheinigungen richtet sich nach dem Aufenthaltsort des Antragstellers.

(3) Der Antrag ist abzulehnen, wenn sich der Antragsteller über seine Person nicht auszuweisen vermag. Der Antrag ist weiters abzulehnen, wenn nach dem Antragsteller zum Zwecke der Aufenthaltsermittlung, Verhaftung oder Festnahme gefahndet wird.

(4) Auskünfte gemäß Art. 15 der Datenschutz-Grundverordnung ergehen in Form einer Strafregisterbescheinigung. *(BGBl I 2013/161; BGBl I 2018/32)*

(5) Wo in bestehenden bundesgesetzlichen Vorschriften von Sitten- Leumunds- oder Führungszeugnissen die Rede ist, treten an deren Stelle die in Abs. 1 genannten Bescheinigungen.

(BGBl 1993/257)

Strafregisterbescheinigungen für Staatsangehörige anderer Mitgliedstaaten der Europäischen Union

§ 10a. (1) Wird ein Antrag auf Ausstellung einer Strafregisterbescheinigung von einem Staatsangehörigen eines anderen Mitgliedstaates gestellt, so hat die zuständige Behörde nach § 10 vorzugehen. Auf Verlangen des Antragstellers hat sie die Landespolizeidirektion Wien darüber hinaus zwecks Abfragen aus dem Strafregister des Herkunftsstaates des Antragstellers mittels Formulars laut Anhang IX zum EU-JZG durch die Zentralbehörde des Herkunftsstaates des Antragstellers zu befassen. Die erfolgte Auskunft durch den Herkunftsstaat ist dem Betroffenen zu übermitteln. *(BGBl I 2014/107; BGBl I 2018/32)*

(2) Erfolgt seitens des Herkunftsstaates innerhalb von zwei Monaten ab dem Zeitpunkt des Auskunftsersuchens keine Reaktion, so ist der Betroffene von der Landespolizeidirektion Wien davon in Kenntnis zu setzen, dass vom angefragten Herkunftsstaat keine Informationen aus dem nationalen Strafregister übermittelt wurden. *(BGBl I 2012/50)*

(3) Die nach § 10 für die Ausstellung einer Strafregisterbescheinigung zuständigen Behörden sind im Zusammenhang mit einem Auskunftsersuchen an den Herkunftsstaat, insbesondere bei der Feststellung der Identität der abgefragten Person, zur Mitwirkung verpflichtet. Die Zuständigkeit zur Mitwirkung richtet sich zunächst nach dem Hauptwohnsitz des Antragstellers im Inland, in Ermangelung eines solchen nach seinem Aufenthalt im Inland, dann nach seinem letzten Hauptwohnsitz im Inland und schließlich nach seinem letzten Aufenthalt im Inland. *(BGBl I 2018/32)*

(BGBl I 2012/29)

Beantwortung eines über die Zentralbehörde eines anderen Mitgliedstaates einlangenden Ersuchens um Information aus dem Strafregister

§ 10b. (1) Die Landespolizeidirektion Wien hat von Zentralbehörden der anderen Mitgliedstaaten übermittelte Ersuchen um Abfrage aus dem Strafregister zum Zwecke der Auskunft an den betroffenen österreichischen Staatsbürger innerhalb von zwanzig Arbeitstagen ab Eingang des Ersuchens zu beantworten. Die inhaltlichen Beschränkungen des § 10 Abs. 1 in Bezug auf Daten gemäß § 2 Abs. 1 Z 7 bis 9 und der in § 10 Abs. 3 zweiter Satz geregelte Ablehnungsgrund sind dabei zu berücksichtigen. *(BGBl I 2012/50; BGBl I 2014/107; BGBl I 2018/32)*

(2) Wird von Zentralbehörden der anderen Mitgliedstaaten mit Zustimmung des Betroffenen um Abfragen aus dem Strafregister ersucht, weil dieser eine berufliche oder organisierte ehrenamtliche Tätigkeit ausüben will, die hauptsächlich die Beaufsichtigung, Betreuung, Erziehung, Pflege und Betreuung wehrloser Personen (§ 220b StGB) umfasst, so ist über die gemäß § 2 Abs. 1a gekennzeichneten Verurteilungen sowie Daten gemäß § 2 Abs. 1 Z 7 und 8 innerhalb von zehn Arbeitstagen ab Eingang des Ersuchens Auskunft zu erteilen. Die Ablehnungsgründe nach § 10 Abs. 3 und die Auskunftsbeschränkungen nach § 6 des Tilgungsgesetzes 1972 sind dabei nicht zu berücksichtigen. § 10 Abs. 1b und Abs. 1d sind nicht anzuwenden. *(BGBl I 2014/107; BGBl I 2018/32; BGBl I 2019/105)*

(BGBl I 2012/29)

Gemeinsame Bestimmungen für Auskünfte und Bescheinigungen

§ 11. (1) Die Verurteilungen einer Person und die sich darauf beziehenden Entschließungen, Entscheidungen und Verfügungen (§ 2) dürfen in Auskünfte oder Bescheinigungen im Sinne der §§ 9, § 9a, 9d und 10 nicht mehr aufgenommen werden, wenn seit dem Tode dieser Person fünf Jahre verstrichen sind oder diese Person das 90. Lebensjahr vollendet hat. *(BGBl I 2009/40, 2. GeSchG; BGBl I 2022/223)*

(2) Die in anderen Gesetzen bestehenden Verbote, bestimmte Verurteilungen in Auskünfte oder Bescheinigungen im Sinne der §§ 9, § 9a, 9d und 10 aufzunehmen, bleiben unberührt. *(BGBl I 2009/40, 2. GeSchG; BGBl I 2022/223)*

(3) Tilgungen ausländischer Verurteilungen nach dem Recht des Staates, in dem die Verurteilung erfolgt ist, sind in Auskünften und Bescheinigungen zu berücksichtigen, sobald die Tilgung der Landespolizeidirektion Wien mit einer öffentlichen Urkunde mitgeteilt worden ist. *(BGBl I 2012/50)*

(4) Sind im Strafregister keine oder nur solche Verurteilungen enthalten, die in die Auskunft bzw. Bescheinigung nicht aufgenommen werden dürfen, so hat die Auskunft bzw. Bescheinigung zu lauten:

StRegG

Im Strafregister der Republik Österreich – geführt von der Landespolizeidirektion Wien – scheint keine Verurteilung auf. *(BGBl I 2012/29; BGBl I 2012/50)*

(4a) Sind im Strafregister keine Verurteilungen oder Einträge im Sinne des § 10 Abs. 1a und Abs. 1c enthalten, so hat die Auskunft bzw. Bescheinigung zu lauten: „Im Strafregister der Republik Österreich – geführt von der Landespolizeidirektion Wien – scheinen keine gemäß § 2 Abs. 1a Strafregistergesetz 1968 gekennzeichneten Verurteilungen wegen einer strafbaren Handlung gegen die sexuelle Integrität und Selbstbestimmung sowie keine Einträge gemäß § 2 Abs. 1 Z 7 und 8 Strafregistergesetz 1968 (gerichtliche Aufsicht bei Sexualstraftätern und sexuell motivierten Gewalttätern, entsprechende Weisungen oder Tätigkeitsverbote) auf.“ *(BGBl I 2013/195; BGBl I 2019/105)*

(4b) Sind im Strafregister keine Verurteilungen oder Einträge im Sinne des § 10 Abs. 1e enthalten, so hat die Auskunft bzw. Bescheinigung zu lauten: „Im Strafregister der Republik Österreich – geführt von der Landespolizeidirektion Wien – scheinen keine gemäß § 2 Abs. 1b Strafregistergesetz 1968 gekennzeichneten Verurteilungen wegen einer strafbaren Handlung nach den §§ 278b bis 278g und 282a StGB sowie keine Einträge gemäß § 2 Abs. 1 Z 7a Strafregistergesetz 1968 (gerichtliche Aufsicht bei terroristischen und staatsfeindlichen Strafsachen sowie Völkermord, Verbrechen gegen die Menschlichkeit, Kriegsverbrechen, entsprechende Weisungen) auf.“ *(BGBl I 2022/223)*

(5) Strafregisterbescheinigungen, die auf Verlangen gemäß § 10a Abs. 1 2. Satz auf Grund der Informationen aus dem Strafregister der Republik Österreich ausgestellt werden, haben folgenden Hinweis zu enthalten: „Den Vorgaben des Rahmenbeschlusses 2009/315/JI über die Durchführung und den Inhalt des Austauschs von Informationen aus dem Strafregister zwischen den Mitgliedstaaten, ABl. L 93 vom 7.4.2009, folgend, wird aus Anlass Ihres Antrags auf Ausstellung einer Strafregisterbescheinigung gemäß § 10a Strafregistergesetz eine Auskunft aus dem Strafregister Ihres Herkunftsstaates eingeholt. Diese wird Ihnen vom Strafregisteramt der Landespolizeidirektion Wien gesondert übermittelt.“ *(BGBl I 2012/29; BGBl I 2012/50; BGBl I 2014/107)*

(6) Die nach den §§ 9c und 10a Abs. 1 von anderen Mitgliedstaaten der Europäischen Union erlangten personenbezogenen Daten dürfen nur zu dem Zweck verarbeitet werden, für den sie abgefragt wurden. *(BGBl I 2012/29; BGBl I 2018/32)*

(BGBl 1972/101)

Mitteilungen an Mitgliedstaaten der Europäischen Union

§ 11a. Die Landespolizeidirektion Wien hat die Zentralbehörde des Herkunftsstaates des Verurteilten und, sofern ihr bekannt ist, dass der Verurteilte die Staatsangehörigkeit mehrerer Mitgliedstaaten besitzt, die Zentralbehörden der betreffenden Herkunftsstaaten so schnell wie möglich von jeder deren Staatsangehörige betreffenden, im Strafregister eingetragenen Verurteilung sowie über spätere Änderungen oder Tilgungen bzw. über Löschungen der Einträge in Kenntnis zu setzen. Ersuchen der Zentralbehörde des Herkunftsstaates im Einzelfall um Übermittlung einer Abschrift des der Verurteilung zugrunde liegenden Urteils und um Erteilung zusätzlicher Auskünfte sind dem ordentlichen Gericht, das in erster Instanz erkannt hat, zur weiteren Veranlassung weiterzuleiten. *(BGBl I 2012/50; BGBl I 2013/161)*

(BGBl I 2012/29)

Aufbewahrung und Löschung von Strafregisterdaten

§ 12. (1) Nach Ablauf von zwei Jahren nach Eintritt der Tilgung sind die die getilgte Verurteilung und den Verurteilten betreffenden Daten im Strafregister zu löschen. Die Löschung von Tätigkeitsverboten nach § 220b StGB erfolgt nach der Mitteilung des ordentlichen Gerichtes über dessen rechtskräftig erfolgte Aufhebung. Von den übrigen Mitgliedstaaten ausgesprochene Tätigkeitsverbote gemäß § 2 Abs. 1 Z 8 sind über Mitteilung des Urteilsstaates, in Ermangelung einer solchen nach Ablauf von zehn Jahren ab Eintragung zu löschen. *(BGBl I 2009/40, 2. GeSchG; BGBl I 2012/29; BGBl I 2018/32; BGBl I 2019/105)*

(2) § 50 des Datenschutzgesetzes (DSG), BGBl. I Nr. 165/1999, gilt mit der Maßgabe, dass Protokolldaten drei Jahre lang aufzubewahren sind. *(BGBl I 2018/32)*

(BGBl 1974/797; BGBl 1996/762)

Statistik

§ 13. Die Landespolizeidirektion Wien hat innerhalb der ersten sechs Monate jedes Kalenderjahres dem Österreichischen Statistischen Zentralamt die zur Erstellung der Kriminalstatistik erforderlichen Daten des Strafregisters bekanntzugeben. *(BGBl I 2012/50)*

(BGBl 1974/797)

Übermittlung von Strafregisterdaten zu wissenschaftlichen Zwecken

§ 13a. (1) Die Landespolizeidirektion Wien hat über die Bestimmungen der § § 9, 9a, 9d und 10 hinaus, soweit dies mit den Grundsätzen einer sparsamen, wirtschaftlichen und zweckmäßigen Verwaltung vereinbar ist, und nach Maßgabe der technischen Erfordernisse der Führung des Strafregisters den inländischen Hochschulen und den Bundesministerien auf Verlangen im Strafregister enthaltene Daten zur Auswertung bei nicht personenbezogenen wissenschaftlichen Arbeiten zu übermitteln. *(BGBl I 2022/223)*

(2) Soweit im Strafregister gespeicherte personenbezogene Daten zu wissenschaftlichen oder historischen Forschungszwecken oder zu statistischen Zwecken übermittelt werden, kommt dem Betroffenen das Recht gemäß Art. 15 der Datenschutz-Grundverordnung nicht zu.

(BGBl I 2018/32)

Bereinigung des Strafregisters

§ 13b. (1) Durch ein inländisches ordentliches Gericht verhängte Strafen gelten mit 1. Jänner 2005 als nachgesehen, soweit sie bis zum Zeitpunkt des Inkrafttretens dieses Bundesgesetzes nicht vollstreckt sind, die Verurteilung spätestens am 31. Dezember 1989 in Rechtskraft erwachsen ist und die Freiheitsstrafe oder Ersatzfreiheitsstrafe oder die Summe dieser Strafen ein Jahr nicht übersteigt. *(BGBl I 2013/161)*

(2) Die Landespolizeidirektion Wien hat jene Verurteilungen zu erfassen, auf die Abs. 1 zur Anwendung kommt, ihnen den 1. Jänner 2005 als Beginn der Tilgungsfrist zuzuordnen und sie dem ordentlichen Gericht, das in erster Instanz erkannt hat, unter Angabe der Personaldaten der Verurteilten mitzuteilen. *(BGBl I 2012/50; BGBl I 2013/161)*

(3) Das ordentliche Gericht hat nach Anhörung der Staatsanwaltschaft den Verurteilten nach Möglichkeit von der Strafnachsicht in Kenntnis zu setzen, sofern Abs. 1 anzuwenden ist. Andernfalls hat das ordentliche Gericht das Strafregisteramt davon zu verständigen, dass die Voraussetzungen nach Abs. 1 nicht vorliegen, und die Berichtigung des Strafregisters zu veranlassen. *(BGBl I 2013/161)*

(BGBl I 2010/111)

Beschwerden

§ 13c. Über Beschwerden gegen Bescheide nach diesem Bundesgesetz entscheidet das Landesverwaltungsgericht.

(BGBl I 2013/161)

Schlußbestimmungen

§ 14. (1) Dieses Bundesgesetz tritt mit 1. Oktober 1968 in Kraft.

(2) Gleichzeitig treten folgende Rechtsvorschriften außer Kraft:

1. die Strafregisterverordnung 1933, BGBl. Nr. 258;

2. § 21 der Vollzugsanweisung der Staatsämter für Justiz, für Inneres und Unterricht und für soziale Verwaltung im Einvernehmen mit dem Staatsamt für Finanzen vom 23. September 1920, StGBl. Nr. 438, zur Durchführung des Gesetzes über die bedingte Verurteilung;

3. § 8 Abs. 3 der Durchführungsverordnung zum Arbeitshausgesetz, BGBl. Nr. 232/1933;

4. Abs. 2 und 3 des § 22 der Verordnung der Bundesministerien für Justiz, für Inneres und für soziale Verwaltung vom 4. August 1960, BGBl. Nr. 172, über die bedingte Entlassung.

(3) § 10 Abs. 4 und die Bezeichnung des früheren Abs. 4 als Abs. 5 in der Fassung des Bundesgesetzes BGBl. Nr. 257/1993 treten mit 1. Juli 1993 in Kraft. Auf zu diesem Zeitpunkt anhängige Verfahren sind sie jedoch noch nicht anzuwenden.

(4) § 2 Abs. 3 in der Fassung des Bundesgesetzes, BGBl. I Nr. 112/2007 tritt am 1. Jänner 2008 in Kraft. *(BGBl I 2007/112)*

(5) Die § § 2 Abs. 1 Z 6 bis 8, 2 Abs. 1a, 4 Abs. 5, 9 Abs. 1, 10 Abs. 1, 11 Abs. 1 und 2, 12, 13a und 14a in der Fassung des Bundesgesetzes, BGBl. I Nr. 40/2009 treten am 1. Juni 2009 in Kraft. *(BGBl I 2009/40, 2. GeSchG)*

(6) Die § § 3 Abs. 2a und 9a in der Fassung des Bundesgesetzes, BGBl. I Nr. 40/2009 treten am 1. Dezember 2009 in Kraft. *(BGBl I 2009/40, 2. GeSchG)*

(7) § 2 Abs. 1 Z 4 in der Fassung des Bundesgesetzes, BGBl. I Nr. 142/2009 tritt am 1. Jänner 2010 in Kraft. *(BGBl I 2009/142; BGBl I 2010/111)*

(8) § 13b samt Überschrift in der Fassung des Budgetbegleitgesetzes 2011, BGBl. I Nr. 111/2010, tritt mit 1. Jänner 2011 in Kraft. *(BGBl I 2010/111)*

(9) § 3 Abs. 2 Z 9 und 10 und Abs. 4a in der Fassung des Bundesgesetzes BGBl. I Nr. 42/2011 treten mit 1. Oktober 2011 in Kraft. *(BGBl I 2011/42)*

(10) Die § § 2 Abs. 1 Z 8 und 9, 2 Abs. 1a, 3 Abs. 2 Z 2 und 5 und Abs. 4a, 8 Abs. 1 und 4, 9 Abs. 1 Z 2 und 3, 9a Abs. 1 Z 5 und Abs. 2, 9b, 9c, 10, 10a, 10b, 11 Abs. 4, 5 und 6, 11a, 12 und 14a in der Fassung des Bundesgesetzes, BGBl. I Nr. 29/2012, treten am 27. April 2012 in Kraft. *(BGBl I 2012/29)*

(11) § 1 Abs. 2, § 3 Abs. 1, 2a und 4a, § 4 Abs. 1 bis 5, § 5 Abs. 1 und 3, § § 6 und 7, § 9

StRegG

Abs. 1, § 9a Abs. 1 und 2, § 10 Abs. 1 und 4, § 11 Abs. 3, § § 13 und 13a sowie § 13b Abs. 2 in der Fassung des Bundesgesetzes BGBl. I Nr. 50/2012 treten mit 1. September 2012 in Kraft. *(BGBl I 2012/50)*

(12) § 2 Abs. 1 Z 4 und Abs. 3, § 3 Abs. 1, 2a und 4a, § 4 Abs. 1, 2 und 5, § 5 Abs. 2, § 6 Z 1 und 2, § 7, § 9a Abs. 1 Z 1, § 11a, § 12, § 13b Abs. 1, 2 und 3 sowie § 13c samt Überschrift in der Fassung des Bundesgesetzes BGBl. I Nr. 161/2013 treten mit 1. Jänner 2014 in Kraft; gleichzeitig tritt § 10 Abs. 4 außer Kraft. *(BGBl I 2013/161)*

(13) Die § § 10 Abs. 1a und 1b, sowie 11 Abs. 4a in der Fassung des Bundesgesetzes BGBl. I Nr. 195/2013 treten mit 1. Jänner 2014 in Kraft. *(BGBl I 2013/195)*

(13)[1] Die § § 10a, 10b Abs. 1 und 2, 11 Abs. 5 und 14b in der Fassung des Bundesgesetzes, BGBl. I Nr. 107/2014, treten mit 1. April 2015 in Kraft. *(BGBl I 2014/107)*

(14)[2] § 1 Abs. 2 und 3, § 8 Abs. 1, 2 und 5, § 9 Abs. 1 Z 2a und 2b, § 9a Abs. 1 Z 5 und 6, § 10 Abs. 1a und 4, § 10a Abs. 1 und 3, § 10b Abs. 1 und 2, § 11 Abs. 6, § 12 samt Überschrift, § 13a samt Überschrift sowie § 14a Abs. 1 in der Fassung des Materien-Datenschutz-Anpassungsgesetzes 2018, BGBl. I Nr. 32/2018, treten mit 25. Mai 2018 in Kraft. *(BGBl I 2018/32)*

(15) § 4 Abs. 5, § 9 Abs. 1 Z 3 und Z 4, die Überschrift zu § 9a, § 9a Abs. 1 Z 1 und Abs. 2, § 10b Abs. 2 erster und dritter Satz und § 12 Abs. 1 zweiter Satz in der Fassung des Dritten Gewaltschutzgesetzes, BGBl. I Nr. 105/2019, treten mit 1. Jänner 2020, § 10 Abs. 1c und Abs. 1d und § 11 Abs. 4a treten mit 1. Juli 2020 in Kraft. *(BGBl I 2019/105)*

(16) § 2 Abs. 1 Z 7a und Abs. 1b, § 3 Abs. 2a, § 4 Abs. 5, § 9d samt Überschrift, § 10 Abs. 1, 1e und 1f, § 11 Abs. 1, 2 und 4b und § 13a Abs. 1 in der Fassung des Bundesgesetzes BGBl. I Nr. 223/2022 treten mit 1. März 2023 in Kraft. *(BGBl I 2022/223)*

(BGBl 1972/101; BGBl 1993/257)

---

[1] *Redaktionsversehen: wohl gemeint Abs. 14.*

[2] *Redaktionsversehen: wohl gemeint Abs. 15.*

Übergangsbestimmung

§ 14a. (1) Die Landespolizeidirektion Wien ist ermächtigt, mit In-Kraft-Treten dieses Bundesgesetzes (§ 14 Abs. 6) Übermittlungen gemäß § 4 Abs. 5 nachträglich zu erfassen und Kennzeichnungen gemäß § 2 Abs. 1a vorzunehmen. *(BGBl I 2012/29; BGBl I 2012/50; BGBl I 2018/32)*

(2) Für die Dauer des Ausfalls des elektronischen Übermittlungswegs hat die Datenübermittlung in einer Form zu erfolgen, die die Erstellung einer schriftlichen Fassung unter Bedingungen ermöglicht, die dem Empfänger die Feststellung der Echtheit gestatten. *(BGBl I 2012/29)*

(BGBl I 2009/40)

Umsetzung von Richtlinien der Europäischen Union

§ 14b. § 10 Abs. 1a und 1b in der Fassung des Bundesgesetzes, BGBl. I Nr. 195/2013, und § 10b Abs. 2 in der Fassung des Bundesgesetzes, BGBl. I Nr. 107/2014, dienen der Umsetzung der Richtlinie 2011/93/EU zur Bekämpfung des sexuellen Missbrauchs und der sexuellen Ausbeutung von Kindern sowie der Kinderpornografie sowie zur Ersetzung des Rahmenbeschlusses 2004/68/JI, ABl. Nr. L 335 vom 17.12.2011 S 1, in der Fassung der Berichtigung ABl. Nr. L 18 vom 21.01.2012 S 7. *(BGBl I 2014/107)*

(BGBl I 2013/195)

Vollziehungsklausel

§ 15. Mit der Vollziehung dieses Bundesgesetzes sind die Bundesministerien für Inneres und für Justiz, je nach ihrem Wirkungskreis, betraut.

(BGBl 1972/101)

17. Tilgungsgesetz

BGBl 1972/68 idF

Bundesgesetz vom 15. Feber 1972 über die Tilgung von Verurteilungen und die Beschränkung der Auskunft (Tilgungsgesetz 1972)

Tilgung von Verurteilungen

§ 1. (1) Die Tilgung gerichtlicher Verurteilungen tritt, sofern sie nicht ausgeschlossen ist (§ 5), mit Ablauf der Tilgungsfrist kraft Gesetzes ein.

(2) Mit der Tilgung einer Verurteilung erlöschen alle nachteiligen Folgen, die kraft Gesetzes mit der Verurteilung verbunden sind, soweit sie nicht in dem Verlust besonderer auf Wahl, Verleihung oder Ernennung beruhender Rechte bestehen.

(3) Rechte dritter Personen, die sich auf die Verurteilung gründen, werden durch die Tilgung nicht berührt.

(4) Ist eine Verurteilung getilgt, so gilt der Verurteilte fortan als gerichtlich unbescholten, soweit dem nicht eine andere noch ungetilgte Verurteilung entgegensteht. Er ist nicht verpflichtet, die getilgte Verurteilung anzugeben.

(5) Eine getilgte Verurteilung darf weder in Strafregisterauskünfte und in Strafregisterbescheinigungen aufgenommen, noch darin auf irgendeine Art ersichtlich gemacht werden. Dies gilt nicht für Auskünfte gemäß §§ 9b und 10a Strafregistergesetz. *(BGBl I 2012/29)*

(6) Unter Verurteilungen sind in diesem Bundesgesetz auch Urteile zu verstehen, mit denen die Unterbringung in einer Anstalt für geistig abnorme Rechtsbrecher nach § 21 Abs. 1 des Strafgesetzbuches angeordnet wird.

(BGBl 1987/605)

Beginn der Tilgungsfrist

§ 2. (1) Die Tilgungsfrist beginnt, sobald alle Freiheits- oder Geldstrafen und die mit Freiheitsentzug verbundenen vorbeugenden Maßnahmen vollzogen sind, als vollzogen gelten, nachgesehen worden sind oder nicht mehr vollzogen werden dürfen.

(2) Ist keine Freiheits- oder Geldstrafe verhängt worden oder sind die verhängten Freiheits- oder Geldstrafen durch Anrechnung einer Vorhaft zur Gänze verbüßt und ist auch keine mit Freiheitsentziehung verbundene vorbeugende Maßnahme angeordnet worden, so beginnt die Frist mit Rechtskraft der Verurteilung.

(3) Unter Geldstrafen sind in diesem Bundesgesetz jeweils auch Verfallsersatz- und Wertersatzstrafen zu verstehen.

Tilgungsfrist bei einer einzigen Verurteilung

§ 3. (1) Ist jemand nur einmal verurteilt worden, so beträgt die Tilgungsfrist

1. drei Jahre, wenn er wegen Jugendstraftaten nach den §§ 12 oder 13 des Jugendgerichtsgesetzes 1988 verurteilt worden ist, endet im Fall des § 13 jedoch nicht, bevor das Gericht ausgesprochen hat, daß von der Verhängung einer Strafe endgültig abgesehen wird;

2. fünf Jahre, wenn er zu einer höchstens einjährigen Freiheitsstrafe oder nur zu einer Geldstrafe oder weder zu einer Freiheitsstrafe noch zu einer Geldstrafe verurteilt worden ist oder wenn er außer im Falle der Z 1 nur wegen Jugendstraftaten verurteilt worden ist;

3. zehn Jahre, wenn er zu einer Freiheitsstrafe von mehr als einem Jahr und höchstens drei Jahren verurteilt worden ist;

4. fünfzehn Jahre, wenn er zu einer mehr als dreijährigen Freiheitsstrafe verurteilt oder seine Unterbringung in einer Anstalt für geistig abnorme Rechtsbrecher nach § 21 Abs. 1 des Strafgesetzbuches angeordnet worden ist.

(2) Sind eine Freiheitsstrafe und eine Geldstrafe nebeneinander verhängt worden, so ist zur Berechnung der Tilgungsfrist die Ersatzfreiheitsstrafe zur Freiheitsstrafe hinzuzurechnen.

TilgG

(3) Bei Strafen, die nicht auf ganze Monate lauten, ist der Monat mit dreißig Tagen zu berechnen.

(4) Andere Strafen als Freiheits- oder Geldstrafen und vorbeugende Maßnahmen haben unbeschadet der Z. 3 des Abs. 1 auf das Ausmaß der Tilgungsfristen keinen Einfluß.

(BGBl 1987/605; BGBl 1988/599)

Tilgungsfrist bei mehreren Verurteilungen

§ 4. (1) Wird jemand rechtskräftig verurteilt, bevor eine oder mehrere frühere Verurteilungen getilgt sind, so tritt die Tilgung aller Verurteilungen nur gemeinsam ein.

(2) Die Tilgungsfrist ist im Falle des Abs. 1 unter Zugrundelegung der Summe der in allen noch nicht getilgten Verurteilungen verhängten Strafen nach § 3 zu bestimmen, sie muß aber mindestens die nach § 3 bestimmte Einzelfrist, die am spätesten enden würde, um so viele Jahre übersteigen, als rechtskräftige und noch nicht getilgte Verurteilungen vorliegen. Die zuletzt rechtskräftig gewordene Verurteilung ist mitzuzählen.

(3) Verurteilungen, bei denen die verhängte Freiheits- oder Ersatzfreiheitsstrafe oder deren Summe einen Monat nicht übersteigt, bewirken keine Verlängerung der Tilgungsfrist nach Abs. 2; ebensowenig werden ihre Tilgungsfristen durch andere Verurteilungen verlängert. Die Tilgung aller Verurteilungen tritt jedoch auch in diesem Fall nur gemeinsam ein (Abs. 1).

(4) Die Tilgung der Anordnung der Unterbringung in einer Anstalt für geistig abnorme Rechtsbrecher nach § 21 Abs. 1 des Strafgesetzbuches tritt unabhängig davon ein, ob andere Verurteilungen vorliegen. Eine solche Anordnung hindert weder die Tilgung anderer Verurteilungen, noch bewirkt sie eine Verlängerung der Tilgungsfrist nach Abs. 2; ebensowenig wird die Tilgungsfrist einer solchen Anordnung durch andere Verurteilungen verlängert.

(4a) Eine Verlängerung der Tilgungsfrist gemäß § 4a hindert weder die Tilgung anderer Verurteilungen, noch bewirkt sie eine Verlängerung der Tilgungsfrist anderer noch nicht getilgter Verurteilungen nach Abs. 2. *(BGBl I 2009/40, 2. GeSchG)*

(5) Verurteilungen, die zueinander im Verhältnis des § 265 der Strafprozeßordnung 1975 (StPO), BGBl. Nr. 631 , stehen, gelten für die Tilgung nicht als gesonderte Verurteilungen. Die Tilgungsfrist ist unter Zugrundelegung der Summe der verhängten Strafen nach § 3 zu bestimmen. Das gleiche gilt für Verurteilungen, die wegen derselben Tat im Inland und im Ausland erfolgt sind. *(BGBl I 2007/112)*

(BGBl 1987/605; BGBl 1996/762)

Tilgung von Verurteilungen wegen Sexualstraftaten

§ 4a. (1) Im Fall einer Verurteilung wegen einer strafbaren Handlung nach den §§ 201, 202, 205, 206, 207, 207a oder 207b StGB zu einer unbedingten Freiheitsstrafe oder im Fall einer Anordnung einer Unterbringung gemäß § 21 Abs. 1 StGB wegen einer solchen Tat verlängert sich die Tilgungsfrist (§ 3) um das Einfache.

(2) Im Fall einer Verurteilung wegen einer sonstigen im 10. Abschnitt des Besonderen Teils des StGB bezeichneten strafbaren Handlung zu einer unbedingten Freiheitsstrafe oder im Fall einer Anordnung einer Unterbringung gemäß § 21 Abs. 1 StGB wegen einer solchen Tat verlängert sich die Tilgungsfrist (§ 3) um die Hälfte.

(3) Das erkennende Gericht hat auf Antrag des Verurteilten zu prüfen, ob unter Berücksichtigung der gesamten Umstände, insbesondere der Persönlichkeit des Täters und seiner Entwicklung die Verlängerung der Tilgung gemäß Abs. 1 oder 2 zu beenden ist. Ein solcher Antrag ist frühestens nach Ablauf der Tilgungsfrist nach § 3 zulässig. Wird der Antrag abgewiesen, so ist eine erneute Antragstellung erst nach Ablauf von fünf Jahren ab Rechtskraft der Entscheidung zulässig.

(BGBl I 2009/40, 2. GeSchG)

Untilgbare Verurteilungen

§ 5. (1) Verurteilungen zu lebenslanger Freiheitsstrafe werden nicht getilgt und schließen auch die Tilgung aller anderen Verurteilungen aus. *(BGBl I 2009/40)*

(2) Verurteilungen wegen einer im 10. Abschnitt des Besonderen Teils des StGB bezeichneten strafbaren Handlung zu einer Freiheitsstrafe von mehr als fünf Jahren werden nicht getilgt. Das erkennende Gericht hat auf Antrag des Verurteilten zu prüfen, ob unter Berücksichtigung der gesamten Umstände, insbesondere der Persönlichkeit des Täters und seiner Entwicklung die Tilgbarkeit auszusprechen ist. Ein solcher Antrag ist frühestens fünfzehn Jahre nach dem Beginn der Tilgungsfrist (§ 2) zulässig. Wird der Antrag abgewiesen, so ist eine erneute Antragstellung erst nach Ablauf von fünf Jahren ab Rechtskraft der Entscheidung zulässig. *(BGBl I 2009/40, 2. GeSchG)*

Beschränkung der Auskunft

§ 6. (1) Schon vor der Tilgung darf über Verurteilungen aus dem Strafregister bei Vorliegen der in den Abs. 2 und 3 genannten Voraussetzungen lediglich Auskunft erteilt werden

1. den Gerichten, Staatsanwaltschaften, Sicherheitsbehörden und Sicherheitsdienststellen zum Zwecke eines gerichtlichen Straf- oder Unterbrin-

gungsverfahrens gegen den Verurteilten oder gegen jemand, der verdächtig ist, an derselben strafbaren Handlung beteiligt zu sein,

1a. den Finanzstrafbehörden zum Zwecke eines verwaltungsbehördlichen Finanzstrafverfahrens gegen den Verurteilten oder gegen jemand, der verdächtig ist, an derselben strafbaren Handlung beteiligt zu sein,

1b. den Gerichten zum Zweck eines gerichtlichen Verfahrens, das dem Wohl von schutzberechtigten Personen dient, hinsichtlich der Parteien, ihrer gesetzlichen Vertreter und der Personen, die zum gesetzlichen Vertreter bestellt werden sollen, sowie jeweils deren engen familiären Umfelds, *(BGBl I 2009/75; BGBl I 2020/20)*

2. in einem Gnadenverfahren des Verurteilten, das ein gerichtliches Strafverfahren oder eine Verurteilung durch die Strafgerichte betrifft, den damit befaßten Behörden,

2a. den zur Einleitung und Durchführung des Strafvollzuges zuständigen Anstalten zum Zweck der Vorbereitung der Klassifizierung (§§ 134, 161 des Strafvollzugsgesetzes), *(BGBl I 2005/119)*

3. den Behörden nach § 18 Abs. 2 des Waffengesetzes 1996 zum Zwecke der Vollziehung dieser Bestimmung sowie den Sicherheitsbehörden zum Zwecke der Überprüfung der in den waffenrechtlichen und sprengmittelrechtlichen Vorschriften geforderten Verlässlichkeit oder der in den luftfahrtrechtlichen Vorschriften geforderten Zuverlässigkeit, *(BGBl I 2021/148, ab 1. 12. 2021)*

4. den Sicherheitsbehörden zum Zwecke der Mitwirkung an der Vollziehung der gewerberechtlichen Bestimmungen über Waffengewerbe, Erzeugung von pyrotechnischen Artikeln sowie von Zündmitteln und sonstigen Sprengmitteln, die nicht dem Schieß- und Sprengmittelgesetz unterliegen, und Handel mit diesen Erzeugnissen, Sprengungsunternehmen, Herstellung von Arzneimitteln und Großhandel mit Arzneimitteln, Pfandleiher, Berufsdetektive, Bewachungsgewerbe und Errichtung von Alarmanlagen,

5. den Sicherheitsbehörden zur Durchführung einer Sicherheitsüberprüfung (§ 55 des Sicherheitspolizeigesetzes),

6. den mit Aufgaben der nachrichtendienstlichen Abwehr betrauten militärischen Dienststellen zu Durchführung einer Verlässlichkeitsprüfung (§ 23 des Militärbefugnisgesetzes),

6a. den Behörden gemäß § 1 Abs. 3 Staatsschutz- und Nachrichtendienst-Gesetz – SNG, BGBl. I Nr. 148/2021, für Zwecke des § 1 Abs. 2 und § 2a SNG, *(BGBl I 2021/148, ab 1. 12. 2021)*

7. den Passbehörden, den Staatsbürgerschaftsbehörden, den Fremdenpolizeibehörden, dem Bundesamt für Fremdenwesen und Asyl, dem Asylgerichtshof und den mit der Erteilung, Versagung und Entziehung von Aufenthaltstiteln befassten Behörden zur Durchführung von Verfahren nach dem Passgesetz 1992, dem Staatsbürgerschaftsgesetz 1985, dem Fremdenpolizeigesetz 2005, dem Asylgesetz 2005 und dem Niederlassungs- und Aufenthaltsgesetz, *(BGBl I 2009/122; BGBl I 2012/29; BGBl I 2012/87)*

8. den Jugendwohlfahrtsträgern, soweit dies zur Vermeidung oder zur Abwehr einer konkreten Gefährdung eines bestimmten minderjährigen Kindes durch eine bestimmte Person erforderlich ist. *(BGBl I 2012/29; BGBl I 2019/105)*

9. Vereinen und Einrichtungen gemäß § 220b StGB, soweit dies zur Vermeidung oder zur Abwehr einer konkreten von einer bestimmten Person ausgehenden Gefährdung einer bestimmten wehrlosen Person (§ 220b StGB) erforderlich ist. *(BGBl I 2019/105)*

(2) Die Beschränkung nach Abs. 1 tritt sofort mit Rechtskraft des Urteils ein, wenn

1. keine strengere Strafe als eine höchstens dreimonatige Freiheitsstrafe verhängt worden ist,

2. die Verurteilung nur wegen Straftaten erfolgt ist, die vor Vollendung des einundzwanzigsten Lebensjahres begangen wurden, und keine strengere Strafe als eine höchstens sechsmonatige Freiheitsstrafe verhängt worden ist, oder

3. auf Unterbringung in einer Anstalt für geistig abnorme Rechtsbrecher nach § 21 Abs. 1 des Strafgesetzbuches erkannt worden ist.

Bei Geldstrafen ist die Ersatzfreiheitsstrafe maßgebend, bei Verhängung einer Freiheitsstrafe und einer Geldstrafe sind Freiheitsstrafe und Ersatzfreiheitsstrafe zusammenzuzählen. Dabei ist ein Monat dreißig Tagen gleichzuhalten.

(3) Übersteigt in den Fällen des Abs. 2 das Ausmaß der Freiheitsstrafe, der Ersatzfreiheitsstrafe oder deren Summe drei Monate (Z. 1), nicht aber sechs Monate, oder sechs Monate (Z. 2), nicht aber ein Jahr, so tritt die Beschränkung nach Abs. 1 erst ein, wenn seit dem Beginn der Tilgungsfrist, im Fall einer Strafe, die ganz oder zum Teil bedingt nachgesehen oder aus der der Verurteilte bedingt entlassen worden ist, aber seit Rechtskraft der bedingten Nachsicht oder dem Zeitpunkt der bedingten Entlassung drei Jahre verstrichen sind.

(4) Ist über Verurteilungen nur beschränkte Auskunft zu erteilen, so dürfen sie außer für die im Abs. 1 bezeichneten Zwecke in Auskünfte aus dem Strafregister oder in Strafregisterbescheinigungen nicht aufgenommen oder darin sonst in irgendeiner Art ersichtlich gemacht werden.

(5) Der Verurteilte ist außerhalb der in Abs. 1 Z. 1 bis 3 genannten Verfahren nicht verpflichtet, die Verurteilungen anzugeben.

(6) Urteile, in denen auf Unterbringung in einer Anstalt für geistig abnorme Rechtsbrecher nach § 21 Abs. 1 des Strafgesetzbuches erkannt worden ist, unterliegen der Beschränkung der Auskunft

TilgG

auch dann, wenn über andere Verurteilungen unbeschränkt Auskunft zu erteilen ist. Ist jemand sonst mehrmals verurteilt worden, so sind die Bestimmungen der Abs. 1 bis 4 nur anzuwenden, wenn für jede der Verurteilungen die Voraussetzungen des Abs. 2 oder 3 erfüllt sind und die Zahl der Verurteilungen vier und die Summe der Freiheitsstrafen und Ersatzfreiheitsstrafen neun Monate, wenn es sich aber um Verurteilungen nur wegen Straftaten handelt, die vor Vollendung des einundzwanzigsten Lebensjahres begangen wurden, achtzehn Monate nicht übersteigt.

(BGBl 1987/605; BGBl 1993/29; BGBl 1996/762; BGBl I 1999/146; BGBl I 2001/44)

Ausländische Verurteilungen

§ 7. (1) Ausländische Verurteilungen stehen tilgungsrechtlich inländischen Verurteilungen gleich, wenn sie den Rechtsbrecher wegen einer Tat schuldig sprechen, die auch nach österreichischem Recht gerichtlich strafbar ist, und in einem den Grundsätzen des Art. 6 der Europäischen Konvention zum Schutze der Menschenrechte und Grundfreiheiten, BGBl. Nr. 210/1958, entsprechenden Verfahren ergangen sind.

(2) Die Tilgungsfrist ausländischer Verurteilungen beginnt mit dem Tag, der sich ergibt, wenn man dem Tag ihrer Rechtskraft die Dauer der mit ihr ausgesprochenen Freiheits- oder Ersatzfreiheitsstrafe oder der Summe dieser Strafen hinzurechnet. Ist keine Freiheits- oder Ersatzfreiheitsstrafe verhängt worden, so beginnt die Tilgungsfrist mit Rechtskraft der Verurteilung.

(3) Ausländische Verurteilungen gelten aber auch dann als getilgt, wenn sie nach dem Recht des Staates, in dem sie erfolgt sind, getilgt sind, sobald dies durch eine öffentliche Urkunde bescheinigt wird.

(4) §§ 4a und 5 Abs. 2 gelten für ausländische Verurteilungen wegen solcher Taten sinngemäß. Abs. 3 gilt hingegen für derartige Verurteilungen nicht. *(BGBl I 2009/40, 2. GeSchG)*

(5) Die gemäß § 2 Abs. 1 Z 9 Strafregistergesetz gespeicherten Verurteilungen eines Mitgliedstaats der Europäischen Union und die damit zusammenhängenden Informationen sind über Mitteilung des Urteilsstaates zu löschen. *(BGBl I 2012/29)*

(BGBl 1996/762)

Übergangsbestimmungen

§ 8. (1) Die Bestimmungen dieses Bundesgesetzes sind auch auf Verurteilungen anzuwenden, die vor seinem Inkrafttreten rechtskräftig geworden sind.

(2) Bei Verurteilungen vor dem 1. Juli 1972 beginnt die Frist für die Tilgung der Verurteilung

stets mit Rechtskraft der Verurteilung. Sie verlängert sich jedoch außer in den Fällen des § 2 Abs. 2 um die Dauer der ausgesprochenen Freiheits- und Ersatzfreiheitsstrafe. Die Tilgung tritt aber auch nach Ablauf der verlängerten Frist erst ein, bis die verhängten Freiheits- und Ersatzfreiheitsstrafen und die mit Freiheitsentziehung verbundenen vorbeugenden Maßnahmen vollzogen worden sind, als vollzogen gelten, nachgesehen worden sind oder nicht mehr vollzogen werden dürfen.

(3) Auf Verurteilungen, die im Zeitpunkt des Inkrafttretens dieses Bundesgesetzes nach den durch § 9 Abs. 2 Z. 1 aufgehobenen bundesgesetzlichen Bestimmungen tilgbar sind, sind die dort genannten Bestimmungen weiterhin anzuwenden, falls im Zeitpunkt des Inkrafttretens dieses Bundesgesetzes bereits ein Tilgungsantrag gestellt war oder ein solcher Antrag binnen einem Jahr nach diesem Zeitpunkt gestellt wird und die Verurteilung nach diesem Bundesgesetz noch nicht getilgt ist.

Inkrafttreten und Aufhebung von Rechtsvorschriften

§ 9. (1) Dieses Bundesgesetz tritt mit 1. Jänner 1974 in Kraft.

(1a) § 6 Abs. 1 in der Fassung des Bundesgesetzes BGBl. I Nr. 146/1999 tritt mit 1. September 1999 in Kraft.

(1b) § 6 Abs. 1 Z 6 und 7 in der Fassung des Bundesgesetzes BGBl. I Nr. 44/2001 tritt mit 1. Juli 2001, § 6 Abs. 2 Z 2 und Abs. 6 in der Fassung dieses Bundesgesetzes tritt mit 1. Juli 2002 in Kraft.

(1c) § 6 Abs. 1 Z 7 in der Fassung des Bundesgesetzes BGBl. I Nr. 100/2005 tritt mit 1. Jänner 2006 in Kraft. *(BGBl I 2005/100)*

(1d) § 6 Abs. 1 Z 2a in der Fassung des Bundesgesetzes BGBl. I Nr. 119/2005 tritt mit 1.Jänner 2006 in Kraft. *(BGBl I 2005/119)*

(1e) § 6 Abs. 1 Z 7 in der Fassung des Bundesgesetzes BGBl. I Nr. 37/2006 tritt mit 1. Jänner 2006 in Kraft. *(BGBl I 2006/37)*

(1f) Die Bestimmung des § 4 Abs. 5 in der Fassung des Bundesgesetzes, BGBl. I Nr. 112/2007 tritt mit 1. Jänner 2008 in Kraft. *(BGBl I 2007/112)*

(1g) Die Bestimmungen der §§ 4, 4a, 5 und 7 Abs. 4 in der Fassung des Bundesgesetzes BGBl. I Nr. 40/2009 treten mit 1. Juni 2009 in Kraft. §§ 4, 4a und 5 Abs. 2 gelten für alle Verurteilungen, die nach dem In-Kraft-Treten des Bundesgesetzes, BGBl. I Nr. 40/2009, ausgesprochen werden. *(BGBl I 2009/40, 2. GeSchG)*

(1h) § 6 Abs. 1 Z 1b in der Fassung des Bundesgesetzes BGBl. I Nr. 75/2009 tritt mit 1. Jänner 2010 in Kraft. *(BGBl I 2009/75)*

(1i) Der § 6 Abs. 1 Z 7 in der Fassung des Bundesgesetzes BGBl. I Nr. 122/2009 tritt mit 1. Jänner 2010 in Kraft. *(BGBl I 2009/122)*

(1j) Die §§ 1 Abs. 5, 6 Abs. 1 Z 8, 7 Abs. 5 in der Fassung des Bundesgesetzes BGBl. I Nr. 29/2012, treten mit 27. April 2012 in Kraft. *(BGBl I 2012/29)*

(1k) § 6 Abs. 1 Z 8 und Z 9 in der Fassung des Gewaltschutzgesetz 2019, BGBl. I Nr. 105/2019, tritt mit 01.01.2020 in Kraft. *(BGBl I 2019/105)*

(1l) § 6 Abs. 1 Z 1b in der Fassung des Bundesgesetzes BGBl. I Nr. 20/2020 tritt mit dem der Kundmachung des bezeichneten Bundesgesetzes folgenden Tag in Kraft. *(BGBl I 2020/20)*

(1m) § 6 Abs. 1 Z 3 und 6a in der Fassung des Bundesgesetzes BGBl. I Nr. 148/2021 treten am 1. Dezember 2021 in Kraft. *(BGBl I 2021/148)*

(2) Mit Ablauf des 31. Dezember 1973 verlieren die folgenden bundesgesetzlichen Bestimmungen ihre Wirksamkeit:

1. nach Maßgabe der Bestimmungen des § 8 das Tilgungsgesetz 1951, BGBl. Nr. 155, sowie alle Bestimmungen über die Tilgung von Verurteilungen durch Richterspruch in anderen Bundesgesetzen,

2. der letzte Satz im § 45 Abs. 6 und § 48 des Jugendgerichtsgesetzes 1961, BGBl. Nr. 278.

(BGBl I 1999/146; BGBl I 2001/44)

Vollziehungsklausel

§ 10. Mit der Vollziehung des § 1 Abs. 5, des § 6 Abs. 1, 2, 3, 4 und 6 ist der Bundesminister für Inneres betraut. Mit der Vollziehung aller anderen Bestimmungen dieses Bundesgesetzes ist der Bundesminister für Justiz betraut.

TilgG

17/1. Bundesgesetz zur Tilgung von Verurteilungen nach §§ 129 I, 129 I lit. b, 500 oder 500a Strafgesetz 1945 sowie §§ 209 oder 210 Strafgesetzbuch

BGBl 2015/154 (JGG-ÄndG 2015)

Bundesgesetz zur Tilgung von Verurteilungen nach §§ 129 I, 129 I lit. b, 500 oder 500a Strafgesetz 1945 sowie §§ 209 oder 210 Strafgesetzbuch

ERSTER ABSCHNITT

Allgemeine Bestimmungen

§ 1. Gerichtliche Verurteilungen nach § 129 I lit. b in Verbindung mit § 130 des Strafgesetzes 1945, ASlg. Nr. 2, § 129 I in Verbindung mit § 130 des Strafgesetzes 1945 in der Fassung des Bundesgesetzes BGBl. Nr. 273/1971, § 500 des Strafgesetzes 1945 in der Fassung des Bundesgesetzes BGBl. Nr. 273/1971, § 500a des Strafgesetzes 1945 in der Fassung des Bundesgesetzes BGBl. Nr. 273/1971, § 209 des Strafgesetzbuches – StGB in der Fassung des Bundesgesetzes BGBl. Nr. 60/1974, § 209 StGB in der Fassung des Bundesgesetzes BGBl. Nr. 599/1988, § 210 StGB in der Stammfassung sind auf Antrag durch gerichtlichen Beschluss zu tilgen, insoweit sie Handlungen erfassten, die bei verschiedengeschlechtlicher Begehung nicht strafbar waren.

§ 2. Die Tilgung nach § 1 erfolgt unabhängig davon, ob andere Verurteilungen vorliegen. Sind in einer Verurteilung Straftaten nach § 1 mit Straftaten anderer Art gemäß § 28 StGB zusammengetroffen, bleiben die Schuldsprüche wegen dieser von der Tilgung unberührt. Die Höhe der verhängten Strafe ist diesfalls in sinngemäßer Anwendung der § 31a Abs. 1 StGB, § 410 der Strafprozeßordnung 1975, BGBl. Nr. 631/1975, herabzusetzen. Ansprüche auf Entschädigung erwachsen aus dieser Herabsetzung nicht.

§ 3. Eine Tilgung nach § 1 hindert die Tilgung anderer Verurteilungen nicht. Sie darf jedoch nicht zu einer Verlängerung der Tilgungsfrist oder anderen tilgungsrechtlichen Nachteilen führen. In solchen Fällen wirkt die Verurteilung tilgungsrechtlich so weiter, als wäre sie nicht getilgt.

§ 4. Das Tilgungsgesetz 1972, BGBl. Nr. 68/1972, insbesondere dessen § 1 Abs. 2 bis 6, gilt sinngemäß.

§ 5. (1) Für die verurteilte Person günstigere Bestimmungen bleiben unberührt.

(2) Das Strafregisteramt der Landespolizeidirektion Wien ist ermächtigt, zur Vermeidung von tilgungsrechtlichen Schlechterstellungen im Sinne der §§ 3 und 4 Dokumentationen vorzunehmen, denen keine gerichtlichen Entscheidungen zugrunde liegen. Eine Herabsetzung der Strafe nach § 2 dritter Satz ist so zu dokumentieren, dass sie keinen Hinweis auf diesen Vorgang ermöglicht.

Zuständigkeit

§ 6. (1) Über die Tilgung einer Verurteilung nach § 1 und die Herabsetzung einer Strafe nach § 2 dritter Satz entscheidet der Einzelrichter des Landesgerichts, das in erster Instanz erkannt hat oder in dessen Sprengel das Gericht liegt oder lag, das in erster oder einziger Instanz entschieden hat.

(2) Ist über die Tilgung mehrerer Verurteilungen zu entscheiden, so erkennt jenes Gericht, das nach Abs. 1 für die Tilgung der letzten Verurteilung zuständig wäre.

Antragstellung

§ 7. (1) Die Tilgung erfolgt auf Antrag des Verurteilten, eines Angehörigen (§ 72 StGB) oder der Staatsanwaltschaft. Die Staatsanwaltschaft hat die Tilgung zu beantragen, wenn für den Verurteilten keine tilgungsrechtlichen Nachteile zu erwarten sind.

(2) Der Antrag hat die Verurteilung, deren Tilgung begehrt wird, zu bezeichnen und das Vorliegen der Voraussetzungen einer Tilgung nach § 1 zu begründen.

(3) Die Herabsetzung einer Strafe nach § 2 dritter Satz erfolgt auf Antrag des Verurteilten oder eines Angehörigen. Übersteigt die verhängte Strafe die Strafe, die das Gesetz für die nicht von der Tilgung umfassten Straftaten im Sinne des § 28 Abs. 1 StGB androht, ist sie auch von Amts wegen auf das angedrohte Höchstmaß herabzusetzen.

Verfahren und Beschlussfassung

§ 8. (1) Das Gericht entscheidet in nichtöffentlicher Sitzung.

(2) Die Staatsanwaltschaft und der Verurteilte sind vor der Beschlussfassung zu hören, sofern diese die Tilgung nicht selbst beantragt haben.

TilgG

(3) Können Umstände, die für die Entscheidung über einen Tilgungsantrag wesentlich sind, weder aus Strafakten noch anderen öffentlichen Urkunden erhoben werden, so kann das Gericht die Tilgung aussprechen, wenn diese Umstände sonst hinreichend bescheinigt sind.

Beschwerde

§ 9. Gegen Beschlüsse über Tilgungsanträge oder Anträge auf Herabsetzung der Strafe nach § 2 dritter Satz kann die Staatsanwaltschaft und der Verurteilte stets, ein Angehöriger jedoch nur dann eine Beschwerde erheben, wenn seinem Antrag nicht in vollem Umfang stattgegeben worden ist. Die Beschwerde hat aufschiebende Wirkung.

Außerkrafttreten

§ 10. Dieses Bundesgesetz tritt nach Tilgung sämtlicher Verurteilungen nach § 129 I lit. b in Verbindung mit § 130 des Strafgesetzes 1945, ASlg. Nr. 2, § 129 I in Verbindung mit § 130 des Strafgesetzes 1945 in der Fassung des Bundesgesetzes BGBl. Nr. 273/1971, § 500 des Strafgesetzes 1945 in der Fassung des Bundesgesetzes BGBl. Nr. 273/1971, § 500a des Strafgesetzes 1945 in der Fassung des Bundesgesetzes BGBl. Nr. 273/1971, § 209 des Strafgesetzbuches – StGB in der Fassung des Bundesgesetzes BGBl. Nr. 60/1974, § 209 StGB in der Fassung des Bundesgesetzes BGBl. Nr. 599/1988, § 210 StGB in der Stammfassung außer Kraft.

Vollziehung

§ 11. Mit der Vollziehung dieses Bundesgesetzes ist der Bundesminister für Justiz, hinsichtlich § 6 Abs. 2 im Einvernehmen mit dem Bundesminister für Inneres, betraut.

18/1. Sicherheitspolizeigesetz

BGBl 1991/566 idF

SPG

STICHWORTVERZEICHNIS
zum SPG und RLV

SPG

Bundesgesetz über die Organisation der Sicherheitsverwaltung und die Ausübung der Sicherheitspolizei (Sicherheitspolizeigesetz – SPG)

Inhaltsverzeichnis

1. TEIL

1. Hauptstück: Anwendungsbereich

SPG

Inhaltsverzeichnis

1. TEIL

1. Hauptstück

Anwendungsbereich

§ 1. Dieses Bundesgesetz regelt die Organisation der Sicherheitsverwaltung und die Ausübung der Sicherheitspolizei.

2. Hauptstück

Organisation der Sicherheitsverwaltung
Besorgung der Sicherheitsverwaltung

§ 2. (1) Die Sicherheitsverwaltung obliegt den Sicherheitsbehörden.

(2) Die Sicherheitsverwaltung besteht aus der Sicherheitspolizei, dem Paß- und Meldewesen, der Fremdenpolizei, der Überwachung des Eintrittes in das Bundesgebiet und des Austrittes aus ihm, dem Waffen-, Munitions-, Schieß- und Sprengmittelwesen sowie aus dem Pressewesen und den Vereins- und Versammlungsangelegenheiten.

SPG

Sicherheitspolizei

§ 3. Die Sicherheitspolizei besteht aus der Aufrechterhaltung der öffentlichen Ruhe, Ordnung und Sicherheit, ausgenommen die örtliche Sicherheitspolizei (Art. 10 Abs. 1 Z 7 B-VG), und aus der ersten allgemeinen Hilfeleistungspflicht.

Sicherheitsbehörden

§ 4. (1) Oberste Sicherheitsbehörde ist der Bundesminister für Inneres.

(2) Dem Bundesminister für Inneres unmittelbar unterstellt besorgen Landespolizeidirektionen, ihnen nachgeordnet Bezirksverwaltungsbehörden die Sicherheitsverwaltung in den Ländern. *(BGBl I 2012/50)*

(3) Der Bürgermeister ist Fundbehörde nach den Bestimmungen dieses Bundesgesetzes. Inwieweit Organe der Gemeinde sonst als Sicherheitsbehörden einzuschreiten haben, bestimmen andere Bundesgesetze. *(BGBl I 2002/104)*

Besorgung des Exekutivdienstes

§ 5. (1) Die Organe des öffentlichen Sicherheitsdienstes versehen für die Sicherheitsbehörden den Exekutivdienst.

(2) Organe des öffentlichen Sicherheitsdienstes sind

1. Angehörige des Wachkörpers Bundespolizei,

2. Angehörige der Gemeindewachkörper,

3. Angehörige des rechtskundigen Dienstes bei Sicherheitsbehörden, wenn diese Organe zur Ausübung unmittelbarer Befehls- und Zwangsgewalt ermächtigt sind, und

4. sonstige Angehörige der Landespolizeidirektionen und des Bundesministeriums für Inneres, wenn diese Organe die Grundausbildung für den Exekutivdienst (Polizeigrundausbildung) absolviert haben und zur Ausübung unmittelbarer Befehls- und Zwangsgewalt ermächtigt sind. *(BGBl I 2004/151; BGBl I 2014/43)*

(3) Der sicherheitspolizeiliche Exekutivdienst besteht aus dem Streifen- und Überwachungsdienst, der Ausübung der ersten allgemeinen Hilfeleistungspflicht und der Gefahrenabwehr mit den Befugnissen nach dem 3. Teil sowie aus dem Ermittlungs- und dem Erkennungsdienst.

(4) Der Streifendienst ist im Rahmen der Sprengel der Landespolizeidirektionen, insoweit diese für das Gebiet einer Gemeinde zugleich Sicherheitsbehörde erster Instanz sind, und der Bezirksverwaltungsbehörden sowie sprengelübergreifend innerhalb des Landes zu besorgen. *(BGBl I 2012/50; BGBl I 2016/61)*

(5) Die Sicherheitsexekutive besteht aus den Sicherheitsbehörden und den diesen beigegebenen oder unterstellten Wachkörpern. *(BGBl I 2002/104)*

(6) Der Wachkörper Bundespolizei besteht aus den Bediensteten der Besoldungsgruppen Exekutivdienst und Wachebeamte sowie allen in vertraglicher Verwendung stehenden Exekutivbediensteten, unbeschadet der Zugehörigkeit zu einer bestimmten Dienststelle. *(BGBl I 2012/50)*

(7) Von den Landespolizeidirektionen sind zur Besorgung des Exekutivdienstes Einsatzzentralen zu unterhalten, die rund um die Uhr für Notrufe erreichbar sind und die Koordination von Einsätzen unterstützen. *(BGBl I 2016/61)*

Überwachungsgebühren

§ 5a. (1) Für besondere Überwachungsdienste durch Organe des öffentlichen Sicherheitsdienstes, die auf Grund der Verwaltungsvorschriften für Vorhaben mit Bescheid angeordnet oder bewilligt werden, sind Überwachungsgebühren einzuheben, wenn es sich um die Überwachung von Vorhaben handelt, die – wenn auch nur mittelbar – Erwerbsinteressen dienen, oder um Vorhaben, für die die Zuseher oder Besucher ein Entgelt zu entrichten haben oder die nicht jedermann zur Teilnahme offenstehen.

(2) Die Bestimmungen des Abs. 1 finden auf Vorhaben der gesetzlich anerkannten Kirchen und Religionsgesellschaften, der politischen Parteien und der ausländischen in Österreich akkreditierten Vertretungsbehörden keine Anwendung. Dies gilt auch für Überwachungen, die dem vorbeugenden Schutz nach § 22 Abs. 1 Z 2 und 3 dienen.

(3) Die Festsetzung der Gebührensätze erfolgt nach Maßgabe der durchschnittlichen Aufwendungen; hiebei ist auf das öffentliche Interesse an Vorhaben im Hinblick auf die Gesundheitsvorsorge Bedacht zu nehmen. Die Festsetzung erfolgt

1. für den Bund (§ 5 Abs. 2 Z 1 und 3) durch Verordnung des Bundesministers für Inneres und *(BGBl I 2004/151)*

2. für die Länder und Gemeinden (§ 5 Abs. 2 Z 2 und 3) durch Verordnung der Landesregierung. *(BGBl I 2004/151)*

(BGBl 1996/201)

Entrichtung der Überwachungsgebühren

§ 5b. (1) Die Überwachungsgebühren sind, wenn sie nicht ohne weiteres entrichtet werden, von jener Behörde vorzuschreiben, die die Überwachung anordnet oder bewilligt. Sie fließen der Gebietskörperschaft zu, die den Aufwand der mit der Überwachung betrauten Organe zu tragen hat.

(2) Der mit der Führung der Organe des öffentlichen Sicherheitsdienstes betrauten Behörde kommt im Verfahren gemäß Abs. 1 Parteistellung

zu, soferne sie nicht selbst zur Bescheiderlassung zuständig ist.

(3) Die Verpflichtung zur Entrichtung von Überwachungsgebühren trifft denjenigen, der das Vorhaben, dessen Überwachung bewilligt oder angeordnet wurde, durchführt. Wurde die Überwachung von einer anderen Person beantragt oder durch das Verschulden einer anderen Person verursacht, so sind die Überwachungsgebühren von dieser zu tragen. Treffen die Voraussetzungen auf mehrere Beteiligte zu, so trifft alle die Verpflichtung zur Entrichtung zu ungeteilter Hand. *(BGBl 1996/201)*

Bundesminister für Inneres

§ 6. (1) Die Organisationseinheiten des Bundesministeriums für Inneres, die Angelegenheiten der Sicherheitsverwaltung besorgen, sowie der Chefärztliche Dienst bilden die Generaldirektion für die öffentliche Sicherheit. Die Einrichtung und Regelung der Organisation des Bundeskriminalamtes und der Direktion Staatsschutz und Nachrichtendienst als Organisationseinheiten der Generaldirektion für die öffentliche Sicherheit sowie des Bundesamtes zur Korruptionsprävention und Korruptionsbekämpfung erfolgt jeweils durch besonderes Bundesgesetz. *(BGBl I 2002/22; BGBl I 2009/72; BGBl I 2012/50; BGBl I 2016/5; BGBl I 2021/148, ab 1. 12. 2021)*

(2) Die dem Bundesminister für Inneres beigegebenen oder zugeteilten Organe des öffentlichen Sicherheitsdienstes versehen für den Bundesminister für Inneres Exekutivdienst. *(BGBl I 2009/72)*

(3) Der Bundesminister für Inneres kann im Einvernehmen mit dem Hauptausschuß des Nationalrates mit Verordnung für Zwecke einer wirksameren Bekämpfung krimineller Verbindungen oder, wenn wegen der hiezu gegen Menschen oder Sachen allenfalls erforderlichen Zwangsgewalt eine besondere Ausbildung erforderlich ist, zur Beendigung gefährlicher Angriffe aus Organen gemäß Abs. 2 Sondereinheiten bilden und ihnen die ausschließliche oder schwerpunktmäßige Wahrnehmung dieser Aufgaben im gesamten Bundesgebiet auftragen. Dies gilt nicht für Sondereinheiten, die am 1. Juli 1997 bereits bestanden haben. *(BGBl I 1997/105)*

Landespolizeidirektionen

§ 7. (1) Für jedes Bundesland besteht eine Landespolizeidirektion mit dem Sitz in der Landeshauptstadt. An der Spitze einer Landespolizeidirektion steht der Landespolizeidirektor. In Wien trägt der Landespolizeidirektor die Funktionsbezeichnung „Landespolizeipräsident". Der Landespolizeidirektor ist vom Bundesminister für Inneres im Einvernehmen mit dem Landeshauptmann zu

bestellen. Zum Landespolizeidirektor kann nur bestellt werden, wer eine abgeschlossene akademische Ausbildung aufweist. Stellvertreter des Landespolizeidirektors werden nach Anhörung des jeweiligen Landeshauptmannes bestellt.

(2) Den Exekutivdienst versehen der Landespolizeidirektor sowie die ihm beigegebenen oder zugeteilten Organe des öffentlichen Sicherheitsdienstes.

(3) Die Angelegenheiten des inneren Dienstes werden vom Landespolizeidirektor besorgt.

(4) Soweit ein ärztlicher Dienst eingerichtet ist, hat dieser an der Feststellung der geistigen und körperlichen Eignung von Aufnahmewerbern in den Exekutivdienst und von Bewerbern für bestimmte Verwendungen, unbeschadet der Mitwirkungsbefugnisse des Bundeskanzleramtes nach dem Ausschreibungsgesetz 1989 (AusG), BGBl. Nr. 85/1989, mitzuwirken. Zu diesem Zweck dürfen unter Einbindung von Polizeiärzten als medizinische Sachverständige zur Feststellung der geistigen und körperlichen Eignung auch Gesundheitsdaten im Sinne des Art. 4 Z 15 der Verordnung (EU) Nr. 679/2016 zum Schutz natürlicher Personen bei der Verarbeitung personenbezogener Daten, zum freien Datenverkehr und zur Aufhebung der Richtlinie 95/46/EG (Datenschutz-Grundverordnung), ABl. L 119 vom 04.05.2016 S. 1, (im Folgenden: DSGVO) nach Maßgabe des Art. 9 Abs. 2 lit. h in Verbindung mit Abs. 3 DSGVO verarbeitet werden, soweit diese zur Beurteilung der Eignung für den Exekutivdienst erforderlich sind. Die näheren Bestimmungen über die Durchführung der Eignungsprüfung und die Erstellung und Auswertung der Tests sind durch Verordnung des Bundesministers für Inneres festzusetzen. *(BGBl I 2018/29)*

(5) Der Bundesminister für Inneres hat jede staatspolitisch wichtige oder über die öffentliche Sicherheit im gesamten Land maßgebliche Weisung, die er einem Landespolizeidirektor erteilt, dem Landeshauptmann mitzuteilen. *(BGBl I 2012/50)*

Landespolizeidirektion als Sicherheitsbehörde erster Instanz für das Gebiet einer Gemeinde

§ 8. Die jeweilige Landespolizeidirektion ist zugleich Sicherheitsbehörde erster Instanz:

1. für das Gebiet der Gemeinden Eisenstadt und Rust;

2. für das Gebiet der Gemeinden Graz und Leoben;

3. für das Gebiet der Gemeinde Innsbruck;

4. für das Gebiet der Gemeinden Klagenfurt am Wörthersee und Villach;

5. für das Gebiet der Gemeinden Linz, Steyr und Wels;

6. für das Gebiet der Gemeinde Salzburg;

SPG

7. für das Gebiet der Gemeinden Sankt Pölten, Wiener Neustadt, Schwechat und die im Gebiet der Gemeinden Fischamend, Klein-Neusiedl und Schwadorf gelegenen Teile des Flughafens Wien-Schwechat;

8. für das Gebiet der Gemeinde Wien.

(BGBl I 2012/50)

Bezirksverwaltungsbehörden

§ 9. (1) Sofern bundesgesetzlich nichts anderes bestimmt ist, obliegt die Sicherheitsverwaltung außerhalb des Gebietes jener Gemeinden, in dem eine Landespolizeidirektion zugleich Sicherheitsbehörde erster Instanz ist, den Bezirksverwaltungsbehörden, denen hiefür die Bezirks- und Stadtpolizeikommanden und deren Polizeiinspektionen unterstellt sind. *(BGBl I 2012/50; BGBl I 2014/43)*

(2) Für die Bezirksverwaltungsbehörden versehen die ihnen unterstellten oder beigegebenen Organe des öffentlichen Sicherheitsdienstes den Exekutivdienst.

(3) Auf Antrag einer Gemeinde können die Angehörigen ihres Gemeindewachkörpers der Bezirksverwaltungsbehörde mit deren Zustimmung unterstellt werden, um sicherheitspolizeilichen Exekutivdienst (§ 5 Abs. 3) zu versehen. Die Unterstellung erfolgt mit Verordnung des Landespolizeidirektors und hat unter Bedachtnahme auf die Leistungsfähigkeit des Wachkörpers den Umfang der übertragenen Aufgaben (§§ 19 bis 27a) im einzelnen festzulegen. Die Unterstellung ist vom Landespolizeidirektor auf Antrag der Bezirksverwaltungsbehörde einzuschränken oder aufzuheben, soweit der Gemeindewachkörper die ihm übertragenen Aufgaben nicht erfüllt. *(BGBl I 1999/146; BGBl I 2012/50)*

(4) Die Angehörigen des Gemeindewachkörpers versehen hiebei den Exekutivdienst, soweit er darin besteht, die erste allgemeine Hilfeleistungspflicht (§ 19) zu erfüllen, gefährlichen Angriffen durch Maßnahmen, die keinen Aufschub dulden, ein Ende zu setzen (§ 21 Abs. 2), hilflose Menschen und gewahrsamsfreie Sachen vorbeugend zu schützen (§ 22 Abs. 1 und 4), wahrscheinlichen gefährlichen Angriffen bei Gewalt in Wohnungen vorzubeugen oder Streitfälle zu schlichten (§ 26) unmittelbar für die Bezirksverwaltungsbehörde. Dies gilt nicht, soweit bei der Erfüllung solcher Aufgaben das Gebiet der Gemeinde zu überschreiten oder aus anderem Grunde ein Zusammenwirken mit Angehörigen der Bundespolizei geboten ist; in solchen Amtshandlungen oder im Rahmen der Erfüllung anderer mit Verordnung gemäß Abs. 3 zugewiesener Aufgaben unterstehen die Angehörigen der Gemeindewachkörper dem Bezirks- oder Stadtpolizeikommando und haben es unverzüglich von der

Amtshandlung in Kenntnis zu setzen. *(BGBl I 1999/146; BGBl I 2004/151)*

Polizeikommanden

§ 10. (1) Im Bereich jeder Landespolizeidirektion hat der Bundesminister für Inneres Bezirks- oder Stadtpolizeikommanden samt deren Polizeiinspektionen einzurichten.

(2) Sofern dies für die bezirksüberschreitende Besorgung des Exekutivdienstes im Bereich einer Landespolizeidirektion erforderlich ist, kann der Bundesminister für Inneres auch unmittelbar der Landespolizeidirektion untergeordnete Polizeiinspektionen einrichten.

(3) Die Besorgung der Angelegenheiten des inneren Dienstes der Bezirks- oder Stadtpolizeikommanden und Polizeiinspektionen hat nach Maßgabe der den Bezirksverwaltungsbehörden obliegenden Anordnungsbefugnis im Rahmen der Besorgung der Sicherheitsverwaltung zu erfolgen und darf dieser nicht entgegenstehen.

(4) Organisatorische Maßnahmen im Bereich von Bezirks- oder Stadtpolizeikommanden sowie Polizeiinspektionen obliegen dem Landespolizeidirektor im Einvernehmen mit dem Landeshauptmann, soweit sie die Betrauung mit, die Abberufung von der Leitung eines Bezirks- oder Stadtpolizeikommandos oder einer Polizeiinspektion oder Versetzung ohne Änderung der dienstrechtlichen Stellung zum Gegenstand haben. Soweit die genannten Maßnahmen jedoch über den örtlichen Bereich eines Bundeslandes hinausgehen oder den Landespolizeidirektor betreffen, werden sie vom Bundesminister für Inneres getroffen.

(BGBl I 2012/50)

§ 10a. *(aufgehoben, BGBl I 2004/151)*

§ 10b. *(aufgehoben, BGBl I 2004/151)*

Sicherheitsakademie

§ 11. (1) Die Sicherheitsakademie ist die Bildungs- und Forschungseinrichtung der Bediensteten des Bundesministeriums für Inneres.

(2) Der Sicherheitsakademie obliegt die Bereitstellung der Grundausbildung und der Ausbildung von Lehr- und Führungskräften für die in Abs. 1 genannten Bediensteten. Die Bereitstellung sonstiger Bildungsmaßnahmen für diese Bediensteten ist der Sicherheitsakademie nur vorbehalten, wenn dies der Bundesminister für Inneres durch Verordnung festlegt. Nach Maßgabe der vorhandenen Mittel ist die Sicherheitsakademie auch berechtigt, Bildungsangebote für Dritte zu erstellen und anzubieten, sofern das Angebot im Zusammenhang mit der Erfüllung der Aufgaben der Sicherheitsakademie steht, sowie solche Bildungs-

angebote gegen Kostenersatz durchzuführen. *(BGBl I 2007/114)*

(3) Abgesehen von den in Abs. 2 angeführten Aufgaben obliegen der Sicherheitsakademie folgende Aufgaben:

1. die Steuerung und Koordinierung anderer Bildungsangebote für die in Abs. 1 genannten Bediensteten,

2. die Steuerung der Tätigkeit der Bildungszentren,

3. die Vorbereitung der Erlassung von Verordnungen nach Abs. 2 und 4 sowie

4. das Controlling der Bildungsmaßnahmen.

(4) Nähere Bestimmungen über den Zugang zur Bildung einschließlich der Objektivierung der Auswahl der Teilnehmer und die Festsetzung des Kostenersatzes hat der Bundesminister für Inneres durch Verordnung zu regeln.

(5) Der Sicherheitsakademie obliegt die Wahrnehmung, Koordination und Betreuung von Forschungsaufgaben, die für das Bundesministerium für Inneres bedeutsam sind. Weiters obliegt der Sicherheitsakademie in ihren Aufgabenbereichen die Wahrnehmung und Förderung der internationalen Zusammenarbeit, insbesondere der Kontakt und Informationsaustausch im Rahmen der Europäischen Polizeiakademie und der Mitteleuropäischen Polizeiakademie einschließlich der Wahrnehmung der Aufgaben des Zentralen Koordinationsbüros dieser Einrichtung, sowie die Zusammenarbeit mit Bildungseinrichtungen der Gebietskörperschaften, der anderen Körperschaften des öffentlichen Rechtes und der von diesen betriebenen Anstalten.

(6) Die Leitung der Sicherheitsakademie obliegt dem Direktor, der von einem Beirat beraten wird. Der Direktor wird vom Bundesminister für Inneres nach Anhörung des Beirats bestellt. Die Bestimmungen des Ausschreibungsgesetzes 1989, BGBl. Nr. 85, sind anzuwenden.

(7) Der Beirat besteht aus zehn Mitgliedern, die vom Bundesminister für Inneres nach den Grundsätzen einer Vertretung der maßgeblichen Zuständigkeiten und Interessen zu bestellen sind. Er hat die Aufgabe der Beratung des Bundesministers für Inneres und des Direktors in allen Angelegenheiten der Sicherheitsakademie und kann Vorschläge hinsichtlich der methodischen und inhaltlichen Gestaltung von Lehrgängen, der Einführung neuer Lehrgänge, der Abstimmung von Lehrgängen auf einen längeren Zeitraum sowie über Maßnahmen zur Sicherstellung einer einheitlichen Beurteilung bei Prüfungen erstatten. Nähere Bestimmungen über Zusammensetzung, Aufgaben und Geschäftsführung des Beirates hat der Bundesminister für Inneres durch Verordnung zu erlassen. Insbesondere ist der Beirat zu hören bei der:

1. Bestellung des Direktors,

2. Gestaltung des Lehrangebots,

3. Einführung neuer Lehrgänge,

4. Bestimmung von Forschungsschwerpunkten und

5. Erlassung von Verordnungen nach Abs. 2 und 4.

(BGBl I 2004/151)

Geschäftseinteilung und Geschäftsordnung der Landespolizeidirektionen

§ 12. (1) Der Landespolizeidirektor hat im Interesse einer raschen und zweckmäßigen Geschäftsbehandlung die Angelegenheiten des sachlichen Wirkungsbereiches der Landespolizeidirektionen auf deren Abteilungen und sonstige Organisationseinheiten aufzuteilen (Geschäftseinteilung).

(2) Der Landespolizeidirektor hat festzulegen, wem die Genehmigung von Entscheidungen im Rahmen der Geschäftseinteilung zukommt, in welchen Angelegenheiten die Genehmigung dem Behördenleiter vorbehalten ist und wem die Genehmigung im Falle der Verhinderung obliegt (Geschäftsordnung). Hierbei kann im Interesse einer raschen Geschäftsbehandlung auch vorgesehen werden, dass der vor der Geschäftsordnung Ermächtigte andere besonders geeignete Bedienstete mit der Genehmigung bestimmter Angelegenheiten betrauen kann.

(3) Die Geschäftseinteilung und die Geschäftsordnung der Landespolizeidirektionen bedürfen der Zustimmung des Bundesministers für Inneres.

(BGBl I 2012/50)

Kanzleiordnung

§ 13. Die formale Behandlung der von den Landespolizeidirektionen zu besorgenden Geschäfte ist vom Bundesminister für Inneres jeweils in einer einheitlichen Kanzleiordnung festzulegen. Für die Landespolizeidirektion Wien können, soweit dies wegen der Größe dieser Behörde erforderlich ist, Abweichungen von der sonst für die Bundespolizeidirektionen geltenden Kanzleiordnung vorgesehen werden. *(BGBl I 2012/13; BGBl I 2012/50)*

(2) *(aufgehoben, BGBl I 2012/13)*

(BGBl I 2004/151)

Dokumentation

§ 13a. (1) Die Sicherheitsbehörden sind ermächtigt, sich bei der Dokumentation aller Amtshandlungen und Verwaltung von Dienststücken im Rahmen der Wahrnehmung gesetzlich übertragener Aufgaben der automationsunterstützten Datenverarbeitung zu bedienen. Die Löschung der Daten erfolgt nach Maßgabe der gesetzlichen

SPG

Aufbewahrungs- oder sonstigen Skartierungspflichten.

(2) Die Akten im Dienste der Strafrechtspflege sind getrennt vom restlichen Aktenbestand zu führen, die Verarbeitung der kriminalpolizeilichen Daten ist nur nach Maßgabe der Strafprozessordnung 1975, BGBl. Nr. 631/1975, und für sicherheitspolizeiliche Zwecke gemäß § 53 Abs. 2 zulässig. Die Daten sind um Verständigungen zu Einstellungen, Freisprüchen und diversionellen Entscheidungen zu aktualisieren. *(BGBl I 2018/29)*

(3) Zum Zweck der Dokumentation von Amtshandlungen, bei denen die Organe des öffentlichen Sicherheitsdienstes Befehls- und Zwangsgewalt ausüben, ist der offene Einsatz von Bild- und Tonaufzeichnungsgeräten, sofern gesetzlich nicht anderes bestimmt ist, nach Maßgabe der Bestimmungen dieses Absatzes zulässig. Vor Beginn der Aufzeichnung ist der Einsatz auf solche Weise anzukündigen, dass er dem Betroffenen bekannt wird. Die auf diese Weise ermittelten personenbezogenen Daten dürfen nur zur Verfolgung von strafbaren Handlungen, die sich während der Amtshandlung ereignet haben, sowie zur Kontrolle der Rechtmäßigkeit der Amtshandlung ausgewertet werden. Bis zu ihrer Auswertung und Löschung sind die Aufzeichnungen gemäß den Bestimmungen des § 54 des Datenschutzgesetzes – DSG, BGBl. I Nr. 165/1999, vor unberechtigter Verarbeitung, insbesondere durch Protokollierung jedes Zugriffs und Verschlüsselung der Daten, zu sichern, sofern nicht Art. 32 DSGVO unmittelbar zur Anwendung kommt. Sie sind nach sechs Monaten zu löschen; kommt es innerhalb dieser Frist wegen der Amtshandlung zu einem Rechtsschutzverfahren, so sind die Aufzeichnungen erst nach Abschluss dieses Verfahrens zu löschen. Bei jeglichem Einsatz von Bild- und Tonaufzeichnungsgeräten ist besonders darauf zu achten, dass Eingriffe in die Privatsphäre der Betroffenen die Verhältnismäßigkeit (§ 29) zum Anlass wahren. *(BGBl I 2016/5, ab 1. 1. 2020 außer Kraft, siehe § 97 Abs 4; BGBl I 2018/29)*

(4) Die Protokollaufzeichnungen gemäß § 50 DSG für Datenverarbeitungen nach Abs. 1 und 2 sind drei Jahre aufzubewahren und danach zu löschen. *(BGBl I 2018/29)*

(BGBl I 2012/13)

Örtlicher Wirkungsbereich der Sicherheitsbehörden in Angelegenheiten der Sicherheitspolizei

§ 14. (1) Den Sicherheitsbehörden obliegt die Ausübung der Sicherheitspolizei (§ 3) innerhalb ihres örtlichen Wirkungsbereiches. Behält sich der Bundesminister für Inneres oder der Landespolizeidirektor eine von einer nachgeordneten Sicherheitsbehörde geführte Amtshandlung durch Weisung vor, so hat der Angewiesene dies aktenkundig zu machen und dem übergeordneten Organ unverzüglich eine Gleichschrift zu übermitteln. Die nachgeordnete Behörde darf in dieser Angelegenheit nur mehr auf Grund neuerlicher Weisung des Bundesministers für Inneres oder des Landespolizeidirektors tätig werden. *(BGBl I 2012/50)*

(2) Der Bundesminister für Inneres kann sich oder der Landespolizeidirektion für das Gebiet eines Bundeslandes bestimmte Angelegenheiten, insbesondere im Bereich der Vorbeugung, vorbehalten. Vor Festlegung eines Aufgabenvorbehaltes für eine Landespolizeidirektion ist der Landesregierung Gelegenheit zur Äußerung zu geben. *(BGBl I 2002/22; BGBl I 2012/50)*

(3) In Fällen, in denen keine örtlich zuständige Behörde durch ihre Organe die notwendigen Maßnahmen rechtzeitig setzen kann oder dies sonst im Interesse einer raschen und zweckmäßigen Besorgung des Exekutivdienstes liegt, dürfen die zu sicherheitspolizeilichem Exekutivdienst ermächtigten Organe des öffentlichen Sicherheitsdienstes außerhalb des Sprengels der Behörde, der sie beigegeben, zugeteilt oder unterstellt sind, sicherheitspolizeiliche Amtshandlungen führen. Diese gelten als Amtshandlungen der örtlich zuständigen Landespolizeidirektion für das Gebiet einer Gemeinde, in dem sie zugleich Sicherheitsbehörde erster Instanz ist, oder der örtlich zuständigen Bezirksverwaltungsbehörde; das einschreitende Organ des öffentlichen Sicherheitsdienstes hat diese Behörde von der Amtshandlung unverzüglich zu benachrichtigen. *(BGBl I 1999/146; BGBl I 2012/50; BGBl I 2016/61)*

(4) Die Angehörigen eines Gemeindewachkörpers, die der Bezirksverwaltungsbehörde unterstellt sind, um sicherheitspolizeilichen Exekutivdienst zu versehen, dürfen für diese im Rahmen der Übertragungsverordnung außerhalb des Gebietes der Gemeinde sicherheitspolizeiliche Amtshandlungen führen, sofern sonst die notwendigen Maßnahmen nicht rechtzeitig gesetzt werden können. Sie sollen solche Amtshandlungen dem Bezirkspolizeikommando unverzüglich in Kenntnis zu setzen. *(BGBl I 1999/146; BGBl I 2004/151)*

(5) Der Bürgermeister ist Fundbehörde für alle verlorenen oder vergessenen Sachen, die in seinem örtlichen Wirkungsbereich aufgefunden werden. *(BGBl I 2002/104)*

Beschwerden gegen Bescheide

§ 14a. Über Beschwerden gegen sicherheitspolizeiliche Bescheide entscheidet das Landesverwaltungsgericht.

(BGBl I 1997/104; BGBl I 2013/161)

Sicherheitspolizeiliche Informationspflicht

§ 15. (1) Die Bezirksverwaltungsbehörden haben den Landespolizeidirektor über sicherheitspolizeilich erhebliche Ereignisse von nicht bloß lokaler Bedeutung zu informieren. *(BGBl I 2012/50)*

(2) Die Landespolizeidirektoren haben den Bundesminister für Inneres über sicherheitspolizeilich erhebliche Ereignisse von nicht bloß regionaler Bedeutung zu informieren. *(BGBl I 2012/50)*

Sicherheit in Amtsgebäuden

§ 15a. (1) Gebäude und Räumlichkeiten, die zur Nutzung durch das Bundesministerium für Inneres und die diesem organisatorisch nachgeordneten Dienststellen gewidmet sind, dürfen mit einer Waffe (§ 1 Abs. 1 Gerichtsorganisationsgesetz – GOG, RGBl. Nr. 217/1896) nicht betreten werden. Wer eine Waffe mit sich führt, hat sie beim Betreten zur Verwahrung zu übergeben und ist nachweislich über die maßgebenden Umstände für die Ausfolgung (§ 6 GOG) in Kenntnis zu setzen. Dies gilt nicht für Personen, die auf Grund ihres öffentlichen Dienstes zum Tragen bestimmter Waffen ermächtigt sind, hinsichtlich jener Waffen, die ihnen auf Grund ihres öffentlichen Amtes oder Dienstes von ihrer vorgesetzten österreichischen Behörde oder Dienststelle als Dienstwaffen zugeteilt worden sind (§ 47 Abs. 1 Z 2 lit. a Waffengesetz 1996 – WaffG, BGBl. I Nr. 12/1997), es sei denn, dies wäre auf Grund bestimmter Umstände für die Gewährleistung der Sicherheit erforderlich.

(2) Personen, die ein Gebäude oder eine Räumlichkeit gemäß Abs. 1 betreten oder sich darin aufhalten, haben sich auf Aufforderung einer Kontrolle zu unterziehen, ob sie eine Waffe bei sich haben (Sicherheitskontrolle). Die Sicherheitskontrolle kann unter Verwendung technischer Hilfsmittel durchgeführt werden. Unter möglichster Schonung des Betroffenen ist auch eine Durchsuchung von mitgeführten Behältnissen sowie der Kleidung zulässig; eine Durchsuchung der Kleidung soll nach Möglichkeit von einer Person desselben Geschlechts vorgenommen werden.

(3) Personen, die es zu Unrecht ablehnen, sich einer Sicherheitskontrolle (Abs. 2) zu unterziehen oder eine von ihnen mitgeführte Waffe verwahren zu lassen, sind aus dem Gebäude oder der Räumlichkeit gemäß Abs. 1 wegzuweisen. Im Fall der Nichtbefolgung der Wegweisung ist die Anwendung unmittelbarer Zwangsgewalt anzudrohen und die Wegweisung bei Erfolglosigkeit der Androhung mit angemessener unmittelbarer Zwangsgewalt unter möglichster Schonung des Betroffenen durchzusetzen.

(4) Wer aus einem Gebäude oder einer Räumlichkeit gemäß Abs. 1 weggewiesen worden ist, weil er sich zu Unrecht geweigert hat, sich einer Sicherheitskontrolle zu unterziehen oder eine von ihm mitgeführte Waffe verwahren zu lassen, und deshalb einer öffentlich rechtlichen Verpflichtung nicht nachgekommen ist, ist grundsätzlich als unentschuldigt säumig anzusehen. *(BGBl I 2016/61)*

Mitglieder des Menschenrechtsbeirates

§ 15b. *(aufgehoben, BGBl I 2012/1)*

Erfüllung der Aufgaben des Menschenrechtsbeirates

§ 15c. *(aufgehoben, BGBl I 2012/1)*

3. Hauptstück

Begriffsbestimmungen

Allgemeine Gefahr; gefährlicher Angriff; Gefahrenerforschung

§ 16. (1) Eine allgemeine Gefahr besteht

1. bei einem gefährlichen Angriff (Abs. 2 und 3) oder

2. sobald sich drei oder mehr Menschen mit dem Vorsatz verbinden, fortgesetzt gerichtlich strafbare Handlungen zu begehen (kriminelle Verbindung). *(BGBl I 2000/85)*

(2) Ein gefährlicher Angriff ist die Bedrohung eines Rechtsgutes durch die rechtswidrige Verwirklichung des Tatbestandes einer gerichtlich strafbaren Handlung, die vorsätzlich begangen und nicht bloß auf Verlangen eines Verletzten verfolgt wird, sofern es sich um einen Straftatbestand

1. nach dem Strafgesetzbuch (StGB), BGBl. Nr. 60/1974, ausgenommen die Tatbestände nach den §§ 278, 278a und 278b StGB, oder

2. nach dem Verbotsgesetz, StGBl. Nr. 13/1945, oder

3. nach dem Fremdenpolizeigesetz 2005 (FPG), BGBl. I Nr. 100, oder

4. nach dem Suchtmittelgesetz (SMG), BGBl. I Nr. 112/1997, ausgenommen der Erwerb oder Besitz von Suchtmitteln zum ausschließlich persönlichen Gebrauch (§§ 27 Abs. 2, 30 Abs. 2 SMG), oder *(BGBl I 2012/13; BGBl I 2014/43)*

5. nach dem Anti-Doping-Bundesgesetz 2007 (ADBG 2007), BGBl. I Nr. 30, oder *(BGBl I 2012/13; BGBl I 2014/43)*

6. nach dem Neue-Psychoaktive-Substanzen-Gesetz (NPSG), BGBl. I Nr. 146/2011, *(BGBl I 2014/43)*

handelt. *(BGBl I 1997/112; BGBl I 2005/100; BGBl I 2012/13; BGBl I 2016/61)*

SPG

(3) Ein gefährlicher Angriff ist auch ein Verhalten, das darauf abzielt und geeignet ist, eine solche Bedrohung (Abs. 2) vorzubereiten, sofern dieses Verhalten in engem zeitlichen Zusammenhang mit der angestrebten Tatbestandsverwirklichung gesetzt wird.

(4) Gefahrenerforschung ist die Feststellung einer Gefahrenquelle und des für die Abwehr einer Gefahr sonst maßgeblichen Sachverhaltes.

Mit beträchtlicher Strafe bedrohte Handlung

§ 17. Mit beträchtlicher Strafe bedroht sind gerichtlich strafbare Handlungen, die mit mehr als einjähriger Freiheitsstrafe bedroht sind. *(BGBl I 2000/85)*

Rechte und Pflichten juristischer Personen

§ 18. Soweit in diesem Bundesgesetz von Rechten und Pflichten von Menschen die Rede ist, sind darunter auch Rechte und Pflichten juristischer Personen zu verstehen.

2. TEIL

Aufgaben der Sicherheitsbehörden auf dem Gebiet der Sicherheitspolizei

1. Hauptstück

Erste allgemeine Hilfeleistungspflicht

§ 19. (1) Sind Leben, Gesundheit, Freiheit oder Eigentum von Menschen gegenwärtig gefährdet oder steht eine solche Gefährdung unmittelbar bevor, so trifft die Sicherheitsbehörden die erste allgemeine Hilfeleistungspflicht, wenn die Abwehr der Gefährdung

1. nach den die einzelnen Gebiete der Verwaltung regelnden Bundes- oder Landesgesetzen in die Zuständigkeit einer Verwaltungsbehörde fällt oder

2. zum Hilfs- und Rettungswesen oder zur Feuerpolizei gehört.

(2) Sobald Grund zur Annahme einer Gefährdung gemäß Abs. 1 entsteht, sind die Sicherheitsbehörden verpflichtet festzustellen, ob tatsächlich eine solche Gefährdung vorliegt. Ist dies der Fall, so haben sie die Gefahrenquelle festzustellen und für unaufschiebbare Hilfe zu sorgen. Sobald sich ergibt, daß

1. eine allgemeine Gefahr vorliegt, hat deren Erforschung und Abwehr im Rahmen der Aufrechterhaltung der öffentlichen Sicherheit (2. Hauptstück) zu erfolgen;

2. die Abwehr der Gefahr in die Zuständigkeit anderer Behörden, der Rettung oder der Feuerwehr fällt, ist für deren Verständigung Sorge zu tragen.

(3) Auch wenn die Gefährdung weiterbesteht, endet die erste allgemeine Hilfeleistungspflicht

1. gegenüber jedem Gefährdeten (Abs. 1), der weitere Hilfe ablehnt;

2. sobald sich ergibt, daß die Abwehr der Gefährdung nicht unter Abs. 1 fällt.

(4) Die erste allgemeine Hilfeleistungspflicht der Sicherheitsbehörden besteht ungeachtet der Zuständigkeit einer anderen Behörde zur Abwehr der Gefahr; sie endet mit dem Einschreiten der zuständigen Behörde, der Rettung oder der Feuerwehr.

2. Hauptstück

Aufrechterhaltung der öffentlichen Sicherheit

Aufgaben im Rahmen der Aufrechterhaltung der öffentlichen Sicherheit

§ 20. Die Aufrechterhaltung der öffentlichen Sicherheit umfaßt die Gefahrenabwehr, den vorbeugenden Schutz von Rechtsgütern, die Fahndung, die sicherheitspolizeiliche Beratung und die Streitschlichtung. *(BGBl I 2016/5)*

Gefahrenabwehr

§ 21. (1) Den Sicherheitsbehörden obliegt die Abwehr allgemeiner Gefahren.

(2) Die Sicherheitsbehörden haben gefährlichen Angriffen unverzüglich ein Ende zu setzen. Hiefür ist dieses Bundesgesetz auch dann maßgeblich, wenn bereits ein bestimmter Mensch der strafbaren Handlung verdächtig ist.

(2a) Den Sicherheitsbehörden obliegen die Abwehr und Beendigung von gefährlichen Angriffen gegen Leben, Gesundheit, Freiheit oder Eigentum auch an Bord von Zivilluftfahrzeugen, soweit sich ihre Organe auf begründetes Ersuchen des Luftfahrzeughalters oder zur Erfüllung gesetzlicher Aufgaben an Bord befinden und Völkerrecht dem nicht entgegensteht. *(BGBl I 2016/5)*

(3) *(aufgehoben, BGBl I 2016/5)*

Vorbeugender Schutz von Rechtsgütern

§ 22. (1) Den Sicherheitsbehörden obliegt der besondere Schutz

1. von Menschen, die tatsächlich hilflos sind und sich deshalb nicht selbst ausreichend vor gefährlichen Angriffen zu schützen vermögen;

2. der verfassungsmäßigen Einrichtungen und ihrer Handlungsfähigkeit;

3. der Vertreter ausländischer Staaten, internationaler Organisationen und anderer Völkerrechtssubjekte, der diesen zur Verfügung stehenden amtlichen und privaten Räumlichkeiten sowie des ihnen beigegebenen Personals in dem Umfang,

in dem dies jeweils durch völkerrechtliche Verpflichtung vorgesehen ist;

4. von Sachen, die ohne Willen eines Verfügungsberechtigten gewahrsamsfrei wurden und deshalb nicht ausreichend vor gefährlichen Angriffen geschützt sind;

5. von Menschen, die über einen gefährlichen Angriff oder eine kriminelle Verbindung Auskunft erteilen können und deshalb besonders gefährdet sind, sowie von allenfalls gefährdeten Angehörigen dieser Menschen; *(BGBl I 2002/104; BGBl I 2014/43)*

6. von Einrichtungen, Anlagen, Systemen oder Teilen davon, die eine wesentliche Bedeutung für die Aufrechterhaltung der öffentlichen Sicherheit, die Funktionsfähigkeit öffentlicher Informations- und Kommunikationstechnologie, die Verhütung oder Bekämpfung von Katastrophen, den öffentlichen Gesundheitsdienst, die öffentliche Versorgung mit Wasser, Energie sowie lebenswichtigen Gütern oder den öffentlichen Verkehr haben (kritische Infrastrukturen). *(BGBl I 2014/43)*

(1a) Die Entgegennahme, Aufbewahrung und Ausfolgung verlorener oder vergessener Sachen obliegt dem Bürgermeister als Fundbehörde. Der österreichischen Vertretungsbehörde obliegt die Entgegennahme der im Ausland verlorenen oder vergessenen Sachen und deren Übergabe an die Fundbehörde, in deren Wirkungsbereich der Eigentümer oder rechtmäßige Besitzer seinen Wohnsitz oder Aufenthalt hat, zum Zweck der Ausfolgung. *(BGBl I 2002/104)*

(2) Die Sicherheitsbehörden haben gefährlichen Angriffen auf Leben, Gesundheit, Freiheit, Sittlichkeit, Vermögen oder Umwelt vorzubeugen, sofern solche Angriffe wahrscheinlich sind. Zu diesem Zweck können die Sicherheitsbehörden im Einzelfall erforderliche Maßnahmen mit Behörden und jenen Einrichtungen, die mit dem Vollzug öffentlicher Aufgaben, insbesondere zum Zweck des Schutzes vor und der Vorbeugung von Gewalt sowie der Betreuung von Menschen, betraut sind, erarbeiten und koordinieren, wenn aufgrund bestimmter Tatsachen, insbesondere wegen eines vorangegangenen gefährlichen Angriffs, anzunehmen ist, dass ein bestimmter Mensch eine mit beträchtlicher Strafe bedrohte Handlung (§ 17) gegen Leben, Gesundheit, Freiheit oder Sittlichkeit eines Menschen begehen wird. (Sicherheitspolizeiliche Fallkonferenz). *(BGBl I 2019/105)*

(3) Nach einem gefährlichen Angriff haben die Sicherheitsbehörden, unbeschadet ihrer Aufgaben nach der Strafprozeßordnung 1975 (StPO), BGBl. Nr. 631/1975, die maßgebenden Umstände, einschließlich der Identität des dafür Verantwortlichen, zu klären, soweit dies zur Vorbeugung weiterer gefährlicher Angriffe erforderlich ist. Sobald ein bestimmter Mensch der strafbaren Handlung verdächtig ist, gelten ausschließlich

die Bestimmungen der StPO; die §§ 53 Abs. 1, 53a Abs. 2 bis 4 und 6, 57, 58 und 58a bis d, sowie die Bestimmungen über den Erkennungsdienst bleiben jedoch unberührt. *(BGBl I 2007/114)*

(4) Hat die Sicherheitsbehörde Grund zur Annahme, es stehe ein gefährlicher Angriff gegen Leben, Gesundheit, Freiheit oder Vermögen bevor, so hat sie die betroffenen Menschen hievon nach Möglichkeit in Kenntnis zu setzen. Soweit diese das bedrohte Rechtsgut deshalb nicht durch zumutbare Maßnahmen selbst schützen, weil sie hiezu nicht in der Lage sind, haben die Sicherheitsbehörden die erforderlichen Schutzmaßnahmen zu treffen. Verzichtet jedoch derjenige, dessen Rechtsgut gefährdet ist, auf den Schutz ausdrücklich, so kann er unterbleiben, sofern die Hinnahme der Gefährdung nicht gegen die guten Sitten verstößt. *(BGBl 1992/662 (DFB))*

Aufschub des Einschreitens

§ 23. (1) Die Sicherheitsbehörden können davon Abstand nehmen, gefährlichen Angriffen vorzubeugen oder ein Ende zu setzen, soweit ein überwiegendes Interesse

1. an der Abwehr krimineller Verbindungen oder *(BGBl I 2000/85)*

2. am Verhindern eines von einem bestimmten Menschen geplanten Verbrechens (§ 17 StGB) gegen Leben, Gesundheit, Sittlichkeit, Freiheit oder Vermögen noch während seiner Vorbereitung (§ 16 Abs. 3)

besteht. § 5 Abs. 3 StPO bleibt unberührt. *(BGBl I 2007/114)*

(2) Auch bei Vorliegen der Voraussetzungen des Abs. 1 dürfen die Sicherheitsbehörden ihr Einschreiten nur aufschieben,

1. solange keine Gefahr für Leben und Gesundheit Dritter besteht und

2. sofern dafür Vorsorge getroffen ist, daß ein aus der Tat entstehender Schaden zur Gänze gutgemacht wird.

(3) Die Sicherheitsbehörde hat Menschen, denen durch den Aufschub des Einschreitens ein Schaden entstanden ist, über diesen sowie über die ihnen gemäß § 92 Z 1 offenstehende Möglichkeit zu informieren.

Fahndung

§ 24. (1) Den Sicherheitsbehörden obliegt die Ermittlung des Aufenthaltsortes eines Menschen, nach dem gesucht wird (Personenfahndung), weil

1. eine Anordnung zur Festnahme nach Art. 4 Abs. 1, 2 oder 4 des Bundesverfassungsgesetzes über den Schutz der persönlichen Freiheit, BGBl. Nr. 684/1988, besteht;

SPG

2. befürchtet wird, ein Abgängiger werde Selbstmord begehen oder sei Opfer einer Gewalttat oder eines Unfalles geworden; *(BGBl I 2012/13)*

3. der Mensch auf Grund einer psychischen Beeinträchtigung hilflos ist oder Leben oder Gesundheit anderer ernstlich und erheblich gefährdet; *(BGBl I 2018/56)*

4. ein Ersuchen gemäß § 162 Abs. 1 ABGB oder gemäß den §§ 107 Abs. 3 Z 4 oder 111c des Außerstreitgesetzes – AußStrG, BGBl. I Nr. 111/2003, vorliegt, an der Ermittlung des Aufenthaltes eines Minderjährigen mitzuwirken; *(BGBl I 2013/161; BGBl I 2017/130; BGBl I 2021/206)*

5. ein Gericht zur Sicherung des Wohls eine Verfügung gemäß § 259 Abs. 4 ABGB getroffen hat. *(BGBl I 2021/206)*

(2) Den Sicherheitsbehörden obliegt das Aufsuchen von Gegenständen, die einem Menschen durch einen gefährlichen Angriff gegen das Vermögen entzogen worden sind oder die für die Klärung eines gefährlichen Angriffes (§ 22 Abs. 3) benötigt werden (Sachenfahndung).

Sicherheitspolizeiliche Beratung

§ 25. (1) Den Sicherheitsbehörden obliegt zur Vorbeugung gefährlicher Angriffe gegen Leben, Gesundheit und Vermögen von Menschen die Förderung der Bereitschaft und Fähigkeit des Einzelnen, sich über eine Bedrohung seiner Rechtsgüter Kenntnis zu verschaffen und Angriffen entsprechend vorzubeugen. Zu diesem Zweck können die Sicherheitsbehörden Plattformen auf regionaler Ebene unter Beiziehung von Menschen, die an der Erfüllung von Aufgaben im öffentlichen Interesse mitwirken, einrichten, in deren Rahmen erforderliche Maßnahmen erarbeitet und koordiniert werden (Sicherheitsforen). *(BGBl I 2018/29)*

(2) Darüber hinaus obliegt es den Sicherheitsbehörden, Vorhaben, die der Vorbeugung gefährlicher Angriffe auf Leben, Gesundheit oder Vermögen von Menschen dienen, zu fördern.

(3) Der Bundesminister für Inneres ist ermächtigt, bewährte geeignete Opferschutzeinrichtungen vertraglich damit zu beauftragen, Menschen, die von Gewalt einschließlich beharrlicher Verfolgung (§ 107a StGB) bedroht sind, zum Zwecke ihrer Beratung und immaterieller Unterstützung anzusprechen (Interventionsstellen). Sofern eine solche Opferschutzeinrichtung überwiegend der Beratung und Unterstützung von Frauen dient, ist der Vertrag gemeinsam mit dem Bundesminister für Gesundheit und Frauen abzuschließen, sofern eine solche Einrichtung überwiegend der Beratung und Unterstützung von Kindern dient, gemeinsam mit dem Bundesminister für soziale Sicherheit, Generationen und Konsumentenschutz. *(BGBl I 1999/146; BGBl I 2006/56)*

(4) Der Bundesminister für Inneres ist ermächtigt, bewährte geeignete Einrichtungen für opferschutzorientierte Täterarbeit vertraglich damit zu beauftragen, Gefährder gemäß § 38a Abs. 8 zu beraten (Beratungsstellen für Gewaltprävention). Die Beratung dient der Hinwirkung auf die Abstandnahme von Gewaltanwendung im Umgang mit Menschen und soll mindestens sechs Beratungsstunden umfassen (Gewaltpräventionsberatung). *(BGBl I 2019/105; BGBl I 2020/144)*

Streitschlichtung

§ 26. Um gefährlichen Angriffen auf Leben, Gesundheit oder Vermögen von Menschen vorzubeugen, haben die Sicherheitsbehörden auf die Beilegung von Streitigkeiten hinzuwirken. Kann die Streitigkeit nicht beigelegt werden, so haben die Sicherheitsbehörden auf eine sonst mögliche Gefahrenminderung hinzuwirken.

3. Hauptstück
Aufrechterhaltung der öffentlichen Ordnung

§ 27. (1) Den Sicherheitsbehörden obliegt die Aufrechterhaltung der Ordnung an öffentlichen Orten. Hiebei haben sie auf das Interesse des Einzelnen, seine Grund- und Freiheitsrechte ungehindert auszuüben, besonders Bedacht zu nehmen.

(2) Öffentliche Orte sind solche, die von einem nicht von vornherein bestimmten Personenkreis betreten werden können.

4. Hauptstück
Besonderer Überwachungsdienst

§ 27a. Den Sicherheitsbehörden obliegt im Rahmen des Streifen- und Überwachungsdienstes (§ 5 Abs. 3) die besondere Überwachung gefährdeter Vorhaben, Menschen oder Sachen in dem Maße, in dem der Gefährdete oder der für das Vorhaben oder die Sache Verantwortliche nicht bereit oder in der Lage ist, durch zumutbare Vorkehrungen den erforderlichen Schutz zu gewährleisten und die dadurch entstehende Gefahr im Interesse der Aufrechterhaltung der öffentlichen Ruhe, Ordnung und Sicherheit nicht hingenommen werden kann.

(BGBl 1996/201)

3. TEIL

Befugnisse der Sicherheitsbehörden und der Organe des öffentlichen Sicherheitsdienstes im Rahmen der Sicherheitspolizei

1. Hauptstück

Allgemeines

Vorrang der Sicherheit von Menschen

§ 28. Bei der Erfüllung ihrer Aufgaben haben die Sicherheitsbehörden und die Organe des öffentlichen Sicherheitsdienstes dem Schutz des Lebens und der Gesundheit von Menschen vor dem Schutz anderer Güter Vorrang einzuräumen.

(BGBl I 2000/85)

Sicherheitspolizeiliche Aufgabenerfüllung

§ 28a. (1) Wenn bestimmte Tatsachen die Annahme einer Gefahrensituation rechtfertigen, obliegt den Sicherheitsbehörden, soweit ihnen die Abwehr solcher Gefahren aufgetragen ist, die Gefahrenerforschung.

(2) Die Sicherheitsbehörden und die Organe des öffentlichen Sicherheitsdienstes dürfen zur Erfüllung der ihnen in diesem Bundesgesetz übertragenen Aufgaben alle rechtlich zulässigen Mittel einsetzen, die nicht in die Rechte eines Menschen eingreifen.

(3) In die Rechte eines Menschen dürfen sie bei der Erfüllung dieser Aufgaben nur dann eingreifen, wenn eine solche Befugnis in diesem Bundesgesetz vorgesehen ist und wenn entweder andere Mittel zur Erfüllung dieser Aufgaben nicht ausreichen oder wenn der Einsatz anderer Mittel außer Verhältnis zum sonst gebotenen Eingriff steht.

(BGBl I 2000/85)

Verhältnismäßigkeit

§ 29. (1) Erweist sich ein Eingriff in Rechte von Menschen als erforderlich (§ 28a Abs. 3), so darf er dennoch nur geschehen, soweit er die Verhältnismäßigkeit zum Anlaß und zum angestrebten Erfolg wahrt. *(BGBl I 2000/85)*

(2) Insbesondere haben die Sicherheitsbehörden und die Organe des öffentlichen Sicherheitsdienstes

1. von mehreren zielführenden Befugnissen jene auszuwählen, die voraussichtlich die Betroffenen am wenigsten beeinträchtigt;

2. darauf Bedacht zu nehmen, ob sich die Maßnahme gegen einen Unbeteiligten oder gegen denjenigen richtet, von dem die Gefahr ausgeht oder dem sie zuzurechnen ist;

3. darauf Bedacht zu nehmen, daß der angestrebte Erfolg in einem vertretbaren Verhältnis zu den voraussichtlich bewirkten Schäden und Gefährdungen steht;

4. auch während der Ausübung von Befehls- und Zwangsgewalt auf die Schonung der Rechte und schutzwürdigen Interessen der Betroffenen Bedacht zu nehmen;

5. die Ausübung der Befehls- und Zwangsgewalt zu beenden, sobald der angestrebte Erfolg erreicht wurde oder sich zeigt, daß er auf diesem Wege nicht erreicht werden kann.

Rechte des Betroffenen bei der Ausübung von Befugnissen

§ 30. (1) Bei der Ausübung von Befugnissen im Rahmen der Sicherheitsverwaltung ist der Betroffene

1. auf sein Verlangen von Anlaß und Zweck des Einschreitens zu informieren;

2. auf sein Verlangen von den Dienstnummern der einschreitenden Organe des öffentlichen Sicherheitsdienstes in Kenntnis zu setzen;

3. berechtigt, eine Person seines Vertrauens beizuziehen;

4. berechtigt, für die Amtshandlung bedeutsame Tatsachen vorzubringen und deren Feststellung zu verlangen.

(2) Dies gilt nicht, solange dadurch die Erfüllung der Aufgabe gefährdet wäre. Die Rechte von Zeugen, Beteiligten und Parteien im Rahmen eines Verwaltungsverfahrens bleiben unberührt.

Richtlinien für das Einschreiten

§ 31. (1) Der Bundesminister für Inneres hat zur Sicherstellung wirkungsvollen einheitlichen Vorgehens und zur Minderung der Gefahr eines Konfliktes mit Betroffenen durch Verordnung Richtlinien für das Einschreiten der Organe des öffentlichen Sicherheitsdienstes zu erlassen.

(2) In diesen Richtlinien ist zur näheren Ausführung gesetzlicher Anordnungen insbesondere vorzusehen, daß

1. bestimmte Amtshandlungen Organen mit besonderer Ausbildung vorbehalten sind;

2. die Bekanntgabe der Dienstnummern der einschreitenden Organe des öffentlichen Sicherheitsdienstes in einer der jeweiligen Amtshandlung angemessenen Weise, in der Regel durch Aushändigung einer mit der Dienstnummer, der Bezeichnung der Dienststelle und deren Telefonnummer versehenen Karte zu erfolgen hat;

3. vor der Ausübung bestimmter Befugnisse mögliche Betroffene informiert werden müssen;

4. bei der Ausübung bestimmter Befugnisse besondere Handlungsformen einzuhalten sind;

SPG

5. die Organe des öffentlichen Sicherheitsdienstes beim Eingriff in Rechte von Menschen auf die Erkennbarkeit ihrer Unvoreingenommenheit Bedacht zu nehmen haben, sodaß ihr Einschreiten von den Betroffenen insbesondere nicht als Diskriminierung auf Grund ihres Geschlechtes, ihrer Rasse oder Hautfarbe, ihrer nationalen oder ethnischen Herkunft, ihres religiösen Bekenntnisses oder ihrer politischen Auffassung empfunden wird;

6. die Durchsuchung eines Menschen außer in Notfällen durch eine Person desselben Geschlechtes vorzunehmen ist;

7. der Betroffene über geschehene Eingriffe in seine Rechte in Kenntnis zu setzen ist;

8. der Betroffene in bestimmten Fällen auf sein Recht auf Beiziehung einer Vertrauensperson oder eines Rechtsbeistandes hinzuweisen ist und daß er deren Verständigung verlangen kann.

(3) Soweit diese Richtlinien auch für Befugnisse der Organe des öffentlichen Sicherheitsdienstes im Zuständigkeitsbereich anderer Bundesminister gelten sollen, erläßt der Bundesminister für Inneres die Verordnung im Einvernehmen mit den in ihrem Wirkungsbereich berührten Bundesministern.

2. Hauptstück

Befugnisse für die erste allgemeine Hilfeleistungspflicht und die Aufrechterhaltung der öffentlichen Ordnung und Sicherheit

1. Abschnitt

Allgemeine Befugnisse

Eingriffe in Rechtsgüter im Rahmen der ersten allgemeinen Hilfeleistungspflicht

§ 32. (1) Soweit es zur Hilfeleistung im Sinne von § 19 erforderlich ist, sind die Organe des öffentlichen Sicherheitsdienstes ermächtigt, in Rechtsgüter einzugreifen, sofern der abzuwendende Schaden die Rechtsgutsverletzung offenkundig und erheblich übersteigt.

(2) Die Organe des öffentlichen Sicherheitsdienstes sind ferner ermächtigt, zur Hilfeleistung im Sinne von § 19 in die Rechtsgüter desjenigen einzugreifen, der die Gefährdung zu verantworten hat. Lebensgefährdende Maßnahmen sind jedoch nur zur Rettung des Lebens von Menschen zulässig.

Beendigung gefährlicher Angriffe

§ 33. Die Organe des öffentlichen Sicherheitsdienstes sind ermächtigt, einem gefährlichen Angriff durch Ausübung von unmittelbarer Befehls- und Zwangsgewalt ein Ende zu setzen.

2. Abschnitt

Besondere Befugnisse

Auskunftsverlangen

§ 34. Die Organe des öffentlichen Sicherheitsdienstes sind ermächtigt, von Menschen Auskunft zu verlangen, von denen anzunehmen ist, sie könnten in Fällen der ersten allgemeinen Hilfeleistungpflicht sachdienliche Hinweise über das Vorliegen einer Gefährdung und über die Gefahrenquelle geben. Die Ausübung von Zwangsgewalt zur Durchsetzung dieser Befugnis ist unzulässig.

Identitätsfeststellung

§ 35. (1) Die Organe des öffentlichen Sicherheitsdienstes sind zur Feststellung der Identität eines Menschen ermächtigt,

1. wenn auf Grund bestimmter Tatsachen anzunehmen ist, er stehe im Zusammenhang mit einem gefährlichen Angriff oder könne über einen solchen Angriff Auskunft erteilen;

2. wenn der dringende Verdacht besteht, daß sich an seinem Aufenthaltsort

a) mit beträchtlicher Strafe bedrohte Handlungen ereignen oder

b) flüchtige Straftäter oder einer Straftat Verdächtige verbergen;

3. wenn er sich anscheinend im Zustand der Hilflosigkeit befindet und die Feststellung der Identität für die Hilfeleistung erforderlich scheint;

4. wenn der dringende Verdacht besteht, daß sich an seinem Aufenthaltsort Fremde befinden, die nicht zum Aufenthalt im Bundesgebiet berechtigt sind;

5. wenn auf Grund bestimmter Tatsachen anzunehmen ist, es handle sich

a) um einen abgängigen Minderjährigen (§ 162 Abs. 1 ABGB, §§ 107 Abs. 3 Z 4 oder 111c AußStrG) oder *(BGBl I 2021/206)*

b) um einen Menschen, der auf Grund einer psychischen Krankheit das Leben oder die Gesundheit anderer ernstlich und erheblich gefährdet oder

c) um einen Untersuchungshäftling oder Strafgefangenen, der sich der Haft entzogen hat oder *(BGBl I 2021/206)*

d) um einen Menschen, zu dessen Wohl ein Gericht eine Verfügung gemäß § 259 Abs. 4 ABGB getroffen hat; *(BGBl I 2021/206)*

6. wenn nach den Umständen anzunehmen ist, der Betroffene habe im Zuge einer noch andauernden Reisebewegung die Binnengrenze überschrit-

ten oder werde sie überschreiten; *(BGBl I 1999/146)*

7. wenn der Betroffene entlang eines vom internationalen Durchzugsverkehr benützten Verkehrsweges unter Umständen angetroffen wird, die für grenzüberschreitend begangene gerichtlich strafbare Handlungen typisch sind; *(BGBl I 1999/146; BGBl I 2004/151)*

8. wenn dies für die Verhängung eines Betretungsverbots nach § 36a oder eines Betretungs- und Annäherungsverbots nach § 38a sowie für die Überprüfung und Durchsetzung derselben notwendig ist; *(BGBl I 2004/151; BGBl I 2013/152; BGBl I 2019/105)*

9. wenn dies für die Verhängung eines Betretungsverbots in einem Sicherheitsbereich bei Sportgroßveranstaltungen gemäß § 49a und die Durchsetzung desselben notwendig ist. *(BGBl I 2005/158; BGBl I 2007/113)*

(2) Die Feststellung der Identität ist das Erfassen der Namen, des Geburtsdatums und der Wohnanschrift eines Menschen in dessen Anwesenheit. Sie hat mit der vom Anlaß gebotenen Verläßlichkeit zu erfolgen.

(3) Die Organe des öffentlichen Sicherheitsdienstes haben Menschen, deren Identität festgestellt werden soll, hievon in Kenntnis zu setzen. Jeder Betroffene ist verpflichtet, an der Feststellung seiner Identität mitzuwirken und die unmittelbare Durchsetzung der Identitätsfeststellung zu dulden.

Identitätsausweis

§ 35a. (1) Auf Antrag haben Landespolizeidirektionen, insoweit diese für das Gebiet einer Gemeinde zugleich Sicherheitsbehörde erster Instanz sind, und – außerhalb deren örtlichen Wirkungsbereiches – Bezirksverwaltungsbehörden Staatsbürgern, die ihren Hauptwohnsitz (Art. 6 Abs. 3 B-VG) in ihrem Sprengel haben, einen Identitätsausweis auszustellen, der den Namen, Geschlecht, Geburtsdatum und Geburtsort (Identitätsdaten) sowie Lichtbild, Körpergröße, Farbe der Augen, Unterschrift und den Ort des Hauptwohnsitzes zum Zeitpunkt der Ausstellung des Ausweises enthält. Die nähere Gestaltung dieses Identitätsausweises hat der Bundesminister für Inneres durch Verordnung zu regeln. *(BGBl I 2000/85; BGBl I 2012/50)*

(2) Der Inhaber eines Identitätsausweises ist verpflichtet, diesen unverzüglich der Behörde abzuliefern, wenn

1. im Ausweis die behördlichen Eintragungen, Unterschriften oder Stempel unkenntlich geworden sind,

2. das Lichtbild fehlt oder den Inhaber nicht mehr einwandfrei erkennen läßt oder

3. sich Name oder Geschlecht des Inhabers geändert haben.

(3) Die Organe des öffentlichen Sicherheitsdienstes sind ermächtigt, ihnen vorgewiesene Identitätsausweise dem Inhaber abzunehmen, wenn der Identitätsausweis gemäß Abs. 2 abzuliefern ist oder ein Identitätsdatum (Abs. 1) offenkundig falsch wiedergibt; das Dokument ist unverzüglich der Landespolizeidirektion, insoweit diese für das Gebiet einer Gemeinde zugleich Sicherheitsbehörde erster Instanz ist, oder Bezirksverwaltungsbehörde vorzulegen, in deren Sprengel das Organ eingeschritten ist. *(BGBl I 2012/50)*

(4) Sofern ein von einer Abnahme nach Abs. 3 Betroffener nach den Umständen dringend einen Identitätsausweis benötigt und die nach Abs. 1 erforderlichen Daten feststehen, kann mit Zustimmung der örtlich zuständigen Behörde ein Identitätsausweis von jeder anderen Behörde nach Abs. 1 ausgestellt werden.

(5) Die Landespolizeidirektionen, insoweit diese für das Gebiet einer Gemeinde zugleich Sicherheitsbehörde erster Instanz sind, und Bezirksverwaltungsbehörden sowie von diesen herangezogene Auftragsverarbeiter sind ermächtigt, bei Verfahren zur Ausstellung des Identitätsausweises personenbezogene Daten automationsunterstützt zu verarbeiten. Verfahrensdaten sind zu löschen, sobald sie nicht mehr benötigt werden, spätestens aber fünf Jahre nach Eintritt der Rechtskraft der Entscheidung oder Erledigung eines Antrages. *(BGBl I 2000/85; BGBl I 2012/50; BGBl I 2018/29)*

(BGBl I 1999/146)

Platzverbot

§ 36. (1) Ist auf Grund bestimmter Tatsachen anzunehmen, es werde an einem bestimmten Ort eine allgemeine Gefahr für Leben oder Gesundheit mehrerer Menschen oder für Eigentum oder Umwelt in großem Ausmaß entstehen, so hat die Sicherheitsbehörde das Betreten des Gefahrenbereiches und den Aufenthalt in ihm mit Verordnung zu verbieten und die Nichtbefolgung als Verwaltungsübertretung zu erklären.

(2) Besteht an einem bestimmten Ort bereits eine allgemeine Gefahr im Sinne des Abs. 1, so hat die Sicherheitsbehörde mittels Verordnung das Verlassen des Gefahrenbereiches anzuordnen, dessen Betreten zu untersagen und die Organe des öffentlichen Sicherheitsdienstes zu ermächtigen, jedermann aus dem Gefahrenbereich zu weisen.

(3) Verordnungen gemäß Abs. 1 haben Tag und Uhrzeit ihres Inkrafttretens zu bestimmen. Sie sind auf eine Weise kundzumachen, die geeignet erscheint, einen möglichst weiten Kreis potentiell Betroffener zu erreichen, wie etwa durch Anschlag oder Verlautbarung in Medien. Sie sind

SPG

aufzuheben, sobald eine Gefährdung nicht mehr zu befürchten ist, und treten jedenfalls drei Monate nach ihrem Wirksamwerden außer Kraft.

(4) Verordnungen gemäß Abs. 2 sind in geeigneter Weise, wie etwa mittels Megaphon kundzumachen und treten unmittelbar nach ihrer Verlautbarung in Kraft. Die Sicherheitsbehörde hat dafür zu sorgen, daß die Untersagung des Betretens möglichen Betroffenen zur Kenntnis gelangt. Die Verordnung ist aufzuheben, sobald keine Gefahr mehr besteht, und tritt jedenfalls sechs Stunden nach ihrer Erlassung außer Kraft.

Schutzzone

§ 36a. (1) Die Sicherheitsbehörde kann einen bestimmten Ort, an dem überwiegend minderjährige Menschen in besonderem Ausmaß von auch nicht unmittelbar gegen sie gerichteten strafbaren Handlungen nach dem Strafgesetzbuch, dem Verbotsgesetz oder gerichtlich strafbaren Handlungen nach dem Suchtmittelgesetz bedroht sind mit Verordnung zur Schutzzone erklären. Die Schutzzone umfasst ein Schutzobjekt, insbesondere Schulen, Kindergärten und Kindertagesheime sowie einen genau zu bezeichnenden Bereich im Umkreis von höchstens 150m um dieses Schutzobjekt und ist nach Maßgabe der Erfordernisse eines wirkungsvollen Schutzes festzulegen.

(1a) *(entfallen, BGBl I 2022/50)*

(2) Verordnungen nach Abs. 1 haben die genaue Bezeichnung der Schutzzone in ihrem örtlichen und zeitlichen Umfang und den Tag ihres In-Kraft-Tretens zu enthalten. Ihre Wirksamkeit ist auf bestimmte Zeiträume einzuschränken, wenn dies die Gewährleistung eines wirksamen Schutzes nicht beeinträchtigt. Sie sind auf eine Weise kundzumachen, die geeignet erscheint, einen möglichst weiten Kreis potentiell Betroffener zu erreichen. Sie sind aufzuheben, sobald eine Gefährdung nicht mehr zu befürchten ist, und treten jedenfalls sechs Monate nach ihrem Wirksamwerden außer Kraft. *(BGBl I 2022/50)*

(3) Die Organe des öffentlichen Sicherheitsdienstes sind ermächtigt, einem Menschen, von dem auf Grund bestimmter Tatsachen, insbesondere wegen vorangegangener gefährlicher Angriffe, anzunehmen ist, dass er im Anwendungsbereich der Verordnung nach Abs. 1 strafbare Handlungen nach dem Strafgesetzbuch, dem Verbotsgesetz oder gerichtlich strafbare Handlungen nach dem Suchtmittelgesetz begehen werde, das Betreten der Schutzzone nach Abs. 1 zu verbieten und ihn gegebenenfalls aus derselben wegzuweisen. Dem Betroffenen ist die Dauer dieses Betretungsverbotes bekannt zu geben. Kann er berechtigte Interessen für die Notwendigkeit des Betretens der Schutzzone glaubhaft machen, ist darauf entsprechend Bedacht zu nehmen. *(BGBl I 2016/61)*

(3a) *(entfallen, BGBl I 2022/50)*

(4) Die Anordnung eines Betretungsverbotes ist der Sicherheitsbehörde unverzüglich zur Kenntnis zu bringen und von dieser binnen 48 Stunden zu überprüfen. Liegen die Voraussetzungen für die Anordnung des Betretungsverbotes nicht mehr vor, so hat die Sicherheitsbehörde dieses dem Betroffenen gegenüber unverzüglich aufzuheben und ihm die Aufhebung mitzuteilen. Das Betretungsverbot endet jedenfalls mit Ablauf des 30. Tages nach seiner Anordnung.

(BGBl I 2004/151)

Waffenverbotszone

§ 36b. (1) Ist auf Grund bestimmter Tatsachen, insbesondere wegen vorangegangener gefährlicher Angriffe, zu befürchten, dass es an bestimmten öffentlichen Orten (§ 27 Abs. 2) zu gefährlichen Angriffen gegen Leben, Gesundheit oder Eigentum von Menschen kommen wird, sind die Sicherheitsbehörden ermächtigt, zur Vorbeugung solcher Angriffe mit Verordnung zu verbieten, diese Orte mit Waffen oder mit Gegenständen, die geeignet sind und den Umständen nach dazu dienen, Gewalt gegen Menschen oder Sachen auszuüben, zu betreten. Das Verbot gilt nicht für Menschen, die Waffen in Ausübung ihres Berufes oder auf Grund einer waffenrechtlichen Bewilligung an diesen Orten mit sich führen.

(2) Verordnungen nach Abs. 1 haben die genaue Bezeichnung der Verbotszone in ihrem örtlichen und zeitlichen Umfang und den Tag ihres In-Kraft-Tretens zu enthalten. Ihre Wirksamkeit ist auf bestimmte Zeiträume einzuschränken, wenn dies die Gewährleistung eines wirksamen Schutzes nicht beeinträchtigt. Sie sind auf eine Weise kundzumachen, die geeignet erscheint, einen möglichst weiten Kreis potentiell Betroffener zu erreichen. Sie sind aufzuheben, sobald eine Gefährdung nicht mehr zu befürchten ist, und treten jedenfalls drei Monate nach ihrem Wirksamwerden außer Kraft.

(3) Die Organe des öffentlichen Sicherheitsdienstes sind ermächtigt, im Anwendungsbereich der Verordnung nach Abs. 1 die Kleidung von Menschen und von diesen mitgeführte Fahrzeuge und Behältnisse zu durchsuchen, wenn auf Grund konkreter Anhaltspunkte der dringende Verdacht besteht, dass der Verordnung gemäß Abs. 1 zuwidergehandelt wird. Hat jemand Waffen oder Gegenstände entgegen der Verordnung nach Abs. 1 bei sich, sind die Organe des öffentlichen Sicherheitsdienstes ermächtigt, diese sicherzustellen. Dem Betroffenen ist darüber eine Bescheinigung auszustellen.

(BGBl I 2018/55)

Auflösung von Besetzungen

§ 37. (1) Kommen mehrere Menschen ohne Duldung des Besitzers auf einem Grundstück oder in einem Raum in gemeinsamer Absicht zusammen, ohne daß diese Ansammlung den Bestimmungen des Versammlungsgesetzes 1953 unterliegt, so hat die Sicherheitsbehörde mit Verordnung das Verlassen des Grundstückes oder Raumes anzuordnen und zugleich dessen Betreten zu untersagen, wenn

1. die Auflösung der Besetzung zur Aufrechterhaltung der öffentlichen Ordnung notwendig ist oder

2. die Besetzung einen schwerwiegenden Eingriff in die Rechte des Besitzers darstellt und dieser die Auflösung verlangt.

Die Sicherheitsbehörde hat in diesen Fällen die Organe des öffentlichen Sicherheitsdienstes zu ermächtigen, die Besetzer vom Grundstück oder aus dem Raum zu weisen. Für solche Verordnungen gilt § 36 Abs. 4.

(2) Sobald eine Besetzung für aufgelöst erklärt ist, sind alle Anwesenden verpflichtet, den Ort der Besetzung sofort zu verlassen und auseinanderzugehen.

Wegweisung

§ 38. (1) Die Organe des öffentlichen Sicherheitsdienstes sind ermächtigt, einen Menschen, der durch ein Verhalten, das geeignet ist, berechtigtes Ärgernis zu erregen, die öffentliche Ordnung stört, vom Ort der Störung wegzuweisen, es sei denn, das Verhalten ist gerechtfertigt, insbesondere durch die Inanspruchnahme eines verfassungsgesetzlich gewährleisteten Rechts. *(BGBl I 2016/61)*

(1a) Die Organe des öffentlichen Sicherheitsdienstes sind ermächtigt, Unbeteiligte wegzuweisen, die durch ihr Verhalten oder ihre Anwesenheit am Ort einer ersten allgemeinen oder sonstigen Hilfeleistung oder in dessen unmittelbarer Umgebung die öffentliche Ordnung stören, indem sie die Erfüllung der ersten allgemeinen Hilfeleistungspflicht oder sonstige Hilfeleistung im Zusammenhang mit einem Unglücksfall behindern oder die Privatsphäre jener Menschen unzumutbar beeinträchtigen, die von dem Vorfall betroffen sind. *(BGBl I 2018/55)*

(2) Besteht an einem bestimmten Ort eine allgemeine Gefahr für Leben oder Gesundheit mehrerer Menschen oder für Eigentum oder Umwelt in großem Ausmaß, so sind die Organe des öffentlichen Sicherheitsdienstes ermächtigt, jedermann aus dem Gefahrenbereich zu weisen, solange die Sicherheitsbehörde nicht selbst gemäß § 36 Abs. 2 einschreitet. *(BGBl I 2012/13)*

(3) Die Organe des öffentlichen Sicherheitsdienstes sind außerdem ermächtigt, jedermann aus einem Gefahrenbereich zu weisen, dessen Leben und Gesundheit dadurch gefährdet sind, daß einem gefährlichen Angriff ein Ende gesetzt wird.

(4) Schließlich sind die Organe des öffentlichen Sicherheitsdienstes ermächtigt, Menschen von Stellen einer Einrichtung oder Anlage wegzuweisen, die für gefährliche Angriffe gegen Leben oder Gesundheit einer größeren Zahl von Menschen besonders anfällig ist, wenn diese Stelle nicht allgemein zugänglich und für einen solchen gefährlichen Angriff auch tatsächlich geeignet ist. *(BGBl I 1999/146)*

(5) Die Organe des öffentlichen Sicherheitsdienstes sind ermächtigt, einen Menschen, der ohne Rechtsgrund und ohne Duldung des Besitzers dessen Grundstück oder Raum betreten hat und durch sein Verharren vor Ort schwerwiegend in die Rechte des Besitzers eingreift, auf Verlangen des Besitzers wegzuweisen. *(BGBl I 2012/13)*

Betretungs- und Annäherungsverbot zum Schutz vor Gewalt

§ 38a. (1) Die Organe des öffentlichen Sicherheitsdienstes sind ermächtigt, einem Menschen, von dem auf Grund bestimmter Tatsachen, insbesondere wegen eines vorangegangenen gefährlichen Angriffs, anzunehmen ist, dass er einen gefährlichen Angriff auf Leben, Gesundheit oder Freiheit, insbesondere in einer Wohnung, in der ein Gefährdeter wohnt, begehen werde (Gefährder), das Betreten einer Wohnung, in der ein Gefährdeter wohnt, samt einem Bereich im Umkreis von hundert Metern zu untersagen (Betretungsverbot). Mit dem Betretungsverbot verbunden ist das Verbot der Annäherung an den Gefährdeten im Umkreis von hundert Metern (Annäherungsverbot). *(BGBl I 2021/124)*

(2) Bei Anordnung eines Betretungs- und Annäherungsverbots haben die Organe des öffentlichen Sicherheitsdienstes

1. dem Gefährder den Verbotsbereich nach Abs. 1 zur Kenntnis zu bringen;

2. dem Gefährder alle in seiner Gewahrsame befindlichen Schlüssel zur Wohnung gemäß Abs. 1 abzunehmen und ihn zu diesem Zweck erforderlichenfalls zu durchsuchen; § 40 Abs. 3 und 4 gilt sinngemäß;

3. dem Gefährder Gelegenheit zu geben, dringend benötigte Gegenstände des persönlichen Bedarfs mitzunehmen und sich darüber zu informieren, welche Möglichkeiten er hat, unterzukommen;

4. den Gefährder über die Verpflichtung gemäß Abs. 8 und die Rechtsfolgen einer Zuwiderhandlung sowie über die Möglichkeit eines Antrags gemäß Abs. 9 zu informieren;

SPG

5. vom Gefährder die Bekanntgabe einer Abgabestelle für Zwecke der Zustellung von Schriftstücken nach dieser Bestimmung oder der Exekutionsordnung (EO), RGBl. Nr. 79/1896, zu verlangen; unterlässt er dies, kann die Zustellung solcher Schriftstücke so lange durch Hinterlegung ohne vorausgehenden Zustellversuch erfolgen, bis eine Bekanntgabe erfolgt; darauf ist der Gefährder hinzuweisen;

6. den Gefährder bei Aufenthalt in einem Verbotsbereich nach Abs. 1 wegzuweisen.

(3) Betrifft das Betretungsverbot eine vom Gefährder bewohnte Wohnung, ist besonders darauf Bedacht zu nehmen, dass dieser Eingriff in das Privatleben des Gefährders die Verhältnismäßigkeit (§ 29) wahrt. Sofern keine Ausnahme gemäß Abs. 9 vorliegt, darf der Gefährder den Verbotsbereich gemäß Abs. 1 nur in Gegenwart eines Organs des öffentlichen Sicherheitsdienstes aufsuchen.

(4) Die Organe des öffentlichen Sicherheitsdienstes sind verpflichtet, den Gefährdeten über die Möglichkeit einer einstweiligen Verfügung nach §§ 382b und 382c EO und geeignete Opferschutzeinrichtungen (§ 25 Abs. 3) zu informieren. Darüber hinaus sind sie verpflichtet,

1. sofern der Gefährdete minderjährig ist und es im Einzelfall erforderlich erscheint, jene Menschen, in deren Obhut er sich regelmäßig befindet, sowie

2. sofern ein Minderjähriger in der vom Betretungsverbot erfassten Wohnung wohnt, unverzüglich den örtlich zuständigen Kinder- und Jugendhilfeträger

über die Anordnung eines Betretungs- und Annäherungsverbots zu informieren. *(BGBl I 2021/86)*

(5) Die Organe des öffentlichen Sicherheitsdienstes sind ermächtigt, den Gefährder bei Verstoß gegen das Betretungs- und Annäherungsverbot wegzuweisen. Die Einhaltung eines Betretungsverbots ist zumindest einmal während der ersten drei Tage seiner Geltung durch Organe des öffentlichen Sicherheitsdienstes zu kontrollieren.

(6) Bei der Dokumentation der Anordnung eines Betretungs- und Annäherungsverbots ist auf die für das Einschreiten maßgeblichen Umstände sowie auf jene Bedacht zu nehmen, die für ein Verfahren nach §§ 382b und 382c EO oder für eine Abklärung der Gefährdung des Kindeswohls durch den zuständigen Kinder- und Jugendhilfeträger von Bedeutung sein können. *(BGBl I 2021/86)*

(7) Die Anordnung eines Betretungs- und Annäherungsverbots ist der Sicherheitsbehörde unverzüglich bekanntzugeben und von dieser binnen drei Tagen zu überprüfen. Stellt die Sicherheitsbehörde fest, dass das Betretungs- und Annäherungsverbot nicht hätte angeordnet werden dürfen, so hat sie unverzüglich den Gefährdeten über die

beabsichtigte Aufhebung zu informieren und das Verbot gegenüber dem Gefährder aufzuheben. Die Information des Gefährdeten sowie die Aufhebung des Betretungs- und Annäherungsverbots haben nach Möglichkeit mündlich oder schriftlich durch persönliche Übergabe zu erfolgen.

(8) Der Gefährder hat binnen fünf Tagen ab Anordnung des Betretungs- und Annäherungsverbots eine Beratungsstelle für Gewaltprävention zur Vereinbarung einer Gewaltpräventionsberatung (§ 25 Abs. 4) zu kontaktieren und an der Beratung aktiv teilzunehmen, sofern das Betretungs- und Annäherungsverbot nicht gemäß Abs. 7 aufgehoben wird. Die Beratung hat längstens binnen 14 Tagen ab Kontaktaufnahme erstmals stattzufinden. Nimmt der Gefährder keinen Kontakt auf oder nicht (aktiv) an einer Gewaltpräventionsberatung teil, ist er zur Sicherheitsbehörde zum Zweck der Ermöglichung der Durchführung der Gewaltpräventionsberatung durch die Beratungsstelle für Gewaltprävention zu laden; § 19 des Allgemeinen Verwaltungsverfahrensgesetzes 1991 – AVG, BGBl. Nr. 51/1991, gilt. *(BGBl I 2019/105; BGBl I 2020/144; BGBl I 2021/124)*

(9) Die Sicherheitsbehörde ist ermächtigt, bei Vorliegen zwingender Notwendigkeit auf begründeten Antrag des Gefährders mit Bescheid örtliche oder zeitliche Ausnahmen von dem Betretungs- und Annäherungsverbot festzulegen, sofern schutzwürdige Interessen des Gefährdeten dem nicht entgegenstehen; zu diesem Zweck ist dem Gefährdeten Gelegenheit zur Äußerung zu geben. Ausnahmen für die Wohnung, die vom Betretungsverbot betroffen ist, sind nicht zulässig. Die Entscheidung der Behörde ist dem Gefährdeten unverzüglich zur Kenntnis zu bringen.

(10) Das Betretungs- und Annäherungsverbot endet zwei Wochen nach seiner Anordnung oder, wenn die Sicherheitsbehörde binnen dieser Frist vom ordentlichen Gericht über die Einbringung eines Antrags auf Erlassung einer einstweiligen Verfügung nach §§ 382b und 382c EO informiert wird, mit dem Zeitpunkt der Zustellung der Entscheidung des ordentlichen Gerichts an den Antragsgegner, längstens jedoch vier Wochen nach seiner Anordnung. Im Falle der Zurückziehung des Antrags endet das Betretungs- und Annäherungsverbot sobald die Sicherheitsbehörde von der Zurückziehung durch Mitteilung des ordentlichen Gerichts Kenntnis erlangt, frühestens jedoch zwei Wochen nach seiner Anordnung. *(BGBl I 2021/86)*

(11) Die nach Abs. 2 abgenommenen Schlüssel sind mit Aufhebung oder Beendigung des Betretungsverbots zur Abholung durch den Gefährder bereit zu halten und diesem auszufolgen. Werden die Schlüssel trotz nachweislicher Information des Gefährders über die Abholungsmöglichkeit nicht binnen einer Frist von zwei Wochen abge-

holt, können die Schlüssel auch einem sonstigen Verfügungsberechtigten ausgefolgt werden. Sechs Wochen nach Aufhebung oder Beendigung des Betretungsverbots gelten diese als verfallen; § 43 Abs. 2 gilt sinngemäß. Im Falle eines Antrags auf Erlassung einer einstweiligen Verfügung nach §§ 382b und 382c EO sind die nach Abs. 2 abgenommenen Schlüssel beim ordentlichen Gericht zu erlegen. *(BGBl I 2021/86)*

(12) Die Berechnung von Fristen nach dieser Bestimmung richtet sich nach §§ 32 und 33 Abs. 1 AVG.

(BGBl I 2019/105)

Meldeverpflichtung zur Normverdeutlichung

§ 38b. (1) Die Sicherheitsbehörden sind ermächtigt, einem Menschen, der einen gefährlichen Angriff gegen die sexuelle Integrität und Selbstbestimmung oder einen gefährlichen Angriff unter Anwendung von Gewalt begangen hat, und von dem aufgrund bestimmter Tatsachen anzunehmen ist, er werde künftig gefährliche Angriffe begehen, mit Bescheid aufzuerlegen, zu einem bestimmten Zeitpunkt bei einer Dienststelle persönlich zu erscheinen, um ihn nachweislich über rechtskonformes Verhalten zu belehren. Bei der Belehrung ist insbesondere auf die Gründe, die zur Meldeverpflichtung geführt haben, die Rechtsfolgen bei weiterem rechtswidrigen Verhalten und erforderlichenfalls auf die Rahmenbedingungen nach § 31 Niederlassungs- und Aufenthaltsgesetz – NAG, BGBl. I Nr. 100/2005, einzugehen.

(2) Der Bescheid ist zu eigenen Handen zuzustellen. Soweit erforderlich, kann die Zustellung auch durch Organe des öffentlichen Sicherheitsdienstes erfolgen. Wer nicht durch Krankheit oder sonstige begründete Hindernisse vom Erscheinen abgehalten ist, hat der aufgetragenen Verpflichtung Folge zu leisten und kann zur Erfüllung der Meldeverpflichtung vorgeführt werden, wenn dies im Bescheid angedroht ist.

(3) Eines Bescheides bedarf es dann nicht, wenn der Betroffene auch aus dem für die Meldeverpflichtung maßgeblichen Grund angehalten wird oder zur Vernehmung nach der StPO bereits in der Dienststelle anwesend ist.

(4) Wenn der Betroffene die Belehrung stört, behindert oder sonst unmöglich macht oder nach durchgeführter Belehrung erneut einen gefährlichen Angriff begeht, kann ihm mit Bescheid auferlegt werden, sich mehrmals innerhalb eines Zeitraums von längstens sechs Monaten bei einer Dienststelle zur Durchführung der Belehrung nach Abs. 1 zu melden; eine wiederholte Anordnung ist zulässig. § 49e Abs. 2 gilt.

(BGBl I 2016/61)

Betreten und Durchsuchen von Grundstücken, Räumen und Fahrzeugen

§ 39. (1) Die Organe des öffentlichen Sicherheitsdienstes sind ermächtigt, Grundstücke, Räume sowie Luft-, Land- und Wasserfahrzeuge (Fahrzeuge) zu betreten, sofern dies zur Erfüllung der ersten allgemeinen Hilfeleistungspflicht oder zur Abwehr eines gefährlichen Angriffs erforderlich ist.

(2) Die Organe des öffentlichen Sicherheitsdienstes sind weiters ermächtigt, Grundstücke, Räume und Fahrzeuge zu betreten, sofern dadurch ein zulässiger Waffengebrauch vermieden werden kann.

(3) Die Organe des öffentlichen Sicherheitsdienstes sind ermächtigt, Grundstücke, Räume und Fahrzeuge zu durchsuchen, soweit dies der Suche

1. nach einem Menschen dient, dessen Leben oder Gesundheit unmittelbar gefährdet erscheint;

2. nach einem Menschen dient, von dem ein gefährlicher Angriff ausgeht;

3. nach einer Sache dient, die für einen gefährlichen Angriff bestimmt ist.

(4) Die Organe des öffentlichen Sicherheitsdienstes sind ermächtigt, entlang der vom internationalen Durchzugsverkehr benützten Verkehrswege oder in unmittelbarer Umgebung eines Flughafens Transportmittel zu durchsuchen, wenn auf Grund bestimmter Tatsachen anzunehmen ist, daß mit derartigen Transportmitteln grenzüberschreitend gerichtlich strafbare Handlungen begangen werden. Ist für die Vornahme dieser Durchsuchung die Öffnung eines Zollverschlusses erforderlich, so haben die einschreitenden Organe des öffentlichen Sicherheitsdienstes gemäß § 27 Abs. 5 des Zollrechts-Durchführungsgesetzes, BGBl. Nr. 659/1994, vorzugehen. *(BGBl I 2002/104)*

(5) Die Organe des öffentlichen Sicherheitsdienstes sind ermächtigt, Behältnisse, auch wenn sich diese in Räumen befinden, unter den Voraussetzungen des Abs. 1 zu öffnen und unter den Voraussetzungen des Abs. 3 zu durchsuchen.

(6) In Einrichtungen oder Anlagen, die für gefährliche Angriffe gegen Leben oder Gesundheit einer größeren Zahl von Menschen besonders anfällig sind, sind die Organe des öffentlichen Sicherheitsdienstes ermächtigt, Behältnisse zu öffnen, die sich nicht erkennbar in der Gewahrsame eines Menschen befinden.

(7) Bei Handhabung der Befugnisse der Abs. 3 bis 6 ist besonders darauf zu achten, daß Eingriffe in die Rechtssphäre der Betroffenen die Verhältnismäßigkeit (§ 29) wahren und daß Verletzungen gesetzlich geschützter Berufsgeheimnisse möglichst vermieden werden. Die Bestimmungen der §§ 121, 122 Abs. 2 und 3 und 96 StPO gelten

SPG

sinngemäß, es sei denn, es würde der Zweck der Maßnahme dadurch vereitelt. *(BGBl I 2007/114)*

(8) Nach einem gefährlichen Angriff gelten für die Durchsuchung von Grundstücken, Räumen, Fahrzeugen und Behältnissen ausschließlich die Bestimmungen der StPO.

(BGBl I 1999/146)

Durchsuchung von Menschen

§ 40. (1) Die Organe des öffentlichen Sicherheitsdienstes sind ermächtigt, Menschen, die festgenommen worden sind, zu durchsuchen, um sicherzustellen, daß diese während ihrer Anhaltung weder ihre eigene körperliche Sicherheit noch die anderer gefährden und nicht flüchten.

(2) Die Organe des öffentlichen Sicherheitsdienstes sind außerdem ermächtigt, Menschen zu durchsuchen, wenn auf Grund bestimmter Tatsachen anzunehmen ist, diese stünden mit einem gegen Leben, Gesundheit, Freiheit oder Eigentum gerichteten gefährlichen Angriff in Zusammenhang und hätten einen Gegenstand bei sich, von dem Gefahr ausgeht.

(3) Die den Organen des öffentlichen Sicherheitsdienstes in den Abs. 1 und 2 eingeräumten Befugnisse gelten auch für das Öffnen und das Durchsuchen von Behältnissen (z. B. Koffer oder Taschen), die der Betroffene bei sich hat.

(4) Bei Durchsuchungen gemäß Abs. 1 und 2 haben sich die Organe des öffentlichen Sicherheitsdienstes auf eine Durchsuchung der Kleidung und eine Besichtigung des Körpers zu beschränken, es sei denn, es wäre auf Grund bestimmter Tatsachen anzunehmen, der Betroffene habe einen Gegenstand in seinem Körper versteckt; in solchen Fällen ist mit der Durchsuchung ein Arzt zu betrauen.

Durchsuchungsanordnung bei Großveranstaltungen

§ 41. (1) Ist auf Grund bestimmter Tatsachen anzunehmen, es werde bei einer Großveranstaltung zu nicht bloß vereinzelten Gewalttätigkeiten oder zu einer größeren Zahl gefährlicher Angriffe gegen Leben oder Gesundheit von Menschen kommen, so hat die Sicherheitsbehörde mit Verordnung den Zutritt zur Veranstaltungsstätte von der Bereitschaft der Menschen, ihre Kleidung und mitgeführte Behältnisse durchsuchen zu lassen, abhängig zu machen; dies gilt nicht für Versammlungen, auf die die Bestimmungen des Versammlungsgesetzes 1953 anzuwenden sind.

(2) Verordnungen gemäß Abs. 1 sind auf eine Weise kundzumachen, die geeignet erscheint, einen möglichst weiten Kreis potentiell Betroffener zu erreichen, insbesondere durch Anschlag oder Verlautbarung in Medien; bei der Veranstaltungsstätte sind sie jedenfalls ersichtlich zu ma-

chen. Solche Verordnungen können auch mehrere, innerhalb von 48 Stunden stattfindende gleichartige Veranstaltungen erfassen.

(3) Wurde für eine Veranstaltung eine Verordnung gemäß Abs. 1 erlassen, so sind die Organe des öffentlichen Sicherheitsdienstes ermächtigt, Menschen, die Zutritt haben wollen, vor dem Einlaß zu durchsuchen (Kleidung und mitgeführte Behältnisse) und sie im Falle der Weigerung vom Zutritt zur Veranstaltung auszuschließen. Ein Anspruch auf Erstattung des Eintrittspreises gegenüber dem Bund besteht nicht.

Sicherstellen von Sachen

§ 42. (1) Die Organe des öffentlichen Sicherheitsdienstes sind ermächtigt, Sachen sicherzustellen,

1. wenn dies bei gefährlichen Angriffen dazu dient, eine (weitere) Bedrohung des Lebens, der Gesundheit, der Freiheit oder des Eigentums von Menschen zu verhindern;

2. die sich in der Gewahrsame eines Festgenommenen befinden und besonders geeignet sind, während dessen Anhaltung

a) seine eigene oder die körperliche Sicherheit anderer unmittelbar zu gefährden oder

b) ihm die Flucht zu ermöglichen oder zu erleichtern;

3. denen unbefugte Beschädigung oder Wegnahme droht, sofern der Eigentümer oder rechtmäßige Besitzer nicht in der Lage ist, selbst für ihren Schutz zu sorgen;

4. die von ihnen aufgefunden werden und sich in niemandes Gewahrsame befinden.

In den Fällen der Z 1 und 2 ist dem Betroffenen eine Bestätigung über die Sicherstellung auszustellen.

(2) Die nach Abs. 1 Z 1 bis 3 sichergestellten Sachen sind, sobald der Grund für ihre Verwahrung entfällt, auszufolgen, sonst der Sicherheitsbehörde zu übergeben. Diese hat sie, sofern nicht eine Beschlagnahme nach einem anderen Gesetz erfolgt, solange zu verwahren, bis die für ihre Sicherstellung maßgebliche Gefahr beseitigt ist; dann sind die Sachen ihrem Eigentümer oder rechtmäßigen Besitzer auszufolgen. Beschlagnahmte Gegenstände hat die Behörde nach den hierfür maßgeblichen Bestimmungen zu behandeln. *(BGBl I 2002/104)*

(3) Die nach Abs. 1 Z 4 sichergestellten Sachen sind, sofern sie nicht dem Eigentümer oder rechtmäßigen Besitzer ausgefolgt werden können oder nach einem anderen Gesetz zu beschlagnahmen sind, der örtlich zuständigen Fundbehörde (§ 14 Abs. 5) zu übergeben. *(BGBl I 2002/104)*

Entgegennahme, Verwahrung und Ausfolgung verlorener oder vergessener Sachen

§ 42a. (1) Die Fundbehörde hat die in ihrem Wirkungsbereich aufgefundenen verlorenen oder vergessenen Sachen (Funde) entgegenzunehmen und dem Eigentümer oder rechtmäßigen Besitzer auszufolgen. Ist eine Ausfolgung nicht möglich, hat sie den Fund aufzubewahren und bei Funden, deren Wert 100 Euro übersteigt, durch Anschlag auf der Amtstafel oder sonst auf ortsübliche Weise bekannt zu machen. Funde, deren Wert 1 000 Euro übersteigt, sind in einer Weise bekannt zu machen, dass deren Auffindung einem größeren Personenkreis bekannt wird.

(2) Kann ein Fund nicht ohne bedeutsamen Wertverlust aufbewahrt werden oder verursacht die Aufbewahrung im Verhältnis zu seinem Wert unverhältnismäßig hohe Kosten, so ist die Fundbehörde zur Feilbietung der Sache und Aufbewahrung des Erlöses berechtigt. In diesem Fall ist anstelle der Sache der Erlös auszufolgen.

(3) Erwirbt der Finder Anwartschaft auf das Eigentum an dem Fund oder Erlös (§ 395 zweiter Tatbestand des Allgemeinen bürgerlichen Gesetzbuches), ist ihm dieser auszufolgen, sobald er bei der Behörde zur Ausfolgung erscheint. Beträgt der Wert des Fundes oder sein Erlös nicht mehr als 100 Euro, verfällt dieser, wenn ihn der Finder nicht binnen sechs Wochen nach Erwerb der Anwartschaft auf das Eigentum bei der Fundbehörde abholt. Bei einem Fund oder Erlös im Wert von mehr als 100 Euro hat die Fundbehörde den Finder davon zu verständigen, dass dieser verfällt, wenn er ihn nicht binnen zwei Monaten ab Verständigung bei der Behörde abholt. *(BGBl I 2016/61)*

(4) Verfallene Sachen sind, sofern sie nicht wegen ihrer Beschaffenheit vernichtet werden müssen, nutzbringend zu verwerten. Die Einnahmen fließen jener Gebietskörperschaft zu, die den Aufwand durch die Verwaltung der Sache getragen hat. Nähere Vorschriften über die Verwertung kann der Bundesminister für Inneres durch Verordnung regeln.

(BGBl I 2002/104)

Verfall sichergestellter Sachen

§ 43. (1) War eine gemäß § 42 Abs. 1 Z 1 sichergestellte Sache innerhalb eines Zeitraumes von sechs Monaten nach der Sicherstellung nicht auszufolgen, weil die für die Sicherstellung maßgebliche Gefahr weiterbesteht oder weil der Behörde kein Eigentümer oder rechtmäßiger Besitzer bekannt wurde, so gilt sie als verfallen. Stellt der Eigentümer oder rechtmäßige Besitzer vor Ablauf der Frist einen Antrag auf Ausfolgung der Sache und ist anzunehmen, daß die für die Sicherstellung maßgebliche Gefahr nicht beseitigt werden kann, so hat die Behörde die Sache mit Bescheid für verfallen zu erklären.

(2) Ist der Verfall einer gemäß § 42 Abs. 1 Z 1 sichergestellten Sache verbindlich geworden, so ist die Sache zu verwerten oder, falls dies nicht möglich oder nicht zulässig ist, zu vernichten. Ein allenfalls erzielter Erlös ist dem Eigentümer, wenn er Adressat des Verfallsbescheides war oder wenn er dies binnen drei Jahren nach Eintritt des Verfalls verlangt, auszufolgen.

Inanspruchnahme von Sachen

§ 44. (1) Die Organe des öffentlichen Sicherheitsdienstes dürfen fremde Sachen in Anspruch nehmen, wenn deren Gebrauch zur Abwehr eines gefährlichen Angriffes oder für die Erfüllung der ersten allgemeinen Hilfeleistungspflicht unerläßlich erscheint.

(2) Die Organe des öffentlichen Sicherheitsdienstes, die Sachen in Anspruch nehmen, haben dafür Sorge zu tragen, daß ein Berechtigter (Eigentümer, rechtmäßiger Besitzer oder ein von diesem namhaft gemachter Vertreter) hievon in Kenntnis gesetzt wird.

(3) In Anspruch genommene Sachen dürfen zur Abwehr des Angriffes oder zur Hilfeleistung (Abs. 1) gebraucht werden und sind danach einem Berechtigten zurückzustellen. Hiebei ist er über Schäden, die beim Gebrauch entstanden sind, zu informieren. Jedenfalls ist ihm über die Inanspruchnahme eine Bestätigung auszuhändigen.

Eingriffe in die persönliche Freiheit

§ 45. (1) Die Organe des öffentlichen Sicherheitsdienstes sind ermächtigt,

1. Menschen, die wegen Geisteskrankheit, Schwachsinns oder einer tiefgreifenden Bewußtseinsstörung zurechnungsunfähig sind (§ 11 StGB), oder

1.. Menschen, die zurechnungsunfähig sind (§ 11 StGB), oder *(BGBl I 2022/147)*

2. Unmündige,

zum Zwecke der sofortigen Feststellung des Sachverhaltes festzunehmen, wenn sie einer mit beträchtlicher Strafe bedrohten Handlung verdächtig sind und auf frischer Tat betreten werden oder der Verdacht sonst in engem zeitlichem Zusammenhang mit der Tat entsteht.

(2) Unmündige, die

1. gemäß Abs. 1 festgenommen werden oder

2. in der Zeit zwischen 00.00 und 05.00 Uhr ohne Aufsicht an einem öffentlichen Ort angetroffen werden und gefährlichen Angriffen besonders ausgesetzt wären,

sind unverzüglich – in den Fällen der Z 1 nach Feststellung des Sachverhaltes – einem Menschen zu übergeben, dem ihre Pflege und Erziehung

SPG

zukommt; dies gilt in den Fällen der Z 1 nicht, wenn das vom Sachverhalt in Kenntnis gesetzte Pflegschaftsgericht eine andere Verfügung trifft. Ist die Übergabe – aus welchem Grunde immer – nicht möglich, so ist eine Entscheidung des Kinder- und Jugendhilfeträgers einzuholen und der Unmündige allenfalls diesem zu übergeben. *(BGBl I 2007/114; BGBl I 2013/152)*

(3) Menschen, die gemäß Abs. 1 Z 1 festgenommen werden, sind, sofern weder gemäß § 9 des Unterbringungsgesetzes (UbG), BGBl. Nr. 155/1990, vorzugehen ist, noch ein richterlicher Beschluß gemäß § 429 StPO ergeht, nach Feststellung des Sachverhaltes zu entlassen. Andernfalls ist die Sicherheitsbehörde ermächtigt, einen Angehörigen, der mit dem Betroffenen wohnt, oder für ihn sorgt, sofern kein solcher bekannt ist, einen Angehörigen aus dem Kreis der Kinder, Ehegatten und Eltern von der Amtshandlung zu verständigen. *(BGBl I 1997/12)*

Vorführung

§ 46. *(aufgehoben samt Überschrift, BGBl I 2022/147)*

Durchführung einer Anhaltung

§ 47. (1) Jeder nach § 45 Festgenommene oder nach § 46 Vorgeführte hat das Recht, daß auf sein Verlangen ohne unnötigen Aufschub und nach seiner Wahl ein Angehöriger, in den Fällen des § 45 Abs. 1 Z 1 und des § 46 auch ein Rechtsbeistand, von der Festnahme (Vorführung) verständigt wird. Bei der Festnahme (Vorführung) und Anhaltung ist auf die Achtung der Menschenwürde des Betroffenen und auf die möglichste Schonung seiner Person Bedacht zu nehmen. *(BGBl I 1997/12)*

(1.) Jeder nach § 45 Festgenommene hat das Recht, dass auf sein Verlangen ohne unnötigen Aufschub und nach seiner Wahl ein Angehöriger, in den Fällen des § 45 Abs. 1 Z 1 auch ein Rechtsbeistand, von der Festnahme verständigt wird. Bei der Festnahme und Anhaltung ist auf die Achtung der Menschenwürde des Betroffenen und auf die möglichste Schonung seiner Person Bedacht zu nehmen. *(BGBl I 2022/147)*

(2) Für die Anhaltung von Menschen nach diesem Bundesgesetz oder nach der Strafprozeßordnung gilt § 53c Abs. 1 und 2 des Verwaltungsstrafgesetzes 1991 (VStG), BGBl. Nr. 52/1991.

(3) Die Hausordnung für solche Anhaltungen in Hafträumen der Sicherheitsbehörden hat der Bundesminister für Inneres im Einvernehmen mit dem Bundesminister für Justiz mit Verordnung zu erlassen. In der Hausordnung sind die Rechte und Pflichten der Häftlinge unter Bedachtnahme auf die Gewährleistung der körperlichen Sicherheit der Angehaltenen, die Aufrechterhaltung der

Ordnung in den Haträumen sowie unter Berücksichtigung der in Haträumen bestehenden räumlichen und personellen Gegebenheiten zu regeln. *(BGBl I 1999/146)*

Bewachung von Menschen und Sachen

§ 48. (1) Die Organe des öffentlichen Sicherheitsdienstes sind ermächtigt, Menschen zu bewachen, wenn auf Grund bestimmter Tatsachen anzunehmen ist, es stehe ein gefährlicher Angriff gegen deren Leben, Gesundheit oder Freiheit bevor.

(2) Die Organe des öffentlichen Sicherheitsdienstes sind ermächtigt, oberste Staatsorgane zu bewachen, wenn auf Grund bestimmter Tatsachen anzunehmen ist, es stehe ein gefährlicher Angriff auf deren Handlungsfähigkeit (§§ 249 bis 251 StGB) bevor.

(3) Die Organe des öffentlichen Sicherheitsdienstes sind ermächtigt, Sachen zu bewachen, wenn

1. auf Grund bestimmter Tatsachen anzunehmen ist, es stehe ein gefährlicher Angriff gegen das Eigentum oder die Umwelt von Menschen in großem Ausmaß bevor;

2. ihnen unbefugte Beschädigung oder Wegnahme droht, sofern der Eigentümer oder rechtmäßige Besitzer nicht in der Lage ist, selbst für ihren Schutz zu sorgen und eine Sicherstellung gemäß § 42 Abs. 1 Z 3 nicht möglich ist.

(4) Die Organe des öffentlichen Sicherheitsdienstes sind nach Maßgabe völkerrechtlicher Verpflichtung ermächtigt, Menschen und Sachen zu bewachen.

(5) Ist für die Bewachung das Betreten nicht allgemein zugänglicher Grundstücke oder Räume erforderlich, so bedarf dies der Zustimmung des Verfügungsberechtigten. Die Bewachung selbst kann

1. in den Fällen einer Bedrohung von Sachen gemäß Abs. 3 vom Eigentümer und

2. in den Fällen des Abs. 4 vom Völkerrechtssubjekt nach Maßgabe der Rechtsvorschriften

abgelehnt werden.

Anordnung von Überwachungen

§ 48a. Soferne eine besondere Überwachung im Rahmen des Streifen- und Überwachungsdienstes nach § 27a erforderlich ist und die Voraussetzungen für die Einhebung der Überwachungsgebühren (§ 5a Abs. 1) vorliegen, hat die Sicherheitsbehörde die Überwachung von Amts wegen oder auf Antrag desjenigen, der das Vorhaben durchführt, mit Bescheid anzuordnen.

(BGBl 1996/201)

Außerordentliche Anordnungsbefugnis

§ 49. (1) Die Sicherheitsbehörden sind befugt, zur Abwehr in außergewöhnlich großem Umfang auftretender allgemeiner Gefahren für Leben, Gesundheit oder Vermögen von Menschen mit Verordnung allgemeine Anordnungen zu treffen. Hiebei haben sie zur Durchsetzung entweder unmittelbare Zwangsgewalt oder Verwaltungsstrafe anzudrohen.

(2) Mit der Ausübung von Befehls- und Zwangsgewalt dürfen durch solche Verordnungen nur Organe des öffentlichen Sicherheitsdienstes betraut werden; andere als die in diesem Bundesgesetz vorgesehenen Befugnisse dürfen ihnen nicht eingeräumt werden.

(3) Die Verordnung ist aufzuheben, sobald der Grund zu ihrer Erlassung weggefallen ist.

3. Abschnitt

Besondere Befugnisse zur Verhinderung von Gewalt und Rassismus bei Sportgroßveranstaltungen

Sicherheitsbereich

§ 49a. (1) Ist aufgrund bestimmter Tatsachen, insbesondere wegen der zu erwartenden Teilnahme gewaltbereiter Personen an einer Sportgroßveranstaltung zu befürchten, dass es bei dieser zu einer allgemeinen Gefahr für die Gesundheit mehrerer Menschen oder für Eigentum in großem Ausmaß oder zu gefährlichen Angriffen nach dem Verbotsgesetz oder § 283 StGB kommt, sind die Sicherheitsbehörden ermächtigt, mittels Verordnung den Veranstaltungsort und einen Bereich im Umkreis von höchstens 500 m um diesen Veranstaltungsort zum Sicherheitsbereich zu erklären. Dieser ist unter Bedachtnahme auf die örtlichen Verhältnisse so fest zu legen, dass der Zweck der Maßnahme noch wirksam erreicht werden kann und es im Falle eines Betretungsverbotes dennoch zu keiner außer Verhältnis stehenden Beeinträchtigung, insbesondere hinsichtlich der Benützung öffentlicher Verkehrsmittel, eines Betroffenen kommt. Die Verordnung hat die genaue Bezeichnung des Sicherheitsbereiches in ihrem örtlichen und zeitlichen Umfang und den Tag ihres Inkrafttretens zu enthalten. Ihre Wirksamkeit ist auf einen in unmittelbarem Zusammenhang mit der Sportgroßveranstaltung stehenden bestimmten Zeitraum vor, während und nach der Veranstaltung einzuschränken. Sie ist auf eine Weise kundzumachen, die geeignet ist, einen möglichst weiten Kreis potentiell Betroffener zu erreichen. *(BGBl I 2014/43)*

(2) Die Organe des öffentlichen Sicherheitsdienstes sind ermächtigt, einem Menschen, von dem auf Grund bestimmter Tatsachen, insbesondere wegen vorangegangener gefährlicher Angrif-

fe gegen Leben, Gesundheit oder Eigentum unter Anwendung von Gewalt, nach dem Verbotsgesetz oder § 283 StGB im Zusammenhang mit vergleichbaren Sportgroßveranstaltungen, anzunehmen ist, dass er im Anwendungsbereich der Verordnung nach Abs. 1 einen derartigen gefährlichen Angriff begehen werde, das Betreten des Sicherheitsbereichs nach Abs. 1 zu verbieten und ihn gegebenenfalls aus demselben wegzuweisen. Dem Betroffenen ist die Dauer dieses Betretungsverbotes bekannt zu geben. Kann er berechtigte Interessen für die Notwendigkeit des Betretens des Sicherheitsbereiches glaubhaft machen, ist darauf entsprechend Bedacht zu nehmen. Das Betretungsverbot endet mit Außer-Kraft-Treten der Verordnung. *(BGBl I 2016/61)*

(BGBl I 2005/158; BGBl I 2007/113)

Gefährderansprache

§ 49b. Menschen, die Verwaltungsübertretungen nach §§ 81 oder 82 , nach dem Pyrotechnikgesetz 2010 (PyroTG 2010), BGBl. I Nr. 131/2009, nach Art. III Abs. 1 Z 4 des Einführungsgesetzes zu den Verwaltungsverfahrensgesetzen 2008 (EGVG), BGBl. I Nr. 87, oder nach § 3 des Abzeichengesetzes 1960, BGBl. Nr. 84, im Zusammenhang mit Sportgroßveranstaltungen begangen haben, und von denen aufgrund bestimmter Tatsachen anzunehmen ist, dass sie auch im Zusammenhang mit künftigen Sportgroßveranstaltungen solche Verwaltungsübertretungen begehen werden, können von der Sicherheitsbehörde vorgeladen werden, um über das rechtskonforme Verhalten bei solchen Veranstaltungen nachweislich belehrt zu werden. § 19 AVG gilt. *(BGBl I 2007/113; BGBl I 2012/13; BGBl I 2014/43)*

(BGBl I 2007/113)

Präventive Maßnahmen: „Meldeauflage, Belehrung, zwangsweise Vorführung und Anhaltung"

SPG

§ 49c. (1) Wenn ein Mensch im Zusammenhang mit einer nicht länger als zwei Jahre zurückliegenden Sportgroßveranstaltung

1. einen gefährlichen Angriff gegen Leben, Gesundheit oder Eigentum unter Anwendung von Gewalt, nach dem Verbotsgesetz oder § 283 StGB begangen oder im Ausland einen vergleichbaren Sachverhalt verwirklicht hat, oder *(BGBl I 2014/43)*

2. gegen ein Betretungsverbot nach § 49a Abs. 2 verstoßen hat,

sind die Sicherheitsbehörden ermächtigt, ihm mit Bescheid aufzuerlegen, zu einem bestimmten Zeitpunkt in unmittelbarem Zusammenhang mit einer bestimmten Sportgroßveranstaltung bei der Sicherheitsbehörde oder einem Polizeikommando persönlich zu erscheinen und ihn nachweislich über rechtskonformes Verhalten zu belehren, wenn Tatsachen die Annahme rechtfertigen, er werde im Zusammenhang mit dieser Sportgroßveranstaltung einen gefährlichen Angriff (Z 1) setzen. Bei der Belehrung ist insbesondere auf die Gründe, die zur Meldeauflage geführt haben, auf das besondere Gefährdungspotential durch derartiges Verhalten und die damit verbundenen Rechtsfolgen einzugehen. *(BGBl I 2014/43)*

(2) Bei der Meldeauflage sind jedenfalls Ort und Dauer der Sportgroßveranstaltung sowie der Wohnsitz des Betroffenen angemessen zu berücksichtigen.

(3) Der Bescheid ist zu eigenen Handen zuzustellen. Wer nicht durch Krankheit oder sonstige begründete Hindernisse vom Erscheinen abgehalten ist, hat der aufgetragenen Verpflichtung Folge zu leisten und kann zur Erfüllung der Meldeauflage vorgeführt werden, wenn dies im Bescheid angedroht ist.

(4) Einer Beschwerde gegen einen Bescheid nach Abs. 1 kommt eine aufschiebende Wirkung nicht zu. *(BGBl I 2013/161)*

(BGBl I 2007/113)

§§ 49d und 49e. *(entfallen samt Überschriften, BGBl I 2021/148)*

4. Abschnitt

Unmittelbare Zwangsgewalt

§ 50. (1) Die Organe des öffentlichen Sicherheitsdienstes sind, sofern nicht anderes bestimmt ist, ermächtigt, die ihnen von diesem Bundesgesetz oder von einer aufgrund dieses Bundesgesetzes erlassenen Verordnung eingeräumten Befugnisse mit unmittelbarer Zwangsgewalt durchzusetzen.

(2) Die Organe des öffentlichen Sicherheitsdienstes haben anwesenden Betroffenen die Ausübung von unmittelbarer Zwangsgewalt anzudrohen und anzukündigen. Hievon kann in den Fällen der Notwehr oder der Beendigung gefährlicher Angriffe (§ 33) soweit abgesehen werden, als dies für die Verteidigung des angegriffenen Rechtsgutes unerläßlich erscheint.

(3) Für die Anwendung von unmittelbarer Zwangsgewalt gegen Menschen gelten die Bestimmungen des Waffengebrauchsgesetzes 1969.

(4) Die Organe des öffentlichen Sicherheitsdienstes dürfen physische Gewalt gegen Sachen anwenden, wenn dies für die Ausübung einer Befugnis unerläßlich ist. Hiebei haben sie alles daranzusetzen, daß eine Gefährdung von Menschen unterbleibt.

4. TEIL

Verarbeiten personenbezogener Daten im Rahmen der Sicherheitspolizei

1. Hauptstück

Allgemeines

§ 51. (1) Die Sicherheitsbehörden haben beim Verarbeiten (§ 36 Abs. 2 Z 2 DSG) personenbezogener Daten die Verhältnismäßigkeit (§ 29) zu beachten. Die Verarbeitung besonderer Kategorien personenbezogener Daten gemäß § 39 DSG ist zulässig, soweit dies zur Erfüllung der Aufgaben im Rahmen der Sicherheitspolizei unbedingt erforderlich ist; dabei sind angemessene Vorkehrungen zur Wahrung der Geheimhaltungsinteressen der Betroffenen zu treffen.

(2) Sofern nicht ausdrücklich anderes angeordnet wird, finden auf das Verarbeiten personenbezogener Daten die Bestimmungen des DSG Anwendung.

(3) Sofern nicht ausdrücklich anderes angeordnet wird, übt der Bundesminister für Inneres die Funktion des Auftragsverarbeiters gemäß § 36 Abs. 2 Z 9 in Verbindung mit § 48 DSG aus. Abweichend von § 48 Abs. 2 DSG kann der Auftragsverarbeiter nach Erteilung einer allgemeinen schriftlichen Genehmigung des Verantwortlichen weitere Auftragsverarbeiter hinzuziehen. In diesem Fall obliegt es dem Auftragsverarbeiter, den Verantwortlichen über jede beabsichtigte wesentliche Änderung zu unterrichten.

(4) Bei Datenverarbeitungen von gemeinsam Verantwortlichen (§ 47 DSG) obliegt jedem Verantwortlichen die Erfüllung von Pflichten nach den §§ 42 bis 45 DSG nur hinsichtlich der von ihm ursprünglich verarbeiteten Daten. Nimmt ein Betroffener unter Nachweis seiner Identität ein Recht nach den §§ 43 bis 45 DSG gegenüber einem unzuständigen gemeinsam Verantwortlichen wahr, ist er an den zuständigen gemeinsam Verantwortlichen zu verweisen, sofern nicht ein Fall des § 43 Abs. 4 DSG vorliegt.

(BGBl I 2018/29)

2. Hauptstück

Ermittlungsdienst

Aufgabenbezogenheit

§ 52. Personenbezogene Daten dürfen von den Sicherheitsbehörden gemäß diesem Hauptstück nur verarbeitet werden, soweit dies zur Erfüllung der ihnen übertragenen Aufgaben erforderlich ist. Ermächtigungen nach anderen Bundesgesetzen bleiben unberührt. *(BGBl I 2018/29)*

Zulässigkeit der Verarbeitung

§ 53. (1) Die Sicherheitsbehörden dürfen personenbezogene Daten verarbeiten *(BGBl I 2018/29)*

1. für die Erfüllung der ersten allgemeinen Hilfeleistungspflicht (§ 19);

2. für die Abwehr krimineller Verbindungen (§§ 16 Abs. 1 Z 2 und 21);

2a. *(aufgehoben, BGBl I 2016/5)*

3. für die Abwehr gefährlicher Angriffe (§§ 16 Abs. 2 und 3 sowie 21 Abs. 2); einschließlich der im Rahmen der Gefahrenabwehr notwendigen Gefahrenerforschung (§ 16 Abs. 4 und § 28a); *(BGBl I 2005/158)*

4. für die Vorbeugung wahrscheinlicher gefährlicher Angriffe gegen Leben, Gesundheit, Sittlichkeit, Freiheit, Vermögen oder Umwelt (§ 22 Abs. 2 und 3) oder für die Vorbeugung gefährlicher Angriffe mittels Kriminalitätsanalyse, wenn nach der Art des Angriffes eine wiederholte Begehung wahrscheinlich ist;

5. für Zwecke der Fahndung (§ 24);

6. um bei einem bestimmten Ereignis die öffentliche Ordnung aufrechterhalten zu können. *(BGBl I 2002/104; BGBl I 2016/5)*

7. *(aufgehoben, BGBl I 2016/5)*

(2) Die Sicherheitsbehörden dürfen Daten, die sie in Vollziehung von Bundes- und Landesgesetzen verarbeitet haben, für die Zwecke und unter den Voraussetzungen nach Abs. 1 verarbeiten; ein automationsunterstützter Datenabgleich im Sinne des § 141 StPO ist ihnen jedoch untersagt. Bestehende Übermittlungsverbote bleiben unberührt. *(BGBl I 2002/104; BGBl I 2007/114; BGBl I 2018/29)*

(3) Die Sicherheitsbehörden sind berechtigt, von den Dienststellen der Gebietskörperschaften, den anderen Körperschaften des öffentlichen Rechtes und den von diesen betriebenen Anstalten Auskünfte zu verlangen, die sie für die Abwehr gefährlicher Angriffe oder für die Abwehr krimineller Verbindungen benötigen. Eine Verweigerung der Auskunft ist nur zulässig, soweit andere öffentliche Interessen die Abwehrinteressen überwiegen oder eine über die Amtsverschwiegenheit (Art. 20 Abs. 3 B-VG) hinausgehende sonstige gesetzliche Verpflichtung zur Verschwiegenheit besteht. *(BGBl I 2002/104; BGBl I 2016/5)*

(3a) Die Sicherheitsbehörden sind berechtigt, von Betreibern öffentlicher Telekommunikationsdienste (§ 160 Abs. 3 Z 1 Telekommunikationsgesetz 2021 – TKG 2021, BGBl. I Nr. 190/2021) und sonstigen Diensteanbietern (§ 3 Z 2 E-Commerce-Gesetz - ECG, BGBl. I Nr. 152/2001) Auskünfte zu verlangen: *(BGBl I 2018/29; BGBl I 2021/190)*

1. über Namen, Anschrift und Nutzernummer eines bestimmten Anschlusses, wenn dies zur Erfüllung der ihnen nach diesem Bundesgesetz übertragenen Aufgaben erforderlich ist, *(BGBl I 2021/190)*

2. über die Internetprotokolladresse (IP-Adresse) zu einer bestimmten Nachricht und den Zeitpunkt ihrer Übermittlung, wenn sie diese Daten als wesentliche Voraussetzung zur Abwehr

a) einer konkreten Gefahr für das Leben, die Gesundheit oder die Freiheit eines Menschen im Rahmen der ersten allgemeinen Hilfeleistungspflicht (§ 19),

b) eines gefährlichen Angriffs (§ 16 Abs. 1 Z 1) oder

c) einer kriminellen Verbindung (§ 16 Abs.1 Z 2) benötigen,

3. über Namen und Anschrift eines Benutzers, dem eine IP-Adresse zu einem bestimmten Zeitpunkt zugewiesen war, wenn sie diese Daten als wesentliche Voraussetzung zur Abwehr

a) einer konkreten Gefahr für das Leben, die Gesundheit oder die Freiheit eines Menschen im Rahmen der ersten allgemeinen Hilfeleistungspflicht (§19),

b) eines gefährlichen Angriffs (§ 16 Abs. 1 Z 1) oder

c) einer kriminellen Verbindung (§ 16 Abs. 1 Z 2) benötigen,

(BGBl I 2014/44 (VfGH))

4. über Namen, Anschrift und Nutzernummer eines bestimmten Anschlusses bei Bezugnahme auf ein von diesem Anschluss geführtes Gespräch durch Bezeichnung eines möglichst genauen Zeitraumes und der passiven Nutzernummer, wenn dies zur Erfüllung der ersten allgemeinen Hilfeleistungspflicht oder zur Abwehr gefährlicher Angriffe erforderlich ist. *(BGBl I 2021/190)* *(BGBl I 1999/146; BGBl I 2007/114; BGBl I 2011/33)*

(3b) Ist auf Grund bestimmter Tatsachen anzunehmen, dass eine gegenwärtige Gefahr für das Leben, die Gesundheit oder die Freiheit eines Menschen besteht, sind die Sicherheitsbehörden zur Hilfeleistung oder Abwehr dieser Gefahr berechtigt, von Betreibern öffentlicher Telekommunikationsdienste Auskunft über Standortdaten und die internationale Mobilteilnehmerkennung (IMSI) der vom Gefährder oder dem gefährdeten oder diesen begleitenden Menschen mitgeführten Endeinrichtung zu verlangen sowie technische Mittel zur Lokalisierung der Endeinrichtung zum Einsatz zu bringen. *(BGBl I 2007/114; BGBl I 2011/33; BGBl I 2012/13; BGBl I 2014/44 (VfGH); BGBl I 2016/5)*

(3c) In den Fällen der Abs. 3a und 3b trifft die Sicherheitsbehörde die Verantwortung für die rechtliche Zulässigkeit des Auskunftsbegehrens. Die ersuchte Stelle ist verpflichtet, die Auskünfte unverzüglich und im Fall des Abs. 3b gegen Ersatz der Kosten nach der Überwachungskosten-

SPG

verordnung – ÜKVO, BGBl. II Nr. 322/2004, zu erteilen. Im Falle des Abs. 3b hat die Sicherheitsbehörde dem Betreiber überdies unverzüglich, spätestens innerhalb von 24 Stunden eine schriftliche Dokumentation nachzureichen. *(BGBl I 2011/33; BGBl I 2021/190)*

(3d) Die Sicherheitsbehörden sind zur Vorbeugung und Abwehr gefährlicher Angriffe gegen die Umwelt berechtigt, von Behörden des Bundes, der Länder und Gemeinden Auskünfte über von diesen genehmigte Anlagen und Einrichtungen zu verlangen, bei denen wegen der Verwendung von Maschinen oder Geräten, der Lagerung, Verwendung oder Produktion von Stoffen, der Betriebsweise, der Ausstattung oder aus anderen Gründen besonders zu befürchten ist, dass im Falle einer Abweichung der Anlage oder Einrichtung von dem der Rechtsordnung entsprechenden Zustand eine Gefahr für das Leben, die Gesundheit mehrerer Menschen oder in großem Ausmaß eine Gefahr für Eigentum oder Umwelt entsteht. Die ersuchte Behörde ist verpflichtet, die Auskunft zu erteilen. *(BGBl I 2002/104; BGBl I 2011/33)*

(4) Abgesehen von den Fällen der Abs. 2 bis 3b und 3d sind die Sicherheitsbehörden für Zwecke des Abs. 1 berechtigt, personenbezogene Daten aus allen anderen verfügbaren Quellen durch Einsatz geeigneter Mittel, insbesondere durch Zugriff etwa auf im Internet öffentlich zugängliche Daten, zu verarbeiten. *(BGBl I 2002/104; BGBl I 2005/158; BGBl I 2011/33; BGBl I 2016/5; BGBl I 2018/29)*

(5) Die Sicherheitsbehörden sind im Einzelfall berechtigt, für die Zwecke des Abs. 1 personenbezogene Bild- und Tondaten zu verarbeiten, die Rechtsträger des öffentlichen oder privaten Bereichs mittels Einsatz von Bildaufnahmegeräten rechtmäßig verarbeitet und der Sicherheitsbehörde freiwillig übermittelt haben. Nicht zulässig ist die Verarbeitung von personenbezogenen Bilddaten über nichtöffentliches Verhalten. Die Rechtsträger des öffentlichen oder privaten Bereichs, sofern letzteren ein öffentlicher Versorgungsauftrag zukommt, die zulässigerweise einen öffentlichen Ort mit Bildaufnahmegeräten überwachen, sind im Einzelfall für die Zwecke der Vorbeugung wahrscheinlicher oder Abwehr gefährlicher Angriffe, der Abwehr krimineller Verbindungen sowie der Fahndung verpflichtet, die auf diese Weise erlangten Bild- und Tondaten auf Verlangen unverzüglich der Sicherheitsbehörde in einem üblichen technischen Format weiterzugeben oder Zugang zur Bildaufnahme zu gewähren, um sie für die genannten Zwecke zu verarbeiten. Ab dem Zeitpunkt der Kenntnis von einem solchen Verlangen darf der verpflichtete Rechtsträger die verlangten Bild- und Tondaten nicht löschen. Bei jeder Verarbeitung von Bild- und Tondaten ist besonders darauf zu achten, dass Eingriffe in die Privatsphäre der Betroffenen die Verhältnismäßigkeit (§ 29) zum Anlass wahren. *(BGBl I 2018/29)*

Datenverarbeitung der Sicherheitsbehörden

§ 53a. (1) Die Sicherheitsbehörden dürfen für die Leitung, Administration und Koordination von Einsätzen, insbesondere von sicherheitspolizeilichen Schwerpunktaktionen, Fahndungen oder ordnungsdienstlichen Anlässen sowie für die Erfüllung der ersten allgemeinen Hilfeleistungspflicht Daten über natürliche und juristische Personen sowie Sachen und Gebäude verarbeiten. Es dürfen zu Personen, die von einer Amtshandlung betroffen sind, zu Einbringern von Anträgen, Anzeigen oder sonstigen Mitteilungen, zu gefährdeten Personen oder Institutionen und zu Zeugen und anderen Personen, die im Zuge einer Amtshandlung zu verständigen sind, die erforderlichen Identifikations- und Erreichbarkeitsdaten verarbeitet werden sowie zu gefährdeten Personen auch Lichtbild und eine allenfalls vorhandene Beschreibung des Aussehens und ihrer Kleidung. Darüber hinaus dürfen die erforderlichen Sachdaten einschließlich KFZ-Kennzeichen, Angaben zu Zeit, Ort, Grund und Art des Einschreitens sowie Verwaltungsdaten verarbeitet werden. *(BGBl I 2016/5)*

(1a) Die Sicherheitsbehörden dürfen für den Personen- und Objektschutz Erreichbarkeits- und Identifikationsdaten über die gefährdete natürliche oder juristische Person, die erforderlichen Sachdaten einschließlich KFZ-Kennzeichen zu den zu schützenden Objekten, Angaben zu Zeit, Ort, Grund und Art des Einschreitens sowie Verwaltungsdaten verarbeiten. *(BGBl I 2016/5)*

(2) Die Sicherheitsbehörden dürfen für die Abwehr krimineller Verbindungen oder gefährlicher Angriffe sowie zur Vorbeugung gefährlicher Angriffe, wenn nach der Art des Angriffs eine wiederholte Begehung wahrscheinlich ist, mittels operativer oder strategischer Analyse

1. zu Verdächtigen

a) Namen,

b) frühere Namen,

c) Aliasdaten,

d) Namen der Eltern,

e) Geschlecht,

f) Geburtsdatum und Ort,

g) Staatsangehörigkeit,

h) Wohnanschrift/Aufenthalt,

i) sonstige zur Personenbeschreibung erforderliche Daten,

j) Dokumentendaten,

k) Beruf und Qualifikation/Beschäftigung/Lebensverhältnisse,

l) erkennungsdienstliche Daten,

m) Informationen über wirtschaftliche und finanzielle Verhältnisse einschließlich damit im Zusammenhang stehender Daten juristischer Personen und

n) sachbezogene Daten zu Kommunikations- und Verkehrsmittel sowie Waffen einschließlich Registrierungsnummer/Kennzeichen,

2. zu Opfern oder Personen, bei denen bestimmte Tatsachen die Annahme rechtfertigen, dass sie Opfer einer mit beträchtlicher Strafe bedrohten Handlung werden können, die Datenarten 1. a) bis k) sowie Gründe für die Viktimisierung und eingetretener Schaden,

3. zu Zeugen die Datenarten 1. a) bis j) und zeugenschutzrelevante Daten,

4. zu Kontakt- oder Begleitpersonen, die nicht nur zufällig mit Verdächtigen in Verbindung stehen und bei denen ausreichende Gründe für die Annahme bestehen, dass über sie Informationen zu Verdächtigen beschafft werden können, die Datenarten 1. a) bis n) bis zur möglichst rasch vorzunehmenden Klärung der Beziehung zum Verdächtigen, sowie

5. zu Informanten und sonstigen Auskunftspersonen die Datenarten 1. a) bis j),

sowie tat- und fallbezogene Informationen und Verwaltungsdaten verarbeiten. *(BGBl I 2018/29)*

(3) Zur Evidenthaltung von Wegweisungen, Betretungsverboten und einstweiligen Verfügungen zum Schutz vor Gewalt in der Familie sind die Sicherheitsbehörden ermächtigt, zu Personen, gegen die eine derartige Maßnahme verfügt wurde, Namen, Geburtsdatum und Ort, Geschlecht, Verhältnis zur gefährdeten Person, Staatsangehörigkeit, Wohnanschrift, zu gefährdeten Personen Namen, Geburtsdatum und Ort, Geschlecht, Staatsangehörigkeit, Beziehung zum Gefährder, Wohnanschrift und Erreichbarkeitsdaten sowie Art der Maßnahme, frühere Maßnahmen, Bereich (Anschrift, nähere Beschreibung), auf den sich die Maßnahme bezieht, bestimmte Tatsachen, auf die sich die Maßnahme stützt (insbesondere vorangegangener gefährlicher Angriff), Geltungsdauer der Maßnahme, Verstöße gegen verfügte Maßnahmen, Abgabestelle für Zwecke der Zustellung der Aufhebung des Betretungsverbotes oder einer einstweiligen Verfügung nach § 382b EO, und Verwaltungsdaten zu verarbeiten. Die Daten von Opfern sind längstens nach einem Jahr zu löschen. Bei mehreren Speicherungen bestimmt sich die Löschung nach dem Zeitpunkt der letzten Speicherung.

(4) Zur Evidenthaltung von Wegweisungen und Betretungsverboten in Schutzzonen sind die Sicherheitsbehörden ermächtigt, zu Personen, gegen die eine derartige Maßnahme verfügt wurde, Namen, Geburtsdatum und Ort, Geschlecht, Staatsangehörigkeit, Wohnanschrift, sowie Art der Maßnahme, Bereich (Anschrift, nähere Beschreibung), auf den sich die Maßnahme bezieht,

bestimmte Tatsachen, auf die sich die Maßnahme stützt (insbesondere vorangegangener gefährlicher Angriff), Geltungsdauer der Maßnahme und Verwaltungsdaten zu verarbeiten.

(5) Datenverarbeitungen gemäß Abs. 1 dürfen durch mehrere Sicherheitsbehörden als gemeinsam Verantwortliche geführt werden, soweit dies wegen eines sprengelübergreifenden Einsatzes erforderlich ist. Die Daten sind nach Beendigung und Evaluierung des Einsatzes, längstens jedoch nach einem Jahr zu löschen. Übermittlungen der gemäß Abs. 1 verarbeiteten Daten sind nur zulässig, wenn hierfür eine ausdrückliche gesetzliche Ermächtigung besteht. *(BGBl I 2018/29)*

(5a) Datenverarbeitungen gemäß Abs. 1a zum Schutz von verfassungsmäßigen Einrichtungen und ihrer Handlungsfähigkeit (§ 22 Abs. 1 Z 2), der Vertreter ausländischer Staaten, internationaler Organisationen und anderer Völkerrechtssubjekte (§ 22 Abs. 1 Z 3) sowie von kritischen Infrastrukturen (§ 22 Abs. 1 Z 6) dürfen durch den Bundesminister für Inneres und die Landespolizeidirektionen als gemeinsam Verantwortliche geführt werden. Übermittlungen der gemäß Abs. 1a verarbeiteten Daten sind an Sicherheitsbehörden für Zwecke der Sicherheitspolizei und Strafrechtspflege, an Staatsanwaltschaften und ordentliche Gerichte für Zwecke der Strafrechtspflege, darüber hinaus an Dienststellen inländischer Behörden, soweit dies eine wesentliche Voraussetzung zur Wahrnehmung einer ihr gesetzlich übertragenen Aufgabe ist, an ausländische Sicherheitsbehörden und Sicherheitsorganisationen (§ 2 Abs. 2 und 3 PolKG) entsprechend den Bestimmungen über die internationale polizeiliche Amtshilfe und im Übrigen nur zulässig, wenn hierfür eine ausdrückliche gesetzliche Ermächtigung besteht. *(BGBl I 2016/5; BGBl I 2018/29)*

(6) Datenverarbeitungen gemäß Abs. 2 dürfen durch mehrere Sicherheitsbehörden als gemeinsam Verantwortliche geführt werden, soweit eine solche gemeinsame Verarbeitung für den Zweck des Abs. 2 erforderlich ist. Daten gemäß Abs. 2 Z 1 sind längstens nach fünf Jahren, Daten nach Abs. 2 Z 2 und 3 längstens nach einem Jahr, Daten gemäß Abs. 2 Z 4 bei Wegfall der ausreichenden Gründe für die Annahme nach dieser Ziffer, längstens aber nach drei Jahren und Daten gemäß Abs. 2 Z 5 längstens nach drei Jahren zu löschen. Bei mehreren Speicherungen nach derselben Ziffer bestimmt sich die Löschung nach dem Zeitpunkt der letzten Speicherung. Übermittlungen sind an Sicherheitsbehörden, Staatsanwaltschaften und ordentliche Gerichte für Zwecke der Strafrechtspflege und im Übrigen nur zulässig, wenn hierfür eine ausdrückliche gesetzliche Ermächtigung besteht. *(BGBl I 2013/161; BGBl I 2018/29)*

(BGBl I 2007/114)

Zulässigkeit der Verarbeitung durch Fundbehörden

§ 53b. Die Fundbehörde ist ermächtigt, alle für die Ausfolgung des Fundes an den Eigentümer oder rechtmäßigen Besitzer oder allenfalls an den Finder maßgeblichen personenbezogenen Daten zu verarbeiten. *(BGBl I 2007/114; BGBl I 2018/29)*

Besondere Bestimmungen für die Ermittlung

§ 54. (1) Sollen personenbezogene Daten durch Einholen von Auskünften ermittelt werden, so haben die Sicherheitsbehörden auf den amtlichen Charakter sowie auf die Freiwilligkeit der Mitwirkung hinzuweisen. Der Hinweis kann unterbleiben, wenn wegen wiederholter Kontakte über diese Umstände kein Zweifel besteht.

(2) Die Ermittlung personenbezogener Daten durch Beobachten (Observation) ist zulässig

1. *(aufgehoben, BGBl I 2016/5)*

2. um eine von einem bestimmten Menschen geplante strafbare Handlung gegen Leben, Gesundheit, Sittlichkeit, Freiheit, Vermögen oder Umwelt noch während ihrer Vorbereitung (§ 16 Abs. 3) verhindern zu können;

3. wenn sonst die Abwehr gefährlicher Angriffe oder krimineller Verbindungen gefährdet oder erheblich erschwert wäre.
(BGBl I 2000/85)

(2a) Zur Unterstützung der Observation gemäß § 54 Abs. 2 ist der Einsatz technischer Mittel, die im Wege der Übertragung von Signalen die Feststellung des räumlichen Bereichs ermöglichen, in dem sich die beobachtete Person oder der beobachtete Gegenstand befindet, zulässig, wenn die Observation sonst aussichtslos oder erheblich erschwert wäre. *(BGBl I 2012/13)*

(3) Das Einholen von Auskünften durch die Sicherheitsbehörde ohne Hinweis gemäß Abs. 1 oder im Auftrag der Sicherheitsbehörde durch andere Personen (Vertrauenspersonen), die ihren Auftrag weder offen legen noch erkennen lassen, ist zulässig, wenn sonst die Abwehr gefährlicher Angriffe oder krimineller Verbindungen gefährdet oder erheblich erschwert wäre (verdeckte Ermittlung). Wohnungen und andere vom Hausrecht geschützte Räume dürfen im Rahmen einer verdeckten Ermittlung nur im Einverständnis mit dem Inhaber betreten werden; dieses darf nicht durch Täuschung über eine Zutrittsberechtigung herbeigeführt werden. *(BGBl I 2016/5)*

(3a) Die Vertrauensperson ist von der Sicherheitsbehörde zu führen und regelmäßig zu überwachen. Ihr Einsatz und dessen nähere Umstände sowie Auskünfte und Mitteilungen, die durch sie erlangt werden, sind zu dokumentieren (§ 13a), sofern diese für die Aufgabenerfüllung von Bedeutung sein können. § 54a gilt für verdeckte Er-

mittlungen durch Vertrauenspersonen nicht. *(BGBl I 2016/5)*

(4) Die Ermittlung personenbezogener Daten mit Bild- und Tonaufzeichnungsgeräten ist nur für die Abwehr gefährlicher Angriffe oder krimineller Verbindungen zulässig; sie darf unter den Voraussetzungen des Abs. 3 erster Satz auch verdeckt erfolgen. Das Fernmeldegeheimnis bleibt unberührt. Unzulässig ist die Ermittlung personenbezogener Daten jedoch

1. mit Tonaufzeichnungsgeräten, um nichtöffentliche und nicht in Anwesenheit eines Ermittelnden erfolgende Äußerungen aufzuzeichnen;

2. mit Bildaufzeichnungsgeräten, um nichtöffentliches und nicht im Wahrnehmungsbereich eines Ermittelnden erfolgendes Verhalten aufzuzeichnen.
(BGBl I 2000/85; BGBl I 2005/158; BGBl I 2016/5; BGBl I 2016/61)

(4a) Die verdeckte Ermittlung (Abs. 3) und der Einsatz von Bild- und Tonaufzeichnungsgeräten (Abs. 4) sind zur Abwehr einer kriminellen Verbindung nur zulässig, wenn die Begehung von mit beträchtlicher Strafe bedrohten Handlungen (§ 17) zu erwarten ist. Bei jeglichem Einsatz von Bild- und Tonaufzeichnungsgeräten ist besonders darauf zu achten, dass Eingriffe in die Privatsphäre der Betroffenen die Verhältnismäßigkeit (§ 29) zum Anlass wahren. *(BGBl I 2000/85)*

(4b) *(aufgehoben, BGBl I 2019/113, VfGH)*

(5) Ist zu befürchten, daß es bei oder im Zusammenhang mit einer Zusammenkunft zahlreicher Menschen zu gefährlichen Angriffen gegen Leben, Gesundheit oder Eigentum von Menschen kommen werde, so dürfen die Sicherheitsbehörden zur Vorbeugung solcher Angriffe personenbezogene Daten Anwesender mit Bild- und Tonaufzeichnungsgeräten ermitteln; sie haben dies jedoch zuvor auf solche Weise anzukündigen, daß es einem möglichst weiten Kreis potentieller Betroffener bekannt wird. Die auf diese Weise ermittelten Daten dürfen auch zur Abwehr und Verfolgung gefährlicher Angriffe sowie zur Verfolgung strafbarer Handlungen in Angelegenheiten der Sicherheitsverwaltung, nach Art. III Abs. 1 Z 4 EGVG, § 3 AbzeichenG sowie § 3 Symbole-Gesetz, BGBl. I Nr. 103/2014, die sich im Zusammenhang mit oder während der Zusammenkunft ereignen, verarbeitet werden. *(BGBl I 2016/5; BGBl I 2018/29)*

(6) Ist auf Grund bestimmter Tatsachen, insbesondere wegen vorangegangener gefährlicher Angriffe, zu befürchten, dass es an öffentlichen Orten (§ 27 Abs. 2) zu gefährlichen Angriffen gegen Leben, Gesundheit oder Eigentum von Menschen kommen wird, dürfen die Sicherheitsbehörden zur Vorbeugung solcher Angriffe personenbezogene Daten Anwesender mit Bild- und Tonaufzeichnungsgeräten ermitteln. Sie haben dies jedoch zuvor auf solche Weise anzukündigen,

dass es einem möglichst weiten Kreis potentieller Betroffener bekannt wird. Die auf diese Weise ermittelten Daten dürfen auch zur Abwehr und Aufklärung gefährlicher Angriffe, die sich an diesen öffentlichen Orten ereignen, sowie für Zwecke der Fahndung (§ 24) verarbeitet werden. Soweit diese Aufzeichnungen nicht zur weiteren Verfolgung auf Grund eines Verdachts strafbarer Handlungen (§ 22 Abs. 3) erforderlich sind, sind sie nach längstens 48 Stunden zu löschen. *(BGBl I 2004/151; BGBl I 2018/29)*

(7) Die Sicherheitsbehörden sind ermächtigt, an öffentlichen Orten (§ 27 Abs. 2) personenbezogene Daten mittels Bild- und Tonaufzeichnungsgeräten zu ermitteln, wenn an diesen Orten oder in deren unmittelbarer Nähe nationale oder internationale Veranstaltungen unter Teilnahme von besonders zu schützenden Vertretern ausländischer Staaten, internationaler Organisationen oder anderer Völkerrechtssubjekte (§ 22 Abs. 1 Z 3) stattfinden. Diese Maßnahme darf nur in unmittelbarem zeitlichen Zusammenhang mit der Veranstaltung und bei Vorliegen einer Gefährdungssituation gesetzt werden und ist auf eine Weise anzukündigen, dass sie einem möglichst weiten Kreis potentiell Betroffener bekannt wird. Die ermittelten Daten dürfen auch zur Abwehr und Aufklärung gefährlicher Angriffe und zur Abwehr krimineller Verbindungen sowie für Zwecke der Fahndung (§ 24) verarbeitet werden. Soweit sie nicht zur weiteren Verfolgung aufgrund eines Verdachts strafbarer Handlungen erforderlich sind, sind sie nach längstens 48 Stunden zu löschen. *(BGBl I 2005/158; BGBl I 2018/29)*

(7a) Soweit der Republik Österreich auf Grund völkerrechtlicher Verpflichtungen der besondere Schutz bestimmter Objekte obliegt und dies auf Grundlage einer ortsbezogenen Risikoanalyse erforderlich ist, sind die Sicherheitsbehörden ermächtigt, zur Vorbeugung gefährlicher Angriffe gegen diese und an öffentlichen Orten (§ 27 Abs. 2) personenbezogene Daten Anwesender mit Bild- und Tonaufzeichnungsgeräten zu ermitteln. Diese Maßnahme ist auf den unbedingt notwendigen räumlichen Bereich zu beschränken und auf solche Weise anzukündigen, dass sie einem möglichst weiten Kreis potentieller Betroffener bekannt wird. Die auf diese Weise ermittelten Daten dürfen auch zur Abwehr und Aufklärung anderer gefährlicher Angriffe, die sich an diesen öffentlichen Orten ereignen, sowie für Zwecke der Fahndung (§ 24) verarbeitet werden. Soweit diese Aufzeichnungen nicht zur weiteren Verfolgung auf Grund eines Verdachts strafbarer Handlungen (§ 22 Abs. 3) erforderlich sind, sind sie nach längstens 48 Stunden zu löschen. *(BGBl I 2018/55)*

(8) Die Sicherheitsbehörden sind ermächtigt, zur Echtzeitüberwachung Bildübertragungsgeräte einzusetzen, sofern sie zum Einsatz von Bildaufzeichnungsgeräten befugt sind oder dies zur Erfüllung einer sicherheitspolizeilichen Aufgabe oder zur Unterstützung des Streifendienstes erforderlich ist. *(BGBl I 2009/133)*

Legende

§ 54a. (1) Soweit Bundesbehörden, Behörden der mittelbaren Bundesverwaltung durch Gesetz eingerichtete Körperschaften und Anstalten des öffentlichen Rechts oder Bürgermeister gesetzlich zur Ausstellung von Urkunden berufen sind, haben sie auf Verlangen des Bundesministers für Inneres zum vorbeugenden Schutz von Menschen nach § 22 Abs. 1 Z 5 und zum Zwecke verdeckter Ermittlungen (§ 54 Abs. 3) Urkunden herzustellen, die über die Identität eines Menschen täuschen. *(BGBl I 2007/114)*

(2) Die Urkunden dürfen im Rechtsverkehr nur verwendet werden, soweit es zur Erfüllung der in Abs. 1 genannten Zwecke erforderlich ist. Der Bundesminister für Inneres hat den Zweck der Ausstellung und den Anwendungsbereich der Urkunden im Rechtsverkehr in einem Einsatzauftrag festzulegen. Die Sicherheitsbehörden haben jede Anwendung der Urkunden im Rechtsverkehr zu dokumentieren und diese im Falle missbräuchlicher Verwendung oder, sobald sie zur Aufgabenerfüllung nicht mehr benötigt werden, einzuziehen; Urkunden zum vorbeugenden Schutz von Menschen nach § 22 Abs. 1 Z 5 sind nach Maßgabe des im Einzelfall durch den Bundesminister für Inneres festzulegenden Gefährdungszeitraumes einzuziehen. Der Bundesminister für Inneres hat den Betroffenen vor Ausstattung mit der Legende über den Einsatz der Urkunden sowie darüber zu belehren, dass sie ihm im Fall missbräuchlicher Verwendung unverzüglich entzogen werden. *(BGBl I 2007/114)*

(3) Urkunden, die über die Identität eines Menschen täuschen, haben die in Abs. 1 genannten Behörden über Verlangen des Bundesministers für Inneres auch zum Zweck der Vorbereitung und Unterstützung der Durchführung von Observationen (§ 54 Abs. 2) und verdeckter Ermittlungen herzustellen. Die Organe der Sicherheitsbehörden dürfen diese Urkunden im Rechtsverkehr für die Beschaffung von Sachmitteln und deren Verwaltung verwenden. Für die Festlegung eines Einsatzauftrages und die Dokumentationspflicht gilt Abs. 2.

(BGBl I 2002/104)

Vertrauenspersonenevidenz

§ 54b. (1) Der Bundesminister für Inneres ist ermächtigt, personenbezogene Daten von Menschen, die für eine Sicherheitsbehörde Informationen zur Abwehr gefährlicher Angriffe oder krimineller Verbindungen gegen Zusage einer Belohnung weitergeben, in einer zentralen Evidenz zu verarbeiten. Soweit dies zur Verhinderung von

SPG

Gefährdungen der Betroffenen und zur Bewertung der Vertrauenswürdigkeit der Informationen unbedingt erforderlich ist, dürfen auch besondere Kategorien personenbezogener Daten (§ 39 DSG) über die Betroffenen verarbeitet werden. *(BGBl I 2018/29)*

(2) Der Bundesminister für Inneres darf den Sicherheitsbehörden über die in der Evidenz verarbeiteten personenbezogenen Daten nur Auskunft erteilen, wenn diese die Daten für die Abwehr gefährlicher Angriffe oder krimineller Verbindungen oder zum vorbeugenden Schutz von Leben, Gesundheit oder Freiheit der in Abs. 1 genannten Menschen benötigen. Eine Auskunftserteilung an andere Behörden ist unzulässig. Anzeigepflichten nach der Strafprozessordnung bleiben unberührt.

(3) Die Daten sind spätestens zehn Jahre nach der letzten Information zu löschen. *(BGBl I 2018/29)*

(BGBl I 2002/104)

Sicherheitsüberprüfung

§ 55. (1) Sicherheitsüberprüfung ist die Abklärung der Vertrauenswürdigkeit eines Menschen anhand personenbezogener Daten, die Aufschluß darüber geben, ob Anhaltspunkte dafür bestehen, daß er gefährliche Angriffe begehen werde.

(2) Bei der Einbeziehung von Daten in eine Sicherheitsüberprüfung ist die Verhältnismäßigkeit zwischen den Interessen des Privat- und Familienlebens des Betroffenen gegenüber den zwingenden öffentlichen Interessen, insbesondere zur erforderlichen Geheimhaltung jener Informationen zu wahren, zu denen der Betroffene bei der Wahrnehmung der Funktion, die er innehat oder anstrebt, Zugang hat oder erhalten würde; soweit diese Funktion auch Zugang zu Information aus dem Bereich ausländischer Behörden, internationaler Organisationen oder sonstiger zwischenstaatlicher Einrichtungen eröffnet, ist bei der Durchführung der Sicherheitsüberprüfung auf Geheimschutzstandards dieser Behörden oder Organisationen Bedacht zu nehmen.

(3) Eine Information ist

1. „vertraulich", wenn sie unter strafrechtlichem Geheimhaltungsschutz steht und ihre Geheimhaltung im öffentlichen Interesse gelegen ist;

2. „geheim", wenn sie vertraulich ist und ihre Preisgabe zudem die Gefahr erheblicher Schädigung volkswirtschaftlicher Interessen einer Gebietskörperschaft oder erheblicher Schädigung der auswärtigen Beziehungen oder der Interessen des Bundes an der Aufrechterhaltung der öffentlichen Sicherheit oder der umfassenden Landesverteidigung schaffen würde;

3. „streng geheim", wenn sie geheim ist und überdies ihr Bekanntwerden eine schwere Schädigung nach Z 2 wahrscheinlich machen würde.

(4) Die Sicherheitsüberprüfung bezieht jene personenbezogenen Daten ein, die die Sicherheitsbehörden in Vollziehung von Bundes- oder Landesgesetzen verarbeitet haben; darüber hinaus dürfen Daten durch Anfragen an andere Behörden oder sonst verarbeitet werden, wenn der Betroffene eine Funktion innehat oder anstrebt, mit der ein Zugang zu geheimer Information oder zu Information verbunden ist, die durch Überwachungsmaßnahmen nach § 136 Abs. 1 Z 3 StPO gewonnen worden ist (erweiterte Ermittlungsermächtigung). *(BGBl I 2007/114; BGBl I 2018/29)*

(BGBl I 1999/146)

Fälle der Sicherheitsüberprüfung

§ 55a. (1) Eine Sicherheitsüberprüfung darf erfolgen:

1. zur Sicherung gesetzmäßiger Amtsausübung oder der Geheimhaltung vertraulicher Information;

2. für Zwecke des vorbeugenden Schutzes von Organwaltern verfassungsmäßiger Einrichtungen (§ 22 Abs. 1 Z 2) und von Vertretern ausländischer Staaten, internationaler Organisationen oder anderer Völkerrechtssubjekte (§ 22 Abs. 1 Z 3) hinsichtlich von Menschen, die sich im räumlichen Umfeld des Geschützten aufhalten.

(2) Eine Sicherheitsüberprüfung gemäß Abs. 1 Z 1 hat zu erfolgen:

1. auf Ersuchen jener Behörde, in deren Planstellenbereich der Betroffene einen Arbeitsplatz wahrnimmt oder anstrebt, bei dem er verwaltungsbehördliche Befehls- und Zwangsgewalt ausüben oder maßgebenden Einfluß auf das Zustandekommen sonstiger Verwaltungsakte oder anderer wichtiger behördlicher Entscheidungen zu nehmen hat oder dessen angestrebte oder wahrgenommene Tätigkeit im Auftrag der Behörde sonst den Zugang zu vertraulichen Informationen im Sinne des § 55 Abs. 3 Z 1 unerlässlich macht; *(BGBl I 2012/13)*

2. auf Ersuchen des Bundesministers für auswärtige Angelegenheiten vor der Erteilung eines Exequatur zugunsten des Leiters einer konsularischen Vertretung oder des Agrément zugunsten des Leiters einer diplomatischen Mission;

3. auf begründetes Ersuchen jenes Unternehmens, in dem der Betroffene eine Tätigkeit wahrnimmt oder anstrebt, bei der er Zugang zu vertraulicher Information hat, deren Verwertung im Ausland (§ 124 StGB) eine Schädigung des Unternehmens bewirken würde; *(BGBl I 2014/43)*

3a. auf begründetes Ersuchen jenes Unternehmens, in dem der Betroffene eine Tätigkeit wahrnimmt oder anstrebt, bei der er Zugang zu vertraulicher Information hat, deren unzulässige Verwertung eine nachhaltige Funktionsstörung oder Zerstörung einer kritischen Infrastruktur (§ 22 Abs. 1 Z 6) bewirken würde; *(BGBl I 2014/43)*

4. wenn der Betroffene Zugang zu Informationen erhalten soll, die durch Überwachungsmaßnahmen nach § 136 Abs. 1 Z 3 StPO gewonnen worden sind; *(BGBl I 2007/114)*

5. wenn der Betroffene mit einem Menschen, der Zugang zu streng geheimer Information hat, im gemeinsamen Haushalt lebt und volljährig ist.

(3) Überdies hat eine Sicherheitsüberprüfung auf Ersuchen eines Organs der Europäischen Gemeinschaften oder einer anderen internationalen Organisation zu erfolgen, wenn ein österreichischer Staatsbürger oder ein Mensch mit Hauptwohnsitz in Österreich eine Tätigkeit ausüben soll, bei der er Zugang zu vertraulicher Information dieser Organisation erhalten soll.

(4) Solange die Voraussetzungen nach Abs. 1 bis 3 erfüllt sind, darf eine Sicherheitsüberprüfung nach drei Jahren wiederholt werden. Sicherheitsüberprüfungen gemäß Abs. 2 Z 4 sind nach zwei Jahren zu wiederholen. Bei Vorliegen von Anhaltspunkten, wonach ein Mensch nicht mehr vertrauenswürdig sein könnte, ist die Sicherheitsüberprüfung vor Ablauf dieser Fristen zu wiederholen. Mit Einwilligung des Betroffenen kann ebenfalls eine Sicherheitsüberprüfung vor Ablauf dieser Fristen durchgeführt werden. *(BGBl I 2007/114; BGBl I 2012/13; BGBl I 2018/29)*

(BGBl I 1999/146)

Durchführung der Sicherheitsüberprüfung

§ 55b. (1) Außer in den Fällen des § 55a Abs. 1 Z 2 und Abs. 2 Z 2 ist eine Sicherheitsüberprüfung nur auf Grund der Einwilligung und einer Erklärung . des Betroffenen hinsichtlich seines Vorlebens und seiner gegenwärtigen Lebensumstände (Sicherheitserklärung) durchzuführen. Die Einwilligung muß auch für die Übermittlung des Ergebnisses der Überprüfung an den Dienstgeber oder die anfragende Behörde vorliegen. Der Bundesminister für Inneres hat Muster der Sicherheitserklärung einschließlich der Einwilligungserklärung entsprechend den Geheimschutzstufen (§ 55 Abs. 3) mit Verordnung zu erlassen. Die Sicherheitserklärung eines Menschen, der Zugang zu streng geheimer Information erhalten soll, hat die Überprüfung auch jener Menschen vorzusehen, die mit dem Geheimnisträger im gemeinsamen Haushalt leben und volljährig sind. *(BGBl I 2018/29)*

(2) Sicherheitsüberprüfungen auf Grund eines Ersuchens einer internationalen Organisation oder in bezug auf Funktionen bei einem obersten Organ des Bundes sind dem Bundesminister für Inneres vorbehalten.

(3) Soweit die Ermächtigung, eine Sicherheitsüberprüfung durchzuführen, eine erweiterte Ermittlungsermächtigung (§ 55 Abs. 4) einschließt, haben sich die Ermittlungen auf die Überprüfung der Angaben des Betroffenen in der Sicherheitserklärung zu beschränken. Widersprechen die Ergebnisse solcher Ermittlungen den Angaben des Betroffenen, so ist diesem Gelegenheit zu einer Äußerung zu geben.

(4) Die Sicherheitsbehörden sind ermächtigt, von den Dienststellen der Gebietskörperschaften, der anderen Körperschaften des öffentlichen Rechts und der von diesen betriebenen Anstalten Auskünfte zu verlangen, die sie zur Überprüfung der Angaben des Betroffenen in der Sicherheitserklärung benötigen. Die ersuchte Stelle ist verpflichtet, die Auskunft zu erteilen; eine Verweigerung der Auskunft unter Berufung auf eine Auskunftsbeschränkung ist in solchen Fällen nur zulässig, wenn diese sowohl dem Betroffenen als auch Sicherheitsbehörden gegenüber gilt.

(5) In den Fällen des § 55a Abs. 2 Z 3 und Z 3a hat das Unternehmen, das um die Durchführung der Sicherheitsüberprüfung ersucht hat, deren Kosten zu tragen. Hiezu hat der Bundesminister für Inneres mit Verordnung Pauschalsätze zu bestimmen, die dem durchschnittlichen Aufwand einer Sicherheitsüberprüfung je nach der Geheimschutzstufe (§ 55 Abs. 3) entsprechen. Die Sicherheitsüberprüfung ist nach der Entrichtung der Gebühr durchzuführen. *(BGBl I 2014/43)*

(BGBl I 1999/146)

Geheimschutzordnung

§ 55c. Der Bundesminister für Inneres hat nach Anhörung des Datenschutzrates für die Handhabung der Überwachungsmaßnahmen nach § 136 Abs. 1 Z 3 StPO und des automationsunterstützten Datenabgleichs nach § 141 StPO eine Geheimschutzordnung als generelle Weisung zu erlassen. Diese hat jedenfalls zu enthalten:

1. allgemeine Verhaltensregeln für den Umgang mit Informationen, die durch solche Überwachungsmaßnahmen gewonnen worden sind, insbesondere hinsichtlich ihrer Vervielfältigung und Aufbewahrung;

2. Maßnahmen zur Gewährleistung der nachträglichen Feststellbarkeit des Zuganges zu solchen Informationen.

(BGBl I 1999/146; BGBl I 2007/114)

Zulässigkeit der Übermittlung

§ 56. (1) Die Sicherheitsbehörden dürfen personenbezogene Daten nur übermitteln

1. wenn der Betroffene in die Übermittlung – bei besonderen Kategorien personenbezogener Daten (§ 39 DSG) ausdrücklich – eingewilligt

SPG

hat, wobei ein Widerruf jederzeit möglich ist und die Unzulässigkeit der weiteren Verarbeitung der Daten bewirkt; *(BGBl I 2018/29)*

2. inländischen Behörden, soweit dies ausdrücklich gesetzlich vorgesehen ist oder für den Empfänger eine wesentliche Voraussetzung zur Wahrnehmung einer ihm gesetzlich übertragenen Aufgabe bildet;

3. an Interventionsstellen (§ 25 Abs. 3) sowie Beratungsstellen für Gewaltprävention (§ 25 Abs. 4), soweit dies zum Schutz gefährdeter Menschen oder zur Gewaltpräventionsberatung erforderlich ist, wobei im Falle der Anordnung eines Betretungs- und Annäherungsverbots (§ 38a) die Dokumentation (§ 38a Abs. 6) sowie ansonsten die dem Inhalt einer solchen Dokumentation entsprechenden personenbezogenen Daten zu übermitteln sind; *(BGBl I 2007/114; BGBl I 2019/105; BGBl I 2021/124)*

3a. an den Österreichischen Fußballbund sowie die Österreichische Fußball-Bundesliga zur Prüfung und Veranlassung eines Sportstättenbetretungsverbotes, wenn der Betroffene einen gefährlichen Angriff gegen Leben, Gesundheit oder Eigentum unter Anwendung von Gewalt, nach dem Verbotsgesetz oder § 283 StGB im Zusammenhang mit einer Fußballsportgroßveranstaltung begangen hat. Dazu sind ausschließlich Namen, Geburtsdatum, Wohnanschrift, Angaben zum Grund und die maßgeblichen Umstände des Einschreitens und gegebenenfalls Informationen über den Ausgang des Strafverfahrens sowie auf begründete Nachfrage vorhandene Bilddaten des Betroffenen zu übermitteln; *(BGBl I 2009/131; BGBl I 2014/43)*

4. an einen Menschen, dessen Rechtsgut durch einen gefährlichen Angriff bedroht ist, soweit dies für seine Kenntnis von Art und Umfang der Bedrohung erforderlich ist (§ 22 Abs. 4);

5. wenn lebenswichtige Interessen eines Menschen die Übermittlung erfordern; *(BGBl I 2018/29)*

6. für die Zwecke des § 71 Abs. 3 Z 1 an Medienunternehmen oder durch Veröffentlichung durch die Sicherheitsbehörde selbst;

7. für Zwecke wissenschaftlicher Forschung und Statistik; *(BGBl I 2018/29)*

8. im Fall einer Anordnung eines Betretungs- und Annäherungsverbots gemäß § 38a Abs. 1, wenn der Gefährdete minderjährig ist, an jene Menschen, in deren Obhut er sich regelmäßig befindet. Zu übermitteln sind ausschließlich der Name des Gefährders und des gefährdeten Minderjährigen sowie die Dauer des Verbots und die Information über eine allfällige Aufhebung desselben; *(BGBl I 2013/152; BGBl I 2019/105)*

9. an die Teilnehmer einer sicherheitspolizeilichen Fallkonferenz (§ 22 Abs. 2 letzter Satz). Die Teilnehmer sind – sofern sie nicht ohnehin der Amtsverschwiegenheit unterliegen – zur vertraulichen Behandlung der Daten verpflichtet; darüber sind sie zu informieren. *(BGBl I 2019/105)*

Für die Übermittlung personenbezogener Daten für Zwecke der internationalen polizeilichen Amtshilfe sind die Bestimmungen des Polizeikooperationsgesetzes – PolKG, BGBl. I Nr. 104/1997, anzuwenden. *(BGBl I 2002/104; BGBl I 2018/29)*

(2) *(entfällt, BGBl I 2018/29)*

(3) Erweisen sich übermittelte personenbezogene Daten im Nachhinein als unvollständig oder unrichtig, so ist unverzüglich gemäß § 37 Abs. 8 und 9 DSG vorzugehen. *(BGBl I 2018/29)*

(4) Die Übermittlung personenbezogener Daten an andere Behörden als Sicherheitsbehörden ist unzulässig, wenn für die übermittelnde Stelle Hinweise bestehen, dass hierdurch der Schutz des Redaktionsgeheimnisses (§ 31 Abs. 1 Mediengesetz) umgangen würde. *(BGBl I 2002/104)*

(5) Die Übermittlung personenbezogener Daten nach Abs. 1 Z 3a ist erst zulässig, wenn sich der Österreichische Fußballbund und die Österreichische Fußball-Bundesliga vertraglich gegenüber dem Bundesminister für Inneres verpflichtet haben,

1. die Daten nur zum festgelegten Zweck, in ihrem Wirkungsbereich und im Einklang mit den Bestimmungen der DSGVO zu verarbeiten, *(BGBl I 2018/29)*

2. die Daten vor unberechtigter Verarbeitung zu sichern, insbesondere durch organisatorische und technische Vorkehrungen sicherzustellen, dass der Zutritt zu Räumen, in denen sich eine Zugriffsmöglichkeit auf die übermittelten Daten befindet, nur von in ihrem Auftrag Tätigen möglich ist, *(BGBl I 2018/29)*

3. ihren Löschungsverpflichtungen nachzukommen, *(BGBl I 2018/29)*

4. jede Verarbeitung der Daten in ihrem Wirkungsbereich zu protokollieren und *(BGBl I 2018/29)*

5. den Sicherheitsbehörden Zutritt zu Räumen und Zugriff auf Datenverarbeitungsgeräte zu gewähren und ihnen auf Verlangen die notwendigen Auskünfte zu erteilen, soweit dies zur Überprüfung der Einhaltung der in Z 1 bis 4 normierten Pflichten erforderlich ist. *(BGBl I 2018/29)*

Vor Abschluss des Vertrages durch den Bundesminister für Inneres ist der Datenschutzrat zu hören. Von der Behörde gemäß Abs. 1 Z 3a übermittelte Daten sowie vom Vertragspartner gemäß Z 4 angefertigte Protokolle sind vom Österreichischen Fußballbund und der Österreichischen Fußball-Bundesliga mit Ablauf eines gemäß Abs. 1 Z 3a verhängten Sportstättenbetretungsverbotes, spätestens aber nach Ablauf von zwei Jahren ab dem Zeitpunkt der Übermittlung zu löschen. Hat der jeweilige Vertragspartner innerhalb von sechs Monaten ab dem Zeitpunkt der Übermittlung kein Sportstättenbetretungsverbot gegen den Betroffenen verhängt, sind die Daten und Protokolle mit Ablauf dieser Frist zu löschen. Der Betroffene ist von der Sicherheitsbehörde von Datenübermittlungen nach Abs. 1 Z 3a schriftlich zu verständigen. Sicherheitsbehörden sind ermächtigt zu überprüfen, ob die Vertragspartner ihren Pflichten nach Z 1 bis 4 nachkommen. Kommt ein Vertragspartner einer Pflicht nach Z 1 bis 5 nicht nach, ist eine erneute Datenübermittlung an diesen erst nach Ablauf von drei Jahren ab Feststellung der Vertragsverletzung zulässig. *(BGBl I 2009/131)*

Zentrale Informationssammlung; Zulässigkeit der Ermittlung, Verarbeitung und Übermittlung

§ 57. (1) Soweit dies jeweils für die Erreichung des Zweckes der Datenverarbeitung erforderlich ist, dürfen die Sicherheitsbehörden als gemeinsam Verantwortliche Namen, Geschlecht, frühere Namen, Staatsangehörigkeit, Geburtsdatum, Geburtsort und Wohnanschrift, Namen der Eltern, Aliasdaten, das bereichsspezifische Personenkennzeichen (bPK, § 9 E-Government-Gesetz – E-GovG, BGBl. I Nr. 10/2004) sowie ein Lichtbild eines Menschen ermitteln und im Rahmen einer Zentralen Informationssammlung samt dem für die Speicherung maßgeblichen Grund, einer allenfalls vorhandenen Beschreibung des Aussehens eines Menschen und seiner Kleidung sowie einem Hinweis auf bereits vorhandene, gemäß § 75 Abs. 1 verarbeitete erkennungsdienstliche Daten und einen allenfalls erforderlichen Hinweis auf das gebotene Einschreiten für Auskünfte auch an andere Behörden gemeinsam verarbeiten, wenn *(BGBl I 2002/104; BGBl I 2012/13; BGBl I 2018/29; BGBl I 2021/206)*

1. gegen den Betroffenen ein inländischer richterlicher Befehl , eine Anordnung der Staatsanwaltschaft auf Grund einer gerichtlichen Bewilligung gemäß § 171 StPO sowie eine Anordnung der Staatsanwaltschaft gemäß § 169 StPO oder eine Anordnung des Vorsitzenden eines finanzbehördlichen Spruchsenates zur Ermittlung des Aufenthaltes oder zur Festnahme besteht; *(BGBl I 2012/13)*

2. aufgrund der Gesamtbeurteilung des Betroffenen, insbesondere aufgrund der bisher von ihm begangenen Straftaten, zu befürchten ist, er werde künftig eine mit beträchtlicher Strafe bedrohte Handlung nach dem Anhang I Teil A zum Bundesgesetz über die justizielle Zusammenarbeit in Strafsachen mit den Mitgliedstaaten der Europäischen Union – EU-JZG, BGBl. I Nr. 36/2004, oder nach § 6 Abs. 3 SNG begehen; *(BGBl I 2016/61; BGBl I 2021/148, ab 1. 12. 2021)*

3. gegen den Betroffenen ein Vorführbefehl nach dem Strafvollzugsgesetz, BGBl. Nr. 144/1969, besteht;

4. gegen den Betroffenen ein ausländischer richterlicher Befehl zur Festnahme oder eine andere, nach den Formvorschriften des ersuchenden Staates getroffene Anordnung mit gleicher Rechtswirkung besteht, die im Inland wirksam ist;

5. gegen den Betroffenen im Zusammenhang mit der Abwehr oder Aufklärung gefährlicher Angriffe oder mit der Abwehr krimineller Verbindungen ermittelt wird; *(BGBl I 2000/85)*

6. gegen den Betroffenen Ermittlungen im Dienste der Strafrechtspflege eingeleitet worden sind;

7. auf Grund bestimmter Tatsachen zu befürchten ist, der Betroffene, dessen Aufenthalt unbekannt ist, habe Selbstmord begangen oder sei Opfer einer Gewalttat oder eines Unfalles geworden;

8. der Betroffene unbekannten Aufenthaltes und auf Grund einer psychischen Beeinträchtigung hilflos ist; *(BGBl I 2018/56)*

8a. zur Sicherung des Wohls des Betroffenen eine gerichtliche Verfügung gemäß § 259 Abs. 4 ABGB vorliegt; *(BGBl I 2021/206)*

9. der Betroffene minderjährig und unbekannten Aufenthaltes ist, sofern ein Ersuchen gemäß § 162 Abs. 1 ABGB oder gemäß den §§ 107 Abs. 3 Z 4 oder 111c AußStrG vorliegt; *(BGBl I 2021/206)*

10. der Betroffene Opfer einer gerichtlich strafbaren Handlung wurde und die Speicherung der Klärung der Tat oder der Verhinderung anderer Taten dient; *(BGBl I 2002/104)*

10a. der Betroffene Opfer eines Missbrauchs seiner Identität durch einen nach Z 1 bis 4 ausgeschriebenen oder nach Z 5, 6, 11 und 11a von den dort aufgeführten Ermittlungsmaßnahmen betroffenen Menschen wurde und der Betroffene der Verarbeitung nach Maßgabe des § 68 Abs. 1 eingewilligt hat; *(BGBl I 2012/13; BGBl I 2018/29)*

11. der Betroffene einen gefährlichen Angriff begangen hat und zu befürchten ist, er werde im Falle einer gegen ihn geführten Amtshandlung einen gefährlichen Angriff gegen Leben, Gesundheit oder Freiheit begehen; *(BGBl I 1997/12)*

11a. der Betroffene im Zusammenhang mit einer Sportgroßveranstaltung einen gefährlichen Angriff gegen Leben, Gesundheit oder Eigentum unter Anwendung von Gewalt, nach dem Verbotsgesetz oder § 283 StGB begangen hat und auf Grund bestimmter Tatsachen zu befürchten ist, er werde bei künftigen Sportgroßveranstaltungen weitere derartige gefährliche Angriffe begehen und dies für die Zwecke des § 49a erforderlich ist; dies gilt auch bei vergleichbaren Sachverhal-

SPG

ten über Mitteilung einer ausländischen Sicherheitsbehörde; *(BGBl I 2005/158; BGBl I 2014/43)*

12. der Betroffene einen ausländischen Reisepass oder Passersatz verloren hat oder ihm ein solcher entfremdet wurde. *(BGBl I 1997/104; BGBl I 2007/114)*

(2) Wenn der Zweck einer Datenverarbeitung nicht in der Speicherung von Personendatensätzen gemäß Abs. 1 besteht, dürfen die Sicherheitsbehörden als gemeinsam Verantwortliche Namen, Geschlecht, Geburtsdatum sowie Geburtsort und Wohnanschrift von Menschen erfassen und zusammen mit Sachen oder rechtserheblichen Tatsachen im Rahmen der Zentralen Informationssammlung für Auskünfte auch an andere Behörden gemeinsam verarbeiten, sofern dies für die Erreichung des Zweckes der Datenverarbeitung erforderlich ist. Der Bundesminister für Inneres ist ermächtigt, nach diesem Absatz verarbeitete Daten mit den Daten zugelassener Kraftfahrzeuge und Anhänger (§§ 37 ff Kraftfahrgesetz 1967 – KFG 1967, BGBl. Nr. 267/1967), die in der zentralen Zulassungsevidenz gemäß § 47 Abs. 4 KFG 1967 verarbeitet werden, abzugleichen. *(BGBl I 2007/114; BGBl I 2016/61; BGBl I 2018/29)*

(2a) *(aufgehoben, BGBl I 2019/113, VfGH)*

(3) Die Sicherheitsbehörden sind ermächtigt, die von ihnen in der Zentralen Informationssammlung gespeicherten Daten zu verarbeiten. Abfragen und Übermittlungen der gemäß Abs. 1, Abs. 2 und Abs. 2a verarbeiteten Daten sind an Behörden für Zwecke der Sicherheitsverwaltung, des Asyl- und Fremdenwesens sowie der Strafrechtspflege zulässig. Abfragen und Übermittlungen der gemäß Abs. 1 verarbeiteten Daten sind an Behörden in Angelegenheiten der Verleihung (Zusicherung) der Staatsbürgerschaft zulässig. Im Übrigen sind Übermittlungen nur zulässig, wenn hiefür eine ausdrückliche gesetzliche Ermächtigung besteht. *(BGBl I 2016/61; BGBl I 2018/29)*

Zentrale Informationssammlung; Sperren des Zugriffes und Löschen

§ 58. (1) Personenbezogene Daten, die gemäß § 57 Abs. 1 verarbeitet werden, sind für Zugriffe der Sicherheitsbehörden als Verantwortliche zu sperren *(BGBl I 2018/29)*

1. in den Fällen der Z 1 zwei Jahre nach Widerruf des richterlichen Befehles oder der finanzbehördlichen Anordnung;

2. in den Fällen der Z 2 spätestens ein Jahr nach der Aufnahme in die Zentrale Informationssammlung, es sei denn, der für die Speicherung maßgebliche Grund besteht weiterhin; *(BGBl I 2016/61)*

3. in den Fällen der Z 3 nach Widerruf des Vorführbefehles;

4. in den Fällen der Z 4 zwei Jahre nach Widerruf des richterlichen Befehles oder der mit gleicher Rechtswirkung ausgestatteten Anordnung;

5. in den Fällen der Z 5, wenn der Angriff abgewehrt oder aufgeklärt worden ist oder wenn der Betroffene sonst für die allgemeine Gefahr nicht mehr maßgeblich ist;

6. in den Fällen der Z 6, wenn gegen den Betroffenen kein Verdacht mehr besteht, eine strafbare Handlung begangen zu haben, spätestens jedoch fünf Jahre nach der Aufnahme in die Zentrale Informationssammlung, im Falle mehrerer Speicherungen gemäß Z 6 fünf Jahre nach der letzten; *(BGBl I 2002/104)*

7. in den Fällen der Z 7, 8 und 9 fünf Jahre nach Auffinden des Gesuchten;

8. in den Fällen der Z 10 und 10a, wenn die Speicherung ihren Zweck erfüllt hat. *(BGBl I 2007/114; BGBl I 2012/13)*

9. in den Fällen der Z 11, wenn die für die Speicherung maßgebliche Gefahr nicht mehr besteht; *(BGBl I 1997/12; BGBl I 2005/158)*

10. in den Fällen der Z 11a zwei Jahre nach der Aufnahme in die zentrale Informationssammlung, im Falle mehrerer Speicherungen zwei Jahre nach der letzten; soweit Daten Betroffener von ausländischen Sicherheitsbehörden übermittelt wurden, sind diese unmittelbar nach der für die Speicherung maßgeblichen Sportgroßveranstaltung zu löschen; *(BGBl I 2005/158; BGBl I 2007/114)*

11. in den Fällen der Z 12, wenn die Speicherung ihren Zweck erfüllt hat. *(BGBl I 2007/114)*

Nach Ablauf von zwei weiteren Jahren sind die Daten auch physisch zu löschen. Während dieser Zeit kann die Sperre für Zwecke der Kontrolle der Richtigkeit einer beabsichtigten anderen Speicherung gemäß Abs. 1 aufgehoben werden.

(2) Die Sicherheitsbehörden sind verpflichtet, Personendatensätze gemäß § 57 Abs. 1 Z 10 und 11, die drei Jahre, und Personendatensätze gemäß § 57 Abs. 1 Z 1, 3 bis 5, 7 bis 9 und 12, die sechs Jahre unverändert geblieben sind, und auf die der Zugriff nicht gesperrt ist, in der Zentralen Informationssammlung daraufhin zu überprüfen, ob nicht die in Abs. 1 genannten Voraussetzungen für eine Sperre bereits vorliegen. Solche Personendatensätze sind nach Ablauf weiterer drei Monate gemäß Abs. 1 für Zugriffe zu sperren, es sei denn, der Verantwortliche hätte vorher bestätigt, daß der für die Speicherung maßgebliche Grund weiterhin besteht. *(BGBl I 1997/104; BGBl I 2018/29)*

(3) Personenbezogene Daten, die gemäß § 57 Abs. 2a übermittelt wurden, sind spätestens zwei Wochen nach der Übermittlung zu löschen. *(BGBl I 2018/29)*

Sicherheitsmonitor

§ 58a. Die Sicherheitsbehörden sind als gemeinsam Verantwortliche ermächtigt, für die Organisation des Streifen- und Überwachungsdienstes (§ 5 Abs. 3), für Zwecke der Gefahrenabwehr (§ 21 Abs. 1 und 2) und der Vorbeugung vor gefährlichen Angriffen (§ 22 Abs. 2 und 3) auch mittels Kriminalitätsanalyse hinsichtlich sämtlicher angezeigter, von Amts wegen zu verfolgender und vorsätzlich begangener gerichtlich strafbarer Handlungen folgende Informationen gemeinsam zu verarbeiten: strafbare Handlung samt näherer Umstände und Sachverhaltsbeschreibung, Tatort und Zeit, betroffenes Gut (Markenname) oder Firmenbezeichnung und hinsichtlich allfälliger Verdächtiger Anzahl, Nationalität, Geschlecht und Alter sowie Geschäftszahl, Dienststelle und Sachbearbeiter. Die Abfrageberechtigungen im Zusammenhang mit Sexualstraftaten nach dem 10. Abschnitt des Strafgesetzbuches sind auf jenen Personenkreis einzuschränken, der mit der Bearbeitung dieser strafbaren Handlungen befasst ist. Die Daten sind nach 18 Monaten zu löschen.

(BGBl I 2005/158; BGBl I 2018/29)

Vollzugsverwaltung

§ 58b. (1) Die Sicherheitsbehörden sind als gemeinsam Verantwortliche ermächtigt, für die Administration des Vollzugs und die Evidenthaltung der in Hafträumen der Landespolizeidirektionen oder Bezirksverwaltungsbehörden angehaltenen Menschen eine Datenverarbeitung gemeinsam zu führen. Zu diesen Zwecken dürfen sie personenbezogene Daten über angehaltene Menschen einschließlich eines anlässlich der Aufnahme anzufertigenden Lichtbildes verarbeiten, soweit sie sich auf strafbare Handlungen und auch für den Vollzug relevante Lebensumstände einschließlich ihres Gesundheitszustandes und ihrer ethnischen oder religiösen Zugehörigkeit beziehen. *(BGBl I 2018/29)*

(2) Die Übermittlung von Daten ist an das Bundesasylamt und das Bundesverwaltungsgericht zur Durchführung von Verfahren nach § 3 BFA-Verfahrensgesetz – BFA-VG, BGBl. I Nr. 87/2012, an Fremdenpolizeibehörden zur Durchführung fremdenpolizeilicher Verfahren, an Sicherheitsbehörden für Aufgaben der Sicherheitspolizei und im Dienste der Strafjustiz, an Staatsanwaltschaften und ordentliche Gerichte für Zwecke der Strafrechtspflege und an Justizanstalten nach Maßgabe des Strafvollzugsgesetzes oder der sonst für Anhaltung in der Justizanstalt maßgeblichen gesetzlichen Bestimmungen zulässig. Anderen Behörden ist Auskunft zu erteilen, ob sich ein bestimmter Mensch in Haft befindet, wenn dies eine wesentliche Voraussetzung für die Wahrnehmung einer diesen gesetzlich übertragenen Aufgabe ist. Nahen Angehörigen und Lebensgefährten, die persönlich vorsprechen und ihre Identität nachweisen, ist neben der Tatsache der Anhaltung auch der Betrag einer allenfalls ausständigen Geldstrafe bekanntzugeben; im Übrigen sind Übermittlungen nur zulässig, wenn hierfür eine ausdrückliche gesetzliche Ermächtigung besteht. *(BGBl I 2008/4; BGBl I 2013/161; BGBl I 2016/5)*

(3) Bei der Überstellung eines Menschen von einer Justizanstalt in einen Haftraum der Landespolizeidirekton oder Bezirksverwaltungsbehörde hat die Justizanstalt den Sicherheitsbehörden alle Daten zu übermitteln, die für den Vollzug benötigt werden. *(BGBl I 2012/50)*

(4) Lichtbilder sind bei Entlassung des Betroffenen zu löschen. Daten von Häftlingen, die nach dem Verwaltungsstrafgesetz oder wegen eines Finanzvergehens angehalten werden, sind nach Ablauf von zwei Jahren ab Entlassung des Betroffenen zu löschen. Alle anderen Daten sind nach Ablauf von drei Jahren ab Entlassung für Zugriffe der Behörden zu sperren. Nach Ablauf von zwei weiteren Jahren sind die Daten auch physisch zu löschen. *(BGBl I 2009/131)*

(BGBl I 2002/104; BGBl I 2005/158)

Zentrale Gewaltschutzdatei

§ 58c. (1) Die Sicherheitsbehörden sind als gemeinsam Verantwortliche ermächtigt, für den Vollzug von § 38a hinsichtlich Personen, gegen die sich eine Maßnahme nach § 38a richtet, Identifikationsdaten einschließlich der Erreichbarkeitsdaten und Vormerkungen wegen Gewaltdelikten, Angaben zu Grund und Umfang (räumlich und zeitlich) der verhängten Maßnahme einschließlich früherer Maßnahmen gemäß § 38a und Verfahrensdaten, sowie hinsichtlich zu schützender Menschen ausschließlich Namen, Erreichbarkeitsdaten, Alter, Geschlecht, Staatsangehörigkeit sowie Angehörigkeitsverhältnis zum Gefährder gemeinsam zu verarbeiten. *(BGBl I 2021/124)*

(2) Übermittlungen von Daten gemäß Abs. 1 sind an Sicherheitsbehörden für Zwecke des Vollzugs der §§ 8 und 12 Waffengesetz 1996, BGBl. I Nr. 12/1997, sowie an Staatsanwaltschaften und ordentliche Gerichte für Zwecke der Strafrechtspflege zulässig. Sofern besondere gesetzliche Regelungen dies vorsehen, ist darüber hinaus eine Übermittlung dieser Daten auch an Kinder- und Jugendhilfeträger in Angelegenheiten der Kinder- und Jugendhilfe zulässig.

(3) Die Daten sind zu löschen, wenn ein Betretungs- und Annäherungsverbot gemäß § 38a Abs. 7 aufgehoben wurde. Sonst sind die Daten von Personen, gegen die sich eine Maßnahme nach § 38a richtet, und der jeweils Gefährdeten drei Jahre nach Aufnahme in die zentrale Gewalt-

SPG

schutzdatei zu löschen, im Falle mehrerer Speicherungen drei Jahre nach der letzten. *(BGBl I 2019/105)*

(BGBl I 2004/151; BGBl I 2018/29)

Zentrale Analysedatei über mit beträchtlicher Strafe bedrohte Gewaltdelikte, insbesondere sexuell motivierte Straftaten

§ 58d. (1) Die Sicherheitsbehörden sind als gemeinsam Verantwortliche ermächtigt, zur Vorbeugung und Verhinderung von mit Strafe bedrohten Handlungen gegen Leib und Leben sowie gegen die sexuelle Integrität und Selbstbestimmung unter Androhung oder Anwendung von Gewalt sowie zur frühzeitigen Erkennung von diesbezüglichen Serienzusammenhängen mittels Analyse personenbezogene Daten gemeinsam zu verarbeiten. Es dürfen Informationen zu Tötungsdelikten, Sexualstraftaten unter Anwendung von Gewalt, Vermisstenfällen, wenn die Gesamtumstände auf ein Verbrechen hindeuten, und zu verdächtigem Ansprechen von Personen, wenn konkrete Anhaltspunkte für eine mit sexuellem Motiv geplante mit Strafe bedrohte Handlung vorliegen, verarbeitet werden. Nachstehende Datenarten dürfen zu den ausgewiesenen Betroffenenkreisen verarbeitet werden: *(BGBl I 2018/29)*

1. zu Verdächtigen

a) Namen,

b) frühere Namen,

c) Geschlecht,

d) Geburtsdatum und Ort,

e) Staatsangehörigkeit,

f) Wohnanschriften,

g) Aliasdaten,

h) Hinweis auf gerichtliche Verurteilungen und Maßnahmen sowie polizeiliche Vorerkenntnisse,

i) Beruf und Qualifikation/Beschäftigung/Lebensverhältnisse,

j) Personenbeschreibung,

k) erkennungsdienstliche Daten und

l) Verhaltensweisen,

2. zu Vermissten die Datenarten Z 1. a) bis f), i) bis k) und

3. zu Opfern die Datenarten Z 1. c) bis e), i) und j) sowie f) ohne Tür- bzw. Hausnummernbezeichnung, soweit diese Bezeichnungen nicht für den Zweck der Datenanwendung erforderlich sind.

Darüber hinaus dürfen tat- und fallbezogene Daten inklusive Spuren, Beziehungsdaten und Hinweise, Objektdaten und andere sachbezogene Daten, etwa zu Waffen oder Kraftfahrzeugen sowie Verwaltungsdaten verarbeitet werden. Die Abfrageberechtigungen sind auf jenen Personenkreis zu beschränken, der mit der Bearbeitung der zu erfassenden Deliktsbereiche befasst ist.

(2) Die Übermittlung von Daten ist an Staatsanwaltschaften und ordentliche Gerichte für Zwecke der Strafrechtspflege und an Justizanstalten nach Maßgabe des Strafvollzugsgesetzes zulässig. Im Übrigen sind Übermittlungen nur zulässig, soweit hierfür eine ausdrückliche gesetzliche Ermächtigung besteht. *(BGBl I 2013/161)*

(3) Die Daten von Vermissten sind zu löschen, wenn der Grund für ihre Speicherung weggefallen ist, längstens aber nach 20 Jahren. Daten von Opfern sind längstens 20 Jahre, von Verdächtigen längstens 30 Jahre nach Aufnahme in die Datei zu löschen.

(BGBl I 2007/114)

Zentrale Datenverarbeitung zur Einsatzunterstützung

§ 58e. (1) Der Bundesminister für Inneres und die Landespolizeidirektionen sind als gemeinsam Verantwortliche ermächtigt, für die Administration von Notrufen (§§ 5 Abs. 7, 92a) sowie für die Unterstützung bei der Koordination von Einsätzen Daten über Personen sowie Sachen und Gebäude gemeinsam zu verarbeiten. Es dürfen zu Personen, die von einem Notruf oder Einsatz betroffen sind, die erforderlichen Identifikations- und Erreichbarkeitsdaten einschließlich Daten gemäß § 124 TKG 2021 und soweit erforderlich besondere Kategorien personenbezogener Daten (§ 39 DSG) verarbeitet werden. Darüber hinaus dürfen die erforderlichen Sachdaten einschließlich KFZ-Kennzeichen, der Mindestdatensatz eines eCalls, Daten zur Zeit, Ort, Grund und Art des Einsatzes, Erreichbarkeitsdaten von sonstigen zu verständigenden Stellen (Abs. 3) sowie Verwaltungsdaten verarbeitet werden. *(BGBl I 2021/190)*

(2) Die gemäß § 161 Abs. 3 TKG 2021 im Rahmen der Entgegennahme und Abwicklung von Notrufen aufgezeichneten Gespräche sind nach drei Monaten, die übrigen Daten nach Beendigung und Evaluierung des Einsatzes, längstens jedoch nach 18 Monaten zu löschen. *(BGBl I 2021/190)*

(3) Übermittlungen der gemäß Abs. 1 und 2 verarbeiteten Daten sind an Sicherheitsbehörden für Zwecke der Sicherheitsverwaltung und Strafrechtspflege, an Staatsanwaltschaften und ordentliche Gerichte für Zwecke der Strafrechtspflege, an sonstige Notrufdienste sowie an sonstige Stellen zulässig, soweit dies zur Abwehr einer Gefahr, zur Hilfeleistung oder für die Verrechnung erforderlich ist.

(BGBl I 2018/29)

Richtigstellung, Aktualisierung und Protokollierung bei Datenverarbeitungen gemeinsam Verantwortlicher

§ 59. (1) Die Sicherheitsbehörden haben als gemeinsam Verantwortliche die von ihnen in Datenverarbeitungen gemeinsam verarbeiteten Daten unter den Voraussetzungen der §§ 61 und 63 Abs. 1 und 3 zu aktualisieren oder richtig zu stellen und zu protokollieren. Eine Aktualisierung oder Richtigstellung von Namen, Geschlecht, früheren Namen, Staatsangehörigkeit, Geburtsdatum, Geburtsort und Wohnanschrift, Namen der Eltern und Aliasdaten darf auch jede andere Sicherheitsbehörde vornehmen. Hievon ist jene Sicherheitsbehörde, die die Daten ursprünglich verarbeitet hat, zu informieren. Bei Einstellung von Ermittlungen oder Beendigung eines Verfahrens einer Staatsanwaltschaft oder eines Strafgerichtes hat die Sicherheitsbehörde die Daten, die sie verarbeitet hat, durch Anmerkung der Einstellung oder Verfahrensbeendigung und des bekannt gewordenen Grundes zu aktualisieren. *(BGBl I 2018/29)*

(2) *(entfällt, BGBl I 2018/29)*

(3) Erweisen sich aus Datenverarbeitungen gemäß Abs. 1 übermittelte personenbezogene Daten im Nachhinein als unvollständig oder unrichtig, so ist die Richtigstellung oder Aktualisierung in allen Auskünften, die nach der Richtigstellung oder Aktualisierung erfolgen, zu kennzeichnen. *(BGBl I 2018/29)*

Verwaltungsstrafevidenz

§ 60. (1) Die Landespolizeidirektionen haben für Zwecke der Aufrechterhaltung der öffentlichen Sicherheit und der öffentlichen Ordnung eine Evidenz der wegen Übertretung nach den §§ 81 bis 84 verhängten Strafen zu führen und hiefür die ihnen gemäß Abs. 2 übermittelten personenbezogenen Daten zu verarbeiten. *(BGBl I 2012/50)*

(2) Bezirksverwaltungsbehörden und Landespolizeidirektionen, die ein Verwaltungsstrafverfahren wegen Verdachtes einer Übertretung nach den §§ 81 bis 84 geführt haben, sind im Falle einer rechtskräftigen Bestrafung ermächtigt, folgende Daten zu verarbeiten und diese für eine Datenverarbeitung gemäß Abs. 1 zu übermitteln: Namen, Geschlecht, frühere Namen, Geburtsdatum sowie Geburtsort und Wohnanschrift des Bestraften; Aktenzeichen, Übertretungsnorm, Strafart und Strafausmaß, entscheidende Behörde, Datum der Strafverfügung oder des Strafkenntnisses sowie Datum des Eintrittes der Rechtskraft. *(BGBl I 2012/50; BGBl I 2013/161; BGBl I 2018/29)*

(3) Personenbezogene Daten, die gemäß Abs. 1 verarbeitet werden, sind fünf Jahre nach Eintritt der Rechtskraft zu löschen.

Zulässigkeit der Aktualisierung

§ 61. Die Sicherheitsbehörden sind ermächtigt, die von ihnen verarbeiteten personenbezogenen Daten zu aktualisieren, wenn sie aktuellere Daten rechtmäßig ermittelt haben. *(BGBl I 2018/29)*

Unterrichtung von Ermittlungen

§ 62. *(aufgehoben, BGBl I 2005/158)*

Besonderer Rechtsschutz im Ermittlungsdienst

§ 62a. *(aufgehoben, BGBl I 2005/158)*

Pflicht zur Richtigstellung, Löschung und Protokollierung

§ 63. (1) Wird festgestellt, dass unrichtige oder entgegen den Bestimmungen dieses Bundesgesetzes verarbeitete personenbezogene Daten verarbeitet werden, so ist unverzüglich eine Richtigstellung oder Löschung vorzunehmen. Desgleichen sind personenbezogene Daten zu löschen, sobald sie für die Erfüllung der Aufgabe, für die sie verwendet worden sind, nicht mehr benötigt werden, es sei denn, für ihre Löschung wäre eine besondere Regelung getroffen worden.

(2) Die Sicherheitsbehörden haben automationsunterstützt verarbeitete personenbezogene Daten, die sechs Jahre unverändert geblieben sind, daraufhin zu überprüfen, ob diese nicht gemäß Abs. 1 richtig zu stellen oder zu löschen sind. Für Daten, die in der Zentralen Informationssammlung verarbeitet werden, gelten die §§ 58 und 59.

(3) § 50 DSG gilt mit der Maßgabe, dass die Zuordnung zu einem bestimmten Organwalter bei ausschließlich programmgesteuerten Abfragen nicht erforderlich ist. Die Protokollaufzeichnungen sind drei Jahre aufzubewahren und danach zu löschen. Von der Protokollierung ausgenommen sind ausschließlich programmgesteuerte Abfragen gemäß § 54 Abs. 4b und § 57 Abs. 2a, es sei denn, es handelt sich um einen Trefferfall.

(BGBl I 2018/29)

3. Hauptstück

Erkennungsdienst

Begriffsbestimmungen

§ 64. (1) Erkennungsdienst ist das Ermitteln personenbezogener Daten durch erkennungsdienstliche Maßnahmen sowie das weitere Verarbeiten und Übermitteln dieser Daten. *(BGBl I 2002/104)*

(2) Erkennungsdienstliche Maßnahmen sind technische Verfahren zur Feststellung von biometrischen oder genetischen Daten (§ 36 Abs. 2 Z 12 und 13 DSG), wie insbesondere die Abnahme von Papillarlinienabdrücken, die Vornahme von

SPG

Mundhöhlenabstrichen, die Herstellung von Abbildungen, die Vornahme von Messungen oder die Erhebung von Stimmproben, sowie die Feststellung äußerlicher körperlicher Merkmale und die Erhebung von Schriftproben eines Menschen zum Zweck der Wiedererkennung. *(BGBl I 2018/29)*

(3) Erkennungsdienstliche Behandlung ist das Ermitteln personenbezogener Daten durch erkennungsdienstliche Maßnahmen, an dem der Betroffene mitzuwirken hat.

(4) Erkennungsdienstliche Daten sind personenbezogene Daten, die durch erkennungsdienstliche Maßnahmen ermittelt worden sind.

(5) Personsfeststellung ist eine abgesicherte und plausible Zuordnung erkennungsdienstlicher Daten zu Namen, Geschlecht, Geburtsdatum, Geburtsort und Namen der Eltern eines Menschen.

(6) Soweit die Zulässigkeit einer Maßnahme nach diesem Hauptstück vom Verdacht abhängt, der Betroffene habe eine mit gerichtlicher Strafe bedrohte vorsätzliche Handlung begangen, bleibt diese Voraussetzung auch nach einer rechtskräftigen Verurteilung wegen der entsprechenden gerichtlich strafbaren Handlung (§ 16 Abs. 2) bestehen. *(BGBl I 2014/43)*

Erkennungsdienstliche Behandlung

§ 65. (1) Die Sicherheitsbehörden sind ermächtigt, einen Menschen, der im Verdacht steht, eine mit gerichtlicher Strafe bedrohte vorsätzliche Handlung begangen zu haben, erkennungsdienstlich zu behandeln, wenn er im Rahmen einer kriminellen Verbindung tätig wurde oder dies wegen der Art oder Ausführung der Tat oder der Persönlichkeit des Betroffenen zur Vorbeugung gefährlicher Angriffe erforderlich scheint. *(BGBl I 2002/104; BGBl I 2007/114; BGBl I 2014/43)*

(2) Die Sicherheitsbehörden sind ermächtigt, im Zusammenhang mit der Klärung der Umstände einer mit gerichtlicher Strafe bedrohten vorsätzlichen Handlung Menschen erkennungsdienstlich zu behandeln, wenn diese nicht im Verdacht stehen, diese Handlung begangen zu haben, aber Gelegenheit hatten, Spuren zu hinterlassen, soweit dies zur Auswertung vorhandener Spuren notwendig ist. *(BGBl I 2018/29)*

(3) Die Sicherheitsbehörden sind ermächtigt, Menschen erkennungsdienstlich zu behandeln, deren Identität gemäß § 35 Abs. 1 festgestellt werden muß, sofern eine Anknüpfung an andere Umstände nicht möglich ist oder unverhältnismäßig wäre. *(BGBl I 2016/61)*

(4) Wer erkennungsdienstlich zu behandeln ist, hat an den dafür erforderlichen Handlungen mitzuwirken.

(5) *(entfällt, BGBl I 2018/29)*

(6) Die Sicherheitsbehörden sind ermächtigt, Namen, Geschlecht, frühere Namen, Geburtsdatum, Geburtsort, Staatsangehörigkeit, Namen der Eltern, Ausstellungsbehörde, Ausstellungsdatum, Nummer sowie eine Kopie mitgeführter Dokumente, allfällige Hinweise über die Gefährlichkeit beim Einschreiten einschließlich besonderer Kategorien personenbezogener Daten, soweit deren Verarbeitung zur Wahrung lebenswichtiger Interessen erforderlich ist, und Aliasdaten eines Menschen (erkennungsdienstliche Identitätsdaten), den sie erkennungsdienstlich behandelt haben, zu ermitteln und zusammen mit den erkennungsdienstlichen Daten und mit dem für die Ermittlung maßgeblichen Grund zu verarbeiten. In den Fällen des Abs. 1 sind die Sicherheitsbehörden ermächtigt, eine Personsfeststellung vorzunehmen. *(BGBl I 1999/146; BGBl I 2007/114; BGBl I 2018/29; BGBl I 2021/206)*

Erkennungsdienstliche Maßnahmen zur Auffindung Abgängiger

§ 65a. Die Sicherheitsbehörden sind ermächtigt, erkennungsdienstliche Daten eines Menschen zu ermitteln, wenn auf Grund bestimmter Tatsachen zu befürchten ist, dass dieser Selbstmord begangen hat oder Opfer einer Gewalttat oder eines Unfalls geworden ist. Können die erkennungsdienstlichen Daten oder das Material, das zur Durchführung der erkennungsdienstlichen Maßnahme verwendet werden soll, nur unter Mitwirkung eines Dritten ermittelt werden, so ist dieser auf den amtlichen Charakter der Ermittlung und auf die Freiwilligkeit seiner Mitwirkung hinzuweisen.

(BGBl I 2002/104)

Erkennungsdienstliche Maßnahmen an Leichen

§ 66. (1) Wenn die Identität eines Toten nicht feststeht, sind die Sicherheitsbehörden ermächtigt, sie durch erkennungsdienstliche Maßnahmen an der Leiche festzustellen.

(2) Besteht die Vermutung, vorhandene Spuren eines gefährlichen Angriffes seien von jemandem hinterlassen worden, der danach verstorben ist, so können die Sicherheitsbehörden diesen Verdacht durch erkennungsdienstliche Maßnahmen an der Leiche überprüfen.

DNA-Untersuchungen

§ 67. (1) Eine erkennungsdienstliche Behandlung, bei der die DNA eines Menschen ermittelt werden soll, ist zulässig, wenn der Betroffene im Verdacht steht, eine strafbare Handlung gegen die sexuelle Integrität und Selbstbestimmung oder eine mit mindestens einjähriger Freiheitsstrafe bedrohte vorsätzliche gerichtlich strafbare Handlung begangen zu haben und wegen der Art oder Ausführung der Tat oder der Persönlichkeit des Betroffenen zu befürchten ist, er werde gefährliche Angriffe begehen und dabei Spuren hinterlassen, die seine Wiedererkennung auf Grund der ermittelten genetischen Daten im Sinne des § 36 Abs. 2 Z 12 DSG ermöglichen würden. Soweit dies zur Auswertung vorhandener DNA-Spuren erforderlich ist, darf eine solche erkennungsdienstliche Behandlung auch bei Menschen im Sinne des § 65 Abs. 2 erfolgen. Im Übrigen gilt § 65 Abs. 4 bis 6. *(BGBl I 2014/43; BGBl I 2016/61; BGBl I 2018/29)*

(1a) Eine erkennungsdienstliche Maßnahme in Bezug auf Abgängige (§ 65a) und an Leichen (§ 66) darf auch die Ermittlung der DNA umfassen. *(BGBl I 2002/104)*

(2) Genetische Daten, die durch erkennungsdienstliche Maßnahmen ermittelt wurden, dürfen ausschließlich für Zwecke des Erkennungsdienstes ausgewertet werden. Die molekulargenetische Untersuchung hat durch einen Auftragsverarbeiter zu erfolgen, dem zwar das gesamte Untersuchungsmaterial auszufolgen, nicht aber erkennungsdienstliche Identitätsdaten des Betroffenen zu übermitteln sind. *(BGBl I 2018/29)*

(3) Die Sicherheitsbehörden haben vertraglich dafür vorzusorgen, daß der Auftragsverarbeiter nur jene Bereiche in der DNA untersucht, die der Wiedererkennung dienen, sowie dafür, daß er das Untersuchungsmaterial vernichtet, wenn die Sicherheitsbehörde zur Löschung der erkennungsdienstlichen Daten verpflichtet ist. *(BGBl I 2018/29)*

(BGBl I 1999/146)

Erkennungsdienstliche Maßnahmen auf Antrag oder mit Einwilligung des Betroffenen

§ 68. (1) Sofern jemand dies beantragt und einen Bedarf glaubhaft macht, sind die Sicherheitsbehörden ermächtigt, von ihm Abbildungen oder Papillarlinienabdrücke herzustellen, diese mit dessen Einwilligung gemäß § 75 Abs. 1 zu verarbeiten und ihm diese mit der Bestätigung auszufolgen, dass sie von ihm stammen.

(2) Der Antrag ist abzuweisen, wenn sich der Antragsteller über seine Person nicht genügend auszuweisen vermag.

(3) Die Sicherheitsbehörden sind ermächtigt, zum Zwecke der Vorbeugung gefährlicher Angriffe gegen Leben oder Gesundheit erkennungsdienstliche Daten eines Menschen, der befürchtet, Opfer eines Verbrechens zu werden, mit seiner Einwilligung zu ermitteln und gemäß § 75 Abs. 1 zu verarbeiten.

(4) Die Sicherheitsbehörden sind ermächtigt, für Zwecke des § 66 Abs. 1 erkennungsdienstliche Daten eines Menschen, der befürchtet, Opfer eines

Unfalles zu werden, mit seiner Einwilligung zu ermitteln und gemäß § 75 Abs. 1 zu verarbeiten.

(5) Die Ermittlung erkennungsdienstlicher Daten gemäß Abs. 3 und 4 hat zu unterbleiben, wenn sich der Betroffene über seine Person nicht genügend auszuweisen vermag.

(BGBl I 2018/29)

Vermeidung von Verwechslungen

§ 69. (1) Erlangt eine Sicherheitsbehörde von Umständen Kenntnis, die eine Zuordnung erkennungsdienstlicher Daten, die gemäß § 65 Abs. 1 ermittelt worden sind, ausschließlich zu demjenigen, von dem sie stammen, in Frage stellen (Verwechslungsgefahr), so hat sie für die Verständigung der Behörden, bei denen die Daten in Evidenz gehalten werden, Sorge zu tragen.

(2) Die Behörde hat durch geeignete Maßnahmen, allenfalls auch, indem sie die Hilfe anderer Sicherheitsbehörden in Anspruch nimmt, sicherzustellen, daß Verwechslungen vermieden werden. Ausschließlich zu diesem Zwecke, jedoch nur mit ihrer Einwilligung, dürfen auch Daten jener Personen verarbeitet werden, die verwechselt werden können. *(BGBl I 2018/29)*

Spurenausscheidungsevidenz

§ 70. Der Bundesminister für Inneres ist ermächtigt, erkennungsdienstliche Daten, die von Organen der Sicherheitsbehörden gemäß § 65 Abs. 2 und § 67 Abs. 1 zweiter Satz ermittelt wurden, samt erkennungsdienstlichen Identitätsdaten (§ 65 Abs. 6) in einer Spurenausscheidungsevidenz zu verarbeiten, wenn diese durch ihre berufliche Tätigkeit regelmäßig Gelegenheit haben, im Zusammenhang mit der Klärung der Umstände einer mit gerichtlicher Strafe bedrohten vorsätzlichen Handlung solche Spuren zu hinterlassen. Eine Verarbeitung dieser Daten zu anderen Zwecken als jenen der Ermittlung ist unzulässig.

(BGBl I 2018/29)

Übermittlung erkennungsdienstlicher Daten

§ 71. (1) Erkennungsdienstliche Daten, die gemäß den §§ 65 Abs. 1, 65a, 66 Abs. 1 oder 68 Abs. 3 oder 4 ermittelt wurden, dürfen Behörden für Zwecke der Sicherheitspolizei, der Strafrechtspflege und in anderen Aufgabenbereichen der Sicherheitsverwaltung, soweit dies für Zwecke der Wiedererkennung erforderlich ist, übermittelt werden. *(BGBl I 2002/104)*

(2) *(aufgehoben, BGBl I 2002/104)*

(3) Außer in den Fällen des Abs. 1 dürfen erkennungsdienstliche Daten, die gemäß § 65 Abs. 1 oder 3 oder gemäß § 66 Abs. 1 ermittelt wurden, nur unter folgenden Voraussetzungen übermittelt werden:

SPG

1. an Medienunternehmen zum Zwecke der Veröffentlichung

a) bei Vorliegen der Voraussetzungen des § 65 Abs. 3 oder des § 66 Abs. 1, wenn die Identität des Betroffenen anders nicht ohne unverhältnismäßigen Aufwand geklärt werden kann;

b) bei Vorliegen der Voraussetzungen des § 65 Abs. 1, wenn Tatsachen die Annahme rechtfertigen, die Veröffentlichung werde der Begehung weiterer gefährlicher Angriffe durch den Betroffenen entgegenwirken;

c) wenn gegen den flüchtigen Betroffenen ein Haftbefehl wegen Verbrechens oder wegen eines vorsätzlich begangenen, mit mehr als einjähriger Freiheitsstrafe bedrohten Vergehens erlassen wurde;

2. an Personen, die als Identitätszeugen in Betracht kommen;

3. bei Vorliegen der Voraussetzungen des § 65 Abs. 1 an Tatzeugen, sofern anzunehmen ist, sie würden anhand der Daten zur Identifikation des Täters beitragen. *(BGBl I 1997/104; BGBl I 2002/104)*

(4) Die Veröffentlichung erkennungsdienstlicher Daten durch die Behörde selbst ist unter den Voraussetzungen des Abs. 3 Z 1 zulässig. *(BGBl I 1997/104; BGBl I 2002/104)*

(5) Die Übermittlung erkennungsdienstlicher Daten nach den Abs. 3 und 4 darf nur in dem Umfang geschehen, als dies zur Erreichung des angestrebten Zieles erforderlich ist und zu dem dadurch bewirkten Eingriff in das Privat- und Familienleben des Betroffenen nicht außer Verhältnis steht. *(BGBl I 1997/104; BGBl I 2002/104; BGBl I 2018/29)*

Übermittlung erkennungsdienstlicher Daten zu wissenschaftlichen Zwecken

§ 72. Soweit dies mit den Grundsätzen einer sparsamen, wirtschaftlichen und zweckmäßigen Verwaltung vereinbar ist und nach Maßgabe der technischen Erfordernisse der Führung der erkennungsdienstlichen Evidenzen, können erkennungsdienstliche Daten den inländischen Universitäten und den Bundesministerien auf Verlangen zur Auswertung bei nicht personenbezogenen wissenschaftlichen Arbeiten übermittelt werden.

Löschen erkennungsdienstlicher Daten von Amts wegen

§ 73. (1) Erkennungsdienstliche Daten, die gemäß § 65 oder § 67 ermittelt wurden, sind von Amts wegen zu löschen,

1. wenn der Betroffene das 80. Lebensjahr vollendet hat und seit der letzten erkennungsdienstlichen Behandlung fünf Jahre verstrichen sind;

2. wenn die Daten von einer gemäß § 65 Abs. 1 vorgenommenen erkennungsdienstlichen Behandlung eines Strafunmündigen stammen und seither drei Jahre verstrichen sind, ohne daß es neuerlich zu einer erkennungsdienstlichen Behandlung gekommen wäre;

3. wenn seit dem Tod des Betroffenen fünf Jahre verstrichen sind;

4. wenn gegen den Betroffenen kein Verdacht mehr besteht, die mit gerichtlicher Strafe bedrohte vorsätzliche Handlung begangen zu haben, es sei denn, weiteres Verarbeiten wäre deshalb erforderlich, weil auf Grund konkreter Umstände zu befürchten ist, der Betroffene werde gefährliche Angriffe begehen; *(BGBl I 2014/43)*

5. im Fall des § 65 Abs. 2, sobald sie ihre Funktion für den Anlassfall erfüllt haben, im Falle einer Verarbeitung der Daten in der Spurenausscheidungsevidenz nach § 70, sobald das Organ der Sicherheitsbehörde die berufliche Tätigkeit nicht mehr regelmäßig ausübt; *(BGBl I 2018/29)*

6. im Fall des § 65 Abs. 3, sobald sie ihre Funktion für den Anlassfall erfüllt haben. *(BGBl I 2002/104)*
(BGBl I 2014/43)

(2) Der Bundesminister für Inneres kann nach Maßgabe der technischen Möglichkeiten durch Verordnung bestimmen, daß erkennungsdienstliche Daten, deren Aufbewahrung für Zwecke der Vorbeugung entbehrlich wurde, vor Ablauf der im Abs. 1 Z 1 bis 3 festgelegten Zeit von Amts wegen gelöscht werden.

(3) Von einer gemäß Abs. 1 Z 4 erfolgten Löschung ist der Betroffene ohne Zustellnachweis zu verständigen, sofern eine Abgabestelle bekannt ist oder ohne Schwierigkeiten festgestellt werden kann. Inwieweit eine solche Verständigung auch in den Fällen des Abs. 2 zu erfolgen hat, ist in der Verordnung festzulegen.

(4) Erkennungsdienstliche Daten, die gemäß § 65a ermittelt wurden, sind von Amts wegen nach Auffindung des Betroffenen, im Falle der Feststellung des Todes nach fünf Jahren zu löschen. *(BGBl I 2002/104)*

(5) Erkennungsdienstliche Daten, die gemäß § 66 ermittelt wurden, sind von Amts wegen spätestens nach fünf Jahren oder sobald sie ihre Funktion für den Anlaßfall erfüllt haben, zu löschen.

(6) Erkennungsdienstliche Daten, die gemäß § 68 Abs. 1, 3 oder 4 ermittelt wurden, sind von Amts wegen nach dem Tod des Betroffenen zu löschen. *(BGBl I 2012/13)*

(7) Wenn aus Gründen der Wirtschaftlichkeit die physische Löschung erkennungsdienstlicher Daten auf ausschließlich automationsunterstützt lesbaren Datenträgern nur zu bestimmten Zeitpunkten vorgenommen werden kann, so sind die

Daten bis dahin logisch und sodann physisch zu löschen.

Löschen erkennungsdienstlicher Daten auf Antrag des Betroffenen

§ 74. (1) und (2) *(aufgehoben, BGBl I 2013/55, (VfGH))*

(3) Erkennungsdienstliche Daten, die gemäß § 68 Abs. 1, 3 oder 4 ermittelt wurden, sind auf Antrag des Betroffenen zu löschen; Abbildungen können dem Betroffenen ausgefolgt werden. *(BGBl I 2012/13)*

Zentrale erkennungsdienstliche Evidenz

§ 75. (1) Die Sicherheitsbehörden sind als gemeinsam Verantwortliche ermächtigt, die von ihnen gemäß den §§ 65 Abs. 1, 65a, 66 Abs. 1, 67 Abs. 1 erster Satz und Abs. 1a sowie § 68 ermittelten erkennungsdienstlichen Daten, die allenfalls vorhandenen erkennungsdienstlichen Identitätsdaten (§ 65 Abs. 6) und den für die Ermittlung maßgeblichen Grund im Rahmen einer Zentralen erkennungsdienstlichen Evidenz gemeinsam zu verarbeiten. Personenbezogene Daten, die Sicherheitsbehörden nach anderen Bestimmungen rechtmäßig ermittelt haben, dürfen sie in der zentralen erkennungsdienstlichen Evidenz weiterverarbeiten, wenn diese Verarbeitung für sicherheitspolizeiliche Zwecke in diesem Zeitpunkt zulässig wäre. *(BGBl I 2018/29)*

(1a) Die Sicherheitsbehörden sind ermächtigt, eine nach den Bestimmungen der StPO ermittelte Spur, die einer Person, die im Verdacht steht, eine mit gerichtlicher Strafe bedrohte vorsätzliche Handlung begangen zu haben, zugehört oder zugehören dürfte, und deren Ermittlung durch erkennungsdienstliche Maßnahmen erfolgen könnte (§ 64 Abs. 2), zum Zweck ihrer Zuordnung zu einer Person in der Zentralen erkennungsdienstlichen Evidenz zu verarbeiten. Zur Spur dürfen auch Verwaltungsdaten verarbeitet werden. Die Daten sind zu löschen, wenn der für die Speicherung maßgebliche Verdacht nicht mehr besteht oder der bezughabende Akt im Dienste der Strafrechtspflege zu löschen ist (§ 13a Abs. 2). *(BGBl I 2016/5)*

(2) Die Sicherheitsbehörden sind ermächtigt, die von ihnen in der Zentralen erkennungsdienstlichen Evidenz gespeicherten Daten zu verarbeiten. Abfragen und Übermittlungen der gemäß Abs. 1 und 1a verarbeiteten Daten sind an Behörden für Zwecke der Sicherheitspolizei, der Strafrechtspflege und in anderen Aufgabenbereichen der Sicherheitsverwaltung, soweit dies für Zwecke der Wiedererkennung erforderlich ist, zulässig. Im Übrigen sind Übermittlungen zulässig, wenn

hierfür eine ausdrückliche gesetzliche Ermächtigung besteht. *(BGBl I 2016/5; BGBl I 2018/29)*

(BGBl I 2002/104)

Besondere Behördenzuständigkeit

§ 76. (1) Erkennungsdienstliche Maßnahmen über Antrag (§ 68 Abs. 1) sind von der Bezirksverwaltungsbehörde, innerhalb ihres örtlichen Wirkungsbereiches von der Landespolizeidirektion als Sicherheitsbehörde erster Instanz (§ 8) vorzunehmen, an die sich der Antragsteller wendet.

(2) Erkennungsdienstliche Maßnahmen mit Einwilligung des Betroffenen (§ 68 Abs. 3 und 4) sind von der Bezirksverwaltungsbehörde, innerhalb ihres örtlichen Wirkungsbereiches von der Landespolizeidirektion als Sicherheitsbehörde erster Instanz (§ 8) vorzunehmen, in deren Sprengel der Betroffene seinen Hauptwohnsitz hat oder der für seine Gefährdung maßgeblichen Tätigkeit nachgeht.

(3) Die Übermittlung erkennungsdienstlicher Daten obliegt im Falle des § 72 dem Bundesminister für Inneres, in den Fällen des § 71 Abs. 3 und 4 jener Sicherheitsbehörde, von der die maßgebliche Amtshandlung geführt wird.

(4) Die Verständigung von der Löschung der gemäß § 70 verarbeiteten erkennungsdienstlichen Daten aus der Spurenausscheidungsevidenz obliegt dem Bundesminister für Inneres. Die Verständigung gemäß § 73 Abs. 3 von der Löschung der Daten aus der Zentralen Erkennungsdienstlichen Evidenz obliegt jener Behörde, die sie ursprünglich verarbeitet hat.

(6) Die Löschung erkennungsdienstlicher Daten über Antrag des Betroffenen ist von der Landespolizeidirektion zu veranlassen, in deren Wirkungsbereich die Daten verarbeitet werden. Dieser obliegt die Information nach § 42 in Verbindung mit § 45 DSG. Erfolgt die Verarbeitung durch den Bundesminister für Inneres als Verantwortlichen, so obliegt diesem die Behandlung des Antrags und die Information nach § 42 in Verbindung mit § 45 DSG.

(BGBl I 2018/29)

Verfahren

§ 77. (1) Die Behörde hat einen Menschen, den sie einer erkennungsdienstlichen Behandlung zu unterziehen hat, unter Bekanntgabe des maßgeblichen Grundes formlos hiezu aufzufordern.

(2) Kommt der Betroffene der Aufforderung gemäß Abs. 1 nicht nach, so ist ihm die Verpflichtung gemäß § 65 Abs. 4 bescheidmäßig aufzuerlegen. Eines Bescheides bedarf es dann nicht, wenn der Betroffene auch aus dem für die erkennungsdienstliche Behandlung maßgeblichen

Grunde angehalten wird oder zur Vernehmung nach der StPO bereits in der Dienststelle anwesend ist". *(BGBl I 2014/97 (VfGH); BGBl I 2016/61)*

(3) Wurde wegen des für die erkennungsdienstliche Behandlung maßgeblichen Verdachtes eine Anzeige an die Staatsanwaltschaft erstattet, so gelten die im Dienste der Strafjustiz geführten Erhebungen als Ermittlungsverfahren (§ 39 AVG) zur Erlassung des Bescheides. Dieser kann in solchen Fällen mit einer Ladung (§ 19 AVG) zur erkennungsdienstlichen Behandlung verbunden werden.

(4) Steht die Verpflichtung zur Mitwirkung gemäß § 65 Abs. 4 fest, so kann der Betroffene, wenn er angehalten wird, zur erkennungsdienstlichen Behandlung vorgeführt werden.

Ausübung unmittelbarer Zwangsgewalt

§ 78. Die erkennungsdienstliche Behandlung kann, soweit es tatsächlich möglich ist und damit kein Eingriff in die körperliche Integrität verbunden ist, durch Ausübung von unmittelbarer Zwangsgewalt durchgesetzt werden.

(BGBl I 1999/146)

Besondere Verfahrensvorschriften

§ 79. (1) In Verfahren gemäß § 74 sind die Vorschriften über die Akteneinsicht (§ 17 AVG) mit der Maßgabe anzuwenden, daß von den verarbeiteten erkennungsdienstlichen Daten weder Abschriften noch Kopien angefertigt werden dürfen. *(BGBl I 2002/104)*

(2) Hinsichtlich der verarbeiteten erkennungsdienstlichen Daten besteht außerhalb der im Abs. 1 genannten Verfahren kein Recht auf Akteneinsicht.

Auskunftsrecht

§ 80. (1) Sofern Auskunft über die gemäß § 75 Abs. 1a verarbeiteten Daten begehrt wird, sind die Sicherheitsbehörden ermächtigt, vom Auskunftswerber Abbildungen oder Papillarlinienabdrücke herzustellen oder seine genetischen Daten zu ermitteln und auszuwerten, und diese Daten mit den gemäß § 75 Abs. 1a verarbeiteten Daten zu vergleichen. Von der Erteilung der Auskunft ist abzusehen, wenn der Auskunftswerber an der Ermittlung dieser Daten nicht mitgewirkt hat. Die aus Anlass des Auskunftsverlangens ermittelten Daten über den Auskunftswerber sind gesondert zu verwahren und dürfen innerhalb eines Zeitraums von einem Jahr, im Falle der Erhebung einer Beschwerde gemäß § 32 Abs. 1 Z 4 DSG an die Datenschutzbehörde bis zum rechtskräftigen Abschluss des Verfahrens, nicht vernichtet werden.

(2) Die Auskunft über erkennungsdienstliche Daten gemäß §§ 42 und 44 DSG ist von jener Landespolizeidirektion zu erteilen, in deren Wirkungsbereich die erkennungsdienstlichen Daten verarbeitet werden, wurden die Daten vom Bundesminister für Inneres verarbeitet, von diesem.

(BGBl I 2002/104; BGBl I 2018/29)

5. TEIL

Strafbestimmungen

Störung der öffentlichen Ordnung

§ 81. (1) Wer durch ein Verhalten, das geeignet ist, berechtigtes Ärgernis zu erregen, die öffentliche Ordnung stört, begeht eine Verwaltungsübertretung und ist mit Geldstrafe bis zu 500 Euro zu bestrafen, es sei denn, das Verhalten ist gerechtfertigt, insbesondere durch die Inanspruchnahme eines verfassungsgesetzlich gewährleisteten Rechts. Anstelle einer Geldstrafe kann bei Vorliegen erschwerender Umstände eine Freiheitsstrafe bis zu einer Woche, im Wiederholungsfall bis zu zwei Wochen verhängt werden. *(BGBl I 2016/61)*

(1a) Wer durch sein Verhalten oder seine Anwesenheit am Ort einer ersten allgemeinen oder sonstigen Hilfeleistung oder in dessen unmittelbarer Umgebung trotz Abmahnung die öffentliche Ordnung stört, indem er die Erfüllung der ersten allgemeinen Hilfeleistungspflicht oder eine sonstige Hilfeleistung im Zusammenhang mit einem Unglücksfall oder die Privatsphäre jener Menschen unzumutbar beeinträchtigt, die von dem Vorfall betroffen sind, begeht eine Verwaltungsübertretung und ist mit Geldstrafe bis zu 500 Euro zu bestrafen. Anstelle einer Geldstrafe kann bei Vorliegen erschwerender Umstände eine Freiheitsstrafe bis zu einer Woche, im Wiederholungsfall bis zu zwei Wochen verhängt werden. *(BGBl I 2018/55)*

(2) Von der Festnahme eines Menschen, der bei einer Störung der öffentlichen Ordnung auf frischer Tat betreten wurde und der trotz Abmahnung in der Fortsetzung der strafbaren Handlung verharrt oder sie zu wiederholen sucht (§ 35 Z 3 VStG), haben die Organe des öffentlichen Sicherheitsdienstes abzusehen, wenn die Fortsetzung oder Wiederholung der Störung durch Anwendung eines oder beider gelinderer Mittel (Abs. 3) verhindert werden kann.

(3) Als gelindere Mittel kommen folgende Maßnahmen der unmittelbaren Befehls- und Zwangsgewalt in Betracht:

1. die Wegweisung des Störers vom öffentlichen Ort;

2. das Sicherstellen von Sachen, die für die Wiederholung der Störung benötigt werden.

(4) Sichergestellte Sachen sind auf Verlangen auszufolgen

1. dem auf frischer Tat Betretenen, sobald die Störung nicht mehr wiederholt werden kann, oder

2. einem anderen Menschen, der Eigentum oder rechtmäßigen Besitz an der Sache nachweist, sofern die Gewähr besteht, daß mit diesen Sachen die Störung nicht wiederholt wird.

(5) Solange die Sachen noch nicht der Sicherheitsbehörde übergeben sind, kann der auf frischer Tat Betretene das Verlangen (Abs. 4) an die Organe des öffentlichen Sicherheitsdienstes richten, die die Sache verwahren.

(6) Wird ein Verlangen (Abs. 4) nicht binnen sechs Monaten gestellt oder unterläßt es der innerhalb dieser Zeit nachweislich hiezu aufgeforderte Berechtigte (Abs. 4 Z 1 oder 2), die Sachen von der Behörde abzuholen, so gelten sie als verfallen. Im übrigen ist § 43 Abs. 2 sinngemäß anzuwenden.

Aggressives Verhalten gegenüber Organen der öffentlichen Aufsicht oder gegenüber militärischen Organen im Wachdienst

§ 82. (1) Wer sich trotz vorausgegangener Abmahnung gegenüber einem Organ der öffentlichen Aufsicht oder gegenüber einem militärischen Organ im Wachdienst, während diese ihre gesetzlichen Aufgaben wahrnehmen, aggressiv verhält, begeht eine Verwaltungsübertretung und ist mit Geldstrafe bis zu 500 Euro zu bestrafen. Anstelle einer Geldstrafe kann bei Vorliegen erschwerender Umstände eine Freiheitsstrafe bis zu einer Woche, im Wiederholungsfall bis zu zwei Wochen verhängt werden. *(BGBl I 2012/13; BGBl I 2016/61)*

(2) Eine Bestrafung nach Abs. 1 schließt eine Bestrafung wegen derselben Tat nach § 81 aus.

Begehung einer Verwaltungsübertretung in einem die Zurechnungsfähigkeit ausschließenden Rauschzustand

§ 83. (1) Wer sich in einen die Zurechnungsfähigkeit ausschließenden Rauschzustand versetzt und in diesem Zustand eine Tat begeht, die ihm außer diesem Zustand als Verwaltungsübertretung zugerechnet würde, begeht eine Verwaltungsübertretung und ist mit Geldstrafe bis zu 500 Euro zu bestrafen. *(BGBl I 2012/13; BGBl I 2016/61)*

(2) Bei Vorliegen erschwerender Umstände kann anstelle einer Geldstrafe eine Freiheitsstrafe bis zu zwei Wochen verhängt werden. Die Strafe darf jedoch nach Art und Maß nicht strenger sein, als sie das Gesetz für die im Rauschzustand begangene Tat (begangenen Taten) androht.

Unbefugtes Tragen von Uniformen

§ 83a. (1) Wer, außer für szenische Zwecke, die gemäß Abs. 2 bezeichneten Uniformen oder Uniformteile eines Organes des öffentlichen Sicherheitsdienstes des Bundesministeriums für Inneres oder der Landespolizeidirektion an einem öffentlichen Ort (§ 27 Abs. 2) trägt, ohne ein solches Organ zu sein, oder sonst durch Gesetz oder Verordnung dazu ermächtigt zu sein, begeht eine Verwaltungsübertretung und ist mit Geldstrafe bis zu 500 Euro, im Falle der Uneinbringlichkeit mit Freiheitsstrafe bis zu zwei Wochen zu bestrafen. Gleiches gilt für das Tragen einer Uniform oder von Uniformteilen, die auf Grund ihrer Farbgebung und Ausführung geeignet sind, den Anschein einer gemäß Abs. 2 bezeichneten Uniform oder eines Uniformteiles zu erwecken. *(BGBl I 2012/13; BGBl I 2016/61)*

(2) Der Bundesminister für Inneres bezeichnet durch Verordnung die Uniformen oder Uniformteile im Sinne des Abs. 1.

(BGBl I 2004/151)

Unbefugtes Verwenden geschützter grafischer Darstellungen der Sicherheitsbehörden und Polizeikommanden

§ 83b. (1) Wer eine gemäß Abs. 2 bezeichnete grafische Darstellung der Sicherheitsbehörden oder Polizeikommanden in einer Weise verwendet, die geeignet ist, eine öffentliche Berechtigung vorzutäuschen, begeht eine Verwaltungsübertretung und ist mit Geldstrafe bis zu 500 Euro, im Falle der Uneinbringlichkeit mit Freiheitsstrafe bis zu zwei Wochen zu bestrafen. Gleiches gilt für die Verwendung von Wort-Bildkombinationen, die auf Grund ihrer Farbgebung und Schriftausführung geeignet sind, den Anschein einer gemäß Abs. 2 bezeichneten Darstellung zu erwecken.

(2) Der Bundesminister für Inneres bezeichnet durch Verordnung die im Sinne des Abs. 1 geschützten grafischen Darstellungen.

(BGBl I 2012/13)

Sonstige Verwaltungsübertretungen

§ 84. (1) Wer

1. einem mit Verordnung gemäß § 36 Abs. 1 erlassenen Verbot zuwider einen Gefahrenbereich betritt oder sich in ihm aufhält oder

2. trotz eines Betretungsverbotes nach § 38a den vom Betretungsverbot gemäß § 38a Abs. 1 umfassten Bereich betritt oder *(BGBl I 2013/152)*

2. einer Verpflichtung gemäß § 56 Abs. 1 Z 9 zur vertraulichen Behandlung personenbezogener Daten zuwiderhandelt oder *(BGBl I 2013/152; BGBl I 2019/105)*

3. einer mit Verordnung gemäß § 49 Abs. 1 getroffenen Maßnahme, deren Nichtbefolgung mit Verwaltungsstrafe bedroht ist, zuwiderhandelt oder *(BGBl I 2004/151)*

SPG

4. trotz eines Betretungsverbotes eine Schutzzone nach § 36a betritt oder *(BGBl I 2004/151; BGBl I 2005/158)*

4a. einem mit Verordnung gemäß § 36b Abs. 1 angeordnetem Waffenverbot zuwiderhandelt oder *(BGBl I 2018/55)*

5. trotz eines Betretungsverbotes einen Sicherheitsbereich bei Sportgroßveranstaltungen nach § 49a betritt oder *(BGBl I 2005/158; BGBl I 2007/113; BGBl I 2012/13)*

6. einem mit Verordnung gemäß § 37 Abs. 1 angeordneten Betretungsverbot zuwiderhandelt oder *(BGBl I 2012/13; BGBl I 2018/29)*

7. einer Verpflichtung nach § 53 Abs. 5 nicht unverzüglich nachkommt, *(BGBl I 2018/29; BGBl I 2019/105)*

begeht eine Verwaltungsübertretung und ist mit Geldstrafe bis zu 1 000, im Wiederholungsfall mit Geldstrafe bis zu 4 600 Euro, im Falle ihrer Uneinbringlichkeit mit Ersatzfreiheitsstrafe bis zu vier Wochen, zu bestrafen. Waffen und Gegenstände einer Verwaltungsübertretung gemäß Z 4a sind nach Maßgabe des § 17 VStG für verfallen zu erklären. *(BGBl I 2018/29; BGBl I 2018/55; BGBl I 2019/105) (BGBl 1996/759)*

(1a) Wer einer Meldeverpflichtung zur Normverdeutlichung nach § 38b oder einer Meldeauflage nach § 49c nicht nachkommt oder die amtliche Belehrung nach § 38b oder § 49c behindert oder stört, begeht eine Verwaltungsübertretung und ist mit Geldstrafe bis zu 1 000 Euro, im Wiederholungsfall mit Geldstrafe bis zu 4 600 Euro, im Falle ihrer Uneinbringlichkeit mit Ersatzfreiheitsstrafe bis zu vier Wochen zu bestrafen. *(BGBl I 2016/61; BGBl I 2019/105; BGBl I 2021/148, ab 1. 12. 2021)*

(1b) Ein Gefährder (§ 38a), der

1. den vom Betretungsverbot gemäß § 38a umfassten Bereich betritt,

2. sich sonst trotz Annäherungsverbots gemäß § 38a einem Gefährdeten annähert,

3. einer Verpflichtung gemäß § 38a Abs. 8 zur Kontaktaufnahme mit einer Beratungsstelle für Gewaltprävention oder zur (aktiven) Teilnahme an einer Gewaltpräventionsberatung nicht nachkommt, *(BGBl I 2019/105; BGBl I 2020/144)*

begeht eine Verwaltungsübertretung und ist mit Geldstrafe bis zu 2 500 Euro, im Wiederholungsfall mit Geldstrafe bis zu 5 000 Euro, im Falle ihrer Uneinbringlichkeit mit Ersatzfreiheitsstrafe bis zu sechs Wochen, zu bestrafen. *(BGBl I 2019/105)*

(2) Von der Festnahme eines Menschen, der bei einer Verwaltungsübertretung gemäß Abs. 1 oder 1b auf frischer Tat betreten wurde und der trotz Abmahnung in der Fortsetzung der strafbaren Handlung verharrt oder sie zu wiederholen sucht (§ 35 Z 3 lit c VStG), haben die Organe des öffentlichen Sicherheitsdienstes abzusehen, wenn

weiteres gleichartiges strafbares Handeln durch Anwendung eines oder beider gelinderer Mittel nach § 81 Abs. 3 verhindert werden kann. In solchen Fällen ist § 81 Abs. 4 bis 6 sinngemäß anzuwenden. *(BGBl I 2019/105)*

Subsidiarität

§ 85. Eine Verwaltungsübertretung liegt nicht vor, wenn eine Tat nach den §§ 81 bis 84 den Tatbestand einer in die Zuständigkeit der ordentlichen Gerichte fallenden strafbaren Handlung bildet. *(BGBl I 2013/161)*

Verwaltungsstrafbehörden

§ 86. (1) Die Durchführung der Verwaltungsstrafverfahren obliegt den Bezirksverwaltungsbehörden, im Wirkungsbereich einer Landespolizeidirektion als Sicherheitsbehörde erster Instanz (§ 8) dieser. *(BGBl I 2012/50)*

(2) Organe des öffentlichen Sicherheitsdienstes, die für den Bundesminister für Inneres oder die Landespolizeidirektion Exekutivdienst versehen, sind ermächtigt, Maßnahmen zur Verhinderung von Verwaltungsübertretungen nach diesem Teil oder zur Einleitung von Verwaltungsstrafverfahren zu setzen; sie schreiten hiebei als Organe der zuständigen Bezirksverwaltungsbehörde oder Landespolizeidirektion, insoweit diese für das Gebiet einer Gemeinde zugleich Sicherheitsbehörde erster Instanz ist, ein. *(BGBl I 1999/146; BGBl I 2012/50)*

6. TEIL

Rechtsschutz

1. Abschnitt

Subjektiver Rechtsschutz

Recht auf Gesetzmäßigkeit sicherheitspolizeilicher Maßnahmen

§ 87. Jedermann hat Anspruch darauf, daß ihm gegenüber sicherheitspolizeiliche Maßnahmen nur in den Fällen und der Art ausgeübt werden, die dieses Bundesgesetz vorsieht.

Beschwerden wegen Verletzung subjektiver Rechte

§ 88. (1) Die Landesverwaltungsgerichte erkennen über Beschwerden von Menschen, die behaupten, durch die Ausübung unmittelbarer sicherheitsbehördlicher Befehls- und Zwangsgewalt in ihren Rechten verletzt worden zu sein (Art. 130 Abs. 1 Z 2 B-VG). *(BGBl I 2013/161)*

(2) Außerdem erkennen die Landesverwaltungsgerichte über Beschwerden von Menschen, die behaupten, auf andere Weise durch die Besorgung der Sicherheitsverwaltung in ihren Rechten verletzt worden zu sein, sofern dies nicht in Form eines Bescheides erfolgt ist. *(BGBl I 2013/161)*

(3) Beschwerden gemäß Abs. 1, die sich gegen einen auf dieses Bundesgesetz gestützten Entzug der persönlichen Freiheit richten, können während der Anhaltung bei der Sicherheitsbehörde eingebracht werden, die sie unverzüglich dem Landesverwaltungsgericht zuzuleiten hat. *(BGBl I 2013/161)*

(4) Die Frist zur Erhebung einer Beschwerde beträgt sechs Wochen. Sie beginnt mit dem Zeitpunkt, in dem der Betroffene Kenntnis von der Rechtsverletzung erlangt hat, wenn er aber durch die Ausübung unmittelbarer verwaltungsbehördlicher Befehls- und Zwangsgewalt behindert war, von seinem Beschwerderecht Gebrauch zu machen, mit dem Wegfall dieser Behinderung. Die Beschwerde ist beim Landesverwaltungsgericht einzubringen. *(BGBl I 2013/161)*

(5) *(aufgehoben, BGBl I 2002/104)*

Beschwerden wegen Verletzung von Richtlinien für das Einschreiten

§ 89. (1) Insoweit mit einer Beschwerde an das Landesverwaltungsgericht die Verletzung einer gemäß § 31 festgelegten Richtlinie behauptet wird, hat das Landesverwaltungsgericht sie der zur Behandlung einer Aufsichtsbeschwerde in dieser Sache zuständigen Behörde zuzuleiten. *(BGBl I 2013/161)*

(2) Menschen, die in einer binnen sechs Wochen, wenn auch beim Landesverwaltungsgericht (Abs. 1), eingebrachten Aufsichtsbeschwerde behaupten, beim Einschreiten eines Organs des öffentlichen Sicherheitsdienstes, von dem sie betroffen waren, sei eine gemäß § 31 erlassene Richtlinie verletzt worden, haben Anspruch darauf, daß ihnen die Dienstaufsichtsbehörde den von ihr schließlich in diesem Punkte als erwiesen angenommenen Sachverhalt mitteilt und sich hiebei zur Frage äußert, ob eine Verletzung vorliegt. *(BGBl I 2013/161)*

(3) Wenn dies dem Interesse des Beschwerdeführers dient, einen Vorfall zur Sprache zu bringen, kann die Dienstaufsichtsbehörde eine auf die Behauptung einer Richtlinienverletzung beschränkte Beschwerde zum Anlaß nehmen, eine außerhalb der Dienstaufsicht erfolgende Aussprache des Beschwerdeführers mit dem von der Beschwerde betroffenen Organ des öffentlichen Sicherheitsdienstes zu ermöglichen. Von einer Mitteilung (Abs. 2) kann insoweit Abstand genommen werden, als der Beschwerdeführer schriftlich oder niederschriftlich erklärt, klaglos gestellt worden zu sein. *(BGBl I 1999/146)*

(4) Jeder, dem gemäß Abs. 2 mitgeteilt wurde, daß die Verletzung einer Richtlinie nicht festgestellt worden sei, hat das Recht, binnen 14 Tagen die Entscheidung des Landesverwaltungsgerichts zu verlangen, in dessen Sprengel das Organ eingeschritten ist; dasselbe gilt, wenn eine solche Mitteilung (Abs. 2) nicht binnen drei Monaten nach Einbringung der Aufsichtsbeschwerde ergeht. Das Landesverwaltungsgericht hat festzustellen, ob eine Richtlinie verletzt worden ist. *(BGBl I 2013/161)*

(5) *(aufgehoben, BGBl I 2013/161)*

Beschwerden wegen Verletzung der Bestimmungen über den Datenschutz

§ 90. Die Datenschutzbehörde entscheidet gemäß § 32 Abs. 1 Z 4 DSG über Beschwerden wegen Verletzung von Rechten durch Verarbeiten personenbezogener Daten in Angelegenheiten der Sicherheitsverwaltung entgegen den Bestimmungen des DSG. Davon ausgenommen ist die Beurteilung der Rechtmäßigkeit der Ermittlung von Daten durch die Ausübung verwaltungsbehördlicher Befehls- und Zwangsgewalt.

(BGBl I 2018/29)

2. Abschnitt

Objektiver Rechtsschutz

Amtsbeschwerde

Amtsbeschwerde , Eintrittsrecht und Revision

§ 91. (1) Der Bundesminister für Inneres kann gegen Entscheidungen der Verwaltungsgerichte über Beschwerden gemäß den §§ 88, 89 oder 90 sowohl zugunsten als auch zum Nachteil des Betroffenen Revision an den Verwaltungsgerichtshof erheben. Die Revisionsfrist beginnt mit der Zustellung der Entscheidung an die Behörde. *(BGBl I 2013/161)*

(1a) Der Bundesminister für Inneres kann an Stelle der Behörde in ein Verfahren beim Bundesverwaltungsgericht gegen Entscheidungen der Datenschutzbehörde über Beschwerden gemäß § 90 eintreten. *(BGBl I 2013/161)*

(2) Das oberste, mit der Führung der Organe des öffentlichen Sicherheitsdienstes betraute Organ kann gegen Bescheide gemäß § 5b wegen Rechtswidrigkeit Beschwerde an das Landesverwaltungsgericht sowie gegen dessen Erkenntnisse Revision an den Verwaltungsgerichtshof erheben. Die Beschwerde- oder Revisionsfrist beginnt mit der Zustellung der Entscheidung an die Behörde. *(BGBl 1996/201; BGBl I 2013/161)*

SPG

3. Abschnitt

Rechtsschutzbeauftragter

Rechtsschutzbeauftragter

§ 91a. (1) Zur Wahrnehmung des besonderen Rechtsschutzes im Ermittlungsdienst der Sicherheitsbehörden ist beim Bundesminister für Inneres ein Rechtsschutzbeauftragter mit der erforderlichen Anzahl von Stellvertretern eingerichtet, die bei der Besorgung der ihnen auf dem Gebiet der Sicherheitspolizei zukommenden Aufgaben unabhängig und weisungsfrei sind und der Amtsverschwiegenheit unterliegen. *(BGBl I 2016/5)*

(2) Der Rechtsschutzbeauftragte und seine Stellvertreter haben gleiche Rechte und Pflichten. Im Bereich des Verfassungsschutzes (Staatsschutz- und Nachrichtendienstgesetz – SNG, BGBl. I Nr. 5/2016) haben sie sich regelmäßig über ihre Wahrnehmungen zu unterrichten und in grundsätzlichen Fragen der Aufgabenerfüllung eine einvernehmliche Vorgangsweise anzustreben. Sie werden vom Bundespräsidenten auf Vorschlag der Bundesregierung nach Anhörung der Präsidenten des Nationalrates sowie der Präsidenten des Verfassungsgerichtshofes und des Verwaltungsgerichtshofes auf die Dauer von zehn Jahren bestellt. Wiederbestellungen sind nicht zulässig. Zumindest bei einem Stellvertreter muss es sich um eine Person handeln, die als Richter oder Staatsanwalt mindestens zehn Jahre tätig war und nicht gemäß § 91b Abs. 1 zweiter Satz ausgeschlossen ist. Der Rechtsschutzbeauftragte hat gemeinsam mit seinen Stellvertretern nähere Regelungen zu ihrem Zusammenwirken, insbesondere über die Vertretung des Rechtsschutzbeauftragten im Verhinderungsfall, die Einberufung von Sitzungen, die Zusammensetzung des Rechtsschutzsenates (§ 14 Abs. 3 SNG) sowie deren Entscheidungsfindung in einer Geschäftsordnung zu treffen. *(BGBl I 2016/5; BGBl I 2021/148, ab 1. 12. 2021, zur Anwendung siehe § 96 Abs. 10)*

(3) **(Verfassungsbestimmung)** Eine Einschränkung seiner Befugnisse nach § 91c sowie seiner Rechte und Pflichten nach § 91d kann vom Nationalrat nur in Anwesenheit von mindestens der Hälfte der Mitglieder mit einer Mehrheit von zwei Dritteln der abgegebenen Stimmen beschlossen werden.

(BGBl I 2005/158)

Organisation

§ 91b. (1) Der Rechtsschutzbeauftragte und seine Stellvertreter müssen besondere Kenntnisse und Erfahrungen auf dem Gebiet der Grund- und Freiheitsrechte aufweisen und mindestens fünf Jahre in einem Beruf tätig gewesen sein, in dem der Abschluss des Studiums der Rechtswissenschaften Berufsvoraussetzung ist. Richter und Staatsanwälte des Dienststandes, Rechtsanwälte, die in die Liste der Rechtsanwälte eingetragen sind, und andere Personen, die vom Amt eines Geschworenen oder Schöffen ausgeschlossen oder zu diesem nicht zu berufen sind (§§ 2 und 3 des Geschworenen- und Schöffengesetzes 1990) dürfen nicht bestellt werden.

(2) Die Bestellung des Rechtsschutzbeauftragten und seiner Stellvertreter erlischt bei Verzicht, im Todesfall oder mit Wirksamkeit der Neubestellung. Wenn ein Grund besteht, die volle Unbefangenheit des Rechtsschutzbeauftragten oder eines Stellvertreters in Zweifel zu ziehen, hat sich dieser des Einschreitens in der Sache zu enthalten. *(BGBl I 2021/148, ab 1. 12. 2021)*

(3) Der Bundesminister für Inneres stellt dem Rechtsschutzbeauftragten und seinen Stellvertretern die zur Bewältigung der administrativen Tätigkeit notwendigen Personal- und Sacherfordernisse zur Verfügung, wobei diese den jeweiligen gesetzlichen Aufgaben adäquat anzupassen sind. Zur Gewährung der Unabhängigkeit sind dem Rechtsschutzbeauftragten Büroräumlichkeiten außerhalb des Raumverbundes der Generaldirektion für die öffentliche Sicherheit oder einer ihr nachgeordneten Sicherheitsbehörde zur Verfügung zu stellen. Dem Rechtsschutzbeauftragten und seinen Stellvertretern gebührt für die Erfüllung ihrer Aufgaben eine Entschädigung. Der Bundesminister für Inneres ist ermächtigt, mit Verordnung Pauschalsätze für die Bemessung dieser Entschädigung festzusetzen. *(BGBl I 2016/5)*

(BGBl I 2005/158)

Befassung des Rechtsschutzbeauftragten

§ 91c. (1) Die Sicherheitsbehörden sind verpflichtet, den Rechtsschutzbeauftragten von jeder Ermittlung personenbezogener Daten durch Observation (§ 54 Abs. 2) und deren technische Unterstützung (§ 54 Abs. 2a), durch verdeckte Ermittlung (§ 54 Abs. 3 und 3a), durch den verdeckten Einsatz von Bild- oder Tonaufzeichnungsgeräten (§ 54 Abs. 4), durch Verarbeiten von Daten, die andere mittels Einsatz von Bild- und Tonaufzeichnungsgeräten er- und übermittelt haben (§ 53 Abs. 5 erster Satz) unter Angabe der für die Ermittlung wesentlichen Gründe in Kenntnis zu setzen. Darüber hinaus ist der Rechtsschutzbeauftragte über Auskunftsverlangen (§ 53 Abs. 3a Z 2 bis 4 und 3b), die Information Betroffener (§ 53 Abs. 3c), den Einsatz technischer Mittel zur Lokalisierung einer Endeinrichtung (§ 53 Abs. 3b) sowie den Einsatz von bildverarbeitenden technischen Einrichtungen (§ 54 Abs. 4b) ehestmöglich zu informieren. Dem Rechtsschutzbeauftragten obliegt die Prüfung der nach diesem Absatz erstatteten Meldungen. *(BGBl I 2007/114; BGBl I 2009/131; BGBl I 2011/33; BGBl I 2012/13; BGBl I 2016/5; BGBl I 2018/29)*

(2) Sicherheitsbehörden, die die Überwachung öffentlicher Orte mit Bild- und Tonaufzeichnungsgeräten im Sinne des § 54 Abs. 6 bis 7a oder die Führung einer Datenverarbeitung gemäß § 53a Abs. 2 und 6 beabsichtigen, haben unverzüglich den Bundesminister für Inneres zu verständigen. Dieser hat dem Rechtsschutzbeauftragten Gelegenheit zur Äußerung binnen drei Tagen zu geben. Der tatsächliche Einsatz der Bild- und Tonaufzeichnungsgeräte oder die Aufnahme der Datenverarbeitung darf erst nach Ablauf dieser Frist oder Vorliegen einer entsprechenden Äußerung des Rechtsschutzbeauftragten erfolgen. *(BGBl I 2007/114; BGBl I 2016/61; BGBl I 2018/29; BGBl I 2018/55)*

(3) *(aufgehoben, BGBl I 2016/5)*

(BGBl I 2005/158)

Rechte und Pflichten des Rechtsschutzbeauftragten

§ 91d. (1) Die Sicherheitsbehörden haben dem Rechtsschutzbeauftragten bei der Wahrnehmung seiner Aufgaben jederzeit Einblick in alle erforderlichen Unterlagen und Aufzeichnungen zu gewähren, ihm auf Verlangen Abschriften (Ablichtungen) einzelner Aktenstücke unentgeltlich auszufolgen und alle erforderlichen Auskünfte zu erteilen; insofern kann ihm gegenüber Amtsverschwiegenheit nicht geltend gemacht werden. Dies gilt jedoch nicht für Auskünfte über die Identität von Personen nach Maßgabe des § 162 StPO. *(BGBl I 2016/5)*

(2) Dem Rechtsschutzbeauftragten ist jederzeit Gelegenheit zu geben, die Durchführung der in § 91c genannten Maßnahmen zu überwachen und alle Räume zu betreten, in denen Aufnahmen oder sonstige Überwachungsergebnisse aufbewahrt werden. Darüber hinaus hat er im Rahmen seiner Aufgabenstellungen die Einhaltung der Pflicht zur Richtigstellung oder Löschung nach § 63 oder den besonderen Löschungsbestimmungen zu überwachen.

(3) Nimmt der Rechtsschutzbeauftragte wahr, dass durch Verarbeiten personenbezogener Daten Rechte von Betroffenen verletzt worden sind, die von dieser Verarbeitung keine Kenntnis haben, so ist er zu deren Information insoweit verpflichtet, als eine solche aus den Gründen des § 43 Abs. 4 des DSG nicht erfolgen kann, zur Erhebung einer Beschwerde an die Datenschutzbehörde nach § 90 verpflichtet. In einem solchen Verfahren vor der Datenschutzbehörde ist auf § 43 Abs. 4 DSG über die Beschränkung des Auskunftsrechtes Bedacht zu nehmen. *(BGBl I 2018/29)*

(4) Der Rechtsschutzbeauftragte erstattet dem Bundesminister für Inneres jährlich bis spätestens 31. März einen Bericht über seine Tätigkeit und Wahrnehmungen im Rahmen seiner Aufgabenerfüllung. Diesen Bericht hat der Bundesminister für Inneres dem ständigen Unterausschuss des Ausschusses für innere Angelegenheiten zur Überprüfung von Maßnahmen zum Schutz der verfassungsmäßigen Einrichtungen und ihrer Handlungsfähigkeit auf dessen Verlangen im Rahmen des Auskunfts- und Einsichtsrechtes nach Art. 52a Abs. 2 B-VG zugänglich zu machen. *(BGBl I 2016/5)*

(BGBl I 2005/158)

7. Teil
Entschädigung und Kostenersatzpflicht

Entschädigung

§ 92. Der Bund haftet für Schäden,

1. die entstehen, weil eine Sicherheitsbehörde das Einschreiten aufgeschoben hat (§ 23), soweit die Schäden sonst verhindert hätten werden können;

2. die beim Gebrauch in Anspruch genommener Sachen im Rahmen der ersten allgemeinen Hilfeleistungspflicht (§ 19) oder zur Abwehr eines gefährlichen Angriffes an diesen Sachen entstehen; *(BGBl I 2013/152)*

3. die entstehen, weil Urkunden, die über die Identität eines Menschen täuschen (§ 54a), im Rechtsverkehr verwendet werden. *(BGBl I 1997/105)*

Das Verfahren sowie die Bestimmung der Verjährungsfristen im Zusammenhang mit Entschädigungsansprüchen richten sich nach dem Polizeibefugnis-Entschädigungsgesetz, BGBl. Nr. 735/1988. *(BGBl I 2012/13)*

Kostenersatzpflicht

§ 92a. (1) Wird durch eine technische Alarmeinrichtung das Einschreiten der Organe des öffentlichen Sicherheitsdienstes verursacht, ohne dass zum Zeitpunkt der Alarmauslösung eine Gefahr für Leben, Gesundheit, Freiheit von Menschen, Eigentum oder Vermögen bestanden hat, so gebührt als Ersatz der Aufwendungen des Bundes ein Pauschalbetrag, der nach Maßgabe der durchschnittlichen Aufwendungen mit Verordnung des Bundesministers für Inneres festgesetzt wird. Die Verpflichtung zu seiner Entrichtung trifft denjenigen, zu dessen Schutz die technische Alarmeinrichtung eingerichtet ist. *(BGBl I 2018/29)*

(1a) Wer ein Einschreiten von Organen des öffentlichen Sicherheitsdienstes verursacht, weil er

1. vorsätzlich eine falsche Notmeldung auslöst oder

2. sich zumindest grob fahrlässig (§ 6 Abs. 3 StGB) einer Gefahr für Leben oder Gesundheit ausgesetzt hat,

SPG

hat als Ersatz der Aufwendungen des Bundes einen Pauschalbetrag, der nach Maßgabe der durchschnittlichen Aufwendungen, abhängig von den eingesetzten Mitteln, mit Verordnung des Bundesministers für Inneres festgesetzt wird, zu leisten. Die Verpflichtung zur Leistung trifft im Fall der Z 1 denjenigen, der die falsche Notmeldung ausgelöst hat, und im Fall der Z 2 denjenigen, dessen Leben oder Gesundheit geschützt wird. *(BGBl I 2018/29)*

(2) Die Gebühren sind, soferne sie nicht ohne weiteres entrichtet werden, von den Bezirksverwaltungsbehörden, im Wirkungsbereich einer Landespolizeidirektion als Sicherheitsbehörde erster Instanz (§ 8), von dieser vorzuschreiben. *(BGBl I 2012/50)*

(BGBl 1996/201)

8. TEIL

Informationspflichten

Sicherheitsbericht

§ 93. (1) Die Bundesregierung hat dem National- und dem Bundesrat jährlich den Bericht über die innere Sicherheit zu erstatten.

(2) Der Sicherheitsbericht enthält einen Bericht über die Vollziehung dieses Bundesgesetzes im abgelaufenen Jahre, der über die Schwerpunkte der Tätigkeit der Sicherheitsbehörden, der Sicherheitsakademie und der Organe des öffentlichen Sicherheitsdienstes Aufschluß gibt. Darüber hinaus enthält der Sicherheitsbericht die Kriminal- und Verurteiltenstatistik dieses Jahres, Angaben über kriminalpolitisch wesentliche Entwicklungen aus der Sicht der Bundesminister für Inneres und für Justiz, das Ergebnis der stichprobenweise vorgenommenen Überprüfung der Gesetzmäßigkeit einzelner DNA-Untersuchungen (§ 67), statistische Angaben über die in diesem Jahr gemäß den §§ 88 bis 90 geführten Verfahren sowie über die gegen Organe des öffentlichen Sicherheitsdienstes erhobenen Vorwürfe aus disziplinar- und strafrechtlicher Sicht. Des Weiteren enthält der Sicherheitsbericht einen Bericht über die Tätigkeiten und Wahrnehmungen des Bundesamtes zur Korruptionsprävention und Korruptionsbekämpfung. *(BGBl I 1999/146; BGBl I 2009/72; BGBl I 2012/1)*

Informationspflicht bei Bildaufnahmen an öffentlichen Orten

§ 93a. (1) Rechtsträger des öffentlichen oder privaten Bereichs, soweit letzteren ein öffentlicher Versorgungsauftrag zukommt, die zulässigerweise einen öffentlichen Ort überwachen, sind verpflichtet, die örtlich zuständige Sicherheitsbehörde über die Verwendung von Bildaufnahmegeräten an solchen Orten zu informieren.

(2) Soweit dies auf Grundlage einer ortsbezogenen Risikoanalyse aus Gründen der Aufrechterhaltung der öffentlichen Ruhe, Ordnung und Sicherheit oder der Strafverfolgung erforderlich ist, hat die Sicherheitsbehörde mit Bescheid eine vier Wochen nicht überschreitende Aufbewahrungsverpflichtung festzulegen.

(3) Der Verpflichtete gemäß Abs. 2 hat die örtlich zuständige Sicherheitsbehörde zu informieren, sobald die Bildaufnahme an öffentlichen Orten dauerhaft beendet wird.

(BGBl I 2018/29)

9. TEIL

Schlußbestimmungen

Inkrafttreten

§ 94. (1) Dieses Bundesgesetz tritt mit 1. Mai 1993 in Kraft, § 62 tritt mit 1. Jänner 1994 in Kraft.

(2) Verordnungen auf Grund dieses Bundesgesetzes können bereits ab dem auf seine Kundmachung folgenden Tag erlassen werden; sie dürfen jedoch frühestens mit dem Inkrafttreten dieses Bundesgesetzes in Kraft gesetzt werden.

(3) Die §§ 27a, 88 Abs. 4, 89 Abs. 5 und 92a in der Fassung des Bundesgesetzes BGBl. Nr. 201/1996 treten mit 1. Juli 1996, die §§ 5a, 5b, 48a und 91 Abs. 2 mit 1. August 1996 in Kraft.

(4) Die §§ 38a, 56 Abs. 1 Z 8 und 84 Abs. 1 in der Fassung des BGBl Nr. 759/1996 treten mit dem 1. Mai 1997 in Kraft.

(5) Die §§ 45 Abs. 3, 46 Abs. 3, 57 Abs. 1 Z 11, 58 Abs. 1 Z 9 sowie § 58 Abs. 2 in der Fassung des Bundesgesetzes BGBl I Nr. 12/1997 treten am 1. Juli 1997 in Kraft.

(6) Mit 1. Oktober 1997 treten die §§ 14a, 35 Abs. 1 Z 6, 56 Abs. 1 Z 6 sowie Abs. 3, 57 Abs. 1 Z 10 bis 12, 58 Abs. 2, 71 Abs. 3 bis 5 und 76 Abs. 3 in der Fassung BGBl. I Nr. 104/1997 in Kraft sowie die §§ 56 Abs. 1 Z 6 und 7 sowie Abs. 3 und 5, 67 und 71 Abs. 3 außer Kraft.

(7) Die §§ 6 Abs. 3, 22 Abs. 1 Z 5, 54a, 62 Abs. 1 und 92 Z 3 in der Fassung des Bundesgesetzes BGBl. I Nr. 105/1997 treten mit 1. Jänner 1998 in Kraft. *(BGBl I 1997/105)*

(8) Die neue Absatzbezeichnung des bisherigen § 88 Abs. 6 in der Fassung des Bundesgesetzblattes BGBl. I Nr. 158/1998 tritt mit 1. Jänner 1999 in Kraft. § 88 Abs. 5 tritt mit Ablauf des 31. Dezember 1998 außer Kraft. *(BGBl I 1998/158)*

(9) *(nicht mehr geltend, BGBl I 2008/2)*

(10) Die §§ 9 Abs. 3 und 4, 10a, 14 Abs. 3 und 4, 15b und 15c, 55 bis 55c, 64 Abs. 2, 65 Abs. 1, 5 und 6, 67, 70 Abs. 3, 78 sowie 96 Abs. 3 in der Fassung des Bundesgesetzes BGBl. I

Nr. 146/1999 treten mit 1. September 1999 in Kraft. *(BGBl I 1999/146)*

(11) Die §§ 25 Abs. 3, 35 Abs. 1 Z 6 und 7, 35a, 38 Abs. 4, 38a, 39, 47 Abs. 3, 53 Abs. 1 und 3a, 56 Abs. 1 Z 6 und 7, 84 Abs. 1 Z 2, 86, 89 Abs. 3, 90 Abs. 1, 93, 93a, sowie 98 Abs. 2 in der Fassung des Bundesgesetzes BGBl. I Nr. 146/1999 treten mit 1. Jänner 2000 in Kraft. *(BGBl I 1999/146)*

(12) Die §§ 16 Abs. 1 Z 2 und Abs. 2 Z 1, 17, 21 Abs. 3, 28, 28a, 29 Abs. 1, 35a Abs. 1 und Abs. 5, 53 Abs. 1 Z 2a, 54 Abs. 2 bis 4a, 62 Abs. 2 Z 2, 62a sowie 62b in der Fassung des Bundesgesetzes BGBl. I Nr. 85/2000 treten mit 1. Oktober 2000 in Kraft. *(BGBl I 2000/85)*

(13) Die §§ 81 Abs. 1, 82 Abs. 1, 83 Abs. 1 und 84 Abs. 1 in der Fassung des Bundesgesetzes BGBl. I 98/2001 treten mit 1. Jänner 2002 in Kraft. *(BGBl I 2001/98)*

(14) Die §§ 6 Abs. 1 und 14 Abs. 2 in der Fassung des Bundesgesetzes BGBl. I Nr. 22/2002 treten mit 1. Jänner 2002 in Kraft. *(BGBl I 2002/22)*

(15) Die §§ 5 Abs. 5, 10a und 10b, 22 Abs. 1 Z 5, 39 Abs. 4, 51, 53 Abs. 1 bis 3 sowie Abs. 3b und 4, 54a, 54b, 56 Abs. 1, 3 und 4, 57 Abs. 1 und Abs. 3, 58 Abs. 1 Z 6, 59, 62, 62a, 63 Abs. 2, 64 Abs. 1, 65 Abs. 1 und 6, 65a, 67 Abs. 1 und 1a, 70 Abs. 4, 71 Abs. 1, 3 bis 5, 73 Abs. 1 Z 5 und 6, 73 Abs. 4, 75, 79 Abs. 1, 80, 80a, 90 und 96 Abs. 4 in der Fassung des Bundesgesetzes BGBl. I Nr. 104/2002 treten mit 1. Oktober 2002 in Kraft. Die §§ 4 Abs. 3, 14 Abs. 5, 14a, 22 Abs. 1a, 42 Abs. 2 und 3, 42a, 53 Abs. 5 und 96 Abs. 5 in der Fassung des Bundesgesetzes BGBl. I Nr. 104/2002 treten mit 1. Februar 2003 in Kraft. § 62 in der Fassung des Bundesgesetzes BGBl. I Nr. 85/2000 sowie die §§ 63 Abs. 3, 71 Abs. 2, 76 Abs. 5 und 88 Abs. 5 treten mit 1. Oktober 2002 außer Kraft. *(BGBl I 2002/104)*

(16) Die §§ 16 Abs. 2 Z 1, 35 Abs. 1 Z 7 und 8, 36a, 38a Abs. 4, 53 Abs. 1 Z 2a, 54 Abs. 4b und 6, 56 Abs. 1 Z 3 und Abs. 2, 57 Abs. 3, 59 Abs. 2, 62, 62a Abs. 1, 3 und 7, 80b, 83a, 84 Abs. 1 Z 3 und 4 und 94a in der Fassung BGBl. I Nr. 151/2004 treten mit 1. Jänner 2005 in Kraft. Die §§ 5 Abs. 2, 5a Abs. 3, 7 Abs. 2 und 4a, 8 Abs. 1 und 2, 9 Abs. 1 und 4, 10, 11, 13, 14 Abs. 4, 96 Abs. 6 sowie 97 Abs. 3 in der Fassung des Bundesgesetzes BGBl. I Nr. 151/2004 sowie das Inhaltsverzeichnis treten mit 1. Juli 2005 in Kraft. Die §§ 10a und 10b treten mit Ablauf des 30. Juni 2005 außer Kraft. *(BGBl I 2004/151)*

(17) § 83a in der Fassung des Artikels 2 des Bundesgesetzes BGBl. I Nr. 151/2004 tritt mit 1. Juli 2005 in Kraft. *(BGBl I 2004/151)*

(18) § 16 Abs. 2 in der Fassung des Bundesgesetzes BGBl. I Nr. 100/2005 tritt am 1. Jänner 2006 in Kraft. *(BGBl I 2005/100)*

(19) Die §§ 35 Abs. 1 Z 8 und 9, 36b und 36c, 53 Abs. 1 Z 2a, 3 und Abs. 5, 53a samt Überschrift, 54 Abs. 3, 4 und 7, 57 Abs. 1 Z 11a und Abs. 3, 58 Abs. 1 Z 9 und 10, 58a bis c samt Überschriften, 59 samt Überschrift, 84 Abs. 1 Z 4 und 5, 91b bis d sowie das Inhaltsverzeichnis in der Fassung des Bundesgesetzes BGBl. I Nr. 158/2005 treten mit 1. Jänner 2006 in Kraft. Die §§ 53 Abs. 4 letzter Satz, 62, 62a sowie 80a und b treten mit Ablauf des 31. Dezember 2005 außer Kraft. *(BGBl I 2005/158)*

(20) **(Verfassungsbestimmung)** § 91a in der Fassung des Bundesgesetzes BGBl. I Nr. 158/2005 tritt mit 1. Jänner 2006 in Kraft. Der zu diesem Zeitpunkt bestellte Rechtsschutzbeauftragte und seine Stellvertreter gelten bis zur Neu- oder Wiederbestellung als nach § 91a bestellt; bis spätestens 1. Jänner 2007 ist eine Neu- oder Wiederbestellung des Rechtsschutzbeauftragten und seiner Stellvertreter gemäß § 91a Abs. 2 vorzunehmen. *(BGBl I 2005/158)*

(21) § 25 Abs. 3 in der Fassung des Bundesgesetzes BGBl. I Nr. 56/2006 tritt mit 1. Juli 2006 in Kraft. § 91c Abs. 1 in der Fassung des Bundesgesetzes BGBl. I Nr. 56/2006 tritt mit Ablauf des Tages der Kundmachung in Kraft. *(BGBl I 2006/56; BGBl I 2007/113)*

(22) Die §§ 35 Abs. 1 Z 9, 49a, b und c samt Überschriften, 57 Abs. 1 Z 11a, 84 Abs. 1 Z 5 und Abs. 1a, 96 Abs. 5, die Abschnittsbezeichnungen sowie das Inhaltsverzeichnis in der Fassung des Bundesgesetzes BGBl. I Nr. 113/2007 treten mit 1. Jänner 2008 in Kraft. Die §§ 36b und c samt Überschriften treten mit Ablauf des 31. Dezember 2007 außer Kraft. *(BGBl I 2007/113)*

(23) § 58b Abs. 2 in der Fassung des Bundesgesetzes BGBl. I Nr. 4/2008 tritt mit 1. Juli 2008 in Kraft. *(BGBl I 2008/4)*

(24) Die §§ 11 Abs. 2, 15b Abs. 1, 22 Abs. 3, 23 Abs. 1 Z 2, 39 Abs. 7, 45 Abs. 2, 53 Abs. 2, 3a, 3b und 3c, 53a samt Überschrift, 53b samt Überschrift, 54a Abs. 1 und 2, 55 Abs. 4, 55a Abs. 2 Z 4 und Abs. 4, 55c, 57 Abs. 1 Z 2 und 12 sowie Abs. 2, 58 Abs. 1 Z 8, 10 und 11, 58d samt Überschrift, 65 Abs. 1, 5 und 6, 75 Abs. 1, 91c Abs. 1 und 2, 96, sowie das Inhaltsverzeichnis in der Fassung des Bundesgesetzes BGBl. I Nr. 114/2007 treten mit 1. Jänner 2008 in Kraft. *(BGBl I 2007/114)*

(25) § 38a Abs. 7 in der Fassung des Bundesgesetzes BGBl. I Nr. 40/2009 tritt mit 1. Juni 2009 in Kraft. *(BGBl I 2009/40, 2. GeSchG)*

(26) § 6 Abs. 1 und 2 in der Fassung des Bundesgesetzes BGBl. I Nr. 72/2009 tritt mit 1. Jänner 2010 in Kraft. § 38a Abs. 3 bis 7 in der Fassung des Bundesgesetzes BGBl. I Nr. 72/2009 tritt mit Ablauf des Tages der Kundmachung in Kraft. § 93 Abs. 2 in der Fassung des Bundesgesetzes BGBl. I Nr. 72/2009 tritt mit 1. Jänner 2011 in Kraft. *(BGBl I 2009/72)*

SPG

(27) § 56 Abs. 1 Z 3a und Abs. 5 in der Fassung des Bundesgesetzes BGBl. I Nr. 131/2009 tritt mit 4. Jänner 2010 in Kraft. *(BGBl I 2009/131)*

(28) Die §§ 58b Abs. 1 und 4 sowie 91c Abs. 1 in der Fassung des Bundesgesetzes BGBl. I Nr. 131/2009 treten mit 1. Jänner 2010 in Kraft. *(BGBl I 2009/131)*

(29) § 54 Abs. 8 in der Fassung des Bundesgesetzes BGBl. I Nr. 133/2009 tritt mit 1. Jänner 2010 in Kraft *(BGBl I 2009/133)*

(30) §§ 53 Abs. 3a, 3b, 3c, 3d und Abs. 4, 91c Abs 1 sowie § 91d Abs. 3 in der Fassung des Bundesgesetzes BGBl. I Nr. 33/2011 treten mit 1. April 2012 in Kraft. *(BGBl I 2011/33)*

(31) Das Inhaltsverzeichnis in der Fassung des Bundesgesetzes BGBl. I Nr. 1/2012 tritt mit 1. Juli 2012 in Kraft. Gleichzeitig treten die §§ 15a bis 15c samt Überschriften und § 93 Abs. 2 letzter Satz außer Kraft. *(BGBl I 2012/1)*

(32) Die §§ 10 Abs. 2 Z 5a und Abs. 7, 16 Abs. 2 Z 4 und 5, 21 Abs. 3, 24 Abs. 1 Z 2, 38 Abs. 2 und 5, 49b, 53 Abs. 1 Z 6 und 7, 53 Abs. 3b und 5, 54 Abs. 2a, 55a Abs. 2 Z 1 und Abs. 4, 57 Abs. 1 Einleitungsteil sowie Z 1 und 10a, 58 Abs. 1 Z 8, 58c Abs. 2, 63 Abs. 1a und 1b, 65 Abs. 1, 68 Abs. 1, 73 Abs. 6, 74 Abs. 3, 75 Abs. 1, 76 Abs. 1, 2 und 6, 80 Abs. 1, 81 Abs. 1, 82 Abs. 1, 83 Abs. 1, 83a Abs. 1, 83b samt Überschrift, 84 Abs. 1 und 1a, 86 Abs. 2, 91c Abs 1 bis 3, 91 d Abs. 4, die Überschrift des 7. Teiles, 92 samt Überschrift, 93a Abs. 1 samt Überschrift sowie die Einträge in das Inhaltsverzeichnis zu den §§ 83b, 92 und 93a und zum 7. Teil in der Fassung des Bundesgesetzes BGBl. I Nr. 13/2011 treten mit 1. April 2012 in Kraft, gleichzeitig tritt § 76 Abs. 7 außer Kraft. § 13a samt Überschrift und der Eintrag in das Inhaltsverzeichnis zu § 13a samt Überschrift in der Fassung des Bundesgesetzes BGBl. I Nr. 13/2011 treten mit 1. Jänner 2014 in Kraft, gleichzeitig treten die Absatzbezeichnung in § 13 und § 13 Abs. 2 außer Kraft. *(BGBl I 2012/13)*

(33) § 4 Abs. 2, § 5 Abs. 4 und 6, § 6 Abs. 1, §§ 7 und 8 samt Überschriften, § 9 Abs. 1 und 3, § 10 und § 12 samt Überschrift, § 13 Abs. 1 und 2, § 14 Abs. 1 bis 3, § 14a, § 15 Abs. 1 und 2, § 35a Abs. 1, 3 und 5, § 58b Abs. 1 und 3, § 60 Abs. 1 und 2, § 76 Abs. 1, 2 und 6, § 80 Abs. 2, § 86 Abs. 1 und 2, § 92a Abs. 2, § 93a Abs. 2, § 96 Abs. 6 und 7 sowie das Inhaltsverzeichnis in der Fassung des Bundesgesetzes BGBl. I Nr. 50/2012 treten mit 1. September 2012 in Kraft. Die §§ 13 Abs. 2 und 14a in der Fassung des Bundesgesetzes BGBl. I Nr. 50/2012 treten mit Ablauf des 31. Dezember 2013 außer Kraft. *(BGBl I 2012/50; BGBl I 2012/53)*

(34)[1]) § 76 Abs. 6 in der Fassung des BGBl. I Nr. 195/2013 tritt mit Ablauf des Tages der Kundmachung in Kraft. *(BGBl I 2013/195)*

(35) Die §§ 35 Abs. 1 Z 8, 38a samt Überschrift, 45 Abs. 2, 56 Abs. 1 Z 7 und 8, 58c Abs. 2, 84 Abs. 1 Z 2 und § 92 Z 2 und der Eintrag in das Inhaltsverzeichnis zu § 38a samt Überschrift in der Fassung des Bundesgesetzes BGBl. I Nr. 152/2013 treten mit 1. September 2013 in Kraft. *(BGBl I 2013/152)*

(36) § 14a samt Überschrift, § 38a, § 49c Abs. 4, § 53a Abs. 6, § 58b Abs. 2, § 58c Abs. 2, § 58d Abs. 2, § 60 Abs. 2, § 77 Abs. 2, § 85, die Überschrift zu § 86, § 88 Abs. 1 bis 4, § 89 Abs. 1, 2 und 4, § 90, § 91 Abs. 1, 1a und 2 samt Überschrift, § 91d Abs. 3 sowie die Einträge im Inhaltsverzeichnis zu § 14a, § 86 und § 91 in der Fassung des Bundesgesetzes BGBl. I Nr. 161/2013 treten mit 1. Jänner 2014 in Kraft; gleichzeitig tritt § 89 Abs. 5 außer Kraft. *(BGBl I 2013/161)*

(37) Die §§ 5 Abs. 2, 9 Abs. 1, 16 Abs. 2, 22 Abs. 1, 49a Abs. 1 und Abs. 2 samt Überschrift, 49b, 49c Abs. 1, 55a Abs. 2 Z 3 und Z 3a, 55b Abs. 5, 56 Abs. 1 Z 3a, 57 Abs. 1 Z 11a, 64 Abs. 6, 65 Abs. 1 und 5, 67 Abs. 1, 73 Abs. 1 sowie das Inhaltsverzeichnis in der Fassung des Bundesgesetzes BGBl. I Nr. 43/2014 treten mit 1. Juli 2014 in Kraft. *(BGBl I 2014/43)*

(38) Die §§ 13a Abs. 3, 20, 21 Abs. 2a, die Überschrift des § 25, die §§ 54 Abs. 5, 58b Abs. 2, 59 Abs. 2, 75 Abs. 1a und 2, 80 Abs. 1a sowie der Eintrag im Inhaltsverzeichnis zu § 25 in der Fassung des Bundesgesetzes BGBl. I Nr. 5/2016 treten mit 1. März 2016 in Kraft. *(BGBl I 2016/5)*

(39) Die §§ 6 Abs. 1, 53 Abs. 1, 3, 3b, 4 und 5, 53a Abs. 1, 1a und 5a, 54 Abs. 2, 3, 3a und 4, 91a Abs. 1 und 2, 91b Abs. 3, 91c Abs. 1, 91d Abs. 1, 3 und 4, 96 Abs. 8 und 9 sowie das Inhaltsverzeichnis in der Fassung des Bundesgesetzes BGBl. I Nr. 5/2016 treten mit 1. Juli 2016 in Kraft. Gleichzeitig treten die §§ 21 Abs. 3, 63 Abs. 1 und 1b, 91c Abs. 3 und 93a samt Überschrift außer Kraft. *(BGBl I 2016/5)*

(40) § 14 Abs. 3, § 15a samt Überschrift, die §§ 16 Abs. 2, 36a Abs. 3, 38 Abs. 1 und Abs. 1a, 38a, § 38b samt Überschrift, § 42a Abs. 3, § 49a Abs. 2, die §§ 49d und 49e samt Überschrift, die §§ 54 Abs. 4, 57, 58 Abs. 1, 64 Abs. 2, 65 Abs. 3, 67 Abs. 1, 77 Abs. 2, 81 Abs. 1, die Überschrift zu § 82, die §§ 82 Abs. 1, 83 Abs. 1, 83a Abs. 1, 84 Abs. 1a, 91c Abs. 2, die Überschrift des 2. Hauptstücks des 3. Teils, die Abschnittsbezeichnungen sowie das Inhaltsverzeichnis in der Fassung des Bundesgesetzes BGBl. I. Nr. 61/2016 treten mit 1. August 2016 in Kraft. *(BGBl I 2016/61)*

(41) § 5 Abs. 4 und 7, § 58e samt Überschrift sowie der Eintrag im Inhaltsverzeichnis zu § 58e in der Fassung des Bundesgesetzes BGBl. I. Nr. 61/2016 treten mit 1. Jänner 2017 in Kraft. *(BGBl I 2016/61)*

(42) § 24 Abs. 1 Z 4, § 35 Abs. 1 Z 5 lit. a und § 57 Abs. 1 Z 9 in der Fassung des Bundesgesetzes BGBl. I Nr. 130/2017 treten mit 1. September 2017 in Kraft. *(BGBl I 2017/130)*

(43) Die §§ 7 Abs. 4, 13a Abs. 2 bis 4, 25 Abs. 1, 35a Abs. 5, die Überschrift des 4. Teils, die §§ 51, 52, 53 Abs. 1, 2, 3a, 4 und 5, 53a Abs. 2, 5, 5a und 6 samt Überschrift, 53b, 54 Abs. 4b, 5, 6 und 7, 54b Abs. 1 und 3, 55 Abs. 4, 55a Abs. 4, 55b Abs. 1, 56 Abs. 1, 3 und 5, 57, 58, 58a, 58b Abs. 1, 58c, 58d Abs. 1, 58e samt Überschrift, 59 Abs. 1 und 3 samt Überschrift, 60 Abs. 2, 61, 63 samt Überschrift, 64 Abs. 2, 65 Abs. 2 und 6, 67, 68 samt Überschrift, 69 Abs. 2, 70 samt Überschrift, 71 Abs. 5, 73 Abs. 1 Z 5, 75 Abs. 1 und 2, 76, 80, 90, 91c Abs. 1 und 2, 91d Abs. 3, 92a Abs. 1 und 1a sowie die Einträge im Inhaltsverzeichnis zum 4. Teil und zu den §§ 53a, 58e, 59, 63, 68 und 70 in der Fassung des Bundesgesetzes BGBl. I Nr. 29/2018 treten mit 25. Mai 2018 in Kraft. Gleichzeitig treten die §§ 56 Abs. 2, 59 Abs. 2 und 65 Abs. 5 außer Kraft. *(BGBl I 2018/29)*

(44) Die §§ 84 Abs. 1 und 93a samt Überschrift sowie der Eintrag im Inhaltsverzeichnis zu § 93a in der Fassung des Bundesgesetzes BGBl. I Nr. 29/2018 treten mit 1. März 2019 in Kraft. *(BGBl I 2018/29; BGBl I 2018/55)*

(45) § 24 Abs. 1 Z 3 sowie § 57 Abs. 1 Z 8 in der Fassung des Bundesgesetzes BGBl. I Nr. 56/2018 treten mit Ablauf des Tages der Kundmachung in Kraft. *(BGBl I 2018/56)*

(46) Die §§ 36b samt Überschrift, 38 Abs. 1a, 54 Abs. 7a, 81 Abs. 1a, 84 Abs. 1, 91 Abs. 2 und 94 Abs. 44 sowie der Eintrag im Inhaltsverzeichnis in der Fassung des Bundesgesetzes BGBl. I Nr. 55/2018 treten mit Ablauf des Tages der Kundmachung in Kraft. *(BGBl I 2018/55)*

(47) Die §§ 22 Abs. 2, 35 Abs. 1 Z 8, 38a Abs. 1 bis 7 sowie Abs. 9 bis 12 samt Überschrift, 56 Abs. 1 Z 3 hinsichtlich der Interventionsstellen (§ 25 Abs. 3), Z 8 und 9, 58c Abs. 3, 84 Abs. 1, Abs. 1a, Abs. 1b Z 1 sowie Abs. 2 und 98 Abs. 2 sowie das Inhaltsverzeichnis in der Fassung des Bundesgesetzes BGBl. I Nr. 105/2019 treten mit 1. Jänner 2020 in Kraft. Die §§ 25 Abs. 4, 38a Abs. 8, 56 Abs. 1 Z 3 hinsichtlich der Gewaltpräventionszentren (§ 25 Abs. 4) und 84 Abs. 1b Z 3 in der Fassung des Bundesgesetzes BGBl. I Nr. 105/2019 treten mit 1. September 2021 in Kraft. § 97 Abs. 4 tritt mit Ablauf des 31. Dezember 2019 außer Kraft. *(BGBl I 2019/105; BGBl I 2020/144)*

(48) § 38a Abs. 8 in der Fassung des Bundesgesetzes BGBl. I Nr. 144/2020 tritt mit 1. September 2021 in Kraft. *(BGBl I 2020/144)*

(49) Die Anordnungen des Bundesgesetzes BGBl. I Nr. 144/2020 sind so zu verstehen, dass sie sich auf jene Fassung dieses Bundesgesetzes beziehen, die es durch das Gewaltschutzgesetz 2019, BGBl. I Nr. 105/2019, erhalten würde. *(BGBl I 2020/144; BGBl I 2021/194 (VFB))*

(50) Der Bundesminister für Inneres hat bis 30. August 2022 die durch das Gewaltschutzgesetz 2019 in der Fassung des Bundesgesetzes BGBl. I Nr. 144/2020 in diesem Bundesgesetz eingeführten Maßnahmen unter Einbeziehung der bestehenden Interventionsstellen, Gewaltschutzeinrichtungen und Beratungsstellen für Gewaltprävention zu evaluieren. *(BGBl I 2020/144)*

(51) § 38a Abs. 4, 6, 10 und 11 in der Fassung des Bundesgesetzes Gesamtreform des Exekutionsrechts – GREx, BGBl. I Nr. 86/2021, tritt mit 1. Juli 2021 in Kraft. *(BGBl I 2021/86)*

(51a) § 38a Abs. 8 in der Fassung des Bundesgesetzes BGBl. I Nr. 124/2021 tritt mit 1. September 2021 in Kraft. Die Anordnungen des Bundesgesetzes BGBl. I Nr. 124/2021 sind so zu verstehen, dass sie sich auf jene Fassung dieses Bundesgesetzes beziehen, die es durch das Bundesgesetz BGBl. I Nr. 144/2020 erhalten würde. *(BGBl I 2021/124)*

(52) Die §§ 6 Abs. 1, 57 Abs. 1 Z 2, 84 Abs. 1a, 91a Abs. 2, 91b Abs. 2 und 96 Abs. 10, die Bezeichnung des 4. Abschnitts des 2. Hauptstücks des 3. Teils sowie das Inhaltsverzeichnis in der Fassung des Bundesgesetzes BGBl. I Nr. 148/2021 treten mit 1. Dezember 2021 in Kraft. Gleichzeitig tritt der bisherige 4. Abschnitt des 2. Hauptstücks des 3. Teils außer Kraft. *(BGBl I 2021/148)*

(53) § 53 Abs. 3a und 3c sowie § 58e Abs. 1 und 2 in der Fassung des Bundesgesetzes BGBl. I. Nr. 190/2021 treten mit dem auf den Tag der Kundmachung folgenden Monatsersten in Kraft. *(BGBl I 2021/190)*

(53a) §§ 45 Abs. 1 Z 1, 47 Abs. 1 sowie das Inhaltsverzeichnis in der Fassung des Bundesgesetzes BGBl. I Nr. 147/2022 treten mit 1. Juli 2023 in Kraft. § 46 samt Überschrift tritt mit Ablauf des 30. Juni 2023 außer Kraft. *(BGBl I 2022/147)*

(54) Die §§ 24 Abs. 1 Z 4 und 5, 35 Abs. 1 Z 5 lit. a, c und d, 57 Abs. 1 Z 8a und 9 sowie 65 Abs. 6 in der Fassung des Bundesgesetzes BGBl. I Nr. 206/2021 treten mit dem im Beschluss der Europäischen Kommission gemäß Art. 79 Abs. 2 der Verordnung (EU) 2018/1862 über die Einrichtung, den Betrieb und die Nutzung des Schengener Informationssystems (SIS) im Bereich der polizeilichen Zusammenarbeit und der justiziellen Zusammenarbeit in Strafsachen, zur Änderung und Aufhebung des Beschlusses 2007/533/JI und zur Aufhebung der Verordnung (EG) Nr. 1986/2006 und des Beschlusses 2010/261/EU, ABl. Nr. L 312 vom 07.12.2018 S. 56, in der Fassung der Verordnung (EU) 2019/818, ABl. Nr. L 135 vom 22.05.2019 S. 85, festgelegten Tag in Kraft. *(BGBl I 2021/206)*

SPG

(55) § 36a Abs. 1a und 3a in der Fassung des Bundesgesetzes BGBl. I Nr. 50/2022 treten mit Ablauf des Tages der Kundmachung in Kraft und mit Ablauf des 31. Dezember 2022 außer Kraft. Die Änderung des § 36a Abs. 2 erster Satz in der Fassung des Bundesgesetzes BGBl. I Nr. 50/2022 treten mit Ablauf des Tages der Kundmachung in Kraft und mit Ablauf des 31. Dezember 2022 außer Kraft. § 94a in der Fassung des Bundesgesetzes BGBl. I Nr. 50/2022 tritt mit Ablauf des Tages der Kundmachung in Kraft. *(BGBl I 2022/50)*

(BGBl I 1997/104)

---

[1] *Die Kundmachung der Absätze erfolgte nach jener der nachfolgenden.*

Sprachliche Gleichbehandlung

§ 94a. Soweit in diesem Bundesgesetz auf natürliche Personen bezogene Bezeichnungen nur in männlicher Form angeführt sind, beziehen sie sich auf alle Geschlechter in gleicher Weise. Bei der Anwendung der Bezeichnung auf bestimmte natürliche Personen ist die jeweils geschlechtsspezifische Form zu verwenden. *(BGBl I 2022/50)*

(BGBl I 2004/151)

Verweisungen

§ 95. Verweisungen in diesem Bundesgesetz auf andere Bundesgesetze sind als Verweisungen auf die jeweils geltende Fassung zu verstehen.

Übergangsbestimmungen

§ 96. (1) Daten, die im Zeitpunkt des Inkrafttretens dieses Bundesgesetzes aus früheren Ermittlungen bei den Sicherheitsbehörden aufbewahrt werden und die nach den Bestimmungen dieses Bundesgesetzes nicht hätten ermittelt werden dürfen, sind spätestens ein Jahr nach dem Inkrafttreten dieses Bundesgesetzes zu löschen.

(2) Von Menschen, bei denen in bezug auf einen vor dem 1. Oktober 1997 erfolgten gefährlichen Angriff die Voraussetzungen des § 67 Abs. 1 nach Inkrafttreten des Bundesgesetzes BGBl. Nr. 146/1999 vorliegen, darf genetische Information im Rahmen einer erkennungsdienstlichen Behandlung ermittelt werden, wenn

1. der Betroffene wegen der dem gefährlichen Angriff entsprechenden gerichtlich strafbaren Handlung verurteilt worden ist, es sich hiebei um ein Verbrechen (§ 17 StGB) handelt und die Verurteilung noch nicht getilgt ist oder wenn

2. eine Strafverfolgung oder Verurteilung des Betroffenen wegen eines Verbrechens infolge mangelnder Zurechnungsfähigkeit des Betroffenen unterblieben ist.
(BGBl I 1999/146; BGBl I 2007/114)

(3) Die Durchführung der Grundausbildung von Bundesbediensteten der Sicherheitsexekutive sowie der sonstigen Bediensteten des Bundesministeriums für Inneres und des Bundesasylamtes darf auch nach In-Kraft-Treten des Bundesgesetzes BGBl. I Nr. 104/2002 nach Maßgabe des § 19 des Verwaltungsakademiegesetzes, BGBl. Nr. 122/1975, erfolgen. *(BGBl I 2002/104; BGBl I 2007/114)*

(4)[1] § 42a Abs. 3 in der Fassung des Bundesgesetzes BGBl. I Nr. 104/2002 gilt nicht, wenn der Finder die verlorene oder vergessene Sache vor In-Kraft-Treten dieses Bundesgesetzes entdeckt und an sich genommen hat. *(BGBl I 2002/104; BGBl I 2007/114)*

(5)[1] Die nach § 36b in der Fassung des Bundesgesetzes BGBl. I Nr. 158/2005 ausgesprochenen Betretungsverbote gelten als nach diesem Bundesgesetz ausgesprochen. *(BGBl I 2007/113)*

(6) Mit dem 1. September 2012 werden die behördlichen Aufgaben und Befugnisse sowie alle darüber hinaus bestehenden gesetzlichen und vertraglichen Verpflichtungen und Ansprüche der Sicherheitsdirektion, des Bundespolizeidirektionen sowie des Landespolizeikommandos auf die Landespolizeidirektion des betreffenden Bundeslandes übertragen. Alle zu diesem Zeitpunkt bei den genannten Behörden anhängigen Verfahren werden von der Landespolizeidirektion des betreffenden Bundeslandes weitergeführt. Bei den Bundespolizeidirektionen anhängige Verfahren werden dabei von der Landespolizeidirektion als Sicherheitsbehörde erster Instanz weitergeführt. *(BGBl I 2004/151; BGBl I 2007/114; BGBl I 2012/50)*

(7) Die jeweilige Landespolizeidirektion übernimmt als Rechtsnachfolgerin die Funktion als Auftraggeber gemäß § 4 Z 4 Datenschutzgesetz 2000 für alle registrierten Meldungen und nicht meldepflichtigen Datenanwendungen der Sicherheitsdirektion, Bundespolizeidirektionen und Polizeikommanden des zugehörigen Bundeslandes. Alle registrierten Meldungen werden unter der Registernummer der Sicherheitsdirektion, in Wien aber unter der Registernummer der Bundespolizeidirektion weitergeführt. Neumeldungen der bereits registrierten Meldungen der Rechtsvorgänger an die Datenschutzbehörde sind nicht erforderlich. Die sich aus der Rechtsnachfolge ergebenden notwendigen Berichtigungen im Datenverarbeitungsregister sind von der Datenschutzbehörde vorzunehmen. *(BGBl I 2012/50; BGBl I 2013/83)*

(8) Daten, die auf Grundlage des § 53a Abs. 1 in der Fassung vor BGBl. I Nr. 5/2016 für den Personen- und Objektschutz bis zum Zeitpunkt des Inkrafttretens des Bundesgesetzes BGBl. Nr. 5/2016 verarbeitet wurden, dürfen auf Grundlage des § 53a Abs. 1a in der Fassung BGBl. I Nr. 5/2016 weiterverarbeitet sowie unter

den Voraussetzungen des § 53a Abs. 5a in der Fassung BGBl. I Nr. 5/2016 auch im Informationsverbundsystem geführt werden. *(BGBl I 2016/5)*

(9) § 91a Abs. 2 fünfter Satz in der Fassung des Bundesgesetzes BGBl. I Nr. 5/2016 kommt bei Neu- oder Wiederbestellung eines Stellvertreters des Rechtsschutzbeauftragten nach Inkrafttreten des Bundesgesetzes BGBl. I Nr. 5/2016 zur Anwendung. *(BGBl I 2016/5)*

(10) § 91a Abs. 2 dritter und vierter Satz in der Fassung des Bundesgesetzes BGBl. I Nr. 148/2021 kommt bei Bestellungen des Rechtsschutzbeauftragten oder eines Stellvertreters nach Inkrafttreten des Bundesgesetzes BGBl. I Nr. 148/2021 zur Anwendung. *(BGBl I 2021/148)*

---

1) Sowohl BGBl I 2008/113 als auch BGBl I 2008/114 wurden am 28. 12. 2007 im BGBl kundgemacht. Die Novellierungsanordnungen betreffend § 96 SPG wurden gem der Reihenfolge der Behandlung dieser Gesetzesvorhaben in der 42. Sitzung des NR, XXIII GP, umgesetzt.

Außerkrafttreten

§ 97. (1) Mit dem Inkrafttreten dieses Bundesgesetzes treten – soweit sie noch in Kraft stehen – folgende Rechtsvorschriften außer Kraft:

1. die Allerhöchste Entschließung vom 10. Juli 1850 über die Grundzüge für die Organisation der Polizeibehörden;

2. der Erlaß des Ministeriums des Inneren vom 10. Dezember 1850, Zl. 6.370, über den Wirkungskreis der k.k. Polizeibehörden;

3. die Kaiserliche Entschließung vom 25. April 1852 über den Wirkungskreis der obersten Polizeibehörde;

4. der § 1 Abs. 2 und der § 3 des Gesetzes vom 27. November 1918, betreffend die Bundesgen-

darmerie, StGBl. Nr. 75, in der Fassung des Bundesgesetzes BGBl. Nr. 2/1936;

5. die §§ 14, 16, 19 und 20 Abs. 3 des Behörden-Überleitungsgesetzes, StGBl. Nr. 94/1945.

(2) Mit dem Inkrafttreten der §§ 5a und 5b in der Fassung des Bundesgesetzes BGBl. Nr. 201/1996 tritt das Überwachungsgebührengesetz, BGBl. Nr. 214/1964, außer Kraft. *(BGBl 1996/201)*

(3) Mit Ablauf des 30. Juni 2005 werden folgende Bestimmungen aufgehoben:

1. das Gesetz vom 25. December 1894, betreffend die Gendarmerie der im Reichsrathe vertretenen Königreiche und Länder, RGBl. Nr. 1/1895, zuletzt geändert mit Bundesgesetz BGBl. I Nr. 191/1999;

2. das Gesetz vom 27. November 1918, betreffend die Gendarmerie des Deutschösterreichischen Staates, StGBl. Nr. 75/1918, zuletzt geändert mit Bundesgesetz BGBl. I Nr. 191/1999;

3. § 20 Behörden-Überleitungsgesetz, StGBl Nr. 94/1945, zuletzt geändert durch Bundesgesetz BGBl. I Nr. 64/2002. *(BGBl I 2004/151)*

(4) *(aufgehoben, BGBl I 2019/105)*

Vollziehung

§ 98. (1) Mit der Vollziehung der §§ 5a ausgenommen Abs. 3 Z 1, 5b, 91 Abs. 2 und 93 ist die Bundesregierung betraut. *(BGBl 1996/201)*

(2) Im übrigen ist mit der Vollziehung dieses Bundesgesetzes der Bundesminister für Inneres, hinsichtlich der §§ 25 Abs. 3, 31 Abs. 3 und 59 Abs. 3 im Einvernehmen mit den beteiligten Bundesministern, hinsichtlich der §§ 38a Abs. 6 und 47 Abs. 3 im Einvernehmen mit dem Bundesminister für Justiz betraut. *(BGBl 1996/759; BGBl I 1999/146; BGBl I 2019/105)*

SPG

18/1/1. Richtlinien-Verordnung

BGBl 1993/266 idF

1 BGBl II 2012/155

Verordnung des Bundesministers für Inneres, mit der Richtlinien für das Einschreiten der Organe des öffentlichen Sicherheitsdienstes erlassen werden (Richtlinien-Verordnung – RLV)

Auf Grund des § 31 des Sicherheitspolizeigesetzes (SPG), BGBl. Nr. 566/1991, wird im Einvernehmen mit den Bundesministern für Justiz und für öffentliche Wirtschaft und Verkehr verordnet:

Aufgabenerfüllung

§ 1. (1) Die Organe des öffentlichen Sicherheitsdienstes haben innerhalb der Sicherheitsverwaltung (§ 2 Abs. 2 SPG) jene Aufgaben zu erfüllen, die im Rahmen des Exekutivdienstes, insbesondere durch die Ausübung verwaltungsbehördlicher Befehls- und Zwangsgewalt zu besorgen sind. In anderen Bereichen der Verwaltung haben die Organe des öffentlichen Sicherheitsdienstes solche Aufgaben auf Grund besonderer gesetzlicher Anordnung zu erfüllen.

(2) Die Organe des öffentlichen Sicherheitsdienstes haben im Dienst ihre Aufgaben zu erfüllen, soweit dies auf Grund ihres Ausbildungsstandes und ihrer beruflichen Erfahrung von ihnen erwartet werden kann. Insoweit die Aufgabenerfüllung eine besondere Ausbildung erfordert (zB im Falle einer Geiselnahme, eines Gefahrengütertransportes oder einer Bedrohung mit Sprengstoff) und ein entsprechend ausgebildetes Organ nicht zur Stelle ist, haben andere Organe des öffentlichen Sicherheitsdienstes nur einzuschreiten, wenn die erwarteten Vorteile sofortigen Handelns die Gefahren einer nicht sachgerechten Aufgabenerfüllung auf Grund besonderer Umstände überwiegen.

(3) Sofern sich nicht bereits auf Grund dienstrechtlicher Vorschriften die Verpflichtung außerhalb des Dienstes einzuschreiten ergibt, haben die Organe des öffentlichen Sicherheitsdienstes diesfalls zur Erfüllung ihrer Aufgaben nur dann einzuschreiten, wenn sie erkennen, dass dies zur Abwehr einer gegenwärtigen oder unmittelbar drohenden Gefahr für Leben, Gesundheit, Freiheit von Menschen oder für fremdes Eigentum in großem Ausmaß erforderlich, verhältnismäßig und ihnen nach den eigenen Umständen zumutbar ist. Im übrigen haben sie in Fällen, in denen Einschreiten durch Ausübung sicherheitsbehördlicher Befehls- und Zwangsgewalt dringend

geboten erscheint, die Sicherheitsbehörde hievon zu verständigen. *(BGBl II 2012/155)*

Führung

§ 2. Organe des öffentlichen Sicherheitsdienstes in Vorgesetztenfunktion haben, soweit sie Amtshandlungen unmittelbar wahrnehmen, darauf zu achten, daß ihre Mitarbeiter diese Richtlinien bei der Erfüllung ihrer Aufgaben einhalten.

Eigensicherung

§ 3. Die Organe des öffentlichen Sicherheitsdienstes haben auf die Vermeidung von Gefahren für sich selbst zu achten, die zur Aufgabenerfüllung nicht erforderlich oder unverhältnismäßig sind. Sie sind nicht verpflichtet, zum Schutze von Rechtsgütern anderer einzuschreiten, wenn die drohende Gefahr offenkundig und erheblich weniger schwer wiegt als die Gefährdung der eigenen körperlichen Sicherheit, die in Kauf zu nehmen wäre.

Freiwillige Mitwirkung oder Duldung

§ 4. Soll ein Mensch an einer Amtshandlung freiwillig mitwirken oder sie freiwillig dulden, so dürfen die Organe des öffentlichen Sicherheitsdienstes diese Freiwilligkeit nur in Anspruch nehmen, wenn nach den Umständen des Falles kein Zweifel daran besteht, daß der Betroffene sich der Freiwilligkeit bewußt ist.

Achtung der Menschenwürde

§ 5. (1) Die Organe des öffentlichen Sicherheitsdienstes haben bei der Erfüllung ihrer Aufgaben alles zu unterlassen, das geeignet ist, den Eindruck von Voreingenommenheit zu erwecken oder als Diskriminierung auf Grund des Geschlechtes, der Rasse oder Hautfarbe, der nationalen oder ethnischen Herkunft, des religiösen Bekenntnisses, der politischen Auffassung oder der sexuellen Orientierung empfunden zu werden.

(2) Die Organe des öffentlichen Sicherheitsdienstes haben alle Menschen, bei denen dies dem üblichen Umgang entspricht oder die es verlangen, mit „Sie" anzusprechen.

(3) Die Organe des öffentlichen Sicherheitsdienstes haben dafür zu sorgen, daß die Durchsuchung eines Menschen (Durchsuchung der Kleidung und Besichtigung des Körpers) nur von jemandem desselben Geschlechtes oder von einem

SPG

Arzt vorgenommen wird; dies gilt nicht, soweit ein hiezu erforderlicher Aufschub der Durchsuchung deren Zweck gefährden würde. Hievon ist die Durchsuchung von Kleidungsstücken ausgenommen, die nach den Umständen ohne Verletzung des Anstandes und ohne Verletzung anderer schutzwürdiger Interessen des Betroffenen abgelegt werden können.

Umgang mit Betroffenen

§ 6. (1) Wird ein Mensch von der Amtshandlung eines Organs des öffentlichen Sicherheitsdienstes betroffen, so gelten hiefür, sofern gesetzlich nicht anderes vorgesehen ist, folgende Richtlinien:

1. Dem Betroffenen ist bei der Ausübung von Befehls- und Zwangsgewalt auf Verlangen mitzuteilen, welche Rechte ihm in dieser Eigenschaft jeweils zukommen; dies gilt nicht, solange dadurch die Erfüllung der Aufgabe gefährdet wäre. Soll eine Mitwirkungsverpflichtung des Betroffenen in Anspruch genommen werden, so ist er von deren Bestehen in Kenntnis zu setzen.

2. Dem Betroffenen ist der Zweck des Einschreitens bekanntzugeben, es sei denn, dieser wäre offensichtlich oder die Bekanntgabe würde die Aufgabenerfüllung gefährden.

3. Opfer von Straftaten sowie Menschen, die aus physischen oder psychischen Gründen nicht in der Lage sind, die Umstände der Amtshandlung zu erkennen oder sich diesen entsprechend zu verhalten, sind mit besonderer Rücksicht zu behandeln.

(2) Für Befragungen und Vernehmungen gilt zusätzlich:

1. Dem Betroffenen ist nach Möglichkeit zu gestatten, sich niederzusetzen.

2. Eine Frau, die sich über ein Geschehen aus ihrem privaten Lebensbereich äußern soll, im Zuge dessen sie von einem Mann mißhandelt oder schwer genötigt worden ist, ist von einer Frau zu befragen oder zu vernehmen, es sei denn, daß sie dies nach entsprechender Information nicht wünscht oder daß dies auf Grund besonderer Umstände die Aufgabenerfüllung gefährden würde. Sie ist vor der Befragung oder Vernehmung darauf hinzuweisen, daß auf ihren Wunsch der Befragung oder Vernehmung eine Person ihres Vertrauens beigezogen werde, es sei denn, daß dies auf Grund besonderer Umstände die Aufgabenerfüllung gefährden würde.

3. Unmündige sind von hiefür besonders geschulten Beamten oder sonst besonders geeigneten Menschen zu befragen oder zu vernehmen, es sei denn, daß dies nach dem Anlaß verzichtbar erscheint oder die Aufgabenerfüllung gefährden würde.

(3) Für Vernehmungen während einer Anhaltung gilt überdies:

1. Vernehmungen sind, außer bei Lokalaugenscheinen, in Diensträumen durchzuführen. Hievon kann eine Ausnahme gemacht werden, wenn dies zur Erreichung des Zwecks der Vernehmung erforderlich ist.

2. Länger andauernde Vernehmungen sind in angemessenen Zeiträumen für Pausen zu unterbrechen.

3. Über die Vernehmung ist eine Niederschrift anzufertigen, die auch die Namen (Dienstnummern) aller Anwesenden, die Zeiten der Vernehmungen und der Unterbrechungen sowie jeweils den Ort (Dienstraum), an dem die Vernehmung stattgefunden hat, enthalten muß. Soweit der Betroffene zustimmt, können dessen aussagen statt durch Niederschrift oder zusätzlich mit einem Bild- oder Schallträger aufgezeichnet werden.

Ausübung von Zwangsgewalt

§ 7. (1) Wenn absehbar ist, daß es im Zuge einer Amtshandlung zur Ausübung verwaltungsbehördlicher Zwangsgewalt kommen wird, und zu befürchten ist, daß dadurch Unbeteiligte gefährdet werden, haben die Organe des öffentlichen Sicherheitsdienstes diese davon in Kenntnis zu setzen, es sei denn, die Mitteilung würde die Erfüllung der Aufgabe gefährden.

(2) Die Organe des öffentlichen Sicherheitsdienstes haben dafür zu sorgen, daß Menschen, in deren Rechte durch Zwangsgewalt eingegriffen wurde und die diesen Eingriff nicht unmittelbar wahrgenommen haben, hievon verständigt werden.

(3) Einer Verständigung gemäß Abs 2 bedarf es nicht, wenn der Eingriff für den Betroffenen folgenlos geblieben ist, es sei denn, es handelt sich um das Betreten oder die Durchsuchung von Räumen oder es wäre gesetzlich anderes angeordnet.

Informationspflichten

§ 8. (1) Sofern das Gesetz einem Menschen ein Recht auf Verständigung oder Beiziehung einer Vertrauensperson oder eines Rechtsbeistandes einräumt, haben ihn die Organe des öffentlichen Sicherheitsdienstes von diesem Recht in Kenntnis zu setzen

1. bei Festnahmen, Hausdurchsuchungen und Durchsuchungen nach § 40 Abs. 4 SPG;

2. sobald abzusehen ist, daß die Amtshandlung länger als eine Stunde dauern wird.

(2) Ist der Betroffene nicht in der Lage, selbst eine Verständigung der Vertrauensperson oder des Rechtsbeistandes zu veranlassen, so ist er auch davon in Kenntnis zu setzen, daß er die Verständigung durch die Behörde verlangen kann.

(3) Die Organe des öffentlichen Sicherheitsdienstes haben einen Angehaltenen, der von einem von der Behörde beauftragten Arzt untersucht werden soll, davon in Kenntnis zu setzen, daß es ihm freisteht, zu dieser Untersuchung auf seine Kosten einen Arzt seiner Wahl beizuziehen, sofern dies ohne wesentliche Verzögerungen der Untersuchung bewirkt werden kann.

Bekanntgabe der Dienstnummer

§ 9. (1) Die Organe des öffentlichen Sicherheitsdienstes haben von einer Amtshandlung Betroffenen auf deren Verlangen ihre Dienstnummer bekanntzugeben. Dies gilt nicht, solange dadurch die Erfüllung der Aufgabe gefährdet wäre. Die Bekanntgabe der Dienstnummer aus anderen Anlässen ist dem Organ freigestellt.

(2) Die Dienstnummer ist in der Regel durch Aushändigung einer mit der Dienstnummer, der Bezeichnung der Dienststelle und deren Telefonnummer versehenen Karte bekanntzugeben. Sofern gewährleistet ist, daß dem Betroffenen die Dienstnummer auf andere Weise unverzüglich zur Kenntnis gelangt, kann diese auch auf andere zweckmäßige Weise bekanntgegeben werden. Die zusätzliche Nennung seines Namens ist dem Organ des öffentlichen Sicherheitsdienstes freigestellt.

(3) Im Falle des gleichzeitigen Einschreitens mehrerer Organe des öffentlichen Sicherheitsdienstes oder einer geschlossenen Einheit kann die Auskunft (Abs. 1) auch der Kommandant erteilen. Er kann den Betroffenen, sofern er ihm seine eigene Karte ausgehändigt, hinsichtlich jener Organe, die gegen ihn eingeschritten sind, auf eine schriftliche Anfrage verweisen. Das einzelne Organ kommt seiner Verpflichtung (Abs. 1) auch dann nach, wenn es den Betroffenen an den Kommandanten verweist.

Dokumentation

§ 10. (1) Üben die Organe des öffentlichen Sicherheitsdienstes verwaltungsbehördliche Befehls- und Zwangsgewalt aus oder nehmen sie Freiwilligkeit in Anspruch (§ 4), so haben sie dafür zu sorgen, daß die für ihr Einschreiten maßgeblichen Umstände später nachvollzogen werden können. Soweit dies hiezu erforderlich ist, sind die Organe des öffentlichen Sicherheitsdienstes auch ermächtigt, Namen und Adressen von Menschen zu ermitteln, die über das Einschreiten Auskunft geben können.

(2) Im Falle des gleichzeitigen Einschreitens mehrerer Organe des öffentlichen Sicherheitsdienstes oder einer geschlossenen Einheit hat der Kommandant angemessene Vorkehrungen dafür zu treffen, daß nach Möglichkeit festgestellt werden kann, welches Organ im Einzelfall eingeschritten ist.

(3) Die bloß für Zwecke der Dokumentation vorgenommenen Aufzeichnungen über eine Amtshandlung sind nach sechs Monaten zu löschen. Kommt es innerhalb dieser Frist wegen der Amtshandlung zu Rechtsschutzverfahren, so sind die Aufzeichnungen erst nach Abschluß dieser Verfahren zu löschen. Regelungen, denen zufolge bestimmte Daten länger aufzubewahren sind, bleiben unberührt.

Inkrafttreten

§ 11. Diese Verordnung tritt mit 1. Mai 1993 in Kraft.

SPG

18/1/2. Strafbestimmungen des Art 2 der SPG-Novelle 2013

BGBl I 2013/152 (SPG-Novelle 2013) idF

1 BGBl I 2019/105 (Gewaltschutzgesetz 2019)

Strafbestimmung
Strafbestimmung bei Zuwiderhandeln gegen einstweilige Verfügungen zum Schutz vor Gewalt und Eingriffen in die Privatsphäre sowie gegen Schutzmaßnahmen

§ 1. (1) Wer einer in einer einstweiligen Verfügung nach §§ 382b, 382e Abs. 1 Z 1 und Z 2 erster Fall und § 382g Abs. 1 Z 1, 3 und 8 des Gesetzes vom 27. Mai 1896 über das Exekutions- und Sicherungsverfahren (Exekutionsordnung – EO), RGBl. Nr. 79/1896, oder in einer nach § 420 EO angeordneten Vollstreckung einer ausländischen Schutzmaßnahme getroffenen Anordnung zuwiderhandelt, begeht eine Verwaltungsübertretung und ist mit einer Geldstrafe bis zu 2 500 Euro, im Wiederholungsfall mit Geldstrafe bis zu 5 000 Euro, im Fall ihrer Uneinbringlichkeit mit Ersatzfreiheitsstrafe bis zu sechs Wochen, zu bestrafen. *(BGBl I 2019/105)*

(2) Von der Verhängung einer Strafe ist abzusehen, wenn auf Grund des Verstoßes gegen eine Anordnung im Sinne des Abs. 1 vom Exekutionsgericht anlässlich der Bewilligung einer Exekution gemäß § 355 EO bereits eine Strafe verhängt wurde.

Vollziehung

§ 2. (1) Die Durchführung der Verwaltungsstrafverfahren obliegt den Bezirksverwaltungsbehörden, im Wirkungsbereich einer Landespolizeidirektion als Sicherheitsbehörde erster Instanz auf dem Gebiet einer Gemeinde (§ 8 des Sicherheitspolizeigesetzes -SPG, BGBl. Nr. 566/1991) dieser.

(2) Organe des öffentlichen Sicherheitsdienstes sind ermächtigt, Maßnahmen zur Verhinderung von Verwaltungsübertretungen oder zur Einleitung von Verwaltungsstrafverfahren zu setzen; sie schreiten hierbei als Organe der zuständigen Bezirksverwaltungsbehörde oder Landespolizeidirektion, insoweit diese für das Gebiet einer Gemeinde zugleich Sicherheitsbehörde erster Instanz ist, ein.

Inkrafttreten

§ 3. (1) Die §§ 1 und 2 treten mit 1. September 2013 in Kraft. *(BGBl I 2019/105)*

(2) § 1 Abs. 1 in der Fassung des Gewaltschutzgesetzes 2019, BGBl. I Nr. 105/2019, tritt mit 01.01.2020 in Kraft. Die Bestimmung ist in dieser Fassung auf strafbare Handlungen anzuwenden, die nach diesem Zeitpunkt begangen werden. *(BGBl I 2019/105)*

SPG

18/2. Polizeikooperationsgesetz

BGBl I 1997/104 idF

1 BGBl I 1999/146
2 BGBl I 2004/151
3 BGBl I 2007/114
4 BGBl I 2009/132
5 BGBl I 2012/13 (SPG-Novelle 2011)
6 BGBl I 2012/50 (SNG)

7 BGBl I 2013/161 (VwGAnpG-Inneres)
8 BGBl I 2017/91
9 BGBl I 2018/32 (Materien-Datenschutz-Anpassungsgesetz 2018)
10 BGBl I 2021/190

Bundesgesetz, mit dem ein Polizeikooperationsgesetz erlassen und das Sicherheitspolizeigesetz geändert wird

Inhaltsverzeichnis

Artikel I

Bundesgesetz über die internationale polizeiliche Kooperation (Polizeikooperationsgesetz – PolKG)

1. Hauptstück

Allgemeine Bestimmungen

2. Hauptstück

Amtshilfe

1. Abschnitt

Leisten von Amtshilfe

2. Abschnitt

Inanspruchnahme von Amtshilfe

3. Abschnitt

Gemeinsame Bestimmungen

3. Hauptstück

Einschreiten der Sicherheitsbehörden im Ausland und ausländischer Sicherheitsbehörden im Bundesgebiet

4. Hauptstück

5. Hauptstück

Schlußbestimmungen

1. Hauptstück

Allgemeine Bestimmungen

Anwendungsbereich

§ 1. (1) Die internationale polizeiliche Kooperation erfolgt für Zwecke

1. der Sicherheitspolizei,

2. der Tätigkeit im Dienste der Strafrechtspflege (Kriminalpolizei),

3. des Paßwesens, der Fremdenpolizei und der Grenzkontrolle.

(2) Die internationale polizeiliche Kooperation umfaßt

1. die internationale polizeiliche Amtshilfe,

PolKG

2. das Einschreiten von Sicherheitsbehörden und ihrer Organe im Ausland sowie von ausländischen Sicherheitsbehörden und deren Organen im Bundesgebiet, insbesondere durch grenzüberschreitende Nacheile und Observation.

(3) Die Leistung und die Erwirkung von Rechtshilfe nach dem Auslieferungs- und Rechtshilfegesetz, BGBl. Nr. 529/1979, oder nach zwischenstaatlichen Vereinbarungen bleiben unberührt.

Begriffsbestimmungen

§ 2. (1) Die internationale polizeiliche Amtshilfe (im weiteren: Amtshilfe) ist die wechselseitige Hilfeleistung bei der Aufgabenerfüllung und die Zusammenarbeit zu gemeinsamer Aufgabenerfüllung. Sie erfolgt zwischen Sicherheitsbehörden einerseits und Sicherheitsorganisationen oder ausländischen Sicherheitsbehörden andererseits.

(2) Sicherheitsorganisationen sind internationale Organisationen, die der polizeilichen Kooperation dienen. Es sind dies

1. die Agentur der Europäischen Union für die Zusammenarbeit auf dem Gebiet der Strafverfolgung (Europol), *(BGBl I 2017/91)*

2. das Generalsekretariat der internationalen kriminalpolizeilichen Organisation (im weiteren: Interpol),

3. andere Organisationen, die der Bundesminister für Inneres mit Verordnung gemäß § 13 zu Sicherheitsorganisationen erklärt hat.

(3) Ausländische Sicherheitsbehörden sind Dienststellen anderer Staaten, die Aufgaben nach § 1 Abs. 1 wahrnehmen; hiezu zählen Behörden, denen zur Gewährleistung der inneren Sicherheit des Staates Gefahrenerforschung obliegt.

(4) Soweit in diesem Bundesgesetz von Rechten und Pflichten von Menschen die Rede ist, sind darunter auch Rechte und Pflichten juristischer Personen zu verstehen.

2. Hauptstück

Amtshilfe

1. Abschnitt

Leisten von Amtshilfe

Aufgabe

§ 3. (1) Den Sicherheitsbehörden obliegt, auf Ersuchen Amtshilfe zu leisten,

1. auf Grund völkerrechtlicher Verpflichtung,

2. wenn dies der Erfüllung von Aufgaben nach § 1 Abs. 1 einer ausländischen Sicherheitsbehörde dient und Gegenseitigkeit besteht oder

3. wenn dies der Erfüllung von Aufgaben nach § 1 Abs. 1 einer Sicherheitsorganisation dient.

(2) Auch ohne Ersuchen obliegt den Sicherheitsbehörden, Amtshilfe zu leisten,

1. durch Verarbeiten (§ 36 Abs. 2 Z 2 des Datenschutzgesetzes – DSG, BGBl. I Nr. 165/1999) von Daten, für deren Übermittlung auch der Datenart nach eine völkerrechtliche Verpflichtung besteht, oder *(BGBl I 2018/32)*

2. wenn diese für eine ausländische Sicherheitsbehörde zur Erfüllung ihrer Aufgaben nach § 1 Abs. 1 erforderlich ist und Gegenseitigkeit besteht, oder

3. wenn diese für die Erfüllung der kriminalpolizeilichen Aufgaben von Interpol erforderlich ist.

Zuständigkeit

§ 4. (1) Zur Leistung von Amtshilfe ist der Bundesminister für Inneres zuständig. Darüber hinaus ist jede nachgeordnete Sicherheitsbehörde, deren Sprengel an jenen einer regionalen ausländischen Sicherheitsbehörde grenzt, zuständig, dieser Amtshilfe zu leisten; wenn jedoch die Leistung von Amtshilfe nach Völkerrecht im Wege einer zentralen Stelle oder zufolge einer Weisung des Bundesministers für Inneres durch diesen zu geschehen hat, so hat die nachgeordnete Sicherheitsbehörde sonst von dieser Zuständigkeit keinen Gebrauch zu machen.

(2) Jede nachgeordnete Sicherheitsbehörde ist bei Gefahr im Verzug zuständig, ausländischen Sicherheitsbehörden Amtshilfe zu leisten; hievon ist der Bundesminister für Inneres unverzüglich zu unterrichten.

Aufgabenerfüllung

§ 5. (1) Die Sicherheitsbehörden sind ermächtigt, Amtshilfe zu leisten

1. durch jegliche Maßnahme, die nicht in Rechte eines Menschen eingreift, oder

2. durch das Verarbeiten von personenbezogenen Daten nach Maßgabe der folgenden Absätze und des dritten Abschnitts. *(BGBl I 2018/32)*

(2) Wenn bindendes Völkerrecht nicht anderes vorsieht, darf zum Zwecke der Leistung von Amtshilfe in Rechte von Menschen (Abs. 1 Z 2) nur eingegriffen werden, soweit dies auch bei einem in die Zuständigkeit einer österreichischen Sicherheitsbehörde fallenden vergleichbaren Sachverhalt zulässig wäre; solche Eingriffe haben den für eine solche innerstaatliche Aufgabenerfüllung geltenden Verfahrensnormen zu entsprechen.

(3) Ein Ermitteln von Daten zum Zwecke des Leistens von Amtshilfe ist nur zulässig

1. durch Verarbeiten von Daten, die die Behörde in Vollziehung eines Bundes- oder Landesge-

setzes selbst oder durch automatisierte Abfragen der Fahndungsevidenzen, des Zentralen Melderegisters (§ 16 Meldegesetz 1991 – MeldeG, BGBl. Nr. 9/1992) und des Zentralen Fremdenregisters (§ 26 BFA-Verfahrensgesetz – BFA-VG, BGBl. I Nr. 87/2012) ermittelt hat, *(BGBl I 2017/91; BGBl I 2018/32)*

2. durch Einholen von Auskünften anderer Sicherheitsbehörden,

3. durch Einholen von Auskünften von Dienststellen der Gebietskörperschaften, der anderen Körperschaften des öffentlichen Rechts, der von diesen betriebenen Anstalten und von Betreibern öffentlicher Telekommunikationsdienste nach Maßgabe des § 53 Abs. 3a, 3b und 3c des Sicherheitspolizeigesetzes (SPG), BGBl. Nr. 566/1991, sowie § 181 Abs. 9 des Telekommunikationsgesetzes 2021 (TKG 2021), BGBl. I Nr. 190/2021, *(BGBl I 1999/146; BGBl I 2012/13; BGBl I 2021/190)*

4. durch Befragen von Menschen, die in Kenntnis des amtlichen Charakters der Befragung freiwillig Auskunft erteilen (offene Befragung),

5. durch Observieren, wenn dies eine wesentliche Voraussetzung zur wirksamen Leistung von Amtshilfe darstellt.

(4) Bei der offenen Befragung und der Observation durch Organe des öffentlichen Sicherheitsdienstes dürfen Organe ausländischer Sicherheitsbehörden mit Zustimmung des Bundesministers für Inneres anwesend sein, wenn dies zur Wahrnehmung von Aufgaben nach § 1 Abs. 1 erforderlich ist und Gegenseitigkeit besteht. Bei einer offenen Befragung ist der Befragte in diesem Falle auf die Anwesenheit des Organs einer ausländischen Sicherheitsbehörde hinzuweisen.

(5) Mit der Ermittlung von Daten gemäß Abs. 3 Z 3 bis 5 kann der Bundesminister für Inneres auch andere Sicherheitsbehörden betrauen. Für die Übermittlung an eine Sicherheitsorganisation oder eine ausländische Sicherheitsbehörde ist dies nur zulässig, insoweit die betroffenen Daten ihrer Art nach feststehen.

2. Abschnitt

Inanspruchnahme von Amtshilfe

Grundsatz

§ 6. Die Sicherheitsbehörden sind ermächtigt, zur Wahrnehmung der Aufgaben nach § 1 Abs. 1 Amtshilfe in Anspruch zu nehmen. Sie dürfen hiebei nur um Maßnahmen ersuchen, zu denen sie zur Erfüllung der Aufgabe, die den Ersuchen zugrunde liegt, auch selbst ermächtigt wären. Ausländische Sicherheitsbehörden, denen ausschließlich Gefahrenerforschung obliegt, dürfen für Zwecke der kriminalpolizeilichen Amtshilfe nicht in Anspruch genommen werden.

Verfahren

§ 7. (1) Nachgeordnete Sicherheitsbehörden nehmen Amtshilfe im Wege des Bundesministers für Inneres in Anspruch. Dieser ist ermächtigt, die ihm hiefür übermittelten Daten zu verarbeiten oder von der weiteren Übermittlung auszunehmen, soweit dies erforderlich ist, um die Amtshilfe bindendem Völkerrecht entsprechend in Anspruch nehmen zu können. *(BGBl I 2018/32)*

(2) Eine nachgeordnete Sicherheitsbehörde, deren Sprengel an jenen einer regionalen ausländischen Sicherheitsbehörde grenzt, darf von dieser Amtshilfe unmittelbar in Anspruch nehmen, es sei denn, die Inanspruchnahme der Amtshilfe hätte nach bindendem Völkerrecht oder zufolge einer Weisung des Bundesministers für Inneres im Wege einer zentralen Stelle zu geschehen.

(3) Jede nachgeordnete Sicherheitsbehörde ist ermächtigt, bei Gefahr im Verzug Amtshilfe in Anspruch zu nehmen; hievon ist jedoch der Bundesminister für Inneres unverzüglich zu unterrichten.

(4) Der Bundesminister kann in diesen Fällen die ausländische Sicherheitsbehörde oder die Sicherheitsorganisation ersuchen, die Amtshilfe direkt einer nachgeordneten Sicherheitsbehörde zu leisten und ist ermächtigt, die Amtshilfe auf diesem Wege anzunehmen.

(5) Die Sicherheitsbehörden sind ermächtigt, Amtshilfe durch das Verarbeiten von Daten, die von ausländischen Sicherheitsbehörden und Sicherheitsorganisationen in gemeinsam geführten Informationssammlungen verarbeitet werden, unmittelbar in Anspruch zu nehmen. Besondere Bestimmungen in völkerrechtlichen Verträgen bleiben davon unberührt. *(BGBl I 2007/114; BGBl I 2018/32)*

3. Abschnitt

Gemeinsame Bestimmungen

Zulässigkeit der Übermittlung personenbezogener Daten

§ 8. (1) Die Übermittlung personenbezogener Daten für Zwecke der Sicherheits- oder Kriminalpolizei (§ 1 Abs. 1 Z 1 und 2) ist zulässig

1. an Sicherheitsbehörden anderer Mitgliedstaaten der Europäischen Union sowie an Europol unter denselben Voraussetzungen wie für Übermittlungen personenbezogener Daten an inländische Behörden gemäß den sicherheitspolizeilichen und strafprozessualen Vorschriften;

2. an Sicherheitsbehörden von Drittstaaten oder Sicherheitsorganisationen gemäß § 2 Abs. 2 Z 2 und 3 unter den Voraussetzungen der §§ 58 und 59 DSG.

PolKG

(2) Die Übermittlung personenbezogener Daten für Zwecke des Passwesens, der Fremdenpolizei und der Grenzkontrolle (§ 1 Abs. 1 Z 3) ist zulässig

1. an Sicherheitsbehörden anderer Mitgliedstaaten der Europäischen Union sowie an Europol, soweit dies zur Erfüllung ihrer Aufgaben erforderlich ist;

2. an Sicherheitsbehörden von Drittstaaten oder Sicherheitsorganisationen gemäß § 2 Abs. 2 Z 2 und 3 nach den Bestimmungen des Kapitels V der Verordnung (EU) Nr. 679/2016 zum Schutz natürlicher Personen bei der Verarbeitung personenbezogener Daten, zum freien Datenverkehr und zur Aufhebung der Richtlinie 95/46/EG (Datenschutz-Grundverordnung), ABl. L 119 vom 04.05.2016 S. 1.

(BGBl I 2018/32)

Teilnahme an internationalen Datenverarbeitungen

§ 8a. (1) Der Bundesminister für Inneres darf im Rahmen der internationalen polizeilichen Kooperation für Zwecke der Sicherheits- und Kriminalpolizei an gemeinsamen Datenverarbeitungen mit ausländischen Sicherheitsbehörden und Sicherheitsorganisationen teilnehmen. Eine gemeinsame Datenverarbeitung mit Sicherheitsbehörden von Drittstaaten oder Sicherheitsorganisationen gemäß § 2 Abs. 2 Z 2 und 3 ist bei Vorliegen der Voraussetzungen nach § 8 Abs. 1 Z 2 zulässig. Als Auftragsverarbeiter der Datenverarbeitungen dürfen Sicherheitsorganisationen und ausländische Sicherheitsbehörden herangezogen werden. *(BGBl I 2018/32)*

(2) Der Bundesminister für Inneres darf als Verantwortlicher in einer Datenverarbeitung gemäß Abs. 1 personenbezogene Daten verarbeiten, die zum Zweck der Sicherheits- oder Kriminalpolizei ermittelt wurden, zulässigerweise in inländischen sicherheitspolizeilichen Datenanwendungen verarbeitet werden dürfen und die erforderlich sind *(BGBl I 2018/32)*

1. für die internationale Fahndung sowie die Aufklärung einer strafbaren Handlung gegen die sexuelle Integrität und Selbstbestimmung oder einer mit mindestens einjähriger Freiheitsstrafe bedrohten vorsätzlichen gerichtlich strafbaren Handlung im Rahmen von Interpol; *(BGBl I 2018/32)*

2. zur Identifizierung von Personen, bei denen der begründete Verdacht besteht, dass von ihnen eine mit schwerer Gefahr für die öffentliche Sicherheit verbundene Kriminalität ausgehen könnte, oder zu deren Zuordnung zu einem Objekt oder Ereignis, mit dem eine solchen Gefahr in Verbindung steht; die §§ 46, 47 zweiter und dritter Satz, 48, 59 Abs. 4 und 5 DSG sind nicht anzuwenden. *(BGBl I 2018/32)*

Die Verarbeitung besonderer Kategorien personenbezogener Daten (§ 39 DSG) ist nur zulässig, wenn dies zur Erfüllung des Zwecks unbedingt erforderlich ist. Die §§ 42 ff DSG gelten hinsichtlich der vom Bundesminister für Inneres verarbeiteten Daten. *(BGBl I 2018/32)*

(3) Die Daten (Abs. 2) sind vor der Verarbeitung in einer Datenverarbeitung gemäß Abs. 1 auf ihre Erheblichkeit und Richtigkeit zu prüfen sowie während der Verarbeitung zu aktualisieren. Erweisen sich Daten als unrichtig, dann sind diese richtigzustellen oder zu löschen. *(BGBl I 2018/32)*

(4) Der Rechtsschutzbeauftragte (§ 91a SPG) ist von der beabsichtigten Teilnahme an einer Datenverarbeitung gemäß Abs. 1 für Zwecke der Sicherheitspolizei (Abs. 2 Z 2) nach Maßgabe des § 91c Abs. 2 SPG zu verständigen. Zur Kontrolle der in einer Datenverarbeitung vom Bundesminister für Inneres gemäß Abs. 2 Z 2 verarbeiteten Daten kann der Rechtsschutzbeauftragte jederzeit Einblick in den nationalen Datenbestand, einschließlich der Protokolldaten nehmen. Im Übrigen gilt § 91d SPG sinngemäß. *(BGBl I 2018/32)*

(BGBl I 2017/91)

Verarbeitungsbeschränkung

§ 9. Personenbezogene Daten, die von Sicherheitsorganisationen oder ausländischen Sicherheitsbehörden übermittelt worden sind, dürfen nur mit vorheriger Zustimmung der übermittelnden Stelle zu anderen als den der Übermittlung zugrundeliegenden Zwecken verarbeitet werden."

(BGBl I 2018/32)

§ 10. *(aufgehoben, BGBl I 2018/32)*

Protokollierung

§ 11. § 50 DSG gilt mit der Maßgabe, dass die Zuordnung zu einem bestimmten Organwalter bei ausschließlich programmgesteuerten Abfragen nicht erforderlich ist. Protokollaufzeichnungen sind, sofern völkerrechtlich nicht anderes vereinbart ist, mindestens drei Jahre aufzubewahren.

(BGBl I 2018/32)

Verfahren zur Auskunftserteilung

§ 12. Begehrt jemand Auskunft über personenbezogene Daten, die zu Zwecken der Sicherheits- oder Kriminalpolizei von einer Sicherheitsorganisation oder einer ausländischen Sicherheitsbehörde übermittelt worden sind, so hat die Sicherheitsbehörde vor der Entscheidung über die Erteilung einer Auskunft nach den hiefür maßgeblichen Bestimmungen gemäß § 44 DSG der Sicherheitsorganisation oder der ausländischen Sicherheitsbehörde Gelegenheit zur Stellungnahme über das Vorliegen einer Voraussetzung gemäß § 43 Abs. 4 DSG zu geben. Eine nachgeordnete Sicherheitsbehörde hat diese im Wege der Zentralstelle einzuholen. Die Auskunft ist binnen drei Monaten ab Einlangen zu erteilen. *(BGBl I 2018/32)*

Erklärung zur Sicherheitsorganisation

§ 13. Der Bundesminister für Inneres ist ermächtigt, durch Verordnung eine internationale Organisation, die der zwischenstaatlichen Zusammenarbeit von Behörden im Bereich der Aufgaben nach § 1 Abs. 1 dient, zur Sicherheitsorganisation zu erklären, wenn

1. anzunehmen ist, daß die Zusammenarbeit mit dieser Organisation wesentlich zur Erfüllung der Aufgaben nach § 1 Abs. 1 beiträgt, und

2. gegen eine solche Zusammenarbeit keine Bedenken aus den Gründen des § 8 Abs. 2 oder 3 bestehen.

3. Hauptstück

Einschreiten der Sicherheitsbehörden im Ausland und ausländischer Sicherheitsbehörden im Bundesgebiet

Allgemeine Voraussetzungen

§ 14. Soweit dies völkerrechtlich vorgesehen ist, dürfen nach Maßgabe der folgenden Bestimmungen Organe des öffentlichen Sicherheitsdienstes auf fremdem Hoheitsgebiet und Organe ausländischer Sicherheitsbehörden im Bundesgebiet einschreiten, wenn dies der Erfüllung von Aufgaben nach § 1 Abs. 1 dient. Der Regelungsbereich des Bundesverfassungsgesetzes über Kooperation und Solidarität bei der Entsendung von Einheiten und Einzelpersonen in das Ausland (KSE-BVG), BGBl. I Nr. 38/1997, bleibt unberührt.

Einschreiten auf fremdem Hoheitsgebiet

§ 15. (1) Das Handeln von Organen des öffentlichen Sicherheitsdienstes im Ausland ist der Sicherheitsbehörde zuzurechnen, der sie beigegeben, zugeteilt oder unterstellt sind. Das Handeln von Zollorganen ist der Landespolizeidirektion jenes Landes zuzurechnen, von dem aus die Zollorgane die Grenze überschritten haben. *(BGBl I 2012/50)*

(2) Eingriffe in Rechte Betroffener dürfen von Organen des öffentlichen Sicherheitsdienstes im Ausland nur gesetzt werden, wenn sie sowohl nach österreichischem Recht als auch nach dem Recht des Staates, in dem die Organe des öffentlichen Sicherheitsdienstes einschreiten, zulässig sind.

(3) Die Organe des öffentlichen Sicherheitsdienstes dürfen im Ausland keine Handlungen setzen, die Anordnungen einer zuständigen ausländischen Behörde widersprechen.

(4) Die Organe des öffentlichen Sicherheitsdienstes haben auch beim Einschreiten im Ausland jene Vorschriften zu beachten, die zur Organisation und Führung der Bundespolizei erlassen sind. *(BGBl I 2004/151)*

Einschreiten von Organen ausländischer Sicherheitsbehörden im Bundesgebiet

§ 16. (1) Organe ausländischer Sicherheitsbehörden dürfen im Bundesgebiet einschreiten, soweit dies völkerrechtlich vorgesehen ist.

(2) Dem Leisten von Amtshilfe (§ 3) ist gegenüber dem Einschreiten von Organen ausländischer Sicherheitsbehörden im Bundesgebiet der Vorrang zu geben; wenn Völkerrecht nicht entgegensteht, haben die Sicherheitsbehörden darauf hin zu wirken, daß ein Einschreiten von Organen ausländischer Sicherheitsbehörden nur erfolgt, soweit eine Aufgabenbesorgung durch eine Sicherheitsbehörde der Sache nach oder wegen Gefahr im Verzug nicht in Betracht kommt.

(3) Im Falle des Einschreitens der Organe ausländischer Sicherheitsbehörden nach Abs. 1 sind auf das Führen, den Besitz, die Einfuhr und die Ausfuhr ihrer Dienstwaffen die Bestimmungen des Waffengesetzes und des Kriegsmaterialgesetzes nicht anzuwenden.

Besonderer Rechtsschutz

§ 17. (1) Auf Beschwerden von Menschen, die behaupten, durch das Einschreiten der Organe des öffentlichen Sicherheitsdienstes im Ausland in ihren Rechten verletzt worden zu sein, finden die §§ 88, 90 und 91 SPG mit der Maßgabe Anwendung, daß örtlich zuständig das Verwaltungsgericht jenes Landes ist, von dem aus die Organe des öffentlichen Sicherheitsdienstes die Grenze überschritten haben. *(BGBl I 2013/161)*

(2) Die Landesverwaltungsgerichte erkennen außerdem über Beschwerden von Menschen, die behaupten, durch die Tätigkeit von Organen ausländischer Sicherheitsbehörden im Bundesgebiet in ihren Rechten verletzt zu sein, sofern nicht nach völkerrechtlichen Vereinbarungen ein anderes Beschwerderecht besteht. Die §§ 88, 90 und 91 SPG gelten. *(BGBl I 2013/161)*

(3) Ist das Einschreiten der Organe der ausländischen Sicherheitsbehörden, gegen das sich die Beschwerde richtet, sonst keiner Behörde zurechenbar, so findet im Umfang der Beschwerde eine Zurechnung zur Landespolizeidirektion jenes Landes statt, in dem eingeschritten worden ist. Gleiches gilt für die Geltendmachung von Scha-

PolKG

denersatzansprüchen gegenüber dem Bund. *(BGBl I 2012/50)*

(4) Der Beschwerdeführer kann sich in einer Beschwerde nach den Abs. 1 oder 2 nicht auf ausländisches Recht berufen.

4. Hauptstück

Ermächtigung zum Abschluß zwischenstaatlicher Vereinbarungen

§ 18. Sofern die Bundesregierung zum Abschluß von Übereinkommen gemäß Art. 66 Abs. 2 B-VG ermächtigt ist, kann sie völkerrechtliche Vereinbarungen schließen:

1. über das Übermitteln oder Überlassen von Daten für Zwecke der Amtshilfe; hiebei ist vorzusehen, daß die Verarbeitung übermittelter Daten unter den Voraussetzungen des § 9 Abs. 1 erfolgt; *(BGBl I 2018/32)*

2. über das Einschreiten der Sicherheitsbehörden durch Organe des öffentlichen Sicherheitsdienstes oder durch Zollorgane im Ausland oder ausländischer Sicherheitsbehörden im Bundesgebiet nach Maßgabe der §§ 14 bis 16; hiebei dürfen Organe des öffentlichen Sicherheitsdienstes oder Zollorgane zu Rechtseingriffen nur durch offenes oder verdecktes Ermitteln oder durch Ausübung unmittelbarer behördlicher Befehls- und Zwangsgewalt zum Zwecke einer Anhaltung ermächtigt werden; Vereinbarungen über Rechtseingriffe von Organen ausländischer Sicherheitsbehörden dürfen nur nach Maßgabe jener Regelungen geschlossen werden, die Organe des öffentlichen Sicherheitsdienstes zu solchen Rechtseingriffen im Bundesgebiet ermächtigen; überdies ist in solchen Vereinbarungen vorzusehen, daß und in welcher Weise die ausländischen Behörden Bescheiden und Urteilen nach § 17 Rechnung tragen;

3. zur Durchführung gemeinsamer Schulungen zu den Aufgabenbereichen nach § 1 Abs. 1.

5. Hauptstück

Schlußbestimmungen

Verweisungen

§ 19. Verweisungen in diesem Bundesgesetz auf andere Bundesgesetze sind als Verweisungen auf die jeweils geltende Fassung zu verstehen.

Inkrafttreten

§ 20. (1) Dieses Bundesgesetz tritt mit 1. Oktober 1997 in Kraft. Das Verwenden personenbezogener Daten ist jedoch schon ab dem auf die Kundmachung folgenden Tag zulässig, soweit dies für die Vorbereitung des Inkraftsetzung des Übereinkommens vom 28. April 1995 über den Beitritt der Republik Österreich zum Schengener Durchführungsübereinkommen, BGBl. III Nr. 90/1997, erforderlich ist.

(2) Verordnungen können auf Grund dieses Bundesgesetzes bereits nach seiner Kundmachung erlassen werden, dürfen jedoch nicht vor diesem in Kraft treten.

(3) § 5 Abs. 3 Z 3 in der Fassung des Bundesgesetzes BGBl. I Nr. 146/1999 tritt mit 1. Jänner 2000 in Kraft. *(BGBl I 1999/146)*

(4) §§ 7 Abs. 5 und 8 Abs. 2 Z 3 in der Fassung des Bundesgesetzes BGBl. I Nr. 114/2007 treten mit 1. Jänner 2008 in Kraft. *(BGBl I 2007/114)*

(5) § 8 Abs. 2 und 4 in der Fassung des Bundesgesetzes BGBl. I Nr. 132/2009 tritt mit 1. Jänner 2010 in Kraft. *(BGBl I 2009/132)*

(6) § 5 Abs. 3 Z 3 in der Fassung des Bundesgesetzes BGBl. I Nr. 13/2011 tritt mit 1. April 2012 in Kraft. *(BGBl I 2012/13)*

(7) § 15 Abs. 1 und § 17 Abs. 3 in der Fassung des Bundesgesetzes BGBl. I Nr. 50/2012 treten mit 1. September 2012 in Kraft. *(BGBl I 2012/50)*

(8) § 8 Abs. 4 sowie § 17 Abs. 1 und 2 in der Fassung des Bundesgesetzes BGBl. I Nr. 161/2013 treten mit 1. Jänner 2014 in Kraft. *(BGBl I 2013/161)*

(9) § 2 Abs. 2 Z 1, § 5 Abs. 3 Z 1 und § 8a samt Überschrift sowie der Eintrag im Inhaltsverzeichnis zu § 8a in der Fassung des Bundesgesetzes BGBl. I Nr. 91/2017 treten mit Ablauf des Tages der Kundmachung in Kraft. *(BGBl I 2017/91)*

(10) § 3 Abs. 2 Z 1, § 5 Abs. 1 Z 2 und Abs. 3 Z 1, § 7 Abs. 1 und 5, § 8, § 8a samt Überschrift und Eintrag im Inhaltsverzeichnis, § 9 samt Überschrift und Eintrag im Inhaltsverzeichnis, § 11, § 12 sowie § 18 Z 1 in der Fassung des Materien-Datenschutz-Anpassungsgesetzes 2018, BGBl. I Nr. 32/2018, treten mit 25. Mai 2018 in Kraft. Gleichzeitig tritt § 10 samt Überschrift und Eintrag im Inhaltsverzeichnis außer Kraft. *(BGBl I 2018/32)*

(11) § 5 Abs. 3 Z 3 in der Fassung des Bundesgesetzes BGBl. I. Nr. 190/2021 tritt mit dem auf den Tag der Kundmachung folgenden Monatsersten in Kraft. *(BGBl I 2021/190)*

Außerkrafttreten

§ 21. Mit dem Inkrafttreten dieses Bundesgesetzes tritt das Bundesgesetz über die internationale kriminalpolizeiliche Amtshilfe, BGBl. Nr. 191/1964, außer Kraft.

Vollziehung

§ 22. Mit der Vollziehung des § 18 ist die Bundesregierung, mit der Vollziehung der anderen Bestimmungen dieses Bundesgesetzes der Bundesminister für Inneres betraut, jedoch soweit

Zollorgane berührt sind, im Einvernehmen mit dem Bundesminister für Finanzen.

Artikel II

(Änderungen des Sicherheitspolizeigesetzes: eingearbeitet)

18/3. EU – Polizeikooperationsgesetz

BGBl I 2009/132 idF

Bundesgesetz über die polizeiliche Kooperation mit den Mitgliedstaaten der Europäischen Union und der Agentur der Europäischen Union für die Zusammenarbeit auf dem Gebiet der Strafverfolgung (Europol), (EU-Polizeikooperationsgesetz, EU-PolKG)

(BGBl I 2017/101)

Inhaltsverzeichnis

PolKG

Inhaltsverzeichnis, §§ 1 – 2

1. Teil

Allgemeines

Anwendungsbereich

§ 1. (1) Dieses Bundesgesetz regelt die polizeiliche Kooperation zwischen den Sicherheitsbehörden und Sicherheitsbehörden der anderen Mitgliedstaaten der Europäischen Union und enthält die erforderlichen Durchführungsbestimmungen für die Kooperation mit

1. der Agentur der Europäischen Union für die Zusammenarbeit auf dem Gebiet der Strafverfolgung (Europol) aufgrund der Verordnung (EU) 2016/794 über die Agentur der Europäischen Union für die Zusammenarbeit auf dem Gebiet der Strafverfolgung (Europol) und zur Ersetzung und Aufhebung der Beschlüsse 2009/371/JI, 2009/934/JI, 2009/935/JI, 2009/936/JI und 2009/968/JI, ABl. Nr. L 135 vom 24.05.2016 S. 53, (im Folgenden Europol-VO) und

2. der Europäischen Agentur für die Grenz- und Küstenwache aufgrund der Verordnung (EU) 2019/1896 über die Europäische Grenz- und Küstenwache und zur Aufhebung der Verordnungen (EU) Nr. 1052/2013 und (EU) 2016/1624, ABl. Nr. L 295/1 vom 14.11.2019 S. 1, (im Folgenden Frontex-VO).
(BGBl I 2017/101; BGBl I 2020/117; BGBl I 2021/206)

(1a) Dieses Bundesgesetz enthält die erforderlichen Durchführungsbestimmungen aufgrund

1. der Verordnung (EU) 2018/1860 über die Nutzung des Schengener Informationssystems für die Rückkehr illegal aufhältiger Drittstaatsangehöriger, ABl. Nr. L 312 vom 07.12.2018 S. 1, (im Folgenden SIS-VO Rückkehr);

2. der Verordnung (EU) 2018/1861 über die Einrichtung, den Betrieb und die Nutzung des Schengener Informationssystems (SIS) im Bereich der Grenzkontrollen, zur Änderung des Überein-kommens zur Durchführung des Übereinkommens von Schengen und zur Änderung und Aufhebung der Verordnung (EG) Nr. 1987/2006, ABl. Nr. L 312 vom 07.12.2018 S. 14, in der Fassung der Verordnung (EU) 2019/817, ABl. Nr. L 135 vom 22.05.2019 S. 27, (im Folgenden SIS-VO Grenze);

3. der Verordnung (EU) 2018/1862 über die Einrichtung, den Betrieb und die Nutzung des Schengener Informationssystems (SIS) im Bereich der polizeilichen Zusammenarbeit und der justiziellen Zusammenarbeit in Strafsachen, zur Änderung und Aufhebung des Beschlusses 2007/533/JI und zur Aufhebung der Verordnung (EG) Nr. 1986/2006 und des Beschlusses 2010/261/EU, ABl. Nr. L 312 vom 07.12.2018 S. 56, in der Fassung der Verordnung (EU) 2019/818, ABl. Nr. L 135 vom 22.05.2019 S. 85, (im Folgenden SIS-VO Polizei und Justiz);

4. der Verordnung (EU) 2017/2226 über ein Einreise-/Ausreisesystem (EES) zur Erfassung der Ein-und Ausreisedaten sowie der Einreiseverweigerungsdaten von Drittstaatsangehörigen an den Außengrenzen der Mitgliedstaaten und zur Festlegung der Bedingungen für den Zugang zum EES zu Gefahrenabwehr- und Strafverfolgungszwecken und zur Änderung des Übereinkommens zur Durchführung des Übereinkommens von Schengen sowie der Verordnungen (EG) Nr. 767/2008 und (EU) Nr. 1077/2011, ABl. Nr. L 327 vom 09.12.2017 S. 20, in der Fassung der Verordnung (EU) 2018/1240, ABl. Nr. L 236 vom 19.09.2018 S. 1, (im Folgenden EES-VO). *(BGBl I 2021/206)*

(2) Soweit dieses Bundesgesetz nicht ausdrücklich anderes bestimmt, gelten das Bundesgesetz über die internationale polizeiliche Kooperation (Polizeikooperationsgesetz - PolKG), BGBl. I Nr. 104/1997, das Sicherheitspolizeigesetz (SPG), BGBl. Nr. 566/1991, das Informationssicherheitsgesetz (InfoSiG), BGBl. I Nr. 23/2002, das Amtshaftungsgesetz, BGBl. Nr. 20/1949, und das Datenschutzgesetz (DSG), BGBl. I Nr. 165/1999. Die justizielle Zusammenarbeit nach dem Bundesgesetz über die justizielle Zusammenarbeit in Strafsachen mit den Mitgliedstaaten der Europäischen Union (EU-JZG), BGBl. I Nr. 36/2004, nach dem Auslieferungs- und Rechtshilfegesetz (ARHG), BGBl. Nr. 529/1979 oder nach zwischenstaatlichen Vereinbarungen bleibt unberührt. *(BGBl I 2018/32)*

Begriffsbestimmungen

§ 2. Im Sinne dieses Bundesgesetzes bedeutet

1. Mitgliedstaat: jeder Staat, der Vertragspartei des Vertrages über die Europäische Union in der Fassung BGBl. III Nr. 85/1999, geändert durch BGBl III Nr. 4/2003, und BGBl. III Nr. 54/2004 (EUV), ist; soweit seitens der Europäischen Union

nach dem Titel VI des Vertrages über die Europäische Union Übereinkünfte mit Drittstaaten oder mit internationalen Organisationen abgeschlossen werden, sind diese im Rahmen der jeweiligen Übereinkünfte den Mitgliedstaaten gleichzuhalten (Art. 24 und 38 EUV);

2. Drittstaat: ein Staat, der nicht unter Z 1 fällt.

Haftung

§ 3. (1) Soweit durch unrichtige oder unrechtmäßige Verarbeitung von Daten durch Europol in Österreich ein Schaden entstanden ist, haftet der Bund nach den Bestimmungen des Amtshaftungsgesetzes mit der Maßgabe, dass in jedem Fall das Landesgericht für Zivilrechtssachen Wien in erster Instanz zuständig ist. *(BGBl I 2017/101; BGBl I 2018/32)*

(2) Der Bund hat einem Mitgliedstaat auf dessen Verlangen jenen Betrag zu erstatten, den der Mitgliedstaat an die Geschädigten zu leisten hatte, wenn österreichische Organe des öffentlichen Sicherheitsdienstes bei einem Einsatz in diesem Mitgliedstaat einen Schaden verursacht haben. Verursachen Organe von Sicherheitsbehörden anderer Mitgliedstaaten in Österreich einen Schaden und hat der Bund Schadenersatz nach dem Amtshaftungsgesetz zu leisten, ist dieser Betrag von jenem Mitgliedstaat einzufordern, dessen Organe den Schaden verursacht haben; dies gilt nicht für vom Bund ersetzte Schäden, die das Organ bei seinem Einsatz bei Massenveranstaltungen, Katastrophen und schweren Unglücksfällen verursacht hat. Verursachen Teammitglieder im Sinne des Art. 2 Z 17 der Frontex-VO in Österreich einen Schaden und hat der Bund Schadenersatz nach dem Amtshaftungsgesetz zu leisten, richtet sich die Einforderung des geleisteten Betrags nach Art. 84 Abs. 2 und 3 der Frontex-VO. *(BGBl I 2020/117)*

(3) Soweit durch eine rechtswidrige Verarbeitung personenbezogener Daten im Schengener Informationssystem oder durch eine andere gegen die SIS-VO Rückkehr, die SIS-VO Grenze oder die SIS-VO Polizei und Justiz verstoßende Handlung durch seine Organe ein Schaden entstanden ist, haftet der Bund nach den Bestimmungen des Amtshaftungsgesetzes. Gleiches gilt für Schäden, die durch einen dem Bund zuzurechnenden Zugriff auf das Schengener Informationssystem verursacht worden sind. *(BGBl I 2021/206)*

(4) Soweit durch eine rechtswidrige Verarbeitung personenbezogener Daten im Einreise-/Ausreisesystem oder durch eine andere gegen die EES-VO verstoßende Handlung durch seine Organe ein Schaden entstanden ist, haftet der Bund nach den Bestimmungen des Amtshaftungsgesetzes. Gleiches gilt für Schäden, die durch einen dem Bund zuzurechnenden Zugriff auf das

Einreise-/Ausreisesystem verursacht worden sind. *(BGBl I 2021/206)*

Verhältnis zu anderen Rechtsakten

§ 4. (1) Die Bestimmungen des 3. Teiles finden gegenüber den einzelnen Vertragsparteien des Prümer Vertrages, BGBl. III Nr. 159/2006, erst Anwendung, wenn diese ihren jeweiligen unionsrechtlichen Verpflichtungen aus dem Beschluss 2008/615/JI zur Vertiefung der grenzüberschreitenden Zusammenarbeit, insbesondere zur Bekämpfung des Terrorismus und der grenzüberschreitenden Kriminalität, ABl. Nr. L 210 vom 6.8.2008 S. 1 (Prüm-Beschluss), nachgekommen sind. Ab diese jeweiligen Zeitpunkten sind die Bestimmungen des Prümer Vertrages hinsichtlich des Vergleiches von DNA-Profilen, der Gewinnung molekulargenetischen Materiales und der Übermittlung von DNA-Profilen, des Abrufes von daktyloskopischen Daten sowie des Abrufes von Daten aus Fahrzeugregistern nicht weiter anzuwenden. Der Bundesminister für Inneres hat diese Zeitpunkte im Bundesgesetzblatt kundzumachen. *(BGBl I 2018/32)*

(2) *(entfällt, BGBl I 2017/101)*

(3) Der 5. Teil dieses Bundesgesetzes (Schengener Informationssystem) tritt ab dem Zeitpunkt in Kraft, der vom Rat mit Zustimmung aller Mitglieder, die die Regierungen der am SIS 1+ teilnehmenden Staaten vertreten, festgelegt wird. Mit diesem Zeitpunkt sind anstelle der Art. 64 und 92 bis 119 mit Ausnahme der Art. 92a und 102a des Schengener Übereinkommens die Bestimmungen dieses Bundesgesetzes anzuwenden. Der Bundesminister für Inneres hat diesen Zeitpunkt im Bundesgesetzblatt kundzumachen.

2. Teil

Europol

Zuständige Stellen

§ 5. (1) Der Nationalen Europol-Stelle obliegt der Zugriff auf die bei Europol gespeicherten Informationen und der Kontakt zu Europol. Die Nationale Europol-Stelle kann anderen Sicherheitsbehörden, Abgabenbehörden des Bundes und Finanzstrafbehörden direkte Kontakte mit Europol sowie die Abfrage von bei Europol gespeicherten Informationen erlauben, wobei festzulegen ist, ob ein Vollzugriff erforderlich ist oder aus dem Abfrageergebnis nur ersichtlich sein darf, ob eine angefragte Information bei Europol verfügbar ist oder nicht und weitere Informationen über die Nationale Europol-Stelle einzuholen sind.

(2) Sind mindestens zwei Mitgliedstaaten betroffen, sind die Abgabenbehörden des Bundes und die Finanzstrafbehörden zur Vorbeugung und Bekämpfung von Kriminalitätsformen gemäß

PolKG

Anhang I der Europol-VO sowie damit im Zusammenhang stehender Straftaten (Art. 3 Europol-VO) berechtigt, vorhandene Informationen aus Abgaben- und Finanzstrafverfahren für die sich aus der Europol-VO ergebenden Zwecke an Europol zu übermitteln sowie bei Europol gespeicherte Informationen für Zwecke der Vorbeugung, Bekämpfung und Verfolgung von in die Ermittlungszuständigkeit der Abgabenbehörden und Finanzstrafbehörden fallenden Formen schwerer Kriminalität zu verarbeiten. Die Abgabenbehörden und Finanzstrafbehörden sind für Zwecke des bilateralen Informationsaustausches überdies berechtigt, sich auch bei nicht den Zielen von Europol unterfallenden Straftaten der Infrastruktur von Europol zu bedienen. *(BGBl I 2018/32)*

(3) Das Auskunftsrecht der betroffenen Person (Art. 36 Europol-VO) sowie das Recht auf Berichtigung, Löschung und Einschränkung (Art. 37 Europol-VO) ist im Wege der Nationalen Europol- Stelle geltend zu machen.

(4) Nationale Kontrollbehörde (Art. 42 Abs. 1 Europol-VO) ist die Datenschutzbehörde (§ 18 DSG). *(BGBl I 2018/32)*

(BGBl I 2017/101)

Verarbeitung von Daten durch Sicherheitsbehörden

§ 6. (1) Die Sicherheitsbehörden sind ermächtigt, Daten, die von Europol oder im Wege von Europol übermittelt wurden, für Zwecke der Vorbeugung und Bekämpfung von Straftaten im Bereich organisierter Kriminalität, Terrorismus sowie anderen Formen schwerer Kriminalität sowie damit im Zusammenhang stehender Straftaten zu verarbeiten. *(BGBl I 2018/32)*

(2) Ist die Verarbeitung der Daten an bestimmte Auflagen gebunden, darf von diesen Auflagen ohne Zustimmung der übermittelnden Stellen nicht abgegangen werden. *(BGBl I 2018/32)*

(3) Die Verarbeitung von Daten für andere Zwecke, als zu denen sie übermittelt wurden, ist nur mit Zustimmung der übermittelnden Stelle zulässig. Ausgenommen davon ist die Verwendung zur Überprüfung der Rechtmäßigkeit der Verwendung dieser Daten. *(BGBl I 2018/32)*

(BGBl I 2017/101)

§ 7. *(aufgehoben, BGBl I 2017/101)*

§ 8. *(aufgehoben, BGBl I 2017/101)*

§ 9. *(aufgehoben, BGBl I 2017/101)*

§ 10. *(aufgehoben, BGBl I 2017/101)*

§ 11. *(aufgehoben, BGBl I 2017/101)*

§ 12. *(aufgehoben, BGBl I 2017/101)*

§ 13. *(aufgehoben, BGBl I 2017/101)*

§ 14. *(aufgehoben, BGBl I 2017/101)*

§ 15. *(aufgehoben, BGBl I 2017/101)*

§ 16. *(aufgehoben, BGBl I 2017/101)*

§ 17. *(aufgehoben, BGBl I 2017/101)*

§ 18. *(aufgehoben, BGBl I 2017/101)*

§ 19. *(aufgehoben, BGBl I 2017/101)*

3. Teil

Grenzüberschreitende Zusammenarbeit

Nationale Kontaktstelle

§ 20. (1) Im Sinne dieses Teiles bezeichnet „Nationale Kontaktstelle" jene von den einzelnen Mitgliedstaaten benannten Stellen, die zum automatisierten Vergleich von DNA-Profilen, zum automatisierten Abruf von daktyloskopischen Daten und zum automatisierten Abruf von Daten aus nationalen Fahrzeugregistern berechtigt sind.

(2) Nationale Kontaktstelle für Österreich ist der Bundesminister für Inneres.

DNA-Analysedatei

§ 21. (1) Jener Teil der von den Sicherheitsbehörden gemäß § 75 SPG verarbeiteten Daten, die DNA-Profile bestimmter Menschen (Personenprofile) und die DNA-Profile Unbekannter (offene Spuren) enthalten, stellt die DNA-Analysedatei dar.

(2) DNA-Profile gemäß Abs. 1 dürfen nur in Form eines Buchstaben- oder Zahlencodes, der eine Reihe von Identifikationsmerkmalen des nicht codierten Teiles einer analysierten menschlichen Molekularstruktur an den verschiedenen DNA-Loci abbildet, gespeichert werden, wobei im nicht codierten Teil der DNA keine genetischen Informationen über funktionale Eigenschaften eines Organismus enthalten sein dürfen. DNA-Profile dürfen keine Daten enthalten, auf Grund derer eine Person unmittelbar identifiziert werden kann.

(3) Die DNA-Profile sind mit Kennungen zu versehen, die als Fundstellendatensätze

1. den Datensatz als den eines bekannten Menschen oder einer offenen Spur erkennen lassen,

2. eine Zuordnung zu den Identitätsdaten eines bestimmten Menschen ermöglichen und

3. ihn als ein von inländischen Behörden ermitteltes Datum ausweist.

Verarbeitung der Daten der DNA-Analysedateien

§ 22. (1) Der Bundesminister für Inneres hat den Nationalen Kontaktstellen der anderen Mitgliedstaaten zur Aufklärung und Verfolgung gerichtlich strafbarer Handlungen, die die Voraussetzungen für die Erlassung eines Europäischen Haftbefehles erfüllen, den Zugriff auf die DNA-Analysedatei im Datenfernverkehr in der Weise zu eröffnen, dass sie automatisiert alle in der DNA-Analysedatei (§ 21 Abs. 1) verarbeiteten DNA-Profile mit jeweils ihren national gespeicherten offenen Spuren vergleichen können. Ebenso ist ihnen die Möglichkeit einzuräumen, Personenprofile im Rahmen einer konkreten Ermittlung im Datenfernverkehr mit diesen DNA-Profilen zu vergleichen.

(2) Der Bundesminister für Inneres ist ermächtigt, zur Aufklärung und Verfolgung von gerichtlich strafbaren Handlungen die in der DNA-Analysedatei verarbeiteten DNA-Profile im Wege des Datenfernverkehrs automatisiert mit allen in den Analysedateien der anderen Mitgliedstaaten verarbeiteten DNA-Profilen zu vergleichen. Personenprofile dürfen nur dann mit von Sicherheitsbehörden anderer Mitgliedstaaten verarbeiteten DNA-Profilen im Datenfernverkehr verglichen werden, wenn dies im konkreten Einzelfall erforderlich ist.

(3) Stellen Sicherheitsbehörden anderer Mitgliedstaaten im Zuge eines automatisierten Vergleiches eine Übereinstimmung mit DNA-Profilen fest, so hat die Nationale Kontaktstelle der Nationalen Kontaktstelle des abrufenden Mitgliedstaats die DNA-Profile, mit denen Übereinstimmung festgestellt worden ist, und darüber hinaus nur eine zugehörige Kennung, die eine Zuordnung zu den Identitätsdaten eines bestimmten Menschen ermöglicht, auf automatisierte Weise zu übermitteln. Kann keine Übereinstimmung festgestellt werden, so ist die Nationale Kontaktstelle darüber ebenso auf automatisierte Weise zu informieren.

(4) Im Falle der Übereinstimmung gemäß Abs. 2 dürfen die entsprechenden Daten samt notwendiger Zusatzinformation von den Sicherheitsbehörden weiterverarbeitet werden.

(5) Wird eine Übereinstimmung von DNA-Profilen festgestellt, richtet sich die Übermittlung von über DNA-Profilen und der zugehörigen Kennung hinausgehenden Daten nach den bestehenden Amtsund Rechtshilferegelungen.

Ermittlung erkennungsdienstlicher Daten zu Zwecken der Amtshilfe

§ 23. (1) Die Sicherheitsbehörden sind ermächtigt, erkennungsdienstliche Maßnahmen an Menschen vorzunehmen, wenn dies erforderlich ist, um einer Sicherheitsbehörde eines anderen Mitgliedstaates Amtshilfe zu leisten, und diese Maßnahme auch in vergleichbaren innerstaatlichen Fällen zulässig wäre.

(2) Eine erkennungsdienstliche Maßnahme gemäß Abs. 1 darf nur vorgenommen werden, wenn ein entsprechend begründetes Ersuchen vorliegt, aus dem der jeweils zuständigen Stelle die Erklärung hervorgeht, dass die Voraussetzungen für diese Maßnahme nach dem jeweiligen Recht zulässig wäre und die Maßnahme für ein laufendes Ermittlungs- oder Strafverfahren im jeweiligen Mitgliedstaat erforderlich ist.

(3) Von Maßnahmen nach Abs. 1 Betroffene sind zur Mitwirkung verpflichtet. § 77 SPG gilt.

Verarbeitung daktyloskopischer Daten

§ 24. (1) Der Bundesminister für Inneres hat den Nationalen Kontaktstellen der anderen Mitgliedstaaten zur Abwehr gefährlicher Angriffe und zur Aufklärung und Verfolgung gerichtlich strafbarer Handlungen den Zugriff auf die gemäß § 75 SPG verarbeiteten daktyloskopische Daten im Datenfernverkehr in der Weise zu eröffnen, dass sie automatisiert Personenprofile im Rahmen einer konkreten Ermittlung im Datenfernverkehr mit diesen daktyloskopischen Daten vergleichen können.

(2) Der Bundesminister für Inneres ist ermächtigt, zur Abwehr gefährlicher Angriffe und zur Aufklärung und Verfolgung gerichtlich strafbarer Handlungen die von Sicherheitsbehörden ermittelten daktyloskopischen Daten mit jenen abzugleichen, die von den Sicherheitsbehörden anderer Mitgliedstaaten zu diesem Zweck verarbeitet werden. Kommt es bei einem solchen Abgleich zu einer Übereinstimmung, dürfen diese Daten und dazu gehörige Informationen von den Sicherheitsbehörden weiterverarbeitet werden.

(3) Stellen Sicherheitsbehörden anderer Mitgliedstaaten eine Übereinstimmung mit daktyloskopischen Daten fest, so sind der Nationalen Kontaktstelle des abrufenden Mitgliedstaats die daktyloskopischen Daten, mit denen Übereinstimmung festgestellt worden ist, und darüber hinaus nur eine zugehörige Kennung, die eine Zuordnung zu den Identitätsdaten eines bestimmten Menschen ermöglichen, auf automatisierte Weise zu übermitteln. Kann keine Übereinstimmung festgestellt werden, so ist die Nationale Kontaktstelle darüber ebenso auf automatisierte Weise zu informieren.

PolKG

(4) Wird eine Übereinstimmung von daktyloskopischen Daten festgestellt, richtet sich die Übermittlung von über daktyloskopischen Daten und der zugehörigen Kennung hinausgehenden Daten nach den bestehenden Amts- und Rechtshilferegelungen.

Abfragen aus Zulassungsevidenzen

§ 25. (1) Der Bundesminister für Inneres hat den Nationalen Kontaktstellen der anderen Mitgliedstaaten zur Abwehr allgemeiner Gefahren und zur Aufklärung und Verfolgung von Straftaten, die nach dem Recht des Staates der ersuchenden Kontaktstelle in die Zuständigkeit der ordentlichen Gerichte oder Staatsanwaltschaft fallen, sowie zur Abwehr von Gefahren für die öffentliche Sicherheit Abfragen aus der Zulassungsevidenz gemäß § 47 Abs. 4 Kraftfahrgesetz 1967 – KFG 1967, BGBl. Nr. 267/1967, im Datenfernverkehr zu ermöglichen. *(BGBl I 2013/161; BGBl I 2016/61)*

(2) Abfragen gemäß Abs. 1 sind nur zulässig, wenn entweder eine vollständige Fahrgestellnummer oder ein vollständiges Kennzeichen als Abfragekriterium verwendet wird. Die auf Grund einer solchen Abfrage erteilte Auskunft hat sich auf den Zulassungsbesitzer und die Angaben zum Kraftfahrzeug zu beschränken.

(3) Die Sicherheitsbehörden sind zur Abwehr allgemeiner Gefahren und zur Aufklärung und Verfolgung von gerichtlich strafbaren Handlungen ermächtigt, im Wege des Bundesministers für Inneres Abfragen aus Fahrzeugregistern der anderen Mitgliedstaaten durchzuführen, wenn als Abfragekriterium ein vollständiges Kennzeichen oder eine vollständige Fahrgestellnummer verwendet wird.

Verwendung von Protokolldaten

§ 26. Protokolldaten nach § 22, 24 und 25 sind zwei Jahre aufzubewahren und nach Ablauf dieser Frist unverzüglich zu löschen. Sie dürfen ausschließlich zum Zwecke der Kontrolle der Verarbeitung von personenbezogenen Daten verwendet werden. Der Bundesminister für Inneres hat der Datenschutzbehörde auf deren Ersuchen Protokolldaten unverzüglich, spätestens jedoch innerhalb von vier Wochen nach Einlangen des Ersuchens zur Verfügung zu stellen. *(BGBl I 2013/161; BGBl I 2018/32)*

Einschreiten auf Hoheitsgebiet anderer Mitgliedstaaten

§ 27. (1) Auf Ersuchen eines Mitgliedstaates ist der Bundesminister für Inneres bei Gefahr im Verzug oder zur Bewältigung einer Massenveranstaltung, Katastrophe oder eines schweren Unglücksfalles ermächtigt, zum Schutz von Leben, Gesundheit oder Eigentum geeignete Organe des öffentlichen Sicherheitsdienstes in diesen Mitgliedstaat zur Durchführung bestimmter Einsätze zu entsenden.

(2) Darüber hinaus können mit Zustimmung des Bundesministers für Inneres zur Intensivierung der polizeilichen Kooperation Organe des öffentlichen Sicherheitsdienstes in einen anderen Mitgliedstaat entsandt und mit der gemeinsamen Wahrnehmung von Aufgaben zur Aufrechterhaltung der öffentlichen Ruhe, Ordnung und Sicherheit oder der Kriminalpolizei im aufnehmenden Mitgliedstaat betraut werden.

Einschreiten von Organen von Sicherheitsbehörden eines Mitgliedstaates und von Statutspersonal der Europäischen Agentur für die Grenz- und Küstenwache im Inland

§ 28. (1) Der Bundesminister für Inneres ist bei Gefahr im Verzug ermächtigt, zum Schutz von Leben, Gesundheit oder Eigentum oder zur Bewältigung einer Massenveranstaltung, Katastrophe eines schweren Unglücksfalles um Entsendung von geeigneten Organen von Sicherheitsbehörden anderer Mitgliedstaaten zu ersuchen.

(2) Darüber hinaus kann der Bundesminister für Inneres zur Intensivierung der polizeilichen Kooperation Organe von Sicherheitsbehörden anderer Mitgliedstaaten mit Zustimmung des Entsendestaates sowie Statutspersonal im Sinne des Art. 2 Z 15 der Frontex-VO mit Zustimmung der Europäischen Agentur für die Grenz- und Küstenwache mit der Wahrnehmung von Aufgaben zur Aufrechterhaltung der öffentlichen Ruhe, Ordnung und Sicherheit oder der Kriminalpolizei im Bundesgebiet betrauen. *(BGBl I 2020/117)*

(3) Die mitwirkenden Organe von Sicherheitsbehörden anderer Mitgliedstaaten unterliegen bei ihren Einsätzen nach Abs. 1 und 2 der Leitung und den Weisungen der örtlich zuständigen Sicherheitsbehörden.

Befugnisse auf fremdem Hoheitsgebiet

§ 29. (1) Den Organen von Sicherheitsbehörden anderer Mitgliedstaaten sowie dem Statutspersonal im Sinne des Art. 2 Z 15 der Frontex-VO kommen in den Fällen des § 28 im Zuge ihres Einsatzes dieselben Befugnisse und Verantwortlichkeiten zu wie österreichischen Organen des öffentlichen Sicherheitsdienstes. Sie werden in Bezug auf Straftaten, die sie begehen oder die ihnen gegenüber begangen werden, wie österreichische Beamte behandelt. *(BGBl I 2020/117)*

(2) Die Organe von Sicherheitsbehörden anderer Mitgliedstaaten sowie dem Statutspersonal im Sinne des Art. 2 Z 15 der Frontex-VO sind berechtigt,

1. ihre Uniform zu tragen;

2. ihre Dienstwaffen, Munition sowie sonstige Ausrüstungsgegenstände mitzuführen, es sei denn, die Sicherheitsbehörde verfügt im Einzelfall anderes;

3. mit einem gültigen mit Lichtbild und Unterschrift versehenen Dienstausweis nach Österreich einzureisen und sich so lange aufzuhalten, wie es für die Durchführung des Einsatzes notwendig ist;

4. beim grenzüberschreitenden Einsatz Dienstkraftfahrzeuge zu benutzen;

5. die notwendigen technischen Mittel zu verwenden, die zur Aufgabenerfüllung notwendig sind. *(BGBl I 2020/117)*

(3) Abs. 2 gilt auch für die Teilnahme an gemeinsamen Schulungen und Einsatzübungen.

(4) Die eingesetzten Fahrzeuge sind hinsichtlich der Befreiung von Verkehrsverboten und Verkehrsbeschränkungen den Fahrzeugen der österreichischen Sicherheitsbehörden gleichgestellt

(5) Die österreichischen Organe des öffentlichen Sicherheitsdienstes sind ermächtigt, ihre Uniformen, Dienstwaffen, Munition, sonstige Zwangsmittel, Transportmittel und sonstige für den Einsatz notwendige Ausrüstungsgegenstände zu dem Einsatz, zu dem sie zur Unterstützung entsandt wurden, mitzunehmen, sofern dies nach dem Recht des ersuchenden Mitgliedstaates zulässig ist und bindendes Völkerrecht dem nicht entgegen steht.

4. Teil

Nutzung des Visa-Informationssystems durch Sicherheitsbehörden

Zugriffsberechtigung auf VIS-Daten

§ 30. (1) Die Sicherheitsbehörden ermächtigt, folgende Daten aus dem Visa-Informationssystem (VIS) abzufragen, wenn dies im Einzelfall für Zwecke der Verhütung, Aufdeckung und Ermittlung terroristischer Straftaten nach den §§ 278b und 278c StGB sowie sonstiger schwerwiegender Straftaten, wie sie im Anhang 1 Teil A des EU-JZG angeführt sind, erforderlich ist:

1. Familienname, Geburtsname, frühere Familiennamen, Vorname(n), Geschlecht, Datum, Ort und Land der Geburt; *(BGBl I 2016/120)*

2. gegenwärtige Staatsangehörigkeit und Staatsangehörigkeit zum Zeitpunkt der Geburt;

3. Art und Nummer des Reisedokuments, ausstellende Behörde, Ausstellungsdatum und Ablauf der Gültigkeit;

4. Hauptreiseziel und Dauer des geplanten Aufenthalts;

5. Zweck der Reise;

6. geplanter Tag der Ein- und Ausreise;

7. geplante Grenzübertrittsstelle der ersten Einreise oder geplante Durchreiseroute;

8. Wohnort;

9. Fingerabdrücke;

10. Art und Nummer des Visums;

11. zur Person, die eine Einladung ausgesprochen hat sowie zur Person, die verpflichtet ist, die Kosten für den Lebensunterhalt des Antragstellers während des Aufenthalts zu tragen: Familienname, frühere Familiennamen, Vorname(n), Geschlecht, Datum, Ort und Land der Geburt und Staatsangehörigkeit. *(BGBl I 2016/120)*

(2) Stimmen die Daten mit den zu einer Person gespeicherten Daten überein, sind die Sicherheitsbehörden ermächtigt, auch

1. alle sonstigen, für Zwecke der Ausstellung eines Visums vorliegende Daten;

2. Lichtbilder;

3. Daten zu früher erteilten, abgelehnten, annullierten, aufgehobenen oder verlängerten Visa

zu verwenden.

Übermittlung an Drittstaaten und Sicherheitsorganisationen

§ 31. Die Übermittlung personenbezogener Daten, die aus dem VIS abgefragt wurden, an Sicherheitsbehörden von Drittstaaten und internationale Sicherheitsorganisationen ist nur zulässig

1. bei Gefahr im Verzug für Zwecke der Verhütung und Aufdeckung terroristischer oder sonstiger schwerwiegender Straftaten und

2. nur mit Zustimmung jenes Mitgliedstaates, die die Daten in das VIS eingegeben hat.

Auskunft und Richtigstellung

§ 32. (1) Soweit Auskunft über abgefragte Daten erteilt werden soll, die von einem anderen Mitgliedstaat in das VIS eingegeben worden sind, darf die Auskunft nur erteilt werden, wenn diesem Mitgliedstaat zuvor Gelegenheit zur Stellungnahme gegeben worden ist. Sind abgefragte Daten von einer österreichischen Behörde, die keine Sicherheitsbehörde ist, eingegeben worden, ist vor Auskunftserteilung deren Zustimmung einzuholen.

(2) Liegen Anhaltspunkte vor, wonach im VIS verarbeitete Daten unrichtig oder unrechtmäßig gespeichert sein könnten, so ist jene Stelle davon in Kenntnis zu setzen, die die Daten in das VIS eingegeben hat.

PolKG

5. Teil
Schengener Informationssystem

Nationales Schengener Informationssystem

§ 33. Der Bundesminister für Inneres führt als Verantwortlicher im Sinne des § 36 Abs. 2 Z 8 DSG zum Zweck der Ausschreibung von Personen und Sachen das nationale Schengener Informationssystem (N.SIS) als zentrale Datenverarbeitung nach Art. 4 Abs. 1 lit. b der SIS-VO Polizei und Justiz sowie nach Art. 4 Abs. 1 lit. b der SIS-VO Grenze.

(BGBl I 2021/206)

Zusatzinformationen

§ 34. Die Sicherheitsbehörden stellen dem Bundesminister für Inneres im Wege des Sirene-Büros alle Unterlagen zur Verfügung, die den Ausschreibungen im Schengener Informationssystem zu Grunde liegen. *(BGBl I 2013/65; BGBl I 2021/206)*

Ausschreibung von Personen zum Zwecke der Übergabe oder Auslieferung

Ausschreibung von Personen zum Zwecke der Übergabe oder Auslieferung nach Art. 26 der SISVO Polizei und Justiz

§ 35. Einer Ausschreibung nach Art. 26 der SIS-VO Polizei und Justiz kommen die Wirkungen einer Anordnung zur Festnahme und ihrer Ausschreibung nach den Bestimmungen der Strafprozeßordnung 1975 zu. Wird daher eine Person auf Grund einer Ausschreibung nach Art. 26 der SIS-VO Polizei und Justiz im Inland betreten, so ist sie unter unverzüglicher Verständigung der Staatsanwaltschaft festzunehmen und in die Justizanstalt des zuständigen ordentlichen Gerichtes einzuliefern (§ 172 StPO).

(BGBl I 2021/206)

Behandlung von Ausschreibungen eines Mitgliedstaates zum Zwecke der Übergabe oder Auslieferung gesuchter Personen

§ 36. *(aufgehoben, BGBl I 2021/206)*

Ausschreibung von Abgängigen

§ 37. *(aufgehoben, BGBl I 2021/206)*

Ausschreibung von Personen, die im Hinblick auf ihre Teilnahme an einem ordentlichen Gerichtsverfahren gesucht werden

§ 38. *(aufgehoben, BGBl I 2021/206)*

Ausschreibung von Personen und Sachen zum Zwecke der verdeckten Kontrolle

Ausschreibung von Personen und Sachen zum Zwecke der verdeckten Kontrolle nach Art. 36 der SIS-VO Polizei und Justiz

§ 39. (1) Der Bundesminister für Inneres ist ermächtigt, Personen und Sachen für Zwecke einer verdeckten Kontrolle im Sinne des Art. 36 der SIS-VO Polizei und Justiz im Schengener Informationssystem auszuschreiben.

(2) Soweit im Schengener Informationssystem Ausschreibungen für Ermittlungsanfragen oder gezielte Kontrollen im Sinne des Art. 37 Abs. 4 und 5 der SIS-VO Polizei und Justiz aufscheinen, sind diese als Ausschreibungen zu verdeckten Kontrollen nach Art. 37 Abs. 3 der SIS-VO Polizei und Justiz zu behandeln.

(BGBl I 2021/206)

Ausschreibung von Sachen zur Sicherstellung oder Beweissicherung

Maßnahmen aufgrund einer Ausschreibung von Sachen zur Sicherstellung oder Beweissicherung nach Art. 38 der SIS-VO Polizei und Justiz

§ 40. (1) Ergibt eine Abfrage eine Sachenfahndungsausschreibung nach Art. 38 der SIS-VO Polizei und Justiz von Sicherheitsbehörden eines anderen Mitgliedstaates und liegt keine Sicherstellungsanordnung vor, so können die Sicherheitsbehörden von sich aus eine Sicherstellung für Zwecke des Strafverfahrens unter den Voraussetzungen des § 110 Abs. 3 StPO durchführen. Die weitere Vorgangsweise richtet sich diesfalls nach den Bestimmungen über die Sicherstellung oder die Beschlagnahme von Sachen im Strafverfahren. Für ungültig erklärte ausgefüllte ausländische Identitätsdokumente sind dem Betroffenen abzunehmen und der zuständigen Vertretungsbehörde zu übergeben.

(2) Der Bundesminister für Inneres ist ermächtigt, für Zwecke des Art. 45 der SIS-VO Polizei und Justiz auf Daten zugelassener Kraftfahrzeuge und Anhänger (§§ 37 ff KFG 1967), die in der zentralen Zulassungsevidenz gemäß § 47 Abs. 4 KFG 1967 verarbeitet werden, zuzugreifen.

(BGBl I 2021/206)

Speicherfristen

§ 41. *(aufgehoben, BGBl I 2021/206)*

Richtigstellung und Ergänzung von Ausschreibungen

§ 42. Hat eine Sicherheitsbehörde Anhaltspunkte dafür, dass Daten einer Ausschreibung im Schengener Informationssystem unrichtig oder unrechtmäßig gespeichert wurden oder zu einer Ausschreibung relevante ergänzende oder geänderte Daten vorliegen, hat sie dies, soweit es sich um Ausschreibungen anderer Mitgliedstaaten handelt, dem Bundesminister für Inneres (Sirene-Büro des Bundeskriminalamtes) unverzüglich mitzuteilen.

(BGBl I 2021/206)

Auskunftsrecht

§ 43. Im Falle einer Auskunft nach § 44 DSG zu Daten, die ein anderer Mitgliedstaat eingegeben hat, richtet sich die Vorgehensweise nach Art. 67 Abs. 2 der SIS-VO Polizei und Justiz oder nach Art. 53 Abs. 2 der SIS-VO Grenze. Im Übrigen gelten die §§ 43 Abs. 4 und 44 Abs. 2 und Abs. 3 DSG.

(BGBl I 2021/206)

Fassung (BGBl I 2021/206):

5a. Teil

Einreise-/Ausreisesystem

Zentrale Zugangsstelle

§ 43a. Der Bundesminister für Inneres übt die Funktion der zentralen Zugangsstelle im Sinne des Art. 29 Abs. 3 der EES-VO aus.

(BGBl I 2021/206, tritt an dem gemäß Art. 66 Abs. 1 der EES-VO festgelegten Tag in Kraft (§ 46 Abs. 10))

6. Teil

Schlussbestimmungen

Verweisungen

§ 44. Soweit in diesem Bundesgesetz auf Bestimmungen anderer Bundesgesetze verwiesen wird, sind diese in ihrer jeweils geltenden Fassung anzuwenden. Verweise auf andere Rechtsnormen beziehen sich auf die Rechtsnorm zum Zeitpunkt der Kundmachung des Verweises nach diesem Bundesgesetz.

Vollziehung

§ 44a. Mit der Vollziehung dieses Bundesgesetzes ist der Bundesminister für Inneres, hinsichtlich § 5 Abs. 1, soweit er die Abgabenbehörden des Bundes und Finanzstrafbehörden betrifft, und § 5 Abs. 2 im Einvernehmen mit dem Bundesminister für Finanzen betraut.

(BGBl I 2017/101)

Sprachliche Gleichbehandlung

§ 45. Soweit in diesem Bundesgesetz auf natürliche Personen bezogene Bezeichnungen in männlicher Form angeführt sind, beziehen sie sich auf Frauen und Männer in gleicher Weise. Bei der Anwendung der Bezeichnung auf bestimmte natürliche Personen ist die jeweils geschlechtsspezifische Form zu verwenden.

Inkrafttreten

§ 46. (1) Dieses Bundesgesetz tritt mit 1. Jänner 2010 in Kraft. *(BGBl I 2010/105)*

(2) § 5 Abs. 3 in der Fassung des Bundesgesetzes, BGBl. I Nr. 105/2010, tritt mit 1. Dezember 2010 in Kraft. *(BGBl I 2010/105)*

(3) Die §§ 33 Abs. 1 und 7, 34 Abs. 1, 35 Abs. 1, 4 und 5, 37 Abs. 1, 38 Abs. 1, 39 Abs. 1, 40 Abs. 1 und 3, 41 und 42 Abs. 1, 2, 3, 4 in der Fassung des Bundesgesetzes BGBl. I Nr. 65/2013 treten mit dem in der Kundmachung der Bundesministerin für Inneres nach § 4 Abs. 3 festgesetzten Zeitpunkt in Kraft. *(BGBl I 2013/65)*

(4) § 14, § 25 Abs. 1, § 26, § 33 Abs. 6, § 35 Abs. 1, Abs. 4 Z 2 und Abs. 6, die Überschrift zu § 38, § 38 Abs. 1 sowie der Eintrag im Inhaltsverzeichnis zu § 38 in der Fassung des Bundesgesetzes BGBl. I Nr. 161/2013 treten mit 1. Jänner 2014 in Kraft. *(BGBl I 2013/161; BGBl I 2016/61)*

(5) Die §§ 25 Abs. 1, 33 Abs. 6, 39 Abs. 1 sowie 40 Abs. 1, 3 und 4 in der Fassung des Bundesgesetzes BGBl. I. Nr. 61/2016 treten mit 1. August 2016 in Kraft. *(BGBl I 2016/61)*

(6) Die §§ 1 Abs. 1, 3 Abs. 1, 4 und 44a samt Überschrift, der 2. Teil, der Langtitel sowie das Inhaltsverzeichnis in der Fassung des Bundesgesetzes BGBl. I. Nr. 101/2017 treten mit Ablauf des Tages ihrer Kundmachung in Kraft. Gleichzeitig tritt der Anhang außer Kraft. *(BGBl I 2017/101)*

(7) § 1 Abs. 2, § 3 Abs. 1 und 3, § 4 Abs. 1, § 5 Abs. 2 und 4, § 6 samt Überschrift und Eintrag im Inhaltsverzeichnis, die Überschriften zu den §§ 22 und 24 samt Einträgen im Inhaltsverzeichnis, § 26, § 33 Abs. 1, 3 und 7 sowie § 43 in der Fassung des Materien-Datenschutz-Anpassungsgesetzes 2018, BGBl. I Nr. 32/2018, treten mit 25. Mai 2018 in Kraft. *(BGBl I 2018/32)*

PolKG

(8) § 33 Abs. 6 in der Fassung des BGBl. I Nr. 104/2019 tritt mit 1. Juli 2020 in Kraft. *(BGBl I 2019/104)*

(9) Die §§ 1 Abs. 1, 3 Abs. 2, die Überschrift zu § 28, die §§ 28 Abs. 2 und 29 Abs. 1 und 2 sowie der Eintrag im Inhaltsverzeichnis zu § 28 in der Fassung des Bundesgesetzes BGBl. I Nr. 117/2020 treten mit Ablauf des Tages der Kundmachung in Kraft. *(BGBl I 2020/117)*

(10) Die §§ 1 Abs. 1 und 1a, 3 Abs. 3 und 4, 33 samt Überschrift, 34, 35 samt Überschrift, 39 samt Überschrift, 40 samt Überschrift, 42, 43 sowie die Einträge im Inhaltsverzeichnis zu den §§ 33, 35, 39 und 40 in der Fassung des Bundesgesetzes BGBl. I Nr. 206/2021 treten mit dem im Beschluss der Europäischen Kommission gemäß Art. 79 Abs. 2 der SIS-VO Polizei und Justiz festgelegten Tag in Kraft. Gleichzeitig treten die §§ 36, 37, 38 und 41 samt Überschriften sowie die Einträge im Inhaltsverzeichnis zu den §§ 36, 37, 38 und 41 außer Kraft. Der 5a. Teil sowie der Eintrag im Inhaltsverzeichnis zum 5a. Teil in der Fassung des Bundesgesetzes BGBl. I Nr. 206/2021 treten mit dem im Beschluss der Europäischen Kommission gemäß Art. 66 Abs. 1 der EES-VO festgelegten Tag in Kraft. *(BGBl I 2021/206)*

Anhang

(entfällt, BGBl I 2017/101)

18/4. Bundeskriminalamt-Gesetz

BGBl I 2002/22 idF

1 BGBl I 2010/37
2 BGBl I 2012/35 (2. StabG 2012)
3 BGBl I 2015/14
4 BGBl I 2016/118

5 BGBl I 2020/140
6 BGBl I 2021/123 (Passgesetz-Novelle 2021)

Bundeskriminalamt-Gesetz

Einrichtung des Bundeskriminalamtes

§ 1. Für Zwecke einer wirksamen bundesweiten Bekämpfung gerichtlich strafbarer Handlungen und zur Wahrnehmung zentraler Funktionen im Bereich der internationalen polizeilichen Kooperation besteht das Bundeskriminalamt als Organisationseinheit der Generaldirektion für die öffentliche Sicherheit (§ 6 Abs. 1 Sicherheitspolizeigesetz).

Organisation des Bundeskriminalamtes

§ 2. (1) An der Spitze des Bundeskriminalamtes steht der Direktor.

(2) Der Direktor bestimmt unter Bedachtnahme auf die Wirtschaftlichkeit und Zweckmäßigkeit der Aufgabenerfüllung die organisatorische Gliederung des Bundeskriminalamtes.

(3) Der Direktor hat im Interesse einer raschen und zweckmäßigen Geschäftsbehandlung die dem Bundeskriminalamt gemäß § 4 und sonst nach der Geschäftseinteilung des Bundesministeriums für Inneres übertragenen Angelegenheiten auf die Organisationseinheiten des Bundeskriminalamtes aufzuteilen (Geschäftseinteilung).

(4) Auf Grund der Geschäftseinteilung kann niemand ein Recht geltend machen.

Geschäftsordnung des Bundeskriminalamtes

§ 3. Der Direktor des Bundeskriminalamtes hat festzulegen, wem die Genehmigung von Entscheidungen für den Bundesminister für Inneres im Rahmen der Geschäftseinteilung zukommt, in welchen Angelegenheiten ihm die Genehmigung vorbehalten ist und wem die Genehmigung im Fall der Verhinderung obliegt (Geschäftsordnung). Hiebei kann im Interesse einer raschen Geschäftsbehandlung auch vorgesehen werden, dass der von der Geschäftsordnung Ermächtigte andere besonders geeignete Bedienstete des Bundeskriminalamtes mit der Genehmigung bestimmter Angelegenheiten betrauen kann.

Zentralstellenaufgaben des Bundeskriminalamtes

§ 4. (1) Das Bundeskriminalamt führt zur Erfüllung der dem Bundesminister für Inneres übertragenen Aufgaben der internationalen polizeilichen Kooperation das Nationale Zentralbüro der Internationalen Kriminalpolizeilichen Organisation - INTERPOL, die Nationale Europol-Stelle und das Sirene Büro.

(2) Das Bundeskriminalamt erfüllt für den Bundesminister für Inneres folgende zentrale Aufgaben:

1. durch die Geldwäschemeldestelle die Entgegennahme und Analyse von Meldungen über verdächtige Transaktionen und sonstige Informationen, die im Hinblick auf Geldwäscherei, damit zusammenhängende Vortaten oder Terrorismusfinanzierung relevant sind, sowie die Weiterleitung des Analyseergebnisses und zusätzlicher relevanter Informationen an inländische Behörden oder Stellen, soweit dies erforderlich ist zur Bekämpfung von

a) Geldwäscherei, damit zusammenhängenden Vortaten oder Terrorismusfinanzierung oder

b) sonstigen Straftaten im Sinne des Anhangs I der Verordnung (EU) Nr. 2016/794 über die Agentur der Europäischen Union für die Zusammenarbeit auf dem Gebiet der Strafverfolgung (Europol) und zur Ersetzung und Aufhebung der Beschlüsse 2009/371/JI, 2009/934/JI, 2009/935/JI, 2009/936/JI und 2009/968/JI des Rates, ABl. L 135 vom 24.05.2016 S. 53, und ein begründetes Ersuchen nationaler Behörden oder Stellen vorliegt, *(BGBl I 2021/123)*

2. durch die Geldwäschemeldestelle die Durchführung des erforderlichen internationalen Schriftverkehrs nach Maßgabe der §§ 8 ff Polizeikooperationsgesetz – PolKG, BGBl. I Nr. 104/1997, insbesondere den Informationsaustausch mit Europol und ausländischen Behörden, denen die Bekämpfung von Geldwäscherei, damit zusammenhängender Vortaten oder Terrorismusfinanzierung obliegt, *(BGBl I 2021/123)*

(2a) Analyseergebnisse und Informationen, die gemäß Abs. 2 Z 1 durch die Geldwäschemeldestelle weitergeleitet wurden, dürfen nur mit vorheriger Zustimmung der Geldwäschemeldestelle

PolKG

zu anderen als den der Weiterleitung zugrundeliegenden Zwecken verarbeitet werden. *(BGBl I
2021/123)*

3. die Durchführung zentraler, sicherheitsbehördlicher Maßnahmen nach dem Suchtmittelgesetz – SMG, BGBl. I Nr. 112/1997, im Bereich
der Überwachung des Verkehrs und der Gebarung
mit Suchtmitteln und Drogenausgangsstoffen.
Dies betrifft insbesondere die Entgegennahme
von Meldungen nach § 23 Abs. 3 Z 4 und § 23
Abs. 4 Z 4 SMG sowie die Erstattung von Meldungen gemäß § 24a Abs. 1 Z 1 und § 24c Abs. 1
Z 1 SMG und

4. durch die Meldestelle für Ausgangsstoffe
von Explosivstoffen die Entgegennahme, Analyse
und Weiterleitung von Meldungen nach Art. 9
der Verordnung (EU) 2019/1148 über die Vermarktung und Verwendung von Ausgangsstoffen
für Explosivstoffe, zur Änderung der Verordnung
(EG) Nr. 1907/2006 und zur Aufhebung der
Verordnung (EU) Nr. 98/2013, ABl. Nr. L 186
vom 11.07.2019 S. 1. *(BGBl I 2020/140)*
(BGBl I 2010/37; BGBl I 2016/118)

(2a) Analyseergebnisse und Informationen, die
gemäß Abs. 2 Z 1 durch die Geldwäschemeldestelle weitergeleitet wurden, dürfen nur mit vorheriger Zustimmung der Geldwäschemeldestelle
zu anderen als den der Weiterleitung zugrundeliegenden Zwecken verarbeitet werden. *(BGBl I
2021/123)*

(3) Sofern sich der Bundesminister für Inneres
Angelegenheiten der Sicherheits- oder Kriminalpolizei vorbehält, obliegt deren Besorgung dem
Bundeskriminalamt, es sei denn, der Bundesminister für Inneres betraut in der Geschäftseinteilung des Bundesministeriums für Inneres eine
andere Organisationseinheit mit deren Wahrnehmung.

Vorbehalt der Erfüllung kriminalpolizeilicher

Aufgaben

§ 5. (1) Sofern dies im Interesse der Wirtschaftlichkeit und Zweckmäßigkeit gelegen ist, kann
sich der Bundesminister für Inneres bestimmte
Angelegenheiten der Kriminalpolizei (Abs. 2),
insbesondere wenn für das kriminalpolizeiliche
Einschreiten besondere Ausbildung oder Sachmit-
tel erforderlich sind oder die Tatbegehung regelmäßig Anknüpfungspunkte in mehreren Bundes-
ländern bietet, zur Besorgung vorbehalten.

(2) Kriminalpolizei im Sinne dieses Bundesgesetzes ist die Wahrnehmung von Aufgaben im
Dienste der Strafrechtspflege, insbesondere die
Aufklärung strafbarer Handlungen nach den Bestimmungen der Strafprozessordnung 1975.

Anhörungsrecht des Bundeskriminalamtes

§ 6. Der Direktor des Bundeskriminalamtes ist
zu hören:

1. in Angelegenheiten des kriminaltechnischen
und erkennungsdienstlichen Sachaufwandes, die
für die Besorgung des kriminalpolizeilichen
Exekutivdienstes von grundsätzlicher Bedeutung
sind,

2. in grundsätzlichen, die Organisation und
Führung der Kriminalpolizei betreffenden Angelegenheiten.

Sprachliche Gleichbehandlung

§ 7. Soweit in diesem Bundesgesetz auf natürliche Personen bezogene Bezeichnungen nur in
männlicher Form angeführt sind, beziehen sie
sich auf Frauen und Männer in gleicher Weise.
Bei der Anwendung der Bezeichnungen auf bestimmte natürliche Personen ist die jeweils geschlechtsspezifische Form zu verwenden.

In-Kraft-Treten

§ 8. (1) Dieses Bundesgesetz tritt mit 1. Jänner
2002 in Kraft. *(BGBl I 2010/37)*

(2) § 4 Abs. 2 in der Fassung des Bundesgesetzes, BGBl. I Nr. 37/2010 tritt mit 1. Juli 2010 in
Kraft. *(BGBl I 2010/37)*

(3) § 4 Abs. 2 und § 12 in der Fassung des 2.
Stabilitätsgesetzes 2012, BGBl. I Nr. 35/2012,
treten mit 1. Jänner 2013 in Kraft. *(BGBl I
2012/35)*

(4) § 4 Abs. 2 in der Fassung des Bundesgesetzes BGBl. I Nr. 14/2015 tritt mit dem der Kundmachung folgenden Tag in Kraft. *(BGBl I
2015/14)*

(5) § 4 Abs. 2 in der Fassung des Bundesgesetzes BGBl. I Nr. 118/2016 tritt mit 1. Jänner 2017
in Kraft. *(BGBl I 2016/118)*

(6) § 4 Abs. 2 Z 4 in der Fassung des Bundesgesetzes BGBl. I Nr. 140/2020 tritt mit 1. Februar
2021 in Kraft. *(BGBl I 2020/140)*

(7) § 4 Abs. 2 Z 1 und 2 sowie Abs. 2a in der
Fassung des Bundesgesetzes BGBl. I Nr.
123/2021 tritt mit 1. August 2021 in Kraft. *(BGBl
I 2021/123)*

Verordnungen

§ 9. Verordnungen können auf Grund dieses
Bundesgesetzes bereits nach seiner Kundmachung
erlassen werden, dürfen jedoch nicht vor diesem
in Kraft treten.

Verweisungen

§ 10. Verweisungen in diesem Bundesgesetz auf andere Bundesgesetze sind als Verweisungen auf die jeweils geltende Fassung zu verstehen.

Vollziehung

§ 11. Mit der Vollziehung dieses Bundesgesetzes ist der Bundesminister für Inneres betraut.

Schluss- und Übergangsbestimmungen

§ 12. Mit 1. Jänner 2013 gehen die für die Besorgung der Aufgaben des Entminungsdienstes vorgesehenen Planstellen des Bundesministeriums für Inneres in den Planstellenbereich des Bundesministeriums für Landesverteidigung und Sport über. Bedienstete, die ausschließlich oder überwiegend Aufgaben besorgen, die nunmehr in den Wirkungsbereich des Bundesministeriums für Landesverteidigung und Sport fallen, werden in dessen Planstellenbereich übernommen. Die Bundesministerin oder der Bundesminister für Inneres stellt nach Anhörung des zuständigen Dienststellenausschusses mit Bescheid fest, welche Beamten des Bundesministeriums für Inneres ausschließlich oder überwiegend Aufgaben besorgen, die nunmehr in den Wirkungsbereich des Bundesministeriums für Landesverteidigung und Sport fallen. Für Vertragsbedienstete gilt das Gleiche mit der Maßgabe, dass anstelle eines Bescheides eine Dienstgebererklärung tritt. Den auf eine Planstelle des Bundesministeriums für Landesverteidigung und Sport übernommenen Bediensteten ist eine der bisherigen Verwendung zumindest gleichwertige Verwendung zuzuweisen, sofern nicht wichtige dienstliche Interessen entgegenstehen. Der Bestand, die Zusammensetzung und die Funktionsperiode der beim Bundesministerium für Inneres und beim Bundesministerium für Landesverteidigung und Sport eingerichteten Personalvertretungsorgane werden von der Übernahme von Bediensteten nach diesem Absatz nicht berührt.

(BGBl I 2012/35)

PolKG

18/5. Bundesamt zur Korruptionsprävention und Korruptionsbekämpfung

BGBl I 2009/72 idF

1 BGBl I 2012/13 (SPG-Novelle 2011)	5 BGBl I 2019/111
2 BGBl I 2013/65	6 BGBl I 2023/6
3 BGBl I 2015/52 (SVAG 2015)	7 BGBl I 2023/107
4 BGBl I 2017/101	

Bundesgesetz über die Einrichtung und Organisation des Bundesamts zur Korruptionsprävention und Korruptionsbekämpfung (Gesetz über das Bundesamt zur Korruptionsprävention und Korruptionsbekämpfung - BAK-G)

(BGBl I 2013/65)

Einrichtung

§ 1. Zur wirksamen bundesweiten Vorbeugung, Verhinderung und Bekämpfung von Korruption, insbesondere zur Zusammenarbeit mit der Zentralen Staatsanwaltschaft zur Verfolgung von Wirtschaftsstrafsachen und Korruption (WKStA), zur Wahrnehmung zentraler Funktionen im Bereich der sicherheits- und kriminalpolizeilichen Zusammenarbeit mit in diesem Bereich tätigen ausländischen und internationalen Einrichtungen sowie zur Wahrnehmung sonstiger, durch Bundesgesetz zugewiesener Aufgaben besteht als organisatorisch außerhalb der Generaldirektion für die öffentliche Sicherheit eingerichtete Organisationseinheit des Bundesministeriums für Inneres für das gesamte Bundesgebiet das Bundesamt zur Korruptionsprävention und Korruptionsbekämpfung [§ 6 Abs. 1 Sicherheitspolizeigesetz (SPG), BGBl. Nr. 566/1991]. *(BGBl I 2012/13; BGBl I 2023/6)*

Fassung ab 21. 1. 2024 (BGBl I 2023/107):
§ 1. Zur wirksamen bundesweiten Vorbeugung, Verhinderung und Bekämpfung von Korruption, insbesondere zur Zusammenarbeit mit der Zentralen Staatsanwaltschaft zur Verfolgung von Wirtschaftsstrafsachen und Korruption (WKStA), zur Wahrnehmung zentraler Funktionen im Bereich der sicherheits- und kriminalpolizeilichen Zusammenarbeit mit in diesem Bereich tätigen ausländischen und internationalen Einrichtungen, zur Aufklärung von Misshandlungsvorwürfen im Ressortbereich des Bundesministeriums für Inneres sowie zur Wahrnehmung sonstiger, durch Bundesgesetz zugewiesener Aufgaben besteht als organisatorisch außerhalb der Generaldirektion für die öffentliche Sicherheit eingerichtete Organisationseinheit des Bundesministeriums für Inneres für das gesamte Bundesgebiet das Bundesamt zur Korruptionsprävention und Korruptionsbe-

kämpfung [§ 6 Abs. 1 Sicherheitspolizeigesetz (SPG), BGBl. Nr. 566/1991]. *(BGBl I 2012/13; BGBl I 2023/6; BGBl I 2023/107)*

Organisation

§ 2. (1) Dem Bundesamt steht ein Direktor vor. Im Fall seiner Verhinderung sind die Aufgaben von seinem Stellvertreter wahrzunehmen.

Fassung ab 21. 1. 2024 (BGBl I 2023/107):
(1) Dem Bundesamt steht ein Direktor vor. Im Fall seiner Verhinderung sind die Aufgaben von einem seiner zwei Stellvertreter wahrzunehmen. *(BGBl I 2023/107)*

(2) Der Direktor und sein Stellvertreter werden vom Bundesminister für Inneres nach Anhörung der Präsidenten des Verfassungsgerichtshofes, des Verwaltungsgerichtshofes und des Obersten Gerichtshofes für eine Funktionsperiode von fünf Jahren bestellt. Wiederbestellungen sind zulässig.

Fassung ab 21. 1. 2024 (BGBl I 2023/107):
(2) Der Direktor und seine Stellvertreter werden vom Bundesminister für Inneres nach Anhörung der Präsidenten des Verfassungsgerichtshofes, des Verwaltungsgerichtshofes und des Obersten Gerichtshofes für eine Funktionsperiode von zehn Jahren bestellt. Wiederbestellungen sind zulässig. *(BGBl I 2023/107)*

(3) Zum Direktor oder Stellvertreter kann nur bestellt werden, wer besondere Kenntnisse und nationale und internationale Erfahrungen auf dem Gebiet der Korruptionsprävention und Korruptionsbekämpfung aufweist. Darüber hinaus kann zum Direktor nur bestellt werden, wer mindestens fünf Jahre in einem Beruf tätig gewesen ist, in dem der Abschluss des Studiums der Rechtswissenschaften oder Wirtschaftswissenschaften Berufsvoraussetzung ist, und zum Stellvertreter, wer mindestens drei Jahre in einem solchen Beruf tätig gewesen ist.

(4) Als Direktor oder Stellvertreter kann nicht bestellt werden, wer Mitglied der Bundesregierung, einer Landesregierung oder eines allgemeinen Vertretungskörpers ist oder in den letzten sechs Jahren eine dieser Funktionen bekleidet hat.

(5) Bei der Betrauung der übrigen Bediensteten des Bundesamts ist auf die für ihre Aufgaben erforderlichen, rechtlichen und sonstigen Kenntnis-

PolKG

se, Fähigkeiten und Eignungen für die konkrete Verwendung sowie auf hinreichende Erfahrungen im Tätigkeitsbereich Bedacht zu nehmen. Vor der Betrauung sind der Direktor und sein Stellvertreter zu hören.

Fassung ab 21. 1. 2024 (BGBl I 2023/107):
(5) Bei der Betrauung der übrigen Bediensteten des Bundesamts ist auf die für ihre Aufgaben erforderlichen, rechtlichen und sonstigen Kenntnisse, Fähigkeiten und Eignungen für die konkrete Verwendung sowie auf hinreichende Erfahrungen im Tätigkeitsbereich Bedacht zu nehmen. Vor der Betrauung sind der Direktor und seine Stellvertreter zu hören. *(BGBl I 2023/107)*

(6) Dem Direktor und dem Stellvertreter ist die Ausübung jeder entgeltlichen Nebenbeschäftigung mit Ausnahme von Publikationen und Tätigkeiten im Bereich der Lehre untersagt.

Fassung ab 21. 1. 2024 (BGBl I 2023/107):
(6) Abweichend von § 7 Abs. 2 zweiter Satz des Ausschreibungsgesetzes 1989 (AusG), BGBl. Nr. 85/1989, hat der Leiter der Zentralstelle für die Begutachtungskommission für den Direktor sowie für die Stellvertreter ein Mitglied zu bestellen. Der für den öffentlichen Dienst zuständige Bundesminister hat das weitere Mitglied zu bestellen, wobei dabei auf die Geschlechterparität Bedacht zu nehmen ist. *(BGBl I 2023/107)*

Fassung ab 21. 1. 2024 (BGBl I 2023/107):
(7) Dem Direktor und den Stellvertretern ist die Ausübung jeder Nebenbeschäftigung mit Ausnahme von Publikationen sowie Tätigkeiten im Bereich der Lehre untersagt. Die Ausübung einer unentgeltlichen sonstigen Nebenbeschäftigung kann ausnahmsweise durch die Dienstbehörde genehmigt werden. Die Genehmigung ist zu versagen, wenn die Ausübung dieser Nebenbeschäftigung den begründeten Verdacht hervorrufen würde, dass die Nebenbeschäftigung die Erfüllung der dienstlichen Aufgaben behindert, die Vermutung der Befangenheit hervorruft oder sonstige wesentliche dienstliche Interessen gefährdet. *(BGBl I 2023/107)*

Fassung ab 21. 1. 2024 (BGBl I 2023/107):
(8) Sonstige Bedienstete des Bundesamts dürfen Nebenbeschäftigungen mit Ausnahme von Publikationen sowie Tätigkeiten im Bereich der Lehre nur nach Genehmigung durch die Dienstbehörde ausüben, wobei vor der Entscheidung der Dienstbehörde eine Stellungnahme des Direktors einzuholen ist. Bei der Beurteilung, ob die Ausübung einer Nebenbeschäftigung nach § 56 Abs. 2 des Beamten-Dienstrechtsgesetzes 1979 (BDG 1979), BGBl. Nr. 333/1979, oder § 5 Abs. 1 des Vertragsbedienstetengesetzes 1948 (VBG), BGBl. Nr. 86/1948, oder der dazu erlassenen Verordnungen unzulässig ist, ist das sich aus dem Aufgabenbereich des Bundesamts (§ 4)

ergebende dienstliche Interesse besonders zu berücksichtigen. *(BGBl I 2023/107)*

Fassung ab 21. 1. 2024 (BGBl I 2023/107):
(9) Vor Beginn der Tätigkeit haben sich der Direktor, seine Stellvertreter sowie sonstige Bedienstete des Bundesamts in Leitungsfunktionen einer Sicherheitsüberprüfung für den Zugang zu streng geheimer Information gemäß § 55 Abs. 3 Z 3 SPG, sonstige Bedienstete des Bundesamts einer Sicherheitsüberprüfung zumindest für den Zugang zu geheimer Information gemäß § 55 Abs. 3 Z 2 SPG zu unterziehen. Die Sicherheitsüberprüfung ist alle drei Jahre zu wiederholen. Bei Vorliegen von Anhaltspunkten, wonach ein Bediensteter nicht mehr vertrauenswürdig sein könnte, ist die Sicherheitsüberprüfung vor Ablauf dieser Frist zu wiederholen. *(BGBl I 2023/107)*

Fassung ab 21. 1. 2024 (BGBl I 2023/107):
(10) Im Rahmen der Geschäftseinteilung ist eine Organisationseinheit einzurichten, der die Ermittlung von Misshandlungsvorwürfen nach § 4 Abs. 5 sowie Ermittlungen nach § 4 Abs. 4 obliegen und die unmittelbar einem der Stellvertreter als deren Leiter unterstellt ist (Ermittlungs- und Beschwerdestelle Misshandlungsvorwürfe). In dieser sind nach Absolvierung der Ausbildung gemäß Abs. 11 nur dauernd mit der Funktion betraute Bedienstete zu verwenden. *(BGBl I 2023/107)*

Fassung ab 21. 1. 2024 (BGBl I 2023/107):
(11) Bedienstete der Ermittlungs- und Beschwerdestelle Misshandlungsvorwürfe haben zeitnah eine spezielle Ausbildung insbesondere im Bereich der Grund- und Menschenrechte zu absolvieren, welche durch die Sicherheitsakademie (§ 11 SPG) durchzuführen ist. *(BGBl I 2023/107)*

Fassung ab 21. 1. 2024 (BGBl I 2023/107):
(12) Zur Bewältigung der durch dieses Bundesgesetz zugewiesenen Aufgaben hat der Bundesminister für Inneres dem Bundesamt die notwendige Sach- und Personalausstattung bereitzustellen sowie die interdisziplinäre und multiprofessionelle Zusammensetzung der Ermittlungsund Beschwerdestelle Misshandlungsvorwürfe sicherzustellen. Nach Maßgabe der Verfügbarkeit können mit Zustimmung des Leiters der Ermittlungs- und Beschwerdestelle Misshandlungsvorwürfe die interdisziplinären und multiprofessionellen Ressourcen auch zur Wahrnehmung sonstiger dem Bundesamt zugewiesener Aufgaben eingesetzt werden. *(BGBl I 2023/107)*

Geschäftsordnung des Bundesamts

§ 3. Der Direktor hat festzulegen, wem die Genehmigung von Entscheidungen im Rahmen der Geschäftseinteilung zukommt, in welchen Angelegenheiten ihm die Genehmigung vorbehalten ist und wem die Genehmigung im Fall von Verhinderungen obliegt (Geschäftsordnung).

Aufgaben

§ 4. (1) Das Bundesamt ist bundesweit für sicherheits- und kriminalpolizeiliche Angelegenheiten wegen folgender strafbarer Handlungen zuständig:

1. Missbrauch der Amtsgewalt (§ 302 des Strafgesetzbuches - StGB, BGBl. Nr. 60/1974),

2. Bestechlichkeit (§ 304 StGB),

3. Vorteilsannahme (§ 305 StGB),

4. Vorteilsannahme zur Beeinflussung (§ 306 StGB), *(BGBl I 2013/65)*

5. Bestechung (§ 307 StGB),

6. Vorteilszuwendung (§ 307a StGB),

7. Vorteilszuwendung zur Beeinflussung (§ 307b StGB), *(BGBl I 2013/65)*

8. Verbotene Intervention (§ 308 StGB),

8a. Verletzung des Amtsgeheimnisses (§ 310 StGB), *(BGBl I 2013/65)*

8b. Verstöße gegen § 18 Informationsordnungsgesetz, BGBl. I Nr. 102/2014, *(BGBl I 2015/52)*

9. Untreue unter Ausnützung einer Amtsstellung oder unter Beteiligung eines Amtsträgers (§§ 153 Abs. 3, 313 oder in Verbindung mit § 74 Abs. 1 Z 4a StGB), *(BGBl I 2017/101)*

9a. Missbräuchliche Verwendung von Mitteln und Vermögenswerten zum Nachteil der finanziellen Interessen der Europäischen Union (§ 168d StGB), *(BGBl I 2019/111)*

Fassung ab 21. 1. 2024 (BGBl I 2023/107):
9a. Missbräuchliche Verwendung von Mitteln und Vermögenswerten zum Nachteil der finanziellen Interessen der Europäischen Union (§ 168g StGB), *(BGBl I 2019/111; BGBl I 2023/107)*

10. Geschenkannahme durch Machthaber (§ 153a StGB),

11. Wettbewerbsbeschränkende Absprachen bei Vergabeverfahren (§ 168b StGB) und Schwerer Betrug (§ 147 StGB) sowie Gewerbsmäßiger Betrug (§ 148 StGB) auf Grund einer solchen Absprache,

12. Geschenkannahme und Bestechung von Bediensteten oder Beauftragten (§ 309 StGB), *(BGBl I 2013/65; BGBl I 2017/101)*

13. Geldwäscherei (§ 165 StGB), soweit die Vermögensbestandteile aus einem in Z 1 bis 8, Z 9, Z 9a, Z 11 zweiter und dritter Fall und Z 12 genannten Vergehen oder Verbrechen herrühren, Kriminelle Vereinigung oder Kriminelle Organisation (§§ 278 und 278a StGB), soweit die Vereinigung oder Organisation auf die Begehung der in Z 1 bis 9a und Z 11 zweiter und dritter Fall genannten Vergehen oder Verbrechen ausgerichtet ist, *(BGBl I 2013/65; BGBl I 2019/111)*

Fassung ab 21. 1. 2024 (BGBl I 2023/107):
13. Geldwäscherei (§ 165 StGB), soweit die Vermögensbestandteile aus einem in Z 1 bis 8, Z 9, Z 9a, Z 11 zweiter und dritter Fall und Z 12 genannten Vergehen oder Verbrechen herrühren, Kriminelle Vereinigung oder Kriminelle Organisation (§§ 278 und 278a StGB), soweit die Vereinigung oder Organisation auf die Begehung der in Z 1 bis 8, Z 9, Z 9a und Z 11 zweiter und dritter Fall genannten Vergehen oder Verbrechen ausgerichtet ist, *(BGBl I 2013/65; BGBl I 2019/111; BGBl I 2023/107)*

14. strafbare Handlungen nach dem StGB sowie nach den strafrechtlichen Nebengesetzen, soweit diese mit Z 1 bis 13 in Zusammenhang stehen und soweit diese über schriftlichen Auftrag eines Gerichtes oder einer Staatsanwaltschaft vom Bundesamt zu verfolgen sind,

15. strafbare Handlungen nach dem StGB sowie nach den strafrechtlichen Nebengesetzen von öffentlich Bediensteten aus dem Ressortbereich des Bundesministeriums für Inneres, soweit diese über schriftlichen Auftrag eines Gerichtes oder einer Staatsanwaltschaft vom Bundesamt zu verfolgen sind.

In den Fällen der Z 11 bis 13 kommt eine Zuständigkeit des Bundesamtes nur dann in Betracht, wenn die genannten Straftaten gemäß § 28 Abs. 1 2. Satz StGB für die Bestimmung der Strafhöhe maßgeblich sind.

(2) Das Bundesamt ist für die Zusammenarbeit bei Ermittlungen im Rahmen der internationalen polizeilichen Kooperation und Amtshilfe in den im Abs. 1 genannten Fällen zuständig. Darüber hinaus ist das Bundesamt für die Zusammenarbeit mit ausländischen Behörden und internationalen Einrichtungen auf dem Gebiet der Korruptionsprävention und Korruptionsbekämpfung im Allgemeinen, insbesondere den Austausch von Erfahrungen auf diesem Gebiet, zuständig. § 4 Abs. 1 Bundeskriminalamt-Gesetz, BGBl. I Nr. 22/2002, bleibt unberührt. *(BGBl I 2017/101)*

PolKG

(3) Das Bundesamt hat im Rahmen der Erforschung und Analyse von Korruptionsphänomenen Erkenntnisse über deren Vorbeugung, Verhinderung und Bekämpfung zu gewinnen und diese in geeignete Präventionsmaßnahmen umzusetzen. Dem Bundesamt obliegt dabei die Förderung der Bereitschaft und Fähigkeiten des Einzelnen, insbesondere von Gebietskörperschaften, sich über Maßnahmen zur Korruptionsprävention und Integritätsförderung Kenntnis zu verschaffen und ein entsprechendes Bewusstsein zu bilden. *(BGBl I 2017/101)*

Fassung ab 21. 1. 2024 (BGBl I 2023/107):
(3) Das Bundesamt hat im Rahmen der Erforschung und Analyse von Korruptionsphänomenen Erkenntnisse über deren Vorbeugung, Verhinderung und Bekämpfung zu gewinnen und diese in

geeignete Präventionsmaßnahmen umzusetzen. *(BGBl I 2017/101; BGBl I 2023/107)*

Fassung ab 21. 1. 2024 (BGBl I 2023/107):
(4) Das Bundesamt ist bundesweit für kriminalpolizeiliche Ermittlungen zuständig bei Ausübung unmittelbarer Zwangsgewalt mit Todesfolge sowie lebensgefährdendem Waffengebrauch (§ 7 Waffengebrauchsgesetz 1969, BGBl. Nr. 149/1969) durch

1. Organe des öffentlichen Sicherheitsdienstes, soweit es sich um Bedienstete des Bundes handelt,

2. sonstige Bedienstete der Direktion Staatsschutz und Nachrichtendienst (§ 2b Abs. 2 Staatsschutz- und Nachrichtendienst-Gesetz [SNG], BGBl. I Nr. 5/2016) sowie

3. sonstige Bedienstete des Bundesministeriums für Inneres oder diesem nachgeordneter Dienststellen, die zur Ausübung von Befehls- und Zwangsgewalt ermächtigt sind.
(BGBl I 2023/107)

Fassung ab 21. 1. 2024 (BGBl I 2023/107):
(5) Das Bundesamt ist darüber hinaus bundesweit für Ermittlungen im Zusammenhang mit Misshandlungsvorwürfen gegen Organe oder Bedienstete gemäß Abs. 4 Z 1 bis 3 zuständig. Ein Misshandlungsvorwurf ist der Verdacht oder Vorwurf einer

1. vorsätzlichen strafbaren Handlung gegen Leib und Leben im Rahmen einer dienstlichen Tätigkeit ohne Zusammenhang mit der Ausübung unmittelbarer Zwangsgewalt,

2. strafbaren Handlung gegen Leib und Leben, wenn ein hinreichender Grund für die Annahme besteht, dass diese auf eine unverhältnismäßige Ausübung unmittelbarer Zwangsgewalt (§§ 4 bis 6 Waffengebrauchsgesetz 1969) zurückzuführen ist, oder

3. unmenschlichen oder erniedrigenden Behandlung im Rahmen einer dienstlichen Tätigkeit.

Eine Zuständigkeit des Bundesamtes besteht nicht, wenn sich ein Misshandlungsvorwurf gemäß Abs. 5 Z 3 auf ein Verhalten gegenüber einem Bediensteten des Ressortbereichs des Bundesministeriums für Inneres bezieht und kein Anfangsverdacht gemäß § 1 Abs. 3 der Strafprozeßordnung 1975 (StPO), BGBl. Nr. 631/1975, vorliegt. *(BGBl I 2023/107)*

Fassung ab 21. 1. 2024 (BGBl I 2023/107):

Ermittlungs- und Beschwerdestelle Misshandlungsvorwürfe

§ 4a. (1) Die Wahrnehmung der Aufgaben nach § 4 Abs. 4 und 5 sowie die Bearbeitung von Meldungen nach § 5 Abs. 3 letzter Satz obliegen der Ermittlungs- und Beschwerdestelle Misshandlungsvorwürfe (§ 2 Abs. 10). Die Ermittlungen sind stets zügig und ohne unnötige Verzögerungen sowie unter Heranziehung interdisziplinärer und multiprofessioneller Expertise (§ 2 Abs. 12) zu führen.

(2) Soweit ein Anfangsverdacht gemäß § 1 Abs. 3 (StPO) vorliegt, hat die Ermittlungs- und Beschwerdestelle Misshandlungsvorwürfe der Staatsanwaltschaft unverzüglich zu berichten (Anfallsbericht).

(3) Soweit bei einem Misshandlungsvorwurf gemäß § 4 Abs. 5 Z 3 kein Anfangsverdacht gemäß § 1 Abs. 3 StPO vorliegt, hat die Ermittlungs- und Beschwerdestelle Misshandlungsvorwürfe die für die Führung eines Ermittlungsverfahrens – mit Ausnahme des Rechts auf Akteneinsicht – sowie die für die Beweiserhebung maßgeblichen Bestimmungen des Allgemeinen Verwaltungsverfahrensgesetzes 1991 (AVG), BGBl. Nr. 51/1991, § 53 Abs. 2 und 4 SPG sinngemäß und das Zustellgesetz (ZustG), BGBl. Nr. 200/1982, anzuwenden.

(4) Die Ermittlungs- und Beschwerdestelle Misshandlungsvorwürfe hat den unmittelbar oder mittelbar zur Führung der Dienstaufsicht berufenen Vorgesetzten (Dienstvorgesetzter) über die Einleitung ihrer Ermittlungen zu informieren und über deren Ergebnisse zu berichten. Von der Berichterstattung über die Ergebnisse an den Dienstvorgesetzten sind der betroffene Bedienstete sowie die Person, die von einem lebensgefährdenden Waffengebrauch (§ 4 Abs. 4) oder einer Misshandlung (§ 4 Abs. 5) betroffen sein könnte, durch die Ermittlungs- und Beschwerdestelle Misshandlungsvorwürfe zu verständigen. Außerdem hat die Ermittlungs- und Beschwerdestelle Misshandlungsvorwürfe die Dienstbehörde über Tatsachen, die für die Beurteilung einer vorläufigen Suspendierung (§ 112 BDG 1979) oder einer Dienstfreistellung nach VBG von Relevanz sein können, zu informieren.

(5) Erlangt der Dienstvorgesetzte nach Einleitung der Ermittlungen oder nach Berichterstattung gemäß Abs. 4 erster Satz Kenntnis über neue sachverhaltsrelevante Tatsachen, hat er diese an die Ermittlungs- und Beschwerdestelle Misshandlungsvorwürfe zu übermitteln. Im Übrigen hat der Dienstvorgesetzte nach Einleitung der Ermittlungen von Erhebungen zur Klarstellung des Sachverhaltes gemäß § 109 Abs. 1 erster Satz BDG 1979 Abstand zu nehmen; nach Berichterstattung durch die Ermittlungs- und Beschwerdestelle Misshandlungsvorwürfe hat der Dienstvorgesetzte nach § 109 BDG 1979 oder nach den Bestimmungen des VBG vorzugehen.

(6) Bei Misshandlungsvorwürfen gemäß § 4 Abs. 5 Z 3, bei denen kein Anfangsverdacht gemäß § 1 Abs. 3 StPO vorliegt, gelten die §§ 94 Abs. 2 und 114 Abs. 2 und 3 BDG 1979 mit der

Maßgabe, dass anstelle des Strafverfahrens nach der StPO das Ermittlungsverfahren der Ermittlungs- und Beschwerdestelle Misshandlungsvorwürfe bis zur Berichterstattung an den Dienstvorgesetzten gemäß Abs. 4 erster Satz tritt.

(BGBl I 2023/107)

Meldestelle

§ 5. Die Sicherheitsbehörden oder -dienststellen, die von einer Straftat im Sinne des § 4 Abs. 1 Z 1 bis 15 Kenntnis erlangen, haben diese unbeschadet ihrer Berichtspflichten nach der Strafprozessordnung 1975 - StPO, BGBl. Nr. 631/1975, unverzüglich schriftlich dem Bundesamt zu berichten (Meldepflicht). Kein Bundesbediensteter darf davon abgehalten werden, einen Verdacht oder Vorwurf im Sinne des § 4 Abs. 1 Z 1 bis 15 auch direkt und außerhalb des Dienstweges an das Bundesamt zu melden (Melderecht).

Fassung ab 21. 1. 2024 (BGBl I 2023/107):
§ 5. (1) Die Sicherheitsbehörden oder -dienststellen, die vom Anfangsverdacht einer Straftat im Sinne des § 4 Abs. 1 Kenntnis erlangen, haben diese unbeschadet ihrer Berichtspflichten nach der StPO unverzüglich schriftlich dem Bundesamt zu berichten (Meldepflicht).

(2) Die Sicherheitsbehörden oder -dienststellen, das Bundesamt für Fremdenwesen und Asyl, die Dienstbehörde oder der Dienstvorgesetzte, die vom Verdacht einer Straftat im Sinne des § 4 Abs. 4 oder vom Verdacht oder Vorwurf im Sinne des § 4 Abs. 5 Kenntnis erlangen, haben diese unbeschadet ihrer Berichtspflichten nach der StPO unverzüglich schriftlich der Ermittlungs- und Beschwerdestelle Misshandlungsvorwürfe zu berichten (Meldepflicht). Enthält die Meldung des Dienstvorgesetzten an die Ermittlungs- und Beschwerdestelle Misshandlungsvorwürfe den Verdacht einer von Amts wegen zu verfolgenden gerichtlich strafbaren Handlung, hat dieser gleichzeitig auch die Dienstbehörde zu benachrichtigen (§ 109 BDG 1979); die Meldung an die Ermittlungs- und Beschwerdestelle Misshandlungsvorwürfe erfüllt in diesem Fall auch die Anzeigepflicht der Dienstbehörde nach § 78 StPO.

(3) Kein Bundesbediensteter darf davon abgehalten werden, einen Verdacht oder Vorwurf im Sinne des § 4 Abs. 1, § 4 Abs. 4 oder 5 auch direkt und außerhalb des Dienstweges an das Bundesamt zu melden (Melderecht). Darüber hinaus ist jedermann berechtigt, einen Misshandlungsvorwurf im Sinne des § 4 Abs. 5 an das Bundesamt zu melden.

(BGBl I 2023/107)

Zusammenarbeit mit anderen Behörden und Dienststellen

§ 6. (1) Unbeschadet der Meldepflicht nach § 5 haben die Sicherheitsbehörden oder Sicherheitsdienststellen unaufschiebbare Ermittlungshandlungen, etwa zur Verhinderung eines drohenden Beweismittelverlustes, selbständig vorzunehmen, es sei denn das Bundesamt oder die WKStA (§ 20a Abs. 2 StPO) trifft eine abweichende Anordnung. *(BGBl I 2012/13)*

(2) Das Bundesamt kann aus Zweckmäßigkeitsgründen andere Sicherheitsbehörden und -dienststellen mit der Durchführung einzelner Ermittlungen beauftragen. Auch kann es anordnen, dass ihm die beauftragte Stelle direkt über den Fortgang einer Angelegenheit laufend oder zu bestimmten Zeitpunkten zu berichten hat.

(3) Das Bundesamt kann die Durchführung von Ermittlungen an andere zuständige Sicherheitsbehörden und -dienststellen übertragen, wenn ein besonderes öffentliches Interesse wegen der Bedeutung der Straftat oder der Person, gegen die ermittelt wird, nicht besteht. Von der Übertragung ist die zuständige Staatsanwaltschaft zu verständigen.

Fassung ab 21. 1. 2024 (BGBl I 2023/107):
§ 6. (1) Unbeschadet der Meldepflicht nach § 5 Abs. 1 und 2 haben die Sicherheitsbehörden oder Sicherheitsdienststellen unaufschiebbare Ermittlungshandlungen, etwa zur Verhinderung eines drohenden Beweismittelverlustes, selbständig vorzunehmen, es sei denn das Bundesamt, die WKStA (§ 20a Abs. 2 StPO) oder eine andere zuständige Staatsanwaltschaft trifft eine abweichende Anordnung. *(BGBl I 2023/107)*

(2) Das Bundesamt kann bei einem Anfangsverdacht einer Straftat im Sinne des § 4 Abs. 1 und bei Ermittlungen gemäß § 4 Abs. 4 aus Zweckmäßigkeitsgründen andere Sicherheitsbehörden und -dienststellen mit der Durchführung einzelner Ermittlungen beauftragen. Auch kann es anordnen, dass ihm die beauftragte Stelle direkt über den Fortgang einer Angelegenheit laufend oder zu bestimmten Zeitpunkten zu berichten hat. *(BGBl I 2023/107)*

(3) Das Bundesamt kann die Durchführung von Ermittlungen bei einem Anfangsverdacht einer Straftat im Sinne des § 4 Abs. 1 an andere zuständige Sicherheitsbehörden und -dienststellen übertragen, wenn ein besonderes öffentliches Interesse wegen der Bedeutung der Straftat oder der Person, gegen die ermittelt wird, nicht besteht. Von der Übertragung ist die zuständige Staatsanwaltschaft zu verständigen. *(BGBl I 2023/107)*

(4) Bei Ermittlungen gemäß § 4 Abs. 5 kann die Ermittlungs- und Beschwerdestelle Misshandlungsvorwürfe andere Sicherheitsbehörden und -dienststellen nur mit der Durchführung von kri-

PolKG

minaltechnischen Untersuchungen, der kriminalpolizeilichen Tatortarbeit sowie einzelnen unaufschiebbaren Beweissicherungs- und Ermittlungsmaßnahmen beauftragen. *(BGBl I 2023/107)*

Weisungen

§ 7. Weisungen an das Bundesamt zur Sachbehandlung in einem bestimmten Verfahren sind
schriftlich zu erteilen und zu begründen. Eine aus
besonderen Gründen, insbesondere wegen Gefahr
im Verzug, vorerst erteilte mündliche Weisung
ist unverzüglich schriftlich nachzureichen.

Fassung ab 21. 1. 2024 (BGBl I 2023/107):
§ 7. Weisungen an das Bundesamt zur Sachbehandlung in einem bestimmten Verfahren sind
schriftlich zu erteilen und zu begründen; Weisungen an das Bundesamt im Zusammenhang mit
der Tätigkeit der Ermittlungs- und Beschwerdestelle Misshandlungsvorwürfe sind überdies dem
Beirat (§ 9a) zu übermitteln. Eine aus besonderen
Gründen, insbesondere wegen Gefahr im Verzug,
vorerst erteilte mündliche Weisung ist unverzüglich schriftlich nachzureichen. *(BGBl I 2023/107)*

Rechtsschutzkommission

§ 8. (1) Zur Wahrnehmung des besonderen
Rechtsschutzes im Hinblick auf Sachverhalte im
Zusammenhang mit der Tätigkeit des Bundesamtes nach diesem Bundesgesetz wird beim Bundesminister für Inneres eine Rechtsschutzkommission
bestehend aus dem Rechtsschutzbeauftragten nach
§ 91a SPG und zwei weiteren Mitgliedern eingerichtet. *(BGBl I 2023/6)*

(2) Die weiteren Mitglieder nach Abs. 1 werden vom Bundespräsidenten auf Vorschlag der
Bundesregierung nach Anhörung der Präsidenten
des Verfassungsgerichtshofes, des Verwaltungsgerichtshofes und des Obersten Gerichtshofes für
die Dauer von fünf Jahren bestellt. Wiederbestellungen sind zulässig.

(3) Zum weiteren Mitglied nach Abs. 1 darf
nicht bestellt werden, wer in den letzten zwölf
Jahren Direktor oder Stellvertreter des Bundesamtes war. Darüber hinaus gelten die in § 91b Abs. 1
SPG vorgesehenen Unvereinbarkeiten auch bei
ihrer Bestellung.

(4) Die Bestellung zum weiteren Mitglied erlischt bei Verzicht, im Todesfall oder mit Wirksamkeit der Neu- oder Wiederbestellung. Wenn
ein Grund besteht, die volle Unbefangenheit eines
weiteren Mitglieds in Zweifel zu ziehen, hat sich
dieses des Einschreitens in der Sache zu enthalten.
(BGBl I 2017/101)

Fassung ab 21. 1. 2024 (BGBl I 2023/107):
(4) Die Bestellung zum weiteren Mitglied erlischt bei Verzicht, im Todesfall oder mit Wirksamkeit der Neu- oder Wiederbestellung. Wenn

ein Grund besteht, die volle Unbefangenheit eines
weiteren Mitglieds in Zweifel zu ziehen, hat sich
dieses des Einschreitens in der Sache zu enthalten;
diesfalls und im Fall der Verhinderung eines
Mitglieds der Rechtsschutzkommission hat an
Stelle des betroffenen Mitglieds ein Stellvertreter
des Rechtsschutzbeauftragten (§ 91a SPG) einzuschreiten. *(BGBl I 2017/101; BGBl I 2023/107)*

(5) Zur Bewältigung der administrativen Tätigkeiten der Rechtsschutzkommission hat der Bundesminister für Inneres die notwendige Sach- und
Personalausstattung bereitzustellen.

(6) Die Mitglieder der Rechtsschutzkommission haben Anspruch auf eine dem Zeit- und Arbeitsaufwand entsprechende Vergütung, deren
Pauschalsätze sich nach der Rechtsschutzbeauf-
tragten- Entschädigungsverordnung, BGBl. II Nr.
116/2016, bemessen. *(BGBl I 2017/101)*

Aufgaben und Rechte der Rechtsschutzkommission

§ 9. (1) Die Kommission hat ihr zur Kenntnis
gebrachten, nicht offenkundig unbegründeten
Vorwürfen gegen die Tätigkeit des Bundesamtes
nach diesem Bundesgesetz nach zu gehen, soweit
den Betroffenen kein Rechtsmittel zur Verfügung
steht. *(BGBl I 2023/6)*

(2) Die Mitglieder der Rechtsschutzkommission sind bei der Besorgung ihrer Aufgaben unabhängig und an keine Weisungen gebunden. Sie
unterliegen der Amtsverschwiegenheit.

(3) Das Bundesamt hat der Rechtsschutzkommission bei der Wahrnehmung ihrer Aufgaben
jederzeit Einblick in alle erforderlichen Unterlagen und Aufzeichnungen zu gewähren und ihr
auf Verlangen Abschriften (Ablichtungen) einzelner Aktenstücke unentgeltlich zu erteilen; insofern
kann ihr gegenüber keine Amtsverschwiegenheit
geltend gemacht werden. Dies gilt jedoch nicht
für Auskünfte und Unterlagen über die Identität
von Personen oder über Quellen, deren Bekanntwerden die nationale Sicherheit oder die Sicherheit von Menschen gefährden würde, und für
Abschriften (Ablichtungen), wenn das Bekanntwerden der Information die nationale Sicherheit
oder die Sicherheit von Menschen gefährden
würde.

(4) Über ihre Prüfungen kann die Rechtsschutz-
kommission jederzeit dem Bundesminister für
Inneres und, soweit es ihr geboten erscheint, der
Öffentlichkeit berichten. Überdies kann die
Rechtsschutzkommission Empfehlungen an den
Bundesminister für Inneres sowie an den Direktor
richten.

(5) Die Rechtsschutzkommission erstattet dem
Bundesminister für Inneres jährlich bis spätestens
30. April des Folgejahres einen Bericht über ihre
Aufgabenwahrnehmung. Diesen Bericht hat der
Bundesminister für Inneres dem ständigen Unter-

ausschuss des Ausschusses für innere Angelegenheiten zur Überprüfung von Maßnahmen zum Schutz der verfassungsmäßigen Einrichtungen und ihrer Handlungsfähigkeit auf dessen Verlangen im Rahmen des Auskunfts- und Einsichtsrechtes nach Art. 52a Abs. 2 B-VG zugänglich zu machen.

(6) Die Rechtsschutzkommission erfüllt weder Aufgaben der Sicherheits- oder Kriminalpolizei noch ist sie Dienst- oder Disziplinarbehörde. Sie hat entsprechende Sachverhalte den zuständigen Stellen anzuzeigen.

Fassung ab 21. 1. 2024 (BGBl I 2023/107):

Unabhängiger Beirat Ermittlungs- und Beschwerdestelle Misshandlungsvorwürfe

§ 9a. (1) Zum Zweck der Sicherstellung der gesetzmäßigen Aufgabenerfüllung der Ermittlungs- und Beschwerdestelle Misshandlungsvorwürfe ist beim Bundesminister für Inneres ein unabhängiger Beirat Ermittlungs- und Beschwerdestelle Misshandlungsvorwürfe (Beirat) eingerichtet. Diesem obliegt unter dem Gesichtspunkt der Wahrung der Grund- und Menschenrechte die begleitende strukturelle Kontrolle der Tätigkeit der Ermittlungs- und Beschwerdestelle Misshandlungsvorwürfe, insbesondere im Hinblick auf die Erkennung organisatorischen Optimierungsbedarfs, sowie die diesbezügliche Beratung. Angelegenheiten und Ermittlungen, die der Kontrolle durch die Staatsanwaltschaft oder die Gerichte oder den besonderen Rechtsschutz durch die Rechtsschutzkommission (§§ 8 und 9) oder einer sonstigen Rechtsschutzeinrichtung unterliegen, sind davon nicht umfasst.

(2) Der Beirat kann aus eigenem sowie über Ersuchen des Bundesministers für Inneres oder des Direktors tätig werden und diesen Empfehlungen erteilen.

(3) Der Beirat besteht aus einem Vorsitzenden, dessen Stellvertreter und sieben weiteren Mitgliedern sowie sieben Ersatzmitgliedern (Beiratsglieder). Der Vorsitzende und sein Stellvertreter müssen besondere Kenntnisse auf dem Gebiet der Grund- und Menschenrechte aufweisen und das Studium der Rechtswissenschaften abgeschlossen haben.

(4) Die Beiratsmitglieder werden vom Bundesminister für Inneres für die Dauer von sieben Jahren bestellt. Wiederbestellungen sind zulässig.

(5) Das Vorschlagsrecht kommt zu

1. dem Präsidenten des Verfassungsgerichtshofs für den Vorsitzenden und seinen Stellvertreter,

2. dem Österreichischen Rechtsanwaltskammertag für ein Mitglied und ein Ersatzmitglied,

3. der Österreichischen Ärztekammer für ein Mitglied und ein Ersatzmitglied,

4. der Österreichischen Universitätenkonferenz für ein Mitglied und ein Ersatzmitglied,

5. zwei vom Bundesminister für Inneres bestimmten, privaten gemeinnützigen Einrichtungen, die sich der Wahrung der Grund- und Menschenrechte oder der Opferrechte widmen, für je ein Mitglied und ein Ersatzmitglied,

6. zwei von der Bundesministerin für Justiz bestimmten, privaten gemeinnützigen Einrichtungen, die sich der Wahrung der Grund- und Menschenrechte oder der Opferrechte widmen, für je ein Mitglied und ein Ersatzmitglied.

Die vorschlagsberechtigten Einrichtungen haben sich um eine ausgewogene Vertretung der Geschlechter und um eine plurale sowie diverse Zusammensetzung des Beirats zu bemühen.

(6) Nach Abs. 4 darf nicht zum Beiratsmitglied bestellt werden, wer in den letzten zwölf Jahren Direktor oder Stellvertreter des Bundesamts war. Darüber hinaus dürfen Personen nicht bestellt werden, die vom Amt eines Geschworenen oder Schöffen gemäß den §§ 2 und 3 Z 1 bis 4 und 7 des Geschworenen- und Schöffengesetzes 1990 (GSchG), BGBl. Nr. 256/1990, ausgeschlossen oder zu diesem nicht zu berufen sind.

(7) Die Bestellung zum Beiratsmitglied erlischt bei Verzicht, im Todesfall oder mit Wirksamkeit der Neu- oder Wiederbestellung. Wenn ein Grund besteht, die volle Unbefangenheit eines Beiratsmitglieds in Zweifel zu ziehen, hat sich dieses des Einschreitens in der Sache zu enthalten.

(8) Der Bundesminister für Inneres kann auf Vorschlag des Vorsitzenden oder seines Stellvertreters ein Beiratsmitglied vorzeitig abberufen,

1. wenn es auf Grund seiner gesundheitlichen Verfassung die mit seiner Funktion verbundenen Aufgaben nicht mehr erfüllen kann oder

2. wenn es mit seiner Funktion verbundene Pflichten grob verletzt hat oder dauernd vernachlässigt.

Darüber hinaus hat der Bundesminister für Inneres ein Beiratsmitglied vorzeitig abzuberufen, wenn eine Ernennungsvoraussetzung wegfällt.

(9) Vor Beginn der Tätigkeit hat sich jedes Beiratsmitglied einer Sicherheitsüberprüfung zumindest für den Zugang zu vertraulicher Information gemäß § 55 Abs. 3 Z 1 SPG zu unterziehen. Die Sicherheitsüberprüfung ist alle drei Jahre zu wiederholen. Bei Vorliegen von Anhaltspunkten, wonach ein Beiratsmitglied nicht mehr vertrauenswürdig sein könnte, ist die Sicherheitsüberprüfung vor Ablauf dieser Frist zu wiederholen.

(10) Der Beirat ist beschlussfähig, wenn der Vorsitzende oder sein Stellvertreter und zumindest vier weitere Beiratsmitglieder anwesend sind. Er trifft seine Entscheidungen mit einfacher

PolKG

Mehrheit. Eine Stimmenthaltung ist unzulässig. Der Beirat hat nähere Regelungen zu seinem Zusammenwirken, insbesondere über die Aufgaben des Vorsitzenden, die Rechte und Pflichten der Beiratsmitglieder, die Einberufung von Sitzungen sowie die Vertretung der weiteren Beiratsmitglieder im Verhinderungsfall, in einer Geschäftsordnung zu treffen.

(11) Zur Bewältigung der administrativen Tätigkeiten des Beirats hat der Bundesminister für Inneres die notwendige Sach- und Personalausstattung bereitzustellen. Zur Sicherstellung der Unabhängigkeit sind dem Beirat Büroräumlichkeiten außerhalb des Bundesamts zur Verfügung zu stellen. Die Beiratsmitglieder haben Anspruch auf eine dem Zeit- und Arbeitsaufwand entsprechende Vergütung. Der Bundesminister für Inneres ist ermächtigt, mit Verordnung Pauschalsätze für die Bemessung dieser Vergütung festzusetzen.

(BGBl I 2023/107)

Fassung ab 21. 1. 2024 (BGBl I 2023/107):

Beirat als Meldestelle

§ 9b. Jedermann ist berechtigt, einen Misshandlungsvorwurf im Sinne des § 4 Abs. 5 schriftlich oder elektronisch an den Beirat zu melden. Der Beirat hat diese Meldung unverzüglich der Ermittlungs- und Beschwerdestelle Misshandlungsvorwürfe zur Behandlung zuzuleiten.

(BGBl I 2023/107)

Fassung ab 21. 1. 2024 (BGBl I 2023/107):

Erfüllung der Aufgaben des Beirats

§ 9c. (1) Die Beiratsmitglieder sind bei der Besorgung ihrer Aufgaben unabhängig, an keine Weisungen gebunden und unterliegen der Amtsverschwiegenheit sowie den sonstigen Geheimhaltungspflichten, im Zusammenhang mit der Wahrnehmung der Tätigkeit der Ermittlungsund Beschwerdestelle Misshandlungsvorwürfe zur Anwendung kommen. Sie sind nicht verpflichtet die Identität einer Auskunftsperson preiszugeben.

(2) Das Bundesamt ist verpflichtet, den Beirat bei seiner Tätigkeit zu unterstützen.

(3) Die Ermittlungs- und Beschwerdestelle Misshandlungsvorwürfe hat dem Beirat bei der Wahrnehmung seiner Aufgaben jederzeit Einblick in alle erforderlichen Unterlagen und Aufzeichnungen zu gewähren und ihm auf Verlangen Abschriften (Ablichtungen) einzelner Aktenstücke unentgeltlich auszufolgen sowie Auskünfte zu erteilen; insofern kann ihm gegenüber keine

Amtsverschwiegenheit geltend gemacht werden. Dies gilt jedoch nicht für Auskünfte und Unterlagen über die Identität von Personen oder über Quellen, deren Bekanntwerden die nationale Sicherheit oder die Sicherheit von Menschen gefährden würde, und für Abschriften (Ablichtungen), wenn das Bekanntwerden der Information die nationale Sicherheit oder die Sicherheit von Menschen gefährden würde. Darüber hinaus ist die Übermittlung personenbezogener Daten nur zulässig, soweit dies zur Erfüllung der Aufgaben des Beirats unbedingt erforderlich ist. Enthalten Unterlagen oder Aufzeichnungen Daten, die auf Grundlage der StPO ermittelt wurden, sind die Staatsanwaltschaften und Gerichte sowie die Ermittlungs- und Beschwerdestelle Misshandlungsvorwürfe nach vorheriger Befassung der Staatsanwaltschaft oder des Gerichts ermächtigt, im Rahmen des Verfahrens zur begleitenden strukturellen Kontrolle der Tätigkeit der Ermittlungs- und Beschwerdestelle Misshandlungsvorwürfe benötigte personenbezogene Daten nach Maßgabe des § 76 Abs. 4 StPO an den Beirat auf dessen Ersuchen zu übermitteln.

(4) Der Direktor sowie der Leiter der Ermittlungs- und Beschwerdestelle Misshandlungsvorwürfe (§ 2 Abs. 10) sind verpflichtet, dem Beirat zumindest halbjährlich für ein Gespräch zur Verfügung zu stehen.

(5) Der Beirat erfüllt weder Aufgaben der Sicherheits- oder Kriminalpolizei noch ist er Dienst- oder Disziplinarbehörde.

(6) Der Beirat ist ermächtigt, personenbezogene Daten, einschließlich solcher über strafrechtliche Verurteilungen und Straftaten gemäß Art. 10 der Verordnung (EU) Nr. 679/2016 zum Schutz natürlicher Personen bei der Verarbeitung personenbezogener Daten, zum freien Datenverkehr und zur Aufhebung der Richtlinie 95/46/EG (Datenschutz-Grundverordnung), ABl. L 119 vom 04.05.2016 S. 1, sowie besondere Kategorien personenbezogener Daten (Art. 9 Abs. 1 Datenschutz-Grundverordnung) von Personen, deren Daten im Rahmen des Verfahrens zur begleitenden strukturellen Kontrolle der Tätigkeit der Ermittlungs- und Beschwerdestelle Misshandlungsvorwürfe benötigt werden, zu verarbeiten, sowie an die Ermittlungs- und Beschwerdestelle Misshandlungsvorwürfe, die Staatsanwaltschaften und Gerichte zu übermitteln, sofern die jeweiligen Daten zur Erfüllung von gesetzlich übertragenen Aufgaben erforderlich sind. Besondere Kategorien personenbezogener Daten gemäß Art. 10 Datenschutz- Grundverordnung dürfen nur im unbedingt erforderlichen Ausmaß und schriftlich dokumentiert verarbeitet und übermittelt werden.

(7) Der Beirat hat ihm nach diesem Bundesgesetz übermittelte Daten, Weisungen (§ 7), Abschriften und Ablichtungen (Abs. 3) zu löschen,

sobald der darauffolgende Bericht gemäß § 9d Abs. 1 erstattet wurde.

(BGBl I 2023/107)

Fassung ab 21. 1. 2024 (BGBl I 2023/107):

Berichte und Empfehlungen des Beirats

§ 9d. (1) Der Beirat hat dem Bundesminister für Inneres bis spätestens 30. April des Folgejahres einen Bericht über seine Aufgabenwahrnehmung und Empfehlungen zu erstatten. Diesen Bericht hat der Bundesminister für Inneres dem Ausschuss für innere Angelegenheiten zu übermitteln.

(2) Der Beirat kann darüber hinaus jederzeit dem Bundesminister für Inneres und, soweit es ihm geboten erscheint, der Öffentlichkeit berichten. Empfehlungen an den Bundesminister für Inneres und an den Direktor gemäß § 9a Abs. 2 sind zu veröffentlichen. Veröffentlichungen nach diesem Absatz haben unter Wahrung der Persönlichkeitsrechte der Betroffenen zu erfolgen und so lange zu unterbleiben, als der Zweck laufender Ermittlungen der Ermittlungs- und Beschwerdestelle Misshandlungsvorwürfe andernfalls gefährdet wäre.

(3) Erlangt der Beirat im Rahmen seiner Aufgabenwahrnehmung Kenntnis von Sachverhalten, die in den Aufgabenbereich der Volksanwaltschaft oder einer anderen Rechtsschutzeinrichtung fallen, hat er diese darüber zu informieren.

(BGBl I 2023/107)

Personalvertretung

§ 10. Die Personalvertretungsagenden für das Bundesamt werden von der zentralen Personalvertretung des Bundesministeriums für Inneres wahrgenommen.

Verweisungen

§ 11. Verweisungen in diesem Bundesgesetz auf andere Bundesgesetze sind als Verweisungen auf die jeweils geltende Fassung zu verstehen.

Sprachliche Gleichbehandlung

§ 12. Soweit in diesem Bundesgesetz auf natürliche Personen bezogene Bezeichnungen nur in männlicher Form angeführt sind, beziehen sie sich auf Frauen und Männer in gleicher Weise. Bei der Anwendung der Bezeichnungen auf bestimmte natürliche Personen ist die geschlechtsspezifische Form zu verwenden.

Fassung (BGBl I 2023/107):

§ 12. Soweit in diesem Bundesgesetz auf natürliche Personen bezogene Bezeichnungen nur in männlicher Form angeführt sind, beziehen sie sich auf alle Geschlechter in gleicher Weise. Bei der Anwendung der Bezeichnungen auf bestimmte natürliche Personen ist die geschlechtsspezifische Form zu verwenden. *(BGBl I 2023/107)*

Inkrafttreten

§ 13. (1) Dieses Bundesgesetz tritt mit 1. Jänner 2010 in Kraft. *(BGBl I 2012/13)*

(2) Die §§ 1, 4 und 6 Abs. 1 in der Fassung des Bundesgesetzes BGBl. I Nr. 13/2012 treten mit 1. April 2012 in Kraft. *(BGBl I 2012/13)*

(3) Der Titel, Kurztitel und die Abkürzung sowie § 4 Abs. 1 in der Fassung des Bundesgesetzes BGBl. I Nr. 65/2013 treten mit Ablauf des Tages ihrer Kundmachung in Kraft. *(BGBl I 2013/65)*

(4) § 4 Abs. 1 Z 8b tritt mit Ablauf des Tages seiner Kundmachung in Kraft. *(BGBl I 2015/52)*

(5) § 4 sowie § 8 Abs. 4 und 6 in der Fassung des Bundesgesetzes BGBl. I Nr. 101/2017 treten mit Ablauf des Tages ihrer Kundmachung in Kraft. *(BGBl I 2017/101)*

(6) § 4 Abs. 1 Z 9a und 13 in der Fassung des Bundesgesetzes BGBl. I Nr. 111/2019 treten mit 28. Dezember 2019 in Kraft. *(BGBl I 2019/111; BGBl I 2023/107)*

(7) §§ 1, 8 Abs. 1 und 9 Abs. 1 in der Fassung des Bundesgesetzes BGBl. I Nr. 6/2023 treten mit Ablauf des Tages ihrer Kundmachung in Kraft. *(BGBl I 2023/6)*

(8) § 1, § 2 Abs. 1 und 2 sowie Abs. 5 bis 12, § 4 Abs. 1 Z 9a und 13 sowie Abs. 3 bis 5, § 4a samt Überschrift, § 5, § 6, § 7, § 8 Abs. 4, die §§ 9a bis 9d samt Überschriften, § 12, § 15 samt Überschrift und § 16 in der Fassung des Bundesgesetzes BGBl. I Nr. xxx/202x treten sechs Monate nach dem Tag der Kundmachung in Kraft. *(BGBl I 2023/107)*

Verordnungen

§ 14. Verordnungen können auf Grund dieses Bundesgesetzes bereits nach seiner Kundmachung erlassen werden, dürfen jedoch nicht vor diesem in Kraft treten.

PolKG

Vollziehung

§ 15. Mit der Vollziehung dieses Bundesgesetzes ist der Bundesminister für Inneres betraut.

Fassung ab 21. 1. 2024 (BGBl I 2023/107):

Übergangsbestimmungen und vorbereitende Maßnahmen

§ 15. (1) § 2 Abs. 2 und 6 in der Fassung des Bundesgesetzes BGBl. I Nr. 107/2023 kommen bei Neu- oder Wiederbestellung des Direktors oder Stellvertreters nach Inkrafttreten des Bundesgesetzes BGBl. I Nr. 107/2023 zur Anwendung.

(2) Bedienstete des Bundesamts, die im Zeitpunkt des Inkrafttretens des Bundesgesetzes BGBl. I Nr. 107/2023 eine Nebenbeschäftigung bei der Dienstbehörde gemeldet haben, haben die in § 2 Abs. 7 und 8 vorgesehene Genehmigung für Nebenbeschäftigungen unverzüglich, längstens binnen zwei Wochen nach Inkrafttreten des Bundesgesetzes BGBl. I Nr. 107/2023, bei der Dienstbehörde zu beantragen. Bis zur Entscheidung der Dienstbehörde darf der Bedienstete die Nebenbeschäftigung vorläufig ausüben. Im Übrigen kann die in § 2 Abs. 8 vorgesehene Genehmigung für Nebenbeschäftigungen bereits vor Beginn der Tätigkeit im Bundesamt bei der Dienstbehörde beantragt werden.

(3) § 2 Abs. 9 ist auf Personen, die im Zeitpunkt des Inkrafttretens des Bundesgesetzes BGBl. I Nr. 107/2023 bereits Bedienstete des Bundesamts sind, mit der Maßgabe anzuwenden, dass die erstmalige Sicherheitsüberprüfung innerhalb von sechs Monaten nach Inkrafttreten des Bundesgesetzes BGBl. I Nr. 107/2023 durchzuführen ist.

(4) Sicherheitsüberprüfungen gemäß § 2 Abs. 9 sowie § 9a Abs. 9 und Ausbildungen gemäß § 2 Abs. 11 in der Fassung des Bundesgesetzes BGBl. I Nr. 107/2023 können bereits mit Ablauf des Tages der Kundmachung des Bundesgesetzes BGBl. I Nr. 107/2023 vorgenommen werden.

(5) Von dem der Kundmachung des Bundesgesetzes BGBl. I Nr. 107/2023 folgenden Tag an sind alle vorbereitenden Maßnahmen zu setzen, die für die Ermöglichung einer zeitgerechten Aufgabenwahrnehmung durch die Ermittlungs- und Beschwerdestelle Misshandlungsvorwürfe erforderlich sind. Insbesondere hat die Ausschreibung der Funktion des Leiters der Ermittlungs- und Beschwerdestelle Misshandlungsvorwürfe gemäß § 2 Abs. 10 in der Fassung des Bundesgesetzes BGBl. I Nr. 107/2023 so zeitgerecht zu erfolgen, dass dieser nach Möglichkeit seine Tätigkeit mit Inkrafttreten des Bundesgesetzes BGBl. I Nr. 107/2023 aufnehmen kann.

(BGBl I 2023/107)

§ 16. (1) Mit der Vollziehung des § 2 Abs. 6 ist der Bundesminister für Inneres und der für den öffentlichen Dienst zuständige Bundesminister betraut.

(2) Im Übrigen ist mit der Vollziehung dieses Bundesgesetzes der Bundesminister für Inneres betraut.

(BGBl I 2023/107)

Staatsschutz- und Nachrichtendienst-Gesetz

BGBl I 2016/5 idF

1 BGBl I 2018/32 (Materien-Datenschutz-Anpassungsgesetz 2018)
2 BGBl I 2020/102

3 BGBl I 2021/148
4 BGBl I 2021/190
5 BGBl I 2023/8

Bundesgesetz über die Organisation, Aufgaben und Befugnisse des Verfassungsschutzes (Staatsschutz- und Nachrichtendienst-Gesetz – SNG)

(BGBl I 2021/148)

1. Hauptstück

Allgemeines

Anwendungsbereich

§ 1. (1) Dieses Bundesgesetz regelt den Verfassungsschutz. Dieser erfolgt in Ausübung der Sicherheitspolizei.

(2) Der Verfassungsschutz dient dem Schutz der verfassungsmäßigen Einrichtungen und ihrer Handlungsfähigkeit sowie von Vertretern ausländischer Staaten, internationaler Organisationen und anderer Völkerrechtssubjekte nach Maßgabe völkerrechtlicher Verpflichtungen, kritischer Infrastruktur und der Bevölkerung vor terroristisch, ideologisch oder religiös motivierter Kriminalität, vor Gefährdungen durch Spionage, durch nachrichtendienstliche Tätigkeit und durch Proliferation sowie der Wahrnehmung zentraler Funktionen der internationalen Zusammenarbeit in diesen Bereichen.

(3) Für die Wahrnehmung der in Abs. 2 genannten Angelegenheiten bestehen als Organisationseinheit der Generaldirektion für die öffentliche Sicherheit die Direktion Staatsschutz und Nachrichtendienst (Direktion) und in jedem Bundesland eine für Staatsschutz zuständige Organisationseinheit der Landespolizeidirektion.

(4) Der Verfassungsschutz besteht aus Staatsschutz und Nachrichtendienst. Der Staatsschutz umfasst den vorbeugenden Schutz vor verfassungsgefährdenden Angriffen. Daneben kommt diesem die Wahrnehmung der Aufgaben nach dem Sicherheitspolizeigesetz und der Strafprozeßordnung 1975 im Zusammenhang mit verfassungsgefährdenden Angriffen zu. Der Nachrichtendienst umfasst die Gewinnung und Analyse von Informationen für Zwecke des Abs. 2 sowie die erweiterte Gefahrenerforschung.

(5) Der Bundesminister für Inneres kann bestimmte Angelegenheiten nach Abs. 2 der Direktion vorbehalten. Diesfalls kann die Direktion die für Staatsschutz zuständige Organisationseinheit der Landespolizeidirektion mit der Durchführung einzelner Maßnahmen beauftragen. Auch kann die Direktion anordnen, dass ihr direkt über den Fortgang einer Angelegenheit laufend oder zu bestimmten Zeitpunkten zu berichten ist.

(6) Die Direktion wird bei Vollziehung dieses Bundesgesetzes für den Bundesminister für Inneres, die für Staatsschutz zuständige Organisationseinheit für die jeweilige Landespolizeidirektion tätig.

(BGBl I 2021/148)

Organisation

§ 2. (1) Der Direktion steht ein Direktor vor. Die Aufgabenbereiche Staatsschutz und Nachrichtendienst sind organisatorisch zu trennen und es ist jeweils ein Stellvertreter zu bestellen. Darüber hinaus ist sicherzustellen, dass eine Organisationseinheit der Direktion als Informationsschnittstelle zur Koordinierung dieser beiden Aufgabenbereiche einzurichten ist, welcher insbesondere der tagesaktuelle und anlassbezogene Informations- und Lageaustausch, die Bewertung von Informationen sowie die Abstimmung strategischer und operativer Maßnahmen obliegt. Diese Aufgabenbereiche sind im Rahmen der Geschäftseinteilung abzubilden.

(2) Zum Direktor kann nur ernannt werden, wer ein abgeschlossenes Hochschulstudium (Z 1.12. der Anlage 1 des Beamten-Dienstrechtsgesetzes 1979 – BDG 1979, BGBl. Nr. 333/1979) und besondere Kenntnisse auf den Gebieten des Verfassungsschutzes und der Grund- und Freiheitsrechte aufweist.

(3) Wer Mitglied der Bundesregierung, einer Landesregierung oder eines allgemeinen Vertretungskörpers ist, kann nicht als Direktor oder Stellvertreter bestellt oder mit einer sonstigen Leitungsfunktion in einer Organisationseinheit gemäß § 1 Abs. 3 betraut werden. Als Direktor oder Stellvertreter kann weiters nicht bestellt werden, wer in den letzten fünf Jahren Mitglied der Bundesregierung, einer Landesregierung oder einer gesetzgebenden Körperschaft war.

(4) Abweichend von § 7 Abs. 2 zweiter Satz Ausschreibungsgesetz 1989 – AusG, BGBl. Nr. 85/1989, hat der Leiter der Zentralstelle für die Begutachtungskommission für den Direktor sowie für die beiden Stellvertreter ein Mitglied zu bestellen. Der Bundesminister für Kunst, Kultur, öffentlichen Dienst und Sport hat das weitere

Mitglied zu bestellen, wobei dabei auf die Geschlechterparität Bedacht zu nehmen ist.

(5) Dem Direktor, den Stellvertretern sowie den Leitern der für Staatsschutz zuständigen Organisationseinheiten der Landespolizeidirektionen ist die Ausübung jeder Nebenbeschäftigung mit Ausnahme von Tätigkeiten im Bereich der Lehre untersagt. Die Ausübung einer unentgeltlichen sonstigen Nebenbeschäftigung kann ausnahmsweise durch die Dienstbehörde genehmigt werden, wobei vor der Entscheidung der Dienstbehörde hinsichtlich des Direktors eine Stellungnahme des Generaldirektors für die öffentliche Sicherheit, hinsichtlich der Stellvertreter sowie der Leiter der für Staatsschutz zuständigen Organisationseinheiten der Landespolizeidirektionen eine Stellungnahme des Direktors einzuholen ist. Die Genehmigung ist zu versagen, wenn die Ausübung dieser Nebenbeschäftigung den begründeten Verdacht hervorrufen würde, dass die Nebenbeschäftigung die Erfüllung der dienstlichen Aufgaben behindert, die Vermutung der Befangenheit hervorruft oder sonstige wesentliche dienstliche Interessen gefährdet.

(6) Sonstige Bedienstete der Organisationseinheiten gemäß § 1 Abs. 3 dürfen Nebenbeschäftigungen mit Ausnahme von Tätigkeiten im Bereich der Lehre nur nach Genehmigung durch die Dienstbehörde ausüben, wobei vor der Entscheidung der Dienstbehörde eine Stellungnahme des Direktors einzuholen ist. Bei der Beurteilung, ob die Ausübung einer Nebenbeschäftigung nach § 56 Abs. 2 BDG 1979 oder § 5 Abs. 1 Vertragsbedienstetengesetz 1948 – VBG, BGBl. Nr. 86/1948, oder den dazu erlassenen Verordnungen unzulässig ist, ist das sich aus dem Verfassungsschutz ergebende dienstliche Interesse besonders zu berücksichtigen.

(7) Bedienstete der Organisationseinheiten gemäß § 1 Abs. 3, die mit der Vollziehung dieses Bundesgesetzes betraut sind, haben eine spezielle Ausbildung für Verfassungsschutz zu absolvieren, welche durch die Sicherheitsakademie (§ 11 Sicherheitspolizeigesetz – SPG, BGBl. Nr. 566/1991) durchzuführen ist. Die Ausbildung hat sich insbesondere an den Schwerpunkten der Arbeitsplatzbeschreibungen zu orientieren und Menschenrechts-, Gender- und Diversitätsaspekte zu berücksichtigen.

(8) Sofern es sich bei Bediensteten in Leitungsfunktionen der für den Aufgabenbereich Staatsschutz zuständigen Organisationseinheiten gemäß § 1 Abs. 3 nicht um Organe des öffentlichen Sicherheitsdienstes handelt, können sie nach erfolgreicher Absolvierung der Ausbildung gemäß Abs. 7 zur Ausübung unmittelbarer Befehls- und Zwangsgewalt ermächtigt werden. Diesfalls gelten sie als Organe des öffentlichen Sicherheitsdienstes nach § 5 Abs. 2 SPG.

(9) Der Direktor sowie die Leiter der für Staatsschutz zuständigen Organisationseinheiten der Landespolizeidirektionen haben für ihren jeweiligen Zuständigkeitsbereich ein System zur Qualitätssicherung hinsichtlich der Bewertung wahrscheinlicher Gefährdungen sowie der damit verbundenen Maßnahmen einzurichten.

(BGBl I 2021/148)

Vertrauenswürdigkeitsprüfung

§ 2a. (1) Vor Beginn der Tätigkeit muss sich jeder Bedienstete gemäß § 2 Abs. 7 sowie jeder sonstige Bedienstete des Bundesministeriums für Inneres, der mit dem Aufbau oder Betrieb der technischen Infrastruktur der Direktion betraut ist, einer Vertrauenswürdigkeitsprüfung für den Verfassungsschutz unterziehen (Vertrauenswürdigkeitsprüfung). Die Vertrauenswürdigkeitsprüfung ist die Abklärung der Vertrauenswürdigkeit eines Menschen anhand personenbezogener Daten, die Aufschluss darüber geben, ob Anhaltspunkte dafür bestehen, dass von dieser Person ein Risiko für den Verfassungsschutz ausgeht. Die Vertrauenswürdigkeitsprüfung umfasst die Verarbeitung und Überprüfung der in der Vertrauenswürdigkeitserklärung (Abs. 3) enthaltenen Informationen einschließlich einer mündlichen Erörterung mit dem Bediensteten. *(BGBl I 2021/148)*

(2) Ein Mensch gilt jedenfalls als nicht vertrauenswürdig, wenn aus von ihm zu vertretenden Gründen die Feststellung des für die Vertrauenswürdigkeit maßgeblichen Sachverhalts nicht möglich war.

(3) Die Vertrauenswürdigkeitsprüfung ist aufgrund einer Einwilligung sowie einer Erklärung des Bediensteten hinsichtlich seines Vorlebens und seiner gegenwärtigen Lebensumstände, einschließlich Informationen zu Eltern, Ehepartner, eingetragenem Partner, Lebenspartner sowie zu Personen über 18 Jahren, die mit dem Bediensteten in einem gemeinsamen Haushalt leben, durchzuführen (Vertrauenswürdigkeitserklärung). Darüber hinaus sind Name, Erreichbarkeitsdaten sowie Art der Beziehung zu zumindest drei Menschen anzugeben, die über Informationen verfügen, die eine Überprüfung der Angaben in der Vertrauenswürdigkeitserklärung ermöglichen, und bereit sind, darüber Auskunft zu erteilen (Referenzpersonen).

(4) Der Bundesminister für Inneres hat die Themenbereiche, die Gegenstand der Vertrauenswürdigkeitsprüfung sind und die in diesem Zusammenhang abzufragenden personenbezogenen Daten, die Aufschluss darüber geben, ob Anhaltspunkte dafür bestehen, dass von dem Bediensteten ein Risiko für den Verfassungsschutz ausgeht, mit Verordnung festzulegen. Dabei ist die Verhältnismäßigkeit zwischen den Interessen des Privat- und Familienlebens der Betroffenen gegenüber

den zwingenden öffentlichen Interessen zu wahren. Die Verarbeitung von personenbezogenen Daten, aus denen religiöse oder weltanschauliche Überzeugungen hervorgehen, sowie von Gesundheitsdaten der Betroffenen darf nur vorgesehen werden, wenn dies für die Erreichung des Zwecks gemäß Abs. 1 unbedingt erforderlich ist. Die Verarbeitung anderer besonderer Kategorien personenbezogener Daten (§ 39 DSG) darf nicht vorgesehen werden. *(BGBl I 2021/148)*

(5) Bei der Verarbeitung personenbezogener Daten im Rahmen der Vertrauenswürdigkeitsprüfung sind angemessene Vorkehrungen zur Wahrung der Geheimhaltungsinteressen der Betroffenen zu treffen. Personenbezogene Daten dürfen ausschließlich für die Abklärung der Vertrauenswürdigkeit des Bediensteten gemäß Abs. 1 verarbeitet werden und sind nach Abschluss der folgenden Vertrauenswürdigkeitsprüfung (Abs. 8), längstens jedoch nach sieben Jahren zu löschen.

(6) Für die Überprüfung der in der Vertrauenswürdigkeitserklärung enthaltenen Informationen gelten die Bestimmungen der §§ 53 Abs. 4, 54 Abs. 1, 55 Abs. 4, 55b Abs. 3 erster Satz und 4 SPG sinngemäß. Zu diesem Zweck ist es auch zulässig, von ausländischen Sicherheitsbehörden und Sicherheitsorganisationen (§ 2 Abs. 2 und 3 Polizeikooperationsgesetz – PolKG, BGBl. I Nr. 104/1997) sowie von Organen der Europäischen Union oder der Vereinten Nationen Auskünfte zum Bediensteten einzuholen.

(7) In die Beurteilung der Vertrauenswürdigkeit sind nur jene Umstände einzubeziehen, die von Relevanz für den Verfassungsschutz sind. Widersprechen die Ergebnisse der Vertrauenswürdigkeitsprüfung den Angaben des Bediensteten oder bestehen Anhaltspunkte dafür, dass von ihm ein Risiko für den Verfassungsschutz ausgeht, so ist dem Bediensteten im Rahmen der mündlichen Erörterung Gelegenheit zur Äußerung zu geben. Wurde eine Vertrauenswürdigkeitsprüfung eines Bediensteten aufgrund eines Ersuchens der für Verfassungsschutz zuständigen Organisationseinheit einer Landespolizeidirektion durchgeführt, ist das Ergebnis an diese zu übermitteln. *(BGBl I 2021/148)*

(8) Die Vertrauenswürdigkeitsprüfung ist alle sechs Jahre zu wiederholen. Bei Vorliegen von Anhaltspunkten, wonach ein Bediensteter nicht mehr vertrauenswürdig sein könnte, ist diese unverzüglich zu wiederholen. Für die Klärung, ob solche Anhaltspunkte vorliegen, gelten die Bestimmungen des Abs. 6.

(9) Jeder Bedienstete einer Organisationseinheit gemäß § 1 Abs. 3 hat sich alle drei Jahre einer Sicherheitsüberprüfung für den Zugang zu streng geheimer Information gemäß § 55 Abs. 3 Z 3 SPG zu unterziehen. Die Vertrauenswürdigkeitsprüfung gilt als Sicherheitsüberprüfung für den Zugang zu streng geheimer Information gemäß § 55 Abs. 3 Z 3 SPG. Im Falle einer Vertrauenswürdigkeitsprüfung sind jene Menschen, die mit dem Bediensteten im gemeinsamen Haushalt leben und volljährig sind, einer Sicherheitsüberprüfung gemäß § 55a Abs. 2 Z 5 SPG zu unterziehen.

(BGBl I 2020/102)

Sicherheit und Geheimnisschutz

§ 2b. (1) Zum Schutz klassifizierter Informationen kann der Direktor geeignete und besonders geschulte Bedienstete dazu ermächtigen, Personen, die Gebäude oder Räumlichkeiten der Direktion betreten, zu betreten versuchen, sich in solchen aufhalten, diese zu verlassen versuchen oder unmittelbar zuvor verlassen haben, zu durchsuchen. Die Ermächtigung zur Durchsuchung einer Person umfasst die Durchsuchung der Kleidung sowie das Öffnen und Durchsuchen von Behältnissen oder Gegenständen, die diese Person mit sich führt. Die Durchsuchung kann unter Verwendung technischer Hilfsmittel durchgeführt werden. Die Bediensteten sind ermächtigt, eine Durchsuchung mit unmittelbarer Zwangsgewalt durchzusetzen; die §§ 29 sowie 50 Abs. 2 und 4 SPG gelten sinngemäß. Für diese Bediensteten gilt die Richtlinien-Verordnung – RLV, BGBl. Nr. 266/1993.

(2) Der Direktor kann im Einzelfall geeigneten und dafür besonders geschulten anderen Bediensteten als Organen des öffentlichen Sicherheitsdienstes für den Fall gerechter Notwehr zur Verteidigung eines Menschen während Ausübung ihrer Amts- und Dienstpflicht Dienstwaffen im Sinne des § 3 Z 1, 2 und 4 Waffengebrauchsgesetz 1969, BGBl. Nr. 149/1969, zur Verfügung stellen. Diesfalls gelten die §§ 4, 5 und 6 Waffengebrauchsgesetz 1969 auch für diese Bediensteten. Für den Ersatz entstandener Schäden gilt das Polizeibefugnis-Entschädigungsgesetz, BGBl. Nr. 735/1988, sinngemäß.

(3) Soweit Bundesbehörden, Behörden der mittelbaren Bundesverwaltung, durch Gesetz eingerichtete Körperschaften und Anstalten des öffentlichen Rechts oder Bürgermeister gesetzlich zur Ausstellung von Urkunden berufen sind, haben sie auf Verlangen des Bundesministers für Inneres für Bedienstete der Direktion, die mit Aufgaben der Gewinnung und Analyse von Informationen oder deren Vorbereitung betraut sind, zur Gewährleistung ihrer Sicherheit oder ihrer Aufgabenerfüllung Urkunden herzustellen, die über die Identität der Bediensteten täuschen. § 54a Abs. 2 und Abs. 3 zweiter und dritter Satz SPG gilt sinngemäß.

(BGBl I 2021/148)

SNG

Geschäftsordnung der Direktion

§ 3. Der Direktor hat festzulegen, wem die Genehmigung von Entscheidungen für den Bundesminister für Inneres im Rahmen der Geschäftseinteilung zukommt, in welchen Fällen ihm die Genehmigung vorbehalten ist und wem diese im Fall der Verhinderung obliegt (Geschäftsordnung). Vor Erlassung und vor jeder Änderung der Geschäftsordnung ist der Generaldirektor für die öffentliche Sicherheit zu befassen. *(BGBl I 2021/148)*

Direktion als Zentralstelle

§ 4. Die Direktion erfüllt für den Bundesminister für Inneres folgende zentrale Funktionen: *(BGBl I 2021/148)*

1. Operative Koordinierungsstelle für Meldungen über jede Form von Angriffen auf Computersysteme (§ 74 Abs. 1 Z 8 Strafgesetzbuch – StGB, BGBl. Nr. 60/1974) von verfassungsmäßigen Einrichtungen (§ 22 Abs. 1 Z 2 SPG) sowie kritischen Infrastrukturen (§ 22 Abs. 1 Z 6 SPG) nach den §§ 118a, 119, 119a, 126a, 126b und 126c StGB;

2. Meldestelle für jede Form der Betätigung im nationalsozialistischen Sinn nach dem Verbotsgesetz – VerbotsG, StGBl. Nr. 13/1945 (Meldestelle NS-Wiederbetätigung);

2a. Meldestelle für extremistisch oder terroristisch motivierte Inhalte elektronischer Medien (Meldestelle Extremismus und Terrorismus); *(BGBl I 2021/148)*

3. die Durchführung von Sicherheitsüberprüfungen (§ 55 SPG) und Vertrauenswürdigkeitsprüfungen (§ 2a); *(BGBl I 2020/102)*

4. die Organisation der Gebäudesicherheit der vom Bundesministerium für Inneres genutzten Gebäude;

5. die internationale Zusammenarbeit auf dem Gebiet des Verfassungsschutzes; davon unberührt bleibt die Zusammenarbeit der für Staatsschutz zuständigen Organisationseinheiten der Landespolizeidirektionen mit benachbarten regionalen Sicherheitsdienststellen; die Koordinierung der Leistung von Amtshilfe an ausländische Sicherheitsbehörden (§ 2 Abs. 3 PolKG), denen ausschließlich Gefahrenerforschung obliegt, kommt ausschließlich der gemäß § 2 Abs. 1 als Informationsschnittstelle eingerichteten Organisationseinheit der Direktion zu. *(BGBl I 2021/148)*

Anwendbarkeit des Sicherheitspolizeigesetzes

§ 5. Soweit in diesem Bundesgesetz nicht Besonderes bestimmt ist, gilt das Sicherheitspolizeigesetz.

2. Hauptstück

Aufgaben auf dem Gebiet des Verfassungsschutzes

Erweiterte Gefahrenerforschung und Schutz vor verfassungsgefährdenden Angriffen

§ 6. (1) Der für den Aufgabenbereich Nachrichtendienst zuständigen Organisationseinheit der Direktion obliegt die erweiterte Gefahrenerforschung; das ist die Beobachtung einer Gruppierung, wenn im Hinblick auf deren bestehende Strukturen und auf zu gewärtigende Entwicklungen in deren Umfeld damit zu rechnen ist, dass es zu mit schwerer Gefahr für die öffentliche Sicherheit verbundener Kriminalität, insbesondere zu ideologisch oder religiös motivierter Gewalt kommt.

(2) Den für den Aufgabenbereich Staatsschutz zuständigen Organisationseinheiten gemäß § 1 Abs. 3 obliegt der vorbeugende Schutz vor verfassungsgefährdenden Angriffen vor einer Person, sofern ein begründeter Gefahrenverdacht für einen solchen Angriff besteht (§ 22 Abs. 2 SPG).

(3) Ein verfassungsgefährdender Angriff ist die Bedrohung von Rechtsgütern

1. durch die rechtswidrige Verwirklichung des Tatbestandes einer nach §§ 278b bis 278g oder, soweit es der Verfügungsmacht einer terroristischen Vereinigung unterliegende Vermögensbestandteile betrifft, nach § 165 Abs. 3 StGB strafbaren Handlung;

2. durch die rechtswidrige Verwirklichung des Tatbestandes einer nach §§ 274 Abs. 2 erster Fall, 279, 280, 283 Abs. 3 oder in § 278c StGB genannten strafbaren Handlung, sofern diese ideologisch oder religiös motiviert ist;

3. durch die rechtswidrige Verwirklichung des Tatbestandes einer nach §§ 242, 246 oder 247a StGB, dem fünfzehnten Abschnitt des StGB oder nach dem VerbotsG strafbaren Handlung;

4. durch die rechtswidrige und vorsätzliche Verwirklichung des Tatbestandes einer nach §§ 175, 177a, 177b StGB, §§ 79 bis 82 Außenwirtschaftsgesetz 2011 – AußWG 2011, BGBl. I Nr. 26/2011, § 7 Kriegsmaterialgesetz – KMG, BGBl. I Nr. 540/1977, § 11 Sanktionengesetz 2010 – SanktG, BGBl. I Nr. 36/2010, nach §§ 124, 316, 319 oder 320 StGB sowie nach dem sechzehnten Abschnitt des StGB strafbaren Handlung;

5. durch die rechtswidrige Verwirklichung des Tatbestandes einer nach §§ 118a, 119, 119a, 126a, 126b oder 126c StGB strafbaren Handlung gegen verfassungsmäßige Einrichtungen und ihre Handlungsfähigkeit (§ 22 Abs. 1 Z 2 SPG) sowie kritische Infrastrukturen (§ 22 Abs. 1 Z 6 SPG).

(4) Ergibt sich im Rahmen der Wahrnehmung einer Aufgabe nach Abs. 1 oder 2 der Anfangsverdacht (§ 1 Abs. 3 StPO) hinsichtlich eines Verge-

hens, das kein verfassungsgefährdender Angriff gemäß Abs. 3 ist, kann die Berichterstattung nach § 100 StPO für jenen Zeitraum, für den die Ermächtigung für die Aufgabenerfüllung nach Abs. 1 oder 2 erteilt wurde, längstens jedoch für sechs Monate, aufgeschoben werden, wenn andernfalls die Erfüllung dieser Aufgabe gefährdet wäre. Die Gründe für den Aufschub sind zu dokumentieren.

(BGBl I 2021/148)

Fallkonferenz Staatsschutz

§ 6a. (1) Zur Vorbeugung verfassungsgefährdender Angriffe können die für den Aufgabenbereich Staatsschutz zuständigen Organisationseinheiten gemäß § 1 Abs. 3 im Einzelfall erforderliche Maßnahmen mit Behörden, Bildungseinrichtungen und sonstigen Einrichtungen, die mit der Vollziehung öffentlicher Aufgaben zum Zweck der Deradikalisierung, der Extremismusprävention oder der sozialen Integration von Menschen, betraut sind, erarbeiten und koordinieren, wenn aufgrund bestimmter Tatsachen, insbesondere wegen vorangegangener Verwaltungsübertretungen nach Art. III Abs. 1 Z 4 Einführungsgesetz zu den Verwaltungsverfahrensgesetzen 2008 – EGVG, BGBl. I Nr. 87/2008, § 3 Abzeichengesetz 1960, BGBl. Nr. 84/1960, oder § 3 Symbole-Gesetz, BGBl. I Nr. 103/2014, anzunehmen ist, dass ein bestimmter Mensch einen verfassungsgefährdenden Angriff gemäß § 6 Abs. 3 Z 1 bis 4 begehen werde (Fallkonferenz Staatsschutz).

(2) Die Übermittlung personenbezogener Daten, die im Rahmen der Sicherheitspolizei verarbeitet wurden und einer Datenart gemäß § 12 Abs. 1 entsprechen, an die Teilnehmer einer Fallkonferenz Staatsschutz ist zulässig, soweit dies für die Aufgabenerfüllung unbedingt erforderlich ist, wobei die Teilnehmer – sofern sie nicht ohnehin der Amtsverschwiegenheit unterliegen – zur vertraulichen Behandlung der Daten verpflichtet sind; darüber sind sie zu informieren.

(BGBl I 2021/148)

Verfassungsschutzrelevante Beratung

§ 7. (1) Den Organisationseinheiten gemäß § 1 Abs. 3 obliegen zur Vorbeugung verfassungsgefährdender Angriffe, insbesondere auf dem Gebiet der Cybersicherheit, die Förderung der Bereitschaft und Fähigkeit des Einzelnen, sich über eine Bedrohung seiner Rechtsgüter Kenntnis zu verschaffen und Angriffen entsprechend vorzubeugen. *(BGBl I 2021/148)*

(2) Die Organisationseinheiten gemäß § 1 Abs. 3 sind ermächtigt, Einrichtungen, die mit einer Gebietskörperschaft eine Kooperationsvereinbarung zum Zweck der Deradikalisierung, Resozialisierung oder Reintegration von Personen

mit extremistisch radikalisiertem Umfeld abgeschlossen haben, auf deren Ersuchen bei ihrer Entscheidungsfindung, ob eine bestimmte Person von dem in der Kooperationsvereinbarung festgelegten Zweck der Einrichtung erfasst ist, im Einzelfall zu unterstützen. *(BGBl I 2021/148)*

Gewinnung und Analyse von Informationen

§ 8. (1) Der für den Aufgabenbereich Nachrichtendienst zuständigen Organisationseinheit der Direktion obliegt für Zwecke des § 1 Abs. 2, insbesondere zum Schutz vor verfassungsgefährdenden Angriffen, die Gewinnung und Analyse von Informationen zur Beurteilung von verfassungsschutzrelevanten Bedrohungslagen, insbesondere aufgrund von Informationen von Dienststellen inländischer Behörden, ausländischen Sicherheitsbehörden oder Sicherheitsorganisationen (§ 2 Abs. 2 und 3 PolKG) sowie von Organen der Europäischen Union oder Vereinten Nationen, sofern nicht der Vollziehungsbereich des Bundesministers für Landesverteidigung betroffen ist. *(BGBl I 2021/148)*

(2) Über verfassungsschutzrelevante Bedrohungen sind die obersten Organe der Vollziehung (Art. 19 B-VG) sowie die mit der Leitung der gesetzgebenden Körperschaften des Bundes und der Länder betrauten Organe zu unterrichten, soweit diese Information für die Wahrnehmung der gesetzlichen Aufgaben in deren Zuständigkeitsbereich von Bedeutung ist. Ebenso sind die Genannten über Umstände zu unterrichten, die für die Ausübung ihres Amtes von wesentlicher Bedeutung sind. *(BGBl I 2021/148)*

2a. Hauptstück

Befugnisse auf dem Gebiet des Staatsschutzes

Gefährderansprache zur Deradikalisierung

§ 8a. (1) Die für den Aufgabenbereich Staatsschutz zuständigen Organisationseinheiten gemäß § 1 Abs. 3 sind zur Vorbeugung verfassungsgefährdender Angriffe ermächtigt, einem Menschen, von dem aufgrund bestimmter Tatsachen, insbesondere wegen vorangegangener Verwaltungsübertretungen nach Art. III Abs. 1 Z 4 EGVG, § 3 Abzeichengesetz 1960 oder § 3 Symbole-Gesetz, anzunehmen ist, er werde einen verfassungsgefährdenden Angriff gemäß § 6 Abs. 3 Z 1 bis 4 begehen, mit Bescheid aufzuerlegen, zu einem bestimmten Zeitpunkt bei einer Dienststelle persönlich zu erscheinen, um ihn nachweislich über rechtskonformes Verhalten zu belehren. Bei der Belehrung ist insbesondere auf das besondere Gefährdungspotential durch Radikalisierung und die damit verbundenen Rechtsfolgen einzugehen und auf Deradikalisierungsprogramme hinzuweisen.

SNG

(2) Bei der Festlegung des Zeitpunkts und der Dienststelle sind die persönlichen Lebensumstände und Bedürfnisse des Betroffenen zu berücksichtigen.

(3) Der Bescheid ist zu eigenen Handen zuzustellen. Soweit erforderlich, kann die Zustellung auch durch Organe des öffentlichen Sicherheitsdienstes erfolgen. Wer nicht durch Krankheit oder sonstige begründete Hindernisse vom Erscheinen abgehalten ist, hat der aufgetragenen Verpflichtung Folge zu leisten und kann zur Erfüllung der Gefährderansprache vorgeführt werden, wenn dies im Bescheid angedroht ist.

(BGBl I 2021/148)

Meldeverpflichtung

§ 8b. (1) Die für den Aufgabenbereich Staatsschutz zuständigen Organisationseinheiten gemäß § 1 Abs. 3 sind zur Vorbeugung verfassungsgefährdender Angriffe ermächtigt, einem Menschen, von dem aufgrund bestimmter Tatsachen, insbesondere wegen vorangegangener Verwaltungsübertretungen nach Art. III Abs. 1 Z 4 EGVG, § 3 Abzeichengesetz 1960 oder § 3 Symbole-Gesetz, anzunehmen ist, er werde einen verfassungsgefährdenden Angriff gemäß § 6 Abs. 3 Z 1 bis 4 begehen, mit Bescheid aufzuerlegen, sich ein- oder mehrmals innerhalb eines Zeitraums von längstens sechs Monaten bei einer Dienststelle zu melden; eine wiederholte Anordnung ist zulässig.

(2) Bei der Festlegung der Zeitpunkte und der Dienststelle sind die persönlichen Lebensumstände und Bedürfnisse des Betroffenen zu berücksichtigen.

(3) Der Bescheid ist zu eigenen Handen zuzustellen. Soweit erforderlich, kann die Zustellung auch durch Organe des öffentlichen Sicherheitsdienstes erfolgen. Wer nicht durch Krankheit oder sonstige begründete Hindernisse vom Erscheinen abgehalten ist, hat der aufgetragenen Verpflichtung Folge zu leisten und kann zur Erfüllung der Meldeverpflichtung vorgeführt werden, wenn dies im Bescheid angedroht ist.

(BGBl I 2021/148)

3. Hauptstück

Verarbeiten personenbezogener Daten auf dem Gebiet des Verfassungsschutzes

Allgemeines

§ 9. (1) Die Organisationseinheiten gemäß § 1 Abs. 3 haben beim Verarbeiten (§ 36 Abs. 2 Z 2 des Datenschutzgesetzes – DSG, BGBl. I Nr. 165/1999) personenbezogener Daten die Verhältnismäßigkeit (§ 29 SPG) zu beachten. Die Verarbeitung besonderer Kategorien personenbezoge-

ner Daten im Sinne des § 39 DSG ist zulässig, soweit dies zur Erfüllung der Aufgaben unbedingt erforderlich ist; dabei sind angemessene Vorkehrungen zur Wahrung der Geheimhaltungsinteressen der Betroffenen zu treffen. Bei Ermittlungen von personenbezogenen Daten nach diesem Bundesgesetz ist ein Eingriff in das von § 157 Abs. 1 Z 2 bis 4 Strafprozessordnung – StPO, BGBl. Nr. 631/1975, geschützte Recht nicht zulässig. § 157 Abs. 2 StPO gilt sinngemäß. *(BGBl I 2018/32)*

(2) Personenbezogene Daten dürfen von den Organisationseinheiten gemäß § 1 Abs. 3 gemäß diesem Hauptstück nur verarbeitet werden, soweit dies zur Erfüllung der ihnen übertragenen Aufgaben erforderlich ist. Ermächtigungen nach anderen Bundesgesetzen, insbesondere die Bestimmungen des PolKG und des EU-Polizeikooperationsgesetzes – EU-PolKG, BGBl. I Nr. 132/2009, bleiben unberührt. *(BGBl I 2018/32; BGBl I 2021/148)*

(3) Protokollaufzeichnungen sind drei Jahre aufzubewahren und danach zu löschen. *(BGBl I 2018/32)*

(4) Die Unterrichtungspflicht des § 45 Abs. 4 DSG gilt nicht, wenn die Erteilung dieser Information einem der in § 43 Abs. 4 DSG genannten Zwecke zuwiderliefe. *(BGBl I 2018/32)*

Ermittlungsdienst für Zwecke des Verfassungsschutzes

§ 10. (1) Die Organisationseinheiten gemäß § 1 Abs. 3 dürfen personenbezogene Daten verarbeiten für

1. die erweiterte Gefahrenerforschung (§ 6 Abs. 1),

2. den vorbeugenden Schutz vor verfassungsgefährdenden Angriffen (§ 6 Abs. 2),

3. die Vorbeugung verfassungsgefährdender Angriffe (§§ 6a, 8a und 8b),

4. die verfassungsschutzrelevante Beratung (§ 7 Abs. 2) und

5. die Gewinnung und Analyse von Informationen (§ 8).
(BGBl I 2021/148)

(2) Die Organisationseinheiten gemäß § 1 Abs. 3 dürfen Daten, die sie in Vollziehung von Bundes- oder Landesgesetzen rechtmäßig verarbeitet haben, für die Zwecke des Abs. 1 verarbeiten. Ein automationsunterstützter Datenabgleich im Sinne des § 141 StPO ist davon nicht umfasst. Bestehende Übermittlungsverbote bleiben unberührt. *(BGBl I 2018/32)*

(3) Die Organisationseinheiten gemäß § 1 Abs. 3 sind berechtigt, von den Dienststellen der Gebietskörperschaften, den anderen Körperschaften des öffentlichen Rechtes und den von diesen betriebenen Anstalten Auskünfte zu verlangen, die sie zur Erfüllung ihrer Aufgaben nach Abs. 1

Z 1, 2, 3 und 5 benötigen. Eine Verweigerung der Auskunft ist nur zulässig, soweit andere öffentliche Interessen überwiegen oder eine über die Amtsverschwiegenheit (Art. 20 Abs. 3 B-VG) hinausgehende sonstige gesetzliche Verpflichtung zur Verschwiegenheit besteht. *(BGBl I 2021/148)*

(4) Die Organisationseinheiten gemäß § 1 Abs. 3 sind im Einzelfall ermächtigt, für die Erfüllung ihrer Aufgaben nach Abs. 1 Z 1 und 2 personenbezogene Bilddaten zu verarbeiten, die Rechtsträger des öffentlichen oder privaten Bereichs mittels Einsatz von Bild- und Tonaufzeichnungsgeräten rechtmäßig ermittelt und den Sicherheitsbehörden übermittelt haben, wenn ansonsten die Aufgabenerfüllung gefährdet oder erheblich erschwert wäre. Dabei ist besonders darauf zu achten, dass Eingriffe in die Privatsphäre der Betroffenen die Verhältnismäßigkeit (§ 29 SPG) zum Anlass wahren. Nicht zulässig ist die Verarbeitung von personenbezogenen Bilddaten über nichtöffentliches Verhalten. *(BGBl I 2018/32)*

(5) Abgesehen von den Fällen der Abs. 2 bis 4 sowie den Ermittlungen nach § 11 sind die Organisationseinheiten gemäß § 1 Abs. 3 für Zwecke des Abs. 1 berechtigt, personenbezogene Daten aus allen anderen verfügbaren Quellen durch Einsatz geeigneter Mittel, insbesondere durch Zugriff etwa auf im Internet öffentlich zugängliche Daten, zu ermitteln und weiterzuverarbeiten. Abs. 2 zweiter Satz gilt.

Besondere Bestimmungen für die Ermittlungen

§ 11. (1) Zur erweiterten Gefahrenerforschung (§ 6 Abs. 1) und zum vorbeugenden Schutz vor verfassungsgefährdenden Angriffen (§ 6 Abs. 2) ist die Ermittlung personenbezogener Daten nach Maßgabe des § 9 und unter den Voraussetzungen des § 14 zulässig durch *(BGBl I 2021/148)*

1. Observation (§ 54 Abs. 2 SPG), sofern die Observation ansonsten aussichtslos oder wesentlich erschwert wäre unter Einsatz technischer Mittel (§ 54 Abs. 2a SPG);

2. verdeckte Ermittlung (§ 54 Abs. 3 und 3a SPG), wenn die Erfüllung der Aufgabe durch Einsatz anderer Ermittlungsmaßnahmen aussichtslos wäre;

3. Einsatz von Bild- und Tonaufzeichnungsgeräten (§ 54 Abs. 4 SPG); dieser darf verdeckt erfolgen, wenn die Erfüllung der Aufgabe ansonsten aussichtslos wäre;

4. Einsatz von Kennzeichenerkennungsgeräten (§ 54 Abs. 4b SPG) zum automatisierten Abgleich mit KFZ-Kennzeichen, die nach § 12 Abs. 1 verarbeitet werden;

5. Einholen von Auskünften nach §§ 53 Abs. 3a Z 1 bis 3 und 53 Abs. 3b SPG zu einer Gruppierung nach § 6 Abs. 1 oder einem Betroffenen nach § 6 Abs. 2 sowie zu deren jeweiligen Kontakt- oder Begleitpersonen (§ 12 Abs. 1 Z 4)

von Betreibern öffentlicher Telekommunikationsdienste (§ 160 Abs. 3 Z 1 Telekommunikationsgesetz 2021 – TKG 2021, BGBl. I Nr. 190/2021) und sonstigen Diensteanbietern (§ 3 Z 2 E-Commerce-Gesetz – ECG, BGBl. I Nr. 152/2001) sowie Einsatz technischer Mittel zur Lokalisierung von von diesen mitgeführten Endeinrichtungen, wenn die Erfüllung der Aufgabe durch Einsatz anderer Ermittlungsmaßnahmen aussichtslos wäre; *(BGBl I 2021/148; BGBl I 2021/190)*

6. Einholen von Auskünften zu Kontaktdaten, Nummer und Art des Reisedokuments sowie Zahlungsinformationen eines Betroffenen nach § 6 Abs. 2, Datum der Buchung, Reiseverlauf, Reisestatus, Flugscheindaten, Zahl und Namen von Mitreisenden im Rahmen von Buchungen von Dienstleistungsunternehmen im Sektor der Personenbeförderung zu einer von ihnen erbrachten Leistung; *(BGBl I 2021/148)*

7. Einholen von Auskünften über Verkehrsdaten (§ 160 Abs. 3 Z 6 TKG 2021), Zugangsdaten (§ 160 Abs. 3 Z 7 TKG 2021) und Standortdaten (§ 160 Abs. 3 Z 9 TKG 2021), die nicht einer Auskunft nach Abs. 1 Z 5 unterliegen, zu einer Gruppierung nach § 6 Abs. 1 oder einem Betroffenen nach § 6 Abs. 1 Z 2 von Betreibern öffentlicher Telekommunikationsdienste (§ 160 Abs. 3 Z 1 TKG 2021) und sonstigen Diensteanbietern (§ 3 Z 2 ECG), wenn dies zur Vorbeugung eines verfassungsgefährdenden Angriffs, dessen Verwirklichung mit beträchtlicher Strafe (§ 17 SPG) bedroht ist, erforderlich erscheint und die Erfüllung der Aufgabe durch Einsatz anderer Ermittlungsmaßnahmen aussichtslos wäre. Eine Ermächtigung darf nur für jenen künftigen oder auch vergangenen Zeitraum erteilt werden, der zur Erreichung des Zwecks voraussichtlich erforderlich ist. *(BGBl I 2021/190)*

Die Ermittlung ist zu beenden, sobald ihre Voraussetzungen wegfallen.

(1a) In der für den Aufgabenbereich Nachrichtendienst zuständigen Organisationseinheit der Direktion können Ermittlungen gemäß Abs. 1 durch geeignete und besonders geschulte Bedienstete wahrgenommen werden. *(BGBl I 2021/148)*

(2) In den Fällen des Abs. 1 Z 5 bis 7 ist die ersuchte Stelle verpflichtet, die Auskünfte zu erteilen. Der Ersatz von Kosten in den Fällen des Abs. 1 Z 5 hinsichtlich § 53 Abs. 3b SPG und des Abs. 1 Z 7 richtet sich nach der Überwachungskostenverordnung – ÜKVO, BGBl. II Nr. 322/2004.

(3) Beim Einholen von Auskünften nach Abs. 1 Z 7 hat die Direktion der um Auskunft ersuchten Stelle die Verpflichtung nach Abs. 2 und ihren Umfang sowie die Verpflichtung, mit der Ermächtigung verbundene Tatsachen und Vorgänge gegenüber Dritten geheim zu halten, aufzutragen und die entsprechende Ermächtigung des

SNG

Rechtsschutzsenats anzuführen. *(BGBl I 2021/148)*

Datenverarbeitungen

§ 12. (1) Der Bundesminister für Inneres und die Landespolizeidirektionen dürfen als gemeinsam Verantwortliche in einer Datenverarbeitung zum Zweck der Bewertung von wahrscheinlichen Gefährdungen sowie zum Erkennen von Zusammenhängen und Strukturen mittels operativer oder strategischer Analyse *(BGBl I 2018/32)*

1. zu einer Gruppierung nach § 6 Abs. 1 *(BGBl I 2021/148)*

a) Namen,

b) frühere Namen,

c) Aliasdaten,

d) Anschrift/Aufenthalt,

e) Rechtsform/-status,

f) sachbezogene Daten zu Kommunikations- und Verkehrsmittel einschließlich Registrierungsnummer/Kennzeichen und

g) Informationen über wirtschaftliche und finanzielle Verhältnisse einschließlich damit im Zusammenhang stehender Daten juristischer Personen,

2. zu Betroffenen nach § 6 Abs. 2 *(BGBl I 2021/148)*

a) Namen,

b) frühere Namen,

c) Aliasdaten,

d) Namen der Eltern,

e) Geschlecht,

f) Geburtsdatum und Ort,

g) Staatsangehörigkeit,

h) Wohnanschrift/Aufenthalt,

i) Dokumentendaten,

j) Beruf, Qualifikation und Funktion/Beschäftigung/Lebensverhältnisse,

k) Daten, die für die Einreise- und Aufenthaltsberechtigung maßgeblich sind,

l) sachbezogene Daten zu Kommunikations- und Verkehrsmittel sowie Waffen einschließlich Registrierungsnummer/Kennzeichen,

m) Lichtbild und sonstige zur Personenbeschreibung erforderliche Daten,

n) erkennungsdienstliche Daten und

o) Informationen über wirtschaftliche und finanzielle Verhältnisse einschließlich damit im Zusammenhang stehender Daten juristischer Personen,

p) Informationen im Zusammenhang mit Verpflichtungen nach §§ 8a und 8b, insbesondere Angaben zu Grund und Umfang (räumlich und zeitlich) der Verpflichtung einschließlich früherer

Verpflichtungen nach §§ 8a und 8b, *(BGBl I 2021/148)*

3. zu Verdächtigen eines verfassungsgefährdenden Angriffs die Datenarten nach Z 2 a) bis p), *(BGBl I 2021/148)*

3a. zu Betroffenen von Befugnissen nach §§ 8a und 8b die Datenarten nach Z 2 a) bis j), l), o) und p), *(BGBl I 2021/148)*

4. zu Kontakt- oder Begleitpersonen, die unmittelbar und nicht nur zufällig mit einer Gruppierung nach Z 1, Betroffenen nach Z 2 oder Verdächtigen nach Z 3 in Verbindung stehen und bei denen ausreichende Gründe für die Annahme bestehen, dass über sie für die Erfüllung der Aufgabe relevante Informationen beschafft werden können, die Datenarten nach Z 2 a) bis m) bis zur möglichst rasch vorzunehmenden Klärung der Beziehung zu diesen Personen,

5. zu Informanten und sonstigen Auskunftspersonen die Datenarten nach Z 2 a) bis j)

sowie tat- und fallbezogene Informationen und Verwaltungsdaten gemeinsam verarbeiten, die gemäß §§ 10 oder 11 oder auf Grundlage des SPG oder der StPO ermittelt und verarbeitet wurden. Der Bundesminister für Inneres übt die Funktion des Auftragsverarbeiters gemäß § 36 Abs. 2 Z 9 in Verbindung mit § 48 DSG aus. *(BGBl I 2018/32)*

(1a) Die Direktion ist ermächtigt, zum Zweck der Beurteilung von verfassungsschutzrelevanten Bedrohungslagen (§ 8 Abs. 1) mittels strategischer Analyse Datenarten nach Abs. 1 Z 1 d) und e), Z 2 a) bis o) sowie tat- und fallbezogene Informationen und Verwaltungsdaten zu verarbeiten, die sie gemäß § 10 ermittelt oder in Vollziehung von Bundes- oder Landesgesetzen verarbeitet hat oder verarbeiten darf, sofern sich die Verarbeitung dieser Daten nicht nach Abs. 1 richtet. Sobald die Voraussetzungen des Abs. 1 vorliegen, sind die diesbezüglichen personenbezogenen Daten in die Datenverarbeitung nach Abs. 1 zu überführen. Darüber hinaus sind die Daten zu löschen, sobald diese für die Erfüllung der Aufgabe nach § 8 Abs. 1 nicht mehr benötigt werden, längstens jedoch nach zehn Jahren. Die Direktion hat diese Daten einmal jährlich daraufhin zu prüfen, ob ihre Verarbeitung weiterhin erforderlich ist. *(BGBl I 2021/148)*

(2) Die Daten sind vor der Verarbeitung in der Datenverarbeitung auf ihre Erheblichkeit und Richtigkeit zu prüfen sowie während der Verwendung zu aktualisieren. Erweisen sich Daten als unrichtig, dann sind diese richtigzustellen oder zu löschen, es sei denn, die Weiterverarbeitung von Falschinformationen mit der Kennzeichnung „unrichtig" ist zur Erfüllung des Zwecks (Abs. 1 und 1a) erforderlich. Bei Einstellung von Ermittlungen oder Beendigung eines Verfahrens einer Staatsanwaltschaft oder eines Strafgerichtes sind die Daten durch Anmerkung der Einstellung oder

Verfahrensbeendigung und des bekannt gewordenen Grundes zu aktualisieren. Eine Aktualisierung oder Richtigstellung von Daten nach Abs. 1 Z 1 lit. a bis d und Z 2 lit. a bis i darf jeder Verantwortliche vornehmen. Hievon ist jener Verantwortliche, der die Daten ursprünglich verarbeitet hat, zu informieren. *(BGBl I 2018/32; BGBl I 2021/148)*

(3) Daten sind nach Maßgabe des § 13 zu löschen. Daten zu Verdächtigen gemäß Abs. 1 Z 3 und damit in Zusammenhang stehenden Personen gemäß Abs. 1 Z 5 sind längstens nach fünf Jahren, Personen gemäß Abs. 1 Z 4 längstens nach drei Jahren und zu Betroffenen gemäß Abs. 1 Z 3a längstens nach fünf Jahren zu löschen; bei mehreren Speicherungen nach derselben Ziffer bestimmt sich die Löschung nach dem Zeitpunkt der letzten Speicherung. Daten zu Kontakt- und Begleitpersonen gemäß Abs. 1 Z 4 sind jedenfalls zu löschen, wenn keine Gründe für die Annahme mehr vorliegen, dass über sie für die Erfüllung der Aufgabe relevante Informationen beschafft werden können. *(BGBl I 2021/148)*

(4) Übermittlungen sind an Sicherheitsbehörden für Zwecke der Sicherheitspolizei und Strafrechtspflege, an Staatsanwaltschaften und ordentliche Gerichte für Zwecke der Strafrechtspflege, an die Teilnehmer einer Fallkonferenz Staatsschutz unter den Voraussetzungen des § 6a Abs. 2, an Einrichtungen gemäß § 7 Abs. 2, soweit dies für die Erfüllung der Aufgabe der Einrichtung unbedingt erforderlich ist und die Einrichtung sich zur vertraulichen Behandlung verpflichtet hat, an verfassungsmäßige Einrichtungen nach Maßgabe des § 8 Abs. 2, an Betreiber kritischer Infrastrukturen, soweit dies für den Betrieb von wesentlicher Bedeutung ist und der Betreiber sich zur vertraulichen Behandlung verpflichtet hat, und darüber hinaus an Dienststellen inländischer Behörden, soweit dies eine wesentliche Voraussetzung zur Wahrnehmung einer ihr gesetzlich übertragenen Aufgabe ist, an ausländische Sicherheitsbehörden und Sicherheitsorganisationen (§ 2 Abs. 2 und 3 PolKG) sowie Organe der Europäischen Union oder Vereinten Nationen entsprechend den Bestimmungen über die internationale polizeiliche Amtshilfe zulässig. Begehrt beim Empfänger eine betroffene Person Auskunft über personenbezogene Daten, die von einer Organisationseinheit gemäß § 1 Abs. 3 übermittelt worden sind, ist vor der Entscheidung über die Erteilung einer Auskunft der Organisationseinheit gemäß § 1 Abs. 3 Gelegenheit zur Stellungnahme über das Vorliegen einer Voraussetzung gemäß § 44 Abs. 2 in Verbindung mit § 43 Abs. 4 DSG zu geben. Teilt die Organisationseinheit gemäß § 1 Abs. 3 mit, dass die Voraussetzungen für die Einschränkung des Auskunftsrechts gemäß § 44 Abs. 2 in Verbindung mit § 43 Abs. 4 DSG vorliegen, ist die Auskunft gegenüber dem Auskunftswerber nicht zu erteilen. *(BGBl I 2021/148)*

(4a) Soweit die Zulässigkeit der Übermittlung von Daten an die Verpflichtung zur vertraulichen Behandlung (Abs. 4) geknüpft ist, ist die Weiterverarbeitung der Daten beim Empfänger nur im Rahmen der gesetzlichen oder im Sinne des § 7 Abs. 2 bestehenden vertraglichen Verpflichtungen oder sonst nur für den der Übermittlung zugrunde liegenden Zweck zulässig. Die Daten sind zu löschen, sobald diese dafür nicht mehr benötigt werden. *(BGBl I 2021/148)*

(5) Bei der Datenverarbeitung nach Abs. 1 obliegt jedem gemeinsam Verantwortlichen (§ 47 DSG) die Erfüllung von Pflichten nach den §§ 42 bis 45 DSG nur hinsichtlich der von ihm ursprünglich verarbeiteten Daten. Nimmt ein Betroffener unter Nachweis seiner Identität ein Recht nach den §§ 43 bis 45 DSG gegenüber einem unzuständigen gemeinsam Verantwortlichen wahr, ist er an den zuständigen gemeinsam Verantwortlichen zu verweisen, sofern nicht ein Fall des § 43 Abs. 4 DSG vorliegt. *(BGBl I 2018/32)*

(6) Die Kontrolle der Datenverarbeitungen nach Abs. 1 und 1a obliegt dem Rechtsschutzbeauftragten nach Maßgabe des § 91c Abs. 2 SPG sowie § 15 Abs. 1. *(BGBl I 2021/148)*

(7) Darüber hinaus ist die Direktion nach Maßgabe des § 54b SPG ermächtigt, personenbezogene Daten von Menschen, die Informationen zur Erfüllung der Aufgabe der erweiterten Gefahrenerforschung (§ 6 Abs. 1), des vorbeugenden Schutzes vor verfassungsgefährdenden Angriffen (§ 6 Abs. 2), zur Abwehr gefährlicher Angriffe oder krimineller Verbindungen (§ 21 Abs. 1 SPG) weitergeben, zu verarbeiten. *(BGBl I 2021/148)*

Besondere Löschungsverpflichtung

§ 13. (1) Soweit sich eine Aufgabe nach § 6 Abs. 1 oder 2 gestellt hat, sind die nach diesem Bundesgesetz verarbeiteten personenbezogenen Daten zu löschen, wenn sich nach Ablauf der Zeit, für die die Ermächtigung dazu erteilt wurde, keine Aufgabe für die Organisationseinheiten gemäß § 1 Abs. 3 stellt. Überdies kann die unverzügliche Löschung unterbleiben, wenn in Hinblick auf die Gruppierung oder den Betroffenen aufgrund bestimmter Tatsachen, insbesondere aufgrund von verfassungsgefährdenden Aktivitäten im Ausland, erwartet werden kann, dass sie neuerlich den Anlass zu einer Aufgabe nach § 6 Abs. 1 oder 2 wird. Die Organisationseinheiten gemäß § 1 Abs. 3 haben diese Daten einmal jährlich daraufhin zu prüfen, ob ihre Verarbeitung weiterhin erforderlich ist. Wenn sich zwei Jahre nach Ablauf der Zeit, für die die Ermächtigung dazu erteilt wurde, keine Aufgabe für die Organisationseinheiten gemäß § 1 Abs. 3 stellt, bedarf die Verarbeitung für jeweils ein weiteres Jahr der Ermächtigung des Rechtsschutzbeauftragten (§ 15). Nach Ablauf von sechs Jahren sind die Daten jedenfalls zu löschen. *(BGBl I 2018/32; BGBl I 2021/148)*

SNG

(2) Wird der Betroffene nach Ende der Ermächtigung gemäß § 16 Abs. 2 von den Organisationseinheiten gemäß § 1 Abs. 3 informiert, sind die nach diesem Bundesgesetz ermittelten personenbezogenen Daten unbeschadet von Abs. 1 für sechs Monate aufzubewahren; diese Frist verlängert sich um jenen Zeitraum, als die Information des Betroffenen nach § 16 Abs. 3 aufgeschoben wird. Darüber hinaus sind die Daten nicht vor Abschluss eines Rechtsschutzverfahrens zu löschen. Diesfalls sind die Daten für den Zugriff zu sperren und dürfen nur zum Zweck der Information Betroffener oder in einem Rechtsschutzverfahren verarbeitet werden. *(BGBl I 2018/32)*

4. Hauptstück

Rechtsschutz auf dem Gebiet des Verfassungsschutzes

Rechtsschutzbeauftragter

§ 14. (1) Dem Rechtsschutzbeauftragten (§ 91a SPG) obliegt der besondere Rechtsschutz bei den Aufgaben nach § 6 Abs. 1 und 2 sowie die Kontrolle der Datenverarbeitungen nach § 12 Abs. 6. *(BGBl I 2021/148)*

(2) Die Organisationseinheiten gemäß § 1 Abs. 3, denen sich eine Aufgabe gemäß § 6 Abs. 1 oder 2 stellt, haben vor der Durchführung der Aufgabe die Ermächtigung des Rechtsschutzbeauftragten im Wege des Bundesministers für Inneres einzuholen. Dasselbe gilt, wenn beabsichtigt ist, besondere Ermittlungsmaßnahmen nach § 11 zu setzen oder § 10 Abs. 4 ermittelte Daten weiterzuverarbeiten. Jede Einholung einer Ermächtigung ist entsprechend zu begründen, insbesondere sind darin die Gründe für den Einsatz einer Vertrauensperson (§ 11 Abs. 1 Z 2 iVm § 54 Abs. 3 und 3a SPG) anzuführen. Eine Ermächtigung ist zu begründen und darf nur in jenem Umfang und für jenen Zeitraum erteilt werden, der zur Erfüllung der Aufgabe voraussichtlich erforderlich ist, höchstens aber für die Dauer von sechs Monaten; Verlängerungen sind zulässig. *(BGBl I 2021/148)*

(3) Über die Erteilung der Ermächtigung zu Ermittlungsmaßnahmen gemäß § 11 Abs. 1 Z 2 iVm § 54 Abs. 3 und 3a SPG und § 11 Abs. 1 Z 7 entscheiden der Rechtsschutzbeauftragte und zwei seiner Stellvertreter mit Stimmenmehrheit (Rechtsschutzsenat). Bei Gefahr im Verzug kann der Rechtsschutzbeauftragte die Ermächtigung vorläufig erteilen. In diesem Fall hat er die dem Rechtsschutzsenat angehörenden Stellvertreter unverzüglich zu befassen; wird die Ermächtigung nicht bestätigt, ist die Ermittlungsmaßnahme sogleich zu beenden und die bislang ermittelten Daten sind zu löschen.

Rechte und Pflichten des Rechtsschutzbeauftragten

§ 15. (1) Die Organisationseinheiten gemäß § 1 Abs. 3 haben dem Rechtsschutzbeauftragten bei der Wahrnehmung seiner Aufgaben jederzeit Einblick in alle erforderlichen Unterlagen und Aufzeichnungen sowie in die Datenverarbeitungen nach § 12 Abs. 1 und 1a zu gewähren, ihm auf Verlangen Abschriften (Ablichtungen) einzelner Aktenstücke unentgeltlich auszufolgen und alle erforderlichen Auskünfte zu erteilen; insofern kann ihm gegenüber Amtsverschwiegenheit nicht geltend gemacht werden. Dies gilt jedoch nicht für Auskünfte über die Identität von Personen nach Maßgabe des § 162 StPO. *(BGBl I 2021/148)*

(2) Dem Rechtsschutzbeauftragten ist jederzeit Gelegenheit zu geben, die Durchführung der in § 14 Abs. 2 genannten Maßnahmen zu überwachen und alle Räume zu betreten, in denen Aufnahmen oder sonstige Überwachungsergebnisse aufbewahrt werden. Darüber hinaus hat er im Rahmen seiner Aufgabenstellungen die Einhaltung der Pflicht zur Richtigstellung oder Löschung nach § 13 zu überwachen.

(3) In Verfahren über Beschwerden von Betroffenen einer Aufgabe nach § 6 Abs. 1 oder 2 vor der Datenschutzbehörde, den Verwaltungsgerichten sowie den Gerichtshöfen des öffentlichen Rechts kommt dem Rechtsschutzbeauftragten die Stellung einer mitbeteiligten Amtspartei zu. *(BGBl I 2021/148)*

(4) Der Rechtsschutzbeauftragte erstattet dem Bundesminister für Inneres jährlich bis spätestens 31. März des Folgejahres einen Bericht über seine Tätigkeit und Wahrnehmungen im Rahmen seiner Aufgabenerfüllung nach diesem Bundesgesetz.

Information Betroffener

§ 16. (1) Nimmt der Rechtsschutzbeauftragte wahr, dass durch Verarbeiten personenbezogener Daten Rechte von Betroffenen einer Aufgabe nach § 6 Abs. 1 oder 2 oder im Rahmen der Datenverarbeitungen gemäß § 12 Abs. 1 und 1a verletzt worden sind, die von dieser Verarbeitung keine Kenntnis haben, so ist er zu deren Information oder, sofern eine solche aus den Gründen des § 43 Abs. 4 DSG nicht erfolgen kann, zur Erhebung einer Beschwerde an die Datenschutzbehörde nach § 90 SPG verpflichtet. In einem solchen Verfahren vor der Datenschutzbehörde ist auf § 43 Abs. 4 DSG über die Beschränkung des Auskunftsrechtes Bedacht zu nehmen. *(BGBl I 2018/32; BGBl I 2021/148)*

(2) Nach Ablauf der Zeit, für die die Ermächtigung erteilt wurde, ist der Betroffene einer Aufgabe nach § 6 Abs. 1 oder 2 von den Organisationseinheiten gemäß § 1 Abs. 3 über Grund, Art und Dauer sowie die Rechtsgrundlage der gesetz-

ten Maßnahmen nachweislich zu informieren. Über die durchgeführte Information ist der Rechtsschutzbeauftragte in Kenntnis zu setzen. *(BGBl I 2021/148)*

(3) Die Information kann mit Zustimmung des Rechtsschutzbeauftragten aufgeschoben werden, solange durch sie die Aufgabenerfüllung gefährdet wäre, und unterbleiben, wenn der Betroffene bereits nachweislich Kenntnis erlangt hat, die Information des Betroffenen unmöglich ist oder aus den Gründen des § 43 Abs. 4 DSG nicht erfolgen kann. *(BGBl I 2018/32)*

Berichte über den Verfassungsschutz

§ 17. (1) Die Direktion hat unter Einbeziehung der Tätigkeiten der für Staatsschutz zuständigen Organisationseinheiten der Landespolizeidirektionen jährlich einen Bericht zu erstellen, mit dem die Öffentlichkeit, unter Einhaltung von gesetzlichen Verschwiegenheitspflichten, über aktuelle und mögliche verfassungsschutzrelevante Entwicklungen informiert wird.

(1a) Darüber hinaus erstattet die Direktion dem Bundesminister für Inneres jährlich bis spätestens 31. März des Folgejahres einen Bericht über die Wahrnehmung der Aufgaben nach diesem Bundesgesetz durch die Direktion und die für Staatsschutz zuständigen Organisationseinheiten der Landespolizeidirektionen. Der Bundesminister für Inneres hat diesen Bericht dem ständigen Unterausschuss des Ausschusses für innere Angelegenheiten zur Überprüfung von Maßnahmen zum Schutz der verfassungsmäßigen Einrichtungen und ihrer Handlungsfähigkeit (Ständiger Unterausschuss) zu übermitteln.

(2) Der Bundesminister für Inneres hat dem Ständigen Unterausschuss in dessen Sitzungen über die Erfüllung der Aufgaben nach diesem Bundesgesetz, insbesondere über wesentliche Änderungen, die innere Sicherheit betreffenden Lagebildern, über einzelne Sachverhalte, die Gegenstand politischer Diskussionen oder öffentlicher Berichterstattung sind, oder über wesentliche Änderungen der Organisation oder der Aufgaben der Direktion zu berichten.

(3) Über den Stand der Ausbildung nach § 2 Abs. 3, Maßnahmen zur Qualitätssicherung nach § 2 Abs. 5, Unterrichtungen nach § 8 Abs. 2 erster Satz sowie die Information Betroffener nach § 16 hat der Bundesminister für Inneres dem Ständigen Unterausschuss jedenfalls halbjährlich, über die personelle und finanzielle Ressourcenausstattung der Direktion im abgelaufenen Jahr jedenfalls jährlich zu berichten.

(4) Den Bericht des Rechtsschutzbeauftragten gemäß § 15 Abs. 4 hat der Bundesminister für Inneres dem Ständigen Unterausschuss zu übermitteln.

(5) Der Rechtsschutzbeauftragte hat dem Ständigen Unterausschuss für Auskünfte über wesentliche Entwicklungen zur Verfügung zu stehen; zudem steht es dem Rechtsschutzbeauftragten frei, in solchen Angelegenheiten jederzeit von sich aus an den Ständigen Unterausschuss heranzutreten. In einem solchen Fall hat er seine Absicht dem Vorsitzenden des Ständigen Unterausschusses mitzuteilen.

(BGBl I 2021/148)

4a. Hauptstück

Unabhängige Kontrollkommission Verfassungsschutz

Unabhängige Kontrollkommission Verfassungsschutz

§ 17a. (1) Zum Zweck der Sicherstellung der gesetzmäßigen Aufgabenerfüllung der Organisationseinheiten gemäß § 1 Abs. 3 ist beim Bundesminister für Inneres eine unabhängige Kontrollkommission Verfassungsschutz (Kontrollkommission) eingerichtet. Dieser obliegt die begleitende Kontrolle der Tätigkeit der Organisationseinheiten gemäß § 1 Abs. 3. Angelegenheiten, die dem Rechtsschutz durch den Rechtsschutzbeauftragten (§§ 14 ff) oder einer sonstigen Rechtsschutzeinrichtung unterliegen, sind davon nicht umfasst; im Übrigen ist die operative Kontrolle von Einzelfällen frühestens nach Abschluss der Ermittlungen zulässig. Die Kontrollkommission kann aus eigenem oder über Ersuchen des Bundesministers für Inneres tätig werden.

(2) **(Verfassungsbestimmung)** Die Kontrollkommission kann auch über Ersuchen des Ständigen Unterausschusses tätig werden. Wird ein Ersuchen des Ständigen Unterausschusses an den Vorsitzenden der Kontrollkommission gerichtet, hat die Kontrollkommission dem Ständigen Unterausschuss nach Möglichkeit binnen drei Monaten einen schriftlichen Bericht vorzulegen.

(3) Die Kontrollkommission hat ihr zur Kenntnis gebrachten, nicht offenkundig unbegründeten Vorwürfen gegen die Tätigkeit der Organisationseinheiten gemäß § 1 Abs. 3 nachzugehen. Die Kontrollkommission erfüllt weder sicherheits- oder kriminalpolizeiliche, noch dienst- oder disziplinarbehördliche Aufgaben.

(4) Die Kontrollkommission besteht aus fünf Mitgliedern, von denen jeweils eines für die Dauer eines Jahres den Vorsitz ausübt und die sich jedes Jahr in der Vorsitzführung abwechseln. Die Mitglieder der Kontrollkommission sind bei der Besorgung ihrer Aufgaben unabhängig und weisungsfrei. Sie unterliegen der Amtsverschwiegenheit sowie den sonstigen Geheimhaltungspflichten, die im Zusammenhang mit der Wahrnehmung der Tätigkeiten der Organisationseinhei-

SNG

ten gemäß § 1 Abs. 3 zur Anwendung kommen. Darüber hinaus sind sie nicht verpflichtet, die Identität einer Auskunftsperson preiszugeben oder in ihrer Funktion als Kontrollkommission wahrgenommenes gerichtlich strafbares Verhalten oder Dienstpflichtverletzungen anzuzeigen. *(BGBl I 2023/8)*

(5) **(Verfassungsbestimmung)** Die Mitglieder der Kontrollkommission werden auf Vorschlag des Hauptausschusses vom Nationalrat in Anwesenheit von mindestens der Hälfte der Mitglieder mit einer Mehrheit von zwei Dritteln der abgegebenen Stimmen für eine Funktionsperiode von zehn Jahren gewählt; eine Wiederwahl ist unzulässig. Sie leisten vor Antritt ihres Amtes dem Bundespräsidenten die Angelobung. Bei Wegfall der Voraussetzungen (§ 17b Abs. 1 und 2) können die Mitglieder durch Beschluss des Nationalrats in Anwesenheit von mindestens der Hälfte der Mitglieder mit einer Mehrheit von zwei Dritteln der abgegebenen Stimmen abberufen werden.

(6) Die Kontrollkommission entscheidet, sofern gesetzlich nichts anderes bestimmt ist, einstimmig, wobei eine Stimmenthaltung nicht zulässig ist, und hat nähere Regelungen zu ihrem Zusammenwirken, insbesondere über die Reihenfolge der Vorsitzenden, die Vertretung des Vorsitzenden im Verhinderungsfall und die Einberufung von Sitzungen, in einer Geschäftsordnung zu treffen.

(BGBl I 2021/148)

Organisation

§ 17b. (1) Ein Mitglied muss mindestens fünf Jahre in einem Beruf tätig gewesen sein, in dem der Abschluss des Studiums der Rechtswissenschaften Berufsvoraussetzung ist, und besondere Kenntnisse und Erfahrungen auf dem Gebiet der Grund- und Freiheitsrechte aufweisen. Die übrigen Mitglieder müssen ein abgeschlossenes Hochschulstudium (Z 1.12. der Anlage 1 BDG 1979) aufweisen und mindestens fünf Jahre in einem Beruf tätig gewesen sein, in dem für die Aufgabe gemäß § 17a Abs. 1 einschlägige Kenntnisse insbesondere im Bereich der Rechts-, Politik- oder Wirtschaftswissenschaften erforderlich sind.

(2) Zum Mitglied darf nicht bestellt werden, wer Mitglied der Bundesregierung oder einer Landesregierung oder eines allgemeinen Vertretungskörpers ist, wer in den letzten zwölf Jahren Direktor oder Stellvertreter der Direktion oder wer in den letzten drei Jahren sonstiger Bediensteter einer Organisationseinheit gemäß § 1 Abs. 3 war. Richter und Staatsanwälte des Dienststandes, Rechtsanwälte, die in die Liste der Rechtsanwälte eingetragen sind, und andere Personen, die vom Amt eines Geschworenen oder Schöffen ausgeschlossen oder zu diesem nicht zu berufen sind

(§§ 2 und 3 des Geschworenen- und Schöffengesetzes 1990, BGBl. Nr. 256/1990), dürfen nicht bestellt werden.

(3) Die Bestellung zum Mitglied erlischt bei Verzicht, im Todesfall, bei Abberufung oder mit Wirksamkeit der Neubestellung. Wenn ein Grund besteht, die volle Unbefangenheit eines Mitglieds in Zweifel zu ziehen, hat sich dieses des Einschreitens in der Sache zu enthalten.

(4) Vor Beginn der Tätigkeit muss sich jedes Mitglied der Kontrollkommission einer Vertrauenswürdigkeitsprüfung (§ 2a) unterziehen. Die Vertrauenswürdigkeitsprüfung ist alle drei Jahre zu wiederholen.

(5) Zur Bewältigung der administrativen Tätigkeiten der Kontrollkommission hat der Bundesminister für Inneres die notwendige Sach- und Personalausstattung bereitzustellen; diese Personen haben sich vor Beginn ihrer Tätigkeit einer Vertrauenswürdigkeitsprüfung (§ 2a) zu unterziehen, die alle drei Jahre zu wiederholen ist. Zur Sicherstellung der Unabhängigkeit sind der Kontrollkommission Büroräumlichkeiten außerhalb des Raumverbundes der Generaldirektion für die öffentliche Sicherheit oder einer ihr nachgeordneten Sicherheitsbehörde zur Verfügung zu stellen. Die Mitglieder der Kontrollkommission haben Anspruch auf eine dem Zeit- und Arbeitsaufwand entsprechende Vergütung, deren Pauschalsätze sich nach der Rechtsschutzbeauftragten-Entschädigungsverordnung, BGBl. II Nr. 116/2016, bemessen.

(BGBl I 2021/148)

Rechte und Pflichten

§ 17c. (1) Die Organisationseinheiten gemäß § 1 Abs. 3 sind verpflichtet, die Kontrollkommission bei ihrer Tätigkeit zu unterstützen.

(2) Die Organisationseinheiten gemäß § 1 Abs. 3 haben der Kontrollkommission bei der Wahrnehmung ihrer Aufgaben jederzeit Einblick in alle erforderlichen Unterlagen und Aufzeichnungen zu gewähren und ihr auf Verlangen Abschriften (Ablichtungen) einzelner Aktenstücke unentgeltlich zu erteilen; insofern kann ihr gegenüber keine Amtsverschwiegenheit geltend gemacht werden. Dies gilt jedoch nicht für Auskünfte und Unterlagen über die Identität von Personen oder über Quellen und für Abschriften (Ablichtungen), wenn das Bekanntwerden der jeweiligen Information die nationale Sicherheit oder die Sicherheit von Menschen gefährden würde oder wenn überwiegende Interessen ausländischer Sicherheitsbehörden oder Sicherheitsorganisationen (§ 2 Abs. 2 und 3 PolKG) entgegenstehen. Außerdem haben sie der Kontrollkommission Zutritt zu sämtlichen Räumlichkeiten zu gewähren, soweit dem keine überwiegenden Interessen ausländischer Sicherheitsbehörden oder Sicherheitsorga-

nisationen (§ 2 Abs. 2 und 3 PolKG) entgegenstehen.

(3) Der Direktor, seine Stellvertreter sowie die Leiter der für Staatsschutz zuständigen Organisationseinheiten der Landespolizeidirektionen sind verpflichtet, der Kontrollkommission zumindest vierteljährlich für ein Gespräch zur Verfügung zu stehen.

(4) Gemäß Abs. 2 erteilte Abschriften (Ablichtungen) sind zu löschen, sobald der darauffolgende Bericht gemäß § 17d Abs. 1 erstattet wurde.

(BGBl I 2021/148)

Berichte

§ 17d. (1) Die Kontrollkommission hat dem Bundesminister für Inneres und dem Ständigen Unterausschuss jährlich bis spätestens 31. März des Folgejahres einen Bericht über ihre Aufgabenwahrnehmung und Empfehlungen zu erstatten.

(2) Über ihre Tätigkeit kann die Kontrollkommission jederzeit dem Bundesminister für Inneres und dem Ständigen Unterausschuss berichten.

(3) Überdies kann die Kontrollkommission jederzeit Empfehlungen an den Bundesminister für Inneres richten, welche der Bundesminister für Inneres dem Ständigen Unterausschuss in dessen Sitzungen zur Kenntnis zu bringen hat.

(4) Die Kontrollkommission hat dem Ständigen Unterausschuss für Auskünfte über wesentliche Entwicklungen zur Verfügung zu stehen; zudem steht es der Kontrollkommission frei, in solchen Angelegenheiten jederzeit von sich aus an den Ständigen Unterausschuss heranzutreten. In einem solchen Fall hat der Vorsitzende seine Absicht dem Vorsitzenden des Ständigen Unterausschusses mitzuteilen.

(5) Die Kontrollkommission hat jährlich einen Bericht zu erstellen, mit dem die Öffentlichkeit, unter Einhaltung von gesetzlichen Verschwiegenheitspflichten, über ihre Tätigkeit informiert wird.

(BGBl I 2021/148)

5. Hauptstück
Straf-, Schluss- und Übergangsbestimmungen

Verwaltungsübertretungen

§ 17e. (1) Wer

1. einer Verpflichtung zur vertraulichen Behandlung personenbezogener Daten zuwiderhandelt,

2. einer Gefährderansprache zur Deradikalisierung nach § 8a oder einer Meldeverpflichtung nach § 8b nicht nachkommt oder

3. die amtliche Belehrung nach § 8a behindert oder stört,

begeht eine Verwaltungsübertretung und ist mit Geldstrafe bis zu 1 000 Euro, im Wiederholungsfall mit Geldstrafe bis zu 4 600 Euro, im Falle ihrer Uneinbringlichkeit mit Ersatzfreiheitsstrafe bis zu vier Wochen zu bestrafen. § 86 SPG gilt.

(BGBl I 2021/148)

Inkrafttreten

§ 18. (1) Dieses Bundesgesetz tritt mit 1. Juli 2016 in Kraft.

(2) Verordnungen auf Grund dieses Bundesgesetzes können bereits ab dem auf seine Kundmachung folgenden Tag erlassen werden; sie dürfen jedoch frühestens mit dem Inkrafttreten dieses Bundesgesetzes in Kraft gesetzt werden.

(3) Die Überschrift zum 3. Hauptstück, § 9, § 10 Abs. 1, 2 und 4, die Überschrift zu § 12, § 12 Abs. 1, 2 und 5, § 13, § 14 Abs. 1, § 15 Abs. 1 sowie § 16 Abs. 1 und 3 in der Fassung des Materien-Datenschutz-Anpassungsgesetzes 2018, BGBl. I Nr. 32/2018, treten mit 25. Mai 2018 in Kraft. *(BGBl I 2018/32)*

(4) § 2 Abs. 3 und 4, § 2a samt Überschrift, § 4 Z 3, § 6 Abs. 1 Z 3 sowie § 21 Abs. 5 in der Fassung des Bundesgesetzes BGBl. I Nr. 102/2020 treten mit Ablauf des Tages der Kundmachung in Kraft. Gleichzeitig tritt § 2 Abs. 5 außer Kraft. *(BGBl I 2020/102)*

(5) Der Titel, die §§ 1 und 2 samt Überschrift, § 2a Abs. 1, 4 und 7, die §§ 2b bis 4 samt Überschriften, § 6, die §§ 6a bis 8 samt Überschriften, das 2a. Hauptstück samt Überschrift, § 9 Abs. 2, § 10 samt Überschrift, § 11 Abs. 1, 1a und 3, § 12, § 13 Abs. 1, § 14, § 15 Abs. 1 und 3, § 16 Abs. 1 und 2, § 17 samt Überschrift, § 17a Abs. 1, 3, 4 und 6 samt Überschrift, die §§ 17b bis 17e samt Überschriften sowie die Überschriften zum 2., 3., 4., 4a und 5. Hauptstück in der Fassung des Bundesgesetzes BGBl. I Nr. 148/2021 treten mit 1. Dezember 2021 in Kraft. *(BGBl I 2021/148)*

(6) **(Verfassungsbestimmung)** § 17a Abs. 2 und 5 in der Fassung des Bundesgesetzes BGBl. I Nr. 148/2021 tritt mit 1. Dezember 2021 in Kraft. *(BGBl I 2021/148)*

(7) § 11 Abs. 1 Z 5 und 7 in der Fassung des Bundesgesetzes BGBl. I. Nr. 190/2021 tritt mit dem auf den Tag der Kundmachung folgenden Monatsersten in Kraft. *(BGBl I 2021/190)*

(8) § 17a Abs. 4 in der Fassung des Bundesgesetzes BGBl. I Nr. 8/2023 tritt nach Ablauf des Tages der Kundmachung in Kraft. *(BGBl I 2023/8)*

Sprachliche Gleichbehandlung

§ 19. Soweit in diesem Bundesgesetz auf natürliche Personen bezogene Bezeichnungen nur in männlicher Form angeführt sind, beziehen sie

SNG

sich auf Frauen und Männer in gleicher Weise. Bei der Anwendung der Bezeichnungen auf bestimmte natürliche Personen ist die geschlechtsspezifische Form zu verwenden.

Verweisungen

§ 20. Verweisungen in diesem Bundesgesetz auf andere Bundesgesetze sind als Verweisungen auf die jeweils geltende Fassung zu verstehen.

Übergangsbestimmungen

§ 21. (1) Vor Inkrafttreten dieses Bundesgesetzes erteilte Ermächtigungen gemäß § 91c Abs. 3 SPG in der Fassung vor Inkrafttreten dieses Bundesgesetzes gelten als Ermächtigungen gemäß § 14 Abs. 2 und bleiben bis zum festgesetzten Zeitpunkt, längstens bis zum 31. Dezember 2016, weiterhin gültig; für diese gelten die Löschungsfristen nach § 13.

(2) Personenbezogene Daten, die vor Inkrafttreten dieses Bundesgesetzes von den Organisationseinheiten gemäß § 1 Abs. 3 für die Aufgabe nach § 21 Abs. 3 SPG in der Fassung vor Inkrafttreten dieses Bundesgesetzes rechtmäßig ermittelt wurden, dürfen nach Maßgabe des § 12 Abs. 1 und 2 in der Datenanwendung gemäß § 12 verarbeitet werden.

(3) Lokale Datenanwendungen der Organisationseinheiten gemäß § 1 Abs. 3, die vor Inkrafttreten dieses Bundesgesetzes auf Grundlage des § 53 SPG geführt wurden, dürfen für die Aufgaben nach dem SPG bis zur vollständigen Inbetriebnahme der Datenanwendung nach § 12, längstens bis zum 1. Juli 2017 weitergeführt werden. Darüber hinaus dürfen diese Datenanwendungen ausschließlich für die Zwecke der Übernahme von rechtmäßig verarbeiteten Daten in die Datenanwendung nach § 12 und der Durchführung von Abfragen nach Maßgabe anderer bundesgesetzlicher Regelungen oder unionsrechtlicher Vorschriften bis 1. Juli 2019 weitergeführt werden.

(4) Personen, die im Zeitpunkt des Inkrafttretens dieses Bundesgesetzes bereits Bedienstete der Organisationseinheiten gemäß § 1 Abs. 3 sind, haben die in § 2 Abs. 3 vorgesehene spezielle Ausbildung für Verfassungsschutz und Terrorismusbekämpfung innerhalb von drei Jahren ab dem Tag des Inkrafttretens zu absolvieren.

(5) § 2a ist auf Personen, die im Zeitpunkt des Inkrafttretens des Bundesgesetzes BGBl. I Nr. 102/2020 bereits Bedienstete gemäß § 2 Abs. 3 sind, mit der Maßgabe anzuwenden, dass die erstmalige Vertrauenswürdigkeitsprüfung innerhalb von sechs Jahren nach Inkrafttreten des Bundesgesetzes BGBl. I Nr. 102/2020 durchzuführen ist. § 2a Abs. 8 zweiter und dritter Satz gelten sinngemäß. *(BGBl I 2020/102)*

(6) Die Ausschreibung der Funktionen des Direktors der Direktion Staatsschutz und Nachrichtendienst sowie seiner Stellvertreter ist bereits vor Inkrafttreten des Bundesgesetzes BGBl. I Nr. 148/2021 zulässig, wobei im Ausschreibungsverfahren ergänzend die Bestimmungen des Bundesgesetzes BGBl. I Nr. 148/2021 anzuwenden sind. *(BGBl I 2021/148)*

(7) Bedienstete der Organisationseinheiten gemäß § 1 Abs. 3, die im Zeitpunkt des Inkrafttretens des Bundesgesetzes BGBl. I Nr. 148/2021 eine Nebenbeschäftigung bei der Dienstbehörde gemeldet haben, haben die in § 2 Abs. 6 vorgesehene Genehmigung für Nebenbeschäftigungen unverzüglich, längstens binnen zwei Wochen nach Inkrafttreten des Bundesgesetzes BGBl. I Nr. 148/2021, bei der Dienstbehörde zu beantragen. Bis zur Entscheidung der Dienstbehörde darf der Bedienstete die Nebenbeschäftigung vorläufig ausüben. Im Übrigen kann die in § 2 Abs. 6 vorgesehene Genehmigung für Nebenbeschäftigungen bereits vor Beginn der Tätigkeit in einer Organisationseinheit gemäß § 1 Abs. 3 bei der Dienstbehörde beantragt werden. *(BGBl I 2021/148)*

(8) Personenbezogene Daten, die vor Inkrafttreten des Bundesgesetzes BGBl. I Nr. 148/2021 von den Organisationseinheiten gemäß § 1 Abs. 3 für die Befugnisse gemäß § 49d und 49e SPG in der Fassung vor Inkrafttreten des Bundesgesetzes BGBl. I Nr. 148/2021 rechtmäßig verarbeitet wurden, dürfen nach Maßgabe des § 12 Abs. 1 und 2 in der Fassung des Bundesgesetzes BGBl. I Nr. 148/2021 in der Datenverarbeitung gemäß § 12 Abs. 1 in der Fassung des Bundesgesetzes BGBl. I Nr. 148/2021 verarbeitet werden. Abweichend von § 12 Abs. 3 zweiter Satz letzter Fall in der Fassung des Bundesgesetzes BGBl. I Nr. 148/2021 sind diese Daten längstens nach drei Jahren zu löschen. *(BGBl I 2021/148)*

(9) Vertrauenswürdigkeitsprüfungen gemäß § 2a Abs. 1 in der Fassung des Bundesgesetzes BGBl. I Nr. 148/2021 können bereits mit Ablauf des Tages der Kundmachung des Bundesgesetzes BGBl. I Nr. 148/2021 vorgenommen werden. *(BGBl I 2021/148)*

Vollziehung

§ 22. Mit der Vollziehung dieses Bundesgesetzes ist der Bundesminister für Inneres betraut.

19. Strafrechtliches Entschädigungsgesetz

BGBl I 2004/125 idF

1 BGBl I 2010/111 (BudgetbegleitG 2011)

Bundesgesetz über den Ersatz von Schäden aufgrund einer strafgerichtlichen Anhaltung oder Verurteilung (Strafrechtliches Entschädigungsgesetz 2005 – StEG 2005)

Der Nationalrat hat beschlossen:

1. Abschnitt

Anwendungsbereich

§ 1. (1) Der Bund haftet nach den Bestimmungen dieses Bundesgesetzes für den Schaden, den eine Person durch den Entzug der persönlichen Freiheit zum Zweck der Strafrechtspflege oder durch eine strafgerichtliche Verurteilung erlitten hat.

(2) Die Bestimmungen des Amtshaftungsgesetzes (AHG), BGBl. Nr. 20/1949, bleiben unberührt.

2. Abschnitt

Ersatzpflicht des Bundes

Ersatzanspruch

§ 2. (1) Ein Ersatzanspruch nach § 1 Abs. 1 steht nur einer Person zu, die

1. durch eine inländische Behörde oder eines ihrer Organe zum Zweck der Strafrechtspflege oder auf Grund der Entscheidung eines inländischen Strafgerichts gesetzwidrig festgenommen oder angehalten wurde (gesetzwidrige Haft);

2. wegen des Verdachts einer strafbaren Handlung festgenommen oder in Haft gehalten wurde und in der Folge durch ein inländisches Strafgericht in Ansehung dieser Handlung freigesprochen oder außer Verfolgung gesetzt wurde (ungerechtfertigte Haft) oder *(BGBl I 2010/111)*

3. durch ein inländisches Strafgericht nach Wiederaufnahme oder Erneuerung des Verfahrens oder sonstiger Aufhebung eines früheren Urteils freigesprochen oder sonst außer Verfolgung gesetzt oder neuerlich verurteilt wurde, sofern in diesem Fall eine mildere Strafe verhängt wurde oder eine vorbeugende Maßnahme entfiel oder durch eine weniger belastende Maßnahme ersetzt wurde (Wiederaufnahme).

(2) Das Organ, das der geschädigten Person den Schaden zufügte, haftet ihr nicht.

Ausschluss und Einschränkung des Ersatzanspruchs

§ 3. (1) Eine Haftung des Bundes ist ausgeschlossen, soweit

1. in den Fällen der gesetzwidrigen Haft, der ungerechtfertigten Haft und der Wiederaufnahme mit einer nachfolgenden milderen Strafe oder weniger belastenden Maßnahme die Zeit der Anhaltung auf eine Strafe angerechnet wurde;

2. im Fall der ungerechtfertigten Haft die geschädigte Person nur deshalb nicht verfolgt wurde, weil die Ermächtigung zur oder der Antrag auf Strafverfolgung zurückgenommen wurde oder die Strafbarkeit der Tat aus Gründen entfiel, die erst nach der Festnahme oder Anhaltung eintraten;

3. im Fall der ungerechtfertigten Haft die geschädigte Person nur deshalb nicht verfolgt wurde, weil sie die Tat im Zustand der Zurechnungsunfähigkeit begangen hatte; *(BGBl I 2010/111)*

4. im Fall der Wiederaufnahme an die Stelle der aufgehobenen Entscheidung nur deshalb eine günstigere trat, weil inzwischen das Gesetz geändert worden ist oder *(BGBl I 2010/111)*

5. die geschädigte Person in den Fällen der ungerechtfertigten Haft oder der Wiederaufnahme außer Verfolgung gesetzt wurde, weil die Staatsanwaltschaft nach den Bestimmungen des 11. Hauptstücks der Strafprozessordnung 1975, BGBl. Nr. 631/1975 (StPO), oder auf sie verweisenden Bestimmungen von der Verfolgung zurückgetreten ist oder das Gericht das Verfahren nach § 199 StPO oder darauf verweisenden Bestimmungen eingestellt hat. *(BGBl I 2010/111)*

(2) In den Fällen der ungerechtfertigten Haft und der Wiederaufnahme kann das Gericht die Haftung des Bundes mindern oder auch ganz ausschließen, soweit ein Ersatz unter Bedachtnahme auf die Verdachtslage zur Zeit der Festnahme oder Anhaltung, auf die Haftgründe und auf die Gründe, die zum Freispruch oder zur Einstellung des Verfahrens geführt haben, unangemessen wäre. Ist die geschädigte Person aber in einem Strafverfahren gemäß § 259 Z 3 StPO freigesprochen worden, so kann dabei die Verdachtslage nicht berücksichtigt werden. *(BGBl I 2010/111)*

(3) *(aufgehoben, BGBl I 2010/111)*

Mitverschulden

§ 4. (1) Die Haftung des Bundes kann wegen eines Mitverschuldens nach § 1304 des allgemeinen bürgerlichen Gesetzbuchs (ABGB), JGS Nr.

StEG

936/1811, eingeschränkt oder ausgeschlossen werden, wenn die geschädigte Person an ihrer Festnahme oder Anhaltung ein Verschulden trifft, insbesondere weil sie

1. den Verdacht oder einen Haftgrund dadurch herbeiführte, dass sie sich in wesentlichen Punkten wahrheitswidrig oder im Widerspruch zu einer späteren Verantwortung belastete oder wesentliche entlastende Umstände verschwieg oder sonst gegen die Festnahme oder Anhaltung sprechende Gründe nicht vorbrachte,

2. eine ordnungsgemäße Ladung nicht befolgte oder

3. gelinderen Mitteln zuwider handelte.

(2) Die Haftung des Bundes kann jedoch im Fall der gesetzwidrigen Haft aufgrund eines Mitverschuldens der geschädigten Person weder ausgeschlossen noch gemindert werden, wenn die Festnahme oder Anhaltung unter Verletzung der Bestimmungen des Art. 5 der Europäischen Menschenrechtskonvention, BGBl Nr. 210/1958, oder des Bundesverfassungsgesetzes über den Schutz der persönlichen Freiheit, BGBl. Nr. 684/1988, erfolgte.

Gegenstand des Ersatzes

§ 5. (1) Der Gegenstand und der Umfang des Ersatzes richten sich nach den Bestimmungen des ABGB. Der Schaden ist nur in Geld zu ersetzen.

(2) Der Ersatzanspruch wegen des Entzugs der persönlichen Freiheit umfasst auch eine angemessene Entschädigung für die durch die Festnahme oder die Anhaltung erlittene Beeinträchtigung. Die Höhe dieser Entschädigung beläuft sich auf mindestens 20 Euro, höchstens aber 50 Euro pro Tag des Freiheitsentzugs. Bei der Beurteilung der Angemessenheit sind die Dauer der Anhaltung sowie die persönlichen Verhältnisse der geschädigten Person und deren Änderung durch die Festnahme oder Anhaltung zu berücksichtigen. *(BGBl I 2010/111)*

(3) Ein Ersatzanspruch nach § 1 Abs. 1 unterliegt keiner bundesgesetzlich geregelten Abgabe.

Beschränkung der Verfügbarkeit

§ 6. Ein Ersatzanspruch nach § 1 Abs. 1 ist Exekutions- oder Sicherungsmaßnahmen entzogen, außer zugunsten einer Forderung auf Leistung des gesetzlichen Unterhalts oder auf Ersatz von Unterhaltsaufwendungen, die die geschädigte Person nach dem Gesetz selbst hätte machen müssen (§ 1042 ABGB). Soweit Exekutions- und Sicherungsmaßnahmen ausgeschlossen sind, ist auch jede Verpflichtung und Verfügung der geschädigten Person durch Abtretung, Anweisung, Verpfändung oder durch ein anderes Rechtsgeschäft unter Lebenden unwirksam.

Rückersatz

§ 7. Hat der Bund der geschädigten Person den Schaden ersetzt, so kann er von Personen, die als seine Organe gehandelt und den Schaden vorsätzlich oder grob fahrlässig verschuldet haben, Rückersatz begehren. Auf den Rückersatzanspruch sind die §§ 3, 4, 5 und 6 Abs. 2 AHG anzuwenden.

Verjährung

§ 8. (1) Ein Ersatzanspruch nach § 1 Abs. 1 verjährt in drei Jahren nach Ablauf des Tages, an dem der geschädigten Person die anspruchsbegründenden Voraussetzungen bekannt geworden sind, keinesfalls aber vor einem Jahr nach Rechtskraft der Entscheidung oder Verfügung, aus der der Ersatzanspruch abgeleitet wird. Sind der geschädigten Person diese Voraussetzungen nicht bekannt geworden oder ist der Schaden aus einer gerichtlich strafbaren Handlung entstanden, die nur vorsätzlich begangen werden kann und mit mehr als einjähriger Freiheitsstrafe bedroht ist, so verjährt ein solcher Ersatzanspruch erst in zehn Jahren nach der Festnahme oder der Anhaltung.

(2) Die Verjährung wird durch eine Aufforderung gemäß § 9 für die dort bestimmte Frist oder, wenn die Aufforderung innerhalb dieser Frist beantwortet wird, bis zur Zustellung der Antwort an die geschädigte Person gehemmt. Gleiches gilt bei Wiederaufnahme eines Strafverfahrens zum Nachteil der geschädigten Person (§ 11) bis zur Rechtskraft der Entscheidung im wiederaufgenommenen Strafverfahren.

3. Abschnitt

Verfahren

Aufforderungsverfahren

§ 9. (1) Die geschädigte Person soll den Bund, vertreten durch die Finanzprokuratur, zunächst schriftlich auffordern, ihr binnen drei Monaten eine Erklärung zukommen zu lassen, ob er den Ersatzanspruch anerkennt oder ganz oder zum Teil ablehnt. Das zur Entscheidung über den Ersatzanspruch berufene Gericht kann der geschädigten Person für dieses Aufforderungsverfahren nach den Bestimmungen der Zivilprozessordnung (ZPO), RGBl. Nr. 113/1895, über die Verfahrenshilfe einen Rechtsanwalt beigeben.

(2) Hat die geschädigte Person den Bund zur Anerkennung eines Anspruchs nicht oder nicht hinreichend deutlich aufgefordert oder die Klage vor Ablauf der Frist von drei Monaten erhoben oder den Anspruch erst im Lauf eines Rechtsstreits geltend gemacht, so steht dem Bund, soweit er den Ersatzanspruch anerkennt oder erfüllt, für die Dauer von drei Monaten ab Geltendmachung, längstens jedoch bis zum Schluss der mündlichen

Streitverhandlung, Kostenersatz nach § 45 ZPO zu.

(3) Der Bundesminister für Justiz kann mit Verordnung die näheren Anforderungen an das Aufforderungsschreiben der geschädigten Person sowie die für die Mitwirkung der Gerichte und Staatsanwaltschaften zur Vorbereitung der Grundlagen für die Entscheidung über die Berechtigung eines Ersatzanspruchs erforderlichen Regelungen erlassen.[1]

---

[1] *Siehe 19/1, im Anschluss abgedruckt.*

Bindung

§ 10. Jede rechtskräftige Entscheidung eines inländischen Gerichts, mit der die Rechtswidrigkeit einer Festnahme oder Anhaltung ausgesprochen wird, ist für das weitere Verfahren über einen Ersatzanspruch nach § 1 Abs. 1 bindend. Gleiches gilt für ein endgültiges Urteil des Europäischen Gerichtshofs für Menschenrechte, in dem ausgesprochen wird, dass das Grundrecht auf persönliche Freiheit verletzt worden ist.

Auswirkungen der Wiederaufnahme

§ 11. (1) Wird ein Strafverfahren zum Nachteil der geschädigten Person wiederaufgenommen, so ist die Erklärung nach § 9 Abs. 1 oder die Zahlung einer anerkannten Entschädigung bis zur rechtskräftigen Beendigung des wiederaufgenommenen Strafverfahrens aufzuschieben. Die Finanzprokuratur hat hievon die geschädigte Person zu verständigen. Vor Eintritt der Rechtskraft der Entscheidung im wiederaufgenommenen Strafverfahren kann der Entschädigungsanspruch nicht mit Klage geltend gemacht werden. Ein bereits anhängiger Rechtsstreit ist vom Gericht zu unterbrechen.

(2) Nach Rechtskraft der Entscheidung im wiederaufgenommenen Strafverfahren sind die nach Abs. 1 aufgeschobenen Rechtshandlungen nachzuholen, das unterbrochene Gerichtsverfahren fortzusetzen oder bereits geleistete Entschädigungen zurückzufordern, sofern die geschädigte Person diese Beträge nicht gutgläubig verbraucht hat.

(3) Das Gericht, das über den Antrag auf Wiederaufnahme zu entscheiden hat, hat unverzüglich die Finanzprokuratur vom Einlangen dieses Antrags zu verständigen.

Verfahren

§ 12. (1) Auf das Verfahren gegen den Bund und das Rückersatzverfahren gegen ein Organ sind die §§ 9, 10, 13 und 14 AHG anzuwenden.

(2) Die geschädigte Person kann einen Ersatzanspruch nach § 1 Abs. 1 gegen das Organ, das ihr den Schaden zufügte, im ordentlichen Rechtsweg nicht geltend machen.

4. Abschnitt

Schluss- und Übergangsbestimmungen

In- und Außer-Kraft-Treten

§ 13. (1) Dieses Bundesgesetz tritt mit 1. Jänner 2005 in Kraft.

(2) Mit Ablauf des 31. Dezember 2004 tritt das Bundesgesetz vom 8. Juli 1969, BGBl. Nr. 270, über die Entschädigung für strafgerichtliche Anhaltung und Verurteilung (Strafrechtliches Entschädigungsgesetz – StEG) außer Kraft.

(3) § 2 Abs. 1 Z 2, § 3 Abs. 1 Z 3 bis 5, Abs. 2 und Abs. 3 sowie § 5 Abs. 2 in der Fassung des Budgetbegleitgesetzes 2011, BGBl. I Nr. 111/2010, treten mit 1. Jänner 2011 in Kraft. *(BGBl I 2010/111)*

Übergangsbestimmungen

§ 14. (1) Dieses Bundesgesetz ist anzuwenden, wenn

1. eine vor dem In-Kraft-Treten dieses Bundesgesetzes begonnene Anhaltung in den Fällen der gesetzwidrigen Haft oder der ungerechtfertigten Haft nach dem 31. Dezember 2004 geendet hat;

2. im Fall der Wiederaufnahme die Entscheidung, mit der eine rechtskräftige Verurteilung aufgehoben wurde, nach dem 31. Dezember 2004 in Rechtskraft erwachsen ist.

(2) In allen anderen Fällen einer Festnahme oder Anhaltung vor dem 1. Jänner 2005 sind die bisher geltenden Rechtsvorschriften anzuwenden.

(3) § 2 Abs. 1 Z 2, § 3 Abs. 1 Z 3 bis 5, Abs. 2 und Abs. 3 sowie § 5 Abs. 2 in der Fassung des Budgetbegleitgesetzes 2011 sind anzuwenden, wenn der Entzug der persönlichen Freiheit nach dem 31. Dezember 2010 begonnen hat. *(BGBl I 2010/111)*

Verweise

§ 15. (1) Soweit in diesem Bundesgesetz auf andere Bundesgesetze verwiesen wird, sind diese in der jeweils geltenden Fassung anzuwenden.

(2) Soweit in anderen Bundesgesetzen und Verordnungen auf Bestimmungen verwiesen wird, die durch dieses Bundesgesetz geändert oder aufgehoben werden, erhält die Verweisung ihren Inhalt aus den entsprechenden Bestimmungen dieses Bundesgesetzes.

StEG

Vollziehung

§ 16. Mit der Vollziehung dieses Bundesgesetzes ist der Bundesminister für Justiz betraut.

Fischer

Schüssel

19/1. Verordnung über die Geltendmachung von Ersatzansprüchen nach dem Strafrechtlichen Entschädigungsgesetz

BGBl II 2005/34

Verordnung der Bundesministerin für Justiz über die Geltendmachung von Ersatzansprüchen gegen den Bund auf Grund des Strafrechtliches Entschädigungsgesetzes 2005

Auf Grund des § 9 Abs. 3 des Strafrechtlichen Entschädigungsgesetzes 2005, BGBl. I Nr. 125/2004, wird verordnet:

§ 1. (1) Beabsichtigt eine geschädigte Person, einen Ersatzanspruch gegen den Bund auf Grund des Strafrechtlichen Entschädigungsgesetzes 2005, BGBl. I Nr. 125/2004, geltend zu machen, so hat sie in der nach § 9 Abs. 1 des Strafrechtlichen Entschädigungsgesetzes 2005 an die Finanzprokuratur zu richtenden schriftlichen Aufforderung den Sachverhalt zu schildern, der ihrer Ansicht nach den Ersatzanspruch begründet. Darüber hinaus ist der Anspruch der Höhe nach zu beziffern.

(2) Ferner hat die geschädigte Person das Gericht oder die im Dienst der Strafjustiz tätige Verwaltungsbehörde, deren Organ ihr den Schaden zugefügt haben soll, genau zu bezeichnen und die bezughabende Geschäfts- oder Aktenzahl des Gerichts oder der Verwaltungsbehörde anzugeben. Urkunden, auf die sich die geschädigte Person zum Nachweis ihrer Angaben beruft, sind der Aufforderung in Urschrift oder Kopie anzuschließen.

§ 2. Die Finanzprokuratur verständigt die geschädigte Person, ob ihr Ersatzanspruch anerkannt oder ganz oder zum Teil abgelehnt wird.

Miklautsch

20. Verbrechensopfergesetz

BGBl 1972/288 idF

STICHWORTVERZEICHNIS
zum VOG

VOG

Stichwortverzeichnis

Bundesgesetz vom 9. Juli 1972 über die Gewährung von Hilfeleistungen an Opfer von Verbrechen (Verbrechensopfergesetz – VOG)

Artikel I. (Verfassungsbestimmung) *(entfällt, BGBl I 2013/59)*

Kreis der Anspruchsberechtigten

§ 1. (1) Anspruch auf Hilfe haben österreichische Staatsbürger, wenn mit Wahrscheinlichkeit anzunehmen ist, dass sie

1. durch eine zum Entscheidungszeitpunkt mit einer mehr als sechsmonatigen Freiheitsstrafe bedrohte rechtswidrige und vorsätzliche Handlung eine Körperverletzung oder eine Gesundheitsschädigung erlitten haben oder *(BGBl I 2013/58)*

2. durch eine an einer anderen Person begangene Handlung im Sinne der Z 1 nach Maßgabe der bürgerlich-rechtlichen Kriterien einen Schock mit psychischer Beeinträchtigung von Krankheitswert erlitten haben oder *(BGBl I 2013/58)*

3. als Unbeteiligte im Zusammenhang mit einer Handlung im Sinne der Z 1 eine Körperverletzung oder Gesundheitsschädigung erlitten haben, soweit nicht hieraus Ansprüche nach dem Amtshaftungsgesetz, BGBl. Nr. 20/1949, bestehen, *(BGBl I 2013/58)*

und ihnen dadurch Heilungskosten erwachsen sind oder ihre Erwerbsfähigkeit gemindert ist. Wird die österreichische Staatsbürgerschaft erst nach der Handlung im Sinne der Z 1 erworben, gebührt die Hilfe nur, sofern diese Handlung im Inland oder auf einem österreichischen Schiff oder Luftfahrzeug (Abs. 6 Z 1) begangen wurde.

(2) Hilfe ist auch dann zu leisten, wenn

1. die mit Strafe bedrohte Handlung im Zustand der Zurechnungsunfähigkeit begangen worden ist oder der Täter in entschuldigendem Notstand gehandelt hat,

2. die strafgerichtliche Verfolgung des Täters wegen seines Todes, wegen Verjährung oder aus einem anderen Grund unzulässig ist oder

3. der Täter nicht bekannt ist oder wegen seiner Abwesenheit nicht verfolgt werden kann.

(3) Wegen einer Minderung der Erwerbsfähigkeit ist Hilfe nur zu leisten, wenn

1. dieser Zustand voraussichtlich mindestens sechs Monate dauern wird oder

2. durch die Handlung nach Abs. 1 eine schwere Körperverletzung (§ 84 Abs. 1 StGB, BGBl. Nr. 60/1974) bewirkt wird.

(4) Hatte die Handlung im Sinne des Abs. 1 den Tod eines Menschen zur Folge, dann ist den Hinterbliebenen, für deren Unterhalt der Getötete nach dem Gesetz zu sorgen hatte, Hilfe zu leisten, wenn sie österreichische Staatsbürger sind und ihnen durch den Tod der Unterhalt entgangen ist. Die Kostenübernahme gemäß § 4 Abs. 5 erfolgt unabhängig vom Vorliegen eines tatsächlichen Unterhaltsentganges.

(5) Kindern ist Hilfe gemäß Abs. 4 bis zur Vollendung des 18. Lebensjahres zu leisten. Darüber hinaus ist ihnen auch dann Hilfe zu leisten, wenn sie

1. wegen wissenschaftlicher oder sonstiger regelmäßiger Schul- oder Berufsausbildung sich noch nicht selbst erhalten können, bis zur ordnungsmäßigen Beendigung der Ausbildung, längstens jedoch bis zur Vollendung des 27. Lebensjahres. Kindern, die eine im § 3 des Studienförderungsgesetzes 1992, BGBl. Nr. 305, genannte Einrichtung besuchen, gebührt die Hilfe nur dann, wenn sie ein ordentliches Studium ernsthaft und zielstrebig im Sinne des § 2 Abs. 1 lit. b des Familienlastenausgleichsgesetzes 1967, BGBl. Nr. 376, in der Fassung des Bundesgesetzes BGBl. Nr. 311/1992, betreiben;

2. infolge körperlicher oder geistiger Gebrechen außerstande sind, sich selbst den Unterhalt zu verschaffen, sofern das Gebrechen vor Vollendung des 18. Lebensjahres oder während des in Z 1 bezeichneten Zeitraumes eingetreten ist und solange dieser Zustand dauert.

(6) Hilfe ist Unionsbürgern sowie Staatsbürgern von Vertragsparteien des Abkommens über den Europäischen Wirtschaftsraum in gleicher Weise wie österreichischen Staatsbürgern zu leisten, wenn die Handlung nach Abs. 1

1. im Inland oder auf einem österreichischen Schiff oder Luftfahrzeug, unabhängig davon, wo sich dieses befindet, begangen wurde oder

2. im Ausland begangen wurde, die betroffenen Personen ihren rechtmäßigen gewöhnlichen Aufenthalt in Österreich haben und die Handlung nach dessen Begründung begangen wurde.

(7) Hilfe ist ferner den nicht in den Abs. 1 und 6 genannten Personen zu leisten, wenn die Handlung nach Abs. 1 nach dem 30. Juni 2005 im Inland oder auf einem österreichischen Schiff oder Luftfahrzeug, unabhängig davon, wo sich dieses befindet, begangen wurde und sie sich zum Zeitpunkt der Handlung dort rechtmäßig aufgehalten haben. Wurde ein unrechtmäßiger Aufenthalt zum Tatzeitpunkt durch eine erlittene Menschenhandel bewirkt, ist Personen Hilfe solange zu leisten, als sie dafür über ein Aufenthaltsrecht für besonderen Schutz verfügen oder im Anschluss daran weiterhin aufenthaltsberechtigt sind und sie sich gewöhnlich im Inland aufhalten. *(BGBl I 2013/58)*

(8) Einer Körperverletzung und einer Gesundheitsschädigung im Sinne des Abs. 1 stehen die Beschädigung eines am Körper getragenen Hilfsmittels, insbesondere einer Brille, von Kontaktlinsen oder von Zahnersatz gleich, wenn die

zur Beschädigung führende Handlung nach Abs. 1 nach dem 30. Juni 2005 begangen wurde. Der Ersatz und die Reparatur richten sich nach § 5 Abs. 2.

(9) Opfer eines Einbruchsdiebstahls (§ 129 StGB) in die regelmäßig bewohnte eigene Wohnung haben einen Anspruch auf die Leistungen nach § 4 Abs. 5 und § 4a. *(BGBl I 2019/105)*

(BGBl I 2005/48)

Hilfeleistungen

§ 2. Als Hilfeleistungen sind vorgesehen:

1. Ersatz des Verdienst- oder Unterhaltsentganges;

2. Heilfürsorge

a) ärztliche Hilfe,

b) Heilmittel,

c) Heilbehelfe,

d) Anstaltspflege,

e) Zahnbehandlung,

f) Maßnahmen zur Festigung der Gesundheit (§ 155 des Allgemeinen Sozialversicherungsgesetzes, BGBl. Nr. 189/1955);

2a. Kostenübernahme bei Krisenintervention durch klinische Psychologen und Gesundheitspsychologen sowie Psychotherapeuten; *(BGBl I 2013/58; BGBl I 2015/57)*

3. orthopädische Versorgung

a) Ausstattung mit Körperersatzstücken, orthopädischen und anderen Hilfsmitteln, deren Wiederherstellung und Erneuerung,

b) Kostenersatz für Änderungen an Gebrauchsgegenständen sowie für die Installation behinderungsgerechter Sanitärausstattung,

c) Zuschüsse zu den Kosten für die behinderungsgerechte Ausstattung von mehrspurigen Kraftfahrzeugen,

d) Beihilfen zur Anschaffung von mehrspurigen Kraftfahrzeugen,

e) notwendige Reise- und Transportkosten;

4. medizinische Rehabilitation

a) Unterbringung in Krankenanstalten, die vorwiegend der Rehabilitation dienen,

b) ärztliche Hilfe, Heilmittel und Heilbehelfe, wenn diese Leistungen unmittelbar im Anschluß oder im Zusammenhang mit der unter lit. a angeführten Maßnahme erforderlich sind,

c) notwendige Reise- und Transportkosten;

5. berufliche Rehabilitation

a) berufliche Ausbildung zur Wiedergewinnung oder Erhöhung der Erwerbsfähigkeit,

b) Ausbildung für einen neuen Beruf,

c) Zuschüsse oder Darlehen (§ 198 Abs. 3 ASVG 1955);

6. soziale Rehabilitation

a) Zuschuß zu den Kosten für die Erlangung der Lenkerberechtigung, wenn auf Grund der Behinderung die Benützung eines öffentlichen Verkehrsmittels nicht zumutbar ist,

b) Übergangsgeld (§ 306 ASVG 1955);

7. Pflegezulagen, Blindenzulagen;

8. Ersatz der Bestattungskosten; *(BGBl I 2005/48)*

9. einkommensabhängige Zusatzleistung; *(BGBl I 2005/48; BGBl I 2009/40, 2. GeSchG)*

10. Pauschalentschädigung für Schmerzengeld. *(BGBl I 2009/40, 2. GeSchG)*

(BGBl 1977/620; BGBl 1991/687)

Ersatz des Verdienst- oder Unterhaltsentganges

§ 3. (1) Hilfe nach § 2 Z 1 ist monatlich jeweils in Höhe des Betrages zu erbringen, der dem Opfer durch die erlittene Körperverletzung oder Gesundheitsschädigung (§ 1 Abs. 3) als Verdienst oder den Hinterbliebenen durch den Tod des Unterhaltspflichtigen als Unterhalt entgangen ist oder künftighin entgeht. Sie darf jedoch zusammen mit dem Einkommen nach Abs. 2 den Betrag von monatlich 2 068,78 Euro nicht überschreiten. Diese Grenze erhöht sich auf 2 963,23 Euro, sofern der Anspruchsberechtigte seinen Ehegatten überwiegend erhält. Die Grenze erhöht sich weiters um 217,07 Euro für jedes Kind (§ 1 Abs. 5). Für Witwen (Witwer) bildet der Betrag von 2 068,78 Euro die Einkommensgrenze. Die Grenze beträgt für Waisen bis zur Vollendung des 24. Lebensjahres 772,37 Euro, falls beide Elternteile verstorben sind 1 160,51 Euro und nach Vollendung des 24. Lebensjahres 1 372,14 Euro, falls beide Elternteile verstorben sind 2 068,78 Euro. Diese Beträge sind ab 1. Jänner 2002 und in der Folge mit Wirkung vom 1. Jänner eines jeden Jahres mit dem für den Bereich des Allgemeinen Sozialversicherungsgesetzes festgesetzten Anpassungsfaktor zu vervielfachen. Die vervielfachten Beträge sind auf Beträge von vollen 10 Cent zu runden; hiebei sind Beträge unter 5 Cent zu vernachlässigen und Beträge von 5 Cent an auf 10 Cent zu ergänzen. Übersteigt die Hilfe nach § 2 Z 1 zusammen mit dem Einkommen nach Abs. 2 die Einkommensgrenze, so ist der Ersatz des Verdienst- oder Unterhaltsganges um den die Einkommensgrenze übersteigenden Betrag zu kürzen. *(BGBl I 2005/48; BGBl I 2013/58)*

(2) Als Einkommen gelten alle tatsächlich erzielten und erzielbaren Einkünfte in Geld oder Güterform einschließlich allfälliger Erträgnisse vom Vermögen, soweit sie ohne Schmälerung der Substanz erzielt werden können, sowie allfälliger Unterhaltsleistungen, soweit sie auf einer Verpflichtung beruhen. Außer Betracht bleiben

bei der Feststellung des Einkommens Familienbeihilfen nach dem Familienlastenausgleichsge-
setz 1967, BGBl. Nr. 376, Leistungen der Sozialhilfe und der freien Wohlfahrtspflege sowie Einkünfte, die wegen des besonderen körperlichen
Zustandes gewährt werden (Pflegegeld, Pflegezulage, Blindenzulage und gleichartige Leistungen).
Auf einer Verpflichtung beruhende Unterhaltsleistungen sind nicht anzurechnen, soweit sie nur
wegen der Handlung im Sinne des § 1 Abs. 1 gewährt werden. *(BGBl I 2005/48)*

*(BGBl 1977/620; BGBl 1983/543; BGBl
1990/741; BGBl I 1997/139; BGBl I 2001/70)*

Einkommensabhängige Zusatzleistung

§ 3a. Zum Ersatz des Verdienst- und Unterhalt-
sentganges gebührt eine einkommensabhängige
Zusatzleistung in dem Ausmaß, als die Ersatzleis-
tung und das Einkommen im Sinne des § 292
ASVG die Höhe des jeweiligen dem Familienstand des Antragstellers entsprechenden aktuellen
Richtsatzes gemäß § 293 ASVG nicht erreicht,
sofern kein Anspruch auf eine Ausgleichszulage
besteht. Bei der Ermittlung des Einkommens aus
Land- und Forstwirtschaft gilt als Stichtag bei
Opfern der auf die Antragstellung auf Ersatz des
Verdienstentganges folgende Monatserste, bei
Hinterbliebenen der dem Todestag des Opfers
folgende Monatserste. Die Sachbezugswerte sind
auch dann heranzuziehen, wenn Ausfertigungen
der maßgeblichen Einheitswertbescheide nicht
mehr verfügbar sind. *(BGBl I 2013/58)*

(BGBl I 2005/48)

Heilfürsorge

§ 4. (1) Hilfe nach § 2 Z. 2 ist nur für Körperverletzungen und Gesundheitsschädigungen im
Sinne des § 1 Abs. 1 zu leisten. Opfer, die infolge
einer Handlung im Sinne des § 1 Abs. 2 eine zumutbare Beschäftigung, die den krankenversicherungsrechtlichen Schutz gewährleistet, nicht mehr
ausüben können, sowie Hinterbliebene (§ 1
Abs. 4) erhalten Heilfürsorge bei jeder Gesund-
heitsstörung. *(BGBl I 2005/48; BGBl I 2013/58)*

(2) Die Hilfe nach § 2 Z. 2 hat,

1. wenn das Opfer oder der Hinterbliebene einer gesetzlichen Krankenversicherung unterliegt,
freiwillig krankenversichert ist oder ein Anspruch
auf Leistungen der Krankenversicherung besteht,
der zuständige Träger der Krankenversicherung,
(BGBl I 2013/58)

2. sonst die Österreichische Gesundheitskasse
zu erbringen. Die im § 2 Z. 2 angeführten Leistungen gebühren in dem Umfang, in dem sie einem
bei der Österreichischen Gesundheitskasse
Pflichtversicherten auf Grund des Gesetzes und
der Satzung zustehen. *(BGBl I 2018/100)*

Für Schädigungen im Sinne des § 1 Abs. 1 zu
entrichtende gesetz- und satzungsmäßige Kosten-
beteiligungen einschließlich Rezeptgebühren sind
nach diesem Bundesgesetz zu übernehmen. *(BGBl
I 2005/48)*

(2a) Eine Übernahme von Kosten nach Abs. 2
letzter Satz ist bis zu einem Rechnungsbetrag von
100 Euro pro Antragsteller in voller Höhe möglich, sofern der ursächliche Zusammenhang mit
der Schädigung glaubhaft ist. *(BGBl I 2013/58)*

(3) Der Bund ersetzt dem im Abs. 2 Z 2 genannten Träger der Krankenversicherung die entstandenen Kosten, einem im Abs. 2 Z. 1 genannten
Träger der Krankenversicherung die Kosten, die
über den ihnen erwachsenden Kosten liegen,
hätten sie die Leistungen auf Grund eines anderen
Bundesgesetzes und der Satzung zu erbringen
gehabt. Ferner ersetzt der Bund den Trägern der
Krankenversicherung einen entsprechenden Anteil
an den Verwaltungskosten. *(BGBl I 2018/100)*

(4) Haben Opfer oder Hinterbliebene die Kosten der Heilfürsorge selbst getragen, so sind ihnen
diese Kosten in der Höhe zu ersetzen, die dem
Bund erwachsen wären, wenn die Heilfürsorge
durch den Träger der Krankenversicherung auf
Grund dieses Bundesgesetzes erbracht worden
wäre. *(BGBl I 2013/58)*

(5) Erbringt der Träger der Krankenversicherung auf Grund der Satzung dem Opfer oder dem
Hinterbliebenen einen Kostenzuschuß für psychotherapeutische Krankenbehandlung infolge einer
Handlung im Sinne des § 1 Abs. 1, so sind die
Kosten für die vom Träger der Krankenversicherung bewilligte Anzahl der Sitzungen, die das
Opfer oder der Hinterbliebene selbst zu tragen
hat, bis zur Höhe des dreifachen Betrages des
Kostenzuschusses des Trägers der Krankenversicherung zu übernehmen. Sobald feststeht, dass
der Träger der Krankenversicherung einen Kostenzuschuss erbringt, kann vom Bundesamt für
Soziales und Behindertenwesen auch eine Direkt-
abrechnung der Kosten mit den Psychotherapeuten unter Bevorschussung des Kostenzuschusses
des Trägers der Krankenversicherung vorgenommen werden, in diesem Fall ist der geleistete
Kostenzuschuss vom Bundesamt für Soziales und
Behindertenwesen zu vereinnahmen. Eine Kostenübernahme bis zum angeführten Höchstausmaß
erfolgt auch, sofern der Träger der Krankenversicherung Kosten im Rahmen der Wahlarzthilfe
erstattet. *(BGBl I 2005/48; BGBl I 2013/58; BGBl
I 2015/57)*

(BGBl I 1999/11)

VOG

Kostenübernahme bei Krisenintervention durch klinische Psychologen und Gesundheitspsychologen sowie Psychotherapeuten

§ 4a. Die Kosten einer Krisenintervention (klinisch-psychologische und gesundheitspsychologische Behandlung durch klinische Psychologen und Gesundheitspsychologen und Behandlung durch Psychotherapeuten) in Notfällen, die Opfer oder Hinterbliebene infolge einer Handlung nach § 1 Abs. 1 zu tragen haben, sind pro Sitzung bis zur Höhe des vierfachen Betrages des Kostenzuschusses nach § 4 Abs. 5 des zuständigen Trägers der Krankenversicherung zu übernehmen. Eine Kostenübernahme gebührt für höchstens zehn Sitzungen. *(BGBl I 2018/100)*

(BGBl I 2015/57)

Orthopädische Versorgung

§ 5. (1) Hilfe nach § 2 Z. 3 ist nur für Körperverletzungen und Gesundheitsschädigungen im Sinne des § 1 Abs. 1 zu leisten. Opfer, die infolge einer Handlung im Sinne des § 1 Abs. 1 eine zumutbare Beschäftigung, die den krankenversicherungsrechtlichen Schutz gewährleistet, nicht mehr ausüben können, sowie Hinterbliebene (§ 1 Abs. 4) erhalten orthopädische Versorgung bei jedem Körperschaden. *(BGBl I 2005/48; BGBl I 2013/58)*

(2) Hilfe nach § 2 Z 3 lit. a bis d ist nach Maßgabe der § 32 Abs. 3 des Kriegsopferversorgungsgesetzes 1957, BGBl. Nr. 152, zu gewähren.

(3) Beschafft sich ein Opfer oder ein Hinterbliebener ein Körperersatzstück, ein orthopädisches oder anderes Hilfsmittel selbst, so sind ihm die Kosten zu ersetzen, die dem Bund erwachsen wären, wenn die orthopädische Versorgung auf Grund dieses Bundesgesetzes durch diesen erfolgt wäre. *(BGBl I 2013/58)*

(4) Die unvermeidlichen Reisekosten (§ 9e), die einem Opfer oder Hinterbliebenen beim Bezuge, der Wiederherstellung oder Erneuerung von Körperersatzstücken, orthopädischen oder anderen Hilfsmitteln erwachsen, sind ihm nach Maßgabe des § 49 des Kriegsopferversorgungsgesetzes 1957, BGBl. Nr. 152, zu ersetzen. *(BGBl I 2013/58; BGBl I 2013/71)*

(BGBl 1977/620; BGBl 1991/687)

Rehabilitation

§ 5a. (1) Hilfe nach § 2 Z. 4 bis 6 ist, wenn hiefür nicht durch den zuständigen Träger der Sozialversicherung gesetzliche Vorsorge getroffen wurde, für Körperverletzungen und Gesundheitsschädigungen im Sinne des § 1 Abs. 1 oder dann zu leisten, wenn das Opfer infolge einer Handlung im Sinne des § 1 Abs. 1 eine zumutbare Beschäftigung, die den krankenversicherungsrechtlichen Schutz gewährleistet, nicht mehr ausüben kann. *(BGBl I 2005/48; BGBl I 2013/58)*

(2) Die Hilfe nach § 2 Z. 4 bis 6 gebührt unter den Voraussetzungen und in dem Umfang, in dem sie einem Versicherten oder Bezieher einer Pension aus einem Versicherungsfall der geminderten Arbeitsfähigkeit im Sinne des § 300 des Allgemeinen Sozialversicherungsgesetzes 1955 gegenüber dem Pensionsversicherungsträger zusteht. § 4 Abs. 2 letzter Satz ist sinngemäß auch dann anzuwenden, wenn die Hilfe vom Träger der Sozialversicherung zu erbringen ist. *(BGBl I 2005/48)*

(3) Das Landesinvalidenamt kann die Durchführung der Maßnahmen der Rehabilitation der Pensionsversicherungsanstalt der Arbeiter gegen Ersatz der ausgewiesenen tatsächlichen Kosten und eines entsprechenden Anteiles an den Verwaltungskosten übertragen, wenn dies zur rascheren und ökonomischeren Hilfeleistung zweckmäßig ist.

(4) Der Bund kann unter Bedachtnahme auf die Zahl der in Betracht kommenden Fälle und auf die Höhe der durchschnittlichen Kosten der in diesen Fällen gewährten medizinischen, beruflichen und sozialen Maßnahmen der Rehabilitation mit der Pensionsversicherungsanstalt der Arbeiter die Zahlung jährlicher Pauschbeträge als Kostenersatz vereinbaren.

(BGBl 1977/620)

Pflegezulagen und Blindenzulagen

§ 6. Ist ein Opfer infolge einer Handlung im Sinne des § 1 Abs. 1 so hilflos, dass es für lebenswichtige Verrichtungen der Hilfe einer anderen Person bedarf, so ist ihm nach Maßgabe des § 18 des Kriegsopferversorgungsgesetzes 1957 eine Pflegezulage zu gewähren. Ist ein Opfer infolge einer Handlung im Sinne des § 1 Abs. 1 erblindet, so ist ihm nach Maßgabe des § 19 des Kriegsopferversorgungsgesetzes 1957 eine Blindenzulage zu gewähren. Hiebei ist eine Körperverletzung oder Gesundheitsschädigung im Sinne des § 1 Abs. 1 einer Dienstbeschädigung im Sinne des Kriegsopferversorgungsgesetzes 1957 gleichzuhalten. *(BGBl I 2005/48; BGBl I 2013/58)*

Pauschalentschädigung für Schmerzengeld

§ 6a. (1) Hilfe nach § 2 Z 10 ist für eine schwere Körperverletzung (§ 84 Abs. 1 StGB) infolge einer Handlung im Sinne des § 1 Abs. 1 als einmalige Geldleistung im Betrag von 2 000 Euro zu leisten; sie beträgt 4 000 Euro, sofern die durch die schwere Körperverletzung verursachte Gesundheitsschädigung oder Berufsunfähigkeit länger als drei Monate andauert.

(2) Zieht die Handlung eine Körperverletzung mit schweren Dauerfolgen (§ 85 StGB) nach sich,

gebührt eine einmalige Geldleistung im Betrag von 8 000 Euro; sie beträgt 12 000 Euro, sofern wegen der Körperverletzung mit schweren Dauerfolgen ein Pflegebedarf im Ausmaß von zumindest der Stufe 5 nach dem Bundespflegegeldgesetz (BPGG), BGBl. Nr. 110/1993, besteht.

(BGBl I 2009/40; BGBl I 2013/58)

Ersatz von Bestattungskosten

§ 7. Hatte eine Handlung im Sinne des § 1 Abs. 1 den Tod eines Menschen zur Folge, dann sind die Kosten der Bestattung demjenigen, der sie bestritten hat, bis zur Höhe des Betrages von 3 300 Euro zu ersetzen. Dieser Betrag ist ab 1. Jänner 2014 und in der Folge mit Wirkung vom 1. Jänner eines jeden Jahres mit dem für den Bereich des Allgemeinen Sozialversicherungsgesetzes festgesetzten Anpassungsfaktor zu vervielfachen. Der vervielfachte Betrag ist auf einen Betrag von vollen 10 Cent zu runden; hiebei ist ein Betrag unter 5 Cent zu vernachlässigen und ein Betrag von 5 Cent an auf 10 Cent zu ergänzen. Auf diesem Betrag sind einmalige Leistungen, die aus Anlass des Todes aus Mitteln der Sozialversicherung oder sonstigen öffentlichen Mitteln gewährt werden, anzurechnen. *(BGBl I 2013/58)*

(BGBl 1977/620; BGBl 1990/741; BGBl I 2001/70)

Vorläufige Verfügungen

§ 7a. (1) Im Falle eines nachgewiesenen dringenden Bedarfes kann das Bundesamt für Soziales und Behindertenwesen Antragstellern noch vor Abschluss des Ermittlungsverfahrens Vorschüsse auf die aus diesem Bundesgesetz zu gewährenden Geldleistungen gewähren, wenn wahrscheinlich ist, dass der angemeldete Anspruch begründet ist. Unter gleichen Voraussetzungen können Opfer, die nicht als Versicherte einem Träger der Krankenversicherung angehören, der österreichischen Gesundheitskasse zur Durchführung der Heilfürsorge vorläufig zugewiesen werden. *(BGBl I 2013/58; BGBl I 2018/100)*

(2) Die nach Abs. 1 gewährten Vorschüsse sind im Falle der Anerkennung des Anspruches auf die gebührenden Leistungen anzurechnen.

(BGBl I 2005/48)

Ausschlußbestimmungen

§ 8. (1) Von den Hilfeleistungen sind Opfer ausgeschlossen, wenn sie

1. an der Tat beteiligt gewesen sind,

2. ohne einen von der Rechtsordnung anerkannten Grund den Täter zu dem verbrecherischen Angriff vorsätzlich veranlaßt oder sich ohne anerkennenswerten Grund grob fahrlässig der Gefahr

ausgesetzt haben, Opfer eines Verbrechens zu werden,

3. an einem Raufhandel teilgenommen und dabei die Körperverletzung oder die Gesundheitsschädigung (§ 1 Abs. 1) erlitten haben oder *(BGBl I 2005/48)*

4. es schuldhaft unterlassen haben, zur Aufklärung der Tat, zur Ausforschung des Täters oder zur Feststellung des Schadens beizutragen. *(BGBl I 2013/58)*

(2) Von den Hilfeleistungen sind Hinterbliebene (§ 1 Abs. 4) ausgeschlossen, wenn

1. sie oder das Opfer an der Tat beteiligt gewesen sind, *(BGBl I 2013/58)*

2. sie oder das Opfer ohne einen von der Rechtsordnung anerkannten Grund den Täter zu dem verbrecherischen Angriff vorsätzlich veranlaßt haben oder *(BGBl I 2013/58)*

3. sie es schuldhaft unterlassen haben, zur Aufklärung der Tat, zur Ausforschung des Täters oder zur Feststellung des Schadens beizutragen. *(BGBl I 2005/48)*

(3) Von Hilfeleistungen sind Personen ausgeschlossen, die auf ihre Schadenersatzansprüche aus dem Verbrechen verzichtet haben. Weiters sind Personen ausgeschlossen soweit sie auf Grund ausländischer gesetzlicher Vorschriften gleichartige staatliche Leistungen erhalten können, sofern es sich nicht um Unionsbürger handelt, die die Handlung nach § 1 Abs. 1 in Österreich (§ 1 Abs. 6 Z 1) erlitten haben. *(BGBl I 2019/105)*

(4) Von Hilfeleistungen nach § 2 Z 1, Z 5 lit. c, Z 6 und Z 7 sind Personen ausgeschlossen, die ein ihnen zumutbares Heil- und Rehabilitationsverfahren ablehnen oder durch ihr Verhalten den Erfolg eines solchen Verfahrens gefährden oder vereiteln.

(5) Der Ersatz des Verdienst- oder Unterhaltsentganges (§ 2 Z. 1) ist in dem Ausmaß zu mindern, als es das Opfer oder der Hinterbliebene vorsätzlich oder grob fahrlässig unterlassen hat, zur Minderung des Schadens beizutragen. *(BGBl I 2013/58)*

(6) Von der orthopädischen Versorgung (§ 2 Z 3) sind Personen ausgeschlossen, die auf Grund gesetzlicher Vorschriften Anspruch auf gleichartige Leistungen haben. Schadenersatzansprüche auf Grund bürgerlichrechtlicher Vorschriften gelten nicht als gleichartige Leistungen.

(BGBl 1977/620; BGBl 1989/648; BGBl 1991/687; BGBl 1993/110; BGBl 1993/112)

Anträge auf Hilfeleistungen und ihre Erledigung

§ 9. (1) Anträge auf Hilfeleistungen sind vom Bundesamt für Soziales und Behindertenwesen entgegenzunehmen. Erfolgt der Antrag bei einer nicht zuständigen Behörde, bei einem Sozialversicherungsträger oder einem Gemeindeamt, so ist er unverzüglich an das Bundesamt für Soziales und Behindertenwesen weiterzuleiten und gilt als ursprünglich bei der zuständigen Behörde eingebracht. *(BGBl I 2005/48)*

(2) Über Anträge auf Gewährung von Hilfeleistungen nach § 2 entscheidet das Bundesamt für Soziales und Behindertenwesen. *(BGBl I 2005/48; BGBl I 2013/71)*

(3) Das Bundesamt für Soziales und Behindertenwesen hat festzustellen, ob wegen des dem Antrag zugrunde liegenden Sachverhaltes ein gerichtliches Strafverfahren eingeleitet worden ist und, gegebenenfalls, in welcher Lage sich dieses Verfahren befindet. Die Strafgerichte erster Instanz und die Staatsanwaltschaft haben eine entsprechende Anfrage des Bundesamtes für Soziales und Behindertenwesen unverzüglich zu beantworten. Hat die Staatsanwaltschaft die Anzeige zurückgelegt oder ist sie von der Verfolgung oder der Anklage zurückgetreten, so hat sie die Gründe hiefür mitzuteilen. Ferner haben die Finanzämter, Sicherheitsbehörden, Gemeinden, öffentlichen und privaten Krankenanstalten, Krankenfürsorgeanstalten und Sozialversicherungsträger auf Verlangen über die im Rahmen ihres Wirkungsbereiches festgestellten Tatsachen Auskunft zu geben. Die Auskunftspflicht erstreckt sich jedoch nicht auf Tatsachen, die aus finanzbehördlichen Bescheiden des Leistungswerbers ersichtlich sind. *(BGBl I 2005/48)*

(4) Soweit die Feststellung des Sachverhalts von Fragen abhängt, die in das Gebiet ärztlichen Fachwissens fallen, sind die laut Verzeichnis des Bundesamtes für Soziales und Behindertenwesen bestellten ärztlichen Sachverständigen zu befragen. Andere als die laut Verzeichnis des Bundesamtes für Soziales und Behindertenwesen bestellten Sachverständigen dürfen nur dann beigezogen werden, wenn Gefahr im Verzug ist, die erforderliche Untersuchung des Opfers nicht oder nur mit Erschwernissen möglich wäre oder für ein Fach keine Sachverständigen bestellt sind. Für die Entlohnung für Zeitversäumnis und Mühewaltung der ärztlichen Sachverständigen gilt der § 91 des Kriegsopferversorgungsgesetzes 1957. *(BGBl I 2013/58)*

(5) Die zur Vollziehung dieses Bundesgesetzes zuständigen Behörden sind ermächtigt, die personenbezogenen Daten von Anspruchsberechtigten oder Anspruchswerbern nach diesem Bundesgesetz insbesondere betreffend Generalien, Versicherungsnummer, Art und Einschätzung der Gesundheitsschädigung, das sind personenbezogene Daten aus ärztlichen Befunden und Sachverständigengutachten, sowie Art und Höhe von Einkünften zur Feststellung der Zugehörigkeit zum anspruchsberechtigten Personenkreis und der Gebührlichkeit der Leistungen nach diesem Bundesgesetz insoweit zu verarbeiten, als dies zur Erfüllung der ihnen gesetzlich übertragenen Aufgaben eine wesentliche Voraussetzung ist. Die BRZ GmbH hat als Auftragsverarbeiter gemäß Art. 4 Z 8 der Datenschutz-Grundverordnung bei der Verarbeitung und dem Vollzug des Gesetzes entsprechend mitzuwirken. *(BGBl I 2018/32)*

(BGBl 1991/687; BGBl 1994/314; BGBl I 2001/70; BGBl I 2002/150)

Zugang zur Entschädigung in grenzüberschreitenden Fällen innerhalb der Europäischen Union (Umsetzung der Richtlinie 2004/80/EG des Rates zur Entschädigung der Opfer von Straftaten)

§ 9a. (1) Wird eine vorsätzliche Gewalttat nach dem 30. Juni 2005 in einem anderen Mitgliedstaat der Europäischen Union begangen, ist die Entschädigung beantragende Person, die ihren gewöhnlichen Aufenthalt in Österreich hat, berechtigt, den Antrag auf Entschädigung durch den Staat der Tatbegehung beim Bundesamt für Soziales und Behindertenwesen als Unterstützungsbehörde einzubringen. Das Bundesamt für Soziales und Behindertenwesen hat dem Antragsteller die erforderlichen Antragsformulare zur Verfügung zu stellen, auf Anfrage allgemeine Hinweise und Informationen zur Ausfüllung des Antrages zu geben und den Antrag samt etwaiger Belege und Unterlagen so schnell wie möglich der Entscheidungsbehörde zu übermitteln. Im Falle des Ersuchens der Entscheidungsbehörde um Zusatzinformationen gibt das Bundesamt für Soziales und Behindertenwesen dem Antragsteller erforderlichenfalls allgemeine Hinweise, wie dem Ersuchen nachzukommen ist und leitet auf Antrag des Antragstellers die Informationen so bald wie möglich auf direktem Weg an die Entscheidungsbehörde weiter. Das Bundesamt für Soziales und Behindertenwesen hat auf Grund eines Beschlusses der Entscheidungsbehörde den Antragsteller, Zeugen oder Sachverständige anzuhören und der Entscheidungsbehörde das Ergebnis der Anhörung mitzuteilen.

(2) Wird Hilfe nach diesem Bundesgesetz bei einer Unterstützungsbehörde eines anderen Mitgliedstaates beantragt, hat das Bundesamt für Soziales und Behindertenwesen als Entscheidungsbehörde so bald wie möglich nach Eingang des Antrages der Unterstützungsbehörde und dem Antragsteller den Antragseingang zu bestätigen und Angaben über die zur Entscheidung zuständige Stelle des Bundesamtes für Soziales und Behindertenwesen und, wenn möglich, des ungefähren Entscheidungszeitpunktes zu machen. Das Bundesamt für Soziales und Behindertenwesen hat die Entscheidung über den Antrag auch der Unterstützungsbehörde zuzusenden.

(BGBl I 2005/48)

Verfahren

§ 9b. (1) Die Verpflichtung zur Erlassung von Bescheiden über die Neubemessung von Hilfeleistungen nach § 2 Z 1, 7 und 9 als Folge von Änderungen dieses Bundesgesetzes oder bei Anpassung dieser Leistungen oder über die Neubemessung infolge von gesetzlichen Änderungen bei Pensionen, Renten oder sonstigen Bezügen oder einer Pensions- oder Rentenanpassung oder der Anpassung oder Änderung von Einkommensbeträgen und Bewertungssätzen gemäß § 292 des Allgemeinen Sozialversicherungsgesetzes besteht nur, wenn dies der Leistungsberechtigte innerhalb einer Frist von zwei Monaten nach der Auszahlung der geänderten Leistung beantragt. *(BGBl I 2013/71)*

(2) Bescheide über die nach diesem Bundesgesetz gebührenden Hilfeleistungen (§ 2) sind schriftlich zu erlassen. In Angelegenheiten der orthopädischen Versorgung dürfen Bescheide auch mündlich erlassen werden. *(BGBl I 2013/71)*

(3) Bescheide des Bundesamtes für Soziales und Behindertenwesen, die den materiellrechtlichen Bestimmungen dieses Bundesgesetzes widersprechen, leiden an einem mit Nichtigkeit bedrohten Fehler. *(BGBl I 2013/71)*

(4) Im Falle der Abänderung oder Behebung eines Bescheides von Amts wegen gemäß den Vorschriften des § 68 des Allgemeinen Verwaltungsverfahrensgesetzes 1991 oder im Falle der Erlassung eines Bescheides als Folge einer solchen Verfügung sind die Leistungen an den Berechtigten vom Zeitpunkt ihrer Fälligkeit (§ 10), längstens jedoch für einen rückliegenden Zeitraum von drei Jahren nachzuzahlen. Maßgebender Zeitpunkt für die Bemessung dieses Zeitraumes ist die Erlassung des Abänderungs- oder Behebungsbescheides. Ein Rückersatz von Leistungen durch den Empfänger findet nicht statt. *(BGBl I 2013/71)*

(5) Hinsichtlich der einkommensabhängigen Leistungen ist § 59 des Heeresversorgungsgesetzes anzuwenden. *(BGBl I 2013/71)*

(BGBl I 2005/48)

Rechtsmittel gegen Bescheide

§ 9c. (1) In allen Fällen, in denen mit Bescheid des Bundesamtes für Soziales und Behindertenwesen über Anträge auf Hilfeleistungen entschieden wird, steht dem Leistungswerber und allfälligen anderen Parteien das Recht der Beschwerde beim Bundesverwaltungsgericht zu. Eine Beschwerde beim Bundesverwaltungsgericht kann auch gegen Bescheide des Bundesministers für Arbeit, Soziales und Konsumentenschutz erhoben werden. *(BGBl I 2013/71)*

(2) Gegen Bescheide, die ohne Durchführung eines weiteren Ermittlungsverfahrens auf Grund gespeicherter personenbezogener Daten im Wege der automationsunterstützten Datenverarbeitung erstellt werden, steht dem Entschädigungswerber das Recht zu, Vorstellung zu erheben. Das Bundesamt für Soziales und Behindertenwesen hat nach Prüfung der Sach- und Rechtslage die Sache neuerlich zu entscheiden. Die Vorstellung hat aufschiebende Wirkung. *(BGBl I 2018/32)*

(3) Die Beschwerde und die Vorstellung sind innerhalb von sechs Wochen nach Zustellung oder mündlicher Verkündung des Bescheides bei der Behörde einzubringen, die den Bescheid erlassen hat. Die Beschwerde kann auch bei der belangten Behörde zu Protokoll gegeben werden. Wird eine Beschwerde innerhalb dieser Frist beim Bundesverwaltungsgericht eingebracht, so gilt dies als rechtzeitige Einbringung; das Bundesverwaltungsgericht hat die bei ihm eingebrachte Beschwerde unverzüglich an die belangte Behörde weiterzuleiten. *(BGBl I 2013/71)*

(BGBl I 2005/48)

Entscheidungen des Bundesverwaltungsgerichts – Laienrichterbeteiligung

§ 9d. (1) Über Beschwerden gegen Bescheide nach diesem Bundesgesetz entscheidet das Bundesverwaltungsgericht durch einen Senat, dem ein fachkundiger Laienrichter angehört.

(2) Für die Bestellung des Laienrichters (Ersatzrichters), der über die für die Ausübung dieses Amtes erforderlichen rechtlichen Kenntnisse verfügen muss, erstattet jene Interessenvertretung, die in Angelegenheiten des Kriegsopferversorgungsgesetzes 1957, des Heeresversorgungsgesetzes, des Impfschadengesetzes und des Verbrechensopfergesetzes die größte Anzahl von Versorgungsberechtigten nach diesen Bundesgesetzen vertritt, zeitgerecht vor der jeweiligen Bestellung den Vorschlag.

(BGBl I 2013/71)

Ersatz von Reisekosten

§ 9e. Reisekosten, die einem Hilfeleistungsempfänger (Hilfeleistungswerber) dadurch erwachsen, daß er einer Vorladung durch eine zur Durchführung des Bundesgesetzes berufene Stelle Folge leistet oder die ihm nach § 5 Abs. 4 entstehen, sind nach Maßgabe des § 49 des Kriegsopferversorgungsgesetzes 1957 zu ersetzen. *(BGBl I 2013/71)*

(BGBl 1977/620)

Beginn und Ende der Hilfeleistungen, Rückersatz und Ruhen

§ 10. (1) Leistungen nach § 2 dürfen nur von dem Monat an erbracht werden, in dem die Voraussetzungen hiefür erfüllt sind, sofern der Antrag binnen drei Jahren nach der Körperverletzung oder Gesundheitsschädigung (§ 1 Abs. 1) bzw. nach dem Tod des Opfers (§ 1 Abs. 4) gestellt wird. Wird ein Antrag erst nach Ablauf dieser Frist gestellt, so sind die Leistungen nach § 2 Z 1, 2, 3 bis 7 und 9 mit Beginn des auf den Antrag folgenden Monates zu erbringen. Bei erstmaliger Zuerkennung von Ersatz des Verdienst- und Unterhaltsentganges ist von Amts wegen auch darüber zu entscheiden, ob und in welcher Höhe eine einkommensabhängige Zusatzleistung zu gewähren ist. Anträge auf Leistungen gemäß § 4 Abs. 5 unterliegen keiner Frist. *(BGBl I 2005/48; BGBl I 2013/58; BGBl I 2019/105)*

(1a) Zur Zeit der Tatbegehung minderjährige Opfer können die Leistung nach § 2 Z 10 auch innerhalb von drei Jahren nach rechtskräftiger Beendigung oder Einstellung des Strafverfahrens beantragen. Ein Leistungsanspruch besteht in diesem Fall bei Erfüllung der sonstigen Voraussetzungen, wenn im Strafurteil oder einem im Gerichtsverfahren eingeholten medizinischen Gutachten das Vorliegen einer schweren Körperverletzung (§ 84 Abs. 1 StGB) ausdrücklich bestätigt wird. *(BGBl I 2019/105)*

(2) Die Hilfeleistung endet, wenn sich die für die Hilfeleistung maßgebenden Umstände ändern, nachträglich ein Ausschließungsgrund (§ 8) eintritt oder nachträglich hervorkommt, daß die Voraussetzungen für eine Hilfeleistung nicht gegeben sind.

(3) Hinsichtlich der Anzeige- und Ersatzpflicht des Leistungsempfängers sind die §§ 57 und 58 des Heeresversorgungsgesetzes anzuwenden. *(BGBl I 2005/48)*

(4) Hilfe nach § 2 Z 7 ruht während einer mit voller Verpflegung verbundenen Heilbehandlung ab dem Tag, der auf den Beginn der Heilbehandlung folgt. § 12 Abs. 1 des Heeresversorgungsgesetzes ist sinngemäß anzuwenden. *(BGBl I 2005/48)*

(BGBl 1977/620; BGBl 1991/687; BGBl 1994/314; BGBl I 1997/139; BGBl I 2001/70; BGBl I 2002/150)

Einkommensteuer- und Gebührenfreiheit von Hilfeleistungen

§ 11. (1) Die auf Grund dieses Bundesgesetzes erbrachten Geldleistungen unterliegen nicht der Einkommensteuer.

(2) Alle Amtshandlungen, Eingaben, Vollmachten und sonstige Urkunden über Rechtsgeschäfte sowie Zeugnisse in Angelegenheiten der Durchführung der Verbrechensopferentschädigung einschließlich der Fürsorgemaßnahmen, soweit diese den mit der Verbrechensopferentschädigung betrauten Behörden obliegen, sind von bundesgesetzlich geregelten Gebühren und Verwaltungsabgaben mit Ausnahme der Gerichts- und Justizverwaltungsgebühren nach dem Gerichtsgebührengesetz, BGBl. Nr. 501/1984, befreit. Die Befreiung gilt auch im Verfahren vor dem Bundesverwaltungsgericht, dem Verwaltungsgerichtshof und dem Verfassungsgerichtshof. *(BGBl I 2005/48; BGBl I 2013/71)*

(3) Die Gebühren für die Zustellung der nach diesem Bundesgesetz gewährten in Geld bestehenden Entschädigungsleistungen trägt der Bund. *(BGBl I 2005/48; BGBl I 2022/215)*

Übergang von Ersatzansprüchen

§ 12. Können Personen, denen Leistungen nach diesem Bundesgesetz erbracht werden, den Ersatz des Schadens, der ihnen durch die Handlung im Sinne des § 1 Abs. 1 erwachsen ist, auf Grund anderer gesetzlicher Vorschriften beanspruchen, so geht der Anspruch auf den Bund insoweit über, als dieser Leistungen nach diesem Bundesgesetz erbringt. Für die Wirksamkeit dieses Forderungsüberganges gegenüber dem Schadenersatzpflichtigen gelten der letzte Satz des § 1395 und der erste Satz des § 1396 des allgemeinen bürgerlichen Gesetzbuches sinngemäß. *(BGBl I 2005/48)*

Ersatz von Leistungen der Sozial- oder Behindertenhilfe

§ 13. (1) Unterstützt ein Träger der Sozial- oder Behindertenhilfe auf Grund einer gesetzlichen Pflicht ein Opfer oder einen Hinterbliebenen für eine Zeit, für die ihm nachträglich Hilfe nach diesem Bundesgesetz gewährt wird, so sind dem Träger der Sozial- und Behindertenhilfe die von diesem geleisteten Unterstützungen bis zur Höhe der nach diesem Bundesgesetz bewilligten Leistungen durch den Bund zu ersetzen. *(BGBl I 2011/58; BGBl I 2013/58)*

(2) Die Hilfe nach diesem Bundesgesetz vermindert sich um die Beträge, die zur Befriedigung des Ersatzanspruches des Trägers der Sozial- und Behindertenhilfe aufgewendet wurden.

(BGBl 1991/687; BGBl 1993/110)

Belehrung

§ 14. Geschädigte, die für Hilfeleistungen nach diesem Bundesgesetz in Betracht kommen, sind über dieses Bundesgesetz zu belehren. Die Belehrung obliegt der Sicherheitsbehörde, welche die Tatsachenfeststellungen trifft und dem Strafgericht erster Instanz, wenn jedoch die Staatsanwaltschaft die Anzeige zurücklegt, dieser.

(BGBl 1989/648; BGBl I 2001/70)

Härteausgleich

§ 14a. (1) Sofern sich aus den Vorschriften dieses Bundesgesetzes besondere Härten ergeben, kann der Bundesminister für Arbeit, Soziales und Konsumentenschutz im Einvernehmen mit dem Bundesminister für Finanzen auf Antrag oder von Amts wegen einen Ausgleich gewähren. Gegen Bescheide des Bundesministers für Arbeit, Soziales und Konsumentenschutz kann eine Beschwerde beim Bundesverwaltungsgericht erhoben werden. *(BGBl I 2013/71)*

(2) Die Bemessung und die erforderlichen Änderungen hat das Bundesamt für Soziales und Behindertenwesen nach den Vorschriften dieses Bundesgesetzes im Rahmen der vom Bundesminister für soziale Sicherheit, Generationen und Konsumentenschutz erteilten Bewilligung durchzuführen.

(3) Gegen die gemäß Abs. 2 erlassenen Bescheide des Bundesamtes für Soziales und Behindertenwesen steht dem Antragsteller das Recht der Beschwerde beim Bundesverwaltungsgericht zu. *(BGBl I 2013/71)*

(BGBl 1977/620; BGBl I 2005/48)

Härteregelung bei ruhenden Pensionsansprüchen von inhaftierten Gewalttätern

§ 14b. Sofern sich eine besondere Härte daraus ergibt, dass schadenersatzrechtliche Opferansprüche auf Grund eines Exekutionstitels betreffend eine vom Wirkungsbereich dieses Bundesgesetzes umfasste Vorsatztat wegen Ruhens eines Pensionsanspruches, eines Rentenanspruches oder einer ähnlichen Leistung nach bundesgesetzlichen Regelungen bei Verbüßung einer zwei Jahre übersteigenden Strafhaft oder Anhaltung in den Fällen der §§ 21 Abs. 2, 22 und 23 des StGB nicht hereingebracht werden können und auch sonst unbefriedigt sind, kann dieser Schadenersatzanspruch auf Antrag teilweise oder zur Gänze bis höchstens zum zehnfachen Betrag des jeweiligen Richtsatzes für Pensionsberechtigte aus eigener Pensionsversicherung gemäß § 293 Abs. 1 erster Satz lit. a sublit. bb des ASVG pro Antragsteller übernommen werden.

(BGBl I 2013/58)

Förderung von Projekten für Verbrechensopfer

§ 14c. (1) Der Bundesminister für Arbeit, Soziales und Konsumentenschutz kann Projekte, die sich der Beratung, Betreuung und Unterstützung von Opfern von Verbrechen widmen, jener Opferhilfeeinrichtung fördern, welche in der allgemeinen Opferhilfe führend tätig ist.

(2) Auf die Gewährung von Förderungen gemäß Abs. 1 besteht kein Rechtsanspruch. Sie erfolgen in Form von Zuschüssen im Rahmen der jeweils im Bundesfinanzgesetz für diesen Zweck verfügbaren Mittel.

(3) Vor der Gewährung eines Zuschusses hat sich der Förderungswerber dem Bund gegenüber zu verpflichten, über die widmungsgemäße Verwendung Bericht zu erstatten, Rechnung zu legen und zum Zweck der Überprüfung der widmungsgemäßen Verwendung des Zuschusses Organen des Bundes die erforderlichen Auskünfte zu erteilen sowie Einsicht in die Bücher und Belege und Besichtigungen an Ort und Stelle zu gestatten. Ferner hat sich der Förderungswerber zu verpflichten, bei widmungswidriger Verwendung von Zuschüssen oder Nichteinhaltung der erwähnten Verpflichtungen die Zuschüsse an den Bund zurückzuzahlen, wobei der zurückzuzahlende Betrag für die Zeit von der Auszahlung bis zur Rückzahlung mit einem Zinsfuß zu verzinsen ist, der 3 vH über dem Basiszinssatz (Art. I § 1 des 1. Euro-Justiz-Begleitgesetzes, BGBl. I Nr. 125/1998) liegt.

(BGBl I 2017/18)

Finanzielle Bestimmungen

§ 15. Der aus diesem Bundesgesetz erwachsende Aufwand einschließlich des Verwaltungsaufwandes ist aus Bundesmitteln zu bestreiten.

Verweisungen auf andere Bundesgesetze

§ 15a. (1) Soweit in diesem Bundesgesetz auf Bestimmungen anderer Bundesgesetze verwiesen wird, sind diese in ihrer jeweils geltenden Fassung anzuwenden. *(BGBl I 2009/135)*

(2) Folgende für Ehegatten sowie Witwen/Witwer maßgebende Bestimmungen dieses Bundesgesetzes sind auf eingetragene Partner sowie hinterbliebene eingetragene Partner nach dem Bundesgesetz über die eingetragene Partnerschaft (Eingetragene Partnerschaft-Gesetz – EPG), BGBl. I Nr. 135/2009, sinngemäß anzuwenden: §§ 1 und 3 bis 5. *(BGBl I 2009/135)*

(BGBl 1989/648)

Übergangsrecht

§ 15b. (1) § 10 Abs. 1 letzter Satz in der bis zum 31. Dezember 1997 geltenden Fassung ist auf Verfahren weiter anzuwenden, in denen das Ansuchen vor dem 1. Jänner 1998 gestellt wurde und über die Hilfeleistungen noch nicht entschieden wurde.

(2) Wurde die Handlung im Sinne des § 1 Abs. 2 vor dem Inkrafttreten des Bundesgesetzes BGBl. I Nr. 11/1999 gesetzt, gilt § 10 Abs. 1 für Ansuchen auf Kostenersatz nach § 4 Abs. 5 mit

VOG

der Maßgabe, daß die Zweijahresfrist für das Ansuchen mit 1. Jänner 1999 beginnt.

(3) Für die gemäß §§ 1 Abs. 4, 2 Z 9 und 4 Abs. 5 in der Fassung des Bundesgesetzes BGBl. I Nr. 48/2005 begünstigten Personen beginnt der Fristenlauf gemäß § 10 Abs. 1 ab dem In-Kraft-Treten dieses Bundesgesetzes, sofern die Handlung im Sinne des § 1 Abs. 1 vor diesem Zeitpunkt erfolgte. *(BGBl I 2005/48)*

(4) Auf Grund von bisher gemäß § 1 Abs. 2 und 7 Z 2 zuerkannten Ansprüchen sind auch nach dem In-Kraft-Treten des Bundesgesetzes BGBl. I Nr. 48/2005 die Leistungen nach diesem Bundesgesetz zu erbringen. *(BGBl I 2005/48)*

(5) § 10 Abs. 1 letzter Satz ist auch auf die vor dem In-Kraft-Treten des Bundesgesetzes BGBl. I Nr. 48/2005 wegen Fristversäumnis abgelehnten Anträge gemäß § 4 Abs. 5 anzuwenden. Diese Verfahren sind amtswegig wieder aufzunehmen. *(BGBl I 2005/48)*

(BGBl I 1997/139; BGBl I 1999/11)

§ 15c. Die Kundmachung des Bundesministers für soziale Verwaltung vom 13. September 1973 betreffend die Auslobung von Hilfeleistungen an Opfer von Verbrechen, BGBl. Nr. 497/1973, wird aufgehoben. Durch die Aufhebung dieser Kundmachung lebt die Auslobung vom 1. September 1972, die im Bundesgesetzblatt unter BGBl. Nr. 350/1972 kundgemacht wurde, nicht wieder auf. Die bisher zuerkannten Ansprüche auf Grund der Auslobung gelten als Ansprüche auf Grund des In-Kraft-Treten des Bundesgesetzes BGBl. I Nr. 48/2005 als öffentlichrechtliche Ansprüche. Wird erst nach dem In-Kraft-Treten des Bundesgesetzes BGBl. I Nr. 48/2005 über Ansprüche entschieden, die Zeiträume vor diesem Zeitpunkt betreffen, ist noch für das Verfahren und die Entscheidung die Rechtslage vor dem In-Kraft-Treten weiter anzuwenden. Zum Zeitpunkt des In-Kraft-Tretens dieses Bundesgesetzes auf Grund der Auslobung anhängige zivilgerichtliche Verfahren gegen den Bund sind von den Zivilgerichten zu Ende zu führen.

(BGBl I 2005/48)

§ 15d. Abweichend von der Bestimmung des § 3 Abs. 1 ist die Anpassung der Beträge für das Jahr 2009 bereits mit Wirksamkeit ab 1. November 2008 vorzunehmen.

(BGBl I 2006/165; BGBl I 2008/129)

Zuschuss zu den Energiekosten

§ 15e. Die Bestimmungen des § 638 des Allgemeinen Sozialversicherungsgesetzes gelten entsprechend auch für Bezieher einer einkommensabhängigen Zusatzleistung (§ 3a) nach dem Verbrechensopfergesetz, die oder deren Ehegatten keinen Anspruch auf eine Ausgleichszulage aus der Pensionsversicherung haben.

(BGBl I 2008/129)

§ 15f. Abweichend von den Bestimmungen dieses Bundesgesetzes ist die Anpassung der Beträge gemäß den §§ 3 Abs. 1 und 7 für das Jahr 2009 mit dem Faktor 1,034 vorzunehmen.

(BGBl I 2008/129)

Einmalzahlung für das Jahr 2008

§ 15g. (1) Personen mit gewöhnlichem Aufenthalt im Inland, die im November 2008 Anspruch auf eine einkommensabhängige Leistung gemäß § 3a und keinen Anspruch auf eine oder mehrere Pensionen haben, gebührt für das Jahr 2008 eine Einmalzahlung in Höhe von 150 .

(2) Die Einmalzahlung ist mit den Leistungen für November 2008 auszuzahlen.

(3) Die Einmalzahlung gilt nicht als Einkommen im Sinne der Sozialentschädigungsgesetze.

(BGBl I 2008/129)

Einmalzahlung für das Jahr 2010

§ 15h. (1) Personen mit gewöhnlichem Aufenthalt im Inland, die im Dezember 2009 Anspruch auf eine einkommensabhängige Leistung gemäß § 3a haben, gebührt für das Jahr 2010 eine Einmalzahlung in Höhe von 4,2 % der einkommensabhängigen Leistung.

(2) Die Einmalzahlung ist mit den Leistungen bis Februar 2010 auszuzahlen.

(3) Die Einmalzahlung gilt nicht als Einkommen im Sinne der Sozialentschädigungsgesetze.

(BGBl I 2010/4)

§ 15i. § 113h des Kriegsopferversorgungsgesetzes 1957 ist sinngemäß anzuwenden.

(BGBl I 2012/96)

Einmalzahlung

§ 15j. (1) Personen mit gewöhnlichem Aufenthalt im Inland, die im Dezember 2016 Anspruch auf eine ungekürzte einkommensabhängige Leistung gemäß § 3a haben, gebührt eine Einmalzahlung in Höhe von 100,00 Euro.

(2) Die Einmalzahlung ist im 1. Quartal 2017 auszuzahlen.

(3) Die Einmalzahlung gilt nicht als Einkommen im Sinne der Sozialentschädigungsgesetze. Von der Einmalzahlung sind keine Beiträge zur Krankenversicherung zu entrichten.

(BGBl I 2017/16)

§ 15k. Ein Ersatz des Verdienstentganges kann von Personen, die im Rahmen einer Unterbringung in Kinder- oder Jugendheimen des Bundes, der Länder und der Kirchen oder in Pflegefamilien bis zum 31. Dezember 1999 Gewalt erlitten haben, nach dem 30. Juni 2017 nicht mehr geltend gemacht werden. Diesbezügliche ab dem 1. Juli 2017 eingebrachte Anträge gelten als Anträge nach dem HOG.

(BGBl I 2017/69)

§ 15l. Abweichend von den Bestimmungen dieses Bundesgesetzes ist die Anpassung von Versorgungsleistungen und Beträgen für das Jahr 2018 mit dem Faktor 1,022 vorzunehmen.

(BGBl I 2017/152)

§ 15m. Abweichend von den Bestimmungen dieses Bundesgesetzes ist die Anpassung von Versorgungsleistungen und Beträgen für das Jahr 2019 mit dem Faktor 1,026 vorzunehmen.

(BGBl I 2018/99)

§ 15n. Abweichend von den Bestimmungen dieses Bundesgesetzes ist die Anpassung von Versorgungsleistungen und Beträgen für das Jahr 2020 mit dem Faktor 1,036 vorzunehmen.

(BGBl I 2019/98)

§ 15o. Abweichend von den Bestimmungen dieses Bundesgesetzes ist die Anpassung von Versorgungsleistungen und Beträgen für das Jahr 2021 mit dem Faktor 1,035 vorzunehmen.

(BGBl I 2020/135)

§ 15p. Abweichend von den Bestimmungen dieses Bundesgesetzes ist die Anpassung von Versorgungsleistungen und Beträgen für das Jahr 2022 mit dem Faktor 1,030 vorzunehmen.

(BGBl I 2021/210)

Einmalzahlung, Teuerungsausgleich und Direktzahlung

§ 15q. (1) Versorgungsberechtigte, die im Oktober 2022 Anspruch auf eine einkommensabhängige Zusatzleistung gemäß § 3a haben und keine auf diese anzurechnende wiederkehrende Geldleistung nach sozialversicherungsrechtlichen Vorschriften beziehen, erhalten eine Einmalzahlung für das Kalenderjahr 2022. Die Einmalzahlung für das Kalenderjahr 2022 ist unter sinngemäßer Anwendung des § 772a Abs. 1 ASVG zu errechnen. Der Berechnung ist der Betrag der jeweils laufenden einkommensabhängigen Zusatzleistung gemäß § 3a zugrundezulegen.

(2) Versorgungsberechtigten nach Abs. 1 gebührt zusätzlich ein Teuerungsausgleich. Dieser ist unter sinngemäßer Anwendung der §§ 759b Abs. 1 und 771 Abs. 1 ASVG betraglich festzusetzen.

(3) Versorgungsberechtigte, die im Jänner 2023 Anspruch auf eine einkommensabhängige Leistung gemäß § 3a haben und keine auf diese Rente anzurechnende wiederkehrende Geldleistung nach sozialversicherungsrechtlichen Vorschriften beziehen, erhalten eine Direktzahlung für das Kalenderjahr 2023. Die Direktzahlung für das Kalenderjahr 2023 ist unter sinngemäßer Anwendung des § 776 Abs. 1 ASVG zu errechnen, Abs. 1 letzter Satz gilt sinngemäß.

(4) Die Leistungen nach den vorstehenden Absätzen sind mit Ausnahme der Direktzahlung für das Kalenderjahr 2023 gemäß Abs. 3, die mit den Leistungen für März 2023 auszuzahlen ist, im Dezember 2022 anzuweisen.

(5) Die Einmalzahlung, der Teuerungsausgleich und die Direktzahlung gelten nicht als Einkommen im Sinne bundesgesetzlicher Vorschriften. Von diesen Leistungen sind keine Beträge zur Krankenversicherung zu entrichten. Einmalzahlung, Teuerungsausgleich und Direktzahlung sind von der Einkommensteuer befreit, unpfändbar und gelten als Leistungen nach § 7 Abs. 5a des Sozialhilfe-Grundsatzgesetzes, BGBl. I Nr. 41/2019.

(BGBl I 2022/215)

Inkrafttreten

§ 16. Dieses Bundesgesetz tritt am 1. September 1972 in Kraft.

(2) Dieses Bundesgesetz ist auf Handlungen im Sinne des § 1 Abs. 1 anzuwenden, die nach dem 25. Oktober 1955 gesetzt wurden. *(BGBl I 2005/48)*

(3) *(entfällt, BGBl I 2005/48)*

(4) § 1 Abs. 6 Z 1 in der Fassung des Bundesgesetzes BGBl. I Nr. 139/1997 tritt mit 1. September 1996 in Kraft, § 3 Abs. 2, die Überschrift zu § 10, § 10 Abs. 1 letzter Satz, § 10 Abs. 5 und § 15b samt Überschrift in der Fassung des Bundesgesetzes BGBl. I Nr. 139/1997 treten mit 1. Jänner 1998 in Kraft.

(5) § 4 Abs. 5 und § 15b in der Fassung des Bundesgesetzes BGBl. I Nr. 11/1999 treten mit 1. Jänner 1999 in Kraft. § 4 Abs. 5 ist nach Maßgabe der Abs. 2 und 3 anzuwenden.

(6) Die §§ 3 Abs. 1, 7, 9 Abs. 1 letzter Satz und Abs. 3, 10 Abs. 5 und 14 zweiter Satz in der Fassung des Bundesgesetzes BGBl. I Nr. 70/2001 treten mit 1. Jänner 2002 in Kraft.

(7) Die §§ 9 Abs. 1, 2 und 4 und 10 Abs. 3 Z 1 treten mit 1. Jänner 2003 in Kraft.

(8) 1. *(nicht mehr geltend, BGBl I 2008/2)*

VOG

2. Die Überschrift nach Artikel I, die §§ 1 samt Überschrift, 2 Z 8 und 9, 3 Abs. 1 und 2, 3a samt Überschrift, 4 Abs. 1, Abs. 2 letzter Satz und Abs. 5, 5 Abs. 1 und 4, 5a Abs. 1 und 2 letzter Satz, 6, 7 erster Satz, 7a samt Überschrift, 8 Abs. 1 Z 3 und Abs. 2, 9 Abs. 1 bis 3 samt Überschrift, 9b bis 9d samt Überschriften, 10 Abs. 1, 3 und 4, 11 Abs. 2 und 3, 12 erster Satz, 14a, 15b Abs. 3 bis 5, 15c und 16 Abs. 2 in der Fassung des Bundesgesetzes BGBl. I Nr. 48/2005 sowie die Aufhebung der bisherigen §§ 10 Abs. 4, 16 Abs. 3 und der Kundmachung des Bundesministers für soziale Verwaltung vom 13. September 1973 betreffend die Auslobung von Hilfeleistungen an Opfer von Verbrechen, BGBl. Nr. 497/1973, treten mit 1. Juli 2005 in Kraft.

3. § 9a samt Überschrift in der Fassung des Bundesgesetzes BGBl. I Nr. 48/2005 tritt mit 1. Jänner 2006 in Kraft.

(BGBl I 2005/48)

(9) § 15d in der Fassung des Bundesgesetzes BGBl. I Nr. 129/2008 tritt mit 1. November 2008 in Kraft. *(BGBl I 2008/129)*

(10) Die §§ 2 Z 9 und 10, 6a samt Überschrift und 10 Abs. 1 letzter Satz in der Fassung des Bundesgesetzes BGBl. I. Nr. 40/2009 treten mit 1. Juni 2009 in Kraft. § 6a ist auf Handlungen im Sinne des § 1 Abs. 1 anzuwenden, die nach dem 31. Mai 2009 begangen wurden. *(BGBl I 2009/40, 2. GeSchG)*

(11) § 15a in der Fassung des Bundesgesetzes BGBl. I Nr. 135/2009 tritt mit 1. Jänner 2010 in Kraft. *(BGBl I 2009/135)*

(12) § 13 Abs. 1 in der Fassung des BGBl. I Nr. 58/2011 tritt mit 1. Jänner 2012 in Kraft. *(BGBl I 2011/58)*

(13) Die §§ 1 Abs. 1 Z 1 bis 3 und Abs. 7, 2 Z 2a, 3 Abs. 1 erster Satz, 3a zweiter Satz, 4 Abs. 1 zweiter Satz, Abs. 2 Z 1, Abs. 2a, Abs. 4 und Abs. 5 erster Satz, 4a samt Überschrift, 5 Abs. 1 zweiter Satz, Abs. 3 und Abs. 4, 5a Abs. 1, 6 erster und zweiter Satz, 6a, 7 erster und zweiter Satz, 7a Abs. 1 zweiter Satz, 8 Abs. 1, Abs. 2 Z 1 und 2 und Abs. 5, 9 Abs. 4 zweiter Satz, 10 Abs. 1, 13 Abs. 1 und § 14b samt Überschrift in der Fassung des Bundesgesetzes BGBl. I Nr. 58/2013 treten mit 1. April 2013 in Kraft. Die §§ 4a, 6a und 7 erster und zweiter Satz in der Fassung des Bundesgesetzes BGBl. I Nr. 58/2013 sind auf Handlungen im Sinne des § 1 Abs. 1 anzuwenden, die ab dem Inkrafttreten dieses Bundesgesetzes begangen wurden. § 10 Abs. 1 in der Fassung des Bundesgesetzes BGBl. I Nr. 58/2013 ist hinsichtlich § 2 Z 1, 7 und 9 auf Handlungen im Sinne des § 1 Abs. 1 anzuwenden, die ab dem Inkrafttreten dieses Bundesgesetzes begangen wurden, und hinsichtlich § 2 Z 10 mit der Maßgabe anzuwenden, dass für Anträge auf Grund der Rechtslage vor diesem Zeitpunkt der Fristenlauf

mit dem Inkrafttreten dieses Bundesgesetzes beginnt. *(BGBl I 2013/58)*

(14) **(Verfassungsbestimmung)** Art. I tritt mit Ablauf des Monats der Kundmachung des Bundesgesetzes BGBl. I Nr. 59/2013 außer Kraft. *(BGBl I 2013/59)*

(15) Die Artikelbezeichnung „**Artikel II**" tritt mit Ablauf des Monats der Kundmachung des Bundesgesetzes BGBl. I Nr. 59/2013 außer Kraft. *(BGBl I 2013/59)*

(16) Die §§ 5 Abs. 4, 9 Abs. 2 und 5, 9b, 9c Abs. 1 und 3 samt Überschrift, 9d samt Überschrift, 9e, 11 Abs. 2 und 14a Abs. 1 und 3 in der Fassung des Bundesgesetzes BGBl. I Nr. 71/2013 und die Aufhebung des bisherigen § 9b Abs. 1 treten mit 1. Jänner 2014 in Kraft. *(BGBl I 2013/71)*

(BGBl 1993/112; BGBl I 1997/139; BGBl I 1999/11; BGBl I 2001/70; BGBl I 2002/150)

(17) Die §§ 2 Z 2a, 4 Abs. 5 zweiter Satz und 4a samt Überschrift in der Fassung des Bundesgesetzes BGBl. I Nr. 57/2015 treten mit 1. Juli 2015 in Kraft. § 4a in der Fassung des Bundesgesetzes BGBl. I Nr. 57/2015 ist hinsichtlich der von Psychotherapeuten durchgeführten Krisenintervention auf Handlungen im Sinne des § 1 Abs. 1 anzuwenden, die ab dem Inkrafttreten dieses Bundesgesetzes begangen wurden.

(BGBl I 2015/57)

(18) § 14c samt Überschrift in der Fassung des Bundesgesetzes BGBl. I Nr. 18/2017 tritt mit 1. Jänner 2017 in Kraft.

(BGBl I 2017/18)

(19) § 15k in der Fassung des Bundesgesetzes BGBl. I Nr. 69/2017 tritt mit 1. Juli 2017 in Kraft.

(BGBl I 2017/69)

(20) § 9 Abs. 5 und § 9c Abs. 2 in der Fassung des Materien-Datenschutz-Anpassungsgesetzes 2018, BGBl. I Nr. 32/2018, treten mit 25. Mai 2018 in Kraft.

(BGBl I 2018/32)

(21) Die §§ 4 Abs. 2 Z 2 und Abs. 3, 4a und 7a Abs. 1 zweiter Satz in der Fassung des Bundesgesetzes BGBl. I Nr. 100/2018 treten mit 1. Jänner 2020 in Kraft.

(BGBl I 2018/100)

(22) Die §§ 1 Abs. 9, 8 Abs. 3, 10 Abs. 1 erster Satz und Abs. 1a in der Fassung des Gewaltschutzgesetzes 2019 BGBl. I Nr. 105/2019 treten mit 1. Jänner 2020 in Kraft. Die §§ 1 Abs. 9 und 10 Abs. 1 erster Satz in der Fassung des Gewalt-

schutzgesetzes 2019 BGBl. I Nr. 105/2019 sind auf Handlungen im Sinne des § 1 Abs. 1 anzuwenden, die ab dem Inkrafttreten dieses Bundesgesetzes begangen wurden.

(BGBl I 2019/105)

Vollziehung und Durchführung

§ 17. (1) Mit der Vollziehung dieses Bundesgesetzes sind betraut

1. hinsichtlich der §§ 4, 5a und 9a der Bundesminister für Arbeit und Soziales,

2. hinsichtlich des § 9 Abs. 3 letzter Satz und Abs. 4 letzter Satz des § 11 sowie des § 15 der Bundesminister für Arbeit und Soziales im Einvernehmen mit dem Bundesminister für Finanzen,

3. hinsichtlich des § 9 Abs. 3 zweiter und dritter Satz sowie des § 12 der Bundesminister für Justiz,

4. hinsichtlich des § 14 der Bundesminister für Justiz und der Bundesminister für Inneres und

5. hinsichtlich des § 9 Abs. 3 vorletzter Satz der Bundesminister für Arbeit und Soziales im Einvernehmen mit dem Bundesminister für Finanzen und dem Bundesminister für Inneres.

(2) Mit der Durchführung der vom Bund als Träger von Privatrechten nach diesem Bundesgesetz zu besorgenden Aufgaben ist

1. hinsichtlich des § 14a der Bundesminister für soziale Verwaltung im Einvernehmen mit dem Bundesminister für Finanzen und

2. hinsichtlich aller übrigen Bestimmungen der Bundesminister für soziale Verwaltung im Einvernehmen mit dem Bundesminister für Justiz betraut.

(BGBl 1977/620; BGBl 1989/648)

VOG

21. Waffengebrauchsgesetz

BGBl 1969/149 idF

1 BGBl 1974/422
2 BGBl I 1999/146
3 BGBl I 2004/151 (SPG-Nov 2005)

4 BGBl I 2006/113
5 BGBl I 2016/61 (Präventions-Novelle 2016)

Bundesgesetz vom 27. März 1969 über den Waffengebrauch von Organen der Bundespolizei und der Gemeindewachkörper

(Waffengebrauchsgesetz 1969)

(BGBl I 2004/151)

ABSCHNITT I

Allgemeine Bestimmungen

§ 1. Dieses Bundesgesetz regelt den Waffengebrauch im Rahmen der polizeilichen Zwangsbefugnisse.

§ 2. Angehörige des Wachkörpers Bundespolizei und der Gemeindewachkörper sowie Angehörige des rechtskundigen Dienstes und sonstige Angehörige der Landespolizeidirektionen und des Bundesministeriums für Inneres, die zur Ausübung unmittelbarer Befehls- und Zwangsgewalt ermächtigt sind, dürfen in Ausübung des Dienstes nach Maßgabe der Bestimmungen dieses Bundesgesetzes von Dienstwaffen Gebrauch machen:

1. im Falle gerechter Notwehr;

2. zur Überwindung eines auf die Vereitlung einer rechtmäßigen Amtshandlung gerichteten Widerstandes;

3. zur Erzwingung einer rechtmäßigen Festnahme;

4. zur Verhinderung des Entkommens einer rechtmäßig festgehaltenen Person;

5. zur Abwehr einer von einer Sache drohenden Gefahr.

(BGBl I 2016/61)

§ 3. Dienstwaffen im Sinne dieses Bundesgesetzes sind

1. Gummiknüppel und andere Einsatzstöcke, *(BGBl I 1999/146)*

2. Tränengas und andere reizauslösende Mittel, die lediglich eine kurzfristige Beeinträchtigung des Gesundheitszustandes herbeiführen,

3. Wasserwerfer,

4. Schusswaffen, mit Ausnahme der in Kategorie I, Z 3 des Annexes I zum Staatsvertrag betreffend die Wiederherstellung eines unabhängigen und demokratischen Österreich, BGBl. Nr. 152/1955, angeführten Art, *(BGBl I 2006/113)* die den im § 2 bezeichneten Organen zur Erfüllung ihrer Aufgaben von ihrer vorgesetzten Behörde oder Dienststelle zugeteilt sind.

§ 4. Der Waffengebrauch ist nur zulässig, wenn ungefährliche oder weniger gefährliche Maßnahmen, wie insbesondere die Aufforderung zur Herstellung des gesetzmäßigen Zustandes, die Androhung des Waffengebrauches, die Verfolgung eines Flüchtenden oder die Anwendung von Körperkraft oder verfügbare gelindere Mittel, wie insbesondere Handfesseln oder technische Sperren, ungeeignet scheinen oder sich als wirkungslos erwiesen haben.

§ 5. Stehen verschiedene Waffen zur Verfügung, darf nur von der am wenigsten gefährlichen, nach der jeweiligen Lage noch geeignet scheinenden Waffe Gebrauch gemacht werden.

§ 6. (1) Zweck des Waffengebrauches gegen Menschen darf nur sein, angriffs-, widerstands- oder fluchtunfähig zu machen. In den Fällen des § 2 Z. 2 bis 5 darf der durch den Waffengebrauch zu erwartende Schaden nicht offensichtlich außer Verhältnis zu dem beabsichtigten Erfolg stehen.

(2) Jede Waffe ist mit möglichster Schonung von Menschen und Sachen zu gebrauchen. Gegen Menschen dürfen Waffen nur angewendet werden, wenn der Zweck ihrer Anwendung nicht durch Waffenwirkung gegen Sachen erreicht werden kann.

ABSCHNITT II

Lebensgefährdender Waffengebrauch

§ 7. Der mit Lebensgefährdung verbundene Gebrauch einer Waffe gegen Menschen ist nur zulässig;

1. im Falle gerechter Notwehr zur Verteidigung eines Menschen;

2. zur Unterdrückung eines Aufstandes oder Aufruhrs;

3. zur Erzwingung der Festnahme oder Verhinderung des Entkommens einer Person, die einer gerichtlich strafbaren Handlung, die nur vorsätzlich begangen werden kann und mit mehr als einjähriger Freiheitsstrafe bedroht ist, überwiesen

WaffGebrG

oder dringend verdächtig ist, das für sich allein oder in Verbindung mit ihrem Verhalten bei der Festnahme oder Entweichung sie als einen für die Sicherheit des Staates, der Person oder des Eigentums allgemein gefährlichen Menschen kennzeichnet; *(BGBl 1974/422)*

4. zur Erzwingung der Festnahme oder Verhinderung des Entkommens eines Geisteskranken, der für die Sicherheit der Person oder des Eigentums allgemein gefährlich ist.

§ 8. (1) Der lebensgefährdende Waffengebrauch gegen Menschen ist ausdrücklich, zeitlich unmittelbar vorangehend und deutlich wahrnehmbar anzudrohen. Gegenüber einer Menschenmenge ist die Androhung zu wiederholen. Als Androhung des Schußwaffengebrauches gilt auch die Abgabe eines Warnschusses.

(2) Der lebensgefährdende Waffengebrauch ist nur dann zulässig, wenn dadurch Unbeteiligte voraussichtlich nicht gefährdet werden, es sei denn, daß er unvermeidbar scheint, um eine Menschenmenge von Gewalttaten abzuhalten, durch die die Sicherheit von Personen mittelbar oder unmittelbar gefährdet wird.

(3) Im Falle gerechter Notwehr finden die Bestimmungen der Abs. 1 und 2 keine Anwendung.

Gebrauch von anderen als Dienstwaffen und von Mitteln mit Waffenwirkung

§ 9. Steht eine geeignet scheinende Dienstwaffe nicht zur Verfügung, dürfen unter sinngemäßer Anwendung der Bestimmungen dieses Bundesgesetzes auch andere Waffen gebraucht oder Mittel angewendet werden, deren Wirkung der einer Waffe gleichkommt.

Diensthunde

§ 10. Der scharfe Einsatz eines Diensthundes gegen Menschen ist unter sinngemäßer Anwendung der Bestimmungen des Abschnittes I zulässig:

1. im Falle gerechter Notwehr;

2. zur Überwindung eines aktiven gewaltsamen Widerstandes gegen die Staatsgewalt;

3. zur Erzwingung der rechtmäßigen Festnahme oder zur Verhinderung des Entkommens einer rechtmäßig festgehaltenen Person, die einer gerichtlich strafbaren Handlung, die nur vorsätzlich begangen werden kann und mit mehr als einjähriger Freiheitsstrafe bedroht ist, überwiesen oder dringend verdächtig ist oder eines Geisteskranken, der für die Sicherheit der Person oder des Eigentums als allgemein gefährlich anzusehen ist. *(BGBl 1974/422)*

Waffengebrauch geschlossener Einheiten

§ 11. Eine geschlossene Einheit ist eine in militärischer Ordnung unter einheitlichem Kommando mit gemeinsamer Zielsetzung auftretende Formation.

§ 12. (1) Der Waffengebrauch einer geschlossenen Einheit ist nur auf ausdrückliche Weisung des Leiters der zuständigen Sicherheitsbehörde oder dessen Vertreters an den Kommandanten der geschlossenen Einheit zulässig. Die Weisung darf erst nach Anhören des Kommandanten erteilt werden und hat auch die Art der anzuwendenden Waffen zu bestimmen. Die Befehlsgebung an die geschlossene Einheit und die Durchführung der behördlichen Anordnung obliegen dem Kommandanten.

(2) Das Notwehrrecht des einzelnen Angehörigen der geschlossenen Einheit wird durch die Bestimmungen des Abs. 1 nicht berührt.

§ 13. Kann die behördliche Anordnung nicht rechtzeitig erteilt werden und ist Gefahr im Verzuge, kommt die Entscheidungsbefugnis dem Kommandanten zu.

§ 14. Der Waffengebrauch einer geschlossenen Einheit darf, außer bei Gefahr im Verzuge, erst angeordnet werden, wenn alle erfolgversprechenden Möglichkeiten zur Vermeidung des Waffengebrauches (§ 4), insbesondere die wiederholte Aufforderung zur Herstellung des gesetzlichen Zustandes und die wiederholte Androhung des Waffengebrauches, erfolglos geblieben sind.

ABSCHNITT III

Schlußbestimmungen

§ 15. (1) Dieses Bundesgesetz tritt am 1. September 1969 in Kraft.

(2) Gleichzeitig tritt § 12 des Gesetzes vom 25. Dezember 1894, RGBl. Nr. 1/1895, betreffend die Gendarmerie der im Reichsrate vertretenen Königreiche und Länder, außer Kraft.

(3) § 3 Abs. 1 Z 1 in der Fassung des Bundesgesetzes BGBl. I Nr. 146/1999 tritt mit 1. September 1999 in Kraft. *(BGBl I 1999/146)*

(4) § 3 Z 4 in der Fassung des Bundesgesetzes BGBl. I Nr. 113/2006 tritt mit Ablauf des Tages der Kundmachung in Kraft. *(BGBl I 2006/113)*

(5) § 2 in der Fassung des Bundesgesetzes BGBl. I. Nr. 61/2016 tritt mit 1. August 2016 in Kraft. *(BGBl I 2016/61)*

§ 16. Mit der Vollziehung dieses Bundesgesetzes ist der Bundesminister für Inneres betraut.

22/1. Auslieferungs- und Rechtshilfegesetz

BGBl 1979/529 idF

1 BGBl 1992/756
2 BGBl 1996/762
3 BGBl I 2000/108
4 BGBl I 2003/6
5 BGBl I 2004/15
6 BGBl I 2004/164 (StPNov 2005)
7 BGBl I 2007/112 (Strafprozessreformbegleitgesetz II)
8 BGBl I 2011/134 (EU-JZG-ÄndG 2011)

9 BGBl I 2013/175 (EU-JZG-ÄndG 2013)
10 BGBl I 2014/107 (EU-JZG-ÄndG 2014)
11 BGBl I 2016/121 (Strafprozessrechtsänderungsgesetz II 2016)
12 BGBl I 2018/32 (Materien-Datenschutz-Anpassungsgesetz 2018)
13 BGBl I 2020/20 (StrEU-AG 2020)
14 BGBl I 2021/94 (StrEU-AG 2021)

22/1/1. Auslieferungs- und Rechtshilfeverordnung (Verordnung über den Auslieferungsverkehr und den zwischenstaatlichen Rechtshilfeverkehr in Strafsachen – ARHV), BGBl 1980/219

STICHWORTVERZEICHNIS
zum ARHG

ARHG

**Bundesgesetz vom 4. Dezember 1979 über die
Auslieferung und die Rechtshilfe in
Strafsachen (Auslieferungs- und
Rechtshilfegesetz – ARHG)**

Der Nationalrat hat beschlossen:

I. HAUPTSTÜCK

Allgemeine Bestimmungen

Vorrang zwischenstaatlicher Vereinbarungen

§ 1. Die Bestimmungen dieses Bundesgesetzes finden nur insoweit Anwendung, als in zwischen-staatlichen Vereinbarungen nichts anderes bestimmt ist.

Allgemeiner Vorbehalt

§ 2. Einem ausländischen Ersuchen darf nur entsprochen werden, wenn die öffentliche Ordnung oder andere wesentliche Interessen der Republik Österreich nicht verletzt werden.

Gegenseitigkeit

§ 3. (1) Einem ausländischen Ersuchen darf nur entsprochen werden, wenn gewährleistet ist, daß auch der ersuchende Staat einem gleichartigen österreichischen Ersuchen entsprechen würde.

(2) Ein Ersuchen nach diesem Bundesgesetz darf von einer österreichischen Behörde nicht gestellt werden, wenn einem gleichartigen Ersuchen eines anderen Staates nicht entsprochen werden könnte, es sei denn, daß ein Ersuchen aus besonderen Gründen dringend geboten erscheint. In diesem Fall ist der ersuchte Staat auf das Fehlen der Gegenseitigkeit hinzuweisen.

(3) Ist die Einhaltung der Gegenseitigkeit zweifelhaft, so ist hierüber eine Auskunft des Bundesministers für Justiz einzuholen.

(4) Einem anderen Staat kann im Zusammenhang mit einem Ersuchen nach diesem Bundesgesetz die Gegenseitigkeit zugesichert werden, wenn eine zwischenstaatliche Vereinbarung nicht besteht und wenn es nach den Bestimmungen dieses Bundesgesetzes zulässig wäre, einem gleichartigen Ersuchen dieses Staates zu entsprechen.

Bedingungen

§ 4. Bedingungen, die ein anderer Staat anläßlich der Bewilligung einer Auslieferung, Durchlieferung oder Ausfolgung, der Leistung von Rechtshilfe oder im Zusammenhang mit der Übernahme der Strafverfolgung, der Überwachung oder der Vollstreckung gestellt hat und die nicht zurückgewiesen wurden, sind einzuhalten.

Kosten

§ 5. Kosten, die durch die Bewilligung einer Auslieferung oder Ausfolgung, durch die Leistung von Rechtshilfe oder im Zusammenhang mit der Übernahme der Strafverfolgung, der Überwachung oder der Vollstreckung im Inland entstanden sind, hat die Republik Österreich zu tragen, sofern auch insoweit die Gegenseitigkeit gewährleistet ist. Für die durch Leistung von Rechtshilfe entstandenen Sachverständigengebühren sowie für Kosten einer Durchlieferung ist stets Ersatz durch den ersuchenden Staat zu verlangen.

Vorschriften über die Einfuhr, Ausfuhr und Durchfuhr

§ 6. Die in zoll-, devisen- oder monopolrechtlichen Vorschriften oder in Vorschriften über den Warenverkehr enthaltenen Beschränkungen oder Verbote der Einfuhr, Ausfuhr und Durchfuhr von Gegenständen, einschließlich von Waren und Werten, stehen der nach den Bestimmungen dieses Bundesgesetzes zulässigen Ausfolgung, Durchbeförderung oder Übersendung von Gegenständen nicht entgegen.

Reisedokumente

§ 7. Personen, die nach den Bestimmungen dieses Bundesgesetzes einem anderen Staat übergeben oder von einem anderen Staat übernommen werden, benötigen für den Grenzübertritt weder ein Reisedokument (Reisepaß oder Paßersatz) noch einen Sichtvermerk.

Vorbeugende Maßnahmen

§ 8. Eine vorbeugende Maßnahme im Sinne dieses Bundesgesetzes ist eine mit Freiheitsentziehung verbundene Maßnahme, die durch eine in den Strafgesetzen vorgesehene gerichtliche Entscheidung neben oder an Stelle einer Strafe ausgesprochen wird. Ist die Dauer einer noch zu vollziehenden Maßnahme unbestimmt, so ist von dem gesetzlich zulässigen Höchstmaß auszugehen.

Anwendung der Strafprozeßordnung

§ 9. (1) Soweit sich aus den Bestimmungen dieses Bundesgesetzes nichts anderes ergibt, ist die Strafprozessordnung 1975, BGBl. Nr. 631/1975 (StPO) sinngemäß anzuwenden. *(BGBl I 2007/112)*

(2) Auf das Verfahren zur Auslieferung von Personen aus Österreich sind die §§ 64 bis 73 und 381 bis 391 StPO nicht, die §§ 51 bis 53 und § 59 Abs. 2 und 3 StPO aber nur mit der Maßgabe anzuwenden, daß an die Stelle des Einbringens der Anklage der Zeitpunkt der Vernehmung der betroffenen Person zum Auslieferungsersuchen (§ 31 Abs. 1) tritt. *(BGBl I 2007/112; BGBl I 2020/20)*

(3) Von der Verfolgung einer Straftat kann die Staatsanwaltschaft absehen und das Ermittlungsverfahren insoweit einstellen, wenn sich die österreichische Strafgerichtsbarkeit nur auf § 65 Abs. 1 Z. 2 des Strafgesetzbuches gründet und öffentliche Interessen dem Absehen von der Verfolgung nicht entgegenstehen, insbesondere eine Bestrafung nicht geboten ist, um der Begehung strafbarer Handlungen durch andere entgegenzuwirken. *(BGBl I 2007/112)*

(4) Soll die Überwachung eines von einem ausländischen Gericht Verurteilten übernommen oder die Entscheidung eines ausländischen Gerichtes vollstreckt werden, so kann die Staatsanwaltschaft von der Verfolgung der der ausländischen Verurteilung zu Grunde liegenden Straftat absehen und das Ermittlungsverfahren insoweit einstellen, wenn anzunehmen ist, daß das inländische Gericht keine erheblich strengere Strafe oder vorbeugende Maßnahme als die vom ausländischen Gericht ausgesprochene verhängen würde. *(BGBl I 2007/112)*

(BGBl 1996/762; BGBl I 2004/15)

ARHG

Datenschutz

§ 9a. (1) Die Übermittlung personenbezogener Daten, die bereits verarbeitet wurden oder nach ihrer Übermittlung verarbeitet werden sollen, an einen Drittstaat oder eine internationale Organisation sowie deren Weiterübermittlung an einen anderen Drittstaat oder eine andere internationale Organisation ist zulässig, wenn *(BGBl I 2020/20)*

1. die Übermittlung zur Verhinderung, Untersuchung, Aufdeckung oder Verfolgung von Straftaten oder zur Strafvollstreckung erforderlich ist und an eine Behörde erfolgt, die für einen oder mehrere dieser Zwecke zuständig ist;

2. in Fällen, in denen personenbezogene Daten aus einem anderen Mitgliedstaat der Europäischen Union übermittelt oder zur Verfügung gestellt wurden, der Mitgliedstaat der Europäischen Union, der die personenbezogenen Daten übermittelt oder zur Verfügung gestellt hat, der Weiterleitung zugestimmt hat; und *(BGBl I 2020/20)*

3. die Europäische Kommission eine Entscheidung auf Grundlage von Art. 36 Abs. 3 der Richtlinie (EU) 2016/680 zum Schutz natürlicher Personen bei der Verarbeitung personenbezogener Daten durch die zuständigen Behörden zum Zwecke der Verhütung, Ermittlung, Aufdeckung oder Verfolgung von Straftaten oder der Strafvollstreckung sowie zum freien Datenverkehr und zur Aufhebung des Rahmenbeschlusses 2008/977/JI des Rates, ABl. Nr. L 119 vom 4.5.2016 S. 89 getroffen hat, wonach der betreffende Drittstaat oder die internationale Organisation ein angemessenes Datenschutzniveau bietet, oder, in Ermangelung einer solchen Entscheidung, angemessene Garantien für den Schutz personenbezogener Daten im betreffenden Drittstaat oder der internationalen Organisation bestehen; *(BGBl I 2020/20)*

(2) Die Zustimmung nach Abs. 1 Z 2 ist nicht erforderlich, wenn die Datenübermittlung zur Abwendung einer unmittelbaren und ernsthaften Gefahr für die öffentliche Sicherheit eines Mitgliedstaats der Europäischen Union oder eines Drittstaats oder für die wesentlichen Interessen eines Mitgliedstaats der Europäischen Union erforderlich ist und die Zustimmung nicht rechtzeitig eingeholt werden kann. In einem solchen Fall ist die für die Zustimmungserteilung zuständige Behörde unverzüglich in Kenntnis zu setzen. *(BGBl I 2020/20)*

(3) Die Aufsichtsbehörde ist von Datenübermittlungen nach Abs. 1 Z 3, zweiter Fall in Kenntnis zu setzen.

(4) Liegen die Voraussetzungen nach Abs. 1 Z 3 nicht vor, so ist die Datenübermittlung unter folgenden Voraussetzungen dennoch zulässig:

1. zum Schutz lebenswichtiger Interessen des Betroffenen oder einer anderen Person;

2. zur Wahrung berechtigter, gesetzlich vorgesehener Interessen des Betroffenen;

3. zur Abwehr einer unmittelbaren und ernsthaften Gefahr für die öffentliche Sicherheit eines Mitgliedstaats der Europäischen Union oder eines Drittstaats; *(BGBl I 2020/20)*

4. im Einzelfall zu den in Abs. 1 Z 1 angeführten Zwecken, es sei denn, dass die Grundrechte des Betroffenen das öffentliche Interesse an der Datenübermittlung überwiegen; oder

5. im Einzelfall zur Geltendmachung, Ausübung oder Verteidigung von Rechtsansprüchen im Zusammenhang mit den in Abs. 1 Z 1 angeführten Zwecken, es sei denn, dass die Grundrechte des Betroffenen das öffentliche Interesse an der Datenübermittlung überwiegen.

(5) Datenübermittlungen nach Abs. 4, einschließlich Datum und Uhrzeit der Übermittlung, Bezeichnung der empfangenden Behörde, Anführung der übermittelten personenbezogenen Daten und Begründung der Übermittlung, sind zu dokumentieren.

(BGBl I 2018/32)

II. HAUPTSTÜCK
Auslieferung aus Österreich

ERSTER ABSCHNITT
Zulässigkeit der Auslieferung

Allgemeiner Grundsatz

§ 10. Eine Auslieferung von Personen an einen anderen Staat zur Verfolgung wegen einer mit gerichtlicher Strafe bedrohten Handlung oder zur Vollstreckung einer wegen einer solchen Handlung verhängten Freiheitsstrafe oder vorbeugenden Maßnahme ist auf Ersuchen eines anderen Staates nach den Bestimmungen dieses Bundesgesetzes zulässig.

Strafbare Handlungen, die der Auslieferung unterliegen

§ 11. (1) Eine Auslieferung zur Verfolgung ist wegen vorsätzlich begangener Handlungen zulässig, die nach dem Recht des ersuchenden Staates mit einer mehr als einjährigen Freiheitsstrafe oder mit einer vorbeugenden Maßnahme dieser Dauer und nach österreichischem Recht mit einer mehr als einjährigen Freiheitsstrafe bedroht sind. Bei der Beurteilung, ob eine strafbare Handlung zu einer Auslieferung Anlaß gibt, ist nicht von der durch § 5 Z. 4 des Jugendgerichtsgesetzes 1988 geänderten Strafdrohungen auszugehen. Ob ein nach österreichischem Recht zur Verfolgung notwendiger Antrag oder eine solche Ermächtigung vorliegt, ist unbeachtlich.

(2) Eine Auslieferung zur Vollstreckung ist zulässig, wenn die Freiheitsstrafe oder vorbeugende Maßnahme wegen einer oder mehrerer der in Abs. 1 angeführten strafbaren Handlungen ausgesprochen worden ist und noch mindestens vier Monate zu vollstrecken sind. Mehrere Freiheitsstrafen oder ihre zu vollstreckenden Reste sind zusammenzurechnen.

(3) Ist nach den Bestimmungen der Abs. 1 oder 2 eine Auslieferung zulässig, so darf zusätzlich auch zur Verfolgung wegen anderer strafbarer Handlungen oder zur Vollstreckung von anderen Freiheitsstrafen oder vorbeugenden Maßnahmen ausgeliefert werden, wenn sonst wegen der Höhe der Strafdrohung (Abs. 1) oder des Ausmaßes der Strafe oder Maßnahme (Abs. 2) nicht ausgeliefert werden dürfte.

(BGBl 1996/762)

Verbot der Auslieferung österreichischer Staatsbürger

§ 12. (Verfassungsbestimmung) (1) Eine Auslieferung österreichischer Staatsbürger ist unzulässig.

(2) Abs. 1 steht der Zurückstellung eines den österreichischen Behörden von einer ausländischen Behörde zur Durchführung bestimmter Verfahrenshandlungen oder im Zusammenhang mit der Leistung von Rechtshilfe nur vorläufig übergebenen österreichischen Staatsbürgers nicht entgegen.

Vorrang der Auslieferung

§ 13. Ist ein Auslieferungsverfahren gegen einen Ausländer anhängig oder liegen hinreichende Gründe für die Einleitung eines solchen Verfahrens vor, so ist es unzulässig, ihn auf Grund anderer gesetzlicher Bestimmungen außer Landes zu bringen.

Strafbare Handlungen politischen Charakters

§ 14. Eine Auslieferung ist unzulässig

1. wegen politischer strafbarer Handlungen,

2. wegen anderer strafbarer Handlungen, denen politische Beweggründe oder Ziele zugrunde liegen, es sei denn, daß unter Berücksichtigung aller Umstände des Einzelfalles, insbesondere der Art der Begehung, der angewendeten oder angedrohten Mittel oder der Schwere der eingetretenen oder beabsichtigten Folgen, der kriminelle Charakter der Tat den politischen überwiegt.

Militärische und fiskalische strafbare Handlungen

§ 15. Eine Auslieferung wegen strafbarer Handlungen, die nach österreichischem Recht ausschließlich

1. militärischer Art sind, oder

2. in der Verletzung von Abgaben-, Monopol-, Zoll- oder Devisenvorschriften oder von Vorschriften über die Warenbewirtschaftung oder über den Außenhandel bestehen,

ist unzulässig.

Österreichische Gerichtsbarkeit

§ 16. (1) Eine Auslieferung wegen strafbarer Handlungen, die der österreichischen Gerichtsbarkeit unterliegen, ist unzulässig.

(2) Abs. 1 steht einer Auslieferung jedoch nicht entgegen,

1. wenn die Gerichtsbarkeit nur stellvertretend für einen anderen Staat ausgeübt wird, oder

2. wenn der Durchführung des Strafverfahrens im ersuchenden Staat mit Rücksicht auf besondere Umstände, insbesondere aus Gründen der Wahrheitsfindung, der Strafbemessung oder der Vollstreckung der Vorzug zu geben ist.

(3) Auch unter den Voraussetzungen des Abs. 2 ist eine Auslieferung dann unzulässig, wenn die auszuliefernde Person im Inland bereits rechtskräftig verurteilt, rechtskräftig freigesprochen oder aus anderen als den im § 9 Abs. 3 angeführten Gründen außer Verfolgung gesetzt worden ist. Im Fall des Abs. 2 Z. 2 ist eine Auslieferung überdies dann unzulässig, wenn zu besorgen ist, daß die auszuliefernde Person durch eine Verurteilung im anderen Staat in der Gesamtauswirkung erheblich schlechter gestellt wäre als nach österreichischem Recht.

Gerichtsbarkeit eines dritten Staates

§ 17. Eine Auslieferung ist unzulässig, wenn die auszuliefernde Person wegen der strafbaren Handlung

1. von einem Gericht des Tatortstaates rechtskräftig freigesprochen oder sonst außer Verfolgung gesetzt worden ist, oder

2. von einem Gericht eines dritten Staates rechtskräftig verurteilt worden ist und die Strafe ganz vollstreckt oder zur Gänze oder für den noch nicht vollstreckten Teil nachgesehen worden ist oder ihre Vollstreckbarkeit nach dem Recht des dritten Staates verjährt ist.

ARHG

Verjährung

§ 18. Eine Auslieferung ist unzulässig, wenn die Verfolgung oder die Vollstreckung nach dem

Recht des ersuchenden Staates oder nach österreichischem Recht verjährt ist.

Wahrung rechtsstaatlicher Grundsätze; Asyl

§ 19. Eine Auslieferung ist unzulässig, wenn zu besorgen ist, daß

1. das Strafverfahren im ersuchenden Staat den Grundsätzen der Art. 3 und 6 der Konvention zum Schutze der Menschenrechte und Grundfreiheiten, BGBl. Nr. 210/1958, nicht entsprechen werde oder nicht entsprochen habe,

2. die im ersuchenden Staat verhängte oder zu erwartende Strafe oder vorbeugende Maßnahme in einer den Erfordernissen des Art. 3 der Konvention zum Schutze der Menschenrechte und Grundfreiheiten, BGBl. Nr. 210/1958, nicht entsprechenden Weise vollstreckt werden würde, oder

3. die auszuliefernde Person im ersuchenden Staat wegen ihrer Abstammung, Rasse, Religion, ihrer Zugehörigkeit zu einer bestimmten Volksoder Gesellschaftsgruppe, ihrer Staatsangehörigkeit oder wegen ihrer politischen Anschauungen einer Verfolgung ausgesetzt wäre oder aus einem dieser Gründe andere schwerwiegende Nachteile zu erwarten hätte (Auslieferungsasyl).

Abwesenheitsurteile

§ 19a. (1) Die Auslieferung zur Vollstreckung einer in Abwesenheit verhängten Freiheitsstrafe oder zur Vollziehung einer in Abwesenheit angeordneten vorbeugenden Maßnahme, die mit Freiheitsentziehung verbunden ist, ist nur zulässig, wenn die auszuliefernde Person

1. fristgerecht durch persönliche Ladung oder auf andere Weise von Zeit und Ort der Verhandlung, die zu der Entscheidung geführt hat, Kenntnis erlangt hat und darüber belehrt worden ist, dass das Urteil in ihrer Abwesenheit ergehen kann;

2. in Kenntnis der anberaumten Verhandlung einen selbst gewählten oder vom Gericht beigegebenen Verteidiger mit ihrer Vertretung in der Verhandlung betraut hat und von diesem in der Verhandlung tatsächlich vertreten wurde; oder

3. nach Zustellung des in Abwesenheit ergangenen Urteils und nach Belehrung über das Recht, die Neudurchführung der Verhandlung zu beantragen oder ein Rechtsmittel zu ergreifen und auf diesem Weg eine neuerliche Prüfung des Sachverhalts, auch unter Berücksichtigung neuer Beweise, in seiner Anwesenheit und eine Aufhebung der Entscheidung zu erreichen,

a) ausdrücklich erklärt hat, keine Neudurchführung der Verhandlung zu beantragen oder kein Rechtsmittel zu ergreifen; oder

b) innerhalb der bestehenden Fristen keine Neudurchführung der Verhandlung beantragt oder kein Rechtsmittel ergriffen hat.

(2) Kann das Vorliegen der Voraussetzungen nach Abs. 1 nicht festgestellt werden, hat der Bundesminister für Justiz auf Antrag der Staatsanwaltschaft oder des Gerichts eine ausreichende Zusicherung des ersuchenden Staats einzuholen, wonach die auszuliefernde Person das Recht hat, die Neudurchführung der Verhandlung zu beantragen oder ein Rechtsmittel zu ergreifen und auf diesem Weg eine neuerliche Prüfung des Sachverhalts, auch unter Berücksichtigung neuer Beweise, in ihrer Anwesenheit und eine Aufhebung der Entscheidung zu erreichen.

(BGBl I 2014/107)

Unzulässige Strafen oder vorbeugende Maßnahmen

§ 20. (1) Eine Auslieferung zur Verfolgung wegen einer nach dem Recht des ersuchenden Staates mit der Todesstrafe bedrohten strafbaren Handlung ist nur zulässig, wenn gewährleistet ist, daß die Todesstrafe nicht ausgesprochen werden wird.

(2) Eine Auslieferung zur Vollstreckung der Todesstrafe ist unzulässig.

(3) Die Bestimmungen der Abs. 1 und 2 sind auch auf Strafen oder vorbeugende Maßnahmen, die den Erfordernissen des Art. 3 der Konvention zum Schutze der Menschenrechte und Grundfreiheiten, BGBl. Nr. 210/1958, nicht entsprechen, sinngemäß anzuwenden.

Strafunmündige

§ 21. Eine Auslieferung von Personen, die nach österreichischem Recht oder nach dem Recht des ersuchenden Staates zur Zeit der Tat strafunmündig waren, ist unzulässig.

Härtefälle

§ 22. Eine Auslieferung ist unzulässig, wenn sie die auszuliefernde Person unter Berücksichtigung der Schwere der ihr zur Last gelegten strafbaren Handlung wegen ihres jugendlichen Alters (§ 1 Z. 2 des Jugendgerichtsgesetzes 1988), wegen ihres seit langem bestehenden inländischen Wohnsitzes oder aus anderen schwerwiegenden, in ihren persönlichen Verhältnissen gelegenen Gründen offenbar unverhältnismäßig hart träfe.

(BGBl 1996/762)

Spezialität der Auslieferung

§ 23. (1) Eine Auslieferung ist nur zulässig, wenn gewährleistet ist, daß

1. die ausgelieferte Person im ersuchenden Staat weder wegen einer vor ihrer Übergabe begangenen Handlung, auf die sich die Auslieferungsbewilligung nicht erstreckt, noch ausschließlich wegen einer oder mehrerer für sich allein nicht der Auslieferung unterliegenden Handlungen (§ 11 Abs. 3) verfolgt, bestraft, in ihrer persönlichen Freiheit beschränkt oder an einen dritten Staat weitergeliefert wird,

2. bei einer Änderung der rechtlichen Würdigung der der Auslieferung zugrunde liegenden Handlung der bei Anwendung anderer als der ursprünglich angenommenen strafgesetzlichen Bestimmungen die ausgelieferte Person nur insoweit verfolgt und bestraft wird, als die Auslieferung auch unter den neuen Gesichtspunkten zulässig wäre.

(2) Der Strafverfolgung oder der Vollstreckung einer Freiheitsstrafe oder vorbeugenden Maßnahme kann auf Ersuchen nach Durchführung der Auslieferung zugestimmt werden, wenn im Verhältnis zum ersuchenden Staat die Auslieferung wegen der dem Ersuchen zugrunde liegenden Handlung, wenn auch nur im Zusammenhang mit einer früheren Bewilligung, zulässig wäre. Ebenso kann der Weiterlieferung an einen dritten Staat zugestimmt werden, wenn eine Auslieferung im Verhältnis zu diesem Staat zulässig wäre.

(3) Einer Zustimmung nach Abs. 2 bedarf es nicht, wenn

1. sich die ausgelieferte Person nach ihrer Freilassung länger als fünfundvierzig Tage auf dem Gebiet des ersuchenden Staates aufhält, obwohl sie es verlassen konnte und durfte,

2. die ausgelieferte Person das Gebiet des ersuchenden Staates verläßt und dorthin freiwillig zurückkehrt oder aus einem dritten Staat rechtmäßig dorthin zurückgebracht wird,

3. die Auslieferung nach § 32 erfolgt ist.

Auslieferungsersuchen mehrerer Staaten

§ 24. Ersuchen zwei oder mehrere Staaten um die Auslieferung derselben Person, so ist über den Vorrang zwischen den Auslieferungsersuchen unter Berücksichtigung aller Umstände, insbesondere der vertraglichen Verpflichtungen, des Tatortes, der zeitlichen Reihenfolge des Einlangens der Ersuchen, der Staatsangehörigkeit der auszuliefernden Person, der Möglichkeit ihrer Weiterlieferung und, wenn sich die Ersuchen auf verschiedene strafbare Handlungen beziehen, auch der Schwere der strafbaren Handlungen, zu entscheiden (§ 34 Abs. 2).

(BGBl I 2004/15)

Ausfolgung von Gegenständen

§ 25. (1) Im Zusammenhang mit einer Auslieferung ist eine Ausfolgung von Gegenständen zulässig, die als Beweismittel dienen können oder welche die auszuliefernde Person durch die strafbare Handlung oder durch die Verwertung der daher stammenden Gegenstände erlangt hat.

(2) Kann eine Auslieferung, die nach den Bestimmungen dieses Bundesgesetzes zulässig wäre, nicht bewilligt werden, weil die auszuliefernde Person geflüchtet oder gestorben ist oder im Inland nicht betreten werden konnte, so ist eine Ausfolgung auf Grund des Auslieferungsersuchens oder eines gesonderten Ersuchens dennoch zulässig.

(3) Eine Ausfolgung zu Beweiszwecken kann mit dem Vorbehalt bewilligt werden, daß die Gegenstände auf Verlangen unverzüglich zurückgegeben werden.

(4) Eine Ausfolgung ist jedenfalls unzulässig, wenn zu besorgen ist, daß durch sie die Verfolgung oder Verwirklichung der Rechte dritter Personen vereitelt oder unangemessen erschwert würde.

ZWEITER ABSCHNITT

Zuständigkeit und Verfahren

Sachliche und örtliche Zuständigkeit

§ 26. (1) Die Staatsanwaltschaft führt das Auslieferungsverfahren in sinngemäßer Anwendung der Bestimmungen des 1. und 2. Teils der StPO. Örtlich ist jene Staatsanwaltschaft zuständig, in deren Sprengel die betroffene Person ihren Wohnsitz oder Aufenthalt hat; fehlt es an einem solchen Ort, ist die Staatsanwaltschaft zuständig, in deren Sprengel die Person betreten wurde. Befindet sich die betroffene Person in gerichtlicher Haft, so ist der Haftort maßgebend. Ergibt sich nach diesen Bestimmungen keine Zuständigkeit einer bestimmten Staatsanwaltschaft, so ist die Staatsanwaltschaft Wien zuständig. Langen gegen dieselbe Person mehrere Ersuchen um Auslieferung oder um Zustimmung zur weiteren Strafverfolgung oder Strafvollstreckung (§ 40) ein, die in einem Spezialitätsverhältnis (§ 23) stehen, sind sie in einem gemeinsamen Auslieferungsverfahren zu führen. *(BGBl I 2021/94)*

(2) Im Auslieferungsverfahren obliegen gerichtliche Entscheidungen dem Einzelrichter des Landesgerichts (§ 31 Abs. 1 StPO), an dessen Sitz sich die Staatsanwaltschaft befindet, die das Auslieferungsverfahren führt.

(3) Die Bestimmungen der Abs. 1 und 2 gelten auch für die Ausfolgung von Gegenständen im Zusammenhang mit einer Auslieferung (Sachauslieferung). Zur Prüfung eines gesonderten Ersuchens um Sachauslieferung ist die Staatsanwalt-

ARHG

schaft zuständig, in deren Sprengel sich der auszuliefernde Gegenstand befindet.

(BGBl 1996/762; BGBl I 2004/15; BGBl I 2007/112)

Fahndung

§ 27. (1) Einlangende Ersuchen um Verhängung der Auslieferungshaft sind von der Staatsanwaltschaft dahin zu prüfen, ob hinreichende Gründe für die Annahme vorliegen, daß die ihnen zugrunde liegende strafbare Handlung zu einer Auslieferung Anlaß gibt. Bei Vorliegen dieser Voraussetzungen hat die Staatsanwaltschaft die im 9. Hauptstück der StPO vorgesehenen Fahndungsmaßnahmen oder erforderlichenfalls die Festnahme der gesuchten Person anzuordnen. *(BGBl I 2007/112)*

(2) Die Befassung der Staatsanwaltschaft mit einem im Wege eines automationsunterstützt geführten Fahndungssystems, im Wege der Internationalen Kriminalpolizeilichen Organisation – INTERPOL – oder sonst im Wege der internationalen kriminalpolizeilichen Amtshilfe einlangenden Ersuchens kann unterbleiben, wenn kein Grund zur Annahme besteht, daß sich die gesuchte Person in Österreich aufhält und das Ersuchen nur zu Fahndungsmaßnahmen Anlaß gibt, die keine öffentliche Bekanntmachung (§ 169 Abs. 1 zweiter Satz StPO) erfordern. *(BGBl I 2007/112)*

(BGBl 1996/762)

Anbot der Auslieferung

§ 28. (1) Liegen hinreichende Gründe für die Annahme vor, daß eine im Inland betretene Person eine der Auslieferung unterliegende strafbare Handlung begangen habe, so hat die Staatsanwaltschaft zu prüfen, ob Anlaß zu einer Auslieferung besteht. Ist dies der Fall, so hat die Staatsanwaltschaft die Vernehmung der betroffenen Person und die Berichterstattung an den Bundesminister für Justiz durch das Gericht zu beantragen. Dieser hat den Staat, in dem die strafbare Handlung begangen worden ist, zu befragen, ob um die Auslieferung ersucht wird. Der Bundesminister für Justiz kann von der Befragung absehen, wenn angenommen werden muß, daß ein solches Ersuchen nicht gestellt werden wird, oder auf Grund der Unterlagen zu ersehen ist, daß eine Auslieferung aus einem der Gründe der §§ 2 und 3 Abs. 1, insbesondere weil dem Betroffenen völkerrechtlicher Schutz zukommt abgelehnt werden müßte. Das Absehen von der Befragung und seine Gründe sind dem Gericht mitzuteilen. Für das Einlangen des Auslieferungsersuchens ist eine angemessene Frist zu bestimmen. Langt ein Auslieferungsersuchen nicht rechtzeitig ein, so hat dies der Bundesminister für Justiz dem Gericht mitzuteilen. *(BGBl I 2007/112)*

(2) Auf Grund der Mitteilung, daß von einer Befragung nach Abs. 1 abgesehen wird oder daß ein Auslieferungsersuchen nicht rechtzeitig eingelangt ist, hat das Gericht die in Auslieferungshaft befindliche Person unverzüglich zu enthaften, sofern nicht die Staatsanwaltschaft sogleich die Verhängung der Untersuchungshaft beantragt. Die Auslieferungshaft ist im Falle der Verurteilung durch ein inländisches Gericht nach § 38 des Strafgesetzbuches anzurechnen. *(BGBl I 2007/112)*

(BGBl I 2004/15)

Auslieferungshaft

§ 29. (1) Die Auslieferungshaft darf nur verhängt oder fortgesetzt werden, wenn hinreichende Gründe für die Annahme vorliegen, daß die im Inland betretene Person eine der Auslieferung unterliegende strafbare Handlung begangen habe. Auf die Auslieferungshaft sind, soweit sich aus den Bestimmungen dieses Bundesgesetzes nichts anderes ergibt, die Bestimmungen über die Untersuchungshaft, bei Jugendlichen auch jene des Jugendgerichtsgesetzes 1988, sinngemäß anzuwenden. *(BGBl I 2007/112; BGBl I 2020/20)*

(2) Die Auslieferungshaft darf nicht verhängt oder aufrechterhalten werden, wenn die Haftzwecke durch eine gleichzeitige gerichtliche Untersuchungshaft oder Strafhaft erreicht werden können. Die Staatsanwaltschaft hat die Abweichungen vom Vollzug der Untersuchungshaft oder der Strafhaft zu verfügen, die für die Zwecke des Auslieferungsverfahrens unentbehrlich sind. Können die Haftzwecke durch eine gleichzeitige Strafhaft nicht erreicht werden oder würde das Auslieferungsverfahren durch die Aufrechterhaltung der Strafhaft wesentlich erschwert, so ist vom Gericht die Auslieferungshaft zu verhängen; damit tritt eine Unterbrechung des Strafvollzuges ein. Die Auslieferungshaft ist auf die durch sie unterbrochene Strafhaft anzurechnen. *(BGBl I 2007/112)*

(3) Vor der Entscheidung über die Verhängung der Auslieferungshaft ist die betroffene Person über die gegen sie erhobenen Anschuldigungen zu unterrichten und darauf hinzuweisen, daß es ihr freistehe, sich zu äußern oder nicht zur Sache auszusagen und sich zuvor mit einem Verteidiger zu verständigen. Sie ist auch über ihr Recht zu belehren, die Durchführung einer Verhandlung über die Zulässigkeit der Auslieferung zu beantragen. Wurde die Person festgenommen und hat sie noch keinen Verteidiger, so ist nach § 59 StPO vorzugehen; auch die Freistellung von der Tragung der Kosten eines Verteidigers in Bereitschaft (§ 59 Abs. 5 StPO) kommt der festgenommenen Person zugute. *(BGBl I 2016/121; BGBl I 2020/20)*

(4) Wird über eine Person, die nicht durch einen Verteidiger vertreten ist, die Auslieferungshaft verhängt, oder ist die Person jugendlich, so ist ihr sogleich ein Verteidiger (§ 61 Abs. 1 Z 1 StPO) beizugeben. § 61 Abs. 2 bis 4 und § 62 der StPO sind sinngemäß anzuwenden. *(BGBl I 2007/112; BGBl I 2013/175; BGBl I 2020/20)*

(5) Die Wirksamkeit des zuletzt ergangenen Beschlusses auf Verhängung oder Fortsetzung der Auslieferungshaft ist durch die Haftfrist nicht mehr begrenzt, wenn und sobald sich die betroffene Person mit der vereinfachten Auslieferung einverstanden erklärt (§ 32) oder das Gericht beschließt, dass die Auslieferung zulässig sei (§ 31); Haftverhandlungen von Amts wegen finden danach nicht mehr statt. *(BGBl I 2007/112)*

(6) Die betroffene Person ist jedenfalls zu enthaften, wenn sie sich schon ein Jahr in Auslieferungshaft befindet, ohne dass der Bundesminister für Justiz die Auslieferung bewilligt oder abgelehnt hat (§ 34). Über sechs Monate hinaus darf die Auslieferungshaft nur dann aufrechterhalten werden, wenn dies wegen besonderer Schwierigkeiten oder besonderen Umfangs des Verfahrens unvermeidbar ist und es sich bei der der Auslieferung unterliegenden strafbaren Handlung um ein Verbrechen (§ 17 des Strafgesetzbuches) handelt.

(BGBl 1996/762; BGBl I 2004/15)

Behandlung einlangender Ersuchen

§ 30. Auslieferungsersuchen sind vom Bundesministerium für Justiz unmittelbar der zuständigen Staatsanwaltschaft unter gleichzeitiger Unterrichtung der Oberstaatsanwaltschaft zur weiteren Verfügung zuzuleiten. Liegen Umstände zutage, die einer Auslieferung aus einem der in den §§ 2 und 3 Abs. 1 angeführten Gründe entgegenstehen, oder ist das Ersuchen zur gesetzmäßigen Behandlung ungeeignet, so hat der Bundesminister für Justiz das Ersuchen sogleich abzulehnen. *(BGBl I 2007/112)*

Verfahren über die Zulässigkeit der Auslieferung

§ 31. (1) Das Gericht hat die betroffene Person zum Auslieferungsersuchen zu vernehmen; § 29 Abs. 3 gilt sinngemäß. Ist die betroffene Person jugendlich, so ist dem gesetzlichen Vertreter (§ 38 Jugendgerichtsgesetz 1988) Gelegenheit zur Teilnahme an der Vernehmung und der Verhandlung zu geben, und es steht ihm das Recht der Äußerung zu. Über die Zulässigkeit der Auslieferung entscheidet das Gericht nach Maßgabe des § 33 mit Beschluss. *(BGBl I 2007/112; BGBl I 2020/20)*

(1a) Für den Fall, dass es sich bei der betroffenen Person um einen Unionsbürger handelt und sie der vereinfachten Auslieferung nicht zustimmt, hat das Gericht ihren Heimatmitgliedstaat über das Auslieferungsverfahren zu verständigen und diesem eine Beschreibung der dem Auslieferungsersuchen zugrundeliegenden strafbaren Handlung, ihre rechtliche Würdigung, die ermittelnde Justizbehörde und das Aktenzeichen bekannt zu geben, zu dem das Strafverfahren geführt wird. Der Heimatmitgliedstaat ist um Mitteilung zu ersuchen, ob gegen die betroffene Person ein Europäischer Haftbefehl erlassen wird. Für die Erlassung eines solchen Haftbefehls ist eine angemessene Frist zu setzen. *(BGBl I 2020/20; BGBl I 2021/94)*

(2) Der Beschluss hat auf Grund öffentlicher mündlicher Verhandlung zu ergehen, wenn die betroffene Person oder die Staatsanwaltschaft eine solche beantragt oder das Gericht sie zur Prüfung der Zulässigkeit der Auslieferung für notwendig erachtet. Befindet sich die betroffene Person in Auslieferungshaft, so hat die Verhandlung über die Zulässigkeit der Auslieferung im Rahmen einer Haftverhandlung nach Maßgabe der Bestimmungen des Abs. 3 stattzufinden. Ungeachtet eines Antrags auf Durchführung einer Verhandlung kann das Gericht die Auslieferung stets ohne eine solche für unzulässig erklären. Entscheidet das Gericht ohne Verhandlung, so muss in jedem Fall der betroffenen Person und ihrem Verteidiger sowie der Staatsanwaltschaft Gelegenheit geboten worden sein, zum Auslieferungsersuchen Stellung zu nehmen. *(BGBl I 2007/112)*

(3) Die betroffene Person muss in der Verhandlung durch einen Verteidiger vertreten sein (§ 61 Abs. 1 StPO). Ist die betroffene Person verhaftet, so ist ihre Vorführung zu veranlassen, es sei denn, sie hätte durch ihren Verteidiger auf die Anwesenheit ausdrücklich verzichtet. § 172 StPO ist sinngemäß anzuwenden. *(BGBl I 2007/112)*

(4) Die Öffentlichkeit der Verhandlung kann außer in den in § 229 StPO angeführten Fällen ausgeschlossen werden, wenn zwischenstaatliche Beziehungen beeinträchtigt werden könnten. In der Verhandlung hat der Einzelrichter zunächst den Inhalt der bei Gericht eingelangten Unterlagen und den bisherigen Gang des Verfahrens zusammen zu fassen. Hierauf erhält der Staatsanwalt das Wort. Danach ist der betroffenen Person und ihrem Verteidiger Gelegenheit zu geben, zum Auslieferungsersuchen und zu den Ausführungen des Staatsanwaltes Stellung zu nehmen. Der betroffenen Person und ihrem Verteidiger gebührt jedenfalls das Recht der letzten Äußerung. *(BGBl I 2007/112)*

(5) Der Beschluss über die Zulässigkeit der Auslieferung ist vom Einzelrichter zu verkünden und zu begründen. Er ist schriftlich auszufertigen und hat jedenfalls jene Sachverhalte zu bezeichnen, hinsichtlich deren die Auslieferung für zulässig oder unzulässig erklärt wird. *(BGBl I 2007/112)*

ARHG

(6) Meldet im Fall einer mündlichen Verkündung des Beschlusses die betroffene Person oder die Staatsanwaltschaft binnen drei Tagen eine Beschwerde an, so kann der Beschwerdeführer diese binnen vierzehn Tagen nach Zustellung der schriftlichen Ausfertigung näher ausführen. Die Beschwerde hat aufschiebende Wirkung. Die Bestimmungen über das Verfahren vor dem Rechtsmittelgericht (§ 89 StPO) gelten mit der Maßgabe, dass das Oberlandesgericht über die Beschwerde in einer öffentlichen mündlichen Verhandlung unter sinngemäßer Anwendung des § 294 Abs. 5 StPO zu entscheiden hat, es sei denn, dass sie gemäß § 89 Abs. 2 StPO als unzulässig zurückzuweisen ist oder dass einer der in § 89 Abs. 2a Z 1 bis 3 StPO genannten Umstände vorliegt. Das Oberlandesgericht hat seinen Beschluss unter Anschluss der Akten dem Bundesministerium für Justiz vorzulegen. *(BGBl I 2007/112; BGBl I 2014/107)*

(7) Wird eine Beschwerde nicht erhoben, so hat das Gericht die Akten unmittelbar dem Bundesministerium für Justiz vorzulegen. *(BGBl I 2007/112)*

(BGBl I 2004/15)

Vereinfachte Auslieferung

§ 32. (1) Die betroffene Person kann sich aufgrund eines ausländischen Ersuchens um Auslieferung oder um Verhängung der Auslieferungshaft mit der Auslieferung einverstanden erklären und einwilligen, ohne Durchführung eines förmlichen Auslieferungsverfahrens übergeben zu werden. Liegen mehrere Ersuchen vor, so ist die Erklärung der Einwilligung nur wirksam, wenn sie alle Ersuchen umfasst. Die betroffene Person hat das Recht, sich vor Erklärung der Einwilligung mit einem Verteidiger zu beraten. Befindet sich die betroffene Person in Auslieferungshaft, so kann sie diese Einwilligung jedoch frühestens in der gemäß § 175 Abs. 2 Z 1 StPO durchzuführenden Haftverhandlung wirksam abgeben. Die Einwilligung wird jedenfalls nur dann rechtsgültig, wenn sie gerichtlich zu Protokoll gegeben wird. *(BGBl I 2007/112; BGBl I 2014/107)*

(2) Das Gericht hat die betroffene Person zu belehren, dass sie das Recht auf Beratung mit einem Verteidiger habe, daß sie im Fall einer Auslieferung nach Abs. 1 keinen Anspruch auf den Schutz nach § 23 Abs. 1 und 2 oder nach entsprechenden Bestimmungen in zwischenstaatlichen Vereinbarungen habe, und daß sie ihre Einwilligung nicht widerrufen könne. *(BGBl I 2007/112; BGBl I 2014/107)*

(3) Die vereinfachte Auslieferung eines Jugendlichen ist nur zulässig, wenn auch sein gesetzlicher Vertreter zustimmt oder er durch einen Verteidiger vertreten ist.

(4) Hat sich die betroffene Person mit der vereinfachten Auslieferung einverstanden erklärt, so hat das Gericht die Akten unmittelbar dem Bundesministerium für Justiz vorzulegen. *(BGBl I 2007/112)*

(BGBl 1996/762; BGBl I 2004/15)

Prüfung des Auslieferungsersuchens durch das Gericht

§ 33. (1) Die Zulässigkeit der Auslieferung ist an Hand des Auslieferungsersuchens und seiner Unterlagen zu prüfen.

(2) Ob die betroffene Person der ihr zur Last gelegten strafbaren Handlung nach den Auslieferungsunterlagen hinreichend verdächtig ist, ist nur zu prüfen, wenn insoweit erhebliche Bedenken bestehen, insbesondere wenn Beweise vorliegen oder angeboten werden, durch die der Verdacht ohne Verzug entkräftet werden könnte.

(3) Die Zulässigkeit der Auslieferung ist in rechtlicher Hinsicht einschließlich aller sich aus den zwischenstaatlichen Vereinbarungen ergebenden Voraussetzungen und Hindernisse für die Auslieferung der betroffenen Person, insbesondere auf dem Gebiet des Asylrechtes, umfassend unter dem Gesichtspunkt der betroffenen Person nach Gesetz und Bundesverfassung zukommenden subjektiven Rechte zu prüfen.

(BGBl I 2004/15)

Bewilligung und Ablehnung der Auslieferung

§ 34. (1) Über das Auslieferungsersuchen befindet der Bundesminister für Justiz nach Maßgabe zwischenstaatlicher Vereinbarungen und der Grundsätze des zwischenstaatlichen Rechtsverkehrs. Er nimmt dabei auf die Interessen und die völkerrechtlichen Verpflichtungen der Republik Österreich Bedacht. Er hat die Auslieferung abzulehnen, soweit sie rechtskräftig für unzulässig erklärt wurde.

(2) Ist die Auslieferung im Verhältnis zu mehreren Staaten zulässig, so hat der Bundesminister für Justiz auch darüber zu entscheiden, welchem Auslieferungsersuchen der Vorrang zukommt.

(3) Liegen die Voraussetzungen des § 32 vor, so hat der Bundesminister für Justiz die Übergabe der auszuliefernden Person anzuordnen. Bestehen jedoch aus einem der im ersten Abschnitt des II. Hauptstückes angeführten Gründe Bedenken gegen die Zulässigkeit der Auslieferung, so ist das Verfahren nach den §§ 31, 33 und 34 Abs. 1, 2 und 4 durchzuführen.

(4) Der Bundesminister für Justiz hat die Bewilligung oder Ablehnung der Auslieferung dem ersuchenden Staat und dem Gericht, im Fall einer Beschwerde nach § 31 Abs. 6 auch dem Oberlandesgericht, mitzuteilen. Besteht Anlass für einen

Aufschub nach § 37, so hat er auf die gleiche Weise vorzugehen. Die Benachrichtigung der betroffenen Person und ihres Verteidigers hat durch das Gericht zu erfolgen. *(BGBl I 2007/112)*

(BGBl I 2004/15)

Unterlagen

§ 35. (1) Die Auslieferungsunterlagen müssen jedenfalls die Ausfertigung oder die beglaubigte Abschrift oder Ablichtung einer gerichtlichen Entscheidung über die Festnahme, einer Urkunde von gleicher Wirksamkeit oder einer vollstreckbaren verurteilenden Entscheidung umfassen. *(BGBl I 2007/112)*

(2) Der Bundesminister für Justiz kann in jeder Lage des Verfahrens von sich aus oder auf Antrag der Staatsanwaltschaft, des Landesgerichts oder des Oberlandesgerichts von dem um die Auslieferung ersuchenden Staat eine Ergänzung der Unterlagen verlangen und hiefür eine angemessene Frist bestimmen. Bei fruchtlosem Ablauf dieser Frist ist auf Grund der vorhandenen Unterlagen zu entscheiden. *(BGBl I 2007/112)*

(BGBl 1996/762; BGBl I 2004/15)

Übergabe

§ 36. (1) Das Gericht hat die Durchführung der Auslieferung zu veranlassen. Befindet sich die auszuliefernde Person auf freiem Fuß, so hat das Gericht auf Antrag der Staatsanwaltschaft die Festnahme anzuordnen, sofern die Durchführung der Auslieferung sonst nicht gewährleistet ist. Die Überstellung der auszuliefernden Person zu dem in Betracht kommenden Grenzübergang oder zu dem sonst vereinbarten Übergabeort hat durch Justizwachebeamte zu erfolgen. Persönliche Gegenstände, die verwahrt wurden, sind, sofern die auszuliefernde Person darüber nicht anders verfügt, ebenfalls zu übergeben. *(BGBl I 2007/112)*

(2) Die Übergabe eines Jugendlichen kann, wenn die Zwecke der Auslieferung dem nicht entgegenstehen, auch in der Weise geschehen, daß der Jugendliche dem Erziehungsberechtigten oder einer von diesem beauftragten Person übergeben wird.

(3) Ein Jugendlicher, dessen Auslieferung voraussichtlich zu bewilligen sein wird, kann schon vor der Entscheidung über das Auslieferungsersuchen übergeben werden, wenn das notwendige, von ihm mit einem längeren Auslieferungsverfahren verbundene Nachteile abzuwenden, und die Beachtung des Grundsatzes der Spezialität gewährleistet ist. Über die vorzeitige Übergabe hat der Bundesminister für Justiz zu entscheiden.

Aufschub der Übergabe

§ 37. Das Gericht hat auf Antrag der betroffenen Person oder der Staatsanwaltschaft oder von Amts wegen die Übergabe aufzuschieben, wenn

1. die auszuliefernde Person nicht transportfähig ist oder

2. gegen die auszuliefernde Person ein Strafverfahren bei der Staatsanwaltschaft oder bei Gericht geführt wird, sie sich in finanzbehördlicher Untersuchungshaft befindet oder an ihr eine verhängte Freiheitsstrafe oder vorbeugende Maßnahme zu vollstrecken ist. Wird jedoch von der Verfolgung oder Vollstreckung wegen der Auslieferung abgesehen (§ 192 Abs. 1 Z 2 StPO; §§ 4 und 157 StVG), so hat das Gericht die Übergabe unverzüglich durchzuführen. *(BGBl I 2011/134)*

(BGBl I 2007/112)

Vorläufige Übergabe

§ 38. (1) Ungeachtet des Aufschubes der Übergabe nach § 37 Z 2 kann eine Person, an der eine Freiheitsstrafe oder vorbeugende Maßnahme vollzogen wird, einem anderen Staat auf sein Ersuchen zur Durchführung bestimmter Verfahrenshandlungen, insbesondere der Hauptverhandlung und Urteilsfällung, vorläufig übergeben werden, wenn ihre Zurückstellung nach Durchführung dieser Verfahrenshandlungen gewährleistet ist. Die vorläufige Übergabe hat zu unterbleiben, wenn sie unangemessene Nachteile für die auszuliefernde Person zur Folge haben könnte. *(BGBl I 2011/134)*

(2) Die vorläufige Übergabe unterbricht den Vollzug der inländischen Freiheitsstrafe oder vorbeugenden Maßnahme nicht.

(3) Über das Ersuchen um vorläufige Übergabe entscheidet der Bundesminister für Justiz.

Wiederaufnahme des Auslieferungsverfahrens

§ 39. Das Auslieferungsverfahren ist auf Antrag der betroffenen Person oder der Staatsanwaltschaft oder von Amts wegen wiederaufzunehmen, wenn sich neue Tatsachen oder Beweismittel ergeben, die geeignet erscheinen, erhebliche Bedenken gegen die Richtigkeit des Beschlusses zu bewirken. Über die Wiederaufnahme entscheidet das Gericht (§ 43 Abs. 4 StPO) in sinngemäßer Anwendung der Bestimmungen des § 357 Abs. 2 zweiter bis fünfter Satz und Abs. 3 StPO. Für das weitere Verfahren nach einem Beschluss, durch den das Auslieferungsverfahren wiederaufgenommen wird, gelten die Bestimmungen des §§ 31, 33 und 34; § 43 Abs. 2 StPO ist sinngemäß anzuwenden. *(BGBl I 2011/134)*

(BGBl I 2007/112)

ARHG

Nachträgliches Auslieferungsverfahren

§ 40. Auf das Verfahren über Ersuchen nach § 23 Abs. 2 sind, wenn die betroffene Person nicht im Weg der vereinfachten Auslieferung übergeben worden ist, die §§ 31, 33 und 34 mit der Maßgabe anzuwenden, dass das Gericht ohne Verhandlung entscheidet, wenn die betroffene Person bereits übergeben wurde. Vor der Entscheidung muß der ausgelieferten Person Gelegenheit geboten worden sein, sich zu dem Ersuchen zu äußern. *(BGBl I 2020/20)*

(BGBl I 2004/15)

Verfahren bei der Ausfolgung von Gegenständen

§ 41. (1) Auf die Ausfolgung von Gegenständen sind die §§ 31 bis 35 sinngemäß anzuwenden. An die Stelle der im § 35 Abs. 1 bezeichneten Unterlagen kann im Fall eines gesonderten Ersuchens um Ausfolgung die Ausfertigung oder die beglaubigte Abschrift oder Ablichtung eines gerichtlichen Beschlagnahmebeschlusses oder einer Urkunde gleicher Wirksamkeit treten.

(2) Die Übergabe von Gegenständen ist aufzuschieben, solange diese für ein im Inland anhängiges Gerichts- oder Verwaltungsverfahren benötigt werden.

(3) Ein durch eine strafbare Handlung entzogener Gegenstand kann dem Berechtigten nach Maßgabe des § 367 der Strafprozeßordnung 1975 auch ohne Durchführung des Verfahrens nach Abs. 1 zurückgestellt werden.

III. HAUPTSTÜCK

Durchlieferung

ERSTER ABSCHNITT

Zulässigkeit

Allgemeiner Grundsatz

§ 42. (1) Eine Durchlieferung von Personen durch das Gebiet der Republik Österreich zur Verfolgung wegen einer mit gerichtlicher Strafe bedrohten Handlung oder zur Vollstreckung einer wegen einer solchen Handlung verhängten Strafe oder vorbeugenden Maßnahme ist auf Ersuchen eines Staates, an den die Personen von einem dritten Staat ausgeliefert werden sollen, nach den Bestimmungen dieses Bundesgesetzes zulässig.

(2) Die Bestimmungen dieses Hauptstückes sind sinngemäß auch auf Ersuchen um Durchbeförderung von Personen durch das Gebiet der Republik Österreich in einen dritten Staat zum Zweck der Übernahme der Strafverfolgung oder der Vollstreckung einer ausländischen gerichtlichen Entscheidung anzuwenden. Die Durchbeför-

derung ist auch zu bewilligen, wenn aus einem der im § 11 angeführten Gründe eine Auslieferung nicht zulässig wäre.

Zulässigkeit der Durchlieferung

§ 43. Eine Durchlieferung ist nur zulässig, wenn nach den §§ 11, 14, 15, 18 bis 21 und 23 eine Auslieferung zulässig wäre.

Verbot der Durchlieferung österreichischer Staatsbürger

§ 44. (Verfassungsbestimmung) Eine Durchlieferung österreichischer Staatsbürger durch das Gebiet der Republik Österreich ist unzulässig.

Österreichische Gerichtsbarkeit

§ 45. (1) Eine Durchlieferung wegen einer strafbaren Handlung, die der österreichischen Gerichtsbarkeit unterliegt, ist zulässig, sofern nicht wegen dieser strafbaren Handlung

1. die Auslieferung der durchzuliefernden Person an die Republik Österreich zu erwirken ist, oder

2. die durchzuliefernde Person im Inland bereits rechtskräftig verurteilt oder aus einem anderen Grund als wegen Fehlens der österreichischen Gerichtsbarkeit rechtskräftig freigesprochen oder sonst außer Verfolgung gesetzt worden ist.

(2) Ein inländischer Strafanspruch gegen die durchzuliefernde Person wegen einer vom Durchlieferungsersuchen nicht erfaßten strafbaren Handlung steht der Durchlieferung nur entgegen, wenn wegen dieser strafbaren Handlung die Auslieferung an die Republik Österreich zu erwirken ist.

Benützung des Luftweges

§ 46. (1) Der Bewilligung der Durchlieferung bedarf es nicht, wenn der Luftweg benützt werden soll und eine Zwischenlandung auf dem Gebiet der Republik Österreich nicht vorgesehen ist. In diesem Fall genügt es, wenn der ersuchende Staat bestätigt, daß die durchzuliefernde Person nicht österreichischer Staatsbürger ist, daß sie nicht wegen einer der in den §§ 14 und 15 Z. 1 angeführten strafbaren Handlungen durchgeliefert werden soll und daß eine der im § 48 Abs. 1 bezeichneten Unterlagen vorhanden ist.

(2) Kann im Fall einer unvorhergesehenen Zwischenlandung der Flug nicht ohne Verzug fortgesetzt werden, so ist die Mitteilung über die Benützung des Luftweges als Ersuchen um Verhängung der Auslieferungshaft anzusehen.

ZWEITER ABSCHNITT

Zuständigkeit und Verfahren

Entscheidung

§ 47. (1) Über das Durchlieferungsersuchen hat der Bundesminister für Justiz im Einvernehmen mit dem Bundesminister für Inneres zu entscheiden. Er hat diese Entscheidung dem ersuchenden Staat auf dem vorgesehenen Weg mitzuteilen.

(2) Eine Mitteilung über die Benützung des Luftweges wird vom Bundesminister für Justiz im Einvernehmen mit dem Bundesminister für Inneres geprüft. Ist die Benützung des Luftweges unzulässig, so hat der Bundesminister für Justiz dies dem ersuchenden Staat auf dem vorgesehenen Weg bekanntzugeben.

Unterlagen

§ 48. (1) Die Zulässigkeit der Durchlieferung ist an Hand des Durchlieferungsersuchens und seiner Unterlagen zu prüfen. Diese Unterlagen müssen jedenfalls die Ausfertigung oder die beglaubigte Abschrift oder Ablichtung einer gerichtlichen Entscheidung über die Festnahme, einer Urkunde von gleicher Wirksamkeit oder einer vollstreckbaren verurteilenden Entscheidung umfassen. *(BGBl I 2007/112)*

(2) Der Bundesminister für Justiz kann im Einvernehmen mit dem Bundesminister für Inneres von dem um die Durchlieferung ersuchenden Staat eine Ergänzung der Unterlagen verlangen und hiefür eine angemessene Frist bestimmen. Bei fruchtlosem Ablauf dieser Frist ist auf Grund der vorhandenen Unterlagen zu entscheiden.

Übergabe

§ 49. (1) Bei Bewilligung der Durchlieferung sind die Grenzübergänge anzugeben, an denen die durchzuliefernde Person zu übernehmen und zu übergeben ist. Die durchzuliefernde Person darf nur übernommen werden, wenn ihre Durchlieferung bewilligt worden ist und wenn sie transportfähig ist.

(2) Der Vollzug der Durchlieferung obliegt den Sicherheitsbehörden. Im Zusammenhang mit der Durchlieferung sind auch Gegenstände zu befördern, die mit der durchzuliefernden Person übergeben worden sind.

(3) Der Vollzug der Durchlieferung ist zu unterbrechen, wenn

1. sich nach der Übernahme der durchzuliefernden Person neue Tatsachen oder Beweismittel ergeben, die allein oder in Verbindung mit den Durchlieferungsunterlagen und dem Ergebnis allfälliger Erhebungen erhebliche Bedenken gegen die Zulässigkeit der Durchlieferung begründen,

2. die durchzuliefernde Person während der Durchlieferung auf dem Gebiet der Republik Österreich eine von Amts wegen zu verfolgende gerichtlich strafbare Handlung begangen hat, es sei denn, daß in sinngemäßer Anwendung des § 192 Abs. 1 Z 2 StPO oder der §§ 4 und 157 des Strafvollzugsgesetzes von der Strafverfolgung oder vom Vollzug abgesehen wird, oder *(BGBl I 2007/112)*

3. die durchzuliefernde Person transportunfähig wird.

IV. HAUPTSTÜCK

Rechtshilfe für das Ausland

ERSTER ABSCHNITT

Voraussetzungen

Allgemeiner Grundsatz

§ 50. (1) In Strafsachen einschließlich der Verfahren zur Anordnung vorbeugender Maßnahmen und zum Ausspruch einer vermögensrechtlichen Anordnung sowie der Angelegenheiten der Tilgung und des Strafregisters, der Verfahren über die Entschädigung für strafgerichtliche Anhaltung und Verurteilung, der Gnadensachen und der Angelegenheiten des Straf- und Maßnahmenvollzuges kann nach den Bestimmungen dieses Bundesgesetzes auf Ersuchen einer ausländischen Behörde Rechtshilfe geleistet werden. Ohne ein solches Ersuchen ist eine Datenübermittlung an eine ausländische Behörde nach Maßgabe des § 59a zulässig. *(BGBl I 2004/164)*

(2) Als Behörde im Sinn des Abs. 1 ist ein Gericht, eine Staatsanwaltschaft oder eine in Angelegenheiten des Straf- oder Maßnahmenvollzuges tätige Behörde anzusehen.

(3) Rechtshilfe im Sinn des Abs. 1 ist jede Unterstützung, die für ein ausländisches Verfahren in einer strafrechtlichen Angelegenheit gewährt wird. Sie umfaßt auch die Genehmigung von Tätigkeiten im Rahmen von grenzüberschreitenden Observationen auf Grund zwischenstaatlicher Vereinbarungen.

(BGBl 1996/762)

Unzulässigkeit der Rechtshilfe

§ 51. (1) Die Leistung von Rechtshilfe ist insoweit unzulässig, als

1. die dem Ersuchen zugrunde liegende Handlung entweder nach österreichischem Recht nicht mit gerichtlicher Strafe bedroht ist oder nach den §§ 14 und 15 nicht der Auslieferung unterliegt,

2. für das dem Ersuchen zugrunde liegende Verfahren nach dem § 19 Z. 1 und 2 die Auslieferung unzulässig wäre, oder

ARHG

3. entweder die materiellen Voraussetzungen für die Vornahme bestimmter Ermittlungsmaßnahmen nach dem 8. Hauptstück der Strafprozessordnung nicht vorliegen oder die Leistung von Rechtshilfe die Verletzung einer nach den österreichischen Rechtsvorschriften auch den Strafgerichten gegenüber (§ 76 Abs. 2 StPO) zu wahrenden Geheimhaltungspflicht zur Folge hätte. *(BGBl I 2007/112)*

(2) Das Fehlen der Strafbarkeit nach österreichischem Recht steht der Zustellung von Schriftstücken nicht entgegen, wenn der Empfänger zur Annahme bereit ist.

Übersendung von Gegenständen und Akten

§ 52. (1) Gegenstände oder Akten dürfen nur übersendet werden, wenn gewährleistet ist, daß sie sobald wie möglich zurückgegeben werden. Auf die Rückgabe übersendeter Gegenstände kann verzichtet werden, wenn diese nicht mehr benötigt werden.

(2) Gegenstände, an denen Rechte der Republik Österreich oder Rechte dritter Personen bestehen, dürfen nur mit dem Vorbehalt übersendet werden, daß diese Rechte unberührt bleiben. Eine Übersendung ist unzulässig, wenn zu besorgen ist, daß durch sie die Verfolgung oder die Verwirklichung solcher Rechte vereitelt oder unangemessen erschwert würde.

(3) Eine Übersendung von Gegenständen oder Akten ist aufzuschieben, solange diese für ein im Inland anhängiges Gerichts- oder Verwaltungsverfahren benötigt werden.

Vorladungen

§ 53. (1) Einer im Inland befindlichen Person darf eine Aufforderung, vor einer ausländischen Behörde zu erscheinen, nur zugestellt werden, wenn gewährleistet ist, daß sie wegen einer vor ihrer Ausreise aus der Republik Österreich begangenen Handlung nicht verfolgt, bestraft oder in ihrer persönlichen Freiheit beschränkt werden wird. Die Verfolgung, Bestrafung oder Beschränkung der persönlichen Freiheit ist aber zulässig

1. wegen einer strafbaren Handlung, die den Gegenstand der Vorladung einer Person als Beschuldigter bildet,

2. wenn sich die vorgeladene Person nach Abschluß der Vernehmung länger als fünfzehn Tage auf dem Gebiet des ersuchenden Staates aufhält, obwohl sie es verlassen konnte und durfte, oder

3. wenn sie nach Verlassen des Gebietes des ersuchenden Staates dorthin freiwillig zurückkehrt oder rechtmäßig dorthin zurückgebracht wird.

(2) Vorladungen, die Zwangsandrohungen für den Fall ihrer Nichtbefolgung enthalten, dürfen nur mit der Belehrung, daß die angedrohten Maßnahmen in Österreich nicht vollstreckt werden können, zugestellt werden.

(3) Zeugen und Sachverständigen ist auf ihr Verlangen ein angemessener Vorschuß auf die Reisekosten auszuzahlen, wenn der andere Staat darum ersucht hat und die Erstattung des Vorschusses durch den anderen Staat gewährleistet ist.

Überstellung verhafteter Personen zu Beweiszwecken

§ 54. (1) Eine Person, die sich im Inland in Untersuchungs- oder Strafhaft befindet oder im Maßnahmenvollzug angehalten wird, kann zur Vornahme wichtiger Ermittlungsmaßnahmen oder Beweisaufnahmen, insbesondere zum Zweck ihrer Vernehmung oder Gegenüberstellung, auf Ersuchen einer ausländischen Behörde in das Ausland überstellt werden, wenn *(BGBl I 2007/112)*

1. sie dieser Überstellung zustimmt,

2. ihre Anwesenheit für ein im Inland anhängiges Strafverfahren nicht erforderlich ist,

3. die Haft durch die Überstellung nicht verlängert wird, und

4. der ersuchende Staat zusichert, sie in Haft zu halten, nach Durchführung der Ermittlungsmaßnahme oder Beweisaufnahme unverzüglich zurückzustellen und sie wegen einer vor der Überstellung begangenen Handlung nicht zu verfolgen oder zu bestrafen. *(BGBl I 2007/112)*

(2) Die Überstellung unterbricht den Vollzug der Untersuchungs- oder Strafhaft oder der vorbeugenden Maßnahme nicht.

ZWEITER ABSCHNITT
Zuständigkeit und Verfahren

Zuständigkeit zur Erledigung eines Rechtshilfeersuchens

§ 55. (1) Zur Erledigung eines Rechtshilfeersuchens ist unbeschadet der Abs. 2 und 3 die Staatsanwaltschaft zuständig, in deren Sprengel die Rechtshilfehandlung vorzunehmen ist. Wird um Anordnung einer grenzüberschreitenden Observation ersucht, so ist die Staatsanwaltschaft zuständig, in deren Sprengel die Grenze voraussichtlich überschritten werden wird; im Fall einer Observation in einem nach Österreich fliegenden Luftfahrzeug aber die Staatsanwaltschaft, in deren Sprengel der Ort der Landung liegt. Ist eine Zuständigkeit nach diesen Bestimmungen nicht feststellbar, so ist die Staatsanwaltschaft Wien zuständig. Für die Erledigung des Rechtshilfeersuchens gelten die Bestimmungen des 7. Hauptstückes der StPO sinngemäß. *(BGBl I 2007/112)*

(1a) Auskünfte über ein Hauptverfahren sowie über die Vollstreckung einer Freiheitsstrafe oder vorbeugenden Maßnahme hat das erkennende Gericht zu erteilen; gleiches gilt für die Vernehmung von Personen und für die Überlassung von Akten, soweit im inländischen Verfahren bereits Anklage eingebracht worden ist und das Thema der Rechtshilfe mit dem inländischen Verfahren im Zusammenhang steht. Die Durchführung der Vernehmung obliegt in diesem Fall dem Einzelrichter (§ 31 Abs. 1 Z 1 StPO). *(BGBl I 2007/112)*

(2) Befindet sich eine zu überstellende Person in Strafhaft oder im Maßnahmenvollzug, so entscheidet über das Ersuchen um Überstellung das im § 16 des Strafvollzugsgesetzes bezeichnete Gericht durch einen Einzelrichter, ansonsten das Gericht, auf dessen Anordnung die Haft beruht. Die Entscheidung ist dem Bundesministerium für Justiz mitzuteilen. Der Bundesminister für Justiz hat die Überstellung abzulehnen, wenn einer der in den §§ 2 und 3 Abs. 1 angeführten Umstände vorliegt. Die Überstellung zu dem in Betracht kommenden Grenzübergang oder zu dem sonst vereinbarten Übergabeort hat durch Justizwachebeamte zu erfolgen.

(3) Soll eine in einem anderen Staat in Haft befindliche Person zur Vornahme wichtiger Ermittlungsmaßnahmen oder Beweisaufnahmen, insbesondere zum Zweck ihrer Vernehmung oder Gegenüberstellung, durch das Gebiet der Republik Österreich in einen dritten Staat überstellt werden, so sind die §§ 44, 47 und 49 sinngemäß anzuwenden. *(BGBl I 2007/112)*

(4) Liegt einem Rechtshilfeersuchen eine Handlung zugrunde, die nach innerstaatlichen Rechtsvorschriften als eine in die Zuständigkeit der Verwaltungsbehörden fallende Verwaltungsübertretung oder als ein in die Zuständigkeit der Finanzstrafbehörden fallendes Finanzvergehen zu beurteilen ist, so ist das Verfahren der nach den innerstaatlichen Rechtsvorschriften zuständigen Behörde abzutreten. Die ersuchende Behörde ist davon zu verständigen. *(BGBl I 2020/20)*

(BGBl 1992/756; BGBl 1996/762; BGBl I 2000/108)

Form und Inhalt eines Rechtshilfeersuchens

§ 56. (1) Rechtshilfe darf nur geleistet werden, wenn dem Ersuchen der Sachverhalt und die rechtliche Beurteilung der dem Ersuchen zugrunde liegenden strafbaren Handlung entnommen werden kann. Bei Zustellersuchen genügt ein Hinweis auf die im ersuchenden Staat anzuwendenden oder angewendeten strafgesetzlichen Bestimmungen.

(2) Einem Ersuchen um Anordnung und Durchführung einer im 1. bis 8. Abschnitt des 8. Hauptstückes der StPO geregelten Ermittlungsmaßnahme muss die Ausfertigung, beglaubigte Abschrift oder Ablichtung der Anordnung der zuständigen Behörde beigefügt sein. Handelt es

sich nicht um die Anordnung eines Gerichts, so muß eine Erklärung der um die Rechtshilfe ersuchenden Behörde vorliegen, daß die für diese Maßnahme erforderlichen Voraussetzungen nach dem im ersuchenden Staat geltenden Recht erfüllt sind. *(BGBl I 2007/112)*

(BGBl 1996/762)

Ablehnung der Rechtshilfe; Unzuständigkeit

§ 57. (1) Wird die Rechtshilfe ganz oder teilweise nicht geleistet, so ist die ersuchende ausländische Behörde hievon unter Angabe der Gründe auf dem vorgesehenen Weg zu benachrichtigen.

(2) Ist das ersuchte Gericht oder die ersuchte Staatsanwaltschaft zur Erledigung nicht zuständig, so ist das Rechtshilfeersuchen an das zuständige Gericht oder an die sonst zuständige Behörde weiterzuleiten.

Anzuwendende Verfahrensvorschriften

§ 58. Einem Rechtshilfeersuchen, das ein vom österreichischen Strafverfahrensrecht abweichendes Vorgehen erfordert, ist zu entsprechen, wenn dies mit dem Strafverfahren und seinen Grundsätzen gemäß den Bestimmungen des 1. Hauptstückes der StPO vereinbar ist. Wird Rechtshilfe durch Beschlagnahme, Auskünfte über Bankkonten und Bankgeschäfte oder eine im 4. oder 5. Abschnitt des 8. Hauptstückes der StPO geregelte Ermittlungsmaßnahme geleistet, so ist diese zu befristen, wovon die ersuchende ausländische Behörde auf dem vorgesehen Weg zu benachrichtigen ist.

(BGBl I 2007/112)

Zustimmung zur Datenweiterleitung

§ 58a. Einem Ersuchen der zuständigen Behörde des ersuchenden Staates um Zustimmung zur Weiterleitung der in Erledigung eines Rechtshilfeersuchens übermittelten personenbezogenen Daten ist unter Berücksichtigung sämtlicher maßgeblicher Umstände, einschließlich der Schwere der strafbaren Handlung, des Zwecks der ursprünglichen Datenübermittlung und des Datenschutzniveaus im betreffenden Drittstaat zu entsprechen. Betrifft das Ersuchen personenbezogene Daten, die ursprünglich von einem anderen Mitgliedstaat der Europäischen Union übermittelt oder zur Verfügung gestellt wurden, gilt § 9a Abs. 1 Z 2 sinngemäß. *(BGBl I 2020/20)*

(BGBl I 2018/32)

ARHG

Zulassung ausländischer Organe und am Verfahren Beteiligter zu Rechtshilfehandlungen

§ 59. (1) Die Vornahme von Ermittlungen und Verfahrenshandlungen nach diesem Bundesgesetz durch ausländische Organe auf dem Gebiet der Republik Österreich ist unzulässig. Dem zuständigen ausländischen Richter, Staatsanwalt und anderen am Verfahren beteiligten Personen sowie ihren Rechtsbeiständen ist jedoch die Anwesenheit und Mitwirkung bei Rechtshilfehandlungen zu gestatten, wenn dies zur sachgemäßen Erledigung des Rechtshilfeersuchens erforderlich erscheint. Die hiezu erforderlichen Dienstverrichtungen ausländischer Organe bedürfen, außer im Fall grenzüberschreitender Observationen, der Bewilligung durch den Bundesminister für Justiz. *(BGBl I 2007/112)*

(2) Personen, welchen die Anwesenheit bei einer Rechtshilfehandlung nach Abs. 1 gestattet worden ist, dürfen während ihres Aufenthaltes im Inland wegen einer vor ihrer Einreise begangenen Handlung nicht verfolgt, bestraft oder in ihrer persönlichen Freiheit beschränkt werden. Die Verfolgung, Bestrafung oder Beschränkung der persönlichen Freiheit ist aber zulässig,

1. wenn sich die zur Rechtshilfehandlung zugelassene Person bei Abschluß der Rechtshilfehandlung länger als fünfzehn Tage auf dem Gebiet der Republik Österreich aufhält, obwohl sie es verlassen konnte und durfte, oder

2. wenn sie nach Verlassen des Gebietes der Republik Österreich freiwillig zurückkehrt oder rechtmäßig zurückgebracht wird.

(3) Befindet sich eine zur Rechtshilfehandlung zugelassene Person im Ausland in Haft, so kann sie auf Ersuchen des anderen Staates übernommen werden, wenn die Haft auf der Verurteilung eines zuständigen Gerichtes beruht oder ein auch nach österreichischem Recht anerkannter Haftgrund besteht. Die überstellte Person ist im Inland in Haft zu halten und nach Durchführung der Rechtshilfehandlung unverzüglich zurückzustellen. *(BGBl 1996/762)*

Datenübermittlung ohne Ersuchen

§ 59a. Gerichte und Staatsanwaltschaften können auch ohne Vorliegen eines Rechtshilfeersuchens personenbezogene Daten auf der Grundlage einer zwischenstaatlichen Vereinbarung an Justizbehörden eines anderen Staats übermitteln, soweit

1. die Informationen auslieferungsfähige Handlungen betreffen,

2. eine Übermittlung dieser Informationen an ein inländisches Gericht oder an eine inländische Staatsanwaltschaft auch ohne Ersuchen zulässig wäre, und

3. auf Grund bestimmter Tatsachen anzunehmen ist, dass durch den Inhalt der Informationen

a) ein Strafverfahren in dem anderen Staat eingeleitet,

b) ein bereits eingeleitetes Strafverfahren gefördert oder

c) eine Straftat von erheblicher Bedeutung verhindert oder eine unmittelbare und ernsthafte Gefahr für die öffentliche Sicherheit abgewehrt werden kann.
(BGBl I 2018/32)

(2) *(aufgehoben, BGBl I 2018/32)*

DRITTER ABSCHNITT

Besondere Ermittlungsmaßnahmen

Kontrollierte Lieferung

§ 59b. (1) Über ausländisches Ersuchen kann die Staatsanwaltschaft eine kontrollierte Lieferung durch Österreich bewilligen, wenn der kontrollierten Lieferung oder dem ausländischen Strafverfahren eine auslieferungsfähige Straftat zugrunde liegt.

(2) Eine kontrollierte Lieferung ist zu untersagen, wenn

1. ein Aufschub kriminalpolizeilicher Ermittlungen nicht zulässig ist (§ 99 Abs. 4 StPO), oder

2. die weitere Überwachung des Transports sowie ein Zugriff im anderen Staat nicht sichergestellt erscheint.

(3) Zur Entscheidung über eine kontrollierte Lieferung durch Österreich ist die Staatsanwaltschaft zuständig, in deren Sprengel die Grenze voraussichtlich überschritten wird oder von deren Sprengel die kontrollierte Lieferung ausgehen soll. Bestehen keine Anhaltspunkte im Hinblick auf den Ort des geplanten Grenzübertritts, so ist die Staatsanwaltschaft Wien zuständig. Die Kriminalpolizei hat die zuständige Staatsanwaltschaft unverzüglich von einer geplanten kontrollierten Lieferung zu verständigen.

(4) Die kontrollierte Lieferung durch das oder aus dem Bundesgebiet ist von österreichischen Behörden zu übernehmen und zu leiten. Sie ist so zu gestalten, dass ein Zugriff auf die Verdächtigen und die Waren jederzeit möglich ist. Die Durchführung einer kontrollierten Lieferung durch oder in Begleitung ausländischer Organe ist nur unter Beachtung der Grundsätze des § 5 Abs. 3 StPO zu bewilligen.

(5) Nach Abschluss der kontrollieren Lieferung hat die Staatsanwaltschaft zu prüfen, ob Anlass besteht, jenen Staat, in dem die Verdächtigen be-

treten wurden, um Übernahme der Strafverfolgung (§ 74) zu ersuchen.

(BGBl I 2014/107)

Verdeckte Ermittlungen

§ 59c. (1) Der Einsatz eines verdeckt oder unter falscher Identität handelnden ausländischen Organes im Inland ist nur auf Grund des Ersuchens einer Justizbehörde eines anderen Staates zulässig, die diesen Einsatz in einem bereits eingeleiteten Straf- oder Ermittlungsverfahren bewilligt hat. Er bedarf vor Beginn des Einsatzes einer Anordnung jener Staatsanwaltschaft, in deren Sprengel der Einsatz voraussichtlich beginnen soll, die eine solche nur unter den Voraussetzungen nach § 131 StPO erteilen darf.

(2) Der Einsatz darf nur für jenen Zeitraum angeordnet werden, der zur Erreichung seines Zwecks voraussichtlich erforderlich ist, längstens jedoch für einen Monat. Eine neuerliche Anordnung ist nur zulässig, soweit die Voraussetzungen fortbestehen und aufgrund bestimmter Tatsachen anzunehmen ist, dass die weitere Durchführung Erfolg haben werde. Sobald die Voraussetzungen für die weitere Durchführung wegfallen oder der Zweck der Ermittlungshandlungen nicht mehr erreicht wird oder voraussichtlich nicht mehr erreicht werden kann, ist der Einsatz sofort zu beenden.

(3) Der ausländische verdeckte Ermittler ist ausschließlich durch das Bundesministerium für Inneres zu führen und zu überwachen; sein Einsatz richtet sich nach § 131 Abs. 3 StPO. Die Staatsanwaltschaft hat dieser Behörde die Anordnung einer verdeckten Ermittlung nach den Bestimmungen der Verschlusssachenordnung, BGBl. II Nr. 256/1998, zu übermitteln.

(4) Für ausländische verdeckte Ermittler, die kriminalpolizeiliche Organe (§ 129 Z 2 StPO) sind, gelten die Bestimmungen der §§ 131 Abs. 2 letzter Satz, Abs. 4 und 132 StPO.

(BGBl I 2014/107)

V. HAUPTSTÜCK

Übernahme der Strafverfolgung und der Überwachung; Vollstreckung ausländischer strafgerichtlicher Entscheidungen

ERSTER ABSCHNITT

Übernahme der Strafverfolgung

Zuständigkeit und Verfahren

§ 60. (1) Ersuchen um Übernahme der Strafverfolgung sind vom Bundesministerium für Justiz vorläufig zu prüfen. Kann das Ersuchen zu einer Strafverfolgung keinen Anlaß geben, so hat der Bundesminister für Justiz die weitere Behandlung des Ersuchens abzulehnen, andernfalls das Ersuchen der zuständigen Staatsanwaltschaft zu übersenden. Der Bundesminister für Justiz kann in jeder Lage des Verfahrens von sich aus oder auf Antrag der Staatsanwaltschaft von dem um die Übernahme der Strafverfolgung ersuchenden Staat eine Ergänzung der Unterlagen verlangen. Er hat den ersuchenden Staat von den getroffenen Verfügungen und vom Ergebnis eines Strafverfahrens zu verständigen. *(BGBl I 2007/112)*

(2) Ist die Strafverfolgung zu übernehmen, eine örtliche Zuständigkeit aber nicht feststellbar, so ist die Staatsanwaltschaft Wien zuständig. *(BGBl I 2007/112)*

(3) Gründet sich die österreichische Gerichtsbarkeit ausschließlich auf eine zwischenstaatliche Vereinbarung, so hat die Staatsanwaltschaft die betroffene Person zu den Voraussetzungen für die Übernahme der Strafverfolgung zu vernehmen. *(BGBl I 2007/112)*

(BGBl 1996/762; BGBl I 2004/15)

ZWEITER ABSCHNITT

Übernahme der Überwachung

Voraussetzungen

§ 61. Die Überwachung eines von einem ausländischen Gericht rechtskräftig Verurteilten, bei dem die Verhängung einer Strafe bedingt aufgeschoben wurde, dem eine Strafe oder vorbeugende Maßnahme bedingt nachgesehen wurde oder der aus einer Freiheitsstrafe oder einer mit Freiheitsentziehung verbundenen vorbeugenden Maßnahme bedingt entlassen wurde, ist auf Ersuchen eines anderen Staates zulässig, wenn

1. die Entscheidung des ausländischen Gerichtes in einem den Grundsätzen des Art. 6 der Konvention zum Schutze der Menschenrechte und Grundfreiheiten, BGBl. Nr. 210/1958, entsprechenden Verfahren ergangen ist,

2. die Verurteilung wegen einer Handlung erfolgt ist, die nach österreichischem Recht mit gerichtlicher Strafe bedroht ist,

3. die Verurteilung nicht wegen einer der in den §§ 14 und 15 bezeichneten strafbaren Handlungen erfolgt ist,

4. der Verurteilte nicht wegen der Tat im Inland verfolgt wird, rechtskräftig verurteilt oder aus einem anderen Grund als wegen Fehlens der österreichischen Gerichtsbarkeit rechtskräftig freigesprochen oder sonst außer Verfolgung gesetzt worden ist, und

5. der Verurteilte seinen Wohnsitz oder Aufenthalt im Inland hat.

ARHG

Überwachungsmaßnahmen

§ 62. Die Überwachung soll den Rechtsbrecher von weiteren mit Strafe bedrohten Handlungen abhalten. Soweit es hiezu notwendig oder zweckmäßig ist, sind unter Bedachtnahme auf die ausländische Entscheidung die nach österreichischem Recht hiefür vorgesehenen Maßnahmen (§§ 51 und 52 des Strafgesetzbuches) anzuordnen.

Zuständigkeit und Verfahren

§ 63. (1) Ersuchen um Übernahme der Überwachung sind vom Bundesministerium für Justiz dem zuständigen Gericht (Abs. 2) zuzuleiten. Kann ein Ersuchen aus einem der in den §§ 2 und 3 Abs. 1 angeführten Gründen keinen Anlaß zu einer Überwachung geben oder ist das Ersuchen zur gesetzmäßigen Behandlung ungeeignet, so hat der Bundesminister für Justiz die weitere Behandlung des Ersuchens abzulehnen. Er kann in jeder Lage des Verfahrens von sich aus oder auf Antrag des Gerichtes von dem um die Übernahme der Überwachung ersuchenden Staat eine Ergänzung der Unterlagen verlangen.

(2) Zur Entscheidung über das Ersuchen um Überwachung sowie zur Anordnung der Überwachungsmaßnahmen ist das Gericht örtlich zuständig, in dessen Sprengel der Verurteilte seinen Wohnsitz oder Aufenthalt hat. Liegt der ausländischen Verurteilung eine nach österreichischem Recht in die Zuständigkeit der Bezirksgerichte fallende strafbare Handlung zugrunde, so ist für die Anordnung der erforderlichen Maßnahmen das Bezirksgericht, sonst der Einzelrichter des Landesgerichts zuständig. *(BGBl I 2007/112)*

(3) Der Bundesminister für Justiz hat dem ersuchenden Staat die Entscheidung über das Ersuchen um Übernahme der Überwachung auf dem vorgesehenen Weg mitzuteilen und ihn von den auf Grund dieses Ersuchens angeordneten Maßnahmen und deren Ergebnis zu verständigen.

(BGBl 1996/762)

DRITTER ABSCHNITT

Vollstreckung ausländischer strafgerichtlicher Entscheidungen

Voraussetzungen

§ 64. (1) Die Vollstreckung oder weitere Vollstreckung der Entscheidung eines ausländischen Gerichtes, mit der eine Geld- oder Freiheitsstrafe, eine mit Freiheitsentziehung verbundene vorbeugende Maßnahme oder eine vermögensrechtliche Anordnung rechtskräftig ausgesprochen worden ist, ist auf Ersuchen eines anderen Staates zulässig, wenn

1. die Entscheidung des ausländischen Gerichtes in einem den Grundsätzen des Art. 6 der Konvention zum Schutze der Menschenrechte und Grundfreiheiten, BGBl. Nr. 210/1958, entsprechenden Verfahren ergangen ist,

2. die Entscheidung wegen einer Handlung ergangen ist, die nach österreichischem Recht mit gerichtlicher Strafe bedroht ist,

3. die Entscheidung nicht wegen einer der in den §§ 14 und 15 angeführten strafbaren Handlungen ergangen ist,

4. nach österreichischem Recht noch keine Verjährung der Vollstreckbarkeit eingetreten wäre,

5. der durch die Entscheidung des ausländischen Gerichtes Betroffene nicht wegen der Tat im Inland verfolgt wird, rechtskräftig verurteilt oder freigesprochen oder sonst außer Verfolgung gesetzt worden ist.
(BGBl I 2013/175)

(2) Die Vollstreckung der Entscheidung eines ausländischen Gerichtes, mit der eine Freiheitsstrafe oder mit Freiheitsentziehung verbundene vorbeugende Maßnahme ausgesprochen worden ist, ist nur zulässig, wenn der Verurteilte

1. österreichischer Staatsbürger ist,

2. seinen Wohnsitz, Aufenthalt oder Bindungen im Inland hat, oder aufgrund bestimmter Umstände anzunehmen ist, dass die Vollstreckung im Inland der Erleichterung der Resozialisierung und der Wiedereingliederung des Verurteilten in die Gesellschaft dient, und

3. der Vollstreckung im Inland zugestimmt hat.
(BGBl I 2021/94)

(3) Der Vollzug mit Freiheitsentziehung verbundener vorbeugender Maßnahmen ist nur zulässig, wenn das österreichische Recht eine gleichartige Maßnahme vorsieht. *(BGBl I 2013/175)*

(4) Die Vollstreckung der Entscheidung eines ausländischen Gerichtes, mit der vermögensrechtliche Anordnungen getroffen werden, ist nur zulässig, soweit nach österreichischem Recht die Voraussetzungen für eine Geldstrafe oder eine vermögensrechtliche Anordnung vorliegen und eine entsprechende inländische Anordnung noch nicht ergangen ist. *(BGBl I 2013/175)*

(5) Die Vollstreckung der Entscheidung eines ausländischen Gerichtes, mit der eine Geldstrafe oder Verfall ausgesprochen worden ist, ist überdies nur zulässig, wenn die Einbringung im Inland zu erwarten ist und der Betroffene gehört worden ist, sofern er erreichbar ist. *(BGBl I 2013/175)*

(6) Die Vollstreckung der Entscheidung eines ausländischen Gerichtes, mit der eine Konfiskation oder eine Einziehung rechtskräftig ausgesprochen worden ist, ist überdies nur zulässig, wenn sich von der Entscheidung erfaßte Gegenstände oder Vermögenswerte im Inland befinden und der Betroffene gehört worden ist, sofern er erreichbar ist. *(BGBl I 2013/175)*

(7) Geldstrafen, verfallene Vermögenswerte und eingezogene und konfiszierte Gegenstände fallen dem Bund zu. *(BGBl I 2013/175)*

(8) „Vermögensrechtliche Anordnung" bedeutet Konfiskation (§ 19a StGB), Verfall (§§ 20, 20b StGB), Einziehung (§ 26 StGB) und jede andere im Entzug eines Vermögenswertes oder Gegenstandes bestehende Strafe, vorbeugende Maßnahme oder Rechtsfolge, die nach Durchführung eines strafgerichtlichen Verfahrens im In- oder Ausland ausgesprochen wird, mit Ausnahme von Geldstrafen, Geldbußen, Opferentschädigungen und Verfahrenskosten. *(BGBl I 2013/175)*

(BGBl 1996/762)

Inländische Vollstreckungsentscheidung

§ 65. (1) Wird die Vollstreckung einer ausländischen gerichtlichen Entscheidung in Strafsachen übernommen, so ist unter Bedachtnahme auf die darin ausgesprochene Maßnahme nach österreichischem Recht die im Inland zu vollstreckende Strafe, mit Freiheitsentziehung verbundene vorbeugende Maßnahme oder vermögensrechtliche Anordnung zu bestimmen. Würde jedoch der Urteilsstaat unter diesen Voraussetzungen der Überstellung nicht zustimmen und den Verurteilten die weitere Vollstreckung der Haft im Urteilsstaat unverhältnismäßig hart treffen, so ist die Vollstreckung der gesamten noch zu vollstreckenden Strafe oder mit Freiheitsentziehung verbundenen vorbeugenden Maßnahme im Inland zulässig. *(BGBl I 2013/175; BGBl I 2021/94)*

(2) Der von der Entscheidung Betroffene darf durch die Übernahme der Vollstreckung nicht ungünstiger gestellt werden als durch die Vollstreckung im anderen Staat.

(3) Die §§ 38 und 66 des Strafgesetzbuches sind sinngemäß anzuwenden.

(BGBl 1996/762)

Behandlung einlangender Ersuchen

§ 66. Ersuchen um Vollstreckung ausländischer strafgerichtlicher Entscheidungen sind vom Bundesministerium für Justiz dem zuständigen Landesgericht (§ 67 Abs. 1) zuzuleiten. Liegen bereits zum Zeitpunkt des Einlangens des Ersuchens Umstände zutage, die eine Übernahme der Vollstreckung aus einem der in den §§ 2 und 3 Abs. 1 angeführten Gründe unzulässig machen, oder ist das Ersuchen zur gesetzmäßigen Behandlung ungeeignet, so hat der Bundesminister für Justiz das Ersuchen sogleich abzulehnen. Der Bundesminister für Justiz kann in jeder Lage des Verfahrens von sich aus oder auf Antrag des Gerichtshofes erster Instanz von dem um Übernahme der Vollstreckung ersuchenden Staat eine Ergänzung der Unterlagen verlangen. *(BGBl I 2007/112)*

Zuständigkeit und Verfahren

§ 67. (1) Für Ersuchen um Vollstreckung und die Anpassung der Strafe oder der mit Freiheitsentziehung verbundenen vorbeugenden Maßnahme ist das Landesgericht zuständig, in dessen Sprengel die betroffene Person ihren Wohnsitz oder Aufenthalt hat oder zuletzt hatte. Ergibt sich nach diesen Bestimmungen keine Zuständigkeit eines bestimmten Landesgerichts, so ist das Landesgericht für Strafsachen Wien zuständig. Bezieht sich das Ersuchen auf die Vollstreckung einer Freiheitsstrafe oder einer mit Freiheitsentziehung verbundenen vorbeugenden Maßnahme im Ausmaß von mindestens fünf Jahren, so entscheidet das Landesgericht als Senat von drei Richtern (§ 31 Abs. 6 StPO). Für Ersuchen um Vollstreckung einer Entscheidung über eine vermögensrechtliche Anordnung ist das Landesgericht zuständig, in dessen Sprengel sich der Vermögenswert oder Gegenstand befindet. *(BGBl I 2007/112; BGBl I 2011/134; BGBl I 2013/175)*

(2) Der Bundesminister für Justiz hat dem ersuchenden Staat die Entscheidung über das Ersuchen um Übernahme der Vollstreckung auf dem vorgesehenen Weg mitzuteilen und ihn von der Vollstreckung zu verständigen.

(3) Nach der Übernahme der Vollstreckung einer Strafe oder mit Freiheitsentziehung verbundenen vorbeugenden Maßnahme darf ein Strafverfahren wegen der dem Urteil zugrundeliegenden Tat nicht mehr eingeleitet werden. *(BGBl I 2013/175)*

(4) Auf den Vollzug, die bedingte Entlassung und das Gnadenrecht sind die Bestimmungen des österreichischen Rechts anzuwenden.

(5) Der Vollzug ist jedenfalls zu beenden, wenn die Vollstreckbarkeit der Strafe oder mit Freiheitsentziehung verbundenen vorbeugenden Maßnahme nach dem Recht des ersuchenden Staates erlischt. *(BGBl I 2013/175)*

(BGBl 1996/762)

VI. HAUPTSTÜCK

Erwirkung der Auslieferung, der Durchlieferung, der Ausfolgung, der Rechtshilfe sowie der Übernahme der Strafverfolgung, der Überwachung und der Vollstreckung

ERSTER ABSCHNITT

Erwirkung der Auslieferung, der Durchlieferung und der Ausfolgung

Zuständigkeit und Verfahren

§ 68. (1) Soll die Auslieferung einer im Ausland befindlichen Person zur

ARHG

1. Strafverfolgung oder
2. Vollstreckung einer Freiheitsstrafe oder vorbeugenden Maßnahme

erwirkt werden, so hat das im inländischen Verfahren zuständige Gericht auf Antrag der Staatsanwaltschaft dem Bundesministerium für Justiz die zur Erwirkung der Auslieferung erforderlichen Unterlagen zu übermitteln. *(BGBl I 2007/112)*

(2) Der Bundesminister für Justiz kann von der Erwirkung der Auslieferung absehen, wenn

1. eine Auslieferung nicht zu erwarten ist,
2. voraussichtlich nur eine Geldstrafe oder eine geringfügige oder bedingt nachzusehende Freiheitsstrafe verhängt werden würde,
3. die zu vollstreckende Freiheitsstrafe geringfügig ist, oder
4. mit der Auslieferung für die Republik Österreich Nachteile oder Belastungen verbunden wären, die zu dem öffentlichen Interesse an der Strafverfolgung oder an der Vollstreckung in keinem angemessenen Verhältnis stehen.

(3) Für die Erwirkung der Durchlieferung und der Ausfolgung von Gegenständen sind die Bestimmungen der Abs. 1 und 2 sinngemäß anzuwenden.

Erwirkung der Auslieferungshaft

§ 69. Liegen die Voraussetzungen zur Erwirkung der Auslieferung vor, so kann das zuständige Gericht auf Antrag der Staatsanwaltschaft das zuständige ausländische Gericht auf dem vorgesehenen Weg um die Verhängung der Auslieferungshaft ersuchen. Dies ist dem Bundesministerium für Justiz unverzüglich mitzuteilen. *(BGBl I 2007/112)*

Spezialität der Auslieferung

§ 70. (1) Eine Person, die nach Österreich ausgeliefert wurde, darf ohne Zustimmung des ersuchten Staates weder wegen einer vor ihrer Übergabe begangenen Handlung, auf die sich die Auslieferungsbewilligung nicht erstreckt, noch ausschließlich wegen einer oder mehrerer für sich allein nicht der Auslieferung unterliegenden Handlungen verfolgt, bestraft, in ihrer persönlichen Freiheit beschränkt oder an einen dritten Staat weitergeliefert werden. Die Spezialität der Auslieferung steht solchen Maßnahmen jedoch nicht entgegen, wenn

1. sich die ausgelieferte Person nach ihrer Freilassung länger als fünfundvierzig Tage auf dem Gebiet der Republik Österreich aufhält, obwohl sie es verlassen konnte und durfte,
2. die ausgelieferte Person das Gebiet der Republik Österreich verläßt und freiwillig zurückkehrt oder aus einem dritten Staat rechtmäßig zurückgebracht wird, oder

3. der ersuchte Staat auf die Einhaltung der Spezialität verzichtet.

(2) Soll die der Auslieferung zugrunde liegende Handlung rechtlich anders als im Auslieferungsersuchen gewürdigt werden oder sollen andere als die ursprünglich angenommenen strafgesetzlichen Bestimmungen zur Anwendung kommen, so darf die ausgelieferte Person nur insoweit verfolgt und bestraft werden, als die Auslieferung auch unter den neuen Gesichtspunkten zulässig wäre.

(3) Wurde die Auslieferung einer wegen mehrerer zusammentreffender strafbarer Handlungen verurteilten Person nur zur Vollstreckung des auf einzelne dieser strafbaren Handlungen entfallenden Teiles der Strafe bewilligt, so darf nur dieser Teil vollstreckt werden. Das Ausmaß der zu vollstreckenden Strafe ist von dem Gericht, das in erster Instanz erkannt hat, durch Beschluß festzusetzen. *(BGBl I 2011/134)*

(4) Das im Abs. 3 genannte Gericht hat auf Antrag der Staatsanwaltschaft mit Beschluss festzustellen, welcher Teil einer verhängten Strafe auf die einzelnen einem Auslieferungsersuchen zugrundeliegenden strafbaren Handlungen entfällt. *(BGBl I 2007/112)*

(5) *(aufgehoben, BGBl I 2007/112)*

(6) Die Bestimmungen der Abs. 1 bis 4 sind sinngemäß auch auf die Durchlieferung anzuwenden. *(BGBl I 2007/112)*

(BGBl I 2004/15)

ZWEITER ABSCHNITT
Erwirkung der Rechtshilfe

Voraussetzungen und Verfahren

§ 71. (1) Ersuchen um Rechtshilfe sind auf dem vorgesehenen Weg an das ausländische Gericht, die ausländische Staatsanwaltschaft oder die im Straf- oder Maßnahmenvollzug tätige Behörde zu richten, in deren Sprengel die Rechtshilfehandlung vorgenommen werden soll. Das Ersuchen hat den dem Verfahren zugrunde liegenden Sachverhalt und die sonst zur sachgemäßen Erledigung erforderlichen Angaben zu enthalten.

(2) Soweit nicht unmittelbarer Rechtshilfeverkehr vorgesehen ist, kann der Bundesminister für Justiz von der Weiterleitung eines Rechtshilfeersuchens aus einem der in den §§ 2 und 3 Abs. 1 angeführten Gründe absehen.

Ersuchen an Private

§ 71a. (1) Ersuchen um Übermittlung von Stammdaten (§ 76a Abs. 1 StPO) können unmittelbar an den zuständigen Anbieter von Kommunikationsdiensten im ersuchten Staat übermittelt werden, wenn

1. die begehrten Informationen zur Verhinderung, Untersuchung, Aufdeckung oder Verfolgung von Straftaten oder zur Strafvollstreckung unbedingt erforderlich sind,

2. das öffentliche Interesse an der Übermittlung die Grundrechte des Betroffenen überwiegt und

3. die Übermittlung an die zuständige Behörde wirkungslos oder ungeeignet wäre.

(2) Die zuständige Behörde im ersuchten Staat ist unverzüglich über Ersuchen nach Abs. 1 in Kenntnis zu setzen.

(3) Datenübermittlungen nach Abs. 1, einschließlich Datum und Uhrzeit der Übermittlung, Bezeichnung des empfangenden Anbieters, Anführung der übermittelten personenbezogenen Daten und Begründung der Übermittlung, sind zu dokumentieren.

(BGBl I 2018/32)

Vorladung von Personen aus dem Ausland

§ 72. (1) Erweist sich das persönliche Erscheinen einer zu vernehmenden Person vor Gericht als notwendig, so ist das zuständige ausländische Gericht auf dem vorgesehenen Weg um die Zustellung der Vorladung zu ersuchen. In dieser dürfen Zwangsandrohungen für den Fall ihrer Nichtbefolgung nicht enthalten sein.

(2) Die vorgeladene Person darf im Inland wegen einer vor ihrer Einreise begangenen Handlung nicht verfolgt, bestraft oder in ihrer persönlichen Freiheit beschränkt werden. Die Verfolgung, Bestrafung oder Beschränkung der persönlichen Freiheit ist aber zulässig,

1. wegen einer strafbaren Handlung, die den Gegenstand der Vorladung einer Person als Beschuldigter bildet,

2. wenn sich die vorgeladene Person nach Abschluß der Vernehmung länger als fünfzehn Tage auf dem Gebiet der Republik Österreich aufhält, obwohl sie es verlassen konnte und durfte, oder

3. wenn sie nach Verlassen des Gebietes der Republik Österreich freiwillig zurückkehrt oder rechtmäßig zurückgebracht wird.

Überstellung verhafteter Personen zu Beweiszwecken

§ 73. (1) Eine im Ausland in Haft befindliche Person kann zur Vornahme wichtiger Ermittlungsmaßnahmen oder Beweisaufnahmen, insbesondere zum Zweck ihrer Vernehmung oder Gegenüberstellung, nach Österreich überstellt werden. Die Bestimmungen des § 59 Abs. 2 und 3 sind sinngemäß anzuwenden. *(BGBl I 2007/112)*

(2) Soll eine im Inland in Untersuchungs- oder Strafhaft befindliche Person zum Zweck einer zu erwirkenden wichtigen Ermittlungsmaßnahme oder Beweisaufnahme Untersuchungshandlung,

insbesondere einer Vernehmung oder Gegenüberstellung, in das Ausland überstellt werden, so ist § 54 sinngemäß anzuwenden. Der Zustimmung der zu überstellenden Person (§ 54 Abs. 1 Z. 1) bedarf es jedoch nicht. *(BGBl I 2007/112)*

DRITTER ABSCHNITT

Erwirkung der Übernahme der Strafverfolgung, der Überwachung sowie Vollstreckung inländischer strafgerichtlicher Verurteilungen im Ausland

Erwirkung der Übernahme der Strafverfolgung

§ 74. (1) Der Bundesminister für Justiz kann einen anderen Staat ersuchen, gegen eine Person wegen einer strafbaren Handlung, die der österreichischen Gerichtsbarkeit unterliegt, ein Strafverfahren einzuleiten, wenn die Gerichtsbarkeit dieses Staates begründet erscheint und

1. die Auslieferung einer im Ausland befindlichen Person nicht erwirkt werden kann oder von der Erwirkung der Auslieferung aus einem anderen Grund abgesehen wird, oder

2. die Aburteilung einer im Inland befindlichen Person im anderen Staat im Interesse der Wahrheitsfindung oder aus Gründen der Strafzumessung oder der Vollstreckung zweckmäßig ist und wenn diese Person wegen einer anderen strafbaren Handlung ausgeliefert wird oder sonst anzunehmen ist, daß das Strafverfahren im anderen Staat in Anwesenheit dieser Person durchgeführt werden wird.

(2) Soll die Übernahme der Strafverfolgung erwirkt werden, so hat die Staatsanwaltschaft dem Bundesministerium für Justiz unter Anschluss der erforderlichen Unterlagen zu berichten. *(BGBl I 2007/112)*

(3) Ein Ersuchen nach Abs. 1 ist unzulässig, wenn zu besorgen ist, daß die Person aus einem der im § 19 angeführten Gründe einem Nachteil ausgesetzt wäre, oder wenn die strafbare Handlung im ersuchten Staat mit der Todesstrafe bedroht ist.

(4) Nach Einlangen der Mitteilung, daß die Strafverfolgung im ersuchten Staat übernommen worden ist, hat das inländische Strafverfahren vorläufig auf sich zu beruhen. Ist der Täter von dem ausländischen Gericht rechtskräftig verurteilt und ist die Strafe ganz vollstreckt oder, soweit sie nicht vollstreckt wurde, erlassen worden, so ist das inländische Verfahren einzustellen.

(5) Vor einem Ersuchen um Übernahme der Strafverfolgung ist der Beschuldigte zu hören, wenn er sich im Inland befindet. *(BGBl I 2007/112)*

ARHG

Erwirkung der Überwachung

§ 75. Besteht Anlaß, einen anderen Staat um die Überwachung einer Person zu ersuchen, für die auf Grund der Entscheidung eines inländischen Gerichtes nach den §§ 43, 43a, 45, 46 oder 47 des Strafgesetzbuches oder § 13 des Jugendgerichtsgesetzes 1988 eine Probezeit bestimmt worden ist, so hat der Vorsitzende (Einzelrichter) des Gerichtes, das in erster Instanz diese Entscheidung gefällt hat, dem Bundesministerium für Justiz die zur Erwirkung der Überwachung erforderlichen Unterlagen zu übermitteln. Vor einem Ersuchen um Überwachung ist eine Äußerung der Staatsanwaltschaft einzuholen und der Verurteilte zu hören, wenn er sich im Inland befindet. *(BGBl I 2007/112)*

(BGBl 1996/762)

Erwirkung der Vollstreckung

§ 76. (1) Besteht Anlaß, einen anderen Staat um die Übernahme der Vollstreckung einer rechtskräftigen Entscheidung zu ersuchen, mit der eine Strafe oder mit Freiheitsentziehung verbundene vorbeugende Maßnahme ausgesprochen oder widerrufen oder eine vermögensrechtliche Anordnung angeordnet wurde, so hat der Vorsitzende (Einzelrichter) des Gerichtes, dessen Strafe gerade vollstreckt wird, dem Bundesministerium für Justiz die zur Erwirkung der Übernahme der Vollstreckung erforderlichen Unterlagen zu übermitteln. Der Bundesminister für Justiz hat von der Stellung des Ersuchens abzusehen, wenn anzunehmen ist, daß die Übernahme der Vollstreckung aus Gründen der in den §§ 2, 3 Abs. 1 oder in Abs. 3 Z. 2 und 3 genannten Art abgelehnt werden wird. *(BGBl I 2013/175; BGBl I 2020/20)*

(2) Ein Ersuchen um Übernahme der Vollstreckung einer Freiheitsstrafe oder einer mit Freiheitsentziehung verbundenen vorbeugenden Maßnahme ist zulässig, wenn

1. sich der Verurteilte im ersuchten Staat befindet und seine Auslieferung nicht erwirkt werden kann oder von der Erwirkung der Auslieferung aus einem anderen Grund abgesehen wird, oder

2. die Vollzugszwecke durch die Vollstreckung oder weitere Vollstreckung im ersuchten Staat besser erreicht werden könnten. *(BGBl I 2013/175)*

(3) Um eine Übernahme der Vollstreckung einer Freiheitsstrafe oder einer mit Freiheitsentziehung verbundenen vorbeugenden Maßnahme darf nicht ersucht werden, wenn

1. der Verurteilte österreichischer Staatsbürger ist, es sei denn, daß er seinen Wohnsitz oder Aufenthalt im ersuchten Staat hat und sich dort befindet,

2. zu besorgen ist, daß die Strafe oder vorbeugende Maßnahme in einer den Erfordernissen des Art. 3 der Konvention zum Schutze der Menschenrechte und Grundfreiheiten, BGBl. Nr. 210/1958, nicht entsprechenden Weise vollstreckt würde,

3. zu besorgen ist, daß der Verurteilte im Fall seiner Überstellung in den ersuchten Staat dort eine Verfolgung oder Nachteile der im § 19 Z. 3 bezeichneten Art zu erwarten hätte, oder

4. zu besorgen ist, daß der Verurteilte im anderen Staat in der Gesamtauswirkung erheblich schlechter gestellt wäre als durch die Vollstreckung oder weitere Vollstreckung im Inland. *(BGBl I 2013/175)*

(4) Ein Ersuchen um Übernahme der Vollstreckung einer Geldstrafe oder der Anordnung einer vermögensrechtlichen Anordnung ist zulässig, wenn die Einbringung im ersuchten Staat zu erwarten ist. *(BGBl I 2013/175)*

(5) Teilt der ersuchte Staat mit, daß er die Vollstreckung übernimmt, so hat diese im Inland vorläufig auf sich zu beruhen. Kehrt der Verurteilte in das Gebiet der Republik Österreich zurück, ohne daß die im ersuchten Staat auf Grund des Ersuchens um Übernahme der Vollstreckung angeordnete Strafe oder mit Freiheitsentziehung verbundene vorbeugende Maßnahme zur Gänze vollstreckt oder für den nicht vollstreckten Teil nachgesehen worden ist, so hat das Gericht den Rest der Strafe oder vorbeugenden Maßnahme vollstrecken zu lassen. Das Gericht hat jedoch von der nachträglichen Vollstreckung abzusehen und dem Verurteilten den Rest der Strafe bedingt oder unbedingt nachzusehen oder ihn aus der vorbeugenden Maßnahme bedingt oder unbedingt zu entlassen, soweit der Verurteilte durch die Vollstreckung in der Gesamtauswirkung ungünstiger gestellt wäre, als wenn die im Ausland stattgefundene Vollstreckung in Österreich stattgefunden hätte. *(BGBl I 2013/175)*

(6) Wurde die Vollstreckung einer wegen mehrerer zusammentreffender strafbarer Handlungen verhängten Strafe nur wegen des auf einzelne dieser strafbaren Handlungen entfallenden Teiles erwirkt und wird die Strafe nicht im ersuchten Staat geteilt, so ist § 70 Abs. 3 sinngemäß anzuwenden.

(7) Auf die im ersuchten Staat zu vollstreckende Strafe oder vermögensrechtliche Anordnung bleiben die Bestimmungen des österreichischen Gnadenrechtes weiterhin anwendbar.

(8) Die Übergabe des Verurteilten an die Behörden des ersuchten Staates hat der Vorsitzende (Abs. 1) in sinngemäßer Anwendung des § 36 Abs. 1 zu veranlassen.

(9) Vor einem Ersuchen um Übernahme der Vollstreckung ist eine Äußerung der Staatsanwaltschaft einzuholen und der Betroffene zu hören, wenn er sich im Inland befindet. Der Betroffene hat keinen Anspruch auf die Stellung oder das Unterbleiben eines Ersuchens um Übernahme der Vollstreckung. Erteilt er seine Zustimmung zur

Übertragung der Vollstreckung zu gerichtlichem Protokoll, so ist er zuvor darüber zu belehren, dass er diese Zustimmung nicht widerrufen kann. *(BGBl I 2007/112)*

(BGBl 1996/762; BGBl I 2004/15)

VII. HAUPTSTÜCK

Gemeinsame Ermittlungsgruppen

Bildung einer gemeinsamen Ermittlungsgruppe im Inland

§ 76a. (1) Erweist sich in einem inländischen Strafverfahren die Bildung einer gemeinsamen Ermittlungsgruppe (§ 60 EU-JZG) als erforderlich und sollen im Inland Ermittlungen durchgeführt werden, an denen die Beteiligung von Organen anderer Staaten zweckmäßig erscheint, so hat die Staatsanwaltschaft den in Betracht kommenden Justizbehörden dieser Staaten im Wege des Bundesministeriums für Justiz die Bildung einer gemeinsamen Ermittlungsgruppe vorzuschlagen. Dieser Vorschlag hat auch an die zuständige österreichische Sicherheitsbehörde zu ergehen, die weitere Mitglieder vorschlagen kann.

(2) Über ein Ersuchen eines anderen Staates um Bildung einer gemeinsamen Ermittlungsgruppe entscheidet die Staatsanwaltschaft.

(3) Eine im Inland tätig werdende gemeinsame Ermittlungsgruppe ist von der Staatsanwaltschaft zu leiten und organisatorisch zu unterstützen. Ihre Befugnisse richten sich nach den im Inland geltenden Vorschriften über das Strafverfahren. § 62 Abs. 1 EU-JZG ist sinngemäß anzuwenden.

(4) Der Leiter der Ermittlungsgruppe kann ausländische Organe von der Anwesenheit bei bestimmten Ermittlungshandlungen ausschließen, wenn die Durchführung ansonsten erheblich erschwert oder der Erfolg gefährdet wäre.

(BGBl I 2014/107)

Bildung einer gemeinsamen Ermittlungsgruppe im Inland

§ 76b. (1) Sind im Rahmen eines inländischen Strafverfahrens Ermittlungen in einem oder mehreren anderen Staaten durchzuführen, die Anlass zur Bildung einer gemeinsamen Ermittlungsgruppe geben, so kann die Staatsanwaltschaft die zuständigen Justizbehörden dieser Staaten im Wege des Bundesministeriums für Justiz um Bildung einer gemeinsamen Ermittlungsgruppe ersuchen.

(2) Eine Beteiligung österreichischer Justizbehörden an einer in einem anderen Staat gebildeten gemeinsamen Ermittlungsgruppe kann stattfinden, wenn die zugrunde liegenden Straftaten auch nach österreichischem Recht mit gerichtlicher Strafe bedroht sind und die Teilnahme auch der Aufklä-

rung einer unter den Geltungsbereich der österreichischen Strafgesetze fallenden Straftat dient. § 62 Abs. 2 und 3 EU-JZG ist sinngemäß anzuwenden.

(BGBl I 2014/107)

VIII. HAUPTSTÜCK

Schlußbestimmungen

Inkrafttretens- und Übergangsbestimmungen zur Stammfassung

§ 77. (1) Dieses Bundesgesetz tritt mit 1. Juli 1980 in Kraft.

(2) Verordnungen auf Grund dieses Bundesgesetzes dürfen bereits von dem seiner Kundmachung folgenden Tag an erlassen, aber frühestens mit 1. Juli 1980 in Kraft gesetzt werden.

(3) Mit Ablauf des 30. Juni 1980 verlieren ihre Wirksamkeit:

1. die §§ 59, 157 und 421 Abs. 3 der Strafprozeßordnung 1975, § 59 Abs. 1 der Strafprozeßordnung 1975 jedoch mit der Maßgabe, daß er auf Auslieferungsverfahren, die beim inländischen Gericht vor dem Inkrafttreten dieses Bundesgesetzes anhängig geworden sind, weiterhin anzuwenden ist;

2. die Verordnung des Justizministeriums vom 2. September 1891 betreffend die Durchlieferung von Verbrechern durch Österreich, JMVBl. Nr. 34/1891.

(4) *(entfällt, BGBl I 2020/20)*

Inkrafttretens- und Übergangsbestimmungen zu Novellen ab dem Jahr 2018

§ 78. (1) § 9a samt Überschrift, § 58a samt Überschrift, § 59a und § 71a treten mit 25. Mai 2018 in Kraft. *(BGBl I 2020/20)*

(2) § 9a findet keine Anwendung auf vor dem 6. Mai 2016 abgeschlossene und mit dem Unionsrecht vor diesem Zeitpunkt vereinbare völkerrechtliche Übereinkommen mit Drittstaaten oder internationalen Organisationen, die die Übermittlung personenbezogener Daten zum Gegenstand haben. *(BGBl I 2018/32)*

(3) § 9 Abs. 2, § 9a Abs. 1, 2 und 4 Z 3, § 29 Abs. 1, Abs. 3 und 4, § 31 Abs. 1 und 1a, §§ 40 und 55 Abs. 4, § 58a, § 76 Abs. 1 und § 79 samt Überschrift in der Fassung des Bundesgesetzes BGBl. I. Nr. 20/2020 treten mit 1. Juni 2020 in Kraft.

(4) § 26 Abs. 1, § 31 Abs. 1a, § 64 Abs. 2 und § 65 Abs. 1 in der Fassung des Bundesgesetzes BGBl. I Nr. 94/2021 treten mit dem der Kundmachung folgenden Tag in Kraft. *(BGBl I 2021/94)*

(BGBl I 2020/20)

ARHG

Umsetzung von Richtlinien der Europäischen Union

§ 79. (1) Die §§ 9a, 58a, 71a und 78 Abs. 1 und 2 dienen der Umsetzung der Richtlinie (EU) 2016/680 zum Schutz natürlicher Personen bei der Verarbeitung personenbezogener Daten durch die zuständigen Behörden zum Zwecke der Verhütung, Ermittlung, Aufdeckung oder Verfolgung von Straftaten oder der Strafvollstreckung sowie zum freien Datenverkehr und zur Aufhebung des Rahmenbeschlusses 2008/977/JI des Rates, ABl. Nr. L 119 vom 4.5.2016 S. 89.

(2) Die §§ 10 bis 41 dienen der Umsetzung der Richtlinie (EU) 2016/800 über Verfahrensgarantien in Strafverfahren für Kinder, die Verdächtige oder beschuldigte Personen in Strafverfahren sind, ABl. Nr. L 132 vom 21.5.2016 S. 1.

(3) § 29 Abs. 3 dient der Umsetzung der Richtlinie (EU) 2016/1919 über Prozesskostenhilfe für Verdächtige und beschuldigte Personen in Strafverfahren sowie für gesuchte Personen in Verfahren zur Vollstreckung eines Europäischen Haftbefehls, ABl. Nr. L 297 vom 4.11.2016 S. 1.

(BGBl I 2020/20)

Vollziehung

§ 80. (1) Mit der Vollziehung dieses Bundesgesetzes, mit Ausnahme des § 6, ist der Bundesminister für Justiz, hinsichtlich der §§ 2 und 42 bis 49 im Einvernehmen mit dem Bundesminister für Inneres, hinsichtlich des § 6 die Bundesregierung betraut.

(2) Der Bundesminister für Justiz hat die zur Vollziehung dieses Bundesgesetzes erforderlichen Vorschriften, insbesondere über den im Verkehr mit ausländischen Behörden einzuhaltenden Geschäftsweg, über die geschäftsordnungsmäßige Behandlung, über Form und Inhalt von Ersuchen, Mitteilungen und Unterlagen im Auslieferungs- und Rechtshilfeverkehr und in Angelegenheiten der Übernahme der Strafverfolgung, der Überwachung und der Vollstreckung, über den Anschluß von Übersetzungen sowie über die Erledigung von Ersuchen ausländischer Behörden und die Durchführung einer Auslieferung oder Ausfolgung durch Verordnung zu erlassen.

(BGBl I 2020/20)

Art XXV entfällt samt Überschrift *(BGBl I 2020/20)*

Kirchschläger

Kreisky Androsch Pahr Sekanina

Salcher Staribacher Lanc Broda

Haiden Weißenberg Sinowatz

Lausecker Firnberg

22/1/1. Auslieferungs- und Rechtshilfeverordnung

BGBl 1980/219

GLIEDERUNG:

I. Hauptstück

Allgemeine Bestimmungen §§ 1 bis 21

II. Hauptstück

Auslieferung aus Österreich §§ 22 bis 29

III. Hauptstück

Durchlieferung durch Österreich; Unterbrechung des Vollzuges der Durchlieferung § 30

IV. Hauptstück

Rechtshilfe für das Ausland §§ 31 bis 36

V. Hauptstück

Übernahme der Strafverfolgung und der Überwachung, Vollstreckung ausländischer Entscheidungen §§ 37 bis 39

VI. Hauptstück

Erwirkung der Auslieferung, der Durchlieferung, der Ausfolgung, der Rechtshilfe sowie der Übernahme der Strafverfolgung, der Überwachung und der Vollstreckung §§ 40 bis 54

Erster Abschnitt

Erwirkung der Auslieferung, der Durchlieferung und der Ausfolgung §§ 40 bis 46

Zweiter Abschnitt

Ersuchen der Rechtshilfe §§ 47 bis 51

Dritter Abschnitt

Erwirkung der Übernahme der Strafverfolgung, der Überwachung sowie Vollstreckung inländischer strafgerichtlicher Verurteilungen im Ausland §§ 52 bis 54

VII. Hauptstück

Stellung der Mitglieder diplomatischer und konsularischer Vertretungen anderer Staaten sowie der Vertreter der Mitgliedstaaten und der Angestellten von bevorrechteten internationalen Organisationen §§ 55 bis 61

VIII. Hauptstück

Schlußbestimmung § 62

ARHG

Verordnung des Bundesministers für Justiz vom 30. April 1980 über den Auslieferungsverkehr und den zwischenstaatlichen Rechtshilfeverkehr in Strafsachen (Auslieferungs- und Rechtshilfeverordnung – ARHV)

Auf Grund des Auslieferungs- und Rechtshilfegesetzes, BGBl 529/1979, und des § 61 der Strafprozeßordnung 1975 wird im Einvernehmen mit dem Bundesminister für Auswärtige Angelegenheiten und dem Bundesminister für Inneres verordnet:

I. HAUPTSTÜCK

Allgemeine Bestimmungen

Dringlichkeit

§ 1. Die in dieser Verordnung geregelten Angelegenheiten sind unter Bedachtnahme auf die im zwischenstaatlichen Verkehr gebotene Dringlichkeit zu behandeln. Dies gilt insbesondere dann, wenn sich eine Person, auf die sich ein Ersuchen bezieht, im Inland oder im Ausland in Haft befindet.

Vorlage von Geschäftsstücken

§ 2. Hat ein Gericht nach dem ARHG oder nach dieser Verordnung dem Bundesministerium für Justiz Geschäftsstücke (Ersuchen, Anfragen, Berichte, Akten) zu übermitteln, so hat dies, wenn nicht im Einzelfall anders angeordnet wird, unbeschadet des § 12, mit einem Vorlagebericht unmittelbar zu geschehen.

Schreiben im Auslandsverkehr

§ 3. (1) Auf die äußere Form der im § 6 Abs. 1 angeführten Schreiben sowie der Geschäftsstücke, die zur Zustellung im Ausland oder für das Ausland oder internationale Organisationen bestimmt sind, ist besondere Sorgfalt zu verwenden. Für solche Schreiben und Geschäftsstücke sind Schreibmaschinen und, soweit nicht Formblätter benützt werden, weißes Papier zu verwenden. Bei Durchschlägen und Kopien ist auf gute Lesbarkeit zu achten.

(2) Abs. 1 gilt auch für Protokolle, die auf Ersuchen ausländischer Behörden aufgenommen werden; ist die Urschrift schlecht leserlich, so ist von Amts wegen eine beglaubigte Abschrift anzuschließen.

(3) Eil- und Haftsachen sind als solche auffällig zu kennzeichnen.

Anschrift und Ortsbezeichnung

§ 4. (1) In Schreiben an ausländische Behörden sind deren amtliche Bezeichnung und genaue Anschrift anzugeben; sind diese nicht bekannt, so sind die Schreiben „An das für … (Ort, an dem die Erledigung vorzunehmen ist, oder, wenn andere Anhaltspunkte fehlen, Wohn- und Aufenthaltsort des Empfängers oder der zu vernehmenden Person) zuständige Gericht oder an die sonst zuständige Behörde" zu richten.

(2) Für die im Ausland gelegenen Orte sind nach Tunlichkeit die dort geltenden amtlichen Ortsbezeichnungen zu verwenden.

Abkürzungen

§ 5. Abkürzungen sind im Verkehr mit ausländischen Behörden zu vermeiden; insbesondere sind die Bezeichnungen der Gesetze voll auszuschreiben, wenn nicht mit Sicherheit zu erwarten ist, daß Abkürzungen verstanden werden.

Ausfertigung von Schreiben

§ 6. (1) Ersuchschreiben, Erledigungsschreiben und sonstige Mitteilungen an österreichische Vertretungsbehörden im Ausland, ausländische Vertretungsbehörden im Inland, andere ausländische Behörden oder internationale Organisationen sind stets in Form eines gesonderten, an die betreffende Stelle zu richtenden Schreibens auszufertigen.

(2) Solche Schreiben haben die Strafsache genau zu bezeichnen und in übersichtlicher Form sowie in einfacher, klarer Ausdrucksweise die Angaben zu enthalten, deren Kenntnis zur sachgemäßen Erledigung notwendig ist.

Übersendung von Akten oder Urkunden

§ 7. Akten, Aktenbestandteile oder Urkunden sind in das Ausland in beglaubigter Abschrift oder Kopie zu senden. Von Lichtbildern sind nach Möglichkeit Abzüge anzuschließen. Originale sind nur dann zu übersenden, wenn dies aus besonderen Gründen erforderlich ist. In diesen Fällen sind nach Tunlichkeit beglaubigte Abschriften oder Kopien zurückzubehalten.

Beilagen

§ 8. (1) Zahl und Art der Beilagen sind in dem Schreiben anzuführen. Zur Vermeidung von Verwechslungen sind die Beilagen entsprechend zu bezeichnen.

(2) Auf Lichtbildern, Abbildungen, Plänen, Fingerabdruckblättern und dergleichen ist der Regel auch zu vermerken, welche Person, welchen Gegenstand oder welche Örtlichkeit sie betreffen.

ARHG

Übersetzungen

§ 9. (1) Wenn in zwischenstaatlichen Vereinbarungen nichts anderes bestimmt ist, sind den Ersuchschreiben und ihren Beilagen Übersetzungen in die Sprache des ersuchten Staates anzuschließen.

(2) Die Übersetzungen von Ersuchschreiben und Beilagen müssen von einem Gerichtsdolmetscher verfaßt werden. Seine Unterschrift ist vom Präsidenten des Gerichtshofes erster Instanz zu beglaubigen.

Unterschrift, Amtssiegel

§ 10. Die im § 6 Abs. 1 angeführten Schreiben sowie Protokolle, die auf Ersuchen ausländischer Behörden aufgenommen werden, sind mit dem allgemeinen Gerichtssiegel (Amtssiegel) zu versehen und vom Richter (bei den Staatsanwaltschaften vom Behördenleiter) eigenhändig zu unterschreiben. Der Name des Richters (Behördenleiters) ist in Maschinschrift unter Beifügen seiner Planstellenbezeichnung (seines Amtstitels) zu wiederholen.

Postgebühren

§ 11. (1) Postsendungen in das Ausland sind freigemacht aufzugeben. Die Versendung von Sammelbriefen, das sind für verschiedene Stellen bestimmte Briefe in einem Paket, an eine ausländische Behörde mit dem Ersuchen um Weiterleitung ist unzulässig.

(2) Nicht oder ungenügend freigemachte Sendungen ausländischer Behörden sind anzunehmen. Ein Ersatz hiefür entrichteter Gebühren ist von ausländischen Behörden nicht zu begehren.

Prüfung der Ersuchen und Erledigungen

§ 12. (1) Von einem Gericht für österreichische Vertretungsbehörden im Ausland, ausländische Vertretungsbehörden im Inland, andere ausländische Behörden oder internationale Organisationen bestimmte Ersuchen und Unterlagen sind ohne Rücksicht darauf, ob ihre Weiterleitung unmittelbar, im diplomatischen Weg oder durch Vermittlung des Bundesministeriums für Justiz zu erfolgen hat, dahin zu prüfen, ob sie nach Form und Inhalt den bestehenden Vorschriften entsprechen.

(2) Ebenso sind Urkunden und Akten, die von einem österreichischen Gericht in Erledigung eines ausländischen Ersuchens errichtet worden sind, dahin zu prüfen, ob die Erledigung vollständig und sachgemäß ist und ob dabei die bestehenden Vorschriften beobachtet wurden.

(3) Die Prüfung nach Abs. 1 und 2 obliegt bei Gerichtshöfen erster Instanz dem Präsidenten des Gerichtshofes, bei Bezirksgerichten dem Präsidenten des übergeordneten Gerichtshofes erster Instanz.

(4) Der Präsident hat die Geschäftsstücke, nachdem er sie geprüft und die Behebung etwaiger Mängel veranlaßt hat, soweit der unmittelbare Verkehr vorgesehen ist, weiterzuleiten, sonst dem Bundesministerium für Justiz zur Weiterleitung zu übermitteln. Auf dem Vorlagebericht ist die Prüfung zu vermerken.

Geschäftsweg

§ 13. (1) Soweit nicht in zwischenstaatlichen Verträgen der unmittelbare Verkehr zwischen den Gerichten oder Staatsanwaltschaften vorgesehen ist, sind die an ausländische Behörden gerichteten Ersuchschreiben und Mitteilungen und die in Erledigung ausländischer Ersuchen errichteten Urkunden und Akten dem Bundesministerium für Justiz zur Weiterleitung zu übermitteln.

(2) Erledigungsakten sind an ausländische Behörden auch dann auf dem in Abs. 1 vorgesehenen Weg zu übermitteln, wenn das Ersuchen der ausländischen Behörde dem Gericht oder der Staatsanwaltschaft auf einem anderen Weg zugekommen ist.

Verkehr mit österreichischen Vertretungsbehörden im Ausland

§ 14. (1) Zum Verkehr mit den österreichischen Vertretungsbehörden im Ausland ist, mit Ausnahme der Fälle des Abs. 2, die Vermittlung des Bundesministeriums für Justiz in Anspruch zu nehmen.

(2) Der unmittelbare Verkehr mit österreichischen Vertretungsbehörden ist bei Erledigung eines von der Vertretungsbehörde unmittelbar gestellten Ersuchens oder sonst auf deren ausdrücklichen Wunsch und bei Einholung und Erteilung einfacher Auskünfte zulässig.

(3) In Strafsachen werden Zustellungen und Vernehmungen von den österreichischen Vertretungsbehörden nicht unmittelbar vorgenommen.

Verkehr mit ausländischen Vertretungsbehörden und internationalen Organisationen

§ 15. (1) Zum Verkehr mit ausländischen Vertretungsbehörden im Inland und internationalen Organisationen ist, mit Ausnahme der Fälle des Abs. 2, die Vermittlung des Bundesministeriums für Justiz in Anspruch zu nehmen.

(2) Der unmittelbare Verkehr mit ausländischen konsularischen Vertretungsbehörden und Konsularabteilungen ausländischer diplomatischer Vertretungen ist nur in den Angelegenheiten zulässig, die in den konsularischen Wirkungsbereich von Vertretungsbehörden fallen. Solche Angele-

genheiten sind insbesondere Auskünfte über einzelne Strafsachen gegen Angehörige des anderen Staates, Fürsorge für Häftlinge, die Angehörige dieses Staates sind, Auskünfte in Staatsangehörigkeits- und Paßfragen.

(3) Auch für die Weiterleitung von Antwortschreiben auf die unmittelbar bei Gerichten oder Staatsanwaltschaften eingelangten Schreiben ausländischer Vertretungsbehörden ist, mit Ausnahme der Fälle des Abs. 2, die Vermittlung des Bundesministeriums für Justiz in Anspruch zu nehmen.

(4) Den Schreiben an ausländische Vertretungsbehörden im Inland und internationale Organisationen sind keine Übersetzungen anzuschließen.

Beschwerden ausländischer Vertretungsbehörden und internationaler Organisationen

§ 16. Beschwerden ausländischer Vertretungsbehörden und internationaler Organisationen sind vor der Erteilung der Antwort dem Bundesministerium für Justiz unter Anschluß eines Entwurfes des Antwortschreibens zur Kenntnis zu bringen.

Betreibungen

§ 17. (1) Verzögert sich die Erledigung eines Ersuchens durch eine ausländische Behörde, so ist diese, wenn der unmittelbare Verkehr vorgesehen ist, in angemessener Frist unter Anschluß einer beglaubigten Abschrift (Kopie) des Ersuchschreibens zu betreiben. Bleibt die Betreibung ohne Erfolg, so ist dies dem Bundesministerium für Justiz mitzuteilen.

(2) Langen die Erledigungsakten von im Weg des Bundesministeriums für Justiz gestellten Ersuchen nicht innerhalb angemessener Frist ein, so ist dem Bundesministerium für Justiz die Notwendigkeit einer Betreibung unter Anschluß einer beglaubigten Abschrift (Kopie) des Ersuchschreibens anzuzeigen.

Widerruf von Ersuchen

§ 18. (1) Gegenstandslos gewordene Ersuchen sind unverzüglich zu widerrufen.

(2) Bei besonderer Dringlichkeit kann der Widerruf fernschriftlich, telegrafisch oder telefonisch mitgeteilt werden; hat der Widerruf durch das Bundesministerium für Justiz zu erfolgen, so ist dieses unverzüglich, gegebenenfalls fernschriftlich oder telefonisch, zu verständigen.

Verweigerung der Erledigung eines Ersuchens

§ 19. Verweigert eine ausländische Behörde die Erledigung eines Ersuchens, so ist das Bun-

desministerium für Justiz hievon in Kenntnis zu setzen.

Unzulässige Ersuchen ausländischer Behörden

§ 20. Bestehen Bedenken, dem Ersuchen einer ausländischen Behörde zu entsprechen, so kann das Gericht oder der Staatsanwaltschaft des Bundesministeriums für Justiz über eine etwa bestehende allgemein anerkannte Regel des Völkerrechtes, eine völkerrechtliche Übung oder über andere für die Entscheidung wichtige Umstände, insbesondere über die Beobachtung der Gegenseitigkeit, einholen. Nimmt das Gericht in Aussicht, dem Ersuchen nicht zu entsprechen, so ist das Bundesministerium für Justiz hievon in Kenntnis zu setzen.

Gegenseitigkeit

§ 21. In Ersuchen an eine Behörde eines Staates, mit dem die Gegenseitigkeit im Rechtshilfeverkehr nicht als gewährleistet angesehen werden kann, ist anzugeben, ob die österreichischen Gerichte in gleichgelagerten Fällen in der Lage wären, Rechtshilfe zu leisten.

II. HAUPTSTÜCK
Auslieferung aus Österreich

Fahndung

§ 22. Die Ausforschung der von einem anderen Staat gesuchten Person gemäß § 27 Abs. 1 ARHG ist beim Bundesministerium für Inneres, Generaldirektion für die öffentliche Sicherheit, Gruppe D, durch die Übermittlung eines Haftbefehls (§ 176 Abs. 1 StPO), eines Steckbriefes (§ 416 StPO) oder eines Ersuchens um Aufenthaltsermittlung zu veranlassen.

Anbot der Auslieferung

§ 23. (1) Dem Bericht gemäß § 28 Abs. 1 ARHG ist eine gesonderte Darstellung des Sachverhaltes in dreifacher Ausfertigung anzuschließen. In dieser ist anzugeben, ob und seit wann die auszuliefernde Person in Haft ist.

(2) Die Frist für das Einlangen eines Auslieferungsersuchens ist vom Bundesministerium für Justiz zu bestimmen. Diesem steht auch die Entscheidung über eine Verlängerung der Frist zu.

ARHG

Nichteinhaltung des vorgesehenen Weges

§ 24. Von Auslieferungsersuchen, die ohne Vermittlung des Bundesministeriums für Justiz bei Gericht eingelangt sind, ist das Bundesministerium für Justiz unverzüglich in Kenntnis zu setzen.

Verständigungspflichten

§ 25. (1) Das Gericht, bei dem ein Auslieferungsverfahren anhängig ist (§ 26 ARHG), hat vom Auslieferungsverfahren unverzüglich zu verständigen:

1. das Gericht, bei dem gegen die auszuliefernde Person ein inländisches Strafverfahren anhängig ist,

2. den Leiter der Anstalt, in der die auszuliefernde Person zum Vollzug einer Strafe oder vorbeugenden Maßnahme angehalten wird,

3. die Verwaltungsbehörde, auf Grund deren Entscheidung sich die auszuliefernde Person in Haft befindet,

4. die Verwaltungsbehörde, bei der nach Kenntnis des Gerichtes gegen die auszuliefernde Person ein Strafverfahren anhängig ist,

5. die nach § 11 des Fremdenpolizeigesetzes zuständige Behörde, wenn über die auszuliefernde Person nicht die Auslieferungshaft verhängt oder sie aus dieser entlassen wird, bevor über das Auslieferungsersuchen entschieden worden ist (§ 34 ARHG).

(2) Die nach Abs. 1 Z 1 bis 3 benachrichtigten Behörden haben in der Folge das für das Auslieferungsverfahren zuständige Gericht von allen die Haftfrage betreffenden Maßnahmen und Umständen, insbesondere von einer bevorstehenden Beendigung der Haft oder Anhaltung, so rechtzeitig zu verständigen, daß es die zur Sicherstellung und zur späteren Durchführung der Auslieferung notwendigen Maßnahmen treffen kann.

Prüfung des Aufschubs der Übergabe

§ 26. Wird gemäß § 37 Z 3 ARHG die Übergabe der auszuliefernden Person aufgeschoben, so hat die Staatsanwaltschaft zu prüfen, ob von der Verfolgung abgesehen oder zurückgetreten werden kann (§ 34 Abs. 2 Z 2 StPO) oder ob bei Gericht ein Antrag auf Absehen vom Vollzug (§§ 4 und 157 StVG) zu stellen ist. Über das beabsichtigte Vorgehen hat die Staatsanwaltschaft im Weg der Oberstaatsanwaltschaft dem Bundesministerium für Justiz zu berichten.

Belehrung der auszuliefernden Person

§ 27. Der Untersuchungsrichter hat die auszuliefernde Person von der Entscheidung des Bundesministers für Justiz gemäß § 34 ARHG zu unterrichten und sie im Fall der Bewilligung der Auslieferung über deren Wirkungen, insbesondere im Hinblick auf § 23 ARHG, zu belehren. Die Unterrichtung der ausgelieferten Person über einen nachträglichen Auslieferungsersuchen (§ 40 ARHG) erfolgt durch das Bundesministerium für Justiz.

Durchführung der Auslieferung

§ 28. (1) Die österreichische Grenzkontrollstelle, in deren Bereich die Übergabe durchgeführt werden soll, ist von dem in Aussicht genommenen Termin mit dem Ersuchen um Unterrichtung der Grenzkontrollstelle des Nachbarstaates, an den die Übergabe erfolgen soll, rechtzeitig zu verständigen.

(2) Dem mit der Überstellung der auszuliefernden Person beauftragten Eskorteführer ist neben dem offenen Befehl ein Auslieferungsbrief in vierfacher Ausfertigung mitzugeben, der vom Richter auszustellen ist. In diesem Auslieferungsbrief ist die Dauer der im Hinblick auf die Auslieferung in Haft zugebrachten Zeit anzugeben.

Ausfolgung von Gegenständen

§ 29. (1) Auszufolgende Gegenstände sind gleichzeitig mit der auszuliefernden Person dem ersuchenden Staat zu übergeben.

(2) Ist die Ausfolgung gemäß Abs. 1 nicht möglich, so ist sie im Postweg durchzuführen oder über ihre Durchführung das Einvernehmen mit dem vorgesehenen Weg das Einvernehmen mit dem ersuchenden Staat herzustellen.

III. HAUPTSTÜCK

Durchlieferung durch Österreich

Unterbrechung des Vollzuges der Durchlieferung

§ 30. (1) Begeht eine durchzuliefernde Person während der Durchlieferung auf dem Gebiet der Republik Österreich eine von Amts wegen zu verfolgende gerichtlich strafbare Handlung, so hat die zuständige Staatsanwaltschaft im Weg der Oberstaatsanwaltschaft das Bundesministerium für Justiz hievon unverzüglich zu verständigen.

(2) § 26 ist sinngemäß anzuwenden.

IV. HAUPTSTÜCK

Rechtshilfe für das Ausland

Rechtshilfe in Strafsachen gegen österreichische Staatsbürger

§ 31. (1) Ist anzunehmen, daß die strafbare Handlung, derentwegen von einer ausländischen Behörde um Rechtshilfe ersucht wird, wegen der Staatsangehörigkeit des Täters oder aus einem anderen Grund der inländischen Gerichtsbarkeit unterliegt, so ist der Sachverhalt unabhängig davon, ob die Rechtshilfe gewährt oder versagt wird, der zuständigen Staatsanwaltschaft wegen der allfälligen Einleitung eines inländischen Strafverfahrens mitzuteilen (§ 84 StPO).

(2) Ist die Leistung der Rechtshilfe für ein ausländisches Verfahren gegen einen österreichischen Staatsbürger gemäß § 51 Abs. 1 ARHG unzulässig, so ist dieser vom Gericht von der Anhängigkeit des ausländischen Strafverfahrens in Kenntnis zu setzen.

Zustellung auf Ersuchen ausländischer Behörden

§ 32. (1) Bei Ersuchen ausländischer Behörden um Zustellung ist nach § 163 Abs. 1 bis 4 Geo vorzugehen. Der Zustellausweis ist nach Bewirken der Zustellung auf dem vorgesehenen Weg (§ 13) zurückzuleiten.

(2) Bestehen Zweifel, ob im ersuchenden Staat das freie Geleit im Sinne des § 53 Abs. 1 ARHG gewährleistet ist, so hat das um die Zustellung ersuchte Gericht eine Auskunft des Bundesministeriums für Justiz einzuholen.

(3) Die Belehrung nach § 53 Abs. 2 ARHG kann schriftlich oder mündlich erfolgen. Die erfolgte Belehrung ist in den Akten zu vermerken.

(4) Die Höhe eines dem Zeugen oder Sachverständigen gemäß § 53 Abs. 3 ARHG auszuzahlenden Vorschusses darf den nach österreichischem Recht vorgesehenen Höchstbetrag nicht übersteigen, es sei denn, daß der ersuchende Staat im Zustellersuchen die Erstattung eines höheren oder nur eines geringeren Betrages zugesichert hat.

Überstellung verhafteter Personen zu Beweiszwecken

§ 33. (1) Im Fall eines Ersuchens gemäß § 54 Abs. 1 ARHG hat das Gericht mit der in Haft befindlichen vorgeladenen Person eine Niederschrift darüber aufzunehmen, ob sie der Überstellung zustimmt. Eine Ausfertigung dieser Niederschrift ist den Erledigungsakten anzuschließen.

(2) Hinsichtlich des Termins und des Ortes der Übergabe ist auf dem vorgesehenen Weg (§ 13) das Einvernehmen mit der um die Rechtshilfe ersuchenden Behörde herzustellen.

(3) Die österreichische Grenzkontrollstelle, in deren Bereich die Überstellung durchgeführt werden soll, ist von dem in Aussicht genommenen Termin mit dem Ersuchen um Unterrichtung der Grenzkontrollstelle des Nachbarstaates, an den die Übergabe erfolgen soll, rechtzeitig zu verständigen.

Ergänzung des Rechtshilfeersuchens

§ 34. Ist aus dem Rechtshilfeersuchen und den vorhandenen Unterlagen nicht ersichtlich, ob alle Voraussetzungen der Leistung von Rechtshilfe vorliegen (§ 56 ARHG), so ist die ersuchende Behörde auf dem vorgesehenen Weg (§ 13) zur Ergänzung ihres Ersuchens aufzufordern. Für das Einlangen dieser Ergänzung kann eine angemessene Frist bestimmt werden.

Weiterleitung von Rechtshilfeersuchen an die zuständige Behörde

§ 35. Wird ein Rechtshilfeersuchen gemäß § 57 Abs. 2 ARHG an die zur Erledigung zuständige Behörde weitergeleitet, so ist die ersuchende Behörde auf dem vorgesehenen Weg (§ 13) hievon zu benachrichtigen.

Dienstverrichtung ausländischer Organe in Österreich

§ 36. Die gemäß § 59 Abs. 1 ARHG erforderliche Bewilligung des Bundesministeriums für Justiz zur Dienstverrichtung ausländischer Organe kann in dringenden Fällen auch telefonisch eingeholt werden.

V. HAUPTSTÜCK
Übernahme der Strafverfolgung und der Überwachung, Vollstreckung ausländischer Entscheidungen

Übernahme der Strafverfolgung

§ 37. Die Staatsanwaltschaft hat über die auf Grund eines Ersuchens um Übernahme der Strafverfolgung getroffenen Verfügungen und über das Ergebnis des Strafverfahrens im Weg der Oberstaatsanwaltschaft dem Bundesministerium für Justiz zu berichten. Eine Ausfertigung oder beglaubigte Abschrift (Kopie) der das Verfahren abschließenden gerichtlichen Entscheidung ist vorzulegen. Ist das Verfahren durch Einstellung abgeschlossen worden, so hat die Staatsanwaltschaft im Weg der Oberstaatsanwaltschaft über die hiefür maßgebenden Gründe zu berichten.

Übernahme der Überwachung

§ 38. (1) Das gemäß § 63 Abs. 2 ARHG zuständige Gericht hat das Bundesministerium für Justiz von der nach Anhörung der Staatsanwaltschaft erfolgten Übernahme der Überwachung und von den zu ihrer Durchführung getroffenen Maßnahmen in Kenntnis zu setzen. Im Fall der Unzulässigkeit der Überwachung ist eine Ausfertigung oder beglaubigte Abschrift (Kopie) des die Übernahme ablehnenden Beschlusses zu übermitteln.

(2) Während der Probezeit ist das Bundesministerium für Justiz über alle Umstände, die zu einem Widerruf der bedingten Verurteilung, der bedingten Nachsicht oder der bedingten Entlassung Anlaß geben könnten, gegebenenfalls unter Anschluß einer Ausfertigung oder beglaubigten

ARHG

Abschrift (Kopie) eines ergangenen Urteils, in Kenntnis zu setzen.

(3) Nach Ablauf der Probezeit ist das Bundesministerium für Justiz über das Ergebnis der Überwachung in Kenntnis zu setzen.

Vollstreckung ausländischer strafgerichtlicher Entscheidungen

§ 39. (1) Das gemäß § 67 Abs. 1 ARHG zuständige Gericht hat dem Bundesministerium für Justiz eine Ausfertigung oder beglaubigte Abschrift (Kopie) des nach Befassung der Staatsanwaltschaft gefaßten Beschlusses über die Vollstreckung der ausländischen Entscheidung und die Anpassung der vom ersuchenden Staat ausgesprochenen Strafe oder vorbeugenden Maßnahme zu übermitteln.

(2) Die Anordnung der zur Durchführung der übernommenen Vollstreckung notwendigen Maßnahmen obliegt dem Vorsitzenden.

(3) Von einem Aufschub, einer Unterbrechung und von der Beendigung des Vollzuges hat das nach dem Strafvollzugsgesetz zuständige Gericht das Bundesministerium für Justiz in Kenntnis zu setzen.

VI. HAUPTSTÜCK

Erwirkung der Auslieferung, der Durchlieferung, der Ausfolgung, der Rechtshilfe sowie der Übernahme der Strafverfolgung, der Überwachung und der Vollstreckung

ERSTER ABSCHNITT

Erwirkung der Auslieferung, der Durchlieferung und der Ausfolgung

Fahndungsmaßnahmen im Ausland

§ 40. (1) Liegt der zur Erwirkung von Fahndungsmaßnahmen zur Verhaftung im Ausland erforderliche dringende Tatverdacht vor, so hat das Gericht einen nach Art eines als Auslieferungsbehelf geeigneten Haftbefehls (§ 42) abgefaßten Steckbrief nach Prüfung durch den Präsidenten (§ 12) an die zuständige Sicherheitsbehörde oder Sicherheitsdienststelle zu übermitteln, die um die Erwirkung der Auslandsfahndung das Bundesministerium für Inneres, Generaldirektion für die öffentliche Sicherheit, Gruppe D, ersucht. Ist die Inlandsfahndung bereits eingeleitet, so hat sich das Gericht unmittelbar an das Bundesministerium für Inneres, Generaldirektion für die öffentliche Sicherheit, Gruppe D, zu wenden.

(2) Die Fahndung zur Verhaftung im Ausland ist auf den Bereich zu beschränken, für den im Fall der Betretung des Gesuchten ein Ersuchen um seine Auslieferung in Aussicht genommen wird.

(3) Der Steckbrief ist mit dem allgemeinen Gerichtssiegel zu versehen und vom Richter eigenhändig zu unterschreiben. Der Name des Richters ist in Maschinschrift unter Beifügung seiner Planstellenbezeichnung zu wiederholen.

(4) Sobald die Gründe für eine internationale Fahndung entfallen, ist ihr Widerruf auf dem im Abs. 1 bezeichneten Weg unverzüglich zu veranlassen.

(5) Vor Ablauf von fünf Jahren ab der Erwirkung von Fahndungsmaßnahmen gemäß Abs. 1 hat die Staatsanwaltschaft zu prüfen, ob der Steckbrief zu erneuern oder die internationale Fahndung zu widerrufen ist.

Erwirkung der Auslieferungshaft

§ 41. Um die Verhängung der Auslieferungshaft (§ 69 ARHG) ist bei Betretung der gesuchten Person in einem Mitgliedstaat der Internationalen Kriminalpolizeilichen Organisation (Interpol) in der Regel unter Vermittlung des Bundesministeriums für Inneres, Generaldirektion für öffentliche Sicherheit, Gruppe D, zu ersuchen. Das Bundesministerium für Justiz ist wegen der Erwirkung der Auslieferung (§ 42) unverzüglich, spätestens aber so rechtzeitig zu befassen, daß das Ersuchen um Auslieferung innerhalb der im Verhältnis zum ersuchten Staat geltenden Befristung der vorläufigen Auslieferungshaft diesem auf dem vorgesehenen Weg übermittelt werden kann.

Auslieferungsunterlagen

§ 42. (1) Als Auslieferungsunterlage gilt in der Regel ein Haftbefehl, der eine Darstellung der der auszuliefernden Person zur Last gelegten strafbaren Handlungen, soweit ihretwegen die Auslieferung zu erwarten ist, und den Wortlaut der anzuwendenden gesetzlichen Bestimmungen über den Tatbestand, die Strafe und erforderlichenfalls auch über die Verjährung zu enthalten hat. Ist bereits ein Urteil ergangen, so ist dem Haftbefehl eine Ausfertigung oder eine beglaubigte Abschrift (Kopie) des Urteils anzuschließen.

(2) Die Auslieferungsunterlagen haben die der auszuliefernden Person zur Last gelegte Tat so bestimmt zu bezeichnen, daß die ausländische Behörde, die über die Zulässigkeit der Auslieferung zu entscheiden hat, zu beurteilen vermag, ob die Tat nach dem Recht des ersuchten Staates strafbar ist, welche strafbare Handlung sie nach diesem Recht begründet und ob die Strafbarkeit oder die Vollstreckbarkeit durch Verjährung erloschen ist.

(3) Soll die Auslieferung zur Vollstreckung erfolgen, so ist im Haftbefehl die Dauer der noch zu verbüßenden Strafe anzugeben.

(4) Die Auslieferungsunterlagen haben auch Angaben über die Staatsangehörigkeit der auszuliefernden Person zu enthalten.

(5) Die Auslieferungsunterlagen haben nach Möglichkeit auch eine Personenbeschreibung der auszuliefernden Person oder andere zur Feststellung ihrer Identität geeignete Angaben zu enthalten.

Vorlage der Auslieferungsunterlagen

§ 43. (1) Die Auslieferungsunterlagen sind mit dem allgemeinen Gerichtssiegel zu versehen und dem Bundesministerium für Justiz in vierfacher Ausfertigung zu übermitteln. Haftbefehle sind vom Richter eigenhändig zu unterschreiben. Der Name des Richters ist in Maschinschrift unter Beifügung seiner Planstellenbezeichnung zu wiederholen. Eines besonderen Ersuchschreibens an die zur Entscheidung über das Auslieferungsersuchen berufenen Behörde bedarf es nicht.

(2) Zur Erwirkung der Auslieferung mehrerer Personen sind für jede auszuliefernde Person gesonderte Auslieferungsunterlagen vorzulegen.

Durchführung der Auslieferung aus dem Ausland

§ 44. Die Anordnung der zur Einlieferung einer aus einem anderen Staat ausgelieferten Person notwendigen Maßnahmen obliegt dem für die Erwirkung der Auslieferung zuständigen Richter (§ 68 Abs. 1 ARHG).

Erwirkung der nachträglichen Zustimmung zur Verfolgung oder zur Vollstreckung

§ 45. Soll die ausgelieferte Person auch wegen strafbarer Handlungen verfolgt werden, derentwegen ihre Auslieferung noch nicht bewilligt worden ist, so ist wegen der Erwirkung der Zustimmung des ersuchten Staates (§ 70 Abs. 1 ARHG) dem Bundesministerium für Justiz unter Vorlage der erforderlichen Auslieferungsunterlagen (§§ 42, 43) sowie unter Anschluß einer mit der ausgelieferten Person aufgenommenen Niederschrift über ihre Erklärungen zur Ausdehnung des Auslieferungsersuchens zu berichten. Das gleiche gilt, wenn eine über die ausgelieferte Person verhängte Strafe, derentwegen ihre Auslieferung noch nicht bewilligt worden ist, vollstreckt werden soll.

Erwirkung der Durchlieferung

§ 46. (1) Muß die auszuliefernde Person, um von dem um die Auslieferung ersuchten Staat nach Österreich zu gelangen, durch das Gebiet eines oder mehrerer Staaten durchgeliefert werden, so erwirkt das Bundesministerium für Justiz die erforderlichen Durchlieferungsbewilligungen. Bei der Vorlage der Auslieferungsunterlagen an das Bundesministerium für Justiz ist daher für jeden Staat, der um die Durchlieferung ersucht werden muß, eine weitere Ausfertigung dieser Unterlagen anzuschließen. Die Vorschriften über die Förmlichkeiten und die Sprache, die für den Verkehr mit dem um die Durchlieferung zu ersuchenden Staat gelten, sind zu beachten.

(2) § 45 ist sinngemäß anzuwenden.

ZWEITER ABSCHNITT
Erwirkung der Rechtshilfe

Ersuchen um Zustellung

§ 47. (1) Ist die Zustellung im diplomatischen Weg oder durch Vermittlung des Bundesministeriums für Justiz zu erwirken, so ist diesem das zuzustellende Geschäftsstück zu übermitteln. Ist der unmittelbare Verkehr vorgesehen, so ist die ausländische Behörde mit einem gesonderten Schreiben um Veranlassung der Zustellung zu ersuchen.

(2) Bei Zustellung an Beschuldigte oder Verurteilte ist deren Staatsangehörigkeit im Vorlagebericht an das Bundesministerium für Justiz, bei unmittelbarem Verkehr im Ersuchschreiben an die ausländische Behörde anzugeben.

(3) Sofern um Zustellung mit Zustellausweis ersucht wird, ist ein vorbereiteter Zustellschein anzuschließen.

Ladung von Personen aus dem Ausland

§ 48. (1) In Ladungen von Personen, die sich im Ausland befinden, dürfen nur die prozessualen Nachteile angegeben werden, die für den Geladenen durch sein Ausbleiben entstehen.

(2) Bei der Ladung eines Zeugen oder Sachverständigen ist anzugeben, inwieweit der Zeuge oder Sachverständige Anspruch auf Ersatz der Kosten der Reise und des Aufenthaltes sowie auf Entschädigung für die Zeitversäumnis und der Sachverständige außerdem auf Entlohnung für eine Mühewaltung hat. Es ist auch die Höhe des Vorschusses anzugeben, der dem Zeugen oder Sachverständigen auf seine Gebühren gegen Erstattung durch das ersuchende Gericht gewährt werden kann.

(3) Bei der Anordnung einer Vernehmung oder Verhandlung ist auf die voraussichtliche Dauer des Zustellverfahrens Bedacht zu nehmen. **ARHG**

Überstellung verhafteter Personen

§ 49. Soll gemäß § 73 Abs. 1 ARHG die Überstellung einer im Ausland in Haft befindlichen Person erwirkt werden, so sind dem Bundesministerium für Justiz die für die Notwendigkeit einer Überstellung maßgeblichen Gründe unter Anschluß einer Ladung mitzuteilen.

Ersuchen um Vernehmung und Vornahme anderer Untersuchungshandlungen

§ 50. (1) Ersuchen um Vernehmung von Zeugen, Sachverständigen und Beschuldigten sowie um Vornahme von Untersuchungshandlungen anderer Art haben die Angabe der Strafsache, der Staatsangehörigkeit und des Aufenthaltsortes des Beschuldigten, dessen Personaldaten und die zur ordnungsgemäßen Erledigung erforderliche Sachverhaltsdarstellung, allenfalls auch die einzelnen an die zu vernehmende Person zu richtenden Fragen, zu enthalten.

(2) Sind mehrere Rechtshilfehandlungen im Ausland vorzunehmen, so ist an jede zur Erledigung zuständige ausländische Behörde ein gesondertes Rechtshilfeersuchen zu richten.

(3) In Ersuchen um die Vernehmung von Zeugen und Sachverständigen ist anzugeben, ob die Vernehmung unter Eid erfolgen soll.

Teilnahme österreichischer Organe bei Rechtshilfehandlungen im Ausland

§ 51. Ersuchen um die Bewilligung der Teilnahme österreichischer Organe an im Ausland durchzuführenden Rechtshilfehandlungen sind im Weg des Bundesministeriums für Justiz zu stellen. Im Vorlagebericht ist die Notwendigkeit der Teilnahme bei der Durchführung der Rechtshilfehandlungen zu begründen.

DRITTER ABSCHNITT

Erwirkung der Übernahme der Strafverfolgung, der Überwachung sowie Vollstreckung inländischer strafgerichtlicher Verurteilungen im Ausland

Erwirkung der Übernahme der Strafverfolgung

§ 52. Besteht Anlaß, die Übernahme der Strafverfolgung zu erwirken, so hat die Staatsanwaltschaft im Weg der Oberstaatsanwaltschaft dem Bundesministerium für Justiz eine Sachverhaltsdarstellung in dreifacher Ausfertigung vorzulegen. Die Sachverhaltsdarstellung ist vom Behördenleiter eigenhändig zu unterschreiben und mit dem Amtssiegel zu versehen. Beglaubigte Abschriften (Kopien) der in Betracht kommenden Aktenstücke und allfällige Beweisgegenstände sind anzuschließen (§ 7).

Erwirkung der Überwachung

§ 53. Besteht Anlaß, die Überwachung gemäß § 75 ARHG zu erwirken, so hat der Vorsitzende (Einzelrichter) dem Bundesministerium für Justiz drei Ausfertigungen oder beglaubigte Abschriften (Kopien) des Urteils, auf denen die Rechtskraft zu bestätigen ist, eine Bescheinigung über die angewendeten gesetzlichen Bestimmungen, gegebenenfalls die Niederschrift über die Anhörung des Verurteilten sowie allenfalls in Betracht kommende weitere Aktenstücke zu übermitteln.

Erwirkung der Vollstreckung

§ 54. Besteht Anlaß, die Übernahme der Vollstreckung gemäß § 76 ARHG zu erwirken, so hat der Vorsitzende (Einzelrichter) dem Bundesministerium für Justiz vier Ausfertigungen oder beglaubigte Abschriften (Kopien) des Urteils, auf denen die Rechtskraft und die Vollstreckbarkeit zu bestätigen sind, eine Bescheinigung über die angewendeten gesetzlichen Bestimmungen, gegebenenfalls die Niederschrift über die Anhörung des Verurteilten sowie allenfalls in Betracht kommende weitere Aktenstücke zu übermitteln.

VII. HAUPTSTÜCK

Stellung der Mitglieder diplomatischer und konsularischer Vertretungen anderer Staaten sowie der Vertreter der Mitgliedstaaten und der Angestellten von bevorrechteten internationalen Organisationen

Berichtspflicht

§ 55. Die Staatsanwaltschaft hat im Weg der Oberstaatsanwaltschaft dem Bundesministerium für Justiz unverzüglich, im Fall besonderer Dringlichkeit telefonisch, über Strafanzeigen gegen Personen zu berichten, die

1. Mitglieder diplomatischer oder konsularischer Vertretungen anderer Staaten sind oder

2. nach den allgemein anerkannten Regeln des Völkerrechtes, nach völkerrechtlichen Verträgen oder auf Grund des Bundesgesetzes vom 14. Dezember 1977, BGBl. Nr. 677, über die Einräumung von Privilegien und Immunitäten an internationale Organisationen Privilegien und Immunitäten genießen.

Strafbare Handlungen von Personen, die Immunität genießen

§ 56. Sind Personen, die Immunität genießen, verdächtig, eine strafbare Handlung begangen zu haben, so hat die Staatsanwaltschaft im Weg der Oberstaatsanwaltschaft nach Abschluß der zulässigen Erhebungen dem Bundesministerium für Justiz über den Sachverhalt und die getroffenen oder in Aussicht genommenen Verfügungen unter Anschluß einer beglaubigten Abschrift (Kopie) der Strafanzeige und allfälliger weiterer in Betracht kommender Aktenstücke zu berichten.

Feststellung der Immunität

§ 57. Hat ein Gericht Zweifel, ob eine Person Immunität von der inländischen Gerichtsbarkeit genießt oder ihr ähnliche Vorrechte zustehen, so ist eine Stellungnahme des Bundesministeriums für Justiz einzuholen. Bei besonderer Dringlichkeit, insbesondere in Haftsachen, hat die Anfrage telefonisch zu erfolgen.

Zustellung an Personen, die Immunität genießen

§ 58. Geschäftsstücke, die an Personen zuzustellen sind, die Immunität genießen, sind dem Bundesministerium für Justiz zur Weiterleitung zu übermitteln.

Ladung von Personen, die Immunität genießen, als Zeugen

§ 59. Sollen Personen, die Immunität genießen, als Zeugen vernommen werden, so hat das Gericht dies unter genauer Bezeichnung der Strafsache und des Gegenstandes der Vernehmung sowie unter Angabe des für die Vernehmung in Aussicht genommenen Zeitpunktes dem Bundesministerium für Justiz mitzuteilen, das eine Äußerung der geladenen Person veranlaßt, ob sie bereit ist, zu der festgesetzten oder einer anderen Zeit bei Gericht oder an einem anderen Ort auszusagen oder sich über den Gegenstand ihrer Befragung schriftlich zu erklären.

Vernehmung von Personen, die Immunität genießen

§ 60. Erklärt sich die Person, die Immunität genießt, bereit, an einem anderen Ort als bei Gericht auszusagen, so ist sie nach Möglichkeit an diesem Ort und zu der von ihr allenfalls angegebenen Zeit zu vernehmen. Eine Verhinderung des Gerichtes ist dem Bundesministerium für Justiz rechtzeitig mitzuteilen.

Schriftliche Äußerung

§ 61. Erklärt sich die Person, die Immunität genießt, bereit, sich über den Gegenstand ihrer Befragung schriftlich zu äußern, so hat das Gericht dem Bundesministerium für Justiz eine Fragenliste und, soweit zweckmäßig, eine Sachverhaltsdarstellung zur Weiterleitung zu übermitteln.

VIII. HAUPTSTÜCK

Schlußbestimmung

§ 62. (1) Diese Verordnung tritt mit 1. Juli 1980 in Kraft.

(2) Mit Ablauf des 30. Juni 1980 verliert der Erlaß des Bundesministeriums für Justiz vom 13. Juli 1959, JABl Nr. 16/1959 (Rechtshilfeerlaß für Strafsachen) seine Wirksamkeit.

Broda

ARHG

22/2. Justizielle Zusammenarbeit in Strafsachen mit den Mitgliedstaaten der EU*⁾

*⁾ Beachte in Finanzstrafsachen das **Bundesgesetz über die Zusammenarbeit in Finanzstrafsachen mit den Mitgliedstaaten der Europäischen Union (EU-FinStrZG)**, BGBl I 2014/105.

BGBl I 2004/36 idF

1 BGBl I 2004/164 (StPNov 2005)
2 BGBl I 2007/38
3 BGBl I 2007/112 (Strafprozessreformbegleitgesetz II)
4 BGBl I 2011/134 (EU-JZG-ÄndG 2011)
5 BGBl I 2012/50 (SNG)
6 BGBl I 2013/175 (EU-JZG-ÄndG 2013)

7 BGBl I 2014/107 (EU-JZG-ÄndG 2014)
8 BGBl I 2016/121 (Strafprozessrechtsänderungsgesetz II 2016)
9 BGBl I 2018/28
10 BGBl I 2020/20 (StrEU-AG 2020)
11 BGBl I 2021/94 (StrEU-AG 2021)

STICHWORTVERZEICHNIS
zum EU-JZG

EU-JZG

Stichwortverzeichnis

EU-JZG

Inhaltsverzeichnis

EU-JZG

Inhaltsverzeichnis

EU-JZG

I. Hauptstück

Allgemeine Bestimmungen

Anwendungsbereich

§ 1. (1) Dieses Bundesgesetz regelt die Zusammenarbeit zwischen den Justizbehörden der Republik Österreich und jenen der anderen Mitgliedstaaten der Europäischen Union in Strafverfahren gegen natürliche Personen und gegen Verbände (§ 1 Abs 2 und 3 des Verbandsverantwortlichkeitsgesetzes – VbVG, BGBl. I Nr. 151/2005). Diese Zusammenarbeit umfasst *(BGBl I 2007/38)*

1. die Anerkennung und Vollstreckung justizieller Entscheidungen, insbesondere durch

a) Übergabe von Personen;

b) Sicherstellung von Beweismitteln und Vermögensgegenständen;

c) Vollstreckung von vermögensrechtlichen Anordnungen;

d) Vollstreckung von Geldsanktionen;

e) Überwachung von Entscheidungen, in denen Bewährungsmaßnahmen angeordnet oder alternative Sanktionen verhängt wurden; *(BGBl I 2014/107)*

f) Überwachung von Entscheidungen über die Anwendung gelinderer Mittel; *(BGBl I 2018/28)*

g) Anerkennung Europäischer Schutzanordnungen und Erteilung nationaler Anordnungen, und *(BGBl I 2014/107; BGBl I 2018/28)*

h) Anerkennung und Vollstreckung einer Europäischen Ermittlungsanordnung. *(BGBl I 2018/28) (BGBl I 2007/38; BGBl I 2013/175)*

2. die Rechtshilfe in Strafsachen, einschließlich der Bildung gemeinsamer Ermittlungsgruppen, der Zusammenarbeit mit Eurojust und dem Europäischen Justiziellen Netz (EJN) sowie der Zustellung von Urkunden;

3. die Übertragung der Strafverfolgung und die Übertragung der Strafvollstreckung.

(2) Soweit sich aus den Bestimmungen dieses Bundesgesetzes nichts anderes ergibt, gilt das Auslieferungs- und Rechtshilfegesetz (ARHG), BGBl. Nr. 529/1979, sinngemäß.

Begriffsbestimmungen

§ 2. (1) Im Sinne dieses Bundesgesetz bedeutet

1. „Europäischer Haftbefehl" eine Entscheidung einer Justizbehörde eines Mitgliedstaats, die auf die Festnahme und Übergabe einer Person durch die Justizbehörde eines anderen Mitgliedstaats zur Strafverfolgung oder zur Vollstreckung einer Freiheitsstrafe oder einer mit Freiheitsentziehung verbundenen vorbeugenden Maßnahme gerichtet ist;

2. „Sicherstellungsentscheidung" jede von einer zuständigen Justizbehörde eines Mitgliedstaats

in einem Strafverfahren getroffene Maßnahme, mit der vorläufig jede Vernichtung, Veränderung, Verbringung, Übertragung oder Veräußerung von Vermögensgegenständen verhindert werden soll, die der Sicherung einer vermögensrechtlichen Anordnung dienen oder die ein Beweismittel darstellen könnten; *(BGBl I 2013/175)*

3. „Ausstellungsstaat" der Staat,

a) dessen Justizbehörde den Europäischen Haftbefehl oder dessen Behörde die Europäische Ermittlungsanordnung erlassen hat; *(BGBl I 2018/28)*

b) in dem ein Urteil ergangen ist, mit dem eine Freiheitsstrafe oder eine mit Freiheitsentziehung verbundene vorbeugende Maßnahme verhängt wurde; oder

c) in dem eine Entscheidung getroffen wurde, in der Bewährungsmaßnahmen angeordnet oder alternative Sanktionen verhängt wurden; *(BGBl I 2011/134; BGBl I 2013/175)*

3a. „Anordnungsstaat" der Staat, in dem eine Entscheidung über die Anwendung gelinderer Mittel getroffen oder der Staat, in dem eine Schutzmaßnahme angeordnet wurde, auf deren Grundlage eine Europäische Schutzanordnung erlassen wurde; *(BGBl I 2013/175; BGBl I 2014/107)*

4. „ausstellende Justizbehörde" die Justizbehörde

a) des Ausstellungsstaats, die nach dessen Recht für die Ausstellung eines Europäischen Haftbefehls zuständig ist, oder

b) des Entscheidungsstaats, die eine Sicherstellungsentscheidung erlassen, für vollstreckbar erklärt oder auf andere Weise bestätigt hat;

4a. „ausstellende Behörde" die Behörde des Ausstellungsstaates, die nach dessen Recht für die Ausstellung einer Europäischen Ermittlungsanordnung oder die Übermittlung einer Unterrichtung zuständig ist; *(BGBl I 2018/28)*

5. „vollstreckende Justizbehörde" die Justizbehörde des Vollstreckungsstaats, die nach dessen Recht für die Entscheidung über die Vollstreckung des Europäischen Haftbefehls zuständig ist;

5a. „vollstreckende Behörde", die Behörde des Vollstreckungsstaates, die nach dessen Recht für die Entscheidung über die Vollstreckung einer Europäischen Ermittlungsanordnung oder für den Empfang einer Unterrichtung zuständig ist; *(BGBl I 2018/28)*

6. „Entscheidungsstaat" der Staat,

a) dessen Justizbehörde eine Sicherstellungsentscheidung erlassen, für vollstreckbar erklärt oder auf andere Weise bestätigt hat,

b) dessen Gericht oder andere Justizbehörde eine Entscheidung erlassen hat, mit der eine Geldsanktion ausgesprochen worden ist, oder

c) dessen Gericht eine vermögensrechtliche Anordnung erlassen hat; *(BGBl I 2007/38)*

7. „Vollstreckungsstaat" der Staat,

a) dessen Justizbehörde über die Vollstreckung des Europäischen Haftbefehls oder dessen Behörde über die Vollstreckung der Europäischen Ermittlungsanordnung entscheidet, *(BGBl I 2007/38; BGBl I 2018/28)*

b) in dessen Hoheitsgebiet sich der Vermögensgegenstand oder das Beweismittel befindet , *(BGBl I 2007/38)*

c) in dessen Hoheitsgebiet die Person, über die die Geldsanktion verhängt worden ist, Wohnsitz oder ihren Aufenthalt hat, über Vermögen verfügt oder Einkommen bezieht, im Fall eines Verbandes (§ 1 Abs. 2 und 3 VbVG) in dessen Hoheitsgebiet dieser seinen eingetragenen Sitz hat, über Vermögen verfügt oder Einkommen bezieht; *(BGBl I 2007/38; BGBl I 2013/175)*

d) in dessen Hoheitsgebiet sich die von der vermögensrechtlichen Anordnung erfassten Vermögenswerte oder Gegenstände befinden, oder die Person, gegen die die vermögensrechtliche Anordnung ergangen ist, ihren Wohnsitz oder Aufenthalt hat, über Vermögen verfügt oder Einkommen bezieht, im Fall eines Verbandes (§ 1 Abs. 2 und 3 VbVG) in dessen Hoheitsgebiet sich die von der vermögensrechtlichen Anordnung erfassten Vermögenswerte oder Gegenstände befinden, der Verband seinen eingetragenen Sitz hat, über Vermögen verfügt oder Einkommen bezieht; *(BGBl I 2007/38; BGBl I 2013/175)*

e) dem ein Urteil, mit dem eine Freiheitsstrafe oder eine mit Freiheitsentziehung verbundene vorbeugende Maßnahme verhängt wurde, zum Zweck der Vollstreckung übermittelt worden ist; *(BGBl I 2011/134)*

f) in dem Entscheidungen, in denen Bewährungsmaßnahmen angeordnet oder alternative Sanktionen verhängt wurden, überwacht und Folgeentscheidungen getroffen werden; *(BGBl I 2013/175)*

g) in dem Entscheidungen über die Anwendung gelinderer Mittel überwacht werden; *(BGBl I 2013/175; BGBl I 2014/107)*

h) dem eine Europäische Schutzanordnung zum Zwecke der Anerkennung und Erteilung nationaler Anordnungen übermittelt wurde; *(BGBl I 2014/107)*

8. „Mitgliedstaat" ein Staat, der Mitglied der Europäischen Union ist;

9. „Drittstaat" ein Staat, der kein Mitglied der Europäischen Union ist;

10. „Eurojust" die durch Art. 1 der Verordnung (EU) 2018/1727 betreffend die Agentur der Europäischen Union für justizielle Zusammenarbeit in Strafsachen (Eurojust) und zur Ersetzung und Aufhebung des Beschlusses 2002/187/JI des Rats,

ABl. Nr. L 295 vom 21.11.2018, S. 138, eingerichtete Agentur; *(BGBl I 2020/20)*

11. „Vermögensrechtliche Anordnung" Konfiskation (§ 19a Strafgesetzbuch – StGB, BGBl.
Nr. 60/1974), Verfall (§§ 20, 20b StGB), Einziehung (§ 26 StGB) und jede andere im Entzug eines Vermögenswertes oder Gegenstandes bestehende Strafe, vorbeugende Maßnahme oder
Rechtsfolge, die nach Durchführung eines strafgerichtlichen Verfahrens im In- oder Ausland
ausgesprochen wird, mit Ausnahme von Geldstrafen, Geldbußen, Opferentschädigungen und Verfahrenskosten; *(BGBl I 2013/175; BGBl I
2014/107; BGBl I 2020/20)*

12. „Europäische Schutzanordnung" eine von
einer Justizbehörde oder sonstigen zuständigen
Behörde eines Mitgliedstaats im Zusammenhang
mit einer Schutzmaßnahme (Z 13) erteilte Anordnung, auf deren Grundlage die zuständige Behörde eines anderen Mitgliedstaats nach nationalem
Recht Anordnungen zur Fortsetzung des Schutzes
der geschützten Person in diesem Mitgliedstaat
erteilt; *(BGBl I 2014/107)*

13. „Schutzmaßnahme" eine im anordnenden
Staat in einem Strafverfahren ergangene Entscheidung, mit der einer natürlichen Person („gefährdende Person") eine oder mehrere Anordnungen
erteilt werden, um eine andere Person („geschützte Person") vor einer strafbaren Handlung gegen
ihr Leben, ihre körperliche oder seelische Integrität, ihre Würde, ihre persönliche Freiheit oder
ihre sexuelle Integrität zu schützen; *(BGBl I
2014/107; BGBl I 2018/28)*

14. „Europäische Ermittlungsanordnung" eine
Entscheidung der ausstellenden Behörde (Z 4a),
die auf die Durchführung einer Ermittlungsmaßnahme oder die Aufnahme von Beweisen in einem
anderen Mitgliedstaat, Übermittlung von Ermittlungsergebnissen oder der Beweismittel oder
die Überstellung inhaftierter Personen gerichtet
ist; *(BGBl I 2018/28)*

15. „Rechtshilfe" jede nicht von § 1 Abs. 1 erfasste Unterstützung, die für ein ausländisches
Verfahren in einer strafrechtlichen Angelegenheit
gewährt wird; sie umfasst auch die Genehmigung
von Tätigkeiten im Rahmen von grenzüberschreitenden Observationen auf Grund zwischenstaatlicher Vereinbarungen, von gemeinsamen Ermittlungsgruppen und von verdeckten Ermittlungen.
(BGBl I 2018/28)
(BGBl I 2021/94)

(2) Im Anwendungsbereich der Verordnung
(EU) 2018/1805 über die gegenseitige Anerkennung von Sicherstellungs- und Einziehungsentscheidungen, ABl. Nr. L 303 vom 28.11.2018
S. 1, richten sich die Begriffsbestimmungen nach
Art. 2 der Verordnung (EU) 2018/1805. *(BGBl I
2021/94)*

II. Hauptstück

Europäischer Haftbefehl und Übergabeverfahren zwischen den Mitgliedstaaten

Erster Abschnitt

Allgemeine Voraussetzungen

Grundlagen

§ 3. (1) Die Übergabe von Personen zwischen
den Mitgliedstaaten erfolgt nach dem Grundsatz
der gegenseitigen Anerkennung justizieller Entscheidungen in Strafsachen durch Festnahme und
Übergabe der gesuchten Person nach Maßgabe
der Bestimmungen dieses Hauptstücks durch die
vollstreckende Justizbehörde. *(BGBl I 2007/112)*

(2) Die im Geltungsbereich dieses Hauptstücks
unmittelbar anwendbaren völkerrechtlichen Vereinbarungen sind nur insoweit anzuwenden, als
in diesem Bundesgesetz nichts anderes angeordnet
wird.

(3) Bestimmungen über die Auslieferung in
anderen Bundesgesetzen beziehen sich auch auf
die in diesem Bundesgesetz geregelte Übergabe
zwischen den Mitgliedstaaten.

(4) Die Verpflichtungen der Republik Österreich aus dem Römischen Statut des Internationalen Strafgerichtshofs, BGBl. III Nr. 180/2002,
sowie die Bestimmungen der Bundesgesetze über
die Zusammenarbeit mit den internationalen Gerichten, BGBl. Nr. 263/1996, und über die Zusammenarbeit mit dem Internationalen Strafgerichtshof, BGBl. III Nr. 135/2002, bleiben unberührt.
(BGBl I 2020/20)

Anwendungsbereich des Europäischen Haftbefehls

§ 4. (1) Ein Europäischer Haftbefehl kann zur
Strafverfolgung wegen einer Handlung erlassen
oder vollstreckt werden, deren Begehung nach
dem Recht des Ausstellungsstaats mit einer Freiheitsstrafe, deren Obergrenze mindestens ein Jahr
beträgt, oder einer mit Freiheitsentziehung verbundenen vorbeugenden Maßnahme in dieser Dauer
bedroht ist, wenn sie unabhängig von ihrer gesetzlichen Bezeichnung auch nach dem Recht des
Vollstreckungsstaats eine mit gerichtlicher Strafe
bedrohte Handlung darstellt. Ob in einem anderen
Ausstellungsstaat ein nach österreichischem Recht
zur Verfolgung notwendiger Antrag oder eine
solche Ermächtigung vorliegt, ist unbeachtlich.

(2) Ein Europäischer Haftbefehl kann zur
Vollstreckung einer Freiheitsstrafe oder einer mit
Freiheitsentziehung verbundenen vorbeugenden
Maßnahme erlassen oder vollstreckt werden,
wenn noch mindestens vier Monate zu vollstre-
cken sind und die zugrunde liegende Handlung

unabhängig von ihrer gesetzlichen Bezeichnung auch nach dem Recht des Vollstreckungsstaats eine mit gerichtlicher Strafe bedrohte Handlung darstellt. Mehrere Freiheitsstrafen oder ihre zu vollstreckenden Reste sind zusammenzurechnen. *(BGBl I 2007/112)*

(3) Für eine Entscheidung nach Abs. 1 oder 2 ist die beiderseitige Strafbarkeit nicht zu prüfen, wenn die dem Europäischen Haftbefehl zu Grunde liegende mit Strafe bedrohte Handlung von der ausstellenden Justizbehörde einer der in Anhang I, Teil A, angeführten Kategorie von Straftaten zugeordnet wurde und nach dem Recht des Ausstellungsstaats mit einer Freiheitsstrafe, deren Obergrenze mindestens drei Jahre beträgt, oder einer mit Freiheitsentziehung verbundenen vorbeugenden Maßnahme in dieser Dauer bedroht ist. *(BGBl I 2007/38)*

(4) Für die Einordnung einer Handlung in eine der Kategorien von Straftaten nach Anhang I, Teil A, durch die ausstellende Justizbehörde ist die wörtliche Übereinstimmung mit Begriffen des Rechts des Vollstreckungsstaats nicht erforderlich. *(BGBl I 2007/38)*

(5) Ist nach Abs. 1 oder 2 die Vollstreckung eines Europäischen Haftbefehls zulässig, so erfolgt die Übergabe auf Grund dieses Europäischen Haftbefehls zusätzlich auch zur Verfolgung wegen anderer Straftaten oder zur Vollstreckung anderer Freiheitsstrafen oder anderer mit Freiheitsentziehung verbundener vorbeugender Maßnahmen, wenn die Vollstreckung sonst wegen der Höhe der Strafdrohung (Abs. 1) oder des Ausmaßes der Strafe oder Maßnahme (Abs. 2) unzulässig wäre.

Zweiter Abschnitt

Vollstreckung eines Europäischen Haftbefehls

Vollstreckung eines Europäischen Haftbefehls gegen österreichische Staatsbürger

§ 5. (Verfassungsbestimmung) (1) Die Vollstreckung eines Europäischen Haftbefehls gegen einen österreichischen Staatsbürger durch eine österreichische Justizbehörde ist nur nach Maßgabe der folgenden Bestimmungen zulässig.

(2) Die Vollstreckung eines Europäischen Haftbefehls gegen einen österreichischen Staatsbürger wegen Taten, die dem Geltungsbereich der österreichischen Strafgesetze unterliegen, ist unzulässig.

(3) Die Vollstreckung eines Europäischen Haftbefehls gegen einen österreichischen Staatsbürger ist unzulässig, wenn

1. der Betroffene keine Taten im Hoheitsgebiets des Ausstellungsstaats begangen hat, und

2. nach österreichischem Recht außerhalb des Bundesgebiets begangene Taten gleicher Art nicht dem Geltungsbereich der österreichischen Strafgesetze unterlägen.

(4) Die Vollstreckung eines Europäischen Haftbefehls gegen einen österreichischen Staatsbürger zum Vollzug einer Freiheitsstrafe oder einer mit Freiheitsentziehung verbundenen Maßnahme ist unzulässig. Wird eine österreichische Justizbehörde um die Vollstreckung eines solchen Haftbefehls ersucht, so ist die im Ausstellungsstaat verhängte Strafe oder Maßnahme nach § 41j Z 1 auch ohne gesonderten Antrag der ausstellenden Justizbehörde in Österreich zu vollziehen, wenn sonst die Vollstreckung dieses Europäischen Haftbefehls zulässig wäre. *(BGBl I 2020/20)*

(5) Die Vollstreckung eines Europäischen Haftbefehls durch Übergabe eines österreichischen Staatsbürgers zur Strafverfolgung ist stets nur unter der Bedingung zulässig, dass der von der Übergabe Betroffene nach Gewährung des rechtlichen Gehörs zum Vollzug der vom Gericht des Ausstellungsstaats verhängten Freiheitsstrafe oder der mit Freiheitsentziehung verbundenen vorbeugenden Maßnahme nach Österreich rücküberstellt wird.

(6) Befindet sich der betroffene österreichische Staatsbürger in Untersuchungs- oder Übergabehaft, so kann er auf Ablehnungsgründe und Bedingungen nach diesem Bundesgesetz nur ausdrücklich und frühestens in der in § 20 Abs. 1 (§§ 32 Abs. 1 ARHG, 175 Abs. 2 Z 1 Strafprozessordnung 1975 – StPO, BGBl. Nr. 631/1975) bezeichneten Haftverhandlung verzichten. Ein solcher Verzicht wird jedenfalls nur dann wirksam, wenn er gerichtlich zu Protokoll gegeben wird. *(BGBl I 2007/112; BGBl I 2020/20)*

Vollstreckung eines Europäischen Haftbefehls gegen Unionsbürger

§ 5a. § 5 Abs. 4 bis 6 ist sinngemäß auf einen Unionsbürger, gegen den ein Europäischer Haftbefehl ausgestellt wurde, anzuwenden, wenn

1. der Unionsbürger seinen Wohnsitz oder ständigen Aufenthalt im Inland hat,

2. davon auszugehen ist, dass die Vollstreckung einer Freiheitsstrafe im Inland der Erleichterung der Resozialisierung und der Wiedereingliederung des Verurteilten in die Gesellschaft dient, und

3. er sein Recht auf Aufenthalt nicht durch ein Verhalten verwirkt hat, das eine tatsächliche, gegenwärtige und erhebliche Gefahr für die öffentliche Ordnung oder Sicherheit darstellt.

(BGBl I 2013/175; BGBl I 2021/94)

Österreichischer Tatort

§ 6. Die Vollstreckung eines Europäischen Haftbefehls durch eine österreichische Justizbehörde ist unzulässig, wenn er sich auf Taten be-

EU-JZG

zieht, die im Inland (§ 62 StGB) oder an Bord eines österreichischen Schiffs oder Luftfahrzeugs (§ 63 StGB) begangen worden sind (§ 67 Abs. 2 StGB). Dies gilt auch, wenn die Taten nach österreichischem Recht nicht gerichtlich strafbar sind.

Österreichische Gerichtsbarkeit

§ 7. (1) Die Vollstreckung eines Europäischen Haftbefehls ist jedenfalls unzulässig, wenn gegen die gesuchte Person im Inland wegen derselben Tat eine endgültige Entscheidung ergangen ist, die nur unter den Voraussetzungen der ordentlichen Wiederaufnahme aufgehoben werden kann und der weiteren Strafverfolgung im Ausstellungsstaat entgegensteht.

(2) Die Vollstreckung eines Europäischen Haftbefehls wegen Taten, die dem Geltungsbereich der österreichischen Strafgesetze unterliegen, ist überdies unzulässig, wenn

1. gegen die gesuchte Person wegen derselben Tat ein Strafverfahren anhängig ist oder bis zur Entscheidung des Gerichts über die Vollstreckung des Europäischen Haftbefehls eingeleitet wird, oder

2. die Staatsanwaltschaft entschieden hat, eine Anzeige oder das Verfahren wegen derselben Tat zurückzulegen oder einzustellen oder die gesuchte Person sonst außer Verfolgung zu setzen.

(3) § 6 und Abs. 2 stehen der Vollstreckung eines Europäischen Haftbefehls gegen eine Person, die nicht österreichischer Staatsbürger ist, nicht entgegen, wenn

1. der Durchführung des Strafverfahrens im Ausstellungsstaat mit Rücksicht auf die besonderen Umstände des Falles, insbesondere aus Gründen der Wahrheitsfindung und eines fairen Verfahrens, des Schutzes der berechtigten Interessen der durch die Tat verletzten Personen, der Strafbemessung oder der Vollstreckung, der Vorzug zu geben ist, oder

2. die Verfahrensbeendigung aus Mangel an Beweisen oder wegen fehlenden Antrags oder fehlender Ermächtigung des Verletzten vorgenommen wurde, oder

3. sich die Geltung der österreichischen Strafgesetze ausschließlich auf § 65 StGB gründet. *(BGBl I 2007/112)*

Entscheidungen dritter Staaten oder internationaler Gerichte

§ 8. Die Vollstreckung eines Europäischen Haftbefehls ist unzulässig, wenn die gesuchte Person wegen derselben Tat

1. von einem Gericht eines Mitgliedstaats rechtskräftig freigesprochen oder verurteilt wurde und die Strafe oder vorbeugende Maßnahme bereits vollstreckt worden ist, gerade vollstreckt wird oder für den noch nicht vollstreckten Teil bedingt nachgesehen wurde oder nach dem Recht des Urteilsstaats nicht mehr vollstreckt werden kann,

2. von einer Staatsanwaltschaft eines Mitgliedstaats, in dessen Hoheitsgebiet die Tat zumindest teilweise begangen wurde, durch eine endgültige Entscheidung mit den Wirkungen nach § 7 Abs. 1 außer Verfolgung gesetzt wurde,

3. von einem Gericht eines Drittstaats verurteilt wurde und die Strafe oder vorbeugende Maßnahme bereits vollstreckt worden ist, gerade vollstreckt wird oder für den noch nicht vollstreckten Teil bedingt nachgesehen wurde oder nach dem Recht des Urteilsstaats nicht mehr vollstreckt werden kann,

4. im Tatortstaat rechtskräftig freigesprochen wurde, oder

5. vom Internationalen Strafgerichtshof, vom Internationalen Gericht für das ehemalige Jugoslawien oder vom Internationalen Gericht für Ruanda rechtskräftig verurteilt oder freigesprochen wurde.

Strafunmündige

§ 9. (1) Die Vollstreckung eines Europäischen Haftbefehls gegen Personen, die nach österreichischem Recht zur Zeit der Tat strafunmündig waren, ist unzulässig.

(2) Die ausstellende Justizbehörde ist unverzüglich über Umstände zu unterrichten, die zur Annahme berechtigen, dass die gesuchte Person auf Grund ihres Alters für die Tat, die dem Europäischen Haftbefehl zu Grunde liegt, nach dem Recht des Ausstellungsstaats nicht strafbar ist.

Verjährung und Amnestie

§ 10. Die Vollstreckung eines Europäischen Haftbefehls durch eine österreichische Justizbehörde ist unzulässig, wenn die Taten, auf Grund derer der Europäische Haftbefehl erlassen worden ist, dem Geltungsbereich der österreichischen Strafgesetze unterliegen und die Verfolgung oder die Vollstreckung nach österreichischem Recht verjährt oder wegen einer in Österreich erlassenen Amnestie unzulässig ist.

Abwesenheitsurteile[1]

[1] Beachte § 140 Abs 7.

§ 11. (1) Aufgrund eines Europäischen Haftbefehls ist die Übergabe zur Vollstreckung einer in Abwesenheit verhängten Freiheitsstrafe oder zur Vollziehung einer in Abwesenheit angeordneten vorbeugenden Maßnahme, die mit Freiheitsentziehung verbunden ist, nur zulässig, wenn aus der Bescheinigung hervorgeht, dass der Betroffene im Einklang mit den Verfahrensvorschriften des Ausstellungsstaats

1. fristgerecht durch persönliche Ladung oder auf andere Weise von Zeit und Ort der Verhandlung, die zu der Entscheidung geführt hat, tatsächlich Kenntnis erlangt hat und darüber belehrt worden ist, dass das Urteil in seiner Abwesenheit ergehen kann,

2. in Kenntnis der anberaumten Verhandlung einen selbst gewählten oder vom Gericht beigegebenen Verteidiger mit seiner Vertretung in der Verhandlung betraut hat und von diesem in der Verhandlung tatsächlich vertreten wurde,

3. nach Zustellung des in Abwesenheit ergangenen Urteils und nach Belehrung über das Recht, die Neudurchführung der Verhandlung zu beantragen oder ein Rechtsmittel zu ergreifen und auf diesem Weg eine neuerliche Prüfung des Sachverhalts, auch unter Berücksichtigung neuer Beweise, in seiner Anwesenheit und eine Aufhebung der Entscheidung zu erreichen,

a) ausdrücklich erklärt hat, keine Neudurchführung der Verhandlung zu beantragen oder kein Rechtsmittel zu ergreifen; oder

b) innerhalb der bestehenden Fristen keine Neudurchführung der Verhandlung beantragt oder kein Rechtsmittel ergriffen hat; oder

4. das Urteil nicht persönlich zugestellt erhalten hat, dieses jedoch unverzüglich nach seiner Übergabe persönlich zugestellt erhalten und dabei ausdrücklich von seinem Recht, die Neudurchführung der Verhandlung zu beantragen oder ein Rechtsmittel zu ergreifen und auf diesem Weg eine neuerliche Prüfung des Sachverhalts, auch unter Berücksichtigung neuer Beweise, in seiner Anwesenheit und eine Aufhebung der Entscheidung zu erreichen, und den dafür bestehenden Fristen in Kenntnis gesetzt wird.

(2) Ist der Betroffene im Fall des Abs. 1 Z 4 zuvor nicht offiziell davon in Kenntnis gesetzt worden, dass gegen ihn im Ausstellungsstaat ein Strafverfahren anhängig ist, so kann er anlässlich der Vernehmung zum Europäischen Haftbefehl die Aushändigung einer Urteilsausfertigung vor seiner Übergabe beantragen, die im Wege der ausstellenden Justizbehörde beizuschaffen ist. Durch einen solchen Antrag werden die nach §§ 21 und 24 bestehenden Fristen ebenso wenig berührt wie jene für einen Antrag auf Neudurchführung der Verhandlung oder für die Ergreifung eines Rechtsmittels. Ist das Urteil nicht in einer dem Betroffenen verständlichen Sprache abgefasst oder mit einer Übersetzung in eine solche Sprache versehen, so ist die ausstellende Justizbehörde um Nachreichung einer Übersetzung zumindest des Urteilsspruchs und der Rechtsbelehrung zu ersuchen.

(BGBl I 2011/134)

Fiskalische strafbare Handlungen

§ 12. In Steuer-, Zoll- und Währungsangelegenheiten darf die Vollstreckung eines Europäischen Haftbefehls durch eine österreichische Justizbehörde nicht mit der Begründung abgelehnt werden, dass das österreichische Recht keine gleichartigen Steuern vorschreibt oder keine gleichartigen Steuer-, Zoll- und Währungsbestimmungen enthält wie das Recht des Ausstellungsstaats.

Dritter Abschnitt

Verfahren zur Bewilligung der Übergabe

Zuständigkeit

§ 13. Die Zuständigkeit für das Verfahren und die Entscheidung über die Vollstreckung eines Europäischen Haftbefehls und die Verhängung der Übergabehaft durch eine österreichische Justizbehörde sowie für das Anbot der Übergabe richtet sich nach § 26 ARHG.

Geschäftsverkehr

§ 14. (1) Der Geschäftsverkehr zur Vollstreckung eines Europäischen Haftbefehls findet grundsätzlich unmittelbar zwischen der ausstellenden und der vollstreckenden Justizbehörde statt.

(2) Hat die vollstreckende Justizbehörde oder die ausstellende Justizbehörde im Europäischen Haftbefehl eine zentrale Übermittlungsbehörde namhaft gemacht, so findet der Geschäftsverkehr im Weg dieser Behörde statt. Der Bundesminister für Justiz hat durch Verordnung[1)] eine Liste solcher zentraler Übermittlungsbehörden zu verlautbaren.

(3) Ein Europäischer Haftbefehl und sonstige Unterlagen nach diesem Bundesgesetz sind im Postweg, durch Telefax, elektronische Datenübermittlung oder durch jedes andere sichere technische Mittel zu übermitteln, das die Erstellung einer schriftlichen Fassung unter Bedingungen ermöglicht, die dem Empfänger die Feststellung der Echtheit gestatten.

(4) Zur Feststellung der zuständigen vollstreckenden Justizbehörde können Erhebungen mit Hilfe von Eurojust oder der Kontaktstellen des Europäischen Justiziellen Netzes durchgeführt werden.

(5) Die Übermittlung des Europäischen Haftbefehls und sonstiger Unterlagen kann auch unter Vermittlung des Bundesministeriums für Justiz stattfinden, wenn Schwierigkeiten bei der Übermittlung oder Prüfung der Echtheit der Unterlagen bestehen, die im unmittelbaren Geschäftsverkehr nach Abs. 1 nicht behoben werden können.

(6) Ist eine österreichische Justizbehörde, an die ein Europäischer Haftbefehl zugestellt wird,

EU-JZG

für dessen Vollstreckung nicht zuständig, so leitet sie diesen an das zuständige Gericht weiter und verständigt die ausstellende Justizbehörde davon.

---

1) BGBl II 2005/353

Vorrang der Übergabe

§ 15. Liegt ein Europäischer Haftbefehl eines anderen Mitgliedstaats oder sonst ein hinreichender Grund vor, einem anderen Mitgliedstaat die Übergabe anzubieten, so ist es unzulässig, die betroffene Person auf Grund anderer gesetzlicher Bestimmungen außer Landes zu bringen.

Einleitung des Übergabeverfahrens

§ 16. (1) Die Staatsanwaltschaft hat ein Übergabeverfahren einzuleiten, wenn ein Übergabeersuchen eines Mitgliedstaats einlangt oder auf Grund bestimmter Tatsachen anzunehmen ist, dass sich eine Person im Inland aufhält, gegen die ein Europäischer Haftbefehl erlassen wurde oder die im Schengener Informationssystem zur Festnahme ausgeschrieben ist. Die ausstellende Justizbehörde ist zur Vorlage eines Europäischen Haftbefehls aufzufordern, wenn sich die gesuchte Person im Inland aufhält. *(BGBl I 2007/112)*

(2) In allen anderen Fällen hat das Bundesministerium für Inneres zu prüfen, ob im Weg eines automationsunterstützt geführten Fahndungssystems, im Weg der Internationalen Kriminalpolizeilichen Organisation – INTERPOL oder sonst im Weg der kriminalpolizeilichen Amtshilfe eingelangte Ersuchen anderer Mitgliedstaaten um Übergabe einer Person Anlass für deren Ausschreibung in den Fahndungsbehelfen zur Ausforschung zum Zwecke der Festnahme und Einlieferung in die Justizanstalt des zuständigen Gerichts geben. *(BGBl I 2007/112)*

Rechtsbelehrung

§ 16a. (1) Wer aufgrund eines Europäischen Haftbefehls festgenommen wurde, ist sogleich schriftlich in einer für ihn verständlichen Sprache über seine Rechte zu informieren (§ 171 Abs. 4 StPO). Die Belehrung hat jedenfalls zu umfassen:

1. Das Recht, anlässlich der Vernehmung durch das Gericht über den Inhalt des Europäischen Haftbefehls informiert zu werden (§ 18, § 29 Abs. 3 ARHG);

2. das Recht, eine schriftliche Übersetzung des Europäischen Haftbefehls zu erhalten (§ 56 StPO);

3. das Recht, im Fall der Festnahme einen Verteidiger beizuziehen, einschließlich des Rechts auf Kontaktaufnahme mit einem Verteidiger in Bereitschaft, (§ 18, § 29 Abs. 3 ARHG, § 59 StPO), sowie das Recht, im Fall der Verhängung

der Übergabehaft durch einen Verteidiger vertreten zu werden (notwendige Verteidigung; § 18, § 29 Abs. 4 ARHG, § 61 Abs. 1 StPO); *(BGBl I 2016/121; BGBl I 2020/20)*

4. die Möglichkeit, sich mit der Übergabe nach Beratung mit einem Verteidiger frühestens in der ersten Haftverhandlung einverstanden zu erklären, und die Rechtsfolgen einer derartigen Erklärung (vereinfachte Übergabe; § 20, § 32 Abs. 1 bis 3 ARHG); *(BGBl I 2016/121)*

5. das Recht, im Ausstellungsstaat durch einen Verteidiger vertreten zu werden, dessen Aufgabe darin besteht, den inländischen Verteidiger durch Information und Beratung zu unterstützen. *(BGBl I 2016/121)*

(BGBl I 2016/121)

(2) Die Staatsanwaltschaft hat die ausstellende Justizbehörde unverzüglich in Kenntnis zu setzen, wenn die betroffene Person von dem in Abs. 1 Z 5 erwähnten Recht Gebrauch machen will und im Ausstellungsstaat noch nicht durch einen Verteidiger vertreten ist. *(BGBl I 2016/121; BGBl I 2020/20)*

(3) Ist die Person, gegen die der Europäische Haftbefehl erlassen wurde, jugendlich, so ist sie über ihre Rechte in sinngemäßer Anwendung des § 32a des Jugendgerichtsgesetzes 1988, BGBl. Nr. 599/1988, zu belehren. Die Belehrung ist so bald wie möglich auch dem gesetzlichen Vertreter zur Kenntnis zu bringen. *(BGBl I 2020/20)*

(BGBl I 2013/175)

Anbot der Übergabe

§ 17. (1) Die Staatsanwaltschaft hat auch ohne, dass ihr ein Europäischer Haftbefehl vorliegt, zu prüfen, ob Anlass für ein Anbot der Übergabe einer im Inland betretenen Person an den in Betracht kommenden Mitgliedstaat besteht, wenn auf Grund bestimmter Tatsachen anzunehmen ist, diese habe Taten begangen, die der Vollstreckung eines solchen Haftbefehls unterliegen.

(2) Besteht Anlass für ein Anbot der Übergabe, so hat die Staatsanwaltschaft die Einleitung eines Übergabeverfahrens, die Vernehmung der betroffenen Person durch das Gericht und die Befragung der Justizbehörde des in Betracht kommenden Mitgliedstaats zu beantragen. *(BGBl I 2007/112)*

(3) Das Gericht hat auf Antrag der Staatsanwaltschaft nach § 18 die Übergabehaft über die betroffene Person unter sinngemäßer Anwendung der Bestimmungen des § 29 ARHG zu verhängen, soweit dies nicht unzulässig erscheint, und die Justizbehörde des in Betracht kommenden Mitgliedstaats unter Anschluss einer Sachverhaltsdarstellung zu befragen, ob gegen die betroffene Person ein Europäischer Haftbefehl erlassen werden wird. Für die Erlassung eines solchen Haftbefehls ist eine angemessene Frist mit dem Hinweis zu setzen, dass bei deren fruchtlosem

Ablauf ein Verzicht auf die Übergabe angenommen und die betroffene Person freigelassen werden wird. Die Frist darf in keinem Fall 40 Tage ab Festnahme der betroffenen Person überschreiten. Nach ungenütztem Ablauf der Frist ist die betroffene Person unverzüglich freizulassen, es sei denn, dass die Staatsanwaltschaft sogleich die Verhängung der Untersuchungshaft beantragt. *(BGBl I 2007/112)*

Übergabehaft

§ 18. (1) Ein Europäischer Haftbefehl oder eine Ausschreibung nach Art. 95 des Schengener Durchführungsübereinkommens (SDÜ), BGBl. III Nr. 90/1997, gilt als Ersuchen um Durchführung eines Übergabeverfahrens und Verhängung der Übergabehaft.

(2) Für die Übergabehaft gelten die Bestimmungen über die Auslieferungshaft nach § 29 ARHG sinngemäß.

Prüfung des Europäischen Haftbefehls

§ 19. (1) Die Voraussetzungen für eine Übergabe (§§ 4 bis 13 sowie Abs. 4) sind an Hand des Inhalts des Europäischen Haftbefehls zu prüfen. *(BGBl I 2021/94)*

(2) Ist das Gericht der Ansicht, dass der Inhalt des Europäischen Haftbefehls und sonst von der ausstellenden Justizbehörde zur Verfügung gestellten Angaben nicht ausreichen, um über die Übergabe entscheiden zu können, so hat es von der ausstellenden Justizbehörde unverzüglich die erforderlichen zusätzlichen Angaben zu verlangen. Für das Einlangen der zusätzlichen Angaben ist eine angemessene Frist zu bestimmen. Die Entscheidungsfristen nach den §§ 20 und 21 bleiben dadurch unverändert. *(BGBl I 2007/112)*

(3) Ist die rechtliche Würdigung als Straftat nach Anhang I, Teil A, offensichtlich fehlerhaft oder hat die betroffene Person dagegen begründete Einwände erhoben, so hat das Gericht nach Abs. 2 vorzugehen, wenn sonst die Übergabe unzulässig wäre. *(BGBl I 2007/38; BGBl I 2007/112)*

(4) Die Vollstreckung des Europäischen Haftbefehls ist auf Grund von Einwänden der betroffenen Person abzulehnen, wenn ihre Übergabe die in Art. 6 des Vertrags über die Europäische Union anerkannten Grundsätze verletzen würde oder objektive Anhaltspunkte dafür vorliegen, dass der Haftbefehl zum Zweck der Verfolgung oder Bestrafung der betroffenen Person aus Gründen ihres Geschlechts, ihrer Rasse, Religion, ethnischen Herkunft, Staatsangehörigkeit, Sprache oder politischen Überzeugung oder sexuellen Ausrichtung erlassen worden ist oder die Stellung dieser Person aus einem dieser Gründe sonst beeinträchtigt würde. Eine Prüfung der Einwände

kann unterbleiben, wenn die betroffene Person die Einwände vor den zuständigen Justizbehörden des Ausstellungsstaats, vor dem Europäischen Gerichtshof für Menschenrechte oder vor dem Gerichtshof der Europäischen Union hätte geltend machen können. *(BGBl I 2020/20)*

Vernehmung oder bedingte Übergabe vor Entscheidung über die Übergabe

§ 19a. Bis zur Entscheidung über die Übergabe ist auf Ersuchen der ausstellenden Justizbehörde die betroffene Person

1. zu vernehmen, wobei die §§ 55h und 55k sinngemäß anzuwenden sind, oder

2. vorübergehend zu überstellen, wenn ihre Anwesenheit bei der Verhandlung über die Zulässigkeit der Übergabe gewährleistet werden kann; § 26 ist sinngemäß anzuwenden.

(BGBl I 2021/94)

Vereinfachte Übergabe

§ 20. (1) Das Gericht hat die betroffene Person bei der Vernehmung zum Europäischen Haftbefehl über die Möglichkeit einer vereinfachten Übergabe zu belehren. Im Übrigen gilt § 32 Abs. 1 bis 3 ARHG sinngemäß. *(BGBl I 2007/112)*

(2) Hat sich die betroffene Person zu gerichtlichem Protokoll mit der Vollstreckung des Europäischen Haftbefehls einverstanden erklärt und eingewilligt, ohne Durchführung eines förmlichen Verfahrens übergeben zu werden, so hat das Gericht, soweit die Voraussetzungen für eine Übergabe vorliegen, sogleich den Beschluss über die Anordnung der Übergabe zu verkünden und eine schriftliche Ausfertigung unverzüglich dem Betroffenen und der Staatsanwaltschaft zuzustellen. Die Ausfertigung hat den zu Grunde liegenden Europäischen Haftbefehl zu bezeichnen und darauf hinzuweisen, dass mit dieser vereinfachten Übergabe keine Spezialitätswirkungen verbunden sind. In diesem Beschluss ist auch über einen allfälligen Aufschub der Übergabe zu entscheiden. Liegen die Voraussetzungen für eine Übergabe nicht vor, so ist nach § 21 vorzugehen. *(BGBl I 2007/112)*

(3) Gegen einen Beschluss nach Abs. 2 steht der betroffenen Person und der Staatsanwaltschaft die binnen 3 Tagen ab Bekanntmachung des Beschlusses einzubringende Beschwerde an das Oberlandesgericht zu. Die Beschwerde hat aufschiebende Wirkung. Über eine Beschwerde gegen den Beschluss auf Übergabe hat das Oberlandesgericht binnen 40 Tagen nach Einwilligung der betroffenen Person zu entscheiden. *(BGBl I 2007/112)*

(4) Das Gericht hat die ausstellende Justizbehörde binnen 10 Tagen nach Einwilligung der

EU-JZG

betroffenen Person über den Verfahrensstand zu unterrichten oder ihr unverzüglich eine Ausfertigung des rechtskräftigen Beschlusses als Entscheidung über den Europäischen Haftbefehl zu übermitteln. *(BGBl I 2007/112)*

Entscheidung über die Übergabe

§ 21. (1) Das Gericht hat über die Bewilligung oder Ablehnung der Übergabe der betroffenen Person binnen 30 Tagen nach deren Festnahme durch Beschluss zu entscheiden, der schriftlich auszufertigen ist. Die Verfahrensvorschriften über die Zulässigkeit der Auslieferung nach § 31 Abs. 1 erster Satz, Abs. 2 bis 5 und Abs. 6 erster bis dritter Satz ARHG gelten sinngemäß. *(BGBl I 2007/112; BGBl I 2011/134)*

(2) Über die Vollstreckung des Europäischen Haftbefehls ist binnen 60 Tagen ab Festnahme rechtskräftig zu entscheiden. Kann diese Frist insbesondere auf Grund der besonderen Schwierigkeiten des Falles nicht eingehalten werden, so hat das Gericht die ausstellende Justizbehörde darüber vor Ablauf der Frist in Kenntnis zu setzen. In diesem Fall verlängert sich die Entscheidungsfrist um weitere 30 Tage. *(BGBl I 2007/112; BGBl I 2021/94)*

(2a) Die Fristen nach Abs. 1 und 2 werden durch das Recht der betroffenen Person nach § 16a Abs. 1 Z 5 nicht berührt. *(BGBl I 2016/121)*

(3) Über die nach Abs. 2 letzter Satz verlängerte Frist hinaus darf die Übergabehaft nur aufrecht erhalten werden, wenn dies wegen besonderer Schwierigkeiten oder besonderen Umfangs der Prüfung der Voraussetzungen einer Vollstreckung des Haftbefehls im Hinblick auf das Gewicht des Haftgrundes unvermeidbar ist. Die Fristen nach § 18 Abs. 2 bleiben unberührt.

(4) Eine Ausfertigung des rechtskräftigen Beschlusses hat das Gericht der ausstellenden Justizbehörde unverzüglich als Entscheidung über den Europäischen Haftbefehl zu übermitteln. *(BGBl I 2007/112)*

Europäische Haftbefehle mehrerer Mitgliedstaaten

§ 22. (1) Ersuchen zwei oder mehrere Mitgliedstaaten um die Vollstreckung eines Europäischen Haftbefehls gegen dieselbe Person, so hat das Gericht unter Abwägung aller Umstände zu entscheiden, welchem Europäischen Haftbefehl der Vorrang eingeräumt wird. Zu diesen Umständen zählen insbesondere die Schwere der Tat, der Tatort, der Zeitpunkt, zu dem der Europäische Haftbefehl erlassen wurde, sowie der Umstand, ob der Haftbefehl zur Strafverfolgung oder zur Vollstreckung einer Freiheitsstrafe oder einer mit Freiheitsentziehung verbundenen vorbeugenden Maßnahme erlassen wurde. Vor einer Entschei-

dung kann eine Stellungnahme von Eurojust eingeholt werden.

(2) Zugleich mit der Entscheidung nach Abs. 1 ist über die Zulässigkeit der weiteren Übergabe zur Vollstreckung des anderen Europäischen Haftbefehls zu entscheiden, wenn die Übergabe an den Ausstellungsstaat unter Vorbehalt der Spezialität stattfindet.

(3) Diese Entscheidungen sind allen beteiligten Mitgliedstaaten bekannt zu geben.

Zusammentreffen eines Europäischen Haftbefehls mit einem Auslieferungsersuchen

§ 23. (1) Liegen ein Europäischer Haftbefehl und zumindest ein Auslieferungsersuchen eines Drittstaats vor, so hat der Bundesminister für Justiz unter Abwägung aller Umstände nach § 22 Abs. 1 und nach Maßgabe der anwendbaren völkerrechtlichen Vereinbarungen zu entscheiden, ob dem Europäischen Haftbefehl oder dem Auslieferungsersuchen der Vorrang einzuräumen ist.

(2) Das Gericht hat über die Vollstreckung des Europäischen Haftbefehls zu entscheiden und den Beschluss der ausstellenden Justizbehörde mit dem Hinweis zu übermitteln, dass über den Vorrang des Europäischen Haftbefehls der Bundesminister für Justiz entscheiden wird. Das Gericht hat die Akten zusammen mit dem nach den Bestimmungen des ARHG zu fassenden Beschluss über die Zulässigkeit der Auslieferung oder der Zustimmung zur vereinfachten Auslieferung dem Bundesministerium für Justiz vorzulegen. Die Verständigung des Ausstellungsstaats von der Entscheidung des Bundesministers für Justiz erfolgt durch das Gericht. *(BGBl I 2007/112)*

Durchführung der Übergabe

§ 24. (1) Für die Durchführung der Übergabe der betroffenen Person gilt § 36 ARHG nach Maßgabe der folgenden Bestimmungen. Hinsichtlich der Notwendigkeit von Reisedokumenten gilt § 7 ARHG.

(2) Erfolgt die Übergabe an einen Nachbarstaat oder liegen bereits die erforderlichen Durchlieferungsbewilligungen vor, so hat das Gericht unter gleichzeitiger Verständigung der ausstellenden Justizbehörde anzuordnen, dass die betroffene Person binnen 10 Tagen nach Rechtskraft der Bewilligung der Übergabe an einem bestimmten Grenzübergang oder vereinbarten Übergabeort den Behörden des Nachbarstaats übergeben wird. In allen übrigen Fällen hat das Gericht die ausstellende Justizbehörde unverzüglich schriftlich aufzufordern, die betroffene Person binnen 10 Tagen ab Rechtskraft der Bewilligung der Übergabe zu übernehmen sowie Zeitpunkt und Ort der Abholung vorzuschlagen. Diese Aufforderung ist auch dem Bundesministerium für Inneres (Bundeskri-

minalamt) unverzüglich zu übermitteln. *(BGBl I 2007/112)*

(3) Wird die betroffene Person nicht binnen 10 Tagen ab Rechtskraft der Bewilligung der Übergabe übernommen, so ist sie freizulassen, es sei denn, dass binnen dieser Frist ein späterer Übergabetermin vereinbart wurde oder Umstände vorliegen, die sich dem Einfluss der beteiligten Mitgliedstaaten entziehen. Liegen solche Umstände vor, so hat das Gericht die ausstellende Justizbehörde abermals im Sinne des Abs. 2 schriftlich aufzufordern, die betroffene Person binnen 10 Tagen ab Wegfall des Hindernisses zu übernehmen und einen Vorschlag für die Übergabe zu erstatten. Wird die Person nicht binnen dieser Frist übernommen, so ist sie freizulassen. *(BGBl I 2007/112)*

(4) Die Ausfolgung von Gegenständen im Zusammenhang mit der Vollstreckung eines Europäischen Haftbefehls richtet sich nach §§ 25 und 41 ARHG, soweit diese Gegenstände nicht zur persönlichen Habe der betroffenen Person gehören. Unterliegen im Inland befindliche Gegenstände der Konfiskation oder der Einziehung, so dürfen diese Gegenstände dem Ausstellungsstaat nur unter der Bedingung übergeben werden, dass sie spätestens nach Abschluss des Strafverfahrens kostenlos zurückgegeben werden. *(BGBl I 2004/164; BGBl I 2007/112; BGBl I 2013/175)*

Aufschub der Übergabe

§ 25. (1) Das Gericht hat auf Antrag der betroffenen Person oder der Staatsanwaltschaft oder von Amts wegen die Übergabe aufzuschieben, wenn *(BGBl I 2007/112)*

1. die betroffene Person nicht transportfähig ist oder ernsthafte Gründe für die Annahme vorliegen, dass die Durchführung der Übergabe eine Gefährdung für Leib oder Leben der betroffenen Person nach sich ziehen könnte,

2. *(aufgehoben, BGBl I 2007/112)*

3. sich die betroffene Person in Untersuchungshaft befindet,

4. die Anwesenheit der auf freiem Fuß befindlichen Person für ein inländisches Strafverfahren unbedingt erforderlich ist,

5. die betroffene Person in finanzbehördlicher Untersuchungshaft zu halten ist, oder

6. an der betroffenen Person eine von einem Gericht oder einer Verwaltungsbehörde verhängte Freiheitsstrafe oder mit Freiheitsentziehung verbundene vorbeugende Maßnahme zu vollziehen ist.

(2) Wird von der Verfolgung oder von der Vollstreckung wegen Übergabe abgesehen (§ 192 Abs. 1 Z 2 StPO, §§ 4 und 157 Abs. 1 des Strafvollzugsgesetzes) und sind alle Aufschubsgründe nach Abs. 1 weggefallen, so ist die Person nach

Maßgabe des § 24 unverzüglich zu übergeben. *(BGBl I 2007/112)*

Bedingte Übergabe

§ 26. (1) Wurde ein Aufschub der Übergabe nach § 25 Abs. 1 Z 6 angeordnet, so kann die betroffene Person der ausstellenden Justizbehörde zur Durchführung bestimmter Verfahrenshandlungen in jenem Verfahren vorläufig übergeben werden, für das die Vollstreckung des Europäischen Haftbefehls bewilligt wurde, insbesondere zur Hauptverhandlung und Urteilsfällung, wenn die Rückstellung der Person nach Durchführung der Verfahrenshandlungen zugesichert und eine schriftliche Vereinbarung nach Abs. 3 abgeschlossen wird. Die vorläufige Übergabe hat zu unterbleiben, wenn sie unangemessene Nachteile für die betroffene Person zur Folge hätte.

(2) Die vorläufige Übergabe unterbricht den Vollzug der inländischen Freiheitsstrafe oder vorbeugenden Maßnahme nicht.

(3) Die Vereinbarung hat zumindest zu enthalten:

1. die Bezeichnung jener Verfahrenshandlungen, zu deren Zweck die bedingte Übergabe stattfinden soll;

2. die Verpflichtung zur ehestmöglichen Rückstellung der betroffenen Person nach Durchführung der Verfahrenshandlungen;

3. eine Befristung, nach deren Ablauf die betroffene Person jedenfalls rückzustellen ist, sofern nicht vor Ablauf dieser Frist eine Verlängerung der bedingten Übergabe vereinbart worden ist;

4. die Verpflichtung, die übergebene Person weiterhin in Haft zu halten und nur auf Anordnung des zuständigen Gerichts des Vollstreckungsstaats freizulassen;

5. eine Bestimmung, dass die bedingte Übergabe den Vollzug der im Vollstreckungsstaat verhängten Freiheitsstrafe oder vorbeugenden Maßnahme nicht unterbricht und die im Ausstellungsstaat in Haft zugebrachten Zeiten ausschließlich im Verfahren des Vollstreckungsstaats angerechnet werden;

6. eine Bestimmung, dass alle Kosten im Zusammenhang mit der bedingten Übergabe vom Ausstellungsstaat zu tragen sind.

(4) Besteht Anlass eine bedingte Übergabe aus einem anderen Mitgliedstaat zu erwirken, hat das Gericht auf Antrag der Staatsanwaltschaft mit der vollstreckenden Justizbehörde eine schriftliche Vereinbarung nach Abs. 3 abzuschließen.

§ 27. *(entfällt samt Überschrift, BGBl I 2021/94)*

EU-JZG

Nachträgliches Übergabeverfahren

§ 27a. (1) Ersucht nach rechtskräftiger Bewilligung der Übergabe (§ 21) derselbe Mitgliedstaat um Zustimmung zur Verfolgung wegen anderer, vor der Übergabe begangener strafbarer Handlungen oder zur Vollstreckung einer wegen derartiger Handlungen verhängten Freiheitsstrafe oder mit Freiheitsentziehung verbundenen vorbeugenden Maßnahme, oder wird von diesem Mitgliedstaat ein Europäischer Haftbefehl eines anderen Mitgliedstaats mit dem Ersuchen um Zustimmung zur weiteren Übergabe an den anderen Mitgliedstaat übermittelt, so hat das Gericht, das über die Vollstreckung des Europäischen Haftbefehls entschieden hat, auf Antrag der Staatsanwaltschaft die Zustimmung zur weiteren Verfolgung oder weiteren Übergabe zu erteilen, wenn die Voraussetzungen für eine Übergabe nach dem Zweiten Abschnitt des II. Hauptstücks dieses Bundesgesetzes vorliegen. Die Staatsanwaltschaft hat die ausstellende Justizbehörde zur Übermittlung eines Protokolls über die Erklärung der betroffenen Person zum Ersuchen oder zum Europäischen Haftbefehl aufzufordern, wenn dieses nicht übermittelt und die betroffene Person bereits übergeben wurde.

(2) Die Verfahrensvorschriften über die Zulässigkeit der Auslieferung nach § 31 Abs. 1 erster Satz, Abs. 2 bis 5 und Abs. 6 erster und dritter Satz ARHG gelten sinngemäß; eine Verhandlung findet jedoch nicht statt, wenn die betroffene Person bereits übergeben wurde.

(3) Die in § 21 Abs. 1 und 2 angeführten Fristen gelten sinngemäß.

(4) Wird nach rechtskräftiger Bewilligung der Übergabe (§ 21) aus demselben Mitgliedstaat ein Auslieferungsersuchen eines Drittstaats mit dem Ersuchen um Zustimmung zur Weiterlieferung der betroffenen Person übermittelt, ist § 40 ARHG anzuwenden. Die Staatsanwaltschaft hat die Justizbehörde des anderen Mitgliedstaats zur Übermittlung eines Protokolls über die Erklärung der betroffenen Person zum Ersuchen um Weiterlieferung aufzufordern, wenn dieses nicht übermittelt und die betroffene Person bereits übergeben wurde.

(BGBl I 2020/20)

Kosten

§ 28. Kosten, die durch die Vollstreckung des Europäischen Haftbefehls im Inland entstehen, hat die Republik Österreich zu tragen. Alle sonstigen Kosten, einschließlich der Kosten der bedingten Übergabe, gehen zu Lasten des Ausstellungsstaats.

Vierter Abschnitt

Erwirkung der Vollstreckung eines Europäischen Haftbefehls

Fahndung

§ 29. (1) Die Staatsanwaltschaft ordnet die Festnahme mittels eines gerichtlichen bewilligten Europäischen Haftbefehls an und veranlasst gegebenenfalls die Ausschreibung der gesuchten Person im Schengener Informationssystem gemäß Art. 95 SDÜ im Wege der zuständigen Sicherheitsbehörden, wenn Anlass für die Einleitung einer Personenfahndung zur Festnahme in zumindest einem Mitgliedstaat besteht. Kann durch eine Ausschreibung im Schengener Informationssystem die Fahndung nicht in allen Mitgliedstaaten erreicht werden, so sind auch die Dienste der Internationalen Kriminalpolizeilichen Organisation - INTERPOL in Anspruch zu nehmen. *(BGBl I 2007/112; BGBl I 2011/134)*

(2) Die Staatsanwaltschaft hat den Europäischen Haftbefehl samt der gerichtlichen Bewilligung unmittelbar der zuständigen vollstreckenden Justizbehörde zu übermitteln, wenn der Aufenthaltsort der gesuchten Person in einem Mitgliedstaat bekannt ist oder bestimmte Anhaltspunkte für einen solchen Aufenthaltsort bestehen. *(BGBl I 2007/112; BGBl I 2021/94)*

(2a) Nach Einbringung der Anklage ist die Festnahme mittels eines Europäischen Haftbefehls auf Antrag der Staatsanwaltschaft durch das Gericht anzuordnen. Die Übermittlung des Europäischen Haftbefehls an die zuständige vollstreckende Justizbehörde erfolgt in diesen Fällen ebenfalls durch das Gericht. *(BGBl I 2013/175)*

(2b) Die Übermittlung des Europäischen Haftbefehls nach Abs. 2 und 2a kann mit dem Ersuchen verbunden werden, den Beschuldigten oder Angeklagten

1. zu vernehmen, wobei darum ersucht werden kann, sinngemäß nach den §§ 55h und 55k vorzugehen, oder

2. vorübergehend zu überstellen, wobei zuzusagen ist, dass seine Anwesenheit bei der Verhandlung über die Zulässigkeit der Übergabe gewährleistet werden wird.
(BGBl I 2021/94)

(3) Macht ein Mitgliedstaat die Vollstreckung eines Europäischen Haftbefehls, der von einer österreichischen Justizbehörde gegen eine Person erlassen wird, die Staatsangehörige dieses Mitgliedstaats ist oder ihren Wohnsitz oder ständigen Aufenthalt in diesem Mitgliedstaat hat, von der Zusicherung abhängig, dass die von der Übergabe betroffene Person nach ihrer Anhörung zum Vollzug einer vom österreichischen Gericht verhängten Freiheitsstrafe oder mit Freiheitsentziehung verbundenen vorbeugenden Maßnahme in

diesen Mitgliedstaat rücküberstellt wird, so hat das Gericht auf Antrag der Staatsanwaltschaft diese Zusicherung abzugeben, wenn weiterhin Anlass besteht, den Europäischen Haftbefehl in diesem Mitgliedstaat zu vollstrecken. Diese Zusicherung ist für die österreichischen Justizbehörden bindend. *(BGBl I 2004/164; BGBl I 2007/112)*

Inhalt und Form des Europäischen Haftbefehls

§ 30. (1) Der Europäische Haftbefehl ist unter Verwendung des Formblatts laut **Anhang II**[1] dieses Bundesgesetzes auszufertigen und hat die dort angeführten Angaben zu enthalten.

(2) Der Europäische Haftbefehl ist in die oder eine der Amtssprachen des Vollstreckungsstaats zu übersetzen.

(3) Wenn Mitgliedstaaten den Europäischen Haftbefehl auch in anderen als ihren eigenen Amtssprachen akzeptieren, hat der Bundesminister für Justiz dies durch Verordnung zu verlautbaren.

---

[1] *Anhang II nicht abgedruckt.*

Recht auf einen Verteidiger

§ 30a. (1) Eine Person, die aufgrund eines von einer österreichischen Justizbehörde erlassenen Europäischen Haftbefehls festgenommen wurde, hat das Recht, einen Verteidiger zu bevollmächtigen.

(2) Teilt die vollstreckende Justizbehörde mit, dass die betroffene Person von diesem Recht Gebrauch machen will, hat die Staatsanwaltschaft unverzüglich die betroffene Person über die Möglichkeit der Beiziehung eines Verteidigers in Bereitschaft (§ 59 Abs. 4 StPO) und Möglichkeiten zur Bevollmächtigung eines Verteidigers sowie die Voraussetzungen, unter denen ein Verfahrenshilfeverteidiger beigegeben werden kann (§ 61 Abs. 2 StPO), zu informieren. *(BGBl I 2020/20)*

(3) Ist der Person ein Verfahrenshilfeverteidiger nach § 61 Abs. 2 StPO beigegeben, so umfasst dessen Tätigkeit erforderlichenfalls auch die Unterstützung ihres Verteidigers im Vollstreckungsstaat. *(BGBl I 2020/20)*

(BGBl I 2016/121)

Spezialität und weitere Übergabe oder Weiterlieferung

§ 31. (1) Eine Person, die auf Grund eines von einer österreichischen Justizbehörde erlassenen Europäischen Haftbefehls an Österreich übergeben wurde, darf ohne die Zustimmung des Vollstreckungsstaats wegen einer vor ihrer Übergabe begangenen anderen Handlung, auf die sich der Europäische Haftbefehl nicht erstreckt hat, weder verfolgt noch verurteilt noch einer Freiheitsstrafe oder mit Freiheitsentziehung verbundenen vorbeugenden Maßnahme unterworfen noch auf Grund eines weiteren Europäischen Haftbefehls an einen anderen Mitgliedstaat übergeben werden. Eine Weiterlieferung an einen Drittstaat bedarf immer der Zustimmung des Vollstreckungsstaats. *(BGBl I 2007/112)*

(2) Die Spezialität der Übergabe findet keine Anwendung, wenn

1. die Person innerhalb von 45 Tagen nach ihrer endgültigen Freilassung das Gebiet der Republik Österreich nicht verlassen hat, obwohl sie es verlassen konnte und durfte,

2. die Person das Gebiet der Republik Österreich verlassen hat und freiwillig zurückkehrt oder aus einem dritten Staat rechtmäßig zurückgebracht wird,

3. die zu verfolgende Tat weder mit Freiheitsstrafe noch mit einer mit Freiheitsentziehung verbundenen vorbeugenden Maßnahme bedroht ist oder die Strafverfolgung nicht zur Anwendung einer die persönliche Freiheit beschränkenden Maßnahme führt,

4. gegen die Person eine nicht mit Freiheitsentziehung verbundene Strafe oder Maßnahme, insbesondere eine Geldstrafe oder eine vermögensrechtliche Anordnung, vollstreckt wird, selbst wenn diese Vollstreckung insbesondere durch den Vollzug einer Ersatzfreiheitsstrafe zu einer Einschränkung der persönlichen Freiheit führt,

5. die Person nach ihrer Übergabe ausdrücklich auf die Beachtung des Grundsatzes der Spezialität verzichtet oder der Verfolgung wegen bestimmter vor der Übergabe begangener strafbarer Handlungen zustimmt,

6. die Person vor der vollstreckenden Justizbehörde ihrer Übergabe zugestimmt und ausdrücklich auf die Beachtung des Grundsatzes der Spezialität verzichtet hat, oder

7. die vollstreckende Justizbehörde auf die Einhaltung des Grundsatzes der Spezialität verzichtet oder ihre Zustimmung zur Verfolgung wegen anderer vor der Übergabe begangener strafbarer Handlungen erteilt hat.

(3) Der Verzicht auf die Beachtung des Grundsatzes der Spezialität oder die Zustimmung zur Verfolgung wegen bestimmter vor der Übergabe begangener strafbarer Handlungen nach Abs. 2 Z 5 ist nur wirksam, wenn die betroffene Person diese Erklärungen in einem von der Staatsanwaltschaft oder dem Gericht aufgenommenen Protokoll abgibt. Die betroffene Person ist über die Wirkungen des Verzichts und der Zustimmung zu belehren sowie darauf hinzuweisen, dass es ihr freistehe, sich zuvor mit einem Verteidiger zu verständigen. *(BGBl I 2007/112)*

EU-JZG

(4) Liegen Ausnahmen nach Abs. 2 nicht vor und besteht Anlass, die betroffene Person auch wegen Taten zu verfolgen oder gegen die betroffene Person eine Freiheitsstrafe oder eine mit Freiheitsentziehung verbundene vorbeugende Maßnahme zu vollstrecken, auf die sich der Europäische Haftbefehl nicht erstreckt, so ist zwecks Ergänzung des bereits erlassenen Europäischen Haftbefehls mit Anordnung auf Grund gerichtlicher Bewilligung ein neuer Europäischer Haftbefehl zu erlassen, der die Angaben nach Anhang II zu enthalten hat; dieser ist der vollstreckenden Justizbehörde unter Anschluss eines von der Staatsanwaltschaft oder dem Gericht aufgenommenen Protokolls über die Erklärung der betroffenen Person mit dem Ersuchen um Erteilung der Zustimmung zu übermitteln. § 70 Abs. 3 und 4 ARHG gilt sinngemäß. *(BGBl I 2007/112; BGBl I 2021/94)*

(5) Liegen Ausnahmen nach Abs. 2 nicht vor und ersucht ein anderer Mitgliedstaat um die Vollstreckung eines Europäischen Haftbefehls, so ist dieser Haftbefehl der vollstreckenden Justizbehörde mit dem Ersuchen um Erteilung der Zustimmung zur weiteren Übergabe zu übermitteln. *(BGBl I 2021/94)*

(6) Ersucht ein Drittstaat um die Auslieferung der übergebenen Person, so hat das Gericht auf Antrag der Staatsanwaltschaft die vollstreckende Justizbehörde immer um ihre Zustimmung zu dieser Weiterlieferung zu ersuchen, sofern die Zustimmung des Vollstreckungsstaats nicht nach Abs. 7 als erteilt gilt. Dieses Ersuchen hat das Gericht vor der Vorlage der Akten an den Bundesminister für Justiz nach § 32 Abs. 4 ARHG oder vor seiner Entscheidung nach § 31 ARHG zu stellen. Dem Ersuchen sind Ausfertigungen der Auslieferungsunterlagen des Drittstaats sowie ein mit der betroffenen Person aufgenommenes gerichtliches Protokoll über ihre Erklärungen zum Auslieferungsersuchen anzuschließen. *(BGBl I 2007/112)*

(7) Der Bundesminister für Justiz hat durch Verordnung eine Liste jener Mitgliedstaaten zu verlautbaren, die dem Generalsekretär des Rates der Europäischen Union mitgeteilt haben, dass in ihren Beziehungen zu anderen Mitgliedstaaten, die eine gleiche Mitteilung gemacht haben, die Zustimmung zur weiteren Verfolgung, Verurteilung oder Vollstreckung einer Freiheitsstrafe oder mit Freiheitsentziehung verbundenen vorbeugenden Maßnahme oder zur Übergabe an einen anderen Mitgliedstaat als erteilt gilt, sofern die vollstreckende Justizbehörde im Einzelfall in ihrer Übergabeentscheidung keine anders lautende Erklärung abgibt.

(8) Wurde die betroffene Person zuvor von einem Drittstaat nach Österreich ausgeliefert und stehen der weiteren Übergabe die Bestimmungen der Spezialität oder Bedingungen entgegen, die

der Drittstaat anlässlich der Auslieferung gestellt hat und die die Republik Österreich übernommen hat, so hat die Staatsanwaltschaft unverzüglich die ausstellende Justizbehörde unter Hinweis auf das der Übergabe entgegenstehende Hindernis um die Übermittlung der für die Erwirkung der Auslieferung erforderlichen Unterlagen unter Anschluss einer Übersetzung in eine vom Drittstaat akzeptierte Sprache zu ersuchen. Nach deren Einlangen sind diese der Bundesministerin für Justiz zur Erwirkung der Zustimmung des Drittstaats zur Übergabe vorzulegen. Die in den §§ 20 und 21 vorgesehenen Fristen beginnen erst an dem Tag zu laufen, an dem die Spezialität oder die gestellten Bedingungen der Übergabe nicht mehr entgegenstehen. *(BGBl I 2020/20)*

Fünfter Abschnitt

Durchlieferung

Zulässigkeit der Durchlieferung

§ 32. (1) Die Durchlieferung einer Person durch das Gebiet der Republik Österreich an einen Mitgliedstaat wird auf Grund eines zuvor gestellten Ersuchens bewilligt.

(2) Die Durchlieferung bedarf keiner Bewilligung, wenn der Luftweg benützt werden soll und eine Zwischenlandung auf dem Gebiet der Republik Österreich nicht vorgesehen ist. Im Fall einer außerplanmäßigen Zwischenlandung wird die Durchlieferung auf Grund eines vom Ausstellungsstaat zu stellenden Ersuchens bewilligt.

(3) Ein inländischer Strafanspruch gegen die durchzuliefernde Person steht einer Durchlieferung nicht entgegen. Die Staatsanwaltschaft hat jedoch in diesem Fall zu prüfen, ob Anlass besteht, die weitere Übergabe oder Auslieferung der durchzuliefernden Person zu begehren oder den Ausstellungsstaat um die Übernahme der Strafverfolgung zu ersuchen.

(4) Die Bestimmungen über die Durchlieferung gelten sinngemäß auch auf Ersuchen um Durchbeförderung von Personen durch das Gebiet der Republik Österreich in einen Mitgliedstaat zum Zweck der Übernahme der Strafverfolgung. *(BGBl I 2011/134)*

Durchlieferung österreichischer Staatsbürger

§ 33. **(Verfassungsbestimmung)** (1) Die Durchlieferung österreichischer Staatsbürger durch das Gebiet der Republik Österreich ist nur nach Maßgabe der Bestimmungen dieses Bundesgesetzes zulässig.

(2) Die Durchlieferung österreichischer Staatsbürger zum Zweck der Vollstreckung einer Freiheitsstrafe oder einer mit Freiheitsentziehung verbundenen vorbeugenden Maßnahme ist unzulässig.

(3) Die Durchlieferung österreichischer Staatsbürger hat immer unter der Bedingung zu erfolgen, dass der österreichische Staatsbürger nach Gewährung rechtlichen Gehörs zur Vollstreckung der vom Gericht des Ausstellungsstaats verhängten Freiheitsstrafe oder mit Freiheitsentziehung verbundenen vorbeugenden Maßnahme nach Österreich rücküberstellt wird.

Durchlieferung von Unionsbürgern

§ 33a. Nach § 33 Abs. 2 und 3 ist auch vorzugehen, wenn der Europäische Haftbefehl gegen einen Unionsbürger ausgestellt wurde und

1. der Unionsbürger seinen Wohnsitz oder ständigen Aufenthalt im Inland hat,

2. davon auszugehen ist, dass die Vollstreckung einer Freiheitsstrafe im Inland der Erleichterung der Resozialisierung und der Wiedereingliederung des Verurteilten in die Gesellschaft dient, und

3. er sein Recht auf Aufenthalt nicht durch ein Verhalten verwirkt hat, das eine tatsächliche, gegenwärtige und erhebliche Gefahr für die öffentliche Ordnung oder Sicherheit darstellt.

(BGBl I 2021/94)

Durchlieferungsunterlagen

§ 34. (1) Die Durchlieferung ist ausschließlich an Hand des Inhalts des Ersuchens zu prüfen. Dieses Ersuchen hat folgende Angaben zu enthalten:

1. die Identität und die Staatsangehörigkeit der betroffenen Person,

2. das Vorliegen eines Europäischen Haftbefehls oder eines Auslieferungsersuchens,

3. die Art und die rechtliche Würdigung der Straftat,

4. die Beschreibung der Umstände, unter denen die Straftat begangen wurde, einschließlich der Tatzeit und des Tatorts.

(2) Der Bundesminister für Justiz kann vom ersuchenden Staat eine Ergänzung der Unterlagen verlangen und hiefür eine angemessene Frist bestimmen. Bei fruchtlosem Ablauf dieser Frist ist auf Grund der vorhandenen Unterlagen zu entscheiden.

(3) Für die Durchführung der Durchlieferung gilt § 49 ARHG.

Entscheidung über die Durchlieferung

§ 35. Über die Durchlieferung entscheidet der Bundesminister für Justiz im Einvernehmen mit dem Bundesminister für Inneres. Er hat seine Entscheidung unmittelbar der ersuchenden Behörde zu übermitteln.

Erwirkung der Durchlieferung

§ 36. (1) Besteht auf Grund eines inländischen Europäischen Haftbefehls Anlass zur Durchlieferung durch einen Mitgliedstaat, so hat das Gericht oder die Staatsanwaltschaft die in § 34 bezeichneten Unterlagen der zuständigen Behörde dieses Mitgliedstaats mit dem Ersuchen um Bewilligung zu übermitteln. Der Bundesminister für Justiz hat durch Verordnung eine Liste der für die Entgegennahme von Ersuchen um Durchlieferung zuständigen Behörden der Mitgliedstaaten zu verlautbaren. *(BGBl I 2020/20)*

(2) Besteht Anlass, einen Mitgliedstaat auf Grund eines Auslieferungsersuchens um die Durchlieferung einer Person aus einem Drittstaat zu ersuchen, so sind dem Bundesministerium für Justiz die in § 34 bezeichneten Unterlagen zur Erwirkung der Durchlieferung vorzulegen. *(BGBl I 2020/20)*

Kosten der Durchlieferung

§ 37. Ein Ersatz für die Kosten einer Durchlieferung durch das Gebiet der Republik Österreich ist vom ersuchenden Mitgliedstaat nur zu verlangen, wenn dieser nicht die Kosten eines gleichartigen österreichischen Ersuchens selbst tragen würde. Über die Gegenseitigkeit ist im Zweifelsfall eine Auskunft des Bundesministers für Justiz einzuholen.

§ 38. *(entfällt samt Überschrift, BGBl I 2020/20)*

III. Hauptstück

Anerkennung und Vollstreckung justizieller Entscheidungen

Erster Abschnitt

Vollstreckung von Freiheitsstrafen und mit Freiheitsentziehung verbundenen vorbeugenden Maßnahmen

Erster Unterabschnitt

Vollstreckung von Entscheidungen anderer Mitgliedstaaten

Voraussetzungen

§ 39. (1) Eine über eine natürliche Person, die sich entweder im Ausstellungsstaat oder im Inland befindet, von einem Gericht eines anderen Mitgliedstaats nach Durchführung eines Strafverfahrens rechtskräftig verhängte lebenslange oder zeitliche Freiheitsstrafe oder mit Freiheitsentziehung verbundene vorbeugende Maßnahme wird

EU-JZG

unter folgenden Voraussetzungen nach den Bestimmungen dieses Unterabschnitts vollstreckt:

1. unabhängig von der Zustimmung des Verurteilten, wenn dieser

a) die österreichische Staatsbürgerschaft besitzt und seinen Wohnsitz oder ständigen Aufenthalt im Inland hat;

b) seinen Wohnsitz oder ständigen Aufenthalt im Inland hat und dorthin im Hinblick auf das gegen ihn im Ausstellungsstaat anhängige Strafverfahren oder das in diesem Staat ergangene Urteil geflohen oder sonst zurückgekehrt ist;

c) aufgrund eines Ausweisungsbescheides, einer Abschiebungsanordnung oder eines Aufenthaltsverbotes, unabhängig davon, ob diese Entscheidung im Urteil oder einer infolge des Urteils getroffenen gerichtlichen oder verwaltungsbehördlichen Entscheidung enthalten ist, nach Beendigung des Straf- oder Maßnahmenvollzuges nach Österreich abgeschoben würde; *(BGBl I 2014/107)*

2. mit Zustimmung des Verurteilten und nur im Verhältnis zu jenen Mitgliedstaaten, die eine entsprechende Erklärung abgegeben haben, wenn der Verurteilte nicht die österreichische Staatsbürgerschaft besitzt, jedoch seit mindestens fünf Jahren ununterbrochen seinen rechtmäßigen Aufenthalt im Inland und sein Recht auf Daueraufenthalt oder auf langfristigen Aufenthalt in Österreich aufgrund der Verurteilung nicht verliert; oder

3. mit Zustimmung des Verurteilten, wenn aufgrund bestimmter Umstände Bindungen des Verurteilten zu Österreich von solcher Intensität bestehen, dass davon auszugehen ist, dass die Vollstreckung im Inland der Erleichterung der Resozialisierung und der Wiedereingliederung des Verurteilten in die Gesellschaft dient, selbst wenn die Voraussetzungen nach Z 1 und 2 nicht vorliegen, sofern der Verurteilte sein Aufenthaltsrecht in Österreich aufgrund der Verurteilung nicht verliert. *(BGBl I 2014/107)*

(2) Die Bundesministerin für Justiz hat durch Verordnung zu verlautbaren, welche Mitgliedstaaten eine Erklärung nach Abs. 1 Z 2 abgegeben haben.

(BGBl I 2011/134)

Unzulässigkeit der Vollstreckung

§ 40. Die Vollstreckung einer von einem Gericht eines anderen Mitgliedstaats rechtskräftig verhängten Freiheitsstrafe oder mit Freiheitsentziehung verbundenen vorbeugenden Maßnahme ist auch bei Vorliegen der Voraussetzungen nach § 39 Abs. 1 unzulässig,

1. wenn die dem Urteil zugrunde liegende Tat nach österreichischem Recht nicht gerichtlich strafbar ist; für fiskalische strafbare Handlungen ist § 12 sinngemäß anzuwenden;

2. wenn zum Zeitpunkt des Einlangens der in § 41a Abs. 1 angeführten Unterlagen beim zuständigen Gericht weniger als sechs Monate der verhängten Freiheitsstrafe oder mit Freiheitsentziehung verbundenen vorbeugenden Maßnahme zu vollstrecken sind, wobei mehrere Freiheitsstrafen oder ihre zu vollstreckenden Reste zusammenzurechnen sind; *(BGBl I 2020/20)*

3. wenn die dem Urteil zugrunde liegende Tat zur Gänze oder zu einem großen oder wesentlichen Teil im Inland oder an Bord eines österreichischen Schiffs oder Luftfahrzeugs begangen wurde und die Staatsanwaltschaft entschieden hat, das Verfahren wegen derselben Tat einzustellen oder die Person sonst außer Verfolgung zu setzen;

4. wenn gegen den Verurteilten wegen der dem Urteil zugrunde liegenden Tat ein rechtskräftiges Urteil im Inland oder ein rechtskräftiges, bereits vollstrecktes Urteil in einem anderen Staat ergangen ist;

5. wenn die dem Urteil zugrunde liegende Tat von einer Person begangen wurde, die nach österreichischem Recht zur Zeit der Tat strafunmündig war;

6. wenn die Vollstreckbarkeit der verhängten Freiheitsstrafe oder der mit Freiheitsentziehung verbundenen vorbeugenden Maßnahme nach österreichischem Recht verjährt ist;

7. soweit dem Verurteilten im Inland oder im Ausstellungsstaat Amnestie oder Begnadigung gewährt worden ist;

8. soweit die Vollstreckung gegen Bestimmungen über die Immunität verstoßen würde;

9.[1)] wenn das Urteil in Abwesenheit des Verurteilten ergangen ist, es sei denn, dass aus der Bescheinigung hervorgeht, dass dieser im Einklang mit den Verfahrensvorschriften des Ausstellungsstaats

a) fristgerecht durch persönliche Ladung oder auf andere Weise von Zeit und Ort der Verhandlung, die zu dem Urteil geführt hat, tatsächlich Kenntnis erlangt hat und darüber belehrt worden ist, dass die Entscheidung in seiner Abwesenheit ergehen kann; oder

b) in Kenntnis der anberaumten Verhandlung einen selbst gewählten oder vom Gericht beigegebenen Verteidiger mit seiner Vertretung in der Verhandlung betraut hat und von diesem in der Verhandlung tatsächlich vertreten wurde; oder

c) nach Zustellung des in Abwesenheit ergangenen Urteils und nach Belehrung über das Recht, die Neudurchführung der Verhandlung zu beantragen oder ein Rechtsmittel zu ergreifen und auf diese Weise eine neuerliche Prüfung des Sachverhalts, auch unter Berücksichtigung neuer Beweise, in seiner Anwesenheit und eine Aufhebung der Entscheidung zu erreichen,

aa) ausdrücklich erklärt hat, keine Neudurchführung der Verhandlung zu beantragen oder kein Rechtmittel zu ergreifen, oder

bb) innerhalb der bestehenden Fristen keine Neudurchführung der Verhandlung beantragt oder kein Rechtsmittel ergriffen hat;

10. wenn die verhängte Freiheitsstrafe eine mit Freiheitsentziehung verbundene vorbeugende Maßnahme umfasst, die auch unter Berücksichtigung der in § 41b Abs. 3 und 4 vorgesehenen Herabsetzungs- oder Anpassungsmöglichkeit in Österreich nicht vollstreckt werden kann;

11. wenn der Ausstellungsstaat zu einem bis zur Entscheidung über die Vollstreckung gestellten Ersuchen gemäß § 41e Abs. 4 seine nach § 41e Abs. 2 Z 7 erforderliche Zustimmung dazu versagt, dass die verurteilte Person im Inland wegen einer vor der Überstellung begangenen anderen Straftat als derjenigen, die der Überstellung zugrunde liegt, verfolgt, verurteilt oder dem Vollzug einer Freiheitsstrafe oder einer mit Freiheitsentziehung verbundenen vorbeugenden Maßnahme unterworfen wird; oder

12. wenn objektive Anhaltspunkte dafür vorliegen, dass das Urteil unter Verletzung von Grundrechten oder wesentlichen Rechtsgrundsätzen im Sinne von Art. 6 des Vertrags über die Europäische Union zustande gekommen ist, insbesondere die Freiheitsstrafe oder die mit Freiheitsentziehung verbundene vorbeugende Maßnahme zum Zwecke der Bestrafung des Verurteilten aus Gründen seines Geschlechts, seiner Rasse, Religion, ethnischen Herkunft, Staatsangehörigkeit, Sprache, politischen Überzeugung oder sexuellen Ausrichtung verhängt worden ist, und der Verurteilte keine Möglichkeit hatte, diese Umstände vor dem Europäischen Gerichtshof für Menschenrechte oder vor dem Gerichtshof der Europäischen Union geltend zu machen.

(BGBl I 2011/134)

---

[1] *Beachte § 140 Abs 7.*

Zuständigkeit

§ 40a. (1) Zur Entscheidung über die Vollstreckung der Freiheitsstrafe oder der mit Freiheitsentziehung verbundenen vorbeugenden Maßnahme ist das Landesgericht sachlich zuständig. Beträgt das Ausmaß der zu vollstreckenden Freiheitsstrafe oder der mit Freiheitsentziehung verbundenen vorbeugenden Maßnahme mindestens fünf Jahre, so entscheidet das Landesgericht als Senat von drei Richtern (§ 31 Abs. 6 StPO).

(2) Die örtliche Zuständigkeit richtet sich nach dem Ort, in dem die verurteilte Person ihren Wohnsitz oder Aufenthalt hat; befindet sie sich in gerichtlicher Haft im Inland, so ist der Haftort

maßgebend. Ist nach diesen Bestimmungen die Zuständigkeit eines bestimmten Gerichts nicht feststellbar, so ist das Landesgericht für Strafsachen Wien zuständig.

(3) Ist das Gericht, das mit der Vollstreckung befasst worden ist, nicht zuständig, so tritt es die Sache an das zuständige Gericht ab.

(BGBl I 2011/134)

Haft zur Sicherung der Vollstreckung

§ 41. (1) Auf Antrag der Staatsanwaltschaft kann das Gericht über den Verurteilten vor Übermittlung des Urteils samt Bescheinigung oder vor der Entscheidung über die Vollstreckung zur Sicherung der Vollstreckung die Haft verhängen, wenn

1. ein entsprechendes Ersuchen des Ausstellungsstaats vorliegt, der Verurteilte sich im Inland aufhält und die Vollstreckung nicht von vornherein unzulässig erscheint;

2. auf Grund bestimmter Tatsachen der dringende Verdacht besteht, dass sich der Verurteilte der Vollstreckung wegen des Ausmaßes der zu vollstreckenden Freiheitsstrafe oder mit Freiheitsentziehung verbundenen vorbeugenden Maßnahme entziehen werde; und

3. die Zustimmung des Verurteilten zur inländischen Vollstreckung nicht erforderlich ist.

(2) Auf das Verfahren zur Verhängung, Fortsetzung und Aufhebung der Haft nach Abs. 1 sind die Bestimmungen über die Untersuchungshaft nach Einbringen der Anklage (§ 175 Abs. 5 StPO) sinngemäß anwendbar. Sie ist jedenfalls aufzuheben, wenn die Frist nach § 41a Abs. 4 abgelaufen ist oder die Vollstreckung eingestellt wird (§ 41f).

(BGBl I 2011/134)

Verfahren

§ 41a. (1) Die Vollstreckung setzt voraus, dass dem Gericht

1. das zu vollstreckende Urteil;

2. die von der zuständigen Behörde des Ausstellungsstaats unterzeichnete Bescheinigung **(Anhang VII)**[1] und, sofern der Ausstellungsstaat nicht die Erklärung abgegeben hat, als Vollstreckungsstaat Bescheinigungen auch in deutscher Sprache zu akzeptieren (§ 42b Abs. 5), deren Übersetzung in die deutsche Sprache;

3. die Stellungnahme des Verurteilten zur Übermittlung der in Z 1 und 2 angeführten Unterlagen oder das mit diesem aufgenommene Protokoll; und

4. für den Fall, dass sich der Verurteilte bereits im Inland befindet, das ausgefüllte Formblatt zur Unterrichtung der verurteilten Person **(Anhang VIII)**[1]

EU-JZG

übermittelt wird.

(2) Bei Vorliegen der Voraussetzungen nach § 39 Abs. 1 kann das inländische Gericht die zuständige Behörde des Ausstellungsstaats, gegebenenfalls über Ersuchen des Verurteilten, um Übermittlung der in Abs. 1 angeführten Unterlagen ersuchen.

(3) In den Fällen des § 39 Abs. 1 Z 3 hat das Gericht zunächst mit der zuständigen Behörde des Ausstellungsstaats Konsultationen über das Vorliegen der in dieser Bestimmung angeführten Voraussetzungen zu führen. Hat sich das Gericht aufgrund der Ergebnisse der Konsultationen davon überzeugt, dass die Vollstreckung im Inland der Erleichterung der Resozialisierung und der Wiedereingliederung der Verurteilten in die Gesellschaft dient, so ist die zuständige Behörde des Ausstellungsstaats unverzüglich davon in Kenntnis zu setzen, dass die Übermittlung der in Abs. 1 angeführten Unterlagen erfolgen kann.

(4) Wenn

1. die Bescheinigung nicht übermittelt worden, in wesentlichen Teilen unvollständig ist oder dem Urteil offensichtlich widerspricht; oder

2. Anhaltspunkte bestehen, dass die Voraussetzungen nach § 39 Abs. 1 nicht vorliegen oder dass einer der in § 40 Z 3, 4, 9, 10 und 12 angeführten Gründe für die Unzulässigkeit der Vollstreckung vorliegt,

ist die zuständige Behörde des Ausstellungsstaats um Nachreichung, Vervollständigung oder ergänzende Information binnen einer festzusetzenden angemessenen Frist mit dem Hinweis zu ersuchen, dass bei fruchtlosem Ablauf der Frist die Vollstreckung zur Gänze oder zum Teil verweigert und der Verurteilte freigelassen werden wird.

(5) Vor der Entscheidung ist der zuständigen Behörde des Ausstellungsstaats gegebenenfalls eine begründete Stellungnahme zu übermitteln, dass die Vollstreckung der Freiheitsstrafe oder der mit Freiheitsentziehung verbundenen vorbeugenden Maßnahme im Inland in den in § 39 Abs. 1 Z 1 und 2 angeführten Fällen nicht der Erleichterung der Resozialisierung und der Wiedereingliederung des Verurteilten in die Gesellschaft dient, insbesondere weil dessen Angehörige im Ausstellungsstaat oder in einem anderen (Mitglied)Staat wohnhaft sind oder weil der Verurteilte im Ausstellungsstaat oder in einem anderen (Mitglied)Staat einer Beschäftigung nachgeht. Teilt die zuständige Behörde des Ausstellungsstaats nach Prüfung dieser Stellungnahme mit, dass die Bescheinigung nicht zurückgezogen wird, so ist die Vollstreckung bei Vorliegen der sonstigen Voraussetzungen zu übernehmen.

(6) Vor der Entscheidung über die teilweise Unzulässigkeit der Vollstreckung ist die zuständige Behörde des Ausstellungsstaats um eine Mitteilung zu ersuchen, ob und gegebenenfalls unter welchen Bedingungen der teilweisen Vollstre-ckung zugestimmt wird oder ob die Bescheinigung zurückgezogen wird

(7) Bei der Entscheidung über die Unzulässigkeit der Vollstreckung aus dem Grunde des § 40 Z 3 ist insbesondere zu berücksichtigen, ob die dem Urteil zugrunde liegende Tat zu einem großen oder zu einem wesentlichen Teil im Hoheitsgebiet des Ausstellungsstaats begangen wurde.

(8) Zu den Voraussetzungen der Vollstreckung (§§ 39 und 40) ist der Verurteilte unter Aushändigung des ausgefüllten Formblattes nach **Anhang VIII**[1] zu hören, sofern er sich im Inland befindet.

(9) Auf den Geschäftsweg ist § 14 Abs. 1 bis 5 sinngemäß anwendbar.

(BGBl I 2011/134)

---

[1] *Anhänge nicht abgedruckt.*

Entscheidung

§ 41b. (1) Über die Vollstreckung ist mit Beschluss zu entscheiden. Der Beschluss hat die Bezeichnung des Gerichts, dessen Urteil vollstreckt wird, dessen Aktenzeichen, eine kurze Darstellung des Sachverhalts einschließlich Ort und Zeit der Tat, die Bezeichnung der strafbaren Handlung sowie die angewendeten Rechtsvorschriften des Ausstellungsstaats zu enthalten.

(2) Wird die Vollstreckung übernommen, so ist die im Inland zu vollstreckende Freiheitsstrafe oder mit Freiheitsentziehung verbundene vorbeugende Maßnahme vorbehaltlich der Bestimmungen der Abs. 3 und 4 in der Art und Dauer festzusetzen, die in dem zu vollstreckenden Urteil ausgesprochen ist. Die §§ 38 und 66 StGB gelten sinngemäß.

(3) Übersteigt die verhängte Freiheitsstrafe oder mit Freiheitsentziehung verbundene vorbeugende Maßnahme das nach österreichischem Recht für eine entsprechende Straftat oder für vergleichbare Straftaten vorgesehene Höchstmaß, so ist sie auf das nach österreichischem Recht für derartige Straftaten vorgesehene Höchstmaß herabzusetzen.

(4) Ist die verhängte Freiheitsstrafe oder mit Freiheitsentziehung verbundene vorbeugende Maßnahme nach ihrer Art nicht mit dem österreichischen Recht vereinbar, so ist sie an die nach österreichischem Recht für vergleichbare Straftaten vorgesehene Freiheitsstrafe oder mit Freiheitsentziehung verbundene vorbeugende Maßnahme anzupassen. Die angepasste Freiheitsstrafe oder mit Freiheitsentziehung verbundene vorbeugende Maßnahme muss soweit wie möglich der im Ausstellungsstaat verhängten Sanktion entsprechen und darf diese nicht verschärfen.

(5) Gegen den Beschluss steht der Staatsanwaltschaft und dem Verurteilten die binnen 14 Tagen

einzubringende Beschwerde an das Oberlandesgericht offen.

(6) Für den Vollzug, die bedingte Entlassung
und das Gnadenrecht gelten die Bestimmungen
des österreichischen Rechts.

(BGBl I 2011/134)

Aufschub der Entscheidung über die Vollstreckung

§ 41c. Die Entscheidung über die Vollstreckung der Freiheitsstrafe oder der mit Freiheitsentziehung verbundenen vorbeugenden Maßnahme ist aufzuschieben,

1. solange über eine zulässige Beschwerde
(§ 41b Abs. 5) nicht rechtskräftig entschieden
wurde;

2. für die Dauer der vom Gericht für erforderlich erachteten, auf seine Kosten anzufertigenden
Übersetzung des zu vollstreckenden Urteils;

3. bis zum Einlangen der von der zuständigen
Behörde des Ausstellungsstaats begehrten ergänzenden Informationen oder Unterlagen.

(BGBl I 2011/134)

Fristen für die Entscheidung

§ 41d. Sofern kein Grund für den Aufschub
der Entscheidung über die Vollstreckung nach
§ 41c vorliegt, ist über die Vollstreckung binnen
90 Tagen ab Einlangen der in § 41a Abs. 1 angeführten Unterlagen beim zuständigen Gericht zu
entscheiden. Kann diese Frist in Ausnahmefällen
nicht eingehalten werden, so hat das Gericht die
zuständige Behörde des Ausstellungsstaats darüber unter Angabe der Gründe und der Zeit, die
voraussichtlich für eine endgültige Entscheidung
benötigt wird, in Kenntnis zu setzen.

(BGBl I 2011/134)

Spezialität

§ 41e. (1) Eine Person, die nach den Bestimmungen dieses Abschnitts zur Vollstreckung der
über sie im Ausstellungsstaat verhängten Freiheitsstrafe oder mit Freiheitsentziehung verbundenen
vorbeugenden Maßnahme an Österreich überstellt
wurde, darf vorbehaltlich des Abs. 2 wegen einer
vor ihrer Überstellung begangenen anderen
Handlung als derjenigen, die der Überstellung
zugrunde liegt, weder verfolgt noch verurteilt
noch der Vollstreckung einer Freiheitsstrafe oder
einer mit Freiheitsentziehung verbundenen vorbeugenden Maßnahme unterworfen werden.

(2) Die Spezialität der Überstellung findet
keine Anwendung, wenn

1. der Verurteilte innerhalb von 45 Tagen nach
seiner endgültigen Freilassung das Gebiet der

Republik Österreich nicht verlassen hat, obwohl
er es verlassen konnte und durfte;

2. der Verurteilte das Gebiet der Republik
Österreich verlassen hat und freiwillig zurückkehrt oder aus einem dritten Staat rechtmäßig
zurückgebracht wird;

3. die zu verfolgende Tat weder mit Freiheitsstrafe noch mit einer mit Freiheitsentziehung
verbundenen vorbeugenden Maßnahme bedroht
ist oder die Strafverfolgung nicht zur Anwendung
einer die persönliche Freiheit beschränkenden
Maßnahme führt;

4. gegen den Verurteilten eine nicht mit Freiheitsentziehung verbundene Strafe oder Maßnahme, insbesondere eine Geldstrafe oder eine vermögensrechtliche Anordnung, vollstreckt wird,
selbst wenn diese Vollstreckung, insbesondere
durch den Vollzug einer Ersatzfreiheitsstrafe, zu
einer Einschränkung der persönlichen Freiheit
führt;

5. der Verurteilte der Überstellung zugestimmt
hat;

6. der Verurteilte nach der Überstellung ausdrücklich auf die Beachtung des Grundsatzes der
Spezialität verzichtet; oder

7. die zuständige Behörde des Ausstellungsstaats der Verfolgung, Verurteilung oder Vollstreckung der Freiheitsstrafe oder der mit Freiheitsentziehung verbundenen vorbeugenden Maßnahme zustimmt.

(3) Der Verzicht auf die Beachtung des
Grundsatzes der Spezialität nach Abs. 1 Z 6 ist
nur wirksam, wenn er vom Verurteilten gerichtlich zu Protokoll gegeben wird. Dabei ist dieser
über die Wirkungen des Verzichts zu belehren
und darauf hinzuweisen, dass es ihm freistehe,
sich zuvor mit einem Verteidiger zu verständigen.

(4) Das Ersuchen um Zustimmung nach Abs. 1
Z 7, dem vorbehaltlich der Bestimmung des § 30
Abs. 3 eine Übersetzung in die oder eine der
Amtssprachen des Vollstreckungsstaats anzu-
schließen ist, hat die in Betracht kommenden
Angaben eines Europäischen Haftbefehls nach
Anhang II[1]) zu enthalten. Es kann mit dem Hin-
weis versehen werden, dass die Zustimmung als
erteilt angenommen wird, wenn die zuständige
Behörde des Ausstellungsstaats nicht binnen 30
Tagen nach Eingang des Ersuchens eine Entschei-
dung oder sonstige Antwort übermittelt.

(BGBl I 2011/134)

---

[1]) *Anhänge nicht abgedruckt.*

EU-JZG

Einstellung der Vollstreckung

§ 41f. Teilt die zuständige Behörde des Ausstellungsstaats mit, dass das Urteil, mit dem eine
Freiheitsstrafe oder eine mit Freiheitsentziehung
verbundene vorbeugende Maßnahme verhängt

wurde, oder seine Vollstreckbarkeit aufgehoben worden ist oder dass die Vollstreckung aus anderen Gründen nicht mehr begehrt werde, so ist die Vollstreckung einzustellen; entsprechendes gilt für den Fall der Zurückziehung der Bescheinigung **(Anhang VII)**[1]) durch die zuständige Behörde des Ausstellungsstaats.

(BGBl I 2011/134)

---

[1]) *Anhänge nicht abgedruckt.*

Verständigung des Ausstellungsstaats

§ 41g. Das Gericht hat die zuständige Behörde des Ausstellungsstaats unverzüglich auf die in § 14 Abs. 3 angeführte Weise in Kenntnis zu setzen,

1. wenn es die Sache an das zuständige Gericht abgibt (§ 40a Abs. 3);

2. über entsprechendes Ersuchen in der Bescheinigung, von den Bestimmungen des österreichischen Rechts über die bedingte Entlassung unter Angabe des dafür in Betracht kommenden frühestmöglichen Zeitpunkts und der Dauer der Probezeit;

3. wenn die Sanktion nicht vollstreckt werden kann, weil die verurteilte Person nach Übermittlung der in § 41a Abs. 1 angeführten Unterlagen in Österreich nicht mehr auffindbar ist;

4. über die rechtskräftige Entscheidung über die Vollstreckung, unter Angabe des Zeitpunkts der Rechtskraft;

5. wenn die Vollstreckung zur Gänze oder zum Teil verweigert wird, unter Angabe der Gründe;

6. wenn die Freiheitsstrafe oder die mit Freiheitsentziehung verbundene vorbeugende Maßnahme herabgesetzt oder angepasst wird, unter Angabe der Gründe (§ 41b Abs. 3 und 4);

7. wenn die Sanktion wegen einer dem Verurteilten gewährten Amnestie oder Begnadigung nicht vollstreckt wird;

8. wenn der Verurteilte vor Beendigung des Vollzugs aus der Strafhaft geflohen ist; oder

9. wenn die Sanktion vollstreckt worden ist.

(BGBl I 2011/134)

Kosten

§ 41h. Die durch die Vollstreckung eines ausländischen Urteils entstandenen Kosten sind mit Ausnahme der Kosten der Überstellung des Verurteilten nach Österreich und der ausschließlich im Hoheitsgebiet des Ausstellungsstaats entstandenen Kosten vom Bund zu tragen.

(BGBl I 2011/134)

Durchbeförderung

§ 41i. (1) Die Durchbeförderung eines Verurteilten durch das Gebiet der Republik Österreich an einen anderen Mitgliedstaat wird auf Grund eines zuvor gestellten Ersuchens, dem eine Kopie der Bescheinigung **(Anhang VII)**[1]) anzuschließen ist und das auf die in § 14 Abs. 3 angeführte Weise übermittelt werden kann, bewilligt.

(2) Ist der Bescheinigung keine Übersetzung in die deutsche Sprache angeschlossen, so kann der um Durchbeförderung ersuchende Mitgliedstaat um Nachreichung einer Übersetzung der Bescheinigung in die deutsche oder englische Sprache ersucht werden.

(3) Die Durchbeförderung bedarf keiner Bewilligung, wenn der Luftweg benützt wird und eine Zwischenlandung auf dem Gebiet der Republik Österreich nicht vorgesehen ist. Im Fall einer außerplanmäßigen Zwischenlandung wird die Durchbeförderung auf Grund eines vom Ausstellungsstaat innerhalb von 72 Stunden zu übermittelnden Ersuchens, dem eine Kopie der Bescheinigung **(Anhang VII)**[1]) anzuschließen ist, bewilligt; Abs. 2 findet Anwendung. *(BGBl I 2014/107)*

(4) Ein inländischer Strafanspruch gegen die durchzubefördernde Person steht einer Durchbeförderung nicht entgegen. Die Staatsanwaltschaft hat jedoch in diesem Fall zu prüfen, ob Anlass besteht, die Übergabe der durchzubefördernden Person zu begehren oder den Vollstreckungsstaat um Übernahme der Strafverfolgung oder um Vollstreckung der im Inland verhängten Freiheitsstrafe oder mit Freiheitsentziehung verhängten vorbeugenden Maßnahme zu ersuchen.

(5) Über die Durchbeförderung entscheidet die Bundesministerin für Justiz im Einvernehmen mit der Bundesministerin für Inneres binnen 7 Tagen nach Einlangen des Ersuchens. Die Entscheidung ist bis zum Einlangen der nach Abs. 2 begehrten Übersetzung aufzuschieben. Sie ist der zuständigen Behörde des ersuchenden Staats unmittelbar auf die in § 14 Abs. 3 angeführte Weise zu übermitteln.

(6) Für die Dauer der Durchbeförderung ist die verurteilte Person in Haft zu halten. Auf die Durchführung der Durchbeförderung findet § 49 ARHG sinngemäß Anwendung.

(7) Der ersuchende Mitgliedstaat ist um Ersatz der Kosten der Durchbeförderung durch das Gebiet der Republik Österreich zu ersuchen, es sei denn, dass er die Kosten eines gleichartigen österreichischen Ersuchens selbst tragen würde. Über die Gegenseitigkeit ist im Zweifelsfall eine Auskunft der Bundesministerin für Justiz einzuholen.

(BGBl I 2011/134)

---

[1]) *Anhänge nicht abgedruckt.*

Fälle des Europäischen Haftbefehls

§ 41j. Die Bestimmungen dieses Unterabschnitts mit Ausnahme der §§ 39, 40, 41 Abs. 1 Z 1 und 3, 41a Abs. 1 Z 3 und Abs. 2 bis 8, hinsichtlich der Fälle nach Z 2 auch mit Ausnahme des § 41e, finden mit der Maßgabe ebenfalls Anwendung, dass die Vollstreckung für den Fall der nicht fristgerechten Nachreichung, Ergänzung oder Berichtigung der Bescheinigung (Anhang VII) nicht verweigert werden darf:

1. wenn eine österreichische Justizbehörde um Vollstreckung eines Europäischen Haftbefehls gegen einen österreichischen Staatsbürger oder gegen einen Unionsbürger, hinsichtlich dessen die Voraussetzungen nach § 5a vorliegen, zum Vollzug einer Freiheitsstrafe oder einer mit Freiheitsentziehung verbundenen vorbeugenden Maßnahme ersucht wird und alle sonstigen Voraussetzungen für eine Übergabe des Betroffenen nach dem II. Hauptstück dieses Bundesgesetzes vorliegen (§ 5 Abs. 4), oder *(BGBl I 2013/175; BGBl I 2014/107)*

2. wenn die Vollstreckung eines Europäischen Haftbefehls gegen einen österreichischen Staatsbürger unter der Bedingung der Rücküberstellung zum Vollzug der vom Gericht des Ausstellungsstaats verhängten Freiheitsstrafe oder der mit Freiheitsentziehung verbundenen vorbeugenden Maßnahme bewilligt wurde (§ 5 Abs. 5).

(BGBl I 2011/134)

Zweiter Unterabschnitt

Erwirkung der Vollstreckung in einem anderen Mitgliedstaat

Voraussetzungen

§ 42. (1) Die Vollstreckung einer von einem inländischen Gericht nach Durchführung eines Strafverfahrens über eine natürliche Person, die sich entweder im Inland oder im Vollstreckungsstaat befindet, rechtskräftig verhängten lebenslangen oder zeitlichen Freiheitsstrafe oder mit Freiheitsentziehung verbundenen vorbeugenden Maßnahme, in einem anderen Mitgliedstaat ist unter folgenden Voraussetzungen nach den Bestimmungen dieses Unterabschnitts zu erwirken:

1. unabhängig von der Zustimmung des Verurteilten, wenn dieser

a) die Staatsangehörigkeit des Vollstreckungsstaats besitzt und in diesem Staat seinen Wohnsitz oder ständigen Aufenthalt hat;

b) seinen Wohnsitz oder ständigen Aufenthalt im Vollstreckungsstaat hat und dorthin im Hinblick auf das gegen ihn im Inland anhängige Strafverfahren oder das in Österreich ergangene Urteil geflohen oder sonst zurückgekehrt ist;

c) aufgrund eines Ausweisungsbescheides, einer Abschiebungsanordnung oder eines Aufenthaltsverbotes, unabhängig davon, ob diese Entscheidung im Urteil oder einer infolge des Urteils getroffenen gerichtlichen oder verwaltungsbehördlichen Entscheidung enthalten ist, nach Beendigung des Straf- oder Maßnahmenvollzuges in den Vollstreckungsstaat abgeschoben würde; *(BGBl I 2014/107)*

2. mit Zustimmung des Verurteilten und sofern der Vollstreckungsstaat eine entsprechende Erklärung abgegeben hat, wenn der Verurteilte nicht die Staatsangehörigkeit des Vollstreckungsstaats besitzt, jedoch seit mindestens fünf Jahren ununterbrochen seinen rechtmäßigen Aufenthalt in diesem Staat hat und sein Recht auf Daueraufenthalt bzw. auf langfristigen Aufenthalt im Vollstreckungsstaat aufgrund der Verurteilung nicht verliert; oder

3. mit Zustimmung des Verurteilten und der zuständigen Behörde des Vollstreckungsstaats, wenn ungeachtet des Nichtvorliegens der Voraussetzungen nach Z 1 und 2 aufgrund bestimmter Umstände Bindungen des Verurteilten zum Vollstreckungsstaat von solcher Intensität bestehen, dass davon auszugehen ist, dass die Vollstreckung in diesem Staat der Erleichterung der sozialen Wiedereingliederung des Verurteilten dient.

(2) Die Bundesministerin für Justiz hat durch Verordnung zu verlautbaren, welche Mitgliedstaaten eine Erklärung nach Abs. 1 Z 2 abgegeben haben.

(BGBl I 2011/134)

Rolle des Anstaltsleiters

§ 42a. Der Anstaltsleiter hat mit einem Verurteilten, bei dem die Voraussetzungen nach § 42 vorliegen oder voraussichtlich vorliegen werden, ohne unnötigen Aufschub nach seiner Einlieferung eine Niederschrift über dessen Erklärung zur Erwirkung der Vollstreckung der verhängten Freiheitsstrafe oder der mit Freiheitsentziehung verbundenen vorbeugenden Maßnahme im Vollstreckungsstaat aufzunehmen. In der Niederschrift ist der genaue Wohnsitz oder der ständige Aufenthalt des Verurteilten im Vollstreckungsstaat festzuhalten und gegebenenfalls anzugeben, ob gegen den Verurteilten aufgrund des inländischen Urteils bereits ein Ausweisungsbescheid oder eine Abschiebungsanordnung erlassen oder ein Aufenthaltsverbot verhängt wurde. Die Niederschrift ist dem Bundesministerium für Justiz zwecks Prüfung der Erwirkung der Vollstreckung vorzulegen.

(BGBl I 2011/134)

Befassung eines anderen Mitgliedstaats

§ 42b. (1) Nach Vorlage der in § 42a angeführten Unterlage durch den Anstaltsleiter hat das

EU-JZG

Bundesministerium für Justiz zu prüfen, ob die Voraussetzungen nach § 42 vorliegen oder voraussichtlich vorliegen werden. Gegebenenfalls ist die Veranlassung der Vollstreckung der verhängten Freiheitsstrafe oder der mit Freiheitsentziehung verbundenen vorbeugenden Maßnahme durch die zuständige Behörde des Vollstreckungsstaats zu erwirken.

(2) Das Bundesministerium für Justiz hat vor Übermittlung der in Abs. 4 angeführten Unterlagen die zuständige Behörde des Vollstreckungsstaats auf jede geeignete Weise zu konsultieren, um die nach § 42 Abs. 1 Z 3 erforderliche Zustimmung einzuholen. Es hat dabei darzulegen, aus welchen Gründen die Vollstreckung der verhängten Freiheitsstrafe oder der mit Freiheitsentziehung verbundenen vorbeugenden Maßnahme im Vollstreckungsstaat der Erleichterung der Resozialisierung und der Wiedereingliederung des Verurteilten in die Gesellschaft dient.

(3) Von der Erwirkung der Vollstreckung der verhängten Freiheitsstrafe oder der mit Freiheitsentziehung verbundenen vorbeugenden Maßnahme im Vollstreckungsstaat kann im Einzelfall abgesehen werden, wenn aufgrund bestimmter Umstände Bindungen des Verurteilten zu Österreich von solcher Intensität bestehen, dass davon auszugehen ist, dass die Vollstreckung der verhängten Freiheitsstrafe oder der mit Freiheitsentziehung verbundenen vorbeugenden Maßnahme im Inland der Erleichterung der Resozialisierung und der Wiedereingliederung des Verurteilten in die Gesellschaft dient.

(4) Das Bundesministerium für Justiz hat der zuständigen Behörde des Vollstreckungsstaats

1. das Urteil samt Übersetzung, sofern eine solche für den ausländischen Verurteilten im Inlandsverfahren bereits angefertigt wurde;

2. eine ausgefüllte und unterzeichnete Bescheinigung (**Anhang VII**)[1)] mit dem Ersuchen um Bekanntgabe der anwendbaren Bestimmungen des Vollstreckungsstaats über die bedingte oder vorzeitige Entlassung und, sofern der Vollstreckungsstaat nicht erklärt hat, Bescheinigungen auch in deutscher Sprache zu akzeptieren, deren Übersetzung in eine Amtssprache des Vollstreckungsstaats oder in eine andere von diesem akzeptierte Sprache;

3. die Niederschrift über die Erklärung des Verurteilten nach § 42a; und

4. für den Fall, dass sich der Verurteilte bereits im Vollstreckungsstaat befindet, das ausgefüllte Formblatt zur Unterrichtung der verurteilten Person (**Anhang VIII**[1)]) *(BGBl I 2014/107)*

zu übermitteln. *(BGBl I 2014/107)*

(5) Wenn die zuständige Behörde des Vollstreckungsstaats die Bescheinigung nicht als ausreichend für die Entscheidung über die Vollstreckung erachtet, so ist ihr über entsprechendes Ersuchen eine Übersetzung des Urteils oder der wesentlichen Teile desselben in die Amtssprache oder eine der Amtssprachen des Vollstreckungsstaats oder in eine andere akzeptierte Amtssprache der Organe der Europäischen Union zu übermitteln; die gegebenenfalls zu übersetzenden wesentlichen Teile des Urteils werden dabei im Rahmen von Konsultationen durch die zuständige Behörde des Vollstreckungsstaats bekannt gegeben. Ein Ersuchen um Übersetzung des Urteils oder der wesentlichen Teile desselben kommt nur in Betracht, wenn vom Vollstreckungsstaat eine entsprechende Erklärung abgegeben wurde.

(6) Ein Ersuchen der zuständigen Behörde des Vollstreckungsstaats oder des Verurteilten um Übermittlung der in Abs. 4 angeführten Unterlagen begründet keine Verpflichtung zu deren Übermittlung.

(7) Wenn die zuständige Behörde des Vollstreckungsstaats nach Übermittlung der in Abs. 4 angeführten Unterlagen eine begründete Stellungnahme übermittelt, wonach die Vollstreckung der verhängten Freiheitsstrafe oder der mit Freiheitsentziehung verbundenen vorbeugenden Maßnahme im Vollstreckungsstaat in den Fällen nach § 42 Abs. 1 Z 1 und 2 nicht der Erleichterung der Resozialisierung und der Wiedereingliederung des Verurteilten in die Gesellschaft dient, so hat das Bundesministerium für Justiz zu prüfen, ob Anlass zur Zurückziehung der Bescheinigung (Anhang VII) besteht. Vom Ergebnis der Prüfung ist die zuständige Behörde des Vollstreckungsstaats unter Angabe der Gründe in Kenntnis zu setzen.

(7a) Wurde die Freiheitsstrafe oder die mit Freiheitsentziehung verbundene vorbeugende Maßnahme wegen mehrerer Straftaten verhängt und teilt die zuständige Behörde des Vollstreckungsstaats mit, dass die Vollstreckung im Hinblick auf eine bestimmte Tat nicht übernommen werden kann, so hat das Gericht, das in erster Instanz erkannt hat, auf Antrag der Staatsanwaltschaft mit Beschluss festzustellen, welcher Teil der verhängten Freiheitsstrafe oder mit Freiheitsentziehung verbundenen vorbeugenden Maßnahme auf diejenige Straftat entfällt, hinsichtlich derer der Vollstreckung übernommen wird. Wurde eine Freiheitsstrafe oder mit Freiheitsentziehung verbundene vorbeugende Maßnahme von mindestens fünf Jahren verhängt, so entscheidet das Landesgericht als Senat von drei Richtern (§ 31 Abs. 4 StPO). Gegen den Beschluss steht der Staatsanwaltschaft und dem Verurteilten die binnen 14 Tagen einzubringende Beschwerde an das Oberlandesgericht offen. Nach Rechtskraft des Beschlusses hat das Bundesministerium für Justiz diesen der zuständigen Behörde des Vollstreckungsstaats zu übermitteln. *(BGBl I 2013/175; BGBl I 2020/20)*

(8) Auf den Geschäftsverkehr ist § 14 Abs. 1 bis 5 sinngemäß anzuwenden. Sind das Urteil und die Bescheinigung nicht auf dem Postweg übermittelt worden, so sind der zuständigen Behörde des Vollstreckungsstaats auf deren Ersuchen eine Ausfertigung oder beglaubigte Abschrift des Urteils sowie das Original der Bescheinigung auf dem Postweg nachzureichen.

(9) Die gleichzeitige Befassung eines weiteren Mitgliedstaats mit der Vollstreckung ist unzulässig.

(10) Von der Entscheidung über die Erwirkung der Vollstreckung im Vollstreckungsstaat ist der im Inland aufhältige Verurteilte in einer ihm verständlichen Sprache unter Verwendung des ausgefüllten Formblattes nach **Anhang VIII**[1] in Kenntnis zu setzen.

(11) Die Bundesministerin für Justiz hat durch Verordnung zu verlautbaren, welche Mitgliedstaaten welche Amtssprachen akzeptieren (Abs. 4 Z 2) und welche Mitgliedstaaten die in Abs. 5 angeführte Erklärung abgegeben haben.

(BGBl I 2011/134)

---

[1] *Anhänge nicht abgedruckt.*

Widerruf der Befassung

§ 42c. Das Bundesministerium für Justiz hat die zuständige Behörde des Vollstreckungsstaats unverzüglich davon in Kenntnis zu setzen, wenn

1. das Urteil, mit dem die Freiheitsstrafe oder die mit Freiheitsentziehung verbundene vorbeugende Maßnahme verhängt worden ist, oder seine Vollstreckbarkeit nachträglich aufgehoben, abgeändert oder das Ausmaß der Freiheitsstrafe oder der mit Freiheitsentziehung verbundenen vorbeugenden Maßnahme herabgesetzt worden ist;

2. die Vollstreckung aus anderen Gründen, etwa weil der Verurteilte nach den anwendbaren Bestimmungen des Vollstreckungsstaats über die bedingte oder vorzeitige Entlassung vor Verbüßung von der Hälfte der verhängten Freiheitsstrafe entlassen würde, nicht mehr begehrt und daher die Bescheinigung zurückgezogen wird. *(BGBl I 2014/107)*

(BGBl I 2011/134)

Vollstreckung im Inland

§ 42d. (1) Sobald im Vollstreckungsstaat mit der Vollstreckung der Freiheitsstrafe oder der mit Freiheitsentziehung verbundenen vorbeugenden Maßnahme begonnen wurde, ist deren weitere Vollstreckung im Inland unzulässig.

(2) Das Vollstreckungsverfahren kann jedoch fortgesetzt werden,

1. nachdem der zuständigen Behörde des Vollstreckungsstaats mitgeteilt worden ist, dass die Vollstreckung nicht mehr begehrt werde;

2. nachdem die zuständige Behörde des Vollstreckungsstaats mitgeteilt hat, dass die Sanktion infolge Flucht des Verurteilten aus der Strafhaft vor Beendigung des Vollzuges nicht zur Gänze vollstreckt worden ist;

3. wenn die Sanktion im Vollstreckungsstaat nicht vollstreckt werden konnte, weil der Verurteilte in diesem nicht aufgefunden werden konnte.

(BGBl I 2011/134)

Durchführung der Überstellung

§ 42e. (1) Befindet sich die verurteilte Person in Österreich, so ist sie an einem mit der zuständigen Behörde des Vollstreckungsstaats zu vereinbarenden Zeitpunkt, jedoch spätestens 30 Tage nach Rechtskraft der Entscheidung über die Vollstreckung, in den Vollstreckungsstaat zu überstellen. In den in § 42b Abs. 7a angeführten Fällen darf die Überstellung der verurteilten Person erst zu dem Zeitpunkt erfolgen, zu dem sie jenen Teil der verhängten Freiheitsstrafe oder mit Freiheitsentziehung verbundenen vorbeugenden Maßnahme, hinsichtlich dessen die Vollstreckung nicht übernommen wird, im Inland verbüßt hat. *(BGBl I 2013/175)*

(2) Ist die Überstellung innerhalb der in Abs. 1 genannten Frist aufgrund unvorhergesehener Umstände nicht möglich, so ist die zuständige Behörde des Vollstreckungsstaats unverzüglich in Kenntnis zu setzen. In einem solchen Fall erfolgt die Überstellung binnen 10 Tagen nach dem mit der zuständigen Behörde des Vollstreckungsstaats nach Wegfall des Hindernisses vereinbarten neuen Zeitpunkt.

(3) Die Übergabe der verurteilten Person an die zuständige Behörde des Vollstreckungsstaats hat das Gericht, dessen Strafe gerade vollstreckt wird, in sinngemäßer Anwendung des § 24 zu veranlassen. *(BGBl I 2013/175; BGBl I 2020/20)*

(BGBl I 2011/134)

Zustimmung zur Verfolgung, Verurteilung oder Strafvollstreckung wegen weiterer Straftaten

§ 42f. (1) Die Verfolgung oder Verurteilung des Verurteilten wegen einer vor der Übergabe begangenen anderen Handlung als derjenigen, die der Überstellung zugrunde liegt, sowie die Vollstreckung einer wegen einer derartigen Handlung verhängten Freiheitsstrafe oder einer mit Freiheitsentziehung verbundenen vorbeugenden Maßnahme ist von dem Gericht, dessen Strafe bei Einlangen eines Ersuchens vollstreckt wird oder zuletzt vollstreckt wurde, über entsprechendes Ersuchen der zuständigen Behörde des

Vollstreckungsstaats, gegebenenfalls nach Maßgabe der Bestimmung des § 11 Z 3, zu bewilligen, wenn die Voraussetzungen für eine Übergabe nach dem II. Hauptstück dieses Bundesgesetzes vorliegen. Die Entscheidung ist spätestens 30 Tage nach Einlangen des Ersuchens zu treffen. *(BGBl I 2013/175; BGBl I 2020/20)*

(2) Das Ersuchen hat die in Betracht kommenden Angaben eines Europäischen Haftbefehls nach **Anhang II**[1] zu enthalten und ist vorbehaltlich der Bestimmung des § 30 Abs. 3 mit einer Übersetzung in die deutsche Sprache zu versehen.

(BGBl I 2011/134)

---

[1] *Anhänge nicht abgedruckt.*

Erwirkung der Durchbeförderung

§ 42g. (1) Besteht auf Grund eines von einem inländischen Gericht verhängten Urteils Anlass zur Durchbeförderung des Verurteilten durch einen anderen Mitgliedstaat, so hat das Bundesministerium für Justiz ein Ersuchen um Durchbeförderung, das auf die in § 14 Abs. 3 angeführte Weise übermittelt werden kann, unter Anschluss einer Kopie der Bescheinigung **(Anhang VII)**[1] an die zuständige Behörde des betreffenden Mitgliedstaats zu übermitteln.

(2) Über entsprechendes Ersuchen des um Bewilligung der Durchbeförderung ersuchten Mitgliedstaats ist diesem eine Übersetzung der Bescheinigung in eine der im Ersuchen anzugebenden Sprachen, die der um Bewilligung der Durchbeförderung ersuchte Mitgliedstaat akzeptiert, zu übermitteln.

(BGBl I 2011/134)

---

[1] *Anhänge nicht abgedruckt.*

Zweiter Abschnitt

Vollstreckung von Sicherstellungsentscheidungen der Mitgliedstaaten

Erster Unterabschnitt

Durchführung der Verordnung (EU) 2018/1805

Vollstreckung von Sicherstellungsentscheidungen

§ 43. (1) Eine Sicherstellungsentscheidung (Art. 2 Abs. 1 Verordnung (EU) 2018/1805) eines anderen Mitgliedstaats außer Dänemark oder Irland über Vermögensgegenstände (Art. 2 Abs. 3 Verordnung (EU) 2018/1805), die einer nachfolgenden Einziehungsentscheidung (Art. 2 Abs. 2 Verordnung (EU) 2018/1805) unterliegen könnten, ist nach den Bestimmungen der Verordnung (EU) 2018/1805 sowie den Bestimmungen dieses Unterabschnitts zu vollstrecken.

(2) Die Staatsanwaltschaft hat ein Verfahren zur Vollstreckung einer Sicherstellungsentscheidung einzuleiten, wenn ein anderer Mitgliedstaat eine Bescheinigung (Art. 6 Verordnung (EU) 2018/1805) übermittelt oder aufgrund bestimmter Tatsachen anzunehmen ist, dass sich ein Vermögensgegenstand, der im Schengener Informationssystem zur Fahndung ausgeschrieben ist, im Inland befindet. Die Entscheidungsbehörde ist zur Vorlage einer Bescheinigung oder eines Rechtshilfeersuchens unter Setzung einer angemessenen Frist aufzufordern, wenn der Vermögensgegenstand im Inland aufgefunden wird.

(3) Liegt der Sicherstellungsentscheidung keine der in Art. 3 Abs. 1 der Verordnung (EU) 2018/1805 genannten strafbaren Handlungen zugrunde, ist die beiderseitige Strafbarkeit zu prüfen (Art. 8 Abs. 1 lit. e Verordnung (EU) 2018/1805).

(4) Für das Verfahren zur Vollstreckung einer Sicherstellungsentscheidung ist jene Staatsanwaltschaft als Vollstreckungsbehörde (Art. 2 Abs. 9 Verordnung (EU) 2018/1805) zuständig, in deren Sprengel sich der Vermögensgegenstand befindet oder der Betroffene über Vermögen verfügt, in das die Entscheidung vollstreckt werden kann. Kann danach die Zuständigkeit nicht festgestellt werden, so ist der Ort maßgebend, an dem der Betroffene seinen Wohnsitz oder Aufenthalt hat; handelt es sich um einen Verband (§ 1 Abs. 2 und 3 VbVG), auch der Ort, an dem dieser seinen Sitz, seinen Betrieb oder seine Niederlassung hat. Ist nach diesen Bestimmungen die Zuständigkeit nicht feststellbar, so ist die Staatsanwaltschaft Wien zuständig. Wird jedoch von der Entscheidungsbehörde unter einem auch eine Einziehungsentscheidung zur Anerkennung und Vollstreckung übermittelt, bestimmt sich die Zuständigkeit nach § 52 Abs. 3 und 4 EU-JZG.

(5) Wäre zur Vollstreckung der Sicherstellungsentscheidung in einem vergleichbaren innerstaatlichen Fall nach innerstaatlichen Rechtsvorschriften die Beschlagnahme zu beantragen, so hat die Staatsanwaltschaft die erforderlichen Anträge bei Gericht zu stellen. Soweit es das Gericht im Verfahren über einen Antrag der Staatsanwaltschaft oder nach Vollstreckung der Sicherstellungsentscheidung aus rechtlichen oder tatsächlichen Gründen für erforderlich erachtet, weitere Informationen von der Entscheidungsbehörde einzuholen oder ein Ersuchen nach Art. 12 Abs. 2 der Verordnung (EU) 2018/1805 an diese zu richten, hat es der Staatsanwaltschaft die erforderlichen Anordnungen zu erteilen.

(6) Ist nicht nach Abs. 5 vorzugehen, so obliegt es der Staatsanwaltschaft, die Vollstreckung der Sicherstellungsentscheidung anzuordnen. Die Anordnung hat zu enthalten:

1. die in § 102 Abs. 2 Z 1, 2 und 4 StPO genannten Angaben,

2. eine Begründung, aus der sich die Zulässigkeit der Vollstreckung ergibt, und

3. eine Ablichtung der Sicherstellungsbescheinigung.

(7) Gegen die Anordnung der Staatsanwaltschaft, gegen den Beschluss des Gerichts sowie gegen Rechtsverletzungen im Rahmen der Durchführung der Sicherstellung stehen die nach innerstaatlichen Rechtsvorschriften vorgesehenen Rechtsbehelfe unbeschadet von Art. 33 Abs. 2 der Verordnung (EU) 2018/1805 zu.

(BGBl I 2021/94)

Erwirkung der Vollstreckung von Sicherstellungsentscheidungen

§ 44. Ist im Ermittlungsverfahren eine Sicherstellung in einem anderen Mitgliedstaat außer Dänemark und Irland zu erwirken, so hat die Staatsanwaltschaft die Beschlagnahme (§ 109 Z 2 StPO) bei Gericht zu beantragen. Die Sicherstellungsbescheinigung (Anhang I der Verordnung (EU) 2018/1805) ist sodann vom Gericht zu erlassen und zu übermitteln.

(BGBl I 2021/94)

Zweiter Unterabschnitt

Vollstreckung von Sicherstellungsentscheidungen aus Dänemark und Irland

Voraussetzungen

§ 45. (1) Im Verhältnis zu Dänemark und Irland kann eine Sicherstellungsentscheidung über Beweismittel wegen Straftaten erlassen oder vollstreckt werden, die nach dem Recht des Entscheidungsstaats und, vorbehaltlich der Bestimmung des Abs. 3, nach dem Recht des Vollstreckungsstaats mit gerichtlicher Strafe bedroht sind. *(BGBl I 2018/28)*

(2) Im Verhältnis zu Dänemark und Irland kann eine Sicherstellungsentscheidung über Vermögensgegenstände, die einer nachfolgenden vermögensrechtlichen Anordnung unterliegen könnten, wegen Straftaten erlassen oder vollstreckt werden, die nach dem Recht des Entscheidungsstaats und des Vollstreckungsstaats gemäß Abs. 3 eine Sicherstellung ermöglichen. *(BGBl I 2013/175; BGBl I 2018/28; BGBl I 2021/94)*

(3) Für eine Entscheidung nach Abs. 1 und 2 ist die beiderseitige Strafbarkeit nicht zu prüfen, wenn die der Sicherstellungsentscheidung zu Grunde liegende Straftat von der ausstellenden Justizbehörde einer der im Anhang I angeführten Kategorie von Straftaten zugeordnet wurde und

nach dem Recht des Ausstellungsstaats mit einer Freiheitsstrafe bedroht ist, deren Obergrenze mindestens drei Jahre beträgt.

(4) Die Sicherstellungsentscheidung wird nur vollstreckt, wenn sie von einer Bescheinigung in der im **Anhang III**[1] bezeichneten Form begleitet ist. Ist die Bescheinigung unvollständig oder entspricht sie offensichtlich nicht der Sicherstellungsentscheidung, so kann der ausstellenden Justizbehörde eine Frist zur Vervollständigung oder Berichtigung gesetzt werden, sofern die vorhandenen Unterlagen für die Entscheidung über die Vollstreckung der Sicherstellungsentscheidung nicht ausreichend sind.

---

[1] *Anhänge nicht abgedruckt.*

Zuständigkeit und Verfahren

§ 46. (1) § 43 Abs. 2 und 4 bis 7 gilt sinngemäß. Die ausstellende Justizbehörde ist von der Einbringung einer Beschwerde sowie vom Ausgang des Beschwerdeverfahrens zu verständigen. *(BGBl I 2007/112; BGBl I 2021/94)*

(2) Einem Ersuchen um Vollstreckung einer Sicherstellungsentscheidung, das ein vom österreichischen Strafverfahrensrecht abweichendes Vorgehen erfordert, ist zu entsprechen, wenn dies mit dem Strafverfahren und seinen Grundsätzen gemäß dem 1. Hauptstückes der StPO vereinbar ist. *(BGBl I 2007/112)*

(3) Über die Vollstreckung einer Sicherstellungsentscheidung ist nach Möglichkeit innerhalb von 24 Stunden zu entscheiden. Die ausstellende Justizbehörde ist über die Entscheidung zu informieren. *(BGBl I 2021/94)*

Ablehnung der Vollstreckung

§ 47. (1) Die Vollstreckung einer Sicherstellungsentscheidung durch eine österreichische Justizbehörde ist unzulässig, wenn

1. die Voraussetzungen nach § 45 nicht vorliegen,

2. nach österreichischem Recht Privilegien oder Immunitäten bestehen, die die Vollstreckung der Sicherstellungsentscheidung unmöglich machen, oder

3. sich aus der Bescheinigung (§ 45 Abs. 4) ergibt, dass durch Vollstreckung einer Konfiskations- oder Einziehungsentscheidung der in § 7 Abs. 1 angeführte Grundsatz verletzt wäre. *(BGBl I 2013/175)*

(2) In Abgaben-, Steuer-, Zoll- und Devisenstrafsachen kann die Vollstreckung der Sicherstellungsentscheidung nicht mit der Begründung abgelehnt werden, dass nach österreichischem Recht nicht dieselbe Art von Abgaben oder Steuern oder keine Abgaben-, Steuern-, Zoll- oder Devisenbe-

EU-JZG

stimmungen derselben Art wie nach dem Recht des Ausstellungsstaats vorgesehen sind.

Aufschub der Vollstreckung

§ 48. (1) Die Vollstreckung einer Sicherstellungsentscheidung ist aufzuschieben, wenn der Vermögensgegenstand oder das Beweismittel bereits im Zuge eines im Inland anhängigen Verfahrens beschlagnahmt oder sichergestellt worden ist. *(BGBl I 2007/112)*

(2) Wird die Beschlagnahme oder Sicherstellung im inländischen Verfahren aufgehoben, so ist unverzüglich über die Vollstreckung der Sicherstellungsentscheidung zu entscheiden.

(3) Die Vollstreckung einer Sicherstellungsentscheidung kann aufgeschoben werden, solange der Zweck laufender Ermittlungen durch sie gefährdet wäre.

Dauer der Beschlagnahme oder Sicherstellung

§ 49. Ist der Sicherstellungsentscheidung kein Ersuchen um Übergabe des Beweismittels oder um Vollstreckung einer Verfalls- oder Einziehungsentscheidung unter Anschluss der zu vollstreckenden Entscheidung angeschlossen, so ist die Beschlagnahme oder Sicherstellung bis zur Entscheidung über ein das Beweismittel oder den Vermögensgegenstand betreffendes Rechtshilfeersuchen des Ausstellungsstaats aufrecht zu erhalten, soweit die Voraussetzungen für die Beschlagnahme oder Sicherstellung nach diesem Abschnitt fortbestehen. Im Übrigen ist nach § 58 zweiter Satz ARHG vorzugehen. *(BGBl I 2011/134)*

Verständigungspflicht

§ 50. Erweist sich die Vollstreckung einer Sicherstellungsentscheidung als unzulässig, tatsächlich unmöglich oder ist die Vollstreckung aufzuschieben, so hat die Staatsanwaltschaft die ausstellende Justizbehörde davon unverzüglich zu verständigen. Gleiches gilt für die Erhebung eines Rechtsmittels gegen die Vollstreckung und für die vollzogene Vollstreckung der Sicherstellungsentscheidung. *(BGBl I 2021/94)*

Geschäftsweg und Übersetzung

§ 51. (1) Für den Geschäftsverkehr zur Vollstreckung einer Sicherstellungsentscheidung findet § 14 sinngemäß Anwendung.

(2) Die Bescheinigung nach Anhang III zu Sicherstellungsentscheidungen inländischer Gerichte ist in die Amtssprache des Mitgliedstaats zu übersetzen, in dem die Sicherstellungsentscheidung vollstreckt werden soll, soweit dieser nicht die Erklärung abgegeben hat, eine Übersetzung in die deutsche oder eine andere Sprache zu akzeptieren.

Dritter Abschnitt
Vollstreckung vermögensrechtlicher Anordnungen

Erster Unterabschnitt
Durchführung der Verordnung (EU) 2018/1805

Vollstreckung von Einziehungsentscheidungen

§ 52. (1) Eine Einziehungsentscheidung (Art. 2 Abs. 2 Verordnung (EU) 2018/1805) eines anderen Mitgliedstaats außer Dänemark und Irland über Vermögensgegenstände (Art. 2 Abs. 3 Verordnung (EU) 2018/1805) ist nach den Bestimmungen der Verordnung (EU) 2018/1805 sowie den Bestimmungen dieses Unterabschnitts zu vollstrecken.

(2) Liegt der Einziehungsentscheidung keine der in Art. 3 Abs. 1 der Verordnung (EU) 2018/1805 genannten strafbaren Handlungen zugrunde, so ist die beiderseitige Strafbarkeit zu prüfen (Art. 19 Abs. 1 lit. f Verordnung (EU) 2018/1805).

(3) Zur Entscheidung über die Vollstreckung einer Einziehungsentscheidung ist der Einzelrichter des Landesgerichts zuständig.

(4) Die örtliche Zuständigkeit richtet sich nach dem Ort, an dem sich der von der Einziehungsentscheidung erfasste Vermögensgegenstand befindet oder an dem der Betroffene über Vermögen verfügt, in das die Entscheidung vollstreckt werden kann. Kann danach die Zuständigkeit nicht festgestellt werden, so ist der Ort maßgebend, an dem der Betroffene seinen Wohnsitz oder Aufenthalt hat; handelt es sich um einen Verband (§ 1 Abs. 2 und 3 VbVG), auch der Ort, an dem dieser seinen Sitz, seinen Betrieb oder seine Niederlassung hat. Ist nach diesen Bestimmungen die Zuständigkeit eines bestimmten Gerichtes nicht feststellbar, so ist das Landesgericht für Strafsachen Wien zuständig.

(5) Sind Vermögenswerte, die der Einziehung unterliegen, nicht sichergestellt, kann das Gericht auf Antrag der Staatsanwaltschaft deren Sicherstellung anordnen (Art. 18 Abs. 5 Verordnung (EU) 2018/1805), wenn dies zur Sicherung der Einziehung erforderlich scheint und nicht auf Grund bestimmter Tatsachen anzunehmen ist, dass die Einziehungsentscheidung abzulehnen sein wird.

(6) Der betroffenen Person ist die Einziehungsentscheidung zuzustellen und sie ist zu den Voraussetzungen der Vollstreckung zu hören, sofern sie im Inland geladen werden kann.

(7) Über die Vollstreckung der Einziehungsentscheidung ist mit Beschluss zu entscheiden. Der Beschluss hat die Bezeichnung der Behörde, deren Entscheidung vollstreckt wird, deren Aktenzeichen, eine kurze Darstellung des Sachverhalts

einschließlich Ort und Zeit der Tat und der angeordneten Maßnahmen sowie die Bezeichnung der strafbaren Handlung zu enthalten.

(8) Wird die Vollstreckung einer auf einen Geldbetrag lautenden Einziehungsentscheidung übernommen, so ist der im Inland zu vollstreckende Betrag in Höhe des Betrages festzusetzen, der in der zu vollsteckenden Entscheidung ausgesprochen ist. Ist dieser Betrag nicht in Euro angegeben, so hat die Umrechnung nach dem am Tag der Erlassung der zu vollstreckenden Entscheidung geltenden Wechselkurs zu erfolgen. Bereits geleistete Zahlungen und eingebrachte Beträge sind anzurechnen.

(9) Gegen einen Beschluss nach Abs. 7 und 8 steht der Staatsanwaltschaft und der von der Entscheidung betroffenen Person die binnen 14 Tagen einzubringende Beschwerde an das Oberlandesgericht offen. Einer rechtzeitig erhobenen Beschwerde gegen die Vollstreckung einer Einziehungsentscheidung kommt aufschiebende Wirkung zu.

(10) Nach Rechtskraft des Beschlusses ist nach § 408 Abs. 1 StPO vorzugehen.

(11) Wird die Vollstreckung für unzulässig erklärt, so hat die Staatsanwaltschaft dem Bundesministerium für Justiz durch Übermittlung einer Beschlussausfertigung und einer Ablichtung der Einziehungsentscheidung zu berichten.

(BGBl I 2021/94)

Zweiter Unterabschnitt

Vollstreckung von Einziehungsentscheidungen der Mitgliedstaaten Dänemark und Irland

Voraussetzungen

§ 52a. Eine von einem dänischen oder irischen Gericht rechtskräftig ausgesprochene vermögensrechtliche Anordnung (§ 2 Z 11) wird nach den Bestimmungen dieses Unterabschnitts vollstreckt.

(BGBl I 2021/94)

Unzulässigkeit der Vollstreckung

§ 52a1. (1) Die Vollstreckung der vermögensrechtlichen Anordnung durch ein österreichisches Gericht ist unzulässig, *(BGBl I 2021/94)*

1. wenn die der vermögensrechtlichen Anordnung zu Grunde liegende Tat oder, sofern es sich bei dieser um Geldwäscherei nach § 165 StGB handelt, deren Vortat

a) im Inland oder an Bord eines österreichischen Schiffs oder Luftfahrzeugs begangen worden ist; oder

b) außerhalb des Hoheitsgebiets des Entscheidungsstaates begangen wurde, wenn nach österreichischem Recht außerhalb des Bundesgebietes

begangene Taten dieser Art nicht dem Geltungsbereich der österreichischen Strafgesetze unterlägen;

2. wenn gegen den Betroffenen wegen der der vermögensrechtlichen Anordnung zugrunde liegenden Tat eine endgültige vermögensrechtliche Anordnung im Inland oder eine endgültige, bereits vollstreckte vermögensrechtliche Anordnung in einem anderen Staat ergangen ist;

3. wenn die der vermögensrechtlichen Anordnung zu Grunde liegende Tat nach österreichischem Recht nicht gerichtlich strafbar ist, es sei denn, die Tat ist einer der in Anhang I, Teil A, angeführten Kategorien von Straftaten zuzuordnen; die vom Entscheidungsstaat getroffene Zuordnung ist vorbehaltlich des § 52c Abs. 2 Z 3 bindend;

4. wenn die Vollstreckbarkeit der vermögensrechtlichen Anordnung, der eine Tat zu Grunde liegt, die dem Geltungsbereich der österreichischen Strafgesetze unterliegt, nach österreichischem Recht verjährt ist;

5. soweit dem Betroffenen im Inland oder im Entscheidungsstaat Amnestie oder Begnadigung gewährt worden ist;

6. soweit die Vollstreckung gegen Bestimmungen über Immunität verstoßen würde;

7. soweit der Vollstreckung Rechte gutgläubiger Dritter entgegenstehen;

8.[1)] wenn die vermögensrechtliche Anordnung in Abwesenheit des Betroffenen ergangen ist, es sei denn, dass dieser im Einklang mit den Verfahrensvorschriften des Entscheidungsstaats

a) fristgerecht durch persönliche Ladung oder auf andere Weise von Zeit und Ort der Verhandlung, die zu der vermögensrechtlichen Anordnung geführt hat, tatsächlich Kenntnis erlangt hat und darüber belehrt worden ist, dass die vermögensrechtliche Anordnung in seiner Abwesenheit ergehen kann;

b) in Kenntnis der anberaumten Verhandlung einen selbst gewählten oder vom Gericht beigegebenen Verteidiger mit seiner Vertretung in der Verhandlung betraut hat und von diesem in der Verhandlung tatsächlich vertreten wurde; oder

c) nach Zustellung der in Abwesenheit ergangenen vermögensrechtlichen Anordnung und nach Belehrung über das Recht, die Neudurchführung der Verhandlung zu beantragen oder ein Rechtsmittel zu ergreifen und auf diesem Weg eine neuerliche Prüfung des Sachverhalts, auch unter Berücksichtigung neuer Beweise, in seiner Anwesenheit und eine Aufhebung der Entscheidung zu erreichen,

aa) ausdrücklich erklärt hat, keine Neudurchführung der Verhandlung zu beantragen oder kein Rechtmittel zu ergreifen; oder

EU-JZG

bb) innerhalb der bestehenden Fristen keine Neudurchführung der Verhandlung beantragt oder kein Rechtsmittel ergriffen hat. *(BGBl I 2011/134)*

9. soweit die vermögensrechtliche Anordnung einen erweiterten Verfall umfasst, der nach § 20b StGB nicht ausgesprochen werden könnte *(BGBl I 2013/175)*

10. wenn objektive Anhaltspunkte dafür vorliegen, dass die Entscheidung unter Verletzung von Grundrechten oder wesentlicher Rechtsgrundsätze im Sinne von Art 6 des Vertrags über die Europäische Union zustande gekommen ist, insbesondere die vermögensrechtliche Anordnung zum Zwecke der Bestrafung des Betroffenen aus Gründen seines Geschlechts, seiner Rasse, Religion, ethnischen Herkunft, Staatsangehörigkeit, Sprache, politischen Überzeugung oder sexuellen Ausrichtung getroffen wurde und der Betroffene keine Möglichkeit hatte, diesen Umstand vor dem Europäischen Gerichtshof für Menschenrechte oder vor dem Gerichtshof der Europäischen Union geltend zu machen. *(BGBl I 2020/20)*

(2) In Abgaben-, Steuer-, Zoll- und Währungsangelegenheiten darf die Vollstreckung der vermögensrechtlichen Anordnung nicht mit der Begründung abgelehnt werden, dass das österreichische Recht keine gleichartigen Abgaben oder Steuern vorschreibt oder keine gleichartigen Abgaben-, Steuer-, Zoll- und Währungsbestimmungen enthält wie das Recht des Entscheidungsstaates.

(BGBl I 2007/38; BGBl I 2021/94)

---

[1]) *Beachte § 140 Abs 7.*

Zuständigkeit

§ 52b. § 52 Abs. 3 und 4 ist anzuwenden. Ist das Gericht, das mit der Vollstreckung befasst worden ist, nicht zuständig, so tritt es die Sache an das zuständige Gericht ab.

(BGBl I 2007/38; BGBl I 2021/94)

Verfahren

§ 52c. (1) Die Vollstreckung setzt voraus, dass dem inländischen Gericht

1. die zu vollstreckende Entscheidung und

2. die von der zuständigen Behörde unterzeichnete Bescheinigung **(Anhang V)** und, sofern der Entscheidungsstaat nicht die Erklärung abgegeben hat, als Vollstreckungsstaat Bescheinigungen auch in deutscher Sprache zu akzeptieren (§ 52k Abs. 2), deren Übersetzung in die deutsche Sprache

übermittelt wird.

(2) Wenn

1. die Bescheinigung nicht übermittelt worden, in wesentlichen Teilen unvollständig ist oder der vermögensrechtlichen Anordnung offensichtlich widerspricht,

2. Anhaltspunkte bestehen, dass einer der in § 52a1 Abs. 1 Z 1, 2 und 7 bis 10 angeführten Gründe für die Unzulässigkeit der Vollstreckung vorliegt, *(BGBl I 2021/94)*

3. die rechtliche Würdigung als Straftat nach Anhang I, Teil A, offensichtlich fehlerhaft ist oder der Betroffene dagegen begründete Einwände erhoben hat, oder

4. der Betroffene bescheinigt, dass der von der vermögensrechtlichen Anordnung erfasste Vermögenswert oder Gegenstand bereits eingezogen wurde, die auf einen Geldbetrag lautende vermögensrechtliche Anordnung bereits teilweise vollstreckt wurde oder er auf Grund einer solchen Entscheidung bereits einen Geldbetrag gezahlt hat, *(BGBl I 2013/175)*

ist die Behörde des Entscheidungsstaates um Nachreichung, Vervollständigung oder ergänzende Information binnen einer festzusetzenden angemessenen Frist mit dem Hinweis zu ersuchen, dass bei fruchtlosem Ablauf der Frist die Vollstreckung zur Gänze oder zum Teil verweigert werden werde.

(3) Auf den Geschäftsverkehr ist § 14 Abs. 1 bis 5 sinngemäß anzuwenden.

(4) Zu den Voraussetzungen der Vollstreckung (§ 52a1), zur Frage einer bereits erfolgten Einziehung des von der vermögensrechtlichen Anordnung erfassten Vermögenswertes oder Gegenstands und zur Höhe des zu vollstreckenden Betrages ist der von der Entscheidung Betroffene zu hören, sofern er im Inland geladen werden kann. *(BGBl I 2013/175; BGBl I 2021/94)*

(BGBl I 2007/38)

Entscheidung

§ 52d. § 52 Abs. 5 und 7 bis 11 ist anzuwenden.

(BGBl I 2007/38; BGBl I 2021/94)

Aufschub der Vollstreckung

§ 52e. (1) Die Vollstreckung der vermögensrechtlichen Anordnung ist aufzuschieben,

1. solange über eine zulässige Beschwerde nicht rechtskräftig entschieden wurde; *(BGBl I 2021/94)*

2. wenn der Entscheidungsstaat auch andere Mitgliedstaaten mit der Vollstreckung der vermögensrechtlichen Anordnung befasst hat und der insgesamt vollstreckte Betrag den in der vermögensrechtlichen Anordnung festgelegten Betrag übersteigen könnte;

3. solange der Vermögenswert oder Gegenstand Grundlage eines auf eine vermögensrechtliche Anordnung gerichteten Inlandsverfahrens ist; *(BGBl I 2013/175)*

4. solange der Zweck laufender Ermittlungen durch sie gefährdet wäre;

5. für die Dauer der vom Gericht für erforderlich erachteten, auf seine Kosten anzufertigenden Übersetzung der vermögensrechtlichen Anordnung;

6. bis zum Einlangen der von der zuständigen Behörde des Entscheidungsstaates begehrten ergänzenden Informationen.

(2) Ist zu besorgen, dass der Vermögenswert oder Gegenstand nach Wegfall des Grundes für den Aufschub nicht mehr zum Zwecke der Vollstreckung der vermögensrechtlichen Anordnung zur Verfügung steht, so hat das Gericht während der Dauer des Aufschubs sämtliche zulässigen Maßnahmen, einschließlich der Erlassung einer einstweiligen Verfügung nach § 144a StPO, zu ergreifen. *(BGBl I 2013/175)*

(BGBl I 2007/38)

Vermögensrechtliche Anordnungen mehrerer Mitgliedstaaten

§ 52f. Werden von zwei oder mehreren Mitgliedstaaten vermögensrechtliche Anordnungen

1. über denselben Gegenstand oder

2. über einen demselben Betroffenen zuzuordnenden Vermögenswert, ohne dass dieser über Mittel im Inland verfügt, die zur Vollstreckung sämtlicher Entscheidungen ausreichen, *(BGBl I 2013/175)*

übermittelt, so ist unter gebührender Berücksichtigung aller Umstände, insbesondere ob der Vermögenswert oder Gegenstand bereits nach dem Zweiten Abschnitt des III. Hauptstücks dieses Bundesgesetzes sichergestellt wurde, der Schwere der den vermögensrechtlichen Anordnungen zu Grunde liegenden strafbaren Handlungen, des Tatortes, des Zeitpunkts der Erlassung der vermögensrechtlichen Anordnungen und der zeitlichen Reihenfolge ihrer Übermittlung, zu entscheiden, welche vermögensrechtliche Anordnung bzw. welche vermögensrechtlichen Anordnungen zu vollstrecken sind. *(BGBl I 2013/175)*

(BGBl I 2007/38)

Erlös aus der Vollstreckung

§ 52g. (1) Durch die Vollstreckung der vermögensrechtlichen Anordnung erlangte Geldbeträge, die 10.000 Euro oder den Gegenwert dieses Betrages nicht erreichen, fallen dem Bund zu. Erreicht oder übersteigt der durch die Vollstreckung der vermögensrechtlichen Anordnung erlangte Geldbetrag 10.000 Euro, so sind 50 % des Betrages an den Entscheidungsstaat zu überweisen.

(2) Gegenstände, die durch die Vollstreckung der vermögensrechtlichen Anordnung erlangt worden sind, sind auf die in § 377 StPO angeordnete Weise zu veräußern. Über den Ertrag ist nach Abs. 1 zu verfügen. Kommt eine solche Vorgangsweise nicht in Betracht und stimmt der Entscheidungsstaat der Übermittlung der Gegenstände nicht zu, so fallen diese dem Bund zu.

(3) Abs. 1 und 2 sind nur anzuwenden, soweit nicht eine andere Vereinbarung mit dem Entscheidungsstaat getroffen worden ist.

(4) Gegenstände, die zum österreichischen Kulturerbe gehören, fallen jedenfalls dem Bund zu.

(BGBl I 2007/38)

Einstellung der Vollstreckung

§ 52h. Teilt die zuständige Behörde des Entscheidungsstaates mit, dass die vermögensrechtliche Anordnung oder ihre Vollstreckbarkeit aufgehoben worden ist oder dass die Vollstreckung aus anderen Gründen nicht mehr begehrt werde, so ist die Vollstreckung einzustellen.

(BGBl I 2007/38)

Verständigung des Entscheidungsstaates

§ 52i. Das Gericht hat die zuständige Behörde des Entscheidungsstaates unverzüglich davon in Kenntnis zu setzen, wenn

1. es die Sache an das zuständige Gericht abgibt (§ 52b zweiter Satz), *(BGBl I 2021/94)*

2. der zu vollstreckende Betrag niedriger als mit dem in der vermögensrechtlichen Anordnung ausgesprochenen Betrag festgesetzt wird (§§ 52d, 52 Abs. 8), *(BGBl I 2021/94)*

3. die Vollstreckung aufgeschoben worden ist, unter Angabe der Gründe und nach Möglichkeit der voraussichtlichen Dauer des Aufschubs,

4. die Entscheidung vollstreckt worden ist,

5. die Vollstreckung zur Gänze oder zum Teil verweigert wird, unter Angabe der Gründe,

6. die vermögensrechtliche Anordnung nicht vollstreckt werden kann, weil der einzuziehende Vermögenswert oder Gegenstand verschwunden ist, vernichtet worden ist, im Inland nicht einbringlich ist oder an dem in der Bescheinigung angegebenen Ort nicht aufzufinden ist, weil der Ort, an dem sich der Vermögenswert oder Gegenstand befindet, nicht hinreichend genau angegeben wurde, oder weil in den Vermögenswert oder Gegenstand bereits eine andere vermögensrechtliche Anordnung vollstreckt worden ist (§ 52f),

EU-JZG

jeweils unter Angabe der Gründe. *(BGBl I 2013/175)*

(BGBl I 2007/38)

Kosten

§ 52j. Die durch die Vollstreckung einer ausländischen vermögensrechtlichen Anordnung entstandenen Kosten sind unbeschadet ihrer Einbringung beim Betroffenen vom Bund zu tragen. Sind durch die Vollstreckung erhebliche oder außergewöhnliche Kosten angefallen, so ist der Behörde des Entscheidungsstaates unter Anschluss einer detaillierten Kostenaufstellung eine Teilung der Kosten vorzuschlagen.

(BGBl I 2007/38)

Dritter Unterabschnitt

Erwirkung der Vollstreckung in einem anderen Mitgliedstaat

Befassung eines anderen Mitgliedstaates

§ 52k. (1) Besteht Anlass, einen anderen Mitgliedstaat mit der Vollstreckung einer vermögensrechtlichen Anordnung zu befassen, so hat das Gericht, das in erster Instanz erkannt hat, zunächst der Staatsanwaltschaft Gelegenheit zur Äußerung zu geben und dem Betroffenen zu hören, sofern dieser im Inland geladen werden kann.

(1a) Im Verhältnis zu den Mitgliedstaaten mit Ausnahme von Dänemark und Irland ist nach der Verordnung (EU) 2018/1805 vorzugehen. Soll die Vollstreckung durch Dänemark oder Irland erwirkt werden, sind die weiteren Bestimmungen dieses Unterabschnitts anzuwenden. *(BGBl I 2021/94)*

(2) Das Gericht hat der zuständigen Behörde des Vollstreckungsstaates

1. die zu vollstreckende Entscheidung samt Übersetzung, sofern eine solche für den ausländischen Betroffenen im Inlandsverfahren bereits angefertigt wurde, sowie

2. eine ausgefüllte und unterzeichnete Bescheinigung (**Anhang V**)[1] und, sofern der Vollstreckungsstaat nicht erklärt hat, Bescheinigungen auch in deutscher Sprache zu akzeptieren, deren Übersetzung in eine Amtssprache des Vollstreckungsstaates oder in eine andere von diesem akzeptierte Sprache

zu übermitteln. Die Bundesministerin für Justiz hat durch Verordnung zu verlautbaren, welche Mitgliedstaaten welche Amtssprachen akzeptieren.

(3) Auf den Geschäftsverkehr ist § 14 Abs. 1 bis 5 sinngemäß anzuwenden. Sind die Entscheidung und die Bescheinigung nicht auf dem Postweg übermittelt worden, so sind der zuständigen Behörde des Vollstreckungsstaates auf ihr Ersuchen eine Ausfertigung oder beglaubigte Abschrift der Entscheidung sowie das Original der Bescheinigung auf dem Postweg nachzureichen.

(BGBl I 2007/38)

---

[1] *Anhänge nicht abgedruckt.*

Übermittlung einer vermögensrechtlichen Anordnung an mehrere Vollstreckungsstaaten

§ 52l. (1) Vorbehaltlich der Abs. 2 und 3 darf eine vermögensrechtliche Anordnung jeweils nur an einen Vollstreckungsstaat übermittelt werden.

(2) Eine auf bestimmte Gegenstände lautende vermögensrechtliche Anordnung kann gleichzeitig an mehrere Vollstreckungsstaaten übermittelt werden, wenn

1. Grund zu der Annahme besteht, dass sich in mehreren Vollstreckungsstaaten von der vermögensrechtlichen Anordnung erfasste Gegenstände befinden,

2. die Vollstreckung der vermögensrechtlichen Anordnung Maßnahmen in mehreren Vollstreckungsstaaten erfordert, oder

3. Grund zur Annahme besteht, dass sich ein von der vermögensrechtlichen Anordnung erfasster Gegenstand in einem von zwei oder mehreren bekannten Vollstreckungsstaaten befindet.

(3) Eine auf einen Vermögenswert lautende vermögensrechtliche Anordnung kann gleichzeitig an mehrere Vollstreckungsstaaten übermittelt werden, wenn dies zu dessen Einbringung erforderlich ist, insbesondere wenn der Vermögenswert nicht nach den Bestimmungen des Zweiten Abschnitts des III. Hauptstücks dieses Bundesgesetzes sichergestellt wurde oder die Vollstreckung durch nur einen Vollstreckungsstaat voraussichtlich nicht zur Einbringung des gesamten in der vermögensrechtlichen Anordnung ausgesprochenen Betrages ausreicht. *(BGBl I 2013/175)*

(BGBl I 2007/38)

Vollstreckung im Inland

§ 52m. Das inländische Vollstreckungsverfahren kann trotz Übermittlung der vermögensrechtlichen Anordnung an einen oder mehrere Vollstreckungsstaaten fortgesetzt werden, doch darf der aus der Vollstreckung der auf einen Geldbetrag lautenden Verfallsentscheidung erlangte Gesamtbetrag den in der Entscheidung ausgesprochenen Betrag nicht übersteigen. *(BGBl I 2013/175)*

(BGBl I 2007/38)

Verständigung des Vollstreckungsstaates

§ 52n. Das Gericht, das in erster Instanz erkannt hat, hat die zuständige Behörde des Vollstreckungsstaates unverzüglich davon in Kenntnis zu setzen, wenn

1. die Gefahr einer Vollstreckung über den in der auf einen Geldbetrag lautenden vermögensrechtlichen Anordnung ausgesprochenen Betrag hinaus besteht und sobald diese weggefallen ist,

2. die Entscheidung im Inland oder in einem anderen Vollstreckungsstaat ganz oder teilweise vollstreckt worden ist, gegebenenfalls unter Angabe des Betrages, hinsichtlich dessen noch keine Vollstreckung erfolgt ist,

3. der Betroffene auf Grund der vermögensrechtlichen Anordnung bereits einen Geldbetrag gezahlt hat,

4. die vermögensrechtliche Anordnung oder ihre Vollstreckbarkeit nachträglich aufgehoben oder abgeändert worden ist oder die Vollstreckung aus anderen Gründen nicht mehr begehrt wird.

(BGBl I 2007/38)

Vierter Abschnitt

Vollstreckung von Geldsanktionen

Erster Unterabschnitt

Vollstreckung von Entscheidungen anderer Mitgliedstaaten

Voraussetzungen

§ 53. (1) Eine rechtskräftige Entscheidung eines Gerichtes eines anderen Mitgliedstaates, mit der eine Geldsanktion (Abs. 3) wegen einer nach dem Recht dieses Staates gerichtlich strafbaren Handlung ausgesprochen worden ist, wird nach den Bestimmungen dieses Abschnitts vollstreckt.

(2) Einer Entscheidung nach Abs. 1 ist gleichzuhalten:

1. die Entscheidung einer anderen Justizbehörde, insbesondere einer Staatsanwaltschaft, wenn der Betroffene die Möglichkeit hatte, die Sache vor ein auch in Strafsachen zuständiges Gericht zu bringen, sowie

2. die Entscheidung eines auch in Strafsachen zuständigen Gerichtes, das gegen eine Entscheidung angerufen wurde, die eine nicht gerichtliche Behörde wegen einer nach dem Recht des Entscheidungsstaates gerichtlich strafbaren Handlung, Verwaltungsübertretung oder Ordnungswidrigkeit gefällt hat.

(3) Eine Geldsanktion ist

1. eine Geldstrafe oder eine Geldbuße,

2. eine in derselben Entscheidung ausgesprochene Verpflichtung zur Zahlung einer Entschädigung an das Opfer, wenn dieses im Rahmen des Verfahrens keine zivilrechtlichen Ansprüche geltend machen konnte und das Gericht in Aus-

übung seiner strafrechtlichen Zuständigkeit tätig wurde,

3. die Verpflichtung zum Ersatz der Kosten des zur Entscheidung führenden Verfahrens, oder

4. eine in derselben Entscheidung ausgesprochene Verpflichtung zur Zahlung eines Geldbetrages an eine öffentliche Kasse oder eine Organisation zur Unterstützung von Opfern.

Keine Geldsanktionen sind vermögensrechtliche Anordnungen (§ 2 Z 11) sowie Erkenntnisse über privatrechtliche Ansprüche. *(BGBl I 2013/175)*

(BGBl I 2007/38)

Unzulässigkeit der Vollstreckung

§ 53a. Die Vollstreckung der Entscheidung eines anderen Mitgliedstaates, mit der eine Geldsanktion ausgesprochen worden ist, durch ein österreichisches Gericht ist unzulässig,

1. wenn die Geldsanktion den Betrag von 70 Euro oder dessen Gegenwert nicht erreicht,

2. wenn die der Entscheidung zugrunde liegende Tat

a) im Inland oder an Bord eines österreichischen Schiffes oder Luftfahrzeuges begangen worden ist; oder

b) außerhalb des Hoheitsgebietes des Entscheidungsstaats begangen worden ist, wenn nach österreichischem Recht außerhalb des Bundesgebietes begangene Taten dieser Art nicht dem Geltungsbereich der österreichischen Strafgesetze unterlägen,

3. wenn gegen den Betroffenen wegen der der Entscheidung zugrunde liegenden Tat eine rechtskräftige Entscheidung im Inland oder eine rechtskräftige, bereits vollstreckte Entscheidung in einem anderen Staat ergangen ist,

4. wenn die der Entscheidung zugrunde liegende Tat nach österreichischem Recht weder gerichtlich noch als Verwaltungsübertretung strafbar ist, es sei denn, die Tat ist einer der im Anhang I, Teil A oder B, angeführten Kategorien von Straftaten und Verwaltungsübertretungen zuzuordnen; die vom Entscheidungsstaat getroffene Zuordnung ist vorbehaltlich des § 53c Abs. 3 Z 3 bindend;

5. wenn die der Entscheidung zugrunde liegende Tat von einer Person begangen wurde, die nach österreichischem Recht zur Zeit der Tat strafunmündig war,

6. wenn die Vollstreckung einer der Entscheidung zugrunde liegenden Tat, die dem Geltungsbereich der österreichischen Strafgesetze unterliegt, nach österreichischem Recht verjährt ist;

7. wenn dem Betroffenen im Inland oder im Entscheidungsstaat Amnestie oder Begnadigung gewährt worden ist,

8. soweit die Vollstreckung gegen Bestimmungen über Immunität verstoßen würde,

EU-JZG

9. wenn die Entscheidung in einem schriftlichen Verfahren ergangen ist und der Betroffene nicht persönlich oder über einen nach dem Recht des Entscheidungsstaates befugten Vertreter von bestehenden Rechtsmittelmöglichkeiten und den dafür geltenden Fristen in Kenntnis gesetzt worden ist;

10.[1] wenn die Entscheidung in Abwesenheit des Betroffenen ergangen ist, es sei denn, dass dieser im Einklang mit den Verfahrensvorschriften des Entscheidungsstaats

a) fristgerecht durch persönliche Ladung oder auf andere Weise von Zeit und Ort der Verhandlung, die zu der Entscheidung geführt hat, tatsächlich Kenntnis erlangt hat und darüber belehrt worden ist, dass die Entscheidung in seiner Abwesenheit ergehen kann;

b) in Kenntnis der anberaumten Verhandlung einen selbst gewählten oder vom Gericht beigegebenen Verteidiger mit seiner Vertretung in der Verhandlung betraut hat und von diesem in der Verhandlung tatsächlich vertreten wurde; oder

c) nach Zustellung der in Abwesenheit ergangenen Entscheidung und nach Belehrung über das Recht, die Neudurchführung der Verhandlung zu beantragen oder ein Rechtsmittel zu ergreifen und auf diesem Weg einer neuerliche Prüfung des Sachverhalts, auch unter Berücksichtigung neuer Beweise, in seiner Anwesenheit und eine Aufhebung der Entscheidung zu erreichen,

aa) ausdrücklich erklärt hat, keine Neudurchführung der Verhandlung zu beantragen oder kein Rechtsmittel zu ergreifen; oder

bb) innerhalb der bestehenden Fristen keine Neudurchführung der Verhandlung beantragt oder kein Rechtsmittel ergriffen hat. *(BGBl I 2011/134)*

10a.[1] wenn die Entscheidung in Abwesenheit des Betroffenen ergangen ist, es sei denn, dass dieser nach ausdrücklicher Unterrichtung über das Verfahren und die Möglichkeit, zu der Verhandlung persönlich zu erscheinen, ausdrücklich erklärt hat, auf das Recht auf mündliche Anhörung zu verzichten und kein Rechtsmittel gegen die Entscheidung zu ergreifen. *(BGBl I 2011/134)*

11. wenn objektive Anhaltspunkte dafür vorliegen, dass die Entscheidung unter Verletzung von Grundrechten oder wesentlicher Rechtsgrundsätze im Sinne von Art. 6 des Vertrags über die Europäische Union zustande gekommen ist, insbesondere die Geldsanktion zum Zwecke der Bestrafung des Betroffenen aus Gründen seines Geschlechts, seiner Rasse, Religion, ethnischen Herkunft, Staatsangehörigkeit, Sprache, politischen Überzeugung oder sexuellen Ausrichtung verhängt worden ist und der Betroffene keine Möglichkeit hatte, diese Umstände vor dem Europäischen Gerichtshof für Menschenrechte oder

vor dem Gerichtshof der Europäischen Union geltend zu machen. *(BGBl I 2020/20)*

(BGBl I 2007/38)

---

[1] *Beachte § 124 Abs 7.*

Zuständigkeit

§ 53b. (1) Zur Entscheidung über die Vollstreckung einer Entscheidung, mit der eine Geldsanktion ausgesprochen worden ist, ist das Landesgericht sachlich zuständig. *(BGBl I 2011/134)*

(2) Die örtliche Zuständigkeit richtet sich nach dem Wohnsitz oder Aufenthalt der Person, gegen die die Geldsanktion ausgesprochen worden ist; handelt es sich um einen Verband (§ 1 Abs. 2 und 3 VbVG), nach dessen Sitz oder nach dem Ort dessen Betriebes oder dessen Niederlassung. Können diese Orte nicht festgestellt werden, so ist der Ort maßgebend, an dem sich Vermögen befindet, in das die Entscheidung vollstreckt werden soll. Ist nach diesen Bestimmungen die Zuständigkeit eines bestimmten Gerichtes nicht feststellbar, so ist das Landesgericht für Strafsachen Wien zuständig.

(3) Ist das Gericht, das mit der Vollstreckung befasst worden ist, nicht zuständig, so tritt es die Sache an das zuständige Gericht ab.

(4) Ist die Entscheidung, mit der eine Geldsanktion ausgesprochen worden ist, keine Entscheidung im Sinn von § 53 Abs. 1 oder 2, so ist die Sache der zuständigen Bezirksverwaltungsbehörde oder – im Gebiet einer Gemeinde, für das die Landespolizeidirektion zugleich Sicherheitsbehörde erster Instanz ist – Landespolizeidirektion abzutreten. *(BGBl I 2012/50)*

(BGBl I 2007/38)

Verfahren

§ 53c. (1) Die Vollstreckung setzt voraus, dass dem inländischen Gericht

1. die zu vollstreckende Entscheidung und

2. die von der zuständigen Behörde unterzeichnete Bescheinigung **(Anhang VI)**[1] und, sofern der Entscheidungsstaat nicht die Erklärung abgegeben hat, als Vollstreckungsstaat Bescheinigungen in deutscher Sprache zu akzeptieren (§ 53k Abs. 2), deren Übersetzung in die deutsche Sprache übermittelt wird.

(2) Hat die Behörde des Entscheidungsstaates die zugrunde liegende Straftat der in Anhang I, Teil B Z 7, angeführten Kategorie zugeordnet, so haben aus der Bescheinigung die näheren Umstände der Tat, die angewandten innerstaatlichen Rechtsvorschriften und jene Bestimmung des aufgrund des Vertrags über die Gründung der

Europäischen Gemeinschaften oder des Vertrags über die Europäische Union erlassenen Rechtsaktes, die durch die innerstaatlichen Rechtsvorschriften umgesetzt werden, hervorzugehen.

(3) Wenn

1. die Bescheinigung nicht übermittelt worden, in wesentlichen Teilen unvollständig ist oder offensichtlich der Entscheidung widerspricht,

2. Anhaltspunkte bestehen, dass einer der in § 53a Z 6, 9, 10 und 11 angeführten Gründe für die Unzulässigkeit der Vollstreckung vorliegt,

3. die rechtliche Würdigung als Straftat nach Anhang I, Teil A oder B, offensichtlich fehlerhaft ist oder der Betroffene dagegen begründete Einwände erhoben hat, oder

4. der Betroffene bescheinigt, dass die Geldsanktion zur Gänze oder zum Teil bezahlt oder eingebracht worden ist,

so ist die Behörde des Entscheidungsstaates um Nachreichung, Vervollständigung oder ergänzende Information binnen einer festzusetzenden angemessenen Frist mit dem Hinweis zu ersuchen, dass bei fruchtlosem Ablauf der Frist die Vollstreckung zur Gänze oder zum Teil verweigert werden werde.

(4) Auf den Geschäftsverkehr ist § 14 Abs. 1 bis 5 sinngemäß anzuwenden.

(5) Zu den Voraussetzungen der Vollstreckung (§§ 53, 53a), zur Höhe des zu vollstreckenden Betrages (§ 53d Abs. 2) und zur Höhe der Tagessätze der nicht bereits in der zu vollstreckenden Entscheidung festgesetzten Ersatzfreiheitsstrafe (§ 53d Abs. 3) ist der Betroffene zu hören, sofern er im Inland geladen werden kann.

(BGBl I 2007/38)

---

1) Anhänge nicht abgedruckt.

Entscheidung

§ 53d. (1) Über die Vollstreckung ist mit Beschluss zu entscheiden. Der Beschluss hat die Bezeichnung der Behörde, deren Entscheidung vollstreckt wird, deren Aktenzeichen, eine kurze Darstellung des Sachverhalts einschließlich Ort und Zeit der Tat, die Bezeichnung der strafbaren Handlung sowie die angewendeten Rechtsvorschriften des Entscheidungsstaates zu enthalten.

(2) Wird die Vollstreckung übernommen, so ist der im Inland zu vollstreckende Betrag in Höhe des Betrages festzusetzen, der in der zu vollstreckenden Entscheidung ausgesprochen ist. Ist der Betrag nicht in Euro angegeben, so hat die Umrechnung nach dem am Tag der Erlassung der zu vollstreckenden Entscheidung geltenden Wechselkurs zu erfolgen. Der zu vollstreckende Betrag ist jedoch auf das nach österreichischem Recht zulässige Höchstmaß herabzusetzen, wenn die der Entscheidung zugrunde liegende Tat außer-

halb des Hoheitsgebietes des Entscheidungsstaates begangen wurde und dem Geltungsbereich der österreichischen Strafgesetze unterliegt. Bereits geleistete Zahlungen und eingebrachte Beträge sind anzurechnen.

(3) Ist in einer zu vollstreckenden Entscheidung, mit der eine Geldstrafe oder eine Geldbuße ausgesprochen wurde, nicht bereits eine Ersatzfreiheitsstrafe festgesetzt, ist in der Bescheinigung jedoch angegeben, dass Ersatzfreiheitsstrafen nach dem Recht des Entscheidungsstaates zulässig sind, so ist in dem Beschluss über die Vollstreckung eine Ersatzfreiheitsstrafe für den Fall der Uneinbringlichkeit der Geldstrafe oder Geldbuße festzusetzen. Ihre Dauer ist mit jener Dauer zu bestimmen, die der Anzahl von Tagessätzen entspricht (§ 19 Abs. 3 StGB), die nach österreichischem Recht für die Tat festzusetzen wäre, oder die sonst nach österreichischem Recht zu bestimmen wäre, darf jedoch die in der Bescheinigung angegebene Höchstdauer nicht überschreiten.

(4) Gegen den Beschluss steht der Staatsanwaltschaft und dem Betroffenen die binnen 14 Tagen einzubringende Beschwerde an das Oberlandesgericht offen. Einer rechtzeitig erhobenen Beschwerde des Betroffenen kommt aufschiebende Wirkung zu. *(BGBl I 2011/134)*

(5) Nach Rechtskraft des Beschlusses ist nach § 409 StPO vorzugehen.

(6) Wurde die Vollstreckung aus dem Grunde des § 53a Z 11 verweigert, so hat die zuständige Staatsanwaltschaft dem Bundesministerium für Justiz unter Anschluss einer Beschlussausfertigung zu berichten.

(BGBl I 2007/38)

Aufschub der Vollstreckung

§ 53e. (1) Die Vollstreckung der Entscheidung, mit der eine Geldsanktion ausgesprochen worden ist, ist aufzuschieben,

1. solange über eine zulässige Beschwerde (§ 53d Abs. 4) nicht rechtskräftig entschieden wurde;

2. für die Dauer der vom Gericht für erforderlich erachteten, auf seine Kosten anzufertigenden Übersetzung der Entscheidung;

3. bis zum Einlangen der von der Behörde des Entscheidungsstaates begehrten ergänzenden Informationen.

(2) Für die Dauer des Aufschubs sind sämtliche zulässigen Maßnahmen zu ergreifen, um zu verhindern, dass der einzubringende Geldbetrag nach Wegfall des Grundes für den Aufschub nicht mehr zum Zwecke der Vollstreckung der Entscheidung zur Verfügung steht.

(BGBl I 2007/38)

EU-JZG

Erlös aus der Vollstreckung

§ 53f. Der Erlös aus der Vollstreckung fällt dem Bund zu, sofern nicht eine anders lautende Vereinbarung mit dem Entscheidungsstaat getroffen worden ist.

(BGBl I 2007/38)

Ersatzfreiheitsstrafe

§ 53g. Kann eine Geldstrafe oder eine Geldbuße nicht eingebracht werden, so ist der Vollzug der in der zu vollstreckenden Entscheidung oder im Beschluss über die Vollstreckung (§ 53d Abs. 3) festgesetzten Ersatzfreiheitsstrafe anzuordnen.

(BGBl I 2007/38)

Einstellung der Vollstreckung

§ 53h. Teilt die zuständige Behörde des Entscheidungsstaates mit, dass die Entscheidung, mit der die Geldsanktion ausgesprochen wurde, oder ihre Vollstreckbarkeit aufgehoben worden ist oder dass die Vollstreckung aus anderen Gründen nicht mehr begehrt werde, so ist die Vollstreckung einzustellen.

(BGBl I 2007/38)

Verständigung des Entscheidungsstaates

§ 53i. Das Gericht hat die zuständige Behörde des Entscheidungsstaates unverzüglich davon in Kenntnis zu setzen, wenn

1. es die Sache an das zuständige Gericht oder die zuständige Bezirksverwaltungsbehörde oder – im Gebiet einer Gemeinde, für das die Landespolizeidirektion zugleich Sicherheitsbehörde erster Instanz ist – Landespolizeidirektion abgibt (§ 53b Abs. 3 und 4), *(BGBl I 2012/50)*

2. der zu vollstreckende Betrag niedriger als mit dem in der Entscheidung ausgesprochenen Betrag festgesetzt wird (§ 53d Abs. 2),

3. eine Ersatzfreiheitsstrafe festgesetzt und ihr Vollzug angeordnet wird (§ 53g),

4. die Entscheidung vollstreckt worden ist,

5. die Vollstreckung zur Gänze oder zum Teil verweigert wird, unter Angabe der Gründe,

6. die Entscheidung mangels Einbringlichkeit im Inland nicht vollstreckt werden kann.

(BGBl I 2007/38)

Kosten

§ 53j. Die durch die Vollstreckung einer ausländischen Entscheidung, in welcher eine Geldsanktion verhängt wurde, entstandenen Kosten sind unbeschadet ihrer Einbringung beim Betroffenen vom Bund zu tragen.

(BGBl I 2007/38)

Zweiter Unterabschnitt

Erwirkung der Vollstreckung in einem anderen Mitgliedstaat

Befassung eines anderen Mitgliedstaates

§ 53k. (1) Besteht Anlass, einen anderen Mitgliedstaat mit der Vollstreckung einer gerichtlichen Entscheidung zu befassen, mit der eine Geldsanktion (§ 53 Abs. 2) ausgesprochen worden ist, so hat das Gericht, das in erster Instanz erkannt hat, zunächst der Staatsanwaltschaft Gelegenheit zur Äußerung zu geben und den Betroffenen zu hören, sofern er im Inland geladen werden kann.

(2) Das Gericht hat der zuständigen Behörde des Vollstreckungsstaates

1. die zu vollstreckende Entscheidung samt Übersetzung, sofern eine solche für den ausländischen Betroffenen im Inlandsverfahren bereits angefertigt wurde, sowie

2. eine ausgefüllte und unterzeichnete Bescheinigung (**Anhang VI**)[1] und, sofern der Vollstreckungsstaat nicht erklärt hat, Bescheinigungen auch in deutscher Sprache zu akzeptieren, deren Übersetzung in eine Amtssprache des Vollstreckungsstaates oder in eine andere von diesem akzeptierte Sprache

zu übermitteln. Die Bundesministerin für Justiz hat durch Verordnung zu verlautbaren, welche Mitgliedstaaten welche Amtssprachen akzeptieren.

(3) Auf den Geschäftsverkehr ist § 14 Abs. 1 bis 5 sinngemäß anzuwenden. Sind die Entscheidung und die Bescheinigung nicht auf dem Postweg übermittelt worden, so sind der zuständigen Behörde des Vollstreckungsstaates auf ihr Ersuchen eine Ausfertigung oder beglaubigte Abschrift der Entscheidung sowie das Original der Bescheinigung auf dem Postweg nachzureichen.

(4) Die gleichzeitige Befassung eines weiteren Mitgliedstaates mit der Vollstreckung ist unzulässig.

(BGBl I 2007/38)

---

[1] *Anhänge nicht abgedruckt.*

Widerruf der Befassung

§ 53l. Das Gericht hat die zuständige Behörde des Vollstreckungsstaates unverzüglich davon in Kenntnis zu setzen, wenn

1. der Betroffene auf Grund der Entscheidung, mit der die Geldsanktion ausgesprochen worden ist, bereits einen Geldbetrag gezahlt hat,

2. die Entscheidung, mit der die Geldsanktion ausgesprochen worden ist, oder ihre Vollstreckbarkeit nachträglich aufgehoben, abgeändert oder das Ausmaß der Geldsanktion herabgesetzt worden ist, oder

3. die Vollstreckung aus anderen Gründen nicht mehr begehrt wird.

(BGBl I 2007/38)

Vollstreckung im Inland

§ 53m. (1) Wurde ein Mitgliedstaat mit der Vollstreckung befasst, so ist eine Vollstreckung im Inland unzulässig.

(2) Das Vollstreckungsverfahren kann jedoch fortgesetzt werden

1. nachdem der zuständigen Behörde des Vollstreckungsstaates mitgeteilt worden ist, dass die Vollstreckung nicht mehr begehrt werde,

2. wenn im Vollstreckungsstaat eine Begnadigung oder Amnestie dazu geführt hat, dass die Vollstreckung unterbleibt,

3. wenn die Vollstreckung im Vollstreckungsstaat mangels Einbringlichkeit nicht möglich ist, oder

4. wenn der Vollstreckungsstaat die Vollstreckung verweigert, es sei denn die Verweigerung ist auf den in § 53a Z 3 genannten Grund gestützt worden.

(BGBl I 2007/38)

§ 54. *(aufgehoben samt Überschrift, BGBl I 2011/134)*

IV. Hauptstück
Europäische Ermittlungsanordnung, Rechtshilfe und sonstige Zusammenarbeit in Strafsachen

Erster Abschnitt
Europäische Ermittlungsanordnung

Erster Unterabschnitt
Vollstreckung einer Europäischen Ermittlungsanordnung

Voraussetzungen

§ 55. (1) Eine Europäische Ermittlungsanordnung eines anderen Mitgliedstaats außer Dänemark oder Irland wird nach den Bestimmungen dieses Unterabschnitts vollstreckt.

(2) Dieser Unterabschnitt findet keine Anwendung auf die:

1. Bildung gemeinsamer Ermittlungsgruppen (§§ 60 ff und 76),

2. Zustellung von Verfahrensurkunden (§ 75),

3. Einholung von Strafregisterauskünften über Staatsangehörige anderer Mitgliedstaaten (§§ 77 ff) sowie

4. grenzüberschreitende Nacheile und Observation, soweit es sich um polizeiliche Maßnahmen handelt (§ 1 Abs. 2 Z 2 PolKG);

(3) Wird das Verfahren im Ausstellungsstaat nicht von einer Justizbehörde geführt, so kann eine Europäische Ermittlungsanordnung nur vollstreckt werden, wenn gegen die Entscheidung der ausstellenden Behörde ein Gericht angerufen werden kann und die Ermittlungsanordnung von einer Justizbehörde des Ausstellungsstaates genehmigt wurde.

(BGBl I 2018/28)

Unzulässigkeit der Vollstreckung

§ 55a. (1) Die Vollstreckung einer Europäischen Ermittlungsanordnung ist unzulässig, wenn:

1. vorbehaltlich des Abs. 2 die ihr zugrundeliegende Handlung nach österreichischem Recht nicht mit gerichtlicher Strafe bedroht ist; für fiskalisch strafbare Handlungen ist § 12 sinngemäß anzuwenden;

2. sie sich auf eine strafbare Handlung bezieht, die außerhalb des Hoheitsgebiets des Anordnungsstaats und ganz oder teilweise im Inland oder an Bord eines österreichischen Schiffs oder Luftfahrzeugs begangen worden sein soll, und die Handlung nach österreichischem Recht nicht mit gerichtlicher Strafe bedroht ist;

3. das Recht, wegen derselben Straftat nicht zweimal strafrechtlich verfolgt oder bestraft zu werden, verletzt werden würde (Art. 54 SDÜ), es sei denn, dass ihr ein Antrag des Beschuldigten auf Durchführung bestimmter Ermittlungsmaßnahmen oder Aufnahme bestimmter Beweise im Verfahren vor der ausstellenden Behörde zu Grunde liegt;

4. die Ermittlungsmaßnahme nach österreichischem Recht nur zur Aufklärung besonders bezeichneter strafbarer Handlungen oder solcher Handlungen, deren Begehung mit einer im Gesetz bestimmten Strafe bedroht sind, angeordnet werden darf und die der Europäischen Ermittlungsanordnung zugrundeliegende strafbare Handlung diese Voraussetzung nicht erfüllt, es sei denn, es handelt sich um eine in § 55b Abs. 2 genannte Ermittlungsmaßnahme;

5. ihr Bestimmungen über die Immunität entgegenstehen;

6. sie wesentlichen nationalen Sicherheitsinteressen schaden, Informationsquellen gefährden oder die Verwendung von klassifizierten Informationen über nachrichtendienstliche Tätigkeiten voraussetzen würde;

7. berechtigte Gründe für die Annahme bestehen, dass sie die in Art. 6 des Vertrags über die Europäische Union anerkannten Grundsätze oder die durch die Charta der Grundrechte der Europäischen Union gewährten Rechte verletzen würde;

8. das Recht einer in §§ 155 Abs. 1 Z 1 und 157 Abs. 1 Z 2 bis 5 StPO genannten Person, die Aussage zu verweigern, umgangen würde, es sei denn, dass die zur Verweigerung der Aussage berechtigte Person im Verfahren der ausstellenden Behörde als Beschuldigter geführt wird;

9. die Voraussetzungen des § 55 Abs. 3 – vorbehaltlich des § 55d Abs. 2 Z 1 – nicht gegeben sind;

10. im Fall einer Europäischen Ermittlungsanordnung zur Überstellung einer inhaftierten Person die Überstellung aus dem Bundesgebiet geeignet ist, die Dauer der Anhaltung zu verlängern;

11. der Beschuldigte der Vernehmung mittels technischer Einrichtung zur Wort- und Bildübertragung im Fall einer darauf gerichteten Europäischen Ermittlungsanordnung nicht zugestimmt hat oder die Europäische Ermittlungsanordnung auf eine Vernehmung des Beschuldigten mittels Telefonkonferenz gerichtet ist;

12. im Fall einer Europäischen Ermittlungsanordnung zur Durchführung einer kontrollierten Lieferung die Voraussetzungen des § 99 Abs. 4 StPO nicht vorliegen;

13. im Fall einer Europäischen Ermittlungsanordnung zur Durchführung einer Observation, einer Überwachung von Nachrichten oder einer optischen und akustischen Überwachung von Personen die Überwachung in einem vergleichbaren innerstaatlichen Fall nicht genehmigt würde. *(BGBl I 2021/94)*

(2) Die beiderseitige Strafbarkeit nach Abs. 1 Z 1 ist nicht zu prüfen, wenn

1. die der Europäischen Ermittlungsanordnung zugrundeliegende Tat von der ausstellenden Behörde einer der in Anhang I, Teil A angeführten Kategorie von Straftaten zugeordnet wurde und nach dem Recht des Ausstellungsstaates mit Freiheitsstrafe, deren Obergrenze mindestens drei Jahre beträgt, oder mit Freiheitsstrafe verbundenen vorbeugenden Maßnahmen in dieser Dauer bedroht ist, wobei die von der ausstellenden Behörde getroffene Zuordnung vorbehaltlich des § 55d Abs. 2 Z 2 bindend ist; oder

2. es sich um eine in § 55b Abs. 2 genannte Maßnahme handelt.

(BGBl I 2018/28)

Rückgriff auf eine andere Ermittlungsmaßnahme

§ 55b. (1) Die Europäische Ermittlungsanordnung ist durch Rückgriff auf eine andere als die in ihr genannte Maßnahme zu vollstrecken, wenn

1. der mit ihrer Vollstreckung verbundene Eingriff in Rechte von Personen gesetzlich nicht ausdrücklich vorgesehen (§ 5 Abs. 1 StPO) ist, oder ihre Vollstreckung sonst aus dem Grund des § 55a Abs. 1 Z 4 unzulässig wäre, oder

2. durch die Durchführung einer anderen Maßnahme, die die Rechte des Betroffenen weniger beeinträchtigt, das gleiche Ergebnis erzielt werden kann, wie es mit der in der Europäischen Ermittlungsanordnung genannten Maßnahme erzielt werden soll.

(2) Ein Rückgriff aus dem Grund des Abs. 1 Z 1 ist jedenfalls in folgenden Fällen ausgeschlossen:

1. Übermittlung von Ermittlungsergebnissen oder Beweismitteln, die in einem inländischen Strafverfahren gewonnen oder aufgenommen wurden;

2. Übermittlung von Informationen, die sich aus öffentlichen oder den Polizei- oder den Justizbehörden in einem Strafverfahren unmittelbar zugänglichen Datenbanken ergeben;

3. Vernehmung von Beteiligten eines Strafverfahrens, Opfern, Zeugen oder Sachverständigen;

4. Durchführung von Maßnahmen, die nicht mit einer Ausübung von Zwang gegen den Betroffenen verbunden sind;

5. Auskunft über Stamm- und Zugangsdaten nach § 76a StPO.

(3) Gibt es im Fall des Abs. 1 Z 1 keine Maßnahme, mit der das gleiche Ergebnis erzielt werden kann wie mit der Durchführung der in der Europäischen Ermittlungsanordnung genannten Maßnahme, so ist der ausstellenden Behörde mitzuteilen, dass es nicht möglich war, die Europäische Ermittlungsanordnung zu vollstrecken.

(BGBl I 2018/28)

Zuständigkeit

§ 55c. (1) Für das Verfahren zur Vollstreckung einer Europäischen Ermittlungsanordnung ist jene Staatsanwaltschaft zuständig, in deren Sprengel die begehrte Maßnahme durchzuführen ist.

(2) Handelt es sich um eine Europäische Ermittlungsanordnung, die auf die Durchführung einer grenzüberschreitenden Observation oder einer kontrollierten Lieferung gerichtet ist, so ist jene Staatsanwaltschaft zuständig, in deren Sprengel voraussichtlich die Grenze überschritten werden wird oder von deren Sprengel aus die Observation oder kontrollierte Lieferung ausgehen soll; im Fall einer Observation in einem nach Österreich

fliegenden Luftfahrzeug aber die Staatsanwaltschaft, in deren Sprengel der Ort der Landung liegt. Für Unterrichtungen (**Anhang XIX**)[1] ist jene Staatsanwaltschaft zuständig, in deren Sprengel sich die überwachte Person zum Zeitpunkt der Überwachung aufgehalten hat, aufhält oder aufhalten wird. Ist eine Zuständigkeit danach nicht feststellbar, so ist die Staatsanwaltschaft Wien zuständig.

(3) Richtet sich die Europäische Ermittlungsanordnungen auf die Übermittlung von Auskünften über das Hauptverfahren oder über die Vollstreckung der ausgesprochenen Strafe oder einer vorbeugenden Maßnahme, so ist das erkennende Gericht zuständig. Gleiches gilt für die Überlassung von Akten oder die Durchführung von Vernehmungen, soweit im inländischen Verfahren bereits Anklage eingebracht worden ist und die Vollstreckung der Europäischen Ermittlungsanordnung mit dem inländischen Verfahren im Zusammenhang steht. Im Fall der Vernehmung ist der Einzelrichter (§ 31 Abs. 1 Z 1 StPO) zuständig. *(BGBl I 2020/20)*

(4) Für die Entscheidung über die Vollstreckung einer in § 55g Abs. 1 genannten Europäischen Ermittlungsanordnung ist der Einzelrichter des in § 16 StVG bezeichneten Gerichts, ansonsten das Gericht, auf dessen Anordnung die Haft beruht, zuständig.

(5) Liegt der Europäischen Ermittlungsanordnung eine Handlung zu Grunde, die nach innerstaatlichen Rechtsvorschriften als eine in die Zuständigkeit der Verwaltungsbehörden fallende Verwaltungsübertretung oder als ein in die Zuständigkeit der Finanzstrafbehörden fallendes Finanzvergehen zu beurteilen ist, so ist das Verfahren der nach den innerstaatlichen Rechtsvorschriften zuständigen Behörde abzutreten. *(BGBl I 2020/20)*

(BGBl I 2018/28)

---

[1] *Anhänge nicht abgedruckt.*

Verfahren

§ 55d. (1) Die Vollstreckung der Europäischen Ermittlungsanordnung setzt voraus, dass die unterzeichnete und gegebenenfalls genehmigte (§ 55 Abs. 3) Bescheinigung (**Anhang XVII**) und, sofern der Ausstellungsstaat nicht die Erklärung abgegeben hat, als Vollstreckungsstaat Bescheinigungen auch in deutscher Sprache zu akzeptieren (§ 56 Abs. 3), deren Übersetzung in die deutsche Sprache übermittelt wird.

(2) Wenn

1. die Bescheinigung unvollständig, widersprüchlich, offensichtlich unrichtig ist oder nicht von einer Justizbehörde des Ausstellungsstaates genehmigt wurde (§ 55 Abs. 3),

2. die rechtliche Würdigung als Straftat nach Anhang I Teil A. offensichtlich fehlerhaft ist oder der Beschuldigte dagegen begründete Einwände erhoben hat,

ist die ausstellende Behörde um Nachreichung, Vervollständigung oder ergänzende Information binnen einer festzusetzenden, angemessenen Frist zu ersuchen.

(3) Bestehen Anhaltspunkte für das Vorliegen von den in § 55a Abs. 1 Z 3, 5 bis 8 genannten Gründen oder scheint es sachgerecht, zunächst andere als die in der Europäischen Ermittlungsanordnung genannten Maßnahmen durchzuführen, so ist die ausstellende Behörde zu informieren und im Wege von Konsultationen darauf hinzuwirken, dass dem Zweck der Ermittlungsanordnung so weit wie möglich entsprochen wird.

(4) Vor einem Vorgehen nach § 55b Abs. 1 ist der ausstellenden Behörde Gelegenheit zur Stellungnahme zu geben.

(5) Steht der Vollstreckung einer Europäischen Ermittlungsanordnung eine Immunität entgegen, für deren Aufhebung eine Zuständigkeit im Inland besteht, sind die nach den vorgesehenen Voraussetzungen notwendigen Anträge zu stellen und die Europäische Ermittlungsanordnung nach Aufhebung der Immunität zu vollstrecken.

(6) Einem Ersuchen um Vollstreckung einer Europäischen Ermittlungsanordnung, das ein vom österreichischen Recht abweichendes Vorgehen erfordert, ist zu entsprechen, wenn diesem Vorgehen keine wesentlichen innerstaatlichen Rechtsgrundsätze entgegenstehen.

(7) Langt bei der Staatsanwaltschaft eine Unterrichtung (**Anhang XIX**)[1] ein, so hat sie der ausstellenden Behörde im Fall des Vorliegens der in § 55a Abs. 1 Z 1 bis 5, 8 und 13 genannten Gründe binnen 96 Stunden mitzuteilen, dass die Überwachung von Nachrichten nicht durchgeführt werden kann oder zu beenden ist, sowie bereits gesammelte Ergebnisse der Überwachung von Nachrichten nicht verwendet werden dürfen.

(8) Auf den Geschäftsweg ist § 14 Abs. 1 bis 5 sinngemäß anzuwenden.

(BGBl I 2018/28)

---

[1] *Anhänge nicht abgedruckt.*

Entscheidung über die Vollstreckung

§ 55e. (1) Ist nach den Bestimmungen der StPO zur Vollstreckung der in der Europäischen Ermittlungsanordnung vorgesehenen Maßnahme eine Anordnung der Staatsanwaltschaft erforderlich, so hat die Anordnung zu enthalten:

1. die in § 102 Abs. 2 Z 1, 2 und 4 StPO genannten Angaben,

2. eine Beschreibung der durchzuführenden Maßnahme,

EU-JZG

3. eine Begründung, aus der sich die Zulässigkeit der Vollstreckung ergibt,

4. eine Ablichtung der Europäischen Ermittlungsanordnung.

(2) Die Staatsanwaltschaft hat gegebenenfalls die für die gerichtliche Entscheidung über die Durchführung der begehrten Maßnahme oder die Genehmigung oder Bewilligung von Zwangsmitteln nach der StPO (§§ 104, 105 StPO) erforderlichen Anträge zu stellen.

(3) Soweit es das Gericht im Verfahren über einen Antrag der Staatsanwaltschaft nach Abs. 2 aus rechtlichen oder tatsächlichen Gründen erforderlich erachtet, nach § 55d Abs. 2 bis 5 vorzugehen, oder weitere Informationen von der ausstellenden Behörde einzuholen, hat es der Staatsanwaltschaft anzuordnen, nach § 55d Abs. 2 bis 5 vorzugehen oder weitere Informationen einzuholen.

(4) Gegen die Entscheidung der Staatsanwaltschaft, die Europäische Ermittlungsanordnung zu vollstrecken, gegen den Beschluss des Gerichts sowie gegen Rechtsverletzungen im Rahmen der Durchführung der Maßnahme stehen die nach innerstaatlichen Rechtsvorschriften vorgesehenen Rechtsbehelfe zu. Die Gründe für die Ausstellung der Europäischen Ermittlungsanordnung können jedoch nur im Ausstellungsstaat überprüft werden.

(5) Über die Vollstreckung einer Europäischen Ermittlungsanordnung ist längstens binnen 30 Tagen zu entscheiden. Kann diese Frist nicht eingehalten werden, verlängert sie sich um weitere 30 Tage. Wenn jedoch eine vorläufige Maßnahme vollstreckt werden soll, um zu verhindern, dass Gegenstände, die als Beweismittel dienen können, vernichtet, verändert, entfernt, übertragen oder veräußert werden, ist, soweit möglich, innerhalb von 24 Stunden über die Vollstreckung zu entscheiden.

(BGBl I 2018/28)

Durchführung

§ 55f. (1) Die in der Europäischen Ermittlungsanordnung genannten Maßnahmen sind unverzüglich, längstens binnen 90 Tagen durchzuführen, davon zeitlich abweichende Ersuchen der Ausstellungsbehörde sind soweit wie möglich zu berücksichtigen.

(2) Die Durchführung einer in der Europäischen Ermittlungsanordnung genannten Maßnahme ist aufzuschieben, solange

1. der Zweck laufender Ermittlungen durch sie gefährdet wäre oder

2. die Beweismittel in einem inländischen Strafverfahren benötigt werden.

(BGBl I 2018/28)

Überstellung inhaftierter Personen

§ 55g. (1) Ist eine Europäische Ermittlungsanordnung zu vollstrecken, die darauf gerichtet ist, dass eine Person, die im Inland in Untersuchungs- oder Strafhaft oder in einer mit Freiheitsentzug verbundenen vorbeugenden Maßnahme angehalten wird, zur Durchführung bestimmter Verfahrenshandlungen in den Ausstellungsstaat überstellt werden soll, so hat das zuständige Gericht (§ 55c Abs. 4) nach Anhörung der inhaftierten Person und gegebenenfalls ihres gesetzlichen Vertreters eine schriftliche Vereinbarung (Abs. 3) mit der zuständigen Behörde des Ausstellungsstaates zu schließen.

(2) Ist eine Europäische Ermittlungsanordnung zu vollstrecken, die darauf gerichtet ist, dass eine im Ausstellungsstaat inhaftierte Person zur Durchführung bestimmter Verfahrenshandlungen in das Inland überstellt werden soll, so hat die zuständige Staatsanwaltschaft (§ 55c Abs. 1) eine schriftliche Vereinbarung (Abs. 3) mit der zuständigen Behörde des Ausstellungsstaates zu schließen.

(3) Die Vereinbarung hat zumindest zu enthalten:

1. die Bezeichnung der Verfahrenshandlungen, zu deren Zweck die Überstellung stattfinden soll;

2. die Verpflichtung zur ehestmöglichen Rücküberstellung nach Durchführung der Verfahrenshandlungen;

3. eine Befristung, nach deren Ablauf die inhaftierte Person jedenfalls rückzustellen ist, sofern nicht vor Ablauf dieser Frist eine Verlängerung der Überstellung vereinbart worden ist;

4. die Verpflichtung, die überstellte Person weiterhin in Haft zu halten und nur auf Anordnung der zuständigen Behörde freizulassen sowie die Verpflichtung, die überstellte Person nach ihrer Freilassung nicht aufgrund einer Entscheidung im Ausstellungsstaat die Freiheit zu entziehen, vorbehaltlich der in Abs. 6 Z 1 und 2 genannten Fälle oder ihrer Zustimmung;

5. eine Bestimmung, dass die Überstellung den Vollzug der Haft oder vorbeugenden Maßnahme nicht unterbricht und für die Dauer der Überstellung in Haft zugebrachten Zeiten auf die Haft oder vorbeugende Maßnahme angerechnet werden;

6. eine Bestimmung, dass alle Kosten im Zusammenhang mit der Überstellung vom Ausstellungsstaat zu tragen sind.

(4) Die Überstellung unterbricht den Vollzug der Haft oder vorbeugenden Maßnahme nicht.

(5) Eine Entlassung der in das Bundesgebiet überstellten Person (Abs. 2) aus der Haft oder vorbeugenden Maßnahme kommt nur aufgrund einer Entscheidung der zuständigen Behörde des Ausstellungsstaates in Betracht.

(6) Eine in das Bundesgebiet überstellte Person (Abs. 2) darf im Inland wegen einer vor ihrer Überstellung begangenen strafbaren Handlung weder verfolgt noch einer Freiheitsstrafe oder mit Freiheitsentziehung verbundenen vorbeugenden Maßnahme unterworfen werden (Spezialität), es sei denn, die Person hat

1. innerhalb von 15 Tagen nach ihrer Entlassung das Bundesgebiet nicht verlassen, obwohl sie es verlassen konnte und durfte, oder

2. das Bundesgebiet verlassen und kehrt freiwillig zurück.

(7) Wurde die Entlassung einer Person, die in den Ausstellungsstaat überstellt wurde (Abs. 1), aus der inländischen Haft oder vorbeugenden Maßnahme verfügt, ist die zuständige Behörde des Ausstellungsstaates unverzüglich um die Entlassung zu ersuchen.

(8) Für die Durchlieferung gelten die §§ 32, 34 und 35 sinngemäß.

(BGBl I 2018/28)

Durchführung einer Vernehmung mittels technischer Einrichtung zur Wort- und Bildübertragung oder im Wege einer Telefonkonferenz

§ 55h. (1) Vor der Vernehmung ist die Identität der zu vernehmenden Person festzustellen. Sie ist über ihre Rechte nach innerstaatlichem Recht und nach dem Recht des Ausstellungsstaats zu belehren.

(2) Die Vernehmung wird von oder unter Leitung eines Organs der ausstellenden Behörde nach deren Rechtsvorschriften durchgeführt. Die Staatsanwaltschaft hat bei der Durchführung der Vernehmung auf die Einhaltung der wesentlichen innerstaatlichen Rechtsgrundsätze zu achten und gegebenenfalls unverzüglich Maßnahmen zu deren Einhaltung zu setzen.

(3) Die Vollstreckungsbehörde erstellt ein Protokoll, das Angaben zum Termin und zum Ort der Vernehmung, zur Identität der vernommenen Person, zur Frage, ob sie vereidigt wurde, zur Identität und zur Funktion aller anderen an der Vernehmung teilnehmenden Personen sowie über die technischen Bedingungen der Vernehmung enthält.

(4) Wird die Aussage trotz Aussagepflicht verweigert oder falsch ausgesagt, gelten die innerstaatlichen Rechtsvorschriften.

(BGBl I 2018/28)

Durchführung einer kontrollierten Lieferung

§ 55i. Die kontrollierte Lieferung durch das, in das oder aus dem Bundesgebiet ist von österreichischen Behörden zu übernehmen, zu leiten und

so durchzuführen, dass ein Zugriff auf die Beschuldigten und die Waren jederzeit möglich ist.

(BGBl I 2018/28)

Verständigungspflichten

§ 55j. Die ausstellende Behörde ist auf die in § 14 Abs. 3 genannte Weise in Kenntnis zu setzen:

1. unverzüglich, längstens jedoch innerhalb einer Woche, vom Einlangen und, in den Fällen der Unzuständigkeit nach § 55c, von der Weiterleitung einer Europäischen Ermittlungsanordnung unter Verwendung der Bescheinigung in **Anhang XVIII**[1)];

2. von der Unmöglichkeit, die in der Europäischen Ermittlungsanordnung angeführten Formvorschriften (§ 55d Abs. 6) einzuhalten;

3. unverzüglich von der Weigerung, die Europäische Ermittlungsanordnung zur Gänze oder zum Teil zu vollstrecken, unter Angabe der Gründe oder unter Anschluss des gerichtlichen Beschlusses, mit dem die Bewilligung der Europäischen Ermittlungsanordnung abgewiesen wurde (§ 55d Abs. 6);

4. von einem Vorgehen nach § 55a;

5. unverzüglich vom Aufschub der Durchführung, unter Angabe der Gründe und nach Möglichkeit der voraussichtlichen Dauer des Aufschubs (§ 55f Abs. 2);

6. unverzüglich von der Beendigung des Aufschubs der Durchführung;

7. von der Nichteinhaltung der in §§ 55e Abs. 5 und 55f Abs. 1 vorgesehenen Fristen unter Angabe von Gründen sowie von der Unmöglichkeit, einen bestimmten, von der ausstellenden Behörde genannten Zeitpunkt für die Durchführung einzuhalten; im letzten Fall ist mit der ausstellenden Behörde ein neuer Zeitpunkt für die Durchführung der Maßnahme abzustimmen;

8. von der Einbringung eines Rechtsmittels gegen die Vollstreckung der Europäischen Ermittlungsanordnung.

(BGBl I 2018/28)

1) Anhänge nicht abgedruckt.

Mitwirkung ausländischer Organe und am Verfahren Beteiligter bei der Vollstreckung

§ 55k. (1) Die Anwesenheit ausländischer Organe sowie von anderen am Verfahren beteiligten Personen und ihren Rechtsbeiständen bei der Durchführung der in der Europäischen Ermittlungsanordnung genannten Maßnahme ist auf Ersuchen der ausstellenden Behörde durch die zuständige Staatsanwaltschaft zu bewilligen, sofern dadurch nicht wesentliche Verfahrensgrundsätze verletzt werden.

EU-JZG

(2) Die Vornahme selbständiger Ermittlungen oder Verfahrenshandlungen im Inland durch Organe des Ausstellungsstaats ist unzulässig. Die ausländischen Organe sind an die österreichischen Rechtsvorschriften gebunden. Die Durchführung der in der Europäischen Ermittlungsanordnung genannten Maßnahme hat unter Leitung einer österreichischen Behörde zu erfolgen. Ausländische verdeckte Ermittler sind ausschließlich vom Bundesministerium für Inneres (Bundeskriminalamt) zu führen und zu überwachen.

(3) Beamte der Mitgliedstaaten sind bei Einsätzen im Inland nach diesem Bundesgesetz und nach Maßgabe zwischenstaatlicher Vereinbarungen in Bezug auf Straftaten, die gegen sie begangen werden oder die sie selbst begehen, österreichischen Beamten gleichgestellt.

(4) Wenn Beamte eines anderen Mitgliedstaates auf österreichischem Hoheitsgebiet nach diesem Bundesgesetz im Einsatz sind, ersetzt dieser Mitgliedstaat nach Maßgabe des österreichischen Rechts, insbesondere nach den Bestimmungen des Amtshaftungsgesetzes, BGBl. Nr. 20/1949, den durch die Beamten bei ihrem Einsatz verursachten Schaden.

(5) Wird der Schaden auf österreichischem Hoheitsgebiet verursacht, so hat die Republik Österreich den Schaden so zu ersetzen, wie wenn ihn österreichische Beamte verursacht hätten. Für die Geltendmachung von Schadenersatzansprüchen gilt das Amtshaftungsgesetz.

(6) Der andere Mitgliedstaat, dessen Beamte einen Schaden auf österreichischem Hoheitsgebiet verursacht haben, erstattet der Republik Österreich den Gesamtbetrag des Schadenersatzes, den diese an die Geschädigten oder ihre Rechtsnachfolger geleistet hat.

(7) Unbeschadet der Ausübung ihrer Rechte gegenüber Dritten und mit Ausnahme von Abs. 4 verzichten der andere Mitgliedstaat und die Republik Österreich in dem Fall des Abs. 2 darauf, den Betrag des erlittenen Schadens anderen Mitgliedstaaten gegenüber geltend zu machen.

(BGBl I 2018/28)

Übermittlung der Ermittlungsergebnisse und Beweismittel

§ 55l. (1) Ermittlungsergebnisse und Beweismittel, die durch die Vollstreckung der Europäischen Ermittlungsanordnung erlangt wurden, sind unverzüglich an die ausstellende Behörde zu übermitteln oder an ein für diese handelndes Organ zu übergeben, es sei denn, dass in der Europäischen Ermittlungsanordnung angegeben wurde, dass sie im Inland verbleiben sollen.

(2) Im Fall der Vernehmung mittels technischer Einrichtung zur Wort- und Bildübertragung oder im Wege einer Telefonkonferenz ist der ausstellenden Behörde abweichend von Abs. 1 das Protokoll (§ 55h Abs. 3) zu übermitteln.

(3) Im Fall der Durchführung einer Überwachung von Nachrichten (§§ 134 Z 3, 135 Abs. 3 StPO) sind die Ergebnisse (§ 134 Z 5 StPO) an die ausstellende Behörde mit der Bedingung zu übermitteln, dass sie ohne vorherige Zustimmung in einem anderen Verfahren wegen einer anderen als der in der Europäischen Ermittlungsanordnung angeführten strafbaren Handlung nicht verwendet werden dürfen.

(4) Im Fall des § 55e Abs. 4 hat das zur Entscheidung über den Rechtsbehelf zuständige Gericht (§§ 31 Abs. 1 Z 3, 33 Abs. 1 Z 1 StPO) – soweit eine Beschwerde nach dem Gesetz nicht ohnedies aufschiebende Wirkung hat – auf Antrag oder von Amts wegen die Übermittlung bis zur Entscheidung über den Rechtsbehelf aufzuschieben, es sei denn, dass die Dringlichkeit des von der ausstellenden Behörde geführten Verfahrens oder die Wahrung von subjektiven Rechten in diesem Verfahren das Rechtsschutzinteresse überwiegen. Die Übermittlung ist jedenfalls aufzuschieben, wenn der betroffenen Person durch die Übermittlung ein schwerer und unwiederbringlicher Schaden in ihren Rechten entstünde.

(5) Die ausstellende Behörde ist gegebenenfalls unter Setzung einer angemessenen Frist, die auf begründetes Ersuchen der ausstellenden Behörde erstreckt werden kann, aufzufordern, die Beweismittel nach deren Verwendung zurück zu übermitteln. Hat die ausstellende Behörde angegeben, dass die Ermittlungsergebnisse oder Beweismittel im Inland verbleiben sollen, kann für die Dauer der Aufbewahrung im Inland eine angemessene Frist gesetzt werden, die auf begründetes Ersuchen der ausstellenden Behörde erstreckt werden kann.

(BGBl I 2018/28)

Kosten

§ 55m. (1) Kosten, die durch die Durchführung der in der Europäischen Ermittlungsanordnung genannten Maßnahme im Inland entstehen, trägt der Bund.

(2) Abweichend von Abs. 1 hat der Ausstellungsstaat die Kosten der Übertragung der Ergebnisse einer Überwachung von Nachrichten in Bild- oder Schriftform zu tragen.

(3) Bestehen Anhaltspunkte dafür, dass die Kosten der Durchführung einer in der Europäischen Ermittlungsanordnung genannten Maßnahme ein außergewöhnlich hohes Ausmaß erreichen werden, so kann die ausstellende Behörde zum Zwecke der Teilung der Kosten konsultiert werden. Der ausstellenden Behörde ist der als außergewöhnlich hoch erachtete Teil der Kosten bekannt zu geben. Kann keine Einigung erzielt werden, ist die ausstellende Behörde unter Set-

zung einer angemessenen Frist aufzufordern, sich mit der Tragung des Teils der Kosten einverstanden zu erklären, widrigenfalls angenommen werden würde, dass die Europäische Ermittlungsanordnung im Hinblick auf diese Maßnahme zurückgezogen wird.

(BGBl I 2018/28)

Zweiter Unterabschnitt

Erwirkung der Vollstreckung einer Europäischen Ermittlungsanordnung

Befassung eines anderen Mitgliedstaates

§ 56. (1) Sind in einem Strafverfahren Ermittlungsmaßnahmen angeordnet worden, die in einem anderen Mitgliedstaat außer Dänemark oder Irland zu vollstrecken sind, sind Beweise dort aufzunehmen, ist die Übermittlung von Ermittlungsergebnissen oder die Überstellung einer inhaftierten Person zu erwirken, so kann eine Europäische Ermittlungsanordnung erlassen werden. Dabei ist zu berücksichtigen, ob die Befassung eines anderen Mitgliedstaats in einem angemessenen Verhältnis zum Gewicht der Straftat, zur Schwere der Schuld, zu den Folgen der Tat, zum Grad des Verdachts und zum angestrebten Erfolg steht. § 55 Abs. 2 gilt sinngemäß. *(BGBl I 2021/94)*

(2) Die Europäische Ermittlungsanordnung wird im Ermittlungsverfahren von der Staatsanwaltschaft erlassen und bedarf keiner gerichtlichen Bewilligung. Im Fall gerichtlicher Beweisaufnahme (§ 104 StPO) oder nach Einbringung der Anklage wird die Europäische Ermittlungsanordnung vom zuständigen Gericht erlassen.

(3) Der vollstreckenden Behörde ist die ausgefüllte und unterzeichnete Bescheinigung (**Anhang XVII**)[1] und, sofern der Vollstreckungsstaat nicht erklärt hat, Bescheinigungen auch in deutscher Sprache zu akzeptieren, deren Übersetzung in eine Amtssprache des Vollstreckungsstaates oder in eine andere von diesem akzeptierte Sprache zu übermitteln. Der Bundesminister für Verfassung, Reform, Deregulierung und Justiz hat durch Verordnung zu verlautbaren, welche Mitgliedstaaten welche Amtssprachen akzeptieren.

(4) Wird die Europäische Ermittlungsanordnung zur Überstellung einer im Inland inhaftierten Person ausgestellt, so hat der Einzelrichter des in § 16 StVG bezeichneten Gerichts, ansonsten das Gericht, auf dessen Anordnung die Haft beruht, mit der vollstreckenden Behörde eine schriftliche Vereinbarung nach § 55g Abs. 3 abzuschließen. Im Fall einer Überstellung einer in einem anderen Mitgliedstaat inhaftierten Person hat die Staatsanwaltschaft diese Vereinbarung abzuschließen. Der Europäischen Ermittlungsanordnung zur

Überstellung einer im Inland inhaftierten Person ist die Zustimmung dieser Person und gegebenenfalls die Äußerung ihres gesetzlichen Vertreters anzuschließen. Nach Freilassung aus der Haft auf Ersuchen der Behörde des Vollstreckungsstaats kann eine Haft oder freiheitsentziehende Maßnahme im Inland wegen der in der Europäischen Ermittlungsanordnung genannten Handlung nur unter den in § 55g Abs. 6 Z 1 und 2 genannten Voraussetzungen oder mit Zustimmung der überstellten Person begründet werden. §§ 36 und 55g Abs. 4 bis 8 gelten sinngemäß.

(5) Die Ausstellung einer Europäische Ermittlungsanordnung zur Vernehmung einer verdächtigen oder beschuldigten Person mittels Telefonkonferenz ist unzulässig.

(6) Kann die Überwachung von Nachrichten einer Person, die sich im Vollstreckungsstaat befindet, ohne Mitwirkung nach § 138 Abs. 3 StPO durchgeführt werden, so ist der vollstreckenden Behörde die ausgefüllte und unterzeichnete Unterrichtung (**Anhang XIX**)[1] und, sofern der Vollstreckungsstaat nicht erklärt hat, Bescheinigungen auch in deutscher Sprache zu akzeptieren, deren Übersetzung in eine Amtssprache des Vollstreckungsstaates oder in eine andere von diesem akzeptierte Sprache zu übermitteln, und zwar

1. vor Durchführung der Überwachung, wenn bereits bekannt ist, dass sich die Zielperson im Vollstreckungsstaat befindet oder währenddessen dorthin begeben wird;

2. während oder nach Durchführung der Überwachung, wenn der Aufenthalt der Zielperson im Vollstreckungsstaat nach dem in Z 1 genannten Zeitpunkt bekannt wird.

(7) Auf den Geschäftsverkehr ist § 14 sinngemäß anzuwenden. Ist die Europäische Ermittlungsanordnung nicht auf dem Postweg übermittelt worden, so ist sie der vollstreckenden Behörde auf ihr Ersuchen im Original auf dem Postweg nachzureichen.

(BGBl I 2018/28)

---

[1] *Anhänge nicht abgedruckt.*

Verständigung

§ 56a. Die vollstreckende Behörde ist zu verständigen, wenn gegen die in der Europäischen Ermittlungsanordnung genannte Maßnahme ein Einspruch wegen Rechtsverletzung nach § 106 StPO oder eine Beschwerde nach § 87 StPO eingebracht wurde, sie aufgehoben wurde oder die Vollstreckung der Europäischen Ermittlungsanordnung aus anderen Gründen nicht mehr begehrt wird.

(BGBl I 2018/28)

EU-JZG

Nachträgliche Unzulässigkeit im Vollstreckungsstaat

§ 56b. Bereits übermittelte Ergebnisse, die durch eine Ermittlungsmaßnahme nach dem 5. und 6. Abschnitts des 8. Hauptstücks der StPO (§§ 134 bis 143) erlangt wurden, sind zu vernichten, wenn die Vollstreckung der Europäische Ermittlungsanordnung oder die Durchführung der in ihr genannten Maßnahme im Vollstreckungsstaat nachträglich für unzulässig erklärt wurde. Gleiches gilt, wenn die vollstreckende Behörde im Fall des § 56 Abs. 6 Z 2 mitteilt, dass die Überwachung zu beenden ist.

(BGBl I 2018/28)

Zweiter Abschnitt

Rechtshilfe und sonstige Zusammenarbeit in Strafsachen

Erster Unterabschnitt

Grundsätze

Voraussetzungen

§ 57. (1) Die Bestimmungen dieses Abschnitts gelten nur insoweit, als in unmittelbar anwendbaren zwischenstaatlichen Vereinbarungen nichts anderes bestimmt ist.

(2) Rechtshilfe kann vorbehaltlich der Anwendung des ersten Abschnitts dieses Hauptstücks auf Ersuchen einer Behörde eines Mitgliedstaates für folgende Verfahren geleistet werden:

1. in Strafsachen, auch wenn für die Handlungen im ersuchenden Mitgliedstaat eine juristische Person verantwortlich gemacht werden kann, einschließlich der Verfahren zur Anordnung vorbeugender Maßnahmen, zur Aussetzung des Strafausspruchs, zum Aufschub oder zur Unterbrechung der Vollstreckung einer Strafe oder vorbeugenden Maßnahme, zur bedingten Entlassung und zum Ausspruch einer vermögensrechtlichen Anordnung;

2. in Verfahren wegen Handlungen, die als Verwaltungsübertretungen oder Ordnungswidrigkeiten geahndet werden, soweit gegen die Entscheidung der zuständigen Behörde ein auch in Strafsachen zuständiges Gericht angerufen werden kann; dies gilt auch für Taten, für die im ersuchenden Mitgliedstaat eine juristische Person verantwortlich gemacht werden kann;

3. durch Zustellung von Verfahrensurkunden;

4. in Zivilsachen, die mit einer Anklage verbunden sind, solange das Strafgericht noch nicht endgültig über die Anklage entschieden hat;

5. in Angelegenheiten des Strafregisters einschließlich der Tilgung,

6. in Verfahren über die Entschädigung für Strafverfolgungsmaßnahmen, strafgerichtliche Anhaltung und ungerechtfertigte Verurteilung;

7. in Gnadensachen und in Angelegenheiten des Straf- und Maßnahmenvollzuges.

(3) Als Behörde im Sinn des Abs. 2 ist ein Gericht, eine Staatsanwaltschaft oder eine Verwaltungsbehörde, gegen deren Entscheidung ein auch in Strafsachen zuständiges Gericht angerufen werden kann, sowie eine in Angelegenheiten des Straf- oder Maßnahmenvollzuges tätige Behörde anzusehen.

(4) §§ 55c, 55e Abs. 1 bis 4 und 55k gelten sinngemäß.

(BGBl I 2018/28)

Zustimmung zur Übermittlung von Daten und Ergebnissen einer Ermittlung durch die Sicherheitsbehörden oder Finanzstrafbehörden

§ 57a. (1) Die Staatsanwaltschaft (Abs. 5) hat einer inländischen Sicherheitsbehörde oder Finanzstrafbehörde über deren Ersuchen zu genehmigen, der zuständigen Sicherheitsbehörde oder Finanzstrafbehörde eines anderen Mitgliedstaats auf deren Ersuchen Daten und sonstige Ergebnisse aus einem inländischen Strafverfahren, die ihr berichtet (§ 100 StPO) wurden, ohne Vorliegen eines Rechtshilfeersuchens einer Justizbehörde oder einer Europäischen Ermittlungsanordnung zu übermitteln, wenn dies nach § 76 Abs. 4 StPO zulässig ist. *(BGBl I 2013/175; BGBl I 2018/28; BGBl I 2020/20)*

1. und 2. *(entfallen, BGBl I 2020/20)*

(2) *(entfällt, BGBl I 2013/175)*

(3) Die Übermittlung ist auch ohne Vorliegen eines Ersuchens einer Sicherheitsbehörde oder Finanzstrafbehörde eines anderen Mitgliedstaats zu genehmigen, wenn auf Grund bestimmter Tatsachen anzunehmen ist, dass dadurch die Verfolgung einer Straftat von erheblicher Bedeutung, die einer der in **Anhang I.A**[1)] genannten Kategorien von Straftaten zuzuordnen ist, gefördert oder die Begehung einer solchen Straftat verhindert werden kann. *(BGBl I 2018/28)*

(4) Zugleich mit der Genehmigung hat die Staatsanwaltschaft die Zustimmung zur Verwendung der übermittelten Daten und Ergebnisse einer Ermittlung als Beweismittel in einem Strafverfahren im ersuchenden Mitgliedstaat zu erteilen. Bei Daten oder sonstigen Ergebnissen aus einem inländischen Strafverfahren, die durch Ermittlungshandlungen und Beweisaufnahmen erlangt wurden, die einer gerichtlichen Bewilligung bedürfen oder vom Gericht angeordnet und durchgeführt werden, kann diese Zustimmung nur aufgrund eines Rechtshilfeersuchens einer Justizbehörde oder einer Europäischen Ermittlungsanord-

nung erteilt werden. *(BGBl I 2013/175; BGBl I 2018/28)*

(5) Zur Genehmigung ist die Staatsanwaltschaft zuständig, in deren Sprengel das Strafverfahren, in dem die Ermittlungen geführt werden, anhängig ist oder war.

(BGBl I 2011/134)

---

1) Im Anschluss abgedruckt.

§ 58. *(entfällt samt Überschrift, BGBl I 2018/28)*

§ 59. *(entfällt samt Überschrift, BGBl I 2018/28)*

Zweiter Unterabschnitt

Vermeidung paralleler Verfahren

Mitteilung über ein Verfahren im Inland an eine Justizbehörde eines anderen Mitgliedstaates

§ 59a. (1) Wird im Inland gegen eine bestimmte Person ein Verfahren wegen einer Straftat geführt und besteht Grund zur Annahme, dass in einem anderen Mitgliedstaat außer dem Vereinigten Königreich von Großbritannien und Nordirland ein Verfahren gegen dieselbe Person wegen derselben Tat geführt wird (paralleles Verfahren), so hat die Staatsanwaltschaft die zuständige Justizbehörde des anderen Mitgliedstaates zu verständigen, sofern diese noch nicht vom Verfahren im Inland Kenntnis erlangt hat. *(BGBl I 2018/28)*

(2) Die Mitteilung hat zumindest zu enthalten:

1. Zeit, Ort und die näheren Umstände der Tat,

2. Namen des Beschuldigten und der Opfer sowie weitere Angaben zur Person oder sachdienliche Hinweise dazu,

3. Stand des Verfahrens,

4. gegebenenfalls der Umstand, dass sich der Beschuldigte in Haft befindet, und

5. Bezeichnung der Staatsanwaltschaft.

(3) Die Mitteilung hat in einer der Amtssprachen des anderen Mitgliedstaats zu erfolgen, sofern dieser nicht erklärt hat, Mitteilungen auch in deutscher Sprache zu akzeptieren. *(BGBl I 2014/107)*

(BGBl I 2013/175)

Beantwortung einer Mitteilung einer Justizbehörde eines anderen Mitgliedstaates

§ 59b. Langt bei der Staatsanwaltschaft eine Mitteilung einer Justizbehörde eines anderen Mitgliedstaats – die in die deutsche Sprache übersetzt sein muss, sofern dieser Mitgliedstaat nicht erklärt hat, Mitteilungen auch in deutscher Sprache zu akzeptieren – über ein dort geführtes Verfahren ein, so hat sie unverzüglich oder binnen der angegebenen Frist zu antworten, ob ein paralleles Verfahren geführt wird oder wurde, und gegebenenfalls zumindest folgende weitere Angaben zu machen:

1. Zeit, Ort und die näheren Umstände der Tat, die zum Teil oder zur Gänze Gegenstand des parallelen Verfahrens im Inland ist,

2. Angaben zum Stand des Verfahrens und

3. Bezeichnung der Staatsanwaltschaft.

Kann eine unverzügliche oder fristgerechte Antwort nicht erteilt werden, so sind der ersuchenden Behörde die Gründe der Verzögerung und die Frist, innerhalb derer die Verständigung erfolgen wird, mitzuteilen; § 59a Abs. 3 ist anzuwenden. *(BGBl I 2014/107)*

(BGBl I 2013/175)

Aufnahme von Konsultationen

§ 59c. (1) Ergibt sich aus einem Vorgehen nach § 59a oder nach § 59b, dass in einem anderen Mitgliedstaat ein paralleles Verfahren geführt wird, so hat die Staatsanwaltschaft Konsultationen mit der zuständigen Justizbehörde des anderen Mitgliedstaates mit dem Ziel aufzunehmen, gegebenenfalls durch Übernahme der Strafverfolgung (§ 60 ARHG) oder Erwirkung der Übernahme der Strafverfolgung (§ 74 ARHG) eine effiziente Bearbeitung zu gewährleisten und nachteilige Folgen paralleler Verfahrensführung zu vermeiden. Wird kein Einvernehmen erzielt, kann Eurojust um Unterstützung ersucht werden.

(2) Bis zum Abschluss der Konsultationen hat die Staatsanwaltschaft die Justizbehörde des anderen Mitgliedstaates über die wesentlichen Verfahrensschritte zu informieren, insbesondere das Verfahren beendigende Entscheidungen zu übermitteln und Ersuchen um Übermittlung zusätzlicher Informationen nachzukommen, soweit nicht österreichische Sicherheitsinteressen beeinträchtigt oder die Sicherheit von Personen gefährdet wären. In jedem Fall ist der Verfahrensausgang mitzuteilen.

(BGBl I 2013/175)

Dritter Unterabschnitt

Bildung gemeinsamer Ermittlungsgruppen

Allgemeine Voraussetzungen

§ 60. (1) Gemeinsame Ermittlungsgruppen zur Durchführung strafrechtlicher Ermittlungen werden durch besondere Vereinbarung zwischen den zuständigen Behörden von zwei oder mehreren Mitgliedstaaten für einen bestimmten Zweck und einen bestimmten Zeitraum gebildet. Zweck,

Dauer und Zusammensetzung der gemeinsamen Ermittlungsgruppe können im Einvernehmen aller beteiligten Mitgliedstaaten geändert werden.

(2) Eine gemeinsame Ermittlungsgruppe kann insbesondere gebildet werden,

1. wenn in einem Ermittlungsverfahren eines Mitgliedstaats zur Aufklärung von Straftaten schwierige und aufwändige Ermittlungen mit Bezug zu Ermittlungen in anderen Mitgliedstaaten durchzuführen sind;

2. wenn mehrere Mitgliedstaaten Ermittlungen zur Aufklärung von Straftaten durchführen, die infolge des zu Grunde liegenden Sachverhalts ein koordiniertes und abgestimmtes Vorgehen in den beteiligten Mitgliedstaaten erforderlich machen.

(3) Das Ersuchen um Bildung einer gemeinsamen Ermittlungsgruppe kann von jedem Mitgliedstaat gestellt werden und hat die im Formblatt **Anhang IV**[1] angeführten Angaben zu enthalten.

---

[1] Anhang IV nicht abgedruckt.

Bildung einer gemeinsamen Ermittlungsgruppe im Inland

§ 61. (1) Erweist sich in einem inländischen Strafverfahren die Bildung einer gemeinsamen Ermittlungsgruppe als erforderlich (§ 60 Abs. 2) und sollen im Inland Ermittlungen durchgeführt werden, an denen die Beteiligung von Beamten anderer Mitgliedstaaten zweckmäßig ist, so hat die Staatsanwaltschaft den in Betracht kommenden Justizbehörden der anderen Mitgliedstaaten im unmittelbaren Geschäftsverkehr die Bildung einer gemeinsamen Ermittlungsgruppe vorzuschlagen. Dieser Vorschlag hat auch an die zuständige österreichische Sicherheitsbehörde zu ergehen, die weitere Mitglieder vorschlagen kann, und ist dem Leiter der Staatsanwaltschaft und dem zu Eurojust entsandten nationalen Mitglied zur Kenntnis zu bringen. *(BGBl I 2007/112)*

(2) Über ein Ersuchen eines Mitgliedstaats um Bildung einer gemeinsamen Ermittlungsgruppe entscheidet die Staatsanwaltschaft. *(BGBl I 2007/112)*

(3) Eine im Inland tätig werdende gemeinsame Ermittlungsgruppe ist von der Staatsanwaltschaft zu leiten und organisatorisch zu unterstützen. Ihre Befugnisse richten sich nach den im Inland geltenden Vorschriften über das Strafverfahren. *(BGBl I 2007/112)*

(4) Personen, die nicht Vertreter der zuständigen Behörden eines Mitgliedstaats sind, ist die Teilnahme an einer gemeinsamen Ermittlungsgruppe im Inland zu gestatten, wenn alle Mitglieder der gemeinsamen Ermittlungsgruppe zustimmen und sonst die Voraussetzungen für eine Rechtshilfeleistung oder die Vollstreckung einer Europäischen Ermittlungsanordnung in Anwesenheit dieser Personen vorliegen. Der Leiter kann

ausländische Beamte von der Anwesenheit bei bestimmten Ermittlungshandlungen ausschließen, wenn die Durchführung ansonsten erheblich erschwert oder der Erfolg gefährdet wäre. *(BGBl I 2018/28)*

(5) Von Anordnungen auf Bildung einer gemeinsamen Ermittlungsgruppe im Inland und deren Ergebnis hat die Staatsanwaltschaft dem Bundesministerium für Justiz unter Anschluss einer Darstellung des zugrunde liegenden Sachverhalts zu berichten. *(BGBl I 2007/112)*

(6) Auf den Geschäftsverkehr ist § 14 Abs. 1 bis 5 sinngemäß anzuwenden. *(BGBl I 2021/94)*

Informationsaustausch

§ 62. (1) Die im Rahmen einer gemeinsamen Ermittlungsgruppe im Inland erlangten Informationen dürfen von den Behörden der beteiligten Mitgliedstaaten in dem Umfang verwendet werden, in dem sie auch durch Rechtshilfe oder Vollstreckung einer Europäischen Ermittlungsanordnung hätten erlangt werden können. *(BGBl I 2018/28)*

(2) Soweit die Rechtsvorschriften jenes Staats, in dem die gemeinsame Ermittlungsgruppe tätig geworden ist, nichts anderes bestimmen, dürfen von einem österreichischen Mitglied im Ausland rechtmäßig erlangte Informationen, die den österreichischen Justizbehörden nicht anderweitig zugänglich sind, nur für die Zwecke, für welche die Gruppe gebildet wurde, sowie zur Abwehr einer unmittelbaren und ernsthaften Gefahr für die öffentliche Sicherheit verwendet werden.

(3) Zur Verwendung der von einem österreichischen Mitglied im Ausland erlangten Informationen zu anderen als in Abs. 2 genannten Zwecken und Verfahren ist die vorherige Zustimmung jenes Mitgliedstaats einzuholen, in dem die Informationen erlangt worden sind.

Vierter Unterabschnitt

Eurojust

Durchführung der Verordnung (EU) 2018/1727

§ 63. Dieser Unterabschnitt dient der Durchführung der Verordnung (EU) 2018/1727.

(BGBl I 2020/20)

Nationales Mitglied

§ 64. (1) Die Bundesministerin für Justiz hat ein nationales Mitglied, einen Stellvertreter und einen Assistenten zu Eurojust zu entsenden (§ 39a des Beamten-Dienstrechtsgesetzes 1979, BGBl. Nr. 333/1979). *(BGBl I 2020/20)*

(2) Das nationale Mitglied, sein Stellvertreter und der Assistent unterliegen bei der Erfüllung

ihrer Aufgaben den fachlichen Weisungen der Bundesministerin für Justiz und der Oberstaatsanwaltschaften; der Stellvertreter und der Assistent darüber hinaus auch jenen des nationalen Mitgliedes. *(BGBl I 2020/20)*

(3) Das nationale Mitglied übt seine Befugnisse nach Artikel 8 Abs. 1, 3 und 4 der Verordnung (EU) 2018/1727 im Rahmen der Zuständigkeit und Aufgaben der Staatsanwaltschaft, wie sie in der StPO vorgesehen sind, aus. Erstattet das nationale Mitglied nach Artikel 8 Abs. 5 der Verordnung (EU) 2018/1727 einen Vorschlag, so hat das Gericht oder die Staatsanwaltschaft diesen unverzüglich zu behandeln. *(BGBl I 2020/20)*

(4) Das nationale Mitglied hat im Umfang der Aufgaben der Staatsanwaltschaft Zugang zu den innerstaatlichen automationsunterstützten Datenverarbeitungen; in diesem Umfang dürfen verarbeitete Daten an das nationale Mitglied übermittelt oder von diesem abgefragt werden. *(BGBl I 2020/20)*

(5) bis (7) *(entfallen, BGBl I 2020/20)*

(BGBl I 2013/175)

Weiterübermittlung von personenbezogenen Daten durch Eurojust

§ 65. Die Erteilung der Zustimmung zu einer Weiterübermittlung von personenbezogenen Daten (Art. 47 Abs. 5 der Verordnung (EU) 2018/1727), die zuvor von einer österreichischen Justizbehörde übermittelt wurden, obliegt der zuständigen Justizbehörde.

(BGBl I 2020/20)

Ersuchen an Eurojust

§ 66. Eine österreichische Justizbehörde kann sich im Rahmen eines inländischen Strafverfahrens im unmittelbaren Geschäftsverkehr an das nationale Mitglied wenden und Ersuchen um Unterstützung nach Maßgabe der Zuständigkeit von Eurojust stellen. Sicherheitsbehörden haben Ersuchen im Wege der zuständigen Justizbehörde zu stellen.

Verständigungspflichten

§ 67. (1) Die in Artikel 21 der Verordnung (EU) 2018/1727 vorgesehenen Verständigungspflichten sind für die Dauer des Ermittlungsverfahrens von der Staatsanwaltschaft und nach Einbringung der Anklage vom Gericht wahrzunehmen.

(2) Die Eurojust-Anlaufstelle in Terrorismusfragen (§ 68a Abs. 1 Z 3) hat Eurojust von der Einleitung und der Art der Beendigung eines Strafverfahrens sowie von der Einbringung einer Anklage wegen Taten nach §§ 278b bis 278g und 282a StGB zu informieren, wenn zumindest ein weiterer Mitgliedstaat betroffen ist oder betroffen sein könnte. Die Information an Eurojust hat zumindest Daten zur Identifizierung des Beschuldigten, des Verbandes und der terroristischen Organisation, Angaben zur Straftat und zum Sachverhalt und gegebenenfalls Angaben zu Europäischen Ermittlungsanordnungen oder Rechtshilfeersuchen, die an einen oder von einem anderen Mitgliedstaat übermittelt wurden, und das jeweilige Ergebnis zu enthalten.

(3) Können die in § 20 Abs. 4 und § 21 Abs. 2 vorgesehenen Fristen aufgrund außergewöhnlicher Umstände nicht eingehalten werden, so hat die Staatsanwaltschaft das nationale Mitglied unter Angabe dieser Umstände zu verständigen.

(BGBl I 2013/175; BGBl I 2020/20)

§ 68. *(entfällt samt Überschrift, BGBl I 2020/20)*

Nationales Eurojust-Koordinierungssystem

§ 68a. Am nationalen Eurojust-Koordinierungssystem nehmen folgende Anlauf- und Kontaktstellen teil:

1. die im Bundesministerium für Justiz eingerichtete nationale Eurojust-Anlaufstelle,

2. die im Bundesministerium für Justiz eingerichtete nationale Anlaufstelle für das EJN und die in den Sprengeln der Oberstaatsanwaltschaften eingerichteten weiteren Kontaktstellen des EJN (§ 70),

3. die im Bundesministerium für Justiz eingerichtete nationale Eurojust-Anlaufstelle in Terrorismusfragen, *(BGBl I 2020/20)*

4. die im Bundesministerium für Justiz eingerichtete Kontaktstelle des Netzes Gemeinsamer Ermittlungsgruppen,

5. die im Bundesministerium für Justiz eingerichtete Anlaufstelle nach dem Beschluss 2002/494/JI zur Einrichtung eines Europäischen Netzes von Anlaufstellen betreffend Personen, die für Völkermord, Verbrechen gegen die Menschlichkeit und Kriegsverbrechen verantwortlich sind, ABl. L 2002/167, 1,

6. die im Bundeskriminalamt eingerichtete Kontaktstelle nach dem Beschluss 2007/845/JI über die Zusammenarbeit zwischen den Vermögensabschöpfungsstellen der Mitgliedstaaten auf dem Gebiet des Aufspürens und der Ermittlung von Erträgen aus Straftaten oder anderen Vermögensgegenständen im Zusammenhang mit Straftaten, ABl. L 2008/301, 3 und

7. die in der Zentralen Staatsanwaltschaft zur Verfolgung von Wirtschaftsstrafsachen und Korruption (§ 20a StPO) und im Bundesamt zur Korruptionsprävention und Korruptionsbekämpfung eingerichteten Kontaktstellen nach dem Beschluss 2008/852/JI über ein Kontaktstellennetz

EU-JZG

zur Korruptionsbekämpfung, ABl. L 2008/301, 38.

(BGBl I 2020/20)

(2) bis (4) *(entfallen, BGBl I 2020/20)*

(BGBl I 2013/175)

Fünfter Unterabschnitt

Europäisches Justizielles Netz

Aufgaben und Ziele

§ 69. Das Europäische Justizielle Netz (EJN) dient der Erleichterung des unmittelbaren Behördenverkehrs und der Zusammenarbeit zwischen Justizbehörden der Mitgliedstaaten durch aktive Vermittlung und Herstellung von direkten Kontakten unter Einschaltung der zuständigen Kontaktstellen anderer Mitgliedstaaten. Das EJN besteht aus den von den Mitgliedstaaten benannten Kontaktstellen. Darüber hinaus ergeben sich Aufgaben, Zusammensetzung und Arbeitsweise des EJN aus dem Beschluss 2008/976/JI über das Europäische Justizielle Netz, ABl. L 2008/348, 130. *(BGBl I 2013/175)*

Einrichtung von Kontaktstellen

§ 70. (1) Bei den Staatsanwaltschaften am Sitz der Oberstaatsanwaltschaft und beim Bundesministerium für Justiz werden Kontaktstellen des Europäischen Justiziellen Netzes eingerichtet. *(BGBl I 2007/112; BGBl I 2013/175)*

(2) Die Oberstaatsanwaltschaften haben dem Bundesministerium für Justiz Staatsanwälte bekannt zu geben, die für die Erfüllung der Aufgaben einer Kontaktstelle geeignet sind. Die Namhaftmachung der österreichischen Kontaktstellen beim Europäischen Justiziellen Netz erfolgt durch den Bundesminister für Justiz. *(BGBl I 2013/175)*

(3) Die Gerichte und Staatsanwaltschaften haben die Kontaktstellen in ihrer Arbeit zu unterstützen und sich der Kontaktstellen zur Erleichterung der justiziellen Zusammenarbeit, insbesondere zur Einholung kurzer Auskünfte über die ausländische Rechtslage sowie von Informationen über den Fortgang ausländischer Straf- und Rechtshilfeverfahren zu bedienen, soweit diese Auskünfte nicht im unmittelbaren Behördenverkehr mit der befassten ausländischen Behörde erlangt werden konnten.

Sechster Unterabschnitt

Kontrollierte Lieferung

Allgemeiner Grundsatz

§ 71. Die kontrollierte Lieferung ist der Transport von Gegenständen aus dem, in das oder durch das Bundesgebiet, soweit die Staatsanwalt-

schaft berechtigt wäre, gemäß § 99 Abs. 4 StPO vorzugehen.

(BGBl I 2018/28)

Zuständigkeit und Verfahren

§ 72. (1) Zur Entscheidung über eine kontrollierte Lieferung durch Österreich ist die Staatsanwaltschaft zuständig, in deren Sprengel die Grenze voraussichtlich überschritten wird oder von deren Sprengel die kontrollierte Lieferung ausgehen soll. Bestehen keine Anhaltspunkte im Hinblick auf den Ort des geplanten Grenzübertritts, so ist die Staatsanwaltschaft Wien zuständig. Die Kriminalpolizei hat die zuständige Staatsanwaltschaft unverzüglich von einer geplanten kontrollierten Lieferung zu verständigen. *(BGBl I 2007/112)*

(2) Auf Ersuchen eines Mitgliedstaats oder im Einvernehmen mit einem anderen Mitgliedstaat ist eine kontrollierte Lieferung durch Österreich oder aus Österreich in einen Mitgliedstaat zu bewilligen, wenn

1. die der kontrollierten Lieferung oder dem ausländischen Strafverfahren zu Grunde liegenden Taten die Voraussetzungen für die Erlassung eines Europäischen Haftbefehls erfüllen, und

2. durch die kontrollierte Lieferung die Aufklärung solcher Straftaten oder die Ausforschung eines an der Begehung der strafbaren Handlungen nicht bloß untergeordnet Beteiligten gefördert wird.

(3) Eine kontrollierte Lieferung ist zu untersagen, wenn

1. sie wegen der besonderen Beschaffenheit der Waren oder der Tätergruppe eine ernste Gefahr für Leben, Gesundheit, körperliche Unversehrtheit oder Freiheit einer Person bewirken könnte,

2. sie gegen § 5 Abs. 3 StPO verstoßen würde, oder *(BGBl I 2007/112)*

3. die weitere Überwachung des Transports sowie ein Zugriff im anderen Staat nicht sichergestellt erscheint.

(4) Die kontrollierte Lieferung durch das oder aus dem Bundesgebiet ist von österreichischen Behörden zu übernehmen und zu leiten. Sie ist so zu gestalten, dass ein Zugriff auf die Verdächtigen und die Waren jederzeit möglich ist. Die Durchführung einer kontrollierten Lieferung durch oder in Begleitung von Beamten ist nur unter Beachtung der Grundsätze des § 5 Abs. 3 StPO zu bewilligen. *(BGBl I 2007/112)*

(5) Nach Abschluss der kontrollierten Lieferung hat die Staatsanwaltschaft zu prüfen, ob Anlass besteht, jenen Staat, in dem die Verdächtigen betreten wurden, um die Übernahme der Strafverfolgung zu ersuchen.

Siebenter Unterabschnitt
Verdeckte Ermittlungen

Voraussetzungen

§ 73. (1) Der Einsatz eines verdeckt oder unter falscher Identität handelnden Beamten eines Mitgliedstaats im Inland ist nur auf Grund einer vor Beginn des Einsatzes erfolgten Anordnung jener Staatsanwaltschaft, in deren Sprengel der Einsatz voraussichtlich beginnen soll, und nur auf Grund eines Ersuchens einer Justizbehörde eines Mitgliedstaats zulässig, die diesen Einsatz in einem bereits eingeleiteten Strafverfahren oder Ermittlungsverfahren bewilligt hat. *(BGBl I 2007/112)*

(2) Der Einsatz eines ausländischen verdeckten Ermittlers im Inland ist anzuordnen, wenn *(BGBl I 2007/112)*

1. die dem ausländischen Strafverfahren zu Grunde liegenden Taten die Voraussetzungen für die Erlassung eines Europäischen Haftbefehls erfüllen, und

2. die Aufklärung der Taten ohne die geplanten Ermittlungshandlungen aussichtslos oder wesentlich erschwert wäre.

(3) Der Einsatz darf nur für jenen Zeitraum angeordnet werden, der zur Erreichung seines Zwecks voraussichtlich erforderlich ist, längstens jedoch für einen Monat. Eine neuerliche Anordnung ist nur zulässig, soweit die Voraussetzungen fortbestehen und auf Grund bestimmter Tatsachen anzunehmen ist, dass die weitere Durchführung Erfolg haben werde. Sobald die Voraussetzungen für die weitere Durchführung wegfallen oder der Zweck der Ermittlungshandlungen nicht mehr erreicht wird oder voraussichtlich nicht mehr erreicht werden kann, ist der Einsatz sofort zu beenden.

Durchführung der verdeckten Ermittlung

§ 74. (1) Der ausländische verdeckte Ermittler ist ausschließlich durch das Bundesministerium für Inneres (Bundeskriminalamt) zu führen und zu überwachen. Die Staatsanwaltschaft hat dieser Behörde die Anordnung einer verdeckten Ermittlung nach den Bestimmungen der Verschlusssachenordnung, BGBl. II Nr. 256/1998, zu übermitteln. *(BGBl I 2007/112)*

(2) Der verdeckte Ermittler darf nur auf Grund der österreichischen Gesetze handeln. Er hat das Prinzip der Gesetz- und Verhältnismäßigkeit (§ 5 StPO) zu wahren. Eine Tatprovokation (§ 5 Abs. 3 StPO) ist unzulässig. Die näheren Bedingungen für den Einsatz eines verdeckten Ermittlers sind in enger Zusammenarbeit mit der ersuchenden Behörde festzulegen und in der Anordnung der Staatsanwaltschaft aufzunehmen. Sie sind ebenso wie Auskünfte und Mitteilungen, die durch die verdeckte Ermittlung erlangt werden, in einem Bericht (§ 100 StPO) oder einem Amtsvermerk (§ 95 StPO) festzuhalten. *(BGBl I 2007/112)*

(3) Der verdeckte Ermittler ist berechtigt, Informationen zu sammeln und Kontakt zu Tatverdächtigen oder anderen Personen in deren Umfeld herzustellen. Ergibt sich im Rahmen der verdeckten Ermittlung der Verdacht neuer Straftaten, so hat der verdeckte Ermittler ehest möglich, jedoch unter Bedachtnahme auf seine eigene Sicherheit und den Fortgang der Ermittlungen, Anzeige (§§ 2 Abs. 1, 78 Abs. 1 StPO) an die den Einsatz leitende Behörde zu erstatten. Die durch den Einsatz erlangten Ermittlungsergebnisse sind in einem Bericht festzuhalten, der der anordnenden Staatsanwaltschaft vorzulegen ist; darin ist auch auszuführen, welche Scheingeschäfte der verdeckte Ermittler vorgenommen hat. *(BGBl I 2007/112)*

(4) Für ausländische verdeckte Ermittler, die kriminalpolizeiliche Organe (§ 129 Z 2 StPO) sind, gelten die Bestimmungen der §§ 131 Abs. 2 letzter Satz, Abs. 4 und 132 StPO. *(BGBl I 2007/112)*

(5) *(aufgehoben, BGBl I 2007/112)*

Dritter Abschnitt
Besondere Formen der Zusammenarbeit

Erster Unterabschnitt
Zustellung von Verfahrensurkunden

§ 75. (1) Verfahrensurkunden und andere gerichtliche oder staatsanwaltschaftliche Schriftstücke sind an Personen, die sich im Hoheitsgebiet der Mitgliedstaaten befinden, unmittelbar durch die Post zuzustellen.

(2) Eine Zustellung durch die Justizbehörden des ersuchten Mitgliedstaats darf nur erfolgen, wenn

1. die Anschrift des Empfängers unbekannt oder nicht genau bekannt ist,

2. die Zustellvorschriften einen anderen als den im zwischenstaatlichen Postverkehr vorgesehenen Nachweis über die Zustellung des Schriftstücks an den Empfänger verlangen,

3. eine Zustellung auf dem Postweg nicht möglich war, oder

4. berechtigte Gründe für die Annahme bestehen, dass der Postweg nicht zum Ziel führen wird oder ungeeignet ist.

(3) Wenn Anhaltspunkte dafür vorliegen, dass der Zustellungsempfänger der Sprache, in das der Schriftstück abgefasst ist, unkundig ist, so ist das Schriftstück oder zumindest dessen wesentlicher Inhalt in die Sprache oder in eine der Sprachen des Mitgliedstaats, in dessen Hoheitsgebiet der Empfänger sich aufhält, zu übersetzen. Ist jedoch dem Gericht oder der Staatsanwaltschaft bekannt,

EU-JZG

dass der Empfänger nur einer anderen Sprache kundig ist, so ist das Schriftstück oder zumindest dessen wesentlicher Inhalt in diese Sprache zu übersetzen.

(4) Soweit dem zuzustellenden Schriftstück eine Rechtsbelehrung nicht angeschlossen ist, muss im Schriftstück oder in einem beigefügten Vermerk jene Stelle bezeichnet werden, die dem Zustellempfänger auf sein Verlangen Auskünfte über seine Rechte und Pflichten im Zusammenhang mit der Zustellung des Schriftstücks erteilen kann.

Zweiter Unterabschnitt

Ersuchen um Bildung einer gemeinsamen Ermittlungsgruppe

§ 76. (1) Sind im Rahmen eines inländischen Strafverfahrens Ermittlungen in einem oder mehreren Mitgliedstaaten durchzuführen, die Anlass zur Bildung einer gemeinsamen Ermittlungsgruppe geben, so kann die Staatsanwaltschaft nach Maßgabe des § 60 Abs. 2 die zuständigen Justizbehörden dieser Mitgliedstaaten um die Bildung einer gemeinsamen Ermittlungsgruppe ersuchen. *(BGBl I 2007/112)*

(2) Eine Beteiligung österreichischer Justizbehörden an einer in einem anderen Mitgliedstaat gebildeten gemeinsamen Ermittlungsgruppe kann stattfinden, wenn die zu Grunde liegenden Straftaten auch nach österreichischem Recht mit gerichtlicher Strafe bedroht sind und die Teilnahme auch der Aufklärung einer unter die Geltung der österreichischen Gesetze fallenden Straftat dient.

(3) Über das Ergebnis der Teilnahme hat die Staatsanwaltschaft dem Bundesministerium für Justiz unter Anschluss einer Darstellung des zugrunde liegenden Sachverhalts zu berichten. *(BGBl I 2007/112)*

(4) Auf den Geschäftsverkehr ist § 14 Abs. 1 bis 5 sinngemäß anzuwenden. *(BGBl I 2021/94)*

Dritter Unterabschnitt

Einholung von Strafregisterauskünften über Staatsangehörige anderer Mitgliedstaaten

Voraussetzungen

§ 77. Wird in einem inländischen Strafverfahren eine Strafregisterauskunft über einen Staatsangehörigen eines anderen Mitgliedstaats benötigt, so ist die Zentralbehörde dieses Mitgliedstaats nach den Bestimmungen dieses Unterabschnitts um die Übermittlung einer Strafregisterauskunft zu ersuchen.

(BGBl I 2011/134)

Inhalt und Form des Ersuchens

§ 78. (1) Ersuchen um Übermittlung einer Strafregisterauskunft sind unter Verwendung des Formblatts laut **Anhang IX** dieses Bundesgesetzes zu stellen und haben die dort angeführten Angaben zu enthalten.

(2) Ersuchen um Übermittlung einer Strafregisterauskunft sind in der oder in einer der Amtssprachen des ersuchten Mitgliedstaats zu stellen.

(3) Wenn Mitgliedstaaten Ersuchen um Übermittlung einer Strafregisterauskunft auch in anderen als ihren eigenen Amtssprachen akzeptieren, hat die Bundesministerin für Justiz dies durch Verordnung zu verlautbaren.

(BGBl I 2011/134)

Geschäftsweg

§ 79. (1) Ersuchen um Übermittlung einer Strafregisterauskunft nach diesem Bundesgesetz sind im Wege des Strafregisteramts der Landespolizeidirektion Wien zu übermitteln. *(BGBl I 2012/50)*

(2) Art. 13 in Verbindung mit Art. 15 des Europäischen Übereinkommens über die Rechtshilfe in Strafsachen vom 20.4.1959, BGBl Nr. 41/1969, bleibt unberührt.

(BGBl I 2011/134)

Bedingungen für die Verwendung personenbezogener Daten

§ 80. Nach den Bestimmungen dieses Unterabschnitts erlangte personenbezogene Daten dürfen nur für die Zwecke des Strafverfahrens verwendet werden, für das sie erbeten wurden. *(BGBl I 2021/94)*

(BGBl I 2011/134)

V. Hauptstück

Überwachung justizieller Entscheidungen

Erster Abschnitt

Überwachung von Entscheidungen über Bewährungsmaßnahmen und alternative Sanktionen, und Folgeentscheidungen

Erster Unterabschnitt

Überwachung von Entscheidungen anderer Mitgliedstaaten

Voraussetzungen

§ 81. (1) Wurde in Bezug auf eine in einem anderen Mitgliedstaat außer dem Vereinigten Königreich von Großbritannien und Nordirland verurteilte Person, die ihren Wohnsitz oder ständigen Aufenthalt im Inland hat und bereits nach Österreich zurückgekehrt ist oder zurückkehren will, in dem Urteil oder einer auf dessen Grundlage ergangenen behördlichen Entscheidung, in dem oder in der eine bedingte Strafnachsicht erteilt wurde, ein Schuldspruch unter Vorbehalt der Strafe erfolgt ist oder eine bedingte Entlassung aus einer Freiheitsstrafe oder mit Freiheitsentziehung verbundenen vorbeugenden Maßnahme gewährt wurde, eine Bewährungsmaßnahme angeordnet oder eine alternative Sanktion verhängt, so ist über entsprechendes Ersuchen des Ausstellungsstaats nach den Bestimmungen dieses Unterabschnitts im Inland zu überwachen, dass der Verurteilte der Anordnung entspricht. *(BGBl I 2018/28)*

(2) Bewährungsmaßnahmen und alternative Sanktionen im Sinne von Abs. 1 sind:

1. Verpflichtung des Verurteilten zur Bekanntgabe jedes Wohnsitz- oder Arbeitsplatzwechsels;

2. Verpflichtung, bestimmte Orte, Plätze oder festgelegte Gebiete nicht zu betreten;

3. Beschränkung des Rechts auf Verlassen des Hoheitsgebiets des Vollstreckungsstaats;

4. Weisungen, die das Verhalten, den Aufenthalt, die Ausbildung und Schulung oder die Freizeitgestaltung des Verurteilten betreffen oder die Beschränkungen oder Modalitäten der Ausübung einer beruflichen Tätigkeit beinhalten;

5. Verpflichtung, sich zu bestimmten Zeiten bei einer bestimmten Behörde zu melden;

6. Verpflichtung, den Kontakt mit bestimmten Personen zu meiden;

7. Verpflichtung, den Kontakt mit bestimmten Gegenständen, die vom Verurteilten zur Begehung der Straftat verwendet wurden oder verwendet werden könnten, zu meiden;

8. Verpflichtung, den durch die Tat verursachten Schaden finanziell gutzumachen und/oder einen Nachweis über die Entsprechung dieser Verpflichtung zu erbringen;

9. Verpflichtung zur Erbringung einer gemeinnützigen Leistung;

10. Verpflichtung zur Zusammenarbeit mit einem Bewährungshelfer oder einem Vertreter eines für verurteilte Personen zuständigen Sozialdienstes; und

11. Verpflichtung, sich einer Heilbehandlung oder einer Entziehungskur zu unterziehen.

(BGBl I 2013/175)

Unzulässigkeit der Überwachung

§ 82. (1) Die Überwachung der Bewährungsmaßnahme oder der alternativen Sanktion ist unzulässig,

1. wenn der Verurteilte im Inland nicht seinen Wohnsitz oder ständigen Aufenthalt hat;

2. wenn der Entscheidung keine der in § 81 Abs. 2 angeführten Bewährungsmaßnahmen oder alternativen Sanktionen zugrunde liegen;

3. wenn gegen den Verurteilten wegen der der Entscheidung zugrunde liegenden Tat eine rechtskräftige Entscheidung im Inland oder eine rechtskräftige, bereits vollstreckte Entscheidung in einem anderen Staat ergangen ist;

4. wenn die der Entscheidung zugrunde liegende Tat nach österreichischem Recht nicht gerichtlich strafbar ist, es sei denn, die Tat ist einer der in Anhang I, Teil A, angeführten Kategorien von Straftaten zuzuordnen; die vom Ausstellungsstaat getroffene Zuordnung ist vorbehaltlich des § 84 Abs. 2 Z 3 bindend;

5. wenn die Vollstreckbarkeit der Strafe, die sich auf eine Tat bezieht, die dem Geltungsbereich der österreichischen Strafgesetze unterliegt, nach österreichischem Recht verjährt ist;

6. soweit dem Verurteilten im Inland oder im Ausstellungsstaat eine Amnestie oder Begnadigung gewährt worden ist;

7. soweit die Überwachung der Bewährungsmaßnahme oder der alternativen Sanktion gegen Bestimmungen über Immunität verstoßen würde;

8. wenn die der Entscheidung zugrunde liegende Tat von einer Person begangen wurde, die nach österreichischem Recht zur Zeit der Tat strafunmündig war;

9. wenn die Entscheidung in Abwesenheit des Verurteilten ergangen ist, es sei denn, dass aus der Bescheinigung hervorgeht, dass dieser im Einklang mit den Verfahrensvorschriften des Ausstellungsstaats

a) fristgerecht durch persönliche Ladung oder auf andere Weise von Zeit und Ort der Verhandlung, die zur Entscheidung geführt hat, tatsächlich Kenntnis erlangt hat und darüber belehrt worden ist, dass die Entscheidung in seiner Abwesenheit ergehen kann; oder

b) in Kenntnis der anberaumten Verhandlung einen selbst gewählten oder vom Gericht beigegebenen Verteidiger mit seiner Vertretung in der Verhandlung betraut hat und von diesem in der Verhandlung tatsächlich vertreten wurde; oder

c) nach Zustellung der in Abwesenheit ergangenen Entscheidung und nach Belehrung über das Recht, die Neudurchführung der Verhandlung zu beantragen oder ein Rechtsmittel zu ergreifen und auf diese Weise eine neuerliche Prüfung des Sachverhalts, auch unter Berücksichtigung neuer Beweise, in seiner Anwesenheit und eine Aufhebung der Entscheidung zu erreichen,

aa) ausdrücklich erklärt hat, keine Neudurchführung der Verhandlung zu beantragen oder kein Rechtsmittel zu ergreifen; oder

EU-JZG

bb) innerhalb der bestehenden Fristen keine Neudurchführung der Verhandlung beantragt oder kein Rechtsmittel ergriffen hat;

10. wenn die Bewährungsmaßnahme eine medizinisch-therapeutische Maßnahme umfasst, die auch unter Berücksichtigung der in § 87 vorgesehenen Anpassungsmöglichkeit in Österreich nicht überwacht werden kann;

11. wenn die Dauer der Bewährungsmaßnahme oder alternativen Sanktion weniger als sechs Monate beträgt;

12. wenn objektive Anhaltspunkte dafür vorliegen, dass die Entscheidung unter Verletzung von Grundrechten oder wesentlicher Rechtsgrundsätze im Sinne von Art. 6 des Vertrags über die Europäische Union zustande gekommen ist, insbesondere die Entscheidung zum Zwecke der Bestrafung des Verurteilten aus Gründen seines Geschlechts, seiner Rasse, Religion, ethnischen Herkunft, Staatsangehörigkeit, Sprache, politischen Überzeugung oder sexuellen Ausrichtung getroffen wurde, und der Verurteilte keine Möglichkeit hatte, diesen Umstand vor dem Europäischen Gerichtshof für Menschenrechte oder vor dem Gerichtshof der Europäischen Union geltend zu machen.

(2) Wenn der Verurteilte im Inland keinen Wohnsitz oder ständigen Aufenthalt hat, kann der Überwachung über entsprechendes Ersuchen der zuständigen Behörde des Ausstellungsstaats dennoch zugestimmt werden, wenn aufgrund bestimmter Umstände Bindungen des Verurteilten zu Österreich von solcher Intensität bestehen, dass davon auszugehen ist, dass die Überwachung im Inland der Erleichterung der Resozialisierung und der Wiedereingliederung des Verurteilten in die Gesellschaft dient.

(3) In den Fällen nach Abs. 1 Z 4 kann die Überwachung nach Herstellung des Einvernehmens mit der zuständigen Behörde des Ausstellungsstaats unter ausdrücklicher Ablehnung der Übernahme der Zuständigkeit für Entscheidungen nach § 90 Abs. 1 Z 2 bis 4 dennoch übernommen werden.

(4) In Abgaben-, Steuer-, Zoll- und Währungsangelegenheiten darf die Überwachung nicht mit der Begründung abgelehnt werden, dass das österreichische Recht keine gleichartigen Abgaben oder Steuern vorschreibt oder keine gleichartigen Abgaben-, Steuer-, Zoll- und Währungsbestimmungen enthält wie das Recht des Ausstellungsstaats.

(BGBl I 2013/175)

Zuständigkeit

§ 83. (1) Für die Entscheidung über die Überwachung von Bewährungsmaßnahmen und alternativen Sanktionen und für Folgeentscheidungen ist das Landesgericht sachlich zuständig. Beträgt das Ausmaß der im Falle einer Folgeentscheidung nach § 90 Abs. 1 Z 2 bis 4 zu vollstreckenden Freiheitsstrafe oder mit Freiheitsentziehung verbundenen vorbeugenden Maßnahme mindestens fünf Jahre, so entscheidet das Landesgericht als Senat von drei Richtern (§ 31 Abs. 6 StPO).

(2) Die örtliche Zuständigkeit richtet sich nach dem Ort, an dem der Verurteilte seinen Wohnsitz oder ständigen Aufenthalt hat, in den Fällen nach § 82 Abs. 2 nach dem Ort, zu dem die besonderen Bindungen des Verurteilten bestehen.

(3) Ist das Gericht, das mit der Überwachung befasst worden ist, nicht zuständig, so tritt es die Sache an das zuständige Gericht ab und verständigt die zuständige Behörde des Ausstellungsstaats davon.

(BGBl I 2013/175)

Verfahren

§ 84. (1) Die Überwachung setzt voraus, dass dem inländischen Gericht

1. das zu überwachende Urteil oder die sonstige Entscheidung; und

2. die von der zuständigen Behörde unterzeichnete Bescheinigung (**Anhang X**) und, sofern der Ausstellungsstaat nicht die Erklärung abgegeben hat, als Vollstreckungsstaat Bescheinigungen auch in deutscher Sprache zu akzeptieren (§ 95 Abs. 4 Z 2), deren Übersetzung in die deutsche Sprache übermittelt wird.

(2) Wenn

1. die Bescheinigung nicht übermittelt worden ist, in wesentlichen Teilen unvollständig ist oder dem Urteil oder der Entscheidung offensichtlich widerspricht;

2. Anhaltspunkte dafür bestehen, dass einer der in § 82 Abs. 1 Z 1 bis 3 und 9 bis 12 angeführten Gründe für die Unzulässigkeit der Überwachung vorliegt; oder

3. die rechtliche Würdigung als Straftat nach Anhang I, Teil A, offensichtlich fehlerhaft ist oder der Verurteilte dagegen begründete Einwände erhoben hat,

ist die zuständige Behörde des Ausstellungsstaats um Nachreichung, Vervollständigung oder ergänzende Information binnen einer festzusetzenden angemessenen Frist mit dem Hinweis zu ersuchen, dass bei fruchtlosem Ablauf der Frist die Überwachung vorbehaltlich eines Vorgehens nach § 82 Abs. 3 zur Gänze oder zum Teil verweigert werden wird.

(3) Über entsprechendes Ersuchen hat das Gericht die zuständige Behörde des Ausstellungsstaats unverzüglich nach Erhalt der Entscheidung samt der Bescheinigung nach **Anhang X** über die höchstzulässige Dauer der Freiheitsstrafe oder mit Freiheitsentziehung verbundenen vorbeugen-

den Maßnahme, die nach österreichischem Recht wegen der dem Urteil zugrunde liegenden Straftat im Falle eines Verstoßes gegen die Bewährungsmaßnahme verhängt werden kann, in Kenntnis zu setzen.

(4) Auf den Geschäftsweg ist § 14 Abs. 1 bis 5 sinngemäß anzuwenden.

(5) Zu den Voraussetzungen der Überwachung (§ 81) und zu den im Inland anzuordnenden Maßnahmen ist der Verurteilte zu hören.

(6) Die zuständige Behörde des Ausstellungsstaats kann jederzeit konsultiert werden, um Informationen zwecks Überprüfung der Identität und des Wohnortes des Verurteilten zu erhalten oder die reibungslose und effiziente Durchführung der Überwachung sonst zu erleichtern.

(BGBl I 2013/175)

Entscheidung

§ 85. (1) Über die Übernahme der Überwachung ist mit Beschluss zu entscheiden. Der Beschluss hat die Bezeichnung der Behörde, deren Entscheidung überwacht wird, deren Aktenzeichen, eine kurze Darstellung des Sachverhalts einschließlich Ort und Zeit der Tat und der angeordneten Bewährungsmaßnahme, die Bezeichnung der strafbaren Handlung sowie die angewendeten Rechtsvorschriften des Ausstellungsstaats zu enthalten. Darüber hinaus ist auszusprechen, welcher Art einer inländischen Entscheidung die übernommene Entscheidung entspricht und welche Maßnahmen im Inland zu treffen sind, sowie gegebenenfalls die Dauer der Bewährungsmaßnahme sowie der Probezeit zu bestimmen (§ 87).

(2) Gegen den Beschluss steht der Staatsanwaltschaft und dem von der Entscheidung Betroffenen die binnen 14 Tagen einzubringende Beschwerde an das Oberlandesgericht offen. Einer rechtzeitig erhobenen Beschwerde kommt aufschiebende Wirkung zu.

(3) Nach Rechtskraft des Beschlusses sind unverzüglich die für die Überwachung der Bewährungsmaßnahme erforderlichen Maßnahmen zu ergreifen.

(BGBl I 2013/175)

Wirkung der Übernahme der Überwachung

§ 86. Nach erfolgter Übernahme der Überwachung richten sich die weiteren Maßnahmen vorbehaltlich der Regelung des § 91 nach österreichischem Recht. Die Überwachung der Bewährungsmaßnahme nach § 81 Abs. 2 Z 8 erfolgt dabei in der Weise, dass dem Verurteilten aufgetragen wird, einen Nachweis über die Entsprechung der Verpflichtung zur finanziellen Gutmachung des durch die Tat verursachten Schadens zu erbringen.

(BGBl I 2013/175)

Anpassung der Bewährungsmaßnahmen

§ 87. (1) Ist die Art oder Dauer der Bewährungsmaßnahme oder alternativen Sanktion oder die Dauer der Probezeit mit dem österreichischen Recht nicht vereinbar, so ist sie vom Gericht an die nach österreichischem Recht vorgesehene Art oder Dauer anzupassen.

(2) Die angepasste Bewährungsmaßnahme und deren Dauer sowie der Dauer der angepassten Probezeit hat so weit wie möglich der im Ausstellungsstaat angeordneten Bewährungsmaßnahme oder alternativen Sanktion und deren Dauer sowie der Dauer der ursprünglich festgesetzten Probezeit zu entsprechen. Übersteigt die im Ausstellungsstaat angeordnete Dauer der Bewährungsmaßnahme oder der Probezeit die nach österreichischem Recht vorgesehene Höchstdauer, so ist diese entsprechend der nach österreichischem Recht vorgesehenen Höchstdauer festzusetzen.

(3) Die angepasste Bewährungsmaßnahme oder Dauer der Probezeit darf nicht strenger oder länger sein als die im Ausstellungsstaat angeordnete Bewährungsmaßnahme oder alternative Sanktion oder die in diesem Staat festgesetzte Probezeit.

(BGBl I 2013/175)

Fristen

§ 88. (1) Über die Übernahme der Überwachung ist vorbehaltlich der Regelung des § 89 binnen 60 Tagen nach Einlangen der Entscheidung samt Bescheinigung nach **Anhang X** beim zuständigen Gericht zu entscheiden.

(2) Kann die in Abs. 1 genannte Frist im Einzelfall nicht eingehalten werden, so ist die zuständige Behörde des Ausstellungsstaats davon auf jede beliebige Weise unter Angabe der Gründe und der voraussichtlichen Dauer bis zum Ergehen einer endgültigen Entscheidung in Kenntnis zu setzen.

(BGBl I 2013/175)

Aufschub der Entscheidung

§ 89. Die Entscheidung über die Übernahme der Überwachung ist aufzuschieben

1. bis zur Nachreichung oder Vervollständigung der Bescheinigung;

2. bis zum Einlangen der von der zuständigen Behörde des Ausstellungsstaats begehrten ergänzenden Informationen.

(BGBl I 2013/175)

Folgeentscheidungen im Inland

§ 90. (1) Das Gericht hat vorbehaltlich der Regelung des § 91 alle Folgeentscheidungen im

EU-JZG

Zusammenhang mit der Überwachung einer Bewährungsmaßnahme zu treffen, insbesondere

1. die Änderung der Bewährungsmaßnahme oder alternativen Sanktion oder die Verlängerung der Dauer der Probezeit;

2. den Widerruf der bedingten Strafnachsicht;

3. den Widerruf der bedingten Entlassung; und

4. den nachträglichen Ausspruch einer Freiheitsstrafe oder einer mit Freiheitsentziehung verbundenen vorbeugenden Maßnahme (im Falle eines Schuldspruchs unter Vorbehalt der Strafe).

(2) Von den in Abs. 1 angeführten Entscheidungen ist die zuständige Behörde des Ausstellungsstaats in Kenntnis zu setzen.

(BGBl I 2013/175)

Rückübertragung und Folgeentscheidungen im Ausstellungsstaat

§ 91. (1) Im Fall des § 82 Abs. 1 Z 4 und Abs. 3 sowie für den Fall, dass das Urteil, in dem eine alternative Sanktion verhängt wurde, keine Freiheitsstrafe oder mit Freiheitsentziehung verbundene vorbeugende Maßnahme vorsieht, die im Falle eines Verstoßes zu vollstrecken ist, und das Gericht in diesen Fällen eine Folgeentscheidung nach § 90 Abs. 1 Z 2, 3 oder 4 für erforderlich hält, hat es die Überwachung an die zuständige Behörde des Ausstellungsstaats zurück zu übertragen, sofern ein Vorgehen in sinngemäßer Anwendung von § 15 und 16 JGG nicht in Betracht kommt.

(2) In den Fällen nach Abs. 1 hat das Gericht die zuständige Behörde des Ausstellungsstaats auf die in § 14 Abs. 3 vorgesehene Weise unverzüglich in Kenntnis zu setzen, wobei die entsprechende Mitteilung unter Verwendung des Formblatts nach **Anhang XI** erfolgt.

1. von jedem Verstoß des Verurteilten gegen die Bewährungsmaßnahme;

2. von jeder Entscheidung, die voraussichtlich zum Widerruf der bedingten Strafnachsicht oder der bedingten Entlassung führt;

3. von jeder Entscheidung, die voraussichtlich die Verhängung einer Freiheitsstrafe oder mit Freiheitsentziehung verbundenen vorbeugenden Maßnahme zur Folge hat; und

4. von allen weiteren Umständen, die für die zuständige Behörde des Ausstellungsstaats für die Folgeentscheidungen von Bedeutung sind.

(3) Eine Rückübertragung der Überwachung an die zuständige Behörde des Ausstellungsstaats hat auch zu erfolgen,

1. wenn der Verurteilte flieht, im Inland keinen Wohnsitz oder ständigen Aufenthalt oder zu diesem keine Bindungen im Sinne von § 82 Abs. 2 mehr hat;

2. über entsprechendes Ersuchen der zuständigen Behörde des Ausstellungsstaats für den Fall, dass gegen den Verurteilten in diesem Staat ein neues Strafverfahren anhängig ist.

(BGBl I 2013/175)

Verständigung des Ausstellungsstaats in allen Fällen

§ 92. Das Gericht hat die zuständige Behörde des Ausstellungsstaats auf die in § 14 Abs. 3 vorgesehene Weise unverzüglich in Kenntnis zu setzen

1. von der Weiterleitung der Entscheidung samt Bescheinigung nach **Anhang X** an die für die Überwachung der Bewährungsmaßnahme oder alternativen Sanktion zuständige Behörde;

2. von der Unmöglichkeit der Überwachung der Bewährungsmaßnahme oder alternativen Sanktion wegen Unauffindbarkeit des Verurteilten im Inland nach erfolgter Übermittlung der Entscheidung samt Bescheinigung nach **Anhang X**. In diesem Fall besteht keine Verpflichtung zur Überwachung;

3. von der rechtskräftigen Entscheidung über die Übernahme der Überwachung;

4. von der Entscheidung über die Unzulässigkeit der Überwachung, unter Angabe der Gründe;

5. von der Entscheidung über die Anpassung der Bewährungsmaßnahme oder alternativen Sanktion, unter Angabe der Gründe;

6. von einer dem Verurteilten gewährten Amnestie oder Begnadigung;

7. von der Befolgung der Bewährungsmaßnahme oder alternativen Sanktion.

(BGBl I 2013/175)

Wiederaufnahme des Verfahrens

§ 93. Über Anträge auf Wiederaufnahme des der Entscheidung zugrunde liegenden Verfahrens entscheidet der Ausstellungsstaat.

(BGBl I 2013/175)

Kosten

§ 94. Für die durch die Überwachung einer ausländischen Bewährungsmaßnahme oder alternativen Sanktion entstandenen Kosten kann ein Kostenersatz vom Ausstellungsstaat nicht begehrt werden.

(BGBl I 2013/175)

Zweiter Unterabschnitt
Erwirkung der Überwachung in einem anderen Mitgliedstaat

Befassung eines anderen Mitgliedstaats

§ 95. (1) Besteht Anlass, einen anderen Mitgliedstaat außer dem Vereinigten Königreich von Großbritannien und Nordirland um Überwachung einer Entscheidung, der eine oder mehrere Bewährungsmaßnahmen zugrunde liegen, zu ersuchen, weil der Verurteilte in diesem Staat seinen Wohnsitz oder ständigen Aufenthalt hat und bereits dorthin zurückgekehrt ist oder zurückkehren will, so hat das Gericht, das zuletzt in erster Instanz erkannt hat, zunächst der Staatsanwaltschaft Gelegenheit zur Äußerung zu geben und den Verurteilten zu hören. *(BGBl I 2018/28)*

(2) Bewährungsmaßnahmen im Sinne von Abs. 1 sind:

1. Erteilung von Weisungen nach § 51 Abs. 1 und 2 StGB;

2. Anordnung der Bewährungshilfe nach § 52 StGB;

3. gerichtliche Aufsicht bei Sexualstraftätern nach § 52a StGB;

4. Vornahme einer gesundheitsbezogenen Maßnahme nach § 39 SMG;

5. Erteilung der Weisung, sich einer Entwöhnungsbehandlung, einer psychotherapeutischen oder einer medizinischen Behandlung bzw. einer ärztlichen Nachbetreuung zu unterziehen (§§ 52 Abs. 3 StGB, 179a StVG); und

6. gemeinnützige Leistungen nach §§ 3, 3a StVG.

(3) Die Voraussetzungen, unter denen die Mitgliedstaaten über entsprechendes Ersuchen auf Antrag des Verurteilten ungeachtet des Nichtvorliegens eines Wohnsitzes oder ständigen Aufenthalts des Verurteilten im Vollstreckungsstaat zur Überwachung bereit sind, hat die Bundesministerin für Justiz durch Verordnung zu verlautbaren.

(4) Das Gericht hat der zuständigen Behörde des Vollstreckungsstaats

1. die zu überwachende Entscheidung samt Übersetzung, sofern eine solche für den Verurteilten im Inlandsverfahren bereits angefertigt wurde; sowie

2. eine ausgefüllte und unterzeichnete Bescheinigung (**Anhang X**) und, sofern der Vollstreckungsstaat nicht erklärt hat, Bescheinigungen auch in deutscher Sprache zu akzeptieren, deren Übersetzung in eine Amtssprache des Vollstreckungsstaats oder in eine andere von diesem akzeptierte Sprache

zu übermitteln. Die Bundesministerin für Justiz hat durch Verordnung zu verlautbaren, welche

Mitgliedstaaten welche Amtssprachen akzeptieren.

(5) Wurde in der Entscheidung ein Schuldspruch unter Vorbehalt der Strafe (§ 13 JGG) ausgesprochen, so hat das Gericht die zuständige Behörde des Vollstreckungsstaats um eine Mitteilung über die höchstzulässige Dauer der Freiheitsstrafe oder mit Freiheitsentziehung verbundenen vorbeugenden Maßnahme zu ersuchen, die nach dem Recht des Vollstreckungsstaats wegen der der Entscheidung zugrunde liegenden Straftat im Falle eines Verstoßes gegen die Bewährungsmaßnahme verhängt werden kann.

(6) Auf den Geschäftsverkehr ist § 14 Abs. 1 bis 5 sinngemäß anzuwenden. Sind die Entscheidung und die Bescheinigung nicht auf dem Postweg übermittelt worden, so sind der zuständigen Behörde des Vollstreckungsstaats auf ihr Ersuchen eine Ausfertigung oder eine beglaubigte Abschrift der Entscheidung sowie das Original der Bescheinigung auf dem Postweg nachzureichen.

(7) Die gleichzeitige Befassung eines weiteren Mitgliedstaats mit der Überwachung ist unzulässig.

(BGBl I 2013/175)

Zurückziehung der Bescheinigung

§ 96. Spätestens innerhalb von zehn Tagen nach Einlangen der nach § 95 Abs. 5 erbetenen Mitteilung oder der Anpassungsentscheidung kann das Gericht, solange mit der Überwachung im Vollstreckungsstaat noch nicht begonnen wurde, für den Fall, dass es die angepasste Bewährungsmaßnahme für unzureichend oder die im Falle eines Verstoßes gegen die Bewährungsmaßnahme nach dem Recht des Vollstreckungsstaats höchstzulässige Dauer der Freiheitsstrafe oder mit Freiheitsentziehung verbundenen vorbeugenden Maßnahme im Verhältnis zu der nach österreichischem Recht zu verbüßenden Freiheitsstrafe oder mit Freiheitsentziehung verbundenen vorbeugenden Maßnahme für unverhältnismäßig niedrig erachtet, die zuständige Behörde des Vollstreckungsstaats davon in Kenntnis setzen, dass die Bescheinigung zurückgezogen wird.

(BGBl I 2013/175)

Wirkung der Übernahme der Überwachung

§ 97. Nach erfolgter Übernahme der Überwachung durch den Vollstreckungsstaat richten sich die weiteren Maßnahmen vorbehaltlich der Regelung des § 98 nach dem Recht des Vollstreckungsstaats.

(BGBl I 2013/175)

EU-JZG

Verständigung nach Übernahme der Überwachung durch den Vollstreckungsstaat

§ 97a. Das Gericht hat die zuständige Behörde des Vollstreckungsstaats auf die in § 14 Abs. 3 vorgesehene Weise unverzüglich in den in § 91 Abs. 2 angeführten Fällen zu verständigen.

(BGBl I 2020/20)

Rückübertragung der Überwachung

§ 98. Wenn die zuständige Behörde des Vollstreckungsstaats die Überwachung aus den in § 91 Abs. 1 und 3 angeführten Gründen an das inländische Gericht rücküberträgt, so hat dieses die Überwachung wieder wahrzunehmen, wobei es die Dauer und den Grad der Befolgung der Bewährungsmaßnahme durch den Verurteilten im Vollstreckungsstaat und jede in diesem Staat ergangene Entscheidung entsprechend § 90 Abs. 1 Z 1 berücksichtigt. Entsprechendes gilt für den Fall der Zurückziehung der Bescheinigung nach § 96.

(BGBl I 2013/175)

Verständigung des Vollstreckungsstaats nach Rückübertragung

§ 99. Wurde dem Gericht die Überwachung rückübertragen (§ 98), hat es die zuständige Behörde des Vollstreckungsstaats auf die in § 14 Abs. 3 vorgesehene Weise unverzüglich in Kenntnis zu setzen

1. vom Widerruf der bedingten Strafnachsicht oder der bedingten Entlassung;

2. von der Entscheidung über die Vollstreckung der im Urteil ausgesprochenen Freiheitsstrafe oder mit Freiheitsentziehung verbundenen Maßnahme;

3. vom nachträglichen Strafausspruch im Falle eines Schuldspruchs unter Vorbehalt der Strafe;

4. von der Befolgung der Bewährungsmaßnahme.

(BGBl I 2013/175)

Zweiter Abschnitt

Überwachung von Entscheidungen über die Anwendung gelinderer Mittel

Erster Unterabschnitt

Überwachung von Entscheidungen anderer Mitgliedstaaten

Voraussetzungen

§ 100. (1) Wurde im Zuge eines in einem anderen Mitgliedstaat anhängigen Strafverfahrens gegen eine natürliche Person, die ihren Wohnsitz oder ständigen Aufenthalt im Inland hat und der Rückkehr nach Österreich nach Rechtsbelehrung zugestimmt hat, von einer Justizbehörde oder einer sonstigen Behörde, die nach dem Recht dieses Mitgliedstaats für solche Entscheidungen zuständig ist, eine Entscheidung über die Anwendung gelinderer Mittel getroffen, so ist über entsprechendes Ersuchen des Anordnungsstaats nach den Bestimmungen dieses Abschnitts im Inland sicherzustellen und zu überwachen, dass der Betroffene der Anordnung entspricht. Entscheidungen über die Ausstellung eines Haftbefehls oder die Erlassung einer sonstigen vollstreckbaren Entscheidung mit gleicher Rechtswirkung müssen von einer Justizbehörde getroffen worden sein.

(2) Gelindere Mittel im Sinne von Abs. 1 sind:

1. Verpflichtung des Betroffenen zur Bekanntgabe jedes Wohnsitzwechsels;

2. Verpflichtung, bestimmte Orte, Plätze oder festgelegte Gebiete nicht zu betreten;

3. Verpflichtung, sich, gegebenenfalls zu bestimmten Zeiten, an einem bestimmten Ort aufzuhalten;

4. Einschränkung des Rechts auf Verlassen des Hoheitsgebiets des Vollstreckungsstaats;

5. Verpflichtung, sich zu bestimmten Zeiten bei einer bestimmten Behörde zu melden;

6. Verpflichtung, den Kontakt mit bestimmten Personen, die mit der oder den zur Last gelegten Straftat/en in Zusammenhang stehen, zu meiden;

7. Verpflichtung zur Leistung einer Sicherheit;

8. Verpflichtung, sich einer Entwöhnungsbehandlung oder sonst einer medizinischen Behandlung zu unterziehen, sofern der Betroffene dieser Maßnahme zustimmt;

9. vorübergehende Abnahme der Kraftfahrzeugdokumente;

10. vorläufige Bewährungshilfe, sofern der Betroffene dieser Maßnahme zustimmt.

(3) Die Bundesministerin für Justiz hat die für Entscheidungen nach diesem Abschnitt zuständigen Behörden der Mitgliedstaaten, die keine Justizbehörden sind, durch Verordnung zu verlautbaren.

(BGBl I 2013/175)

Unzulässigkeit der Überwachung

§ 101. (1) Die Überwachung von in einem anderen Mitgliedstaat angewandten gelinderen Mittel ist unzulässig

1. wenn der Betroffene seinen Wohnsitz oder ständigen Aufenthalt nicht im Inland hat;

2. wenn der Entscheidung keine der in § 100 Abs. 2 angeführten gelinderen Mittel zugrunde liegen;

3. wenn gegen den Betroffenen wegen der der Entscheidung zugrunde liegenden Tat eine

rechtskräftige Entscheidung im Inland oder eine rechtskräftige bereits vollstreckte Entscheidung in einem anderen Staat ergangen ist;

4. wenn die der Entscheidung zugrunde liegende Tat nach österreichischem Recht nicht gerichtlich strafbar ist, es sei denn, die Tat ist einer der in Anhang I, Teil A, angeführten Kategorien von Straftaten zuzuordnen; die vom Ausstellungsstaat getroffene Zuordnung ist vorbehaltlich des § 103 Abs. 2 Z 3 bindend;

5. wenn die Strafbarkeit der Tat, die dem Geltungsbereich der österreichischen Strafgesetze unterliegt, nach österreichischem Recht verjährt ist;

6. soweit die Überwachung gegen Bestimmungen über Immunität verstoßen würde;

7. wenn der Betroffene zur Zeit der Tat, die der Entscheidung über die Anwendung gelinderer Mittel zugrunde liegt, nach österreichischem Recht strafunmündig war;

8. wenn im Falle eines Verstoßes des Betroffenen gegen das angewandte gelindere Mittel die Vollstreckung eines Europäischen Haftbefehls abgelehnt werden müsste;

9. wenn objektive Anhaltspunkte dafür vorliegen, dass die Entscheidung über die Anwendung gelinderer Mittel unter Verletzung von Grundrechten oder wesentlicher Rechtsgrundsätze im Sinne von Art. 6 des Vertrags über die Europäische Union zustande gekommen ist, insbesondere die betreffende Entscheidung zum Zwecke der Bestrafung des Verurteilten aus Gründen seines Geschlechts, seiner Rasse, Religion, ethnischen Herkunft, Staatsangehörigkeit, Sprache, politischen Überzeugung oder sexuellen Ausrichtung getroffen wurde, und der Betroffene keine Möglichkeit hatte, diesen Umstand vor den zuständigen Behörden des Anordnungsstaats, vor dem Europäischen Gerichtshof für Menschenrechte oder vor dem Gerichtshof der Europäischen Union geltend zu machen.

(2) Wenn der Betroffene im Inland keinen Wohnsitz oder ständigen Aufenthalt hat, kann der Überwachung über entsprechendes Ersuchen der zuständigen Behörde des Anordnungsstaats auf Antrag des Betroffenen dennoch zugestimmt werden, wenn aufgrund bestimmter Umstände Bindungen des Betroffenen zu Österreich von solcher Intensität bestehen, dass davon auszugehen ist, dass die Überwachung im Inland der Erleichterung der Resozialisierung und der Wiedereingliederung des Betroffenen in die Gesellschaft dient.

(3) In den Fällen nach Abs. 1 Z 8 kann die Überwachung nach Herstellung des Einvernehmens mit der zuständigen Behörde des Anordnungsstaats unter ausdrücklichem Hinweis darauf, dass im Falle eines Verstoßes des Betroffenen gegen die angewandten gelinderen Mittel die Vollstreckung eines Europäischen Haftbefehls

abgelehnt werden müsste, dennoch übernommen werden.

(4) In Abgaben-, Steuer-, Zoll- und Währungsangelegenheiten darf die Überwachung nicht mit der Begründung abgelehnt werden, dass das österreichische Recht keine gleichartigen Abgaben oder Steuern vorschreibt oder keine gleichartigen Abgaben-, Steuer-, Zoll- und Währungsbestimmungen enthält wie das Recht des Anordnungsstaats.

(BGBl I 2013/175)

Zuständigkeit

§ 102. (1) Zur Entscheidung über die Überwachung einer Entscheidung über die Anwendung gelinderer Mittel ist das Landesgericht sachlich zuständig.

(2) Die örtliche Zuständigkeit richtet sich nach dem Ort, an dem der Betroffene seinen Wohnsitz oder ständigen Aufenthalt hat, in den Fällen nach § 101 Abs. 2 nach dem Ort, zu dem die besonderen Bindungen des Betroffenen bestehen.

(3) Ist das Gericht, das mit der Überwachung befasst worden ist, nicht zuständig, so tritt es die Sache an das zuständige Gericht ab und verständigt die zuständige Behörde des Anordnungsstaats davon.

(BGBl I 2013/175)

Verfahren

§ 103. (1) Die Überwachung setzt voraus, dass dem inländischen Gericht die zu überwachende Entscheidung über die Anwendung gelinderer Mittel und die von der zuständigen Behörde unterzeichnete Bescheinigung (**Anhang XII**) und, sofern der Anordnungsstaat nicht die Erklärung abgegeben hat, als Vollstreckungsstaat Bescheinigungen auch in deutscher Sprache zu akzeptieren (§ 115 Abs. 3 Z 2), deren Übersetzung in die deutsche Sprache, übermittelt wird.

(2) Wenn

1. die Bescheinigung nicht übermittelt worden ist, in wesentlichen Teilen unvollständig ist oder der Entscheidung über Überwachungsmaßnahmen offensichtlich widerspricht;

2. Anhaltspunkte dafür bestehen, dass einer der in § 101 Abs. 1 Z 1 bis 3 und 9 angeführten Gründe für die Unzulässigkeit der Überwachung vorliegt; oder

3. die rechtliche Würdigung als Straftat nach Anhang I, Teil A, offensichtlich fehlerhaft ist oder der Betroffene dagegen begründete Einwände erhoben hat,

ist die zuständige Behörde des Anordnungsstaats um Nachreichung, Vervollständigung oder ergänzende Information binnen einer festzusetzenden angemessenen Frist mit dem Hinweis zu ersuchen, dass bei fruchtlosem Ablauf der Frist die Überwachung vorbehaltlich eines Vorgehens nach § 101 Abs. 3 zur Gänze oder zum Teil verweigert werden wird.

(3) Auf den Geschäftsweg ist § 14 Abs. 1 bis 5 sinngemäß anzuwenden.

(4) Zu den Voraussetzungen der Überwachung (§ 100) und zu den im Inland anzuordnenden Maßnahmen ist der Betroffene zu hören.

(5) Die zuständige Behörde des Anordnungsstaats kann jederzeit konsultiert werden, um Informationen zwecks Überprüfung der Identität und des Wohnortes des Betroffenen zu erhalten oder die reibungslose und effiziente Durchführung der Überwachung sonst zu erleichtern.

(BGBl I 2013/175)

Entscheidung

§ 104. (1) Über die Übernahme der Überwachung ist mit Beschluss zu entscheiden. Der Beschluss hat die Bezeichnung der Behörde, deren Entscheidung überwacht wird, deren Aktenzeichen, eine kurze Darstellung des Sachverhalts einschließlich Ort und Zeit der Tat, die der Entscheidung zugrunde liegt, und des angewandten gelinderen Mittels, die Bezeichnung der dem Betroffenen zur Last gelegten strafbaren Handlung sowie die angewendeten Rechtsvorschriften des Anordnungsstaats zu enthalten. Darüber hinaus ist auszusprechen, welche Maßnahmen im Inland zu treffen sind.

(2) Gegen den Beschluss steht der Staatsanwaltschaft und dem Betroffenen die binnen 14 Tagen einzubringende Beschwerde an das Oberlandesgericht offen. Einer rechtzeitig erhobenen Beschwerde kommt aufschiebende Wirkung zu.

(3) Nach Rechtskraft des Beschlusses sind unverzüglich die für die Überwachung des gelinderen Mittels erforderlichen Maßnahmen zu ergreifen.

(BGBl I 2013/175)

Wirkung der Übernahme der Überwachung

§ 105. Nach erfolgter Übernahme der Überwachung richten sich die weiteren Maßnahmen vorbehaltlich der Regelung des § 109 nach österreichischem Recht. Die Überwachung des gelinderen Mittels nach § 100 Abs. 2 Z 7 erfolgt dabei in der Weise, dass dem Betroffenen aufgetragen wird, einen Nachweis über die erfolgte Sicherheitsleistung zu erbringen.

(BGBl I 2013/175)

Anpassung der gelinderen Mittel

§ 106. (1) Ist die Art des angewandten gelinderen Mittels mit dem österreichischen Recht nicht

vereinbar, so ist es vom Gericht an die nach österreichischem Recht vorgesehenen gelinderen Mittel anzupassen.

(2) Das angepasste gelindere Mittel hat so weit wie möglich dem im Anordnungsstaat angeordneten gelinderen Mittel zu entsprechen. Es darf nicht schwerwiegender sein als das im Anordnungsstaat angeordnete gelindere Mittel.

(BGBl I 2013/175)

Fristen

§ 107. (1) Über die Übernahme der Überwachung hat das Gericht vorbehaltlich der Regelung des § 108 binnen 20 Arbeitstagen nach dem Zeitpunkt zu entscheiden, zu dem die Entscheidung samt Bescheinigung nach **Anhang XII** einlangt. Im Falle einer Beschwerde nach § 104 Abs. 2 verlängert sich diese Frist um weitere 20 Arbeitstage.

(2) Kann die in Abs. 1 genannte Frist im Einzelfall nicht eingehalten werden, so ist die zuständige Behörde des Anordnungsstaats davon auf jede beliebige Weise unter Angabe der Gründe und der voraussichtlichen Dauer bis zum Ergehen einer endgültigen Entscheidung in Kenntnis zu setzen.

(BGBl I 2013/175)

Aufschub der Entscheidung

§ 108. Die Entscheidung über die Übernahme der Überwachung ist bis zum Ablauf einer der zuständigen Behörde des Anordnungsstaats zu setzenden angemessenen Frist aufzuschieben

1. bis zur Nachreichung oder Vervollständigung der Bescheinigung;

2. bis zum Einlangen der von der zuständigen Behörde des Anordnungsstaats begehrten ergänzenden Informationen.

(BGBl I 2013/175)

Zuständigkeit für Folgeentscheidungen

§ 109. (1) Die zuständige Behörde des Anordnungsstaats ist für alle Folgeentscheidungen im Zusammenhang mit einer Entscheidung über die Anwendung gelinderer Mittel zuständig. Diese Folgeentscheidungen umfassen insbesondere

1. die Erneuerung, Überprüfung und Aufhebung oder Abänderung der Entscheidung über die Anordnung gelinderer Mittel;

2. die Änderung der gelinderen Mittel; und

3. die Ausstellung eines Haftbefehls oder die Erlassung einer sonstigen vollstreckbaren Entscheidung mit gleicher Rechtswirkung.

(2) Im Falle einer Änderung der gelinderen Mittel gemäß Abs. 1 Z 2 hat das inländische Gericht

1. die geänderten gelinderen Mittel anzupassen, wenn sie ihrer Art nach mit dem österreichischen Recht nicht vereinbar sind (§ 106); oder

2. die Überwachung der geänderten gelinderen Mittel abzulehnen, wenn diese nicht unter die in § 100 Abs. 2 angeführten gelinderen Mittel fallen.

(BGBl I 2013/175)

Auskunftsersuchen

§ 110. Während der Überwachung kann das Gericht die zuständige Behörde des Anordnungsstaats jederzeit um Auskunft darüber ersuchen, ob die Überwachung im Hinblick auf die Umstände des Einzelfalles fortgesetzt werden soll.

(BGBl I 2013/175)

Verständigung des Anordnungsstaats

§ 111. Das Gericht hat die zuständige Behörde des Anordnungsstaats auf die in § 14 Abs. 3 vorgesehene Weise unverzüglich in Kenntnis zu setzen

1. von der Weiterleitung des Entscheidung über die Anordnung gelinderer Mittel samt Bescheinigung nach **Anhang XII** an die für die Überwachung zuständige Behörde;

2. von der Unmöglichkeit der Überwachung wegen Unauffindbarkeit des Betroffenen im Inland nach erfolgter Übermittlung der Entscheidung samt Bescheinigung nach **Anhang XII**. In diesem Fall besteht keine Verpflichtung zur Überwachung;

3. vom Umstand, dass eine Beschwerde gegen den Beschluss nach § 104 Abs. 1 eingelegt wurde;

4. von der rechtskräftigen Entscheidung über die Übernahme der Überwachung;

5. von der Entscheidung über die Unzulässigkeit der Überwachung, unter Angabe der Gründe;

6. von der Entscheidung über die Anpassung der gelinderen Mittel, unter Angabe der Gründe;

7. von jedem Wohnsitzwechsel des Betroffenen;

8. von jedem Verstoß gegen das angewandte gelindere Mittel und allen sonstigen Umständen, die eine Entscheidung nach § 109 Abs. 1 zur Folge haben könnten, wobei die Verständigung unter Verwendung des Formblattes nach **Anhang XIII** erfolgt;

9. von der Entscheidung über die Beendigung der Überwachung gemäß § 112 Abs. 2, 3 oder 4.

(BGBl I 2013/175)

Unbeantwortete Verständigungen und Beendigung der Überwachung

§ 112. (1) Hat das Gericht mindestens zwei Meldungen nach § 111 Z 8 an die zuständige Behörde des Anordnungsstaats übermittelt, ohne dass diese eine Entscheidung nach § 109 Abs. 1 getroffen hat, so ist diese Behörde zu ersuchen, innerhalb einer ihr zu setzenden angemessenen Frist eine solche Entscheidung zu treffen.

(2) Wird von der zuständigen Behörde des Anordnungsstaats innerhalb dieser Frist keine Entscheidung getroffen, so ist die Überwachung zu beenden.

(3) Nach Ablauf von sechs Monaten nach erfolgter Übernahme der Überwachung ist die zuständige Behörde des Anordnungsstaats unter Setzung einer angemessenen Frist um Bestätigung der Notwendigkeit der Fortsetzung der Überwachung zu ersuchen. Nach Ablauf von zwei Jahren nach erfolgter Übernahme der Überwachung ist diese jedenfalls zu beenden.

(4) Erfolgt seitens der zuständigen Behörde des Anordnungsstaats weder auf ein Ersuchen nach Abs. 3 noch auf ein weiteres entsprechendes Ersuchen unter Hinweis darauf, dass die Überwachung nach fruchtlosem Ablauf der Frist beendet werden wird, keine Reaktion, so ist die Überwachung zu beenden.

(5) Neben den in Abs. 2 bis 4 angeführten Fällen ist die Überwachung zu beenden, wenn die zuständige Behörde des Anordnungsstaats die Bescheinigung zurückgezogen hat (§ 116).

(BGBl I 2013/175)

Übergabe des Betroffenen

§ 113. Hat die zuständige Behörde des Anordnungsstaats gegen den Betroffenen einen Haftbefehl erlassen oder eine sonstige vollstreckbare Entscheidung mit gleicher Rechtswirkung getroffen, so ist dieser dem Anordnungsstaat im Einklang mit den Bestimmungen des Zweiten und Dritten Abschnitts des II. Hauptstücks zu übergeben.

(BGBl I 2013/175)

Kosten

§ 114. Für die durch die Überwachung einer ausländischen Entscheidung über die Anwendung gelinderer Mittel entstandenen Kosten kann ein Kostenersatz vom Anordnungsstaat nicht begehrt werden.

(BGBl I 2013/175)

EU-JZG

Zweiter Unterabschnitt
Erwirkung der Überwachung in einem anderen Mitgliedstaat

Befassung eines anderen Mitgliedstaats

§ 115. (1) Besteht Anlass, einen anderen Mitgliedstaat um Überwachung einer Entscheidung über die Anwendung eines oder mehrerer der in § 100 Abs. 2 angeführten gelinderen Mittel gemäß § 173 Abs. 5 StPO oder, falls der Vollstreckungsstaat die Überwachung auch anderer gelinderer Mittel akzeptiert hat, derartiger gelinderer Mittel zu ersuchen, weil der Betroffene in diesem Staat seinen Wohnsitz oder ständigen Aufenthalt hat und der Rückkehr in diesen Staat zugestimmt hat, nachdem er von den angewandten gelinderen Mitteln in Kenntnis gesetzt wurde, so hat das Gericht, das in erster Instanz entschieden hat, zunächst der Staatsanwaltschaft Gelegenheit zur Äußerung zu geben und den Betroffenen zu hören.

(2) Die Bundesministerin für Justiz hat durch Verordnung zu verlautbaren

1. die Voraussetzungen, unter denen die Mitgliedstaaten über entsprechendes Ersuchen auf Antrag des Betroffenen ungeachtet des Nichtvorliegens eines Wohnsitzes oder ständigen Aufenthalts des Betroffenen im Vollstreckungsstaat zur Überwachung bereit sind;

2. welche Mitgliedstaaten die Überwachung auch anderer als der in § 100 Abs. 2 angeführten gelinderen Mittel akzeptieren.

(3) Das Gericht hat der zuständigen Behörde des Vollstreckungsstaats

1. die zu überwachende Entscheidung samt Übersetzung, sofern eine solche für den Betroffenen im Inlandsverfahren bereits angefertigt wurde; sowie

2. eine ausgefüllte und unterzeichnete Bescheinigung (**Anhang XII**) und, sofern der Vollstreckungsstaat nicht erklärt hat, Bescheinigungen auch in deutscher Sprache zu akzeptieren, deren Übersetzung in eine Amtssprache des Vollstreckungsstaats oder in eine andere von diesem akzeptierte Sprache

zu übermitteln. Die Bundesministerin für Justiz hat durch Verordnung zu verlautbaren, welche Mitgliedstaaten welche Amtssprachen akzeptieren.

(4) Auf den Geschäftsverkehr ist § 14 Abs. 1 bis 5 sinngemäß anzuwenden. Sind die Entscheidung und die Bescheinigung nicht auf dem Postweg übermittelt worden, so sind der zuständigen Behörde des Vollstreckungsstaats auf ihr Ersuchen eine Ausfertigung oder eine beglaubigte Abschrift der Entscheidung sowie das Original der Bescheinigung auf dem Postweg nachzureichen.

(5) Die gleichzeitige Befassung eines weiteren Mitgliedstaats mit der Überwachung ist unzulässig.

(BGBl I 2013/175)

Zurückziehung der Bescheinigung

§ 116. Spätestens innerhalb von zehn Tagen nach Einlangen der Anpassungsentscheidung oder einer Mitteilung der zuständigen Behörde des Vollstreckungsstaats über den höchstzulässigen Zeitraum für die Überwachung, und solange mit der Überwachung im Vollstreckungsstaat noch nicht begonnen wurde, kann das Gericht für den Fall, dass es das angepasste gelindere Mittel oder den höchstzulässigen Zeitraum, während dessen die Überwachung durchgeführt werden kann, nicht für angemessen erachtet, die zuständige Behörde des Vollstreckungsstaats davon in Kenntnis setzen, dass die Bescheinigung zurückgezogen wird. Entsprechendes gilt für den Fall des Erhalts einer Mitteilung entsprechend § 101 Abs. 3.

(BGBl I 2013/175)

Ersuchen um Fortsetzung der Überwachung

§ 117. Nach Ablauf des von der zuständigen Behörde des Vollstreckungsstaats mitgeteilten höchstzulässigen Zeitraums für die Überwachung kann das Gericht diese Behörde ersuchen, die Überwachung für einen von ihm bekannt zu gebenden weiteren Zeitraum fortzusetzen, wenn es dies im Hinblick auf die Umstände des Falles für erforderlich erachtet.

(BGBl I 2013/175)

Entscheidung über Folgemaßnahmen

§ 118. Nach Erhalt einer Mitteilung entsprechend § 111 Z 8 sowie aufgrund einer Anfrage entsprechend § 110 ist zu prüfen, ob Anlass zur Fällung einer Entscheidung gemäß § 109 Abs. 1 besteht. Dabei sind allfällige, von der zuständigen Behörde des Vollstreckungsstaats übermittelte Informationen über eine Gefahr, die vom Betroffenen für das Opfer und für die Allgemeinheit ausgehen könnte, entsprechend zu berücksichtigen.

(BGBl I 2013/175)

Wirkung der Übernahme der Überwachung

§ 119. Nach Übernahme der Überwachung durch den Vollstreckungsstaat richten sich die weiteren Maßnahmen vorbehaltlich der Regelung des § 120 nach dem Recht des Vollstreckungsstaats.

(BGBl I 2013/175)

Fortsetzung der Überwachung im Inland

§ 120. (1) Die Fortsetzung der Überwachung im Inland ist in folgenden Fällen zulässig:

1. wenn der Betroffene seinen Wohnsitz oder ständigen Aufenthalt in einen anderen Staat als den Vollstreckungsstaat verlegt hat;

2. nach Zurückziehung der Bescheinigung nach § 116;

3. in den Fällen entsprechend § 109 Abs. 2 Z 2;

4. nach Ablauf des von der zuständigen Behörde des Vollstreckungsstaats mitgeteilten höchstzulässigen Zeitraums für die Überwachung, sofern dem Ersuchen um Fortsetzung der Überwachung von dieser nicht entsprochen wird;

5. nach Beendigung der Überwachung gemäß § 112 Abs. 2, 3, oder 4.

(2) In den in Abs. 1 angeführten Fällen ist die zuständige Behörde des Vollstreckungsstaats zu konsultieren, um jede Unterbrechung der Überwachung nach Möglichkeit zu vermeiden. *(BGBl I 2020/20)*

(BGBl I 2013/175)

Verständigung des Vollstreckungsstaats

§ 121. Das Gericht hat die zuständige Behörde des Vollstreckungsstaats auf die in § 14 Abs. 3 vorgesehene Weise unverzüglich in Kenntnis zu setzen

1. für welchen zusätzlichen Zeitraum es die Überwachung für erforderlich erachtet, wobei die entsprechende Mitteilung vor Ablauf des von der zuständigen Behörde des Vollstreckungsstaats mitgeteilten höchstzulässigen Zeitraums für die Überwachung erfolgt;

2. von jeder Entscheidung entsprechend § 109 Abs. 1 und der allfälligen Einlegung eines Rechtsmittels gegen eine solche Entscheidung.

(BGBl I 2013/175)

VI. Hauptstück

Anerkennung Europäischer Schutzanordnungen in Strafsachen

Erster Abschnitt

Anerkennung von Entscheidungen anderer Mitgliedstaaten

Voraussetzungen

§ 122. (1) Wurde im Zuge eines in einem anderen Mitgliedstaat außer Dänemark oder Irland anhängigen Strafverfahrens von einer Justizbehörde oder sonstigen zuständigen Behörde zum Schutz einer natürlichen Person, die ihren Wohnsitz oder Aufenthalt im Inland hat oder in das Inland verlegen will, eine Schutzmaßnahme angeordnet und auf deren Grundlage eine Europäische Schutzanordnung erlassen, so wird diese über entsprechendes Ersuchen des Anordnungsstaates nach den Bestimmungen dieses Abschnitts im Inland anerkannt, und es werden die nach österreichischem Recht in einem vergleichbaren Fall zulässigen Anordnungen zur Fortsetzung des Schutzes der geschützten Person erteilt. *(BGBl I 2018/28)*

(2) Schutzmaßnahmen im Sinne von Abs. 1 sind:

1. das Verbot des Betretens bestimmter Räumlichkeiten, Orte oder festgelegter Gebiete in bzw. an denen sich die geschützte Person aufhält oder die sie aufsucht;

2. das Verbot oder die Regelung der jeglicher Form der Kontaktaufnahme – auch telefonisch, auf elektronischem Weg, per Post, Telefax oder mit anderen Mitteln – mit der geschützten Person; und

3. das Verbot, sich der geschützten Person auf eine geringere als die festgelegte Entfernung zu nähern, oder eine Weisung ähnlichen Inhalts.

(BGBl I 2014/107)

Antrag der geschützten Person im Inland

§ 123. Ein von der geschützten Person bei einem österreichischen Gericht gestellter Antrag auf Erlass einer Europäischen Schutzanordnung im Zusammenhang mit einer in einem anderen Mitgliedstaat angeordneten Schutzmaßnahme ist so rasch wie möglich an die zuständige Behörde des Anordnungsstaats zu übermitteln.

(BGBl I 2014/107)

Unzulässigkeit der Anerkennung

§ 124. Die Anerkennung einer Europäischen Schutzanordnung ist unzulässig,

1. wenn die Voraussetzungen für eine Anerkennung und Überwachung im Inland nach dem V. Hauptstück oder für eine Anerkennung und Vollstreckung

a) der Verordnung (EG) Nr. 44/2001 über die gerichtliche Zuständigkeit und die Anerkennung und Vollstreckung von Entscheidungen in Zivil- und Handelssachen, ABl. L 2001/12, 1,

b) der Verordnung (EG) Nr. 2201/2003 über die Zuständigkeit und die Anerkennung und Vollstreckung von Entscheidungen in Ehesachen und in Verfahren betreffend die elterliche Verantwortung und zur Aufhebung der Verordnung (EG) Nr. 1347/2000, ABl. L 2003/338, 1,

c) dem Haager Übereinkommen vom 19. Oktober 1996 über die Zuständigkeit, das anzuwendende Recht, die Anerkennung, Vollstreckung und Zusammenarbeit auf dem Gebiet der elterlichen

EU-JZG

Verantwortung und der Maßnahmen zum Schutz von Kindern, BGBl. III Nr. 49/2011, oder

d) dem Haager Übereinkommen vom 25. Oktober 1980 über die zivilrechtlichen Aspekte internationaler Kindesentführung, BGBl. Nr. 512/1988,

vorliegen;

2. wenn die geschützte Person im Inland keinen Wohnsitz oder Aufenthalt hat und diesen auch nicht in das Inland verlegen will;

3. wenn der Europäischen Schutzanordnung keine der in § 122 Abs. 2 angeführten Schutzmaßnahmen zugrunde liegt;

4. wenn die Schutzmaßnahme im Zusammenhang mit einer Handlung angeordnet wurde, die nach österreichischem Recht nicht gerichtlich strafbar ist;

5. wenn die Schutzmaßnahme in einem Urteil angeordnet wurde, dem eine Handlung zugrunde liegt, die dem Geltungsbereich der österreichischen Strafgesetze unterliegt, und das im Inland unter eine Amnestie fällt;

6. soweit die Anerkennung der Europäischen Schutzanordnung und die Erteilung nationaler Anordnungen gegen Bestimmungen über Immunität verstoßen würde;

7. wenn die Verfolgung der gefährdenden Person wegen der Handlung, aufgrund derer die Schutzmaßnahme angeordnet wurde, nach österreichischem Recht verjährt ist, sofern die Handlung dem Geltungsbereich der österreichischen Strafgesetze unterliegt;

8. wenn die Anerkennung der Europäischen Schutzanordnung dem Verbot der Doppelbestrafung („ne bis in idem") zuwiderlaufen würde;

9. wenn die der Schutzmaßnahme zugrunde liegende Handlung von einer Person begangen wurde, die nach österreichischem Recht zur Zeit der Tat strafunmündig war; oder

10. wenn objektive Anhaltspunkte dafür vorliegen, dass die Entscheidung, in der die Schutzmaßnahme angeordnet wurde, unter Verletzung von Grundrechten oder wesentlichen Rechtsgrundsätzen im Sinne von Art. 6 des Vertrags über die Europäische Union zustande gekommen ist, und die gefährdende Person keine Möglichkeit hatte, diese Umstände vor den zuständigen Behörden des Anordnungsstaats, vor dem Europäischen Gerichtshof für Menschenrechte oder vor dem Gerichtshof der Europäischen Union geltend zu machen.

(BGBl I 2014/107)

Zuständigkeit

§ 125. (1) Zur Entscheidung über die Anerkennung einer Europäischen Schutzanordnung und die Erteilung nationaler Anordnungen ist das Landesgericht sachlich zuständig.

(2) Die örtliche Zuständigkeit richtet sich nach dem Ort, an dem die geschützte Person ihren Wohnsitz oder Aufenthalt genommen hat oder nehmen wird.

(3) Ist das Gericht, das mit der Anerkennung befasst worden ist, nicht zuständig, so tritt es die Sache an das zuständige Gericht ab und verständigt die zuständige Behörde des anordnenden Staates davon.

(BGBl I 2014/107)

Verfahren

§ 126. (1) Die Anerkennung setzt voraus, dass dem inländischen Gericht die Europäische Schutzanordnung (Anhang XV[1]) und, sofern der Anordnungsstaat nicht die Erklärung abgegeben hat, als Vollstreckungsstaat Europäische Schutzanordnungen auch in deutscher Sprache zu akzeptieren (§ 135 Abs. 1), deren Übersetzung in die deutsche Sprache übermittelt wird.

(2) Wenn die Europäische Schutzanordnung in wesentlichen Teilen unvollständig ist oder Anhaltspunkte dafür vorliegen, dass der in § 124 Z 10 angeführte Grund für die Unzulässigkeit der Anerkennung der Europäischen Schutzanordnung vorliegt, ist die zuständige Behörde des Anordnungsstaates auf die in § 14 Abs. 3 vorgesehene Weise um Vervollständigung binnen einer festzusetzenden angemessenen Frist mit dem Hinweis zu ersuchen, dass bei fruchtlosem Ablauf der Frist die Anerkennung verweigert werden wird. Die Entscheidung über die Anerkennung der Europäischen Schutzanordnung ist bis zum Einlangen der begehrten ergänzenden Informationen aufzuschieben.

(3) Auf den Geschäftsweg ist § 14 Abs. 1 bis 5 sinngemäß anzuwenden.

(4) Zu den Voraussetzungen der Anerkennung (§ 124) ist die geschützte Person und, sofern sie im Inland geladen werden kann, auch die gefährdende Person zu hören. Auf die Anhörung der gefährdenden Person kann verzichtet werden, wenn dadurch der Schutzzweck gefährdet wäre.

(BGBl I 2014/107)

---

[1] *Anhang nicht abgedruckt.*

Entscheidung

§ 127. (1) Über die Anerkennung ist mit Beschluss zu entscheiden. Der Beschluss hat die Bezeichnung der Behörde, deren Entscheidung anerkannt wird, deren Aktenzeichen, eine kurze Darstellung des Sachverhalts einschließlich Ort und Zeit der Tat, soweit bekannt, und der angeordneten Schutzmaßnahme, die Bezeichnung der strafbaren Handlung sowie die bekannt gegebenen angewendeten Rechtsvorschriften des Anordnungsstaates zu enthalten. Die Entscheidung ist unter Berücksichtigung der Dringlichkeit der Angelegenheit, des vorgesehenen Zeitpunkts der Ankunft der geschützten Person in Österreich, sofern diese nicht bereits im Inland wohnhaft oder aufhältig ist, und, soweit möglich, der Gefahrenlage der geschützten Person zu treffen.

(2) Soweit dies in einem vergleichbaren inländischen Verfahren zulässig wäre, hat das Gericht nach erfolgter Anerkennung der Europäischen Schutzanordnung unverzüglich für einen angemessenen Zeitraum der gefährdenden Person Weisungen zu erteilen (§ 51 Abs. 2 StGB) oder gelindere Mittel anzuwenden (§ 173 Abs. 5 Z 3 bis 5 StPO), die so weit wie möglich den im anordnenden Staat angeordneten Schutzmaßnahmen zu entsprechen haben.

(3) Gegen den Beschluss steht der Staatsanwaltschaft, der geschützten und der gefährdenden Person die binnen 14 Tagen einzubringende Beschwerde an das Oberlandesgericht offen.

(4) Die Überwachung der Befolgung der Weisungen oder gelinderen Mitteln sowie die Rechtsfolgen der Nichtbefolgung richten sich vorbehaltlich § 130 nach österreichischem Recht.

(BGBl I 2014/107)

Verständigungspflichten des Vollstreckungsstaates

§ 128. (1) Das Gericht hat die zuständige Behörde des Anordnungsstaates auf die in § 14 Abs. 3 vorgesehene Weise in Kenntnis zu setzen

1. von der Ablehnung der Anerkennung der Europäischen Schutzanordnung, unter Angabe der Gründe;

2. von Anordnungen gemäß § 127 Abs. 2 und den inländischen Rechtsfolgen eines Verstoßes (§ 129);

3. von jedem Verstoß gegen Anordnungen gemäß § 127 Abs. 2 unter Verwendung des Formblatts nach Anhang XVI[1]. Sofern der Anordnungsstaat nicht die Erklärung abgegeben hat, Formblätter auch in deutscher Sprache zu akzeptieren, ist dem Formblatt eine Übersetzung in eine Amtssprache des Anordnungsstaates anzuschließen. Der Bundesminister für Justiz hat durch Verordnung zu verlautbaren, welche Mitgliedstaaten welche Amtssprachen akzeptieren;

4. von jedem Verstoß gegen die in der Europäischen Schutzanordnung enthaltene Schutzmaßnahme, von dem das Gericht Kenntnis erlangt, sofern in einem vergleichbaren inländischen Verfahren keine Anordnung gemäß § 127 Abs. 2 in Betracht kommt, weshalb eine solche nicht erteilt werden konnte;

5. von der Entscheidung über die Aufhebung der aufgrund der Europäischen Schutzanordnung erteilten Anordnungen (§ 132).

(2) Die geschützte Person ist in den Fällen des Abs. 1 Z 1, 2 und 5 zu verständigen, im Falle der Ablehnung der Anerkennung der Europäischen Schutzanordnung unter Belehrung über die Beschwerdemöglichkeit nach § 127 Abs. 3 und gegebenenfalls über die Möglichkeit, die Anordnung einer Schutzmaßnahme nach österreichischem Recht zu beantragen. In den Fällen des Abs. 1 Z 2 ist auch die gefährdende Person in Kenntnis zu setzen, wobei eine Mitteilung der Anschrift oder sonstiger Kontaktdaten der geschützten Person an die gefährdende Person dabei zu unterbleiben hat, es sei denn, dass diese Daten zur Entsprechung der erteilten Anordnung erforderlich sind. In den Fällen des Abs. 1 Z 3 ist gegebenenfalls auch die zuständige Behörde des vollstreckenden Staates im Sinn von § 2 Z 7 lit. f zu unterrichten.

(BGBl I 2014/107)

---

[1] *Anhang nicht abgedruckt.*

Rechtsfolgen eines Verstoßes im Vollstreckungsstaat

§ 129. Im Falle eines Verstoßes gegen eine oder mehrere Anordnungen gemäß § 127 Abs. 2 hat das Gericht

1. umgehend vorläufige Maßnahmen zu veranlassen, um den Verstoß zu beenden, bis der Anordnungsstaat gegebenenfalls eine Entscheidung gemäß § 130 getroffen hat, und

2. bei Verdacht auf eine strafbare Handlung im Inland Anzeige an die zuständige Staatsanwaltschaft zu erstatten.

(BGBl I 2014/107)

Zuständigkeit des Anordnungsstaates

§ 130. Die zuständige Behörde des Anordnungsstaates ist ausschließlich zuständig für folgende Entscheidungen:

1. die Überprüfung, die Verlängerung, die Abänderung, den Widerruf und die Aufhebung der Schutzmaßnahme und dementsprechend der Europäischen Schutzanordnung; und

2. die Anordnung einer Freiheitsstrafe oder einer mit Freiheitsentziehung verbundenen vorbeugenden Maßnahme als Folge des Widerrufs der Schutzmaßnahme.

(BGBl I 2014/107)

EU-JZG

Folgen einer Änderung der Europäischen Schutzanordnung

§ 131. Übermittelt die zuständige Behörde des Anordnungsstaates eine geänderte Europäische Schutzanordnung, so hat das Gericht

1. die auf der Grundlage der Europäischen Schutzmaßnahme erteilten Anordnungen entsprechend zu ändern,

2. die Anerkennung der geänderten Europäischen Schutzmaßnahme abzulehnen, wenn dieser keine der in § 122 Abs. 2 angeführten Schutzmaßnahmen mehr zugrunde liegt, oder

3. nach § 126 Abs. 2 vorzugehen.

(BGBl I 2014/107)

Aufhebung der erteilten Anordnungen

§ 132. (1) Das Gericht hat die aufgrund der Europäischen Schutzanordnung erteilten Anordnungen aufzuheben, wenn

1. klare Hinweise darauf vorliegen, dass die geschützte Person nicht im Inland wohnhaft oder aufhältig ist oder das österreichische Hoheitsgebiet verlassen hat,

2. die Aufrechterhaltung der Weisung oder des gelinderen Mittels in einem vergleichbaren inländischen Verfahren nicht mehr zulässig wäre,

3. der Fall des § 131 Z 2 vorliegt,

4. einem inländischen Gericht nach erfolgter Anerkennung der Europäischen Schutzanordnung eine Entscheidung nach dem V. Hauptstück oder ein Ersuchen um Anerkennung und Vollstreckung nach einer der in § 124 Z 1 lit. a oder b genannten Verordnung oder nach einem der in § 124 lit. c oder d genannten Übereinkommen übermittelt wird, oder

5. die zuständige Behörde des Anordnungsstaates die Europäische Schutzanordnung widerruft (§ 130 Z 1).

(2) In den Fällen nach Abs. 1 Z 2 kann das Gericht die zuständige Behörde des Anordnungsstaates vor Aufhebung der erteilten Anordnungen um Mitteilung ersuchen, ob der aufgrund der Europäischen Schutzanordnung vorgesehene Schutz der geschützten Person noch erforderlich ist.

(BGBl I 2014/107)

Kosten

§ 133. Die durch die Anerkennung einer Europäischen Schutzanordnung und die Erteilung von Anordnungen entstandenen Kosten mit Ausnahme jener, die ausschließlich im Hoheitsgebiet des Anordnungsstaates entstehen, sind vom Bund zu tragen.

(BGBl I 2014/107)

Zweiter Abschnitt

Erwirkung der Anerkennung in einem anderen Mitgliedstaat

Erlass einer Europäischen Schutzanordnung

§ 134. (1) Wurden einer natürlichen Person („gefährdende Person") in einem Strafverfahren zum Schutz einer anderen Person („geschützte Person") vor einer strafbaren Handlung gegen ihr Leben, ihre körperliche oder seelische Integrität, ihre Würde, ihre persönliche Freiheit oder ihre sexuelle Integrität Weisungen nach § 51 Abs. 2 StGB erteilt oder gelindere Mittel nach 173 Abs. 5 Z 3 bis 5 StPO angewendet, die den in § 122 Abs. 2 angeführten entsprechen, so hat das Gericht, das in erster Instanz erkannt hat, auf Antrag der geschützten Person, die ihren Wohnsitz oder Aufenthalt in einen anderen Mitgliedstaat außer Dänemark oder Irland verlegt hat oder verlegen will, eine Europäische Schutzanordnung zu erlassen, sofern dies zur Fortsetzung des Schutzes der geschützten Person im betreffenden Mitgliedstaat erforderlich ist. *(BGBl I 2018/28)*

(2) Bei der Entscheidung über den Erlass einer Europäischen Schutzanordnung ist insbesondere die voraussichtliche Dauer des Aufenthalts der geschützten Person im Vollstreckungsstaat und deren Gefahrenlage zu berücksichtigen.

(3) Vor dem Erlass einer Europäischen Schutzanordnung ist der Staatsanwaltschaft Gelegenheit zur Äußerung zu geben; es sind, sofern dies nicht bereits im Zuge der Antragstellung erfolgt ist, die geschützte Person und, sofern sie bisher zur Schutzmaßnahme nicht gehört wurde, die gefährdende Person zu hören.

(4) Der Erlass einer Europäischen Schutzanordnung kommt nicht in Betracht, wenn die Voraussetzungen für die Erwirkung der Anerkennung und Überwachung nach dem V. Hauptstück oder für ein Ersuchen um Anerkennung und Vollstreckung nach einer der in § 124 Z 1 lit. a oder b genannten Verordnung oder nach einem der in § 124 Z 1 lit. c oder d genannten Übereinkommen vorliegen.

(5) Gegen die Erlassung oder Nichterlassung einer Europäischen Schutzanordnung steht der Staatsanwaltschaft, der geschützten und, sofern sie bisher zur Schutzmaßnahme nicht gehört wurde, der gefährdenden Person die binnen 14 Tagen einzubringende Beschwerde an das Oberlandesgericht offen. Darüber sind die geschützte Person und gegebenenfalls auch die gefährdende Person zu belehren.

(BGBl I 2014/107)

Befassung eines anderen Mitgliedstaats

§ 135. (1) Das Gericht hat der zuständigen Behörde des Vollstreckungsstaates die ausgefüllte und unterzeichnete Europäische Schutzanordnung (Anhang XV) und, sofern dieser Staat nicht erklärt hat, Europäische Schutzanordnungen auch in deutscher Sprache zu akzeptieren, deren Übersetzung in eine Amtssprache des vollstreckenden Staates oder in eine andere von diesem akzeptierte Sprache zu übermitteln. Der Bundesminister für Justiz hat durch Verordnung zu verlautbaren, welche Mitgliedstaaten welche Amtssprachen akzeptieren.

(2) Auf den Geschäftsverkehr ist § 14 Abs. 1 bis 5 sinngemäß anzuwenden. Ist die Europäische Schutzanordnung nicht auf dem Postweg übermittelt worden, so ist der zuständigen Behörde des Vollstreckungsstaats auf ihr Ersuchen das Original der Europäischen Schutzanordnung auf dem Postweg nachzureichen.

(BGBl I 2014/107)

Änderung oder Zurückziehung der Europäischen Schutzanordnung

§ 136. (1) Nach Verständigung durch die zuständige Behörde des Vollstreckungsstaats über einen Verstoß gegen die nach Anerkennung der Europäischen Schutzanordnung von dieser angeordneten Schutzmaßnahmen hat das Gericht zu prüfen, ob Anlass zur Verlängerung der Probezeit, zur Änderung der Anordnung, zum Widerruf der bedingten Strafnachsicht oder der bedingten Entlassung, zu einem nachträglichen Strafausspruch oder zur Verhängung der Untersuchungshaft und dementsprechend zur Änderung oder Aufhebung der Anordnung und zum Widerruf der Europäischen Schutzanordnung besteht. Vom Ergebnis der Prüfung ist die zuständige Behörde des Vollstreckungsstaates, gegebenenfalls unter Anschluss einer entsprechend geänderten Europäischen Schutzanordnung, so rasch wie möglich in Kenntnis zu setzen.

(2) Ist die Anordnung in einer Entscheidung nach dem V. Hauptstück enthalten, die einem anderen Mitgliedstaat übermittelt wurde oder nach Erlass der Europäischen Schutzanordnung übermittelt wird, und hat die zuständige Behörde des vollstreckenden Staates im Sinn von § 2 Z 7 lit. f Folgeentscheidungen nach § 90 Abs. 1 getroffen, die sich auf die der Europäischen Schutzanordnung zugrunde liegende Schutzmaßnahme auswirken, so hat das Gericht die Europäische Schutzanordnung unverzüglich entsprechend zu ändern oder zu widerrufen.

(BGBl I 2014/107)

Beantwortung von Ersuchen

§ 137. Ein Ersuchen der zuständigen Behörde des Vollstreckungsstaats um Mitteilung, ob der aufgrund der Europäischen Schutzanordnung vorgesehene Schutz noch erforderlich ist, ist unverzüglich zu beantworten.

(BGBl I 2014/107)

VII. Hauptstück

Schluss-, Inkrafttretens- und Übergangsbestimmungen

Verweisungen

§ 138. In diesem Bundesgesetz enthaltene Verweisungen auf andere Rechtsvorschriften des Bundes oder völkerrechtliche Vereinbarungen sind als Verweisungen auf die jeweils geltende Fassung zu verstehen. *(BGBl I 2013/175; BGBl I 2014/107)*

(BGBl I 2011/134)

Inkrafttretens- und Übergangsbestimmungen zur Stammfassung

§ 139. (1) Dieses Bundesgesetz tritt mit Ausnahme des Zweiten Abschnitts des III. Hauptstücks mit 1. Mai 2004 in Kraft. Ab diesem Zeitpunkt sind im Verhältnis zu jenen Mitgliedstaaten, die den europäischen Haftbefehl bereits anwenden, folgende völkerrechtliche Vereinbarungen durch dieses Bundesgesetz ersetzt

1. das Europäische Auslieferungsübereinkommen vom 13. Dezember 1957, BGBl. Nr. 320/1969, das dazugehörige Zweite Zusatzprotokoll vom 17. März 1978, BGBl. Nr. 297/1983, der Vertrag vom 31. Jänner 1972 zwischen der Republik Österreich und der Bundesrepublik Deutschland über die Ergänzung des Europäischen Auslieferungsübereinkommens vom 13. Dezember 1957 und die Erleichterung seiner Anwendung, BGBl. Nr. 35/1977, der Vertrag vom 20. Februar 1973 zwischen der Republik Österreich und der Italienischen Republik über die Ergänzung des Europäischen Auslieferungsübereinkommens vom 13. Dezember 1957 und die Erleichterung seiner Anwendung, BGBl. Nr. 559/1977, und das Europäische Übereinkommen zur Bekämpfung des Terrorismus vom 27. Jänner 1977, BGBl. Nr. 446/1978, soweit es sich auf die Auslieferung bezieht,

2. das Übereinkommen zwischen den Mitgliedstaaten der Europäischen Gemeinschaften über die Vereinfachung und Modernisierung der Verfahren zur Übermittlung von Auslieferungsersuchen vom 26. Mai 1989, BGBl. III Nr. 136/1999,

3. das Übereinkommen vom 10. März 1995 über das vereinfachte Auslieferungsverfahren

EU-JZG

zwischen den Mitgliedstaaten der Europäischen Union, BGBl. III Nr. 169/2000,

4. das Übereinkommen vom 27. September 1996 über die Auslieferung zwischen den Mitgliedstaaten der Europäischen Union, BGBl. III Nr. 143/2001,

5. der Titel III Kapitel 4 des Übereinkommens vom 19. Juni 1990 zur Durchführung des Übereinkommens von Schengen vom 14. Juni 1985 betreffend den schrittweisen Abbau der Kontrollen an den gemeinsamen Grenzen, BGBl. III Nr. 90/1997.

(2) **(Verfassungsbestimmung)** Bis zum 1. Jänner 2009 ist die Vollstreckung eines Europäischen Haftbefehls gegen einen österreichischen Staatsbürger auch dann abzulehnen, wenn die Tat, derentwegen der Europäische Haftbefehl erlassen worden ist, nach österreichischem Recht nicht mit gerichtlicher Strafe bedroht ist.

(3) Dieses Bundesgesetz findet auf Auslieferungsersuchen keine Anwendung, die vor dem In-Kraft-Treten dieses Bundesgesetzes bei den österreichischen Behörden eingegangen sind.

(4) Dieses Bundesgesetz gilt nicht für die Vollstreckung Europäischer Haftbefehle anderer Mitgliedstaaten, wenn die diesen Haftbefehlen zu Grunde liegenden Taten zumindest teilweise vor dem 7. August 2002 begangen worden sind. Auf solche Europäischen Haftbefehle sind das ARHG in der im Zeitpunkt der Entscheidung geltenden Fassung, in diesem Zeitpunkt geltendes Recht der Europäischen Union sowie andere zwischenstaatliche Vereinbarungen anzuwenden, die am 1. Jänner 2004 in Geltung standen.

(5) Ersucht ein Mitgliedstaat nach dem In-Kraft-Treten dieses Bundesgesetzes um die Übergabe einer Person wegen Taten, die ausschließlich nach dem 7. August 2002 begangen worden sind, ohne dass ein Europäischer Haftbefehl besteht, so ist dieses Bundesgesetz auch anzuwenden, wenn ein gerichtlicher Haftbefehl oder eine Urkunde gleicher Wirksamkeit oder eine vollstreckbare verurteilende Entscheidung dieses Staats vorliegt, die die Angaben eines Europäischen Haftbefehls enthält. § 19 Abs. 2 gilt sinngemäß.

(6) Die Erwirkung einer Übergabe aus Frankreich wegen Taten, die zumindest teilweise vor dem 1. November 1993 begangen worden sind, und aus Italien wegen Taten, die zumindest teilweise vor dem 7. August 2002 begangen worden sind, richtet sich nach den Bestimmungen des ARHG und den am 7. August 2002 mit diesen Staaten in Geltung gestandenen zwischenstaatlichen Vereinbarungen.

(7) Der Zweite Abschnitt des III. Hauptstücks tritt mit 1. Jänner 2005 in Kraft.

(BGBl I 2011/134; BGBl I 2013/175; BGBl I 2014/107)

Inkrafttretens- und Übergangsbestimmungen zu Novellen

§ 140. (1) Die §§ 24 und 29 Abs. 3 in der Fassung des Bundesgesetzes BGBl. I Nr. 164/2004, treten mit 1. Jänner 2005 in Kraft. *(BGBl I 2013/175)*

(2) Die §§ 1, 2, 52 bis 52n und 53 bis 53m sowie die Anhänge I, V und VI in der Fassung des Bundesgesetzes BGBl. I Nr. 38/2007 treten mit 1. Juli 2007 in Kraft.

(3) Die Bestimmungen der §§ 3 Abs. 1, 4 Abs. 2, 7 Abs. 3, 16 Abs. 1 und Abs. 2, 17 Abs. 2 und Abs. 3, 19 Abs. 2 und Abs. 3, 20 Abs. 1 bis Abs. 4, 21 Abs. 1, Abs. 2 und Abs. 4, 23 Abs. 2, 24 Abs. 2 bis Abs. 4, 25 Abs. 1 und Abs. 2, 27 Abs. 1, 29 Abs. 1 bis Abs. 3, 31 Abs. 4 und Abs. 6, 43 Abs. 1 und Abs. 2, 44 Abs. 1, 46 Abs. 1 und Abs. 2, 48 Abs. 1, 50, 61 Abs. 1 bis Abs. 3 und Abs. 5, 68 Abs. 1, 70 Abs. 1 und Abs. 2, 71, 72 Abs. 1 und Abs. 3, 73 Abs. 1 und Abs. 2, 74, 76 Abs. 1 und Abs. 3 sowie die Überschrift vor § 13 in der Fassung des Bundesgesetzes, BGBl. I Nr. 112/2007 treten mit 1. Jänner 2008 in Kraft.

(4) **(Verfassungsbestimmung)** § 5 Abs. 6 in der Fassung des Bundesgesetzes, BGBl. I Nr. 112/2007 tritt mit 1. Jänner 2008 in Kraft.

(5) Vorbehaltlich Abs. 7 treten die §§ 2, 11, 21 Abs. 1, 29 Abs. 1, 32 Abs. 4, 39 bis 42g, 49, 52a Abs. 1 Z 8, 52b Abs. 1, 52d Abs. 3, 53a Z 10 und 10a, 53b Abs.1, und 53d Abs. 4 und 57a sowie die **Anhänge II, V, VI, VII und VIII** in der Fassung des Bundesgesetzes BGBl. I Nr. 134/2011 mit 1. Jänner 2012 in Kraft. Ab diesem Zeitpunkt ersetzen die §§ 39 bis 42g im Verhältnis zu jedem Mitgliedstaat, in dem entsprechende Regelungen zur Vollstreckung ausländischer Freiheitsstrafen und mit Freiheitsentziehung verbundener vorbeugender Maßnahmen in Kraft getreten sind, zum Zeitpunkt deren Inkrafttretens die folgenden völkerrechtlichen Vereinbarungen:

1. das Übereinkommen über die Überstellung verurteilter Personen vom 21. März.1983, ETS Nr. 112, BGBl. Nr. 524/1986, und das dazugehörige Zusatzprotokoll vom 18. Dezember 1997, ETS Nr. 167, BGBl. III Nr. 26/2001;

2. das Übereinkommen über die internationale Geltung von Strafurteilen vom 28. Mai 1970, ETS Nr. 70, BGBl. Nr. 249/1980; und

3. Titel III Kapitel 5 des Übereinkommens vom 19. Juni 1990 zur Durchführung des Übereinkommens von Schengen vom 14. Juni 1985 betreffend den schrittweisen Abbau der Kontrollen an den gemeinsamen Grenzen, BGBl. III Nr. 90/1997. *(BGBl I 2011/134; BGBl I 2013/175)*

(6) Die §§ 77 bis 80 sowie der **Anhang IX** in der Fassung des Bundesgesetzes BGBl. I Nr. 134/2011 treten mit 27. April 2012 in Kraft. *(BGBl I 2011/134)*

(7) Im Verhältnis zu Italien treten die §§ 11, 40 Z 9, 52a Abs. 1 Z 8, 53a Z 10 und 10a sowie die **Anhänge II, V und VI** in der Fassung des Bundesgesetzes BGBl. I Nr. 134/2011 mit 1. Jänner 2014 in Kraft. *(BGBl I 2011/134; BGBl I 2013/175)*

(8) Die Bestimmungen des Ersten Unterabschnitts des Ersten Abschnitts des III. Hauptstücks finden auf Urteile samt Bescheinigungen nach **Anhang VII**, die vor dem 5. Dezember 2011 bei den österreichischen Behörden eingegangen sind, keine Anwendung. *(BGBl I 2011/134)*

(9) *(entfällt, BGBl I 2020/20)*

(10) Im Verhältnis zu Polen setzt in jenen Fällen, in denen das Urteil vor Ablauf des 5. Dezember 2016 ergangen ist,

1. die Zulässigkeit der Vollstreckung abweichend von § 39 Abs. 1 Z 1 lit. a sowie

2. die Erwirkung der Vollstreckung abweichend von § 42 Abs. 1 Z 1 lit. a

die Zustimmung des Verurteilten voraus. *(BGBl I 2011/134)*

(11) § 53b Abs. 4, § 53i Z 1 und § 79 Abs. 1 in der Fassung des Bundesgesetzes BGBl. I Nr. 50/2012 treten mit 1. September 2012 in Kraft. *(BGBl I 2012/50)*

(12) Die §§ 1 Abs. 1 Z 1 lit. e und f, 2 Z 2, Z 3, Z 3a, Z 7 lit. c, d, f und g sowie Z 11, 5a, 16a, 24 Abs. 4, 29 Abs. 2a, 41j Z 1, 42b, 42e Abs. 1 und 3, 42f Abs. 1, 45 Abs. 2, 47 Abs. 1 Z 3, 52, 52a Abs. 1 Z 9, 52b Abs. 2, 52c Abs. 2 Z 4 und Abs. 4, 52e Abs. 1 Z 3 und Abs. 3, 52f Z 2, 52i Z 6, 52l Abs. 3, 52m, 53 Abs. 3, 57a, 59a bis 59c, 63, 64, 65 Abs. 2, 67, 68, 68a, 69, 70 Abs. 1 und 2, sowie §§ 81 bis 99 und 100 bis 121 und die **Anhänge X bis XIII** in der Fassung des Bundesgesetzes BGBl. I Nr. 175/2013 treten mit 1. August 2013 in Kraft. *(BGBl I 2013/175)*

(13) *(entfällt, BGBl I 2018/28)*

(14) § 1 Abs. 1 Z 1 lit. g, § 2 Z 3a, Z 7 lit. h, Z 12 und 13, die §§ 5a, 39 Abs. 1 Z 1 und 3, 41i Abs. 3, 41j Z 1, 42 Abs. 1 Z 1, 42b Abs. 4, 42c Z 2, 57 Abs. 3, 59a Abs. 3, 59b sowie die §§ 122 bis 137 und die Anhänge XV und XVI in der Fassung des Bundesgesetzes BGBl. I Nr. 107/2014 treten mit 1.1.2015 in Kraft. *(BGBl I 2014/107)*

(15) § 16a Abs. 1 Z 3 und 5 sowie Abs. 2, § 21 Abs. 2a und § 30a in der Fassung des Bundesgesetzes BGBl. I Nr. 121/2016 treten mit 1. Jänner 2017 in Kraft. *(BGBl I 2016/121)*

(16) §§ 1 Abs. 1 lit. h, 2 Z 3, 4a, 5a, 7 lit. a, 14, 15, §§ 45 Abs. 1 und 2, 55 bis 59a, 61 Abs. 4, 62 Abs. 1, 95 Abs. 1, 134 Abs. 1 und die Anhänge XVII bis XIX in der Fassung des Bundesgesetzes BGBl. I Nr. 28/2018 treten mit 1. Juli 2018 in Kraft. *(BGBl I 2018/28)*

(17) Die Einträge im Inhaltsverzeichnis zu §§ 16a, 27a, 38, 63, 65, 97a und zu den Anhängen, die § 2 Z 10 und 11, § 3 Abs. 4, § 16a Abs. 1 Z 3, Abs. 2 und 3 samt Überschrift, § 19 Abs. 4, § 27a samt Überschrift, § 30a Abs. 2 und 3, § 31 Abs. 8, §§ 36, 40 Z 2, § 42b Abs. 7a, § 42e Abs. 3, § 42f Abs. 1, § 52a Abs. 1 Z 10, § 53a Z 11, § 55c Abs. 3 und 5, § 57a Abs. 1, § 63 samt Überschrift, § 64 Abs. 1 bis 4, § 65 samt Überschrift, §§ 67, 68a Abs. 1, § 97a samt Überschrift, § 120 Abs. 2 und die Änderung des Anhangs IV samt Anlagen in der Fassung des Bundesgesetzes BGBl. I Nr. 20/2020 treten mit mit 1. Juni 2020 in Kraft. Gleichzeitig treten § 38 samt Überschrift, § 64 Abs. 5 bis 7, § 68 samt Überschrift, § 68a Abs. 2 bis 4, § 140 Abs. 9 sowie Anhang XIV außer Kraft. *(BGBl I 2020/20)*

(18) **(Verfassungsbestimmung)** § 5 Abs. 4 und 6 in der Fassung des Bundesgesetzes BGBl. I Nr. 20/2020 treten mit 1. Juni 2020 in Kraft. *(BGBl I 2020/20)*

(19) Die Einträge im Inhaltsverzeichnis, § 2, § 5a, § 19 Abs. 1, § 19a samt Überschrift, § 21 Abs. 2, § 29 Abs. 2 und 2b, § 31 Abs. 4 und 5, § 33a samt Überschrift, der Erste Unterabschnitt des Zweiten Abschnitts des III. Hauptstücks, Bezeichnung und Überschrift des Zweiten Unterabschnitts des Zweiten Abschnitts des III. Hauptstücks, § 45 Abs. 2, § 46 Abs. 1 und 3, § 50, die Überschrift des Ersten Unterabschnitts des Dritten Abschnitts des III. Hauptstücks, § 52 samt Überschrift, die Bezeichnung des § 52a1, § 52b, § 52c Abs. 2 und Abs. 4, § 52c, § 52e Abs. 1 Z 1, § 52i Z 1 und 2, die Bezeichnung des Dritten Unterabschnitts des Dritten Abschnitts des III. Hauptstücks, § 52k Abs. 1a, § 55a Abs. 1 Z 13, § 56 Abs. 1, § 61 Abs. 6, Bezeichnung und Überschrift des Dritten Abschnitts des IV. Hauptstücks, § 76 Abs. 4 und § 80 in der Fassung des Bundesgesetzes BGBl. I Nr. 94/2021 treten mit dem der Kundmachung folgenden Tag in Kraft. Der Eintrag zu § 27 im Inhaltsverzeichnis und § 27 samt Überschrift treten mit Ablauf des Tages der Kundmachung außer Kraft. *(BGBl I 2021/94)*

(BGBl I 2011/134; BGBl I 2013/175; BGBl I 2014/107)

Umsetzung von Richtlinien der Europäischen Union

§ 141. (1) § 1 Abs. 1 Z 1 lit. g, § 2 Z 3a, Z 7 lit. h, Z 12 und 13, die §§ 122 bis 138 sowie die Anhänge XV und XVI in der Fassung des Bundesgesetzes BGBl. I Nr. 107/2014 dienen der Umsetzung der Richtlinie 2011/99/EU über die Europäische Schutzanordnung, ABl. L 2011/338, 2. *(BGBl I 2016/121)*

(2) § 16a Abs. 1 Z 3 und 5 sowie Abs. 2, § 21 Abs. 2a und § 30a in der Fassung des Bundesge-

EU-JZG

setzes BGBl. I Nr. 121/2016 dienen der Umsetzung der Richtlinie 2013/48/EU über das Recht auf Zugang zu einem Rechtsbeistand in Strafverfahren und in Verfahren zur Vollstreckung des Europäischen Haftbefehls sowie über das Recht auf Benachrichtigung eines Dritten bei Freiheitsentzug und das Recht auf Kommunikation mit Dritten und mit Konsularbehörden während des Freiheitsentzugs, ABl. Nr. L 294 vom 06.11.2013 S. 1. *(BGBl I 2016/121)*

(3) § 1 Abs. 1 lit. h, § 2 Z 3 lit. a, 4a, 5a und 7 lit. a und 14, § 45 Abs. 1 und 2, §§ 55 bis 56b, § 57a, § 61 Abs. 4 und § 62 Abs. 1 sowie die Anhänge XVII bis XIX in der Fassung des Bundesgesetzes BGBl. I Nr. 28/2018 dienen der Umsetzung der Richtlinie 2014/41/EU über die Europäische Ermittlungsanordnung, ABl. L 2014/130, 1 *(BGBl I 2018/28)*

(4) Die §§ 5 bis 38 dienen der Umsetzung der Richtlinie (EU) 2016/800 über Verfahrensgarantien in Strafverfahren für Kinder, die Verdächtige oder beschuldigte Personen in Strafverfahren sind,

ABl. Nr. L 132 vom 21.5.2016 S. 1. *(BGBl I 2020/20)*

(5) Die §§ 5 bis 38 dienen der Umsetzung der Richtlinie (EU) 2016/1919 über Prozesskostenhilfe für Verdächtige und beschuldigte Personen in Strafverfahren sowie für gesuchte Personen in Verfahren zur Vollstreckung eines Europäischen Haftbefehls, ABl. Nr. L 297 vom 4.11.2016 S. 1. *(BGBl I 2020/20)*

(BGBl I 2014/107)

Vollziehung

§ 142. Mit der Vollziehung dieses Bundesgesetzes sind die Bundesminister für Justiz und für Inneres – je nach ihrem Wirkungsbereich – betraut. *(BGBl I 2013/175; BGBl I 2014/107)*

(BGBl I 2011/134)

Klestil

Schüssel

Anhang I

Liste von Straftaten, bei denen die beiderseitige Strafbarkeit nicht geprüft wird

Teil A

1. Beteiligung an einer kriminellen Vereinigung,
2. Terrorismus,
3. Menschenhandel,
4. sexuelle Ausbeutung von Kindern und Kinderpornografie,
5. illegaler Handel mit Drogen und psychotropen Stoffen,
6. illegaler Handel mit Waffen, Munition und Sprengstoffen,
7. Korruption,
8. Betrugsdelikte, einschließlich Betrug zum Nachteil der finanziellen Interessen der Europäischen Union im Sinne des Übereinkommens vom 26. Juli 1995 über den Schutz der finanziellen Interessen der Europäischen Union, *(BGBl I 2018/28)*
9. Wäsche von Erträgen aus Straftaten,
10. Geldfälschung, einschließlich der Euro-Fälschung,
11. Cyberkriminalität,
12. Umweltkriminalität, einschließlich des illegalen Handels mit bedrohten Tierarten oder mit bedrohten Pflanzen- und Baumarten,
13. Beihilfe zur illegalen Einreise und zum illegalen Aufenthalt,
14. vorsätzliche Tötung, schwere Körperverletzung,
15. illegaler Handel mit Organen und menschlichem Gewebe,
16. Entführung, Freiheitsberaubung und Geiselnahme,
17. Rassismus und Fremdenfeindlichkeit,
18. Diebstahl in organisierter Form oder mit Waffen,
19. illegaler Handel mit Kulturgütern, einschließlich Antiquitäten und Kunstgegenstände,
20. Betrug,
21. Erpressung und Schutzgelderpressung,
22. Nachahmung und Produktpiraterie,

23. Fälschung von amtlichen Dokumenten und Handel damit,
24. Fälschung von Zahlungsmitteln,
25. illegaler Handel mit Hormonen und anderen Wachstumsförderern,
26. illegaler Handel mit nuklearen und radioaktiven Substanzen,
27. Handel mit gestohlenen Kraftfahrzeugen,
28. Vergewaltigung,
29. Brandstiftung,
30. Verbrechen, die in die Zuständigkeit des Internationalen Strafgerichtshofs fallen,
31. Flugzeug- und Schiffsentführung,
32. Sabotage.

(BGBl I 2007/38)

Anhang I

Teil B

1. Gegen die den Straßenverkehr regelnden Vorschriften verstoßende Verhaltensweise, einschließlich Verstößen gegen Vorschriften über Lenk- und Ruhezeiten und des Gefahrgutrechts,
2. Warenschmuggel,
3. Verletzung von Rechten an geistigem Eigentum,
4. Bedrohungen von Personen und Gewalttaten gegen sie, einschließlich Gewalttätigkeit bei Sportveranstaltungen,
5. Sachbeschädigung,
6. Diebstahl,
7. Straftatbestände, die vom Entscheidungsstaat festgelegt wurden und durch Verpflichtungen abgedeckt sind, die sich aus im Rahmen des EG-Vertrags oder des Titels VI des EU-Vertrags erlassenen Rechtsakten ergeben.

(BGBl I 2007/38)

EU-JZG

Vereinbarung über die Bildung einer gemeinsamen Ermittlungsgruppe samt Anlagen

Im Einklang mit

[*Bitte hier die anwendbaren Rechtsgrundlagen angeben, die – jedoch nicht ausschließlich – der folgenden Liste von Rechtsakten entnommen werden können:*
- *Artikel 13 des Übereinkommens über die Rechtshilfe in Strafsachen zwischen den Mitgliedstaaten der Europäischen Union vom 29. Mai 2000[1];*

  [1] *ABl. C 197 vom 12.7.2000, S. 3.*

- *Rahmenbeschluss des Rates vom 13. Juni 2002 über gemeinsame Ermittlungsgruppen[2];*

  [2] *ABl. L 162 vom 20.6.2002, S. 1.*

- *Artikel 1 des Übereinkommen zwischen der Europäischen Union sowie der Republik Island und dem Königreich Norwegen über die Anwendung einiger Bestimmungen des Übereinkommens vom 29. Mai 2000 über die Rechtshilfe in Strafsachen zwischen den Mitgliedstaaten der Europäischen Union und des dazugehörigen Protokolls von 2001, unterzeichnet am 29. Dezember 2003[3];*

  [3] *ABl. L 26 vom 29.1.2004, S. 3.*

- *Artikel 5 des Abkommens zwischen der Europäischen Union und den Vereinigten Staaten von Amerika über Rechtshilfe[4];*

  [4] *ABl. L 181 vom 19.7.2003, S. 34.*

- *Artikel 20 des Zweiten Zusatzprotokolls zum Europäischen Übereinkommen über die Rechtshilfe in Strafsachen vom 20. April 1959[5];*

  [5] *SEV-Nr. 182.*

- *Artikel 9 Absatz 1 Buchstabe c des Übereinkommens der Vereinten Nationen gegen den unerlaubten Verkehr mit Suchtstoffen und psychotropen Stoffen (1988)[6];*

  [6] *Vertragssammlung der Vereinten Nationen, Band 1582, S. 95.*

- *Artikel 19 des Übereinkommens der Vereinten Nationen gegen die grenzüberschreitende organisierte Kriminalität (2000)[7];*

  [7] *Vertragssammlung der Vereinten Nationen, Band 2225, S. 209, Dok. A/RES/55/25.*

- *Artikel 49 des Übereinkommens der Vereinten Nationen gegen Korruption (2003)[8];*

  [8] *Vertragssammlung der Vereinten Nationen, Band 2349, S. 41, Dok. A/58/422.*

- *Artikel 27 der Polizeikooperationskonvention für Südosteuropa (2006)[9].*]

  [9] *Registrierung beim Sekretariat der Vereinten Nationen: Albanien, 3. Juni 2009, Nr. 46240.*

1. **Parteien der Vereinbarung**

   Die folgenden Parteien haben eine Vereinbarung über die Bildung einer gemeinsamen Ermittlungsgruppe (im Folgenden „GEG") geschlossen:

   1. [*Name der ersten zuständigen Behörde/Verwaltung eines Staates als Partei der Vereinbarung einfügen*]

   und

   2. [*Name der zweiten zuständigen Behörde/Verwaltung eines Staates als Partei der Vereinbarung einfügen*]

   Die Parteien dieser Vereinbarung können einvernehmlich beschließen, Behörden oder Verwaltungen anderer Staaten zu ersuchen, Partei dieser Vereinbarung zu werden.

2. **Zweck der GEG**

   Diese Vereinbarung betrifft die Bildung einer GEG zu folgendem Zweck:

   [*Bitte Beschreibung des konkreten Zwecks der GEG einfügen.*

   In der Beschreibung sollten die Tatumstände (Zeitpunkt, Ort und Art der Straftat) der in dem betreffenden Staat aufzuklärenden Straftat(en) angegeben und sollte gegebenenfalls auf die laufenden innerstaatlichen Verfahren verwiesen werden. Bezugnahmen auf fallbezogene personenbezogene Daten sollten auf ein Mindestmaß beschränkt bleiben.

Dieser Abschnitt sollte außerdem eine kurze Beschreibung der Ziele der GEG (z. B. Beweiserhebung, koordinierte Festnahme von Tatverdächtigen, Einfrieren von Vermögenswerten usw.) enthalten. In diesem Zusammenhang sollten die Parteien erwägen, auch die Einleitung und den Abschluss einer Finanzermittlung in die Ziele der GEG aufzunehmen.[1]]

[1] *Die Parteien sollten sich in diesem Zusammenhang auf die Schlussfolgerungen des Rates und den Aktionsplan zum weiteren Vorgehen im Hinblick auf Finanzermittlungen (Ratsdokument 10125/16 + COR 1) beziehen.*

3. **Geltungsdauer der Vereinbarung**

   Die Parteien sind sich darin einig, dass die GEG ab dem Inkrafttreten dieser Vereinbarung [*bitte genaue Dauer angeben*] lang tätig sein wird.

   Die Vereinbarung tritt in Kraft, sobald die letzte an der GEG teilnehmende Partei sie unterzeichnet hat. Die Geltungsdauer kann im gegenseitigen Einvernehmen verlängert werden.

4. **Staaten, in denen die GEG tätig sein wird**

   Die GEG wird in den Staaten der Parteien dieser Vereinbarung tätig sein.

   Die Gruppe führt ihren Einsatz in Übereinstimmung mit den Rechtsvorschriften des Staates durch, in dem sie gerade tätig ist.

5. **Der/die Leiter der GEG**

   Die Leiter der Gruppe sind Vertreter der an den strafrechtlichen Ermittlungen beteiligten zuständigen Behörden der Staaten, in denen der Einsatz der Gruppe gerade erfolgt; unter ihrer Leitung nehmen die Mitglieder der GEG ihre Aufgaben wahr.

   Die Parteien haben folgende Personen zu Leitern der GEG ernannt:

Name	Dienstliche Stellung/ Dienstgrad	Behörde/Stelle	Staat

   Ist eine der oben genannten Personen nicht in der Lage, ihre Aufgaben wahrzunehmen, so wird unverzüglich eine Ersatzperson benannt. An alle betroffenen Parteien ergeht bezüglich dieser Ersatzperson eine schriftliche Mitteilung, die dieser Vereinbarung als Anlage beigefügt wird.

6. **Mitglieder der GEG**

   Zusätzlich zu den in Nummer 5 genannten Personen legen die Parteien in einem speziellen Anhang zu dieser Vereinbarung eine Liste der Mitglieder der GEG vor[2].

   [2] *Zur GEG können bei Bedarf auch nationale Experten für die Einziehung von Vermögenswerten gehören.*

   Ist ein Mitglied der GEG nicht in der Lage, seine Aufgaben wahrzunehmen, so wird unverzüglich eine Ersatzperson benannt und vom zuständigen Leiter der GEG schriftlich mitgeteilt.

7. **Teilnehmer der GEG**

   Die Parteien der GEG kommen überein, [*hier z. B. Eurojust, Europol, OLAF usw. einfügen*] als Teilnehmer an der GEG einzubeziehen. Spezifische Bestimmungen in Bezug auf die Teilnahme von [*Name einfügen*] werden in dem betreffenden Anhang zu dieser Vereinbarung dargelegt.

8. **Erhebung von Informationen und Beweismitteln**

   Die Leiter der GEG können sich auf spezifische Verfahren für die Erhebung von Informationen und Beweismitteln durch die GEG in den Staaten, in denen sie tätig ist, verständigen.

   Die Parteien betrauen die Leiter der GEG mit der Beratung in Fragen der Beweiserhebung.

9. **Zugang zu Informationen und Beweismitteln**

   Die Leiter der GEG bestimmen die Vorgehensweisen und Verfahren, die anzuwenden sind, wenn es darum geht, die von der GEG in den Mitgliedstaaten erhaltenen Informationen und Beweismittel untereinander auszutauschen.

   [*Darüber hinaus können die Parteien eine Klausel vereinbaren, die spezifischere Vorschriften über den Zugang, die Verarbeitung und die Verwendung von Informationen und Beweismitteln enthält. Eine solche Klausel kann insbesondere dann angebracht sein, wenn sich die GEG weder auf das Übereinkommen der EU noch auf den Rahmenbeschluss (die beide diesbezüglich schon spezifische Bestimmungen enthalten – siehe Artikel 13 Absatz 10 des Übereinkommens) stützt.*]

10. **Austausch von Informationen und Beweismitteln, die vor Bildung der GEG vorliegen**

Informationen oder Beweismittel, die zum Zeitpunkt des Inkrafttretens dieser Vereinbarung bereits vorliegen und die in Zusammenhang mit den in dieser Vereinbarung beschriebenen Ermittlungen stehen, können im Rahmen dieser Vereinbarung zwischen den Parteien ausgetauscht werden.

11. **Informationen und Beweismittel von Staaten, die sich nicht an der GEG beteiligen**

Sollte es notwendig werden, ein Rechtshilfeersuchen an einen Staat zu richten, der nicht an der GEG beteiligt ist, so prüft der ersuchende Staat, ob für den Austausch der bei der Ausführung des Rechtshilfeersuchens erhaltenen Informationen oder Beweismittel mit (einer) anderen Partei(en) der GEG die Zustimmung des ersuchten Staates einzuholen ist.

12. **Spezifische Regelungen in Bezug auf entsandte Mitglieder**

[So es zweckmäßig erscheint, können die Parteien im Rahmen dieser Bestimmung spezifische Bedingungen vereinbaren, unter denen entsandte Mitglieder Folgendes unternehmen können:

– *Durchführung von Ermittlungen – insbesondere einschließlich Zwangsmaßnahmen – im Einsatzstaat (so es zweckmäßig erscheint, können an dieser Stelle nationale Rechtsvorschriften zitiert oder ansonsten dieser Vereinbarung als Anhang beigefügt werden),*

– *Ersuchen, Maßnahmen im Staat der Entsendung durchzuführen,*

– *Austausch der von der Gruppe erhobenen Informationen,*

– *Mitführen/Tragen von Waffen].*

13. **Änderung der Vereinbarung**

Diese Vereinbarung kann im gegenseitigen Einvernehmen der Parteien geändert werden. Sofern in dieser Vereinbarung nichts anderes festgelegt ist, können Änderungen in einer von den Parteien vereinbarten schriftlichen Form vorgenommen werden[1].

[1] *Beispiele für Formulierungen finden sich in den Anhängen 2 und 3.*

14. **Beratung und Koordinierung**

Die Parteien stellen sicher, dass sie sich untereinander beraten, wenn dies zur Koordinierung der Tätigkeiten der Gruppe notwendig ist; dies betrifft unter anderem

– die Überprüfung der erzielten Fortschritte und der Leistung des Teams,

– den Zeitpunkt und die Art der Intervention der Ermittler,

– die beste Art und Weise der Einleitung möglicher Gerichtsverfahren, Prüfung des geeigneten Orts des Verfahrens und Einziehung.

15. **Kommunikation mit den Medien**

Sofern geplant, werden Zeitpunkt und Inhalt der Kommunikation mit den Medien von den Parteien vereinbart und von den Beteiligten befolgt.

16. **Evaluierung**

Die Parteien können eine Evaluierung der Leistung der GEG, der angewandten bewährten Verfahren und der daraus gezogenen Lehren in Betracht ziehen. Für die Durchführung der Evaluierung kann eine spezielle Sitzung anberaumt werden.

[In diesem Zusammenhang können die Parteien das spezifische GEG-Evaluierungsformular verwenden, das vom EU-Netz der GEG-Experten entwickelt wurde. Es können EU-Mittel zur Unterstützung der Evaluierungssitzung beantragt werden.]

17. **Spezifische Regelungen**

[Gegebenenfalls einzufügen. Die folgenden Unterkapitel sollen auf mögliche Bereiche hinweisen, für die eine spezifische Beschreibung vorgelegt werden kann.]

17.1. *Offenlegungsvorschriften*

[Die Parteien möchten an dieser Stelle möglicherweise die geltenden nationalen Vorschriften zur Kommunikation mit der Verteidigung präzisieren und/oder eine Kopie oder eine Zusammenfassung davon beifügen.]

17.2. *Vorschriften zur Verwaltung/Einziehung von Vermögenswerten*

17.3. *Haftung*

[Die Parteien möchten hierfür möglicherweise Regelungen treffen, insbesondere wenn die GEG weder auf dem EU-Rechtshilfeübereinkommen noch auf dem Rahmenbeschluss basiert (die bereits spezielle Vorschriften hierzu enthalten – s. Artikel 15 und 16 des Übereinkommens).]

18. **Organisatorische Modalitäten**

[*Gegebenenfalls einzufügen. Die folgenden Unterkapitel sollen auf mögliche Bereiche hinweisen, für die eine spezifische Beschreibung vorgelegt werden kann.*]

18.1. *Einrichtungen (Büroräume, Fahrzeuge, sonstige technische Ausrüstung)*

18.2. *Kosten/Ausgaben/Versicherung*

18.3. *Finanzielle Unterstützung der GEG*

[*In Rahmen dieser Klausel können die Parteien spezifische Regelungen zu Aufgaben und Zuständigkeiten innerhalb der Gruppe für die Beantragung von EU-Mitteln vereinbaren.*]

18.4. *Kommunikationssprache*

Geschehen zu … [Ort der Unterzeichnung] am … [Datum]

[Unterschriften aller Parteien]

Unteranhang I
ZU DEM MODELL FÜR EINE VEREINBARUNG ÜBER DIE BILDUNG EINER GEMEINSAMEN ERMITTLUNGSGRUPPE

Teilnehmer einer GEG

Regelung mit Europol/Eurojust/der Kommission (OLAF), mit Einrichtungen, die gemäß den im Rahmen der Verträge angenommenen Bestimmungen zuständig sind, und mit anderen internationalen Einrichtungen.

1. **Teilnehmer der GEG**

Die nachstehenden Personen werden an der gemeinsamen Ermittlungsgruppe teilnehmen:

Name	Dienstliche Stellung/Rang	Organisation

[*Name des Mitgliedstaats* einfügen] hat beschlossen, dass sein nationales Mitglied von Eurojust im Namen von Eurojust/als zuständige nationale Behörde[1] an der gemeinsamen Ermittlungsgruppe teilnehmen wird.

[1] *Nichtzutreffendes bitte streichen.*

Ist eine der oben genannten Personen nicht in der Lage, ihre Aufgaben wahrzunehmen, so wird eine Ersatzperson benannt. Der Name dieser Ersatzperson muss allen betroffenen Parteien schriftlich mitgeteilt und die Mitteilung dieser Vereinbarung als Anhang beigefügt werden.

2. **Spezifische Regelungen**

Die Teilnahme der oben genannten Personen unterliegt den folgenden Voraussetzungen und erfolgt nur für die folgenden Zwecke:

2.1. *Erster Teilnehmer der Vereinbarung*

    2.1.1. Zweck der Teilnahme

    2.1.2. Den Personen übertragene Rechte (falls zutreffend)

    2.1.3. Bestimmungen zu den Kosten

    2.1.4. Zweck und Umfang der Teilnahme

2.2. *Zweiter Teilnehmer der Vereinbarung (falls zutreffend)*

    2.2.1. …

3. **Bedingungen für die Teilnahme von Europol-Bediensteten**

EU-JZG

3.1. Die an der GEG teilnehmenden Europol-Bediensteten unterstützen alle Teilnehmer der Gruppe und leisten für die gemeinsamen Ermittlungen sämtliche Unterstützungsdienste von Europol im Einklang mit der Europol-Verordnung und wie darin angegeben. Sie wenden keinerlei Zwangsmaßnahmen an. Die an der GEG teilnehmenden Europol-Bediensteten können jedoch auf Anweisung und unter der Führung des (der) Gruppenleiters (Gruppenleiter) bei operativen Tätigkeiten der GEG anwesend sein, um vor Ort die Gruppenmitglieder, die die Zwangsmaßnahmen ergreifen, zu beraten und zu unterstützen, sofern in dem Land, in dem der Einsatz der Gruppe erfolgt, keine rechtlichen Beschränkungen bestehen.

3.2. Artikel 11 Buchstabe a des Protokolls über die Vorrechte und Befreiungen der Europäischen Union findet keine Anwendung auf Europol-Bedienstete während ihrer Teilnahme an der GEG[1]. Die Europol-Bediensteten unterliegen bei Einsätzen der GEG in Bezug auf Straftaten, die gegen sie begangen werden oder die sie selbst begehen, dem innerstaatlichen Recht des Einsatzmitgliedstaats, das auf Personen mit vergleichbaren Aufgaben Anwendung findet.

[1] *Protokoll über die Vorrechte und Befreiungen der Europäischen Union (konsolidierte Fassung), (ABl. C 326 vom 26.10.2012, S. 266).*

3.3. Europol-Bedienstete können direkt mit den Mitgliedern der GEG in Kontakt treten und allen Mitgliedern der GEG sämtliche erforderlichen Informationen im Einklang mit der Europol-Verordnung zur Verfügung stellen.

Unteranhang II
ZU DEM MODELL FÜR EINE VEREINBARUNG ÜBER DIE BILDUNG EINER GEMEINSAMEN ERMITTLUNGSGRUPPE
Vereinbarung zur Verlängerung des Einsatzes einer gemeinsamen Ermittlungsgruppe

Die Parteien kommen überein, den Zeitraum zu verlängern, für den die gemeinsame Ermittlungsgruppe (im Folgenden „GEG") mit der Vereinbarung eingesetzt wurde, die am *[Datum einsetzen]* in *[Ort der Unterzeichnung einsetzen]* unterzeichnet wurde und als Kopie beigefügt ist.

Die Parteien sind der Auffassung, dass der Zeitraum, für den die GEG eingesetzt wurde, über seinen Endtermin *[Datum einsetzen, an dem der Zeitraum endet]* hinaus verlängert werden sollte, da der in Artikel *[Artikel über den Zweck der GEG einsetzen]* festgelegte Zweck der GEG noch nicht erfüllt ist.

Die Umstände, die eine Verlängerung des Zeitraums, für den die GEG eingesetzt wurde, erforderlich machen, sind von allen Parteien sorgfältig geprüft worden. Die Verlängerung dieses Zeitraums wird als erforderlich betrachtet, damit der Zweck, für den die GEG eingesetzt wurde, erfüllt wird.

Die GEG bleibt daher für einen weiteren Zeitraum von *[spezifischen Zeitraum einsetzen]* nach Inkrafttreten dieser Vereinbarung tätig. Der oben genannte Zeitraum kann von den Parteien im gegenseitigen Einvernehmen nochmals verlängert werden.

Datum/Unterschrift

Unteranhang III
ZU DEM MODELL FÜR EINE VEREINBARUNG ÜBER DIE BILDUNG EINER GEMEINSAMEN ERMITTLUNGSGRUPPE

Die Parteien kommen überein, die als Kopie beigefügte schriftliche Vereinbarung, mit der die gemeinsame Ermittlungsgruppe (im Folgenden „GEG") am *[Datum einsetzen]* in *[Ort einsetzen]* eingesetzt wurde, zu ändern.

Die Unterzeichner kommen überein, dass die nachstehenden Artikel wie folgt geändert werden:
1. (Änderung …)
2. (Änderung …)

Die Umstände, die eine Änderung der Vereinbarung über die GEG erforderlich machen, sind von allen Parteien sorgfältig geprüft worden. Die Änderung/en der Vereinbarung über die GEG wird/werden als erforderlich betrachtet, damit der Zweck, für den die GEG eingesetzt worden ist, erfüllt wird.

Datum/Unterschrift

(BGBl I 2020/20)

(entfällt, BGBl I 2020/20)

23. Internationale Abkommen

GLIEDERUNG zum Europäischen Auslieferungsübereinkommen:

Auslieferungsverpflichtung Art 1

Auslieferungsfähige strafbare Handlungen Art 2

Politische strafbare Handlungen Art 3

Militärische strafbare Handlungen Art 5

Auslieferung eigener Staatsangehöriger Art 6

Begehungsort Art 7

Anhängige Strafverfahren wegen derselben Handlungen Art 8

ne bis in idem Art 9

Verjährung Art 10

Todesstrafe Art 11

Ersuchen und Unterlagen Art 12

Ergänzung der Unterlagen Art 13

Grundsatz der Spezialität Art 14

Weiterlieferung an einen dritten Staat Art 15

Vorläufige Auslieferungshaft Art 16

Mehrheit von Auslieferungsersuchen Art 17

Übergabe der auszuliefernden Person Art 18

Aufgeschobene oder bedingte Übergabe Art 19

Übergabe von Gegenständen Art 20

Durchlieferung Art 21

Verfahren Art 22

Anzuwendende Sprache Art 23

Kosten Art 24

Bestimmung des Begriffes „Maßnahmen der Sicherung und Besserung" Art 25

Vorbehalte Art 26

Räumlicher Geltungsbereich Art 27

Verhältnis dieses Übereinkommens zu zweiseitigen Vereinbarungen Art 28

Unterzeichnung, Ratifikation, Inkrafttreten Art 29

Beitritt Art 30

Kündigung Art 31

Notifikationen Art 32

Erklärungen der Republik Österreich

Vorbehalte der Republik Österreich

Int Abk

23/1. Europäisches Auslieferungsübereinkommen

BGBl 1969/320

Europäisches Auslieferungsübereinkommen

(Übersetzung)

Die unterzeichneten Regierungen, Mitglieder des Europarates,

in der Erwägung, daß es das Ziel des Europarates ist, eine engere Verbindung zwischen seinen Mitgliedern herbeizuführen;

in der Erwägung, daß dieses Ziel durch den Abschluß von Vereinbarungen oder durch gemeinsames Vorgehen auf dem Gebiet des Rechts erreicht werden kann;

in der Überzeugung, daß die Annahme einheitlicher Vorschriften auf dem Gebiet der Auslieferung dieses Einigungswerk zu fördern geeignet ist,

sind wie folgt übereinkommen:

Artikel 1
AUSLIEFERUNGSVERPFLICHTUNG

Die Vertragsparteien verpflichten sich, gemäß den nachstehenden Vorschriften und Bedingungen einander die Personen auszuliefern, die von den Justizbehörden des ersuchenden Staates wegen einer strafbaren Handlung verfolgt oder zur Vollstreckung einer Strafe oder einer Maßnahme der Sicherung und Besserung gesucht werden.

Artikel 2
AUSLIEFERUNGSFÄHIGE STRAFBARE HANDLUNGEN

(1) Ausgeliefert wird wegen Handlungen, die sowohl nach dem Recht des ersuchenden als auch nach dem des ersuchten Staates mit einer Freiheitsstrafe oder die Freiheit beschränkenden Maßnahme der Sicherung und Besserung im Höchstmaß von mindestens einem Jahr oder mit einer strengeren Strafe bedroht sind. Ist im Hoheitsgebiet des ersuchenden Staates eine Verurteilung zu einer Strafe erfolgt oder eine Maßnahme der Sicherung und Besserung angeordnet worden, so muß deren Maß mindestens vier Monate betragen.

(2) Betrifft das Auslieferungsersuchen mehrere verschiedene Handlungen, von denen jede sowohl nach dem Recht des ersuchenden als auch nach dem des ersuchten Staates mit einer Freiheitsstrafe oder die Freiheit beschränkenden Maßnahme der Sicherung und Besserung bedroht ist, einige aber die Bedingung hinsichtlich des Strafmaßes nicht erfüllen, so ist der ersuchte Staat berechtigt, die Auslieferung auch wegen dieser Handlungen zu bewilligen.

(3) Jede Vertragspartei, deren Rechtsvorschriften die Auslieferung wegen bestimmter, im Abs. 1 erwähnter strafbarer Handlungen nicht zulassen, kann für sich selbst die Anwendung des Übereinkommens auf diese strafbaren Handlungen ausschließen.

(4) Jede Vertragspartei, die von dem im Abs. 3 vorgesehenen Recht Gebrauch machen will, notifiziert dem Generalsekretär des Europarates bei der Hinterlegung ihrer Ratifikations- oder Beitrittsurkunde entweder eine Liste der strafbaren Handlungen, derentwegen die Auslieferung zulässig ist, oder eine Liste der strafbaren Handlungen, derentwegen die Auslieferung ausgeschlossen ist; sie gibt hiebei die gesetzlichen Bestimmungen an, welche die Auslieferung zulassen oder ausschließen. Der Generalsekretär des Europarates übermittelt diese Listen den anderen Unterzeichnerstaaten.

(5) Wird in der Folge die Auslieferung wegen anderer strafbarer Handlungen durch die Rechtsvorschriften einer Vertragspartei ausgeschlossen, so notifiziert diese den Ausschluß dem Generalsekretär des Europarates, der die anderen Unterzeichnerstaaten davon in Kenntnis setzt. Diese Notifikation wird erst mit Ablauf von drei Monaten nach dem Zeitpunkt ihres Eingangs bei dem Generalsekretär wirksam.

(6) Jede Partei, die von dem in den Abs. 4 und 5 vorgesehenen Recht Gebrauch gemacht hat, kann jederzeit die Anwendung dieses Übereinkommens auf strafbare Handlungen erstrecken, die davon ausgeschlossen waren. Sie notifiziert diese Änderungen dem Generalsekretär des Europarates, der sie den anderen Unterzeichnerstaaten mitteilt.

(7) Jede Partei kann hinsichtlich der auf Grund dieses Artikels von der Anwendung des Übereinkommens ausgeschlossenen strafbaren Handlungen den Grundsatz der Gegenseitigkeit anwenden.

Artikel 3
POLITISCHE STRAFBARE HANDLUNGEN

(1) Die Auslieferung wird nicht bewilligt, wenn die strafbare Handlung, derentwegen sie begehrt wird, vom ersuchten Staat als eine politische oder als eine mit einer solchen zusammenhängende strafbare Handlung angesehen wird.

(2) Das gleiche gilt, wenn der ersuchte Staat ernstliche Gründe hat anzunehmen, daß das Auslieferungsersuchen wegen einer nach gemeinem

Int Abk

Recht strafbaren Handlung gestellt worden ist, um eine Person aus rassischen, religiösen, nationalen oder auf politischen Anschauungen beruhenden Erwägungen zu verfolgen oder zu bestrafen, oder daß die Person der Gefahr einer Erschwerung ihrer Lage aus einem dieser Gründe ausgesetzt wäre.

(3) Im Rahmen dieses Übereinkommens wird der Angriff auf das Leben eines Staatsoberhauptes oder eines Mitglieds seiner Familie nicht als politische strafbare Handlung angesehen.

(4) Dieser Artikel läßt die Verpflichtungen unberührt, welche die Vertragsparteien auf Grund eines anderen mehrseitigen internationalen Übereinkommens übernommen haben oder übernehmen werden.

Artikel 4
MILITÄRISCHE STRAFBARE HANDLUNGEN

Auf die Auslieferung wegen militärischer strafbarer Handlungen, die keine nach gemeinem Recht strafbaren Handlungen darstellen, ist dieses Übereinkommen nicht anwendbar.

Artikel 5
FISKALISCHE STRAFBARE HANDLUNGEN

In Abgaben-, Steuer-, Zoll- und Devisenstrafsachen wird die Auslieferung unter den Bedingungen dieses Übereinkommens nur gewährt, wenn dies zwischen Vertragsparteien für einzelne oder Gruppen von strafbaren Handlungen dieser Art vereinbart worden ist.

Artikel 6
AUSLIEFERUNG EIGENER STAATSANGEHÖRIGER

(1) a) Jede Vertragspartei ist berechtigt, die Auslieferung ihrer Staatsangehörigen abzulehnen.

b) Jede Vertragspartei kann, was sie betrifft, bei der Unterzeichnung oder der Hinterlegung ihrer Ratifikations- oder Beitrittsurkunde durch eine Erklärung den Begriff „Staatsangehörige" im Sinne dieses Übereinkommens bestimmen.

c) Für die Beurteilung der Eigenschaft als Staatsangehöriger ist der Zeitpunkt der Entscheidung über die Auslieferung maßgebend. Wird diese Eigenschaft jedoch erst zwischen der Entscheidung und dem für die Übergabe in Aussicht genommenen Zeitpunkt festgestellt, so kann der ersuchte Staat sich ebenfalls auf die Bestimmung der lit. *a* berufen.

(2) Liefert der ersuchte Staat seinen Staatsangehörigen nicht aus, so hat er auf Begehren des ersuchenden Staates die Angelegenheit den zuständigen Behörden zu unterbreiten, damit gegebenenfalls eine gerichtliche Verfolgung durchgeführt werden kann. Zu diesem Zweck sind die auf die strafbare Handlung bezüglichen Akten, Unterlagen und Gegenstände kostenlos auf dem im Artikel 12 Abs. 1 vorgesehenen Weg zu übermitteln. Dem ersuchenden Staat ist mitzuteilen, inwieweit seinem Begehren Folge gegeben worden ist.

Artikel 7
BEGEHUNGSORT

(1) Der ersuchte Staat kann die Auslieferung der verlangten Person wegen einer strafbaren Handlung ablehnen, die nach seinen Rechtsvorschriften ganz oder zum Teil in seinem Hoheitsgebiet oder an einem diesem gleichgestellten Ort begangen worden ist.

(2) Ist die strafbare Handlung, die dem Auslieferungsersuchen zugrunde liegt, außerhalb des Hoheitsgebietes des ersuchenden Staates begangen worden, so kann die Auslieferung nur abgelehnt werden, wenn die Rechtsvorschriften des ersuchten Staates die Verfolgung einer außerhalb seines Hoheitsgebietes begangenen strafbaren Handlung gleicher Art oder die Auslieferung wegen der strafbaren Handlung nicht zulassen, die Gegenstand des Ersuchens ist.

Artikel 8
ANHÄNGIGE STRAFVERFAHREN WEGEN DERSELBEN HANDLUNGEN

Der ersuchte Staat kann die Auslieferung einer verlangten Person ablehnen, die von ihm wegen Handlungen verfolgt wird, derentwegen um Auslieferung ersucht wird.

Artikel 9
NE BIS IN IDEM

Die Auslieferung wird nicht bewilligt, wenn die verlangte Person wegen Handlungen, derentwegen um Auslieferung ersucht wird, von den zuständigen Behörden des ersuchten Staates rechtskräftig abgeurteilt worden ist. Die Auslieferung kann abgelehnt werden, wenn die zuständigen Behörden des ersuchten Staates entschieden haben, wegen derselben Handlungen kein Strafverfahren einzuleiten oder ein bereits eingeleitetes Strafverfahren einzustellen.

Artikel 10
VERJÄHRUNG

Die Auslieferung wird nicht bewilligt, wenn nach den Rechtsvorschriften des ersuchenden oder des ersuchten Staates die Strafverfolgung oder Strafvollstreckung verjährt ist.

Artikel 11
TODESSTRAFE

Ist die Handlung, derentwegen um Auslieferung ersucht wird, nach dem Recht des ersuchenden Staates mit der Todesstrafe bedroht, und ist diese für solche Handlungen nach den Rechtsvorschriften des ersuchten Staates nicht vorgesehen oder wird sie von ihm in der Regel nicht vollstreckt, so kann die Auslieferung abgelehnt werden, sofern nicht der ersuchende Staat eine vom ersuchten Staat als ausreichend erachtete Zusicherung gibt, daß die Todesstrafe nicht vollstreckt wird.

Artikel 12
ERSUCHEN UND UNTERLAGEN

(1) Das Ersuchen wird schriftlich abgefaßt und auf dem diplomatischen Weg übermittelt. Ein anderer Weg kann unmittelbar zwischen zwei oder mehreren Vertragsparteien vereinbart werden.[3]

(2) Dem Ersuchen sind beizufügen:

a) die Urschrift oder eine beglaubigte Abschrift eines vollstreckbaren verurteilenden Erkenntnisses, eines Haftbefehls oder jeder anderen, nach den Formvorschriften des ersuchten Staates ausgestellten Urkunden mit gleicher Rechtswirkung;

b) eine Darstellung der Handlungen, derentwegen um Auslieferung ersucht wird. Zeit und Ort ihrer Begehung sowie ihre rechtliche Würdigung unter Bezugnahme auf die anwendbaren Gesetzbestimmungen sind so genau wie möglich anzugeben;

c) eine Abschrift der anwendbaren Gesetzesbestimmungen oder, sofern dies nicht möglich ist, eine Erklärung über das anwendbare Recht sowie eine möglichst genaue Beschreibung der verlangten Person und alle anderen zur Feststellung ihrer Identität und Staatsangehörigkeit geeigneten Angaben.

---

[3] *Zu Art 12: Vgl das 2. ZP (23/1/1.).*

Artikel 13
ERGÄNZUNG DER UNTERLAGEN

Erweisen sich die vom ersuchenden Staat übermittelten Unterlagen für eine Entscheidung des ersuchten Staates auf Grund dieses Übereinkommens als unzureichend, so ersucht dieser Staat um die notwendige Ergänzung der Unterlagen; er kann für deren Beibringung eine Frist setzen.

Artikel 14
GRUNDSATZ DER SPEZIALITÄT

(1) Die ausgelieferte Person darf wegen einer anderen, vor der Übergabe begangenen Handlung als jener, die der Auslieferung zugrunde liegt, nur in den folgenden Fällen verfolgt, abgeurteilt, zur Vollstreckung einer Strafe oder Maßnahme der Sicherung und Besserung in Haft gehalten oder einer sonstigen Beschränkung ihrer persönlichen Freiheit unterworfen werden:

a) wenn der Staat, der sie ausgeliefert hat, zustimmt. Zu diesem Zweck ist ein Ersuchen unter Beifügung der im Artikel 12 erwähnten Unterlagen und eines gerichtlichen Protokolls über die Erklärungen des Ausgelieferten zu stellen. Die Zustimmung wird erteilt, wenn die strafbare Handlung, derentwegen um Zustimmung ersucht wird, an sich nach diesem Übereinkommen der Verpflichtung zur Auslieferung unterliegt;

b) wenn die ausgelieferte Person, obwohl sie dazu die Möglichkeit hatte, das Hoheitsgebiet des Staates, dem sie ausgeliefert worden ist, innerhalb von 45 Tagen nach ihrer endgültigen Freilassung nicht verlassen hat oder wenn sie nach Verlassen dieses Gebietes dorthin zurückgekehrt ist.

(2) Der ersuchende Staat kann jedoch die erforderlichen Maßnahmen treffen, um eine ausgelieferte Person außer Landes zu schaffen oder nach seinen Rechtsvorschriften die Verjährung zu unterbrechen, sowie ein Abwesenheitsverfahren durchführen.

(3) Wird die der ausgelieferten Person zur Last gelegte Handlung während des Verfahrens rechtlich anders gewürdigt, so darf sie nur insoweit verfolgt oder abgeurteilt werden, als die Tatbestandsmerkmale der rechtlich neu gewürdigten strafbaren Handlung die Auslieferung gestatten würden.

Artikel 15
WEITERLIEFERUNG AN EINEN DRITTEN STAAT

Außer im Falle des Artikels 14 Abs. 1 lit. *b* darf der ersuchende Staat die ihm ausgelieferte Person, die von einer anderen Vertragspartei oder einem dritten Staat wegen vor der Übergabe begangener strafbarer Handlungen gesucht wird, nur mit Zustimmung des ersuchten Staates der anderen Vertragspartei oder dem dritten Staat ausliefern. Der ersuchte Staat kann die Vorlage der im Artikel 12 Abs. 2 erwähnten Unterlagen verlangen.

Artikel 16
VORLÄUFIGE AUSLIEFERUNGSHAFT

(1) In dringenden Fällen können die zuständigen Behörden des ersuchenden Staates um vorläu-

Int Abk

fige Verhaftung der gesuchten Person ersuchen; über dieses Ersuchen entscheiden die zuständigen Behörden des ersuchten Staates nach dessen Recht.

(2) In dem Ersuchen um vorläufige Verhaftung ist anzuführen, daß eine der im Artikel 12 Abs. 2 lit. *a* erwähnten Urkunden vorhanden ist und die Absicht besteht, ein Auslieferungsersuchen zu stellen; ferner sind darin die strafbare Handlung, derentwegen um Auslieferung ersucht werden wird, Zeit und Ort ihrer Begehung und, soweit möglich, die Beschreibung der gesuchten Person anzugeben.

(3) Das Ersuchen um vorläufige Verhaftung wird den zuständigen Behörden des ersuchten Staates auf dem diplomatischen oder unmittelbar auf dem postalischen oder telegraphischen Weg oder über die Internationale Kriminalpolizeiliche Organisation (Interpol) oder durch jedes andere Nachrichtenmittel übersendet, das Schriftspuren hinterläßt oder vom ersuchten Staat zugelassen wird. Der ersuchenden Behörde ist unverzüglich mitzuteilen, inwieweit ihrem Ersuchen Folge gegeben worden ist.

(4) Die vorläufige Haft kann aufgehoben werden, wenn das Auslieferungsersuchen und die im Artikel 12 erwähnten Unterlagen dem ersuchten Staat nicht innerhalb von 18 Tagen nach der Verhaftung vorliegen; sie darf in keinem Falle 40 Tage vom Zeitpunkt der Verhaftung an überschreiten. Die vorläufige Freilassung ist jedoch jederzeit möglich, sofern der ersuchte Staat alle Maßnahmen trifft, die er zur Verhinderung einer Flucht der verlangten Person für notwendig hält.

(5) Die Freilassung steht einer neuerlichen Verhaftung und der Auslieferung nicht entgegen, wenn das Auslieferungsersuchen später eingeht.

Artikel 17
MEHRHEIT VON
AUSLIEFERUNGSERSUCHEN

Wird wegen derselben oder wegen verschiedener Handlungen von mehreren Staaten zugleich um Auslieferung ersucht, so entscheidet der ersuchte Staat unter Berücksichtigung aller Umstände, insbesondere der verhältnismäßigen Schwere der strafbaren Handlungen, des Ortes ihrer Begehung, des Zeitpunktes des Auslieferungsersuchen, der Staatsangehörigkeit der verlangten Person und der Möglichkeit einer späteren Auslieferung an einen anderen Staat.

Artikel 18
ÜBERGABE DER AUSZULIEFERNDEN
PERSON

(1) Der ersuchte Staat setzt den ersuchenden Staat von seiner Entscheidung über die Auslieferung auf dem im Artikel 12 Abs. 1 vorgesehenen Weg in Kenntnis.

(2) Jede vollständige oder teilweise Ablehnung ist zu begründen.

(3) Im Falle der Bewilligung werden dem ersuchenden Staat Ort und Zeit der Übergabe sowie die Dauer der von der verlangten Person erlittenen Auslieferungshaft mitgeteilt.

(4) Vorbehaltlich des im Abs. 5 vorgesehenen Falles kann die verlangte Person mit Ablauf von 15 Tagen nach dem für die Übergabe festgesetzten Zeitpunkt freigelassen werden, wenn sie bis dahin nicht übernommen worden ist; in jedem Fall ist sie nach Ablauf von 30 Tagen freizulassen. Der ersuchte Staat kann dann die Auslieferung wegen derselben Handlung ablehnen.

(5) Wird die Übergabe oder Übernahme der auszuliefernden Person durch höhere Gewalt behindert, so hat der betroffene Staat den anderen Staat davon in Kenntnis zu setzen. Beide Staaten vereinbaren einen neuen Zeitpunkt für die Übergabe; die Bestimmungen des Abs. 4 finden Anwendung.

Artikel 19
AUFGESCHOBENE ODER BEDINGTE
ÜBERGABE

(1) Der ersuchte Staat kann, nachdem er über das Auslieferungsersuchen entschieden hat, die Übergabe der verlangten Person aufschieben, damit diese von ihm gerichtlich verfolgt werden oder, falls sie bereits verurteilt worden ist, in seinem Hoheitsgebiet eine Strafe verbüßen kann, die sie wegen einer anderen Handlung als jener verwirkt hat, derentwegen um Auslieferung ersucht worden ist.

(2) Statt die Übergabe aufzuschieben, kann der ersuchte Staat die verlangte Person dem ersuchenden Staat zeitweilig unter Bedingungen übergeben, die von beiden Staaten vereinbart werden.

Artikel 20
ÜBERGABE VON GEGENSTÄNDEN

(1) Auf Verlangen des ersuchenden Staates beschlagnahmt und übergibt der ersuchte Staat, soweit es seine Rechtsvorschriften zulassen, die Gegenstände,

a) die als Beweisstücke dienen können oder

b) die aus der strafbaren Handlung herrühren und im Zeitpunkt der Festnahme im Besitz der verlangten Person gefunden worden sind oder später entdeckt werden.

(2) Die im Abs. 1 erwähnten Gegenstände sind selbst dann zu übergeben, wenn die bereits bewilligte Auslieferung infolge des Todes oder der Flucht der verlangten Person nicht vollzogen werden kann.

(3) Unterliegen diese Gegenstände im Hoheitsgebiet des ersuchten Staates der Beschlagnahme oder Einziehung, so kann er sie im Hinblick auf ein anhängiges Strafverfahren zeitweilig zurückbehalten oder unter der Bedingung der Zurückstellung übergeben.

(4) Rechte des ersuchten Staates oder Dritter an diesen Gegenständen bleiben vorbehalten. Bestehen solche Rechte, so sind die Gegenstände nach Abschluß des Verfahrens sobald wie möglich und kostenlos dem ersuchten Staat zurückzustellen.

Artikel 21
DURCHLIEFERUNG

(1) Die Durchlieferung durch das Hoheitsgebiet einer der Vertragsparteien wird auf Grund eines Ersuchens, das auf dem im Artikel 12 Abs. 1 vorgesehenen Weg zu übermitteln ist, bewilligt, sofern die strafbare Handlung von dem um die Durchlieferung ersuchten Staat nicht als politische oder rein militärische strafbare Handlung im Sinne der Artikel 3 und 4 angesehen wird.

(2) Die Durchlieferung eines Staatsangehörigen – im Sinne des Artikels 6 – des um die Durchlieferung ersuchten Staates kann abgelehnt werden.

(3) Vorbehaltlich der Bestimmungen des Absatzes 4 sind die im Artikel 12 Abs. 2 erwähnten Unterlagen beizubringen.

(4) Wird der Luftweg benützt, so finden folgende Bestimmungen Anwendung:

a) Wenn eine Zwischenlandung nicht vorgesehen ist, hat der ersuchende Staat die Vertragspartei, deren Hoheitsgebiet überflogen werden soll, zu verständigen und das Vorhandensein einer der im Art. 12 Abs. 2 lit. *a* erwähnten Unterlagen zu bestätigen. Im Fall einer unvorhergesehenen Zwischenlandung hat diese Mitteilung die Wirkung eines Ersuchens um vorläufige Verhaftung im Sinne des Artikels 16; der ersuchende Staat hat dann ein formgerechtes Durchlieferungsersuchen zu stellen.

b) Wenn eine Zwischenlandung vorgesehen ist, hat der ersuchende Staat ein formgerechtes Durchlieferungsersuchen zu stellen.

(5) Eine Vertragspartei kann jedoch bei der Unterzeichnung dieses Übereinkommens oder der Hinterlegung ihrer Ratifikations- oder Beitrittsurkunde erklären, daß sie die Durchlieferung einer Person nur unter einigen oder unter allen für die Auslieferung maßgebenden Bedingungen bewilligt. In diesem Fall kann der Grundsatz der Gegenseitigkeit Anwendung finden.

(6) Die ausgelieferte Person darf nicht durch ein Gebiet durchgeliefert werden, wenn Grund zur Annahme besteht, daß dort ihr Leben oder ihre Freiheit wegen ihrer Rasse, Religion, Nationalität oder ihrer politischen Anschauungen bedroht werden könnte.

Artikel 22
VERFAHREN

Soweit in diesem Übereinkommen nichts anderes bestimmt ist, findet auf das Verfahren der Auslieferung und der vorläufigen Auslieferungshaft ausschließlich das Recht des ersuchten Staates Anwendung.

Artikel 23
ANZUWENDENDE SPRACHE

Die beizubringenden Unterlagen sind in der Sprache des ersuchenden Staates oder in der des ersuchten Staates abzufassen. Dieser kann eine Übersetzung in eine von ihm gewählte offizielle Sprache des Europarates verlangen.

Artikel 24
KOSTEN

(1) Kosten, die durch die Auslieferung im Hoheitsgebiet des ersuchten Staates entstehen, gehen zu dessen Lasten.

(2) Kosten, die durch die Durchlieferung durch das Hoheitsgebiet des darum ersuchten Staates entstehen, gehen zu Lasten des ersuchenden Staates.

(3) Im Falle der Auslieferung aus einem nicht zum Mutterland des ersuchten Staates gehörenden Gebiet gehen Kosten, die durch die Beförderung zwischen diesem Gebiet und dem Mutterland des ersuchenden Staates entstehen, zu dessen Lasten. Das gleiche gilt für Kosten, die durch die Beförderung zwischen dem nicht zum Mutterland gehörenden Gebiet des ersuchten Staates und dessen Mutterland entstehen.

Artikel 25
BESTIMMUNG DES BEGRIFFES DER „MASSNAHMEN DER SICHERUNG UND BESSERUNG"

Im Sinne dieses Übereinkommens bedeutet der Ausdruck „Maßnahmen der Sicherung und Besserung" alle die Freiheit beschränkenden Maßnahmen, die durch ein Strafgericht neben oder an Stelle einer Strafe angeordnet worden sind.

Artikel 26
VORBEHALTE

Int Abk

(1) Jede Vertragspartei kann bei der Unterzeichnung dieses Übereinkommens oder der Hinterlegung über Ratifikations- oder Beitrittsurkunde zu einer oder mehreren genau bezeichneten Bestim-

mungen des Übereinkommens einen Vorbehalt machen.

(2) Jede Vertragspartei, die einen Vorbehalt gemacht hat, wird ihn zurückziehen, sobald die Umstände es gestatten. Die Zurückziehung von Vorbehalten erfolgt durch Notifikation an den Generalsekretär des Europarates.

(3) Eine Vertragspartei, die einen Vorbehalt zu einer Bestimmung des Übereinkommens gemacht hat, kann deren Anwendung durch eine andere Vertragspartei nur insoweit beanspruchen, als sie selbst diese Bestimmung angenommen hat.

Artikel 27
RÄUMLICHER GELTUNGSBEREICH

(1) Dieses Übereinkommen findet auf das Mutterland der Vertragsparteien Anwendung.

(2) Es findet hinsichtlich Frankreichs auch auf Algerien und die überseeischen Departements und hinsichtlich des Vereinigten Königreiches von Großbritannien und Nordirland auch auf die Kanalinseln und auf die Insel Man Anwendung.

(3) Die Bundesrepublik Deutschland kann die Anwendung dieses Übereinkommens durch eine an den Generalsekretär des Europarates gerichtete Erklärung auf das *Land* Berlin ausdehnen. Dieser notifiziert die Erklärung den anderen Vertragsparteien.

(4) Zwischen zwei oder mehreren Vertragsparteien kann die Anwendung dieses Übereinkommens durch unmittelbare Vereinbarung unter den darin festzusetzenden Bedingungen auf andere als die in den Abs. 1, 2 und 3 erwähnten Gebiete ausgedehnt werden, für deren internationale Beziehungen eine dieser Vertragsparteien verantwortlich ist.

Artikel 28
VERHÄLTNIS DIESES ÜBEREINKOMMENS ZU ZWEISEITIGEN VEREINBARUNGEN

(1) Dieses Übereinkommen hebt hinsichtlich der Gebiete, auf die es Anwendung findet, jene Bestimmungen zweiseitiger Verträge, Übereinkommen oder Vereinbarungen auf, die das Auslieferungswesen zwischen zwei Vertragsparteien regeln.

(2) Die Vertragsparteien können untereinander zwei- oder mehrseitige Vereinbarungen nur zur Ergänzung dieses Übereinkommens oder zur Erleichterung der Anwendung der darin enthaltenen Grundsätze schließen.

(3) Wenn die Auslieferung zwischen zwei oder mehreren Vertragsparteien auf der Grundlage einheitlicher Rechtsvorschriften stattfindet, sind diese Parteien berechtigt, ungeachtet der Bestimmungen dieses Übereinkommens ihre wechselseitigen Beziehungen auf dem Gebiet der Auslieferung ausschließlich nach diesem System zu regeln. Derselbe Grundsatz findet zwischen zwei oder mehreren Vertragsparteien Anwendung, wenn nach den Rechtsvorschriften jeder dieser Parteien in ihrem Hoheitsgebiet Haftbefehle zu vollstrecken sind, die im Hoheitsgebiet einer oder mehrerer der anderen Parteien erlassen worden sind. Die Vertragsparteien, die auf Grund dieses Absatzes in ihren wechselseitigen Beziehungen die Anwendung des Übereinkommens jetzt oder künftig ausschließen, haben dies dem Generalsekretär des Europarates zu notifizieren. Dieser übermittelt den anderen Vertragsparteien jede auf Grund dieses Absatzes erhaltene Notifikation.

Artikel 29
UNTERZEICHNUNG, RATIFIKATION, INKRAFTTRETEN

(1) Dieses Übereinkommen liegt zur Unterzeichnung durch die Mitglieder des Europarates auf. Es bedarf der Ratifikation; die Ratifikationsurkunden werden bei dem Generalsekretär des Europarates hinterlegt.

(2) Das Übereinkommen tritt 90 Tage nach Hinterlegung der dritten Ratifikationsurkunde in Kraft.

(3) Für jeden Unterzeichnerstaat, der es später ratifiziert, tritt das Übereinkommen 90 Tage nach Hinterlegung seiner Ratifikationsurkunde in Kraft.

Artikel 30
BEITRITT

(1) Das Ministerkomitee des Europarates kann jeden Staat, der nicht Mitglied des Europarates ist, einladen, diesem Übereinkommen beizutreten. Die Entschließung über diese Einladung bedarf der einstimmigen Billigung der Mitglieder des Europarates, die das Übereinkommen ratifiziert haben.

(2) Der Beitritt erfolgt durch Hinterlegung einer Beitrittsurkunde bei dem Generalsekretär des Europarates und wird 90 Tage nach deren Hinterlegung wirksam.

Artikel 31
KÜNDIGUNG

Jede Vertragspartei kann für sich selbst dieses Übereinkommen durch Notifikation an den Generalsekretär des Europarates kündigen. Diese Kündigung wird sechs Monate nach Eingang der Notifikation bei dem Generalsekretär des Europarates wirksam.

Artikel 32
NOTIFIKATIONEN

Der Generalsekretär des Europarates notifiziert den Mitgliedern des Europarates und der Regierung jedes Staates, der diesem Übereinkommen beigetreten ist:

a) die Hinterlegung jeder Ratifikations- oder Beitrittsurkunde;

b) den Zeitpunkt des Inkrafttretens;

c) jede nach Artikel 6 Abs. 1 und nach Artikel 21 Abs. 5 abgegebene Erklärung;

d) jeden nach Artikel 26 Abs. 1 gemachten Vorbehalt;

e) jede nach Artikel 26 Abs. 2 vorgenommene Zurückziehung eines Vorbehaltes;

f) jede nach Artikel 31 eingegangene Notifikation einer Kündigung und den Zeitpunkt, in dem sie wirksam wird.

Zu Urkund dessen haben die hiezu gehörig bevollmächtigten Unterzeichneten dieses Übereinkommen unterfertigt.

GESCHEHEN zu Paris am 13. Dezember 1957, in französischer und englischer Sprache, wobei jeder Wortlaut gleichermaßen verbindlich ist, in einer Urschrift, die im Archiv des Europarates hinterlegt wird. Der Generalsekretär des Europarates übermittelt den unterzeichneten Regierungen beglaubigte Abschriften.

Erklärungen der Republik Österreich

Zu Artikel 2 Absatz 2

Österreich wird die Auslieferung auch unter den Voraussetzungen des Artikels 2 Absatz 2 bewilligen.

Zu Artikel 6 Absatz 1 lit. c

Österreich wird den Zeitpunkt der Übergabe als für die Beurteilung der Eigenschaft als Staatsangehöriger maßgebend betrachten.

Zu Artikel 7 und 8

Österreich wird die Auslieferung einer Person wegen einer strafbaren Handlung, die nach den österreichischen Rechtsvorschriften der österreichischen Gerichtsbarkeit unterliegt, nur bewilligen, wenn diese Person wegen einer anderen strafbaren Handlung ausgeliefert wird und ihre Aburteilung wegen aller strafbaren Handlungen durch die Justizbehörden des ersuchenden Staates im Interesse der Wahrheitsfindung oder aus Gründen der Strafzumessung und des Strafvollzuges zweckmäßig ist.

Zu Artikel 9

Österreich wird die Auslieferung bewilligen, wenn die verlangte Person nur wegen des Mangels der österreichischen Gerichtsbarkeit freigesprochen worden ist, oder nur aus diesem Grunde gegen sie kein Strafverfahren eingeleitet oder ein bereits eingeleitetes Strafverfahren eingestellt worden ist.

Zu Artikel 16 Absatz 2

Österreich verlangt bei Ersuchen um vorläufige Verhaftung auch eine kurze Darstellung des der verlangten Person zur Last gelegten Sachverhalts.

Zu Artikel 21 Absatz 2

Österreich wird die Durchlieferung österreichischer Staatsbürger in jedem Fall ablehnen.

Vorbehalte der Republik Österreich

Zu Artikel 1

Österreich wird die Auslieferung nicht bewilligen, wenn die verlangte Person vor ein Ausnahmegericht gestellt würde oder wenn die Auslieferung der Vollstreckung einer von einem solchen Gericht verhängten Strafe oder Maßnahme der Sicherung und Besserung dienen soll.

Zu Artikel 5

Österreich wird auch die Auslieferung wegen strafbarer Handlungen, die ausschließlich in der Zuwiderhandlung gegen Monopolvorschriften oder von Vorschriften über die Ausfuhr, Einfuhr und Durchfuhr sowie die Bewirtschaftung von Waren bestehen, nur unter den Voraussetzungen des Artikels 5 bewilligen.

Zu Artikel 11

Österreich wird die Auslieferung zur Vollstreckung der Todesstrafe ablehnen. Die Auslieferung zur Strafverfolgung wegen einer Handlung, die nach dem Recht des ersuchenden Staates mit der Todesstrafe bedroht ist, wird nur bewilligt werden, wenn der ersuchende Staat die Bedingung annimmt, daß eine Todesstrafe nicht ausgesprochen wird. Österreich wird die gleichen Grundsätze auch im Falle von Strafen anwenden, die mit den Geboten der Menschlichkeit und der Menschenwürde nicht vereinbar sind.

Int Abk

23/1/1. Zweites Zusatzprotokoll zum Europäischen Auslieferungsübereinkommen

BGBl 1983/297

Zweites Zusatzprotokoll zum Europäischen Auslieferungsübereinkommen

KAPITEL I

Artikel 1

Artikel 2 Absatz 2 des Übereinkommens wird durch folgende Bestimmung ergänzt:
„Dieses Recht gilt auch bei Handlungen, die nur mit Geldsanktionen bedroht sind."

KAPITEL II

Artikel 2

Artikel 5 des Übereinkommens wird durch folgende Bestimmungen ersetzt:

„Fiskalische strafbare Handlungen

(1) In Abgaben-, Steuer-, Zoll- und Devisenstrafsachen wird die Auslieferung zwischen den Vertragsparteien nach Maßgabe des Übereinkommens wegen Handlungen bewilligt, die nach dem Recht der ersuchten Vertragspartei einer strafbaren Handlung derselben Art entsprechen.

(2) Die Auslieferung darf nicht mit der Begründung abgelehnt werden, daß das Recht der ersuchten Vertragspartei nicht dieselbe Art von Abgaben oder Steuern oder keine Abgaben-, Steuer-, Zoll- oder Devisenbestimmungen derselben Art wie das Recht der ersuchenden Vertragspartei vorsieht."

KAPITEL III

Artikel 3

Das Übereinkommen wird durch folgende Bestimmungen ergänzt:

„Abwesenheitsurteile

(1) Ersucht eine Vertragspartei eine andere Vertragspartei um Auslieferung einer Person zur Vollstreckung einer Strafe oder vorbeugenden Maßnahme, die gegen sie in einem Abwesenheitsurteil verhängt worden ist, so kann die ersuchte Vertragspartei die Auslieferung zu diesem Zweck ablehnen, wenn nach ihrer Auffassung in dem diesem Urteil vorangegangenen Verfahren nicht die Mindestrechte der Verteidigung gewahrt worden sind, die anerkanntermaßen jedem einer strafbaren Handlung Beschuldigten zustehen. Die Auslieferung wird jedoch bewilligt, wenn die ersuchende Vertragspartei eine als ausreichend erachtete Zusicherung gibt, der Person, um deren Auslieferung ersucht wird, das Recht auf ein neues Gerichtsverfahren zu gewährleisten, in dem die Rechte der Verteidigung gewahrt werden. Diese Entscheidung ermächtigt die ersuchende Vertragspartei, entweder das betreffende Urteil zu vollstrecken, wenn der Verurteilte keinen Einspruch erhebt, oder andernfalls gegen den Ausgelieferten die Strafverfolgung durchzuführen.

(2) Unterrichtet die ersuchte Vertragspartei die Person, um deren Auslieferung ersucht wird, von dem gegen sie ergangenen Abwesenheitsurteil, so betrachtet die ersuchende Vertragspartei diese Mitteilung nicht als förmliche Zustellung mit Wirkung für das Strafverfahren in diesem Staat."

KAPITEL IV

Artikel 4

Das Übereinkommen wird durch folgende Bestimmungen ergänzt:

„Amnestie

Die Auslieferung wird nicht bewilligt wegen einer strafbaren Handlung, die im ersuchten Staat unter eine Amnestie fällt und für deren Verfolgung dieser Staat nach seinem eigenen Strafrecht zuständig war."

KAPITEL V

Artikel 5

Artikel 12 Absatz 1 des Übereinkommens wird durch folgende Bestimmungen ersetzt:
„Das Ersuchen wird schriftlich abgefaßt und vom Justizministerium der ersuchenden Vertragspartei an das Justizministerium der ersuchten Vertragspartei gerichtet; der diplomatische Weg ist jedoch nicht ausgeschlossen. Ein anderer Weg kann unmittelbar zwischen zwei oder mehr Vertragsparteien vereinbart werden."

Int Abk

23/1/2. Drittes Zusatzprotokoll zum Europäischen Auslieferungsübereinkommen

BGBl III 2015/70

Drittes Zusatzprotokoll zum Europäischen Auslieferungsübereinkommen

Die Mitgliedstaaten des Europarats, die dieses Protokoll unterzeichnen,

in der Erwägung, dass es das Ziel des Europarats ist, eine engere Verbindung zwischen seinen Mitgliedern herbeizuführen;

von dem Wunsch geleitet, ihre individuelle und gemeinsame Fähigkeit zu stärken, der Kriminalität entgegenzutreten;

gestützt auf das am 13. Dezember 1957[1] in Paris zur Unterzeichnung aufgelegte Europäische Auslieferungsübereinkommen (SEV Nr. 24) (im Folgenden als „Übereinkommen" bezeichnet) sowie die beiden in Straßburg am 15. Oktober 1975 beziehungsweise am 17. März 1978[2] beschlossenen Zusatzprotokolle hierzu (SEV Nr. 86 beziehungsweise 98);

in der Erwägung, dass es zweckmäßig ist, das Übereinkommen in bestimmten Punkten zu ergänzen, um das Auslieferungsverfahren zu vereinfachen und zu beschleunigen, wenn die gesuchte Person der Auslieferung zustimmt –

sind wie folgt übereingekommen:

Artikel 1 – Verpflichtung zur Auslieferung im vereinfachten Verfahren

Artikel 1

Die Vertragsparteien verpflichten sich, einander die Personen, nach denen gemäß Artikel 1 des Übereinkommens gesucht wird, in dem vereinfachten Verfahren, wie es in diesem Protokoll vorgesehen ist, auszuliefern, sofern diese Personen und die ersuchte Vertragspartei hierzu ihre Zustimmung gegeben haben.

Artikel 2 – Einleitung des Verfahrens

Artikel 2

(1) Liegt gegen die gesuchte Person ein Ersuchen um vorläufige Verhaftung nach Artikel 16 des Übereinkommens vor, so bedarf es für die

Auslieferung nach Artikel 1 dieses Protokolls nicht der Vorlage eines Auslieferungsersuchens und der Unterlagen nach Artikel 12 des Übereinkommens. Die ersuchte Vertragspartei sieht für die Anwendung der Artikel 3 bis 5 dieses Protokolls und für ihre endgültige Entscheidung über die Auslieferung im vereinfachten Verfahren die folgenden von der ersuchenden Vertragspartei übermittelten Informationen als ausreichend an:

a) die Identität der gesuchten Person einschließlich ihrer Staatsangehörigkeit oder Staatsangehörigkeiten, sofern verfügbar;

b) die um die Festnahme ersuchende Behörde;

c) das Bestehen eines Haftbefehls oder einer Urkunde mit gleicher Rechtswirkung oder eines vollstreckbaren Urteils sowie eine Bestätigung, dass die Person nach Artikel 1 des Übereinkommens gesucht wird;

d) die Art und die rechtliche Würdigung der Straftat einschließlich der Höchststrafe oder der mit rechtskräftigem Urteil verhängten Strafe sowie, ob ein Teil der Strafe aus dem Urteil bereits vollstreckt wurde;

e) Angaben über die Verjährung und Verjährungsunterbrechung;

f) die Beschreibung der Umstände, unter denen die Straftat begangen wurde, einschließlich der Zeit, des Ortes und der Art der Tatbeteiligung der gesuchten Person;

g) soweit möglich, die Folgen der Straftat;

h) bei Ersuchen um Auslieferung zur Vollstreckung eines rechtskräftigen Urteils, ob es sich bei dem Urteil um ein Abwesenheitsurteil handelt.

(2) Erweisen sich die Informationen nach Absatz 1 für die ersuchte Vertragspartei als unzureichend, um über die Auslieferung entscheiden zu können, so kann ungeachtet des Absatzes 1 um ergänzende Informationen ersucht werden.

(3) Hat die ersuchte Vertragspartei bereits ein Auslieferungsersuchen nach Artikel 12 des Übereinkommens erhalten, so findet dieses Protokoll sinngemäß Anwendung.

Artikel 3 – Pflicht zur Unterrichtung der Person

Artikel 3

Wird eine Person, nach der zum Zweck der Auslieferung gesucht wird, gemäß Artikel 16 des Übereinkommens verhaftet, so unterrichtet die zuständige Behörde der ersuchten Vertragspartei

---
[1] *Kundgemacht in BGBl. Nr. 320/1969.*
[2] *Zweites Zusatzprotokoll vom 17. März 1978, kundgemacht in BGBl. Nr. 297/1983.*

Int Abk

nach deren Recht diese Person unverzüglich über das sie betreffende Ersuchen und über die Möglichkeit der Anwendung des vereinfachten Auslieferungsverfahrens nach diesem Protokoll.

Artikel 4 – Zustimmung zur Auslieferung

Artikel 4

(1) Die gesuchte Person erklärt ihre Zustimmung und gegebenenfalls ihren ausdrücklichen Verzicht auf den Schutz des Grundsatzes der Spezialität vor der zuständigen Justizbehörde der ersuchten Vertragspartei nach deren Recht.

(2) Jede Vertragspartei trifft die erforderlichen Maßnahmen, damit die Zustimmung und gegebenenfalls der Verzicht nach Absatz 1 unter Bedingungen entgegengenommen werden, die erkennen lassen, dass die Person sie freiwillig und in vollem Bewusstsein der sich daraus ergebenden Rechtsfolgen bekundet hat. Zu diesem Zweck hat die gesuchte Person das Recht, einen Rechtsbeistand beizuziehen. Bei Bedarf sorgt die ersuchte Vertragspartei dafür, dass die gesuchte Person von einer Dolmetscherin oder einem Dolmetscher unterstützt wird.

(3) Die Zustimmung und gegebenenfalls der Verzicht nach Absatz 1 werden nach dem Recht der ersuchten Vertragspartei zu Protokoll genommen.

(4) Vorbehaltlich des Absatzes 5 sind die Zustimmung und gegebenenfalls der Verzicht nach Absatz 1 unwiderruflich.

(5) Jeder Staat kann bei der Unterzeichnung oder bei der Hinterlegung seiner Ratifikations-, Annahme-, Genehmigungs- oder Beitrittsurkunde oder jederzeit danach erklären, dass die Zustimmung und gegebenenfalls der Verzicht auf den Schutz des Grundsatzes der Spezialität widerrufen werden können. Die Zustimmung kann bis zur endgültigen Entscheidung der ersuchten Vertragspartei über die Auslieferung im vereinfachten Verfahren widerrufen werden. In diesem Fall wird der Zeitabschnitt zwischen der Mitteilung der Zustimmung und der Mitteilung ihres Widerrufs bei der Berechnung der in Artikel 16 Absatz 4 des Übereinkommens vorgesehenen Fristen nicht berücksichtigt. Der Verzicht auf den Schutz des Grundsatzes der Spezialität kann bis zur Übergabe der betreffenden Person widerrufen werden. Jeder Widerruf der Zustimmung zur Auslieferung oder des Verzichts auf den Schutz des Grundsatzes der Spezialität ist nach dem Recht der ersuchten Vertragspartei zu Protokoll zu nehmen und der ersuchenden Vertragspartei unverzüglich mitzuteilen.

Artikel 5 – Verzicht auf den Schutz des Grundsatzes der Spezialität

Artikel 5

Jeder Staat kann bei der Unterzeichnung oder bei der Hinterlegung seiner Ratifikations-, Annahme-, Genehmigungs- oder Beitrittsurkunde oder jederzeit danach erklären, dass Artikel 14 des Übereinkommens nicht gilt, wenn die von diesem Staat ausgelieferte Person nach Artikel 4 dieses Protokolls

a) ihre Zustimmung zu der Auslieferung gibt oder

b) ihre Zustimmung zu der Auslieferung gibt und ausdrücklich auf den Schutz des Grundsatzes der Spezialität verzichtet.

Artikel 6 – Mitteilungen im Fall einer vorläufigen Verhaftung

Artikel 6

(1) Damit die ersuchende Vertragspartei gegebenenfalls ein Auslieferungsersuchen nach Artikel 12 des Übereinkommens stellen kann, teilt ihr die ersuchte Vertragspartei so bald wie möglich, spätestens aber zehn Tage nach der vorläufigen Verhaftung mit, ob die gesuchte Person ihre Zustimmung zu der Auslieferung erteilt hat.

(2) Entscheidet sich die ersuchte Vertragspartei in Ausnahmefällen gegen die Anwendung des vereinfachten Verfahrens, obwohl die gesuchte Person zugestimmt hat, so teilt sie dies der ersuchenden Vertragspartei rechtzeitig genug mit, damit diese vor Ablauf der nach Artikel 16 des Übereinkommens vorgesehenen Frist von vierzig Tagen ein Auslieferungsersuchen stellen kann.

Artikel 7 – Mitteilung der Entscheidung

Artikel 7

Hat die gesuchte Person ihre Zustimmung zu der Auslieferung gegeben, so teilt die ersuchte Vertragspartei der ersuchenden Vertragspartei ihre Entscheidung über die Auslieferung im vereinfachten Verfahren innerhalb von zwanzig Tagen nach dem Zeitpunkt mit, zu dem die Person zugestimmt hat.

Artikel 8 – Kommunikationsmittel

Artikel 8

Für den Zweck dieses Protokolls können Mitteilungen durch elektronische oder andere Mittel, die einen schriftlichen Nachweis ermöglichen, unter Bedingungen, die den Vertragsparteien die Feststellung ihrer Echtheit erlauben, sowie über die Internationale Kriminalpolizeiliche Organisation (Interpol) übersandt werden. In jedem Fall übersendet die betreffende Vertragspartei die Unterlagen auf Ersuchen und jederzeit im Original oder in beglaubigter Abschrift.

Artikel 9 – Übergabe der auszuliefernden Person

Artikel 9

Die Übergabe erfolgt so bald wie möglich und vorzugsweise innerhalb von zehn Tagen nach Mitteilung der Entscheidung über die Auslieferung.

Artikel 10 – Zustimmung nach Ablauf der in Artikel 6 vorgesehenen Frist

Artikel 10

Gibt die gesuchte Person ihre Zustimmung nach Ablauf der in Artikel 6 Absatz 1 dieses Protokolls vorgesehenen Frist von zehn Tagen, so führt die ersuchte Vertragspartei das vereinfachte Verfahren nach diesem Protokoll durch, sofern ihr noch kein Auslieferungsersuchen im Sinne des Artikels 12 des Übereinkommens zugegangen ist.

Artikel 11 – Durchlieferung

Artikel 11

Für die Durchlieferung im Sinne des Artikels 21 des Übereinkommens gilt, wenn eine Person im vereinfachten Verfahren an die ersuchende Vertragspartei auszuliefern ist, Folgendes:
a) Das Durchlieferungsersuchen muss die in Artikel 2 Absatz 1 dieses Protokolls vorgesehenen Informationen enthalten;
b) die um Bewilligung der Durchlieferung ersuchte Vertragspartei kann um ergänzende Informationen ersuchen, wenn die unter Buchstabe a angeführten Informationen für die Entscheidung der betreffenden Vertragspartei über die Durchlieferung nicht ausreichen.

Artikel 12 – Verhältnis zum Übereinkommen und zu anderen internationalen Übereinkünften

Artikel 12

(1) Die in diesem Protokoll verwendeten Wörter und Ausdrücke sind im Sinne des Übereinkommens auszulegen. Zwischen den Vertragsparteien dieses Protokolls findet das Übereinkommen sinngemäß Anwendung, soweit es mit den Bestimmungen dieses Protokolls vereinbar ist.
(2) Dieses Protokoll lässt die Anwendung des Artikels 28 Absätze 2 und 3 des Übereinkommens über das Verhältnis des Übereinkommens zu

zwei- oder mehrseitigen Vereinbarungen unberührt.

Artikel 13 – Gütliche Einigung

Artikel 13

Der Europäische Ausschuss für Strafrechtsfragen des Europarats wird über die Durchführung dieses Protokolls fortlaufend informiert; er unternimmt das Nötige, um bei Schwierigkeiten, die sich möglicherweise aus der Auslegung und Durchführung des Protokolls ergeben, eine gütliche Einigung zu erleichtern.

Artikel 14 – Unterzeichnung und Inkrafttreten

Artikel 14

(1) Dieses Protokoll liegt für die Mitgliedstaaten des Europarats, die Vertragspartei des Übereinkommens sind oder das Übereinkommen unterzeichnet haben, zur Unterzeichnung auf. Es bedarf der Ratifikation, Annahme oder Genehmigung. Ein Unterzeichner kann das Protokoll nicht ratifizieren, annehmen oder genehmigen, ohne gleichzeitig oder zuvor das Übereinkommen ratifiziert, angenommen oder genehmigt zu haben. Die Ratifikations-, Annahme- oder Genehmigungsurkunden werden beim Generalsekretär des Europarats hinterlegt.
(2) Dieses Protokoll tritt am ersten Tag des Monats in Kraft, der auf einen Zeitabschnitt von drei Monaten nach Hinterlegung der dritten Ratifikations-, Annahme- oder Genehmigungsurkunde folgt.
(3) Für jeden Unterzeichnerstaat, der später seine Ratifikations-, Annahme- oder Genehmigungsurkunde hinterlegt, tritt dieses Protokoll am ersten Tag des Monats in Kraft, der auf einen Zeitabschnitt von drei Monaten nach der Hinterlegung folgt.

Artikel 15 – Beitritt

Artikel 15

(1) Jeder Nichtmitgliedstaat, der dem Übereinkommen beigetreten ist, kann diesem Protokoll beitreten, nachdem es in Kraft getreten ist.
(2) Der Beitritt erfolgt durch Hinterlegung einer Beitrittsurkunde beim Generalsekretär des Europarats.
(3) Für jeden beitretenden Staat tritt das Protokoll am ersten Tag des Monats in Kraft, der auf einen Zeitabschnitt von drei Monaten nach Hinterlegung der Beitrittsurkunde folgt.

Int Abk

Artikel 16 – Räumlicher Geltungsbereich

Artikel 16

(1) Jeder Staat kann bei der Unterzeichnung oder bei der Hinterlegung seiner Ratifikations-, Annahme-, Genehmigungs- oder Beitrittsurkunde einzelne oder mehrere Hoheitsgebiete bezeichnen, auf die dieses Protokoll Anwendung findet.

(2) Jeder Staat kann jederzeit danach durch eine an den Generalsekretär des Europarats gerichtete Erklärung die Anwendung dieses Protokolls auf jedes weitere in der Erklärung bezeichnete Hoheitsgebiet erstrecken. Das Protokoll tritt für dieses Hoheitsgebiet am ersten Tag des Monats in Kraft, der einen Zeitabschnitt von drei Monaten nach Eingang der Erklärung beim Generalsekretär folgt.

(3) Jede nach Absatz 1 oder 2 abgegebene Erklärung kann in Bezug auf jedes darin bezeichnete Hoheitsgebiet durch eine an den Generalsekretär des Europarats gerichtete Notifikation zurückgenommen werden. Die Rücknahme wird am ersten Tag des Monats wirksam, der auf einen Zeitabschnitt von sechs Monaten nach Eingang der Notifikation beim Generalsekretär folgt.

Artikel 17 – Erklärungen und Vorbehalte

Artikel 17

(1) Die von einem Staat zu einer Bestimmung des Übereinkommens oder der beiden Zusatzprotokolle dazu angebrachten Vorbehalte finden auch auf dieses Protokoll Anwendung, sofern dieser Staat bei der Unterzeichnung oder bei der Hinterlegung seiner Ratifikations-, Annahme-, Genehmigungs- oder Beitrittsurkunde keine anderslautende Absicht zum Ausdruck bringt. Das Gleiche gilt für jede Erklärung, die zu oder aufgrund einer Bestimmung des Übereinkommens oder der beiden Zusatzprotokolle dazu abgegeben worden ist.

(2) Jeder Staat kann bei der Unterzeichnung oder bei der Hinterlegung seiner Ratifikations-, Annahme-, Genehmigungs- oder Beitrittsurkunde erklären, dass er von dem Recht Gebrauch macht, Artikel 2 Absatz 1 dieses Protokolls ganz oder teilweise nicht anzunehmen. Weitere Vorbehalte sind nicht zulässig.

(3) Jeder Staat kann bei der Unterzeichnung oder bei der Hinterlegung seiner Ratifikations-, Annahme-, Genehmigungs- oder Beitrittsurkunde oder jederzeit danach die in Artikel 4 Absatz 5 und in Artikel 5 dieses Protokolls vorgesehenen Erklärungen abgeben.

(4) Jeder Staat kann einen Vorbehalt, den er nach diesem Protokoll angebracht hat, oder eine Erklärung, die er nach dem Protokoll abgegeben hat, durch eine an den Generalsekretär des Europarats gerichtete Erklärung ganz oder teilweise zurücknehmen; diese Erklärung wird mit ihrem Eingang wirksam.

(5) Eine Vertragspartei, die nach Absatz 2 dieses Artikels einen Vorbehalt zu Artikel 2 Absatz 1 dieses Protokolls angebracht hat, kann nicht verlangen, dass eine andere Vertragspartei Artikel 2 Absatz 1 anwendet. Sie kann jedoch, wenn es sich um einen Teilvorbehalt oder einen bedingten Vorbehalt handelt, die Anwendung des Artikels 2 Absatz 1 insoweit verlangen, als sie selbst ihn angenommen hat.

Artikel 18 – Kündigung

Artikel 18

(1) Jede Vertragspartei kann dieses Protokoll durch eine an den Generalsekretär des Europarats gerichtete Notifikation für sich kündigen.

(2) Die Kündigung wird am ersten Tag des Monats wirksam, der auf einen Zeitabschnitt von sechs Monaten nach Eingang der Notifikation beim Generalsekretär des Europarats folgt.

(3) Die Kündigung des Übereinkommens hat ohne weiteres auch die Kündigung dieses Protokolls zur Folge.

Artikel 19 – Notifikationen

Artikel 19

Der Generalsekretär des Europarats notifiziert den Mitgliedstaaten des Europarats und jedem Staat, der diesem Protokoll beigetreten ist,

a) jede Unterzeichnung;

b) jede Hinterlegung einer Ratifikations-, Annahme-, Genehmigungs- oder Beitrittsurkunde;

c) jeden Zeitpunkt des Inkrafttretens dieses Protokolls nach den Artikeln 14 und 15;

d) jede nach Artikel 4 Absatz 5, Artikel 5, Artikel 16 und Artikel 17 Absatz 1 abgegebene Erklärung und jede Rücknahme einer solchen Erklärung;

e) jeden nach Artikel 17 Absatz 2 angebrachten Vorbehalt und jede Rücknahme eines solchen Vorbehalts;

f) jede nach Artikel 18 eingegangene Notifikation und den Zeitpunkt, zu dem die Kündigung wirksam wird;

g) jede andere Handlung, Erklärung, Notifikation oder Mitteilung im Zusammenhang mit diesem Protokoll.

Zu Urkund dessen haben die hierzu gehörig befugten Unterzeichneten dieses Protokoll unterschrieben.

Geschehen zu Straßburg am 10. November 2010 in englischer und französischer Sprache, wobei jeder Wortlaut gleichermaßen verbindlich ist, in einer Urschrift, die im Archiv des Europarats hinterlegt wird. Der Generalsekretär des Europarats übermittelt allen Mitgliedstaaten des Europarats und den Nichtmitgliedstaaten, die dem Übereinkommen beigetreten sind, beglaubigte Abschriften.

Die vom Bundespräsidenten unterzeichnete und vom Bundeskanzler gegengezeichnete Ratifikationsurkunde wurde am 10. April 2015 beim Generalsekretär des Europarats hinterlegt; das Dritte Zusatzprotokoll tritt gemäß seinem Art. 14 Abs. 3 für Österreich mit 1. August 2015 in Kraft.

Anlässlich der Hinterlegung ihrer Ratifikationsurkunde hat die Republik Österreich nachstehende Erklärung abgegeben:

Zu Art. 5:

Österreich erklärt gemäß Art. 5 lit. a, dass Art. 14 des Übereinkommens keine Anwendung findet, wenn die ausgelieferte Person ihrer Auslieferung gemäß Art. 4 dieses Protokolls zustimmt.

Vorbehalte und Erklärungen anderer Staaten

(nicht abgedruckt)

Int Abk

23/1/3. Viertes Zusatzprotokoll zum Europäischen Auslieferungsübereinkommen

BGBl III 2016/42

Viertes Zusatzprotokoll zum Europäischen Auslieferungsübereinkommen

Die Mitgliedstaaten des Europarats, die dieses Protokoll unterzeichnen, –

in der Erwägung, dass es das Ziel des Europarats ist, eine engere Verbindung zwischen seinen Mitgliedern herbeizuführen;

von dem Wunsch geleitet, ihre individuelle und gemeinsame Fähigkeit zu stärken, der Kriminalität entgegenzutreten;

gestützt auf das am 13. Dezember 1957 in Paris zur Unterzeichnung aufgelegte Europäische Auslieferungsübereinkommen[1] (SEV Nr. 24) (im Folgenden als „Übereinkommen" bezeichnet) sowie die drei in Straßburg am 15. Oktober 1975, 17. März 1978[2] beziehungsweise 10. November 2010[3] beschlossenen Zusatzprotokolle (SEV Nr. 86, 98 beziehungsweise 209);

in der Erwägung, dass es angesichts der Entwicklung der internationalen Zusammenarbeit in Strafsachen seit Inkrafttreten des Übereinkommens und seiner Zusatzprotokolle zweckmäßig ist, einige Bestimmungen des Übereinkommens zu aktualisieren und dieses in bestimmten Punkten zu ergänzen –

sind wie folgt übereingekommen:

Artikel 1 – Verjährung

Artikel 10 des Übereinkommens wird durch folgende Bestimmungen ersetzt:

„Verjährung

(1) Die Auslieferung wird nicht bewilligt, wenn die Strafverfolgung oder die Strafvollstreckung nach den Rechtsvorschriften der ersuchenden Vertragspartei verjährt ist.

(2) Die Auslieferung wird nicht mit der Begründung abgelehnt, dass die Strafverfolgung oder die Strafvollstreckung nach den Rechtsvorschriften der ersuchten Vertragspartei verjährt ist.

(3) Jeder Staat kann bei der Unterzeichnung oder bei der Hinterlegung seiner Ratifikations-, Annahme-, Genehmigungs- oder Beitrittsurkunde erklären, dass er sich das Recht vorbehält, Absatz 2 nicht anzuwenden,

a) wenn dem Auslieferungsersuchen strafbare Handlungen zugrunde liegen, für die nach seinem eigenen Strafrecht Gerichtsbarkeit besteht, und/oder

b) sofern seine innerstaatlichen Rechtsvorschriften die Auslieferung ausdrücklich untersagen, wenn die Strafverfolgung oder die Strafvollstreckung nach seinen Rechtsvorschriften verjährt wäre.

(4) Zur Feststellung, ob die Strafverfolgung oder die Strafvollstreckung nach ihren Rechtsvorschriften verjährt wäre, berücksichtigt jede Vertragspartei, die einen Vorbehalt nach Absatz 3 angebracht hat, gemäß ihren Rechtsvorschriften alle in der ersuchenden Vertragspartei erfolgten Handlungen oder eingetretenen Ereignisse, die zur Folge haben können, dass die Verjährung in der ersuchten Vertragspartei unterbrochen wird oder ruht.

Artikel 2 – Ersuchen und Unterlagen

(1) Artikel 12 des Übereinkommens wird durch folgende Bestimmungen ersetzt:

„Ersuchen und Unterlagen

(1) Das Ersuchen wird schriftlich abgefasst. Es wird vom Justizministerium oder einer anderen zuständigen Behörde der ersuchenden Vertragspartei an das Justizministerium oder eine andere zuständige Behörde der ersuchten Vertragspartei gerichtet. Jeder Staat, der eine andere zuständige Behörde als das Justizministerium bezeichnen möchte, notifiziert dem Generalsekretär des Europarats bei der Unterzeichnung oder bei der Hinterlegung seiner Ratifikations-, Annahme-, Genehmigungs- oder Beitrittsurkunde seine zuständige Behörde sowie alle späteren Änderungen in Bezug auf seine zuständige Behörde.

(2) Dem Ersuchen sind beizufügen:

a) eine Abschrift eines vollstreckbaren verurteilenden Erkenntnisses, eines Haftbefehls oder jeder anderen, nach den Formvorschriften der ersuchenden Vertragspartei ausgestellten Urkunde mit gleicher Rechtswirkung;

Int Abk

---

[1] *Kundgemacht in BGBl. Nr. 320/1969.*
[2] *Kundgemacht in BGBl. Nr. 297/1983.*
[3] *Kundgemacht in BGBl. III Nr. 70/2015.*

b) eine Darstellung der Handlungen, derentwegen um Auslieferung ersucht wird. Zeit und Ort ihrer Begehung sowie ihre rechtliche Würdigung unter Bezugnahme auf die anwendbaren Gesetzesbestimmungen einschließlich der Verjährungsvorschriften sind so genau wie möglich anzugeben;

c) eine Abschrift der anwendbaren Gesetzesbestimmungen oder, sofern dies nicht möglich ist, eine Erklärung über das anwendbare Recht sowie eine möglichst genaue Beschreibung der Person, um deren Auslieferung ersucht wird, und alle anderen zur Feststellung ihrer Identität, ihrer Staatsangehörigkeit und ihres Aufenthaltsorts geeigneten Angaben.

(2) Artikel 5 des Zweiten Zusatzprotokolls zu dem Übereinkommen findet zwischen den Vertragsparteien dieses Protokolls keine Anwendung.

Artikel 3 – Grundsatz der Spezialität

Artikel 14 des Übereinkommens wird durch folgende Bestimmungen ersetzt:

„Grundsatz der Spezialität

(1) Die ausgelieferte Person darf wegen einer anderen, vor der Übergabe begangenen Handlung als derjenigen, die der Auslieferung zugrunde liegt, nur in den folgenden Fällen festgenommen, verfolgt, abgeurteilt, zur Vollstreckung einer Strafe oder Maßregel der Besserung und Sicherung in Haft gehalten oder einer sonstigen Beschränkung ihrer persönlichen Freiheit unterworfen werden:

a) wenn die Vertragspartei, die sie ausgeliefert hat, zustimmt. Zu diesem Zweck ist ein Ersuchen unter Beifügung der in Artikel 12 erwähnten Unterlagen und eines Protokolls einer Justizbehörde über die Erklärungen der ausgelieferten Person zu stellen. Die Zustimmung wird erteilt, wenn die strafbare Handlung, derentwegen um Zustimmung ersucht wird, an sich nach diesem Übereinkommen der Verpflichtung zur Auslieferung unterliegt. Die Entscheidung wird so bald wie möglich und innerhalb von höchstens 90 Tagen nach Eingehen des Ersuchens um Zustimmung getroffen. Ist es der ersuchten Vertragspartei nicht möglich, die in diesem Absatz vorgesehene Frist einzuhalten, so unterrichtet sie die ersuchende Vertragspartei hiervon und gibt die Gründe für die Verzögerung und die Zeit an, die voraussichtlich benötigt wird, um die Entscheidung zu treffen;

b) wenn die ausgelieferte Person, obwohl sie dazu die Möglichkeit hatte, das Hoheitsgebiet der Vertragspartei, der sie ausgeliefert worden ist, innerhalb von 30 Tagen nach ihrer endgültigen Freilassung nicht verlassen hat oder wenn sie nach Verlassen dieses Gebiets dorthin zurückgekehrt ist.

(2) Die ersuchende Vertragspartei kann jedoch

a) Ermittlungsmaßnahmen treffen, die die persönliche Freiheit des Betroffenen nicht beschränken;

b) die erforderlichen Maßnahmen einschließlich der Durchführung eines Abwesenheitsverfahrens treffen, um nach ihren Rechtsvorschriften die Verjährung zu unterbrechen;

c) die erforderlichen Maßnahmen treffen, um den Betroffenen außer Landes zu schaffen.

(3) Jeder Staat kann bei der Unterzeichnung oder bei der Hinterlegung seiner Ratifikations-, Annahme-, Genehmigungs- oder Beitrittsurkunde oder jederzeit danach erklären, dass abweichend von Absatz 1 eine ersuchende Vertragspartei, die dieselbe Erklärung abgegeben hat, die persönliche Freiheit der ausgelieferten Person beschränken kann, wenn sie ein Ersuchen um Zustimmung nach Absatz 1 Buchstabe a gestellt hat, unter der Voraussetzung,

a) dass die ersuchende Vertragspartei entweder gleichzeitig mit dem in Absatz 1 Buchstabe a vorgesehenen Ersuchen um Zustimmung oder später den Zeitpunkt mitteilt, zu dem sie beabsichtigt, eine solche Beschränkung anzuwenden, und

b) dass die zuständige Behörde der ersuchten Vertragspartei das Eingehen dieser Mitteilung ausdrücklich bestätigt.

Die ersuchte Vertragspartei kann dieser Beschränkung jederzeit widersprechen, was die ersuchende Vertragspartei dazu verpflichtet, die Beschränkung unverzüglich zu beenden und die ausgelieferte Person gegebenenfalls freizulassen.

(4) Wird die der ausgelieferten Person zur Last gelegte Handlung während des Verfahrens rechtlich anders gewürdigt, so darf sie nur insoweit verfolgt oder abgeurteilt werden, als die Tatbestandsmerkmale der rechtlich neu gewürdigten strafbaren Handlung die Auslieferung gestatten würden.“

Artikel 4 – Weiterlieferung an einen dritten Staat

Der Wortlaut des Artikels 15 des Übereinkommens wird zu dessen Absatz 1 und durch einen Absatz 2 mit folgendem Wortlaut ergänzt:

(„2) Die ersuchte Vertragspartei trifft die Entscheidung über die in Absatz 1 vorgesehene Zustimmung so bald wie möglich und innerhalb von höchstens 90 Tagen nach Eingehen des Ersuchens um Zustimmung und gegebenenfalls der in Artikel 12 Absatz 2 erwähnten Unterlagen. Ist es der ersuchten Vertragspartei nicht möglich, die in diesem Absatz vorgesehene Frist einzuhalten, so unterrichtet sie die ersuchende Vertragspartei hiervon und gibt die Gründe für die Verzögerung und die Zeit an, die voraussichtlich benötigt wird, um die Entscheidung zu treffen."

Artikel 5 – Durchlieferung

Artikel 21 des Übereinkommens wird durch folgende Bestimmungen ersetzt:

„Durchlieferung

(1) Die Durchlieferung durch das Hoheitsgebiet einer der Vertragsparteien wird nach Vorlage eines Durchlieferungsersuchens bewilligt, sofern die strafbare Handlung von der um die Durchlieferung ersuchten Vertragspartei nicht als politische oder rein militärische strafbare Handlung im Sinne der Artikel 3 und 4 angesehen wird.

(2) Das Durchlieferungsersuchen hat die folgenden Angaben zu enthalten:
a) die Identität der auszuliefernden Person sowie ihre Staatsangehörigkeit oder Staatsangehörigkeiten, sofern verfügbar;
b) die um die Durchlieferung ersuchende Behörde;
c) das Bestehen eines Haftbefehls oder einer anderen Urkunde mit gleicher Rechtswirkung oder eines vollstreckbaren Urteils sowie die Bestätigung, dass die Person auszuliefern ist;
d) die Art und die rechtliche Würdigung der strafbaren Handlung einschließlich der Höchststrafe oder der mit rechtskräftigem Urteil verhängten Strafe;
e) die Beschreibung der Umstände, unter denen die strafbare Handlung begangen wurde, einschließlich der Zeit, des Ortes und der Art der Tatbeteiligung der gesuchten Person.

(3) Im Fall einer unvorhergesehenen Zwischenlandung bestätigt die ersuchende Vertragspartei unverzüglich, dass eine der in Artikel 12 Absatz 2 Buchstabe a erwähnten Unterlagen vorliegt. Diese Mitteilung hat die Wirkung eines Ersuchens um vorläufige Verhaftung im Sinne des Artikels 16; die ersuchende Vertragspartei hat dann ein Durchlieferungsersuchen an die Vertragspartei zu stellen, in deren Hoheitsgebiet diese Zwischenlandung stattfand.

(4) Die Durchlieferung eines Staatsangehörigen – im Sinne des Artikels 6 – des um die Durchlieferung ersuchten Staates kann abgelehnt werden.

(5) Jeder Staat kann bei der Unterzeichnung oder bei der Hinterlegung seiner Ratifikations-, Annahme-, Genehmigungs- oder Beitrittsurkunde erklären, dass er sich das Recht vorbehält, die Durchlieferung einer Person nur unter einigen oder unter allen für die Auslieferung maßgebenden Bedingungen zu bewilligen.

(6) Die ausgelieferte Person darf nicht durch ein Gebiet durchgeliefert werden, wenn Grund zu der Annahme besteht, dass dort ihr Leben oder ihre Freiheit wegen ihrer Rasse, Religion, Nationalität oder ihrer politischen Anschauungen bedroht werden könnte."

Artikel 6 – Kommunikationswege und -mittel

Das Übereinkommen wird durch folgende Bestimmungen ergänzt:

„Kommunikationswege und -mittel

(1) Für den Zweck des Übereinkommens können Mitteilungen durch elektronische oder andere Mittel, die einen schriftlichen Nachweis ermöglichen, unter Bedingungen, die den Vertragsparteien die Feststellung ihrer Echtheit erlauben, übersandt werden. In jedem Fall übersendet die betreffende Vertragspartei die Unterlagen auf Ersuchen und jederzeit im Original oder in beglaubigter Abschrift.

(2) Die Übermittlung über die Internationale Kriminalpolizeiliche Organisation (Interpol) oder auf diplomatischem Weg ist nicht ausgeschlossen.

(3) Jeder Staat kann bei der Unterzeichnung oder bei der Hinterlegung seiner Ratifikations-, Annahme-, Genehmigungs- oder Beitrittsurkunde erklären, dass er sich in Bezug auf die Mitteilungen nach Artikel 12 und Artikel 14 Absatz 1 Buchstabe a das Recht vorbehält, das Original oder eine beglaubigte Abschrift des Ersuchens und der Unterlagen anzufordern."

Artikel 7 – Verhältnis zum Übereinkommen und zu anderen internationalen Übereinkünften

(1) Die in diesem Protokoll verwendeten Wörter und Ausdrücke sind im Sinne des Übereinkommens auszulegen. Zwischen den Vertragsparteien dieses Protokolls findet das Übereinkommen sinngemäß Anwendung, soweit es mit den Bestimmungen dieses Protokolls vereinbar ist.

(2) Dieses Protokoll lässt die Anwendung des Artikels 28 Absätze 2 und 3 des Übereinkommens über das Verhältnis des Übereinkommens zu zwei- oder mehrseitigen Vereinbarungen unberührt.

Artikel 8 – Gütliche Einigung

Das Übereinkommen wird durch folgende Bestimmungen ergänzt:

„Gütliche Einigung

Int Abk

Der Europäische Ausschuss für Strafrechtsfragen des Europarats wird über die Durchführung des Übereinkommens und seiner Zusatzprotokolle fortlaufend informiert; er unternimmt das Nötige, um bei Schwierigkeiten, die sich möglicherweise aus ihrer Auslegung und Durchführung ergeben, eine gütliche Einigung zu erleichtern."

Artikel 9 – Unterzeichnung und Inkrafttreten

(1) Dieses Protokoll liegt für die Mitgliedstaaten des Europarats, die Vertragspartei des Übereinkommens sind oder das Übereinkommen unterzeichnet haben, zur Unterzeichnung auf. Es bedarf der Ratifikation, Annahme oder Genehmigung. Ein Unterzeichner kann das Protokoll nicht ratifizieren, annehmen oder genehmigen, ohne gleichzeitig oder zuvor das Übereinkommen ratifiziert, angenommen oder genehmigt zu haben. Die Ratifikations-, Annahme- oder Genehmigungsurkunden werden beim Generalsekretär des Europarats hinterlegt.

(2) Dieses Protokoll tritt am ersten Tag des Monats in Kraft, der auf einen Zeitabschnitt von drei Monaten nach Hinterlegung der dritten Ratifikations-, Annahme- oder Genehmigungsurkunde folgt.

(3) Für jeden Unterzeichnerstaat, der später seine Ratifikations-, Annahme- oder Genehmigungsurkunde hinterlegt, tritt dieses Protokoll am ersten Tag des Monats in Kraft, der auf einen Zeitabschnitt von drei Monaten nach der Hinterlegung folgt.

Artikel 10 – Beitritt

(1) Jeder Nichtmitgliedstaat, der dem Übereinkommen beigetreten ist, kann diesem Protokoll beitreten, nachdem es in Kraft getreten ist.

(2) Der Beitritt erfolgt durch Hinterlegung einer Beitrittsurkunde beim Generalsekretär des Europarats.

(3) Für jeden beitretenden Staat tritt das Protokoll am ersten Tag des Monats in Kraft, der auf einen Zeitabschnitt von drei Monaten nach Hinterlegung der Beitrittsurkunde folgt.

Artikel 11 – Zeitlicher Geltungsbereich

Dieses Protokoll findet auf die Ersuchen Anwendung, die nach dem Inkrafttreten des Protokolls zwischen den betreffenden Vertragsparteien gestellt werden.

Artikel 12 – Räumlicher Geltungsbereich

(1) Jeder Staat kann bei der Unterzeichnung oder bei der Hinterlegung seiner Ratifikations-, Annahme-, Genehmigungs- oder Beitrittsurkunde einzelne oder mehrere Hoheitsgebiete bezeichnen, auf die dieses Protokoll Anwendung findet.

(2) Jeder Staat kann jederzeit danach durch eine an den Generalsekretär des Europarats gerichtete Erklärung die Anwendung dieses Protokolls auf jedes weitere in der Erklärung bezeichnete Hoheitsgebiet erstrecken. Das Protokoll tritt für dieses Hoheitsgebiet am ersten Tag des Monats in Kraft, der auf einen Zeitabschnitt von drei Monaten nach Eingang der Erklärung beim Generalsekretär folgt.

(3) Jede nach Absatz 1 oder 2 abgegebene Erklärung kann in Bezug auf jedes darin bezeichnete Hoheitsgebiet durch eine an den Generalsekretär des Europarats gerichtete Notifikation zurückgenommen werden. Die Rücknahme wird am ersten Tag des Monats wirksam, der auf einen Zeitabschnitt von sechs Monaten nach Eingang der Notifikation beim Generalsekretär folgt.

Artikel 13 – Erklärungen und Vorbehalte

(1) Die Vorbehalte, die von einem Staat zu einer durch dieses Protokoll nicht geänderten Bestimmung des Übereinkommens und seiner Zusatzprotokolle angebracht worden sind, finden auch auf dieses Protokoll Anwendung, sofern dieser Staat bei der Unterzeichnung oder bei der Hinterlegung seiner Ratifikations-, Annahme-, Genehmigungs- oder Beitrittsurkunde keine anderslautende Absicht zum Ausdruck bringt. Das Gleiche gilt für jede Erklärung, die zu oder aufgrund einer Bestimmung des Übereinkommens und seiner Protokolle abgegeben worden ist.

(2) Die Vorbehalte und Erklärungen, die von einem Staat zu einer durch dieses Protokoll geänderten Bestimmung des Übereinkommens angebracht beziehungsweise abgegeben worden sind, finden auf das Verhältnis zwischen den Vertragsparteien dieses Protokolls keine Anwendung.

(3) Vorbehalte zu diesem Protokoll sind mit Ausnahme derjenigen, die in Artikel 10 Absatz 3 und Artikel 21 Absatz 5 des Übereinkommens in der durch dieses Protokoll geänderten Fassung und in Artikel 6 Absatz 3 dieses Protokolls vorgesehen sind, nicht zulässig. Auf jeden Vorbehalt kann die Gegenseitigkeit angewendet werden.

(4) Jeder Staat kann einen Vorbehalt, den er nach diesem Protokoll angebracht hat, oder eine Erklärung, die er nach diesem Protokoll abgege-

ben hat, durch eine an den Generalsekretär des Europarats gerichtete Notifikation ganz oder teilweise zurücknehmen; die Notifikation wird mit ihrem Eingang wirksam.

Artikel 14 – Kündigung

(1) Jede Vertragspartei kann dieses Protokoll durch eine an den Generalsekretär des Europarats gerichtete Notifikation für sich kündigen.

(2) Die Kündigung wird am ersten Tag des Monats wirksam, der auf einen Zeitabschnitt von sechs Monaten nach Eingang der Notifikation beim Generalsekretär des Europarats folgt.

(3) Die Kündigung des Übereinkommens hat ohne weiteres auch die Kündigung dieses Protokolls zur Folge.

Artikel 15 – Notifikationen

Der Generalsekretär des Europarats notifiziert den Mitgliedstaaten des Europarats und jedem Staat, der diesem Protokoll beigetreten ist,
  a) jede Unterzeichnung;

b) jede Hinterlegung einer Ratifikations-, Annahme-, Genehmigungs- oder Beitrittsurkunde;

c) jeden Zeitpunkt des Inkrafttretens dieses Protokolls nach den Artikeln 9 und 10;

d) jeden nach Artikel 10 Absatz 3 und Artikel 21 Absatz 5 des Übereinkommens in der durch dieses Protokoll geänderten Fassung sowie nach Artikel 6 Absatz 3 dieses Protokolls angebrachten Vorbehalt und jede Rücknahme eines solchen Vorbehalts;

e) jede nach Artikel 12 Absatz 1 und Artikel 14 Absatz 3 des Übereinkommens in der durch dieses Protokoll geänderten Fassung sowie nach Artikel 12 dieses Protokolls abgegebene Erklärung und jede Rücknahme einer solchen Erklärung;

f) jede nach Artikel 14 eingegangene Notifikation und den Zeitpunkt, zu dem die Kündigung wirksam wird;

g) jede andere Handlung, Erklärung, Notifikation oder Mitteilung im Zusammenhang mit diesem Protokoll.

Zu Urkund dessen haben die hierzu gehörig befugten Unterzeichneten dieses Protokoll unterschrieben.

Geschehen zu Wien am 20. September 2012 in englischer und französischer Sprache, wobei jeder Wortlaut gleichermaßen verbindlich ist, in einer Urschrift, die im Archiv des Europarats hinterlegt wird. Der Generalsekretär des Europarats übermittelt allen Mitgliedstaaten des Europarats und den Nichtmitgliedstaaten, die dem Übereinkommen beigetreten sind, beglaubigte Abschriften.

Die vom Bundespräsidenten unterzeichnete und vom Bundeskanzler gegengezeichnete Ratifikationsurkunde wurde am 1. Februar 2016 beim Generalsekretär des Europarats hinterlegt; das Vierte Zusatzprotokoll tritt gemäß seinem Art. 9 Abs. 3 für Österreich mit 1. Juni 2016 in Kraft.

Anlässlich der Hinterlegung ihrer Ratifikationsurkunde hat die Republik Österreich nachstehende Erklärungen abgegeben:

Zu Art. 1:

Österreich erklärt gemäß Art. 10 Abs. 3, dass es sich das Recht vorbehält, Art. 10 Abs. 2 nicht anzuwenden, wenn dem Auslieferungsersuchen strafbare Handlungen zugrunde liegen, für die nach österreichischem Recht Gerichtsbarkeit besteht, sofern die Strafverfolgung oder die Strafvollstreckung nach seinen Rechtsvorschriften verjährt wäre.

Zu Art. 3:

Österreich erklärt gemäß Art. 14 Abs. 3, dass – abweichend von Abs. 1 – eine ersuchende Vertragspartei, die dieselbe Erklärung abgegeben hat, die persönliche Freiheit der ausgelieferten Person unter den in Abs. 3 lit. a und b angeführten Voraussetzungen beschränken kann, wenn sie ein Ersuchen um Zustimmung nach Abs. 1 lit. a gestellt hat.

Vorbehalte und Erklärungen anderer Staaten

(nicht abgedruckt)

Int Abk

23/2. Europäisches Übereinkommen über die Rechtshilfe in Strafsachen

BGBl 1969/41

Europäisches Übereinkommen über die Rechtshilfe in Strafsachen

(Übersetzung)

PRÄAMBEL

Die unterzeichneten Regierungen, Mitglieder des Europarates,

in der Erwägung, daß es das Ziel des Europarates ist, eine engere Verbindung zwischen seinen Mitgliedern herbeizuführen;

in der Überzeugung, daß die Annahme gemeinsamer Vorschriften auf dem Gebiet der Rechtshilfe in Strafsachen dazu beitragen wird, dieses Ziel zu erreichen;

in der Erwägung, daß die Rechtshilfe mit der Auslieferung zusammenhängt, die bereits Gegenstand eines am 13. Dezember 1957 unterzeichneten Übereinkommens war,

sind wie folgt übereingekommen:

KAPITEL I

ALLGEMEINE BESTIMMUNGEN

Artikel 1

(1) Die Vertragsparteien verpflichten sich, gemäß den Bestimmungen dieses Übereinkommens einander so weit wie möglich Rechtshilfe zu leisten in allen Verfahren hinsichtlich strafbarer Handlungen, zu deren Verfolgung in dem Zeitpunkt, in dem um Rechtshilfe ersucht wird, die Justizbehörden des ersuchenden Staates zuständig sind.

(2) Dieses Übereinkommen findet keine Anwendung auf Verhaftungen, auf die Vollstreckung verurteilender Erkenntnisse sowie auf militärische strafbare Handlungen, die nicht nach gemeinem Recht strafbar sind.

Artikel 2

Die Rechtshilfe kann verweigert werden,

a) wenn sich das Ersuchen auf strafbare Handlungen bezieht, die vom ersuchten Staat als politische, als mit solchen zusammenhängende strafbare Handlungen oder als fiskalische strafbare Handlungen angesehen werden;

b) wenn der ersuchte Staat der Ansicht ist, daß die Erledigung des Ersuchens geeignet ist, die Souveränität, die Sicherheit, die öffentliche Ordnung (ordre public) oder andere wesentliche Interessen seines Landes zu beeinträchtigen.

KAPITEL II

RECHTSHILFEERSUCHEN

Artikel 3

(1) Rechtshilfeersuchen in einer Strafsache, die ihm von den Justizbehörden des ersuchenden Staates zugehen und die Vornahme von Untersuchungshandlungen oder die Übermittlung von Beweisstücken, Akten oder Schriftstücken zum Gegenstand haben, läßt der ersuchte Staat in der in seinen Rechtsvorschriften vorgesehenen Form erledigen.

(2) Wünscht der ersuchende Staat, daß die Zeugen oder Sachverständigen unter Eid aussagen, so hat er ausdrücklich darum zu ersuchen; der ersuchte Staat hat diesem Ersuchen stattzugeben, sofern sein Recht dem nicht entgegensteht.

(3) Der ersuchte Staat braucht nur beglaubigte Abschriften oder beglaubigte Photokopien der erbetenen Akten oder Schriftstücke zu übermitteln. Verlangt der ersuchende Staat jedoch ausdrücklich die Übermittlung von Urschriften, so wird diesem Ersuchen so weit wie irgend möglich stattgegeben.

Artikel 4

Auf ausdrückliches Verlangen des ersuchenden Staates unterrichtet ihn der ersuchte Staat von Zeit und Ort der Erledigung des Rechtshilfeersuchens. Die beteiligten Behörden und Personen können bei der Erledigung vertreten sein, wenn der ersuchte Staat zustimmt.

Artikel 5

(1) Jede Vertragspartei kann sich bei der Unterzeichnung dieses Übereinkommens oder der Hinterlegung ihrer Ratifikations- oder Beitrittsurkunde durch eine an den Generalsekretär des Europarates gerichtete Erklärung das Recht vorbehalten, die Erledigung von Rechtshilfeersuchen um Durchsuchung oder Beschlagnahme von Gegenständen einer oder mehreren der folgenden Bedingungen zu unterwerfen:

a) Die dem Rechtshilfeersuchen zugrunde liegende strafbare Handlung muß sowohl nach dem Recht des ersuchenden Staates als auch nach dem des ersuchten Staates strafbar sein.

b) Die dem Rechtshilfeersuchen zugrunde liegende strafbare Handlung muß im ersuchten Staat auslieferungsfähig sein.

c) Die Erledigung des Rechtshilfeersuchens muß mit dem Recht des ersuchten Staates vereinbar sein.

(2) Hat eine Vertragspartei eine Erklärung gemäß Absatz 1 abgegeben, so kann jede andere Vertragspartei den Grundsatz der Gegenseitigkeit anwenden.

Artikel 6

(1) Der ersuchte Staat kann die Übergabe von Gegenständen, Akten oder Schriftstücken, um deren Übermittlung ersucht worden ist, aufschieben, wenn er sie für ein anhängiges Strafverfahren benötigt.

(2) Die Gegenstände sowie die Urschriften von Akten oder Schriftstücken, die in Erledigung eines Rechtshilfeersuchens übermittelt worden sind, werden vom ersuchenden Staat so bald wie möglich dem ersuchten Staat zurückgestellt, sofern dieser nicht darauf verzichtet.

KAPITEL III

ZUSTELLUNG VON VERFAHRENSURKUNDEN UND GERICHTSENTSCHEIDUNGEN – ERSCHEINEN VON ZEUGEN, SACHVERSTÄNDIGEN UND BESCHULDIGTEN

Artikel 7

(1) Der ersuchte Staat bewirkt die Zustellung von Verfahrensurkunden und Gerichtsentscheidungen, die ihm zu diesem Zweck vom ersuchenden Staat übermittelt werden. Die Zustellung kann durch einfache Übergabe der Urkunde oder der Entscheidung an den Empfänger erfolgen. Auf ausdrückliches Verlangen des ersuchenden Staates bewirkt der ersuchte Staat die Zustellung in einer der in seinen Rechtsvorschriften für die Zustellung gleichartiger Schriftstücke vorgesehenen Formen oder in einer besonderen Form, die sich mit diesen Rechtsvorschriften vereinbaren läßt.

(2) Die Zustellung wird durch eine datierte und vom Empfänger unterschriebene Empfangsbestätigung nachgewiesen oder durch eine Erklärung des ersuchten Staates, welche die Tatsache, die Form und das Datum der Zustellung beurkundet. Die eine oder die andere dieser Urkunden wird dem ersuchenden Staat unverzüglich übermittelt. Auf dessen Verlangen gibt der ersuchte Staat an, ob die Zustellung seinem Recht gemäß erfolgt

ist. Konnte die Zustellung nicht vorgenommen werden, so teilt der ersuchte Staat den Grund dem ersuchenden Staat unverzüglich mit.

(3) Jede Vertragspartei kann bei der Unterzeichnung dieses Übereinkommens oder der Hinterlegung ihrer Ratifikations- oder Beitrittsurkunde durch eine an den Generalsekretär des Europarates gerichtete Erklärung verlangen, daß die Vorladung für einen Beschuldigten, der sich in ihrem Hoheitsgebiet befindet, ihren Behörden innerhalb einer bestimmten Frist vor dem für das Erscheinen festgesetzten Zeitpunkt übermittelt wird. Die Frist ist in dieser Erklärung zu bestimmen und darf 50 Tage nicht übersteigen. Diese Frist ist bei der Festsetzung des Zeitpunktes für das Erscheinen und bei der Übermittlung der Vorladung zu berücksichtigen.

Artikel 8

Der Zeuge oder Sachverständige, der einer Vorladung, um deren Zustellung ersucht worden ist, nicht Folge leistet, darf selbst dann, wenn die Vorladung Zwangsandrohungen enthält, nicht bestraft oder einer Zwangsmaßnahme unterworfen werden, sofern er sich nicht später freiwillig in das Hoheitsgebiet des ersuchenden Staates begibt und dort neuerlich ordnungsgemäß vorgeladen wird.

Artikel 9

Die dem Zeugen oder Sachverständigen vom ersuchenden Staat zu zahlenden Entschädigungen und zu erstattenden Reise- und Aufenthaltskosten werden vom Aufenthaltsort des Zeugen oder Sachverständigen an berechnet und ihm nach Sätzen gewährt, die zumindest jenen entsprechen, die in den geltenden Tarifen und Bestimmungen des Staates vorgesehen sind, in dem die Vernehmung stattfinden soll.

Artikel 10

(1) Hält der ersuchende Staat das persönliche Erscheinen eines Zeugen oder Sachverständigen vor seinen Justizbehörden für besonders notwendig, so erwähnt er dies in dem Ersuchen um Zustellung der Vorladung; der ersuchte Staat fordert dann den Zeugen oder Sachverständigen auf zu erscheinen. Der ersuchte Staat gibt die Antwort des Zeugen oder Sachverständigen dem ersuchenden Staat bekannt.

(2) Im Falle des Absatzes 1 muß das Ersuchen oder die Vorladung die annähernde Höhe der zu zahlenden Entschädigungen sowie der zu erstattenden Reise- und Aufenthaltskosten angeben.

(3) Auf besonderes Ersuchen kann der ersuchte Staat dem Zeugen oder Sachverständigen einen Vorschuß gewähren. Dieser wird auf der Vorla-

Int Abk

dung vermerkt und vom ersuchenden Staat erstattet.

Artikel 11

(1) Verlangt der ersuchende Staat das persönliche Erscheinen eines Häftlings als Zeuge oder zur Gegenüberstellung, so wird dieser – vorbehaltlich der Bestimmungen des Artikels 12, soweit anwendbar – unter der Bedingung seiner Zurückstellung innerhalb der vom ersuchten Staat bestimmten Frist zeitweilig in das Hoheitsgebiet überstellt, in dem die Vernehmung stattfinden soll.

Die Überstellung kann abgelehnt werden,

a) wenn der Häftling ihr nicht zustimmt;

b) wenn seine Anwesenheit in einem im Hoheitsgebiet des ersuchten Staates anhängigen Strafverfahren notwendig ist;

c) wenn die Überstellung geeignet ist, seine Haft zu verlängern, oder

d) wenn andere gebieterische Erwägungen seiner Überstellung in das Hoheitsgebiet des ersuchenden Staates entgegenstehen.

(2) Im Falle des Absatzes 1 und vorbehaltlich der Bestimmungen des Artikels 2 wird die Durchbeförderung des Häftlings durch das Hoheitsgebiet eines dritten Staates, der Partei dieses Übereinkommens ist, bewilligt auf Grund eines Ersuchens, das mit allen erforderlichen Schriftstücken vom Justizministerium des ersuchenden Staates an das Justizministerium des um Durchbeförderung ersuchten Staates gerichtet wird. Eine Vertragspartei kann es ablehnen, die Durchbeförderung ihrer eigenen Staatsangehörigen zu bewilligen.

(3) Die überstellte Person muß im Hoheitsgebiet des ersuchenden Staates und gegebenenfalls im Hoheitsgebiet des um Durchbeförderung ersuchten Staates in Haft bleiben, sofern nicht der um Überstellung ersuchte Staat ihre Freilassung verlangt.

Artikel 12

(1) Ein Zeuge oder Sachverständiger, gleich welcher Staatsangehörigkeit, der auf Vorladung vor den Justizbehörden des ersuchenden Staates erscheint, darf in dessen Hoheitsgebiet wegen Handlungen oder Verurteilungen aus der Zeit vor seiner Abreise aus dem Hoheitsgebiet des ersuchten Staates weder verfolgt noch in Haft gehalten noch einer sonstigen Beschränkung seiner persönlichen Freiheit unterworfen werden.

(2) Eine Person, gleich welcher Staatsangehörigkeit, die vor die Justizbehörden des ersuchenden Staates vorgeladen ist, um sich wegen einer ihr zur Last gelegten Handlung strafrechtlich zu verantworten, darf dort wegen in der Vorladung nicht angeführter Handlungen oder Verurteilungen aus der Zeit vor ihrer Abreise aus dem Hoheitsgebiet des ersuchten Staates weder verfolgt, noch in Haft gehalten, noch einer sonstigen Beschränkung ihrer persönlichen Freiheit unterworfen werden.

(3) Der in diesem Artikel vorgesehene Schutz endet, wenn der Zeuge, Sachverständige oder Beschuldigte während fünfzehn aufeinanderfolgender Tage, nachdem seine Anwesenheit von den Justizbehörden nicht mehr verlangt wurde, die Möglichkeit gehabt hat, das Hoheitsgebiet des ersuchten Staates zu verlassen, und trotzdem dort bleibt, oder wenn er nach Verlassen dieses Gebietes dorthin zurückgekehrt ist.

KAPITEL IV

STRAFREGISTER

Artikel 13

(1) Der ersuchte Staat übermittelt von den Justizbehörden einer Vertragspartei für eine Strafsache erbetene Auszüge aus dem Strafregister und auf dieses bezügliche Auskünfte in dem Umfang, in dem seine Justizbehörden sie in ähnlichen Fällen selbst erhalten könnten.

(2) In anderen als den im Absatz 1 erwähnten Fällen wird einem solchen Ersuchen unter den Voraussetzungen stattgegeben, die in den gesetzlichen oder sonstigen Vorschriften oder durch die Übung des ersuchten Staates vorgesehen sind.

KAPITEL V

VERFAHREN

Artikel 14

(1) Die Rechtshilfeersuchen müssen folgende Angaben enthalten:

a) die Behörde, von der das Ersuchen ausgeht,

b) den Gegenstand und den Grund des Ersuchens,

c) soweit möglich, die Identität und die Staatsangehörigkeit der Person, gegen die sich das Verfahren richtet, und,

d) soweit erforderlich, den Namen und die Anschrift des Zustellungsempfängers.

(2) Die in den Artikeln 3, 4 und 5 erwähnten Rechtshilfeersuchen haben außerdem die strafbare Handlung zu bezeichnen und eine kurze Darstellung des Sachverhaltes zu enthalten.

Artikel 15

(1) Die in den Artikeln 3, 4 und 5 erwähnten Rechtshilfeersuchen sowie die im Artikel 11 erwähnten Ersuchen werden vom Justizministerium des ersuchenden Staates dem Justizministerium

des ersuchten Staates übermittelt und auf demselben Weg zurückgesendet.

(2) In dringenden Fällen können diese Rechtshilfeersuchen von den Justizbehörden des ersuchenden Staates unmittelbar den Justizbehörden des ersuchten Staates übermittelt werden. Sie werden mit den Erledigungsakten auf dem im Absatz 1 vorgesehenen Weg zurückgesendet.

(3) Die im Artikel 13 Absatz 1 erwähnten Ersuchen können von den Justizbehörden unmittelbar der zuständigen Stelle des ersuchten Staates übermittelt und von dieser unmittelbar beantwortet werden. Die im Artikel 13 Absatz 2 erwähnten Ersuchen werden vom Justizministerium des ersuchenden Staates dem Justizministerium des ersuchten Staates übermittelt.

(4) Andere als die in den Absätzen 1 und 3 erwähnten Rechtshilfeersuchen, insbesondere Ersuchen um der Strafverfolgung vorausgehende Erhebungen, können Gegenstand des unmittelbaren Verkehrs zwischen den Justizbehörden sein.

(5) In den Fällen, in denen die unmittelbare Übermittlung durch dieses Übereinkommen zugelassen ist, kann sie durch Vermittlung der Internationalen Kriminalpolizeilichen Organisation (Interpol) erfolgen.

(6) Jede Vertragspartei kann bei der Unterzeichnung dieses Übereinkommens oder der Hinterlegung ihrer Ratifikations- oder Beitrittsurkunde durch eine an den Generalsekretär des Europarates gerichtete Erklärung bekanntgeben, daß ihr alle oder bestimmte Rechtshilfeersuchen auf einem anderen als dem in diesem Artikel vorgesehenen Weg zu übermitteln sind, oder verlangen, daß im Falle des Absatzes 2 eine Abschrift des Rechtshilfeersuchens gleichzeitig ihrem Justizministerium übermittelt wird.

(7) Dieser Artikel läßt Bestimmungen zweiseitiger, zwischen Vertragsparteien in Kraft stehender Abkommen oder Vereinbarungen unberührt, welche die unmittelbare Übermittlung von Rechtshilfeersuchen zwischen ihren Behörden vorsehen.

Artikel 16

(1) Vorbehaltlich der Bestimmungen des Absatzes 2 wird die Übersetzung der Ersuchen und der beigefügten Schriftstücke nicht verlangt.

(2) Jede Vertragspartei kann sich bei der Unterzeichnung oder der Hinterlegung ihrer Ratifikations- oder Beitrittsurkunde durch eine an den Generalsekretär des Europarates gerichtete Erklärung das Recht vorbehalten zu verlangen, daß ihr die Ersuchen und die beigefügten Schriftstücke mit einer Übersetzung entweder in ihre eigene Sprache oder in eine der offiziellen Sprachen oder die von ihr bezeichnete Sprache des Europarates übermittelt werden. Die anderen Vertragsparteien können den Grundsatz der Gegenseitigkeit anwenden.

(3) Dieser Artikel läßt die Übersetzung von Rechtshilfeersuchen und beigefügten Schriftstücken betreffende Bestimmungen unberührt, die in Abkommen oder Vereinbarungen enthalten sind, die zwischen zwei oder mehreren Vertragsparteien in Kraft stehen oder in Zukunft abgeschlossen werden.

Artikel 17

Schriftstücke und Urkunden, die auf Grund dieses Übereinkommens übermittelt werden, bedürfen keiner Art von Beglaubigung.

Artikel 18

Ist die mit einem Rechtshilfeersuchen befaßte Behörde zu dessen Erledigung nicht zuständig, so leitet sie es von Amts wegen an die zuständige Behörde ihres Landes weiter und verständigt davon den ersuchenden Staat auf dem unmittelbaren Weg, falls das Ersuchen auf diesem Weg gestellt worden ist.

Artikel 19

Jede Verweigerung von Rechtshilfe ist zu begründen.

Artikel 20

Vorbehaltlich der Bestimmungen des Artikels 9 gibt die Erledigung von Rechtshilfeersuchen keinen Anlaß zur Erstattung von Kosten, mit Ausnahme jener, die durch die Beiziehung von Sachverständigen im Hoheitsgebiet des ersuchten Staates und durch die Überstellung von Häftlingen nach Artikel 11 verursacht werden.

KAPITEL VI

ANZEIGEN ZUM ZWECKE DER STRAFVERFOLGUNG

Artikel 21

(1) Anzeigen einer Vertragspartei zum Zwecke der Strafverfolgung durch die Gerichte einer anderen Partei sind Gegenstand des Schriftverkehrs zwischen den Justizministerien. Die Vertragsparteien können jedoch von der im Artikel 15 Absatz 6 vorgesehenen Befugnis Gebrauch machen.

(2) Der ersuchte Staat teilt dem ersuchenden Staat die auf Grund dieser Anzeige getroffenen Maßnahmen mit und übermittelt ihm gegebenenfalls eine Abschrift der ergangenen Entscheidung.

(3) Die Bestimmungen des Artikels 16 werden auf die im Absatz 1 erwähnten Anzeigen angewendet.

Int Abk

KAPITEL VII

AUSTAUSCH VON STRAFNACHRICHTEN

Artikel 22

Jede Vertragspartei benachrichtigt eine andere Partei von allen, deren Staatsangehörige betreffenden strafrechtlichen Verurteilungen und nachfolgenden Maßnahmen, die in das Strafregister eingetragen worden sind. Die Justizministerien übermitteln einander diese Nachrichten mindestens einmal jährlich. Gilt die betroffene Person als Staatsangehöriger von zwei oder mehreren Vertragsparteien, so werden die Nachrichten jeder dieser Parteien übermittelt, sofern die Person nicht die Staatsangehörigkeit der Partei besitzt, in deren Hoheitsgebiet sie verurteilt worden ist.

KAPITEL VIII

SCHLUSSBESTIMMUNGEN

Artikel 23

(1) Jede Vertragspartei kann bei der Unterzeichnung dieses Übereinkommens oder der Hinterlegung ihrer Ratifikations- oder Beitrittsurkunde zu einer oder mehreren genau bezeichneten Bestimmungen des Übereinkommens einen Vorbehalt machen.

(2) Jede Vertragspartei, die einen Vorbehalt gemacht hat, wird ihn zurückziehen, sobald die Umstände es gestatten. Die Zurückziehung von Vorbehalten erfolgt durch Notifikation an den Generalsekretär des Europarates.

(3) Eine Vertragspartei, die einen Vorbehalt zu einer Bestimmung des Übereinkommens gemacht hat, kann deren Anwendung durch eine andere Vertragspartei nur insoweit beanspruchen, als sie selbst diese Bestimmung angenommen hat.

Artikel 24

Jede Vertragspartei kann bei der Unterzeichnung des Übereinkommens oder der Hinterlegung ihrer Ratifikations- oder Beitrittsurkunde durch eine an den Generalsekretär des Europarates gerichtete Erklärung die Behörden bezeichnen, die sie im Sinne dieses Übereinkommens als Justizbehörden betrachtet.

Artikel 25

(1) Dieses Übereinkommen findet auf das Mutterland der Vertragsparteien Anwendung.

(2) Es findet hinsichtlich Frankreich auch auf Algerien und die überseeischen Departements und hinsichtlich Italien auf das unter italienischer Verwaltung stehende Gebiet von Somaliland Anwendung.

(3) Die Bundesrepublik Deutschland kann die Anwendung dieses Übereinkommens durch eine an den Generalsekretär des Europarates gerichtete Erklärung auf das Land Berlin ausdehnen.

(4) Hinsichtlich des Königreiches der Niederlande findet dieses Übereinkommen auf das europäische Hoheitsgebiet Anwendung. Das Königreich der Niederlande kann durch eine an den Generalsekretär des Europarates gerichtete Erklärung die Anwendung des Übereinkommens auf die Niederländischen Antillen, Surinam und Niederländisch-Neuguinea ausdehnen.

(5) Zwischen zwei oder mehreren Vertragsparteien kann die Anwendung dieses Übereinkommens durch unmittelbare Vereinbarung unter den darin festzusetzenden Bedingungen auf andere als die in den Absätzen 1, 2, 3 und 4 erwähnten Gebiete ausgedehnt werden, für deren internationale Beziehungen eine dieser Vertragsparteien verantwortlich ist.

Artikel 26

(1) Vorbehaltlich der Bestimmungen des Artikels 15 Absatz 7 und des Artikels 16 Absatz 3 hebt dieses Übereinkommen hinsichtlich der Gebiete, auf die es Anwendung findet, jene Bestimmungen zweiseitiger Verträge, Übereinkommen oder Vereinbarungen auf, welche die Rechtshilfe in Strafsachen zwischen zwei Vertragsparteien regeln.

(2) Dieses Übereinkommen berührt jedoch nicht die Verpflichtungen aus jenen Bestimmungen anderer zwei- oder mehrseitiger internationaler Übereinkommen, die auf einem bestimmten Sachgebiet besondere Fragen der Rechtshilfe regeln oder regeln werden.

(3) Die Vertragsparteien können untereinander zwei- oder mehrseitige Vereinbarungen über die Rechtshilfe in Strafsachen nur zur Ergänzung dieses Übereinkommens oder zur Erleichterung der Anwendung der darin enthaltenen Grundsätze schließen.

(4) Wird die Rechtshilfe in Strafsachen zwischen zwei oder mehreren Vertragsparteien auf der Grundlage einheitlicher Rechtsvorschriften oder eines besonderen Systems geleistet, das die gegenseitige Anwendung von Rechtshilfemaßnahmen in ihren Hoheitsgebieten vorsieht, so sind diese Parteien berechtigt, ungeachtet der Bestimmungen dieses Übereinkommens ihre wechselseitigen Beziehungen auf diesem Gebiet ausschließlich nach diesen Systemen zu regeln. Die Vertragsparteien, die auf Grund dieses Absatzes in ihren wechselseitigen Beziehungen die Anwendung des Übereinkommens jetzt oder künftig ausschließen, haben dies dem Generalsekretär des Europarates zu notifizieren.

Artikel 27

(1) Dieses Übereinkommen liegt zur Unterzeichnung durch die Mitglieder des Europarates auf. Es bedarf der Ratifikation; die Ratifikationsurkunden werden bei dem Generalsekretär des Europarates hinterlegt.

(2) Das Übereinkommen tritt 90 Tage nach Hinterlegung der dritten Ratifikationsurkunde in Kraft.

(3) Für jeden Unterzeichnerstaat, der es später ratifiziert, tritt das Übereinkommen 90 Tage nach Hinterlegung seiner Ratifikationsurkunde in Kraft.

Artikel 28

(1) Das Ministerkomitee des Europarates kann jeden Staat, der nicht Mitglied des Europarates ist, einladen, diesem Übereinkommen beizutreten. Die Entschließung über diese Einladung bedarf der einstimmigen Billigung der Mitglieder des Europarates, die das Übereinkommen ratifiziert haben.

(2) Der Beitritt erfolgt durch Hinterlegung einer Beitrittsurkunde bei dem Generalsekretär des Europarates und wird 90 Tage nach deren Hinterlegung wirksam.

Artikel 29

Jede Vertragspartei kann für sich selbst dieses Übereinkommen durch Notifikation an den Generalsekretär des Europarates kündigen. Diese Kündigung wird sechs Monate nach Eingang der Notifikation bei dem Generalsekretär des Europarates wirksam.

Artikel 30

Der Generalsekretär des Europarates notifiziert den Mitgliedern des Europarates und der Regierung jedes Staates, der diesem Übereinkommen beigetreten ist:

a) die Namen der Unterzeichner und die Hinterlegung jeder Ratifikations- oder Beitrittsurkunde;

b) den Zeitpunkt des Inkrafttretens;

c) jede nach Artikel 5 Absatz 1, 7 Absatz 3, 15 Absatz 6, 16 Absatz 2, 24, 25 Absätze 3 und 4 sowie 26 Absatz 4 eingegangene Notifikation;

d) jeden nach Artikel 23 Absatz 1 gemachten Vorbehalt;

e) jede nach Artikel 23 Absatz 2 vorgenommene Zurückziehung eines Vorbehaltes;

f) jede nach Artikel 29 eingegangene Notifikation einer Kündigung und den Zeitpunkt, in dem sie wirksam wird.

Zu Urkund dessen haben die hiezu gehörig bevollmächtigten Unterzeichneten dieses Übereinkommen unterfertigt.

GESCHEHEN zu Straßburg, am 20. April 1959, in französischer und englischer Sprache, wobei jeder Wortlaut gleichermaßen verbindlich ist, in einer Urschrift, die im Archiv des Europarates hinterlegt wird. Der Generalsekretär des Europarates übermittelt den unterzeichneten und den beitretenden Regierungen beglaubigte Abschriften.

Vorbehalte und Erklärungen der Republik Österreich

Vorbehalt zu Artikel 1 Absatz 1

Österreich wird Rechtshilfe nur in Verfahren leisten, die auch nach österreichischem Recht strafbare Handlungen betreffen, zu deren Verfolgung in dem Zeitpunkt, in dem um Rechtshilfe ersucht wird, die Justizbehörden zuständig sind.

Vorbehalt zu Artikel 2 lit. a

(zurückgezogen; BGBl 1983/303)

Vorbehalt zu Artikel 2 lit. b

Unter „anderen wesentlichen Interessen seines Landes" versteht Österreich insbesondere die Wahrung der in den österreichischen Rechtsvorschriften vorgesehenen Geheimhaltungspflicht.

Vorbehalt zu Artikel 4

Der Anwesenheit der an dem Strafverfahren als Prozeßparteien beteiligten Personen oder deren Vertreter bei Vernehmungen von Zeugen, Sachverständigen oder beschuldigten Personen wird nicht zugestimmt werden.

Erklärung betreffend Artikel 5 Absatz 1

Österreich wird die Erledigung von Rechtshilfeersuchen um Durchsuchung oder Beschlagnahme von Gegenständen der in lit. c festgesetzten Bedingung unterwerfen.

Erklärung betreffend Artikel 7 Absatz 3

Österreich wird die Vorladung für einen Beschuldigten, der sich im österreichischen Hoheitsgebiet befindet, nur zustellen, wenn die Vorladung der zuständigen österreichischen Justizbehörde spätestens 30 Tage vor dem für das Erscheinen festgesetzten Zeitpunkt zugekommen ist.

Int Abk

Vorbehalt zu Artikel 11

Der Überstellung eines Häftlings als Zeugen oder zur Gegenüberstellung wird in den Fällen des Artikels 11 Absatz 1 lit. a, b und c nicht zugestimmt werden.

Erklärung betreffend Artikel 16 Absatz 2

Rechtshilfeersuchen und deren Beilagen müssen – unbeschadet der Bestimmung des Artikels 16 Absatz 3 –, sofern sie nicht in deutscher, französischer oder englischer Sprache abgefaßt sind, mit einer Übersetzung in eine dieser Sprachen versehen sein. Eine Übersetzung der in Artikel 21 Absatz 1 erwähnten Anzeigen wird nicht verlangt.

Erklärung betreffend Artikel 24

Im Sinne dieses Übereinkommens wird Österreich als österreichische Justizbehörden die Strafgerichte, die Staatsanwaltschaften und das Bundesministerium für Justiz betrachten.

23/2/1. Zusatzprotokoll zum Europäischen Übereinkommen über die Rechtshilfe in Strafsachen

BGBl 1983/296 idF

1 BGBl 1994/800

Zusatzprotokoll zum Europäischen Übereinkommen über die Rechtshilfe in Strafsachen

KAPITEL I

Artikel 1

Die Vertragsparteien üben das in Artikel 2 Buchstabe a des Übereinkommens vorgesehene Recht zur Verweigerung der Rechtshilfe nicht allein aus dem Grund aus, daß das Ersuchen eine strafbare Handlung betrifft, welche die ersuchte Vertragspartei als eine fiskalische strafbare Handlung ansieht.

Artikel 2

(1) Hat eine Vertragspartei die Erledigung von Rechtshilfersuchen um Durchsuchung oder Beschlagnahme von Gegenständen der Bedingung unterworfen, daß die dem Rechtshilfeersuchen zugrunde liegende strafbare Handlung sowohl nach dem Recht der ersuchenden als auch nach dem Recht der ersuchten Vertragspartei strafbar ist, so ist diese Bedingung in bezug auf fiskalische strafbare Handlungen erfüllt, wenn die Handlung nach dem Recht der ersuchenden Vertragspartei strafbar ist und einer strafbaren Handlung derselben Art nach dem Recht der ersuchten Vertragspartei entspricht.

(2) Das Ersuchen darf nicht mit der Begründung abgelehnt werden, daß das Recht der ersuchten Vertragspartei nicht dieselbe Art von Abgaben oder Steuern oder keine Abgaben-, Steuer-, Zoll- oder Devisenbestimmungen derselben Art wie das Recht der ersuchenden Vertragspartei vorsieht.

KAPITEL II

Artikel 3

Das Übereinkommen findet auch Anwendung

a) auf die Zustellung von Urkunden betreffend die Vollstreckung einer Strafe, die Eintreibung einer Geldstrafe oder Geldbuße oder die Zahlung von Verfahrenskosten;

b) auf Maßnahmen betreffend den bedingten Ausspruch einer Strafe, die bedingte Strafnachsicht, die bedingte Entlassung, den Strafaufschub oder die Strafunterbrechung.

KAPITEL III

Artikel 4

Artikel 22 des Übereinkommens wird durch den folgenden Wortlaut ergänzt, wobei der ursprüngliche Artikel 22 des Übereinkommens Absatz 1 wird und die nachstehenden Bestimmungen Absatz 2 werden:

„(2) Ferner übermittelt jede Vertragspartei, welche die vorgenannte Benachrichtigung vorgenommen hat, der anderen Vertragspartei auf deren Ersuchen im Einzelfall eine Abschrift der in Betracht kommenden Urteile und Maßnahmen sowie alle weiteren diesbezüglichen Auskünfte, um ihr die Prüfung zu ermöglichen, ob dadurch innerstaatlich Maßnahmen erforderlich weren. Diese Übermittlung findet zwischen den Justizministerien statt."

Vorbehalt und Erklärung

Auf Grund des österreichischen Vorbehaltes zu Art. 2 lit. b des Übereinkommens sowie unter Bedachtnahme auf Art. 8 Abs. 1 des Protokolls erklärt die Republik Österreich, daß Rechtshilfe in Anwendung des Kapitels I dieses Protokolls nur unter der Bedingung geleistet wird, daß entsprechend den in den österreichischen Rechtsvorschriften vorgesehenen Geheimhaltungspflichten die im Rahmen der Rechtshilfe erhaltenen Auskünfte und Beweise nur in dem Strafverfahren, für das um Rechtshilfe ersucht worden ist, sowie in den mit diesem Verfahren in unmittelbarem Zusammenhang stehenden Abgaben-, Steuer- oder Zollverfahren verwendet werden.

Int Abk

23/2/2. Zweites Zusatzprotokoll zum Europäischen Übereinkommen über die Rechtshilfe in Strafsachen

BGBl III 2018/22

Zweites Zusatzprotokoll zum Europäischen Übereinkommen über die Rechtshilfe in Strafsachen

(Übersetzung)

KAPITEL I

Artikel 1 – Geltungsbereich

Artikel 1 des Übereinkommens wird durch folgende Bestimmungen ersetzt:

„(1) Die Vertragsparteien verpflichten sich, einander in Übereinstimmung mit diesem Übereinkommen innerhalb kürzester Frist und soweit wie möglich Rechtshilfe zu leisten in allen Verfahren hinsichtlich strafbarer Handlungen, zu deren Verfolgung in dem Zeitpunkt, in dem um Rechtshilfe ersucht wird, die Justizbehörden der ersuchenden Vertragspartei zuständig sind.

(2) Dieses Übereinkommen findet keine Anwendung auf Verhaftungen, auf die Vollstreckung verurteilender Erkenntnisse sowie auf militärische strafbare Handlungen, die nicht nach gemeinem Recht strafbar sind.

(3) Rechtshilfe kann auch in Verfahren in Bezug auf Handlungen geleistet werden, die nach dem innerstaatlichen Recht der ersuchenden Vertragspartei oder der ersuchten Vertragspartei als Zuwiderhandlungen gegen Rechtsvorschriften durch Verwaltungsbehörden geahndet werden, gegen deren Entscheidung ein insbesondere in Strafsachen zuständiges Gericht angerufen werden kann.

(4) Rechtshilfe darf nicht lediglich mit der Begründung verweigert werden, dass sie sich auf Handlungen bezieht, für die im Hoheitsgebiet der ersuchenden Vertragspartei eine juristische Person verantwortlich gemacht werden kann."

Artikel 2 – Anwesenheit von Behörden der ersuchenden Vertragspartei

Artikel 4 des Übereinkommens wird durch den folgenden Wortlaut ergänzt, wobei der ursprüngliche Artikel 4 des Übereinkommens Absatz 1 wird und die nachstehenden Bestimmungen Absatz 2 werden:

„(2) Ersuchen um Anwesenheit dieser beteiligten Behörden oder Personen sollen nicht abgelehnt werden, wenn durch eine solche Anwesenheit die Erledigung des Ersuchens den Bedürfnissen der ersuchenden Vertragspartei wahrscheinlich besser gerecht wird und daher ergänzende Rechtshilfeersuchen wahrscheinlich vermieden werden."

Artikel 3 – Zeitweilige Überstellung in Haft gehaltener Personen in das Hoheitsgebiet der ersuchenden Vertragspartei

Artikel 11 des Übereinkommens wird durch folgende Bestimmungen ersetzt:

„(1) Beantragt die ersuchende Vertragspartei das persönliche Erscheinen eines Häftlings zu Ermittlungszwecken, mit Ausnahme seines Erscheinens, um sich selbst vor Gericht zu verantworten, so wird dieser – vorbehaltlich der Bestimmungen des Artikels 12, soweit anwendbar – unter der Bedingung seiner Zurückstellung innerhalb der von der ersuchten Vertragspartei bestimmten Frist zeitweilig in das Hoheitsgebiet der ersuchenden Vertragspartei überstellt.

Die Überstellung kann abgelehnt werden,

a) wenn der Häftling ihr nicht zustimmt;

b) wenn seine Anwesenheit in einem im Hoheitsgebiet der ersuchten Vertragspartei anhängigen Strafverfahren notwendig ist;

c) wenn die Überstellung geeignet ist, seine Haft zu verlängern, oder

d) wenn andere gebieterische Erwägungen seiner Überstellung in das Hoheitsgebiet der ersuchenden Vertragspartei entgegenstehen.

(2) Im Falle des Absatzes 1 und vorbehaltlich der Bestimmungen des Artikels 2 wird die Durchbeförderung des Häftlings durch das Hoheitsgebiet einer dritten Vertragspartei bewilligt auf Grund eines Ersuchens, das mit allen erforderlichen Schriftstücken vom Justizministerium der ersuchenden Vertragspartei an das Justizministerium der um Durchbeförderung ersuchten Vertragspartei gerichtet wird. Eine Vertragspartei kann es ablehnen, die Durchbeförderung ihrer eigenen Staatsangehörigen zu bewilligen.

(3) Die überstellte Person bleibt im Hoheitsgebiet der ersuchenden Vertragspartei und gegebenenfalls im Hoheitsgebiet der um Durchbeförderung ersuchten Vertragspartei in Haft, sofern nicht

die um Überstellung ersuchte Vertragspartei deren Freilassung verlangt."

Artikel 4 – Übermittlungswege

Artikel 15 des Übereinkommens wird durch folgende Bestimmungen ersetzt:

„ (1) Rechtshilfeersuchen sowie alle ohne Ersuchen übermittelten Informationen werden vom Justizministerium der ersuchenden Vertragspartei dem Justizministerium der ersuchten Vertragspartei in schriftlicher Form übermittelt und auf demselben Weg zurückgesandt. Sie können jedoch auch unmittelbar von den Justizbehörden der ersuchenden Vertragspartei den Justizbehörden der ersuchten Vertragspartei übermittelt und auf demselben Weg zurückgesandt werden.

(2) Die in Artikel 11 dieses Übereinkommens sowie die in Artikel 13 des Zweiten Zusatzprotokolls zu diesem Übereinkommen genannten Ersuchen werden in allen Fällen vom Justizministerium der ersuchenden Vertragspartei dem Justizministerium der ersuchten Vertragspartei übermittelt und auf demselben Weg zurückgesandt.

(3) Rechtshilfeersuchen in Bezug auf Verfahren nach Artikel 1 Absatz 3 dieses Übereinkommens können auch unmittelbar von den Verwaltungs- oder Justizbehörden der ersuchenden Vertragspartei den Verwaltungs- oder Justizbehörden der ersuchten Vertragspartei übermittelt und auf demselben Weg zurückgesandt werden.

(4) Nach Artikel 18 oder 19 des Zweiten Zusatzprotokolls zu diesem Übereinkommen gestellte Rechtshilfeersuchen können auch unmittelbar von den zuständigen Behörden der ersuchenden Vertragspartei den zuständigen Behörden der ersuchten Vertragspartei übermittelt werden.

(5) Die in Artikel 13 Absatz 1 dieses Übereinkommens erwähnten Ersuchen können von den Justizbehörden unmittelbar den zuständigen Stellen der ersuchten Vertragspartei übermittelt und von diesen unmittelbar beantwortet werden. Die in Artikel 13 Absatz 2 dieses Übereinkommens erwähnten Ersuchen werden vom Justizministerium der ersuchenden Vertragspartei dem Justizministerium der ersuchten Vertragspartei übermittelt.

(6) Ersuchen um Abschriften von Urteilen und Maßnahmen nach Artikel 4 des Zusatzprotokolls zum Übereinkommen können unmittelbar den zuständigen Behörden übermittelt werden. Jeder Vertragsstaat kann jederzeit durch eine an den Generalsekretär des Europarats gerichtete Erklärung die Behörden bezeichnen, die er als zustän-

dige Behörden im Sinne dieses Absatzes betrachtet.

(7) In dringenden Fällen und wenn die unmittelbare Übermittlung durch dieses Übereinkommen zugelassen ist, kann sie durch Vermittlung der Internationalen Kriminalpolizeilichen Organisation (Interpol) erfolgen.

(8) Jede Vertragspartei kann sich jederzeit durch eine an den Generalsekretär des Europarats gerichtete Erklärung das Recht vorbehalten, die Erledigung von Rechtshilfeersuchen oder von bestimmten Rechtshilfeersuchen einer oder mehreren der folgenden Bedingungen zu unterwerfen:

a) eine Abschrift des Ersuchens ist der in der Erklärung bezeichneten zentralen Behörde zu übermitteln;

b) außer in dringenden Fällen sind Ersuchen der in der Erklärung bezeichneten zentralen Behörde zu übermitteln;

c) im Falle einer unmittelbaren Übermittlung wegen Eilbedürftigkeit ist eine Abschrift gleichzeitig ihrem Justizministerium zu übermitteln;

d) bestimmte oder alle Rechtshilfeersuchen sind ihr auf einem anderen als dem in diesem Artikel vorgesehenen Weg zu übermitteln.

(9) Rechtshilfeersuchen oder sonstige Mitteilungen nach diesem Übereinkommen oder seinen Protokollen können auf elektronischem Wege oder durch andere Telekommunikationsmittel unter der Voraussetzung übermittelt werden, dass die ersuchende Vertragspartei bereit ist, jederzeit auf Ersuchen einen schriftlichen Nachweis der Übermittlung sowie das Original beizubringen. Jeder Vertragsstaat kann jedoch jederzeit durch eine an den Generalsekretär des Europarats gerichtete Erklärung die Voraussetzungen angeben, unter denen er bereit ist, Ersuchen entgegenzunehmen und zu erledigen, die er auf elektronischem Wege oder durch andere Telekommunikationsmittel erhalten hat.

(10) Dieser Artikel lässt Bestimmungen zweiseitiger, zwischen Vertragsparteien in Kraft stehender Abkommen oder Vereinbarungen unberührt, welche die unmittelbare Übermittlung von Rechtshilfeersuchen zwischen ihren Behörden vorsehen."

Artikel 5 – Kosten

Artikel 20 des Übereinkommens wird durch folgende Bestimmungen ersetzt:

Int Abk

„ (1) Die Vertragsparteien verlangen nicht gegenseitig die Erstattung von Kosten aus der Anwendung dieses Übereinkommens oder seiner Protokolle; hiervon ausgenommen sind:

a) durch die Beiziehung Sachverständiger im Hoheitsgebiet der ersuchten Vertragspartei verursachte Kosten;

b) durch die Überstellung von Häftlingen nach Artikel 13 oder 14 des Zweiten Zusatzprotokolls zu diesem Übereinkommen oder Artikel 11 dieses Übereinkommens verursachte Kosten;

c) erhebliche oder außergewöhnliche Kosten.

(2) Die Kosten für die Herstellung einer Video- oder Telefonverbindung, die Kosten für den Betrieb einer Video- oder Telefonverbindung im Hoheitsgebiet der ersuchten Vertragspartei, die Vergütung der von dieser bereitgestellten Dolmetscher und die Entschädigung von Zeugen sowie deren Aufwendungen für die Reise im Hoheitsgebiet der ersuchten Vertragspartei werden jedoch der ersuchten Vertragspartei von der ersuchenden Vertragspartei erstattet, sofern die Vertragsparteien nichts anderes vereinbaren.

(3) Die Vertragsparteien konsultieren einander, um die Zahlungsbedingungen für die Kosten festzulegen, die nach Absatz 1 Buchstabe c verlangt werden können.

(4) Dieser Artikel findet unbeschadet des Artikels 10 Absatz 3 dieses Übereinkommens Anwendung."

Artikel 6 – Justizbehörden

Artikel 24 des Übereinkommens wird durch folgende Bestimmungen ersetzt:

„Jeder Staat bezeichnet bei der Unterzeichnung oder bei der Hinterlegung seiner Ratifikations-, Annahme-, Genehmigungs- oder Beitrittsurkunde durch eine an den Generalsekretär des Europarats gerichtete Erklärung die Behörden, die er als Justizbehörden im Sinne dieses Übereinkommens betrachtet. Später kann er jederzeit und in gleicher Weise den Wortlaut seiner Erklärung ändern."

Kapitel II

Artikel 7 – Aufgeschobene Erledigung von Ersuchen

(1) Die ersuchte Vertragspartei kann die Erledigung eines Ersuchens aufschieben, wenn diese die Ermittlungen, die Strafverfolgung oder andere damit zusammenhängende Verfahren, die ihre Behörden führen, beeinträchtigen würde.

(2) Bevor die ersuchte Vertragspartei die Rechtshilfe verweigert oder aufschiebt, prüft sie, gegebenenfalls nach Rücksprache mit der ersuchenden Vertragspartei, ob dem Ersuchen teilweise oder vorbehaltlich von ihr für erforderlich erachteter Bedingungen entsprochen werden kann.

(3) Jede Entscheidung über die Aufschiebung der Erledigung des Ersuchens ist zu begründen. Die ersuchte Vertragspartei unterrichtet die ersuchende Vertragspartei auch über die Gründe, welche die Erledigung des Ersuchens unmöglich machen oder wahrscheinlich erheblich verzögern.

Artikel 8 – Verfahren

Werden in Ersuchen Formvorschriften oder Verfahren genannt, die nach dem Recht der ersuchenden Vertragspartei erforderlich sind, so erledigt die ersuchte Vertragspartei, selbst wenn ihr diese Formvorschriften oder Verfahren nicht bekannt sind, diese Ersuchen ungeachtet des Artikels 3 des Übereinkommens und sofern in diesem Protokoll nichts anderes vorgesehen ist insoweit, als die ersuchte Erledigung den Grundprinzipien ihrer Rechtsordnung nicht zuwiderläuft.

Artikel 9 – Vernehmung per Videokonferenz

(1) Befindet sich eine Person im Hoheitsgebiet einer Vertragspartei und soll diese Person als Zeuge oder Sachverständiger von den Justizbehörden einer anderen Vertragspartei vernommen werden, so kann Letztere, sofern ein persönliches Erscheinen der zu vernehmenden Person in ihrem Hoheitsgebiet nicht zweckmäßig oder möglich ist, darum ersuchen, dass die Vernehmung per Videokonferenz nach Maßgabe der Absätze 2 bis 7 erfolgt.

(2) Die ersuchte Vertragspartei bewilligt die Vernehmung per Videokonferenz, wenn der Rückgriff auf Videokonferenzen den Grundprinzipien ihrer Rechtsordnung nicht zuwiderläuft und sie über die technischen Vorrichtungen für eine derartige Vernehmung verfügt. Verfügt die ersuchte Vertragspartei nicht über die technischen Vorrichtungen für eine Videokonferenz, so können ihr diese von der ersuchenden Vertragspartei in gegenseitigem Einvernehmen zur Verfügung gestellt werden.

(3) Ersuchen um Vernehmung per Videokonferenz enthalten außer den in Artikel 14 des Übereinkommens genannten Angaben die Begründung dafür, dass ein persönliches Erscheinen der Zeugen oder Sachverständigen bei der Vernehmung nicht zweckmäßig oder möglich ist, sowie die Bezeichnung der Justizbehörde und die Namen der Personen, welche die Vernehmung durchführen werden.

(4) Die Justizbehörde der ersuchten Vertragspartei lädt die betreffende Person in der in ihrem

innerstaatlichen Recht vorgeschriebenen Form vor.

(5) Für die Vernehmung per Videokonferenz gelten folgende Regeln:

a) Bei der Vernehmung ist ein Vertreter der Justizbehörde der ersuchten Vertragspartei, bei Bedarf unterstützt von einem Dolmetscher, anwesend, der auch die Identität der zu vernehmenden Person feststellt und auf die Einhaltung der Grundprinzipien der Rechtsordnung der ersuchten Vertragspartei achtet. Werden nach Ansicht des Vertreters der Justizbehörde der ersuchten Vertragspartei bei der Vernehmung die Grundprinzipien der Rechtsordnung der ersuchten Vertragspartei verletzt, so trifft sie sofort die Maßnahmen, die erforderlich sind, damit bei der weiteren Vernehmung diese Prinzipien beachtet werden;

b) zwischen den zuständigen Behörden der ersuchenden und der ersuchten Vertragspartei werden gegebenenfalls Maßnahmen zum Schutz der zu vernehmenden Person vereinbart;

c) die Vernehmung wird unmittelbar von oder unter Leitung der Justizbehörde der ersuchenden Vertragspartei nach deren innerstaatlichen Rechtsvorschriften durchgeführt;

d) auf Wunsch der ersuchenden Vertragspartei oder der zu vernehmenden Person sorgt die ersuchte Vertragspartei dafür, dass die zu vernehmende Person bei Bedarf von einem Dolmetscher unterstützt wird;

e) die zu vernehmende Person kann sich auf das Aussageverweigerungsrecht berufen, das ihr nach dem Recht der ersuchten oder der ersuchenden Vertragspartei zusteht.

(6) Unbeschadet etwaiger zum Schutz von Personen vereinbarter Maßnahmen erstellt die Justizbehörde der ersuchten Vertragspartei nach der Vernehmung ein Protokoll, das Angaben zum Termin und zum Ort der Vernehmung, zur Identität der vernommenen Person, zur Identität und zur Funktion aller anderen im Hoheitsgebiet der ersuchten Vertragspartei an der Vernehmung teilnehmenden Personen, zu einer etwaigen Vereidigung und zu den technischen Bedingungen, unter denen die Vernehmung stattfand, enthält. Dieses Dokument wird der zuständigen Behörde der ersuchenden Vertragspartei von der zuständigen Behörde der ersuchten Vertragspartei übermittelt.

(7) Jede Vertragspartei trifft die erforderlichen Maßnahmen, um sicherzustellen, dass in Fällen, in denen Zeugen oder Sachverständige gemäß diesem Artikel in ihrem Hoheitsgebiet vernommen werden und trotz Aussagepflicht die Aussage verweigern oder falsch aussagen, ihr innerstaatliches Recht genauso gilt, als ob die Vernehmung in einem innerstaatlichen Verfahren erfolgen würde.

(8) Die Vertragsparteien können nach freiem Ermessen in Fällen, in denen dies zweckdienlich erscheint, und mit Zustimmung ihrer zuständigen Justizbehörden die Bestimmungen dieses Artikels auch auf die Vernehmung eines Beschuldigten oder Verdächtigen per Videokonferenz anwenden. In diesem Fall ist die Entscheidung, ob und in welcher Form eine Vernehmung per Videokonferenz stattfinden soll, Gegenstand einer Vereinbarung zwischen den beteiligten Vertragsparteien, die diese Entscheidung im Einklang mit ihrem innerstaatlichen Recht und den einschlägigen internationalen Übereinkünften treffen. Die Vernehmung des Beschuldigten oder Verdächtigen darf nur mit dessen Zustimmung durchgeführt werden.

(9) Jeder Vertragsstaat kann jederzeit durch eine an den Generalsekretär des Europarats gerichtete Erklärung mitteilen, dass er nicht die Absicht hat, von dem Recht nach Absatz 8 Gebrauch zu machen, diesen Artikel auch auf die Vernehmung eines Beschuldigten oder Verdächtigen per Videokonferenz anzuwenden.

Artikel 10 – Vernehmung per Telefonkonferenz

(1) Befindet sich eine Person im Hoheitsgebiet einer Vertragspartei und soll diese Person als Zeuge oder Sachverständiger von einer Justizbehörde einer anderen Vertragspartei vernommen werden, so kann Letztere, sofern ihr innerstaatliches Recht dies vorsieht, die erstgenannte Vertragspartei ersuchen, eine Vernehmung per Telefonkonferenz, wie in den Absätzen 2 bis 6 vorgesehen, zu ermöglichen.

(2) Eine Vernehmung per Telefonkonferenz darf nur mit Zustimmung des Zeugen oder des Sachverständigen erfolgen.

(3) Die ersuchte Vertragspartei bewilligt die Vernehmung per Telefonkonferenz, wenn der Rückgriff auf dieses Verfahren den Grundprinzipien ihrer Rechtsordnung nicht zuwiderläuft.

(4) Ersuchen um Vernehmung per Telefonkonferenz enthalten außer den in Artikel 14 des Übereinkommens genannten Angaben die Bezeichnung der Justizbehörde und die Namen der Personen, welche die Vernehmung durchführen werden, sowie eine Angabe, dass der Zeuge oder Sachverständige einer Vernehmung per Telefonkonferenz zustimmt.

Int Abk

(5) Die praktischen Modalitäten der Vernehmung werden zwischen den betroffenen Vertragsparteien vereinbart. Dabei verpflichtet sich die ersuchte Vertragspartei,

a) den jeweiligen Zeugen oder Sachverständigen über Zeitpunkt und Ort der Vernehmung zu unterrichten;

b) für die Identifizierung des Zeugen oder Sachverständigen zu sorgen;

c) zu überprüfen, ob der Zeuge oder Sachverständige der Vernehmung per Telefonkonferenz zustimmt.

(6) Die ersuchte Vertragspartei kann ihre Bewilligung ganz oder teilweise von den einschlägigen Bestimmungen des Artikels 9 Absätze 5 und 7 abhängig machen.

Artikel 11 – Ohne Ersuchen übermittelte Informationen

(1) Unbeschadet ihrer eigenen Ermittlungen oder Verfahren können die zuständigen Behörden einer Vertragspartei ohne vorheriges Ersuchen den zuständigen Behörden einer anderen Vertragspartei Informationen übermitteln, die sie im Rahmen ihrer eigenen Ermittlungen gesammelt haben, wenn sie der Meinung sind, dass diese Informationen der empfangenden Vertragspartei helfen könnten, Ermittlungen oder Verfahren einzuleiten oder durchzuführen, oder wenn diese Informationen zu einem Ersuchen dieser Vertragspartei nach dem Übereinkommen oder seinen Protokollen führen könnten.

(2) Die übermittelnde Vertragspartei kann nach Maßgabe ihres innerstaatlichen Rechts Bedingungen für die Verwendung dieser Informationen durch die empfangende Vertragspartei festlegen.

(3) Die empfangende Vertragspartei ist an diese Bedingungen gebunden.

(4) Ein Vertragsstaat kann jedoch jederzeit durch eine an den Generalsekretär des Europarats gerichtete Erklärung mitteilen, dass er sich das Recht vorbehält, nicht an die Bedingungen gebunden zu sein, die nach Absatz 2 der übermittelnden Vertragspartei festgelegt worden sind, sofern er nicht zuvor über die Art dieser Informationen unterrichtet worden ist und deren Übermittlung zustimmt.

Artikel 12 – Rückgabe

(1) Die ersuchte Vertragspartei kann durch eine Straftat erlangte Gegenstände auf Antrag der ersuchenden Vertragspartei und unbeschadet der Rechte gutgläubiger Dritter der ersuchenden Vertragspartei im Hinblick auf deren Rückgabe an ihren rechtmäßigen Eigentümer zur Verfügung stellen.

(2) Bei der Anwendung der Artikel 3 und 6 des Übereinkommens kann die ersuchte Vertragspartei auf die Rückgabe der Gegenstände verzichten, und zwar entweder vor oder nach deren Übergabe an die ersuchende Vertragspartei, wenn dadurch die Rückgabe dieser Gegenstände an den rechtmäßigen Eigentümer erleichtert wird. Rechte gutgläubiger Dritter bleiben unberührt.

(3) Verzichtet die ersuchte Vertragspartei auf die Rückgabe der Gegenstände, bevor sie diese der ersuchenden Vertragspartei übergibt, so macht sie kein Sicherungsrecht und keinen anderen Anspruch aufgrund steuer- oder zollrechtlicher Vorschriften in Bezug auf diese Gegenstände geltend.

(4) Ein Verzicht nach Absatz 2 lässt das Recht der ersuchten Vertragspartei unberührt, vom rechtmäßigen Eigentümer Steuern oder Abgaben zu erheben.

Artikel 13 – Zeitweilige Überstellung in Haft gehaltener

(1) Eine Vertragspartei, die um eine Ermittlungshandlung ersucht hat, für welche die Anwesenheit einer in ihrem Hoheitsgebiet inhaftierten Person erforderlich ist, kann - sofern die zuständigen Behörden der betroffenen Vertragsparteien eine entsprechende Vereinbarung getroffen haben - die betreffende Person zeitweilig in das Hoheitsgebiet der Vertragspartei überstellen, in der die Ermittlung stattfinden soll.

(2) Die Vereinbarung erstreckt sich auf die Einzelheiten für die zeitweilige Überstellung der betreffenden Person und die Frist für deren Rücküberstellung in das Hoheitsgebiet der ersuchenden Vertragspartei.

(3) Ist die Zustimmung der betreffenden Person zu ihrer Überstellung erforderlich, so wird der ersuchten Vertragspartei unverzüglich eine Zustimmungserklärung oder eine Abschrift dieser Erklärung übermittelt.

(4) Die überstellte Person bleibt im Hoheitsgebiet der ersuchten Vertragspartei und gegebenenfalls im Hoheitsgebiet der um Durchbeförderung ersuchten Vertragspartei in Haft, sofern nicht die Vertragspartei, aus deren Hoheitsgebiet die Person überstellt wird, deren Freilassung verlangt.

(5) Die Haft im Hoheitsgebiet der ersuchten Vertragspartei wird auf die Dauer des Freiheitsentzugs, dem die betreffende Person im Hoheitsgebiet der ersuchenden Vertragspartei unterliegt oder unterliegen wird, angerechnet.

(6) Artikel 11 Absatz 2 und Artikel 12 des Übereinkommens finden entsprechend Anwendung.

(7) Jeder Vertragsstaat kann jederzeit durch eine an den Generalsekretär des Europarats gerichtete Erklärung mitteilen, dass für das Zustandekommen der Vereinbarung nach Absatz 1 generell oder unter bestimmten in der Erklärung genannten Voraussetzungen die Zustimmung nach Absatz 3 erforderlich ist.

Artikel 14 – Persönliches Erscheinen überstellter verurteilter Personen

Die Artikel 11 und 12 des Übereinkommens finden entsprechend auch auf Personen Anwendung, die im Hoheitsgebiet der ersuchten Vertragspartei nach ihrer Überstellung zur Verbüßung einer im Hoheitsgebiet der ersuchenden Vertragspartei verhängten Strafe inhaftiert sind, wenn ihr persönliches Erscheinen zur Revision des Urteils von der ersuchenden Vertragspartei beantragt wird.

Artikel 15 – Sprache der zuzustellenden Verfahrensurkunden und Gerichtsentscheidungen

(1) Dieser Artikel findet auf alle Zustellungsersuchen nach Artikel 7 des Übereinkommens oder Artikel 3 des Zusatzprotokolls Anwendung.

(2) Verfahrensurkunden und Gerichtsentscheidungen werden immer in der Sprache oder den Sprachen, in der oder denen sie abgefasst sind, zugestellt.

(3) Ungeachtet des Artikels 16 des Übereinkommens und wenn der Behörde, die das Schriftstück ausgestellt hat, bekannt ist oder sie Gründe für die Annahme hat, dass der Zustellungsempfänger nur einer anderen Sprache kundig ist, sind die Schriftstücke - oder zumindest die wesentlichen Passagen - zusammen mit einer Übersetzung in diese andere Sprache zu übermitteln.

(4) Ungeachtet des Artikels 16 des Übereinkommens sind die für die Behörden der ersuchten Vertragspartei bestimmten Verfahrensurkunden und Gerichtsentscheidungen mit einer kurzen, in die Sprache oder in eine der Sprachen dieser Vertragspartei übersetzten Zusammenfassung ihres Inhalts zu versehen.

Artikel 16 – Zustellung auf dem Postweg

(1) Die zuständigen Justizbehörden einer Vertragspartei können Personen, die sich im Hoheitsgebiet einer anderen Vertragspartei aufhalten, Verfahrensurkunden und Gerichtsentscheidungen unmittelbar auf dem Postweg übermitteln.

(2) Die Verfahrensurkunden und Gerichtsentscheidungen werden zusammen mit einem Schreiben übermittelt, aus dem hervorgeht, dass der Empfänger von der in dem Schreiben bezeichneten Behörde Informationen über seine Rechte und Pflichten im Zusammenhang mit der Zustellung der Schriftstücke erhalten kann. Artikel 15 Absatz 3 findet auf dieses Schreiben Anwendung.

(3) Die Artikel 8, 9 und 12 des Übereinkommens finden auf die Zustellung auf dem Postweg entsprechend Anwendung.

(4) Artikel 15 Absätze 1, 2 und 3 findet auch auf die Zustellung auf dem Postweg Anwendung.

Artikel 17 – Grenzüberschreitende Observation

(1) Beamte einer Vertragspartei, die im Rahmen eines Ermittlungsverfahrens in ihrem Land eine Person, die im Verdacht steht, an einer auslieferungsfähigen Straftat beteiligt zu sein, oder eine Person, bei der ernsthaft anzunehmen ist, dass sie die Identifizierung oder Auffindung der vorgenannten Person herbeiführen kann, observieren, sind befugt, die Observation im Hoheitsgebiet einer anderen Vertragspartei fortzusetzen, wenn diese der grenzüberschreitenden Observation auf der Grundlage eines zuvor gestellten Rechtshilfeersuchens zugestimmt hat. Die Zustimmung kann mit Auflagen verbunden werden.
Auf Verlangen ist die Observation den Beamten der Vertragspartei, in deren Hoheitsgebiet die Observation stattfindet, zu übergeben.
Das Rechtshilfeersuchen nach Satz 1 ist an die durch jede der Vertragsparteien bezeichnete Behörde zu richten, die befugt ist, die erbetene Zustimmung zu erteilen oder zu übermitteln.

(2) Kann wegen der besonderen Dringlichkeit der Angelegenheit eine vorherige Zustimmung der anderen Vertragspartei nicht eingeholt werden, so dürfen die im Rahmen eines Ermittlungsverfahrens tätigen Beamten die Observation einer Person, die im Verdacht steht, an einer der in Absatz 6 aufgeführten Straftaten beteiligt zu sein, unter folgenden Voraussetzungen über die Grenze hinweg fortsetzen:

a) Der Grenzübertritt ist noch während der Observation unverzüglich der in Absatz 4 bezeichneten Behörde der Vertragspartei, in deren Ho-

Int Abk

heitsgebiet die Observation fortgesetzt wird, mitzuteilen;

b) ein Rechtshilfeersuchen nach Absatz 1, in dem auch die Gründe dargelegt werden, die einen Grenzübertritt ohne vorherige Zustimmung rechtfertigen, ist unverzüglich nachzureichen. Die Observation ist einzustellen, sobald die Vertragspartei, in deren Hoheitsgebiet die Observation stattfindet, aufgrund der Mitteilung nach Buchstabe a oder des Ersuchens nach Buchstabe b dies verlangt oder wenn die Zustimmung nicht fünf Stunden nachGrenzübertritt vorliegt.

(3) Die Observation nach den Absätzen 1 und 2 ist ausschließlich unter den nachstehenden allgemeinen Voraussetzungen zulässig:

a) Die observierenden Beamten sind an die Bestimmungen dieses Artikels und das Recht der Vertragspartei, in deren Hoheitsgebiet sie auftreten, gebunden; sie haben Anordnungen der örtlich zuständigen Behörden zu befolgen.

b) Vorbehaltlich der Fälle nach Absatz 2 führen die Beamten während der Observation ein Dokument mit sich, aus dem hervorgeht, dass die Zustimmung erteilt worden ist.

c) Die observierenden Beamten müssen in der Lage sein, jederzeit ihre amtliche Funktion nachzuweisen.

d) Die observierenden Beamten dürfen während der Observation ihre Dienstwaffe mit sich führen, es sei denn, die ersuchte Vertragspartei hat dem ausdrücklich widersprochen; der Gebrauch der Dienstwaffe ist außer im Fall von Notwehr nicht zulässig.

e) Das Betreten von Wohnungen und öffentlich nicht zugänglichen Grundstücken ist nicht zulässig.

f) Die observierenden Beamten sind nicht befugt, die zu observierende Person anzuhalten oder festzunehmen.

g) Über jeden Einsatz wird den Behörden der Vertragspartei, in deren Hoheitsgebiet der Einsatz stattgefunden hat, Bericht erstattet; dabei kann das persönliche Erscheinen der observierenden Beamten gefordert werden.

h) Die Behörden der Vertragspartei, aus deren Hoheitsgebiet die observierenden Beamten stammen, unterstützen auf Ersuchen die nachträglichen Ermittlungen einschließlich gerichtlicher Verfahren der Vertragspartei, in deren Hoheitsgebiet die Observation stattgefunden hat.

(4) Jede Vertragspartei gibt bei der Unterzeichnung oder bei der Hinterlegung ihrer Ratifikations-, Annahme-, Genehmigungs- oder Beitrittsurkunde durch eine an den Generalsekretär des Europarats gerichtete Erklärung einerseits die Beamten und andererseits die Behörden an, die sie für die Zwecke der Absätze 1 und 2 bezeichnet.

Später kann jede Vertragspartei jederzeit und in gleicher Weise den Wortlaut ihrer Erklärung ändern.

(5) Die Vertragsparteien können im Wege bilateraler Vereinbarungen den Anwendungsbereich dieses Artikels erweitern und zusätzliche Regelungen zu seiner Durchführung treffen.

(6) Eine Observation nach Absatz 2 ist nur zulässig, wenn eine der nachstehenden Straftaten zugrunde liegt:

– Mord,

– Totschlag,

– Vergewaltigung,

– vorsätzliche Brandstiftung,

– Falschmünzerei,

– schwerer Diebstahl, Hehlerei und Raub,

– Erpressung,

– Entführung und Geiselnahme,

– Menschenhandel,

– unerlaubter Verkehr mit Betäubungsmitteln,

– Verstoß gegen die gesetzlichen Vorschriften über Waffen und Sprengstoffe,

– Vernichtung durch Sprengstoffe,

– unerlaubter Verkehr mit giftigen und schädlichen Abfällen,

– Schleusung von Ausländern,

– sexueller Missbrauch von Kindern.

Artikel 18 – Kontrollierte Lieferung

(1) Jede Vertragspartei verpflichtet sich, sicherzustellen, dass auf Ersuchen einer anderen Vertragspartei kontrollierte Lieferungen in ihrem Hoheitsgebiet im Rahmen strafrechtlicher Ermittlungen wegen auslieferungsfähiger Straftaten genehmigt werden können.

(2) Die Entscheidung über die Durchführung kontrollierter Lieferungen wird in jedem Einzelfall von den zuständigen Behörden der ersuchten Vertragspartei unter Beachtung ihres innerstaatlichen Rechts getroffen.

(3) Die kontrollierten Lieferungen werden gemäß den von der ersuchten Vertragspartei vorgesehenen Verfahren durchgeführt. Die Befugnis zum Einschreiten, zur Leitung und zur Kontrolle des Einsatzes liegt bei den zuständigen Behörden der ersuchten Vertragspartei.

(4) Jede Vertragspartei gibt bei der Unterzeichnung oder bei der Hinterlegung ihrer Ratifikations-, Annahme-, Genehmigungs- oder Beitrittsur-

kunde durch eine an den Generalsekretär des Europarats gerichtete Erklärung die Behörden an, die sie für die Zwecke dieses Artikels als zuständig bezeichnet. Später kann jede Vertragspartei jederzeit und in gleicher Weise den Wortlaut ihrer Erklärung ändern.

Artikel 19 – Verdeckte Ermittlungen

(1) Die ersuchende und die ersuchte Vertragspartei können vereinbaren, einander bei strafrechtlichen Ermittlungen durch verdeckt oder unter falscher Identität handelnde Beamte zu unterstützen (verdeckte Ermittlungen).

(2) Die Entscheidung über das Ersuchen wird in jedem Einzelfall von den zuständigen Behörden der ersuchten Vertragspartei unter Beachtung ihres innerstaatlichen Rechts und ihrer innerstaatlichen Verfahren getroffen. Die Dauer der verdeckten Ermittlungen, die genauen Voraussetzungen und die Rechtsstellung der betreffenden Beamten bei den verdeckten Ermittlungen werden zwischen den Vertragsparteien unter Beachtung ihres innerstaatlichen Rechts und ihrer innerstaatlichen Verfahren vereinbart.

(3) Die verdeckten Ermittlungen werden nach dem innerstaatlichen Recht und den innerstaatlichen Verfahren der Vertragspartei durchgeführt, in deren Hoheitsgebiet sie stattfinden. Die beteiligten Vertragsparteien arbeiten zusammen, um die Vorbereitung und Überwachung der verdeckten Ermittlung sicherzustellen und um Vorkehrungen für die Sicherheit der verdeckt oder unter falscher Identität handelnden Beamten zu treffen.

(4) Jede Vertragspartei gibt bei der Unterzeichnung oder bei der Hinterlegung ihrer Ratifikations-, Annahme-, Genehmigungs- oder Beitrittsurkunde durch eine an den Generalsekretär des Europarats gerichtete Erklärung die Behörden an, die sie für die Zwecke des Absatzes 2 als zuständig bezeichnet. Später kann jede Vertragspartei jederzeit und in gleicher Weise den Wortlaut ihrer Erklärung ändern.

Artikel 20 – Gemeinsame Ermittlungsgruppen

(1) Im Wege der Vereinbarung können die zuständigen Behörden von zwei oder mehr Vertragsparteien für einen bestimmten Zweck und einen begrenzten Zeitraum, der im gegenseitigen Einvernehmen verlängert werden kann, eine gemeinsame Ermittlungsgruppe zur Durchführung strafrechtlicher Ermittlungen im Hoheitsgebiet einer oder mehrerer der an der Gruppe beteiligten Vertragsparteien bilden. Die Zusammensetzung der Ermittlungsgruppe wird in der Vereinbarung angegeben.

Eine gemeinsame Ermittlungsgruppe kann insbesondere gebildet werden, wenn

a) im Ermittlungsverfahren einer Vertragspartei zur Aufdeckung von Straftaten schwierige und aufwändige Ermittlungen mit Bezügen zu anderen Vertragsparteien durchzuführen sind;

b) mehrere Vertragsparteien Ermittlungen zur Aufdeckung von Straftaten durchführen, die infolge des zugrunde liegenden Sachverhalts ein koordiniertes und abgestimmtes Vorgehen in den Hoheitsgebieten der beteiligten Vertragsparteien erforderlich machen.

Ein Ersuchen um Bildung einer gemeinsamen Ermittlungsgruppe kann von jeder der betroffenen Vertragsparteien gestellt werden. Die Gruppe wird im Hoheitsgebiet einer der Vertragsparteien gebildet, in denen die Ermittlungen durchgeführt werden sollen.

(2) Ersuchen um Bildung einer gemeinsamen Ermittlungsgruppe enthalten außer den in den einschlägigen Bestimmungen des Artikels 14 des Übereinkommens genannten Angaben auch Vorschläge für die Zusammensetzung der Gruppe.

(3) Die gemeinsame Ermittlungsgruppe wird im Hoheitsgebiet der an der Gruppe beteiligten Vertragsparteien unter folgenden allgemeinen Voraussetzungen tätig:

a) Die Gruppe wird von einem Vertreter der an den strafrechtlichen Ermittlungen beteiligten zuständigen Behörde der Vertragspartei, in deren Hoheitsgebiet der Einsatz der Gruppe erfolgt, geleitet. Der Gruppenleiter handelt im Rahmen der ihm nach innerstaatlichem Recht zustehenden Befugnisse;

b) die Gruppe führt ihren Einsatz nach dem Recht der Vertragspartei durch, in deren Hoheitsgebiet ihr Einsatz erfolgt. Die Mitglieder der Gruppe und die entsandten Mitglieder der Gruppe nehmen ihre Aufgaben unter Leitung der unter Buchstabe a genannten Person unter Berücksichtigung der Bedingungen wahr, die ihre eigenen Behörden in der Vereinbarung zur Bildung der Gruppe festgelegt haben;

c) die Vertragspartei, in deren Hoheitsgebiet der Einsatz der Gruppe erfolgt, schafft die notwendigen organisatorischen Voraussetzungen für ihren Einsatz.

(4) Im Sinne dieses Artikels gelten die Mitglieder der gemeinsamen Ermittlungsgruppe, die aus der Vertragspartei stammen, in deren Hoheitsgebiet der Einsatz der Gruppe erfolgt, als „Mitglieder", während die aus anderen Vertragsparteien als der Einsatzvertragspartei stammenden Mitglieder als "entsandte Mitglieder" gelten.

Int Abk

(5) Die in die gemeinsame Ermittlungsgruppe entsandten Mitglieder sind berechtigt, bei Ermittlungsmaßnahmen im Hoheitsgebiet der Einsatzvertragspartei anwesend zu sein. Der Gruppenleiter kann jedoch aus besonderen Gründen nach Maßgabe des Rechts der Vertragspartei, in deren Hoheitsgebiet der Einsatz der Gruppe erfolgt, anders entscheiden.

(6) Die in die gemeinsame Ermittlungsgruppe entsandten Mitglieder können nach Maßgabe des Rechts der Vertragspartei, in deren Hoheitsgebiet der Einsatz der Gruppe erfolgt, vom Gruppenleiter mit der Durchführung bestimmter Ermittlungsmaßnahmen betraut werden, sofern dies von den zuständigen Behörden der Einsatzvertragspartei und von der entsendenden Vertragspartei gebilligt worden ist.

(7) Benötigt die gemeinsame Ermittlungsgruppe Ermittlungsmaßnahmen, die im Hoheitsgebiet einer der Vertragsparteien, welche die Gruppe gebildet haben, zu ergreifen sind, so können die von dieser Vertragspartei in die Gruppe entsandten Mitglieder die zuständigen Behörden ihres Landes ersuchen, diese Maßnahmen zu ergreifen. Diese werden in der betreffenden Vertragspartei gemäß den Bedingungen erwogen, die für im Rahmen innerstaatlicher Ermittlungen erbetene Maßnahmen gelten würden.

(8) Benötigt die gemeinsame Ermittlungsgruppe die Unterstützung einer Vertragspartei, die nicht zu denen gehört, welche die Gruppe gebildet haben, oder die eines Drittstaats, so kann von den zuständigen Behörden des Einsatzstaats entsprechend den einschlägigen Übereinkünften oder Vereinbarungen ein Rechtshilfeersuchen an die zuständigen Behörden des anderen betroffenen Staates gerichtet werden.

(9) Ein in die gemeinsame Ermittlungsgruppe entsandtes Mitglied darf im Einklang mit dem Recht seines Landes und im Rahmen seiner Befugnisse der Gruppe Informationen, über welche die das Mitglied entsendende Vertragspartei verfügt, für die Zwecke der von der Gruppe durchgeführten strafrechtlichen Ermittlungen vorlegen.

(10) Von einem Mitglied oder einem entsandten Mitglied während seiner Zugehörigkeit zu einer gemeinsamen Ermittlungsgruppe rechtmäßig erlangte Informationen, die den zuständigen Behörden der betroffenen Vertragsparteien nicht anderweitig zugänglich sind, dürfen für die folgenden Zwecke verwendet werden:

a) für die Zwecke, für welche die Gruppe gebildet wurde;

b) zur Aufdeckung, Ermittlung und Verfolgung anderer Straftaten vorbehaltlich der vorherigen Zustimmung der Vertragspartei, in der die Informationen erlangt wurden. Die Zustimmung kann nur in Fällen verweigert werden, in denen die Verwendung die strafrechtlichen Ermittlungen in der betreffenden Vertragspartei beeinträchtigen würde, oder in Fällen, in denen diese Vertragspartei sich weigern könnte, Rechtshilfe zu leisten;

c) zur Abwehr einer unmittelbaren und ernsthaften Gefahr für die öffentliche Sicherheit und unbeschadet des Buchstabens b, wenn anschließend eine strafrechtliche Ermittlung eingeleitet wird;

d) für andere Zwecke, sofern dies von den Vertragsparteien, welche die Gruppe gebildet haben, so vereinbart worden ist.

(11) Andere bestehende Bestimmungen oder Vereinbarungen über die Bildung oder den Einsatz gemeinsamer Ermittlungsgruppen werden von diesem Artikel nicht berührt.

(12) Soweit die Rechtsvorschriften der betreffenden Vertragsparteien oder die zwischen ihnen anwendbaren Übereinkünfte dies gestatten, kann vereinbart werden, dass sich Personen an den Tätigkeiten der gemeinsamen Ermittlungsgruppe beteiligen, die keine Vertreter der zuständigen Behörden der Vertragsparteien sind, welche die Gruppe gebildet haben. Die den Mitgliedern oder den entsandten Mitgliedern der Gruppe kraft dieses Artikels verliehenen Rechte gelten nicht für diese Personen, es sei denn, dass die Vereinbarung ausdrücklich etwas anderes vorsieht.

Artikel 21 – Strafrechtliche Verantwortlichkeit bei Beamten

Bei Einsätzen nach Maßgabe der Artikel 17, 18, 19 und 20 werden Beamte aus einer anderen Vertragspartei als derjenigen, in deren Hoheitsgebiet der Einsatz erfolgt, in Bezug auf Straftaten, die gegen sie begangen werden oder die sie selbst begehen, den Beamten der Einsatzvertragspartei gleichgestellt, sofern nichts anderes zwischen den betroffenen Vertragsparteien vereinbart worden ist.

Artikel 22 – Zivilrechtliche Verantwortlichkeit bei Beamten

(1) Wenn Beamte einer Vertragspartei gemäß den Artikeln 17, 18, 19 und 20 im Hoheitsgebiet einer anderen Vertragspartei im Einsatz sind, haftet die erste Vertragspartei nach Maßgabe des innerstaatlichen Rechts der Vertragspartei, in deren Hoheitsgebiet der Einsatz erfolgt, für den durch die Beamten bei ihrem Einsatz verursachten Schaden.

(2) Die Vertragspartei, in deren Hoheitsgebiet der in Absatz 1 genannte Schaden verursacht wird, ersetzt diesen Schaden so, wie sie ihn ersetzen müsste, wenn ihre eigenen Beamten ihn verursacht hätten.

(3) Die Vertragspartei, deren Beamte einen Schaden im Hoheitsgebiet einer anderen Vertragspartei verursacht haben, erstattet dieser anderen Vertragspartei den Gesamtbetrag des Schadensersatzes, den diese an die Geschädigten oder ihre Rechtsnachfolger geleistet hat.

(4) Unbeschadet der Ausübung ihrer Rechte gegenüber Dritten und mit Ausnahme des Absatzes 3 verzichtet jede Vertragspartei im Fall des Absatzes 1 darauf, den Betrag des erlittenen Schadens anderen Vertragsparteien gegenüber geltend zu machen.

(5) Dieser Artikel findet unter der Voraussetzung Anwendung, dass die Vertragsparteien nichts anderes vereinbart haben.

Artikel 23 – Zeugenschutz

Stellt eine Vertragspartei nach dem Übereinkommen oder einem seiner Protokolle ein Rechtshilfeersuchen in Bezug auf einen Zeugen, welcher der Gefahr der Bedrohung ausgesetzt ist oder Schutz benötigt, so bemühen sich die zuständigen Behörden der ersuchenden Vertragspartei und die der ersuchten Vertragspartei, Maßnahmen zum Schutz der betroffenen Person nach Maßgabe ihres innerstaatlichen Rechts zu vereinbaren.

Artikel 24 – Vorläufige Maßnahmen

(1) Auf Ersuchen der ersuchenden Vertragspartei kann die ersuchte Vertragspartei nach Maßgabe ihres innerstaatlichen Rechts vorläufige Maßnahmen zur Beweissicherung, Aufrechterhaltung eines bestehenden Zustands und zum Schutz bedrohter rechtlicher Interessen ergreifen.

(2) Die ersuchte Vertragspartei kann dem Ersuchen teilweise oder unter bestimmten Voraussetzungen, insbesondere durch Befristung der ergriffenen Maßnahmen, stattgeben.

Artikel 25 – Vertraulichkeit

Die ersuchende Vertragspartei kann von der ersuchten Vertragspartei verlangen, das Ersuchen und seinen Inhalt vertraulich zu behandeln, soweit dies mit der Erledigung des Ersuchens vereinbar ist. Kann die ersuchte Vertragspartei die Vertraulichkeit nicht wahren, so unterrichtet sie unverzüglich die ersuchende Vertragspartei darüber.

Artikel 26 – Datenschutz

(1) Personenbezogene Daten, die eine Vertragspartei einer anderen infolge der Erledigung eines Ersuchens nach dem Übereinkommen oder einem seiner Protokolle übermittelt, dürfen von der Vertragspartei, der sie übermittelt wurden, nur für folgende Zwecke verwendet werden:

a) für Verfahren, auf die das Übereinkommen oder eines seiner Protokolle Anwendung findet;

b) für sonstige justitielle und verwaltungsbehördliche Verfahren, die mit Verfahren im Sinne des Buchstabens a unmittelbar zusammenhängen;

c) zur Abwehr einer unmittelbaren und ernsthaften Gefahr für die öffentliche Sicherheit.

(2) Die Daten dürfen jedoch nach vorheriger Zustimmung entweder der übermittelnden Vertragspartei oder des Betroffenen auch für jeden anderen Zweck verwendet werden.

(3) Jede Vertragspartei kann die Übermittlung der infolge der Erledigung eines Ersuchens nach dem Übereinkommen oder einem seiner Protokolle erlangten Daten verweigern, wenn

– die Daten nach ihrem innerstaatlichen Recht geschützt sind und

– die Vertragspartei, der die Daten übermittelt werden sollen, nicht durch das am 28. Januar 1981 in Straßburg beschlossene Übereinkommen zum Schutz des Menschen bei der automatischen Verarbeitung personenbezogener Daten gebunden ist, es sei denn, die letztgenannte Vertragspartei verpflichtet sich, den Daten den Schutz zu gewähren, den die erste Vertragspartei verlangt.

(4) Jede Vertragspartei, die infolge der Erledigung eines Ersuchens nach dem Übereinkommen oder einem seiner Protokolle erlangte Daten übermittelt, kann von der Vertragspartei, der die Daten übermittelt werden, verlangen, über deren Verwendung unterrichtet zu werden.

(5) Jede Vertragspartei kann durch eine an den Generalsekretär des Europarats gerichtete Erklärung verlangen, dass im Rahmen von Verfahren, bei denen sie die Übermittlung oder Verwendung personenbezogener Daten nach dem Übereinkommen oder einem seiner Protokolle hätte verweigern oder einschränken können, die personenbezogenen Daten, die sie einer anderen Vertragspartei übermittelt, von dieser nur nach ihrer vorherigen Zustimmung zu den in Absatz 1 genannten Zwecken genutzt werden.

Int Abk

Artikel 27 – Verwaltungsbehörden

Jede Vertragspartei kann jederzeit durch eine an den Generalsekretär des Europarats gerichtete Erklärung angeben, welche Behörden sie als Verwaltungsbehörden im Sinne des Artikels 1 Absatz 3 des Übereinkommens betrachtet.

Artikel 28 – Verhältnis zu anderen Übereinkünften

Dieses Protokolls lässt weiter gehende Regelungen zwei- oder mehrseitiger zwischen Vertragsparteien nach Artikel 26 Absatz 3 des Übereinkommens geschlossener Übereinkünfte unberührt.

Artikel 29 – Gütliche Einigung

Der Europäische Ausschuss für Strafrechtsfragen verfolgt die Auslegung und Anwendung des Übereinkommens und seiner Protokolle und unternimmt alles Notwendige, um die gütliche Behebung aller Schwierigkeiten, die sich aus der Anwendung des Übereinkommens und seiner Protokolle ergeben können, zu erleichtern.

Kapitel III

Artikel 30 – Unterzeichnung und Inkrafttreten

(1) Dieses Protokoll liegt für die Mitgliedstaaten des Europarats, die Vertragspartei des Übereinkommens sind oder es unterzeichnet haben, zur Unterzeichnung auf. Es bedarf der Ratifikation, Annahme oder Genehmigung. Ein Unterzeichner kann dieses Protokoll nicht ratifizieren, annehmen oder genehmigen, ohne vorher oder gleichzeitig das Übereinkommen ratifiziert, angenommen oder genehmigt zu haben. Die Ratifikations-, Annahme- oder Genehmigungsurkunden werden beim Generalsekretär des Europarats hinterlegt.

(2) Dieses Protokoll tritt am ersten Tag des Monats in Kraft, der auf einen Zeitabschnitt von drei Monaten nach Hinterlegung der dritten Ratifikations-, Annahme- oder Genehmigungsurkunde folgt.

(3) Für jeden Unterzeichnerstaat, der seine Ratifikations-, Annahme- oder Genehmigungsurkunde später hinterlegt, tritt das Protokoll am ersten Tag des Monats in Kraft, der auf einen Zeitabschnitt von drei Monaten nach der Hinterlegung folgt.

Artikel 31 – Beitritt

(1) Jeder Nichtmitgliedstaat, der dem Übereinkommen beigetreten ist, kann diesem Protokoll beitreten, nachdem es in Kraft getreten ist.

(2) Der Beitritt erfolgt durch Hinterlegung einer Beitrittsurkunde beim Generalsekretär des Europarats.

(3) Für jeden beitretenden Staat tritt das Protokoll am ersten Tag des Monats in Kraft, der auf einen Zeitabschnitt von drei Monaten nach Hinterlegung der Beitrittsurkunde folgt.

Artikel 32 – Räumlicher Geltungsbereich

(1) Jeder Staat kann bei der Unterzeichnung oder bei der Hinterlegung seiner Ratifikations-, Annahme-, Genehmigungs- oder Beitrittsurkunde einzelne oder mehrere Hoheitsgebiete bezeichnen, auf die dieses Protokoll Anwendung findet.

(2) Jeder Staat kann jederzeit danach durch eine an den Generalsekretär des Europarats gerichtete Erklärung die Anwendung dieses Protokolls auf jedes weitere in der Erklärung bezeichnete Hoheitsgebiet erstrecken. Das Protokoll tritt für dieses Hoheitsgebiet am ersten Tag des Monats in Kraft, der auf einen Zeitabschnitt von drei Monaten nach Eingang der Erklärung beim Generalsekretär folgt.

(3) Jede nach den Absätzen 1 und 2 abgegebene Erklärung kann in Bezug auf jedes darin bezeichnete Hoheitsgebiet durch eine an den Generalsekretär gerichtete Notifikation zurückgenommen werden. Die Rücknahme wird am ersten Tag des Monats wirksam, der auf einen Zeitabschnitt von drei Monaten nach Eingang der Notifikation beim Generalsekretär folgt.

Artikel 33 – Vorbehalte

(1) Die von einer Vertragspartei zu einer Bestimmung des Übereinkommens oder seines Protokolls angebrachten Vorbehalte finden auch auf dieses Protokoll Anwendung, sofern diese Vertragspartei bei der Unterzeichnung oder bei der Hinterlegung ihrer Ratifikations-, Annahme-, Genehmigungs- oder Beitrittsurkunde keine anders lautende Absicht zum Ausdruck bringt. Das Gleiche gilt für jede Erklärung, die hinsichtlich oder aufgrund einer Bestimmung des Übereinkommens oder seines Protokolls abgegeben worden ist.

(2) Jeder Staat kann bei der Unterzeichnung oder bei der Hinterlegung seiner Ratifikations-, Annahme-, Genehmigungs- oder Beitrittsurkunde erklären, dass er von dem Recht Gebrauch macht, einen oder mehrere der Artikel 16, 17, 18, 19 und 20 ganz oder teilweise nicht anzunehmen. Andere Vorbehalte sind nicht zulässig.

(3) Jeder Staat kann einen von ihm nach den Absätzen 1 und 2 angebrachten Vorbehalt durch eine an den Generalsekretär des Europarats gerichtete Erklärung ganz oder teilweise zurückziehen; die Erklärung wird mit ihrem Eingang wirksam.

(4) Eine Vertragspartei, die einen Vorbehalt zu einem der in Absatz 2 erwähnten Artikel dieses Protokolls angebracht hat, kann nicht verlangen, dass eine andere Vertragspartei diesen Artikel anwendet. Sie kann jedoch, wenn es sich um einen Teilvorbehalt oder einen bedingten Vorbehalt handelt, die Anwendung des betreffenden Artikels insoweit verlangen, als sie selbst ihn angenommen hat.

Artikel 34 – Kündigung

(1) Jede Vertragspartei kann dieses Protokoll durch eine an den Generalsekretär des Europarats gerichtete Notifikation für sich kündigen.

(2) Die Kündigung wird am ersten Tag des Monats wirksam, der auf einen Zeitabschnitt von drei Monaten nach Eingang der Notifikation beim Generalsekretär folgt.

(3) Die Kündigung des Übereinkommens hat ohne weiteres auch die Kündigung dieses Protokolls zur Folge.

Artikel 35 – Notifikationen

(1) Der Generalsekretär des Europarats notifiziert den Mitgliedstaaten des Europarats und jedem Staat, der diesem Protokoll beigetreten ist,

a) jede Unterzeichnung;

b) jede Hinterlegung einer Ratifikations-, Annahme-, Genehmigungs- oder Beitrittsurkunde;

c) jeden Zeitpunkt des Inkrafttretens dieses Protokolls nach den Artikeln 30 und 31;

d) jede andere Handlung, Erklärung, Notifikation oder Mitteilung im Zusammenhang mit diesem Protokoll.

Zu Urkund dessen haben die hierzu gehörig befugten Unterzeichneten dieses Protokoll unterschrieben.

Geschehen zu Straßburg am 8. November 2001 in englischer und französischer Sprache, wobei jeder Wortlaut gleichermaßen verbindlich ist, in einer Urschrift, die im Archiv des Europarats hinterlegt wird. Der Generalsekretär des Europarats übermittelt allen Mitgliedstaaten des Europarats und den Nichtmitgliedstaaten, die dem Übereinkommen beigetreten sind, beglaubigte Abschriften.

Erklärungen der Republik Österreich

Erklärung betreffend Art. 6

Österreich erklärt gemäß Art. 6, dass es die Strafgerichte, die Staatsanwaltschaften und das Bundesministerium für Justiz als österreichische Justizbehörden betrachten wird.

Erklärung betreffend Art. 17

Österreich benennt als zuständige Beamte zur Durchführung einer grenzüberschreitenden Observation die Beamten des Bundesministeriums für Inneres, Generaldirektion für die öffentliche Sicherheit - Direktion für Spezialeinheiten - Zentrale Observation.

Zuständige österreichische Behörde zur Bewilligung einer grenzüberschreitenden Observation ist gemäß § 55 Abs. 1 ARHG die Staatsanwaltschaft, in deren Sprengel die Grenze voraussichtlich überschritten wird oder von deren Sprengel grenzüberschreitende Observation ausgehen soll, im Fall einer Observation in einem nach Österreich einfliegenden Luftfahrzeug die Staatsanwaltschaft, in deren Sprengel der Ort der Landung liegt. Ist eine Zuständigkeit nach diesen Regelungen nicht feststellbar, so ist die Staatsanwaltschaft Wien zuständig.

Erklärung betreffend Art. 18

Österreich benennt als zuständige Beamte zur Durchführung einer kontrollierten Lieferung die Beamten des Bundesministeriums für Inneres, Generaldirektion für die öffentliche Sicherheit - Direktion für Spezialeinheiten - Zentrale Observation und die Beamten der Zollämter als Finanzstrafbehörden. Österreich benennt als zuständige Behörden für die Bewilligung von Ersuchen nach Art. 18 die Staatsanwaltschaft, in deren Sprengel die Grenze voraussichtlich überschritten wird oder von deren Sprengel die kontrollierte Lieferung ausgehen soll.

Erklärung betreffend Art. 19

Österreich benennt als zuständige Behörden für Ersuchen nach Art. 19 die Staatsanwaltschaft, in deren Sprengel der Einsatz voraussichtlich beginnen soll.

Erklärung betreffend Art. 27

Österreich betrachtet die örtlich zuständigen Bezirksverwaltungsbehörden (Bezirkshauptmannschaften oder Organe einer Stadt mit eigenem Statut), in den Angelegenheiten des sachlichen Wirkungsbereichs der Landespolizeidirektionen im Gebiet einer Gemeinde, für das die Landespolizeidirektion zugleich Sicherheitsbehörde erster Instanz ist, jedoch die Landespolizeidirektionen sowie die örtlich zuständigen Finanzstrafbehörden (Finanzämter und Zollämter) als zuständige Verwaltungsbehörden im Sinne von Art. 1 Abs. 3 des 2. Zusatzprotokolls.

Int Abk

23/3. Übereinkommen – gem Art 34 des Vertrages über die EU vom Rat erstellt – über die Rechtshilfe in Strafsachen zwischen den Mitgliedstaaten der EU

BGBl III 2005/65 idF

1 BGBl III 2015/35   **2** BGBl III 2021/199

DIE HOHEN VERTRAGSPARTEIEN dieses Übereinkommens, Mitgliedstaaten der Europäischen Union —

UNTER BEZUGNAHME auf den Rechtsakt des Rates über die Erstellung des Übereinkommens über die Rechtshilfe in Strafsachen zwischen den Mitgliedstaaten der Europäischen Union,

IN DEM WUNSCH, die justitielle Zusammenarbeit in Strafsachen zwischen den Mitgliedstaaten der Union unbeschadet der Bestimmungen zum Schutze der Freiheit des einzelnen zu verbessern,

IN ANBETRACHT des gemeinsamen Interesses der Mitgliedstaaten, sicherzustellen, daß die Rechtshilfe zwischen den Mitgliedstaaten rasch und effizient in einer Weise erfolgt, die mit den wesentlichen Grundsätzen ihres innerstaatlichen Rechts vereinbar ist und mit den Rechten des einzelnen sowie den Prinzipien der am 4. November 1950 in Rom unterzeichneten Europäischen Konvention zum Schutze der Menschenrechte und Grundfreiheiten in Einklang steht,

IM VERTRAUEN auf die Struktur und die Funktionsweise ihrer Rechtssysteme und die Fähigkeit aller Mitgliedstaaten, ein faires Verfahren zu gewährleisten,

ENTSCHLOSSEN, das Europäische Übereinkommen vom 20. April 1959 über die Rechtshilfe in Strafsachen und andere geltende einschlägige Übereinkommen durch ein Übereinkommen der Europäischen Union zu ergänzen,

IN ANERKENNUNG DESSEN, daß die Bestimmungen jener Übereinkommen für alle Fragen, die nicht in dem vorliegenden Übereinkommen geregelt sind, weitergelten,

IN DER ERWÄGUNG, daß die Mitgliedstaaten dem Ausbau der justitiellen Zusammenarbeit Bedeutung beimessen, indessen sie weiterhin den Grundsatz der Verhältnismäßigkeit anwenden,

UNTER HINWEIS DARAUF, daß dieses Übereinkommen die Rechtshilfe in Strafsachen ausgehend von den in dem Übereinkommen vom 20. April 1959 enthaltenen Grundsätzen regelt,

IN DER ERWÄGUNG, daß Artikel 20 dieses Übereinkommens zwar bestimmte Sonderfälle der Überwachung des Telekommunikationsverkehrs regelt, jedoch keinerlei Auswirkungen auf andere derartige Fälle hat, die nicht in den Anwendungsbereich des Übereinkommens fallen,

IN DER ERWÄGUNG, daß in den nicht in diesem Übereinkommen geregelten Fällen die allgemeinen Grundsätze des Völkerrechts gelten,

IN ANERKENNUNG DESSEN, daß dieses Übereinkommen nicht die Wahrnehmung der Zuständigkeiten der Mitgliedstaaten für die Aufrechterhaltung der öffentlichen Ordnung und den Schutz der inneren Sicherheit berührt und daß es Sache jedes Mitgliedstaats ist, gemäß Artikel 33 des Vertrags über die Europäische Union zu bestimmen, unter welchen Bedingungen er die öffentliche Ordnung aufrechterhalten und die innere Sicherheit schützen will —

SIND WIE FOLGT ÜBEREINGEKOMMEN:

TITEL 1

ALLGEMEINE BESTIMMUNGEN

Artikel 1
Verhältnis zu anderen Übereinkommen über Rechtshilfe

(1) Zweck dieses Übereinkommens ist es, folgende Bestimmungen zu ergänzen und ihre Anwendung zwischen den Mitgliedstaaten der Europäischen Union zu erleichtern:

a) Europäisches Übereinkommen vom 20. April 1959 über die Rechtshilfe in Strafsachen (nachstehend „Europäisches Rechtshilfeübereinkommen" genannt),

b) Zusatzprotokoll vom 17. März 1978 zum Europäischen Rechtshilfeübereinkommen,

c) Bestimmungen über die Rechtshilfe in Strafsachen des Übereinkommens vom 19. Juni 1990 zur Durchführung des Übereinkommens vom 14. Juni 1985 betreffend den schrittweisen Abbau der Kontrollen an den gemeinsamen Grenzen (nachstehend „Schengener Durchführungsübereinkommen" genannt), die durch Artikel 2 Absatz 2 nicht aufgehoben werden,

d) Kapitel 2 des Übereinkommens vom 27. Juni 1962 zwischen dem Königreich Belgien, dem Großherzogtum Luxemburg und dem Königreich der Niederlande über die Auslieferung und Rechtshilfe in Strafsachen, geändert durch das Protokoll vom 11. Mai 1974 (nachstehend „Benelux-Übereinkommen" genannt), in den Beziehungen zwischen den Mitgliedstaaten der Benelux-Wirtschaftsunion.

(2) Dieses Übereinkommen berührt weder die Anwendung günstigerer Bestimmungen der zwischen Mitgliedstaaten geschlossenen bilateralen oder multilateralen Übereinkünfte noch, wie dies in Artikel 26 Absatz 4 des Europäischen Rechtshilfeübereinkommens vorgesehen ist, die Vereinbarungen über die Rechtshilfe in Strafsachen aufgrund einheitlicher Rechtsvorschriften oder eines besonderen Systems, das die gegenseitige Anwendung von Rechtshilfemaßnahmen in ihren Hoheitsgebieten vorsieht.

Artikel 2
Bestimmungen im Zusammenhang mit dem Schengen-Besitzstand

(1) Die Artikel 3, 5, 6, 7, 12 und 23 und, soweit für Artikel 12 relevant, die Artikel 15 und 16 sowie, soweit für die genannten Artikel relevant, Artikel 1 enthalten Maßnahmen, die die Bestimmungen, die in Anhang A zum Übereinkommen zwischen dem Rat der Europäischen Union sowie der Republik Island und dem Königreich Norwegen über die Assoziierung der beiden letztgenannten Staaten bei der Umsetzung, Anwendung und Entwicklung des Schengen-Besitzstands[1] aufgeführt sind, ändern bzw. darauf aufbauen.

(2) Der Artikel 49 Buchstabe a) sowie die Artikel 52, 53 und 73 des Schengener Durchführungsübereinkommens werden hiermit aufgehoben.

---

[1] ABl. L 176 vom 10.7.1999, S. 36.

Artikel 3
Verfahren, in denen ebenfalls Rechtshilfe geleistet wird

(1) Rechtshilfe wird auch in Verfahren wegen Handlungen geleistet, die nach dem innerstaatlichen Recht des ersuchenden oder des ersuchten Mitgliedstaats oder beider als Zuwiderhandlungen gegen Rechtsvorschriften durch Verwaltungsbehörden geahndet werden, gegen deren Entscheidung ein auch in Strafsachen zuständiges Gericht angerufen werden kann.

(2) Rechtshilfe wird auch in Strafverfahren und Verfahren im Sinne des Absatzes 1 in bezug auf Straftaten oder Zuwiderhandlungen geleistet, für die im ersuchenden Mitgliedstaat eine juristische Person verantwortlich gemacht werden kann.

Artikel 4
Formvorschriften und Verfahren bei der Erledigung von Rechtshilfeersuchen

(1) In den Fällen, in denen Rechtshilfe geleistet wird, hält der ersuchte Mitgliedstaat die vom ersuchenden Mitgliedstaat ausdrücklich angegebenen Formvorschriften und Verfahren ein, soweit in diesem Übereinkommen nichts anderes bestimmt ist und sofern die angegebenen Formvorschriften und Verfahren nicht den Grundprinzipien des Rechts des ersuchten Mitgliedstaats zuwiderlaufen.

(2) Der ersuchte Mitgliedstaat erledigt das Rechtshilfeersuchen so rasch wie möglich, wobei er die von dem ersuchenden Mitgliedstaat angegebenen Verfahrensfristen und sonstigen Fristen so weit wie möglich berücksichtigt. Der ersuchende Mitgliedstaat gibt die Gründe für die von ihm gesetzte Frist an.

(3) Kann das Ersuchen nicht oder nicht vollständig gemäß den Anforderungen des ersuchenden Mitgliedstaats erledigt werden, so unterrichten die Behörden des ersuchten Mitgliedstaats unverzüglich die Behörden des ersuchenden Mitgliedstaats und teilen die Bedingungen mit, unter denen das Ersuchen erledigt werden könnte. Die Behörden des ersuchenden und des ersuchten Mitgliedstaats können daraufhin vereinbaren, in welcher Weise die weitere Bearbeitung des Ersuchens erfolgen soll, wobei diese gegebenenfalls von der Einhaltung der vorgenannten Bedingungen abhängig gemacht wird.

(4) Läßt sich absehen, daß die von dem ersuchenden Mitgliedstaat für die Erledigung seines Ersuchens gesetzte Frist nicht eingehalten werden kann, und ergeben sich aus den in Absatz 2 Satz 2 genannten Gründen konkrete Anhaltspunkte für die Vermutung, daß jedwede Verzögerung zu einer erheblichen Beeinträchtigung des im ersuchenden Mitgliedstaat anhängigen Verfahrens führen wird, so geben die Behörden des ersuchten Mitgliedstaats unverzüglich die voraussichtliche Erledigungsdauer an. Die Behörden des ersuchenden Mitgliedstaats teilen unverzüglich mit, ob das Ersuchen dennoch aufrechterhalten wird. Die Behörden des ersuchenden und des ersuchten Mitgliedstaats können daraufhin vereinbaren, in welcher Weise die weitere Bearbeitung des Ersuchens erfolgen soll.

Artikel 5
Übersendung und Zustellung von Verfahrensurkunden

(1) Jeder Mitgliedstaat übersendet Personen, die sich im Hoheitsgebiet eines anderen Mitgliedstaats aufhalten, für sie bestimmte Verfahrensurkunden unmittelbar durch die Post.

Int Abk

(2) Die Verfahrensurkunden können nur dann durch Vermittlung der zuständigen Behörden des ersuchten Mitgliedstaats übersandt werden, wenn

a) die Anschrift des Empfängers unbekannt oder nicht genau bekannt ist,

b) die entsprechenden Verfahrensvorschriften des ersuchenden Mitgliedstaats einen anderen als einen auf dem Postweg möglichen Nachweis über die Zustellung der Urkunde an den Empfänger verlangen,

c) eine Zustellung auf dem Postweg nicht möglich war, oder

d) der ersuchende Mitgliedstaat berechtigte Gründe für die Annahme hat, daß der Postweg nicht zum Ziel führen wird oder ungeeignet ist.

(3) Wenn Anhaltspunkte dafür vorliegen, daß der Zustellungsempfänger der Sprache, in der die Urkunde abgefaßt ist, unkundig ist, so ist die Urkunde — oder zumindest deren wesentlicher Inhalt — in die Sprache oder in eine der Sprachen des Mitgliedstaats, in dessen Hoheitsgebiet der Empfänger sich aufhält, zu übersetzen. Ist der Behörde, die die Verfahrensurkunde ausgestellt hat, bekannt, daß der Empfänger nur einer anderen Sprache kundig ist, so ist die Urkunde — oder zumindest deren wesentlicher Inhalt — in diese andere Sprache zu übersetzen.

(4) Jeder Verfahrensurkunde wird ein Vermerk beigefügt, aus dem hervorgeht, daß der Empfänger sich bei der Behörde, die die Urkunde ausgestellt hat, oder bei anderen Behörden dieses Mitgliedstaats erkundigen kann, welche Rechte und Pflichten er im Zusammenhang mit der Urkunde hat. Absatz 3 gilt auch für diesen Vermerk.

(5) Die Anwendung der Artikel 8, 9 und 12 des Europäischen Rechtshilfeübereinkommens und der Artikel 32, 34 und 35 des Benelux-Übereinkommens bleibt von diesem Artikel unberührt.

Artikel 6
Übermittlung von Rechtshilfeersuchen

(1) Rechtshilfeersuchen sowie der Informationsaustausch ohne Ersuchen nach Artikel 7 erfolgen schriftlich oder durch Mittel, die die Erstellung einer schriftlichen Fassung unter Bedingungen ermöglichen, die dem empfangenden Mitgliedstaat die Feststellung der Echtheit gestatten. Diese Ersuchen werden unmittelbar zwischen den Justizbehörden, die für ihre Stellung und Erledigung örtlich zuständig sind, übermittelt und auf demselben Weg zurückgesandt, sofern in diesem Artikel nichts anderes bestimmt ist.

Anzeigen eines Mitgliedstaats zum Zweck der Strafverfolgung durch die Gerichte eines anderen Mitgliedstaats im Sinne von Artikel 21 des Europäischen Rechtshilfeübereinkommens und Artikel 42 des Benelux-Übereinkommens können Gegenstand des unmittelbaren Verkehrs zwischen den zuständigen Justizbehörden sein.

(2) Absatz 1 läßt die Möglichkeit unberührt, daß die Ersuchen in besonderen Fällen

a) zwischen einer zentralen Behörde eines Mitgliedstaats und einer zentralen Behörde eines anderen Mitgliedstaats oder

b) zwischen einer Justizbehörde eines Mitgliedstaats und einer zentralen Behörde eines anderen Mitgliedstaats

übersandt oder zurückgesandt werden.

(3) Ungeachtet des Absatzes 1 können das Vereinigte Königreich und Irland bei der Notifizierung nach Artikel 27 Absatz 2 jeweils erklären, daß an sie gerichtete Ersuchen und Mitteilungen entsprechend den Angaben in der Erklärung über ihre zentrale Behörde zu übermitteln sind. Diese Mitgliedstaaten können jederzeit im Wege einer weiteren Erklärung den Anwendungsbereich einer derartigen Erklärung einschränken, um auf diese Weise die Wirkung von Absatz 1 zu verstärken. Sie haben in dieser Weise zu verfahren, wenn die im Schengener Durchführungsübereinkommen enthaltenen Bestimmungen über die Rechtshilfe für sie in Kraft gesetzt werden.

Jeder Mitgliedstaat kann im Zusammenhang mit den vorgenannten Erklärungen den Grundsatz der Gegenseitigkeit anwenden.

(4) Alle Rechtshilfeersuchen können in dringenden Fällen über die Internationale Kriminalpolizeiliche Organisation (Interpol) oder über eine andere Institution gestellt werden, die aufgrund von gemäß dem Vertrag über die Europäische Union angenommenen Bestimmungen zuständig ist.

(5) Handelt es sich im Falle von Ersuchen gemäß den Artikeln 12, 13 oder 14 bei der zuständigen Behörde in dem einen Mitgliedstaat um eine Justizbehörde oder eine zentrale Behörde und in dem anderen Mitgliedstaat um eine Polizei- oder Zollbehörde, so können diese Ersuchen und die diesbezüglichen Antworten unmittelbar zwischen diesen Behörden übermittelt werden. Auf diese Kontakte findet Absatz 4 Anwendung.

(6) Handelt es sich im Falle von Rechtshilfeersuchen wegen Handlungen im Sinne des Artikels 3 Absatz 1 bei der zuständigen Behörde in dem einen Mitgliedstaat um eine Justizbehörde oder eine zentrale Behörde und in dem anderen Mitgliedstaat um eine Verwaltungsbehörde, so können diese Ersuchen und die diesbezüglichen Antworten unmittelbar zwischen diesen Behörden übermittelt werden.

(7) Jeder Mitgliedstaat kann bei der Notifizierung nach Artikel 27 Absatz 2 erklären, daß er durch Absatz 5 Satz 1 oder Absatz 6 oder durch beide nicht gebunden ist oder daß er diese Bestimmungen nur unter ihm näher zu bestimmenden Voraussetzungen anwenden wird. Eine derartige Erklärung kann jederzeit zurückgenommen oder geändert werden.

(8) Folgende Ersuchen oder Mitteilungen werden über die zentralen Behörden der Mitgliedstaaten übermittelt:

a) Ersuchen um zeitweilige Überstellung oder Durchbeförderung von inhaftierten Personen gemäß Artikel 9 dieses Übereinkommens, Artikel 11 des Europäischen Rechtshilfeübereinkommens und Artikel 33 des Benelux-Übereinkommens;

b) Strafnachrichten nach Artikel 22 des Europäischen Rechtshilfeübereinkommens und Artikel 43 des Benelux-Übereinkommens. Die Ersuchen um Übermittlung von Abschriften von Urteilen und Maßnahmen im Sinne von Artikel 4 des Zusatzprotokolls zum Europäischen Rechtshilfeübereinkommen können den zuständigen Behörden jedoch direkt übermittelt werden.

Artikel 7
Informationsaustausch ohne Ersuchen

(1) Im Rahmen ihrer innerstaatlichen Rechtsvorschriften können die zuständigen Behörden der Mitgliedstaaten auch ohne ein diesbezügliches Ersuchen Informationen über Straftaten und Zuwiderhandlungen gegen Rechtsvorschriften nach Artikel 3 Absatz 1 austauschen, deren Ahndung oder Bearbeitung zu dem Zeitpunkt, zu dem die Information übermittelt wird, in den Zuständigkeitsbereich der empfangenden Behörde fällt.

(2) Die übermittelnde Behörde kann nach Maßgabe ihres innerstaatlichen Rechts Bedingungen für die Verwendung dieser Informationen durch die empfangende Behörde festlegen.

(3) Die empfangende Behörde ist an diese Bedingungen gebunden.

TITEL II

ERSUCHEN UM BESTIMMTE SPEZIFISCHE FORMEN DER RECHTSHILFE

Artikel 8
Rückgabe

(1) Der ersuchte Mitgliedstaat kann durch eine Straftat erlangte Gegenstände auf Antrag des ersuchenden Mitgliedstaates und unbeschadet der Rechte gutgläubiger Dritter dem ersuchenden Mitgliedstaats im Hinblick auf deren Rückgabe an ihren rechtmäßigen Eigentümer zur Verfügung stellen.

(2) Bei Anwendung der Artikel 3 und 6 des Europäischen Rechtshilfeübereinkommens sowie des Artikels 24 Absatz 2 und des Artikels 29 des Benelux-Übereinkommens kann der ersuchte Mitgliedstaat auf die Rückgabe der Gegenstände verzichten, und zwar entweder vor oder nach deren Übergabe an den ersuchenden Mitgliedstaat, wenn dadurch die Rückgabe der Gegenstände an

den rechtmäßigen Eigentümer erleichtert wird. Rechte gutgläubiger Dritter bleiben unberührt.

(3) Verzichtet der ersuchte Mitgliedstaat auf die Rückgabe der Gegenstände, bevor er sie dem ersuchenden Mitgliedstaat übergibt, so macht er kein Sicherungsrecht und keinen anderen Anspruch aufgrund steuerlicher oder zollrechtlicher Vorschriften in bezug auf diese Gegenstände geltend.

Ein Verzicht auf die Rückgabe der Gegenstände nach Absatz 2 läßt das Recht des ersuchten Mitgliedstaats unberührt, von dem rechtmäßigen Eigentümer Steuern oder Abgaben zu erheben.

Artikel 9
Zeitweilige Überstellung inhaftierter Personen zu Ermittlungszwecken

(1) Ein Mitgliedstaat, der um eine Ermittlungshandlung ersucht hat, für die die Anwesenheit einer in seinen Hoheitsgebiet inhaftierten Person erforderlich ist, kann — sofern die zuständigen Behörden der betroffenen Mitgliedstaaten eine entsprechende Vereinbarung getroffen haben — die betreffende Person zeitweilig in das Hoheitsgebiet des Mitgliedstaats überstellen, in dem die Ermittlung stattfinden soll.

(2) Die Vereinbarung erstreckt sich auf die Einzelheiten für die zeitweilige Überstellung der betreffenden Person und die Frist für deren Rücküberstellung in das Hoheitsgebiet des ersuchenden Mitgliedstaats.

(3) Ist die Zustimmung der betreffenden Person zu ihrer Überstellung erforderlich, so wird dem ersuchten Mitgliedstaat unverzüglich eine Zustimmungserklärung oder eine Abschrift dieser Erklärung übermittelt

(4) Die Haft im Hoheitsgebiet des ersuchten Mitgliedstaats wird auf die Dauer des Freiheitsentzugs, dem die betreffende Person im Hoheitsgebiet des ersuchenden Mitgliedstaats unterliegt oder unterliegen wird, angerechnet.

(5) Die Bestimmungen des Artikels 11 Absätze 2 und 3, des Artikels 12 und des Artikels 20 des Europäischen Rechtshilfeübereinkommens finden auf diesen Artikel entsprechend Anwendung.

(6) Jeder Mitgliedstaat kann bei der Notifizierung nach Artikel 27 Absatz 2 erklären, daß für das Zustandekommen der Vereinbarung nach Absatz 1 generell oder unter bestimmten in der Erklärung genannten Voraussetzungen die Zustimmung nach Absatz 3 erforderlich ist.

Artikel 10
Vernehmung per Videokonferenz

(1) Befindet sich eine Person im Hoheitsgebiet eines Mitgliedstaats und soll diese Person als Zeuge oder Sachverständiger von den Justizbehör-

Int Abk

Artikel 10

den eines anderen Mitgliedstaats vernommen werden, so kann letzterer, sofern ein persönliches Erscheinen der zu vernehmenden Person in seinem Hoheitsgebiet nicht zweckmäßig oder möglich ist, darum ersuchen, daß die Vernehmung per Videokonferenz nach Maßgabe der Absätze 2 bis 8 erfolgt.

(2) Der ersuchte Mitgliedstaat bewilligt die Vernehmung per Videokonferenz, wenn der Rückgriff auf Videokonferenzen den Grundprinzipien seiner Rechtsordnung nicht zuwiderläuft und er über die technischen Vorrichtungen für eine derartige Vernehmung verfügt. Verfügt der ersuchte Mitgliedstaat nicht über die technischen Vorrichtungen für eine Videokonferenz, so können ihm diese von dem ersuchenden Mitgliedstaat in gegenseitigem Einvernehmen zur Verfügung gestellt werden.

(3) Ersuchen um Vernehmung per Videokonferenz enthalten außer den in Artikel 14 des Europäischen Rechtshilfeübereinkommens und Artikel 37 des Benelux-Übereinkommens genannten Angaben die Begründung dafür, daß ein persönliches Erscheinen des Zeugen oder Sachverständigen nicht zweckmäßig oder möglich ist, sowie ferner die Bezeichnung der Justizbehörde und die Namen der Personen, die die Vernehmung durchführen werden.

(4) Die Justizbehörde des ersuchten Mitgliedstaats lädt die betreffende Person in der in ihrem innerstaatlichen Recht vorgeschriebenen Form vor.

(5) Für die Vernehmung per Videokonferenz gelten folgende Regeln:

a) Bei der Vernehmung ist ein Vertreter der Justizbehörde des ersuchten Mitgliedstaats, bei Bedarf unterstützt von einem Dolmetscher, anwesend, der auch die Identität der zu vernehmenden Person feststellt und auf die Einhaltung der Grundprinzipien der Rechtsordnung des ersuchten Mitgliedstaats achtet. Werden nach Ansicht des Vertreters der Justizbehörde des ersuchten Mitgliedstaats bei der Vernehmung die Grundprinzipien der Rechtsordnung des ersuchten Mitgliedstaats verletzt, so trifft er sofort die Maßnahmen, die erforderlich sind, damit bei der weiteren Vernehmung diese Prinzipien beachtet werden.

b) Zwischen den zuständigen Behörden des ersuchenden und des ersuchten Mitgliedstaats werden gegebenenfalls Maßnahmen zum Schutz der zu vernehmenden Person vereinbart.

c) Die Vernehmung wird unmittelbar von oder unter Leitung der Justizbehörde des ersuchenden Mitgliedstaats nach dessen innerstaatlichen Rechtsvorschriften durchgeführt.

d) Auf Wunsch des ersuchenden Mitgliedstaats oder der zu vernehmenden Person trägt der ersuchte Mitgliedstaat dafür Sorge, daß die zu vernehmende Person bei Bedarf von einem Dolmetscher unterstützt wird.

e) Die zu vernehmende Person kann sich auf das Aussageverweigerungsrecht berufen, das ihr nach dem Recht des ersuchten oder des ersuchenden Mitgliedstaats zusteht.

(6) Unbeschadet etwaiger zum Schutz von Personen vereinbarter Maßnahmen erstellt die Justizbehörde des ersuchten Mitgliedstaats nach der Vernehmung ein Protokoll, das Angaben zum Termin und zum Ort der Vernehmung, zur Identität der vernommenen Person, zur Identität und zur Funktion aller anderen im ersuchten Mitgliedstaat an der Vernehmung teilnehmenden Personen, zu einer etwaigen Vereidigung und zu den technischen Bedingungen, unter denen die Vernehmung stattfand, enthält. Dieses Dokument wird der zuständigen Behörde des ersuchenden Mitgliedstaats von der zuständigen Behörde des ersuchten Mitgliedstaats übermittelt.

(7) Die Kosten für die Herstellung der Videoverbindung, die Kosten für den Betrieb der Videoverbindung im ersuchten Mitgliedstaat, die Vergütung der von diesem bereitgestellten Dolmetscher und die Entschädigung von Zeugen und Sachverständigen sowie deren Aufwendungen für die Reise in dem ersuchten Mitgliedstaat werden dem ersuchten Mitgliedstaat vom ersuchenden Mitgliedstaat erstattet, sofern ersterer nicht auf die Erstattung aller oder eines Teils dieser Kosten verzichtet.

(9) Die Mitgliedstaaten können nach freiem Ermessen in Fällen, in denen dies zweckdienlich erscheint, und mit Zustimmung ihrer zuständigen Justizbehörden die Bestimmungen dieses Artikels auch auf die Vernehmung eines Beschuldigten per Videokonferenz anwenden. In diesem Fall ist die Entscheidung, ob und in welcher Form eine Vernehmung per Videokonferenz stattfinden soll, Gegenstand einer Vereinbarung zwischen den beteiligten Mitgliedstaaten, die diese Entscheidung im Einklang mit ihrem innerstaatlichen Recht und den einschlägigen internationalen Übereinkünften, einschließlich der Europäischen Konvention zum Schutze der Menschenrechte und Grundfreiheiten von 1950, treffen.

Jeder Mitgliedstaat kann bei der Notifizierung nach Artikel 27 Absatz 2 erklären, daß er Unterabsatz 1 nicht anwendet. Eine derartige Erklärung kann jederzeit zurückgenommen werden.

Die Vernehmung darf nur mit Zustimmung des Beschuldigten durchgeführt werden. Die gegebenenfalls erforderlichen Regeln zur Wahrung der Rechte des Beschuldigten werden vom Rat in Form eines rechtsverbindlichen Instruments erlassen.

Artikel 11
Vernehmung von Zeugen und Sachverständigen per Telefonkonferenz

(1) Befindet sich eine Person im Hoheitsgebiet eines Mitgliedstaats und soll diese Person als Zeuge oder Sachverständiger von einer Justizbehörde eines anderen Mitgliedstaats vernommen werden, so kann letzterer, sofern sein innerstaatliches Recht dies vorsieht, den erstgenannten Mitgliedstaat ersuchen, die Vernehmung per Telefonkonferenz, wie in den Absätzen 2 bis 5 vorgesehen, zu ermöglichen.

(2) Eine Vernehmung per Telefonkonferenz kann nur mit Zustimmung des Zeugen oder des Sachverständigen erfolgen.

(3) Der ersuchte Mitgliedstaat bewilligt die Vernehmung per Telefonkonferenz, wenn der Rückgriff auf dieses Verfahren den Grundprinzipien seiner Rechtsordnung nicht zuwiderläuft.

(4) Ersuchen um Vernehmung per Telefonkonferenz enthalten außer den in Artikel 14 des Europäischen Rechtshilfeübereinkommens und Artikel 37 des Benelux-Übereinkommens genannten Angaben die Bezeichnung der Justizbehörde und die Namen der Personen, die die Vernehmung durchführen werden, sowie eine Angabe, daß der Zeuge oder Sachverständige einer Vernehmung per Telefonkonferenz zustimmt.

(5) Die praktischen Modalitäten der Vernehmung werden zwischen den betroffenen Mitgliedstaaten vereinbart. Dabei verpflichtet sich der ersuchte Mitgliedstaat,

a) den jeweiligen Zeugen oder Sachverständigen vom Zeitpunkt und Ort der Vernehmung zu unterrichten,

b) für die Identifizierung des Zeugen oder Sachverständigen Sorge zu tragen,

c) zu überprüfen, ob der Zeuge oder Sachverständige der Vernehmung per Telefonkonferenz zustimmt.

Der ersuchte Mitgliedstaat kann seine Bewilligung ganz oder teilweise von den einschlägigen Bestimmungen des Artikels 10 Absätze 5 und 8 abhängig machen. Sofern nichts anderes vereinbart worden ist, findet Artikel 10 Absatz 7 entsprechend Anwendung.

Artikel 12
Kontrollierte Lieferungen

(1) Jeder Mitgliedstaat verpflichtet sich sicherzustellen, daß auf Ersuchen eines anderen Mitgliedstaats kontrollierte Lieferungen im Rahmen strafrechtlicher Ermittlungen, die auslieferungsfähige Straftaten betreffen, in seinem Hoheitsgebiet ermöglicht werden können.

(2) Die Entscheidung über die Durchführung kontrollierter Lieferungen wird in jedem Einzelfall von den zuständigen Behörden des ersuchten Mitgliedstaats unter Beachtung der innerstaatlichen Rechtsvorschriften dieses Mitgliedstaats getroffen.

(3) Die kontrollierten Lieferungen werden nach den Verfahren des ersuchten Mitgliedstaats durchgeführt. Die Befugnis zum Einschreiten und zur Leitung und Kontrolle der Maßnahmen liegt bei den zuständigen Behörden dieses Mitgliedstaats.

Artikel 13
Gemeinsame Ermittlungsgruppen

(1) Im Wege der Vereinbarung können die zuständigen Behörden von zwei oder mehr Mitgliedstaaten für einen bestimmten Zweck und einen begrenzten Zeitraum, der im gegenseitigen Einvernehmen verlängert werden kann, eine gemeinsame Ermittlungsgruppe zur Durchführung strafrechtlicher Ermittlungen in einem oder mehreren der an der Gruppe beteiligten Mitgliedstaaten bilden. Die Zusammensetzung der Ermittlungsgruppe wird in der Vereinbarung angegeben.

Eine gemeinsame Ermittlungsgruppe kann insbesondere gebildet werden,

a) wenn in dem Ermittlungsverfahren eines Mitgliedstaats zur Aufdeckung von Straftaten schwierige und aufwendige Ermittlungen mit Bezügen zu anderen Mitgliedstaaten durchzuführen sind;

b) wenn mehrere Mitgliedstaaten Ermittlungen zur Aufdeckung von Straftaten durchführen, die infolge des zugrundeliegenden Sachverhalts ein koordiniertes und abgestimmtes Vorgehen in den beteiligten Mitgliedstaaten erforderlich machen.

Ein Ersuchen um Bildung einer gemeinsamen Ermittlungsgruppe kann von jedem der betroffenen Mitgliedstaaten gestellt werden. Die Gruppe wird in einem der Mitgliedstaaten gebildet, in dem die Ermittlungen voraussichtlich durchzuführen sind.

(2) Ersuchen um Bildung einer gemeinsamen Ermittlungsgruppe enthalten außer den in den einschlägigen Bestimmungen des Artikels 14 des Europäischen Rechtshilfeübereinkommens und des Artikels 37 des Benelux-Übereinkommens genannten Angaben auch Vorschläge für die Zusammensetzung der Gruppe.

(3) Die gemeinsame Ermittlungsgruppe wird im Hoheitsgebiet der an der Gruppe beteiligten Mitgliedstaaten unter folgenden allgemeinen Voraussetzungen tätig:

a) Die Gruppe wird von einem Vertreter der an den strafrechtlichen Ermittlungen beteiligten zuständigen Behörde des Mitgliedstaats, in dem der Einsatz der Gruppe erfolgt, geleitet. Der Gruppenleiter handelt im Rahmen der ihm nach innerstaatlichem Recht zustehenden Befugnisse.

Int Abk

b) Die Gruppe führt ihren Einsatz gemäß den Rechtsvorschriften des Mitgliedstaats durch, in dem ihr Einsatz erfolgt. Die Mitglieder der Gruppe nehmen ihre Aufgaben unter Leitung der unter Buchstabe a) genannten Person unter Berücksichtigung der Bedingungen wahr, die ihre eigenen Behörden in der Vereinbarung zur Bildung der Gruppe festgelegt haben.

c) Der Mitgliedstaat, in dem der Einsatz der Gruppe erfolgt, schafft die notwendigen organisatorischen Voraussetzungen für ihren Einsatz.

(4) Im Sinne dieses Artikels gelten die aus anderen Mitgliedstaaten als dem Einsatzmitgliedstaat stammenden Mitglieder der gemeinsamen Ermittlungsgruppe als in die Gruppe „entsandte" Mitglieder.

(5) Die in die gemeinsame Ermittlungsgruppe entsandten Mitglieder sind berechtigt, bei Ermittlungsmaßnahmen im Einsatzmitgliedstaat anwesend zu sein. Der Gruppenleiter kann jedoch aus besonderen Gründen, nach Maßgabe der Rechtsvorschriften des Mitgliedstaats, in dem der Einsatz der Gruppe erfolgt, anders entscheiden.

(6) Die in die gemeinsame Ermittlungsgruppe entsandten Mitglieder können nach Maßgabe der Rechtsvorschriften des Mitgliedstaats, in dem der Einsatz der Gruppe erfolgt, von dem Gruppenleiter mit der Durchführung bestimmter Ermittlungsmaßnahmen betraut werden, sofern dies von den zuständigen Behörden des Mitgliedstaats, in dem der Einsatz erfolgt, und von dem entsendenden Mitgliedstaats gebilligt worden ist.

(7) Benötigt die gemeinsame Ermittlungsgruppe Ermittlungsmaßnahmen, die in einem der Mitgliedstaaten, die die Gruppe gebildet haben, zu ergreifen sind, so können die von diesem Mitgliedstaat in die Gruppe entsandten Mitglieder die zuständigen Behörden ihres Landes ersuchen, diese Maßnahmen zu ergreifen. Sie werden in dem betreffenden Staat gemäß den Bedingungen erwogen, die für im Rahmen innerstaatlicher Ermittlungen erbetene Maßnahmen gelten würden.

(8) Benötigt die gemeinsame Ermittlungsgruppe die Unterstützung eines Mitgliedstaats, der nicht zu denen gehört, die die Gruppe gebildet haben, oder eines Drittstaats, so kann von den zuständigen Behörden des Einsatzstaats entsprechend den einschlägigen Übereinkünften oder Vereinbarungen ein Rechtshilfeersuchen an die zuständigen Behörden des anderen betroffenen Staates gerichtet werden.

(9) Ein Mitglied der gemeinsamen Ermittlungsgruppe darf im Einklang mit den Rechtsvorschriften seines Landes und im Rahmen seiner Befugnisse der Gruppe Informationen, über die der das Mitglied entsendende Mitgliedstaat verfügt, für die Zwecke der von der Gruppe geführten strafrechtlichen Ermittlungen vorlegen.

(10) Von einem Mitglied oder einem entsandten Mitglied während seiner Zugehörigkeit zu einer gemeinsamen Ermittlungsgruppe rechtmäßig erlangte Informationen, die den zuständigen Behörden der betroffenen Mitgliedstaaten nicht anderweitig zugänglich sind, dürfen für folgende Zwecke verwendet werden:

a) für die Zwecke, für die Gruppe gebildet wurde;

b) zur Aufdeckung, Ermittlung und Strafverfolgung anderer Straftaten vorbehaltlich der vorherigen Zustimmung des Mitgliedstaats, in dem die Informationen erlangt wurden. Diese Zustimmung kann nur in Fällen verweigert werden, in denen die Verwendung die strafrechtlichen Ermittlungen im betreffenden Mitgliedstaat beeinträchtigen würde, oder in Fällen, in denen dieser Mitgliedstaat sich weigern könnte, Rechtshilfe zu leisten;

c) zur Abwehr einer unmittelbaren und ernsthaften Gefahr für die öffentliche Sicherheit und unbeschadet des Buchstabens b), wenn anschließend eine strafrechtliche Ermittlung eingeleitet wird;

d) für andere Zwecke, sofern dies von den Mitgliedstaaten, die die Gruppe gebildet haben, vereinbart worden ist.

(11) Andere bestehende Bestimmungen oder Vereinbarungen über die Bildung oder den Einsatz gemeinsamer Ermittlungsgruppen werden von diesem Artikel nicht berührt.

(12) Soweit die Rechtsvorschriften der betreffenden Mitgliedstaaten oder die zwischen ihnen anwendbaren Übereinkünfte dies gestatten, kann vereinbart werden, daß sich Personen an den Tätigkeiten der gemeinsamen Ermittlungsgruppe beteiligen, die keine Vertreter der zuständigen Behörden der Mitgliedstaaten sind, die die Gruppe gebildet haben. Hierbei kann es sich beispielsweise um Bedienstete von nach dem Vertrag über die Europäische Union geschaffenen Einrichtungen handeln. Die den Mitgliedern oder den entsandten Mitgliedern der Gruppe kraft dieses Artikels verliehenen Rechte gelten nicht für diese Personen, es sei denn, daß die Vereinbarung ausdrücklich etwas anderes vorsieht.

Artikel 14
Verdeckte Ermittlungen

(1) Der ersuchende und der ersuchte Mitgliedstaat können vereinbaren, einander bei strafrechtlichen Ermittlungen durch verdeckt oder unter falscher Identität handelnde Beamte zu unterstützen (verdeckte Ermittlungen).

(2) Die Entscheidung über das Ersuchen wird in jedem Einzelfall von den zuständigen Behörden des ersuchten Mitgliedstaats unter Beachtung der innerstaatlichen Rechtsvorschriften und Verfahren dieses Mitgliedstaats getroffen. Die Dauer der verdeckten Ermittlungen, die genauen Voraussetzungen und die Rechtsstellung der betreffenden Beamten bei den verdeckten Ermittlungen werden

zwischen den Mitgliedstaaten unter Beachtung ihrer innerstaatlichen Rechtsvorschriften und Verfahren vereinbart.

(3) Die verdeckten Ermittlungen werden nach den innerstaatlichen Rechtsvorschriften und Verfahren des Mitgliedstaats durchgeführt, in dessen Hoheitsgebiet sie stattfinden. Die beteiligten Mitgliedstaaten arbeiten zusammen, um die Vorbereitung und Überwachung der verdeckten Ermittlung sicherzustellen und um Vorkehrungen für die Sicherheit der verdeckt oder unter falscher Identität handelnden Beamten zu treffen.

(4) Jeder Mitgliedstaat kann bei der Notifizierung nach Artikel 27 Absatz 2 erklären, daß er durch den vorliegenden Artikel nicht gebunden ist. Eine derartige Erklärung kann jederzeit zurückgenommen werden.

Artikel 15
Strafrechtliche Verantwortlichkeit der Beamten

Bei Einsätzen nach Maßgabe der Artikel 12, 13 und 14 werden Beamte aus einem anderen Mitgliedstaat als dem, in dem der Einsatz erfolgt, in bezug auf Straftaten, die gegen sie begangen werden oder die sie selbst begehen, den Beamten des Einsatzmitgliedstaats gleichgestellt.

Artikel 16
Zivilrechtliche Verantwortlichkeit der Beamten

(1) Wenn Beamte eines Mitgliedstaats gemäß den Artikeln 12, 13 und 14 in einem anderen Mitgliedstaat im Einsatz sind, haftet der erste Mitgliedstaat nach Maßgabe des innerstaatlichen Rechts des Mitgliedstaats, in dessen Hoheitsgebiet der Einsatz erfolgt, für den durch die Beamten bei ihrem Einsatz verursachten Schaden.

(2) Der Mitgliedstaat, in dessen Hoheitsgebiet der in Absatz 1 genannte Schaden verursacht wird, ersetzt diesen Schaden so, wie er ihn ersetzen müßte, wenn seine eigenen Beamten ihn verursacht hätten.

(3) Der Mitgliedstaat, dessen Beamte einen Schaden im Hoheitsgebiet eines anderen Mitgliedstaats verursacht haben, erstattet diesem anderen Mitgliedstaat den Gesamtbetrag des Schadensersatzes, den dieser an die Geschädigten oder ihre Rechtsnachfolger geleistet hat.

(4) Unbeschadet der Ausübung seiner Rechte gegenüber Dritten und mit Ausnahme des Absatzes 3 verzichtet jeder Mitgliedstaat in dem Fall des Absatzes 1 darauf, den Betrag des erlittenen Schadens anderen Mitgliedstaaten gegenüber geltend zu machen.

TITEL III
ÜBERWACHUNG DES TELEKOMMUNIKATIONSVERKEHRS

Artikel 17
Für die Anordnung der Überwachung von Telekommunikationsverkehr zuständige Behörden

Im Sinne der Artikel 18, 19 und 20 bezeichnet der Ausdruck „zuständige Behörde" eine Justizbehörde oder, sofern die Justizbehörden keine Zuständigkeit in dem von diesen Bestimmungen erfaßten Bereich haben, eine entsprechende zuständige Behörde, die gemäß Artikel 24 Absatz 1 Buchstabe e) benannt worden ist und zum Zweck einer strafrechtlichen Ermittlung tätig wird.

Artikel 18
Ersuchen um Überwachung des Telekommunikationsverkehrs

(1) Zum Zwecke einer strafrechtlichen Ermittlung kann eine zuständige Behörde in dem ersuchenden Mitgliedstaat in Übereinstimmung mit ihren innerstaatlichen Rechtsvorschriften an eine zuständige Behörde des ersuchten Mitgliedstaats ein Ersuchen richten um

a) Überwachung des Telekommunikationsverkehrs und dessen unmittelbare Weiterleitung an den ersuchenden Mitgliedstaat oder

b) Überwachung, Aufnahme und nachfolgende Übermittlung der Aufnahme der Telekommunikation an den ersuchenden Mitgliedstaat.

(2) Ersuchen nach Absatz 1 können gestellt werden in bezug auf die Nutzung von Telekommunikationsmitteln durch die Zielperson, wenn sich diese befindet in

a) dem ersuchenden Mitgliedstaat und der ersuchende Mitgliedstaat die technische Hilfe des ersuchten Mitgliedstaats benötigt, um die Kommunikation der Zielperson zu überwachen;

b) dem ersuchten Mitgliedstaat und die Kommunikation der Zielperson in diesem Mitgliedstaat überwacht werden kann;

c) einem dritten Mitgliedstaat, der gemäß Artikel 20 Absatz 2 Buchstabe a) in Kenntnis gesetzt worden ist, und der ersuchende Mitgliedstaat die technische Hilfe des ersuchten Mitgliedstaats benötigt, um die Kommunikation der Zielperson zu überwachen.

(3) Abweichend von Artikel 14 des Europäischen Rechtshilfeübereinkommens und Artikel 37 des Benelux-Übereinkommens haben Ersuchen nach diesem Artikel folgendes zu enthalten:

a) die Angabe der Behörde, die das Ersuchen stellt;

Int Abk

b) eine Bestätigung, daß eine rechtmäßige Überwachungsanordnung im Zusammenhang mit einer strafrechtlichen Ermittlung erlassen wurde;

c) Angaben zum Zwecke der Identifizierung der Zielperson;

d) eine Angabe des strafbaren Verhaltens, das der Ermittlung zugrunde liegt;

e) die gewünschte Dauer der Überwachung und

f) nach Möglichkeit ausreichende technische Daten, insbesondere die Netzanschlußnummer, um sicherzustellen, daß dem Ersuchen entsprochen werden kann.

(4) Im Fall eines Ersuchens nach Absatz 2 Buchstabe b) hat das Ersuchen auch eine kurze Darstellung des Sachverhalts zu enthalten. Der ersuchte Mitgliedstaat kann auch jede weitere Information verlangen, damit er beurteilen kann, ob er die erbetene Maßnahme in einem vergleichbaren innerstaatlichen Fall durchführen würde.

(5) Der ersuchte Mitgliedstaat verpflichtet sich, Ersuchen nach Absatz 1 Buchstabe a) zu erledigen

a) in Fällen von Ersuchen nach Absatz 2 Buchstaben a) und c), nachdem er die in Absatz 3 beschriebenen Informationen erhalten hat. Der ersuchte Mitgliedstaat kann die Überwachung ohne weitere Formalitäten anordnen;

b) im Fall eines Ersuchens nach Absatz 2 Buchstabe b), nachdem er die in den Absätzen 3 und 4 beschriebenen Informationen erhalten hat und sofern er die erbetene Maßnahme in einem vergleichbaren innerstaatlichen Fall durchführen würde. Der ersuchte Mitgliedstaat kann seine Zustimmung von der Erfüllung jeglicher Bedingungen abhängig machen, die in einem vergleichbaren innerstaatlichen Fall zu erfüllen wären.

(6) Ist eine unmittelbare Weiterleitung nicht möglich, so verpflichtet sich der ersuchte Mitgliedstaat, Ersuchen nach Absatz 1 Buchstabe b) zu entsprechen, nachdem er die in den Absätzen 3 und 4 beschriebenen Informationen erhalten hat und sofern er die erbetene Maßnahme in einem vergleichbaren innerstaatlichen Fall durchführen würde. Der ersuchte Mitgliedstaat kann seine Zustimmung von der Erfüllung jeglicher Bedingungen abhängig machen, die in einem vergleichbaren innerstaatlichen Fall zu erfüllen wären.

(7) Ein Mitgliedstaat kann bei Notifizierung nach Artikel 27 Absatz 2 erklären, daß er durch Absatz 6 nur gebunden ist, wenn er nicht in der Lage ist, für die unmittelbare Weiterleitung zu sorgen. In diesem Fall kann der andere Mitgliedstaat den Grundsatz der Gegenseitigkeit anwenden.

(8) Wenn ein Ersuchen nach Absatz 1 Buchstabe b) gestellt wird, kann der ersuchende Mitgliedstaat, falls er besondere Gründe dafür hat, auch verlangen, daß eine schriftliche Übertragung der Aufnahme erfolgt. Der ersuche Mitgliedstaat prüft derartige Ersuchen nach Maßgabe seines inner-staatlichen Rechts und seiner innerstaatlichen Verfahren.

(9) Der Mitgliedstaat, der die Informationen nach den Absätzen 3 und 4 empfängt, behandelt diese Informationen nach Maßgabe seines inner-staatlichen Rechts vertraulich.

Artikel 19
Überwachung des
Telekommunikationsverkehrs im eigenen
Hoheitsgebiet durch Einschaltung von
Dienstanbietern

(1) Die Mitgliedstaaten stellen sicher, daß über eine Bodenstation in ihrem Hoheitsgebiet betriebene Systeme für Telekommunikationsdienste, die zum Zweck der rechtmäßigen Überwachung des Kommunikationsverkehrs einer sich in einem anderen Mitgliedstaat befindlichen Person in dessen Hoheitsgebiet nicht unmittelbar zugänglich sind, zum Zweck der rechtmäßigen Überwachung durch diesen Mitgliedstaat mittels eines bezeichneten Dienstanbieters, der sich in dessen Hoheitsgebiet befindet, unmittelbar zugänglich gemacht werden können.

(2) In dem in Absatz 1 genannten Fall sind die zuständigen Behörden eines Mitgliedstaats berechtigt, für die Zwecke einer strafrechtlichen Ermittlung nach Maßgabe des geltenden innerstaatlichen Rechts und sofern sich die Zielperson im Hoheitsgebiet dieses Mitgliedstaats befindet, die Überwachung mittels eines dort befindlichen bezeichneten Dienstanbieters durchzuführen, ohne daß der Mitgliedstaat, in dessen Hoheitsgebiet sich die Bodenstation befindet, eingeschaltet wird.

(3) Absatz 2 gilt auch, wenn die Überwachung gemäß einem Ersuchen nach Artikel 18 Absatz 2 Buchstabe b) durchgeführt wird.

(4) Dieser Artikel hindert einen Mitgliedstaat nicht, an denjenigen Mitgliedstaat, in dessen Hoheitsgebiet sich die Bodenstation befindet, ein Ersuchen um rechtmäßige Überwachung des Telekommunikationsverkehrs gemäß Artikel 18 zu stellen, insbesondere wenn es im ersuchenden Mitgliedstaat keine Vermittlungsstelle gibt.

Artikel 20
Überwachung des
Telekommunikationsverkehrs ohne technische
Hilfe eines anderen Mitgliedstaats

(1) Unbeschadet der allgemeinen Grundsätze des Völkerrechts sowie der Bestimmungen des Artikels 18 Absatz 2 Buchstabe c) gelten die in diesem Artikel vorgesehenen Verpflichtungen für Überwachungsanordnungen, die von der zuständigen Behörde eines Mitgliedstaats im Zuge strafrechtlicher Ermittlungen erlassen oder genehmigt wurden; dabei muß es sich um Ermittlungen handeln, die infolge der Begehung einer spezifi-

schen Straftat, einschließlich versuchter Straftaten, soweit diese nach dem innerstaatlichen Recht unter Strafe gestellt sind, durchgeführt werden, um die dafür Verantwortlichen festzustellen und festzunehmen, Anklage gegen sie zu erheben, sie strafrechtlich zu verfolgen oder abzuurteilen.

(2) Wenn zum Zwecke einer strafrechtlichen Ermittlung die Überwachung des Telekommunikationsverkehrs von der zuständigen Behörde eines Mitgliedstaats (des „überwachenden Mitgliedstaats") genehmigt wurde und der in der Überwachungsanordnung bezeichnete Telekommunikationsanschluß der Zielperson im Hoheitsgebiet eines anderen Mitgliedstaats (des „unterrichteten Mitgliedstaats") genutzt wird, von dem für die Durchführung der Überwachung keine technische Hilfe benötigt wird, so hat der überwachende Mitgliedstaat den unterrichteten Mitgliedstaat von der Überwachung zu unterrichten:

a) vor der Überwachung in Fällen, in denen er bereits bei Anordnung der Überwachung davon Kenntnis hat, daß sich die Zielperson im Hoheitsgebiet des unterrichteten Mitgliedstaats befindet, oder

b) in den anderen Fällen unmittelbar, nachdem er davon Kenntnis erhält, daß sich die Zielperson im Hoheitsgebiets des unterrichteten Mitgliedstaats befindet.

(3) Die Informationen, die von dem überwachenden Mitgliedstaat zu notifizieren sind, enthalten:

a) die Angabe der Behörde, die die Überwachung anordnet;

b) eine Bestätigung, daß eine rechtmäßige Überwachungsanordnung im Zusammenhang mit einer strafrechtlichen Ermittlung erlassen wurde;

c) Angaben zum Zwecke der Identifizierung der Zielperson;

d) eine Angabe des strafbaren Verhaltens, das der Ermittlung zugrunde liegt;

e) die voraussichtliche Dauer der Überwachung.

(4) Wird ein Mitgliedstaat gemäß den Absätzen 2 und 3 unterrichtet, so gilt folgendes:

a) Erhält die zuständige Behörde des unterrichteten Mitgliedstaats die Informationen nach Absatz 3, so antwortet sie unverzüglich und spätestens innerhalb von 96 Stunden dem überwachenden Mitgliedstaat, um

i) die Durchführung oder die Fortsetzung der Überwachung zu bewilligen. Der unterrichtete Mitgliedstaat kann seine Zustimmung von der Erfüllung jeglicher Bedingungen abhängig machen, die in einem vergleichbaren innerstaatlichen Fall zu erfüllen wären;

ii) zu verlangen, daß die überwachung nicht durchgeführt oder beendet wird, wenn die Überwachung nach dem innerstaatlichen Recht des

unterrichteten Mitgliedstaats oder aus den in Artikel 2 des Europäischen Rechtshilfeübereinkommens aufgeführten Gründen nicht zulässig wäre. Stellt der unterrichtete Mitgliedstaat eine solche Forderung, so hat er seine Entscheidung schriftlich zu begründen;

iii) zu verlangen, daß in Fällen nach Ziffer ii) das Material, das bereits gesammelt wurde, während sich die Person im Hoheitsgebiet des unterrichteten Mitgliedstaats befand, nicht oder nur unter den von ihm festzulegenden Bedingungen verwendet werden darf. Der unterrichtete Mitgliedstaat setzt den überwachenden Mitgliedstaat von den Gründen für diese Bedingungen in Kenntnis;

iv) zu verlangen, daß die ursprüngliche Frist von 96 Stunden um eine kurze, mit dem überwachenden Mitgliedstaat zu vereinbarende Frist von höchstens acht Tagen verlängert wird, damit die nach ihrem innerstaatlichen Recht erforderlichen Verfahren durchgeführt werden können. Der unterrichtete Mitgliedstaat teilt dem überwachenden Mitgliedstaat schriftlich die Bedingungen mit, die gemäß seinem innerstaatlichen Recht die Beantragte Fristverlängerung rechtfertigen.

b) Solange keine Entscheidung des unterrichteten Mitgliedstaats gemäß Buchstabe a) Ziffer i) oder ii) vorliegt, darf der überwachende Mitgliedstaat

i) die Überwachung fortsetzen;

ii) das bereits gesammelte Material nicht verwenden, es sei denn

– die betreffenden Mitgliedstaaten haben etwas anderes vereinbart, oder

– zur Ergreifung dringlicher Maßnahmen zur Abwehr einer unmittelbaren und ernsthaften Gefahr für die öffentliche Sicherheit. Der unterrichtete Mitgliedstaat wird über jegliche derartige Verwendung unter Angabe der Gründe unterrichtet.

c) Der unterrichtete Mitgliedstaat kann eine kurze Darstellung des Sachverhalts und jede weitere Information verlangen, die er benötigt, um beurteilen zu können, ob in einem vergleichbaren innerstaatlichen Fall eine Überwachung genehmigt werden würde. Ein solches Ersuchen hat keine Auswirkungen auf die Anwendung des Buchstabens b), es sei denn, der unterrichtete und der überwachende Mitgliedstaat haben etwas anderes vereinbart.

d) Die Mitgliedstaaten treffen die erforderlichen Maßnahmen, um sicherzustellen, daß eine Antwort innerhalb der 96-Stunden-Frist ergehen kann. Zu diesem Zweck bezeichnen sie Kontaktstellen, die rund um die Uhr besetzt sind, und führen sie in ihren Erklärungen nach Artikel 24 Absatz 1 Buchstabe e) auf.

(5) Der unterrichtete Mitgliedstaat behandelt die nach Absatz 3 übermittelten Informationen

Int Abk

nach Maßgabe seines innerstaatlichen Rechts vertraulich.

(6) Ist der überwachende Mitgliedstaat der Ansicht, daß die nach Absatz 3 zu übermittelnden Informationen besonders geheimhaltungsbedürftig sind, so können diese Informationen der zuständigen Behörde über eine besondere Behörde übermittelt werden, sofern dies zwischen den betreffenden Mitgliedstaaten bilateral vereinbart wurde.

(7) Jeder Mitgliedstaat kann bei der Notifizierung nach Artikel 27 Absatz 2 oder zu jedem späteren Zeitpunkt erklären, daß er Informationen über eine Überwachung nach Maßgabe des vorliegenden Artikels nicht benötigt.

Artikel 21
Übernahme der den Betreibern von
Telekommunikationsanlagen entstehenden
Kosten

Kosten, die Betreibern einer Telekommunikationsanlage oder Diensteanbietern anläßlich der Erledigung von Ersuchen nach Artikel 18 entstehen, trägt der ersuchende Mitgliedstaat.

Artikel 22
Bilaterale Vereinbarungen

Die Bestimmungen dieses Titels stehen bilateralen oder multilateralen Vereinbarungen zwischen den Mitgliedstaaten, mit denen die Nutzung der derzeitigen oder künftigen technischen Möglichkeiten zur rechtmäßigen Überwachung des Telekommunikationsverkehrs erleichtert werden soll, nicht entgegen.

TITEL IV

Artikel 23
Schutz personenbezogener Daten

(1) Personenbezogene Daten, die aufgrund dieses Übereinkommens übermittelt werden, dürfen von dem Mitgliedstaat, dem sie zugeleitet wurden, für folgende Zwecke verwendet werden:

a) für Verfahren, auf die dieses Übereinkommen Anwendung findet;

b) für sonstige justitielle und verwaltungsbehördliche Verfahren, die mit Verfahren im Sinne des Buchstabens a) unmittelbar zusammenhängen;

c) zur Abwehr einer unmittelbaren und ernsthaften Gefahr für die öffentliche Sicherheit;

d) für jeden anderen Zweck nur nach vorheriger Zustimmung des übermittelnden Mitgliedstaats, es sei denn, der betreffende Mitgliedstaat hat die Zustimmung der betroffenen Person erhalten.

(2) Dieser Artikel findet auch Anwendung auf personenbezogene Daten, die nicht übermittelt wurden, sondern im Rahmen dieses Übereinkommens auf andere Weise erlangt worden sind.

(3) Der übermittelnde Mitgliedstaat kann im Hinblick auf die Umstände eines besonderen Falles den Mitgliedstaat, dem die personenbezogenen Daten zugeleitet wurden, ersuchen, über die Verwendung der Daten Auskunft zu erteilen.

(4) In den Fällen, in denen die Verwendung personenbezogener Daten an Bedingungen gemäß Artikel 7 Absatz 2, Artikel 18 Absatz 5 Buchstabe b), Artikel 18 Absatz 6 oder Artikel 20 Absatz 4 geknüpft ist, haben diese Bedingungen Vorrang. In den Fällen, in denen solche Bedingungen nicht vorgesehen sind, findet der vorliegende Artikel Anwendung.

(5) In bezug auf Informationen, die gemäß Artikel 13 erlangt worden sind, hat Artikel 13 Absatz 10 Vorrang vor dem vorliegenden Artikel.

(6) Dieser Artikel findet keine Anwendung auf personenbezogene Daten, die ein Mitgliedstaat im Rahmen dieses Übereinkommens erlangt hat und die aus diesem Mitgliedstaat stammen.

(7) Luxemburg kann bei der Unterzeichnung des Übereinkommens erklären, daß in dem Fall, in dem Luxemburg einem anderen Mitgliedstaat im Rahmen dieses Übereinkommens personenbezogene Daten übermittelt, folgendes gilt:

Vorbehaltlich des Absatzes 1 Buchstabe c) kann Luxemburg im Hinblick auf die Umstände eines besonderen Falles verlangen, daß personenbezogene Daten, sofern der betreffende Mitgliedstaat nicht die Zustimmung der betroffenen Person erhalten hat, für die in Absatz 1 Buchstaben a) und b) genannten Zwecke nur mit vorheriger Zustimmung Luxemburgs in bezug auf Verfahren verwendet werden dürfen, für die Luxemburg die Übermittlung oder Verwendung der personenbezogenen Daten nach den Bestimmungen dieses Übereinkommens oder der Übereinkünfte im Sinne von Artikel 1 hätte verweigern oder einschränken können.

Verweigert Luxemburg in einem besonderen Fall seine Zustimmung zu dem Ersuchen eines Mitgliedstaats gemäß Absatz 1, so hat es seine Entscheidung schriftlich zu begründen.

TITEL V

SCHLUSSBESTIMMUNGEN

Artikel 24
Erklärungen

(1) Zum Zeitpunkt der Notifizierung nach Artikel 27 Absatz 2 benennt jeder Mitgliedstaat in einer Erklärung die Behörden, die außer den bereits in dem Europäischen Rechtshilfeübereinkommen und dem Benelux-Übereinkommen genann-

ten Behörden für die Anwendung dieses Überein-kommens sowie für die Anwendung derjenigen Bestimmungen über die Rechtshilfe in Strafsachen im Verhältnis zwischen den Mitgliedstaaten zuständig sind, die in den in Artikel 1 Absatz 1 genannten Übereinkünften enthalten sind; zu benennen sind insbesondere

a) gegebenenfalls die im Sinne von Artikel 3 Absatz 1 zuständigen Verwaltungsbehörden,

b) eine oder mehrere zentrale Behörden für die Zwecke der Anwendung des Artikels 6 sowie die für die Bearbeitung der Ersuchen nach Artikel 6 Absatz 8 zuständigen Behörden,

c) gegebenenfalls die für die Anwendung von Artikel 6 Absatz 5 zuständigen Polizei- oder Zollbehörden,

d) gegebenenfalls die für die Anwendung von Artikel 6 Absatz 6 zuständigen Verwaltungsbehörden sowie

e) die für die Anwendung der Artikel 18 und 19 und des Artikels 20 Absätze 1 bis 5 zuständige Behörde oder zuständigen Behörden.

(2) Die nach Absatz 1 abgegebenen Erklärungen können jederzeit nach dem gleichen Verfahren ganz oder teilweise geändert werden.

Artikel 25
Vorbehalte

Vorbehalte zu diesem Übereinkommen sind nur zulässig, wenn sie in diesem Übereinkommen ausdrücklich vorgesehen sind.

Artikel 26
Territorialer Geltungsbereich

Die Anwendung dieses Übereinkommens auf Gibraltar wird wirksam, sobald das Europäische Rechtshilfeübereinkommen auf Gibraltar ausgedehnt worden ist.

Das Vereinigte Königreich teilt dem Präsidenten des Rates schriftlich mit, wann das Vereinigte Königreich dieses U¨bereinkommen im Anschluß an die Ausdehnung des Europäischen Rechtshilfeübereinkommens auf die Kanalinseln und die Isle of Man auf diese Gebiete anwenden will. Der Rat beschließt einstimmig über einen solchen Antrag.

Artikel 27
Inkrafttreten

(1) Dieses Übereinkommen bedarf der Annahme durch die Mitgliedstaaten nach Maßgabe ihrer jeweiligen verfassungsrechtlichen Vorschriften.

(2) Die Mitgliedstaaten notifizieren dem Generalsekretär des Rates der Europäischen Union den Abschluß der verfassungsrechtlichen Verfahren zur Annahme dieses Übereinkommens.

(3) Dieses Übereinkommen tritt 90 Tage nach der Notifizierung nach Absatz 2 durch den Staat, der zum Zeitpunkt der Annahme des Rechtsakts über die Erstellung dieses Übereinkommens durch den Rat Mitglied der Europäischen Union ist und diese Förmlichkeit als achter vornimmt, für die betreffenden acht Mitgliedstaaten in Kraft.

(4) Jede durch einen Mitgliedstaat nach Eingang der achten Notifizierung nach Absatz 2 vorgenommene Notifizierung hat zur Folge, daß dieses Übereinkommen 90 Tage nach dieser späteren Notifizierung zwischen diesem Mitgliedstaat und den Mitgliedstaaten, für die das Übereinkommen bereits in Kraft getreten ist, in Kraft tritt.

(5) Jeder Mitgliedstaat kann vor dem Inkrafttreten dieses Übereinkommens gemäß Absatz 3 bei der Notifizierung nach Absatz 2 oder zu jedem späteren Zeitpunkt erklären, daß er dieses Übereinkommen in seinen Beziehungen zu den Mitgliedstaaten, die eine Erklärung gleichen Inhalts abgegeben haben, anwenden wird. Diese Erklärungen werden 90 Tage nach ihrer Hinterlegung wirksam.

(6) Dieses übereinkommen findet auf die Rechtshilfe Anwendung, die nach dem Zeitpunkt, zu dem es zwischen den betreffenden Mitgliedstaaten in Kraft getreten ist oder gemäß Absatz 5 angewendet wird, eingeleitet wird.

Artikel 28
Beitritt neuer Mitgliedstaaten

(1) Dieses Übereinkommen steht allen Staaten, die Mitglied der Europäischen Union werden, zum Beitritt offen.

(2) Der vom Rat der Europäischen Union in der Sprache des beitretenden Staates erstellte Wortlaut des Übereinkommens ist verbindlich.

(3) Die Beitrittsurkunden werden beim Verwahrer hinterlegt.

(4) Dieses Übereinkommen tritt für jeden beitretenden Staat 90 Tage nach Hinterlegung seiner Beitrittsurkunde oder aber zum Zeitpunkt des Inkrafttretens des Übereinkommens in Kraft, wenn dieses bei Ablauf des genannten Zeitraums von 90 Tagen noch nicht in Kraft getreten ist.

(5) Ist dieses Übereinkommen zum Zeitpunkt der Hinterlegung der Beitrittsurkunde noch nicht in Kraft getreten, so findet Artikel 27 Absatz 5 auf die beitretenden Mitgliedstaaten Anwendung.

Artikel 29
Inkrafttreten für Island und Norwegen

(1) Unbeschadet des Artikels 8 des Übereinkommens zwischen dem Rat der Europäischen Union sowie der Republik Island und dem Königreich Norwegen über die Assoziierung der beiden letztgenannten Staaten bei der Umsetzung, Anwendung und Entwicklung des Schengen-Besitz-

Int Abk

stands (das „Assoziierungsübereinkommen") treten die in Artikel 2 Absatz 1 genannten Bestimmungen für Island und Norwegen 90 Tagen nach dem Zeitpunkt, zu dem der Rat und die Kommission die Informationen nach Artikel 8 Absatz 2 des Assoziierungsübereinkommens über die Erfüllung ihrer verfassungsrechtlichen Voraussetzungen erhalten haben, in ihren gegenseitigen Beziehungen zu allen Mitgliedstaaten, für die das Übereinkommen bereits nach Artikel 27 Absatz 3 oder 4 in Kraft getreten ist, in Kraft.

(2) Das Inkrafttreten dieses Übereinkommens für einen Mitgliedstaat nach dem Zeitpunkt des Inkrafttretens der in Artikel 2 Absatz 1 genannten Bestimmungen für Island und Norwegen bewirkt, daß diese Bestimmungen auch in den gegenseitigen Beziehungen zwischen diesem Mitgliedstaat sowie Island und Norwegen anwendbar sind.

(3) Die in Artikel 2 Absatz 1 genannten Bestimmungen werden in jedem Fall für Island und Norwegen nicht vor dem nach Artikel 15 Absatz 4 des Assoziierungsübereinkommens festzusetzenden Zeitpunkt rechtsverbindlich.

(4) Unbeschadet der Absätze 1, 2 und 3 treten die in Artikel 2 Absatz 1 genannten Bestimmungen für Island und Norwegen spätestens zum Zeitpunkt des Inkrafttretens dieses Übereinkommens für den fünfzehnten Staat, der zum Zeitpunkt der Annahme des Rechtsakts über die Erstellung dieses Übereinkommens durch den Rat Mitglied der Europäischen Union ist, in Kraft.

Artikel 30

Verwahrer

(1) Verwahrer dieses Übereinkommens ist der Generalsekretär des Rates der Europäischen Union.

(2) Der Verwahrer veröffentlicht im Amtsblatt der Europäischen Gemeinschaften den Stand der Annahmen und Beitritte, die Erklärungen und die Vorbehalte sowie alle sonstigen Notifizierungen im Zusammenhang mit diesem Übereinkommen.

Geschehen zu Brüssel am neunundzwanzigsten Mai zweitausend in einer Urschrift in dänischer, deutscher, englischer, finnischer, französischer, griechischer, irischer, italienischer, niederländischer, portugiesischer, schwedischer und spanischer Sprache, wobei jeder Wortlaut gleichermaßen verbindlich ist; die Urschrift wird im Archiv des Generalsekretariats des Rates der Europäischen Union hinterlegt. Der Generalsekretär übermittelt jedem Mitgliedstaat eine beglaubigte Abschrift dieser Urschrift.

Erklärungen der Republik Österreich zum Übereinkommen vom 29.5.2000 über die Rechtshilfe in Strafsachen zwischen den Mitgliedstaaten der EU

Zu Art. 24 Abs. 1 des Übereinkommens *(BGBl III 2015/35):*

Die österreichische Erklärung[1] nach Art. 24 Abs. 1 des am 29. Mai 2000 in Brüssel unterzeichneten Übereinkommens - gemäß Artikel 34 des Vertrags über die Europäische Union vom Rat erstellt - über die Rechtshilfe in Strafsachen zwischen den Mitgliedstaaten der Europäischen Union wurde wie folgt geändert:

[1] *Kundgemacht in BGBl. III Nr. 65/2005, zuletzt geändert durch BGBl. III Nr. 167/2013.*

Zu Artikel 24 Absatz 1 des Übereinkommens:

Österreich erklärt nach Artikel 24 Absatz 1, dass die bereits in der Erklärung betreffend Artikel 24 des Europäischen Übereinkommens vom 20. April 1959 über die Rechtshilfe in Strafsachen bezeichneten Behörden für die Anwendung des Übereinkommens zuständig sind, und benennt als

- im Sinne von Artikel 3 Absatz 1 zuständige Verwaltungsbehörden: die örtlich zuständige Bezirksverwaltungsbehörde (Bezirkshauptmannschaft oder Organ einer Stadt mit eigenem Statut), in den Angelegenheiten des sachlichen Wirkungsbereiches der Landespolizeidirektionen im Gebiet einer Gemeinde, für das die Landespolizeidirektion zugleich Sicherheitsbehörde erster Instanz ist, jedoch die Landespolizeidirektion, sowie die örtlich zuständige Finanzstrafbehörde (Finanzämter und Zollämter);

- im Sinne von Artikel 6 Absatz 2 und 8 zuständige zentrale Behörde: das Bundesministerium für Justiz;

- im Sinne von Artikel 6 Absatz 5 zuständige Behörden:

  – für Ersuchen nach Artikel 12: die Staatsanwaltschaft, in deren Sprengel die Grenze voraussichtlich überschritten wird oder von deren Sprengel die kontrollierte Lieferung ausgehen soll;

  – für Ersuchen nach Artikel 13: die örtlich zuständige Staatsanwaltschaft;

  – für Ersuchen nach Artikel 14: die Staatsanwaltschaft, in deren Sprengel der Einsatz voraussichtlich beginnen soll;

- im Sinne von Artikel 6 Absatz 6 zuständige Verwaltungsbehörde: die örtlich zuständige Bezirksverwaltungsbehörde (Bezirkshauptmannschaft oder Organ einer Stadt mit eigenem Statut), in den Angelegenheiten des sachlichen Wirkungsbereiches der Landespolizeidirektionen im Gebiet einer Gemeinde, für das die Landespolizeidirektion zugleich Sicherheitsbehörde erster Instanz ist, jedoch die Landespolizeidirektion, sowie die örtlich zuständige Finanzstrafbehörde (Finanzämter und Zollämter);

- im Sinne des Artikel 18 und 19 und des Artikels 20 Absätze 1, 2, 3 und 5 zuständige Behörde: die örtlich zuständige Staatsanwaltschaft;
- im Sinne von Artikel 20 Absatz 2 für die Unterrichtung zuständige Behörde: SIRENE Österreich.

Die geänderte österreichische Erklärung wurde am 24. Februar 2015 dem Generalsekretär des Rates der Europäischen Union notifiziert, deren Erhalt am 26. Februar 2015 bestätigt wurde.

Zu Art. 27 Abs. 5 des Übereinkommens:

Österreich erklärt gemäß Art. 27 Abs. 5, dass es dieses Übereinkommen in seinen Beziehungen zu den Mitgliedstaaten, die eine Erklärung gleichen Inhalts abgegeben haben, bis zum Inkrafttreten des Übereinkommens anwenden wird.

Zu Artikel 24 Absatz 1 des Übereinkommens (BGBl III 2021/199):

Österreich erklärt nach Artikel 24 Absatz 1, dass die bereits in der Erklärung betreffend Artikel 24 des Europäischen Übereinkommens vom 20. April 1959 über die Rechtshilfe in Strafsachen bezeichneten Behörden für die Anwendung des Übereinkommens zuständig sind, und benennt als

- im Sinne von Artikel 3 Absatz 1 zuständige Verwaltungsbehörden: die örtlich zuständige Bezirksverwaltungsbehörde (Bezirkshauptmannschaft oder Organ einer Stadt mit eigenem Statut), in den Angelegenheiten des sachlichen Wirkungsbereiches der Landespolizeidirektionen im Gebiet einer Gemeinde, für das die Landespolizeidirektion zugleich Sicherheitsbehörde erster Instanz ist, jedoch die Landespolizeidirektion, sowie die für Steuer- und Zollstrafsachen zuständige Behörde (Amt für Betrugsbekämpfung und Zollamt Österreich);
- im Sinne von Artikel 6 Absatz 2 und 8 zuständige zentrale Behörde: das Bundesministerium für Justiz;
- im Sinne von Artikel 6 Absatz 5 zuständige Behörden:
  - für Ersuchen nach Artikel 12: die Staatsanwaltschaft, in deren Sprengel die Grenze voraussichtlich überschritten wird oder von deren Sprengel die kontrollierte Lieferung ausgehen soll;
  - für Ersuchen nach Artikel 13: die örtlich zuständige Staatsanwaltschaft;
  - für Ersuchen nach Artikel 14: die Staatsanwaltschaft, in deren Sprengel der Einsatz voraussichtlich beginnen soll;
- im Sinne von Artikel 6 Absatz 6 zuständige Verwaltungsbehörden: die örtlich zuständige Bezirksverwaltungsbehörde (Bezirkshauptmannschaft oder Organ einer Stadt mit eigenem Statut), in den Angelegenheiten des sachlichen Wirkungsbereiches der Landespolizeidirektionen im Gebiet einer Gemeinde, für das die Landespolizeidirektion zugleich Sicherheitsbehörde erster Instanz ist, jedoch die Landespolizeidirektion, sowie die für Steuer- und Zollstrafsachen zuständige Behörde (Amt für Betrugsbekämpfung und Zollamt Österreich);
- im Sinne des Artikel 18 und 19 und des Artikels 20 Absätze 1, 2, 3 und 5 zuständige Behörde: die örtlich zuständige Staatsanwaltschaft;
- im Sinne von Artikel 20 Absatz 2 für die Unterrichtung zuständige Behörde: SIRENE Österreich.
- Die Erklärung, die Österreich dem Europarat am 4. Februar 2021 in Einhaltung des Europäischen Übereinkommens von 1959 über die Rechtshilfe in Strafsachen und seinen Protokollen übermittelt hat, gilt auch für dieses Übereinkommen.
- Österreich erklärt, dass die Europäische Staatsanwaltschaft (EUStA) bei der Ausübung ihrer Zuständigkeiten gemäß den Artikeln 22, 23 und 25 der Verordnung (EU) 2017/1939 des Rates befugt ist, Ersuchen im Einklang mit Artikel 18 des Übereinkommens zu erlassen und als zuständige Behörde im Einklang mit Artikel 19 Absatz 2 und Artikel 20 Absätze 1 bis 5 des Übereinkommens tätig zu werden.
- Ein Ersuchen, das an die EUStA als ersuchte Behörde gerichtet wird, sollte an die zentrale Dienststelle der EUStA übermittelt werden. In dringenden Fällen kann es direkt an einen Delegierten Europäischen Staatsanwalt in Österreich übermittelt werden. In diesem Fall ist eine Kopie an die zentrale Dienststelle der EUStA zu senden.

Die Änderung der österreichischen Erklärung wurde am 2. März 2021 dem Generalsekretär des Rates der Europäischen Union notifiziert.

Int Abk

23/3/1. Protokoll zu dem Übereinkommen über die Rechtshilfe in Strafsachen zwischen den Mitgliedstaaten der EU

BGBl III 2005/66

Protokoll – vom Rat gemäß Artikel 34 des Vertrags über die Europäische Union erstellt – zu dem Übereinkommen über die Rechtshilfe in Strafsachen zwischen den Mitgliedstaaten der EU samt Erklärungen

DIE HOHEN VERTRAGSPARTEIEN dieses Protokolls, Mitgliedstaaten der Europäischen Union –

UNTER BEZUGNAHME auf den Rechtsakt des Rates vom 16. Oktober 2001 über die Erstellung des Protokolls zu dem Übereinkommen über die Rechtshilfe in Strafsachen zwischen den Mitgliedstaaten der Europäischen Union,

IN ANBETRACHT der auf der Tagung des Europäischen Rates in Tampere am 15. und 16. Oktober 1999 angenommenen Schlussfolgerungen sowie die Notwendigkeit, diese Schlussfolgerungen unverzüglich in die Tat umzusetzen, so dass das Ziel der Schaffung eines Raums der Freiheit, der Sicherheit und des Rechts erreicht wird,

UNTER BERÜCKSICHTIGUNG der Empfehlungen der Sachverständigen anlässlich der Vorlage der Berichte zur gegenseitigen Begutachtung, die entsprechend der Gemeinsamen Maßnahme 97/827/JI des Rates vom 5. Dezember 1997 betreffend die Schaffung eines Mechanismus für die Begutachtung der einzelstaatlichen Anwendung und Umsetzung der zur Bekämpfung der organisierten Kriminalität eingegangenen internationalen Verpflichtungen[1] erstellt wurden,
[1] ABl. L 344 vom 15.12.1997, S. 7.

IN DER ÜBERZEUGUNG, dass zusätzliche Maßnahmen auf dem Gebiet der Rechtshilfe in Strafsachen für die Bekämpfung der Kriminalität, insbesondere der organisierten Kriminalität, der Geldwäsche und der Finanzkriminalität, erforderlich sind –

HABEN FOLGENDE BESTIMMUNGEN VEREINBART, die dem Übereinkommen vom 29. Mai 2000 über die Rechtshilfe in Strafsachen zwischen den Mitgliedstaaten der Europäischen Union[2] – nachstehend "Rechtshilfeübereinkommen von 2000" genannt – beigefügt werden und die Bestandteil jenes Übereinkommens sind:

[2] ABl. C 197 vom 12.7.2000, S. 3.

Artikel 1
Auskunftsersuchen zu Bankkonten

(1) Jeder Mitgliedstaat ergreift nach Maßgabe dieses Artikels die Maßnahmen, die erforderlich sind, um auf Antrag eines anderen Mitgliedstaats festzustellen, ob eine natürliche oder juristische Person, gegen die strafrechtliche Ermittlungen laufen, eines oder mehrere Bankkonten gleich welcher Art bei einer in seinem Gebiet niedergelassenen Bank unterhält oder kontrolliert; wenn dies der Fall ist, übermittelt er alle Angaben zu den ermittelten Konten.

Die Informationen erstrecken sich ferner – falls darum ersucht wurde und soweit die Informationen innerhalb einer angemessenen Frist geliefert werden können – auf Konten, für die die Person, gegen die ein Verfahren läuft, eine Vollmacht besitzt.

(2) Die Verpflichtung nach diesem Artikel gilt nur insoweit, als die kontoführende Bank über die diesbezüglichen Informationen verfügt.

(3) Die in diesem Artikel festgelegte Verpflichtung gilt nur, wenn die Ermittlung Folgendes betrifft:

– eine Straftat, die mit einer Freiheitsstrafe oder einer die Freiheit beschränkenden Maßregel der Sicherung und Besserung im Hoechstmaß von mindestens vier Jahren im ersuchenden Staat und von mindestens zwei Jahren im ersuchten Staat bedroht ist, oder

– eine Straftat, die in Artikel 2 des Übereinkommens von 1995 zur Errichtung eines Europäischen Polizeiamtes (Europol-Übereinkommen) oder im Anhang zu jenem Übereinkommen in der geänderten Fassung aufgeführt ist, oder

– soweit sie nicht unter das Europol-Übereinkommen fällt, eine Straftat, die in dem Übereinkommen von 1995 über den Schutz der finanziellen Interessen der Europäischen Gemeinschaften oder in dem dazugehörigen Protokoll von 1996 oder in dem dazugehörigen Zweiten Protokoll von 1997 aufgeführt ist.

(4) Die ersuchende Behörde

– gibt in dem Ersuchen an, weshalb die erbetenen Auskünfte für die Aufklärung der Straftat wahrscheinlich von wesentlichem Wert sind;

Int Abk

– gibt in dem Ersuchen an, weshalb sie annimmt, dass die Konten von Banken in dem ersuchten Mitgliedstaat geführt werden, und – soweit dies möglich ist – welche Banken möglicherweise betroffen sind;

– teilt in dem Ersuchen die verfügbaren Informationen mit, die die Erledigung des Ersuchens erleichtern können.

(5) Die Mitgliedstaaten können die Erledigung eines Ersuchens nach diesem Artikel von denselben Bedingungen abhängig machen, die für Ersuchen um Durchsuchung oder Beschlagnahme gelten.

(6) Der Rat kann gemäß Artikel 34 Absatz 2 Buchstabe c) des Vertrags über die Europäische Union beschließen, den Anwendungsbereich von Absatz 3 zu erweitern.

Artikel 2
Auskunftsersuchen zu Bankgeschäften

(1) Auf Antrag des ersuchenden Staates übermittelt der ersuchte Staat die Angaben über bestimmte Bankkonten und über Bankgeschäfte, die während eines bestimmten Zeitraums im Zusammenhang mit einem oder mehreren in dem Ersuchen angegebenen Bankkonten getätigt wurden, einschließlich der Angaben über sämtliche Überweisungs- und Empfängerkonten.

(2) Die Verpflichtung nach diesem Artikel gilt nur insoweit, als die kontoführende Bank über die diesbezüglichen Informationen verfügt.

(3) Der ersuchende Mitgliedstaat gibt in seinem Antrag an, warum er die erbetenen Auskünfte für die Aufklärung der Straftat für wichtig hält.

(4) Die Mitgliedstaaten können die Erledigung eines Ersuchens nach diesem Artikel von denselben Bedingungen abhängig machen, die für Ersuchen um Durchsuchung oder Beschlagnahme gelten.

Artikel 3
Ersuchen um Überwachung von Bankgeschäften

(1) Jeder Mitgliedstaat verpflichtet sich, dafür zu sorgen, dass auf Ersuchen eines anderen Mitgliedstaats Bankgeschäfte, die während eines bestimmten Zeitraums im Zusammenhang mit einem oder mehreren in dem Ersuchen angegebenen Bankkonten getätigt werden, überwacht werden können, und übermittelt die betreffenden Ergebnisse dem ersuchenden Mitgliedstaat.

(2) Der ersuchende Staat gibt in seinem Antrag an, warum er die erbetenen Auskünfte für die Aufklärung der Straftat für wichtig hält.

(3) Die Entscheidung über die Überwachung wird in jedem Einzelfall von den zuständigen Behörden des ersuchten Mitgliedstaats unter ge-

bührender Berücksichtigung seines innerstaatlichen Rechts getroffen.

(4) Die praktischen Einzelheiten der Überwachung werden zwischen den zuständigen Behörden des ersuchenden und des ersuchten Mitgliedstaats vereinbart.

Artikel 4
Vertraulichkeit

Jeder Mitgliedstaat ergreift die erforderlichen Maßnahmen, um zu gewährleisten, dass die Banken den betroffenen Bankkunden oder sonstige Dritte nicht davon in Kenntnis setzen, dass dem ersuchenden Staat eine Information gemäß den Artikeln 1, 2 oder 3 erteilt worden ist oder dass Ermittlungen durchgeführt werden.

Artikel 5
Informationspflicht

Wenn die zuständige Behörde des ersuchten Mitgliedstaats bei der Erledigung eines Rechtshilfeersuchens zu der Auffassung gelangt, dass es zweckmäßig sein könnte, Ermittlungen, die anfänglich nicht vorgesehen waren oder die zum Zeitpunkt des Ersuchens nicht hatten spezifiziert werden können, durchzuführen, setzt sie die ersuchende Behörde hiervon unverzüglich in Kenntnis, damit diese weitere Maßnahmen ergreifen kann.

Artikel 6
Ergänzende Rechtshilfeersuchen

(1) Stellt die zuständige Behörde des ersuchenden Mitgliedstaats ein Rechtshilfeersuchen, das ein früheres Ersuchen ergänzt, so braucht sie keine Informationen zu übermitteln, die bereits im Rahmen des ursprünglichen Ersuchens übermittelt wurden. Das ergänzende Ersuchen muss alle zur Identifizierung des ursprünglichen Ersuchens notwendigen Angaben enthalten.

(2) Wirkt die zuständige Behörde, die das Rechtshilfeersuchen gestellt hat, gemäß den geltenden Bestimmungen an der Erledigung des Ersuchens im ersuchten Mitgliedstaat mit, so kann sie unbeschadet des Artikels 6 Absatz 3 des Rechtshilfeübereinkommens von 2000 während des Aufenthalts im ersuchten Mitgliedstaat ein ergänzendes Ersuchen direkt an die zuständige Behörde dieses Staates richten.

Artikel 7
Bankgeheimnis

Das Bankgeheimnis darf von einem Mitgliedstaat nicht als Begründung für die Ablehnung jeglicher Zusammenarbeit in Bezug auf ein

Rechtshilfeersuchen eines anderen Mitgliedstaats herangezogen werden.

Artikel 8
Fiskalische strafbare Handlungen

(1) Rechtshilfe kann nicht allein deshalb verweigert werden, weil ein Ersuchen sich auf eine strafbare Handlung bezieht, die vom ersuchten Mitgliedstaat als fiskalische strafbare Handlung betrachtet wird.

(2) Hat ein Mitgliedstaat die Erledigung eines Ersuchens um Durchsuchung oder Beschlagnahme der Bedingung unterworfen, dass die dem Ersuchen zugrunde liegende strafbare Handlung auch nach seinem Recht strafbar ist, so ist diese Bedingung in Bezug auf die strafbaren Handlungen nach Absatz 1 erfuellt, wenn die Handlung nach seinem Recht einer strafbaren Handlung derselben Art entspricht.

Das Ersuchen darf nicht mit der Begründung abgelehnt werden, dass das Recht des ersuchten Mitgliedstaats nicht dieselbe Art von Abgaben oder Steuern oder keine Abgaben-, Steuer-, Zolloder Devisenbestimmungen derselben Art wie das Recht des ersuchenden Mitgliedstaats vorsieht.

(3) Artikel 50 des Übereinkommens zur Durchführung des Schengener Übereinkommens wird aufgehoben.

Artikel 9
Politische Straftaten

(1) Für die Zwecke der Rechtshilfe in Strafsachen zwischen den Mitgliedstaaten darf eine strafbare Handlung vom ersuchten Mitgliedstaat nicht als politische Straftat, als strafbare Handlung, die mit einer politischen Straftat in Verbindung steht, oder als politisch motivierte strafbare Handlung betrachtet werden.

(2) Jeder Mitgliedstaat kann im Rahmen der Notifizierung nach Artikel 13 Absatz 2 erklären, dass er Absatz 1 des vorliegenden Artikels nur anwendet im Zusammenhang mit

a) strafbaren Handlungen nach den Artikeln 1 und 2 des Europäischen Übereinkommens vom 27. Januar 1977 zur Bekämpfung des Terrorismus und

b) den Straftatbestand der Verabredung einer strafbaren Handlung oder der Beteiligung an einer kriminellen Vereinigung erfuellenden Handlungen, die dem in Artikel 3 Absatz 4 des Übereinkommens vom 27. September 1996 über die Auslieferung zwischen den Mitgliedstaaten der Europäischen Union beschriebenen Verhalten entsprechen und die darauf gerichtet sind, eine oder mehrere strafbare Handlungen nach den Artikeln 1 und 2 des Europäischen Übereinkommens zur Bekämpfung des Terrorismus zu begehen.

(3) Vorbehalte gemäß Artikel 13 des Europäischen Übereinkommens zur Bekämpfung des Terrorismus finden auf die Rechtshilfe zwischen den Mitgliedstaaten keine Anwendung.

Artikel 10
Befassung des Rates mit abgelehnten Ersuchen und Beteiligung von Eurojust

(1) Wird ein Ersuchen unter Zugrundelegung

– des Artikels 2 Buchstabe b) des Europäischen Rechtshilfeübereinkommens oder des Artikels 22 Absatz 2 Buchstabe b) des Benelux-Übereinkommens oder

– des Artikels 51 des Übereinkommens zur Durchführung des Schengener Übereinkommens oder des Artikels 5 des Europäischen Rechtshilfeübereinkommens oder

– des Artikels 1 Absatz 5 oder des Artikels 2 Absatz 4 dieses Protokolls

abgelehnt und beharrt der ersuchende Mitgliedstaat auf seinem Ersuchen und lässt sich keine andere Lösung finden, so wird die mit Gründen versehene ablehnende Entscheidung dem Rat vom ersuchten Mitgliedstaat zur Unterrichtung vorgelegt, damit gegebenenfalls das Funktionieren der justiziellen Zusammenarbeit zwischen den Mitgliedstaaten bewertet wird.

(2) Die zuständigen Behörden des ersuchenden Mitgliedstaats können Eurojust nach dessen Einrichtung alle Probleme im Zusammenhang mit der Erledigung eines Ersuchens nach Absatz 1 zur Ermöglichung einer praktischen Lösung im Einklang mit dem Rechtsakt zur Errichtung von Eurojust mitteilen.

Artikel 11
Vorbehalte

Vorbehalte zu diesem Protokoll sind nicht zulässig, außer Vorbehalte nach Artikel 9 Absatz 2.

Artikel 12
Territorialer Geltungsbereich

Die Anwendung dieses Protokolls auf Gibraltar wird wirksam, sobald das Rechtshilfeübereinkommen von 2000 nach dessen Artikel 26 für Gibraltar in Kraft getreten ist.

Artikel 13
Inkrafttreten

(1) Dieses Protokoll bedarf der Annahme durch die Mitgliedstaaten nach Maßgabe ihrer jeweiligen verfassungsrechtlichen Vorschriften.

(2) Die Mitgliedstaaten notifizieren dem Generalsekretär des Rates der Europäischen Union den

Int Abk

Abschluss der verfassungsrechtlichen Verfahren zur Annahme dieses Protokolls.

(3) Dieses Protokoll tritt 90 Tage nach der Notifizierung nach Absatz 2 durch den Staat, der zum Zeitpunkt der Annahme des Rechtsakts über die Erstellung dieses Protokolls durch den Rat Mitglied der Europäischen Union ist und diese Förmlichkeit als Achter vornimmt, für die betreffenden acht Mitgliedstaaten in Kraft. Sollte zu diesem Zeitpunkt jedoch das Rechtshilfeübereinkommen von 2000 noch nicht in Kraft getreten sein, so tritt dieses Protokoll zu dem Zeitpunkt in Kraft, zu dem jenes Übereinkommen in Kraft tritt.

(4) Jede durch einen Mitgliedstaat nach dem Inkrafttreten dieses Protokolls gemäß Absatz 3 vorgenommene Notifizierung hat zur Folge, dass dieses Protokoll 90 Tage nach dieser Notifizierung zwischen diesem Mitgliedstaat und den Mitgliedstaaten, für die das Protokoll bereits in Kraft getreten ist, in Kraft tritt.

(5) Jeder Mitgliedstaat kann vor dem Inkrafttreten dieses Protokolls gemäß Absatz 3 bei der Notifizierung nach Absatz 2 oder zu jedem späteren Zeitpunkt erklären, dass er dieses Protokoll in seinen Beziehungen zu den Mitgliedstaaten, die eine Erklärung gleichen Inhalts abgegeben haben, anwenden wird. Diese Erklärungen werden 90 Tage nach ihrer Hinterlegung wirksam.

(6) Ungeachtet der Absätze 3 bis 5 wird das Inkrafttreten oder die Anwendung dieses Protokolls in den Beziehungen zwischen zwei Mitgliedstaaten erst wirksam, wenn das Rechtshilfeübereinkommen von 2000 zwischen diesen Mitgliedstaaten in Kraft getreten ist oder zur Anwendung gelangt.

(7) Dieses Protokoll findet auf die Rechtshilfe Anwendung, die nach dem Zeitpunkt, zu dem es zwischen den betreffenden Mitgliedstaaten in Kraft getreten ist oder gemäß Absatz 5 angewendet wird, eingeleitet wird.

Artikel 14
Beitrittsstaaten

(1) Dieses Protokoll steht allen Staaten, die Mitglied der Europäischen Union werden und die dem Rechtshilfeübereinkommen von 2000 beitreten, zum Beitritt offen.

(2) Der vom Rat der Europäischen Union in der Sprache des beitretenden Staates erstellte Wortlaut dieses Protokolls ist verbindlich.

(3) Die Beitrittsurkunden werden beim Verwahrer hinterlegt.

(4) Dieses Protokoll tritt für jeden beitretenden Staat 90 Tage nach Hinterlegung seiner Beitrittsurkunde in Kraft oder aber zum Zeitpunkt des Inkrafttretens dieses Protokolls, wenn dieses bei Ablauf des genannten Zeitraums von 90 Tagen noch nicht in Kraft getreten ist.

(5) Ist dieses Protokoll zum Zeitpunkt der Hinterlegung der Beitrittsurkunde noch nicht in Kraft getreten, so findet Artikel 13 Absatz 5 auf die beitretenden Mitgliedstaaten Anwendung.

(6) Ungeachtet der Absätze 4 und 5 wird das Inkrafttreten oder die Anwendung dieses Protokolls in Bezug auf den beitretenden Staat erst wirksam, wenn das Rechtshilfeübereinkommen von 2000 in Bezug auf diesen Staat in Kraft getreten ist oder zur Anwendung gelangt.

Artikel 15
Position Islands und Norwegens

Artikel 8 stellt Maßnahmen dar, die eine Änderung der in Anhang 1 des Übereinkommens zwischen dem Rat der Europäischen Union und der Republik Island und dem Königreich Norwegen über die Assoziierung dieser beiden Staaten bei der Umsetzung, Anwendung und Entwicklung des Schengen-Besitzstands[3] (nachstehend "Assoziierungsübereinkommen") genannten Bestimmungen bewirken oder sich auf diese Bestimmungen stützen.

---

[3] ABl. L 176 vom 10.7.1999, S. 36.

Artikel 16
Inkrafttreten für Island und Norwegen

(1) Unbeschadet des Artikels 8 des Assoziierungsübereinkommens tritt die in Artikel 15 genannte Bestimmung für Island und Norwegen 90 Tage nach dem Zeitpunkt, zu dem der Rat und die Kommission die Informationen nach Artikel 8 Absatz 2 des Assoziierungsübereinkommens über die Erfüllung ihrer verfassungsrechtlichen Voraussetzungen erhalten haben, in ihren gegenseitigen Beziehungen zu allen Mitgliedstaaten, für die das Protokoll bereits nach Artikel 13 Absätze 3 oder 4 in Kraft getreten ist, in Kraft.

(2) Das Inkrafttreten dieses Protokolls für einen Mitgliedstaat nach dem Zeitpunkt des Inkrafttretens der in Artikel 15 genannten Bestimmung für Island und Norwegen bewirkt, dass diese Bestimmung auch in den gegenseitigen Beziehungen zwischen diesem Mitgliedstaat sowie Island und Norwegen anwendbar ist.

(3) Die in Artikel 15 genannte Bestimmung wird in jedem Fall für Island und Norwegen erst rechtsverbindlich, wenn die in Artikel 2 Absatz 1 des Rechtshilfeübereinkommens von 2000 genannten Bestimmungen in Bezug auf diese beiden Staaten in Kraft treten.

(4) Unbeschadet der Absätze 1, 2 und 3 tritt die in Artikel 15 genannte Bestimmung für Island und Norwegen spätestens zum Zeitpunkt des Inkrafttretens dieses Protokolls für den fünfzehnten Staat, der zum Zeitpunkt der Annahme des Rechtsakts über die Erstellung dieses Protokolls

durch den Rat Mitglied der Europäischen Union ist, in Kraft.

Artikel 17
Verwahrer

Verwahrer dieses Protokolls ist der Generalsekretär des Rates der Europäischen Union.

Der Verwahrer veröffentlicht im Amtsblatt der Europäischen Gemeinschaften den Stand der Annahmen und Beitritte, die Erklärungen sowie alle sonstigen Notifizierungen im Zusammenhang mit diesem Protokoll.

ZU URKUND DESSEN haben die unterzeichneten Bevollmächtigten ihre Unterschriften unter dieses Protokoll gesetzt.

Geschehen zu Luxemburg am 16. Oktober 2001 in einer Urschrift in dänischer, deutscher, englischer, finnischer, französischer, griechischer, irischer, italienischer, niederländischer, portugiesischer, schwedischer und spanischer Sprache, wobei jeder Wortlaut gleichermaßen verbindlich ist. Die Urschrift wird im Archiv des Generalsekretariats des Rates der Europäischen Union hinterlegt. Der Generalsekretär übermittelt jedem Mitgliedstaat eine beglaubigte Abschrift dieser Urschrift.

Erklärungen der Republik Österreich zum Protokoll zu dem Übereinkommen über die Rechtshilfe in Strafsachen zwischen den Mitgliedstaaten der EU vom 16.10.2001

Zu Art. 1 Abs. 5 des Protokolls:

Österreich erklärt gemäß Art. 1 Abs. 5, dass es die Erledigung von Ersuchen nach Art. 1 von den selben Bedingungen abhängig macht, die für Ersuchen um Durchsuchung oder Beschlagnahme gelten.

Zu Art. 2 Abs. 4 des Protokolls:

Österreich erklärt gemäß Art. 2 Abs. 4, dass es die Erledigung von Ersuchen nach Art. 2 von den selben Bedingungen abhängig macht, die für Ersuchen um Durchsuchung oder Beschlagnahme gelten.

Int Abk

23/4. Übereinkommen

(Auszug)

BGBl III 1997/90 idF

1 ABl L 260 v. 11. 10. 2003, S. 37   **2** BGBl I 2004/151 (SPG-Novelle 2005)

**Übereinkommen
über den Beitritt der Republik Österreich zu
den am 19. Juni 1990 in Schengen
unterzeichneten Übereinkommen zur
Durchführung des Übereinkommens von
Schengen vom 14. Juni 1985 zwischen den
Regierungen der Staaten der
Benelux-Wirtschaftsunion, der Bundesrepublik
Deutschland und der Französischen Republik
betreffend den schrittweisen Abbau der
Kontrollen an den gemeinsamen Grenzen, dem
die Italienische Republik, das Königreich
Spanien und die Portugiesische Republik sowie
die Griechische Republik jeweils mit den
Übereinkommen vom 27. November 1990, vom
25. Juni 1991 und vom 6. November 1992
beigetreten sind**

Artikel 1

Durch dieses Übereinkommen tritt die Republik Österreich dem Übereinkommen von 1990 bei.

Artikel 2

(1) Für die Republik Österreich sind die Beamten nach Art. 40 Abs. 4 des Übereinkommens von 1990:

a) die Organe des Öffentlichen Sicherheitsdienstes, das sind:

– „ “ *(BGBl I 2004/151)*

– die Angehörigen der Bundessicherheitswachekorps,

– die Angehörigen der Kriminalbeamtenkorps, „Bundespolizei“ *(BGBl I 2004/151)*

– die zur Ausübung unmittelbarer Befehls- und Zwangsgewalt ermächtigten Beamten des rechtskundigen Dienstes bei Sicherheitsbehörden,

b) unter den in geeigneten bilateralen Vereinbarungen nach Art. 40 Abs. 6 des Übereinkommens von 1990 festgelegten Bedingungen in bezug auf ihre Befugnisse im Bereich des unerlaubten Verkehrs mit Betäubungsmitteln, des unerlaubten Handels mit Waffen und Sprengstoffen und des unerlaubten Verkehrs mit giftigen und schädlichen Abfällen, die Zollbeamten.

(2) Für die Republik Österreich ist die Behörde nach Art. 40 Abs. 5 des Übereinkommens von

1990: Die Generaldirektion für die öffentliche Sicherheit im Bundesministerium für Inneres.

Artikel 3

Für die Republik Österreich sind die Beamten nach Art. 41 Abs. 7 des Übereinkommens von 1990:

a) die Organe des Öffentlichen Sicherheitsdienstes, das sind:

– „ “ *(BGBl I 2004/151)*

– die Angehörigen der Bundessicherheitswachekorps,

– die Angehörigen der „Bundespolizei“, *(BGBl I 2004/151)*

– die zur Ausübung unmittelbarer Befehls- und Zwangsgewalt ermächtigten Beamten des rechtskundigen Dienstes bei Sicherheitsbehörden,

b) unter den in geeigneten bilateralen Vereinbarungen nach Art. 41 Abs. 10 des Übereinkommens von 1990 festgelegten Bedingungen in bezug auf ihre Befugnisse im Bereich des unerlaubten Verkehrs mit Betäubungsmitteln, des unerlaubten Handels mit Waffen und Sprengstoffen und des unerlaubten Verkehrs mit giftigen und schädlichen Abfällen, die Zollbeamten.

Artikel 4

Für die Republik Österreich ist das nach Art. 65 Abs. 2 des Übereinkommens von 1990 zuständige Ministerium: Das Bundesministerium für Justiz.

...

Beilage B

**Übereinkommen
zur Durchführung des Übereinkommens von
Schengen vom 14. Juni 1985 zwischen den
Regierungen der Staaten der
Benelux-Wirtschaftsunion, der Bundesrepublik
Deutschland und der Französischen Republik
betreffend den schrittweisen Abbau der
Kontrollen an den gemeinsamen Grenzen**

...

Int Abk

Beilage B

Titel III

Polizei und Sicherheit

Kapitel 1

Polizeiliche Zusammenarbeit

Artikel 39

(1) Die Vertragsparteien verpflichten sich, daß ihre Polizeidienste sich untereinander nach Maßgabe des nationalen Rechts und ihrer jeweiligen Zuständigkeit im Interesse der vorbeugenden Bekämpfung und der Aufklärung von strafbaren Handlungen Hilfe leisten, sofern ein Ersuchen oder dessen Erledigung nach nationalem Recht nicht den Justizbehörden vorbehalten ist und die Erledigung des Ersuchens die Ergreifung von Zwangsmaßnahmen durch die ersuchte Vertragspartei nicht erfordert. Ist die ersuchte Polizeibehörde für die Erledigung nicht zuständig, so leitet sie das Ersuchen an die zuständige Behörde weiter.

(2) Schriftliche Informationen, die von der ersuchten Vertragspartei nach Abs. 1 übermittelt werden, können nur mit Zustimmung der zuständigen Justizbehörde dieser Vertragspartei von der ersuchenden Vertragspartei als Beweismittel in einem Strafverfahren benutzt werden.

(3) Ersuchen um Hilfe nach Absatz 1 und die Antworten können zwischen den von den Vertragsparteien mit der grenzüberschreitenden polizeilichen Zusammenarbeit beauftragten zentralen Stellen übermittelt und auf demselben Weg zurückgesandt werden. In Fällen, in denen das Ersuchen nicht rechtzeitig über diesen Geschäftsweg gestellt werden kann, können Ersuchen von den Polizeibehörden der ersuchenden Vertragspartei unmittelbar den zuständigen Behörden der ersuchten Vertragspartei übermittelt und von diesen unmittelbar beantwortet werden. In diesen Fällen unterrichtet die ersuchende Polizeibehörde unverzüglich die von der ersuchten Vertragspartei mit der grenzüberschreitenden polizeilichen Zusammenarbeit beauftragte zentrale Stelle über das direkte Ersuchen.

(4) Die Zusammenarbeit in den Grenzgebieten kann in Vereinbarungen zwischen den zuständigen Ministern der Vertragsparteien geregelt werden.

(5) Weitergehende bestehende und künftige bilaterale Abkommen zwischen zwei Vertragsparteien, die eine gemeinsame Grenze haben, bleiben von den Bestimmungen dieses Artikels unberührt. Die Vertragsparteien unterrichten einander über diese Abkommen.

Artikel 40

(1) Beamte eines Mitgliedstaates, die im Rahmen eines Ermittlungsverfahrens in dessen Ho-
heitsgebiet eine Person observieren, die im Verdacht steht, an einer auslieferungsfähigen Straftat beteiligt zu sein, oder die in diesem Rahmen als notwendige Maßnahme eines Ermittlungsverfahrens eine Person observieren, bei der ernsthaft anzunehmen ist, dass sie zur Identifizierung oder Auffindung der vorgenannten Person führen kann, sind befugt, diese Observation im Hoheitsgebiet eines anderen Mitgliedstaates fortzusetzen, wenn dieser der grenzüberschreitenden Observation auf der Grundlage eines zuvor gestellten und begründeten Rechtshilfeersuchens zugestimmt hat. Die Zustimmung kann mit Auflagen verbunden werden. *(ABl L 260 v. 11. 10. 2003, S. 37)*

(2) Kann wegen der besonderen Dringlichkeit der Angelegenheit eine vorherige Zustimmung der anderen Vertragspartei nicht beantragt werden, dürfen die Beamten die Observation einer Person, die im Verdacht steht, an einer der in Absatz 7 aufgeführten Straftaten beteiligt zu sein, unter folgenden Voraussetzungen über die Grenze hinweg fortsetzen:

a) Der Grenzübertritt ist noch während der Observation unverzüglich der in Abs. 5 bezeichneten Behörde der Vertragspartei, auf deren Hoheitsgebiet die Observation fortgesetzt werden soll, mitzuteilen.

b) Ein Rechtshilfeersuchen nach Absatz 1, in dem auch die Gründe dargelegt werden, die einen Grenzübertritt ohne vorherige Zustimmung rechtfertigen, ist unverzüglich nachzureichen.

Die Observation ist einzustellen, sobald die Vertragspartei, auf deren Hoheitsgebiet die Observation stattfindet, auf Grund der Mitteilung nach Buchstabe a oder des Ersuchens nach Buchstabe b dies verlangt oder wenn die Zustimmung nicht fünf Stunden nach Grenzübertritt vorliegt.

(3) Die Observation nach den Absätzen 1 und 2 ist ausschließlich unter den nachstehenden allgemeinen Voraussetzungen zulässig:

a) Die observierenden Beamten sind an die Bestimmungen dieses Artikels und das Recht der Vertragspartei, auf deren Hoheitsgebiet sie auftreten, gebunden; sie haben Anordnungen der örtlich zuständigen Behörden zu befolgen.

b) Vorbehaltlich der Fälle des Absatzes 2 führen die Beamten während der Observation ein Dokument mit sich, aus dem sich ergibt, daß die Zustimmung erteilt worden ist.

c) Die observierenden Beamten müssen in der Lage sein, jederzeit ihre amtliche Funktion nachzuweisen.

d) Die observierenden Beamten dürfen während der Observation ihre Dienstwaffe mit sich führen, es sei denn, die ersuchte Vertragspartei hat dem ausdrücklich widersprochen; der Gebrauch ist mit Ausnahme des Falles der Notwehr nicht zulässig.

e) Das Betreten von Wohnungen und öffentlich nicht zugänglichen Grundstücken ist nicht zulässig.

f) Die observierenden Beamten sind nicht befugt, die zu observierenden Personen anzuhalten oder festzunehmen.

g) Über jede Operation wird den Behörden der Vertragspartei, auf deren Hoheitsgebiet die Operation stattgefunden hat, Bericht erstattet; dabei kann das persönliche Erscheinen der observierenden Beamten gefordert werden.

h) Die Behörden der Vertragspartei, aus deren Hoheitsgebiet die observierenden Beamten kommen, unterstützen auf Ersuchen die nachträglichen Ermittlungen einschließlich gerichtlicher Verfahren der Vertragspartei, auf deren Hoheitsgebiet eingeschritten wurde.

(4) Die in den Absätzen 1 und 2 genannten Beamten sind:

Für das Königreich Belgien: Die Beamten der Kriminalpolizei bei den Staatsanwaltschaften, der Gendarmerie und der Gemeindepolizei sowie, unter den in geeigneten bilateralen Vereinbarungen nach Absatz 6 festgelegten Bedingungen in bezug auf die Befugnisse im Bereich des unerlaubten Verkehrs mit Betäubungsmitteln und im Bereich des unerlaubten Handels mit Waffen und Sprengstoffen und des unerlaubten Verkehrs mit giftigen und schädlichen Abfällen, die Zollbeamten;

für die Bundesrepublik Deutschland: Die Beamten der Polizeien des Bundes und der Länder sowie, beschränkt auf den Bereich des unerlaubten Verkehrs mit Betäubungsmitteln und des unerlaubten Handels mit Waffen, die Beamten des Zollfahndungsdienstes als Hilfsbeamte der Staatsanwaltschaft;

für die Französische Republik: Die Beamten und die Hilfsbeamten der kriminalpolizeilichen Abteilungen der Nationalen Polizei und der Nationalen Gendarmerie sowie, unter den in geeigneten bilateralen Vereinbarungen nach Absatz 6 festgelegten Bedingungen in bezug auf ihre Befugnisse im Bereich des unerlaubten Verkehrs mit Betäubungsmitteln und im Bereich des unerlaubten Handels mit Waffen und Sprengstoffen und des unerlaubten Verkehrs mit giftigen und schädlichen Abfällen, die Zollbeamten;

für das Großherzogtum Luxemburg: Die Beamten der Gendarmerie und der Polizei sowie, unter den in geeigneten bilateralen Vereinbarungen nach Absatz 6 festgelegten Bedingungen in bezug auf ihre Befugnisse im Bereich des unerlaubten Verkehrs mit Betäubungsmitteln, im Bereich des unerlaubten Handels mit Waffen und Sprengstoffen und im Bereich des unerlaubten Verkehrs mit giftigen und schädlichen Abfällen, die Zollbeamten;

für das Königreich der Niederlande: Die Beamten der Reichspolizei und der Gemeindepolizei sowie, unter den in geeigneten bilateralen Vereinbarungen nach Absatz 6 festgelegten Bedingungen in bezug auf ihre Befugnisse im Bereich des unerlaubten Verkehrs mit Betäubungsmitteln und im Bereich des unerlaubten Handels mit Waffen und Sprengstoffen und des unerlaubten Verkehrs mit giftigen und schädlichen Abfällen, die Beamten des fiskalischen Nachrichten- und Fahndungsdienstes, die im Bereich der Einfuhrzölle und Verbrauchsteuern zuständig sind.

(5) Die in den Absätzen 1 und 2 genannte Behörde ist:

Für das Königreich Belgien: Das Generalkommissariat der Kriminalpolizei;

für die Bundesrepublik Deutschland: Das Bundeskriminalamt;

für die Französische Republik: Die Zentraldirektion der Kriminalpolizei;

für das Großherzogtum Luxemburg: Der Generalstaatsanwalt;

für das Königreich der Niederlande: Der landesweit zuständige Staatsanwalt für grenzüberschreitende Observation.

(6) Die Vertragsparteien können im Wege bilateraler Vereinbarungen den Anwendungsbereich dieses Artikels erweitern und zusätzliche Regelungen zu seiner Durchführung treffen.

(7) Eine Observation nach Absatz 2 ist nur zulässig, wenn eine der nachstehenden Straftaten zugrunde liegt:

– Mord,

– Totschlag,

– „Schwere Straftat sexueller Natur" *(ABl L 260 v. 11. 10. 2003, S. 37)*

– Vorsätzliche Brandstiftung,

– „Fälschung und Verfälschung von Zahlungsmitteln" *(ABl L 260 v. 11. 10. 2003, S. 37)*

– Schwerer Diebstahl, Hehlerei und Raub,

– Erpressung,

– Entführung und Geiselnahme,

– Menschenhandel,

– Unerlaubter Verkehr mit Betäubungsmitteln,

– Verstoß gegen die gesetzlichen Vorschriften über Waffen und Sprengstoffe,

– Vernichtung durch Sprengstoffe,

– Unerlaubter Verkehr mit giftigen und schädlichen Abfällen.

– „schwerer Betrug," *(ABl L 260 v. 11. 10. 2003, S. 37)*

– „Schleuserkriminalität," *(ABl L 260 v. 11. 10. 2003, S. 37)*

– „Geldwäsche," *(ABl L 260 v. 11. 10. 2003, S. 37)*

Int Abk

- „illegaler Handel mit nuklearem und radioaktivem Material," *(ABl L 260 v. 11. 10. 2003, S. 37)*
- „Beteiligung an einer kriminellen Vereinigung im Sinne der Gemeinsamen Maßnahme 98/733/JI des Rates vom 21. Dezember 1998 betreffend die Strafbarkeit der Beteiligung an einer kriminellen Vereinigung in den Mitgliedstaaten der Europäischen Union," *(ABl L 260 v. 11. 10. 2003, S. 37)*
- „terroristische Straftaten im Sinne des Rahmenbeschlusses 2002/475/JI des Rates vom 13. Juni 2002 über die Bekämpfung des Terrorismus." *(ABl L 260 v. 11. 10. 2003, S. 37)*

(ABl L 260 v. 11. 10. 2003, S. 37)

Artikel 41

(1) Beamte einer Vertragspartei, die in ihrem Land eine Person verfolgen, die auf frischer Tat bei der Begehung von oder der Teilnahme an einer Straftat nach Absatz 4 betroffen wird, sind befugt, die Verfolgung auf dem Hoheitsgebiet einer anderen Vertragspartei ohne deren vorherige Zustimmung fortzusetzen, wenn die zuständigen Behörden der anderen Vertragspartei wegen der besonderen Dringlichkeit der Angelegenheit nicht zuvor mit einem der in Artikel 44 vorgesehenen Kommunikationsmittel unterrichtet werden konnten oder nicht rechtzeitig zur Stelle sind, um die Verfolgung zu übernehmen. Gleiches gilt, wenn die verfolgte Person sich in Untersuchungshaft oder Strafhaft befand und aus der Haft geflohen ist. Spätestens beim Grenzübertritt nehmen die nacheilenden Beamten Kontakt mit der zuständigen Behörde des Gebietsstaates auf. Die Verfolgung ist einzustellen, sobald die Vertragspartei, auf deren Hoheitsgebiet die Verfolgung stattfinden soll, dies verlangt. Auf Ersuchen der nacheilenden Beamten ergreifen die örtlich zuständigen Behörden die betroffene Person, um ihre Identität festzustellen oder die Festnahme vorzunehmen.

(2) Die Nacheile wird gemäß einer der nachfolgenden Modalitäten ausgeübt, die in der Erklärung nach Absatz 9 festgelegt werden:

a) Die nacheilenden Beamten haben kein Festhalterecht.

b) Wenn kein Einstellungsverlangen vorliegt und die örtlichen Behörden nicht rechtzeitig herangezogen werden können, dürfen die nacheilenden Beamten die Person festhalten, bis die Beamten des Gebietsstaates, die unverzüglich zu unterrichten sind, die Identitätsfeststellung oder die Festnahme vornehmen.

(3) Die in den Absätzen 1 und 2 vorgesehene Nacheile wird gemäß einer der nachfolgenden Modalitäten ausgeübt, die in der Erklärung nach Absatz 9 festgelegt werden:

a) Innerhalb eines in der Erklärung bestimmten Gebietes oder während einer darin bestimmten Zeit vom Überschreiten der Grenze an;

b) ohne räumliche oder zeitliche Begrenzung.

(4) In der Erklärung nach Absatz 9 legen die Vertragsparteien die in Absatz 1 vorgesehenen Straftaten gemäß einer der nachfolgenden Modalitäten fest:

a) Straftatenkatalog:

- Mord,
- Totschlag,
- Vergewaltigung,
- Vorsätzliche Brandstiftung,
- Falschmünzerei,
- Schwerer Diebstahl, Hehlerei und Raub,
- Erpressung,
- Entführung und Geiselnahme,
- Menschenhandel,
- Unerlaubter Verkehr mit Betäubungsmitteln,
- Verstoß gegen die gesetzlichen Vorschriften über Waffen und Sprengstoffe,
- Vernichtung durch Sprengstoffe,
- Unerlaubter Verkehr mit giftigen und schädlichen Abfällen,
- Unerlaubtes Entfernen nach einem Unfall mit schwerer Körperverletzung oder Todesfolge;

b) die auslieferungsfähigen Straftaten.

(5) Die Nacheile darf nur unter folgenden allgemeinen Voraussetzungen ausgeübt werden:

a) Die nacheilenden Beamten sind an die Bestimmungen dieses Artikels und das Recht der Vertragspartei, auf deren Hoheitsgebiet sie auftreten, gebunden; sie haben Anordnungen der örtlich zuständigen Behörden zu befolgen.

b) Die Nacheile findet lediglich über die Landgrenzen statt.

c) Das Betreten von Wohnungen und öffentlich nicht zugänglichen Grundstücken ist nicht zulässig.

d) Die nacheilenden Beamten müssen als solche eindeutig erkennbar sein, entweder durch eine Uniform, eine Armbinde oder durch am Fahrzeug angebrachte Zusatzeinrichtungen; das Tragen von Zivilkleidung unter Benutzung eines getarnten Polizeifahrzeuges ohne die vorgenannte Kennzeichnung ist nicht zulässig; die nacheilenden Beamten müssen jederzeit in der Lage sein, ihre amtliche Funktion nachzuweisen.

e) Die nacheilenden Beamten dürfen ihre Dienstwaffe mit sich führen; der Gebrauch ist mit Ausnahme des Falles der Notwehr nicht zulässig.

f) Die nach Absatz 2 Buchstabe b ergriffene Person darf im Hinblick auf ihre Vorführung vor die örtlichen Behörden lediglich einer Sicherheitsdurchsuchung unterzogen werden; es dürfen ihr während der Beförderung Handschellen angelegt werden; die von der verfolgten Person mitgeführten Gegenstände dürfen sichergestellt werden.

g) Die nacheilenden Beamten melden sich nach jedem Einschreiten gemäß den Absätzen 1, 2 und 3 bei den örtlich zuständigen Behörden der Vertragspartei, auf deren Hoheitsgebiet sie gehandelt haben und erstatten Bericht; auf Ersuchen dieser Behörden sind sie verpflichtet, sich bis zur Klärung des Sachverhalts bereitzuhalten; gleiches gilt auch, wenn die verfolgte Person nicht festgenommen werden konnte.

h) Die Behörden der Vertragspartei, aus deren Hoheitsgebiet die nacheilenden Beamten kommen, unterstützen auf Ersuchen die nachträglichen Ermittlungen einschließlich gerichtlicher Verfahren der Vertragspartei, auf deren Hoheitsgebiet eingeschritten wurde.

(6) Die Person, die gemäß Abs. 2 durch die örtlich zuständigen Behörden festgenommen wurde, kann ungeachtet ihrer Staatsangehörigkeit zum Zwecke der Vernehmung festgehalten werden. Die einschlägigen Bestimmungen des nationalen Rechts finden sinngemäß Anwendung. Hat die Person nicht die Staatsangehörigkeit der Vertragspartei, in deren Hoheitsgebiet sie aufgegriffen wurde, wird sie spätestens sechs Stunden nach ihrer Ergreifung freigelassen, wobei die Stunden zwischen Mitternacht und neun Uhr nicht mitzählen, es sei denn, die örtlich zuständigen Behörden erhalten vor Ablauf dieser Frist ein Ersuchen gleich in welcher Form um vorläufige Festnahmen zum Zwecke der Auslieferung.

(7) Die in den Absätzen 1 bis 6 genannten Beamten sind:

Für das Königreich Belgien: Die Beamten der Kriminalpolizei bei den Staatsanwaltschaften, der Gendarmerie und der Gemeindepolizei sowie, unter den in geeigneten bilateralen Vereinbarungen nach Absatz 10 festgelegten Bedingungen in bezug auf ihre Befugnisse im Bereich des unerlaubten Verkehrs mit Betäubungsmitteln und im Bereich des unerlaubten Handels mit Waffen und Sprengstoffen und des unerlaubten Verkehrs mit giftigen und schädlichen Abfällen, die Zollbeamten;

für die Bundesrepublik Deutschland: Die Beamten der Polizeien des Bundes und der Länder sowie, beschränkt auf den Bereich des unerlaubten Verkehrs mit Betäubungsmitteln und des unerlaubten Handels mit Waffen, die Beamten des Zollfahndungsdienstes als Hilfsbeamte der Staatsanwaltschaft;

für die Französische Republik: Die Beamten und die Hilfsbeamten der kriminalpolizeilichen Abteilungen der Nationalen Polizei und der Nationalen Gendarmerie sowie, unter den in geeigneten bilateralen Vereinbarungen nach Absatz 10

festgelegten Bedingungen in bezug auf ihre Befugnisse im Bereich des unerlaubten Verkehrs mit Betäubungsmitteln und im Bereich des unerlaubten Handels mit Waffen und Sprengstoffen und des unerlaubten Verkehrs mit giftigen und schädlichen Abfällen, die Zollbeamten;

für das Großherzogtum Luxemburg: Die Beamten der Gendarmerie und der Polizei sowie, unter den in geeigneten bilateralen Vereinbarungen nach Absatz 10 festgelegten Bedingungen in bezug auf ihre Befugnisse im Bereich des unerlaubten Verkehrs mit Betäubungsmitteln, im Bereich des unerlaubten Handels mit Waffen und Sprengstoffen und im Bereich des unerlaubten Verkehrs mit giftigen und schädlichen Abfällen, die Zollbeamten;

für das Königreich der Niederlande: Die Beamten der Reichspolizei und der Gemeindepolizei sowie, unter den in geeigneten bilateralen Vereinbarungen nach Absatz 10 festgelegten Bedingungen in bezug auf ihre Befugnisse im Bereich des unerlaubten Verkehrs mit Betäubungsmitteln und im Bereich des unerlaubten Handels mit Waffen und Sprengstoffen und des unerlaubten Verkehrs mit giftigen und schädlichen Abfällen, die Beamten des fiskalischen Nachrichten- und Fahndungsdienstes, die im Bereich der Einfuhrzölle und Verbrauchsteuern zuständig sind.

(8) Für die betreffenden Vertragsparteien bleibt Artikel 27 des Benelux-Übereinkommens über Auslieferung und Rechtshilfe in Strafsachen vom 27. Juni 1962 in der Fassung des Protokolls vom 11. Mai 1974 unberührt.

(9) [1] Bei der Unterzeichnung dieses Übereinkommens gibt jede Vertragspartei eine Erklärung ab, in der sie bezüglich jeder Vertragspartei, mit der sie eine gemeinsame Grenze hat, die Modalitäten der Ausübung des Nacheilerechts in ihrem Hoheitsgebiet nach Maßgabe der Absätze 2, 3 und 4 festlegt. Jede Vertragspartei kann zu jedem Zeitpunkt ihre Erklärung durch eine andere Erklärung ersetzen, soweit diese nicht die Tragweite der früheren Erklärung einschränkt. Jeder Erklärung geht eine vorherige Abstimmung mit allen betroffenen Vertragsparteien voraus, wobei die Gleichwertigkeit der auf beiden Seiten der Binnengrenzen geltenden Regelung angestrebt wird.

(10) Die Vertragsparteien können im Wege bilateraler Vereinbarungen den Anwendungsbereich des Absatzes 1 erweitern und zusätzliche Regelungen zur Durchführung dieses Artikels treffen.

---

[1] *Beachte anschließend abgedruckte Erklärung.*

Artikel 42

Int Abk

Während eines Einschreitens nach Maßgabe der Artikel 40 und 41 werden die Beamten, die im Hoheitsgebiet einer anderen Vertragspartei eine Aufgabe erfüllen, den Beamten dieser Vertragspartei in bezug auf die Straftaten, denen diese Beamten zum Opfer fallen oder die sie begehen würden, gleichgestellt.

Artikel 43

(1) Wenn Beamte einer Vertragspartei nach den Artikeln 40 und 41 dieses Übereinkommens auf dem Hoheitsgebiet einer anderen Vertragspartei einschreiten, haftet die erste Vertragspartei nach Maßgabe des nationalen Rechts dieser anderen Vertragspartei für den durch die Beamten bei diesem Einschreiten dort verursachten Schaden.

(2) Die Vertragspartei, auf deren Hoheitsgebiet der in Absatz 1 genannte Schaden verursacht wird, verpflichtet sich, diesen Schaden so zu ersetzen, wie sie ihn ersetzen müßte, wenn ihre eigenen Beamten ihn verursacht hätten.

(3) Die Vertragspartei, deren Beamte den Schaden auf dem Hoheitsgebiet einer anderen Vertragspartei verursacht haben, erstattet dieser anderen Vertragspartei den Gesamtbetrag des Schadenersatzes, den diese an die Geschädigten oder ihre Rechtsnachfolger geleistet hat.

(4) Vorbehaltlich der Ausübung ihrer Rechte gegenüber Dritten und außer der Bestimmung des Absatzes 3 verzichtet jede Vertragspartei in dem Fall des Absatzes 1 darauf, den Betrag des erlittenen Schadens anderen Vertragsparteien gegenüber geltend zu machen.

Artikel 44

(1) Die Vertragsparteien schaffen nach Maßgabe der entsprechenden internationalen Verträge und unter Berücksichtigung der örtlichen Gegebenheiten und der technischen Möglichkeiten – insbesondere in den Grenzregionen – direkte Telefon-, Funk-, Telex- und andere Verbindungen zum Zwecke der Erleichterung der polizeilichen und zollrechtlichen Zusammenarbeit, insbesondere im Hinblick auf die rechtzeitige Übermittlung von Informationen im Zusammenhang mit der grenzüberschreitenden Observation und Nacheile.

(2) Über diese Sofortmaßnahmen hinaus werden sie insbesondere die nachstehenden Möglichkeiten prüfen:

a) Austausch von Material oder Entsendung von Verbindungsbeamten, die über geeignete Funkgeräte verfügen;

b) Erweiterung der in den Grenzregionen benutzten Frequenzbänder;

c) Einrichtung einer gemeinsamen Verbindung zwischen den in derselben Region tätigen Polizei- und Zolldienststellen;

d) Koordinierung ihrer Programme für den Erwerb von Kommunikationsgeräten mit dem Ziel der Einrichtung genormter und kompatibler Kommunikationssysteme.

Artikel 45

(1) Die Vertragsparteien verpflichten sich, die erforderlichen Maßnahmen zu ergreifen, um sicherzustellen, daß

a) der Leiter einer Beherbergungsstätte oder seine Beauftragten darauf hinwirken, daß beherbergte Ausländer, einschließlich der Angehörigen anderer Vertragsparteien sowie anderer Mitgliedstaaten der Europäischen Gemeinschaften, soweit es sich nicht um mitreisende Ehegatten und minderjährige Kinder sowie Teilnehmer von Reisegesellschaften handelt, Meldevordrucke eigenhändig ausfüllen und unterschreiben und sich dabei gegenüber dem Leiter der Beherbergungsstätte oder seinem Beauftragten durch Vorlage eines gültigen Identitätsdokuments ausweisen;

b) die nach Buchstabe a ausgefüllten Meldevordrucke für die zuständigen Behörden bereitgehalten oder diesen übermittelt werden, wenn dies nach deren Feststellung für Zwecke der Gefahrenabwehr, der Strafverfolgung oder der Aufklärung des Schicksals von Vermißten oder Unfallopfern erforderlich ist, soweit im nationalen Recht nichts anderes geregelt ist.

(2) Absatz 1 findet sinngemäß Anwendung, wenn Personen auf Plätzen, die geschäftsmäßig überlassen werden, insbesondere in Zelten, Wohnwagen und Wasserfahrzeugen übernachten.

Artikel 46

(1) Jede Vertragspartei kann nach Maßgabe ihres nationalen Rechts ohne Ersuchen im Einzelfall der jeweils betroffenen Vertragspartei Informationen mitteilen, die für den Empfänger zur Unterstützung bei der Bekämpfung zukünftiger Straftaten, zur Verhütung einer Straftat oder zur Abwehr von Gefahren für die öffentliche Sicherheit und Ordnung von Bedeutung sein können.

(2) Der Informationsaustausch wird unbeschadet der Regelung zur Zusammenarbeit in den Grenzgebieten in Artikel 39 Absatz 4 über eine zu benennende zentrale Stelle abgewickelt. In besonders eilbedürftigen Fällen kann der Informationsaustausch im Sinne dieses Artikels unmittelbar zwischen den betroffenen Polizeibehörden erfolgen, vorbehaltlich abweichender Regelungen im nationalen Recht. Die zentrale Stelle wird hiervon so bald wie möglich in Kenntnis gesetzt.

Artikel 47

(1) Die Vertragsparteien können bilaterale Absprachen über die befristete oder unbefristete Entsendung von Verbindungsbeamten einer Vertragspartei zu Polizeidienststellen einer anderen Vertragspartei treffen.

(2) Die unbefristete oder befristete Entsendung von Verbindungsbeamten hat zum Ziel, die Zu-

sammenarbeit zwischen den Vertragsparteien zu fördern und zu beschleunigen, insbesondere durch

a) Unterstützung des Informationsaustausches zur präventiven und repressiven Verbrechensbekämpfung;

b) Unterstützung bei polizeilicher und justitieller Rechtshilfe in Strafsachen;

c) Unterstützung der grenzüberwachenden Behörden an den Außengrenzen.

(3) Die Verbindungsbeamten werden beratend und unterstützend tätig. Sie sind nicht zur selbständigen Durchführung von polizeilichen Maßnahmen berechtigt. Sie erteilen Informationen und erledigen ihre Aufträge im Rahmen der ihnen von der entsendenden Vertragspartei und der Vertragspartei, in die sie entsandt worden sind, erteilten Weisungen. Sie berichten regelmäßig an den Leiter des Polizeidienstes, zu dem sie entsandt sind.

(4) Die Vertragsparteien können bilateral oder multilateral vereinbaren, daß die in Drittstaaten tätigen Verbindungsbeamten bei ihrer Tätigkeit auch die Interessen einer oder mehrerer anderer Vertragsparteien mitwahrnehmen. Nach Maßgabe dieser Absprachen übermitteln die in Drittstaaten entsandten Verbindungsbeamten den anderen Vertragsparteien auf deren Ersuchen oder selbständig Informationen und erledigen Aufträge im Rahmen ihrer Zuständigkeit. Die Vertragsparteien informieren sich gegenseitig, in welche Drittstaaten sie Verbindungsbeamte zu entsenden beabsichtigen.

Kapitel 2

Rechtshilfe in Strafsachen

Artikel 48

(1) Die Bestimmungen dieses Kapitels sollen das Europäische Übereinkommen über Rechtshilfe in Strafsachen vom 20. April 1959 ergänzen und seine Anwendung erleichtern. In den Beziehungen zwischen den Vertragsparteien, die der Benelux-Wirtschaftsunion angehören, gilt Satz 1 sinngemäß für Kapitel II des Benelux-Übereinkommens über Auslieferung und Rechtshilfe in Strafsachen vom 27. Juni 1962 in der Fassung des Protokolls vom 11. Mai 1974.

(2) Die zwischen den Vertragsparteien geltenden weitergehenden Bestimmungen auf Grund bilateraler Abkommen bleiben unberührt.

Artikel 49

Rechtshilfe wird auch geleistet

a) in Verfahren wegen Handlungen, die nach dem nationalen Recht einer oder beider Vertragsparteien als Zuwiderhandlungen gegen Ordnungsvorschriften durch Behörden geahndet werden, gegen deren Entscheidung ein auch in Strafsachen zuständiges Gericht angerufen werden kann;

b) in Verfahren über Ansprüche auf Entschädigung für Strafverfolgungsmaßnahmen und ungerechtfertigte Verurteilungen;

c) in Gnadensachen;

d) in Zivilsachen, die mit einer Strafklage verbunden sind, solange das Strafgericht noch nicht endgültig über die Strafklage entschieden hat;

e) bei der Zustellung von Urkunden bezüglich der Vollstreckung einer Strafe oder einer Maßregel der Sicherung und Besserung, der Einziehung einer Geldbuße oder der Zahlung der Gerichtskosten;

f) bei Maßnahmen betreffend die Aussetzung des Ausspruchs oder der Vollstreckung einer Strafe oder Maßregel der Sicherung und Besserung, die bedingte Entlassung, den Aufschub des Vollstreckungsbeginns einer Strafe oder Maßregel der Sicherung und Besserung oder die Unterbrechung der Vollstreckung.

Artikel 50

(1) Die Vertragsparteien verpflichten sich, Rechtshilfe nach Maßgabe der in Artikel 48 erwähnten Übereinkommen zu leisten wegen Verstößen gegen die gesetzlichen Bestimmungen und Vorschriften im Bereich der Verbrauchsteuern, der Mehrwertsteuern und des Zolls. Als Zollgesetze gelten die in Artikel 2 des Übereinkommens zwischen Belgien, der Bundesrepublik Deutschland, Frankreich, Italien, Luxemburg und den Niederlanden über die gegenseitige Unterstützung ihrer Zollverwaltungen vom 7. September 1967 aufgeführten Vorschriften sowie die in Artikel 2 der Verordnung (EWG) Nr. 1468/81 des Rates vom 19. Mai 1981 aufgeführten Vorschriften.

(2) Ersuchen in Verfahren wegen des Verdachts der Hinterziehung von Verbrauchsteuern dürfen nicht mit der Begründung abgelehnt werden, daß von der ersuchten Vertragspartei Verbrauchsteuern auf die in dem Ersuchen genannten Waren nicht erhoben werden.

(3) Die ersuchende Vertragspartei übermittelt und verwendet von der ersuchten Vertragspartei erhaltene Informationen oder Beweismittel für andere als in dem Ersuchen bezeichnete Ermittlungen, Strafverfolgungen oder Verfahren nur mit vorheriger Zustimmung der ersuchten Vertragspartei.

(4) Rechtshilfe im Sinne dieses Artikels kann verweigert werden, wenn der verkürzte oder erschlichene Betrag 25 000 ECU oder der Wert der unerlaubt ein- oder ausgeführten Waren 100 000 ECU voraussichtlich nicht übersteigt, es sei denn, die Tat wird wegen ihrer Art oder wegen der Person des Täters von der ersuchten Vertragspartei als sehr schwerwiegend betrachtet.

Int Abk

(5) Die Vorschriften dieses Artikels finden auch Anwendung, wenn die erbetene Rechtshilfe sich erstreckt auf Handlungen, die nur mit einer Geldbuße geahndet werden (Ordnungswidrigkeiten) und das Ersuchen von einer Justizbehörde gestellt wird.

Artikel 51

Die Vertragsparteien unterwerfen die Erledigung von Rechtshilfeersuchen um Durchsuchung und Beschlagnahme keinen weitergehenden Bedingungen als denen, daß

a) die dem Rechtshilfeersuchen zugrundeliegende Tat nach dem Recht beider Vertragsparteien mit einer Freiheitsstrafe oder die Freiheit beschränkenden Maßregel der Sicherung und Besserung im Höchstmaß von mindestens sechs Monaten bedroht ist, oder nach dem Recht einer der beiden Vertragsparteien mit einer Sanktion des gleichen Höchstmaßes bedroht ist und nach dem Recht der anderen Vertragspartei als Zuwiderhandlung gegen Ordnungsvorschriften durch Behörden geahndet wird, gegen deren Entscheidung ein auch in Strafsachen zuständiges Gericht angerufen werden kann;

b) die Erledigung des Rechtshilfeersuchens im übrigen mit dem Recht der ersuchten Vertragspartei vereinbar ist.

Artikel 52

(1) Jede Vertragspartei kann Personen, die sich im Hoheitsgebiet einer anderen Vertragspartei aufhalten, gerichtliche Urkunden unmittelbar durch die Post übersenden. Eine Liste der Urkunden, die auf diesem Wege übersandt werden dürfen, wird dem Exekutivausschuß von den Vertragsparteien zugeleitet.

(2) Wenn Anhaltspunkte dafür vorliegen, daß der Zustellungsempfänger der Sprache, in der die Urkunde abgefaßt ist, unkundig ist, ist die Urkunde – oder zumindest die wesentlichen Passagen – in die Sprache oder in eine der Sprachen der Vertragspartei, in deren Hoheitsgebiet der Empfänger sich aufhält, zu übersetzen. Wenn der zustellenden Behörde bekannt ist, daß der Empfänger nur einer anderen Sprache kundig ist, ist die Urkunde –oder zumindest die wesentlichen Passagen –in diese andere Sprache zu übersetzen.

(3) Der Zeuge oder Sachverständige, dem eine Vorladung auf postalischem Wege übermittelt worden ist und der dieser nicht Folge leistet, darf selbst dann, wenn die Vorladung Zwangsandrohungen enthält, nicht bestraft oder einer Zwangsmaßnahme unterworfen werden, sofern er sich nicht später freiwillig in das Hoheitsgebiet der ersuchenden Vertragspartei begibt und dort erneut ordnungsgemäß vorgeladen wird. Die zustellende Behörde achtet darauf, daß auf postali-

schem Wege übersandte Vorladungen keine Zwangsandrohungen enthalten. Artikel 34 des Benelux-Übereinkommens über Auslieferung und Rechtshilfe in Strafsachen vom 27. Juni 1962 in der Fassung des Protokolls vom 11. Mai 1974 wird hiervon nicht berührt.

(4) Liegt dem Rechtshilfeersuchen eine Handlung zugrunde, die sowohl nach dem Recht der ersuchten als auch nach dem Recht der ersuchenden Vertragspartei als Zuwiderhandlung gegen Ordnungsvorschriften durch Behörden geahndet wird, gegen deren Entscheidung ein auch in Strafsachen zuständiges Gericht angerufen werden kann, so ist bei der Zustellung von Urkunden grundsätzlich nach Absatz 1 zu verfahren.

(5) Unbeschadet des Absatzes 1 kann die Zustellung von gerichtlichen Urkunden durch Übermittlung der Justizbehörde der ersuchten Vertragspartei vorgenommen werden, wenn die Anschrift des Empfängers unbekannt ist oder die ersuchende Vertragspartei eine förmliche Zustellung fordert.

Artikel 53

(1) Die Rechtshilfeersuchen und die entsprechenden Antworten können unmittelbar von Justizbehörde zu Justizbehörde übermittelt werden.

(2) Absatz 1 läßt die Möglichkeit unberührt, daß Ersuchen durch die Justizministerien oder über die nationalen Zentralbüros der Internationalen Kriminalpolizeilichen Organisation gestellt oder beantwortet werden.

(3) Für Ersuchen um vorübergehende Überstellung oder Durchbeförderung von Personen, die sich in Untersuchungs- oder Strafhaft befinden, oder auf Grund der Anordnung einer die Freiheit beschränkenden Maßregel der Sicherung und Besserung untergebracht sind, sowie für den regelmäßigen oder gelegentlichen Informationsaustausch aus den Justizdokumentationen ist der justizministerielle Geschäftsweg einzuhalten.

(4) Justizministerien im Sinne des Europäischen Übereinkommens über Rechtshilfe in Strafsachen vom 20. April 1959 sind für die Bundesrepublik Deutschland der Bundesminister der Justiz und die Justizminister/-senatoren der Länder.

(5) Anzeigen zum Zwecke der Strafverfolgung nach Artikel 21 des Europäischen Übereinkommens über Rechtshilfe in Strafsachen vom 20. April 1959 oder Artikel 42 des Benelux-Übereinkommens über Auslieferung und Rechtshilfe in Strafsachen vom 27. Juni 1962 in der Fassung des Protokolls vom 11. Mai 1974 wegen Zuwiderhandlungen gegen die Lenk- und Ruhezeitvorschriften können durch die Justizbehörden der ersuchenden Vertragspartei unmittelbar an die Justizbehörde der ersuchten Vertragspartei gesandt werden.

Kapitel 3

Verbot der Doppelbestrafung

Artikel 54

Wer durch eine Vertragspartei rechtskräftig abgeurteilt worden ist, darf durch eine andere Vertragspartei wegen derselben Tat nicht verfolgt werden, vorausgesetzt, daß im Fall einer Verurteilung die Sanktion bereits vollstreckt worden ist, gerade vollstreckt wird oder nach dem Recht des Urteilsstaats nicht mehr vollstreckt werden kann.

Artikel 55[1]

(1) Eine Vertragspartei kann bei der Ratifikation, der Annahme oder der Genehmigung dieses Übereinkommens erklären, daß sie in einem oder mehreren der folgenden Fälle nicht durch Artikel 54 gebunden ist:

a) Wenn die Tat, die dem ausländischen Urteil zugrunde lag, ganz oder teilweise in ihrem Hoheitsgebiet begangen wurde; im letzteren Fall gilt diese Ausnahme jedoch nicht, wenn diese Tat teilweise im Hoheitsgebiet der Vertragspartei begangen wurde, in dem das Urteil ergangen ist;

b) wenn die Tat, die dem ausländischen Urteil zugrunde lag, eine gegen die Sicherheit des Staates oder andere gleichermaßen wesentliche Interessen dieser Vertragspartei gerichtete Straftat darstellt;

c) wenn die Tat, die dem ausländischen Urteil zugrunde lag, von einem Bediensteten dieser Vertragspartei unter Verletzung seiner Amtspflichten begangen wurde.

(2) Eine Vertragspartei, die eine solche Erklärung betreffend eine der in Absatz 1 Buchstabe b genannten Ausnahmen abgibt, bezeichnet die Arten von Straftaten, auf die solche Ausnahmen Anwendung finden können.

(3) Eine Vertragspartei kann eine solche Erklärung betreffend eine oder mehrere in Absatz 1 genannten Ausnahmen jederzeit zurücknehmen.

(4) Ausnahmen, die Gegenstand einer Erklärung nach Absatz 1 waren, finden keine Anwendung, wenn die betreffende Vertragspartei die andere Vertragspartei wegen der selben Tat um Verfolgung ersucht oder die Auslieferung des Betroffenen bewilligt hat.

_____

[1] _Beachte anschließend abgedruckte Erklärung._

Artikel 56

Wird durch eine Vertragspartei eine erneute Verfolgung gegen eine Person eingeleitet, die bereits durch eine andere Vertragspartei wegen derselben Tat rechtskräftig abgeurteilt wurde, so wird jede in dem Hoheitsgebiet der zuletzt genannten Vertragspartei wegen dieser Tat erlittene Freiheitsentziehung auf eine etwa zu verhängende Sanktion angerechnet. Soweit das nationale Recht dies erlaubt, werden andere als freiheitsentziehende Sanktionen ebenfalls berücksichtigt, sofern sie bereits vollstreckt wurden.

Artikel 57

(1) Ist eine Person im Hoheitsgebiet einer Vertragspartei wegen einer Straftat angeschuldigt und haben die zuständigen Behörden dieser Vertragspartei Grund zu der Annahme, daß die Anschuldigung dieselbe Tat betrifft, derentwegen der Betreffende im Hoheitsgebiet einer anderen Vertragspartei bereits rechtskräftig abgeurteilt wurde, so ersuchen sie, sofern sie es für erforderlich halten, die zuständigen Behörden der Vertragspartei, in deren Hoheitsgebiet die Enscheidung ergangen ist, um sachdienliche Auskünfte.

(2) Die erbetenen Auskünfte werden sobald wie möglich erteilt und sind bei der Entscheidung über eine Fortsetzung des Verfahrens zu berücksichtigen.

(3) [1] Jede Vertragspartei gibt bei der Ratifikation, der Annahme oder der Genehmigung dieses Übereinkommens die Behörden an, die befugt sind, um Auskünfte nach diesem Artikel zu ersuchen und solche entgegenzunehmen.

_____

[1] _Beachte anschließend abgedruckte Erklärung._

Artikel 58

Die vorstehenden Bestimmungen stehen der Anwendung weitergehender Bestimmungen des nationalen Rechts über die Geltung des Verbots der Doppelbestrafung in bezug auf ausländische Justizentscheidungen nicht entgegen.

Kapitel 4

Auslieferung

Artikel 59

(1) Die Bestimmungen dieses Kapitels sollen das Europäische Auslieferungsübereinkommen vom 13. September 1957 ergänzen und seine Anwendung erleichtern. In den Beziehungen zwischen den Vertragsparteien, die der Benelux-Wirtschaftsunion angehören, gilt Satz 1 sinngemäß für Kapitel I des Benelux-Übereinkommens über Auslieferung und Rechtshilfe in Strafsachen vom 27. Juni 1962 in der Fassung des Protokolls vom 11. Mai 1974.

(2) Die zwischen den Vertragsparteien geltenden weitergehenden Bestimmungen auf Grund bilateraler Abkommen bleiben unberührt.

Int Abk

Artikel 60

Zwischen zwei Vertragsparteien, von denen eine keine Partei des Europäischen Auslieferungsübereinkommens vom 13. September 1957 ist, finden die Bestimmungen jenes Übereinkommens unter Berücksichtigung der Vorbehalte und Erklärungen Anwendung, die entweder bei der Ratifikation jenes Übereinkommens, oder – für Vertragsparteien, die keine Partei des Auslieferungsübereinkommens sind – bei der Ratifikation, Annahme oder Genehmigung dieses Übereinkommens gemacht werden.

Artikel 61

Die Französische Republik verpflichtet sich, auf Ersuchen einer anderen Vertragspartei die Personen zum Zwecke der Strafverfolgung auszuliefern, die wegen Handlungen verfolgt werden, die nach französischem Recht mit einer Freiheitsstrafe oder einer die Freiheit beschränkenden Maßregel der Sicherung und Besserung im Höchstmaß von mindestens zwei Jahren und nach dem Recht der ersuchten Vertragspartei mit einer solchen von mindestens einem Jahr bedroht sind.

Artikel 62

(1) Für die Unterbrechung der Verjährung sind allein die Vorschriften der ersuchenden Vertragspartei maßgebend.

(2) Eine durch die ersuchte Vertragspartei erlassene Amnestie steht der Auslieferung nicht entgegen, es sei denn, daß die strafbare Handlung der Gerichtsbarkeit der ersuchten Vertragspartei unterliegt.

(3) Die Verpflichtung zur Auslieferung wird durch das Fehlen eines Strafantrages oder einer Ermächtigung, die nur nach dem Recht der ersuchten Vertragspartei erforderlich sind, nicht berührt.

Artikel 63

Die Vertragsparteien verpflichten sich, nach Maßgabe der in Artikel 59 erwähnten Übereinkommen die Personen auszuliefern, die durch die Justizbehörden der ersuchenden Vertragspartei im Zusammenhang mit einer strafbaren Handlung nach Artikel 50 Absatz 1 verfolgt werden oder zur Vollstreckung einer auf Grund einer solchen Handlung verhängten Strafe oder Maßnahme gesucht werden.

Artikel 64

Eine Ausschreibung im Schengener Informationssystem nach Artikel 95 ist einem Ersuchen um vorläufige Festnahme im Sinne des Artikels 16 des Europäischen Auslieferungsübereinkommens vom 13. September 1957 oder des Artikels 15 des Benelux-Übereinkommens über Auslieferung und Rechtshilfe in Strafsachen vom 27. Juni 1962 in der Fassung des Protokolls vom 11. Mai 1974 gleichgestellt.

Artikel 65

(1) Unbeschadet der Möglichkeit der Benutzung des diplomatischen Geschäftsweges werden Ersuchen um Auslieferung und Durchbeförderung von dem zuständigen Ministerium der ersuchenden Vertragspartei an das zuständige Ministerium der ersuchten Vertragspartei gerichtet.

(2) Die zuständigen Ministerien sind:

– Für das Königreich Belgien: Das Ministerium der Justiz;

– für die Bundesrepublik Deutschland: Der Bundesminister der Justiz und die Justizminister/-senatoren der Länder;

– für die Französische Republik: Das Außenministerium;

– für das Großherzogtum Luxemburg: Das Ministerium der Justiz;

– für das Königreich der Niederlande: Das Ministerium der Justiz.

Artikel 66

(1) Erscheint die Auslieferung eines Verfolgten nach dem Recht der ersuchten Vertragspartei nicht offensichtlich unzulässig und stimmt der Verfolgte seiner Auslieferung nach persönlicher Belehrung über sein Recht auf Durchführung eines förmlichen Auslieferungsverfahrens zu Protokoll eines Richters oder zuständigen Beamten zu, so kann die ersuchte Vertragspartei die Auslieferung bewilligen, ohne ein förmliches Auslieferungsverfahren durchzuführen. Der Verfolgte hat das Recht, sich während der Belehrung von einem Rechtsanwalt unterstützen zu lassen.

(2) Im Falle einer Auslieferung nach Absatz 1 kann der Verfolgte, der ausdrücklich erklärt hat, auf den ihm auf Grund des Spezialitätsgrundsatzes zustehenden Schutz zu verzichten, diese Erklärung nicht widerrufen.

Kapitel 5

Übertragung der Vollstreckung von Strafurteilen

Artikel 67

Für die Vertragsparteien, die dem Übereinkommen des Europarates vom 21. März 1983 über die Überstellung verurteilter Personen beigetreten sind, gilt die nachstehende Regelung als Ergänzung jenes Übereinkommens.

Artikel 68

(1) Eine Vertragspartei, in deren Hoheitsgebiet ein Staatsangehöriger einer anderen Vertragspartei rechtskräftig zu einer Freiheitsstrafe oder einer die Freiheit beschränkenden Maßregel der Sicherung und Besserung verurteilt wurde, kann, wenn der Betroffene sich durch Flucht in sein eigenes Land der Vollstreckung oder der weiteren Vollstreckung der Strafe oder Maßregel entzogen hat, ein Ersuchen um Übernahme der Vollstreckung an die Vertragspartei, in deren Hoheitsgebiet der Flüchtige angetroffen wird, richten.

(2) Die ersuchte Vertragspartei kann auf Ersuchen der ersuchenden Vertragspartei in Erwartung der Schriftstücke, die das Ersuchen um Übernahme der Vollstreckung der Strafe oder der Maßnahme oder des Restes der Strafe begründen und der dazu zu treffenden Entscheidung, den Verurteilten in Gewahrsam nehmen oder andere Maßnahmen zur Gewährleistung seiner Anwesenheit in dem Hoheitsgebiet der ersuchten Vertragspartei treffen.

Artikel 69

Die Übertragung der Strafvollstreckung nach Maßgabe des Artikels 68 bedarf nicht der Zustimmung der Person, gegen die eine Strafe oder eine Maßnahme verhängt wurde. Die anderen Bestimmungen des Übereinkommens des Europarates über die Überstellung verurteilter Personen vom 21. März 1983 finden sinngemäß Anwendung.
...

Erklärungen
der Republik Österreich zu dem am 19. Juni
1990 in Schengen unterzeichneten
Übereinkommen zur Durchführung des
Übereinkommens von Schengen vom 14. Juni
1985

Zu Art. 41 Abs. 9 SDÜ:

A. In bezug auf die gemeinsame Grenze der Republik Österreich mit der Bundesrepublik Deutschland:

Auf dem Hoheitsgebiet der Republik Österreich üben die in Artikel 41 Absatz 7 des am 19. Juni 1990 in Schengen unterzeichneten Übereinkommens zur Durchführung des Übereinkommens von Schengen vom 14. Juni 1985 erwähnten Beamten die Nacheile gemäß den folgenden Modalitäten aus:
a) den nacheilenden Beamten wird ein Festhalterecht nach Maßgabe des Artikels 41 Absatz 2 Buchstabe b, Absatz 5 und Absatz 6 eingeräumt;

b) die Nacheile unterliegt weder einer räumlichen noch einer zeitlichen Begrenzung (Artikel 41 Absatz 3 Buchstabe b);

c) die Nacheile ist zulässig, wenn eine der in Artikel 41 Absatz 4 Buchstabe b des Durchführungsübereinkommens von 1990 genannten Straftaten begangen wurde.

B. In bezug auf die gemeinsame Grenze der Republik Österreich mit der Italienischen Republik:

Auf dem Hoheitsgebiet der Republik Österreich üben die in Artikel 3 Absatz 1 des Übereinkommens über den Beitritt der Italienischen Republik zu dem am 19. Juni 1990 in Schengen unterzeichneten Übereinkommen zur Durchführung des Übereinkommens von Schengen vom 14. Juni 1985 zwischen den Regierungen der Staaaten der Benelux-Wirtschaftsunion, der Bundesrepublik Deutschland und der französischen Republik betreffend den schrittweisen Abbau der Kontrollen an den gemeinsamen Grenzen erwähnten Beamten die Nacheile gemäß den folgenden Modalitäten aus:

a) die nacheilenden Beamten haben kein Festhalterecht (Artikel 41 Absatz 2 Buchstabe a des Durchführungsübereinkommens von 1990);

b) die Nacheile kann:
– an Autobahnen bis zu 20 Kilometer,
– ansonsten bis zu 10 Kilometer durchgeführt werden (Artikel 41 Absatz 3 Buchstabe b) des Durchführungsübereinkommens von 1990;

c) die Nacheile ist zulässig, wenn eine der in Artikel 41 Absatz 4 Buchstabe b des Durchführungsübereinkommens von 1990 genannten Straftaten begangen wurde.

Zu Art. 55 SDÜ:

Die Republik Österreich erklärt, in folgenden Fällen nicht durch Artikel 54 des Schengener Übereinkommens vom 19. Juni 1990 gebunden zu sein:

1. wenn die Tat, die dem ausländischen Urteil zugrunde lag, ganz oder teilweise in ihrem Hoheitsgebiet begangen wurde: im letzteren Fall gilt diese Ausnahme jedoch nicht, wenn diese Tat teilweise im Hoheitsgebiet der Vertragspartei begangen wurde, in dem das Urteil ergangen ist;

2. wenn die Tat, die dem ausländischen Urteil zugrunde lag, einen der folgenden Straftatbestände erfüllt hat:

Int Abk

a) Auskundschaftung eines Geschäfts- oder Betriebsgeheimnisses zugunsten des Auslands (§ 124 StGB);

b) Hochverrat und Vorbereitungen eines Hochverrats (§§ 242 und 244 StGB);

c) staatsfeindliche Verbindungen (§ 246 StGB);

d) Herabwürdigung des Staates oder seiner Symbole (§ 248 StGB);

e) Angriffe auf oberste Staatsorgane (§§ 249–251 StGB);

f) Landesverrat (§§ 252–258 StGB);

g) strafbare Handlungen gegen das Bundesheer (§§ 259–260 StGB);

h) strafbare Handlungen, die jemand gegen einen Beamten der Republik Österreich (§ 74 Z 4 StGB) während oder wegen der Vollziehung seiner Aufgaben begeht;

i) Straftaten nach dem Außenhandelsgesetz; und

j) Straftaten nach dem Kriegsmaterialgesetz;

3. wenn die Tat, die dem ausländischen Urteil zugrunde lag, von einem Beamten der Republik Österreich (§ 74 Z 4 StGB) unter Verletzung seiner Amtspflichten begangen wurde.

Zu Art. 57 Abs. 3 SDÜ:

Nach Artikel 57 SDÜ sind als ersuchende Behörden die zuständigen Staatsanwaltschaften und als ersuchte Behörden das Bundesministerium für Justiz, Abt. IV/I, das Bundesministerium für Inneres, Generaldirektion für die öffentliche Sicherheit, Gruppe D, sowie die jeweils örtlich zuständigen Staatsanwaltschaften, in deren Sprengel die rechtskräftige Verurteilung vermutlich erfolgt ist, anzusehen.

Die vom Bundespräsidenten unterzeichnete und vom Bundeskanzler gegengezeichnete Ratifikationsurkunde wurde am 19. Februar 1997 bei der luxemburgischen Regierung hinterlegt.

Der Zeitpunkt des Inkrafttretens des Übereinkommens wird zu einem späteren Zeitpunkt kundgemacht.

Klima

24/1. Bundesgesetz über die Zusammenarbeit mit den internationalen Gerichten

BGBl 1996/263 idF

1 BGBl I 2011/134 (EU-JZG-ÄndG 2011)

2 BGBl I 2020/20 (StrEU-AG 2020)

Bundesgesetz über die Zusammenarbeit mit den internationalen Gerichten (IG-ZG)

(BGBl I 2020/20)

Der Nationalrat hat beschlossen:

1. TEIL

Allgemeine Bestimmungen

Internationales Gericht

§ 1. Der Begriff „Internationales Gericht" im Sinne dieses Bundesgesetzes bezeichnet

1. das durch die Resolution 827 (1993) des Sicherheitsrates der Vereinten Nationen vom 25. Mai 1993, BGBl. Nr. 37/1995, errichtete Internationale Gericht für das ehemalige Jugoslawien, *(BGBl I 2011/134)*

2. das durch die Resolution 955 (1994) des Sicherheitsrates der Vereinten Nationen vom 8. November 1994 errichtete Internationale Gericht für Ruanda und *(BGBl I 2011/134)*

3. den durch die Resolution 1966 (2010) des Sicherheitsrates der Vereinten Nationen vom 22. Dezember 2010 geschaffenen Residualmechanismus für die in Z 1 und 2 genannten Gerichte, *(BGBl I 2011/134)*

einschließlich der jeweils nach dem Statut eingerichteten Kammern und Anklagebehörden und der Mitglieder dieser Kammern und Anklagebehörden.

Rechtshilfe für Einrichtungen der Vereinten Nationen zur Ermittlung oder Beweissicherung

§ 1a. (1) Soweit einer Einrichtung, die von einem Organ der Vereinten Nationen gegründet wurde und die mit der Ermittlung oder Beweissicherung in Bezug auf schwere Straftaten betraut ist (Abs. 2), Rechtshilfe zu leisten ist, ist nach den §§ 2, 6, 7, 10 und 12 vorzugehen, wobei die Einrichtung insoweit einem „Internationalen Gericht" gleichzuhalten ist.

(2) Die Bundesministerin für Justiz hat im Einvernehmen mit dem Bundesminister für europäische und internationale Angelegenheiten und dem Bundesminister für Inneres durch Verordnung jene Einrichtungen kundzumachen, für die Rechtshilfe nach Abs. 1 zu leisten ist.

(BGBl I 2020/20)

Allgemeiner Grundsatz

§ 2. (1) Die österreichischen Behörden, insbesondere die Gerichte, Staatsanwaltschaften, Strafvollstreckungsbehörden und Sicherheitsbehörden, sind verpflichtet, mit dem Internationalen Gericht nach den Bestimmungen dieses Bundesgesetzes und nach Maßgabe der Resolutionen des Sicherheitsrates der Vereinten Nationen sowie des Statuts und der Verfahrensordnung des Internationalen Gerichtes umfassend zusammenzuarbeiten. Diese Verpflichtung zur Zusammenarbeit besteht insbesondere darin, dem Internationalen Gericht in Österreich vorhandene Informationen und Unterlagen über den Verdacht von Verstößen, die in seine Zuständigkeit fallen, zugänglich zu machen, ihm Rechtshilfe zu leisten sowie Beschuldigte zu überstellen und Verurteilte zum Strafvollzug zu übernehmen.

(2) Soweit sich aus diesem Bundesgesetz nichts anderes ergibt, finden das Auslieferungs- und Rechtshilfegesetz (ARHG) und die Strafprozeßordnung 1975 (StPO) sinngemäß Anwendung.

Zuständigkeit des Internationalen Gerichtes

§ 3. (1) Das Internationale Gericht nach § 1 Z 1 ist für die Verfolgung und Bestrafung von Personen zuständig, denen schwere Verstöße gegen das humanitäre Völkerrecht zur Last liegen, die seit dem 1. Jänner 1991 im Hoheitsgebiet der ehemaligen Sozialistischen Föderativen Republik Jugoslawien, einschließlich ihres Luftraums und ihres Küstenmeers, begangen wurden.

(2) Das Internationale Gericht nach § 1 Z 2 ist für die Verfolgung und Bestrafung von Personen zuständig, denen im Hoheitsgebiet von Ruanda einschließlich des Luftraums begangene Akte des Völkermords und andere schwere Verstöße gegen das humanitäre Völkerrecht zur Last liegen, sowie für die Verfolgung und Bestrafung von ruandischen Staatsangehörigen, denen solche im Hoheitsgebiet der Nachbarstaaten Ruandas begangene Akte und Verstöße zur Last liegen. Die Zuständigkeit besteht für Handlungen, die zwischen dem 1. Jänner 1994 und dem 31. Dezember 1994 begangen wurden.

ZusIntGer

(3) Als schwere Verstöße gegen das humanitäre Völkerrecht, die vom Internationalen Gericht nach § 1 Z 1 zu verfolgen sind, gelten die in den Artikeln 2 bis 5 des Statuts dieses Gerichtes umschriebenen schweren Verletzungen der Genfer Abkommen vom 12. August 1949, BGBl. Nr. 155/1953, Verstöße gegen die Gesetze oder Gebräuche des Krieges, Völkermord und Verbrechen gegen die Menschlichkeit.

(4) Als schwere Verstöße gegen das humanitäre Völkerrecht, die vom Internationalen Gericht nach § 1 Z 2 zu verfolgen sind, gelten die in den Artikeln 3 und 4 des Statuts dieses Gerichtes umschriebenen Verbrechen gegen die Menschlichkeit und Verletzungen nach Artikel 3 des Genfer Abkommens vom 12. August 1949 über den Schutz der Opfer des Krieges, BGBl. Nr. 155/1953, in der Fassung des Zusatzprotokolls II vom 8. Juni 1977, BGBl. Nr. 527/1982.

Österreichische Gerichtsbarkeit

§ 4. (1) Die Zuständigkeit der österreichischen Gerichte wird durch die Zuständigkeit des Internationalen Gerichtes nicht ausgeschlossen.

(2) Die österreichische Gerichtsbarkeit entfällt jedoch für Handlungen, derentwegen der Verdächtige vom Internationalen Gericht rechtskräftig verurteilt oder freigesprochen wurde.

(3) Liegt ein förmliches Ersuchen des Internationalen Gerichtes um Überlassung der Strafverfolgung wegen strafbarer Handlungen vor, die in seine Zuständigkeit fallen, so hat die Staatsanwaltschaft alle zur Sicherung der Person und der Beweise erforderlichen Veranlassungen zu treffen und sodann das Verfahren abzubrechen und dem Bundesministerium für Justiz eine vollständige Aktenablichtung zum Zweck der Weiterleitung an das Internationale Gericht vorzulegen. Werden Beweisgegenstände angeschlossen, so ist anzuführen, ob auf deren Rückgabe verzichtet wird. *(BGBl I 2020/20)*

(4) Das österreichische Strafverfahren ist nach endgültiger Entscheidung durch das Internationale Gericht einzustellen. Das Verfahren ist jedoch von der Staatsanwaltschaft fortzusetzen, wenn *(BGBl I 2020/20)*

1. der Ankläger beim Internationalen Gericht beschließt, keine Anklage zu erheben, oder von der Anklage zurücktritt,

2. das Internationale Gericht die Anklage nach Prüfung zurückweist oder

3. das Internationale Gericht seine Unzuständigkeit feststellt.

Überstellung österreichischer Staatsbürger

§ 5. (**Verfassungsbestimmung**) Die österreichische Staatsbürgerschaft steht einer Überstellung an das Internationale Gericht nach § 16 oder einer Durchbeförderung nach § 18 nicht entgegen. Dies gilt auch für die Überstellung an einen anderen Staat zur Vollstreckung einer vom Internationalen Gericht verhängten Strafe.

Verkehr mit dem Internationalen Gericht

§ 6. (1) Der Verkehr mit dem Internationalen Gericht findet grundsätzlich unter Vermittlung des Bundesministeriums für auswärtige Angelegenheiten statt. Erledigungsakte sind auch dann unter Vermittlung des Bundesministeriums für auswärtige Angelegenheiten dem Internationalen Gericht zu übermitteln, wenn die Ersuchschreiben des Internationalen Gerichtes den österreichischen Gerichts- oder Verwaltungsbehörden auf anderem Weg zugekommen sind.

(2) Die Gerichte und Staatsanwaltschaften haben an das Internationale Gericht gerichtete Ersuchschreiben und Mitteilungen sowie die Erledigungsakten dem Bundesministerium für Justiz zur Weiterleitung zu übermitteln.

(3) In dringenden Fällen und im Rahmen kriminalpolizeilicher Amtshilfe ist der unmittelbare Verkehr der österreichischen Behörden mit dem Internationalen Gericht oder der Verkehr im Weg der Internationalen Kriminalpolizeilichen Organisation INTERPOL zulässig.

(4) Den Ersuchschreiben und Beilagen sind Übersetzungen in die englische oder französische Sprache anzuschließen. Erledigungen von Ersuchen und Sachverhaltsdarstellungen zum Anbot der Überstellung sind nur auf Ersuchen des Internationalen Gerichtes zu übersetzen.

Vorrechte und Immunitäten

§ 7. (1) Den Richtern, dem Leiter der Anklagebehörde und dem Kanzler des Internationalen Gerichtes stehen jene Vorrechte, Immunitäten, Befreiungen und Erleichterungen zu, die Diplomaten nach dem Völkerrecht eingeräumt sind.

(2) Das Personal des Anklägers und des Kanzlers genießt die Vorrechte und Immunitäten, die den Bediensteten der Vereinten Nationen nach den Artikeln V und VII des Übereinkommens vom 13. Februar 1946 über die Vorrechte und Immunitäten der Vereinten Nationen, BGBl. Nr. 126/1957, eingeräumt werden.

Freies Geleit

§ 8. (1) Personen, die vom Internationalen Gericht aus dem Ausland geladen worden sind, um vor diesem Gericht zu erscheinen, oder deren Anwesenheit am Sitz des Internationalen Gerichtes erforderlich ist, haben zu diesem Zweck das Recht auf freie Durchreise durch das Gebiet der Republik Österreich. Sie dürfen im Inland wegen einer vor ihrer Einreise begangenen Handlung nicht verfolgt, bestraft oder in ihrer persönlichen Freiheit beschränkt werden.

(2) Die Verfolgung, Bestrafung oder Beschränkung der persönlichen Freiheit wegen einer vor ihrer Einreise begangenen Handlung ist aber zulässig, wenn die geladene Person die für die Durchreise angemessene Dauer des Aufenthaltes im Bundesgebiet überschreitet, obwohl sie das Gebiet der Republik Österreich tatsächlich verlassen hätte können.

(3) Das freie Geleit entfällt, wenn das Internationale Gericht um die Festnahme der geladenen Person nach §§ 15 oder 16 ersucht.

2. TEIL

Besondere Bestimmungen

ERSTER ABSCHNITT

Ermittlungen und Verhandlungen des Internationalen Gerichtes in Österreich

§ 9. (1) Das Internationale Gericht ist befugt, selbständig Zeugen und Beschuldigte in Österreich zu vernehmen sowie einen Augenschein und andere Beweisaufnahmen durchzuführen, wenn dies dem Bundesministerium für auswärtige Angelegenheiten unter Angabe der Zeit und des Gegenstandes der Ermittlungen im voraus mitgeteilt wurde und bei der Durchführung der Ermittlungen vom Internationalen Gericht Zwangsmaßnahmen weder angewendet noch angedroht werden. Einer besonderen Zustimmung zur Dienstverrichtung der Mitglieder und Erhebungsbeamten des Internationalen Gerichtes in Österreich bedarf es in diesen Fällen nicht.

(2) Das Internationale Gericht ist befugt, Verhandlungen in Österreich durchzuführen, es sei denn, daß der Bundesminister für auswärtige Angelegenheiten dem wegen schwerwiegender, die Sicherheit der Republik Österreich oder des Internationalen Gerichtes betreffender Bedenken widerspricht.

(3) Die österreichischen Behörden haben die Mitglieder und Erhebungsbeamten des Internationalen Gerichtes bei ihren selbständigen Tätigkeiten in Österreich zu unterstützen. Sie dürfen hiebei Zwangsmaßnahmen nur ergreifen, wenn ein schriftliches Rechtshilfeersuchen vorliegt und die begehrte Rechtshilfe vom österreichischen Gericht angeordnet wurde. Zulässigkeit und Durchsetzung solcher Zwangsmaßnahmen richten sich nach österreichischem Recht.

ZWEITER ABSCHNITT

Rechtshilfe

Verfahrensvorschriften bei der Erledigung von Rechtshilfeersuchen

§ 10. (1) Die Rechtshilfe für das Internationale Gericht ist nach den in Österreich geltenden Vorschriften über die Rechtshilfe in Strafsachen durchzuführen.

(2) Einem Ersuchen des Internationalen Gerichtes um Einhaltung bestimmter Formvorschriften ist dann zu entsprechen, wenn dies mit den Grundsätzen des österreichischen Strafverfahrensrechts vereinbar ist. Die Teilnahme des Verteidigers an allen Rechtshilfehandlungen sowie die Ton- oder Bildaufzeichnung derselben sind immer zu gestatten, wenn dies vom Internationalen Gericht begehrt wird.

(3) Die Mitglieder und Erhebungsbeamten des Internationalen Gerichtes sind auf ihr Ersuchen von Ort und Zeitpunkt der Rechtshilfehandlungen zu verständigen. Sie können auch ohne besondere Bewilligung an der Erledigung des Rechtshilfeersuchens teilnehmen und mitwirken.

(4) Die Erledigung eines Ersuchens des Internationalen Gerichtes um kriminalpolizeiliche Erhebungen oder Auskünfte kann auch ohne Befassung des Gerichtes durch das Bundesministerium für Inneres nach österreichischem Recht vorgenommen werden.

Ladung von Personen

§ 11. (1) Das Internationale Gericht ist befugt, Personen in Österreich Ladungen und andere Aktenstücke unmittelbar im Weg der Post zuzustellen.

(2) Auf Ersuchen des Internationalen Gerichtes hat das österreichische Gericht Zeugen und Sachverständigen, die vor das Internationale Gericht geladen wurden, auf Antrag einen angemessenen Vorschuß auf die Reisekosten anzuweisen. Dieser Vorschuß ist zurückzufordern, wenn der Zeuge oder Sachverständige der Verhandlung vor dem Internationalen Gericht fernbleibt oder seinen Pflichten, die durch die Ladung begründet werden, auf andere Weise nicht nachkommt.

Akteneinsicht und Übermittlung von Aktenabschriften

§ 12. (1) **(Verfassungsbestimmung)** Auf Ersuchen des Internationalen Gerichtes ist Rechtshilfe durch Übermittlung von Gegenständen, Akten oder Aktenabschriften (Ablichtungen) sowie durch Gewährung von Akteneinsicht zu leisten.

(2) Unterliegen die Akten besonderen Geheimhaltungsvorschriften oder betreffen sie die Sicher-

heit des Staates, insbesondere im Zusammenhang mit militärischen Erkenntnissen, so hat der Bundesminister für auswärtige Angelegenheiten im Einvernehmen mit der sachlich in Betracht kommenden obersten Verwaltungsbehörde vor der Akteneinsicht oder der Übermittlung der Aktenabschriften zu prüfen, ob die Geheimhaltungsinteressen die Interessen an der Übersendung von Beweismitteln für die internationale Strafverfolgung beträchtlich überwiegen. Ist dies der Fall, so ist das Internationale Gericht um Zusicherung der Geheimhaltung und um Bekanntgabe zu ersuchen, in welcher Weise die Geheimhaltung gewahrt werden wird.

(3) Der Bundesminister für auswärtige Angelegenheiten hat im Einvernehmen mit der zuständigen obersten Verwaltungsbehörde zu prüfen, ob die gegebene Zusicherung für die Wahrung der Geheimhaltungsinteressen als ausreichend zu betrachten ist. Die Akteneinsicht oder die Übermittlung von Aktenabschriften ist abzulehnen, wenn die Geheimhaltung nicht gewährleistet werden kann und für den Fall der Offenbarung zu besorgen ist, daß die Sicherheit des Staates oder andere durch besondere Geheimhaltungsvorschriften geschützte Interessen verletzt werden könnten.

DRITTER ABSCHNITT
Fahndung

§ 13. (1) Ersucht das Internationale Gericht um Fahndung zur Festnahme oder erlangen die österreichischen Behörden sonst Kenntnis von einer Haftanordnung dieses Gerichtes, so hat das Bundesministerium für Inneres die gesuchte Person zur Verhaftung im Inland zum Zweck der Überstellung an das Internationale Gericht auszuschreiben, wenn das Ersuchen oder die Haftanordnung die notwendigen Angaben über die gesuchte Person und die ihr zur Last gelegte Tat enthält. Eine Befassung des nach § 26 Abs 2 ARHG zuständigen Gerichtes kann unterbleiben, wenn die gesuchte Person weder österreichischer Staatsbürger ist noch Grund zur Annahme besteht, daß sie sich in Österreich aufhält. *(BGBl I 2020/20)*

(2) Wird eine vom Internationalen Gericht gesuchte Person in Österreich ausgeforscht oder festgenommen, so hat das Bundesministerium für Inneres dies im Weg der Internationalen Kriminalpolizeilichen Organisation INTERPOL dem Internationalen Gericht mitzuteilen.

VIERTER ABSCHNITT
Überstellungshaft, Überstellung und Durchbeförderung

Anbot der Überstellung

§ 14. (1) Liegen hinreichende Gründe für die Annahme vor, dass eine im Inland betretene Person eine in die Zuständigkeit des Internationalen Gerichts fallende strafbare Handlung begangen habe, so hat die Staatsanwaltschaft bei Gericht die Vernehmung der Person und die Vorlage einer Sachverhaltsdarstellung an die Bundesministerin für Justiz zu beantragen. *(BGBl I 2020/20)*

(2) Der Bundesminister für Justiz hat das Internationale Gericht zu befragen, ob die Übertragung der Strafverfolgung und die Überstellung begehrt werden.

(3) Die Vorschriften über das Anbot der Auslieferung nach § 28 Abs 1 ARHG an den Staat, in dem die strafbare Handlung begangen worden ist, bleiben unberührt.

Vorläufige Überstellungshaft

§ 15. (1) Liegt ein Ersuchen des Internationalen Gerichtes um vorläufige Festnahme vor, so hat das Gericht auf Antrag der Staatsanwaltschaft die Anordnung der Festnahme zu bewilligen und die vorläufige Überstellungshaft zu verhängen, wenn auf Grund der vom Internationalen Gericht mitgeteilten Tatsachen hinreichende Gründe für die Annahme vorliegen, dass eine im Inland betretene Person in die Zuständigkeit des Internationalen Gerichts fallende strafbare Handlung begangen habe, welche die Verhängung der Untersuchungshaft (§ 173 StPO) rechtfertigen würde, wenn die strafbare Handlung im Inland begangen worden wäre. *(BGBl I 2020/20)*

(2) Die vorläufige Überstellungshaft darf nicht verhängt oder aufrechterhalten werden, wenn die Haftzwecke durch eine gleichzeitige Strafhaft, Untersuchungshaft oder Auslieferungshaft erreicht werden können. In diesem Fall hat das Gericht die Abweichungen vom Haftvollzug zu verfügen, die für die Zwecke der vorläufigen Überstellungshaft für das Internationale Gericht unentbehrlich sind. Im übrigen sind auf die vorläufige Überstellungshaft die Bestimmungen der StPO über die Untersuchungshaft anzuwenden. *(BGBl I 2020/20)*

(3) Das Gericht hat der Sicherheitsbehörde zum Zweck der Unterrichtung des Internationalen Gerichtes im Weg der Internationalen kriminalpolizeilichen Organisation INTERPOL und dem Bundesminister für Justiz unverzüglich Ausfertigungen der Beschlüsse über die Verhängung, Fortsetzung oder Aufhebung der vorläufigen Überstellungshaft zu übersenden. *(BGBl I 2020/20)*

Überstellungshaft und Anordnung der Überstellung

§ 16. (1) Liegt eine Haftanordnung des Internationalen Gerichts auf Grund einer bereits erhobenen Anklage oder ein Ersuchen dieses Gerichts um Festnahme und Überstellung des Beschuldigten vor, so hat die Staatsanwaltschaft bei Gericht die Bewilligung der Festnahme des Beschuldigten, die Verhängung der Überstellungshaft und die Überstellung der Person zu beantragen, wenn sich die gesuchte Person noch nicht in Haft befindet. Im Übrigen sind auf die Überstellungshaft die Bestimmungen der StPO über die Untersuchungshaft sinngemäß anzuwenden. *(BGBl I 2020/20)*

(2) Vor der Entscheidung hat das Gericht die festgenommene Person unverzüglich von der vor dem Internationalen Gericht erhobenen Anklage oder den erhobenen Anschuldigungen zu unterrichten. Ergeben sich erhebliche Zweifel an der Identität der festgenommenen mit der gesuchten Person, so sind geeignete Erhebungen zu veranlassen oder ist das Internationale Gericht um die Vorlage zusätzlicher Unterlagen zu ersuchen. *(BGBl I 2020/20)*

(3) Gegen Beschlüsse auf Verhängung der Überstellungshaft und auf Anordnung der Überstellung steht nur die Beschwerde nach § 1 Abs. 1 des Grundrechtsbeschwerdegesetzes, BGBl. Nr. 864/1992, zu. Gegen den Beschluß, mit dem die Einleitung des Überstellungsverfahrens oder die Verhängung der Überstellungshaft und die Überstellung abgelehnt werden, steht der Staatsanwaltschaft die binnen drei Tagen einzubringende Beschwerde an den Gerichtshof zweiter Instanz zu.

(4) Die Übergabe der festgenommenen Person an das Internationale Gericht hat innerhalb von 14 Tagen ab Verhängung der Überstellungshaft zu erfolgen. Ein inländisches Straf- oder Auslieferungsverfahren steht der Übergabe nicht entgegen. Die Vorlage urschriftlicher Überstellungsunterlagen durch das Internationale Gericht ist nicht erforderlich.

(5) Das Gericht hat unverzüglich die Überstellungshaft aufzuheben und die Anordnung der Überstellung zu widerrufen, *(BGBl I 2020/20)*

1. wenn das Internationale Gericht darum ersucht oder sein Ersuchen sonst widerruft,

2. wenn festgestellt wird, daß die festgenommene Person allem Anschein nach mit der gesuchten Person nicht ident ist, oder

3. nach Ablauf von 14 Tagen ab Verhängung der Überstellungshaft, wenn innerhalb dieser Frist keine Übergabe der festgenommenen Person an das Internationale Gericht erfolgt.

Übergabe an das Internationale Gericht

§ 17. (1) Das Gericht hat die Sicherheitsbehörde zu beauftragen, die zu überstellende Person unverzüglich dem Internationalen Gericht zu übergeben. Sofern keine schwerwiegenden Sicherheitsbedenken entgegenstehen oder das Internationale Gericht nicht eine andere Art der Übergabe begehrt, ist die zu überstellende Person im Luftweg unter Eskorte österreichischer Beamter zu befördern. *(BGBl I 2020/20)*

(2) Den Zeitpunkt der Überstellung hat die Sicherheitsbehörde unter Hinweis auf die Haftfrist nach § 16 Abs. 4 dem Internationalen Gericht und den niederländischen Behörden rechtzeitig anzukündigen.

(3) Das Gericht hat eine Ausfertigung des Beschlusses, mit dem die Überstellung angeordnet wird, dem Bundesministerium für Justiz vorzulegen und diesem auch den Zeitpunkt der Übergabe mitzuteilen. *(BGBl I 2020/20)*

(4) Der Bundesminister für Justiz teilt die Entscheidung des Gerichts auf Überstellung dem Bundesminister für auswärtige Angelegenheiten zur Unterrichtung des Internationalen Gerichtes mit. *(BGBl I 2020/20)*

Durchbeförderung

§ 18. (1) Auf Ersuchen des Internationalen Gerichtes oder eines Staates, der die Vollstreckung einer von diesem Gericht verhängten Strafe übernommen hat, werden Personen durch Österreich durchbefördert und zur Sicherung der Durchbeförderung in Haft gehalten.

(2) Über die Durchbeförderung hat der Bundesminister für Justiz im Einvernehmen mit dem Bundesminister für Inneres zu entscheiden. Gegen die Bewilligung ist ein Rechtsmittel nicht zulässig.

FÜNFTER ABSCHNITT

Übernahme der Strafvollstreckung

Allgemeine Bestimmungen

§ 19. (1) Der Bundesminister für auswärtige Angelegenheiten kann im Einvernehmen mit dem Bundesminister für Justiz durch eine an den Sicherheitsrat der Vereinten Nationen gerichtete Erklärung die Bereitschaft der Republik Österreich bekunden, Personen zur Vollstreckung der vom Internationalen Gericht verhängten Freiheitsstrafen zu übernehmen. Die Erklärung kann hinsichtlich des Zeitraumes der Übernahme zur Vollstreckung befristet und hinsichtlich der Anzahl und der Art der zu übernehmenden Personen beschränkt werden.

(2) Die vom Internationalen Gericht verhängten Freiheitsstrafen werden unmittelbar vollzogen. Auf den Vollzug sind nach Maßgabe der Anordnungen des Internationalen Gerichtes die für den Strafvollzug geltenden Bestimmungen des österreichischen Rechts anzuwenden.

ZusIntGer

Verfahren zur Übernahme der Strafvollstreckung

§ 20. (1) Hat das Internationale Gericht bestimmt, daß ein Verurteilter die über ihn verhängte Freiheitsstrafe in Österreich zu verbüßen hat, und ersucht es, den Verurteilten zum Strafvollzug zu übernehmen, so ist diese Mitteilung dem Bundesminister für Justiz zuzuleiten.

(2) Der Bundesminister für Justiz darf die Übernahme einer Vollstreckung, die der Erklärung nach § 19 Abs. 1 entspricht, nur ablehnen, wenn sie unvertretbare Nachteile für die Sicherheit und die öffentliche Ordnung der Republik Österreich nach sich ziehen würde. Bei österreichischen Staatsbürgern darf die Übernahme der Vollstreckung nicht abgelehnt werden. Gegen die Entscheidung des Bundesministers für Justiz ist ein Rechtsmittel nicht zulässig.

(3) Die Entscheidung des Bundesministers für Justiz ist dem Internationalen Gericht mit dem Ersuchen zu übermitteln, Ort und Zeitpunkt der Übergabe des Verurteilten den österreichischen Behörden vorzuschlagen. Die mit der Durchführung der Übernahme des Verurteilten befaßten österreichischen Behörden haben das Einvernehmen mit den Organen des Internationalen Gerichtes und den ausländischen Behörden zu pflegen.

(4) Flieht die verurteilte Person vor Abschluß der Vollstreckung der Freiheitsstrafe aus der Haft, so hat das Vollzugsgericht (§ 16 Abs. 1 des Strafvollzugsgesetzes) eine Anordnung der Festnahme zu erlassen und die Fahndung einzuleiten. Wird die gesuchte Person in der Folge im Ausland festgenommen, so hat das Gericht auch ohne Antrag der Staatsanwaltschaft die Verhängung der Auslieferungshaft nach § 69 ARHG zu erwirken und dem Bundesminister für Justiz die nach § 68 ARHG erforderlichen Unterlagen zu übermitteln. Der Bundesminister für Justiz hat die Auslieferung zu erwirken, sofern das Internationale Gericht keine andere Entscheidung trifft. *(BGBl I 2020/20)*

(5) Werden in Österreich Personen festgenommen, die aus dem Vollzug einer vom Internationalen Gericht verhängten Freiheitsstrafe geflohen sind, so ist bei der Überstellung dieser Personen in den Staat, der die Vollstreckung übernommen hat, nach den Bestimmungen über die Überstellung von Personen an das Internationale Gericht vorzugehen.

Spezialität der Vollstreckung

§ 21. (1) Eine zur Vollstreckung einer vom Internationalen Gericht verhängten Freiheitsstrafe übernommene Person darf in Österreich ohne Zustimmung des Internationalen Gerichtes wegen einer vor ihrer Übergabe begangenen Handlung, auf die sich das Urteil des Internationalen Gerichtes nicht bezieht, weder verfolgt oder bestraft noch in ihrer persönlichen Freiheit beschränkt oder an einen dritten Staat ausgeliefert werden.

(2) Die Spezialität der Vollstreckung steht einer solchen Maßnahme nicht entgegen, wenn

1. sich die Person nach ihrer Entlassung länger als 45 Tage auf dem Gebiet der Republik Österreich aufhält, obwohl sie es verlassen konnte und durfte,

2. die Person das Gebiet der Republik Österreich auf welche Weise auch immer verläßt und freiwillig zurückkehrt oder rechtmäßig aus einem dritten Staat zurückgebracht wird oder

3. das Internationale Gericht auf die Einhaltung der Spezialität verzichtet.

Berichte über den Strafvollzug

§ 22. Die Justizanstalt, in der der Strafgefangene die vom Internationalen Gericht verhängte Freiheitsstrafe verbüßt, hat dem Bundesminister für Justiz zumindest einmal jährlich und nach Abschluß der Vollstreckung einen Führungs- und Gesundheitsbericht vorzulegen. Dem Bundesminister für Justiz ist umgehend zu berichten, wenn der Strafgefangene vor Abschluß der Vollstreckung der Freiheitsstrafe aus der Haft geflohen ist oder wenn die Vollstreckung aus sonstigen Gründen nicht mehr möglich ist.

Bedingte Entlassung und Begnadigung

§ 23. (1) **(Verfassungsbestimmung)** Über die bedingte Entlassung oder Begnadigung oder eine Abänderung der Strafe eines vom Internationalen Gericht Verurteilten entscheidet der Präsident des Internationalen Gerichtes.

(2) Alle Anträge auf bedingte Entlassung, Begnadigung oder Abänderung der Strafe sind vom Bundesministerium für Justiz mit einer Mitteilung über die zeitlichen Voraussetzungen nach § 46 des Strafgesetzbuches an das Internationale Gericht weiterzuleiten.

(3) Umstände, die für eine bedingte Entlassung oder Begnadigung sprechen, sind dem Internationalen Gericht von Amts wegen mitzuteilen.

Übertragung der Strafvollstreckung an einen anderen Staat

§ 24. (1) Die übernommene Strafvollstreckung kann mit Zustimmung des Internationalen Gerichtes auf Ersuchen eines dritten Staates diesem übertragen werden.

(2) Einem Ersuchen des Internationalen Gerichtes auf Überstellung eines Strafgefangenen in einen anderen Staat ist umgehend zu entsprechen.

(3) Ersucht ein Strafgefangener um Vollstreckung der über ihn vom Internationalen Gericht verhängten Freiheitsstrafe in einem anderen Staat,

so ist sein Ansuchen dem Internationalen Gericht zuzuleiten.

Beendung des Strafvollzuges

§ 25. (1) Teilt das Internationale Gericht mit, daß die Vollstreckung der Freiheitsstrafe zu beenden ist, so ist der Strafgefangene umgehend freizulassen oder der für die Vollziehung fremdenpolizeilicher Vorschriften zuständigen Behörde zu übergeben, sofern nicht ein inländisches Strafverfahren oder ein Auslieferungsverfahren anhängig ist oder Anlaß besteht, ein solches Verfahren einzuleiten.

(2) Die Verfolgung, Bestrafung oder Auslieferung wegen einer vor der Übernahme der Strafvollstreckung begangenen Handlung ist nur nach Maßgabe des § 21 zulässig.

SECHSTER ABSCHNITT
Wirkung der Entscheidungen des Internationalen Gerichtes

§ 26. Ein rechtskräftiges Urteil des Internationalen Gerichtes begründet in Verfahren vor den österreichischen Gerichten bei Klagen des Opfers gegen den Verurteilten den vollen Beweis dessen, was darin auf Grund eines Beweisverfahrens festgestellt wurde. Der Beweis der Unrichtigkeit der Feststellungen ist zulässig.

Vollstreckung von Rückstellungsentscheidungen

§ 27. Rechtskräftige Entscheidungen des Internationalen Gerichtes auf Rückstellung von Eigentum oder Erträgen aus strafbaren Handlungen gelten als Erkenntnisse auswärtiger Gerichte, die die Bedingung des § 79 Abs. 2 der Exekutionsordnung erfüllen.

3. TEIL
Schlussbestimmungen

Inkrafttreten der Stammfassung, Verweise

§ 28. (1) Dieses Bundesgesetz tritt mit 1. Juni 1996 in Kraft.

(2) Verweisungen in diesem Bundesgesetz auf andere Rechtsvorschriften des Bundes sind als Verweisung auf die jeweils geltende Fassung zu verstehen.

Inkrafttreten von Novellen

§ 29. (1) § 1 in der Fassung des Bundesgesetzes BGBl I Nr. 134/2011 tritt am 1. Juli 2012 in Kraft.

(2) Der Titel, § 1a samt Überschrift, § 4 Abs. 3 und 4, § 13 Abs. 1, § 14 Abs. 1, § 15 Abs. 1, 2 und 3, § 16 Abs. 1, 2 und 5, § 17 Abs. 1, 3 und 4, § 20 Abs. 4, die Bezeichnung und Überschrift des 3. Teils sowie §§ 28 bis 30 samt deren Überschriften in der Fassung des Bundesgesetzes BGBl. I Nr. 20/2020 treten mit dem der Kundmachung des bezeichneten Bundesgesetzes folgenden Tag in Kraft.

(BGBl I 2020/20)

Vollziehung

§ 30. Mit der Vollziehung dieses Bundesgesetzes sind die Bundesminister für auswärtige Angelegenheiten, für Justiz und für Inneres je nach ihrem Wirkungsbereich betraut.

(BGBl I 2020/20)

Klestil

Vranitzky

ZusIntGer

24/2. Bundesgesetz über die Zusammenarbeit mit dem Internationalen Strafgerichtshof (IStGH-ZG)

BGBl I 2002/135 idF

1 BGBl I 2008/2   **2** BGBl I 2020/20 (StrEU-AG 2020)

(BGBl I 2020/20)

Der Nationalrat hat beschlossen:

Inhaltsverzeichnis

Erster Teil

Allgemeine Bestimmungen

Internationaler Strafgerichtshof

§ 1. Der Begriff „Internationaler Strafgerichtshof" im Sinne dieses Bundesgesetzes bezeichnet den mit dem Römischen Statut des Internationalen Strafgerichtshofs vom 17. Juli 1998, BGBl. III Nr. 180, (in der Folge: Statut) errichteten Internationalen Strafgerichtshof einschließlich seiner Kammern und der Anklagebehörde, der Mitglieder dieser Kammern und der Anklagebehörde sowie des Präsidiums und der Kanzlei.

Grundsatz der Zusammenarbeit

§ 2. (1) Alle Organe des Bundes, insbesondere die Gerichte, Staatsanwaltschaften, Strafvollstreckungsbehörden und Sicherheitsbehörden, sind verpflichtet, mit dem Internationalen Strafgerichtshof umfassend zusammenzuarbeiten.

(2) Die Verpflichtung nach Abs. 1 besteht insbesondere darin, dem Internationalen Strafgerichtshof nach den Bestimmungen dieses Bundesgesetzes und nach Maßgabe des Statuts sowie der Verfahrens- und Beweisordnung des Internationalen Strafgerichtshofs Informationen und Unterlagen über den Verdacht von Verbrechen, die in seine Zuständigkeit fallen, zugänglich zu machen, ihm Rechtshilfe zu leisten und Beschuldigte zu überstellen sowie Verurteilte zum Strafvollzug zu übernehmen und Geldstrafen und vermögensrechtliche Anordnungen zu vollstrecken.

(3) Soweit sich aus diesem Bundesgesetz nichts anderes ergibt, sind auf das Verfahren die Bestimmungen des Auslieferungs- und Rechtshilfegesetzes (ARHG) und der Strafprozessordnung 1975 (StPO) anzuwenden.

Zuständigkeit des Internationalen Strafgerichtshofs

§ 3. Der Internationale Strafgerichtshof ist nach Maßgabe der Bestimmungen des Statuts über die Ausübung seiner Gerichtsbarkeit für die Verfolgung und Bestrafung von Personen zuständig, denen nach Art. 25 des Statuts

1. Völkermord (Art. 6 des Statuts),

2. ein Verbrechen gegen die Menschlichkeit (Art. 7 des Statuts),

3. ein Kriegsverbrechen (Art. 8 des Statuts) oder

4. das Verbrechen der Aggression (Art. 8bis des Statuts)

zur Last liegt, wenn das Verbrechen nach dem 30. Juni 2002 (Z 1, 2 oder 3) beziehungsweise nach dem 16. Juli 2018 (Z 4) begangen wurde.

(BGBl I 2020/20)

Österreichische Gerichtsbarkeit

§ 4. (1) Die Zuständigkeit der österreichischen Gerichte wird durch die Zuständigkeit des Internationalen Strafgerichtshofs nicht ausgeschlossen.

(2) Die österreichische Gerichtsbarkeit entfällt jedoch für Taten, derentwegen die Person vom Internationalen Strafgerichtshof rechtskräftig verurteilt oder freigesprochen wurde.

Anfechtung der Zulässigkeit des Verfahrens und Verfahrensabtretung an den Internationalen Strafgerichtshof

§ 5. (1) Beansprucht der Internationale Strafgerichtshof seine Zuständigkeit für eine Strafsache, so kann der Bundesminister für Justiz die österreichische Zuständigkeit im Sinne von Art. 18 des Statuts geltend machen oder die Zulässigkeit des Verfahrens oder die Gerichtsbarkeit des Gerichtshofs nach Art. 19 des Statuts anfechten.

(2) Die Zulässigkeit des Verfahrens ist anzufechten, wenn

1. die Person wegen der Tat von einem österreichischen Gericht rechtskräftig verurteilt oder freigesprochen wurde;

2. vor einer inländischen Staatsanwaltschaft oder vor einem solchen Gericht wegen der im Inland begangenen Tat oder wegen der Tat eines im Inland betretenen österreichischen Staatsbürgers eine Strafsache anhängig ist oder auf Grund eines Ersuchens des Internationalen Strafgerichtshofs um Verhaftung und Überstellung oder um Leistung von Rechtshilfe anhängig gemacht wird, es sei denn, dass der Durchführung des Strafverfahrens durch den Internationalen Strafgerichtshof mit Rücksicht auf besondere Umstände, insbesondere aus Gründen der Wahrheitsfindung oder der Konnexität mit anderen, dem Verfahren vor dem Gerichtshof zu Grunde liegenden Straftaten, der Vorzug zu geben ist; oder

3. wegen der Tat ein Verfahren vor einer Staatsanwaltschaft oder einem Gericht im Inland anhängig war, welches aus anderen als ausschließlich verfahrensrechtlichen Gründen eingestellt wurde.

(3) Um die Anfechtung der Zulässigkeit zu ermöglichen, hat die zuständige Staatsanwaltschaft dem Bundesministerium für Justiz über anhängige Strafsachen wegen in die Zuständigkeit des Internationalen Strafgerichtshofs fallender strafbarer Handlungen zu berichten.

(4) Gegen die Entscheidung des Internationalen Strafgerichtshofs über die Zulässigkeit des Verfahrens steht dem Bundesminister für Justiz binnen fünf Tagen beim Gerichtshof einzubringende Beschwerde offen.

(5) Wird die Zulässigkeit des Verfahrens vor dem Internationalen Strafgerichtshof oder dessen Gerichtsbarkeit nicht angefochten oder bejaht der Internationale Strafgerichtshof seine Zuständigkeit endgültig, so hat das zuständige österreichische Gericht alle zur Sicherung der Person und der Beweise erforderlichen Veranlassungen zu treffen und sodann das Verfahren vorläufig einzustellen und dem Bundesministerium für Justiz eine vollständige Aktenablichtung zum Zweck der Weiterleitung an den Internationalen Strafgerichtshof vorzulegen. Werden Beweisgegenstände angeschlossen, so ist anzuführen, ob auf deren Rückgabe verzichtet wird.

(6) Das österreichische Strafverfahren ist nach endgültiger Entscheidung durch den Internationalen Strafgerichtshof einzustellen. Das Verfahren ist jedoch auf Antrag der Staatsanwaltschaft mit Beschluss fortzusetzen, wenn

1. der Ankläger beim Internationalen Strafgerichtshof beschließt, keine Anklage zu erheben, oder von der Anklage zurücktritt;

2. der Internationale Strafgerichtshof die Anklage nach Prüfung zurückweist; oder

3. der Internationale Strafgerichtshof seine Unzuständigkeit oder die Unzulässigkeit des Verfahrens feststellt.

Unterbreitung eines Sachverhalts an den Internationalen Strafgerichtshof

§ 6. (1) Über die Unterbreitung eines Sachverhalts im Sinne von Art. 14 des Statuts an den Internationalen Strafgerichtshof entscheidet die Bundesregierung.

(2) In den § 5 Abs. 2 angeführten Fällen kommt die Unterbreitung eines Sachverhalts an den Internationalen Strafgerichtshof nicht in Betracht.

Überstellung österreichischer Staatsbürger

§ 7. (Verfassungsbestimmung) Die österreichische Staatsbürgerschaft steht einer Überstellung an den Internationalen Strafgerichtshof (§§ 24 bis 28), einer Durchlieferung oder Durchbeförderung (§ 31) sowie einer Überstellung an einen anderen Staat zur Vollstreckung einer vom Internationalen Strafgerichtshof verhängten Strafe nicht entgegen.

Verkehr mit dem Internationalen Strafgerichtshof

§ 8. (1) Der Verkehr mit dem Internationalen Strafgerichtshof findet grundsätzlich unter Vermittlung des Bundesministeriums für auswärtige Angelegenheiten statt. Erledigungsakten sind auch dann unter Vermittlung des Bundesministeriums für auswärtige Angelegenheiten dem Internationalen Strafgerichtshof zu übermitteln, wenn dessen Ersuchen den österreichischen Gerichts- oder Verwaltungsbehörden auf anderem Weg zugekommen sind.

(2) Die Gerichte und Staatsanwaltschaften haben an den Internationalen Strafgerichtshof gerichtete Mitteilungen sowie die Erledigungsakten dem Bundesministerium für Justiz zur Weiterleitung vorzulegen.

(3) In dringenden Fällen und im Rahmen kriminalpolizeilicher Amtshilfe ist der unmittelbare Verkehr der österreichischen Behörden mit dem Internationalen Strafgerichtshof oder der Verkehr im Wege der Internationalen Kriminalpolizeilichen Organisation (INTERPOL) zulässig. In dringenden Fällen ist ferner die Verwendung jedes Nachrichtenmittels zulässig, das die Erstellung einer schriftlichen Fassung unter Bedingungen ermöglicht, die die Feststellung der Echtheit des Ersuchens gestatten. Die derart übermittelten Ersuchen bedürfen der Bestätigung auf dem in Abs. 1 vorgesehenen Geschäftsweg.

(4) Ersuchen des Internationalen Strafgerichtshofs bedürfen der Schriftform. Den Ersuchschreiben und den zu ihrer Begründung beigefügten Unterlagen sind beglaubigte Übersetzungen in die deutsche Sprache anzuschließen. Erledigungen von Ersuchen des Internationalen Strafgerichtshofs und Aktenablichtungen zum Zweck der Verfahrensabtretung an diesen bedürfen keiner Übersetzung.

Konsultationspflicht; Ablehnung von Ersuchen des Gerichtshofs

§ 9. (1) Mit dem Internationalen Strafgerichtshof sind Konsultationen zum Zweck der Regelung der Angelegenheit insbesondere dann durchzuführen, wenn die Erledigung eines Ersuchens des Gerichtshofs

1. einem anerkannten Rechtsgrundsatz entgegenstünde (Art. 93 Abs. 3 des Statuts);

2. die nationale Sicherheit beeinträchtigen würde (Art. 72 und 93 Abs. 4 des Statuts);

3. die Staatenimmunität oder die diplomatische Immunität einer Person oder des Eigentums eines anderen Staates verletzen würde (Art. 98 Abs. 1 des Statuts);

4. mit völkerrechtlichen Verpflichtungen im Widerspruch stünde, denen zufolge die Überstellung eines Angehörigen des Entsendestaates an den Gerichtshof der Zustimmung dieses Staates bedarf (Art. 98 Abs. 2 des Statuts).

(2) Im Zuge der Konsultationen ist zu prüfen, ob dem Ersuchen auf andere Weise oder unter bestimmten Bedingungen entsprochen werden kann.

(3) Kann die Angelegenheit im Zuge der Konsultationen nicht geregelt werden, so ist der Internationale Strafgerichtshof um Abänderung des Ersuchens zu ersuchen. Kommt die Abänderung des Ersuchens durch den Internationalen Strafgerichtshof nicht in Betracht, so ist das Ersuchen abzulehnen.

(4) Über die Ablehnung entscheidet der Bundesminister für Justiz, in den in Abs. 1 Z 2 bis 4 angeführten Fällen im Einvernehmen mit dem Bundesminister für auswärtige Angelegenheiten. Im Fall des Abs. 1 Z 2 ist darüber hinaus das Einvernehmen mit dem sachlich zuständigen Bundesminister herzustellen. Der Internationale Strafgerichtshof ist von der Ablehnung des Ersuchens unter Angabe der Gründe in Kenntnis zu setzen.

Kosten

§ 10. (1) Kosten der Erledigung von Ersuchen des Internationalen Strafgerichtshofs sind von der Republik Österreich zu tragen. Ausgenommen sind:

1. Kosten im Zusammenhang mit der Überstellung von Häftlingen zu Beweiszwecken nach Art. 93 des Statuts;

2. Übersetzungs-, Dolmetsch- und Transkriptionskosten;

3. Kosten von Befunden oder Sachverständigengutachten, die der Gerichtshof angefordert hat;

4. Kosten im Zusammenhang mit der Beförderung einer Person, die dem Gerichtshof überstellt wird;

5. nach Konsultationen außergewöhnliche Kosten, die sich aus der Erledigung eines Ersuchens ergeben können.

(2) Auf die Geltendmachung der in Abs. 1 angeführten Kosten gegenüber dem Internationalen Strafgerichtshof kann durch das Bundesministerium für Justiz verzichtet werden, wenn diese nur geringfügig sind oder sonstige berücksichtigungswürdige Gründe vorliegen.

(3) Abs. 1 findet auf Ersuchen nach § 21 mit der Maßgabe Anwendung, dass die Kosten, vorbehaltlich der in Z 1 bis 5 angeführten Fälle, vom Internationalen Strafgerichtshof zu tragen sind.

Vertraulichkeit

§ 11. Ersuchen des Internationalen Strafgerichtshofs und alle zu ihrer Begründung beigefügten Unterlagen sind vertraulich zu behandeln, soweit deren Offenlegung nicht für die Erledigung des Ersuchens erforderlich ist.

Freies Geleit

§ 12. (1) Personen, die vom Internationalen Strafgerichtshof aus dem Ausland geladen worden sind, um vor dem Gerichtshof zu erscheinen, oder deren Anwesenheit am Sitz des Internationalen Strafgerichtshofs erforderlich ist, haben zu diesem Zweck das Recht auf freie Durchreise durch das Gebiet der Republik Österreich. Sie dürfen im Inland wegen einer vor ihrer Einreise begangenen Handlung nicht verfolgt, bestraft oder in ihrer persönlichen Freiheit beschränkt werden.

(2) Die Verfolgung, Bestrafung oder Beschränkung der persönlichen Freiheit wegen einer vor ihrer Einreise begangenen Handlung ist aber zulässig, wenn die geladene Person die für die Durchreise angemessene Dauer des Aufenthaltes im Bundesgebiet überschreitet, obwohl sie das Gebiet der Republik Österreich tatsächlich verlassen hätte können.

(3) Das freie Geleit entfällt, wenn der Internationale Strafgerichtshof um die Festnahme der geladenen Person ersucht (§§ 24, 26).

Zweiter Teil

Besondere Bestimmungen

ERSTER ABSCHNITT

Ermittlungen und Verhandlungen des Internationalen Strafgerichtshofs in Österreich

§ 13. (1) Der Internationale Strafgerichtshof ist befugt, selbständig Zeugen und Beschuldigte in Österreich zu vernehmen sowie einen nicht mit der Vornahme von Veränderungen verbundenen Augenschein an öffentlichen Orten und andere Beweisaufnahmen durchzuführen, wenn dies dem Bundesministerium für auswärtige Angelegenheiten unter Angabe der Zeit und des Gegenstandes der Ermittlungen im Voraus mitgeteilt wurde und bei der Durchführung der Ermittlungen vom Internationalen Strafgerichtshof Zwangsmaßnahmen weder angewandt noch angedroht werden. Einer besonderen Zustimmung zur Dienstverrichtung der Mitglieder und Erhebungsbeamten des Internationalen Strafgerichtshofs in Österreich bedarf es in diesen Fällen nicht.

(2) Der Internationale Strafgerichtshof ist befugt, Verhandlungen in Österreich durchzuführen, es sei denn, dass der Bundesminister für auswärtige Angelegenheiten einem solchen Ersuchen wegen schwerwiegender, die Sicherheit der Republik Österreich oder des Internationalen Strafgerichtshofs betreffender Bedenken widerspricht.

(3) Die österreichischen Behörden haben die Mitglieder und Erhebungsbeamten des Internationalen Strafgerichtshofs bei ihren selbständigen Tätigkeiten in Österreich zu unterstützen. Sie dürfen hiebei Zwangsmaßnahmen nur ergreifen, wenn ein schriftliches Rechtshilfeersuchen des Gerichtshofs vorliegt und die begehrte Rechtshilfe vom österreichischen Gericht angeordnet wurde. Zulässigkeit und Durchsetzung solcher Zwangsmaßnahmen richten sich nach österreichischem Recht.

ZWEITER ABSCHNITT

Rechtshilfe; Verfahrensvorschriften bei der Erledigung von Rechtshilfeersuchen

§ 14. (1) Die Rechtshilfe für den Internationalen Strafgerichtshof ist nach den in Österreich geltenden Vorschriften über die Rechtshilfe in Strafsachen durchzuführen.

(2) Einem Ersuchen des Internationalen Strafgerichtshofs um Einhaltung bestimmter Formvorschriften ist dann zu entsprechen, wenn dies mit den Grundsätzen des österreichischen Strafverfahrensrechts vereinbar ist. Die Ton- oder Bildaufzeichnung und die Videoübertragung von Rechtshilfehandlungen ist immer zu gestatten, wenn dies vom Internationalen Strafgerichtshof begehrt wird.

(3) Den Mitgliedern und Erhebungsbeamten des Internationalen Strafgerichtshofs und anderen am Verfahren beteiligten Personen sowie ihren Rechtsbeiständen kann auf Ersuchen des Internationalen Strafgerichtshofs die Anwesenheit und Mitwirkung bei Rechtshilfehandlungen gestattet werden. Sie sind zu diesem Zweck von Ort und Zeitpunkt der Durchführung der Rechtshilfehandlungen zu verständigen.

(4) Die Erledigung eines Ersuchens des Internationalen Strafgerichtshofs um kriminalpolizeiliche Erhebungen oder Auskünfte kann auch ohne Befassung des Gerichts durch das Bundesministerium für Inneres nach österreichischem Recht vorgenommen werden.

Aufschub der Erledigung von Rechtshilfeersuchen

§ 15. (1) Die Erledigung eines Rechtshilfeersuchens kann aufgeschoben werden:

1. bis zur Entscheidung über eine Anfechtung der Zuständigkeit nach den Art. 17 bis 19 des Statuts, sofern der Internationale Strafgerichtshof nicht ausdrücklich angeordnet hat, dass der Ankläger die Beweisaufnahme nach Art. 18 oder 19 des Statuts fortsetzen kann;

2. um eine mit dem Gerichtshof vereinbarte Zeitspanne, wenn die sofortige Erledigung des Ersuchens laufende Ermittlungen oder die laufende Strafverfolgung in einer anderen Sache als

derjenigen beeinträchtigen würde, auf die sich das Ersuchen bezieht.

(2) Über den Aufschub entscheidet der Bundesminister für Justiz.

(3) Vor der Entscheidung über den Aufschub nach Abs. 1 Z 2 ist zu prüfen, ob die erbetene Rechtshilfe unter bestimmten Bedingungen sofort geleistet werden kann. Wird ein Aufschub beschlossen, so ist einem Ersuchen des Internationalen Strafgerichtshofs um Maßnahmen zur Beweissicherung dennoch zu entsprechen.

Ladung von Personen

§ 16. (1) Der Internationale Strafgerichtshof ist befugt, Personen, die sich in der Republik Österreich aufhalten, Ladungen und andere Aktenstücke unmittelbar im Weg der Post zuzustellen. Die Zustellung durch Vermittlung des Bundesministeriums für Justiz wird dadurch nicht ausgeschlossen.

(2) Die geladene Person ist nicht verpflichtet, der Ladung Folge zu leisten. Auf Ersuchen der geladenen Person, des Beschuldigten oder seines Verteidigers holt das Bundesministerium für Justiz beim Internationalen Strafgerichtshof die Zusicherung ein, dass die Person wegen einer vor ihrer Ausreise aus der Republik Österreich begangenen Handlung nicht verfolgt, in Haft genommen oder sonstigen Beschränkungen ihrer persönlichen Freiheit unterworfen wird.

(3) Auf Ersuchen des Internationalen Strafgerichtshofs hat das österreichische Gericht Zeugen und Sachverständigen, die vor den Internationalen Strafgerichtshof geladen wurden, auf Antrag einen angemessenen Vorschuss auf die Reisekosten anzuweisen. Dieser Vorschuss ist zurückzufordern, wenn der Zeuge oder Sachverständige der Verhandlung vor dem Internationalen Strafgerichtshof fernbleibt oder den Pflichten, die durch die Ladung begründet werden, auf andere Weise nicht nachkommt.

Vernehmung einer verdächtigen Person

§ 17. (1) Eine Person, die auf Grund eines Ersuchens des Internationalen Strafgerichtshofs wegen des Verdachts, eine in seine Zuständigkeit fallende strafbare Handlung begangen zu haben, vernommen wird, ist vor der Vernehmung über den gegen sie bestehenden Tatverdacht sowie darüber zu unterrichten, dass sie das Recht habe,

1. nicht auszusagen, ohne dabei befürchten zu müssen, dass ihr Schweigen bei der Feststellung von Schuld oder Unschuld in Betracht gezogen werde,

2. sich von einem Verteidiger ihrer Wahl vertreten zu lassen, und, falls sie keinen Verteidiger hat, die Beigebung eines Verfahrenshilfeverteidi-

gers nach § 61 Abs. 2 StPO zu verlangen und *(BGBl I 2020/20)*

3. in Anwesenheit eines Verteidigers vernommen zu werden, es sei denn, sie würde auf dieses Recht ausdrücklich und freiwillig verzichten.

(2) Die Belehrung und die darüber abgegebene Erklärungen der zu vernehmenden Person sind in das Protokoll aufzunehmen. Liegen die Voraussetzungen nach § 61 Abs. 2 StPO vor und verlangt die Person, in Anwesenheit eines Verteidigers vernommen zu werden, ohne einen Antrag auf Beigebung eines Verteidigers zu stellen, ist nach § 61 Abs. 3 zweiter Satz StPO vorzugehen. *(BGBl I 2020/20)*

Überstellung von Häftlingen zu Beweiszwecken

§ 18. (1) Eine im Inland in Untersuchungs- oder Strafhaft befindliche Person ist auf Ersuchen des Internationalen Strafgerichtshofs zum Zweck der Identifizierung, der Vernehmung, der Gegenüberstellung oder einer sonstigen Untersuchungshandlung unter zu vereinbarenden Bedingungen dem Gerichtshof zu überstellen, wenn sie der Überstellung zustimmt.

(2) Befindet sich die zu überstellende Person auf Grund eines Ersuchens des Internationalen Strafgerichtshofs um Übernahme der Strafvollstreckung gemäß § 33 Abs. 1 in Haft, so ist ihre Zustimmung zur Überstellung nicht erforderlich.

(3) Die Überstellung unterbricht den Vollzug der Untersuchungs- oder Strafhaft nicht.

Akteneinsicht und Übermittlung von Informationen, die die nationale Sicherheit betreffen

§ 19. (1) **(Verfassungsbestimmung)** Auf Ersuchen des Internationalen Strafgerichtshofs ist Rechtshilfe durch Übermittlung von Gegenständen, Akten oder Aktenabschriften (Ablichtungen) sowie durch Gewährung von Akteneinsicht zu leisten.

(2) Betreffen die Akten die nationale Sicherheit, insbesondere im Zusammenhang mit militärischen Erkenntnissen, so ist der Internationale Strafgerichtshof zu konsultieren, um festzustellen, ob die Informationen von einer anderen Stelle oder in anderer Form erlangt werden können.

(3) Kann die Angelegenheit im Zuge der Konsultationen nach Abs. 2 nicht geregelt werden, so hat der Bundesminister für auswärtige Angelegenheiten im Einvernehmen mit dem sachlich zuständigen Bundesminister vor der Gewährung von Akteneinsicht oder der Übermittlung der Aktenabschriften und zu prüfen, ob die Geheimhaltungsinteressen die Interessen an der Übersendung von Beweismitteln für die internationale Strafverfolgung beträchtlich überwiegen. Ist dies der Fall, so ist der Internationale Strafgerichtshof um Zu-

sicherung der Geheimhaltung und um Bekanntgabe zu ersuchen, in welcher Weise die Geheimhaltung gewahrt werden wird.

(4) Der Bundesminister für auswärtige Angelegenheiten hat im Einvernehmen mit dem sachlich zuständigen Bundesminister zu prüfen, ob die gegebene Zusicherung für die Wahrung der Geheimhaltungsinteressen als ausreichend zu betrachten ist. Die Akteneinsicht oder die Übermittlung von Aktenabschriften ist abzulehnen, wenn die Geheimhaltung nicht gewährleistet werden kann und für den Fall der Offenbarung zu besorgen ist, dass die nationale Sicherheit beeinträchtigt werden könnte.

(5) Die Abs. 2 bis 4 finden auch Anwendung, wenn eine Person, die zur Beibringung von Informationen oder Beweismitteln aufgefordert wurde, dies mit der Begründung verweigert, dass eine Offenlegung die nationale Sicherheit beeinträchtigen würde.

(6) Wird eine Person auf Grund eines Rechtshilfeersuchens des Internationalen Strafgerichtshofs vernommen, so ist sie vor der Vernehmung darüber zu belehren, dass sie die Aussage verweigern kann, um die Offenlegung vertraulicher Informationen, die die nationale Sicherheit betreffen, zu verhindern. Die erfolgte Belehrung ist im Protokoll festzuhalten. Über die Zulässigkeit der Rechtshilfe ist in einem derartigen Fall auf Grund der Bestimmungen der Abs. 2 bis 4 zu entscheiden.

Übermittlung von Aktenabschriften oder Informationen Dritter

§ 20. Ersucht der Internationale Strafgerichtshof um Rechtshilfe durch Übermittlung von Aktenabschriften (Ablichtungen) oder Informationen, die den österreichischen Behörden von einem anderen Staat oder einer zwischenstaatlichen oder internationalen Organisation unter dem Vorbehalt der Vertraulichkeit überlassen worden sind, so dürfen die Unterlagen dem Internationalen Strafgerichtshof nur mit deren Zustimmung übermittelt werden. Von der Verweigerung der Zustimmung ist der Gerichtshof in Kenntnis zu setzen.

Rechtshilfeleistung durch den Internationalen Strafgerichtshof

§ 21. (1) Ist bei einem österreichischen Gericht ein Strafverfahren wegen eines Verhaltens anhängig, das den Tatbestand eines der Gerichtsbarkeit des Internationalen Strafgerichtshofs unterliegenden Verbrechens oder eines anderen schweren Verbrechens nach österreichischem Recht erfüllt, so kann der Gerichtshof um Rechtshilfe ersucht werden.

(2) Ersuchen bedürfen der Schriftform. Den Ersuchschreiben und den zu ihrer Begründung beigefügten Unterlagen sind beglaubigte Übersetzungen in die englische oder französische Sprache anzuschließen.

(3) Die Gerichte und Staatsanwaltschaften haben an den Internationalen Strafgerichtshof gerichtete Ersuchen dem Bundesministerium für Justiz zur Weiterleitung vorzulegen.

DRITTER ABSCHNITT
Fahndung

§ 22. (1) Ersucht der Internationale Strafgerichtshof um Fahndung zur Festnahme oder erlangen die österreichischen Behörden sonst Kenntnis von einer Haftanordnung dieses Gerichtshofs, so hat das Bundesministerium für Inneres die gesuchte Person zur Verhaftung im Inland zum Zweck der Überstellung an den Internationalen Strafgerichtshof auszuschreiben, wenn das Ersuchen oder die Haftanordnung die notwendigen Angaben über die gesuchte Person und die ihr zur Last gelegte Tat enthält. Eine Befassung des nach § 26 Abs. 2 ARHG zuständigen Gerichts kann unterbleiben, wenn die gesuchte Person weder österreichischer Staatsbürger ist noch Grund zur Annahme besteht, dass sie sich in Österreich aufhält. *(BGBl I 2020/20)*

(2) Wird eine vom Internationalen Strafgerichtshof gesuchte Person in Österreich ausgeforscht oder festgenommen, so hat das Bundesministerium für Inneres dies im Weg der Internationalen Kriminalpolizeilichen Organisation (INTERPOL) dem Internationalen Strafgerichtshof mitzuteilen.

VIERTER ABSCHNITT
Überstellungshaft, Überstellung und Durchlieferung

Anbot der Überstellung

§ 23. (1) Liegen hinreichende Gründe für die Annahme vor, dass eine im Inland betretene Person eine in die Zuständigkeit des Internationalen Strafgerichtshofs fallende strafbare Handlung begangen habe, bei der die Zulässigkeit des Verfahrens nicht nach § 5 Abs. 2 anzufechten ist, so hat die Staatsanwaltschaft bei Gericht die Vernehmung der Person und die Vorlage einer Sachverhaltsdarstellung an das Bundesministerium für Justiz zu beantragen. *(BGBl I 2020/20)*

(2) Das Bundesministerium für Justiz hat den Internationalen Strafgerichtshof zu befragen, ob die Überstellung begehrt wird. Befindet sich der Beschuldigte in Haft, so ist für das Einlangen des Überstellungsersuchens eine angemessene Frist zu bestimmen. Langt das Überstellungsersuchen nicht rechtzeitig ein, so ist dies dem Untersuchungsrichter unverzüglich mitzuteilen.

(3) Die Vorschriften über das Anbot der Auslieferung nach § 28 Abs. 1 ARHG an den Staat, in dem die strafbare Handlung begangen worden ist, bleiben unberührt.

Vorläufige Überstellungshaft

§ 24. (1) Liegt ein Ersuchen des Internationalen Strafgerichtshofs um vorläufige Festnahme vor, so hat das Gericht auf Antrag der Staatsanwaltschaft die Anordnung der Festnahme der gesuchten Person zu bewilligen und die vorläufige Überstellungshaft zu verhängen, wenn auf Grund der vom Internationalen Strafgerichtshof mitgeteilten Tatsachen hinreichende Gründe für die Annahme vorliegen, dass eine im Inland betretene Person eine in die Zuständigkeit des Internationalen Strafgerichtshofs fallende strafbare Handlung begangen habe, welche die Verhängung der Untersuchungshaft (§ 173 StPO) rechtfertigen würde, wenn die strafbare Handlung im Inland begangen worden wäre. *(BGBl I 2020/20)*

(2) Die vorläufige Überstellungshaft darf nicht verhängt oder aufrechterhalten werden, wenn die Haftzwecke durch eine gleichzeitige Strafhaft, Untersuchungshaft oder Auslieferungshaft erreicht werden können. In diesem Fall hat das Gericht die Abweichungen vom Haftvollzug zu verfügen, die für die Zwecke der vorläufigen Überstellungshaft für den Internationalen Strafgerichtshof unentbehrlich sind. Im Übrigen sind auf die vorläufige Überstellungshaft die Bestimmungen der StPO über die Untersuchungshaft anzuwenden. *(BGBl I 2020/20)*

(3) Die vorläufige Überstellungshaft kann aufgehoben werden, wenn das Überstellungsersuchen und die beigefügten Unterlagen nicht innerhalb von 60 Tagen ab dem Zeitpunkt der Festnahme übermittelt werden. Die Enthaftung steht einer neuerlichen Festnahme und Überstellung nicht entgegen, wenn das Überstellungsersuchen und die beigefügten Unterlagen zu einem späteren Zeitpunkt übermittelt werden.

(4) Das Gericht hat der Sicherheitsbehörde zum Zweck der Unterrichtung des Internationalen Strafgerichtshofs im Weg der Internationalen Kriminalpolizeilichen Organisation (INTERPOL) und dem Bundesministerium für Justiz unverzüglich Ausfertigungen der Beschlüsse über die Verhängung, Fortsetzung oder Aufhebung der vorläufigen Überstellungshaft zu übermitteln. *(BGBl I 2020/20)*

Vereinfachte Überstellung

§ 25. (1) Hat die auf Grund eines Ersuchens des Internationalen Strafgerichtshofs gemäß § 24 Abs. 1 in vorläufige Überstellungshaft genommene Person vor Ablauf der in § 24 Abs. 3 angeführten Frist eingewilligt, an den Internationalen Strafgerichtshof überstellt zu werden, so hat das Gericht , vorbehaltlich einer Anfechtung der Zulässigkeit nach § 5 Abs 2, die Überstellung anzuordnen. Die Person ist in einem solchen Fall so bald wie möglich an den Internationalen Strafgerichtshof zu überstellen. *(BGBl I 2020/20)*

(2) Das Gericht hat die Person zu belehren, dass ihre Einwilligung nicht widerrufen werden kann. Die erfolgte Belehrung ist im Protokoll festzuhalten. *(BGBl I 2020/20)*

(3) Im Fall der vereinfachten Überstellung kann die Übermittlung des Überstellungsersuchens und der begleitenden Unterlagen durch den Internationalen Strafgerichtshof unterbleiben.

Überstellungshaft und Anordnung der Überstellung

§ 26. (1) Ersucht der Internationale Strafgerichtshof um Festnahme und Überstellung eines Beschuldigten, so hat die Staatsanwaltschaft bei Gericht die Bewilligung einer Anordnung der Festnahme und die Verhängung der Überstellungshaft zu beantragen. Das Gericht hat nach Maßgabe der folgenden Absätze die Überstellung des Beschuldigten an den Internationalen Strafgerichtshof anzuordnen. Der dem Ersuchen des Internationalen Strafgerichtshofs zugrundeliegende Verdacht und die Haftgründe sind nicht zu prüfen. *(BGBl I 2020/20)*

(2) Ergeben sich erhebliche Zweifel an der Identität der festgenommenen Person, so hat die Staatsanwaltschaft geeignete Erhebungen zu veranlassen oder den Internationalen Strafgerichtshof um die Vorlage zusätzlicher Unterlagen zu ersuchen. In jedem Fall hat das Gericht den Beschuldigten über die Begründung des gegen ihn ergangenen Haftbefehls des Internationalen Strafgerichtshofs und über sein Recht zu informieren, die Überstellung wegen Verletzung des in Art. 20 des Statuts festgelegten Grundsatzes „ne bis in idem" oder mangels Zuständigkeit des Internationalen Strafgerichtshofs nach den Art. 17 bis 19 des Statuts anzufechten. Er ist darüber hinaus auf sein Recht hinzuweisen, bis zur Anordnung der Überstellung seine vorläufige Enthaftung zu beantragen. Dem Beschuldigten sind Abschriften (Ablichtungen) des Haftbefehls oder verurteilenden Erkenntnisses und der Bezug habenden Bestimmungen des Statuts samt der vom Internationalen Strafgerichtshof übermittelten Übersetzung auszufolgen. *(BGBl I 2020/20)*

(3) Erklärt der Beschuldigte, die Überstellung wegen Verletzung des Art. 20 des Statuts oder mangels Zuständigkeit des Internationalen Strafgerichtshofs anzufechten, so ist dies dem Internationalen Strafgerichtshof unter Anschluss der erforderlichen Unterlagen mitzuteilen. Zugleich ist der Gerichtshof davon in Kenntnis zu setzen, ob der Anfechtung aufschiebende Wirkung zukommt.

(4) Die Entscheidung über die Überstellung ist nur im Fall einer Anfechtung der Zulässigkeit nach § 5 Abs. 2 bis zur Entscheidung des Internationalen Strafgerichtshofs aufzuschieben. Im Fall der Anfechtung der Zuständigkeit nach den Art. 17 bis 19 des Statuts durch einen dritten Staat ist nach § 28 vorzugehen.

(5) Bis zur Anordnung der Überstellung hat der Beschuldigte das Recht, seine vorläufige Enthaftung zu beantragen. Bei der Entscheidung über einen solchen Antrag ist zu prüfen, ob ungeachtet der Schwere der zur Last gelegten Verbrechen dringende und außergewöhnliche Umstände vorliegen, die eine vorläufige Enthaftung rechtfertigen und ob der Zweck der Haft durch gelindere Mittel (§ 173 Abs. 5 StPO) erreicht werden kann. Einem solchen Antrag kommt aufschiebende Wirkung nicht zu. *(BGBl I 2020/20)*

(6) Ein Antrag nach Abs. 5 ist dem Internationalen Strafgerichtshof mit dem Bemerken mitzuteilen, dass er das Recht habe, dazu binnen sieben Tagen eine Empfehlung abzugeben. Die Empfehlung ist bei der Entscheidung über den Enthaftungsantrag zu berücksichtigen.

(7) Spricht sich der Internationale Strafgerichtshof in seiner Empfehlung oder spricht sich die Staatsanwaltschaft gegen die Enthaftung des Beschuldigten aus, so hat das Gericht über den Antrag unverzüglich in einer Haftverhandlung zu entscheiden. *(BGBl I 2020/20)*

(8) Gegen einen Beschluss, mit dem der Antrag des Beschuldigten auf vorläufige Enthaftung abgelehnt wird, steht diesem die binnen drei Tagen nach Eröffnung des Beschlusses einzubringende Beschwerde an den Gerichtshof zweiter Instanz zu. Einer solchen Beschwerde kommt aufschiebende Wirkung nicht zu.

(9) Gegen Beschlüsse auf Verhängung der Überstellungshaft und auf Anordnung der Überstellung steht nur die Beschwerde nach § 1 Abs. 1 des Grundrechtsbeschwerdegesetzes, BGBl. Nr. 864/1992, zu. *(BGBl I 2020/20)*

Übergabe an den Internationalen Strafgerichtshof

§ 27. (1) Nach Rechtskraft der Anordnung der Überstellung an den Internationalen Strafgerichtshof hat das Gericht die Sicherheitsbehörde zu beauftragen, die zu überstellende Person unverzüglich dem Internationalen Strafgerichtshof zu übergeben. Sofern keine schwerwiegenden Sicherheitsbedenken entgegenstehen oder der Internationale Strafgerichtshof nicht eine andere Art der Übergabe begehrt, ist die zu überstellende Person im Luftweg unter Eskorte österreichischer Beamter zu befördern. *(BGBl I 2020/20)*

(2) Der Zeitpunkt der Überstellung ist mit dem Internationalen Strafgerichtshof zu vereinbaren. Wird die Übergabe der zu überstellenden Person

durch bestimmte Umstände verhindert, so ist mit dem Gerichtshof ein neuer Überstellungszeitpunkt zu vereinbaren.

(3) Das Gericht hat eine Ausfertigung des Beschlusses, mit dem die Überstellung angeordnet wird, dem Bundesministerium für Justiz zur Weiterleitung an den Internationalen Strafgerichtshof vorzulegen. *(BGBl I 2020/20)*

Vorläufige Übergabe und Widerruf der Anordnung der Überstellung

§ 28. (1) Ist gegen den Beschuldigten ein inländisches Strafverfahren anhängig oder verbüßt er im Inland eine Strafe wegen einer anderen Tat als derjenigen, derentwegen die Überstellung an den Internationalen Strafgerichtshof angeordnet wurde, so kann er dem Internationalen Strafgerichtshof unter der mit diesem zu vereinbarenden Bedingungen vorläufig übergeben werden.

(2) Das Gericht hat unverzüglich die Überstellungshaft aufzuheben und die Anordnung der Überstellung zu widerrufen, wenn *(BGBl I 2020/20)*

1. der Internationale Strafgerichtshof darum ersucht oder sein Ersuchen um Überstellung sonst widerruft,

2. festgestellt wird, dass die festgenommene Person allem Anschein nach nicht mit der gesuchten Person ident ist, oder

3. der Internationale Strafgerichtshof seine Unzuständigkeit oder die Unzulässigkeit des Verfahrens vor diesem Gerichtshof feststellt.

Konkurrierende Ersuchen

§ 29. (1) Erhält die Republik Österreich ein Überstellungsersuchen des Internationalen Strafgerichtshofs und ein Auslieferungsersuchen eines anderen Staates, die dieselbe Person betreffen, so entscheidet der Bundesminister für Justiz nach Art. 90 des Statuts, welchem Ersuchen Vorrang zukommt.

(2) Hat der Bundesminister für Justiz einem Auslieferungsersuchen eines anderen Staates den Vorrang gegenüber einem Überstellungsersuchen des Internationalen Strafgerichtshofs eingeräumt, wird das Auslieferungsersuchen in der Folge aber abgelehnt oder zurückgezogen, so ist dies dem Internationalen Strafgerichtshof unverzüglich mitzuteilen.

Spezialität

§ 30. (1) Eine Person, die nach diesem Bundesgesetz an den Internationalen Strafgerichtshof überstellt wird, darf wegen einer anderen, vor der Übergabe begangenen Handlung als jener, die der Überstellung zu Grunde liegt, nicht verfolgt, in Haft genommen oder abgeurteilt werden.

ZusIStrGH

(2) Auf Ersuchen des Internationalen Strafgerichtshofs kann dieser von den in Abs. 1 enthaltenen Beschränkungen befreit werden. Vor der Entscheidung über das Ersuchen kann der Internationale Strafgerichtshof um Übermittlung eines Protokolls über die Erklärungen der überstellten Person und um zusätzliche Informationen ersucht werden.

(3) Über das Ersuchen entscheidet der Bundesminister für Justiz. Die Befreiung ist zu erteilen, wenn die dem Ersuchen zu Grunde liegende Handlung in die Zuständigkeit des Internationalen Strafgerichtshofs fällt und kein Anlass für eine Anfechtung der Zulässigkeit des Verfahrens vor dem Internationalen Strafgerichtshof nach § 5 Abs. 2 besteht.

Durchlieferung und Durchbeförderung

§ 31. (1) Auf Ersuchen des Internationalen Strafgerichtshofs werden Personen durch Österreich durchgeliefert und zur Sicherung der Durchlieferung in Haft gehalten.

(2) Ein Ersuchen um Bewilligung der Durchlieferung ist nicht erforderlich, wenn die Person auf dem Luftweg befördert wird und eine Zwischenlandung auf österreichischem Hoheitsgebiet nicht vorgesehen ist.

(3) Im Fall einer unvorhergesehenen Zwischenlandung ist die durchzuliefernde Person festzunehmen und der Internationale Strafgerichtshof um Übermittlung eines Ersuchens um Durchlieferung unter Anschluss der in Art. 89 Abs. 3 lit. b des Statuts angeführten Unterlagen zu ersuchen.

(4) Die durchzuliefernde Person ist zu enthaften, wenn das Ersuchen um Durchlieferung nicht innerhalb von 96 Stunden eingelangt ist. Die Enthaftung steht einer neuerlichen Festnahme auf der Grundlage eines Ersuchens nach den §§ 24 Abs. 1 oder 26 Abs. 1 nicht entgegen.

(5) Über die Durchlieferung hat der Bundesminister für Justiz im Einvernehmen mit dem Bundesminister für Inneres zu entscheiden. Die Durchlieferung ist zu bewilligen, sofern dadurch die Überstellung nicht verhindert oder verzögert wird. Ein inländischer Strafanspruch wegen einer nicht in die Zuständigkeit des Internationalen Strafgerichtshofs fallenden strafbaren Handlung steht der Durchlieferung nicht entgegen. Gegen die Bewilligung der Durchlieferung ist ein Rechtsmittel nicht zulässig.

(6) Die Abs. 1 bis 3 und 5 finden auf Ersuchen des Internationalen Strafgerichtshofs oder eines Staates, der die Vollstreckung einer vom Gerichtshof verhängten Strafe übernommen hat, um Durchbeförderung von Personen durch das Gebiet der Republik Österreich mit der Maßgabe Anwendung, dass der Internationale Strafgerichtshof im Fall einer unvorhergesehenen Zwischenlandung um Übermittlung eines Ersuchens um Durchbe-

förderung unter Anschluss einer Kopie des rechtskräftigen Urteils zu ersuchen ist.

FÜNFTER ABSCHNITT
Übernahme der Vollstreckung von Freiheitsstrafen

Allgemeine Bestimmungen

§ 32. (1) Der Bundesminister für auswärtige Angelegenheiten kann im Einvernehmen mit dem Bundesminister für Justiz durch eine an den Internationalen Strafgerichtshof gerichtete Erklärung die Bereitschaft der Republik Österreich bekunden, Personen zur Vollstreckung der vom Internationalen Strafgerichtshof verhängten Freiheitsstrafen zu übernehmen. Die Erklärung kann hinsichtlich des Zeitraums der Übernahme zur Vollstreckung befristet und hinsichtlich der Anzahl und der Art der zu übernehmenden Personen beschränkt werden.

(2) Die vom Internationalen Strafgerichtshof verhängten Freiheitsstrafen werden unmittelbar vollzogen. Eine Anpassung des vom Internationalen Strafgerichtshof verhängten Strafe ist nicht zulässig. Auf den Vollzug sind nach Maßgabe der Anordnungen des Internationalen Strafgerichtshofs die für den Strafvollzug geltenden Bestimmungen des österreichischen Rechts mit der Maßgabe anzuwenden, dass die Haftbedingungen jenen von Personen zu entsprechen haben, die in Österreich wegen vergleichbarer Taten verurteilt wurden.

(3) Die Vollstreckung der vom Internationalen Strafgerichtshof verhängten Freiheitsstrafen unterliegt der Aufsicht des Gerichtshofs. Auf Ersuchen des Internationalen Strafgerichtshofs wird seinen Mitgliedern Zutritt zu den Vollzugseinrichtungen gewährt.

(4) Kommt eine vom Internationalen Strafgerichtshof verurteilte Person, die zum Strafvollzug übernommen wurde, nach österreichischem Recht für einen Strafvollzug in gelockerter Form in Betracht, der mit Arbeiten ohne Bewachung außerhalb der Justizanstalt verbunden wäre, so ist der Internationale Strafgerichtshof vor Anordnung der Arbeiten von diesem Umstand in Kenntnis zu setzen. Seine Stellungnahme ist bei der Entscheidung zu berücksichtigen.

(5) Verurteilten Personen im Sinne dieses Abschnitts ist der ungehinderte und vertrauliche schriftliche Verkehr mit dem Internationalen Strafgerichtshof zu ermöglichen.

Verfahren zur Übernahme der Strafvollstreckung

§ 33. (1) Hat der Internationale Strafgerichtshof bestimmt, dass ein Verurteilter die über ihn verhängte Freiheitsstrafe in Österreich zu verbüßen hat, und ersucht er, den Verurteilten zum Strafvollzug zu übernehmen, so ist diese Mitteilung dem Bundesminister für Justiz zuzuleiten.

(2) Der Bundesminister für Justiz darf die Übernahme einer Vollstreckung, die der Erklärung nach § 32 Abs. 1 entspricht, nur ablehnen, wenn sie unvertretbare Nachteile für die Sicherheit und die öffentliche Ordnung der Republik Österreich nach sich ziehen würde. Bei österreichischen Staatsbürgern darf die Übernahme der Vollstreckung nicht abgelehnt werden. Gegen die Entscheidung des Bundesministers für Justiz ist ein Rechtsmittel nicht zulässig.

(3) Die Entscheidung des Bundesministers für Justiz ist dem Internationalen Strafgerichtshof mit dem Ersuchen zu übermitteln, Ort und Zeitpunkt der Übergabe des Verurteilten den österreichischen Behörden vorzuschlagen.

(4) Flieht die verurteilte Person vor Abschluss der Vollstreckung der Freiheitsstrafe aus der Haft, so hat das Vollzugsgericht (§ 16 Abs. 1 des Strafvollzugsgesetzes) eine Anordnung der Festnahme zu erlassen und die Fahndung einzuleiten. Wird die gesuchte Person in der Folge im Ausland festgenommen, so hat das Gericht auch ohne Antrag der Staatsanwaltschaft die Verhängung der Auslieferungshaft nach § 69 ARHG zu erwirken und dem Bundesminister für Justiz die nach § 68 ARHG erforderlichen Unterlagen zu übermitteln. Der Bundesminister für Justiz hat die Auslieferung zu erwirken, sofern der ersuchte Staat der Überstellung ohne Auslieferungsverfahren zustimmt oder der Internationale Strafgerichtshof nicht eine andere Entscheidung trifft. *(BGBl I 2020/20)*

(5) Die im ersuchten Staat oder beim Internationalen Strafgerichtshof in Haft verbrachte Zeit ist auf die zu verbüßende Freiheitsstrafe anzurechnen.

(6) Werden in Österreich Personen festgenommen, die aus dem Vollzug einer vom Internationalen Strafgerichtshof verhängten Freiheitsstrafe geflohen sind, so ist bei der Überstellung dieser Personen an den Staat, der die Vollstreckung übernommen hat, nach den Bestimmungen über die Überstellung von Personen an den Internationalen Strafgerichtshof vorzugehen.

Spezialität der Vollstreckung

§ 34. (1) Eine zur Vollstreckung einer vom Internationalen Strafgerichtshof verhängten Freiheitsstrafe übernommene Person darf in Österreich ohne Zustimmung des Internationalen Strafgerichtshofs wegen einer vor ihrer Übergabe begangenen Handlung, auf die sich das Urteil des Internationalen Strafgerichtshofs nicht bezieht, weder verfolgt oder bestraft noch in ihrer persön-

lichen Freiheit beschränkt oder an einen dritten Staat ausgeliefert werden.

(2) Die Spezialität der Vollstreckung steht einer solchen Maßnahme nicht entgegen, wenn

1. sich die Person nach ihrer Entlassung länger als 30 Tage auf dem Gebiet der Republik Österreich aufhält, obwohl sie es verlassen konnte und durfte;

2. die Person das Gebiet der Republik Österreich, auf welche Weise auch immer, verlässt und freiwillig zurückkehrt oder rechtmäßig aus einem dritten Staat zurückgebracht wird; oder

3. der Internationale Strafgerichtshof auf die Einhaltung der Spezialität verzichtet.

Berichte über den Strafvollzug

§ 35. Die Justizanstalt, in der der Strafgefangene die vom Internationalen Strafgerichtshof verhängte Freiheitsstrafe verbüßt, hat dem Bundesministerium für Justiz zumindest einmal jährlich und nach Abschluss der Vollstreckung einen Führungs- und Gesundheitsbericht vorzulegen. Dem Bundesministerium für Justiz ist umgehend zu berichten, wenn der Strafgefangene vor Abschluss der Vollstreckung der Freiheitsstrafe aus der Haft geflohen ist oder wenn die Vollstreckung aus sonstigen Gründen nicht mehr möglich ist. Solche Berichte sind dem Internationalen Strafgerichtshof unverzüglich zur Kenntnis zu bringen.

Bedingte Entlassung und Begnadigung

§ 36. (1) **(Verfassungsbestimmung)** Über die bedingte Entlassung, eine Begnadigung oder die Herabsetzung der Strafe eines vom Internationalen Strafgerichtshof Verurteilten entscheidet der Internationale Strafgerichtshof.

(2) Stellt die verurteilte Person einen Antrag auf bedingte Entlassung, Begnadigung oder Herabsetzung der Strafe, so ist dieser dem Bundesminister für Justiz zur Weiterleitung an den Internationalen Strafgerichtshof vorzulegen.

(3) Umstände, die für eine bedingte Entlassung, Begnadigung oder Herabsetzung der Strafe sprechen, sind dem Internationalen Strafgerichtshof von Amts wegen mitzuteilen.

Übertragung der Strafvollstreckung an einen anderen Staat

§ 37. (1) Einem Ersuchen des Internationalen Strafgerichtshofs auf Überstellung des Strafgefangenen in einen anderen Staat zur Fortsetzung der Strafvollstreckung ist umgehend zu entsprechen.

(2) Ersucht ein Strafgefangener um Vollstreckung der über ihn vom Internationalen Strafgerichtshof verhängten Freiheitsstrafe in einem anderen Staat, so ist sein Ansuchen dem Internationalen Strafgerichtshof zuzuleiten.

ZusIStrGH

Beendigung des Strafvollzuges

§ 38. (1) Teilt der Internationale Strafgerichtshof mit, dass die Vollstreckung der Freiheitsstrafe zu beenden ist, so ist der Strafgefangene umgehend freizulassen und der für die Vollziehung fremdenrechtlicher Vorschriften zuständigen Behörde zu übergeben, sofern nicht ein inländisches Strafverfahren oder ein Auslieferungsverfahren anhängig ist oder Anlass besteht, ein solches Verfahren einzuleiten.

(2) Die Verfolgung, Bestrafung oder Auslieferung wegen einer vor der Übernahme der Strafvollstreckung begangenen Handlung ist nur nach Maßgabe des § 34 zulässig.

Kosten

§ 39. (1) Die gewöhnlichen Kosten des Strafvollzugs sind von Österreich zu tragen.

(2) Andere Kosten einschließlich der Kosten der Überstellung des Verurteilten vom oder zum Gerichtshof oder aus einem oder in einen anderen Vollstreckungsstaat sowie der Kosten eines vom Internationalen Strafgerichtshof begehrten Sachverständigengutachtens sind vom Internationalen Strafgerichtshof zu tragen.

Vollstreckung von Freiheitsstrafen wegen Straftaten gegen die Rechtspflege

§ 40. Auf die Vollstreckung von Freiheitsstrafen, die vom Internationalen Strafgerichtshof wegen Straftaten gegen die Rechtspflege nach Art. 70 des Statuts verhängt wurden, findet dieses Bundesgesetz mit Ausnahme der Bestimmungen der §§ 32 Abs. 1 und 5, 33 Abs. 1 bis 5 und 39 keine Anwendung. Das Verfahren richtet sich nach den §§ 65 bis 67 ARHG.

SECHSTER ABSCHNITT

Übernahme der Vollstreckung von Geldstrafen und vermögensrechtlichen Anordnungen

§ 41. (1) Einem Ersuchen des Internationalen Strafgerichtshofs um Vollstreckung einer Entscheidung, mit der eine Geldstrafe verhängt oder eine vermögensrechtliche Anordnung ausgesprochen wurde, ist durch das zuständige Gericht zu entsprechen, wenn die Einbringung der Geldstrafe im Inland zu erwarten ist oder wenn sich die von der Entscheidung erfassten Gegenstände oder Vermögenswerte im Inland befinden. Vor der Bewilligung der Vollstreckung sind der zur Zahlung der Geldstrafe Verurteilte und Personen, die Rechte an den Gegenständen oder Vermögenswerten behaupten, zu hören. Von der Anhörung des Verurteilten kann abgesehen werden, wenn er unerreichbar ist.

(2) Über das Ersuchen um Vollstreckung einer Geldstrafe entscheidet das in § 26 Abs. 2 ARHG bezeichnete Gericht, über das Ersuchen um Vollstreckung einer vermögensrechtlichen Anordnung jedoch der Gerichtshof erster Instanz, in dessen Sprengel sich der Vermögenswert oder Gegenstand befindet, jeweils durch einen Senat von drei Richtern (§ 31 Abs. 6 StPO) mit Beschluss. Eine Anpassung der vom Internationalen Strafgerichtshof verhängten Geldstrafe oder vermögensrechtlichen Anordnung ist nicht zulässig. Gegen den Beschluss steht der Staatsanwaltschaft und dem Betroffenen die binnen 14 Tagen einzubringende Beschwerde an den Gerichtshof zweiter Instanz offen. *(BGBl I 2020/20)*

(3) Eine vom Internationalen Strafgerichtshof verhängte Geldstrafe wird in Euro vollstreckt. Ist die Höhe der zu vollstreckenden Geldstrafe in einer anderen Währung als Euro angegeben, so ist für die Umrechnung der zum Zeitpunkt der Entscheidung des Internationalen Strafgerichtshofs geltende amtliche Devisenkurs maßgebend.

(4) Alle vom Internationalen Strafgerichtshof gewährten Erleichterungen in Bezug auf den Zahlungstermin verhängter Geldstrafen oder deren Entrichtung in Teilbeträgen werden berücksichtigt.

(5) Erweist sich die Vollstreckung einer vom Internationalen Strafgerichtshof verhängten Geldstrafe ganz oder teilweise als unmöglich, so ist der Internationale Strafgerichtshof von diesem Umstand in Kenntnis zu setzen.

(6) Wenn der Internationale Strafgerichtshof wegen Uneinbringlichkeit der verhängten Geldstrafe über die verurteilte Person eine Ersatzfreiheitsstrafe verhängt und die Republik Österreich um deren Vollstreckung ersucht, finden die Bestimmungen der §§ 32 bis 39 Anwendung.

(7) Erweist sich die Vollstreckung einer vom Internationalen Strafgerichtshof ausgesprochenen vermögensrechtlichen Anordnung als unmöglich, so sind nach Maßgabe des § 19 Abs. 1 bis 4 FinStrG Maßnahmen zur Eintreibung des Gegenwerts der Gegenstände oder Vermögenswerte zu treffen.

(8) Der Erlös aus der Vollstreckung von Geldstrafen und vermögensrechtlichen Anordnungen ist, vorbehaltlich der Bestimmung des Abs. 9, an den Internationalen Strafgerichtshof zu überweisen.

(9) Geldbeträge, Gegenstände oder sonstige Vermögenswerte können in der Republik Österreich zurückbehalten werden, wenn

1. die geschädigte Person ihren Wohnsitz oder gewöhnlichen Aufenthalt in Österreich hat und sie ihr auszufolgen sind;

2. eine Behörde Rechte an diesen geltend macht;

3. eine an der strafbaren Handlung nicht beteiligte Person Rechte daran behauptet; oder

4. sie für ein in Österreich anhängiges Strafverfahren benötigt werden.

(10) Macht eine Person Ansprüche nach Abs. 9 geltend, so kommt eine Ausfolgung der Geldbeträge oder Gegenstände nur im Einvernehmen mit dem Internationalen Strafgerichtshof in Betracht.

(11) Die Bestimmungen dieses Abschnitts finden auch auf die Vollstreckung von Geldstrafen Anwendung, die vom Internationalen Strafgerichtshof wegen Straftaten gegen die Rechtspflege nach Artikel 70 des Statuts verhängt wurden.

Übernahme der Vollstreckung von Wiedergutmachungsanordnungen

§ 42. (1) Die Vollstreckung der Entscheidung des Internationalen Strafgerichtshofs, mit der eine Wiedergutmachungsanordnung, die auf die Zahlung einer Geldsumme gerichtet ist, rechtskräftig ausgesprochen worden ist, ist auf Ersuchen des Internationalen Strafgerichtshofs zulässig, wenn die Einbringung im Inland zu erwarten ist.

(2) Die Vollstreckung richtet sich nach § 41.

(3) Rechtskräftige Entscheidungen des Internationalen Strafgerichtshofs auf Rückstellung von Eigentum oder Erträgen aus strafbaren Handlungen gelten als Erkenntnisse auswärtiger Gerichte, die die Bedingungen des § 406 der Exekutionsordnung erfüllen. *(BGBl I 2020/20)*

SIEBENTER ABSCHNITT
Wirkung der Entscheidungen des Internationalen Strafgerichtshofs

§ 43. Ein rechtskräftiges Urteil des Internationalen Strafgerichtshofs begründet in Verfahren vor den österreichischen Gerichten wegen Schadenersatzes des Opfers gegenüber dem Verurteilten den vollen Beweis dessen, was darin auf Grund eines Beweisverfahrens festgestellt wird. Der Beweis der Unrichtigkeit der Feststellungen ist zulässig. *(BGBl I 2008/2)*

ACHTER ABSCHNITT
Übernahme der Strafverfolgung wegen Straftaten gegen die Rechtspflege

§ 44. (1) Auf Ersuchen des Internationalen Strafgerichtshofs kann die Verfolgung der in Art. 70 Abs. 1 des Statuts angeführten Straftaten gegen die Rechtspflege des Gerichtshofs übernom-

men werden, die auf österreichischem Hoheitsgebiet oder von österreichischen Staatsbürgern begangen wurden.

(2) Bei der Beurteilung dieser Straftaten ist so vorzugehen, als ob es sich beim Internationalen Strafgerichtshof um ein österreichisches Gericht und bei seinen Bediensteten um österreichische Beamte handelt.

(3) § 60 ARHG ist mit der Maßgabe anzuwenden, dass die in dieser Bestimmung enthaltenen Verweise auf den ersuchenden Staat als solche auf den Internationalen Strafgerichtshof zu verstehen sind.

Dritter Teil
Schlussbestimmungen

Inkrafttreten der Stammfassung, Verweise

§ 45. (1) Dieses Bundesgesetz tritt mit 1. Oktober 2002 in Kraft.

(2) In diesem Bundesgesetz enthaltene Verweisungen auf andere Rechtsvorschriften des Bundes sind als Verweisung auf die jeweils geltende Fassung zu verstehen.

(3) *(entfällt, BGBl I 2020/20)*

Inkrafttreten von Novellen ab 2020

§ 46. Der Titel, der Eintrag im Inhaltsverzeichnis, die §§ 3, 17 Abs. 1 Z 2, Abs. 2, § 22 Abs. 1, § 23 Abs. 1, § 24 Abs. 1, 2 und 4, § 25 Abs. 1 und 2, § 26 Abs 1, 2, 5, 7 und 9, § 27 Abs. 1 und 3, § 28 Abs. 2, § 33 Abs. 4, § 41 Abs. 2 und 3, die Überschrift zum Dritten Teil, § 45 samt Überschrift und § 47 samt Überschrift in der Fassung des Bundesgesetzes BGBl. I Nr. 20/2020 treten mit dem der Kundmachung des bezeichneten Bundesgesetzes folgenden Tag in Kraft.

(BGBl I 2020/20)

Vollziehung

§ 47. Mit der Vollziehung dieses Bundesgesetzes sind die Bundesminister für auswärtige Angelegenheiten, für Justiz und für Inneres – je nach ihrem Wirkungsbereich – betraut.

(BGBl I 2020/20)

Klestil

Schüssel

ZusIStrGH

GESAMTSTICHWORTVERZEICHNIS

(Die Zahlen betreffen die Paragraphen der jeweils *kursiv* abgedruckten Gesetze)

Stichwortverzeichnis

Stichwortverzeichnis — IV —

Stichwortverzeichnis

Stichwortverzeichnis

GESETZESREGISTER

KODEX
DES ÖSTERREICHISCHEN RECHTS
HERAUSGEBER: UNIV.-PROF. DR. WERNER DORALT

VERFASSUNGS-RECHT

LexisNexis

1	B-VG
1a	ÜG, B-VGNov
2a	StGG
2b	EMRK
2c	ReligionsR, ZPO, VerfG, VdpG, ORF-G, RGG, PrR-G, AMD-G, FERG, KOG, PresseFG, MindehrenzR
3a	BVG
3b	VBbest in BG
4	UnabhErkl, R-DG, StV Wien
5	BVG Neutralität, KMG, SanktG, KSE-BVG, TrAusG, Staatl Symbole
6	StbG
	PartG, VerbotG, PartFörG, KlubFG, PubFG
8	Wählen, Direkte Demokratie
9	GOG-NB, EU-InfoG, InfOG
10	BezR, Un-/B-G
11	BGBlG, Rechtsbereinigung
12	BMG, BVG Ämter.Reg, BGemAufbG
13a	F-VG, FAG 2008
13b	KonsMech, ÖStP 2012
14	RHG
15	BVGG, VwGVG, VwGbk-ÜG
16	VwGG
17	VfGG
18	VolksanwG
19	AHG, OrgHG
20	AuskPfl
21	EUV, AEUV, EU-GRC
Anh	IA 1295/A, BigNR 25. GP

KODEX
DES ÖSTERREICHISCHEN RECHTS
HERAUSGEBER: UNIV.-PROF. DR. WERNER DORALT

VÖLKER-RECHT

LexisNexis

1	UN, UN-Charta, IGH-Statut, Völkerrecht Anmeritätsbk.
2	WVK, WVK I, II
3	Österreich, B-VG Auszug, Staatsvertrag 1955, NeutralitätsG
4	Immunität, UN-Übk, Basler Übk, Immunität UN, Immunität Spezialorg, IO Immunitäten
5	Dipl. Verkehr, WÜK, WÜK, Spezialmissionen, Straftaten
6	Streitbeileg, I. Haager Übk, Mandb-Erkl
7	Gewaltverbot, Uniting for Peace, Definit. Aggression, Friendl. Relations Decl, Wohgefd 2005 Auszug, UNSR-Resolutionen
8	Humanitäres VR, Haager LKO, GK + Protokoll I, II, Kulturgut
9	Seerecht, UNCLOS
10	Polarrecht, Antarktis
11	LuftfahrtR, Zivilluftfahrt
12	WeltraumR, Weltraum, Rettung, Haftung, Registrierung, Mond, WeltraumG
13	WirtschaftsR, WTO-Abk, GATT, GATS, TRIPS, DSU, NY Übk, ICSID
14	UmweltR, Rio-Dekl.
15	Menschenrechte, UDHR, ICCPR + Fak.prot, ICESCR, CAT, EMRK, EU-Charta, GFK
16	Strafrecht, Röm. Statut, ISGH-G, StGB Auszug
17	Verantwortlk, ASR, ARIO

KODEX
DES ÖSTERREICHISCHEN RECHTS
HERAUSGEBER: UNIV.-PROF. DR. WERNER DORALT

UNTERNEHMENS-RECHT

LexisNexis

1	UGB, HGB, A-QBG, SREG, USPG
2	ABGB
3	E-Commerce-G
4	FBG
5	WpaG, HaftsG
6	KSchG, FAGG
7	UN-KaufR
8	GmbHG
9	AktG, SEG + VO, VerbindlichungsV, Corporate Governance
10	SE (EU-Ges), SE-Gesetz
11	GenG, GenRÄG, GenRevG, GenVerschmG, GenG
12	SCE (EU-Ges), SCEG
13	VerG, VereinsIds-VO
14	EWIVG
15	PSG
16	ArbVG+VOBL
17	StellenbesG+BW
18	GenAußG
19	KapBG
20	EKEG
21	URG
22	UmwG
23	SpaltG
24	EU-VerschG
25	UmgrStG
26	KMG
27	ScheckG
28	WechselG
29	KEG+VO
30	AÖSp
31	CMR
32	UWG
33	KartG
34	WettbG
35	UrhG
36	MarkSchG
37	MuSchG
38	PatG

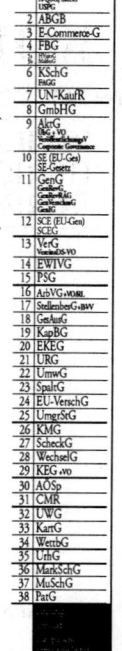

KODEX
DES ÖSTERREICHISCHEN RECHTS
HERAUSGEBER: UNIV.-PROF. DR. WERNER DORALT

ASYL- UND FREMDENRECHT

LexisNexis

1	FPG
	Erläuterungen
	FPG-DV
	ReisedokVO
	LichtbildVO
	VISA-VO
	Visakodex
	VIS-VO
2	NAG
	Erläuterungen
	NLV 2015
	NAG-DV
	IV-V
3	AsylG
	Erläuterungen
	StDokBelV
	AsylG-DV
	HerkSt-V
	Entsch.RB
	Dublin III
	EurodacV
	FlüchtKonv
4	GVG-B
	Erläuterungen
	BEBV
	GV-Vereinb
5	BFA-VG
	Erläuterungen
	BFA-VG-DV
	BFA-G
	Erläuterungen
	BFA-G-DV
6	GrekoG
	Erläuterungen
	Kundm.
	Grenzkodex
7	SDÜ
	Kundm.
	Protokoll

KODEX

DES ÖSTERREICHISCHEN RECHTS
SAMMLUNG DER ÖSTERREICHISCHEN BUNDESGESETZE

VERFASSUNGS-RECHT

LexisNexis

1	B-VG
1a	ÜG, B-VGNov
2a	StGG
2b	EMRK
2c	ReligionsR, ZDG / VerG / VersammlungsG / ORF-G, RGG / PrR-G, PrTV-G / FERG, KOG / PresseG / MinderheitenR
3a	BVG
3b	VfBest in BG
4	UnabhBfkl, V-ÜG / R-ÜG, StV Wien
5	BVG Neutralität / KMG / Int Sanktionen / KSE-BVG, TruAufG / Staatl Symbole
6	StbG
7	PartG / VerbotsG / KlubFG, PubFG
8	Wahlen / Direkte Demokratie
9	GOG-NR
10	BezR / UnivG
11	BGBlG / Rechtsbereinigung
12	BMG / BVG ÄmterLReg / BGemAufsG
13	F-VG, FAG 2005 / KonsMech / StabPakt 2005
14	RHG
15	UBASG
16	VwGG
17	VfGG
18	VolksanwG
19	AHG, OrgHG
20	AuskPfl
21	EUV/EGV

KODEX

DES ÖSTERREICHISCHEN RECHTS
SAMMLUNG DER ÖSTERREICHISCHEN BUNDESGESETZE

BÜRGERLICHES RECHT

LexisNexis

1	ABGB mit FamErbRÄG
2	IPRG
3	TEG
4	EheG
5	PStG
6	NÄG
7	RelKEG
8	UVG mit AuszlG
9	JWG
10	NotwegeG
11	GSGG
12	WWSGG
13	EisbEG
14	WEG
15	MRG RWG HausRG
16	BauRG
17	LPG
18	KlGG
19	GBG mit GUG
20	UHG mit LiegTG
21	AnerbG
22	KSchG / BTVG, TNG / FernFinG
23	WucherG
24	UrhG ZuRKG
25	RHPflG
26	EKHG / VerkVG, LPG / EU-EJVO / ÜberbindVO
27	AtomHG
28	AHG FolterG
29	OrgHG
30	DHG
31	ASVG / Haftung
32	PHG mit GTG
33	UN-KaufR
34	AngG
35	NotaktsG
36	ECG
37	SigG
38	RAPG

KODEX

DES ÖSTERREICHISCHEN RECHTS
HERAUSGEBER: UNIV.-PROF. DR. WERNER DORALT

UNTERNEHMENS-RECHT

LexisNexis

1	UGB / HGB / A-QRG, SRLG
2	ABGB
3	FBG, VOzu
4	HVertrG
5	MaklerG
6	KSchG
7	UN-KaufR
8	GmbHG
9	AktG / DAG, s VO / VeröffentlichungsV / CorporateGovernance
10	SE (EU-Gen) / SEG
11	GenG / GenRevG / GenRevRÄG / GenRevVO / GenVermbewG / GenMembVO / Euro-GenBuG
12	SCE (EU-Gen) / SCEG
13	VerG / VereinsDS-VO
14	EWIVG
15	PSG
16	ArbVG, VOXRL
17	StellenberG, VO
18	GesAusG
19	KapBG
20	EKEG
21	URG
22	UmwG
23	SpaltG
24	EU-VerschG
25	UmgrStG
26	InvFG, VOzu
27	ImmoInvFG
28	BeteilFG
29	KMG
30	ScheckG
31	WechselG
32	KEG, VO
33	AOSp
34	CMR
35	UWG
36	KartG
37	WettbG
38	UrhG
39	MarkSchG
40	MuSchG
41	PatG
Anhang	

KODEX

DES ÖSTERREICHISCHEN RECHTS
SAMMLUNG DER ÖSTERREICHISCHEN BUNDESGESETZE

ZIVIL-GERICHTLICHES VERFAHREN

LexisNexis

1	JN
2	ZPO
3	ZustellG / ZustellV
4	ASGG
5	OGHG
6	ProkG
7	RpflG
8	Winkelschreiber / Ehe- und Abstsverf
9	EidesG / FeiertRG / B-VG, EMRK
10	EO
11	EO-ÜbgB
12	LBG
13	VGebG
14	VVG
15	USchG
16	KO
17	AO
18	IEG / Insolvenz-ÜbgB
19	AnfO
20	GenKV
21/1	BWG
21/2	URG
22	IESG
23	EuInsVO
23/1	EuInsVO - Erlass
24	AußStrG
25	GKoärG
26	KEG
27	VerwEinzG
28	UVG
29	AuslIUG
30	UbG
31	HeimAufG
Anhang	IRG-WienGrur / GOG / Heller Rechtsverk / ADV-FormV / ZustellformV / TABELLEN / LUGANO-Übk / Brüsseler Übk / Brüssel I-VO / Euro / BewertaufnahmeVO / Zivilrechts-MediationsG / RL Prozesskosten / AußStrG nF / FamErbRÄG 2004 samt Mat / Zivilverfahrensnov 2004 samt Mat

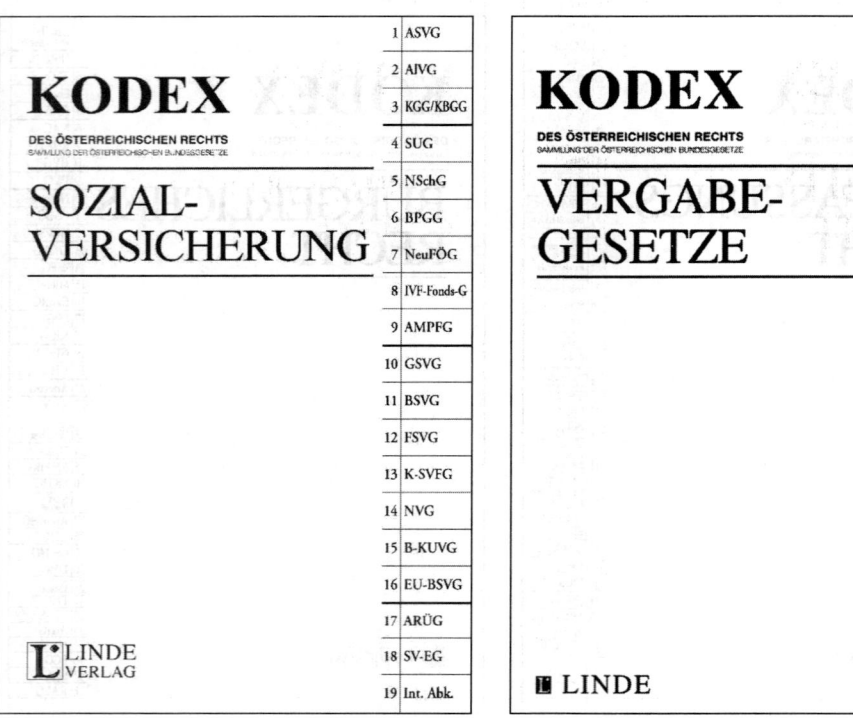

KODEX
DES ÖSTERREICHISCHEN RECHTS
SAMMLUNG DER ÖSTERREICHISCHEN BUNDESGESETZE

SOZIAL-VERSICHERUNG

L°LINDE
VERLAG

1	ASVG
2	AlVG
3	KGG/KBGG
4	SUG
5	NSchG
6	BPGG
7	NeuFÖG
8	IVF-Fonds-G
9	AMPFG
10	GSVG
11	BSVG
12	FSVG
13	K-SVFG
14	NVG
15	B-KUVG
16	EU-BSVG
17	ARÜG
18	SV-EG
19	Int. Abk.

KODEX
DES ÖSTERREICHISCHEN RECHTS
SAMMLUNG DER ÖSTERREICHISCHEN BUNDESGESETZE

VERGABE-GESETZE

L LINDE

1	BVergG / Begl. Best. / ABVV / ÖNORM / ErstreckVO / FormVO / BeschVO / Schw. Werte
2	Bgld / VergG
3	Krnt / VergG / DurchfVO
4	NÖ / VergG / VergO
5	OÖ / VergG
6	Sbg / VergG / VergO
7	Stmk / VergG
8	Tirol / VergG
9	Vlbg / VergG / Vergform
10	Wien / VergG

KODEX
DES ÖSTERREICHISCHEN RECHTS
SAMMLUNG DER ÖSTERREICHISCHEN BUNDESGESETZE

WIRTSCHAFTS-GESETZE

TEIL I

L°LINDE
VERLAG

1	GewO / ÖffnungsZG / Sonn-, FBZG / NahVG / ReisebR / MaklerR / VerbrKV / ProduktSG / GelVG / KraftFLG / GüterbefG
2	BVergG / BB-GmbHG / EU-Recht / DienstL-RL / Liefcrk-RL / BauA-RL / RechtsM-RL / Sek-RL / SekRM-RL / StandF-RL
3	ElWOG / I-RegBG / EigentEG / ÖkostromG / GWG / PreisTrG / RohrLG / EU-Recht / ElektrBM-RL / ErdgasBM-RL / EnergieT-RL
4	DSG / EU-Recht / DatenS-RL / DatenB-RL
5	PreisG / PreisAG / Preis-BÜG / EU-Recht / PreisA-RL
6	VersG / EnLG / Erdöl-BMG / LMBG

KODEX
DES ÖSTERREICHISCHEN RECHTS
SAMMLUNG DER ÖSTERREICHISCHEN BUNDESGESETZE

WIRTSCHAFTS-GESETZE

TEIL II

L°LINDE
VERLAG

1	WettbG / KartellG / EU-Recht / EGV / VO Nr. 17 / Anhör-VO / Bagatt-Bek / WettbR-VO / GruFr-VO / FusKon-VO
2	PatentG / SchuZG / GebrMG / HalbLSG / MarkenSG / MusterSG / ProdPirG / UrhebRG / VerwertG / EU-Recht / MarkenR-RL / Gem-Mark-VO / GemGM-VO / Halbl-RL / CompPr-RL / Vern-Verl-RL / SchutzD-RL / UrhebR-RL / Sat-RL / Biotech-E-RL / FolgeR-RL / ProdPit-VO
3	UWG / EU-Recht / IrrWerb-RL

KODEX
DES ÖSTERREICHISCHEN RECHTS
SAMMLUNG DER ÖSTERREICHISCHEN BUNDESGESETZE

ARBEITS-RECHT

LINDE VERLAG

1	AngG
2	GewO
3	ABGB
4	ArbVG
5	ArbAbfG
6	APSG
7	AVRAG
8	AuslBG
9	BEinstG
10	BPG
11	DNHG
12	EFZG
13	GleichbG
14	IESG
15	KautSchG
16	KJBG
17	KoalitG/AntkenG
18	MSchG/EKUG
19	PatG
20	UrlG
21	BAG
22	BauArb
23	GAngG
24	HausbG
25	HausgG
26	HeimAG
27	JournG
28	SchauspG
29	ASchG
30	AZG/ARG
31	BäckAG
32	FrNachtAG
33	NSchG
34	ArbIG
35	AMFG
36	AÜG
37	VBG/StBG
38	ASGG
39	EO, AO, KO
40	EU-Recht

KODEX
DES ÖSTERREICHISCHEN RECHTS
SAMMLUNG DER ÖSTERREICHISCHEN BUNDESGESETZE

AUSHANGPFLICHTIGE GESETZE

LINDE VERLAG

1	ASchG, DOK-V, Kenn-V, AMZ-VO, STZ-VO, SFK-VO, SVP-VO, VGÜ, BS-V, VbA, ASV, AM-VO, ESV, GKV, Bverbote
2	üVO
3	AAV
4	BauV
5	AZG, FahrtbVO, EU-VOen
6	ARG, ARG-VO
7	MSchG
8	FrNArbG
9	KJBG, KJBG-VO
10	KA-AZG
11	BäckAG
12	BEinstG
13	GleichbG

KODEX
DES ÖSTERREICHISCHEN RECHTS
SAMMLUNG DER ÖSTERREICHISCHEN BUNDESGESETZE

PFLEGEGELD-GESETZE

LINDE VERLAG

1	BPGG, EinstVO, EinbeziehungsVO, RL-VO
2	Bundes- und Ländervereinb
3	Bgld, PGG, EinstVO
4	Krnt, PGG, EinstVO
5	NÖ, PGG, EinstVO
6	OÖ, PGG, EinstVO
7	Sbg, PGG, EinstVO, Sib-NachsVO
8	Stmk, PGG, EinstVO, PG-AnpassG, PG-Öff.BedVO
9	Tirol, PGG, PflegebedVO
10	Vlbg, PGG, PflegebedVO
11	Wien, PGG, EinstVO, ÜbertragungVO

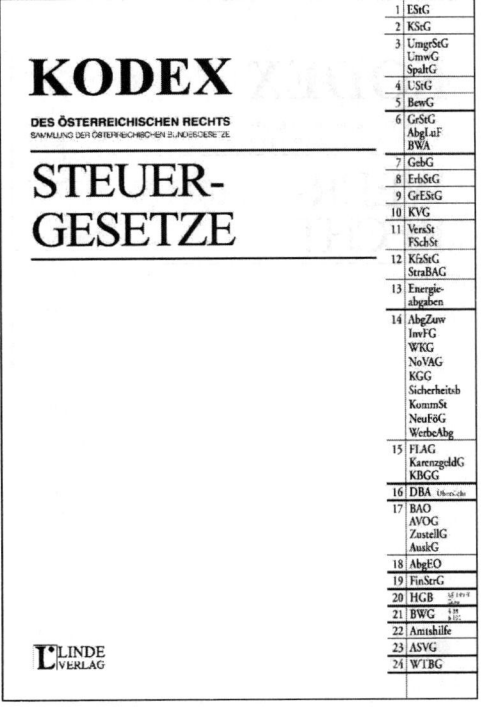

KODEX
DES ÖSTERREICHISCHEN RECHTS
SAMMLUNG DER ÖSTERREICHISCHEN BUNDESGESETZE

STEUER-GESETZE

LINDE VERLAG

1	EStG
2	KStG
3	UmgrStG, UmwG, SpaltG
4	UStG
5	BewG
6	GrStG, AbglaF, BWA
7	GebG
8	ErbStG
9	GrEStG
10	KVG
11	VersSt, FSchSt
12	KfzStG, StraBAG
13	Energieabgaben
14	AbgZuw, InvFG, WKG, NoVAG, KGG, Sicherheitsb, KommSt, NeuFöG, WerbeAbg
15	FLAG, KarenzgeldG, KBGG
16	DBA Übersichts
17	BAO, AVOG, ZustellG, AuskG
18	AbgEO
19	FinStrG
20	HGB
21	BWG
22	Amtshilfe
23	ASVG
24	WTBG

Cover 1 (top-left)

KODEX

DES ÖSTERREICHISCHEN RECHTS
SAMMLUNG DER ÖSTERREICHISCHEN BUNDESGESETZE

DOPPEL-BESTEUERUNGS-ABKOMMEN

L·LINDE VERLAG

Cover 2 (top-right)

KODEX

DES ÖSTERREICHISCHEN RECHTS
SAMMLUNG DER ÖSTERREICHISCHEN BUNDESGESETZE

VERKEHRS-RECHT

LexisNexis

Cover 3 (bottom-left)

KODEX

DES ÖSTERREICHISCHEN RECHTS
SAMMLUNG DER ÖSTERREICHISCHEN BUNDESGESETZE

WEHR-RECHT

LexisNexis

Cover 4 (bottom-right)

KODEX

DES ÖSTERREICHISCHEN RECHTS
SAMMLUNG DER ÖSTERREICHISCHEN BUNDESGESETZE

ZOLLRECHT UND VERBRAUCHSTEUERN

LexisNexis

KODEX
DES ÖSTERREICHISCHEN RECHTS
SAMMLUNG DER ÖSTERREICHISCHEN BUNDESGESETZE

VETERINÄR-RECHT

● LexisNexis™

KODEX
DES ÖSTERREICHISCHEN RECHTS
SAMMLUNG DER ÖSTERREICHISCHEN BUNDESGESETZE

ÄRZTE-RECHT

● LexisNexis™

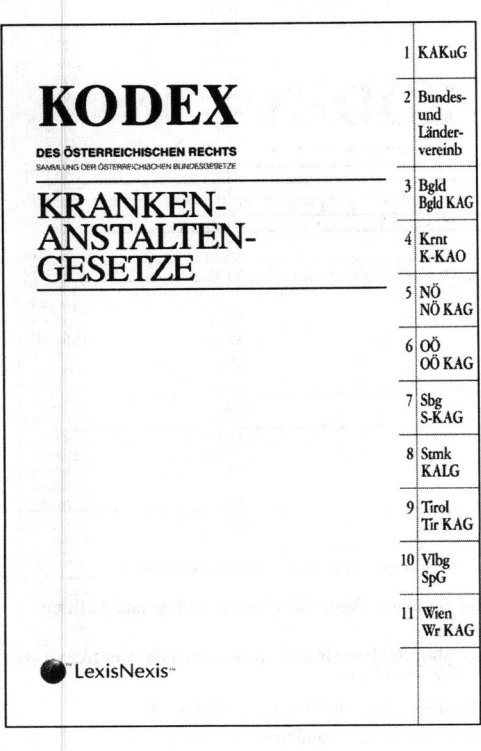

KODEX
DES ÖSTERREICHISCHEN RECHTS
SAMMLUNG DER ÖSTERREICHISCHEN BUNDESGESETZE

KRANKEN-ANSTALTEN-GESETZE

● LexisNexis™

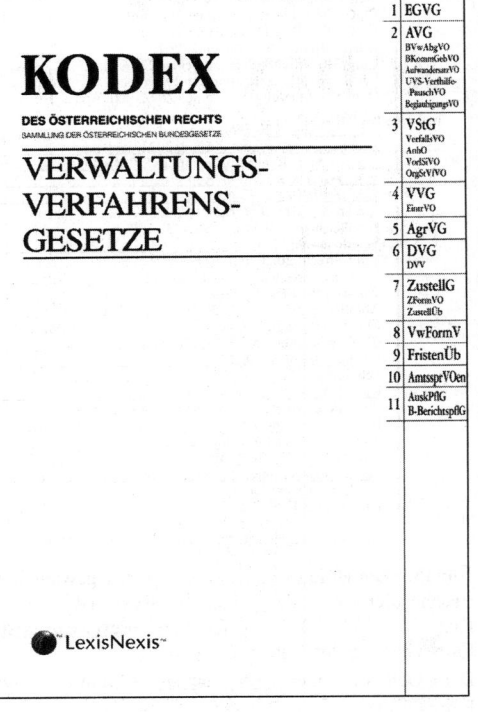

KODEX
DES ÖSTERREICHISCHEN RECHTS
SAMMLUNG DER ÖSTERREICHISCHEN BUNDESGESETZE

VERWALTUNGS-VERFAHRENS-GESETZE

● LexisNexis™

KODEX-Bestellformular

Titel	Preis im Abo EUR	Einzelpreis EUR
Verfassungsrecht 2023, inkl. App	34,40	43,-
Europarecht (EU-Verfassungsrecht) 2023/24, inkl. App	31,60	39,50
Völkerrecht 2023, inkl. App	32,-	40,-
Basisgesetze ABGB und B-VG 2022, inkl. App		15,-
Bürgerliches Recht 2023/24, inkl. App	31,70	39,60
Taschen-Kodex ABGB 2023, inkl. App		21,-
Unternehmensrecht 2023/24, inkl. App	33,-	41,20
Zivilgerichtliches Verfahren 2023/24, inkl. App	34,40	43,-
Internationales Privatrecht 2023, inkl. App	29,60	37,-
Taschen-Kodex Strafgesetzbuch 2022 inkl. App		16,50
Strafrecht 2023/24, inkl. App	31,70	39,60
Gerichtsorganisation 2023, inkl. App	63,60	79,50
Anwalts- und Gerichtstarife 5/2023, inkl. App	26,40	33,-
Notariatsrecht 2023, inkl. App	38,40	48,-
Justizgesetze 2022, inkl. App	23,20	29,-
Wohnungsgesetze 2023/24, inkl. App	47,20	59,-
Finanzmarktrecht Band Ia+Ib (Bankenaufsicht), inkl. App	79,20	99,-
Finanzmarktrecht Band II (Zahlungsverkehr), inkl. App	68,80	86,-
Finanzmarktrecht Band III (Wertpapierrecht, Börse), inkl. App	68,80	86,-
Finanzmarktrecht Band IV (Kapitalmarkt, Prospektrecht), inkl. App	68,80	86,-
Finanzmarktrecht Band V (Geldwäsche), inkl. App	52,-	65,-
Versicherungsrecht Band I 2022/23, inkl. App	64,-	80,-
Versicherungsrecht Band II 2023, inkl. App	49,60	62,-
Compliance für Unternehmen 2023, inkl. App	63,20	79,-
IP-/IT-Recht 2023, inkl. App	55,20	69,-
Mediation 2022, inkl. App	25,60	32,-
Schiedsverfahren 2020, inkl. App	36,-	45,-
Wirtschaftsprivatrecht 2022/23, inkl. App	23,80	29,80
WirtschaftsG I (Öffentliches Wirtschaftsrecht) 2023/24, inkl. App	49,60	62,-
WirtschaftsG II (Wettbewerb, Gew. Rechtsschutz) 2022/23, inkl. App	48,80	61,-
WirtschaftsG III (UWG) 2019/20, inkl. App	31,20	39,-
WirtschaftsG IV (Telekommunikation) 2022	66,40	83,-
WirtschaftsG V (Wettbewerbs- und Kartellrecht) 2022, inkl. App	53,60	67,-
WirtschaftsG VI (Datenschutz) 2022, inkl. App	52,-	65,-
WirtschaftsG VII (Energierecht) 2022/23, inkl. App	52,-	65-
Vergabegesetze 2019, inkl App	42,40	53,-
Arbeitsrecht 2023, inkl. App	28,80	36,-
EU-Arbeitsrecht 2023/24, inkl. App	57,60	72,-
Arbeitnehmerschutz 2022, inkl App	31,20	39,-
Sozialversicherung (Bd. I) 2023, inkl. App	35,20	44,-
Sozialversicherung (Bd. II) 2023, inkl. App	33,60	42,-
Sozialversicherung (Bd. III) 2023 inkl. App	29,60	37,-
Personalverrechnung 2023	33,60	42,-
Steuergesetze 2023, inkl. App	32,80	41,-
Steuer-Erlässe (Bd. I) 2023, inkl. App	49,60	62,-
Steuer-Erlässe (Bd. II) 2023, inkl. App	29,60	37,-
Steuer-Erlässe (Bd. III) 2023, inkl. App	49,60	62,-
Steuer-Erlässe (Bd. IV) 2023, inkl. App	52,-	65,-
EStG - Richtlinienkommentar 2023, inkl. App	57,60	72,-
LStG - Richtlinienkommentar 2023	49,60	62,-
KStG - Richtlinienkommentar 2022	40,70	51,-
UmgrStG - Richtlinienkommentar 2023	48,80	61,-
UStG - Richtlinienkommentar 2023	44,-	55,-
Doppelbesteuerungsabkommen 2022, inkl. App	55,20	69,-
Zollrecht 2023, inkl. App	95,20	119,-
Finanzpolizei 2020, inkl. App	39,20	49,-
Rechnungslegung- und Prüfung 2023, inkl. App	47,20	59,-
Internationale Rechnungslegung IAS/IFRS 2024, inkl. App	27,20	34,-
Verkehrsrecht 2022, inkl. App	73,60	92,-
Wehrrecht 2020, inkl. App	44,80	56,-
Ärzterecht 2023, inkl. App	79,20	99,-
Krankenanstaltengesetze 2023/24	59,20	74,-
Veterinärrecht 2022	76,80	96,-
Umweltrecht 2023, inkl. App	87,20	109,-
EU-Umweltrecht 2020, inkl. App	82,40	103,-
Wasserrecht 2022, inkl. App	77,60	97,-
Abfallrecht mit ÖKO-Audit 2022, inkl. App	83,20	104,-
Chemikalienrecht 2023, inkl. App	68,-	85,-
EU-Chemikalienrecht 2023, inkl. App	79,20	99,-
Lebensmittelrecht 2022, inkl. App	69,60	87,-
Schulgesetze 2022/23	60,-	75,-
Universitätsrecht 2019, inkl. App	47,20	59,-
Besonderes Verwaltungsrecht 2023, inkl. App	55,20	69,-
Innere Verwaltung 2023, inkl. App	82,40	103,-
Asyl- und Fremdenrecht 2022, inkl. App	38,40	48,-
Polizeirecht 2023, inkl. App	48,-	60,-
Verwaltungsverfahrensgesetze (AVG) 2023, inkl. App	21,-	26,40
Landesrecht Vorarlberg 2023	92,-	115,-
Landesrecht Tirol 2023	106,40	133,-

Die Preise beziehen sich auf die angegebene Auflage, zzgl. Porto und Versandspesen. Satz- und Druckfehler vorbehalten.

Für Ihre Bestellung einfach Seite kopieren, gewünschte Anzahl eintragen, Bestellabschnitt ausfüllen und an Ihren Buchhändler oder an den Verlag LexisNexis ARD Orac übermitteln.

Fax: +43-1-534 52-141 | E-Mail: kundenservice@lexisnexis.at | shop.lexisnexis.at/kodex (versandkostenfrei ab 40 Euro innerhalb von Österreich)

Der KODEX ist unter www.kodex.at als Mobile App und als Desktop-Version für den PC verfügbar!

Firma/Name: .... Kundennr.: ....

Straße: ....

PLZ/Ort: .... Datum/Unterschrift: ....